CB080253

WANDER GARCIA E ANA PAULA GARCIA
COORDENADORES

CONCURSOS FCC

5.200 QUESTÕES COMENTADAS

7ª Edição 2018

COMO PASSAR

DE ACORDO COM A REFORMA TRABALHISTA DA LEI 13.467/2017

10 ANOS EDITORA FOCO

EDITORA FOCO

2018 © Editora Foco
Coordenadores: Wander Garcia e Ana Paula Dompieri Garcia
Autores: Alice Satin, Ana Paula Garcia, André Barbieri, André de Carvalho Barros, André Fioravanti, Anna Carolina Bontempo, Ariane Wady, Arthur Trigueiros, Bruna Vieira, Cíntia Rodrigues, Denis Skorkowski, Eduardo Dompieri, Eloy Gustavo de Souza, Enildo Garcia, Fabiano Melo, Fabrício Barros, Fernanda Camargo Penteado, Fernanda Franco, Fernando Castellani, Flavia Moraes Barros, Gabriela R. Pinheiro, Georgia Renata Dias, Gustavo Nicolau, Helder Satin, Henrique Subi, Hermes Cramacon, Ivo Shigueru Tomita, Leni Mouzinho Soares, Licínia Rossi, Luiz Dellore, Luiz Fabre, Magally Dato, Márcio Alexandre Pereira, Marcos Destefenni, Renan Flumian, Renato Montans, Roberta Densa, Robinson Barreirinhas, Rodrigo Ferreira de Lima, Savio Chalita, Sebastião Edilson Gomes, Teresa Melo, Tony Chalita, Vanessa Tonolli Trigueiros, Vivian Calderoni, Wander Garcia
Diretor Acadêmico: Leonardo Pereira
Editor: Roberta Densa
Organizadora: Paula Morishita
Revisora Sênior: Georgia Renata Dias
Revisora: Luciana Pimenta
Capa Criação: Leonardo Hermano
Diagramação: Ladislau Lima
Impressão miolo e capa: Gráfica EXPRESSÃO E ARTE

Dados Internacionais de Catalogação na Publicação (CIP)
Vagner Rodolfo CRB-8/9410

C735

Como passar em concursos FCC / organizado por Wander Garcia, Ana Paula Garcia. – 7. ed. – Indaiatuba, SP : Editora Foco, 2018.

Vários autores.

ISBN: 978-85-8242-218-2

1. Metodologia de estudo. 2. Concursos Públicos. 3. Fundação Carlos Chagas – FCC. I. Garcia, Wander. II. Garcia, Ana Paula. III. Título.

2017-780 CDD 001.4 CDU 001.8

Índices para Catálogo Sistemático:

1. Metodologia de estudo 001.4 2. Metodologia de estudo 001.8

DIREITOS AUTORAIS: É proibida a reprodução parcial ou total desta publicação, por qualquer forma ou meio, sem a prévia autorização da Editora FOCO, com exceção do teor das questões de concursos públicos que, por serem atos oficiais, não são protegidas como Direitos Autorais, na forma do Artigo 8º, IV, da Lei 9.610/1998. Referida vedação se estende às características gráficas da obra e sua editoração. A punição para a violação dos Direitos Autorais é crime previsto no Artigo 184 do Código Penal e as sanções civis às violações dos Direitos Autorais estão previstas nos Artigos 101 a 110 da Lei 9.610/1998. Os comentários das questões são de responsabilidade dos autores.

NOTAS DA EDITORA:

Atualizações e erratas: A presente obra é vendida como está, atualizada até a data do seu fechamento, informação que consta na página II do livro. Havendo a publicação de legislação de suma relevância, durante o ano da edição do livro, a editora, de forma discricionária, se empenhará em disponibilizar atualização futura.

Bônus ou Capítulo *On-line*: Excepcionalmente, algumas obras da editora trazem conteúdo no *on-line*, que é parte integrante do livro, cujo acesso será disponibilizado durante a vigência da edição da obra.

Erratas: A Editora se compromete a disponibilizar no site www.editorafoco.com.br, na seção Atualizações, eventuais erratas por razões de erros técnicos ou de conteúdo. Solicitamos, outrossim, que o leitor faça a gentileza de colaborar com a perfeição da obra, comunicando eventual erro encontrado por meio de mensagem para contato@editorafoco.com.br. O acesso será disponibilizado durante a vigência da edição da obra.

Impresso no Brasil (01.2018) – Data de Fechamento (11.2017)

MISTO
Papel produzido a partir de fontes responsáveis
FSC
www.fsc.org

2018
Todos os direitos reservados à
Editora Foco Jurídico Ltda.
Al. Júpiter 542 – American Park Distrito Industrial
CEP 13347-653 – Indaiatuba – SP
E-mail: contato@editorafoco.com.br
www.editorafoco.com.br

Acesse JÁ os conteúdos *ON-LINE*

SHORT VIDEOS
Vídeos de curta duração com dicas de DISCIPLINAS SELECIONADAS

Acesse o link:

www.editorafoco.com.br/short-videos

ATUALIZAÇÃO em PDF e VÍDEO para complementar seus estudos*

Acesse o link:

www.editorafoco.com.br/atualizacao

CAPÍTULOS ON-LINE

Acesse o link:

www.editorafoco.com.br/atualizacao

* As atualizações em PDF e Vídeo serão disponibilizadas sempre que houver necessidade, em caso de nova lei ou decisão jurisprudencial relevante, durante o ano da edição do livro.

* Acesso disponível durante a vigência desta edição.

Autores

SOBRE OS COORDENADORES

Wander Garcia – @wander_garcia

Doutor e Mestre em Direito pela PUC/SP. Professor e coordenador do IEDI. Procurador do Município de São Paulo

Ana Paula Garcia

Pós-graduada em Direito. Procuradora do Estado de São Paulo. Autora de diversos livros para Concurso e OAB.

SOBRE A ORGANIZADORA

Paula Morishita

Pós-Graduada em Direito Tributário. Graduada em Direito pela PUCCAMP. Editorial Jurídico na Editora Foco. Advogada

SOBRE OS AUTORES

Alice Satin

Mestre em Direitos Difusos pela PUC/SP. Especialista em Direito Processual Civil pela PUC/SP. Palestrante e Professora Assistente na Graduação e Pós-Graduação em Direito da PUC/SP. Advogada.

Ana Paula Garcia

Pós-graduada em Direito. Autora de diversos livros para concurso e OAB. Procuradora do Estado de São Paulo.

André Barbieri

Mestre em Direito. Professor de Direito Público com mais de dez anos de experiência. Professor em diversos cursos pelo País. Advogado.

André de Carvalho Barros (@ProfAndreBarros)

Mestre em Direito Civil Comparado pela PUC/SP. Professor de Direito Civil e de Direito do Consumidor exclusivo da Rede LFG. Membro do IBDFAM. Advogado.

André Fioravanti

Mestre em Engenharia Elétrica pela Universidade Estadual de Campinas (Unicamp). Doutor pela Universidade de Paris XI. Pesquisador associado à Faculdade de Engenharia Elétrica da Unicamp. Autor do livro "H∞ AnalysisandCon-trolof Time-Delay Systems – Methods in Frequency Domain". Vencedor do concurso de programação Matlab em 2011.

Anna Carolina Bontempo

Pós-graduada em Direito Público na Faculdade de Direito Prof. Damásio de Jesus. Professora e Gerente de Ensino a Distância no IEDI. Advogada.

Ariane Wady

Especialista em Direito Processual Civil (PUC-SP). Graduada em Direito pela PUC-SP (2000). Professora de pós-graduação e curso preparatório para concursos - PROORDEM - UNITÁ Educacional e Professora/Tutora de Direito Administrativo e Constitucional - Rede LFG e IOB. Advogada.

Arthur Trigueiros

Pós-graduado em Direito. Procurador do Estado de São Paulo. Professor da Rede LFG e do IEDI. Autor de diversas obras de preparação para Concursos Públicos e Exame de Ordem.

Bruna Vieira

Pós-graduada em Direito. Professora do IEDI, PROORDEM, LEGALE, ROBORTELLA e ÊXITO. Professora de Pós-graduação em Instituições de Ensino Superior. Palestrante. Autora de diversas obras de preparação para Concursos Públicos e Exame de Ordem, por diversas editoras. Advogada.

Cíntia Rodrigues

Advogada. Professora assistente do IEDI

Denis Skorkowski

Professor-corretor do IEDI. Assessor jurídicos de Desembargador (TJ/SP).

Eduardo Dompieri

Pós-graduado em Direito. Professor do IEDI. Autor de diversas obras de preparação para Concursos Públicos e Exame de Ordem.

Eloy Gustavo de Souza

Graduado em Letras pela Universidade de São Paulo - FFLCH-USP. Professor de Língua Portuguesa do Curso Clio, curso preparatório para a prova do Instituto Rio Branco, e do Curso Anglo.

Enildo Garcia

Especialista em Matemática pura e aplicada (UFSJ). Professor tutor de Pós-graduação em Matemática (UFJS - UAB). Analista de sistemas (PUCRJ).

Fabiano Melo

Professor de cursos de graduação e pós-graduação em Direito e Administração da PUC-MG. Professor da Rede LFG.

Fabrício Barros

Pós-graduado em Gestão Financeira. Professor universitário. Auditor de Controle Interno do Governo do Distrito Federal. Ex-auditor da KPMG Auditores Independentes.

Fernanda Camargo Penteado

Professora de Direito Ambiental da Faculdade de Direito do Instituto Machadense de Ensino Superior Machado-MG (FUMESC). Mestre em Desenvolvimento Sustentável e Qualidade de Vida (Unifae)

Fernanda Franco

Graduada em Letras pela Universidade de São Paulo (FFLCH-USP) com habilitação em Português e Linguística. Graduanda em Filosofia também pela USP. Professora de Língua Portuguesa no Colégio São Luís em São Paulo.

Fernando Castellani

Advogado. Professor de Direito Tributário e Empresarial. Coordenador do LLM do IBMEC. Professor do COGEAE/PUCSP, do IBET e da Rede LFG/Praetorium.

Flavia Moraes Barros

Procuradora do Município de São Paulo. Mestre em Direito Administrativo pela PUC/SP. Doutora em Direito Administrativo pela USP. Professora de Direito Administrativo.

Gabriela R. Pinheiro

Pós-Graduada em Direito Civil e Processual Civil pela Escola Paulista de Direito. Professora Universitária e do IEDI Cursos On-line e preparatórios para concursos públicos exame de ordem. Autora de diversas obras jurídicas para concursos públicos e exame de ordem. Advogada.

Georgia Renata Dias

Especialista em Direito Penal pela Faculdade de Direito Professor Damásio de Jesus. Autora e organizadora de diversas obras publicadas pela Editora Foco. Advogada.

Gustavo Nicolau (@gustavo_nicolau)

Mestre e Doutor pela Faculdade de Direito da USP. Professor de Direito Civil da Rede LFG/Praetorium. Advogado.

Helder Satin

Graduado em Ciências da Computação, com MBA em Gestão de TI. Professor do IEDI. Professor de Cursos de Pós-graduação. Desenvolvedor de sistemas Web e gerente de projetos.

Henrique Subi (@henriquesubi)

Agente da Fiscalização Financeira do Tribunal de Contas do Estado de São Paulo. Mestrando em Direito Político e Econômico pela Universidade Presbiteriana Mackenzie. Especialista em Direito Empresarial pela Fundação Getúlio Vargas e em Direito Tributário pela UNISUL. Professor de cursos preparatórios para concursos desde 2006. Coautor de mais de 20 obras voltadas para concursos, todas pela Editora Foco.

Hermes Cramacon (@hermescramacon)

Pós-graduado em Direito. Professor do Complexo Damásio de Jesus e do IEDI. Advogado.

Ivo Shigueru Tomita

Especialista em Direito Tributário pela PUC/SP – Cogeae. Autor e organizador de obras publicadas pela Editora FOCO. Advogado.

Leni Mouzinho Soares

Assistente Jurídico do Tribunal de Justiça do Estado de São Paulo.

Licínia Rossi (@liciniarossi)

Mestre em Direito Constitucional pela PUC/SP. Especialista em Direito Constitucional pela Escola Superior de Direito Constitucional. Professora exclusiva de Direito Administrativo e Constitucional na Rede Luiz Flávio Gomes de Ensino. Professora de Direito na UNICAMP. Advogada.

Luiz Dellore (@dellore)

Doutor e Mestre em Direito Processual Civil pela USP. Mestre em Direito Constitucional pela PUC/SP. Professor do Mackenzie, EPD, IEDI, IOB/Marcato e outras instituições. Advogado concursado da Caixa Econômica Federal. Ex-assessor de Ministro do STJ. Membro da Comissão de Processo Civil da OAB/SP, do IBDP (Instituto Brasileiro de Direito Processual), do IPDP (Instituto Panamericano de Derecho Procesal) e diretor do CEAPRO (Centro de Estudos Avançados de Processo). Colunista do portal jota.info.

Facebook e LinkedIn: Luiz Dellore

Luiz Fabre

Professor de cursos preparatórios para concursos. Procurador do Trabalho.

Magally Dato

Professora de Língua Portuguesa. Agente de Fiscalização do Tribunal de Contas do Município de São Paulo.

Márcio Alexandre Pereira

Mestre pelo Mackenzie. Especialista pela Escola Superior do Ministério Público. Professor das disciplinas de Direito Civil e Direito Processual Civil em cursos preparatórios de Exame de Ordem e Concursos Públicos. Professor de cursos de extensão universitária e de pós-graduação da Escola Superior da Advocacia e da Escola Paulista de Direito. Advogado.

Marcos Destefenni (@destefenni)

Doutor e Mestre pela PUC/SP. Mestre pela PUC de Campinas e Mestre em Direito Penal pela UNIP. Professor da Rede LFG. Promotor de Justiça em São Paulo.

Renan Flumian

Mestre em Filosofia do Direito pela Universidad de Alicante. Cursou a Session Annuelle D'enseignement do Institut International des Droits de L'Homme, a Escola de Governo da USP e a Escola de Formação da Sociedade Brasileira de Direito Público. Professor e Coordenador Acadêmico do IEDI. Autor e coordenador de diversas obras de preparação para Concursos Públicos e o Exame de Ordem. Advogado.

Renato Montans

Mestre e Especialista em Direito Processual Civil pela PUC/SP. Coordenador do curso de Pós-graduação em Direito Processual Civil Moderno da Universidade Anhanguera-Uniderp/Rede LFG. Professor da Rede LFG. Advogado.

Roberta Densa

Doutora em Direitos Difusos e Coletivos. Professora universitária e em cursos preparatórios para concursos Públicos e OAB. Autora da obra "Direito do Consumidor", 9ª edição publicada pela Editora Atlas.

Robinson Barreirinhas

Secretário Municipal dos Negócios Jurídicos da Prefeitura de São Paulo. Professor do IEDI. Procurador do Município de São Paulo. Autor e coautor de mais de 20 obras de preparação para concursos e OAB. Ex-Assessor de Ministro do STJ.

Rodrigo Ferreira de Lima

Advogado e Professor de cursos preparatórios para Exame de Ordem e Concursos Públicos. Editor do blog www.comopassarnaoab.com.br.

Savio Chalita

Advogado. Mestre em Direitos Sociais, Difusos e Coletivos. Professor do CPJUR (Centro Preparatório Jurídico), Autor de obras para Exame de Ordem e Concursos Públicos. Professor Universitário. Editor do blog www.comopassarnaoab.com.

Sebastião Edilson Gomes

Mestre em Direito Público. Especialista em Direito Civil. Professor Universitário das disciplinas de Direito Administrativo e Direito Civil. Coautor do Livro Lei de Responsabilidade Fiscal comentada e anotada.

Teresa Melo

Procuradora Federal. Assessora de Ministro do STJ. Professora do IEDI.

Tony Chalita

Advogado. Mestrando em Direito. Professor Assistente PUC/SP. Autor da Editora Foco.

Vanessa Tonolli Trigueiros

Analista de Promotoria. Assistente Jurídico do Ministério Público do Estado de São Paulo. Graduação em Direto pela PUC-Campinas. Pós-graduada em Direito Processual Civil pela UNISUL. Pós-graduada em Direito Processual Civil e Civil pela UCDB.

Vivian Calderoni

Mestre em Direito Penal e Criminologia pela USP. Autora de artigos e livros. Palestrante e professora de cursos preparatórios para concursos jurídicos. Atualmente, trabalha como advogada na ONG "Conectas Direitos Humanos", onde atua em temas relacionados ao sistema prisional e ao sistema de justiça.

Wander Garcia (@wander_garcia)

Doutor e Mestre em Direito pela PUC/SP. Professor e coordenador do IEDI. Procurador do Município de São Paulo.

SUMÁRIO

AUTORES V

COMO USAR O LIVRO? XXI

1. DIREITO CONSTITUCIONAL www. 1

1. PODER CONSTITUINTE 1
2. TEORIA E CLASSIFICAÇÃO DA CONSTITUIÇÃO E PRINCÍPIOS FUNDAMENTAIS 2
3. HERMENÊUTICA CONSTITUCIONAL E EFICÁCIA DAS NORMAS CONSTITUCIONAIS 6
4. DO CONTROLE DE CONSTITUCIONALIDADE 8
5. DOS DIREITOS E GARANTIAS FUNDAMENTAIS 17
6. DIREITOS SOCIAIS 27
7. NACIONALIDADE 29
8. DIREITOS POLÍTICOS 32
9. ORGANIZAÇÃO DO ESTADO 36
10. ORGANIZAÇÃO DO PODER EXECUTIVO 45
11. ORGANIZAÇÃO DO PODER LEGISLATIVO. PROCESSO LEGISLATIVO 49
12. DA ORGANIZAÇÃO DO PODER JUDICIÁRIO 56
13. DAS FUNÇÕES ESSENCIAIS À JUSTIÇA 71
14. ORDEM SOCIAL 74
15. ORDEM ECONÔMICA E FINANCEIRA 76
16. DEFESA DO ESTADO 77
17. TRIBUTAÇÃO E ORÇAMENTO 78
18. TEMAS COMBINADOS 79

2. DIREITO ADMINISTRATIVO www. 81

1. REGIME JURÍDICO ADMINISTRATIVO E PRINCÍPIOS DO DIREITO ADMINISTRATIVO 81
2. PODERES DA ADMINISTRAÇÃO PÚBLICA 85
3. ATOS ADMINISTRATIVOS 92
4. ORGANIZAÇÃO ADMINISTRATIVA 103
5. SERVIDORES PÚBLICOS 113

---

www. Acesse o conteúdo on-line. Siga as orientações disponíveis na página iii.

6. BENS PÚBLICOS 120

7. INTERVENÇÃO DO ESTADO NA PROPRIEDADE 122

8. RESPONSABILIDADE DO ESTADO 125

9. SERVIÇOS PÚBLICOS 131

10. PROCESSO ADMINISTRATIVO – DISPOSIÇÕES GERAIS 137

11. CONTROLE DA ADMINISTRAÇÃO PÚBLICA 144

12. LEI DE ACESSO À INFORMAÇÃO – TRANSPARÊNCIA 145

3. LEI 8.112/1990 www. **147**

1. PROVIMENTO, VACÂNCIA, REMOÇÃO, DISTRIBUIÇÃO E SUBSTITUIÇÃO 147

2. DIREITOS E VANTAGENS 153

3. REGIME DISCIPLINAR 160

4. INFRAÇÕES 165

5. PROCESSO DISCIPLINAR 165

6. SEGURIDADE SOCIAL DO SERVIDOR – BENEFÍCIOS (APOSENTADORIA, AUXÍLIO-NATALIDADE, SALÁRIO-FAMÍLIA, LICENÇA PARA TRATAMENTO DE SAÚDE, LICENÇA À GESTANTE, À ADOTANTE E POR PATERNIDADE, LICENÇA POR ACIDENTE EM SERVIÇO, PENSÃO, AUXÍLIO-FUNERAL E AUXÍLIO-RECLUSÃO) 167

7. TEMAS COMBINADOS 167

4. LEI 8.666/1993 www. **169**

1. LICITAÇÃO 169

2. CONTRATOS 185

3. LEI 10.520/2002 – PREGÃO 198

4. TEMAS COMBINADOS E OUTROS TEMAS 201

5. IMPROBIDADE ADMINISTRATIVA www. **205**

1. IMPROBIDADE ADMINISTRATIVA 205

6. DIREITO CIVIL www. **223**

1. LINDB 223

2. GERAL 225

3. OBRIGAÇÕES 244

4. CONTRATOS 248

5. RESPONSABILIDADE CIVIL 263

6. COISAS 268

7. FAMÍLIA 279

8. SUCESSÕES 287

9. REGISTROS PÚBLICOS 292

10. QUESTÕES COMBINADAS 293

7. DIREITO PROCESSUAL CIVIL – NOVO CPC – LEI 13.105/2015 295

I – PARTE GERAL 295

1. PRINCÍPIOS DO PROCESSO CIVIL 295

2. JURISDIÇÃO E COMPETÊNCIA 295

3. PARTES, PROCURADORES, SUCUMBÊNCIA, MINISTÉRIO PÚBLICO E JUIZ 300

4. PRAZOS PROCESSUAIS E ATOS PROCESSUAIS 303

5. LITISCONSÓRCIOE INTERVENÇÃO DE TERCEIROS 306

6. PRESSUPOSTOS PROCESSUAIS, ELEMENTOS DA AÇÃO E CONDIÇÕES DA AÇÃO 309

7. FORMAÇÃO, SUSPENSÃO E EXTINÇÃO DO PROCESSO. NULIDADES 310

8. TUTELA PROVISÓRIA 311

II – PROCESSO DE CONHECIMENTO 312

9. PETIÇÃO INICIAL 312

10. CONTESTAÇÃO E REVELIA 314

11. PROVAS 315

12. SENTENÇA, COISA JULGADA E AÇÃO RESCISÓRIA 317

13. TEMAS COMBINADOS 320

III – CUMPRIMENTO DE SENTENÇA E EXECUÇÃO 321

14. CUMPRIMENTO DE SENTENÇA 321

15. PROCESSO DE EXECUÇÃO E EXPROPRIAÇÃO DE BENS 323

16. EMBARGOS DO DEVEDOR 326

17. EXECUÇÃO E CUMPRIMENTO DE SENTENÇA CONTRA A FAZENDA PÚBLICA 326

18. EXECUÇÃO E CUMPRIMENTO DE SENTENÇA DE ALIMENTOS 327

19. EXECUÇÃO FISCAL 327

IV – RECURSOS 327

20. TEORIA GERAL DOS RECURSOS 327

21. APELAÇÃO 330

22. AGRAVO DE INSTRUMENTO E AGRAVOS DE 2º GRAU 331

23. EMBARGOS DE DECLARAÇÃO 331

24. RECURSOS ESPECIAL E EXTRAORDINÁRIO 332

25. OUTROS RECURSOS E TEMAS COMBINADOS 332

V – PROCEDIMENTOS ESPECIAIS 334

26. MONITÓRIA 334
27. AÇÕES DO DIREITO DE FAMÍLIA E SUCESSÕES 334
28. JUIZADO ESPECIAL CÍVEL, FEDERAL E DA FAZENDA PÚBLICA 334
29. AÇÃO CIVIL PÚBLICA, AÇÃO POPULAR E AÇÃO DE IMPROBIDADE 335
30. MANDADO DE SEGURANÇA E *HABEAS DATA* 336
31. AÇÕES DO CONTROLE CONCENTRADO DE CONSTITUCIONALIDADE 336
32. OUTROS PROCEDIMENTOS ESPECIAIS E TEMAS COMBINADOS 336

8. DIREITO PENAL www. **341**

1. CONCEITO, FONTES E PRINCÍPIOS 341
2. APLICAÇÃO DA LEI NO TEMPO 341
3. APLICAÇÃO DA LEI NO ESPAÇO 341
4. CONCEITO E CLASSIFICAÇÃO DOS CRIMES 342
5. FATO TÍPICO E TIPO PENAL 342
6. CRIMES DOLOSOS, CULPOSOS E PRETERDOLOSOS 343
7. ERRO DE TIPO, DE PROIBIÇÃO E DEMAIS ERROS 344
8. TENTATIVA, CONSUMAÇÃO, DESISTÊNCIA, ARREPENDIMENTO E CRIME IMPOSSÍVEL 344
9. ANTIJURIDICIDADE E CAUSAS EXCLUDENTES 345
10. CONCURSO DE PESSOAS 346
11. CULPABILIDADE E CAUSAS EXCLUDENTES 347
12. PENAS E SEUS EFEITOS 348
13. APLICAÇÃO DA PENA 351
14. *SURSIS*, LIVRAMENTO CONDICIONAL, REABILITAÇÃO E MEDIDA DE SEGURANÇA 356
15. AÇÃO PENAL 356
16. EXTINÇÃO DA PUNIBILIDADE EM GERAL 357
17. PRESCRIÇÃO 357
18. CRIMES CONTRA A PESSOA 359
19. CRIMES CONTRA O PATRIMÔNIO 361
20. CRIMES CONTRA A DIGNIDADE SEXUAL 364
21. CRIMES CONTRA A FÉ PÚBLICA 365
22. CRIMES CONTRA A ADMINISTRAÇÃO PÚBLICA 366
23. OUTROS CRIMES DO CÓDIGO PENAL 368
24. TEMAS COMBINADOS DE DIREITO PENAL 369

25. CRIMES DA LEI ANTIDROGAS 370
26. CRIMES CONTRA O MEIO AMBIENTE 371
27. CRIMES CONTRA A ORDEM TRIBUTÁRIA 371
28. CRIMES DE TRÂNSITO 371
29. ESTATUTO DO DESARMAMENTO 372
30. CRIMES RELATIVOS À LICITAÇÃO 372
31. CRIMES DE ABUSO DE AUTORIDADE 372
32. CRIMES CONTRA O SISTEMA FINANCEIRO 372
33. CRIMES HEDIONDOS 372
34. TEMAS COMBINADOS DA LEGISLAÇÃO EXTRAVAGANTE 373
35. MEDICINA LEGAL 373

9. DIREITO PROCESSUAL PENAL www. **375**

1. FONTES, PRINCÍPIOS GERAIS, EFICÁCIA DA LEI PROCESSUAL NO TEMPO E NO ESPAÇO 375
2. INQUÉRITO POLICIAL E OUTRAS FORMAS DE INVESTIGAÇÃO CRIMINAL 377
3. AÇÃO PENAL 379
4. SUSPENSÃO CONDICIONAL DO PROCESSO 380
5. AÇÃO CIVIL 380
6. JURISDIÇÃO E COMPETÊNCIA. CONEXÃO E CONTINÊNCIA 381
7. QUESTÕES E PROCESSOS INCIDENTES 385
8. PRERROGATIVAS DO ACUSADO 386
9. PROVAS 386
10. SUJEITOS PROCESSUAIS 389
11. CITAÇÃO, INTIMAÇÃO E PRAZOS 389
12. PRISÃO, MEDIDAS CAUTELARES E LIBERDADE PROVISÓRIA 390
13. PROCESSO E PROCEDIMENTOS 394
14. PROCESSO DE COMPETÊNCIA DO JÚRI 395
15. JUIZADOS ESPECIAIS 396
16. SENTENÇA, PRECLUSÃO E COISA JULGADA 398
17. NULIDADES 399
18. RECURSOS 400
19. *HABEAS CORPUS*, MANDADO DE SEGURANÇA E REVISÃO CRIMINAL 402
20. EXECUÇÃO PENAL 404
21. LEGISLAÇÃO EXTRAVAGANTE 410

22. QUESTÕES COMBINADAS E OUTROS TEMAS 411

10. DIREITO TRIBUTÁRIO www. **417**

1. COMPETÊNCIA TRIBUTÁRIA 417
2. PRINCÍPIOS 419
3. IMUNIDADES 422
4. DEFINIÇÃO DE TRIBUTO E ESPÉCIES TRIBUTÁRIAS 424
5. LEGISLAÇÃO TRIBUTÁRIA – FONTES 427
6. VIGÊNCIA, APLICAÇÃO, INTERPRETAÇÃO E INTEGRAÇÃO 428
7. FATO GERADOR E OBRIGAÇÃO TRIBUTÁRIA 430
8. LANÇAMENTO, CRÉDITO TRIBUTÁRIO 431
9. SUJEIÇÃO PASSIVA, RESPONSABILIDADE TRIBUTÁRIA, CAPACIDADE E DOMICÍLIO 432
10. SUSPENSÃO, EXTINÇÃO E EXCLUSÃO DO CRÉDITO 437
11. REPARTIÇÃO DE RECEITAS 442
12. IMPOSTOS E CONTRIBUIÇÕES EM ESPÉCIE 443
13. GARANTIAS E PRIVILÉGIOS DO CRÉDITO 456
14. ADMINISTRAÇÃO TRIBUTÁRIA, FISCALIZAÇÃO 457
15. DÍVIDA ATIVA, INSCRIÇÃO, CERTIDÕES 458
16. AÇÕES TRIBUTÁRIAS 459
17. PROCESSO ADMINISTRATIVO FISCAL 461
18. MICROEMPRESAS – ME E EMPRESAS DE PEQUENO PORTE – EPP 462
19. CRIMES TRIBUTÁRIOS 462
20. TEMAS COMBINADOS E OUTRAS MATÉRIAS 465

11. DIREITO EMPRESARIAL **467**

1. TEORIA GERAL 467
2. DIREITO SOCIETÁRIO 469
3. DIREITO CAMBIÁRIO 476
4. DIREITO CONCURSAL – FALÊNCIA E RECUPERAÇÃO 481
5. CONTRATOS EMPRESARIAIS 485
6. PROPRIEDADE INTELECTUAL 489
7. QUESTÕES COMBINADAS E OUTROS TEMAS 489

12. DIREITO DO TRABALHO **491**

1. PRINCÍPIOS E FONTES DO DIREITO DO TRABALHO 491
2. VÍNCULO EMPREGATÍCIO E CONTRATO DE TRABALHO 492

3. RELAÇÕES DE TRABALHO 498

4. TERCEIRIZAÇÃO E TRABALHO TEMPORÁRIO 502

5. JORNADA DE TRABALHO 503

6. TRABALHO NOTURNO (INCLUSIVE, ADICIONAL NOTURNO) 505

7. REPOUSO SEMANAL REMUNERADO 506

8. FÉRIAS 506

9. REMUNERAÇÃO, SALÁRIO E RESSARCIMENTOS 508

10. ALTERAÇÃO DO CONTRATO DE TRABALHO 512

11. RESCISÃO DO CONTRATO DE TRABALHO (INCLUSIVE AVISO-PRÉVIO) 513

12. ESTABILIDADE E GARANTIA NO EMPREGO 517

13. ACIDENTE, SUSPENSÃO E INTERRUPÇÃO DO CONTRATO DE TRABALHO 517

14. EXTINÇÃO DO CONTRATO DE TRABALHO 519

15. FGTS 520

16. PRESCRIÇÃO E DECADÊNCIA 521

17. SEGURANÇA E MEDICINA DO TRABALHO 521

18. DIREITO COLETIVO DO TRABALHO 525

19. TEMAS COMBINADOS 530

13. DIREITO PROCESSUAL DO TRABALHO 533

1. JUSTIÇA DO TRABALHO E MINISTÉRIO PÚBLICO DO TRABALHO 533

2. TEORIA GERAL E PRINCÍPIOS DO PROCESSO DO TRABALHO 535

3. PRESCRIÇÃO E DECADÊNCIA 538

4. COMPETÊNCIA 539

5. CUSTAS, EMOLUMENTOS E HONORÁRIOS 542

6. AUDIÊNCIA TRABALHISTA 545

7. PARTES, ADVOGADOS, REPRESENTAÇÃO 546

8. NULIDADES 547

9. PROVAS 549

10. PROCEDIMENTO (INCLUSIVE, ATOS PROCESSUAIS) 551

11. LIQUIDAÇÃO E EXECUÇÃO 557

12. EMBARGOS DE TERCEIRO 561

13. COISA JULGADA E AÇÃO RESCISÓRIA 561

14. INQUÉRITO PARA APURAÇÃO DE FALTA GRAVE 561

15. MANDADO DE SEGURANÇA 562

16. DEMANDAS COLETIVAS (DISSÍDIO COLETIVO, AÇÃO CIVIL PÚBLICA, AÇÃO DE CUMPRIMENTO) ..563
17. RECURSOS 563
18. QUESTÕES COMBINADAS 568

14. DIREITO DO CONSUMIDOR 569

1. CONCEITO DE CONSUMIDOR E RELAÇÃO DE CONSUMO 569
2. PRINCÍPIOS E DIREITOS BÁSICOS 571
3. RESPONSABILIDADE PELO FATO DO PRODUTO OU DO SERVIÇO E PRESCRIÇÃO 572
4. RESPONSABILIDADE POR VÍCIO DO PRODUTO OU DO SERVIÇO E DECADÊNCIA 573
5. DESCONSIDERAÇÃO DA PERSONALIDADE JURÍDICA. RESPONSABILIDADE EM CASO DE GRUPO DE EMPRESAS 576
6. PRESCRIÇÃO E DECADÊNCIA 577
7. PRÁTICAS COMERCIAIS 578
8. PROTEÇÃO CONTRATUAL 581
9. RESPONSABILIDADE ADMINISTRATIVA 584
10. RESPONSABILIDADE CRIMINAL 584
11. DEFESA DO CONSUMIDOR EM JUÍZO 584
12. TEMAS COMBINADOS 586

15. DIREITO AMBIENTAL 589

1. HISTÓRICO E CONCEITOS BÁSICOS 589
2. PATRIMÔNIO CULTURAL BRASILEIRO 589
3. DIREITO AMBIENTAL CONSTITUCIONAL 590
4. PRINCÍPIOS DO DIREITO AMBIENTAL 591
5. COMPETÊNCIA EM MATÉRIA AMBIENTAL 594
6. LEI DE POLÍTICA NACIONAL DO MEIO AMBIENTE 595
7. INSTRUMENTOS DE PROTEÇÃO DO MEIO AMBIENTE 597
8. PROTEÇÃO DA FLORA. CÓDIGO FLORESTAL 603
9. RESPONSABILIDADE CIVIL AMBIENTAL E PROTEÇÃO JUDICIAL DO MEIO AMBIENTE 605
10. RESPONSABILIDADE ADMINISTRATIVA AMBIENTAL 609
11. RESPONSABILIDADE PENAL AMBIENTAL 610
12. RESÍDUOS SÓLIDOS 612
13. RECURSOS HÍDRICOS 613
14. RECURSOS MINERAIS 614
15. DIREITO AMBIENTAL INTERNACIONAL 614

16. QUESTÕES COMBINADAS E OUTROS TEMAS 614

16. ESTATUTO DA CRIANÇA E DO ADOLESCENTE 617

1. CONCEITOS BÁSICOS E PRINCÍPIOS 617
2. DIREITOS FUNDAMENTAIS 617
3. PREVENÇÃO 627
4. POLÍTICA E ENTIDADES DE ATENDIMENTO 628
5. MEDIDAS DE PROTEÇÃO 628
6. MEDIDAS SOCIOEDUCATIVAS E ATO INFRACIONAL – DIREITO MATERIAL 630
7. ATO INFRACIONAL – DIREITO PROCESSUAL 635
8. CONSELHO TUTELAR 639
9. MINISTÉRIO PÚBLICO 640
10. ACESSO À JUSTIÇA 641
11. INFRAÇÕES ADMINISTRATIVAS 641
12. CRIMES 641
13. DECLARAÇÕES E CONVENÇÕES 642
14. TEMAS COMBINADOS E OUTROS TEMAS 643

17. PROCESSO COLETIVO 651

1. INTERESSES DIFUSOS, COLETIVOS E INDIVIDUAIS HOMOGÊNEOS E PRINCÍPIOS 651
2. COMPETÊNCIA, CONEXÃO, CONTINÊNCIA E LITISPENDÊNCIA 652
3. LEGITIMAÇÃO, LEGITIMADOS, MINISTÉRIO PÚBLICO E LITISCONSÓRCIO 653
4. OBJETO 655
5. COMPROMISSO DE AJUSTAMENTO 655
6. AÇÃO, PROCEDIMENTO, TUTELA ANTECIPADA, MULTA, SENTENÇA, COISA JULGADA, RECURSOS, CUSTAS E QUESTÕES MISTAS 656

18. DIREITO ELEITORAL 659

1. FONTES E PRINCÍPIOS DE DIREITO ELEITORAL 659
2. COMPETÊNCIA E ORGANIZAÇÃO DA JUSTIÇA ELEITORAL 660
3. MINISTÉRIO PÚBLICO ELEITORAL 663
4. ALISTAMENTO ELEITORAL E DIREITOS POLÍTICOS 663
5. CANCELAMENTO E EXCLUSÃO DE ELEITOR 668
6. PARTIDOS POLÍTICOS 669
7. INELEGIBILIDADE 676
8. ELEIÇÕES 678

9. AÇÕES, RECURSOS, IMPUGNAÇÕES 692
10. CRIMES ELEITORAIS E PROCESSO PENAL ELEITORAL 693
11. PROCESSO ELEITORAL 695
12. DIPLOMAÇÃO 698
13. QUESTÕES COMBINADAS 698

19. DIREITO DO IDOSO 699

1. DIREITOS FUNDAMENTAIS 699
2. MEDIDAS DE PROTEÇÃO 700
3. ACESSO À JUSTIÇA 700
4. CRIMES 701
5. TEMAS VARIADOS 701

20. CRIMINOLOGIA 703

1. TEORIAS DA PENA 703
2. TEORIAS CRIMINOLÓGICAS 703
3. POLÍTICA CRIMINAL 704

21. DIREITOS HUMANOS E DIREITO INTERNACIONAL 705

1. TEORIA E DOCUMENTOS HISTÓRICOS 705
2. SISTEMA GLOBAL DE PROTEÇÃO DOS DIREITOS HUMANOS 705
3. SISTEMA GLOBAL DE PROTEÇÃO ESPECÍFICA DOS DIREITOS HUMANOS 706
4. SISTEMA REGIONAL DE PROTEÇÃO DOS DIREITOS HUMANOS 706
5. SISTEMA AMERICANO DE PROTEÇÃO ESPECÍFICA DOS DIREITOS HUMANOS 708
6. DIREITOS HUMANOS NO BRASIL 708
7. DIREITO DOS REFUGIADOS 709
8. COMBINADAS E OUTROS TEMAS DE DIREITOS HUMANOS 709
9. DIREITO INTERNACIONAL PÚBLICO E PRIVADO 710

22. SOCIOLOGIA E CIÊNCIA POLÍTICA 711

23. DIREITO AGRÁRIO 713

1. CONCEITOS E PRINCÍPIOS DO DIREITO AGRÁRIO 713
2. USUCAPIÃO ESPECIAL RURAL 713
3. AQUISIÇÃO E USO DA PROPRIEDADE E DA POSSE RURAL 713
4. DESAPROPRIAÇÃO PARA A REFORMA AGRÁRIA 713

5. CONTRATOS AGRÁRIOS 714
6. TERRAS DEVOLUTAS 714
7. TERRENAS INDÍGENAS E QUILOMBOLAS 714
8. OUTROS TEMAS E TEMAS COMBINADOS 715

24. ADMINISTRAÇÃO PÚBLICA **717**

1. PRINCÍPIOS E TEORIAS 717
2. GESTÃO E LIDERANÇA 717

25. ADMINISTRAÇÃO FINANCEIRA E ORÇAMENTÁRIA **719**

1. LEI ORÇAMENTÁRIA ANUAL - LOA 719
2. DESPESAS E RECEITAS 719

26. REGIMENTO INTERNO E LEGISLAÇÃO LOCAL **721**

27. DIREITOS DAS PESSOAS COM DEFICIÊNCIA **723**

28. LÍNGUA PORTUGUESA E REDAÇÃO www. **727**

1. SEMÂNTICA / ORTOGRAFIA / ACENTUAÇÃO GRÁFICA 727
2. PRONOME E COLOCAÇÃO PRONOMINAL 733
3. PREPOSIÇÃO 740
4. VERBO 740
5. REESCRITA 748
6. REGÊNCIA 750
7. PONTUAÇÃO 752
8. OCORRÊNCIA DA CRASE 758
9. CONJUNÇÃO 761
10. ORAÇÃO SUBORDINADA 766
11. INTERPRETAÇÃO DE TEXTOS 767
12. REDAÇÃO, COESÃO E COERÊNCIA 792
13. CONCORDÂNCIA VERBAL E CONCORDÂNCIA NOMINAL 803
14. ANÁLISE SINTÁTICA 810
15. QUESTÕES COMBINADAS 818

ANOTAÇÕES GERAIS **831**

CAPÍTULOS *ON-LINE*

29. DIREITO PREVIDENCIÁRIO 383

1. PRINCÍPIOS E NORMAS GERAIS 383
2. ASSISTÊNCIA SOCIAL E SAÚDE 384
3. SEGURADOS E DEPENDENTES 384
4. BENEFÍCIOS 384
5. SERVIDORES PÚBLICOS 386
6. OUTROS TEMAS E MATÉRIAS COMBINADAS 386

30. RACIOCÍNIO LÓGICO E MATEMÁTICA 387

1. RACIOCÍNIO LÓGICO 387
2. MATEMÁTICA BÁSICA 412
3. MATEMÁTICA FINANCEIRA 437
4. ESTATÍSTICA 446

31. INFORMÁTICA 451

1. *HARDWARE* *451*
2. PLANILHAS ELETRÔNICAS 451
3. EDITORES DE TEXTO 458
4. EDITORES DE APRESENTAÇÕES 462
5. INTERNET 463
6. SISTEMAS OPERACIONAIS 475
7. REDES 484
8. SEGURANÇA 484
9. OUTRAS QUESTÕES DE INFORMÁTICA 488

32. CONTABILIDADE 491

1. PRINCÍPIOS FUNDAMENTAIS DE CONTABILIDADE 491
2. CONTABILIDADE GERAL 491
3. CONTABILIDADE COMERCIAL 509
4. CONTABILIDADE DE CUSTOS 513
5. CONTABILIDADE PÚBLICA 519
6. ANÁLISE DAS DEMONSTRAÇÕES FINANCEIRAS 520

Como usar o livro?

Para que você consiga um ótimo aproveitamento deste livro, atente para as seguintes orientações:

1º Tenha em mãos um ***vademecum*** ou **um computador** no qual você possa acessar os textos de lei citados.

Neste ponto, recomendamos o **Vade Mecum de Legislação FOCO** – confira em www.editorafoco.com.br.

2º Se você estiver estudando a teoria (fazendo um curso preparatório ou lendo resumos, livros ou apostilas), faça as questões correspondentes deste livro na medida em que for avançando no estudo da parte teórica.

3º Se você já avançou bem no estudo da teoria, leia cada capítulo deste livro até o final, e só passe para o novo capítulo quando acabar o anterior; vai mais uma dica: alterne capítulos de acordo com suas preferências; leia um capítulo de uma disciplina que você gosta e, depois, de uma que você não gosta ou não sabe muito, e assim sucessivamente.

4º Iniciada a resolução das questões, tome o cuidado de ler cada uma delas **sem olhar para o gabarito e para os comentários**; se a curiosidade for muito grande e você não conseguir controlar os olhos, tampe os comentários e os gabaritos com uma régua ou um papel; na primeira tentativa, é fundamental que resolva a questão sozinho; só assim você vai identificar suas deficiências e "pegar o jeito" de resolver as questões; marque com um lápis a resposta que entender correta, e só depois olhe o gabarito e os comentários.

5º **Leia com muita atenção o enunciado das questões**. Ele deve ser lido, no mínimo, duas vezes. Da segunda leitura em diante, começam a aparecer os detalhes, os pontos que não percebemos na primeira leitura.

6º **Grife as palavras-chave, as afirmações e a pergunta formulada.** Ao grifar as palavras importantes e as afirmações você fixará mais os pontos-chave e não se perderá no enunciado como um todo. Tenha atenção especial com as palavras "correto", "incorreto", "certo", "errado", "prescindível" e "imprescindível".

7º Leia os comentários e **leia também cada dispositivo legal** neles mencionados; não tenha preguiça; abra o *vademecum* e leia os textos de leis citados, tanto os que explicam as alternativas corretas, como os que explicam o porquê de ser incorreta dada alternativa; você tem que conhecer bem a letra da lei, já que mais de 90% das respostas estão nela; mesmo que você já tenha entendido determinada questão, reforce sua memória e leia o texto legal indicado nos comentários.

8º Leia também os **textos legais que estão em volta** do dispositivo; por exemplo, se aparecer, em Direito Penal, uma questão cujo comentário remete ao dispositivo que trata de falsidade ideológica, aproveite para ler também os dispositivos que tratam dos outros crimes de falsidade; outro exemplo: se aparecer uma questão, em Direito Constitucional, que trate da composição do Conselho Nacional de Justiça, leia também as outras regras que regulamentam esse conselho.

9º Depois de resolver sozinho a questão e de ler cada comentário, você deve fazer uma **anotação ao lado da questão**, deixando claro o motivo de eventual erro que você tenha cometido; conheça os motivos mais comuns de erros na resolução das questões:

DL – "desconhecimento da lei"; quando a questão puder ser resolvida apenas com o conhecimento do texto de lei;

DD – "desconhecimento da doutrina"; quando a questão só puder ser resolvida com o conhecimento da doutrina;

DJ – "desconhecimento da jurisprudência"; quando a questão só puder ser resolvida com o conhecimento da jurisprudência;

FA – "falta de atenção"; quando você tiver errado a questão por não ter lido com cuidado o enunciado e as alternativas;

NUT - "não uso das técnicas"; quando você tiver se esquecido de usar as técnicas de resolução de questões objetivas, tais como as da **repetição de elementos** ("quanto mais elementos repetidos existirem, maior a chance de a alternativa ser correta"), das **afirmações generalizantes** ("afirmações generalizantes tendem a ser incorretas" - reconhece-se afirmações generalizantes pelas palavras *sempre, nunca, qualquer, absolutamente, apenas, só, somente exclusivamente* etc.), dos **conceitos compridos** ("os conceitos de maior extensão tendem a ser corretos"), entre outras.

obs: se você tiver interesse em fazer um Curso de "Técnicas de Resolução de Questões Objetivas", recomendamos o curso criado a esse respeito pelo IEDI Cursos On-line: www.iedi.com.br.

10º Confie no **bom-senso**. Normalmente, a resposta correta é a que tem mais a ver com o bom-senso e com a ética. Não ache que todas as perguntas contêm uma pegadinha. Se aparecer um instituto que você não conhece, repare bem no seu nome e tente imaginar o seu significado.

11º Faça um levantamento do **percentual de acertos de cada disciplina** e dos **principais motivos que levaram aos erros cometidos**; de posse da primeira informação, verifique quais disciplinas merecem um reforço no estudo; e de posse da segunda informação, fique atento aos erros que você mais comete, para que eles não se repitam.

12º Uma semana antes da prova, faça uma **leitura dinâmica** de todas as anotações que você fez e leia de novo os dispositivos legais (e seu entorno) das questões em que você marcar "DL", ou seja, desconhecimento da lei.

13º Para que você consiga ler o livro inteiro, faça um bom **planejamento**. Por exemplo, se você tiver 30 dias para ler a obra, divida o número de páginas do livro pelo número de dias que você tem, e cumpra, diariamente, o número de páginas necessárias para chegar até o fim. Se tiver sono ou preguiça, levante um pouco, beba água, masque chiclete ou leia em voz alta por algum tempo.

14º Desejo a você, também, muita **energia**, **disposição**, **foco**, **organização**, **disciplina**, **perseverança**, **amor** e **ética**!

Wander Garcia

Coordenador

1. Direito Constitucional

André Barbieri, Bruna Vieira, Georgia Renata Dias, Ivo Shigueru Tomita, Licínia Rossi, Teresa Melo, Tony Chalita*

1. PODER CONSTITUINTE

(Magistratura – TRT 1ª – 2016 – FCC) Havendo nas capitais de vários Estados da federação manifestações populares diárias e violentas, com destruição de bens públicos e privados, sempre pedindo a renúncia de determinados mandatários populares, resolveu o Presidente da República, por certo prazo e ouvidos os Conselhos da República e de Defesa Nacional, decretar, nas aludidas capitais, estado de defesa. Em seguida, visando a atender aos reclamos da população, apresentou-se no Congresso Nacional projeto de emenda constitucional, para instituição do regime de governo parlamentarista no país, prometendo-se que a referida emenda estaria votada e decidida antes do fim do aludido estado de defesa, tudo para normalizar a situação no país.

No caso, essa emenda

(A) já nasceu viciada, porque tudo indicava que sua aprovação teria sido decidida antes da sua apresentação.
(B) não poderia ser apresentada, porque feria cláusula pétrea.
(C) poderia ser apresentada, mas não sob pressão popular com a prática de atos ilícitos.
(D) poderia ser apresentada, mas a sua votação deveria seguir o trâmite constitucional normal.
(E) não poderia ser apresentada, em razão do estado de defesa.

A: incorreta. O vício existe, o fundamento é que está errado. De acordo com o art. 60, § 1º, da CF, a Constituição **não poderá ser emendada na vigência de** intervenção federal, de **estado de defesa** ou de estado de sítio; **B:** incorreta. O assunto tratado na emenda não faz parte do rol de cláusulas pétreas, previsto no art. 60, § 4º, da CF; **C** e **D:** incorretas. Ao contrário do mencionado, na vigência do estado de defesa a Constituição não pode ser emendada; **E:** correta. É o que determina o citado art. 60, § 1º, da CF.

Gabarito "E".

(Defensor Público/SP – 2012 – FCC) Emmanuel Joseph Sieyès (1748-1836), um dos inspiradores da Revolução Francesa, foi autor de um texto que teve grande repercussão na teoria do Poder Constituinte. O referido texto é:

(A) *Que é o terceiro Estado?*
(B) *O poder do terceiro Estado.*
(C) *Que pretende o terceiro Estado?*
(D) *Que tem sido o terceiro Estado?*
(E) *A importância do terceiro Estado.*

Onde desenvolve a noção de soberania nacional.

Gabarito "A".

(Defensor Público/SP – 2012 – FCC) A Constituição Federal de 1988, fruto do exercício do Poder Constituinte Originário, inaugurou nova ordem jurídico constitucional. Sobre o relacionamento da Constituição Federal de 1988 com as ordens jurídicas pretéritas (constitucionais e infraconstitucionais) é correto afirmar:

(A) Normas infraconstitucionais anteriores à Constituição Federal de 1988, desde que compatíveis material e formalmente com a ordem constitucional atual, continuam válidas.
(B) De acordo com entendimento dominante no Supremo Tribunal Federal, os dispositivos da Constituição de 1967 (com as alterações da Emenda n. 1 de 1969), que não forem contrários à Constituição Federal de 1988, continuam válidos, mas ocupam posição hierárquica infraconstitucional legal.
(C) Por força de norma expressa do Ato das Disposições Constitucionais Transitórias da Constituição Federal de 1988, houve manutenção da aplicação de determinados dispositivos da Constituição de 1967 (com as alterações da Emenda n. 1 de 1969).
(D) A promulgação da Constituição Federal de 1988 revogou integralmente a Constituição de 1967 (com as alterações da Emenda n. 1 de 1969), inexistindo, dada a incompatibilidade da ordem constitucional atual com o regime ditatorial anterior, possibilidade de recepção de dispositivos infraconstitucionais.
(E) Dispositivo da Constituição de 1946, que seja plenamente compatível com a ordem constitucional de 1988, com a revogação da Constituição de 1967 (com as alterações da Emenda n. 1 de 1969), tem sua validade retomada.

A: Errada. Só precisam ser materialmente compatíveis; **B:** Errada. O ordenamento brasileiro não admite, como regra geral, o fenômeno da *desconstitucionalização*, segundo o qual as normas da constituição anterior, materialmente compatíveis com a nova ordem constitucional, permanecem em vigor com *status* de lei ordinária. Só existirá desconstitucionalização se o próprio Poder Constituinte assim determinar, haja vista sua autonomia; **C:** Correta. V. art. 28 do ADCT; **D:** Errada. Pelo princípio da recepção, a legislação anterior à nova Constituição, desde que seja *materialmente* compatível com o novo texto, é validada e passa a se submeter à nova disciplina constitucional. Se a contrariedade com

---

* **Bruna Vieira** atualizou todas as questões do capítulo e comentou as questões dos seguintes concursos: Delegado, Analista 2011 e 2012, MAG/TRT/1ª/16; **Georgia Renata Dias** comentou as questões dos seguintes concursos: Analista: TRT/3ª/15, TRT/2ª/14, TRT/16ª/14, TRT/19ª/14, TRF/3ª/14, TRT/12ª/13, TRT/18ª/13; **Ivo Tomita** comentou as questões dos seguintes concursos: Técnico: TRT/2ª/14, TRT/19ª/14, TRF/3ª/14, TRT/12ª/13, TRT/18ª/13; **Licínia Rossi** comentou as questões dos seguintes concursos: Analista: TRT/2ª/08, TRT/18ª/08, TRT/15ª/09, TRT/19ª/08, TRT/24ª/11, TRT/23ª/11; **Teresa Melo** comentou as questões dos seguintes concursos: Magistratura Estadual, Defensoria, Procuradoria, Cartório, demais de Analista; **Bruna Vieira e Teresa Melo** comentaram as questões dos concursos Trabalhistas e Tribunais Técnico.

AB questões comentadas por: **André Barbieri.**

TM questões comentadas por: **Teresa Melo.**

TC questões comentadas por: **Tony Chalita.**

a CF de 1988 for apenas formal, sendo válido seu conteúdo, ainda assim são recepcionadas; **E:** Errada. Não existe repristinação nesse caso.

Gabarito "C"

2. TEORIA E CLASSIFICAÇÃO DA CONSTITUIÇÃO E PRINCÍPIOS FUNDAMENTAIS

(Técnico Judiciário – TRT24 – FCC – 2017) Framboesa pretende criar a associação "X" e Ludmila pretende criar a cooperativa "S". Consultando a Constituição Federal, elas verificaram que

(A) a criação de associações e, na forma da lei, a de cooperativas, independem de autorização, sendo vedada a interferência estatal em seu funcionamento.

(B) a criação de associações e, na forma da lei, a de cooperativas, dependem de autorização, mas é vedada a interferência estatal em seu funcionamento.

(C) somente a criação de associações depende de autorização, sendo, inclusive, permitida a interferência estatal em seu funcionamento.

(D) somente a criação de associações depende de autorização, sendo, porém, vedada a interferência estatal em seu funcionamento.

(E) somente a criação de cooperativa depende de autorização, sendo, porém, vedada a interferência estatal em seu funcionamento.

Art. 5º, inc. XVIII, da CF.

Gabarito "A"

(Técnico Judiciário – TRT24 – FCC – 2017) A Constituição Federal prevê, expressamente, dentre os direitos sociais, que é direito dos trabalhadores urbanos e rurais, a

(A) redução do salário proporcional a diminuição do trabalho limitada em 10%.

(B) redução do salário proporcional a diminuição do trabalho limitada em 30%.

(C) redução do salário proporcional a diminuição do trabalho limitada em 15%.

(D) irredutibilidade do salário, salvo o disposto em acordo coletivo, sendo vedada a convenção coletiva estipular qualquer tipo de redução salarial.

(E) irredutibilidade do salário, salvo o disposto em convenção ou acordo coletivo.

A Constituição prevê como direito do trabalhador urbano e rural a irredutibilidade do salário, salvo quando houver convenção ou acordo coletivo (art. 7º, inc. VI, da CF).

Gabarito "E"

(Técnico Judiciário – TRE/SP – FCC – 2017) Os direitos ao décimo terceiro salário com base na remuneração integral ou no valor da aposentadoria, à remuneração do serviço extraordinário superior, no mínimo, em cinquenta por cento à do normal e à redução dos riscos inerentes ao trabalho, por meio de normas de saúde, higiene e segurança, são todos assegurados, na Constituição Federal, aos

(A) trabalhadores urbanos e rurais, mas não aos domésticos, nem aos servidores ocupantes de cargo público.

(B) trabalhadores urbanos e rurais, bem como aos domésticos e aos servidores ocupantes de cargo público.

(C) trabalhadores urbanos e rurais, bem como aos domésticos, mas não aos servidores ocupantes de cargo público.

(D) trabalhadores domésticos, mas não aos urbanos e rurais, nem aos servidores ocupantes de cargo público.

(E) servidores ocupantes de cargo público, mas não aos trabalhadores urbanos e rurais, nem aos domésticos.

Art. 7º inc.VIII, XVI, XXII da CF. A garantia dos direitos aos trabalhadores urbanos e rurais estampados no enunciado, são também assegurados aos domésticos (Parágrafo Único do art. 7º da CF) e aos servidores ocupantes de cargo público (art. 39, § 3º, da CF).

Gabarito "B"

(Técnico Judiciário – TRE/SP – FCC – 2017) Seria incompatível com a Constituição Federal a constituição de associação sindical

(A) por servidores públicos civis.

(B) em base territorial compreendendo a área de dois Municípios.

(C) que outorgasse a aposentados filiados o direito de votarem e de serem votados.

(D) cuja Assembleia Geral fixasse contribuição, exigível de seus filiados, para custeio do sistema confederativo de representação sindical respectiva, independentemente da contribuição prevista em lei.

(E) que estabelecesse a filiação automática de trabalhadores da categoria que representa, quando de sua contratação por empresa sediada em sua base territorial.

O art. 8º da CF estabelece ser livre a associação profissional ou sindical. O inciso V do mesmo art. 8º garante que ninguém será obrigado a filiar-se ou manter filiado à sindicato, de modo que a alternativa "e" seria incompatível já que a filiação automática infringiria referido dispositivo legal.

Gabarito "E"

(Técnico Judiciário – TRE/SP – FCC – 2017) Seria incompatível com as normas constitucionais garantidoras de direitos e garantias fundamentais

(A) o estabelecimento de restrições, por lei, à entrada ou permanência de pessoas com seus bens no território nacional.

(B) a reunião pacífica, sem armas, em local aberto ao público, independentemente de autorização, mediante aviso prévio à autoridade competente.

(C) a suspensão das atividades de associação por decisão judicial não transitada em julgado.

(D) a interceptação de comunicações telefônicas, para fins de investigação criminal, por determinação da autoridade policial competente.

(E) a entrada na casa, sem consentimento do morador, em caso de flagrante delito, durante a noite.

A: incorreta. Determina o inciso XV do art. 5º da CF que é livre a locomoção no território nacional em tempo de paz, podendo qualquer pessoa, nos termos da lei, nele entrar, permanecer ou dele sair com seus bens; **B:** incorreta. O inciso XVI do art. 5º da CF determina quetodos podem reunir-se pacificamente, sem armas, em locais abertos ao público, independentemente de autorização, desde que não frustrem outra reunião anteriormente convocada para o mesmo local, sendo apenas exigido prévio aviso à autoridade competente; **C:** incorreta. De acordo com o art. 5º, XIX, da CF, as associações só poderão ser compulsoriamente dissolvidas ou ter suas atividades suspensas por decisão judicial, exigindo-se, no primeiro caso, o trânsito em julgado; **D:** correta. A interceptação de comunicações telefônicas só pode ser realizada por ordem judicial. Determina o inciso XII do art. 5º da CF que é inviolável o sigilo da correspondência e das comunicações telegráficas, de dados e das comunicações telefônicas, salvo, no último caso, por ordem judicial, nas hipóteses e na forma que a lei estabelecer para fins de investigação criminal ou instrução processual penal; **E:** incorreta. Em caso de flagrante delito a entrada na casa pode ocorrer em qualquer horário. De acordo com o art. 5º,XI, da CF, a casa é asilo inviolável do indivíduo, ninguém nela podendo penetrar sem consentimento do morador, salvo em caso de flagrante delito ou desastre, ou para prestar socorro, ou, durante o dia, por determinação judicial.

Gabarito "D"

(Técnico Judiciário – TRT20 – FCC – 2016) Considere a seguinte situação hipotética: Raquel, Regina e Henriqueta são irmãs. Regina está sendo acusada pela prática no ano de 2015 de crime de furto qualificado, encontrando-se foragida. A polícia local, suspeitando que as irmãs estão escondendo Regina, decide fazer uma busca minuciosa da acusada. Neste caso, observando-se que Raquel reside em um barco e que Henriqueta reside em um hotel, a busca de Regina

(A) poderá ser feita tanto no barco, como no hotel, durante o dia ou à noite, desde que haja determinação judicial.
(B) poderá ser feita tanto no barco, como no hotel, em qualquer dia e em qualquer horário, uma vez que não são considerados domicílio e, sendo assim, não são invioláveis, fazendo-se necessária a determinação judicial.
(C) não poderá ser feita no hotel, uma vez que se trata de propriedade privada de terceiros, mas poderá ser feita no barco, desde que durante o dia e por determinação judicial.
(D) poderá ser feita tanto no barco, como no hotel, durante o dia ou à noite, independentemente de determinação judicial.
(E) poderá ser feita tanto no barco, como no hotel, desde que durante o dia e por determinação judicial.

O art. 70 do Código Civil estabelece que o domicílio é o lugar onde a pessoa natural estabelece sua residência com ânimo definitivo, dessa forma, havendo ânimo definitivo no barco ou no hotel, serão eles considerados domicílio. Quanto à possibilidade de se fazer buscas nesses locais, a Constituição prevê a inviolabilidade do domicílio e suas exceções, de modo que a polícia poderá realizar suas buscas desde que o faça durante o dia e por determinação judicial (art. 5º, inc. XI, da CF).

Gabarito "E"

(Técnico Judiciário – TRT20 – FCC – 2016) O reconhecimento das convenções e acordos coletivos de trabalho

(A) está previsto na Constituição Federal de forma implícita.
(B) não está previsto na Constituição Federal, expressa ou implicitamente.
(C) está previsto expressamente na Constituição Federal no capítulo dos direitos e deveres individuais e coletivos.
(D) está previsto expressamente na Constituição Federal no capítulo dos direitos sociais.
(E) está previsto expressamente na Constituição Federal no capítulo pertinente ao Supremo Tribunal Federal.

Art. 7º, inc. XXVI, da CF.

Gabarito "D"

(Defensor Público – DPE/BA – 2016 – FCC) De acordo com disposição expressa da Constituição Federal, a República Federativa do Brasil tem como fundamento

(A) estado social de direito.
(B) defesa da paz.
(C) soberania.
(D) prevalência dos direitos humanos.
(E) desenvolvimento nacional.

Art. 1º, I a V, da CF. São fundamentos da República Federativa do Brasil: soberania, cidadania, dignidade da pessoa humana, valores sociais do trabalho e livre-iniciativa, e pluralismo político.

Gabarito "C"

(Defensor Público – DPE/ES – 2016 – FCC) A respeito da distinção entre princípios e regras, é correto afirmar:

(A) Diante da colisão entre princípios, tem-se o afastamento de um dos princípios pelo princípio da especialidade ou ainda pela declaração de invalidade.
(B) As regras e os princípios são espécies de normas jurídicas, ressalvando-se a maior hierarquia normativa atribuída aos princípios.
(C) Os princípios possuem um grau de abstração maior em relação às regras, aplicando-se pela lógica do "tudo ou nada".
(D) Os princípios por serem vagos e indeterminados, carecem de mediações concretizadoras (do legislador, do juiz), enquanto as regras são suscetíveis de aplicação direta.
(E) Na hipótese de conflito entre regras, tem-se a ponderação das regras colidentes.

A: Errada. Diante da colisão de princípios aplica-se a técnica da ponderação de interesses. Os critérios clássicos de solução de conflito aparente de normas (hierarquia, cronologia, especialidade etc.) não se aplicam às normas constitucionais, por terem a mesma hierarquia e pelo princípio da unidade da Constituição. A interpretação da Constituição possui princípios próprios; **B:** Errada. Princípios e regras são espécies do gênero "norma", mas não há hierarquia entre eles – embora haja autores que afirmem que violar um princípio é pior que violar uma regra; **C:** Errada. Os princípios são mais abstratos que as regras, mas possuem uma dimensão de peso, constituindo "mandados de otimização". São as regras que seguem a lógica do "tudo ou nada", ou seja: incidem ou não incidem em determinado caso; **D:** Correta, embora em alguns casos os princípios também possam ser aplicados diretamente; **E:** Errada. Ponderação é técnica de solução de conflito entre princípios, não entre regras. Regras não são ponderadas, ou se aplicam ou são afastadas em determinado caso.

Gabarito "D"

(Defensor Público – DPE/ES – 2016 – FCC) Em relação ao fenômeno da "constitucionalização" do Direito, impactando as diversas disciplinas jurídicas, como, por exemplo, o Direito Civil, o Direito Processual Civil, o Direito Penal etc., e a força normativa da Constituição, considere:

I. A nova ordem constitucional inaugurada em 1988 tratou de consolidar a força normativa e a supremacia da Constituição, muito embora mantida a centralidade normativo-axiológica do Código Civil no ordenamento jurídico brasileiro.
II. Em que pese parte da doutrina atribuir força normativa à Constituição, ainda predomina, sobretudo na jurisprudência do Supremo Tribunal Federal, o entendimento de que a norma constitucional possui natureza apenas programática.
III. No âmbito do Direito Privado, a eficácia entre particulares (ou vertical) dos direitos fundamentais é um exemplo significativo da força normativa da Constituição e da "constitucionalização" do Direito Civil.

IV. Não obstante a força normativa da Constituição e o novo rol de direitos fundamentais consagrado pela Constituição Federal de 1988, o ordenamento jurídico brasileiro ainda se encontra assentado normativamente em um paradigma ou tradição liberal-individualista

V. A "despatrimonialização" do Direito Civil, conforme sustentada por parte da doutrina, é reflexo da centralidade que o princípio da dignidade da pessoa humana e os direitos fundamentais passam a ocupar no âmbito do Direito Privado, notadamente após a Constituição Federal de 1988.

Está correto o que se afirma APENAS em

(A) V.

(B) I e III.

(C) III, IV e V.

(D) II e III.

(E) III e V.

I: Errada. Embora a primeira parte esteja correta, a centralidade normativo-axiológica do direito brasileiro é a Constituição Federal – não o Código Civil. O Código Civil, como toda legislação infraconstitucional, deve ser interpretado à luz da Constituição (filtragem constitucional); **II:** Errada. Nem todas as normas constitucionais são programáticas, que estabelecem verdadeiros programas a serem cumpridos pelo Estado (art. 3º e art. 215, CF, por exemplo). A maioria é de aplicabilidade imediata; **III:** Errada. Os direitos fundamentais são oponíveis pelo cidadão contra o Estado (eficácia vertical) ou por um particular em face de outro particular, nas relações privadas (eficácia horizontal). Embora seja decorrência da força normativa da Constituição, que se aplica tanto das relações Estado-particular como nas relações particular-particular, a eficácia horizontal dos direitos fundamentais não decorre da "constitucionalização do direito civil"; **IV:** Errada. A Constituição consagra direitos individuais próprios da primeira geração (direitos individuais), mas também direitos sociais, culturais e econômicos (de segunda geração), além dos direitos difusos e coletivos (de terceira geração). O paradigma da Constituição de 1988 não é liberal, mas democrático de direito; **V:** Correta. O princípio da dignidade da pessoa humana ocupa o papel de centralidade axiológica da Constituição, condicionando a interpretação de todo o direito infraconstitucional. De acordo com Daniel Sarmento, o conteúdo do princípio da dignidade da pessoa humana corresponde: a) ao valor intrínseco da pessoa; b) à autonomia; c) ao mínimo existencial e d) ao reconhecimento intersubjetivo.

Gabarito "A".

(Magistratura – TRT 1ª – 2016 – FCC) Foi um dos princípios extraídos de Montesquieu, em sua obra *O Espírito das Leis*, mais especificamente no capítulo sobre a Constituição da Inglaterra, que se acha expresso na Constituição de 1988 e que é considerado cláusula pétrea:

(A) A autonomia dos Estados da Federação.

(B) Autonomia do Poder Judiciário.

(C) A Federação.

(D) A soberania popular.

(E) A separação dos Poderes.

O princípio extraído de Montesquieu, em sua obra O Espírito das Leis, encontrado também na CF/1988 e considerado cláusula pétrea (art. 60, § 4º, III, da CF) é o princípio da **separação dos poderes**. Segundo Montesquieu, "Tudo estaria perdido se o mesmo homem ou o mesmo corpo de principais ou de nobres ou do povo exercesse estes três poderes: o de fazer as leis, o de executar as resoluções públicas e o de julgar os crimes ou os litígios dos particulares" (Do Espírito das Leis, Montequieu, p.169, Ed. Martin Claret, 2010, Tradução: Roberto Leal Ferreira Gabarito). A contracapa da obra também consta a informação solicitada na questão: "Charles-Louis de Secondat, o Barão de Montesquieu (1689-1755), foi um filósofo iluminista, escritor, jurista e político francês. Recebeu formação humanista no Colégio Juilly, e, com pouco mais de 18 anos, formou-se em Direito, na Universidade de Bordeaux. **Crítico ferrenho do absolutismo, defendia a tese da separação do poder do Estado em três: Executivo, Legislativo e Judiciário**".

Gabarito "E".

(Técnico – TRF/3ª Região – 2014 – FCC) A dignidade da pessoa humana, no âmbito da Constituição Brasileira de 1988, deve ser entendida como

(A) uma exemplificação do princípio de cooperação entre os povos para o progresso da humanidade reconhecida pela Constituição.

(B) um direito individual garantido somente aos brasileiros natos.

(C) uma decorrência do princípio constitucional da soberania do Estado Brasileiro.

(D) um direito social decorrente de convenção internacional ratificada pelo Estado Brasileiro.

(E) um dos fundamentos do Estado Democrático de Direito da República Federativa do Brasil.

A República Federativa do Brasil, formada pela união indissolúvel dos Estados e Municípios e do Distrito Federal, constitui-se em Estado Democrático de Direito e tem como fundamento, dentre outros, a dignidade da pessoa humana (art. 1º, III, da CF).

Gabarito "E".

(Técnico Judiciário – Área Administrativa – TRT12 – 2013 – FCC) Sobre a disciplina das garantias processuais na Constituição Federal brasileira, considere:

I. O contraditório e a ampla defesa, com os meios e recursos a ela inerentes, são assegurados aos litigantes tanto em processo judicial como em processo administrativo.

II. São inadmissíveis no processo as provas obtidas por meios ilícitos, salvo ratificação posterior pela autoridade judiciária competente.

III. Ninguém será processado senão pela autoridade competente.

IV. A publicidade dos atos processuais somente poderá ser restrita por lei quando o interesse social o exigir.

Está correto o que se afirma APENAS em

(A) I, II e III.

(B) I, III e IV.

(C) II, III e IV.

(D) I e III.

(E) II e IV.

I: Correta, nos termos do art. 5º, LV, da CF; **II:** Incorreta. São inadmissíveis, no processo, as provas obtidas por meios ilícitos, em qualquer hipótese (art. 5º, LVI, da CF); **III:** Correta, nos termos do art. 5º, LIII, da CF; **IV:** Incorreta, pois, além da hipótese de interesse social, a lei poderá restringir a publicidade dos atos processuais quando a defesa da intimidade exigir (art. 5º, LX, da CF).

Gabarito "D".

(Analista – TRT/2ª Região – 2014 – FCC) Considere as seguintes afirmativas:

I. O direito de reunião em locais abertos ao público deve ser exercido, segundo o texto constitucional, de forma pacífica, sem armas, com prévio aviso à autoridade competente, desde que não frustre outra reunião anteriormente convocada para o mesmo local.

II. É assegurada pela Constituição Federal a gratuidade das ações de habeas corpus e habeas data e, na forma da lei, dos atos necessários ao exercício da cidadania, bem assim, aos reconhecidamente pobres, do registro civil de nascimento e da certidão de óbito.

III. É cabível a impetração de habeas data em caso de violação do direito fundamental assegurado a todos de receber dos órgãos públicos informações de seu interesse particular ou de interesse geral, ainda que, neste último caso, não diga respeito especificamente à pessoa do impetrante.

Está correto o que consta em

(A) II, apenas.

(B) I, II e III.

(C) I e III, apenas.

(D) II e III, apenas.

(E) I e II, apenas.

I: correta (art. 5º, XVI, da CF); **II:** correta (art. 5º, LXXVI e LXXVII, da CF); **III:** incorreta, "o *habeas data* não se presta para solicitar informações relativas a terceiros, pois, nos termos do inc. LXXII do art. 5.º da CF, sua impetração deve ter por objetivo 'assegurar o conhecimento de informações relativas à pessoa do impetrante'." (STF, HD 87-AgR, Plenário, j. 25.11.2009, rel. Min. Cármen Lúcia, *DJe* 05.02.2010)"

Gabarito "E"

(Analista – TRT/2ª Região – 2014 – FCC) Os direitos dos trabalhadores urbanos e rurais foram inscritos no título da Constituição Federal dedicado a enunciar os direitos e garantias fundamentais. Tal posicionamento sugere, sob certa perspectiva, a qualificação desses direitos como direitos fundamentais da pessoa humana. Nesse sentido, o constituinte acabou por estendê-los, em grande medida, a outras categorias de trabalhadores, a exemplo dos servidores públicos e dos trabalhadores domésticos. No caso dos servidores públicos, o texto constitucional determina a extensão, dentre outros, dos seguintes direitos:

(A) remuneração do trabalho noturno superior a do diurno; proibição de distinção entre trabalho manual, técnico e intelectual ou entre os profissionais respectivos; e licença à gestante, sem prejuízo do emprego e do salário, com a duração de cento e vinte dias.

(B) garantia de salário, nunca inferior ao mínimo, para os que percebem remuneração variável; proteção em face da automação; e salário-família pago em razão do dependente do trabalhador de baixa renda.

(C) proteção do mercado de trabalho da mulher, mediante incentivos específicos; remuneração do trabalho noturno superior a do diurno; e salário-família pago em razão do dependente do trabalhador de baixa renda.

(D) jornada de seis horas para o trabalho realizado em turnos ininterruptos de revezamento; proteção do mercado de trabalho da mulher, mediante incentivos específicos; e proteção do salário na forma da lei, constituindo crime sua retenção dolosa.

(E) jornada de seis horas para o trabalho realizado em turnos ininterruptos de revezamento; proibição de distinção entre trabalho manual, técnico e intelectual ou entre os profissionais respectivos; e assistência gratuita aos filhos e dependentes desde o nascimento até cinco anos de idade em creches e pré-escolas.

A: incorreta, não há extensão no tocante à proibição de distinção entre trabalho manual, técnico e intelectual; **B:** incorreta, não se estende à proteção em face da automação; **C:** correta (art. 39, § 3º, da CF); **D:** incorreta, o texto constitucional não determina a extensão da jornada de seis horas para o trabalho realizado em turnos ininterruptos de revezamento e proteção do salário na forma da lei, constituindo crime sua retenção dolosa; **E:** incorreta, os direitos descritos na alternativa não são previstos para os servidores públicos.

Gabarito "C"

(Analista – TRT/6ª – 2012 – FCC) O voto é uma das principais armas da Democracia, pois permite ao povo escolher os responsáveis pela condução das decisões políticas de um Estado. Quem faz mau uso do voto deixa de zelar pela boa condução da política e põe em risco seus próprios direitos e deveres, o que afeta a essência do Estado Democrático de Direito. Dentre os fundamentos da República Federativa do Brasil, expressamente previstos na Constituição, aquele que mais adequadamente se relaciona à ideia acima exposta é a

(A) soberania.

(B) prevalência dos direitos humanos.

(C) cidadania.

(D) independência nacional.

(E) dignidade da pessoa humana.

A: errada. A soberania, um dos fundamentos da República Federativa do Brasil (art. 1º, I, da CF), é uma qualidade do Estado independente. Fala-se em soberania externa e interna. A primeira refere-se à representação dos Estados em âmbito internacional. A segunda é determinada pela demarcação da supremacia do Estado em relação aos seus cidadãos; **B** e **D:** erradas. A prevalência dos direitos humanos e a independência nacional são princípios que regem o Brasil nas suas relações internacionais (art. 4º, I e II, da CF) e não fundamentos da República Federativa do Brasil; **C:** correta. De fato, a cidadania é a ideia que adequadamente tem relação com o problema. É considerado cidadão o indivíduo que já concluiu o seu alistamento eleitoral e está no gozo de seus direitos políticos. Além disso, a cidadania vista de forma ampla reconhece o povo como titular do poder e integrante da sociedade; **E:** errada. A dignidade da pessoa humana é considerada princípio basilar e supremo da CF. O conjunto de direitos e garantias fundamentais dados aos indivíduos é que asseguram uma existência digna. Desse modo, para que o ser humano possua dignidade, deve a ele ser dado acesso a requisitos mínimos de uma vida digna como, por exemplo, alimentação, moradia, saude, higiene, educação, lazer etc.

Gabarito "C"

(Defensor Público/PR – 2012 – FCC) O constitucionalismo fez surgir as Constituições modernas que se caracterizam pela adoção de

(A) rol de direitos civis, políticos, econômicos, sociais e culturais e regime presidencialista de governo;

(B) pactos de poder entre soberanos e súditos que garantem àqueles privilégios, poderes e prerrogativas sem a contrapartida de deveres e responsabilidades exigíveis por estes;

(C) princípio do governo limitado pelas leis, separação de poderes e proteção de direitos e garantias fundamentais;

(D) controle de constitucionalidade difuso das normas realizado por qualquer membro do Poder Judiciário;

(E) cartas constitucionais escritas, formais, dogmáticas, dirigentes, analítica e outorgadas.

O constitucionalismo moderno abrange a limitação do poder político e a proteção dos direitos fundamentais. De acordo com Pedro Lenza (**Direito Constitucional Esquematizado**, 2013, p. 58), "partindo, então, da ideia de que todo Estado deva possuir uma Constituição, avança-se no sentido de que os textos constitucionais contêm regras de limitação ao poder autoritário e de prevalência dos direitos fundamentais, afastando-se da visão autoritária do antigo regime".

Gabarito "C"

3. HERMENÊUTICA CONSTITUCIONAL E EFICÁCIA DAS NORMAS CONSTITUCIONAIS

(Técnico – TRT/2ª Região – 2014 – FCC) No que diz respeito aos direitos e garantias fundamentais do sistema jurídico brasileiro, é

(A) livre o exercício de qualquer trabalho, ofício ou profissão, independentemente de exigências profissionais previstas em lei.

(B) ampla e irrestrita a liberdade de associação para fins lícitos em todo território nacional, inclusive no caso de sindicatos e partidos políticos.

(C) permitida a reunião pacífica em locais públicos, mediante prévia autorização das autoridades competentes.

(D) garantida a liberdade de associação para fins lícitos porém, ninguém é obrigado a associar-se ou a permanecer associado.

(E) permitida a dissolução compulsória de associações, após trâmite do devido processo legal administrativo.

A: Incorreta, pois é livre o exercício de qualquer trabalho, ofício ou profissão, **atendidas as qualificações profissionais que a lei estabelecer** (art. 5º, XIII, da CF); **B:** Incorreta, uma vez que é plena a liberdade de associação para fins lícitos, **vedada a de caráter paramilitar**; **C:** Incorreta, pois não há necessidade de autorização, exige-se, apenas o prévio aviso das autoridades competentes (art. 5º, XVI, da CF); **D:** Correta, conforme incisos XVIII e XX do art. 5º da CF; **E:** Incorreta, pois a dissolução compulsória das associações ocorrerá apenas por decisão judicial transitada em julgado (art. 5º, XIX, da CF).

Gabarito "D"

(Técnico Judiciário – Área Administrativa – TRT18 – 2013 – FCC) Considere o artigo 37, VII, da Constituição Federal de 1988: *O direito de greve será exercido nos termos e nos limites definidos em lei específica.* Trata-se de norma de eficácia

(A) contida.

(B) plena.

(C) limitada.

(D) programática.

(E) exaurida.

O art. 37, VII, da CF possui eficácia **limitada**, isto é, no momento em que a Constituição entra em vigor, não possui condições de produzir todos os seus efeitos, necessitando de uma norma infraconstitucional para a sua plena aplicabilidade.

Gabarito "C"

(Analista – TRT/2ª Região – 2014 – FCC) Considere as seguintes afirmativas:

I. Lei federal que condicione o exercício da profissão de músico à inscrição regular na Ordem dos Músicos do Brasil e ao pagamento das respectivas anuidades não ofende a Constituição, pois cabe ao legislador estabelecer qualificações profissionais a serem exigidas como condição ao exercício do direito fundamental à liberdade de profissão.

II. É assegurada às entidades associativas, desde que expressamente autorizadas, legitimidade para representar seus filiados judicialmente, inclusive em sede de ação civil pública e de mandado de segurança coletivo.

III. A inviolabilidade da intimidade, da honra e da imagem, bem como o direito à indenização por danos morais decorrentes de sua violação são constitucionalmente assegurados às pessoas naturais e não às pessoas jurídicas.

Está correto o que consta em

(A) III, apenas.

(B) I e III, apenas.

(C) II, apenas.

(D) I, II e III.

(E) I, apenas.

I: incorreta, "Nem todos os ofícios ou profissões podem ser condicionadas ao cumprimento de condições legais para o seu exercício. A regra é a liberdade. Apenas quando houver potencial lesivo na atividade é que pode ser exigida inscrição em conselho de fiscalização profissional. A atividade de músico prescinde de controle. Constitui, ademais, manifestação artística protegida pela garantia da liberdade de expressão." (RE 414.426, Plenário, j. 01.08.2011, Plenário, rel. Min. Ellen Gracie, DJE 10.10.2011)". *Vide*, também, art. 5º, IX, da CF; **II:** incorreta, "a legitimação das organizações sindicais, entidades de classe ou associações, para a segurança coletiva, é extraordinária, ocorrendo, em tal caso, substituição processual. CF, art. 5º, LXX. Não se exige, tratando-se de segurança coletiva, a autorização expressa aludida no inciso XXI do art. 5º da Constituição, que contempla hipótese de representação. O objeto do mandado de segurança coletivo será um direito dos associados, independentemente de guardar vínculo com os fins próprios da entidade impetrante do writ, exigindo-se, entretanto, que o direito esteja compreendido na titularidade dos associados e que exista ele em razão das atividades exercidas pelos associados, mas não se exigindo que o direito seja peculiar, próprio, da classe." (RE193.382, Plenário, j. 28.06.1996, rel. Min. Carlos Velloso, DJ 20.09.1996.). No mesmo sentido: RE 437.971-AgR, 1.ª T., j. 24.08.2010, rel. Min. Cármen Lúcia, DJE 24.09.2010"; **III:** correta, segundo a banca organizadora. Como o item traz a palavra "constitucionalmente" e essa matéria está disciplinada no art. 5° (inc. X), que trata dos direitos e deveres individuais e coletivos, têm como origem a proteção de direitos fundamentais da pessoa humana. A jurisprudência tem dado uma interpretação ampliativa a este dispositivo, a fim de conferir às pessoas jurídicas proteção de sua honra objetiva, quando compatível com a natureza destas. Sobre a possibilidade de pessoa jurídica sofrer dano moral *vide* Súmula 227 do STJ e REsp 1298689/RS, 2ª T., j. 09.04.2013, rel. Castro Meira, DJ 15.04.2013.

Gabarito "A"

(Analista Judiciário – Área Judiciária – TRT12 – 2013 – FCC) Possui eficácia limitada a norma constitucional que assegura direitos aos empregados domésticos, no que tange os direitos a

(A) seguro-desemprego, em caso de desemprego involuntário, e licença à gestante, sem prejuízo do emprego e do salário, com a duração de cento e vinte dias.

(B) fundo de garantia do tempo de serviço e reconhecimento das convenções e acordos coletivos de trabalho.

(C) seguro contra acidentes de trabalho, a cargo do empregador, e assistência gratuita aos filhos e dependentes, desde o nascimento até cinco anos de idade, em creches e pré-escolas.

(D) repouso semanal remunerado, preferencialmente aos domingos, e relação de emprego protegida contra despedida arbitrária ou sem justa causa.

(E) gozo de férias anuais remuneradas com, pelo menos, um terço a mais do que o salário normal e duração do trabalho normal não superior a oito horas diárias e quarenta e quatro semanais.

A: incorreta, a licença à gestante é norma de eficácia plena; **B:** incorreta, reconhecimento das convenções e acordos coletivos de trabalho é norma de eficácia plena; **C:** correta, ambos os direitos são normas de eficácia limitada; **D:** incorreta, repouso semanal remunerado é norma de eficácia plena; **E:** incorreta, ambos os direitos são normas de eficácia plena. *Vide* art. 7º, parágrafo único, da CF.

Gabarito "C"

(Analista Judiciário – Área Administrativa – TRT12 – 2013 – FCC) Considerando a capacidade de produção de efeitos das normas constitucionais, a previsão constante do artigo 5º, XIII, da Constituição Federal, segundo a qual "é livre o exercício de qualquer trabalho, ofício ou profissão, atendidas as qualificações profissionais que a lei estabelecer", é norma de eficácia

(A) contida.

(B) plena.

(C) exaurida.

(D) programática.

(E) limitada.

As normas de eficácia contida "possuem aplicabilidade direta, imediata mas possivelmente não integral. Isso porque, apesar de aptas a regular de forma suficiente os interesse relativos ao seu conteúdo (direta), desde a sua entrada em vigor (imediata), reclamam uma atuação por parte do legislador no sentido de reduzir o seu alcance (não integral) (...). Em regra, consagram direitos dos indivíduos ou de entidades públicas ou privadas, passíveis de limitação por uma legislação futura ("...nos termos da lei", "...na forma da lei") (Novelino, Marcelo. *Direito constitucional*. 5. Ed. São Paulo: Método, 2011. p. 124).

Gabarito "A"

(Analista – TRT9 – 2012 – FCC) O inciso XIII do artigo 5º da Constituição Federal brasileira estabelece que *é livre o exercício de qualquer trabalho, ofício ou profissão, atendidas as qualificações profissionais que a lei estabelecer* e o inciso LXVIII afirma que *conceder-se-á* habeas corpus *sempre que alguém sofrer ou se achar ameaçado de sofrer violência ou coação em sua liberdade de locomoção, por ilegalidade ou abuso de poder*. Estes casos, são, respectivamente, exemplos de norma constitucional de eficácia

(A) plena e limitada.

(B) plena e contida.

(C) limitada e contida.

(D) contida e plena.

(E) contida e limitada.

As normas constitucionais *de eficácia plena são as que, por si só, produzem a plenitude de seus efeitos. Não dependem de lei regulamentadora e não admitem que norma infraconstitucional reduza o seu conteúdo. As de eficácia contida, também chamadas de restringível ou redutível*, são as que, embora tenham eficácia direta e aplicabilidade imediata, podem vir a ser restringidas pelo legislador infraconstitucional. O art. 5º, XIII, da CF/1988 (liberdade de profissão) é um exemplo clássico de norma dessa natureza e que foi restringido por lei. O Estatuto da Advocacia e a Ordem dos Advogados do Brasil (Lei 8.906/1994 – EAOAB) ao exigir, em seu art. 8º, IV, que o bacharel em direito seja aprovado no exame de ordem para que exerça a advocacia, restringe a liberdade de profissão. Vale lembrar que tal norma já foi declara constitucional pelo STF (RE 603.583/RS, Plenário, j. 26.10.2011, rel. Min. Marco Aurélio, *DJe* 25.05.2012). Por fim, as normas constitucionais *de eficácia limitada* são as que possuem aplicabilidade indireta e eficácia mediata, pois dependem da intermediação do legislador infraconstitucional para que possam produzir seus efeitos jurídicos próprios.

Gabarito "D"

(Defensor Público/PR – 2012 – FCC) Alguns autores têm criticado o que consideram um uso abusivo dos princípios e da ponderação como forma de aplicação dos direitos fundamentais. Com frequência os intérpretes dos direitos fundamentais acabam por transformá-los em princípios, utilizando-se em demasia do sopesamento na interpretação de suas inter-relações, o que ocasiona, muitas vezes, perda de objetividade e racionalidade na interpretação, dificultando seu controle. Sobre esse tema, é correto afirmar:

(A) Há elementos na interpretação com base em princípios que podem aflorar com mais facilidade, como a intuição e a sensibilidade, por exemplo, que permitirão ao bom juiz decidir de forma mais consentânea com a constituição e suas concepções pessoais de justiça.

(B) Não há como se eliminar totalmente toda subjetividade na interpretação e aplicação do direito, mas as relações de preferência simples e sem qualificativos devem ser eliminadas para que hajam relações de preferências fundamentadas, escalonadas e condicionadas sendo possível comparar grau de restrição de um direito fundamental com grau de realização de direito que com ele colide.

(C) Na interpretação de direitos fundamentais não há que se buscar racionalidade ou objetividade já que o próprio constituinte delegou ao intérprete a possibilidade de lhes atribuir significado conforme o momento histórico e as expectativas sociais.

(D) É justamente na criação do Direito, a partir da aplicação dos princípios, que o juiz-intérprete supre a inexistência de legitimidade democrática na sua investidura e exerce plenamente suas prerrogativas constitucionais.

(E) Essa crítica é improcedente já que as normas jurídicas não são fórmulas e nem interpretadas por máquinas. A subjetividade, irracionalidade, impossibilidade de controle e ausência de previsibilidade das decisões são ônus a serem suportados pela sociedade ao escolher um modelo de constituição tão abrangente e irrealizável.

A, C, D, E: incorretas – Como a interpretação jurídica é realizada por homens, não há como afastar totalmente a subjetividade. Entretanto, a intuição, a irracionalidade e a total ausência de objetividade não podem estar presentes na interpretação das normas. Além disso, não é a partir da interpretação que o juiz supre a falta de legitimidade democrática de sua investidura/decisões. **B:** correta – Toda e qualquer decisão deve ser fundamentada, principalmente diante do conflito entre princípios igualmente protegidos pela Constituição, na busca de uma relação de preferência que não seja discriminatória ou irrazoável.

Gabarito "B"

4. DO CONTROLE DE CONSTITUCIONALIDADE

4.1. CONTROLE DE CONSTITUCIONALIDADE EM GERAL

(Juiz – TJ-SC – FCC – 2017) Lei estadual, de iniciativa parlamentar, determinou que o limite máximo de remuneração dos ocupantes de cargos, funções e empregos públicos da administração direta, autárquica e fundacional dos membros dos poderes estaduais passará a ser o valor correspondente a noventa inteiros e vinte e cinco centésimos por cento do subsídio mensal dos Ministros do Supremo Tribunal Federal, não se aplicando o referido limite remuneratório, todavia, aos magistrados e deputados estaduais, para os quais se previu como teto, respectivamente, o subsídio mensal dos Ministros do Supremo Tribunal Federal e o valor equivalente a setenta e cinco por cento daquele estabelecido para os Deputados Federais. À luz da Constituição Federal e da jurisprudência do Supremo Tribunal Federal a referida lei estadual é:

(A) formalmente inconstitucional, uma vez que, em razão do princípio da simetria, apenas lei de iniciativa conjunta dos Chefes dos Poderes Executivo, Legislativo e Judiciário do Estado poderia estabelecer o limite máximo remuneratório, mas a lei é materialmente compatível com a Constituição Federal, na medida em que os limites se adequam às normas constitucionais.

(B) formalmente constitucional, uma vez que a matéria pode ser objeto de projeto de lei de iniciativa parlamentar, mas materialmente inconstitucional, na medida em que não se poderia adotar limite distinto para os magistrados e deputados estaduais.

(C) formal e materialmente inconstitucional, uma vez que apenas emenda à Constituição do Estado poderia estabelecer o limite máximo remuneratório, que, ademais, apenas poderia ser equivalente ao valor do subsídio pago aos Deputados estaduais.

(D) formalmente inconstitucional, uma vez que apenas emenda à Constituição do Estado poderia estabelecer o limite máximo remuneratório, mas materialmente compatível com a Constituição Federal, na medida em que os limites se adequam às normas constitucionais.

(E) formal e materialmente inconstitucional, uma vez que, em razão do princípio da simetria e das normas que regem a elaboração das leis orçamentárias, apenas lei de iniciativa do Chefe do Poder Executivo poderia estabelecer o limite máximo remuneratório, que, ademais, não poderia ser o valor correspondente a noventa inteiros e vinte e cinco centésimos por cento do subsídio mensal dos Ministros do Supremo Tribunal Federal.

A: incorreta, pois apenas emenda à Constituição do Estado poderia estabelecer o limite máximo (art. 37, §12, da CF); **B:** incorreta, pois somente seria viável mediante emenda à Constituição estadual. Ainda, perfeitamente possível seria adotar limites remuneratórios distintos para magistrados e deputados (art. 27, §2º, da CF); **C:** incorreta. Não ocorre inconstitucionalidade material, conforme arts. 37 e 27, ambos da CF; **D:** correta. Somente por emenda constitucional seria possível tal alteração, ainda que citada lei estadual seja materialmente constitucional. Sobre esse tema é importante ressaltar a ADI 3854/DF: "Remuneração. Limite ou teto remuneratório constitucional. Fixação diferenciada para os membros da magistratura federal e estadual. Inadmissibilidade. Caráter nacional do Poder Judiciário. Distinção arbitrária. Ofensa à regra constitucional da igualdade ou isonomia. Interpretação conforme dada ao art. 37, inc. XI, e § 12, da CF. Aparência de inconstitucionalidade do art. 2º da Resolução nº 13/2006 e do art. 1º, § único, da Resolução nº 14/2006, ambas do Conselho Nacional de Justiça. Ação direta de inconstitucionalidade. Liminar deferida. Voto vencido em parte. Em sede liminar de ação direta, aparentam inconstitucionalidade normas que, editadas pelo Conselho Nacional da Magistratura, estabelecem tetos remuneratórios diferenciados para os membros da magistratura estadual e os da federal."; **E:** incorreta, pois, conforme já explicado, trata-se de inconstitucionalidade do ponto de vista formal. AB

Gabarito "D"

(Procurador do Estado – PGE/MT – FCC – 2016) Projeto de Lei de Iniciativa do Chefe de Poder Executivo Estadual versando sobre vencimentos de servidores da Administração Pública direta foi objeto de emenda parlamentar para majorar vencimentos iniciais de uma determinada categoria. No caso em tela, a norma resultante da emenda parlamentar é:

(A) constitucional.

(B) inconstitucional por acarretar aumento de despesa.

(C) inconstitucional, uma vez que projeto de lei de iniciativa privativa do Chefe do Poder Executivo não poderia ser objeto de emenda parlamentar em hipótese alguma.

(D) inconstitucional se o projeto de lei já com a emenda parlamentar não for aprovado em um único turno de votação, por no mínimo dois terços dos membros da Assembleia Legislativa.

(E) inconstitucional se o projeto de lei já com a emenda parlamentar não for aprovado, em dois turnos de votação, por no mínimo dois terços dos membros da Assembleia Legislativa.

Somente o chefe do Poder Executivo pode iniciar leis que aumentem o vencimento de servidores públicos do seu ente (art. 61, § 1º, II, *a*, CF) e, em relação a tais leis, o Poder Legislativo não pode propor emendas que aumentem a despesa inicialmente prevista pelo Executivo, sob pena de violação da separação de Poderes. A regra é expressamente prevista no art. 63, I, CF. Por isso, a norma questionada é inconstitucional por acarretar aumento de despesa. TM

Gabarito "B"

(Procurador do Estado – PGE/MT – FCC – 2016) Suponha que lei de determinado Estado da federação institua a obrigatoriedade de as empresas operadoras de telefonia fixa e móvel constituírem cadastro de assinantes interessados em receber ofertas de produtos e serviços, a ser disponibilizado às empresas prestadoras de serviço de venda por via telefônica.

Nessa hipótese, referida lei seria:

(A) inconstitucional, por versar sobre matéria sujeita à lei complementar.

(B) constitucional, por se tratar de matéria de competência comum de União, Estados, Distrito Federal e Municípios.

(C) constitucional, por se tratar de matéria de competência legislativa concorrente de União, Estados, Distrito Federal e Municípios.

(D) inconstitucional, por versar sobre matéria de competência legislativa privativa da União.

(E) constitucional, por se tratar de matéria competência legislativa suplementar dos Estados.

A lei seria inconstitucional por tratar de matéria de competência legislativa privativa da União (consumidor). Ver art. 21, XIX, CF. A constituição não exige lei complementar para tratar a matéria. TM

Gabarito "D"

(Procurador do Estado – PGE/MT – FCC – 2016) A Lei nº 6.841/1996, do Estado de Mato Grosso, de iniciativa parlamentar, aprovada pela maioria simples da Assembleia Legislativa daquele Estado e sancionada pelo Governador, apresenta o seguinte teor: *"Art. 1º O servidor militar da ativa que vier a falecer em serviço ou que venha a sofrer incapacidade definitiva e for considerado inválido, impossibilitado total ou permanente para qualquer trabalho, em razão do serviço policial, fará jus a uma indenização mediante seguro de danos pessoais a ser contratado pelo Estado de Mato Grosso. Parágrafo único. A indenização referida neste artigo será o equivalente a 200 vezes o salário mínimo vigente no País. Art. 2º A indenização no caso de morte será paga, na constância do casamento, ao cônjuge sobrevivente; na sua falta, aos herdeiros legais; no caso de invalidez permanente, o pagamento será feito diretamente ao servidor público militar. Parágrafo único Para fins deste artigo a companheira ou companheiro será equiparado à esposa ou esposo, na forma definida pela Lei Complementar nr 26, de 13 de janeiro de 1993. Art. 3º Para o cumprimento do disposto nesta lei, fica o Poder Executivo autorizado a abrir crédito orçamentário para a Polícia Militar do Estado de Mato Grosso. Art. 4º Esta lei entra em vigor na data de sua publicação, revogadas as disposições em contrário".*

Referida lei é:

(A) incompatível com a Constituição Federal, mas não poderá ser mais questionada, haja vista o transcurso do prazo decadencial para arguição de inconstitucionalidade e por ter sido convalidada pelo Chefe do Poder Executivo Estadual quando de sua sanção.

(B) compatível com a Constituição Federal e a Constituição do Estado de Mato Grosso, sob os aspectos material e formal.

(C) incompatível com a Constituição do Estado de Mato Grosso, por conter vício formal no processo legislativo, uma vez que seria exigido o *quorum* mínimo para aprovação da maioria absoluta da assembleia para aprovação.

(D) incompatível com a Constituição do Estado de Mato Grosso, uma vez que a matéria regulada deveria ser objeto de Emenda à Constituição estadual, e não lei ordinária.

(E) incompatível com a Constituição Federal e a Constituição do Estado de Mato Grosso, por vício de iniciativa, ao versar sobre matéria inerente ao regime jurídico dos servidores públicos militares.

A: incorreta. É inconstitucional por vício de iniciativa, mas em controle de constitucionalidade não há prazo decadencial para propositura de ações. O ato inconstitucional, para a doutrina clássica, é ato nulo; **B:** incorreta. A lei é incompatível com a CF (e, por simetria federativa, com a constituição do estado) por vício de iniciativa, haja visto o disposto no art. 61, § 1º, II, *f*, CF; **C:** incorreta. Embora a lei seja inconstitucional, o motivo é o vício de iniciativa; **D:** incorreta. Pode ser tratada por lei, mas de iniciativa do chefe do Poder Executivo (aplicação simétrica da regra do art. 61, § 1º, II, *f*, CF); **E:** correta. Ver art. 61, § 1º, II, *f*, CF. TM

Gabarito "E"

(Defensor Público – DPE/ES – 2016 – FCC) No julgamento do Recurso Extraordinário 592.581/RS, o Supremo Tribunal Federal decidiu que o Poder Judiciário pode determinar que a Administração Pública realize obras ou reformas emergenciais em presídios para garantir os direitos fundamentais dos presos, como sua integridade física e moral. A respeito do controle judicial de políticas públicas, considere:

I. Caracteriza-se como hipótese de controle judicial de políticas públicas o ajuizamento de ação civil pública pela Defensoria Pública para obrigar ente federativo a assegurar saneamento básico em determinada localidade em benefício de pessoas necessitadas.

II. O controle judicial de políticas públicas é limitado ao âmbito dos direitos fundamentais sociais, não se configurando na hipótese dos demais direitos fundamentais de primeira e terceira dimensão (ou geração).

III. O ajuizamento de ações coletivas pela Defensoria Pública com o objetivo de exercer o controle judicial de políticas públicas deve se dar independentemente de qualquer esgotamento da via administrativa ou tentativa extrajudicial de resolução do conflito, já que tal medida não acarreta qualquer limitação ao princípio da separação de poderes.

IV. A jurisprudência do Supremo Tribunal Federal sedimentou entendimento de que é possível o controle judicial de políticas públicas na hipótese de violação ao direito ao mínimo existencial, superando o argumento da reserva do possível.

Está correto o que se afirma APENAS em

(A) II, III e IV.

(B) I e II.

(C) I e IV.

(D) I e III.

(E) III e IV.

I: Correta. O saneamento é uma das principais políticas públicas em matéria de saúde; **II:** Errada. Nenhuma lesão ou ameaça de lesão podem ser afastadas do controle pelo Poder Judiciário, principalmente em matéria de direitos fundamentais (cuja divisão em "dimensões" é meramente didática); **III:** Errada. Art. 4º, II, da LC 80/1994: "Art. 4º. São funções institucionais da Defensoria Pública, dentre outras: II – promover, prioritariamente, a solução extrajudicial dos litígios, visando à composição entre as pessoas em conflito de interesses, por meio de mediação, conciliação, arbitragem e demais técnicas de composição e administração de conflitos"; **IV:** Correta. Citando Ana Paula de Barcellos, o Min. Celso de Mello consignou na ADPF 45: "A meta central das Constituições modernas, e da Carta de 1988 em particular, pode ser resumida, como já exposto, na promoção do bem-estar do homem, cujo ponto de partida está em assegurar as condições de sua própria dignidade, que inclui, além da proteção dos direitos individuais, condições materiais mínimas de existência. Ao apurar os elementos fundamentais dessa dignidade (o mínimo existencial), estar-se-ão estabelecendo exatamente os alvos prioritários dos gastos públicos. Apenas depois de atingi-los é que se poderá discutir, relativamente aos recursos remanescentes, em que outros projetos se deverá investir. O mínimo existencial, como se vê, associado ao estabelecimento de prioridades orçamentárias, é capaz de conviver produtivamente com a reserva do possível."

Gabarito "C"

(Defensor Público – DPE/ES – 2016 – FCC) No tocante às cláusulas pétreas, conforme disposição expressa da Constituição Federal de 1988, não será objeto de deliberação a proposta de emenda constitucional tendente a abolir

(A) a Separação dos Poderes.
(B) o Estado Democrático de Direito.
(C) as Funções Essenciais à Justiça.
(D) os Direitos Sociais.
(E) a Soberania Popular.

Art. 60, § 4º, da CF. São cláusulas pétreas: a forma federativa de Estado; o voto direto, secreto, universal e periódico; a separação de Poderes e os direitos e garantias individuais.

Gabarito "A"

(Defensor Público – DPE/BA – 2016 – FCC) Em controle concentrado de constitucionalidade, o Supremo Tribunal Federal decidiu que é:

I. inconstitucional a norma que obriga a Defensoria Pública Estadual a firmar convênio exclusivamente com a Ordem dos Advogados do Brasil para a prestação de serviço jurídico integral e gratuito aos necessitados, porque a Ordem dos Advogados do Brasil não é entidade pública.
II. constitucional a norma que obriga a Defensoria Pública Estadual a firmar convênio exclusivamente com a Ordem dos Advogados do Brasil para a prestação de serviço jurídico integral e gratuito aos necessitados, desde que prevista na Constituição do Estado correspondente.
III. constitucional a norma que autoriza a Defensoria Pública Estadual a firmar convênio com a Ordem dos Advogados do Brasil para a prestação de serviço jurídico integral e gratuito aos necessitados.
IV. inconstitucional a norma que obriga a Defensoria Pública Estadual a firmar convênio exclusivamente com a Ordem dos Advogados do Brasil para a prestação de serviço jurídico integral e gratuito aos necessitados, porque viola a autonomia funcional, administrativa e financeira da Defensoria Pública.

Está correto o que se afirma APENAS em

(A) I e II.
(B) II e III.
(C) III e IV.
(D) II e IV.
(E) I e III.

"É inconstitucional toda norma que, impondo à Defensoria Pública Estadual, para prestação de serviço jurídico integral e gratuito aos necessitados, a obrigatoriedade de assinatura de convênio exclusivo com a Ordem dos Advogados do Brasil, ou com qualquer outra entidade, viola, por conseguinte, a autonomia funcional, administrativa e financeira daquele órgão público". V. ADI 4163, Rel. Min. Cezar Peluso, Pleno, j. 29.02.2012, p. 01/03/2013.

Gabarito "C"

(Analista – TRT/19ª Região – 2014 – FCC) Uma das Turmas de um Tribunal Regional do Trabalho – TRT, ao julgar recurso interposto em reclamação trabalhista, declarou, incidentalmente, a inconstitucionalidade de artigo de lei federal que seria aplicável à relação trabalhista discutida em juízo. Com isso, manteve integralmente a condenação imposta pela sentença. Considerando que não houve prévia manifestação do plenário ou órgão especial do TRT sobre a questão constitucional, nem decisão do Supremo Tribunal Federal sobre a matéria constitucional, a declaração incidental de inconstitucionalidade foi realizada

(A) incorretamente, uma vez que apenas o plenário ou órgão especial do TRT poderia declarar a inconstitucionalidade, pelo voto da maioria absoluta de seus membros.
(B) incorretamente, uma vez que apenas o plenário ou órgão especial do TRT poderia declarar a inconstitucionalidade, pelo voto da maioria dos presentes à sessão.
(C) incorretamente, uma vez que os Tribunais apenas podem declarar a inconstitucionalidade de lei ou ato normativo ao realizarem o controle concentrado e abstrato de constitucionalidade.
(D) corretamente, uma vez que qualquer juiz ou Tribunal pode afastar a aplicação de lei ou ato normativo inconstitucional ao julgar um caso concreto.
(E) corretamente, uma vez que apenas os Tribunais, ainda que pelo voto da maioria absoluta dos membros de suas turmas, podem declarar a inconstitucionalidade de lei ou ato normativo ao julgarem um caso concreto.

Uma das turmas, por ser órgão fracionário, poderia decidir sobre *o pedido*, mas não poderia ter *declarado diretamente a inconstitucionalidade* do artigo de lei federal, pois ofende a cláusula de reserva de plenário. Ademais, a votação depende da maioria absoluta dos membros (art. 97 da CF e Súmula Vinculante 10).

Gabarito "A"

(Analista – TRF/3ª Região – 2014 – FCC) Em ação civil pública, para anulação de contrato administrativo, na qual preliminar invoque a inconstitucionalidade de lei municipal, será possível, quanto ao controle de constitucionalidade, em decisão proferida pelo juiz de primeiro grau de jurisdição,

(A) o exercício do controle concentrado e com extensão dos efeitos da decisão à retirada de vigência da lei assim declarada inconstitucional.
(B) apenas o exercício da modalidade de controle difuso, com efeitos limitados às partes no caso concreto.
(C) o exercício da modalidade de controle concentrado, embora limitados os efeitos às partes no caso concreto.
(D) o exercício da modalidade de controle difuso e com extensão dos efeitos da decisão à retirada de vigência da lei assim declarada inconstitucional.
(E) o exercício de controle concentrado, mas sem possibilidade de se retirar a vigência da lei, salvo se a de- cisão for confirmada pelo Tribunal de Justiça.

"O Supremo Tribunal Federal tem reconhecido a legitimidade da utilização da ação civil pública como instrumento idôneo de fiscalização incidental de constitucionalidade, *pela via difusa*, de *quaisquer leis ou atos do Poder* Público, mesmo quando contestados em face da Constituição da República, desde que, nesse processo coletivo, a controvérsia constitucional, longe de identificar-se como objeto único da demanda, qualifique-se como simples questão prejudicial, indispensável à resolução de litígio principal" (AgRg na Rcl 1733, rel. Min. Celso de Mello, DJ 12.03.2003). "Reclamação. Ação direta de inconstitucionalidade de lei municipal em face da constituição federal. Competência. Ajuizamento perante tribunal de justiça estadual. Lei municipal. Inconstitucionalidade por ofensa à Constituição Federal. Arguição "in abstrato", por meio de ação direta, perante Tribunal de Justiça. O nosso sistema constitucional não admite o controle concentrado de constitucionalidade de lei ou ato normativo municipal em face da Constituição Federal; nem mesmo perante o Supremo Tribunal Federal que tem, como competência precípua, a sua guarda, art. 102. O único controle de constitucionalidade de lei e de ato normativo municipal em face da Constituição Federal que se admite e o difuso, exercido "incidenter tantum", por todos os órgãos do Poder Judiciário, quando do julgamento de cada caso concreto. Hipótese excepcional de controle concentrado de lei municipal. Alegação de ofensa a norma constitucional estadual que reproduz dispositivo constitucional federal de observância obrigatória pelos Estados. Competência do Tribunal de Justiça estadual, com possibilidade de recurso extraordinário para o STF. Precedentes RCL 383-SP e REMC 161.390-AL. Reclamação julgada procedente para cassar a decisão cautelar do Tribunal de Justiça do Estado, exorbitante de sua competência e ofensiva a jurisdição desta Corte, como guardiã primacial da Constituição Federal. Art. 102, *caput*, I, "e", da CF" (STF, Rcl 337/DF, Tribunal Pleno, Rel. Min. Paulo Brossard, DJ 19.12.1994). Vide também: ADIn 2.141-ES, rel. Min. Celso de Mello, *RTJ* 164/832, Rel. Min. Paulo Brossard.

Gabarito "B"

(Analista Judiciário – Área Judiciária – TRT12 – 2013 – FCC) O artigo 33, § 2º, da Lei nº 11.343/2006 tipifica como crime as condutas de "induzir, instigar ou auxiliar alguém ao uso indevido de drogas". O Supremo Tribunal Federal (STF) julgou procedente ação direta de inconstitucionalidade, tendo por objeto referido dispositivo legal, para "dele excluir qualquer significado que enseje a proibição de manifestações e debates públicos acerca da descriminalização ou legalização do uso de drogas ou de qualquer substância que leve o ser humano ao entorpecimento episódico, ou então, viciado, das suas faculdades psicofísicas".

Nesta hipótese, em relação ao dispositivo legal em questão, o STF procedeu à

(A) declaração de inconstitucionalidade, com redução de texto.

(B) declaração de constitucionalidade, com redução de texto.

(C) interpretação conforme a Constituição, com ampliação do alcance do texto normativo.

(D) declaração de inconstitucionalidade, com pronúncia de nulidade.

(E) interpretação conforme a Constituição, com redução do alcance do texto normativo.

A ação foi julgada procedente para dar interpretação conforme a Constituição. "A 'interpretação conforme' nem se destina a suspender, nem a cassar a eficácia do texto-normativo sobre que se debruça. Ela serve tão somente para descartar a incidência de uma dada compreensão – ou mais de uma – que se possa extrair do dispositivo infraconstitucional tido por insurgente à Constituição. Que significação? Aquela – ou aquelas – em demonstrada rota de colisão com a Magna Carta" (ADIn 4274, Plenário, j. 23.11.2011, rel. Min. Ayres Britto, *DJe* 02.05.2012).

Gabarito "E"

(Analista – TRT/11ª – 2012 – FCC) Sobre as medidas judiciais de controle da constitucionalidade brasileiro analise as seguintes assertivas:

I. A arguição de descumprimento de preceito fundamental, decorrente da Constituição Federal, será apreciada pelo Supremo Tribunal Federal, na forma da lei.

II. As decisões definitivas de mérito, proferidas pelo Supremo Tribunal Federal, nas ações declaratórias de constitucionalidade produzirão eficácia contra todos e efeito vinculante, relativamente aos demais órgãos do Poder Judiciário e à administração pública direta e indireta, nas esferas federal, estadual e municipal.

III. O Presidente do Senado Federal é um dos legitimados à propositura de ação direta de inconstitucionalidade e ação direta de constitucionalidade perante o Supremo Tribunal Federal.

Está correto o que se afirma APENAS em

(A) I e II.

(B) I e III.

(C) II e III.

(D) II.

(E) III.

I: correta (art. 102, § 1º, da CF); **II:** correta (art. 102, § 2º, da CF); **III:** incorreta. O Presidente do Senado não é legitimado à propositura dessas ações. De acordo com o art. 103 da CF, podem propor a ação direta de inconstitucionalidade e a ação declaratória de constitucionalidade: I – o Presidente da República, **II – a Mesa do Senado Federal,** III – a Mesa da Câmara dos Deputados, IV – a Mesa de Assembleia Legislativa ou da Câmara Legislativa do Distrito Federal, V – o Governador de Estado ou do Distrito Federal, VI – o Procurador-Geral da República, VII – o Conselho Federal da Ordem dos Advogados do Brasil, VIII – partido político com representação no Congresso Nacional e IX – confederação sindical ou entidade de classe de âmbito nacional.

Gabarito "A"

(Analista – TRT/6ª – 2012 – FCC) Um juiz de primeiro grau, ao declarar a inconstitucionalidade de lei em sentença,

(A) pode, tendo em vista razões de segurança jurídica ou de excepcional interesse social, determinar que a declaração de inconstitucionalidade tenha eficácia *erga omnes* ou decidir que ela só tenha eficácia a partir de seu trânsito em julgado.

(B) realiza controle de constitucionalidade difuso, no qual o exame da compatibilidade de uma lei com a Constituição é incidental e relacionado a um determinado caso concreto.

(C) deve demonstrar a repercussão geral das questões constitucionais discutidas no caso como condição preliminar de mérito da decisão.

(D) deve submeter sua decisão ao duplo grau de jurisdição para que o exame da constitucionalidade da lei seja realizado por um Tribunal, em respeito à cláusula constitucional de reserva de plenário.

(E) deve comunicar ao Supremo Tribunal Federal o teor de sua decisão para fins de uniformização jurisprudencial, evitando-se, futuramente, decisões contraditórias em matéria de controle de constitucionalidade.

A: incorreta. Quando um juiz declara a inconstitucionalidade de uma lei numa sentença o faz de forma incidental. Ou seja, apenas a analisa como questão prejudicial, como causa de pedir, em sede de controle difuso de constitucionalidade (controle no caso concreto). O pedido principal é outro e a inconstitucionalidade é apenas o fundamento do pedido. Desse modo, a decisão produz efeitos apenas *inter partes*. Não há possibilidade de o juiz determinar que a declaração tenha eficácia *erga omnes;* **B:** correta. De fato, trata-se de controle difuso em que a declaração de inconstitucionalidade se dá no caso concreto; **C:** incorreta. A necessidade da demonstração de repercussão geral não ocorre em primeiro grau de jurisdição; **D:** incorreta. Havendo recurso, a questão será analisada pelo tribunal e, neste caso, é que será observada a cláusula de reserva de plenário. Ou seja, somente pelo voto da maioria absoluta de seus membros ou dos membros do respectivo órgão especial é que o tribunal poderá declarar a inconstitucionalidade de lei ou ato normativo do Poder Público (art. 97 da CF); **E:** incorreta. As decisões dos juízes, ou seja, advindas do primeiro grau de jurisdição, não precisam ser comunicadas ao Supremo e não têm o condão de vincular os demais órgãos do judiciário a ponto de evitar questões contraditórias.

Gabarito "B"

(Analista – TRT/1ª – 2012 – FCC) O artigo 5º, *caput*, da Lei nº 12.034/2009 criou, para vigorar "a partir das eleições de 2014, inclusive, o voto impresso conferido pelo eleitor". Entre outras regras, estabeleceu em seus parágrafos que, "após a confirmação final do voto pelo eleitor, a urna eletrônica imprimirá um número único de identificação do voto associado à sua própria assinatura digital", a fim de viabilizar a realização de auditoria de urnas eletrônicas, por amostragem, por meio da contagem dos seus votos em papel e comparação com os resultados apresentados pelo respectivo boletim de urna. Em sessão realizada em outubro de 2011, o Supremo Tribunal Federal (STF) concedeu medida cautelar em sede de ação direta de inconstitucionalidade, proposta pelo Procurador-Geral da República, para suspender a eficácia do referido dispositivo legal, na íntegra.

Nesse caso:

I. A questão de mérito posta à deliberação do STF diz respeito à compatibilidade de dispositivos de lei federal com a Constituição da República, em face do direito fundamental ao voto secreto, considerado mecanismo de exercício da soberania popular, matéria protegida inclusive contraproposta de emenda à Constituição que tenda à sua abolição.

II. O Procurador-Geral da República possui legitimidade para a propositura da ação e prescinde da demonstração de pertinência temática para esse fim, a exemplo do que ocorre, entre outros legitimados, com o Presidente da República e os partidos políticos com representação no Congresso Nacional.

III. O *quorum* exigido para a decisão proferida no caso em tela é o da maioria absoluta dos membros do STF, devendo estar presentes na sessão pelo menos oito Ministros.

IV. A decisão proferida pelo STF, no caso, é dotada de eficácia contra todos e produz efeitos *ex nunc*.

Está correto o que se afirma em

(A) I e II, apenas.

(B) I e III, apenas.

(C) II e IV, apenas.

(D) I, III e IV, apenas.

(E) I, II, III e IV.

I: correta. De acordo com o art. 60, § 4º, II, da CF/1988, o direito ao voto secreto é considerado cláusula pétrea. Portanto, eventual norma criada com a intenção de abolir esse direito, necessariamente, será tida como inconstitucional; **II:** correta. O Procurador-Geral da República, de fato, não precisa demonstrar pertinência temática. Conforme o posicionamento do STF, apenas os legitimados previstos nos incisos IV (a Mesa de Assembleia Legislativa ou da Câmara Legislativa do Distrito Federal), V (o Governador de Estado ou do Distrito Federal) e IX (confederação sindical ou entidade de classe de âmbito nacional), do art. 103 da CF/1988 é que precisam demonstrar pertinência temática, ou seja, precisam demonstrar que a pretensão deduzida guarda relação de pertinência com os seus objetivos institucionais; **III:** correta. Conforme dispõe o art. 10 da Lei 9.868/1999, salvo no período de recesso, a medida cautelar na ação direta será concedida por decisão da *maioria absoluta* dos membros do Tribunal, observado o disposto no art. 22 da referida lei, após a audiência dos órgãos ou autoridades dos quais emanou a lei ou ato normativo impugnado, que deverão pronunciar-se no prazo de cinco dias; **IV:** correta. O art. 11, § 1º, da Lei 9.868/1999 determina que a medida cautelar, dotada de eficácia *contra todos*, será concedida com efeito *ex nunc*, salvo se o Tribunal entender que deva conceder-lhe eficácia retroativa.

Gabarito "E".

(Analista – TRT/1ª – 2012 – FCC) Na hipótese de uma Turma do Tribunal Regional do Trabalho deparar-se com questão ainda não examinada pelo Supremo Tribunal Federal, atinente à constitucionalidade de lei, prejudicial à decisão de um caso concreto submetido a seu julgamento, o órgão julgador, em virtude do quanto dispõe a Constituição da República,

(A) estará impedido de pronunciar-se, até que sobrevenha decisão sobre a constitucionalidade da lei proferida pelo Supremo Tribunal Federal, ao qual compete a guarda da Constituição.

(B) estará impedido de pronunciar-se, até que sobrevenha decisão sobre a constitucionalidade da lei proferida pelo Tribunal Superior do Trabalho, instância jurisdicional final em matéria trabalhista.

(C) poderá afastar a incidência da lei, desde logo, mas não declarar sua inconstitucionalidade expressamente, sem que haja decisão anterior proferida a esse respeito pela maioria absoluta dos membros do Tribunal Regional do Trabalho ou de seu Órgão Especial.

(D) não poderá declarar a inconstitucionalidade da lei, tampouco afastar sua incidência, sem que haja decisão anterior proferida a esse respeito pela maioria absoluta dos membros do Tribunal Regional do Trabalho ou de seu Órgão Especial.

(E) poderá declarar a inconstitucionalidade da lei, bem como afastar sua incidência, independentemente da existência de decisão anterior proferida a esse respeito por outras instâncias da Justiça do Trabalho ou pelo Supremo Tribunal Federal, por se tratar de decisão a ser tomada em sede de controle difuso de constitucionalidade.

De acordo com o art. 97 da CF/1988, somente pelo voto da *maioria absoluta* de seus membros ou dos membros do respectivo órgão especial poderão os tribunais declarar a inconstitucionalidade de lei ou ato normativo do Poder Público. É a denominada cláusula de reserva de plenário. Desse modo, o órgão julgador não poderá declarar a inconstitucionalidade da lei, tampouco afastar sua incidência, sem que haja decisão anterior proferida a esse respeito pela maioria absoluta dos membros do Tribunal Regional do Trabalho ou de seu Órgão Especial.

Gabarito "D".

(Analista – TRT9 – 2012 – FCC) De acordo com a Constituição Federal brasileira, em matéria de controle difuso de constitucionalidade, o Senado Federal poderá editar uma resolução suspendendo a execução, no todo ou em parte, de lei ou ato normativo declarado inconstitucional por decisão definitiva do Supremo Tribunal Federal. Esta resolução senatorial

(A) terá efeitos *erga omnes*, porém *ex nunc*, ou seja, a partir da sua publicação.

(B) não terá efeitos *erga omnes*, sendo que os efeitos *inter partes* serão *ex nunc*, ou seja, a partir da sua publicação.

(C) terá efeitos *erga omnes* e *ex tunc*, ou seja, anteriores à sua publicação.

(D) somente terá efeitos *ex tunc* depois de aprovada por maioria absoluta do Senado Federal e um terço do Congresso Nacional.

(E) não terá efeitos *erga omnes*, porém os efeitos *inter partes* serão *ex tunc*, ou seja, anteriores a sua publicação.

A: correta. De acordo com o art. 52, X, da CF/1988, é da competência privativa do Senado Federal a suspensão da execução, no todo ou em parte, de lei declarada inconstitucional por decisão definitiva do Supremo Tribunal Federal. De fato, a resolução valerá para todas as pessoas e produzirá efeitos a partir da sua publicação, ou seja, *ex nunc*; **B:** incorreta. Ao contrário, a resolução do Senado terá efeito *erga omnes*; **C:** incorreta. Os efeitos serão *erga omnes* e *ex nunc* e não *ex tunc* (retroativos), como afirmado pela alternativa; **D:** incorreta, tendo em vista que não existe previsão legal que determine a apreciação pelo Congresso Nacional, além de que o quórum exigido é o de maioria simples; **E:** incorreta. Como mencionado, os efeitos serão *erga omnes* e *ex nunc*.

Gabarito "A"

(Analista – TRE/SP – 2012 – FCC) De acordo com o texto da Constituição da República e com a jurisprudência do Supremo Tribunal Federal, em matéria de controle de constitucionalidade é correto afirmar:

(A) Viola a cláusula de reserva de plenário a decisão de órgão fracionário de tribunal que, embora não declare expressamente a inconstitucionalidade de lei ou ato normativo do poder público, afasta sua incidência, no todo ou em parte.

(B) A cláusula de reserva de plenário não se aplica aos processos de competência da Justiça do Trabalho e da Justiça Eleitoral.

(C) Aos magistrados dos juizados especiais é vedado o exercício do controle incidental de constitucionalidade de leis e atos normativos.

(D) As decisões definitivas de mérito, proferidas pelo Supremo Tribunal Federal, nas ações diretas de inconstitucionalidade e nas ações declaratórias de constitucionalidade, produzem eficácia contra todos e efeito vinculante, relativamente aos demais órgãos do Poder Judiciário, mas não vinculam a atuação da administração pública.

(E) Compete ao Supremo Tribunal Federal julgar as ações declaratórias de constitucionalidade de lei ou ato normativo federal ou estadual.

A: correta (Súmula Vinculante 10 do STF); **B:** incorreta. A cláusula de reserva de plenário, prevista no art. 97 da CF, determina que os Tribunais (órgãos colegiados), ao declararem a inconstitucionalidade de lei ou ato normativo, façam-no pelo voto da maioria absoluta de seus membros ou dos membros do respectivo órgão especial. Tal regra é aplicada também na Justiça do Trabalho e na Justiça Eleitoral; **C:** incorreta. O controle difuso (ou incidental) de inconstitucionalidade, aquele que se dá em um caso concreto, pode ser feito por qualquer juiz ou qualquer tribunal; **D:** incorreta. As decisões definitivas de mérito, proferidas pelo Supremo Tribunal Federal nas ações do controle concentrado, vinculam também a Administração Pública (art. 102, § 2°, da CF); **E:** incorreta. Só cabe ação declaratória de constitucionalidade de lei ou ato normativo de natureza federal (art. 102, I, "a", da CF).

Gabarito "A"

(Analista – TRE/SP – 2012 – FCC) Ao disciplinar o controle de constitucionalidade de leis e atos normativos, a Constituição da República estabelece que

(A) o controle de constitucionalidade não pode ser exercido por juízes em estágio probatório.

(B) os atos normativos municipais não podem ser objeto de controle abstrato e concentrado de constitucionalidade.

(C) as decisões proferidas pela maioria absoluta dos membros dos Tribunais, no exercício do controle incidental de constitucionalidade, produzem efeitos contra todos e vinculantes relativamente aos demais órgãos do Poder Judiciário.

(D) a pretensão deduzida em ação direta de inconstitucionalidade de lei ou ato normativo prescreve em vinte anos.

(E) todos os legitimados à propositura da ação direta de inconstitucionalidade também o são, observados os demais requisitos, para promoverem a ação declaratória de constitucionalidade.

A: incorreta. Os juízes, ainda que em estágio probatório, podem exercer controle difuso de constitucionalidade, ou seja, aquele que ocorre em um caso concreto; **B:** incorreta. Os atos normativos municipais que violarem a CF podem ser objeto de ação de descumprimento de preceito fundamental no STF (art. 1°, parágrafo único, I, da Lei 9.882/99). Além disso, esses mesmos atos podem ser objeto de controle concentrado no âmbito estadual. Ou seja, se violarem a Constituição Estadual, caberá ação direta de inconstitucionalidade no Tribunal de Justiça respectivo (art. 125, § 2°, da CF); **C:** incorreta. O controle incidental, também chamado de difuso, é o que se dá em um caso concreto. Portanto, em regra, produz efeitos *inter partes* e não vincula os demais órgãos do Poder Judiciário; **D:** incorreta. Não corre prazo em relação à pretensão deduzida em sede de ação direta de inconstitucionalidade de lei ou ato normativo, pois o controle é feito de forma abstrata. O vício de inconstitucionalidade não é sanado com o decorrer do tempo; **E:** correta (art. 103 da CF).

Gabarito "E"

(Defensor Público/PR – 2012 – FCC) O controle abstrato de constitucionalidade previsto pela Constituição Federal de 1988, regulamentado pelas Leis n. 9.868/1999 e 9.882/1999 e interpretado pelo Supremo Tribunal Federal, admite

(A) reconhecimento de fungibilidade apenas entre as ações direta de inconstitucionalidade por ação, ação direta de constitucionalidade e arguição de descumprimento de preceito fundamental;

(B) a possibilidade de reconhecimento da fungibilidade somente entre ação direta de inconstitucionalidade e arguição de descumprimento de preceito fundamental;

(C) conhecimento de ações diretas de inconstitucionalidade como ações diretas de inconstitucionalidade por omissão quando se trata de omissão parcial, em decorrência da fungibilidade;

(D) ser possível a fungibilidade, mas apenas entre as garantias constitucionais do *habeas corpus*, mandado de segurança, ação popular, *habeas data* e mandado de injunção;

(E) a natureza distinta, rito próprio, especificidades e diversas hipóteses de cabimento das ações diretas de controle de constitucionalidade que impede a fungibilidade entre elas, em qualquer situação.

A, B, E: incorretas. Para o STF, há fungibilidade entre as ações diretas de inconstitucionalidade por ação e omissão, além de ser lícito conhecer de ação direta de inconstitucionalidade como arguição de descumprimento de preceito fundamental, quando coexistentes todos os requisitos de admissibilidade desta, em caso de inadmissibilidade daquela; **C:** correta, conforme demonstrado no comentário às alternativas anteriores; **D:** incorreta. Os remédios constitucionais citados não são instrumentos de controle abstrato de constitucionalidade, como requer o enunciado da questão. Além disso, cada um tem objeto próprio.

Gabarito "C"

(Defensor Público/PR – 2012 – FCC) Determinado juiz criminal tem o entendimento de que a Lei n. 11.340/2006 (Lei Maria da Penha) é inconstitucional por violar o princípio da igualdade ao proteger diferentemente mulheres e homens. Sendo assim, aplica aos casos de lesão corporal leve contra a mulher, caracterizados como de violência doméstica, a Lei n. 9.099/1995. Atuando na defesa da mulher em situação de violência doméstica, o Defensor Público deve

(A) apresentar reclamação ao Supremo Tribunal Federal para que seja cumprida a decisão proferida na ADC19/DF, já que a referida lei veio concretizar o dever do Estado de criar mecanismos para coibir a violência no âmbito das relações familiares, que afeta majoritariamente as mulheres;

(B) orientar as mulheres que defende que a Lei n. 9.099/1995 possui mecanismos de maior celeridade e que os resultados virão de forma mais rápida e efetiva, além de possibilitar-lhes desistir mais facilmente do processo;

(C) acompanhar e defender as mulheres que representa pelo rito da Lei n. 9.099/1995, já que não há decisão definitiva do Supremo Tribunal Federal a respeito da matéria;

(D) não questionar o juiz quanto a esse entendimento para manter uma boa relação profissional e garantir, futuramente, quando estiver atuando na defesa dos réus a aplicação de uma lei mais benéfica;

(E) acompanhar os casos, fazer as petições cabíveis questionando o entendimento do juiz, interpor todos os recursos que estiverem disponíveis até que os casos cheguem ao Supremo Tribunal Federal e a questão constitucional seja decidida definitivamente.

A: Correta. Art. 102, I, "l", da CF; **B** e **C:** Erradas. Não se aplica ao caso o rito da Lei 9.099/1995; **D:** Errada. Não se pode dispor da lei penal; **E:** A questão pode chegar diretamente ao STF via reclamação (art. 102, I, "l", da CF), em razão do decidido na ADC 19/DF.

Gabarito "A"

4.2. CONTROLE DIFUSO DE CONSTITUCIONALIDADE

(Analista – TRT/2ª Região – 2014 – FCC) No âmbito do controle difuso de constitucionalidade praticado no Brasil, a cláusula da reserva de plenário

(A) não impede que os órgãos fracionários de Tribunal Regional do Trabalho, caso não tenha havido manifestação a respeito pelo respectivo plenário ou órgão especial, deixem de aplicar a multa e os juros decorrentes da mora no pagamento de contribuição sindical definidos no art. 600 da CLT (com a redação dada pela Lei n. 6.181/1974) em virtude de não guardar compatibilidade com a ordem constitucional em vigor.

(B) impede que os órgãos fracionários de Tribunal Regional do Trabalho, caso não tenha havido manifestação a respeito pelo respectivo plenário ou órgão especial, deixem de aplicar a imposição legal de ruptura automática do vínculo empregatício em virtude da concessão de aposentadoria ao trabalhador constante do art. 453, § 2º, da CLT (com a redação dada pela Lei n. 9.529/1997), em virtude de não guardar compatibilidade com a ordem constitucional em vigor, mesmo que o dispositivo já tenha sido declarado inconstitucional pelo plenário do Supremo Tribunal Federal.

(C) impede que os órgãos fracionários dos Tribunais Regionais do Trabalho, caso não tenha havido manifestação a respeito pelo respectivo plenário ou órgão especial, rejeitem arguição de inconstitucionalidade do diploma legal aplicável ao caso concreto *sub judice*.

(D) não alcança o Supremo Tribunal Federal, em virtude das características institucionais que lhe conferem estatura de genuína corte constitucional.

(E) obsta que qualquer autoridade judicial reconheça monocraticamente a inaplicação de determinado diploma legal por ofensa direta à Constituição Federal.

A: correta. Como a norma é anterior à CF/1988, não é aplicável o princípio da reserva de plenário, pois o Judiciário não efetua o controle de constitucionalidade de normas pré-constitucionais em face da Constituição, apenas verifica se houve recepção a norma (vide STF, AgRg na Rcl 12107 AgRg/SC, Pleno Min. Rosa Weber, *DJ* 01.08.2012); **B:** incorreta, se o dispositivo já foi declarado inconstitucional pelo plenário do STF, o órgão fracionário não precisa submeter ao respectivo plenário ou órgão especial; **C:** incorreta, se a decisão for rejeição da arguição de inconstitucionalidade, não haverá necessidade de obediência à cláusula de reserva de plenário. A cláusula de reserva de plenário é para o reconhecimento da inconstitucionalidade; **D:** incorreta, a cláusula de reserva de plenário tem aplicação para todos os tribunais pela via difusa e para o STF também pelo controle abstrato; **E:** incorreta, o juiz de primeiro grau (que decide monocraticamente) pode decidir pela inconstitucionalidade de leis.

Gabarito "A"

(Defensor Público/AM – 2013 – FCC) Suponha que determinado Estado-membro tenha editado lei disciplinando o horário de funcionamento de estabelecimentos comerciais, sendo que a matéria já era regulada de modo diverso por leis editadas pelos Municípios do mesmo Estado. Estado e Municípios entendem constitucionais as respectivas leis, e pretendem sustentar judicialmente que elas foram editadas com fundamento na competência legislativa que lhes foi assegurada na Constituição Federal e na Constituição Estadual. Diante desse contexto, considerando a Constituição Federal e a jurisprudência do Supremo Tribunal Federal,

(A) a lei estadual não poderá ser objeto de ação direta de inconstitucionalidade perante o Tribunal de Justiça, caso impugnada em face de norma da Constituição Estadual, admitindo-se, no entanto, que a lei estadual seja impugnada em face da Constituição Estadual mediante instrumentos de controle incidental e difuso de constitucionalidade;

(B) a lei estadual poderá ser objeto de ação direta de inconstitucionalidade perante o Tribunal de Justiça, tendo por parâmetro a Constituição Estadual, podendo ser interposto recurso extraordinário, contra o acórdão proferido pelo Tribunal Estadual, se presentes os pressupostos recursais;

(C) as leis municipais poderão ser objeto de ação direta de inconstitucionalidade perante o Supremo Tribunal Federal, tendo por parâmetro a Constituição Federal;

(D) as leis municipais apenas poderão ser contestadas em face da Constituição Estadual mediante instrumentos processuais que viabilizam o controle incidental e difuso de constitucionalidade;

(E) o ajuizamento de ação direta de inconstitucionalidade (ADI) da lei estadual em face da Constituição do Estado, perante o Tribunal de Justiça, impede a propositura de ADI da mesma lei estadual em face da Constituição Federal, perante o STF, ainda que o Tribunal de Justiça do Estado não tenha julgado a ADI.

A: Errada. Não há vedação para que os TJs controlem a constitucionalidade de lei estadual tendo como parâmetro a Constituição Estadual; **B:** Correta. As leis estaduais estão sujeitas a duplo controle, igualmente abstrato: por intermédio de ADIn no STF (art. 102, I, "a", da CF, tendo como parâmetro a Constituição Federal) e por intermédio de ADIn estadual perante o TJ local (art. 125, § 2º, da CF, tendo por parâmetro a Constituição do Estado). Ao apreciar a constitucionalidade de lei estadual em face da Constituição do Estado, a decisão do TJ local, em regra, não está sujeita a recurso para o STF, que é o guardião da Constituição Federal e não da Constituição do Estado. Entretanto, há casos em que a norma da constituição estadual apontada como violada apenas reproduz uma norma da Constituição Federal, por ser de observância obrigatória pelos estados-membros. Nesses casos a lei estadual, ao violar a Constituição Estadual está, em verdade, afrontando norma da Constituição Federal. Daí a possibilidade de interposição de recurso extraordinário para o STF, pois o parâmetro de controle passa a ser a Constituição Federal. O STF não irá analisar a compatibilidade vertical entre a lei estadual e a Constituição do Estado, mas entre a lei estadual e a Constituição Federal, utilizando, para tanto, um recurso típico do controle difuso. Apesar disso, o controle não perde sua natureza abstrata, razão pela qual a decisão do STF, nesse recurso extraordinário, produzirá os mesmos efeitos da ADIn genérica (*erga omnes*, vinculantes e *ex tunc*); **C:** Errada. Não cabe ADIn perante o STF em face de lei municipal (art. 102, I, "a", da CF); **D:** Errada. Pode ser proposta ADIn estadual no Tribunal de Justiça local, em face de lei municipal ou estadual, tendo por parâmetro a Constituição Estadual. Esse controle é concentrado (ou abstrato); **E:** Errada. É possível a propositura simultânea de ADIn contra a mesma lei estadual perante o Supremo Tribunal Federal e perante o Tribunal de Justiça. Entretanto, deve-se suspender o processo no âmbito da justiça estadual, até a deliberação definitiva do STF.

"Gabarito "B"

4.3. AÇÃO DIRETA DE INCONSTITUCIONALIDADE

(Defensor Público – DPE/ES – 2016 – FCC) O Supremo Tribunal Federal, no âmbito da ADI 5.357/DF, em que são impugnados dispositivos da nova Lei de Inclusão da Pessoa com Deficiência – Lei 13.146/2015 (ou Estatuto da Pessoa com Deficiência), admitiu a intervenção de Defensoria Pública Estadual, por meio do seu Núcleo Especializado de Direitos das Pessoas com Deficiência, como *amicus curiae*, evidenciando a importância de tal atuação institucional em prol dos indivíduos e grupos sociais vulneráveis. Em relação ao instituto do *amicus curiae*, ou "amigo da corte", no âmbito das ações constitucionais, é correto afirmar:

(A) A intervenção do *amicus curiae* limita-se à ação direta de inconstitucionalidade, não se aplicando a outras ações constitucionais por ausência de previsão legal.

(B) O *amicus curiae*, muito embora tenha assegurado o direito de ter seus argumentos apreciados pelo Tribunal, não tem direito a formular pedido ou aditar o pedido já delimitado pelo autor da ação.

(C) A admissão ou não do *amicus curiae* é decidida pelo relator da ação, nao podendo tal decisão ser revista pelo Tribunal.

(D) No âmbito do controle concentrado de constitucionalidade, admite-se a interposição de recurso por parte do *amicus curiae* para discutir a matéria em análise no processo objetivo perante o Tribunal.

(E) Não obstante lhe ser oportunizada a apresentação de documentos e parecer, não é facultado ao *amicus curiae* realizar sustentação oral perante o Tribunal.

A: Errada. Pode ser deferida a participação de *amicus curiae* também na ADPF, por exemplo. V. art. 6º, §§ 1º e 2º da Lei 9.882/1999; **B:** Correta. Porque não é parte no processo; **C:** Errada. O entendimento atual do STF é de que cabe recurso; **D:** Errada. Por ser terceiro estranho à relação processual, não possui direito de recorrer (a não ser contra a sua inadmissibilidade como *amicus curiae*). V. ADI 3615; **E:** Errada. Embora já tenha negado esse direito anteriormente, hoje o STF tem entendimento de que cabe sustentação oral pelo *amicus curiae*.

"Gabarito "B"

(Defensor Público – DPE/BA – 2016 – FCC) Podem propor a ação direta de inconstitucionalidade e a ação declaratória de constitucionalidade os seguintes entes legitimados, à EXCEÇÃO:

(A) Conselho Federal da Ordem dos Advogados do Brasil.

(B) Procurador-Geral da República.

(C) Defensor Público-Geral da União.

(D) Confederação sindical ou entidade de classe de âmbito nacional.

(E) Mesa de Assembleia Legislativa ou da Câmara Legislativa do Distrito Federal.

Art. 103, I a IX, da CF.

"Gabarito "C"

(Procurador do Estado – PGE/RN – FCC – 2014) Em ação direta de inconstitucionalidade proposta pelo Procurador-Geral da República, na qual o Advogado-Geral da União manifestou-se pela defesa da lei impugnada, determinada lei federal é declarada inconstitucional por decisão proferida à unanimidade pelo Plenário do Supremo Tribunal Federal (STF). Em sede de embargos de declaração, opostos no prazo legal, o Advogado-Geral da União, invocando razões de segurança jurídica, requer que sejam atribuídos efeitos prospectivos à decisão. Nesse caso, o STF

(A) poderá acolher os embargos de declaração para o fim de atribuir os efeitos pretendidos à decisão, em vista de razões de segurança jurídica, pelo voto de, pelo menos, dois terços de seus membros.

(B) não poderá acolher os embargos de declaração, para fins de modulação de efeitos da decisão, uma vez que o julgamento em que se declarou a inconstitucionalidade da lei já havia sido concluído, devendo a decisão produzir efeitos temporais regulares, retroativos à publicação da lei.

(C) somente poderá modular os efeitos da decisão em sede de ação rescisória proposta por quem legitimado para a propositura da própria ação direta de inconstitucionalidade.

(D) não poderá sequer conhecer dos embargos de declaração, que somente podem ser opostos por quem possua legitimidade para a propositura da ação direta de inconstitucionalidade, não se incluindo o Advogado-Geral da União nesse rol.

(E) poderia, em sede de embargos de declaração, modular os efeitos subjetivos da decisão, mas não os temporais, que deverão ser produzidos retroativamente à data de propositura da ação direta de inconstitucionalidade.

Os embargos de declaração apenas são cabíveis em face de omissão, obscuridade ou contradição e, a rigor, se a decisão não aplica a modulação temporal (que é exceção), deveria ser-lhe aplicada a regra da eficácia temporal *ex tunc*. Assim, não haveria propriamente uma omissão e, por isso, não seriam cabíveis os aclaratórios. Entretanto, pelo entendimento atual, o STF admite a possibilidade de modulação de efeitos temporais pela via dos embargos de declaração, seja em controle concentrado ou em controle difuso (ainda que os motivos não estejam muito claros – para o cabimento dos embargos de declaração sem a ocorrência dos vícios que o autorizam, a matéria deve ser de ordem pública ou dever do tribunal). TM

Gabarito "A"

4.4. AÇÃO DECLARATÓRIA DE CONSTITUCIONALIDADE

(Analista Judiciário – Área Judiciária – TRT18 – 2013 – FCC) Sobre a Ação Declaratória de Constitucionalidade, cuja competência para julgamento é do Supremo Tribunal Federal, é INCORRETO afirmar:

(A) É requisito da peça inicial, dentre outros, a demonstração da existência da controvérsia judicial relevante sobre a aplicação da disposição objeto da ação declaratória.

(B) A declaração de constitucionalidade dar-se-á pelo *quorum* da maioria absoluta dos onze Ministros do Supremo Tribunal Federal, respeitado o *quorum*, mínimo, de oito ministros para instalação da sessão de julgamento.

(C) O Supremo Tribunal Federal, por decisão de pelo menos um terço de seus membros, poderá deferir pedido de medida cautelar na ação declaratória de constitucionalidade.

(D) Se o Relator considerar inepta a peça inicial e indeferi-la liminarmente, caberá agravo contra esta decisão.

(E) Não é admitida a desistência da ação declaratória de constitucionalidade após o seu ajuizamento e, também, a intervenção de terceiros.

A: correta (art. 14, III, da Lei 9.868/1999); **B:** correta (arts. 22 e 23 da Lei 9.868/1999); **C:** incorreta, devendo ser assinalada, o *quorum* é de maioria absoluta (art. 21 da Lei 9.868/1999); **D:** correta (art. 12-C e parágrafo único Lei 9.868/1999); **E:** correta (arts. 16 e 18 da Lei 9.868/1999).

Gabarito "C"

(Analista – TRT/6ª – 2012 – FCC) O Procurador-Geral da República ajuíza ação declaratória de constitucionalidade perante o Supremo Tribunal Federal (STF) em face de emenda constitucional, a qual é julgada procedente, com efeito *ex nunc*. Neste caso,

(A) há vício de propositura, pois o Procurador-Geral da República não é legitimado para propor ação declaratória de constitucionalidade.

(B) a sentença poderá adquirir abrangência *erga omnes* caso o STF comunique o Senado Federal e este amplie os efeitos da aplicação da lei declarada constitucional.

(C) o efeito da decisão está incorreto, pois, no caso de julgamento procedente de ação declaratória de constitucionalidade, será *ex tunc*.

(D) há vício quanto ao objeto da ação, pois a ação declaratória de constitucionalidade não pode abarcar o exame de emenda constitucional.

(E) para que a decisão tenha eficácia *erga omnes*, o STF deverá editar súmula vinculante mediante decisão de dois terços de seus membros.

A: incorreta. O Procurador-Geral da República **pode propor** ação declaratória de constitucionalidade (art. 103, VII, da CF); **B:** incorreta. A decisão já produz efeitos *erga omnes*. Não há necessidade de comunicação ao Senado; **C:** correta. Os efeitos produzidos pela decisão final dada em sede de ação declaratória de constitucionalidade são, em regra, *erga omnes* (contra todos), *ex tunc* (retroativo) e vinculante; **D:** incorreta. A emenda constitucional, fruto do poder derivado reformador, **pode ser objeto** de ação declaratória de constitucionalidade. O vício que se apresenta tem a ver com os efeitos produzidos pela decisão; **E:** incorreta. Não há necessidade de edição de súmula vinculante. A decisão, por si só, já produz efeitos *erga omnes* (art. 102, § 2º, da CF).

Gabarito "C"

(Analista – TRT9 – 2012 – FCC) No tocante à Ação Declaratória de Constitucionalidade, considere:

I. Pode ser proposta por Confederação Sindical ou entidade de classe de âmbito nacional.

II. O Procurador-Geral da República e a Mesa da Câmara dos Deputados têm legitimidade ativa para a sua propositura.

III. Tem a finalidade principal de transformar a presunção relativa de constitucionalidade em presunção absoluta, em razão dos seus efeitos vinculantes.

IV. Pode ter como objeto a lei ou ato normativo federal ou estadual que se pretenda declarar constitucional.

Está correto APENAS o que se afirma em

(A) I, II e IV.

(B) I e III

(C) II e III.

(D) I, II e III.

(E) III e IV.

I e **II:** corretas. Os legitimados à propositura das ações do controle concentrado (ADI – Ação Direta de Inconstitucionalidade, ADC – Ação Declaratória de Constitucionalidade e ADPF – Arguição de Descumprimento de Preceito) estão previstos no art. 103 da CF/1988 e são os seguintes: 1) – o Presidente da República, 2) – a Mesa do Senado Federal, 3) – a *Mesa da Câmara dos Deputados*, 4) a Mesa de Assembleia Legislativa ou da Câmara Legislativa do Distrito Federal, 5) o Governador de Estado ou do Distrito Federal, 6) – o *Procurador-Geral da República*, 7) – o Conselho Federal da Ordem dos Advogados do Brasil, 8) – partido político com representação no Congresso Nacional, 9) – a *confederação sindical e a entidade de classe de âmbito nacional*; **III:** correta. As leis, de fato, são presumidamente constitucionais. Essa presunção é relativa, ou seja, admite prova em contrário. A ADC visa transformar em absoluta essa presunção de constitucionalidade das leis. Para tanto, é necessária a demonstração da controvérsia judicial relevante sobre a aplicação da disposição objeto da ação declaratória (art. 14, III, da Lei nº 9.868/1999); **IV:** incorreta. A ADC só admite como objeto norma de natureza federal (art. 102, I, "a", da CF/1988).

Gabarito "D"

4.5. ARGUIÇÃO DE DESCUMPRIMENTO DE PRECEITO FUNDAMENTAL

(Procurador do Estado – PGE/MT – FCC – 2016) Sobre a arguição de descumprimento de preceito fundamental (ADPF), à luz da Constituição Federal e da legislação pertinente, considere:

I. A ADPF submete-se ao princípio da subsidiariedade, pois não será admitida quando houver outro meio eficaz de sanar a lesividade.

II. A ADPF poderá ser ajuizada com o escopo de obter interpretação, revisão ou cancelamento de súmula vinculante.

III. Por meio da ADPF atos estatais antes insuscetíveis de apreciação direta pelo Supremo Tribunal Federal, tais como normas pré-constitucionais ou mesmo decisões judiciais atentatórias a cláusulas fundamentais da ordem constitucional, podem ser objeto de controle em sede de processo objetivo.

IV. Possuem legitimidade para propor ADPF os legitimados para a ação direta de inconstitucionalidade, bem como qualquer pessoa lesada ou ameaçada por ato do Poder Público.

Está correto o que se afirma APENAS em:

(A) I, II e III.
(B) I e III.
(C) I, II e IV.
(D) II e IV.
(E) III e IV.

I: correta. Art. 4º, § 1º, Lei n. 9.882/1999; **II:** incorreta. A ADPF tem por objeto evitar ou reparar lesão a preceito fundamental da Constituição, resultante de ato do Poder Público ou quando for relevante o fundamento da controvérsia constitucional sobre lei ou ato normativo federal, estadual ou municipal, incluídos os anteriores à Constituição (ver art. 1º da Lei 9.882/1999); **III:** correta. Apenas pela via da ADPF é possível questionar atos pré-constitucionais, desde que se enquadrem nas hipóteses de cabimento da ação (ver art. 1º, parágrafo único, I, da Lei 9.882/1999); **IV:** Incorreta. Apenas a primeira parte está correta, haja vista que o inciso II do art. 1º, § único, foi revogado. Os legitimados ativos para a ADPF são os mesmos da ADI. TM

Gabarito "B"

(Defensor Público/AM – 2013 – FCC) Suponha que um partido político tenha ajuizado perante o Supremo Tribunal Federal (STF) arguição de descumprimento de preceito fundamental (ADPF), contra atos normativos infralegais editados por universidade federal, que determinaram a reserva de 20% de suas vagas a candidatos negros. Alegando que os atos normativos referidos violaram preceitos fundamentais da Constituição Federal, pediu o autor da ação que fossem declarados inconstitucionais. Neste caso, considerada a disciplina constitucional e legal e a jurisprudência do STF em matéria de controle de constitucionalidade, a ADPF

(A) não é cabível, uma vez que pede a declaração de inconstitucionalidade de atos normativos infralegais;
(B) pode ser proposta pelo partido político, desde que esse tenha representação no Congresso Nacional e demonstre a pertinência temática entre o objeto da ação e os objetivos do partido;
(C) não é cabível, uma vez que a questão é passível de ser discutida pelos candidatos concretamente interessados na declaração de inconstitucionalidade dos atos praticados pela universidade;
(D) deve ser extinta, sem julgamento do mérito, sendo incabível sua admissão como ação direta de inconstitucionalidade, caso o STF entenda que os atos praticados pela universidade deveriam ter sido impugnados por aquela via;
(E) pode ter a petição inicial indeferida liminarmente pelo Ministro Relator, se for inepta, decisão em face da qual cabe agravo, no prazo de cinco dias.

A e **C:** Erradas. Ao contrário da ADIn, cabe ADPF contra "ato do Poder Público" (em geral), incluídos "os anteriores à Constituição" (art. 1º, *caput* e parágrafo único, I, da Lei 9.882/1999); **B:** Errada. A ADPF pode ser proposta pelos mesmos legitimados ativos da ADIn (art. 103, da CF c/c art. 2º, I, da Lei 9.882/1999), sendo certo que a jurisprudência do STF não exige pertinência temática para os partidos políticos que, por isso, são legitimados *universais* para propor ADIn e, por consequência, ADPF; **D:** Errada. O STF entende que a ADIn e a ADPF são fungíveis, desde que presentes os requisitos de admissibilidade; **E:** Correta. Art. 4º, *caput* e § 1º, da Lei 9882/1999.

Gabarito "E"

5. DOS DIREITOS E GARANTIAS FUNDAMENTAIS

5.1. Direitos e deveres em espécie

(Procurador do Estado – PGE/MT – FCC – 2016) No que concerne aos Tratados Internacionais de proteção dos direitos humanos e sua evolução constitucional no direito brasileiro à luz da Constituição Federal, eles são caracterizados como sendo de hierarquia

(A) supraconstitucional, independentemente de aprovação pelo Congresso Nacional.
(B) constitucional, dependendo de aprovação pelas duas casas do Congresso Nacional, pelo *quorum* mínimo de 3/5, em dois turnos, em cada casa.
(C) infraconstitucional legal, dependendo de aprovação pelas duas casas do Congresso Nacional pelo *quorum* mínimo de 3/5 de cada casa.
(D) infraconstitucional legal, independentemente de aprovação pelo Congresso Nacional, bastando a assinatura do Presidente da República.
(E) constitucional, independentemente de aprovação pelas duas casas do Congresso Nacional, bastando a assinatura do Presidente da República.

De acordo com o art. 5º, § 3º, da CF (acrescentado pela EC 45/2004), os tratados e convenções internacionais sobre direitos humanos **que forem** aprovados, em cada Casa do Congresso Nacional, em dois turnos, por três quintos dos votos dos respectivos membros, serão equivalentes às emendas constitucionais. Não houve previsão na EC 45/2004 a respeito da "hierarquia" das normas dos tratados sobre direitos humanos **anteriores** à sua vigência, ainda que aprovados pelo mesmo procedimento das emendas à Constituição. O STF já conferiu a tais tratados (anteriores à EC 45) o caráter de "supralegalidade". Assim, temos três diferentes status de tratados internacionais no direito brasileiro: a) os de direitos humanos aprovados na forma do art. 5º, § 3º, da CF, com status de emenda constitucional; b) os de direitos humanos não aprovados na forma do art. 5º, § 3º, da CF, com status supralegal, ou seja, superiores às leis e inferiores à Constituição e c) os tratados internacionais em geral (que não tratam sobre direitos humanos), com status de lei ordinária.

Gabarito "B"

(Defensor Público – DPE/BA – 2016 – FCC) No âmbito da Teoria dos Direitos Fundamentais,

(A) em que pese a doutrina reconhecer a eficácia dos direitos fundamentais nas relações entre particulares (eficácia horizontal), a tese em questão nunca foi apreciada ou acolhida pelo Supremo Tribunal Federal.

(B) a cláusula de abertura material do catálogo de direitos fundamentais expressa no § 2º do art. 5º da Constituição Federal não autoriza que direitos consagrados fora do Título II do texto constitucional sejam incorporados ao referido rol.

(C) o princípio da proibição de retrocesso social foi consagrado expressamente no texto da Constituição Federal.

(D) os direitos fundamentais de primeira dimensão ou geração possuem função normativa de natureza apenas defensiva ou negativa.

(E) a dimensão subjetiva dos direitos fundamentais está atrelada, na sua origem, à função clássica de tais direitos, assegurando ao seu titular o direito de resistir à intervenção estatal em sua esfera de liberdade individual.

A: Errada. A tese foi adotada expressamente, por exemplo, no RE 201819, Rel. para acórdão Min. Gilmar Mendes, j. 11.10.2005, Segunda Turma, que invalidou a exclusão de sócio da União Brasileira de Compositores (UBC) sem observância do devido processo legal: "O espaço de autonomia privada garantido pela Constituição às associações não está imune à incidência dos princípios constitucionais que asseguram o respeito aos direitos fundamentais de seus associados. A autonomia privada, que encontra claras limitações de ordem jurídica, não pode ser exercida em detrimento ou com desrespeito aos direitos e garantias de terceiros, especialmente aqueles positivados em sede constitucional, pois a autonomia da vontade não confere aos particulares, no domínio de sua incidência e atuação, o poder de transgredir ou de ignorar as restrições postas e definidas pela própria Constituição, cuja eficácia e força normativa também se impõem, aos particulares, no âmbito de suas relações privadas, em tema de liberdades fundamentais"; **B:** Errada. A cláusula de abertura serve justamente para qualificar como direito fundamental aqueles que não se encontram no rol do art. 5º da CF, mas em outros títulos da CF – ou até mesmo aqueles que não estão na Constituição; **C:** Errada. Não há menção expressa na CF. De acordo com Luís Roberto Barroso, trata-se de limite à liberdade de conformação do legislador, retirando-lhe a possibilidade de revogar total ou parcialmente determinadas leis, quando isso decorra da paralisação ou considerável esvaziamento da eficácia de dispositivos constitucionais dependentes de regulamentação; **D:** Errada. A doutrina afirma que os direitos de primeira dimensão são direitos a prestações negativas, ou seja, que demandam uma abstenção (não uma prestação) do Estado. Não significa, porém, que possuam função normativa negativa; **E:** Correta. A dimensão subjetiva diz respeito aos sujeitos, aos titulares dos direitos fundamentais, que em sua função clássica conferem proteção contra o Estado, que não pode intervir na esfera de liberdades dos indivíduos.

Gabarito "E"

(Defensor Público – DPE/BA – 2016 – FCC) É considerado pela doutrina como (sub)princípio derivado do princípio da proporcionalidade:

(A) Proibição de retrocesso social.

(B) Estado de direito.

(C) Segurança jurídica.

(D) Proibição de proteção insuficiente.

(E) Boa-fé objetiva.

A doutrina afirma que a proporcionalidade tem três elementos: a) adequação entre meios e fins; b) necessidade/utilidade da medida (proibição do excesso); b) proporcionalidade em sentido estrito (relação custo/benefício). Além disso, afirma que a violação à proporcionalidade ocorre tanto quando há excesso na ação estatal quanto nas hipóteses em que a proteção oferecida é deficiente princípio da proteção insuficiente (ver ADI 4530).

Gabarito "D"

(Magistratura – TRT 1ª – 2016 – FCC) Sobre a garantia constitucional da inviolabilidade do domicílio, é INCORRETO afirmar:

(A) Sem o consentimento do morador, a autoridade policial pode entrar no domicílio, durante o dia, para apreensão de coisa litigiosa.

(B) O juiz pode ordenar o ingresso no domicílio, à noite, para promover a prisão em flagrante delito.

(C) Em caso de tragédia ambiental, o domicílio poderá ser invadido a qualquer momento.

(D) Correndo iminente perigo de vida o morador, a qualquer do povo é lícito invadir o domicílio para socorrê-lo.

(E) O juiz pode ordenar o ingresso no domicílio, à noite, para apreensão de coisa litigiosa.

A: correta. De fato é possível que a autoridade policial entre no domicílio durante o dia para a apreensão de coisa litigiosa, por exemplo, para apreender entorpecentes em depósito. Determina o art. 5º, XI, da CF que a casa é asilo inviolável do indivíduo, ninguém nela podendo penetrar sem consentimento do morador, salvo em caso de **flagrante delito** ou desastre, ou para prestar socorro, ou, durante o dia, por determinação judicial. Segundo o STF, RE 603616, "a entrada forçada em domicílio sem mandado judicial só é lícita, mesmo em período noturno, quando amparada em fundadas razões, devidamente justificadas a posteriori, **que indiquem que dentro da casa ocorre situação de flagrante delito,** sob pena de responsabilidade disciplinar, civil e penal do agente ou da autoridade e de nulidade dos atos praticados". Ainda sobre essa decisão, o STF entendeu que a condição de flagrante delito mencionada na CF fora configurada. O fundamento repousa no art. 33 da Lei de Drogas (Lei 11.343/2006), o qual determina que manter entorpecentes em depósito constitui crime permanente; **B:** correta. A prisão em flagrante, de fato, pode ser feita em qualquer horário. Isso pode ocorrer com ou sem ordem judicial; **C:** correta. A tragédia ambiental se enquadra no conceito de desastre, de modo que o ingresso pode ser feito em qualquer horário previsto no art. 5º, XI, da CF; **D:** correta. Uma das situações em que o mencionado art. 5º, XI, da CF admite o ingresso no domicílio sem o consentimento do morador é para prestar socorro. Sendo assim, se a vida dele corre perigo, qualquer pessoa pode adentrar no seu domicílio para prestar-lhe o devido socorro; **E:** incorreta, devendo ser assinalada. A determinação judicial deve ser cumprida durante o dia, conforme determina o art. 5º, XI, da CF.

Gabarito "E"

(Magistratura – TRT 1ª – 2016 – FCC) Um grupo de trabalhadores, alimentando suspeitas de que a empresa em que trabalhavam estaria recorrendo à prática denominada de caixa 2, redigiu um conjunto de panfletos denunciando essa empresa, em caráter anônimo, e o distribuiu ao público nas redondezas da mesma empresa. Contendo o documento diversas considerações sobre a reprovabilidade do ilícito, os trabalhadores terminaram sendo descobertos pela empresa e foram dispensados por justa causa, por mau procedimento.

Tudo considerado, a dispensa foi

(A) válida, porque os trabalhadores não poderiam ter divulgado manifestação com imputação de conduta criminosa sem se identificarem.

(B) nula, porque os trabalhadores estariam exercendo seu direito de livre expressão de opinião.

(C) nula, porque a qualquer do povo é dado o direito de denunciar fatos ilícitos de que tenha conhecimento.

(D) válida, porque os trabalhadores não poderiam divulgar a denúncia ao público antes de transmiti-la às autoridades competentes.

(E) nula, porque não se poderia esperar dos trabalhadores que se identificassem, sob pena de sofrerem as represálias que, de fato, acabaram sofrendo.

De fato os trabalhadores não poderiam ter divulgado manifestação com imputação de conduta criminosa sem se identificarem. A manifestação de pensamento é livre, desde que não haja anonimato. De acordo com o art. 5º, IV, da CF, é livre a manifestação do pensamento, sendo vedado o anonimato.

Gabarito "A"

(Magistratura/GO – 2015 – FCC) A Lei 8.906/1994, que dispõe sobre o Estatuto da Advocacia e a Ordem dos Advogados do Brasil – OAB, estabelece, em seu art. 8º, inciso IV e § 1º, que, "para inscrição como advogado é necessário" haver "aprovação em Exame de Ordem", "regulamentado em provimento do Conselho Federal da OAB". A exigência em questão é

(A) constitucional, ainda que se trate de matéria reservada à lei complementar.

(B) inconstitucional, apenas no que se refere à atribuição de competência ao Conselho Federal da OAB para regulamentar o exame, por se tratar de condicionamento à liberdade de exercício profissional que somente a lei poderia estabelecer.

(C) constitucional, por ser compatível tanto com a exigência de lei para o estabelecimento de condições para o exercício profissional, com a finalidade institucional do exercício da advocacia como função essencial à Justiça.

(D) inconstitucional, por estabelecer condicionamento prévio à liberdade de exercício profissional.

(E) inconstitucional, por transbordar dos limites de regulação do exercício profissional, ao afetar a própria escolha profissional, que não pode sofrer condicionamentos, nos termos da Constituição.

A Suprema Corte entende que "O art. 5º, XIII, da CF é norma de aplicação imediata e **eficácia contida** que **pode ser restringida pela legislação infraconstitucional**. Inexistindo lei regulamentando o exercício da atividade profissional dos substituídos, é livre o seu exercício." (MI 6.113-AgR, rel. Min. Cármen Lúcia, julgamento em 22.05.2014, Plenário, *DJE* 13.06.2014). Sendo assim, o EOAB – Lei 8.906/1994, em seu art. 8 º, IV e § 1º, exige a aprovação prévia em exame da Ordem dos Advogados do Brasil (OAB) dos bacharéis em direito como condição para o exercício da advocacia. Tal regra foi declarada constitucional pelo Plenário do STF (RE n. 603.583). Os ministros, em decisão unânime, negaram provimento ao Recurso Extraordinário mencionado que impugnava a obrigatoriedade do exame. Vale lembrar que tal recurso teve repercussão geral reconhecida, de modo que a decisão será aplicada a todos os demais processos que possuam pedido idêntico.

Gabarito "C"

(Técnico – TRT/2ª Região – 2014 – FCC) O Mandado de Segurança Individual

(A) destina-se a proteger todo cidadão que se achar ameaçado de sofrer violência ou coação em sua liberdade de locomoção.

(B) pode ser impetrado por qualquer cidadão, independentemente de representação por advogado com capacidade postulatória.

(C) destina-se a assegurar o conhecimento de informações relativas à pessoa do impetrante, constantes de registros ou bancos de dados de entidades governamentais ou de caráter público.

(D) tem, respectivamente, a finalidade jurídica de invalidar atos de autoridade ou suprimir efeitos de omissões administrativas capazes de lesar direito individual ou coletivo, líquido e certo.

(E) destina-se a assegurar direitos coletivos, de partidos políticos, de organizações sindicais, de entidades de classe ou associações legalmente constituídas e em funcionamento há, pelo menos, um ano.

A: Incorreta, o remédio constitucional que possui essa finalidade é o *habeas corpus* (art. 5º, LXVIII, da CF); **B:** Incorreta, pois a impetração do Mandado de Segurança necessita capacidade postulatória, ou seja, de advogado regularmente inscrito na OAB, diferentemente do *habeas corpus*, que poderá ser impetrado por qualquer pessoa; **C:** incorreta, pois a alternativa descreve a uma das hipóteses de cabimento do *habeas data* (art. 5º, LXXII, *a*, da CF); **D:** correta, conforme art. 5º, LXIX, da CF; **E:** Incorreta, uma vez que a alternativa descreve a hipótese de cabimento do Mandado de Segurança coletivo (art. 5º, LXX, da CF).

Gabarito "D"

(Técnico – TRT/6ª – 2012 – FCC) Em relação à liberdade de associação, determina a Constituição Federal que as associações

(A) dependem de autorização judicial para serem criadas, embora seja vedada a interferência estatal em seu funcionamento.

(B) podem ter natureza paramilitar, em casos excepcionais, para a proteção da segurança pública.

(C) dependem do registro de seu estatuto em cartório, com a indicação de, no mínimo, três integrantes, para serem formalmente reconhecidas.

(D) só podem ser compulsoriamente dissolvidas por decisão judicial transitada em julgado.

(E) podem representar seus filiados apenas extrajudicialmente, pois, mesmo que autorizadas, não têm legitimidade para representá-los judicialmente.

A: errada. A primeira parte da alternativa está errada, pois as associações **não** dependem de autorização para ser criadas. A segunda parte está correta porque realmente é vedada a interferência estatal em seu funcionamento (art. 5º, XVIII, da CF); **B:** errada. As associações devem ter fins lícitos e é **vedada** as de caráter paramilitar (art. 5º, XVII, da CF); **C:** errada. Não há número mínimo de pessoas para a criação de uma associação, basta a união de pessoas. **D:** correta. De fato, a CF assegura que a dissolução da associação seja determinada apenas por decisão judicial transitada em julgado (art. 5º, XIX, da XF); **E:** errada. A associação tem legitimidade para representar seus filiados judicial e extrajudicialmente, desde que autorizadas (art. 5º, XXI, da CF).

Gabarito "D"

(Técnico – TRE/SP – 2012 – FCC) Na hipótese de um indivíduo estar impossibilitado de exercer um direito que lhe é assegurado pela Constituição, em função da ausência de norma regulamentadora, cuja elaboração é de competência do Congresso Nacional, poderá o interessado valer-se de

(A) mandado de segurança, de competência originária do Supremo Tribunal Federal.

(B) *habeas data*, de competência originária do Supremo Tribunal Federal.

(C) *habeas data*, de competência originária do Superior Tribunal de Justiça.

(D) mandado de injunção, de competência originária do Supremo Tribunal Federal.

(E) mandado de injunção, de competência originária do Superior Tribunal de Justiça.

A: errada. O mandado de segurança tem outro objeto, visa proteger direito líquido e certo não amparado por *habeas data* ou *habeas corpus* (art. 5º, LXIX, da CF). No problema o indivíduo está impossibilitado de exercer seu direito em razão da omissão legislativa; **B** e **C:** erradas. O *habeas data* também possui outro objeto, protege a liberdade de informação relativa à pessoa do impetrante (art. 5º, LXXII, da CF), o que não se aplica ao caso; **D:** correta. O remédio que visa combater a mora legislativa é o mandado de injunção. A competência será do STF, conforme dispõe o art. 102, I, "q", da CF; **E:** errada. Como mencionado, a competência para julgamento é do STF e não do STJ.

Gabarito "D"

(Técnico – TRE/PR – 2012 – FCC) Considere as seguintes afirmações a respeito dos direitos e garantias fundamentais expressos na Constituição da República:

I. Não haverá penas de morte ou de caráter perpétuo, salvo em caso de guerra declarada.

II. É assegurado o direito de resposta, proporcional ao agravo, além da indenização por dano material, moral ou à imagem.

III. A lei não excluirá da apreciação do Poder Judiciário lesão ou ameaça a direito.

IV. As associações somente poderão ser compulsoriamente dissolvidas ou ter suas atividades suspensas por decisão judicial transitada em julgado.

Está correto o que se afirma APENAS em

(A) I e II.

(B) I e III.

(C) II e III.

(D) II e IV.

(E) III e IV.

I: errada. Não são ambas as penas (de morte e perpétua) que podem ser aplicadas excepcionalmente em caso de guerra declarada. Apenas a de morte é admitida pela CF nessa hipótese. A de caráter perpétuo é vedada (art. 5º, XLVII, "a" e "b", da CF); **II:** correta (art. 5º, V, da CF); **III:** correta (art. 5º, XXXV, da CF); **IV:** errada. De fato, a CF assegura que a dissolução da associação seja determinada apenas por decisão judicial transitada em julgado, mas a suspensão de suas atividades, que também deve ser determinada por ordem judicial, não depende do trânsito em julgado (art. 5º, XIX, da CF).

Gabarito "C"

(Técnico – TRE/PR – 2012 – FCC) A Carta Africana dos Direitos do Homem e dos Povos, assinada por Estados do continente africano em 1981, enuncia, em seu artigo 20, que todo povo tem um direito imprescritível e inalienável, pelo qual determina livremente seu estatuto político e garante seu desenvolvimento econômico e social pelo caminho que livremente escolheu.

Na Constituição da República Federativa do Brasil, o teor de referido enunciado encontra equivalência no princípio de regência das relações internacionais de

(A) repúdio ao terrorismo e ao racismo.

(B) construção de uma sociedade livre, justa e solidária.

(C) erradicação da pobreza e da marginalização.

(D) autodeterminação dos povos.

(E) concessão de asilo político.

O art. 4º da CF enumera os princípios que regem o Brasil nas suas relações internacionais. Segundo o Prof. José Afonso da Silva esses princípios estão pautados em quatro ideias: nacionalista, internacionalista, pacifista e orientação comunitarista. A independência nacional, a autodeterminação dos povos, o princípio da não intervenção e de igualdade entre os Estados (art. 4º, I, III, IV e V, da CF) são tidos como **nacionalistas**. A prevalência dos direitos humanos e o repúdio ao terrorismo e ao racismo são considerados ideias **internacionalistas** (art. 4º, II e VIII, da CF). A **pacifista** tem a ver com a defesa da paz, a solução pacífica dos conflitos e a concessão de asilo político (art. 4º, V, VII e X, da CF). Por fim, a orientação comunitarista repousa nos princípios da cooperação entre os povos para o progresso da humanidade e na formação de uma comunidade latino-americana (art. 4º, IX e parágrafo único, da CF). A garantia prevista na A Carta Africana dos Direitos do Homem e dos Povos tem a ver com a **autodeterminação** dos povos, pois os países soberanos se organizam e se regem pela maneira que melhor lhes aprouver. Ou seja, há uma ideia nacionalista.

Gabarito "D"

(Técnico – TRE/CE – 2012 – FCC) Determinado partido político deseja se utilizar de organização paramilitar no combate ao nepotismo e à corrupção, cuja utilização, segundo a Constituição Federal, é

(A) lícita, mediante prévia consulta popular através de plebiscito.

(B) lícita, mediante prévio registro no Superior Tribunal Eleitoral.

(C) lícita, mediante prévia autorização do Senado Federal.

(D) vedada.

(E) lícita, mediante prévia autorização das Forças Armadas.

O art. 5º, XVII, da CF protege a plena a **liberdade de associação para fins lícitos e** veda **a de caráter paramilitar**. Desse modo, o partido político não poderá se valer desse meio, ainda que sob o argumento de combate ao nepotismo e à corrupção.

Gabarito "D"

(Técnico – TRE/PR – 2012 – FCC) A Constituição da República assegura a todos, independentemente do pagamento de taxas,

(A) o direito de petição aos Poderes Públicos em defesa de direitos ou contra ilegalidade ou abuso de poder.

(B) a obtenção de certidões em repartições públicas e estabelecimentos privados, para defesa de direitos e esclarecimento de situações de interesse pessoal.

(C) o registro civil de nascimento, a certidão de casamento e a certidão de óbito.

(D) as ações de *habeas corpus*, *habeas data* e o mandado de segurança.

(E) a prestação de assistência jurídica integral pelo Estado.

A: correta. De fato, o art. 5º, XXXIV, "a", da CF garante a todos assegurados, independentemente do pagamento de taxas, o direito de petição aos Poderes Públicos em defesa de direitos ou contra ilegalidade ou abuso de poder; **B:** errada, pois embora a CF assegure o direito de certidão, ela ser menciona que este deve ser exercido em "repartições públicas" e **não em estabelecimentos privados**, conforme afirmado na alternativa (art. 5º, XXXIV, "b", da CF); **C:** errada. De acordo com o art. 5º, LXXVI, "a" e "b", da CF são gratuitos para os reconhecidamente pobres, na forma da lei, o **registro civil de nascimento e a certidão de óbito**; **D:** errada. São gratuitas apenas as ações de *habeas corpus* e *habeas data*, e, na forma da lei, os atos necessários ao exercício da cidadania (art. 5º, LXXVII, da CF). O mandado de segurança não é gratuito; **E:** errada. Apenas aos que comprovarem insuficiência de recursos é que o Estado prestará assistência jurídica integral e gratuita (art. 5º, LXXIV, da CF).

Gabarito "A"

(Técnico – TRE/PR – 2012 – FCC) No curso de investigações sobre suposta prática de crime de corrupção envolvendo um servidor público estadual, a autoridade policial competente descobre indícios de que o investigado utilizava-se de um número de telefone para receber os supostos pedidos de favorecimento ilícito, bem como que mantinha, em sua casa, documentos relacionados aos atos que praticava. A fim de colher as provas necessárias para processar o caso, a autoridade policial entende ser necessário ter registro das conversas telefônicas mantidas pelo servidor e os originais dos documentos em questão. Nesse caso, a autoridade policial

(A) poderá entrar na casa do servidor para buscar os documentos, a qualquer hora, por se tratar de flagrante delito, mas dependerá de autorização judicial para realizar a interceptação telefônica.

(B) poderá instalar escutas telefônicas, independentemente de autorização judicial, mas dependerá desta para efetuar a busca de documentos na casa do servidor, em que poderá entrar a qualquer hora, desde que munido da devida autorização judicial.

(C) poderá instalar escutas telefônicas e entrar na casa do servidor para efetuar a busca de documentos, independentemente de autorização judicial, em virtude de já existir uma investigação criminal em curso.

(D) não poderá produzir as provas pretendidas, nem mesmo com autorização judicial, porque os atos para tanto necessários violam os direitos fundamentais do investigado à inviolabilidade de domicílio e ao sigilo das comunicações telefônicas.

(E) dependerá de autorização judicial para realizar a interceptação telefônica, bem como para buscar os documentos na casa do servidor, em que somente poderá entrar durante o dia, munido da devida autorização judicial.

A inviolabilidade de domicílio é garantida constitucionalmente, excepcionada apenas nos casos de flagrante delito, desastre, socorro e determinação judicial durante o dia (art. 5º, XI, da CF). Desse modo, a autoridade policial não poderá entrar na casa do servidor para colher provas. Além disso, a quebra do sigilo das comunicações telefônicas para fins de investigação criminal ou instrução processual penal e a busca domiciliar dependem de ordem judicial (art. 5º, XII, da CF).

Gabarito "E"

(Técnico – TRE/CE – 2012 – FCC) Cassio é corredor de maratona e obteve informações de que a Diretoria da Associação dos Maratonistas OIBBTRVH desviou verbas, desfalcando o caixa e prejudicando as atividades da Associação, que não teve recursos para honrar os compromissos junto aos fornecedores e funcionários. Cassio denunciou tal ilícito a Mário, delegado de polícia, que, por sua vez, relatou os fatos a Plínio, promotor de justiça, que concluiu que seria o caso de dissolver a Associação. Segundo a Constituição Federal, a dissolução compulsória da Associação

(A) deve ser decidida por Plínio e executada por Cassio, independentemente de ordem judicial.

(B) só poderá ocorrer por decisão judicial, exigindo-se o trânsito em julgado.

(C) cabe a Cassio, mediante a impetração de mandado de injunção.

(D) deve ser executada por Mario a mando de Plínio, independentemente de ordem judicial.

(E) cabe a Plínio, mediante a impetração de mandado de injunção.

O art. 5º, XIX, da CF assegura o direito à liberdade de associação e determina que elas só poderão ser compulsoriamente dissolvidas por **decisão judicial transitada em julgado**. Vale lembrar que a suspensão das atividades da associação também depende de ordem judicial, mas, nessa situação, não é necessário o transito em julgado.

Gabarito "B"

(Técnico – TRE/CE – 2012 – FCC) Américo tentou obter conhecimento das informações armazenadas a seu respeito no banco de dados da Câmara dos Deputados, o que lhe foi negado. No caso, segundo a Constituição Federal, para conhecer das informações, Américo deverá

(A) impetrar *habeas-data*.

(B) impetrar mandado de segurança.

(C) propor ação popular.

(D) propor ação originária no Supremo Tribunal Federal.

(E) propor ação ordinária no Supremo Tribunal Federal.

A: correta. O *habeas data* protege o direto de informação relativo à pessoa do impetrante que conste de registros ou bancos de dados de entidades governamentais ou de caráter público (art. 5º, LXXII, "a", da CF); **B:** errada. O mandado de segurança assegura o direito líquido e certo (aquele em que há prova já constituída) quanto esse direito não for amparado por *habeas corpus* ou *habeas data* (art. 5º, LXIX, da CF); **C:** errada. A ação popular tem por finalidade anular um ato lesivo ao patrimônio público, moralidade administrativa, meio ambiente e ao patrimônio histórico ou cultural (art. 5º, LXXIII, da CF); **D** e **E:** erradas. Os assuntos de competência do STF estão previstos no art. 102 da CF, dentre os quais, não se inclui a situação mencionada na questão.

Gabarito "A"

(Técnico – TRE/CE – 2012 – FCC) Alberto, reconhecidamente pobre na forma da lei, necessita obter a sua certidão de nascimento e a certidão de óbito do seu pai, Ataulfo, que acabara de falecer. Segundo a Constituição Federal, o Cartório de Registro Civil competente deverá fornecer, em regra,

(A) onerosamente o registro civil de nascimento de Alberto e gratuitamente a certidão de óbito de Ataulfo, mediante o pagamento de vinte reais para cada certidão.

(B) gratuitamente o registro civil de nascimento de Alberto e onerosamente a certidão de óbito de Ataulfo.

(C) gratuitamente as certidões de registro civil de nascimento de Alberto e de óbito de Ataulfo.

(D) as certidões de nascimento e óbito mediante o pagamento de taxa simbólica de cinco reais para cada certidão.

(E) as certidões de nascimento e óbito mediante o pagamento de taxa simbólica de dois reais para cada certidão.

Para os reconhecidamente pobres a CF assegura gratuidade no registro civil de nascimento e na certidão de óbito (art. 5º, LXXVI, "a" e "b", da CF). Desse modo, Alberto tem direito de receber, de forma gratuita, as duas certidões referentes ao seu pai, Ataulfo.

Gabarito "C"

(Técnico – TRE/CE – 2012 – FCC) Roberto, artista plástico, retratou em quadro a realidade de determinada comunidade carente do país. Segundo a Constituição Federal, Roberto poderá exibir sua obra de arte

(A) mediante prévia autorização do Poder Judiciário de onde estiver localizada a comunidade retratada.

(B) mediante prévio preenchimento de requerimento de inscrição e de exibição no cadastro nacional de obras de arte.

(C) mediante prévia autorização do Poder Executivo de onde estiver localizada a comunidade retratada.

(D) mediante prévia autorização do Poder Legislativo de onde estiver localizada a comunidade retratada.

(E) independentemente de censura e de licença da autoridade pública.

Não há necessidade de autorização para que Roberto exiba a sua obra. De acordo com o art. 5º, IX, da CF é livre a expressão da atividade intelectual, artística, científica e de comunicação, **independentemente de censura ou licença**.

Gabarito "E"

(Analista – TRT/1ª – 2012 – FCC) Tendo um cidadão formulado denúncia de suposto desvio de verbas públicas por dirigente de autarquia federal perante o Tribunal de Contas da União (TCU), requereu o dirigente em questão que lhe fosse revelada a identidade do autor da denúncia, a fim de que pudesse tomar as medidas eventualmente cabíveis em defesa de seus interesses, pedido este que, contudo, foi rejeitado pelo Presidente do TCU. Nesta hipótese, o remédio constitucional adequado para fazer valer a pretensão do dirigente da autarquia perante o TCU seria o

(A) mandado de injunção, de competência do Supremo Tribunal Federal.

(B) mandado de segurança, de competência do Superior Tribunal de Justiça.

(C) *habeas data*, de competência do Supremo Tribunal Federal.

(D) *habeas data*, de competência do Superior Tribunal de Justiça.

(E) mandado de segurança, de competência do Supremo Tribunal Federal.

A: incorreta. O mandado de injunção não é cabível na presente situação. Esse remédio tem aplicação quando há uma norma constitucional de eficácia limitada, que não foi regulamentada e que esta falta de normatização inviabiliza o exercício de liberdades constitucionais e de direitos inerentes à nacionalidade, soberania e cidadania (art. 5º, LXXI, da CF); **B:** incorreta. O remédio cabível é o mandado de segurança (art. 5º, LXIX, da CF/1988), mas a competência para o seu julgamento não é do STJ e sim do STF; **C** e **D:** incorretas. O *habeas data* protege o direito de informação relativa à pessoa do impetrante, portanto não se aplica ao caso trazido pela questão (art. 5º, LXXII, da CF/1988); **E:** correta. De fato, o remédio cabível é o mandado de segurança e a competência para o julgamento é do STF (art. 102, I, "d", da CF/1988)

Gabarito "E"

(Analista – TRT/11ª – 2012 – FCC) O sindicato dos metalúrgicos de determinada cidade, preocupado com a saúde dos trabalhadores sindicalizados, resolveu impetrar mandado de segurança coletivo contra ilegalidade da autoridade pública municipal, que determinou a continuidade do trabalho em determinada indústria da região mesmo havendo sério risco de contaminação por gases tóxicos. O referido sindicato poderá impetrar o mandado de segurança coletivo em defesa dos interesses de seus membros desde que esteja legalmente constituído e em funcionamento há, pelo menos,

(A) um ano.

(B) dois anos.

(C) três anos.

(D) quatro anos.

(E) cinco anos.

O art. 5º, LXX, da CF/1988 trata do mandado de segurança coletivo e determina os legitimados para impetração desse remédio. Conforme tal dispositivo, o partido político com representação no Congresso Nacional, a organização sindical, entidade de classe ou associação legalmente constituída e em funcionamento *há pelo menos um ano*, em defesa dos interesses de seus membros ou associados, podem impetrá-lo.

Gabarito "A"

(Analista – TRT/11ª – 2012 – FCC) Face à comoção grave de repercussão nacional, sendo decretado o estado de sítio, Alberto, brasileiro maior e capaz e domiciliado no Estado de Roraima, resolveu se mudar para o Estado do Rio Grande do Sul, porém ao chegar no aeroporto, Otávio, agente da Polícia Federal, legalmente e no exercício de atribuições do Poder Público, proibiu a sua locomoção para outro Estado, mantendo-o contra sua vontade no Estado de Roraima. Segundo a Constituição Federal, Alberto, na vigência do estado de sítio

(A) poderá viajar desde que impetre *habeas corpus* ao Superior Tribunal de Justiça, cuja competência é originária.

(B) tem direito líquido e certo e, assim, impetrará *habeas corpus* ao Presidente do Tribunal de Justiça do Estado de Roraima, que permitirá sua viagem.

(C) não terá que se sujeitar a ordem da autoridade desde que impetre *habeas corpus* ao Supremo Tribunal Federal, cuja competência é originária.

(D) não terá que se sujeitar a ordem da autoridade desde que impetre *habeas corpus* ao Juiz do Tribunal Militar, que requisitará informações à Policia Federal.

(E) em regra, terá que se sujeitar a ordem da autoridade e deverá permanecer no Estado de Roraima.

De acordo com o art. 139 da CF/1988, o poder público pode tomar algumas medidas durante a vigência do estado de sítio, dentre elas, a *obrigação de permanência em localidade determinada*. Desse modo, Alberto terá que se sujeitar à ordem da autoridade, permanecendo no estado de Roraima.

Gabarito "E"

(Analista – TRE/SP – 2012 – FCC) Suponha que, num processo judicial, após a constatação do desaparecimento injustificado de bem que estava sob a guarda de depositário judicial, o magistrado decretou a prisão civil do depositário.

Considerando a jurisprudência do Supremo Tribunal Federal sobre a matéria, a prisão civil foi decretada

(A) regularmente, uma vez que a essa pena está sujeito apenas o depositário judicial, e não o contratual.

(B) regularmente, uma vez que a essa pena está sujeito o depositário infiel, qualquer que seja a modalidade do depósito.

(C) irregularmente, uma vez que a pena somente pode ser aplicada ao depositário infiel que assuma contratualmente o ônus da guarda do bem.

(D) irregularmente, uma vez que é ilícita a prisão civil de depositário infiel, qualquer que seja a modalidade do depósito.

(E) irregularmente, uma vez que é inconstitucional a prisão civil por dívida, qualquer que seja seu fundamento.

De acordo com a Súmula Vinculante 25 do STF, é ilícita a prisão civil do depositário infiel, qualquer que seja a modalidade de depósito. Além disso, a Súmula 419 do STJ declara que descabe a prisão civil do depositário infiel.

Gabarito "D"

(Analista – TRT/6ª – 2012 – FCC) Nas hipóteses de grave violação de direitos humanos, o Procurador-Geral da República, com a finalidade de assegurar o cumprimento de obrigações decorrentes de tratados internacionais de direitos humanos dos quais o Brasil seja parte, poderá

(A) suscitar, perante o Superior Tribunal de Justiça, em qualquer fase do inquérito ou processo, incidente de deslocamento de competência para a Justiça Federal.

(B) requerer, perante o Supremo Tribunal Federal, em qualquer fase do inquérito ou processo, que este avoque o julgamento da matéria para sua competência.

(C) solicitar, perante o Tribunal Superior do Trabalho, após a contestação do réu, que este avoque o julgamento da matéria para sua competência quando a violação decorrer de relação de trabalho.

(D) suscitar, perante a Justiça Federal, após a contestação do réu, incidente de deslocamento de competência para o Superior Tribunal de Justiça.

(E) requerer, perante o Tribunal Superior do Trabalho, em qualquer fase do inquérito ou processo, incidente de deslocamento de competência para a Justiça do Trabalho quando a violação decorrer de relação de trabalho.

De acordo com o art. 109, § 5º, da CF/1988, nas hipóteses de *grave violação de direitos humanos*, o Procurador-Geral da República, com a finalidade de assegurar o cumprimento de obrigações decorrentes de tratados internacionais de direitos humanos dos quais o Brasil seja parte, poderá *suscitar, perante o Superior Tribunal de Justiça, em qualquer fase do inquérito ou processo, incidente de deslocamento de competência para a Justiça Federal.*

Gabarito "A"

(Analista – TRT/11ª – 2012 – FCC) César, chefe de um determinado grupo armado civil, ordenou que seus comparsas controlassem uma determinada comunidade de pessoas carentes, agindo contra a ordem constitucional e o Estado Democrático. De acordo com a Constituição Federal tal ato constitui crime

(A) inafiançável e insuscetível de anistia ou graça, sujeito à pena de restrição da liberdade.

(B) insuscetível de graça ou anistia, apenas, sujeito à pena de restrição da liberdade.

(C) inafiançável, apenas, sujeito à pena de reclusão.

(D) imprescritível, apenas, sujeito à pena de reclusão.

(E) inafiançável e imprescritível.

De acordo com ao art. 5º, XLIV, da CF/1988, constitui crime *inafiançável e imprescritível* a ação de grupos armados, civis ou militares, contra a ordem constitucional e o Estado Democrático.

Gabarito "E"

(Analista – TRT/11ª – 2012 – FCC) Gustavo, Presidente da República, após ouvidos o Conselho da República e o Conselho de Defesa Nacional, decretou estado de defesa para preservar, em local restrito e determinado, a ordem pública ameaçada por grave e iminente instabilidade institucional, indicando no decreto, segundo a Constituição Federal, nos termos e limites da lei, as medidas coercitivas a vigorarem, podendo restringir os direitos de

(A) ir e vir, sujeito à pena de banimento, apenas.

(B) ir e vir, sujeito à prisão perpétua e multa.

(C) imagem e de propriedade intelectual.

(D) reunião, ainda que exercida no seio das associações, sigilo de correspondência e sigilo de comunicação telegráfica e telefônica.

(E) livre manifestação do pensamento e de propriedade imóvel.

A: incorreta. A pena de banimento é vedada no Brasil (art. 5º, XLVII, "d", da CF/1988); **B:** incorreta. A pena de prisão perpétua também é vedada no ordenamento jurídico brasileiro (art. 5º, XLVII, "b", da CF/1988); **C:** incorreta. Os direitos de imagem e de propriedade intelectual não são afetados com a decretação do estado de defesa. As medidas coercitivas que podem ser aplicadas durante esse estado de exceção são relativas às restrições aos direitos de: a) reunião, ainda que exercida no seio das associações; b) sigilo de correspondência; c) sigilo de comunicação telegráfica e telefônica, além de ocupação e uso temporário de bens e serviços públicos, na hipótese de calamidade pública, respondendo a União pelos danos e custos decorrentes (art. 136, § 1º, I e II, da CF/1988); **D:** correta (art. 136, § 1º, I, "a", da CF/1988); **E:** incorreta. A livre manifestação de pensamento e o direito de propriedade intelectual não são afetados com a decretação do estado de defesa.

Gabarito "D"

(Analista – TRT/11ª – 2012 – FCC) Eriberto, cidadão que habitualmente aprecia a fachada de um prédio público antigo, que foi construído ano de 1800, soube que, apesar de tombado por ser considerado patrimônio histórico e cultural, a autoridade pública resolveu demoli-lo ilegalmente para, no local, edificar um prédio moderno. Eriberto imediatamente procurou a autoridade pública suplicando que não o demolisse, mas seus pleitos não foram atendidos, então, para anular ato lesivo, segundo a Constituição Federal, poderá

(A) impetrar mandado de segurança individual.

(B) impetrar mandado de segurança coletivo, desde que apoiado por abaixo assinado com, no mínimo, trezentas assinaturas.

(C) impetrar mandado de segurança coletivo, desde que apoiado por abaixo assinado com, no mínimo, quinhentas assinaturas.

(D) impetrar mandado de segurança coletivo, desde que apoiado por abaixo assinado com, no mínimo, setecentas assinaturas.

(E) propor ação popular.

O mandado de segurança protege direito líquido e certo que é aquele em que há prova pré-constituída, que não depende de dilação probatória. No caso proposto não há direito líquido e certo. É necessária a produção de provas para a verificação da violação ao patrimônio público. Portanto, o remédio cabível é a ação popular (art. 5º, LXXIII, da CF/1988).

Gabarito "E"

(Analista – TRE/PR – 2012 – FCC) Em outubro de 2011, ao apreciar Recurso Extraordinário em que se discutia a constitucionalidade da exigência formulada em lei federal de aprovação em exame da Ordem dos Advogados do Brasil para exercício da profissão de advogado, o Supremo Tribunal Federal (STF) considerou que referido exame tem por fim assegurar que atividades de risco sejam desempenhadas por pessoas com conhecimento técnico suficiente, para evitar danos à coletividade. No julgamento, salientou-se que, quanto mais arriscada a atividade, maior o espaço de conformação deferido ao Poder Público; sob essa ótica, o exercício da advocacia sem a capacidade técnica necessária afeta tanto o cliente, indivíduo, como a coletividade, pois denega Justiça, a qual é pressuposto da paz social.

Nesse caso, o STF

(A) reconheceu a eficácia limitada da norma constitucional que assegura a liberdade profissional, sujeitando seu exercício à autorização prévia do Poder Público.

(B) exerceu interpretação criativa e extrapolou o papel de guardião da Constituição, uma vez que se substituiu ao legislador, ao analisar o mérito da exigência legal.

(C) deu à exigência legal interpretação conforme à Constituição, para o fim de excluir do alcance da norma a possibilidade de exercício profissional sem a prévia aprovação em avaliação promovida pelo Poder Público.

(D) procedeu à interpretação teleológica da norma constitucional segundo a qual é livre o exercício de qualquer trabalho, ofício ou profissão, atendidas as qualificações profissionais que a lei estabelecer.

(E) restringiu o alcance da norma constitucional segundo a qual o advogado é indispensável à administração da Justiça, ao condicionar o exercício profissional à aprovação prévia em avaliação promovida pelo Poder Público.

A: incorreta. A norma prevista no art. 5º, XIII, da CF trata do direito à liberdade de profissão e é tida como de eficácia contida, pois, em princípio produz seus efeitos, mas deixa em aberto a possibilidade de a lei criar qualificações ao exercício da profissão; **B:** incorreta. Cabe ao Supremo analisar se as exigências legais estão ou não de acordo com a CF. E, ao fazer isso, não extrapola sua função precípua que é a guarda da CF; **C:** incorreta. Quem promove a avaliação (Exame de Ordem) não é o Poder Público e sim o Conselho Seccional da OAB; **D:** correta. A interpretação teleológica busca alcançar a finalidade da norma e conjugá-la às exigências da sociedade. De acordo com o Supremo (RE 603.583), o Exame de Ordem é um mecanismo de proteção da própria sociedade. A advocacia é uma das funções essenciais à justiça, configurando assim serviço público imprescindível ao estado democrático de direito; **E:** incorreta. O STF não restringiu o alcance do art. 133 da CF. O advogado continua sendo indispensável à justiça. A decisão da Corte Maior sobre a constitucionalidade do Exame de Ordem está de acordo com a CF. O art. 5º, XIII, da CF protege o direito à liberdade de profissão, mas dispõe que a lei pode exigir qualificações. Assim, o Estatuto da OAB (Lei 8.906/1994), em seu art. 8º, IV, determina que a aprovação no Exame de Ordem é um dos requisitos necessários para a inscrição como advogado.

Gabarito "D"

(Defensor Público/PR – 2012 – FCC) Maria, pessoa com identificação psicossexual oposta aos seus órgãos genitais externos e tendo forte desejo de viver e ser aceita como sendo do sexo oposto, move ação de modificação do seu assento de nascimento para mudar prenome, bem como gênero ao qual pertence. Consegue em primeira instância apenas a mudança do nome. No atendimento cabe ao defensor orientar que

(A) cabe recurso da decisão uma vez que a procedência parcial viola a Constituição Federal no que diz respeito à proteção da dignidade humana, proibição de discriminação e o direito à imagem das pessoas;

(B) cabe recurso da decisão, mas muito provavelmente a decisão será mantida já que a proibição de discriminação de sexo contida na Constituição diz respeito tão somente ao sexo biológico das pessoas;

(C) a decisão já foi uma grande vitória já que a Constituição não menciona discriminação de gênero, mas sim discriminação de sexo e que, portanto, pretender modificar o registro do sexo seria inconstitucional.

(D) para a mudança de sexo no assento de nascimento seria necessária cirurgia de transgenitalização externa, interna e modificação de caracteres sexuais secundários da pessoa e no caso somente foi feita a mastectomia. Assim melhor aguardar esses outros passos e depois pedir a modificação do sexo no registro;

(E) não é necessário ou mesmo recomendável recorrer, pois o que realmente causa constrangimento, expõe ao ridículo e viola a Constituição é o nome em desacordo com sua aparência e psique, o que foi obtido com a decisão judicial. Recorrer, nestas circunstâncias, somente prolongará o seu sofrimento.

V. STJ, REsp 737.993: "Nesse contexto, tendo em vista os direitos e garantias fundamentais expressos da Constituição de 1988, especialmente os princípios da personalidade e da dignidade da pessoa humana, e levando-se em consideração o disposto nos arts. 4º e 5º da Lei de Introdução ao Código Civil [Lei de Introdução às Normas do Direito Brasileiro], decidiu-se autorizar a mudança de sexo de masculino para feminino, que consta do registro de nascimento, adequando-se documentos, logo facilitando a inserção social e profissional. Destacou-se que os documentos públicos devem ser fiéis aos fatos da vida, além do que deve haver segurança nos registros públicos. Dessa forma, no livro cartorário, à margem do registro das retificações de prenome e de sexo do requerente, deve ficar averbado que as modificações feitas decorreram de sentença judicial em ação de retificação de registro civil. Todavia, tal averbação deve constar apenas do livro de registros, não devendo constar, nas certidões do registro público competente, nenhuma referência de que a aludida alteração é oriunda de decisão judicial, tampouco de que ocorreu por motivo de cirurgia de mudança de sexo, evitando, assim, a exposição do recorrente a situações constrangedoras e discriminatórias".

Gabarito "A"

(Defensor Público/PR – 2012 – FCC) A vida é direito constitucional fundamental garantindo-se sua inviolabilidade. À luz desse preceito

(A) é possível utilizar a interpretação conforme para não responsabilizar o médico pela eutanásia se considerarmos a autonomia e a dignidade da pessoa humana no mesmo patamar e a vida como direito relativo e disponível pelo titular;

(B) é dever do médico, em casos de doença incurável e terminal, empreender ações diagnósticas ou terapêuticas inúteis ou obstinadas ainda que ocorra a distanásia ou obstinação terapêutica;

(C) a eutanásia ativa direta é admitida pelo ordenamento brasileiro desde que precedida do testamento vital ou procuração de saúde;

(D) somente está autorizada pela norma a eutanásia ativa indireta, na qual se usa meios para evitar a dor ainda que isso provoque a aceleração da morte;

(E) está autorizado pelo ordenamento jurídico apenas a eutanásia passiva ou ortotanásia, quando se omitem ou suspendem os tratamentos médicos com vistas a não adiar a morte.

A: Foi considerada correta pela banca, embora seja questionável em razão de o princípio da dignidade da pessoa humana e o direito à vida encontrarem-se em mesmo patamar (constitucional), não sendo certo falar, com base na jurisprudência do STF, que o direito à vida é disponível; **B:** Errada. Não existe esse dever legal para o médico; **C, D** e **E:** Erradas. Não há autorização no direito brasileiro para a prática da eutanásia, seja ativa ou passiva.

Gabarito "A"

(Defensor Público/PR – 2012 – FCC) Defensor Público em visita de inspeção à Cadeia Pública Feminina recebe pleito das presas de recebimento de visita íntima proibida pelo delegado responsável por ausência de local apropriado e falta de segurança. Ao analisar a reivindicação das presas o Defensor extrai corretamente as seguintes conclusões:

(A) A mulher presa está privada da liberdade e compete ao Estado zelar para que a pena não passe de sua pessoa, conforme direito constitucional expresso. Não tendo meios para impedir a reprodução, que pode ocorrer, se faz necessário impedir a realização de visita íntima.

(B) Embora legítima, a demanda carece de regulação normativa sob a ótica dos direitos sexuais, o que impede a sua judicialização.

(C) Ainda que seja possível extrair os direitos sexuais do sistema constitucional de proteção dos direitos, no caso específico deve prevalecer o interesse público sobre o privado, já que as visitas não se realizam em virtude de não ser possível garantir a segurança do estabelecimento.

(D) A Constituição foi detalhista ao estabelecer os direitos da pessoa presa prevendo até mesmo o direito da presa de amamentar seus filhos. A visita íntima de mulher presa não está dentre esse rol de direitos não cabendo à Defensoria se revestir de Poder Constituinte Originário.

(E) A demanda se insere na proteção constitucional dos direitos sexuais que podem ser considerados direitos que decorrem do regime e dos princípios constitucionais adotados, em especial, da igualdade, liberdade, intimidade, privacidade e autonomia (parágrafo 2º do art. 5º – direitos implícitos).

Consoante disposição do art. 5º, § 2º, da CF: "Os direitos e garantias expressos nesta Constituição não excluem outros decorrentes do regime e dos princípios por ela adotados, ou dos tratados internacionais em que a República Federativa do Brasil seja parte".

Gabarito "E"

(Defensor Público/SP – 2012 – FCC) A respeito dos direitos e das garantias fundamentais previstos na ordem constitucional brasileira vigente, é correto afirmar:

(A) As pessoas presas, ainda que provisoriamente, em razão de processo penal, têm seus direitos políticos suspensos, não podendo, inclusive, exercer direito de voto.

(B) Para efeitos do disposto no artigo 5º, XI, da Constituição Federal de 1988, o conceito normativo de "casa" deve ser entendido de forma abrangente, de forma a alcançar qualquer compartimento privado não aberto ao público, onde alguém exerce profissão ou atividade, mas não deve ser estendido a "barracos" construídos irregularmente, por exemplo, em áreas públicas.

(C) Segundo entendimento consolidado do Supremo Tribunal Federal, ao contrário da busca domiciliar e da decretação da prisão, ressalvada a situação de flagrância penal, não se considera cláusula constitucional de reserva de jurisdição a interceptação telefônica, podendo esta ser determinada, inclusive, por Comissão Parlamentar de Inquérito, nos termos do artigo 58, § 3º, da Constituição Federal de 1988.

(D) A prática de racismo, a ação de grupos armados, civis ou militares, contra a ordem constitucional e o Estado Democrático e a prática do tráfico ilícito de entorpecentes e de drogas afins são considerados crimes imprescritíveis.

(E) O disposto no artigo 5º, XXXVI, da Constituição Federal de 1988, segundo o qual "a lei não prejudicará o direito adquirido, o ato jurídico perfeito e a coisa julgada", não proibiu a retroatividade da lei, mas, apenas, protegeu o direito adquirido, o ato jurídico perfeito e a coisa julgada de eventual ação retroativa de lei.

A: Errada. Viola o art. 15, III, da CF: "É vedada a cassação de direitos políticos, cuja perda ou suspensão só se dará nos casos de: III condenação criminal transitada em julgado, enquanto durarem seus efeitos"; **B:** Errada. O art. 5º, XI, da CF, cuja garantia só pode ser afastada por determinação judicial (reserva de jurisdição), salvo em caso de flagrante delito ou desastre, ou para prestar socorro, também se aplica a "barracos"; **C:** Errada. A CPI pode determinar quebra do sigilo fiscal, bancário e de dados, mas não a interceptação telefônica; **D:** Errada. Os crimes de racismo e ação de grupos armados são imprescritíveis, mas o tráfico ilícito de entorpecentes não (art. 5º, XLII, XLIII e XLIV, da CF); **E:** Correta. A CF admite a retroatividade da lei penal mais benéfica.

Gabarito "E"

5.2. Remédios Constitucionais

(Analista – TRT/20ª – 2011 – FCC) Com o fim de instalar fábrica de válvulas para venda no mercado consumidor da região, a empresa BBBOY licitamente iniciou o desmatamento de parte da floresta existente em sua propriedade munida de prévias autorizações dos órgãos competentes. Isidoro, cidadão brasileiro, dono da empresa IAIEE que até então era a única fabricante de válvulas na região, ficou temeroso com a futura queda do faturamento da sua empresa quando sua concorrente terminasse as instalações da fábrica. Então, Isidoro propôs ação popular visando anular ato lesivo ao meio ambiente sob a falsa alegação de que as licenças de desmatamento expedidas pelos agentes administrativos teriam sido obtidas pela empresa BBBOY mediante o pagamento de propina. De acordo com a Constituição Federal, Isidoro

(A) é parte legítima para propor ação popular e se, comprovada a sua má-fé, será condenado ao pagamento das custas judiciais e dos ônus da sucumbência.

(B) deveria ter ingressado com *habeas data* ao invés de ação popular, que será extinta e ele será condenado nas penas por litigância de má-fé.

(C) é parte ilegítima para propor ação popular e será condenado ao pagamento das custas processuais e do ônus da sucumbência independentemente de má-fé.

(D) é parte ilegítima para propor ação popular e só será condenado ao pagamento das custas processuais e do ônus da sucumbência se provada a sua má-fé.

(E) é parte ilegítima para propor ação popular porque é sócio de pessoa jurídica concorrente da empresa BBBOY, sendo manifesto o seu interesse na interrupção do processo de instalação da fábrica.

A: correta. Dispõe o art. 5º, LXXIII, da CF qualquer cidadão é parte legítima para propor ação popular que vise a anular ato lesivo ao patrimônio público ou de entidade de que o Estado participe, à moralidade administrativa, ao meio ambiente e ao patrimônio histórico e cultural. Desse modo, ainda que as alegações de Isidoro sejam falsas, pelo fato de ele ser cidadão brasileiro (está no gozo dos direitos políticos) ele pode entrar com ação popular. Agora, comprovada a má-fé, terá de pagar custas judiciais e o ônus da sucumbência, algo que não ocorreria se estivesse de boa-fé. **B:** errada. O *habeas data*, previsto no art. 5º, LXXI, da CF, tem outra finalidade, visa proteger à liberdade de informação relativa a pessoa do impetrante e não o patrimônio público, meio ambiente etc.; **C**, **D** e **E:** erradas. Conforme mencionado, Isidoro é parte legítima para propor a ação popular, pois a questão indica que ele é cidadão brasileiro.

Gabarito "A"

(Analista – TRT/23ª – 2011 – FCC) Cassio tomou conhecimento que a praça pública próxima à sua residência será fechada por interesses escusos, posto que no terreno, cuja propriedade foi transferida ilegalmente para o particular, será erguido um complexo de edifícios de alto padrão, que beneficiará o Prefeito Municipal com um apartamento. Segundo a Constituição Federal, visando anular o ato lesivo que teve notícia, Cassio poderá propor

(A) ação de arguição de descumprimento de preceito fundamental.

(B) mandado de injunção.

(C) mandado de segurança.

(D) *habeas data.*

(E) ação popular.

A: errada. A arguição de descumprimento de preceito fundamental (ADPF) é uma ação do controle concentrado de constitucionalidade e só pode ser proposta pelos legitimados previstos no art. 103 da CF; **B:** errada. O mandado de injunção possui outra finalidade: é utilizado sempre que a falta de norma regulamentadora torne inviável o exercício dos direitos e liberdades constitucionais e das prerrogativas inerentes à nacionalidade, à soberania e à cidadania (art. 5º, LXXI, da CF); **C:** errada. O mandado de segurança não tem o objetivo de anular ato lesivo ao patrimônio público. Visa a proteção de direito líquido e certo (aquele em que há prova documental pré-constituída) não amparado por *habeas corpus* ou *habeas data*, quando o responsável pela ilegalidade ou abuso de poder for autoridade pública ou agente de pessoa jurídica no exercício de atribuições do Poder Público (art. 5º, LXIX, da CF); **D:** errada. O *habeas data* também tem outra finalidade, está relacionado à liberdade de informação relativa a pessoa do impetrante (art. 5º, LXXII, da CF); **E:** correta. De fato, a mecanismo hábil para anular esse ato lesivo é a ação popular

Gabarito "E"

(Analista – TRE/AP – 2011 – FCC) Segundo a Constituição Federal, o mandado de segurança coletivo pode ser impetrado por partido político com representação

(A) no mínimo em dez Municípios localizados num único Estado.

(B) na Câmara de Vereadores do Município onde está localizada sua sede.

(C) na Assembleia Legislativa do Estado onde está localizada sua sede.

(D) no mínimo com três Assembleias Legislativas de três Estados.

(E) no Congresso Nacional.

Os legitimados à propositura de mandado de segurança coletivo estão descritos no art. 5º, LXX, "a" e "b", da CF. São os seguintes: partido político com representação no Congresso Nacional, organização sindical, entidade de classe ou associação legalmente constituída e em funcionamento há pelo menos um ano, em defesa dos interesses de seus membros ou associados.

Gabarito "E"

(Analista – TRE/AP – 2011 – FCC) Está legitimada a impetrar mandado de segurança coletivo em defesa dos interesses de seus associados, a associação legalmente constituída e em funcionamento há pelo menos

(A) dez meses.

(B) seis meses.

(C) um ano.

(D) quatro meses.

(E) nove meses.

Os legitimados à propositura de mandado de segurança coletivo estão descritos no art. 5º, LXX, "a" e "b", da CF. São os seguintes: partido político com representação no Congresso Nacional, organização sindical, entidade de classe ou associação legalmente constituída e em funcionamento há pelo menos um ano, em defesa dos interesses de seus membros ou associados.

Gabarito "C"

5.3. Teoria Geral dos Diretos Fundamentais

(Técnico Judiciário – TRT/23ª – 2011 – FCC) Segundo o disposto no artigo 5º, § 3º, da Constituição Federal, os tratados e convenções internacionais sobre direitos humanos que forem aprovados, em cada Casa do Congresso Nacional, em dois turnos, por três quintos dos votos dos respectivos membros, serão equivalentes

(A) às emendas constitucionais.

(B) às leis complementares.

(C) às leis ordinárias.

(D) às leis delegadas.

(E) aos decretos legislativos.

A questão traz a disposição prevista no parágrafo 3º da CF de que os tratados e convenções internacionais sobre direitos humanos que forem aprovados, em cada Casa do Congresso Nacional, em dois turnos, por três quintos dos votos dos respectivos membros, serão equivalentes às **emendas constitucionais**. Vale lembrar que tal regra foi acrescentada ao texto pela EC n. 45/2004.

Gabarito "A"

(Analista – TRE/TO – 2011 – FCC) Segundo a Constituição Federal, os tratados e convenções internacionais sobre direitos humanos que forem aprovados, em cada Casa do Congresso Nacional, em dois turnos, por

(A) metades dos votos dos respectivos membros, serão equivalentes às leis complementares.
(B) um terço dos votos dos respectivos membros, serão equivalentes às emendas constitucionais.
(C) dois terços dos votos dos respectivos membros, serão equivalentes às leis complementares.
(D) um quarto dos votos dos respectivos membros, serão equivalentes às leis ordinárias.
(E) três quintos dos votos dos respectivos membros, serão equivalentes às emendas constitucionais.

Conforme o § 3º do art. 5º da CF, os tratados e convenções internacionais sobre direitos humanos que forem aprovados, em cada Casa do Congresso Nacional, em dois turnos, por três quintos dos votos dos respectivos membros, serão equivalentes às emendas constitucionais.
Gabarito "E"

(Analista – TRT/24ª – 2011 – FCC) Os tratados e convenções internacionais sobre direitos humanos que forem aprovados

(A) pela Câmara dos Deputados, por maioria absoluta, mediante aprovação prévia da Advocacia Geral da União, serão equivalentes à Lei ordinária.
(B) pelo pleno do Supremo Tribunal Federal, desde que previamente aprovada pelo Presidente da República e Senado Federal, serão equivalentes às Leis ordinárias.
(C) pelo pleno do Supremo Tribunal Federal, desde que previamente aprovada pelo Presidente da República e Senado Federal, serão equivalentes às Leis complementares.
(D) em cada Casa do Congresso Nacional, em dois turnos, por três quintos dos votos dos respectivos membros, serão equivalentes às emendas constitucionais.
(E) pelo Presidente da República serão equivalentes à Medida Provisória e serão levados à Câmara dos Deputados, para, mediante aprovação por maioria dos votos, serem convertidas em Leis ordinárias.

Conforme o § 3º do art. 5º da CF, os tratados e convenções internacionais sobre direitos humanos que forem aprovados, em cada Casa do Congresso Nacional, em dois turnos, por três quintos dos votos dos respectivos membros, serão equivalentes às emendas constitucionais.
Gabarito "D"

(Procurador do Estado/MT – FCC – 2011) Os textos da Convenção sobre os Direitos das Pessoas com Deficiência e de seu Protocolo Facultativo, assinados em Nova Iorque, em março de 2007, tramitaram perante as Casas do Congresso Nacional nos anos de 2007 e 2008, com vistas à sua aprovação, por meio de Decreto Legislativo. O então projeto de Decreto Legislativo foi aprovado, inicialmente, na Câmara dos Deputados, pelo voto de 418 e 353 de seus membros, em primeiro e segundo turnos, respectivamente; na sequência, encaminhado ao Senado Federal, foi aprovado pelo voto de 59 e 56 de seus membros, em primeiro e segundo turnos, respectivamente. Promulgado e publicado o Decreto Legislativo nº 186, de 2008, o Governo brasileiro depositou o instrumento de ratificação dos atos junto ao Secretário-Geral das Nações Unidas em agosto de 2008, ocorrendo, ao final, a edição do Decreto nº 6.949, de 2009, pelo Presidente da República, promulgando a referida Convenção e seu Protocolo Facultativo. Diante disso, a Convenção sobre os Direitos das Pessoas com Deficiência e seu Protocolo Facultativo

(A) estão aptos a produzir efeitos no ordenamento jurídico brasileiro, ao qual se integraram como norma equivalente às leis ordinárias.
(B) estão aptos a produzir efeitos no ordenamento jurídico brasileiro, em que serão considerados equivalentes às emendas à Constituição.
(C) estão aptos a produzir efeitos no plano jurídico externo, mas não no ordenamento interno brasileiro.
(D) estariam aptos a produzir efeitos no ordenamento jurídico brasileiro se houvessem sido aprovados como proposta de emenda à Constituição de iniciativa do Presidente da República, promulgada pelas Mesas das Casas do Congresso Nacional.
(E) não estão aptos a produzir efeitos no plano jurídico externo, tampouco no ordenamento interno brasileiro, uma vez que não foram observados os procedimentos necessários à sua ratificação e promulgação.

Art. 5º, § 3º, da CF.
Gabarito "B"

(Procurador do Estado/RO – 2011 – FCC) Dentre as características da perspectiva objetiva dos direitos fundamentais, compreende-se:

(A) o conjunto de metas traçadas com fins diretivos de ações positivas dos poderes públicos, com o fim de outorgar-lhes eficácia dirigente.
(B) a representação dos interesses individuais sob a ótica negativa perante o Poder Público.
(C) ter sempre a natureza princípio, nunca de regra.
(D) impossibilitar a agregação do ponto de vista axiológico da comunidade em sua interpretação.
(E) não há dimensão objetiva na esfera dos direitos fundamentais, os quais têm como característica defender de forma singular o espaço de liberdade individual.

De acordo com Daniel Sarmento, "a dimensão objetiva dos direitos fundamentais liga-se ao reconhecimento de que tais direitos, além de imporem certas prestações aos poderes estatais, consagram também os valores mais importantes em uma comunidade política, constituindo, como afirmou Konrad Hesse, as bases da ordem jurídica da coletividade". Ainda de acordo com o autor, "como garantia de valores morais coletivos, os direitos fundamentais não são apenas um problema do Estado, mas de toda a sociedade. Neste sentido, é preciso abandonar a perspectiva de que a proteção aos direitos humanos constitui um problema apenas do Estado e não também de toda a sociedade. A dimensão objetiva liga-se a uma perspectiva comunitária de direitos humanos, que nos incita a agir em sua defesa, não só através dos instrumentos processuais pertinentes, mas também no espaço público, através de mobilizações sociais, de atuação de ONG's e outras entidades do exercício responsável do direito de voto".
Gabarito "A"

6. DIREITOS SOCIAIS

(Defensor Público – DPE/BA – 2016 – FCC) A respeito dos direitos sociais:

(A) A localização "topográfica" dos direitos sociais no texto da Constituição Federal reforça a tese de que os mesmos não se tratam de direitos fundamentais.
(B) Muito embora a doutrina sustente a tese do "direito ao mínimo existencial", a jurisprudência do Supremo Tribunal Federal rejeita o seu acolhimento, amparada, sobretudo, no princípio da separação dos poderes.

(C) O *caput* do art. 6º da Constituição Federal elenca rol taxativo dos direitos sociais consagrados pelo texto constitucional.

(D) A Constituição Federal consagra expressamente o direito à educação como direito público subjetivo.

(E) O direito à moradia encontra-se consagrado no *caput* do artigo 6º da Constituição Federal de 1988 desde o seu texto original.

A: Errada. A localização "topográfica" dos direitos sociais, dentro do Título II da CF, destinado aos direitos e garantias fundamentais, não deixa dúvidas acerca de sua natureza jurídica; **B:** Errada. A jurisprudência acolhe a tese do "mínimo existencial", tratando-o ora como conteúdo do princípio da dignidade da pessoa humana, ora como instrumento para a realização dos direitos de liberdade. De toda forma, é necessário apontar que o "mínimo existencial" surgiu na Alemanha como forma de ampliar a proteção de direitos fundamentais, e não para restringir sua tutela àquele mínimo, como às vezes a jurisprudência brasileira erroneamente o aplica; **C:** Errada. O rol de direitos fundamentais, aí incluídos os direitos sociais, é aberto (art. 5º, § 2º, CF); **D:** Correta. Art. 6º, *caput*, CF; **E:** Errada. Foi incluído pela EC 90/2015.

Gabarito "D"

(Defensor Público – DPE/BA – 2016 – FCC) Sobre o direito à educação, no texto da Constituição Federal,

(A) as universidades gozam tão somente de autonomia didático-científica e administrativa, não alcançando a sua gestão financeira e patrimonial, que permanece a cargo do ente federativo a que pertencem.

(B) a educação básica é obrigatória e gratuita dos 4 (quatro) aos 17 (dezessete) anos de idade, assegurada, inclusive, sua oferta gratuita para todos os que a ela não tiveram acesso na idade própria.

(C) os Municípios atuarão prioritariamente no ensino fundamental e médio.

(D) os Estados e o Distrito Federal atuarão prioritariamente no ensino fundamental e na educação infantil.

(E) a União aplicará, anualmente, nunca menos de vinte e cinco, e os Estados, o Distrito Federal e os Municípios dezoito por cento, no mínimo, da receita resultante de impostos, compreendida a proveniente de transferências, na manutenção e desenvolvimento do ensino.

A: Errada. O art. 207, *caput*, CF prevê autonomia ampla; **B:** Correta. Art. 208, I, CF; **C:** Errada. O art. 211, § 2º, da CF prevê sua atuação prioritária na educação infantil e fundamental; **D:** Errada. O art. 211, § 3º, prescreve a atuação prioritária dos estados e do Distrito Federal nos ensinos fundamental e médio; **E:** Errada. Art. 212, *caput*, CF: "A União aplicará, anualmente, nunca menos de dezoito, e os Estados, o Distrito Federal e os Municípios vinte e cinco por cento, no mínimo, da receita resultante de impostos, compreendida a proveniente de transferências, na manutenção e desenvolvimento do ensino".

Gabarito "B"

(Técnico – TRT/19ª Região – 2014 – FCC) Sobre a disciplina constitucional da associação sindical, considere:

I. A independência e a autonomia dos sindicatos são asseguradas mediante autorização do Estado para sua fundação e manutenção, aferidas pelo registro no órgão competente.

II. Os sindicatos podem se auto-organizar, sendo vedada, porém, a participação dos aposentados filiados nas decisões a serem tomadas.

III. Os sindicatos podem promover a defesa dos direitos e interesses coletivos ou individuais da categoria, inclusive em questões judiciais ou administrativas.

IV. Não há obrigatoriedade de filiação sindical, mas apenas da participação dos sindicatos nas negociações coletivas de trabalho.

Está correto o que consta APENAS em

(A) I e II.

(B) I e IV.

(C) II e III.

(D) III e IV.

(E) II, III e IV.

I: Incorreta, pois é vedado ao Poder Público intervir ou interferir na organização sindical (art. 8º, I, da CF); **II:** Incorreta, pois o aposentado filiado tem direito a votar e ser votado nas organizações sindicais (art. 8º, VII, da CF); **III:** Correta, conforme art. 8º, III, da CF; **IV:** Correta, conforme art. 8º, V e VI, da CF.

Gabarito "D"

(Técnico Judiciário – Área Administrativa – TRT18 – 2013 – FCC) Priscila trabalha como empregada doméstica na residência de Paula na cidade de Goiânia desde o ano de 2009. A empregadora deixou de pagar, no último ano de 2012, verbas decorrentes de férias. Neste caso, nos termos preconizados pela Constituição Federal de 1988, Priscila terá ação, quanto aos créditos resultantes da sua relação de trabalho, com prazo prescricional de

(A) cinco anos, até o limite de três anos após a extinção do contrato de trabalho.

(B) três anos independentemente da extinção do contrato de trabalho.

(C) três anos, até o limite de dois anos após a extinção do contrato de trabalho.

(D) cinco anos, até o limite de dois anos após a extinção do contrato de trabalho.

(E) dez anos, até o limite de três anos após a extinção do contrato de trabalho.

A ação, quanto aos créditos resultantes das relações de trabalho, prescreve em **cinco** anos para os trabalhadores urbanos e rurais, até o **limite** de dois anos após a extinção do contrato de trabalho (art. 7º, XXIX, da CF). Sobre o tema, é importante mencionar um trecho do Recurso Ordinário 01236-2006-045-01-00-2, da 7ª T., do TRT da 1ª Região, cuja relatoria pertenceu ao Des. Alexandre Teixeira de Freitas Bastos Cunha: "a omissão contida no parágrafo único, do art. 7º, da Carta Política de 1988 [após a EC 72/2013], quanto à aplicação ao empregado doméstico da prescrição trabalhista, prevista no inciso XXIX, do art. 7º, da Carta Política de 1988, não tem o condão de afastar a incidência da prescrição aos contratos domésticos, na medida em que a prescrição não é um direito, mas, sim, uma limitação temporal à pretensão do exercício de um direito".

Gabarito "D"

(Analista – TRT/19ª Região – 2014 – FCC) Foi editada lei federal dispondo a respeito das organizações sindicais, determinando

I. a obrigatoriedade da participação dos sindicatos dos empregados nas negociações coletivas de trabalho, salvo se substituído por comissão eleita pelos próprios empregados interessados no acordo.

II. que o aposentado filiado tem direito a votar e ser votado nas organizações sindicais.

III. que cabe ao sindicato a defesa dos direitos e interesses coletivos ou individuais da categoria, inclusive em questões judiciais ou administrativas.

Está correto o que consta APENAS em

(A) I.
(B) II.
(C) III.
(D) I e II.
(E) II e III.

I: incorreta, na segunda parte, pois não pode haver substituição, a participação do sindicato é obrigatória (art. 8º, VI, da CF); **II:** correta (art. 8º, VII, da CF); **III:** correta (art. 8º, III, da CF).

Gabarito "E"

(Analista – TRF/3ª Região – 2014 – FCC) Sobre o direito de associação, a Constituição Federal estabelece que

(A) ninguém será compelido a associar-se ou a permanecer associado.
(B) é plena a liberdade de associação para qualquer finalidade.
(C) a criação de associações e de cooperativas dependem de autorização para seu funcionamento e se sujeitam à interferência estatal.
(D) as associações poderão ser compulsoriamente dissolvidas independentemente de decisão judicial.
(E) as entidades associativas não têm legitimidade para representar seus filiados judicial ou extrajudicialmente.

A: correta (art. 5º, XX, da CF); **B:** incorreta, é plena a liberdade de associação para fins lícitos, sendo vedada a de caráter paramilitar (art. 5º, XVII, da CF); **C:** incorreta, "a criação de associações e, na forma da lei, a de cooperativas independem de autorização, sendo vedada a interferência estatal em seu funcionamento" (art. 5º, XVIII, da CF); **D:** incorreta, depende de decisão judicial com trânsito em julgado (art. 5º, XIX, da CF); **E:** incorreta, quando expressamente autorizadas têm legitimidade para representar seus filiados judicial ou extrajudicialmente (art. 5º, XXI). No tocante à autorização, o STF entende não ser necessária em caso de mandado de segurança coletivo: "Não se exige, tratando-se de segurança coletiva, a autorização expressa aludida no inciso XXI do art. 5º da Constituição, que contempla hipótese de representação. O objeto do mandado de segurança coletivo será um direito dos associados, independentemente de guardar vínculo com os fins próprios da entidade impetrante do *writ*, exigindo-se, entretanto, que o direito esteja compreendido na titularidade dos associados e que exista ele em razão das atividades exercidas pelos associados, mas não se exigindo que o direito seja peculiar, próprio, da classe" (RE 193.382, Plenário, j. 28.06.1996, rel. Min. Carlos Velloso, DJ 20.09.1996)".

Gabarito "A"

(Analista – TRT/6ª – 2012 – FCC) Os direitos sociais reconhecidos aos trabalhadores pela Constituição Federal

(A) estabelecem que é obrigatória a remuneração do serviço extraordinário superior, no máximo, em cinquenta por cento à do normal.
(B) aplicam-se apenas às relações de trabalho urbanas, já que os trabalhadores rurais são regidos por legislação específica.
(C) determinam que é proibido o trabalho noturno, perigoso ou insalubre a menores de 18 anos, bem como qualquer trabalho a menores de 16 anos, salvo na condição de aprendiz, a partir de 14 anos.
(D) são normas programáticas e, portanto, desprovidas de eficácia jurídica, dependendo da discricionariedade do Administrador Público para que se concretizem.
(E) asseguram que é livre a associação sindical, sendo permitida a criação de mais de uma organização sindical representativa de categoria profissional ou econômica na mesma base territorial.

A: incorreta. Conforme dispõe o art. 7º, XVI, da CF/1988, a remuneração do serviço extraordinário superior deve ser de, *no mínimo*, cinquenta por cento à do normal; **B:** incorreta. Os direitos sociais reconhecidos aos trabalhadores pela Constituição Federal, de acordo com o *caput* do art. 7º, são aplicáveis aos trabalhadores urbanos *e rurais*; **C:** correta. É o que determina o art. 7º, XXXIII, da CF/1988. **D:** incorreta. José Afonso da Silva, em sua obra *Curso de Direito Constitucional positivo*, 35. ed. São Paulo: Malheiros, 2012, p. 286, define os direitos sociais como "dimensão dos direitos fundamentais do homem", mencionando que tais direitos "são prestações positivas proporcionadas pelo Estado direta ou indiretamente, enunciadas em normas constitucionais, que possibilitam melhores condições de vida aos mais fracos, direitos que tendem a realizar a igualização de situações sociais desiguais. São, portanto, direitos que se ligam ao direito de igualdade. Valem como pressuposto do gozo dos direitos individuais na medida em que criam condições materiais mais propícias ao auferimento da igualdade real, o que, por sua vez, proporciona condição mais compatível com o exercício efetivo da liberdade". Sendo assim, tais direitos possuem eficácia jurídica e não são considerados apenas normas programáticas. Embora o tema seja polêmico, há quem sustente que os direitos sociais, pelo menos os de caráter individual, são considerados cláusulas pétreas; **E:** incorreta. De acordo com o art. 8º, II, da CF/1988, é proibida a criação de mais de uma organização sindical, em qualquer grau, representativa de categoria profissional ou econômica na mesma base territorial.

Gabarito "C"

(Analista – TRT/6ª – 2012 – FCC) Estão no rol dos direitos sociais, segundo previsão expressa da Constituição:

(A) assistência aos desamparados, propriedade e liberdade.
(B) saúde, educação e felicidade.
(C) segurança, saúde e liberdade.
(D) moradia, alimentação e felicidade.
(E) alimentação, lazer e proteção à maternidade.

De acordo com o art. 6º da CF, são direitos sociais a educação, a saúde, a **alimentação**, o trabalho, a moradia, o transporte, o **lazer**, a segurança, a previdência social, a **proteção à maternidade** e à infância, a assistência aos desamparados, na forma desta Constituição. Vale lembrar que o direito à alimentação foi acrescentado ao rol pela EC 64/10 e o direito ao transporte pela EC 90/15.

Gabarito "E"

7. NACIONALIDADE

(Técnico Judiciário – TRE/SP – FCC – 2017) Brasileiro naturalizado, com 25 anos de idade, pela segunda vez consecutiva no exercício do mandato de Vereador, filho doGovernador do Estado em que possui domicílio eleitoral, poderá, à luz da Constituição Federal, candidatar-se, na esfera

(A) municipal, à reeleição para Vereador, apenas, sem precisar para tanto renunciar ao respectivo mandato.
(B) municipal, a Prefeito, apenas, desde que renuncie ao respectivo mandato até seis meses antes do pleito.
(C) municipal, à reeleição para Vereador ou a Prefeito, devendo, neste último caso, renunciar ao respectivo mandato até seis meses antes do pleito.

(D) estadual, a Deputado Estadual, mas não a Governador do Estado, estando ainda impossibilitado de concorrer a mandatos na esfera municipal.

(E) estadual, a Governador do Estado, mas não a Deputado Estadual, estando ainda impossibilitado de concorrer a mandatos na esfera municipal.

A CF estabelece no art. 14 as hipóteses de inelegibilidades Constitucionais, sem prejuízo de outras que serão aduzidas por lei infraconstitucional. Quanto à situação do enunciado, cabe dizer que o § 7º do mencionado diploma estabelece que serão inelegíveis no território de jurisdição do titular, o cônjuge e os parentes consanguíneos ou afins, até o segundo grau ou por adoção, do Presidente da República, de Governador de Estado ou Território, do Distrito Federal, de Prefeito ou de quem os haja substituído dentro dos seis meses anteriores ao pleito, salvo se já titular de mandato eletivo e candidato à reeleição. Significa dizer que o filho vereador, na hipótese de concorrer à reeleição da vereança poderá apresentar-se como candidato no mesmo território de jurisdição de seu pai, governador do estado, mas jamais concorrer a outro cargo. A intenção do Constituinte foi evitar que situações como essa pudessem gerar o monopólio de eleitos de um mesmo clã familiar, graças a utilização da máquina por um titular do executivo aos seus parentes consanguíneos ou afins, até o segundo grau ou por adoção. TC

Gabarito "A"

(Técnico Judiciário – TRE/SP – FCC – 2017) Nos termos da Constituição Federal, o filho de pai brasileiro e mãe estrangeira, nascido no exterior, será

(A) estrangeiro, em qualquer hipótese.

(B) brasileiro naturalizado, desde que resida no Brasil por dez anos ininterruptos, sem condenação penal, e requeira a nacionalidade brasileira.

(C) brasileiro nato, se, quando de seu nascimento, o pai estiver a serviço da República Federativa do Brasil.

(D) brasileiro nato, desde que, quando de seu nascimento, a mãe não esteja a serviço de seu país de origem.

(E) brasileiro naturalizado, desde que registrado em repartição brasileira competente ou venha a residir no Brasil e opte, a qualquer tempo, depois de atingida a maioridade, pela nacionalidade brasileira.

Art. 12, inc. I, alínea "b", da CF. TC

Gabarito "C"

(Técnico Judiciário – TRT24 – FCC – 2017) Silmara, brasileira naturalizada, verificou a Constituição Federal brasileira a respeito de possível extradição de brasileiro naturalizado. Assim, constatou que, dentre os direitos e deveres individuais e coletivos, está previsto que

(A) nenhum brasileiro será extraditado, salvo o naturalizado, em caso de crime comum, praticado antes ou depois da naturalização, ou de comprovado envolvimento em milícia armada e grupos guerrilheiros.

(B) a extradição de qualquer brasileiro, seja ele naturalizado ou não, consta em diversas hipóteses taxativas do artigo 5º da Carta Magna.

(C) a extradição de qualquer brasileiro, seja ele naturalizado ou não, somente poderá ocorrer em caso de comprovado envolvimento em tráfico ilícito de entorpecentes e drogas afins.

(D) nenhum brasileiro será extraditado, salvo o naturalizado, em caso de crime comum, praticado antes da naturalização, ou de comprovado envolvimento em tráfico ilícito de entorpecentes e drogas afins, na forma da lei.

(E) a extradição de qualquer brasileiro, seja ele naturalizado ou não, somente poderá ocorrer em caso de comprovado envolvimento em tráfico ilícito de entorpecentes e drogas afins, envolvimento em milícia armada e grupos guerrilheiros e prática de ato de terrorismo.

O art. 5º, inc. LI da CF estabelece que nenhum brasileiro será extraditado, salvo o naturalizado, em caso de crime comum, praticado antes da naturalização, ou de comprovado envolvimento em tráfico ilícito de entorpecentes e drogas afins, na forma da lei. Dessa forma, a alternativa que apresenta similaridade com o texto da Lei é a "d". TC

Gabarito "D"

(Técnico Judiciário – TRT24 – FCC – 2017) A Constituição Federal assegura aos Partidos Políticos

(A) recursos do fundo partidário limitado a cinco vezes a participação do partido político no Congresso Nacional, bem como o acesso oneroso ao rádio e à televisão.

(B) autonomia para definir sua estrutura interna, organização e funcionamento e para adotar os critérios de escolha e o regime de suas coligações eleitorais, com obrigatoriedade de vinculação entre as candidaturas em âmbito nacional, estadual, distrital ou municipal.

(C) autonomia para criação de partidos políticos, sendo que após adquirirem personalidade jurídica, na forma da lei civil, registrarão seus estatutos no Supremo Tribunal Federal.

(D) autonomia para criação de partidos políticos, sendo que após adquirirem personalidade jurídica, na forma da lei civil, registrarão seus estatutos no Congresso Nacional.

(E) a livre criação, fusão, incorporação e extinção de partidos políticos, resguardados a soberania nacional, o regime democrático, o pluripartidarismo, os direitos fundamentais da pessoa humana, observados preceitos constitucionais, devendo seus estatutos estabelecer normas de disciplina e fidelidade partidária.

A: Errada. De acordo com o § 3º do art. 17 da CF, alterado pela EC nº 97/17, somente terão direito a recursos do fundo partidário e acesso gratuito ao rádio e à televisão, na forma da lei, os partidos políticos que alternativamente: I - obtiverem, nas eleições para a Câmara dos Deputados, no mínimo, **3% (três por cento)** dos votos válidos, distribuídos em pelo menos um terço das unidades da Federação, com um mínimo de 2% (dois por cento) dos votos válidos em cada uma delas; ou II - tiverem elegido pelo menos quinze Deputados Federais distribuídos em pelo menos um terço das unidades da Federação. **B:** Errada. Determina o § 1º do art. 17 da CF, também alterado pela EC nº 97/17, que aos partidos políticos é assegurada autonomia para definir sua estrutura interna e estabelecer regras sobre escolha, formação e duração de seus órgãos permanentes e provisórios e sobre sua organização e funcionamento e para adotar os critérios de escolha e o regime de suas coligações nas eleições majoritárias, vedada a sua celebração nas eleições proporcionais, **sem obrigatoriedade de vinculação entre as candidaturas em âmbito nacional, estadual, distrital ou municipal**, devendo seus estatutos estabelecer normas de disciplina e fidelidade partidária. **C:** Errada. O registro dos Estatutos ocorrerá no Tribunal Superior Eleitoral e não no Supremo Tribunal Federal (art. 17 § 2º, da CF). **D:** Errada. O registro dos Estatutos ocorrerá no Tribunal Superior Eleitoral e não no Congresso Nacional (art. 17, § 2º da CF). **E:** Correta, nos termos do *caput* do art. 17 da CF. TC

Gabarito "E"

(Técnico Judiciário – TRT11 – FCC – 2017) Péricles candidatou-se ao cargo de Governador de determinado Estado e ganhou as eleições em primeiro turno. No dia seguinte à sua diplomação, descobriu-se que foi eleito mediante corrupção. De acordo com a Constituição Federal, o mandato eletivo de Péricles

(A) poderá ser impugnado ante a Justiça Federal, no prazo de 15 dias contados da diplomação, instruída a ação com provas da corrupção.

(B) não poderá ser impugnado, tendo em vista que já houve a diplomação, mas poderá sofrer as sanções criminais cabíveis.

(C) poderá ser impugnado ante a Justiça Eleitoral, no prazo de 30 dias contados da diplomação, instruída a ação com provas da corrupção.

(D) poderá ser impugnado ante a Justiça Eleitoral, apenas no prazo de 20 dias após a sua posse, instruída a ação com provas da corrupção, pois antes dela não há mandato a ser impugnado.

(E) poderá ser impugnado ante a Justiça Eleitoral, no prazo de 15 dias contados da diplomação, instruída a ação com provas da corrupção.

Art. 14, § 10, da CF. TC

Gabarito "E"

(Técnico Judiciário – TRT11 – FCC – 2017) Sérgio é servidor público da Administração direta e candidatar-se-á, nas próximas eleições municipais, para o cargo de Prefeito. Investido no mandato de Prefeito, Sérgio

(A) será afastado do seu cargo, emprego ou função, sendo-lhe facultado optar pela sua remuneração, e seu tempo de serviço será contado para todos os efeitos legais, inclusive para promoção por merecimento.

(B) perceberá as vantagens de seu cargo, emprego ou função, havendo compatibilidade de horários, sem prejuízo da remuneração do cargo eletivo e, não havendo compatibilidade, não poderá perceber sua remuneração.

(C) não será afastado do seu cargo, emprego ou função, mas não receberá sua remuneração, sendo que seu tempo de serviço será contado para todos os efeitos legais, inclusive para promoção por merecimento.

(D) será afastado do seu cargo, emprego ou função, sendo-lhe facultado optar pela sua remuneração, e seu tempo de serviço será contado para todos os efeitos legais, exceto para promoção por merecimento.

(E) será afastado do seu cargo, emprego ou função, sendo-lhe vedado optar pela sua remuneração, e seu tempo de serviço não será contado durante o período do afastamento para nenhum efeito.

A CF estabelece que o servidor público da Administração (direta, autárquica e fundacional) que for investido no cargo de prefeito, será afastado do seu cargo, emprego ou função, podendo optar por sua remuneração (art. 38, inc. II da CF), e seu tempo de serviço será contado para todos os efeitos legais, exceto promoção por merecimento (art. 38, inc. IV, da CF). TC

Gabarito "D"

(Procurador do Estado – PGE/MT – FCC – 2016) Juliana, brasileira nata, obteve a nacionalidade norte-americana, de forma livre e espontânea. Posteriormente, Juliana fora acusada, nos Estados Unidos da América, da prática de homicídio contra nacional daquele país, fugindo para o Brasil. Tendo ela sido indiciada em conformidade com a legislação local, o governo norte-americano requereu às autoridades brasileiras sua prisão para fins de extradição. Neste caso, à luz da Constituição Federal e da jurisprudência do Supremo Tribunal Federal, Juliana,

(A) poderá ser imediatamente extraditada, uma vez que a perda da nacionalidade brasileira neste caso é automática.

(B) nãopoderá ser extraditada, por continuar sendo brasileira nata, mesmo tendo adquirido nacionalidade norte-americana.

(C) poderá ter cassada a nacionalidade brasileira pela autoridade competente e ser extraditada para os Estados Unidos para ser julgada pelo crime que lhe é imputado.

(D) nãopoderá ser extraditada, pois, ao retornar ao território brasileiro, não poderá ter cassada sua nacionalidade brasileira.

(E) nãopoderá ser extraditada se optar a qualquer momento pela nacionalidade brasileira em detrimento da norte-americana.

Trata-se de caso de renúncia à nacionalidade brasileira (art. 12, § 4º, II, CF), sendo necessária a edição de portaria do Ministério da Justiça para declarar a perda da nacionalidade. Não sendo mais brasileira, pode ser extraditada para os EUA, para lá responder ao processo criminal, de acordo com as leis estadunidenses. O STF decidiu exatamente esse caso (Caso Claudia Sobral) ao apreciar a Ext 1462, Rel. Min. Roberto Barroso "1. Conforme decidido no MS 33.864, a Extraditanda não ostenta nacionalidade brasileira por ter adquirido nacionalidade secundária norte-americana, em situação que não se subsume às exceções previstas no § 4º, do art. 12, para a regra de perda da nacionalidade brasileira como decorrência da aquisição de nacionalidade estrangeira por naturalização. 2. Encontram-se atendidos os requisitos formais e legais previstos na Lei nº 6.815/1980 e no Tratado de Extradição Brasil-Estados Unidos, presentes os pressupostos materiais: a dupla tipicidade e punibilidade de crime comum praticado por estrangeiro. 3. Extradição deferida, devendo o Estado requerente assumir os compromissos de: (i) não executar pena vedada pelo ordenamento brasileiro, pena de morte ou de prisão perpétua (art. 5º, XLVII, a e b, da CF); (ii) observar o tempo máximo de cumprimento de pena possível no Brasil, 30 (trinta) anos (art. 75, do CP); e (iii) detrair do cumprimento de pena eventualmente imposta o tempo de prisão para fins de extradição por força deste processo". TM

Gabarito "C"

(Analista – TRT/16ª Região – 2014 – FCC) Pietro, nascido na Itália, naturalizou-se brasileiro no ano de 2012. No ano de 2011, Pietro acabou cometendo um crime de roubo, cuja autoria foi apurada apenas no ano de 2013, sendo instaurada a competente ação penal, culminando com a condenação de Pietro, pela Justiça Pública, ao cumprimento da pena de 05 anos e 04 meses de reclusão, em regime inicial fechado, por sentença transitada em julgado. Neste caso, nos termos estabelecidos pela Constituição Federal, Pietro

(A) não poderá ser extraditado, tendo em vista a quantidade de pena que lhe foi imposta pelo Poder Judiciário.

(B) não poderá ser extraditado, pois o crime foi cometido antes da sua naturalização.

(C) poderá ser extraditado.

(D) não poderá ser extraditado, pois não cometeu crime hediondo ou de tráfico ilícito de entorpecentes e drogas afim.

(E) não poderá ser extraditado, pois a sentença condenatória transitou em julgado após a naturalização.

"Nenhum brasileiro será extraditado, *salvo o naturalizado*, em caso de *crime comum, praticado antes da naturalização*, ou de comprovado envolvimento em tráfico ilícito de entorpecentes e drogas afins, na forma da lei" (art. 5º, LI, da CF).

Gabarito "C"

(Analista Judiciário – Área Administrativa – TRT18 – 2013 – FCC) Patrícia e Pedro são brasileiros natos e casados há seis anos. Patrícia está grávida de sete meses. Pedro, Ministro de Estado do Governo Federal, tem uma reunião de trabalho na ONU, com duração de uma semana, em Nova York, e leva sua esposa Patrícia para lhe acompanhar nesta viagem. Durante a viagem, programada para o período de 20 dias, Patrícia é internada às pressas em um hospital de Nova York onde acaba realizando o parto. O filho do casal, Pedro, nasce com saúde e prematuro em Nova York. Neste caso, segundo a Constituição Federal de 1988, Pedro será considerado brasileiro nato,

(A) desde que seja registrado em repartição brasileira competente ou venha a residir na República Federativa do Brasil e opte, em qualquer tempo, depois de atingida a maioridade, pela nacionalidade brasileira.

(B) independentemente de qualquer ato de registro em repartição brasileira competente ou residência posterior na República Federativa do Brasil.

(C) desde que seja registrado em repartição brasileira competente e venha a residir na República Federativa do Brasil, optando, em qualquer tempo, depois de atingida a maioridade, pela nacionalidade brasileira.

(D) desde que seja registrado em repartição brasileira competente ou venha a residir na República Federativa do Brasil antes de completada a maioridade e, alcançada esta, opte pela nacionalidade brasileira.

(E) desde que seja registrado em repartição brasileira competente e venha a residir na República Federativa do Brasil antes de completada a maioridade e, alcançada esta, opte pela nacionalidade brasileira.

De acordo com o art. 12, *b*, da CF, é brasileiro nato: "b) os nascidos no estrangeiro, de pai brasileiro ou mãe brasileira, desde que qualquer deles esteja a serviço da República Federativa do Brasil".

Gabarito "B"

8. DIREITOS POLÍTICOS

(Magistratura/GO – 2015 – FCC) Um grupo de brasileiros pretende fundar uma associação que, como um de seus objetivos institucionais, promova o estudo comparativo das formas e sistemas de governo existentes na atualidade, de maneira a subsidiar a criação de futuro partido político que venha a defender a implementação de uma monarquia parlamentarista no país. Pretende-se, ainda, que as atividades da associação e do eventual partido contem com o aporte de recursos financeiros de entidades nacionais e estrangeiras dedicadas ao estudo e implementação de reformas políticas. À luz da Constituição da República,

(A) são lícitas a criação da associação e a do partido político, no que se refere a seus objetivos institucionais, embora apenas a associação possa contar com o aporte de recursos financeiros de entidades estrangeiras para o exercício de suas atividades.

(B) é lícita a criação da associação, mas não o será a do partido político, que não pode ter objetivo atentatório ao regime democrático instituído constitucionalmente.

(C) são ilícitas a criação da associação e a do partido político, por atentarem contra a existência da própria Constituição, já que as reformas que pretendem estudar e defender somente poderão ser implementadas por meio de uma nova ordem constitucional.

(D) são ilícitas a criação da associação e a do partido político, por lhes ser vedado percebimento de recursos financeiros de entidades estrangeiras para o exercício de suas atividades.

(E) são lícitas a criação da associação e a do partido político, no que se refere a seus objetivos institucionais e à possibilidade de aporte de recursos financeiros de entidades estrangeiras para o exercício de suas atividades.

A: correta (art. 31 da Lei 9.096 e art. 17, II, da CF). **B:** incorreta. A criação do partido também é lícita, ele somente não poderá receber recursos financeiros de entidades estrangeiras para o exercício de sua atividade De acordo com o art. 17, II, da CF, é livre a criação, fusão, incorporação e extinção de partidos políticos, resguardados a soberania nacional, o regime democrático, o pluripartidarismo, os direitos fundamentais da pessoa humana, desde que observados alguns preceitos como a **proibição de recebimento de recursos financeiros de entidade ou governo estrangeiros** ou de subordinação a estes; **C** e **D:** incorretas. Ao contrário do mencionado nessas alternativas, **a criação**, tanto da associação como do partido político, é **lícita**; **E:** incorreta. De fato podem ser criadas as associações e o partido político, mas este não poderá receber recursos financeiros de entidades estrangeiras para o exercício de sua atividade, por conta do mencionado no art. 17, II, da CF. Sobre as associações, é importante ressaltar as seguintes regras: 1) é plena a liberdade de associação para fins lícitos, vedada a de caráter paramilitar (art. 5º, XVII, da CF), 2) a criação de associações e, na forma da lei, a de cooperativas independem de autorização, sendo vedada a interferência estatal em seu funcionamento (art. 5º, XVIII, da CF), 3) as associações só poderão ser compulsoriamente dissolvidas ou ter suas atividades suspensas por decisão judicial, exigindo-se, no primeiro caso, o trânsito em julgado (art. 5º, XIX, da CF), 4) ninguém poderá ser compelido a associar-se ou a permanecer associado (art. 5º, XX, da CF).

Gabarito "A"

(Magistratura/GO – 2015 – FCC) Considere as seguintes situações:

I. Prefeito em exercício de segundo mandato consecutivo pretende candidatar-se a Deputado Estadual, renunciando ao respectivo mandato apenas 6 meses antes do pleito.

II. Deputado Estadual em exercício pretende candidatar-se a Prefeito do Município em que possui domicílio eleitoral, sem renunciar ao respectivo mandato.

III. Ex-marido de Prefeita, desta divorciado durante o mandato que ela ainda exerce, pretende candidatar-se, pela primeira vez, a Vereador do Município, no pleito imediatamente subsequente ao término do mandato.

IV. Membro de Polícia Militar que conta com 5 anos de serviço pretende filiar-se a partido político e candidatar-se a mandato eletivo na esfera estadual, sem se afastar da atividade.

São compatíveis com as normas constitucionais referentes às condições de elegibilidade e inelegibilidades APENAS as situações descritas em

(A) III e IV.
(B) I e II.
(C) I e III.
(D) II e III.
(E) II e IV.

I: correta. De acordo com o art. 14, § 6º, da CF, **para concorrerem a outros cargos**, o Presidente da República, os Governadores de Estado e do Distrito Federal e **os Prefeitos devem renunciar aos respectivos mandatos até seis meses antes do pleito**; **II:** correta. A regra da desincompatibilização tem aplicação em relação aos chefes do executivo, conforme explicado pelo dispositivo acima. Desse modo, **o deputado estadual em exercício pode se candidatar a prefeito, sem renunciar ao respectivo mandato**; **III:** incorreta. De acordo com a Súmula Vinculante 18 do STF: "A dissolução da sociedade ou do vínculo conjugal, no curso do mandato, **não afasta a inelegibilidade** prevista no § 7º do art. 14 da CF. Conforme determina o art. 14, § 7º, da CF, são inelegíveis, no território de jurisdição do titular, o cônjuge e os parentes consanguíneos ou afins, até o segundo grau ou por adoção, do Presidente da República, de Governador de Estado ou Território, do Distrito Federal, de Prefeito ou de quem os haja substituído dentro dos seis meses anteriores ao pleito, salvo se já titular de mandato eletivo e candidato à reeleição. Sendo assim, o ex-marido da Prefeita não poderia candidatar-se a vereador do Município, no pleito imediatamente subsequente ao término do mandado da sua ex-esposa, pois é considerado inelegível; **IV:** incorreta. De acordo com o § 8º do art. 14 da CF, o militar alistável (exceto o conscrito, durante o serviço militar obrigatório) somente será elegível se forem atendidas as seguintes condições: I – **se contar menos de dez anos de serviço, deverá afastar-se da atividade**, II – se contar mais de dez anos de serviço, será agregado pela autoridade superior e, se eleito, passará automaticamente, no ato da diplomação, para a inatividade.

Gabarito "B"

(Procurador do Estado – PGE/RN – FCC – 2014) Um Prefeito de determinado Município e sua ex-esposa, divorciados desde o primeiro ano de seu mandato, ambos filiados ao mesmo partido político, pretendem candidatar-se, nas próximas eleições municipais: ele, à reeleição; ela, a uma vaga na Câmara de Vereadores do mesmo Município, pela primeira vez. Nessa hipótese, considerada a disciplina constitucional da matéria,

(A) tanto a candidatura dele como a dela seriam impossíveis, porque ambos são atingidos por causa de inelegibilidade reflexa, prevista na Constituição da República.
(B) tanto a candidatura dele como a dela somente seriam possíveis se ele renunciasse ao mandato de Prefeito até seis meses antes do pleito.
(C) a candidatura dela somente seria possível se ele renunciasse ao mandato respectivo até seis meses antes do pleito, hipótese em que ele estaria impedido de concorrer a um novo mandato à frente da chefia do Executivo municipal.
(D) somente a candidatura dele é possível, não havendo obrigação de renúncia ao mandato respectivo para que concorra à reeleição, sendo a dela inadmissível, ainda que ele renunciasse ao mandato até seis meses antes do pleito.
(E) a candidatura dele é possível, independentemente de renúncia ao respectivo mandato, e a dela somente seria possível se ele renunciasse ao mandato de Prefeito até seis meses antes do pleito.

Segundo o STF, "I - A dissolução da sociedade conjugal, no curso do mandato, não afasta a inelegibilidade prevista no art. 14, § 7º, da CF. II - Se a separação judicial ocorrer em meio à gestão do titular do cargo que gera a vedação, o vínculo de parentesco, para os fins de inelegibilidade, persiste até o término do mandato, inviabilizando a candidatura do ex-cônjuge ao pleito subsequente, na mesma circunscrição, a não ser que aquele se desincompatibilize seis meses antes das eleições". Ver Art. 14, §§ 6º e 7º, CF. TM

Gabarito "E"

(Técnico – TRT/19ª Região – 2014 – FCC) Ygor Marcello, 18 anos, nascido em São Paulo, reside em Belo Horizonte, onde é famoso como cantor de pagode, além de admirado, por seu dinamismo, entre os colegas do quartel em que presta o serviço militar obrigatório. Pretende se candidatar a vereador na capital mineira. Conforme determina a Constituição federal, Ygor

(A) não tem a idade mínima para ser eleito vereador.
(B) deve confirmar, junto ao Ministério da Justiça, sua opção pela nacionalidade brasileira antes da candidatura.
(C) não é elegível por se encontrar conscrito.
(D) deverá cumprir prestação alternativa para substituir eventuais faltas que venha a ter no serviço militar em decorrência de sua campanha eleitoral.
(E) prescinde de filiação partidária para se candidatar.

Ygor Marcello **poderia** se candidatar ao cargo de vereador se não estivesse prestando o serviço militar obrigatório, pois o art. 14, § 3º, VI, *d*, da Constituição determina, como condição de elegibilidade, a idade mínima de dezoito anos para vereador. Porém, o art. 14, § 2º, determina que não podem alistar-se como eleitores os estrangeiros e, durante **o período do serviço militar obrigatório, os conscritos**, e o § 4º do mesmo artigo estabelece que são **inelegíveis** os **inalistáveis** e os analfabetos. Portanto, Ygor Marcello não poderá votar e ser votado.

Gabarito "C"

(Técnico – TRT/11ª – 2012 – FCC) Sebastião é governador de um determinado Estado brasileiro e pretende se candidatar à reeleição nas próximas eleições. Neste caso, de acordo com a Constituição Federal de 1988, Sebastião

(A) deverá se afastar do cargo até três meses antes do pleito, mas continuará recebendo a respectiva remuneração.
(B) deverá renunciar ao seu mandato até seis meses antes do pleito.
(C) deverá se afastar do cargo até seis meses antes do pleito, mas continuará recebendo a respectiva remuneração.
(D) deverá renunciar ao seu mandato até três meses antes do pleito.
(E) poderá permanecer no cargo, inexistindo obrigatoriedade de renúncia ao mandato.

Sebastião poderá permanecer no cargo, pois a CF, em seu art. 14, § 6º, determina a renúncia ao mandado, em até seis meses antes do pleito, apenas quando o Chefe do Executivo (Federal, Estadual, Distrital ou Municipal) for **concorrer a outro cargo.**

Gabarito "E"

(Técnico – TRT/6ª – 2012 – FCC) Nos termos da Constituição Federal, são condições de elegibilidade para Senador, quanto à idade e à nacionalidade, respectivamente, ter, no mínimo,

(A) trinta e cinco anos e ser brasileiro nato.
(B) trinta anos e ser brasileiro nato.
(C) dezoito anos e ser brasileiro nato ou naturalizado.
(D) trinta anos e ser brasileiro nato ou naturalizado.
(E) trinta e cinco anos e ser brasileiro nato ou naturalizado.

De acordo com o art. 14, § 3º, da CF, a idade mínima para os cargos políticos está dentre as condições de elegibilidade. Para Senador a idade é 35 anos (art. 14, § 3º, VI, "a", da CF).

Gabarito "E".

(Técnico – TRE/CE – 2012 – FCC) Átila, que não é titular de mandato eletivo e nem é candidato à reeleição, é filho adotivo de Eulália, Governadora do Estado de São Paulo em exercício, e deseja concorrer ao cargo de Prefeito do Município de São Paulo. Segundo a Constituição Federal, Átila, em regra, é

(A) elegível, desde que esteja filiado ao mesmo partido político de Eulália.
(B) elegível, desde que esteja filiado a partido político distinto de Eulália.
(C) elegível, desde que autorizado previamente pelo Tribunal Regional Eleitoral.
(D) elegível, desde que sua candidatura seja previamente autorizada por Eulália.
(E) inelegível.

Átila, por ser filho de Eulália (Governadora do Estado de SP), é inelegível. O art. 14, § 7º, da CF determina que são inelegíveis, no território de jurisdição do titular, o cônjuge e os **parentes** consanguíneos ou afins, até o segundo grau ou **por adoção**, do Presidente da República, **de Governador de Estado** ou Território, do Distrito Federal, de Prefeito ou de quem os haja substituído dentro dos seis meses anteriores ao pleito, salvo se já titular de mandato eletivo e candidato à reeleição.

Gabarito "E".

(Técnico – TRE/CE – 2012 – FCC) Péricles, português residente há mais de um ano ininterrupto no Brasil e com idoneidade moral, Pompeu, grego naturalizado brasileiro, Cipriano, inglês residente no Brasil há quinze anos ininterruptos e sem condenação criminal, Alexandre, nascido no Brasil e filho de pais franceses a serviço da França, e Tibério, nascido na Bélgica e filho de pai brasileiro a serviço da República Federativa do Brasil, foram cogitados para ocupar cargo de Ministro de Estado da Defesa do Brasil. Nesse caso, segundo a Constituição Federal, o cargo só poderá ser ocupado por

(A) Tibério.
(B) Pompeu.
(C) Cipriano.
(D) Péricles.
(E) Alexandre.

A: correta. O cargo de Ministro de Estado da Defesa é **privativo de nato** (art. 12, § 3º, VII, da CF) e Tibério é considerado brasileiro nato, pois embora tenha nascido no estrangeiro, é filho de pai brasileiro que estava a serviço do Brasil (art. 12, I, "b", da CF); **B:** errada. Pompeu é brasileiro naturalizado, portanto, não pode ocupar o cargo mencionado; **C:** errada. Cipriano é estrangeiro vindo de país que não fala a língua portuguesa e ainda que cumpra os requisitos que a CF exige para a sua naturalização (mais de 15 anos de residência ininterrupta no Brasil e sem condenação criminal – art. 12, II, "b", da CF) e a requeira, não será considerado nato e, desse modo, não pode ocupar o cargo de Ministro de Estado da Defesa; **D:** errada. Péricles pode até requerer a sua naturalização, pois possui os requisitos dispostos no art. 12, II, "a", da CF, mas não poderá ocupar cargo privativo de nato; **E:** errada. Alexandre é estrangeiro, pois embora tenha nascido no Brasil, seus pais estavam a serviço de seu país de origem (art. 12, I, "b", da CF). Desse modo, também não pode ocupar o cargo de Ministro de Estado da Defesa.

Gabarito "A".

(Analista – TRT/16ª Região – 2014 – FCC) Mirela, advogada, é casada com Pedro, Prefeito do Município "X" do Estado do Maranhão, não sendo titular de qualquer mandato eletivo. No curso do mandato de Pedro, Mirela e Pedro dissolvem o vínculo conjugal por meio de divórcio devidamente homologado pelo Poder Judiciário. Mirela pretende concorrer no próximo pleito municipal a um cargo eletivo no Município "X". Neste caso, Mirela

(A) poderá concorrer normalmente ao cargo de Vereadora, mas é inelegível para os cargos de Prefeita e Vice-Prefeita do Município.
(B) não poderá concorrer ao cargo eletivo, por ser inelegível, nos termos da Constituição Federal.
(C) poderá concorrer normalmente aos cargos de Prefeita, Vice-Prefeita ou Vereadora do Município, sem qualquer restrição.
(D) poderá concorrer normalmente aos cargos de Prefeita, Vice-Prefeita ou Vereadora do Município desde que a dissolução do vínculo conjugal tenha ocorrido há mais de seis meses antes do pleito.
(E) poderá concorrer apenas ao cargo de Vereadora do Município desde que a dissolução do vínculo conjugal tenha ocorrido há mais de seis meses antes do pleito, sendo inelegível para os cargos de Prefeita e Vice-Prefeita.

O § 7º do art. 14 da CF aduz que: "São inelegíveis, no território de jurisdição do titular, o cônjuge e os parentes consanguíneos ou afins, até o segundo grau ou por adoção, do Presidente da República, de Governador de Estado ou Território, do Distrito Federal, de Prefeito ou de quem os haja substituído dentro dos seis meses anteriores ao pleito, salvo se já titular de mandato eletivo e candidato à reeleição". A Súmula Vinculante 18 determina que "a dissolução da sociedade ou do vínculo conjugal, no curso do mandato, não afasta a inelegibilidade prevista no § 7º do artigo 14 da Constituição Federal".

Gabarito "B".

(Analista – TRT/6ª – 2012 – FCC) Rodolfo, com 18 anos de idade, deseja, pela primeira vez, concorrer para o cargo de Vereador em Município que pertence ao mesmo Estado no qual seu pai é Deputado Estadual. Neste caso, segundo a Constituição, Rodolfo

(A) poderá concorrer ao pleito, mas, se vencer as eleições, seu pai não poderá se reeleger no mesmo Estado de jurisdição do filho.
(B) não poderá concorrer ao pleito, pois incide em caso de inelegibilidade reflexa pelo fato de seu pai ser Deputado Estadual no mesmo território de jurisdição em que deseja se eleger.
(C) não poderá concorrer ao pleito, pois não possui idade suficiente para se eleger Vereador.
(D) poderá concorrer ao pleito desde que seu pai renuncie ao respectivo mandato até seis meses antes do pleito.
(E) poderá concorrer ao pleito, pois possui idade suficiente para se eleger Vereador e não incide em caso de inelegibilidade reflexa em relação a seu pai.

A: incorreta. A proibição da reeleição é aplicável ao Presidente da República, aos Governadores de Estado e do Distrito Federal, aos Prefeitos e quem os houver sucedido, ou substituído no curso dos mandatos, quando eles já tiverem sido reeleitos para um período subsequente (art. 14, § 5º, da CF/1988; **B:** incorreta. A inelegibilidade reflexa tem aplicação em relação aos parentes dos Chefes do Executivo. A Constituição Federal determina que o cônjuge e os parentes consanguíneos ou afins, até o segundo grau ou por adoção, do Presidente da República, de Governador de Estado ou Território, do Distrito Federal, de Prefeito ou de quem os haja substituído dentro dos seis meses anteriores ao pleito, salvo se já titular de mandato eletivo e candidato à reeleição, são inelegíveis, no território de jurisdição do titular (art. 14, § 7º, da CF/1988); **C:** incorreta. A idade mínima exigida pela Constituição Federal para o cargo de vereador é de dezoito anos (art. 14, § 3º, VI, "d", da CF/1988); **D:** incorreta. Não há necessidade dessa renúncia; **E:** correta. De fato, como a situação não se enquadra nas hipóteses de inelegibilidades e Rodolfo possui idade suficiente para se eleger vereador, poderá concorrer ao pleito.

Gabarito "E"

(Analista – TRT/11ª – 2012 – FCC) Willian, inglês, maior de trinta e cinco anos de idade, no pleno exercício dos direitos políticos na Inglaterra, residente na Capital do Estado do Acre há cinco anos e filiado a determinado partido político, deseja concorrer às eleições no Brasil. Na forma da Constituição Federal, Willian

(A) não tem condição de elegibilidade.

(B) poderá concorrer aos cargos de Vereador e de Deputado Estadual.

(C) poderá concorrer aos cargos de Vereador, de Deputado Estadual e de Governador.

(D) poderá concorrer ao cargo de Senador e de Deputado Federal.

(E) poderá concorrer ao cargo de Vereador, apenas.

As condições de elegibilidade estão previstas no art. 14, § 3.º, da CF/1988 e são as seguintes: "I – a nacionalidade brasileira; II – o pleno exercício dos direitos políticos; III – o alistamento eleitoral; IV – o domicílio eleitoral na circunscrição; V – a filiação partidária; VI – a idade mínima de: a) trinta e cinco anos para Presidente e Vice-Presidente da República e Senador; b) trinta anos para Governador e Vice-Governador de Estado e do Distrito Federal; c) vinte e um anos para Deputado Federal, Deputado Estadual ou Distrital, Prefeito, Vice-Prefeito e juiz de paz; d) dezoito anos para Vereador". Desse modo, ainda que Willian possua idade suficiente para concorrer às eleições no Brasil, o fato de ser estrangeiro o impede de fazê-lo.

Gabarito "A"

(Analista – TRE/SP – 2012 – FCC) De acordo com as normas da Constituição da República, é correto afirmar que

(A) são inelegíveis, no território de jurisdição do titular, o cônjuge e os parentes consanguíneos ou afins, até o segundo grau ou por adoção, do Presidente da República, ou de quem o haja substituído dentro dos seis meses anteriores ao pleito, salvo se já titular de mandato eletivo e candidato à reeleição.

(B) são inelegíveis os brasileiros natos extraditados.

(C) são alistáveis como eleitores os militares, ainda que conscritos, durante o período de serviço militar obrigatório.

(D) é vedado ao legislador estabelecer outros casos de inelegibilidade além daqueles previstos na Constituição da República.

(E) o Presidente da República, os Governadores de Estado e do Distrito Federal e os Prefeitos podem concorrer a outros cargos no exercício dos respectivos mandatos.

A: correta (art. 14, § 7º, da CF); **B:** incorreta. Brasileiro nato não pode ser extraditado (art. 5º, LI, da CF); **C:** incorreta. Os conscritos, durante o serviço militar obrigatório, não podem alistar-se como eleitores (art. 14º, § 2º, da CF); **D:** incorreta. O Texto Maior (art. 14, § 9º, da CF) admite que a lei complementar estabeleça outros casos de inelegibilidades, por exemplo, a Lei da Ficha Limpa – LC 135/2010; **E:** incorreta. Os Chefes dos Executivos Federal, Estadual, Distrital e Municipal para concorrerem a outros cargos, devem renunciar aos respectivos mandatos até seis meses antes do pleito (art. 14, § 6º, da CF).

Gabarito "A"

(Analista – TRE/PR – 2012 – FCC) Em 4 de junho de 2010, foi promulgada a Lei Complementar nº 135, que, alterando parcialmente legislação preexistente, estabeleceu hipóteses de inelegibilidade que visam a proteger a probidade administrativa e a moralidade no exercício do mandato. O Plenário do Supremo Tribunal Federal, em março de 2011, por maioria de votos, deu provimento a recurso extraordinário, interposto em face de decisão do Tribunal Superior Eleitoral, que indeferira o registro de candidatura do recorrente ao cargo de deputado estadual nas eleições de 2010, para o fim de reconhecer que as alterações efetuadas pela lei em questão não se aplicariam às eleições gerais daquele ano.

A esse respeito, considere as seguintes afirmações:

I. O Supremo Tribunal Federal invadiu competência do Tribunal Superior Eleitoral, cujas decisões em matéria de direito eleitoral são irrecorríveis, por expressa determinação constitucional.

II. A decisão do Supremo Tribunal Federal não poderia ter gerado efeitos sobre as eleições gerais já realizadas, em decorrência do princípio constitucional da irretroatividade em face do ato jurídico perfeito e da coisa julgada.

III. A decisão do Supremo Tribunal Federal fez prevalecer o princípio constitucional da anterioridade eleitoral, segundo o qual a lei que alterar o processo eleitoral entrará em vigor na data de sua publicação, não se aplicando à eleição que ocorra até um ano da data de sua vigência.

Está correto o que se afirma APENAS em

(A) I e II.

(B) I.

(C) II.

(D) III.

(E) II e III.

I: incorreta. De acordo com o art. 121, § 3º, da CF, são irrecorríveis as decisões do Tribunal Superior Eleitoral, salvo as que contrariarem esta Constituição e as denegatórias de *habeas corpus* ou mandado de segurança. Desse modo, o STF não invadiu competência do TSE; **II:** incorreta. O princípio que fundamenta a decisão do Supremo é o da anterioridade eleitoral, previsto no art. 16 da CF; **III:** correta (art. 16 da CF).

Gabarito "D"

(Analista – TRT/11ª – 2012 – FCC) No que concerne aos direitos políticos, nos termos preconizados pela Constituição Federal de 1988,

(A) a lei que alterar o processo eleitoral entrará em vigor na data de sua publicação, não se aplicando à eleição que ocorra até seis meses da data de sua vigência.

(B) se o cidadão Pietro tiver cancelada a naturalização por sentença transitada em julgado, os seus direitos políticos serão cassados.

(C) o mandato eletivo poderá ser impugnado ante a Justiça Eleitoral no prazo de trinta dias contados da diplomação, instruída a ação com provas de abuso do poder econômico, corrupção ou fraude.

(D) Moisés, Prefeito de um determinado município de Estado brasileiro, no primeiro mandato, é filho do Governador do mesmo Estado, mas poderá se candidatar normalmente à reeleição nas próximas eleições, inexistindo qualquer vedação legal.

(E) o militar alistável é elegível e, se contar mais de dez anos de serviço, deverá afastar-se da atividade.

A: incorreta. O art. 16 da CF determina que a lei que alterar o processo eleitoral entrará em vigor na data de sua publicação, não se aplicando à eleição que ocorra até **um ano da data de sua vigência; B:** incorreta. De acordo com o art. 15 da CF **a cassação** dos direitos políticos é **vedada**. Na hipótese de cancelamento da naturalização por sentença transitada em julgado ocorre a **perda** dos direitos políticos, porque o sujeito retorna à condição de estrangeiro e, conforme o art. art. 14, § 2º, da CF, não pode mais se alistar como eleitor. Vale lembrar que o estrangeiro também não poderá se eleger, pois o alistamento eleitora é uma das condições de elegibilidade (art. 14, § 3º, III, da CF); **C:** incorreta. O mandato eletivo, de fato, pode ser impugnado ante a Justiça Eleitoral, mas isso deve ser feito no prazo de **quinze dias** contados da diplomação, instruída a ação com provas de abuso do poder econômico, corrupção ou fraude (art. 14, § 10, da CF); **D:** correta. A inelegibilidade, no território de jurisdição do titular, do cônjuge e dos parentes consanguíneos ou afins, até o segundo grau ou por adoção, do Presidente da República, de Governador de Estado ou Território, do Distrito Federal, de Prefeito ou de quem os haja substituído dentro dos seis meses anteriores ao pleito, **não se aplica se o parente já é titular de mandato eletivo e candidato à reeleição** (art. 14, § 7º, da CF); **E:** incorreta. De acordo com o art. 14, § 8º, II, da CF, o militar alistável é elegível, se contar mais de dez anos de serviço, desde que agregado pela autoridade superior. Caso seja eleito, passará automaticamente, no ato da diplomação, para a inatividade.

Gabarito "D"

9. ORGANIZAÇÃO DO ESTADO

9.1. Da União, Estados, Municípios e Territórios

(Técnico Judiciário – TRT24 – FCC – 2017) O Prefeito da pequena metrópole "Y" está com dúvidas a respeito da competência para estabelecer e implantar política de educação para a segurança do trânsito. Assim, consultando a Constituição Federal, verificou que se trata de competência

(A) concorrente entre a União, os Estados, o Distrito Federal e os Municípios.

(B) privativa da União.

(C) comum da União, dos Estados, do Distrito Federal e dos Municípios.

(D) privativa de cada Município.

(E) privativa dos Estados e do Distrito Federal.

A Constituição Federal estabelece que a competência para estabelecer e implantar política de educação para a segurança do trânsito é comum à União, Estados, Distrito Federal e Municípios (art. 23 inc. XII, da CF). TC

Gabarito "C"

(Técnico Judiciário – TRT20 – FCC – 2016) Monica e Camila estão estudando para realizar a prova do concurso público para provimento do cargo de técnico judiciário área administrativa do Tribunal Regional do Trabalho da 20ª Região. Ao estudarem a Constituição Federal, verificam que a competência para legislar sobre águas, energia, informática, telecomunicações e radiodifusão é

(A) comum da União, dos Estados, do Distrito Federal e dos Municípios.

(B) privativa da União.

(C) comum da União, dos Estados e do Distrito Federal, apenas.

(D) concorrente entre a União, os Estados e o Distrito Federal, apenas.

(E) concorrente entre a União, os Estados, o Distrito Federal e os Municípios.

Art. 22, inc. IV, da CF. TC

Gabarito "B"

(Procurador do Estado – PGE/MT – FCC – 2016) Determinado Município do Estado de Mato Grosso vem reiteradamente violando princípios indicados na Constituição Estadual. Neste caso, a Constituição Federal admite, excepcionalmente, a intervenção do Estado no Município, que será decretada pelo Governador do Estado:

(A) e dependerá necessariamente de provimento de representação pelo Tribunal de Justiça, dispensada apreciação do decreto de intervenção pela Assembleia Legislativa.

(B) de ofício, ou mediante representação, por meio de decreto, dispensada a apreciação pela Assembleia Legislativa.

(C) de ofício, ou mediante representação, por meio de decreto, que deverá ser submetido à apreciação da Assembleia Legislativa no prazo máximo de trinta dias.

(D) de ofício ou mediante representação, por meio de decreto, que deverá ser submetido à apreciação da Assembleia Legislativa no prazo de 24 horas.

(E) e dependerá necessariamente de provimento de representação pelo Tribunal de Justiça, devendo o decreto de intervenção ser submetido à apreciação da Assembleia Legislativa no prazo de 24 horas.

Ver art. 35, IV e art. 36, § 3º, ambos da CF: "Art. 35. O Estado não intervirá em seus Municípios, nem a União nos Municípios localizados em Território Federal, exceto quando: (...) IV - o Tribunal de Justiça der provimento a representação para assegurar a observância de princípios indicados na Constituição Estadual, ou para prover a execução de lei, de ordem ou de decisão judicial". Art. 36, § 3º: "§ 3º Nos casos do art. 34, VI e VII, ou do art. 35, IV, dispensada a apreciação pelo Congresso Nacional ou pela Assembleia Legislativa, o decreto limitar-se-á a suspender a execução do ato impugnado, se essa medida bastar ao restabelecimento da normalidade". TM

Gabarito "A"

(Defensor Público – DPE/BA – 2016 – FCC) A respeito da competência para legislar sobre assistência jurídica e Defensoria Pública, é INCORRETO:

(A) É de iniciativa privativa do Presidente da República lei que disponha sobre a organização da Defensoria Pública da União, bem como normas gerais para a organização da Defensoria Pública dos Estados, do Distrito Federal e dos Territórios.

(B) Compete privativamente à União legislar sobre organização da Defensoria Pública do Distrito Federal e dos Territórios.

(C) Compete à União, aos Estados e ao Distrito Federal legislar concorrentemente sobre assistência jurídica e Defensoria Pública.

(D) A Constituição Federal de 1988 não consagrou a competência do Município para legislar sobre assistência jurídica e Defensoria Pública, rejeitando a possibilidade de criação de Defensoria Pública no plano federativo municipal.

(E) Cabe ao Congresso Nacional, com a sanção do Presidente da República, dispor sobre todas as matérias de competência da União, entre elas a organização administrativa da Defensoria Pública da União e dos Territórios.

A: Correta. Art. 61, § 1º, II, "d", da CF; **B:** Errada. A Constituição prevê apenas a Defensoria Pública da União e dos Territórios, tendo sido revogadas as referências à Defensoria Pública do Distrito Federal; **C:** Correta. Art. 24, XIII, CF; **D:** Correta. Art. 24, XIII, CF; **E:** Correta. Art. 48, IX, CF.

Gabarito "B".

(Magistratura/RR – 2015 – FCC) Na Constituição brasileira de 1988, competências comuns e concorrentes

(A) têm natureza material.

(B) têm natureza legislativa.

(C) excluem o Distrito Federal.

(D) excluem os Municípios.

(E) têm, respectivamente, natureza material e natureza legislativa.

O art. 23 da CF, quando alude à competência comum, trata de competências materiais, administrativas. Já o artigo 24 da CF, quando alude à competência concorrente, é expresso no sentido de que se trata de competência legislativa. Assim, ficam excluídas as alternativas "a" e "b". Na competência comum estão presentes expressamente o Distrito Federal e os Municípios (e na concorrente, o Distrito Federal), o que também afasta as alternativas "c" e "d". A alternativa "e" é, assim, a correta.

Gabarito "E".

(Magistratura/SC – 2015 – FCC) Caso disposições de lei estadual sobre transferência de valores contrariem lei federal anterior que discipline a mesma matéria:

(A) as disposições da lei estadual incorrerão em vício de inconstitucionalidade em virtude de invadirem esfera de competência da União.

(B) tanto o diploma federal quanto a lei estadual incorrerão em vício de inconstitucionalidade, pois a matéria constitui assunto de interesse local, consistindo, portanto, em competência privativa dos Municípios.

(C) as disposições da lei estadual terão sua eficácia suspensa em razão da prevalência da lei federal.

(D) a lei federal incorrerá em vício de inconstitucionalidade em virtude de invadir esfera de competência dos Estados.

(E) as disposições da lei estadual devem prevalecer, caso tenham por objetivo atender as peculiaridades do respectivo Estado federado, constituindo, no caso, exercício de competência suplementar.

A: correta, pois tal matéria é de competência legislativa privativa da União (art. 22, VII, da CF); **B** e **D:** incorretas, pois tal matéria é de competência legislativa privativa da União (art. 22, VII, da CF); **C** e **E:** incorreta, pois esses dois tipos de consequência são típicas da competência legislativa concorrente da União e Estados (art. 24, §§. 2º e 4º, da CF); no caso em tela, a matéria é de competência legislativa privativa da União (art. 22, VII, da CF), o que leva à inconstitucionalidade da lei estadual.

Gabarito "A".

(Procurador do Estado – PGE/RN – FCC – 2014) Determinada lei municipal, promulgada em 2008, estabeleceu ser obrigatória a presença física de vigilante uniformizado nos locais de atendimento bancário, inclusive postos de autoatendimento. Nessa hipótese, à luz da Constituição da República, a lei municipal em questão:

(A) é fruto de exercício regular de competência residual, em matéria de competência concorrente, para legislar sobre consumo e responsabilidade por dano ao consumidor.

(B) invadiu competência material da União para fiscalizar operações de natureza financeira.

(C) invadiu competência privativa da União para legislar sobre direito do trabalho e condições para o exercício das profissões.

(D) invadiu competência suplementar do Estado, em matéria de competência concorrente, para legislar sobre consumo e responsabilidade por dano ao consumidor.

(E) é fruto de exercício regular da competência do Município para legislar sobre assuntos de interesse local.

Ao apreciar a matéria o STF afirmou que: "Nos termos da jurisprudência do Supremo Tribunal Federal, os Municípios possuem competência para legislar sobre assuntos de interesse local, tais como medidas que propiciem segurança, conforto e rapidez aos usuários de serviços bancários". TM

Gabarito "E".

(Procurador do Estado – PGE/RN – FCC – 2014) De acordo com as normas de repartição de competências previstas na Constituição Federal, cabe aos Estados-membros:

I. explorar diretamente, ou mediante concessão, os serviços locais de gás canalizado, na forma da lei, vedada a edição de medida provisória para a sua regulamentação.

II. instituir, mediante lei complementar, regiões metropolitanas, aglomerações urbanas e microrregiões, constituídas por agrupamentos de municípios, limítrofes ou não, para integrar a organização, o planejamento e a execução de funções públicas de interesse comum.

III. exercer a competência privativa para promover a melhoria das condições de saneamento básico.

IV. legislar, privativamente, sobre assistência jurídica e defensoria pública.

Está correto o que se afirma APENAS em:

(A) IV.

(B) I.

(C) I e II.

(D) II e III.

(E) III e IV.

I: correta. Art. 25, § 2º, CF; **II:** incorreta. Não reflete o disposto no art. 25, § 3º, CF (a competência estadual limita-se aos municípios limítrofes); **III:** incorreta. A competência é comum (art. 23, IX, CF); **IV:** incorreta. A competência legislativa é concorrente (art. 24, XIII, CF). TM

Gabarito "B".

(Técnico – TRT/2ª Região – 2014 – FCC) O Brasil assume a forma de Estado Federal na Constituição Federal. É correto afirmar a respeito da forma federativa brasileira:

(A) Os Estados-membros possuem autonomia administrativa e política, sendo dado a eles o direito de secessão.

(B) Os municípios não são órgãos federativos, uma vez que não possuem representatividade no Senado Federal.

(C) Os Estados e municípios têm autonomia federativa, que se baseia na atribuição de competências próprias e na existência de órgãos governamentais próprios.
(D) Os Estados e municípios não detêm personalidade jurídica no Direito Público Interno, mas somente a União.
(E) Os municípios podem ser criados, fundidos ou desmembrados por lei complementar federal.

A: Incorreta, pois os Estados-membros não possuem direito de secessão. Importante lembrar a redação do art. 1º, *caput*, da CF: "A República Federativa do Brasil, formada pela **união indissolúvel** dos Estados e Municípios e do Distrito Federal, constitui-se em Estado Democrático de Direito e tem como fundamentos (...)"; **B:** Incorreta. Os municípios são considerados órgãos federativos. Para tanto, deve-se analisar o mencionado art. 1º, conjuntamente com o art. 18, *caput*, ambos da CF; **C:** Correta, conforme se depreende do art. 18, *caput*, da CF; **D:** Incorreta, pois os Estados e Municípios são pessoas jurídicas de direito público interno, a teor do que dispõe o art. 41 do CC. **E:** Incorreta, uma vez que a criação, a incorporação, a fusão e o desmembramento de Municípios, far-se-ão por lei estadual, e não por lei complementar federal (§ 4º do art. 18 da CF).
Gabarito "C"

(Técnico – TRT/2ª Região – 2014 – FCC) É competência

I. material exclusiva da União cuidar da saúde e assistência pública, da proteção e garantia das pessoas portadoras de deficiência.
II. privativa da União legislar sobre direito do trabalho e sobre seguridade social.
III. legislativa concorrente entre União, Estados, Distrito Federal e municípios legislar sobre previdência social, proteção e defesa da saúde.

Está correto o que se afirma em

(A) I e II, apenas.
(B) II e III, apenas.
(C) I e III, apenas.
(D) I, II e III.
(E) II, apenas.

I: Incorreta, pois a competência descrita na assertiva é comum da União, dos Estados, do DF e dos Municípios (art. 23, II, da CF); **II:** Correta, nos termos dos incisos I e XXIII do art. 22 da CF; **III:** Incorreta, pois não compete ao município legislar concorrentemente sobre previdência social, proteção e defesa da saúde (art. 24, XII, da CF).
Gabarito "E"

(Técnico Judiciário – Área Administrativa – TRT18 – 2013 – FCC) Nos termos preconizados pela Constituição Federal de 1988, a competência para legislar sobre desapropriação é

(A) privativa da União, e Emenda Constitucional poderá autorizar os Estados a legislar sobre questões específicas sobre desapropriação.
(B) comum da União, Estados, Distrito Federal e Municípios.
(C) privativa da União, e Lei Complementar poderá autorizar os Estados a legislar sobre questões específicas sobre desapropriação.
(D) concorrente da União, Estados e Distrito Federal.
(E) privativa da União, sendo vedada a edição de qualquer norma autorizando Estados, Distrito Federal e Municípios a legislar sobre questões específicas sobre desapropriação.

A competência para legislar sobre desapropriação é **privativa** da união (art. 22, II, da CF) e, conforme o parágrafo único do art. 22, **Lei Complementar** poderá autorizar os Estados a legislar sobre questões específicas das matérias relacionadas no mesmo art. 22.
Gabarito "C"

(Técnico Judiciário – Área Administrativa – TRT12 – 2013 – FCC) Nos termos da Constituição Federal brasileira, a Lei Complementar poderá autorizar os Estados a legislarem sobre questões específicas em matéria de

(A) direito do trabalho.
(B) direito tributário.
(C) produção e consumo.
(D) juntas comerciais.
(E) proteção à infância e juventude.

O art. 22, I, da CF prevê que compete privativamente à União legislar, sem prejuízo das demais matérias, sobre direito do trabalho. Com efeito, o parágrafo único do art. 22 da Constituição autoriza a edição de Lei Complementar para que os Estados legislem sobre questões específicas das matérias mencionadas no artigo. Assim, está correta a alternativa "A"
Gabarito "A"

(Técnico – TRE/SP – 2012 – FCC) Em 9 de janeiro de 2012, foi promulgada, no Estado de São Paulo, a Lei complementar n.º 1.166, criando a Região Metropolitana do Vale do Paraíba e Litoral Norte, integrada por 39 Municípios paulistas. Dentre outras previsões, estabelece a referida lei complementar que a instituição da Região Metropolitana em questão tem por objetivo promover a integração do planejamento e da execução das funções públicas de interesse comum aos entes públicos atuantes na região. Considerada a disciplina da matéria na Constituição da República, é correto afirmar que

(A) o Estado não poderia ter criado uma Região Metropolitana, pois a Constituição somente o autoriza a instituir aglomerações urbanas e microrregiões.
(B) a Região Metropolitana poderia ter sido criada por lei ordinária, não sendo necessária lei complementar para esse fim.
(C) a criação da Região Metropolitana por lei estadual somente será válida se houver sido realizada consulta prévia, mediante plebiscito, às populações dos Municípios envolvidos.
(D) a instituição da Região Metropolitana não autoriza a execução de funções públicas de interesse comum aos Municípios envolvidos, mas tão somente sua organização e planejamento.
(E) a forma de instituição da Região Metropolitana e o objetivo mencionado são compatíveis com as disposições constitucionais a esse respeito.

A: errada. De acordo com o art. 25, § 3º, da CF, os Estados **poderão,** mediante lei complementar, **instituir regiões metropolitanas**, aglomerações urbanas e microrregiões, constituídas por agrupamentos de municípios limítrofes, para integrar a organização, o planejamento e a execução de funções públicas de interesse comum; **B:** errada. A CF **exige lei complementar** para a criação de região metropolitana; **C:** errada. Não há necessidade de consulta prévia às populações dos Municípios nessa hipótese. Tais requisitos, dentre outros, são exigidos quando há criação, fusão, incorporação ou desmembramento de municípios (art. 18, § 4º, da CF); **D:** errada. Ao contrário do mencionado, a instituição de região metropolitana autoriza a execução de funções públicas de interesse comum aos Municípios envolvidos (art. 25, § 3º, da CF); **E:** correta (art. 25, § 3º, da CF).

Gabarito "E".

(Analista – TRT/3ª – 2015 – FCC) O Governador de determinado Estado da Federação encaminhou à Assembleia Legislativa projeto de Lei disciplinando procedimentos em matéria processual, bem como regulamentando a atuação da Defensoria Pública do Estado em juízo em defesa de pessoas com menos recursos financeiros. A matéria versada na proposta

(A) insere-se na competência legislativa concorrente entre União e Estados, podendo ser objeto de projeto de lei de iniciativa legislativa do Governador, respeitadas as normas gerais editadas pela União.

(B) relativamente à atuação da Defensoria Pública Estadual em juízo insere-se na competência legislativa reservada aos Estados, visto que não cabe à União, nem aos Municípios tratarem do assunto, mas os procedimentos em matéria processual devem ser disciplinados nos regimentos internos dos Tribunais e não em lei.

(C) relativamente à atuação da Defensoria Pública Estadual em juízo insere-se na competência legislativa reservada aos Estados, mas a disciplina de procedimentos em matéria processual insere-se na competência legislativa privativa da União, podendo ser objeto de Lei Estadual apenas se houver delegação de competência por meio de Lei Complementar.

(D) relativamente à atuação da Defensoria Pública Estadual em juízo insere-se na competência legislativa reservada aos Estados, mas a disciplina de procedimentos em matéria processual insere-se na competência legislativa concorrente entre União e Estados, devendo, portanto, esse aspecto da proposta observar as normas gerais editadas pela União.

(E) insere-se na competência legislativa reservada aos Estados, visto que não cabe à União, nem aos Municípios tratarem do assunto, podendo ser objeto de projeto de lei de iniciativa legislativa do Governador.

A: correta. De acordo com o art. 24, XI e XIII, da CF, compete à União, aos Estados e ao Distrito Federal, dentre outros assuntos, legislar **concorrentemente** sobre procedimentos em matéria processual (XI) e Defensoria Pública (XIII). O § 1º do mesmo dispositivo ensina que no tocante à legislação concorrente, a competência da União limitar-se-á a estabelecer **normas gerais**; **B:** incorreta. Como mencionado, a competência para legislar sobre a atuação da Defensoria Pública também é concorrente (art. 24, XIII, da CF); **C**, **D** e **E:** incorretas. Ambos os assuntos são da competência concorrente (art. 24, XI e XIII, da CF).

Gabarito "A".

(Analista – TRT/2ª Região – 2014 – FCC) É competência privativa da União legislar sobre as matérias de direito

(A) agrário, direito econômico, sistema estatístico e registros públicos.

(B) do trabalho, propaganda comercial, metalurgia e proteção à infância e à juventude.

(C) penal, direito penitenciário, cidadania e sistema cartográfico.

(D) espacial, desapropriação, propaganda comercial e definição de crimes de responsabilidade.

(E) agrário, direito penitenciário, metalurgia e sistema cartográfico.

A: incorreta, direito econômico a competência é concorrente (art. 24, I, da CF); **B:** incorreta, a proteção à infância e à juventude a competência é concorrente (art. 24, XV, da CF); **C:** incorreta, direito penitenciário a competência é concorrente (art. 24, I, da CF); **D:** correta (art. 22, I, II, XXIX, da CF e Súmula 722 do STF); **E:** incorreta, penitenciário a competência é concorrente (art. 24, I, da CF).

Gabarito "D".

(Analista – TRT/2ª Região – 2014 – FCC) Considere as seguintes afirmativas:

I. É inconstitucional lei estadual que institui dever a supermercados e estabelecimentos assemelhados de expor, num mesmo local ou gôndola, os produtos alimentícios especialmente elaborados sem o uso de glúten como medida protetiva aos portadores de doença celíaca, pois trata-se de matéria sujeita à competência privativa dos Municípios para legislar sobre assuntos de interesse local.

II. A autonomia política dos Estados-membros alcança a competência legislativa privativa para conferir ao Defensor Público-Geral do Estado estatura administrativa de Secretário de Estado, submetendo sua nomeação à livre escolha do Governador.

III. A autonomia política dos Estados-membros não alcança a competência legislativa para instituir comissão esta dual voltada a autorizar, monitorar e fiscalizar a pesquisa, e demais atividades relacionadas ao setor nuclear, de modo a assegurar que suas aplicações garantam a saúde, o bem-estar e a segurança da população, bem como, a preservação do meio ambiente.

Está correto o que consta APENAS em

(A) I.

(B) II.

(C) II e III.

(D) III.

(E) I e III.

I: incorreta, a competência é concorrente (art. 24, V e XII, da CF); **II:** incorreta, "(...). A mera equiparação de altos servidores públicos estaduais, como o Defensor Público-Geral do Estado, a Secretário de Estado, com equivalência de tratamento, só se compreende pelo fato de tais agentes públicos, destinatários de referida equiparação, não ostentarem, eles próprios, a condição jurídico-administrativa de Secretário de Estado. Consequente inocorrência do alegado cerceamento do poder de livre escolha, pelo governador do Estado, dos seus secretários estaduais, eis que o Defensor Público-Geral local – por constituir cargo privativo de membro da carreira – não é, efetivamente, não obstante essa equivalência funcional, Secretário de Estado." (ADIn 2.903, Plenário, j. 01.12.2005, rel. Min. Celso de Mello, DJE 19.09.2008); **III:** correta, pois é competência privativa da União legislar sobre atividade nuclear de qualquer natureza (art. 22, XXVI, CF).

Gabarito "D".

(Analista – TRT/6ª – 2012 – FCC) Em decisão recente, o Supremo Tribunal Federal considerou que o Estatuto de Defesa do Torcedor (Lei nº 10.671/2003) cuida de matéria que se insere dentre as competências concorrentes, na medida em que compete à União, aos Estados e ao Distrito Federal legislar concorrentemente sobre educação, cultura, ensino e desporto. Nesse sentido, no âmbito da competência concorrente, o Estatuto de Defesa do Torcedor estabelece normas

(A) suplementares.

(B) remanescentes.
(C) interventivas.
(D) gerais.
(E) complementares.

De fato, o STF, no julgamento da ADI 2.937/DF, Plenário, j. 23.02.2012, rel. Min. Cezar Peluso, *DJe* 29.05.2012, analisou diversos dispositivos do Estatuto do Torcedor que estavam sendo impugnados, sob o fundamento de que haveria incompetência legislativa da União, ofensa à autonomia das entidades desportivas e lesão a direitos e garantias individuais. Na decisão, verificou-se a não ocorrência de tais inconstitucionalidades, pois as normas teriam *caráter geral* e, portanto, imporiam limitações válidas à autonomia relativa das entidades de desporto, sem lesionar direitos e garantias individuais.

Gabarito "D".

(Analista – TRT/11ª – 2012 – FCC) A Constituição Federal estabelece determinadas atividades que constituem monopólio da União. Sobre o tema, cumpre assinalar que, em regra, a União poderá contratar com empresas estatais ou privadas a realização de algumas dessas atividades, observadas as condições estabelecidas em lei, EXCETO:

(A) refinação do petróleo nacional ou estrangeiro.
(B) pesquisa, a lavra e o enriquecimento de minérios e minerais nucleares.
(C) importação e exportação dos produtos e derivados básicos resultantes das atividades da refinação do petróleo nacional ou estrangeiro.
(D) pesquisa e a lavra das jazidas de petróleo e gás natural e outros hidrocarbonetos fluidos.
(E) o transporte marítimo do petróleo bruto de origem nacional ou de derivados básicos de petróleo produzidos no país.

A: incorreta. De acordo com o art. 177, § 1º, da CF/1988, desde que observadas as condições legais, a União poderá contratar com empresas estatais ou privadas a realização de refinação do petróleo nacional e estrangeiro; **B:** correta. De fato, a pesquisa, a lavra e o enriquecimento de minérios não integram a lista de atividades prevista no § 1º do art. 177 da CF/1988, norma que autoriza a União a contratar com empresas estatais ou privadas a realização de determinadas atividades; **C:** incorreta. A importação e a exportação dos produtos e derivados básicos resultantes das atividades da refinação do petróleo nacional ou estrangeiro são atividades que podem ser realizadas por empresas estatais ou privadas, pois autorizado pelo o § 1º do art. 177 da CF/1988; **D:** incorreta, pois a pesquisa e a lavra das jazidas de petróleo e gás natural e outros hidrocarbonetos fluidos também são atividades que podem ser realizadas por empresas estatais ou privadas; **E:** incorreta. O transporte marítimo do petróleo bruto de origem nacional ou de derivados básicos de petróleo produzidos no País, bem assim o transporte por meio de conduto, de petróleo bruto, seus derivados e gás natural de qualquer origem também podem ser realizados por empresas estatais ou privadas. Vale lembrar que as condições legais devem ser observadas em todas as atividades.

Gabarito "B".

(Analista – TRT/11ª – 2012 – FCC) Ferdinando, dono de embarcação, tem por hábito navegar em lagos, estando submetido à legislação do regime de navegação lacustre que é de competência

(A) privativa dos Estados.
(B) privativa da União.
(C) concorrente dos Municípios e dos Estados, apenas.
(D) privativa dos Municípios.
(E) concorrente dos Municípios, dos Estados e da União.

De acordo com o art. 22, X, da CF/1988, a legislação sobre regime de portos, *navegação lacustre*, fluvial, marítima, aérea e aeroespacial, é da *competência privativa da União*.

Gabarito "B".

(Analista – TRE/SP – 2012 – FCC) Compete à União legislar privativamente, dentre outras matérias, sobre

(A) orçamento.
(B) custas e serviços forenses.
(C) procedimentos em matéria processual.
(D) direito eleitoral.
(E) proteção ao patrimônio histórico, cultural, artístico, turístico e paisagístico.

A, B, C e **E:** incorretas. A competência legislativa nesses casos é **concorrente** entre a União, Estados, Distrito Federal e Municípios (art. 24, II, IV, VII, XI, da CF); **D:** correta. De fato, a competência para legislar sobre direito eleitoral é **privativa da União** (art. 22, I, da CF).

Gabarito "D".

(Analista – TRE/CE – 2012 – FCC) O Governador do Estado do Pará teve a ideia de subdividir esse Estado em mais dois Estados, cuja subdivisão só poderá ocorrer mediante aprovação

(A) do Presidente da República, ouvidos os Ministros da Justiça, da Casa Civil e do Planejamento.
(B) da população diretamente interessada, através de plebiscito, e do Congresso Nacional, por lei complementar.
(C) da maioria absoluta dos Deputados Estaduais da Assembleia Legislativa do Estado do Pará, após referendo popular.
(D) em dois turnos de votações na Assembleia Legislativa do Estado do Pará, com aprovação de no mínimo dois terços dos Deputados Estaduais em ambos os turnos de votação.
(E) das Câmaras Municipais por maioria absoluta, cujos Municípios sejam afetados pela subdivisão do Estado.

Conforme dispõe o art. 18, § 3º, da CF, os Estados podem incorporar-se entre si, **subdividir-se** ou desmembrar-se para se anexarem a outros, ou formarem novos Estados ou Territórios Federais, **mediante aprovação da população diretamente interessada**, através de **plebiscito**, e do **Congresso Nacional**, por lei complementar.

Gabarito "B".

(Analista – TRT/6ª – 2012 – FCC) Determina a Constituição que *Leis complementares fixarão normas para a cooperação entre a União e os Estados, o Distrito Federal e os Municípios, tendo em vista o equilíbrio do desenvolvimento e do bem-estar em âmbito nacional*. Esta regra constitucional aplica-se no caso de competência"

(A) comum.
(B) reservada.
(C) suplementar.
(D) concorrente.
(E) remanescente.

A: correta. De acordo com o art. 23, parágrafo único, da CF, tal regra tem aplicação no caso de competência comum; **B:** incorreta. A competência reservada ou remanescente é dada aos Estados (art. 25, § 1º, da CF). Desse modo, aquilo que não for da competência da União (art. 22 da CF) e assunto de interesse local dos Municípios (art. 30, I, da CF) é da competência dos Estados; **C:** incorreta. É da competência dos Estados, Distrito Federal e Municípios suplementarem, com normas específicas, os dispositivos de caráter geral criados pela União. Tal regra será utilizada quando estivermos diante de assuntos que são de competência concorrente dos entes federativos (art. 24 da CF); **D:** incorreta. Como mencionado, é possível que a União, os Estados, o Distrito Federal e os Municípios legislem, de forma concorrente, sobre os temas inseridos no art. 24 da CF. Nessas hipóteses a União legisla normas gerais e os demais entes normas específicas para atender as suas peculiaridades; **E:** incorreta. Por fim, a remanescente, como já mencionado, é dada aos Estados.

Gabarito "A"

(Defensor Público/AM – 2013 – FCC) Considerando o sistema de repartição de competências entre os entes federativos na Constituição Federal, cabe

(A) à União explorar diretamente, ou mediante concessão, o serviço de gás canalizado;

(B) aos Estados-membros definir as rotas dos veículos de transporte público municipal;

(C) aos Estados explorar, diretamente ou mediante autorização, concessão ou permissão, os portos marítimos, fluviais ou lacustres;

(D) aos Municípios explorar diretamente, ou mediante concessão, o serviço de gás canalizado;

(E) aos Municípios prestar, com a cooperação técnica e financeira da União e do Estado, serviços de atendimento à saúde da população.

A: Errada. Competência estadual (art. 25, § 2º, da CF); **B:** Errada. Competência municipal (art. 30, V, da CF); **C:** Errada. Competência da União (art. 21, XII, "f", da CF); **D:** Errada. Competência estadual (art. 25, § 2º, da CF); **E:** Correta. Art. 30, VII, da CF.

Gabarito "E"

9.2. Da Administração Pública

(Técnico Judiciário – TRE/SP – FCC – 2017) Em conformidade com a Constituição Federal, implicará a nulidade do ato e a punição da autoridade responsável, nos termos da lei, a inobservância da regra constitucional segundo a qual

(A) é vedado aos estrangeiros o acesso a cargos, empregos e funções públicas.

(B) o prazo de validade do concurso público será de até dois anos, prorrogável uma vez, por igual período

(C) é vedada a acumulação remunerada de dois cargos ou empregos privativos de profissionais de saúde, com profissões regulamentadas.

(D) os acréscimos pecuniários percebidos por servidor público deverão ser computados para fins de concessão de acréscimos ulteriores.

(E) as funções de confiança, exercidas exclusivamente por servidores ocupantes de cargo em comissão, destinam-se apenas às atribuições de direção, chefia e assessoramento.

A: Errada. Aos estrangeiros é assegurado o acesso a cargos, empregos e funções públicas, exceto aos que só poderão ser desempenhados por brasileiros (art. 37, inc. I, da CF). **B:** Correta, nos termos do art. 37, inc. III, da CF. **C:** Errada. De fato é vedada a acumulação remunerada de cargos públicos, entretanto, aos profissionais de saúde com profissão regulamentada o Constituinte previu hipótese de exceção quando houver compatibilidade de horários (art. 37, inc. XVI, alínea "c" da CF). **D:** Errada. Os acréscimos pecuniários não serão computados nem acumulados para fins de concessão de acréscimos ulteriores (art. 37, inc. XIV). **E:** Errada. As funções mencionadas na assertiva serão exercidas exclusivamente por servidores ocupantes de cargos efetivos e não em comissão (art. 37, inc. V da CF). TC

Gabarito "B"

(Técnico Judiciário – TRT20 – FCC – 2016) Considere

I. Ministro de Estado.

II. Secretário Estadual.

III. Vereador.

IV. Prefeito.

De acordo com a Constituição Federal, serão remunerados, exclusivamente, por subsídio fixado em parcela única, vedado o acréscimo de qualquer gratificação, adicional, abono, prêmio, verba de representação ou outra espécie remuneratória, obedecidas as normas constitucionais pertinentes, os cargos indicados em

(A) II, III e IV, apenas.

(B) I, II e III, apenas.

(C) I, II, III e IV.

(D) I, III e IV, apenas.

(E) I e II, apenas.

Os cargos públicos mencionados no enunciado (I a IV), como se vê, são alçados por meio do voto direto, para o exercício de mandato, denominado pela Constituição como cargo de "detentor de mandato eletivo". A estas funções públicas haverá remuneração exclusivamente por subsídio fixada em parcela única, vedado o acréscimo de qualquer gratificação, adicional, abono, prêmio, verba de representação ou outra espécie remuneratória, obedecidas as normas constitucionais pertinentes, nos termos do art. 39, § 4º, da CF. TC

Gabarito "C"

(Procurador do Estado – PGE/RN – FCC – 2014) Lei estadual criou vários cargos em comissão de médico, de livre provimento pelo Secretário de Saúde, para atender a necessidade imediata da população. Segundo a lei, os titulares dos cargos devem exercer suas atividades no âmbito do Sistema Único de Saúde – SUS, prestando seus serviços diretamente aos pacientes necessitados, por prazo indeterminado. A referida lei estadual é:

(A) incompatível com a Constituição Federal, uma vez que os cargos em comissão somente podem ser criados para as atribuições de direção, chefia e assessoramento, a serem preenchidos por servidores de carreira nos casos, condições e percentuais mínimos previstos em lei.

(B) compatível com a Constituição Federal, uma vez que a urgência na prestação do serviço público autoriza a criação de cargos em comissão de livre provimento e exoneração.

(C) compatível com a Constituição Federal, uma vez que cabe ao Estado, por lei complementar, definir os cargos públicos estaduais a serem preenchidos por livre nomeação, observados os princípios constitucionais da Administração pública.

(D) incompatível com a Constituição Federal, uma vez que os cargos privativos de médicos somente podem ser preenchidos através de concurso de provas ou de provas e títulos.

(E) incompatível com a Constituição Federal, uma vez que, para o exercício das atribuições previstas na Lei, deveriam ter sido criadas pelo legislador estadual funções de confiança.

A lei é inconstitucional por força do art. 37, V, da CF. TM

Gabarito "A"

(Procurador do Estado – PGE/RN – FCC – 2014) A Constituição Federal determina que a despesa com pessoal ativo e inativo da União, dos Estados, do Distrito Federal e dos Municípios não poderá exceder os limites estabelecidos em lei complementar. Para o cumprimento desse limite, a Constituição Federal autoriza, dentre outras medidas, que:

(A) sejam reduzidas em 20% as despesas com cargos em comissão, vedada a redução de despesas com funções de confiança, vez que ocupadas por titulares de cargos públicos efetivos.

(B) seja decretada a intervenção federal no Estado infrator, após decisão proferida pelo Superior Tribunal de Justiça dando provimento à representação interventiva, proposta pelo Procurador-Geral da República, para obrigar o Estado a cumprir a referida lei complementar.

(C) seja suspenso o repasse de verbas federais para o Estado infrator, desde que a medida seja previamente autorizada pelo Tribunal de Contas da União, em processo que assegure ao Estado o contraditório e a ampla defesa.

(D) sejam exonerados, durante o prazo fixado na lei complementar referida, servidores estaduais não estáveis.

(E) sejam exonerados servidores estaduais estáveis, nos termos previstos em lei estadual especificamente editada para este fim, observadas as normas gerais da União a respeito da matéria, vedado o pagamento de indenização ao servidor exonerado por este motivo.

A: incorreta. A redução de despesa com funções de confiança também é admitida pela CF, e na mesma proporção de 20% (art. 169, § 3º, I, CF); **B:** incorreta. A hipótese não se encontra no rol do art. 34, V, CF; **C:** incorreta. Não reflete o disposto no art. 169, § 2º, CF; **D:** correta. Art. 169, § 4º, CF; **E:** incorreta. Não reflete o disposto no art. 169, § 4º, CF. TM

Gabarito "D"

(Técnico – TRT/19ª Região – 2014 – FCC) Sobre os servidores públicos, conforme determina a Constituição federal, considere:

I. É estável o servidor público nomeado para cargo de provimento derivado ou efetivo, em virtude de concurso público, após dois anos de efetivo exercício.

II. O servidor público estável poderá perder o cargo mediante processo administrativo em que lhe seja assegurada ampla defesa.

III. Se for invalidada, por sentença judicial, a demissão de um servidor estável, ele será reintegrado. Nesse caso, o eventual ocupante da vaga, se também estável, será reconduzido ao cargo de origem, sem direito à indenização, ou será aproveitado em outro cargo ou será posto em disponibilidade com remuneração proporcional ao tempo de serviço.

Está correto o que consta APENAS em

(A) I.

(B) II.

(C) III.

(D) I e II.

(E) II e III.

I: Incorreta. São estáveis após três anos de efetivo exercício os servidores nomeados para cargo de provimento efetivo em virtude de concurso público (art. 41, *caput*, da CF); **II:** Correta, conforme art. 41, § 1º, II, da CF; **III:** Correta, conforme art. 41, § 2º, da CF.

Gabarito "E"

(Técnico – TRF/3ª Região – 2014 – FCC) As pessoas jurídicas de direito público e as de direito privado prestadoras de serviços públicos, quanto à responsabilidade por danos causados a terceiro,

(A) apenas responderão pelos danos que seus agentes causarem se houver prova de dolo.

(B) responderão pelos danos que seus agentes, nessa qualidade, causarem, independentemente de dolo ou culpa.

(C) apenas responderão pelos danos que seus agentes causarem em caso de culpa.

(D) não responderão pelos danos causados por seus agentes.

(E) responderão pelos danos causados, desde que seus agentes tenham sido condenados em ação anterior ao ressarcimento.

Trata-se da denominada responsabilidade civil objetiva do Estado, prevista no art. 37, § 6º. Da CF, que prevê: "As pessoas jurídicas de direito público e as de direito privado prestadoras de serviços públicos responderão pelos danos que seus agentes, nessa qualidade, causarem a terceiros, assegurado o direito de regresso contra o responsável nos casos de dolo ou culpa".

Gabarito "B"

(Técnico Judiciário – Área Administrativa – TRT12 – 2013 – FCC) Um ocupante de cargo de professor da rede pública municipal pretende prestar concurso para outro cargo na mesma Administração e exercê-los concomitantemente. Nesta hipótese, considerada a disciplina constitucional da matéria, o interessado

(A) não poderá acumular cargos na Administração, devendo optar entre o atual ou o futuro, se vier a ser aprovado em concurso, qualquer que seja o cargo.

(B) somente poderá acumular o cargo atual com outro de professor, desde que haja compatibilidade de horários.

(C) poderá acumular o cargo atual com outro de professor ou então com um técnico ou científico, desde que haja compatibilidade de horários, em qualquer hipótese.

(D) somente poderá acumular o cargo atual com um técnico ou científico, desde que haja compatibilidade de horários.

(E) poderá acumular o cargo atual com até dois empregos privativos de profissionais de saúde, com profissões regulamentadas, desde que haja compatibilidade de horários.

Em regra, a Constituição veda a acumulação remunerada de cargos públicos. Excepcionalmente, será possível acumular dois cargos públicos, desde que haja compatibilidade de horários, nas hipóteses de: i) dois cargos de professor; ii) um cargo de professor com outro cargo técnico ou científico; e iii) dois cargos ou empregos privativos de profissionais de saúde, com profissões regulamentadas. Conclui-se, portanto, que a alternativa "C" é a correta.

Gabarito "C"

(Técnico – TRE/SP – 2012 – FCC) Servidor público ocupante de cargo em órgão da Administração direta estadual pretende candidatar-se a Prefeito do Município em que reside, nas eleições deste ano. Nessa hipótese,

(A) deverá pedir exoneração do cargo até seis meses antes do pleito, para poder concorrer.

(B) perderá o cargo, se investido no mandato.

(C) será afastado do cargo, se investido no mandato, sendo-lhe facultado optar pela sua remuneração.

(D) manterá o cargo e seu tempo de serviço será contado para todos os efeitos legais, inclusive para promoção por merecimento.

(E) perceberá as vantagens de seu cargo, sem prejuízo da remuneração do cargo eletivo, desde que haja compatibilidade de horários.

De acordo com o art. 38, II, da CF, o servidor público da administração direta, autárquica e fundacional se investido no mandato de Prefeito, no exercício do mandato eletivo, será **afastado do cargo**, emprego ou função, sendo-lhe facultado **optar pela sua remuneração**.

Gabarito "C"

(Analista – TRT/3ª – 2015 – FCC) Considere as seguintes afirmações sobre os direitos assegurados aos servidores públicos e empregados:

I. É vedada a dispensa do empregado sindicalizado a partir do registro da candidatura a cargo de direção ou representação sindical e, se eleito, ainda que suplente, até um ano após o final do mandato, salvo se cometer falta grave nos termos da lei.

II. É garantida a utilização do salário mínimo como indexador de base de cálculo de vantagem de servidor público ou de empregado, desde que determinada por lei.

III. O teto remuneratório previsto na Constituição Federal para os servidores titulares de cargos públicos não se aplica aos empregados públicos, ainda que contratados por empresas públicas ou sociedades de economia mista que recebam recursos da União, dos Estados, do Distrito Federal ou dos Municípios para pagamento de despesas de pessoal ou de custeio em geral.

IV. Em que pese a Constituição Federal assegurar aos servidores públicos o direito de greve, o exercício regular desse direito depende da edição de lei federal tratando da matéria, não podendo ser garantido por decisão proferida pelo Supremo Tribunal Federal em mandado de injunção.

Está correto o que consta APENAS em

(A) II e III.

(B) I e III.

(C) II e IV.

(D) I.

(E) IV.

I: correto. De acordo com o art. 8º, VIII, da CF, é proibida a dispensa do empregado sindicalizado a partir do registro da candidatura a cargo de direção ou representação sindical e, se eleito, ainda que suplente, até um ano após o final do mandato, salvo se cometer falta grave nos termos da lei; **II**; incorreta. Conforme determina o Art. 7º, IV, da CF, é considerado direito dos trabalhadores urbanos e rurais, além de outros que visem à melhoria de sua condição social, o salário mínimo, fixado em lei, nacionalmente unificado, capaz de atender as suas necessidades vitais básicas e às de sua família com moradia, alimentação, educação, saúde, lazer, vestuário, higiene, transporte e previdência social, com reajustes periódicos que lhe preservem o poder aquisitivo, **sendo vedada sua vinculação para qualquer fim**; **III**: incorreta. De acordo com o art. 97, XI, da CF, **a remuneração e o subsídio** dos ocupantes de cargos, funções e empregos públicos da administração direta, autárquica e fundacional, dos membros de qualquer dos Poderes da União, dos Estados, do Distrito Federal e dos Municípios, dos detentores de mandato eletivo e dos demais agentes políticos e os proventos, pensões ou outra espécie remuneratória, percebidos cumulativamente ou não, incluídas as vantagens pessoais ou de qualquer outra natureza, **não poderão exceder** o subsídio mensal, em espécie, dos Ministros do Supremo Tribunal Federal, aplicando-se como limite, nos Municípios, o subsídio do Prefeito, e nos Estados e no Distrito Federal, o subsídio mensal do Governador no âmbito do Poder Executivo, o subsídio dos Deputados Estaduais e Distritais no âmbito do Poder Legislativo e o subsidio dos Desembargadores do Tribunal de Justiça, limitado a noventa inteiros e vinte e cinco centésimos por cento do subsídio mensal, em espécie, dos Ministros do Supremo Tribunal Federal, no âmbito do Poder Judiciário, aplicável este limite aos membros do Ministério Público, aos Procuradores e aos Defensores Públicos. O § 9º do mesmo disposto informa que tal regra **aplica-se às empresas públicas e às sociedades de economia mista, e suas subsidiárias, que receberem recursos da União**, dos Estados, do Distrito Federal ou dos Municípios para pagamento de despesas de pessoal ou de custeio em geral; **IV**: incorreto. Ao contrário do mencionado, o STF, após decisão dada em sede de mandado de injunção (Mandados de Injunção 670, 708 e 712), reconheceu que os servidores públicos podem fazer greve, sem que haja a edição de lei específica, se valendo, por analogia, da lei de greve da iniciativa privada (Lei n. 7.783/1989).

Gabarito "D"

(Analista – TRT/19ª Região – 2014 – FCC) Suponha que foi editada lei federal regulando os contratos de trabalho firmados pela Administração pública federal, a qual determinou que os empregados públicos da União

I. poderão cumular dois cargos públicos, desde que, dentre outros requisitos, cada um dos cargos tenha carga horária semanal inferior a 20 horas.

II. serão regidos, em suas relações empregatícias, pelo estatuto do servidor público federal, e não pela legislação trabalhista.

III. poderão exercer o direito de greve, nos termos e limites definidos em lei específica.

É compatível coma Constituição Federal apenas a prescrição contida em

(A) I e II.

(B) II e III.

(C) I e III.

(D) III.

(E) II.

I: incorreta. A Constituição veda a cumulação, exceto se houver compatibilidade de horário e para os seguintes cargos: dois de professor; um de professor com um técnico ou científico; dois cargos ou empregos privativos de profissionais de saúde, com profissões regulamentadas (art. 37, XVI, *a*, *b*, *c*, da CF); **II**: incorreta, serão regidos pela CLT (art. 37, I e II, da CF; art. 1º da Lei 9.962/2000); **III**: correta (art. 37, VII).

Gabarito "D"

(Analista – TRT/19ª Região – 2014 – FCC) Órgão da fiscalização das relações de trabalho impôs penalidade administrativa a determinado Estado da Federação por infração à legislação trabalhista aplicável aos seus empregados públicos. A penalidade administrativa por infração às relações de trabalho

(A) não pode ser imposta a entes da Administração pública direta, competindo à Justiça do Trabalho julgar ação com vista à desconstituição da penalidade.

(B) não pode ser imposta a entes da Administração pública direta, competindo à Justiça do Estado julgar ação com vista à desconstituição da penalidade.

(C) pode ser imposta a entes da Administração pública direta, competindo à Justiça Federal comum julgar ação com vista à desconstituição da penalidade.

(D) pode ser imposta a entes da Administração pública direta, competindo à Justiça do Trabalho julgar ação com vista à desconstituição da penalidade.

(E) pode ser imposta a entes da Administração pública direta, competindo à Justiça do Estado julgar ação com vista à desconstituição da penalidade.

Os empregados públicos são celetistas, portanto, se submetem à Justiça do Trabalho, que é competente para julgar "as ações relativas às penalidades administrativas impostas aos empregadores pelos órgãos de fiscalização das relações de trabalho" (Art. 114, I e VII, da CF). A Justiça do Trabalho não seria competente se os servidores fossem estatutários. Nesse sentido, a MC na ADIn 3395/DF: "O disposto no art. 114, I, da Constituição da República não abrange as causas instauradas entre o Poder Público e servidor que lhe seja vinculado por relação jurídico estatutária".

Gabarito "D"

(Analista – TRF/3ª Região – 2014 – FCC) A utilização efetiva ou potencial de serviço público específico e divisível, prestado ou posto à disposição do contribuinte, gera para o ente público, diante da Constituição Federal,

(A) a faculdade de inclusão do serviço no rol dos fatos geradores de imposto sobre serviços de qualquer natureza – ISS.

(B) um direito público subjetivo de exigência de tarifa ao cidadão.

(C) o dever de instituição de contribuição de melhoria sob pena de improbidade administrativa.

(D) a possibilidade de instituição de taxa como modalidade de tributo.

(E) a imposição de tarifa dede que o serviço seja efetivamente utilizado.

O enunciado descreveu o disposto no art. 145, II, da CF, referente à taxa. Esta é compulsória (Súmula 545 da STF), o serviço prestado é típico de Estado, mesmo que o usuário não utilize, tem que pagar.

Gabarito "D"

(Analista Judiciário – Área Judiciária – TRT18 – 2013 – FCC) Paulo é médico cirurgião e trabalha, devidamente concursado, para a Prefeitura de Goiânia, ocupando um cargo público em determinado Hospital. Paulo, neste ano de 2013, resolve prestar concurso para o cargo de médico do Hospital das Clínicas da Universidade Federal de Goiás, Autarquia Federal. Neste caso, se aprovado no concurso, Paulo

(A) poderá acumular os cargos, mas deverá optar obrigatoriamente pela remuneração de um dos cargos.

(B) não poderá acumular os cargos, pois o segundo cargo será exercido em Autarquia Federal.

(C) poderá acumular os cargos, independentemente de haver ou não compatibilidade de horários.

(D) não poderá acumular os cargos, pois a Constituição Federal veda a acumulação de cargos públicos, com exceção de dois cargos de professor.

(E) poderá acumular ambos os cargos, havendo compatibilidade de horários.

É possível a acumulação de cargos públicos, desde que haja compatibilidade de horário O art. 37, XVI, c, da CF dispõe ser "vedada a acumulação remunerada de cargos públicos, *exceto*, quando houver *compatibilidade de horários*, observado em qualquer caso o disposto no inciso XI: (...) *c)* a de dois cargos ou empregos privativos de profissionais de saúde, com profissões regulamentadas".

Gabarito "E"

(Analista – TRT/11ª – 2012 – FCC) Sara, Professora titular de cargo efetivo no Estado de São Paulo, completou simultaneamente cinquenta e um anos de idade, e vinte e três anos de serviço público dedicado às funções de Magistério no ensino médio e fundamental. Permanecendo no cargo, Sara poderá requerer a aposentadoria com proventos integrais quando completar

(A) cinquenta e dois anos de idade.

(B) cinquenta e três anos de idade.

(C) cinquenta e oito anos de idade.

(D) cinquenta e nove anos de idade.

(E) sessenta anos de idade.

Os requisitos constitucionais para a aposentadoria voluntária da mulher, titular de cargo efetivo da União, dos Estados, do Distrito Federal ou dos Municípios, com proventos integrais, são: a) dez anos, no mínimo, de efetivo exercício no serviço público, b) cinco anos no cargo efetivo em que se dará a aposentadoria e c) cinquenta e cinco anos de idade e trinta de contribuição. Ocorre que tais requisitos são reduzidos em cinco anos para o professor que comprove exclusivamente tempo de efetivo exercício da função de magistério na educação infantil e no ensino fundamental e médio. Desse modo, Sara poderá requerer a aposentadoria com proventos integrais quando completar cinquenta e três anos de idade. O fundamento está no art. 40, § 1º, III, "a", e no § 5º, da CF.

Gabarito "B"

(Analista – TRE/PR – 2012 – FCC) Considere as seguintes afirmações sobre o exercício de cargos, empregos e funções públicas na Administração Pública brasileira:

I. Cargos, empregos e funções públicas são acessíveis aos brasileiros que preencham os requisitos estabelecidos em lei, assim como aos estrangeiros, na forma da lei, ressalvados os casos em que a Constituição da República exige a nacionalidade brasileira originária para esse fim.

II. A investidura em cargo ou emprego público depende de aprovação prévia em concurso público de provas ou de provas e títulos, de acordo com a natureza e a complexidade do cargo ou emprego, na forma prevista em lei, ressalvadas as nomeações para cargo em comissão declarado em lei de livre nomeação e exoneração.

III. A não observância do prazo de validade de concurso público, conforme previsto na Constituição, acarreta a nulidade do ato e a punição da autoridade responsável, nos termos da lei.

À luz da disciplina constitucional da matéria, está correto o que se afirma em

(A) I, apenas.

(B) II, apenas.

(C) I e II, apenas.

(D) II e III, apenas.

(E) I, II e III.

I: correta (art. 37, I, da CF); **II:** correta (art. 37, II, da CF); **III:** correta (art. 37, § 2º, da CF).

Gabarito "E"

(Analista – TRE/CE – 2012 – FCC) Considerando que José, Armando, Pedro, Adalberto e Paulo ocupam, respectivamente, os cargos de Advogado, de Deputado Federal, de Ministro do Supremo Tribunal Federal, de Vereador e de Governador de Estado, no tocante à Administração Pública, e em conformidade com o teor do texto constitucional, em regra, o subsídio de Alexandre, Promotor de Justiça, está limitado a noventa inteiros e vinte e cinco centésimos por cento do subsídio mensal, em espécie, do subsídio de

(A) Paulo.
(B) Armando.
(C) José.
(D) Pedro.
(E) Adalberto.

O subsídio de Alexandre, Promotor de Justiça, está limitado a noventa inteiros e vinte e cinco centésimos por cento do subsídio mensal, em espécie, do subsídio de **Pedro** (Ministro do STF). O fundamento é encontrado no o art. 37, XI, da CF, que determina que a remuneração e o subsídio dos ocupantes de cargos, funções e empregos públicos da administração direta, autárquica e fundacional, dos membros de qualquer dos Poderes da União, dos Estados, do Distrito Federal e dos Municípios, dos detentores de mandato eletivo e dos demais agentes políticos e os proventos, pensões ou outra espécie remuneratória, percebidos cumulativamente ou não, incluídas as vantagens pessoais ou de qualquer outra natureza, não poderão exceder o subsídio mensal, em espécie, dos Ministros do Supremo Tribunal Federal, aplicando-se como limite, o **subsídio** dos Desembargadores do Tribunal de Justiça, limitado a **noventa inteiros e vinte e cinco centésimos por cento do subsídio mensal**, em espécie, **dos Ministros do Supremo Tribunal Federal**, no âmbito do Poder Judiciário, **aplicável este limite aos membros do Ministério Público**, aos Procuradores e aos Defensores Públicos.
Gabarito "D"

(Analista – TRE/SP – 2012 – FCC) Segundo a jurisprudência do Supremo Tribunal Federal a respeito dos princípios constitucionais que regem a Administração Pública, analise:

I. A nomeação de cônjuge, companheiro ou parente da autoridade nomeante, para o exercício de cargo em comissão ou de confiança na administração pública, somente pode ser coibida por lei específica de cada ente federativo, não se podendo extrair essa proibição da própria Constituição da República.
II. A Administração pode anular seus próprios atos, quando eivados de vícios que os tornem ilegais, porque deles não se originam direitos, ou revogá-los, por motivo de conveniência ou oportunidade, respeitados os direitos adquiridos e ressalvada, em todos os casos, a apreciação judicial.
III. Não é admissível, por ato administrativo, restringir, em razão da idade, inscrição em concurso para cargo público.

Está correto o que consta em

(A) I, II e III.
(B) I e II, apenas.
(C) I e III, apenas.
(D) II, apenas.
(E) II e III, apenas.

I: incorreta. A proibição é extraída do art. 37, *caput*, da CF (princípio da impessoalidade) e também da Súmula Vinculante nº 13 do STF que determina que a **nomeação** de **cônjuge, companheiro** ou parente em linha reta, colateral ou por afinidade, até o terceiro grau, inclusive, da autoridade nomeante ou de servidor da mesma pessoa jurídica investido em cargo de direção, chefia ou assessoramento, para o exercício de **cargo em comissão ou de confiança** ou, ainda, de função gratificada na Administração Pública direta e indireta em qualquer dos poderes da União, dos Estados, do Distrito Federal e dos Municípios, compreendido o ajuste mediante designações recíprocas, **viola a Constituição Federal**; **II:** correta (Súmula 473 do STF) **III:** correta (Súmula 14 do STF). Esse item foi tido como correto, mas é possível observar o cancelamento dessa súmula no julgamento dos recursos extraordinários 74486 e 88968. De acordo com a súmula 683, também do Supremo, o **limite de idade** para a inscrição em concurso público só **se legitima** em face do art. 7º, XXX, da CF, quando possa ser justificado **pela natureza das atribuições do cargo** a ser preenchido.
Gabarito "E"

9.3. Separação de poderes

(Técnico – TRT/6ª – 2012 – FCC) A Constituição Federal reconhece que são Poderes da União, independentes e harmônicos entre si, APENAS o

(A) Legislativo e o Executivo.
(B) Judiciário e o Legislativo.
(C) Executivo, o Legislativo e o Judiciário.
(D) Legislativo, o Executivo, o Judiciário e o Ministério Público.
(E) Executivo, o Legislativo, o Judiciário, o Ministério Público e a Defensoria Pública.

O art. 2º da CF determina que o Legislativo, o Executivo e o Judiciário são Poderes da União, independentes e harmônicos entre si. O Ministério Público e a Defensoria Pública não fazem parte dos Poderes, integram as chamadas funções essenciais à justiça.
Gabarito "C"

10. ORGANIZAÇÃO DO PODER EXECUTIVO

(Técnico Judiciário – TRT24 – FCC – 2017) Considere os seguintes atos do Presidente da República praticados contra

I. a existência da União.
II. o cumprimento das leis e das decisões judiciais.
III. a probidade na Administração.
IV. o exercício dos direitos políticos, individuais e sociais.

De acordo com a Constituição Federal, são crimes de responsabilidade os atos do Presidente da República indicados em

(A) I, II e III, apenas.
(B) I, II, III e IV.
(C) II, III e IV, apenas
(D) I e IV, apenas.
(E) II e IV, apenas.

I: art. 85, inc. I, da CF; **II:** art. 85, inc. VII, da CF; **III:** art. 85, inc. V, da CF e **IV:** art. 85, inc. III, da CF.
Gabarito "B"

(Procurador do Estado – PGE/MT – FCC – 2016) Considere a seguinte situação hipotética de acordo com a Constituição do Estado de Mato Grosso: O Governador e o Vice-Governador do Estado falecem trágica e simultaneamente em um acidente aéreo, no início do terceiro ano do mandato. Neste caso, vagando os respectivos cargos, serão sucessivamente chamados ao exercício da chefia do Poder Executivo Estadual, o Presidente:

(A) do Tribunal de Justiça e o Presidente da Assembleia Legislativa e far-se-á eleição indireta noventa dias depois de abertas simultaneamente as vagas.

(B) da Assembleia Legislativa, da Câmara Municipal da Capital do Estado e o Presidente do Tribunal de Justiça, e far-se-á eleição direta noventa dias depois de abertas simultaneamente as vagas.

(C) da Assembleia Legislativa e o Presidente do Tribunal de Justiça, cabendo à Assembleia Legislativa realizar eleição indireta para ambos os cargos após o decurso do prazo de trinta dias da vacância, na forma da lei.

(D) da Assembleia Legislativa e o Presidente do Tribunal de Justiça e far-se-á eleição direta noventa dias depois de abertas simultaneamente as vagas.

(E) da Assembleia Legislativa, da Câmara Municipal da Capital do Estado e o Presidente do Tribunal de Justiça, cabendo à Assembleia Legislativa realizar eleição indireta para ambos os cargos após o decurso do prazo de trinta dias da vacância, na forma da lei.

Aplicação, por simetria federativa, da norma dos arts. 80 e 81 da CF. TM

Gabarito "D"

(Magistratura – TRT 1ª – 2016 – FCC) o regramento constitucional do Poder Executivo, é correto afirmar:

(A) Compete privativamente ao Presidente da República prestar contas ao Congresso Nacional, do exercício anterior, dentro de 90 dias da abertura do exercício subsequente.

(B) Em caso de impedimento do Vice-Presidente da República, serão chamados a sucedê-lo o Presidente da Câmara dos Deputados, o Presidente do Senado Federal e o Presidente do Supremo Tribunal Federal.

(C) Atentar contra o exercício dos direitos sociais constitui crime de responsabilidade do Presidente da República.

(D) O Presidente da República será afastado de suas funções, no caso de apresentação de denúncia por crime comum pelo Procurador Geral da República.

(E) Compete ao Presidente da República promover os oficiais superiores das Forças Armadas.

A: incorreta. Determina o art. 84, XXIV, da CF, que o Presidente da República deve prestar as contas referentes ao exercício anterior, anualmente, ao Congresso Nacional, dentro de **sessenta dias** após a abertura da sessão legislativa; **B:** incorreta. Conforme dispõe o art. 80, *caput*, da CF, em caso de impedimento do Presidente e do Vice-Presidente, ou vacância dos respectivos cargos, devem ser chamados, sucessivamente, ao exercício da Presidência o Presidente da Câmara dos Deputados, o do Senado Federal e o do Supremo Tribunal Federal. Ocorre que os Presidentes da Câmara, do Senado e do Supremo só ocupam o cargo provisoriamente, ou seja, não sucedem o Presidente da República, apenas assumem o cargo até que se façam novas eleições. Vale lembrar que as eleições podem ser diretas ou indiretas. Vejamos: a) se a vacância dos cargos de Presidente e Vice-Presidente da República ocorrer nos dois primeiros anos do mandato presidencial, novas eleições diretas deverão ser feitas dentro do prazo de 90 dias, depois de aberta a última vaga (art. 81, *caput*, CF); por outro lado, b) se a vacância dos dois cargos (Presidente e Vice) ocorrer nos últimos dois anos do mandato presidencial, o Congresso Nacional é que escolherá o novo Presidente e Vice-Presidente da República, por meio de uma eleição que se dará dentro do prazo de 30 dias depois de aberta a última vaga (art. 81, § 1º, CF). É importante destacar que é o único caso de eleição indireta previsto na Constituição Federal. É indireta e não direta, pois não será o povo quem escolherá o novo governante, mas sim seus representantes (Deputados Federais e Senadores). Haverá intermediários na escolha do novo Presidente e Vice. **C:** correta. De acordo com o art. 85, III, da CF, dentre os crimes de responsabilidade, encontram-se os atos que atentem contra a o **exercício dos direitos** políticos, individuais **e sociais**; **D:** incorreta. Determina o § 1º do art. 86 da CF que o Presidente ficará suspenso de suas funções: I – nas infrações penais comuns, se recebida a denúncia ou queixa-crime pelo Supremo Tribunal Federal e II – nos crimes de responsabilidade, após a instauração do processo pelo Senado Federal; **E:** incorreta. De acordo com o art. 84, XIII, da CF compete privativamente ao Presidente da República exercer o comando supremo das Forças Armadas, nomear os Comandantes da Marinha, do Exército e da Aeronáutica, **promover seus oficiais-generais** e nomeá-los para os cargos que lhes são privativos.

Gabarito "C"

(Magistratura/SC – 2015 – FCC) Segundo o texto constitucional, o indulto

(A) cabe ser concedido pelo Presidente da República, sendo vedada sua aplicação a condenados pelos crimes de tortura, terrorismo, tráfico ilícito de entorpecentes e drogas afins, bem como os definidos como crimes hediondos.

(B) cabe ser concedido pelo Congresso Nacional, com a sanção do Presidente da República, sendo vedada sua aplicação a condenados pelos crimes de tortura, terrorismo, tráfico ilícito de entorpecentes e drogas afins, bem como os definidos como crimes hediondos.

(C) cabe ser concedido, na esfera federal, pelo Presidente da República e, na estadual, pelos Governadores de Estado, sendo vedada sua aplicação a condenados pelos crimes de tortura, terrorismo, tráfico ilícito de entorpecentes e drogas afins, bem como os definidos como crimes hediondos.

(D) diferentemente da comutação de penas, somente cabe ser concedido pelo Presidente da República, sendo vedada sua aplicação a condenados pelos crimes de tortura, racismo, terrorismo, tráfico ilícito de entorpecentes e drogas afins, bem como os definidos como crimes hediondos.

(E) cabe ser concedido pelo Presidente da República, sendo vedada sua aplicação a condenados pelos crimes de tortura, racismo, tráfico ilícito de entorpecentes e drogas afins, bem como os definidos como crimes hediondos.

A: correta (arts. 5º, XLIII, e 84, XII, da CF); **B** e **C:** incorretas, pois é competência do Presidente da República (art. 84, XII, da CF); **D** e **E:** incorretas, pois o racismo não é daqueles crimes que a CF considera insuscetíveis de graça (art. 5º, XLIII, da CF).

Gabarito "A"

(Técnico – TRT/6ª – 2012 – FCC) Em relação ao tema responsabilidade do Presidente da República, considere:

I. Compete privativamente ao Senado Federal processar e julgar o Presidente da República nos crimes de responsabilidade, podendo sancioná-lo com pena de privação de liberdade e inabilitação, por oito anos, para o exercício de função pública.

II. O Presidente da República, na vigência de seu mandato, não pode ser responsabilizado por atos estranhos ao exercício de suas funções.

III. Enquanto não sobrevier sentença condenatória, nas infrações comuns, o Presidente da República não estará sujeito à prisão.

Está correto o que se afirma em

(A) I, apenas.
(B) II, apenas.
(C) I e II, apenas.
(D) II e III, apenas.
(E) I, II e III.

I: errado. Cabe ao Senado Federal julgar o Presidente da República no caso de crime de responsabilidade, mas a condenação **está limitada à perda do cargo, com inabilitação, por oito anos, para o exercício de função pública**, sem prejuízo das demais sanções judiciais cabíveis (art. 52, parágrafo único, da CF). Desse modo, a aplicação da pena privativa de liberdade não é da competência do Senado; **II:** correta (art. 86, § 4°, da CF); **III:** correta (art. 86, § 3°, da CF).

Gabarito "D"

(Analista – TRT/2ª Região – 2014 – FCC) Entre as atribuições conferidas pelo texto constitucional ao Presidente da República está o poder de "conceder indulto e comutar penas". O indulto implica extinção de punibilidade, liberando o condenado por sentença criminal do cumprimento da pena ou do seu restante. Já a comutação de pena consiste em substituição da sanção judicial aplicada por outra, em geral, mais branda. O exercício dessa atribuição presidencial não é cabível, nos termos da Constituição Federal, para beneficiar os condenados pela prática das infrações criminais de

(A) terrorismo, racismo, os delitos qualificados como crimes hediondos e a ação de grupos armados, civis ou militares, contra a ordem constitucional e o Estado Democrático.
(B) tortura, racismo, os delitos qualificados como crimes hediondos e tráfico ilícito de entorpecentes e drogas afins.
(C) terrorismo, tortura, os delitos qualificados como crimes hediondos e tráfico ilícito de entorpecentes e drogas afins.
(D) terrorismo, tortura, a ação de grupos armados, civis ou militares, contra a ordem constitucional e o Estado Democrático, bem como tráfico ilícito de entorpecentes e drogas afins.
(E) terrorismo, tortura, racismo e tráfico ilícito de entorpecentes e drogas afins.

Vide arts. 5° LIII e 84, XII, da CF. O art. 5.°, LIII, da CF aduz que: "a lei considerará crimes inafiançáveis e insuscetíveis de graça ou anistia a prática da tortura, o tráfico ilícito de entorpecentes e drogas afins, o terrorismo e os definidos como crimes hediondos". De acordo Guilherme de Souza Nucci, "o art. 5°, XLIII, utiliza o termo graça e o art. 84, XII, refere-se tão somente a indulto. Portanto, diante dessa flagrante indefinição, o melhor a fazer é aceitar as duas denominações: graça ou indulto individual. Segundo citado autor, "a graça pode ser total ou parcial, conforme alcance todas as sanções impostas ao condenado (total) ou apenas alguns aspectos da condenação, quer reduzindo, quer substituindo a sanção originalmente aplicada (parcial). Neste último caso, não extingue a punibilidade, chamando-se comutação. O indulto pode ser total, quando extingue todas as condenações do beneficiário, ou parcial, quando apenas diminui ou substitui a pena por outra mais branda. Neste último caso, não se extingue a punibilidade, chamando-se comutação" (*Manual de Direito Penal*.7. ed. São Paulo: Ed. RT, 2011. p. 598-599).

Gabarito "C"

(Analista – TRT/16ª Região – 2014 – FCC) É competência privativa do Presidente da República, de acordo com a Constituição Federal, prestar,

(A) anualmente, ao Congresso Nacional, dentro de noventa dias após abertura da sessão legislativa, as contas referentes ao exercício anterior.
(B) trimestralmente, ao Congresso Nacional, as contas referentes ao seu mandato.
(C) anualmente, ao Congresso Nacional, dentro de até trinta dias após a abertura da sessão legislativa, as contas referentes ao exercício anterior.
(D) semestralmente, ao Congresso Nacional, as contas referentes ao seu mandato.
(E) anualmente, ao Congresso Nacional, dentro de sessenta dias após a abertura da sessão legislativa, as contas referentes ao exercício anterior.

A letra "E" descreve o disposto no art. 84, XXIV, da CF.

Gabarito "E"

(Analista Judiciário – Área Judiciária – TRT18 – 2013 – FCC) Considere a seguinte situação hipotética: Raul da Silva e João da Silva são eleitos, respectivamente, Presidente e Vice-Presidente da República Federativa do Brasil. No segundo ano de mandato, em meados do mês de julho, Raul e João viajam para a Europa para um compromisso oficial e uma pane no avião presidencial acarreta a morte de todos os tripulantes e passageiros. Neste caso, de acordo com a Constituição Federal de 1988, assumirá a Presidência, em primeiro lugar, o Presidente

(A) da Câmara dos Deputados e será realizada eleição indireta pelo Congresso Nacional, na forma da lei, no prazo de trinta dias a partir dos óbitos.
(B) da Câmara dos Deputados e será realizada eleição direta no prazo de 90 dias a partir dos óbitos.
(C) do Senado Federal e será realizada eleição direta no prazo de 90 dias a partir dos óbitos.
(D) do Senado Federal e será realizada eleição indireta pelo Congresso Nacional, na forma da lei, no prazo de trinta dias a partir dos óbitos.
(E) do Senado Federal e será realizada eleição direta no prazo de 120 dias a partir dos óbitos.

A. incorreta, pois para que ocorre eleição indireta no prazo de 30 dias teriam que estar nos dois últimos anos mandato. No caso narrado, meados de julho do segundo ano corresponde a 1 ano e sete meses do mandato, pois os candidatos só assumem o mandato em janeiro no ano seguinte à eleição (art. 81, § 1°, da CF); **B:** correta (art. 81, *caput*, da CF); **C:** incorreta, a ordem sucessiva para ocupar o cargo, em caso de vacância, é: Presidente da Câmara dos Deputados, o do Senado Federal e o do Supremo Tribunal Federal (art. 80 da CF); **D:** incorreta, é o Presidente da Câmara e a eleição é direta, no prazo de 90 dias a partir dos óbitos; **E:** incorreta, vide comentários à alternativa anterior.

Gabarito "B"

(Analista – TRT/6ª – 2012 – FCC) Compete privativamente ao Presidente da República

(A) nomear, após a aprovação do Congresso Nacional, Ministros do Supremo Tribunal Federal.
(B) celebrar a paz, autorizado ou com o referendo do Congresso Nacional.
(C) exercer, com o auxílio dos Deputados e Senadores, a direção superior da administração federal.

(D) nomear e exonerar Ministros de Estado com a anuência do Congresso Nacional.

(E) prestar, trimestralmente, ao Senado Federal, as contas referentes ao exercício de seu mandato.

A: incorreta. É da competência privativa do Presidente da República nomear os Ministros do STF, mas após **aprovação pelo Senado Federal** (art. 84, XIV, da CF) e não pelo Congresso Nacional; **B:** correta (art. 84, XX, da CF); **C:** incorreta. O Presidente exerce a direção superior da administração federal com o **auxílio dos Ministros de Estado** (art. 84, II, da CF); **D:** incorreta. Não há necessidade de anuência do Congresso Nacional (art. 84, I, da CF); **E:** incorreta. A prestação de contas referentes ao exercício anterior é feita pelo Presidente ao Congresso, **anualmente**, dentro de sessenta dias após a abertura da sessão legislativa (art. 84, XXIV, da CF).

Gabarito "B"

(Analista – TRT9 – 2012 – FCC) Dentre as atribuições privativas do Presidente da República, poderá ser delegada aos Ministros de Estado, ao Procurador-Geral da República ou ao Advogado-Geral da União, que observarão os limites traçados nas respectivas delegações, a atribuição de

(A) prover os cargos públicos federais, na forma da lei.

(B) nomear o Advogado-Geral da União, nos casos previstos na Constituição Federal brasileira.

(C) nomear, após aprovação pelo Senado Federal, os Ministros do Supremo Tribunal Federal e dos Tribunais Superiores.

(D) nomear os magistrados, nos casos previstos na Constituição Federal brasileira.

(E) celebrar a paz com o referendo do Congresso Nacional, em caso de ter sido declarada guerra.

A: correta. De acordo com o art. 84, parágrafo único, da CF/1988, o Presidente da República poderá delegar a atribuição de prover cargos públicos federais, na forma da lei; **B:** incorreta. A nomeação do Advogado-Geral da União (art. 84, XVI, da CF/1988), nos casos previstos na Constituição Federal, não pode ser delegada pelo Presidente da República; **C:** incorreta. Cabe ao Presidente da República a nomeação, após aprovação pelo Senado Federal, dos Ministros do Supremo Tribunal Federal e dos Tribunais Superiores (art. 84, XIV, da CF/1988). Essa atribuição não pode ser delegada; **D:** incorreta. A nomeação dos magistrados, nos casos previstos na Constituição Federal também não pode ser delegada (art. 84, XVI, da CF/1988); **E:** incorreta. A celebração da paz, com referendo do Congresso Nacional, em caso de guerra declarada, também é uma atribuição indelegável (art. 84, XX, da CF/1988).

Gabarito "A"

(Analista – TRT/11ª – 2012 – FCC) Segundo a Constituição Federal, a instituição de fundação pública deve ser autorizada por

(A) ato administrativo emanado pelo Poder Público federal que, inclusive, definirá suas áreas de atuação.

(B) ato administrativo emanado pelo Poder Público municipal, do Município onde estiver localizada sua sede que, inclusive, definirá suas áreas de atuação.

(C) ato administrativo emanado pelo Poder Público estadual que, inclusive, definirá suas áreas de atuação.

(D) lei específica, cabendo à lei complementar definir suas áreas de atuação.

(E) decreto municipal, emitido pelo Prefeito do Município onde estiver localizada sua sede que, inclusive, definirá suas áreas de atuação.

A, **B**, **C** e **E:** incorretas. A instituição de fundação pública deve ser feita por lei específica e não por ato administrativo. Além disso, a definição das áreas de atuação é efetivada por lei complementar; **D:** correta. De acordo com o art. 37, XIX, da CF, somente por *lei específica* poderá ser criada autarquia e *autorizada a instituição* de empresa pública, de sociedade de economia mista e *de fundação*, cabendo à *lei complementar*, neste último caso, *definir as áreas de sua atuação*.

Gabarito "D"

(Analista – TRT/11ª – 2012 – FCC) É lícito ao Presidente da República, delegar ao Ministro de Estado, a atribuição de

(A) exercer o comando supremo das Forças Armadas, nomear os Comandantes da Marinha, do Exército e da Aeronáutica, promover seus oficiais-generais e nomeá-los para os cargos que lhes são privativos.

(B) manter relações com Estados estrangeiros e acreditar seus representantes diplomáticos e celebrar tratados, convenções e atos internacionais, sujeitos a referendo do Congresso Nacional.

(C) dispor, mediante decreto, sobre a organização e funcionamento da administração federal, quando não implicar aumento de despesa nem criação ou extinção de órgãos públicos, e sobre a extinção de funções ou cargos públicos, quando vagos.

(D) nomear, após aprovação pelo Senado Federal, os Ministros do Supremo Tribunal Federal e dos Tribunais Superiores, os Governadores de Territórios, o Procurador-Geral da República, o presidente e os diretores do banco central e outros servidores, quando determinado em lei.

(E) celebrar a paz, autorizado ou com o referendo do Congresso Nacional, conferir condecorações e distinções honoríficas e enviar ao Congresso Nacional o plano plurianual, o projeto de lei de diretrizes orçamentárias.

A: incorreta. As atribuições mencionadas estão previstas no art. 84, XIII, da CF/1988 e são indelegáveis; **B:** incorreta. Como o Presidente da República é Chefe de Estado a ele é dada a atribuição de manter relação com os Estados estrangeiros e acreditar seus representantes diplomáticos (art. 84, VII, da CF/1988). Além disso, compete ao Presidente a celebração de tratados, convenções e atos internacionais sujeitos a refendo do Congresso Nacional (art. 84, VIII, da CF/1988). Ambas as atribuições não podem ser delegadas ao Ministro de Estado; **C:** correta (art. 84, parágrafo único, da CF/1988); **D:** incorreta. A nomeação das autoridades mencionadas (art. 84, XIV, da CF/1988) é da competência do Presidente da República e não comporta delegação; **E:** incorreta. Por fim, a atribuição de celebrar a paz (art. 84, XX, da CF/1988), conferir condecorações e distinções honoríficas (art. 84, XXI, da CF/1988) e enviar ao Congresso Nacional o plano plurianual, o projeto de lei de diretrizes orçamentárias e as propostas de orçamento previstas na Constituição Federal (art. 84, XXIII, da CF/1988), são indelegáveis.

Gabarito "C"

(Defensor Público/SP – 2012 – FCC) A respeito do Poder Executivo, é correto afirmar:

(A) Há previsão de eleição indireta para os cargos de Presidente e de Vice-Presidente da República, a ser realizada pelo Congresso Nacional, na hipótese de vacância dos dois cargos nos primeiros dois anos do período presidencial.

(B) O veto do Presidente da República a projeto de lei, na ordem constitucional brasileira, pode ser derrubado pelo Poder Legislativo, em sessão conjunta, em voto aberto e pela maioria absoluta de Deputados e Senadores.

(C) O Presidente e o Vice-Presidente da República não poderão, sem licença do Congresso Nacional, ausentar-se do País por período superior a trinta dias, sob pena de perda do cargo.

(D) Segundo entendimento do Supremo Tribunal Federal, na hipótese de processo contra o Presidente da República por crime comum, em relação a fatos estranhos ao exercício do mandato, deverá o processo ser suspenso, com a consequente suspensão do prazo prescricional, apenas com relação aos fatos ocorridos antes ao início de seu mandato.

(E) As medidas provisórias que haviam sido editadas em data anterior à da publicação da Emenda Constitucional n. 32/2001 e que estavam em vigor nessa data, por força do artigo 2º da referida emenda, continuaram em vigor até que houvesse revogação explícita por medida provisória ulterior ou até que houvesse deliberação definitiva do Congresso Nacional.

A: Errada. Não reflete o disposto no art. 80 ("Em caso de impedimento do Presidente e do Vice-Presidente, ou vacância dos respectivos cargos, serão sucessivamente chamados ao exercício da Presidência o Presidente da Câmara dos Deputados, o do Senado Federal e o do Supremo Tribunal Federal") e art. 81, *caput* e § 1º, da CF ("Vagando os cargos de Presidente e Vice-Presidente da República, far-se-á eleição noventa dias depois de aberta a última vaga. § 1º. Ocorrendo a vacância nos últimos dois anos do período presidencial, a eleição para ambos os cargos será feita trinta dias depois da última vaga, pelo Congresso Nacional, na forma da lei."); **B:** Errada. Não reflete o disposto no art. 66, § 4º, da CF: "O veto será apreciado em sessão conjunta, dentro de trinta dias a contar de seu recebimento, só podendo ser rejeitado pelo voto da maioria absoluta dos Deputados e Senadores, em escrutínio secreto."; **C:** Errada. Não reflete o disposto no art. 83 da CF: "O Presidente e o Vice-Presidente da República não poderão, sem licença do Congresso Nacional, ausentar-se do País por período superior a quinze dias, sob pena de perda do cargo"; **D:** Errada. Não reflete o disposto no art. 86, § 4º, da CF "O Presidente da República, na vigência de seu mandato, não pode ser responsabilizado por atos estranhos ao exercício de suas funções"; **E:** Correta. Art. 2º da EC 32/2001: "As medidas provisórias editadas em data anterior à da publicação desta emenda continuam em vigor até que medida provisória ulterior as revogue explicitamente ou até deliberação definitiva do Congresso Nacional".

Gabarito "E"

11. ORGANIZAÇÃO DO PODER LEGISLATIVO. PROCESSO LEGISLATIVO

11.1. Organização e competências do senado, da câmara dos deputados e do congresso nacional

(Magistratura – TRT 1ª – 2016 – FCC) NÃO é atribuição do Congresso Nacional:

(A) concessão de anistia.

(B) dispor sobre limites do território nacional.

(C) dispor sobre a modificação do efetivo das Forças Armadas.

(D) dispor sobre planos e programas nacionais, regionais e sazonais de desenvolvimento.

(E) transferência temporária da sede do Governo Federal.

A: incorreta. A concessão de anistia é atribuição do Congresso Nacional. Determina o art. 48, VIII, da CF, compete ao Congresso Nacional, com a sanção presidencial, dispor sobre todas as matérias de competência da União, especialmente sobre a concessão de anistia; **B:** incorreta. Dispor sobre limites do território nacional também é atribuição do Congresso Nacional. De acordo com o art. 48, V, da CF, compete ao Congresso Nacional, com a sanção presidencial, dispor sobre todas as matérias de competência da União, especialmente sobre limites do território nacional, espaço aéreo e marítimo e bens do domínio da União; **C:** incorreta. A fixação e a modificação do efetivo das Forças Armadas, também é atribuição do Congresso Nacional, conforme determina o art. 48, III, da CF; **D:** correta. Dispor sobre planos e programas nacionais, regionais e "sazonais" de desenvolvimento não é atribuição do Congresso Nacional. O que a Constituição determina como atribuição é a disposição sobre planos e programas nacionais, regionais e setoriais de desenvolvimento, conforme consta no art. 48, IV, da CF; **E:** incorreta. A transferência temporária da sede do Governo Federal é atribuição do Congresso Nacional, de acordo com o art. 48, VII, da CF. Vale lembrar que essas atribuições descritas no art. 48 da CF devem ser efetivadas pelo Congresso Nacional, com a sanção do Presidente da República.

Gabarito "D"

(Procurador do Estado – PGE/RN – FCC – 2014) Proposta de emenda à Constituição subscrita por 27 Senadores pretende alterar os dispositivos da Constituição relativos à chefia do Poder Executivo federal, bem como à forma de escolha dos Ministros de Estado, para estabelecer que: a) o Poder Executivo será exercido pelo Presidente da República, na qualidade de chefe de Estado, com o auxílio dos Ministros de Estado, dentre os quais caberá ao Primeiro-Ministro a chefia de governo; b) o Primeiro-Ministro será escolhido dentre brasileiros natos, maiores de trinta e cinco anos, integrantes de uma das Casas legislativas, pelo voto da maioria absoluta dos membros do Congresso Nacional; c) o Primeiro-Ministro poderá ser destituído do cargo pelo voto de dois terços dos membros do Congresso Nacional, mediante requerimento de qualquer membro das Casas legislativas, nas hipóteses estabelecidas na Constituição.

Se eventualmente aprovada, a emenda constitucional resultante de proposição com essas características

(A) deveria ser promulgada pelo Presidente do Congresso Nacional e, após publicada, entraria em vigor imediatamente, salvo se a própria emenda dispusesse em sentido contrário.

(B) violaria limite formal ao poder de reforma constitucional, referente à iniciativa para sua propositura.

(C) violaria limite material implícito ao poder de reforma constitucional, referente ao sistema de governo adotado pela Constituição, bem como limite explícito, relativo à separação de poderes.

(D) violaria limite material explícito ao poder de reforma constitucional, relativo à separação de poderes, tão somente no que se refere à escolha do Primeiro Ministro pelo Congresso Nacional.

(E) somente entraria em vigor após ser submetida a plebiscito.

Proposta de emenda à Constituição tendente a abolir as cláusulas pétreas não pode sequer tramitar. Se aprovada, será inconstitucional por violação da separação de poderes (art. 60, § 4º, III, CF). A questão do presidencialismo como limite implícito ao poder de reforma constitucional surgiu após sua confirmação como sistema de governo no plebiscito de 1993. O STF irá analisar a questão no julgamento do MS 22972, Rel. Min. Alexandre de Moraes. **TM**

Gabarito "C"

(Técnico – TRF/3ª Região – 2014 – FCC) Determinada matéria constitucional, objeto de proposta de emenda rejeitada pelo Congresso Nacional,

(A) não pode ser objeto de nova proposta na mesma sessão legislativa.
(B) não pode ser objeto de nova proposta na vigência da Constituição.
(C) pode ser objeto de nova proposta desde que encaminhada pelo Presidente da República.
(D) pode ser objeto de nova proposta apenas em caso de guerra declarada ao país e se tratar de tema afeto à defesa nacional.
(E) não pode ser objeto de nova proposta, salvo se contar com apoio de dois terços do Senado Federal.

A matéria constante de proposta de emenda rejeitada ou havida por prejudicada **não pode ser objeto de nova proposta na mesma sessão legislativa** (art. 60, § 5º, da CF).

Gabarito "A"

(Técnico – TRT/11ª – 2012 – FCC) José, Deputado Federal, é investido no cargo de Secretário de um determinado Estado da Federação. Nesse caso, de acordo com a Constituição Federal de 1988, José

(A) perderá o mandato de Deputado Federal se permanecer no cargo de Secretário de Estado por mais de seis meses.
(B) perderá o mandato de Deputado Federal independentemente do prazo que permanecer no cargo de Secretário de Estado.
(C) não perderá o mandato de Deputado Federal e poderá optar pela remuneração do mandato.
(D) não perderá o mandato de Deputado Federal e receberá a remuneração de Secretário de Estado.
(E) poderá cumular os cargos de Deputado Federal e Secretário de Estado, optando-se por uma das remunerações estabelecidas.

O art. 56, I, da CF determina que o **Deputado** ou Senador investido no cargo de Ministro de Estado, Governador de Território, **Secretário de Estado**, do Distrito Federal, de Território, de Prefeitura de Capital ou chefe de missão diplomática temporária, não perde **o seu mandato. Além disso, o §** 3º do mesmo dispositivo indica que nesse caso o Deputado ou Senador **poderá optar pela remuneração** do mandato.

Gabarito "C"

(Técnico – TRT/6ª – 2012 – FCC) Em relação ao Poder Legislativo, é correto afirmar:

(A) Os Senadores representam os Estados e o Distrito Federal e possuem mandato de oito anos, embora a legislatura do Congresso Nacional dure, apenas, quatro anos.
(B) O Congresso Nacional reúne-se, anualmente, na Capital Federal, de 2 de janeiro a 30 de junho e de 1º de agosto a 22 de dezembro.
(C) Os Deputados Federais representam o povo e possuem mandato de quatro anos, embora a legislatura do Congresso Nacional dure oito anos.
(D) A convocação extraordinária do Congresso Nacional será feita pelo Presidente da Câmara dos Deputados em caso de decretação de estado de defesa ou de intervenção federal.
(E) As comissões parlamentares de inquérito são permanentes e possuem poderes para apurar fatos de relevância política, bem como para aplicar sanções.

A: correta. De fato, o Senado Federal representa os Estados e o Distrito Federal. O mandato dos Senadores é de 8 (oito anos), e a representação será renovada de quatro em quatro anos, alternadamente, por um e dois terços (art. 46, §§ 1º e 2º, da CF). Já a legislatura dura apenas 4 (quatro) anos, conforme dispõe o parágrafo único do art. 44 da CF; **B:** errada. De acordo com o art. 57 da CF o Congresso Nacional se reúne, anualmente, na Capital Federal, de **2 de fevereiro a 17 de julho** e de 1º de agosto a 22 de dezembro; **C:** errada. De fato os Deputados Federais representam o provo e possuem mandato de 4 (quatro) anos (art. 45 e 46, § 2º, ambos da CF), mas a legislatura, como já explicado, corresponde ao período de 4 (quatro) anos e não 8 (oito) como mencionado (art. 44, parágrafo único da CF; **D:** errada. Nessas hipóteses a convocação extraordinária é feita pelo Presidente do Senado Federal (art. 57, § 6º, I, da CF). **E:** errada. As comissões parlamentares de inquérito são criadas no âmbito do Poder Legislativo e possuem natureza de comissão provisória ou temporária, pois, após ter sido apurado o fato, a comissão é desfeita. Sua função é a apurar um **fato determinado**, por um **prazo certo** (art. 58, § 3º, da CF). Além disso, tais comissões **não** possuem poder para aplicar sanções. Devem, ao final das investigações, encaminhar relatório ao Ministério Público e às demais autoridades judiciais e administrativas para que elas promovam a responsabilidade dos infratores e aplicação de penalidades.

Gabarito "A"

(Analista – TRT/1ª – 2012 – FCC) Considere a hipótese de tramitarem perante as Casas do Congresso Nacional as seguintes proposições legislativas:

I. Projeto de lei ordinária tendo por objeto o estabelecimento de normas gerais de licitação e contratação, em todas as modalidades, para as administrações públicas diretas, autárquicas e fundacionais da União, Estados, Distrito Federal e Municípios.
II. Projeto de lei complementar visando à organização judiciária, do Ministério Público e da Defensoria Pública do Distrito Federal e dos Territórios, bem como organização administrativa destes.
III. Projeto de lei complementar concedendo autorização para que os Estados legislem sobre questões específicas em matéria de proteção ao patrimônio histórico, cultural, artístico, turístico e paisagístico.
IV. Projeto de lei complementar concedendo autorização para que os Estados legislem sobre questões específicas em matéria de direito do trabalho.

Diante da repartição constitucional de competências entre os entes da Federação, deveria cessar a tramitação dos projetos referidos em

(A) I e II.
(B) II e III.
(C) I e III.
(D) II e IV.
(E) III e IV.

I: incorreta. De acordo com o art. 22, XXVII, da CF/1988, compete à União, de forma privativa, a legislação sobre normas gerais de licitação e contratação. Portanto o projeto de lei sobre tal assunto pode continuar tramitando; **II:** correta. A Constituição Federal não exige lei complementar para os assuntos mencionados. Portanto, deve ser cessada a tramitação desse projeto. Vale lembrar que o art. 22, XVII, da CF/1988 determina que a competência para tanto é da União; **III:** correta. Não é necessária a autorização, pois a legislação sobre a proteção ao patrimônio histórico, cultural, artístico, turístico e paisagístico, é dada a todos os entes federativos, de forma concorrente. É o que se extrai do art. 24, VII, da CF/1988; **IV:** incorreta. A legislação sobre direito do trabalho é de competência privativa da União, podendo ser delegada aos Estados as questões específicas, o que deve ser feito por meio de lei complementar.

Gabarito "B"

(Analista – TRT/11ª – 2012 – FCC) A empresa EIOATVO firmou contrato administrativo com a União Federal para o fornecimento de tijolos para específica obra pública, que será executada em determinada Penitenciária Federal. Havendo provas de fraude na licitação, o Congresso Nacional sustou o contrato e solicitou, de imediato, que o Poder Executivo tomasse as medidas cabíveis, que, apesar de decorridos mais de noventa dias, não tomou medida alguma, cabendo, então, a decisão ao

(A) Supremo Tribunal Federal.

(B) Senado Federal.

(C) Tribunal de Contas da União.

(D) Diretor da Penitenciária.

(E) Presidente da República.

De acordo com o art. 71, § 2º, da CF/1988, se o Congresso Nacional ou o Poder Executivo, no prazo de noventa dias, não efetivar as medidas necessárias, o *Tribunal de Contas da União* é quem decidirá a respeito. Vale lembrar que o § 3º do mesmo dispositivo determina que as decisões do Tribunal de que resulte imputação de débito ou multa terão eficácia de título executivo.

Gabarito "C"

11.2. Prerrogativas e imunidades parlamentares

(Analista – TRT/2ª – 2008 – FCC) A prerrogativa constitucional que protege o Deputado Federal em todas as suas manifestações que guardem relação com o exercício do mandato, exteriorizadas no âmbito do Congresso Nacional, é classificada como imunidade:

(A) relativa.

(B) formal.

(C) residual.

(D) material.

(E) obstativa.

De fato, a imunidade material garante aos deputados e senadores a inviolabilidade civil e penal por quaisquer de suas opiniões, palavras e votos (art. 53 da CF).

Gabarito "D"

(Analista – TRT/18ª – 2008 – FCC) No que diz respeito ao Poder Legislativo, NÃO perderá o mandato Deputado ou Senador que

(A) deixar de comparecer, em cada sessão legislativa, à terça parte das sessões ordinárias da Casa a que pertencer, salvo licença ou missão por esta autorizada.

(B) for licenciado pela respectiva Casa por motivo de doença, ou para tratar, sem remuneração, de interesse particular, desde que, neste caso, o afastamento não ultrapasse cento e vinte dias por sessão legislativa.

(C) for proprietário, controlador ou diretor de empresa, desde a posse, que goze de favor decorrente de contrato com pessoa jurídica de direito público, ou nela exercer função remunerada.

(D) firmar ou manter, desde a expedição do diploma, contrato com pessoa jurídica de direito público, autarquia, empresa pública, sociedade de economia mista ou empresa concessionária de serviço público, salvo quando o contrato obedecer a cláusulas uniformes.

(E) abusar das prerrogativas asseguradas a membro do Congresso Nacional ou auferir vantagem indevida.

A: errado, pois, nos termos do art. 55, III da CF, "perderá o mandato o Deputado ou Senador que deixar de comparecer, em cada sessão legislativa, à terça parte das sessões ordinárias da Casa a que pertencer, salvo licença ou missão por esta autorizada"; **B:** correta (art. 56, II da CF); **C:** errada (art. 54, II, "a" da CF). Os Deputados e Senadores não poderão desde a posse ser proprietários, controladores ou diretores de empresa que goze de favor decorrente de contrato com pessoa jurídica de direito público, ou nela exercer função remunerada; **D:** errada (art. 54, I, "a" da CF). Os Deputados e Senadores não poderão desde a expedição do diploma firmar ou manter contrato com pessoa jurídica de direito público, autarquia, empresa pública, sociedade de economia mista ou empresa concessionária de serviço público, salvo quando o contrato obedecer a cláusulas uniformes; **E:** errada (art. 55, § 1º da CF). É incompatível com o decoro parlamentar, além dos casos definidos no regimento interno, o abuso das prerrogativas asseguradas a membro do Congresso Nacional ou a percepção de vantagens indevidas.

Gabarito "B"

(Procurador do Município/Recife-PE – 2008 – FCC) A imunidade constitucional garantida aos Deputados Federais e Senadores em razão de suas opiniões, palavras e votos

(A) aplica-se aos atos praticados em razão do mandato, ainda que exercidos fora do recinto da própria Casa legislativa.

(B) aplica-se somente em matéria processual.

(C) impede que o parlamentar seja preso em flagrante de crime, ainda que este seja inafiançável.

(D) aplica-se somente em matéria penal.

(E) impede que os parlamentares sejam sancionados pela própria Casa legislativa a que pertencem, mesmo que haja abuso dessa prerrogativa constitucional.

STF, AI 473092, Rel. Min. Celso de Mello: "A garantia constitucional da imunidade parlamentar em sentido material (CF, art. 53, *caput*) exclui a responsabilidade civil do membro do Poder Legislativo, por danos eventualmente resultantes de manifestações, orais ou escritas, desde que motivadas pelo desempenho do mandato (prática "in officio") ou externadas em razão deste (prática "propter officium"), qualquer que seja o âmbito espacial ("locus") em que se haja exercido a liberdade de opinião, ainda que fora do recinto da própria Casa legislativa". Não é assim, entretanto, para os vereadores (art. 29, VIII, da CF).

Gabarito "A"

11.3. Comissões Parlamentares de Inquérito – CPI

(Procurador do Município/Recife-PE – 2008 – FCC) Durante o curso das investigações promovidas por Comissão Parlamentar de Inquérito, ,a quebra do sigilo bancário, fiscal e telefônico

(A) não pode ser determinada pela própria Comissão, em razão de a matéria estar submetida ao princípio da reserva de jurisdição.

(B) não pode ser determinada pela própria Comissão, em razão do princípio do devido processo legal.

(C) pode ser determinada pela própria Comissão, quando a providência mostrar-se necessária, mediante fundamentação adequada.

(D) somente pode ser determinada pela própria Comissão quando o fato apurado tiver origem numa das Casas do Congresso Nacional.

(E) não é passível de controle jurisdicional, caso seja decretada pela própria Comissão nos casos previstos pela Constituição Federal.

O STF entende que as CPIs podem determinar a quebra de sigilo bancário, fiscal e telefônico por terem poderes próprios de autoridades judiciais, desde que o ato seja adequadamente fundamentado e revele a necessidade objetiva da medida extraordinária.

Gabarito "C"

11.4. Processo Legislativo

(Juiz – TJ-SC – FCC – 2017) De acordo com a jurisprudência do Supremo Tribunal Federal e com as normas da Constituição Federal a respeito das limitações ao Poder Constituinte dos Estados-membros, é admissível que emenda à Constituição estadual:

I. crie Tribunal de Alçada Civil, cuja competência será definida em Lei, desde que a proposta de emenda seja apresentada pelo Tribunal de Justiça do Estado.

II. estabeleça a competência do órgão especial do Tribunal de Justiça para o julgamento de crimes contra a vida praticados por Secretário de Estado.

III. estabeleça a competência do Tribunal de Justiça do Estado para julgar ações diretas de inconstitucionalidade de leis municipais em face da Constituição estadual, ainda que a norma constitucional violada também conste da Constituição Federal e seja de observância obrigatória por todos os entes federados.

IV. preveja a possibilidade de lei estadual complementar autorizar os Municípios a legislar sobre questões específicas das matérias de competência estadual, uma vez que essa disposição encontra simetria com a norma da Constituição Federal que autoriza a União a delegar competências suas aos Estados e Distrito Federal.

V. vede, ressalvada a hipótese de lei delegada, a delegação de competências de um Poder para o outro, uma vez que essa disposição, ainda que não esteja amparada em regra expressa na Constituição Federal, decorre do modelo de separação de poderes nela previsto, que deve ser seguido pelos Estados-membros.

Está correto o que se afirma APENAS em:

(A) I e V.

(B) II, III e V.

(C) III e V.

(D) I e IV.

(E) I, III e IV.

I: incorreta, pois afronta o art. 96, II, *c*, da CF; **II:** incorreta. A súmula vinculante 45 do STF, determina que: "A competência constitucional do Tribunal do Júri prevalece sobre o foro por prerrogativa de função estabelecido exclusivamente pela Constituição Estadual."; **III:** correta, em respeito ao art. 125, §2º, da CF. Em complemento, ver RE 650898/RS; **IV:** incorreta, pois compete ao Município suplementar a legislação estadual e federal no que couber (art. 30, II, da CF); **V:** correta, pois a construção e manutenção da independência e harmonia entre os poderes deve ser também respeitada na Constituição Estadual, ressalvado, por evidente, o caso da lei delegada. AB

Gabarito "C"

(Juiz – TJ-SC – FCC – 2017) A União editou Lei federal estabelecendo normas de segurança e mecanismos de fiscalização de atividades que envolvam organismos geneticamente modificados, tendo também prescrito que:

Na comercialização de alimentos e ingredientes alimentares destinados ao consumo humano ou animal que contenham ou sejam produzidos a partir de organismos geneticamente modificados, com presença acima do limite de um por cento do produto, o consumidor deverá ser informado da natureza transgênica desse produto, podendo esse percentual ser reduzido por decisão da Comissão Técnica Nacional de Biossegurança – CTNBio.

O direito do consumidor à informação sobre produto geneticamente modificado foi, posteriormente, disciplinado por Lei estadual que assim dispôs:

Na comercialização de alimentos e ingredientes alimentares destinados ao consumo humano ou animal que contenham ou sejam produzidos a partir de organismos geneticamente modificados, o consumidor deverá ser informado da natureza transgênica desse produto, qualquer que seja sua representação quantitativa nos alimentos e ingredientes alimentares.

Nesse contexto, e considerando o disposto na Constituição Federal e a jurisprudência do Supremo Tribunal Federal, o Estado:

(A) não poderia ter legislado na matéria, visto que compete privativamente à União dispor sobre consumo, ainda que esteja no âmbito da competência legislativa concorrente da União, Estados e Distrito Federal matéria relativa à responsabilidade por dano ao consumidor, podendo a norma estadual inconstitucional ser objeto de ação direta de inconstitucionalidade perante o Supremo Tribunal Federal.

(B) não poderia ter editado norma específica na matéria, que se insere no âmbito da competência dos Municípios para suplementar a legislação federal para atender ao interesse local, podendo a norma estadual inconstitucional ser objeto de ação direta de inconstitucionalidade perante o Supremo Tribunal Federal.

(C) poderia ter legislado na matéria, que se insere dentre as competências legislativas concorrentes entre União, Estados e Distrito Federal, cabendo à União a edição de normas gerais e aos Estados e Distrito Federal a edição de normas específicas. No entanto, ainda que se entendesse que o Estado extrapolou sua competência e dispôs indevidamente sobre normas gerais, a norma estadual não poderia ser objeto de ação direta de inconstitucionalidade perante o Supremo Tribunal Federal, uma vez que o ato normativo estadual ofenderia apenas indiretamente a Constituição Federal.

(D) poderia ter legislado na matéria, que se insere dentre as competências legislativas concorrentes entre União, Estados e Distrito Federal, cabendo à União a edição de normas gerais e aos Estados e Distrito Federal a edição de normas específicas. Caso se entenda que o Estado extrapolou sua competência e dispôs indevidamente sobre normas gerais, a norma estadual poderia ser objeto de ação direta de inconstitucionalidade perante o Supremo Tribunal Federal, uma vez que o ato normativo estadual, nessa hipótese, violaria as normas constitucionais que dispõem sobre a repartição de competências entre os entes federados.

(E) poderia ter legislado na matéria, que se insere dentre as competências legislativas concorrentes entre União, Estados e Distrito Federal, cabendo à União a edição de normas gerais e aos Estados e Distrito Federal a edição de normas específicas. No entanto, ainda que se entendesse que o Estado extrapolou sua competência e dispôs indevidamente sobre normas gerais, a norma estadual não poderia ser objeto de ação direta de inconstitucionalidade perante o Supremo Tribunal Federal, mas apenas de arguição de descumprimento de preceito fundamental, por ofensa ao pacto federativo.

A: incorreta, pois compete à União, aos Estados-membros e ao Distrito Federal legislar concorrentemente sobre consumo (art. 24, V, da CF); **B:** incorreta, pois poderia ter legislado uma vez que se insere na competência estadual a edição de norma específica; **C:** incorreta, uma vez que seria plenamente cabível o questionamento perante o STF, via ação direta de inconstitucionalidade, porque o ato normativo estadual afrontaria a repartição de competências constitucionais; **D:** correta. Uma que a competência concorrente determina a competência da União em legislar sobre normas gerais, sem excluir a competência suplementar do Estado (art. 24, §§1º e 2º, da CF). Ainda, caso o Estado extrapolasse seu limite para tratar do tema, seria sim perfeitamente cabível uma ação direta de inconstitucionalidade com o fundamento de afronta direta à repartição de competência entre os entes federados; **E:** incorreta, pois a norma estadual poderia ser objeto de controle por ação direta de inconstitucionalidade, tanto que assim já ocorreu no STF, nos termos da ADI 3645/PR: "Seja dispondo sobre consumo (CF, art. 24, V), seja sobre proteção e defesa da saúde (CF, art. 24, XII), busca o Diploma estadual impugnado inaugurar regulamentação paralela e explicitamente contraposta à legislação federal vigente. 3. Ocorrência de substituição – e não suplementação – da regras que cuidam das exigências, procedimentos e penalidades relativos à rotulagem informativa de produtos transgênicos por norma estadual que dispôs sobre o tema de maneira igualmente abrangente. Extrapolação, pelo legislador estadual, da autorização constitucional voltada para o preenchimento de lacunas acaso verificadas na legislação federal." AB

Gabarito "D"

(Juiz – TJ-SC – FCC – 2017) De acordo com o sistema de imunidades parlamentares previsto na Constituição Federal,

(A) os deputados federais e estaduais, apesar de gozarem de imunidade processual, podem ser processados penalmente por crime cometido antes da diplomação, não sendo cabível, nesse caso, a sustação do andamento do processo pela respectiva casa legislativa.

(B) os deputados federais, estaduais e os vereadores gozam de imunidade material e de imunidade processual. Em razão da primeira, não podem, desde a expedição do diploma, ser responsabilizados por suas opiniões, palavras e votos proferidos no exercício do mandato e, em razão da segunda, não podem, desde a expedição do diploma, ser presos, salvo em flagrante delito.

(C) os deputados federais, estaduais e os vereadores são invioláveis por suas opiniões, palavras e votos, desde que proferidos no exercício do mandato. No entanto, os deputados estaduais e os vereadores gozam dessa garantia apenas na circunscrição do respectivo ente federativo.

(D) no curso de processo penal os deputados federais, estaduais e vereadores não poderão ser obrigados a depor na qualidade de testemunhas, ainda que a respeito de informações que tenham recebido fora do exercício do mandato.

(E) os deputados federais e estaduais poderão ser presos em razão de pena imposta por sentença transitada em julgado, desde que por prática de crime cometido antes da diplomação, devendo, nesse caso, os autos ser remetidos dentro de vinte e quatro horas à Casa respectiva, para que, pelo voto da maioria de seus membros, resolva sobre a prisão.

A: correto, pois a imunidade processual parlamentar lhe concede a prerrogativa para os crimes cometidos depois da diplomação, não quanto aos anteriores à diplomação (art. 53, §§1º e 3º, da CF); **B:** incorreta, pois os vereadores não gozam da imunidade processual; **C:** incorreta, pois quanto aos vereadores é que a inviolabilidade fica limitada à circunscrição do Município (art. 29, VIII, da CF); **D:** incorreta, pois o texto constitucional menciona os Deputados e Senadores (art. 53, §6º, da CF); **E:** incorreta, pois, caso o crime tenha sido cometido antes da diplomação não há que se falar em imunidade. Ainda, com a sentença transitada em julgado caberá a prisão do parlamentar. AB

Gabarito "A"

(Técnico Judiciário – TRT24 – FCC – 2017) No tocante à fiscalização contábil, financeira e orçamentária, segundo a Constituição Federal, o controle externo, a cargo do Congresso Nacional, será exercido com o auxílio do Tribunal de Contas da União. O Tribunal encaminhará relatório de suas atividades ao

(A) Congresso Nacional, semestralmente.

(B) Supremo Tribunal Federal, semestralmente.

(C) Supremo Tribunal Federal, trimestral e anualmente.

(D) Congresso Nacional, trimestral e anualmente.

(E) Superior Tribunal de Justiça, semestralmente.

Art. 71 § 4º, da CF. TC

Gabarito "D"

(Magistratura/GO – 2015 – FCC) O Presidente da República solicita ao Congresso Nacional autorização para legislar sobre a instituição de gratificação de atividades para servidores públicos civis da Administração direta federal. O Congresso edita, então, resolução, autorizando-o a legislar sobre aspectos que especifica da matéria, dentro do prazo de até 4 meses contados de sua publicação. No período estabelecido, o Presidente edita lei delegada, sobre os aspectos cogitados, dispondo que entrará em vigor 180 dias após sua publicação. A lei delegada em questão

(A) atende aos requisitos materiais e procedimentais previstos na Constituição, para fins de delegação legislativa.

(B) é incompatível com a Constituição da República, por versar sobre matéria que, sendo reservada à lei complementar, não poderia ser objeto de delegação.

(C) deveria ter sido submetida à apreciação do Congresso Nacional como projeto de lei, para deliberação em votação única, vedada qualquer emenda.

(D) é incompatível com a Constituição da República, por versar sobre matéria de competência privativa do Congresso Nacional, não passível de delegação.

(E) cabe ser sustada por resolução do Congresso Nacional, por ter o Presidente extrapolado dos limites da delegação legislativa, ao estabelecer *vacatio legis* superior ao prazo da própria delegação.

A: correta, pois está de acordo com o art. 68 da CF; **B:** incorreta, pois essa matéria (instituição de gratificação de atividades para servidores púbicos) não é matéria reservada à lei complementar pela CF; **C:** incorreta, pois não há essa exigência na CF, ou seja, a lei será editada diretamente pelo Presidente da República, que, todavia, deve obedecer rigorosamente as especificações que o Congresso der por meio da resolução autorizativa da lei delegada; somente se a resolução mencionada determinar é que haverá necessidade de o projeto elaborado pelo Presidente da República ser submetido a votação única, vedada qualquer emenda; **D:** incorreta, pois o art. 68 da CF regula o instituto da "lei delegada"; **E:** incorreta, pois não há essa restrição na regulamentação da lei delegada.

Gabarito "A"

(Magistratura/SC – 2015 – FCC) A medida provisória que, no processo de conversão em lei, for aprovada pelo Congresso Nacional sem alterações,

(A) manter-se-á integralmente em vigor até que seja sancionada ou vetada.

(B) enseja vedação a que nova medida provisória seja editada sobre a mesma matéria por ela disciplinada enquanto estiver pendente de sanção ou veto do Presidente da República.

(C) é passível de ser promulgada diretamente pelo Presidente do Senado Federal, caso o Presidente da República não o faça no prazo de quarenta e oito horas após a sanção ou a rejeição do veto.

(D) não cabe ser submetida à sanção ou veto do Presidente da República, diferentemente do que ocorre com os projetos de lei de iniciativa do Presidente da República aprovados, sem modificações, pelo Congresso Nacional.

(E) cabe ser alterada pelo Presidente da República mediante mensagem aditiva, ensejando seu reexame pelo Congresso Nacional.

A, B, C e **E:** incorretas, pois os institutos da sanção ou veto são determinados apenas quando aprovado projeto de lei de conversão que altera o texto original da medida provisória (art. 62, § 12, da CF); **D:** correta, pois os institutos da sanção ou veto são determinados apenas quando aprovado projeto de lei de conversão que altera o texto original da medida provisória (art. 62, § 12, da CF).

Gabarito "D"

(Procurador do Estado – PGE/RN – FCC – 2014) Determinada Constituição estadual prevê, dentre as espécies normativas que se sujeitam ao processo legislativo, a lei delegada, com as seguintes características: a) é elaborada pelo Governador do Estado, que deve solicitar a delegação à Assembleia Legislativa; b) a delegação ao Governador se faz por resolução da Assembleia Legislativa, que deve especificar seu conteúdo e os termos de seu exercício; c) a resolução pode determinar que haja apreciação do projeto pela Assembleia Legislativa, caso em que esta o faz em votação única, sendo vedada, no entanto, qualquer emenda; d) não podem ser objeto de delegação os atos de competência exclusiva da Assembleia Legislativa, matéria reservada à lei complementar, nem a legislação sobre: I – organização do Poder Judiciário e do Ministério Público, a carreira e a garantia de seus membros; e II – planos plurianuais, diretrizes orçamentárias e orçamentos.

Consideradas as normas atinentes ao processo legislativo, constantes da Constituição da República, assim como as limitações incidentes sobre o poder de elaboração das Constituições estaduais, a previsão de lei delegada como espécie normativa estadual, nos termos acima especificados, é

(A) incompatível com a Constituição da República, no que se refere às matérias que não podem ser objeto de delegação legislativa, dentre as quais ainda deveria estar prevista a legislação sobre nacionalidade e cidadania.

(B) compatível com a Constituição da República.

(C) incompatível com a Constituição da República, uma vez que a delegação legislativa, sendo excepcional na sistemática constitucional da separação de poderes, somente pode ser admitida na esfera federal, em que prevista expressamente no texto constitucional.

(D) incompatível com a Constituição da República, no que se refere à possibilidade de o órgão legislativo submeter a lei delegada à sua apreciação, uma vez que, em havendo a delegação, o poder de dispor sobre determinada matéria, durante o período da delegação, passa a ser do órgão executivo.

(E) incompatível com a Constituição da República, uma vez que esta exige que a delegação se dê por decreto legislativo, e não por resolução, dado que esta espécie normativa é reservada para a prática de atos com efeitos *interna corporis*, e não externos.

A lei delegada estadual é constitucional por força do princípio da simetria federativa. TM

Gabarito "B"

(Analista Judiciário – Área Judiciária – TRT18 – 2013 – FCC) Sobre o processo legislativo, segundo a Constituição Federal de 1988, é correto afirmar:

(A) A medida provisória vigorará pelo prazo de 60 dias prorrogável por igual período, a partir da sua publicação no Diário Oficial, prazo este que não será suspenso durante o recesso parlamentar.

(B) A legislação sobre nacionalidade poderá ser objeto de lei delegada.

(C) Os tratados e convenções internacionais sobre Direitos Humanos que forem aprovados em cada Casa do Congresso Nacional pela maioria absoluta de seus respectivos membros são equivalentes às emendas constitucionais.

(D) A deliberação de cada uma das Casas do Congresso Nacional sobre o mérito das medidas provisórias dependerá de juízo prévio sobre o atendimento de seus pressupostos constitucionais.

(E) A emenda constitucional aprovada será publicada pela Mesa do Senado Federal.

A: incorreta, esse prazo é suspenso durante o recesso parlamentar (art. 62, §§ 3º e 4º, da CF); **B:** incorreta, não pode ser delegada (art. 68, § 1º, II, da CF); **C:** incorreta, são equivalentes às emendas constitucionais os que forem aprovados em dois turnos por três quintos dos membros (art. 5º, § 3º, da CF); **D:** correta (art. 62, § 5º, da CF); **E:** incorreta, após aprovada a emenda é promulgada pelas Mesas da Câmara dos Deputados e do Senado Federal (art. 60, § 3º, da CF).

Gabarito "D"

(Analista – TRE/SP – 2012 – FCC) Suponha que um Senador da República tenha apresentado projeto de lei dispondo sobre o regime jurídico dos servidores públicos da União. O projeto de lei foi aprovado pelo Senado Federal e pela Câmara dos Deputados e, na sequência, encaminhado à sanção e promulgação pelo Presidente da República, que o vetou integralmente no 11º dia útil do recebimento do projeto. Na sequência, o veto presidencial foi apreciado, sucessivamente, em cada uma das Casas legislativas, sendo rejeitado pela maioria absoluta de seus membros. Ao final, o projeto de lei foi enviado ao Presidente do Senado Federal, que o promulgou, uma vez que o Presidente da República estava ausente do País.

A situação acima descrita contém erros, do ponto de vista jurídico. A alternativa que apresenta, apropriadamente, um desses erros é:

(A) O projeto de lei somente poderia ter sido apresentado por Deputado Federal.

(B) O veto presidencial foi exercido fora do prazo constitucional.

(C) O veto presidencial deveria ter sido apreciado pela Câmara dos Deputados e pelo Senado Federal em sessão conjunta.

(D) O veto presidencial poderia ter sido rejeitado por maioria simples de cada uma das Casas legislativas.

(E) O projeto de lei deveria ter sido encaminhado ao Presidente da Câmara dos Deputados para promulgação.

A: incorreta. O projeto deveria ter sido iniciado pelo Presidente da República, pois o assunto é de iniciativa privativa do Chefe do Executivo Federal (art. 61, § 1.º, II, "c", da CF). **B:** incorreta. O veto ocorreu dentro do prazo constitucional que é de 15 (quinze) dias úteis, contados da data do recebimento (art. 66, § 1.º, da CF); **C:** correta. De fato, o veto deveria ter sido apreciado em sessão conjunta (arts. 66, § 4.º e 57, § 3.º, IV, ambos da CF); **D:** incorreta. Ao contrário, o veto não pode ser derrubado por maioria simples. É necessário o voto da maioria absoluta dos Deputados e Senadores para a derrubada do veto presidencial (art. 66, § 4.º, da CF); **E:** incorreta. Nesse caso, é o Presidente do Senado quem promulga (art. 66, § 7.º, da CF).

Gabarito "C"

(Defensor Público/PR – 2012 – FCC) A constituição de determinado estado da federação prevê a criação de sua Defensoria Pública através de lei complementar estadual. Após ampla mobilização social e aprovação quase unânime da Assembleia Legislativa, a instituição vem a ser criada, porém por lei ordinária, já que assim tramitou o projeto. O Governador veta totalmente o projeto por inconstitucionalidade. Nesse caso,

(A) tem fundamento o veto já que não se confundem o processo legislativo nem tampouco as matérias que podem ser tratadas por lei complementar e lei ordinária;

(B) o veto deverá ser derrubado pela Assembleia Legislativa que ao aprovar o projeto pela quase integralidadede seus membros demonstrou que tem total legitimidade e respaldo social não havendo que se falar em inconstitucionalidade;

(C) não há diferença material entre lei ordinária e complementar, pois todas as leis servem para complementar a constituição. Não se deve vetar um projeto de tamanha importância por mera formalidade;

(D) não se trata de inconstitucionalidade, mas de análise de legalidade e legitimidade. O que diferencia as duas espécies normativas é o quórum e nesse aspecto a Assembleia demonstrou sua ampla legitimidade;

(E) é indiferente a utilização de lei complementar ou lei ordinária para regulamentar uma norma constitucional e no caso em questão o quórum de aprovação foi obedecido.

A: Correta, pois a Constituição do Estado exige lei complementar para dispor sobre a matéria; **B:** Errada. O veto por inconstitucionalidade não deve ser derrubado, haja vista que a Constituição Estadual exige lei complementar para a matéria; **C** e **D:** Errada. O tema não é pacífico na doutrina, mas para o STF não existe hierarquia entre lei complementar e lei ordinária, mas apenas "reserva constitucional de lei complementar". Ou seja, leis complementares diferenciam-se das leis ordinárias porque a Constituição definiu que certas matérias somente podem ser veiculadas em lei complementar, que são aprovadas por maioria absoluta (art. 69 da CF). Assim, não haveria hierarquia entre elas, mas matérias reservadas à lei complementar e matérias que podem ser veiculadas por lei ordinária; **D:** Errada. Ainda que o quórum da lei complementar tenha sido observado, a lei ordinária não pode ser recebida como lei complementar.

Gabarito "A"

11.5. Fiscalização contábil, financeira e orçamentária. tribunais de contas

(Analista – TRT/16ª Região – 2014 – FCC) Nos termos estabelecidos pela Constituição Federal NÃO é atribuição constitucional do Tribunal de Contas da União

(A) julgar as contas dos administradores e demais responsáveis por recursos públicos.

(B) julgar as contas do Presidente da República.

(C) sustar, se não atendido, a execução de ato impugnado, comunicando à Câmara dos Deputados e ao Senado Federal.

(D) apreciar, em regra, para fins de registro, a legalidade dos atos de admissão de pessoal, a qualquer título, na administração direta.

(E) fiscalizar as contas nacionais das empresas supranacionais de cujo capital social a União participe, de forma direta ou indireta, nos termos do tratado consultivo.

A: correta (art. 71, II, da CF); **B:** incorreta, devendo ser assinalada. Não é atribuição constitucional do TCU *julgar* as contas do presidente. É competência exclusiva do Congresso Nacional (art. 49, IX, da CF). O TCU *aprecia* as contas do Presidente da República e emite parecer (art. 71, I, da CF); **C:** correta (art. 71, X, da CF); **D:** correta (art. 71, III, da CF); **E:** correta (art. 71, V, da CF).

Gabarito "B"

(Analista Judiciário – Área Administrativa – TRT18 – 2013 – FCC) *Fiscalizar a aplicação de quaisquer recursos repassados pela União mediante convênio, acordo, ajuste ou outros instrumentos congêneres, a Estado, ao Distrito Federal ou a Município* é atribuição constitucional

(A) do Congresso Nacional.

(B) do Tribunal de Contas da União.

(C) do Supremo Tribunal Federal.

(D) das Assembleias Legislativas Estaduais.

(E) das Câmaras Municipais.

A afirmativa descreve o disposto no art. 71, VI, da CF, que trata das atribuições do Tribunal de Contas da União.

Gabarito "B"

(Analista – TRT/11ª – 2012 – FCC) Ticio, jurista de notável saber jurídico, Desembargador do Poder Judiciário de um determinado Estado da Federação, será nomeado pelo Presidente da República para compor o Superior Tribunal de Justiça se a sua escolha for aprovada pela maioria absoluta"

(A) do Senado Federal e sua indicação recair em lista tríplice elaborada pelo Superior Tribunal de Justiça e entregue ao Presidente da República.

(B) do Congresso Nacional e sua indicação recair em lista sêxtupla elaborada pelo Supremo Tribunal Federal e entregue ao Presidente da República.

(C) da Câmara dos Deputados e sua indicação recair em lista tríplice elaborada pelo Superior Tribunal de Justiça e entregue ao Presidente da República.

(D) do Senado Federal e sua indicação recair em lista sêxtupla elaborada pelo Supremo Tribunal Federal e entregue ao Presidente da República.

(E) do Congresso Nacional e sua indicação recair em lista tríplice elaborada pelo Superior Tribunal de Justiça e entregue ao Presidente da República.

A: correta (art. 104, parágrafo único, da CF); **B:** incorreta. Não é o Congresso Nacional quem aprova a escolha e, sim, o Senado Federal. Além disso, a lista é **tríplice** e **elABorada** pelo próprio **STJ** (art. 104, parágrafo único, I, da CF); **C** e **E:** incorretas. A primeira parte das alternativas está errada, pois, conforme mencionado, quem aprova a escolha, por maioria absoluta, é o Senado Federal (art. 104, parágrafo único, da CF); **D:** incorreta. A segunda parte da alternativa menciona lista sêxtupla elaborada pelo STF, o correto é lista **tríplice** elaborada pelo **STJ**.

Gabarito "A"

12. DA ORGANIZAÇÃO DO PODER JUDICIÁRIO

(Juiz – TJ-SC – FCC – 2017) Ao disciplinar o Poder Judiciário, o Ministério Público, a Advocacia Pública e a Defensoria Pública, a Constituição Federal:

I. garante a todas essas instituições autonomia administrativa e financeira, cabendo-lhes o encaminhamento de suas propostas orçamentárias ao Chefe do Poder Executivo, dentro dos limites estipulados conjuntamente com os demais Poderes na lei de diretrizes orçamentárias.

II. garante a todas essas instituições autonomia administrativa e funcional, a ser exercida nos termos da lei.

III. garante a todas essas instituições a iniciativa legislativa privativa para propor ao Poder Legislativo projeto de lei versando sobre a respectiva organização e funcionamento, observadas as normas da Constituição Federal a esse respeito.

IV. veda ao Poder Executivo realizar ajustes nas propostas orçamentárias encaminhadas pelo Poder Judiciário e pelo Ministério Público, ainda que seja para adequá-las aos limites previstos na Lei de Diretrizes Orçamentárias.

V. veda aos membros do Ministério Público o exercício da advocacia e aos membros da Defensoria Pública o exercício da advocacia fora das atribuições institucionais.

Está correto o que se afirma APENAS em:

(A) I, II e III.

(B) II e IV.

(C) I e V.

(D) V.

(E) III e IV.

I: incorreta, pois a advocacia pública não possui sua iniciativa de proposta orçamentária, mas somente o Poder Judiciário (art. 99, § 1º, da CF), o Ministério Público (art. 127, §3º, da CF) e as Defensorias Públicas dos Estados e da União (art. 134, §§2º e 3º, da CF); **II:** incorreta, pois somente ao Poder Judiciário, ao Ministério Público e às Defensorias foram garantidas suas autonomias administrativas e funcionais; **III:** incorreta, pois o projeto de lei é encaminhado ao Poder Executivo; **IV:** incorreta, pois poderá o Poder Executivo realizar tais ajustes como, por exemplo, garantido no art. 99, §4º, da CF; **V:** correta, pois está na literalidade dos arts. 134, §1º, da CF ("§ 1º Lei complementar organizará a Defensoria Pública da União e do Distrito Federal e dos Territórios e prescreverá normas gerais para sua organização nos Estados, em cargos de carreira, providos, na classe inicial, mediante concurso público de provas e títulos, assegurada a seus integrantes a garantia da inamovibilidade e vedado o exercício da advocacia fora das atribuições institucionais.") e art. 128, §5º, II, *b*, da CF ("§ 5º Leis complementares da União e dos Estados, cuja iniciativa é facultada aos respectivos Procuradores-Gerais, estabelecerão a organização, as atribuições e o estatuto de cada Ministério Público, observadas, relativamente a seus membros: II - as seguintes vedações: b) exercer a advocacia;"). Todavia, deve-se ressaltar que, excepcionalmente, nos termos do art. 29, §3º, do ADCT, o membro do Ministério Público poderá exercer a advocacia se admitido antes da promulgação da Constituição. Contudo, a banca examinadora manteve o gabarito por se tratar de regra expressamente prevista no texto constitucional. AB

Gabarito "D"

(Técnico Judiciário – TRT11 – FCC – 2017) Adalberto tem 55 anos, reputação ilibada e é advogado bastante conceituado na área de Direito do Trabalho há quinze anos. Porém, sempre desejou fazer parte do Tribunal Superior do Trabalho, mas sem a intenção de prestar concurso para a magistratura. Adalberto descobriu, ao consultar a Constituição Federal, que há a possibilidade de realizar seu sonho, pois, além dos membros oriundos da magistratura de carreira, o Tribunal Superior do Trabalho, observado o disposto na Constituição Federal, é composto por

(A) um terço dentre advogados com mais de dez anos de efetiva atividade profissional e membros do Ministério Público do Trabalho com mais de dez anos de efetivo exercício.

(B) um quinto dentre advogados com mais de dez anos de efetiva atividade profissional e membros do Ministério Público do Trabalho com mais de dez anos de efetivo exercício.

(C) um quinto dentre advogados com mais de oito anos de efetiva atividade profissional e membros do Ministério Público do Trabalho com mais de oito anos de efetivo exercício.

(D) um terço dentre advogados com mais de oito anos de efetiva atividade profissional e membros do Ministério Público do Trabalho com mais de oito anos de efetivo exercício.

(E) um terço dentre advogados com mais de dez anos de efetiva atividade profissional, não fazendo parte, dessa fração de um terço, os membros do Ministério Público do Trabalho.

Art. 111-A, inc. I, da CF. TC

Gabarito "B"

(Técnico Judiciário – TRT11 – FCC – 2017) Considere os seguintes membros do Supremo Tribunal Federal:

I. Mauro é Ministro.
II. Verônica é Presidente.
III. Lúcio é Vice-Presidente.

O Conselho Nacional de Justiça será composto por

(A) Mauro, Verônica e Lúcio, sendo seu presidente aquele que for nomeado pelo Presidente da República, depois de aprovada a escolha pela maioria absoluta do Congresso Nacional.
(B) Mauro e Verônica, sendo que esta o presidirá, e nas ausências e impedimentos, o Conselho será presidido por Lúcio.
(C) Mauro, que o presidirá, e nas suas ausências e impedimentos, o Conselho será presidido por um Ministro do Superior Tribunal de Justiça nomeado pelo Presidente da República, depois de aprovada a escolha pela maioria absoluta do Senado Federal.
(D) Verônica, sendo presidente um Ministro do Superior Tribunal de Justiça nomeado pelo Presidente da República, depois de aprovada a escolha pela maioria absoluta do Congresso Nacional.
(E) Verônica, que o presidirá, e nas suas ausências e impedimentos, o Conselho será presidido por Lúcio.

O Conselho Nacional de Justiça é composto por 15 (quinze) membros com mandato de 2 (dois) anos, serão eles: i) O Presidente do Supremo Tribunal Federal; ii) um Ministro do Superior Tribunal de Justiça; iii) um Ministro do Tribunal Superior do Trabalho; iv) um desembargador de Tribunal de Justiça; v) um juiz estadual; vi) Um juiz de Tribunal Regional Federal; vii) um juiz federal; viii) um juiz de Tribunal Regional do Trabalho; ix)um juiz do trabalho; x) um membro do Ministério Público da União; xi) um membro do Ministério Público Estadual; xii) dois advogados; e xiii) dois cidadãos (art. 103-B da CF). Na ausência do Presidente do Supremo Tribunal Federal, que é o presidente do Conselho Nacional de Justiça, o cargo máximo do Conselho será exercido pelo vice-presidente do Supremo Tribunal Federal (art. 103-B, § 1º, da CF).

Gabarito "E"

(Técnico Judiciário – TRT24 – FCC – 2017) De acordo com a Constituição Federal, para os juízes que farão parte da composição dos Tribunais Regionais do Trabalho, a idade

(A) é requisito limitador, uma vez que deverão ter mais de trinta e menos de sessenta e cinco anos.
(B) é requisito limitador, uma vez que deverão ter mais de trinta e cinco anos e menos de sessenta anos.
(C) é requisito limitador, uma vez que deverão ter mais de trinta e cinco e menos de setenta anos.
(D) não é requisito limitador, uma vez que não há qualquer limite de idade para fazer parte da composição dos referidos Tribunais.
(E) não é requisito limitador apenas no que concerne à idade máxima, mas deverão possuir, no mínimo, trinta e cinco anos para fazer parte da composição dos referidos Tribunais.

Art. 115 *caput*, da CF.

Gabarito "A"

(Técnico Judiciário – TRT24 – FCC – 2017) Compete ao Supremo Tribunal Federal julgar, em recurso ordinário,

(A) o *habeas corpus* decidido em última instância pelos Tribunais Regionais Federais.
(B) o *habeas corpus* decidido em única instância pelos Tribunais Regionais Federais.
(C) o crime político.
(D) as causas em que forem partes Estado estrangeiro ou organismo internacional, de um lado, e, do outro, Município.
(E) as causas decididas, em única instância, pelos Tribunais dos Estados e do Distrito Federal quando a decisão recorrida contrariar tratado ou lei federal.

A: Errada. A assertiva apresenta dois equívocos. I) Compete ao Supremo Tribunal Federal julgar, em recurso ordinário, o *habeas corpus* decidido em única instância e não em última instância; II) a partir de decisão emanada pelos Tribunais Superiores e não pelos Tribunais Regionais Federais (art. 102, inc. II, alínea "a" da CF). **B:** Errada. A assertiva apresenta um equívoco. A competência do Supremo Tribunal Federal para julgar o *habeas corpus* será a partir de decisão emanada pelos Tribunais Superiores e não pelos Tribunais Regionais Federais (art. 102, inc. II, alínea "a" da CF). **C:** Correta. Art. 102, inc. II, alínea "b" da CF. **D:** Errada. Trata-se de competência do Superior Tribunal de Justiça (art. 105, inc. II, alínea "C"). **E:** Errada. Trata-se de competência do Superior Tribunal de Justiça (art. 105, inc. III, alínea "a").

Gabarito "C"

(Técnico Judiciário – TRT24 – FCC – 2017) De acordo com a Constituição Federal, as ações contra o Conselho Nacional de Justiça são processadas e julgadas, originariamente, pelo

(A) Superior T ribunal de Justiça.
(B) Supremo Tribunal Federal.
(C) Congresso Nacional.
(D) Senado Federal.
(E) Conselho da Justiça Federal.

Art. 102, inc. I, alínea "r" da CF.

Gabarito "B"

(Técnico Judiciário – TRE/SP – FCC – 2017) Considere o teor da Súmula Vinculante 37, do Supremo Tribunal Federal, publicada em 24/10/2014:

"Não cabe ao Poder Judiciário, que não tem função legislativa, aumentar vencimentos de servidores públicos sob o fundamento de isonomia."

Diante disso, e à luz do que dispõe a Constituição Federal relativamente às súmulas vinculantes, eventual decisão judicial de primeira instância que aumentasse vencimento de servidor público, sob o fundamento de isonomia, poderia ser objeto, perante o Supremo Tribunal Federal, de

(A) ação direta de inconstitucionalidade.
(B) ação declaratória de constitucionalidade.
(C) reclamação.
(D) recurso ordinário.
(E) arguição de descumprimento de preceito fundamental.

A situação apresentada pelo enunciado demonstra um flagrante desrespeito à uma Súmula Vinculante (art. 103-A da CF). Como o próprio nome indica, a Súmula tem o condão de vincular diretamente os órgãos judiciais e os órgãos da Administração Pública abrindo a possiblidade de que qualquer interessado faça valer a orientação do Supremo, não mediante simples interposição de recurso, mas por meio de apresentação de uma reclamação por descumprimento da decisão judicial, nos termos do § 3º do art. 103-A da CF.

Gabarito "C"

(Técnico Judiciário – TRT20 – FCC – 2016) Prevê a Constituição Federal que, nas ausências e impedimentos do Presidente do Conselho Nacional de Justiça, o referido Conselho será presidido pelo

(A) Presidente do Superior Tribunal de Justiça.
(B) Vice-Presidente da República.
(C) Presidente do Congresso Nacional.
(D) Vice-Presidente do Supremo Tribunal Federal.
(E) Presidente do Tribunal Superior do Trabalho.

Na ausência do Presidente do Supremo Tribunal Federal, que é o presidente do Conselho Nacional de Justiça, o cargo máximo do Conselho será exercido pelo vice-presidente do Supremo Tribunal Federal (art. 103-B, §1°, da CF). TC

Gabarito "D"

(Técnico Judiciário – TRT20 – FCC – 2016) O Tribunal Superior do Trabalho é composto por Ministros sendo

(A) um quinto dentre advogados com mais de dez anos de efetiva atividade profissional e membros do Ministério Público do Trabalho com mais de dez anos de efetivo exercício; e os demais dentre juízes dos Tribunais Regionais do Trabalho, oriundos da magistratura da carreira.
(B) dois quintos dentre advogados com mais de dez anos de efetiva atividade profissional e membros do Ministério Público do Trabalho com mais de dez anos de efetivo exercício; e os demais dentre juízes dos Tribunais Regionais do Trabalho, oriundos da magistratura da carreira.
(C) um terço dentre advogados com mais de dez anos de efetiva atividade profissional e membros do Ministério Público do Trabalho com mais de dez anos de efetivo exercício; e dois terços dentre juízes dos Tribunais Regionais do Trabalho, oriundos da magistratura da carreira.
(D) um terço dentre advogados com mais de dez anos de efetiva atividade profissional; um terço dentre membros do Ministério Público do Trabalho com mais de dez anos de efetivo exercício; e um terço dentre juízes dos Tribunais Regionais do Trabalho, oriundos da magistratura da carreira.
(E) todos juízes dos Tribunais Regionais do Trabalho, oriundos da magistratura da carreira, ante a vedação constituição expressa da participação de advogados e membros do Ministério Público em sua composição.

Art. 111-A, inc. I e II da CF. TC

Gabarito "A"

(Procurador do Estado – PGE/MT – FCC – 2016) Sobre o Poder Judiciário, de acordo com a Constituição Federal e a jurisprudência do Supremo Tribunal Federal, considere:

I. Lei Complementar Estadual que instituiu a Lei Orgânica do Poder Judiciário de determinado Estado estabeleceu critérios diversos dos previstos na Lei Orgânica da Magistratura Nacional para desempate na lista de antiguidade da Magistratura Estadual. Trata-se de dispositivo inconstitucional por versar sobre matéria própria do Estatuto da Magistratura, de iniciativa do Supremo Tribunal Federal.
II. A aplicação das normas e princípios previstos para o Poder Judiciário na Constituição Federal de 1988 depende da promulgação do Estatuto da Magistratura.
III. É inconstitucional dispositivo de Lei Complementar de determinado Estado que institui a possibilidade de, mediante prévia inspeção médica e comprovação de idoneidade moral, haver readmissão de Magistrado exonerado, que ingressará nos quadros da Magistratura, assegurada a contagem do tempo de serviço anterior para efeito de disponibilidade, gratificação, adicional e aposentadoria, desde que o interessado não tenha mais de 25 anos de serviço público.
IV. É constitucional a criação por lei estadual de varas especializadas em delitos praticados por organizações criminosas, com previsão de indicação e nomeação de magistrados que ocuparão as referidas varas pelo Presidente do Tribunal de Justiça, com a aprovação do respectivo tribunal, para mandato de 2 anos.

Está correto o que se afirma APENAS em:

(A) I e III.
(B) II e III.
(C) I e IV.
(D) II e IV.
(E) I e II.

I: correta. Ver ADI 4462, Rel. Min. Cármen Lúcia; **II:** incorreta. As normas e princípios da magistratura previstos na CF são de eficácia direta e aplicabilidade imediata; **III:** correta. Violaria os arts. 37, II e 93, I, da CF e a Lei Orgânica da Magistratura Nacional, conforme já decidido pelo STF; **IV:** incorreta. Conforme julgado na ADI 4414, Rel. Min. Luiz Fux, "os juízes integrantes de Vara especializada criada por Lei estadual devem ser designados com observância dos parâmetros constitucionais de antiguidade e merecimento previstos no art. 93, II e VIII-A, da Constituição da República, sendo inconstitucional, em vista da necessidade de preservação da independência do julgador, previsão normativa segundo a qual a indicação e nomeação dos magistrados que ocuparão a referida Vara será feita pelo Presidente do Tribunal de Justiça, com a aprovação do Tribunal". TM

Gabarito "A"

(Procurador do Estado – PGE/MT – FCC – 2016) O Conselho Nacional de Justiça, nos termos preconizados pela Constituição Federal, é composto de 15 membros, com mandato de dois anos, admitida uma recondução. Dentre os seus componentes haverá necessariamente:

(A) um juiz de Tribunal Regional Federal, indicado pelo Superior Tribunal de Justiça.
(B) dois advogados indicados pelo Presidente da Ordem dos Advogados do Brasil Nacional.
(C) um membro do Ministério Público Federal, escolhido e indicado pelo Procurador-Geral da República.
(D) um juiz do Tribunal Regional do Trabalho, indicado pelo Supremo Tribunal Federal.
(E) dois cidadãos, de notável saber jurídico e reputação ilibada, indicados pelo Presidente do Congresso Nacional.

Art. 103-B. O Conselho Nacional de Justiça compõe-se de 15 (quinze) membros com mandato de 2 (dois) anos, admitida 1 (uma) recondução, sendo: I - o Presidente do Supremo Tribunal Federal; II - um Ministro do Superior Tribunal de Justiça, indicado pelo respectivo tribunal; III - um Ministro do Tribunal Superior do Trabalho, indicado pelo respectivo tribunal; IV - um desembargador de Tribunal de Justiça, indicado pelo Supremo Tribunal Federal; V - um juiz estadual, indicado pelo Supremo Tribunal Federal; VI - um juiz de Tribunal Regional Federal, indicado pelo Superior Tribunal de Justiça; VII - um juiz federal, indicado pelo

Superior Tribunal de Justiça; VIII - um juiz de Tribunal Regional do Trabalho, indicado pelo Tribunal Superior do Trabalho; IX - um juiz do trabalho, indicado pelo Tribunal Superior do Trabalho; X - um membro do Ministério Público da União, indicado pelo Procurador-Geral da República; XI - um membro do Ministério Público estadual, escolhido pelo Procurador-Geral da República dentre os nomes indicados pelo órgão competente de cada instituição estadual; XII - dois advogados, indicados pelo Conselho Federal da Ordem dos Advogados do Brasil; XIII - dois cidadãos, de notável saber jurídico e reputação ilibada, indicados um pela Câmara dos Deputados e outro pelo Senado Federal.

Gabarito "A"

(Defensor Público – DPE/BA – 2016 – FCC) NÃO compete ao Supremo Tribunal Federal, originariamente processar e julgar:

(A) O mandado de segurança e o *habeas data* contra atos do Presidente da República, das Mesas da Câmara dos Deputados e do Senado Federal, do Tribunal de Contas da União, do Procurador-Geral da República, de Ministro de Estado, dos Comandantes da Marinha, do Exército e da Aeronáutica e do próprio Supremo Tribunal Federal.

(B) Nas infrações penais comuns e nos crimes de responsabilidade, os Ministros de Estado e os Comandantes da Marinha, do Exército e da Aeronáutica, ressalvado o disposto no artigo 52, I, os membros dos Tribunais Superiores, os do Tribunal de Contas da União e os chefes de missão diplomática de caráter permanente.

(C) Nas infrações penais comuns, o Presidente da República, o Vice-Presidente, os membros do Congresso Nacional, seus próprios Ministros e o Procurador-Geral da República.

(D) O *habeas corpus*, quando o coator for Tribunal Superior ou quando o coator ou o paciente for autoridade ou funcionário cujos atos estejam sujeitos diretamente à jurisdição do Supremo Tribunal Federal, ou se trate de crime sujeito à mesma jurisdição em uma única instância.

(E) O mandado de injunção, quando a elaboração da norma regulamentadora for atribuição do Presidente da República, do Congresso Nacional, da Câmara dos Deputados, do Senado Federal, das Mesas de uma dessas Casas Legislativas, do Tribunal de Contas da União, de um dos Tribunais Superiores, ou do próprio Supremo Tribunal Federal.

A: Correta a ser marcada, mas o conteúdo é errado. O art. 102, I, "d", da CF não se refere aos comandantes das forças armadas; **B:** Errada. Art. 102, I, "c", da CF; **C:** Errada. Art. 102, I, "b", da CF; **D:** Errada. Art. 102, I, "i", da CF; **E:** Errada. Art. 102, I, "q", da CF.

Gabarito "A"

(Defensor Público – DPE/ES – 2016 – FCC) São legitimados a propor a edição, a revisão ou o cancelamento de enunciado de súmula vinculante do Supremo Tribunal Federal

I. o Procurador-Geral da República.

II. o Conselho Federal da Ordem dos Advogados do Brasil.

III. o Defensor Público-Geral da União.

IV. o Advogado-Geral da União.

V. a Confederação Sindical ou Entidade de Classe de Âmbito Nacional.

Está correto o que se afirma APENAS em

(A) II, III, IV e V.

(B) I, II, IV e V.

(C) I, III e IV.

(D) I, II e V.

(E) I, II, III e V.

Art. 3º, Lei 11.417/2006. São legitimados para propor a edição, a revisão ou o cancelamento de enunciado de súmula vinculante: I – o Presidente da República; II – a Mesa do Senado Federal; III – a Mesa da Câmara dos Deputados; IV – o Procurador-Geral da República; V - o Conselho Federal da Ordem dos Advogados do Brasil; VI – o Defensor Público-Geral da União; VII – partido político com representação no Congresso Nacional; VIII – confederação sindical ou entidade de classe de âmbito nacional; IX – a Mesa de Assembleia Legislativa ou da Câmara Legislativa do Distrito Federal; X – o Governador de Estado ou do Distrito Federal; XI – os Tribunais Superiores, os Tribunais de Justiça de Estados ou do Distrito Federal e Territórios, os Tribunais Regionais Federais, os Tribunais Regionais do Trabalho, os Tribunais Regionais Eleitorais e os Tribunais Militares.

Gabarito "E"

(Defensor Público – DPE/ES – 2016 – FCC) De acordo com disposição expressa da Constituição Federal de 1988, NÃO compete ao Superior Tribunal de Justiça processar e julgar, originariamente,

(A) nos crimes comuns, os Governadores dos Estados e do Distrito Federal, e, nestes e nos de responsabilidade, os desembargadores dos Tribunais de Justiça dos Estados e do Distrito Federal, os membros dos Tribunais de Contas dos Estados e do Distrito Federal, os dos Tribunais Regionais Federais, dos Tribunais Regionais Eleitorais e do Trabalho, os membros dos Conselhos ou Tribunais de Contas dos Municípios e os do Ministério Público da União que oficiem perante tribunais.

(B) o mandado de injunção, quando a elaboração da norma regulamentadora for atribuição de órgão, entidade ou autoridade federal, da Administração direta ou indireta, excetuados os casos de competência do Supremo Tribunal Federal e dos órgãos da Justiça Militar, da Justiça Eleitoral, da Justiça do Trabalho e da Justiça Federal.

(C) as ações contra o Conselho Nacional do Ministério Público.

(D) a homologação de sentenças estrangeiras e a concessão de *exequatur* às cartas rogatórias.

(E) os conflitos de atribuições entre autoridades administrativas e judiciárias da União, ou entre autoridades judiciárias de um Estado e administrativas de outro ou do Distrito Federal, ou entre as deste e da União.

A: Errada. Compete sim ao STJ: art. 105, I, "a", da CF; **B:** Errada. Competência é sim do STJ: art. 105, I, "h", da CF; **C:** Correta, pois traz a alternativa errada. A competência é do STF. Art. 102, I, "r", da CF; **D:** Errada. A competência é sim do STJ: art. 105, I, "i", da CF; **E:** Errada. A competência é do STJ: art. 105, I, "g", da CF.

Gabarito "C"

(Magistratura/GO – 2015 – FCC) Compete ao Supremo Tribunal Federal e ao Superior Tribunal de Justiça, respectivamente,

(A) processar e julgar, originariamente, a homologação de sentenças estrangeiras e a concessão de *exequatur* às cartas rogatórias; e julgar, em sede de recurso, as causas decididas em única instância, quando a decisão recorrida julgar válido ato de governo local contestado em face de lei federal.

(B) julgar, em grau de recurso, os mandados de segurança decididos em única instância pelos Tribunais Regionais Federais, quando denegatória a decisão; e julgar, em grau de recurso, as causas em que forem partes Estado estrangeiro, de um lado, e, do outro, pessoa residente ou domiciliada no país.

(C) processar e julgar, originariamente, o litígio entre Estado estrangeiro e a União; e julgar, em sede de recurso, as causas decididas em única instância, quando a decisão recorrida julgar válida lei local contestada em face de lei federal.

(D) processar e julgar, originariamente, o *habeas corpus*, quando a autoridade coatora for Ministro de Estado, ressalvada a competência da Justiça Eleitoral; e julgar, em grau de recurso, os mandados de segurança decididos em única instância pelos Tribunais Regionais Federais, quando denegatória a decisão.

(E) julgar, em sede de recurso, as causas decididas em única instância, quando a decisão recorrida julgar válida lei local contestada em face de lei federal; e processar e julgar, originariamente, o *habeas corpus*, quando a autoridade coatora for Ministro de Estado, ressalvada a competência da Justiça Eleitoral.

A: incorreta, pois a primeira é competência do STJ (art. 105, I, "i", da CF) e a segunda, do STF (art. 102, III, "d", da CF); **B**: incorreta, pois a primeira é competência do STJ (art. 105, II, "b", da CF) e não do STF; **C**: incorreta, pois a segunda é competência do STF (art. 102, III, "d", da CF), e não do STJ; **D**: incorreta, pois a primeira é competência do STJ (art. 105, I, "c", da CF); **E**: correta (arts. 102, III, "d", e 105, I, "c", da CF).

Gabarito "E"

(Magistratura/SC – 2015 – FCC) A Súmula Vinculante 21 dispõe, em seu verbete, sobre a exigência de depósito ou arrolamento prévios de dinheiro ou bens como requisito de admissibilidade de recurso administrativo. Sua edição, em razão do efeito vinculante que emana do respectivo enunciado

(A) não impõe vedação a que órgão do Poder Judiciário do Estado de Santa Catarina reconheça a constitucionalidade de diploma legal estadual que exija arrolamento prévio de bens como requisito de admissibilidade de recurso administrativo, desde que, no caso, a sentença contemple juízo fundado na inexistência de violação ao contraditório e à ampla defesa.

(B) impõe vedação a que os Poderes Legislativos de Estados e Municípios aprovem novas leis que exijam depósito prévio em dinheiro como requisito de admissibilidade de recurso administrativo.

(C) impõe que os órgãos do Poder Judiciário do Estado de Santa Catarina reconheçam, *incidenter tantum*, nos casos que lhe forem devidamente submetidos, a inconstitucionalidade de lei estadual que exija arrolamento prévio de bens como requisito de admissibilidade de recurso administrativo, ainda que o Supremo Tribunal Federal não tenha decidido sobre a constitucionalidade do referido diploma estadual.

(D) impede que o Supremo Tribunal Federal, em sede de ação direta de inconstitucionalidade, declare a constitucionalidade de lei estadual que exija depósito prévio em dinheiro como requisito de admissibilidade de recurso administrativo.

(E) não obsta que os órgãos do Poder Judiciário do Estado de Santa Catarina reconheçam, *incidenter tantum*, nos casos que lhe forem submetidos após a publicação do verbete, a constitucionalidade de lei estadual que exija arrolamento prévio de bens como requisito de admissibilidade de recurso administrativo, desde que o caso sobre o qual incidiria o diploma legal tenha ocorrido anteriormente à aprovação da Súmula Vinculante 21.

A: incorreta, pois a Súmula Vinculante STF 21 ("é inconstitucional a exigência de depósito ou arrolamento prévios de dinheiro ou bens para admissibilidade de recurso administrativo) **declara a inconstitucionalidade** desse tipo de exigência é **tem força vinculante** "em relação aos demais órgãos do Poder Judiciário e à administração pública direta e indireta, nas esferas federal, estadual e municipal" (art. 103-A, *caput*, da CF), de modo que o Poder Judiciário de Santa Catarina é obrigado sim e reconhecer a inconstitucionalidade nesses casos; **B** e **D**: incorretas, pois o efeito vinculante da súmula se dá em relação ao Judiciário e à Administração Pública (ou seja, em relação a decisões judiciais e administrativas), nos termos do art. 103-A, *caput*, da CF, e não em relação ao Poder Legislativo, sem prejuízo, claro, que eventual lei nova que venha no sentido contrário da súmula vinculante venha a ser questionada pelas vias próprias, reconhecendo-se em seguida a sua inconstitucionalidade; **C**: correta, nos termos do que determina o art. 103-A, *caput*, da CF; **E**: incorreta, pois impõe que esses órgãos reconheçam a inconstitucionalidade de leis que vão no sentido da súmula vinculante.

Gabarito "C"

(Procurador do Estado – PGE/RN – FCC – 2014) Lei estadual instituiu adicional de insalubridade em favor de determinados servidores públicos, no valor de dois salários mínimos. A constitucionalidade da lei foi discutida em ação judicial pelo rito ordinário proposta por servidores públicos, na qual foi proferido acórdão pelo Tribunal de Justiça que, confirmando a sentença de primeiro grau, determinou que o valor do adicional fosse convertido para o equivalente em moeda nacional e corrigido monetariamente pelos critérios de cálculo do Tribunal de Justiça, tendo em vista a vedação constitucional de utilização do salário mínimo para fins de cálculo de remuneração. A parte interessada, querendo impugnar o acórdão proferido pelo Tribunal de Justiça, perante o Supremo Tribunal Federal,

(A) não poderá fazê-lo por reclamação constitucional, uma vez que o acórdão não foi proferido pelo órgão plenário ou especial do Tribunal de Justiça.

(B) poderá fazê-lo por reclamação constitucional, desde que atendidos os demais pressupostos legais que a autorizam, tendo em vista que o acórdão violou súmula vinculante que trata da matéria.

(C) poderá fazê-lo por reclamação constitucional, uma vez que presentes seus pressupostos, ainda que o acórdão impugnado tenha transitado em julgado.

(D) não poderá fazê-lo por reclamação constitucional, uma vez que a medida apenas tem cabimento contra ato proferido pela Administração pública que viole diretamente norma constitucional ou súmula vinculante editada pelo Supremo Tribunal Federal.

(E) não poderá fazê-lo por reclamação constitucional, uma vez que o acórdão não foi proferido em sede de mandado de segurança, *habeas corpus* ou *habeas data*.

A Reclamação é cabível em três hipóteses. Uma delas é preservar a competência do STF – quando algum juiz ou tribunal, usurpando a competência estabelecida no art. 102 da Constituição, processa ou julga ações ou recursos de competência do STF. Outra, é garantir a autoridade das decisões do STF, ou seja, quando decisões monocráticas ou colegiadas do STF são desrespeitadas ou descumpridas por autoridades judiciárias ou administrativas. Também é possível ajuizar Reclamação para garantir a autoridade das súmulas vinculantes: depois de editada uma súmula vinculante pelo Plenário do STF, seu comando vincula ou subordina todas as autoridades judiciárias e administrativas do país. No caso de seu descumprimento, a parte pode ajuizar Reclamação diretamente ao STF. A medida não se aplica, porém, para as súmulas convencionais da jurisprudência dominante do STF. No caso, a decisão feriu o teor da Súmula Vinculante 4/STF: "Salvo nos casos previstos na Constituição, o salário mínimo não pode ser usado como indexador de base de cálculo de vantagem de servidor público ou de empregado, nem ser substituído por decisão judicial".

Gabarito "B"

(Procurador do Estado – PGE/RN – FCC – 2014) O Conselho Nacional de Justiça – CNJ deliberou acolher representação para o fim de avocar processo disciplinar contra juiz de direito, em curso perante o Tribunal de Justiça respectivo. O Tribunal de Justiça entendeu que a decisão do CNJ violou, abusivamente, sua autonomia administrativa por ter avocado o processo disciplinar sem amparo legal e contrariamente à jurisprudência, motivo pelo qual pretende impugná-la pela via do mandado de segurança. A pretensão do Tribunal de Justiça

(A) poderá ser exercida, uma vez que, embora seja permitido avocar processo disciplinar em curso contra juiz, eventual abuso de poder poderá ser objeto de mandado de segurança perante o Superior Tribunal de Justiça, se presentes os requisitos legais.

(B) não encontra amparo constitucional, uma vez que, embora não seja permitido ao CNJ avocar processo disciplinar em curso contra juiz, mas apenas processo disciplinar contra outros servidores do Poder Judiciário, não cabe mandado de segurança contra a decisão do CNJ.

(C) encontra amparo constitucional, uma vez que, embora seja permitido ao CNJ avocar processo disciplinar em curso contra juiz, eventual abuso de poder poderá ser objeto de mandado de segurança perante o Supremo Tribunal Federal, se presentes os requisitos legais.

(D) encontra amparo constitucional, uma vez que não é permitido ao CNJ avocar processo disciplinar em curso contra juiz, mas apenas processo disciplinar contra outros servidores do Poder Judiciário, cabendo a impetração de mandado de segurança perante o Superior Tribunal de Justiça, se presentes os requisitos legais.

(E) encontra amparo constitucional, uma vez que, embora seja permitido ao CNJ avocar processo disciplinar em curso contra juiz, eventual abuso de poder poderá ser objeto de mandado de segurança perante o juiz monocrático competente, se presentes os requisitos legais.

Art. 103-B, § 4º, III, CF: "Art. 103-B, § 4º - Compete ao Conselho o controle da atuação administrativa e financeira do Poder Judiciário e do cumprimento dos deveres funcionais dos juízes, cabendo-lhe, além de outras atribuições que lhe forem conferidas pelo Estatuto da Magistratura: (...) III - receber e conhecer das reclamações contra membros ou órgãos do Poder Judiciário, inclusive contra seus serviços auxiliares, serventias e órgãos prestadores de serviços notariais e de registro que atuem por delegação do poder público ou oficializados, sem prejuízo da competência disciplinar e correicional dos tribunais, podendo avocar processos disciplinares em curso e determinar a remoção, a disponibilidade ou a aposentadoria com subsídios ou proventos proporcionais ao tempo de serviço e aplicar outras sanções administrativas, assegurada ampla defesa".

Gabarito "C"

(Técnico – TRT/19ª Região – 2014 – FCC) Isaura Beatriz de las Nieves, juíza do trabalho do primeiro grau há 15 anos, nos termos do estatuto constitucional da magistratura,

(A) não pode exercer qualquer outro cargo ou função.

(B) deve proferir suas decisões de modo público e fundamentado, não podendo a lei limitar a presença, em determinados atos, às próprias partes e a seus advogados.

(C) não será promovida se retiver, injustificadamente, autos em seu poder além do prazo legal, não podendo devolvê-los ao cartório sem o devido despacho ou decisão.

(D) não poderá ser promovida por merecimento, em razão de sua antiguidade.

(E) pode dedicar-se à atividade político-partidária no âmbito estadual.

A: Incorreta, pois aos juízes é vedado exercer, ainda que em disponibilidade, outro cargo ou função, salvo uma de magistério (art. 95, parágrafo único, I, da CF). Sobre o tema, ver art. 107 do Estatuto da Magistratura – LC 35/1979; **B:** Incorreta, pois a lei poderá limitar a presença, em determinados atos, às próprias partes e a seus advogados, ou somente a estes, em casos nos quais a preservação do direito à intimidade do interessado no sigilo não prejudique o interesse público à informação (art. 93, IX, da CF); **C:** Correta, nos termos do art. 93, II, *e*, da CF; **D:** Incorreta, pois a promoção de entrância para entrância ocorrerá, alternadamente, por antiguidade e merecimento (art. 93, II, da CF), isto é, são duas modalidades distintas de promoção estabelecidas pela CF; **E:** Incorreta, pois é vedado ao juiz dedicar-se à atividade político-partidária (art. 95, parágrafo único, III, da CF)

Gabarito "C"

(Técnico Judiciário – Área Administrativa – TRT18 – 2013 – FCC) Considere as seguintes assertivas sobre o Poder Judiciário, de acordo com a Constituição Federal de 1988:

I. Somente pelo voto da maioria absoluta de seus membros ou dos membros do respectivo órgão especial poderão os tribunais declarar a inconstitucionalidade de lei ou ato normativo do Poder Público.

II. O ato de disponibilidade do magistrado, por interesse público, fundar-se-á em decisão por voto da maioria absoluta do respectivo tribunal ou do Conselho Nacional de Justiça, assegurada ampla defesa.

III. Lei Ordinária, de iniciativa do Supremo Tribunal Federal, disporá sobre o Estatuto da Magistratura, observados os princípios estabelecidos na Constituição Federal de 1988.

Está correto o que se afirma em

(A) I e II, apenas.

(B) I, II e III.

(C) II e III, apenas.

(D) I e III, apenas.

(E) II, apenas.

I: Correta, nos termos do art. 97 da CF; **II:** Correta, nos termos do art. 93, VIII, da CF; **III:** Incorreta, pois Lei Complementar, de iniciativa do STF, disporá sobre o Estatuto da Magistratura (art. 93, *caput*, da CF).

Gabarito "A"

(Técnico Judiciário – Área Administrativa – TRT12 – 2013 – FCC) Conflito de competência entre um juiz do Trabalho e um juiz estadual deverá ser processado e julgado, originariamente, pelo

(A) Tribunal Superior do Trabalho.
(B) Superior Tribunal de Justiça.
(C) Supremo Tribunal Federal.
(D) Tribunal Regional Federal da região respectiva.
(E) juiz federal da região respectiva.

O art. 105, I, *d*, preconiza que compete ao **Superior Tribunal de Justiça** processar e julgar, originariamente, os conflitos de competência entre quaisquer tribunais, bem como entre tribunal e juízes a ele não vinculados e entre juízes vinculados a tribunais diversos, ressalvados os conflitos de competência entre o Superior Tribunal de Justiça e quaisquer tribunais, entre Tribunais Superiores, ou entre estes e qualquer outro tribunal, que serão julgados pelo *STF*.

Gabarito "B"

(Técnico – TRE/SP – 2012 – FCC) Considere as seguintes afirmações a respeito dos Tribunais e Juízes do Estado, em conformidade com as disposições normativas constitucionais:

I. Os Estados organizarão sua Justiça, observados os princípios estabelecidos na Constituição da República, sendo a competência dos tribunais definida na Constituição do Estado e a lei de organização judiciária de iniciativa do Tribunal de Justiça.
II. A lei estadual poderá criar, mediante proposta do Tribunal de Justiça, a Justiça eleitoral estadual, constituída, em primeiro grau, pelos juízes de direito e pelas juntas eleitorais.
III. O Tribunal de Justiça instalará a justiça itinerante, com a realização de audiências e demais funções da atividade jurisdicional, nos limites territoriais da respectiva jurisdição, servindo-se de equipamentos públicos e comunitários.

Está correto o que consta APENAS em

(A) I.
(B) II.
(C) III.
(D) I e II.
(E) I e III.

I: correta (art. 125, *caput* e § 1º, da CF); **II:** errada. De acordo com o art. 125, § 3º, da CF, a lei estadual poderá criar, mediante proposta do Tribunal de Justiça, a **Justiça Militar** estadual, constituída, em primeiro grau, pelos juízes de direito **e pelos Conselhos de Justiça e**, em segundo grau, pelo próprio Tribunal de Justiça, ou por Tribunal de Justiça Militar nos Estados em que o efetivo militar seja superior a vinte mil integrantes; **III:** correta (art. 125, § 7º, da CF).

Gabarito "E"

(Técnico – TRE/PR – 2012 – FCC) Em 15 de dezembro de 2011, foi publicado no Diário Oficial da União Decreto por meio do qual a Presidente da República "resolve nomear Rosa Maria Weber Candiota da Rosa para exercer o cargo de Ministra do Supremo Tribunal Federal, na vaga decorrente da aposentadoria da Ministra Ellen Gracie Northfleet". A esse respeito, diante do procedimento estabelecido na Constituição, relativamente à composição do Supremo Tribunal Federal, considere as seguintes afirmações:

I. A nomeação da Ministra para o Supremo Tribunal Federal pressupõe o preenchimento de requisitos estabelecidos pela Constituição, relativos à sua idade, saber jurídico e reputação.
II. O ato da Presidente da República acima referido dá início a um procedimento complexo, previsto para a nomeação de membros do Supremo Tribunal Federal.
III. A nomeação da Ministra para exercer cargo no Supremo Tribunal Federal deve ter sido precedida de aprovação pela maioria absoluta do Senado Federal.

Está correto o que se afirma em

(A) I, apenas.
(B) II, apenas.
(C) I e III, apenas.
(D) II e III, apenas.
(E) I, II e III.

I: correta. De acordo com o art. 101 da CF, o STF é composto de onze Ministros, escolhidos dentre cidadãos com **mais de trinta e cinco e menos de sessenta e cinco anos de idade,** de **notável saber jurídico** e **reputação ilibada**. Ou seja, os três requisitos apontados no item são exigidos pelo dispositivo constitucional; **II:** errada. O ato da Presidente da República acima referido **conclui** (e não inicia) o procedimento complexo, previsto para a nomeação de membros do STF. Segundo o parágrafo único do art. 101 da CF primeiro deve ser aprovada a escolha pela maioria absoluta do Senado Federal, para depois ser feita a nomeação pelo Chefe do Executivo Federal; **III:** correta (art. 101, parágrafo único, da CF).

Gabarito "C"

(Técnico – TRE/SP – 2012 – FCC) O mecanismo pelo qual os Ministros do Supremo Tribunal Federal são nomeados pelo Presidente da República, após aprovação da escolha pelo Senado Federal, decorre do princípio constitucional da

(A) separação de poderes.
(B) soberania.
(C) cidadania.
(D) inafastabilidade do Poder Judiciário.
(E) solução pacífica dos conflitos.

A: correta. De fato, esse mecanismo decorre do princípio da separação dos poderes. O principal objetivo é fazer com que o poder seja limitado. Há participação tanto do Executivo como do Legislativo na escolha dos Ministros do Supremo e isso faz com que não haja concentração nas mãos de um determinado Poder. O art. 2º da CF consagra a separação dos Poderes, dispondo que são Poderes da União, independentes e harmônicos entre si, o Legislativo, o Executivo e o Judiciário. Além disso, o art. 60, § 4º, III, da CF protege esse princípio, considerando-o cláusula pétrea, ou seja, não pode ser suprimido da CF; **B** e **C:** erradas. A soberania e a cidadania são fundamentos da República Federativa do Brasil (art. 1º, I e II, da CF) e não têm relação com o mecanismo pelo qual os Ministros do STF são nomeados; **D:** errada. Pelo princípio da inafastabilidade do Poder Judiciário, a lei não excluirá da apreciação do Poder Judiciário lesão ou ameaça a direito (art. 5º, XXXV, da CF). Tal princípio também não tem relação com o mecanismo de escolha dos Ministros do STF; **E:** errada. A solução pacífica dos conflitos é tida como um dos princípios que rege o Brasil nas suas relações internacionais (art. 4º, VII, da CF).

Gabarito "A"

(Técnico – TRE/SP – 2012 – FCC) Nos termos da Constituição da República, compete ao Superior Tribunal de Justiça processar e julgar, originariamente,

(A) a ação em que todos os membros da magistratura sejam direta ou indiretamente interessados.

(B) os desembargadores dos Tribunais Regionais Eleitorais, nos crimes comuns e de responsabilidade.

(C) as causas e os conflitos entre a União e os Estados, a União e o Distrito Federal, ou entre uns e outros.

(D) as causas em que forem partes Estado estrangeiro ou organismo internacional, de um lado, e, do outro, Município ou pessoa residente ou domiciliada no País.

(E) os conflitos de competência entre Tribunais Superiores, ou entre estes e outro tribunal.

A: errada. É da competência do STF e não do STJ a ação em que todos os membros da magistratura sejam direta ou indiretamente interessados (art. 102, I, "n", da CF); **B:** correta (art. 105, I, "a", da CF); **C:** errada. A competência nessa hipótese é do STF (art. 102, I, "f", da CF); **D:** errada. O STJ julga essas causas em sede de recurso ordinário e não originariamente (art. 105, II, "c", da CF); **E:** errada. Tais conflitos são julgados pelo STF (art. 102, I, "o", da CF).

Gabarito "B"

(Técnico – TRE/PR – 2012 – FCC) Nos termos da Constituição da República, os Tribunais Regionais Eleitorais

(A) serão compostos de, no mínimo, sete membros, havendo um Tribunal na Capital de cada Estado e no Distrito Federal.

(B) elegerão seu Presidente e o Vice-Presidente dentre os membros do Superior Tribunal de Justiça que os compõem.

(C) possuirão dois juízes, nomeados pelo Presidente da República, dentre seis advogados de notável saber jurídico e idoneidade moral, indicados pelo Tribunal de Justiça.

(D) não podem ter suas decisões questionadas por meio de recurso, salvo as que contrariarem a Constituição e as denegatórias de *habeas corpus* ou mandado de segurança.

(E) são órgãos da Justiça Eleitoral, juntamente com as juntas eleitorais, os juízes eleitorais e o Superior Tribunal de Justiça.

A: errada. Os TREs são compostos de sete membros e não, no mínimo, sete membros (art. 120, § 1º, da CF). A segunda parte está correta, pois, de fato, a CF determina que haja um TRE na Capital de cada Estado e no Distrito Federal (art. 120 da CF); **B:** errada. O TRE elegerá seu Presidente e o Vice-Presidente dentre os desembargadores (art. 120, § 2º, da CF); **C:** correta (art. 120, § 1º, III, da CF); **D:** errada. Há possibilidade de recurso impugnando as decisões do TRE quando: I – forem proferidas contra disposição expressa desta Constituição ou de lei, II – ocorrer divergência na interpretação de lei entre dois ou mais tribunais eleitorais, III – versarem sobre inelegibilidade ou expedição de diplomas nas eleições federais ou estaduais, IV – anularem diplomas ou decretarem a perda de mandatos eletivos federais ou estaduais, V – denegarem *habeas corpus*, mandado de segurança, *habeas data* ou mandado de injunção (art. 121, § 4º, I a V, da CF); **E:** errada. O STJ não é órgão da Justiça Eleitoral. Compõem tal Justiça: I – o Tribunal Superior Eleitoral, II – os Tribunais Regionais Eleitorais, III – os Juízes Eleitorais e IV – as Juntas Eleitorais (art. 118, I a IV, da CF).

Gabarito "C"

(Técnico – TRT/11ª – 2012 – FCC) Paulo é Juiz do Trabalho em certa comarca. Xisto é Juiz de um Tribunal Regional do Trabalho de determinada região. Para Paulo e Xisto comporem o Conselho Nacional de Justiça, nomeados pelo Presidente da República depois de aprovada a escolha pela maioria absoluta do Senado Federal, eles deverão ser indicados

(A) pelo Presidente do Senado Federal.

(B) pela maioria absoluta de todos os Presidentes dos Tribunais Regionais do Trabalho do Brasil.

(C) pelo Supremo Tribunal Federal.

(D) pelo Tribunal Superior do Trabalho.

(E) pelo Congresso Nacional.

O art. 103-B da CF, ao tratar da composição do Conselho Nacional de Justiça, determina em seus incisos VIII e IX que farão parte do Conselho, além de outros membros, um juiz de Tribunal Regional do Trabalho e um juiz do trabalho, ambos indicados **pelo Tribunal Superior do Trabalho**.

Gabarito "D"

(Técnico – TRT/6ª – 2012 – FCC) Sobre a Justiça do Trabalho, de acordo com a Constituição Federal, é correto afirmar que

(A) os Ministros do Tribunal Superior do Trabalho devem ser brasileiros natos, nomeados pelo Presidente da República, após aprovação pela maioria absoluta do Congresso Nacional.

(B) os Tribunais Regionais do Trabalho compõem-se de, no máximo, sete juízes, recrutados, quando possível, na respectiva região, e nomeados pelo Presidente da República dentre brasileiros com mais de trinta e menos de sessenta e cinco anos.

(C) a maior parte dos Ministros do Tribunal Superior do Trabalho é escolhida dentre juízes dos Tribunais Regionais do Trabalho, oriundos da magistratura da carreira, indicados pelo próprio Tribunal Superior.

(D) os Tribunais Regionais do Trabalho não podem funcionar de forma descentralizada, a fim de assegurar o pleno acesso do jurisdicionado à justiça em todas as fases do processo.

(E) as Juntas de Conciliação e Julgamento são órgãos da Justiça do Trabalho vinculados aos Tribunais Regionais do Trabalho.

A: errada. Não é necessário que os Ministros do Tribunal Superior do Trabalho sejam brasileiros natos. De acordo com o art. 111-A da CF, o TST é composto de 27 (vinte e sete) Ministros, escolhidos dentre brasileiros com mais de trinta e cinco e menos de sessenta e cinco anos, nomeados pelo Presidente da República após aprovação pela maioria absoluta do Senado Federal; **B:** errada. Conforme o art. 115 da CF, os TRT compõem-se de, **no mínimo**, sete juízes, recrutados, quando possível, na respectiva região, e nomeados pelo Presidente da República dentre brasileiros com mais de trinta e menos de sessenta e cinco anos; **C:** correta. De fato, a maioria é escolhida dentre magistrados de carreira. Apenas um quinto dos lugares é destinado aos advogados com mais de 10 (dez) anos de efetiva atividade profissional e membros do Ministério Público do Trabalho com mais de dez anos de efetivo exercício (art. 111-A, I e II, da CF); **D:** errada. Ao contrário, os TRTs **poderão** funcionar de forma descentralizada, buscando assegurar o pleno acesso do jurisdicionado à Justiça em todas as fases do processo (art. 115, § 2º, da CF); **E:** errada. De acordo com a CF, são órgãos da Justiça do Trabalho apenas o Tribunal Superior do Trabalho, os Tribunais Regionais do Trabalho e os Juízes do Trabalho (art. 111, I, II e II, da CF).

Gabarito "C"

(Analista – TRT/2ª Região – 2014 – FCC) Considere as seguintes afirmativas:

I. As decisões proferidas pelo Conselho Superior da Justiça do Trabalho são dotadas de efeito vinculante.

II. A competência constitucionalmente assegurada para processar e julgar as ações oriundas da relação de trabalho e os habeas corpus quando o ato questionado envolver matéria sob sua jurisdição implica o reconhecimento de legitimidade para o exercício de jurisdição penal aos órgãos da Justiça do Trabalho.

III. A instalação de justiça itinerante pelos Tribunais Regionais do Trabalho deve servir-se, segundo o texto constitucional, dos equipamentos públicos disponíveis, sendo vedada a utilização daqueles de natureza particular ou comunitária.

Está correto o que consta em/

(A) III, apenas

(B) II, apenas.

(C) I e II, apenas.

(D) I, apenas.

(E) I, II e III.

I: correta, (art. 111-A, § 2º, II, da CF); **II:** incorreta, "Competência criminal. Justiça do Trabalho. Ações penais. Processo e julgamento. Jurisdição penal genérica. Inexistência. Interpretação conforme dada ao art. 114, I, IV e IX, da CF, acrescidos pela EC 45/2004. Ação direta de inconstitucionalidade. Liminar deferida, com efeito *ex tunc*. O disposto no art. 114, I, IV e IX, da CF, acrescidos pela EC 45, não atribui à Justiça do Trabalho competência para processar e julgar ações penais." (ADIn 3.684-MC, Plenário, j. 01.02.2007, rel. Min. Cezar Peluso, DJE03.08.2007)"; **III:** incorreta, não são vedados os de natureza comunitária (§ 1º do art. 115 da CF).

Gabarito "D"

(Analista – TRT/3ª – 2015 – FCC) Em uma reclamação trabalhista, o reclamado interpôs recurso contra a sentença de procedência, arguindo em sede recursal a inconstitucionalidade de súmula vinculante editada pelo Supremo Tribunal Federal e que fora invocada na sentença. Nessa situação, a inconstitucionalidade da súmula

(A) não poderá ser declarada, sequer incidentalmente, pelo Tribunal Regional do Trabalho, uma vez que súmula vinculante não é ato normativo passível de ser declarado inconstitucional por aquele Tribunal.

(B) poderá ser declarada, incidentalmente, pela maioria absoluta dos membros do Tribunal Regional do Trabalho ou de seu órgão especial, desde que concomitantemente o Tribunal aprove o encaminhamento de proposta de cancelamento ou de revisão da súmula vinculante.

(C) poderá ser declarada, incidentalmente, pela maioria absoluta dos membros do Tribunal Regional do Trabalho ou de seu órgão especial, independentemente da aprovação do encaminhamento de proposta de cancelamento ou de revisão da súmula vinculante.

(D) não poderá ser declarada, sequer incidentalmente, pelo Tribunal Regional do Trabalho, uma vez que falta à Justiça do Trabalho competência para realizar o controle de constitucionalidade das leis e atos do Poder Público.

(E) poderá ser declarada, incidentalmente, pelo órgão fracionário do Tribunal Regional do Trabalho, uma vez que nenhum ato do Poder Público é imune ao controle de constitucionalidade.

Pedro Lenza, em **Direito Constitucional Esquematizado**, 19ª Edição, 2015, Saraiva, p. 348, ensina que: "... **tendo em vista o fato de a súmula não ser marcada pela generalidade e abstração**, diferentemente do que acontece com as leis, **não se pode aceitar a técnica do 'controle de constitucionalidade' de súmula, mesmo no caso de súmula vinculante.** O que existe é um procedimento de revisão pelo qual se poderá cancelar a súmula. O cancelamento desta significará a não mais aplicação do entendimento que vigorava. Nesse caso, naturalmente, a nova posição produzirá as suas consequências a partir do novo entendimento, vinculando os demais órgãos do Poder Judiciário e a Administração Pública direta e indireta, nas esferas federal, estadual e municipal". Sendo assim, a inconstitucionalidade da súmula vinculante editada pelo STF não poderá ser declarada, sequer incidentalmente, pelo Tribunal Regional do Trabalho, uma vez que ela não é ato normativo passível de ser declarado inconstitucional por aquele Tribunal.

Gabarito "A"

(Analista – TRT/2ª Região – 2014 – FCC) O julgamento do Vice-Presidente do Tribunal Regional do Trabalho por crime de responsabilidade em virtude de conduta praticada no período em que exercia, por substituição, a Presidência do Tribunal

(A) cabe originariamente ao Superior Tribunal de Justiça em face de denúncia oferecida pelo Ministério Público Federal.

(B) somente é cabível caso a infração seja enquadrada como improbidade administrativa, pois a responsabilização político-administrativa decorrente do regime dos crimes de responsabilidade é aplicável apenas aos agentes políticos expressamente designados no texto constitucional.

(C) cabe originariamente ao Supremo Tribunal Federal em face de denúncia oferecida pelo Procurador-Geral da República.

(D) somente é cabível no caso de haver expressa autorização do Conselho Nacional de Justiça ou da maioria absoluta dos membros do próprio Tribunal Regional do Trabalho integrado pelo acusado.

(E) cabe originariamente ao Tribunal Superior do Trabalho em face de denúncia oferecida pelo Ministério Público do Trabalho.

Dispõe o art. 105, I, *a*, da CF competir originariamente ao Superior Tribunal de Justiça processar "os *crimes* comuns, os Governadores dos Estados e do Distrito Federal, e, nestes e nos de *responsabilidade*, os desembargadores dos Tribunais de Justiça dos Estados e do Distrito Federal, os membros dos Tribunais de Contas dos Estados e do Distrito Federal, os dos Tribunais Regionais Federais, *dos Tribunais Regionais* Eleitorais e *do Trabalho*, os membros dos Conselhos ou Tribunais de Contas dos Municípios e os do Ministério Público da União que oficiem perante tribunais".

Gabarito "A"

(Analista – TRT/16ª Região – 2014 – FCC) Analise a seguinte situação hipotética: "Tício, Juiz do Tribunal Regional do Trabalho da 16ª Região, é indicado pelo Tribunal Superior do Trabalho para compor este Tribunal Superior e ocupar a vagado Ministro Fúlvio, aposentado neste ano de 2014". Antes de ser nomeado pelo Presidente da República o nome do Magistrado Tício deverá ser aprovado pela maioria

(A) absoluta do Senado Federal.

(B) absoluta do Congresso Nacional.

(C) simples do Senado Federal.

(D) simples do Congresso Nacional.

(E) absoluta do Supremo Tribunal Federal.

"O Tribunal Superior do Trabalho compor-se-á de vinte e sete Ministros, escolhidos dentre brasileiros com mais de trinta e cinco e menos de sessenta e cinco anos, nomeados pelo Presidente da República *após aprovação pela maioria absoluta do Senado Federal*" (art. 111-A da CF).

Gabarito "A"

(Analista – TRT/16ª Região – 2014 – FCC) Xisto, Procurador de Justiça do Estado do Maranhão, é nomeado pelo Presidente da República Conselheiro do Conselho Nacional do Ministério Público, após ter o seu nome aprovado pela maioria absoluta do Senado Federal. Para ser escolhido Corregedor Nacional, Xisto deverá

(A) ser eleito, em votação secreta, dentre os membros do Ministério Público que integram o Conselho, vedada a recondução.

(B) ser eleito, em votação aberta, dentre os membros do Ministério Público que integram o Conselho, permitida uma recondução.

(C) necessariamente ser o conselheiro com mais idade integrante do Conselho, com exceção do Procurador-Geral da República, que preside o Conselho Nacional do Ministério Público.

(D) ser eleito, em votação secreta, dentre os membros do Ministério Público que integram o Conselho, permitida uma recondução.

(E) ser indicado, obrigatoriamente pelo Procurador-Geral da República, Presidente do Conselho Nacional do Ministério Público, para posteriormente ser nomeado pelo Presidente da República.

A letra "A" corresponde ao disposto no art. 130-A, § 3º, da CF.

Gabarito "A"

(Analista – TRT/16ª Região – 2014 – FCC) Sávio, Deputado Estadual do Maranhão, pretende ajuizar *habeas* data contra ato do Ministro da Economia. A competência para processar e julgar o *habeas* data que será ajuizado por Sávio será do

(A) Supremo Tribunal Federal.

(B) Superior Tribunal de Justiça.

(C) Tribunal de Justiça do Estado do Maranhão.

(D) Tribunal Regional Federal da 1ª Região.

(E) Tribunal de Justiça de Brasília.

Conforme o art. 105, I, *b*, da CF compete ao STJ processar e julgar originariamente "os mandados de segurança e os *habeas data* contra ato de Ministro de Estado, dos Comandantes da Marinha, do Exército e da Aeronáutica ou do próprio Tribunal".

Gabarito "B"

(Analista – TRT/16ª Região – 2014 – FCC) Um determinado Banco Privado do País ajuizou ação de interdito proibitório para que seus clientes e funcionários tenham acesso às agências bancárias em decorrência de movimento grevista de bancários que realizam "piquete" nas portas das agências no Estado do Maranhão. Neste caso, a competência para processar e julgar a demanda é

(A) da Justiça do Trabalho.

(B) da Justiça Comum Estadual de 1º grau.

(C) originária do Tribunal Regional Federal da 5ª Região.

(D) originária do Tribunal Regional Federal da 1ª Região.

(E) originária do Tribunal de Justiça do Estado do Maranhão.

A Justiça do Trabalho é competente para julgar as ações que envolvam o exercício de greve (art. 114, II, da CF) e a Súmula Vinculante 23 determina que "a Justiça do Trabalho é competente para processar e julgar ação possessória ajuizada em decorrência do exercício do direito de greve pelos trabalhadores da iniciativa privada".

Gabarito "A"

(Analista – TRT/19ª Região – 2014 – FCC) O STF editou a súmula vinculante nº 4 com o seguinte teor:

Salvo nos casos previstos na Constituição, o salário mínimo não pode ser usado como indexador de base de cálculo de vantagem de servidor público ou de empregado, nem ser substituído por decisão judicial.

Ao julgar demanda em grau recursal, um Tribunal Regional do Trabalho proferiu acórdão que contrariou o enunciado da súmula vinculante acima referida. Neste caso, se presentes os requisitos legais, o acórdão poderá ser objeto de

(A) reclamação constitucional, perante o Supremo Tribunal Federal, bem como de recurso ao Tribunal competente.

(B) reclamação constitucional, perante o Supremo Tribunal Federal, bem como de pedido de providências junto ao Conselho Nacional de Justiça, para que esses órgãos cassem a decisão judicial contrária à súmula.

(C) reclamação constitucional, perante o Tribunal Superior do Trabalho, bem como de recurso ao Tribunal competente.

(D) reclamação constitucional, perante o Tribunal Regional do Trabalho, cujo acórdão poderá ser objeto, se for o caso, de recurso extraordinário ao Supremo Tribunal Federal.

(E) pedido de providências ao Conselho Nacional de Justiça e de recurso ao Tribunal competente, para que esses órgãos cassem a decisão judicial contrária à súmula.

Dispõe o art. 7º da Lei 11.417/2011: "Da decisão judicial ou do ato administrativo que contrariar enunciado de súmula vinculante, negar-lhe vigência ou aplicá-lo indevidamente caberá reclamação ao Supremo Tribunal Federal, sem prejuízo dos recursos ou outros meios admissíveis de impugnação". Vide também art. 103-A, § 3º, da CF.

Gabarito "A"

(Analista Judiciário – Área Judiciária – TRT18 – 2013 – FCC) Xisto é eleito Senador de um determinado Estado Brasileiro. No ano de 2012 Xisto passa a ser investigado por crime de corrupção passiva cometido após a sua diplomação e acaba sendo denunciado pelo Procurador-Geral da República perante o Supremo Tribunal Federal. Neste caso, o Supremo Tribunal Federal

(A) dará ciência, após receber a denúncia, ao Senado Federal que, por iniciativa de partido político nela representado e pelo voto da maioria de seus membros, poderá, até a decisão final, sustar o andamento da ação penal, sustação esta que interrompe a prescrição, cujo prazo somente voltará a correr com o término do mandato de Xisto.

(B) deverá solicitar licença formal ao Senado Federal para que o Senador Xisto possa ser processado, licença esta que será deferida com voto da maioria absoluta dos membros do Senado Federal em sessão secreta.

(C) dará ciência, após receber a denúncia, ao Senado Federal que, por iniciativa de partido político nela representado e pelo voto de um terço de seus membros, poderá, até a decisão final, sustar o andamento da ação penal, sustação esta que interrompe a prescrição, cujo prazo somente voltará a correr com o término do mandato de Xisto.

(D) deverá solicitar licença formal ao Senado Federal para que o Senador Xisto possa ser processado, licença esta que será deferida com voto da maioria simples dos membros do Senado Federal em sessão secreta.

(E) dará ciência, após receber a denúncia, ao Senado Federal que, por iniciativa de partido político nela representado e pelo voto da maioria de seus membros, poderá, até a decisão final, sustar o andamento da ação penal, sustação esta que suspende a prescrição, enquanto durar o mandato.

A letra "E" descreveu corretamente o disposto no art. 53, §§ 3º e 5º da CF.

Gabarito "E"

(Analista Judiciário – Área Administrativa – TRT18 – 2013 – FCC) Considere as seguintes situações hipotéticas:

I. A Presidente da República delegou o provimento de um cargo público ao Ministro da Fazenda.

II. A Presidente da República delegou a concessão de indulto ao Ministro da Justiça.

III. A Presidente da República delegou ao Ministro da Casa Civil a disposição, mediante decreto, da organização e funcionamento da Administração federal, sem implicar aumento de despesa nem criação ou extinção de órgãos públicos.

IV. A Presidente da República delegou a extinção de um cargo público ao Procurador-Geral da República.

De acordo com a Constituição Federal de 1988, agiu corretamente a Presidente da República nas hipóteses indicadas APENAS em

(A) I e II.

(B) I e III.

(C) II, III e IV.

(D) III e IV.

(E) I, II e III.

I: correta (art. 84, XXV, e parágrafo único, da CF); **II:** correta (art. 84, XII, e parágrafo único da CF); **III:** correta (art. 84, VI, a, e parágrafo único, da CF); **IV:** incorreta. O parágrafo único do art. 84 da CF permite a delegação da atribuição contida apenas na *primeira parte* do inciso XXV, referente ao verbo "prover". Só poderia delegar a extinção se a afirmativa indicasse que o cargo estava vago (art. 84, VI, *b*, e parágrafo único, da CF).

Gabarito "E"

(Analista Judiciário – Área Administrativa – TRT18 – 2013 – FCC) Considere a seguinte situação hipotética: Paulo é Procurador de Justiça no Estado de Goiás e pretende ser nomeado Procurador-Geral de Justiça do referido Estado da Federação. Para tanto, Paulo deverá

(A) ser nomeado pelo Governador do Estado dentre integrantes da carreira, maiores de trinta e cinco anos, após a aprovação de seu nome pela maioria absoluta dos membros da Assembleia Legislativa de Goiás, para mandato de dois anos, vedada a recondução.

(B) ser nomeado pelo Governador do Estado dentre integrantes da carreira, maiores de trinta e cinco anos, após a aprovação de seu nome pela maioria absoluta dos membros da Assembleia Legislativa de Goiás, para mandato de dois anos, permitida a recondução.

(C) figurar em lista tríplice formada pelo Ministério Público de Goiás dentre os integrantes da carreira, na forma da lei respectiva, e ser nomeado pelo Governador do Estado para mandato de dois anos, vedada a recondução.

(D) figurar em lista tríplice formada pelo Ministério Público de Goiás dentre os integrantes da carreira, na forma da lei respectiva, e ser nomeado pelo Governador do Estado para mandato de dois anos, permitida uma recondução.

(E) figurar em lista tríplice formada pelo Ministério Público de Goiás dentre os integrantes da carreira, na forma da lei respectiva, e ser nomeado pelo Governador do Estado para mandato de três anos, permitida uma recondução.

A alternativa "D" descreveu corretamente o disposto no art. 128, § 3º, da CF.

Gabarito "D"

(Analista Judiciário – Área Administrativa – TRT18 – 2013 – FCC) Considere a seguinte Ementa extraída do julgamento do

Recurso Extraordinário 56158-MG, pelo Supremo Tribunal Federal: *TAXA – SERVIÇO DE EXTINÇÃO DE INCÊNDIOS*

– COMPATIBILIDADE CONSTITUCIONAL – ELUCIDAÇÃO

– RECURSO EXTRAORDINÁRIO – REPERCUSSÃO GERAL ADMITIDA. Surge com envergadura maior definir-se a constitucionalidade, ou não, de taxa cobrada pela utilização potencial do serviço de extinção de incêndios.

Neste caso, o Supremo Tribunal Federal analisou

(A) a admissibilidade e o mérito do recurso extraordinário interposto, por voto de no mínimo seis de seus membros.

(B) o mérito do recurso extraordinário interposto.

(C) apenas a admissibilidade do recurso extraordinário interposto, reconhecendo a repercussão geral da questão suscitada, que exige, nos termos da Constituição Federal, voto de no mínimo dois terços de seus membros.

(D) apenas a admissibilidade do recurso extraordinário interposto, reconhecendo a repercussão geral da questão suscitada, admissibilidade esta que somente poderia ser recusada por voto de dois terços de seus membros.

(E) apenas a admissibilidade do recurso extraordinário interposto, reconhecendo a repercussão geral da questão suscitada, admissibilidade esta que somente poderia ser recusada por voto de no mínimo cinco de seus membros.

A: incorreta, não julgou o mérito do recurso. Ademais, se é necessário *quorum* de 2/3 para negar a admissibilidade do recurso extraordinário, poderá admiti-lo 1/3, ou seja, 4 de seus membros (art. 102, § 3º, da CF); **B:** incorreta, não houve análise da constitucionalidade ou não da cobrança de referida taxa, apenas da repercussão geral, requisito de admissibilidade (art. 102, § 3º, da CF); **C:** incorreta, o voto de 2/3 é para a *inadmissibilidade* (art. 102, § 3º, da CF); **D:** correta (art. 102, § 3º, da CF); **E:** incorreta, a recusa por 2/3 dos membros corresponde a 8 ministros (art. 102, § 3º, da CF).

Gabarito "D"

(Analista Judiciário – Área Administrativa – TRT12 – 2013 – FCC) Sobre o Poder Judiciário, de acordo com a Constituição Federal brasileira, é INCORRETO afirmar:

(A) As decisões administrativas dos tribunais serão motivadas e em sessão pública, sendo as disciplinares tomadas pelo voto da maioria absoluta de seus membros.

(B) Compete privativamente aos Tribunais de Justiça julgar os membros do Ministério Público, nos crimes comuns e de responsabilidade, ressalvada a competência da Justiça Eleitoral.

(C) Aos juízes é garantida a vitaliciedade, que, no primeiro grau, só será adquirida após três anos de exercício, dependendo a perda do cargo, nesse período, de deliberação do tribunal a que o juiz estiver vinculado, e, nos demais casos, de sentença judicial transitada em julgado.

(D) O credor poderá ceder, total ou parcialmente, seus créditos em precatórios a terceiros, independentemente da concordância do devedor, cessão esta que somente produzirá efeitos após comunicação, por meio de petição protocolizada, ao tribunal de origem e à entidade devedora.

(E) Aos juízes é vedado exercer a advocacia no juízo ou tribunal do qual se afastaram, antes de decorridos três anos do afastamento do cargo por aposentadoria ou exoneração.

A: correta (art. 93, X, da CF); **B:** correta (art. 96, III, da CF); **C:** incorreta, devendo ser assinalada, pois no primeiro grau só será adquirida após dois anos de exercício (art. 95, I, da CF); **D:** correta (art. 100, § 13 e 14, da CF); **E:** correta (art. 95, parágrafo único, V, da CF).

Gabarito "C"

(Analista Judiciário – Área Judiciária – TRT12 – 2013 – FCC) Considere o teor da ementa de acórdão abaixo transcrita: "Repercussão geral – Entidade beneficente de assistência social – Imunidade – Contribuições sociais – Artigo 195, § 7º, da Constituição Federal. Admissão pelo colegiado maior. O Tribunal reconheceu a existência de repercussão geral da questão constitucional suscitada, vencido o Ministro Cezar Peluso. Não se manifestaram os Ministros Celso de Mello, Ellen Gracie e Joaquim Barbosa." Diante disso,

I. a decisão foi tomada em sede de recurso extraordinário.

II. a questão constitucional discutida no caso teve repercussão geral reconhecida pelo Supremo Tribunal Federal, decisão para a qual se exige a manifestação de dois terços dos membros do Tribunal.

III. o mérito da questão constitucional suscitada não foi objeto da decisão, que se restringiu a analisar a admissibilidade recursal.

À luz da Constituição Federal brasileira, está correto o que se afirma APENAS em

(A) I.

(B) II.

(C) III.

(D) I e III.

(E) II e III.

I: correta. Percebe-se se tratar de recurso extraordinário por indicar um dos requisitos para sua admissibilidade: a repercussão geral (art. 102, § 3º, da CF); **II:** incorreta, a manifestação de dois terços é para a inadmissibilidade do recurso por não ter demonstrado repercussão geral (art. 102, § 3º, da CF); **III:** correta, a ementa aduz apenas sobre a admissibilidade. Se tivesse analisado o mérito, teria abordado a possibilidade ou não da imunidade das contribuições sociais.

Gabarito "D"

(Analista Judiciário – Área Administrativa – TRT12 – 2013 – FCC) Maurício é Juiz do Tribunal Regional do Trabalho da 12ª Região, oriundo da magistratura da carreira, e pretende um dia ser um dos 27 Ministros do Tribunal Superior do Trabalho (TST). Para tanto, antes de ser nomeado pelo Presidente da República, Maurício deverá ser brasileiro nato

(A) e ter mais de 30 e menos de 60 anos de idade, ser indicado pelo próprio TST e aprovado pela maioria absoluta dos membros do Senado Federal.

(B) ou naturalizado, ter mais de 35 e menos de 65 anos de idade, ser indicado pelo próprio TST e aprovado pela maioria absoluta dos membros do Senado Federal.

(C) ou naturalizado, ter mais de 30 e menos de 60 anos de idade, ser indicado pelo próprio TST e aprovado pela maioria simples dos membros do Senado Federal.

(D) ou naturalizado, ter mais de 35 e menos de 65 anos de idade, ser indicado pelo Presidente da República e aprovado pela maioria absoluta dos membros do Senado Federal.

(E) e ter mais de 35 e menos de 65 anos de idade, ser indicado pelo Presidente da República e aprovado pela maioria absoluta dos membros do Senado Federal.

Dispõe o art. 111-A da CF: "Art. 111-A. O Tribunal Superior do Trabalho compor-se-á de vinte e sete Ministros, escolhidos dentre brasileiros com mais de trinta e cinco e menos de sessenta e cinco anos, nomeados pelo Presidente da República após aprovação pela maioria absoluta do Senado Federal, sendo: I um quinto dentre advogados com mais de dez anos de efetiva atividade profissional e membros do Ministério Público do Trabalho com mais de dez anos de efetivo exercício, observado o disposto no art. 94; II os demais dentre juízes dos Tribunais Regionais do Trabalho, oriundos da magistratura da carreira, indicados pelo próprio Tribunal Superior. Pode ser nato ou naturalizado, pois o § 3º do art. 12 da CF não inclui Ministro do TST como cargo privativo a brasileiro nato.

Gabarito "B"

(Analista – TRT/6ª – 2012 – FCC) Em relação à Justiça do Trabalho, analise as seguintes assertivas:

I. São órgãos da Justiça do Trabalho: o Tribunal Superior do Trabalho, os Tribunais Regionais do Trabalho e os Juízes do Trabalho.

II. Funcionará, junto ao Tribunal Superior do Trabalho, o Conselho Superior da Justiça do Trabalho, cabendo-lhe exercer, na forma da lei, a supervisão administrativa, orçamentária, financeira e patrimonial da Justiça do Trabalho de primeiro e segundo graus, como órgão central do sistema, cujas decisões terão efeito vinculante.

III. Compete à Justiça do Trabalho processar e julgar as ações de indenização por dano moral ou patrimonial, decorrentes da relação de trabalho.

Está correto o que se afirma em

(A) I, apenas.

(B) II, apenas.

(C) III, apenas.

(D) I e II, apenas.

(E) I, II e III.

I: correta (art. 111, I, II e III, da CF); **II:** correta (art. 111-A, § 2.º, II, da CF); **III:** correta (art. 114, VI, da CF).

Gabarito "E"

(Analista – TRT/1ª – 2012 – FCC) O Conselho Nacional de Justiça (CNJ) pretende rever, de ofício, processos disciplinares julgados no ano de 2012 contra juízes do Trabalho que tenham resultado em imposição de penas disciplinares. Considerada a disciplina constitucional da matéria, o CNJ

(A) não poderá proceder à revisão, por não possuir competência para rever processos disciplinares já julgados.
(B) não poderá proceder à revisão, por não possuir competência para rever processos disciplinares senão mediante provocação.
(C) não poderá proceder à revisão, por não possuir competência para rever processos disciplinares julgados contra juízes e membros da Justiça do Trabalho, que conta com Conselho Superior próprio para esse fim.
(D) poderá proceder à revisão, desde que se restrinja aos processos disciplinares julgados há menos de um ano.
(E) poderá proceder à revisão, a qualquer tempo, por estar autorizado pela Constituição da República a fazê-lo de ofício ou mediante provocação.

A: incorreta. O Conselho Nacional de Justiça – CNJ tem competência para rever processos disciplinares de juízes e membros de tribunais, desde que tenham sido julgados *há menos de um ano* (art. 103-B, § 4º, V, da CF/1988); **B:** incorreta. Os processos disciplinares podem ser revistos *de ofício ou mediante provocação* (art. 103-B, § 4º, V, da CF/1988); **C:** incorreta. Como mencionado, há possibilidade dessa revisão; **D:** correta (art. 103-B, § 4º, V, da CF/1988); **E:** incorreta. A revisão pode ser feita de ofício ou mediante provocação, mas apenas em relação aos processos julgados *há menos de um ano* (art. 103-B, § 4º, V, da CF/1988).

Gabarito "D"

(Analista – TRT/6ª – 2012 – FCC) João, brasileiro naturalizado, com 62 anos de idade, é nomeado Ministro do Supremo Tribunal Federal (STF) pelo Presidente da República, depois de aprovada sua escolha pela maioria absoluta do Congresso Nacional. João não era juiz de carreira, atuava como advogado trabalhista e lecionava em uma Faculdade de Direito. A arguição pública a que fora submetido comprovou que tinha notável saber jurídico e reputação ilibada. Desta hipótese, conclui-se que o processo para a nomeação de João

(A) cumpriu os requisitos constitucionais exigidos para essa finalidade.
(B) cumpriu os requisitos constitucionais exigidos para essa finalidade, exceto quanto ao fato de João não ser juiz de carreira.
(C) não cumpriu os requisitos constitucionais exigidos para essa finalidade no tocante à condição de nacionalidade de João e ao órgão que aprovou sua escolha.
(D) não cumpriu os requisitos constitucionais exigidos para essa finalidade no tocante à condição de nacionalidade, profissão e idade de João, nem ao órgão que aprovou sua escolha.
(E) cumpriu os requisitos constitucionais exigidos para essa finalidade, exceto quanto ao órgão que aprovou sua escolha.

De acordo com o art. 101 da CF/1988 o Supremo Tribunal Federal é composto de onze Ministros, escolhidos dentre cidadãos com mais de trinta e cinco e menos de sessenta e cinco anos de idade, de notável saber jurídico e reputação ilibada. O parágrafo único do mesmo dispositivo determina que a nomeação dos membros seja feita pelo Presidente da República, depois de aprovada a escolha pela maioria absoluta *do Senado Federal*. Além disso, conforme o art. 12, § 3º, IV, da CF/1988, o cargo de Ministro do STF só pode ser ocupado por brasileiro *nato*. Sendo assim, como João é brasileiro naturalizado, não nato, e o órgão que aprovou sua escolha foi o Congresso Nacional, não o Senado, Federal, os requisitos constitucionais para a devida nomeação não foram cumpridos.

Gabarito "C"

(Analista – TRT9 – 2012 – FCC) Considere as seguintes situações hipotéticas: Matias, membro do Tribunal Regional do Trabalho da 9ª Região, praticou crime comum. Fabiolo, Governador do Estado do Paraná, também praticou crime comum. De acordo com a Constituição Federal brasileira, em regra, terá competência para processar e julgar, originariamente, Matias e Fabiolo, o

(A) Supremo Tribunal Federal.
(B) Superior Tribunal de Justiça.
(C) Superior Tribunal de Justiça e o Supremo Tribunal Federal, respectivamente.
(D) Supremo Tribunal Federal e o Superior Tribunal de Justiça, respectivamente.
(E) Tribunal Regional Federal competente.

De acordo com o art. 105, I, "a", da CF/1988, compete ao *Superior Tribunal de Justiça*, de forma originária e nos crimes comuns, o processo e julgamento dos *Governadores dos Estados* e do Distrito Federal e, nestes e nos de responsabilidade, os desembargadores dos Tribunais de Justiça dos Estados e do Distrito Federal, *os membros* dos Tribunais de Contas dos Estados e do Distrito Federal, os dos Tribunais Regionais Federais, *dos Tribunais Regionais* Eleitorais e *do Trabalho*, os membros dos Conselhos ou Tribunais de Contas dos Municípios e os do Ministério Público da União que oficiem perante tribunais.

Gabarito "B"

(Analista – TRT/11ª – 2012 – FCC) Ricardo, Ministro de Estado, residente e domiciliado no Distrito Federal, foi denunciado por crime de estelionato, pela emissão de cheque sem fundos numa imobiliária na Cidade de Manaus, Estado do Amazonas, para a compra de um imóvel para o seu uso particular à beira do Rio Amazonas. Ricardo, nos termos da Constituição Federal, será processado e julgado

(A) originariamente pelo Superior Tribunal de Justiça.
(B) originariamente pelo Supremo Tribunal Federal.
(C) em âmbito administrativo pela Presidência da República, cujo processo será decidido pelo Presidente da República.
(D) pelo Tribunal de Justiça do Amazonas, competente em razão do local da prática do crime.
(E) pelo Tribunal de Justiça do Distrito Federal competente em razão do domicilio do Ministro.

De acordo com o art. 102, I, "c", da CF/1988, *compete ao STF*, de forma originária, *o processo e julgamento dos Ministros de Estado* nas infrações penais comuns e nos crimes de responsabilidade.

Gabarito "B"

(Analista – TRE/SP – 2012 – FCC) Suponha que um acórdão proferido por determinado Tribunal Regional Eleitoral tenha declarado a inelegibilidade de certo candidato às eleições. Na ocasião, o Tribunal interpretou a lei aplicável ao caso de modo divergente da interpretação conferida por outros Tribunais Regionais Eleitorais. Contra esse acórdão, o candidato

(A) não poderá interpor qualquer recurso.
(B) poderá interpor recurso fundado em divergência jurisprudencial, bem como fundado no fato de que o acórdão versou sobre matéria de inelegibilidade.
(C) poderá apenas interpor recurso com fundamento em divergência jurisprudencial.
(D) poderá apenas interpor recurso fundado em violação de disposição expressa da Constituição da República.
(E) poderá apenas interpor recurso fundado em violação de disposição expressa de lei.

De acordo com o art. 121, § 4.°, da CF caberá recurso das decisões dos Tribunais Regionais Eleitorais somente quando: I – forem proferidas contra disposição expressa desta Constituição ou de lei, II – ocorrer **divergência na interpretação de lei entre dois ou mais tribunais eleitorais**, III – **versarem sobre inelegibilidade** ou expedição de diplomas nas eleições federais ou estaduais, IV – anularem diplomas ou decretarem a perda de mandatos eletivos federais ou estaduais, V – denegarem *habeas corpus*, mandado de segurança, *habeas data* ou mandado de injunção.

Gabarito "B"

(Analista – TRE/PR – 2012 – FCC) Nos termos da Constituição da República, caberá recurso das decisões dos Tribunais Regionais Eleitorais quando

(A) forem proferidas contra disposição expressa da Constituição, sendo irrecorríveis as que se referirem à aplicação de lei.
(B) ocorrer divergência na interpretação de lei entre dois ou mais tribunais eleitorais.
(C) versarem sobre inelegibilidade ou expedição de diplomas nas eleições federais, estaduais ou municipais.
(D) anularem diplomas ou decretarem a perda de mandatos eletivos federais, estaduais ou municipais.
(E) denegarem *habeas corpus* ou mandado de segurança, ou concederem *habeas data* ou mandado de injunção.

A: incorreta. As decisões proferidas contra disposição expressa em lei também são passíveis de recurso; **B:** correta. De acordo com o art. 121, § 4.°, da CF, caberá recurso das decisões dos Tribunais Regionais Eleitorais somente quando: I – forem proferidas contra disposição expressa desta Constituição ou de lei, II – **ocorrer divergência na interpretação de lei entre dois ou maic tribunais eleitorais**, III – versarem sobre inelegibilidade ou expedição de diplomas nas eleições federais ou estaduais, IV – anularem diplomas ou decretarem a perda de mandatos eletivos federais ou estaduais, V – denegarem *habeas corpus*, mandado de segurança, *habeas data* ou mandado de injunção; **C** e **D:** incorretas. As decisões sobre inelegibilidade e expedição de diplomas nas eleições **municipais não** são se enquadram nas possibilidades previstas na CF. Do mesmo modo, as que anularem ou decretarem **perda de mandatos eletivos municipais também não se enquadram**; **E:** incorreta. **Somente** as decisões **denegatórias** são passíveis de recurso.

Gabarito "B"

(Analista – TRE/CE – 2012 – FCC) Considerando que Jaime, Luis, Gustavo, Jorge e João ocupam, respectivamente, os cargos de Presidente da República, Presidente do Supremo Tribunal Federal, Procurador-Geral da República, Vice-Presidente do Supremo Tribunal Federal e Presidente da Câmara dos Deputados, o Conselho Nacional de Justiça será presidido por

(A) Jaime e, nas suas ausências e impedimentos, por João.
(B) Luis e, nas suas ausências e impedimentos, por Jorge.
(C) Jorge.
(D) Gustavo.
(E) Jaime.

Conforme dispõe o art. 103-B, § 1.°, da CF o Conselho Nacional de Justiça é presidido pelo Presidente do STF e, nas suas ausências e impedimentos, pelo Vice-Presidente do STF. Desse modo, Luis será o Presidente do STF e, nas suas ausências e impedimentos, Jorge assume o cargo.

Gabarito "B"

(Analista – TRE/CE – 2012 – FCC) Segundo disposto na Constituição Federal, das decisões dos Tribunais Regionais Eleitorais caberá recurso quando

(A) mantiverem mandatos eletivos municipais.
(B) mantiverem diplomas de qualquer esfera governamental.
(C) mantiverem mandatos eletivos federais.
(D) mantiverem mandatos eletivos estaduais.
(E) denegarem, dentre outros instrumentos constitucionais, o mandado de injunção.

De acordo com o art. 121, § 4°, da CF caberá recurso das decisões dos Tribunais Regionais Eleitorais somente quando: I – forem proferidas contra disposição expressa desta Constituição ou de lei, II – ocorrer divergência na interpretação de lei entre dois ou mais tribunais eleitorais, III – versarem sobre inelegibilidade ou expedição de diplomas nas eleições federais ou estaduais, IV – anularem diplomas ou decretarem a perda de mandatos eletivos federais ou estaduais, V – **denegarem** *habeas corpus*, mandado de segurança, *habeas data* ou **mandado de injunção**.

Gabarito "E"

(Analista – TRE/CE – 2012 – FCC) Tales, Ministro de Estado, e Igor, chefe de missão diplomática de caráter permanente, cometeram, respectivamente, infração penal comum e crime de responsabilidade. Nesses casos serão processados e julgados

(A) originariamente pelo Supremo Tribunal Federal.
(B) originariamente pelo Superior Tribunal de Justiça.
(C) por meio de recurso extraordinário pelo Supremo Tribunal Federal.
(D) por meio de recurso especial pelo Superior Tribunal de Justiça.
(E) por meio de recurso ordinário pelo Supremo Tribunal Federal.

De acordo com o art. 102, I, "c", da CF compete ao STF o processo e julgamento, de forma originária, **nas infrações penais comuns e nos crimes de responsabilidade**, dos **Ministros de Estado** e dos Comandantes da Marinha, do Exército e da Aeronáutica, ressalvado o disposto no art. 52, I, dos membros dos Tribunais Superiores, dos do Tribunal de Contas da União e dos **chefes de missão diplomática de caráter permanente**.

Gabarito "A"

(Defensor Público/AM – 2013 – FCC) Considerando a disciplina constitucional a respeito da súmula vinculante editada pelo Supremo Tribunal Federal, é correto afirmar que

(A) o ato da administração pública, direta ou indireta, da esfera federal, estadual ou municipal, que contrarie o enunciado de súmula vinculante aplicável, pode ser objeto de reclamação proposta diretamente perante o Supremo Tribunal Federal;
(B) a decisão judicial, que contrarie súmula vinculante, pode ser impugnada por reclamação proposta perante

o Supremo Tribunal Federal que, no entanto, não poderá cassar a decisão reclamada;

(C) o Governador de Estado não pode propor a aprovação, revisão, nem o cancelamento de súmula vinculante;

(D) não pode ser objeto de súmula vinculante a interpretação a respeito da constitucionalidade de normas municipais em face da Constituição Federal;

(E) a súmula que afirmar a inconstitucionalidade de lei ou ato normativo federal apenas produzirá efeitos vinculantes após o ato normativo inconstitucional ser suspenso pelo Senado Federal.

A: Correta. Art. 103-A, § 3º, da CF; **B:** Errada. Art. 103-A, § 3º, da CF; **C:** Errada. Art. 3º, X, da Lei 11.417/2006; **D:** Errada. Pode ser editada, desde que presentes os requisitos do art. 103-A, da CF; **E:** Errada. Edição de súmula vinculante pelo STF tem efeitos a partir de sua publicação (art. 103-A, da CF), não se confundindo com a necessidade de o Senado Federal suspender a aplicação de lei declarada inconstitucional pelo STF em controle difuso, para que a declaração de inconstitucionalidade tenha eficácia *erga omnes* (art. 52, X, da CF).

Gabarito "A"

(Defensor Público/AM – 2013 – FCC) Suponha que tenha transitado em julgado decisão judicial proferida pelo Supremo Tribunal Federal que condenou determinado Município, localizado em Estado-membro, a cumprir certa obrigação de fazer. Caso a ordem não seja cumprida pelo Município, sem que haja motivo relevante para tanto,

(A) o Tribunal de Justiça do Estado poderá dar provimento à representação por descumprimento a ordem judicial, comunicando a decisão ao Governador do Estado para que decrete a intervenção no Município;

(B) o Supremo Tribunal Federal poderá deferir pedido de intervenção federal no Município por descumprimento de ordem judicial, comunicando a decisão ao Governador do Estado para que este decrete a intervenção no Município;

(C) e sendo autorizada a intervenção do Estado no Município por decisão proferida pelo Tribunal de Justiça, poderá o Município interessado interpor recurso extraordinário contra o acórdão do Tribunal Estadual;

(D) a intervenção do Estado no Município poderá ser decretada de ofício pelo Governador do Estado, independentemente de prévia manifestação do Poder Judiciário;

(E) o provimento à representação para que seja decretada a intervenção federal no Município autoriza que o decreto interventivo que nomeie o interventor produza imediatamente seus efeitos.

Conforme preceitua o art. 35, IV, da CF: "O Estado não intervirá em seus Municípios, nem a União nos Municípios localizados em Território Federal, exceto quando: (...) **IV:** o Tribunal de Justiça der provimento a representação para assegurar a observância de princípios indicados na Constituição Estadual, ou para prover a execução de lei, de ordem ou de decisão judicial".

Gabarito "A"

(Defensor Público/AM – 2013 – FCC) Considere a hipótese de em 2012 ter sido expedido precatório judicial de caráter alimentar, a ser pago por determinado Estado membro a indivíduo com 65 anos de idade. Nessa situação, o precatório

(A) deverá ser atualizado monetariamente pelo índice oficial de remuneração básica da caderneta de poupança e, para fins de compensação da mora, incidirão juros simples no mesmo percentual de juros incidentes sobre a caderneta de poupança, sendo ainda devido o pagamento dos juros compensatórios;

(B) deve ser pago com preferência sobre todos os demais débitos, independentemente de qual seja o seu valor, que deverá ser atualizado monetariamente pelo índice oficial de remuneração básica da caderneta de poupança, e, para fins de compensação da mora, incidirão juros simples;

(C) deve ser pago com preferência sobre todos os demais débitos, até o valor equivalente ao triplo do fixado em lei para fins de definição da obrigação de pequeno valor, admitido o fracionamento para essa finalidade, sendo que o restante será pago na ordem cronológica de apresentação do precatório;

(D) poderá ser objeto de cessão, desde que mediante expressa concordância do devedor, não podendo o cessionário beneficiar- se das mesmas prerrogativas concedidas ao cedente em relação à preferência para o recebimento do crédito;

(E) poderá ser pago em dez prestações anuais, corrigidas pelo índice oficial de remuneração básica da caderneta de poupança e, para fins de compensação da mora, incidirão juros simples no mesmo percentual de juros incidentes sobre a caderneta de poupança, sendo ainda devido o pagamento dos juros compensatórios.

De acordo o art. 100, § 2º, da CF: "Os débitos de natureza alimentícia cujos titulares tenham 60 (sessenta) anos de idade ou mais na data de expedição do precatório, ou sejam portadores de doença grave, definidos na forma da lei, serão pagos com preferência sobre todos os demais débitos, até o valor equivalente ao triplo do fixado em lei para os fins do disposto no § 3º deste artigo, admitido o fracionamento para essa finalidade, sendo que o restante será pago na ordem cronológica de apresentação do precatório". Dessa forma, apenas a opção "C" está correta"

Gabarito "C"

(Defensor Público/PR – 2012 – FCC) A Emenda Constitucional n. 45 de 2004 criou no Brasil o Conselho Nacional de Justiça que no âmbito da Reforma do Poder Judiciário buscou garantir maior democracia, transparência administrativa e redução do corporativismo do Poder Judiciário. Sob essa ótica, integram esse projeto:

I. A composição mista, com integrantes da sociedade, a competência concorrente com as corregedorias dos demais tribunais que cria uma forma inovadora de competição entre agências de apuração e acesso ao Conselho de todos os cidadãos.

II. A competência subsidiária do Conselho para realizar apurações, que somente deve atuar após as corregedorias terem esgotados seus procedimentos, ou ainda, se estas forem completamente omissas no exercício de suas atribuições.

III. Avocar processos disciplinares e rever esses processos em caráter de recurso, exercendo uma atividade disciplinar bastante abrangente.

IV. A possibilidade de questionar junto ao órgão uma decisão judicial que extrapole as raias da normalidade e eminentemente deformada ou teratológica, um verdadeiro ato de improbidade cometido na decisão judicial.

V. Manter as sanções estabelecidas na atual Lei Orgânica da Magistratura – LOMAN que adequadamente estabelece as punições disciplinares para os magistrados como a aposentadoria compulsória.

Está correto APENAS o que se afirma em

(A) V.

(B) I e II.

(C) II e V.

(D) IV e V.

(E) I, III e IV.

I: Correta. Arts. 103-B, I a XIII e § 4º, III, da CF; **II:** Errada. Não reflete o disposto no art. 103-B, § 4º, III, da CF; **III:** Correta. Art. 103-B, § 4º, III, da CF; **IV:** O gabarito aponta o item como correto, mas é preciso ter em mente que a CF não se refere a decisões judiciais, mas administrativas (art. 103-B, § 4º, II, da CF); **V:** Errada. V. art. 103-B, § 4º, III, *in fine*, da CF.

Gabarito "E"

(Defensor Público/PR – 2012 – FCC) Nas últimas décadas e em especial após a promulgação da Constituição Federal de 1988, o Supremo Tribunal Federal tem ocupado um papel de destaque no cenário político atual expandindo seus poderes. Na análise desses novos rumos destaca-se:

I. O entendimento que denomina esse marco de *"Supremocracia"*, num primeiro sentido referindo-se à autoridade do Supremo em relação às demais instâncias do judiciário (súmula vinculante) e num segundo sentido em relação à expansão de sua autoridade em relação aos demais poderes.

II. O processo não recente de deslocamento da autoridade do sistema representativo para o judiciário e antes de tudo, um avanço das constituições rígidas, dotadas de sistema de controle de constitucionalidade e extremamente ambiciosas optando sobretudo decidir.

III. A maximização de competências do Supremo que atua como corte constitucional, tribunal de última instância e foro especializado.

IV. A decisão liminar concedida na Reclamação 4.335-/Acre (progressão de pena nos crimes hediondos) a qual minimiza o papel do Senado Federal no controle difuso de constitucionalidade.

V. A criação das Funções Essenciais à Justiça pela Constituição Federal de 1988 que ampliou ainda mais os órgãos integrantes do Poder Judiciário.

Está correto o que se afirma em

(A) V, apenas.

(B) I, II e V, apenas.

(C) I, III e V, apenas.

(D) I, II, III e IV, apenas.

(E) I, II, III, IV e V.

I: Correta. Termo utilizado por Oscar Vilhena; **II:** Correta. Para o fenômeno, tem-se utilizado o termo "judicialização da política"; **III:** Correta. Apesar de as competências do STF estarem listadas na CF, vê-se a ampliação dessas competências via interpretação; **IV:** Correta. Na Rcl 4335, o Ministro Relator Gilmar Mendes aduziu que a suspensão pelo Senado Federal da execução do ato declarado inconstitucional pelo STF constitui ato político que empresta eficácia *erga omnes* às decisões definitivas sobre inconstitucionalidade proferidas em caso concreto. Asseverou, no entanto, que a amplitude conferida ao controle abstrato de normas e a possibilidade de se suspender, liminarmente, a eficácia de leis ou atos normativos, com eficácia geral, no contexto da Constituição de 1988, concorreram para infirmar a crença na própria justificativa do instituto da suspensão da execução do ato pelo Senado, inspirado numa concepção de separação de poderes hoje ultrapassada. Ressaltou, ademais, que ao alargar, de forma significativa, o rol de entes e órgãos legitimados a provocar o STF, no processo de controle abstrato de normas, o constituinte restringiu a amplitude do controle difuso de constitucionalidade. Assim, concluiu que a fórmula relativa à suspensão de execução da lei pelo Senado há de ter simples efeito de *publicidade*, ou seja, se o STF, em sede de controle incidental, declarar definitivamente que a lei é inconstitucional, essa decisão terá efeitos gerais, fazendo-se a comunicação àquela Casa legislativa para que *publique* a decisão no Diário do Congresso; **V:** Errada. Os órgãos que constituem "funções essenciais à justiça" não integram o Poder Judiciário.

Gabarito "D"

(Defensor Público/SP – 2012 – FCC) Uma das mais relevantes alterações do regime constitucional operada pela Emenda Constitucional n. 45/2004 foi a introdução das Súmulas Vinculantes. Sobre esse regime constitucional, é INCORRETO afirmar:

(A) Sem prejuízo do que vier a ser estabelecido em lei, o cancelamento de Súmula Vinculante poderá ser provocado por aqueles que podem propor a Ação Direta de Inconstitucionalidade.

(B) As Súmulas Vinculantes dependem de decisão de dois terços dos membros do Supremo Tribunal Federal para serem aprovadas.

(C) A Súmula Vinculante terá efeito vinculante a partir do momento de sua publicação na imprensa oficial.

(D) Não é cabível reclamação contra ato administrativo que contrariar Súmula Vinculante.

(E) Cabe reclamação ao Supremo Tribunal Federal contra decisão judicial que contrariar Súmula Vinculante.

A: Correta. Art. 103-A, § 2º, da CF; **B:** Correta. Art. 103-A, *caput*, da CF; **C:** Correta. Art. 103-A, *caput*, da CF; **D:** Errada, devendo ser assinalada, pois não reflete o disposto no art. 103-A, § 3º, da CF: "Do ato administrativo ou decisão judicial que contrariar a súmula aplicável ou que indevidamente a aplicar, caberá reclamação ao Supremo Tribunal Federal"; **E:** Correta. Art. 103-A, § 3º, da CF.

Gabarito "D"

13. DAS FUNÇÕES ESSENCIAIS À JUSTIÇA

(Técnico Judiciário – TRE/SP – FCC – 2017) Uma Lei complementar estadual, de iniciativa do Procurador-Geral de Justiça do Estado, que estabelecesse organização, atribuições e estatuto do Ministério Público do Estado em questão, prevendo ser vedado a seus membros o exercício, ainda que em disponibilidade, de qualquer outra função pública, salvo uma de magistério, seria

(A) compatível com a Constituição Federal.

(B) incompatível com a Constituição Federal, por se tratar de matériade competência da União, e não dos Estados.

(C) incompatível com a Constituição Federal, por se tratar de matéria reservada à lei ordinária.

(D) incompatível com a Constituição Federal, por se tratar de matériade iniciativa privativa do Governadordo Estado.

(E) incompatível com a Constituição Federal, pois esta permite ao membro do Ministério Público em disponibilidadeo exercícioде outra função pública que não apenas uma de magistério.

A CF garante aos Procuradores-Gerais de Justiça nos Estados, a iniciativa para estabelecer a organização, as atribuições e o Estatuto de cada Ministério Público (art. 128, § 5º, da CF). A propositura de uma lei que vai ao encontro do que a própria Constituição prevê expressamente (exercício de outra atividade pública), não fere dispositivo Constitucional e não carece de constitucionalidade.

Gabarito "A"

(Técnico Judiciário – TRE/SP – FCC – 2017) Aos integrantes das carreiras da Advocacia Pública e da Defensoria Pública aplica-se igualmente a regra constitucional segundo a qual

(A) ingressam nas classes iniciais das carreiras mediante concurso público de provas e títulos, sendo vedado o exercício da advocacia fora das atribuições institucionais.

(B) exercem, nos termos da lei complementar que dispuser sobre a organização e o funcionamento da instituição que integram, as atividades de consultoria e assessoramento do Poder Executivo.

(C) gozam das garantias de inamovibilidade e vitaliciedade, adquiridas após três anos de efetivo exercício da função, mediante avaliação de desempenho perante os órgãos próprios, após relatório circunstanciado das corregedorias.

(D) estão proibidos de receber, a qualquer título e sob qualquer pretexto, honorários, percentagens ou custas processuais.

(E) farão jus a um abono de permanência, previsto para os servidores titulares de cargo efetivo, caso completem as exigências para aposentadoria voluntária com proventos integrais e optem por permanecer em atividade.

A: Errada. Essa é uma regra da Defensoria Pública, não há vedação expressa no texto constitucional do exercício da advocacia para os membros da Advocacia Pública **B:** Errada. Essa é uma característica da Advocacia Pública. A defensoria incumbe a responsabilidade de garantir a orientação jurídica, a promoção dos direitos humanos e a defesa, em todos os graus, judicial e extrajudicial, dos direitos individuais e coletivos, de forma integral e gratuita, aos necessitados (art. 134 da CF). **C:** Errado. Quanto à vitaliciedade, não há garantia em nenhuma das duas carreiras. Em relação á inamovibilidade, apenas a carreira de defensor possui essa prerrogativa. **D:** Errado. Não há proibição neste sentido na CF. Vale dizer que a Lei complementar 80/1994, assim dispõe: "*Art. 4º São funções institucionais da Defensoria Pública, dentre outras:XXI – executar e receber as verbas sucumbenciais decorrentes de sua atuação, inclusive quando devidas por quaisquer entes públicos, destinando-as a fundos geridos pela Defensoria Pública e destinados, exclusivamente, ao aparelhamento da Defensoria Pública e à capacitação profissional de seus membros e servidores;* **E:** Correto, nos termos do art. 40, § 19, da CF.

Gabarito "E"

(Técnico Judiciário – TRT20 – FCC – 2016) A Advocacia-Geral da União tem por chefe o Advogado-Geral da União,

(A) de livre nomeação pelo Presidente da República dentre cidadãos maiores de trinta e cinco anos, de notável saber jurídico e reputação ilibada.

(B) indicado pelo Supremo Tribunal Federal dentre cidadãos maiores de trinta anos, de notável saber jurídico e reputação ilibada e nomeado pelo Presidente da República.

(C) de livre nomeação pelo Presidente da República dentre cidadãos maiores de trinta e cinco anos, de notável saber jurídico e reputação ilibada.

(D) indicado pelo Supremo Tribunal Federal dentre cidadãos maiores de trinta anos, de notável saber jurídico e reputação ilibada e nomeado pelo Presidente da República.

(E) nomeado pelo Presidente da República, dentre cidadãos maiores de trinta e cinco anos, de notável saber jurídico e reputação ilibada, após aprovação pelo Senado Federal de indicação do Supremo Tribunal Federal.

Art. 131, § 1º, da CF.

Gabarito "A"

(Técnico Judiciário – TRT20 – FCC – 2016) A Constituição Federal veda ao membro do Ministério Público exercer

(A) qualquer outra função pública, ainda quando estiver em disponibilidade, com exceção de exercer uma função de magistério.

(B) qualquer outra função pública, ainda quando estiver em disponibilidade, sem qualquer exceção.

(C) qualquer outra função pública, com exceção de exercer a função de defensor público quando estiver em disponibilidade.

(D) algumas funções públicas predeterminadas taxativamente no texto constitucional.

(E) qualquer outra função pública, exceto quando estiver em disponibilidade, sem qualquer exceção.

A: Correta. Nos termos do art. 128, inc. II, alínea "d" da CF. **B:** Há exceção ao exercício do magistério (art. 128, inc. II, alínea "d" da CF.) **C:** A exceção prevista na Constituição é a exceção do magistério (art. 128, inc. II, alínea "d" da CF). **D:** A Constituição veda o exercício de qualquer outra função pública. A única exceção é o exercício do magistério, nenhuma outra. **E:** O fato do servidor estar em disponibilidade não lhe retira as vedações constitucionais. Continua proibido de exercer qualquer outra função pública.

Gabarito "A"

(Defensor Público – DPE/BA – 2016 – FCC) A Emenda Constitucional 80/2014 reforçou e ampliou de forma significativa o regime jurídico-constitucional da Defensoria Pública, destacando-se a consagração normativa expressa

(A) da autonomia funcional e administrativa da Defensoria Pública dos Estados.

(B) do direito fundamental à assistência jurídica.

(C) da autonomia funcional e administrativa da Defensoria Pública da União e do Distrito Federal.

(D) dos princípios institucionais da unidade, da indivisibilidade e da independência funcional.

(E) da iniciativa de sua proposta orçamentária dentro dos limites estabelecidos na lei de diretrizes orçamentárias e subordinação ao disposto no artigo 99, § 2º, da Constituição Federal de 1988.

Art. 134, § 4º, da CF.

Gabarito "D"

(Procurador do Estado – PGE/RN – FCC – 2014) Lei estadual criou cargos em comissão de assessor jurídico junto aos Gabinetes de Secretários de Estado, de livre provimento por estes, dentre bacharéis em direito com inscrição na Ordem dos Advogados do Brasil. De acordo com a lei, aos titulares dos cargos cabe exercer a consultoria jurídica a respeito da legalidade dos atos administrativos, normativos e contratos de interesse da Secretaria, bem como atuar em juízo em defesa dos atos praticados pelo Secretário. A referida lei é:

(A) incompatível com a Constituição Federal, uma vez que a consultoria jurídica aos Gabinetes de Secretários é atribuição dos Procuradores do Estado, podendo os assessores jurídicos exercer, exclusivamente, a representação judicial do Estado.

(B) compatível com a Constituição Federal, uma vez que os Estados têm autonomia para criar cargos em comissão junto aos Gabinetes dos Secretários de Estado, ainda que para o exercício da consultoria jurídica e da representação judicial de que trata a Lei.

(C) incompatível com a Constituição Federal, uma vez que a consultoria jurídica aos Gabinetes de Secretários e a representação do Estado em juízo são atribuições dos Procuradores do Estado.

(D) incompatível com a Constituição Federal, uma vez que o cargo de assessor jurídico é cargo técnico, devendo ser preenchido mediante concurso público, ainda que não seja exigível seu preenchimento por Procuradores do Estado para o exercício das atribuições previstas na Lei.

(E) incompatível com a Constituição Federal, uma vez que apenas a Constituição Estadual poderia excluir das atribuições da Procuradoria Geral do Estado a assessoria jurídica aos Gabinetes de Secretários.

A: incorreta. A primeira parte é correta e afasta a segunda parte, ou seja, os assessores jurídicos ocupantes exclusivamente de cargo em comissão não podem exercer a representação judicial do Estado; **B:** incorreta. Os cargos em comissão devem ser criados para direção, chefia ou assessoramento, não lhes cabendo exercer funções ordinárias, como a consultoria jurídica e a representação judicial (que, além disso, é atribuição de membros concursados da procuradoria dos Estados, do DF ou da AGU); **C:** correta. No âmbito federal, é atribuição da Advocacia-Geral da União; **D:** Incorreta. O cargo de assessor pode ser criado, desde que para funções de direção, chefia ou assessoramento; **E:** incorreta. A Constituição estadual não pode contrariar o disposto na Constituição Federal (art. 37, V, CF). TM

Gabarito "C"

(Técnico – TRT/2ª Região – 2014 – FCC) A respeito das funções essenciais à justiça previstas na Constituição Federal, é correto afirmar:

(A) Exige-se do bacharel em direito no mínimo três anos de atividade jurídica para o ingresso nas carreiras do Ministério Público, da Advocacia Pública, da União e dos Estados, e das Defensorias Públicas da União e dos Estados.

(B) É assegurada autonomia funcional e administrativa e às Defensorias Públicas Estaduais, sendo que a iniciativa da proposta orçamentária deve-se dar dentro dos limites da lei de diretrizes orçamentárias do respectivo Estado.

(C) O ingresso nas carreiras da Advocacia Geral da União far-se-á por meio de livre nomeação pelo Presidente da República entre cidadãos maiores de trinta anos, de notável saber jurídico e reputação ilibada.

(D) O ingresso na carreira do Ministério Público junto aos Tribunais de Contas e dará por meio de escolha do Governador em lista tríplice elaborada pelo Conselho Nacional do Ministério Público.

(E) No concurso público de provas e títulos para as carreiras da Advocacia Pública, a participação da Ordem dos Advogados do Brasil é facultativa.

A: Incorreta, apenas o ingresso na carreira do Ministério Público exige do bacharel em direito, no mínimo, três anos de atividade jurídica (art. 129, § 3º, da CF); **B:** Correta, nos termos do art. 134, § 2º, da CF; **C:** Incorreta, pois o ingresso nas carreiras Da Advocacia-Geral da União far-se-á mediante concurso público de provas e títulos (art. 131, § 2º, da CF); **D:** Incorreta, conforme dispõe o art. 130 da CF: "Aos membros do Ministério Público junto aos Tribunais de Contas aplicam-se as disposições desta seção pertinentes a direitos, vedações e forma de investidura". É importante citar o art. 129, § 3º, da CF, que prevê: "O ingresso na carreira do Ministério Público far-se-á mediante concurso público de provas e títulos, assegurada a participação da Ordem dos Advogados do Brasil em sua realização, exigindo-se do bacharel em direito, no mínimo, três anos de atividade jurídica e observando-se, nas nomeações, a ordem de classificação." **E:** Incorreta, pois a participação da Ordem dos Advogados do Brasil é obrigatória, nos termos do art. 132, *caput*, da CF e art. 21, § 4º, da LC 73/1993.

Gabarito "B"

(Técnico – TRE/SP – 2012 – FCC) Por meio do Ato Normativo n.º 721, de 16 de dezembro de 2011, o Procurador-Geral de Justiça do Ministério Público do Estado de São Paulo estabeleceu o Plano Geral de Atuação da instituição para o ano de 2012. Elegendo a segurança escolar como tema prioritário, o Plano indica, dentre outras ações e diretrizes, a realização de "visitas e reuniões setoriais em estabelecimentos de ensino, com o fim de possibilitar diagnóstico com vistas à identificação daqueles em que a situação de violência seja especialmente relevante e de qual a modalidade criminosa que mais aflige a população escolar respectiva, para possibilitar atuação preventiva e a pacificação do ambiente escolar".

As ações e diretrizes acima referidas decorrem de previsão da Constituição da República, segundo a qual ao Ministério Público compete

(A) defender a ordem jurídica, o regime democrático e os interesses sociais e individuais indisponíveis, promovendo as medidas necessárias à garantia dos direitos assegurados na Constituição.

(B) promover, privativamente, a ação penal pública, na forma da lei.

(C) promover o inquérito civil e a ação civil pública, para a proteção do patrimônio público e social, do meio ambiente e de outros interesses difusos e coletivos.

(D) exercer o controle externo da atividade policial, na forma estabelecida em lei complementar.

(E) requisitar diligências investigatórias e a instauração de inquérito policial, indicados os fundamentos jurídicos de suas manifestações processuais.

A: correta (art. 127, *caput*, e 129, III, ambos da CF); **B:** errada. A promoção privativa da ação penal pública é uma das funções institucionais do Ministério Público (art. 129, I, da CF), mas, para tanto, deve haver indícios de autoria e prova da materialidade, o que não é o caso; **C**, **D** e **E:** erradas, pois, embora também sejam consideradas funções institucionais do Ministério Público (art. 129, III, VII e VIII, da CF), não se aplicam ao problema.

Gabarito "A"

(Analista Judiciário – Área Judiciária – TRT12 – 2013 – FCC) Diante da disciplina constitucional dos direitos e garantias fundamentais, a busca e apreensão de documentos em escritório de advocacia, sendo o advogado investigado,

(A) independe de autorização judicial, na medida em que o local de trabalho não goza da proteção constitucional conferida ao domicílio dos indivíduos.

(B) dependerá de determinação judicial que especifique o âmbito de abrangência da medida, a fim de que não recaia sobre a esfera de direitos de não investigados.

(C) somente é admitida na hipótese de flagrante delito.

(D) poderá ser executada mediante determinação judicial que determine a quebra do sigilo profissional, embora sem restrição de horário para cumprimento, por não se tratar do domicílio do investigado.

(E) não é admitida em hipótese alguma, em virtude da extensão da inviolabilidade de domicílio ao local de trabalho do advogado, qualificado que é pela garantia constitucional do sigilo profissional.

"O sigilo profissional constitucionalmente determinado não exclui a possibilidade de cumprimento de mandado de busca e apreensão em escritório de advocacia. O local de trabalho do advogado, desde que este seja investigado, pode ser alvo de busca e apreensão, observando-se os limites impostos pela autoridade judicial. Tratando-se de local onde existem documentos que dizem respeito a outros sujeitos não investigados, é indispensável a especificação do âmbito de abrangência da medida, que não poderá ser executada sobre a esfera de direitos de não investigados" (HC 91.610, 2.ª T., j. 08.06.2010, rel. Min. Gilmar Mendes, *DJe* 22.10.2010).

Gabarito "B"

(Analista – TRE/PR – 2012 – FCC) A Constituição da República estabelece igualmente para membros do Poder Judiciário e do Ministério Público que

(A) os integrantes das carreiras deverão residir na comarca da respectiva lotação, salvo autorização do Tribunal.

(B) a vitaliciedade será adquirida após dois anos de exercício da função, dependendo a perda do cargo, inclusive nesse período, de sentença judicial transitada em julgado.

(C) o exercício da advocacia no juízo ou Tribunal do qual se afastaram é vedado antes de decorridos três anos do afastamento do cargo por aposentadoria ou exoneração.

(D) o exercício de atividade político-partidária é proibido, salvo exceções previstas em lei.

(E) o ato de remoção por interesse público será fundado em decisão do órgão colegiado competente, pelo voto de dois terços de seus membros, assegurada ampla defesa.

A: incorreta. De fato, os integrantes das carreiras deverão residir respectiva comarca. Tal regra é excepcionada em relação aos **juízes** quando houver autorização do **Tribunal** (art. 93, VII, da CF). No tocante aos membros do **Ministério Público**, quem autoriza que eles não residam na comarca da respectiva lotação é **o chefe da instituição** (art. 129, § 2.º, da CF); **B:** incorreta. A vitaliciedade dos membros da Magistratura e adquirida após dois anos e exercício. Durante esse período os juízes podem perder o cargo por meio de deliberação do Tribunal. Não há necessidade de sentença judicial transitada em julgado para os demais casos (art. 95, I, da CF); **C:** correta (art. 95, parágrafo único, V, e art. 128, § 6.º, ambos da CF); **D:** incorreta (art. 95, parágrafo único, III, e art. 128, § 5.º, II, "e", ambos da CF); **E:** incorreta. Conforme o art. 93, VII, da CF, o ato de remoção, disponibilidade e aposentadoria do magistrado, por interesse público, fundar-se-á em decisão **por voto da maioria absoluta do respectivo tribunal ou do Conselho Nacional de Justiça**, assegurada ampla defesa. Em relação aos membros do Ministério Público, o ato de remoção por interesse público é da competência do **Conselho Nacional do Ministério Público** (art. 130-A, § 2.º, III, da CF).

Gabarito "C"

(Defensor Público/SP – 2012 – FCC) Sobre o regime jurídico da Defensoria Pública na Constituição da República Federativa do Brasil e na Constituição do Estado de São Paulo, é correto afirmar:

(A) A Constituição do Estado de São Paulo, de maneira bem sistematizada, com boa técnica legislativa e deforma a refletir melhor a realidade, em capítulo dedicado às Funções Essenciais à Justiça, tratou da Defensoria Pública separadamente da Advocacia, em seções distintas.

(B) Em razão de inexistir previsão de legitimidade para a propositura de Ação Direta de Inconstitucionalidade ao Defensor Público-Geral da União na Constituição da República Federativa do Brasil, há impedimento para a inserção, na Constituição do Estado de São Paulo, de legitimidade para a propositura de Ação Direta de Inconstitucionalidade, perante o Tribunal de Justiça, ao Defensor Público-Geral do Estado de São Paulo.

(C) A Constituição da República Federativa do Brasil atribui, expressamente, às Defensorias Públicas dos Estados a iniciativa de suas propostas orçamentárias, mas, como essa norma é de eficácia limitada, sua aplicação ainda não é possível, vez que inexiste norma regulamentadora.

(D) A Constituição do Estado de São Paulo atribui expressamente à Defensoria Pública as prerrogativas de prazo em dobro e de intimação pessoal de todos os atos processuais.

(E) Por força do disposto na Constituição do Estado de São Paulo, a Defensoria Pública bandeirante exerce suas atribuições de defesa dos necessitados no Supremo Tribunal Federal de forma limitada: eventual sustentação oral, por exemplo, deve ser realizada por membro da Defensoria Pública da União.

A: Correta (arts. 103 e 104, respectivamente, da Constituição do Estado de São Paulo); **B:** Errada. A CF determinou apenas que a legitimidade para agir não fosse restrita a um único órgão (art. 125, § 2º, da CF); **C:** Errada. O art. 134, §§ 2º e 3º, da CF são de eficácia plena; **D** e **E:** Erradas. A seção relativa à defensoria pública, na CESP, não estabelece tais normas.

Gabarito "A"

14. ORDEM SOCIAL

(Defensor Público – DPE/ES – 2016 – FCC) A respeito do direito fundamental à saúde e da regulamentação das políticas públicas de saúde na Constituição Federal de 1988, considere:

I. A saúde é direito de todos e dever do Estado, garantido mediante políticas sociais e econômicas que visem o acesso prioritário das pessoas necessitadas às ações e serviços para sua promoção, proteção e recuperação.

II. A jurisprudência do Supremo Tribunal Federal e do Superior Tribunal de Justiça é pacífica no sentido de afirmar a existência de responsabilidade solidária entre a União e os Estados no fornecimento de medicamento e tratamento médico, cabendo ao Município apenas responsabilidade subsidiária.

III. As ações e serviços públicos de saúde integram uma rede regionalizada e hierarquizada e constituem um sistema único, tendo por diretriz a descentralização, com direção única em cada esfera de governo.

IV. Ao sistema único de saúde compete participar da formulação da política e da execução das ações de saneamento básico.

Está correto o que se afirma APENAS em

(A) II, III e IV.

(B) I e II.

(C) I e III.

(D) III e IV.

(E) I, III e IV.

I: Errada. Art. 196, *caput*, da CF: "A saúde é direito de todos e dever do Estado, garantido mediante políticas sociais e econômicas que visem à redução do risco de doença e de outros agravos e ao acesso universal e igualitário às ações e serviços para sua promoção, proteção e recuperação"; **II:** Errada. A questão está sendo julgada pelo STF, com pedido de vista nos Recursos Extraordinários 566471 e 657718; **III:** Correta. Art. 198 da CF; **IV:** Correta. Art. 200, IV, da CF.

Gabarito "D"

(Magistratura – TRT 1ª – 2016 – FCC) Segundo a Constituição de 1988, constitui patrimônio nacional a

(A) Serra do Caparaó.

(B) Costa Azul.

(C) Zona Costeira.

(D) Serra da Estrela.

(E) Zona Mato-Grossense.

De acordo com o art. 225, § 4º, da CF, a Floresta Amazônica brasileira, a Mata Atlântica, a Serra do Mar, o Pantanal Mato-Grossense e a **Zona Costeira** são patrimônio nacional, e sua utilização far-se-á, na forma da lei, dentro de condições que assegurem a preservação do meio ambiente, inclusive quanto ao uso dos recursos naturais.

Gabarito "C"

(Magistratura/GO – 2015 – FCC) Ao estabelecer saúde e educação como direitos de todos e um dever do Estado, a Constituição da República determina que

(A) tanto o ensino quanto a assistência à saúde são livres à iniciativa privada, sendo vedada, contudo, a destinação de recursos públicos para auxílios ou subvenções às instituições privadas.

(B) os entes da federação, na organização de seus sistemas de ensino, definirão formas de colaboração, de modo a assegurar a universalização do ensino obrigatório, assim compreendido o ensino fundamental, dos 4 aos 17 anos, inclusive no que se refere à sua oferta gratuita para todos os que a ele não tiveram acesso na idade própria.

(C) a União aplicará, anualmente, nunca menos de dezoito, e os Estados, o Distrito Federal e os Municípios vinte e cinco por cento, no mínimo, da receita resultante de impostos, compreendida a proveniente de transferências, em ações e serviços públicos de saúde.

(D) os Estados e o Distrito Federal aplicarão, anualmente, em ações de manutenção e desenvolvimento do ensino, recursos mínimos derivados da aplicação de percentuais calculados sobre o produto da arrecadação dos impostos de sua titularidade e dos recursos provenientes da arrecadação de tributos federais que lhe pertencem, deduzidas as parcelas que forem transferidas aos respectivos Municípios.

(E) lei complementar, a ser reavaliada pelo menos a cada cinco anos, estabelecerá os critérios de rateio dos recursos da União vinculados à saúde destinados aos Estados, ao Distrito Federal e aos Municípios, e dos Estados destinados a seus respectivos Municípios, objetivando a progressiva redução das disparidades regionais.

A: incorreta. De acordo com o art. 199, *caput*, da CF, a assistência **à saúde** é livre à iniciativa privada. O § 2º do mesmo dispositivo veda a destinação de recursos públicos para auxílios ou subvenções às instituições privadas **com fins lucrativos; B:** incorreta. Conforme determina o art. 4º, I, da Lei 9.394/1996 (Diretrizes e Bases da Educação), com redação data pela Lei 12.796/2013, o dever do Estado com educação escolar pública será efetivado mediante certas garantias, dentre elas a **educação básica obrigatória** e gratuita dos 4 (quatro) aos 17 (dezessete) anos de idade, organizada da seguinte forma: **a) pré-escola, b) ensino fundamental e c) ensino médio**. A alternativa faz menção apenas ao ensino fundamental; **C:** incorreta. Determina o art. 212, *caput*, da CF, que a União aplicará, anualmente, nunca menos de dezoito, e os Estados, o Distrito Federal e os Municípios vinte e cinco por cento, no mínimo, da receita resultante de impostos, compreendida a proveniente de transferências, **na manutenção e desenvolvimento do ensino**; **D:** incorreta. De acordo com o art. 198, § 2º, II, da CF, a União, os Estados, o Distrito Federal e os Municípios aplicarão, anualmente, em ações e serviços públicos de saúde recursos mínimos derivados da aplicação de percentuais calculados sobre; II – **no caso dos Estados e do Distrito Federal**, o produto da arrecadação dos impostos a que se refere o art. 155 (impostos estaduais) e dos recursos de que tratam os arts. 157 (repartição de receitas tributárias) e 159, inciso I, alínea *a* (a União entregará do produto da arrecadação dos impostos sobre renda e proventos de qualquer natureza e sobre produtos industrializados, 49% (quarenta e nove por cento), sendo vinte e um inteiros e cinco décimos por cento ao Fundo de Participação dos Estados e do Distrito Federal, e dez por cento aos Estados e ao Distrito Federal, proporcionalmente ao valor das respectivas exportações de produtos industrializados; **E:** correta. Conforme informa o art. 198, § 3º, II, da CF, lei complementar, que será reavaliada pelo menos a cada cinco anos, estabelecerá os critérios de rateio dos recursos da União vinculados à saúde destinados aos Estados, ao Distrito Federal e aos Municípios, e dos Estados destinados a seus respectivos Municípios, objetivando a progressiva redução das disparidades regionais.

Gabarito "E"

(Magistratura/SC – 2015 – FCC) Considere as seguintes afirmativas:

I. O Sistema Nacional de Cultura fundamenta-se no Plano Nacional de Cultura e nas suas diretrizes, estabelecidas na política nacional de cultura, e rege-se, entre outros, pelos princípios da transversalidade das políticas culturais, da diversidade das expressões culturais e da formação de pessoal qualificado para a gestão da cultura em suas múltiplas dimensões.

II. A assistência social é, nos termos da Constituição, direito de todos e dever do Estado, de acesso universal e igualitário, a ser prestada independentemente de contribuição à seguridade social.

III. O Sistema Nacional de Ciência, Tecnologia e Inovação – SNCTI, segundo expressa disposição constitucional, será organizado em regime de colaboração entre entes, tanto públicos quanto privados, com vistas a promover o desenvolvimento científico e tecnológico e a inovação.

IV. É inconstitucional lei que proíba o ensino religioso como disciplina a ser ministrada nos horários normais das escolas públicas de ensino fundamental.

Está correto o que se afirma APENAS em

(A) III e IV.

(B) II e IV.

(C) II e III.

(D) I e IV.

(E) I, II e III.

I: incorreta. De acordo com o art. 216-A, § 1º, da CF, o Sistema Nacional de Cultura fundamenta-se na política nacional de cultura e nas suas diretrizes, estabelecidas no Plano Nacional de Cultura, e rege-se pelos seguintes princípios: I – diversidade das expressões culturais, II – universalização do acesso aos bens e serviços culturais, III – fomento à produção, difusão e circulação de conhecimento e bens culturais, IV – cooperação entre os entes federados, os agentes públicos e privados atuantes na área cultural, V – integração e interação na execução das políticas, programas, projetos e ações desenvolvidas, VI – complementaridade nos papéis dos agentes culturais, VII – **transversalidade das políticas culturais**, VIII – autonomia dos entes federados e das instituições da sociedade civil, IX – transparência e compartilhamento das informações, X– democratização dos processos decisórios com participação e controle social, XI – descentralização articulada e pactuada da gestão, dos recursos e das ações, XII – ampliação progressiva dos recursos contidos nos orçamentos públicos para a cultura; **II:** incorreta. Determina o art. 203 da CF, que a assistência social **será prestada a quem dela necessitar**, independentemente de contribuição à seguridade social, e tem por objetivos: I – a proteção à família, à maternidade, à infância, à adolescência e à velhice, II – o amparo às crianças e adolescentes carentes, III – a promoção da integração ao mercado de trabalho, IV – a habilitação e reabilitação das pessoas portadoras de deficiência e a promoção de sua integração à vida comunitária, V – a garantia de um salário mínimo de benefício mensal à pessoa portadora de deficiência e ao idoso que comprovem não possuir meios de prover à própria manutenção ou de tê-la provida por sua família, conforme dispuser a lei. **III:** correta. Conforme determina o art. 219-B, incluído pela EC 85, de 26 de fevereiro de 2015, o Sistema Nacional de Ciência, Tecnologia e Inovação (SNCTI) será organizado em regime de colaboração entre entes, tanto públicos quanto privados, com vistas a promover o desenvolvimento científico e tecnológico e a inovação; **IV:** correta. De acordo com o art. 210, § 1º, da CF, o **ensino religioso, de matrícula facultativa, constituirá disciplina dos horários normais das escolas públicas de ensino fundamental**.

Gabarito "A"

(Procurador do Estado – PGE/RN – FCC – 2014) Ao legislarem sobre o regime de previdência obrigatória dos servidores públicos titulares de cargos efetivos, os Estados

(A) não podem instituir contribuição previdenciária sobre os proventos de aposentadorias e pensões concedidas pelo regime da previdência oficial obrigatória.

(B) podem estabelecer hipóteses de aposentadoria especial para além daquelas previstas na Constituição Federal.

(C) devem exercer a competência legislativa plena na matéria, visto que inserida dentre suas competências legislativas privativas.

(D) podem prever o pagamento do benefício de aposentadoria integral em valor acima do subsídio pago aos Ministros do Supremo Tribunal Federal.

(E) devem observar, no que couber, os requisitos e critérios fixados para o regime geral de previdência social.

A: incorreta. Os Estados podem instituir contribuição previdenciária de inativos, a exemplo do que ocorre em nível federal (art. 40, "caput", CF); **B:** incorreta. Devem observar os casos previstos na Constituição Federal (art. 40, § 4º, CF); **C:** incorreta. A matéria é de competência concorrente entre os entes federados (art. 24, XII, CF); **D:** incorreta. Devem observar o disposto no art. 37, XI, CF (art. 39, § 11, CF); **E:** correta. Art. 40, § 12, CF. TM

Gabarito "E"

(Procurador do Estado – PGE/RN – FCC – 2014) Entidade privada com fins lucrativos que pretenda participar do Sistema Único de Saúde – SUS de forma complementar:

(A) não poderá fazê-lo, uma vez que a Administração pública poderá firmar contratos de direito público para este fim apenas com entidades privadas sem fins lucrativos ou com entidades filantrópicas.

(B) poderá fazê-lo, mediante contrato de direito público firmado com a Administração pública, mas a Constituição Federal assegura preferência às entidades filantrópicas e às sem fins lucrativos.

(C) poderá fazê-lo, mediante contrato de direito público firmado com a Administração pública, o qual poderá prever a destinação de recursos públicos para auxílios ou subvenções à entidade.

(D) poderá fazê-lo, independentemente de contrato de direito público firmado com a Administração pública, uma vez que a assistência à saúde é livre à iniciativa privada.

(E) não poderá fazê-lo, uma vez que o SUS é integrado por ações e serviços públicos de saúde, do que se extrai que as entidades privadas dele não podem participar, sequer de forma complementar.

Art. 199, § 1º, CF: "As instituições privadas poderão participar de forma complementar do sistema único de saúde, segundo diretrizes deste, mediante contrato de direito público ou convênio, tendo preferência as entidades filantrópicas e as sem fins lucrativos". TM

Gabarito "B"

15. ORDEM ECONÔMICA E FINANCEIRA

Defensor Público – DPE/ES – 2016 – FCC) No tocante ao instituto da usucapião constitucional, ou para fins de moradia, consagrado no capítulo da Política Urbana da Constituição Federal de 1988, conforme dispõe de forma expressa a norma constitucional:

I. Aquele que possuir como sua área urbana de até duzentos e cinquenta metros quadrados, por cinco anos, ininterruptamente e sem oposição, utilizando-a para sua moradia ou de sua família, adquirir-lhe-á o domínio, mesmo que seja proprietário de outro imóvel urbano ou rural.

II. O título de domínio e a concessão de uso serão conferidos ao homem ou à mulher, ou a ambos, desde que comprovado o estado civil de casados.

III. O direito à usucapião para fins de moradia não será reconhecido ao mesmo possuidor mais de uma vez.

IV. Os imóveis públicos não serão adquiridos por usucapião.

Está correto o que se afirma APENAS em

(A) II, III e IV.

(B) III e IV.

(C) I e IV.

(D) I e II.

(E) II e III.

I: Errada. Art. 183, *caput*, da CF: "Aquele que possuir como sua área urbana de até duzentos e cinquenta metros quadrados, por cinco anos, ininterruptamente e sem oposição, utilizando-a para sua moradia ou de sua família, adquirir-lhe-á o domínio, desde que não seja proprietário de outro imóvel urbano ou rural"; **II:** Errada. Art. 183, § 1º, da CF: "O título de domínio e a concessão de uso serão conferidos ao homem ou à mulher, ou a ambos, independentemente do estado civil"; **III:** Correta. Art. 183, § 2º, da CF; **IV:** Correta. Art. 183, § 3º, da CF.

Gabarito "B"

(Procurador do Estado – PGE/RN – FCC – 2014) A expropriação de propriedades rurais de qualquer região do país em que for identificada a exploração de trabalho escravo, sem qualquer indenização ao proprietário, para destinação à reforma agrária, é medida:

(A) compatível com a Constituição da República, na qual está prevista expressamente, dependente a norma constitucional, no entanto, de lei para produzir os efeitos pretendidos.

(B) incompatível com a Constituição da República, que sujeita a propriedade, nessa hipótese, a desapropriação mediante prévia e justa indenização, em títulos da dívida agrária, com cláusula de preservação do valor real.

(C) incompatível com a Constituição da República, que somente admite a expropriação de propriedades rurais em que são localizadas culturas ilegais de plantas psicotrópicas.

(D) incompatível com a Constituição da República, que determina, nessa hipótese, que a propriedade seja destinada ao assentamento de colonos, para o cultivo de produtos alimentícios e medicamentosos.

(E) compatível com a Constituição da República, embora não esteja nela prevista expressamente, na medida em que a propriedade em que não se observem as disposições que regulam as relações de trabalho descumpre a função social, sujeitando-se à reforma agrária.

Art. 243, CF: "As propriedades rurais e urbanas de qualquer região do País onde forem localizadas culturas ilegais de plantas psicotrópicas ou a exploração de trabalho escravo na forma da lei serão expropriadas e destinadas à reforma agrária e a programas de habitação popular, sem qualquer indenização ao proprietário e sem prejuízo de outras sanções previstas em lei, observado, no que couber, o disposto no art. 5º". TM

Gabarito "A"

(Procurador do Estado – PGE/RN – FCC – 2014) A Lei Federal nº 6.538/1978 dispõe sobre a prestação dos serviços postais e prescreve em seu artigo 9º:

Art. 9º – São exploradas pela União, em regime de monopólio, as seguintes atividades postais:

I. recebimento, transporte e entrega, no território nacional, e a expedição, para o exterior, de carta e cartão-postal;

II. recebimento, transporte e entrega, no território nacional, e a expedição, para o exterior, de correspondência agrupada;

III. fabricação, emissão de selos e de outras fórmulas de franqueamento postal.

§ 1º – Dependem de prévia e expressa autorização da empresa exploradora do serviço postal:

a) venda de selos e outras fórmulas de franqueamento postal;

b) fabricação, importação e utilização de máquinas de franquear correspondência, bem como de matrizes para estampagem de selo ou carimbo postal.

§ 2º – Não se incluem no regime de monopólio:

a) transporte de carta ou cartão-postal, efetuado entre dependências da mesma pessoa jurídica, em negócios de sua economia, por meios próprios, sem intermediação comercial;

b) transporte e entrega de carta e cartão-postal, executados eventualmente e sem fins lucrativos, na forma definida em regulamento.

Considerando as disposições da Constituição Federal vigente sobre a matéria, bem como a jurisprudência do Supremo Tribunal Federal, o serviço de entrega de carta cujo conteúdo seja não comercial, de interesse específico e pessoal do destinatário, rege-se pelo regime jurídico:

(A) da atividade econômica em sentido estrito, cuja exploração se sujeita aos princípios da livre iniciativa e livre concorrência, podendo ser prestado pela União enquanto necessária aos imperativos da segurança nacional ou a relevante interesse coletivo, conforme definidos em lei.

(B) da atividade econômica sob monopólio da União, cuja exploração deve observar os princípios constitucionais da ordem econômica.

(C) do serviço público, de competência da União, mas pode ser prestado diretamente pela iniciativa privada sob os princípios da livre iniciativa e livre concorrência, nos termos da lei.

(D) do serviço público, de competência da União, não se submetendo aos princípios da livre iniciativa e livre concorrência.

(E) da atividade econômica em sentido estrito, na hipótese de ser explorado por empresa pública federal, mas o regime jurídico será o do serviço público, caso prestado diretamente pela União.

O STF manteve o monopólio dos Correios para entrega de cartas pessoais ao julgar a ADPF 46. TM

Gabarito "D"

16. DEFESA DO ESTADO

(Procurador do Estado – PGE/RN – FCC – 2014) Considere as afirmativas abaixo sobre a disciplina constitucional da segurança pública.

I. A polícia federal, entre outras finalidades, destina-se a apurar infrações penais contra a ordem política e social ou em detrimento de bens, serviços e interesses da União ou de suas entidades autárquicas e empresas públicas, assim como outras infrações cuja prática tenha repercussão interestadual ou internacional e exija repressão uniforme, segundo se dispuser em lei.

II. Os Municípios poderão constituir guardas municipais destinadas à proteção de seus bens, serviços e instalações, conforme dispuser lei complementar.

III. Ressalvada a competência da União, cujas funções de polícia judiciária são exercidas, com exclusividade, pela polícia federal, incumbem às polícias civis, subordinadas aos Governadores de Estados, Distrito Federal e Territórios e dirigidas por delegados de polícia de carreira, as funções de polícia judiciária e a apuração de infrações penais, exceto as militares.

IV. A segurança viária, exercida para a preservação da ordem pública e da incolumidade das pessoas e do seu patrimônio nas vias públicas, compete, no âmbito dos Estados, do Distrito Federal e dos Municípios, aos respectivos órgãos ou entidades executivos e seus agentes de trânsito, estruturados em carreira, na forma da lei.

Está correto o que se afirma APENAS em:

(A) III.

(B) I, II e III.

(C) I e IV.

(D) I, III e IV.

(E) II e IV.

I: correta. Art. 144, § 1º, I, CF; **II:** incorreta. O art. 144, § 8º, da CF, exige apenas lei ordinária; **III:** Correta. Art. 144, § 4º, CF; **IV:** correta. Art. 144, § 10, I e II, CF. TM

Gabarito "D"

(Procurador do Estado – PGE/RN – FCC – 2014) Um cidadão, brasileiro naturalizado, recusa-se a prestar serviço de júri para o qual havia sido convocado, invocando, para tanto, motivo de crença religiosa. Diante da recusa, o juiz competente, com fundamento em previsão expressa do Código de Processo Penal, fixa serviço alternativo a ser cumprido pelo cidadão em questão, consistente no exercício de atividades de caráter administrativo em órgão do Poder Judiciário. Nessa hipótese,

(A) o cidadão não poderia ter exercido objeção de consciência, por se tratar de direito assegurado pela Constituição da República tão somente a brasileiros natos, no pleno gozo de seus direitos políticos.

(B) a previsão do Código de Processo Penal que autoriza a fixação de serviço alternativo é inconstitucional, uma vez que ninguém poderá ser compelido a cumprir qualquer obrigação, ainda que imposta legalmente a todos, quando invocar para tanto motivo de crença religiosa ou de convicção filosófica ou política.

(C) o cidadão estará obrigado ao cumprimento do serviço alternativo, sob pena de cancelamento de sua naturalização por ato do Ministro da Justiça e consequente suspensão dos direitos políticos.

(D) a fixação de serviço alternativo pelo juiz é compatível com a Constituição, uma vez que prevista em lei, não podendo o cidadão recusar-se a seu cumprimento, sob pena de suspensão de seus direitos políticos, enquanto não prestar o serviço imposto.

(E) o cidadão não poderia ter-se recusado à prestação do serviço do júri por motivo de crença religiosa, mas tão somente por motivo de convicção política ou filosófica, devendo ser privado do exercício de seus direitos políticos.

A hipótese trata da escusa de consciência, prevista no art. 143, § 1º, CF: "1º Às Forças Armadas compete, na forma da lei, atribuir serviço alternativo aos que, em tempo de paz, após alistados, alegarem imperativo de consciência, entendendo-se como tal o decorrente de crença religiosa e de convicção filosófica ou política, para se eximirem de atividades de caráter essencialmente militar". Ver também art. 15, IV, CF. TM

Gabarito "D"

17. TRIBUTAÇÃO E ORÇAMENTO

(Procurador do Estado – PGE/MT – FCC – 2016) Um Decreto editado pelo Governador de determinado Estado altera o prazo de recolhimento de ICMS, com vigência imediata a partir de sua publicação, no mês de janeiro de 2016. Neste caso, referido decreto, à luz da Constituição Federal, é

(A) incompatível com a Constituição Federal, por ferir o princípio constitucional tributário da legalidade.

(B) incompatível com a Constituição Federal, por ferir o princípio constitucional tributário da anterioridade.

(C) incompatível com a Constituição Federal, por ferir o princípio constitucional tributário da irretroatividade.

(D) compatível com a Constituição Federal, não estando sujeito ao princípio constitucional tributário da anterioridade.

(E) incompatível com a Constituição Federal, por ferir o princípio constitucional tributário da capacidade contributiva.

De acordo com a Súmula Vinculante 50/STF, "Norma legal que altera o prazo de recolhimento de obrigação tributária não se sujeita ao princípio da anterioridade". TM

Gabarito "D"

(Procurador do Estado – PGE/MT – FCC – 2016) No que concerne às limitações do poder de tributar, à luz da Constituição Federal e da jurisprudência do Supremo Tribunal Federal, considere:

I. O imóvel pertencente a uma determinada instituição de assistência social sem fins lucrativos que atenda aos requisitos da lei está imune ao Imposto sobre a Propriedade Predial e Territorial Urbana - IPTU, ainda que alugado a terceiros, desde que o valor dos aluguéis seja aplicado nas atividades para as quais a instituição foi constituída.

II. Não estão imunes à incidência do Imposto sobre a Propriedade de Veículos Automotores - IPVA veículos de propriedade da Empresa de Correios e Telégrafos, independentemente de serem utilizados no exercício de atividades em regime de exclusividade ou em concorrência com a iniciativa privada.

III. Aplica-se a imunidade tributária para fins de incidência de Imposto sobre a Propriedade Predial e Territorial Urbana - IPTU aos imóveis temporariamente ociosos e sem qualquer utilização pertencentes a um determinado partido político.

IV. A imunidade tributária não abrange os serviços prestados por empresas que fazem a distribuição, o transporte ou a entrega de livros, jornais, periódicos e do papel destinado à sua impressão.

Está correto o que se afirma APENAS em:

(A) I e II.

(B) II, III e IV.

(C) I,II e III.

(D) III e IV.

(E) I,III e IV.

I: correta. Súmula Vinculante 52/STF: "Ainda quando alugado a terceiros, permanece imune ao IPTU o imóvel pertencente a qualquer das entidades referidas pelo art. 150, VI, "c", da Constituição Federal, desde que o valor dos aluguéis seja aplicado nas atividades para as quais tais entidades foram constituídas"; **II:** incorreta. De acordo com o STF, ao julgar a ACO 765/RJ, "a norma do art. 150, VI, "a", da Constituição Federal alcança as empresas públicas prestadoras de serviço público, como é o caso da autora, que não se confunde com as empresas públicas que exercem atividade econômica em sentido estrito. Com isso, impõe-se o reconhecimento da imunidade recíproca prevista na norma supracitada"; **III:** correta. O STF julgou a matéria em repercussão geral (RE 767332), concluindo que "a imunidade tributária, prevista no art. 150, VI, *c*, da CF/88, aplica-se aos bens imóveis, temporariamente ociosos, de propriedade das instituições de educação e de assistência social sem fins lucrativos que atendam aos requisitos legais"; **IV:** correta. Entendimento do STF ao julgar o RE 530121-AgR. TM

Gabarito "E".

18. TEMAS COMBINADOS

(Técnico Judiciário – TRE/SP – FCC – 2017) Considere as seguintes situações:

I. Ato de colocação de magistrado em disponibilidade, por interesse público, mediante decisão tomada por dois terços dos membros do respectivo tribunal, após lhe ter sido assegurada ampla defesa.

II. Constituição, em tribunal com sessenta julgadores, de órgão especial para exercício de atribuições administrativas e jurisdicionais delegadas da competência do tribunal pleno, provida metade das vagas por antiguidade e, a outra metade, por eleição pelo tribunal pleno.

III. Criação, no âmbito do Estado, de justiça de paz remunerada, composta de cidadãos eleitos pelo voto direto, universal e secreto, com mandato de quatro anos e competência para, na forma da lei, celebrar casamentos, verificar, de ofício ou em face de impugnação apresentada, o processo de habilitação e exercer atribuições conciliatórias, sem caráter jurisdicional, além de outras previstas na legislação.

IV. Destinação de um quinto das vagas de Tribunal estadual a membros do Ministério Público, com mais de dez anos de carreira, e a advogados de notório saber jurídico e de reputação ilibada, com mais de dez anos de efetiva atividade profissional, indicados em lista tríplice pelos órgãos de representação das respectivas classes, para nomeação pelo chefe do Poder Executivo respectivo.

São compatíveis com a Constituição Federal APENAS as situações referidas em

(A) Ie II.

(B) III e IV.

(C) II e IV.

(D) I,II e III.

(E) I,III e IV.

I: Compatível com o art. 93, inc. VIII da CF; **II:** Compatível com o art. 93, inc XI, da CF; **III:** Compatível com o art. 98, II, da CF; e **IV:** A indicação dos membros do Ministério Público e da advocacia serão realizadas por intermédio de lista sêxtupla pelos órgãos de representação das respectivas classes. A formação da lista tríplice, na verdade, será realizada ulteriormente pelo Tribunal que reunindo os três nomes destacados, enviarão ao chefe do Executivo para que defina o escolhido. (art. 94, *caput* e Parágrafo Único da CF). Dessa forma, vê-se como compatíveis os anúncios dos itens I, II e III. TC

Gabarito "D".

(Procurador do Estado – PGE/RN – FCC – 2014) Considere as situações abaixo.

I. Proibição, por lei municipal, da instalação de novo estabelecimento comercial a menos de 500 metros de outro da mesma natureza.

II. Proibição, por atos normativos infralegais, da importação de pneus usados.

III. Exigência, pela Fazenda Pública, de prestação de fiança, garantia real ou fidejussória para a expedição de notas fiscais de contribuintes em débito com o fisco.

São incompatíveis com a Constituição da República, por afronta aos princípios da livre iniciativa e da liberdade de exercício de atividade econômica, as situações descritas em:

(A) I, II e III.

(B) I, apenas.

(C) II, apenas.

(D) I e III, apenas.

(E) II e III, apenas.

I: correta. É incompatível com a Constituição. Ver Súmula Vinculante 49/STF; **II:** incorreta. A proibição é constitucional, conforme julgou o STF na ADPF 101; **III:** correta, sendo incompatível com a Constituição. Ver RE 565048. Lembre-se que a questão pede que sejam assinaladas as condutas que afrontam a CF. TM

Gabarito "D".

2. Direito Administrativo

Ariane Wady, Flavia Moraes Barros, Georgia Renata Dias, Henrique Subi, Ivo Shigueru Tomita, Sebastião Edilson Gomes e Wander Garcia*

1. REGIME JURÍDICO ADMINISTRATIVO E PRINCÍPIOS DO DIREITO ADMINISTRATIVO

1.1. Regime jurídico administrativo

(Técnico Judiciário – TRE/SP – FCC – 2017) Considere a lição de Maria Sylvia Zanella Di Pietro: *A Administração não pode atuar com vistas a prejudicar ou beneficiar pessoas determinadas, uma vez que é sempre o interesse público que tem que nortear o seu comportamento.* (Direito Administrativo, São Paulo: Atlas, 29ª edição, p. 99). Essa lição expressa o conteúdo do princípio da

(A) impessoalidade, expressamente previsto na Constituição Federal, que norteia a atuação da Administração pública de forma a evitar favorecimentos e viabilizar o atingimento do interesse público, finalidade da função executiva.

(B) legalidade, que determina à Administração sempre atuar de acordo com o que estiver expressamente previsto na lei, em sentido estrito, admitindo-se mitigação do cumprimento em prol do princípio da eficiência.

(C) eficiência, que orienta a atuação e o controle da Administração pública pelo resultado, de forma que os demais princípios e regras podem ser relativizados.

(D) supremacia do interesse público, que se coloca com primazia sobre os demais princípios e interesses, uma vez que atinente à finalidade da função executiva.

(E) publicidade, tendo em vista que todos os atos da Administração pública devem ser de conhecimento dos administrados, para que possam exercer o devido controle.

A: correta. O princípio da impessoalidade possui um duplo aspecto referente à relação da Administração Pública para com terceiros e, ainda, dos agentes públicos para com a Administração Pública. Primeiramente, ele estabelece que a Administração Pública deve tratar a todos de modo isonômico, tanto formal como materialmente. Em outras palavras, não deve agir com terceiros com qualquer traço de favoritismo ou perseguição. De outra banda, os agentes públicos devem atuar cientes de que não têm com a Administração Pública uma relação de propriedade. A coisa é pública e o poder emana do povo, seu verdadeiro dono em uma democracia, de modo que os agentes públicos devem pautar-se unicamente pela impessoalidade em suas ações. **B:** incorreta. Diferentemente do particular que, segundo o que estabelece o artigo 5º, inciso II, da CF/1988 não pode ser obrigado a fazer ou deixar de fazer algo senão em virtude de lei, a Administração Pública só pode atuar nos exatos termos da lei. É por isso que se diz que a Administração deve observância ao princípio da legalidade estrita, só podendo atuar quando autorizado e nos termos em que autorizado pela lei, não podendo utilizar do princípio da eficiência para fugir dos limites estabelecidos legalmente. **C:** incorreta. O princípio da eficiência prega a boa administração, estabelece como obrigatória a procura da produtividade e economicidade, a prestação da atividade administração com maior presteza e perfeição possíveis. Isso não significa, todavia, a relativização dos princípios e regras que regem a Administração Pública. Como dito na assertiva "B", a Administração deve observância ao princípio da legalidade estrita, só podendo atuar quando autorizado e nos termos em que autorizado pela lei, não podendo utilizar do princípio da eficiência para fugir dos limites estabelecidos legalmente. Os fins não justificam os meios se esses forem ilícitos; **D:** incorreta. O chamado princípio da supremacia do interesse público sobre o interesse privado não possui primazia sobre os demais princípios. Segundo a doutrina de Celso Antônio Bandeira de Mello, esse princípio, juntamente com o princípio da indisponibilidade do interesse público, constituem os pilares do regime jurídico administrativo, que nada mais é do que o conjunto de princípios e regras peculiares ao Direito Administrativo, conjunto esse responsável por lhe conferir unidade sistêmica, estabelecendo as prerrogativas e sujeições aplicáveis à Administração Pública. Como ele mesmo esclarece, e como reforçam e exaltam grandes doutrinadores da atualidade, esse princípio da supremacia não é absoluto nem pode ser lido longe de toda a legislação existente na atualidade, com toda sua gama de proteção aos direitos individuais e coletivos. **E:** incorreta. O princípio da publicidade determina o dever administrativo de manter plena transparência em seus comportamentos, mas ele não é absoluto. O artigo 5º, XXXIII, admite o sigilo quanto "imprescindível à segurança da Sociedade e do Estado". FMB

Gabarito "A".

(Técnico Judiciário – TRT24 – FCC – 2017) Em importante julgamento proferido pelo Superior Tribunal de Justiça, reconheceu a Corte Superior a impossibilidade de acumulação de cargos públicos de profissionais da área da saúde quando a jornada de trabalho superar sessenta horas semanais. Assim, foi considerada a legalidade da limitação da jornada de trabalho do profissional de saúde para sessenta horas semanais, na medida em que o profissional da área da saúde precisa estar em boas condições físicas e mentais para bem exercer as suas atribuições, o que certamente depende de adequado descanso no intervalo entre o final de uma jornada de trabalho e o início da outra, o que é impossível em condições de sobrecarga de trabalho. Tal entendimento está em consonância com um dos princípios básicos que regem a atuação administrativa, qual seja, o princípio da

(A) publicidade.

* **Ariane Wady** comentou as questões de DPE/ES/16 e DPE/BA/16; **Flavia Moraes Barros** comentou as questões de Cartório; **Sebastião Edilson Gomes** comentou as questões de Agente de Polícia; **Georgia Renata Dias** comentou as questões de Analista: TRT/2ªREG/14, TRT/16ªREG/14, TRT/19ªREG/14, TRF/3ªREG/14, TRT/12ª/13, TRT/18ª/13; **Ivo Shigueru Tomita** comentou as questões de Técnico: TRT/2ªREG/2014, TRF/3ªREG/2014, TRT/19ªREG/2014, TRT12/13, TRT18/13; **Wander Garcia** comentou as questões de Procuradorias, Magistraturas, Ministério Público Estadual, Tribunais Técnico, Defensoria, Analista, MPU, Delegado, Advogado; **Henrique Subi e Wander Garcia** comentaram as questões de: Fiscais; **Wander Garcia** atualizou todas as questões do capítulo e comentou as questões de MAG/TRT1ª/2016, MAG/RR – 2015, MAG/SC – 2015, MAG/GO – 2015.

AW questões comentadas por: **Ariane Wady.**

FMB questões comentadas por: **Flavia Moraes Barros.**

(B) motivação.

(C) eficiência.

(D) moralidade.

(E) impessoalidade.

A: incorreta. O princípio da publicidade previsto no artigo 37, *caput*, da CF/1988, estabelece o dever de divulgação oficial dos atos administrativos. Se apõe como medida a demonstrar a vontade da Administração Pública e sua consonância com o interesse da coletividade. Dá transparência a seus atos. **B:** incorreta. O princípio da motivação – artigo 37, *caput*, da CF/1988 – determina que a administração deverá justificar seus atos, apresentando as razões de direito que o fizeram decidir sobre os fatos. A motivação dos atos administrativos deve ser demonstrada de forma clara, precisa e completa, estando a ela vinculados os atos decorrentes. **C:** correta. O princípio da eficiência – artigo 37, *caput*, da CF/1988 – incluído no ordenamento jurídico pela emenda constitucional n. 19/1998, impôs ao agente público, o exercício de sua atuação de forma imparcial, neutra, transparente, participativa, eficaz, sem burocracia, primando pela rentabilidade social. Com isso, a atuação do agente está condicionada também a capacidade de exercício de suas funções seja com base em sua capacitação técnica, bem como física e emocional, condicionantes ao bom exercício das atividades que lhe são confiadas, tornando, portanto, indisponível seu horário de descanso mínimo. **D:** incorreta. O princípio da moralidade – artigo 37, *caput*, da CF/1988 – Hely Lopes Meirelles declara que "o agente administrativo, como ser humano dotado de capacidade de atuar, deve, necessariamente, distinguir o Bem do Mal, o Honesto do Desonesto. E ao atuar, não poderá desprezar o elemento ético da sua conduta. Assim, não terá que decidir somente entre o legal e o ilegal, o justo do injusto, o conveniente e o inconveniente, o oportuno e o inoportuno, mas também entre o honesto e o desonesto." (MEIRELLES, 2012, pág. 90). Condiz com as razoes que guiarão o ato do administrador. **E:** incorreta. Princípio da impessoalidade – artigo 37, *caput*, da CF/1988 – "consiste na vedação aos tratamentos discriminatórios" (Celso Ribeiro Bastos, Curso de direito constitucional, São Paulo, Saraiva, 1992, p. 287). FMB

Gabarito "C".

1.2. Princípios administrativos expressos na Constituição

(Magistratura – TRT 1ª – 2016 – FCC) São princípios previstos na Constituição Federal e que devem ser obedecidos pela Administração Pública Direta e Indireta de qualquer dos poderes da União, Estados, Distrito Federal e Municípios:

I. Pessoalidade

II. Legalidade

III. Formalidade

IV. Eficiência

Está correto o que consta em

(A) I e III, apenas.

(B) II e IV, apenas.

(C) I, II, III e IV.

(D) I e IV, apenas.

(E) II e III, apenas.

I: incorreta, pois o princípio correto é o da impessoalidade, e não o da pessoalidade (art. 37, *caput*, da CF); **II:** correta (art. 37, *caput*, da CF), integrando o famoso LIMPE (legalidade, impessoalidade, moralidade, publicidade e eficiência); **III:** incorreta, pois esse princípio não está previsto na CF; **IV:** correta (art. 37, *caput*, da CF), integrando o famoso LIMPE (legalidade, impessoalidade, moralidade, publicidade e eficiência).

Gabarito "B".

(Técnico – TRT/19ª Região – 2014 – FCC) Roberto, empresário, ingressou com representação dirigida ao órgão competente da Administração pública, requerendo a apuração e posterior adoção de providências cabíveis, tendo em vista ilicitudes praticadas por determinado servidor público, causadoras de graves danos não só ao erário como ao próprio autor da representação. A Administração pública recebeu a representação, instaurou o respectivo processo administrativo, porém, impediu que Roberto tivesse acesso aos autos, privando-o de ter ciência das medidas adotadas, sendo que o caso não se enquadra em nenhuma das hipóteses de sigilo previstas em lei. O princípio da Administração pública afrontado é a

(A) publicidade.

(B) eficiência.

(C) isonomia.

(D) razoabilidade.

(E) improbidade.

Trata-se do princípio da publicidade, prevista no art. 37, *caput*, da CF, art. 2º, parágrafo único, V, da Lei 9.784/1999. Ver, também, a Lei 12.527/2011, que regulamentou o acesso à informação do art. 5º, XXXIII, da CF.

Gabarito "A".

(Magistratura/PE – 2013 – FCC) A Constituição Federal vigente prevê, no *caput* de seu art. 37, a observância, pela Administração Pública, do princípio da legalidade. Interpretando-se essa norma em harmonia com os demais dispositivos constitucionais, tem-se que

(A) a extinção de cargos públicos, em qualquer hipótese, depende de lei.

(B) a Administração é livre para agir na ausência de previsão legislativa.

(C) é cabível a delegação do Congresso Nacional para que o Presidente da República disponha sobre diretrizes orçamentárias.

(D) os Municípios, por uma questão de hierarquia, devem antes atender ao disposto em leis estaduais ou federais, do que ao disposto em leis municipais.

(E) o Chefe do Poder Executivo participa do processo legislativo, tendo iniciativa privativa para propor certos projetos de lei, como aqueles sobre criação de cargos públicos na Administração direta federal.

A: incorreta, pois os cargos públicos, quando vagos, podem ser extintos por decreto (art. 84, VI, "b", da CF); **B:** incorreta, pois o princípio da legalidade determina que a Administração só pode agir como a lei autorizar; **C:** incorreta, pois não pode ser objeto de delegação a legislação sobre planos plurianuais, *diretrizes orçamentárias* e orçamentos (art. 68, § 1º, III, da CF); **D:** incorreta, pois cada lei mencionada tem seu âmbito de incidência, e, naquele âmbito, não há preferência para uma lei ou outra, devendo todas serem cumpridas; **E:** correta (art. 61, § 1º, II, "a", da CF).

Gabarito "E".

(Técnico Judiciário – Área Administrativa – TRT12 – 2013 – FCC) A Lei 9.784/1999, que trata dos processos administrativos no âmbito da Administração Pública Federal, traz princípios a serem obedecidos pela Administração Pública. A mesma lei também prevê os critérios que serão observados nos processos administrativos, entre eles, a adequação entre meios e fins, vedada a imposição de obrigações, restrições e sanções em medida superior àquelas estritamente necessárias ao atendimento do interesse público. Referido critério refere-se ao princípio da

(A) Motivação.

(B) Ampla defesa.

(C) Eficiência.

(D) Segurança Jurídica.

(E) Proporcionalidade.

A alternativa descreve o princípio da proporcionalidade, prevista no art. 2º, *caput*, e parágrafo único, VI, da Lei 9.784/1999.

Gabarito "E"

(Técnico Judiciário – Área Administrativa – TRT18 – 2013 – FCC) A Administração pública sujeita-se a princípios previstos na Constituição Federal de 1988. Dentre eles, o princípio da

(A) legalidade, que exige a prática de atos expressamente previstos em lei, não se aplicando quando se trata de atos discricionários.

(B) moralidade, que se sobrepõe aos demais princípios, inclusive ao da legalidade.

(C) impessoalidade, que impede a identificação do nome dos servidores nos atos praticados pela administração.

(D) publicidade, que exige, inclusive por meio da publicação em impressos e periódicos, seja dado conhecimento da atuação da Administração aos interessados e aos administrados em geral.

(E) isonomia, que impede a edição de decisões distintas a respeito de determinado pedido, independentemente da situação individual de cada requerente.

A: Incorreta. A Administração Pública sujeita-se ao princípio da legalidade na prática de todos os atos, inclusive os discricionários; **B:** Incorreta. Não há que se falar em hierarquia entre os princípios constitucionais do art. 37, *caput*, da CF; **C:** Incorreta. O princípio da impessoalidade consiste na ideia de que os atos dos agentes públicos devem ser imputados à Administração Pública e não à pessoa do agente (GARCIA, Wander. **Manual Completo de Direito Administrativo para Concursos**. Indaiatuba: Editora FOCO, 2014, p. 53); **D:** Correta, conforme previsão do art. 37, *caput*, e art. 5º, XXXIII, da CF; **E:** Incorreta. Para que a isonomia seja plenamente eficaz, as decisões administrativas deverão sempre considerar a situação individual de cada requerente.

Gabarito "D"

(Técnico Judiciário – TRT9 – 2012 – FCC) Diante de uma situação de irregularidade, decorrente da prática de ato pela própria Administração pública brasileira, é possível a esta restaurar a legalidade, quando for o caso, lançando mão de seu poder

(A) de tutela, expressão de limitação de seu poder discricionário e corolário do princípio da legalidade.

(B) de autotutela, que permite a revisão, de ofício, de seus atos para, sanar ilegalidade.

(C) de autotutela, expressão do princípio da supremacia do interesse público, que possibilita a alteração de atos por razões de conveniência e oportunidade, sempre que o interesse público assim recomendar.

(D) disciplinar, que se expressa, nesse caso, por meio de medidas corretivas de atuação inadequada do servidor público que emitiu o ato.

(E) de tutela disciplinar, em razão da atuação ilegal do servidor público, que faz surgir o dever da Administração de corrigir seus próprios atos.

Nesses casos, a administração deve ser valer do princípio da autotutela, previsto no art. 53 da Lei 9.784/1999, pelo qual "A Administração deve anular seus próprios atos, quando eivados de vício de legalidade, e pode revogá-los por motivo de conveniência ou oportunidade, respeitados os direitos adquiridos".

Gabarito "B"

(Técnico – TRT/6ª – 2012 – FCC) Pode-se, sem pretender esgotar o conceito, definir o princípio da eficiência como princípio

(A) constitucional que rege a Administração Pública, do qual se retira especificamente a presunção absoluta de legalidade de seus atos.

(B) infralegal dirigido à Administração Pública para que ela seja gerida de modo impessoal e transparente, dando publicidade a todos os seus atos.

(C) infralegal que positivou a supremacia do interesse público, permitindo que a decisão da Administração sempre se sobreponha ao interesse do particular.

(D) constitucional que se presta a exigir a atuação da Administração Pública condizente com a moralidade, na medida em que esta não encontra guarida expressa no texto constitucional.

(E) constitucional dirigido à Administração Pública para que seja organizada e dirigida de modo a alcançar os melhores resultados no desempenho de suas funções.

A: incorreta, pois, apesar de ser princípio constitucional (art. 37, *caput*, da CF/1988), a presunção de legalidade dos atos administrativos decorre do princípio da legalidade (e não da eficiência) e é uma presunção relativa (e não absoluta); **B:** incorreta, pois o princípio está previsto na Constituição (art. 37, *caput*, da CF/1988), ou seja, não é meramente infralegal; ademais, o princípio da eficiência diz respeito ao dever de alcançar os melhores resultados no desempenho de suas funções e não às questões da impessoalidade (que diz respeito ao princípio da impessoalidade) e da transparência (que diz respeito ao princípio da publicidade); **C:** incorreta, pois é princípio constitucional (art. 37, *caput*, da CF/1988) e não infralegal; ademais, as informações subsequentes dizem respeito ao princípio da supremacia do interesse público sobre o privado e não ao princípio da eficiência; **D:** incorreta, pois o princípio da moralidade é independente do princípio da eficiência e também está previsto expressamente no art. 37, *caput*, da Constituição; **E:** correta, pois o princípio realmente está na Constituição e, no que diz respeito aos deveres que impõe à Administração, a alternativa traz adequada descrição do princípio.

Gabarito "E"

(Magistratura – TRT 1ª – 2016 – FCC) São princípios previstos na Constituição Federal e que devem ser obedecidos pela Administração Pública Direta e Indireta de qualquer dos poderes da União, Estados, Distrito Federal e Municípios:

I. Pessoalidade

II. Legalidade

III. Formalidade

IV. Eficiência

Está correto o que consta em

(A) I e III, apenas.

(B) II e IV, apenas.

(C) I, II, III e IV.

(D) I e IV, apenas.

(E) II e III, apenas.

I: incorreta, pois o princípio correto é o da impessoalidade, e não o da pessoalidade (art. 37, *caput*, da CF); **II:** correta (art. 37, *caput*, da

CF), integrando o famoso LIMPE (legalidade, impessoalidade, moralidade, publicidade e eficiência); **III:** incorreta, pois esse princípio não está previsto na CF; **IV:** correta (art. 37, *caput*, da CF), integrando o famoso LIMPE (legalidade, impessoalidade, moralidade, publicidade e eficiência).

Gabarito "B"

(Magistratura/PE – 2013 – FCC) A Constituição Federal vigente prevê, no *caput* de seu art. 37, a observância, pela Administração Pública, do princípio da legalidade. Interpretando-se essa norma em harmonia com os demais dispositivos constitucionais, tem-se que

(A) a extinção de cargos públicos, em qualquer hipótese, depende de lei.

(B) a Administração é livre para agir na ausência de previsão legislativa.

(C) é cabível a delegação do Congresso Nacional para que o Presidente da República disponha sobre diretrizes orçamentárias.

(D) os Municípios, por uma questão de hierarquia, devem antes atender ao disposto em leis estaduais ou federais, do que ao disposto em leis municipais.

(E) o Chefe do Poder Executivo participa do processo legislativo, tendo iniciativa privativa para propor certos projetos de lei, como aqueles sobre criação de cargos públicos na Administração direta federal.

A: incorreta, pois os cargos públicos, quando vagos, podem ser extintos por decreto (art. 84, VI, "b", da CF); **B:** incorreta, pois o princípio da legalidade determina que a Administração só pode agir como a lei autorizar; **C:** incorreta, pois não pode ser objeto de delegação a legislação sobre planos plurianuais, *diretrizes orçamentárias* e orçamentos (art. 68, § 1º, III, da CF); **D:** incorreta, pois cada lei mencionada tem seu âmbito de incidência, e, naquele âmbito, não há preferência para uma lei ou outra, devendo todas serem cumpridas; **E:** correta (art. 61, § 1º, II, "a", da CF).

Gabarito "E"

(Defensor Público/SP – 2012 – FCC) Com relação aos princípios constitucionais da Administração Pública, está em conformidade com a

(A) moralidade o ato administrativo praticado por agente público em favorecimento próprio, desde que revestido de legalidade.

(B) eficiência a prestação de serviço público que satisfaça em parte às necessidades dos administrados, desde que realizados com rapidez e prontidão.

(C) publicidade o sigilo imprescindível à segurança da sociedade e do Estado ou o indispensável à defesa da intimidade.

(D) impessoalidade a violação da ordem cronológica dos precatórios para o pagamento dos créditos de natureza comum.

(E) legalidade a inobservância a quaisquer atos normativos que não sejam lei em sentido estrito e provindos de autoridades administrativas.

A: incorreta, pois o favorecimento próprio fere a moralidade administrativa; **B:** incorreta, pois o serviço deve ser eficiente para todos e não só para parte dos administrados, sob pena de violação ao princípio da igualdade; **C:** correta (art. 5º, LX, da CF); **D:** incorreta, pois uma das facetas da impessoalidade é justamente o tratamento igualitário a todos, sendo que a violação à ordem cronológica dos precatórios para créditos de natureza comum quebra essa isonomia; **E:** incorreta, pois o princípio da legalidade impõe obediência não só à lei, como também às normas administrativas.

Gabarito "C"

1.3. Princípios Administrativos Expressos em Outras Leis ou Implícitos E princípios combinados

(Analista Judiciário – Área Administrativa – TRT18 – 2013 – FCC) O princípio da continuidade dos serviços públicos

(A) aplica-se aos serviços públicos próprios e aos impróprios, diante da essencialidade de sua prestação, considerando-se a natureza estrita de serviço público que detêm.

(B) aplica-se somente aos serviços públicos concedidos ou permitidos, tendo em vista que a delegação não constitui instrumento formal de transferência da execução a terceiros.

(C) fundamenta a atribuição de prerrogativas à Administração, incluindo, dentre outras, a possibilidade de alteração contratual, encampação e uso compulsório de bens da contratada vinculados à prestação do serviço.

(D) é sinônimo do princípio da mutabilidade do regime jurídico de prestação de serviços, tendo em vista que não existe direito adquirido a um específico regime jurídico, salvo no que se refere ao equilíbrio econômico-financeiro, que impede a redução dos valores dos contratos.

(E) impede a suspensão ou a interrupção do contrato de prestação de serviços, cuja execução deve prosseguir, independentemente do ajuizamento de medida judicial para exigir eventual adimplência da Administração.

A: incorreta, o serviço público impróprio não possui natureza *estrita* de serviço público. Para Maria Sylvia Zanella de Pietro "essa categoria de atividade denominada de serviço público impróprio não é serviço público em sentido jurídico, porque a lei não a atribui ao Estado como incumbência sua ou, pelo menos, não a atribui com exclusividade, deixou-a nas mãos do particular, apenas submetendo-a especial regime jurídico, tendo em conta sua relevância" (*Direito administrativo*. 25. ed. São Paulo: Atlas, 2012. p. 97); **B:** incorreta, A delegação é o instrumento formal de transferência da execução do serviço público. "Essa transferência poderá ser feita: por lei (a delegação é geral e para autarquias, fundações públicas, empresas públicas e sociedades de economia mista); por contrato (a delegação é contratual e para as concessionárias, permissionárias e parcerias público-privada); por ato administrativo (a delegação é por autorização de serviço público)" (Disponível em: [http://lfg.jusbrasil.com.br/noticias/1137590/qual-a-diferenca-entre-outorga-e-delegacao-de-servico-publico]. Acesso em: 20.10.2016); **C:** correta (vide arts. 9º, § 4º, 35, § 4º e 37 da Lei 8.987/1995); **D:** incorreta, O princípio da continuidade não é sinônimo de princípio da mutabilidade do regime jurídico. O primeiro significa que o serviço público deve ser prestado sem interrupção, isto é, de forma contínua. A Lei 8.789/1995 prevê em seu art. 6º, § 3º, situações excepcionais que autorizam a interrupção do serviço prestado. Já o segundo significa que o regime de prestação do serviço público pode ser alterado para se adaptar ao interesse público, de forma a garantir que o serviço seja prestado de forma adequada. É possível que a Administração Pública reduza unilateralmente o valor dos contratos em até 25% em decorrência da diminuição quantitativa do seu objeto (art. 65, I, *b*, e § 1.º, da Lei 8.666/1993); a redução pode ser maior se houver concordância do particular; **E:** incorreta, há hipóteses em que a prestação de serviço poderá ser suspensa independente de ajuizamento de medida judicial: "o atraso superior a 90 (noventa) dias dos pagamentos devidos pela Administração decorrentes de obras, serviços ou fornecimento, ou parcelas destes, já recebidos ou executados, salvo em caso de calamidade pública, grave perturbação da ordem interna ou guerra, assegurado ao contratado o direito de optar pela suspensão do cumprimento de suas obrigações até que seja normalizada a situação" (art. 78, XV, da Lei 8.666/1993).

Gabarito "C"

(Magistratura/PE – 2013 – FCC) Considere a seguinte afirmação quanto a um ato administrativo:

"Nada impede a autoridade competente para a prática de um ato de motivá-lo mediante remissão aos fundamentos de parecer ou relatório conclusivo elaborado por autoridade de menor hierarquia. Indiferente que o parecer a que se remete a decisão também se reporte a outro parecer: o que importa é que haja a motivação eficiente, controlável a posteriori."

Tal afirmação, no contexto do Direito brasileiro, é

(A) equivocada, pois a Constituição Federal exige a motivação como elemento a constar textualmente dos atos administrativos.
(B) correta, compreendendo a motivação como elemento necessário ao controle do ato administrativo, porém sem exageros de mera formalidade.
(C) equivocada, pois a Lei Federal sobre processo administrativo exige que todo ato administrativo seja motivado pela autoridade que o edita.
(D) correta, pois motivar ou não, em todo caso, é faculdade discricionária da autoridade administrativa.
(E) equivocada, pois a Lei Federal sobre processo administrativo veda que pareceres sejam invocados como motivos suficientes para a prática de atos.

A: incorreta, não há previsão constitucional nesse sentido; **B:** correta; segundo o art. 50, § 1º, da Lei 9.784/1999, a motivação pode "consistir em declaração de concordância com fundamentos de anteriores pareceres, informações, decisões ou propostas, que, neste caso, serão parte integrante do ato"; **C** e **E:** incorretas, pois o art. 50, § 1º, da Lei 9.784/1999 permite a motivação em tela, que tem o nome de motivação *aliunde*; **D:** incorreta, pois a motivação é um princípio (art. 2º, "*caput*", da Lei 9.784/1999) e, como tal, não é facultativa, mas sim obrigatória.

Gabarito "B"

(Defensor Público/PR – 2012 – FCC) Sobre os princípios orientadores da administração pública é INCORRETO afirmar:

(A) A administração pública não pode criar obrigações ou reconhecer direitos que não estejam determinados ou autorizados em lei.
(B) A conduta administrativa com motivação estranha ao interesse público caracteriza desvio de finalidade ou desvio de poder.
(C) A oportunidade e a conveniência são delimitadas por razoabilidade e proporcionalidade tanto na discricionariedade quanto na atividade vinculada da administração pública.
(D) Além de requisito de eficácia dos atos administrativos, a publicidade propicia o controle da administração pública pelos administrados.
(E) O princípio da eficiência tem sede constitucional e se reporta ao desempenho da administração pública.

A: assertiva correta, em função do princípio da legalidade; **B:** assertiva correta, pois todo ato administrativo deve atender à finalidade última da Administração, que é o alcance do interesse público, o que faz com que um ato que tenha motivação estranha ao interesse público se ressinta de desvio de finalidade, também chamado de desvio de poder; **C:** assertiva incorreta, devendo a alternativa ser assinalada; a oportunidade e a conveniência, assim como a razoabilidade e a proporcionalidade dizem respeito apenas aos atos discricionários, já que os atos vinculados são aqueles em que a lei confere ao Administrador apenas uma opção de agir, não havendo como se falar em oportunidade, conveniência, razoabilidade e proporcionalidade, mas apenas podendo falar que o ato está ou não de acordo com o que a lei determina de forma clara e objetiva; **D:** assertiva correta; de fato, a publicidade é requisito de eficácia do ato administrativo (e não de existência ou de validade); ademais, também é correto dizer que a publicidade propicia o controle da administração pública pelos administrados, já que estes não conseguirão saber se os administradores vêm ou não cumprindo o que determina a lei se os atos administrativos não forem devidamente divulgados; **E:** assertiva correta, pois esse princípio está inserto no art. 37, *caput*, da CF; ademais, eles diz respeito, sim, ao desempenho da Administração (e dos administradores, por óbvio), impondo que esta atenda satisfatoriamente aos interesses dos administrados, expressos na lei.

Gabarito "C"

2. PODERES DA ADMINISTRAÇÃO PÚBLICA

Para resolver as questões deste item, vale citar as definições de cada poder administrativo apresentadas por Hely Lopes Meirelles, definições estas muito utilizadas em concursos públicos. Confira:

A) **poder vinculado** – "é aquele que o Direito Positivo – a lei – confere à Administração Pública para a prática de ato de sua competência, determinando os elementos e requisitos necessários à sua formalização";
B) **poder discricionário** – "é o que o Direito concede à Administração, de modo explícito, para a prática de atos administrativos com liberdade na escolha de sua conveniência, oportunidade e conteúdo";
C) **poder hierárquico** – "é o de que dispõe o Executivo para distribuir e escalonar as funções de seus órgãos, ordenar e rever a atuação de seus agentes, estabelecendo a relação de subordinação entre os servidores do seu quadro de pessoal";
D) **poder disciplinar** – "é a faculdade de punir internamente as infrações funcionais dos servidores e demais pessoas sujeitas à disciplina dos órgãos e serviços da Administração";
E) **poder regulamentar** – "é a faculdade de que dispõem os Chefes de Executivo (Presidente da República, Governadores e Prefeitos) de explicar a lei para sua correta execução, ou de expedir decretos autônomos sobre matéria de sua competência ainda não disciplinada por lei";
F) **poder de polícia** – "é a faculdade de que dispõe a Administração Pública para condicionar e restringir o uso e gozo de bens, atividades e direitos individuais, em benefício da coletividade ou do próprio Estado".

(Direito Administrativo Brasileiro, 26ª ed., São Paulo: Malheiros, p. 109 a 123)

2.1. Poder vinculado e discricionário

(Analista – TRF/5ª – 2008 – FCC) Encontrando-se entre os poderes administrativos, o poder discricionário é

(A) a faculdade de que dispõem o Presidente da República, os Governadores e os Prefeitos, de explicar a lei para a sua correta execução.
(B) a liberdade que o administrador tem para decidir de acordo com a sua consciência, mesmo que a decisão seja contrária à lei.
(C) o que a lei confere à Administração para a prática de ato de sua competência determinando os elementos e requisitos necessários à sua formalização.
(D) o de que dispõe o Poder Executivo para distribuir e escalonar as funções de seus órgãos e de ordenar e rever a atuação dos seus agentes.
(E) o que o Direito concede à Administração para a prática de atos administrativos com liberdade na escolha da sua conveniência, oportunidade e conteúdo.

Vide as definições dadas por Hely Lopes Meirelles trazidas no início deste item.

Gabarito "E"

2.2. Poder hierárquico

(Técnico – TRT/19ª Região – 2014 – FCC) Carlos Eduardo, servidor público estadual e chefe de determinada repartição pública, adoeceu e, em razão de tal fato, ficou impossibilitado de comparecer ao serviço público. No entanto, justamente no dia em que o mencionado servidor faltou ao serviço, fazia-se necessária a prática de importante ato administrativo. Em razão do episódio, Joaquim, servidor público subordinado de Carlos Eduardo, praticou o ato, vez que a lei autorizava a delegação. O fato narrado corresponde a típico exemplo do poder

(A) disciplinar.
(B) de polícia.
(C) regulamentar.
(D) hierárquico.
(E) normativo-disjuntivo.

Hierarquia pode ser definida como o vínculo de autoridade que une órgãos e agentes, através de escalões sucessivos, numa relação de autoridade, de superior a inferior, de hierarca a subalterno. Os poderes do hierarca conferem-lhe uma *contínua e permanente* autoridade sobre toda a atividade administrativa dos subordinados. Tais poderes consistem no (a) poder de comando, que o autoriza a expedir determinações gerais (instruções) ou específicas a um dado subalterno (ordens), sobre o modo de efetuar os serviços; (b) poder de fiscalização, graças ao qual inspeciona as atividades dos órgãos e agentes que lhe estão subordinados; (c) poder de revisão, que lhe permite, dentro dos limites legais, alterar ou suprimir as decisões dos inferiores, mediante revogação, quando inconveniente ou inoportuno o ato praticado, ou mediante anulação, quando se ressentir de vício jurídico; (d) poder de punir, isto é, de aplicar as sanções estabelecidas em lei aos subalternos faltosos; (e) poder de dirimir controvérsias de competência, solvendo os conflitos positivos (quando mais de um órgão se reputa competente) ou negativos (quando nenhum deles se reconhece competente), e (f) **poder de delegar competências ou de avocar, exercitáveis nos termos da lei** (g.n) (**Curso de Direito Administrativo**. 26. ed. São Paulo: Malheiros Editores, p. 73).

Gabarito "D"

(Técnico Judiciário – Área Administrativa – TRT18 – 2013 – FCC) O poder hierárquico encontra-se presente

(A) nas relações entre a Administração pública e as empresas regularmente contratadas por meio de licitação.
(B) na relação funcional entre servidores estatutários e seus superiores.
(C) nas relações de limitação de direitos que se trava entre administrados e autoridades públicas.
(D) entre servidores estatutários de mesmo nível funcional.
(E) somente entre servidores e superiores militares.

Poder Hierárquico é aquele conferido ao agente público para organizar a estrutura da Administração e fiscalizar a atuação de seus subordinados, expressando-se na distribuição e orientação das funções, na expedição de ordens e na revisão dos atos dos demais agentes, numa relação de ampla subordinação. **A:** Incorreta, pois a alternativa descreve manifestação do poder disciplinar; **B:** correta, conforme anteriormente demonstrado; **C:** Incorreta, pois a alternativa apresenta manifestação do poder normativo da administração; **D:** Incorreta. Não é possível aplicação do poder hierárquico entre servidores do mesmo nível funcional; **E:** Incorreta, pois os servidores públicos civis também possuem poder hierárquico.

Gabarito "B"

2.3. Poder disciplinar

(Juiz – TJ-SC – FCC – 2017) Sobre o exercício do poder disciplinar da Administração Pública, é correto afirmar que tal poder:

(A) é exercido somente em face de servidores regidos pelas normas estatutárias, não se aplicando aos empregados públicos, regidos pela Consolidação das Leis do Trabalho.
(B) admite a aplicação de sanções de maneira imediata, desde que tenha havido prova inconteste da conduta ou que ela tenha sido presenciada pela autoridade superior do servidor apenado.
(C) é aplicável aos particulares, sempre que estes descumpram normas regulamentares legalmente embasadas, tais como as normas ambientais, sanitárias ou de trânsito.
(D) é extensível a sujeitos que tenham um vínculo de natureza especial com a Administração, sejam ou não servidores públicos.
(E) não contempla, em seu exercício, a possibilidade de afastamentos cautelares de servidores antes que haja o prévio exercício de ampla defesa e contraditório.

A: incorreta. O Poder Disciplinar é o que permite ao administrador punir os seus subordinados quando comprovada a prática de infração funcional, sendo um poder ao qual se submetem todos os agentes públicos (os agentes políticos, os funcionários públicos, empregados públicos, titulares de regime administrativo especial e particulares em colaboração com o Estado), não sendo correto excluir os empregados públicos, portanto; **B:** incorreta. A aplicação de penalidade sempre deve ser precedida de procedimento administrativo ao qual se assegure o contraditório e ampla defesa (art. 5º, LV, CF) e Lei 9.784/1999; **C.** incorreta. O Poder Disciplinar não se aplica aos particulares, sendo de aplicação interna, que auxilia na disciplina interna dos servidores públicos integrantes da estrutura da Administração Publica, e não dos particulares; **D:** correta. Como explicado na alternativa "A", todos os agentes públicos se submetem a esse regime, o que inclui os particulares em colaboração com o Estado, por exemplo, que não são servidores públicos, mas equiparados a tanto, como os agentes honoríficos (mesários, jurados); **E:** incorreta. Há possibilidade de afastamento cautelar do servidor, conforme disposto no art. 147, da Lei 8.112/1990. AW

Gabarito "D"

(Técnico Judiciário – TRT20 – FCC – 2016) Considere as seguintes assertivas concernentes ao poder disciplinar:

I. A Administração pública, ao tomar conhecimento de infração praticada por servidor, deve instaurar o procedimento adequado para sua apuração.
II. A Administração pública pode levar em consideração, na aplicação da pena, a natureza e a gravidade da infração e os danos que dela provierem para o serviço público.
III. No procedimento administrativo destinado a apurar eventual infração praticada por servidor, devem ser assegurados o contraditório e a ampla defesa com os meios e recursos a ela inerentes.
IV. A falta grave é punível com a pena de suspensão e caberá à Administração pública enquadrar ou não um caso concreto em tal infração.

O poder disciplinar, em algumas circunstâncias, é considerado discricionário. Há discricionariedade APENAS nos itens

(A) I e IV.
(B) I e II.
(C) I e III.
(D) III e IV.
(E) II e IV.

I: incorreta. Não há discricionariedade na apuração de infração cometida pelo servidor que é levada ao conhecimento da Administração. **II:** correta. Dentro dos limites estabelecidos em norma própria, está delimitada a discricionariedade na aplicação da pena, considerando suas caraterísticas específicas. **III:** Incorreta. Também não há discricionariedade com relação aos direitos de defesa. **IV:** correta. Novamente caberá ao administrador, dentro dos limites legais, considerar as condições de análise da infração, enquadrando-a nos pressupostos legais. FMB

Gabarito "E"

(Técnico – TRE/CE – 2012 – FCC) No que diz respeito ao poder disciplinar, a apuração regular de infração disciplinar e a motivação da punição disciplinar são, respectivamente,

(A) indispensável para a legalidade da punição interna da Administração e prescindível para a validade da pena, em razão da discricionariedade do poder disciplinar.
(B) faculdade da Administração Pública, em razão da discricionariedade presente no poder disciplinar e imprescindível para a validade da pena.
(C) indispensável para a legalidade da punição interna da Administração e imprescindível para a validade da pena.
(D) faculdade da Administração Pública, em razão da discricionariedade presente no poder disciplinar e prescindível para a validade da pena, vez que a motivação tanto pode ser resumida, como suprimida em alguns casos.
(E) dispensável para a aplicação de penalidade, se houver prova contundente acerca do cometimento da infração e imprescindível para a validade da pena.

A: incorreta, pois a motivação é imprescindível (e não prescindível, que é igual a "não precisa"); **B:** incorreta, pois a apuração regular e a motivação não são faculdades, mas sim deveres da Administração; **C:** correta, pois a apuração regular e a motivação são essenciais para a adequação dos atos disciplinares; **D:** incorreta, pois a apuração regular e a motivação são essenciais e não faculdades ou providência prescindíveis; **E:** incorreta, pois, mesmo havendo prova contundente do cometimento da infração, de rigor a apuração regular, com respeito ao devido processo legal, que inclui o contraditório e a ampla defesa.

Gabarito "C"

(Analista – TRT/16ª Região – 2014 – FCC) Considere as afirmações abaixo.

I. O poder disciplinar não abrange as sanções impostas a particulares não sujeitos à disciplina interna da Administração.
II. Os órgãos consultivos, embora incluídos na hierarquia administrativa para fins disciplinares, fogem à relação hierárquica no que diz respeito ao exercício de suas funções.
III. A discricionariedade existe, ilimitadamente, nos procedimentos previstos para apuração da falta funcional, pois os Estatutos funcionais não estabelecem regras rígidas como as que se impõem na esfera criminal.

A propósito dos poderes disciplinar e hierárquico, está correto o que se afirma em

(A) III, apenas.
(B) I, II e III.
(C) I e II, apenas.
(D) II, apenas.
(E) I e III, apenas.

I: correta, o poder disciplinar só abrange o particular caso esse tenha algum vínculo jurídico (portanto, sujeito à disciplina interna) com a Administração (exemplo citado por Marcelo Alexandrino e Vicente Paulo, na obra *Direito Administrativo Descomplicado*, 19. ed., 2011. p. 223: a punição pela administração de um particular que com ela tenha celebrado um contrato administrativo e descumpra as obrigações contratuais que assumiu); **II:** correta (vide, nesse sentido: Di Pietro, *Direito administrativo*. 25. ed. São Paulo: Atlas, 2012. p. 97); **III:** incorreta, a discricionariedade é *limitada* (Di Pietro, Maria Sylvia Zanella. *Direito administrativo*. 25. ed. São Paulo: Atlas, 2012. p. 95).

Gabarito "C"

(Analista – TRT/11ª – 2012 – FCC) A Administração Pública, ao tomar conhecimento de infrações, cometidas por estudantes de uma escola pública, utiliza-se de um de seus poderes administrativos, qual seja, o *poder disciplinar*. Nesse caso, a Administração Pública

(A) poderia utilizar-se de tal poder contra os estudantes da escola pública.
(B) não poderia utilizar-se de tal poder, porém, pode impor sanções aos estudantes, com fundamento no poder de polícia do Estado.
(C) poderia utilizar-se de tal poder, no entanto, ele está limitado à fase de averiguação, não cabendo à Administração, nessa hipótese, punir.
(D) não poderia utilizar-se de tal poder, vez que ele somente é aplicável aos servidores públicos.
(E) poderia utilizar-se de tal poder, que, nessa hipótese, será discricionário, ou seja, pode a Administração escolher entre punir e não punir.

A: assertiva correta, pois o poder disciplinar se dirige não só em relação aos agentes públicos, como também a outras pessoas que têm vínculo específico com a Administração Pública, como é o caso dos estudantes de escolas públicas; **B:** assertiva incorreta, pois o poder de polícia atinge pessoas indeterminadas e não pessoas com vínculos específicos com a Administração; **C:** assertiva incorreta, pois a Administração, em tendo o poder disciplinar, deve exercê-lo por completo, não só apurando, como também aplicando as sanções cabíveis; **D:** assertiva incorreta, pois, conforme já mencionado, esse poder se aplica a todas as pessoas que têm vínculo específico com a Administração Pública; **E:** assertiva incorreta, pois a Administração, em se deparando com hipótese que determina a aplicação de sanção disciplinar, é obrigada a aplicá-la, em respeito à indisponibilidade do interesse público.

Gabarito "A"

(Procurador Legislativo – Câmara de Vereadores de São Paulo/SP – 2014 – FCC) Analise as seguintes afirmações, acerca do exercício do poder disciplinar pela Administração:

I. O afastamento preventivo do servidor público e a chamada "verdade sabida" não são admitidos após a Constituição Federal de 1988, pois tais institutos violam os princípios da presunção de inocência, da ampla defesa e do contraditório, nela consagrados.

II. A anulação de ato punitivo anterior, produzido com vício de legalidade, e a aplicação de outra punição, mais gravosa, não constitui bis in idem.

III. A renúncia formal ao direito de defesa, pelo acusado, dispensa a constituição de defensor dativo no processo administrativo disciplinar.

Está correto o que se afirma APENAS em

(A) I e II.

(B) II.

(C) III.

(D) I e III.

(E) II e III.

I: incorreta; a verdade sabida de fato (em que se punia o servidor sem respeito ao contraditório, quando a própria autoridade disciplinar presenciava a infração disciplinar) não é admitida pela atual Constituição, mas o afastamento preventivo do servidor, como providência cautelar, é admitido sim; **II:** correta, pois, por uma questão de lógica, não há "bis in idem" se a punição anterior é anulada (ou seja, cancelada); **III:** incorreta; há vários estatutos de servidor, como o do Município de São Paulo, que impõem que se o servidor não constituir advogado ser-lhe-á dado um defensor dativo, que, no Município de São Paulo, é um procurador municipal (art. 212, parágrafo único, da Lei Municipal 8.989/1979); vale ressaltar, todavia, que essa regra não existe em todos os estatutos de servidor e, nesses casos, a ausência de defensor não ofenderá a Constituição, nos termos da Súmula Vinculante STF 5.

Gabarito "B"

2.4. Poder regulamentar

(Analista – TRE/PR – 2012 – FCC) De acordo com Maria Sylvia Zanella di Pietro, o poder regulamentar é uma das formas de expressão da competência normativa da Administração Pública. Referido poder regulamentar, de acordo com a Constituição Federal,

(A) é competência exclusiva do Chefe do Poder Executivo, que também pode editar decretos autônomos, nos casos previstos.

(B) admite apenas a edição de decretos executivos, complementares à lei.

(C) compreende a edição de decretos regulamentares autônomos sempre que houver lacuna na lei.

(D) admite a delegação da competência originária em caráter geral e definitivo.

(E) compreende a edição de decretos autônomos e regulamentares, quando houver lacuna na lei.

A: assertiva correta, pois, de acordo com o art. 84, IV, da CF, compete privativamente ao Presidente da República expedir decretos para fiel execução da lei; ademais, o próprio art. 84, em seu inc. VI, traz competência para o Chefe do Executivo expedir os chamados "decretos autônomos", ou seja, decretos que descendem diretamente da Constituição Federal; **B:** assertiva incorreta, pois a regra é que o Chefe do Executivo só pode editar *decretos executivos de lei*; porém, o art. 84, VI, da CF estabelece duas hipóteses em que o Chefe do Executivo pode editar *decretos autônomos de lei*; **C** e **E:** assertivas incorretas, pois os decretos autônomos de lei só podem ser editados nos casos previstos em lei (art. 84, VI, da CF), que não incluem a hipótese em que há lacuna legislativa; **D:** assertiva incorreta, pois a competência para regulamentar a lei é indelegável, não estando prevista nas exceções trazidas no art. 84, parágrafo único, da CF.

Gabarito "A"

(Magistratura/GO – 2015 – FCC) O regime jurídico administrativo compreende um conjunto de prerrogativas e sujeições aplicáveis à Administração e expressa-se sob a forma de princípios informativos do Direito Público, bem como pelos poderes outorgados à Administração, entre os quais se insere o poder normativo, que

(A) não se restringe ao poder regulamentar, abarcando também atos originários relativos a matéria de organização administrativa.

(B) permite a edição de atos discricionários, com base em critérios de conveniência e oportunidade e afasta a vinculação a requisitos formais.

(C) autoriza a Administração a impor limites às atividades privadas em prol do interesse público.

(D) é o instrumento pelo qual a Administração disciplina a execução da lei, editando normas que podem inovar em relação ao texto legal para a criação de obrigações aos administrados.

(E) compreende a aplicação de sanções àqueles ligados à Administração por vínculo funcional ou contratual.

A: correta, pois a expressão "poder normativo" é o gênero, que tem como espécies o poder regulamentar, que é o de expedir decretos para a fiel execução da lei, bem como o poder de expedir outros atos normativos, o que pode se dar por meio de instruções normativas, resoluções, portarias etc.; **B:** incorreta, pois todo ato administrativo, mesmo que discricionário, deve obedecer aos requisitos formais estabelecidos em lei; **C** e **D:** incorretas, pois a atividade administrativa não pode obrigar alguém a fazer ou deixar de fazer alguma coisa; quem tem esse poder é apenas a atividade legislativa, sendo que a atividade administrativa virá num momento seguinte, para verificar se as pessoas estão ou não observando a lei, mas nunca podendo criar as obrigações, inovando na ordem jurídica; **E:** incorreta, pois essa definição é a de *poder disciplinar*, e não de *poder normativo*.

Gabarito "A"

2.5. Poder de polícia

(Técnico Judiciário – TRE/SP – FCC – 2017) Dentre as diversas atividades realizadas pelo Estado, no desempenho de suas funções executivas, representam expressão de seu poder de polícia:

(A) a regulação ou poder regulamentar, que visam conformar, de forma restritiva ou indutiva, as atividades econômicas aos interesses da coletividade, podendo abranger medidas normativas, administrativas, materiais, preventivas e fiscalizatórias e sancionatórias.

(B) as medidas disciplinares e hierárquicas adotadas para conformação da atuação dos servidores públicos e dos contratados pela Administração às normas e posturas por essa impostas.

(C) a fiscalização e autuação de condutores exercidas pelas autarquias que desempenham serviços públicos rodoviários.

(D) a autotutela exercida pela Administração pública sobre seus próprios atos, que inclui a possibilidade de revisão e anulação dos mesmos.

(E) a imposição de multas contratuais a empresas estatais exploradoras de atividades econômicas ou prestadoras de serviços públicos, que também exercem poder de polícia ao impor multas a usuários dos serviços e atividades que prestam.

A: incorreta. o Poder de Polícia apresenta-se como medida limitadora de direitos, cujo foco é a ordem social. Possui como atributos a autoexecutoriedade, a imperatividade e discricionariedade, sendo, todavia, vinculada a atividade quando a lei estabelecer o seu modo e forma de atuação. Não são afetos a atividades econômicas. **B:** incorreta. Não são expressão do poder de polícia. **C:** correta. Trata especificamente da manifestação de parte do ciclo de poder de polícia a saber: fiscalização e sanção. As demais são a ordem de polícia e seu consentimento. **D:** A autotutela não é expressão do poder de polícia. **E:** incorreta. Não são delegáveis as fases afetas a imposição de sanção. FMB

Gabarito "C"

(Procurador do Estado – PGE/MT – FCC – 2016) Sobre o exercício do poder de polícia, no âmbito dos Estados-membros, é correto afirmar:

(A) Viola a competência privativa da União lei estadual que impede a renovação da licença de trânsito em razão do inadimplemento do IPVA.

(B) É lícita a apreensão de mercadorias, quando o contribuinte não recolheu o tributo que deveria ter recolhido previamente à saída do estabelecimento.

(C) É competente a autoridade estadual para apreender e desemplacar veículos que são flagrados no exercício irregular de transporte coletivo intermunicipal.

(D) O Estado pode decretar administrativamente o perdimento de bens apreendidos em decorrência da prática de importação irregular.

(E) É ilícita a apreensão de mercadorias em razão da ausência de documentação fiscal, haja vista o princípio da presunção de boa-fé.

A: incorreta. Trata-se de competência estadual (súmulas 127 e 312, STJ), sendo que esse mesmo Tribunal entendeu que é legítima a retenção de veículo, até que as multas sejam pagas; **B:** incorreta. Há súmula do STF, 323, que assim dispõe: "é inadmissível a apreensão de mercadorias como meio coercitivo para pagamento de tributos"; **C:** correta. É competente a autoridade estadual para apreender e desemplacar veículos que são flagrados no exercício irregular de transporte coletivo intermunicipal. Adi 2751; **D:** incorreta. O estado pode decretar administrativamente o perdimento de bens apreendidos em decorrência de importação irregular; **E:** incorreta. A retenção de mercadoria, até a comprovação da posse legítima daquele que a transporta, não constitui coação imposta em desrespeito ao principio do devido processo legal tributário (ADI395). AW

Gabarito "C"

(Técnico – TRT/6ª – 2012 – FCC) O conceito moderno de poder de polícia o define como a atividade do Estado que limita o exercício dos direitos individuais em benefício do interesse público. Em relação ao poder de polícia administrativa, é correto afirmar que

(A) é exclusivo da autoridade superior do ente público competente para a fiscalização.

(B) compreende a adoção de medidas repressivas para aplicação da lei ao caso concreto.

(C) incide subsidiariamente à polícia judiciária, inclusive para coibir a prática de ilícito penal.

(D) cria obrigações e limitações aos direitos individuais quando a lei não tiver disposto a respeito.

(E) impõe apenas obrigações de fazer, na medida em que não pode impor abstenções e proibições aos administrados.

A: incorreta, pois qualquer pessoa, desde que se trate de um servidor público e tenha recebido a competência para tanto, pode exercer o poder de polícia, não sendo necessário que se trate de uma autoridade superior; aliás, na prática, as autoridades superiores não vão a campo exercer o poder de polícia, que acaba sendo exercido pelos servidores subordinados com competência para tanto; **B:** correta; o poder de polícia ora atua preventivamente (ex.: quando alguém quer construir, deve pedir uma licença para construir para a Administração, que, ao analisar o pedido, está exercendo o poder de polícia preventivo), ora atua repressivamente (ex: uma fiscal chega numa obra em curso que não tem licença para construir; nesse caso, o fiscal aplicará uma multa e interditará a obra, ocasião em que a Administração estará exercendo poder de polícia repressivo); **C:** incorreta, pois o poder de polícia não se confunde com a polícia judiciária; apenas esta pode exercer a atividade policial de investigar ilícitos penais; **D:** incorreta, pois somente a lei pode criar obrigações e limitações aos direitos individuais; quando a lei nada dispõe a respeito, não pode um ato administrativo de polícia criar tais obrigações ou limitações; **E:** incorreta, pois o poder de polícia é, em essência, negativo, ou seja, impor obrigações de "não fazer" e não de "fazer".

Gabarito "B"

(Técnico – TRE/CE – 2012 – FCC) Analise as assertivas abaixo concernentes ao poder de polícia.

I. O poder de polícia só poderá reduzir os direitos individuais quando em conflito com interesses maiores da coletividade e na medida estritamente necessária à consecução dos fins estatais.

II. Constituem meios de atuação do poder de polícia, dentre outros, as medidas repressivas, como, por exemplo, dissolução de reunião, interdição de atividade e apreensão de mercadorias deterioradas.

III. A medida de polícia, quando discricionária, não esbarra em algumas limitações impostas pela lei, como por exemplo, no que concerne à competência e à finalidade.

IV. O poder de polícia tanto pode ser discricionário, como vinculado, ressaltando-se que ele é vinculado na maior parte dos casos.

Está correto o que se afirma APENAS em

(A) I, II e III.

(B) II, III e IV.

(C) I e IV.

(D) III e IV.

(E) I e II.

I: correta, pois a afirmação está de acordo com o princípio da supremacia do interesse público sobre o interesse privado, bem como com o princípio da proporcionalidade; **II:** correta; o poder de polícia pode agir preventiva (ex: quando alguém pede uma licença para construir uma casa) ou repressivamente (ex: aplicação de multa), sendo que os exemplos citados na afirmativa, de fato, são de atuação repressiva do poder de polícia; **III:** incorreta, pois a discricionariedade não é liberdade total, mas margem de liberdade nos limites estabelecidos pela lei, ou seja, a discricionariedade esbarra sim nas limitações previstas na própria lei que estipula; **IV:** incorreta, pois, de fato, o poder de polícia pode ser discricionário ou vinculado, mas, normalmente é discricionário, a ponto de parte da doutrina dizer que o poder de polícia é sempre discricionário, o que não é exatamente verdade, pois há casos nos quais a lei que trata do poder de polícia não dá margem de liberdade alguma para o agente público, hipótese em que se tem competência vinculada.

Gabarito "E".

(Analista – TRT/2ª Região – 2014 – FCC) O Poder de Polícia atribuído à Administração pública para o bom desempenho de suas atribuições

(A) emana da própria natureza das atribuições, a fim de que seja possível realizá-las, prescindindo de previsão normativa estabelecendo os aspectos da atuação.

(B) possui alguns atributos inerentes à sua atuação, sem os quais nenhum ato de polícia teria efetividade, tal como a autoexecutoriedade.

(C) permite a não aplicação de algumas garantias constitucionais estabelecidas em favor dos administrados, tendo em vista que visa ao atendimento do interesse público, que prevalece sobre os demais princípios.

(D) demanda previsão normativa para sua utilização, embora possa permitir margem de apreciação discricionária no seu desempenho.

(E) autoriza a imposição de medidas concretas coercitivas de direitos dos administrados, demanda autorização judicial, contudo, para autoexecutoriedade das mesmas.

A: incorreta, a atuação do poder de polícia é limitado à lei (vide parágrafo único do art. 78 do CTN); **B:** incorreta, há alguns atos de polícia que não possuem autoexecutoriedade. Ex.: cobrança forçada de multa aplicada pela administração, não paga pelo administrado, só terá efetividade por meio de ação judicial de cobrança; **C:** incorreta, não se pode aniquilar garantias constitucionais estabelecidas em favor dos administrados; **D:** correta, "Quando tem a lei diante de si, a Administração pode levar em consideração a área de atividade em que vai impor a restrição em favor do interesse público e, depois de escolhê-la, o conteúdo e a dimensão das limitações" (CARVALHO FILHO, José dos Santos. *Manual de Direito Administrativo*. 27. ed. São Paulo: Atlas, 2014. p. 137). **E:** incorreta, "a autoexecutoriedade consiste na possibilidade que *certos atos administrativos* ensejam de imediata e direta execução pela própria administração, *independentemente de ordem judicial*" (MEIRELLES, Hely Lopes, apud ALEXANDRINO, Marcelo e PAULO, Vicente. Direito administrativo descomplicado. 19 ed. São Paulo: Método, 2011. p. 248)

Gabarito "D".

(Analista – TRE/PR – 2012 – FCC) Considerando que sejam atributos do poder de polícia a discricionariedade, a coercibilidade e a autoexecutoriedade, da qual são desdobramentos a exigibilidade e a executoriedade, é correto afirmar:

(A) A discricionariedade está presente em todos os atos emanados do poder de polícia.

(B) A exigibilidade compreende a necessidade de provocação judicial para adoção de medidas de polícia.

(C) A autoexecutoriedade prescinde da coercibilidade, que pode ou não estar presente nos atos de polícia.

(D) A coercibilidade traduz-se na caracterização do ato de polícia como sendo uma atividade negativa, na medida em que se presta a limitar a atuação do particular.

(E) O poder de polícia pode ser exercido por meio de atos vinculados ou de atos discricionários, neste caso quando houver certa margem de apreciação deixada pela lei.

A: assertiva incorreta, pois apenas quando a lei conferir margem de liberdade ao agente público é que se terá discricionariedade, circunstância que nem sempre acontece nas competências legais instituídas para o exercício do poder de polícia; **B:** assertiva incorreta, pois a exigibilidade é atributo que permite a adoção de *coação indireta* para fazer valer os atos administrativos; um exemplo de exigibilidade é a aplicação de uma multa ao infrator da lei; **C:** assertiva incorreta, pois os atos de polícia são dotados do atributo autoexecutoriedade, que consiste na possibilidade de a Administração Pública impor seus atos independentemente de pronunciamento do Poder Judiciário; **D:** assertiva incorreta, pois coercibilidade consiste no atributo que permite a adoção de *coação direta* (uso da força) para fazer valer os atos administrativos; **E:** assertiva correta, pois, como se viu, apenas quando a lei conferir margem de liberdade ao agente público é que se terá discricionariedade, circunstância que nem sempre acontece nas competências legais instituídas para o exercício do poder de polícia; dessa forma, o poder de polícia pode ser exercido por atos vinculados ou discricionários, de acordo com o que dispuser a lei que o regulamentar.

Gabarito "E".

2.6. Poderes administrativos combinados

(Técnico Judiciário – TRE/SP – FCC – 2017) Os servidores públicos estão sujeitos à hierarquia no exercício de suas atividades funcionais. Considerando esse aspecto,

(A) o poder disciplinar a que estão sujeitos é decorrente dessa hierarquia, visto que guarda relação com o vínculo funcional existente e observa a estrutura organizacional da Administração pública para identificação da autoridade competente para apuração e punição por infrações disciplinares.

(B) submetem-se ao poder de tutela da Administração, que projeta efeitos internos, sobre órgãos e servidores, e externos, atingindo relações jurídicas contratuais travadas com terceiros.

(C) conclui-se que o poder hierárquico é premissa para o poder disciplinar, ou seja, este somente tem lugar onde se identificam relações jurídicas hierarquizadas, funcional ou contratualmente, neste caso, em relação à prestação de serviços terceirizados.

(D) o poder hierárquico autoriza a edição de atos normativos de caráter autônomo, com força de lei, no que se refere à disciplina jurídica dos direitos e deveres dos servidores públicos.

(E) somente o poder hierárquico e o poder disciplinar produzem efeitos internos na Administração pública, tendo em vista que o poder de polícia e o poder regulamentar visam à produção de efeitos na esfera jurídica de direito privado, não podendo atingir a atuação de servidores públicos.

A: correta. Vale lembrar que a regra da obediência hierárquica não é absoluta, conforme demonstra o inc. IV do art. 116 da Lei 8.112/1990. **B:** Incorreta. O poder de tutela da Administração Publica, visa a correção de seus atos internos. **C:** incorreta. Está presente em todos os âmbitos da administração pública, porém em suas relações internas. **D:** incorreta. A disciplina jurídica de direitos e deveres dos servidores se submete a reserva legal, não cabendo ato autônomo. **E:** incorreta. Não incidem sobre particulares, não produzindo efeitos no direito privado. FMB

Gabarito "A"

(Procurador do Estado – PGE/RN – FCC – 2014) A correlação válida entre os chamados poderes da Administração está em:

(A) O poder disciplinar pode ser decorrente do poder hierárquico, mas também pode projetar efeitos para além das relações travadas *interna corporis*.

(B) O poder hierárquico decorre do poder disciplinar, na medida em que estabelece relação jurídica dentro dos quadros funcionais do poder público.

(C) O poder hierárquico decorre do poder normativo no que se refere à estruturação e criação de secretarias de Estado, na medida em que esse se qualifica como autônomo e originário.

(D) O poder disciplinar permite a aplicação de sanções não previstas em lei, o que o aproxima, quanto aos predicados, do poder normativo.

(E) O poder hierárquico e o poder disciplinar confundem-se quando se trata de relações jurídicas travadas dentro da estrutura da Administração.

A: incorreta. O poder disciplinar é interno e não pode se projetar para além das relações travadas "interna corporis"; **B:** correta. O poder hierárquico é correlato ao disciplinar, já que só pode aplicar penalidade o superior hierárquico, sendo restrito aos quadros internos e funcionais do Poder Público; **C:** incorreta. O poder hierárquico não se relaciona com o poder normativo, porque esse é externo e interno (editar normas internas à estrutura administrativa e gerais, externas, que valem para todos); **D:** incorreta. O poder disciplinar é vinculado quanto às penalidades, ou seja, só pode aplicar as penalidades previstas em lei. Seu aspecto discricionário corresponde ao "quantum" ou dosagem e escolha da penalidade, a depender das circunstâncias do caso concreto; **E:** incorreta. Não há confusão entre os dois poderes, sendo correlatos, um conseqüência do outro. O disciplinar é consequência do hierárquico, mas um não se confunde com o outro. AW

Gabarito "B"

(Técnico – TRE/SP – 2012 – FCC) O Governador do Estado editou decreto reorganizando a estrutura administrativa de determinada Secretaria de Estado. De acordo com a Constituição Federal, referido decreto é

(A) ilegal, em face da violação ao princípio da legalidade.

(B) legal, podendo contemplar a extinção de órgãos públicos e cargos vagos.

(C) legal, desde que não implique aumento de despesa, nem criação ou extinção de órgãos públicos.

(D) ilegal, eis que nosso ordenamento jurídico não admite regulamento autônomo para matéria de organização administrativa.

(E) legal apenas se decorrente de delegação expressa do Poder Legislativo, passando referido ato a ter força de lei formal.

Trata-se de ato legal, pois constitui exceção ao princípio da legalidade a hipótese prevista no art. 84, VI, *a*, da CF/1988, que permite a utilização de decreto (no lugar da lei) para tratar da organização e do funcionamento da Administração. Porém, o dispositivo fechado veda que, no caso de utilização de decreto para esse fim, haja aumento de despesa e criação ou extinção de órgãos.

Gabarito "C"

(Analista Judiciário – Área Judiciária – TRT18 – 2013 – FCC) A Administração pública, em regular fiscalização a estabelecimentos comerciais, autuou e impôs multa aos infratores das normas que disciplinavam o segmento. Essa atuação da Administração é expressão do poder

(A) de polícia, sendo o ato de imposição de multa dotado do atributo da discricionariedade.

(B) de polícia, sendo o ato de imposição de multa dotado de exigibilidade e coercibilidade.

(C) disciplinar, dotado do atributo de autoexecutoriedade.

(D) regulamentar, que permite que a Administração institua e aplique multas pecuniárias aos administrados.

(E) regulamentar, em sua faceta de poder de polícia, que permite que a Administração institua multas pecuniárias aos administrados.

"Embora a discricionariedade seja a regra no exercício do poder de polícia, nada impede que a lei, relativamente a determinados atos ou fatos, estabeleça total vinculação da atuação legislativa a seus preceitos" (ALEXANDRINO, Marcelo e PAULO, Vicente. *Direito administrativo descomplicado.* 19 ed. São Paulo: Método, 2011. p. 248). Constada a infração, a imposição da multa, se assim prevista, *deverá* ser aplicada pela administração (assim, esse ato é vinculado). Como os "os atos administrativos são cogentes, obrigando a todos quantos se encontrem em seu círculo de incidência" (CARVALHO FILHO, José dos Santos, Vicente. *Manual de Direito Administrativo.* 27 ed. São Paulo: Atlas, 2014. p. 172) e a administração tem o poder de exigir o cumprimento de seus atos, a multa, portanto, é ato dotado de exigibilidade e coercibilidade.

Gabarito "B"

(Analista – TRE/SP – 2012 – FCC) A atividade da Administração consistente na limitação de direitos e atividades individuais em benefício do interesse público caracteriza o exercício do poder

(A) regulamentar, exercido mediante a edição de atos normativos para fiel execução da lei e com a prática de atos concretos, dotados de autoexecutoriedade.

(B) de polícia, exercido apenas repressivamente, em caráter vinculado e com atributos de coercibilidade e autoexecutoriedade.

(C) disciplinar, exercido com vistas à aplicação da lei ao caso concreto, dotado de coercibilidade e autoexecutoriedade.

(D) de polícia, exercido por meio de ações preventivas e repressivas dotadas de coercibilidade e autoexecutoriedade.

(E) disciplinar, consistente na avaliação de conveniência e oportunidade para aplicação das restrições legais ao caso concreto, o que corresponde à denominada autoexecutoriedade.

A definição dada no enunciado é de poder de polícia, devendo ser assinalada a alternativa "d", que, de resto, traz outras informações corretas sobre o instituto.

Gabarito "D"

(Analista – TRT/6ª – 2012 – FCC) A interdição de estabelecimento comercial privado por autoridade administrativa constitui exemplo do exercício do poder

(A) disciplinar.

(B) regulamentar.
(C) normativo.
(D) hierárquico.
(E) de polícia.

A interdição de estabelecimento comercial é típica medida de poder de polícia, já que se trata do condicionamento de atividades das pessoas às exigências do interesse público.
Gabarito "E"

(Analista – TRT9 – 2012 – FCC) Decreto do Poder Executivo Municipal restringiu a circulação de veículos em determinado horário em perímetro identificado da cidade, sob o fundamento de que a restrição seria necessária para melhoria da qualidade do ar na região, comprovadamente inadequada por medidores oficiais. A medida, considerando que o poder executivo municipal tenha competência material para dispor sobre a ordenação do tráfego e seja constitucionalmente obrigado a tutela do meio ambiente,

(A) é expressão da faceta disciplinar do poder regulamentar, que pode se prestar a restringir a esfera de interesses dos administrados, com vistas ao atendimento do interesse público.
(B) é expressão do poder disciplinar, na medida em que houve limitação, ainda que legal, dos direitos individuais dos administrados.
(C) insere-se no poder normativo do Executivo Municipal, que pode editar atos normativos autônomos disciplinando os assuntos de interesse local da comunidade.
(D) excede o poder regulamentar, que se restringe à disciplina de organização administrativa do ente, devendo essas disposições constarem de lei formal.
(E) insere-se no poder regulamentar do Executivo, se as disposições do decreto municipal estiverem explicitando normas legais que estabeleçam as diretrizes de ordenação do sistema viário com vistas a preservação da qualidade do ar.

A: assertiva incorreta, pois o poder regulamentar não pode inovar na ordem jurídica, restringindo direitos alheios; **B:** assertiva incorreta, pois, no caso, tem-se poder de polícia (condicionamento dos direitos das pessoas ao interesse coletivo) e poder regulamentar, lembrando que é fundamental que o Decreto esteja apenas a explicitar o que a lei tiver inovado na ordem jurídica, não sendo possível que o decreto inove na ordem jurídica, criando direitos ou deveres às pessoas; **C:** assertiva incorreta, pois o decreto é expressão do poder regulamentar (que insere no poder normativo em sentido amplo), mas não pode atuar, como regra, de forma autônoma, devendo se limitar a explicitar e a explicar o disposto na lei, pois, como regra, só a lei pode inovar na ordem jurídica; **D:** assertiva incorreta, pois o poder regulamentar (ou seja, o poder de expedir decreto para explicar a lei) pode se dar em múltiplas matérias e não somente em matéria de organização administrativa; o que não é possível é que o poder regulamentar extravase seu âmbito de atuação e acabe por inovar na ordem jurídica, passando por cima da lei; **E:** assertiva correta, pois o decreto não pode, como regra, inovar na ordem jurídica, devendo se limitar a explicitar as normas previstas na lei, de modo que, caso o decreto em questão nada mais faça do que explicitar e explicar comandos legais, terá sido expedido conforme o poder regulamentar conferido ao Executivo.
Gabarito "E"

3. ATOS ADMINISTRATIVOS

3.1. Conceito, perfeição, validade e eficácia

(Técnico Judiciário – TRE/PI – CESPE – 2016) Considere que determinada autoridade do TRE/PI tenha negado pedido administrativo feito por um servidor do quadro, sem expor fundamentos de fato e de direito que justificassem a negativa do pedido. Nesse caso, o ato administrativo praticado pela autoridade do TRE/PI

(A) não possui presunção de veracidade.
(B) pode ser editado sob a forma de resolução.
(C) é considerado, quanto à formação da vontade, ato administrativo complexo.
(D) classifica-se como ato administrativo meramente enunciativo.
(E) apresenta vício de forma.

A letra E está correta, são requisitos de validade do ato administrativo: Competência, Finalidade, Forma, Motivo e Objeto. FMB
Gabarito "E"

(Técnico – TRE/PR – 2012 – FCC) A literatura jurídica apresenta mais de um conceito para o ato jurídico, variando os critérios de acordo com as definições escolhidas. Afastando-se a conceituação meramente subjetiva, pode-se identificar, como componente da definição de ato administrativo, a característica de

(A) somente poder ser editado por órgão integrante do Poder Executivo.
(B) abranger atos legislativos, mesmo os proferidos pelo Poder Executivo.
(C) poder ser editado por órgão integrante do Poder Executivo, do Poder Legislativo e do Poder Judiciário.
(D) sujeitar-se à regime jurídico administrativo próprio, não se submetendo à lei.
(E) não admitir qualquer controle judicial.

A: incorreta, pois o *ato administrativo* também é praticado pelos Poderes Legislativo e Judiciário, quando estes administram pessoal, compras e bens; porém, quando o Legislativo elabora leis, pratica *ato legislativo*, e quando o Judiciário resolve litígios, pratica ato jurisdicional; **B:** incorreta, pois não se deve confundir o ato administrativo (que tem por fim executar direta e concretamente a lei) como ato legislativo (que tem por fim estabelecer os direitos e obrigações das pessoas); **C:** correta, pois, como se viu, os Poderes Legislativo e Judiciário podem, atipicamente, editar atos administrativos; **D:** incorreta, pois se submetem à lei, já que são atos cuja finalidade é justamente cumprir a lei, executar a lei; **E:** incorreta, pois os atos administrativos estão sujeitos a controle judicial; caso um ato administrativo viole a lei, a moralidade ou a razoabilidade o Judiciário poderá anulá-lo.
Gabarito "C"

(Técnico Judiciário – TRT/9ª – 2012 – FCC) A Administração pública celebrou contrato de locação de um imóvel comercial para instalação de uma repartição pública. Dentre as características desse contrato firmado com a Administração pública, destaca-se a

(A) submissão a regime de direito público, na medida em que os contratos administrativos são regidos exclusivamente por normas de direito público.
(B) submissão a regime jurídico de direito privado, como contrato privado da Administração pública, sem prejuízo de derrogações operadas por normas de direito público aplicáveis.

(C) aplicação integral das normas de direito público destinadas aos contratos administrativos, em especial a possibilidade de invocar cláusulas exorbitantes implícitas.

(D) regência pelo regime jurídico de direito privado, afastando-se, assim, a observância de leis específicas destinadas a contratos administrativos, tal como a lei de licitações, salvo disposição expressa no contrato.

(E) submissão a regime jurídico híbrido, estabelecido pelas partes no texto do contrato, observado o poder discricionário do administrador e a liberdade de contratar do administrado.

A, C, D e **E:** incorretas, pois os contratos de locação em que o Poder Público é locatário são regidos pelo direito privado (e não pelo direito público ou por um regime híbrido), no caso, pela Lei de Locações de Imóveis Urbanos; **B:** correta, conforme comentário anterior.

Gabarito "B"

(Analista – TRT/2ª Região – 2014 – FCC) Durante regular correição interna, foi identificada a edição de um ato administrativo por autoridade incompetente. Considerando que esse ato administrativo gerou direitos a determinados administrados, que vem travando relações jurídicas com terceiros desde a edição do ato, há aproximadamente dois anos, a autoridade competente

(A) poderá editar novo ato administrativo apenas para autorizar a continuidade das relações jurídicas já firmadas, obstando a realização de novos negócios pelos administrados, que, para tanto, deverão apresentar outro pedido à Administração.

(B) caso não conste haver mais nenhum vício que macule o ato anterior, nem se trate de competência absoluta, deve convalidar o ato editado anteriormente pela autoridade incompetente.

(C) deverá anular o ato anterior, notificando os interessados a apresentarem novo pedido, tendo em vista que vício de competência não é convalidável.

(D) deverá anular o ato anterior, porque vício de forma não é convalidável, arcando os administrados com eventuais prejuízos incorridos até a edição de novo ato, após nova e regular análise pela autoridade competente.

(E) poderá convalidar o ato, desde que se trate de ato discricionário, mediante nova análise das condições que ensejaram sua edição, tendo em vista que os atos vinculados somente podem ser convalidados por decisão judicial.

Todos os atos administrativos que contenham vício sanável podem ser convalidados, possuindo efeito "ex tunc". A maioria da doutrina afirma que são vícios sanáveis aqueles relativos à *competência* (*quanto à pessoa, não quanto à matéria*) e o vício de forma (desde que não seja a forma considerada pela lei essencial para validade de determinado ato).

Gabarito "B"

(Defensor Público/SP – 2012 – FCC) O ato administrativo que se encontra sujeito a termo inicial e parcialmente ajustado à ordem jurídica, após ter esgotado o seu ciclo de formação, é considerado

(A) perfeito, válido e eficaz.

(B) perfeito, inválido e ineficaz.

(C) imperfeito, inválido e eficaz.

(D) perfeito, válido e ineficaz.

(E) imperfeito, inválido e ineficaz.

A: incorreta, pois, estando sujeito a termo inicial, não é eficaz enquanto não implementado o termo; ademais, o ato não é válido, pois não cumpre integralmente a ordem jurídica; **B:** correta, pois o ato é perfeito (esgotou seu ciclo de formação), inválido (parcialmente ajustado à ordem jurídica, portanto com desrespeito, ainda que parcial, à lei) e ineficaz (encontra-se sujeito a termo inicial); **C:** incorreta, pois o ato em tela é perfeito e ineficaz, como se viu; **D:** incorreta, pois o ato em tela é inválido; **E:** incorreta, pois o ato em tela é perfeito.

Gabarito "B"

3.2. Requisitos do ato administrativo (Elementos, Pressupostos)

Para resolver as questões sobre os requisitos do ato administrativo, vale a pena trazer alguns elementos doutrinários. Confira:

Requisitos do ato administrativo (são requisitos para que o ato seja válido)

- Competência: é a atribuição legal de cargos, órgãos e entidades. São vícios de competência os seguintes: **A1)** usurpação de função: alguém se faz passar por agente público sem o ser, ocasião em que o ato será inexistente; a2) excesso de poder: alguém que é agente público acaba por exceder os limites de sua competência (ex.: fiscal do sossego que multa um bar que visita por falta de higiene); o excesso de poder torna nulo ato, salvo em caso de incompetência relativa, em que o ato é considerado anulável; a3) função de fato: exercida por agente que está irregularmente investido em cargo público, apesar de a situação ter aparência de legalidade; nesse caso, s praticados serão considerados válidos, se houver boa-fé.
- Objeto: é o conteúdo do ato, aquilo que o ato dispõe, decide, enuncia, opina ou modifica na ordem jurídica. O objeto deve ser lícito, possível e determinável, sob pena de nulidade. Ex.: o objeto de um alvará para construir é a licença.
- Forma: são as formalidades necessárias para a seriedade do ato. A seriedade do ato impõe a) respeito à forma propriamente dita; b) motivação.
- Motivo: fundamento de fato e de direito que autoriza a expedição do ato. Ex.: o motivo da interdição de estabelecimento consiste no fato de este não ter licença (motivo de fato) e de a lei proibir o funcionamento sem licença (motivo de direito). Pela Teoria dos Motivos Determinantes, o motivo invocado para a prática do ato condiciona sua validade. Provando-se que o motivo é inexistente, falso ou mal qualificado, o ato será considerado nulo.
- Finalidade: é o bem jurídico objetivado pelo ato. Ex.: proteger a paz pública, a salubridade, a ordem pública. Cada ato administrativo tem uma finalidade. Desvio de poder (ou de finalidade): ocorre quando um agente exerce uma competência que possuía, mas para alcançar finalidade diversa daquela para a qual foi criada. Não confunda o excesso de poder (vício de sujeito) com o desvio de poder (vício de finalidade), espécies do gênero abuso de autoridade.

(Técnico Judiciário – TRT24 – FCC – 2017) O Prefeito de determinado Município concedeu licença por motivo de doença em pessoa da família a servidor público municipal já falecido. Nesse caso, o ato administrativo citado apresenta vício de

(A) objeto.
(B) motivo.
(C) forma.
(D) sujeito.
(E) finalidade.

A letra A está correta. O ato administrativo tem por elementos: competência, forma, finalidade, objeto e conteúdo. O objeto é justamente a alteração no mundo jurídico que se pretende produzir através do ato. Assim, se o servidor e falecido, não há alteração a ser proposta, sendo o ato nulo em seu objeto. **FMB**

Gabarito "A"

(Defensor Público – DPE/ES – 2016 – FCC) Sobre os elementos do ato administrativo,

(A) desde que atendido o interesse da Administração, fica descaracterizada a figura do desvio de finalidade.
(B) a inexistência do elemento formal não é causa necessária de invalidação do ato, em vista da teoria de instrumentalidade das formas.
(C) a noção de ilicitude do objeto, no direito administrativo, não coincide exatamente com a noção de ilicitude do objeto no âmbito cível.
(D) sujeito do ato é seu destinatário; assim, o solicitante de uma licença é o sujeito desse ato administrativo.
(E) havendo vício relativo ao motivo, haverá, por consequência, desvio de finalidade.

A: Incorreta. O desvio de finalidade ou de poder ocorre quando o agente pratica ato visando fim diverso da regra de competência prevista em lei. Assim, é possível que o interesse da Administração seja atendido, mas não o interesse público, a exemplo de um servidor que desapropria bem imóvel para perseguir um inimigo político, mesmo sabendo que o Poder Público poderá usufruir desse bem; **B:** Incorreta. A forma é elemento do ato. Sem ela o ato não se forma, sendo exigível e obrigatória a forma escrita, sem a qual o ato é nulo; **C:** Correta, pois o ato pode ser nulo para o direito administrativo, como na maioria o é, e anulável para o direito civil; **D:** Incorreta. O sujeito do ato é quem o pratica, e não o seu destinatário; **E:** Incorreta. O vício de motivo é o vício quanto ao fundamento do ato, ou seja, as razões de fato e/ou de direito que ensejam sua prática, não se confundindo e não influenciando na finalidade do ato (a finalidade pública prevista em regra de competência para a prática do ato)

Gabarito "C"

(Técnico – TRE/CE – 2012 – FCC) A lei permite a remoção *ex officio* de um funcionário para atender a necessidade do serviço público. Mauro, servidor público, praticou determinada infração e a Administração Pública utilizou a remoção como forma de punição. Nesse caso,

(A) há violação à finalidade do ato administrativo.
(B) inexiste vício de finalidade no ato administrativo.
(C) há vício de competência no ato administrativo.
(D) há vício no motivo do ato administrativo.
(E) não há qualquer ilegalidade, ou seja, pode o ato administrativo ser mantido pela Administração.

A: correta, pois a finalidade da remoção não é a punição, de modo que, usado o ato de remoção para finalidade diversa daquela para o qual foi criado, tem-se vício no requisito finalidade, que se traduz no denominado desvio de poder ou desvio de finalidade; **B:** incorreta, pois há desvio de finalidade no caso; **C:** incorreta, pois o vício não é no elemento *competência*, mas no elemento *finalidade*; **D:** incorreta, pois o vício não é no elemento *motivo*, mas no elemento *finalidade*; **E:** incorreta, pois o desvio de finalidade gera a nulidade do ato administrativo.

Gabarito "A"

(Analista – TRT/11ª – 2012 – FCC) O motivo do ato administrativo

(A) não interfere na sua validade.
(B) pode ser vinculado.
(C) quando viciado, permite a sua convalidação.
(D) se inexistente, acarreta a sua revogação.
(E) é a exposição dos fatos e do direito que serviram de fundamento para a prática do ato.

A: incorreta, pois, havendo vício no motivo (ou seja, este é falso quanto aos fatos ou inadequado quanto ao direito), o ato será inválido; **B:** correta, pois o motivo pode ser vinculado ou discricionário, a depender do que dispuser a regra de competência trazida na lei; **C:** incorreta, pois o vício no motivo é muito grave e causa a nulidade absoluta do ato, ou seja, um defeito não sanável, de modo que não é possível a convalidação (art. 55 da Lei 9.784/1999); **D:** incorreta, pois provado que o motivo invocado para a prática do ato não existe (vício no motivo), o ato é considerado nulo, o que enseja a sua *anulação* e não a sua *revogação*; **E:** incorreta, pois esse é o conceito de *motivação* e não de *motivo*; a motivação é um verbo (é a exposição), o motivo é um substantivo (é próprio fato/direito que serve de fundamento para o ato).

Gabarito "B"

(Analista – TRT/6ª – 2012 – FCC) No que diz respeito à convalidação dos atos administrativos, é correto afirmar que

(A) é sempre possível, por razões de interesse público, independentemente da natureza do vício.
(B) alcança atos que apresentem defeitos sanáveis, desde que não acarrete lesão ao interesse público nem prejuízo a terceiros.
(C) é obrigatório quando se trata de vício sanável, não podendo, contudo, retroagir seus efeitos à edição do ato convalidado.
(D) é facultativa nos casos de vício de forma e de finalidade, retroagindo seus efeitos à data do ato convalidado.
(E) somente é possível nas hipóteses de vícios de forma, retroagindo seus efeitos à data de edição do ato convalidado.

A: assertiva incorreta, pois se o vício é insanável, não cabe convalidação (art. 55 da Lei 9.784/1999); **B:** assertiva correta (art. 55 da Lei 9.784/1999); **C:** assertiva incorreta, pois a convalidação retroage seus efeitos para o dia da prática do ato, tornando válidos os efeitos ocorridos entre a data da prática do ato e a data da convalidação; **D:** assertiva incorreta, pois, cabendo a convalidação no caso concreto, esta é um imperativo (e não algo facultativo), o que vale quando se tem um vício sanável de forma; quanto ao vício na finalidade (assim como o vício quanto ao motivo e ao objeto), dificilmente se terá um ato sanável, pois tais vícios são gravíssimos e geram a nulidade do ato; **E:** assertiva incorreta, pois também é cabível no caso de vício de competência, por exemplo.

Gabarito "B"

(Procurador do Município – Cuiabá/MT – 2014 – FCC) Motivação *aliunde* é

(A) motivação baseada em afirmações falsas.
(B) sinônimo de motivação *obiter dictum*.

(C) motivação omissa, capaz de gerar a nulidade do ato administrativo.

(D) sinônimo de *ratio decidendi*, nos processos administrativos.

(E) fundamentação por remissão àquela constante em ato precedente.

Motivação *aliunde* é aquela em que o agente público que pratica um ato o motiva usando de manifestações ou pareceres anteriores à prática desse ato, de modo que somente a alternativa "e" está correta. Vale ressaltar que esse tipo de motivação é admitido no Direito Administrativo (art. 50, § 1º, da Lei 9.784/1999).

Gabarito "E"

3.3. Atributos do ato administrativo

Para resolver as questões sobre os atributos do ato administrativo, vale a pena trazer alguns elementos doutrinários. Confira:

Atributos do ato administrativo (são as qualidades, as prerrogativas dos atos)

- Presunção de legitimidade é a qualidade do ato pela qual este se presume verdadeiro e legal até prova em contrário; ex.: uma multa aplicada pelo Fisco presume-se verdadeira quanto aos fatos narrados para a sua aplicação e se presume legal quanto ao direito aplicado, a pessoa tida como infratora e o valor aplicado.
- Imperatividade é a qualidade do ato pela qual este pode se impor a terceiros, independentemente de sua concordância; ex.: uma notificação da fiscalização municipal para que alguém limpe um terreno ainda não objeto de construção, que esteja cheio de mato.
- Exigibilidade é a qualidade do ato pela qual, imposta a obrigação, esta pode ser exigida mediante coação indireta; ex.: no exemplo anterior, não sendo atendida a notificação, cabe a aplicação de uma multa pela fiscalização, sendo a multa uma forma de coação indireta.
- Autoexecutoriedade é a qualidade pela qual, imposta e exigida a obrigação, esta pode ser implementada mediante coação direta, ou seja, mediante o uso da coação material, da força; ex.: no exemplo anterior, já tendo sido aplicada a multa, mais uma vez sem êxito, pode a fiscalização municipal ingressar à força no terreno particular, fazer a limpeza e mandar a conta, o que se traduz numa coação direta. A autoexecutoriedade não é a regra. Ela existe quando a lei expressamente autorizar ou quando não houver tempo hábil para requerer a apreciação jurisdicional.

Obs. 1: a expressão autoexecutoriedade também é usada no sentido da qualidade do ato que enseja sua imediata e direta execução pela própria Administração, independentemente de ordem judicial.

Obs. 2: repare que esses atributos não existem normalmente no direito privado; um particular não pode, unilateralmente, valer-se desses atributos; há exceções, em que o particular tem algum desses poderes; mas essas exceções, por serem exceções, confirmam a regra de que os atos administrativos se diferenciam dos atos privados pela ausência nestes, como regra, dos atributos acima mencionados.

(Técnico Judiciário – TRE/SP – FCC – 2017) Os atos administrativos são dotados de atributos que lhe conferem peculiaridades em relação aos atos praticados pela iniciativa privada. Quando dotados do atributo da autoexecutoriedade

(A) não podem ser objeto de controle pelo judiciário, tendo em vista que podem ser executados diretamente pela própria Administração pública.

(B) submetem-se ao controle de legalidade e de mérito realizado pelo Judiciário, tendo em vista que se trata de medida de exceção, em que a Administração pública adota medidas materiais para fazer cumprir suas decisões, ainda que não haja previsão legal.

(C) dependem apenas de homologação do Judiciário para serem executados diretamente pela Administração pública.

(D) admitem somente controle judicial posterior, ou seja, após a execução da decisão pela Administração pública, mas a análise abrange todos os aspectos do ato administrativo.

(E) implicam na prerrogativa da própria Administração executar, por meios diretos, suas próprias decisões, sendo possível ao Judiciário analisar a legalidade do ato.

A: incorreta. Ainda que sejam executados diretamente, podem ser revisados e anulados pelo poder judiciário, quando considerados ilegais. **B:** incorreta. Não se trata de exceção, se trata de atributo próprio da Administração Publica. **C:** incorreta. Independem de homologação do judiciário. **D:** incorreta. A análise abrange somente a legalidade do ato. FMB

Gabarito "E"

(Analista Judiciário – Área Judiciária – TRT18 – 2013 – FCC) Pode-se conceituar os atos administrativos como manifestações de vontade do Estado, as quais são dotadas de alguns atributos. Dentre eles, destaca-se a presunção de legitimidade e veracidade, que

(A) significa a presunção absoluta de conformidade com a lei, dependendo de decisão judicial para eventual desfazimento.

(B) consiste na presunção de que o ato praticado está conforme a lei e de que os fatos atestados pela Administração são verdadeiros, admitindo, no entanto, prova em contrário.

(C) significa uma derivação do princípio da legalidade, na medida em que os atos praticados pela Administração possuem força de lei, podendo instituir direitos e obrigações aos administrados.

(D) consiste na necessidade de que sejam confirmados pelo poder judiciário quando veicularem a produção de efeitos limitadores de direitos dos administrados.

(E). significa que os atos administrativos se impõem a terceiros, mesmo que esses não concordem, podendo a Administração adotar medidas coercitivas diretas e concretas para fazer valer sua decisão.

"Embora se fale em presunção de legitimidade ou de veracidade como se fossem expressões com o mesmo significado, as duas podem ser desdobradas, por abrangerem situações diferentes. A presunção de legitimidade diz respeito à conformidade do ato com a lei; em decorrência desse atributo presumem-se, até prova em contrário, que os atos administrativos foram emitidos com observância da lei. A presunção da veracidade diz respeito aos fatos, em decorrência desse atributo, presumem-se verdadeiros os fatos alegados pela administração" (DI PIETRO, Maria Sylvia Zanella. *Direito administrativo*. 25. ed. São Paulo: Atlas, 2012. p. 204-205).

Gabarito "B"

3.4. Vinculação e discricionariedade

(Defensor Público/AM – 2013 – FCC) Trata-se de ato administrativo em que NÃO se faz presente o atributo da discricionariedade:

(A) ato revogatório de outro ato administrativo.

(B) autorização para transporte de substâncias perigosas em via urbana.

(C) concessão de licença requerida por servidor público, para tratar de interesses particulares.

(D) concessão de aposentadoria voluntária, requerida por servidor público.

(E) prorrogação de prazo de validade de concurso público.

A: incorreta, pois a revogação só incide sobre ato discricionário, de modo que este atributo se faz presente em atos revogatórios; **B:** incorreta, pois a autorização é ato unilateral, precário e discricionário; **C:** incorreta, pois esse tipo de licença (que não se confunde com a licença em geral, que é ato unilateral e vinculado, como a licença para construir) é ato discricionário, pois a Administração vai avaliar se há interesse público ou não na concessão de licença para tratar de interesses particulares; **D:** correta, pois a aposentadoria voluntária não é ato discricionário da Administração, que não tem opção entre concedê-la ou não caso os requisitos estejam preenchidos; trata-se, assim, de ato vinculado; **E:** incorreta, pois a Administração tem discricionariedade para decidir se vai ou não prorrogar o prazo de validade de um concurso público.

Gabarito "D"

3.5. Extinção dos atos administrativos

Segue resumo acerca das formas de extinção dos atos administrativos

- Cumprimento de seus efeitos: como exemplo, temos a autorização da Prefeitura para que seja feita uma festa na praça de uma cidade. Este ato administrativo se extingue no momento em que a festa termina, uma vez que seus efeitos foram cumpridos.
- Desaparecimento do sujeito ou do objeto sobre o qual recai o ato: morte de um servidor público, por exemplo.
- Contraposição: extinção de um ato administrativo pela prática de outro antagônico em relação ao primeiro. Ex.: com o ato de exoneração do servidor público, o ato de nomeação fica automaticamente extinto.
- Renúncia: extinção do ato por vontade do beneficiário deste.
- Cassação: extinção de um ato que beneficia um particular por este não ter cumprido os deveres para dele continuar gozando. Não se confunde com a revogação – que é a extinção do ato por não ser mais conveniente ao interesse público. Também difere da anulação – que é a extinção do ato por ser nulo. Como exemplo desse tipo de extinção tem-se a permissão para banca de jornal se instalar numa praça, cassada porque seu dono não paga o preço público devido; ou a autorização de porte de arma de fogo, cassada porque o beneficiário é detido ou abordado em estado de embriaguez ou sob efeito de entorpecentes (art. 10, § 2º, do Estatuto do Desarmamento – Lei 10.826/2003).
- Caducidade. Extinção de um ato porque a lei não mais o permite. Trata-se de extinção por invalidade ou ilegalidade superveniente. Exs.: autorização para condutor de perua praticar sua atividade que se torna caduca por conta de lei posterior não mais permitir tal transporte na cidade; autorizações de porte de arma que caducaram 90 dias após a publicação do Estatuto do Desarmamento, conforme reza seu art. 29.
- Revogação. Extinção de um ato administrativo legal ou de seus efeitos por outro ato administrativo, efetuada somente pela Administração, dada a existência de fato novo que o torne inconveniente ou inoportuno, respeitando-se os efeitos precedentes (efeito ex nunc). Ex.: permissão para a mesma banca de jornal se instalar numa praça, revogada por estar atrapalhando o trânsito de pedestres, dado o aumento populacional, não havendo mais conveniência na sua manutenção.

O sujeito ativo da revogação é a Administração Pública, por meio da autoridade administrativa competente para o ato, podendo ser seu superior hierárquico. O Poder Judiciário nunca poderá revogar um ato administrativo, já que se limita a apreciar aspectos de legalidade (o que gera a anulação), e não de conveniência, salvo se se tratar de um ato administrativo da Administração Pública dele, como na hipótese em que um provimento do próprio Tribunal é revogado.

Quanto ao tema objeto da revogação, tem-se que este recai sobre o ato administrativo ou relação jurídica deste decorrente, salientando-se que o ato administrativo deve ser válido, pois, caso seja inválido, estaremos diante de hipótese que enseja anulação. Importante ressaltar que não é possível revogar um ato administrativo já extinto, dada a falta de utilidade em tal proceder, diferente do que se dá com a anulação de um ato extinto, que, por envolver a retroação de seus efeitos (a invalidação tem efeitos ex tunc), é útil e, portanto, possível.

O fundamento da revogação é a mesma regra de competência que habilitou o administrador à prática do ato que está sendo revogado, devendo-se lembrar que só há que se falar em revogação nas hipóteses de ato discricionário.

Já o motivo da revogação é a inconveniência ou inoportunidade da manutenção do ato ou da relação jurídica gerada por este. Isto é, o administrador público faz apreciação ulterior e conclui pela necessidade da revogação do ato para atender ao interesse público.

Quanto aos efeitos da revogação, esta suprime o ato ou seus efeitos, mas respeita os efeitos que já transcorreram. Trata-se, portanto, de eficácia ex nunc.

Há limites ao poder de revogar. São atos irrevogáveis os seguintes atos: os que a lei assim declarar; os atos já exauridos, ou seja, que cumpriram seus efeitos; os atos vinculados, já que não se fala em conveniência ou oportunidade neste tipo de ato, em que o agente só tem uma opção; os meros ou puros atos administrativos (exs.: certidão, voto dentro de uma comissão de servidores); os atos de controle; os atos complexos (praticados por mais de um órgão em conjunto); e atos que geram direitos adquiridos. Os atos gerais ou regulamentares são, por sua natureza, revogáveis a qualquer tempo e em quaisquer circunstâncias, respeitando-se os efeitos produzidos.

- Anulação (invalidação): extinção do ato administrativo ou de seus efeitos por outro ato administrativo ou por decisão judicial, por motivo de ilegalidade, com efeito retroativo (ex tunc). Ex.: anulação da permissão para instalação de banca de jornal em bem público por ter sido conferida sem licitação.

O sujeito ativo da invalidação pode ser tanto o administrador público como o juiz. A Administração Pública poderá invalidar de ofício ou a requerimento do interessado. O Poder Judiciário, por sua vez, só poderá invalidar por provocação ou no bojo de uma lide. A possibilidade de o Poder Judiciário anular atos administrativos decorre do fato de estarmos num Estado de Direito (art. 1º, CF), em que a lei deve ser obedecida por todos, e também por conta do princípio da inafastabilidade da jurisdição ("a lei não poderá excluir da apreciação do Poder Judiciário lesão ou ameaça de lesão a direito" – artigo 5º, XXXV) e da previsão constitucional do mandado de segurança, do "habeas data" e da ação popular.

O objeto da invalidação é o ato administrativo inválido ou os efeitos de tal ato (relação jurídica).

Seu fundamento é o dever de obediência ao princípio da legalidade. Não se pode conviver com a ilegalidade. Portanto, o ato nulo deve ser invalidado.

O motivo da invalidação é a ilegalidade do ato e da eventual relação jurídica por ele gerada. Hely Lopes Meirelles diz que o motivo da anulação é a ilegalidade ou ilegitimidade do ato, diferente do motivo da revogação, que é a inconveniência ou inoportunidade.

Quanto ao prazo para se efetivar a invalidação, o art. 54 da Lei 9.784/1999 dispõe "O direito da Administração de anular os atos administrativos de que decorram efeitos favoráveis para os destinatários decai em 5 (cinco) *anos, contados da data em que foram praticados, salvo comprovada má-fé"*. Perceba-se que tal disposição só vale para atos administrativos em geral de que decorram efeitos favoráveis ao agente (ex.: permissão, licença) e que tal decadência só aproveita ao particular se este estiver de boa-fé. A regra do art. 54 contém ainda os seguintes parágrafos: § 1º: *"No caso de efeitos patrimoniais contínuos, o prazo de decadência contar-se-á da percepção do primeiro pagamento"*; § 2º: *"Considera-se exercício do direito de anular qualquer medida de autoridade administrativa que importe impugnação à validade do ato"*.

No que concerne aos efeitos da invalidação, como o ato nulo já nasce com a sanção de nulidade, a declaração se dá retroativamente, ou seja, com efeito ex tunc. Invalidam-se as consequências passadas, presentes e futuras do ato. Do ato ilegal não nascem direitos. A anulação importa no desfazimento do vínculo e no retorno das partes ao estado anterior. Tal regra é atenuada em face dos terceiros de boa-fé. Assim, a anulação de uma nomeação de um agente público surte efeitos em relação a este (que é parte da relação jurídica anulada), mas não em relação aos terceiros que sofreram consequências dos atos por este praticados, desde que tais atos respeitem a lei quanto aos demais aspectos.

(Procurador do Estado – PGE/RN – FCC – 2014) Suponha que o Ministro da Fazenda tenha concedido benefício creditício à empresa privada, sem, contudo, a necessária oitiva de órgão colegiado que detém competência legal para opinar sobre a matéria. Referido ato, considerando as disposições da Lei Federal nº 9.784/1999,

(A) poderá ser anulado ou convalidado, sempre pela autoridade superior, a qual cabe sopesar, independentemente do cumprimento do requisito legal, o interesse público envolvido.

(B) é passível de convalidação, caso suprido o defeito sanável, desde que não acarrete lesão ao interesse público nem prejuízo a terceiros.

(C) deverá ser anulado, se não transcorrido mais de 2 (dois) anos, após o que se presume convalidado.

(D) deverá ser revogado pelo agente prolator, não se admitindo convalidação, eis que esta somente é possível em relação a atos vinculados.

(E) é passível de convalidação apenas pela autoridade superior, de acordo com juízo de conveniência e oportunidade.

A: incorreta. O interesse coletivo não se sobrepõe à Lei, por isso o erro está no fato da assertiva possibilitar a relativização do cumprimento da lei; **B:** correta. Trata-se do disposto no art. 55, da Lei 9.784/1999, que assim dispõe: "Em decisão na qual se evidencie não acarretarem lesão ao interesse público nem prejuízo a terceiros, os atos que apresentarem defeitos sanáveis poderão ser convalidados pela própria Administração."; **C:** incorreta. O prazo prescricional para anulação do ato administrativo é de 5 anos (art. 54, da Lei 9.784/1999); **D:** incorreta. Admite-se a convalidação, conforme explicado na alternativa "B"; **E:** incorreta. Não há exigência da autoridade competente para convalidar o ato, sendo apenas aferível a presença de defeitos sanáveis, e não os critérios de conveniência e oportunidade, como afirmado na assertiva. **AW**

Gabarito "B"

(Técnico – TRT/11ª – 2012 – FCC) Determinado administrador público desapropriou certo imóvel residencial com o propósito de perseguir o expropriado, seu inimigo político. Não obstante o vício narrado, a Administração Pública decide convalidar o ato administrativo praticado (desapropriação) com efeitos retroativos. Sobre o fato, é correto afirmar que:

(A) Será possível a convalidação, a fim de ser aproveitado o ato administrativo praticado, sanando-se, assim, o vício existente.

(B) Não será possível a convalidação, sendo ilegal o ato praticado, por conter vício de finalidade.

(C) Não será possível a convalidação, sendo ilegal o ato praticado, por conter vício de forma.

(D) Será possível a convalidação, no entanto, ela deverá ter efeitos *ex nunc* e, não, *ex tunc*.

(E) Não será possível a convalidação, sendo ilegal o ato praticado, por conter vício de objeto.

A: incorreta, pois a convalidação só incide sobre atos com defeitos sanáveis (que não é o caso do desvio de finalidade, que gera a nulidade absoluta do ato) e que não causem prejuízos a terceiros ou ao interesse público (art. 55 da Lei 9.784/1999); no caso, o ato prejudicou o interesse público, que não admite violação ao princípio da moralidade, e terceiros, pois atingiu o inimigo político do administrador, de maneira que não poderá ser convalidado; **B:** correta, pois, havendo defeito insanável (desvio de finalidade) e prejuízo ao interesse público e a terceiro, não cabe convalidação (art. 55 da Lei 9.784/1999); **C:** incorreta, pois o vício não é no requisito *forma*, mas no requisito *finalidade*; **D:** incorreta, pois, se não é possível convalidação, não há que se falar em efeitos dessa; de qualquer forma, quando a convalidação é possível o efeito é *ex tunc* (retroage) e não *ex nunc*; **E:** incorreta, pois o vício não é no requisito *objeto*, mas no requisito *finalidade*.

Gabarito "B"

(Técnico – TRE/SP – 2012 – FCC) Determinada autoridade administrativa detectou, em procedimento ordinário de correição, vício de forma em relação a determinado ato administrativo concessório de benefício pecuniário a servidores. Diante dessa situação, foi instaurado procedimento para anulação do ato, com base na Lei Federal 9.784/1999, que regula o processo administrativo no âmbito da Administração Pública federal, no qual, de acordo com os preceitos da referida Lei, o ato

(A) poderá ser convalidado, em se tratando de vício sanável e desde que evidenciado que não acarreta lesão ao interesse público.

(B) não poderá ser anulado, por ensejar direito adquirido aos interessados, exceto se comprovado dolo ou má-fé.

(C) deverá ser revogado, operando-se os efeitos da revogação desde a edição do ato, salvo se decorrido o prazo decadencial de 5 anos.

(D) poderá ser anulado, revogado ou convalidado, a critério da Administração, independentemente da natureza do vício, de acordo com as razões de interesse público envolvidas.

(E) poderá ser convalidado, desde que não transcorrido o prazo decadencial de 5 anos e evidenciada a existência de boa-fé dos beneficiados.

A: correta (art. 55 da Lei 9.784/1999); **B:** incorreta, pois o fato de um ato gerar direitos aos interessados não o torna imune à anulação; a única coisa é que, se o interessado estiver de boa-fé, o prazo para anulação é de 5 anos (art. 54 da Lei 9.784/1999); **C:** incorreta, pois atos com vícios devem ser anulados e não revogados; vale lembrar que a anulação tem efeitos retroativos (*ex tunc*); **D:** incorreta, pois o vício de legalidade enseja apenas a anulação (se for insanável) e a convalidação (se for sanável), mas não a revogação; **E:** incorreta, pois os requisitos da convalidação são outros, quais sejam, vício sanável e não prejuízo a terceiros ou a interesse público.

Gabarito "A"

(Analista – TRT/2ª Região – 2014 – FCC) Ato normativo emanado do Poder Legislativo federal criou, junto aos quadros do Ministério da Saúde, cargos de provimento efetivo autorizando seu preenchimento pela integração, no serviço público federal, de servidores públicos de Autarquia estadual da área da saúde que atuavam há muitos anos no serviço público federal, em razão de acordo entre o Estado e a União. Os atos administrativos de provimento pautados em referida norma legal

(A) não são passíveis de anulação pelo judiciário, porque a exigência de concurso público se dá tão somente para primeira investidura no serviço público.

(B) são passíveis de revogação, por motivo de conveniência e oportunidade, mas não de anulação, isso porque o administrador está adstrito ao princípio da legalidade que, na hipótese, fundamenta a transposição funcional de um cargo a outro, mesmo que de esfera governamental distinta.

(C) são passíveis de anulação pelo Poder Judiciário, porque têm por fundamento norma legal que ofende a Constituição Federal; sendo igualmente inválidos todos os atos administrativos eventualmente praticados por referidos servidores, que, por essa razão, não surtem efeitos.

(D) não são passíveis de anulação porque se cuidam de provimento derivado, considerando que os servidores mantinham vínculo anterior com a Administração pública de outra esfera governamental.

(E) são passíveis de anulação pelo Poder Judiciário, porque têm por fundamento norma legal que malfere a Constituição Federal, sendo, no entanto, válidos os atos administrativos eventualmente praticados por referidos servidores, se por outra razão não forem viciados.

"É *inconstitucional* toda modalidade de provimento que propicie ao servidor investir-se, *sem prévia aprovação em concurso público* destinado ao seu provimento, *em cargo que não integra a carreira na qual anteriormente investido.*" (Súmula 685 do STF). Vide, também. Art. 37, II, da CF. "Agentes putativos são os que desempenham uma atividade pública na presunção de que há legitimidade, embora *não tenha havido investidura dentro do procedimento legalmente exigido.* É o caso, por exemplo, do servidor que pratica inúmeros atos de administração, tendo sido investido *sem aprovação em concurso público.* (...) Em relação aos agentes putativos, podem ser questionados alguns atos praticados internamente na Administração, mas externamente *devem ser convalidados, para evitar que terceiros de boa-fé sejam prejudicados pela falta de investidura legítima*" (CARVALHO FILHO, José dos Santos. *Manual de Direito Administrativo.* 27. ed. São Paulo: Atlas, 2014. p. 597-598).

Gabarito "E"

3.6. Convalidação e conversão

(Procurador do Estado/SP – FCC – 2009) Em relação aos atos administrativos praticados pelo Estado de São Paulo é correto afirmar:

(A) Mesmo na hipótese de competência indelegável, será possível a convalidação do ato administrativo.

(B) Não é viável a anulação dos atos inválidos se eles forem passíveis de convalidação.

(C) É incabível a produção de prova pericial no curso de processo administrativo de invalidação.

(D) O parecer jurídico elaborado em exame de minutas de edital de licitação é obrigatório, mas não é vinculante para a autoridade administrativa.

(E) Com base na autoexecutoriedade do ato administrativo, a Administração poderá iniciar atuação material relacionada com a esfera jurídica dos particulares sem que seja necessária prévia expedição de ato administrativo que lhe dê fundamento.

A: incorreta, pois quando alguém pratica um ato no lugar do agente competente, numa competência que é indelegável, tem-se um ato *nulo*, e não *anulável*, de modo que não é possível a convalidação, pois esta só incide sobre ato anulável; **B:** correta, pois se o ato é passível de convalidação, a administração deve promovê-la (art. 55 da Lei 9.784/1999); há uma exceção, que é o caso de *vício de competência em ato discricionário*; neste, a administração não é obrigada a convalidar o ato, pois quem tem a competência pode praticar ato diverso do anteriormente praticado; **C:** incorreta, pois o respeito ao contraditório e à ampla defesa são princípios constitucionais que devem nortear a atuação administrativa, mormente quando se queira praticar ato que interferirá na esfera jurídica de outrem; **D:** incorreta, pois, segundo o STF, o parecer jurídico de que trata o art. 38 da Lei 8.666/1993, não é um mero parecer (mera opinião técnica sobre dado assunto), tratando-se de verdadeira decisão administrativa (até porque o art. 38, parágrafo único, usa o verbo "aprovar"), de modo que se trata de um parecer vinculante; **E:** incorreta, pois a autoexecutoriedade é o atributo que permite à Administração fazer executar no mundo fenomênico uma decisão tomada, ou seja, um ato administrativo praticado; por exemplo, quando a Administração requisita um bem particular, esse ato (de requisição), é o ato prévio, que, descumprido, enseja que a Administração use a força, ou seja, use o atributo da autoexecutoriedade.

Gabarito "B"

3.7. Classificação dos atos administrativos e atos em espécie

Antes de verificarmos as questões deste item, vale trazer um resumo das principais espécies de atos administrativos.

Espécies de atos administrativos segundo Hely Lopes Meirelles:

- Atos normativos são aqueles que contêm comando geral da Administração Pública, com o objetivo de executar a lei. Exs.: regulamentos (da alçada do chefe do Executivo), instruções normativas (da alçada dos Ministros de Estado), regimentos, resoluções etc.
- Atos ordinatórios são aqueles que disciplinam o funcionamento da Administração e a conduta funcional de seus agentes. Ex.: instruções (são escritas e gerais, destinadas a determinado serviço público), circulares (escritas e de caráter uniforme, direcionadas a determinados servidores), avisos, portarias (expedidas por chefes de órgãos – trazem determinações gerais ou especiais aos subordinados, designam alguns servidores, instauram sindicâncias e processos administrativos etc.), ordens de serviço (determinações especiais ao responsável pelo ato), ofícios (destinados às comunicações escritas entre autoridades) e despacho (contém decisões administrativas).
- Atos negociais são declarações de vontade coincidentes com a pretensão do particular. Ex.: licença, autorização e protocolo administrativo.
- Atos enunciativos são aqueles que apenas atestam, enunciam situações existentes. Não há prescrição de conduta por parte da Administração. Ex.: certidões, atestados, apostilas e pareceres.
- Atos punitivos são as sanções aplicadas pela Administração aos servidores públicos e aos particulares. Ex.: advertência, suspensão e demissão; multa de trânsito.

Confira mais classificações dos atos administrativos:

- Quanto à liberdade de atuação do agente

Ato vinculado é aquele em que a lei tipifica objetiva e claramente a situação em que o agente deve agir e o único comportamento que poderá tomar. Tanto a situação em que o agente deve agir, como o comportamento que vai tomar são únicos e estão clara e objetivamente definidos na lei, de forma a inexistir qualquer margem de liberdade ou apreciação subjetiva por parte do agente público. Exs.: licença para construir e concessão de aposentadoria.

Ato discricionário é aquele em que a lei confere margem de liberdade para avaliação da situação em que o agente deve agir ou para escolha do melhor comportamento a ser tomado.

Seja na situação em que o agente deve agir, seja no comportamento que vai tomar, o agente público terá uma margem de liberdade na escolha do que mais atende ao interesse público. Neste ponto fala-se em mérito administrativo, ou seja, na valoração dos motivos e escolha do comportamento a ser tomado pelo agente.

Vale dizer, o agente público fará apreciação subjetiva, agindo segundo o que entender mais conveniente e oportuno ao interesse público. Reconhece-se a discricionariedade, por exemplo, quando a regra que traz a competência do agente traz conceitos fluídos, como bem comum, moralidade, ordem pública etc. Ou ainda quando a lei não traz um motivo que enseja a prática do ato, como, por exemplo, a que permite nomeação para cargo em comissão, de livre provimento e exoneração. Também se está diante de ato discricionário quando há mais de uma opção para o agente quanto ao momento de atuar, a forma do ato (ex.: verbal, gestual ou escrita), sua finalidade ou conteúdo (ex.: advertência, multa ou apreensão).

A discricionariedade sofre alguns temperamentos. Em primeiro lugar é bom lembrar que todo ato discricionário é parcialmente regrado ou vinculado. A competência, por exemplo, é sempre vinculada (Hely Lopes Meirelles entende que competência, forma e finalidade são sempre vinculadas, conforme vimos). Ademais, só há discricionariedade nas situações marginais, nas zonas cinzentas. Assim, se algo for patente, como quando, por exemplo, uma dada conduta fira veementemente a moralidade pública (ex.: pessoas fazendo sexo no meio de uma rua), o agente, em que pese estar diante de um conceito fluído, deverá agir reconhecendo a existência de uma situação de imoralidade. Deve-se deixar claro, portanto, que a situação concreta diminui o espectro da discricionariedade (a margem de liberdade) conferida ao agente.

Assim, o Judiciário até pode apreciar um ato discricionário, mas apenas quanto aos aspectos de legalidade, razoabilidade e moralidade, não sendo possível a revisão dos critérios adotados pelo administrador (mérito administrativo), se tirados de dentro da margem de liberdade a ele conferida pelo sistema normativo.

- Quanto às prerrogativas da administração

Atos de império são os praticados no gozo de prerrogativas de autoridade. Ex.: interdição de um estabelecimento.

Atos de gestão são os praticados sem uso de prerrogativas públicas, em igualdade com o particular, na administração de bens e serviços. Ex.: contrato de compra e venda ou de locação de um bem imóvel.

Atos de expediente são os destinados a dar andamentos aos processos e papéis que tramitam pelas repartições, preparando-os para decisão de mérito a ser proferida pela autoridade. Ex.: remessa dos autos à autoridade para julgá-lo.

A distinção entre ato de gestão e de império está em desuso, pois era feita para excluir a responsabilidade do Estado pela prática de atos de império, de soberania. Melhor é distingui-los em atos regidos pelo direito público e pelo direito privado.

- **QUANTO AOS DESTINATÁRIOS**

Atos individuais são os dirigidos a destinatários certos, criando-lhes situação jurídica particular. Ex.: decreto de desapropriação, nomeação, exoneração, licença, autorização, tombamento.

Atos gerais são os dirigidos a todas as pessoas que se encontram na mesma situação, tendo finalidade normativa.

São diferenças entre um e outro as seguintes:

- só ato individual pode ser impugnado individualmente; atos normativos, só por ADIN ou após providência concreta.
- ato normativo prevalece sobre o ato individual

- ato normativo é revogável em qualquer situação; ato individual deve respeitar direito adquirido.
- ato normativo não pode ser impugnado administrativamente, mas só após providência concreta; ato individual pode ser impugnado desde que praticado.
- Quanto à formação da vontade

Atos simples: decorrem de um órgão, seja ele singular ou colegiado. Ex.: nomeação feita pelo Prefeito; deliberação de um conselho ou de uma comissão.

Atos complexos: decorrem de dois ou mais órgãos, em que as vontades se fundem para formar um único ato. Ex.: decreto do Presidente, com referendo de Ministros.

Atos compostos: decorrem de dois ou mais órgãos, em que vontade de um é instrumental à vontade de outro, que edita o ato principal. Aqui existem dois atos pelo menos: um principal e um acessório. Exs.: nomeação do Procurador Geral da República, que depende de prévia aprovação pelo Senado; e atos que dependem de aprovação ou homologação. Não se deve confundir atos compostos com atos de um procedimento, vez que este é composto de vários atos acessórios, com vistas à produção de um ato principal, a decisão.

- Quanto aos efeitos

Ato constitutivo é aquele em que a Administração cria, modifica ou extingue direito ou situação jurídica do administrado. Ex.: permissão, penalidade, revogação e autorização.

Ato declaratório é aquele em que a Administração reconhece um direito que já existia. Ex.: admissão, licença, homologação, isenção e anulação.

Ato enunciativo é aquele em que a Administração apenas atesta dada situação de fato ou de direito. Não produz efeitos jurídicos diretos. São juízos de conhecimento ou de opinião. Ex.: certidões, atestados, informações e pareceres.

- Quanto à situação de terceiros

Atos internos são aqueles que produzem efeitos apenas no interior da Administração. Ex.: pareceres, informações.

Atos externos são aqueles que produzem efeitos sobre terceiros. Nesse caso, dependerão de publicidade para terem eficácia. Ex.: admissão, licença.

- Quanto à estrutura.

Atos concretos são aqueles que dispõem para uma única situação, para um caso concreto. Ex.: exoneração de um agente público.

Atos abstratos são aqueles que dispõem para reiteradas e infinitas situações, de forma abstrata. Ex.: regulamento.

Confira outros atos administrativos, em espécie:

- Quanto ao conteúdo: a) **autorização**: *ato unilateral, discricionário e precário pelo qual se faculta ao particular, em proveito deste, o uso privativo de bem público ou o desempenho de uma atividade, os quais, sem esse consentimento, seriam legalmente proibidos.* Exs.: autorização de uso de praça para festa beneficente; autorização para porte de arma; b) **licença**: *ato administrativo unilateral e vinculado pelo qual a Administração faculta àquele que preencha requisitos legais o exercício de uma atividade.* Ex.: licença para construir; c) **admissão**: *ato unilateral e vinculado pelo qual se reconhece ao particular que preencha requisitos legais o direito de receber serviço público.* Ex.: aluno de escola; paciente em hospital; programa de assistência social; d) **permissão**: *ato administrativo unilateral, discricionário e precário, pelo qual a Administração faculta ao particular a execução de serviço público ou a utilização privativa de bem público, mediante licitação.* Exs.: permissão para perueiro; permissão para uma banca de jornal. Vale lembrar que, por ser precária, pode ser revogada a qualquer momento, sem direito à indenização; e) **concessão**: *ato bilateral e não precário, pelo qual a Administração faculta ao particular a execução de serviço público ou a utilização privativa de bem público, mediante licitação.* Ex.: concessão para empresa de ônibus efetuar transporte remunerado de passageiros. Quanto aos bens públicos, há também a *concessão de direito real de uso*, oponível até ao poder concedente, e a *cessão de uso*, em que se transfere o uso para entes ou órgãos públicos; f) **aprovação**: *ato de controle discricionário.* Vê-se a conveniência do ato controlado. Ex.: aprovação pelo Senado de indicação para Ministro do STF; g) **homologação**: *ato de controle vinculado.* Ex.: homologação de licitação ou de concurso público; h) **parecer**: *ato pelo qual órgãos consultivos da Administração emitem opinião técnica sobre assunto de sua competência.* Podem ser das seguintes espécies: *facultativo* (parecer solicitado se a autoridade quiser); *obrigatório* (autoridade é obrigada a solicitar o parecer, mas não a acatá-lo) e *vinculante* (a autoridade é obrigada a solicitar o parecer e a acatar o seu conteúdo; ex.: parecer médico). Quando um parecer tem o poder de *decidir* um caso, ou seja, quando o parecer é, na verdade, uma decisão, a autoridade que emite esse parecer responde por eventual ilegalidade do ato (ex.: parecer jurídico sobre edital de licitação e minutas de contratos, convênios e ajustes – art. 38 da Lei 8.666/1993).
- Quanto à forma: a) **decreto**: é a forma de que se revestem os atos individuais ou gerais, emanados do Chefe do Poder Executivo. Exs.: nomeação e exoneração (atos individuais); regulamentos (atos gerais que têm por objeto proporcionar a fiel execução da lei – art. 84, IV, da CF); b) **resolução e portaria**: são as formas de que se revestem os atos, gerais ou individuais, emanados de autoridades que não sejam o Chefe do Executivo; c) **alvará**: forma pela qual a Administração confere licença ou autorização para a prática de ato ou exercício de atividade sujeita ao poderes de polícia do Estado. Exs.: alvará de construção (instrumento da licença); alvará de porte de arma (instrumento da autorização).

(Técnico Judiciário – TRT9 – 2012 – FCC) A respeito dos atos administrativos, é correto afirmar que

(A) o mérito do ato administrativo corresponde ao juízo de conveniência e oportunidade presente nos atos discricionários.

(B) os atos vinculados comportam juízo de conveniência e oportunidade pela Administração, que pode revogá-los a qualquer tempo.

(C) os atos discricionários não são passíveis de revogação pela Administração, salvo por vício de legalidade.

(D) a discricionariedade corresponde ao juízo de conveniência e oportunidade presente nos atos vinculados.

(E) os atos vinculados são passíveis de anulação pela Administração, de acordo com juízo de conveniência e oportunidade.

A: correta, pois mérito administrativo é justamente a margem de liberdade que tem o administrador público para, diante de critérios de conveniência e oportunidade, decidir qual é a melhor providência diante das opções que a lei lhe traz; **B:** incorreta, pois ato vinculado é aquele em que a lei, de forma clara e objetiva, define sem margem a opções, qual é a única conduta que a administração pode tomar num determinado caso concreto bem definido, não havendo, assim, espaço para juízo de conveniência e oportunidade; **C:** incorreta, pois, em caso de ilegalidade, não se fala em revogação, mas em anulação; **D:** incorreta, pois nos atos vinculados, como seu viu, não há margem de liberdade; **E:** incorreta, pois a anulação se dá por motivo de ilegalidade, e não por motivo de conveniência e oportunidade, motivo este que só enseja revogação.

Gabarito "A"

(Técnico – TRE/CE – 2012 – FCC) Analise as assertivas abaixo atinentes aos atos administrativos denominados "gerais ou normativos".

I. São atos administrativos com finalidade normativa, alcançando todos os sujeitos que se encontrem na mesma situação de fato abrangida por seus preceitos.

II. Expressam em minúcias o mandamento abstrato da lei, embora sejam manifestações tipicamente administrativas.

III. A essa categoria pertencem, dentre outros, os decretos regulamentares e os regimentos.

IV. Embora estabeleçam regras gerais e abstratas de conduta, não são leis em sentido formal; logo, não estão necessariamente subordinados aos limites jurídicos definidos na lei formal.

Está correto o que se afirma APENAS em

(A) I, II e III.

(B) II, III e IV.

(C) I e IV.

(D) II e III.

(E) I, II e IV.

I: correta; de fato, tais atos (gerais ou normativos) abrangem número indeterminado de pessoas (todos aqueles que se encontrem na mesma situação), ao contrário dos atos individuais, que recaem sobre pessoas determinadas; **II:** correta, pois os atos gerais ou administrativos têm por função trazer os detalhes (as minúcias) do estipulado na lei, não podendo, todavia, criar direito ou obrigação novos não previstos na lei; **III:** correta, pois os dois atos citados (regulamentos e regimentos) são gerais ou normativos; **IV:** incorreta, pois os atos gerais ou normativos estão abaixo da lei, devendo respeitar os limites definidos por esta.

Gabarito "A"

(Analista – TRE/CE – 2012 – FCC) Provimentos são *atos administrativos internos, contendo determinações e instruções que a Corregedoria ou os tribunais expedem para a regularização e uniformização dos serviços, com o objetivo de evitar erros e omissões na observância da lei.*

Segundo o conceito acima, de Hely Lopes Meirelles, trata-se de atos administrativos

(A) punitivos.

(B) declaratórios.

(C) enunciativos.

(D) negociais.

(E) ordinatórios.

A: assertiva incorreta, pois atos punitivos são *sanções aplicadas pela Administração aos servidores públicos e aos particulares, sendo que os provimentos mencionados não importam em sanções*; **B:** assertiva incorreta, pois atos declaratórios são *aqueles que apenas atestam uma situação preexistente*, o que não se dá em relação aos provimentos, já que estes contêm ordens e não declarações; **C:** assertiva incorreta, pois atos enunciativos são *aqueles que apenas atestam, enunciam situações existentes, o que não se dá em relação aos provimentos, que importam em ordens, determinações, prescrições de conduta e não em mera enunciação de situação existente*; **D:** assertiva incorreta, pois os atos negociais *são declarações de vontade coincidentes com pretensão do particular* e os provimentos não são expedidos para atender à vontade do particular; **E:** assertiva correta, pois atos ordinatórios são *aqueles que disciplinam o funcionamento da Administração e a conduta funcional de seus agentes*, conceito que abrange os provimentos.

Gabarito "E"

(Magistratura/CE – 2014 – FCC) No tocante às várias espécies de ato administrativo, é correto afirmar:

(A) Certidões são atos constitutivos de situações jurídicas formadas a partir da aplicação de preceitos legais vinculantes.

(B) Homologação é ato unilateral e discricionário, pelo qual o superior confirma a validade de ato praticado por subordinado.

(C) Decretos são atos de caráter geral, emanados pelo Chefe do Poder Executivo.

(D) Alvará é o ato administrativo unilateral e vinculado, pelo qual a Administração faculta àquele que preenche os requisitos legais o exercício de uma atividade.

(E) A permissão de uso qualificada é ato unilateral e discricionário que faculta a utilização privativa de bem público, no qual a Administração autolimita o seu poder de revogar unilateralmente o ato.

A: incorreta, pois certidões são atos enunciativos ou declaratórios; **B:** incorreta, pois a *homologação* é ato de controle, mas do tipo vinculado; sendo que a *aprovação* é que é um ato de controle discricionário; **C:** incorreta, pois o decreto é a forma (não o conteúdo), pelo qual são veiculados tanto atos gerais (como o regulamento) como atos concretos (como o decreto expropriatório de um dado imóvel); **D:** incorreta, pois o alvará é a forma pela qual são veiculados atos que facultam o exercício de direitos, servindo tanto para veicular atos discricionários (como a *autorização*), como para veicular atos vinculados (como a *licença*); **E:** correta, pois, de fato, a permissão de uso, apesar de ser um ato precário (revogável a qualquer tempo sem qualquer direito em favor do permissionário), quando vem acompanhada de uma autolimitação da Administração do seu poder de revogação unilateral do ato (por exemplo, quando a Administração confere prazo certo para o fim da permissão), tem-se a chamada permissão de uso qualificada, que confere ao permissionário direito de ser indenizado se a Administração decidir pela revogação do ato antes do término do prazo estabelecido na permissão.

Gabarito "E"

(Procurador do Município – Cuiabá/MT – 2014 – FCC) Trata-se de ato administrativo unilateral de natureza discricionária, pelo qual se exerce o controle a *priori* ou a *posteriori* de outro ato administrativo. Estamos nos referindo à

(A) licença.

(B) homologação.

(C) autorização.

(D) aprovação.

(E) admissão.

A: incorreta, pois a licença é ato *vinculado* (e não *discricionário*) e que *faculta* alguém a praticar dada atividade (e não um ato de *controle*); **B:** incorreta, pois a homologação, apesar de ser ato de controle, é ato *vinculado* (e não *discricionário*); **C:** incorreta, pois a autorização tem por objetivo *facultar* alguém a praticar dada atividade (e não servir de ato de *controle*); **D:** correta, pois, de fato, a aprovação é um ato de controle discricionário; **E:** incorreta, pois a admissão é ato *vinculado* (e não *discricionário*) e que importa em admitir que alguém receba um serviço público (e não servir de ato de *controle*).

Gabarito "D"

3.8. Discricionariedade e vinculação

(Técnico – TRF/3ª Região – 2014 – FCC) Pietra, servidora pública do Tribunal Regional Federal da 3ª Região, praticou ato administrativo válido, porém discricionário, no entanto, cinco dias após a prática do ato, revogou-o, motivada por razões de conveniência e oportunidade. A propósito do tema,

(A) a revogação não se dá por razões de conveniência e oportunidade.

(B) o ato discricionário não comporta revogação.

(C) se o ato já exauriu seus efeitos, não pode ser revogado.

(D) a revogação opera efeitos retroativos.

(E) a revogação pode se dar tanto pela Administração Pública (Poder Executivo), quanto pelo Poder Judiciário, que, nesse caso, ocorre apenas em situações excepcionais.

A e **B:** Incorretas. A revogação consiste em ato administrativo discricionário em que a administração extingue um ato válido por razões de oportunidade e conveniência; **C:** Correta. A doutrina entende que não podem ser revogados os atos que exauriram seus efeitos; como a revogação não retroage, mas apenas impede que o ato continue a produzir efeitos, se o ato já se exauriu, não há mais que falar em revogação (DI PIETRO, Maria Sylvia Zanella. **Direito Administrativo.** 25. ed. São Paulo: Atlas, 2012. p. 357); **D:** incorreta. A revogação não retroage, ou seja, seus efeitos se operam a partir da revogação (*ex nunc*); **E:** Incorreta. A revogação, por ser ato administrativo discricionário em que a administração pública extingue um ato por razões de oportunidade e conveniência, não poderá ser operada pelo Poder Judiciário, cabendo-lhe, apenas, a anulação dos atos ilegais.

Gabarito "C"

(Analista – TRT/11ª – 2012 – FCC) Considere as seguintes assertivas concernentes ao tema *discricionariedade* e *vinculação* dos atos administrativos:

I. A fonte da discricionariedade é a própria lei; aquela só existe nos espaços deixados por esta.

II. No poder vinculado, o particular não tem direito subjetivo de exigir da autoridade a edição de determinado ato administrativo.

III. A discricionariedade nunca é total, já que alguns aspectos são sempre vinculados à lei.

IV. Na discricionariedade, a Administração Pública não tem possibilidade de escolher entre atuar ou não.

Está correto o que se afirma APENAS em

(A) I, II e III.

(B) I e III.

(C) I e IV.

(D) II, III e IV.

(E) II e IV.

I: assertiva correta, pois, pelo princípio da legalidade, só se pode fazer o que lei a autorizar; dessa forma, mesmo quando se tem uma margem de liberdade para o administrador público (discricionariedade), tem-se, por traz, uma lei determinado a extensão dessa margem de liberdade; **II:** assertiva incorreta, pois, em se tratando de ato vinculado, tem-se uma situação em que a lei estabelece requisitos objetivos para a concessão de algo em favor do particular, de modo que, caso este comprove que atendeu a todos os requisitos objetivamente definidos na lei (ex.: querendo um alvará para construir uma casa, o particular demonstra que está respeitando a lei de zoneamento, os recuos, afastamentos e demais regras objetivas), terá direito subjetivo a que o ato administrativo seja praticado em seu favor, podendo acionar o Poder Judiciário para pleitear a edição do ato, caso este não seja praticado; **III:** assertiva correta, pois, na esfera administrativa, não existe arbitrariedade (liberdade total), mas discricionariedade (margem de liberdade), sendo que uma parte do ato administrativo discricionário é sempre regrada, ou seja, é sempre vinculada, trazendo deveres objetivos aos administradores, que, em contrapartida, atuam com subjetividade em relação a certos pontos da competência discricionária; assim, quando a lei permite que um administrador público, diante de um dado fato, aplique a sanção "A" ou "B", a vinculação está no ponto em que o administrador só tem duas opções ("A" ou "B", não podendo aplicar uma outra ação, a "C", por exemplo) e a discricionariedade está no ponto em que compete ao administrador escolher se aplica a sanção "A" ou a sanção "B"; **IV:** assertiva incorreta, pois, muitas vezes, a lei possibilita exatamente isso, ou seja, que, diante de uma dada hipótese, a Administração Pública escolha se deve ou não atuar.

Gabarito "B"

(Analista – TRT9 – 2012 – FCC) Maria Helena requereu que lhe fosse concedida licença para construir em seu terreno. Observou a legislação municipal, contratou a execução do competente projeto e apresentou à Administração pública para aprovação. O pedido, no entanto, foi indeferido, sob o fundamento de que na mesma rua já existia uma obra em curso, o que poderia ocasionar transtornos aos demais administrados. Maria Helena, inconformada, ajuizou medida judicial para obtenção da licença, no que foi atendida. A decisão judicial,

(A) é regular manifestação do poder de controle do ato administrativo, desde que comprovado o preenchimento dos requisitos de edição do ato vinculado.

(B) excede os limites do controle judicial do ato administrativo, na medida em que interfere em juízo discricionário da Administração Pública.

(C) excede os limites do controle judicial do ato administrativo, na medida em que a atuação do Judiciário deve ficar adstrita a análise de legalidade, não podendo substituir o ato administrativo como no caso proposto.

(D) é regular manifestação do poder de controle do ato administrativo, com exceção da concessão da licença, atividade privativa da administração, que não poderia ser suprida pelo Judiciário, ainda que diante de recusa da autoridade.

(E) é regular manifestação do poder de controle do ato administrativo, tendo em vista que contemporaneamente vem sendo admitido o controle dos aspectos discricionários do ato administrativo.

A: assertiva correta; a licença administrativa é ato vinculado da Administração, ou seja, é ato que a Administração pratica sem margem de liberdade, de modo que, em o particular demonstrando que seguiu rigorosamente os requisitos objetivos previstos na lei, tem direito subjetivo à licença solicitada, podendo ingressar no Poder Judiciário para que este, apreciando a legalidade do ato vinculado praticado, veja se o particular tem ou não o direito pleiteado; **B** e **C**: incorretas, pois, como se viu, a licença administrativa é ato vinculado e não discricionário, de modo que o Poder Judiciário se limitará a apreciar a legalidade desse ato, não havendo risco de se imiscuir em mérito administrativo, vez que, no caso, só se tem requisitos objetivos a serem apreciados pelo Poder Judiciário; **D**: incorreta, pois, por ser a licença ato vinculado, o Poder Judiciário poderá apreciar a legalidade do ato praticado pela Administração, determinando a correção do ato (inclusive no sentido de determinar seja expedida a licença), caso o Poder Judiciário verifique que o ato praticado violou a lei; **E**: assertiva incorreta, pois não há que se falar no caso em ato discricionário, pois a licença é ato vinculado.

Gabarito "A"

3.9. Temas combinados de ato administrativo

(Técnico Judiciário – TRT11 – FCC – 2017) Rodrigo é servidor público federal e chefe de determinada repartição pública. Rodrigo indeferiu as férias pleiteadas por um de seus subordinados, o servidor José, alegando escassez de pessoal na repartição. No entanto, José comprovou, que há excesso de servidores na repartição pública. No caso narrado,

(A) há vício de motivo no ato administrativo.

(B) o ato deve, obrigatoriamente, permanecer no mundo jurídico, vez que sequer exigia fundamentação.

(C) inexiste vício no ato administrativo, no entanto, o ato comporta revogação.

(D) o ato praticado por Rodrigo encontra-se viciado, no entanto, não admite anulação, haja vista a discricionariedade administrativa na hipótese.

(E) o objeto do ato administrativo encontra-se viciado.

A: correta. Motivo é a situação de fato e de direito que gera a necessidade do ato administrativo. Se o motivo apresentado não condizer com a realidade o ato será nulo. **B**: incorreta. O indeferimento de direitos pleiteados, deve ser motivo, sendo medida de exceção. **C**: incorreta . **D**: incorreta. Lei 8112/90, art. 77. O servidor fará jus a trinta dias de férias, que podem ser acumuladas, até o máximo de dois períodos, no caso de necessidade do serviço, ressalvadas as hipóteses em que haja legislação específica. Indeferir o direito as férias é exceção legal, mas exige motivação, sem a qual, se torna nulo. **E**: incorreta. O vicio apresentado está na motivação do ato. FMB

Gabarito "A"

(Procurador do Estado – PGE/MT – FCC – 2016) A propósito dos atos administrativos,

(A) o lançamento de ofício de um tributo é ato administrativo negociai, vinculado, de natureza autoexecutória e dotado de presunção de legitimidade.

(B) o registro de marcas não é reputado como ato administrativo, visto que não decorre de exercício de competência legal atribuído a autoridades administrativas, mas sim de atuação autorregulatória do setor industrial.

(C) o decreto regulamentar constitui um ato-regra, simples, imperativo e externo.

(D) o decreto de nomeação de uma centena de servidores públicos é qualificado como ato-condição, de caráter geral, ablativo e de efeito ampliativo.

(E) a emissão de uma licença em favor de um particular é ato de outorga, negocial, bilateral e complexo.

A: incorreta. O lançamento de ofício de um tributo é ato administrativo vinculado; **B**: incorreta. O registro de marcas e patentes é um ato administrativo, porque é feito no INPI (Instituto Nacional da Propriedade Industrial), que é uma autarquia; **C**: correta. O Decreto Regulamentar é um ato administrativo que veicula um regulamento, por isso ele veicula "regras" infralegais, sendo imperativo (de observância obrigatória) e externo, porque editado pelo Chefe do Poder Executivo; **D**: incorreta. Esse decreto de nomeação de servidores é um ato individual ou coletivo, não é geral, porque se aplica somente ao servidores que se sujeitarem à nomeação. Também, não é um ato "ablativo", porque esses atos negam condições, o que é contrário à concessão ou designação de servidores; **E**: incorreta. A licença não é um ato administrativo negocial, e sim, um ato vinculado, unilateral e simples, em regra. AW

Gabarito "C"

(Técnico – TRT/19ª Região – 2014 – FCC) Lúcio, servidor público federal, praticou ato administrativo desrespeitando a forma do mesmo, essencial à sua validade. O ato em questão

(A) admite convalidação.

(B) não comporta anulação.

(C) é necessariamente legal.

(D) comporta revogação.

(E) é ilegal.

A: Incorreta, pois não se admite convalidação de atos administrativos com vício de validade; **B**: Incorreta, pois as formas essenciais à validade do ato podem ser anuladas (art. 54, § 2º, da Lei 9.784/1999). Comportam anulação apenas os vícios de menor gravidade; **C**: Incorreta, pois será ilegal o ato com vício de validade; **D**: Incorreta, pois comporta anulação. **E**: Correta. São os que a lei assim declare ou aqueles sobre os quais a convalidação seja racionalmente impossível, pois, se o conteúdo fosse repetido, seria repetida a ilegalidade (GARCIA, Wander. **Manual Completo de Direito Administrativo para Concursos**. Indaiatuba: Editora FOCO, 2014, p. 149).

Gabarito "E"

4. ORGANIZAÇÃO ADMINISTRATIVA

4.1. Temas gerais (Administração Pública, órgãos e entidades, descentralização e desconcentração, controle e hierarquia, teoria do órgão)

Segue um resumo sobre a parte introdutória do tema Organização da Administração Pública:

O objetivo deste tópico é efetuar uma série de distinções, de grande valia para o estudo sistematizado do tema. A primeira delas tratará da relação entre pessoa jurídica e órgãos estatais.

Pessoas jurídicas estatais são entidades integrantes da estrutura do Estado e dotadas de personalidade jurídica, ou seja, de aptidão genérica para contrair direitos e obrigações.

Órgãos públicos são centros de competência integrantes das pessoas estatais instituídos para o desempenho das funções públicas por meio de agentes públicos. São, portanto, parte do corpo (pessoa jurídica). Cada órgão é investido de determinada competência, dividida entre seus cargos. Apesar de não terem personalidade jurídica, têm prerrogativas funcionais, o que admite até que interponham mandado de segurança, quando violadas. Tal capacidade processual, todavia, só têm os órgãos independentes e os autônomos. Todo ato de um órgão é imputado diretamente à pessoa jurídica da qual é integrante, assim como todo ato de agente público é imputado diretamente ao órgão à qual pertence (trata-se da chamada "teoria do órgão", que se contrapõe à teoria da representação ou do mandato). Deve-se ressaltar, todavia, que a representação legal da entidade é atribuição de determinados agentes, como o Chefe do Poder Executivo e os Procuradores. Confiram-se algumas classificações dos órgãos públicos, segundo o magistério de Hely Lopes Meirelles:

Quanto à posição, podem ser órgãos independentes (originários da Constituição e representativos dos Poderes do Estado: Legislativo, Executivo de Judiciário – aqui estão todas as corporações legislativas, chefias de executivo e tribunais, e juízos singulares); *autônomos* (estão na cúpula da Administração, logo abaixo dos órgãos independentes, tendo autonomia administrativa, financeira e técnica, segundo as diretrizes dos órgãos a eles superiores – cá estão os Ministérios, as Secretarias Estaduais e Municipais, a AGU etc.), *superiores* (detêm poder de direção quanto aos assuntos de sua competência, mas sem autonomia administrativa e financeira – ex.: gabinetes, procuradorias judiciais, departamentos, divisões etc.) e *subalternos* (são os que se acham na base da hierarquia entre órgãos, tendo reduzido poder decisório, com atribuições de mera execução – ex.: portarias, seções de expediente).

Quanto à estrutura, podem ser simples ou unitários (constituídos por um só centro de competência) e *compostos* (reúnem outros órgãos menores com atividades-fim idênticas ou atividades auxiliares – ex.: Ministério da Saúde).

Quanto à atuação funcional, podem ser singulares ou unipessoais (atuam por um único agente – ex.: Presidência da República) e *colegiados* ou *pluripessoais* (atuam por manifestação conjunta da vontade de seus membros – ex.: corporações legislativas, tribunais e comissões).

Outra distinção relevante para o estudo da estrutura da Administração Pública é a que se faz entre desconcentração e descentralização. Confira-se.

Desconcentração é a distribuição interna de atividades administrativas, de competências. Ocorre de órgão para órgão da entidade Ex.: competência no âmbito da Prefeitura, que poderia estar totalmente concentrada no órgão Prefeito Municipal, mas que é distribuída internamente aos Secretários de Saúde, Educação etc.

Descentralização é a distribuição externa de atividades administrativas, que passam a ser exercidas por pessoa ou pessoas distintas do Estado. Dá-se de pessoa jurídica para pessoa jurídica como técnica de especialização. Ex.: criação de autarquia para titularizar e executar um dado serviço público, antes de titularidade do ente político que a criou.

Na descentralização por serviço a lei atribui ou autoriza que outra pessoa detenha a titularidade e a execução do serviço. Depende de lei. Fala-se também em outorga do serviço.

Na descentralização por colaboração o contrato ou ato unilateral atribui a outra pessoa a execução do serviço. Aqui o particular pode colaborar, recebendo a execução do serviço, e não a titularidade. Fala-se também em delegação do serviço e o caráter é transitório.

É importante também saber a seguinte distinção.

Administração direta compreende os órgãos integrados no âmbito direto das pessoas políticas (União, Estados, Distrito Federal e Municípios).

Administração indireta compreende as pessoas jurídicas criadas pelo Estado para titularizar e exercer atividades públicas (autarquias e fundações públicas) *e para agir na atividade econômica quando necessário (empresas públicas e sociedades de economia mista)*.

Outra classificação relevante para o estudo do tema em questão é a que segue.

As pessoas jurídicas de direito público são os entes políticos e as pessoas jurídicas criadas por estes para exercerem típica atividade administrativa, o que impõe tenham, de um lado, prerrogativas de direito público, e, de outro, restrições de direito público, próprias de quem gere coisa pública.2 Além dos entes políticos (União, Estados, Distrito Federal e Municípios), são pessoas jurídicas de direito público as *autarquias*, *fundações públicas*, *agências reguladoras* e *associações públicas* (consórcios públicos de direito público).

As pessoas jurídicas de direito privado estatais são aquelas criadas pelos entes políticos para exercer atividade econômica, devendo ter os mesmos direitos e restrições das demais pessoas jurídica privadas, em que pese terem algumas restrições adicionais, pelo fato de terem sido criadas pelo Estado. São pessoas jurídicas de direito privado estatais as empresas públicas, as sociedades de economia mista, as fundações privadas criadas pelo Estado e os consórcios públicos de direito privado.

Também é necessário conhecer a seguinte distinção.

Hierarquia consiste no poder que um órgão superior tem sobre outro inferior, que lhe confere, dentre outras prerrogativas, uma ampla possibilidade de fiscalização dos atos do órgão subordinado.

Controle (tutela ou supervisão ministerial) *consiste no poder de fiscalização que a pessoa jurídica política tem sobre a pessoa jurídica que criou, que lhe confere tão somente a possibilidade de submeter a segunda ao cumprimento de seus objetivos globais, nos termos do que dispuser a lei.* Ex.: a União não pode anular um ato administrativo de concessão de aposentadoria por parte do INSS (autarquia por ela criada), por não haver hierarquia; mas pode impedir que o INSS passe a comercializar títulos de capitalização, por exemplo, por haver nítido desvio dos objetivos globais para os quais fora criada a autarquia. Aqui não se fala em subordinação, mas em vinculação administrativa.

Por fim, há entidades que, apesar de não fazerem parte da Administração Pública Direta e Indireta, colaboram com a Administração Pública e são estudadas no Direito Administrativo. Tais entidades são denominadas entes de cooperação ou entidades paraestatais. São entidades que não têm fins lucrativos e que colaboram com o Estado em atividades não exclusivas deste. São exemplos de

2. *Vide* art. 41 do Código Civil. O parágrafo único deste artigo faz referência às *pessoas de direito público com estrutura de direito privado*, que serão regidas, no que couber, pelas normas do CC. A referência é quanto às fundações públicas, aplicando-se as normas do CC apenas quando não contrariarem os preceitos de direito público.

paraestatais as seguintes: a) *entidades do Sistema S* (SESI, SENAI, SENAC etc. – ligadas a categorias profissionais, cobram contribuições parafiscais para o custeio de suas atividades); b) *organizações sociais* (celebram *contrato de gestão* com a Administração); c) *organizações da sociedade civil de interesse público* – OSCIPs (celebram *termo de parceria* com a Administração).

(Juiz – TJ-SC – FCC – 2017) Alberto Caeiro foi contratado pelo Conselho Regional de Contabilidade para trabalhar como assistente administrativo naquela entidade, em janeiro de 2016. Em fevereiro do corrente ano, foi dispensado, sem justa causa, da entidade. Alberto ajuizou ação em face da entidade, perante a Justiça Comum Estadual, visando a sua reintegração, sob alegação de que se trata de entidade pertencente à Administração Pública e que seria ilegal a despedida imotivada. Ao apreciar a ação proposta, o Juízo Estadual deve:

(A) aceitar a competência, visto que se trata de entidade autárquica estadual, sendo a relação de trabalho de natureza tipicamente administrativa.

(B) reconhecer a incompetência e remeter a ação para a Justiça do Trabalho, visto que, por se tratar de entidade de direito privado, o vínculo sob exame é regido pelas normas da Consolidação das Leis do Trabalho.

(C) reconhecer a incompetência e remeter a ação para a Justiça Federal, haja vista tratar-se de entidade autárquica federal, sendo o vínculo submetido ao regime jurídico único estatuído na Lei nº 8.112/90.

(D) aceitar a competência, visto que se trata de típico contrato de prestação de serviços, regido pelas normas do Código Civil.

(E) extinguir a ação por impossibilidade jurídica do pedido, pois não cabe ao Judiciário interferir em atos de natureza discricionária, como os que se referem a dispensa de servidores não estáveis.

A: incorreta. Os Conselhos de Classe, exceto a OAB, são todos autarquias, ou seja, pessoas jurídicas de direito público, sendo que, especificamente em relação aos Conselhos de Classe Regionais e Federais, temos a natureza de autarquias federais (Mandado de Segurança 22.643-9-SC, Rel. Min. Moreira Alves), por isso a competência para o julgamento de causas em que essas pessoas jurídicas estejam envolvidas é da Justiça Federal, conforme disposto no art. 109, I, CF (RE 539.224); **B:** incorreta. A regra é de que esses agentes públicos são estatutários, eis que integrantes de pessoas jurídicas de direito público, razão pela qual a competência para o julgamento dessa demanda ainda continua sendo da Justiça Comum Federal. EMENTA: CONSTITUCIONAL. ADMINISTRATIVO. ENTIDADES FISCALIZADORAS DO EXERCÍCIO PROFISSIONAL. CONSELHO FEDERAL DE ODONTOLOGIA: NATUREZA AUTÁRQUICA. Lei 4.234, de 1964, art. 2º. FISCALIZAÇÃO POR PARTE DO TRIBUNAL DE CONTAS DA UNIÃO. I. - Natureza autárquica do Conselho Federal e dos Conselhos Regionais de Odontologia. Obrigatoriedade de prestar contas ao Tribunal de Contas da União. Lei 4.234/64, art. 2º. C.F., art. 70, parágrafo único, art. 71, II. II. - Não conhecimento da ação de mandado de segurança no que toca à recomendação do Tribunal de Contas da União para aplicação da Lei 8.112/90, vencido o Relator e os Ministros Francisco Rezek e Maurício Corrêa. III. - Os servidores do Conselho Federal de Odontologia deverão se submeter ao regime único da Lei 8.112, de 1990: votos vencidos do Relator e dos Ministros Francisco Rezek e Maurício Corrêa. IV. - As contribuições cobradas pelas autarquias responsáveis pela fiscalização do exercício profissional são contribuições parafiscais, contribuições corporativas, com caráter tributário. C.F., art. 149. RE 138.284-CE, Velloso, Plenário, RTJ 143/313. V. - Diárias: impossibilidade de os seus valores superarem os valores fixados pelo Chefe do Poder Executivo, que exerce a direção superior da administração federal (C.F., art. 84, II). VI. - Mandado de Segurança conhecido, em parte, e indeferido na parte conhecida (MS 21797 / RJ - Rel. Min. Carlos Velloso, Pub. 18.05.2001); **C:** correta. Temos uma ação de reintegração ao cargo em face de uma autarquia federal, sendo a competência deslocada para a Justiça Comum Federal, conforme disposto no art. 109, I, CF e MS.21797/RJ, citado acima; **D:** incorreta. O vínculo desses servidores é o estatutário, eis que adotado o regime jurídico único. ADIMC 2135; **E:** incorreta. Há apenas vício de competência absoluta, que pode ser alegada de ofício e assim já decidida pelo próprio juízo. AW

Gabarito "C"

(Procurador do Estado – PGE/MT – FCC – 2016) A Lei Estadual nº 7.692, de 1º de julho de 2002, ao tratar da competência e delegação, dispõe:

I. Competência é a fração do poder político autônomo do Estado, conferida pela Constituição ou pela lei como própria e irrenunciável dos órgãos administrativos, salvo os casos de delegação e avocação legalmente admitidos.

II. Um órgão administrativo colegiado poderá, se não houver impedimento legal, delegar suas funções, quando for conveniente, em razão de circunstâncias de índole técnica social, econômica, jurídica ou territorial.

III. A decisão de recursos administrativos não pode ser objeto de delegação.

IV. Após trinta dias de sua publicação o ato de delegação torna-se irrevogável.

Está correto o que se afirma APENAS em

(A) I, II e IV.

(B) II e III.

(C) I, III e IV.

(D) II e IV.

(E) I e III.

I: Correta, conforme disposto no art. 10, da Lei 7.692/2002; **II:** incorreta O art. 11, do referido diploma legal dispõe, que "Um órgão administrativo, através de seu titular poderá, e não houver impedimento legal, delegar parte da sua competência a outros órgãos, quando for conveniente, em razão de circunstâncias de índole técnica social, econômica, jurídica ou territorial. Parágrafo único. O órgão colegiado não pode delegar suas funções, mas apenas a execução material de suas deliberações."; **III:** correta. As decisões de recursos administrativos não podem ser delegáveis (art. 12, VI, da Lei 7.692/2002); **IV:** incorreta. O art. 13, da Lei 7692/02 dispõe que: " O ato de delegação e sua revogação deverão ser publicados no Diário Oficial do Estado de Mato Grosso. § 1º O ato de delegação especificará as matérias e poderes transferidos, os limites da atuação do delegado, a duração e os objetivos da delegação, podendo conter ressalva de exercício de atribuição delegada. § 2º O ato de delegação é revogável a qualquer tempo pela autoridade delegante.". AW

Gabarito "E"

(Procurador do Estado – PGE/RN – FCC – 2014) Determinada autarquia estadual ofereceu em garantia bens de sua titularidade, para obtenção de financiamento em projeto de desenvolvimento regional com a participação de outras entidades da Administração pública. Referido ato, praticado por dirigente da entidade,

(A) não pode ser revisto pela autoridade prolatora, em face da preclusão, cabendo, contudo, a anulação pela autoridade superior, mediante análise de conveniência e oportunidade.

(B) pode ser impugnado por meio de recurso dirigido ao Chefe do Executivo, independentemente de previsão legal, com base no princípio da hierarquia.

(C) pode ser revisto, de ofício, pela Secretaria de Estado à qual se encontra vinculada a entidade autárquica, em decorrência do princípio da supervisão.

(D) comporta revisão, com base no princípio da tutela, se verificado desvio da finalidade institucional da entidade, nos limites definidos em lei.

(E) comporta controle administrativo apenas em relação ao seu mérito, sendo passível de impugnação pela via judicial para controle das condições de legalidade.

A: incorreta. O erro está no fato de que sempre existe a possibilidade de revisão do ato (arts. 56 e seguintes da Lei 8.987/1995), além de que a anulação é feita em razão de ilegalidade, e não por inconveniência e inoportunidade do ato; **B:** incorreta. O recurso seria dirigido ao superior hierárquico, conforme previsão legal, tendo em vista que vigora o princípio da estrita legalidade, só podendo o administrador atuar conforme e se determinado em lei; **C:** incorreta. Sabendo-se que as autarquias são pessoas jurídicas de direito público e que se submetem ao controle de legalidade ou "tutela" às pessoas jurídicas da Administração Direta representadas pelos Ministérios ou Secretarias, a depender da esfera de suas atuações, a Secretaria será responsável pela análise ou revisão desse ato, controlando sua legalidade, se essa estiver presente; **D:** correta. Como explicado acima, incide o princípio da tutela ou supervisão ministerial, sendo que, comprovada a ilegalidade, a secretaria poderá rever esse ato; **E:** incorreta. O controle é de legalidade, sempre, nunca do mérito do ato, que fica reservado à discrição do administrador. AW

Gabarito "D"

(Procurador do Estado – PGE/RN – FCC – 2014) Sabe-se que a Administração tem o poder de rever seus próprios atos, observadas algumas condições e requisitos. Esse poder guarda fundamento nos princípios e poderes que informam a Administração pública, destacando-se, quanto à consequência de revisão dos atos,

(A) o poder de tutela, que incide sobre os atos da Administração pública em sentido amplo, permitindo a retirada, em algumas situações, de atos praticados inclusive por entes que integrem a Administração indireta.

(B) o princípio ou poder de autotutela, que incide sobre os atos da Administração, como expressão de controle interno de seus atos.

(C) os princípios da legalidade e da moralidade, inclusive porque estes podem servir de fundamento exclusivo para o ajuizamento de ação popular.

(D) o princípio da eficiência, pois não se pode admitir que um ato eivado de vícios produza efeitos.

(E) o poder de polícia, em sua faceta normativa, que admite o poder de revisão dos atos da Administração pública quando eivados de vícios ou inadequações.

A: incorreta. A tutela ou supervisão ministerial é um controle de legalidade ao qual se submetem as pessoas jurídicas integrantes da Administração Indireta, não sendo "geral", portanto, como afirma a assertiva; **B:** correta. O poder de tutela ou supervisão ministerial, como afirmado acima incide sobre os atos da Administração Indireta, sendo uma espécie de controle interno (que ocorre dentro do âmbito da Administração Pública, por meio dos Ministérios ou Secretarias que integram a Administração Direta); **C:** incorreta. Esses princípios não se relacionam com o que pede o enunciado, ou seja, com o controle dos atos administrativos; **D:** incorreta. O princípio é o da legalidade e por isso enseja correção por meio de supervisão ou tutela; **E:** incorreto. Não há que se falar em poder de polícia, e, sim, de supervisão dos atos administrativos internamente, pelo própria Administração Direta. AW

Gabarito "B"

(Técnico – TRT/2ª Região – 2014 – FCC) A Administração pública de determinada esfera promoveu planejamento e reestruturação de sua organização, cujo resultado recomendou a criação de uma autarquia para desempenho de serviço público, uma empresa estatal para desempenho de atividade econômica e uma fundação para atrelar recursos e patrimônios fundiários necessários para ditar a política agrária. O movimento levado a efeito pelo ente federado demonstra que a organização administrativa seguiu o modelo de

(A) desconcentração, utilizando pessoas jurídicas distintas para distribuição de competências.

(B) descentralização administrativa vertical, na qual se instaura hierarquia entre os entes das diversas pessoas políticas criadas.

(C) descentralização política, na qual se instaura vínculo hierárquico entre os diversos entes e pessoas jurídicas envolvidas, subordinados ao Chefe do Poder Executivo.

(D) desconcentração política, na qual se instaura vínculo hierárquico entre as diversas pessoas políticas e jurídicas envolvidas, não obstante esses entes guardem algum grau de autonomia.

(E) descentralização, por meio da qual há distribuição de competências entre as pessoas jurídicas envolvidas, que detêm capacidade de autoadministração e não se subordinam por vínculo hierárquico com o Chefe do Executivo.

Sobre o tema, importante mencionar a diferenciação entre descentralização e desconcentração. Carvalho filho explica que "descentralização é o fato administrativo que traduz a transferência da execução de atividade estatal a determinada pessoa, integrante ou não da Administração. Dentre essas atividades inserem-se os serviços públicos. Desse modo podem-se considerar dois tipos de serviços quanto à figura de quem os presta – os serviços centralizados (os prestados em execução direta pelo Estado) e os serviços descentralizados (prestados por outras pessoas). É importante, ainda, não confundir a descentralização com o que a doutrina denomina de *desconcentração*. Aquela implica a transferência do serviço para outra entidade. A desconcentração, que é processo eminentemente interno, significa apenas a substituição de um órgão por dois ou mais com o objetivo de melhorar e acelerar a prestação do serviço. Note-se, porém, que na desconcentração o serviço *era centralizado e continuou centralizado*, pois que a substituição se processou apenas internamente. Em algumas ocasiões tem havido confusão no emprego dessas figuras, e isso se explica pelo fato de que, quando se desconcentra, procede-se, em última análise, a uma descentralização. Cuida-se, porém, de fenômenos diversos, já que na desconcentração ocorre mero *desmembramento orgânico*" (**Manual de Direito Administrativo**. 27. ed. São Paulo: Atlas, 2014, p. 400 e 401).

Gabarito "E"

(Técnico – TRT/6ª – 2012 – FCC) Sobre a descentralização e a desconcentração é correto afirmar que a

(A) descentralização compreende a distribuição de competências para outra pessoa jurídica, enquanto a desconcentração constitui distribuição de competências dentro da mesma pessoa jurídica.

(B) desconcentração compreende a distribuição de competências para outra pessoa jurídica, desde que de natureza jurídica de direito público.

(C) descentralização constitui distribuição de competências dentro da mesma pessoa jurídica, admitindo, excepcionalmente, a delegação de serviço público a terceiros.

(D) descentralização compreende a distribuição de competências para outra pessoa jurídica, vedada a delegação de serviço público à pessoa jurídica de direito privado.

(E) desconcentração constitui a delegação de serviço público à pessoa jurídica de direito privado por meio de permissão ou concessão.

A: correta; de fato, a descentralização se dá de *pessoa jurídica* para *pessoa jurídica* (ex: da União para uma Agência Reguladora), ao passo que a desconcentração se dá internamente a uma pessoa jurídica, ou seja, dá-se de órgão para órgão (ex: da Presidência da República para um Ministério; a palavra que tem a letra "o" no meio dela (desc<u>o</u>ncentração) vai lhe ajudar a lembrar que esta se dá de órgão para órgão; **B:** incorreta, pois a desconcentração se dá internamente a uma mesma pessoa jurídica; **C:** incorreta, pois a descentralização se dá para fora de uma pessoa jurídica; **D:** incorreta, pois o conceito de descentralização está correto, mas é falso dizer que é vedada a delegação de serviço público à pessoa jurídica de direito privado; isso porque há dois tipos de descentralização, a por serviço (feita por lei para uma pessoa jurídica de direito público, que recebe a titularidade do serviço público) e a por colaboração (feita por contrato para uma pessoa jurídica de direito privado, a fim de que esta preste um serviço público); **E:** incorreta, pois o conceito trazido na alternativa é de descentralização por colaboração e não de desconcentração.

Gabarito "A"

(Analista – TRT/2ª Região – 2014 – FCC) De acordo com a separação de poderes constitucionalmente estabelecida, a função de administrar incumbe ao Poder Executivo. A Administração pública, no desempenho das tarefas inerentes a essa função

(A) submete-se a controle externo do Poder Judiciário, vedada interferência de outros órgãos ou entes, ainda que da mesma esfera de governo, em especial quando se tratar de atuação discricionária.

(B) admite controle interno de outros órgãos, entes ou Poderes, vedado controle externo no que se refere aos aspectos discricionários da atuação.

(C) submete-se a controle interno, pelos órgãos que integram sua própria estrutura, e a controle externo, desempenhado pelo Tribunal de Contas e pelo Poder Judiciário, vedada análise de qualquer aspecto discricionário.

(D) admite controle do poder externo, tanto dos órgãos que integram a estrutura da Administração, quanto do Tribunal de Contas, cuja análise de mérito é mais restrita que o controle desempenhado pelo Poder Judiciário, que o faz sem distinção.

(E) submete-se a controle externo exercido pelo Legislativo, com auxílio do Tribunal de Contas, que pode abranger análise de critérios que excedem a legalidade, tal como economicidade.

Dispõem os arts. 70 e 71 da CF: Art. 70: "A fiscalização contábil, financeira, orçamentária, operacional e patrimonial da União e das entidades da administração direta e indireta, quanto à legalidade, legitimidade, *economicidade*, aplicação das subvenções e renúncia de receitas, será exercida pelo *Congresso Nacional*, mediante *controle externo*, e pelo sistema de controle interno de cada Poder". Art. 71: "O controle externo, a cargo do Congresso Nacional, será exercido *com o auxílio do Tribunal de Contas da União* (...)".

Gabarito "E"

(Analista – TRT/16ª Região – 2014 – FCC) Considere a seguinte assertiva:

A Câmara dos Deputados classifica-se, quanto à posição estatal, como órgão independente. Isto porque, dentre outras características, não possui qualquer subordinação hierárquica ou funcional, estando sujeita apenas a controle constitucional.

A assertiva em questão está

(A) correta, pois trata-se de órgão independente e autônomo, expressões sinônimas quanto à classificação dos órgãos públicos.

(B) incorreta, pois não se trata de órgão independente e sim autônomo.

(C) correta, pois trata-se de órgão independente, estando a fundamentação também correta.

(D) incorreta, pois embora seja órgão independente, ele está sujeito à subordinação hierárquica e funcional.

(E) incorreta, pois trata-se de órgão autônomo e sujeito à subordinação hierárquica e funcional.

"Os órgãos independentes são os diretamente previstos no texto constitucional, representado os três poderes (Câmara dos Deputados, Senado Federal, STF, STJ e demais tribunais, Presidência da República e seus simétricos nas demais esferas da federação). São órgãos sem qualquer subordinação hierárquica ou funcional. As atribuições desses órgãos são exercidas por agentes políticos" (ALEXANDRINO, Marcelo e PAULO, Vicente. *Direito administrativo descomplicado*. 19 ed. São Paulo: Método, 2011. p. 124).

Gabarito "C"

(Analista – TRT/6ª – 2012 – FCC) A respeito do regime jurídico das entidades integrantes da Administração Pública indireta é correto afirmar que é

(A) de direito privado para as empresas públicas e sociedades de economia mista que explorem atividade econômica, sem prejuízo da aplicação dos princípios constitucionais da Administração Pública.

(B) de direito público para as fundações, autarquias e empresas públicas e de direito privado para as sociedades de economia mista.

(C) sempre de direito privado, parcialmente derrogado pelas prerrogativas e sujeições decorrentes dos princípios aplicáveis à Administração pública.

(D) sempre de direito público, exceto para as entidades caracterizadas como agências executivas ou autarquias de regime especial.

(E) sempre de direito privado, em relação à legislação trabalhista e tributária, e de direito público em relação aos bens afetados ao serviço público.

A: assertiva correta, pois as empresas estatais têm regime jurídico de direito privado especial, aplicando-se, como regra, o regime de direito privado, mas, em alguns aspectos, o regime de direito público; este se aplica, por exemplo, no dever de respeitar os princípios da Administração Pública (art. 37, *caput*, da CF), no dever de promover licitação e concursos públicos, na submissão à fiscalização dos Tribunais de Contas, dentre outros aspectos; **B:** assertiva incorreta, pois as empresas públicas têm regime de direito privado (art. 5º, II, do Dec.-Lei 200/1967); **C:** assertiva incorreta, pois as autarquias tradicionais, as fundações públicas de direito público (entidades autárquicas), as agências reguladoras e as associações públicas (consórcios públicos de direito público) também têm regime jurídico de direito público (art. 41, IV e V, do CC); **D:** assertiva incorreta, pois as exceções (em que o regime é de direito privado) são concernentes às empresas públicas, sociedades de economia mista, fundações estatais de direito privado e consórcios públicos de direito privado; **E:** assertiva incorreta, pois na Administração Indireta há instituições com regime de direito público (autarquias, fundações públicas de direito público, agências reguladoras e associações públicas) e instituições com regime de direito privado (empresas públicas, sociedades de economia mista, fundações estatais de direito privado e consórcios públicos de direito privado).

Gabarito "A"

(Defensor Público/AM – 2013 – FCC) Mediante iniciativa do Governador, o Estado do Amazonas aprova lei, cujos artigos iniciais estão assim redigidos:

"Artigo 1º

Fica o Poder Executivo autorizado a instituir, por escritura pública, sob a denominação de (...), *uma (...) que se regerá por esta lei, pelas normas civis, por seu estatuto e com as finalidades discriminadas no artigo 2º. § 1º*

A .... será uma entidade civil, sem fins lucrativos, com prazo de duração indeterminado e adquirirá personalidade jurídica a partir da inscrição, no Registro competente, do seu ato constitutivo, com o qual serão apresentados o Estatuto e o respectivo decreto de aprovação".

Diante do texto legislativo acima, pode-se concluir que a entidade a ser criada será uma

(A) empresa pública.

(B) autarquia.

(C) fundação de direito privado.

(D) sociedade de economia mista

(E) associação pública.

A e **D:** incorretas, pois uma empresa pública e uma sociedade de economia mista não são entidades civis sem fins lucrativos, não se confundindo com fundações e associações civis; **B:** incorreta, pois a autarquia é criada pela própria lei, e não autorizada pela lei (art. 37, XIX, da CF); **C:** correta, pois o fato de se tratar de uma entidade civil sem fins lucrativos criada por escritura pública, revela tratar-se de fundação de direito privado (art. 62 do CC); **E:** incorreta, pois a associação pública não é uma entidade civil, mas uma entidade pública (consórcio público de direito público), com personalidade jurídica de direito público, nos termos do art. 6º, I, da Lei 11.107/2005.

Gabarito "C"

(Defensor Público/PR – 2012 – FCC) A estrutura administrativa do Estado compreende a administração pública direta e indireta. Sobre o tema, examine as afirmações abaixo.

I. A administração direta é constituída pela União, Estados, Municípios e Distrito Federal, todos dotados de autonomia política, administrativa e financeira.

II. Estados e Municípios não são dotados de soberania e não têm competência legislativa para instituir sua própria administração indireta.

III. As autarquias e as fundações de direito público são pessoas jurídicas de direito público que compõem a administração indireta.

IV. As empresas públicas são pessoas jurídicas de direito privado, dotadas de patrimônio próprio.

V. A criação de sociedade de economia mista depende de lei específica autorizadora e o seu quadro social é constituído por pessoas jurídicas de direito público.

Estão corretas APENAS as afirmações

(A) I e III.

(B) II, IV e V.

(C) I e II.

(D) I, III e IV.

(E) III e V.

I: correta, pois traz informação adequada sobre a administração direta; aproveitando o ensejo, vale lembrar que a administração indireta, por sua vez, compreende as pessoas jurídicas criadas pelos entes políticos, ou seja, as autarquias, fundações de direito público, agências reguladoras, associações públicas (consórcios públicos de direito público), empresas públicas, sociedades de economia mista, fundações governamentais de direito privado e consórcios públicos de direito privado; **II:** incorreta, pois, como entes políticos que são, Estados e Municípios têm autonomia política (não é soberania!), podendo, assim, criar a sua própria Administração; **III:** correta, pois as entidades citadas fazem parte da Administração Indireta, que é conjunto de pessoas jurídicas criadas pelos entes políticos; **IV:** correta, pois as empresas públicas (assim como as sociedades de economia mista, as fundações governamentais de direito privado e os consórcios públicos de direito privado) são pessoas jurídicas estatais de direito privado, sendo que, por serem pessoas jurídicas, têm patrimônio próprio; **V:** incorreta, pois as sociedades de economia mista têm, necessariamente, capital privado.

Gabarito "D"

(Procurador do Município – Cuiabá/MT – 2014 – FCC) Determinado Município, visando promover prestação mais eficiente de serviço municipal de coleta de lixo domiciliar, edita lei específica, por meio da qual cria empresa pública dedicada ao referido serviço, antes praticado por órgão municipal. No caso, houve

(A) concentração de um serviço *uti possidetis.*

(B) desconcentração de um serviço *uti universi.*

(C) descentralização de um serviço *uti universi.*

(D) descentralização de um serviço *uti singuli.*

(E) desconcentração de um serviço *uti singuli.*

A, B e **E:** incorretas, pois há, no caso, descentralização (e não concentração ou desconcentração), dada a distribuição externa de incumbências, com a criação de uma nova pessoa jurídica; **C:** incorreta, pois o caso envolve descentralização, mas o serviço de coleta de lixo tem usuários determinados, de modo que é *uti singuli* (e não *uti universi*, com é o serviço de segurança pública, por exemplo, que têm usuários indeterminados); **D:** correta, pois há descentralização (distribuição externa de atribuições) e serviço *uti singuli* (que tem usuários determinados).

Gabarito "D"

(Procurador do Município – Cuiabá/MT – 2014 – FCC) Observe as seguintes características, no tocante a determinadas entidades da Administração Indireta:

I. sua criação deve ser autorizada por lei específica.

II. a contratação de seus servidores deve ser feita por concurso público, porém, eles não titularizam cargo público e tampouco fazem jus à estabilidade prevista no art. 41 da Constituição Federal de 1988.

III. seus servidores estão sujeitos à proibição de acumulação de cargos, empregos e funções públicas, com as exceções admitidas pela Constituição; porém, nem sempre é aplicável a essas entidades a regra do teto remuneratório.

Estamos nos referindo às

(A) empresas públicas e às sociedades de economia mista.

(B) autarquias e às sociedades de economia mista.

(C) fundações governamentais e às empresas públicas.

(D) sociedades de economia mista e aos consórcios públicos.

(E) agências e às empresas públicas.

A: correta, pois, de fato, empresas públicas têm sua criação autorizada por lei específica (art. 37, XIX, da CF), a contratação de empregados está sujeita a concursos públicos para a acessibilidade aos empregos públicos respectivos (art. 37, II, da CF), não há estabilidade para tais empregados por não se enquadrarem nos requisitos do art. 41, *caput*, da CF e estão sujeitos à vedação de acumulação de cargos empregos ou funções (art. 37, XVII, da CF) e também à regra do teto remuneratório quando se tratar de empresa dependente do Estado (art. 37, § 9º, da CF); **B**, **D** e **E:** incorretas, pois nas autarquias, nos consórcios (quando forem de direito público) e nas agências (que sempre são de direito público) a regra é o servidor titularizar cargo público e, portanto, ter direito à estabilidade de que trata o art. 41, *caput*, da CF; **C:** incorreta, pois os servidores das fundações governamentais estão em qualquer caso vinculados ao teto remuneratório do serviço público, previsto no art. 37, XI, da CF.

Gabarito "A"

(Magistratura/GO – 2015 – FCC) A denominada Administração pública indireta compreende, entre outras entidades,

(A) concessionárias de serviços públicos, que exercem a descentralização de serviços por colaboração.

(B) empresas públicas, sendo a elas equiparadas as fundações instituídas ou mantidas pelo poder público.

(C) sociedades de economia mista, que podem ser prestadoras de serviço público ou exploradoras de atividade econômica.

(D) organizações sociais que celebrem contratos de gestão com a Administração direta.

(E) autarquias, sujeitas ao regime jurídico de direito privado, salvo em matéria de pessoal.

A: incorreta, pois somente faz parte da Administração Pública Indireta as pessoas jurídicas criadas pelo Poder Público, sendo certo que nem toda concessionária de serviço público é uma pessoa jurídica criada pelo Poder Público, valendo citar, por exemplo, uma empresa concessionária de transporte coletivo de uma cidade, que costuma ser uma pessoa jurídica criada por particulares; **B:** incorreta, pois as empresas públicas são da Administração Pública Indireta, mas não são equiparadas às fundações instituídas ou mantidas pelo Poder Púbico, já que as primeiras têm por objeto explorar atividade econômica ou prestar serviço público, e as fundações tem funções de outras naturezas, como exercer atividade típica de Estado (fundação pública de direito público) ou exercer atividade não econômica e não típica de Estado, mas de interesse público (fundação pública de direito público); **C:** correta, pois as sociedades de economia mista são da Administração Pública Indireta e, de fato, são criadas para uma das duas funções mencionadas; **D:** incorreta, pois somente faz parte da Administração Pública Indireta as pessoas jurídicas criadas pelo Poder Público, sendo certo que as organizações sociais não são pessoas jurídicas criadas pelo Estado; **E:** incorreta, pois as autarquias são da Administração Pública Indireta, mas não são pessoas jurídicas de direito privado, mas sim pessoas jurídicas de direito público, já que são criadas para exercer atividade típica do Estado.

Gabarito "C"

(Magistratura/RR – 2015 – FCC) Observe as seguintes características:

I. tem como forma obrigatória a de sociedade anônima.

II. são qualificadas como tal por ato do Presidente da República.

III. trata-se de entidade criada diretamente por lei, desnecessário o registro de seus atos constitutivos.

Tais atributos são aplicáveis, respectivamente:

(A) empresas públicas; organizações sociais; autarquias.

(B) sociedades de economia mista; fundações governamentais de direito público; agências executivas.

(C) consórcios públicos; agências reguladoras; serviços sociais autônomos.

(D) sociedades de economia mista; agências executivas; agências reguladoras.

(E) subsidiárias estatais; organizações da sociedade civil de interesse público; empresa pública.

A: incorreta, pois as empresas públicas admitem qualquer forma societária; **B:** incorreta, pois as fundações governamentais de direito público não são qualificadas por ato do Presidente da República, sendo esta qualificação típica das agências executivas, por exemplo; **C:** incorreta, pois os consórcios públicos não são empresas e, portanto, não admitem essa forma societária; ademais, as agências reguladoras não são qualificadas como tal por ato do Presidente da República, mas sim por meio de lei; e os serviços sociais autônomos, como pessoas privadas não estatais, precisam em, regra, que seus atos constitutivos sejam registrados no registro público competente; **D:** correta, pois de fato as sociedades de economia mista só podem ter por forma societária a S/A; as agências executivas são assim qualificadas por ato do Presidente da República; e as agências reguladoras, por serem uma espécie de autarquia (autarquia especial), são criadas diretamente pela lei; **E:** incorreta; a empresa pública não é criada diretamente pela lei, mas tem a sua autorização criação dada pela lei, de modo que requer ato constitutivo registrado no registro público competente, para a sua criação (art. 37, XIX, da CF).

Gabarito "D"

4.2. Autarquias

(Analista – TRT/16ª Região – 2014 – FCC) Facundo, Auditor Fiscal da Receita Federal, pretende multar a Fundação "Vida e Paz", fundação instituída e mantida pelo Poder Público, haja vista que a mesma jamais pagou imposto sobre seu patrimônio, renda e serviços. Nesse caso,

(A) Facundo apenas pode cobrar tributo pelos serviços exercidos pela fundação, mas não sobre a renda e o patrimônio, os quais detém imunidade tributária.

(B) correta a postura de Facundo, vez que a citada fundação não detém imunidade tributária.

(C) correta a postura de Facundo, pois apenas as autarquias possuem imunidade tributária.

(D) incorreta a postura de Facundo, vez que a fundação possui imunidade tributária relativa aos impostos sobre seu patrimônio, renda e serviços, vinculados a suas finalidades essenciais ou as delas decorrentes.

(E) Facundo apenas pode cobrar tributo sobre a renda da fundação, mas não sobre seus serviços e patrimônio, os quais detém imunidade tributária.

O art. 150, VI, *a*, da CF veda à União, aos Estados, ao Distrito Federal e aos Municípios a imposição de impostos sobre o patrimônio, renda e serviços uns dos outros. E o § 2º do art. 150 da CF aduz que: "A vedação do inciso VI, *a*, *é extensiva às autarquias* e às fundações instituídas e mantidas pelo Poder Público, no que se refere ao patrimônio, à renda e aos serviços, vinculados a suas finalidades essenciais ou às delas decorrentes".

Gabarito "D"

(Analista Judiciário – Área Judiciária – TRT18 – 2013 – FCC) As autarquias integram a Administração indireta. São pessoas

(A) políticas, com personalidade jurídica própria e têm poder de criar suas próprias normas.

(B) jurídicas de direito público, cuja criação e indicação dos fins e atividades é autorizada por lei, autônomas e não sujeitas à tutela da Administração direta.

(C) jurídicas de direito semipúblico, porque sujeitas ao regime jurídico de direito público, excepcionada a aplicação da lei de licitações.

(D) políticas, com personalidade jurídica própria, criadas por lei, com autonomia e capacidade de autoadministração, não sujeitas, portanto, ao poder de tutela da Administração.

(E) jurídicas de direito público, criadas por lei, com capacidade de autoadministração, mas sujeitas ao poder de tutela do ente que as criou.

A alternativa "E" corresponde ao disposto no art. 41, IV, do CC, art. 37, XIX, da CF, art. 5º, I, do Dec.-lei 200/1967.

Gabarito "E".

(Defensor Público/SP – 2012 – FCC) As fundações de direito público, também denominadas autarquias fundacionais, são instituídas por meio de lei específica e

(A) seus agentes não ocupam cargo público e não há responsabilidade objetiva por danos causados a terceiros.

(B) seus contratos administrativos devem ser precedidos de procedimento licitatório, na forma da lei.

(C) seus atos constitutivos devem ser inscritos junto ao Registro Civil das Pessoas Jurídicas, definindo as áreas de sua atuação.

(D) seus atos administrativos não gozam de presunção de legitimidade e não possuem executoriedade.

(E) seu regime tributário é comum sobre o patrimônio, a renda e os serviços relacionados às suas finalidades essenciais.

A: incorreta, pois, por serem pessoas jurídicas de direito público, seus agentes devem ocupar, como regra, cargo público, e sua responsabilidade é objetiva (art. 37, § 6º, da CF); **B:** correta, pois a licitação é um dever para todos os entes da Administração Direta e Indireta, com maior motivo ainda quanto às pessoas jurídicas de direito público (arts. 37, XXI, da CF e 1º da Lei 8.666/1993); **C:** incorreta, pois as pessoas jurídicas de direito público são criadas diretamente pela lei, não sendo necessário atos constitutivos no Registro Público; **D:** incorreta, pois, por serem pessoas jurídicas de direito público, expedem verdadeiros atos administrativos, que, como se sabe, tem uma série de atributos (prerrogativas), dentre eles a presunção de legitimidade e, na forma da lei, a executoriedade; **E:** incorreta, pois, por serem pessoas jurídicas de direito público, gozam de imunidade quanto a impostos relativos ao patrimônio, renda e serviços (imunidade recíproca), na forma do art. 150, VI, "a", da CF.

Gabarito "B".

4.3. Agências reguladoras

(Procurador do Estado – PGE/MT – FCC – 2016) O Estado X pretende criar estrutura administrativa destinada a zelar pelo patrimônio ambiental estadual e atuar no exercício de fiscalização de atividades potencialmente causadoras de dano ao meio ambiente. Sabe-se que tal estrutura terá personalidade jurídica própria e será dirigida por um colegiado, com mandato fixo, sendo que suas decisões de caráter técnico não estarão sujeitas à revisão de mérito pelas autoridades da Administração Direta. Sabe-se também que os bens a ela pertencentes serão considerados bens públicos. Considerando-se as características acima mencionadas, pretende-se criar uma:

(A) agência reguladora, pessoa de direito público, cuja criação se dará diretamente por lei.

(B) agência executiva, órgão diretamente vinculado ao Poder Executivo, cuja criação se dará diretamente por lei.

(C) associação pública, pessoa de direito privado, cuja criação será autorizada por lei e se efetivará com a inscrição de seus atos constitutivos no registro competente.

(D) agência executiva, entidade autárquica de regime especial, estabelecido mediante assinatura de contrato de gestão.

(E) fundação pública, pessoa de direito privado, cuja criação será autorizada por lei e se efetivará com a inscrição de seus atos constitutivos no registro competente.

A: correta. Temos a caracterização de uma autarquia, com patrimônio próprio, integrante da Administração Indireta (com independência administrativa e técnica), com mandato fixo de seus dirigentes (essa já é uma característica que diferencia a Agencia Reguladora das demais pessoas jurídicas); **B:** incorreta. Não temos Agencia Executiva, porque essa é preexistente e o enunciado diz que será "criada" uma pessoa jurídica"; **C:** incorreta. Temos informação de que a pessoa jurídica será criada, e não "autorizada por lei", por isso está incorreta essa assertiva; **D:** incorreta. Como afirmado na alternativa B, as Agências Executivas são autarquias e fundações públicas pré-existentes, alem do mais, não se sujeitam ao regime especial, exclusividade das Agências Reguladoras; **E:** incorreta. Há criação da pessoa jurídica, conforme enunciado, sendo pessoa jurídica de direito público, portanto. AW

Gabarito "A".

(Magistratura/SC – 2015 – FCC) Nos termos da Súmula Vinculante 27, do Supremo Tribunal Federal, "Compete à Justiça estadual julgar causas entre consumidor e concessionária de serviço público de telefonia, quando a ANATEL não seja litisconsorte passiva necessária, assistente, nem opoente".

Está contida no posicionamento do Tribunal a compreensão de que

(A) a agência reguladora posiciona-se juridicamente em relação ao usuário do serviço público como fornecedora do serviço.

(B) a concessionária de serviço público mantém com a agência reguladora uma relação jurídica caracterizada como de consumo.

(C) é facultativa, a critério da agência reguladora, a sua inserção como parte na relação jurídica caracterizada como de consumo, tendo por objeto o serviço público regulado.

(D) serviço público não pode ser considerado objeto de relação de consumo, estando sujeito ao regime exorbitante característico das relações jurídicas de direito administrativo.

(E) há relação jurídica caracterizada como de consumo entre o usuário e a concessionária de serviço público.

A: incorreta, pois a fornecedora é apenas a concessionária de serviço público, tratando-se a agência reguladora, no caso, mera interveniente, por ser a entidade pública responsável pela regulação e fiscalização da concessão respectiva; **B:** incorreta, pois a relação entre uma e outra é de entidade reguladora e fiscalizadora e entidade regulada e fiscalizada; **C:** incorreta, pois o enunciado da súmula traz inclusive a hipótese de a Anatel ser obrigatoriamente chamada em algum tipo de ação, hipótese em que se teria o litisconsórcio necessário; ou seja, o enunciado não obriga que a Anatel seja sempre chamada a integrar a lide, mas também não descarta hipótese em que a Anatel será litisconsorte necessário; **D:** incorreta, pois os serviços concedidos são regulados pelo CDC (art. 22 da Lei 8.078/1990); **E:** correta, nos termos do art. 22 do CDC.

Gabarito "E"

4.4. Consórcios públicos

(Procurador do Estado – PGE/RN – FCC – 2014) Considere as afirmações abaixo acerca da disciplina legal dos consórcios públicos, na forma prevista na Lei Federal no 11.107/2007.

I. Os consórcios públicos podem ser constituídos como associação pública, integrando a Administração indireta dos entes da federação consorciados, ou como pessoa jurídica de direito privado.

II. O contrato de consórcio público somente pode ser celebrado com a ratificação, mediante lei, do protocolo de intenções anteriormente firmado pelos entes consorciados.

III. Os contratos de rateio firmados no âmbito de consórcios públicos devem, necessariamente, contar com a anuência da União, quando envolverem atuação em regiões metropolitanas.

Está correto o que se afirma APENAS em

(A) III.

(B) I.

(C) I e II.

(D) II.

(E) II e III.

I: correta. Trata-se do disposto no art. 1º, § 1º, da Lei 11.107/2005; **II:** correta. Trata-se do art. 5º, da Lei 11.107/2005; **III:** incorreta. Não há disciplina a respeito da obrigatoriedade da União em figurar no contrato de rateio em casos de regiões metropolitanas. AW

Gabarito "C"

(Magistratura/SC – 2015 – FCC) Um consórcio público de direito público poderá expedir declaração de utilidade ou necessidade pública para fim de desapropriação

PORQUE

a pessoa jurídica em que consiste o consórcio público de direito público integra a administração indireta dos entes federativos consorciados.

Analisando as duas asserções acima, é correto afirmar que

(A) a primeira asserção é uma proposição verdadeira e a segunda asserção é uma proposição falsa.

(B) a primeira asserção é uma proposição falsa e a segunda é uma proposição verdadeira.

(C) as duas asserções são proposições verdadeiras e a segunda é uma justificativa correta da primeira.

(D) as duas asserções são proposições verdadeiras e a segunda não é uma justificativa correta da primeira.

(E) as duas asserções são proposições falsas.

A primeira asserção é falsa porque, em regra, somente os entes políticos podem fazer um decreto expropriatório, sendo que esse tipo de entidade têm autorização legal apenas para a segunda fase da desapropriação, que é a fase executória (art. 3º do Decreto-lei 3.365/1941). A segunda asserção é verdadeira, pois os consórcios públicos integram a administração indireta dos entes consorciados (art. 6º, § 1º, da Lei 11.107/2005).

Gabarito "B"

4.5. Empresas estatais

(Analista – TRT/2ª Região – 2014 – FCC) A propósito de semelhanças ou distinções entre as empresas públicas e as sociedades de economia mista sabe-se que,

(A) as duas pessoas jurídicas de direito público integram a Administração indireta e podem ser constituídas sob quaisquer das formas disponíveis às empresas em geral, distinguindo-se pela composição do capital,100% público nas sociedades de economia mista e com participação privada empresas públicas.

(B) as duas pessoas jurídicas de direito público submetem-se ao regime jurídico de direito privado, com exceção à forma de constituição, na medida em que são criadas por lei específica, enquanto as empresas não estatais são instituídas na forma da legislação societária vigente.

(C) ambas submetem-se ao regime jurídico de direito público, não se lhes aplicando, contudo, algumas normas, afim de lhes dar celeridade e competitividade na atuação, tal como a lei de licitações e a realização de concurso público para contratação de seus servidores.

(D) as empresas públicas submetem-se integralmente ao regime jurídico de direito público, na medida em que seu capital é 100% público, enquanto as sociedades de economia mista podem se submeter ao regime jurídico de direito privado, caso a participação privada no capital represente maioria com poder de voto.

(E) as sociedades de economia mista admitem participação privada em seu capital, enquanto as empresas públicas não; ambas se submetem ao regime jurídico típico das empresas privadas, embora possam ter que se submeter à regra de exigência de licitação para contratação de bens e serviços.

A: incorreta, as duas são pessoas jurídicas de direito privado; as sociedades de economia mista só podem ter a forma societária de sociedade por ações. Ademais, as *empresas públicas* que serão compostas de capital 100% público (art. 5º, II e III, do Dec.-lei 200/1967); **B:** incorreta, as duas são pessoas jurídicas de direito privado; ambas são autorizadas por lei (art. 37, XIX, da CF); **C:** incorreta. Submetem-se ao regime jurídico de direito privado (art. 173, § 1º, II, da CF), aplicando-se-lhes a obrigatoriedade de licitar e contratar por meio de concurso público (arts. 37, II, e 173, § 1º, III, da CF), sendo que a licitação será regida agora pela Lei 13.303/2016; **D:** incorreta, as duas se submetem ao regime jurídico de direito privado, mas sofrem influxo de normas de direito público em alguns setores de atuação (devem licitar, realizar concurso público para contratar etc.); **E:** correta (art. 5º, II e III, do Dec.-lei 200/1967; art. 173, § 1º, III, da CF). Vide Lei 13.303/2016.

Gabarito "E"

4.6. Entes de cooperação

(Procurador do Estado – PGE/RN – FCC – 2014) Determinada empresa pública pleiteou à Administração pública a qualificação de organização social para, mediante contrato de gestão, prestar serviços na área da saúde. O pedido:

(A) pode ser indeferido se a empresa tiver fins lucrativos, passível de deferimento no caso de ser filantrópica e a atividade pretendida constar expressamente do objeto social.

(B) deve ser indeferido, tendo em vista que essa qualificação somente se mostra possível para empresas públicas que tenham sido criadas especificamente para esse fim.

(C) pode ser deferido, desde que não haja repasse de verbas públicas para essa pessoa jurídica, em razão de sua natureza jurídica ser de direito privado.

(D) deve ser indeferido, tendo em vista que a qualificação pleiteada somente poderia ser deferida à pessoas jurídicas de direito privado, sem fins lucrativos, que desenvolvessem atividades no setor de saúde.

(E) pode ser deferido se a empresa pública tiver sido constituída sob a forma de sociedade anônima e desde que não seja de capital aberto.

A: incorreta. As Organizações Sociais só podem ser pessoas jurídicas de direito privado ,"de fora" da estrutura administrativa, e sem fins lucrativos, não podendo uma empresa pública, que é integrante da Administração Indireta, sujeitar-se a esse rótulo, portanto; **B:** incorreta. Não podem as empresas públicas sujeitarem-se a essa qualificação, diante da explicação dada acima; **C:** incorreta. Não pode uma pessoa jurídica da Administração Indireta ser uma Organização Social; **D:** correta. Perfeita a assertiva. Somente pessoas jurídicas de direito privado, sem fins lucrativos, que desenvolvem atividades nos setores da saúde, educação, proteção do meio- ambiente e pesquisa tecnológica podem se sujeitar à obtenção desse qualificativo de OS; **E:** incorreta. Nunca pode ser deferido a empresas públicas. AW

Gabarito "D"

(Defensor Público/AM – 2013 – FCC) As Organizações Sociais são pessoas jurídicas de direito privado, qualificadas pelo Poder Executivo, nos termos da Lei Federal 9.637/1998, com vistas à formação de parceria para execução de atividades de interesse público. NÃO está entre as características das Organizações Sociais, nos termos da referida lei,

(A) a necessidade de aprovação de sua qualificação, por meio de ato vinculado do Ministro ou titular de órgão supervisor ou regulador da área de atividade correspondente ao seu objeto social e do Ministro do Planejamento, Orçamento e Gestão.

(B) a previsão de participação, no órgão colegiado de deliberação superior, de representantes do Poder Público e de membros da comunidade, de notória capacidade profissional e idoneidade moral.

(C) a proibição de distribuição de bens ou de parcela do patrimônio líquido em qualquer hipótese, inclusive em razão de desligamento, retirada ou falecimento de associado ou membro da entidade.

(D) o desempenho de atividades relacionadas a pelo menos um dos seguintes campos: ensino, pesquisa científica, desenvolvimento tecnológico, proteção e preservação do meio ambiente, cultura e saúde.

(E) a atuação com finalidade não lucrativa, com a obrigatoriedade de investimento de seus excedentes financeiros no desenvolvimento das próprias atividades.

A: assertiva correta, pois essa não é característica de uma OS, já que o segundo ministério envolvido na aprovação da qualificação não é o do Planejamento, mas da Administração Federal e Reforma do Estado (art. 2°, II, da Lei 9.637/1998); **B:** assertiva incorreta, pois essa é uma característica de uma OS (art. 2°, I, "d", da Lei 9.637/1998); **C:** assertiva incorreta, pois essa é uma característica de uma OS (art. 2°, I, "h", da Lei 9.637/1998); **D:** assertiva incorreta, pois essa é uma característica de uma OS (art. 1° da Lei 9.637/1998); **E:** assertiva incorreta, pois essa é uma característica de uma OS (art. 2°, I, "b" da Lei 9.637/1998).

Gabarito "A"

4.7. Temas combinados

(Procurador do Estado – PGE/MT – FCC – 2016) A estrutura organizacional básica dos órgãos e entidades da Administração Pública Direta e Indireta disposta na Lei Complementar estadual nº 566 de 20 de maio de 2015 é constituída, dentre outros, pelo nível de:

(A) direção superior composto pelo(a) Governador(a), vice-Governador(a) e os titulares das Secretarias de Gestão e de Fazenda.

(B) decisão colegiada que é representado pelos Conselhos Superiores dos órgãos e entidades ou assemelhados e suas unidades de apoio, necessárias ao cumprimento de suas competências legais e funções regimentais.

(C) administração sistêmica que é representado pelas unidades responsáveis por competências de apoio técnico e especializado aos titulares em assuntos de interesse geral do órgão e entidade subordinados ao Núcleo Estratégico estadual.

(D) administração desconcentrada compreendendo as entidades autárquicas, fundacionais, sociedades de economia mista e empresas públicas, com organização fixada em lei e regulamentos próprios, vinculadas aos órgãos centrais.

(E) administração descentralizada que é representado por órgãos e unidades responsáveis pela execução de atividades-fim cujas características exijam organização e funcionamento peculiares, dotadas de relativa autonomia administrativa e financeira, com adequada flexibilidade de ação gerencial.

A: incorreta. O art. 2°, da LC 566/2015 dispõe que o Poder Executivo é exercido pelo Governador e seus Secretários; **B:** correta. O Art. 5°, LC 566/2015 assim dispõe: "A estrutura organizacional básica dos órgãos e entidades da Administração Pública Direta e Indireta é constituída dos seguintes níveis: I - Nível de Decisão Colegiada - representado pelos Conselhos Superiores dos órgãos e entidades ou assemelhados e suas unidades de apoio, necessárias ao cumprimento de suas competências legais e funções regimentais"; **C:** incorreta. O art. 5°, V, da LC 566/3015 dispõe que: V - Nível de Administração Sistêmica - compreendendo os órgãos e unidades setoriais prestadores de serviços nas áreas de planejamento, administração e finanças, coordenados, respectivamente, pelas Secretarias de Estado de Planejamento, de Gestão e de Fazenda"; **D:** incorreta. A Administração desconcentrada é a dividida em órgãos, e não em pessoas jurídicas da Administração Indireta, sendo essa a descentralização; **E:** incorreta. A descentralização é a criação de novas pessoas jurídicas para a prestação de serviços públicos, por isso não se tratam de órgãos, e, sim, de pessoas jurídicas da Administração Indireta. AW

Gabarito "B"

(Analista – TRT/11ª – 2012 – FCC) Considere as seguintes assertivas:

I. Pode adotar uma das modalidades de sociedade disciplinadas pela legislação comercial.

II. Seja de âmbito federal, estadual ou municipal, tem capital inteiramente público, ou seja, dele somente podem participar pessoas jurídicas de direito público.

III. Não pode adotar a forma de sociedade unipessoal.

IV. Se for de âmbito federal, terá seus litígios processados e julgados obrigatoriamente na Justiça Federal.

No que concerne à empresa pública, está correto o que se afirma APENAS em

(A) I, II e IV.

(B) I e III.

(C) I e IV.
(D) II e III.
(E) III e IV.

I: assertiva correta, pois, de fato, a empresa pública pode adotar qualquer forma societária (art. 5º, II, do Dec.-Lei 200/1967); **II**: assertiva incorreta, pois o art. 5º do Dec.-Lei 900/1969 ("Desde que a maioria do capital votante permaneça de propriedade da União, será admitida, no capital da Empresa Pública, a participação de outras pessoas jurídicas de direito público interno bem como de entidades da Administração Indireta da União, dos Estados, Distrito Federal e Municípios") admite que entidades da Administração Indireta dos entes políticos faça parte do capital de uma empresa pública, sem distinguir entre estatais de direito público e estatais de direito privado; **III**: assertiva incorreta, pois poderá ter apenas um ente público na sua constituição, como na hipótese de todo o capital ser formado por recursos da União; **IV**: assertiva correta (art. 109, I, da CF).

Gabarito "C"

(Analista – TRT/1ª – 2012 – FCC) Distinguem-se as autarquias das sociedades de economia mista que exploram atividade econômica, dentre outras características, em função de

(A) não serem dotadas de autonomia e personalidade jurídica própria, embora submetidas ao regime jurídico de direito privado.
(B) seu regime jurídico de direito público, exceto quanto ao processo de execução ao qual se submetem, típico do direito privado.
(C) sua criação ser autorizada por lei, bem como por se submeterem tanto ao regime jurídico público, quanto ao regime jurídico privado.
(D) serem criadas por lei, bem como em função de seu regime jurídico de direito público.
(E) se submeterem a processo especial de execução, que excetua o regime dos precatórios, embora não afaste a prescritibilidade de seus bens.

A: assertiva incorreta, pois as autarquias também têm autonomia e personalidade jurídica própria (já que não são meros órgãos, mas pessoas jurídicas) e o seu regime é de direito público e não de direito privado; **B**: assertiva incorreta, pois a autarquia, de fato, é pessoa jurídica de direito público, regime esse que se aplica também ao processo de execução ao qual se submete, seja na execução que promover (podendo intentar execução fiscal, nos casos cabíveis), seja na execução em que for executada (aplicando-se o regime da execução contra a fazenda pública, que impõe, inclusive, o uso de precatórios); **C**: assertiva incorreta, pois a autarquia é "criada" pela própria lei específica (e não "autorizada pela lei" – art. 37, XIX, da CF) e o seu regime é totalmente de direito público; **D**: assertiva correta, pois as autarquias são criadas por lei específica (art. 37, XIX, da CF) e o seu regime é de direito público; **E**: assertiva incorreta, pois o seu regime de execução é público, inclusive com expedição de precatório, e os seus bens são imprescritíveis sim, ou seja, não estão sujeitos à usucapião, já que se tratam de bens públicos, por serem as autarquias pessoas jurídicas de direito público (arts. 98 e 102 do CC).

Gabarito "D"

5. SERVIDORES PÚBLICOS

5.1. Conceito e classificação

Para resolver as questões deste item, vale lembrar que há três grandes grupos de agentes públicos, que são os seguintes: a) **agentes políticos**, que são os que têm cargo estrutural no âmbito da organização política do País (exs.: chefes do Executivo, secretários estaduais e municipais, vereadores, deputados, senadores, juízes, entre outros); **b) agentes administrativos ou servidores públicos**, que são os que possuem cargo, emprego ou função na Administração Direta e Indireta, compreendendo os empregados públicos e servidores estatutários e temporários (exs.: professor, médico, fiscal, técnico, analista, delegado, procurador etc.); **c) particulares em colaboração com o Poder Público**, que são aqueles que, sem perder a condição de particulares, são chamados a contribuir com o Estado (ex.: *agentes honoríficos*, como os mesários das eleições e os jurados do Tribunal do Júri; *agentes credenciados*, como um advogado contrato para defender um Município numa ação judicial específica; *agentes delegados*, como o registrador e o tabelião, nos Cartórios). Assim, dentro da expressão *servidores públicos*, não estão contidos os *agentes políticos* e os *particulares em colaboração com o Poder Público*. Para alguns autores, como Maria Sylvia Zanella Di Pietro, os *militares* devem ser considerados uma espécie a mais de servidores públicos. Assim, para essa doutrina, há quatro grandes grupos de agentes públicos: a) agentes políticos; b) servidores públicos; c) militares; d) particulares em colaboração com a Administração.

5.2. Vínculos (cargo, emprego e função)

(Juiz – TJ-SC – FCC – 2017) Rafael Da Vinci foi nomeado Delegado de Polícia Federal e, ao fim do período de estágio probatório, foi reprovado na avaliação de desempenho e exonerado do cargo. Inconformado, ajuizou ação visando a anular o processo administrativo que culminou em sua exoneração. Nesse ínterim, prestou concurso para Delegado de Polícia Estadual, sendo aprovado e empossado no referido cargo. Sobreveio, então, decisão definitiva na ação judicial por ele ajuizada, anulando o ato expulsório. Neste caso,

(A) por força de efeito *ope judicis*, a nomeação e posse no cargo de Delegado de Polícia Estadual tornam-se, automaticamente, insubsistentes.
(B) trata-se de situação em que haverá a recondução de Rafael no cargo de Delegado da Polícia Federal, gerando a vacância do cargo de Delegado de Polícia Estadual.
(C) a ação proposta deveria ter sido extinta, por falta de interesse de agir, pois ao assumir outro cargo público, Rafael violou o princípio *nemo potest venire contra factum proprium*.
(D) para ser reintegrado no cargo de Delegado de Polícia Federal, Rafael deverá requerer a exoneração do cargo de Delegado de Polícia Estadual.
(E) Rafael deverá ser reintegrado no cargo de Delegado de Polícia Federal, ainda que deseje permanecer no cargo estadual, por força do efeito vinculante da coisa julgada.

A: incorreta. Não há interferência do decidido na sentença de anulação do ato exoneratório com a aprovação e nomeação em outro concurso público, eis que se tratam de cargos independentes, inclusive entre si, vinculados a órgãos diferentes, sem qualquer relação jurídica entre ambos, portanto; **B**: incorreta. A reintegração é instituto próprio do servidor estável, não se aplicando, portanto, ao agente público do enunciado, que não foi aprovado no estágio probatório; **C**: incorreta. O interesse de agir é legítimo, eis que o servidor tem o direito de rever decisão administrativa que discorde. Também não há comportamento contraditório ("venire contra factum proprium"), que, aliás, se aplica às relações contratuais, mas mesmo pensando no vínculo institucional, o servidor pode querer retornar ao cargo incialmente ocupado e que perdeu por alguma injustiça, tendo prestado outro concurso público, inclusive, somente porque perdeu o cargo anterior, ou seja, para não ficar desempregado; **D:** correta. Sendo cargos inacumuláveis (art. 37, XVI, CF), o servidor deverá escolher um dos cargos, ou ainda, para retornar ao anteriormente ocupado, terá que pedir exoneração do atualmente ocupado; **E:** incorreta. Os cargos são inacumuláveis e, mesmo com a sentença anulatória de sua exoneração, ainda poderá decidir permanecer no novo cargo. A sentença não o obriga a ocupar nenhum dos cargos, sendo uma opção do próprio servidor. AW

Gabarito "D"

(Técnico Judiciário – TRE/SP – FCC – 2017) O vínculo funcional a que se submetem os servidores públicos pode variar de acordo com a estruturação da Administração pública e a natureza jurídica do ente a que estão subordinados, por exemplo,

(A) quando vinculados à Administração direta devem, obrigatoriamente, se submeter a prévio concurso de provas e títulos para provimento de cargos, empregos e funções públicas.

(B) os empregados de empresas públicas ou de sociedades de economia mista que explorem atividades econômicas necessariamente devem seguir o mesmo regime de obrigações trabalhistas das empresas privadas.

(C) os ocupantes de empregos públicos e funções públicas devem se submeter a prévio concurso público somente quando o vínculo funcional pretendido se der com entes integrantes da Administração indireta que tenham natureza jurídica de direito público.

(D) os entes que integram a Administração indireta podem preencher cargos em comissão, de livre provimento, que prescindem de concurso público, para suprir as necessidades do quadro funcional até que seja possível o provimento dos respectivos empregos públicos.

(E) os entes que integram a Administração indireta possuem natureza jurídica de direito privado e, como tal, seus servidores somente podem ocupar emprego público.

A: incorreta. A regra se aplica a toda a Administração Pública, Lei 8.112/1990. **B:** correta. Art. 173 da CF. Ressalvados os casos previstos nesta Constituição, a exploração direta de atividade econômica pelo Estado só será permitida quando necessária aos imperativos da segurança nacional ou a relevante interesse coletivo, conforme definidos em lei. § 1° A empresa pública, a sociedade de economia mista e outras entidades que explorem atividade econômica sujeitam-se ao regime jurídico próprio das empresas privadas, inclusive quanto às obrigações trabalhistas e tributárias. **C:** incorreta. CF, Art. 37, II – a investidura em cargo ou emprego público depende de aprovação prévia em concurso público de provas ou de provas e títulos, de acordo com a natureza e a complexidade do cargo ou emprego, na forma prevista em lei, ressalvadas as nomeações para cargo em comissão declarado em lei de livre nomeação e exoneração. **D:** incorreta. A nomeação de cargo em comissão é limitada legalmente. **E:** incorreta. Cargo público se refere a ambos, alterando-se o regime de trabalho. FMB

Gabarito "B"

(Defensor Público – DPE/ES – 2016 – FCC) O regime jurídico constitucional e legal vigente aplicável às entidades da administração indireta dispõe que

(A) os servidores das fundações criadas pelo Poder Público sempre se vinculam ao regime geral de previdência social.

(B) a remuneração dos empregados das empresas estatais que se dediquem à atividade econômica em sentido estrito não está sujeita ao teto remuneratório constitucional.

(C) as associações públicas não são consideradas entidades da administração indireta, em razão de seu regime especial.

(D) aos dirigentes das agências executivas é assegurado o desempenho de mandato fixo, durante o qual não podem ser exonerados, senão por motivo justo, apurado mediante processo administrativo em que estejam assegurados a ampla defesa e o contraditório.

(E) estão sujeitos ao regime jurídico único os servidores da administração pública direta, das autarquias e fundações públicas.

A: Incorreta. Os servidores das pessoas jurídicas de direito público, como podem ser as fundações públicas, podem ser estatutários, ou seja, regidos por lei específica (estatuto), havendo também os celetistas, vinculados ao Regime Geral de Previdência, sendo esse o sentido do art. 39, CF; **B:** Incorreta. Os servidores públicos das empresas estatais exploradoras de atividade econômica sujeitam-se ao teto geral, no que diz respeito ao montante de valores que tenham recebido da Administração Direta, conforme disposto no art. 37, § 9º, CF; **C:** Incorreta. As associações públicas são pessoas jurídicas de direito público formadas por Entes Políticos, sendo decorrentes de consórcios públicos de direito público (associações multifederadas), conforme art. 1º, § 1º, da Lei 11107/2005; **D:** Incorreta. Os dirigentes das Agências Executivas não possuem mandato, que é próprio dos dirigentes das Agências Reguladoras. Aquelas são pessoas jurídicas de direito privado que recebem uma qualificação ("executivas") da Administração Direta para o desempenho de metas dispostas no contrato de gestão (art. 37, § 8º, CF), sendo que a elas não se aplicam as normas próprias das Agências Reguladoras, que integram a Administração Indireta (autarquias de regime especial); **E:** Correta. A adoção do regime jurídico único pelas pessoas jurídicas de direito público integrantes da Administração Direta e Indireta consta do art. 39, "caput", CF.

Gabarito "E"

(Técnico – TRT/6ª – 2012 – FCC) A Constituição Federal previu, em seu artigo 37, inciso IX, a possibilidade de contratação por tempo determinado, para atender a necessidade temporária de excepcional interesse público, nos termos da lei. Partindo-se do pressuposto de que não foi realizado concurso público para a contratação de servidores temporários, é correto afirmar que os admitidos

(A) ocupam cargo efetivo.

(B) ocupam emprego.

(C) ocupam emprego temporário.

(D) desempenham função.

(E) desempenham função estatutária.

A a **C:** incorretas, pois a admissão para cargos efetivos e empregos públicos dependem de concurso público (art. 37, II, da CF/1988); **D:** correta, pois o vínculo daquele contratado para atender a necessidade temporária de excepcional interesse público não é de cargo, nem de emprego, mas de função pública; **E:** incorreta; os vínculos existentes são de cargo, emprego e função pública, sendo que, em sentido amplo, as funções públicas abrangem as funções em confiança (estatutárias), os estágios, as contratações de agentes de saúde e de combate a endemias, e as *contratações temporárias*; dessa forma, as contratações temporárias são função pública temporária e não função pública estatutária.

Gabarito "D"

5.3. Provimento

(Ministério Público/CE – 2011 – FCC) Dentre as formas de provimento derivado de cargos públicos, tradicionalmente praticadas na Administração brasileira, NÃO foi recepcionada pela Constituição Brasileira de 1988 a

(A) ascensão.
(B) promoção.
(C) readaptação.
(D) recondução.
(E) reintegração.

A ascensão funcional é a progressão funcional entre cargos de carreiras distintas. Como a Constituição Federal exige concurso público para prover qualquer cargo efetivo (art. 37, II, da CF), não é possível que alguém que tenha cargo numa carreira passe para cargo de outra carreira sem concurso público. O STF vem reconhecendo reiteradamente a inconstitucionalidade desse tipo de medida (ex.: ADI 368/ES, *DJ* 02.05.2003).
Gabarito "A"

5.4. Vacância

(Procurador do Município/Manaus-AM – 2006 – FCC) Observe as seguintes proposições:

I. O servidor público estável perderá o cargo, dentre outras hipóteses, em virtude de sentença judicial transitada em julgado.
II. Invalidada por sentença judicial a demissão do servidor estável, será ele reconduzido ao cargo anteriormente ocupado.
III. Extinto o cargo, o servidor estável ficará em disponibilidade, com remuneração proporcional ao tempo de serviço, até seu adequado aproveitamento em outro cargo.
IV. Perderá o cargo o servidor público estável que for demitido em virtude do instituto da verdade sabida.

Estão corretas APENAS

(A) I e II.
(B) I e III.
(C) I e IV.
(D) II e III.
(E) II e IV.

I: correta (art. 41, § 1º, I, da CF); **II:** incorreta, pois o servidor será *reintegrado* e não *reconduzido* (art.41, § 2º, da CF); **III:** correta (art. 41, § 3º, da CF); **IV:** incorreta, pois o instituto da verdade sabida – no qual o servidor pode ser punido sem processo administrativo com ampla defesa e contraditório, quando a autoridade tomar ciência direta dos fatos que levam à punição –é inconstitucional, por ferir os princípios citados presentes na Constituição (art. 5º, LV, da CF).
Gabarito "B"

5.5. Efetividade, estabilidade e vitaliciedade

(Analista – TRE/AL – 2010 – FCC) Mélvio, analista judiciário, será reintegrado no cargo anteriormente ocupado. Porém, esse cargo anterior já encontra-se provido e ocupado por Isabela, servidora pública estável. Nesse caso, entre outras hipóteses, Isabela

(A) ficará em disponibilidade, esteja ou não, o cargo de origem provido por outro servidor.
(B) será nomeada em outro cargo de sua livre escolha, mas compatível com suas funções.
(C) será reintegrada no cargo de origem ou ficará em disponibilidade, a critério da Administração.
(D) será reconduzida ao cargo de origem, sem direito a indenização, ou aproveitada em outro cargo.
(E) poderá, a critério da Administração, ser readmitida ao cargo de origem ou transferida para outro órgão público federal.

Art. 41, § 2º, da CF.
Gabarito "D"

5.6. Acumulação remunerada e afastamento

(Procurador do Estado – PGE/MT – FCC – 2016) Godofredo, Alfredo e Manfredo são servidores públicos do Estado do Mato Grosso. Godofredo foi cedido para ter exercício em órgão da Administração Pública municipal. Alfredo está afastado para estudo no Exterior e Manfredo foi eleito para exercício de mandato eletivo. Considerando o que estabelece a Lei Complementar estadual nº 04, de 15 de outubro de 1990,

(A) Godofredo, se estiver em exercício de cargo em comissão de confiança o ônus da remuneração será do órgão cessionário.
(B) Manfredo, se for prefeito ou vereador, ainda que haja compatibilidade de horários, deverá ser afastado do cargo.
(C) Alfredo, neste caso, poderá ficar ausente pelo período máximo de três anos.
(D) Manfredo, se for deputado estadual, e houver compatibilidade de horários, poderá acumular o cargo.
(E) Godofredo, se for servidor do Poder Executivo poderá ter exercício em outro órgão da Administração Pública Estadual por prazo indeterminado.

A: correta, tendo em vista o art. 119, da Lei Complementar 04/1990; **B:** incorreta. O art. 120, LC 04/1990 determina a possibilidade de afastamento do cargo e opção pela melhor remuneração; **C:** incorreta. A ausência poderá ser de, no máximo, 4 anos (art. 121, § 4º, da LC 04/1990); **D:** incorreta. Deverá se afastar do cargo, mesmo havendo compatibilidade de horários no caso de mandato federal, estadual ou distrital (art. 120, LC 04/1990); **E:** incorreta. O exercício em outro órgão depende do tipo de cargo a ser exercido, sendo que para cada caso há uma regra, conforme constam das assertivas "A" e "D". AW
Gabarito "A"

(Analista – TRT/6ª – 2012 – FCC) João, servidor público da administração direta federal, foi eleito para o cargo de Prefeito em seu Município. De acordo com as disposições constitucionais e legais aplicáveis à espécie, ele

(A) poderá solicitar afastamento do cargo ou licença parcial com redução proporcional da remuneração.
(B) deverá ser exonerado do cargo, pois se trata de cumulação vedada com impossibilidade de afastamento.
(C) poderá solicitar exoneração a pedido e reversão ao cargo de origem ao final do mandato.
(D) ficará afastado do cargo durante o período de mandato, podendo optar entre a remuneração do cargo público ou do eletivo.
(E) poderá permanecer em exercício no cargo de origem, desde que comprove a compatibilidade de horários e atribuições.

Segundo o art. 38, II, da CF, o servidor, "investido no mandato de Prefeito, será afastado do cargo, emprego ou função, sendo-lhe facultado optar pela sua remuneração". Assim, a alternativa "D" é a correta.

Gabarito "D"

5.7. Remuneração e subsídio

(Procurador do Estado/RO – 2011 – FCC) O teto remuneratório constitucionalmente previsto para o Procurador do Estado corresponde

(A) aos subsídios dos Deputados Estaduais e Distritais.
(B) ao subsídio do Governador.
(C) a 90,25% do subsídio mensal, em espécie, do Chefe do Poder Executivo Estadual.
(D) a 90,25% do subsídio mensal, em espécie, dos Ministros do STF.
(E) a 90,25% do subsídio mensal, em espécie, dos Deputados Estaduais e Distritais.

De fato, o art. 37, XI, da CF estabelece como teto do Procurador do Estado o valor de 90,25% do subsídio mensal, em espécie, dos Ministros do STF.

Gabarito "D"

5.8. Previdência do servidor: aposentadoria, pensão e outros benefícios

(Defensor Público – DPE/ES – 2016 – FCC) A Constituição Federal estatui, no tocante ao regime próprio de previdência dos servidores públicos titulares de cargo efetivo:

(A) Para o cálculo dos proventos de aposentadoria, por ocasião da sua concessão, serão consideradas as remunerações utilizadas como base para as contribuições do servidor, considerados os sessenta meses que precederam a passagem para a inatividade.
(B) A pensão por morte corresponderá ao valor da totalidade dos proventos do servidor falecido, até o limite máximo estabelecido para os benefícios do regime geral de previdência social, acrescido de setenta e cinco por cento da parcela excedente a este limite, caso aposentado à data do óbito.
(C) O servidor titular de cargo efetivo que vier a ocupar cargo em comissão fica vinculado ao regime geral de previdência, durante o período de exercício do cargo comissionado.
(D) Os regimes de previdência complementar instituídos pelos entes políticos para os titulares de cargo efetivo somente podem ser oferecidos na modalidade de contribuição definida.
(E) Os proventos de aposentadoria e as pensões, por ocasião de sua concessão, não poderão exceder a remuneração do respectivo servidor, no cargo efetivo em que se deu a aposentadoria ou que serviu de referência para a concessão da pensão, ressalvada a hipótese de promoção *post mortem*.

A: Incorreta. O art. 40, § 3º, CF determina a consideração dos valores da remuneração recebida, nos moldes do que acontece com o Regime Geral de Previdência; **B:** Incorreta. O art. 40, § 7º, CF determina o acréscimo de setenta por cento da parcela que exceda o limite estabelecido no Regime Geral de Previdência; **C:** Incorreta. O servidor titular de cargo efetivo, ocupará função de confiança, continuando regido pelo Regime Estatutário, que também contém regras gerais do Regime Geral (art. 40, § 3º, CF); **D:** Correta, conforme expressamente determinado no art. 40, § 15, CF; **E:** Incorreta. Não há como ser feita uma promoção "post mortem", eis que a promoção é forma de provimento derivado em que se pressupõe o exercício do cargo público efetivo.

Gabarito "D"

(Magistratura/RR – 2015 – FCC) O Governador do Estado de Roraima pretende encaminhar à Assembleia Legislativa Estadual, um projeto de lei para instituir o regime de previdência complementar para os servidores estaduais, nos termos do que dispõe a Constituição Federal, em seu art. 40, § 14. Com base no que dispõem as normas constitucionais sobre esse assunto, deve-se concluir que

(A) somente os servidores celetistas e comissionados poderão ser compelidos a aderir a esse regime, visto que para os servidores titulares de cargo efetivo, a Constituição prevê sua vinculação exclusiva ao regime próprio de previdência do ente político ao qual pertencem.
(B) tal regime se aplica apenas aos servidores vinculados às empresas públicas e sociedades de economia mista, visto que somente essas entidades podem criar os chamados "fundos de pensão" necessários ao custeio desse regime.
(C) apenas os servidores que já estiverem aposentados por ocasião da entrada em vigor da lei que instituir tal regime ficarão a ele vinculados, sendo que os servidores em exercício permanecerão vinculados ao regime próprio de previdência do Estado.
(D) os servidores titulares de cargo comissionado podem se vincular ao regime de previdência complementar, desde que manifestem de forma expressa a opção de se desvincularem do regime geral de previdência social.
(E) o teto de percepção de proventos equivalente ao limite máximo de benefícios do regime geral de previdência não poderá ser imposto aos servidores que ingressaram na Administração Estadual antes da data de publicação da lei que instituiu o regime de previdência complementar.

A, B e D: incorretas, pois o art. 40, § 14, da CF é claro ao dispor que esse instituto se destina exclusivamente aos "servidores titulares de cargo efetivo", não se aplicando essa específica disposição para servidores celetistas e comissionados, bem como aso servidores das empresas estatais; **C:** incorreta; primeiro porque os servidores já aposentados têm direito adquirido e não podem ser afetados; segundo porque, por expressa e voluntária adesão, o servidor que tiver ingressado no serviço público até a data da publicação do ato de instituição da previdência complementar ficará sujeito a ela (art. 40, § 16, da CF); **E:** correta, nos termos do art. 40, § 16, da CF.

Gabarito "E"

(Magistratura/PE – 2013 – FCC) Os servidores titulares de cargos efetivos dos Estados, que hoje ingressam no serviço, sujeitam-se a regras constitucionais que disciplinam sua aposentadoria. Considere, a respeito, os itens abaixo sobre hipóteses de aposentadoria e respectivo critério de cálculo de proventos:

I. por invalidez permanente, com proventos integrais.
II. compulsoriamente, aos setenta anos de idade, com proventos proporcionais ao tempo de serviço.
III. voluntariamente, desde que cumprido tempo mínimo de dez anos de efetivo exercício no serviço público e

cinco anos no cargo efetivo em que se dará a aposentadoria, observadas as seguintes condições: a) sessenta anos de idade e trinta e cinco de contribuição, se homem, e cinquenta e cinco anos de idade e trinta de contribuição, se mulher; b) sessenta e cinco anos de idade, se homem, e sessenta anos de idade, se mulher, com proventos proporcionais ao tempo de contribuição.

Está harmônico com as regras gerais constantes da Constituição o que consta APENAS em

(A) II.
(B) II e III.
(C) I e II.
(D) III.
(E) I.

I: incorreta, pois nesse caso os proventos são *proporcionais* ao tempo de contribuição (art. 40, § 1°, I, da CF); **II:** incorreta, pois nesse caso os proventos são proporcionais ao tempo de *contribuição* (art. 40, § 1°, II, da CF); **III:** correta (art. 40, § 1°, III, da CF).

Gabarito "D".

(Procurador do Município – Cuiabá/MT – 2014 – FCC) O corpo permanente da Constituição Federal, no tocante aos proventos do servidor aposentado pelo regime próprio de previdência,

(A) estabelece que os requisitos de idade e de tempo de contribuição serão reduzidos em cinco anos, para o professor que comprove exclusivamente tempo de efetivo exercício das funções de magistério na educação infantil e no ensino fundamental e médio, com a consequente redução proporcional dos proventos, caso opte por essa aposentadoria especial.
(B) garante aos servidores inativos a extensão de todos e quaisquer benefícios e vantagens concedidos aos servidores em atividade.
(C) determina que, nas hipóteses de aposentadoria com proventos proporcionais, deve-se utilizar como base de cálculo o valor da última remuneração percebida pelo servidor, quando em atividade.
(D) estabelece que os servidores ocupantes, exclusivamente, de cargo em comissão farão jus à aposentadoria complementar, mediante sua expressa adesão a tal regime, sem prejuízo da vinculação ao regime geral de previdência social.
(E) prevê a incidência de contribuição previdenciária nos proventos do inativo portador de doença incapacitante, a qual incidirá apenas sobre as parcelas que superem o dobro do limite máximo estabelecido para os benefícios do regime geral de previdência social.

A: incorreta, pois essa aposentadoria especial não importa em redução proporcional dos proventos (art. 40, § 5°, da CF); **B:** incorreta, pois a lei garante apenas o reajustamento dos benefícios para preservar o seu valor, mas não a extensão aos inativos dos benefícios e vantagens concedidos aos servidores em atividade (art. 40, § 8°, da CF); **C:** incorreta, pois serão consideradas as remunerações utilizadas como base para as contribuições do servidor ao regime de previdência respectivo (art. 40, § 3°, da CF); **D:** incorreta, pois essa aposentadoria complementar é direito dos servidores ocupantes de cargos efetivos (art. 40, § 14, da CF); **E:** correta (art. 40, § 21, da CF).

Gabarito "E".

(Procurador Legislativo – Câmara de Vereadores de São Paulo/SP – 2014 – FCC) Jeferson, servidor administrativo da Câmara Municipal, titular de cargo efetivo, estava de férias na praia, quando sofreu grave acidente ao ser atropelado por uma lancha a motor. Do acidente resultou grave lesão de natureza irreversível e incapacitante, gerando sua aposentadoria por invalidez permanente, a contar do laudo médico oficial, emitido em 23 de setembro de 2013. Sabe-se que, nessa data, Jeferson tinha 45 (quarenta e cinco) anos e que ingressou no serviço público municipal em 15 de dezembro de 1997. Diante da situação acima narrada, deve-se concluir, no tocante aos proventos de Jeferson, que serão

(A) proporcionais; calculados com base na remuneração do cargo efetivo em que se deu a aposentadoria; e assegurada a revisão dos proventos na mesma proporção e na mesma data, sempre que se modificar a remuneração dos servidores em atividade.
(B) integrais; calculados com base nas remunerações utilizadas como base para as contribuições do servidor aos regimes de previdência oficial, calculada a média na forma da lei; e assegurado o reajustamento dos proventos para preservar-lhes, em caráter permanente, o valor real, conforme critérios estabelecidos em lei.
(C) proporcionais; calculados com base nas remunerações utilizadas como base para as contribuições do servidor aos regimes de previdência oficial, calculada a média na forma da lei; e assegurada a revisão dos proventos na mesma proporção e na mesma data, sempre que se modificar a remuneração dos servidores em atividade.
(D) integrais; calculados com base na remuneração do cargo efetivo em que se deu a aposentadoria; e assegurado o reajustamento dos proventos para preservar-lhes, em caráter permanente, o valor real, conforme critérios estabelecidos em lei.
(E) integrais; calculados com base na remuneração do cargo efetivo em que se deu a aposentadoria; e assegurada a revisão dos proventos na mesma proporção e na mesma data, sempre que se modificar a remuneração dos servidores em atividade.

A aposentadoria, no caso, dar-se-á com proventos proporcionais, na forma do art. 40, § 1°, I, da CF. Quanto à questão da revisão dos proventos na mesma proporção e na mesma data dos servidores ativos (que não existe mais para os novos servidores – art. 40, § 8°, da CF), é direito de Jeferson, por ter ingressado no serviço público antes da EC 41/2003, na forma do disposto no art. 7° dessa mesma Emenda Constitucional. Assim, a alternativa "a" é a correta.

Gabarito "A".

5.9. Direitos, vantagens, deveres e proibições do servidor público

(Magistratura – TRT 1ª – 2016 – FCC) A Constituição Federal assegura, em seu art. 39, § 3°, entre outros, aos servidores ocupantes de cargos públicos os seguintes direitos também previstos em seu art. 7°:

I. adicional para as atividades insalubres.
II. irredutibilidade de salário.
III. repouso semanal remunerado, preferencialmente aos domingos.
IV. licença-paternidade.

Está correto o que consta APENAS em

(A) III e IV.
(B) II e IV.
(C) I, II e IV.
(D) I, II e III.
(E) I e III.

De acordo com o art. 39, § 3º, da CF, "aplica-se aos servidores ocupantes de cargo público o disposto no art. 7º, IV, VII, VIII, IX, XII, XIII, XV, XVI, XVII, XVIII, XIX, XX, XXII e XXX, podendo a lei estabelecer requisitos diferenciados de admissão quando a natureza do cargo o exigir". Tais incisos tratam de salário mínimo (IV), garantia de salário nunca inferior ao mínimo (VII), décimo terceiro salário (VIII), remuneração do trabalho noturno superior à do diurno (IX), salário-família (XII), jornada de 8 horas diárias e 44 horas semanais (XIII), repouso semana remunerado (XV), hora extra com remuneração no mínimo 50% superior à hora normal (XVI), férias anuais remuneradas com um terço a mais do salário normal (XVII), licença à gestante (XVIII), licença-paternidade (XIX), proteção do mercado da mulher (XX), redução dos riscos inerentes ao trabalho (XXII) e proibição de discriminação salarial (XXX). Assim, estão corretas as afirmativas III (que trata do repouso semanal remunerado) e IV (que trata da licença-paternidade).
Gabarito "A"

(Analista – TRE/PR – 2012 – FCC) A um engenheiro ocupante de cargo público foi encaminhado processo administrativo para proferimento de parecer técnico. Identificou, contudo, que se tratava de processo administrativo no qual havia atuado como perito, na época contratado para tanto. Nessa situação,

(A) deverá abster-se de atuar, comunicando o fato à autoridade superior, sob pena de cometimento de falta grave.
(B) poderá atuar normalmente, devendo, contudo, manter-se fiel ao entendimento proferido quando era perito.
(C) poderá atuar normalmente, na medida em que ocupante de cargo público goza de boa-fé, não importando a atuação anterior ao provimento.
(D) deverá abster-se de atuar oficialmente, podendo lançar parecer meramente opinativo e não vinculatório nos autos, cabendo à autoridade superior a decisão sobre a questão.
(E) poderá abster-se de atuar caso não se repute isento o suficiente para proferir parecer técnico sobre o caso.

Arts. 18 e 19 da Lei 9.784/1999.
Gabarito "A"

5.10. ACESSIBILIDADE E CONCURSO PÚBLICO

(Técnico Judiciário – TRE/SP – FCC – 2017) A publicação de edital para realização de concurso público de provas e títulos para provimento de cargos em órgão público municipal motivou número de inscritos muito superior ao dimensionado pela Administração pública. Considerando a ausência de planejamento da Administração para aplicação das provas para número tão grande de candidatos, bem como que a recente divulgação da arrecadação municipal mostrou sensível decréscimo diante da estimativa de receitas, colocando em dúvida a concretude das nomeações dos eventuais aprovados, a Administração municipal

(A) pode anular o certame, em razão dos vícios de legalidade identificados.
(B) deve republicar o edital do concurso público para reduzir os cargos disponíveis, sob pena de nulidade do certame.
(C) pode revogar o certame, em razão das supervenientes razões de interesse público demonstradas para tanto.
(D) pode revogar o certame municipal somente se tiver restado demonstrada a inexistência de recursos para fazer frente às novas despesas com as aprovações decorrentes do concurso.
(E) deve prosseguir com o certame, republicando o edital para adiamento da realização da primeira prova, a fim de reorganizar a aplicação para o novo número de candidatos, sendo vedado revogar o certame em razão da redução de receitas.

A: incorreta. Pelas informações da assertiva não há vicio de legalidade demonstrado. **B:** incorreta. Não sanaria a questão já que o problema se ateve ao número de inscritos. **C:** correta. A medida a ser adotada é a revogação do certame, haja vista a possível impossibilidade de contratação diante da baixa arrecadação, fato superveniente a publicação, bem como a imprevisibilidade do fato impeditivo. **D:** incorreto. **E:** incorreta. Não é vedada a revogação por fato superveniente quando de interesse público. FMB
Gabarito "C"

(Magistratura/GO – 2015 – FCC) As normas constitucionais que delineiam os contornos do regime jurídico dos servidores públicos preconizam a possibilidade de contratação sem prévio concurso público de provas e títulos para

I. empregos públicos, em sociedades de economia mista e empresas públicas que atuem em regime de competição no mercado.
II. cargos em comissão, destinados exclusivamente a funções de chefia, direção e assessoramento.
III. contratações temporárias, limitadas a 20% do quadro permanente efetivo.

Está correto as situações descritas APENAS em

(A) III.
(B) I.
(C) I e II.
(D) II e III.
(E) II.

I: incorreta, pois esses empregos também só podem ser preenchidos mediante concurso público (art. 37, II, da CF); **II:** correta (art. 37, II, da CF); **III:** incorreta, pois apesar de ser correto dizer que não há necessidade de concurso público para as contratações temporárias (art. 37, IX, da CF), a Constituição não traz norma a respeito da limitação dessas contratações a 20% do quadro permanente efetivo.
Gabarito "E"

(Magistratura/SC – 2015 – FCC) Considere as seguintes afirmações:

I. Só por lei se pode sujeitar a exame psicotécnico a habilitação de candidato a cargo público.
II. É inconstitucional a vinculação do reajuste de vencimentos de servidores estaduais ou municipais a índices federais de correção monetária.
III. É inconstitucional toda modalidade de provimento que propicie ao servidor investir-se, sem prévia aprovação em concurso público destinado ao seu provimento, em cargo que não integra a carreira na qual anteriormente investido.

Conforme jurisprudência do Supremo Tribunal Federal, está correto o que se afirma em

(A) I e III, apenas.
(B) III, apenas.
(C) I, II e III.
(D) I e II, apenas.
(E) II e III, apenas.

I: correto (Súmula STF 686); **II:** correto (Súmula STF 681); **III:** correto (Súmula STF 685).

Gabarito "C"

5.11. processo disciplinar

(Defensor Público – DPE/ES – 2016 – FCC) A Lei Federal 4.898/1965 disciplina a responsabilidade em caso de abuso de autoridade. Tal diploma estatui que:

(A) O processo administrativo para apurar abuso de autoridade deve ser sobrestado para o fim de aguardar a decisão da ação penal que apura a mesma conduta.
(B) Quando o abuso for cometido por agente de autoridade policial, civil ou militar, de qualquer categoria, poderá ser cominada a pena autônoma ou acessória, de não poder o acusado exercer funções de natureza policial ou militar no município da culpa, por prazo de um a cinco anos.
(C) Dentre as sanções penais que podem ser aplicadas está a perda do cargo e a inabilitação para o exercício de qualquer outra função pública por prazo de até oito anos.
(D) Constitui abuso de autoridade qualquer atentado ao exercício dos direitos sociais.
(E) Considera-se autoridade, para os efeitos da referida lei, apenas quem exerce cargo, emprego ou função pública, de natureza civil, ou militar, de natureza permanente.

A: Incorreta. O processo não poderá ser sobrestado, conforme disposto no art.7º, § 3º, da Lei 4.898/1965; **B:** Correta. Conforme disposto no art. 6º, § 5º, da Lei 4.898/1965 (letra de lei); **C:** Incorreta. A inabilitação para o exercício de outra função é por até 3 anos (art. 6º, § 3º, "c", da Lei 4.898/1965); **D:** Incorreta. Os direitos sociais não são "alvo" da conduta de abuso de autoridade, conforme dispõe o art. 3º, da Lei 4.898/1965; **E:** Incorreta. É considerada autoridade, mesmo o que, transitoriedade, exerce função pública (art. 5º, da Lei 4.898/1965).

Gabarito "B"

(Magistratura/RR – 2015 – FCC) Após responder a processo administrativo disciplinar, o servidor Marcos Santana sofreu pena de suspensão de suas funções por 30 (trinta) dias, com consequente perda vencimental e reflexos nos seus direitos funcionais. Passados mais de dez anos desde a aplicação da penalidade, ocorre o falecimento de Marcos. Na ocasião, um colega de Marcos, em crise de consciência, confessa que a principal prova documental juntada nos autos do processo disciplinar foi por ele forjada, com a finalidade de prejudicar o colega, de quem era desafeto. Em vista do sucedido, é correto concluir que

(A) em vista do falecimento do servidor e do transcurso do tempo, somente será possível a anulação da punição por ação judicial, a ser proposta pelo representante do espólio.
(B) com o falecimento do servidor, tornou-se irreversível a punição, em vista do esgotamento dos efeitos do ato administrativo (teoria do fato consumado).
(C) embora o falecimento não impeça a anulação da punição, o prazo para anulação dos atos da Administração é quinquenal, o que impossibilita a revisão da punição, seja na esfera administrativa, seja no âmbito judicial.
(D) ainda é possível a revisão administrativa da aplicação da sanção, que poderá ser realizada *ex officio* ou mediante requerimento de qualquer pessoa da família do servidor.
(E) em vista do transcurso do prazo para anulação dos atos administrativos, que é decenal, tornou-se irreversível o ato administrativo; todavia, o espólio do servidor poderá ajuizar ação de indenização em relação ao colega que provocou sua punição.

A: incorreta, pois a revisão é um pedido administrativo (arts. 174 e ss. da Lei 8.112/1990, na esfera federal); **B**, **C** e **E**: incorretas, pois a revisão pode ser pedida a qualquer tempo, inclusive em caso de falecimento do servidor (arts. 174, *caput* e § 1º., da Lei 8.112/1990, na esfera federal); **D:** correta (art. 174, *caput* e § 1º, da Lei 8.112/1990, na esfera federal).

Gabarito "D"

5.12. Temas combinados de servidor público

(Procurador do Estado – PGE/MT – FCC – 2016) A Lei Complementar nº 04/90 (Estatuto dos Servidores Públicos do Estado do Mato Grosso) dispõe, acerca da responsabilidade dos servidores e do processo disciplinar, que:

(A) é falta disciplinar criticar atos do Poder Público, ainda que a crítica seja formulada em trabalho doutrinário assinado pelo servidor.
(B) não é aplicável a pena de destituição a servidor titular de cargo efetivo que ocupa transitoriamente cargo comissionado.
(C) viola os deveres funcionais ser sócio ou acionista de empresa privada, atividade que é considerada incompatível com o exercício funcional.
(D) o servidor que se recusar a ser submetido à inspeção médica determinada pela autoridade competente não pode ser punido pela recusa, mas terá os seus vencimentos retidos até cumprir a determinação.
(E) para defender o indiciado revel, a autoridade instauradora do processo disciplinar designará como defensor-dativo um servidor portador de diploma de nível superior.

A: incorreta. O art. 144, V, da LC 04/1990 dispõe que "é proibido ao servidor referir-se de modo depreciativo ou desrespeitoso, às autoridades públicas ou aos atos do Poder Público, mediante manifestação escrita ou oral."; **B:** correta. Não temos essa penalidade prevista na LC 04/1990, por isso ela não pode ser aplicada; **C:** incorreta O art. 144, X, da LC 04/1990 admite ao servidor ser sócio ou acionista; **D:** incorreta. O servidor pode ser punido com suspensão de até 15 dias (art. 157, § 1º, da LC 04/1990); **E:** incorreta. Para defender o indiciado revel, a autoridade instauradora do processo disciplinar designará como defensor-dativo um servidor público de cargo de nível igual ou superior ao do indiciado, conforme disposto no art. 191, §2º, da LC 04/1990. AW

Gabarito "B"

(Procurador do Estado – PGE/MT – FCC – 2016) Considere as seguintes licenças previstas na Lei Complementar estadual nº 555, de 29 de dezembro de 2014:

I. A licença para desempenho de cargo em entidade associativa, representativa de categoria profissional dos militares estaduais, será concedida com ônus para o Estado pelo período do mandato da entidade, mediante solicitação, desde que não ultrapasse o limite de três militares por entidade.

II. Será concedida licença para desempenho de função em fundação, cuja finalidade seja de interesse das Instituições Militares, conforme deliberação do órgão de decisão colegiada da instituição militar estadual.

III. A licença para qualificação consiste no afastamento do militar estadual, com prejuízo de seu subsídio e assegurada a sua efetividade para todos os efeitos da carreira, para frequência em cursos, no país ou exterior, não disponibilizado pela instituição, desde que haja interesse da Administração pública.

IV. Será concedida licença remunerada de cento e oitenta dias para a militar estadual que adotar criança de até doze anos.

Está correto o que se afirma APENAS em:

(A) I e II.
(B) I, II e III.
(C) III e IV.
(D) II e IV.
(E) I, III e IV.

I: correta. Trata-se do disposto no art. 106, da LC estadual 555/2014; **II:** correta. Trata-se do disposto no art. 95, IX, da LC estadual 555/2014; **III:** incorreta. Essa licença para qualificação ocorre sem prejuízo de seu subsídio (art. 108, do referido diploma legal estadual); **IV:** incorreta. O art. 105, LC 555/2014 diferencia as idades do adotando para a concessão da licença em caso de adoção. Será de 180 dias, em casos de bebês de até um ano. AW

Gabarito "A"

(Defensor Público/PR – 2012 – FCC) Sobre o regime jurídico aplicável aos servidores públicos é correto afirmar:

(A) A Constituição Federal impõe a obrigatoriedade do concurso público de provas e títulos e veda a contratação temporária de pessoal.

(B) Pelo regime imposto pela Emenda Constitucional 19/1998 os vencimentos dos servidores públicos em geral passaram a ser chamados de subsídios.

(C) A acumulação de dois cargos públicos remunerados de professor é admitida se houver compatibilidade de horários, sendo que a soma das remunerações deve respeitar o teto remuneratório.

(D) Os preceitos constitucionais que asseguram o direito de greve e o direito de associação sindical dos servidores públicos são de eficácia contida.

(E) A aposentadoria compulsória dá-se por presunção de invalidez aos 70 anos de idade para os homens e aos 65 anos de idade para as mulheres.

A: incorreta, pois há exceção à regra da obrigatoriedade do concurso público; no provimento de cargo em comissão (art. 37, II, da CF) e, quanto à contratação temporária de pessoal, há previsão constitucional do instituto, em caso de necessidade temporária de excepcional interesse público (art. 37, IX, da CF); **B:** incorreta, pois a Constituição enumera os tipos de servidores que receberão por meio de subsídios (ex: art. 39, § 4º, da CF) e permite que outros servidores organizados em carreira também recebam pela modalidade subsídio (art. 39, § 8º, da CF); assim, cargos isolados em que a CF não menciona a remuneração por subsídio e cargos em carreira em que a lei ainda não fixou o subsídio como forma de remuneração não estão nesse regime, de maneira que é inoportuno afirmar que os servidores em geral devem receber via subsídio; **C:** correta (art. 37, XVI, "a", da CF); **D:** incorreta, pois o direito à livre associação sindical não pode sofrer restrição legal, sob pena de não ser "livre"; já quanto ao direito de greve, a princípio tem eficácia limitada, ou seja, depende de regulamentação para poder ser exercitado; todavia, tendo em vista a mora abusiva do Legislativo em elaborar a lei de greve para o setor público, o STF, suprindo essa lacuna, autorizou a greve de servidores (Mandado de Injunção – MI 670, 708 e 712 do STF), obedecendo-se aos preceitos da lei de greve para o setor privado; **E:** incorreta, pois a aposentadoria compulsória não presume a invalidez do servidor; ademais, ela se dá aos 70 anos tanto para o homem, como para a mulher (art. 40, § 1º, II, da CF) e aos 75 anos os servidores titulares de cargos efetivos da União, dos Estados, do Distrito Federal e dos Municípios, incluídas suas autarquias e fundações, os membros do Poder Judiciário, os membros do Ministério Público; os membros das Defensorias Públicas, os membros dos Tribunais e dos Conselhos de Contas (art. 2º, I a V, da LC 152/2015).

Gabarito "C"

6. BENS PÚBLICOS

6.1. Conceito e classificação

(Analista – TRE/CE – 2012 – FCC) O bem público de uso especial

(A) pode ser utilizado pelos indivíduos, mas essa utilização deverá observar as condições previamente estabelecidas pela pessoa jurídica interessada.

(B) é destinado a fins públicos, sendo essa destinação inerente à própria natureza desse bem, como ocorre, por exemplo, com as estradas e praças.

(C) possui regime jurídico de direito público, aplicando-se, a essa modalidade de bem, institutos regidos pelo direito privado.

(D) possui regime jurídico de direito privado, portanto, passível de alienação.

(E) está fora do comércio jurídico do direito privado, ainda que não mantenha essa afetação.

A: correta, pois os bens de uso especial são aqueles destinados à execução dos serviços públicos ou a servirem de estabelecimento para os entes públicos, de maneira que os indivíduos não podem usar tais bens (como usam os bens de uso comum do povo) sem que haja obediência a condições previamente estabelecidas pela pessoa jurídica interessada; **B:** incorreta, pois esse é o conceito de bens de uso comum do povo (art. 99, I, do CC); **C:** incorreta, pois, em sendo bens públicos, não há que se observar institutos regidos pelo direito privado; **D:** incorreta, pois são bens públicos e, portanto, têm um regime jurídico de direito público; **E:** incorreta, pois, caso deixem de ter essa afetação (de bem de uso especial), ou seja, caso passem a ser bens desafetados, passam a ser meros bens dominiais e, portanto, passam a ser bens alienáveis (art. 101 do CC).

Gabarito "A"

(Analista – TRE/SP – 2012 – FCC) Os bens públicos podem ser classificados, de acordo com a sua destinação, como bens

(A) de uso especial aqueles de domínio privado do Estado e que não podem ser gravados com qualquer espécie de afetação.

(B) de uso especial aqueles utilizados por particular mediante concessão ou permissão de uso.

(C) de uso comum do povo aqueles afetados a determinado serviço público, tais como os edifícios onde se situam os órgãos públicos.
(D) dominicais aqueles destinados à fruição de toda a coletividade e que não podem ser alienados ou afetados à atividade específica.
(E) dominicais aqueles de domínio privado do Estado, não afetados a uma finalidade pública e passíveis de alienação.

A: incorreta, pois os bens de domínio privado do Estado são os bens *dominicais* e não os bens de *uso especial* (art. 99, II e III, do CC); **B:** incorreta, pois os bens de uso *especial* são os destinados a servir de estabelecimento público (art. 99, II, do CC); **C:** incorreta, pois esses são os bens de uso *especial* e não os bens de *uso comum do povo*; **D:** incorreta, pois esses são os bens de *uso comum do povo* e não os bens *dominicais*; **E:** correta (art. 99, III, do CC).
Gabarito "E"

(Magistratura/SC – 2015 – FCC) Pela perspectiva tão somente das definições constantes do direito positivo brasileiro, consideram-se "bens públicos" os pertencentes a
(A) um estado, mas não os pertencentes a um território.
(B) um município, mas não os pertencentes a uma autarquia.
(C) uma sociedade de economia mista, mas não os pertencentes ao distrito federal.
(D) uma fundação pública, mas não os pertencentes a uma autarquia.
(E) uma associação pública, mas não os pertencentes a uma empresa pública.

A, B, C e **D:** incorretas, pois bens públicos são todas aqueles pertencentes a pessoas jurídicas de direito público (art. 98 do CC) e os territórios, quando existem, e as autarquias são pessoas jurídicas de direito público; vale mencionar que as sociedades de economia mista não pessoas jurídicas de direito público e, portanto, seus bens, em regra, não são bens públicos; **E:** correta, vez que uma associação pública é uma pessoa jurídica de direito público e, portanto, seus bens são públicos (art. 98 do CC), ao passo que uma empresa pública não é pessoa jurídica de direito público, portanto, seus bens em regra são privados.
Gabarito "E"

6.2. Regime jurídico (características)

(Procurador do Estado – PGE/MT – FCC – 2016) Acerca do regime jurídico dos bens públicos, é correto afirmar:
(A) Os bens de uso especial, dada a sua condição de inalienabilidade, não podem ser objeto de concessão de uso.
(B) Chama-se desafetação o processo pelo qual um bem de uso comum do povo é convertido em bem de uso especial.
(C) A investidura é hipótese legal de alienação de bens imóveis em que é dispensada a realização do procedimento licitatório.
(D) Os bens pertencentes ao Fundo Garantidor de Parcerias Público-Privadas (Lei Federal nº 11.079/2004), embora possam ser oferecidos em garantia dos créditos do parceiro privado, mantém a qualidade de bens públicos.
(E) Os bens pertencentes às empresas pública são públicos, diferentemente dos bens pertencentes às sociedades de economia mista.

A: incorreta. Os bens de uso especial, desde que desafetados, podem ser vendidos e podem ser objeto de concessão de uso; **B:** incorreta. A desafetação ocorre quando um bem de uso comum do povo ou de uso especial é transformado em bem dominial. No caso da assertiva, temos afetação; **C:** correta, conforme disposto no art. 17, § 3º, da Lei 8.666/1993; **D:** incorreta. O FGP (Fundo Garantidor das Parcerias) é formado por dinheiro ou valores advindos do Poder Público e do privado; **E:** incorreta. Os bens pertencentes às sociedades de economia mista são 50% públicos. AW
Gabarito "C"

6.3. Alienação dos bens públicos

(Procurador do Município/São Paulo-SP – 2008 – FCC) O Município pretende vender bem imóvel sem destinação a fundação pública municipal. De acordo com a legislação vigente, é necessário, sob o aspecto formal, haver
(A) autorização legislativa, prescindindo-se, no entanto, de avaliação prévia e licitação.
(B) autorização legislativa, avaliação prévia e formalização de procedimento para dispensa de licitação.
(C) avaliação prévia e formalização de procedimento para dispensa de licitação, prescindindo-se de autorização legislativa.
(D) avaliação prévia e licitação, prescindindo-se de autorização legislativa.
(E) avaliação prévia e formalização de procedimento para dispensa de autorização legislativa e de licitação.

A alternativa "B" descreve os requisitos formais necessários para a alienação descrita na questão (art. 17, *caput* e I, da Lei 8.666/1993).
Gabarito "B"

6.4. Uso dos bens públicos

(Magistratura/GO – 2015 – FCC) Suponha que determinada empresa privada promotora de eventos pretenda utilizar um imóvel público, atualmente sem destinação e cuja propriedade foi adquirida pelo Estado por meio de adjudicação levada a efeito em processo de execução fiscal, para a instalação de um centro de convenções com a finalidade de realizar feiras agropecuárias. Considerando o regime jurídico a que se sujeitam os bens públicos, a utilização do imóvel pelo referido particular, em caráter exclusivo, poderá se dar mediante
(A) cessão de uso, que pressupõe a transferência do domínio e se dá, necessariamente, a título oneroso.
(B) permissão de uso, em caráter discricionário e precário em razão do interesse no uso beneficiar exclusivamente o particular.
(C) autorização de uso, sem prazo determinado e revogável mediante indenização ao particular.
(D) permissão qualificada, onerosa e precedida de licitação, que não admite indenização ao particular no caso de revogação a critério da Administração.
(E) concessão de uso, precedida de licitação, com prazo determinado, com direito do particular a indenização caso rescindida antes do termo final.

A: incorreta, pois na cessão de uso não há transferência de propriedade, mas apenas uma concessão ou permissão temporárias ao particular; **B:** incorreta, pois a permissão de uso de bem público é um instituto que beneficia o particular e o Poder Público também; apenas a autorização de uso de bem público é que beneficia exclusivamente o particular; **C:** incorreta, pois a autorização de uso de bem público é precária, de modo que não caberá indenização ao particular quando é revogada; **D:** incorreta, pois a permissão qualificada, que é aquele que a Administração acaba por conferir prazo em favor do permissionário (em tese deve evitar fazer isso, pois a permissão em geral é por prazo não determinado e pode ser revogada sem indenização a qualquer tempo), se por ventura for extinta antes do prazo combinado, enseja indenização em favor do permissionário, pela expectativa gerada neste; **E:** correta; em primeiro lugar a concessão de uso é o instrumento adequado, pois a instalação de centro de convenções requer alto investimento e isso não se coadunaria com autorizações ou permissões, que são precárias e revogáveis a qualquer tempo, o que geraria insegurança jurídica e econômica para o concessionário fazer os devidos investimentos; em segundo lugar, a caracterização da concessão de uso está correta, pois, de fato, esta é precedida de licitação, tem prazo determinado e, caso revogada antes do termo final, enseja indenização em favor do concessionário.

Gabarito "E"

6.5. Bens públicos em espécie

(Defensor Público – DPE/BA – 2016 – FCC) Segundo o Código Civil de 2002, os bens públicos são

I. inalienáveis, os dominicais.
II. alienáveis, desde que haja prévia justificativa e autorização do Poder Legislativo.
III. inalienáveis, os bens de uso comum, enquanto conservar a sua qualificação; e inalienáveis os bens dominicais, observadas as determinações legais.
IV. alienáveis, os bens dominicais, observadas as determinações legais.
V. inalienáveis, os bens públicos de uso comum do povo na forma que a lei determinar.

Está correto o que se afirma APENAS em

(A) I, II e III.
(B) I, III e IV.
(C) II e IV.
(D) IV e V.
(E) I, II e V.

A: Incorreta, pois somente são alienáveis os bens dominicais (art. 99, III, CC); **B:** Incorreta, pois na assertiva III há erro quanto à inalienabilidade dos bens dominicais, que são sempre alienáveis; **C:** Incorreta. Na assertiva II, não são todos os bens públicos que são inalienáveis, mas sim, os de uso comum e especial, enquanto permanecer a destinação pública; **D:** Correta, sendo exatamente o conceito dos bens dominicais e de uso comum do povo; **E:** Incorreta, porque estai incorretas as assertivas I, II e III, conforme explicado acima.

Gabarito "D"

(Ministério Público/CE – 2014 – FCC) Acerca dos bens públicos, é correto afirmar:

(A) A imprescritibilidade é característica dos bens públicos de uso comum e de uso especial, sendo usucapíveis os bens pertencentes ao patrimônio disponível das entidades de direito público.
(B) As terras devolutas indispensáveis à preservação ambiental constituem, nos termos do art. 225, *caput*, da Constituição Federal, bem de uso comum do povo.
(C) Os bens pertencentes aos Conselhos Federais e Regionais de Fiscalização são bens públicos, insuscetíveis de constrição judicial para pagamentos de dívidas dessas entidades.
(D) Os bens das representações diplomáticas dos Estados estrangeiros e de Organismos Internacionais são considerados bens públicos, para fins de proteção legal.
(E) Os imóveis pertencentes à Petrobrás, sociedade de economia mista federal, são considerados bens públicos, desde que situados no Território Nacional.

A: incorreta, pois a imprescritibilidade é característica que diz respeito a todos os bens públicos, já que a própria Constituição Federal, sem trazer exceções, impede a usucapião em relação aos bens públicos (arts. 183, § 3º, 191, parágrafo único); **B:** incorreta, pois as terras devolutas são consideradas bens dominicais; **C:** correta, pois tais conselhos são considerados serviços públicos essenciais, de modo que seus bens são considerados impenhoráveis; **D:** incorreta, pois os bens dos estados estrangeiros e dos organismos internacionais são impenhoráveis, mas não por serem bens públicos (já que não são), mas por terem imunidade diplomática contra a penhora; **E:** incorreta, pois os bens das pessoas jurídicas de direito privado são bens privados (art. 98 do Código Civil).

Gabarito "C"

(Procurador Legislativo – Câmara de Vereadores de São Paulo/SP – 2014 – FCC) Uma empresa concessionária de gás encanado, ao realizar perfurações no subterrâneo de uma rua, situada em área urbana, descobre um veio aurífero. O veio descoberto pertence

(A) à União, pois as jazidas, em lavra ou não, constituem propriedade distinta da do solo, para efeito de exploração ou aproveitamento.
(B) ao Município, pois situado em logradouro urbano municipal, seguindo a regra pela qual a propriedade do solo abrange a do espaço aéreo e subsolo correspondentes, em altura e profundidade úteis ao seu exercício.
(C) à empresa concessionária e ao Município, em iguais partes, em virtude de constituir aquisição originária por achado de tesouro, regulada pelo Código Civil.
(D) ao Estado-Membro, pois o serviço concedido é de titularidade estadual e a descoberta se deu em decorrência de tal atividade, seguindo a regra *accessorium sequitur summ principale*.
(E) aos trabalhadores que realizaram a descoberta e à empresa concessionária, em iguais partes, em aplicação analógica da legislação sobre garimpo, que determina a partilha da exploração entre garimpeiros e concessionários da lavra.

De acordo com o art. 176 da CF, "As jazidas, em lavra ou não, e demais recursos minerais e os potenciais de energia hidráulica constituem propriedade distinta da do solo, para efeito de exploração ou aproveitamento, e pertencem à União, garantida ao concessionário a propriedade do produto da lavra". Assim, o valor descoberto pertence à União, estando correta apenas a alternativa "a".

Gabarito "A"

7. INTERVENÇÃO DO ESTADO NA PROPRIEDADE

7.1. Desapropriação

(Defensor Público – DPE/BA – 2016 – FCC) A chamada "desapropriação para política urbana" é uma espécie de desapropriação de competência dos municípios, conforme artigo 182 da Constituição Federal de 1998 e a Lei 10.257 de 2001. São condições para a utilização do instrumento de desapropriação nessa modalidade:

(A) Especificação no plano diretor da área em que o imóvel está inscrito, lei municipal autorizando tal medida, e que o proprietário não atenda às medidas anteriores que a lei determina.

(B) O ato administrativo reconhecendo a utilidade e necessidade pública e o interesse social naquele imóvel.

(C) O ato administrativo reconhecendo a utilidade e necessidade pública, o interesse social naquele imóvel e o pagamento de indenização prévia, justa e em dinheiro.

(D) Especificação no plano diretor da área em que o imóvel está inscrito, lei federal autorizando tal medida, o pagamento de indenização prévia, justa e em dinheiro.

(E) O ato administrativo reconhecendo a utilidade e necessidade pública, o interesse social naquele imóvel, especificação no plano diretor da área em que o imóvel está inscrito, o pagamento de indenização prévia, justa e em dinheiro.

A: Correta. O art. 182, § 4º, III, CF determina a desapropriação de imóvel para fins de política urbana, desde que exista lei específica, que a área esteja incluída no plano diretor e somente após tentadas as hipóteses previstas no incisos I e II, do mesmo dispositivo, quais sejam, o parcelamento ou edificação compulsórios, o IPTU progressivo no tempo e, por fim, chega-se à expropriação do bem; **B:** Incorreta. A desapropriação para fins de política urbana só se dá com a finalidade de cumprir o interesse social; **C:** Incorreta, porque além de não haver aferição da necessidade e utilidade pública, como dito acima, ainda a indenização é feita por meio de títulos da dívida pública (art. 182, § 4º, III, CF); **D:** Incorreta. Essa assertiva contém todos os erros das demais, como o ato administrativo de utilidade pública, que não é necessário, a indenização, que não é prévia, nem em dinheiro, e sim, em títulos da dívida pública.

Gabarito "A"

(Magistratura/CE – 2014 – FCC) O Decreto-Lei 3.365, de 21 de junho de 1941, estatui que

(A) caso a desapropriação seja de bem avaliado em montante inferior a 60 (sessenta) salários mínimos, será competente para conhecê-la o Juizado Especial da Fazenda Pública ou, caso haja interesse da Administração Federal, o Juizado Cível Federal.

(B) a alegação de urgência obrigará o expropriante a requerer a imissão provisória dentro do prazo de 120 (cento e vinte) dias, podendo ser renovada uma única vez.

(C) a desapropriação do solo implica necessariamente a desapropriação do subsolo.

(D) somente os juízes que tiverem garantia de vitaliciedade podem atuar nos processos de desapropriação, porém, a jurisprudência dominante considera que tal exigência, em relação aos juízes substitutos, foi revogada pela Lei Orgânica da Magistratura (Lei Complementar 35/1979).

(E) a declaração de utilidade pública para fins de desapropriação obsta a concessão de licença para construir no imóvel objeto da declaração.

A: incorreta, pois as ações de desapropriação não se incluem na competência do Juizado Especial da Fazenda Pública (art. 2º, §. 1º, I, da Lei 12.153/2009), nem do Juizado Especial Federal (art. 3º, § 1º, I, da Lei 10.259/2001); **B:** incorreta, pois esse prazo é improrrogável (art. 15, § 2º, do Dec.-lei 3.365/1941); **C:** incorreta, pois o art. 2º, § 1º, do Dec.-lei 3.365/1941 faz a devida distinção; **D:** correta; de acordo com o STJ, "Com a nova redação que a Lei Complementar 37, de 1979, deu ao artigo 22, § 2º, da Lei Complementar 35/1979, os juízes substitutos, que ainda não hajam adquirido a vitaliciedade, passaram a poder praticar todos os atos reservados aos juízes vitalícios, inclusive o conhecimento dos processos de desapropriação" (REsp 41.922/PR); **E:** incorreta, pois a Súmula 23 do STF autoriza a concessão da licença – "verificados os pressupostos legais para o licenciamento da obra, não o impede a declaração de utilidade pública para desapropriação do imóvel, mas o valor da obra não se incluirá na indenização, quando a desapropriação for efetiva".

Gabarito "D"

(Magistratura/PE – 2013 – FCC) Ao julgar a medida cautelar na Ação Direta de Inconstitucionalidade 2.332, o Supremo Tribunal Federal suspendeu liminarmente a eficácia da expressão "de até seis por cento ao ano", contida no art. 15-A do Decreto-lei 3.365/1941. Após essa decisão, a taxa de juros compensatórios, na desapropriação

(A) manteve-se em 6% ao ano, agora com fundamento em dispositivo do Código Civil.

(B) voltou a ser de 12% ao ano, conforme jurisprudência sumulada do próprio Tribunal.

(C) manteve-se em 6% ao ano, por expressa disposição constitucional.

(D) voltou a ser de 12% ao ano, por expressa disposição constitucional.

(E) passou a ser variável, dependendo de decisão judicial no caso concreto, a qual deverá levar em conta a política de juros definida pelos órgãos governamentais competentes.

O STF, na ADI 2.332-2, deferiu liminar para suspender a eficácia da expressão "de até 6% ao ano" e também para determinar "que a base de cálculo dos juros compensatórios será a diferença eventualmente apurada entre 80% do preço ofertado em juízo e o valor do bem fixado na sentença". A ideia de substituir a expressão "preço ofertado em juízo" pela expressão "80% do preço ofertado em juízo" tem razão no fato de que, normalmente, o expropriado só levanta 80% do preço depositado em juízo; com relação ao montante dos juros, com a retirada da expressão, remanesce a regra estabelecida na Súmula 618 do STF, pela qual a taxa de juros compensatórios é de 12% ao ano. Por fim, vale a pena dizer que os juros compensatórios são devidos mesmo que o imóvel não produza renda, pois o STF suspendeu a eficácia dos §§ 1º, 2º e 4º do art. 15-A do Decreto-lei 3.365/1941. Assim, a alternativa "B" é a correta.

Gabarito "B"

(Defensoria/SP – 2013 – FCC) A desapropriação por interesse social, nos termos da Lei 4.132/1962 se dá para

(A) o aproveitamento industrial das minas e jazidas minerais, das águas e da energia hidráulica.

(B) a exploração ou conservação dos serviços públicos.

(C) o funcionamento de transporte coletivo.

(D) a construção de edifícios públicos.

(E) a proteção do solo e a preservação de cursos e mananciais de água e de reserva florestal.

A a D: incorretas, pois esses casos são de desapropriação por utilidade pública (art. 5º, "f", "h", "j" e "m", do Dec.-lei 3.365/1941); **E:** correta (art. 2º, VII, da Lei 4.132/1962).

Gabarito "E"

(Defensor Público/AM – 2013 – FCC) Para o direito brasileiro, é absolutamente impossível a desapropriação de

(A) área situada no subsolo.
(B) pessoa jurídica.
(C) bens públicos.
(D) seres vivos.
(E) domínio útil de imóvel sob regime enfitêutico.

A: incorreta, pois o subsolo pode ser desapropriado (art. 2º, § 1º, do Dec.-lei 3.365/1941); **B** e **D:** corretas, pois, quanto às pessoas jurídicas, só é possível desapropriar as suas ações ou cotas e não a pessoa jurídica em si; vale lembrar que as pessoas (jurídicas ou naturais) não são objetos de direito, mas sujeitos de direito; **C:** incorreta, pois a União pode desapropriar bens dos Estados e estes, dos Municípios (art. 2º, § 2º, do Dec.-lei 3.365/1941); **E:** incorreta, pois o domínio útil é um direito (um bem) e, como tal, pode ser desapropriado nos termos do art. 2º, *caput*, do Dec.-lei 3.365/1941.

Gabarito "B" e "D"

7.2. Servidão administrativa

(Defensor Público/AM – 2013 – FCC) São características da servidão administrativa:

(A) imperatividade, perpetuidade e natureza real.
(B) gratuidade, precariedade e natureza pessoal.
(C) consensualidade, perpetuidade e natureza real.
(D) autoexecutoriedade, perpetuidade e natureza pessoal.
(E) onerosidade, precariedade e natureza real.

A: correta, pois a servidão, de fato, é imperativa (impõe-se independentemente de concordância do proprietário da área), perpétua (tem duração indeterminada) e de natureza real, já que se trata de um direito real, com todas as consequências deste; **B:** incorreta, pois, na servidão, causando-se dano (e geralmente causa), impõe-se a indenização, de modo que não é gratuita; ademais, a servidão é perpétua e não precária; **C:** incorreta, pois a servidão, caso não se dê por acordo de vontades entre particular e Poder Público será instituída por meio de ação para instituição de servidão (art. 40 do Dec.-lei 3.365/1941); **D:** incorreta, pois, não havendo acordo com o particular, há de se entrar com ação judicial, não havendo autoexecutoriedade (art. 40 do Dec.-lei 3.365/1941); a servidão, ainda, tem natureza real e não pessoal; **E:** incorreta, pois a servidão não é precária, sendo, inclusive um direito real perpétuo.

Gabarito "A"

7.3. Tombamento

(Procurador do Estado – PGE/MT – FCC – 2016) O tombamento, regido no âmbito federal pelo Decreto-lei nº 25/37, é uma das formas admitidas pelo direito brasileiro de intervenção na propriedade. A propósito de tal instituto,

(A) não é aplicável aos bens públicos, pois incide somente sobre propriedades de particulares.
(B) toda e qualquer obra de origem estrangeira está imune ao tombamento, por não pertencer ao patrimônio histórico e artístico nacional.
(C) não mais subsiste no direito vigente o direito de preferência, previsto no texto original do Decreto-lei nº 25/37 e estatuído em favor da União, dos Estados e Municípios.
(D) uma vez efetuado o tombamento definitivo, ele é de caráter perpétuo, somente podendo ser cancelado em caso de perecimento do bem protegido.
(E) a alienação do bem imóvel tombado depende de prévia anuência do órgão protetivo que procedeu à inscrição do bem no respectivo livro de tombo.

A: incorreta. O tombamento ocorre tanto sobre bens público quanto sobre bens particulares (art. 5º, do Decreto-lei 25/1937); **B:** incorreta. O art. 3º, do Decreto-lei 25/1937 não exclui todas as obras estrangeiras, havendo restrições, somente; **C:** correta. O direito de preferência foi revogado pela Lei 13.015/2015; **D:** incorreta. O art. 19, § 2º, do Decreto-lei 25/1937 dispõe que o tombamento pode ser cancelado, por isso ele não é perpétuo; **E:** incorreta. O art. 13, § 1º, do Decreto-lei 25/1937 dispõe que: "No caso de transferência de propriedade dos bens de que trata êste artigo, deverá o adquirente, dentro do prazo de trinta dias, sob pena de multa de dez por cento sôbre o respectivo valor, fazê-la constar do registro, ainda que se trate de transmissão judicial ou causa mortis." Portanto, não é necessária autorização de "órgão protetivo". AW

Gabarito "C"

7.4. Limitação administrativa

(Procurador do Município – Cuiabá/MT – 2014 – FCC) Limitações administrativas são determinações

(A) de caráter geral, através das quais o Poder Público impõe a proprietários indeterminados obrigações positivas, negativas ou permissivas, para o fim de condicionar as propriedades ao atendimento da função social.
(B) dirigidas a uma propriedade específica, através das quais o Poder Público impõe ao proprietário obrigações positivas, negativas ou permissivas, para o fim de condicionar a propriedade ao atendimento de sua função social.
(C) de caráter geral, através das quais o Poder Público impõe a proprietários determinados somente obrigações positivas para o fim de condicionar as propriedades ao atendimento da função social.
(D) de caráter geral, através das quais o Poder Público impõe a proprietários indeterminados somente obrigações negativas para o fim de condicionar as propriedades ao atendimento da função social.
(E) de caráter geral, através das quais o Poder Público impõe a proprietários determinados obrigações positivas, negativas ou permissivas, para o fim de condicionar as propriedades ao atendimento da função social.

Somente a alternativa 'A' apresenta a definição correta do que são limitações administrativas, conforme os ensinamentos de José dos Santos Carvalho Filho: "Limitações administrativas são determinações de caráter geral, através das quais o Poder Público impõe a proprietários indeterminadas obrigações positivas, negativas ou permissivas, para o fim de condicionar as propriedades ao atendimento da função social." (Manual de Direito Administrativo, 23ª Ed. Rio de Janeiro: Lumen Juris, 2010, p. 867).

Gabarito "A"

7.5 Concessão de uso especial para fins de moradia

(Defensor Público – DPE/ES – 2016 – FCC) Disciplinada na Medida Provisória 2.220/2001, a concessão de uso especial para fins de moradia

(A) é espécie de ato administrativo discricionário, não sujeito à obtenção pela via judicial.
(B) pode ser concedida àquele que, até 30 de junho de 2001, possuiu como seu, por cinco anos, ininterrup-

tamente e sem oposição, até duzentos e cinquenta metros quadrados de imóvel público situado em área urbana, utilizando-o para fins comerciais.

(C) constitui direito que não está sujeito a transmissão por sucessão *causa mortis*.

(D) será conferida de forma gratuita ao homem ou à mulher, ou a ambos, independentemente do estado civil.

(E) beneficia todo aquele que, até 30 de junho de 2001, possuiu como seu, por no mínimo dez anos, ininterruptamente e sem oposição, até duzentos e cinquenta metros quadrados de imóvel público situado em área urbana, utilizando-o para sua moradia ou de sua família.

A: Incorreta, A concessão de uso especial para fins de moradia consta da Medida Provisória 2.220/2001, sendo revogados os dispositivos do Estatuto da Cidade (Lei 10.257/2001), nos arts.10 a 15, que o disciplinavam. Trata-se de ato vinculado, quando cumpridos os requisitos legais, sendo facultada a sua concessão pela via judicial; **B:** Incorreta. Só cabe quando o imóvel tiver a destinação de moradia; **C:** Incorreta. Esse direito é passível de sucessão "causa mortis", inclusive contando-se o tempo do antigo possuidor (art. 1°, § 3°, da MP 2.2.220/2001); **D:** Correta, conforme disposto no art. 1°, da MP 2.022/2001; **E:** Incorreta. O prazo é de posse até 22 de dezembro de 2016 (houve modificação pela MP 759/2016) sendo o tempo para aquisição de 5 anos ininterruptos (art. 1°, MP 2.220/2001).

Gabarito "D"

7.6. TEMAS COMBINADOS DE INTERVENÇÃO NA PROPRIEDADE

(Defensor Público – DPE/ES – 2016 – FCC) A propósito da intervenção do Estado na propriedade, a Constituição Federal dispõe que

(A) a pequena propriedade rural, assim definida em lei, desde que trabalhada pela família, não será objeto de desapropriação.

(B) no caso de iminente perigo público, a autoridade competente poderá usar de propriedade particular, assegurada ao proprietário indenização ulterior, se houver dano ou lucros cessantes.

(C) compete exclusivamente à União desapropriar por interesse social, para fins de reforma agrária, o imóvel rural que não esteja cumprindo sua função social, mediante prévia e justa indenização em títulos da dívida agrária.

(D) o confisco decorrente da cultura ilegal de plantas psicotrópicas e pela exploração de trabalho escravo aplica-se somente às propriedades rurais.

(E) a descoberta de jazida de recursos minerais em terrenos particulares implica na imediata desapropriação de tais recursos, sendo o proprietário compensado por meio de participação na exploração da lavra.

A: Incorreta. O art. 185, CF determina que é insuscetível de desapropriação a pequena e média propriedade, conforme definida em lei, desde que seu proprietário não possua outra, não havendo essa condição de "trabalho da família"; **B:** Incorreta. Não há previsão para o pagamento de lucros cessantes na requisição administrativa (art. 5°, XXV, CF); **C:** Correta. Trata-se do conceito de desapropriação por interesse social para fins de reforma agrária, constante do art. 184, CF; **D:** Incorreta. O art. 243, CF possibilita a expropriação-sanção pelo cultivo de plantas psicotrópicas tanto à propriedade urbana, quanto à propriedade rural; **E:** Incorreta. O art. 176, CF determina que as jazidas e recursos minerais constituem propriedade independente do solo, sendo da União, possibilitando a exploração por meio de contrato de concessão.

Gabarito "C"

(Procurador Legislativo – Câmara de Vereadores de São Paulo/SP – 2014 – FCC) Analise a seguinte situação hipotética:

Em razão da realização de evento desportivo de âmbito mundial, foi editada Lei Federal determinando que, durante o período de realização da referida competição, os terrenos vagos de propriedade particular situados no raio de 3 (três) *quilômetros dos estádios que sediam a competição, sejam colocados à disposição das respectivas Municipalidades-sedes, para fins de instalação de equipamentos necessários à segurança e comodidade dos frequentadores dos eventos do campeonato, como postos de policiamento e sanitários coletivos, assegurando-se indenização aos respectivos proprietários, com base em critérios estabelecidos na referida legislação.*

Em vista do relato, deve-se concluir que está sendo utilizado o instituto da

(A) desapropriação *pro tempore*.

(B) servidão administrativa.

(C) permissão de uso.

(D) ocupação temporária.

(E) locação compulsória.

Essa situação enquadra-se no instituto da ocupação temporária, prevista no art. 36 do Dec.-lei 3.365/1941: "É permitida a ocupação temporária, que será indenizada, afinal, por ação própria, de terrenos não edificados, vizinhos às obras e necessários à sua realização. O expropriante prestará caução, quando exigida".

Gabarito "D"

8. RESPONSABILIDADE DO ESTADO

8.1. Evolução histórica e Teorias

(Analista – TRF/4ª – 2010 – FCC) Em matéria de responsabilidade civil da Administração Pública, é correto afirmar:

(A) A responsabilidade civil prevista constitucionalmente, seja por ação ou por omissão, está fundada na Teoria do Risco Integral.

(B) Os atos jurisdicionais são absolutamente isentos de responsabilidade civil.

(C) A responsabilidade civil da Administração é do tipo subjetiva se o dano causado decorre só pelo fato ou por má execução da obra.

(D) Os atos legislativos, em regra, não acarretam responsabilidade extracontratual do Estado.

(E) A reparação do dano causado pela Administração ao particular deve ser sempre por meio judicial, vedada a forma amigável.

A: assertiva incorreta, pois adotamos a Teoria do Risco Administrativo, que admite excludentes de responsabilidade, e não a Teoria do Risco Integral, que não admite excludentes; **B:** assertiva incorreta, pois é possível a responsabilização estatal por ato judicial em caso de erro judiciário, prisão além do tempo fixado em decisão judicial e fraude ou dolo do juiz; **C:** assertiva incorreta, pois, no caso de conduta comissiva, como é o mencionado na alternativa, a responsabilidade do Estado é objetiva; **D:** assertiva correta, só havendo responsabilização por ato legislativo em caso de lei de efeito concreto ou declarada inconstitucional; **E:** assertiva incorreta, pois nada impede que haja composição extrajudicial entre o lesado e a Administração Pública.

Gabarito "D"

8.2. Modalidades de responsabilidade (objetiva e subjetiva). Requisitos da responsabilidade objetiva

(Técnico Judiciário – TRE/SP – FCC – 2017) O Estado, tal qual os particulares, pode responder pelos danos causados a terceiros. A responsabilidade extracontratual para pessoas jurídicas de direito público, prevista na Constituição Federal, no entanto,

(A) dá-se sob a modalidade subjetiva para os casos de omissão de agentes públicos e de prática de atos lícitos, quando causarem danos a terceiros.

(B) não se estende a pessoas jurídicas de direito privado, ainda que integrantes da Administração indireta, que se submetem exclusivamente à legislação civil.

(C) exige a demonstração pelos demandados, de inexistência de culpa do agente público, o que afastaria, em consequência o nexo de causalidade entre os danos e a atuação daqueles.

(D) tem lugar pela prática de atos lícitos e ilícitos por agentes públicos, admitindo, quando o caso, excludentes de responsabilidade, que afastam o nexo causal entre a atuação do agente público e os danos sofridos.

(E) somente tem lugar com a comprovação de danos concretos pelo demandante, o que obriga, necessariamente, a incidência da modalidade subjetiva.

A: incorreta, a teoria do risco administrativo, adotada pelo Art. 37, § 6º, CF, indica que o Estado será objetivamente responsável pela ação dos seus agentes, desta forma também o e quando estes praticam atos ilícitos .**B:** incorreta, art. 37, § 6º, CF: As pessoas jurídicas de direito público e as de direito privado prestadoras de serviços públicos responderão pelos danos que seus agentes, nessa qualidade, causarem a terceiros, assegurado o direito de regresso contra o responsável nos casos de dolo ou culpa .**C:** incorreta, novamente a assertiva afronta a Teoria do Risco Administrativo, já que, em sendo a conduta comissiva, estará presente a responsabilidade objetiva do Estado. **D:** correta – Responsabilidade Objetiva do Estado. **E:** incorreta, pela adoção da Responsabilidade Objetiva do Estado. FMB

Gabarito "D"

(Procurador do Estado – PGE/RN – FCC – 2014) O Estado foi condenado judicialmente a indenizar cidadã por danos sofridos em razão da omissão de socorro em hospital da rede pública, eis que o hospital negou-se a realizar parto iminente alegando falta de leito disponível. Diante de tal condenação, entende-se que o Estado poderá exercer direito de regresso em face do servidor que negou a internação:

(A) desde que comprove conduta omissiva ou comissiva dolosa, afastada a responsabilidade no caso de culpa decorrente do exercício de sua atividade profissional.

(B) com base na responsabilidade objetiva do mesmo, bastando a comprovação do nexo de causalidade entre a atuação do servidor e o dano.

(C) com base na responsabilidade subjetiva do mesmo, que decorre automaticamente da condenação do Estado, salvo se comprovadas, pelo servidor, causas excludentes de responsabilidade.

(D) independentemente da comprovação de dolo ou culpa, desde que constatado descumprimento de dever funcional.

(E) com base na responsabilidade subjetiva do servidor, condicionada à comprovação de dolo ou culpa.

A: incorreta. Tanto o dolo quanta a culpa ensejam a responsabilidade subjetiva do servidor, possibilitando a ação de regresso do hospital condenado; **B:** incorreta. É preciso a comprovação da culpa ou dolo do agente, eis que se trata de responsabilidade subjetiva por omissão do Estado; **C:** incorreta. A responsabilização só existirá se comprovado o dolo ou culpa na "falta do serviço", sendo hipótese de responsabilidade subjetiva do Estado, portanto; **D:** incorreta. Temos caso de omissão estatal, que enseja a responsabilidade subjetiva do Estado, por isso é necessária a comprovação de dolo e culpa do servidor que atuou em seu nome; **E:** correta. Perfeita. Trata-se de omissão do serviço, na responsabilidade pela "falta do serviço", que é subjetiva, com necessidade de comprovação de dolo ou culpa. AW

Gabarito "E"

(Técnico – TRT/6ª – 2012 – FCC) Durante a execução de serviços de reparo e manutenção nas instalações de gás, por empresa pública responsável pela prestação do serviço público de fornecimento, houve pequena explosão, ocasionando o arremesso de peças e materiais pesados a distância significativa, causando danos materiais a particulares que estavam próximos ao local. Nesse caso, a empresa

(A) responde subjetivamente pelos danos causados, cabendo aos particulares a prova de culpa dos agentes que executavam o serviço para fazer jus à indenização.

(B) responde objetivamente pelos danos materiais causados aos particulares, desde que demonstrado o nexo de causalidade, não sendo necessária a comprovação de culpa dos agentes.

(C) responde subjetivamente pelos danos causados, independentemente de prova de culpa dos agentes que executavam o serviço no momento da explosão.

(D) não responde pelos danos causados, devendo os danos serem cobrados diretamente dos agentes responsáveis pela execução dos serviços.

(E) responde objetivamente pelos danos materiais causados aos particulares, desde que demonstrada a culpa dos agentes responsáveis pela execução do serviço, não sendo necessária demonstração do nexo de causalidade.

A, C e **E:** incorretas, pois as empresas concessionárias de serviço público respondem objetivamente (art. 37, § 6º, da CF/1988), ou seja, independentemente de a vítima ter de comprovar que houve conduta culposa ou dolosa (responsabilidade subjetiva); **B:** correta, conforme mencionado no comentário anterior; **D:** incorreta, pois a empresa pública, no caso, não só responde pelos danos causados, como responde objetivamente, ou seja, independentemente de comprovação de culpa ou dolo.

Gabarito "B"

(Técnico – TRE/SP – 2012 – FCC) Determinado cidadão sofreu danos em função de atendimento deficiente em unidade hospitalar pública. A responsabilidade civil da Administração pelos danos em questão

(A) é de natureza subjetiva, dependendo da comprovação de dolo ou culpa dos agentes.

(B) é de natureza objetiva, cabendo direito de regresso em face dos agentes responsáveis, no caso de dolo ou culpa.
(C) é de natureza subjetiva, demandando a comprovação da falha na prestação do serviço e culpa de agente público.
(D) é afastada, caso comprovado dolo ou culpa exclusiva do agente público.
(E) independe de comprovação de dolo ou culpa do agente e do nexo de causalidade entre o evento e o dano.

A e **C**: incorretas, pois um atendimento é um ato comissivo (positivo) e não omissivo, e, quando a Administração pratica atos comissivos e causa um dano a alguém, a responsabilidade dela é objetiva (e não subjetiva), ou seja, é independente da comprovação de culpa ou dolo dos agentes (art. 37, § 6º, da CF/1988); **B**: correta, pois, de fato, a responsabilidade do Estado é objetiva, cabendo direito de regresso em face dos agentes responsáveis, em caso de culpa ou dolo destes (art. 37, § 6º, da CF/1988); **D**: incorreta, pois sequer é possível a vítima entrar com ação diretamente contra o agente público, mesmo nesse caso; no caso, o Estado responde perante a vítima independentemente de qualquer discussão acerca de culpa ou dolo seja lá de quem for; em seguida, o Estado poderá exercer seu direito de regresso em face do agente público que, agindo com culpa ou dolo, tiver causado o dano; **E**: incorreta, pois não é necessário comprar culpa ou dolo, mas é necessário comprovar nexo de causalidade; é importante que não se esqueça de que a responsabilidade objetiva tem três requisitos (conduta comissiva + dano + nexo de causalidade).

Gabarito "B"

(Analista – TRT/6ª – 2012 – FCC) De acordo com o ordenamento jurídico brasileiro, a responsabilidade civil do Estado depende necessariamente

(A) da comprovação de conduta comissiva dolosa ou omissiva culposa do agente público.
(B) do nexo de causalidade entre a ação ou omissão de seus agentes e o dano causado a terceiros.
(C) da prévia condenação do agente público em procedimento disciplinar.
(D) da comprovação da falha na prestação do serviço ou conduta dolosa do agente público.
(E) da omissão de agente público, consubstanciada na negligência na prestação do serviço.

A: assertiva incorreta, pois a responsabilidade do Estado, como regra, é objetiva, dependendo apenas de "conduta + dano + nexo de causalidade", não sendo necessário comprovar culpa ou dolo do agente (art. 37, § 6º, da CF); vale salientar que a responsabilidade do Estado por condutas omissivas é subjetiva, o que faz com que se tenha de demonstrar, além dos elementos citados, o elemento "serviço defeituoso", também chamado de "falta do serviço"; **B**: assertiva correta, pois, de fato, esses elementos são necessários; **C**: assertiva incorreta, pois a responsabilidade civil é totalmente independente da responsabilidade administrativa; **D**: assertiva incorreta, pois a comprovação da falha no serviço só é necessária no caso de omissões estatais, em que a responsabilidade é subjetiva; como regra, tem-se responsabilidade objetiva, pela qual não é necessário comprovar nem a falha no serviço, nem conduta culposa ou dolosa do agente público; **E**: assertiva incorreta, pois a omissão culposa do agente público só é pertinente quando se está analisando a responsabilidade subjetiva do Estado, que é exceção; como regra, tem-se a responsabilidade objetiva, que só requer "conduta + dano + nexo de causalidade".

Gabarito "B"

(Analista – TRE/PR – 2012 – FCC) Durante uma perseguição a suspeitos, uma viatura policial estadual avançou o sinal vermelho e colidiu com outro veículo, particular, causando danos de grande monta e também lesões corporais nos integrantes do veículo. Nessa hipótese, com base na Constituição Federal e com as informações constantes deste preâmbulo, o Estado

(A) responde apenas subjetivamente, desde que haja culpa do agente público, uma vez que este estava no regular desempenho de sua função.
(B) responde subjetivamente pelos danos sofridos pelos particulares, desde que reste comprovada negligência do condutor da viatura.
(C) responde objetivamente pelos danos sofridos pelos particulares, cabendo direito de regresso contra o condutor da viatura na hipótese de ser comprovada culpa ou dolo.
(D) responde subjetivamente, caso seja demonstrado o nexo de causalidade, e o servidor responde objetivamente pelos danos causados.
(E) e o servidor respondem objetivamente, uma vez que avançar sinal vermelho significa negligência de natureza gravíssima.

A: assertiva incorreta, pois o caso revela ato comissivo estatal, que impõe responsabilização *objetiva* do Estado (e não subjetiva), ou seja, independentemente da existência de culpa ou dolo ou de demonstração de falta do serviço; nem mesmo a alegação de exercício regular da função afasta a responsabilidade estatal, se demonstrados os requisitos da responsabilidade objetiva (conduta comissiva, dano e nexo de causalidade); **B** e **D**: assertivas incorretas, pois, como seu viu, a responsabilidade é objetiva e não subjetiva; **C**: assertiva correta, pois reflete o disposto no art. 37, § 6º, da CF; **E**: assertiva incorreta, pois, em sendo a responsabilidade objetiva, não há que se discutir se há conduta culposa, de maneira que é totalmente impertinente dizer que a responsabilidade existe porque houve negligência (espécie de culpa).

Gabarito "C"

(Analista – TRE/SP – 2012 – FCC) De acordo com a Constituição Federal brasileira, as pessoas jurídicas de direito público e as de direito privado prestadoras de serviço público respondem pelos danos que seus agentes, nessa qualidade, causarem a terceiros. Isso significa que a responsabilidade extracontratual do Estado

(A) independe da comprovação de dolo ou culpa do agente, bastando a comprovação do nexo de causalidade entre a ação do agente público e o dano e a ausência de condições excludentes.
(B) depende da comprovação do dolo ou culpa do agente público, caracterizadora da falha na prestação do serviço público.
(C) independe da comprovação de dolo ou culpa do agente, o qual responde pelos danos causados perante os terceiros, podendo exercer direito de regresso em face da Administração na hipótese de causas excludentes da ilicitude da sua conduta.
(D) é de natureza objetiva, sendo afastada quando comprovada a culpa ou dolo exclusivo do agente que, em tal hipótese, responde diretamente perante o particular.
(E) é de natureza subjetiva, condicionada à comprovação de culpa exclusiva do agente público.

A: correta, pois reflete o disposto no art. 37, § 6º, da CF, que estabelece a responsabilidade objetiva do Estado, ou seja, a responsabilidade independentemente de comprovação de culpa ou dolo do agente; **B:** incorreta, pois a responsabilidade objetiva independente da comprovação de culpa ou dolo do agente público ou qualquer outro tipo de prova que visa a caracterizar a falha no serviço público, comprovação esta típica do caso em que o Estado responde subjetivamente, ou seja, dos casos de condutas omissivas estatais; **C:** incorreta, pois o agente público não poderá ser acionado diretamente pela vítima; esta só pode ingressar com ação em face do Estado e este, em caso de culpa ou dolo do agente, poderá agir regressivamente; **D:** incorreta, pois, como seu viu, o agente público não pode ser acionado diretamente pela vítima; **E:** incorreta, pois a responsabilidade do Estado por condutas comissivas é objetiva.

Gabarito "A"

(Magistratura/PE – 2013 – FCC) Considere este dispositivo constitucional:

Art. 37, § 6º: As pessoas jurídicas de direito público e as de direito privado prestadoras de serviços públicos responderão pelos danos que seus agentes, nessa qualidade, causarem a terceiros, assegurado o direito de regresso contra o responsável nos casos de dolo ou culpa.

Analise a seguinte sentença que contém duas asserções:

Caso um agente público, nessa qualidade, cause dolosamente dano a terceiro, o Estado responderá, mas o fundamento da responsabilidade civil do Estado não será o art. 37, § 6º, da Constituição Federal, PORQUE o art. 37, § 6º, da Constituição Federal, trata da responsabilidade objetiva do Estado.

É correto afirmar que

(A) as duas asserções estão corretas e a segunda justifica a primeira.

(B) as duas asserções estão corretas e a segunda não justifica a primeira.

(C) a primeira asserção está correta e a segunda está incorreta.

(D) a primeira asserção está incorreta e a segunda está correta.

(E) as duas asserções estão incorretas.

A primeira asserção está incorreta, pois o fundamento da responsabilidade civil do Estado é, sim, o art. 37, § 6º, da CF. Quanto à segunda asserção, está correta, pois o dispositivo constitucional mencionado de fato estabelece a responsabilidade civil objetiva do Estado.

Gabarito "D"

(Defensor Público/AM – 2013 – FCC) Paciente internada em UTI de hospital público municipal falece em razão da ocorrência de interrupção do fornecimento de energia elétrica, decorrente de uma tempestade na região, sendo que o referido hospital não possuía geradores de emergência. Em sua defesa, o Município alega que se trata de situação de força maior, o que afasta a responsabilidade estatal. Tal argumento não se sustenta, pois

(A) a responsabilidade estatal na prestação de serviços públicos é baseada na teoria do risco administrativo, afastando as causas excludentes de responsabilidade.

(B) a responsabilidade estatal na prestação de serviços públicos é baseada na teoria do risco integral, afastando as causas excludentes de responsabilidade.

(C) não se trata de situação de força maior, mas sim de fato de terceiro, que não enseja o afastamento da responsabilidade estatal.

(D) por se tratar de morte natural, decorrente de moléstia contraída antes da internação, o nexo causal não se encontra configurado, sendo desnecessário recorrer à excludente de força maior.

(E) a situação ocorrida está no horizonte de previsibilidade da atividade, ensejando a responsabilidade subjetiva da entidade municipal, que tinha o dever de evitar o evento danoso.

A: incorreta, pois, no caso, houve omissão estatal, que enseja responsabilidade subjetiva, com base na falta do serviço; e, de fato, o serviço foi defeituoso (faltoso), pois é absolutamente previsível que um hospital com UTI possa sofrer uma queda de energia com graves consequências, o que recomendava a existência de um gerador no local; **B:** incorreta, pois, no Brasil, é adotada a teoria do risco administrativo, que admite cláusulas excludentes de responsabilidade; **C:** incorreta, pois, conforme visto no comentário à alternativa "a", o caso é de responsabilidade subjetiva estatal; **D:** incorreta, pois a causa determinante da morte foi a falta de energia elétrica; **E:** correta, nos termos do comentário dado à alternativa "a".

Gabarito "E"

(Procurador do Município – Cuiabá/MT – 2014 – FCC) No tocante à responsabilidade dos entes estatais, é correto afirmar:

(A) A atual jurisprudência do STF entende que a responsabilidade objetiva somente se aplica em favor de usuários de serviços públicos e não de terceiros que não ostentem tal condição.

(B) A responsabilidade aquiliana não se aplica ao Estado, visto que se trata de modalidade típica do direito civil.

(C) Sempre que editada lei de efeitos concretos haverá a responsabilização do ente estatal que exerceu a atividade legislativa.

(D) A licitude da atuação estatal não elide a sua responsabilização, quando houver injusta distribuição dos ônus da atividade administrativa.

(E) A chamada teoria da culpa do serviço inaugura a fase de responsabilização objetiva, na evolução da responsabilidade estatal.

A: incorreta, pois o STF passou a entender que a expressão "terceiros", contida no dispositivo constitucional citado, inclui os terceiros não usuários do serviço público (STF, RE 591874); **B:** incorreta, pois há hipóteses em que o Estado responde subjetivamente, como nos casos de omissão estatal; **C:** incorreta, pois tal responsabilidade só advirá no caso se tal lei causar dano especial e anormal ao particular que sofrer os seus efeitos; **D:** correta, de modo que o Estado responde inclusive por ato lícito que tiver praticado, caso esse ato tenha causado dano especial e anormal ao particular, situação que revela injusta distribuição dos ônus da atividade administrativa; **E:** incorreta, pois tal teoria ainda está na fase de responsabilização subjetiva do Estado, ainda que focada em aspectos mais objetivos (apuração da existência ou não de serviço defeituoso) do que a simples culpa de um agente estatal.

Gabarito "D"

(Advogado da Sabesp/SP – 2014 – FCC) Analise a seguinte assertiva: *Desastres ocasionados por chuvas, tais como, enchentes, inundações e destruições, excluem a responsabilidade estatal.* A assertiva em questão

(A) não está correta, pois inexiste excludente da responsabilidade estatal, sendo hipótese de responsabilidade subjetiva.

(B) está correta, não comportando exceção.

(C) não está correta, pois, em regra, o Estado responde diante de fatos decorrentes da natureza.

(D) está correta, mas se for comprovado que o Estado omitiu-se no dever de realizar certos serviços, ele responderá pelos danos.

(E). não está correta, pois o Estado sempre responde objetivamente.

Tais desastres, em tese, excluem a responsabilidade estatal, tratando-se de caso fortuito ou de força maior excludente do nexo de causalidade. Porém, se o Estado se omitiu em realizar certos serviços e tal omissão tenha contribuído para a potencialização dos efeitos desses desastres, o Estado responderá, de modo que a alternativa "d" está correta.

Gabarito "D"

8.3. Responsabilidade do agente público, ação de regresso e denunciação da lide

(Defensor Público – DPE/ES – 2016 – FCC) Aristides da Silva era operário e, a pretexto de sua participação em grupo político considerado subversivo, foi preso e torturado por agentes policiais estaduais, no ano de 1976. Somente em 2016 procurou a Defensoria Pública, visando ajuizar ação indenizatória em face do Estado, para pleitear os danos materiais e morais decorrentes do episódio, que lhe causou sequelas físicas e psicológicas. Em vista de tal situação, é correto concluir que a pretensão em tela

(A) não está prescrita, mas há litisconsórcio necessário, devendo ser ajuizada também em relação aos agentes públicos causadores do dano, haja vista a necessidade de garantir-se o direito de regresso do Estado.

(B) é imprescritível, podendo ser ajuizada ação de reparação a qualquer momento.

(C) já se encontra prescrita, no tocante aos danos materiais, sendo imprescritível a pretensão aos danos morais.

(D) já se encontra inteiramente prescrita, em vista dos efeitos da chamada Lei de Anistia (Lei Federal 6.683/1979).

(E) já se encontra prescrita, por força do Decreto no 20.910/1932, devendo ter sido ajuizada ação de reparação no prazo de cinco anos a partir da vigência da Constituição Federal de 1988.

A: Incorreta. Não há litisconsórcio entre o Estado e seus agentes. A responsabilidade civil prevista no art. 37, § 6º, CF é objetiva e do Estado. Em relação ao agente somente cabe ação de regresso, a ser ajuizada pelo Estado; **B:** Correta. A Ação de Responsabilidade Civil do Estado é imprescritível, conforme disposto no art. 37, § 5º, CF, que ressalva as Ações de Ressarcimento; **C:** Incorreta, tendo em vista o mesmo argumento acima citado; **D:** Incorreta. Não ocorre a prescrição, conforme explicado no item B; **E:** Incorreta. Não há aplicação do Decreto 20.910/1932, que somente se refere à prescrição das dívidas passivas do Estado, não prevalecendo, portanto, sobre a regra constitucional prevista no art. 37, § 5º, CF.

Gabarito "B"

(Magistratura/GO – 2015 – FCC) Suponha que um servidor público tenha cometido erro na alimentação do sistema informatizado de distribuição de ações judiciais, o que levou a constar, equivocadamente, a existência de antecedente criminal para determinado cidadão. Essa situação gerou prejuízos concretos para o cidadão, que foi preterido em processo de seleção para emprego de vigilante e também obrigado a desocupar o quarto na pensão onde residia. Diante dessa situação, referido cidadão

(A) possui direito de obter indenização do servidor pelos prejuízos suportados, independentemente de comprovação de dolo ou culpa, em caráter subsidiário à responsabilidade objetiva do Estado.

(B) possui direito de obter do Estado a indenização pelos danos materiais e morais sofridos, condicionado à comprovação da culpa *in elegendo* ou *in vigilando* da Administração.

(C) poderá acionar judicial ou administrativamente o servidor que cometeu a falha, o qual possui responsabilidade objetiva pelos prejuízos comprovados.

(D) possui direito de ser indenizado pelo Estado pelos prejuízos decorrentes da conduta do servidor público, independentemente da comprovação de dolo ou culpa deste.

(E) poderá demandar, administrativa ou judicialmente, o Estado e o servidor, que possuem responsabilidade pelos danos causados por ação ou omissão, respondendo o Estado em caráter subsidiário em relação ao servidor.

A, C e **E:** incorretas; primeiro porque o STF não admite que se ingresse com ação indenizatória diretamente contra o agente público por atos praticados por esse no âmbito de sua atuação nessa qualidade, seja de forma subsidiária ou, devendo o interessado acionar diretamente o Estado e mais nada poderá fazer; segundo porque os agentes públicos respondem por atos praticados nessa qualidade (em ação regressiva do Estado) apenas quanto atuar com culpa ou dolo; **B:** incorreta, pois a responsabilidade do Estado é objetiva (art. 37, § 6º, da CF), não dependendo, portanto, de comprovação de culpa ou dolo; **D:** correta, pois a responsabilidade do Estado é objetiva (art. 37, § 6º, da CF), não dependendo, portanto, de comprovação de culpa ou dolo.

Gabarito "D"

(Analista – TRT/1ª – 2012 – FCC) O motorista de um automóvel de passeio trafegava na contramão de direção de uma avenida quando colidiu com uma ambulância estadual que transitava na mão regular da via, em alta velocidade porque acionada a atender uma ocorrência. A responsabilidade civil do acidente deve ser imputada

(A) ao civil que conduzia o veículo e invadiu a contramão, dando causa ao acidente, não havendo nexo de causalidade para ensejar a responsabilidade do Estado.

(B) ao Estado, uma vez que um veículo estadual (ambulância) estava envolvido no acidente, o que enseja a responsabilidade objetiva.

(C) ao Estado, sob a modalidade subjetiva, devendo ser comprovada a culpa do motorista da ambulância.

(D) tanto ao civil quanto ao Estado, sob a responsabilidade subjetiva, em razão de culpa concorrente.

(E) ao civil que conduzia o veículo, que responde sob a modalidade objetiva no que concerne aos danos apurados na viatura estadual.

A: assertiva correta, pois, no caso, há culpa exclusiva da vítima, excludente da responsabilidade estatal; o fato de a ambulância estar em velocidade alta, por si só, não impõe a responsabilidade estatal, pois isso é possível quando uma ambulância é acionada para atender a uma ocorrência; **B** a **D:** assertivas incorretas, pois, como se viu, o caso é culpa exclusiva da vítima, excludente da responsabilidade estatal; **E:** assertiva incorreta, pois a vítima é quem responde, porém na modalidade responsabilidade subjetiva (art. 186 do CC), diferentemente do Estado, que, caso respondesse, o faria na modalidade objetiva (art. 37, § 6º, da CF).

Gabarito "A"

(Defensor Público/PR – 2012 – FCC) Tiburcius é servidor público estadual que, no exercício de sua função de motorista, dirigia uma camionete do Estado do Paraná, quando se envolveu em grave acidente. Houve perda total tanto da camionete do Estado quanto da motocicleta de propriedade particular, também envolvida no acidente. O passageiro da motocicleta morreu na hora. São diversas as possibilidades de consequências jurídicas desse acidente. Dentre as mencionadas abaixo, a única INCORRETA ou INCABÍVEL ao caso é:

(A) Demonstrados o envolvimento do servidor público; o nexo de causalidade e os prejuízos sofridos pelo particular este, para receber indenização do Estado, fica dispensado de comprovar a culpa da administração pública.

(B) Para excluir ou atenuar a indenização ao particular, o Estado deverá demonstrar a culpa total ou parcial do condutor da motocicleta.

(C) Se comprovado que o acidente foi causado por um instantâneo, arrebatador e fortíssimo vendaval, que impediu a visibilidade dos motoristas e ocasionou a perda de controle dos veículos, há exclusão ou atenuação da responsabilidade de indenizar o particular.

(D) A comprovação da culpa de Tiburcius pelo acidente é um dos requisitos para a propositura de ação regressiva do Estado contra esse servidor.

(E) A absolvição definitiva de Tiburcius, por negativa de autoria, na ação penal pela morte do passageiro da motocicleta, não tem repercussão na apuração e punição de falha disciplinar por ele cometida.

A: assertiva correta, pois a responsabilidade do Estado é objetiva (art. 37, § 6º, da CF); **B:** assertiva correta, sendo que, demonstrada a culpa exclusive (total) do particular, haverá exclusão da responsabilidade estatal, ao passo que demonstrada a culpa parcial do particular, haverá apenas a atenuação dessa mesma responsabilidade; **C:** assertiva correta, pois, quanto à responsabilidade objetiva do Estado, adotamos no Brasil a Teoria do Risco Administrativo, que admite excludentes da responsabilidade estatal, como a força maior e o caso fortuito; **D:** assertiva correta, pois a responsabilidade do agente público em relação ao Estado é subjetiva, ou seja, depende de culpa ou dolo do agente (art. 37, § 6º, da CF); assim, caso o Poder Público tenha de pagar uma indenização ao particular, em seguida poderá voltar-se em ação regressiva em face do agente público responsável (ou promover a denunciação da lide na ação promovida pelo particular), tendo que comprovar culpa ou dolo do agente para que esta responda civilmente; **E:** assertiva incorreta, devendo a alternativa ser assinalada; pois a absolvição penal por negativa de autoria (assim como a absolvição por inexistência material do fato) tem repercussão sim nas esferas civil e administrativa, diferentemente da simples absolvição por falta de provas (art. 126 da Lei 8.112/1990).

Gabarito "E"

8.4. Responsabilidade das concessionárias de serviço público

(Procurador do Estado – PGE/RN – FCC – 2014) Uma determinada concessionária de serviços públicos ferroviários experimentou relevantes e significativos prejuízos em razão de grave deslizamento de parte de um morro próximo à malha ferroviária, em razão das fortes chuvas ocorridas na região. Além dos prejuízos pela destruição de bens da concessionária e de particulares, houve interrupção dos serviços por período superior a 30 (trinta) dias. Em razão desse incidente

(A) o poder público será responsabilizado pelos prejuízos experimentados pela concessionária, tendo em vista que em se tratando de força-maior, aplica-se a responsabilidade civil na modalidade objetiva pura.

(B) a concessionária pode demandar o poder público em juízo, para ressarcimento dos prejuízos causados e pelos lucros cessantes, desde que comprove a culpa dos agentes responsáveis pelas obras de contenção de encostas, tendo em vista que em se tratando de hipótese de força-maior, aplica-se a responsabilidade civil na modalidade subjetiva.

(C) o poder público não pode ser responsabilizado, tendo em vista que a ocorrência de força-maior supera eventual ocorrência de negligência nas obras e atividades de prevenção de acidentes.

(D) a concessionária poderá demandar o poder público para fins de responsabilidade civil na modalidade objetiva, em razão da natureza da atividade prestada, relevante e essencial.

(E) o poder público poderá ser responsabilizado a indenizar os bens dos particulares caso se demonstre a ocorrência de culpa do serviço, ou seja, de que o acidente poderia ter sido evitado caso tivessem sido adotadas as prevenções cabíveis.

A: incorreta. A Teoria Objetiva pura é adotada pelo Direito Penal, e não pelo direito administrativo. Também, quem responde pelos danos decorrentes da prestação do serviço público é o concessionário, que assume a prestação do serviço por sua "conta e risco" (art. 25, da Lei 8.987/1995), e não o Poder Público (poder concedente); **B:** incorreta. A concessionária assume o risco e responsabilidade pela prestação do serviço de forma integral (art. 25, da Lei 8.987/1995), por isso não pode ela se voltar contra o Poder Público para ressarcimento em decorrência dos danos causados em decorrência da prestação do serviço público; **C:** incorreta. A concessionária é que responde pelos danos causados em decorrência da prestação do serviço público, conforme disposto no art. 25, da Lei 8.987/1995; **D:** incorreta. Mais uma vez, a concessionária responde integralmente pelos danos e não tem o direito de regresso em face do Estado. O Estado está representado pela concessionária na prestação do serviço público (art. 37, § 6º, CF), **E:** correta. O Poder Público aqui enunciado é o Estado ou quem lhe faça as vezes, conforme disposto no art. 37, § 6º, CF, respondendo em caso de serviço que não funcionou, funcionou mal ou funcionou tardiamente, ou seja, em caso de culpa pela "falta do serviço". AW

Gabarito "E"

8.5. TEMAS COMBINADOS DE RESPONSABILIDADE CIVIL

(Analista Judiciário – Área Judiciária – TRT18 – 2013 – FCC) Numa ocorrência de acidente de trânsito envolvendo uma viatura oficial da polícia militar e um carro particular, os agentes públicos responsáveis pelo resgate prestaram socorro primeiramente aos policiais militares feridos. Quando outra viatura foi acionada para prestar o atendimento emergencial as outras vítimas, o estado de saúde de uma delas estava bastante agravado.

Diante desse cenário e do que prevê a Constituição Federal brasileira,

(A) o Estado pode ser responsabilizado civil e objetivamente pelos danos causados pela demora no atendimento.
(B) o Estado não pode ser responsabilizado objetivamente, porque a Constituição Federal brasileira não contempla responsabilização por atos omissivos.
(C) somente os agentes responsáveis pelo primeiro socorro podem ser responsabilizados pessoalmente, tendo em vista que não prestaram o adequado atendimento às vítimas.
(D) o Estado só pode ser responsabilizado pelos danos causados se os policiais militares envolvidos no acidente tiverem culpa pelo mesmo.
(E) o Estado pode ser responsabilizado subjetiva e subsidiariamente pelos danos causados aos civis envolvidos no acidente.

Se comprovado que o estado de saúde da vítima agravou-se por causa da demora no atendimento emergencial, o Estado poderá ser responsabilizado civil e objetivamente, conforme prevê o art. 36, § 6º, da CF. Na jurisprudência: "A Constituição Federal de 1988 consagrou a teoria da responsabilidade civil objetiva do Estado (art. 37, § 6º), a qual se funda no risco administrativo, ou seja, para a aferição da responsabilidade civil do Estado e o consequente reconhecimento do direito à reparação pelos prejuízos causados, é suficiente que se prove o dano sofrido e o nexo de causalidade entre a omissão/conduta atribuíveis ao Poder Público, ou aos que agem em seu nome, por delegação, e o aludido dano" (TRF-2ª Reg., Ap 200450010092731, 6ª T., j. 04.08.2014, rel. Carmen Silvia Lima de Arruda, *DJ* 14.08.2014).

Gabarito "A"

9. SERVIÇOS PÚBLICOS

9.1. Conceito, características principais, classificação e princípios

(Procurador do Estado – PGE/RN – FCC – 2014) De acordo com a Constituição Federal, determinada atividade, quando erigida à condição de serviço público,

(A) somente admite a exploração por particular nas hipóteses explicitadas na própria Constituição como serviços públicos não exclusivos.
(B) torna imperativa a sua prestação direta pelo poder público.
(C) afasta a possibilidade de exploração econômica por particulares, salvo em caráter complementar ou subsidiário ao poder público.
(D) constitui obrigação do poder público, que pode prestá-la diretamente ou sob o regime de concessão ou permissão a particulares.
(E) sujeita-se ao regime de direito público, que proíbe a exploração com intuito lucrativo.

A: incorreta. Não há na Constituição Federal a conceituação do que vem a ser serviço público exclusivo (art. 175, CF), **B:** incorreta. O art. 175, CF, admite a prestação de forma direta ou indireta dos serviços públicos; **C:** incorreta. As atividades econômicas só são restringidas ao Poder Público, ou seja, só pode ele as explorar nas hipóteses previstas no art. 173, CF; **D:** correta. Perfeita a assertiva, sendo exatamente o disposto no art. 175, CF; **E:** incorreta. É possível a exploração de atividade econômica pelo Estado, quando imperativo à segurança nacional ou relevante interesse coletivo (art. 173, CF). AW

Gabarito "D"

(Analista – TRT/2ª Região – 2014 – FCC) A prestação de serviços públicos de natureza essencial

(A) submete-se ao princípio da continuidade do serviço público quando executado diretamente pela Administração pública, tendo em vista que não se pode impor ao privado prejuízos decorrentes dessa obrigação.
(B) quando desempenhada pelos privados, com base em regular outorga por meio de ato unilateral legalmente previsto, submete-se ao princípio da continuidade do serviço público, afastando-se, contudo, o princípio da igualdade dos usuários, na medida em que a mutabilidade do regime permite estabelecer distinção entre os administrados, para otimização de receita.
(C) pode ser prestada direta ou indiretamente pelo poder público, admitindo-se mais de uma forma de negócio jurídico prestante a essa finalidade, quaisquer delas submetidas aos princípios que regem os serviços públicos.
(D) submete-se integralmente ao princípio da continuidade do serviço público, quando prestado diretamente pelo poder público ou por terceiros, afastando-se, contudo, o princípio da igualdade dos usuários, na medida em que é inerente à mutabilidade do regime permitir que se estabeleça distinção entre os administrados.
(E) pode ser prestada indiretamente, por meio de instrumento jurídico de outorga legalmente previsto, hipótese em que ficam afastados os princípios que informam a Administração pública e a execução dos serviços públicos, na medida em que o regime jurídico transmuta-se para privado, para maior competitividade.

A: incorreta, O artigo 6º da Lei 8.987/1995 estabelece que toda concessão ou permissão pressupõe a prestação de serviço adequado. Por sua vez, o § 1º deste dispositivo prevê que serviço adequado é aquele "que satisfaz as condições de regularidade, *continuidade*, eficiência, segurança, atualidade, generalidade, cortesia na sua prestação e modicidade das tarifas". Neste mesmo sentido, o artigo 3º, I, da Lei 9.074/1995, impõe ao poder concedente a garantia da continuidade na prestação dos serviços públicos; **B:** incorreta, o serviço público tem que ser prestado sem discriminação dos usuários, respeitando o princípio da igualdade/generalidade/isonomia (art. 37 da CF); **C:** correta, nada impede que os serviços públicos essenciais sejam prestados diretamente pelo poder público ou delegados ao particular (neste caso, desde que sejam fiscalizados e controlados pelo poder público), devendo respeito aos princípios norteadores do serviço público: generalidade, continuidade, eficiência, modicidade, remuneração (arts. 37 e 175, parágrafo único, III e IV, da CF; art. 6º da Lei 8.987/1995; art. 22 do CDC); **D:** incorreta, o princípio da continuidade é aplicado tanto quando prestado direta quanto indiretamente; ademais, não é permitido estabelecer distinção entre os usuários; **E:** incorreta, os princípios que informam a Administração pública e a execução dos serviços públicos também não podem ser afastados na prestação indireta.

Gabarito "C"

(Analista – TRT/6ª – 2012 – FCC) A respeito dos princípios e regime jurídico aplicável ao serviço público é correto afirmar que

(A) o princípio da universalidade veda a exploração por regime de concessão de serviços de natureza essencial.

(B) a modicidade tarifária impõe a obrigação do poder concedente de subsidiar a prestação de serviço público por concessionários ou permissionários quando o mesmo se mostrar deficitário.

(C) o princípio da universalidade e da igualdade dos usuários veda a suspensão da prestação de serviço público por inadimplemento do usuário.

(D) o princípio da continuidade do serviço público impede a Administração de encampar o serviço enquanto não selecionar, por procedimento licitatório, nova concessionária ou permissionária.

(E) o princípio da continuidade do serviço público impede o concessionário de rescindir unilateralmente o contrato no caso de descumprimento das normas contratuais pelo poder concedente, devendo intentar ação judicial para esse fim.

A: assertiva incorreta, pois esse princípio tem outro sentido, qual seja, o de impor que os serviços públicos estejam à disposição de todos; ademais, a lei não impede que um serviço essencial seja objeto de concessão; **B:** assertiva incorreta, pois a modicidade impõe uma tarifa acessível, o que não significa que o poder concedente tenha que subsidiar o serviço; o fato de um serviço se mostrar deficitário tem que ser analisado com calma, podendo ser que o modelo escolhido tenha sido inadequado (já que se deve usar a parceria público-privada quando as tarifas são insuficientes) ou que a concessionária esteja gerindo mal o serviço; problemas de déficit devem ser resolvidos, num primeiro momento, pelo aumento de tarifa (sem que esta deixa de ser acessível); outra possibilidade é verificar se o edital permite que se institua outras fontes de renda, como a publicidade; **C:** assertiva incorreta, pois, em caso de não pagamento, a Lei 8.987/1995, que disciplina o regime de concessão e permissão de serviços públicos previsto no art. 175 da CF, admite a interrupção no fornecimento do serviço (art. 6º, § 3º, II, da Lei 8.987/1995); **D:** assertiva incorreta, pois o art. 37 da Lei 8.987/1995 não estabelece esse requisito prévio à encampação; **E:** assertiva correta (art. 39 da Lei 8.987/1995).

Gabarito "E".

(Magistratura/RR – 2015 – FCC) Observe a seguinte notícia, do Informativo do STF 777:

"PSV: remuneração do serviço de iluminação pública (Enunciado 41 da Súmula Vinculante) – O Plenário acolheu proposta de edição de enunciado de súmula vinculante com o seguinte teor: 'O serviço de iluminação pública não pode ser remunerado mediante taxa'. Assim, tornou vinculante o conteúdo do Verbete 670 da Súmula do STF". A vedação mencionada justifica-se porque

(A) trata-se de serviço *uti universi*, devendo ser custeado por impostos ou pela instituição de contribuição específica para seu custeio, pelos municípios.

(B) se trata de *uti singuli*, porém de natureza indelegável, devendo por essa razão ser custeado exclusivamente por impostos.

(C) caso seja delegada sua prestação ao particular, a remuneração se dará por tarifa, e não por taxa.

(D) o serviço de iluminação pública não admite prestação sob nenhum tipo de concessão e, portanto, seria incabível a remuneração de um concessionário privado por meio da cobrança do usuário.

(E) embora se trate de serviço público indivisível, o seu custeio já está embutido nos preços públicos pagos aos concessionários de fornecimento de energia elétrica, conforme disposições contratuais padronizadas pela ANEEL.

A: correta; a taxa é tributo cabível pelo exercício do poder de polícia ou pelo exercício de um serviço público divisível, o que não acontece em relação ao serviço de iluminação pública, que não é divisível (*uti singuli*), mas sim indivisível (*uti universi*); **B:** incorreta, pois, como se viu, o serviço em questão é *uti universi*, podendo, vale ressaltar, ser custeado por impostos ou contribuição específica; **C:** incorreta, pois a pergunta quer saber porque há vedação da cobrança de taxa no caso e a resposta, diferentemente do que a alternativa propõe, não guarda qualquer relação com o instituto da tarifa, mas sim com o problema de ser o serviço indivisível; de qualquer forma, se houvesse delegação do serviço ao particular, a tarifa também não poderia ser cobrada ante a ausência de divisibilidade do serviço; **D:** incorreta, pois não há vedação constitucional ou legal a que esse serviço seja delegado; todavia, pela ausência de divisibilidade do serviço, estaria comprometida a cobrança pela via da tarifa, sem prejuízo que o serviço fosse cobrado do usuário, pelo Poder Público, via instituição de contribuição específica; **E:** incorreta, pois o custeio de serviço não está embutido nos preços públicos pagos aos concessionários de energia elétrica, que sequer são os responsáveis por esse serviço, que fica a cargo dos Municípios em geral.

Gabarito "A".

9.2. Autorização e Permissão de serviço público

(Analista – TRT/23ª – 2011 – FCC) No que se refere à autorização de serviço público, é correto afirmar:

(A) Trata-se de ato precário, podendo, portanto, ser revogado a qualquer momento, por motivo de interesse público.

(B) Trata-se de ato unilateral, sempre vinculado, pelo qual o Poder Público delega a execução de um serviço público de sua titularidade, para que o particular o execute predominantemente em seu próprio benefício.

(C) O serviço é executado em nome do autorizatário, por sua conta e risco, sem fiscalização do Poder Público.

(D) Trata-se de ato unilateral, discricionário, porém não precário, pelo qual o Poder Público delega a execução de um serviço público, para que o particular o execute predominantemente em benefício do Poder Público.

(E) Trata-se de ato que depende de licitação, pois há viabilidade de competição.

A: correta, pois traz elementos característicos da autorização de serviço público, que é o ato administrativo unilateral, discricionário e precário pelo qual a Administração faculta ao particular, em proveito deste, o exercício de um serviço público; **B:** incorreta, pois a autorização é ato discricionário, e não vinculado; **C:** incorreta, pois o Poder Público fiscaliza, sim, o particular, já que se trata de um serviço público; **D:** incorreta, pois é ato precário; ademais, é ato que beneficia preponderantemente o particular, e não o Poder Público; **E:** incorreta, pois a autorização independe de licitação.

Gabarito "A".

(Analista – TRT/14ª – 2011 – FCC) Entende-se por permissão de serviço público a

(A) contratação mediante ato administrativo discricionário e precário, sem necessidade de realização do certame licitatório, de pessoa jurídica que comprove plena capacidade para a execução do serviço.

(B) delegação a título precário, mediante contrato de adesão e prévia licitação, objetivando a prestação de serviço público, formalizado entre o poder público e a pessoa física ou jurídica que tenha demonstrado, no procedimento licitatório, capacidade para a sua prestação.

(C) expedição de ato unilateral, discricionário e precário,

em favor de pessoa jurídica ou física que comprove formalmente perante o poder concedente, a sua plena capacidade para a prestação do serviço.

(D) transferência através de contrato por prazo determinado e prévia licitação, na modalidade concorrência, celebrado pelo poder concedente com a pessoa jurídica ou consórcio de empresas, que tenha demonstrado capacidade para a sua prestação, por sua conta e risco.

(E) outorga mediante ato unilateral e precário, expedido pelo poder público à pessoa física ou jurídica que tenha demonstrado no decorrer do procedimento licitatório, capacidade para a prestação do serviço, por sua conta e risco.

A: incorreta, pois a permissão depende de licitação e pode ser conferida tanto a pessoa jurídica, como a pessoa física (art. 2º, IV, da Lei 8.987/1995); **B:** correta, pois está de acordo com a definição estabelecida no art. 2º, IV, c/c art. 40, ambos da Lei 8.987/1995; **C:** incorreta, pois faltou dizer que é necessário licitação (art. 2º, IV, da Lei 8.987/1995); **D:** incorreta, pois a definição dada na alternativa é de concessão (art. 2º, II, da Lei 8.987/1995), e não de permissão (art. 2º, IV, da Lei 8.987/1995); **E:** incorreta, pois as expressões "outorga" e "ato unilateral" estão substituídas, nos arts. 2º, IV, e 40, *caput*, da Lei 8.987/1995, pelas expressões "delegação" e "contrato de adesão". A expressão "contrato de adesão" parece meio contraditória com a ideia de "precariedade" (já que os contratos, por definição, fazem lei entre as partes, não sendo "precários"), no entanto essa expressão consta da Lei 8.987/1995 (art. 40, *caput*), devendo-se assinalar a alternativa que se apresenta mais próxima do texto legal.

Gabarito "B"

(Analista – TRT/14ª – 2011 – FCC) A permissão de serviço público

(A) não pode ser alterada a qualquer momento pela Administração.

(B) independe de licitação, ao contrário do que ocorre na concessão de serviço público.

(C) tem por objeto a execução de serviço público, razão pela qual a titularidade do serviço fica com o permissionário.

(D) é formalizada mediante contrato de adesão, precário e revogável unilateralmente pelo poder concedente.

(E) pressupõe que o serviço seja executado pelo permissionário, todavia, a responsabilidade por sua execução pertence a ele e ao poder concedente.

A: incorreta, pois as *cláusulas regulamentares* de uma permissão (o de uma concessão) podem ser modificadas unilateralmente pela Administração (art. 9º, § 4º, da Lei 8.987/1995), de acordo as exigências do interesse público, e no exercício do poder de regulamentar do serviço concedido (art. 29, I, da Lei 8.987/1995); já as *cláusulas econômicas* das permissões e concessões são intangíveis, no sentido de não ser possível à Administração alterar o equilíbrio econômico-financeiro do contrato, que deve ser sempre mantido (art. 9º, § 4º, parte final, da Lei 8.987/1995); **B:** incorreta, pois a permissão também requer licitação (art. 2º, IV, da Lei 8.987/1995); **C:** incorreta, pois os permissionários têm a atribuição de meramente *executar* o serviço público; a titularidade deste pertence ao Poder Concedente; **D:** correta, nos termos dos arts. 2º, IV, e 40, *caput*, da Lei 8.987/1995; **E:** incorreta, pois a responsabilidade pela *execução* do serviço é da concessionária (art. 25 da Lei 8.987/1995).

Gabarito "D"

9.3. Concessão de serviço público

(Juiz – TJ/SC – FCC – 2017) Ao regular os aspectos remuneratórios do contrato de concessão de serviços públicos a Lei nº 8.987/1995 dispõe que:

(A) se assim estabelecer o edital de licitação, mediante juízo discricionário da Administração concedente, a cobrança de tarifa será condicionada à existência de serviço público alternativo e gratuito para o usuário.

(B) a majoração ou diminuição do imposto de renda, após a apresentação da proposta, implicará a revisão da tarifa, para mais ou para menos, conforme o caso.

(C) o concessionário de serviços públicos poderá explorar projetos associados à concessão, previstos no edital de licitação, com vistas a favorecer a modicidade tarifária.

(D) em vista do princípio da isonomia, não pode haver diferenciação de tarifas com base em segmentação de usuários.

(E) as chamadas fontes alternativas de receita, dada a incerteza na realização das receitas, não são consideradas na aferição do inicial equilíbrio econômico-financeiro do contrato.

A: incorreta. A cobrança de tarifa só será condicionada à existência de serviço alternativo e gratuito ao usuário no caso de expressa previsão em lei, conforme disposto no art. 9º, §1º, da Lei 8.987/1995; **B:** incorreta. O art. 9º, §3º, da Lei 8.987/1995 ressalva (excluindo) os impostos sobre a renda quanto à suas interferências no valor da tarifa e sua revisão; **C:** correta. Trata-se do disposto expressamente no art. 11, da Lei 8.987/1995. **D:** incorreta. O art. 13, da Lei 8.987/1994 admite que haja tratamento diferenciado em razão da segmentação dos usuários. **E:** incorreta. O art. 11, parágrafo único, da Lei 8.987/1995 dispõe que as fontes alternativas "serão obrigatoriamente consideradas para a aferição do inicial equilíbrio econômico-financeiro do contrato.".

Gabarito "C"

(Procurador do Estado – PGE/MT – FCC – 2016) No tocante aos aspectos econômicos e tarifários das concessões de serviço público, a Lei nº 8.987/95 dispõe:

(A) Na contratação das concessões de serviços públicos, deve haver a repartição objetiva dos riscos entre as partes.

(B) O inadimplemento do usuário não é circunstância justificável para a interrupção na prestação dos serviços públicos.

(C) A cobrança de pedágios em rodovias públicas somente é possível por meio do oferecimento de via alternativa e gratuita para o usuário.

(D) Os contratos poderão prever mecanismos de revisão das tarifas, a fim de manter-se o equilíbrio econômico-financeiro, vedada a revisão em período inferior a um ano.

(E) A alteração das alíquotas do imposto de renda não é causa que justifique pedido de revisão tarifária pela concessionária.

A: incorreta. O contratado assume a prestação de serviços por sua conta e risco, conforme disposto no art. 2º, II, da Lei 8.987/1995; **B:** incorreta. A inadimplência do usuário pode levar à interrupção do serviço, desde que com prévio aviso do Poder Concedente (art. 6º, § 3º, da Lei 8.987/1995); **C:** incorreta. A cobrança de pedágio é a tarifa cobrado pelo uso do serviço público, sendo uma alternativa do poder concedente a disponibilização de outras fontes alternativas (art. 11, da Lei 8.987/1995); **D:** incorreta. Não há prazo mínimo para revisão contratual, sendo essa possível sempre que ocorrerem causas imprevisíveis ou previsíveis, mas que onerem uma das partes e alterem o equilíbrio econômico-financeiro. (art. 58, I, da Lei 8.666/1993); **E:** correta. Trata-se de "fato do príncipe", que enseja a revisão das cláusulas contratuais para que seja mantido o equilíbrio econômico-financeiro, sendo que esse pode ser mantido de outra forma, sem alteração de tarifas, por exemplo, e sim, com diluição de prazos, com aporte maior pelo Poder Público, dentre outras formas. AW

Gabarito "E"

(Defensor Público – DPE/ES – 2016 – FCC) A Lei Federal 8.987/1995, que dispõe sobre o regime de concessão e permissão da prestação de serviços públicos (...)

(A) obriga as concessionárias de serviços públicos, de direito público e privado, nos Estados e no Distrito Federal, a oferecer ao consumidor e ao usuário, dentro do mês de vencimento, o mínimo de seis datas opcionais para escolherem os dias de vencimento de seus débitos.

(B) não se aplica no âmbito estadual, visto que se trata de lei destinada apenas a regular a concessão e permissão de serviços públicos pela União.

(C) veda a prestação delegada de serviços públicos por pessoas físicas, admitindo seja feita somente por pessoas jurídicas e consórcios de empresas que demonstrem capacidade para seu desempenho, por sua conta e risco.

(D) admite que seja utilizada a modalidade pregão para escolha do delegatário na concessão de serviços públicos, bem como na concessão de serviços públicos precedida da execução de obra pública.

(E) estabelece como única fonte de receitas das concessões e permissões de serviços públicos a tarifa fixada pelo preço da proposta vencedora da licitação e preservada pelas regras de revisão previstas nessa lei, no edital e no contrato.

A: Correta, tendo em vista o art. 7º-A, da Lei 8.987/1995; **B:** Incorreta, pois a Lei 8.987/1995 é norma geral e também se aplica a todos os demais Entes federativos (art. 1º e parágrafo único, da Lei 8.987/1995; **C:** Incorreta, sendo possível à pessoa física ser permissionária de serviços públicos (art. 2º. IV, da Lei 8.987/1995); **D:** Incorreta eis que somente é possível a utilização da modalidade concorrência (art. 2º, II e III, da Lei 8.987/1995); **E:** Incorreta. Há possibilidade de previsão de fontes alternativas e complementares às tarifas, conforme disposto no art. 11, da Lei 8.987/1995.

Gabarito "A"

(Procurador do Estado – PGE/RN – FCC – 2014) Um consórcio contratado pela Administração pública com base na Lei nº 8.666/1993, para realização de prestação de serviços de interesse público subcontratou parte do objeto. Considerando que o edital da licitação tenha regulado adequadamente a questão das subcontratações,

(A) a subcontratação não pode envolver parcela do objeto que guarde pertinência direta com habilitação técnica específica, sem a qual não teria o consórcio logrado êxito na contratação.

(B) é necessário que a empresa subcontratada apresente os mesmos requisitos exigidos para a habilitação técnica da empresa vencedora.

(C) a empresa ou as empresas subcontratadas deverão passar a integrar o consórcio vencedor da licitação, a fim de garantir o cumprimento do objeto do certame.

(D) a subcontratação pode envolver parcela fundamental do objeto, sem limite de percentual, caso se trate de empresa que integre o setor principal atendido pelo consórcio e que estivesse em condições de se habilitar tecnicamente.

(E) a subcontratação é faculdade do contratado, que define, justificadamente, o percentual passível de ser executado por terceiros, desde que integrantes do mesmo segmento técnico produtivo.

A: correta. Trata-se do disposto no art. 72, da Lei 8.666/1993, que admite a subcontratação de parcela do contrato, nunca a subcontração integral; **B:** incorreta. Não há exigência das mesmas habilidades técnicas para subconceder o serviço, já que ela corre por conta e risco do subconcedente (art. 26, da Lei 8.987/1993); **C:** incorreta. Não há contrato entre o poder concedente e o subcontratado, por isso o subcontrato não integra o consórcio originalmente contratado pelo poder concedente; **D:** incorreta. Há limite de "parcela" do contrato, não podendo ser relativo ao objeto principal do contrato, mas, sim, de partes dele (art. 72, da Lei 8.666/1993); **E:** incorreta. Não há uma porcentagem específica, havendo apenas previsão de que seja subcontratado parcela do contrato (art. 72, da Lei 8.666/1993). AW

Gabarito "A"

(Técnico – TRT/6ª – 2012 – FCC) A concessão de serviço público, disciplinada pela Lei Federal 8.987/1995, constitui

(A) ato do Poder Público que transfere à pessoa jurídica distinta a titularidade de determinado serviço público, que passará a executá-lo em seu próprio nome.

(B) contrato administrativo por meio do qual a Administração Pública, mantendo-se titular de determinado serviço público, delega ao concessionário a execução do mesmo, compreendendo a remuneração paga diretamente pelo usuário, por meio da cobrança de tarifa.

(C) contrato administrativo do Poder Público que transfere a pessoa jurídica de direito público ou privado a titularidade de determinado serviço público, que passará a executá-lo em seu próprio nome.

(D) ato administrativo de delegação de titularidade e execução de serviço público, compreendendo a remuneração paga diretamente pelo usuário, por meio da cobrança de tarifa.

(E) contrato administrativo que transfere à pessoa jurídica de direito público distinta a titularidade de determinado serviço público, que passará a executá-lo remunerando-se diretamente da tarifa paga pelo usuário.

A: incorreta, pois o Poder Público (o poder concedente) mantém a titularidade do serviço público (ou seja, o poder de regulamentar e fiscalizar o serviço); a pessoa jurídica que recebe a concessão (a concessionária) recebe o mero dever de executar o serviço público; **B:** correta, pois, de fato, o poder concedente (a Administração) mantém-se titular do serviço (poder de regulamentar e fiscalizar este), ao passo que o concessionário recebe apenas o dever de executar o serviço, fazendo-o mediante remuneração paga diretamente pelos usuários (art. 9º da Lei 8.987/1995); **C** a **E:** incorretas, pois, pelo contrato de concessão não se transfere a titularidade do serviço, mas apenas o dever de executar o serviço.

Gabarito "B"

(Analista – TRT/1ª – 2012 – FCC) Não dispondo de recursos financeiros, o Poder Público pretende delegar a execução material de serviço público de sua titularidade a particular para que ele possa explorá-lo e dele se remunerar. De acordo com o ordenamento jurídico vigente, o Poder Público pode

(A) firmar contrato de concessão de serviço público, precedido de licitação.

(B) outorgar a titularidade do serviço público por meio de ato normativo, precedido de licitação.

(C) editar decreto transferindo a concessão do serviço público ao particular, independentemente de licitação.

(D) celebrar convênio para trespasse da exploração do serviço público, precedido de licitação.

(E) celebrar contrato de permissão de serviço público, declarando-se prévia inexigibilidade de licitação.

A: assertiva correta, pois o caso é de concessão de serviço público (art. 2º, II, da Lei 8.987/1995) e esta depende de licitação (arts. 2º, II, e 14 da Lei 8.987/1995); **B:** assertiva incorreta, pois a concessão de serviço público apenas transfere o direito/dever de execução material do serviço público, mantendo-se esse como um serviço de titularidade do Poder Público, que continua com o poder de regulamentá-lo e fiscalizá-lo; **C:** assertiva incorreta, pois a licitação é obrigatória para a concessão (e também a permissão) de serviço público (arts. 2º, II, e 14 da Lei 8.987/1995); **D:** assertiva incorreta, pois a concessão é um contrato (art. 4º da Lei 8.987/1995) e não um convênio; **E:** assertiva incorreta, pois, mesmo que fosse o caso de permissão de serviço público, a licitação é indispensável (art. 2º, II e IV, da Lei 8.987/1995).

Gabarito "A"

(Analista – TRE/CE – 2012 – FCC) Na concessão de serviço público, a rescisão unilateral por motivo de inadimplemento contratual denomina-se

(A) retrocessão.

(B) encampação.

(C) reversão.

(D) caducidade.

(E) adjudicação.

De acordo com o art. 38, *caput*, da Lei 8.987/1995, em caso inexecução total ou parcial do contrato (inadimplemento absoluto o relativo), o poder concedente poderá declarar a caducidade da concessão, de forma que a alternativa "d" é a correta.

Gabarito "D"

(Magistratura/GO – 2015 – FCC) Suponha que em determinada rodovia estadual, objeto de concessão, o reajuste de pedágio, aplicado em conformidade com o regramento estabelecido no contrato de concessão, tenha causado forte insatisfação da população, que passou a exigir do Poder Concedente a revogação do aumento. O Poder Concedente, pretendendo acolher o pleito da população, poderá, com base na legislaçao que rege a matéria,

(A) retomar o serviço por motivo de interesse público, mediante encampação, condicionada à autorização legislativa específica e após prévio pagamento da indenização prevista legalmente.

(B) reduzir unilateralmente o valor do pedágio, estando a concessionária obrigada a suportar a redução da receita tarifária, por se tratar de fato do príncipe.

(C) retomar a rodovia, mediante declaração de caducidade da concessão, indenizando a concessionária pelos investimentos não amortizados.

(D) decretar a intervenção na concessão, indenizando a concessionária pelos lucros cessantes correspondentes ao prazo restante da concessão.

(E) alterar a equação econômico-financeira do contrato, concedendo subsídio à concessionária para compensar a redução da receita tarifária.

A: correta (art. 37 da Lei 8.987/1995); **B:** incorreta, pois a concessionária tem direito de ver mantido o equilíbrio econômico-financeiro do contrato (art. 9º, § 2º, da Lei 8.987/1995); **C:** incorreta, pois a caducidade é a extinção da concessão pela inexecução do contrato pela concessionária (art. 38, *caput*, da Lei 8.987/1995), o que não aconteceu no caso; **D:** incorreta, pois a intervenção do concedente se dá para garantir a adequação do serviço, o que não é o caso, pois não há elementos no sentido de que o serviço não está sendo prestado corretamente, ensejando medida tão drástica como a intervenção (art. 32 da Lei 8.987/1995); **E:** incorreta, pois esse tipo de medida deveria estar prevista no edital de licitação (art. 11 da Lei 8.987/1995).

Gabarito "A"

(Magistratura/PE – 2013 – FCC) Conforme o art. 28-A, da Lei 8.987/1995, para garantir contratos de mútuo de longo prazo, destinados a investimentos relacionados a contratos de concessão, em qualquer de suas modalidades, as concessionárias poderão ceder ao mutuante, em caráter fiduciário, parcela de seus créditos operacionais futuros, observadas certas condições, dentre as quais,

(A) com o registro do contrato de cessão dos créditos em cartório de títulos e documentos, terá ele eficácia perante terceiros e perante o Poder Público concedente.

(B) os créditos futuros cedidos nos termos deste artigo serão constituídos sob a titularidade do mutuante, mediante decisão do Poder Público concedente em cada situação concreta em que se dê tal constituição.

(C) o mutuante poderá indicar instituição financeira para efetuar a cobrança e receber os pagamentos dos créditos cedidos ou permitir que a concessionária o faça, na qualidade de representante e depositária.

(D) o contrato de cessão disporá sobre a devolução à concessionária dos recursos excedentes, salvo acordo das partes que indique possibilidade de retenção do saldo após o adimplemento integral do contrato.

(E) serão considerados contratos de longo prazo somente aqueles cujas obrigações tenham prazo médio de vencimento superior a 15 (quinze) anos.

A: incorreta, pois essa cessão do crédito só terá eficácia em relação ao Poder Público quando for este formalmente notificado (art. 28-A, II, da Lei 8.987/1995); **B:** incorreta, pois não é necessária decisão do Poder Público, já que a lei não impõe qualquer formalidade adicional para essa constituição (art. 28-A, III, da Lei 8.987/1995); **C:** correta, nos exatos termos do art. 28-A, IV, da Lei 8.987/1995; **D:** incorreta, pois é vedada a retenção do saldo após o adimplemento integral do contrato; **E:** incorreta, pois serão considerados contratos de longo prazo os que tenham obrigações com prazo médio de vencimento superior a 5 anos e não a 15 anos (art. 28-A, parágrafo único, da Lei 8.987/1995).

Gabarito "C"

9.4. Parcerias Público-Privadas (PPP)

(Procurador do Estado – PGE/RN – FCC – 2014) Determinado Estado da Federação pretende licitar a construção e a gestão de uma unidade prisional feminina, a primeira a ser edificada com essa finalidade específica, o que motivou a preocupação com o atingimento dos padrões internacionais de segurança e ressocialização. Assim, a modelagem idealizada foi uma concessão administrativa, na qual alguns serviços seriam prestados pelo parceiro privado. A propósito desse modelo e dos serviços objeto de delegação:

(A) não é adequado, tendo em vista que somente seria possível lançar mão de uma parceria público-privada na hipótese da totalidade dos serviços abrangidos pela unidade poder ser delegada ao particular, somente sendo possível promover a contratação de obra pública com base na Lei nº 8.666/1993.

(B) é possível contratar a edificação da unidade prisional, mas o modelo de concessão administrativa não é adequado, na medida em que não há serviços públicos a serem delegados.

(C) pode ser adequado o modelo proposto, partindo da premissa de que são delegáveis os ciclos de consentimento e fiscalização do poder de polícia, reservando-se ao poder concedente as atividades pertinentes ao ciclo de imposição de ordem ou normatização e ao ciclo de sancionamento.

(D) é adequado o modelo proposto, considerando que alguns ciclos do poder de polícia são delegáveis, à exceção do ciclo normativo, não se adequando, contudo, o conceito da concessão administrativa, que pressupõe retribuição financeira pelo usuário do serviço, o que inexiste no presente caso.

(E) é adequado o modelo proposto, caso parte dos serviços públicos seja remunerada à proporção do número de detentas usuárias do serviço, bem como se a delegação pretendida se restringir às atividades de sancionamento.

A: incorreta. O modelo de parceria é adequado, sendo o Poder Público o único usuário do serviço, no caso de uma concessão administrativa (art. 2º, § 2º, da Lei 11.079/2004); **B:** incorreta. Há serviço público a ser delegado, qual seja, a construção e gestão da unidade prisional; **C:** correta. O modelo é adequado, sendo apenas indelegáveis os atos de polícia em si, quais sejam, os de aplicação de penas e edição de normas disciplinadoras desse serviço; **D:** incorreta. Trata-se de concessão administrativa (art. 2º, § 2º, da Lei 11.079/2004), eis que o Poder Público é o único usuário do serviço; **E:** incorreta. O sancionamento não pode ser delegado, porque o poder de polícia é indelegável, salvo quanto aos atos executórios, sendo também hipótese de concessão administrativa, conforme explicado na alternativa "A". AW

Gabarito "C"

(Procurador do Estado – PGE/RN – FCC – 2014) A União pretende apoiar Estados e Municípios em projetos de mobilidade urbana, em especial expansão e modernização de transportes sobre trilhos. Nesse sentido, como forma de alavancar os investimentos necessários, pretende fomentar a utilização de Parcerias Público-Privadas, eis que:

(A) propiciam a construção da infraestrutura e a prestação de serviços aos usuários, que podem ser contratados em conjunto ou separadamente, no primeiro caso mediante concessão administrativa e no segundo, mediante concessão patrocinada.

(B) as despesas decorrentes dessa modalidade contratual não impactam o limite de endividamento público e permitem o comprometimento anual da receita corrente líquida, observado o limite de 10%.

(C) tais contratos, quando celebrados na modalidade concessão administrativa, permitem a complementação dos pagamentos públicos com a receita tarifária obtida pelo concessionário mediante a prestação de serviços ao usuário.

(D) a Administração contratante apenas efetua o pagamento da contraprestação pecuniária relativa à parcela fruível dos serviços objeto do contrato, após sua efetiva disponibilização.

(E) viabilizam a utilização da capacidade de financiamento do setor privado para a construção de obras de grande vulto, mediante o oferecimento de garantias de pagamento pelo Poder Público, incidente sobre a arrecadação de impostos.

A: incorreta. Tanto a infraestrutura quanto a prestação dos serviços devem ser contratadas pela mesma modalidade de Parceria Público-Privada, não havendo como adotar uma para cada hipótese do mesmo contrato administrativo; **B:** incorreta. O art. 22, da Lei 11.079/2004 dispõe que o limite para comprometimento anual das despesas correntes liquidas é de 1%, e não de 10%, como consta da alternativa; **C:** incorreta. Não há complementação dos pagamentos públicos no caso de parceria sob modalidade de concessão administrativa, eis que o Poder Público é o único usuário do serviço; **D:** correta. Trata-se do art. 7º, da Lei 11.079/2004; **E:** incorreta. As garantias não incidem sobre a arrecadação de impostos, e, sim, das receitas, conforme disposto no art. 8º, I, da Lei 11.079/2004. AW

Gabarito "D"

(Defensoria/SP – 2013 – FCC) Sobre as formas de contratação na Administração Pública, é correto afirmar que

(A) a concessão é extinta se houver necessidade de intervenção do poder concedente.

(B) a União deve ser parte em consórcio.

(C) o protocolo de intenções pode ser assinado após a formalização do consórcio.

(D) a parceria público-privada na modalidade patrocinada envolve tarifa a ser cobrada dos usuários.

(E) é admitida a parceria público-privada para o fornecimento de mão de obra.

A: incorreta, pois "Cessada a intervenção, se não for extinta a concessão, a administração do serviço será devolvida à concessionária, precedida de prestação de contas pelo interventor, que responderá pelos atos praticados durante a sua gestão" (art. 34 da Lei 8.987/1995); **B:** incorreta, pois não há necessidade da União participar de todo e qualquer consórcio público (Lei 11.107/2005); **C:** incorreta, pois o protocolo de intenções é providência prévia para a celebração de contrato de consórcio público (art. 3º da Lei 11.107/2005); **D:** correta (art. 2º, § 1º, Lei 11.079/2004); **E:** incorreta, pois é vedada a parceria público-privada que tenha como único objeto o fornecimento de mão de obra.

Gabarito "D"

(Defensor Público/SP – 2012 – FCC) Nos termos da legislação em vigor sobre as parcerias público-privadas, a modalidade de concessão de serviços públicos ou obras públicas, que envolver, adicionalmente à tarifa cobrada dos usuários, contraprestação pecuniária do parceiro público ao parceiro privado, é denominada concessão

(A) comum.

(B) administrativa.

(C) ordinária.

(D) tradicional.

(E) patrocinada.

Como o próprio nome diz, a modalidade de PPP em que o Poder Público, adicionalmente às tarifas dos usuários, paga uma contraprestação ao parceiro privado (patrocínio) tem o nome de concessão patrocinada (art. 2º, § 1º, da Lei 11.079/2004).

Gabarito "E"

(Magistratura/SC – 2015 – FCC) Um estado, aplicando a Lei 11.079/2004 (conhecida como lei das parcerias público-privadas), pretende publicar edital de pregão para a celebração de contrato de concessão administrativa, a vigorar por 10 anos, renováveis por igual período, tendo por objeto a execução de obra pública consistente na nova sede administrativa para o governo. Considerando apenas esses elementos do edital, bem como o regime traçado pela referida lei para as concessões administrativas, um procurador do estado emitiu parecer apontando ilegalidade no tocante aos seguintes elementos:

I. aplicação, pelo estado, da Lei 11.079/2004.
II. modalidade de licitação escolhida.
III. prazo do futuro contrato.
IV. objeto do futuro contrato.

Tem razão o procurador no tocante ao que afirmou em

(A) I e IV, apenas.
(B) I, II, III e IV.
(C) II e IV, apenas.
(D) I e III, apenas.
(E) II e III, apenas.

I: incorreta, pois não tem razão o procurador, já que caberia sim a concessão administrativa no caso, aplicando-se a Lei 11.079/2004, já que se tem prazo não inferior a 5 anos, certamente se tem um contrato com valor não inferior R$ 20 milhões (já que se trata da sede administrativa de um governo estadual, que se presume de enorme porte) e não há tarifas dos usuários, de modo que a concessão administrativa é adequada (art. 2º, §§. 2º e 4º, da Lei 11.079/2004); **II:** correta, pois tem razão o procurador, já que, numa PPP, a modalidade licitatória é a concorrência (art. 10, *caput*, da Lei 11.079/2004); **III:** incorreta, pois não tem razão o procurador, já que uma PPP não pode ter prazo inferior a 5 anos (art. 2º, § 4º, II, da Lei 11.079/2004); **IV:** correta, pois o procurador tem razão no sentido que o objeto de uma PPP não pode ser só a construção de uma obra pública (art. 2º, § 4º, III, da Lei 11.079/2004), sendo certo que caberia a PPP se o objeto do futuro contrato envolvesse também a gestão dos prédios construídos.

Gabarito "C"

10. PROCESSO ADMINISTRATIVO – DISPOSIÇÕES GERAIS

(Juiz – TJ-SC – FCC – 2017) Acerca dos prazos prescricionais em matérias referentes à atividade administrativa, segundo a jurisprudência dominante do:

(A) STJ, é aplicável o prazo constante do Decreto nº 20.910/32 para que autarquia concessionária de serviços públicos ajuíze execução fiscal visando a cobrança de débitos decorrentes do inadimplemento de tarifas.
(B) STF, as ações de reparação de danos decorrentes de acidente de trânsito, cometido em prejuízo do patrimônio da Administração Pública, são imprescritíveis.
(C) STJ, no tocante à ação para pleitear danos morais decorrentes de prática de tortura ocorrida durante o regime militar, deve-se adotar a prescrição vintenária, sendo o termo inicial a vigência da Constituição Federal de 1988.
(D) STF, considera-se prescrito o *jus puniendi* no caso de transcurso do prazo legal assinalado para conclusão procedimento de processo administrativo disciplinar.
(E) STJ, aplica-se o prazo prescricional estabelecido no Código Civil para as ações de repetição de indébito referentes a tarifas cobradas por empresas concessionárias de serviços públicos.

A: incorreta. No caso das concessionárias de serviços públicos, o prazo prescricional a ser seguido é o previsto pelo Código Civil, sendo uma empresa particular, sem privilégios tributários, financeiros e processuais; **B:** incorreta. No Recurso Extraordinário (RE) 669069, o STF decidiu que há prescrição em danos à Fazenda Pública decorrentes de ilícito civil. A imprescritibilidade só incide no caso de danos ao erário causado por improbidade administrativa. **C:** incorreta. O STJ decidiu serem imprescritíveis as ações dessa natureza, eis que se tratam de violação de um direito fundamental, conforme se verifica do seguinte julgado: ADMINISTRATIVO E PROCESSUAL CIVIL. RECURSO ESPECIAL. ANISTIADO POLÍTICO. OFENSA AO ART. 535 DO CPC. INOCORRÊNCIA. RESPONSABILIDADE CIVIL DO ESTADO. PERSEGUIÇÃO POLÍTICA OCORRIDA DURANTE O REGIME MILITAR INSTAURADO EM 1964. PRAZO PRESCRICIONAL. INAPLICABILIDADE DO ART. 1º DO DECRETO 20.910/32. VIOLAÇÃO DE DIREITOS HUMANOS FUNDAMENTAIS. IMPRESCRITIBILIDADE. PRECEDENTES. ART. 16 DA LEI Nº 10.559/02. REPARAÇÃO ECONÔMICA NO ÂMBITO ADMINISTRATIVO QUE NÃO INIBE A REIVINDICAÇÃO DE DANOS MORAIS PELO ANISTIADO NA VIA JUDICIAL. JUROS E CORREÇÃO INCIDENTES SOBRE O VALOR DA CONDENAÇÃO. APLICABILIDADE DO ART. 1º- F DA LEI Nº 9.494/97 COM A REDAÇÃO DADA PELA LEI Nº 11.960/09. RECURSO DA UNIÃO PARCIALMENTE ACOLHIDO.
1. Não ocorre ofensa ao art. 535 do CPC, quando a Corte de origem dirime, fundamentadamente, as questões que lhe são submetidas, apreciando integralmente a controvérsia posta nos autos
2. Conforme jurisprudência do STJ, "a prescrição quinquenal, disposta no art. 1º do Decreto 20.910/1932, não se aplica aos danos decorrentes de violação de direitos fundamentais, os quais são imprescritíveis, principalmente quando ocorreram durante o Regime Militar, época em que os jurisdicionados não podiam deduzir a contento suas pretensões" (AgRg no AREsp 302.979/PR, Rel. Ministro Castro Meira, Segunda Turma, DJe 5/6/2013).
3. Mesmo tendo conquistado na via administrativa a reparação econômica de que trata a Lei nº 10.559/02, e nada obstante a pontual restrição posta em seu art. 16 (dirigida, antes e unicamente, à Administração e não à Jurisdição), inexistirá óbice a que o anistiado, embora com base no mesmo episódio político mas porque simultaneamente lesivo à sua personalidade, possa reivindicar e alcançar, na esfera judicial, a condenação da União também à compensação pecuniária por danos morais.
4. Nas hipóteses de condenação imposta à Fazenda Pública, como regra geral, a atualização monetária e a compensação da mora devem observar os critérios previstos no art. 1º-F da Lei n.º 9.494/97, com a redação dada pela Lei n.º 11.960/09. Acolhimento, nesse específico ponto, da insurgência da União.
5. Recurso especial a que se dá parcial provimento.
(REsp 1485260/PR, Rel. Min. Sérgio Kukina, 1ª T., j. 05.04.2016, *DJe* 19.04.2016)
D: incorreta. A Jurisprudência dominante é no sentido de não haver nulidade do procedimento por descumprimento do prazo para termino da sindicância, conforme se verifica a seguir:
MANDADO DE SEGURANÇA - Servidor Público -Impetração objetivando a anulação de pena de demissão -Segurança concedida - Inadmissibilidade - Portaria que lastreou a penalidade com base nos fatos contidos nos autos que apurou a infração - **Extrapolação** do **prazo para conclusão** da **sindicância** e do processo administrativo que não conduz à nulidade dos procedimentos - Precedentes do Superior Tribunal de Justiça e desta Corte -Manutenção da penalidade aplicada ao servidor - Recurso provido.
E: correta. Tratando-se de uma concessionária de serviços públicos, empresa particular, que segue as regras de direito privado, não há que se falar em prazos privilegiados ou diferenciados, próprio das empresas estatais. Esse entendimento se confirma com a súmula 412 do STJ. **AW**

Gabarito "E"

(Técnico Judiciário – TRT24 – FCC – 2017) Considere as seguintes assertivas concernentes à Lei 9.784/1999, que regula o processo administrativo no âmbito da Administração pública federal:

I. As disposições da Lei 9.784/1999 também se aplicam ao Poder Judiciário, quando no exercício de função administrativa.
II. A Lei 9.784/1999 traz o conceito de "entidade", definindo-a como a unidade de atuação que pode ou não ter personalidade jurídica.
III. O administrado poderá optar por não prestar informações que lhes são solicitadas, tratando-se tal postura de um de seus direitos, expressamente previsto na Lei 9.784/1999.
IV. Um dos critérios a serem observados nos processos administrativos regidos pela Lei 9.784/1999 é a indicação dos pressupostos fáticos que tenham determinado a decisão, não se exigindo a indicação de pressupostos de direito, justamente pela informalidade e objetividade que vigora em tais processos administrativos.

Está correto o que se afirma APENAS em

(A) III e IV.
(B) II e III.
(C) I e IV.
(D) I, II e III.
(E) I.

I: correta, Lei 9.784/1999, art. 1º, § 1º: Os preceitos desta Lei também se aplicam aos órgãos dos Poderes Legislativo e Judiciário da União, quando no desempenho de função administrativa. **II:** incorreta, Lei 9.784/1999, art. 1º, § 2º, II: entidade – a unidade de atuação dotada de personalidade jurídica; **III:** incorreta, art. 4º, IV – prestar as informações que lhe forem solicitadas e colaborar para o esclarecimento dos fatos. **IV:** incorreta, – art. 2º, VII – indicação dos pressupostos de fato e de direito que determinarem a decisão. FMB

Gabarito "E"

(Técnico Judiciário – TRT20 – FCC – 2016) Considere:

I. Aplicação retroativa de nova interpretação.
II. Sigilo nos processos administrativos.
III. Promoção pessoal de agentes ou autoridades.
IV. Renúncia total de poderes ou competências.

Nos termos da Lei 9.784/1999, que regula o processo administrativo no âmbito da Administração pública federal, constitui vedação absoluta e que, portanto, não admite exceção, o que consta APENAS em

(A) III e IV.
(B) I e II.
(C) I, II e III.
(D) IV.
(E) I e III.

I: correta, como desdobramento do próprio princípio da segurança jurídica, citado no caput do art. 2º da Lei 9.784/1999, há também a expressa previsão no parágrafo único, inciso XIII – interpretação da norma administrativa da forma que melhor garanta o atendimento do fim público a que se dirige, vedada aplicação retroativa de nova interpretação. Assim, temos como verdadeira a hipótese, já que há vedação absoluta de aplicar a nova interpretação de forma retroativa. **II:** incorreta, o sigilo nos processos administrativos é tratado como exceção à regra, não podendo ser considerado como vedação absoluta, e neste sentido, art. 2º, parágrafo único, V, da Lei 9.784/1999: divulgação oficial dos atos administrativos, ressalvadas as hipóteses de sigilo previstas na Constituição; **III:** correta, desdobramento do princípio da impessoalidade que vem expresso no *caput* do art. 2º da Lei 9.784/1999, o legislador ainda previu, parágrafo único, III: objetividade no atendimento do interesse público, vedada a promoção pessoal de agentes ou autoridades; **IV:** incorreta, o próprio inciso que trata do assunto, o coloca como vedação porem não absoluta, admitindo as exceções previstas na Lei 9.784/1999, art. 2º, parágrafo único, II: atendimento a fins de interesse geral, vedada a renúncia total ou parcial de poderes ou competências, salvo autorização em lei. FMB

Gabarito "E"

(Técnico Judiciário – TRT20 – FCC – 2016) Sergio, servidor público federal e chefe de determinada repartição pública, demitiu Antônio sob o fundamento de que o mesmo havia cometido falta grave. Cumpre salientar que Antônio não era servidor concursado, mas sim ocupante de cargo em comissão. Transcorridos quinze dias após a demissão, descobriu-se que Antônio não havia praticado falta grave e que Sergio pretendia colocar um colega seu no cargo anteriormente ocupado por Antônio. Neste caso, é correto afirmar:

(A) Por ser falso o motivo do ato administrativo, o ato de demissão é nulo.
(B) O ato de demissão é válido, haja vista tratar-se de cargo demissível *ad nutum* e que, portanto, sequer exigia motivação.
(C) Não incide a teoria dos motivos determinantes, haja vista que o vício é na forma e na finalidade do ato administrativo de demissão.
(D) Aplica-se, na hipótese, a convalidação do ato administrativo; portanto, Antônio, injustamente demitido, poderá retornar ao seu cargo.
(E) O ato é válido porque a finalidade pública foi mantida, sendo admissível a substituição de um servidor por outro, desde que o cargo seja adequadamente preenchido, de modo a não trazer prejuízo ao interesse público.

O caso em tela comporta importante instituto do direito administrativo, à medida que reconhece de um lado, um ato de natureza discricionária, livre nomeação e exoneração em cargo comissionado, Art. 37, V, CF, e de outro, a aplicação da Teoria dos Motivos determinantes. O ato administrativo discricionário, desde que realizado pelo agente competente, prescinde de motivação, porém à medida que esta for apresentada no ato, ela deve ser verdadeira, haja vista que a falsidade na motivação vicia o ato, anulando-o. Neste sentido: *Função de Assessoramento Superior-FAS. Por ser de provimento em confiança, não fazem jus, os seus ocupantes, ao benefício da estabilidade extraordinária outorgada pelo art. 19 do A.D.C.T., em face da restrição expressa no § 2º do mesmo dispositivo. Estando, porém, vinculado, o ato de dispensa do impetrante, a motivo inexistente (norma de medida provisória não inserta na lei de conversão), deve o decreto ser anulado e reintegrado o agente na função, conservada a característica da possibilidade de exoneração, ao nuto da autoridade. Mandado de segurança, para essa finalidade concedido.* (STF. MS 21.170/DF. Rel. Min. Octávio Gallotti. Tribunal Pleno. DJ: 21/02/1997). FMB

Gabarito "A"

(Procurador do Estado – PGE/MT – FCC – 2016) A Lei nº 9.784/99 (Lei Federal de Processos Administrativos) estabelece que:

(A) é admitida a participação de terceiros no processo administrativo.
(B) é faculdade do administrado fazer-se assistir por advogado, exceto nos processos disciplinares em que a defesa técnica é obrigatória.
(C) é expressamente vedada a apresentação de requerimento formulado de maneira oral pelo interessado, em vista do princípio da segurança jurídica.
(D) a condução do processo administrativo é absolutamente indelegável.

(E) é admitida a avocação temporária de competência atribuída a órgão hierarquicamente superior.

A: correta. Trata-se do disposto no art. 31, da Lei 9.784/1999; **B:** incorreta. A súmula vinculante 5, STF assim dispõe: "A falta de defesa técnica por advogado no processo administrativo disciplinar não ofende a Constituição."; **C:** incorreta. O art. 6º, da Lei 9.784/1999 admite requerimento oral da parte interessada; **D:** incorreta. É possível a delegação, conforme disposto nos arts. 12 e seguintes, da Lei 9.784/1999; **E:** incorreta. A avocação é sempre da autoridade inferior para a superior (art. 15, da Lei 9.784/1999). AW

Gabarito "A"

(Procurador do Estado – PGE/MT – FCC – 2016) João Pedro pretende arrolar testemunhas em processo administrativo disciplinar regulado pela Lei Complementar estadual nº 207, de 29 de dezembro de 2004. Em consulta ao seu advogado, é informado de que:

I. poderá arrolar até dez testemunhas.

II. a testemunha arrolada não poderá eximir-se de depor, salvo se for ascendente, descendente, cônjuge, ainda que separado legalmente, irmão, sogro, cunhado, pai, mãe ou filho adotivo do acusado, exceto quando não for possível, de outro modo, obter-se informações dos fatos e suas circunstâncias, considerando-o como informante.

III. residindo a testemunha em município diverso da sede da Comissão Processante, sua inquirição poderá ser deprecada às unidades mais próximas do local de sua residência, sendo vedado à Comissão Processante ouvir o denunciante ou as testemunhas no respectivo município de residência.

IV. são proibidas de depor as pessoas que, em razão de função, ministério, ofício ou profissão, devam guardar segredo, a menos que, desobrigadas pela parte interessada, queiram dar seu testemunho.

Está correto o que se afirma APENAS em:

(A) I e II.

(B) I, II e III.

(C) III e IV.

(D) II e IV.

(E) I, III e IV.

I: incorreta. Podem ser arroladas até 5 testemunhas (art. 51, V, da LC 207/2004); **II:** correta. Trata-se do disposto no art. 86, da LC 207/2004; **III:** incorreta. O art. 87, da LC 207/2004 assim dispõe: "Residindo a testemunha em município diverso da sede da Comissão Processante, sua inquirição poderá ser deprecada às unidades mais próximas do local de sua residência, devendo constar na precatória os quesitos a serem respondidos pela testemunha"; **IV:** correta. Temos o disposto no art. 85, § 5º, da LC 207/2004: "5º São proibidas de depor as pessoas que, em razão de função, ministério, ofício ou profissão, devam guardar segredo, a menos que, desobrigadas pela parte interessada, queiram dar seu testemunho." AW

Gabarito "D"

(Técnico – TRF/3ª Região – 2014 – FCC) Inácio, servidor público federal do Tribunal Regional Federal da 3ª Região e responsável pela condução de determinado processo administrativo, detectou que uma das partes interessadas do aludido processo é casada com Carlos, com quem possui amizade íntima. Vale salientar que o mencionado processo administrativo apresenta uma pluralidade de partes interessadas. No caso narrado e nos termos da Lei 9.784/1999,

(A) o processo deverá continuar a ser conduzido por Inácio, tendo em vista que existe uma pluralidade de partes interessadas.

(B) trata-se de hipótese de impedimento expressamente prevista na lei.

(C) inexiste qualquer proibitivo para que Inácio continue na condução do processo, pouco importando a pluralidade de partes interessadas.

(D) Inácio deverá afastar-se da condução do processo por razão moral, embora não se trate nem de impedimento, nem de suspeição.

(E) Inácio deverá declarar-se suspeito.

O art. 20 da Lei 9.784/1999 prevê que "**pode** ser arguida a **suspeição** de autoridade ou servidor que tenha amizade íntima ou inimizade notória com algum dos interessados ou com os respectivos cônjuges, companheiros, parentes e afins até o terceiro grau". É importante dizer que o texto legal não impõe a obrigação a alguém de se autodeclarar suspeito, diferentemente do impedimento, em que a lei atribui o dever se comunicação do fato impeditivo (art. 19 da Lei 9.784/1999). Portanto, respeitosamente, posicionamo-nos no sentido de discordar do gabarito oficial divulgado pela banca examinadora (letra E) ao entender que não há alternativas corretas.

Gabarito "E"

(Técnico Judiciário – TRT9 – 2012 – FCC) De acordo com a Lei 9.784/1999, que regula o processo administrativo no âmbito da Administração Pública Federal,

(A) os atos administrativos são sigilosos no decorrer da fase probatória.

(B) é vedada a cobrança de despesas processuais, salvo as previstas em lei.

(C) os interessados deverão ser representados por advogado, salvo se hipossuficientes.

(D) aplica-se o princípio do formalismo, dispensada a indicação dos pressupostos de fato da decisão.

(E) é vedada a impulsão de ofício, cabendo ao interessado indicar os fundamentos de direito da decisão.

A: incorreta, pois não há previsão nesse sentido na Lei 9.784/1992, prevalecendo, assim, o princípio da publicidade, que impõe ampla divulgação dos atos administrativos; **B:** correta (art. 2º, parágrafo único, XI, da Lei 9.784/1999); **C:** incorreta, pois não há tal previsão na Lei 9.784/1999; **D:** incorreta, pois a lei valoriza a "forma simples" (art. 2º, parágrafo único, IX, da Lei 9.784/1999), e a indicação dos pressupostos de fato (e de direito) é obrigatória (art. 2º, parágrafo único, VII, da Lei 9.784/1999); **E:** incorreta, pois o princípio é da "impulsão de ofício, do processo administrativo, sem prejuízo da atuação dos interessados" (art. 2º, parágrafo único, XII, da Lei 9.784/1999).

Gabarito "B"

(Técnico Judiciário – TRT9 – 2012 – FCC) As normas sobre processo administrativo postas na Lei 9.784/1999 aplicam-se aos

(A) órgãos do Poder Legislativo e do Poder Judiciário da União, no que se referir ao desempenho de funções administrativas atípicas.

(B) órgãos do Poder Executivo e aos servidores integrantes do quadro da Administração direta, excluídos os afastados e os órgãos dos demais Poderes.

(C) órgãos dos Poderes Executivo, Legislativo e Judiciário, no exercício de suas funções típicas.

(D) servidores dos Poderes Executivo e Legislativo, na realização de suas funções típicas, excluído o Poder Judiciário em razão de sua competência judicante.

(E) órgãos do Poder Executivo integrantes da Administração direta ou indireta, excluídos os órgãos do Poder Legislativo e do Poder Judiciário quando se tratar de realização de função administrativa.

A: correta (art. 1°, § 1°, da Lei 9.784/1999); **B:** incorreta, pois a lei se aplica aos órgãos dos demais Poderes, quando estes atuarem em atividades administrativas (art. 1°, *caput* e § 1°, da Lei 9.784/1999); **C:** incorreta, pois a lei só se aplica ao Legislativo e ao Judiciário quando estes desempenharem uma função administrativa, não se aplicando quanto às funções típicas desses poderes, no caso, quanto às funções legislativas e jurisdicionais; **D:** incorreta, pois não se aplica a lei também quanto às funções típicas do Legislativo, e não só quanto às funções típicas do Judiciário; **E:** incorreta, pois a lei se aplica sim aos órgãos do Legislativo e do Judiciário, quando estes exercem funções administrativas (art. 1°, § 1°, da Lei 9.784/1999).

Gabarito "A"

(Analista – TRT/2ª Região – 2014 – FCC) Órgão integrante do Poder Legislativo federal, no desempenho da função administrativa, solucionou controvérsia proferindo ato administrativo restritivo de direito sem, no entanto, observar a Lei 9.784/1999. Considerando o âmbito de aplicação da referida lei, é correto afirmar que o administrador atuou

(A) conforme a lei, porque o referido ato normativo aplica-se, exclusivamente, ao Poder Executivo federal, abrangendo a Administração pública direta e indireta.

(B) conforme a lei, porque o referido ato normativo aplica-se ao Poder Executivo federal, abrangendo a Administração pública direta e indireta e ao Poder Judiciário federal, não se aplicando ao Poder Legislativo federal, estadual ou local.

(C) em desconformidade com a lei, porque os preceitos da supracitada norma também se aplicam aos órgãos dos Poderes Legislativo e Judiciário da União, quando no desempenho de função administrativa.

(D) em desconformidade com a lei, porque os preceitos da norma também se aplicam aos órgãos dos Poderes Legislativo e Judiciário da União, respectivamente, quando no desempenho de função legislativa e judicial.

(E) conforme a lei, porque o ato normativo aplica-se tão somente às unidades de atuação integrantes da estrutura da Administração direta e da estrutura da Administração indireta federal.

A: incorreta, referido ato também aplica-se aos órgãos do Poder Legislativo e Judiciário federal, quando no desempenho de função administrativa (art. 1°, § 1°, da Lei 9.784/1999); **B:** incorreta, conforme comentário anterior, *aplica-se* ao *Poder Legislativo Federal*, quando no desempenho de função administrativa (art. 1°, § 1°, da Lei 9.784/1999); **C:** correta (art. 1°, § 1°, da Lei 9.784/1999); **D:** incorreta; aplicam-se aos órgãos dos Poderes Legislativo e Judiciário da União quando *no desempenho de função administrativa* (art. 1°, § 1°, da Lei 9.784/1999); **E:** incorreta, vide §§ 1° e 2°, II e III, do art. 1° da Lei 9.784/1999.

Gabarito "C"

(Analista Judiciário – Área Judiciária – TRT12 – 2013 – FCC) Nos termos da Lei 9.784/1999, o administrado que detém a condição de interessado em determinado processo administrativo tem direito a

(A) acessar os autos apenas se houver decisão proferida, não havendo o direito de acesso em hipótese diversa.

(B) ciência da tramitação do processo apenas, não podendo ter vista dos autos ou mesmo extrair cópias.

(C) vista dos autos apenas, não sendo garantida a ciência da tramitação do mesmo.

(D) vista dos autos e obtenção de cópias, não podendo, no entanto, ter acesso a eventuais decisões proferidas.

(E) ciência da tramitação do processo, vista dos autos, obtenção de cópias de documentos nele contido e conhecimento das decisões proferidas.

Dispõe o inc. II do art. 3° da Lei 9.784/1999 que ao administrado tem assegurado o direito descrito na alternativa "E".

Gabarito "E"

(Analista Judiciário – Área Judiciária – TRT18 – 2013 – FCC) Determinado servidor público foi demitido após regular processo administrativo, no qual foi devidamente assegurada sua ampla defesa. Pretendendo invalidar essa decisão, que entende ter incorrido em equivocada interpretação dos fatos, poderá

(A) ajuizar ação judicial pleiteando sua reversão ao cargo, cumulando o pedido com indenização pelas perdas e danos incorridos.

(B) ajuizar ação judicial pleiteando sua reintegração ao cargo, cumulando pedido de ressarcimento de todas as vantagens.

(C) requerer a instauração de processo administrativo revisor, pleiteando sua recondução ao cargo, cumulada com indenização equivalente aos vencimentos não recebidos no período.

(D) requerer a instauração de processo administrativo revisor, pleiteando sua reversão ao cargo, somente sendo possível ressarcimento de todas as vantagens no caso de ter havido dolo ou má-fé.

(E) ajuizar ação judicial pleiteando sua readaptação ao cargo, cumulando o pedido com indenização pelas perdas e danos comprovados.

"Servidor público reintegrado, em razão da anulação judicial do ato exonerativo, tem direito à indenização referente aos vencimentos não recebidos no período em que ficou afastado compreendido entre o ato de exoneração e sua reintegração" (STJ, AgRg no Ag 640138/BA, 5ª T., j. 19.04.2005, Min. Laurita Vaz, DJ 16.05.2005). Vide § 2° do art. 41 da CF e art. 28 da Lei 8.112/1990.

Gabarito "B"

(Analista – TRF/3ª Região – 2014 – FCC) Segundo a Lei 9.784/1999, o órgão competente poderá declarar extinto o processo administrativo quando exaurida sua finalidade ou o objeto da decisão se tornar

(A) inútil, apenas.

(B) impossível, apenas.

(C) impossível ou prejudicado por fato superveniente, apenas.

(D) prejudicado por fato superveniente, apenas.

(E) impossível, inútil ou prejudicado por fato superveniente.

A alternativa "E" descreveu o disposto no art. 52 da Lei 9.784/1999.

Gabarito "E"

(Analista – TRT/11ª – 2012 – FCC) A Administração Pública Federal, ao conduzir determinado processo administrativo, aplica retroativamente nova interpretação acerca de norma administrativa, sob o fundamento de ser mais vantajosa ao interesse público. Nos termos da Lei 9.784/1999,

(A) a postura da Administração Pública é ilegal, por violar um dos critérios que devem ser observados nos processos administrativos.
(B) é possível, em qualquer hipótese, a aplicação retroativa de nova interpretação de norma administrativa.
(C) é vedada a aplicação retroativa de nova interpretação da norma administrativa, salvo para o melhor atendimento do fim público a que se dirige.
(D) o fundamento da Administração Pública para justificar sua postura não está previsto em lei, sendo necessário o preenchimento de outro requisito legal para que possa aplicar retroativamente nova interpretação de norma administrativa.
(E) independentemente da retroatividade de nova interpretação, é vedada a interpretação da norma administrativa da forma que melhor garanta o atendimento do fim público.

A: correta, pois, de fato, viola o princípio da segurança jurídica, bem como o critério previsto no art. 2º, parágrafo único, XIII, da Lei 9.784/1999; **B:** incorreta, pois "é vedada a aplicação retroativa de nova interpretação" (art. 2º, parágrafo único, XIII, da Lei 9.784/1999); **C** e **D:** incorretas, pois mesmo na situação mencionada é vedada nova interpretação retroativa por conta da vedação expressa no art. 2º, parágrafo único, XIII, da Lei 9.784/1999; **E:** incorreta, pois é dever da administração interpretar a "norma administrativa da forma que melhor garanta o atendimento do fim público a que se dirige" (art. 2º, parágrafo único, XIII, da Lei 9.784/1999).

Gabarito "A"

(Defensoria/SP – 2013 – FCC) Os atos do processo administrativo

(A) dispensam motivação quando decorrem de reexame de ofício.
(B) dependem de forma determinada em lei.
(C) podem ser objeto de delegação quando sua edição tiver caráter normativo.
(D) não podem ser objeto de avocação.
(E) devem ser iniciados perante a autoridade de menor grau hierárquico para decidir, salvo disposição em contrário.

A: incorreta, pois a motivação é obrigatória nesse caso (art. 50, VI, da Lei 9.784/1999); **B:** incorreta, pois os atos do processo administrativo não dependem de forma determinada senão quando a lei expressamente a exigir (art. 22, *caput*, da Lei 9784/1999); **C:** incorreta, pois não cabe delegação nesse caso (art. 13, I, da Lei 9784/1999); **D:** incorreta, pois é cabível avocação na forma prevista no art. 15 da Lei 9784/1999; **E:** correta (art. 17 da Lei 9784/1999).

Gabarito "E"

10.1. Direitos e deveres do administrado

(Técnico Judiciário – TRT/14ª – 2011 – FCC) Nos termos da Lei 9.784/1999, que regula o processo administrativo no âmbito da Administração Pública Federal, NÃO consiste em dever do administrado:

(A) expor os fatos conforme a verdade.
(B) fazer-se assistir, obrigatoriamente, por advogado, salvo hipóteses excepcionais em que não se exige tal obrigação.
(C) proceder com lealdade.
(D) proceder com urbanidade.
(E) colaborar para o esclarecimento dos fatos.

A: assertiva correta, pois constitui dever do administrado (art. 4º, I, da Lei 9.784/1999); **B:** assertiva incorreta, devendo ser assinalada, pois não constitui dever do administrado; aliás, é um direito do administrativo fazer-se assistir, *facultativamente*, por um advogado, salvo quando obrigatória a representação, por força de lei (art. 3º, IV, da Lei 9.784/1999); **C:** assertiva correta, pois constitui dever do administrado (art. 4º, II, da Lei 9.784/1999); **D:** assertiva correta, pois constitui dever do administrado (art. 4º, II, da Lei 9.784/1999); **E:** assertiva correta, pois constitui dever do administrado (art. 4º, IV, da Lei 9.784/1999).

Gabarito "B"

(Técnico Judiciário – TRT/20ª – 2011 – FCC) Segundo a Lei 9.784/1999, que regula o processo administrativo no âmbito da Administração Pública Federal, é direito dos administrados:

(A) não agir de modo temerário.
(B) prestar as informações que lhe forem solicitadas e colaborar para o esclarecimento dos fatos.
(C) expor os fatos conforme a verdade.
(D) proceder com lealdade, urbanidade e boa-fé.
(E) fazer-se assistir, facultativamente, por advogado, salvo quando obrigatória a representação, por força de lei.

A: incorreta. Trata-se de *dever* do administrativo (art. 4º, III, da Lei 8.429/1992); **B:** incorreta. Trata-se de *dever* do administrado (art. 4º, IV, da Lei 8.429/1992); **C:** incorreta. Trata-se de *dever* do administrado (art. 4º, I, da Lei 8.429/1992); **D:** incorreta. Trata-se de *dever* do administrado (art. 4º, II, da Lei 8.429/1992); **E:** correta. Trata-se de *direito* do administrado (art. 3º, IV, da Lei 8.429/1992), de modo que a alternativa deve ser assinalada.

Gabarito "E"

10.2. Forma, tempo, lugar dos atos do processo e prazos

(Analista – TRT/19ª Região – 2014 – FCC) No curso de determinado processo administrativo, a parte interessada interpôs recurso administrativo, que deveria ter sido decidido dentro do prazo de trinta dias, contados do recebimento dos autos pelo órgão competente, conforme preceitua a Lei 9.784/1999. No entanto, passados quarenta dias do recebimento, a autoridade competente ainda não havia proferido decisão no recurso. A propósito do tema, a autoridade competente

(A) deverá decidir no prazo, máximo, de cento e vinte dias, não sendo necessário justificar a extensão do prazo, haja vista a discricionariedade de tal prorrogação.
(B) violou o dever de decidir, pois deveria ter decidido no prazo improrrogável de trinta dias, estando a demora eivada de ilegalidade.
(C) deverá decidir no prazo, máximo, de quarenta e cinco dias, desde que justifique de forma explícita a necessidade de extensão do prazo.
(D) deverá decidir no prazo, máximo, de quarenta e cinco dias, não sendo necessário justificar a extensão do prazo, haja vista a supremacia do interesse público.

(E) não violou o dever de decidir, caso tenha prorrogado o prazo de trinta dias por igual período, justificando de maneira explícita.

Determina o art. 49 da Lei 9.784/1999 que: "Concluída a instrução de processo administrativo, a Administração tem o prazo de até trinta dias para decidir, salvo prorrogação por igual período expressamente motivada".

Gabarito "E"

10.3. Comunicação dos atos

(Técnico Judiciário – TRE/AC – 2010 – FCC) Nos termos da Lei 9.784/1999, o órgão competente perante o qual tramita o processo administrativo determinará a intimação do interessado para ciência de decisão ou a efetivação de diligências. Assim,

(A) a intimação será sempre pessoal e observará a antecedência mínima de quinze dias úteis quanto à data de comparecimento.

(B) o desatendimento da intimação importa o reconhecimento da verdade dos fatos, e a renúncia a direito pelo administrado.

(C) no caso de interessados indeterminados, desconhecidos ou com domicílio indefinido, a intimação deve ser efetuada por meio de publicação oficial.

(D) a intimação não poderá, em qualquer caso ser efetuada por ciência no processo ou por via postal com aviso de recebimento.

(E) as intimações serão anuláveis quando feitas sem observância das prescrições legais, porém o comparecimento do administrado não supre sua falta ou irregularidade.

A: incorreta, pois a intimação pode se dar por ciência no processo, por via postal ou aviso de recebimento, por telegrama ou outro meio que assegure a certeza da ciência do interessado; além disso, a intimação observará a antecedência mínima de 3 dias úteis quanto à data de comparecimento (art. 26, § 2º, da Lei 9.784/1999); **B:** incorreta, pois o desatendimento da intimação não importa o reconhecimento da verdade dos fatos, nem a renúncia a direito pelo administrado (art. 27 da Lei 9.784/1999); **C:** correta (art. 26, § 4º, da Lei 9.784/1999); **D:** incorreta, pois a intimação também pode ser feita por telegrama ou por outro meio que assegure a certeza da ciência do interessado (art. 26, § 2º, da Lei 9.784/1999); **E:** incorreta, pois as intimações serão *nulas* (e não *anuláveis*) nesse caso; ademais, o comparecimento do administrado supre, sim, a falta ou irregularidade da intimação (art. 26, § 5º, da Lei 9.784/1999).

Gabarito "C"

(Técnico Judiciário – TRE/RS – 2010 – FCC) De acordo com a Lei 9.784/1999, a intimação do interessado para ciência de decisão ou a efetivação de diligências

(A) observará a antecedência mínima de dois dias úteis quanto à data de comparecimento.

(B) deve conter, dentre outros dados, informação da continuidade do processo independentemente do seu comparecimento.

(C) pode ser efetuada por ciência no processo ou por via postal com aviso de recebimento, vedada a intimação por telegrama.

(D) não precisa conter informação se o intimado deve comparecer pessoalmente, ou fazer-se representar, porque isso é opção que cabe a ele.

(E) é dispensada no caso de interessados indeterminados, desconhecidos ou com domicílio indefinido.

A: incorreta, pois observará a antecedência mínima de 3 dias úteis quanto à data de comparecimento (art. 26, § 2º, da Lei 9.784/1999); **B:** correta (art. 26, § 1º, V, da Lei 9.784/1999); **C:** incorreta, pois é possível a utilização do telegrama (art. 26, § 3º, da Lei 9.784/1999); **D:** incorreta, pois essa informação é necessária (art. 26, § 1º, IV, da Lei 9.784/1999); **E:** incorreta, pois, nesse caso, a intimação deve se dar por meio de publicação oficial (art. 26, § 4º, da Lei 9.784/1999).

Gabarito "B"

10.4. Instrução e desistência

(Técnico Judiciário – TRE/PI – 2009 – FCC) A respeito da instrução no processo administrativo considere:

I. Quando documentos solicitados ao interessado forem necessários à apreciação de pedido formulado, o não atendimento no prazo fixado pela Administração para a respectiva apresentação implicará a sua improcedência.

II. Os interessados serão intimados de prova ou diligência ordenada, com antecedência mínima de três dias úteis, mencionando-se data, hora e local de realização.

III. Quando deva ser obrigatoriamente ouvido um órgão consultivo, o parecer deverá ser emitido no prazo máximo de quinze dias, salvo norma especial ou comprovada necessidade de maior prazo.

IV. Em regra, encerrada a instrução, o interessado terá o direito de manifestar-se no prazo máximo de dez dias.

De acordo com a Lei 9.784/1999, está correto o que se afirma APENAS em

(A) I e II.

(B) I, II e III.

(C) II e III.

(D) II, III e IV.

(E) III e IV.

I: incorreta (art. 40 da Lei 9.784/1999); **II:** correta (art. 41 da Lei 9.784/1999); **III:** correta (art. 42 da Lei 9.784/1999); **IV:** correta (art. 44 da Lei 9.784/1999).

Gabarito "D"

(Técnico Judiciário – TRF/5ª – 2008 – FCC) No tocante a instrução do processo, de acordo com a Lei 9.784/1999, encerrada a instrução, o interessado terá o direito de manifestar-se, salvo se outro prazo for legalmente fixado, no prazo máximo de

(A) trinta dias.

(B) três dias.

(C) cinco dias.

(D) quinze dias.

(E) dez dias.

Art. 44 da Lei 9.784/1999.

Gabarito "E"

10.5. Interessados

(TRT/18ª – 2008 – FCC) De acordo com a Lei que regula o processo administrativo no âmbito da Administração Pública Federal, NÃO se incluem, dentre os legitimados como interessados no processo administrativo,

(A) as organizações e associações representativas, no tocante a direitos e interesses coletivos.
(B) as pessoas físicas ou jurídicas que o iniciem como titulares de direitos ou interesses individuais ou no exercício do direito de representação.
(C) aqueles que, sem terem iniciado o processo, têm direitos ou interesses que possam ser afetados pela decisão a ser adotada.
(D) quaisquer pessoas do povo, mesmo que não possam ser atingidas pela decisão a ser adotada.
(E) as pessoas ou as associações legalmente constituídas quanto a direitos ou interesses difusos.

A: correta (art. 9º, III, da Lei 9.784/1999); **B:** correta (art. 9º, I, da Lei 9.784/1999); **C:** correta (art. 9º, II, da Lei 9.784/1999); **D:** incorreta, devendo ser assinalada, já que não existe essa previsão legal; **E:** correta (art. 9º, IV, da Lei 9.784/1999).

Gabarito "D"

10.6. Competência

(Técnico Judiciário – TRE/AP – 2011 – FCC) Segundo a Lei 9.784/1999, que regula o processo administrativo no âmbito da Administração Pública Federal, é certo que

(A) o ato de delegação especificará, dentre outras questões, as matérias e os poderes transferidos, não podendo, porém, conter ressalva de exercício da atribuição delegada.
(B) o ato de delegação e sua revogação não necessitam de publicação em meio oficial.
(C) a edição de atos de caráter normativo não pode ser objeto de delegação.
(D) matérias de competência exclusiva do órgão ou autoridade podem ser objeto de delegação.
(E) o ato de delegação não especificará a duração e os objetivos da delegação, embora deva conter outras informações em seu conteúdo.

A: incorreta, pois o ato de delegação pode conter ressalva de exercício da atribuição delegada (art. 14, § 1º, da Lei 9.784/1999); **B:** incorreta, pois o ato de delegação e sua revogação devem ser publicados no meio oficial (art. 14, *caput*, da Lei 9.784/1999); **C:** correta (art. 13, I, da Lei 9.784/1999); **D:** incorreta, pois tais matérias não podem ser objeto de delegação (art. 13, III, da Lei 9.784/1999); **E:** incorreta, pois o ato de delegação deve especificar, sim, a duração e os objetivos da delegação (art. 14, § 1º, da Lei 9.784/1999).

Gabarito "C"

10.7. Impedimentos e suspensão

(Técnico Judiciário – TRT/15ª – 2009 – FCC) De acordo com a Lei 9.784/1999, NÃO é impedido de atuar em processo administrativo o servidor ou autoridade

(A) que esteja litigando judicial ou administrativamente com o interessado ou respectivo cônjuge ou companheiro.
(B) que venha a participar como testemunha.
(C) cujo parente de quarto grau tenha participado como testemunha.
(D) cujo cônjuge tenha participado como perito.
(E) que tenha interesse direto ou indireto na matéria.

Art. 18 da Lei 9.784/1999.

Gabarito "C"

(Analista – TRE/MS – 2007 – FCC) Considere as seguintes assertivas a respeito do impedimento e suspensão nos processos administrativos:

I. É impedido de atuar em processo administrativo o servidor ou autoridade que tenha parente afim de terceiro grau que participou no processo como testemunha.
II. A omissão da autoridade ou servidor do dever de comunicar o impedimento constitui falta grave, para efeitos disciplinares.
III. É impedido de atuar em processo administrativo o servidor ou autoridade que tenha amizade íntima ou inimizade notória com algum dos interessados.
IV. Em regra, o indeferimento de alegação de suspeição poderá ser objeto de recurso, com efeito suspensivo.

De acordo com a Lei 9.784/1999 é correto o que se afirma APENAS em:

(A) I e II.
(B) I e III.
(C) I, III e IV.
(D) II, III e IV.
(E) III e IV.

I: assertiva correta (art. 18, II, da Lei 9.784/1999); **II:** assertiva correta (art. 19, parágrafo único, da Lei 9.784/1999); **III:** assertiva incorreta, pois se trata de suspeição (art. 20 da Lei 9.784/1999); **IV:** assertiva incorreta (art. 21 da Lei 9.784/1999).

Gabarito "A"

(Analista – TRE/SE – 2007 – FCC) Tendo em vista as normas básicas para o processo administrativo, no âmbito da Administração Pública Federal, é certo que

(A) estará impedido de atuar em processo dessa natureza o servidor que, dentre outras situações, tenha participado como perito.
(B) o servidor que incorrer em impedimento deverá comunicar o fato a autoridade e continuar a atuar no referido processo até o julgamento.
(C) não está impedido de atuar nesse processo o servidor que tenha interesse direto ou indireto na matéria, visto que pode ser assistente das partes.
(D) não pode ser arguida suspeição de servidor que tenha inimizade notória com o acusado, salvo daquele que tenha amizade íntima.
(E) estará impedido de atuar nesse processo o servidor que esteja litigando com parentes até terceiro grau do acusado.

A: assertiva correta (art. 18, II, da Lei 9.784/1999); **B:** assertiva incorreta (art. 19, *caput*, da Lei 9.784/1999); **C:** assertiva incorreta (art. 18, I, da Lei 9.784/1999); **D:** assertiva incorreta (art. 20 da Lei 9.784/1999); **E:** assertiva incorreta (art. 18, III, da Lei 9.784/1999).

Gabarito "A"

10.8. Recurso administrativo e Revisão

(Técnico – TRE/CE – 2012 – FCC) Claudio é parte em determinado processo administrativo, sendo seus direitos atingidos por decisão administrativa proferida pela Administração Pública Federal. Contra a referida decisão, Claudio interpôs recurso administrativo, sem, no entanto, prestar caução. Nos termos da Lei 9.784/1999,

(A) Claudio não é legitimado para interpor o recurso administrativo, sendo assim, pouco importa a discussão atinente à caução.

(B) a caução é sempre necessária à interposição do recurso administrativo, motivo pelo qual o recurso será considerado deserto.

(C) a interposição de recurso administrativo independe de caução, salvo exigência legal nesse sentido.

(D) a caução jamais será necessária à interposição do recurso administrativo, pois, do contrário, caracterizaria exigência contrária aos princípios do processo administrativo.

(E) a exigência de caução é ato discricionário da Administração Pública; logo, é ela quem decidirá acerca da necessidade ou não de sua prestação.

A: incorreta, pois Claudio é legitimado para interposição do recurso administrativo (art. 58, I, da Lei 9.784/1999); **B:** incorreta, pois, salvo exigência legal, a interposição de recurso administrativo independe de caução (art. 56, § 2º, da Lei 9.784/1999); **C:** correta (art. 56, § 2º, da Lei 9.784/1999); **D:** incorreta, pois nos casos previstos em lei ela pode ser exigida (art. 56, § 2º, da Lei 9.784/1999); **E:** incorreta, pois a Administração não tem margem de liberdade para exigir caução, podendo exigi-la apenas nos casos expressos em lei (art. 56, § 2º, da Lei 9.784/1999).

Gabarito "C"

(Técnico Judiciário – TRE/PI – 2009 – FCC) Com relação ao recurso administrativo, de acordo com a Lei 9.784/1999 é correto afirmar:

(A) Em regra, a interposição de recurso administrativo depende de prévia caução.

(B) O recurso será dirigido à autoridade que proferiu a decisão, a qual, se não a reconsiderar no prazo de dez dias, o encaminhará à autoridade superior.

(C) Em regra, o recurso administrativo tramitará no máximo por três instâncias administrativas.

(D) Interposto o recurso, o órgão competente para dele conhecer deverá intimar os demais interessados para que, no prazo de dez dias úteis, apresentem alegações.

(E) Em regra, o recurso administrativo possui efeito suspensivo, o que acarreta a impossibilidade da execução da sentença proferida em primeira instância.

A: incorreta (art. 56, § 2º, da Lei 9.784/1999); **B:** incorreta (art. 56, § 1º, da Lei 9.784/1999); **C:** correta (art. 57 da Lei 9.784/1999); **D:** incorreta (art. 62 da Lei 9.784/1999); **E:** incorreta (art. 61 da Lei 9.784/1999).

Gabarito "C"

11. CONTROLE DA ADMINISTRAÇÃO PÚBLICA

11.1. Controle pelo Judiciário

(Técnico Judiciário – TRE/SP – FCC – 2017) O controle exercido pela Administração direta sobre a Administração indireta denomina-se

(A) poder de tutela e permite a substituição de atos praticados pelos entes que integram a Administração indireta que não estejam condizentes com o ordenamento jurídico.

(B) poder de revisão dos atos, decorrente da análise de mérito do resultado, bem como em relação aos estatutos ou legislação que criaram os entes que integram a Administração indireta.

(C) controle finalístico, pois a Administração direta constitui a instância final de apreciação, para fins de aprovação ou homologação, dos atos e recursos praticados e interpostos no âmbito da Administração indireta.

(D) poder de tutela, que não pressupõe hierarquia, mas apenas controle finalístico, que analisa a aderência da atuação dos entes que integram a Administração indireta aos atos ou leis que os constituíram.

(E) poder de autotutela, tendo em vista que a Administração indireta integra a Administração direta e, como tal, compreende a revisão dos atos praticados pelos entes que a compõem quando não guardarem fundamento com o escopo institucional previsto em seus atos constitutivos.

Na administração direta há o controle que decorre do poder hierárquico, sendo consequência escalonamento vertical dos órgãos e cargos. Já o controle finalístico consiste no controle de legalidade, da verificação do cumprimento do programa de governo, não tendo hierarquia entre estes. FMB

Gabarito "D"

(Procurador do Estado – PGE/MT – FCC – 2016) O Tribunal de Contas do Estado exerce relevante atividade visando à observância dos princípios administrativos na condução dos negócios e na gestão do patrimônio público. No exercício de suas funções, o Tribunal de Contas do Estado:

(A) pode determinar o exame e o bloqueio de bens, contas bancárias e aplicações financeiras dos acusados nos processos de tomada de contas.

(B) produz atos administrativos com força de título executivo.

(C) não possui jurisdição sobre os municípios, que estão sob controle externo dos Tribunais de Contas municipais.

(D) julga as contas do Governador do Estado, sendo sua decisão sujeita ao referendo pela Assembleia Legislativa.

(E) tem o poder de sustar imediatamente atos ou contratos considerados ilegais, caso o órgão ou entidade, previamente notificados, não providenciem sua correção.

A: incorreta. Em junho de 2017 o STF decidiu ser constitucional o bloqueio de bens e contas bancárias pelo Triunal de Contas, com fundamento no art. 70, VIII, CF. No entanto, na época em foi aplicada a prova, o STF proferiu decisão contrária a essa possibilidade dos Tribunais de Contas, no MS34357; **B:** correta. Realmente, conforme disposto no art. 71, §3º, CF, as decisões dos Tribunais de Contas possuem força de titulo executivo; **C:** incorreta. Os Tribunais de Contas possuem "jurisdição" estadual e federal, se da União, e também municipal, se municipais ou estaduais, onde não houver Tribunal de Contas Municipais; **D:** incorreta. Não está sujeito ao referendo do Poder Legislativo (art.71, II, CF); **E:** incorreta. O art. 71, X, CF determina a sustação do ato só é feita se não atendido o que for solicitado. AW

Gabarito "B"

(Magistratura/RR – 2015 – FCC) Acerca da prescrição nas relações envolvendo a Administração pública, o Decreto 20.910, de 6 de janeiro de 1932 estatui:

"Art. 1º As dívidas passivas da União, dos Estados e dos Municípios, bem assim todo e qualquer direito ou ação contra a Fazenda federal, estadual ou municipal, seja qual for a sua natureza, prescrevem em cinco anos contados da data do ato ou fato do qual se originarem."

Considerando-se que tal disposição veio a ser complementada pela edição de outros dispositivos legais acerca do assunto, é correto afirmar que a norma ali veiculada

(A) não foi recepcionada pela Constituição Federal de 1988, uma vez que norma veiculada por ato do Poder Executivo não possui força legal.

(B) não se aplica aos entes da Administração Indireta que se dedicam ao desempenho de atividade econômica em sentido estrito, nas relações que estabelecem no exercício de tais atividades.

(C) é aplicável somente às relações entre a Administração pública e os servidores públicos, sendo que nas relações jurídicas envolvendo particulares, aplicam-se as normas sobre prescrição do Código Civil de 2002, que derrogou parcialmente tal diploma.

(D) não é aplicável aos entes autárquicos e fundacionais, visto que não mencionados no texto normativo.

(E) permite que a Administração pública adquira, por usucapião, bem de propriedade de particular, desde que o apossamento administrativo se dê por prazo igual ou superior a cinco anos.

A: incorreta, pois, à época, esse tipo de decreto tinha força de lei, daí porque foi recepcionado; **B:** correta, pois os entes citados não podem ser considerados "Fazenda Pública", expressão que diz respeito aos entes de natureza pública; **C:** incorreta, pois essa norma vale tanto para pretensões de servidores em relação ao Poder Público, como para pretensões de particulares para o mesmo Poder, o que se observa pelo texto, que é claro ao dispor que a regra abarca "todo e qualquer direito ou ação contra a Fazenda"; **D:** incorreta, pois os entes citados (autarquias e fundações) podem ser considerados "Fazenda Pública", expressão que diz respeito aos entes de natureza pública; **E:** incorreta, pois quando o Poder Público invade uma área particular e a ela dá uma finalidade pública (apossamento administrativo) há aquisição imediata da propriedade, não sendo necessário o transcurso do prazo de 5 anos, tratando-se da chamada desapropriação indireta, cabendo ao particular apenas ingressar com uma ação indenizatória em face do Poder Público.

Gabarito "B"

(Magistratura/SC – 2015 – FCC) A Constituição Federal, no art. 37, § 5º, assim dispõe: "A lei estabelecerá os prazos de prescrição para ilícitos praticados por qualquer agente, servidor ou não, que causem prejuízos ao erário, ressalvadas as respectivas ações de ressarcimento". Em julgamento de 2 de agosto de 2013, o Plenário do Supremo Tribunal Federal, ao apreciar o recurso extraordinário 669.069, admitiu sua repercussão geral, afirmando: "Apresenta repercussão geral o recurso extraordinário no qual se discute o alcance da imprescritibilidade da pretensão de ressarcimento ao erário prevista no artigo 37, § 5º, da Constituição Federal". Assim decidindo, o Tribunal reconheceu

(A) não haver imprescritibilidade das ações judiciais que visem a reparar prejuízos ao erário.

(B) haver a imprescritibilidade apenas das ações de improbidade administrativa que visem ao ressarcimento ao erário.

(C) haver a imprescritibilidade de quaisquer ações judiciais que visem ao ressarcimento ao erário.

(D) que a imprescritibilidade das ações judiciais que visem ao ressarcimento ao erário tem efeitos *erga omnes*, não atingindo apenas os servidores públicos.

(E) haver divergência relevante sobre a interpretação do dispositivo constitucional em questão, quanto ao alcance da imprescritibilidade das ações judiciais que visem a reparar prejuízos ao erário.

A a **D:** incorretas, pois o STF apenas reconheceu que há divergência relevante sobre a interpretação desse dispositivo, ou seja, quanto a prescritibilidade ou não das ações de ressarcimento quando houver dano ao erário, determinando que a questão fosse julgada definitivamente pelo Pretório Excelso, sem que a decisão mencionada tivesse entrado no mérito da questão; **E:** correta, pois o STF apenas reconheceu que há a divergência mencionada, justificando que a questão fosse julgada definitivamente pelo Pretório Excelso, sem que a decisão mencionada tivesse entrado no mérito da questão.

Gabarito "E"

12. LEI DE ACESSO À INFORMAÇÃO – TRANSPARÊNCIA

(Juiz – TJ-SC – FCC – 2017) A Lei de Acesso à Informação Pública – Lei Federal nº 12.527/2011:

(A) não se aplica a todos os entes da Administração Pública, visto que é incompatível com o regime das empresas públicas e sociedades de economia mista, regidas por lei própria (Lei Federal nº 13.303/2016).

(B) postula que, segundo o princípio *acessorium sequitur principale*, quando não for autorizado acesso integral à informação por ser ela parcialmente sigilosa, as demais partes tornam-se também de acesso restrito.

(C) aponta como dever dos órgãos e entidades públicas promover a divulgação de informações de interesse coletivo ou geral por eles produzidas ou custodiadas, por sítio oficial na internet; todavia, os Municípios de menos de cem mil habitantes estão dispensados da exigência.

(D) prevê prazo de trinta dias, prorrogável justificadamente por mais 20 (vinte) dias, para que seja disponibilizada informação requerida pelo cidadão.

(E) cria hipótese de responsabilidade objetiva pela divulgação indevida de informações, sendo que tal responsabilidade também é aplicável aos particulares que, em virtude de vínculo com órgão ou entidade pública, tenham acesso a informações sigilosas.

A: incorreta. Os arts. 1º, 2º e 3º, da Lei 12.527/2011 são expressos quanto à sua aplicabilidade a todas as entidades da Administração Pública direta, indireta e particulares que recebam subvenção do Poder Público; **B:** incorreta. O art. 7º, §2º, da Lei 12.527/2011 dispõe que: "Quando não for autorizado acesso integral à informação por ser ela parcialmente sigilosa, é assegurado o acesso à parte não sigilosa por meio de certidão, extrato ou cópia com ocultação da parte sob sigilo"; **C:** incorreta. O erro está quanto aos Municípios dispensados da divulgação das informações, sendo esses os de até 10 mil habitantes, e não 100 mil, como consta da assertiva (art. 8º, §4º, da Lei 12.527/2011); **D:** incorreta. O prazo é de 20 dias, prorrogáveis por mais 10 dias, conforme disposto no art. 11 e §2º, da Lei 12.527/2011; **E:** correta. Os arts. 32 e seguintes, da Lei 12.527/2011 são muito claros quanto à responsabilidade dos agentes que não respeitarem as regras de divulgação de informações do Poder Público, sendo as penas aplicáveis tanto aos agentes quanto aos particulares que possuem vínculo com o Poder Público (arts. 1º a 3º, do referido diploma legal). **AW**

Gabarito "E"

(Magistratura/SC – 2015 – FCC) Vigora no Brasil, disciplinando o direito constitucional de acesso à informação, a Lei 12.527/2011. É ideia ESTRANHA ao regime dessa lei a

(A) criação, pelo acesso à informação classificada como sigilosa, da obrigação para aquele que a obteve de resguardar o sigilo.

(B) possibilidade de que qualquer interessado possa apresentar pedido de acesso a informações aos órgãos e entidades competentes, devendo o pedido conter a identificação do requerente, a especificação da informação requerida e os motivos determinantes da solicitação de informações de interesse público.

(C) inclusão, no sentido de acesso à informação, do direito de obter informação produzida ou custodiada por pessoa física ou entidade privada decorrente de qualquer vínculo com seus órgãos ou entidades, mesmo que esse vínculo já tenha cessado.

(D) observância da publicidade como preceito geral e do sigilo como exceção.

(E) classificação da informação sigilosa, em regra geral, segundo os seguintes critérios: ultrassecreta – 25 anos; secreta – 15 anos; e reservada – 5 anos.

A: incorreta, pois não é estranho ao regime dessa lei (art. 25, § 2º, da Lei 12.527/2011); **B:** correta, pois é estranho ao regime dessa lei, já que art. 10, § 3º, da Lei 12.527/2011 vedada a exigência relativa ao motivo determinante da solicitação de interesse público; **C:** incorreta, pois não é estranho ao regime dessa lei (art. 7º, III, da Lei 12.527/2011); **D:** incorreta, pois não é estranho ao regime dessa lei (art. 3º, I, da Lei 12.527/2011); **E:** incorreta, pois não é estranho ao regime dessa lei (art. 24, § 1º, da Lei 12.527/2011).

Gabarito "B"

3. Lei 8.112/1990

Ana Paula Garcia, Georgia Renata Dias, Ivo Shigueru Tomita, Sebastião Edilson Gomes e Wander Garcia*

1. PROVIMENTO, VACÂNCIA, REMOÇÃO, DISTRIBUIÇÃO E SUBSTITUIÇÃO

1.1. Provimento

(Técnico Judiciário – TRT11 – FCC – 2017) Flora é servidora pública federal e, por preencher os requisitos legais, foi recentemente, promovida. Sua promoção foi concedida em 10 de outubro de 2016 e, um mês depois, ou seja, em 10 de novembro de 2016, ocorreu a publicação do ato de promoção. Nos termos da Lei 8.112/1990, a promoção

(A) não interrompe o tempo de exercício, que será contado no novo posicionamento na carreira a partir de 10 de novembro de 2016.

(B) interrompe o tempo de exercício, sendo contado no novo posicionamento na carreira a partir de 10 de outubro de 2016.

(C) não interrompe o tempo de exercício, que será contado no novo posicionamento na carreira a partir de 10 de outubro de 2016.

(D) interrompe o tempo de exercício, sendo contado no novo posicionamento na carreira a partir de 10 de novembro de 2016.

(E) interrompe o tempo de exercício, sendo contado no novo posicionamento na carreira a partir de 01 de novembro de 2016, ou seja, no primeiro dia do mês seguinte à promoção.

Dispõe o art. 17 da Lei 8.112/1990 que: "a promoção não interrompe o tempo de exercício, que é contado no novo posicionamento na carreira a partir da data de publicação do ato que promover o servidor". **GD**

Gabarito "A"

(Técnico Judiciário – Área Administrativa – TRT12 – 2013 – FCC) Segundo a Lei nº 8.112/1990, especificamente no que concerne ao regime jurídico dos servidores públicos da União, é INCORRETO:

(A) A posse, em regra, ocorrerá no prazo de trinta dias contados da publicação do ato de provimento.

(B) Não se abrirá novo concurso enquanto houver candidato aprovado em concurso anterior com prazo de validade não expirado.

(C) As universidades e instituições de pesquisa científica e tecnológica federais poderão prover seus cargos com professores, técnicos e cientistas estrangeiros, de acordo com as normas e os procedimentos previstos em lei.

(D) Para as pessoas portadoras de deficiência serão reservadas até 10% (dez por cento) das vagas oferecidas no concurso público para provimento de cargo com atribuições compatíveis com a deficiência de que são portadoras.

(E) Só haverá posse nos casos de provimento de cargo por nomeação.

A: Correta (art. 13, § 1º, da Lei 8.112/1990); **B:** Correta (art. 12, § 2º, da Lei 8.112/1990); **C:** Correta (art. 5º, § 3º, da Lei 8.112/1990); **D:** Incorreta, devendo ser assinalada, pois, nos termos do § 2º do art. 5º da Lei 8.112/1990, às pessoas com deficiência serão reservadas até 20% (vinte por cento) das vagas oferecidas no concurso público; **E:** Correta (art. 13, § 4º, da Lei 8.112/1990).

Gabarito "D"

(Analista – TRT/11ª – 2012 – FCC) Com a extinção do órgão público "X", foi extinto o cargo público ocupado por João, que é servidor público federal estável. No entanto, com tal extinção, João foi colocado em disponibilidade. Nos termos da Lei n. 8.112/1990, João

(A) deveria obrigatoriamente ter sido redistribuído, não sendo possível sua colocação em disponibilidade pela Administração Pública.

(B) será aproveitado em vaga que vier a ocorrer em órgãos ou entidades da Administração Pública Federal ou Estadual, mediante determinação do órgão Central do Sistema de Pessoal Civil.

(C) retornará à atividade mediante aproveitamento obrigatório em cargo de atribuições e vencimentos compatíveis com o anteriormente ocupado.

(D) terá cassada sua disponibilidade e tornado sem efeito eventual aproveitamento, caso não entre em exercício no prazo legal, ainda que por motivo de doença comprovada por junta médica oficial.

(E) não poderá ser mantido sob responsabilidade do órgão central do Sistema de Pessoal Civil da Administração Federal-SIPEC, até seu adequado aproveitamento.

A: incorreta, pois o caso é de colocação em disponibilidade (art. 37, § 3º, da Lei 8.112/1990); **B:** incorreta, pois será aproveitado em vaga que vier a ocorrer na esfera federal, e não na esfera estadual (art. 31, *caput*, da Lei 8.112/1990); **C:** correta (art. 30 da Lei 8.112/1990); **D:** incorreta, pois essa cassação se dá como regra, mas é excepcionada se houver doença comprovada por junta médica oficial (art. 32 da Lei 8.112/1990); **E:** incorreta, pois será mantido, sim, sob responsabilidade do órgão central do SIPEC, até seu adequado aproveitamento (art. 31, parágrafo único, da Lei 8.112/1990).

Gabarito "C"

---

* **Ana Paula Garcia** comentou as demais questões dos Concursos Analista e Técnico; **Georgia Renata Dias** atualizou todas as questões do capítulo e comentou as questões dos seguintes concursos: Analista/TRT/2ªREG/14, Analista/TRT/2ªREG/13, Analista/TRT/16ªREG/14, Analista/TRT/18ªREG/13, Analista/TRT/19ªREG/14, Analista/TRF/3ªREG/14; **Ivo Shigueru Tomita** comentou as questões dos seguintes concursos: Técnico/TRT/2ªREG/14, Técnico/TRT/12ªREG/13, Técnico/TRT/19ªREG/14, Técnico/TRF/3ªREG/14; **Sebastião Edilson Gomes** comentou as questões dos concursos Técnico Legislativo, Analista Bacen e Analista ANS; **Wander Garcia** comentou as demais questões.

GD questões comentadas por: **Georgia Renata Dias.**

(Analista – TRT/6ª – 2012 – FCC) De acordo com a Lei Federal nº 8.112, de 11 de dezembro de 1990, que dispõe sobre o regime jurídico dos servidores públicos civis da União, das autarquias e das fundações públicas federais, a investidura em cargo público ocorre com

(A) a nomeação.

(B) a aprovação em concurso público.

(C) a posse.

(D) o provimento.

(E) a habilitação, após a comprovação da aptidão física.

O art. 7.º da Lei 8.112/1990 dispõe que a investidura em cargo público ocorrerá com a posse.

Gabarito "C"

(Analista – TRE/PR – 2012 – FCC) São formas de provimento de cargo público, de acordo com a Lei Federal nº 8.112/90:

(A) Nomeação e indicação.

(B) Ascensão e reversão.

(C) Transferência e readaptação.

(D) Reintegração e readaptação.

(E) Recondução e ascensão.

Art. 8º, V e VIII, da Lei 8.112/1990.

Gabarito "D"

(Analista – TRE/TO – 2011 – FCC) É forma de provimento do cargo público, dentre outras, a

(A) substituição.

(B) disponibilidade.

(C) ascensão.

(D) readaptação.

(E) aposentadoria.

Art. 8º, V, da Lei 8.112/1990.

Gabarito "D"

(Analista – TRE/TO – 2011 – FCC) Quanto à posse e ao exercício:

(A) exercício é o efetivo desempenho das atribuições do cargo público ou da função de confiança.

(B) é de quinze dias o prazo para o servidor nomeado em cargo público entrar em exercício, contados da data da publicação da sua posse.

(C) é vedada a posse em cargo público efetivo ou em comissão, por procuração.

(D) a posse em cargo público efetivo independerá de prévia inspeção médica oficial.

(E) a promoção interrompe o tempo de exercício, sendo descontado do posicionamento na carreira a partir da data da posse.

A: correta (art. 15, *caput*, da Lei 8.112/1990); **B**: incorreta, pois o prazo de quinze dias é contado da data da posse (art. 15, § 1º, da Lei 8.112/1990); **C**: incorreta, pois a posse poderá dar-se mediante procuração específica (art. 13, § 3º, da Lei 8.112/1990); **D**: incorreta, pois a posse depende de prévia inspeção médica oficial (art. 14, *caput*, da Lei 8.112/1990); **E**: incorreta, pois a promoção não interrompe o tempo de exercício (art. 17 da Lei 8.112/1990).

Gabarito "A"

(Analista – TRF/1ª – 2011 – FCC) João, servidor público federal, estável, retorna a cargo anteriormente ocupado em virtude de inabilitação em estágio probatório relativo a outro cargo. Maria, servidora pública federal, aposentada por invalidez, retorna à atividade, tendo em vista que a junta médica oficial declarou insubsistentes os motivos de sua aposentadoria.

Os exemplos narrados correspondem, respectivamente, às seguintes formas de provimento de cargo público:

(A) readaptação e aproveitamento.

(B) reintegração e recondução.

(C) reversão e readaptação.

(D) recondução e reversão.

(E) aproveitamento e reintegração.

Arts. 29, I e 25, I, da Lei 8.112/1990.

Gabarito "D"

(Analista – TRE/AP – 2011 – FCC) Lupércio é servidor ocupante do cargo em comissão X. A autoridade administrativa competente pretende nomeá-lo para ter exercício interinamente, em outro cargo de confiança, o cargo Y, sem prejuízo das atribuições do que atualmente ocupa. Está hipótese é

(A) vedada pela Lei n. 8.112/90, exatamente pelo fato de Lupércio ser servidor ocupante de cargo em comissão.

(B) permitida pela Lei n. 8.112/90, mas Lupércio deverá optar pela remuneração de um dos cargos durante o período da interinidade.

(C) permitida pela Lei n. 8.112/90, mas Lupércio receberá obrigatoriamente a remuneração do cargo X.

(D) permitida pela Lei n. 8.112/90, mas Lupércio receberá obrigatoriamente a remuneração do cargo Y.

(E) permitida pela Lei n. 8.112/90, mas Lupércio receberá 50% da remuneração do cargo X e 50% da remuneração do cargo Y.

Art. 9º, parágrafo único, da Lei 8.112/1990.

Gabarito "B"

(Analista – TRE/AC – 2010 – FCC) Em relação ao provimento do cargo público é correto afirmar que,

(A) a posse e o exercício ocorrerão no prazo de trinta dias contados da publicação do ato de proclamação dos aprovados no concurso, podendo ser prorrogado por igual prazo, uma única vez.

(B) a nomeação far-se-á, dentre outras hipóteses, em comissão, quando se tratar de cargo isolado de provimento efetivo ou de carreira, inclusive na condição de interino para cargos de confiança vagos.

(C) o servidor que deva ter exercício em outro município em razão de ter sido posto em exercício provisório terá, no mínimo, dez e, no máximo, trinta dias de prazo, contados da publicação do ato, para a retomada do efetivo desempenho das atribuições do cargo, incluído nesse prazo o tempo necessário para o deslocamento para a nova sede.

(D) pela posse há o efetivo desempenho das atribuições da função de confiança, sendo de trinta dias o prazo para o servidor aprovado em cargo público entrar em exercício, contados da data do ato de provimento.

(E) a recondução é a reinvestidura do servidor efetivo ou comissionado no cargo anteriormente ocupado, ou no cargo resultante de sua transformação, quando invalidada a sua aposentadoria por decisão administrativa ou judicial, sem ressarcimento de eventuais vantagens.

A: incorreta (art. 15, § 1º, da Lei 8.112/1990); **B**: incorreta (no caso de nomeação para cargo isolado de provimento efetivo ou de carreira, a nomeação será em caráter efetivo – art. 9º, I, da Lei 8.112/1990); **C**: correta (art. 18, *caput*, da Lei 8.112/1990); **D**: incorreta (art. 15 da Lei 8.112/1990); **E**: incorreta (art. 29 da Lei 8.112/1990).

Gabarito "C"

(Analista – TRE/AL – 2010 – FCC) Benedita aposentou-se por invalidez. Entretanto, junta médica oficial julgou insubsistente os motivos de sua aposentadoria. Nesse caso, é certo que, dentre outras situações pertinentes,

(A) o tempo de até cento e oitenta dias em que a servidora estiver em exercício não poderá ser contado para a concessão da aposentadoria.

(B) a servidora poderá reverter em qualquer cargo, a critério da Administração.

(C) a reversão far-se-á no mesmo cargo ou no cargo resultante de sua transformação.

(D) poderá dar-se a reversão, ainda que a servidora tenha completado setenta anos de idade.

(E) encontrando-se provido o cargo, a servidora ficará em disponibilidade pelo período de até dois anos.

Art. 25, I, da Lei 8.112/1990.

Gabarito "C"

(Analista – TRE/AM – 2010 – FCC) Nos termos da Lei 8.112/1990, quanto à posse e ao exercício em cargo público, é correto que

(A) a promoção interrompe o tempo de exercício, que é contado no novo posicionamento na carreira a partir da data da posse do servidor.

(B) à autoridade competente do órgão ou entidade para onde for nomeado ou designado o servidor compete dar-lhe exercício.

(C) a posse e o exercício poderão dar-se através da nomeação da autoridade do órgão como procurador do servidor, mediante procuração específica.

(D) a posse ocorrerá no prazo de quinze dias contados da data do ato de nomeação.

(E) é de trinta dias o prazo para o servidor empossado em cargo público entrar em exercício, contados da data da publicação do ato de provimento.

A: incorreta (art. 17 da Lei 8.112/1990); **B**: correta (art. 15, § 3º, da Lei 8.112/1990); **C**: incorreta (art. 13, § 3º, da Lei 8.112/1990); **D**: incorreta (a posse ocorrerá no prazo de 30 dias – art. 13, § 1º, da Lei 8.112/1990); **E**: incorreta (o prazo para entrar em exercício é de 15 dias – art. 15, § 1º, da Lei 8.112/1990).

Gabarito "B"

(Analista – TRT/9ª – 2010 – FCC) Em razão de doença, Alberto, funcionário público federal efetivo, ficou com a sua capacidade física reduzida para o exercício do cargo de que era titular, o que foi constatado por inspeção médica. Em razão disso, precisou ser investido em novo cargo, compatível com a sua condição física, o que ocorreu, segundo a Lei nº 8.112/1990, pela forma de provimento denominada

(A) readaptação.

(B) transferência.

(C) reversão.

(D) reintegração.

(E) recondução.

Art. 24, *caput*, da Lei 8.112/1990.

Gabarito "A"

(Analista – TRT/22ª – 2010 – FCC) Nos termos da Lei 8.112/1990, Maurício, servidor do Tribunal Regional do Trabalho, em razão de ter sido removido para outro município, onde deva ter exercício, terá no

(A) mínimo, quinze e, no máximo, quarenta e cinco dias de prazo, contados do ato de nomeação, para a retomada do efetivo desempenho das atribuições do cargo, excluído deste prazo o tempo necessário para o deslocamento para a nova sede.

(B) máximo, quinze dias de prazo, contados da posse, para a retomada do efetivo desempenho das atribuições do cargo, incluído nesse prazo o tempo necessário para o deslocamento para a nova sede.

(C) mínimo, dez e, no máximo, trinta dias de prazo, contados da publicação do ato, para a retomada do efetivo desempenho das atribuições do cargo, incluído nesse prazo o tempo necessário para o deslocamento para a nova sede.

(D) máximo, sessenta dias de prazo, contados da posse, para a retomada do efetivo exercícios de suas funções, excluído deste prazo o tempo necessário para o deslocamento para a nova sede.

(E) mínimo, cinco e, no máximo, dez dias de prazo, contados da publicação do ato de exercício, para a retomada do efetivo desempenho das atribuições da função, incluído nesse prazo o tempo necessário para o deslocamento para a nova sede.

Art. 18, *caput*, da Lei 8.112/1990.

Gabarito "C"

(Analista – TRF/4ª – 2010 – FCC) A investidura em cargo público ocorrerá com a

(A) posse.

(B) nomeação.

(C) transferência.

(D) ascensão.

(E) promoção.

Art. 7º da Lei 8.112/1990.

Gabarito "A"

(Analista – TRF/4ª – 2010 – FCC) A reinvestidura do servidor estável no cargo anteriormente ocupado, ou no cargo resultante de sua transformação, quando invalidada a sua demissão por decisão administrativa ou judicial, com ressarcimento de todas as vantagens, é

(A) a reversão.

(B) a readaptação.

(C) a reintegração.

(D) a recondução.

(E) o aproveitamento.

Art. 28, *caput*, da Lei 8.112/1990.

Gabarito "C"

(Analista – TRF/4ª – 2010 – FCC) Analise:

I. O retorno do servidor estável ao cargo anteriormente ocupado e decorrente de inabilitação em estágio probatório relativo a outro cargo ou reintegração do anterior ocupante.

II. O deslocamento do servidor a pedido, no âmbito do mesmo quadro, com mudança de sede.

Tais situações configuram, respectivamente,

(A) transferência e recondução.
(B) remoção e transferência.
(C) ascenção e reintegração.
(D) recondução e remoção.
(E) reversão e ascenção.

A alternativa D está correta, pois o retorno do servidor estável ao cargo anteriormente ocupado e decorrente de inabilitação em estágio probatório relativo a outro cargo ou reintegração do anterior ocupante configura a recondução (art. 29, I e II, da Lei 8.112/1990), e o deslocamento do servidor a pedido, no âmbito do mesmo quadro, com mudança de sede configura a remoção (art. 36, *caput*, da Lei 8.112/1990).

Gabarito "D".

(Analista – TRF/4ª – 2010 – FCC) O Tribunal Regional Federal da 4ª Região publicou ato de provimento dos candidatos aprovados no concurso para Analista Judiciário, dentre os quais está José. Sobre o caso, é INCORRETO afirmar:

(A) A posse de José ocorrerá no prazo de trinta dias contados da publicação do ato de provimento.
(B) José, para tomar posse, não é obrigado a submeter-se à inspeção médica em órgão oficial.
(C) A posse de José poderá dar-se mediante procuração específica.
(D) O prazo para José, empossado em cargo público, entrar em exercício, é de quinze dias, contados da data da posse.
(E) À autoridade competente do órgão ou entidade para onde for nomeado ou designado José compete dar-lhe exercício.

A: correta (art. 13, § 1º, da Lei 8.112/1990); **B**: incorreta (art. 14, *caput*, da Lei 8.112/1990); **C**: correta (art. 13, § 3º, da Lei 8.112/1990); **D**: correta (art. 15, § 1º, da Lei 8.112/1990); **E**: correta (art. 15, § 3º, da Lei 8.112/1990).

Gabarito "B".

(Analista – TRF/4ª – 2010 – FCC) O retorno do servidor estável ao cargo anteriormente ocupado, em decorrência de inabilitação em estágio probatório relativo a outro cargo é denominado

(A) readaptação.
(B) reintegração.
(C) reversão.
(D) transferência.
(E) recondução.

Art. 29, I, da Lei 8.112/1990.

Gabarito "E".

(Analista – TRE/RS – 2010 – FCC) De acordo com a Lei Federal 8.112/1990, NÃO são formas de provimento de cargo público a

(A) ascensão e transferência.
(B) promoção e readaptação.
(C) readaptação e reversão.
(D) aproveitamento e reintegração.
(E) nomeação e recondução.

Art. 8º da Lei 8.112/90.

Gabarito "A".

(Analista – TRT/8ª – 2010 – FCC) A Lei 8.112/1990 estabelece que a reintegração

(A) quando provido o cargo do servidor estável objeto desta, o seu eventual ocupante será reconduzido ao cargo de origem, sem direito à indenização ou aproveitado em outro cargo, ou ainda, posto em disponibilidade.
(B) é a investidura do servidor em cargo de atribuições e responsabilidades compatíveis com a limitação que tenha sofrido em sua capacidade física ou mental verificada em inspeção médica.
(C) será efetivada em cargo de atribuições afins, respeitada a habilitação exigida, nível de escolaridade e equivalência de vencimentos e, na hipótese de inexistência de cargo vago, o servidor exercerá suas atribuições como excedente, até a ocorrência de vaga.
(D) é o retorno à atividade de servidor aposentado por invalidez, quando junta médica oficial declarar insubsistentes os motivos da aposentadoria.
(E) é o retorno à atividade de servidor, mediante aproveitamento obrigatório em cargo de atribuições e vencimentos compatíveis com o anteriormente ocupado.

Art. 28, §§ 1º e 2º, da Lei 8.112/1990.

Gabarito "A".

(TRF/1ª – 2011 – FCC) Ana Maria foi nomeada para o cargo de Técnico Judiciário – Área Administrativa do TRF – 1ª Região. Nesse caso, a Administração Pública deve saber que, em matéria de posse e exercício, o correto é:

(A) Só haverá posse nos casos de provimento de cargo por nomeação.
(B) A posse ocorrerá no prazo de quarenta e cinco dias contados da publicação do ato de provimento.
(C) A posse não poderá dar-se mediante procuração, ainda que específica.
(D) O prazo para o servidor empossado em cargo público entrar em exercício, é de trinta dias, contados da data da posse.
(E) A posse em cargo público independe de prévia inspeção médica oficial.

A: correta (art. 13, § 4º, da Lei 8.112/1990); **B**: incorreta, pois a posse ocorrerá no prazo de trinta dias contados da publicação do ato de provimento (art. 13, § 1º, da Lei 8.112/1990); **C**: incorreta, pois a posse poderá dar-se mediante procuração específica (art. 13, § 3º, da Lei 8.112/1990); **D**: incorreta, pois é de quinze dias o prazo para o servidor empossado em cargo público entrar em exercício, contados da data da posse (art. 15, § 1º, da Lei 8.112/1990); **E**: incorreta, pois a posse em cargo público dependerá de prévia inspeção médica oficial (art. 14, *caput*, da Lei 8.112/1990).

Gabarito "A".

(Magistratura – TRT 1ª – FCC) Segundo a Lei 8.112/1990, que dispõe sobre o regime jurídico único dos servidores públicos civis da união, autarquias e fundações públicas federais,

(A) o servidor público deverá se afastar do cargo quando investido, além de outros, nos seguintes mandatos eletivos: deputado federal, governador de estado, deputado estadual, prefeito municipal e vereador.

(B) são, dentre outros, requisitos para a investidura em cargo público, ter idade mínima de 18 anos, estar no gozo dos direitos políticos, ser brasileiro nato e a quitação com obrigações eleitorais.

(C) também são formas de provimento em cargo público: reintegração, promoção, reversão, nomeação e conversão.

(D) a posse em cargo público, que ocorre apenas no provimento por nomeação, pode se dar por procuração específica, desde que o agente justifique o motivo da impossibilidade de comparecimento ao ato.

(E) é direito do servidor público licenciar-se, sem remuneração, para o exercício de mandato em associação de classe de âmbito nacional, computando-se este tempo como de efetivo serviço, exceto para promoção por merecimento.

A: incorreta, pois, caso investido no mandato de vereador e haja compatibilidade de horários com cargo preexistente, não precisará se afastar deste (art. 94, III, "a", da Lei 8.112/1990); **B**: incorreta, pois o que se exige é a nacionalidade brasileira (aí incluída a naturalização), e não que se trate de um brasileiro nato (art. 5º, I, da Lei 8.112/1990); **C**: incorreta, pois a conversão não é prevista como forma de provimento em cargo público (art. 8º da Lei 8.112/1990); **D**: incorreta; a posse pode se dar por procuração específica, não havendo a exigência legal de justificativa sobre o motivo da impossibilidade (art. 13, § 3º, da Lei 8.112/1990); **E**: correta (arts. 92 e 102, VIII, *c*, da Lei 8.112/1990).

Gabarito "E"

(Analista – TRE/PI – 2009 – FCC) A respeito da posse e do exercício, considere:

I. A posse ocorrerá no prazo de trinta dias contados da publicação do ato de provimento.

II. Só haverá posse nos casos de provimento de cargo por nomeação.

III. É de trinta dias o prazo para o servidor empossado em cargo público entrar em exercício, contados da data da posse.

IV. Se o servidor estiver afastado por motivo legal o início do exercício de função de confiança recairá no primeiro dia útil após o término do impedimento, que não poderá exceder a trinta dias da publicação.

De acordo com a Lei 8.112/1990, está correto o que se afirma APENAS em

(A) I, II e III.

(B) I, II e IV.

(C) I e IV.

(D) II e III.

(E) II, III e IV.

I: correta (art. 13, § 1º, da Lei 8.112/1990); **II**: correta (art. 13, § 4º, da Lei 8.112/1990); **III**: incorreta (art. 15, § 1º, da Lei 8.112/1990); **IV**: correta (art. 15, § 4º, da Lei 8.112/1990).

Gabarito "B"

(TRT/16ª – 2009 – FCC) Victor foi nomeado técnico judiciário junto ao Tribunal Regional do Trabalho. Entretanto na data de publicação do ato de provimento Victor encontrava-se afastado servindo no júri, na qualidade de jurado. Nesse caso, o prazo legal para sua posse

(A) continuará de dez dias, permitida a procuração com poderes gerais.

(B) não sofrerá qualquer alteração quanto ao seu início e término.

(C) será prorrogado por mais trinta dias, sendo vedada a procuração.

(D) será contado do término do impedimento.

(E) será alterado para quinze dias contados da data do julgamento.

Art. 13, § 2º, da Lei 8.112/1990.

Gabarito "D"

(TRT/7ª – 2009 – FCC) Quanto à posse e ao exercício do servidor público, é correto que

(A) é vedada a posse em cargo ou função pública, mediante procuração.

(B) é de quinze dias o prazo para o servidor em cargo público efetivo e trinta para o comissionado entrarem em exercício, contados da data da nomeação.

(C) a posse no cargo público ocorrerá no prazo de até trinta dias contados da publicação do resultado do concurso público de provimento.

(D) a promoção não interrompe o tempo de exercício, que é contado no novo posicionamento na carreira a partir da data de publicação do ato que promover o servidor.

(E) a posse em cargo público independerá de prévia inspeção médica, exigida perícia oficial, apenas para o início do exercício na função.

A: incorreta, a posse poderá ser mediante procuração (art. 13, § 3º, da Lei 8.112/1990); **B**: incorreta, o prazo é de 15 (quinze) dias em qualquer caso (art. 15, § 1º, da Lei 8.112/1990); **C**: incorreta, o prazo é de 30 (trinta) dias contados da publicação do ato de provimento (art. 13, § 1º, da Lei 8.112/1990); **D**: correta, art. 17 da Lei 8.112/1990; **E**: incorreta, a posse depende de prévia inspeção médica (art. 14, *caput*, da Lei 8.112/1990).

Gabarito "D"

1.2. Vacância

(Analista – TRT/1ª – 2012 – FCC) Durante estágio probatório, determinado servidor que acabou de entrar no serviço público, praticou atos incompatíveis com a assiduidade e disciplina esperados. Em consequência, nos termos da legislação vigente, ele não deve ser confirmado no cargo e, dessa forma, será

(A) readaptado.

(B) demitido

(C) reconduzido.

(D) expulso.

(E) exonerado.

A: incorreta, pois a readaptação se dá quando servidor passa a ter uma limitação física ou mental que torne incompatível que continue num cargo público, fazendo com que seja readaptado para outro cargo público mais compatível com essa limitação superveniente (art. 24 da Lei 8.112/1990); **B**. incorreta, pois a demissão só se aplica a faltas mais graves, como as previstas no art. 132 da Lei 8.112/1990); no caso, o servidor está em estágio probatório e percebeu-se que não está apto a conseguir a estabilidade, impondo-se, assim, a sua exoneração (sem caráter punitivo) e não a demissão (que tem caráter punitivo), tudo nos termos do art.

20, I e II, e § 2º, da Lei 8.112/1990; **C**: incorreta, pois a recondução é o retorno do servidor já estável (que não é o caso, pois o servidor ainda está em estágio probatório), ao cargo anteriormente ocupado e decorrerá de inabilitação em estágio probatório relativo a outro cargo ou reintegração do anterior ocupante (art. 29, I e II, da Lei 8.112/1990), situações essas que também não foram narradas no enunciado; **D**: incorreta, pois não há previsão de expulsão para o caso (instituto que nem está previsto na Lei 8.112/1990), mas de exoneração (art. 20, § 2º, da Lei 8.112/1990); **E**: correta (art. 20, § 2º, da Lei 8.112/1990).

Gabarito "E"

(TRE/AP – 2011 – FCC) A Lei 8.112/1990 estabelece que, dentre outras hipóteses, a vacância do cargo público decorrerá de

(A) falecimento, exoneração e aproveitamento.

(B) exoneração, demissão e nomeação.

(C) promoção, readaptação e aposentadoria.

(D) aproveitamento, promoção e exoneração.

(E) nomeação, readaptação e falecimento.

A: incorreta, pois aproveitamento não é forma de vacância; **B**: incorreta, pois nomeação não é forma de vacância; **C**: correta (art. 33, III, VI e VII, da Lei 8.112/1990); **D**: incorreta, pois aproveitamento não é forma de vacância; **E**: incorreta, pois nomeação não é forma de vacância.

Gabarito "C"

(TRF/1ª – 2011 – FCC) Dentre outras hipóteses, a vacância do cargo público decorrerá de

(A) reintegração.

(B) readaptação.

(C) reversão.

(D) aproveitamento.

(E) remoção.

Art. 33, VI, da Lei 8.112/1990, as demais alternativas são formas de provimento.

Gabarito "B"

(TRE/PI – 2009 – FCC) Considere as seguintes hipóteses:

I. Promoção.

II. Readaptação.

III. Posse em outro cargo inacumulável.

IV. Nomeação.

De acordo com a Lei 8.112/1990, a vacância do cargo público decorrerá das hipóteses indicadas APENAS em

(A) I e II.

(B) I, II e III.

(C) II e III.

(D) II, III e IV.

(E) III e IV.

Art. 33, III, VI e VIII, da Lei 8.112/1990.

Gabarito "B"

1.3. Remoção, redistribuição e substituição

(Analista – TRT/14ª – 2011 – FCC) De acordo com a Lei 8.112/1990, que dispõe sobre o regime jurídico dos servidores públicos civis da União, das autarquias e das fundações públicas federais, a remoção de servidor público

(A) pressupõe sempre mudança de sede ou função.

(B) é cabível, a pedido, para outra localidade, em razão de processo seletivo promovido, na hipótese em que o número de interessados for inferior ao número de vagas, de acordo com normas preestabelecidas pelo órgão ou entidade em que aqueles estejam lotados.

(C) não é cabível, a pedido, para outra localidade, a fim de acompanhar companheiro, também servidor público civil da União, que foi deslocado no interesse da Administração Pública.

(D) pode se dar de ofício ou a pedido, sendo, nesta segunda hipótese, sempre dependente do interesse da Administração Pública.

(E) ocorre somente no âmbito do mesmo quadro.

A: incorreta, pois a remoção independe da mudança de sede (art. 36, *caput*, da Lei 8.112/1990); **B**: incorreta, pois o número de interessados terá que ser superior ao número de vagas (art. 36, parágrafo único, III, *c*, da Lei 8.112/1990); **C**: incorreta, pois é possível a remoção na hipótese descrita na alternativa (art. 36, parágrafo único, III, *a*, da Lei 8.112/1990); **D**: incorreta, pois há previsão de remoção a pedido, para outra localidade, independentemente do interesse da Administração (art. 36, parágrafo único, III, da Lei 8.112/1990); **E**: correta (art. 36, *caput*, da Lei 8.112/1990).

Gabarito "E"

(Analista – TRT/14ª – 2011 – FCC) É cabível remoção a pedido, para outra localidade, independentemente do interesse da Administração, em virtude de processo seletivo promovido, na hipótese em que o número de interessados for

(A) inferior ao número de vagas, a critério da autoridade competente, quando necessário ao atendimento de situações emergenciais do órgão ou entidade.

(B) igual ao número de vagas, de acordo com normas estabelecidas pelo órgão público independentemente do local da respectiva designação.

(C) superior ao número de vagas, de acordo com normas preestabelecidas pelo órgão ou entidade em que aqueles estejam lotados.

(D) inferior ao número de vagas, em conformidade com normas estabelecidas pelo Poder Público em que aqueles estejam designados.

(E) superior ao número de vagas, a critério da autoridade competente, desde que presente o interesse público, independentemente da respectiva lotação.

Art. 36, parágrafo único, III, *c*, da Lei 8.112/1990.

Gabarito "C"

(TRT9 – 2012 – FCC) Carlos, servidor público federal ocupante de cargo efetivo, estável, é casado com Ana, também servidora pública, e ambos possuem a mesma localidade de exercício funcional. Ocorre que Ana foi deslocada para outra cidade, no interesse da Administração. De acordo com as disposições da Lei 8.112/1990, Carlos

(A) pode ser removido a pedido, no interesse da Administração, desde que Ana tenha ingressado no serviço público antes dele.

(B) possui direito à remoção a pedido, a critério da Administração, desde que Ana seja servidora federal.

(C) pode ser removido de ofício, independentemente do interesse da Administração.

(D) possui direito à remoção a pedido, mesmo que Ana seja servidora estadual ou municipal.

(E) não pode ser removido a pedido, mas apenas de ofício e desde que conte com mais de cinco anos de serviço público.

Nos termos do art. 36, parágrafo único, III, "a", cabe remoção a pedido, para outra localidade, independentemente do interesse da Administração, para acompanhar cônjuge (ou companheiro), desde que este seja servidor de qualquer dos poderes de todos os entes federativos, que tenha sido deslocado no interesse da Administração. Dessa forma, apenas a alternativa "d" é correta.

Gabarito "D"

(TRT/4ª – 2011 – FCC) NÃO é considerado preceito para o deslocamento de cargo de provimento efetivo, ocupado ou vago, no âmbito do quadro geral de pessoal, para outro órgão ou entidade do mesmo Poder,

(A) a manutenção da essência das atribuições do cargo.

(B) a vinculação entre os graus de responsabilidade e complexidade das atividades.

(C) o mesmo nível de especialidade, escolaridade ou habilitação profissional.

(D) a compatibilidade entre as atribuições do cargo e as finalidades institucionais do órgão.

(E) o interesse do servidor público e a diferença de vencimentos.

A: correta, a manutenção da essência das atribuições do cargo é um dos preceitos para o deslocamento de cargo de provimento efetivo (art. 37, III, da Lei 8.112/1990); **B**: correta, a vinculação entre os graus de responsabilidade e complexidade das atividades é um dos preceitos para o deslocamento de cargo de provimento efetivo (art. 37, IV, da Lei 8.112/1990); **C**: correta, o mesmo nível de especialidade, escolaridade ou habilitação profissional é um dos preceitos para o deslocamento de cargo de provimento efetivo (art. 37, V, da Lei 8.112/1990); **D**: correta, a compatibilidade entre as atribuições do cargo e as finalidades institucionais do órgão é um dos preceitos para o deslocamento de cargo de provimento efetivo (art. 37, VI, da Lei 8.112/1990); **E**: incorreta, o interesse do servidor público e a diferença de vencimentos NÃO é um dos preceitos para o deslocamento de cargo de provimento efetivo (art. 37 da Lei 8.112/1990).

Gabarito "E"

2. DIREITOS E VANTAGENS

2.1. Vencimentos e remuneração

(Analista – TRT/14ª – 2011 – FCC) Para os fins da Lei 8.112/1990, o servidor público federal investido em cargo em comissão de órgão ou entidade diversa da de sua lotação, receberá a remuneração do órgão

(A) cessionário dos Estados, exclusivamente, quando a cessão for por prazo superior a 90 (noventa) dias.

(B) cedente, devendo os Estados, o Distrito Federal e os Municípios, na condição de cessionários, ressarcirem os cofres da entidade cedente ao término da cessão.

(C) cedente, desde que essa condição esteja prevista no respectivo ato e a cessão seja exclusivamente para órgão ou entidade do Distrito Federal.

(D) cedente, quando a cessão for exclusivamente, para órgão ou entidade do Distrito Federal.

(E) ou entidade cessionária quando a cessão for para órgãos dos Estados, do Distrito Federal ou dos Municípios.

Art. 93, § 1º, da Lei 8.112/1990.

Gabarito "E"

(Analista – TRT/8ª – 2010 – FCC) Quanto às férias e às licenças do servidor público, considere:

I. A critério da Administração, poderão ser concedidas ao servidor ocupante de cargo efetivo ou em estágio probatório, licenças para tratar de assuntos particulares pelo prazo de até três anos consecutivos, com ou sem remuneração.

II. O servidor exonerado do cargo efetivo, ou em comissão, perceberá indenização relativa ao período das férias a que tiver direito e ao incompleto, na proporção de um doze avos por mês de efetivo exercício, ou fração superior a quatorze dias.

III. As férias poderão ser parceladas em até três etapas, desde que assim requeridas pelo servidor, e no interesse da administração pública.

IV. A licença concedida dentro de sessenta dias do término de outra da mesma espécie não será considerada como prorrogação.

V. O servidor terá direito a licença, com remuneração, durante o período que mediar entre a sua escolha em convenção partidária, como candidato a cargo eletivo, e a véspera do registro de sua candidatura perante a Justiça Eleitoral.

Está correto o que se afirma APENAS em:

(A) I, III e V.

(B) I e IV.

(C) II e III.

(D) II, IV e V.

(E) III e V.

I: incorreta (a licença para tratar de assuntos particulares poderá ser concedida ao servidor ocupante de cargo efetivo, desde que não esteja em estágio probatório, sem remuneração – art. 91 da Lei 8.112/1990); **II**: correta (art. 78, § 3º, da Lei 8.112/1990); **III**: correta (art. 77, § 3º, da Lei 8.112/1990); **IV**: incorreta (art. 82 da Lei 8.112/1990); **V**: incorreta (a licença, nesse caso, será sem remuneração – art. 86, *caput*, da Lei 8.112/1990).

Gabarito "C"

(Analista – TRE/AC – 2010 – FCC) Quanto aos direitos, vantagens e adicionais do servidor público civil da União, considere:

I. Vencimento é a remuneração do cargo efetivo ou comissionado, descontadas as vantagens pecuniárias permanentes estabelecidas em lei.

II. Mediante expressa solicitação do servidor, será pago por ocasião das férias, um adicional correspondente a um terço da remuneração de férias, sendo que no caso de cargo em comissão, a respectiva vantagem não será considerada no cálculo das férias.

III. As faltas justificadas decorrentes de caso fortuito ou de força maior poderão ser compensadas a critério da chefia imediata, sendo assim consideradas como efetivo exercício.

IV. As indenizações não se incorporam ao vencimento ou provento para qualquer efeito, sendo que as gratificações e os adicionais incorporam-se ao vencimento ou provento, nos casos e condições indicados em lei.

V. O serviço extraordinário será remunerado com acréscimo de cinquenta por cento em relação à hora normal de trabalho e somente será permitido para atender a situações excepcionais e temporárias, respeitado o limite máximo de duas horas por jornada.

Está correto o que se afirma APENAS em

(A) I, II e III.

(B) I e III.

(C) II, IV e V.

(D) III, IV e V.

(E) IV e V.

I: incorreta (art. 40 da Lei 8.112/1990); **II:** incorreta (art. 76, *caput*, da Lei 8.112/1990); **III:** correta (art. 44, parágrafo único, da Lei 8.112/1990); **IV:** correta (art. 49, §§ 1º e 2º, da Lei 8.112/1990); **V:** correta (arts. 73 e 74 da Lei 8.112/1990).

Gabarito "D"

(Analista – TRE/AL – 2010 – FCC) Silvana atua como instrutora em curso de formação, regularmente instituído no âmbito da Administração Pública Federal. Nesse caso, no que se refere à gratificação por encargo de curso, é certo que essa vantagem

(A) incorpora-se à remuneração da servidora para alguns efeitos como a aposentadoria e disponibilidade, podendo ser utilizada como base de cálculo para outras vantagens a que tiver direito.

(B) não se incorpora ao vencimento da servidora para qualquer efeito e não poderá ser utilizada como base de cálculo dos proventos da aposentadoria.

(C) incorpora-se ao vencimento da servidora para todos os efeitos, mas não poderá ser utilizada como base de cálculo para as demais vantagens, inclusive para os proventos da aposentadoria.

(D) não se incorpora aos vencimentos da servidora para qualquer efeito, mas poderá ser utilizada como base de cálculo dos proventos da aposentadoria.

(E) não se incorpora à remuneração ou salário da servidora, salvo para efeito da aposentadoria ou disponibilidade, vedada sua utilização como base de cálculo de outras vantagens e adicionais.

Art. 76-A, § 3º, da Lei 8.112/1990.

Gabarito "B"

(Analista – TRT/22ª – 2010 – FCC) De acordo com a Lei 8.112/1990, em relação ao vencimento, remuneração e vantagens dos Servidores Públicos Civis da União:

(A) As indenizações se incorporam ao vencimento ou provento para qualquer efeito.

(B) As faltas justificadas decorrentes de caso fortuito não poderão ser compensadas, sendo assim não consideradas como efetivo exercício.

(C) Quando o pagamento indevido houver ocorrido no mês anterior ou posterior ao do processamento da folha, não haverá reposição, salvo se para o erro contribuiu o servidor, ao menos culposamente.

(D) As gratificações e os adicionais incorporam-se ao vencimento ou provento, nos casos e condições indicados em lei.

(E) O vencimento, a remuneração e o provento poderão ser objeto de arresto, sequestro ou penhora, salvo nos casos de prestação de alimentos resultante de decisão judicial.

A: incorreta (art. 49, § 1º, da Lei 8.112/1990); **B**: incorreta (art. 44, parágrafo único, da Lei 8.112/1990); **C**: incorreta (art. 46, § 2º, da Lei 8.112/1990); **D**: correta (art. 49, § 2º, da Lei 8.112/1990); **E**: incorreta (art. 48 da Lei 8.112/1990).

Gabarito "D"

(TRT/4ª – 2011 – FCC) No que diz respeito ao vencimento e à remuneração, é certo que,

(A) não poderá haver, em qualquer hipótese, a consignação em folha de pagamento a favor de terceiros.

(B) não será passível de qualquer atualização os valores recebidos pelo servidor público em cumprimento de tutela antecipada.

(C) todas as reposições e indenizações ao erário, em qualquer situação, deverão ser parceladas de ofício, para pagamento até noventa dias.

(D) o desconto incidente sobre remuneração ou provento restringir-se-á aos casos de imposição legal de natureza administrativa.

(E) quando o pagamento indevido houver ocorrido no mês anterior ao do processamento da folha, a reposição será feita imediatamente, em uma única parcela.

A: incorreta, pois mediante autorização do servidor, poderá haver consignação em folha de pagamento a favor de terceiros, a critério da administração e com reposição de custos, na forma definida em regulamento (art. 45, § 1º, da Lei 8.112/1990); **B**: incorreta, pois na hipótese de valores recebidos em decorrência de cumprimento a decisão liminar, a tutela antecipada ou a sentença que venha a ser revogada ou rescindida, serão eles atualizados até a data da reposição (art. 46, § 3º, da Lei 8.112/1990); **C**: incorreta, pois as reposições e indenizações ao erário, atualizadas até 30 de junho de 1994, serão previamente comunicadas ao servidor ativo, aposentado ou ao pensionista, para pagamento, no prazo máximo de trinta dias, podendo ser parceladas, a pedido do interessado (art. 46 da Lei 8.112/1990); **D**: incorreta, pois pode haver desconto por mandado judicial e mediante autorização do servidor, também poderá haver consignação em folha de pagamento a favor de terceiros, a critério da administração e com reposição de custos, na forma definida em regulamento (art. 45, § 1º, da Lei 8.112/1990); **E**: correta (art. 46, § 2º, da Lei 8.112/1990).

Gabarito "E"

2.2. Vantagens (indenização, ajuda de custo, diária, indenização de transporte, auxílio-moradia, gratificações e adicionais, retribuição, gratificação natalina, adicionais, gratificação por encargo de cursos ou concurso)

(Técnico Judiciário – TRE/SP – FCC – 2017) Joaquim é servidor público federal e está cursando o terceiro ano da faculdade de Direito da sua cidade. Ocorre que Joaquim terá que mudar de sede, no interesse da Administração pública. Nos termos da Lei 8.112/90, desde que preenchidos os demais requisitos legais, será assegurada matrícula em instituição de ensino congênere,

(A) apenas no início do próximo ano letivo e desde que exista vaga, arcando a Administração com eventual prejuízo pelo período em que eventualmente fique sem estudar.

(B) na localidade da nova residência ou na mais próxima e em qualquer época do ano, independentemente de vaga.

(C) exclusivamente na localidade da nova residência, independentemente de vaga.

(D) em qualquer época do ano, mas desde que exista vaga, arcando a Administração com eventual prejuízo pelo período em que eventualmente fique sem estudar.

(E) apenas no início do próximo ano letivo, independentemente de vaga.

A letra "B" corresponde ao disposto no art. 99 da Lei 8.112/1990. GD

Gabarito "B"

(Técnico Judiciário – Área Administrativa – TRT12 – 2013 – FCC) De acordo com a Lei 8.112/1990, considere:

I. Amarildo é servidor público nomeado para um cargo em cidade que conta com imóvel funcional disponível para o servidor.
II. Marilda, companheira do servidor Naldo, ocupa um imóvel funcional na cidade onde trabalha.
III. Plínio, servidor público federal, é casado e tem dois filhos. Sua filha mais velha reside com ele e recebe auxílio-moradia.
IV. Pafúncio é nomeado para um cargo em determinada cidade onde já foi proprietário de um imóvel, vendido cinco anos antes de sua nomeação.

NÃO terão direito ao auxílio-moradia, os servidores indicados

APENAS nas hipóteses

(A) I, II e III.
(B) I, II e IV.
(C) III e IV.
(D) I e III.
(E) II e IV.

I: Correta (art. 60-B, I, da Lei 8.112/1990); **II:** Correta (art. 60-B, II, da Lei 8.112/1990); **III:** Correta (Art. 60-B, IV, da Lei 8.112/1990); **IV:** Incorreta. "O servidor que não tenha sido domiciliado ou tenha residido no Município, nos últimos doze meses, aonde for exercer o cargo em comissão ou função de confiança, desconsiderando-se prazo inferior a sessenta dias dentro desse período" terá direito ao auxílio-moradia (art. 60-B, VII, da Lei 8.112/1990).

Gabarito "A"

(Analista – TRT/19ª Região – 2014 – FCC) Lara, servidora pública federal do Tribunal Regional do Trabalho da 19ª Região, está ansiosa para receber sua gratificação natalina, a fim de comprar presentes para seus familiares e quitar alguns débitos que ainda possui. A propósito da gratificação narrada e nos termos da Lei 8.112/1990, é INCORRETO afirmar que

(A) a gratificação será paga até o dia 20 (vinte) do mês de dezembro de cada ano.
(B) a gratificação natalina corresponde a 1/12 (um doze avos) da remuneração a que o servidor fizer jus no mês de dezembro, por mês de exercício no respectivo ano.
(C) a fração igual ou superior a15 (quinze) dias será considerada como mês integral.
(D) a gratificação natalina será considerada para o cálculo de toda e qualquer vantagem pecuniária.
(E) o servidor exonerado perceberá sua gratificação natalina, proporcionalmente aos meses de exercício, calculada sobre a remuneração do mês da exoneração.

A: assertiva correta (art. 64, *caput*, da Lei 8.112/1990); **B:** assertiva correta (art. 63, *caput*, da Lei 8.112/1990); **C:** assertiva correta (parágrafo único do art. 63 da Lei 8.112/1990); **D:** assertiva incorreta, devendo ser assinalada. "A gratificação natalina *não* será considerada para cálculo de qualquer vantagem pecuniária" (art. 66, *caput*, da Lei 8.112/1990); **E:** assertiva correta (art. 65, *caput*, da Lei 8.112/1990).

Gabarito "D"

(Analista Judiciário – Área Administrativa – TRT12 – 2013 – FCC) Acerca do afastamento para participação em programa de pós-graduação *stricto sensu* no país, considere:

I. Tal afastamento dar-se-á ainda que a participação no curso possa ocorrer simultaneamente com o exercício do cargo.
II. O servidor afastar-se-á do exercício do cargo efetivo com a respectiva remuneração.
III. Ocorre no interesse da Administração.

De acordo com a Lei 8.112/1990, está correto o que consta APENAS em

(A) II e III.
(B) I.
(C) I e II.
(D) II.
(E) III.

I: incorreta, só terá o afastamento se a participação no curso *não puder* ocorrer simultaneamente com o exercício do cargo (art. 96-A, *caput*, da Lei 8.112/1990); **II:** correta (art. 96-A, *caput*, da Lei 8.112/1990); **III:** correta: (art. 96-A, *caput*, da Lei 8.112/1990). Assim dispõe o *caput* do art. 96-A da Lei 8.112/1990: "O servidor poderá, *no interesse da Administração*, e *desde que a participação não possa ocorrer simultaneamente com o exercício do cargo* ou mediante compensação de horário, afastar-se do exercício do cargo efetivo, *com a respectiva remuneração*, para participar em programa de pós-graduação *stricto sensu* em instituição de ensino superior no País".

Gabarito "A"

(Analista – TRT/11ª – 2012 – FCC) Joana, servidora pública federal, recebeu algumas diárias, porém, não se afastou da sede. Nos termos da Lei 8.112/1990, Joana

(A) independentemente do motivo, não precisará restituí-las, haja vista tratar-se de verba de natureza alimentar.
(B) dependendo do motivo, não precisará restituí-las.
(C) independentemente do motivo, deverá restituí-las integralmente, no prazo de trinta dias.
(D) ficará obrigada a restituí-las apenas parcialmente, no prazo de dez dias.
(E) ficará obrigada a restituí-las integralmente, no prazo de cinco dias.

Joana ficará obrigada a restituí-las integralmente, no prazo de cinco dias (art. 59 da Lei 8.112/1990).

Gabarito "E"

(Analista – TRE/CE – 2012 – FCC) De acordo com a Lei 11.416/2006, o Adicional de Qualificação – AQ relativo a título de Mestre e Doutor é, respectivamente, de

(A) 7,5% e 10% incidindo sobre vencimento básico do servidor.
(B) 12,5% e 15% sobre o salário do servidor.
(C) 10% e 12,5% incidindo sobre vencimento básico do servidor.
(D) 5% e 7,5% incidindo sobre os vencimentos do servidor.
(E) 15% e 17,5% sobre o salário do servidor.

Art. 15, II e I, da Lei 11.416/2006, respectivamente.

Gabarito "C"

(Analista – TRE/CE – 2012 – FCC) De acordo com a Lei 11.416/2006, a Gratificação de Atividade Externa – GAE é devida exclusivamente aos ocupantes

(A) do cargo de Técnico Judiciário.
(B) do cargo de Analista Judiciário – área administrativa.
(C) dos cargos de Analista Judiciário – área judiciária e Auxiliar Judiciário.
(D) do cargo de Analista Judiciário – área judiciária Oficial de Justiça Avaliador Federal.
(E) dos cargos de Técnico Judiciário e Auxiliar Judiciário.

Art. 16, *caput*, da Lei 11.416/2006.

Gabarito "D"

(Analista – TRE/CE – 2012 – FCC) O servidor das Carreiras dos Quadros de Pessoal do Poder Judiciário cedido

(A) perceberá, durante o afastamento, a Gratificação de Atividade Judiciária – GJA, salvo na hipótese de cessão para órgãos da União, na condição de optante pela remuneração do cargo efetivo.
(B) não perceberá, durante o afastamento, a Gratificação de Atividade Judiciária – GJA, salvo na hipótese de cessão para órgãos da União, na condição de optante pela remuneração do cargo efetivo.
(C) não perceberá, durante o afastamento, a Gratificação de Atividade Judiciária – GJA, inclusive na hipótese de cessão para órgãos da União, na condição de optante pela remuneração do cargo efetivo.
(D) não perceberá, durante o afastamento, a Gratificação de Atividade Judiciária – GJA, em qualquer hipótese.
(E) perceberá, durante o afastamento, 50% da Gratificação de Atividade Judiciária – GJA, em qualquer hipótese.

A letra "B" correspondia ao disposto no art. 13, § 3º, da Lei 11.416/2006, cuja redação foi alterada pela Lei 13.317/2016 para: "... não perceberá, durante o afastamento, a gratificação de que trata este artigo, salvo na hipótese de cessão para órgãos da União *ou para a Fundação de Previdência Complementar do Servidor Público Federal do Poder Judiciário – Funpresp-JUD*, na condição de optante pela remuneração do cargo efetivo".

Gabarito "B"

(Analista – TRE/CE – 2012 – FCC) Considere:

I. Nenhuma outra pessoa que resida com o servidor receba auxílio-moradia.
II. O deslocamento tenha sido por força de alteração de lotação ou nomeação para cargo efetivo.
III. O deslocamento tenha ocorrido após 30 de junho de 2006.
IV. O cônjuge do servidor ocupe imóvel funcional.

De acordo com a Lei 8.112/1990, conceder-se-á auxílio-moradia ao servidor se atendidos, dentre outros, os requisitos mencionados APENAS em

(A) I, III e IV.
(B) II e IV.
(C) I e III.
(D) I e IV.
(E) II e III.

I: correta (art. 60-B, IV, da Lei 8.112/1990); **II:** incorreta (art. 60-B, VIII, da Lei 8.112/1990); **III:** correta (art. 60-B, IX, da Lei 8.112/1990); **IV:** incorreta (art. 60-B, II, da Lei 8.112/1990).

Gabarito "C"

(Analista – TRE/SP – 2012 – FCC) O Adicional de Qualificação AQ foi concedido aos analistas judiciários Sérgio e Olga, em razão dos conhecimentos adicionais adquiridos em títulos, diplomas e certificados de cursos de pós-graduação, em sentido amplo ou estrito em áreas de interesse dos órgãos do Poder Judiciário. Nesses casos, analise:

I. Esse adicional será devido a partir da conclusão do título, diploma ou certificado.
II. Serão considerados, para os efeitos desse adicional, os cursos e as instituições de ensino reconhecidos por quaisquer órgãos públicos de educação.
III. Serão admitidos cursos de pós-graduação *lato sensu* somente com duração mínima de 360 (trezentas e sessenta) horas.
IV. O adicional mencionado não será concedido quando o curso constituir requisito para ingresso no cargo.

Diante disso, está correto o que consta APENAS em

(A) I e III.
(B) I e IV.
(C) II e III.
(D) II e IV.
(E) III e IV.

I: incorreta (art. 15, § 3º, da Lei 11.416/2006); **II:** incorreta (art. 14, § 3º, da Lei 11.416/2006); **III:** correta (art. 14, § 4º, da Lei 11.416/2006); **IV:** correta (art. 14, § 1º, da Lei 11.416/2006).

Gabarito "E"

(Analista – TRT/11ª – 2012 – FCC) Nos termos da Lei 8.112/1990, no que diz respeito ao auxílio-moradia, é correto afirmar:

(A) O valor do auxílio-moradia poderá superar 25% (vinte e cinco por cento) da remuneração de Ministro de Estado.
(B) Será possível a concessão da vantagem, ainda que a pessoa que resida com o servidor também receba auxílio-moradia.
(C) No caso de falecimento, exoneração, colocação de imóvel funcional à disposição do servidor ou aquisição de imóvel, o auxílio-moradia continuará sendo pago por um mês.
(D) Conceder-se-á a vantagem ao servidor desde que, dentre outros requisitos legais, o deslocamento tenha sido por força de alteração de lotação ou nomeação para cargo efetivo.
(E) Será possível a concessão da vantagem, ainda que o cônjuge ou companheiro do servidor ocupe imóvel funcional.

A: incorreta, pois o art. 60-D, § 1º, da Lei 8.112/1990 dispõe que o "auxílio-moradia não poderá superar 25% (vinte e cinco por cento) da remuneração de Ministro de Estado"; **B**: incorreta, pois o art. 60-B, IV, da Lei 8.112/1990 dispõe que um dos requisitos para concessão do auxílio-moradia é que nenhuma outra pessoa que resida com o servidor receba auxílio-moradia; **C**: correta (art. 60-E da Lei 8.112/1990). A MP 805/2017 deu nova redação ao art. 60-E: "No caso de falecimento, exoneração, colocação de imóvel funcional à disposição do servidor ou aquisição de imóvel, o auxílio-moradia poderá ser mantido por um mês, limitado ao valor pago no mês anterior"; **D**: incorreta, pois o art. 60-B, VIII, da Lei 8.112/1990 dispõe que um dos requisitos para concessão do auxílio-moradia é que o deslocamento não tenha sido por força de alteração de lotação ou nomeação para cargo efetivo; **E**: incorreta, pois o art. 60-B, II, da Lei 8.112/1990 dispõe que um dos requisitos para concessão do auxílio-moradia é que o cônjuge ou companheiro do servidor não ocupe imóvel funcional.

Gabarito "C"

(Analista – TRT/23ª – 2011 – FCC) Considere as seguintes assertivas sobre as vantagens dos servidores públicos civis federais, nos termos da Lei 8.112/1990:

I. A ajuda de custo poderá ser concedida ao servidor que se afastar do cargo, ou reassumi-lo, em virtude de mandato eletivo.

II. No caso de falecimento, exoneração, colocação de imóvel funcional à disposição do servidor ou aquisição de imóvel, o auxílio-moradia continuará sendo pago por um mês.

III. As vantagens pecuniárias não serão computadas, nem acumuladas, para efeito de concessão de quaisquer outros acréscimos pecuniários ulteriores, sob o mesmo título ou idêntico fundamento.

Está correto o que se afirma APENAS em

(A) I e III.

(B) II e III.

(C) III.

(D) I e II.

(E) I.

I: incorreta (art. 55 da Lei 8.112/1990); **II:** correta (art. 60-E da Lei 8.112/1990). A MP 805/2017 deu nova redação ao art. 60-E: "No caso de falecimento, exoneração, colocação de imóvel funcional à disposição do servidor ou aquisição de imóvel, o auxílio-moradia poderá ser mantido por um mês, limitado ao valor pago no mês anterior"; **III:** correta (art. 50 da Lei 8.112/1990).

Gabarito "B"

(TRT/23ª – 2011 – FCC) Sobre as férias dos servidores públicos civis federais, prevista na Lei 8.112/1990, é correto afirmar que:

(A) O servidor fará jus a trinta dias de férias, que não podem, em qualquer hipótese, ser acumuladas com outro período.

(B) As férias poderão ser parceladas em até três etapas, desde que assim requeridas pelo servidor, e no interesse da Administração Pública.

(C) O pagamento da remuneração das férias será efetuado até um dia antes do início do respectivo período, observando-se os demais preceitos estabelecidos em lei.

(D) É facultado ao servidor público levar à conta de férias qualquer falta ao serviço.

(E) A indenização relativa ao período de férias do servidor exonerado será calculada com base na remuneração do mês posterior àquele em que for publicado o ato exoneratório.

A: incorreta, pois o servidor fará jus a trinta dias de férias, que podem ser acumuladas, até o máximo de dois períodos, no caso de necessidade do serviço, ressalvadas as hipóteses em que haja legislação específica (art. 77, *caput*, da Lei 8.112/1990); **B**: correta (art. 77, § 3°, da Lei 8.112/1990); **C**: incorreta, pois o pagamento da remuneração das férias será efetuado até 2 (dois) dias antes do início do respectivo período, observando-se o disposto no § 1° deste artigo (art. 78, *caput*, da Lei 8.112/1990); **D**: incorreta, pois é vedado levar à conta de férias qualquer falta ao serviço (art. 77, § 2°, da Lei 8.112/1990); **E**: incorreta, pois a indenização será calculada com base na remuneração do mês em que for publicado o ato exoneratório (art. 78, § 4°, da Lei 8.112/1990).

Gabarito "B"

(TRF/1ª – 2011 – FCC) Sobre as férias dos servidores públicos federais, é correto afirmar:

(A) O servidor fará jus a trinta dias de férias, que podem ser acumuladas até o máximo de dois períodos, no caso de necessidade do serviço, ressalvadas as hipóteses em que haja legislação específica.

(B) Não é vedado ao servidor levar à conta de férias alguma falta ao serviço.

(C) As férias poderão ser parceladas em até duas etapas, desde que assim requeridas pelo servidor, e no interesse da Administração Pública.

(D) O servidor exonerado do cargo efetivo perceberá indenização, relativa ao período das férias a que tiver direito, calculada com base na remuneração do mês anterior ao da publicação do ato exoneratório.

(E) O servidor que opera direta e permanentemente com raios X ou substâncias radioativas gozará trinta dias consecutivos de férias, por semestre de atividade profissional, proibida em qualquer hipótese a acumulação.

A: correta (art. 77, *caput*, da Lei 8.112/1990); **B**: incorreta, pois é vedado levar à conta de férias qualquer falta ao serviço (art. 77, § 2°, da Lei 8.112/1990); **C**: incorreta, pois as férias podem ser parceladas em até três etapas (art. 77, § 3°, da Lei 8.112/1990); **D**: incorreta, pois a indenização será calculada com base na remuneração do mês em que for publicado o ato exoneratório (art. 78, § 4°, da Lei 8.112/1990); **E**: incorreta, pois o servidor que opera direta e permanentemente com Raios X ou substâncias radioativas gozará 20 (vinte) dias consecutivos de férias, por semestre de atividade profissional, proibida em qualquer hipótese a acumulação (art. 79 da Lei 8.112/1990).

Gabarito "A"

2.3. Licenças

(Técnico Judiciário – TRE/SP – FCC – 2017) Considere:

I. Exercício de cargo ou função de governo ou administração, em qualquer parte do território nacional, por nomeação do Presidente da República.

II. Desempenho de mandato eletivo federal, estadual, municipal ou do Distrito Federal, inclusive para promoção por merecimento.

III. Participação em competição desportiva nacional ou convocação para integrar representação desportiva nacional, no País ou no exterior, conforme disposto em lei específica.

IV. Licença por motivo de acidente em serviço.

Nos termos da Lei 8.112/1990, são considerados como de efetivo exercício os afastamentos constantes APENAS em

(A) I,II e III.

(B) I e III.

(C) I, II e IV.

(D) I, III e IV.

(E) III e IV.

I: correta (art. 102, III, da Lei 8.112/1990); **II:** incorreta, *exceto* para a promoção por merecimento (art. 102, V, da Lei 8.112/1990); **III:** correta (art. 102, X, da Lei 8.112/1990); **IV:** correta (art. 102, VIII, *d*, da Lei 8.112/1990).

Gabarito "D"

(Técnico Judiciário – TRT20 – FCC – 2016) Aristides, servidor público do Tribunal Regional do Trabalho da 20ª Região, usufruiu de afastamento para estudar no exterior, tendo o mencionado período perdurado por quatro anos, ou seja, até 2014. Aristides pretende novo afastamento para estudo em Paris. Nos termos da Lei 8.112/1990, além da autorização do Presidente

(A) do Tribunal Regional do Trabalho da 20ª Região, deverá aguardar até 2017, ou seja, é necessário aguardar o transcurso de três anos para que tenha direito a nova ausência.

(B) da República, não necessitará aguardar qualquer lapso temporal, pois já faz jus ao novo afastamento.

(C) do Supremo Tribunal Federal, deverá aguardar até 2018, ou seja, é necessário aguardar o transcurso de quatro anos para que tenha direito a nova ausência.

(D) do Tribunal Regional do Trabalho da 20ª Região, não necessitará aguardar qualquer lapso temporal, pois já faz jus ao novo afastamento.

(E) do Supremo Tribunal Federal, deverá aguardar até 2017, ou seja, é necessário aguardar o transcurso de três anos para que tenha direito a nova ausência.

Dispõe o art. 95, *caput* e § 1º da Lei 8.112/1990: "art. 95. O servidor não poderá ausentar-se do País para estudo ou missão oficial, sem autorização do Presidente da República, Presidente dos Órgãos do Poder Legislativo e Presidente do Supremo Tribunal Federal. § 1º A ausência não excederá a 4 (quatro) anos, e finda a missão ou estudo, somente decorrido igual período, será permitida nova ausência". GD

Gabarito "C".

(Analista Judiciário – Área Judiciária – TRT12 – 2013 – FCC) Bento, servidor público federal, foi convocado para o serviço militar. Em razão de tal fato, foi concedida licença de seu cargo público. Concluído o serviço militar, Bento terá alguns dias sem remuneração para reassumir o exercício do cargo. Nos termos da Lei 8.112/1990, o prazo a que se refere o enunciado é, em dias, de até

(A) 5.

(B) 15.

(C) 90.

(D) 30.

(E) 60.

O prazo é de 30 dias, conforme preceitua o parágrafo único do art. 85 da Lei 8.112/1990.

Gabarito "D".

(Analista – TRE/CE – 2012 – FCC) Poderá ser concedida licença ao servidor para acompanhar cônjuge ou companheiro que foi deslocado para outro ponto do território nacional, para o exterior ou para o exercício de mandato eletivo dos Poderes Executivo e Legislativo. De acordo com a Lei 8.112/1990, esta licença será

(A) por prazo indeterminado e sem remuneração.

(B) de até 120 dias consecutivos, com remuneração.

(C) de até 180 dias consecutivos, sem remuneração.

(D) de, no máximo, 90 dias, com remuneração na sua integralidade.

(E) de, no máximo, 90 dias, com remuneração de 50% dos vencimentos líquidos.

Art. 84, § 1º, da Lei 8.112/1990.

Gabarito "A".

(Analista – TRT/20ª – 2011 – FCC) A licença por motivo de doença em pessoa da família, incluídas as prorrogações, poderá ser concedida a cada período de doze meses, dentre outras, na seguinte condição, por até

(A) 120 dias, consecutivos ou não, sem remuneração.

(B) 100 dias, consecutivos ou não, sem remuneração.

(C) 120 dias, consecutivos, mantida a remuneração do servidor.

(D) 60 dias, consecutivos ou não, mantida a remuneração do servidor.

(E) 90 dias, consecutivos, mantida a remuneração do servidor.

Art. 83, § 2º, I, da Lei 8.112/1990.

Gabarito "D".

(Analista – TRT/23ª – 2011 – FCC) Considere as assertivas abaixo sobre as licenças dos servidores públicos civis federais, nos termos da Lei 8.112/1990.

I. É vedado o exercício de atividade remunerada durante o período da licença por motivo de doença em pessoa da família.

II. A licença para atividade política exige que o servidor candidato a cargo eletivo na localidade onde desempenha suas funções e que exerça cargo de direção, chefia, assessoramento, arrecadação ou fiscalização, dele seja afastado, a partir do quinto dia seguinte ao do registro de sua candidatura perante a Justiça Eleitoral, até o quinto dia seguinte ao do pleito.

III. Para os fins da licença para capacitação, após cada quinquênio de efetivo exercício, o servidor poderá, no interesse da Administração, afastar-se do exercício do cargo efetivo, com a respectiva remuneração, por até três meses, para participar de curso de capacitação profissional.

Está correto o que se afirma APENAS em

(A) II e III.

(B) I.

(C) II.

(D) I e III.

(E) I e II.

I: correta (art. 81, § 3º, da Lei 8.112/1990); **II:** incorreta, pois o servidor candidato a cargo eletivo na localidade onde desempenha suas funções e que exerça cargo de direção, chefia, assessoramento, arrecadação ou fiscalização, dele será afastado, a partir do dia imediato ao do registro de sua candidatura perante a Justiça Eleitoral, até o décimo dia seguinte ao do pleito (art. 86, § 1º, da Lei 8.112/1990); **III:** correta (art. 87, *caput*, da Lei 8.112/1990).

Gabarito "D".

(Analista – TRT/23ª – 2011 – FCC) Considere as seguintes assertivas sobre as licenças dos servidores públicos civis federais, nos termos da Lei 8.112/1990:

I. A partir do registro da candidatura e até o décimo dia seguinte ao da eleição, o servidor fará jus à licença para atividade política, assegurados os vencimentos do cargo efetivo, somente pelo período de dois meses.

II. A licença poderá ser concedida ao servidor por motivo de doença do cônjuge ou companheiro por até trinta dias, consecutivos ou não, mantida a remuneração do servidor, e por até sessenta dias, consecutivos ou não, sem remuneração.

III. A critério da Administração poderão ser concedidas ao servidor ocupante de cargo efetivo, desde que não esteja em estágio probatório, licenças para o trato de assuntos particulares pelo prazo de até três anos consecutivos, sem remuneração.

Está correto o que se afirma APENAS em

(A) I e III.

(B) II e III.

(C) I e II.

(D) II.

(E) III.

I: incorreta, pois a partir do registro da candidatura e até o décimo dia seguinte ao da eleição, o servidor fará jus à licença, assegurados os vencimentos do cargo efetivo, somente pelo período de três meses (art. 86, § 2º, da Lei 8.112/1990); **II:** incorreta, pois a licença tratada na alternativa, incluídas as prorrogações, poderá ser concedida a cada período de doze meses nas seguintes condições: I – por até 60 (sessenta) dias, consecutivos ou não, mantida a remuneração do servidor; e II – por até 90 (noventa) dias, consecutivos ou não, sem remuneração (art. 83, § 2º, da Lei 8.112/1990); **III:** correta (art. 91, *caput*, da Lei 8.112/1990).

Gabarito "E"

(Analista – TRT/9ª – 2010 – FCC) Sobre as licenças previstas na Lei 8.112/1990, é correto afirmar:

(A) O servidor terá direito à licença, sem remuneração, para atividade política, durante o período que mediar entre a sua escolha em convenção partidária, como candidato a cargo eletivo, e à véspera do registro de sua candidatura perante a Justiça Eleitoral.

(B) Concluído o serviço militar, o servidor terá até sessenta dias sem remuneração para reassumir o exercício do cargo.

(C) A licença por motivo de afastamento do cônjuge pode ser concedida, no máximo, por dois anos consecutivos.

(D) Após cada triênio de efetivo exercício, o servidor poderá, no interesse da Administração, afastar-se do exercício do cargo efetivo, com a respectiva remuneração, por até três meses, para participar de curso de capacitação profissional.

(E) Não faz jus à licença por motivo de doença em pessoa da família se a doença for do padrasto ou madrasta do servidor.

A: correta (art. 86, *caput*, da Lei 8.112/1990), **B**: incorreta (concluído o serviço militar, o servidor terá até trinta dias sem remuneração para reassumir o exercício do cargo – art. 85, parágrafo único, da Lei 8.112/1990); **C**: incorreta (a licença será por prazo indeterminado – art. 84, § 1º, da Lei 8.112/1990); **D**: incorreta (após cada quinquênio de efetivo exercício, o servidor poderá, no interesse da Administração, afastar-se do cargo efetivo, com a respectiva remuneração, por até três meses, para participar de curso de capacitação profissional – art. 87, *caput*, da Lei 8.112/1990); **E**: incorreta (art. 83, *caput*, da Lei 8.112/1990).

Gabarito "A"

(TRT/24ª – 2011 – FCC) No que diz respeito às licenças, previstas na Lei 8.112/1990, é correto afirmar:

(A) A partir do registro da candidatura e até o décimo dia seguinte ao da eleição, o servidor fará jus à licença para atividade política, assegurados os vencimentos do cargo efetivo, somente pelo período de dois meses.

(B) Na licença para o serviço militar, concluído tal serviço, o servidor terá até quarenta dias sem remuneração para reassumir o exercício do cargo.

(C) É possível o exercício de atividade remunerada durante o período da licença por motivo de doença em pessoa da família.

(D) A licença ao servidor para acompanhar cônjuge que foi deslocado para o exterior será pelo prazo máximo de dois anos.

(E) A licença concedida dentro de sessenta dias do término de outra da mesma espécie será considerada como prorrogação.

A: incorreta, pois A partir do registro da candidatura e até o décimo dia seguinte ao da eleição, o servidor fará jus à licença, assegurados os vencimentos do cargo efetivo, somente pelo período de três meses (art. 86, § 2º, da Lei 8.112/1990); **B**: incorreta, pois o servidor terá até 30 (trinta) dias sem remuneração para reassumir o exercício do cargo (art. 85, parágrafo único, da Lei 8.112/1990); **C**: incorreta (art. 81, § 3º, da Lei 8.112/1990); **D**: incorreta, pois a licença nesse caso será por prazo indeterminado (art. 84, § 1º, da Lei 8.112/1990); **E**: correta (art. 82 da Lei 8.112/1990).

Gabarito "E"

(TRT/15ª – 2009 – FCC) A licença para desempenho de mandato classista, prevista na Lei 8.112/1990, está condicionada, dentre outras, à seguinte regra:

(A) Durante a licença o servidor receberá metade da sua remuneração.

(B) A licença terá duração igual à do mandato, podendo ser prorrogada, no caso de reeleição, e por duas vezes.

(C) Para entidades com até 5.000 associados, o limite é de dois servidores.

(D) Para entidades com mais de 30.000 associados, o limite é de seis servidores.

(E) Somente poderão ser licenciados servidores eleitos para cargos de direção ou representação nas entidades, desde que cadastradas no Ministério da Administração Federal e Reforma do Estado.

A letra "E" correspondia à redação do § 1º do art. 92da Lei 8.112/1990, que foi alterada pela Lei 12.998/2014 para: "Somente poderão ser licenciados os servidores eleitos para cargos de direção ou de representação nas referidas entidades, desde que cadastradas no órgão competente".

Gabarito "E"

2.4. Direito de petição

(Técnico – TRT/2ª Região – 2014 – FCC) No que concerne ao direito de petição, previsto constitucionalmente, e sua aplicação aos servidores públicos, é correto afirmar que

(A) embora haja regramento constitucional, inexistindo previsão na Lei 8.112/1990, não se pode considerar aplicável o direito nas relações travadas na esfera administrativa.

(B) é assegurado ao servidor público na Lei 8.112/1990, inclusive com previsão de cabimento de pedido de reconsideração e recurso administrativo.

(C) não se aplica diretamente aos servidores, que podem, no entanto, fazê-lo por intermédio de sua chefia imediata.

(D) é aplicável ao servidor público na esfera administrativa, com possibilidade de apresentação de pedido de reconsideração, vedada, no entanto, a interposição de recurso em razão daquela decisão.

(E) é garantido aos servidores, do qual decorre o direito de recorrer, uma única vez, às autoridades superiores, vedada interposição de recursos sucessivos

A: Incorreta. O direito de petição, constitucionalmente prescrito no art. 5º, XXXIV, *a*, é previsto também na Lei 8.112/1990, nos arts. 104 e seguintes, sendo, portanto, aplicável nas relações travadas na esfera administrativa; **B:** Correta. *O pedido de reconsideração* deverá ser encaminhado à autoridade competente que houver expedido o ato ou proferido a primeira decisão, não podendo ser renovado (art. 106 da Lei 8.112/1990). É importante dizer que o recurso administrativo será cabível nas hipóteses do art. 107 da Lei 8.112/1990; **C:** Incorreta. O art. 104 da Lei 8.112/1990 assegura ao servidor o direito de requerer aos Poderes Públicos, em defesa de direito ou interesse legítimo. Note-se que a lei não faz alusão ao intermédio de sua chefia imediata. Por fim, a Constituição Federal prevê que "a *todos* são assegurados, independentemente do pagamento de taxas, o direito de petição aos poderes públicos e, defesa de direitos ou contra ilegalidade ou abuso de poder" (art. 5º, XXXIV, *a*); **D:** Incorreta, pois a Lei 8.112/1990 possibilita a interposição de recursos, conforme art. 107 da Lei 8.112/1990; **E:** Incorreta. É cabível recurso das decisões sobre os recursos sucessivamente impostos (art. 107, II, da Lei 8.112/1990).

Gabarito "B"

(Analista – TRT/8ª – 2010 – FCC) Nos termos da Lei 8.112/1990, é assegurado ao servidor o direito de requerer aos Poderes Públicos, em defesa de direito ou interesse legítimo. Diante disso,

(A) não caberá recurso das decisões sobre os recursos sucessivamente interpostos.

(B) o prazo para interposição de pedido de reconsideração é de quinze dias, a contar da intimação do interessado ou do seu representante legal.

(C) não cabe pedido de reconsideração à autoridade que houver expedido o ato ou proferido a primeira decisão.

(D) o pedido de reconsideração e o recurso, quando cabíveis, não suspendem ou interrompem a prescrição.

(E) o prazo de prescrição do direito de requerer será contado da data da publicação do ato impugnado ou da data da ciência pelo interessado, quando o ato não for publicado.

A: incorreta (art. 107, II, da Lei 8.112/1990); **B**: incorreta (o prazo para interposição do pedido de reconsideração é de 30 dias – art. 108 da Lei 8.112/1990); **C**: incorreta (art. 106, *caput*, da Lei 8.112/1990); **D**: incorreta (art. 111, *caput*, da Lei 8.112/1990); **E**: correta (art. 110, parágrafo único, da Lei 8.112/1990).

Gabarito "E"

(TRT/4ª – 2011 – FCC) Paulo, ao exercer o direito de petição deve saber que,

(A) o recurso, salvo a revisão, será cabível nas hipóteses de indeferimento ou deferimento do pedido de reconsideração.

(B) caberá recurso das decisões sobre os recursos sucessivamente interpostos.

(C) o prazo da prescrição será sempre contado da data do fato ou do ato impugnado, independentemente de publicação, por ser de ordem pública.

(D) para o exercício desse direito é assegurada vista do processo em qualquer local, desde que ao servidor pessoalmente.

(E) o pedido de reconsideração e o recurso, em qualquer situação, por terem efeito suspensivo não interrompem a prescrição.

A: incorreta, pois o recurso será cabível somente nos casos de indeferimento do pedido de reconsideração (art. 107, I, da Lei 8.112/1990); **B**: correta (art. 107, II, da Lei 8.112/1990); **C**: incorreta, pois o prazo de prescrição será contado da data da publicação do ato impugnado ou da data da ciência pelo interessado, quando o ato não for publicado (art. 110, parágrafo único, da Lei 8.112/1990); **D**: incorreta, pois para o exercício do direito de petição, é assegurada vista do processo ou documento, na repartição, ao servidor ou a procurador por ele constituído (art. 113 da Lei 8.112/1990); **E**: incorreta, pois o pedido de reconsideração e o recurso, quando cabíveis, interrompem a prescrição (art. 111 da Lei 8.112/1990).

Gabarito "B"

(Analista – TRT/7ª – 2009 – FCC) Em tema de Direito de Petição assegurado ao servidor público nos termos da Lei 8.112/90, considere:

I. O direito de requerer aos Poderes Públicos, em defesa de direito ou interesse legítimo é imprescritível.

II. A administração deverá rever seus atos, a qualquer tempo, quando eivados de ilegalidade.

III. Cabe pedido de reconsideração à autoridade que houver expedido o ato ou proferido a primeira decisão, não podendo ser renovado.

IV. Caberá recurso, dentre outras hipóteses, do deferimento de pedido de reconsideração sucessivamente interposto.

V. O prazo para a interposição de recurso é de quinze dias, a contar do ato que deferiu ou indeferiu o pedido de reconsideração.

É correto o que se afirma APENAS em

(A) I, II e IV.

(B) I e IV.

(C) IV e V.

(D) II e III.

(E) II, III e V.

I: incorreta (art. 110 da Lei 8.112/1990); **II**: correta (art. 114 da Lei 8.112/1990); **III**: correta (art. 106 da Lei 8.112/1990); **IV**: incorreta (art. 107, I e II, da Lei 8.112/1990); **V**: incorreta (art. 108 da Lei 8.112/1990).

Gabarito "D"

3. REGIME DISCIPLINAR

3.1. Deveres

(Analista – TRE/PR – 2012 – FCC) A um engenheiro ocupante de cargo público foi encaminhado processo administrativo para proferimento de parecer técnico. Identificou, contudo, que se tratava de processo administrativo no qual havia atuado como perito, na época contratado para tanto. Nessa situação,

(A) deverá abster-se de atuar, comunicando o fato à autoridade superior, sob pena de cometimento de falta grave.

(B) poderá atuar normalmente, devendo, contudo, manter-se fiel ao entendimento proferido quando era perito.

(C) poderá atuar normalmente, na medida em que ocupante de cargo público goza de boa-fé, não importando a atuação anterior ao provimento.

(D) deverá abster-se de atuar oficialmente, podendo lançar parecer meramente opinativo e não vinculatório nos autos, cabendo à autoridade superior a decisão sobre a questão.

(E) poderá abster-se de atuar caso não se repute isento o suficiente para proferir parecer técnico sobre o caso.

Arts. 18 e 19 da Lei 9.784/1999.

Gabarito "A"

(Analista – TRE/PR – 2012 – FCC) Iniciado o processo administrativo por provocação do interessado, este

(A) não poderá desistir do pedido, ainda que renuncie aos direitos invocados no processo.

(B) não poderá desistir do pedido se houver mais interessados no processo, sob pena de influenciar a decisão.

(C) poderá desistir do pedido, não atingindo os direitos dos demais interessados.

(D) poderá desistir do pedido, não podendo a administração prosseguir com o processo por motivo de interesse público.

(E) poderá desistir do processo, mas não renunciar a qualquer direito, ainda que disponível.

Art. 51, *caput* e § 1º, da Lei 9.784/1999.

Gabarito "C"

(Analista – TRT/12ª – 2010 – FCC) De acordo com a Lei 8.112/1990, é dever do servidor público

(A) guardar sigilo sobre assunto da repartição de que teve ciência em razão do cargo, mesmo que referido assunto envolva irregularidades.

(B) representar contra omissão, sendo que tal representação será apreciada pela autoridade contra a qual é formulada, assegurando-se ao representando ampla defesa.

(C) cumprir as ordens superiores, ainda que manifestamente ilegais.

(D) atender com presteza à expedição de certidões para o atendimento do interesse público, exceto para esclarecimento de situação de interesse pessoal.

(E) atender com presteza ao público em geral, prestando as informações requeridas, ressalvadas as protegidas por sigilo.

A: incorreta (art. 116, VI, da Lei 8.112/1990); **B**: incorreta (art. 116, XII, parágrafo único, da Lei 8.112/1990); **C**: incorreta (art. 116, IV, da Lei 8.112/1990); **D**: incorreta (art. 116, V, *b*, da Lei 8.112/1990); **E**: correta (art. 116, V, *a*, da Lei 8.112/1990).

Gabarito "E"

3.2. Proibições

(Analista – TRT/14ª – 2011 – FCC) Nos termos da Lei 8.112/1990, o ex-servidor público fica incompatível para nova investidura em cargo público federal, pelo prazo de cinco anos, quando tiver sido demitido por

(A) aplicar irregularmente o dinheiro público.

(B) crime contra a Administração Pública.

(C) improbidade administrativa.

(D) valer-se do cargo para lograr proveito pessoal ou de outrem, em detrimento da dignidade da função pública.

(E) lesar os cofres públicos e dilapidar o patrimônio nacional.

Arts. 137 e 117, IX, da Lei 8.112/1990.

Gabarito "D"

(Analista – TRT/22ª – 2010 – FCC) Quanto a acumulação de cargos, a Lei 8.112/1990, estabelece que

(A) a proibição de acumular estende-se apenas a cargos e não empregos ou funções em autarquias, fundações públicas, empresas públicas e sociedades de economia mista.

(B) o servidor que acumular licitamente dois ou mais cargos em comissão, quando investido em cargo efetivo, ficará afastado de ambos os cargos, ainda que houver compatibilidade de horário.

(C) em qualquer hipótese é vedada a acumulação remunerada de cargos públicos.

(D) se considera acumulação proibida a percepção de vencimento de cargo com proventos da inatividade, salvo quando os cargos de que decorram essas remunerações não forem acumuláveis na atividade.

(E) a acumulação de cargos, ainda que lícita, fica condicionada à comprovação da compatibilidade de horários.

A: incorreta (art. 118, § 1º, da Lei 8.112/1990) e art.37, XVII da CF; **B**: incorreta (art. 120 da Lei 8.112/1990); **C**: incorreta (art. 118, *caput*, da Lei 8.112/1990) e art. 37, XVI da CF; **D**: incorreta (art. 118, § 3º, da Lei 8.112/1990); **E**: correta (art. 118, § 2º, da Lei 8.112/1990).

Gabarito "E"

(Analista – TRT/7ª – 2009 – FCC) Nos termos da Lei 8.112/1990, ao servidor público civil é proibido, dentre outras hipóteses,

(A) participar de sociedade privada na qualidade de comanditário, salvo como gerente ou administrador.

(B) ausentar-se do serviço durante o expediente, sem prévia autorização do chefe imediato.

(C) retirar, sem anuência da autoridade competente, qualquer documento ou objeto da repartição.

(D) dar fé a documentos públicos.

(E) promover manifestação de apreço ou desapreço no recinto da repartição.

Art. 117, V, da Lei 8.112/1990.

Gabarito "E"

3.3. Acumulação

(Analista Judiciário – Área Administrativa – TRT18 – 2013 – FCC) A acumulação da percepção de vencimentos de cargo público efetivo com proventos de inatividade, nos termos da Lei 8.112/1990, é

(A) vedada, tendo em vista que a acumulação de cargos, para ser lícita, pressupõe atividade em ambos os casos, tornando-se inadmissível por ocasião da aposentadoria do servidor.

(B) permitida somente se o cargo do qual se aposentou o servidor e fundamenta a inatividade não tivesse a mesma natureza do cargo efetivo ainda ocupado pelo servidor.

(C) permitida, ainda que os cargos não fossem cumuláveis na ativa, tendo em vista que deixa de haver incompatibilidade de horários e das atividades exercidas.

(D) vedada, tendo em vista que só poderiam ser cumuláveis vencimentos de cargos em comissão, situação que perdura na inatividade de um dos cargos.

(E) permitida, desde que se esteja diante de hipótese de remunerações que também fossem cumuláveis durante o período de atividade.

Assim dispõe o § 3º do art. 118 da Lei 8.112/1990: "*Considera-se acumulação proibida* a percepção de vencimento de cargo ou emprego público efetivo com proventos da inatividade, *salvo quando os cargos de que decorram essas remunerações forem acumuláveis na atividade*".

Gabarito "E"

3.4. Responsabilidades

(Analista – TRT/8ª – 2010 – FCC) Nos termos da Lei 8.112/1990, a prática de determinado ato considerado irregular por servidor público em face de suas atribuições, implica a

(A) inafastabilidade da responsabilidade administrativa do servidor no caso de absolvição criminal que negue a existência do fato ou sua autoria.

(B) obrigação de reparar o dano estendida aos sucessores e contra eles executada, até o limite do valor da herança recebida.

(C) responsabilização civil-administrativa, somente se resultante de ato comissivo e não omissivo, praticado em razão da qualidade de funcionário público e não em razão da sua função.

(D) inaplicabilidade das sanções civis, penais e administrativas cumulativamente, por serem independentes entre si.

(E) não responsabilização do servidor perante a Fazenda Pública, em ação regressiva, tratando-se de dano causado a terceiros.

A: incorreta (art. 126 da Lei 8.112/1990); **B**: correta (art. 122, § 3º, da Lei 8.112/1990); **C**: incorreta (art. 124 da Lei 8.112/1990); **D**: incorreta (art. 125 da Lei 8.112/1990); **E**: incorreta (art. 122, § 2º, da Lei 8.112/1990).

Gabarito "B"

3.5. Penalidades

(Técnico Judiciário – TRT24 – FCC – 2017) Claudia e Joana são servidoras públicas federais, tendo praticado faltas disciplinares no exercício de suas atribuições. Claudia faltou ao serviço, sem causa justificada, por sessenta dias, interpoladamente, durante o período de doze meses. Joana, de histórico exemplar vez que nunca sofrera qualquer penalidade administrativa, opôs resistência injustificada à execução de determinado serviço. Cumpre salientar que ambas as servidoras ainda não foram processadas administrativamente embora a Administração já tenha conhecimento dos fatos praticados. Nos termos da Lei 8.112/1990, as ações disciplinares relativas às infrações praticadas pelas servidoras prescreverão em

(A) 5 anos e 2 anos, respectivamente, contados tais prazos a partir da data em que os fatos se tornaram conhecidos pela Administração.

(B) 2 anos e 180 dias, respectivamente, contados tais prazos a partir da data em que os fatos se tornaram conhecidos pela Administração.

(C) 5 anos e 180 dias, respectivamente, contados tais prazos a partir da data em que os fatos se tornaram conhecidos pela Administração.

(D) 2 anos, contado tal prazo da data em que praticadas as condutas.

(E) 5 anos, contado tal prazo da data em que praticadas as condutas.

Cláudia praticou inassiduidade pontual, descrita no art. 139 da Lei 8.112/1990. O art. 132, III, da mesma lei dispõe que tal conduta é punida com demissão, cuja ação disciplinar prescreve em 5 anos, conforme determina o art. 142, I, dessa lei. Joana praticou resistência injustificada (art. 117, IV), cuja pena é a advertência (art. 127, I), e a ação disciplinar prescreve em 180 dias (art. 142, III).

Gabarito "C"

(Técnico Judiciário – TRT24 – FCC – 2017) Luciana, servidora pública federal, faltou justificadamente ao serviço em razão de forte enchente que atingiu local próximo à sua residência, impedindo-a de se deslocar até seu local de seu trabalho. Nos termos da Lei 8.112/1990, a falta de Luciana

(A) poderá ser compensada a critério da chefia imediata, mas não será considerada como efetivo exercício.

(B) poderá ser compensada a critério da chefia imediata, sendo assim considerada como efetivo exercício.

(C) não poderá ser compensada, haja vista a natureza da falta.

(D) poderá ser compensada a critério da chefia mediata e não será considerada como efetivo exercício.

(E) poderá ser compensada a critério da chefia mediata, sendo assim considerada como efetivo exercício.

A letra B corresponde ao disposto no art. 44, parágrafo único, da Lei 8.112/1990.

Gabarito "B"

(Técnico Judiciário – TRT20 – FCC – 2016) Luciana é técnica administrativa do Tribunal Regional do Trabalho da 20ª Região há quinze anos, tendo, dentre outras atribuições, a de classificar e autuar os processos. Cumpre salientar que Luciana detém um histórico funcional exemplar, haja vista nunca ter sofrido qualquer penalidade administrativa. Em 2015, opôs resistência injustificada à autuação de determinados processos, retardando propositadamente os seus andamentos. Nos termos da Lei 8.112/1990, a ação disciplinar quanto à infração praticada por Luciana prescreverá em

(A) 5 anos.

(B) 2 anos.

(C) 180 dias.

(D) 1 ano.

(E) 90 dias.

Luciana praticou resistência injustificada capitulada no art. 117, IV, da Lei 8.112/1990, cuja pena é a advertência, e a ação disciplinar prescreve em 180 dias.

Gabarito "C"

(Técnico – TRT/19ª Região – 2014 – FCC) Alice, servidora pública do Tribunal Regional do Trabalho da 19ª Região, encontrava-se em seu local de trabalho, exercendo normalmente suas atribuições, quando foi surpreendida por um particular que lhe dirigiu graves xingamentos, ofensivos à sua moral. Alice, abalada emocionalmente, ofendeu fisicamente o particular. Nos termos da Lei 8.112/1990, Alice

(A) está sujeita à pena de repreensão.
(B) não sofrerá punição, haja vista ter agido em legítima defesa.
(C) cometeu ato de improbidade e pode sofrer a suspensão dos seus direitos políticos por 8 (oito) anos.
(D) está sujeita à pena de demissão.
(E) não sofrerá punição, mas terá o episódio registrado em seu prontuário, para fins de antecedentes funcionais.

A: Incorreta, pois não há previsão da penalidade disciplinar no art. 127 da Lei 8.112/1990; **B:** Incorreta, pois a legítima defesa somente é admitida em resposta a agressão física; **C:** Incorreta, pois não houve enriquecimento ilícito previsto na Lei 8.429/1992, não cabendo, portanto, a sanção mencionada na alternativa; **D:** Correta, nos termos do art. 132, VII, da Lei 8.112/1990; **E:** Incorreta, pois a servidora estará sujeita à pena de demissão prevista no art. 132 da Lei 8.112/1990.

Gabarito "D"

(Técnico Judiciário – Área Administrativa – TRT12 – 2013 – FCC) Gertrudes é servidora pública do Tribunal Regional do Trabalho da 12ª Região e, no exercício de seu cargo, opõe resistência injustificada ao andamento de um processo. Após regular processo administrativo, Gertrudes é punida no ano de 2012 com pena de advertência. Neste ano de 2012, a referida funcionária pratica nova falta funcional e novamente opõe resistência injustificada ao andamento de alguns processos. Neste caso, de acordo com a Lei 8.112/1990, Gertrudes, após regular processo administrativo, será apenada com

(A) repreensão.
(B) advertência, pela última vez.
(C) demissão.
(D) suspensão, que não poderá exceder 60 dias.
(E) suspensão, que não poderá exceder 90 dias.

Nos termos do art. 130, *caput*, da Lei 8.112/1990, "a suspensão será aplicada em caso de reincidência das faltas punidas com advertência e de violação das demais proibições que não tipifiquem infração sujeita a penalidade de demissão, não podendo exceder de 90 (noventa) dias". Portanto, correta é a opção "E".

Gabarito "E"

(Analista – TRT/16ª Região – 2014 – FCC) Poliana, após tomar posse em determinado cargo público, não entrou em exercício no prazo estabelecido. Nos termos da Lei 8.112/1990, a conduta de Poliana acarretará sua

(A) demissão.
(B) exoneração de ofício.
(C) cassação de disponibilidade.
(D) suspensão por noventa dias, até que regularize a falta cometida.
(E) advertência, compelindo-a a regularizar a falta cometida.

Estabelece o § 2º do art. 15 da Lei 8.112/1990: "O servidor *será exonerado do cargo* ou será tornado sem efeito o ato de sua designação para função de confiança, se não entrar em exercício nos prazos previstos neste artigo, observado o disposto no art. 18".

Gabarito "B"

(Analista – TRF/3ª Região – 2014 – FCC) Maria, servidora pública do Tribunal Regional Federal da 3ª Região, desesperada para pagar uma conta pessoal já vencida, ausentou-se do serviço, durante o expediente, sem prévia autorização de seu chefe imediato. Vale salientar que Maria jamais sofreu qualquer sanção administrativa, tendo um histórico impecável na vida pública. Nos termos da Lei 8.112/1990, Maria

(A) está sujeita à pena de suspensão.
(B) não está sujeita a qualquer sanção administrativa, sendo mantido intacto seu prontuário.
(C) está sujeita à pena de advertência.
(D) está sujeita à pena de censura.
(E) não está sujeita a qualquer sanção administrativa, no entanto, o fato será anotado em seu prontuário.

Maria está sujeita à pena de advertência, conforme prevê o art. 129 c/c o art. 117, I, da Lei 8.112/1990.

Gabarito "C"

(Analista – TRT/16ª Região – 2014 – FCC) João, Manoela e Francisco, todos servidores públicos federais, praticaram condutas sujeitas às respectivas sanções previstas na Lei 8.112/1990. João recusou-se a ser submetido a inspeção médica determinada pela autoridade competente. Manoela revelou segredo do qual se apropriou em razão do cargo. Francisco aliciou seus subordinados para que se filiassem a um determinado partido político. A ação disciplinar prescreverá em dois anos para a sanção referente à(s) falta(s) praticada(s) por

(A) João, Manoela e Francisco.
(B) João e Francisco.
(C) Manoela.
(D) Manoela e Francisco.
(E) João.

A infração cometida por João tem pena de suspensão de 15 dias (art. 130, § 1º, da Lei 8.112/1990); Manoela cometeu infração cuja penalidade é a demissão (art. 132, IX, da Lei 8.112/1990); a de Francisco é punida com advertência (art. 129 c/c art. 117, VII, da Lei 8.112/1990). Prescreve em dois anos a ação disciplinar cuja pena seja a suspensão (art. 142, II, da Lei 8.112/1990).

Gabarito "E"

(Analista Judiciário – Área Administrativa – TRT12 – 2013 – FCC) Nos termos da Lei 8.112/1990, no que concerne ao tema "penalidades" é correto afirmar:

(A) a penalidade de advertência terá seu registro cancelado o decurso de dois anos.
(B) o cancelamento da penalidade não surtirá efeitos retroativos.
(C) a penalidade de suspensão terá seu registro cancelado após o decurso de três anos.
(D) para o cancelamento de penalidade não é necessário que o servidor não tenha praticado nova infração disciplinar no período necessário ao cancelamento.
(E) todas as infrações disciplinares comportam cancelamento em seus registros, após determinado período, inclusive a demissão.

A: incorreta, o prazo é de 3 anos (art. 131, *caput*, da Lei 8.112/1990); **B:** correta (parágrafo único do art. 131 da Lei 8.112/1990); **C:** incorreta, o prazo é de 5 anos (art. 131, *caput*, da Lei 8.112/1990); **D:** incorreta, só ocorrerá o cancelamento se o servidor não tiver praticado nova infração disciplinar nesse período (art. 131, *caput*, da Lei 8.112/1990); **E:** incorreta, as infrações disciplinares que comportam cancelamento após um período é a advertência e suspensão (art. 131, *caput*, da Lei

8.112/1990). A demissão (assim como a cassação de aposentadoria ou disponibilidade e a destituição de cargo em comissão ou função comissionada) rompe o vínculo que existia entre o servidor e a administração.

Gabarito "B"

(**Analista – TRT/6ª – 2012 – FCC**) De acordo com a Lei 8.112/1990, o servidor público sujeita-se à penalidade de

(A) advertência, aplicada verbalmente, no caso de ausentar-se do serviço sem autorização do chefe imediato.
(B) suspensão, no caso de reincidência de faltas punidas com advertência, não podendo exceder 90 dias.
(C) suspensão, de até 60 dias, quando recusar-se, injustificadamente, a ser submetido a inspeção médica determinada pela autoridade competente.
(D) demissão, no caso de opor resistência injustificada ao andamento de processo ou execução de serviço.
(E) cassação de aposentadoria na hipótese de prática, na inatividade, de falta punível com pena de demissão.

A: incorreta, pois a advertência será aplicada por escrito (art. 129 da Lei 8.112/1990); **B**: correta (art. 130, *caput*, da Lei 8.112/1990); **C**: incorreta, pois a suspensão, no caso, é de até 15 dias (art. 130, § 1º, da Lei 8.112/1990); **D**: incorreta, pois esse caso reclama a aplicação de advertência por escrito (art. 117, IV, c/c art. 129, ambos da Lei 8.112/1990); **E**: incorreta, pois a cassação da aposentadoria depende da prática de falta punível com demissão, desde que praticada na atividade e não na inatividade (art. 134 da Lei 8.112/1990).

Gabarito "B"

(**Analista – TRE/SP – 2012 – FCC**) André é titular de cargo em comissão de natureza gerencial no Tribunal Regional Eleitoral. Em razão de sua conduta inadequada foi responsabilizado por lesão aos cofres públicos. Assim, André foi punido com a destituição do cargo em comissão. Nesse caso, a penalidade aplicada implica a

(A) indisponibilidade de bens e o ressarcimento ao erário, com prejuízo da ação penal.
(B) indisponibilidade dos bens e o ressarcimento ao erário, sem prejuízo da ação penal cabível.
(C) instauração de ação penal e multa pecuniária, com prejuízo das medidas de natureza cível.
(D) incompatibilização do servidor para nova investidura no cargo público federal, pelo prazo de 10 (dez) anos.
(E) incompatibilização do servidor para nova investidura em cargo público federal, pelo prazo de 5 (cinco) anos.

Arts. 132, X e 136 da Lei 8.112/1990.

Gabarito "B"

(**Analista – TRE/AP – 2011 – FCC**) De acordo com a Lei 8.112/1990, em regra, João, servidor público civil efetivo, que nunca praticou qualquer infração administrativa, terá a penalidade de advertência escrita aplicada se

(A) praticar usura sob qualquer de suas formas.
(B) utilizar pessoal ou recursos materiais da repartição em serviços ou atividades particulares.
(C) manter sob sua chefia imediata, em cargo ou função de confiança, cônjuge, companheiro ou parente até o segundo grau civil.
(D) receber propina, comissão, presente ou vantagem de qualquer espécie, em razão de suas atribuições.
(E) proceder de forma desidiosa.

A: incorreta, pois para a prática de usura será aplicada a pena de suspensão (arts. 117, XIV e 130, da Lei 8.112/1990); **B**: incorreta, pois no caso de utilização de pessoal ou recursos materiais da repartição em serviços ou atividades particulares será aplicada a pena de suspensão (arts. 117, XVI e 130, da Lei 8.112/1990); **C**: correta (arts. 117, VIII e 129, da Lei 8.112/1990); **D**: incorreta, pois para o recebimento de propina, comissão, presente ou vantagem de qualquer espécie, em razão de suas atribuições será aplicada a pena de suspensão (arts. 117, XII e 130, da Lei 8.112/1990); **E**: incorreta, no caso de o funcionário proceder de forma desidiosa será aplicada a pena de suspensão (arts. 117, XV e 130, da Lei 8.112/1990).

Gabarito "C"

(**Analista – TRT/14ª – 2011 – FCC**) Alcebíades, servidor do Tribunal Regional do Trabalho, 4a Região, vem acumulando, ilegalmente, seu cargo de analista judiciário com emprego em sociedade de economia mista federal, enquanto Ana Maria, também analista judiciário, vem exercendo atividades incompatíveis com o exercício do cargo e com o respectivo horário de trabalho. Nesses casos, esses servidores públicos estarão sujeitos, respectivamente, às penas de

(A) disponibilidade não remunerada e de advertência conversível em multa.
(B) suspensão não conversível em multa e de destituição do cargo.
(C) destituição do cargo e de disponibilidade.
(D) demissão e de suspensão, podendo esta ser convertida em multa.
(E) exoneração de ofício do cargo ou emprego e de demissão.

A acumulação ilegal de cargos é punida com demissão (art. 132, XII, da Lei 8.112/1990) e o exercício de atividades incompatíveis com o exercício do cargo e com o respectivo horário de trabalho é punido com suspensão (arts. 117, XVIII, e 130, *caput* e § 2º, da Lei 8.112/1990).

Gabarito "D"

(**Analista – TRE/AL – 2010 – FCC**) Carlos, titular de cargo efetivo junto ao Tribunal Regional Eleitoral, está sendo responsabilizado por valer-se do exercício de suas funções para lograr proveito pessoal em detrimento da dignidade da função pública. Nesse caso, o servidor estará sujeito à pena de

(A) demissão, incompatibilizando-o para nova investidura em cargo público federal, pelo prazo de cinco anos.
(B) destituição do cargo público, ficando vedado seu retorno ao serviço público federal, mas podendo concorrer a cargo estadual ou municipal.
(C) destituição de suas funções e declaração de sua inidoneidade para o serviço público.
(D) suspensão de noventa dias, vedada a conversão da pena em multa pecuniária.
(E) demissão, ficando vedada sua investidura em cargo público pelo prazo de dois anos.

Art. 137 da Lei 8.112/1990.

Gabarito "A"

(**Analista – TRE/AM – 2010 – FCC**) Quanto às penalidades aplicáveis aos servidores públicos civis nos termos da Lei 8.112/1990, considere:

I. Entende-se por inassiduidade habitual a falta ao serviço, sem causa justificada, por sessenta dias, interpoladamente, durante o período de doze meses.

II. A demissão de cargo em comissão daquele que se vale do cargo para lograr proveito pessoal em detrimento da dignidade da função pública incompatibiliza o ex-servidor para nova investidura em cargo público federal, pelo prazo de 5 (cinco) anos.

III. A ação disciplinar prescreverá em 3 (três) anos, quanto à suspensão, e em 180 (cento e oitenta) dias, quanto à advertência.

IV. As penalidades disciplinares serão aplicadas pelo chefe da repartição e outras autoridades na forma dos respectivos regimentos ou regulamentos, nos casos de advertência ou de suspensão de até 30 (trinta) dias.

V. Será cassada a aposentadoria do inativo que houver praticado, na atividade ou inatividade, falta punível com a suspensão superior a 30 (trinta) dias.

Estão corretas APENAS

(A) I, II e IV.
(B) I e IV.
(C) III e V.
(D) II, III e V.
(E) II, IV e V.

I: correta (art. 139 da Lei 8.112/1990); **II:** correta (art. 137, *caput*, da Lei 8.112/1990); **III:** incorreta (a ação disciplinar prescreverá em 2 anos quanto à suspensão – art. 142, II, da Lei 8.112/1990); **IV:** correta (art. 141, III, da Lei 8.112/1990); **V:** incorreta (será cassada a aposentadoria do inativo que houver praticado, na atividade, falta punível com demissão – art. 134 da Lei 8.112/1990).

Gabarito "A"

(Analista – TRT/7ª – 2009 – FCC) A pena de suspensão do servidor público, conforme a Lei 8.112/1990,

(A) não poderá exceder de cento e vinte dias, salvo na hipótese de abandono de cargo ou improbidade administrativa.
(B) não poderá ser convertida em pena de multa, salvo no caso de inassiduidade habitual.
(C) será de até quinze dias, quando injustificadamente recusar-se a ser submetido a inspeção médica determinada pela autoridade competente.
(D) terá seu registro suspenso, após o decurso de três anos no cargo, se o servidor não houver nesse período praticado nova infração passível de suspensão.
(E) e a ação disciplinar pela prática de crime de corrupção prescreverá em cinco anos, contados da data do fato.

Arts. 130 e 131, § 1º, da Lei 8.112/1990.

Gabarito "C"

(Analista – TRE/PI – 2009 – FCC) Maria, João e José são Analistas Judiciários do Tribunal Regional Eleitoral do Piauí. Maria recusou fé a documentos públicos; João utilizou recursos materiais da repartição em atividades particulares e José valeu-se do cargo para lograr proveito de outrem, em detrimento da dignidade da função pública. Considerando que Maria, João e José jamais praticaram qualquer outra infração disciplinar, lhes serão aplicadas, respectivamente, as penalidades de

(A) suspensão, demissão e suspensão.
(B) advertência, demissão e suspensão.
(C) suspensão, demissão e demissão.
(D) advertência, demissão e demissão.
(E) suspensão, suspensão e demissão.

Recusar fé leva à advertência (arts. 117, III, e 129, da Lei 8.112/1990), utilizar recursos leva à demissão (arts. 117, XVI, e 132, XIII, da Lei 8.112/1990), lograr proveito de outrem em detrimento da dignidade da função pública leva à demissão (arts. 117, IX, e 132, XIII, da Lei 8.112/1990).

Gabarito "D"

4. INFRAÇÕES

(Analista – TRE/SP – 2006 – FCC) De acordo com a Lei 8.112/1990, a ação disciplinar, com relação às infrações puníveis com demissão e suspensão, prescreverá, respectivamente, em

(A) seis anos e três anos.
(B) três anos e um ano.
(C) um ano e três anos.
(D) quatro anos e dois anos.
(E) cinco anos e dois anos.

Art. 142, I e II, da Lei 8.112/1990.

Gabarito "E"

5. PROCESSO DISCIPLINAR

5.1. Disposições gerais

(Procurador do Município – Cuiabá/MT – 2014 – FCC) Mauro e André, ambos servidores públicos, foram citados em processo administrativo disciplinar e, concomitantemente, denunciados em ação penal, sob suspeita de terem se apropriado de computador da repartição em que trabalhavam. Conforme consta na Portaria do processo disciplinar e na denúncia, ambos teriam atuado em conluio, ingressando na repartição pública durante determinado final de semana, ocasião em que subtraíram o referido computador, o qual foi encontrado, horas depois da subtração, na residência de André. No processo penal, ambos foram absolvidos: Mauro, pois ficou comprovado que no final de semana em questão estava em férias, em localidade distante de seu local de trabalho e não poderia ter participado por qualquer forma da conduta delituosa; André, porque ficou comprovada a intenção de utilizar-se do equipamento apenas no final de semana, para elaborar trabalho escolar, pretendendo devolvê-lo em seguida, configurando assim o chamado "peculato de uso", figura atípica para a responsabilização criminal. Diante de tal situação, conclui-se que a decisão proferida no processo penal

(A) levará à extinção imediata do processo administrativo, sem necessidade de emissão de decisão administrativa acerca da conduta dos servidores.
(B) conduzirá à absolvição de Mauro no processo administrativo; não sendo possível dizer o mesmo em relação a André.
(C) conduzirá à absolvição de André no processo administrativo; não sendo possível dizer o mesmo em relação a Mauro.
(D) é absolutamente irrelevante para a decisão do processo administrativo, haja vista a chamada incomunicabilidade das instâncias.

(E) vincula a autoridade administrativa, que deve absolver ambos os servidores.

Quanto a Mauro, como foi absolvido na esfera penal por negativa de autoria (e não por mera falta de provas), essa decisão se comunicará à esfera administrativa, de modo que será absolvido nesta esfera também (art. 126 da Lei 8.112/1990). Já quanto a André, responderá normalmente na esfera administrativa recebendo a punição adequada ao fato praticado, que, sendo ou não crime, traduz-se em violação de seus deveres funcionais, ensejando punição disciplinar.

Gabarito "B"

(Analista – TRT/19ª Região – 2014 – FCC) Segundo a disciplina da Lei 8.112/1990, uma das fases do processo disciplinar denomina-se inquérito administrativo. A propósito do tema, considere a seguinte situação hipotética: a Administração pública, durante o inquérito administrativo, não concedeu oportunidade de contraditório e ampla defesa ao servidor público interessado, justificando que durante tal fase tais garantias encontram-se mitigadas em prol do interesse público. Neste caso, a Administração pública

(A) não agiu corretamente, pois na fase do inquérito tais garantias existem e devem ser respeitadas.

(B) agiu corretamente, pois tais garantias não se aplicam na fase do inquérito.

(C) agiu corretamente, pois tais garantias, embora existam no inquérito, podem ser negadas em prol do interesse público.

(D) Não agiu corretamente, pois embora a regra seja a inexistência de tais garantias no inquérito, elas não podem ser obstaculizadas sob a justificativa do interesse público envolvido.

(E) agiu corretamente, pois pode, mediante sua atuação discricionária, negar tais garantias em qualquer fase do processo disciplinar.

O art. 153 da Lei 8.112/1990 determina que "O inquérito administrativo obedecerá ao *princípio do contraditório, assegurada ao acusado ampla defesa*, com a utilização dos meios e recursos admitidos em direito", não podendo haver mitigação de tais garantias. Vide também, art. 5º, LV, da CF.

Gabarito "A"

(Técnico – TRF/3ª Região – 2014 – FCC) Considere os seguintes atos:

I. Inquirição de testemunhas.
II. Interrogatório do servidor acusado.
III. Apresentação de defesa escrita.
IV. Indiciação do servidor.

Nos termos da Lei 8.112/1990, as fases do processo administrativo disciplinar ocorrem na ordem descrita em

(A) II, I, III e IV.
(B) I, II, IV e III.
(C) II, I, IV e III.
(D) I, II, III e IV.
(E) IV, II, III e I.

Nos termos do art. 157 da Lei 8.112/1990, as testemunhas serão intimadas a depor mediante mandado expedido pelo presidente da comissão. Concluída a inquirição das testemunhas, a comissão promoverá o interrogatório do acusado (art. 159). Constatada a tipificação da infração disciplinar, o servidor será indiciado, com as especificações dos fatos a ele imputados, juntamente com as respectivas provas (art. 161). Após o enquadramento da infração disciplinar, o indiciado será citado por mandado expedido pelo presidente da comissão para apresentar defesa escrita (art. 161, § 1º).

Gabarito "B"

5.2. Processo disciplinar (em geral, inquérito, julgamento e revisão)

(Analista – TRF/1ª – 2011 – FCC) Sobre o processo administrativo disciplinar, previsto na Lei 8.112/1990, é correto afirmar que

(A) da sindicância poderá resultar aplicação de penalidade de advertência ou suspensão de até sessenta dias.

(B) o processo disciplinar poderá ser revisto, a qualquer tempo, a pedido ou de ofício, quando, dentre outras hipóteses, se aduzirem circunstâncias suscetíveis de justificar a inadequação da penalidade aplicada.

(C) o prazo para conclusão da sindicância não excederá vinte dias, podendo ser prorrogado por igual período, a critério da autoridade superior.

(D) o afastamento preventivo do servidor, para evitar que influa na apuração da irregularidade, poderá ser prorrogado por igual prazo, findo o qual cessarão os seus efeitos, salvo se não concluído o processo.

(E) quando o relatório da Comissão contrariar as provas dos autos, a autoridade julgadora poderá, motivadamente, abrandar a penalidade proposta ou isentar o servidor de responsabilidade, não podendo, todavia, agravar a pena.

A: incorreta, pois da sindicância poderá resultar aplicação de penalidade de advertência ou suspensão de até trinta dias (art. 145, II, da Lei 8.112/1990); **B**: correta (art. 174, *caput*, da Lei 8.112/1990); **C**: incorreta, pois o prazo não excederá a trinta dias (art. 145, parágrafo único, da Lei 8.112/1990); **D**: incorreta, pois findo o prazo, cessarão os efeitos do afastamento, ainda que não concluído o processo (art. 147, parágrafo único, da Lei 8.112/1990); **E**: incorreta, pois a autoridade poderá também agravar a pena (art. 168, parágrafo único, da Lei 8.112/1990).

Gabarito "B"

(Analista – TRT/14ª – 2011 – FCC) De acordo com a Lei 8.112/1990, que dispõe sobre o regime jurídico dos servidores públicos civis da União, das autarquias e das fundações públicas federais, sobre a prescrição quanto ao direito de petição, é correto afirmar:

(A) Por ser de ordem pública, a prescrição não pode ser relevada pela Administração.

(B) O pedido de reconsideração e o recurso, mesmo quando cabíveis, não interrompem a prescrição.

(C) O direito de requerer prescreve em dez anos quanto ao ato de cassação de aposentadoria.

(D) O direito de requerer prescreve em dois anos quanto aos atos que afetem interesse patrimonial e créditos resultantes das relações de trabalho.

(E) O prazo de prescrição será contado da data da ciência pelo interessado, ainda que o ato tenha sido devidamente publicado.

A: correta (art. 112 da Lei 8.112/1990); **B**: incorreta, pois o pedido de reconsideração e o recurso, quando cabíveis, interrompem a prescrição (art. 111 da Lei 8.112/1990); **C**: incorreta, pois o prazo é de 5 anos (art. 110, I, da Lei 8.112/1990); **D**: incorreta, pois o prazo é de 5 anos (art. 110, I, da Lei 8.112/1990); **E**: incorreta, pois o prazo de prescrição será contado da data da publicação do ato impugnado ou da data da ciência pelo interessado, quando o ato não for publicado (art. 110, parágrafo único, da Lei 8.112/1990).

Gabarito "A"

(Analista – TRE/AL – 2010 – FCC) Encerrada uma sindicância, instaurada em razão do conhecimento de irregularidades no serviço de um determinado setor do Tribunal Regional Eleitoral, o relatório conclui que a infração está capitulada como ilícito penal. Nesse caso, Marcelo, analista judiciário, como autoridade competente, em conformidade com a Lei 8.112/1990, encaminhará cópia dos autos ao

(A) Delegado de Polícia local, aguardando-se suas investigações para a instauração do processo disciplinar.

(B) Ministério Público, independentemente da imediata instauração do processo disciplinar.

(C) Presidente do Tribunal Regional Eleitoral, para que determine, ou não, a instauração do processo disciplinar.

(D) Corregedor Regional Eleitoral, para fins de conhecimento e instauração do processo disciplinar.

(E) Presidente da Comissão, para que determine o afastamento preventivo e a instauração da ação penal.

Art. 154, parágrafo único, da Lei 8.112/1990.

Gabarito "B"

6. SEGURIDADE SOCIAL DO SERVIDOR – BENEFÍCIOS (APOSENTADORIA, AUXÍLIO--NATALIDADE, SALÁRIO-FAMÍLIA, LICENÇA PARA TRATAMENTO DE SAÚDE, LICENÇA À GESTANTE, À ADOTANTE E POR PATERNIDADE, LICENÇA POR ACIDENTE EM SERVIÇO, PENSÃO, AUXÍLIO-FUNERAL E AUXÍLIO-RECLUSÃO)

(Analista – BACEN – 2002 – FCC) Não será concedida pensão provisória por morte presumida do servidor no caso de:

(A) desaparecimento em acidente não caracterizado como em serviço.

(B) desaparecimento no desempenho de missão de segurança.

(C) desaparecimento no desempenho das atribuições do cargo.

(D) desaparecimento em virtude de ação criminosa.

(E) declaração de ausência, pela autoridade judiciária competente.

A: correta – art. 221, II da Lei 8.112/1990; **B:** correta – art. 221, III da Lei 8.112/1990; **C:** correta – art. 221, III da Lei 8.112/1990; **D:** incorreta, devendo ser assinalada – não há qualquer previsão legal autorizando a concessão de pensão provisória por morte presumida; **E:** correta – art. 221, I da Lei 8.112/1990.

Gabarito "D"

7. TEMAS COMBINADOS

(Analista – TRT/2ª Região – 2014 – FCC) Servidor Público federal, ocupante de cargo junto ao Ministério da Fazenda, foi deslocado, no âmbito do mesmo quadro, com mudança de sede, no interesse da Administração. O ato administrativo descrito, nos termos da Lei 8.112/1990, denomina-se

(A) redistribuição, que se constitui na modalidade de deslocamento do servidor que se dá de ofício, no interesse da Administração, com ou sem mudança de sede, independentemente de motivação.

(B) remoção, que compreende as modalidades de ofício, hipótese em que o deslocamento do servidor se dá no interesse da administração, e a pedido, hipótese em que o deslocamento do servidor se dá a critério da Administração, podendo, no entanto, ocorrer independentemente do interesse da Administração, nas situações expressamente autorizadas pela Lei.

(C) transferência, que é a modalidade de deslocamento do servidor que se dá de ofício, com ou sem mudança de sede, sempre no interesse da Administração.

(D) remoção, que compreende as modalidades de ofício, hipótese em que o deslocamento do servidor se dá no interesse da Administração, e a pedido, hipótese em que o deslocamento do servidor se dá, exclusivamente, a critério da Administração.

(E) recondução, que se constitui na modalidade de deslocamento do servidor que se dá de ofício, no interesse da administração, com ou sem mudança de sede, hipótese em que a motivação do ato é dispensada; denominando-se redistribuição, o deslocamento a pedido do servidor.

O ato administrativo descreveu a remoção, conforme o disposto no art. 36, *caput*, e parágrafo único, I, II, III, *a*, *b*, *c*, da Lei 8.112/1990.

Gabarito "B"

4. Lei 8.666/1993

Ana Paula Garcia, Ariane Wady, Flavia Moraes Barros, Georgia Renata Dias, Ivo Shigueru Tomita, Sebastião Edilson Gomes e Wander Garcia*

1. LICITAÇÃO

1.1. Princípios

(Técnico – TRT/19ª Região – 2014 – FCC) O Governo Federal, ao instituir a Política Nacional de Resíduos Sólidos, incluiu, entre seus objetivos, a prioridade nas aquisições e contratações governamentais, para: (a) produtos reciclados e recicláveis; (b) bens, serviços e obras que considerem critérios compatíveis com padrões de consumo social e ambientalmente sustentáveis. O tema em questão está associado ao seguinte princípio relativo às licitações públicas:

(A) adjudicação compulsória.
(B) licitação sustentável.
(C) julgamento objetivo.
(D) ampla defesa.
(E) vinculação ao instrumento convocatório.

O tema descrito no enunciado faz menção ao princípio da licitação dispensável, previsto no art. 3º da Lei 8.666/1993, regulamentado pelo Dec. 7.746/2012. Dispõe o *caput* do art. 3º: "A licitação destina-se a garantir a observância do princípio constitucional da isonomia, a seleção da proposta mais vantajosa para a administração e a **promoção do desenvolvimento nacional sustentável** e será processada e julgada em estrita conformidade com os princípios básicos da legalidade, da impessoalidade, da moralidade, da igualdade, da publicidade, da probidade administrativa, da vinculação ao instrumento convocatório, do julgamento objetivo e dos que lhes são correlatos."

Gabarito "B"

(Técnico Judiciário – TRT/20ª – 2011 – FCC) Nos termos da Lei 8.666/1993 (Lei de Licitações), é INCORRETO afirmar:

(A) Em regra, é vedado aos agentes públicos incluir, nos atos de convocação, cláusulas ou condições que comprometam, restrinjam ou frustrem o seu caráter competitivo, inclusive nos casos de sociedades cooperativas, e estabeleçam preferências ou distinções em razão da naturalidade, da sede ou domicílio dos licitantes ou de qualquer outra circunstância impertinente ou irrelevante para o específico objeto do contrato.
(B) O procedimento licitatório caracteriza ato administrativo formal, seja ele praticado em qualquer esfera da Administração Pública, e qualquer cidadão pode acompanhar seu desenvolvimento, desde que não interfira de modo a perturbar ou impedir a realização dos trabalhos.
(C) Subordinam-se ao regime da Lei de Licitações e Contratos Administrativos as sociedades de economia mista e demais entidades controladas direta ou indiretamente pela União, Estados, Distrito Federal e Municípios.
(D) É vedado aos agentes públicos estabelecer tratamento diferenciado de natureza comercial, legal, trabalhista, previdenciária ou qualquer outra, entre empresas brasileiras e estrangeiras, inclusive no que se refere a moeda, modalidade e local de pagamentos, desde que não envolvidos financiamentos de agências internacionais.
(E) Os editais de licitação para a contratação de bens, serviços e obras poderão, mediante prévia justificativa da autoridade competente, exigir que o contratado promova, em favor de órgão ou entidade integrante da administração pública ou daqueles por ela indicados a partir de processo isonômico, medidas de compensação comercial, industrial, tecnológica ou acesso a condições vantajosas de financiamento, cumulativamente ou não, na forma estabelecida pelo Poder Executivo federal.

A: correta (art. 3º, § 1º, I, da Lei 8.666/1993); **B:** correta (art. 4º, *caput*, da Lei 8.666/1993); **C:** correta (art. 1º, parágrafo único, da Lei 8.666/1993) Tanto as empresas públicas como as sociedades de economia mista se submetem às regras das licitações e contratos administrativos, sendo que estes serão regidos agora pela Lei 13.303/2016 (Estatuto das Empresas Estatais); **D:** incorreta (devendo ser assinalada), pois é vedado o tratamento diferenciado mesmo quando envolvidos financiamentos de agências internacionais (art. 3º, § 1º, II, da Lei 8.666/1993); **E:** correta (art. 3º, § 11, da Lei 8.666/1993).

Gabarito "D"

(Técnico Judiciário – TRT/9ª – 2010 – FCC) Analise as seguintes assertivas acerca dos princípios que regem as licitações:

I. Se a Administração levar o procedimento licitatório a seu termo, a adjudicação só pode ser feita ao vencedor; entretanto, há direito subjetivo à adjudicação ainda que a Administração opte, com justa causa, pela revogação do procedimento.
II. A publicidade é a mais ampla possível na concorrência, em que o interesse maior da Administração é o de atrair maior número de licitantes, e se reduz ao mínimo no convite, em que o valor do contrato dispensa maior divulgação.
III. É princípio de toda licitação que seu julgamento se apoie em fatores concretos pedidos pela Administração, em confronto com o ofertado pelos proponentes dentro do permitido no edital ou convite.
IV. A vinculação ao instrumento convocatório significa que a Administração não pode descumprir normas e

* **Ana Paula Garcia** comentou as questões dos Concursos Analista e Técnico; **Ariane Wady** comentou as questões de DPE/BA/15; **Georgia Renata Dias** atualizou todas as questões do capítulo e comentou as questões dos seguintes concursos: Analista/TRT/2ªREG/14, Analista/TRT/12ªREG/13, Analista/TRT/16ªREG/14, Analista/TRT/18ªREG/13, Analista/TRF/3ªREG/14, **Ivo Shigueru Tomita** comentou as questões dos seguintes concursos: Técnico/TRT/2ªREG/14, Técnico/TRT/18ªREG/13, Técnico/TRT/19ªREG/14, Técnico/TRF/3ªREG/14, **Sebastião Edilson Gomes** comentou as questões dos concursos Técnico Legislativo, Analista Bacen e Analista ANS; **Wander Garcia** comentou as demais questões.

AW questões comentadas por: **Ariane Wady.**

FMB questões comentadas por: **Flavia Moraes Barros.**

GD questões comentadas por: **Georgia Renata Dias.**

condições por ela estabelecidas no edital da licitação, sendo, portanto, dirigida apenas ao ente público.

Está correto o que consta APENAS em

(A) I, II e IV.
(B) II e III.
(C) I e IV.
(D) I, II e III.
(E) II, III e IV.

I: incorreta, pois o princípio da adjudicação compulsória apenas impede que a Administração, concluído o procedimento licitatório, atribua seu objeto a outrem que não o vencedor do certame. A Administração Pública não fica obrigada a contratar se não for anulada ou revogada a licitação, assim como, caso não seja homologada por ilegalidade ou ausência de interesse público, não fica obrigada a adjudicar; **II:** correta, pois a modalidade convite tem limite menor de valor de contrato e não necessita publicação de edital (art. 22, § 3º e 23, I e II, da Lei 8.666/1993); **III:** correta (art. 3º da Lei 8.666/1993); **IV:** incorreta, pois a vinculação ao instrumento convocatório obriga todas as partes contratantes (arts. 3º e 55, XI, da Lei 8.666/1993).

Gabarito "B"

(Técnico Judiciário – TRE/AL – 2010 – FCC) A regra prevista na Lei de Licitações (Lei 8.666/1993) segundo a qual a Administração não pode descumprir as normas e condições do edital, ao qual se acha estritamente vinculada, traduz o princípio da

(A) legalidade.
(B) vinculação ao instrumento convocatório.
(C) impessoalidade.
(D) moralidade.
(E) igualdade.

A questão traz o conceito correto do princípio da vinculação ao instrumento convocatório, que está previsto no art. 3º, *caput*, da Lei 8.666/1993.

Gabarito "B"

(Técnico Judiciário – TRE/AC – 2010 – FCC) Acerca da licitação, é correto afirmar:

(A) Sendo um procedimento administrativo preparatório do futuro ajuste, não confere ao vencedor nenhum direito ao contrato, apenas expectativa de direito.
(B) Em regra, as autarquias, as fundações públicas e as empresas públicas não se subordinam ao regime da Lei de Licitações.
(C) A licitação é procedimento obrigatório para as compras e serviços contratados pela Administração Pública, vedada, em qualquer hipótese, a sua dispensa.
(D) O direito de acompanhar o desenvolvimento da licitação é restrito aos que dela participam como licitantes.
(E) É vedado o sigilo na apresentação das propostas no procedimento licitatório.

A: correta, pois o vencedor apenas terá direito a adjudicação, que lhe garante primazia para a contratação com a Administração Pública, caso esta venha a celebrar contrato com objeto da licitação. Trata-se do chamado princípio da adjudicação compulsória ao vencedor; **B:** incorreta (art. 1º, parágrafo único, da Lei 8.666/1993) As empresas públicas se submetem às regras das licitações e contratos administrativos, sendo que estes serão regidos agora pela Lei 13.303/2016 (Estatuto das Empresas Estatais); **C:** incorreta, pois estão ressalvados os casos de dispensa e inexigibilidade previstos na Lei de Licitações (art. 2º, *caput*, da Lei 8.666/1993); **D:** incorreta (art. 4º, *caput*, da Lei 8.666/1993); **E:** incorreta, pois a necessidade do sigilo das propostas decorre da própria lógica do procedimento (art. 3º, § 3º, da Lei 8.666/1993).

Gabarito "A"

(Técnico Judiciário – TRE/PI – 2009 – FCC) Dentre os princípios expressamente previstos na Lei de Licitações, Lei 8.666/1993, NÃO se inclui o princípio

(A) da razoabilidade.
(B) da legalidade.
(C) da impessoalidade.
(D) do julgamento objetivo.
(E) da vinculação do instrumento convocatório.

O princípio da razoabilidade não está previsto no art. 3º, *caput*, da Lei 8.666/1993.

Gabarito "A"

(Analista – TRE/TO – 2011 – FCC) No que concerne aos princípios das licitações, é correto afirmar:

(A) O desrespeito ao princípio da vinculação ao instrumento convocatório não torna inválido o procedimento licitatório.
(B) Apenas o licitante lesado tem direito público subjetivo de impugnar judicialmente procedimento licitatório que não observou ditames legais.
(C) A licitação não será sigilosa, sendo públicos todos os atos de seu procedimento, como por exemplo, o conteúdo das propostas, inclusive quando ainda não abertas.
(D) É possível a abertura de novo procedimento licitatório, ainda que válida a adjudicação anterior.
(E) A Administração não poderá celebrar o contrato com preterição da ordem de classificação das propostas, sob pena de nulidade.

A: incorreta, pois o desrespeito é causa de nulidade do procedimento, eis que infringe princípio previsto no art. 3º da Lei 8.666/1993; **B:** incorreta (art. 41, § 1º, da Lei 8.666/1993); **C:** incorreta (art. 3º, § 3º, da Lei 8.666/1993); **D:** incorreta, pois a compulsoriedade veda também que se abra nova licitação enquanto válida a adjudicação anterior. Além disso, o direito do vencedor limita-se à adjudicação, ou seja, a atribuição a ele do objeto da licitação, e não ao contrato imediato; **E:** correta (art. 50 da Lei 8.666/1993).

Gabarito "E"

(Analista – TRE/AL – 2010 – FCC) São princípios da licitação expressamente citados na Lei 8.666/1993, dentre outros,

(A) julgamento objetivo, competitividade e sigilo das propostas.
(B) vinculação ao instrumento convocatório, competitividade e sigilo das propostas.
(C) adjudicação compulsória, competitividade e igualdade.
(D) probidade administrativa, julgamento objetivo e igualdade.
(E) probidade administrativa, sigilo das propostas e adjudicação compulsória.

De acordo com o art. 3º, *caput*, da Lei 8.666/1993, são princípios básicos da licitação a legalidade, impessoalidade, moralidade, igualdade, publicidade, probidade administrativa, vinculação ao instrumento convocatório e julgamento objetivo.

Gabarito "D"

(Procurador do Município – Cuiabá/MT – 2014 – FCC) A Administração Municipal pretende realizar contrato de obra pública, precedido de licitação na modalidade tomada de preços, nos termos da Lei Federal 8.666/1993. Neste caso, NÃO é requisito obrigatório para a abertura da licitação a

(A) previsão de recursos orçamentários que assegurem o pagamento das obrigações a serem executadas no exercício financeiro em curso, de acordo com o respectivo cronograma.
(B) previsão de prestação de garantia pelo contratado.
(C) aprovação da minuta de edital por assessoria jurídica da Administração.
(D) aprovação de projeto básico pela autoridade competente.
(E) existência de orçamento detalhado em planilhas que expressem a composição de todos os custos unitários da contratação.

A: incorreta, pois esse é um requisito legal (art. 7º, § 2º, III, da Lei 8.666/1993); **B**: correta, pois esse de fato não é um requisito legal para a simples abertura de um edital de licitação, sendo requisito que pode ser exigido apenas para que o interessado apresente proposta na licitação ou quando o vencedor do certame celebre o contrato com a Administração; **C**: incorreta, pois esse é um requisito legal (art. 38, parágrafo único, da Lei 8.666/1993); **D**: incorreta, pois esse é um requisito legal (art. 7º, § 2º, I, da Lei 8.666/1993); **E**: incorreta, pois esse é um requisito legal (art. 7º, § 2º, II, da Lei 8.666/1993).

Gabarito "B"

1.2. Contratação direta (licitação dispensada, dispensa e inexigibilidade)

(Técnico Judiciário – TRT24 – FCC – 2017) A União Federal pretende contratar diretamente, por dispensa de licitação, serviço para o abastecimento de navios, por tratar-se de estada eventual de curta duração em portos, por motivo de movimentação operacional. Nos termos da Lei 8.666/1993, será dispensável a licitação, desde que a exiguidade dos prazos legais possa comprometer a normalidade e os propósitos da operação e desde que o valor contratual não exceda, em reais, a

(A) 90.000,00
(B) 80.000,00
(C) 100.000,00
(D) 200.000,00
(E) 150.000,00

A alternativa correta é a B, conforme o disposto nos arts. 24, XVIII e 23, II, *a*, da Lei 8.666/1996. GD

Gabarito "B"

(Defensor Público – DPE/BA – 2016 – FCC) No âmbito da Administração Pública, questionou-se a possibilidade de se dispensar licitação para a compra de materiais para a manutenção de fogão industrial. Isso seria juridicamente possível se

(A) houvesse aquisição de materiais que só pudessem ser fornecidos por empresa ou representante comercial exclusivo, vedada a preferência de marca, devendo a comprovação de exclusividade ser feita através de atestado fornecido pelo órgão de registro do comércio do local em que se realizaria a licitação.
(B) a aquisição desses componentes ou peças de origem nacional ou estrangeira fosse necessária à manutenção desse equipamento durante o período de garantia técnica, junto ao fornecedor original, sendo essa condição de exclusividade indispensável para a vigência da garantia.
(C) a contratação desse serviço técnico resultasse em restauro para bem de valor histórico, de natureza singular, com profissionais ou empresas de notória especialização.
(D) houvesse autorização do setor municipal responsável pela autorização e liberação da dispensa de licitação.
(E) não houvesse no mercado quantidade suficiente de fornecedores, o que impossibilitaria a competição.

A: Incorreta, porque a licitação dispensável (art. 24, da Lei 8.666/1993) não prevê essa hipótese, sendo o rol taxativo. Trata-se de hipótese de licitação inexigível prevista no art. 25, I, da Lei 8.666/1993; **B**: Correta, tendo em vista ser a única hipótese de licitação dispensável prevista no art. 24, XVII, da Lei 8.666/1993; **C**: Incorreta, porque se trata de hipótese de inexigibilidade de licitação (art. 25, II, da Lei 8.666/1993); **D**: Incorreta, pois não há necessidade desse ato autorizatório; **E**: Incorreta, sendo hipótese de licitação deserta (art. 24, V, da Lei 8.666/1993).

Gabarito "B"

(Procurador do Estado – PGE/RN – FCC – 2014) Uma autarquia estadual que presta serviços no setor de transportes promoveu regular licitação para contratação de obras de recapeamento de pistas de rolamento das rodovias que explora. Transcorrido o procedimento de licitação nos termos legais, sagrou-se vencedora uma empresa, estando o procedimento em fase de homologação do resultado. Considerando que a Administração pretende concluir a contratação em face de comprovada necessidade do objeto,

(A) a autoridade competente possui discricionariedade em medida suficiente para rediscussão das condições e objeto da licitação antes da fase da homologação, a fim de ajustar a futura contratação às necessidades da Administração, o que também configura expressão do poder exorbitante e do caráter mutável do contrato administrativo.
(B) a autoridade competente possui pouca margem de apreciação quanto à conveniência e oportunidade para homologar o certame, na medida em que lhe resta o exame de compatibilidade do resultado com os preços e demais indicadores objetivos constantes do processo, havendo autores que indicam, inclusive, ser dever da autoridade fazê-lo.
(C) diante de eventual incompatibilidade entre os preços praticados no mercado e o resultado, resta à autoridade competente o cancelamento da licitação, ainda que exista probabilidade de indenização do vencedor.
(D) não se admite controle na esfera do Judiciário antes da conclusão da fase de homologação e adjudicação, tendo em vista que somente após esses atos é que a licitação é considerada concluída e, portanto, hábil a projetar efeitos dos vícios de ilegalidade que a permearam.
(E) somente poderá haver revogação do certame por razões de conveniência e oportunidade após as fases de homologação e adjudicação do objeto se houver indenização para o vencedor.

A: incorreta. A autoridade não tem essa discricionariedade, eis que o procedimento já está quase que encerrado. O que poderia ser feito é anular ou revogar o procedimento ou um ato do procedimento (art. 49, da Lei 8.666/1993), mas não rediscutir condições previamente constantes do edital, o que afrontaria o princípio da igualdade dos licitantes; **B:** correta. Nessa fase de homologação, apenas se verifica a legalidade do procedimento, utilização de critérios discricionários; **C:** incorreta. O preço poderá ser reajustado ou revisado (art. 58 e seguintes, da Lei 8.666/1993), não havendo na Lei de Licitações previsão para o cancelamento do procedimento; **D:** incorreta. O controle judicial é sempre possível, eis que inafastável a jurisdição (art. 5º, XXXV, CF), sendo sempre possível anular ou revogar o procedimento (art. 49, da Lei 8.666/1993); **E:** incorreta. A revogação poderá ocorrer em qualquer fase do procedimento licitatório (art. 49, da Lei 8.666/1993), desde que por motivos supervenientes e comprovado o interesse público. AW

Gabarito "B"

(Técnico – TRT/2ª Região – 2014 – FCC) Determinada empresa estatal fabrica aeronaves de diversos tipos, tendo reconhecimento internacional quanto à qualidade de seus modelos. O ente federado que autorizou a criação a referida empresa precisa adquirir uma aeronave para servir ao deslocamento de autoridades em missões oficiais. Para o ente federado adquirir a aeronave da empresa estatal

(A) poderá fazê-lo diretamente, tendo em vista que entre entes públicos não incide a lei de licitações.
(B) poderá fazê-lo diretamente, tendo em vista que incide hipótese de dispensa de licitação em face da natureza do bem.
(C) deverá fazê-lo diretamente com a empresa estatal que a fabrica, diante de hipótese de inexigibilidade de licitação, visto que não se instaura competição entre entes da mesma esfera de governo.
(D) poderá fazê-lo diretamente, desde que a empresa já existisse por ocasião da promulgação da lei de licitações e que o preço da aquisição seja comprovadamente compatível com os valores praticados no mercado.
(E) deverá fazê-lo por meio de licitação, tendo em vista que a aquisição de bens pela Administração pública somente pode ser feita pelo critério do menor preço, mesmo nas hipóteses de dispensa do certame.

É dispensável a licitação para a aquisição, por pessoa jurídica de direito público interno, de bens produzidos ou serviços prestados por órgão ou entidade que integre a Administração Pública e que tenha sido criado para esse fim específico em data anterior à vigência desta Lei, desde que o preço contratado seja compatível com o praticado no mercado (art. 24, VII, da Lei 8.666/1993).

Gabarito "D"

(Técnico – TRT/19ª Região – 2014 – FCC) Em procedimento licitatório promovido pelo Estado de Alagoas, não acudiram interessados no certame. Se o mencionado procedimento licitatório, justificadamente, não puder ser repetido sem prejuízo para o Estado, e desde que mantidas, neste caso, todas as condições preestabelecidas,

(A) deve, obrigatoriamente, ser realizado outro certame licitatório com modalidade idêntica à do anterior.
(B) deve, obrigatoriamente, ser realizado outro certame licitatório com modalidade diversa do anterior.
(C) é dispensável a licitação.
(D) deve, necessariamente, ser prorrogado o certame.
(E) é inexigível a licitação.

Trata-se de licitação deserta, hipótese de dispensa de licitação prevista no art. 24, V, da Lei 8.666/1993: "Art. 24. É dispensável a licitação: V – quando não acudirem interessados à licitação anterior e esta, justificadamente, não puder ser repetida sem prejuízo para a Administração, mantidas, neste caso, todas as condições preestabelecidas". É importante diferenciar a *licitação deserta* de *licitação fracassada*. A licitação deserta consiste na ausência de interessados no certame. Já a licitação fracassada versa a situação em que há interessados no certame, porém todos eles estão inabilitados ou, ainda, todas as propostas por eles apresentadas foram desclassificadas, conforme as regras previstas no Edital, ocasião em que, conforme o art. 48, § 3º, da Lei 8.666/1993, a administração poderá fixar aos licitantes o prazo de oito dias úteis para a apresentação de nova documentação ou de outras propostas escoimadas das causas referidas neste artigo, facultada, no caso de convite, a redução deste prazo para três dias úteis.

Gabarito "C"

(Técnico – TRF/3ª Região – 2014 – FCC) Em 2011, o Governador do Rio de Janeiro decretou situação de calamidade pública em sete municípios do Estado, em razão das fortes chuvas ocorridas na região serrana. O ato mencionado agilizou a contratação imediata de obras e serviços, de modo a reabilitar as cidades destruídas. A situação narrada trata de típica hipótese de

(A) dispensa de licitação.
(B) inexigibilidade de licitação.
(C) licitação, na modalidade convite.
(D) licitação, na modalidade leilão.
(E) licitação, na modalidade concurso.

O caso descrito é típica hipótese de dispensa de licitação, nos termos do art. 24, IV, da Lei 8.666/1993.

Gabarito "A"

(Técnico – TRE/SP – 2012 – FCC) O Estado instaurou procedimento licitatório, na modalidade concorrência, para alienação de imóveis considerados desnecessários para o serviço público. Ocorre que não acudiram interessados na licitação e a manutenção desses imóveis no patrimônio público passou a gerar altos custos de manutenção e vigilância, tornando premente, assim, a sua alienação. Diante dessa situação, de acordo com a Lei 8.666/1993, o Estado

(A) está obrigado a realizar nova licitação, podendo, contudo, adotar a modalidade leilão, na qual poderá alienar o imóvel por até 50% do valor de avaliação;
(B) poderá declarar a inexigibilidade de licitação, por inviabilidade de competição, e alienar o imóvel diretamente a eventual interessado, por preço de mercado;
(C) está obrigado a realizar nova licitação, na modalidade concorrência, podendo reduzir o preço mínimo do imóvel, independentemente de nova avaliação, até o limite de 25%;
(D) poderá dispensar o procedimento licitatório para alienar o imóvel, desde que comprovado que a repetição da licitação gerará prejuízo para a Administração, e mantidas todas as condições preestabelecidas;
(E) poderá dispensar o procedimento licitatório apenas se comprovar situação de emergência ou de calamidade pública que determine a venda forçada.

De acordo com o art. 24, V, da Lei 8.666/1993, é dispensável a licitação "quando não acudirem interessados à licitação anterior e esta, justificadamente, não puder ser repetida sem prejuízo para a Administração, mantidas, neste caso, todas as condições preestabelecidas". O enunciado trouxe situação que se encaixa perfeitamente no dispositivo. De um lado, uma licitação deserta, ou seja, em que não apareceram interessados. De outro, a Administração vem tendo alto prejuízo por ter de continuar na manutenção e vigilância dos imóveis públicos. Em suma, está-se diante de hipótese de dispensa de licitação pela razão expressa na alternativa "d", que é a correta. As alternativas "a" e "c" ficam excluídas, pois não é necessário realizar licitação. A alternativa "b" também fica afastada, pois o caso é de dispensa e não de inexigibilidade de licitação. E a alternativa "e" também é incorreta, pois o enunciado não traz situação que caracterize emergência ou calamidade pública.

Gabarito "D"

(Técnico Judiciário – TRT/9ª – 2012 – FCC) De acordo com a Lei 8.666/1993, é dispensável a licitação

(A) para aquisição de bens para necessidade contínua, pelo sistema de registro de preços.

(B) para alienação de imóvel, desde que desafetado do serviço público.

(C) para compra de produto de marca preferencial da Administração.

(D) para contratação de serviços comuns, de natureza contínua.

(E) nos casos de guerra ou grave perturbação da ordem.

A: incorreta, pois não há tal previsão no art. 24 da Lei 8.666/1993; **B:** incorreta, pois, como regra, é necessário fazer licitação para a alienação de imóvel público (art. 17, I, da Lei 8.666/1993), que, diga-se de passagem, sempre deve estar desafetado para que a alienação possa ser feita; **C:** incorreta, pois a compra de produto de marca preferencial sequer é permitida (art. 25, I, da Lei 8.666/1993), quanto mais sem licitação; **D:** incorreta, pois esse caso não dispensa licitação, ensejando, inclusive, licitação na modalidade comum (art. 1º da Lei 10.520/2002); **E:** correta (art. 24, III, da Lei 8.666/1993).

Gabarito "E"

(Técnico Judiciário – TRT/8ª – 2010 – FCC) Licitações com objetos similares e com realização prevista para intervalos NÃO superiores a trinta dias, segundo a Lei 8.666/1993, é conceito de licitações

(A) simultâneas.

(B) sucessivas.

(C) continuadas.

(D) fracionadas.

(E) paralelas.

A questão descreveu o conceito de licitações simultâneas, conforme dispõe a primeira parte do parágrafo único do art. 39 da Lei 8.666/1993.

Gabarito "A"

(Técnico Judiciário – TRT/9ª – 2010 – FCC) No que concerne ao tema dispensa e inexigibilidade de licitação, é correto afirmar que

(A) é inexigível licitação na contratação de instituição brasileira incumbida regimental ou estatutariamente da pesquisa, do ensino ou do desenvolvimento institucional, desde que detenha inquestionável reputação ético-profissional e não tenha fins lucrativos.

(B) é inexigível a licitação quando houver inviabilidade de competição, sendo admitida tal modalidade de contratação direta para serviços de publicidade e divulgação.

(C) é inexigível licitação para contratação de profissional do setor artístico, não sendo necessário que seja consagrado pela crítica especializada ou pela opinião pública.

(D) as situações de inexigibilidade devem ser justificadas e comunicadas, dentro de cinco dias, à autoridade superior para a respectiva ratificação e publicação na imprensa oficial.

(E) se comprovado superfaturamento, tanto na dispensa como na inexigibilidade, a responsabilidade pelo dano causado à Fazenda Pública será solidária entre o fornecedor ou o prestador do serviço e o agente público.

A: incorreta, pois se trata de hipótese de dispensa (art. 24, XIII, da Lei 8.666/1993); **B:** incorreta, pois é vedada a inexigibilidade para serviços de publicidade e divulgação (art. 25, II, da Lei 8.666/1993); **C:** incorreta, pois é inexigível a licitação para contratação de profissional de qualquer setor artístico, diretamente ou através de empresário exclusivo, desde que consagrado pela crítica especializada ou pela opinião pública (art. 25, III, da Lei 8.666/1993); **D:** incorreta, pois a comunicação deverá ser feita dentro de três dias (art. 26, *caput*, da Lei 8.666/1993); **E:** correta (art. 25, § 2º, da Lei 8.666/1993).

Gabarito "E"

(Técnico Judiciário – TRT/22ª – 2010 – FCC) De acordo com a Lei 8.666/1993 é inexigível a licitação, dentre outras hipóteses, quando

(A) houver inviabilidade de competição.

(B) houver grave perturbação da ordem.

(C) houver possibilidade de comprometimento da segurança nacional.

(D) a União tiver que intervir no domínio econômico para regular preços.

(E) não acudirem interessados na licitação anterior e esta não puder ser repetida sem prejuízo para a Administração.

A: correta (art. 25 da Lei 8.666/1993); **B:** incorreta, pois se trata de hipótese de dispensa de licitação (art. 24, III, da Lei 8.666/1993); **C:** incorreta, pois se trata de hipótese de dispensa de licitação (art. 24, IX, da Lei 8.666/1993); **D:** incorreta, pois se trata de hipótese de dispensa de licitação (art. 24, VI, da Lei 8.666/1993); **E:** incorreta, pois se trata de hipótese de dispensa de licitação (art. 24, V, da Lei 8.666/1993).

Gabarito "A"

(Analista – TRT/16ª Região – 2014 – FCC) O Governo do Maranhão pretende contratar associação de portadores de deficiência física, sem fins lucrativos e de comprovada idoneidade para a prestação de serviços ou fornecimento de mão de obra, desde que o preço contratado seja compatível com o praticado no mercado. Nesse caso, é

(A) inexigível a licitação.

(B) obrigatória licitação na modalidade convite.

(C) dispensável a licitação.

(D) obrigatória licitação na modalidade pregão.

(E) obrigatória licitação na modalidade tomada de preços.

A questão descreve o disposto no art. 24, XX, da Lei 8.666/1993, que trata de licitação dispensável.

Gabarito "C"

(Analista Judiciário – Área Administrativa – TRT12 – 2013 – FCC) Determinado órgão público pretende restaurar obras de arte e objetos históricos, de autenticidade certificada, compatíveis com suas finalidades. Na hipótese narrada, a licitação é

(A) inexigível.
(B) obrigatória na modalidade convite.
(C) dispensável.
(D) obrigatória na modalidade concurso.
(E) obrigatória na modalidade pregão.

A questão narra a hipóteses de dispensa de licitação prevista no art. 24, XV, da Lei 8.666/1993.
Gabarito "C"

(Analista – TRT/6ª – 2012 – FCC) De acordo com a Lei 8.666/1993, constitui hipótese de inexigibilidade de licitação

(A) contratação de profissional do setor artístico, desde que consagrado pela crítica ou opinião pública.
(B) contratação de serviços de publicidade, desde que comprovada a notória especialização do contratado.
(C) para aquisição de bens produzidos por um único fabricante de marca de preferência da Administração.
(D) contratação de profissional de notória especialização, dispensando-se, nesse caso, a comprovação da singularidade do objeto.
(E) aquisição ou alienação de obras de arte ou venda de bens adjudicados em processo judicial.

A: correto (art. 25, III, da Lei 8.666/1993); **B:** incorreto, pois é vedada expressamente a inexigibilidade para serviços de publicidade e divulgação (art. 25, II, parte final, da Lei 8.666/1993); **C:** incorreto, pois é vedada, como regra, a preferência de marca (art. 25, I, da Lei 8.666/1993); **D:** incorreto, pois somente a singularidade do objeto é que justificará a contratação de profissional com notória especialização, sem licitação (art. 25, II, da Lei 8.666/1993); **E:** incorreto, pois a aquisição de obras de arte enseja dispensa e não inexigibilidade de licitação (art. 24, XV, da Lei 8.666/1993).
Gabarito "A"

(Analista – TRE/PR – 2012 – FCC) Determinada Secretaria de Estado autuou processo administrativo para formalizar a aquisição de equipamentos fornecidos por produtor exclusivo, hipótese que se enquadrava em inexigibilidade de licitação. Efetuada a compra, por ocasião de regular fiscalização do contrato, verificou-se que não foi providenciada a ratificação da inexigibilidade de licitação e a respectiva publicação no Diário Oficial. De acordo com a Lei 8.666/1993, o ato é

(A) regular, uma vez que a ratificação e a publicação da inexigibilidade no Diário Oficial visam apenas a atender o princípio da publicidade.
(B) ineficaz, na medida em que o ato de ratificação da inexigibilidade e sua respectiva publicação no Diário Oficial constituem condição para a eficácia do ato.
(C) eficaz, na medida em que a exigência de ratificação e respectiva publicação do ato no Diário Oficial são necessários apenas em caso de dispensa de licitação.
(D) irregular, tendo em vista que a inexigibilidade de licitação deve ser declarada ao final do certame que deve ser realizado.
(E) regularizável, caso a autoridade fiscalizadora ratifique a inexigibilidade, suprindo a ausência do ato.

Conforme disposto no art. 26, *caput*, da Lei 8.666/1993, a ratificação e publicação no Diário Oficial são condições para eficácia do ato.
Gabarito "B"

(Analista – TRE/AP – 2011 – FCC) NÃO constitui hipótese de inexigibilidade de licitação a

(A) aquisição de materiais que só possam ser fornecidos por empresa exclusiva.
(B) contratação de serviço técnico de restauração de obras de arte e bens de valor histórico, de natureza singular, com empresa de notória especialização.
(C) contratação de profissional do setor artístico, consagrado pela opinião pública.
(D) contratação de instituição dedicada à recuperação social do preso, de inquestionável reputação ético-profissional e sem fins lucrativos.
(E) contratação de parecer, de natureza singular, com profissional de notória especialização.

A: incorreta, pois se trata de hipótese de inexigibilidade (art. 25, I, da Lei 8.666/1993); **B:** incorreta, pois se trata de hipótese de inexigibilidade (art. 25, II, da Lei 8.666/1993); **C:** incorreta, pois se trata de hipótese de inexigibilidade (art. 25, III, da Lei 8.666/1993); **D:** correta, pois se trata de hipótese de dispensa (art. 24, XIII, da Lei 8.666/1993); **E:** incorreta, pois se trata de hipótese de inexigibilidade (art. 25, II, da Lei 8.666/1993).
Gabarito "D"

(Analista – TRT/24ª – 2011 – FCC) Para a contratação de serviço técnico de treinamento e aperfeiçoamento de pessoal, de natureza singular, com empresa de notória especialização,

(A) exige-se, obrigatoriamente, licitação na modalidade tomada de preços.
(B) é inexigível a licitação.
(C) é dispensável a licitação.
(D) exige-se, obrigatoriamente, licitação na modalidade convite.
(E) exige-se, obrigatoriamente, licitação na modalidade concurso.

Art. 25, I, da Lei 8.666/1993.
Gabarito "B"

(Analista – TRF/4ª – 2010 – FCC) É dispensável a licitação

I. na contratação de instituição brasileira incumbida, regimental ou estatutariamente, de pesquisa, do ensino ou do desenvolvimento institucional, ou de instituição dedicada à recuperação social do preso, desde que a contratada detenha inquestionável reputação ético-profissional e não tenha fins lucrativos.
II. na contratação de associação de portadores de deficiência física, sem fins lucrativos e de comprovada idoneidade, por órgãos ou entidades da Administração Pública, para prestação de serviços ou fornecimento de mão de obra, desde que o preço contratado seja compatível com o praticado no mercado.
III. para as organizações industriais da Administração Federal direta, em face de suas peculiaridades e cujos materiais sejam aplicados exclusivamente na manutenção, reparo ou fabricação de meios operacionais de infraestrutura.
IV. na contratação realizada por empresa pública ou sociedade de economia mista com suas subsidiárias e controladas, para a aquisição ou alienação de bens, prestação ou obtenção de serviços, desde que o preço contratado seja compatível com o praticado no mercado.

V. na compra de bens de natureza divisível e desde que não haja prejuízo para o conjunto ou complexo, com vistas à ampliação da competitividade, podendo o edital fixar quantitativo mínimo para preservar a economia de escala.

Conforme a Lei, é correto o que consta APENAS em

(A) III, IV e V.

(B) II e III.

(C) I e V.

(D) I, II e IV.

(E) II, III e V.

I: correta (art. 24, XIII, da Lei 8.666/1993); **II:** correta (art. 24, XX, da Lei 8.666/1993), **III:** incorreta, pois as organizações industriais da Administração Federal direta terão limites diferenciados para as compras e serviços em geral, de acordo com o disposto no art. 23, § 6º, da Lei 8.666/1993; **IV:** correta (art. 24, XXIII, da Lei 8.666/1993) Tanto as empresas públicas como as sociedades de economia mista se submetem às regras das licitações e contratos administrativos, sendo que estes serão regidos agora pela Lei 13.303/2016 (Estatuto das Empresas Estatais); **V:** incorreta, pois na compra de bens de natureza divisível, e desde que não haja prejuízo para o conjunto ou complexo, é permitida a cotação de quantidade inferior à demandada na licitação, com vistas à ampliação da competitividade, podendo o edital fixar quantitativo mínimo para preservar a economia de escala (art. 23, § 7º, da Lei 8.666/1993).

Gabarito "D"

(Analista – TRT/15ª – 2009 – FCC) É inexigível a licitação quando houver inviabilidade de competição, em especial

(A) quando não acudirem interessados à licitação anterior e esta, justificadamente, não puder ser repetida sem prejuízo para a Administração, mantidas, neste caso, todas as condições preestabelecidas.

(B) para contratação de profissional de qualquer setor artístico, diretamente ou através de empresário exclusivo, desde que consagrado pela crítica especializada ou pela opinião pública.

(C) quando a União tiver que intervir no domínio econômico para regular preços ou normalizar o abastecimento.

(D) quando houver possibilidade de comprometimento da segurança nacional, nos casos estabelecidos em decreto do Presidente da República, ouvido o Conselho de Defesa Nacional.

(E) para a aquisição de bens ou serviços nos termos de acordo internacional específico aprovado pelo Congresso Nacional, quando as condições ofertadas forem manifestamente vantajosas para o Poder Público.

A: incorreta – caso de dispensa (art. 24, V, da Lei 8.666/1993); **B:** correta – caso de inexigibilidade (art. 25, III, da Lei 8.666/1993); **C:** incorreta – dispensa (art. 24, VI, da Lei 8.666/1993); **D:** incorreta – caso de dispensa (art. 24, IX, da Lei 8.666/1993); **E:** incorreta – caso de dispensa (art. 24, XIV, da Lei 8.666/1993).

Gabarito "B"

(Analista – TRE/PI – 2009 – FCC) Segundo a Le 8.666/1993, é hipótese de inexigibilidade de licitação a

(A) contratação de serviços técnicos de fiscalização, supervisão ou gerenciamento de obras ou serviços, de natureza singular, com profissionais ou empresas de notória especialização.

(B) contratação, em regra, de serviços de publicidade e divulgação.

(C) celebração de contratos de prestação de serviços com as organizações sociais, qualificadas no âmbito das respectivas esferas de governo, para atividades contempladas no contrato de gestão.

(D) contratação realizada por empresa pública ou sociedade de economia mista com suas subsidiárias e controladas, para a aquisição ou alienação de bens, prestação ou obtenção de serviços, desde que o preço contratado seja compatível com o praticado no mercado.

(E) contratação de fornecimento ou suprimento de energia elétrica e gás natural com concessionário, permissionário ou autorizado, de acordo com legislação específica.

A: Correto, pois está de acordo com a disposição dos arts. 13, IV e. 25, II, da Lei 8.666/1993; **B:** Incorreto, pois o art. 25, II da Lei 8.666/1993, veda a possibilidade de inexigibilidade de licitação para serviços de publicidade e divulgação; **C:** Incorreto, pois trata-se de situação de dispensa de licitação, conforme se depreende do art. 24, XXIV da Lei 8.666/1993; **D:** Incorreto. Tanto as empresas públicas como as sociedades de economia mista se submetem às regras das licitações e contratos administrativos, sendo que estes serão regidos agora pela Lei 13.303/2016 (Estatuto das Empresas Estatais); **E:** Incorreto, pois trata-se de situação de dispensa de licitação, conforme se depreende do art. 24, XXII da Lei 8.666/1993.

Gabarito "A"

(TRT9 – 2012 – FCC) De acordo com a Lei 8.666/1993, é dispensável a licitação

(A) para aquisição de bens para necessidade contínua, pelo sistema de registro de preços.

(B) para alienação de imóvel, desde que desafetado do serviço público.

(C) para compra de produto de marca preferencial da Administração.

(D) para contratação de serviços comuns, de natureza contínua.

(E) nos casos de guerra ou grave perturbação da ordem.

A: incorreto, pois não há tal previsão no art. 24 da Lei 8.666/1993; **B:** incorreto, pois, como regra, é necessário fazer licitação para a alienação de imóvel público (art. 17, I, da Lei 8.666/1993), que, diga-se de passagem, sempre deve estar desafetado para que a alienação possa ser feita; **C:** incorreto, pois a compra de produto de marca preferencial sequer é permitida (art. 25, I, da Lei 8.666/1993), quanto mais sem licitação; **D:** incorreto, pois esse caso não dispensa licitação, ensejando, inclusive, licitação na modalidade comum (art. 1º da Lei 10.520/2002); **E:** correto (art. 24, III, da Lei 8.666/1993).

Gabarito "E"

(TRT9 – 2012 – FCC) Como traço de semelhança ou de distinção entre a dispensa e a inexigibilidade de licitação pode-se indicar, dentre outras, a característica

(A) da licitação, nas hipóteses de inexigibilidade, ser, em tese, possível, mas diante da vontade do legislador, para agilizar algumas situações, torna-se prescindível.

(B) da dispensa de licitação incidir nas hipóteses em que a licitação é inviável, por impossibilidade de competição.

(C) da licitação, nas hipóteses de dispensa, ser, em tese, possível, mas diante da vontade do legislador, torna-se prescindível nas situações indicadas.

(D) do rol de hipóteses de dispensa de licitação ser exemplificativo, na medida em que se trata de norma de exceção à regra legal que obriga o certame como observância do princípio da isonomia.

(E) do rol de hipóteses de inexigibilidade de licitação ser taxativo, na medida em que se trata de norma de exceção à regra legal que obriga o certame como observância do princípio da isonomia, não admitindo flexibilização.

A: incorreto, pois, na inexigibilidade, a licitação não é possível ("é inviável"), não havendo discricionariedade do administrador entre realizá-la ou não, só cabendo não fazer a licitação, caso queira contratar numa hipótese que enseja inexigibilidade; **B:** incorreto, pois em caso de inviabilidade da licitação tem-se inexigibilidade (art. 25, *caput*, da Lei 8.666/1993) e não dispensa de licitação (art. 24 da Lei 8.666/1993); **C:** correto, pois, de fato, na dispensa de licitação, o administrador pode ou não fazer licitação, havendo discricionariedade nessa escolha; **D:** incorreto, pois o rol das hipóteses de dispensa de licitação é taxativo, ou seja, só há dispensa nos casos expressamente previstos na lei; **E:** incorreto, pois o rol das hipóteses de inexigibilidade de licitação é exemplificativo, ou seja, qualquer outra situação em que houver inviabilidade de competição, mesmo que não prevista nas três hipóteses casuísticas do art. 25 da Lei 8.666/1993, ensejará a inexigibilidade da licitação.

Gabarito "C"

(Advogado da Sabesp/SP – 2014 – FCC) Considere as seguintes hipóteses:

I. Para o fornecimento de bens e serviços, produzidos ou prestados no País, que envolvam, cumulativamente, alta complexidade tecnológica e defesa nacional, mediante parecer de comissão especialmente designada pela autoridade máxima do órgão.

II. Para a contratação de serviços técnicos de treinamento e aperfeiçoamento de pessoal, de natureza singular, com profissionais ou empresas de notória especialização, vedada a inexigibilidade para serviços de publicidade e divulgação.

III. Na celebração de contrato de programa com ente da Federação ou com entidade de sua administração indireta, para a prestação de serviços públicos de forma associada nos termos do autorizado em contrato de consórcio público ou em convênio de cooperação.

IV. Para a celebração de contratos de prestação de serviços com as organizações sociais, qualificadas no âmbito das respectivas esferas de governo, para atividades contempladas no contrato de gestão.

Nos termos da Lei 8.666/1993, é dispensável a licitação no que consta APENAS em

(A) I, II e IV.

(B) III e IV.

(C) I e II.

(D) II e III.

(E) I, III e IV.

I: correta (art. 24, XXVIII, da Lei 8.666/1993); **II:** incorreta, pois esse caso seria de *inexigibilidade* e não de *dispensa* de licitação (art. 25, II, da Lei 8.666/1993); **III:** correta (art. 24, XXVI, da Lei 8.666/1993); **IV:** correta (art. 24, XXIV, da Lei 8.666/1993).

Gabarito "E"

(Defensoria/SP – 2013 – FCC) A licitação

(A) pode ser por convite nos casos em que couber tomada de preços.

(B) deve ter seus parâmetros estabelecidos em Lei Federal, sendo vedada disposições legais específicas por parte dos Estados e Municípios.

(C) é aplicável para as entidades controladas direta e indiretamente pela União, Distrito Federal, Estados e Municípios e exploradoras de atividade econômica.

(D) é inexigível no caso de bens singulares e obras de modesto valor.

(E) é dispensada para a contratação de qualquer profissional do setor artístico.

A: incorreta, pois é o contrário, ou seja, é cabível a utilização de tomada de preços quando for o caso de convite, assim como é cabível a utilização de concorrência quando for o caso de tomada de preços ou convite; **B:** incorreta, pois compete à União editar leis gerais sobre licitação, cabendo aos Estados, DF e Municípios estipular disposições legais específicas (art. 22, XXVII, da CF); **C:** correta (art. 1º, parágrafo único, da Lei 8.666/1993); **D:** incorreta, pois nesse caso tem-se hipótese de *dispensa* de licitação (e não de *inexigibilidade*), na forma do art. 24, I, da Lei 8.666/1993; **E:** incorreta, pois nesse caso tem-se hipótese de *inexigibilidade* de licitação (e não de *dispensa* de licitação), na forma do art. 25, III, da Lei 8.666/1993.

Gabarito "C"

(Defensoria Pública/SP – 2010 – FCC) A formalização da concessão de serviço público, disciplinada em sua forma comum pela Lei 8.987/1995, dar-se-á por contratação

(A) com licitação dispensável, devido à prestação ser por conta e risco do concessionário.

(B) em condições legais excepcionais, sem exigência de modalidade licitatória específica.

(C) com licitação dispensada, se demonstrada a melhor capacidade do concessionário.

(D) direta e sem prazo determinado, em decorrência de ser inexigível a licitação.

(E) com licitação prévia e obrigatória, na modalidade de concorrência.

A contratação de concessão de serviço público depende de licitação pública, na modalidade concorrência, nos termos do art. 2º, II, da Lei 8.987/1995 e do art. 175 da CF.

Gabarito "E"

(Procurador do Estado/RO – 2011 – FCC) NÃO é hipótese legal de dispensa de licitação:

(A) A alienação gratuita ou onerosa, aforamento, concessão de direito real de uso, locação ou permissão de uso de bens imóveis residenciais construídos, destinados ou efetivamente utilizados no âmbito de programas habitacionais ou de regularização fundiária de interesse social desenvolvidos por órgãos ou entidades da administração pública.

(B) A contratação de remanescente de obra, serviço ou fornecimento, em consequência de rescisão contratual, desde que atendida a ordem de classificação da licitação anterior e aceitas as mesmas condições oferecidas pelo licitante vencedor, inclusive quanto ao preço, devidamente corrigido.

(C) A contratação da coleta, processamento e comercialização de resíduos sólidos urbanos recicláveis ou reutilizáveis, em áreas com sistema de coleta seletiva de lixo, efetuados por associações ou cooperativas formadas exclusivamente por pessoas físicas de baixa renda reconhecidas pelo poder público como catadores de materiais recicláveis, com o uso de equipamentos compatíveis com as normas técnicas, ambientais e de saúde pública.

(D) A contratação de associação de portadores de deficiência física, sem fins lucrativos e de comprovada idoneidade, por órgãos ou entidades da Administração Pública, para a prestação de serviços ou fornecimento de mão de obra, desde que o preço contratado seja compatível com o praticado no mercado.

(E) O credenciamento de número indeterminado de profissionais de saúde para atendimento de saúde complementar aos servidores públicos, garantindo-se a publicidade do procedimento, a objetividade dos requisitos, a regulamentação da prestação dos serviços e a fixação criteriosa da tabela de remuneração dos serviços prestados.

A: correta – é hipótese de licitação dispensada (art. 17, I, "f", da Lei 8.666/1993); **B:** correta – é hipótese de dispensa (art. 24, XI, da Lei 8.666/1993); **C:** correta – é hipótese de dispensa (art. 24, XXVII, da Lei 8.666/1993); **D:** correta – é hipótese de dispensa (art. 24, XX, da Lei 8.666/1993); **E:** incorreta, devendo ser assinalada – *não* é hipótese, devendo ser assinalada; isso porque não existe essa previsão no rol taxativo da dispensa de licitação.

Gabarito "E"

(Procurador do Estado/SP – FCC – 2009) Pretendendo a Administração contratar a prestação de serviços médicos para atendimento de seus servidores, resolveu credenciar todos os estabelecimentos interessados em fazê-lo pelo valor previamente fixado pela Administração e que atendam a um padrão mínimo de qualidade fixado em edital. Ao assim proceder, a Administração praticou ato

(A) legal com fundamento na faculdade que lhe concede a Lei 8.666/1993 de contratar com dispensa de licitação, tendo em vista as características próprias da pessoa do contratado.

(B) legal, tendo em vista a presunção de legalidade de seus atos e a possibilidade de contratação com dispensa de licitação em razão do objeto.

(C) legal, com fundamento na Lei 8.666/1993, por ser possível a contratação com inexigibilidade de licitação sempre que houver inviabilidade de competição.

(D) ilegal porque estava obrigada a realizar procedimento licitatório, nos termos da Lei 8.666/1993.

(E) ilegal porque ainda que o contrato possa ser firmado com inexigibilidade de licitação, a predeterminação de valores realizada, por si só, é lesiva ao erário.

No caso em tela, como há um valor prefixado, não há que se falar em competição, não havendo, portanto, que se falar em licitação, por inexigibilidade fundamentada no *caput* do art. 25 da Lei 8.666/1993 ("inviabilidade de competição").

Gabarito "C"

1.3. Modalidades, tipos e registro de preços

(Técnico Judiciário – TRT20 – FCC – 2016) A empresa vencedora de determinada licitação, na modalidade pregão, ao longo da execução contratual, cometeu fraude fiscal. Em razão do ocorrido, ficará, dentre outras sanções, impedida de contratar com a União, Estados, Distrito Federal ou Municípios pelo prazo de até

(A) 5 anos.

(B) 10 anos.

(C) 8 anos.

(D) 7 anos.

(E) 15 anos.

O prazo é de até 5 anos sem prejuízo das multas previstas em edital e no contrato e das demais cominações legais, conforme determina o art. 7º da Lei 10.520/2002. Na Lei 8.666.1993 esse prazo é de 2 anos (art. 87, III). GD

Gabarito "A"

(Técnico Judiciário – TRT20 – FCC – 2016) A Prefeitura de determinado Município do Estado de Sergipe pretende vender bens móveis que lhe são inservíveis como, por exemplo, cadeiras, mesas e estantes, bens estes muito antigos e sem serventia à Administração municipal. Nos termos da Lei 8.666/1993, a modalidade licitatória apropriada ao caso narrado é

(A) concorrência.

(B) leilão.

(C) tomada de preços

(D) convite.

(E) pregão.

A alternativa correta é a que trata do leilão, conforme disposto no art. 22, § 5º, da Lei 8.666/1993. GD

Gabarito "B"

(Procurador do Estado – PGE/MT – FCC – 2016) A Diretoria Regional de Educação pretende realizar licitação para aquisição de uniforme escolar destinado ao uso de dez mil alunos pertencentes à rede local de ensino, sendo que o preço estimado da contratação equivale a quinhentos mil reais. Nessa hipótese, a Diretoria:

(A) não pode adotar o pregão, pois esta modalidade licitatória só pode ser utilizada quando o valor estimado da contratação for igual ou inferior a oitenta mil reais.

(B) deve dividir a compra em quatro ou mais lotes, possibilitando assim o uso de modalidade convite, para propiciar maior celeridade e competitividade na contratação.

(C) pode utilizar o pregão presencial, mas não o pregão eletrônico, modalidade licitatória que somente é empregada pelas entidades e órgãos da Administração Pública Federal.

(D) deverá obrigatoriamente utilizar a concorrência--pregão, compatível com a aquisição de bens considerados comuns, mas cujo valor estimado da contratação exceda o valor da tomada de preços.

(E) pode utilizar a modalidade licitatória tomada de preço ou, se entender mais conveniente, adotar a concorrência.

A: Incorreta. Sendo um bem comum, poderia ser adotado o pregão (art. 1º, da Lei 10.520/2002); **B:** incorreta. O art. 23, § 2º, da Lei 8.666/1993 dispõe que cada etapa ou parcela resultante da divisão deverá adotar um procedimento distinto; **C:** incorreta. Não há vedação para a realização de pregão eletrônico para as hipóteses em que também é possível o pregão presencial (Lei 10.520/2002); **D:** incorreta. Ou se adota o pregão ou a concorrência, inclusive para cada etapa em que houver o parcelamento da obra, da compra (art. 23, § 2º, da Lei 8.666/1993); **E:** correta. Trata-se do disposto no art. 23, §§ 2º e 3º, da Lei 8.666/1993. AW

Gabarito "E"

(Técnico – TRE/PR – 2012 – FCC) A Administração Pública decidiu realizar licitação para aquisição de material de informática. A modalidade escolhida foi pregão, que apresenta como característica a possibilidade de

(A) disputa verbal entre todos os participantes, independentemente do número, após a apresentação do menor lance;
(B) disputa verbal entre o licitante que apresentar o menor lance e os autores das ofertas com preço até 10% (dez por cento) superiores àquela;
(C) inclusão de novos participantes após o início da sessão, caso a menor proposta apresentada seja superior à pesquisa de mercado feita pela Administração Pública;
(D) aditamento das propostas apresentadas, mediante suspensão da sessão por 48 horas, reiniciando-se o procedimento após o decurso desse prazo;
(E) aditamento das propostas apresentadas após o julgamento das ofertas, de modo a reduzir o valor dos lances o máximo possível, atendendo ao critério de menor preço.

A: incorreta, pois só poderão participar da fase de lances verbais o autor da oferta de valor mais baixo e os das ofertas com preços até 10% superiores àquela, garantindo-se, nessa fase, representantes de ao menos 3 ofertas diferentes (art. 4º, VIII e IX, da Lei 10.520/2002); **B:** correta (art. 4º, VIII, da Lei 10.520/2002); **C:** incorreta, não existe previsão legal de inclusão de novos participantes após o início da sessão; **D** e **E:** incorretas, pois não existe previsão legal para o aditamento das propostas, muitos menos com suspensão da sessão por 48 horas; o máximo que se permite é que os representantes das melhores ofertas ofereçam lances verbais (art. 4º, VIII e IX, da Lei 10.520/2002) e que o representante da melhor oferta após os lances verbais abaixe ainda mais o seu valor na fase de negociação com a Administração, fase que a experiência prática criou por força da redação do art. 4º, XI, da Lei 10.520/2002.

Gabarito "B".

(Técnico – TRE/SP – 2012 – FCC) A Secretaria Estadual de Habitação pretende contratar a construção de casas populares e estima que o valor das obras seja da ordem de R$ 1.000.000,00 (um milhão de reais). Para a contratação das obras, deverá adotar a modalidade licitatória:

(A) leilão;
(B) pregão;
(C) convite;
(D) concorrência;
(E) tomada de preços.

De acordo com a Lei 8.666/1993, as contratações de **obras** de até R$ 1.500.000,00 serão feitas mediante licitação na modalidade tomada de preços. Até R$ 150.000,00, utiliza-se a modalidade convite. E acima de R$ 1.500.000,00, utiliza-se necessariamente, a modalidade concorrência. No caso em tela a modalidade que se encaixa perfeitamente é a tomada de preços. A doutrina até aponta que a concorrência também possa ser utilizada ("quem pode o mais, pode o menos"), mas, como a tomada de preços se encaixa perfeitamente, é a alternativa a ser marcada. O leilão se aplica às *alienações* da Administração, não é o caso, pois a Administração quer contratar *uma obra* (art. 22, § 5º, da Lei 8.666/1993). O pregão deve ser afastado, pois este só se aplica à aquisição de *bens e serviços comuns* (art. 1º da Lei 10.520/2002) e a *obra* não se encaixa nesse conceito.

Gabarito "E".

(Técnico – TRE/CE – 2012 – FCC) O Estado do Ceará pretende realizar procedimento licitatório na modalidade concurso, para a escolha de trabalho científico. Nos termos da Lei 8.666/1993, o edital deverá ser publicado na imprensa oficial com antecedência mínima de

(A) 30 dias;
(B) 45 dias;
(C) 10 dias;
(D) 15 dias;
(E) 40 dias.

Na modalidade de licitação "concurso" o edital deve ser publicado na imprensa oficial com antecedência mínima de 45 dias entre a data da publicação e a data da entrega do trabalho (art. 22, § 4º, da Lei 8.666/1993).

Gabarito "B".

(Técnico Judiciário – TRE/AP – 2011 – FCC) Considere as seguintes assertivas concernentes aos interessados em participar da licitação na modalidade convite:

I. São escolhidos e convidados, em regra, em número mínimo de dois.
II. Podem ser cadastrados ou não.
III. Devem ser do ramo pertinente ao objeto da licitação.

Está correto o que se afirma SOMENTE em

(A) II e III.
(B) I.
(C) III.
(D) II.
(E) I e III.

I: incorreta, pois o número mínimo previsto em lei é de três (art. 22, § 3º, da Lei 8.666/1993); **II:** correta (art. 22, § 3º, da Lei 8.666/1993); **III:** correta (art. 22, § 3º, da Lei 8.666/1993).

Gabarito "A".

(Técnico Judiciário – TRT/20ª – 2011 – FCC) Sobre licitação, considere as seguintes características:

I. Destina-se à escolha de trabalho técnico, científico ou artístico.
II. A contraprestação pode ser através remuneração.
III. Destina-se a interessados previamente cadastrados.
IV. O edital é publicado na imprensa oficial com antecedência mínima de trinta dias.

São características da modalidade de licitação *concurso* o que consta nos itens

(A) I e II, apenas.
(B) I, II e III, apenas.
(C) I, III e IV, apenas.
(D) III e IV, apenas.
(E) I, II, III e IV.

I e **II:** corretas (art. 22, § 4º, da Lei 8.666/1993); **III:** incorreta, pois o cadastro prévio não é exigido na modalidade concurso, apenas na tomada de preços (art. 22, § 2º, da Lei 8.666/1993); **IV:** incorreta, pois o edital é publicado na imprensa oficial com antecedência mínima de quarenta e cinco dias (art. 22, § 4º, da Lei 8.666/1993).

Gabarito "A".

(Técnico Judiciário – TRT/23ª – 2011 – FCC) No que concerne à modalidade de licitação concurso, é correto afirmar:

(A) Destina-se à escolha de trabalho apenas técnico ou científico, não sendo admitido para qualquer outra natureza de trabalho.
(B) É possível, como forma contraprestação ao vencedor do certame, remuneração a ser paga pelo Poder Público.

(C) O edital deve ser publicado com antecedência mínima de quarenta dias.

(D) Não é cabível, como forma de contraprestação ao vencedor do certame, a instituição de prêmios.

(E) Apenas interessados previamente cadastrados podem participar do certame, não se admitindo a participação de quaisquer interessados.

A: incorreta, pois concurso também se destina a escolha de trabalho artístico (art. 22, § 4º, da Lei 8.666/1993); **B:** correta (art. 22, § 4º, da Lei 8.666/1993); **C:** incorreta, pois o edital é publicado com antecedência mínima de quarenta e cinco dias (art. 22, § 4º, da Lei 8.666/1993); **D:** incorreta, pois é possível a instituição de prêmios (art. 22, § 4º, da Lei 8.666/1993); **E:** incorreta, pois admite-se a participação de quaisquer interessados (art. 22, § 4º, da Lei 8.666/1993).

Gabarito "B"

(Técnico Judiciário – TRT/8ª – 2010 – FCC) A modalidade de licitação entre interessados previamente cadastrados ou que atenderem a todas as condições exigidas para cadastramento até o terceiro dia anterior à data do recebimento das propostas, observada a necessária qualificação, é denominada

(A) concorrência.

(B) convite.

(C) tomada de preços.

(D) leilão.

(E) concurso.

Art. 22, § 2º, da Lei 8.666/1993.

Gabarito "C"

(Técnico Judiciário – TRT/8ª – 2010 – FCC) Para a contratação de obras e serviços de engenharia com valor acima de R$ 1.500.000,00 (um milhão e quinhentos mil reais), ressalvadas as hipóteses de dispensa e de inexigibilidade, deve ser feita licitação na modalidade

(A) pregão.

(B) tomada de preços.

(C) convite.

(D) leilão.

(E) concorrência.

Art. 23, I, *c*, da Lei 8.666/1993 (de acordo com a redação dada pela Lei 9.648/1998).

Gabarito "E"

(Técnico Judiciário – TRE/PI – 2009 – FCC) A Lei de Licitações considera obras, serviços e compras de grande vulto aquelas cujo valor estimado seja de

(A) dez vezes o valor estabelecido para concorrência pública.

(B) quinze vezes o valor estabelecido para tomada de preços.

(C) vinte vezes o valor estabelecido para tomada de preços.

(D) vinte e cinco vezes o valor estabelecido para concorrência.

(E) cinquenta vezes o valor estabelecido para convite.

Art. 6º, V, da Lei 8.666/1993.

Gabarito "D"

(Técnico Judiciário – TRT/15ª – 2009 – FCC) Sobre as modalidades de licitação, considere:

I. Modalidade de licitação entre interessados devidamente cadastrados ou que atenderem a todas as condições exigidas para cadastramento até o terceiro dia anterior à data do recebimento das propostas, observada a necessária qualificação.

II. Modalidade de licitação entre quaisquer interessados que, na fase inicial de habilitação preliminar, comprovem possuir os requisitos mínimos de qualificação exigidos no edital para execução de seu objeto.

III. Modalidade de licitação entre quaisquer interessados para escolha de trabalho técnico, científico ou artístico, mediante a instituição de prêmios ou remuneração aos vencedores, conforme critérios constantes de edital publicado na imprensa oficial com antecedência mínima de 45 (quarenta e cinco) dias.

IV. Modalidade de licitação entre quaisquer interessados para a venda de bens móveis inservíveis para a administração ou de produtos legalmente apreendidos ou penhorados, ou para a alienação de bens imóveis prevista no art. 19, a quem oferecer o maior lance, igual ou superior ao valor da avaliação.

Os conceitos acima se referem, respectivamente, a

(A) concorrência, concurso, tomada de preços e leilão.

(B) tomada de preços, concorrência, concurso e leilão.

(C) leilão, tomada de preços, concorrência e concurso.

(D) concurso, concorrência, leilão e tomada de preços.

(E) tomada de preços, concorrência, leilão e concurso.

I: art. 22, § 2º, da Lei 8.666/1993; **II:** art. 22, § 1º, da Lei 8.666/1993; **III:** art. 22, § 4º, da Lei 8.666/1993; **IV:** art. 22, § 5º, da Lei 8.666/1993.

Gabarito "B"

(Analista – TRT/2ª Região – 2014 – FCC) A Administração pública de São Bernardo do Campo tem necessidade de adquirir equipamento de informática que é produzido e comercializado, com exclusividade, por empresa brasileira sediada no Estado do Paraná. Após ampla e detida pesquisa, constatou-se que referido equipamento é o único capaz de atender de forma satisfatória o interesse público, sendo premente sua aquisição. Para tanto, a Administração pública municipal deve comprar referido equipamento por meio de

(A) procedimento licitatório, na modalidade pregão eletrônico, que é exigência constitucional para todas as contratações públicas.

(B) procedimento licitatório, elegendo a modalidade licitatória que imprima maior competitividade ao certame, desde que o faça de forma motivada.

(C) contratação direta, com fundamento na dispensa de licitação, exigindo do fornecedor a comprovação de exclusividade de fabricação e comercialização, por meio da apresentação de atestado emitido para esse fim.

(D) contratação direta, com fundamento na inexigibilidade de licitação, exigindo, para tanto, que o fornecedor apresente a documentação comprobatória da condição de exclusividade, nos termos da Lei.

(E) contratação direta, com fundamento na dispensa ou na inexigibilidade de licitação, não havendo, em qualquer das hipóteses, forma específica indicada pela lei para comprovação da exclusividade de fabricação e comercialização.

Assim determina o art. 25, I, da Lei 8.666/1993: "É inexigível a licitação quando houver inviabilidade de competição, em especial: I – para aquisição de materiais, equipamentos, ou gêneros que só possam ser fornecidos por produtor, empresa ou representante comercial exclusivo, vedada a preferência de marca, devendo a comprovação de exclusividade ser feita através de atestado fornecido pelo órgão de registro do comércio do local em que se realizaria a licitação ou a obra ou o serviço, pelo Sindicato, Federação ou Confederação Patronal, ou, ainda, pelas entidades equivalentes.

Gabarito "D"

(Analista Judiciário – Área Judiciária – TRT12 – 2013 – FCC) Acerca do sistema de registro de preços, previsto na Lei 8.666/1993, considere:

I. O registro de preços será precedido de ampla pesquisa de mercado.
II. Os preços registrados serão publicados trimestralmente para orientação da Administração, na imprensa oficial.
III. O sistema de registro de preços será regulamentado por decreto, atendidas as peculiaridades regionais, observadas, dentre outras condições, a validade do registro não superior a cinco anos.

Está correto o que consta APENAS em

(A) II.
(B) I.
(C) I e II.
(D) II e III.
(E) III.

I: correta (art. 15, § 1º, da Lei 8.666/1993); **II:** correta (art. 15, § 2º, da Lei 8.666/1993); **III:** incorreta, pois a validade do registro não poderá ser superior a um ano (art. 15, § 3º, III, da Lei 8.666/1993).

Gabarito "C"

(Analista – TRT/6ª – 2012 – FCC) A respeito das modalidades licitatórias previstas na Lei 8.666/1993 e legislação correlata, é correto afirmar que se aplica

(A) leilão, para alienação de bens móveis inservíveis para a Administração, independentemente do valor.
(B) pregão, para alienação de bens móveis adquiridos pela Administração em procedimento judicial.
(C) concurso, para a contratação de obras e serviços de engenharia de alta complexidade.
(D) leilão, para alienação de bens apreendidos ou penhorados, desde que avaliados em até R$ 80.000,00 (oitenta mil reais).
(E) concurso, para escolha de trabalho científico ou artístico, vedada a instituição de prêmio.

A: correto (art. 22, § 5º, da Lei 8.666/1993); **B:** incorreto, pois o pregão se destina à aquisição e não à alienação de bens pela Administração (art. 1º da Lei 10.520/2002); **C:** incorreto, pois o concurso se destina à escolha de trabalho técnico, científico ou artístico, mediante a instituição de prêmio ou remuneração (art. 22, § 4º, da Lei 8.666/1993), e não à contratação de obras e serviços de engenharia de alta complexidade; **D:** incorreto, pois não há limite de valor para o uso de leilão para a alienação de bens móveis apreendidos ou penhorados (art. 22, § 5º, da Lei 8.666/1993); **E:** incorreto, pois, nos concursos, escolhe-se trabalho técnico, científico ou artístico, mediante a instituição de prêmio ou remuneração (art. 22, § 4º, da Lei 8.666/1993).

Gabarito "A"

(Analista – TRE/CE – 2012 – FCC) O Estado do Ceará pretende realizar procedimento licitatório para a realização de obra de engenharia no valor de R$ 1.550.000,00 (um milhão, quinhentos e cinquenta mil reais). A modalidade de licitação para tal hipótese é

(A) concorrência ou tomada de preços.
(B) tomada de preços, apenas.
(C) concorrência, apenas.
(D) tomada de preços ou convite.
(E) convite, apenas.

De acordo com o disposto no art. 23, I, *c*, da Lei 8.666/1993, no caso de obras e serviços de engenharia com valor estimado da contratação acima de R$ 1.500.000,00 (um milhão e quinhentos mil reais), a modalidade de licitação será de concorrência.

Gabarito "C"

(Analista – TRE/AP – 2011 – FCC) Nos termos da Lei de Licitações (Lei 8.666/1993), constituem, dentre outras, hipóteses em que será possível a licitação na modalidade tomada de preços:

(A) licitações internacionais, mesmo que o órgão ou entidade não disponha de cadastro internacional de fornecedores.
(B) compras e serviços, com exceção dos serviços de engenharia, cujo valor seja de setecentos mil reais.
(C) casos em que couber convite.
(D) obras e serviços de engenharia cujo valor seja de um milhão e seiscentos mil reais.
(E) concessões de direito real de uso.

A: incorreta, pois na hipótese caberá apenas a modalidade concorrência (art. 23, § 3º, da Lei 8.666/1993); **B:** incorreta, pois para compras e serviços acima de R$ 650.000,00 será adotada a modalidade concorrência (art. 23, II, da Lei 8.666/1993); **C:** correta (art. 23, § 4º, da Lei 8.666/1993); **D:** incorreta, pois para obras e serviços de engenharia que ultrapassem R$ 1.500.000,00 será adotada a modalidade concorrência (art. 23, I, da Lei 8.666/1993); **E:** incorreta, pois para a concessão de direito real de uso será adotada a modalidade concorrência (art. 23, § 3º, da Lei 8.666/1993).

Gabarito "C"

(Analista – TRE/AL – 2010 – FCC) De acordo com a Lei 8.666/1993, constituem tipos de licitação, EXCETO na modalidade concurso, dentre outros,

(A) empreitada por preço global e empreitada integral.
(B) menor preço e técnica e preço.
(C) convite e tomada de preços.
(D) execução direta e execução indireta.
(E) menor preço e tarefa.

Art. 45, § 1º, I e III, da Lei 8.666/1993.

Gabarito "B"

(Analista – TRE/RS – 2010 – FCC) Dentre as modalidades de licitação previstas na Lei 8.666/1993, NÃO se inclui:

(A) leilão.
(B) concorrência.
(C) convite.
(D) concurso.
(E) técnica e preço.

A, **B**, **C** e **D**: corretas – são modalidades de licitação (art. 22 da Lei 8.666/1993); **E**: incorreta, devendo ser assinalada – técnica e preço é um tipo de licitação (art. 45, § 1º, III, da Lei 8.666/1993).

Gabarito "E"

(Analista – TJ/PI – 2009 – FCC) A modalidade de licitação que é realizada entre interessados previamente cadastrados, ou que preencham os requisitos para cadastramento até o terceiro dia anterior à data do recebimento das propostas, observada a necessária qualificação, é

(A) o convite.
(B) o pregão.
(C) a tomada de preço.
(D) a concorrência.
(E) o concurso.

Art. 22, § 2º, da Lei 8.666/1993.

Gabarito "C"

(TRT9 – 2012 – FCC) Considerando as disposições da Lei 8.666/1993, modalidade licitatória aplicável para

I. venda de produtos legalmente apreendidos ou penhorados.
II. aquisição de bens de natureza comum.
III. obras com valor da contratação estimado em até R$ 150.000,00.

Correspondem, respectivamente, a

(A) pregão, leilão e tomada de preços.
(B) leilão, pregão e convite.
(C) leilão, convite e tomada de preços.
(D) concorrência, pregão e convite.
(E) convite, tomada de preços e concorrência.

I: leilão (art. 22, § 5º, da Lei 8.666/1993); **II**: pregão (art. 1º da Lei 10.520/2002); **III**: convite (art. 23, I, "a", da Lei 8.666/1993).

Gabarito "B"

(Auditor Fiscal/RO – 2010 – FCC) Conforme estabelece a Lei 8.666/1993, o prazo mínimo até o recebimento das propostas ou a realização do evento será de

(A) cinco dias úteis para a licitação na modalidade convite.
(B) trinta dias para a licitação na modalidade concurso.
(C) quarenta e cinco dias para tomada de preços, quando a licitação for do tipo "melhor técnica" ou "técnica e preço".
(D) trinta dias para concorrência, quando o contrato a ser celebrado contemplar o regime de empreitada integral.
(E) trinta dias para a concorrência, quando a licitação for do tipo "melhor técnica" ou "técnica e preço".

A: correta (art. 21, § 2º, IV, da Lei 8.666/1993); **B**: incorreta (art. 21, § 2º, I, *a*, da Lei 8.666/1993); **C**: incorreta (art. 21, § 2º, II, *b*, da Lei 8.666/1993); **D e E**: incorretas (art. 21, § 2º, I, *b*, da Lei 8.666/1993).

Gabarito "A"

(Magistratura/CE – 2014 – FCC) No que tange ao julgamento das licitações, a Lei Federal 8.666, de 21 de junho de 1993,

(A) exige, para contratação de bens e serviços de informática, a adoção do tipo de licitação "melhor técnica", permitido o emprego de outro tipo de licitação nos casos indicados em decreto do Poder Executivo.
(B) admite a utilização de critério sigiloso em licitações, quando houver possibilidade de comprometimento da segurança nacional, nos casos estabelecidos em decreto do Presidente da República, ouvido o Conselho de Defesa Nacional.
(C) admite que haja fase de julgamento por lances verbais, somente nas modalidades concorrência e tomada de preço.
(D) considera inexequíveis, no caso de licitações de menor preço para compras, as propostas cujos valores sejam inferiores a 70% (setenta por cento) do valor orçado pela Administração.
(E) não permite a desistência de proposta após a fase de habilitação, salvo por motivo justo decorrente de fato superveniente e aceito pela Comissão de Licitação.

A: incorreta, pois a lei determina, no caso, a adoção do tipo de licitação "melhor técnica e preço" (e não "melhor técnica"), conforme art. 45, § 4º, da Lei 8.666/1993; **B**: incorreta, pois a lei veda o sigilo (salvo do conteúdo das propostas, até a abertura dos envelopes respectivos), conforme arts. 3º, § 3º, e 44, § 1º, ambos da Lei 8.666/1993; **C**: incorreta, pois a Lei 8.666/1993 não prevê lances verbais, apesar de outras leis o fazerem, como a Lei do Pregão (Lei 10.520/2002 – art. 4º, VIII e IX); **D**: incorreta, pois a Lei 8.666/1993 considera inexequíveis as propostas cujos valores forem inferiores a 70% dos menores valores indicados nas alíneas "a" e "b" do § 1º do art. 48 quando se tratar de licitações de menor preço para "obras" e "serviços de engenharia" (art. 48, § 1º), não havendo regra tão objetiva quando se tratar de licitações de menor preço para "compras" (art. 48, II); **E**: correta (art. 43, § 6º, da Lei 8.666/1993).

Gabarito "E"

(Magistratura/PE – 2011 – FCC) É regra estranha ao tratamento legal da modalidade de licitação dita pregão, em termos de normas gerais, a que determina que

(A) no curso da sessão, o autor da oferta de valor mais baixo e os das ofertas com preços até 20% superiores àquela poderão fazer novos lances verbais e sucessivos, até a proclamação do vencedor.
(B) o prazo fixado para a apresentação das propostas, contado a partir da publicação do aviso, não será inferior a 8 dias úteis.
(C) para julgamento e classificação das propostas, será adotado o critério de menor preço, observados os prazos máximos para fornecimento, as especificações técnicas e parâmetros mínimos de desempenho e qualidade definidos no edital.
(D) examinada a proposta classificada em primeiro lugar, quanto ao objeto e valor, caberá ao pregoeiro decidir motivadamente a respeito da sua aceitabilidade.
(E) encerrada a etapa competitiva e ordenadas as ofertas, o pregoeiro procederá à abertura do invólucro contendo os documentos de habilitação do licitante que apresentou a melhor proposta, para verificação do atendimento das condições fixadas no edital.

A: correta, pois é regra estranha ao pregão, já que são chamados para lances verbais os licitantes com ofertas de preço até 10% (*dez por cento*) superiores à melhor oferta, garantidas pelo menos três propostas diferentes (art. 4º, VIII e IX, da Lei 10.520/2002); **B**: incorreta, pois essa regra é própria do pregão (art. 4º, V, da Lei 10.520/2002); **C**: incorreta, pois essa regra é própria do pregão (art. 4º, X, da Lei 10.520/2002); **D**: incorreta, pois essa regra é própria do pregão (art. 4º, XI, da Lei 10.520/2002); **E**: incorreta, pois essa regra é própria do pregão (art. 4º, XII, da Lei 10.520/2002).

Gabarito "A"

(Defensor Público/PR – 2012 – FCC) Sobre licitação é correto afirmar:

(A) A concorrência é a modalidade de licitação possível para a compra e venda de bens móveis e imóveis, independentemente do valor.

(B) O rol de modalidades de licitações constante da lei é taxativo não podendo, o ente federado, conceber outras figuras ou combinar regras procedimentais.

(C) A lei não permite que o edital da licitação contenha qualquer preferência para serviços ou produtos manufaturados de origem nacional.

(D) É garantida por lei a participação de microempresas e empresas de pequeno porte em processos licitatórios, as quais, pelo princípio da isonomia, concorrem sem qualquer preferência, em igualdade de condições com os demais participantes.

(E) Na modalidade convite, além do edital que rege o certame, deve ser expedida carta-convite aos proponentes cadastrados, respeitada a antecedência mínima de cinco dias, contados da publicação do edital.

A: incorreta, pois a concorrência é a modalidade de licitação utilizada para a compra ou alienação de bens imóveis (art. 23, § 3º, da Lei 8.666/1993); ou seja, quanto aos bens móveis, não há obrigação de que a alienação ou a aquisição se dê por concorrência caso não se atinja o valor mínimo para que esta se aplique; **B:** correta (art. 22, § 8º, da Lei 8.666/1993); **C:** incorreta, pois poderá ser estabelecido margem de preferência para produtos manufaturados e serviços nacionais que atendam a normas técnicas brasileiras (art. 3º, § 5º, da Lei 8.666/1993); se tais produtos manufaturados e serviços nacionais forem, ainda, realizados no Brasil, poderá ser estabelecida uma margem de preferência ainda maior (art. 3º, § 7º, da Lei 8.666/1993); **D:** incorreta, pois a LC n. 123/2006 estabelece vantagens em favor dessas empresas, como a que assegura, como critério de desempate, preferência de contratação para as microempresas e empresas de pequeno porte (art. 44, *caput*); **E:** incorreta, pois não há edital na modalidade convite (art. 38, I, da Lei 8.666/1993), mas apenas a expedição de cartas-convite; quanto ao prazo, é de cinco dias úteis (e não cinco dias corridos), contados da expedição da carta-convite (art. 21, § 3º, da Lei 8.666/1993).

Gabarito "B"

(Procurador do Estado/MT – FCC – 2011) São modalidades licitatórias adequadas para as situações descritas:

(A) pregão para aquisição e alienação de bens e serviços comuns e concorrência para alienação de imóveis de qualquer valor.

(B) leilão para alienação de bens móveis e imóveis de pequeno valor e pregão para aquisição de bens e serviços comuns.

(C) concorrência para alienação de imóveis acima de R$ 1.500.000,00 (um milhão e meio de reais) e leilão para alienação de imóveis avaliados abaixo desse valor e móveis de qualquer valor.

(D) concurso para contratação de quaisquer serviços técnicos especializados e leilão para alienação de bens móveis inservíveis ou de produtos legalmente apreendidos ou penhorados.

(E) convite para obras e serviços de engenharia, com valor da contratação estimado em até R$ 150.000,00 (cento e cinquenta mil reais) e concorrência para concessão de serviços públicos de qualquer valor.

A: incorreta, pois o pregão é para a *aquisição* de bens e serviços e não para a *alienação* destes (art. 1º da Lei 10.520/2002); **B:** incorreta, pois não há limitação de valor para utilização do leilão (art. 22, § 5º, da Lei 8.666/1993); **C:** incorreta, pois, para a alienação de imóveis de qualquer valor, a regra é o uso da concorrência (arts. 17, I, e 23, § 3º, da Lei 8.666/1993), ressalvada a possibilidade prevista no art. 19 da Lei 8.666/1993, de se utilizar leilão para alienação de imóveis cuja aquisição haja derivado de procedimentos judiciais ou de dação em pagamento; **D:** incorreta, pois o concurso se destina à escolha, e não à contratação de trabalhos; ademais, a destinação é para a escolha de trabalhos técnicos, científicos ou artísticos, ou seja, não inclui apenas os serviços técnicos especializados de que trata o art. 13, § 1º, da Lei 8.666/1993; **E:** correta (art. 23, I, "a", da Lei 8.666/1993 e art. 2º, II, da Lei 8.987/1995).

Gabarito "E"

(Advogado da Metro/SP – 2014 – FCC) A Administração Pública pretende alienar inúmeros bens imóveis provenientes de ação judicial movida contra ex-banqueiro. Nesse caso, o procedimento licitatório adequado é

(A) pregão.

(B) leilão.

(C) registro de preços.

(D) tomada de preços.

(E) convite.

A alienação de bens imóveis estatais, de regra, deve se dar mediante licitação na modalidade concorrência (art. 23, § 3º, da Lei 8.666/1993), mas também é cabível a utilização do leilão quando se tratar de imóveis adquiridos mediante procedimento judicial (ou de dação em pagamento), que foi justamente o caso trazido no enunciado dessa questão (art. 19, III, da Lei 8.666/1993).

Gabarito "B"

1.4. Fases/Procedimento (edital, habilitação, julgamento, adjudicação e homologação)

(Técnico Judiciário – TRE/SP – FCC – 2017) Determinada Administração pública realizou uma licitação com base na Lei 8.666/1993, sob a modalidade concorrência, para contratação de serviços de avaliação de seu patrimônio imobiliário. Finda a fase de julgamento e declarado o vencedor,

(A) cabe à autoridade competente homologar o resultado e adjudicar o objeto ao vencedor, que tem direito subjetivo à contratação, no prazo de 30 dias contados do resultado do certame.

(B) sucede-se a fase de homologação da licitação e adjudicação do objeto ao vencedor do certame, embora este não tenha direito subjetivo para exigir da Administração pública a prática desses atos.

(C) cabe à Administração pública a divulgação do resultado, contra cuja decisão não caberá mais recurso por parte dos licitantes, tendo em vista que se trata de decisão de mérito.

(D) sucede-se a fase de habilitação, cabendo à Administração analisar a documentação de todos licitantes, para verificação do atendimento dos requisitos de participação, em especial no que se refere à capacitação técnica.

(E) abre-se prazo de impugnação aos licitantes, sendo que aqueles com diferença igual ou menor a 10% em relação à melhor proposta seguem para a fase de habilitação.

A: incorreta, o vencedor não tem direito subjetivo à adjudicação e o prazo é de 60 dias (art. 64, § 3º, da Lei 8.666/1993); **B:** correta (art. 43,

VI, da Lei 8.666/1993); **C:** incorreta, a decisão é recorrível (art. 109, I, da Lei 8.666/1993); **D** e **E:** incorretas. A habilitação é anterior à fase de julgamento (art. 43, III e V, da Lei 8.666/1993). GD

Gabarito "B"

(Técnico – TRE/PR – 2012 – FCC) O julgamento das propostas apresentadas em regular procedimento de concorrência deve ser feito

(A) de acordo com os critérios, subjetivos e objetivos, constantes do edital publicado.

(B) objetivamente, sendo possível a desconsideração parcial dos critérios constantes no edital caso necessário para contratação da proposta de menor preço.

(C) preliminarmente de acordo com os requisitos constantes do edital, facultando-se aos competidores, antes do julgamento definitivo, a redução de sua proposta.

(D) observando-se os critérios objetivos constantes do edital e de seus anexos, ainda que publicados após o prazo para apresentação das propostas.

(E) objetivamente, observando-se os critérios fixados no edital, que não poderá ser alterado para adequação das propostas.

A: incorreta, pois no julgamento das propostas a Comissão levará em conta os critérios objetivos (e não subjetivos) constantes do edital (art. 44, *caput*, da Lei 8.666/1993); **B:** incorreta, o edital deve ser obedecido integralmente, nos termos do princípio da vinculação ao instrumento convocatório; **C:** incorreta, pois, na modalidade concorrência, o julgamento não é feito preliminarmente, sendo que habilitação é que tem essa característica; o julgamento é feito depois da habilitação; **D:** incorreta, pois, o edital, por um imperativo lógico, deve ser publicado antes do prazo para apresentação das propostas; **E:** correta (art. 44, *caput* da Lei 8.666/1993).

Gabarito "E"

(Técnico Judiciário – TRE/PI – 2009 – FCC) São tipos de licitação, além de outros:

(A) melhor preço, concorrência e convite.

(B) convite, tomada de preços e concorrência.

(C) tomada de preços, técnica e preço e melhor preço.

(D) melhor preço, melhor técnica e técnica e preço.

(E) melhor preço, técnica e preço e tomada de preços.

Art. 45, § 1º, I, II e III, da Lei 8.666/1993.

Gabarito "D"

(Analista – TRE/CE – 2012 – FCC) A empresa "Y" sagrou-se vencedora de determinado procedimento licitatório. Em razão disso, a Administração Pública convocou-a regularmente para assinar o termo de contrato, dentro do prazo e condições estabelecidos. No entanto, a empresa "Y", injustificadamente, não compareceu para a assinatura do termo de contrato.

Diante do fato narrado e nos termos da Lei de Licitações (Lei 8.666/1993),

(A) é facultado à Administração convocar os licitantes remanescentes, na ordem de classificação, para fazê-lo em igual prazo e nas mesmas condições propostas pelo primeiro classificado.

(B) a Administração está obrigada a revogar a licitação.

(C) o prazo de convocação poderá ser prorrogado uma vez.

(D) a Administração deverá anular a licitação.

(E) o fato narrado caracteriza descumprimento parcial da obrigação assumida, ficando a empresa "Y" proibida de participar de novo certame pelo prazo de dois anos.

Art. 64, § 2º, da Lei 8.666/1993.

Gabarito "A"

(Analista – TRE/TO – 2011 – FCC) De acordo com a Lei 8.666/1993 (Lei de Licitações), os interessados em participar de licitação, na modalidade convite:

(A) São convocados obrigatoriamente por meio da publicação do edital na Imprensa Oficial.

(B) Como regra, são convidados em número mínimo de três pela unidade administrativa.

(C) Não precisam ser necessariamente do ramo pertinente ao objeto do convite.

(D) Devem ser previamente cadastrados.

(E) Não poderão participar, os cadastrados na correspondente especialidade, ainda que manifestem interesse até vinte e quatro horas antes da apresentação das propostas.

Art. 22, § 3º, da Lei 8.666/1993.

Gabarito "B"

(Ministério Público/CE – 2011 – FCC) É admissível, em editais de licitação, a fixação de cláusula que estabeleça

(A) isenção tributária aos produtos e serviços produzidos no território do ente licitante.

(B) margem de preferência para produtos manufaturados e para serviços nacionais que atendam a normas técnicas brasileiras.

(C) como critério de desempate a preferência por bens e serviços produzidos por empresa de capital nacional.

(D) exigência, nos contratos de compra para entrega futura e na execução de obras e serviços, de que os licitantes ostentem capital mínimo de 20% do valor estimado da contratação.

(E) preferência em favor da produção de bens em âmbito local, de maneira a favorecer a criação de empregos na região do órgão contratante e diminuir o custo ambiental da produção dos bens contratados.

A: incorreta, pois tal cláusula fere o princípio da igualdade entre os licitantes; **B:** correta (art. 3º, § 5º, da Lei 8.666/1993); **C:** incorreta, pois no art. 3º, § 2º, III, da Lei 8.666/1993, não há referência a "capital nacional", mas a "empresa brasileira" (constituída no Brasil, sob as leis brasileiras), pouco importando se o capital para a sua criação veio do exterior; **D:** incorreta, pois capital mínimo exigido não poderá exceder a 10% do valor estimado da contratação (art. 31, § 3º, da Lei 8.666/1993); **E:** incorreta, pois tal cláusula também fere o princípio da igualdade entre os licitantes.

Gabarito "B"

(Procurador do Estado/RO – 2011 – FCC) A Lei de Licitações e Contratos – Lei Federal 8.666/1993 – exige que seja feita audiência pública com antecedência mínima de 15 (quinze) dias úteis da data prevista para a publicação do edital quando

(A) se tratar de obra ou prestação de serviço decorrente de contrato de programa celebrado com ente da Federação ou com entidade de sua administração indireta, para a prestação de serviços públicos de forma associada, em virtude de contrato de consórcio público ou em convênio de cooperação.

(B) o valor estimado para uma licitação ou para um conjunto de licitações simultâneas ou sucessivas for superior a 100 (cem) vezes o valor referente à dispensa de licitação, em contratação de obras ou serviços de engenharia.

(C) a obra ou a prestação de serviços forem realizados no envoltório de 100 (cem) quilômetros do perímetro de unidade de conservação de proteção integral.

(D) o valor estimado para uma licitação ou para um conjunto de licitações simultâneas ou sucessivas for superior a 100 (cem) vezes o valor estipulado como limite para a adoção da modalidade concorrência, em contratação de obras e serviços de engenharia.

(E) se tratar da alienação ou concessão de direito real de uso de terras públicas rurais da União na Amazônia Legal superiores ao limite de 15 (quinze) módulos fiscais ou 1.500 ha (mil e quinhentos hectares).

A alternativa "D" corresponde a exigência descrita na questão, conforme disposto no art. 39 da Lei 8.666/1993.

Gabarito "D"

1.5. REVOGAÇÃO E ANULAÇÃO DA LICITAÇÃO

(Analista – TRT/2ª Região – 2014 – FCC) Durante procedimento licitatório, na fase de homologação, o Poder Público apercebeu-se que a execução do serviço objeto da licitação não mais atendia ao interesse público que motivou a abertura do certame, em razão de situação incontornável, decorrente de fato superveniente à sua instauração, devidamente comprovado. Nessa condição, a autoridade competente superior, após receber o processo de licitação, deve

(A) revogar a licitação, por ato devidamente motivado, assegurando-se aos interessados o contraditório e a ampla defesa.

(B) anular o procedimento por razão de interesse público, não havendo obrigação de indenização, porque os licitantes não têm direito subjetivo à contratação.

(C) homologar o ato de resultado final da Comissão de Licitação, confirmando a validade do certame e adjudicando o objeto da licitação ao vencedor do certame, que tem direito subjetivo à contratação.

(D) anular o procedimento por razões de ordem administrativa, ficando a Administração obrigada a indenizar os participantes da licitação.

(E) revogar a licitação, por motivo de legalidade, não havendo obrigação legal de assegurar o contraditório e a ampla defesa, porque os licitantes não têm direito subjetivo à contratação.

A: correta (art. 49, *caput* e § 3º, da Lei 8.666/1993); **B:** incorreta, a licitação deverá ser *revogada*, não *anulada*. Vide art. 49, *caput* e § 1º da Lei 8.666/1993; **C:** incorreta, o ato não deverá ser homologado. Ademais, "a exegese do art. 49 da Lei 8.666/1993, denota que a adjudicação do objeto da licitação ao vencedor confere *mera expectativa de direito de contratar* (...)" (STJ, RMS 22.447/RS, 1ª T., j. 18.12.2008, rel. Min. Luiz Fux, *DJe* 18.02.2009, destaquei). "O fato de o objeto de um dado certame ter sido adjudicado a uma empresa, *não implica em direito subjetivo da mesma em obter a contratação*. O direito do adjudicatário é o de ser convocado em primeiro lugar caso a Administração decida celebrá-lo, conforme vastamente pacificado pela jurisprudência e pela doutrina" (TCU, Processo 019.755/2005-2, 2ª Câmara, rel. Min. Lincoln Magalhães da Rocha, *DOU* 18.04.2006, destaquei)", "A adjudicação apenas garante ao vencedor que, quando a administração for celebrar o contrato relativo ao objeto da licitação, o fará com o vencedor" (ALEXANDRINO, Marcelo; PAULO, Vicente. *Direito Administrativo Descomplicado*. 19. ed. São Paulo: Método, 2011. p. 616); **D:** incorreta, a licitação deverá ser *revogada*. A anulação decorre de ilegalidade e não gera a obrigação de indenizar, salvo nos casos previstos no parágrafo único da art. 59 da Lei 8.666/1993 (art. 49, § 1º, da Lei 8.666/1993); **E:** incorreta. Só existem duas hipóteses de revogação: a prevista no *caput* do art. 49 e do § 2º do art. 64 da Lei 8.666/1993. O contraditório e a ampla defesa são assegurados (art. 49, § 3º, da lei 8.666/1993). No tocante ao direito subjetivo à contratação, vide comentários feitos à alternativa "C".

Gabarito "A"

(Magistratura/GO – 2015 – FCC) Suponha que o Estado de Goiás tenha instaurado um procedimento licitatório para a contratação de obra de grande vulto e, ao final do certame, já tendo conhecimento do vencedor, considerou prudente não prosseguir com a contratação haja vista que a empresa que apresentou a melhor proposta teve envolvimento comprovado em investigações em curso para apuração de fraudes em outras licitações no Estado e superfaturamento de contratos. Diante deste cenário, com base nas disposições da Lei 8.666/1993,

(A) deverá desclassificar a empresa vencedora, caso o resultado da licitação já tenha sido homologado, podendo contratar diretamente a execução das obras, observada a compatibilidade de preços com os praticados no mercado.

(B) poderá revogar a licitação, por razões de interesse público, decorrente de fato superveniente devidamente comprovado, pertinente e suficiente para justificar tal conduta.

(C) deverá anular a licitação, por ilegalidade, de ofício ou por provocação de terceiros, mediante parecer escrito e devidamente fundamentado.

(D) poderá desconsiderar a proposta apresentada pelo licitante vencedor e adjudicar o objeto ao segundo colocado, por decisão fundamentada da comissão de licitação.

(E) poderá deixar de contratar a empresa vencedora, desde que ainda não tenha adjudicado o objeto da licitação, independentemente desta ter sido formalmente apenada com suspensão ou declaração de inidoneidade.

A: incorreta, pois a desclassificação é instituto aplicável nas hipóteses em que há problema na proposta comercial apresentada pelo licitante (exs.: a proposta não se refere ao item licitado; ou a proposta é inexequível; ou a proposta está vinculada a proposta de outro licitante etc.); **B:** correta, pois, no caso, em virtude da prudência administrativa, há fortes razoes de interesse público para a revogação da licitação, já que não é possível anulá-la (pois não há ilegalidade alguma no certame, pelo fato de o investigado não ter sido ainda punido administrativamente com a pena de inidoneidade para participar de certames licitatórios), nem é prudente contratar o investigado, diante do quadro probatório que demonstra ter agido com fraude em outras licitações e contratos; **C:** incorreta, pois somente se anula uma licitação se esta for ilegal e, no caso narrado, não se vislumbra ilegalidade em qualquer ato licitatório, tratando-se de problema relacionado ao licitante; seria caso de anular a licitação caso o licitante com problema já estivesse impedido formalmente de participar de licitações e, mesmo assim, tivesse sido habilitado para as próximas fases do certamento, o que não é o caso, pois o enunciado apenas afirma que o licitante está envolvido em investigações relacionadas a fraudes, não havendo indicação de que j[a fora punido administrativamente com a pena de suspensão ou inidoneidade para participar de certames licitatórios; **D:** incorreta, pois, não havendo indicação no enunciado da questão de que o licitante investigado já fora punido administrativamente com a pena de suspensão ou inidoneidade para participar de certames licitatórios, não se pode exclui-lo do certame por esse motivo; **E:** incorreta, pois mesmo que o objeto tenha sido adjudicado, a Administração não obrigada a contratar, podendo, mesmo nessa fase, revogar o certame.

Gabarito "B"

(Defensoria/MT – 2009 – FCC) Segundo o regime da Lei 8.666/1993, a anulação do procedimento licitatório, antes da celebração do consequente contrato,

(A) só pode ocorrer por razões de interesse público, evidenciadas por juízo de conveniência e oportunidade da autoridade competente.

(B) só pode decorrer de fato superveniente devidamente comprovado.

(C) depende da provocação de terceiros, mediante requerimento escrito e devidamente fundamentado.

(D) não gera, para a Administração, obrigação de indenizar.

(E) não depende de contraditório e a ampla defesa.

A: incorreta, pois a *anulação* ocorre por *ilegalidade*, e não por *inconveniência*, sendo que esta situação (*inconveniência*) dá ensejo à *revogação* (art. 49 da Lei 8.666/1993); **B:** incorreta, pois a *anulação* se dá por *ilegalidade* já existente, diferente da *revogação*, que se dá por um *fato novo, que torna inconveniente* a manutenção do certame ou do contrato (art. 49 da Lei 8.666/1993); **C:** incorreta, pois a Administração tem a autotutela de seus atos, podendo revogá-los ou anulá-los de ofício; **D:** correta, não tendo a Administração dever de indenizar (art. 59 da Lei 8.666/1993), a não ser quando o contratado está de boa-fé, que é presumida, ocasião em que este terá direito de receber pelo que já tiver prestado, sob pena de enriquecimento sem causa; já se o contratado estiver de má-fé, não terá direito sequer ao pagamento pelos serviços que já tiver prestado; **E:** incorreta (art. 49, § 3º, da Lei 8.666/1993).

Gabarito "D"

(Defensoria/PA – 2009 – FCC) Determinado Estado publicou edital de abertura de licitação para aquisição de móveis para guarnecer as escolas públicas de ensino fundamental instaladas em seu território. Outra decisão de governo culminou com a municipalizaçao do ensino fundamental. O convênio que disciplinou a operacionalização da dita municipalização declarou ser de responsabilidade dos municípios guarnecer as escolas com os móveis e utensílios que se mostrassem necessários, o que seria avaliado somente quando do recebimento dos imóveis onde funcionam as atividades. Neste caso a Administração Pública Estadual

(A) deve prosseguir com a licitação, uma vez que o início do procedimento impede a revogação, possibilitando apenas a anulação por vício de legalidade.

(B) pode revogar a licitação, uma vez que não se mostra mais conveniente e oportuno realizar a despesa, vez que a providência será adotada pelos municípios quando do recebimento dos imóveis.

(C) deve anular a licitação em curso, uma vez que a conclusão do procedimento eivaria a contratação de vício de ilegalidade.

(D) pode prosseguir com a licitação, sub-rogando-se os municípios nos efeitos do contrato a ser firmado com o vencedor.

(E) pode anular a licitação em curso, vez que cessados os motivos para a aquisição dos bens.

Art. 49 da Lei 8.666/1993.

Gabarito "B"

1.6. MICROEMPRESA E EMPRESA DE PEQUENO PORTE

(Defensor Público/RS – 2011 – FCC) Com relação aos benefícios das microempresas e das empresas de pequeno porte nas licitações, que independem de regulamentação pelo órgão licitante, de acordo com a Lei Complementar Federal 123/2006, é correto afirmar:

(A) A microempresa e a empresa de pequeno porte têm preferência, como critério de desempate, para a contratação em licitações.

(B) A regularidade jurídica da microempresa e da empresa de pequeno porte será exigida apenas na assinatura do contrato.

(C) A microempresa será automaticamente declarada vencedora se a sua proposta for superior ao melhor preço em até dez por cento.

(D) A microempresa e a empresa de pequeno porte estão dispensadas de apresentar a documentação fiscal para participar em licitações.

(E) A microempresa terá preferência na contratação quando sua proposta for equivalente à apresentada por empresa de pequeno porte.

A: correta (art. 44 da Lei Complementar 123/2006); **B:** incorreta, pois é a regularidade *fiscal* e *trabalhista* que serão exigidas apenas *para efeito da* assinatura do contrato (art. 42 da Lei Complementar 123/2006); **C:** incorreta, pois, nesse caso, dar-se-á oportunidade à microempresa de apresentar proposta inferior àquela considerada vencedora no certame (art. 45, I, da Lei Complementar 123/2006); **D:** incorreta, pois o que a lei faz é autorizar a sua apresentação no início do certame mesmo que tenha alguma restrição, conferindo-se, para a empresa apresentar documentação em ordem, no prazo de cinco dias úteis contados do momento em que o proponente for declarado vencedor do certame, prazo esse que é prorrogável por igual período, a critério da Administração (art. 43, *caput* e § 1º, da Lei Complementar 123/2006); **E:** incorreta, pois a preferência existe da microempresa e da empresa de pequeno porte, de um lado, em face das empresas em geral, de outro, e não entre as duas primeiras (art. 44, *caput*, da Lei Complementar 123/2006).

Gabarito "A"

2. CONTRATOS

2.1. Disposições preliminares

(Técnico Judiciário – TRT11 – FCC – 2017) Considere abaixo o que concerne aos contratos administrativos.

I. A inadimplência do contratado, com referência a encargos fiscais, poderá, em algumas hipóteses, onerar o objeto do contrato.

II. A subcontratação de partes da obra, serviço ou fornecimento não exime o contratado de suas responsabilidades, tanto legais, quanto contratuais.

III. Na fiscalização da execução contratual, admite-se a contratação de terceiros para assistir e subsidiar o representante da Administração de informações pertinentes a essa atribuição.

IV. O fato do príncipe não se preordena diretamente ao particular contratado, pois tem cunho de generalidade e apenas reflexamente incide sobre o contrato, ocasionando oneração excessiva ao particular independentemente da vontade deste.

Está correto o que se afirma APENAS em

(A) I, II e III.
(B) II, III e IV.
(C) I e III.
(D) II e IV.
(E) I e IV.

I: incorreto. Não poderá e neste sentido: art. 71, Lei 8.666/93, § 1º A inadimplência do contratado, com referência aos encargos estabelecidos neste artigo, não transfere à Administração Pública a responsabilidade por seu pagamento, nem poderá onerar o objeto do contrato ou restringir a regularização e o uso das obras e edificações, inclusive perante o Registro de Imóveis. **II**: correto. Lei 8.666/1993, art. 72. O contratado, na execução do contrato, sem prejuízo das responsabilidades contratuais e legais, poderá subcontratar partes da obra, serviço ou fornecimento, até o limite admitido, em cada caso, pela Administração. **III**: correto. Art. 67 da Lei 8.666/1993. A execução do contrato deverá ser acompanhada e fiscalizada por um representante da Administração especialmente designado, permitida a contratação de terceiros para assisti-lo e subsidiá-lo de informações pertinentes a essa atribuição. **IV**: correto, trata-se de conceito doutrinário, haja vista ser o fato do príncipe um ato da administração que deve atingir a todos, a coletividade. FMB

Gabarito "B"

(Técnico Judiciário – TRT24 – FCC – 2017) Determinado órgão da administração publica federal, que não participou do certame licitatório para o registro de preços, pretende utilizar a ata de registro de preços, durante sua vigência. Cumpre salientar que o órgão justificou devidamente a vantagem, razão pela qual houve a anuência do órgão gerenciador. Nos termos do Decreto 7.892/2013, após a autorização do órgão gerenciador, o órgão não participante, desde que observado o prazo de vigência da ata, deverá efetivar a aquisição ou contratação solicitada em até

(A) 120 dias
(B) 180 dias
(C) 150 dias
(D) 90 dias
(E) 100 dias

Art. 22, Decreto 7.892/2013, § 6º: após a autorização do órgão gerenciador, o órgão não participante deverá efetivar a aquisição ou contratação solicitada em até noventa dias, observado o prazo de vigência da ata. FMB

Gabarito "D"

(Técnico Judiciário – TRT24 – FCC – 2017) Considere a seguinte situação hipotética: em determinado contrato administrativo celebrado entre o Estado do Mato Grosso e a empresa vencedora do certame, decide o ente contratante aplicar multa de mora à contratada em razão de atraso injustificado na execução contratual. A multa aplicada no caso narrado, considerando as disposições da Lei 8.666/1993,

(A) não impede a rescisão unilateral do contrato, e não inviabiliza a aplicação de outras sanções previstas na referida Lei.
(B) impede a rescisão unilateral do contrato, bem como a aplicação de outras sanções previstas na referida Lei.
(C) não impede a rescisão unilateral do contrato, mas inviabiliza a aplicação de outras sanções previstas na referida Lei.
(D) impede a rescisão unilateral do contrato, mas não inviabiliza a aplicação de outras sanções previstas na referida Lei.
(E) será válida e regular, independentemente de seu valor, ainda que não esteja expressamente prevista no instrumento convocatório ou no contrato administrativo.

A letra "A" está correta, pois corresponde ao disposto no art. 86, § 1º, da Lei 8.666/1993. GD

Gabarito "A"

(Técnico Judiciário – TRT20 – FCC – 2016) O Estado de Sergipe celebrou contrato administrativo com empresa vencedora do certame para a construção de vultosa obra pública. No curso da execução contratual, constatou-se a necessidade de modificação do regime de execução da obra, em face da verificação técnica de inaplicabilidade dos termos contratuais originários. Nos termos da Lei 8.666/1993,

(A) trata-se de típica hipótese de necessidade de restabelecimento do equilíbrio econômico-financeiro do contrato, independentemente do tipo de alteração contratual e da existência ou não de aumento de encargos à empresa contratada.
(B) trata-se de hipótese típica de alteração unilateral do contrato por parte da Administração pública, não comportando outra modalidade de alteração contratual.
(C) o contrato pode ser alterado unilateralmente pela empresa contratada.
(D) o contrato pode ser alterado por acordo entre as partes.
(E) o contrato não enseja alteração, tendo em vista que eventual necessidade de modificação do regime de execução já deve estar contemplada pelas cláusulas originais do contrato.

A alteração unilateral se dá nos casos de modificação do projeto ou das especificações ou quando necessitar de alteração do valor contratual. Ocorre a alteração por acordo entre as partes quando conveniente a substituição da garantia da execução, quando necessária a modificação do regime de execução da obra ou serviço, bem como do modo de fornecimento, em face de verificação técnica da inaplicabilidade dos termos contratuais originários ou quando necessária a modificação da forma de pagamento, por imposição de circunstâncias supervenientes (art. 65, I e II, da Lei 8.666/1993). Portanto, a letra "D" é a correta. GD

Gabarito "D"

(Técnico – TRE/SP – 2012 – FCC) Os contratos administrativos, de acordo com a Lei 8.666/1993, possuem vigência adstrita aos respectivos créditos orçamentários, constituindo EXCEÇÃO:

(A) os contratos de obras, que poderão ser prorrogados por até 24 meses, caso comprovada a ocorrência de condições supervenientes que determinem a alteração do projeto;
(B) os contratos para entrega futura e parcelada de bens, que poderão ser prorrogados até o limite de 24 meses, para atender necessidade contínua da Administração;
(C) os contratos de prestação de serviços a serem executados de forma contínua, que poderão ser prorrogados, por iguais e sucessivos períodos, até o limite de 60 meses;

(D) os contratos por escopo, até limite de 12 meses, e desde que o objeto esteja contido nas metas estabelecidas no Plano Plurianual;

(E) o aluguel de equipamentos e a utilização de programas de informática, até o limite de 60 meses e por mais 12 meses, em caráter excepcional.

A: incorreta, pois os contratos de obras podem se estender por período que ultrapassa a vigência de um exercício orçamentário apenas quando estiverem contemplados no Plano Plurianual (art. 57, I, da Lei 8.666/1993); **B:** incorreta, não há previsão no art. 57 da Lei 8.666/1993; **C:** correta (art. 57, II, da Lei 8.666/1993); **D:** incorreta, pois se o contrato estiver contemplado no Plano Plurianual, o limite máximo equivale à duração deste, que é de 4 anos; **E:** incorreta, pois o aluguel desses equipamentos e a utilização desses programas podem ter duração de até 48 meses (art. 57, IV, da Lei 8.666/1993).

Gabarito "C"

(Técnico Judiciário – TRT/20ª – 2011 – FCC) Analise a seguinte característica concernente ao contrato administrativo: "prerrogativa especial conferida à Administração Pública na relação do contrato administrativo em virtude de sua posição de supremacia em relação à parte contratada". Trata-se

(A) do direito ao equilíbrio econômico-financeiro do contrato administrativo.

(B) da cláusula exorbitante.

(C) da exigência legal de formalização por escrito e com requisitos especiais do contrato administrativo.

(D) da comutatividade do contrato administrativo.

(E) da consensualidade do contrato administrativo, exigindo o acordo entre as partes para a formalização da avença.

A questão traz o conceito correto de cláusula exorbitante.

Gabarito "B"

(Técnico Judiciário – TRE/RS – 2010 – FCC) Em função da sua característica principal, consubstanciada na participação da Administração com supremacia de poder, os contratos administrativos são dotados de certas peculiaridades, as quais constituem as chamadas cláusulas

(A) de retrocessão.

(B) de validade.

(C) exorbitantes.

(D) de horizontalidade.

(E) indiretas.

As chamadas cláusulas exorbitantes são uma das principais características do contrato administrativo e, como o próprio nome diz, são aquelas disposições que exorbitam das cláusulas comuns que regem os contratos de direito privado.

Gabarito "C"

(Técnico Judiciário – TRT/8ª – 2010 – FCC) Os contratos administrativos típicos diferenciam-se dos contratos privados, dentre outras características, pela

(A) finalidade pública como seu pressuposto.

(B) presença de pessoas jurídicas como contratantes.

(C) natureza do objeto.

(D) imposição de cláusulas exorbitantes.

(E) presença do Poder Público como parte contratante.

Os contratos administrativos são contratos que se particularizam por ser uma das partes a Administração Pública, agindo nessa qualidade, o que faz com que eles sejam regidos por normas de direito público. O regime de direto público tem como uma de suas principais características a existência de prerrogativas em favor da Administração Pública, que são as chamadas "cláusulas exorbitantes". São a principal diferença entre os contratos e os contratos administrativos, e são assim chamadas porque extrapolam as cláusulas comuns do direito privado. Existem também os chamados "contratos administrativos atípicos" ou "contratos da administração" que, embora uma das partes seja a Administração Pública, são regidos pelo direito privado, casos em que a Administração Pública fica em posição de igualdade com o particular e que não tem a finalidade pública como seu pressuposto (ex: contratos de locação).

Gabarito "D"

(Técnico Judiciário – TRE/PI – 2009 – FCC) Sobre as disposições gerais do contrato administrativo, previstas na Lei 8.666/1993, é correto afirmar que

(A) aos contratos administrativos aplicam-se, supletivamente, os princípios da teoria geral dos contratos e as disposições de direito privado.

(B) é dispensável constar cláusula referente ao crédito pelo qual correrá a despesa.

(C) a garantia pode ser exigida mesmo que não prevista no instrumento convocatório.

(D) é permitido o contrato com prazo de vigência indeterminado, nos casos de locação de imóvel.

(E) as cláusulas econômico-financeiras e monetárias podem ser alteradas sem prévia concordância do contratado, desde que plenamente justificadas.

A: correta (art. 54, *caput*, da Lei 8.666/1993); **B:** incorreta (art. 55, V, da Lei 8.666/1993); **C:** incorreta (art. 55, VI, da Lei 8.666/1993); **D:** incorreta (art. 57, § 3°, da Lei 8.666/1993); **E:** incorreta (art. 58, § 1°, da Lei 8.666/1993).

Gabarito "A"

(Analista Judiciário – Área Administrativa – TRT18 – 2013 – FCC) A mutabilidade que caracteriza o contrato administrativo,

(A) é ilimitada, desde que a fundamentação da alteração demonstre a necessidade de fazê-lo para atendimento do interesse público.

(B) é ilimitada no que se refere aos aspectos quantitativos do contrato, e limitada no que concerne às alterações qualitativas, desde que fique demonstrada a necessidade de fazê-lo para atendimento do interesse público.

(C) expressa-se no aspecto quantitativo com limitações percentuais para acréscimos e supressões de obras, serviços ou compras, percentuais que não se aplicam quando se trata de análise de viabilidade de alteração qualitativa.

(D) expressa-se no aspecto qualitativo com limitações percentuais, combinado com a obrigação de restabelecimento do equilíbrio econômico-financeiro por parte da Administração diante de majorações de custos da contratada.

(E) limita-se à demonstração de necessidade da alteração para adequação de critérios técnicos ou financeiros, vedadas mudanças que promovam alteração qualitativa, em razão da impossibilidade de estabelecimento de majoração de custos da Administração pública.

A: incorreta, a mutabilidade não é ilimitada; **B:** incorreta, a mutabilidade é limitada tanto nos aspectos quantitativos (art. 65, §§ 1° e 2° da Lei 8.666/1993) como nos aspectos qualitativos ("No que diz respeito aos limites de alteração fixados no art. 65, § 1º, do Estatuto, divergem os autores sobre se o dispositivo seria aplicado apenas às alterações quantitativas (art. 65, I, *b*) ou se seria estendido também às alterações qualitativas (art. 65, I, *a*). Para uns, os limites não se aplicariam a estas últimas por serem com elas incompatíveis pela própria natureza. Para outros, impõe-se a observância dos limites em virtude de não haver distinção na lei. Filiamo-nos, com a devida vênia, a este último entendimento. De fato, o art. 65, § 1º, não faz qualquer distinção entre os tipos de alteração contratual e alude a obras, serviços e compras em geral. Se o legislador pretendesse discriminar as espécies de modificação, deveria tê-lo feito expressamente, o que não ocorreu. Assim, onde a lei não distingue não cabe ao intérprete distinguir", CARVALHO FILHO, José dos Santos. *Manual de direito administrativo*. 27. ed. São Paulo: Atlas, 2014. p. 195); **C**: correta (art. 65, §§ 1º e 2º, da Lei 8.666/1993). No entanto, conforme se depreende da leitura do comentário à alternativa "B", há divergência doutrinária, tendo autores que admitem a aplicação de tais percentuais nas alterações qualitativas. Há também julgados nesse sentido: STJ, RESP 1.021.851/SP, 2ª T., j. 12.08.2008, rel. Eliana Calmon, *DJe* 28.11.2008 e TCU, Decisão 215, de 1999; **D**: incorreta (art. 65, II, *d*, da Lei 8.666/1993), limitações percentuais no aspecto *quantitativo* (vide comentários anteriores sobre a divergência doutrinária); **E**: incorreta, a alteração qualitativa não é vedada (art. 65, I, *a*, da Lei 8.666/1993)

Gabarito "C"

(Analista – TRE/AP – 2011 – FCC) Uma das características dos contratos administrativos denomina- se *comutatividade*, que consiste em

(A) presença de cláusulas exorbitantes.

(B) equivalência entre as obrigações ajustadas pelas partes.

(C) sinônimo de bilateralidade, isto é, o contrato sempre há de traduzir obrigações para ambas as partes.

(D) obrigação *intuitu personae*, ou seja, que deve ser executada pelo próprio contratado.

(E) sinônimo de consensualidade, pois o contrato administrativo consubstancia um acordo de vontades e não um ato impositivo da Administração.

De fato, o conceito de comutatividade é a equivalência entre as obrigações assumidas pelas partes e é, ao lado de outras, uma das características do contrato administrativo.

Gabarito "B"

(Defensor Público/AM – 2013 – FCC) Ao contrário dos contratos administrativos, os convênios administrativos

(A) não dependem de exame e aprovação prévia por assessoria jurídica da Administração.

(B) não estão sujeitos à aplicação de normas da Lei Federal 8.666/1993.

(C) permitem a retirada voluntária de qualquer um dos partícipes, sem que se caracterize inadimplência.

(D) dependem de prévia licitação, quando houver mais de uma entidade habilitada a celebrar o ajuste.

(E) não permitem o repasse de recursos financeiros entre os partícipes, visto que cada qual deve arcar com as respectivas tarefas que foram objeto do ajuste.

A: incorreta, pois dependem sim de exame e aprovação prévia por assessoria jurídica da Administração (art. 38, parágrafo único, da Lei 8.666/1993); **B**: incorreta, pois estão sujeitos sim (art. 116 da Lei 8.666/1993); **C**: correta, pois, no convênio, não há sinalagama (obrigações recíprocas), de maneira que a qualquer momento um dos partícipes (não há "partes" e sim "partícipes") pode denunciar o convênio sem qualquer tipo de sanção; **D**: incorreta, pois a Lei 8.666/1993 não faz tal exigência quanto aos convênios (v. art. 116, § 1º, e art. 1º, *caput*); de qualquer forma, como há dinheiro público envolvido, quando o convênio se der com particulares, de rigor que se utilize mecanismos de respeito aos princípios da moralidade, impessoalidade e economicidade; **E**: incorreta, pois há possibilidade, sim, desse tipo de repasse (art. 116,§ 1º, IV, § 2º e § 3º, III, da Lei 8.666/1993).

Gabarito "C"

(Defensor Público/SP – 2012 – FCC) Em relação às licitações, contratos e demais ajustes da Administração Pública é correto afirmar que

(A) constitui cláusula desnecessária do contrato administrativo a especificação de seu conteúdo, desde que estipulado com clareza o preço e as condições de pagamento.

(B) as minutas de convênios devem ser previamente examinadas por assessoria jurídica dos órgãos públicos, à qual não compete aprová-las.

(C) inexistindo interessado selecionado, em decorrência da inabilitação ou da desclassificação, a licitação deverá ser declarada deserta.

(D) a subcontratação parcial pode ser realizada, desde que haja anterior previsão explicitada no edital da licitação e ratificada no contrato.

(E) as sanções para o caso de inadimplemento não precisam ser indicadas no edital de licitação, mas sim no contrato a ser firmado.

A: incorreta, pois o conteúdo (objeto e seus elementos característicos) é cláusula necessária em todo contrato (art. 55, I, da Lei 8.666/1993); **B**: incorreta, pois a assessoria jurídica precisa aprová-las (art. 38, parágrafo único, da Lei 8.666/1993); **C**: incorreta, pois o caso é de licitação fracassada (apareceram licitantes, mas todos foram inabilitados ou desclassificados); a licitação é considerada deserta quando nenhum licitante aparece para fazer proposta; **D**: correta (art. 72 da Lei 8.666/1993); **E**: incorreta, pois as sanções pelo inadimplemento devem estar previstas no edital (art. 40, III, da Lei 8.666/1993).

Gabarito "D"

(Procurador do Estado/MT – FCC – 2011) De acordo com a Lei 8.666/1993, podem ser exigidas dos licitantes garantias de

(A) proposta, apenas para licitação na modalidade concorrência, limitada a 5% do valor estimado para a contratação e de execução contratual, limitada a 10% do valor do contrato.

(B) proposta, limitada a 1% do valor estimado da contratação, e de execução contratual, limitada a 5% do valor do contrato, podendo esta última alcançar até 10% do valor do contrato para obras, serviços e fornecimentos de grande vulto, alta complexidade e riscos financeiros consideráveis, demonstrados em parecer aprovado pela autoridade competente.

(C) proposta e de execução contratual, esta última apenas para contratos de obras na modalidade empreitada integral, ambas limitadas a 5% do valor do contrato, podendo ser prestadas mediante caução em dinheiro, seguro-garantia ou fiança bancária.

(D) proposta e de execução contratual, ambas apenas para contratos de obras, serviços e fornecimentos de grande vulto e alta complexidade, limitadas a 5% do valor do objeto.

(E) execução contratual, limitada a 5% do objeto, podendo alcançar até 10% do valor do contrato para obras, serviços e fornecimentos de grande vulto e alta complexidade, vedada a garantia de proposta, exceto na licitação para alienação de imóveis.

A garantia da proposta é limitada a 1% do valor estimado da contratação (art. 31, III, da Lei 8.666/1993). A garantia de execução contratual é limitada a 5% do valor do contrato (art. 56, § 2º, da Lei 8.666/1993), podendo alcançar até 10% do valor para obras, serviços e fornecimentos de grade vulto, alta complexidade e riscos financeiros consideráveis, demonstrados em parecer aprovado pela autoridade competente (art. 56, § 3º, da Lei 8.666/1993). Dessa forma, a alternativa "b" é a correta.

Gabarito "B"

(Magistratura/SC – 2015 – FCC) Existe no direito brasileiro, especialmente no âmbito da doutrina, imprecisão na compreensão conceitual do dito "contrato administrativo". Com efeito, o direito positivo brasileiro não é expresso ao cuidar da matéria, nem mesmo o faz de modo nacionalmente unificado. Quando muito, encontram-se exemplos de tratamento da noção de contrato, no direito positivo, com o sentido pragmático de fixação de entendimento necessário para a aplicação de determinada Lei. É o que se passa, por exemplo, com a Lei 8.666/1993:

"Para os fins desta Lei, considera-se contrato todo e qualquer ajuste entre órgãos ou entidades da Administração Pública e particulares, em que haja um acordo de vontades para a formação de vínculo e a estipulação de obrigações recíprocas, ...

Conhecendo o espírito da Lei 8.666/1993, assim se completa corretamente a definição de contrato apresentada acima:

(A) *... observados estritamente os tipos contratuais fixados por esta Lei".*

(B) *... não sendo admissível contrato celebrado pela Administração e predominantemente regido pelo direito privado".*

(C) *... devendo tais contratos, salvo exceções legalmente previstas, ser regidos pelos princípios gerais aplicáveis aos contratos privados".*

(D) *... seja qual for a denominação utilizada".*

(E) *... excluídas as relações jurídicas em que as partes possuam interesses convergentes".*

A definição em tela encontra-se no art. 2º, parágrafo único, da Lei 8.666/1993, e o complemento adequado é o seguinte: "...seja qual for a denominação utilizada". Isso se dá porque no Direito Administrativo, mais do que o nome jurídico que se dá a um ajuste, vale mesmo o regime jurídico que ele deve obedecer. Por exemplo, no passado várias administrações municipais chamavam de "permissão" o ajuste feito com empresas de ônibus locais, quando na verdade deveriam dar "concessão", vez que um serviço dessa natureza não pode ser delegado ao particular por meio de um instrumento jurídico tão precário como a permissão. Pois bem. Mesmo usando esse nome nos ajustes, os municípios que eram questionados judicialmente por essas delegatárias de transporte coletivo acabavam por perder as demandas respectivas, com o Judiciário reconhecendo que se tratava de "concessão" (e não de "permissão") justamente porque no Direito Administrativo não importa a "denominação utilizada", mas sim o regime jurídico que deve ser aplicado ao caso.

Gabarito "D"

2.2. Formalização dos contratos

(Técnico Judiciário – TRE/AC – 2010 – FCC) Quanto à formalização dos contratos administrativos, é INCORRETO afirmar:

(A) A publicação resumida do instrumento de contrato ou de seus aditamentos na imprensa oficial é condição indispensável para sua eficácia.

(B) É permitido o contrato verbal com a Administração no caso de pequenas compras de pronto pagamento e sempre que a autoridade competente entender desnecessário o instrumento de contrato.

(C) O instrumento de contrato é facultativo nos casos de licitação na modalidade convite ou nas dispensas e inexigibilidades cujos preços estejam compreendidos nos limites daquela modalidade.

(D) Nos casos em que o instrumento do contrato for facultativo, ele pode ser substituído por outros instrumentos hábeis, tais como carta-contrato, nota de empenho de despesa, autorização de compra ou ordem de execução de serviço.

(E) É permitido a qualquer licitante o conhecimento dos termos do contrato e do respectivo processo licitatório e, a qualquer interessado, a obtenção de cópia autenticada, mediante o pagamento dos emolumentos devidos.

A: correta (art. 61, parágrafo único, da Lei 8.666/1993); **B:** incorreta, pois é nulo e de nenhum efeito o contrato verbal com a Administração, salvo o de pequenas compras de pronto pagamento, assim entendidas aquelas de valor não superior a 5% (cinco por cento) do limite estabelecido no art. 23, II, *a*, da Lei 8.666/1993, feitas em regime de adiantamento (art. 60, parágrafo único, da Lei 8.666/1993); **C** e **D:** corretas (art. 62, *caput*, da Lei 8.666/1993); **E:** correta (art. 63 da Lei 8.666/1993).

Gabarito "B"

(Técnico Judiciário – TRE/AL – 2010 – FCC) Sobre a formalização dos contratos administrativos é correto afirmar:

(A) Quando não for obrigatório, o instrumento do contrato pode ser substituído, dentre outros documentos, pela nota de empenho de despesa.

(B) A minuta do futuro contrato não precisa integrar o edital ou ato convocatório da licitação na modalidade tomada de preços.

(C) O contrato verbal com a Administração é permitido na modalidade convite, desde que devidamente justificado pela autoridade competente.

(D) A eficácia do contrato administrativo independe da sua publicação na imprensa oficial.

(E) A ordem de execução de serviço não é instrumento hábil a substituir o instrumento do contrato, mesmo quando este não seja obrigatório.

A: correta (art. 62, *caput*, da Lei 8.666/1993); **B:** incorreta, pois a minuta do futuro contrato integrará sempre o edital ou o ato convocatório da licitação (art. 62, § 1º, da Lei 8.666/1993); **C:** incorreta, pois é nulo e de nenhum efeito o contrato verbal com a Administração, salvo o de pequenas compras de pronto pagamento, assim entendidas aquelas de valor não superior a 5% (cinco por cento) do limite estabelecido no art. 23, II, *a*, da Lei 8.666/1993, feitas em regime do adiantamento (art. 60, parágrafo único, da Lei 8.666/1993); **D:** incorreta, pois a publicação resumida do instrumento de contrato ou de seus aditamentos na imprensa oficial é condição indispensável para sua eficácia (art. 61, parágrafo único, da Lei 8.666/1993); **E:** incorreta, pois a ordem de execução de serviço é instrumento hábil a substituir o instrumento do contrato quando não obrigatório (art. 62, *caput*, da Lei 8.666/1993).

Gabarito "A"

(Técnico Judiciário – TRE/PI – 2009 – FCC) Ressalvadas as hipóteses de pequenas compras de pronto pagamento, o contrato verbal com a Administração Pública

(A) para ter validade deve ser publicado por extrato em órgão de imprensa oficial.

(B) só será declarado nulo, se causar prejuízo ao erário.

(C) será considerado válido, se aprovado pelo Tribunal de Contas.

(D) precisa ser ratificado pelo superior hierárquico da autoridade que assumiu o compromisso verbal.

(E) é nulo e de nenhum efeito.

Art. 60, parágrafo único, da Lei 8.666/1993.

Gabarito "E"

(Técnico Judiciário – TRE/PI – 2009 – FCC) Quando a Administração Pública contrata obra ou serviço por preço certo e total, diz-se que a contratação é pelo regime de

(A) administração contratada.

(B) empreitada por preço unitário.

(C) tarefa.

(D) empreitada integral.

(E) empreitada por preço global.

Art. 6º, VIII, *a*, da Lei 8.666/1993.

Gabarito "E"

(Analista Judiciário – Área Administrativa – TRT12 – 2013 – FCC) Nos termos da Lei 8.666/1993, a publicação resumida do instrumento do contrato administrativo ou de seus aditamentos na imprensa oficial é condição indispensável para sua eficácia e será providenciada pela Administração até o

(A) décimo dia útil do mês de sua assinatura.

(B) quinto dia útil do mês de sua assinatura.

(C) décimo dia útil do mês seguinte ao de sua assinatura.

(D) quinto dia útil do mês seguinte ao de sua assinatura.

(E) sexto dia útil do mês de sua assinatura.

Nos termos do parágrafo único do art. 61 da Lei 8.666/1993 a publicação resumida será providenciada: "(...) até o quinto dia útil do mês seguinte ao de sua assinatura, para ocorrer no prazo de vinte dias daquela data (...)".

Gabarito "D"

(Analista – TRT9 – 2012 – FCC) A propósito dos contratos administrativos regidos pela Lei 8.666/1993, tem-se como necessário estipular cláusula que trate da vigência, sendo relevante destacar, quanto a esse aspecto a

(A) vigência por prazo não superior a 24 meses, salvo exceções expressas, como na prestação de serviços contínuos, cuja duração pode ser por prazo indeterminado devendo ser comprovada, anualmente, a existência de recursos orçamentários para realização das despesas.

(B) regra geral de vigência dos contratos tendo termo final coincidindo com o término do exercício financeiro, salvo exceções expressas, como na prestação de serviços contínuos.

(C) duração adstrita à vigência dos créditos orçamentários, salvo nas hipóteses de contratações de fornecimento por meio de pregão, cuja duração pode ser por prazo indeterminado devendo ser comprovada, anualmente, a existência de recursos orçamentários para realização das despesas.

(D) obrigação de vincular a duração das avenças à vigência dos créditos orçamentários autorizados para fazer frente às respectivas vigências, em especial quando se tratar de contratação de serviços contínuos, comprovando-se anualmente a existência de recursos para fazer frente às despesas previstas.

(E) possibilidade de estabelecer a vigência por prazo indeterminado quando se tratar de contratação de serviços contínuos, devendo ser comprovada, anualmente, a existência de recursos orçamentários para realização das despesas.

A: incorreto, pois a duração está limitada, como regra, à vigência dos respectivos créditos orçamentários (art. 57, *caput*, da Lei 8.666/1993), que, no caso de crédito decorrente de lei orçamentária simples, limita-se a 12 meses (exercício financeiro) e não a 24 meses (art. 57 § 4º, da Lei 8.666/1993); **B:** correto (art. 57, *caput*, e inciso II da Lei 8.666/1993); **C:** incorreto, pois a aquisição por pregão não exime o administrador de cumprir o disposto no art. 57, caput, da Lei 8.666/1993; **D:** incorreto, pois, no caso de serviços contínuos, pode-se prorrogar a duração do contrato de maneira a se chegar ao prazo máximo de 60 meses de contratação; **E:** incorreto, pois o limite, como se viu, é de 60 meses e não por prazo indeterminado (art. 57, II, da Lei 8.666/1993).

Gabarito "B"

(Analista – TRE/TO – 2011 – FCC) Nos contratos administrativos,

(A) nenhum contrato com a Administração Pública pode ser de forma verbal.

(B) o instrumento de contrato é obrigatório nos casos de concorrência e tomada de preços, sendo dispensável em algumas hipóteses de inexigibilidade e dispensa de licitação.

(C) é permitida a qualquer interessado a obtenção gratuita de cópia autenticada de contrato administrativo.

(D) a minuta do futuro contrato integrará sempre o edital ou ato convocatório da licitação.

(E) decorridos cinquenta dias da data da entrega das propostas, sem convocação para a contratação, ficam os licitantes liberados dos compromissos assumidos.

A: incorreta, pois os contratos de pequenas compras de pronto pagamento, assim entendidas aquelas de valor não superior a 5% (cinco por cento) do limite estabelecido no art. 23, inciso II, alínea "a" da Lei 8.666/1993, feitas em regime de adiantamento (art. 60, p. único, da Lei 8.666/1993); **B:** incorreta, pois o instrumento de contrato é obrigatório nos casos de concorrência e de tomada de preços, bem como nas dispensas e inexigibilidades cujos preços estejam compreendidos nos limites destas duas modalidades de licitação, e facultativo nos demais em que a Administração puder substituí-lo por outros instrumentos hábeis, tais como carta-contrato, nota de empenho de despesa, autorização de compra ou ordem de execução de serviço (art. 62, *caput*, da Lei 8.666/1993); **C:** incorreta, pois é permitido, a qualquer interessado, a obtenção de cópia autenticada, mediante o pagamento dos emolumentos devidos (art. 63 da Lei 8.666/1993); **D:** correta (art. 62, § 1º, da Lei 8.666/1993); **E:** incorreta, pois o prazo é de 60 (sessenta) dias (art. 64, § 3º, da Lei 8.666/1993).

Gabarito "D"

(Analista – TRF/1ª – 2011 – FCC) É nulo o contrato verbal com a Administração, salvo, no caso de pequenas compras de pronto pagamento, com valor não superior a

(A) 2.000 reais.
(B) 4.000 reais.
(C) 5.000 reais.
(D) 6.000 reais.
(E) 8.000 reais.

Art. 60, parágrafo único, da Lei 8.666/1993 (5% de R$ 80.000,00 = R$ 4.000,00).

Gabarito "B"

(Analista – TRF/1ª – 2011 – FCC) O contrato administrativo, na administração pública brasileira

(A) não pode ser alterado em razão de acréscimos e supressões nas obras, serviços ou compras contratadas.
(B) pode ser estabelecido por prazo indeterminado.
(C) não pode ser prorrogado por meio de aditivos.
(D) pode ser alterado unilateralmente sem a anuência do contratante.
(E) não pode findar sem anuência do particular.

A: incorreto, pois poderão ser alterados com a devida justificativa (art. 65, I, *b*, da Lei 8.666/1993); **B**: incorreto, pois é vedado o contrato com prazo de vigência indeterminado (art. 57, § 3º, da Lei 8.666/1993); **C**: incorreto, pois há previsão da possibilidade de prorrogação de prazo (art. 57, § 2º, da Lei 8.666/1993); **D**: correto (art. 58, I, da Lei 8.666/1993); **E**: incorreto, pois o regime jurídico dos contratos administrativos, confere à Administração, rescindi-lo, unilateralmente (art. 58, II, da Lei 8.666/1993).

Gabarito "D"

(Analista – TRF/4ª – 2010 – FCC) De acordo com a Lei 8.666/1993, analise:

I. O instrumento de contrato não é obrigatório nos casos de concorrência e de tomada de preços, bem como nas dispensas e inexigibilidades cujos preços estejam compreendidos nos limites dessas duas modalidades de licitação.
II. O instrumento de contrato é facultativo nos casos em que a Administração puder substituí-lo por outros instrumentos hábeis, tais como carta-contrato, nota de empenho de despesa, autorização de compra ou ordem de execução de serviço.
III. O instrumento de contrato deve estabelecer com clareza e precisão as condições para sua execução, expressas em cláusulas que definam os direitos, obrigações e responsabilidade das partes, com conformidade com os termos da licitação e da proposta a que se vinculam.
IV. A duração dos contratos ficará adstrita à vigência dos respectivos créditos orçamentários, exceto quanto aos relativos aos projetos contemplados nas metas do Plano Plurianual; à prestação de serviço de forma contínua; ao aluguel de equipamentos e à utilização de programas de informática.
V. Os contratos decorrentes de dispensa ou de inexigibilidade de licitação não precisam atender aos termos do ato que os autorizou e da respectiva proposta.

É correto o que consta APENAS em

(A) I e IV.
(B) I, II e III.
(C) III, IV e V.
(D) II, III e IV.
(E) II e V.

I: incorreto, pois o instrumento de contrato é obrigatório nos casos de concorrência e de tomada de preços, bem como nas dispensas e inexigibilidades cujos preços estejam compreendidos nos limites dessas duas modalidades de licitação (art. 62, *caput*, da Lei 8.666/1993); **II**: correto (art. 62, *caput*, da Lei 8.666/1993); **III**: correto (art. 54, § 1º, da Lei 8.666/1993); **IV**: correto (art. 57, I, II e IV, da Lei 8.666/1993); **V**: incorreto, pois os contratos decorrentes de dispensa ou de inexigibilidade de licitação precisam atender aos termos do ato que os autorizou e da respectiva proposta (art. 54, § 2º, da Lei 8.666/1993).

Gabarito "D"

(TRE/AC – 2010 – FCC) Quanto à formalização dos contratos administrativos, é INCORRETO afirmar:

(A) A publicação resumida do instrumento de contrato ou de seus aditamentos na imprensa oficial é condição indispensável para sua eficácia.
(B) É permitido o contrato verbal com a Administração no caso de pequenas compras de pronto pagamento e sempre que a autoridade competente entender desnecessário o instrumento de contrato.
(C) O instrumento de contrato é facultativo nos casos de licitação na modalidade convite ou nas dispensas e inexigibilidades cujos preços estejam compreendidos nos limites daquela modalidade.
(D) Nos casos em que o instrumento do contrato for facultativo, ele pode ser substituído por outros instrumentos hábeis, tais como carta-contrato, nota de empenho de despesa, autorização de compra ou ordem de execução de serviço.
(E) É permitido a qualquer licitante o conhecimento dos termos do contrato e do respectivo processo licitatório e, a qualquer interessado, a obtenção de cópia autenticada, mediante o pagamento dos emolumentos devidos.

A: correto (art. 61, parágrafo único, da Lei 8.666/1993); **B**: incorreto, devendo ser assinalada, pois é nulo e de nenhum efeito o contrato verbal com a Administração, salvo o de pequenas compras de pronto pagamento, assim entendidas aquelas de valor não superior a 5% (cinco por cento) do limite estabelecido no art. 23, inciso II, alínea "a" da Lei 8.666/1993, feitas em regime de adiantamento (art. 60, parágrafo único, da Lei 8.666/1993); **C** e **D**: corretos (art. 62, *caput*, da Lei 8.666/1993); **E**: correto (art. 63 da Lei 8.666/1993).

Gabarito "B"

2.3. Alteração dos contratos

(Procurador do Estado – PGE/RN – FCC – 2014) Considere as afirmações abaixo que se prestam a descrever as prerrogativas da Administração pública, quanto atua na condição de contratante para aquisição de bens ou serviços e execução de obras, consubstanciadas nas denominadas cláusulas exorbitantes do contrato administrativo, derrogatórias do regime contratual de direito privado.

I. Possibilidade de rescisão unilateral, pela Administração, por razões de interesse público, de alta relevância e amplo conhecimento, justificadas e exaradas, no processo correspondente, pela autoridade máxima da esfera administrativa a que se encontra subordinado o contratante.

II. Possibilidade de modificação unilateral pela Administração, para alteração da equação econômico-financeira original.

III. Proibição da suspensão, pelo contratado, do cumprimento de suas obrigações contratuais, mesmo na hipótese de atraso nos pagamentos devidos pela Administração contratante, salvo se o atraso for superior a 90 dias e não seja verificada situação de guerra, grave perturbação da ordem interna ou calamidade pública.

Está correto o que se afirma APENAS em:

(A) II.

(B) I e III.

(C) I.

(D) III.

(E) I e II.

I: correta. Trata-se do disposto no art. 58, II, da Lei 8.666/1993; **II:** incorreta. Temos a aplicação do art. 58, II, da Lei 8.666/1993, que exige o respeito dos direitos dos contratados; **III:** correta. Trata-se da relativização da cláusula da "exceptio non adimpleti contractus" prevista no art. 78, XV, da Lei 8.666/1993. AW

Gabarito "B"

(Procurador do Estado – PGE/RN – FCC – 2014) Determinado ente federado celebrou regular contrato de concessão do serviço público de exploração de rodovia precedida de obra pública. O contrato, nos moldes do que prevê a Lei nº 8.987/1997, delegou o serviço público para ser executado pela concessionária por sua conta e risco. Ocorre que durante as obras de implantação da rodovia, a concessionária identificou a existência de contaminação do solo em trecho significativo do perímetro indicado pelo poder concedente. Foi necessário, assim, longo trabalho de identificação do agente contaminante e complexa e vultosa descontaminação. Considerando-se que o perímetro da rodovia foi indicado pelo poder concedente, bem como que a responsabilidade pelo passivo ambiental pela execução da obra foi atribuído para a concessionária,

(A) a responsabilidade pela descontaminação incumbe à concessionária, que pode, no entanto, invocar os atrasos no cronograma e os vultosos prejuízos comprovados para pleitear o reequilíbrio econômico-financeiro do contrato, na hipótese de intercorrência não passível de identificação anterior pelos licitantes.

(B) cabe integral responsabilidade à concessionária, tendo em vista que o regime da chamada concessão comum não admite superveniências que conduzam a lógica do reequilíbrio econômico-financeiro do contrato.

(C) diante da ausência de previsibilidade do evento, impõe-se a repartição dos riscos, em igual proporção, lógica que rege os contratos de concessão comum.

(D) a responsabilidade pela descontaminação incumbe integralmente ao poder concedente, na medida em que foi responsável pela escolha da área e em razão de não haver previsão expressa no contrato, o que desloca o ônus para o ente público contratante.

(E) os custos e prejuízos experimentados devem ser integralmente repassados à tarifa, após o início da operação, como expressão do direito subjetivo da concessionária ao reequilíbrio econômico-financeiro do contrato.

A: Correta. Trata-se de uma "sujeição imprevista" (são problemas de ordem material, que oneram ou dificultam a realização de uma obra contratada, sendo desconhecidas de quando da celebração do contrato) que autoriza a revisão do contrato (art. 65, II, *d*, da Lei 8.666/1993) para o restabelecimento do equilíbrio econômico-financeiro; **B:** incorreta. Como explicado acima, aplica-se ao caso a Teoria da Imprevisão, que garante a manutenção do equilíbrio econômico-financeiro do contrato; **C:** incorreta. Conforme disposto no art. 65, II, *d*, da Lei 8.666/1993, é possível a revisão do contrato para aplicar a Teoria da Imprevisão pela superveniência de causa desconhecida que alterou o equilíbrio econômico-financeiro do contrato; **D:** incorreta. O ônus é do contratado, que poderá pedir a revisão do contrato; **E:** incorreta. Os custos devem ser revisados, podendo ser repassados ao usuário, mas também suportados pelo contratado. AW

Gabarito "A"

(Procurador do Estado – PGE/RN – FCC – 2014) Foi instaurada licitação para contratação de obras de construção de uma ponte intermunicipal. Após homologação do certame e adjudicação do objeto ao vencedor, adveio medida econômica que ensejou alta nos juros cobrados pelo mercado para financiamentos de projetos de infraestrutura. Antes da assinatura do contrato, a contratada apresentou proposta de redução da garantia em 2%, a fim de conseguir baixar seus custos de financiamento e preservar a taxa de retorno interno de seus investimentos. A proposta, lembrando que o vencedor tem intenção de assinar o contrato,

(A) não pode ser acatada, a não ser que se comprove que nenhum dos classificados teria condição de manter a proposta originalmente vencedora.

(B) não pode ser acatada pela Administração pública, sob pena de violação ao princípio da vinculação ao instrumento convocatório, tendo em vista que a variação das taxas de juros constitui evento previsível e, portanto, configura álea ordinária.

(C) pode ser acatada pela Administração pública, seguida de aditamento do contrato para introduzir a alteração pretendida por se tratar de álea ordinária.

(D) deve ser acatada pela Administração pública para fins de preservação do equilíbrio econômico-financeiro do contrato, vez que o contratado foi onerado por motivo alheio à sua vontade.

(E) pode ser acatada pela Administração pública caso se comprove que a alteração pretendida pela contratada continuaria a qualificar sua proposta como mais vantajosa.

A: incorreta. Trata-se da aplicação da Teoria da Imprevisão, pois ocorreu um "Fato do Príncipe" ("alea" econômica, que alterou o equilíbrio contratual inicialmente estabelecido), sendo possível a revisão do contrato, conforme disposto no art. 65, II, *d*, da Lei 8.666/1993; **B:** incorreta. A garantia contratual não pode ser superior a 5% do valor do contrato e pode ser exigida, a critério da autoridade competente (art. 56, e § 2º da Lei 8.666/1993), de forma que poderá ser "negociada", ainda mais ocorrendo uma "alea" imprevisível; **C:** incorreta. Trata-se de uma "alea" extraordinária, sendo esse o erro da assertiva; **D:** correta. Como já explicado, temos a ocorrência do "Fato do Príncipe", que alterou o equilíbrio econômico-financeiro estabelecido originariamente entre as partes, por isso pode o Poder Público reduzir o porcentual dado em garantia, seguindo-se o disposto no art. 56 "caput" e § 2º, da Lei 8.666/1993, assim como art. 65, II, *d*, do mesmo diploma legal; **E:** incorreta. A proposta já foi escolhida. O procedimento já concluído, sendo apenas necessária adequação do contrato para que continue havendo o equilíbrio contratual. AW

Gabarito "D"

(Analista – TRE/PR – 2012 – FCC) Determinado ente público locou um imóvel para instalar suas atividades. Contratou, regularmente, obras de reforma para adequação do prédio ao fluxo das pessoas atendidas. Durante a execução das referidas obras identificou-se que seria necessário aditar o contrato em 35% (trinta e cinco por cento) do valor inicial. Nesse caso,

(A) o contratado fica desobrigado de aceitar o acréscimo, tendo em vista que excedeu o limite de 25% legalmente previsto para majoração do contrato.

(B) a administração pública deverá realizar nova licitação para contratar o acréscimo de serviços identificado, visto não ser legal a majoração do contrato original em montante superior a 25%.

(C) a administração deverá aditar o contrato original para alterar seu objeto, na medida em que o montante do acréscimo excede o percentual legal de majoração.

(D) o contratado deverá aceitar a majoração, tendo em vista que o percentual de aumento está dentro do limite legalmente previsto para majoração de contrato de obras de reforma.

(E) o contratado terá preferência para participar do novo certame que obrigatoriamente deverá ser realizado, tendo em vista a necessidade de alteração do objeto original do contrato.

De acordo com o disposto no art. 65, § 1º, da Lei 8.666/1993, o contratado é obrigado a aceitar, nas mesmas condições contratuais, os acréscimos que se fizerem nas obras, serviços ou compras, no caso particular de reforma de edifício ou de equipamento, até o limite de 50% (cinquenta por cento) para os seus acréscimos.

Gabarito "D"

(Analista – TRE/SP – 2012 – FCC) O Estado contratou, mediante prévio procedimento licitatório, a construção de um conjunto de unidades escolares em diferentes localidades. No curso da execução do contrato, identificou decréscimo na demanda escolar em Município no qual seria construída uma das unidades. Diante dessa situação, decidiu reduzir, unilateralmente, o objeto inicialmente contratado, não contando, contudo, com a concordância da empresa contratada. De acordo com a Lei 8.666/1993, a contratada

(A) está obrigada a aceitar a supressão quantitativa determinada pela Administração, desde que não ultrapasse 25% do valor inicial atualizado do contrato.

(B) não está obrigada a aceitar a supressão, em face do princípio da vinculação ao edital, exceto quando decorrente de contingenciamento de recursos orçamentários.

(C) está obrigada a aceitar a supressão quantitativa determinada pela Administração, desde que não ultrapasse 50% do valor do contrato, assegurado o direito ao recebimento por materiais já adquiridos e eventuais prejuízos devidamente comprovados.

(D) não está obrigada, em nenhuma hipótese, a aceitar a supressão do objeto do contrato, que somente poderá ser implementada por acordo entre as partes e observado o limite de 50% do valor inicial atualizado do contrato.

(E) poderá rescindir o contrato, unilateralmente, desde que comprove que a sua execução tornou-se economicamente desequilibrada, fazendo jus à indenização por prejuízos comprovados e lucros cessantes.

De acordo com o art. 65, § 1º, da Lei 8.666/1993, o contratado fica obrigado a aceitar, nas mesmas condições contratuais, os acréscimos ou supressões que se fizerem nas obras, serviços ou compras, até 25% (vinte e cinco por cento) do valor inicial atualizado do contrato.

Gabarito "A"

(Analista – TRT/6ª – 2012 – FCC) No curso da execução de contrato administrativo regido pela Lei 8.666/1993 para a construção de uma rodovia, identificou-se a necessidade de alteração do projeto inicial para melhor adequação técnica. A alteração importou majoração dos encargos do contratado, em relação àqueles tomados por base para o oferecimento de sua proposta na fase de licitação. Diante dessa situação, a Administração contratante

(A) poderá alterar unilateralmente o contrato, desde que a alteração do projeto não importe acréscimo de mais de 50% do objeto.

(B) poderá alterar o contrato de forma consensual com o contratado, assegurado o reequilíbrio econômico--financeiro, que não poderá superar 25% do valor do contrato.

(C) poderá alterar unilateralmente o contrato, sem necessidade de recomposição do equilíbrio econômico--financeiro, que somente é devido nas hipóteses de álea econômica extraordinária.

(D) poderá alterar unilateralmente o contrato, reestabelecendo o seu equilíbrio econômico-financeiro por aditamento contratual.

(E) somente poderá alterar o contrato se contar com a concordância do contratado e assegurado o seu reequilíbrio econômico-financeiro.

A: incorreto, pois o limite de acréscimo é de 25% no valor do contrato (art. 65, § 1º, da Lei 8.666/1993); **B:** incorreto, pois a Administração pode determinar a modificação contratual no caso de modo unilateral (e não consensual), nos termos do art. 65, I, da Lei 8.666/1993, assegurado, por óbvio, o reequilíbrio econômico-financeiro; **C:** incorreto, pois cabe modificação unilateral, mas é obrigatória a recomposição do equilíbrio econômico-financeiro (art. 65,§ 6º, da Lei 8.666/1993); **D:** correto (art. 65 §6º da Lei 8.666/1993); **E:** incorreto, pois a Administração pode determinar a modificação contratual, no caso, de modo unilateral (e não consensual), nos termos do art. 65, I, da Lei 8.666/1993, assegurado, por óbvio, o reequilíbrio econômico-financeiro.

Gabarito "D"

(Analista – TRF/1ª – 2011 – FCC) Os contratos regidos pela Lei 8.666/1993 poderão ser alterados, entre outros motivos,

(A) para adequar a remuneração do contratante à taxa de juros média do mercado.

(B) sempre que a inflação superar os índices anuais superiores a 12 pontos percentuais.

(C) quando necessária a modificação do valor contratual – e por acordo das partes – em decorrência de acréscimo ou diminuição quantitativa de seu objeto, nos limites permitidos por esta Lei.

(D) unilateralmente pela Administração, quando conveniente a substituição da garantia de execução.

(E) para restabelecer o equilíbrio econômico-financeiro inicial do contrato.

Art. 65, II, *d*, da Lei 8.666/1993.

Gabarito "E"

(Analista – TRF/4ª – 2010 – FCC) Os contratos regidos pela Lei 8.666/1993 poderão ser alterados, unilateralmente pela administração, com as devidas justificativas, quando

I. houver modificação do projeto ou das especificações, para melhor adequação técnica aos seus objetivos.
II. for necessária a modificação de valor contratual em decorrência de acréscimos ou diminuição quantitativa de seu objeto, nos limites permitidos pela Lei.
III. for conveniente a substituição da garantia de execução.
IV. for necessária a modificação da forma de pagamento, por imposição de circunstâncias supervenientes, mantido o valor inicial atualizado, vedada a antecipação do pagamento, com relação ao cronograma financeiro fixado, sem a correspondente contraprestação de fornecimento de bens ou execução de obra ou serviço.
V. for necessária a modificação do regime de execução da obra ou serviço, bem como do modo de fornecimento, em face de verificação técnica da inaplicabilidade dos termos contratuais originários.

É correto o que consta APENAS em

(A) I e II.
(B) III e IV.
(C) II, IV e V.
(D) I e V.
(E) III, IV e V.

I: correta (art. 65, I, *a*, da Lei 8.666/1993); **II:** correta (art. 65, I, *b*, da Lei 8.666/1993); **III:** incorreta, pois se trata de modificação por acordo das partes (art. 65, II, *a*, da Lei 8.666/1993); **IV:** incorreta, pois se trata de modificação por acordo das partes (art. 65, II, *c*, da Lei 8.666/1993); **V:** incorreta, pois se trata de modificação por acordo das partes (art. 65, II, *b*, da Lei 8.666/1993).

Gabarito "A"

(Defensoria/MA – 2009 – FCC) O Poder Público contratou, por meio de regular licitação, a execução de uma obra pública em terreno recentemente desapropriado para esta finalidade. Durante o início das fundações, a empresa contratada identificou focos de contaminação do solo na área. Este fato obriga a realização de trabalhos de descontaminação cujo custo eleva em demasia o preço da obra. Considerando que as partes não tinham conhecimento da contaminação e que, por razões de ordem técnica não poderiam sabê-lo antes, caberá

(A) rescindir o contrato e realizar nova licitação para contratação de empresa para a realização da obra, agora considerado o novo custo.
(B) alterar o contrato para restabelecimento do equilíbrio econômico-financeiro do contrato, observados os requisitos legais.
(C) realizar nova licitação para contratação do serviço de descontaminação do solo, devendo a empresa anteriormente contratada concorrer com terceiros, resguardando-se, no entanto, seu direito de preferência caso haja igualdade de propostas.
(D) rescindir unilateralmente o contrato pela contratada, em face do fato imprevisível, restituindo-se-lhe o valor gasto até então.
(E) realizar a descontaminação do solo diretamente pelo contratante, mantendo-se inalteradas as condições do contrato celebrado, cuja execução ficará apenas diferida no tempo.

Art. 65, II, *d*, da Lei 8.666/1993.

Gabarito "B"

(Defensoria/MT – 2009 – FCC) É exemplo de aplicação da teoria da imprevisão o seguinte trecho extraído de dispositivos da Lei 8.666/1993: "Os contratos regidos por esta Lei poderão ser alterados, com as devidas justificativas, nos seguintes casos: (...)

(A) unilateralmente pela Administração, quando houver modificação do projeto ou das especificações, para melhor adequação técnica aos seus objetivos".
(B) unilateralmente pela Administração, quando necessária a modificação do valor contratual em decorrência de acréscimo ou diminuição quantitativa de seu objeto, nos limites permitidos por esta Lei".
(C) por acordo das partes, quando conveniente a substituição da garantia de execução".
(D) por acordo das partes, quando necessária a modificação do regime de execução da obra ou serviço, bem como do modo de fornecimento, em face de verificação técnica da inaplicabilidade dos termos contratuais originários".
(E) por acordo das partes, (...) objetivando a manutenção do equilíbrio econômico-financeiro inicial do contrato, na hipótese de sobrevirem fatos imprevisíveis, ou previsíveis porém de consequências incalculáveis, retardadores ou impeditivos da execução do ajustado".

A Teoria da Imprevisão está consagrada no art. 65, II, *d*, da Lei 8.666/1993, cuja redação está retratada na alternativa "E".

Gabarito "E"

2.4. Execução dos contratos

(Técnico Judiciário – TRE/PI – 2009 – FCC) Com referência à execução do contrato administrativo, é correto afirmar que

(A) a Administração não pode contratar terceiros para acompanhar e fiscalizar a obra, nem mesmo para auxiliar ou assistir o seu representante.
(B) o contratado deverá manter preposto, aceito pela Administração, no local da obra ou serviço, para representá-lo na execução do contrato.
(C) a reparação ou correção de vícios, defeitos ou incorreções resultantes da execução da obra devem ser objeto de aditamento ao contrato, cabendo ao contratado a remuneração correspondente.
(D) a responsabilidade pelos encargos trabalhistas e fiscais resultantes da execução do contrato é de responsabilidade do contratado e do contratante.
(E) o contratado pode subcontratar a obra ou serviço sem necessidade de concordância da Administração.

A: incorreta (art. 67, *caput*, da Lei 8.666/1993); **B:** correta (art. 68 da Lei 8.666/1993); **C:** incorreta, pois a reparação de vícios, defeitos ou incorreções independe de aditamento ao contrato (art. 69 da Lei 8.666/1993); **D:** incorreta, pois a responsabilidade é do contratado (art. 71 da Lei 8.666/1993); **E:** incorreta (art. 72 da Lei 8.666/1993).

Gabarito "B"

(Analista – TRF/3ª Região – 2014 – FCC) De acordo com a Lei 8.666/1993, o contratado é responsável, dentre outros, por encargos comerciais resultantes da execução do contrato. A inadimplência do contratado, com referência a tais encargos,

(A) transfere parcialmente à Administração pública a responsabilidade por seu pagamento.

(B) poderá onerar o objeto do contrato.

(C) não transfere à Administração pública a responsabilidade por seu pagamento.

(D) poderá restringir a regularização de obras e edificações.

(E) poderá restringir a utilização de obras e edificações.

Determina o § 1º do art. 71 da Lei 8.666/1993 que: "A inadimplência do contratado, com referência aos encargos trabalhistas, fiscais e comerciais *não transfere à Administração Pública a responsabilidade por seu pagamento, nem poderá onerar o objeto do contrato ou restringir a regularização e o uso das obras e edificações, inclusive perante o Registro de Imóveis*".

Gabarito "C"

(Analista – TRF/4ª – 2010 – FCC) A critério da autoridade competente, em cada caso, e desde que prevista no instrumento convocatório, poderá ser exigida prestação de garantia nas contratações de obras, serviços e compras.

Analise:

I. Caberá ao contratado optar por uma das seguintes modalidades de garantia: caução em dinheiro ou títulos da dívida pública; seguro-garantia; fiança bancária.

II. A garantia prestada pelo contratado não será liberada ou restituída após a execução do contrato, e, quando em dinheiro, não será atualizada monetariamente.

III. Nos casos de contratos que importem entrega de bens pela Administração, dos quais o contratado ficará depositário, ao valor da garantia não será necessário acrescer o valor desses bens.

IV. A garantia não excederá a cinco por cento do valor do contrato e terá seu valor atualizado nas mesmas condições daquele, ressalvado o previsto no § 3º do art.56 da Lei.

V. Para obras, serviços e fornecimentos de grande vulto envolvendo alta complexidade técnica e riscos financeiros consideráveis, demonstrados através de parecer tecnicamente aprovado pela autoridade competente, o limite de garantia previsto poderá ser elevado para até dez por cento do valor do contrato.

De acordo com a Lei, é correto o que consta APENAS em

(A) II, III.

(B) I, IV e V.

(C) III, IV e V.

(D) I, III e V.

(E) I e II.

I: correto (art. 56, § 1º, I, II e III, da Lei 8.666/1993); **II:** incorreto, pois a garantia será liberada ou restituída após a execução do contrato (art. 56, § 4º, da Lei 8.666/1993); **III:** incorreto, pois ao valor da garantia deverá ser acrescido o valor desses bens (art. 56, § 5º, da Lei 8.666/1993); **IV:** correto (art. 56, § 2º, da Lei 8.666/1993); **V:** correto (art. 56, § 3º, da Lei 8.666/1993).

Gabarito "B"

(Analista – TRT/15ª – 2009 – FCC) O contrato administrativo deverá ser executado fielmente pelas partes, de acordo com as cláusulas avençadas e as normas legais, observadas, dentre outras, a seguinte regra:

(A) Executado o contrato, o seu objeto será recebido provisoriamente e, depois, definitivamente, vedado, em qualquer hipótese, o recebimento definitivo sem o provisório.

(B) A execução do contrato deverá ser acompanhada e fiscalizada por um representante da Administração especialmente designado, vedada a contratação de terceiros ainda que para assisti-lo.

(C) A inadimplência do contratado, com referência aos encargos trabalhistas, fiscais e comerciais transfere à Administração Pública a responsabilidade por seu pagamento.

(D) Na execução do contrato, o contratado pode, sem prejuízo das responsabilidades contratuais e legais, subcontratar partes da obra, serviço ou fornecimento, até o limite de 25%, sem necessidade de autorização ou anuência da Administração.

(E) O contratado é responsável pelos danos causados diretamente à Administração ou a terceiros, decorrentes de sua culpa ou dolo na execução do contrato, não excluindo ou reduzindo essa responsabilidade a fiscalização ou o acompanhamento pelo órgão interessado.

A: Incorreto, pois existe a possibilidade de se receber definitivamente o objeto, sem o provisório (art. 74 da Lei 8.666/1993); **B:** Incorreto, pois é permitida a contratação de terceiros com a função de assistência (art. 67 da Lei 8.666/1993); **C:** incorreto, pois a inadimplência do contratado, nos casos supracitados, não transfere à Administração Pública a responsabilidade por seu pagamento (art. 71, § 1º, da Lei 8.666/1993); **D:** Incorreto, art. 72 da Lei 8.666/1993; **E:** correto, art. 70 da Lei 8.666/1993.

Gabarito "E"

(Auditor Fiscal/RO – 2010 – FCC) A respeito da execução dos contratos administrativos, considere:

I. A execução do contrato deverá ser acompanhada e fiscalizada por um representante da Administração especialmente designado, vedada a contratação de terceiros para assisti-lo.

II. O contratado deverá manter preposto, aceito pela Administração, no local da obra ou serviço, para representá-lo na execução do contrato.

III. O contratado é obrigado a reparar, corrigir, remover, reconstruir ou substituir, às suas expensas, no total ou em parte, o objeto do contrato em que se verificarem vícios, defeitos ou incorreções resultantes da execução ou de materiais empregados.

IV. O contratado, na execução do contrato, não poderá, em nenhuma hipótese, subcontratar partes da obra, serviço ou fornecimento, havendo expressa vedação legal neste sentido.

Está correto o que se afirma APENAS em

(A) I, II e III.

(B) I e III.

(C) II e III.

(D) II, III e IV.

(E) II e IV.

I: incorreto, pois admite-se a contratação de terceiros (art. 67 da Lei 8.666/1993); II: correto (art. 68 da Lei 8.666/1993); III: correto (art. 69 da Lei 8.666/1993); IV: incorreto (art. 72 da Lei 8.666/1993).

Gabarito "C"

(Procurador do Estado/SP – FCC – 2009) Particular contratado para a execução de obra pública paralisou unilateralmente a execução do serviço sob a alegação de que o ajuste estava com a sua equação econômico-financeira desequilibrada e que a Administração se recusou a restabelecer o necessário reequilíbrio ao não responder a pleito formulado. Alega também que a Administração atrasou em 60 (sessenta) dias os pagamentos das faturas mensais devidas. Em consequência, a Administração deve

(A) adotar as providências para assunção imediata do objeto do contrato, instaurando o processo sancionatório respectivo e providenciando a execução da garantia contratual e retenção dos créditos do contrato até o limite dos prejuízos causados à Administração.

(B) providenciar o recebimento provisório da obra, realizar o pagamento dos valores em atraso e rescindir amigavelmente o ajuste.

(C) proceder ao recebimento definitivo da obra, com a devolução das garantias contratuais, na medida em que o particular exerceu regularmente faculdade prevista em lei, que lhe assegura direito ao reequilíbrio econômico-financeiro do contrato administrativo e à rescisão unilateral do ajuste em caso de inadimplemento da Administração.

(D) adotar as providências para assunção do objeto do contrato no estado em que se encontrar, liberando as garantias contratuais e apurando administrativamente o valor devido ao particular.

(E) proceder ao recebimento provisório e definitivo da obra, sem a devolução das garantias, até que o Poder Judiciário se manifeste sobre a regularidade da atuação do particular.

De acordo com o art. 78, XV, da Lei 8.666/1993, o contratado tem que suportar atrasos no pagamento pelo Poder Público de até 90 dias. Assim, caso o contratado paralise unilateralmente a execução do serviço sem que haja atraso superior a 90 dias, estará caracterizada hipótese que enseja a rescisão unilateral do contrato pela Administração (art. 79, I, c/c art. 78, V, ambos da Lei 8.666/1993). Nesse caso, segundo o art. 80 da Lei 8.666/1993, a Administração pode promover a assunção imediata do objeto do contrato (inciso I), a execução da garantia (inciso III) e a retenção dos créditos do contrato até o limite dos prejuízos causados à Administração (inciso IV). Faz-se necessário, naturalmente, instaurar processo administrativo, assegurando ao contratado contraditório e ampla defesa (art. 78, parágrafo único, da Lei 8.666/1993). As sanções administrativas cabíveis também devem estar lastreadas em devido processo legal (arts. 86, § 2º, e 87, § § 2º e 3º, da Lei 8.666/1993). Dessa forma, somente a alternativa "A" está correta.

Gabarito "A"

2.5. Inexecução e rescisão dos contratos

(Analista – TRE/PR – 2012 – FCC) A Lei 8.666/1993 prevê a possibilidade de rescisão unilateral do contrato administrativo pela administração pública. Segundo essa Lei, ao particular é assegurado

(A) a faculdade de rescindir o contrato unilateralmente no caso de inadimplemento da administração pública, ainda que se trate de serviço público essencial.

(B) o poder de paralisar a execução do contrato sem qualquer penalidade, independentemente de provocação administrativa ou judicial, ainda que se trate de serviço público essencial, no caso de infringência, por parte da administração, de cláusula contratual.

(C) a suspensão de suas obrigações contratuais no caso de atraso superior a 90 (noventa) dias dos pagamentos devidos pela administração pública em decorrência de serviços já executados.

(D) o desfazimento dos serviços já executados, caso seja materialmente possível, e a rescisão unilateral da avença.

(E) poder de requerer administrativamente a rescisão unilateral e o pagamento de indenização pelos serviços já executados, caso não seja **possível** o desfazimento material dos mesmos e o retorno ao *status quo ante*.

Art. 78, XV, da Lei 8.666/1993.

Gabarito "C"

(Analista – TRE/AL – 2010 – FCC) De acordo com a Lei 8.666/1993, NÃO é causa justificadora da inexecução do contrato administrativo por parte do contratado:

(A) Fato do príncipe.

(B) Força maior.

(C) Os acréscimos que se fizerem nas obras até vinte e cinco por cento do valor inicial atualizado do contrato.

(D) Fato da Administração.

(E) Caso fortuito.

De acordo com o disposto no art. 65, § 1º, da Lei 8.666/1993, o contratado fica obrigado a aceitar os acréscimos ou supressões que se fizerem nas obras, serviços ou compras, até 25% do valor inicial atualizado do contrato. As demais alternativas trazem causas justificadoras da inexecução do contrato.

Gabarito "C"

(Magistratura/PE – 2013 – FCC) Nos termos da Lei 8.666/1993, quando a rescisão do contrato administrativo se der por ocorrência de caso fortuito ou de força maior, regularmente comprovada, impeditiva da execução do contrato e sem que haja culpa do contratado, terá o contratado alguns direitos de cunho patrimonial. Entre eles NÃO figura o de

(A) recebimento de multa compensatória, calculada em razão do escoamento do prazo contratual.

(B) devolução de garantia.

(C) ser ressarcido dos prejuízos regularmente comprovados que houver sofrido.

(D) pagamentos devidos pela execução do contrato até a data da rescisão.

(E) pagamento do custo da desmobilização.

O art. 79, § 2º, da Lei 8.666/1993 prevê todos os direitos mencionados nas alternativas, salvo o "recebimento de multa compensatória, calculada em razão do escoamento do prazo contratual", daí porque a alternativa "A" é a correta.

Gabarito "A"

2.6. Figuras assemelhadas (convênio)

(Procurador do Estado – PGE/MT – FCC – 2016) A Administração Pública adota várias modalidades de ajustes administrativos para poder executar suas tarefas. Nesse sentido, segundo a legislação vigente,

(A) o contrato de parceria público-privada não é compatível com a cobrança de tarifas dos usuários do serviço público, sendo suportado exclusivamente pela contrapartida do parceiro público.

(B) é denominado contrato de gestão o ajuste celebrado com as organizações da sociedade civil de interesse público, visando à formação de vínculo de cooperação entre as partes, para o fomento e a execução das atividades de interesse público.

(C) o regime de empreitada integral, também denominado de *turn key*, não é admissível, conforme entendimento do Tribunal de Contas da União, por impedir o adequado controle do dispêndio de recursos públicos.

(D) o chamado contrato de programa é o contrato administrativo em que a Administração defere a terceiro a incumbência de orientar e superintender a execução de obra ou serviço, mediante pagamento de importância proporcional ao seu custo total.

(E) é denominado contrato de rateio o ajuste celebrado, em cada exercício financeiro, entre entes participantes de consórcio público, para fins de alocação de recursos necessários ao desempenho das atividades do consórcio.

A: incorreta. O contrato de Parceria Público-Privada pressupõe a cobrança de tarifas dos usuários e uma contraprestação do parceiro público (art. 2º, da Lei 11.019/2004); **B:** incorreta. Para as OSCIP temos os termos de parceria. Os contratos de gestão são celebrados pelas Agências Executivas (art. 37, § 8º, CF); **C:** incorreta. O art. 10, da Lei 8.666/1993 admite integralmente esse regime; **D:** incorreta. O contrato de programa é realizado pelos entes consorciados (art. 13, § 1º, II, da Lei 11.107/2005), sendo o contrato pelo qual se estabelece "os procedimentos que garantam a transparência da gestão econômica e financeira de cada serviço em relação a cada um de seus titulares"; **E:** correta. Perfeito. Trata-se do disposto no art. 8º, § 1º, da Lei 11.107/2005). AW

Gabarito "E"

2.7. Sanções administrativas

(Analista – TRT/16ª Região – 2014 – FCC) Considere as afirmações abaixo.

I. Será promovida pela própria autoridade que aplicou a sanção de inidoneidade, qual seja, o chefe do poder executivo.

II. Pode ser requerida após um ano da aplicação da sanção de inidoneidade.

III. Exige, para sua concessão, dentre outro requisito, que o contratado promova o ressarcimento à Administração dos prejuízos resultantes.

IV. Trata-se do único modo de afastar a sanção de inidoneidade.

A empresa "Ferragens S.A." foi penalizada com a declaração de inidoneidade para licitar ou contratar com a Administração pública e pretende pleitear sua reabilitação. A propósito da reabilitação e, nos termos da Lei 8.666/1993, está correto o que se afirma APENAS em

(A) I e IV.

(B) I e II.

(C) III e IV.

(D) I, II e III.

(E) III.

I: incorreta, na parte final: a competência será do Ministro de Estado, do Secretário Estadual ou Municipal, conforme o caso (art. 87, IV e § 3º, da Lei 8.666/1993); **II:** incorreta, o prazo é de dois anos (art. 87, § 3º, da Lei 8;666/1993), **III:** correta (art. 87, IV, da Lei 8.666/1993); **IV:** incorreta, também será afastada quando cessarem os motivos que determinaram a punição (art. 87, IV, da Lei 8.666/1993).

Gabarito "E"

(Analista Judiciário – Área Administrativa – TRT18 – 2013 – FCC) De acordo com o previsto na Lei 8.666/1993, a inadequada execução do contrato administrativo dá lugar à imposição de sanções, dentre elas, a

(A) declaração de inidoneidade para licitar ou contratar com a Administração, penalidade que, dada a gravidade de sua natureza, absorve as demais sanções, excluindo a possibilidade de cumulação.

(B) suspensão temporária de participar de licitação, que deve se limitar a prazo não superior a 3 (três) anos, sob pena de ser obrigatória a imposição da penalidade de declaração de inidoneidade para licitar.

(C) multa pecuniária, que se presta a converter em pecúnia todos os prejuízos apurados pela Administração pública, não podendo, portanto, ser cumulada com outras sanções, com exceção da declaração de inidoneidade para contratar.

(D) declaração de inidoneidade para licitar ou contratar com a Administração, que poderá cessar, mediante reabilitação, no caso de ressarcimento pelo contratado pelos prejuízos resultantes da inadequada execução.

(E) advertência, que se impõe no caso de infrações leves e não gravosas, e, portanto, dispensa prévia observância do direito de defesa do contratado.

A: incorreta, pois além de não absorver as demais sanções, pode ser aplicada cumulativamente com a multa (art. 87, § 2º, da Lei 8.666/1993); **B:** incorreta, o prazo não pode ser superior a dois anos e não há previsão para o disposto na segunda parte da afirmativa (art. 87, III, da Lei 8.666/1993), **C:** incorreta, a multa pecuniária não é conversão dos prejuízos causados à Administração, ela tem caráter sancionatório. Paga-se a multa e o prejuízo causado. Cumula-se a multa não só com a declaração de inidoneidade, mas também com as sanções previstas no art. 87, I, III e IV, da Lei 8.666/1993 (art. 87, § 2º, da Lei 8.666/1993); **D:** correta, devendo-se complementar com a informação de que além do ressarcimento pelos prejuízos tem que ter decorrido o prazo de dois anos (o artigo usa a partícula *e)* – art. 84, IV, da Lei 8.666/1993; **E:** incorreta, o direito de defesa não pode ser suprimido (art. 87, *caput*, § 2º e art. 5º, LV, da CF).

Gabarito "D"

(Analista – TRT/23ª – 2011 – FCC) Segundo a Lei 8.666/1993, pela inexecução total ou parcial do contrato a Administração poderá, garantida a prévia defesa, aplicar ao contratado, dentre outras sanções administrativas, a pena de suspensão temporária de participação em licitação e impedimento de contratar com a Administração, por prazo de até

(A) quatro anos.

(B) cinco anos.

(C) dois anos.

(D) dez anos.

(E) três anos.

Art. 87, III, da Lei 8.666/1993.

Gabarito "C"

(Analista – TRT/9ª – 2010 – FCC) Sobre as sanções administrativas previstas na Lei 8.666/1993, considere:

I. Pela inexecução total ou parcial do contrato, a Administração poderá aplicar ao contratado, dentre outras penalidades, suspensão temporária de participação em licitação e impedimento de contratar com a Administração, por prazo não superior a dois anos.

II. A aplicação de multa de mora por atraso injustificado na execução do contrato impede a Administração de rescindir unilateralmente o contrato.

III. A multa de mora por atraso injustificado na execução do contrato, aplicada após regular processo administrativo, não pode ser descontada da garantia contratual.

IV. As sanções de advertência, suspensão temporária de participação de licitação e declaração de inidoneidade para licitar ou contratar com a Administração Pública impostas pela inexecução total ou parcial do contrato, podem ser aplicadas juntamente com a multa prevista no instrumento convocatório ou no contrato.

V. A sanção de declaração de inidoneidade para licitar ou contratar com a Administração Pública é de competência do gestor do contrato.

Está correto o que consta APENAS em

(A) III, IV e V.

(B) I, II e V.

(C) II e III.

(D) I e IV.

(E) IV e V.

I: correta (art. 87, III, da Lei 8.666/1993); **II:** incorreta (art. 86, § 1º, da Lei 8.666/1993); **III:** incorreta (art. 86, § 2º, da Lei 8.666/1993); **IV:** correta (art. 87, § 2º, da Lei 8.666/1993); **V:** incorreta (a competência, nesse caso, será exclusiva do Ministro de Estado, Secretário Estadual ou Municipal – art. 87, § 3º, da Lei 8.666/1993).

Gabarito "D"

3. LEI 10.520/2002 – PREGÃO

(Técnico Judiciário – TRT24 – FCC – 2017) No pregão, conforme preceitua a Lei 10.520/2002, a equipe de apoio deverá ser integrada

(A) em sua maioria por servidores de cargo efetivo ou emprego da Administração pública, preferencialmente pertencentes ao quadro permanente do órgão ou entidade promotora do evento.

(B) em sua minoria por servidores de cargo efetivo ou emprego da Administração pública, não sendo necessário que pertençam ao quadro permanente do órgão ou entidade promotora do evento, e, em sua maioria, deve ser composta por particulares de notório saber jurídico no tocante objeto da licitação.

(C) exclusivamente por servidores de cargo efetivo da Administração pública, pertencentes ao quadro permanente do órgão ou entidade promotora do evento.

(D) em sua maioria por servidores de cargo efetivo da Administração pública, devendo, necessariamente, todos os integrantes pertencer ao quadro permanente do órgão ou entidade promotora do evento.

(E) obrigatoriamente por metade de servidores de cargo efetivo da Administração pública, não sendo necessário que pertençam ao quadro permanente do órgão ou entidade promotora do evento, e, a outra metade, deve ser composta de particulares de notório saber jurídico acerca do objeto licitado.

A: correta, Lei 10.520/2002, art. 3º, § 1º: A equipe de apoio deverá ser integrada em sua maioria por servidores ocupantes de cargo efetivo ou emprego da administração, preferencialmente pertencentes ao quadro permanente do órgão ou entidade promotora do evento. **B:** incorreta. Na contramão da letra legal já citada, a assertiva e falsa; **C:** incorreta. Conforme demonstrado, a indicação propõe a maioria e não a exclusividade; **D:** incorreta. Não indica a legislação a obrigatoriedade de os integrantes pertencerem ao quadro permanente do órgão, sendo condição preferencial. **E:** incorreta. Não há previsão legal nesse sentido. FMB

Gabarito "A"

(Técnico – TRT/2ª Região – 2014 – FCC) Difere o pregão das modalidades de licitação previstas na Lei 8.666/1993, dentre outras características,

(A) porque essa modalidade de licitação não admite a interposição de recurso por parte dos competidores, com vista as dar maior celeridade à contratação.

(B) porque permite a alteração do valor da aquisição após a celebração do contrato, em razão da mutabilidade ínsita à natureza da avença.

(C) pela possibilidade de apresentação de novos lances verbais pelo autor da oferta de valor mais baixo, além dos outros licitantes que tiver em proposto valores até 10% superiores àquele.

(D) pela oralidade da instrução, que prescinde da formalização escrita em suas diversas fases.

(E) pela fase de lances verbais, da qual participam todos os qualificados na fase de habilitação, inclusive com possibilidade de apresentação de novos lances.

A: Incorreta, pois, conforme o inciso XVIII do art. 4º da Lei 10.520/2002, declarado o vencedor, qualquer licitante poderá manifestar imediata e motivadamente a intenção de recorrer, quando lhe será concedido o prazo de 3 (três) dias para apresentação das razões do recurso, ficando os demais licitantes desde logo intimados para apresentar contrarrazões em igual número de dias, que começarão a correr do término do prazo do recorrente, sendo-lhes assegurada vista imediata dos autos; **B:** Incorreta, pois não é possível a alteração do contrato após sua celebração; **C:** Correta, conforme art. 4º, VIII, da Lei 10.520/2002; **D:** Incorreta, pois aberta a sessão, os interessados ou seus representantes, apresentarão declaração dando ciência de que cumprem plenamente os requisitos de habilitação e entregarão os envelopes contendo a indicação do objeto e do preço oferecidos, procedendo-se à sua imediata abertura e à verificação da conformidade das propostas com os requisitos estabelecidos no instrumento convocatório e, posteriormente, se necessário for, haverá oferecimento de lances verbais (art. 4º, VII a IX da Lei 10.520/2002); **E:** Incorreta, pois a participação é restrita aos autores da oferta de valor mais baixo e os das ofertas com preços até 10% (dez por cento) superiores àquela poderão fazer novos lances verbais e sucessivos, até a proclamação do vencedor.

Gabarito "C"

(Técnico Judiciário – TRT/15ª – 2009 – FCC) A respeito do pregão presencial (Lei 10.520/2002), é INCORRETO afirmar que

(A) é permitida a garantia de proposta.

(B) o prazo de validade das propostas será de 60 (sessenta) dias, se outro não for fixado no edital.

(C) quem, convocado dentro do prazo de validade da sua proposta, não celebrar o contrato, ficará impedido de licitar e contratar com a União, Estados, Distrito Federal ou Municípios, sem prejuízo de outras cominações legais e contratuais.

(D) as compras e contratações de bens e serviços comuns, no âmbito da União, dos Estados, do Distrito Federal e dos Municípios, quando efetuadas pelo sistema de registro de preços, poderão adotar a modalidade de pregão.

(E) o licitante que, convocado dentro do prazo de validade da sua proposta, não a mantiver, ficará impedido de licitar e contratar com a União, Estados, Distrito Federal ou Municípios, sem prejuízo de outras sanções legais e contratuais.

A: incorreta (devendo ser assinalada), pois não é permitida a garantia de proposta (art. 5º, I, da Lei 10.520/2002); **B:** correta (art. 6º da Lei 10.520/2002); **C:** correta (art. 7º da Lei 10.520/2002); **D:** correta (art. 11 da Lei 10.520/2002); **E:** correta (art. 7º da Lei 10.520/2002).

Gabarito "A"

(Analista – TRT/16ª Região – 2014 – FCC) No curso de determinado pregão, aberta a sessão pública e feitos os lances, constatou-se que a empresa "J" é a autora da oferta de valor mais baixo, cujo valor é de um milhão de reais. As empresas "X", "Y" e "Z" apresentaram, respectivamente, ofertas nos valores de R$ 1.050.000,00; R$ 1.100.000,00 e R$ 1.200.000,00. Nos termos da Lei 10.520/2002, até a proclamação do vencedor, poderão fazer novos lances verbais e sucessivos as empresas

(A) J, X, Y e Z.

(B) J, X e Y, apenas.

(C) J e X, apenas.

(D) X, Y e Z, apenas.

(E) Y e Z, apenas.

Só poderão fazer novos lances verbais o autor que ofereceu o valor mais baixo (nesse caso, "J") e os que apresentaram ofertas até 10% maiores do que o valor mais baixo ofertado (10% de R$ 1.000.000,00 é R$ 100.000,00): X e Y. Vide art. 4º, VIII, da Lei 10.520/2002.

Gabarito "B"

(Analista Judiciário – Área Administrativa – TRT18 – 2013 – FCC) Dentre os benefícios e vantagens advindos da utilização da modalidade de pregão, destaca-se a

(A) inversão de fases, com a análise da documentação pertinente à habilitação antes da análise das propostas.

(B) existência de uma sessão pública para julgamento e classificação das propostas, com imediata abertura dos envelopes, com combinação de lances verbais.

(C) possibilidade de escolha de mais de um vencedor, classificados pelo valor da proposta apresentada, para subsequente análise da documentação pertinente à habilitação.

(D) possibilidade de análise conjunta de todas as propostas e da documentação de habilitação dos licitantes, para definição do vencedor combinando-se critério de julgamento de preço e técnica.

(E) preferência pelo pregão eletrônico ao presencial, com inversão de fases, quando se tratar de aquisição de bens cuja especificidade demande demonstração e detalhamento técnico de maior complexidade.

A: incorreta, primeiro analisa as propostas para depois verificar a documentação pertinente à habilitação (art. 4º, XI e XII, da Lei 10.520/2003); **B:** correta (art. 4º, VI e VII, da Lei 10.520/2003), **C:** incorreta, não se escolhe mais de um vencedor (a palavra vencedor, na Lei 10.520/2003, é sempre utilizada no singular. Exemplos: art. 4º, VIII, XV, XVI, XVIII, da Lei 10.520/2003). Além disso, a Lei 8.666/1993, que se aplica subsidiariamente ao pregão (art. 9º da Lei 10.520/2002), prevê, em seu art. 3º, §2º, critérios de desempate; **D:** incorreta, só será analisada a documentação de habilitação do licitante vencedor (art. 4º, XII, da Lei 10.520/2003); **E:** incorreta, é para aquisição de *bens e serviços comuns* (§ 1º do art. 1º da Lei 10.520/2005).

Gabarito "B"

(Analista – TRT/6ª – 2012 – FCC) De acordo com a Lei 10.520/2002, que trata da modalidade licitatória pregão,

(A) o pregoeiro poderá interromper a fase de lances caso verificada que a menor proposta atingiu redução superior a 20% do valor de referência.

(B) a fase da negociação com o autor da melhor proposta inicia-se após a verificação do atendimento das condições de habilitação previstas no edital.

(C) no curso da sessão o autor da melhor oferta e daquelas com preços até 10% superiores àquela poderão fazer novos lances verbais e sucessivos, até a proclamação do vencedor.

(D) encerrada a fase competitiva, se a oferta melhor classificada não for aceitável ou o seu autor desatender as exigências habilitatórias, o pregoeiro reabrirá a etapa de lances chamando os 3 licitantes melhor classificados.

(E) declarado o vencedor do certame, será aberto o prazo de 8 dias para interposição de recursos, que suspenderá a adjudicação do objeto ao licitante vencedor.

A: incorreto, pois não há regra nenhuma nesse sentido; aliás, há de se buscar o melhor preço possível nas compras feitas pela Administração, não sendo pertinente, assim, interromper os lances verbais só porque se atingiu uma redução superior a 20% no valor de referência do objeto licitado; **B:** incorreto, pois a fase de negociação se dá logo após o último lance dado chegando-se à melhor proposta (art. 4º, XI, da Lei 10.520/2002); de posse dessa melhor proposta, o pregoeiro verifica a sua aceitabilidade, abrindo uma negociação caso entenda que o valor dessa melhor proposta ainda não atende a um valor razoável para o Poder Público, considerando os preços praticados no mercado; somente depois dessa eventual negociação e da aceitação do valor proposto é que se passará à fase de habilitação (art. 4º, XII, da Lei 10.520/2002); **C:** correto (art. 4º, VIII, da Lei 10.520/2002); **D:** incorreto, pois o pregoeiro deve, nesses casos, examinar as ofertas subsequentes, na ordem de classificação, e assim sucessivamente, até a apuração de uma que atenda ao edital (art. 4º, XVI, da Lei 10.520/2002); **E:** incorreto, pois, declarado o vencedor do certame, o recurso deve ser interposto na própria sessão de pregão (e não em 8 dias), sendo que haverá 3 dias para o recorrente apresentar as suas razões de recurso e mais 3 dias para os demais licitantes apresentarem contrarrazões (art. 4º, XVIII, da Lei 10.520/2002).

Gabarito "C"

(Analista – TRT/23ª – 2011 – FCC) No que concerne ao pregão, é INCORRETO afirmar:

(A) Admite, como uma de suas modalidades, o pregão eletrônico, que se processa, em ambiente virtual, por meio da internet.

(B) Destina-se à aquisição de bens e serviços comuns.

(C) Os lances ocorrem em sessão pública no pregão denominado presencial.

(D) Poderá dar-se no âmbito da União, Estados, Distrito Federal e Municípios.

(E) Existe, em regra, limitação de valor para a contratação.

A: correta (art. 2º, § 1º, da Lei 10.520/2002 e art. 2º, *caput*, do Decreto 5.450/05); **B:** correta (art. 1º da Lei 10.520/2002); **C:** correta (art. 4º, VI e VIII, da Lei 10.520/2002); **D:** correta (art. 11 da Lei 10.520/2002); **E:** incorreta, pois não há previsão de limite de valor na Lei 10.520/2002.

Gabarito "E"

(Analista – TRF/4ª – 2010 – FCC) A respeito da modalidade pregão, o prazo fixado para a apresentação das propostas, contado a partir da publicação do aviso, **não** será inferior a

(A) 15 dias úteis.

(B) 10 dias úteis.

(C) 8 dias úteis.

(D) 20 dias úteis.

(E) 30 dias úteis.

Art. 4º, V, da Lei 10.520/2002.

Gabarito "C"

(Analista – TRF/4ª – 2010 – FCC) A fase preparatória do pregão observará o seguinte:

I. A autoridade competente justificará a necessidade de contratação e definirá o objeto do certame, as exigências de habilitação, os critérios de aceitação das propostas, as sanções por inadimplemento e as cláusulas do contrato, inclusive com fixação dos prazos para fornecimento.

II. A definição do objeto deverá ser precisa, suficiente e clara, não sendo vedadas especificações que, por excessivas, irrelevantes ou desnecessárias, limitem a competição.

III. Dos autos do procedimento constarão a justificativa das definições referidas e os indispensáveis elementos técnicos sobre os quais estiverem apoiados, bem como o orçamento, elaborado pelo órgão ou entidade promotora da licitação dos bens ou serviços a serem licitados.

IV. A autoridade competente designará, dentre os servidores do órgão ou entidade promotora da licitação, apenas o pregoeiro.

V. A equipe de apoio não deverá ser integrada por servidores ocupantes de cargo efetivo ou emprego da administração.

De acordo com a Lei, é correto o que consta APENAS em

(A) III e V.

(B) II, III e IV.

(C) IV e V.

(D) I, II e V.

(E) I e III.

I: correta (art. 3º, I, da Lei 10.520/2002); **II:** incorreta, pois são vedadas especificações que, por excessivas, irrelevantes ou desnecessárias, limitem a competição (art. 3º, II, da Lei 10.520/2002); **III:** correta (art. 3º, III, da Lei 10.520/2002); **IV:** incorreta, pois a autoridade competente designará, dentre os servidores do órgão ou entidade promotora da licitação, além do pregoeiro e respectiva equipe de apoio, cuja atribuição inclui, dentre outras, o recebimento das propostas e lances, a análise de sua aceitabilidade e sua classificação, bem como a habilitação e a adjudicação do objeto do certame ao licitante vencedor (art. 3º, IV, da Lei 10.520/2002); **V:** incorreta, pois a equipe de apoio deverá ser integrada em sua maioria por servidores ocupantes de cargo efetivo ou emprego da administração, preferencialmente pertencentes ao quadro permanente do órgão ou entidade promotora do evento (art. 3º, § 1º, da Lei 10.520/2002).

Gabarito "E"

(Analista – TRT/9ª – 2010 – FCC) Tendo em vista expressa previsão da Lei 10.520/2002, é incorreto afirmar que ficará impedido de licitar e contratar com a União, Estados, Distrito Federal ou Municípios e será descredenciado no SICAF, ou nos sistemas semelhantes mantidos por Estados, Distrito Federal ou Municípios, pelo prazo de até 5 (cinco) anos, quem

(A) deixar de entregar documentação exigida para o certame.

(B) não celebrar o contrato, ainda que convocado dentro do prazo de validade da sua proposta.

(C) não apresentar garantia da proposta.

(D) não mantiver a proposta.

(E) ensejar o retardamento da execução do objeto do contrato.

O art. 7º da Lei 10.520/2002 não traz previsão de que quem não apresentar garantia da proposta ficará impedido de licitar e contratar com a União, Estados, Distrito Federal ou Municípios e será descredenciado no SICAF, razão pela qual a alternativa C está incorreta.

Gabarito "C"

(Analista – TR'T/16ª – 2009 – FCC) Na esfera Federal, a fase externa do pregão presencial será iniciada com a convocação dos interessados e observará, dentre outras, às seguintes regras:

(A) Para julgamento e classificação das propostas, será adotado o critério de maior preço, observados os prazos máximos para fornecimento, as especificações técnicas e parâmetros mínimos de desempenho e qualidade definidos no edital.

(B) Cópias do edital e do respectivo aviso serão colocadas à disposição de qualquer pessoa para consulta e divulgadas na internet na *homepage* do Tribunal de Contas da União.

(C) Os licitantes deverão apresentar os documentos de habilitação mesmo que já constem do Sistema de Cadastramento Unificado de Fornecedores – Sicaf.

(D) O prazo fixado para a apresentação das propostas, contado a partir da publicação do aviso, não será superior a 08 dias úteis.

(E) O recebimento das propostas será feita em sessão fechada, no dia, hora e local designados.

A: incorreto, pois será adotado o critério menor preço (art. 4º, X, da Lei 10.520/2002); **B:** correto (art. 4º, IV, da Lei 10.520/2002); **C:** incorreto, pois os licitantes poderão deixar de apresentar os documentos de habilitação que já constem no SICAF (art. 4º, XIV, da Lei 10.520/2002); **D:** incorreto, pois o prazo não será *inferior* a oito dias úteis (art. 4º, V, da Lei 10.520/2002); **E:** incorreto, pois o recebimento das propostas será feita em sessão pública (art. 4º, VI, da Lei 10.520/2002).

Gabarito "B"

(Analista – TRT/7ª – 2009 – FCC) A fase externa do pregão presencial (Lei 10.520/2002) será iniciada com a convocação dos interessados e observará, dentre outras, à seguinte regra:

(A) O acolhimento de recurso interposto por qualquer licitante importará a invalidação de todo o processo licitatório.

(B) O prazo fixado para a apresentação das propostas, contado a partir da publicação do aviso, não será superior a oito dias úteis.

(C) Para julgamento e classificação das propostas, será adotado o critério de menor preço, independentemente dos prazos para fornecimento, das especificações técnicas e dos parâmetros mínimos de desempenho e qualidade definidos no edital.

(D) Do aviso de convocação constarão a definição do objeto da licitação, a indicação do local, dia e horário da seção pública, e a íntegra do edital.

(E) No curso da sessão, o autor da oferta de valor mais baixo e os das ofertas com preços até dez por cento superiores àquela poderão fazer novos lances verbais e sucessivos, até a proclamação do vencedor.

A: incorreto, pois o acolhimento de recurso importará a invalidação apenas dos atos insuscetíveis de aproveitamento, e não de todo o processo licitatório (art. 4º, XIX, da Lei 10.520/2002); **B:** incorreto, pois o prazo não será *inferior, diferente do que estabelece a assertiva acima* (art. 4º, V, da Lei 10.520/2002); **C:** incorreto, pois deverão ser observados os prazos máximos para fornecimento (art. 4º, X, da Lei 10.520/2002); **D:** incorreto, "do aviso constarão a definição do objeto da licitação, a indicação do local, dias e horários em que poderá ser lida ou obtida a íntegra do edital" (art. 4º, II, da Lei 10.520/2002); **E:** art. 4º, VIII, da Lei 10.520/2002.

Gabarito "E"

(Analista – TRT/7ª – 2009 – FCC) Ao pregão eletrônico (Decreto n. 5.450/2005), aplica-se, dentre outras, a seguinte regra:

(A) A designação do pregoeiro, a critério da autoridade competente, poderá ocorrer para período de dois anos, vedada recondução, ou para licitação específica.

(B) No âmbito do Ministério da Defesa, as funções de pregoeiro e de membro da equipe de apoio não poderão ser desempenhadas por militares.

(C) A licitação na modalidade de pregão eletrônico não se aplica às contratações de obras de engenharia nem às locações imobiliárias.

(D) Todos os horários estabelecidos no edital, no aviso e durante a sessão pública observarão, para todos os efeitos, o horário do local onde se realiza o pregão, inclusive para contagem de tempo e registro no sistema eletrônico e na documentação relativa ao certame.

(E) Até cinco dias úteis antes da data fixada para abertura da sessão pública, qualquer pessoa poderá impugnar o ato convocatório do pregão, na forma eletrônica.

A: incorreto, pois poderá ocorrer para o período de 1 ano (e não 2 anos), admitindo-se recondução (art. 10, § 3º, do Decreto 5.450/2005); **B:** incorreto, pois tais funções podem, sim, ser exercidas por militares (art. 10, § 2º, do Decreto 5.450/2005); **C:** correto (art. 6º do Decreto 5.450/2005); **D:** incorreto, pois será utilizado o horário de Brasília-DF (art. 17, § 5º, do Decreto 5.450/2005); **E:** incorreto, pois o prazo é de até 2 dias úteis da data fixada para a abertura da sessão pública (art. 18, *caput*, do Decreto 5.450/2005).

Gabarito "C"

4. TEMAS COMBINADOS E OUTROS TEMAS

(Juiz – TJ-SC – FCC – 2017) A empresa Canário & Sabiá Construções Ltda. foi contratada, após regular procedimento licitatório, para contrato de obra pública, consistente na construção de um edifício destinado ao uso de órgão estadual. Todavia, executada metade da obra contratada, a empresa simplesmente abandonou a execução, sem justo motivo, inadimplindo também as obrigações trabalhistas e previdenciárias relativas ao mês em curso. Após regular processo administrativo, o Diretor do órgão estadual rescinde o contrato e aplica à empresa a pena de declaração de inidoneidade para licitar ou contratar com a Administração Pública.

Diante de tal circunstância, é correto concluir que:

(A) a penalidade em questão foi aplicada por autoridade incompetente.

(B) a Administração contratante responderá solidariamente pelas dívidas trabalhistas remanescentes da execução contratual.

(C) a rescisão do contrato em questão provocará, por consequência, a rescisão imediata de todos os demais contratos celebrados pela empresa com o ente contratante.

(D) a Administração contratante não responde pelos encargos previdenciários decorrentes da execução do contrato, visto que são de responsabilidade exclusiva da empresa contratada.

(E) é necessária a realização de novo processo licitatório para a conclusão da obra.

A: correta. A penalidade de inidoneidade para licitar está prevista no art. 87, da Lei 8.666/1993, sendo que, especificamente em relação à penalidade de declaração de inidoneidade para licitar, temos o §3º, art. 87 determinando ser de competência do Ministro de Estado, do Secretário Estadual ou Municipal; **B:** incorreta. O contratado é o responsável pelas dívidas trabalhistas decorrentes da execução contratual, conforme disposto no art. 71, da Lei 8.666/1993; **C:** incorreta. Na Lei 8.666/1993 (arts. 77 e seguintes) não há previsão legal para a rescisão vinculada dos demais eventuais contratos celebrados por ambas as partes (poder concedente e concessionário). Havendo o cumprimento das cláusulas contratuais e interesse público, logicamente que os demais contratos podem continuar vigentes; **D:** incorreta. Somente há solidariedade entre contratante e contratado em relação às dívidas previdenciárias (art. 71, §2º, da Lei 8.666/1993); **E:** incorreta. Temos hipótese de licitação dispensável, conforme disposto no art. 24, XI, da Lei 8.666/1993. AW

Gabarito "A"

(Técnico Judiciário – TRE/SP – FCC – 2017) Um órgão integrante da Administração pública de determinado ente federal necessita adquirir móveis para uma nova unidade de centralização de serviços para atendimento à população. Considerando-se que são móveis de escritório de longa durabilidade e que precisam ser adquiridos em uma oportunidade para início das atividades, com a maior celeridade possível, à Administração pública caberá a realização de

(A) concorrência, convite ou tomada de preços, em razão dos valores envolvidos, modalidades que permitem maior participação de licitantes e, portanto, maior disputa por menores preços.

(B) licitação sob qualquer das modalidades de licitação vigentes, conforme a alçada de valores dos bens, preferencialmente utilizando-se do leilão, dada a maior celeridade.

(C) pregão, obrigatoriamente, para registro de preços, tendo em vista que o fracionamento das aquisições permite a obtenção de melhores preços sem a perda da economia de escala.

(D) concorrência, em função do valor de avaliação dos bens superar o limite admitido para utilização do leilão ou do pregão.

(E) pregão, por se tratar de bens de natureza comum, passíveis de serem objetivamente descritos, o que possibilitará ampla participação e disputa, com atingimento de resultado mais vantajoso à Administração pública.

A: incorreta, não poderia ser a correta já que a questão sequer indica valores. **B:** incorreta, qualquer das modalidades também não atenderia, haja vista as especificidades de cada uma delas; Lei 8.666/1993, art. 22, § 5º: Leilão é a modalidade de licitação entre quaisquer interessados para a venda de bens móveis inservíveis para a administração ou de produtos legalmente apreendidos ou penhorados, ou para a alienação de bens imóveis prevista no art. 19, a quem oferecer o maior lance, igual ou superior ao valor da avaliação. **C:** incorreta, a economia de escala refere-se exatamente ao contrário. A possibilidade de aquisição em maior número de itens e não seu fracionamento. **D:** incorreta, novamente não há indicação do valor. **E:** correta, as informações dadas pela questão proposta apontam para a aquisição de bens comuns, artigos permanentes e requerem uma tramitação célere, com base nestas informações só e possível indicar a modalidade inserta na Lei 10.520/2005, a saber: Art. 1º Para aquisição de bens e serviços comuns, poderá ser adotada a licitação na modalidade de pregão, que será regida por esta Lei. Parágrafo único. Consideram-se bens e serviços comuns, para os fins e efeitos deste artigo, aqueles cujos padrões de desempenho e qualidade possam ser objetivamente definidos pelo edital, por meio de especificações usuais no mercado. FMB

Gabarito "E"

(Procurador do Estado – PGE/MT – FCC – 2016) Acerca da prestação de garantias para execução contratual, no âmbito das licitações e contratos administrativos, a Lei nº 8.666/93 estabelece:

(A) Nas obras, serviços e fornecimentos de grande vulto envolvendo alta complexidade técnica e riscos financeiros consideráveis, demonstrados por meio de parecer tecnicamente aprovado pela autoridade competente, o limite de garantia poderá ser elevado para até quinze por cento do valor do contrato.

(B) Nos casos de contratos que importem na entrega de bens pela Administração, dos quais o contratado ficará depositário, ao valor da garantia deverá ser acrescido o valor desses bens.

(C) É vedada a exigência de garantia por ocasião da participação na licitação, devendo a comprovação da qualificação econômico-financeira ser limitada a exigência de capital mínimo ou de patrimônio líquido mínimo.

(D) Dentre as modalidades de garantia admitidas na lei, estão o penhor, a hipoteca e a anticrese.

(E) A substituição da garantia é hipótese de alteração unilateral do contrato administrativo.

A: incorreta. Nos casos de contratos de grande vulto, a garantia pode ser aumentada em até 10% do valor do contrato, conforme disposto no art. 56, § 3º, da Lei 8.666/1993; **B:** correta. Trata-se do disposto no art. 56, § 5º, da Lei 8.666/1993; **C:** incorreta. É facultada a exigência de garantia, sendo, geralmente, uma cláusula geral do contrato administrativo (art. 56, da Lei 8.666/1993); D: incorreta. Essas garantias são típicas do direito privado. As garantias exigidas e previstas na Lei de Licitações são: seguro-garantia, fiança bancária e caução (art. 56, § 1º, da Lei 8.666/1993); **E:** incorreta. A substituição de garantia é feita por acordo entre as partes, conforme disposto no art. 65, II, *a*, da Lei 8.666/1993. AW

Gabarito "B"

(Defensor Público – DPE/BA – 2016 – FCC) João, Defensor Público estadual, ao analisar os contratos com a administração pública, verificou a falta de um dos elementos formais do contrato. Segundo a Lei 8.666 de 1993, por determinação do artigo 55, esses elementos são:

I. o crédito pelo qual correrá a despesa, com a indicação da classificação funcional programática e da categoria econômica.

II. a cláusula de subcontratação unilateral *ad nutum*.

III. a vinculação ao edital de licitação ou ao termo que a dispensou ou a inexigiu, ao convite e à proposta do licitante vencedor.

IV. o preço e as condições de pagamento, os critérios, data-base e periodicidade do reajustamento de preços, os critérios de atualização monetária entre a data do adimplemento das obrigações e a do efetivo pagamento.

Está correto o que se afirma APENAS em

(A) I, II e IV.

(B) I e II.

(C) II e III.

(D) III e IV.

(E) I, III e IV.

A: Incorreta, porque a assertiva II é a única que não consta como exigência formal disposta nos artigos 55, bem como arts. 60 a 64, da Lei 8.666/1993; **B:** Incorreta, conforme explicado acima. A assertiva II está incorreta, somente; **C:** Incorreta, porque a assertiva II não contém previsão de lei (essa cláusula de subcontratação "ad nutum"); **D:** Incorreta, porque a assertiva I também está correta (art. 55, V, da Lei 8.666/1993); **E:** Correta, tendo em vista que as assertiva I, III e IV constam das cláusulas necessárias dispostas no art. 55, da Lei 8.666/1993, estando tudo em conformidade com os arts. 60 a 64, da Lei de Licitações.

Gabarito "E"

Procurador do Estado – PGE/RN – FCC – 2014) A Administração estadual pretende contratar a construção de uma unidade hospitalar para atendimento da população carente. Em razão da urgência, pretende que o privado contratado, além de se responsabilizar por todas as fases da obra, promova não só a edificação, mas também entregue a obra guarnecida de todos os equipamentos e instalações necessários ao pronto atendimento da população. Considerando que a gestão da unidade hospitalar será entregue a uma organização social com respeitado histórico de boa administração no setor, para a contratação da obra

(A) deverá licitar, com base no regime diferenciado de contratações, uma empreitada integral, que poderá abranger inclusive a elaboração de projetos pelo mesmo contratado.

(B) deverá licitar uma empreitada por preço global, com base na Lei que introduziu o regime diferenciado de contratações, a fim de garantir a celeridade necessária.

(C) deverá licitar uma parceria público-privada, sob a modalidade de concessão administrativa.

(D) poderá licitar uma parceria público-privada, sob a modalidade de concessão administrativa ou concessão patrocinada.

(E) poderá licitar qualquer das modalidades de parceria público-privada, das previstas no regime diferenciado de contratações ou na Lei nº 8.666/93, contanto que demonstre a vantajosidade econômico-financeira da opção feita.

A: correta. O art. 1º, V, da Lei 12.462/2012, dispõe que cabe a adoção do Regime Diferenciado de Contratação para as hipóteses de obras e serviços de engenharia no âmbito do Sistema Único de Saúde. Portanto, seria o caso da assertiva, inclusive com a possibilidade de apresentação do projeto executivo pelo mesmo contratado (art. 36, § 2º, da Lei 12.462/2012); **B:** incorreta. Não há elementos no enunciado para saber se o pagamento será único para a execução da obra e do serviço a um único contratado, caso em que poderia ser adotado o regime de empreitada global; **C:** incorreta. Não temos contratação de um parceiro privado prevista no enunciado, que deixa claro que caberá o Regime Diferenciado de Contratação; **D:** incorreta. O enunciado fala em "regime de urgência", deixando claro que se pretende ser rápido, célere, por isso a adoção do Regime Diferenciado de Contratação; **E:** incorreta. Como há previsão expressa no art. 1º, V, da Lei 12.462/2012 em relação a realização de obras em serviços hospitalares, fica claro que, ainda buscando-se a celeridade do procedimento, o correto seria adotar o Regime Diferenciado de Contratação. **AW**

Gabarito "A"

(Procurador do Estado – PGE/RN – FCC – 2014) O Poder Público desapropriou vários imóveis objetivando a construção de um grande complexo hospitalar. Contudo, antes de iniciar a licitação para a contratação das obras, verificou que os recursos orçamentários disponíveis não seriam suficientes para fazer frente ao empreendimento, desistindo, assim, da sua execução. Considerando a disciplina legal aplicável,

(A) somente poderá alienar os imóveis aos expropriados ou seus sucessores, por valor estabelecido em avaliação atualizada, que não poderá superar o montante pago a título de indenização, incluindo os juros moratórios e compensatórios.

(B) não poderá dar aos imóveis desapropriados destinação diversa daquela prevista na declaração de utilidade pública, estando obrigado a aliená-los para recuperar os recursos orçamentários despendidos com o pagamento das indenizações.

(C) poderá alienar os imóveis, mediante procedimento licitatório, independentemente de oferecimento prévio aos expropriados, desde que já tenha pago a integralidade das indenizações devidas.

(D) poderá alienar os imóveis ou exigir dos expropriados a restituição do valor já recebido a título de indenização, com a correspondente devolução do imóvel, expurgando-se os juros compensatórios.

(E) poderá alienar onerosamente os imóveis por meio de procedimento licitatório, na hipótese de não vislumbrar utilidade pública para os mesmos, devendo, obrigatoriamente oferecê-los previamente aos respectivos expropriados para aquisição pelo valor atual dos bens.

A: incorreta. O Poder Público poderá mudar a destinação do imóvel, desde que lícita, ou seja, desde que exista o interesse público. No caso, não há dinheiro para executar a obra, razão pela qual poderá ser alienado o imóvel, seguindo-se as regras gerais da Lei 8.666/1993; **B:** incorreta. Poderá, sim, dar destinação diversa aos imóveis expropriados, desde que ocorra a mudança da finalidade licitamente, sendo também denominada de "tredestinação licita"; **C:** incorreta. Mesmo não havendo o pagamento da integralidade da indenização, é possível a venda dos imóveis, justificada pelo interesse público; **D:** incorreta. Não se pode exigir o dinheiro de volta dos expropriados, eis que o imóvel já foi incorporado ao patrimônio público, podendo o Poder Público aliená-los, se comprovado o interesse público (art. 35, do Decreto-Lei 3.365/1941); **E:** correta. A jurisprudência entende ser devido o direito de preferência ao expropriado, conforme se verifica abaixo: Apelação – Ação de retrocessão – Desapropriação – Desvio de finalidade – Sentença mantida. A retrocessão importa em direito de preferência do expropriado em reaver o bem, ao qual não foi dado o destino que motivara a desapropriação. Restando evidenciado que o réu não deu ao imóvel expropriado o destino determinado do decreto expropriatório, cabível a retrocessão (TJ-MG - Apelação Cível AC 10024069935948001 MG, publ. **11/06/2014**). **AW**

Gabarito "E"

(Procurador do Estado – PGE/RN – FCC – 2014) Em procedimento licitatório instaurado para contratação de fornecimento de trens para a ampliação do serviço de transporte metropolitano de passageiros prestado por entidade integrante da Administração indireta, referida entidade entendeu pertinente admitir a participação dos licitantes em consórcios. De acordo com as disposições da Lei nº 8.666/1993,

(A) a previsão somente é admitida em caráter excepcional, por razões de interesse público devidamente justificadas, vedado o somatório de quantitativos dos consorciados para efeito de qualificação econômico--financeira.

(B) somente existe tal possibilidade se a licitação for instaurada na modalidade concorrência.

(C) essa prática é vedada, pois reduz o caráter competitivo da licitação, somente sendo admissível se a licitação for de âmbito internacional, com a obrigatoriedade de a liderança do consórcio recair sobre empresa brasileira.

(D) essa previsão somente é possível em se tratando de parceria público-privada, devendo o consórcio vencedor constituir sociedade de propósito específico antes da assinatura do contrato.

(E) tal previsão é admissível, importando a responsabilidade solidária dos consorciados pelos atos praticados em consórcio, tanto na fase de licitação quanto de execução do contrato.

A: incorreta. O art. 33, da Lei 8.666/1993 admite a participação de consórcios nos processos licitatórios, sendo casos específicos, realmente, mas admite-se a somatória dos quantitativos dos consorciados para efeito de qualificação econômico-financeira (art. 33, III, da Lei 8.666/1993); **B:** incorreta. Qualquer modalidade licitatória admite a participação de consórcios públicos; **C:** incorreta. O art. 33, da Lei

8.666/1993 admite a participação dos consórcios, assim como regulamenta a forma de suas participações; **D:** incorreta. Não há previsão legal expressa na Lei das PPPs (Lei 11.079/2004) para a participação dos consórcios de empresas; **E:** correta. Trata-se do disposto no art. 33, V, da Lei 8.666/1993. AW

Gabarito "E"

(Técnico Judiciário – Área Administrativa – TRT18 – 2013 – FCC) Determinada empresa foi contratada mediante regular licitação para prestação de serviços de fornecimento de medicamentos para um estabelecimento hospitalar. No decorrer da execução do contrato, diante da má execução da prestação dos serviços, a Administração

(A) poderá impor sanções à contratada, sendo vedada rescisão do contrato antes do advento do termo final.

(B) poderá rescindir o contrato administrativo antes do advento final, em razão da prerrogativa que dispõe a Administração para tanto.

(C) deverá assumir a prestação dos serviços diretamente, suspendendo a execução do contrato em curso.

(D) deverá suspender o contrato e convocar o segundo colocado na licitação para continuidade da execução do fornecimento.

(E) poderá suspender os pagamentos e a execução do contrato e promover licitação para contratação emergencial do mesmo objeto, qual seja, o fornecimento de medicamentos.

A: Incorreta, pois o cumprimento irregular de cláusulas contratuais, especificações, projetos e prazos constituem motivo para rescisão do contrato (art. 78, II, da Lei 8.666/1993); **B:** Correta, conforme art. 79, I, da Lei 8.666/1993; **C:** Incorreta, pois conforme o § 1° do art. 80 da Lei 8.666/1993, a aplicação das medidas previstas nos incisos I e II desse mesmo artigo fica a critério da Administração, que poderá dar continuidade à obra ou ao serviço por execução direta ou indireta; **D:** Incorreta, pois não há suspensão do fornecimento, uma vez que a Administração já rescindiu o contrato e, conforme o inciso XI do art. 24, será dispensável a licitação na contratação de remanescente de obra, serviço ou fornecimento, em consequência de rescisão contratual, desde que atendida a ordem de classificação da licitação anterior e aceitas as mesmas condições oferecidas pelo licitante vencedor, inclusive quanto ao preço, devidamente corrigido; **E:** Incorreta, conforme comentário anterior.

Gabarito "B"

(Técnico Judiciário – Área Administrativa – TRT18 – 2013 – FCC) Determinado órgão da Administração precisa adquirir uma grande quantidade de cartuchos de impressora. Considerando que é possível especificar precisamente os cartuchos necessários, a Administração pública

(A) poderá realizar compra direta dos cartuchos, mediante dispensa ou inexigibilidade de licitação.

(B) deverá realizar concorrência pública, em razão da natureza dos bens a serem adquiridos.

(C) poderá realizar a aquisição por meio de pregão, em razão da natureza dos bens que serão adquiridos.

(D) poderá realizar licitação, por qualquer das modalidades previstas na legislação vigente.

(E) deverá realizar licitação sob a modalidade de leilão, eletrônico ou presencial.

A: Incorreta, pois não é hipótese de licitação dispensável ou inexigível (arts. 24 e 25 da Lei 8.666/1993); **B:** Incorreta, pois, conforme o art. 3°, § 3° da Lei 8.248/1991, a aquisição de bens e serviços de informática e automação, considerados como bens e serviços comuns nos termos do parágrafo único do art. 1° da Lei 10.520, de 17 de julho de 2002, **poderá ser realizada na modalidade pregão**, restrita às empresas que cumpram o Processo Produtivo Básico nos termos desta Lei e da Lei 8.387, de 30 de dezembro de 1991; **C:** Correta, conforme comentário à alternativa anterior; **D** e **E:** Incorretas, conforme o art. 3°, § 3°, da Lei 8.248/1991.

Gabarito "C"

(Procurador do Município/Teresina-PI – 2010 – FCC) No que diz respeito às licitações, é correto afirmar:

(A) Nos casos em que couber convite, a Administração poderá utilizar a tomada de preços e, em qualquer caso, a concorrência.

(B) A Lei 8.666/1993, que dispõe sobre normas para licitações, admite a possibilidade de criação de outras modalidades de licitação ou a combinação das referidas na mencionada lei.

(C) É inexigível licitação na contratação de instituição brasileira incumbida regimental ou estatutariamente da pesquisa, do ensino ou do desenvolvimento institucional, desde que detenha inquestionável reputação ético-profissional e não tenha fins lucrativos.

(D) Serão efetuadas no local onde for realizada a obra, objeto do certame, salvo motivo de interesse público, devidamente justificado.

(E) O prazo mínimo até o recebimento das propostas ou da realização do evento será 30 dias para concorrência, quando o contrato a ser celebrado contemplar regime de empreitada integral.

A: correta (art. 23, § 4°, da Lei 8.666/1993); **B:** incorreta, pois é justamente o contrário (art. 22, § 8°, da Lei 8.666/1993); **C:** incorreta, pois esse caso não é de inexigibilidade, mas de dispensa de licitação (art. 24, XIII, da Lei 8.666/1993); **D:** incorreta, pois as licitações serão efetuadas no local onde se situar a repartição interessada (art. 20 da Lei 8.666/1993); **E:** incorreta, pois, nesse caso, assim como quando se tenha licitação cujo tipo envolva técnica ou técnica e preço, o prazo é de, no mínimo, 45 dias (art. 21, § 2°, I, "b", da Lei 8.666/1993).

Gabarito "A"

5. IMPROBIDADE ADMINISTRATIVA

Ariane Wady, Flávia Moras Barros, Georgia Renata Dias, Ivo Shigueru Tomita e Wander Garcia*

1. IMPROBIDADE ADMINISTRATIVA

1.1. Disposições gerais

(Técnico – TRE/CE – 2012 – FCC) Nos termos da Lei 8.429/1992, dar-se-á o integral ressarcimento do dano ao erário, se houver lesão ao patrimônio público por conduta

(A) comissiva ou omissiva, exclusivamente dolosa, praticada por agente público ou terceiro.
(B) exclusivamente omissiva e dolosa, praticada tão somente por agente público.
(C) exclusivamente comissiva e culposa, praticada por agente público ou terceiro.
(D) comissiva ou omissiva, dolosa ou culposa, praticada por agente público ou terceiro.
(E) exclusivamente comissiva, dolosa ou culposa, praticada tão somente por agente público.

Segundo o art. 5º da Lei 8.429/1992, "Ocorrendo lesão ao patrimônio público por ação ou omissão, dolosa ou culposa, do agente ou de terceiro, dar-se-á o integral ressarcimento do dano". Dessa forma, a alternativa "d" é a correta.

Gabarito "D"

(Técnico Judiciário – TRT/20ª – 2011 – FCC) De acordo com a Lei 8.429/1992, que dispõe sobre as sanções aplicáveis aos agentes públicos nos casos de enriquecimento ilícito no exercício de mandato, cargo, emprego ou função na administração pública direta, indireta ou fundacional e dá outras providências, considere as seguintes assertivas:

I. Celebrar contrato de rateio de consórcio público sem suficiente e prévia dotação orçamentária, ou sem observar as formalidades previstas na lei constitui ato de improbidade administrativa que importa enriquecimento ilícito.
II. Estão sujeitos às penalidades da lei os atos de improbidade praticados contra o patrimônio de entidade que receba subvenção, benefício ou incentivo, fiscal ou creditício, de órgão público, limitando-se, nestes casos, a sanção patrimonial à repercussão do ilícito sobre a contribuição dos cofres públicos.
III. As disposições da lei são aplicáveis, no que couber, àquele que, mesmo não sendo agente público, se beneficie do ato de improbidade sob qualquer forma direta ou indireta.

Está correto o que se afirma APENAS em

(A) I.
(B) I e II.
(C) I e III.
(D) II.
(E) II e III.

I: incorreta, pois nesse caso tem-se a modalidade de prejuízo ao erário, conforme art. 10, XV, da Lei 8.429/1992; **II:** correta (art. 1º, parágrafo único, da Lei 8.429/1992); **III:** correta (art. 3º da Lei 8.429/1992).

Gabarito "E"

(Técnico Judiciário – TRT/23ª – 2011 – FCC) Os atos de improbidade administrativa praticados contra o patrimônio de entidade para cuja criação ou custeio o erário haja concorrido ou concorra com menos de cinquenta por cento do patrimônio ou da receita anual

(A) estão sujeitos às penalidades estabelecidas na Lei de Improbidade Administrativa, com exceção da sanção patrimonial, não aplicada na espécie.
(B) não estão sujeitos às penalidades estabelecidas na Lei de Improbidade Administrativa, ensejando a aplicação de sanções penais, civis e administrativas previstas na legislação específica.
(C) estão sujeitos às penalidades estabelecidas na Lei de Improbidade Administrativa, ensejando a aplicação da sanção patrimonial integral, independentemente da repercussão do ilícito sobre a contribuição dos cofres públicos.
(D) só estarão sujeitos às penalidades estabelecidas na Lei de Improbidade Administrativa se forem praticados por agente público que exerça cargo efetivo e com remuneração.
(E) estão sujeitos às penalidades estabelecidas na Lei de Improbidade Administrativa, limitando-se, nestes casos, a sanção patrimonial à repercussão do ilícito sobre a contribuição dos cofres públicos.

A alternativa "E" completa perfeitamente o enunciado, segundo o disposto no parágrafo único do art. 1º da Lei 8.429/1992.

Gabarito "E"

(Técnico Judiciário – TRT/24ª – 2011 – FCC) Sobre as disposições gerais previstas na Lei de Improbidade Administrativa (Lei 8.429/1992), é correto afirmar:

(A) A medida de indisponibilidade de bens sempre atingirá o patrimônio integral do agente ímprobo, ainda que ultrapasse o valor do dano, já que tem finalidade assecuratória.
(B) Não é sujeito passivo de ato de improbidade a entidade para cuja criação ou custeio o erário haja concorrido ou concorra com menos de cinquenta por cento do patrimônio ou da receita anual.
(C) Ocorrendo lesão ao patrimônio público por ação ou omissão, dolosa ou culposa, do agente ou de terceiro, dar-se-á o integral ressarcimento do dano.

---

1. **Georgia Renata Dias** atualizou todas as questões do capítulo e comentou as questões dos seguintes concursos: Analista/TRT/16ªREG/14, Analista/TRT/19ªREG/14, Analista/TRF/3ª REG/14, Analista Judiciário/Área Judiciária/TRT12/13, Analista Judiciário/Área Administrativa/TRT12/13; **Ivo Shigueru Tomita** comentou as questões dos seguintes concursos: Técnico/TRT/2ªREG/14, Técnico/TRT/19ªREG/14; **Wander Garcia** comentou as demais questões.

AW questões comentadas por: **Ariane Wady.**

FMB questões comentadas por: **Flávia Moraes Barros.**

(D) O beneficiário do ato ímprobo não está sujeito às sanções previstas na Lei de Improbidade Administrativa, porém responderá, no âmbito cível, pelo ressarcimento do dano causado.

(E) O sucessor daquele que praticou o ato ímprobo somente será responsável quando se tratar de ato de improbidade administrativa que importe enriquecimento ilícito.

A: assertiva incorreta, pois, justamente porque tem finalidade assecuratória dos futuros valores que eventualmente o agente ímprobo terá de pagar, a indisponibilidade de bens somente atingirá o patrimônio necessário ao integral ressarcimento do dano, ou sobre o acréscimo patrimonial resultante do enriquecimento ilícito (art. 7º, parágrafo único, da Lei 8.429/1992); **B:** assertiva incorreta (art. 1º, parágrafo único, da Lei 8.429/1992); **C:** assertiva correta (art. 5º da Lei 8.429/1992); **D:** assertiva incorreta, pois o beneficiário do ato está sujeito às sanções previstas na Lei de Improbidade Administrativa (art. 3º da Lei 8.429/1992); **E:** assertiva incorreta, pois o sucessor daquele que causar lesão ao patrimônio público também está sujeito às cominações da Lei de Improbidade, valendo lembrar que isso tem por limite o valor da herança (art. 8º da Lei 8.429/1992).

Gabarito "C"

(Técnico Judiciário – TRT/9ª – 2010 – FCC) De acordo com a Lei 8.429/1992, os atos de improbidade praticados contra o patrimônio de entidade, para cujo custeio o erário haja concorrido ou concorra com menos de cinquenta por cento do patrimônio ou da receita anual,

(A) estão sujeitos apenas à penalidade de natureza patrimonial, limitada à repercussão do ilícito sobre a contribuição dos cofres públicos.

(B) não estão sujeitos às penalidades da Lei de Improbidade Administrativa.

(C) estão sujeitos às penalidades da Lei de Improbidade Administrativa, sem limites quanto à sanção patrimonial.

(D) estão sujeitos às penalidades da Lei de Improbidade Administrativa, exceto à de conteúdo patrimonial.

(E) estão sujeitos às penalidades da Lei de Improbidade Administrativa, limitada, porém, a sanção patrimonial à repercussão do ilícito sobre a contribuição dos cofres públicos.

A alternativa "E" completa perfeitamente o enunciado, segundo o disposto no parágrafo único do art. 1º da Lei 8.429/1992.

Gabarito "E"

(Técnico Judiciário – TRT/15ª – 2009 – FCC) Dentre as regras estabelecidas pela Lei de Improbidade Administrativa (Lei 8.429/1992), inclui-se:

(A) As disposições da lei são aplicáveis, no que couber, àquele que, mesmo não sendo agente público, induza ou concorra para a prática do ato de improbidade ou dele se beneficie sob qualquer forma direta ou indireta.

(B) Para os efeitos da lei é considerado agente público apenas o ocupante de cargo efetivo ou em comissão.

(C) Se a lesão ao patrimônio público ocorrer por ação ou omissão culposa, e não dolosa, do agente ou de terceiro, estes não estarão obrigados a ressarcimento do dano.

(D) No caso de enriquecimento ilícito, o agente público ou terceiro beneficiário perderá metade dos bens ou valores acrescidos ao seu patrimônio.

(E) O sucessor daquele que causar lesão ao patrimônio público ou se enriquecer ilicitamente não está sujeito às cominações da lei.

A: correta (art. 3º da Lei 8.429/1992); **B:** incorreta, pois é agente público quem tem qualquer outro vínculo com a Administração Pública e certas entidades (art. 1º da Lei 8.429/1992), seja esse vínculo de cargo efetivo ou em comissão, seja esse vínculo de *mandato*, *emprego* ou *função pública*; **C:** incorreta, pois o *caput* do art. 10 da Lei 8.429/1992 deixa claro que condutas dolosas ou *culposas* configuram improbidade administrativa; já as modalidades de improbidade previstas nos arts. 9º e 11, só se configuram mediante conduta dolosa, segundo a jurisprudência; **D:** incorreto, pois, obviamente, os responsáveis perderão todos os bens ou valores acrescidos ao seu patrimônio (art. 6º da Lei 8.429/1992); **E:** incorreta, pois está sujeito às sanções, até o limite do valor da herança.

Gabarito "A"

(Analista – TRF/3ª Região – 2014 – FCC) No curso de determinada ação de improbidade administrativa, após o encerramento da fase instrutória, o juiz do processo chamou o feito para analisar atentamente os próximos trâmites processuais e concluiu pela inadequação da ação de improbidade. Nesse caso e de acordo com a Lei 8.429/1992,

(A) poderá optar por extinguir ou não o processo, com ou sem julgamento de mérito.

(B) não é mais possível a extinção do processo.

(C) extinguirá o processo com julgamento de mérito.

(D) inexiste fase instrutória nas ações de improbidade administrativa.

(E) extinguirá o processo sem julgamento de mérito.

"Em qualquer fase do processo, reconhecida a inadequação da ação de improbidade, o juiz extinguirá o processo sem julgamento do mérito" (art. 17, § 11, da Lei 8.429/1992).

Gabarito "E"

(Analista Judiciário – Área Administrativa – TRT12 – 2013 – FCC) Carlos, servidor público, está sendo processado por improbidade administrativa, sob o argumento de ter adquirido, no exercício do cargo, bens cujo valor seja desproporcional à sua renda. Já Felício, também servidor público (Auditor Fiscal do Tesouro Nacional), está respondendo à ação de improbidade administrativa por ter concedido benefício fiscal sem a observância das formalidades legais aplicáveis à espécie. Os atos de improbidade em questão estão previstos, respectivamente, na Lei 8.429/1992 como atos que

(A) importam enriquecimento ilícito e atentam contra os princípios da Administração Pública.

(B) causam prejuízo ao erário e importam enriquecimento ilícito.

(C) atentam contra os princípios da Administração Pública e importam enriquecimento ilícito.

(D) causam prejuízo ao erário e atentam contra os princípios da Administração Pública.

(E) importam enriquecimento ilícito e causam prejuízo ao erário.

Carlos praticou o ato descrito no inc. VII do art. 9º da Lei 8.429/1992 (enriquecimento ilícito); Felício praticou o ato descrito no inc. VII do art. 10 da Lei 8.429/1992 (prejuízo ao erário).

Gabarito "E"

(Analista Judiciário – Área Judiciária – TRT12 – 2013 – FCC) O Prefeito de determinado Município utilizou-se de veículo e motorista pertencentes à Prefeitura para transportá-lo até sua casa de veraneio situada no litoral do Estado de Santa Catarina. Em razão do exposto, foi condenado por ato de improbidade administrativa. Nos termos da Lei 8.429/1992, o ato em questão

(A) não é ímprobo, haja vista a legalidade da conduta do Prefeito, merecendo ser reformada a condenação.

(B) caracteriza-se como ato ímprobo que importa enriquecimento ilícito.

(C) caracteriza-se como ato ímprobo causador de prejuízo ao erário.

(D) não é ímprobo, pois o Prefeito não é agente público, isto é, não é sujeito ativo de improbidade administrativa.

(E) caracteriza-se como ato ímprobo atentatório aos princípios da Administração Pública.

O prefeito, agente público, praticou a conduta descrita no art. 9º, IV e XII, da Lei 8.429/1992 (atos de improbidade que importam enriquecimento ilícito).

Gabarito "B"

(Analista – TRT/14ª – 2011 – FCC) Em conformidade com a Lei de Improbidade Administrativa, (Lei 8.429/1992), é INCORRETO afirmar que estão sujeitos às penalidades previstas nesse diploma legal, dentre outros, os atos praticados contra o patrimônio de entidade

(A) que recebe incentivo fiscal de órgão público, bem como de entidade cuja criação ou custeio o erário haja concorrido ou concorra com menos de cinquenta por cento do patrimônio.

(B) que recebe incentivo creditício de órgão público, bem como de entidades cujo custeio o erário haja concorrido com menos de cinquenta por cento do patrimônio.

(C) que receba benefício de órgão público, bem como da entidade cuja criação o erário concorra com menos de cinquenta por cento do patrimônio ou da receita anual.

(D) que receba subvenção de órgão público, bem como de entidade cujo custeio o erário haja concorrido com menos de cinquenta por cento da receita anual.

(E) para cuja criação ou custeio o erário concorra com percentual inferior a cinquenta por cento do patrimônio ou do orçamento, inexistindo, nesse caso, limitações à sanção patrimonial.

A única alternativa que não está de acordo com o art. 1º da Lei 8.429/1992 é a **E**, pois, nesse caso (concorrência de percentual inferior a 50%), a sanção patrimonial limita-se à repercussão do ilícito sobre a contribuição dos cofres públicos (art. 1º, parágrafo único, da Lei 8.429/1992).

Gabarito "E"

1.2. Conceito, modalidades, tipificação e sujeitos ativo e passivo

(Técnico Judiciário – TRT20 – FCC – 2016) Considere a seguinte situação hipotética: Emílio é Desembargador do Estado de Sergipe e foi processado por improbidade administrativa. Em síntese, o Ministério Público sustenta na petição inicial da ação que Emílio adquiriu ao longo de sua carreira bens cujos valores são desproporcionais à sua renda. Nos termos da Lei 8.429/1992, dentre outros requisitos legais, para que reste caracterizado o ato ímprobo, é necessária

(A) lesão ao erário.

(B) conduta obrigatoriamente dolosa.

(C) conduta culposa.

(D) lesão ao erário e enriquecimento ilícito, cumulativamente.

(E) conduta obrigatoriamente omissiva.

Art. 9º, VII: adquirir, para si ou para outrem, no exercício de mandato, cargo, emprego ou função pública, bens de qualquer natureza cujo valor seja desproporcional à evolução do patrimônio ou à renda do agente público. Como já observado em questões anteriores, o elemento subjetivo admitido é o dolo, e este vem observado nas decisões dos tribunais acerca dos casos de improbidade administrativa, mais um exemplo ilustrativo: Para a caracterização do tipo (improbidade administrativa por enriquecimento ilícito) é necessário que o elemento subjetivo guarde estrita relação com a vontade e consciência dirigidas para a percepção da vantagem indevida. A propósito, deve-se ter em conta que "não se pode confundir ilegalidade com improbidade. A improbidade é ilegalidade tipificada e qualificada pelo elemento subjetivo da conduta do agente" (REsp n. 827.445-SP, relator para acórdão Ministro Teori Zavascki, DJE 8/3/2010). FMB

Gabarito "B"

(Técnico Judiciário – TRT24 – FCC – 2017) Onofre, auditor fiscal da Receita Federal, recebeu vantagem econômica para tolerar a prática de contrabando, razão pela qual foi processado por improbidade administrativa. Nos termos da Lei 8.429/1992, a conduta de Onofre insere-se expressamente na modalidade de ato de improbidade administrativa

(A) causador de prejuízo ao erário, não sendo necessária a efetiva ocorrência de prejuízo ao erário para que reste configurado o ato ímprobo.

(B) causador de prejuízo ao erário, sendo necessário, dentre outros elementos, a conduta dolosa para a configuração do ato ímprobo.

(C) que atenta contra os princípios da Administração pública, sendo necessário, dentre outros elementos, conduta meramente culposa para a configuração do ato ímprobo.

(D) que importa enriquecimento ilícito, sendo necessário, dentre outros elementos, a conduta dolosa para a configuração do ato ímprobo.

(E) que importa enriquecimento ilícito, sendo necessário, dentre outros elementos, conduta meramente culposa para a configuração do ato ímprobo.

Lei 8.429/1992, Art. 9º, V – receber vantagem econômica de qualquer natureza, direta ou indireta, para tolerar a exploração ou a prática de jogos de azar, de lenocínio, de narcotráfico, de contrabando, de usura ou de qualquer outra atividade ilícita, ou aceitar promessa de tal vantagem. As decisões acerca dos fatos envolvendo improbidade administrativa, têm considerado o elemento subjetivo como condicionante a sua configuração, segue exemplo: 3.ª Turma do TRF da 1ª Região: O ato ímprobo, mais do que ilegal, é um ato de desonestidade do servidor ou agente público para com a Administração e, portanto, não prescinde de dolo ou culpa grave evidenciadora de má fé para que se possa configurar. Assim, a má-fé é premissa do ato ilegal e ímprobo. O ato de improbidade é um ato ilegal, mas nem todos os atos ilegais são atos de improbidade". FMB

Gabarito "D"

(Técnico Judiciário – TRT9 – 2012 – FCC) Felipe, servidor público ocupante de cargo em comissão no âmbito do Ministério da Fazenda, revelou a empresários com os quais mantinha relações profissionais anteriormente ao ingresso no serviço público, teor de medida econômica prestes a ser divulgada pelo Ministério, tendo em vista que a mesma impactaria diretamente os preços das mercadorias comercializadas pelos referidos empresários. A conduta de Felipe

(A) somente é passível de caracterização como ato de improbidade administrativa se comprovado que recebeu vantagem econômica direta ou indireta em decorrência da revelação.

(B) não é passível de caracterização como ato de improbidade administrativa, tendo em vista o agente não ser ocupante de cargo efetivo.

(C) é passível de caracterização como ato de improbidade administrativa que atenta contra os princípios da Administração, independentemente de eventual enriquecimento ilícito.

(D) é passível de caracterização como ato de improbidade administrativa, desde que comprovado efetivo prejuízo ao erário.

(E) não é passível de caracterização como ato de improbidade administrativa, podendo, contudo, ensejar a responsabilização administrativa do servidor por violação do dever de sigilo funcional.

A, D e **E:** incorretas, pois há uma modalidade de improbidade que consiste na simples violação dolosa de princípios da administrativa, que ocorreu no caso, mesmo que não haja prejuízo ao erário ou enriquecimento ilícito do agente (art. 11 da Lei 8.429/1992); **B:** incorreta, pois o ocupante de cargo em comissão também é sujeito ativo do ato de improbidade (art. 2º da Lei 8.429/1992); **C:** correta (art..11, VII, da Lei 8.429/1992).

Gabarito "C"

(Técnico – TRT/11ª – 2012 – FCC) Nos termos da Lei 8.429/1992, praticar ato visando fim proibido em lei ou regulamento ou diverso daquele previsto na regra de competência constitui

(A) ato de improbidade administrativa que atenta contra os princípios da Administração Pública.

(B) mero ilícito administrativo.

(C) ato de improbidade administrativa que importa enriquecimento ilícito.

(D) conduta lícita, não caracterizando qualquer irregularidade.

(E) ato de improbidade administrativa que causa prejuízo ao erário.

A: correta (art. 11, I, da Lei 8.429/1992), valendo salientar que todos os tipos previstos no art. 11 da Lei 8.429/1992 se referem à modalidade de improbidade que *atenta contra os princípios da Administração*; **B:** incorreta, pois o caso se enquadra no tipo de improbidade previsto no art. 11, I, da Lei 8.429/1992; **C:** incorreta, pois se refere à modalidade de improbidade que *atenta contra os princípios da Administração* (art. 11, I, da Lei 8.429/1992), sendo que a modalidade que importa enriquecimento ilícito se encontra no art. 10 da Lei 8.429/1992; **D:** incorreta, pois o caso é de improbidade administrativa, de maneira que não se tem conduta lícita; **E:** incorreta, pois se refere à modalidade de improbidade que *atenta contra os princípios da Administração* (art. 11, I, da Lei 8.429/1992), sendo que a modalidade que causa prejuízo ao erário se encontra no art. 10 da Lei 8.429/1992.

Gabarito "A"

(Técnico Judiciário – TRT/14ª – 2011 – FCC) Márcio, servidor público federal, aceitou promessa de receber vantagem econômica para tolerar a prática de jogo de azar. Cumpre esclarecer que Márcio tinha ciência da ilicitude praticada. Nos termos da Lei 8.429/1992, que dispõe sobre as sanções aplicáveis aos agentes públicos nos casos de enriquecimento ilícito no exercício de mandato, cargo, emprego ou função na administração pública direta, indireta ou fundacional, o fato narrado constitui

(A) conduta legal, atentatória tão somente à moral e aos bons costumes.

(B) ato ímprobo atentatório aos princípios da Administração Pública, por não caracterizar quaisquer das demais modalidades de ato ímprobo.

(C) mero ilícito administrativo.

(D) ato ímprobo causador de prejuízo ao erário.

(E) ato ímprobo que importa enriquecimento ilícito.

A Lei 8.429/1992 estabelece três modalidades de improbidade administrativa. A primeira, prevista no art. 9º, consistente no *enriquecimento ilícito* do agente. A segunda, prevista no art. 10, consistente no *prejuízo ao erário*. E a terceira, prevista no art. 11, consistente na *violação a princípios da Administração*. A modalidade do art. 9º é a mais grave e absorve as outras, assim como a modalidade do art. 10 absorve a do art. 11. No caso em tela, Márcio aceitou se enriquecer ilicitamente, de modo que incidiu na modalidade do art. 9º da Lei 8.429/1992, mais especificamente, quanto ao seu inciso I.

Gabarito "E"

(Técnico Judiciário – TRT/22ª – 2010 – FCC) Constitui ato de improbidade administrativa, previsto na Lei 8.429/1992, como atentatório aos princípios da Administração Pública:

(A) Retardar ou deixar de praticar, indevidamente, ato de ofício.

(B) Conceder benefício administrativo ou fiscal sem a observância das formalidades legais ou regulamentares aplicáveis à espécie.

(C) Frustrar a licitude de processo licitatório.

(D) Agir negligentemente no que diz respeito à conservação do patrimônio público.

(E) Celebrar contrato que tenha por objeto a prestação de serviços públicos por meio da gestão associada sem observar as formalidades previstas na lei.

A: correta (art. 11, II, da Lei 8.429/1992); **B:** incorreta, pois nesse caso tem-se a modalidade prejuízo ao erário (art. 10, VII, da Lei 8.429/1992); **C:** incorreta, pois nesse caso tem-se a modalidade prejuízo ao erário (art. 10, VIII, da Lei 8.429/1992); **D:** incorreta, pois nesse caso tem-se a modalidade prejuízo ao erário (art. 10, X, da Lei 8.429/1992); **E:** incorreta, pois nesse caso tem-se a modalidade prejuízo ao erário (art. 10, XIV, da Lei 8.429/1992).

Gabarito "A"

(Técnico Judiciário – TJ/SE – 2009 – FCC) De acordo com a Lei de Improbidade (Lei 8.429/1992), perceber vantagem econômica, direta ou indireta, para facilitar a alienação, permuta ou locação de bem público ou o fornecimento de serviço por ente estatal por preço inferior ao valor de mercado

(A) constitui ato de improbidade que importa enriquecimento ilícito.

(B) é ato de improbidade que causa prejuízo ao erário.

(C) é ato de improbidade que atenta contra os princípios da Administração Pública.

(D) não constitui ato de improbidade.
(E) caracteriza mera infração penal, sem consequências no âmbito do Direito Administrativo.

Art. 9º, III, da Lei 8.429/1992.
Gabarito "A"

(Analista – TRT/22ª – 2010 – FCC) De acordo com a Lei 8.429/1992, que dispõe sobre improbidade administrativa:

(A) Não constitui ato ímprobo exercer atividade de consultoria para pessoa física ou jurídica que tenha interesse suscetível de ser atingido ou amparado por ação ou omissão decorrente de atribuições do agente público durante a atividade.
(B) Está sujeito às penalidades da Lei de Improbidade o ato praticado contra entidade para cuja criação ou custeio o erário haja concorrido com menos de cinquenta por cento do patrimônio ou receita anual, inexistindo limite à sanção patrimonial.
(C) O sucessor daquele que praticou ato de improbidade atentatório aos princípios da Administração Pública, qual seja, o de negar a publicidade de atos oficiais, estará sujeito às sanções da Lei de Improbidade, porém até o limite do valor da herança.
(D) As disposições da Lei de Improbidade aplicam-se àquele que, mesmo não sendo agente público, beneficie-se do ato ímprobo, sob qualquer forma direta ou indireta.
(E) Qualquer autoridade, desde que noticiada acerca de ato ímprobo causador de lesão ao erário ou de enriquecimento ilícito, poderá representar ao Juiz de Direito para a indisponibilidade de bens do indiciado.

A: assertiva incorreta, pois se trata de improbidade na modalidade "enriquecimento ilícito" (art. 9º, VIII, da Lei 8.429/1992); **B:** assertiva incorreta, pois, nesse caso, há limite à sanção patrimonial (art. 1º, parágrafo único, da Lei 8.429/1992); **C:** assertiva incorreta, pois o sucessor somente está sujeito às sanções de ordem patrimonial, até o limite do valor da herança (art. 8º da Lei 8.429/1992); **D:** assertiva correta (art. 3º da Lei 8.429/1992); **E:** assertiva incorreta, pois é necessário representar ao Ministério Público, que terá legitimidade e capacidade postulatória para requerer a indisponibilidade em juízo (art. 7º da Lei 8.429/1992).
Gabarito "D"

(Analista – TJ/SE – 2009 – FCC) Os atos de improbidade praticados contra o patrimônio de entidade para cujo custeio o erário concorra com menos de cinquenta por cento do patrimônio ou da receita anual, sujeitam seus autores às penalidades previstas na Lei de Improbidade Administrativa (Lei 8.429/1992)

(A) apenas se os atos também configurarem infração penal.
(B) sem qualquer limitação.
(C) apenas quanto ao ressarcimento dos danos.
(D) salvo se agiu com culpa em sentido estrito.
(E) limitada a sanção patrimonial à repercussão do ilícito sobre a contribuição dos cofres públicos.

Art. 1º, parágrafo único, da Lei 8.429/1992.
Gabarito "E"

(Analista – TRT/6ª – 2012 – FCC) De acordo com a Lei 8.429/1992, os atos de improbidade administrativa

(A) que causem enriquecimento ilícito ou lesão ao patrimônio público ensejam a possibilidade de obter a indisponibilidade de bens do indiciado.
(B) somente podem ser considerados lesivos ao patrimônio público quando decorrentes de conduta dolosa do agente.
(C) permitem a aplicação de sanções pecuniárias apenas na hipótese de ensejarem enriquecimento ilícito.
(D) que atentem contra os princípios da Administração pública pressupõem, como sujeito ativo, agente público.
(E) que ensejam lesão ao patrimônio público pressupõem o enriquecimento ilícito pelo agente público.

A: assertiva correta (art. 7º da Lei 8.429/1992); **B:** assertiva incorreta, pois a modalidade de improbidade prevista no art. 10 da Lei 8.429/1992 se configura mediante conduta culposa em sentido estrito também; **C:** assertiva incorreta, pois nos demais casos também cabem sanções pecuniárias, como o ressarcimento integral do dano e a multa civil (art. 12, II e III, da Lei 8.429/1992); **D:** assertiva incorreta, pois também pode ser sujeito ativo do ato de improbidade a pessoa que, mesmo não sendo agente público, *induza* ou *concorra* para a prática do ato ou dele se *beneficie* de forma direta ou indireta (art. 3º da Lei 8.429/1992); **E:** assertiva incorreta, pois a modalidade referente à lesão ao patrimônio público (art. 10 da Lei 8.429/1992) não traz como elemento indispensável para a sua configuração o enriquecimento ilícito do agente público, elemento esse próprio da modalidade do art. 9º da Lei 8.429/1992.
Gabarito "A"

(Analista – TRT/1ª – 2012 – FCC) Determinado administrador público adquiriu, sem licitação, dois veículos para uso da repartição pública que chefia. Em decorrência dessa aquisição, obteve desconto considerável na aquisição de outro veículo, com recursos próprios, para sua utilização. Em razão dessa conduta,

(A) pode restar configurado ato de improbidade, desde que reste comprovado prejuízo pecuniário.
(B) não poderá ser configurado ato de improbidade, salvo no que concerne à aquisição do veículo com recursos próprios, pois se valeu de vantagem obtida em razão do cargo.
(C) pode restar configurado ato de improbidade, independentemente da ocorrência de prejuízo pecuniário.
(D) não pode configurar ato de improbidade, mas pode configurar ilícito penal, independentemente da ocorrência de prejuízo pecuniário.
(E) fica configurado ato de improbidade, devendo ser responsabilizado o agente estatal independentemente de dolo ou culpa, mas devendo ser comprovado prejuízo pecuniário.

A: assertiva incorreta, pois a improbidade administrativa também pode se configurar quando, mesmo sem prejuízo ao erário, haja violação dolosa a princípios da Administração Pública (art. 11 da Lei 8.429/1992); **B:** assertiva incorreta, pois a aquisição de veículos sem licitação pode configurar, sim, improbidade administrativa (art. 10, VIII, da Lei 8.429/1992); **C:** assertiva correta, pois, quanto à aquisição dos bens sem licitação, possivelmente houve configuração de improbidade nos termos do art. 10, VIII, da Lei 8.429/1992, lembrando que a improbidade administrativa também pode se configurar quando, mesmo sem prejuízo ao erário, haja violação dolosa a princípios da Administração Pública (art. 11 da Lei

8.429/1992), sendo que, quanto ao desconto auferido para a compra de outro veículo, há, no mínimo, violação ao princípio da moralidade administrativa, configurando-se também o ato de improbidade; **D:** assertiva incorreta, pois, conforme os comentários às alternativas anteriores, há, sim, configuração de improbidade administrativa; **E:** assertiva incorreta, pois o agente público, quanto ao ressarcimento ao erário, só responde mediante culpa ou dolo, e quanto à prática de ato de improbidade, responde só por dolo quanto às modalidades dos arts. 9º e 11, e por culpa ou dolo na modalidade do art. 10, todos da Lei 8.429/1992.

Gabarito "C"

(Analista – TRT/11ª – 2012 – FCC) Guilherme, servidor público federal, recebeu vantagem econômica para fazer declaração falsa sobre avaliação em obra pública. Ricardo, também servidor público federal, através de determinado ato, facilitou que terceiro enriquecesse ilicitamente. Segundo as disposições legais expressas contidas na Lei 8.429/1992, as condutas de Guilherme e Ricardo constituem

(A) ato ímprobo que importa enriquecimento ilícito e ato ímprobo causador de prejuízo ao erário, respectivamente.
(B) apenas ilícito penal, não caracterizando atos de improbidade administrativa, dada a atipicidade das condutas.
(C) ato ímprobo causador de prejuízo ao erário e ato ímprobo que atenta contra os princípios da Administração Pública, respectivamente.
(D) ato ímprobo que importa enriquecimento ilícito e ato ímprobo que atenta contra os princípios da Administração Pública, respectivamente.
(E) atos ímprobos que importam enriquecimento ilícito.

No primeiro caso temos a modalidade de enriquecimento ilícito (art. 9º, VI, da Lei 8.429/1992), ao passo que no segundo a modalidade é de prejuízo ao erário (art. 10, I, da Lei 8.429/1992). Assim, a alternativa **A** é a correta.

Gabarito "A"

(Analista – TRT/11ª – 2012 – FCC) Miguel, servidor público federal, liberou verba pública sem a estrita observância das normas pertinentes. Em razão disso, o Ministério Público Federal propôs ação de improbidade administrativa, imputando-lhe ato ímprobo previsto no artigo 10, inciso XI, da Lei 8.429/1992 (ato de improbidade administrativa que causa prejuízo ao erário). Ao longo da instrução processual, restaram comprovados dois fatos: (i) inexistência de lesão aos cofres públicos; (ii) conduta meramente culposa, não tendo Miguel agido com dolo.

Em razão das conclusões advindas do processo em questão, o Poder Judiciário concluirá que

(A) existiu ato de improbidade administrativa, vez que a ausência de lesão ao erário e de dolo não impedem a caracterização do ato ímprobo em questão.
(B) existiu ato de improbidade administrativa, pois para caracterizar o ato ímprobo narrado basta a presença de conduta culposa, não sendo a "lesão ao erário" imprescindível à sua caracterização.
(C) inexistiu ato de improbidade administrativa, haja vista que o ato ímprobo narrado exige conduta exclusivamente dolosa.
(D) inexistiu ato de improbidade administrativa, uma vez que, para a caracterização do ato ímprobo narrado, imprescindível se faz a ocorrência de lesão ao erário.
(E) inexistiu ato de improbidade administrativa, uma vez que, para a caracterização do ato ímprobo narrado, imprescindível se faz a ocorrência de lesão ao erário e de conduta dolosa.

A e **B:** assertivas incorretas, pois a lesão ao erário é elemento do tipo na modalidade prejuízo ao erário (vide *caput* do art. 10 da Lei 8.429/1992); **C** e **E:** assertivas incorretas, pois o próprio *caput* do art. 10 da Lei 8.429/1992 menciona que o tipo em questão se caracteriza com conduta dolosa ou culposa; **D:** assertiva correta, nos termos do *caput* do art. 10 da Lei 8.429/1992, que é claro no sentido de que a lesão ao erário é elemento do tipo na modalidade em questão.

Gabarito "D"

(Analista – TRT/8ª – 2010 – FCC) De acordo com a Lei 8.429/1992, constitui ato de improbidade administrativa importando enriquecimento ilícito, dentre outros,

(A) liberar verba pública sem a estrita observância das normas pertinentes ou influir de qualquer forma para a sua aplicação irregular.
(B) frustrar a licitude de processo licitatório ou dispensá-lo indevidamente.
(C) ordenar ou permitir a realização de despesas não autorizadas em lei ou regulamento.
(D) agir negligentemente na arrecadação de tributo ou renda, bem como no que diz respeito à conservação do patrimônio público.
(E) perceber vantagem econômica para intermediar a liberação ou aplicação de verba pública de qualquer natureza.

A: assertiva incorreta, pois se trata da modalidade prejuízo ao erário (art. 10, XI, da Lei 8.429/1992); **B:** assertiva incorreta, pois se trata da modalidade prejuízo ao erário (art. 10, VIII, da Lei 8.429/1992); **C:** assertiva incorreta, pois se trata da modalidade prejuízo ao erário (art. 10, IX, da Lei 8.429/1992); **D:** assertiva incorreta, pois se trata da modalidade prejuízo ao erário (art. 10, X, da Lei 8.429/1992); **E:** assertiva correta, pois se trata da modalidade enriquecimento ilícito (art. 9º, IX, da Lei 8.429/1992).

Gabarito "E"

(Analista – TRT/9ª – 2010 – FCC) De conformidade com a Lei 8.429/1992, receber, para si ou para outrem, dinheiro, bem móvel ou imóvel, ou qualquer outra vantagem econômica, direta ou indireta, a título de comissão, percentagem, gratificação ou presente de quem tenha interesse, direto ou indireto, que possa ser atingido ou amparado por ação ou omissão decorrente das atribuições do agente público caracteriza

(A) ato de improbidade administrativa que importa enriquecimento ilícito.
(B) infração administrativa, mas não ato de improbidade administrativa.
(C) ato de improbidade administrativa que causa prejuízo ao erário.
(D) crime de improbidade administrativa.
(E) ato de improbidade administrativa que atenta contra os princípios da Administração Pública.

Art. 9º, I, da Lei 8.429/1992.

Gabarito "A"

(Analista – TRT/14ª – 2011 – FCC) José, Analista Judiciário do Tribunal Regional do Trabalho da 14ª Região, utilizou, em serviço particular, veículo de propriedade do TRT da 14ª Região, valendo-se, inclusive, de servidor do mencionado Tribunal para guiar o veículo. Cumpre esclarecer que José tinha ciência da ilicitude praticada. De acordo com a Lei 8.429/1992, que dispõe sobre as sanções aplicáveis aos agentes públicos nos casos de enriquecimento ilícito no exercício de mandato, cargo, emprego ou função na administração pública direta, indireta ou fundacional, o ato praticado configura

(A) mero ilícito administrativo.
(B) ato ímprobo que importa enriquecimento ilícito.
(C) ato ímprobo, porém não acarretou qualquer lesão ao erário.
(D) conduta legal, atentatória tão somente à moral e aos bons costumes.
(E) ato ímprobo atentatório aos princípios da Administração Pública, por não caracterizar quaisquer das demais modalidades de ato ímprobo.

Trata-se de ato de improbidade na modalidade enriquecimento ilícito do agente (art. 9º, IV, da Lei 8.429/1992). Essa modalidade exige dolo e, no caso, há dolo, pois o enunciado da questão mencionada que José tinha ciência da ilicitude praticada, ou seja, agiu com intenção de praticar o tipo previsto na lei.

Gabarito "B"

(Analista – TRT/15ª – 2009 – FCC) De acordo com a Lei 8.429/1992, dentre os atos que constituem improbidade administrativa que causa lesão ao erário NÃO se inclui:

(A) Realizar operação financeira sem observância das normas legais e regulamentares ou aceitar garantia insuficiente ou inidônea.
(B) Permitir ou facilitar a aquisição, permuta ou locação de bem ou serviço por preço superior ao de mercado.
(C) Ordenar ou permitir a realização de despesas não autorizadas em lei ou regulamento.
(D) Perceber vantagem econômica para intermediar a liberação ou aplicação de verba pública de qualquer natureza.
(E) Frustrar a licitude de processo licitatório ou dispensá-lo indevidamente.

A: assertiva correta (art. 10, VI, da Lei 8.429/1992); **B:** assertiva correta (art. 10, V, da Lei 8.429/1992); **C:** assertiva correta (art. 10, IX, da Lei 8.429/1992); **D:** assertiva incorreta, devendo ser assinalada, pois se trata de ato de improbidade administrativa que importa enriquecimento ilícito (art. 9º, IX, da Lei 8.429/1992); **E:** assertiva correta (art. 10, VIII, da Lei 8.429/1992).

Gabarito "D"

(Analista – TRT/16ª – 2009 – FCC) Em relação aos órgãos e entidades da administração direta, indireta ou fundacional de qualquer dos Poderes da União, dos Estados, do Distrito Federal, dos Municípios, de Território, de empresa incorporada ao patrimônio público ou de entidade para cuja criação ou custeio o erário haja concorrido ou concorra com mais de cinquenta por cento do patrimônio ou da receita anual, constitui ato de improbidade administrativa que causa prejuízo ao erário:

(A) utilizar, em obra ou serviço particular, o trabalho de servidores públicos, empregados ou terceiros contratados por elas.
(B) incorporar, por qualquer forma, ao seu patrimônio bens, rendas, verbas ou valores integrantes do acervo patrimonial.
(C) usar, em proveito próprio, bens, rendas, verbas ou valores integrantes do acervo patrimonial.
(D) facilitar ou concorrer por qualquer forma para a incorporação ao patrimônio particular, de pessoa física ou jurídica, de bens, rendas, verbas ou valores integrantes do acervo patrimonial.
(E) utilizar, em obra ou serviço particular, veículos, máquinas, equipamentos ou material de qualquer natureza, de propriedade ou à disposição delas.

A e **E:** assertivas incorretas (art. 9º, IV, da Lei 8.429/1992); **B:** assertiva incorreta (art. 9º, XI, da Lei 8.429/1992); **C:** assertiva incorreta (art. 9º, XII, da Lei 8.429/1992); **D:** assertiva correta (art. 10, I, da Lei 8.429/1992).

Gabarito "D"

(Analista – TRT/20ª – 2011 – FCC) Carlos, servidor público federal, está sendo processado em ação de improbidade administrativa. A petição inicial da referida demanda imputa-lhe o cometimento do seguinte ato: *frustrar a licitude de concurso público*. Referida conduta, para efetivamente caracterizar ato ímprobo, previsto no artigo 11 da Lei 8.429/1992 (Lei de Improbidade Administrativa),

(A) depende de ocorrência de lesão ao erário.
(B) exige ação obrigatoriamente dolosa de Carlos.
(C) exige ação dolosa ou culposa de Carlos.
(D) independe de qualquer elemento subjetivo.
(E) exige obrigatoriamente enriquecimento ilícito de Carlos.

Segundo o STJ, as modalidades do art. 9º (enriquecimento ilícito do agente) e do art. 11 (violação a princípio da Administração), ambos da Lei 8.429/1992, exigem conduta dolosa, de modo que a alternativa **B** está correta, já que faz referência à modalidade do art. 11 da Lei 8.429/1992. **A:** assertiva incorreta, pois a modalidade narrada no enunciado da questão não se confunde com a modalidade do art. 10, que exige prejuízo ao erário; **B:** assertiva correta, conforme mencionado acima; **C:** assertiva incorreta, pois a modalidade narrada no enunciado da questão só se configura se houver dolo; **D:** assertiva incorreta, pois é necessário o elemento subjetivo dolo; **E:** assertiva incorreta, pois a modalidade narrada no enunciado da questão não se confunde com a modalidade do art. 9º, que exige enriquecimento ilícito.

Gabarito "B"

(Analista – TRT/20ª – 2011 – FCC) João, Prefeito de determinado Município, realizou contratação direta de empresa, isto é, sem a realização do respectivo procedimento licitatório, fora das hipóteses legais que autorizam a dispensa de licitação. Referida conduta, para caracterizar ato ímprobo, previsto no artigo 10, da Lei 8.429/1992 (Lei de Improbidade Administrativa),

(A) exige obrigatoriamente enriquecimento ilícito de João.
(B) independe de ocorrência de lesão ao erário.
(C) exige ação apenas dolosa de João.
(D) independe de qualquer elemento subjetivo.
(E) exige ação dolosa ou culposa de João.

Segundo o STJ, as modalidades do art. 9º (enriquecimento ilícito do agente) e do art. 11 (violação a princípio da Administração), ambos da Lei 8.429/1992 exigem conduta dolosa. Já a modalidade do art. 10 (prejuízo ao erário) se configura mediante conduta culposa ou dolosa (art. 10, *caput*, da Lei 8.429/1992), de modo que a alternativa **E** está correta. **A:** assertiva incorreta, pois a modalidade narrada no enunciado da questão não se confunde com a modalidade do art. 9º, que exige enriquecimento ilícito; **B:** assertiva incorreta, pois a modalidade narrada no enunciado da questão exige prejuízo ao erário para se configurar; **C:** assertiva incorreta, pois a modalidade narrada no enunciado da questão se configura mediante conduta dolosa ou culposa (art. 10 da Lei 8.429/1992); **D:** assertiva incorreta, pois é necessário o elemento subjetivo dolo ou culpa em sentido estrito; **E:** assertiva correta, pois a modalidade narrada no enunciado da questão exige culpa ou dolo, conforme se verifica do *caput* do art. 10 da Lei 8.429/1992.

Gabarito "E"

(Analista – TRT/22ª – 2010 – FCC) Analise as assertivas abaixo acerca dos atos de improbidade administrativa.

I. Constitui ato de improbidade administrativa que atenta contra os princípios da Administração Pública frustrar a licitude de concurso público.

II. Constitui ato de improbidade administrativa causador de prejuízo ao erário permitir a realização de despesas não autorizadas em lei.

III. Constitui ato de improbidade administrativa que atenta contra os princípios da Administração Pública realizar operação financeira sem observância das normas legais e regulamentares.

IV. O ato de improbidade administrativa causador de prejuízo ao erário somente é punível na modalidade dolosa.

De acordo com a Lei 8.429/1992 está correto o que se afirma APENAS em

(A) I e II.

(B) I e III.

(C) I e IV.

(D) II e III.

(E) III e IV.

I: assertiva correta (art. 11, V, da Lei 8.429/1992); **II:** assertiva correta (art. 10, IX, da Lei 8.429/1992); **III:** assertiva incorreta, pois esse ato caracteriza a modalidade "prejuízo ao erário" (art. 10, VI, da Lei 8.429/1992); **IV:** assertiva incorreta, pois a lei estabelece que a modalidade "prejuízo ao erário" caracteriza-se mediante conduta culposa ou dolosa (art. 10, *caput*, da Lei 8.429/1992), ao contrário das outras duas modalidades (dos arts. 9º e 11 da Lei 8.429/1992), que reclamam conduta dolosa.

Gabarito "A"

(Analista – TRT/23ª – 2011 – FCC) Constitui ato de improbidade administrativa que importa enriquecimento ilícito, nos termos da Lei 8.429/1992:

(A) permitir ou facilitar a aquisição, permuta ou locação de bem ou serviço por preço superior ao de mercado.

(B) utilizar, em obra ou serviço particular, máquinas de propriedade da União, bem como o trabalho de servidor público da União.

(C) agir negligentemente na arrecadação de tributo ou renda, bem como no que diz respeito à conservação do patrimônio público.

(D) celebrar contrato de rateio de consórcio público sem suficiente e prévia dotação orçamentária, ou sem observar as formalidades previstas na lei.

(E) realizar operação financeira sem observância das normas legais e regulamentares.

A: assertiva incorreta, pois constitui ato de improbidade que importa em *prejuízo ao erário* (art. 10, V, da Lei 8.429/1992); **B:** assertiva correta (art. 9º, IV, da Lei 8.429/1992); **C:** assertiva incorreta, pois constitui ato de improbidade que importa em *prejuízo ao erário* (art. 10, X, da Lei 8.429/1992); **D:** assertiva incorreta, pois constitui ato de improbidade que importa em *prejuízo ao erário* (art. 10, XV, da Lei 8.429/1992); **E:** assertiva incorreta, pois constitui ato de improbidade que importa em *prejuízo ao erário* (art. 10, VI, da Lei 8.429/1992).

Gabarito "B"

(Analista – TRT/23ª – 2011 – FCC) Constitui ato de improbidade administrativa previsto especificamente no artigo 10, da Lei 8.429/1992, isto é, ato causador de prejuízo ao erário:

(A) frustrar a licitude de processo licitatório.

(B) receber vantagem econômica de qualquer natureza, direta ou indireta, para fazer declaração falsa sobre medição ou avaliação em obras públicas.

(C) adquirir, para si ou para outrem, no exercício de mandato, cargo, emprego ou função pública, bens de qualquer natureza cujo valor seja desproporcional à evolução do patrimônio ou à renda do agente público.

(D) receber vantagem econômica de qualquer natureza, direta ou indiretamente, para omitir ato de ofício, providência ou declaração a que esteja obrigado.

(E) utilizar, em obra ou serviço particular, o trabalho de servidores públicos da União.

A: assertiva correta (art. 10, VIII, da Lei 8.429/1992); **B:** assertiva incorreta, pois constitui ato de improbidade que importa em *enriquecimento ilícito do agente* (art. 9º, VI, da Lei 8.429/1992); **C:** assertiva incorreta, pois constitui ato de improbidade que importa em *enriquecimento ilícito do agente* (art. 9º, VII, da Lei 8.429/1992); **D:** assertiva incorreta, pois constitui ato de improbidade que importa em *enriquecimento ilícito do agente* (art. 9º, X, da Lei 8.429/1992); **E:** assertiva incorreta, pois constitui ato de improbidade que importa em *enriquecimento ilícito do agente* (art. 9º, IV, da Lei 8.429/1992).

Gabarito "A"

(Analista – TRT/24ª – 2011 – FCC) Nos termos da Lei 8.429/1992, revelar ou permitir que chegue ao conhecimento de terceiro, antes da respectiva divulgação oficial, teor de medida política ou econômica capaz de afetar o preço de mercadoria, bem ou serviço, constitui

(A) ato de improbidade administrativa que causa prejuízo ao erário.

(B) mero ilícito administrativo.

(C) ato de improbidade administrativa que importa enriquecimento ilícito.

(D) conduta lícita, não caracterizando qualquer irregularidade.

(E) ato de improbidade administrativa que atenta contra os princípios da Administração Pública.

Trata-se de ato de improbidade que atenta contra os princípios da Administração Pública (art. 11, VII, da Lei 8.429/1992).

Gabarito "E"

(Analista – TRT/24ª – 2011 – FCC) Nos termos da Lei 8.429/1992, o ato de improbidade administrativa

(A) causador de lesão ao erário não pode ser punido na modalidade culposa.

(B) que importa enriquecimento ilícito nem sempre acarretará a perda dos bens ou valores acrescidos ao patrimônio do agente público ou terceiro beneficiário.

(C) consistente em agir negligentemente na arrecadação de tributos corresponde a ato ímprobo causador de prejuízo ao erário.

(D) consistente em negar publicidade aos atos oficiais corresponde a ato ímprobo que importa enriquecimento ilícito.

(E) consistente em omissão de prestar contas, quando esteja obrigado a fazê-lo, corresponde a ato ímprobo causador de prejuízo ao erário.

A: assertiva incorreta, pois a modalidade de prejuízo ao erário, prevista no art. 10 da Lei 8.429/1992, admite a forma culposa, conforme se verifica do *caput* do dispositivo citado; **B:** assertiva incorreta, pois esse tipo de ato importará, sim, nessa perda, conforme o art. 6º da Lei 8.429/1992; **C:** assertiva correta (art. 10, X, da Lei 8.429/1992); **D:** assertiva incorreta, pois constitui ato ímprobo que importa em violação a princípios da Administração (art. 11, IV, da Lei 8.429/1992); **E:** assertiva incorreta, pois constitui ato ímprobo que importa em violação a princípios da Administração (art. 11, VI, da Lei 8.429/1992).

Gabarito "C"

(Magistratura/PE – 2011 – FCC) Nos termos da Lei vigente no Brasil, um agente público que aceite emprego, comissão ou exerça atividade de consultoria ou assessoramento para pessoa física ou jurídica que tenha interesse suscetível de ser atingido ou amparado por ação ou omissão decorrente das atribuições do agente público, durante a atividade, está praticando um ato caracterizado como

(A) de improbidade administrativa, estando sujeito, por este enquadramento, entre outras, às penas de prisão e multa civil.

(B) apenas infração administrativa, estando sujeito, por este enquadramento, entre outras, às penas de advertência e multa.

(C) de improbidade administrativa, estando sujeito, por este enquadramento, entre outras, às penas de perda dos bens ou valores acrescidos ilicitamente ao patrimônio e suspensão dos direitos políticos de oito a dez anos.

(D) abuso de autoridade, estando sujeito, por este enquadramento, entre outras, às penas de perda do cargo ou emprego público e prisão civil.

(E) apenas infração administrativa, estando sujeito, por este enquadramento, entre outras, às penas de ressarcimento do dano e suspensão dos direitos políticos de cinco a oito anos.

A: incorreta, pois o ato de improbidade, tipificado na Lei 8.429/1992, não enseja pena de prisão (art. 12 da Lei 8.429/1992); **B:** incorreta, pois o ato de improbidade, tipificado na Lei 8.429/1992, não enseja pena de advertência (art. 12 da Lei 8.429/1992); **C:** correta, pois o ato de improbidade, tipificado na Lei 8.429/1992, enseja tais penas (art. 12 da Lei 8.429/1992); **D:** incorreta, pois o fato caracteriza ato de improbidade (art. 9º, VIII, da Lei 8.429/1992); **E:** incorreta, pois o fato caracteriza ato de improbidade (art. 9º, VIII, da Lei 8.429/1992).

Gabarito "C"

(Procurador do Estado/MT – FCC – 2011) A Lei 8.429/1992, que dispõe sobre improbidade administrativa,

(A) sujeita aqueles que praticarem atos de improbidade a sanções civis, administrativas e penais, inclusive com penas restritivas de liberdade, conforme a extensão do dano causado e o proveito patrimonial obtido pelo agente.

(B) aplica-se aos atos de improbidade praticados por agente público, assim considerados apenas aqueles com vínculo permanente, mandato, cargo, emprego ou função nas entidades integrantes da Administração direta ou indireta de todos os Poderes.

(C) aplica-se apenas aos atos dolosos que ensejem lesão ao patrimônio público ou violação aos princípios aplicáveis à Administração Pública, praticados por agentes públicos ou por particulares com vínculo com a Administração.

(D) alcança também os atos de improbidade praticados contra o patrimônio de entidade para cuja criação ou custeio o erário haja concorrido ou concorra com menos de cinquenta por cento do patrimônio ou da receita anual.

(E) sujeita aqueles que praticarem atos de improbidade apenas a sanções administrativas, como perda do cargo, função pública, inelegibilidade e proibição de contratar com a Administração.

A: incorreta, pois essa lei regula a repressão não penal à prática de atos administrativos, sendo que as sanções previstas no art. 12 da Lei 8.429/1992 são demonstração disso; **B:** incorreta, pois o conceito de agente público previsto no art. 2º da Lei 8.429/1992 é muito mais amplo, abrangendo, também, agentes temporários e agentes que laboram em entidades que não fazem parte da Administração direta ou indireta, como entidades que recebam subvenção estatal (art. 1º, parágrafo único, da Lei 8.429/1992); **C:** incorreta, pois também se aplica em relação a atos dolosos que importem em enriquecimento ilícito do agente (art. 9º da Lei 8.429/1992), bem como em relação a meros atos culposos quando se trata de prejuízo ao erário (art. 10 da Lei 8.429/1992); **D:** correta (art. 1º, parágrafo único, da Lei 8.429/1992); **E:** incorreta, pois há também sanções de natureza civil (multa civil) e eleitoral (suspensão dos direitos políticos), nos termos do art. 12, I a III, da Lei 8.429/1992.

Gabarito "D"

1.3. Sanções e providências cautelares

(Técnico Judiciário – TRT11 – FCC – 2017) Nuno, ex-Presidente de um banco público, foi processado por improbidade administrativa pelo Ministério Público pela prática de ato que causa prejuízo ao erário. Em síntese, sustentou a Promotoria que Nuno aceitou garantia inidônea para a concessão de empréstimos à determinada empresa. Em sua defesa, Nuno alegou e provou que sua conduta foi meramente culposa, que inexistiu prejuízo ao erário e que não houve beneficiamento próprio ou de terceiros. Nos termos da Lei 8.429/1992,

(A) apenas o primeiro argumento de Nuno afasta a caracterização do ato ímprobo praticado.

(B) todos os argumentos de Nuno afastam a caracterização do ato ímprobo praticado.

(C) apenas o segundo argumento de Nuno afasta a caracterização do ato ímprobo praticado.

(D) nenhum dos argumentos de Nuno afasta a caracterização do ato ímprobo praticado.

(E) apenas o segundo e terceiro argumentos de Nuno afastam a caracterização do ato ímprobo praticado.

A: incorreta, Lei 8.429/92, Art. 10. Constitui ato de improbidade administrativa que causa **lesão ao erário** qualquer ação ou omissão, **dolosa ou culposa**, que enseje perda patrimonial, desvio, apropriação, malbaratamento ou dilapidação dos bens ou haveres das entidades referidas no art. 1º desta lei, e notadamente: (...).VI – realizar operação financeira sem observância das normas legais e regulamentares ou aceitar **garantia** insuficiente ou **inidônea**. Especificamente nos casos de ato de improbidade que causem lesão ao erário, há expressa previsão da possibilidade de estarem presentes os elementos subjetivos da culpa e do dolo, assim, a primeira alegação de Nuno não afasta o ato improbo. **B:** incorreta. **C:** correta. No entanto, a existência de provas de lesão ao erário é elementar do tipo. Sem prejuízos ao erário, a conduta estará afastada, conforme sua segunda alegação. Quanto ao beneficiamento próprio ou de terceiros, a previsão normativa indica para os atos de improbidade que importam em enriquecimento ilícito, previsto no art. 9º da Lei 8.429/1992, não sendo, portanto, considerada nos casos de lesão ao erário. Vale ressaltar que, se comprovado o aceite de garantia inidônea, por si só está comprovada a lesão ao erário. **D:** incorreta; **E:** incorreta FMB

Gabarito "C"

(Técnico – TRT/2ª Região – 2014 – FCC) A prática de ato de improbidade suscita determinadas consequências desfavoráveis aos envolvidos, ainda que não sejam servidores públicos em sentido estrito. As sanções previstas na Lei de Improbidade convivem com a possibilidade de tramitação de processos e apenamento nas esferas civil, administrativa e penal. Quando resta evidencia do o enriquecimento ilícito, a Lei de Improbidade

(A) é mais rigorosa para o enquadramento do acusado no conceito de agente público constante da lei, exigindo, seja ele, ocupante de cargo ou emprego públicos.

(B) permite que a autoridade administrativa apresente representação ao Ministério Público para solicitar as medidas necessárias à indisponibilidade dos bens do indiciado.

(C) abranda o conceito de agente público, para somente assim considerar aqueles que tenham praticado conduta dolosa e gerado prejuízo ao erário.

(D) é mais branda que nas hipóteses de lesão ao erário, pois excluído alcance das disposições legais os sucessores do agente público.

(E) abranda seus efeitos, exigindo prévia condenação criminal que tenha analisado os fatos objeto da conduta ímproba.

Prevê o art. 7º, *caput*, da Lei 8.429/1992 que "Quando o ato de improbidade causar lesão ao patrimônio público ou ensejar enriquecimento ilícito, caberá a autoridade administrativa responsável pelo inquérito representar ao Ministério Público, para a indisponibilidade dos bens do indiciado". Correta, portanto, a alternativa "B".

Gabarito "B"

(Técnico – TRT/19ª Região – 2014 – FCC) Mateus, agente público, recebeu vantagem econômica, diretamente de Bruno, para tolerar a exploração de jogo de azar por parte deste último. Nos termos da Lei 8.429/1992, a conduta de Mateus

(A) constitui ato ímprobo causador de prejuízo ao erário.

(B) constitui ato ímprobo que importa enriquecimento ilícito.

(C) não constitui ato ímprobo, embora seja conduta criminosa.

(D) constitui ato ímprobo, na modalidade atentatória aos princípios da Administração pública.

(E) não constitui ato ímprobo, mas caracteriza falta funcional passível de punição na seara administrativa.

Dispõe o art. 9º, I, da Lei 8.429/1992: Constitui ato de improbidade administrativa **importando enriquecimento ilícito** auferir qualquer tipo de vantagem patrimonial indevida em razão do exercício de cargo, mandato, função, emprego ou atividade nas entidades mencionadas no art. 1º desta lei, e notadamente receber, para si ou para outrem, dinheiro, bem móvel ou imóvel, ou qualquer outra vantagem econômica, direta ou indireta, a título de comissão, percentagem, gratificação ou presente de quem tenha interesse, direto ou indireto, que possa ser atingido ou amparado por ação ou omissão decorrente das atribuições do agente público. Correta, portanto, a alternativa "B".

Gabarito "B"

(Técnico – TRE/PR – 2012 – FCC) O servidor que praticar ato de improbidade estará sujeito às

(A) cominações estabelecidas na Lei de Improbidade (Lei 8.429/1992), que, por mais graves, afastam a aplicação de outras sanções penais ou civis.

(B) cominações estabelecidas na Lei de Improbidade (Lei 8.429/1992) e às sanções penais cabíveis, excluindo-se a incidência de outras sanções de natureza civil ou administrativa.

(C) sanções administrativas, no que concerne às infrações disciplinares, e às cominações previstas na Lei de Improbidade, afastando-se apenas a aplicação de sanções penais e civis, para evitar duplicidade de penalização pelo mesmo fato.

(D) sanções penais, civis e administrativas previstas na legislação e às cominações previstas na Lei de Improbidade, isolada ou cumulativamente.

(E) sanções penais, civis, administrativas ou às cominações previstas na Lei de Improbidade, isoladamente e nessa ordem de preferência, como critério de gravidade.

A a **C:** incorretas, pois as sanções pelo ato de improbidade são independentes das sanções de ordem penal, civil e administrativa (art. 12 da Lei 8.429/1992); **D:** correta (art. 12 da Lei 8.429/1992); **E:** incorreta, pois não há ordem de preferência na aplicação dessas sanções, que são independentes entre si.

Gabarito "D"

(Técnico Judiciário – TRE/AP – 2011 – FCC) Analise as seguintes assertivas acerca das disposições previstas na Lei 8.429/1992:

I. Constitui contravenção penal a representação por ato de improbidade contra agente público ou terceiro beneficiário, quando o autor da denúncia o sabe inocente.

II. As sanções de perda da função pública e suspensão dos direitos políticos poderão se efetivar antes do trânsito em julgado da sentença condenatória.

III. As ações destinadas a levar a efeitos as sanções previstas na Lei de Improbidade podem ser propostas até cinco anos após o término do exercício de mandato, de cargo em comissão ou de função de confiança.

IV. A aplicação das sanções previstas nesta lei independe da efetiva ocorrência de dano ao patrimônio público, salvo quanto à pena de ressarcimento.

Está correto o que se afirma SOMENTE em

(A) III e IV.

(B) I, II e III.

(C) I e II.

(D) II, III e IV.

(E) II e III.

I: incorreta, pois constitui crime (art. 19 da Lei 8.429/1992); **II:** incorreta, pois tais sanções só podem ser efetivas após o trânsito em julgado da sentença condenatória (art. 20 da Lei 8.429/1992); **III:** correta (art. 23, I, da Lei 8.429/1992); **IV:** correta (art. 21, I, da Lei 8.429/1992).

Gabarito "A"

(Técnico Judiciário – TRE/RS – 2010 – FCC) Dentre as penas previstas na Lei 8.429/1992 para o administrador público que pratica ato de improbidade administrativa NÃO se inclui a

(A) suspensão dos direitos políticos.
(B) perda dos bens acrescidos ilicitamente ao patrimônio.
(C) proibição de contratar com o Poder Público.
(D) pagamento de multa civil.
(E) indisponibilidade dos bens.

Somente a indisponibilidade de bens não está prevista no art. 12 da Lei 8.429/1992 como pena para o agente público que pratica o ato de improbidade. A indisponibilidade de bens está prevista na Lei 8.429/1992, mas não é exatamente uma pena, mas uma medida cautelar, ou medida assecuratória do pagamento da indenização que o agente acusado eventualmente tiver de arcar (art. 7º da Lei 8.429/1992).

Gabarito "E"

(Analista – TRT/16ª Região – 2014 – FCC) Maurício é servidor público do Governo do Maranhão, atuando em cargo diretivo em determinada secretaria e, no exercício regular de suas funções, recebeu dinheiro em espécie de uma empresa para omitir ato de ofício a que estava obrigado. Neste caso, Maurício cometeu ato de improbidade administrativa e estará sujeito, dentre outras sanções previstas na Lei de Improbidade Administrativa, à suspensão dos direitos políticos de

(A) oito a dez anos, e ao pagamento de multa civil de até três vezes o valor do acréscimo patrimonial.
(B) cinco a oito anos, e ao pagamento de multa civil de até três vezes o valor do acréscimo patrimonial.
(C) três a cinco anos, e ao pagamento de multa civil de até três vezes o valor do acréscimo patrimonial.
(D) oito a dez anos, e ao pagamento de multa civil de até cinco vezes o valor do acréscimo patrimonial.
(E) cinco a oito anos, e ao pagamento de multa civil de até cinco vezes o valor do acréscimo patrimonial.

Maurício cometeu ato de improbidade administrativa caracterizado como enriquecimento ilícito, previsto no art. 9º, X, da lei 8.429/1992. A pena, conforme prevê o inc. I do art. 12 do citado diploma legal, nesse caso é: "na hipótese do art. 9º, perda dos bens ou valores acrescidos ilicitamente ao patrimônio, ressarcimento integral do dano, quando houver, perda da função pública, suspensão dos direitos políticos de oito a dez anos, pagamento de multa civil de até três vezes o valor do acréscimo patrimonial e proibição de contratar com o Poder Público ou receber benefícios ou incentivos fiscais ou creditícios, direta ou indiretamente, ainda que por intermédio de pessoa jurídica da qual seja sócio majoritário, pelo prazo de dez anos".

Gabarito "A"

(Analista – TRT/16ª Região – 2014 – FCC) Beltrano, agente público, foi processado por improbidade administrativa, haja vista ter praticado ato ímprobo que atenta contra os princípios da Administração pública. Em sua defesa, alega que agiu sem qualquer intenção de praticar o ato ímprobo, isto é, com conduta meramente culposa, razão pela qual pleiteou a improcedência da demanda. A tese de defesa de Beltrano, caso efetivamente comprovada,

(A) constitui causa de agravamento das sanções previstas na Lei de Improbidade.
(B) não afasta o ato ímprobo.
(C) constitui causa de redução das sanções previstas na Lei de Improbidade.
(D) afasta o ato ímprobo.
(E) afasta única e exclusivamente a aplicação da sanção de suspensão dos direitos políticos.

O crime culposo só é punível caso seja expressamente previsto em lei (art. 18, II, parágrafo único, do CP). O art. 11 da Lei 8.429/1999 (que dispõe sobre os atos de improbidade que atentam contra os princípios da administração pública) não prevê a conduta culposa, portanto, o ato ímprobo será afastado.

Gabarito "D"

(Analista – TRT/19ª Região – 2014 – FCC) Antônio, agente público, foi processado e condenado por improbidade administrativa. De acordo com a sentença condenatória, Antônio frustrou a licitude de importante concurso público que ocorreu em Maceió. Nos termos da Lei 8.429/1992, NÃO constitui sanção passível de ser aplicada a Antônio em razão do ato ímprobo cometido:

(A) Ressarcimento integral do dano, se houver.
(B) Suspensão dos direitos políticos por sete anos.
(C) Perda da função pública.
(D) Proibição de contratar com o Poder Público ou receber benefícios ou incentivos fiscais ou creditícios pelo prazo de três anos.
(E) Pagamento de multa civil de até cem vezes o valor da remuneração de Antônio.

Antônio praticou a conduta prevista no inc. V do art. 11 da Lei 8.429/1992, consistente em ato que atenta contra os princípios da administração, cuja pena consiste em "ressarcimento integral do dano, se houver, perda da função pública, suspensão dos direitos políticos de três a cinco anos, pagamento de multa civil de até cem vezes o valor da remuneração percebida pelo agente e proibição de contratar com o Poder Público ou receber benefícios ou incentivos fiscais ou creditícios, direta ou indiretamente, ainda que por intermédio de pessoa jurídica da qual seja sócio majoritário, pelo prazo de três anos" (art. 12, III, da Lei 8.429/1992).

Gabarito "B"

(Analista – TRT/11ª – 2012 – FCC) No curso de determinada ação de improbidade administrativa, um dos réus vem a falecer, razão pela qual é chamado a intervir na lide, seu único sucessor Felipe, empresário do ramo hoteleiro. Ao final da demanda, todos os réus são condenados pela prática de ato ímprobo previsto no artigo 11, da Lei 8.429/1992 (violação aos princípios da Administração Pública), sendo-lhes impostas as seguintes sanções: ressarcimento integral do dano, perda da função pública e suspensão dos direitos políticos por cinco anos. Nesse caso, Felipe"

(A) responderá apenas pelo ressarcimento do dano, devendo arcar, obrigatoriamente, com a reposição integral do prejuízo causado ao erário.
(B) estará sujeito à suspensão dos direitos políticos e ao ressarcimento integral do dano.
(C) não está sujeito às cominações previstas na Lei de Improbidade Administrativa.
(D) estará sujeito às três sanções impostas.
(E) responderá apenas pelo ressarcimento do dano, até o limite do valor da herança.

A: incorreta, pois o sucessor (Felipe) só tem que arcar com a reposição do prejuízo ao erário até o limite do valor da herança (art. 8º da Lei 8.429/1992); **B** e **D:** incorreta, pois o sucessor não está sujeito às sanções personalíssimas aplicadas ao agente ímprobo, como é o caso da perda da função pública e da suspensão dos direitos políticos; **C:** incorreta, pois, como se viu, o sucessor está sujeito às cominações pecuniárias previstas na Lei 8.429/1992 (art. 8º); **E:** correta (art. 8º da Lei 8.429/1992).

Gabarito "E"

(Analista – TRE/AP – 2011 – FCC) Nos termos da Lei 8.429/1992, o agente público que praticou ato de improbidade administrativa previsto no artigo 9º da mencionada lei (ato ímprobo que importa enriquecimento ilícito), poderá ser sancionado com a pena, dentre outras, de

(A) multa civil de cinco vezes o valor do acréscimo patrimonial.

(B) suspensão de direitos políticos de três a cinco anos.

(C) proibição de contratar com o Poder Público pelo prazo de dez anos.

(D) proibição de receber benefícios ou incentivos fiscais ou creditícios pelo prazo de doze anos.

(E) multa civil de até duzentas vezes o valor da remuneração percebida pelo agente.

A: assertiva incorreta, pois a multa civil no caso é de até 3 vezes o valor do acréscimo patrimonial (art. 12, I, da Lei 8.429/1992); **B:** assertiva incorreta, pois a suspensão dos direitos políticos no caso é de oito a dez anos (art. 12, I, da Lei 8.429/1992); **C:** assertiva: correta (art. 12, I, da Lei 8.429/1992); **D:** assertiva incorreta, pois a proibição no caso é pelo prazo de dez anos (art. 12, I, da Lei 8.429/1992); **E:** assertiva incorreta, pois a multa civil no caso é de até 3 vezes o valor do acréscimo patrimonial (art. 12, I, da Lei 8.429/1992).

Gabarito "C"

(Analista – TRE/AP – 2011 – FCC) Nos termos da Lei 8.429/1992, o agente público que praticou ato de improbidade administrativa previsto no artigo 11 da mencionada lei (ato ímprobo que atenta contra os princípios da Administração Pública), poderá ser sancionado com a pena, dentre outras, de

(A) proibição de contratar com o Poder Público pelo prazo de cinco anos.

(B) suspensão de direitos políticos de seis a oito anos.

(C) multa civil de, no máximo, cinco vezes o valor do dano.

(D) proibição de receber benefícios ou incentivos fiscais ou creditícios pelo prazo de três anos.

(E) multa civil de até duzentas vezes o valor da remuneração percebida pelo agente.

A: assertiva incorreta, pois a proibição no caso é pelo prazo de 3 anos (art. 12, III, da Lei 8.429/1992); **B:** assertiva incorreta, pois a suspensão dos direitos políticos no caso é de 3 a 5 anos (art. 12, III, da Lei 8.429/1992); **C:** assertiva incorreta, pois a multa civil no caso é de até 100 vezes o valor da remuneração percebida pelo agente (art. 12, III, da Lei 8.429/1992); **D:** assertiva correta (art. 12, III, da Lei 8.429/1992); **E:** assertiva incorreta, pois a multa civil no caso é de até 100 vezes o valor da remuneração percebida pelo agente (art. 12, III, da Lei 8.429/1992).

Gabarito "D"

(Analista – TRE/AL – 2010 – FCC) Dentre as penalidades previstas na Lei 8.429/1992, para o administrador público que pratica ato de improbidade administrativa NÃO se incluem:

(A) A suspensão dos direitos políticos e o pagamento de multa civil.

(B) A perda dos bens acrescidos ilicitamente ao patrimônio e o ressarcimento integral do dano.

(C) A perda da função pública e a proibição de contratar com o Poder Público.

(D) A reclusão e a detenção.

(E) A proibição de receber benefícios do Poder Público e incentivos fiscais.

Art. 12 da Lei 8.429/1992.

Gabarito "D"

(Analista – TRE/AM – 2010 – FCC) Pela prática de ato de improbidade administrativa que atenta contra os princípios da Administração Pública, conforme previsto na Lei 8.429/1992, o agente está sujeito, dentre outras penalidades, à suspensão dos direitos políticos de

(A) de quatro a dez anos e pagamento de multa civil de até cem vezes o valor da remuneração percebida pelo agente.

(B) três a cinco anos e pagamento de multa civil de até cem vezes o valor da remuneração percebida pelo agente.

(C) cinco a oito anos e pagamento de multa civil de até duas vezes o valor do dano.

(D) cinco a dez anos e pagamento de multa civil de até cinquenta e três vezes o valor da remuneração percebida pelo agente.

(E) oito a doze anos e pagamento de multa civil de até duzentas vezes o valor da remuneração percebida pelo agente.

Art. 12, III, da Lei 8.429/1992.

Gabarito "B"

1.4. DECLARAÇÃO DE BENS

(Técnico Judiciário – TRE/AC – 2010 – FCC) Nos termos da Lei de Improbidade Administrativa todo agente público deve apresentar declaração de bens, observada a seguinte regra, dentre outras:

(A) A declaração deverá ser atualizada apenas na data em que o agente deixar o exercício do mandato, cargo, emprego ou função.

(B) Da declaração não precisam constar os bens móveis nem aqueles pertencentes ao cônjuge e filhos.

(C) A posse e o exercício no cargo ficam condicionados à apresentação da declaração de bens e valores.

(D) A recusa à apresentação da declaração sujeita o agente à pena de suspensão até que seja apresentada.

(E) A declaração deverá ser feita de próprio punho, não bastando a entrega de cópia da declaração prestada à Receita Federal, ainda que atualizada.

A: incorreta, pois a declaração há de ser apresentada por ocasião da posse e do exercício do agente público, devendo ser atualizada não só quando o agente deixar o cargo, como também anualmente (art. 13, § 2º, da Lei 8.429/1992); **B:** incorreta, pois da declaração deve constar os bens móveis e, quando for o caso, abrangerá os bens e valores patrimoniais do cônjuge ou companheiro, dos filhos e de outras pessoas que vivam sob a dependência econômica do declarante, excluídos apenas os objetos e utensílios de uso doméstico (art. 13, § 1º, da Lei

8.429/1992); **C:** correta (art. 13, *caput*, da Lei 8.429/1992); **D:** incorreta, pois a recusa à apresentação sujeita o agente à pena de demissão a bem do serviço público (art. 13, § 3º, da Lei 8.429/1992); **E:** incorreta, pois o declarante poderá entregar cópia da declaração anual de bens apresentada à Receita Federal (art. 13, § 4º, da Lei 8.429/1992).

Gabarito "C"

1.5. QUESTÕES PROCESSUAIS

(Técnico Judiciário – TRT9 – 2012 – FCC) Dentre as possíveis providências expressamente constantes da Lei 8.429/1992, que cabem à autoridade administrativa responsável diante de ato de improbidade que cause lesão ao patrimônio público está

(A) a obrigação de promover arrolamento cautelar de bens do indiciado para a recomposição do dano causado.

(B) a faculdade de providenciar diretamente a indisponibilidade dos bens do indiciado no inquérito, mediante comunicação aos órgãos públicos oficiais.

(C) a faculdade de providenciar o sequestro de bens suficientes a garantir o prejuízo apurado.

(D) o dever de representar ao Ministério Púbico para viabilizar a indisponibilidade dos bens do indiciado.

(E) o dever de, em se tratando de indiciado servidor público, colocá-lo em disponibilidade não remunerada, contingenciando-se os vencimentos para eventual ressarcimento dos danos.

A a **C:** incorretas, pois essas providência compete à autoridade judicial, não sendo possível que a autoridade administrativa promova tal arrolamento; **D:** correta (art. 7º, *caput*, da Lei 8.429/1992); **E:** incorreta, pois não se trata de um dever, mas de uma faculdade, e não se trata de colocar em disponibilidade, mas em afastar o servidor público de seu trabalho, mantida remuneração (art. 20, parágrafo único, da Lei 8.429/1992).

Gabarito "D"

(Analista – TRE/AP – 2011 – FCC) Nos termos da Lei 8.429/1992, a ação de improbidade administrativa terá o rito ordinário, e será proposta pelo Ministério Público ou pela pessoa jurídica interessada. Sobre o tema, está correto o que se afirma em:

(A) Da decisão que rejeitar a petição inicial, caberá agravo de instrumento.

(B) É possível a transação, acordo ou conciliação nas ações de improbidade administrativa.

(C) Recebida a petição inicial, será o réu citado para apresentar defesa prévia.

(D) O Ministério Público, se não intervir no processo como parte, atuará obrigatoriamente, como fiscal da lei, sob pena de nulidade.

(E) Não será possível ao juiz extinguir o processo sem julgamento de mérito, em qualquer fase do processo, ainda que reconheça a inadequação da ação de improbidade.

A: incorreta, pois a decisão que rejeitar a petição inicial tem natureza de sentença, de modo que cabe apelação; já da decisão que receber a petição inicial, caberá agravo de instrumento (art. 17, § 10, da Lei 8.429/1992); **B:** incorreta, pois esses instrumentos não são cabíveis em ações de improbidade (art. 17, § 1º, da Lei 8.429/1992); **C:** incorreta, pois a defesa prévia acontecerá antes de o juiz receber a petição inicial; estando em forma a petição inicial, o juiz deve notificar o requerido para a defesa prévia, no prazo de 15 dias (art. 17, § 7º, da Lei 8.429/1992); só depois poderá receber a petição inicial; **D:** correta (art. 17, § 4º, da Lei 8.429/1992); **E:** incorreta, pois o juiz poderá fazê-lo em qualquer fase do processo, reconhecida a inadequação da ação de improbidade (art. 17, § 11, da Lei 8.429/1992).

Gabarito "D"

(Analista – TRE/TO – 2011 – FCC) De acordo com a Lei 8.429/1992 (Improbidade Administrativa), nas ações de Improbidade Administrativa é INCORRETO afirmar que

(A) o Ministério Público, se não intervir no processo como parte, atuará obrigatoriamente como fiscal da lei, sob pena de nulidade.

(B) qualquer pessoa poderá representar à autoridade administrativa competente para que seja instaurada investigação destinada a apurar a prática de ato de improbidade.

(C) da decisão que receber ou rejeitar a petição inicial na ação de improbidade administrativa caberá apelação com efeito suspensivo.

(D) a ação principal, que terá o rito ordinário, será proposta pelo Ministério Público ou pela pessoa jurídica interessada, dentro de trinta dias da efetivação da medida cautelar.

(E) é vedada a transação, acordo ou conciliação nas ações que versem sobre improbidade administrativa.

A: assertiva correta (art. 17, § 4º, da Lei 8.429/1992); **B:** assertiva correta (art. 14, *caput*, da Lei 8.429/1992); **C:** assertiva incorreta (devendo ser assinalada), pois da decisão que rejeitar a petição inicial (sentença), caberá apelação, porém, da decisão que receber a petição inicial, caberá agravo de instrumento (art. 17, § 10, da Lei 8.429/1992); **D:** assertiva correta (art. 17, *caput*, da Lei 8.429/1992); **E:** assertiva correta (art. 17, § 1º, da Lei 8.429/1992).

Gabarito "C"

(Analista – TRT/14ª – 2011 – FCC) De acordo com a Lei 8.429/1992, que dispõe sobre as sanções aplicáveis aos agentes públicos nos casos de enriquecimento ilícito no exercício de mandato, cargo, emprego ou função na administração pública direta, indireta ou fundacional, a medida de indisponibilidade de bens

(A) é decretada pelo Ministério Público.

(B) recairá somente sobre o acréscimo patrimonial, na hipótese de ato ímprobo que importe enriquecimento ilícito.

(C) exige, para seu deferimento, apenas a prova do risco de dilapidação patrimonial.

(D) consiste em forma de tutela precedida de cognição plena e exauriente.

(E) destina-se a todas as modalidades de ato ímprobo.

A: assertiva incorreta, pois é necessário processo judicial, de modo que a medida é decreta pelo juiz; ao Ministério Público cabe requerer em juízo a medida; **B:** assertiva correta (art. 7º, parágrafo único, da Lei 8.429/1992); **C:** assertiva incorreta, pois é necessário que haja fundados indícios de responsabilidade; **D:** assertiva incorreta, pois a medida é tomada para assegurar o resultado útil da demanda, o que faz com que seja requerida logo no início desta, de modo que o juiz não tem, neste momento, uma cognição plena e exauriente do caso; **E:** assertiva incorreta, pois essa medida só pode ser pedida quando o ato de improbidade causar lesão ao patrimônio público (art. 10 da Lei 8.429/1992) ou quando ensejar enriquecimento ilícito (art. 9º da Lei 8.429/1992), de modo que a medida não se destina à modalidade de prejuízo ao erário (art. 11 da Lei 8.429/1992).

Gabarito "B"

1.6. PRESCRIÇÃO

(Técnico Judiciário – TJ/SE – 2009 – FCC) As ações destinadas a levar a efeitos as sanções previstas na Lei de Improbidade (Lei 8.429/1992), nos casos de exercício de cargo efetivo ou emprego, podem ser propostas

(A) dentro do prazo prescricional previsto em lei específica.

(B) até cinco anos após o término do exercício de mandato, de cargo em comissão ou de função de confiança.

(C) até oito anos após o término do exercício de mandato, de cargo em comissão ou de função de confiança.

(D) dentro do exercício financeiro ao qual se refere.

(E) até dezesseis anos após o término do exercício de mandato, de cargo em comissão ou de função de confiança.

Art. 23, II, da Lei 8.429/1992.

Gabarito "A"

1.7. Temas combinados e outras questões de improbidade administrativa

(Procurador do Estado – PGE/MT – FCC – 2016) No tocante às regras para aplicação das penalidades previstas na Lei Complementar estadual nº 207, de 29 de dezembro de 2004, considere:

I. O comportamento e os antecedentes funcionais do servidor devem ser considerados para a dosagem da sanção administrativa.

II. Haver o transgressor confessado espontaneamente a falta perante a autoridade sindicante ou processante, de modo a facilitar a apuração daquela é circunstância que atenua a pena.

III. Haver o transgressor procurado diminuir as consequências da falta, ou haver reparado o dano, ainda que após a aplicação da pena, são circunstâncias que atenuam a pena.

IV. A relevância dos serviços prestados e a reincidência são circunstâncias que agravam a pena.

Está correto o que consta APENAS em:

(A) I e II.

(B) II e III.

(C) III e IV.

(D) II e IV.

(E) I e III.

I: correta. Trata-se do disposto no art. 10, da LC 207/2004; **II:** correta. A confissão espontânea é atenuante para fins de aplicação da pena ao servidor (art. 11, II, LC 207/2011); **III:** incorreta. A reparação do dano tem que ser antes da aplicação da pena para esta ser atenuada (art. 11, I, da LC 207/2011); **IV:** incorreta. O art. 11, IV, da LC 207/2011 admite como atenuante serviços prestados pelo infrator. AW

Gabarito "A"

(Procurador do Estado – PGE/MT – FCC – 2016) Descobriu-se, por meio de denúncia de um ex-funcionário, acompanhada de farta documentação (recibos, transferências bancárias, anotações manuscritas etc.) que a empresa X participou de esquema para fraudar licitações no âmbito da Administração Estadual. A referida empresa se propôs a celebrar acordo de leniência e colaborar nas investigações, permitindo a identificação de outras empresas envolvidas e fornecendo provas capazes de acelerar a apuração do ilícito. Diante da situação mencionada, conclui-se:

(A) Ao celebrar o acordo de leniência, a Administração Pública poderá isentar a empresa das penalidades previstas na Lei de Licitações e Contratos (Lei nº 8.666/93).

(B) A empresa, por tais atividades, pode ser responsabilizada concomitantemente no âmbito civil, administrativo e penal, em vista da independência de tais esferas.

(C) Se a referida empresa cumprir os termos do acordo de leniência e se dispuser a reparar o dano e pagar a multa correspondente, não sofrerá as penas da Lei de Improbidade (Lei Federal nº 8.429/92).

(D) Outras empresas do mesmo grupo econômico não se beneficiam do acordo, que tem caráter *intuitu personae*.

(E) A celebração e o cumprimento do acordo de leniência pela pessoa jurídica afastam a responsabilidade pessoal dos seus dirigentes e administradores no âmbito civil e administrativo.

A: correta. Trata-se do disposto no art. 17, da Lei 12.846/2013, que possibilita à Administração Pública celebrar acordo de leniência com a pessoa jurídica responsável pela prática de ilícitos previstos na Lei 8.666/1993; **B:** incorreta. O art. 30, da Lei 12.846/2013 dispõe que as sanções previstas na lei não afetam os processos de responsabilização decorrentes do ato de improbidade administrativa; **C:** incorreta. Como consta da assertiva acima, as penas são independentes, ou seja, o fato de não haver responsabilidade pela Lei de combate à Corrupção não impede que a Lei de Improbidade incida; **D:** incorreta. Todas as empresas que integram o mesmo grupo econômico se beneficiam do acordo de leniência (art. 16, § 5º, da Lei 12.846/2013); **E:** incorreta. O art. 3º, da Lei 12.846/2013 dispõe que: "A responsabilização da pessoa jurídica não exclui a responsabilidade individual de seus dirigentes ou administradores ou de qualquer pessoa natural, autora, coautora ou partícipe do ato ilícito". AW

(Magistratura – TRT 1ª – FCC) Em relação aos atos de improbidade administrativa praticados por agentes públicos ou terceiros, bem como os deveres daqueles, na forma da Lei 8.429/1992, é correto afirmar:

(A) Ressalvados os objetos e utensílios de uso doméstico, anualmente, o agente público deve apresentar declaração dos bens e valores que compõem seu patrimônio, de cônjuge ou companheiro, de ascendentes e descendentes em 1º grau e de outras pessoas que vivam sob a dependência econômica do agente.

(B) Os sucessores do agente público que causar lesão dolosa ao erário da União serão sempre responsáveis pelo ressarcimento integral do prejuízo causado.

(C) Considera-se ato de improbidade administrativa aquele praticado pelo agente público que, por qualquer forma, incorpora indevidamente ao seu patrimônio bens pertencentes à Fundação Pública.

(D) O agente público que recebe promessa de vantagem econômica para que tolere a exploração ou prática de jogos de azar, de lenocínio, de narcotráfico, de contrabando ou de usura comete ato de improbidade administrativa.

(E) Presume-se a prática de ato de improbidade administrativa o agente público que, até 180 dias após o término do exercício de mandato, cargo, emprego ou função pública, adquire, para si ou para outrem, bens de qualquer natureza que seja desproporcional à evolução de seu patrimônio ou renda.

A: incorreta, pois o texto da lei trata da apresentação da declaração dos bens e valores do agente público e dispõe que "abrangerá os bens e valores patrimoniais do cônjuge ou companheiro, dos filhos e de outras pessoas que vivam sob a dependência econômica do declarante, excluídos apenas os objetos e utensílios de uso doméstico" (art. 13, *caput* e § 1º, da Lei 8.429/1992), de maneira que os ascendentes, por exemplo, estão excluídos dessa obrigação; **B:** incorreta, pois serão responsáveis apenas até o limite do valor da herança (art. 8º da Lei 8.429/1992); **C:** correta (art. 9º, XI, da Lei 8.429/1992); **D:** incorreta, pois o instituto se configura quando se "receber a vantagem econômica" e não quando se receber "promessa de vantagem econômica" (art. 9º, V, da Lei 8.429/1992); **E:** incorreta , pois o instituto de configura quando essa aquisição desproporcional se dá "no exercício de mandato, cargo, emprego ou função", e não em período posterior ao término deste exercício.

Gabarito "C"

(Analista – TRE/TO – 2011 – FCC) De acordo com a Lei 8.429/1992 (Lei de Improbidade Administrativa), é correto afirmar que

(A) as ações destinadas a levar a efeitos as sanções previstas na lei podem ser propostas até dois anos após o término do exercício de mandato.

(B) será punido com a pena de demissão, a bem do serviço público, sem prejuízo de outras sanções cabíveis, o agente público que se recusar a prestar declaração dos bens, dentro do prazo determinado, ou que a prestar falsa.

(C) a perda da função pública e a suspensão dos direitos políticos se efetivam com a publicação da sentença condenatória, ainda que recorrível.

(D) às cominações da lei, impostas ao responsável pelo ato de improbidade administrativa, não podem, em qualquer hipótese, ser aplicadas cumulativamente.

(E) em qualquer fase do processo, ainda que reconhecida a inadequação da ação de improbidade, não poderá o juiz extinguir o processo sem julgamento do mérito.

A: assertiva incorreta, pois as ações podem ser propostas até 5 anos após o término do exercício do mandato (art. 23, I, da Lei 8.429/1992); **B:** assertiva correta (art. 13, § 3º, da Lei 8.429/1992); **C:** assertiva incorreta, pois se efetivam somente com o trânsito em julgado da sentença condenatória (art. 20, *caput*, da Lei 8.429/1992); **D:** assertiva incorreta, pois o STJ entende que nos casos mais graves todas as sanções poderão ser aplicadas cumulativamente; aliás, o próprio art. 12, *caput*, da Lei 8.429/1992 é claro nesse sentido; **E:** assertiva incorreta, pois é possível a extinção do processo sem julgamento de mérito a qualquer tempo, no caso mencionado (art. 17, § 11, da Lei 8.429/1992).

Gabarito "B"

(Analista – TRE/RS – 2010 – FCC) De acordo com a Lei 8.429/1992, a representação, desacompanhada de atos investigativos, por ato de improbidade contra agente público ou terceiro beneficiário, quando o autor da denúncia o sabe inocente

(A) constitui mera infração administrativa.

(B) não constitui crime nem infração administrativa.

(C) constitui crime definido na própria Lei de Improbidade Administrativa.

(D) caracteriza ato de improbidade administrativa.

(E) configura infração penal definida no Código Penal.

Art. 19 da Lei 8.429/1992.

Gabarito "C"

(Analista – TRT/9ª – 2010 – FCC) Em face da Lei de Improbidade Administrativa (Lei 8.429/1992), é correto afirmar:

(A) O ressarcimento integral do dano será dispensado se a lesão ao patrimônio público ocorrer por ação ou omissão culposa do agente ou de terceiro.

(B) Considera-se agente público, para os seus efeitos, todo aquele que exerce, ainda que transitoriamente, porém sob remuneração, cargo, emprego ou função, em qualquer dos Poderes da União, dos Estados, do Distrito Federal, dos Municípios ou de Território.

(C) O sucessor daquele que causar lesão ao patrimônio público ou se enriquecer ilicitamente está sujeito às cominações desta Lei, até o limite do valor da herança.

(D) Caberá à autoridade administrativa responsável pelo inquérito representar ao Poder Judiciário para a indisponibilidade dos bens do indiciado quando o ato de improbidade causar lesão ao patrimônio público ou ensejar enriquecimento ilícito.

(E) No caso de enriquecimento ilícito, o agente público ou terceiro beneficiário não perderá os bens ou valores acrescidos ao seu patrimônio, estando sujeito somente às sanções penais.

A: incorreta, pois basta uma conduta culposa para ensejar a responsabilidade civil; ademais, a modalidade de improbidade "prejuízo ao erário" configura-se mediante conduta dolosa ou culposa (art. 10, *caput*, da Lei 8.429/1992); **B:** incorreta, pois não é necessário que haja remuneração para que alguém seja considerado agente público para fins de aplicação da Lei de Improbidade (art. 2º da Lei 8.429/1992); **C:** correta (art. 8º da Lei 8.429/1992); **D:** incorreta, pois a representação deve ser ao Ministério do Público, e não ao Judiciário (art. 7º da Lei 8.429/1992); **E:** incorreta, nos termos do art. 12, I, da Lei 8.429/1992, que estabelece também a sanção de "perda de bens ou valores acrescidos ao seu patrimônio".

Gabarito "C"

(Analista – TRT/12ª – 2010 – FCC) A respeito da Lei 8.429/1992, é correto afirmar:

(A) Somente agentes públicos respondem por atos de improbidade administrativa.

(B) A medida de indisponibilidade de bens é possível para atos de improbidade geradores de lesão ao erário ou de enriquecimento ilícito.

(C) Deixar de prestar contas, quando esteja obrigado a fazê-lo, caracteriza ato de improbidade gerador de prejuízo ao erário.

(D) O agente público, para os efeitos da Lei de Improbidade, desempenha atividade sempre mediante remuneração, ainda que transitoriamente.

(E) Dispensar indevidamente licitação constitui ato de improbidade administrativa que importa enriquecimento ilícito.

A: incorreta, pois quem concorre ou induz para o ato de improbidade ou quem é beneficiário deste também responde por ato de improbidade administrativa (art. 3º da Lei 8.429/1992); **B:** correta (art. 7º da Lei 8.429/1992); **C:** incorreta, pois essa hipótese caracteriza ato de improbidade que "atenta contra princípios da Administração" (art. 11,

VI, da Lei 8.429/1992); **D:** incorreta, pois não é necessário que haja remuneração para que alguém seja considerado agente público para fins de aplicação da Lei de Improbidade (art. 2º da Lei 8.429/1992); **E:** incorreta, pois esse caso caracteriza ato de improbidade que "causa prejuízo ao erário" (art. 10, VIII, da Lei 8.429/1992).

Gabarito "B"

(Magistratura/PE – 2013 – FCC) Nos termos da Lei Federal 8.429/1992,

(A) reputa-se agente público, para os efeitos daquela lei, todo aquele que exerce, necessariamente de modo permanente e remunerado, por eleição, nomeação, designação, contratação ou qualquer outra forma de investidura ou vínculo, mandato, cargo, emprego ou função nas entidades da Administração direta ou indireta.

(B) suas disposições são aplicáveis, no que couber, àquele que, mesmo não sendo agente público, induza ou concorra para a prática do ato de improbidade ou dele se beneficie sob qualquer forma direta ou indireta.

(C) os agentes públicos são obrigados a velar pela estrita observância dos princípios de legalidade, impessoalidade, moralidade e publicidade no trato dos assuntos que lhe são afetos, exceto se ocupantes de cargo ou emprego que não exija formação superior.

(D) ocorrendo lesão ao patrimônio público por ação ou omissão, desde que dolosa, do agente ou de terceiro, dar-se-á o integral ressarcimento do dano.

(E) no caso de enriquecimento ilícito, perderá o agente público ou terceiro beneficiário o quíntuplo dos bens ou valores acrescidos ao seu patrimônio.

A: incorreta, pois pode ser um exercício transitório (e não só permanente) e não remunerado (e não só remunerado), nos termos do art. 2º da Lei 8.429/1992; **B:** correta, nos exatos termos do art. 3º da Lei 8.429/1992; **C:** incorreta, pois todos os agentes públicos devem observar esses princípios, inclusive os ocupantes de cargo ou emprego que não exija formação superior (art. 4º da Lei 8.429/1992); **D:** incorreta, pois tal consequência pode se dar tanto por conduta dolosa, como por conduta culposa (art. 5º da Lei 8.429/1992); **E:** incorreta, pois o art. 6º da Lei 8.429/1992 simplesmente dispõe que o agente público ou o terceiro beneficiário perderá os bens ou valores acrescidos ao seu patrimônio, não havendo disposição no sentido de que a perda será multiplicada por cinco, sem prejuízo, por óbvio, da aplicação das outras sanções previstas no art. 12 da Lei 8.429/1992, inclusive a multa civil.

Gabarito "B"

(Procurador do Município/Teresina-PI – 2010 – FCC) Lei 8.429/1992 (Lei de Improbidade Administrativa).

I. Celebrar contrato ou outro instrumento que tenha por objeto a prestação de serviços públicos por meio da gestão associada sem observar as formalidades previstas na lei é classificado como ato de improbidade que importa enriquecimento ilícito.

II. Diante da prática de ato de improbidade administrativa que atente contra os princípios da Administração Pública, estará o responsável sujeito, dentre outras possíveis sanções, à suspensão dos direitos políticos de três a cinco anos.

III. Proposta ação civil por improbidade administrativa, o requerido será notificado para apresentar manifestação por escrito no prazo de quinze dias e, posteriormente, recebida a petição inicial, será citado para apresentar contestação, podendo interpor agravo de instrumento contra a decisão que recebeu a petição inicial.

IV. Independentemente das sanções penais, civis e administrativas previstas na legislação específica, as cominações impostas ao responsável pelo ato de improbidade serão sempre aplicadas cumulativamente.

SOMENTE estão corretas as assertivas

(A) II e IV.
(B) I e II.
(C) I e III.
(D) I e IV.
(E) II e III.

I: incorreta, pois o caso é de improbidade na modalidade prejuízo ao erário (art. 10, XIV, da Lei 8.429/1992); **II:** correta (art. 12, III, da Lei 8.429/1992); **III:** correta (art. 17, §§ 7º, 9º e 10, da Lei 8.429/1992); **IV:** incorreta, pois poderão ser aplicadas isolada ou cumulativamente (art. 12, *caput*, da Lei 8.429/1992).

Gabarito "E"

(Defensoria/SP – 2013 – FCC) É considerado ato de improbidade administrativa que importa em enriquecimento ilícito, nos termos da Lei 8.429/1992,

(A) permitir a permuta de bem por valor acima do mercado.

(B) retardar ou deixar de praticar, indevidamente, ato de ofício.

(C) permitir, facilitar ou concorrer para que terceiro se enriqueça ilicitamente.

(D) adquirir para outrem, no exercício de função pública, bem cujo valor seja desproporcional a renda do funcionário.

(E) liberar verba pública sem observância das regras pertinentes.

A: incorreta, pois, no caso, o ato de improbidade é o que causa prejuízo ao erário, nos termos do art. 10, V, da Lei 8.429/1992; **B:** incorreta, pois, no caso, o ato de improbidade é o que atenta contra os princípios, previsto no art. 11, II, Lei 8.429/1992; **C:** incorreta, pois, no caso, o ato de improbidade causa prejuízo ao erário, conforme o art. 10, XII, da Lei 8.429/1992; **D:** correta, pois assim estabelece o art. 9º, VII, da Lei. 8.429/1992; **E:** incorreta, pois, no caso, o ato de improbidade causa prejuízo ao erário e está previsto no art. 10, XI, da Lei 8.429/1992.

Gabarito "D"

(Advogado da Metro/SP – 2014 – FCC) Marilis, Prefeita de um Município Paulista, foi processada e condenada por improbidade administrativa, haja vista ter sido comprovada a prática de ato ímprobo que importou em enriquecimento ilícito. A propósito do aludido ato de improbidade, é INCORRETO afirmar que

(A) não admite conduta culposa.

(B) admite a medida de indisponibilidade de bens.

(C) tem as sanções mais severas previstas na Lei de Improbidade Administrativa.

(D) pode gerar, dentre outras consequências, a perda da função pública.

(E) o sucessor não está sujeito às cominações previstas na Lei de Improbidade Administrativa, independentemente do limite do valor da herança.

A: assertiva correta, pois o dolo é pressuposto do mencionado ato de improbidade administrativa; **B:** assertiva correta, pois a medida é prevista na CF (art. 37, § 4º), bem como no art. 7º da Lei 8.429/1992; **C:** assertiva correta, pois se trata do ato de improbidade mais grave, seguido do ato que causa prejuízo ao erário e, por último, do ato que atenta contra os princípios. A gradação é possível em função das penas previstas pelo art. 12 da Lei 8.429/1992; **D:** assertiva correta, pois assim estabelece o art. 12, I, da Lei 8.429/1992; **E:** assertiva incorreta, devendo ser assinalada, pois dispõe o art. 8º da Lei 8.429/1992 que "o sucessor daquele que causar lesão ao patrimônio público ou se enriquecer ilicitamente está sujeito às cominações desta lei até o limite do valor da herança".

Gabarito "E"

(Advogado da Sabesp/SP – 2014 – FCC) Em janeiro de 2005, José, vereador de determinado Município, praticou ato de improbidade administrativa, previsto na Lei 8.429/1992. Em dezembro de 2008, deu-se o término do exercício do mandato de José e, em janeiro de 2012, o Ministério Público ajuizou a respectiva ação de improbidade administrativa. A propósito dos fatos narrados, a ação ajuizada pelo Ministério Público

(A) não é cabível, vez que José não é considerado sujeito ativo de improbidade administrativa.

(B) está prescrita, pois deveria ser ajuizada até janeiro de 2010.

(C) está prescrita, pois deveria ser ajuizada até janeiro de 2011.

(D) não está prescrita, pois poderá ser ajuizada até dezembro de 2015.

(E) não está prescrita, pois poderia ser ajuizada até dezembro de 2013.

A: incorreta, pois a Lei 8.429/1992, salvo raríssimas exceções (p. ex., Presidente da República) é aplicável a agentes políticos; **B:** incorreta, pois, nos termos do art. 23, I, da Lei 8.429/1992, a prescrição ocorre após cinco anos, sendo o termo inicial o término do exercício de mandato. Assim, a ação poderia ser ajuizada até dezembro de 2013; **C** e **D:** incorretas, conforme item anterior; **E:** correta, conforme comentários ao item "B".

Gabarito "E"

6. Direito Civil

Ana Paula Garcia, André de Carvalho Barros, Gabriela R. Pinheiro,
Gustavo Nicolau, Márcio Alexandre Pereira, Vanessa Tonolli Trigueiros e Wander Garcia*

1. LINDB

1.1. Eficácia da lei no tempo

1.1.1. *Vacatio legis*

(Procurador do Estado – PGE/MT – FCC – 2016) De acordo com a Lei de Introdução às Normas do Direito Brasileiro, a lei nova possui efeito:

(A) imediato, por isto atingindo os fatos pendentes, mas devendo respeitar a coisa julgada, o ato jurídico perfeito e o direito adquirido, incluindo o negócio jurídico sujeito a termo ou sob condição suspensiva.
(B) retroativo, por isto atingindo os fatos pendentes, mas devendo respeitar a coisa julgada, o ato jurídico perfeito e o direito adquirido, ao qual não se equiparam, para fins de direito intertemporal, o negócio jurídico sujeito a termo ou sob condição suspensiva.
(C) retroativo, por isto atingindo os fatos pendentes, mas devendo respeitar a coisa julgada, o ato jurídico perfeito e o direito adquirido, ao qual se equipara, para fins de direito intertemporal, o negócio jurídico sujeito a termo, porém não o negócio jurídico sob condição suspensiva.
(D) imediato, por isto atingindo os fatos pendentes, ainda que se caracterizem como coisa julgada, ato jurídico perfeito ou direito adquirido.
(E) imediato, por isto atingindo os fatos pendentes, mas devendo respeitar a coisa julgada, o ato jurídico perfeito e o direito adquirido, ao qual se equiparam as faculdades jurídicas e as expectativas de direito.

A regra estabelecida pelo art. 6º da Lei de Introdução é a da vigência imediata e geral, respeitando o ato jurídico perfeito, o direito adquirido e a coisa julgada (Lei de Introdução, art. 6º). O parágrafo segundo do referido art. 6º amplia o conceito de direito adquirido, assim considerando aqueles cujo "começo do exercício tenha termo pré-fixo, ou condição pré-estabelecida inalterável, a arbítrio de outrem". A alternativa A é a única que contempla todas essas hipóteses descritas. GN

Gabarito "A"

(Procurador do Estado – PGE/RN – FCC – 2014) O artigo 1.796 do Código Civil estabelece que *"no prazo de trinta dias, a contar da abertura da sucessão, instaurar-se-á inventário do patrimônio hereditário"*, mas o artigo 983 do Código de Processo Civil, com a redação dada pela Lei nº 11.441, de 04/01/2007, dispõe que *"o processo de inventário e partilha deve ser aberto dentro de 60 (sessenta) dias a contar da abertura da sucessão"*. De acordo com a Lei de Introdução às Normas do Direito Brasileiro, neste caso

(A) prevalece o prazo estabelecido no Código de Processo Civil.
(B) caberá ao juiz decidir qual prazo irá considerar, de acordo com a dificuldade que os herdeiros tiveram para localizar os bens a inventariar.
(C) prevalece o prazo estabelecido no Código Civil.
(D) nenhum dos dois prazos precisa ser obedecido, porque há colidência de leis vigentes.
(E) os herdeiros terão de declarar na petição de abertura de inventário que lei deverá ser observada, a fim de se estabelecer o termo inicial do prazo em que o inventário irá encerrar-se.

Ambas as leis tratam do mesmo assunto e são de igual hierarquia (leis ordinárias). Não há nenhum impedimento nesse caso de a lei posterior revogar a anterior, e foi exatamente isso o que aconteceu. Nesse tipo de situação, aplica-se a lei posterior. Em conclusão, prevalecerá o disposto no Código de Processo Civil. GN

Gabarito "A"

(Técnico – TRT/6ª – 2012 – FCC) Dispõe a Lei de Introdução às Normas do Direito Brasileiro que *a obrigação resultante do contrato reputa-se constituída no lugar em que residir o proponente* (art. 9º, § 2º) e o Código Civil que *reputar-se-á celebrado o contrato no lugar em que for proposto* (art. 435). Neste caso,

(A) ambas as disposições legais se acham em vigor e não se contradizem;
(B) o Código Civil foi revogado nessa disposição pela Lei de Introdução às Normas do Direito Brasileiro;
(C) aquela regra estabelecida na Lei de Introdução às Normas do Direito Brasileiro foi revogada pelo Código Civil;
(D) ambas as disposições se revogam reciprocamente;
(E) tendo o juiz dúvida sobre qual das normas legais deve aplicar, possui a faculdade de considerar revogada qualquer das duas regras, aplicando a outra.

A: correta, pois a primeira disposição legal diz respeito ao Direito Internacional Privado, incidente quando se tem um elemento estrangeiro num contrato, ocasião em que será necessário verificar qual lei é aplicável ao caso concreto, já a segunda disposição legal diz respeito à definição do local onde se reputa celebrado o contrato, para o fim de reger certos efeitos deste, como a sua interpretação (art. 113 do CC); **B** a **E:** incorretas, pois, como se viu, cada norma tem o seu campo de incidência.

Gabarito "A"

---

1. **André Borges de Carvalho Barros** comentou as demais questões do concurso para Defensoria; **Gabriela Rodrigues** comentou as questões dos seguintes concursos: Cartório, Analista/TRT/1ª/12, TRT/9ª/12, TRT/11ª/12, Técnico/TRF/3ªREG/14, Analista Judiciário/Área Judiciária/TRT/12ªREG/13, Analista/TRT/2ªREG/14, Analista/TRT/16ªREG/14, Analista/TRF/3ªREG/14; **Gustavo Nicolau** comentou as questões dos seguintes concursos: DPE/ES/16, DPE/BA/16, Advogado do Metrô/SP/14, Advogado da Sabesp/SP/14, MAG/CE/14, MAG/RR/08, MAG/PE/13, Procurador do Município/MT/14, Procurador Legislativo/Câmara de Vereadores de São Paulo/2014, MP/CE/11, Defensoria/SP/13, MP/CE/11; **Ana Paula Garcia** e **Wander Garcia** comentaram as questões de Analista; **Vanessa Tonolli Trigueiros** e **Wander Garcia** comentaram as questões do concurso para Procuradorias; **Wander Garcia** comentou as questões de MAG/1ª/2016, MAG/RR – 2015, MAG/SC – 2015, MAG/GO – 2015, **Márcio Alexandre Pereira** atualizou todas as questões do capítulo e comentou as questões do concurso TRT/3ª/15.

GN questões comentadas por: **Gustavo Nicolau.**

MP questões comentadas por: **Márcio Alexandre Pereira.**

(Analista – TRE/PR – 2012 – FCC) NÃO se destinando a vigência temporária, a lei

(A) terá vigor até que outra a modifique ou revogue.
(B) vigorará enquanto não cair em desuso.
(C) só poderá ser revogada pela superveniência de nova ordem constitucional.
(D) somente vigorará, até que outra lei expressamente a revogue.
(E) não poderá ser revogada.

A alternativa correta é "A", nos termos do art. 2º, *caput*, da LINDB.

Gabarito "A"

(Magistratura/RR – 2015 – FCC) Considere o seguinte texto: Conforme foi visto, em regra, uma lei só se revoga por outra. Dificilmente, entretanto, se poderá traçar de imediato a linha divisória entre o império da lei antiga e o da lei nova que a tenha revogado ou derrogado. Relações jurídicas existirão sempre, de tal natureza, que, entabuladas embora no regime do velho estatuto, continuarão a surtir efeitos quando o diploma revogador já esteja em plena vigência. Outras, de acabamento apenas começado, terão sido surpreendidas por nova orientação inaugurada pelo legislador. Por outro lado, tal pode ser o teor do estatuto novo, que as situações que pretenda abranger mais parecerão corresponder ao império do diploma revogado. Ora, é exatamente a esse entrechoque dos mandamentos da lei nova com os da lei antiga, que se denomina conflito das leis no tempo.

(FRANÇA, R. Limongi. **Manual de Direito Civil**. v. 1. p. 37. 4. ed. Revista dos Tribunais, 1980).

A legislação brasileira sobre essas questões dispõe que

(A) a lei não prejudicará o direito adquirido, o ato jurídico perfeito e a coisa julgada, salvo nas matérias de ordem pública, em que sempre prevalecerá a lei nova.
(B) a lei em nenhuma hipótese terá efeito retroativo, embora nada disponha sobre sua aplicação às situações pendentes.
(C) cabe ao juiz decidir por equidade, nada prescrevendo sobre elas.
(D) a lei em vigor terá efeito imediato e geral, respeitados o ato jurídico perfeito, o direito adquirido e a coisa julgada.
(E) a lei terá efeito imediato e geral, proibindo, em qualquer circunstância, sua retroatividade.

A: incorreta, pois a lei nova, mesmo de ordem pública, não pode prejudicar direito adquirido, ato jurídico perfeito e coisa julgada, inclusive porque se tem no caso um direito previsto em cláusula pétrea na Constituição (art. 5º, XXXVI, da CF); isso não quer dizer que uma lei nova não possa incidir sobre negócios praticados anteriormente à sua entrada em vigor, mas tal incidência se dará apenas em relação aos efeitos do negócio que ocorrerem após essa entrada em vigor, como por exemplo os juros praticados; **B** e **E:** incorretas, pois a Constituição veda (art. 5º, XXXVI) que a lei nova prejudique esses direitos, mas não há vedação a que ela beneficie, como em matéria de punição tributária e criminal; **C:** incorreta, pois o arts. 2º e 6º da LINDB trata justamente das regras que solucionarão o conflito de leis no tempo; **D:** correta (art. 6º, *caput*, da LINDB).

Gabarito "D"

(Magistratura/PE – 2013 – FCC) No caso de publicação para corrigir texto de lei publicado com incorreção,

(A) não haverá novo prazo de *vacatio legis* depois da nova publicação, se ocorrer antes de a lei ter entrado em vigor.
(B) tratando-se de lei já em vigor, as correções consideram-se lei nova.
(C) não se considerarão lei nova as correções, tenha ou não já entrado em vigor o texto incorreto.
(D) deverá, necessariamente, ser estabelecido um prazo para sua nova entrada em vigor, além de disciplinar as relações jurídicas estabelecidas antes da nova publicação.
(E) deve o conflito entre os textos ser resolvido pelo juiz por equidade, porque a Lei de Introdução às Normas do Direito Brasileiro não regula os efeitos da nova publicação de texto de lei.

A: incorreta, pois após a nova publicação começa novo prazo de *vacatio legis* (art. 1º, § 3º, da LINDB); **B:** correta, pois de pleno acordo com o art. 1º, § 4º, da LINDB; **C:** incorreta, pois "as correções a texto de lei já em vigor consideram-se lei nova" (art. 1º § 4º, da LINDB); **D:** incorreta, pois assim como qualquer lei nova, não existe a obrigatoriedade da *vacatio legis*, a qual só existirá se expressamente previsto em lei; **E:** incorreta, pois a equidade não está prevista na LINDB como sistema integrador, restringindo o uso em casos de omissões legislativas da analogia, dos costumes e dos princípios gerais de direito (art. 4º da LINDB).

Gabarito "B"

1.1.2. Vigência da lei no tempo

(Procurador do Estado/MT – FCC – 2011) É correto afirmar que,

(A) salvo disposição contrária, a lei começa a vigorar em todo o País, 45 (quarenta e cinco) dias depois de oficialmente promulgada.
(B) nos Estados estrangeiros, a obrigatoriedade da lei brasileira, quando admitida, se inicia 90 (noventa) dias depois de oficialmente promulgada.
(C) se antes de entrar a lei em vigor, ocorrer nova publicação de seu texto, destinada a correção, o prazo de início de sua vigência começará a correr da data da primeira publicação.
(D) não se destinando à vigência temporária, a lei terá vigor até que outra a modifique ou a revogue.
(E) a lei nova, que estabeleça disposições gerais ou especiais a par das já existentes, sempre revoga a anterior.

A: incorreta (art. 1º, *caput*, da LINDB); **B:** incorreta (art.1º, § 1º, da LINDB); **C:** incorreta (art. 1º, § 3º, da LINDB); **D:** correta, de acordo com o princípio da continuidade das leis (art. 2º, *caput*, da LINDB); **E:** incorreta (art. 2º, § 2º, da LINDB).

Gabarito "D"

1.1.3. Repristinação

(Magistratura/PE – 2011 – FCC) No Direito brasileiro vigora a seguinte regra sobre a repristinação da lei:

(A) não se destinando a vigência temporária, a lei vigorará até que outra a modifique ou revogue.
(B) se, antes de entrar em vigor, ocorrer nova publicação da lei, destinada a correção, o prazo para entrar em vigor começará a correr da nova publicação.
(C) as correções a texto de lei já em vigor consideram-se lei nova.
(D) salvo disposição em contrário, a lei revogada não se restaura por ter a lei revogadora perdido a vigência.

(E) a lei nova, que estabeleça disposições gerais ou especiais a par das já existentes, não revoga nem modifica a lei anterior.

A: incorreta, pois a afirmativa, prevista no art. 2º, *caput*, da LINDB, não diz respeito à repristinação, mas ao princípio da continuidade das leis; **B** e **C:** incorretas, pois as afirmativas, previstas no art. 1º, §§ 3º e 4º, da LINDB, não dizem respeito à repristinação, mas aos efeitos de nova publicação corretiva de uma lei; **D:** correta, pois a norma citada, prevista no art. 2º, § 3º, da LINDB, cuida justamente do instituto da repristinação; **E:** incorreta, pois a afirmativa, prevista no art. 2º, § 2º, da LINDB, não diz respeito à repristinação, mas sim à regra de que a lei geral nova não revoga lei especial anterior.

Gabarito "D"

1.2. Eficácia da lei no espaço

(Ministério Público/CE – 2011 – FCC) Constitui, dentre outros, requisito para execução no Brasil de sentença proferida no estrangeiro:

(A) ter passado em julgado e estar revestida das formalidades necessárias para a execução de acordo com a lei brasileira, ainda que assim não esteja no lugar em que foi proferida.

(B) terem sido as partes citadas e não ter ocorrido revelia.

(C) ter sido homologada pelo Supremo Tribunal Federal, após parecer favorável do Procurador-Geral da República.

(D) haver sido proferida por juiz competente.

(E) estar traduzida por intérprete do país de origem ou pelo advogado que representar o requerente.

A: incorreta, pois a sentença deve conter formalidades necessárias para execução no lugar em que foi proferida; **B:** incorreta, pois admite- se a homologação no caso de revelia, desde que esta tenha sido legalmente verificada; **C:** incorreta, pois a homologação compete ao Superior Tribunal de Justiça (CF, art. 105, I, *i*); **D:** correta, pois de acordo com a exigência da LINDB, art. 15, *a*; **E:** incorreta, pois a LINDB exige apenas intérprete autorizado (art. 15, *d*).

Gabarito "D"

1.3. Lacunas e integração da lei

(Magistratura/SC – 2015 – FCC) *Dêste modo, quando surge no seu logrador um animal alheio, cuja marca conhece, o restitui de pronto. No caso contrário, conserva o intruso, tratando-o como aos demais. Mas não o leva à feira anual, nem o aplica em trabalho algum; deixa-o morrer de velho. Não lhe pertence. Se é uma vaca e dá cria, ferra a esta com o mesmo sinal desconhecido, que reproduz com perfeição admirável; e assim pratica com tôda a descendência daquela. De quatro em quatro bezerros, porém, separa um, para si. É a sua paga. Estabelece com o patrão desconhecido o mesmo convênio que tem com o outro. E cumpre estritamente, sem juízes e sem testemunhas, o estranho contrato, que ninguém escreveu ou sugeriu. Sucede muitas vêzes ser decifrada, afinal, uma marca sòmente depois de muitos anos, e o criador feliz receber, ao invés da peça única que lhe fugira e da qual se deslembrara, uma ponta de gado, todos os produtos dela. Parece fantasia êste fato, vulgar, entretanto, nos sertões.* (Euclides da Cunha – **Os sertões**. 27. ed. Editôra Universidade de Brasília, 1963, p. 101).

O texto acima, sobre o vaqueiro, identifica

(A) espécie de lei local, de cujo teor ou vigência o juiz pode exigir comprovação.

(B) a analogia, como um meio de integração do Direito.

(C) um princípio geral de direito, aplicável aos contratos verbais.

(D) o uso ou costume como fonte ou forma de expressão do Direito.

(E) a equidade que o juiz deve utilizar na solução dos litígios.

A: incorreta, pois o texto não faz referência a uma lei local nesse sentido, até porque a matéria só poderia ser veiculada numa lei federal, por se tratar de Direito Civil; **B:** incorreta, pois a analogia consiste em aplicar uma lei a um caso semelhante não regulado na lei, e no caso não há referência no enunciado a lei formal alguma; **C:** incorreta, pois o enunciado da questão não faz referência a algum princípio geral do direito, lembrando que esses princípios são uma das formas de integração da lei em caso de lacuna, e não algo que se aplica em contratos verbais, pois esses contratos seguem a lei normalmente e não implicam por si só que não haja uma lei que os regule; **D:** correta, valendo salientar que o uso ou costume é uma das formas de integração da lei em caso de lacuna (art. 4º da LINDB); **E:** incorreta, pois o juiz deve aplicar a lei e, caso haja lacuna, deve aplicar, nessa ordem, a analogia, os costumes (é o que se vê no enunciado da questão) e os princípios gerais do direito (art. 4º da LINDB), sendo que o juiz só decidirá por equidade nos casos previstos na lei (art. 140, parágrafo único, do Novo CPC).

Gabarito "D"

(Procurador do Estado/RO – 2011 – FCC) Quando a lei for omissa, o juiz decidirá o caso com o emprego da

(A) analogia, dos costumes e dos princípios gerais do direito.

(B) equidade em quaisquer casos, dos costumes e dos princípios gerais do direito.

(C) analogia, da equidade e dos costumes, apenas.

(D) interpretação, dos costumes, da equidade e dos princípios gerais do direito.

(E) interpretação, da analogia e dos princípios gerais do direito.

Art. 4º da LINDB.

Gabarito "A"

2. GERAL

2.1. Princípios do Código Civil, cláusulas gerais e conceitos jurídicos indeterminados

(Defensor Público – DPE/ES – 2016 – FCC) Darei apenas um exemplo. Quem é que, no Direito Civil brasileiro ou estrangeiro, até hoje, soube fazer uma distinção, nítida e fora de dúvida, entre prescrição e decadência? Há as teorias mais cerebrinas e bizantinas para se distinguir uma coisa de outra. Devido a esse contraste de ideias, assisti, uma vez, perplexo, num mesmo mês, a um Tribunal de São Paulo negar uma apelação interposta por mim e outros advogados, porque entendia que o nosso direito estava extinto por força de decadência; e, poucas semanas depois, ganhávamos, numa outra Câmara, por entender-se que o prazo era de prescrição, que havia sido interrompido! Por isso, o homem comum olha o Tribunal e fica perplexo. Ora, quisemos pôr termo a essa perplexidade, de maneira prática, porque o simples é o sinal da verdade, e não o bizantino e o complicado. Preferimos, por tais motivos, reunir as normas prescricionais, todas elas, enumerando-as na Parte Geral do Código. Não haverá dúvida nenhuma: ou figura no artigo que rege as prescrições, ou então se trata de decadência. Casos de decadência não figuram na Parte Geral, a não ser em cinco ou seis hipóteses em que cabia prevê-la, logo após, ou melhor, como complemento do artigo em que era, especificamente, aplicável.

(REALE, Miguel. O projeto de Código Civil: situação atual e seus problemas fundamentais. São Paulo: Saraiva, 1986. p. 11-12).

Essa solução adotada no Código Civil de 2002 se vincula

(A) à diretriz fundamental da socialidade.

(B) à abolição da distinção entre prescrição e decadência.

(C) à diretriz fundamental da eticidade, evitando soluções juridicamente conflitantes.

(D) ao princípio da boa-fé objetiva, que garante a obtenção do julgamento esperado pelo jurisdicionado.

(E) à diretriz fundamental da operabilidade, evitando dificuldades interpretativas.

A: incorreta, pois a socialidade traz a ideia da utilização de direitos subjetivos de forma a beneficiar – ainda que indiretamente – toda a coletividade. Trata-se da ideia de que "nenhum direito é absoluto", nas palavras do próprio Miguel Reale, em sua exposição de motivos; **B:** incorreta, pois o Código não somente manteve, como fez questão de esclarecer tal distinção, enumerando todos os prazos prescricionais nos artigos 205 e 206 do Código Civil; **C:** incorreta, pois a eticidade guarda relação com o dever de agir de forma honesta, leal e íntegra entre as partes, cujo melhor exemplo é o princípio da boa-fé objetiva (CC, art. 422); **D:** incorreta, pois o texto não guarda qualquer relação com o princípio da boa-fé objetiva, a qual, por sua vez, também não garante obtenção de julgamento pelo jurisdicionado; **E:** correta, pois o objetivo da operabilidade é tornar a lei de fácil acesso e compreensão pelos civis. Um exemplo da operabilidade, dado pelo próprio Miguel Reale, foi justamente a separação dos prazos prescricionais dos decadenciais, facilitando a compreensão da lei pelos operadores do direito e também pelos cidadãos.

Gabarito "E".

(Defensor Público/PR – 2012 – FCC) Acerca das diretrizes regentes e estruturantes do processo de codificação do Código Civil de 2002, fundadas no pensamento culturalista de Miguel Reale, é INCORRETO afirmar:

(A) A sistematicidade norteou a concepção de inseparabilidade do Código Civil com as demais normas do ordenamento jurídico, o que se verifica na forma de definição dos juros legais.

(B) A operabilidade determinou a adoção de soluções normativas para a facilitação da interpretação, aplicação e adaptação do Direito, o que se verifica na adoção das normas abertas como técnica legislativa.

(C) A socialidade implicou na funcionalização dos modelos jurídicos, fazendo prevalecer os valores coletivos sobre os individuais, sem que sejam desconsiderados os valores inerentes à pessoa, o que se verifica na previsão do instituto do abuso de direito.

(D) A eticidade provocou a opção antropocêntrica da codificação civil, implicando na prevalência de critérios éticos sobre os de natureza formal, o que se verifica nos institutos da lesão e do estado de perigo.

(E) A igualdade formal determinou o tratamento igualitário dos sujeitos de direitos e o afastamento de regimes tutelares, o que se verifica no afastamento de um regime de proteção dos incapazes, presentes na anterior codificação civil.

A: correta. Miguel Reale concebe o ordenamento jurídico como um sistema em que as normas se relacionam. Desta forma, os dispositivos do Código Civil devem estar de acordo com as demais leis a sua volta. O exemplo utilizado na alternativa está correto, pois o artigo 406 determina que quando os juros moratórios não forem convencionados, ou o forem sem taxa estipulada, ou quando provierem de determinação da lei, serão fixados segundo a taxa que estiver em vigor para a mora do pagamento de impostos devidos à Fazenda Nacional. De acordo com a jurisprudência atualizada do STJ a taxa referida no dispositivo é a Selic (REsp 1.279.173/SP, Rel. Ministro Paulo de Tarso Sanseverino, julgado em 04.04.2013); **B:** correta. Entre os princípios basilares do CC a operabilidade ganha destaque pela adoção de técnicas legislativas, como o uso das cláusulas gerais e dos conceitos legais indeterminados, com o objetivo de permitir a atualização do direito; **C:** correta. O abuso de direito previsto no art. 187 do Código Civil tem por base o princípio da socialidade ao limitar o exercício de um direito legítimo quando presentes outros valores caros a coletividade; **D:** correta. O princípio da eticidade é a base dos artigos 156 (estado de perigo) e 157 (lesão) ao culminarem de invalidade o negócio celebrado por alguém que se aproveitou da situação de perigo, necessidade ou inexperiência de outra, para obter lucro fácil; **E:** incorreta, devendo ser assinalada, o Código Civil de 2002 manteve a proteção dos incapazes (*vide* arts. 3º e 4º), consagrando a igualdade material.

Gabarito "E".

2.2. Pessoas naturais

2.2.1. Início da personalidade e nascituro

(Magistratura/MG – 2005) Conforme o Código Civil, é CORRETO afirmar que a lei põe a salvo os direitos do nascituro, desde:

(A) cento e oitenta dias de gestação.

(B) a concepção.

(C) o nascimento com vida.

(D) cento e vinte dias de gestação.

Art. 2º do CC.

Gabarito "B".

2.2.2. Capacidade

(Técnico – TRT/11ª – 2012 – FCC) Joana possui dezesseis anos e cinco meses de idade. Seu pai é falecido e sua mãe, Jaqueline, pretende torná-la capaz para exercício dos atos da vida civil. De acordo com o Código Civil brasileiro, cessará a incapacidade de Joana:

(A) quando ela completar dezoito anos de idade, tendo em vista que Jaqueline não poderá fazer esta concessão;

(B) pela concessão de Jaqueline mediante instrumento público dependente de homologação judicial;

(C) pela concessão de Jaqueline mediante instrumento público independentemente de homologação judicial;

(D) pela concessão de Jaqueline mediante instrumento particular dependente de homologação judicial;

(E) apenas por sentença do juiz, ouvindo-se o tutor, tendo em vista que Jaqueline não poderá fazer esta concessão.

A: incorreta, pois, na falta de um dos pais e, tendo o menor ao menos 16 anos, o pai ou mãe que estiver vivo poderá emancipar o filho (art. 5º, parágrafo único, I, do CC); **B:** incorreta, pois basta instrumento público, não sendo necessária a homologação judicial (art. 5º, parágrafo único, I, do CC); **C:** correta (art. 5º, parágrafo único, I, do CC); **D:** incorreta, pois há de ser instrumento público (e não particular) e não é necessária a homologação judicial; **E:** incorreta, pois a emancipação, nesse caso, não se dá pelo juiz, mas pelos pais, ou, na falta de um deles, pelo que estiver presente (art. 5º, parágrafo único, I, do CC).

Gabarito "C"

2.2.3. *Emancipação*

Menor de 17 anos, por culpa, lesiona pessoa capaz, causando danos materiais. Reside com o pai e é órfão de mãe.

(Defensor Público/AM – 2013 – FCC) Considerando que o menor não é emancipado, ele

(A) jamais responderá pelos prejuízos, por ser incapaz.
(B) responderá subsidiariamente pela totalidade dos prejuízos, caso o pai não disponha de meios suficientes.
(C) responderá subsidiária e equitativamente pelos prejuízos, caso o pai não disponha de meios suficientes.
(D) responderá solidariamente pela totalidade dos prejuízos.
(E) responderá solidária e equitativamente pelos prejuízos.

A: incorreta, pois segundo o art. 928 do CC, o incapaz pode ser responsabilizado pelos danos que causar; **B:** incorreta, pois segundo o parágrafo único do art. 928 do CC o incapaz responderá equitativamente pelos danos que causar, caso o responsável não possua meios de fazê-lo, não podendo privá-lo do necessário, nem as pessoas que dele dependam; **C:** correta, pois está em conformidade com o art. 928 do CC; **D:** incorreta, pois sua responsabilidade é subsidiária (não solidária) e a indenização deve ser fixada com base na equidade (não necessariamente responderá pela totalidade do prejuízo); **E:** incorreta, pois a responsabilidade dos incapazes é subsidiária e não solidária como apontado.

Gabarito "C"

(Defensor Público/AM – 2013 – FCC) Considerando que o menor não é emancipado, o pai

(A) não responderá pelos prejuízos se o filho dispuser de meios suficientes.
(B) responderá direta e objetivamente pelos prejuízos que o filho houver causado.
(C) responderá direta e subjetivamente pelos prejuízos que o filho houver causado.
(D) responderá subsidiária e objetivamente pelos prejuízos que o filho houver causado.
(E) responderá subsidiária e subjetivamente pelos prejuízos que o filho houver causado.

A responsabilidade dos pais em ralação aos filhos menores que estiverem sob sua guarda ou companhia é direta e objetiva, portanto respondem mesmo que não haja culpa de sua parte, conforme arts. 932 e 933 do Código Civil. Não é demais lembrar que a responsabilidade objetiva prevista no artigo 932 é do tipo complexa – não precisa ser provada a culpa do responsável, mas deve ser provada a culpa do agente (ex.: filho menor).

Gabarito "B"

(Defensor Público/AM – 2013 – FCC) Considerando que o menor foi emancipado, por ato voluntário do pai,

(A) o filho responderá sozinho pelos prejuízos.
(B) pai e filho responderão solidária e equitativamente pelos prejuízos.
(C) o pai responderá sozinho pela totalidade dos prejuízos.
(D) pai e filho responderão solidariamente pela totalidade dos prejuízos.
(E) o filho responderá sozinho, mas equitativamente, pelos prejuízos.

Há entendimento do STJ no sentido de que os pais continuam responsáveis pelos atos praticados pelo menor de idade emancipado voluntariamente (AgRg no Ag 1.239.557/RJ, Rel. Min. Maria Isabel Gallotti, julgado em 09/10/2012). Também neste sentido o Enunciado 41 da I Jornada de Direito Civil do Conselho da Justiça Federal dispõe que "a única hipótese em que poderá haver responsabilidade solidária do menor de 18 anos com seus pais é ter sido emancipado nos termos do art. 5º, parágrafo único, inc. I, do novo Código Civil".

Gabarito "D"

2.2.4. *Fim da personalidade. Comoriência*

(Analista – TRF/4ª – 2010 – FCC) No tocante à ausência, poderão os interessados requerer que se declare a ausência e se abra provisoriamente a sucessão

(A) decorridos três anos da arrecadação dos bens do ausente, ou, se ele deixou representante ou procurador, em se passando dois anos.
(B) decorridos dois anos, independentemente do ausente ter deixado representante ou procurador.
(C) decorrido um ano da arrecadação dos bens do ausente, ou, se ele deixou representante ou procurador, em se passando dois anos.
(D) decorridos dois anos da arrecadação dos bens do ausente, ou, se ele deixou representante ou procurador, em se passando um ano.
(E) decorrido um ano da arrecadação dos bens do ausente, ou, se ele deixou representante ou procurador, em se passando três anos.

A alternativa "E" corresponde ao disposto no art. 26 do CC.

Gabarito "E"

2.3. Pessoas jurídicas

(Técnico Judiciário – TRT11 – FCC – 2017) A respeito das pessoas jurídicas, é correto afirmar que

(A) as associações públicas são pessoas jurídicas de direito privado.
(B) velará pelas fundações o Ministério Público Federal, quando estenderem a atividade por mais de um Estado da Federação.
(C) as associações não podem ter finalidade econômica, mesmo com expressa previsão estatutária.
(D) os partidos políticos são pessoas jurídicas de direito público.
(E) o registro dos atos constitutivos das organizações religiosas depende de autorização do poder público.

Alternativa **A** está errada, pois as associações públicas surgiram em razão da Lei 11.107/2005, que introduziu o consórcio público em nosso ordenamento jurídico. Referida lei regula a celebração de consórcio público entre os entes da federação, para a realização de objetivos de interesse comum. O consórcio público pode adquirir personalidade jurídica de direito público, nesse caso assume a forma de Associação Pública e integrará a Administração Indireta, tratando-se de Autarquia Interfederativa ou Intersubjetiva; ou pode assumir personalidade jurídica de direito privado, nos termos dos artigos 1º, § 1º, 4º, IV e 6º, todos da Lei 11.107/2005. Alternativa **B** errada, pois vai de encontro ao disposto do § 2º do artigo 66 da Lei Civil, diz que o Ministério Público Estadual velará pelas fundações e se estas se estenderem por mais de um Estado, a supervisão caberá ao Ministério Público do respectivo Estado. Alternativa **C** está correta, pois de acordo com o artigo 53 do Código Civil, associações são formadas por um grupo de pessoas que se organizam para atingir um determinado fim não econômico. O estatuto social das associações deverá observar, para a sua validade, os requisitos indicados no art. 54 do mesmo diploma legal. Alternativa **D** errada, nos termos do artigo 44 do Código Civil, partidos políticos encontram-se no rol das pessoas jurídicas de direito privado. Alternativa **E** errada, uma vez que as organizações religiosas têm liberdade de criação, organização, estruturação interna, sendo vedado ao poder público negar-lhes reconhecimento ou registro dos atos constitutivos, nos moldes do § 1º do artigo 44 do Código Civil. MP

Gabarito "C"

(Procurador do Estado – PGE/RN – FCC – 2014) Examine o seguinte texto de Vicente Ráo: *de há muito vem ocupando a atenção dos juristas a possibilidade da organização e funcionamento de sociedades de um único sócio, pessoa física ou jurídica de direito privado* (Einmanngesellschaften, na Alemanha; *onemancompanies,* na Inglaterra), para o exercício de atividades econômicas com patrimônio separado e, pois, com responsabilidade igualmente distinta (**Riv. Dir. Comm.**, 1954, v. LII, 1a parte, p. 95). *Essa forma de separação patrimonial que, quando reveste certas modalidades, é encarada por alguns juristas italianos como negócio indireto de tipo fiduciário* (**Riv. Dir. Comm.**, 1932, 1a parte, p. 799), *ou negócio permitido pelo novo código civil italiano (arts. 2.326, 2.448 e 2.479;* Brunelli. **Il Libro del Lavoro**, n. 421), *não é, ainda, admitida por nosso direito.* Em seguida, afirma que a admissibilidade de *um patrimônio separado para fins de exploração econômica acabará por prevalecer.* (**O direito e a vida dos direitos**, 2 v., 2a tiragem, Max Limonad, Editor de Livros de Direito, p. 367-368). Waldemar Ferreira, porém, escreveu sobre esse tema: *em matéria de ficção jurídica, chegou-se a ponto verdadeiramente imprevisto e incrível. Não podia, nem devia ela, por isso mesmo, vingar no Brasil.* (**Tratado de Direito Comercial**. 2 v., São Paulo: Saraiva, 1960, p. 262).

À vista da legislação em vigor:

(A) cumpriu-se, em parte, o que previa Vicente Ráo, porque, embora o Código Civil não contemple nenhuma hipótese de separação patrimonial para instituição de pessoa jurídica, o patrimônio de afetação é permitido nas incorporações imobiliárias, em que o terreno e acessões objeto da incorporação manter-se-ão apartados do patrimônio do incorporador.

(B) cumpriu-se o vaticínio de Vicente Ráo, pois o Código Civil contempla, no rol de pessoas jurídicas, hipótese de patrimônio separado de seu instituidor para fins econômicos.

(C) ambos os autores tiveram, em parte, seus pensamentos acolhidos pelo Código Civil, porque ele prevê no rol de pessoas jurídicas somente hipótese de patrimônio separado para fins não econômicos.

(D) prevalece o entendimento de Waldemar Ferreira, porque o Código Civil não admite separação patrimonial, em nenhuma hipótese, tendo cada pessoa apenas um patrimônio.

(E) prevalece o entendimento de Waldemar Ferreira, exceto no tocante ao empresário individual, como tal inscrito no registro púbico de empresas mercantis.

Pela leitura dos trechos dos renomados doutrinadores, resta evidente que as ideias de Vicente Ráo acabaram prevalecendo. Após a edição da Lei 12.441/2011, instituiu-se no Brasil a empresa individual de responsabilidade limitada, "*constituída por uma única pessoa titular da totalidade do capital social, devidamente integralizado*" (CC, art. 980-A) e que passou a integrar o rol de pessoas jurídicas de Direito privado (CC, art. 44, VI). GN

Gabarito "B"

(Técnico – TRT/11ª – 2012 – FCC) No Município AMOR existem duas instituições religiosas: igreja "HARMONIA" e paróquia "SANTA LUZIA". Há, também, uma fundação privada denominada "MÃES DA LUZ", que recebe ajuda das duas instituições religiosas referidas e da autarquia federal "SAÚDE". De acordo com o Código Civil brasileiro, no caso hipotético apresentado, são pessoas jurídicas de Direito Público Interno:

(A) a autarquia federal SAÚDE, a igreja HARMONIA e a paróquia SANTA LUZIA;

(B) o Município AMOR, a autarquia federal SAÚDE, a igreja HARMONIA e a paróquia SANTA LUZIA;

(C) o Município AMOR, a igreja HARMONIA, a paróquia SANTA LUZIA e a fundação MÃES DA LUZ;

(D) o Município AMOR, a autarquia federal SAÚDE e a paróquia SANTA LUZIA, apenas;

(E) o Município AMOR e a autarquia federal SAÚDE, apenas.

A: incorreta, pois a autarquia é pessoa de direito público interno (art. 41, IV, do CC), mas a igreja e a paróquia, não. São pessoas de direito privado (art. 44, IV, do CC); **B:** incorreta, pois o Município e a autarquia são pessoas de direito público interno (art. 41, III e IV, do CC), mas a igreja e a paróquia, não (art. 44, IV, do CC); **C:** incorreta, pois o Município é pessoa de direito público interno (art. 41, III, do CC), mas a igreja, a paróquia e a fundação, não (art. 44, III e IV, do CC); **D:** incorreta, pois o Município e a autarquia são pessoas de direito público interno (art. 41, III e IV, do CC), mas a paróquia não (art. 44, IV, do CC); **E:** correta, pois o Município e a autarquia são as únicas pessoas de direito público interno presentes no enunciado.

Gabarito "E"

(Analista Judiciário – Área Judiciária – TRT12 – 2013 – FCC) No tocante às pessoas jurídicas:

(A) começa a existência legal das pessoas jurídicas de direito privado com o início efetivo de suas atividades ao público.

(B) de direito público interno são civilmente responsáveis por atos dos seus agentes que, nessa qualidade, causem danos a terceiros, ressalvado direito regressivo contra os causadores do dano, se houver por parte destes culpa ou dolo.

(C) a criação, a organização, a estruturação interna e o funcionamento das instituições religiosas é condicional, por ser laico o Estado brasileiro, que deverá autorizar ou não seu reconhecimento e registro.

(D) os partidos políticos são pessoas jurídicas de direito público interno.

(E) as autarquias e as associações públicas são pessoas jurídicas de direito privado.

A: incorreta, pois começa a existência legal das pessoas jurídicas de direito privado *com a inscrição do ato constitutivo no respectivo registro*, precedida, quando necessário, de autorização ou aprovação do Poder Executivo, averbando-se no registro todas as alterações por que passar o ato constitutivo (art. 45 do CC); **B:** correta, (art. 43 do CC); **C:** incorreta, pois o Estado não deve interferir na estruturação interna das instituições religiosas, nem tampouco necessita autorizar o seu funcionamento e registro. Neste sentido, é vedado ao Estado estabelecer cultos religiosos ou igrejas, subvencioná-los, embaraçar-lhes o funcionamento ou manter com eles ou seus representantes relações de dependência ou aliança, ressalvada, na forma da lei, a colaboração de interesse público (art. 19, I, da CF); **D:** incorreta, pois os partidos políticos são pessoas jurídicas de direito privado (art. 44, V, do CC); **E:** incorreta, pois as autarquias, inclusive as associações públicas, são pessoas jurídicas de direito público interno (art. 41, IV, do CC).

Gabarito "B"

(Analista – TRT/11ª – 2012 – FCC) Considere as seguintes assertivas a respeito das Associações:

I. A convocação dos órgãos deliberativos far-se-á na forma do estatuto, garantido a 1/5 (um quinto) dos associados o direito de promovê-la.

II. Constituem-se as associações pela união de pessoas que se organizem para fins não econômicos. Não há, entre os associados, direitos e obrigações recíprocos.

III. O modo de constituição e de funcionamento dos órgãos deliberativos não são obrigatórios no conteúdo do estatuto das associações.

IV. A qualidade de associado é intransmissível, se o estatuto não dispuser o contrário.

De acordo com o Código Civil brasileiro está correto o que se afirma APENAS em

(A) I, II e III.

(B) I, II e IV.

(C) I e IV.

(D) II, III e IV.

(E) II e IV.

I: correta (art. 60 do CC); **II:** correta (art. 53 do CC); **III:** incorreta, pois são obrigatórios sob pena de nulidade (art. 54, V do CC); **IV:** correta (art. 56, *caput* do CC.

Gabarito "B"

(Analista – TRT/1ª – 2012 – FCC) A Fundação Juju foi regularmente criada para atuar no benefício de crianças carentes e está em plena atividade na cidade do Rio de Janeiro. Uma das pessoas competentes para gerir e representar a Fundação Juju pretende alterar o seu estatuto. Para tanto, a alteração não pode contrariar o fim da Fundação e, além disso, deverá ser deliberada

(A) pela maioria absoluta dos competentes para gerir e representar a fundação e aprovada pelo órgão do Ministério Público, com possibilidade de suprimento judicial caso este denegue a aprovação.

(B) por dois terços dos competentes para gerir e representar a fundação e aprovada pelo órgão do Ministério Público, com possibilidade de suprimento judicial caso este denegue a aprovação.

(C) pela maioria simples dos competentes para gerir e representar a fundação e homologada pelo Juiz competente, após aprovação pelo Ministério Público.

(D) pela maioria absoluta dos competentes para gerir e representar a fundação e homologada pelo Juiz competente, após aprovação do Ministério Público.

(E) por todas as pessoas competentes para gerir e representar a fundação e homologada pelo Juiz competente, após aprovação do Ministério Público.

A: incorreta, pois o quórum de aprovação é dois terços dos competentes para gerir a fundação, e não a maioria absoluta (art. 67, I do CC); **B:** correta, com fulcro no art. 67, I e III do CC; **C**, **D** e **E:** incorretas, pois o quórum é de dois terços e a aprovação se dá pelo órgão do Ministério Público, independentemente de homologação pelo juiz. Note que o juiz apenas participará do procedimento se o órgão do Ministério Público denegar a aprovação e o interessado requerer ao magistrado que a supra.

Gabarito "B"

2.3.1. Desconsideração da personalidade jurídica

(Advogado da Sabesp/SP – 2014 – FCC) A desconsideração da personalidade jurídica

(A) acarreta a extinção da pessoa jurídica.

(B) deve ser decretada, inclusive nas relações civis, sempre que a pessoa jurídica se tornar insolvente, não importando a razão que a tenha levado à insolvência.

(C) pode atingir sócio que não tenha sido designado administrador pelo contrato social.

(D) atinge, em qualquer hipótese, apenas os sócios de maior capital.

(E) é decretada, imediatamente, se a administração da pessoa jurídica vier a faltar.

A: incorreta, pois a desconsideração da personalidade jurídica não implica em sua extinção, mas apenas na possibilidade de se atingir o patrimônio dos sócios em casos específicos (CC, art. 50); **B:** incorreta, pois a desconsideração da personalidade jurídica é medida excepcional e só deve ser aplicada nas hipóteses previstas no art. 50 do CC; **C:** correta, pois tal possibilidade evita a utilização do "*laranja*" e encontra respaldo no próprio art. 50 do Código Civil; **D:** incorreta, pois a lei não estipula previamente quem serão os sócios atingidos pela desconsideração; **E:** incorreta, pois tal hipótese não é contemplada pela lei brasileira.

Gabarito "C"

2.3.2. Classificações das pessoas jurídicas

(Magistratura/PE – 2013 – FCC) São pessoas jurídicas de direito privado, segundo o Código Civil,

(A) os partidos políticos e as empresas individuais de responsabilidade limitada.

(B) as fundações e os condomínios em edificação.

(C) as pessoas jurídicas que forem regidas pelo direito internacional público, quando as respectivas sedes se acharem em países estrangeiros.

(D) as associações, inclusive as associações públicas, em razão da atividade que exercerem.

(E) as organizações religiosas e as autarquias.

A: correta, pois de pleno acordo com o disposto no art. 44 do CC; **B:** incorreta, pois os condomínios edilícios não apresentam natureza de pessoa jurídica, constituindo um exemplo de ente despersonalizado; **C:** incorreta, pois o art. 42 do CC define tais pessoas como pessoas jurídicas de direito público; **D** e **E:** incorretas, pois as associações públicas e as autarquias não são pessoas jurídicas de direito privado, mas sim pessoas jurídicas de direito público interno (art. 41, IV, do CC).

Gabarito "A"

2.3.3. *FUNDAÇÕES*

(Ministério Público/CE – 2009 – FCC) A alteração de estatuto de uma fundação depende de que a reforma seja deliberada

(A) por dois terços dos competentes para gerir e representar a fundação, mas se a alteração não houver sido aprovada por votação unânime, os administradores da fundação, ao submeterem o estatuto ao órgão do Ministério Público, requererão que se dê ciência à minoria vencida para impugná-la, se quiser, em dez dias.

(B) pela maioria absoluta dos competentes para gerir e representar a fundação e de que seja aprovada pelo órgão do Ministério Público, e, caso este a denegue, poderá o juiz supri-la, a requerimento do interessado.

(C) pela unanimidade dos competentes para gerir e representar a fundação, dependendo porém sua eficácia de aprovação pelo órgão do Ministério Público.

(D) por três quartos dos competentes para gerir e representar a fundação, mas somente se a deliberação não for unânime deverá ser aprovada pelo órgão do Ministério Público, e, caso este a denegue, poderá o juiz supri-la, a requerimento do interessado.

(E) pela unanimidade dos competentes para gerir e representar a fundação, se a alteração contrariar o fim desta.

A alternativa "A" está correta, nos termos dos arts. 67, I, e 68 do CC. Tais artigos explicam expressamente a incorreção das outras alternativas.

Gabarito "A"

2.3.4. *Associações*

(Analista – TRT/14ª – 2011 – FCC) No que concerne às associações, a convocação dos órgãos deliberativas far-se-á na forma do estatuto, garantido o direito de promovê-la a

(A) 1/8 dos associados.

(B) 1/6 dos associados.

(C) 1/5 dos associados.

(D) qualquer associado individualmente.

(E) qualquer interessado.

Art. 60 do CC.

Gabarito "C"

2.3.5. *Temas combinados de pessoa jurídica*

(Procurador do Estado/MT – FCC – 2011) O registro da pessoa jurídica no órgão competente tem eficácia

(A) resolutiva.

(B) declaratória.

(C) rescisória.

(D) discriminatória.

(E) constitutiva.

O registro da pessoa jurídica no órgão competente tem eficácia constitutiva, conforme dispõe o art. 45 do CC.

Gabarito "E"

(Procurador do Estado/RO – 2011 – FCC) A eficácia do registro da pessoa jurídica é

(A) declaratória.

(B) constitutiva.

(C) resolutiva.

(D) suspensiva.

(E) devolutiva.

A eficácia do registro da pessoa jurídica, segundo dispõe o art. 45 do CC, é constitutiva. Ou seja, o início da personalidade jurídica da pessoa jurídica de direito privado se dá com o registro.

Gabarito "B"

2.4. Domicílio

(Analista – TRT/2ª Região – 2014 – FCC) José Silva possui residências em São Paulo, onde vive nove meses por ano em razão de suas atividades profissionais, bem como em Trancoso, na Bahia, e em São Joaquim, Santa Catarina, onde alternadamente vive nas férias de verão e inverno. São seus domicílios

(A) apenas a residência em que José Silva se encontrar no momento, excluídas as demais no período correspondente.

(B) apenas São Paulo, por passar a maior parte do ano nessa cidade.

(C) apenas São Paulo, por se tratar do local de suas atividades profissionais.

(D) qualquer uma dessas residências, em São Paulo, Trancoso ou São Joaquim.

(E) apenas a residência que José Silva escolher, expressamente, comunicando formalmente as pessoas com quem se relacione.

A: incorreta, pois as demais não ficam excluídas. A pessoa natural que tiver diversas residências, onde, alternadamente, viva, terá como considerado o seu domicilio qualquer uma delas (art. 71 do CC); **B:** incorreta, pois o tempo que em José Silva permanece em São Paulo, não influencia na definição de seu domicílio. O que importa é o *animus*, e não a quantidade de tempo (art. 70 do CC); **C:** incorreta, pois São Paulo e as demais cidades são consideradas seu domicílio. São Paulo é apenas o seu domicilio profissional (art. 72, *caput*, do CC); **D:** correta, pois todas as diversas residências são consideradas seus domicílios (art. 71 do CC); **E:** incorreta, pois o domicilio não necessita de comunicação formal para ser estabelecido. Basta que a pessoa se fixe com ânimo definitivo (art. 70 do CC).

Gabarito "D"

(Analista – TRT/1ª – 2012 – FCC) Sobre o domicílio, de acordo com o Código Civil, é INCORRETO afirmar:

(A) O militar do Exército tem por domicílio, em regra, a sede do comando a que se encontrar imediatamente subordinado.

(B) A pessoa jurídica de direito privado, possuindo diversos estabelecimentos em lugares diferentes, cada um deles será considerado domicílio para os atos nele praticados.

(C) O Agente Diplomático do Brasil que, citado no estrangeiro, alegar extraterritorialidade sem designar onde tem, no país, o seu domicílio, poderá ser demandado no Distrito Federal ou no último ponto do território brasileiro onde o teve.

(D) Se a administração de pessoa jurídica de direito privado tiver sede no estrangeiro, haver-se-á por domicílio da pessoa jurídica, no tocante às obrigações contraídas por cada uma das suas agências, o lugar do estabelecimento situado no Brasil, a que ela corresponder.

(E) O domicílio do marítimo é necessário e é considerado o lugar onde o navio estiver matriculado.

A: incorreta, devendo ser assinalada, pois o domicílio do militar do Exército é o local onde servir (art. 76, parágrafo único do CC); **B:** correta (art. 75, § 1º do CC); **C:** correta (art. 77 do CC); **D:** correta (art. 75, § 2º); **E:** correta (art. 76, parágrafo único).

Gabarito "A"

2.5. Direitos da personalidade e nome

(Juiz – TJ-SC – FCC – 2017) *De nossa parte, lembramos ainda a já afirmada função identificadora do pseudônimo, relativamente à esfera de ação em que é usado, o que, sem dúvida, é um traço distintivo do falso nome, que, evidentemente, embora, em certas circunstâncias, possa vir também a exercer papel semelhante, não é usado com essa finalidade, senão com a de frustrar qualquer possibilidade de identificação.*

(R. Limongi França. **Do Nome Civil das Pessoas Naturais,** p. 542. 3. ed. São Paulo. Revista dos Tribunais, 1975).

Essa afirmação é:

(A) compatível com o direito brasileiro, em virtude de omissão da lei a respeito da proteção de pseudônimo, apenas aplicando-se analogicamente a regra pertinente aos apelidos públicos notórios.

(B) parcialmente compatível com o direito brasileiro, que confere proteção ao pseudônimo, em qualquer atividade.

(C) incompatível com o direito brasileiro, que só confere proteção ao pseudônimo em atividades artísticas ou intelectuais.

(D) compatível com o direito brasileiro, porque o pseudônimo adotado para atividades lícitas goza da proteção que se dá ao nome.

(E) parcialmente compatível com o direito brasileiro, que não distingue a proteção do nome da proteção do pseudônimo.

O pseudônimo é um nome alternativo, normalmente utilizado por escritores, autores de obras, artistas e poetas que não querem se identificar. Chico Buarque utilizava, por exemplo, o pseudônimo Julinho da Adelaide. Alexander Hamilton, James Madison e John Jay escreveram o famoso "O Federalista" sob o pseudônimo de Plubius. Desde que adotado para fins lícitos, o pseudônimo recebe da lei a mesma proteção dada ao nome (CC, art. 19).(GN)

Gabarito "D"

(Analista – TRT9 – 2012 – FCC) No tocante aos direitos da personalidade,

(A) nenhuma pessoa pode ser constrangida a submeter-se, com risco de vida, a tratamento médico ou intervenção cirúrgica.

(B) é irrevogável o ato de disposição gratuita do próprio corpo, no todo ou em parte, para depois da morte.

(C) a ameaça ou a lesão a eles não se estendem aos mortos, por serem personalíssimas.

(D) como regra geral, os direitos da personalidade são passíveis de livre transmissão e renúncia.

(E) é sempre possível a comercialização de partes do próprio corpo, se com a disposição não houver diminuição permanente da integridade física do doador.

A: correta, nos termos do art. 15 do CC; **B:** incorreta, pois o ato de disposição do próprio corpo é revogável a qualquer tempo (art. 14, parágrafo único do CC); **C:** incorreta, pois a ameaça ou a lesão a direito da personalidade se estende aos mortos, sendo cabível a reparação por perdas e danos. Serão legitimados para requerê-la cônjuge sobrevivente, ou qualquer parente em linha reta, ou colateral até o quarto grau (art. 12, parágrafo único, do CC); **D:** incorreta, pois as partes do próprio corpo não podem ser comercializadas, mas apenas doadas com fins científicos ou altruísticos (art. 14, *caput* do CC).

Gabarito "A"

(Analista – TRE/SP – 2012 – FCC) João Cabral de Melo Neto é autor da grandiosa obra literária **Morte e Vida Severina**. Analisando o nome do autor, protegido pelo Código Civil brasileiro, o seu agnome é

(A) Neto.

(B) João, apenas.

(C) Cabral, apenas.

(D) João Cabral.

(E) de Melo.

Prenome é o nome do indivíduo que precede o apelido de família (sobrenome) na forma de designar as pessoas, conhecido como nome de batismo. Sobrenome ou apelido de família é a porção do nome do indivíduo que está relacionada com a sua ascendência. Agnome é usado para designar a parte do nome de um indivíduo que o diferencia de seus homônimos, como "Filho", "Neto" e "Junior".

Gabarito "A"

(Analista – TRE/PR – 2012 – FCC) Considere as seguintes disposições legais.

I. A validade do negócio jurídico requer forma prescrita ou não defesa em lei.

II. A validade da declaração de vontade não dependerá de forma especial, senão quando a lei expressamente a exigir.

É correto afirmar que

(A) as duas disposições se acham em vigor.

(B) nenhuma das disposições se acha em vigor.

(C) apenas a primeira disposição se acha em vigor.

(D) apenas a segunda disposição se acha em vigor.

(E) as duas disposições apenas parcialmente se acham em vigor.

I: correta, nos termos do art. 104, III, do CC; **II:** correta, nos termos do art. 107 do CC.

Gabarito "A"

(Magistratura/CE – 2014 – FCC) A retirada *post mortem* de tecidos, órgãos ou partes do corpo humano destinados a transplantes ou tratamento

(A) em nenhuma hipótese será permitida se se tratar de pessoa incapaz.
(B) independe de autorização, se o doador não tiver descendente, ascendente ou cônjuge sobreviventes.
(C) é sempre permitida do corpo de pessoas que não foram identificadas.
(D) deverá ser precedida de diagnóstico de morte encefálica constatada e registrada por dois médicos, sendo necessariamente, um deles participante da equipe de remoção, e o outro da equipe de transplante.
(E) deverá ser precedida de diagnóstico de morte encefálica, constatada e registrada por dois médicos não participantes das equipes de remoção e transplante.

A: incorreta, pois tal retirada é permitida "desde que permitida expressamente por ambos os pais, ou por seus responsáveis legais" (Lei 9.434/1997, art. 5º); **B:** incorreta, pois ainda assim será necessária a autorização dos parentes colaterais até segundo grau (Lei 9.434/1997, art. 4º); **C:** incorreta, pois tal retirada é vedada pela lei (Lei 9.434/1997, art. 6º); **D:** incorreta, pois o art. 3º da Lei 9.434/1997 exige a presença de "dois médicos não participantes da equipe de remoção e transplante"; **E:** correta, pois de pleno acordo com o disposto no art. 2º, parágrafo único, da Lei 9.434/1997.

Gabarito "E"

2.6. Ausência

(Analista – TRT/11ª – 2012 – FCC) Berilo, cinquenta anos de idade, desapareceu de seu domicílio, sem deixar notícias de seu paradeiro e sem designar procurador ou representante a quem caiba a administração de seus bens. Foi declarada a sua ausência e nomeado curador através de processo regular requerido por sua esposa. Neste caso, os interessados poderão requerer a sucessão definitiva

(A) após o trânsito em julgado da decisão judicial que declarou a ausência de Berilo e nomeou curador.
(B) três anos depois de passada em julgado a sentença que concedeu a abertura da sucessão provisória.
(C) cinco anos depois do trânsito em julgado da declaração de ausência, independentemente de abertura de sucessão provisória.
(D) sete anos depois do trânsito em julgado da declaração de ausência, independentemente de abertura de sucessão provisória.
(E) dez anos depois de passada em julgado a sentença que concedeu a abertura da sucessão provisória.

A: incorreta, pois apenas após um ano do trânsito em julgado da sentença que declara a ausência e nomeia curador é que teremos a abertura da sucessão, e veja, a sucessão *provisória*, e não a definitiva (art. 26 do CC); **B:** incorreta, pois o prazo são de dez anos e não três (art. 37 do CC); **C** e **D:** incorretas, pois a abertura da sucessão provisória é indispensável no procedimento de ausência. Ademais, somente após dez anos do trânsito em julgado dessa decisão é que poderá se querida a abertura da sucessão definitiva; **E:** correta (art. 37 do CC).

Gabarito "E"

(Magistratura/RR – 2015 – FCC) Joana e Pedro, casados sob o regime da comunhão universal de bens, tiveram apenas um filho, José. Pedro embarcou em uma aeronave que desapareceu, havendo prova de que se acidentara, mas a aeronave não foi encontrada, dando as autoridades por cessadas as buscas. Alguns meses depois, José, com trinta anos, solteiro e sem descendente, saiu em viagem, da qual voltaria em trinta dias, não deixando procurador; entretanto, não retornou, sendo considerado desaparecido pelas autoridades policiais. Pedro e José possuíam bens, e Joana, pretendendo arrecadá-los, administrá-los e neles suceder, poderá

(A) requerer a declaração de morte presumida de Pedro ao juiz, que fixará a data provável do falecimento, sendo a meação atribuída a ela e a herança a José, em processo de inventário, bem como, pedir a declaração de ausência de José, cuja sucessão provisória se abrirá decorrido um ano da arrecadação de seus bens, mas a sucessão definitiva se abrirá dez anos depois de passada em julgado a sentença que conceder a sucessão provisória.
(B) requerer a declaração de morte presumida de Pedro e de José ao juiz, que fixará as datas prováveis dos falecimentos, sendo a meação decorrente da morte do cônjuge e a herança, pela morte do filho, atribuídas a ela em processo de inventário.
(C) apenas requerer a arrecadação dos bens de José e de Pedro, sendo nomeada curadora, até que se abra a sucessão definitiva deles, dez anos depois de passada em julgado a sentença que conceder a sucessão provisória, ou quando completarem oitenta anos e fizer cinco anos das últimas notícias de cada um deles, quando, então, todos os bens serão atribuídos a Joana, em processo de inventário.
(D) somente requerer a arrecadação dos bens de José e de Pedro, sendo nomeada curadora, até que, decorridos dois anos do desparecimento da aeronave em que Pedro se encontrava e dez anos do desaparecimento de José, seja possível requerer ao juiz a abertura da sucessão definitiva de ambos, quando, então, seus bens serão atribuídos a Joana, independentemente da realização de inventário, suprido pela arrecadação.
(E) somente pedir ao juiz um alvará para administrar, como curadora, os bens de ambos e, se necessária a venda, requerer alienação judicial, porque o ausente se considera absolutamente incapaz, até que o juiz declare a morte presumida de ambos, decorridos dez anos de seus desaparecimentos, e possam abrir-se os respectivos inventários, nos quais todos os bens remanescentes serão atribuídos a Joana.

A: correta, nos termos do art. 7º, I e parágrafo único, do CC em relação à declaração de morte presumida de José; e nos termos dos arts. 6º, 22, 26 e 37 do CC em relação à declaração de ausência de José e sua sucessão provisória e definitiva, respectivamente; **B:** incorreta, pois só será fixada a data provável da morte no caso de Pedro (art. 7º, parágrafo único, do CC); no caso de José presumir-se-á sua morte apenas quando for aberta sua sucessão definitiva (arts. 6º e 37 do CC); **C**, **D** e **E:** incorretas, pois no caso de Pedro, sua esposa poderá requerer desde já ao juiz a declaração de sua morte presumida, sem necessidade de que se aguarde a decretação de sua ausência, nos termos do art. 7º do CC.

Gabarito "A"

2.7. Bens

(Técnico – TRT/11ª – 2012 – FCC) Considere as seguintes hipóteses:

I. Na reforma da residência de Otávio, foi retirada toda a lareira da sala para pintura das paredes e teto para posterior recolocação.
II. Márcia comprou sementes e as plantou para fins de cultivo.

Nestes casos, a lareira:

(A) é considerada bem móvel e as sementes bens imóveis;
(B) e as sementes são consideradas bens imóveis;

(C) e as sementes são consideradas bens móveis;

(D) é considerada bem imóvel e as sementes bens móveis;

(E) e as sementes são consideradas bens insuscetíveis de classificação momentânea.

A: incorreta, pois a lareira é bem imóvel, já que foi separada da residência, mas será reempregada (art. 81, II, do CC); quanto às sementes, de fato, são bens imóveis, pois foram incorporadas ao solo (art. 79 do CC); **B**: correta, pois as sementes, de fato, são bens imóveis, uma vez que foram incorporadas ao solo (art. 79 do CC); **C**: incorreta, pois as sementes, no caso, foram incorporadas ao solo e, assim, serão bens imóveis; **D**: incorreta, pois as sementes, no caso, são imóveis (art. 79 do CC) e não móveis; **E**: incorreta, pois, como se viu é possível, diante da lei, classificar, no caso em tela, as sementes e a lareira como bens imóveis (arts. 79 e 81, II, do CC).

Gabarito "B"

(Analista Judiciário – Área Judiciária – TRT12 – 2013 – FCC) Em relação aos bens:

(A) pertenças são bens que constituem partes integrantes de outros bens móveis ou imóveis, para incremento de sua utilidade.

(B) são móveis os materiais provisoriamente separados de um prédio, para nele se reempregarem.

(C) infungíveis são os bens móveis que podem substituir-se por outros da mesma espécie, qualidade e quantidade.

(D) não perdem o caráter de bens imóveis as edificações que, separadas do solo, mas conservando sua unidade, forem removidas para outro local.

(E) as benfeitorias podem ser principais, acessórias, singulares e coletivas.

A: incorreta, pois são pertenças os bens que, *não constituindo* partes integrantes, se destinam, de modo duradouro, ao uso, ao serviço ou ao aformoseamento de outro (art. 93 do CC); **B**: incorreta, pois referidos bens não perdem o caráter de imóveis (art. 81, II, do CC); **C**: incorreta, pois esse é o conceito de bem fungível (art. 85 do CC); **D**: correta (art. 81, I, do CC); **E**: incorreta, pois as benfeitorias podem ser úteis, necessárias ou voluptuárias (art. 96, *caput*, do CC).

Gabarito "D"

(Analista – TRT/11ª – 2012 – FCC) Um fundo de comércio, uma biblioteca e um rebanho são uma universalidade de

(A) direito, direito e de fato, respectivamente.

(B) direito.

(C) fato.

(D) fato, fato e de direito, respectivamente.

(E) fato, direito e de direito, respectivamente.

A alternativa correta é a assertiva "C", pois em conformidade com o art. 90 do CC, *in verbis* "*Constitui universalidade* **de fato** *a pluralidade de bens singulares que, pertinentes à mesma pessoa, tenham destinação unitária. Parágrafo único. Os bens que formam essa universalidade podem ser objeto de relações jurídicas próprias*". Neste passo, tanto o fundo de comércio, como a biblioteca, como o rebanho têm destinação unitária, pois podem ser comercializados como um todo, sendo que os bens que os compõem também podem ser objeto de relações jurídicas individuais.

Gabarito "C"

(Magistratura – TRT 1ª – 2016 – FCC) Sobre os bens reciprocamente considerados, e de acordo com o que estabelece o Código Civil, considere:

I. São pertenças os bens que, não constituindo partes integrantes, se destinam, de modo duradouro, ao uso, ao serviço ou ao aformoseamento de outro.

II. Os negócios jurídicos que dizem respeito ao bem principal abrangem as pertenças de acordo com as circunstâncias do caso.

III. As benfeitorias úteis são aquelas que não aumentam o uso habitual do bem, ainda que o tornem mais agradável ou sejam de elevado valor.

IV. Não se consideram benfeitorias os melhoramentos ou acréscimos sobrevindos ao bem sem a intervenção do proprietário, possuidor ou detentor.

Está correto o que se afirma APENAS em

(A) II, III e IV.

(B) I e II.

(C) I e IV.

(D) I, II e III.

(E) I, II e IV.

I: correta (art. 93 do CC); **II**: incorreta, pois tais negócios não abrangem as pertenças, salvo se o contrário resultar da lei, da manifestação de vontade, ou das circunstâncias do caso (art. 94 do CC); **III**: incorreta, pois a definição da alternativa é de benfeitorias *voluptuárias* (art. 96, § 1º, do CC) e não de benfeitorias *úteis*, sendo que estas aumentam ou facilitam o uso do bem (art. 96, § 2º, do CC); **IV**: correta (art. 97 do CC).

Gabarito "C"

(Magistratura/PE – 2013 – FCC) Os bens naturalmente divisíveis podem tornar-se indivisíveis

(A) por vontade das partes, não podendo exceder de cinco anos a indivisão estabelecida pelo doador ou pelo testador.

(B) por vontade das partes, que não poderão acordá-la por prazo maior de cinco anos, insuscetível de prorrogação ulterior.

(C) apenas por disposição expressa de lei.

(D) por disposição expressa de lei ou pela vontade das partes, desde que, neste caso, o prazo de obrigatoriedade da indivisão não ultrapasse dez anos.

(E) apenas pela vontade das partes.

O art. 88 do CC permite que a vontade das partes ou a lei tornem indivisíveis aqueles bens que – por natureza – seriam divisíveis. Assim, por exemplo, é comum que a lei municipal determine uma metragem mínima para terrenos localizados em áreas nobres, tornando-os indivisíveis quando naturalmente poderiam ser divididos. Quanto ao prazo de obrigatoriedade da indivisão convencional, o art. 1.320, § 2º, do CC estipula que: "*Não poderá exceder de cinco anos a indivisão estabelecida pelo doador ou pelo testador*".

Gabarito "A"

(Magistratura/RR – 2015 – FCC) NÃO podem ser objeto de alienação:

(A) os imóveis considerados por lei como bem de família.

(B) em nenhuma hipótese, os bens públicos de uso especial e os dominicais.

(C) os frutos e produtos não separados do bem principal.

(D) a herança de pessoa viva e os bens impenhoráveis por disposição testamentária.

(E) os bens públicos de uso comum do povo e os de uso especial, enquanto conservarem legalmente essa qualificação.

A: incorreta, pois o bem de família é impenhorável, e não inalienável; **B**: incorreta, pois os bens dominicais são alienáveis (art. 101 do CC) e, quanto aos de uso especial, se forem desafetados, também serão alienáveis (art. 100 do CC); **C:** incorreta, pois a lei admite que eles sejam objeto de negócio jurídico (art. 95 do CC); **D:** incorreta, pois, em relação aos bens impenhoráveis por disposição testamentária, na verdade é o contrário, são os bens inalienáveis por disposição testamentária que são impenhoráveis (art. 1.911 do CC); **E:** correta (art. 100 do CC).

Gabarito "E"

2.8. Fatos jurídicos

2.8.1. *Espécies, formação e disposições gerais*

(Técnico Judiciário – TRT11 – FCC – 2017) Rafael vendeu uma fazenda para Valdir, estabelecendo que o comprador só entrará na posse do imóvel quando tiver construído uma igreja para os colonos. Tal negócio está sujeito

(A) a termo final.

(B) a termo inicial.

(C) à condição resolutiva.

(D) à condição suspensiva.

(E) a encargo.

Condição, termo e encargo constituem elementos acidentais do negócio jurídico, introduzidos pela vontade das partes. Alternativa **A** está errada, pois termo é o acontecimento futuro e certo em que começa ou extingue a eficácia do negócio jurídico. Termo pode ser classificado em: (i) inicial ou suspensivo, ou (ii) final ou resolutivo. O termo final extingue o direito. Alternativa **B** está errada, nos moldes do artigo 131 do Código Civil, "o termo inicial suspende o exercício, mas não a aquisição do direito", vale dizer, o direito sob termo inicial suspende o exercício, mas é considerado direito adquirido. Alternativa **C** errada, condição, de acordo com o artigo 121 do Código Civil "considera-se condição a cláusula que, derivando exclusivamente da vontade das partes, subordina o efeito do negócio jurídico a evento futuro e incerto", portanto, condição é o evento futuro e incerto que subordina a eficácia do negócio jurídico. A condição pode ser classificada em: (i) casual, potestativa ou mista, ou (ii) resolutiva ou suspensiva. No que diz respeito à condição resolutiva, ocorrendo o evento futuro e incerto extingue o direito. Alternativa **D** correta, pois a condição suspensiva impede a eficácia do negócio jurídico e a realização do evento futuro e incerto, vale dizer, não há direito adquirido enquanto não se verificar a condição suspensiva, nos termos do artigo 125 do Código Civil "subordinando-se à eficácia do negócio jurídico à condição suspensiva, enquanto esta se não verificar, não se terá adquirido o direito, a que ele visa". Alternativa **E** incorreta, pois encargo é a cláusula imposta nos negócio gratuitos, pela qual se restringe a liberalidade que foi concedida. Conforme o artigo 136 do Código Civil, o encargo não suspende a aquisição nem exercício do direito e nos termos do artigo 137 do mesmo diploma legal, sendo ilícito ou impossível considera-se não escrito. MP

Gabarito "D"

(Procurador do Estado – PGE/RN – FCC – 2014) *Não basta, porém, ao julgador fixar os elementos materiais externos do negócio jurídico, para a solução do problema hermenêutico. E, por outro lado, não pode entrar no âmago da consciência do agente para buscar a expressão íntima da vontade. Esta, na verdade, se manifesta por um veículo que é a declaração da vontade traduzida na linguagem reveladora.*

(PEREIRA, Caio Mário da Silva. **Instituições de Direito Civil**. v. I, p. 499. 20. ed. – atualizadora Maria Celina Bodin de Moraes, Editora Forenese, 2004).

Segundo esse texto,

(A) nas declarações de vontade se atenderá mais ao sentido literal da linguagem do que à intenção nelas consubstanciadas.

(B) nas declarações de vontade se atenderá mais à intenção nelas consubstanciadas do que ao sentido literal da linguagem.

(C) a manifestação de vontade não deve subsistir se o seu autor fizer a reserva mental de não querer o que manifestou.

(D) a boa-fé não é critério de interpretação dos negócios jurídicos, mas apenas uma conduta esperada das partes.

(E) na interpretação dos negócios jurídicos deverão sempre ser perquiridos os motivos determinantes, ainda que não revelados pelo agente.

A: incorreta, pois contrária aos termos do art. 112 do CC; **B:** correta. A assertiva dispõe de forma idêntica ao art. 112 do CC, o qual traz verdadeiro guia interpretativo dos negócios jurídicos, determinando que se valorize mais a intenção do que à literalidade da redação do negócio jurídico; **C:** incorreta, pois "*A manifestação de vontade subsiste ainda que o seu autor haja feito a reserva mental de não querer o que manifestou, salvo se dela o destinatário tinha conhecimento*" (CC, art. 110); **D:** incorreta, pois a boa-fé objetiva pode ser utilizada como critério interpretativo dos negócios jurídicos. Nesse sentido é o Enunciado 26 do CJF, segundo o qual "*A cláusula geral contida no art. 422 do novo Código Civil impõe ao juiz interpretar e, quando necessário, suprir e corrigir o contrato segundo a boa-fé objetiva, entendida como a exigência de comportamento leal dos contratantes*"; **E:** incorreta, pois os motivos determinantes de um negócio jurídico somente são relevantes quando expressamente indicados pelo contratante (CC, art. 140). GN

Gabarito "B"

2.8.2. *Condição, termo e encargo*

(Magistratura/PE – 2013 – FCC) Invalidam os negócios jurídicos que lhes são subordinados as condições

(A) ilícitas, mas não as de fazer coisa ilícita, porque, neste caso, apenas a condição é inválida e não os negócios.

(B) física ou juridicamente impossíveis, quando resolutivas.

(C) incompreensíveis ou contraditórias.

(D) impossíveis e as de não fazer coisa impossível, quando resolutivas.

(E) suspensivas quando juridicamente impossíveis, mas não as que forem apenas fisicamente impossíveis.

Para responder esta questão, é importante diferenciar a invalidade do negócio jurídico ou apenas a invalidade da condição que é aposta ao negócio jurídico. A questão busca saber uma hipótese de invalidade do negócio jurídico, em decorrência de uma condição viciada. Nesse sentido, o art. 123 do CC prevê que três condições geram a invalidade do negócio jurídico: I – as condições física ou juridicamente impossíveis, quando suspensivas; II – as condições ilícitas, ou de fazer coisa ilícita; III – as condições incompreensíveis ou contraditórias.

Gabarito "C"

2.8.3. *Defeitos do negócio jurídico*

(Técnico Judiciário – TRT11 – FCC – 2017) A respeito dos defeitos dos negócios jurídicos, considere:

I. O erro de cálculo autoriza a parte prejudicada a obter o desfazimento do negócio.

II. Se ambas as partes tiverem procedido com dolo, qualquer delas pode alegá-lo para anular o negócio, ou reclamar indenização.

III. Presumem-se fraudatórios dos direitos de outros credores às garantias reais de dívidas que o credor insolvente tiver dado a algum credor.

Está correto o que se afirma APENAS em

(A) III.

(B) I e II.

(C) I e III.

(D) II e III.

(E) I.

São vícios ou defeitos do negócio jurídico: erro, dolo, coação, estado de perigo, lesão e fraude contra credores. Alternativa A, (III) correta, nos termos do artigo 163 do Código Civil "presumem-se fraudatórias dos direitos dos outros credores as garantias de dívidas que o devedor insolvente tiver dado a algum credor", portanto, enquanto não insolvente, todos os bens que integram o patrimônio do devedor podem ser oferecidos como garantia real, porém, se insolvente, o devedor não pode oferecer seu bem como garantia real a um determinado credor, em detrimento de todos os outros. Tais negócios jurídicos presumem-se suscetíveis de fraude. (I) errada, de acordo com o artigo 143 do Código Civil "o erro de cálculo apenas autoriza a retificação da declaração de vontade" vale dizer, não há vício capaz de anular o negócio jurídico, eis que o erro de cálculo é um erro material, que não atinge a vontade das partes. (II) errada, pois viola o preceito do artigo 150 do Código Civil que diz "se ambas as partes procederem com dolo, nenhuma pode alegá-lo para anular o negócio, ou reclamar indenização". Dessa forma, se ambas as partes agem com dolo, pois cada uma tem a intenção de prejudicar a outra, não há que falar em indenização, uma vez que ninguém pode se beneficiar da própria torpeza. MP

Gabarito "A"

(Procurador do Estado – PGE/MT – FCC – 2016) Pedro adquiriu de João veículo que, segundo afirmou o vendedor, a fim de induzir o comprador em erro, seria do tipo "flex", podendo ser abastecido com gasolina ou com álcool. Mas Pedro não fazia questão desta qualidade, e teria realizado o negócio ainda que o veículo não fosse bicombustível. No entanto, em razão do que havia afirmado João, Pedro acabou por abastecer o veículo com combustível inapropriado, o que causou avaria no motor. O negócio jurídico

(A) é anulável e obriga às perdas e danos, em razão do vício denominado dolo, não importando tratar-se de dolo acidental.

(B) é nulo, em razão de vício denominado dolo.

(C) é nulo, em razão de vício denominado lesao.

(D) é anulável, em razão do vício denominado dolo, mas não obriga às perdas e danos, por tratar-se de dolo acidental.

(E) não é passível de anulação, pois o dolo acidental só obriga às perdas e danos.

O Código Civil reúne sete espécies de dolo, sendo que apenas três deles têm o efeito de anular um negócio jurídico. São eles: o dolo substancial (que é o engano induzido que diz respeito a uma característica determinante do negócio jurídico), o dolo de terceiro (quando a parte beneficiada sabia do engano) e o dolo negativo (que é o dolo por omissão). Não anulam o negócio jurídico o dolo bilateral (ambas as partes atuam com dolo), o dolo de terceiro (quando a parte beneficiada não sabia do engano) e o dolo acidental, que é justamente objeto da questão. Trata-se do dolo quanto a um aspecto não determinante, nao essencial do negócio jurídico. A vítima foi enganada quanto a uma característica que não era decisiva para a conclusão do negócio jurídico. Em outras palavras, ela teria praticado o negócio jurídico mesmo que soubesse daquele engano. Possivelmente ela pagaria menos pelo objeto, mas não deixaria de realizá-lo (CC, art. 146). Vale ressaltar que – em que pese não ser possível anular o negócio jurídico – a lei permite que a vítima peça indenização por perdas e danos. GN

Gabarito "E"

(Defensor Público – DPE/BA – 2016 – FCC) Hugo, ao descobrir que sua filha precisava de uma cirurgia de urgência, emite ao hospital, por exigência deste, um cheque no valor de cem mil reais. Após a realização do procedimento, Hugo descobriu que o valor comumente cobrado para a mesma cirurgia é de sete mil reais. Agora, está sendo cobrado pelo cheque emitido e, não tendo a mínima condição de arcar com o pagamento da cártula, procura a Defensoria Pública de sua cidade. Diante desta situação, é possível buscar judicialmente a anulação do negócio com a alegação de vício do consentimento chamado de

(A) erro substancial.

(B) lesão.

(C) estado de perigo.

(D) dolo.

(E) coação.

A: incorreta, pois o erro é a falsa percepção da realidade, a qual não foi induzida (CC, art. 138); **B:** incorreta, pois no caso de lesão não há necessidade de se salvar, como é a hipótese narrada (CC, art. 157); **C:** correta, pois o fato descrito encaixa-se com precisão na tipificação legal, que prevê a ocorrência do estado de perigo quando alguém "*premido da necessidade de salvar-se, ou a pessoa de sua família, de grave dano conhecido pela outra parte, assume obrigação excessivamente onerosa*" (CC, art. 156); **D:** incorreta, pois o dolo é o vício do consentimento no qual uma pessoa – mediante um artifício malicioso – conduz a vítima à falsa percepção da realidade (CC, art. 145). O dolo é, por assim dizer, o erro induzido; **E:** incorreta, pois na coação uma pessoa – mediante violência ou grave ameaça – conduz a vítima a praticar negócio que não praticaria se livre estivesse (CC, art. 151).

Gabarito "C"

(Analista – TRT/3ª – 2015 – FCC) Marcela permutou um televisor avariado com um celular avariado de Marina. Ambas sabiam que os respectivos bens estavam deteriorados e ambas esconderam tal circunstância uma da outra buscando tirar vantagem na transação. Julgando-se prejudicada, Marina ajuizou ação contra Marcela requerendo a invalidação do negócio e indenização. O juiz deverá

(A) desacolher ambos os pedidos, pois, se as duas partes procedem com dolo, nenhuma pode alegá-lo para anular o negócio nem reclamar indenização.

(B) acolher apenas o pedido de invalidação do negócio, pois esta pode ser reconhecida inclusive de ofício.

(C) acolher apenas o pedido de indenização, em razão do princípio que veda o enriquecimento sem causa.

(D) acolher ambos os pedidos, pois o dolo de uma parte não anula o da outra.

(E) acolher apenas o pedido de invalidação, desde que formulado no prazo decadencial de quatro anos da celebração do negócio.

Dolo é todo artifício malicioso que induz alguém a praticar um negócio jurídico prejudicial ou para obter vantagem para si ou para outrem. Em regra, o dolo será anulável nos termos do art. 170, II, CC. O Código prevê uma exceção quanto ao dolo bilateral ou recíproco (quando as partes agem com dolo). Neste caso, não se anula o negócio, nem haverá indenização por perdas e danos, conforme prevê o art. 150 do CC: 'Se ambas as partes procederem com dolo, nenhuma pode alegá-lo para anular o negócio, ou reclamar indenização". Assim, a fim de resguardar a boa-fé nas relações contratuais, não há o que se proteger se ambas as partes tinham a intenção de prejudicar a outra, há uma compensação, pois ninguém pode se beneficiar pela própria torpeza – *nemo auditur propriam turpitudinem allegans*.

Gabarito "A"

(Analista Judiciário – Área Judiciária – TRT12 – 2013 – FCC) Acerca dos negócios jurídicos:

(A) nas declarações de vontade importa considerar e fazer prevalecer apenas o sentido literal da linguagem.

(B) os negócios jurídicos benéficos e a renúncia interpretam-se ampliativamente.

(C) a manifestação de vontade subsiste ainda que o seu autor haja feito a reserva mental de não querer o que manifestou, salvo se dela o destinatário tinha conhecimento.

(D) se forem eles celebrados com a cláusula de não valer sem instrumento público, este passa a ser incidental e secundário ao ato.

(E) o silêncio de uma parte importa sempre anuência à vontade declarada pela outra parte.

A: incorreta, pois nas declarações de vontade se atenderá mais à *intenção nelas consubstanciada* do que ao sentido literal da linguagem (art. 112 do CC); **B:** incorreta, pois os negócios jurídicos benéficos e a renúncia interpretam-se *estritamente* (art. 114 do CC); **C:** correta (art. 110 do CC); **D:** incorreta, pois o negócio jurídico celebrado com a cláusula de não valer sem instrumento público, *este é da substância do ato* (art. 109 do CC); **E:** incorreta, pois o silêncio apenas importa anuência, quando as circunstâncias ou os usos o autorizarem, e não for necessária a declaração de vontade expressa (art. 111 do CC).

Gabarito "C"

(Analista – TRT/2ª Região – 2014 – FCC) Robinho foi ao shopping com a intenção de comprar um relógio de ouro, para combinar com suas inúmeras correntes do mesmo metal. De pouca cultura, adquiriu um relógio folheado a ouro, apenas, que tentou devolver mas a loja não aceitou, alegando terem vendido exatamente o que Robinho pediu e não terem agido de má-fé. Se Robinho procurar a solução judicialmente, seu advogado deverá pleitear a

(A) anulação do negócio jurídico, alegando lesão por inexperiência.

(B) nulidade do negócio jurídico, por erro essencial quanto ao objeto principal da relação jurídica.

(C) anulação do negócio jurídico, alegando erro substancial no tocante a uma qualidade essencial do relógio adquirido.

(D) nulidade do negócio jurídico, por embasamento em falso motivo.

(E) ineficácia do negócio jurídico, por erro incidental e abusividade do funcionário da loja ré.

A: incorreta, pois na lesão temos uma desproporção, *conhecida pela parte contrária*, entre a prestação paga e o valor que é devido, gerando onerosidade excessiva (art. 157 do CC). A hipótese em tela trata-se do caso de erro, em que a pessoa engana-se sozinha, total ou parcialmente (art. 138 do CC); **B:** incorreta, pois trata-se de hipótese de anulabilidade, e não de nulidade (art. 138 do CC). **C:** correta, pois a história retrata um erro substancial quanto ao objeto (art. 139, I do CC); **D:** incorreta, pois não há falar-se em falso motivo. Ademais, falso motivo só vicia a declaração de vontade quando expresso como razão determinante (art. 140 do CC); **E:** incorreta, pois a eficácia está relacionada com os elementos acidentais do negócio jurídico, quais sejam, condição, termo e encargo (art. 121/137 do CC).

Gabarito "C"

(Analista – TRT/16ª Região – 2014 – FCC) A respeito dos atos jurídicos lícitos e ilícitos, considere:

I. Constitui ato ilícito a destruição da coisa alheia a fim de remover perigo iminente.

II. Não comete ato ilícito o titular de um direito que, ao exercê-lo, excede manifestamente os limites impostos pelos bons costumes.

III. Aquele que, por ação ou omissão voluntária, violar direito e causar dano a outrem, ainda que exclusivamente moral, comete ato ilícito.

Está correto o que se afirma APENAS em

(A) II e III.

(B) I e II.

(C) I e III.

(D) III.

(E) I.

I: incorreta, pois referido ato não é considerado ilícito pela lei (art. 188, II, do CC); **II:** incorreta, pois *comete ato ilícito* o titular de um direito que, ao exercê-lo, excede manifestamente os limites impostos pelo seu fim econômico ou social, pela boa-fé ou pelos *bons costumes* (art. 187 do CC); **III:** correta (art. 186 do CC).

Gabarito "D"

(Analista – TRT/11ª – 2012 – FCC) Em um negócio jurídico uma parte pensa que a outra parte está doando um bem quando na verdade o bem está sendo oferecido à venda. Neste caso, ocorreu

(A) *error in negotio* tratando-se de erro substancial que poderá anular o negócio jurídico.

(B) *error in corpore* tratando-se de erro substancial que poderá anular o negócio jurídico.

(C) erro acidental que não anula o negócio jurídico, devendo as partes adequá-los à situação real.

(D) erro acidental que anula o negócio jurídico, não cabendo perdas e danos à parte prejudicada.

(E) *error juris* tratando de erro substancial que poderá anular o negócio jurídico.

A: correta, pois, de fato trata-se de erro substancial, considerando que diz respeito à natureza do negócio (doação X compra e venda). Assim, nos termos dos arts. 138 e 139, I do CC, o negócio jurídico é anulável; **B:** incorreta, pois o erro *in corpore* diz respeito ao erro sobre o objeto do negócio, o que não é o caso; **C** e **D:** incorreta, pois não se trata de hipótese de erro acidental, mas sim erro essencial, consoante expressa disposição de Lei (art. 139, I do CC). Ademais, apenas para constar, o erro acidental não anula o negócio jurídico, mas apenas dá direito a indenização por perdas e danos; **E:** incorreta, pois muito embora o erro de direito também seja caso de anulação do negócio jurídico, ele não está presente no caso em testilha (art. 139, III do CC).

Gabarito "A"

(Analista – TRT/1ª – 2012 – FCC) Sobre os defeitos dos negócios jurídicos, de acordo com o Código Civil brasileiro, considere:

I. A coação sempre vicia o ato, ainda que exercida por terceiro, e se a parte prejudicada com a anulação do ato não soube da coação exercida por terceiro, só este responde por perdas e danos.

II. Tratando-se de negócios gratuitos, a anulação por fraude contra credores dispensa que o estado de insolvência do devedor seja conhecido por qualquer uma das partes, mas no caso de contrato oneroso do devedor insolvente é necessário, para a anulação, que a insolvência seja notória ou houver motivo para que ela seja conhecida do outro contratante.

III. O dolo do representante legal ou convencional de uma das partes só obriga o representado a responder civilmente até a importância do proveito que teve.

Está correto o que se afirma APENAS em

(A) I e II.
(B) I e III.
(C) II.
(D) II e III.
(E) III.

I: incorreta, pois vicia o negócio jurídico a coação exercida por terceiro apenas se a parte que dela se aproveite tivesse ou devesse ter conhecimento do ato (art. 154 do CC). Quanto a segunda parte da assertiva, não há reparos a serem feitos, nos termos do art. 155 do CC; **II:** correta (arts. 158 e 159 do CC); **III:** incorreta, pois havendo dolo do representante convencional, o representado responderá solidariamente com ele por perdas e danos e não apenas no limite do proveito que teve (art. 149 do CC).

Gabarito "C"

(Magistratura – TRT 1ª – 2016 – FCC) A respeito dos defeitos dos negócios jurídicos previstos no Código Civil, considere:

I. São anuláveis os negócios jurídicos, quando as declarações de vontade emanarem de erro substancial que poderia ser percebido por pessoa de diligência normal, em face das circunstâncias do negócio.

II. O erro é substancial quando sendo de direito e não implicando recusa à aplicação da lei, for o motivo único ou principal do negócio jurídico.

III. O falso motivo só vicia a declaração de vontade quando expresso como razão determinante.

IV. O erro de cálculo apenas autoriza a retificação da declaração de vontade.

Está correto o que se afirma em

(A) I, II, III e IV.
(B) I e II, apenas.
(C) I e III, apenas.
(D) II e III, apenas.
(E) I, II e IV, apenas.

I: correta (art. 138 do CC); **II:** correta (art. 139, III, do CC); **III:** correta (art. 140 do CC); **IV:** correta (art. 143 do CC).

Gabarito "A"

(Magistratura – TRT 1ª – 2016 – FCC) Necessitando, com urgência, comprar remédios muito caros para o tratamento de um doença da qual padecia e não possuindo rendas ou economias para tanto, o proprietário de certo imóvel o alienou a terceiro por cerca de 1/5 de seu valor de mercado. Agravando-se o quadro do mesmo ex-proprietário cerca de três anos após a alienação, seu procurador, constituído por escritura pública para representá-lo em todos os atos da vida civil enquanto estivesse em nosocômio, substabeleceu a procuração por instrumento particular e o substabelecido ajuizou ação em face de terceiro para anulação da alienação do imóvel, depositando em juízo, à disposição do mesmo terceiro, o valor recebido pelo falecido pela venda do imóvel, com juros e correções legais. Nesse caso,

(A) teria ocorrido já decadência do direito de promover a referida ação.

(B) o substabelecido poderia mover a ação e o fundamento dela seria a lesão sofrida pelo vendedor.

(C) a compra e venda já estaria perfeita e acabada quando em nosocômio o vendedor, não havendo fundamento legal para a anulação, se ele era maior e capaz ao tempo do negócio.

(D) o substabelecido seria representante da parte legítima e o fundamento da ação seria a venda efetuada durante estado de perigo.

(E) para que o substabelecido pudesse promover a ação, seria necessário que o substabelecimento também tivesse sido feito por instrumento público.

A: incorreta, pois o instituto que pode ser usado como fundamento no caso, a lesão (art. 157, *caput*, do CC), tem como prazo decadencial para pleitear-se a anulação do ato o período de 4 anos contados do dia da realização do negócio (art. 178, II, do CC), prazo esse que não transcorreu no caso concreto, pois o pedido de anulação se deu 3 anos após a alienação; **B:** correta, pois o instituto aplicável é o da lesão (por premente necessidade se fez um negócio com prestação manifestamente desproporcional em relação à prestação da outra parte; art. 157, *caput*, do CC), sendo que o substabelecimento por instrumento particular é cabível ainda que que se outorgue o mandato por instrumento público (art. 655 do CC); **C:** incorreta, pois é aplicável ao caso o instituto da lesão, que permite a anulação do negócio, já que o vendedor, por premente necessidade, fez um negócio com prestação manifestamente desproporcional em relação à prestação da outra parte (art. 157, *caput*, do CC); **D:** incorreta, pois o estado de perigo não se aplica ao caso, já que a outra parte não tinha ciência do estado de perigo do vendedor (art. 156, *caput*, do CC), sendo aplicável o instituto da lesão, já que o vendedor, por premente necessidade, fez um negócio com prestação manifestamente desproporcional em relação à prestação da outra parte (art. 157, *caput*, do CC); **E:** incorreta, o substabelecimento por instrumento particular é cabível ainda que que se outorgue o mandato por instrumento público (art. 655 do CC).

Gabarito "B"

(Defensor Público/PR – 2012 – FCC) Devido a dificuldades financeiras, Andrei teve de penhorar antigo relógio deixado de herança pelo seu falecido pai. O bem foi repassado a terceiro, deixando Andrei com um grande sentimento de culpa pelo ocorrido. Contudo, durante um almoço, Andrei vê o relógio que julga ser aquele que pertenceu ao seu genitor na posse de Marcus, seu colega de trabalho. Informando ao colega detalhes da história familiar e que possui a relojoaria como *hobby*, devido ao aprendizado que teve com seu pai, relojoeiro de profissão, Andrei questiona Marcus "se este venderia o relógio que era do seu pai pelo valor X", o que é aceito pelo vendedor, que silencia tratar-se de peça que jamais pertenceu à família de Andrei, fato que vem a ser constatado pelo mesmo três semanas após a aquisição. O adquirente sentiu-se lesado por ter pago preço que considera desproporcional pelo bem, o qual não iria adquirir em razão da ausência de identidade do objeto adquirido. Trata-se de hipótese de

(A) nulidade do negócio jurídico por simulação relativa.

(B) anulabilidade do negócio jurídico por erro essencial de Andrei.

(C) anulabilidade do negócio jurídico por dolo substancial praticado de forma omissiva por Marcus.

(D) inexistência do negócio jurídico, por inidoneidade do objeto.

(E) anulabilidade do negócio jurídico pela configuração de lesão.

A: incorreta. A hipótese retratada no enunciado revela a existência de dolo negativo e substancial por parte do vendedor do relógio que omitiu informação relevante sobre a natureza do objeto com o objetivo de prejudicar o comprador. Não se confunde, portanto, com a simulação, vício caracterizado pelo conluio entre os contratantes para enganar terceiros (art. 167 do CC); **B:** incorreta. Somente haveria erro na hipótese se o adquirente do bem tivesse se enganado sozinho ("quem erra, erra sozinho; se a pessoa foi induzida a erro haverá dolo"); **C:** correta. Trata-se de dolo substancial (o fato omitido era determinante para a celebração do negócio jurídico) praticado da forma omissiva por Marcus conforme os arts. 145 e 147 do CC; **D:** incorreta. O enunciado não retrata inidoneidade do objeto e, se retratasse, o negócio jurídico seria nulo (art. 166, II, CC); **E:** incorreta. A lesão ocorre quando uma pessoa por premente necessidade ou por inexperiência assume uma obrigação manifestamente desproporcional em relação à contraprestação oposta, conforme art. 157 do CC.

Gabarito "C".

(Defensor Público/SP – 2012 – FCC) Em relação aos defeitos do negócio jurídico, é correto afirmar:

(A) O dolo recíproco enseja a anulação do negócio jurídico e a respectiva compensação das perdas e ganhos recíprocos.

(B) O dolo do representante legal de uma das partes obriga o representado a responder civilmente perante a outra parte, independente do proveito que houver auferido.

(C) O dolo do representante convencional de uma das partes obriga o representado a responder civilmente perante a outra parte, até o limite do proveito que houver auferido.

(D) A caracterização da omissão dolosa em negócio bilateral exige a prova de que sem a omissão o negócio não teria sido celebrado.

(E) O dolo de terceiro enseja a anulação do negócio jurídico, independente do conhecimento das partes contratantes.

A: incorreta. Em conformidade com o art. 150 do CC, se ambas as partes agirem com dolo (bilateral/recíproco), nenhuma delas poderá alegá-lo para que o negócio jurídico seja anulado; **B:** incorreta. O dolo do representante legal obrigará o representado responder civilmente *até a importância de seu proveito* (art. 149 do CC); **C:** incorreta. O dolo do representante convencional obrigará o representado a responder *solidariamente* com o representante pelas perdas e danos (art. 149 do CC); **D:** correta. Nos negócios jurídicos bilaterais, o silêncio intencional de uma das partes a respeito de fato ou qualidade que a outra parte haja ignorado, constitui omissão dolosa, provando-se que sem ela o negócio não se teria celebrado (art. 147 do CC); **E:** incorreta. O dolo de terceiro enseja a anulação apenas se a parte a quem aproveite dele tivesse ou devesse ter conhecimento (art. 148 do CC).

Gabarito "D".

(Procurador do Município – Cuiabá/MT – 2014 – FCC) Por ocasião de forte seca na região centro-oeste, Manoel passou a vender água potável a preço cinco vezes superior ao que praticava anteriormente. Temendo perder produção de soja, Jair celebrou vultoso contrato, adquirindo grande quantidade de água pelo preço cobrado por Manoel. O negócio celebrado entre Manoel e Jair é

(A) válido, pois a Constituição Federal garante o direito de propriedade e estimula a livre-iniciativa.

(B) anulável, em razão de vício denominado lesão.

(C) nulo, em razão de vício denominado lesão.

(D) anulável, em razão de vício denominado estado de perigo.

(E) nulo, em razão de vício denominado coação.

A hipótese descrita no enunciado enquadra-se claramente na previsão do vício do consentimento denominado Lesão (CC, art. 157), tendo em vista que existe uma situação de necessidade, (mas não a de se salvar, nem salvar pessoa de sua família, o que levaria a hipótese para o estado de perigo). Essa situação de necessidade conduz a vítima a celebrar negócio desproporcional. A consequência é a anulabilidade do negócio jurídico, a ser pleiteada no prazo decadencial de quatro anos a contar de sua prática (CC, art. 178). O direito de propriedade, bem como o princípio da livre iniciativa encontram limites em princípios e valores superiores de nosso sistema jurídico, como a função social da propriedade e dos contratos (CC, art. 2.035, parágrafo único), a boa-fé objetiva e a construção de uma sociedade justa e solidária (CF, art. 3º, I).

Gabarito "B".

2.8.4. Invalidade do negócio jurídico

(Analista – TRT/3ª – 2015 – FCC) Pedro comprou, por valor inferior ao de mercado, rara e valiosa coleção de selos pertencente a Lucas, que tinha 14 anos e não foi representado quando da celebração do negócio. Passados alguns meses e não entregue o bem, Pedro procurou Lucas oferecendo-lhe suplementação do preço, a fim de que as partes ratificassem o ato. A pretendida ratificação

(A) não poderá ocorrer, salvo se Lucas for assistido quando da confirmação.

(B) poderá ocorrer, pois os negócios anuláveis podem ser confirmados pela vontade das partes.

(C) deverá ocorrer, em prestígio ao princípio da conservação dos contratos.

(D) não poderá ocorrer, porque o negócio jurídico nulo não é suscetível de confirmação.

(E) poderá ocorrer apenas pelo juiz, depois da intervenção do Ministério Público.

A: Errada, pois a questão trata de negócio jurídico firmado por pessoa absolutamente incapaz, nos termos do art. 3º do CC, assim, para exercerem pessoalmente os seus direitos civis, devem ser representadas por seus pais, tutor ou curador. O que não se confunde com a incapacidade relativa, onde os atos civis só poderão ser exercidos mediante assistência do representante legal (art. 4º do CC); **B:** Errada, uma vez que se trata de negócio jurídico nulo previsto no art. 166 do CC, e não de negócio jurídico anulável previsto no art. 171 do CC, passível de ratificação; **C:** Errada, pois o princípio da conservação dos negócios jurídicos previsto no art. 170 do CC diz que o negócio jurídico nulo poderá ser convertido se desde que: a) contenha os requisitos substanciais e formais de outro; b) que as partes quereriam o outro contrato, se tivessem tido conhecimento da nulidade; **D:** Correta. O negócio jurídico será nulo quando não preencher os requisitos de validade ou não for praticado de acordo com a lei, de acordo com o art. 166, I, do CC, o negócio jurídico será nulo quando realizado por pessoa absolutamente incapaz (art. 3º do CC). Dessa forma, ao contrário dos anuláveis, os negócios jurídicos nulos não podem ser ratificados e, tampouco, convalescem pelo decurso do tempo, nos termos do art. 169 do mesmo diploma legal: "O negócio jurídico nulo não é suscetível de confirmação, nem convalesce pelo decurso do tempo"; **E:** Errada, pois o que poderá ser alegado pelo Juiz é a nulidade, de acordo com o parágrafo único do art. 168 do CC, uma vez que o negócio jurídico nulo não pode ser ratificado (art. 169).

Gabarito "D"

(Defensor Público/AM – 2013 – FCC) São nulos os atos

(A) praticados com a reserva mental de se descumprir a avença, tenha ou não conhecimento do fato o destinatário da manifestação.

(B) emanados de erro substancial que poderia ser percebido por pessoa de diligência normal, em face das circunstâncias do negócio.

(C) quando a lei taxativamente os declarar nulos ou lhes proibir a prática sem cominar sanção.

(D) praticados sob coação ou em fraude contra credores.

(E) praticados pelos relativamente incapazes.

A: incorreta. A manifestação de vontade *subsiste* ainda que o seu autor haja feito a reserva mental de não querer o que manifestou, salvo se dela o destinatário tinha conhecimento (art. 110 do CC); **B:** incorreta, pois são *anuláveis* os atos emanados de erro substancial que poderia ser percebido por pessoa de diligência normal, em face das circunstâncias do negócio (art. 138 do CC); **C:** correta. Está de acordo com o art. 166, VII, do CC; **D:** incorreta. Os negócios jurídicos praticados sob coação ou fraude contra credores são anuláveis (art. 171, II, do CC); **E:** incorreta, pois os atos praticados pelos relativamente incapazes sem assistência são anuláveis (art. 171, I, CC).

Gabarito "C"

(Defensoria/SP – 2013 – FCC) A conversão substancial do negócio jurídico NÃO

(A) pode ser arguida pelas partes ou por terceiro interessado em seus efeitos.

(B) decorre do princípio da conservação dos negócios jurídicos, diversamente da confirmação e da redução dos negócios jurídicos anuláveis.

(C) pode ser determinada de ofício pelo juiz.

(D) tem como requisito objetivo que o negócio jurídico sucedâneo válido tenha suporte fático no negócio jurídico inicial nulo.

(E) tem como requisito subjetivo a vontade das partes na ocorrência do resultado prático decorrente da conversão do negócio jurídico nulo.

A: correta, pois nada impede que terceiro interessado possa vir a arguir a conversão substancial do negócio jurídico; **B:** correta, pois a conversão do negócio jurídico certamente decorre do princípio da conservação, o qual impõe – sempre que possível – evitar a via da anulação do negócio jurídico, preferindo-se outras soluções legais, como a redução de proveito (CC, art. 157 § 2º) ou a confirmação de atos anuláveis (CC, art. 172); **C:** incorreta, devendo ser assinalada, pois o instituto da conversão do negócio jurídico nulo deve decorrer de pedido das partes ou do terceiro juridicamente interessado; **D:** correta, pois o negócio inicial nulo é exatamente o ponto de partida para a criação – através da conversão – de um novo negócio válido e eficaz; **E:** correta, pois o requisito subjetivo da conversão é justamente a percepção de que as partes – se estivessem ciente do vício do ato – teriam pretendido praticar outro ato, o qual será agora criado pela conversão.

Gabarito "C"

2.8.5. interpretação dos negócios jurídicos

(Analista – TRT9 – 2012 – FCC) Em relação à interpretação do negócio jurídico, é correto afirmar que

(A) quaisquer negócios jurídicos onerosos interpretam-se estritamente.

(B) na vontade declarada atender-se-á mais à intenção das partes do que à literalidade da linguagem.

(C) a renúncia interpreta-se ampliativamente.

(D) o silêncio da parte importa sempre anuência ao que foi requerido pela outra parte.

(E) como regra geral, não subsiste a manifestação da vontade se o seu autor houver feito a reserva mental de não querer o que manifestou.

A: incorreta, pois quando o legislador usa a palavra "quaisquer" é possível substituí-la pela palavra "todos", então a assertiva traz que "todo contrato oneroso interpreta-se estritamente", o que não reflete a verdade. O Código Civil traz regra expressa quanto à interpretação estrita apenas no que se refere aos contratos jurídicos gratuitos (benéficos) e à renúncia (art. 114 do CC); **B:** correta, pois reproduz o art. 112 do CC; **C:** incorreta, pois a renúncia interpreta-se estritamente (art. 114 do CC); **D:** incorreta, pois o silêncio da parte apenas importa anuência quando as circunstâncias ou os usos o autorizarem, e não for necessária a declaração de vontade expressa (art. 111 do CC); **E:** incorreta, pois a regra é de que subsiste a manifestação de vontade, ainda que o seu autor haja feito a reserva mental de não querer o que manifestou, salvo se dela o destinatário tinha conhecimento. Afinal se o destinatário tinha conhecimento, caso a lei mantivesse válida a manifestação de vontade estaria prestigiando a sua má-fé (art. 110 do CC).

Gabarito "B"

2.9. Atos ilícitos

(Magistratura/PE – 2013 – FCC) O abuso de direito acarreta

(A) consequências jurídicas apenas se decorrente de coação, ou de negócio fraudulento ou simulado.

(B) somente a ineficácia dos atos praticados e considerados abusivos pelo juiz.

(C) indenização apenas em hipóteses previstas expressamente em lei.

(D) apenas a ineficácia dos atos praticados e considerados abusivos pela parte prejudicada, independentemente de decisão judicial.

(E) indenização a favor daquele que sofrer prejuízo em razão dele.

O art. 187 do CC prevê o ato ilícito decorrente do abuso do direito. Na hipótese, o titular de um direito, ao exercê-lo, excede os limites impostos pela boa-fé, pelos bons costumes, pelo seu fim social ou fim econômico. Num julgado lapidar, o STJ (REsp n.º 811.690/RR, Rel. Ministra Denise Arruda, 1ª Turma, julgado em 18.05.2006), entendeu que a concessionária "*ao suspender o fornecimento de energia elétrica em razão de um débito de R$ 0,85, não agiu no exercício regular de direito, e sim com flagrante abuso de direito*", condenando-a ao pagamento de danos materiais e morais ao consumidor. Trata-se, pois de um ato ilícito, cuja consequência é a obrigação de indenizar, prevista no art. 927 do CC.

Gabarito "E"

(Magistratura/CE – 2014 – FCC) Praticado um ato jurídico de objeto lícito, mas cujo exercício, levado a efeito sem a devida regularidade, acarreta um resultado que se considera ilícito (FRANÇA, R. Limongi. Instituições de Direito Civil. 4. ed., Saraiva, 1991, p. 891), pode-se afirmar que o agente

(A) cometeu ato ilícito que só pode determinar indenização por dano moral.

(B) incorreu em abuso do direito.

(C) praticou ato ilícito, mas que não pode implicar qualquer sanção jurídica.

(D) realizou negócio nulo.

(E) realizou negócio anulável.

Rubens Limongi França trata neste enunciado do exercício abusivo de um direito, o qual se configura um verdadeiro ato ilícito. A previsão encontra respaldo no art. 187 do Código Civil e a consequência vem estabelecida no art. 927 do CC. Verifica-se, portanto, o exercício de um direito que ultrapassa os limites impostos pela boa-fé, bons costumes, fim social ou fim econômico e que, portanto, torna-se ilícito e enseja a sanção jurídica da obrigação de indenizar. A hipótese não guarda relação com nulidade ou anulabilidade do negócio, mas sim com sua licitude.

Gabarito "B"

2.10. Prescrição e decadência

(Juiz – TJ-SC – FCC – 2017) O recebimento, pelo credor, de dívida prescrita:

(A) dá direito à repetição se o devedor for absoluta ou relativamente incapaz.

(B) dá direito à repetição em dobro, salvo se for restituído o valor recebido no prazo da contestação.

(C) dá direito à repetição fundada no enriquecimento sem causa.

(D) só não confere direito à repetição, se o credor houver agido de boa-fé.

(E) não dá direito à repetição por pagamento indevido ou enriquecimento sem causa, ainda que a prescrição seja considerada matéria de ordem pública.

A prescrição extingue apenas a pretensão de um direito (CC, art. 189). Em termos práticos, o credor perde a prerrogativa de cobrar seu créditojudicialmente, mas a dívida continua existindo. Assim, eventual pagamento realizado não dá direito a restituição pelo "pagamento do indébito", pelo simples fato de que – mesmo com a prescrição – ainda há débito. GN

Gabarito "E"

(Procurador do Estado – PGE/MT – FCC – 2016) Francisco tomou R$ 300.000,00 (trezentos mil reais) emprestados de Eduardo e não pagou no prazo avençado. Eduardo, por sua vez, deixou de ajuizar ação no prazo legal, dando azo à prescrição. Não obstante, Francisco pagou Eduardo depois de escoado o prazo prescricional. Depois de realizado o pagamento, Francisco ajuizou ação contra Eduardo para reaver a quantia paga. A alegação:

(A) procede, porque a prescrição atinge o próprio direito de crédito e sua renúncia somente é admitida, se realizada de maneira expressa, depois que se consumar, desde que sem prejuízo de terceiro.

(B) procede, porque, embora a prescrição atinja não o direito, mas a pretensão, sua renúncia somente é admitida quando realizada de maneira expressa, antes de se consumar, desde que feita sem prejuízo de terceiro.

(C) improcede, porque a prescrição atinge não o direito, mas a pretensão, além de admitir renúncia, de maneira expressa ou tácita, depois que se consumar, desde que feita sem prejuízo de terceiro.

(D) improcede, porque, embora apenas a decadência admita renúncia, a prescrição atinge não o direito, mas a pretensão.

(E) procede, porque a prescrição atinge o próprio direito de crédito e não admite renúncia.

A prescrição elimina apenas a pretensão do titular do direito (CC, art. 189). O direito de crédito, em si, continua vivo. Em direito obrigacional, dir-se-ia que o débito (schuld) está vivo, mas a responsabilidade (haftung) pelo inadimplemento, não. Quando o devedor paga uma dívida que está prescrita, ele está pagando por um débito existente. É por isso que eventual pedido de "repetição de indébito" não irá prosperar. Ademais, um pagamento de dívida prescrita poderia também ser considerado como uma renúncia tácita à prescrição por parte do devedor, que estaria abrindo mão do benefício que obteve com o decurso do tempo (CC, art. 191). GN

Gabarito "C"

(Defensor Público – DPE/BA – 2016 – FCC) De acordo com as disposições do Código Civil, a prescrição

(A) não admite renúncia tácita, mas somente expressa.

(B) admite renúncia antes de sua consumação, desde que se refira a interesses disponíveis de pessoas capazes.

(C) pode ser renunciada por relativamente incapaz, mediante assistência de seu representante legal, independentemente de autorização judicial.

(D) corre em desfavor de pessoa relativamente incapaz.

(E) não corre entre pai e filho menor emancipado.

A: incorreta, pois o Código Civil (art. 191) admite a renúncia tácita da prescrição, exigindo-se apenas que ela ocorra quando a prescrição já tiver sido consumada; **B:** incorreta, pois o Código Civil não admite renúncia da prescrição antes de sua consumação (art. 191); **C:** incorreta, pois tal renúncia equipara-se a um ato de disposição patrimonial e que onera o relativamente incapaz, não se podendo exercer sem autorização judicial; **D:** correta, pois apenas o absolutamente incapaz está protegido pela regra de impedimento de prazo prescricional (CC, art. 198, I); **E:** incorreta, pois apenas durante o poder familiar é que não corre prescrição entre ascendente e descendente (CC, art. 197, II). A emancipação é causa de extinção do poder familiar (CC, art. 1.635, II).

Gabarito "D"

(Procurador do Estado – PGE/RN – FCC – 2014) No tocante à extinção das pretensões, pela prescrição, contra a Fazenda Pública, considere as afirmações abaixo.

I. Nenhuma disposição do Decreto no 20.910/1932, que a regulava, subsiste depois da entrada em vigor do Código Civil de 2002, porque este disciplinou integralmente a matéria referente à prescrição.

II. Não se admite a distinção entre prescrição parcelar e prescrição de fundo de direito ou nuclear.

III. Não corre prescrição durante a demora que, no estudo, no reconhecimento ou no pagamento da dívida, considerada líquida, tiverem as repartições ou funcionários encarregados de estudar e apurá-la.

IV. A prescrição somente poderá ser interrompida uma vez e recomeçará a correr, pela metade do prazo, da data do ato que a interrompeu ou do último ato ou termo do respectivo processo, mas, se a interrupção ocorrer antes da metade do prazo de cinco (05) anos, o lustro será respeitado a favor do credor.

V. O prazo prescricional sujeita-se à interrupção, mas não se sujeita à suspensão.

Está correto o que se afirma APENAS em

(A) II e IV.

(B) I e II.

(C) III e IV.

(D) IV e V.

(E) I e III.

I: incorreta, pois o Decreto continua válido e eficaz, especialmente no que diz respeito ao prazo quinquenal para ações contra a Fazenda Pública. Nesse sentido, o atual e consolidado entendimento do STJ sobre o tema: *"é no sentido da aplicação do prazo prescricional quinquenal – previsto do Decreto 20.910/32 - nas ações indenizatórias ajuizadas contra a Fazenda Pública, em detrimento do prazo trienal contido do Código Civil de 2002"*. (REsp 1251993/PR, Rel. Min. Mauro Campbell Marques, Primeira Seção, j. 12.12.2012, DJe 19.12.2012); **II:** incorreta, pois tal distinção não só é admitida, como necessária. São institutos diferentes. A ideia da prescrição parcelar refere-se a parcelas anteriores aos cinco anos, ao passo que a prescrição de fundo refere-se à pretensão em si, como um todo; **III:** correta, pois de pleno acordo com a regra que suspende a prescrição, prevista no art. 4º do Decreto 20.910/1932, que regula a prescrição de pretensão contra a Fazenda Pública; **IV:** correta, pois de pleno acordo com a regra estabelecida pelo art. 9º do mencionado Decreto; **V:** incorreta, pois não há óbice para que ocorra suspensão da prescrição quinquenal. A depender do momento em que o fato previsto em lei ocorre, ele pode suspender um prazo que estava em andamento. Vale lembrar que os fatos que não permitem fluência do prazo são os mesmos. O que muda é o momento de sua ocorrência. Assim, por exemplo, se o fato ocorre antes do prazo começar, trata-se de impedimento. Se ocorre com o prazo já em andamento, é suspensão. **GN**

Gabarito "C"

(Técnico – TRT/6ª – 2012 – FCC) Interrompe-se a prescrição

(A) na pendência de ação de evicção;

(B) pelo protesto cambial;

(C) somente por despacho de Juiz competente que ordenar a citação, se o interessado a promover no prazo e na forma da lei processual;

(D) pelo casamento do devedor com a credora;

(E) sobrevindo incapacidade absoluta ou relativa do credor.

A: incorreta, pois essa é causa suspensiva ou impeditiva da prescrição, e não causa interruptiva desta (art. 199, III, do CC); **B:** correta (art. 202, III, do CC); **C:** incorreta, pois o despacho de juiz, ainda que incompetente, nesse caso, é hábil à interrupção da prescrição (art. 202, I, do CC); **D:** incorreta, pois durante a constância do casamento há suspensão (art. 197, I, do CC) e não interrupção da prescrição; **E:** incorreta, pois, havendo incapacidade absoluta (só absoluta!) não corre prescrição, ou seja, há impedimento ou suspensão desta (art. 198, I, do CC) e não interrupção.

Gabarito "B"

(Analista – TRT/3ª – 2015 – FCC) Durante a constância do casamento, Lourenço emprestou para sua mulher, Bianca, a quantia de R$ 10.000,00, que deveria ser devolvida em um ano. Passados mais de dez anos sem que a dívida houvesse sido paga, o casal se divorciou. Passados dois anos e meio da decretação do divórcio, Lourenço ajuizou ação de cobrança contra Bianca, que, em contestação, alegou decadência, requerendo a extinção do processo com resolução de mérito. Tal como formulada, a alegação de Bianca

(A) improcede, pois se aplicam à decadência as normas que impedem a prescrição e não se passaram mais de quatro anos da decretação do divórcio.

(B) procede, pois, salvo disposição em contrário, não se aplicam à decadência as normas que impedem a prescrição.

(C) improcede, pois o prazo para cobrança da dívida tem natureza prescricional, mas o juiz deverá decretar a prescrição de ofício, pois se passaram mais de dez anos da realização do negócio.

(D) procede, pois, embora se apliquem à decadência as normas que impedem a prescrição, passaram-se mais de dois anos da decretação do divórcio.

(E) improcede, pois o prazo para cobrança da dívida tem natureza prescricional e não corre durante a constância da sociedade conjugal, além de não ter se ultimado, depois da decretação do divórcio.

A: incorreta, uma vez que contraria o disposto no art. 207 do CC; **B:** incorreta, pois no caso em tela, aplica-se o prazo especial de prescrição previsto no art. 206, § 5º, I, do CC, de 5 anos, bem como a regra de impedimento e suspensão da prescrição, prevista no art. 197, I, do CC. Portanto, não se aplicará o disposto no art. 207 do mesmo diploma legal, uma vez que o prazo para a cobrança da dívida tem natureza prescricional; **C:** incorreta, pois contraria os arts. 206, § 5º, I e 197, I, ambos do CC; **D:** Errada, pois viola o previsto no art. 207 do CC; **E:** Correta, de acordo com o disposto no art.197, I, do CC, não corre a prescrição entre os cônjuges, na constância da sociedade conjugal, ou seja, é causa suspensiva da prescrição que faz cessar, temporariamente seu curso. Dessa forma, extinta a sociedade conjugal com o divórcio (art. 1.571, IV, do CC), fica superada a causa suspensiva da prescrição, retomando o seu curso normal, computando o tempo anteriormente decorrido, se existiu. Nesse caso, o prazo prescricional é quinquenal, isto é, prescreve em 5 anos, nos moldes do art. 206, § 5º, I, do mesmo dispositivo legal.

Gabarito "E"

(Analista – TRF/3ª Região – 2014 – FCC) Considere as seguintes situações hipotéticas:

I. Minerva emprestou R$ 10.000,00 para sua amiga Glaucia, uma vez que a mesma necessitava saldar despesas hospitalares de seu filho. As amigas celebraram confissão de dívida assinada por duas testemunhas idôneas, dívida esta não saldada por Glaucia.

II. Lurdes Maria é contadora. No ano de 2012, Lurdes prestou seus serviços profissionais para a Família Silva, elaborando as declarações de imposto de renda do Sr. e Sra. Silva, bem como de seus dois filhos, cobrando pelos serviços o valor de quatro salários mínimos. A família Silva não efetuou o pagamento dos serviços de Lurdes Maria.

III. Hortência alugou seu conjunto comercial para Amanda que está lhe devendo R$ 20.000,00 pelo não pagamento do aluguel referente aos últimos quatro meses.

Nestes casos, de acordo com o Código Civil brasileiro, em regra, prescreverá em cinco anos, APENAS

(A) as pretensões de Minerva e Hortência.

(B) as pretensões de Lurdes Maria e Hortência.

(C) as pretensões de Minerva e Lurdes Maria.

(D) a pretensão de Minerva.

(E) a pretensão de Hortência.

I: correta, pois prescreve em cinco anos a pretensão de cobrança de dívidas líquidas constantes de instrumento público ou particular (art. 206, § 5º, I, do CC); **II:** correta, pois prescreve em cinco anos a pretensão dos profissionais liberais em geral (art. 206, § 5º, II, do CC); **III:** incorreta, pois prescreve em três anos a pretensão relativa a aluguéis de prédios urbanos ou rústicos (art. 206, § 3º, I, do CC).

Gabarito "C"

(Analista – TRT/1ª – 2012 – FCC) A empresa Y, que atua no ramo de cosméticos, situada na cidade do Rio de Janeiro, tem administração coletiva exercida pelos seus dez sócios, nos termos preconizados pelo seu Estatuto Social. Em uma reunião de diretoria, a maioria dos presentes decide tomar uma decisão para o futuro da empresa que contraria o estatuto social e a lei. Neste caso, para Manoel, um dos sócios, inconformado com a decisão tomada pela diretoria da empresa, o direito de anular esta decisão decairá, de acordo com o CC, em

(A) três anos.
(B) um ano.
(C) dois anos.
(D) quatro anos.
(E) cinco anos.

A alternativa correta é a assertiva "A", conforme art. 206, § 3º, VII, *a*, do CC.
Gabarito "A"

(Analista – TRT/1ª – 2012 – FCC) Miguel ajuizou ação de indenização contra Mauro, julgada procedente. Antes de transitar em julgado a sentença, quando ainda tramitava recurso de apelação, Mauro e Miguel resolveram assinar um termo, aumentando em um ano o prazo prescricional para cobrança das despesas desembolsadas pelas partes no curso do litígio. Mantida a sentença pelo E. Tribunal de Justiça do Estado do Rio de Janeiro, para cobrança das despesas despendidas em juízo do vencido Mauro, Miguel terá, a partir do trânsito em julgado, o prazo prescricional, de acordo com o CC, de

(A) 6 anos.
(B) 5 anos.
(C) 3 anos.
(D) 1 ano.
(E) 2 anos.

A alternativa correta é a assertiva "B". De início é importante ressaltar que os prazos de prescrição não podem ser alterados pela vontade das partes, consoante art. 192 do CC. Logo, esse acordo feito entre Mauro e Miguel é inválido. Neste passo, o prazo para a cobrança das despesas judiciais pelo vencedor em face do vencido é de cinco anos, nos termos do art. 206, § 5º, III do CC.
Gabarito "B"

(Analista – TRE/CE – 2012 – FCC) Considere:

I. A pretensão de cobrança de dívidas líquidas constantes de instrumento público ou particular.
II. A pretensão dos profissionais liberais em geral, procuradores judiciais, curadores e professores pelos seus honorários.
III. A pretensão do vencedor para haver do vencido o que despendeu em juízo.
IV. A pretensão dos hospedeiros para o pagamento da hospedagem.

De acordo com o Código Civil brasileiro, prescreve em cinco anos as pretensões indicadas APENAS em

(A) II e IV.
(B) II, III e IV.
(C) I, II e III.
(D) I e III.
(E) I e IV.

I: correta, pois prescreve em cinco anos, de acordo com o disposto no art. 206, § 5º, I, do CC; **II:** correta, pois prescreve em cinco anos, de acordo com o disposto no art. 206, § 5º, II, do CC; **III:** correta, pois prescreve em cinco anos, de acordo com o disposto no art. 206, § 5º, III, do CC; **IV:** incorreta, pois prescreve em um ano, de acordo com o disposto no art. 206, § 1º, I, do CC.
Gabarito "C"

(Advogado da Metro/SP – 2014 – FCC) Com relação à prescrição, considere:

I. Prescreve em três anos a pretensão de reparação civil, bem como a pretensão de ressarcimento de enriquecimento sem causa.
II. A interrupção da prescrição operada contra o codevedor, ou seu herdeiro, não prejudica aos demais coobrigados.
III. Suspensa a prescrição em favor de um dos credores solidários, não aproveitará os outros se a obrigação for indivisível.
IV. Prescreve em cinco anos a pretensão para haver juros, dividendos ou quaisquer prestações acessórias, pagáveis, em períodos não maiores de um ano, com capitalização ou sem ela.

Está correto o que consta APENAS em

(A) I, III e IV.
(B) I, II e III.
(C) III e IV.
(D) II e IV.
(E) I e II.

I: correta, pois ambas as hipóteses estão previstas no art. 206, § 3º, do CC (respectivamente nos incisos V e IV) com prazo prescricional de três anos; **II:** correta, pois apenas prejudicaria aos demais caso houvesse solidariedade passiva. Neste caso, a interrupção da prescrição (que significa fazer o prazo retornar ao zero, pela prática de algum ato previsto na lei) operada contra um devedor prejudicaria todos os demais (CC, art. 204); **III:** incorreta, pois nesse caso aproveitará aos outros. Exemplo: uma devedora deve um carro a dois credores solidários e se casa com um deles. A prescrição irá se suspender para ambos, tendo em vista se tratar de solidariedade ativa e de obrigação indivisível; **IV:** incorreta, pois referida pretensão prescreve em três anos, conforme art. 206 § 3º, III do CC.
Gabarito "E"

(Magistratura/GO – 2015 – FCC) Depois de divorciar-se, Jorge foi obrigado, por decisão transitada em julgado, a pagar alimentos mensais a Ricardo, seu filho, então com 8 anos. Os alimentos jamais foram pagos. Ao completar 18 anos, Ricardo ajuizou ação contra Jorge, pugnando pelo pagamento dos alimentos vencidos nos 10 anos anteriores ao ajuizamento da ação. Jorge, por sua vez, contestou alegando apenas prescrição da totalidade da pretensão. Durante a menoridade, Ricardo permaneceu sob a guarda da mãe. Logo após o divórcio, Jorge contraiu novas núpcias. A pretensão de Ricardo deve ser

(A) acolhida em parte, pois o prazo prescricional passou a fluir no dia seguinte em que Ricardo completou 16 anos, tornando-se relativamente incapaz, o qual possui ação regressiva contra o assistente que deu causa à prescrição.
(B) desacolhida, pois, com o divórcio, extingue-se o poder familiar em relação ao cônjuge que não detém a guarda.
(C) integralmente acolhida, pois não corre a prescrição durante o poder familiar.
(D) desacolhida, pois, com a constituição de nova família, extingue-se o poder familiar quanto ao filho do relacionamento anterior.

(E) integralmente acolhida, pois não corre a prescrição contra o absolutamente incapaz.

A: incorreta, porque o prazo prescricional não passou a fluir no dia seguinte em que Ricardo completou 16 anos, tornando-se relativamente incapaz. Neste caso, ainda havia o poder familiar de Jorge, sobre Ricardo, seu filho. Enquanto houver o poder familiar, não correrá o prazo prescricional entre ascendente e descendente (art. 197, II, do CC); **B:** incorreta, os filhos menores estão sujeitos ao poder familiar (art. 1630 do CC), de modo que a separação judicial, divórcio, a dissolução da união estável não são causas de extinção do poder familiar por parte do genitor privado da guarda do filho (art. 1.632 do CC). As hipóteses de extinção do poder familiar se dão por fatos naturais, de pleno direito, ou por decisão judicial e estão previstas no art. 1635 do Código; **C:** correta, visto que está de acordo com o art. 197, II, do CC, que prevê o impedimento do início do curso do prazo prescricional entre ascendentes e descendentes durante o poder familiar; **D:** incorreta, porque a constituição de nova família não é uma das causas de extinção do poder familiar previstas no art. 1.635 do CC. As hipóteses de extinção do poder familiar são: mortes dos pais ou do filho, emancipação, maioridade, adoção e decisão judicial na forma do art. 1638; **E:** Incorreta, pois ainda que a pretensão de Ricardo deva ser acolhida, não é porque não corre a prescrição contra o absolutamente incapaz, visto que deixou de sê-lo quando fez 16 anos, tornando-se relativamente incapaz. No caso apontado, sua pretensão será acolhida por não correr prescrição durante o poder familiar entre ascendentes e descendentes nos termos do citado art. 197, II, do CC.

Gabarito "C"

(Magistratura/RR – 2015 – FCC) A respeito da prescrição e da decadência considere as seguintes afirmações:

I. A prescrição e a decadência fixadas em lei são irrenunciáveis.

II. A decadência convencional pode ser alegada pela parte a quem aproveita somente dentro do prazo da contestação, mas a decadência legal pode ser alegada a qualquer tempo no processo e o juiz dela deverá conhecer de ofício.

III. O juiz pode, de ofício, reconhecer a prescrição, ainda que a pretensão se refira a direitos patrimoniais, mas não pode, de ofício, suprir a alegação, pela parte, de decadência convencional.

IV. Salvo disposição legal em contrário, não se aplicam à decadência as normas que impedem, suspendem ou interrompem a prescrição.

V. Não corre prescrição pendente condição suspensiva ou ação de evicção.

Está correto o que se afirma APENAS em

(A) II, III e IV.
(B) I, II e III.
(C) III, IV e V.
(D) I, II e IV.
(E) II, IV e V.

I: incorreta, pois se essa afirmação é verdadeira em relação à decadência (art. 209 do CC), é falsa em relação à prescrição, pois cabe sua renúncia depois de sua consumação (art. 191 do CC); **II:** incorreta, pois mesmo a decadência convencional pode ser alegada em qualquer grau de jurisdição (art. 211 do CC); **III:** correta (art. 211 do CC); **IV:** correta (art. 207 do CC); **V:** correta (art. 199, I e III, do CC).

Gabarito "C"

(Magistratura/CE – 2014 – FCC) O Código Civil, Lei n. 10.406, de 10 de janeiro de 2002, estabelece um prazo geral de prescrição de dez anos e alguns prazos especiais, entre eles o de cinco anos para certas pretensões, não incluindo aquelas contra a Fazenda Pública. Nesse caso, a disposição do Decreto n. 20.910, de 06 de janeiro de 1932, que fixa a prescrição quinquenal das pretensões contra a Fazenda Pública,

(A) foi revogada expressamente pelo Código Civil, na medida que dispôs integralmente sobre a matéria referente à prescrição.
(B) não foi revogada e só poderá vir a ser revogada por outro decreto.
(C) não mais regula a matéria, porque ela não pode prevalecer contra disposição de lei.
(D) foi revogada tacitamente, prevalecendo o prazo geral de dez anos para as pretensões contra a Fazenda Pública.
(E) continua em vigor, porque não se verifica nenhuma hipótese de revogação que a atinja e esse decreto ocupa a posição hierárquica de lei ordinária.

A questão já foi pacificada pelo Superior Tribunal de Justiça, tendo em vista que o Decreto n. 20.910/1932 é uma lei especial em relação ao Código Civil. Logo, o prazo prescricional continua sendo de cinco anos. *Vide*, por todos: REsp 1.251.993-PR, proferido em 12/12/2012.

Gabarito "E"

(Defensor Público/AM – 2013 – FCC) A prescrição

(A) deve ser arguida em preliminar de contestação, sob pena de preclusão.
(B) não corre contra o relativamente incapaz.
(C) pode ser convencionada entre as partes.
(D) não corre contra ascendentes e descendentes, mesmo depois de extinto o poder familiar.
(E) é interrompida pelo protesto cambial.

A: incorreta. A prescrição pode ser alegada em qualquer grau de jurisdição (art. 193 do CC); **B:** incorreta. O prazo prescricional corre contra os relativamente incapazes, que têm ação contra os seus assistentes ou representantes legais, que derem causa à prescrição, ou não a alegarem oportunamente (art. 195 do CC); **C:** incorreta, pois os prazos prescricionais não podem ser criados nem alterados pela vontade das partes (art. 192 do CC); **D:** incorreta, uma vez que o prazo prescricional entre ascendentes e descendentes não correm apenas durante o exercício do poder familiar (art. 197, II, do CC); **E:** correta, está de acordo com o art. 202, III, do CC.

Gabarito "E"

(Procurador Legislativo – Câmara de Vereadores de São Paulo/SP – 2014 – FCC) Honorato alugou imóvel a Honório, que o desocupa sem pagar seis meses de aluguel. Cinco anos depois, Honorato propõe ação de cobrança de tais aluguéis. Essa pretensão

(A) será julgada parcialmente procedente, admitindo-se a cobrança de três anos de aluguel e considerando-se prescrito o valor correspondente aos dois últimos anos.
(B) será julgada parcialmente procedente, admitindo-se a cobrança de dois anos de aluguel e considerando-se prescrito o valor correspondente aos três últimos anos.
(C) será julgada totalmente improcedente, pela prescrição ocorrida.
(D) será julgada totalmente procedente, pois a prescrição no caso se dá após cinco anos.
(E) será extinta, sem resolução do mérito, pela decadência.

O direito de receber os valores decorrentes de aluguel é tipicamente um "direito a uma prestação". Referido direito é passível de ser violado (bastando, por exemplo, que o devedor não pague o aluguel). Verificado o inadimplemento, nasce o prazo prescricional para a cobrança dos valores devidos. O prazo prescricional para cobrança de aluguéis é de **três anos**, de acordo com o Código Civil (art. 206 § 3º, I). Logo, transcorrido o prazo de 5 anos, a pretensão já teria sido extinta.

Gabarito "C"

2.11. Prova

(Técnico – TRF/3ª Região – 2014 – FCC) De acordo com o Código Civil brasileiro, no tocante às provas, em regra, a confissão

(A) é irrevogável.

(B) não pode ser anulada se decorreu de erro de fato.

(C) é revogável mediante termo expresso.

(D) é revogável por qualquer meio inequívoco de expressão da vontade.

(E) é revogável se imediata e na presença de no mínimo duas testemunhas idôneas.

A: correta (art. 214 do CC); **B:** incorreta, pois pode ser anulada se decorreu de erro de fato ou de coação (art. 214 do CC); **C**, **D** e **E:** incorretas, pois a confissão é irrevogável (art. 214 do CC).

Gabarito "A"

(Defensor Público/AM – 2013 – FCC) Em relação à prova é correto afirmar que

(A) a recusa ao exame de DNA, quando ordenado pelo juiz, gera presunção relativa de paternidade.

(B) os fatos jurídicos não podem ser provados por presunção.

(C) é sempre nula a convenção que distribui de maneira diversa o ônus da prova.

(D) o interrogatório das partes não pode ser determinado de ofício.

(E) os documentos podem ser juntados a qualquer momento ao processo, sejam novos ou não.

A: correta. De acordo com o art. 231 do CC e a Súmula 301 do STJ, a recusa do suposto pai a realizar o exame de DNA em ação de investigação de paternidade induzirá a presunção *juris tantum* de paternidade; **B:** incorreta. Os fatos jurídicos podem ser provados por presunção (art. 230 do CC). É importante lembrar o leitor que o art. 230 foi revogado pelo NCPC. Entretanto, à época da aplicação da prova, o dispositivo estava vigente; **C:** incorreta. Cabe ao juiz, de ofício ou a requerimento das partes, determinar as provas necessárias para o processo (art. 370 do NCPC); **D:** incorreta, pois segundo o art. 435 do NCPC, é lícita a juntada de documentos novos em qualquer fase do processo. Não abrange, portanto, os documentos que não sejam novos.

Gabarito "A"

3. OBRIGAÇÕES

3.1. Introdução, classificação e modalidades das obrigações

(Técnico – TRF/3ª Região – 2014 – FCC) Ricardo, terceiro não interessado, pagou dívida de seu amigo Cleiton, em seu próprio nome, antes do vencimento. Nesta hipótese, Ricardo

(A) não poderá reembolsar-se do que pagar uma vez que não possuía interesse no pagamento da dívida sendo considerada pela legislação mero ato de liberalidade.

(B) poderá reembolsar-se do que pagar logo após o pagamento e independentemente do vencimento.

(C) poderá reembolsar-se do que pagar apenas no vencimento e também se sub-roga nos direitos do credor.

(D) poderá reembolsar-se do que pagar apenas no vencimento, porém, não se sub-roga nos direitos do credor.

(E) apenas sub-roga-se nos direitos do credor logo após o pagamento.

A: incorreta, pois o terceiro não interessado, que paga a dívida em seu próprio nome, *tem direito a reembolsar-se* do que pagar; mas não se sub-roga nos direitos do credor (art. 305, *caput*, do CC); **B:** incorreta, pois como pagou antes da dívida estar vencida, o direito ao reembolso apenas poderá se dar na data do vencimento (art. 305, parágrafo único, do CC); **C:** incorreta, pois não haverá sub-rogação nos direitos do credor (art. 305, *caput*, do CC); **D:** correta (art. 305 do CC); **E:** incorreta, pois não haverá sub-rogação no direitos do credor independentemente do momento (art. 305, *caput*, do CC).

Gabarito "D"

(Analista – TRT/11ª – 2012 – FCC) Considere as seguintes assertivas a respeito da obrigação de dar coisa certa e da obrigação de dar coisa incerta:

I. Até a tradição pertence ao devedor a coisa, com os seus melhoramentos e acrescidos, pelos quais poderá exigir aumento no preço. Os frutos percebidos são do devedor, cabendo ao credor os pendentes.

II. Em regra, a obrigação de dar coisa certa abrange os acessórios dela embora não mencionados.

III. Antes da escolha, não poderá o devedor alegar perda ou deterioração da coisa, ainda que por força maior ou caso fortuito.

IV. A coisa incerta será indicada, ao menos, pelo gênero. Nas coisas determinadas pelo gênero, em regra, a escolha pertence ao credor.

De acordo com o Código Civil brasileiro está correto o que se afirma APENAS em

(A) I, II e III.

(B) I, II e IV.

(C) I e III.

(D) II, III e IV.

(E) II e IV.

I: correta (art. 237 do CC); **II:** correta (art. 233 do CC); **III:** correta (art. 246 do CC); **IV:** incorreta, pois a coisa incerta será indicada, ao menos, pelo gênero *e pela quantidade*. Nas coisas determinadas pelo gênero e pela quantidade, em regra, a escolha pertence ao *devedor*, se o contrário não resultar do título da obrigação (art. 244 do CC).

Gabarito "A"

(Magistratura/SC – 2015 – FCC) A indústria de cerâmica X celebrou contrato de fornecimento de carvão mineral, durante um ano, com empresa mineradora estabelecendo o instrumento que o produto deveria ser apropriado para a combustão, contudo sem fixar percentual máximo de cinza, sabendo-se que melhor será a combustão, quanto menor a quantidade de cinza. Ao fazer a primeira entrega do produto, o adquirente verificou que a quantidade de cinza era muito alta e que seu concorrente recebia carvão com quantidade de cinza muito baixa. Notificada, a mineradora esclareceu que, no contrato firmado com a concorrente, ficara estabelecido aquele percentual mínimo, o que não figurava no contrato firmado com a Cerâmica X e, por isso, entregava o carvão de pior qualidade. A indústria X ajuizou ação, com pedido de antecipação de tutela, para que a Mineradora Y lhe entregasse o carvão de melhor qualidade. O juiz, após a contestação, e tendo sido comprovada a existência de um produto intermediário, deferiu a liminar, determinando que este fosse o objeto da entrega. Ambas as partes interpuseram agravo de instrumento, pedindo a ré que fosse a liminar revogada e a autora, que fosse a decisão reformada para que a agravada lhe entregasse o carvão de melhor qualidade. Considerando a disposição específica de direito material, nesse caso,

(A) ambos os recursos devem ser providos parcialmente, para que a ré seja compelida a, alternadamente, entregar o produto melhor, o intermediário e o pior.

(B) ambos os agravos devem ser improvidos, porque o devedor não poderá dar a coisa pior, nem será obrigado a prestar a melhor.

(C) deve ser provido o agravo do réu, porque não resultando o contrário do título da obrigação, a escolha pertence ao devedor.

(D) deve ser provido o recurso da autora, porque, não resultando o contrário do título da obrigação, a escolha pertence ao credor.

(E) deve ser provido o recurso da autora, porque a ré violou o dever de boa-fé.

A, **C**, **D** e **E**: incorretas, pois, nos termos do art. 244 do CC, nas obrigações determinadas pelo gênero e pela quantidade, a escolha de fato pertence ao devedor (salvo disposição em contrário no contrato), mas este "não poderá dar a coisa pior, nem será obrigado a prestar a melhor"; **B**: correta (art. 244 do CC).

Gabarito "B"

(Magistratura/SC – 2015 – FCC) A obrigação natural é judicialmente

(A) inexigível, mas se for paga, não comporta repetição.

(B) exigível, exceto se o devedor for incapaz.

(C) exigível e só comporta repetição se for paga por erro.

(D) exigível e em nenhuma hipótese comporta repetição.

(E) inexigível e se for paga comporta repetição, independentemente de comprovação de erro no pagamento.

A: correta, pois a obrigação natural é aquela que não pode ser exigida por meio de ação judicial, mas, caso cumprida voluntariamente, não pode ser repetida; ou seja, o devedor não é obrigado a cumpri-la, mas, se o fizer, o credor não é obrigado a devolver o que recebeu; **B**, **C** e **D**: incorretas, pois a obrigação natural é aquela que não pode ser exigida por meio de ação judicial (é *inexigível*, portanto), mas, caso cumprida voluntariamente, não pode ser repetida; **E**: incorreta, pois se a obrigação for cumprida o credor não é obrigado a devolver o que recebeu.

Gabarito "A"

3.2. Transmissão, adimplemento e extinção das obrigações

(Juiz – TJ-SC – FCC – 2017) Na transmissão das obrigações aplicam-se as seguintes regras:

I. Na cessão por título oneroso, o cedente, ainda que não se responsabilize, fica responsável ao cessionário pela existência do crédito ao tempo em que lhe cedeu; a mesma responsabilidade lhe cabe nas cessões por título gratuito, se tiver procedido de má-fé.

II. Na assunção de dívida, o novo devedor não pode opor ao credor as exceções pessoais que competiam ao devedor primitivo.

III. Salvo estipulação em contrário, o cedente responde pela solvência do devedor.

IV. O cessionário de crédito hipotecário só poderá averbar a cessão no registro de imóveis com o consentimento do cedente e do proprietário do imóvel.

V. Na assunção de dívida, se a substituição do devedor vier a ser anulada, restaura-se o débito, com todas as suas garantias, salvo as garantias prestadas por terceiro, exceto se este conhecia o vício que inquinava a obrigação.

Está correto o que se afirma APENAS em:

(A) III, IV e V.

(B) II, III e IV.

(C) I, II e IV.

(D) I, III e V.

(E) I, II e V.

I: correta. A responsabilidade pela existência do crédito ocorre de forma automática na cessão a título oneroso e somente se houver má-fé do cedente, quando a cessão foi a título gratuito (CC, art. 295); **II**: correta, pois em plena conformidade com o art. 302 do Código Civil. Assim, o novo devedor somente poderá opor as defesas que sejam relativas ao crédito (ex.: prescrição; pagamento; extinção); **III**: incorreta, pois – no Direito Civil – a responsabilidade pela solvência do devedor (*cessão pro solvendo*) só se verifica quando expressamente pactuada entre as partes (CC, art. 296). Vale registrar, todavia, que a regra é inversa se a cessão envolver um crédito documentado por título de crédito. Nesse caso a cessão chama-se endosso e a regra passa a ser a responsabilidade pela solvência do devedor; **IV**: incorreta, pois "*o cessionário de crédito hipotecário tem o direito de fazer averbar a cessão no registro do imóvel*" (CC, art. 289); **V**: correta, pois em plena conformidade com o disposto no art. 301 do Código Civil. GN

Gabarito "E"

(Técnico – TRT/6ª – 2012 – FCC) Efetuar-se-á o pagamento

(A) em qualquer lugar, à escolha do devedor;

(B) no domicílio do credor, salvo se as partes convencionarem diversamente, ou se o contrário resultar de disposição expressa de lei;

(C) no domicílio do devedor, salvo se as partes convencionarem diversamente, ou se o contrário resultar da lei, da natureza da obrigação ou das circunstâncias;

(D) onde for determinado pelo credor, antes do vencimento da dívida;

(E) facultativamente, no domicílio do credor ou do devedor, salvo disposição de lei expressa em sentido contrário.

A: incorreta, pois a regra é que o pagamento se dê no domicílio do devedor (art. 327 do CC); **B** e **D**: incorretas, pois a regra é que o pagamento se dê no domicílio do devedor e não do credor ou onde este determinar; **C**: correta (art. 327 do CC); **E**: incorreta, pois, como se viu, a regra é que o pagamento se dê no domicílio do devedor (art. 327 do CC).

Gabarito "C"

(Analista – TRT/11ª – 2012 – FCC) De acordo com o Código Civil brasileiro, o pagamento feito de boa-fé ao credor putativo é

(A) inválido, desde que seja arguida a nulidade no prazo decadencial de dois anos contados do pagamento.

(B) válido, exceto se provado depois que não era credor.

(C) inválido em qualquer hipótese podendo ser arguida a qualquer momento.

(D) válido, ainda provado depois que não era credor.

(E) inválido, desde que seja arguida a nulidade no prazo decadencial de um ano contado do pagamento.

A assertiva correta é a "D", na medida em que o pagamento feito ao credor putativo é válido, ainda provado depois que não era o credor (art. 309 do CC).

Gabarito "D"

(Analista – TRE/CE – 2012 – FCC) No tocante ao adimplemento e extinção das obrigações, segundo o Código Civil brasileiro, é certo que

(A) é lícito convencionar o aumento progressivo de prestações sucessivas.

(B) sendo a quitação do capital sem reserva dos juros, estes não se presumem pagos.

(C) a entrega do título ao devedor, em regra, não firma a presunção do pagamento.

(D) em regra, quando o pagamento for em quotas periódicas, a quitação da última não estabelece a presunção de estarem solvidas as anteriores.

(E) o devedor que paga tem direito a quitação regular, mas não pode reter o pagamento, enquanto não lhe seja dada.

A: correta, nos termos do art. 316 do CC; **B:** incorreta, pois nesse caso os juros presumem-se pagos, nos termos do art. 323 do CC; **C:** incorreta, pois a entrega do título ao devedor firma a presunção do pagamento, nos termos do art. 324 do CC; **D:** incorreta, pois quando o pagamento for em quotas periódicas, a quitação da última estabelece, até prova em contrário, a presunção de estarem solvidas as anteriores, nos termos do art. 322 do CC; **E:** incorreta, pois o devedor que paga tem direito a quitação regular, e pode reter o pagamento, enquanto não lhe seja dada, nos termos do art. 319 do CC.

Gabarito "A"

(Auditor Fiscal – São Paulo/SP – FCC – 2012) Em relação às modalidades e transmissões das obrigações, é correto afirmar:

(A) O credor não pode consentir em receber prestação diversa da que lhe é devida.

(B) Em regra, o cedente do crédito responde pela solvência do devedor.

(C) Se duas pessoas forem solidariamente responsáveis por uma dívida, o credor só poderá exigir, de cada uma, metade de seu valor.

(D) O credor não é obrigado a receber prestação diversa da que lhe é devida, ainda que mais valiosa.

(E) A entrega do título ao devedor não gera a presunção de pagamento.

A: incorreta, pois o credor não é obrigado a receber coisa diversa da que lhe é devida, mas pode consentir nesse sentido (CC, art. 313); **B:** incorreta. A responsabilidade pela cessão de crédito pode limitar-se à existência do crédito (quando então é chamada de *pro soluto*) ou pode abranger também a solvência do devedor (quando então é chamada de *pro solvendo*). A cessão pro solvendo não se aplica como regra (CC, art. 295); **C:** incorreta, pois contraria a regra mais importante da solidariedade passiva, que permite ao credor cobrar toda dívida de qualquer um dos devedores (CC, art. 275); **D:** correta, pois de pleno acordo com o art. 313 do CC; **E:** incorreta, pois referida entrega gera presunção de pagamento (CC, art. 324).

Gabarito "D"

(Advogado da Metro/SP – 2014 – FCC) Prevê o Código Civil brasileiro que, ocorrendo várias cessões do mesmo crédito,

(A) todas as cessões são nulas, uma vez que o referido diploma legal veda mais de uma cessão do mesmo crédito, em razão do princípio protetivo.

(B) prevalecerá a que se completar com a tradição do título do crédito cedido.

(C) apenas a primeira cessão prevalecerá; as demais serão consideradas nulas, por expressa disposição legal.

(D) prevalecerá a última cessão, independentemente do valor, desde que formal e dentro das normas previstas no referido diploma legal.

(E) todas as cessões são anuláveis, uma vez que o referido diploma legal veda mais de uma cessão do mesmo crédito, em razão do princípio protetivo.

Cessão de crédito é uma das formas de se transmitir uma obrigação. Nesse caso, o credor original é chamado de cedente e transmite o crédito a um novo credor, chamado cessionário. Caso ocorram várias cessões do mesmo crédito, o art. 291 do Código Civil determina que "deve prevalecer aquela que se completar com a tradição do título do crédito cedido".

Gabarito "B"

(Magistratura/CE – 2014 – FCC) Celebrado contrato de mútuo com garantia hipotecária, por instrumento público,

(A) o distrato poderá dar-se por instrumento particular, mas a quitação exigirá instrumento público, porque o instrumento particular não serve para o cancelamento da hipoteca.

(B) a quitação e o distrato poderão dar-se por instrumento particular.

(C) a quitação e o distrato exigem instrumento público.

(D) a quitação poderá dar-se por instrumento particular, mas para cancelamento da hipoteca será necessário instrumento público.

(E) a quitação poderá ser dada por instrumento particular, que servirá para o cancelamento da hipoteca.

A quitação sempre poderá ser dada por instrumento particular (CC, art. 320). O distrato, todavia, deve seguir a forma exigida para o contrato (CC, art. 472). Como a assertiva trata de garantia hipotecária, que é um direito real sobre bem imóvel, o contrato deverá ser feito mediante escritura pública (CC, art. 108). Logo, o distrato também deverá obedecer tal formalidade.

Gabarito "E"

(Defensor Público/PR – 2012 – FCC) Sobre o Direito Obrigacional, é correto afirmar:

(A) Caso o devedor, no desempenho de sua capacidade civil e de forma espontânea, pague dívida prescrita, não poderá requerer a repetição do pagamento.

(B) Firmado contrato de compra e venda pelo qual o vendedor se obriga a entregar ao adquirente um dos dois imóveis de sua propriedade, caberá ao credor a escolha, caso não prevista hipótese distinta na pactuação.

(C) Na obrigação de dar coisa certa, o credor pode ser instado a receber coisa diversa, quando esta for mais valiosa.

(D) Ao efetivar o adimplemento da obrigação, o devedor tem direito a quitação regular pelo credor, mas não pode reter o pagamento em caso de não lhe ser alcançado recibo ou outra prova da quitação, sob pena de configuração da mora.

(E) Descumprida a obrigação, fora dos parâmetros contratados, se concretiza o inadimplemento absoluto, independentemente da prestação ainda se mostrar útil ao credor.

A: correta. Não se pode repetir o que se pagou para solver dívida prescrita, ou cumprir obrigação judicialmente inexigível (art. 882 do CC); **B:** incorreta. Nas obrigações alternativas a escolha caberá ao devedor, salvo disposição em sentido contrário no contrato (art. 252 do CC); **C:** incorreta, pois o credor não está obrigado a aceitar coisa diversa, mesmo que mais valiosa (*nemo aliud pro alio invito creditore solvere potest*), conforme dispõe o art. 313 do CC; **D:** incorreta. O devedor pode reter o pagamento enquanto não lhe for conferida a quitação (art. 319 do CC); **E:** incorreta, pois só há inadimplemento absoluto quando a prestação for inútil ou impossível. Se ainda houver possibilidade e utilidade no seu cumprimento haverá inadimplemento relativo (mora – art. 394 do CC).

Gabarito "A"

3.3. Inadimplemento das obrigações

(Juiz – TJ-SC – FCC – 2017) A cláusula penal:

(A) pode ter valor excedente ao da obrigação principal, ressalvado ao juiz reduzi-lo equitativamente.

(B) incide de pleno direito, se o devedor, ainda que isento de culpa, deixar de cumprir a obrigação ou se constituir-se em mora.

(C) incide de pleno direito, se o devedor, culposamente, deixar de cumprir a obrigação ou se constituir-se em mora.

(D) exclui, sob pena de invalidade, qualquer estipulação que estabeleça indenização suplementar.

(E) sendo indivisível a obrigação, implica que todos os devedores, caindo em falta um deles, serão responsáveis, podendo o valor integral ser demandado de qualquer deles.

A: incorreta, pois o valor da cominação imposta na cláusula penal não pode exceder o da obrigação principal (CC, art. 412); **B:** incorreta, pois a culpa do devedor inadimplente é requisito essencial para a aplicação da cláusula penal (CC, art. 408); **C:** correta, pois de pleno acordo com o disposto no art. 408 do CC;**D:** incorreta, pois a indenização suplementar é admitida, desde que expressamente convencionada (CC, art. 416, parágrafo único); **E:** incorreta, pois no caso de obrigação indivisível, a cláusula penal só se poderá demandar integralmente do culpado, respondendo cada um dos outros somente pela sua quota (CC, art. 414). GN

Gabarito "C"

(Magistratura/RR – 2015 – FCC) Ao discorrer sobre as obrigações sem prazo, Agostinho Alvim exemplifica: *...se o devedor confessa dever certa soma que restituirá quando lhe fôr pedida, ou no caso da doação de um terreno, tendo o donatário aceito o encargo de construir, sem que entretanto se haja estipulado prazo. Em tais casos, a obrigação não se vence pelo decurso do tempo, por mais longo que êle seja* (**Da Inexecução das Obrigações e suas consequências**. p. 123. 4. ed. Saraiva, 1972).

Não obstante isso, pôde ele concluir que

(A) o remédio do credor está na interpelação, notificação ou protesto, para dar início à mora do devedor.

(B) nesses casos o negócio jurídico é nulo, por faltar-lhe elemento essencial.

(C) a obrigação é impossível.

(D) apesar de a dívida não achar-se vencida pode ela ser cobrada imediatamente e sem necessidade de interpelação, notificação ou protesto, com base nos contratos celebrados.

(E) o credor somente poderá demandar o devedor com base no princípio que veda o enriquecimento sem causa, porque os contratos celebrados são ineficazes.

A: correta (art. 397, parágrafo único, do CC); **B**, **C** e **E:** incorretas, pois a lei admite que não haja termo na obrigação (art. 397, parágrafo único, do CC); **D:** incorreta, pois a lei exige, para a configuração da mora no caso, que haja interpelação (art. 397, parágrafo único, do CC).

Gabarito "A"

(Magistratura/PE – 2013 – FCC) Sobre a cláusula penal, analise as afirmações abaixo.

I. Incorre de pleno direito o devedor na cláusula penal, desde que, culposamente, deixe de cumprir a obrigação ou se constitua em mora.

II. Para exigir a pena convencional, é necessário que o devedor alegue e comprove prejuízo.

III. Sendo indivisível a obrigação, todos os devedores, caindo em falta um deles, incorrerão na pena; mas esta só se poderá demandar integralmente do culpado, respondendo cada um dos outros somente pela sua quota.

IV. A penalidade não pode ser reduzida pelo juiz, mesmo que a obrigação principal tiver sido cumprida em parte, ou se o montante da pena for manifestamente excessivo, salvo disposição expressa no contrato, autorizando a redução judicial.

V. Ainda que o prejuízo exceda ao previsto na cláusula penal, não pode o credor exigir indenização suplementar se assim não foi convencionado. Se o tiver sido, a pena vale como mínimo da indenização, competindo ao credor provar o prejuízo excedente.

Está correto APENAS o que se afirma em

(A) I, III e V.

(B) II, III e IV.

(C) I, IV e V.

(D) II, IV e V.

(E) II, III e V.

I: correta, pois de pleno acordo com o disposto no art. 408 do CC; **II:** incorreta, pois "*para exigir a pena convencional, não é necessário que o credor alegue prejuízo*" (art. 416, *caput*, do CC); **III:** correta, pois de pleno acordo com o art. 414 do CC; **IV:** incorreta, pois o art. 413 do CC admite a redução da penalidade quando a obrigação já tiver sido cumprida em parte ou caso ela seja manifestamente excessiva, não se exigindo autorização contratual para tanto; **V:** correta, pois de pleno acordo com o disposto no art. 416, parágrafo único, do CC. Estão, portanto, corretas as assertivas I, III e V.

Gabarito "A"

(Procurador do Município – Cuiabá/MT – 2014 – FCC) Rubens celebrou contrato no âmbito do qual se comprometeu a reparar a instalação elétrica da residência de Nilce. Para o caso de não realizar o serviço no prazo, as partes estabeleceram que Rubens pagaria a Nilce 50% do valor do contrato, a título de cláusula penal.

Na data em que a obrigação deveria ter sido integralmente cumprida, Rubens havia finalizado 90% dos serviços contratados. Nilce ajuizou ação postulando o pagamento de 50% do valor contratado, conforme as partes haviam estabelecido em contrato. Este valor deverá ser

(A) pago integralmente, porque o contrato faz lei entre as partes e a cominação não supera o valor do contrato.

(B) pago integralmente, porque o contrato faz lei entre as partes, as quais podem estipular cláusula penal de qualquer valor.

(C) afastado por completo, porque a lei comina nulidade à cláusula penal de valor superior a 30% do contrato.

(D) reduzido equitativamente, pelo juiz, porque a obrigação foi cumprida em grande parte.

(E) afastado por completo, porque a obrigação foi cumprida quase que integralmente.

Em diversas oportunidades o Código Çivil demonstra uma busca por obrigações justas e equilibradas. Alguns doutrinadores sustentam que isso é decorrência da função social do contrato. Outros enxergam nisso um verdadeiro princípio autônomo denominado "equilíbrio contratual". Em todo caso, essa necessidade de estabelecer contratos justos deve prevalecer sobre o princípio da *pacta sunt servanda* (CC, art. 2.035, parágrafo único). Ou seja, ainda que prevista claramente num contrato, a obrigação não pode prosperar caso ela seja desequilibrada ou injusta. Para a hipótese descrita na questão, existe a regra expressa do art. 413 do CC, segundo a qual: "A penalidade deve ser reduzida equitativamente pelo juiz se a obrigação principal tiver sido cumprida em parte".

Gabarito "D".

(Procurador do Município – Cuiabá/MT – 2014 – FCC) Carlos adquiriu um cavalo premiado para participar de competição de hipismo. O vendedor, Gil, comprometeu-se a entregar o cavalo em até dois dias do início da competição. Gil, no entanto, deixou de entregar o cavalo na data combinada, impossibilitando Carlos de participar do torneio. Entregou-o, porém, três dias depois. Carlos

(A) deverá necessariamente receber a coisa, não podendo reclamar satisfação das perdas e danos.

(B) deverá necessariamente receber a coisa, sem prejuízo de exigir satisfação das perdas e danos.

(C) deverá necessariamente enjeitar a coisa, exigindo satisfação das perdas e danos.

(D) poderá enjeitar a coisa e exigir satisfação das perdas e danos, caso entenda que a prestação se tornou inútil.

(E) poderá enjeitar a coisa e exigir somente a devolução da quantia paga, sem outros acréscimos.

A diferença entre a simples mora e o inadimplemento absoluto reside no fato de que naquela a prestação ainda é útil ao credor. Assim, por exemplo, um atraso de seis meses no pagamento de um aluguel ainda se configura como mora, ao passo que o atraso de um dia na entrega dos grãos de café ao exportador pode configurar inadimplemento absoluto caso o navio já tenha partido para seu destino. O caso descrito na questão demonstra claramente uma hipótese de inadimplemento absoluto, por não interessar mais ao credor receber a referida prestação. Daí porque ele – de acordo com o art. 395, parágrafo único, – poderá rejeitar a coisa e exigir perdas e danos.

Gabarito "D".

3.4. preferências e privilégios creditórios

(Analista – TRF/5ª – 2003 – FCC) Quanto ao concurso de credores, pode-se dizer que

(A) os títulos legais de preferência são apenas os direitos e obrigações reais.

(B) os credores terão igual direito sobre os bens do devedor comum, desde que não haja título legal à preferência.

(C) o crédito real prefere ao pessoal, ressalvado o crédito pessoal privilegiado, o qual antecede àquele.

(D) um exemplo de privilégio especial é o crédito por despesa de funeral, feito segundo a condição do morto e costume do lugar.

(E) a antiguidade do crédito dará preferência, quando concorrerem diversos credores da mesma classe e o produto não bastar para pagamento integral de todos.

A: incorreta (art. 958 do CC); **B:** correta (at. 957 do CC); **C:** incorreta (art. 961 do CC); **D:** incorreta (art. 965, I, do CC); **E:** incorreta (art. 962 do CC).

Gabarito "B".

4. CONTRATOS

4.1. Conceito, pressupostos, formação e princípios dos contratos

(Defensor Público – DPE/BA – 2016 – FCC) A boa-fé, como cláusula geral contemplada pelo Código Civil de 2002, apresenta

(A) como sua antítese a má-fé, sendo que esta tem a aptidão de macular o ato no plano de sua validade em razão da ilicitude de seu objeto.

(B) alto teor de densidade normativa, estreitando o campo hermenêutico de sua aplicação à hipótese de sua aplicação à hipótese expressamente contemplada pelo texto normativo, em consonância com as exigências de legalidade estrita.

(C) necessidade de aferição do elemento volitivo do agente, consistente na crença de agir em conformidade com o ordenamento jurídico.

(D) duas vertentes, isto é, a boa-fé subjetiva, que depende da análise da consciência subjetiva do agente, e a boa-fé objetiva, como *standard* de comportamento.

(E) indeterminação em sua *fattispecie* a fim de permitir ao intérprete a incidência da hipótese normativa a diversos comportamentos do mundo do ser que não poderiam ser exauridos taxativamente no texto legal.

A boa-fé objetiva, contida no art. 422 do Código Civil é um princípio contratual que impõe aos contratantes um dever de conduta ético e leal e que deve perdurar desde as tratativas até após a conclusão do contrato. A boa-fé objetiva vem estabelecida em cláusula geral e aberta, permitindo ao intérprete – e principalmente ao juiz – sua ampla aplicação e incidência. O juiz pode utilizá-la para interpretar o contrato e até integrá-lo em hipóteses de lacuna contratual. Ela não se confunde com a boa-fé subjetiva, que simplesmente significa a "ignorância de um vício que macula o ato", como ocorre, por exemplo, nos artigos 1.201 e 1.561 do Código Civil.

Gabarito "E".

(Analista – TRE/PR – 2012 – FCC) Em relação a Contrato, considere:

I. É anulável o contrato que tenha por objeto herança de pessoa viva.

II. Os contratos atípicos não precisam observar as normas gerais fixadas pelo Código Civil.

III. Quando houver no contrato de adesão cláusulas ambíguas ou contraditórias, dever-se-á adotar a interpretação mais favorável ao aderente.

IV. A liberdade de contratar será exercida em razão e nos limites da função social do contrato.

V. Nos contratos de adesão, são nulas as cláusulas que estipulam a renúncia antecipada do aderente a direito resultante da natureza do negócio.

Está correto o que se afirma APENAS em

(A) I, III e IV.
(B) II, III e IV.
(C) I, IV e V.
(D) I, III e V.
(E) III, IV e V.

I: incorreta, pois de acordo com o disposto no art. 426 do CC, não pode ser objeto de contrato a herança de pessoa viva; **II:** incorreta, pois de acordo com o disposto no art. 425 do CC, os contratos atípicos devem observar as normas gerais fixadas pelo Código Civil; **III:** correta (art. 423 do CC); **IV:** correta (art. 421 do CC); **V:** correta (art. 424 do CC).

Gabarito "E"

(Magistratura/SC – 2015 – FCC) O princípio da boa-fé, no Código Civil Brasileiro, não foi consagrado, em artigo expresso, como regra geral, ao contrário do Código Civil Alemão. Mas o nosso Código Comercial incluiu-o como princípio vigorante no campo obrigacional e relacionou-o também com os usos de tráfico (23). Contudo, a inexistência, no Código Civil, de artigo semelhante ao § 242 do BGB não impede que o princípio tenha vigência em nosso direito das obrigações, pois se trata de proposição jurídica, com significado de regra de conduta. O mandamento engloba todos os que participam do vínculo obrigacional e estabelece, entre eles, um elo de cooperação, em face do fim objetivo a que visam (Clóvis V. do Couto e Silva. A obrigação como processo. José Bushatsky, Editor, 1976, p. 29-30).

Esse texto foi escrito na vigência do Código Civil de 1916. O Código Civil de 2002

(A) trouxe, porém, mandamento de conduta, tanto ao credor como ao devedor, estabelecendo entre eles o elo de cooperação referido pelo autor.
(B) trouxe disposição análoga à do Código Civil alemão, mas impondo somente ao devedor o dever de boa-fé.
(C) também não trouxe qualquer disposição semelhante à do Código Civil alemão estabelecendo elo de cooperação entre credor e devedor.
(D) trouxe disposição semelhante à do Código Civil alemao, somente na parte geral e como regra interpretativa dos contratos.
(E) trouxe disposição análoga à do Código civil alemão, mas impondo somente ao credor o dever de boa-fé.

A: correta (art. 422 do CC); **B** e **E:** incorretas, pois o dever é de todos os contratantes (art. 422 do CC); **C:** incorreta, pois a disposição está no art. 422 do CC; **D:** incorreta, pois a disposição não está parte geral do Código, mas na parte que trata dos Contratos.

Gabarito "A"

(Magistratura/RR – 2015 – FCC) Roberto e Marieta possuem os filhos Marcos, com vinte e cinco anos, Antonio, com vinte anos e Mônica, com doze anos de idade. Os pais, pretendendo vender um imóvel para Marcos,

(A) terão de pedir a venda Judicial, em que Marcos poderá exercer o direito de preferência.
(B) deverão obter o consentimento de Antonio, sem o qual a venda será nula, mas não precisarão do consentimento de Mônica, que é absolutamente incapaz.
(C) não poderão realizar o negócio enquanto Mônica for absolutamente incapaz, devendo aguardar que ela complete dezesseis anos para ser emancipada e consentir na venda, juntamente com Antonio.
(D) deverão obter o consentimento de Antonio e de Mônica, sendo que, para esta, terá de ser dado curador especial pelo juiz.
(E) poderão fazê-lo livremente, se o valor desse imóvel não exceder o disponível, mas se o exceder dependerão do consentimento de Antonio, que, necessariamente, figurará na escritura como curador especial de Mônica.

A: incorreta, pois não há previsão legal nesse sentido; **B** e **E:** incorretas, pois o consentimento de todos os ascendentes é necessário (art. 496, *caput*, do CC); **C:** incorreta, pois a nomeação de um curador especial no caso é suficiente para resolver a questão sem que tenha de se esperar a maioridade de Mônica; **D:** correta, pois no caso haveria conflito de interesses se os pais pudessem dar autorização representando sua filha em benefício deles mesmos.

Gabarito "D"

(Magistratura/GO – 2015 – FCC) Roberto celebrou com Rogério contrato por meio do qual se comprometeu a lhe transferir os bens de seu pai, Mário Augusto, no dia em que este viesse a falecer. No ato da assinatura do contrato, Rogério pagou a Roberto R$ 100.000,00. Antes do falecimento de Mário Augusto, que não possui outros herdeiros, haverá

(A) direito adquirido, pois, de acordo com a Lei de Introdução às Normas do Direito Brasileiro, a ele se equipara o direito sob condição suspensiva inalterável ao arbítrio de outrem.
(B) expectativa de direito, porque, enquanto vivo, os bens pertencem a Mário Augusto, que deles poderá dispor, impedindo que, depois do falecimento, Roberto os transfira a Rogério.
(C) direito adquirido, porque, com a assinatura do contrato, os bens da futura herança passaram a integrar o patrimônio de Rogério.
(D) expectativa de direito, porque, até o falecimento, o direito sobre os bens da futura herança integra o patrimônio de Roberto, que poderá cumprir o contrato apenas depois da abertura da sucessão.
(E) nem direito adquirido nem expectativa de direito, porque o contrato é nulo

Não se trata de direito adquirido, nem expectativa de direito, pois o art. 426 do CC proíbe a sucessão pactícia, também chamado de pacta corvina ou pacto sucessório. O contrato não pode ter como objeto herança de pessoa viva, de modo que não se permite cogitar a sucessão futura. É norma de ordem pública. Aliás, trata-se de idoneidade do objeto, de modo que é nulo o contrato (art. 166, II, do CC), uma vez que não preenche o requisito de validade previsto no art. 104, II, do CC.

Gabarito "E"

(Magistratura/PE – 2013 – FCC) A teoria do adimplemento substancial, adotada em alguns julgados, sustenta que

(A) o cumprimento parcial de um contrato impede sua resolução em qualquer circunstância, porque a lei exige a preservação do contrato.
(B) a prestação imperfeita, mas significativa de adimplemento substancial da obrigação, por parte do devedor, autoriza apenas a resolução do contrato, mas sem a composição de perdas e danos.

(C) o adimplemento substancial de um contrato, por parte do devedor, livra-o das consequências da mora, no tocante à parte não cumprida, por ser de menor valor.

(D) independentemente da extensão da parte da obrigação cumprida pelo devedor, manifestando este a intenção de cumprir o restante do contrato e dando garantia, o credor não pode pedir a sua rescisão.

(E) a prestação imperfeita, mas significativa de adimplemento substancial da obrigação, por parte do devedor, autoriza a composição de indenização, mas não a resolução do contrato.

Deve-se partir do pressuposto segundo o qual a parte inocente tem – como regra – o direito de considerar o contrato extinto em virtude do inadimplemento alheio. Trata-se da aplicação da condição resolutiva tácita, ou seja, a ocorrência do evento futuro e incerto do inadimplemento é apta a resolver os contratos bilaterais. Todavia, tal direito – assim como todos os direitos subjetivos – deve ser exercido com razoabilidade e ponderação. Foi por conta disso que os Tribunais criaram a saudável teoria do adimplemento substancial, segundo a qual – se o inadimplemento de uma parte ocorrer quando já houver o cumprimento de uma parcela significativa da obrigação – a aplicação da condição resolutiva tácita fica afastada, cabendo à parte inocente apenas o direito de pedir judicialmente o cumprimento do restante da obrigação, mas não podendo considerar o contrato extinto. "*Ademais, incide a teoria do adimplemento substancial, que visa a impedir o uso desequilibrado do direito de resolução por parte do credor, em prol da preservação da avença, com vistas à realização dos princípios da boa-fé e da função social do contrato*" (STJ, REsp n.º 877.965/SP, Rel. Ministro Luis Felipe Salomão, 4ª Turma, julgado em 22.11.2011, *DJe* 01/02/2012).

Gabarito "E".

4.2. Classificação dos contratos

A matéria "classificação dos contratos" é bastante doutrinária, diferente das outras, que, como se percebe da leitura deste livro, são normalmente respondidas a partir da leitura do texto da lei. Assim, seguem explicações doutrinárias sobre as principais classificações dos contratos.

1. Quanto aos efeitos (ou quanto às obrigações):

1.1) Contratos unilaterais: *são aqueles em que há obrigações para apenas uma das partes.* São exemplos a doação pura e simples, o mandato, o depósito, o mútuo (empréstimo de bem fungível – dinheiro, p. ex.) e o comodato (empréstimo de bem infungível). Os três últimos são unilaterais, pois somente se formam no instante em que há entrega da coisa (são contratos reais). Entregue o dinheiro, por exemplo, no caso do mútuo, este contrato estará formado e a única parte que terá obrigação será o mutuário, no caso a de devolver a quantia emprestada (e pagar os juros, se for mútuo feneratício).

1.2) Contratos bilaterais: *são aqueles em que há obrigações para ambos os contratantes.* Também são chamados de sinalagmáticos. A expressão "sinalagma" confere a ideia de reciprocidade às obrigações. São exemplos a prestação de serviços e a compra e venda.

1.3) Contratos bilaterais imperfeitos: *são aqueles originariamente unilaterais, que se tornam bilaterais por uma circunstância acidental.* São exemplos o mandato e o depósito não remunerados. Assim, num primeiro momento, o mandato não remunerado é unilateral (só há obrigações para o mandatário), mas, caso o mandatário incorra em despesas para exercê-lo, o mandante passará também a ter obrigações, no caso a de ressarcir o mandatário.

1.4) Contratos bifrontes: *são aqueles que originariamente podem ser unilaterais ou bilaterais.* São exemplos o mandato e o depósito. Se for estipulada remuneração em favor do mandatário ou do depositário, estar-se-á diante de contrato bilateral, pois haverá obrigações para ambas as partes. Do contrário, unilateral, pois haverá obrigações apenas para o mandatário ou para o depositário.

Importância da classificação: a classificação é utilizada, por exemplo, para distinguir contratos em que cabe a exceção de contrato não cumprido. Apenas nos contratos bilaterais é que uma parte pode alegar a exceção, dizendo que só cumpre a sua obrigação após a outra cumprir a sua. Nos contratos unilaterais, como só uma das partes tem obrigações, o instituto não se aplica. Isso vale tanto para a inexecução total (hipótese em que se alega a *exceptio non adimplecti contractus*), como para a inexecução parcial (hipótese em que se alega a *exceptio non rite adimplecti contractus*). Para aplicação do instituto, é importante verificar qual das duas partes tem de cumprir sua obrigação em primeiro lugar.

2. Quanto às vantagens:

2.1) Contratos gratuitos: *são aqueles em que há vantagens apenas para uma das partes.* Também são chamados de benéficos. São exemplos a doação pura e simples, o depósito não remunerado, o mútuo não remunerado e o comodato.

2.2) Contratos onerosos: *são aqueles em que há vantagens para ambas as partes.* São exemplos a compra e venda, a prestação de serviços, o mútuo remunerado (feneratício) e a doação com encargo.

Não se deve confundir a presente classificação com a trazida acima, para o fim de achar que todo contrato unilateral é gratuito e que todo contrato bilateral é oneroso. Como exemplo de contrato unilateral e oneroso pode-se trazer o mútuo feneratício.

3. Quanto ao momento de formação:

3.1) Contrato consensual: *é aquele que se forma no momento do acordo de vontades.* São exemplos a compra e venda e o mandato. Neste tipo de contrato, a entrega da coisa (tradição) é mera execução do contrato.

3.2) Contrato real: *é aquele que somente se forma com a entrega da coisa.* São exemplos o comodato, o depósito e o mútuo. Neste contrato, a entrega da coisa é requisito para a formação, a existência do contrato.

4. Quanto à forma:

4.1) Contratos não solenes: *são aqueles de forma livre.* São exemplos a compra e venda de bens móveis, a prestação de serviços e a locação. A regra é ter o contrato forma livre (art. 107 do CC), podendo ser verbal, gestual ou escrito, devendo obedecer a uma forma especial apenas quando a lei determinar.

4.2) Contratos solenes: *são aqueles que devem obedecer a uma forma prescrita em lei.* São exemplos a compra e venda de imóveis (deve ser escrita, e, se de valor superior a 30 salários-mínimos, deve ser por escritura pública), o seguro e a fiança.

A forma, quando trazida na lei, costuma ser essencial para a validade do negócio (forma *ad solemnitatem*). Porém, em algumas situações, a forma é mero meio de prova de um dado negócio jurídico (forma *ad probationem tantum*).

5. Quanto à existência de regramento legal:

5.1) Contratos típicos (ou nominados): *são os que têm regramento legal específico.* O CC traz pelo menos vinte contratos típicos, como a compra e venda, a doação e o mandato. Leis especiais trazem diversos outros contratos dessa natureza, como o de locação de imóveis urbanos (Lei 8.245/91), de incorporação imobiliária (Lei 4.561/64) e de alienação fiduciária (Lei 4.728/65 com alterações do Decreto-Lei 911/69).

5.2) Contratos atípicos (ou inominados): *são os que não têm regramento legal específico, nascendo da determinação das partes.* Surgem da vida cotidiana, da necessidade do comércio. São exemplos o contrato de cessão de clientela, de agenciamento matrimonial, de excursão turística e de feiras e exposições. Apesar de não haver regulamentação legal desses contratos, o princípio da autonomia da vontade possibilita sua celebração, observados alguns limites impostos pela lei.

5.3) Contratos mistos: são os que resultam da fusão de contratos nominados com elementos particulares, não previstos pelo legislador, criando novos negócios contratuais. Exemplo é o contrato de exploração de lavoura de café, em que se misturam elementos atípicos com contratos típicos, como a locação de serviços, a empreitada, o arrendamento rural e a parceria agrícola.

6. Quanto às condições de formação:

6.1) Contratos paritários: são aqueles em que as partes estão em situação de igualdade, podendo discutir efetivamente as condições contratuais.

6.2) Contratos de adesão: são aqueles cujas cláusulas são aprovadas pela autoridade competente ou estabelecidas unilateralmente, sem que o aderente possa modificar ou discutir substancialmente o seu conteúdo. Exemplos: contratos de financiamento bancário, seguro e telefonia. A lei estabelece que a inserção de uma cláusula no formulário não desnatura o contrato, que continua de adesão.

Importância da classificação: os contratos por adesão têm o mesmo regime jurídico dos contratos paritários, mas há algumas diferenças. Se o contrato de adesão for regido pelo Direito Civil, há duas regras aplicáveis: a) as cláusulas ambíguas devem ser interpretadas favoravelmente ao aderente (art. 423, CC); b) a cláusula que estipula a renúncia antecipada do aderente a direito resultante da natureza do contrato é nula (art. 424, CC). Já se o contrato de adesão for regido pelo CDC, há duas regras peculiares a esse contrato (art. 54, CDC): a) os contratos de adesão admitem cláusula resolutória, mas estas são alternativas, cabendo a escolha ao consumidor, ou seja, o consumidor escolhe se deseja purgar a mora e permanecer com o contrato ou se quer a sua resolução; b) as cláusulas limitativas de direito devem ser redigidas com destaque, permitindo sua imediata e fácil identificação, sendo que o desrespeito a essa regra gera a nulidade da cláusula (art. 54, § 4º, c/c o art. 51, XV).

7. Quanto à definitividade:

7.1) Contratos definitivos: são aqueles que criam obrigações finais aos contratantes. Os contratos são, em sua maioria, definitivos.

7.2) Contratos preliminares: são aqueles que têm como objeto a realização futura de um contrato definitivo. Um exemplo é o compromisso de compra e venda. Os contratos preliminares devem conter os requisitos essenciais do contrato a ser celebrado, salvo quanto à forma. Assim, enquanto a compra e venda definitiva deve ser por escritura pública, o compromisso de compra e venda pode ser por escritura particular. Além disso, o contrato preliminar deve ser levado a registro para ter eficácia perante terceiros. Assim, um compromisso de compra e venda não precisa ser levado a registro para ser válido, mas aquele que não levá-lo a registro não tem como impedir que um terceiro o faça antes, pois, não registrando, carregará este ônus. De qualquer forma, o compromissário comprador, uma vez pagas todas as parcelas do compromisso, tem direito à adjudicação compulsória, independentemente do registro do compromisso no Registro de Imóveis. O compromissário deve apenas torcer para que alguém não tenha feito isso antes. As regras sobre o contrato preliminar estão nos artigos 462 e 463, CC.

(A) consequência imediata do contrato preliminar: desde que não conste cláusula de arrependimento, qualquer das partes pode exigir a celebração do contrato definitivo, assinalando prazo à outra. É importante ressaltar que, em matéria de imóveis, há diversas leis impedindo a cláusula de arrependimento.

(B) consequência mediata do contrato preliminar: esgotado o prazo acima sem a assinatura do contrato definitivo, a parte prejudicada pode requerer ao Judiciário que supra a vontade do inadimplente, conferindo caráter definitivo ao contrato preliminar, salvo se a isto se opuser a natureza da obrigação.

8. Quanto ao conhecimento prévio das prestações:

8.1) Contrato comutativo: *é aquele em que as partes, de antemão, conhecem as prestações que deverão cumprir.* Exs.: compra e venda, prestação de serviços, mútuo, locação, empreitada etc. A maior parte dos contratos tem essa natureza.

8.2) Contrato aleatório: *é aquele em que pelo menos a prestação de uma das partes não é conhecida de antemão.* Ex.: contrato de seguro.

9. Quanto ao momento de execução:

9.1) Contratos instantâneos: *são aqueles em que a execução se dá no momento da celebração.* Um exemplo é a compra e venda de pronta entrega e pagamento.

9.2) Contratos de execução diferida: *são aqueles em que a execução se dá em ato único, em momento posterior à celebração.* Constitui exemplo a compra e venda para pagamento em 120 dias.

9.3) Contratos de trato sucessivo ou de execução continuada: *são aqueles em que a execução é distribuída no tempo em atos reiterados.* São exemplos a compra e venda em prestações, a locação e o financiamento pago em parcelas.

(Analista – TRE/AC – 2010 – FCC) Considere as seguintes assertivas a respeito do contrato aleatório:

I. Se o contrato for aleatório, por dizer respeito a coisas ou fatos futuros, cujo risco de não virem a existir um dos contratantes assuma, terá o outro direito de receber integralmente o que lhe foi prometido, desde que de sua parte não tenha havido dolo ou culpa, exceto se nada do avençado venha a existir.

II. Se for aleatório o contrato, por se referir a coisas existentes, mas expostas a risco, assumido pelo adquirente, terá igualmente direito o alienante a todo o preço, posto que a coisa já não existisse, em parte ou de todo, no dia do contrato.

III. Se for aleatório, por serem objeto dele coisas futuras, tomando o adquirente a si o risco de virem a existir em qualquer quantidade, terá também direito o alienante a todo o preço, desde que de sua parte não tiver concorrido culpa, ainda que a coisa venha a existir em quantidade inferior à esperada.

De acordo com o Código Civil brasileiro, está correto o que se afirma APENAS em

(A) I.
(B) I e II.
(C) I e III.
(D) II.
(E) II e III.

I: incorreta, pois se o contrato for aleatório, por dizer respeito a coisas ou fatos futuros, cujo risco de não virem a existir um dos contratantes assuma, terá o outro direito de receber integralmente o que lhe foi prometido, desde que de sua parte não tenha havido dolo ou culpa, **ainda que nada do avençado venha a existir** (art. 458 do CC); **II:** correta (art. 460 do CC); **III:** correta (art. 459, *caput*, do CC).

Gabarito "E"

(Procurador do Município/Teresina-PI – 2010 – FCC) É INCORRETO afirmar que

(A) o contrato preliminar, exceto quanto à forma, deve conter todos os requisitos essenciais ao contrato a ser celebrado.
(B) na conclusão do contrato, bem como em sua execução, os contratantes devem guardar os princípios da probidade e da boa-fé.
(C) a oferta ao público equivale a proposta quando encerra os requisitos essenciais ao contrato, a não ser que o contrário resulte das circunstâncias ou dos usos.
(D) o adquirente de coisa viciada pode, em vez de rejeitá-la, redibindo o contrato, reclamar abatimento no preço.
(E) o alienante, nos contratos onerosos, responde pela evicção, salvo se a aquisição se tenha realizado em hasta pública.

A: correta (art. 462 do CC); **B:** correta (art. 422 do CC); **C:** correta (art. 429, *caput*, do CC); **D:** correta (art. 442 do CC); **E:** incorreta, devendo ser assinalada, pois subsiste essa garantia ainda que a aquisição se tenha realizado em hasta pública (art. 447 do CC).

Gabarito "E"

4.3. Evicção

(Analista – TRE/RS – 2010 – FCC) Com relação à evicção é certo que

(A) salvo estipulação em contrário, não tem direito o evicto à indenização dos frutos que tiver sido obrigado a restituir.

(B) nos contratos onerosos, o alienante responde pela evicção, não subsistindo esta garantia se a aquisição se tenha realizado em hasta pública.

(C) não podem as partes, ainda que por cláusula expressa, diminuir ou excluir a responsabilidade pela evicção, tendo em vista o princípio da boa fé contratual que protege o contratante que cumpre fielmente as determinações legais.

(D) para poder exercitar o direito que da evicção lhe resulta, o adquirente notificará do litígio o alienante imediato, ou qualquer dos anteriores, quando e como lhe determinarem as leis do processo.

(E) salvo estipulação em contrário, não tem direito o evicto às custas judiciais e aos honorários do advogado por ele constituído.

A: incorreta (art. 450, I, do CC); **B:** incorreta, pois subsiste esta garantia ainda que a aquisição se tenha realizado em hasta pública (art. 447 do CC); **C:** incorreta, pois podem as partes, por cláusula expressa, reforçar, diminuir ou excluir a responsabilidade pela evicção (art. 448 do CC); **D:** correta (art. 456, *caput*, do CC); **E:** incorreta (art. 450, III, do CC).

Gabarito "D"

4.4. Vícios redibitórios

(Procurador do Estado – PGE/MT – FCC – 2016) Isac vendeu seu veículo a Juliano, por preço bem inferior ao de mercado, fazendo constar, no contrato de compra e venda, que o bem estava mal conservado e poderia apresentar vícios diversos e graves. Passados quarenta dias da realização do negócio, o veículo parou de funcionar. Juliano ajuizou ação redibitória contra Isac, requerendo a restituição do valor pago, mais perdas e danos. A pretensão de Juliano:

(A) improcede, porque, embora a coisa possa ser enjeitada, em razão de vício redibitório, as perdas e danos apenas seriam devidas se Isac houvesse procedido de má-fé.

(B) procede, porque a coisa recebida em virtude de contrato comutativo pode ser enjeitada por vícios ou defeitos ocultos, que a tornem imprópria ao uso a que é destinada, ou lhe diminuam o valor.

(C) improcede, porque firmou contrato comutativo, assumindo o risco de que o bem viesse a apresentar avarias.

(D) improcede, porque não configurados os elementos definidores do vício redibitório e o comprador assumiu o risco de que o bem viesse a apresentar avarias.

(E) procede, porque a coisa recebida em virtude de contrato comutativo pode ser enjeitada por vícios ou defeitos ocultos, que a tornem imprópria ao uso a que é destinada, ou lhe diminuam o valor, mas está prescrita, porque se passaram mais de 30 dias da realização do negócio.

O vício redibitório – para que assim se caracterize – precisa ser relevante (por tornar a coisa imprópria à normal utilização ou por gerar considerável desvalorização) e oculto. No caso apresentado, o adquirente foi informado da real condição do veículo, o que já elimina o segundo requisito. Ademais, o art. 445 do CC estabelece o prazo decadencial de trinta dias a contar da entrega para que o adquirente exerça seus direitos decorrentes do vício redibitório. GN

Gabarito "D"

(Procurador do Estado – PGE/MT – FCC – 2016) Donizete adquiriu um veículo zero quilômetro da Concessionária Rode Bem. Ao dirigi-lo pela primeira vez, verificou que o veículo apresentava avarias nos freios, colocando sua segurança em risco. Passados oitenta dias, Donizete formulou reclamação extrajudicial perante o fornecedor, requerendo a reparação do vício, a qual foi respondida, negativamente, vinte dias depois. No dia da resposta negativa, Donizete ajuizou ação judicial. O direito de reclamar pelo vício:

(A) decaiu, porque, embora o consumidor tenha formulado reclamação perante o fornecedor, a decadência não admite interrupção nem suspensão.

(B) prescreveu, porque, da constatação do vício, até o ajuizamento da ação, passaram-se mais de noventa dias.

(C) decaiu, porque, da constatação do vício, até o ajuizamento da ação, passaram-se mais de noventa dias.

(D) não decaiu, porque, até a resposta negativa à reclamação, a fluência do prazo ficou obstada.

(E) não decaiu, porque, de acordo com o Código de Defesa do Consumidor, é de cinco anos o prazo para reclamar pelo vício do produto.

O prazo para reclamar de vícios aparentes ou de fácil constatação em produtos duráveis é de 90 dias (CDC, art. 26, II). Contudo, o mesmo diploma legislativo prevê que tal prazo não fluirá entre a reclamação apresentada e a resposta negativa do fornecedor. Como Donizete formulou a reclamação dentro do prazo e ajuizou a ação no dia da resposta, seu direito está intacto. GN

Gabarito "D"

(Magistratura/GO – 2015 – FCC) Renato adquiriu imóvel e assinou contrato no âmbito do qual foi excluída, por cláusula expressa, a responsabilidade pela evicção. A cláusula é

(A) válida, mas, se Renato restar evicto, terá direito de receber o preço que pagou pelo imóvel, ainda que soubesse do risco da evicção.

(B) válida, excluindo, em qualquer caso, o direito de Renato receber quaisquer valores em caso de evicção.

(C) nula, porque fere preceito de ordem pública.

(D) válida, mas, se Renato restar evicto, terá direito de receber o preço que pagou pelo imóvel, se não soube do risco da evicção ou se, dele informado, não o assumiu.

(E) válida, mas, se Renato restar evicto, terá direito de receber o preço que pagou pelo imóvel mais indenização pelos prejuízos decorrentes da evicção, tais como despesas de contrato e custas judiciais, se não soube do risco da evicção ou se, dele informado, não o assumiu.

A: incorreta, pois, excluída a responsabilidade por evicção (que é uma cláusula válida) e estando o adquirente ciente do risco e assumindo esse risco, não terá direito de receber o preço que pagou pelo imóvel (art. 449 do CC); **B:** incorreta, pois caso Renato não tenha ciência do risco da evicção ou, dele informado, não tenha assumido o risco, terá direito sim ao menos ao valor que tiver pagado pela coisa (art. 449 do CC); **C:** incorreta, pois a cláusula de exclusão da garantia contra a evicção é considerada válida pela lei (art. 448 do CC); **D:** correta (art. 449 do CC); **E:** incorreta, pois no caso citado, em que há exclusão contratual expressa da garantia, o adquirente só terá direito de receber de volta o preço que tiver pagado pelo imóvel (art. 449 do CC), não tendo direto às demais despesas e custas, direito este que só teria se não houvesse cláusula excluindo a garantia contra a evicção (art. 450 do CC).

Gabarito "D"

4.5. Extinção dos contratos

Espécies de extinção dos contratos.

(1) Execução. Esta é forma normal de extinção dos contratos. Na compra e venda a execução se dá com a entrega da coisa (pelo vendedor) e com o pagamento do preço (pelo comprador).

(2) Invalidação. O contrato anulável produz seus efeitos enquanto não anulado pelo Poder Judiciário. Uma vez anulado (decisão constitutiva), o contrato fica extinto com efeitos *ex nunc*. Já o contrato nulo recebe do Direito uma sanção muito forte, sanção que o priva da produção de efeitos desde o seu início. A parte interessada ingressa com ação pedindo uma decisão declaratória, decisão que deixa claro que o contrato nunca pode produzir efeitos, daí porque essa decisão tem efeitos *ex tunc*. Se as partes acabaram cumprindo "obrigações", o juiz as retornará ao estado anterior.

(3) Resolução. Há três hipóteses de extinção do contrato pela resolução, a saber:

3.(1) Por inexecução culposa: *é aquela que decorre de culpa do contratante*. Há dois casos a considerar:

(A) se houver cláusula resolutiva expressa (pacto comissório), ou seja, previsão no próprio contrato de que a inexecução deste gerará sua extinção, a resolução opera de pleno direito, ficando o contrato extinto; o credor que ingressar com ação judicial entrará apenas com uma ação declaratória, fazendo com que a sentença tenha efeitos *ex tunc*. A lei protege o devedor em alguns contratos, estabelecendo que, mesmo existindo essa cláusula, ele tem o direito de ser notificado para purgar a mora (fazer o pagamento atrasado) no prazo estabelecido na lei.

(B) se não houver cláusula resolutiva expressa, a lei estabelece a chamada **"cláusula resolutiva tácita"**, disposição que está implícita em todo contrato, e que estabelece que o seu descumprimento permite que a outra parte possa pedir a resolução do contrato. Neste caso a resolução dependerá de interpelação judicial para produzir efeitos, ou seja, ela não ocorre de pleno direito. Repare que não basta mera interpelação extrajudicial. Os efeitos da sentença judicial serão *ex nunc*. É importante ressaltar que a parte lesada pelo inadimplemento (item *a* ou *b*) tem duas opções (art. 474, CC): a) pedir a resolução do contrato; ou b) exigir o cumprimento do contrato. Em qualquer dos casos, por se tratar de inexecução culposa, caberá pedido de indenização por perdas e danos. Se houver cláusula penal, esta incidirá independentemente de prova de prejuízo (art. 416, CC). Todavia, uma indenização suplementar dependerá de convenção no sentido de que as perdas e os danos não compreendidos na cláusula penal também serão devidos.

3.(2) Por inexecução involuntária: *é aquela que decorre da impossibilidade da prestação*. Pode decorrer de caso fortuito ou força maior, que são aqueles fatos necessários, cujos efeitos não se consegue evitar ou impedir. Esta forma de inexecução exonera o devedor de responsabilidade (art. 393, CC), salvo se este expressamente assumiu o risco (art. 393, CC) ou se estiver em mora (art. 399, CC).

3.(3) Por onerosidade excessiva. Conforme vimos, no caso de onerosidade excessiva causada por fato extraordinário e imprevisível, cabe revisão contratual. Não sendo esta possível, a solução deve ser pela resolução do contrato, sem ônus para as partes. A resolução por onerosidade excessiva está prevista no art. 470 do CC.

4. Resilição.

4.(1) Conceito: *é a extinção dos contratos pela vontade de um ou de ambos contratantes*. A palavra-chave é *vontade*. Enquanto a resolução é a extinção por inexecução contratual ou onerosidade excessiva, a resilição é a extinção pela vontade de uma ou de ambas as partes.

4.(2) Espécies:

(A) bilateral, *que é o acordo de vontades para pôr fim ao contrato* (**distrato**). A forma para o distrato é a mesma que a lei exige para o contrato. Por exemplo, o distrato de uma compra e venda de imóvel deve ser por escritura, pois esta é a forma que a lei exige para o contrato. Já o distrato de um contrato de locação escrito pode ser verbal, pois a lei não exige documento escrito para a celebração de um contrato de locação. É claro que não é recomendável fazer um distrato verbal no caso, mas a lei permite esse procedimento.

(B) unilateral, *que é a extinção pela vontade de uma das partes* (**denúncia**). Essa espécie de resilição só existe por exceção, pois o contrato faz lei entre as partes. Só é possível a denúncia unilateral do contrato quando: i) houver previsão contratual ou ii) a lei expressa ou implicitamente autorizar. Exemplos: em contratos de execução continuada com prazo indeterminado, no mandato, no comodato e no depósito (os três últimos são contratos feitos na base da confiança), no arrependimento de compra feita fora do estabelecimento comercial (art. 49, CDC) e nas denúncias previstas na Lei de Locações (arts. 46 e 47 da Lei 8.245/91). A lei exige uma formalidade ao denunciante. Este deverá notificar a outra parte, o que poderá ser feito extrajudicialmente. O efeito da denúncia é *ex tunc*. Há uma novidade no atual CC, que é o "aviso-prévio legal". Esse instituto incide quando alguém denuncia um contrato prejudicando uma parte que fizera investimentos consideráveis. Neste caso, a lei dispõe que a denúncia unilateral só produzirá efeitos após um prazo compatível com a amortização dos investimentos (art. 473, parágrafo único).

(5) Morte. Nos contratos impessoais, a morte de uma das partes não extingue o contrato. Os herdeiros deverão cumpri-lo segundo as forças da herança. Já num contrato personalíssimo (contratação de um advogado, contratação de um cantor), a morte da pessoa contratada extingue o contrato.

(6) Rescisão. A maior parte da doutrina encara a rescisão como gênero, que tem como espécies a resolução, a resilição, a redibição etc.

4.6. Compra e venda e troca

(Defensor Público – DPE/BA – 2016 – FCC) Lauro é casado com Vânia. O casal teve um filho, já falecido, que lhes deu dois netos, Roberto e Renato, todos maiores e capazes. Lauro deseja transferir um de seus imóveis ao seu neto Renato, entretanto, Roberto e Vânia não concordam com referida transferência. Diante desses fatos, é correto afirmar que o contrato de venda e compra entre Lauro e seu neto Renato sem o consentimento de Roberto é

(A) anulável, assim como o é em razão da falta do consentimento de Vânia, independentemente do regime de bens adotado; ainda, o consentimento de Roberto não é necessário para que Lauro faça doação em favor de Renato.

(B) nulo, mas a falta do consentimento de Vânia pode afetar a validade do ato ou não, a depender do regime de bens adotado; por fim, ainda, o consentimento de Roberto não é necessário para que Lauro faça doação em favor de Renato.

(C) anulável, mas a falta do consentimento de Vânia pode afetar a validade do ato ou não, a depender do regime de bens adotado; ainda, o consentimento de Roberto não é necessário para que Lauro faça a doação em favor de Renato.

(D) válido, pois a lei apenas exige o consentimento nos contratos de compra e venda entre pai e filhos, não se estendendo às hipóteses de contratos entre avós e netos; ainda, o consentimento de Roberto não é necessário para que Lauro faça doação em favor de Renato.

(E) anulável, mas a falta do consentimento de Vânia, pode afetar ou não a validade do ato, a depender do regime de bens adotado; ainda, o consentimento de Roberto é necessário para que Lauro faça doação em favor de Renato.

O art. 496 do Código Civil impõe que – nos casos de venda do ascendente ao descendente – haja autorização dos demais descendentes, sob pena de anulabilidade no prazo de dois anos (CC, art. 179). Tal exigência não é feita nos casos de doação, apenas no caso de venda. A ideia da lei é que – nos casos de doação – o descendente preterido estará protegido pelo instituto da colação de bens (CC, art. 2.002 et seq.), o qual não incide nos casos de venda. No que se refere ao cônjuge, o art. 1.647 exige a vênia conjugal para os atos de transmissão de bens imóveis, sob pena de anulabilidade (CC, art. 1.649). O próprio Código Civil, contudo, dispensa a vênia conjugal quando o regime de bens for o da separação convencional de bens (CC, art. 1.687).
Gabarito "C"

(Analista – TRF/3ª Região – 2014 – FCC) Considere uma venda realizada à vista de amostras, protótipos ou modelos. Neste caso, de acordo com o Código Civil brasileiro, em regra, a referida venda é

(A) amparada pela legislação sendo que, se houver contradição ou diferença com a maneira pela qual se descreveu a coisa no contrato de compra e venda, prevalecerá a amostra, o protótipo ou o modelo.
(B) vedada em razão da proibição da celebração de contrato de compra e venda com base em amostras, protótipos ou modelos.
(C) amparada pela legislação sendo que, se houver contradição ou diferença com a maneira pela qual se descreveu a coisa no contrato de compra e venda, prevalecerá o contrato celebrado entre as partes.
(D) vedada se a celebração do contrato for realizada entre pessoas físicas.
(E) amparada pela legislação sob a condição de que as amostras, protótipos ou modelos tenham sido aprovados pelos órgãos de fiscalização administrativa, bem como façam parte integrantes do contrato de compra e venda, independentemente de descrição da coisa.

A: correta (art. 484 do CC); **B:** incorreta, pois a Lei permite que a se realize a venda à vista de amostras, protótipos ou modelos (art. 484, *caput*, do CC); **C:** incorreta, pois se houver contradição ou diferença com a maneira pela qual se descreveu a coisa no contrato, prevalece a amostra, o protótipo ou o modelo (art. 484, parágrafo único, do CC); **D:** incorreta, pois a Lei não traz esse tipo de proibição; **E:** incorreta, pois a Lei permite a venda por amostras, protótipos e modelos independentemente de qualquer condição (art. 484, *caput*, do CC).
Gabarito "A"

(Analista – TRT/16ª Região – 2014 – FCC) A respeito da compra e venda, é correto afirmar:

(A) É lícita a compra e venda entre cônjuges, com relação a bens excluídos da comunhão.
(B) Nas coisas vendidas conjuntamente, o defeito oculto de uma autoriza a rejeição de todas.
(C) As despesas com a tradição da coisa móvel correrão por conta do comprador.
(D) Nas vendas a crédito, o vendedor não é obrigado a entregar a coisa antes de receber o preço.
(E) A tradição da coisa vendida, na falta de estipulação em contrário, dar-se-á no domicílio do comprador.

A: correta (art. 449 do CC); **B:** incorreta, pois nas coisas vendidas conjuntamente, o defeito oculto de uma *não* autoriza a rejeição de todas (art. 503 do CC); **C:** incorreta, pois salvo cláusula em contrário, ficarão a cargo do *vendedor* as despesas com a tradição (art. 490 do CC); **D:** incorreta, pois apenas nas vendas *à vista* o vendedor não é obrigado a entregar a coisa antes de receber o preço (art. 491 do CC); **E:** incorreta, pois a tradição da coisa vendida, na falta de estipulação expressa, dar-se-á *no lugar onde ela se encontrava*, ao tempo da venda (art. 493 do CC).
Gabarito "A"

(Analista – TRT/2ª Região – 2014 – FCC) Considere as afirmativas relativas à compra e venda:

I. Nulo é o contrato de compra e venda, quando se deixa ao arbítrio exclusivo de uma das partes, a fixação do preço.
II. Salvo cláusula em contrário, ficarão as despesas de escritura e registro a cargo do vendedor, e a cargo do comprador as da tradição.
III. Até o momento da tradição, os riscos da coisa correm por conta do comprador, e os do preço por conta do vendedor.
IV. Não sendo a venda a crédito, o vendedor não é obrigado a entregar a coisa antes de receber o preço.

Está correto o que consta em

(A) I e IV, apenas.
(B) II e III, apenas.
(C) I e II, apenas.
(D) III e IV, apenas.
(E) I, II, III e IV

I: correta (art. 489 do CC); **II:** incorreta, pois salvo cláusula em contrário, ficarão as despesas de escritura e registro a cargo do *comprador*, e a cargo do *vendedor* as da tradição (art. 490 do CC); **III:** incorreta, pois até o momento da tradição, os riscos da coisa correm por conta do *vendedor*, e os do preço por conta do *comprador* (art. 492, *caput*, do CC); **IV:** correta (art. 491 do CC).
Gabarito "A"

(Analista – TRT/16ª Região – 2014 – FCC) Petrus adquiriu, através de compromisso particular de venda e compra, um apartamento, sabendo tratar-se de coisa litigiosa, face à existência de ação judicial proposta por terceiro que se diz proprietário do imóvel. Nesse caso, Petrus

(A) poderá intervir no processo através de denunciação da lide.
(B) não poderá intervir no processo.
(C) poderá ingressar em juízo substituindo o alienante, sem o consentimento da parte contrária.
(D) poderá intervir no processo na qualidade de opoente.
(E) poderá intervir no processo, assistindo o alienante.

A assertiva correta é a letra "e", cuja modalidade de intervenção de terceiro será a assistência, nos termos do art. 109, § 2º, do NCPC: O adquirente ou o cessionário poderá, no entanto, intervir no processo, como assistente litisconsorcial do alienante ou o cedente.
Gabarito "E"

(Analista – TRT9 – 2012 – FCC) Quanto à compra e venda,

(A) o preço da coisa deve ser fixado sempre em dinheiro, vedado que se o estabeleça à taxa de mercado ou de bolsa, em certo e determinado dia e lugar.

(B) só pode ter por objeto coisa atual, vedada a transação sobre coisas futuras.

(C) uma vez estabelecida, automaticamente transfere o domínio da coisa ao comprador, que se obriga ao pagamento do preço em dinheiro.

(D) é válido o contrato se for deixada ao arbítrio exclusivo de uma das partes a fixação do apreço, desde que as partes sejam maiores e capazes.

(E) quando pura, o contrato respectivo considerar-se-á consumado, obrigatório e perfeito, desde que as partes acordarem no objeto e no preço.

A: incorreta, pois o art. 486 do CC prevê expressamente que também se poderá deixar a fixação do preço à taxa de mercado ou de bolsa, em certo e determinado dia e lugar; **B:** incorreta, haja vista que não há impedimento de que a transação verse sobre coisas futuras (art. 483 do CC), hipótese em que teremos uma compra e venda de natureza aleatória, regulamentada entre os artigos 458/461 do CC; **C:** incorreta, pois pelo contrato de compra e venda uma das partes se obriga a transferir o objeto (logo, não há transferência automática do domínio) ao comprador, que se obriga ao pagamento do preço em dinheiro (art. 481 do CC); **D**: incorreta, pois é nulo o contrato de compra e venda, quando se deixa ao arbítrio exclusivo de uma das partes a fixação do preço (art. 489 do CC); **E:** correta (art. 482 do CC).

Gabarito "E"

(Analista – TRT/11ª – 2012 – FCC) Mario, é solteiro, possui três filhos maiores e uma neta também maior. Mario pretende vender uma de suas casas de praia para sua neta. Neste caso, Mário

(A) poderá celebrar contrato de compra e venda com sua neta, mas precisará do consentimento dos seus filhos, com exceção do pai da menina.

(B) poderá celebrar contrato de compra e venda com sua neta, mas precisará do consentimento de todos os seus filhos.

(C) poderá celebrar contrato de compra e venda com sua neta, independentemente do consentimento dos seus filhos.

(D) não poderá celebrar contrato de compra e venda com sua neta, independentemente do consentimento de seus filhos, tendo em vista expressa vedação legal.

(E) poderá celebrar contrato de compra e venda com sua neta, mas precisará apenas do consentimento do filho que é o pai da menina.

Considerando que as partes são maiores e capazes, que a questão não menciona que o bem padece de nenhuma cláusula restritiva de alienação (inalienabilidade, por exemplo); é perfeitamente possível que a compra e venda seja realizada, desde que com o consentimento de todos os demais descendentes, sob pena de anulabilidade (art. 496, *caput* do CC).

Gabarito "B"

4.7. Compromisso de compra e venda

(Magistratura/RR – 2015 – FCC) Mediante promessa de compra e venda de imóvel, em que se não pactuou arrependimento, celebrado por instrumento particular, o promitente comprador

(A) adquire direito real à sua aquisição, desde que seja imitido na posse.

(B) não poderá adquirir direito real à sua aquisição, pois é necessária a escritura pública.

(C) adquire legalmente direito real à sua aquisição se o instrumento foi registrado no Cartório de Registro de Imóveis.

(D) não adquirirá direito real à aquisição do imóvel antes que ocorra o pagamento integral do preço.

(E) adquire direito real à sua aquisição a partir do registro do instrumento no Cartório de Registro de Títulos e Documentos, porque com essa providência o contrato se presume conhecido por terceiros.

A: incorreta, pois a lei não exige a imissão na posse para gerar esse direito (art. 1.417 do CC); **B:** incorreta, pois a lei admite esse direito sendo o instrumento público ou particular (art. 1.417 do CC); **C:** correta (art. 1.417 do CC); **D:** incorreta, pois a lei não faz essa exigência (art. 1.417 do CC), em que pese, na prática o direito, que já existe em potencial, deve ser exercido no que tange à exigência da atribuição da propriedade ao promitente comprador apenas quando ele tiver efetuado o pagamento integral da sua dívida; **E:** incorreta, pois o cartório adequado é o de Registro de Imóveis.

Gabarito "C"

(Defensoria/SP – 2013 – FCC) No tocante ao direito do compromissário/promitente comprador de bem imóvel, é correto afirmar que

(A) o Código Civil classifica-o como direito real à aquisição do imóvel, oponível *erga omnes*, desde que não pactuado o direito de arrependimento entre os contratantes, e ainda que a promessa de compra e venda não tenha sido registrada perante o cartório de registro imobiliário.

(B) segundo o STJ, o direito à adjudicação compulsória está condicionado ao registro da promessa de compra e venda no cartório de registro imobiliário.

(C) é direito de natureza pessoal decorrente de contrato preliminar celebrado, obrigatoriamente, por escritura pública para imóveis de valor superior a trinta vezes o maior salário mínimo vigente no país, gerando a obrigação do vendedor de fazer o contrato definitivo.

(D) conforme o STJ, o compromisso de compra e venda tem eficácia frente a terceiros ainda que não levado a registro no cartório imobiliário, como nas hipóteses de posse advinda do próprio compromisso e hipoteca firmada entre a construtora e o agente financeiro.

(E) a Lei sobre o parcelamento do solo urbano veda, expressamente, o registro do compromisso de compra e venda como título da propriedade do lote adquirido, mesmo quando acompanhado da respectiva prova de quitação.

A: incorreta, pois o direito só se configura como real quando registrado perante o cartório de registro imobiliário; **B:** incorreta, pois segundo a Súmula 239 do STJ, "O direito à adjudicação compulsória não se condiciona ao registro do compromisso de compra e venda no cartório de imóveis"; **C:** incorreta, pois sua natureza é de direito real, tendo inclusive previsão no art. 1.225 do CC; **D:** correta, pois de acordo com a Súmula 84 do STJ: "É admissível a oposição de embargos de terceiro fundados em alegação de posse advinda do compromisso de compra e venda de imóvel, ainda que desprovido do registro"; **E:** incorreta, pois o art. 26 § 6º da referida Lei possibilita tal registro.

Gabarito "D"

4.8. Doação

(Analista – TRE/SP – 2012 – FCC) Minotauro, empresário milionário, celebrou contrato de doação com seu amigo de infância Aquiles. Através do referido contrato Minotauro doou para Aquiles uma pequena propriedade imóvel, onde ele pudesse organizar seu comitê eleitoral, já que pretende se candidatar nas próximas eleições municipais. O contrato de doação, em regra, é

(A) oneroso, bilateral e solene.
(B) gratuito, bilateral e de natureza real.
(C) gratuito, unilateral e de natureza real.
(D) gratuito, bilateral e de caráter pessoal.
(E) gratuito, unilateral e de caráter pessoal.

A alternativa E está correta pela definição de contrato de doação, que é um contrato gratuito (que apenas uma das partes aufere benefício ou vantagem), unilateral (que cria obrigação unicamente para uma das partes) e de caráter pessoal (celebrados em razão das qualidades pessoais do donatário).

Gabarito "E"

4.9. Mútuo, comodato e depósito

(Magistratura/GO – 2015 – FCC) O comodato é o empréstimo de bem

(A) fungível, a exemplo do dinheiro, aperfeiçoando-se com a tradição, tal como ocorre com o mútuo.
(B) fungível, a exemplo de obra de arte autografada por seu autor, aperfeiçoando-se com a tradição, diferentemente do que ocorre com o mútuo.
(C) infungível, a exemplo do dinheiro, aperfeiçoando-se com o acordo de vontades, tal como ocorre com o mútuo.
(D) infungível, a exemplo de obra de arte autografada por seu autor, aperfeiçoando-se com o acordo de vontades, tal como ocorre com o mútuo.
(E) infungível, a exemplo de obra de arte autografada por seu autor, aperfeiçoando-se com a tradição, tal como ocorre com o mútuo.

A e **B**: incorretas, pois o comodato é empréstimo de coisas infungíveis (art. 579 do CC); **C**: incorreta, pois dinheiro é bem fungível; **D**: incorreta, pois o comodato só se aperfeiçoa com a entrega da coisa (art. 579 do CC); **E**: correta (art. 579 do CC).

Gabarito "E"

(Magistratura/GO – 2015 – FCC) Henrique afiançou ilimitadamente contrato de mútuo feneratício por meio do qual Carlos emprestou R$ 10.000,00 a Cláudio, que se opôs à fiança. A fiança é

(A) existente e válida, porém ineficaz, porque celebrada contra a vontade do devedor.
(B) juridicamente inexistente, porque celebrada contra a vontade do devedor.
(C) existente, válida e eficaz, abrangendo o principal e os juros que houverem de ser pagos a Henrique.
(D) inválida, porque celebrada contra a vontade do devedor.
(E) existente, válida e eficaz, abrangendo o principal mas não os juros que houverem de ser pagos a Henrique, tendo em vista que o mútuo se presume gratuito.

A, **B**, **D** e **E**: incorretas, pois, de acordo com o art. 820 do CC, é possível estipular fiança mesmo sem o consentimento do devedor ou contra a sua vontade; **C**: correta (art. 820 do CC).

Gabarito "C"

4.10. Da constituição de renda

(Auditor Fiscal/São Paulo-SP – 2007 – FCC) Por meio de determinado contrato, João transferiu a Antônio a propriedade de um bem imóvel. Em contrapartida, Antônio se compromete a pagar a Pedro a quantia de R$ 1.000,00 (mil reais) mensais, em caráter vitalício, a partir da transmissão da propriedade. Este negócio jurídico é tipificado como

(A) compromisso de compra e venda.
(B) locação.
(C) constituição de renda.
(D) mandato.
(E) permuta.

Pelo contrato de constituição de renda, uma parte se obriga a periodicamente fornecer uma prestação à outra, normalmente de forma gratuita. Todavia, nada impede que esse contrato seja oneroso, o que ocorre quando uma das partes entrega bens móveis ou imóveis à outra, a qual fica obrigada a periodicamente fornecer prestações a quem transferiu ou a terceiros (CC, art. 804).

Gabarito "C"

4.11. Empreitada

(Analista – TRT/16ª Região – 2014 – FCC) Lucius, através de contrato de empreitada com preço global certo e ajustado no respectivo instrumento, contratou o empreiteiro Petrus para reformar a sua residência. Durante a reforma, o preço de mercado dos materiais sofreu redução de 12% do preço global convencionado. Nesse caso, o preço global convencionado, a pedido do dono da obra,

(A) poderá ser revisto, para que se lhe assegure a diferença apurada.
(B) não poderá ser revisto, porque o contrato faz lei entre as partes.
(C) só poderá ser revisto, se a redução ocorrida no mercado for superior a 20%.
(D) só poderia ser revisto se a redução ocorrida no mercado fosse do preço da mão de obra.
(E) só comporta redução se o preço do material e também da mão de obra for superior a 30%.

A: correta, pois se ocorrer diminuição no preço do material ou da mão de obra superior a um décimo do preço global convencionado, poderá este ser revisto, a pedido do dono da obra, para que se lhe assegure a diferença apurada (art. 620 do CC). No caso em tela a redução foi de 12%, daí a aplicação de referida regra; **B**: incorreta, pois a Lei expressamente autoriza a hipótese de revisão neste caso (art. 620 do CC); **C**: incorreta, pois a redução deve ser superior a 10%; **D**: incorreta, pois a diminuição de preço pode ser do material ou da mão de obra (art. 620 do CC); **E**: incorreta, pois comporta redução se a redução for superior a 10%.

Gabarito "A"

(Advogado da Sabesp/SP – 2014 – FCC) De acordo com o Código Civil atual, na empreitada:

(A) a obrigação de fornecer os materiais se presume.
(B) os riscos da obra correrão por conta do dono se este estiver em mora de a receber, mesmo que o empreiteiro tenha fornecido os materiais.
(C) o contrato para elaboração de um projeto implica, automaticamente, obrigação de fiscalizar-lhe a execução.
(D) o dono da obra possui o prazo prescricional de 180 dias do aparecimento do vício ou defeito para requerer

indenização em razão de fato relacionado com a falta de solidez da obra.

(E) se não tiver fornecido autorização escrita, o dono da obra não é obrigado a pagar ao empreiteiro por aumentos e acréscimos, mesmo que, por continuadas visitas, tenha estado sempre presente na obra, não ignorando nem nunca protestando pelo que se passava.

A: incorreta, pois a obrigação de fornecer materiais não se presume (CC, art. 610, § 1º); **B:** correta, pois em caso de mora, tais riscos correm por conta do dono da obra (CC, art. 611); **C:** incorreta, pois "o contrato para elaboração de um projeto não implica a obrigação de executá-lo" (CC, art. 610 § 2º); **D:** incorreta, pois tal prazo é de natureza decadencial (CC, art. 618, parágrafo único); **E:** incorreta, pois o dono da obra é obrigado a pagar tais aumentos (CC, art. 619, parágrafo único).

Gabarito "B".

4.12. Locação

(Defensor Público – DPE/ES – 2016 – FCC) Pedro Silva Comércio de Roupa – Empresa Individual de Responsabilidade Limitada – EIRELI alugou para moradia de seus empregados um imóvel próximo ao estabelecimento, pelo prazo de vinte e quatro meses, findo o qual o locador notificou a locatária de que não mais lhe interessava a locação, concedendo 30 dias para desocupação do imóvel. Ajuizou, depois de escoado esse prazo, ação de despejo. Nesse caso, a retomada do imóvel

(A) não será possível, mediante ação de despejo, porque a EIRELI não é pessoa jurídica e, por isso, não pode celebrar contrato de locação para moradia de empregados.

(B) é possível, a despeito da utilização do imóvel para fins de residência, não se exigindo prazo mínimo de contrato.

(C) só será possível por motivo justificado, como a necessidade de reforma, porque não decorridos cinco anos do contrato.

(D) não é possível, porque na locação residencial, para retomada por denúncia vazia, o contrato escrito deve ser celebrado pelo prazo mínimo de trinta meses.

(E) apenas será possível, se o locador necessitar do prédio para uso próprio, de seu cônjuge, de descendente ou de ascendente.

A: Incorreta, pois a EIRELI é uma forma societária de uma pessoa jurídica de direito privado (CC, art. 44) e como tal pode celebrar contratos de locação para moradia de seus empregados; **B:** correta, pois esse tipo de locação (*locatário pessoa jurídica e imóvel destinado a uso de titulares, diretores, sócios, gerentes, executivos ou empregados*) é considerada não residencial, ficando afastadas a exigência de concessão de prazo mínimo de trinta meses (Lei 8.245/1991, art. 55); **C** e **D:** incorretas, pois os prazos e as regras de denúncia vazia, mencionados pelas assertivas são aqueles aplicados para as hipóteses de locação residencial *stricto sensu*; **E:** incorreta, pois as regras ali mencionadas referem-se à denúncia cheia, a qual somente se aplica a locações residenciais *stricto sensu*.

Gabarito "B".

(Defensor Público – DPE/BA – 2016 – FCC) A respeito da locação de imóveis urbanos, é correto afirmar que:

(A) em se tratando de locação por prazo indeterminado, se o imóvel vem a ser alienado durante a locação, o adquirente não tem direito de denunciar o contrato, caso este contenha cláusula de vigência em caso de alienação e esteja averbado junto à matrícula do imóvel.

(B) o fiador pode se exonerar da fiança nas hipóteses de morte, separação ou divórcio do locatário, em locação residencial, bem como de contratos firmados por prazo indeterminado, respondendo pelos efeitos da fiança somente até o momento do recebimento da notificação pelo locador.

(C) no caso de prorrogação da locação por prazo indeterminado, as garantias da locação cessam automaticamente, cabendo ao locador notificar o locatário para que apresente garantia, sob pena de despejo liminar.

(D) se o locatário já emendou a mora para evitar ordem judicial de despejo nos últimos vinte e quatro meses, não poderá utilizar novamente esta mesma prerrogativa e, mesmo pagando os valores em atraso, poderá ser despejado por falta de pagamento.

(E) o contrato deve ser realizado por instrumento escrito, de modo que o contrato de locação de bem imóvel urbano meramente verbal é nulo e, assim, não autoriza o ajuizamento de ação de despejo por falta de pagamento, restando ao proprietário o ajuizamento de ação petitória.

A: incorreta. A cláusula de vigência com averbação junto à matricula do imóvel só produz esse efeito quando o contrato de locação tiver prazo determinado (Lei 8.245/91, art. 8º); **B:** incorreta, pois – após a exoneração – o fiador responderá pelos efeitos da fiança durante 120 dias após a notificação ao locador (Lei 8.245/91, art. 12, § 2º); **C:** incorreta, pois as garantias da locação se estendem até a "efetiva devolução do imóvel, ainda que prorrogada a locação por prazo indeterminado" (Lei 8.245/1991, art. 39); **D:** correta, pois de pleno acordo com o art. 62, parágrafo único, da Lei 8.245/1991; **E:** incorreta, pois a lei de locação não exigiu forma escrita para a validade do mesmo, admitindo até mesmo a forma verbal (Lei 8.245/1991, art. 47). Vale mencionar que – quanto ao contrato de fiança – há exigência da forma escrita (CC, art. 819).

Gabarito "D".

(Magistratura/SC – 2015 – FCC) Uma pessoa jurídica de direito privado, que atua na área de supermercados, celebrou com outra pessoa jurídica, que se dedica a atividades no ramo imobiliário, contrato pelo qual esta se comprometeu a adquirir um terreno indicado por aquela e a construir um prédio a fim de que lhe fosse locado pelo prazo de vinte anos, sendo que, se a locatária denunciasse o contrato antes do termo final, ficaria sujeita a multa equivalente à soma dos valores dos aluguéis a receber até o fim do prazo da locação.

I. É um contrato atípico, porque não disciplinado especificamente em lei, vigorando apenas as condições livremente pactuadas entre as partes.

II. A multa contratual devida pela denúncia do contrato será sempre proporcional ao período de cumprimento do contrato, sendo nula a cláusula que estipulou multa equivalente à soma dos valores dos aluguéis a receber até o termo final da locação.

III. Nele poderá ser convencionada a renúncia ao direito de revisão do valor dos aluguéis durante o prazo de sua vigência.

IV. É uma operação imobiliária conhecida como *built to suit*, mas disciplinada na lei que dispõe sobre as locações dos imóveis urbanos.

V. É modalidade de locação residencial ou não residencial para a qual a lei estabelece regras especiais entre as quais a de que o prazo será sempre determinado.

Acerca desse contrato, é correto o que se afirma APENAS em:

(A) III e V.
(B) I e II.
(C) III e IV.
(D) I e III.
(E) II e IV.

I: incorreta, pois esse contrato está previsto no art. 54-A da Lei 8.245/1991; **II:** incorreta, pois é válida a cláusula pela qual a multa poderá ser equivalente à somatória dos valores dos aluguéis a receber até o termo final da locação (art. 54-A, § 2°, da Lei 8.245/1991); **III:** correta (art. 54-A, § 1°, da Lei 8.245/1991); **IV:** correta (art. 54-A da Lei 8.245/1991); **V:** incorreta, pois no caso o prazo deve ser determinado (art. 54-A, *caput*, da Lei 8.245/1991).

Gabarito "C"

(Procurador Legislativo – Câmara de Vereadores de São Paulo/SP – 2014 – FCC) Em relação à locação, é correto afirmar:

(A) Nas locações ajustadas por escrito e por prazo igual ou superior a trinta meses, a resolução do contrato só ocorrerá, ao fim do prazo estipulado, se o locador notificar previamente o locatário.
(B) O contrato de locação não residencial, que se encontre vigorando por prazo indeterminado, pode ser denunciado por escrito, pelo locador, concedidos ao locatário trinta dias para a desocupação.
(C) Quando a locação for ajustada verbalmente ou por escrito e com prazo inferior a trinta meses, o locador, findo o prazo estabelecido, poderá retomar livremente o imóvel, concedidos trinta dias ao locatário para sua desocupação.
(D) É defeso ao locador receber de uma só vez e antecipadamente os aluguéis e encargos locatícios.
(E) Na locação para temporada, se o locatário não desocupar o bem locado no prazo ajustado caberá ação reintegratória de posse do imóvel, com pedido liminar de desocupação.

A: incorreta, pois nesse caso a "resolução do contrato ocorrerá findo o prazo estipulado, independentemente de notificação ou aviso" (Lei 8.245/1991, art. 46); **B:** correta, pois a assertiva reproduz a regra estabelecida pelo art. 57 da Lei 8.245/1991; **C:** incorreta, pois nesses casos a locação prorroga-se automaticamente, por prazo indeterminado, somente podendo ser retomado o imóvel nas hipóteses previstas pelo art. 47, I a V; **D:** incorreta, pois tal proibição não encontra respaldo na lei; **E:** incorreta, pois "seja qual for o fundamento do término da locação, a ação do locador para reaver o imóvel é a de despejo" (Lei 8.245/1991, art. 5°).

Gabarito "B"

4.13. Prestação de serviço

(Analista – TRT/11ª – 2012 – FCC) No que concerne a prestação de serviços regida pelo Código Civil brasileiro, sem aprazimento da outra parte, aquele a quem os serviços são prestados

(A) poderá transferir a outrem o direito aos serviços ajustados, desde que haja prévia comunicação para a outra parte com antecedência mínima de 30 dias.
(B) poderá transferir a outrem o direito aos serviços ajustados, bem como o prestador de serviços, poderá dar substituto que os preste.
(C) poderá transferir a outrem o direito aos serviços ajustados, mas não poderá o prestador de serviços dar substituto que os preste.
(D) poderá transferir a outrem o direito aos serviços ajustados, desde que haja prévia comunicação da outra parte com antecedência mínima de 90 dias.
(E) não poderá transferir a outrem o direito aos serviços ajustados e não poderá dar substituto que os preste.

A alternativa correta é a assertiva "E", na medida em que reproduz expresso texto elencado no art. 605 do CC, *in verbis*: "*Nem aquele a quem os serviços são prestados, poderá transferir a outrem o direito aos serviços ajustados, nem o prestador de serviços, sem aprazimento da outra parte, dar substituto que os preste.*" Daí verifica-se que todas as demais alternativas automaticamente restam excluídas.

Gabarito "E"

4.14. Mandato

(Analista Judiciário – Área Judiciária – TRT12 – 2013 – FCC) Relativos ao mandato, considere:

I. A outorga do mandato está sujeita à forma exigida por lei para o ato a ser praticado. Admite-se mandato verbal mesmo que o ato deva ser celebrado por escrito, dado o caráter não solene do contrato.
II. A aceitação do mandato pode ser tácita, e resulta do começo de execução.
III. O maior de dezesseis e menor de dezoito anos não emancipado pode ser mandatário, mas o mandante não tem ação contra ele senão de conformidade com as regras gerais, aplicáveis às obrigações contraídas por menores.

Está correto o que consta em

(A) II, apenas.
(B) I e II, apenas.
(C) I e III, apenas.
(D) II e III, apenas.
(E) I, II e III.

I: incorreta, pois a outorga do mandato está sujeita à forma exigida por lei para o ato a ser praticado. *Não se admite* mandato verbal quando o ato deva ser celebrado por escrito (art. 657 do CC); **II:** correta (art. 659 do CC); **III:** correta (art. 666 do CC).

Gabarito "D"

(Analista – TRE/AP – 2011 – FCC) Terceiro sem mandato

(A) pode adquirir a posse, dependendo esta aquisição de ratificação do mandante.
(B) não pode adquirir a posse, por expressa disposição legal existente no Código Civil brasileiro.
(C) pode adquirir a posse, independentemente de ratificação do mandante.
(D) pode adquirir a posse, independentemente de ratificação do mandante, desde que tenha figurado na qualidade de mandatário em, no mínimo, cinco negócios anteriores.
(E) pode adquirir a posse, independentemente de ratificação do mandante, se esta se der pelo prazo máximo de três meses.

Art. 1.205, II, do CC.

Gabarito "A"

(Defensor Público/SP – 2012 – FCC) Maria Aparecida, viúva, apresentando os primeiros sintomas de Alzheimer, mas ainda no domínio pleno de suas faculdades mentais, temendo a iminente perda de sua capacidade civil, outorga instrumento de mandato com poderes especiais e expressos para sua única filha, autorizando-a a alienar seu único bem imóvel para custear seu futuro tratamento. Durante as tratativas iniciais para alienação do imóvel, sem assunção formal de quaisquer obrigações, sobrevém a interdição da primeira, nomeando-se curadora pessoa diversa da mandatária e reconhecendo-se, por perícia médica, que a incapacidade ocorrera em data superveniente à outorga do mandato. Nesse caso,

(A) não será possível a outorga da escritura pela mandatária, uma vez que a incapacidade do mandante faz cessar o contrato de mandato.

(B) será possível a outorga da escritura pela mandatária, uma vez que a lei autoriza autocuratela antecipada.

(C) será possível a outorga, pois trata-se de conclusão de ato jurídico iniciado, havendo perigo na demora.

(D) será possível a conclusão do negócio pela própria mandante, uma vez que o mandato que contém poderes de cumprimento ou confirmação de negócios encetados, aos quais se ache vinculado, é irrevogável.

(E) não será possível a conclusão do negócio pela mandatária, já que após a interdição somente o curador nomeado poderia praticar tal ato, independente de autorização judicial.

A: correta, conforme prescreve o art. 682 do CC, o mandato cessa: I – pela revogação ou pela renúncia; II – pela morte ou interdição de uma das partes; III – pela mudança de estado que inabilite o mandante a conferir os poderes, ou o mandatário para os exercer; ou IV – pelo término do prazo ou pela conclusão do negócio; **B:** incorreta. A lei não autoriza autocuratela antecipada; **C:** incorreta. Não é possível a outorga da escritura pelo mandatário, pois, de acordo com o enunciado da questão, não havia negócio jurídico pendente, apenas tratativas iniciais (art. 690 do CC); **D:** incorreta, pois o contrato de mandato é, em regra, revogável. Exceções: i) quando a cláusula de irrevogabilidade for condição de um negócio bilateral (art. 684 do CC); ii) mandato em causa própria (art. 685 do CC); **E:** incorreta. A venda de bens imóveis pelo curador depende de prévia avaliação judicial e autorização judicial (arts. 1.750 e 1.774 do CC).

Gabarito "A"

(Magistratura/GO – 2015 – FCC) Já muito idosa, porém lúcida, Vera outorgou mandato para que seu filho José passasse a realizar, em seu nome, negócios em geral. Na posse do instrumento de mandato, José alienou bem imóvel de propriedade de Vera, partilhando o produto da venda com seus irmãos. Em relação a Vera, o ato é

(A) ineficaz, salvo ratificação expressa, que retroagirá à data do ato.

(B) eficaz apenas se a partilha entre os filhos tiver se dado por igual.

(C) eficaz, pois estava lúcida no momento da outorga do mandato.

(D) ineficaz e não passível de ratificação.

(E) ineficaz, salvo ratificação expressa, que produzirá efeitos a partir dela.

A: correta, pois o mandato para negócios gerais só confere ao mandatário poderes de administração, ficando este proibido de alienar um bem dessa natureza (art. 661, *caput* e § 1º, do CC), sendo que os alienação nessas condições é considerada ela lei ineficaz em relação ao mandante (art. 662, *caput*, do CC), mas podem ser ratificada por este, hipótese em que retroagirá à data do ato (art. 662, parágrafo único, do CC); B e **C:** incorretas, pois essa alienação é ineficaz em relação ao mandante (art. 662, *caput*, do CC); **D** e **E:** incorretas, pois pode ser ratificada e esta produzirá efeitos a partir da data do ato e não da data da ratificação (art. 662, parágrafo único, do CC).

Gabarito "A"

4.15. Seguro

(Magistratura/RR – 2015 – FCC) A respeito de contratos de seguro, considere as seguintes assertivas:

I. Nos seguros de dano, a garantia prometida não pode ultrapassar o valor do interesse segurado no momento da contratação e a indenização não pode ultrapassar o valor do interesse segurado no momento do sinistro.

II. Nos seguros de pessoas, o capital segurado é livremente estipulado pelo proponente, que pode contratar mais de um seguro sobre o mesmo interesse, com o mesmo ou diversos seguradores.

III. Salvo disposição em contrário, não se admite a transferência do contrato de seguro de dano a terceiro com a alienação ou cessão do interesse segurado.

IV. No seguro de vida, só podem figurar como beneficiárias pessoas que estejam sob a dependência econômica do segurado, exceto se se tratar de cônjuge ou companheiro.

V. No seguro de vida ou de acidentes pessoais para o caso de morte, o capital estipulado, para o caso de morte, não está sujeito às dívidas do segurado, nem se considera herança.

Está correto o que se afirma APENAS em

(A) III, IV e V.

(B) I, III e IV.

(C) II, III e V.

(D) I, II, e V.

(E) I, III e V.

I: correta (art. 778 do CC); **II:** correta (art. 789 do CC); **III:** incorreta, pois, salvo disposição em contrário, admite-se sim essa transferência (art. 785, *caput*, do CC); **IV:** incorreta, pois não essa limitação na lei (arts. 789 a 802 do CC); **V:** correta (art. 794 do CC).

Gabarito "D"

(Magistratura/PE – 2013 – FCC) No seguro de vida ou de acidentes pessoais para o caso de morte,

(A) é obrigatória a indicação de beneficiário, sob pena de ineficácia, revertendo o prêmio pago à herança do segurado falecido.

(B) o capital estipulado não está sujeito às dívidas do segurado, nem se considera herança para todos os efeitos de direito.

(C) o capital segurado só pode ser pago a herdeiros legítimos, não se admitindo a indicação de pessoa estranha à ordem de vocação hereditária para recebê-lo.

(D) a indenização sempre beneficiará o cônjuge sobrevivente casado sob o regime da comunhão universal ou parcial de bens.

(E) o capital estipulado só fica sujeito às dívidas do segurado que gozem de privilégio geral ou especial.

A: incorreta, pois na falta de indicação da pessoa ou beneficiário o capital segurado será pago por metade ao cônjuge não separado judicialmente, e o restante aos herdeiros do segurado, obedecida a ordem da vocação hereditária (art. 792, CC); **B:** correta, pois de pleno acordo com os termos do art. 794 do CC; **C:** incorreta, pois não existe tal obrigatoriedade na lei; **D:** incorreta, pois em desacordo com o art. 792 do CC; **E:** incorreta, pois "*no seguro de vida ou de acidentes pessoais para o caso de morte, o capital estipulado não está sujeito às dívidas do segurado*" (art. 794, CC).

Gabarito "B"

4.16. Fiança

(Analista – TRF/3ª Região – 2014 – FCC) Em determinado contrato, o fiador renunciou expressamente ao benefício de ordem. O credor está executando o contrato em razão da dívida não paga requerendo a penhora de imóvel de propriedade do fiador, apesar do devedor ser proprietário de diversos imóveis. Neste caso,

(A) a renúncia ao benefício de ordem é lícita e permitida pelo Código Civil brasileiro.

(B) a renúncia ao benefício de ordem é nula, uma vez que o fiador possui o direito de exigir, até contestação da lide, que seja executado, primeiramente, os bens do devedor.

(C) a renúncia ao benefício de ordem é anulável, uma vez que o fiador possui o direito de exigir, até contestação da lide, que seja executado, primeiramente, os bens do devedor.

(D) o fiador somente possui o direito de exigir que sejam executados, primeiramente, os bens do devedor se houver bens sitos no mesmo município em que tramita a execução, livres e desembargados.

(E) o fiador somente possui o direito de exigir que sejam executados, primeiramente, os bens do devedor se houver bens sitos no mesmo município na qual foi celebrado o contrato de locação, livres e desembargados.

A: correta (art. 828, I, do CC); **B** e **C:** incorretas, pois a renúncia ao benefício de ordem é válida, desde que expressamente manifestada. Ademais, o enunciado não relatava nenhum tipo de vício no que tange a exteriorização da vontade em renunciar. Assim, os bens do fiador podem ser diretamente atingidos (art. 828, I, do CC); **D** e **E:** incorretas, pois o fiador apenas tem esse direito se não houver renunciado ao benefício de ordem (art. 827, parágrafo único, do CC). Se houve renúncia, é irrelevante saber se os bens do locatário estão localizados no município onde tramita e execução ou onde foi celebrado o contrato.

Gabarito "A"

(Auditor Fiscal – São Paulo/SP – FCC – 2012) Em relação aos contratos, é correto afirmar:

(A) O contrato de fiança deve ser celebrado por escrito.

(B) Salvo cláusula em contrário, ficarão as despesas de escritura e registro a cargo do vendedor.

(C) O contrato preliminar deve conter todos os requisitos essenciais ao contrato a ser celebrado, inclusive a forma e as solenidades do contrato principal.

(D) O vendedor nunca é obrigado a entregar a coisa antes de receber o preço.

(E) O doador pode doar todos os seus bens, mesmo que não reserve parte ou renda suficiente para sua subsistência.

A: correta, pois o Código Civil exigiu a utilização da forma escrita para a celebração do contrato de fiança (CC, art. 819); **B:** incorreta, pois tais despesas ficam normalmente a cargo do comprador (CC, art. 490); **C:** incorreta, pois quanto à forma, o Código Civil não exige a observância da simetria com o contrato principal (CC, art. 462); **D:** incorreta, pois na venda a crédito o vendedor deverá entregar a coisa antes de receber o preço; **E:** incorreta, pois a doação universal é nula de pleno direito (CC, art. 548).

Gabarito "A"

(Magistratura/CE – 2014 – FCC) Analise as assertivas a seguir:

I. Prestada a fiança por quem seja casado sob o regime da comunhão universal de bens, sem anuência do outro cônjuge, esse contrato é nulo.
II. São partes no contrato de fiança o fiador e o devedor da obrigação principal.
III. A fiança que exceder o valor da dívida, ou for mais onerosa que ela, não valerá senão até o limite da obrigação afiançada.
IV. Não se pode estipular fiança sem o consentimento do devedor.
V. As obrigações nulas não são suscetíveis de fiança, exceto se a nulidade resultar apenas de incapacidade pessoal do devedor e que não se trate de mútuo feito a menor.

Sobre o contrato de fiança, é correto o que se afirma APENAS em

(A) III e V.

(B) I e V.

(C) III e IV.

(D) I e II.

(E) II e III.

I: incorreta. A fiança é um dos casos nos quais a lei exige vênia conjugal para sua validade (CC, art. 1.647, III). A ausência desta vênia torna o ato anulável, conforme disposto no art. 1.649 do CC; **II:** incorreta, pois o devedor (também chamado de afiançado) não é parte no contrato de fiança. Tanto é verdade que credor e fiador podem estipular tal contrato livremente sem anuência do devedor (CC, art. 820); **III:** correta, pois a assertiva reproduz a consequência legal que decorre da fiança que excede o valor da dívida (CC, art. 823); **IV:** incorreta, pois o devedor (também chamado de afiançado) não é parte no contrato de fiança. Logo, nada impede que credor e fiador estipulem tal contrato livremente sem anuência do devedor (CC, art. 820); **V:** correta, pois a assertiva reproduz a proibição estabelecida pelo art. 824 do CC.

Gabarito "A"

4.17. Outros contratos e temas combinados

(Juiz – TJ-SC – FCC – 2017) Na incorporação imobiliária, a submissão ao regime de afetação é:

(A) facultativo ao incorporador e, por esse regime, o terreno e as acessões objeto de incorporação imobiliária, bem como os demais bens e direitos a ela vinculados, manter-se-ão apartados do patrimônio do incorporador e constituirão patrimônio de afetação, destinado à consecução da incorporação correspondente e à entrega das unidades imobiliárias aos respectivos adquirentes.

(B) obrigatório para os incorporadores e, por esse regime, o terreno e as acessões objeto de incorporação imobiliária, bem como os demais bens e direitos a ela vinculados, manter-se-ão apartados do patrimônio do incorporador e constituirão patrimônio de afetação, destinado à consecução da incorporação correspondente e à entrega das unidades imobiliárias aos respectivos adquirentes.

(C) obrigatório e considera-se constituído mediante averbação, a qualquer tempo, no registro imobiliário, de termo firmado pelo incorporador e a averbação não será obstada pela existência de ônus reais sobre o imóvel objeto de incorporação para garantia de pagamento do preço de sua aquisição ou do cumprimento de obrigação de constituir o empreendimento.

(D) obrigatório e tem por finalidade exclusivamente excluir os efeitos da falência do incorporador.

(E) facultativo, só ficando atingido o empreendimento por dívidas destinadas à consecução da incorporação correspondente e à entrega das unidades imobiliárias aos respectivos adquirentes, exceto no caso de falência ou insolvência civil do incorporador, quando os adquirentes das unidades serão classificados como credores privilegiados, para recebimento de indenização por perdas e danos, caso o empreendimento não se concretize.

Pelo sistema da afetação, o terreno e acessões referentes ao projeto imobiliário ficam separados dos bens do incorporador e passam a constituir o chamado "patrimônio de afetação", o qual será destinado à consecução da incorporação e à entrega das unidades imobiliárias aos seus respectivos adquirentes. Trata-se de uma garantia adicional que é dada ao adquirente da unidade imobiliária, o que estimula novos compradores e aquece o mercado imobiliário. Tal sistema de afetação, todavia, não é obrigatório e fica ao critério do incorporador (art. 31-A da Lei 4.591/1964, com a redação dada pela Lei 10.931/2004). GN

Gabarito "A"

(Procurador do Estado – PGE/MT – FCC – 2016) Acerca do comodato, considere:

I. O comodato é contrato real, perfazendo-se com a tradição do objeto.

II. O comodatário constituído em mora, além de por ela responder, pagará, até restituí-la, o aluguel da coisa que for arbitrado pelo comodante.

III. O comodatário responde pelo dano decorrente de caso fortuito ou força maior se, correndo risco o objeto do comodato, juntamente com os seus, antepuser a salvação destes, abandonando o do comodante.

IV. Se o comodato não tiver prazo convencional, o comodante poderá, a qualquer momento, suspender o uso e gozo da coisa emprestada, independentemente de decisão judicial e da finalidade do negócio.

Está correta o que ser afirma em

(A) I, II e III, apenas.

(B) II e III, apenas.

(C) II e IV, apenas.

(D) I, III e IV, apenas.

(E) I, II, III e IV.

I: correta, pois o comodato é contrato real que só nasce quando o objeto é entregue ao comodatário, ou seja, quando ocorre a tradição do bem. Também são exemplos de contratos reais o mútuo e o depósito; **II:** correta, pois de pleno acordo com o art. 582 do CC. É evidente, todavia, que tal aluguel estará sempre sujeito ao crivo judicial, com balizas pela boa-fé objetiva e equidade; **III:** correta, pois trata-se de uma rara hipótese na qual uma pessoa responde pela perda decorrente de fortuito ou força maior. É uma hipótese bastante teórica, mas prevista no art. 583 do CC; **IV:** incorreta, pois "se o comodato não tiver prazo convencional, presumir-se-lhe-á o necessário para o uso concedido" (CC, art. 581). GN

Gabarito "A"

(Magistratura/RR – 2015 – FCC) Comparando-se as garantias decorrentes da alienação fiduciária de bem imóvel e da hipoteca, pode-se afirmar que, na alienação fiduciária,

(A) o fiduciário transfere a propriedade resolúvel ao fiduciante, enquanto na hipoteca a propriedade não é transferida ao credor, mas apenas sujeita o imóvel por vínculo real ao cumprimento da obrigação, atribuindo ao credor título de preferência e direito de sequela.

(B) o credor pode, uma vez consolidada a propriedade em seu nome, mantê-la em seu patrimônio, para quitação da dívida, sem necessidade de promover-lhe a alienação, enquanto na hipoteca é vedado o pacto comissório.

(C) o fiduciante transfere a propriedade resolúvel ao fiduciário, enquanto na hipoteca a propriedade não é transferida ao credor, mas apenas sujeita o imóvel por vínculo real ao cumprimento da obrigação, atribuindo ao credor título de preferência e direito de sequela.

(D) o credor não pode, depois de consolidada a propriedade em seu nome, mantê-la em seu patrimônio para quitar a dívida, devendo promover-lhe o público leilão, enquanto na hipoteca, salvo disposição em contrário no contrato, o credor pode ficar com o objeto da garantia, se a dívida não for paga no vencimento.

(E) não pode ser credora, titular dessa garantia, pessoa física, porque ela só é atribuível às entidades que operam no SFI, enquanto na hipoteca o credor pode ser qualquer pessoa física capaz ou pessoa jurídica.

A: incorreta, pois o credor é o fiduciário e o devedor é o fiduciante, de modo que a frase deveria ser "o fiduciante transfere a propriedade resolúvel ao fiduciário" (art. 1.368-B do CC); **B:** incorreta, pois, de acordo com o art. 1.364 do CC, "vencida a dívida, e não paga, fica **o credor obrigado a vender**, judicial ou extrajudicialmente, a coisa a terceiros, a aplicar o preço no pagamento de seu crédito e das despesas de cobrança, e a entregar o saldo, se houver, ao devedor" (g.n.); **C:** correta (art. 1.361, *caput*, do CC); **D:** incorreta, pois na hipoteca não há permissão para o credor fica com a coisa se a dívida não for paga no vencimento, sendo nula cláusula nesse sentido (art. 1.428 do CC); **E:** incorreta, pois não há essa limitação na lei, nem ligação necessária do instituto com o Sistema Financeiro da Habitação (arts. 1.361 e ss.).

Gabarito "C"

(Procurador do Estado – PGE/RN – FCC – 2014) Felipe utiliza o estacionamento X próximo a seu local de trabalho, confiando as chaves de seu veículo a um manobrista logo à entrada e recebendo um comprovante de estadia. Certo dia, ao retirar o veículo, percebeu que apresentava avarias externas decorrentes de colisão. Foi-lhe esclarecido que outro cliente, João, burlando as normas do estacionamento, adentrou na área de manobras, e o veículo de Felipe foi abalroado, porque o manobrista não conseguiu frear a tempo de evitar a colisão com o veículo de João. Nesse caso, entre Felipe e o estacionamento X há:

(A) contrato atípico com elementos dos contratos de depósito e de prestação de serviço e o estacionamento X deverá indenizar Felipe pelos prejuízos que sofreu, tanto em razão do contrato, como em virtude das regras pertinentes à responsabilidade do patrão por atos de seus empregados.

(B) contrato típico e o estacionamento X é obrigado a ressarcir os prejuízos sofridos por Felipe, porque há responsabilidade objetiva do patrão pelos atos de seus empregados.

(C) contrato típico e o estacionamento X deverá indenizar Felipe pelos prejuízos que sofreu, tanto em razão do contrato, como em virtude das regras pertinentes à responsabilidade do patrão por atos de seus empregados.

(D) contrato inominado com elementos dos contratos de depósito e de prestação de serviços, mas o estacionamento X não poderá ser condenado a indenizar Felipe, se provar que escolheu bem o manobrista e o vigiava, sendo o evento considerado caso fortuito.

(E) relação jurídica extracontratual e este é obrigado a ressarcir os prejuízos sofridos por Felipe, uma vez que a culpa do patrão é presumida pelos atos culposos de seus empregados.

O referido contrato apresenta características tanto de contrato remunerado de depósito (CC, art. 627) no que tange à guarda do veículo, como de contrato de serviços (no que se refere ao ato de levar e trazer o veículo). Os danos ao veículo devem ser indenizados em virtude da existência desse contrato. Ademais, a empresa X responde pelos danos causados pelos seus funcionários *"no exercício do trabalho que lhes competir"* (CC, art. 932, III). GN

Gabarito "A"

(Magistratura/PE – 2013 – FCC) Nos contratos relativos ao financiamento imobiliário em geral,

(A) descumpridas as obrigações pelo devedor, o crédito só poderá ser satisfeito, qualquer que seja a modalidade de garantia oferecida com o imóvel, mediante sua alienação judicial.

(B) a arbitragem é vedada, porque infringe norma expressa do Código de Defesa do Consumidor.

(C) a garantia oferecida pelo devedor não pode ser efetivada por alienação fiduciária, que se restringe às coisas móveis.

(D) somente se admite a garantia hipotecária.

(E) poderão as partes estipular que os litígios ou controvérsias entre elas sejam dirimidos mediante arbitragem.

A: incorreta, pois se admite alienação extrajudicial (art. 27 da Lei n.º 9.514/1997 – lei esta que dispõe sobre o Sistema de Financiamento Imobiliário); **B:** incorreta, pois a arbitragem é admitida pelo art. 34 da Lei n.º 9.514/1997; **C:** incorreta, pois se admite alienação fiduciária em contratos relativos a bens imóveis; **D:** incorreta, pois a garantia hipotecária perdeu boa parte de sua atratividade em virtude das vantagens da alienação fiduciária; **E:** correta, pois o mencionado art. 34 da Lei n.º 9.514/1997 assim admite.

Gabarito "E"

(Defensor Público/PR – 2012 – FCC) Sobre o Direito Contratual, é correto afirmar:

(A) O locatário deverá ser indenizado pelas benfeitorias úteis realizadas no imóvel locado, ainda que não expressamente autorizadas pelo locador, tendo em vista ser inválida a cláusula que dispõe sobre a renúncia à indenização destas obras, nos termos da jurisprudência majoritária.

(B) A sustação da compra e venda, por culpa do adquirente, após a pactuação de arras confirmatórias, dá ensejo ao desfazimento do negócio com a retenção do sinal, permitindo, ainda, que o vendedor requeira indenização suplementar se provar a ocorrência de prejuízo maior que o valor das arras.

(C) A fiança prestada por pessoa física em contrato de locação firmado por seu irmão, sem autorização de sua esposa, é eficaz apenas com relação ao fiador.

(D) Com relação à dívida pessoal, o proprietário do imóvel poderá opor a impenhorabilidade da sua vaga de garagem, devidamente registrada, na condição de bem de família.

(E) A empresa X, ao prever e cobrar antecipadamente o Valor Residual Garantido (VRG) do contrato de arrendamento mercantil firmado por pessoa física, acaba transformando a pactuação em compra e venda a prestação.

A: incorreta. Nos termos do art. 35 da Lei 8.245/1991, salvo disposição em contrário, o locatário deverá ser indenizado pelas benfeitorias necessárias sem autorização e *úteis com a autorização*. E, de acordo com a Súmula 335 do STJ, é válida a cláusula de renúncia da indenização pelas benfeitorias no contrato de locação; **B:** correta, conforme arts. 418 e 419 do CC; **C:** incorreta, pois segundo a Súmula 332 do STJ, "a fiança prestada sem autorização de um dos cônjuges implica a ineficácia total da garantia"; **D:** incorreta, de acordo com Súmula 449 do STJ: "A vaga de garagem que possui matrícula própria no registro de imóveis não constitui bem de família para efeito de penhora"; **E:** incorreta, pois a Súmula 263 do STJ ("A cobrança antecipada do valor residual (VRG) descaracteriza o contrato de arrendamento mercantil, transformando-o em compra e venda a prestação") foi cancelada (REsp 443.143, julgado em 29.09.2003).

Gabarito "B"

(Defensor Público/PR – 2012 – FCC) É correto afirmar:

(A) Pessoa que, por simples cortesia, transportava seu colega na saída do trabalho, vindo a colidir seu veículo com caminhão, por culpa leve, causando grave lesão no colega transportado, será civilmente responsável por estes danos.

(B) O contrato de empréstimo somente poderá ser revisado pela teoria da imprevisão se houver desproporção da prestação derivada de motivo imprevisível ocorrido no momento funcional da relação contratual.

(C) O promitente comprador do imóvel, pertencente a proprietário registral, não terá direito à adjudicação compulsória se o compromisso de compra e venda não estiver registrado no cartório de imóveis, ainda que o contrato esteja devidamente quitado.

(D) O contratante, que contrata alguém para a troca de telhas de sua casa, não tem de garantir a segurança do contratado, exceto se tal dever estiver expresso no pacto firmado.

(E) Contrato de locação de imóvel, expressamente firmado para exploração de jogo ilegal, é tido como inexistente, em razão da ilicitude do objeto.

A: incorreta, nos termos da Sumula 145 do STJ: "no transporte desinteressado, de simples cortesia, o transportador só será civilmente responsável por danos causados ao transportado quando incorrer em dolo ou culpa grave"; **B:** correta, pois a teoria da imprevisão somente tem aplicabilidade se o fato que provocar o desequilíbrio ocorrer durante a execução do contrato (arts. 317e 478 do CC); **C:** incorreta. Promitente comprador terá direito à adjudicação compulsória ainda que o contrato não tenha sido levado a registro. O registro é requisito apenas para a eficácia *erga omnes* do contrato (art. 1.418 do CC e Súmula 239 do STJ); **D:** incorreta. Segundo o entendimento do STJ, o contratante tem o dever de garantir a segurança do contratado, fornecendo, por exemplo, o equipamento apropriado (REsp 533.233/MG, Rel. Min. Fernando Gonçalves, julgado em 05.02.2004); **E:** incorreta. O contrato que tem objeto ilícito é considerado nulo e não inexistente (art. 166, II, do CC).

Gabarito "B"

(Procurador do Município – Cuiabá/MT – 2014 – FCC) Renato contratou André para transportá-lo onerosamente, de carro, de Cuiabá a Sorriso. No contrato, as partes estabeleceram que, em caso de acidente causado por terceiro, André não teria o dever de indenizar Renato. No trajeto, um caminhão conduzido negligentemente abalroou o veículo que transportava Renato, causando-lhe danos. Renato

(A) poderá pedir indenização contra André, pois a cláusula excludente de responsabilidade é nula e a culpa de terceiro não afasta a responsabilidade do transportador, que possui ação de regresso contra o causador do dano.

(B) não poderá pedir indenização contra André, pois a responsabilidade do transportador é subjetiva.

(C) não poderá pedir indenização contra André, pois a responsabilidade do transportador é afastada em caso de culpa de terceiro.

(D) não poderá pedir indenização contra André, pois pactuou cláusula excludente de responsabilidade.

(E) poderá pedir indenização contra André, pois a cláusula excludente de responsabilidade é nula e a culpa de terceiro não afasta a responsabilidade do transportador nem lhe confere ação de regresso contra o causador do dano.

A questão envolve o contrato de transporte de pessoas e a cláusula que afasta o dever do transportador de indenizar. A solução para o problema é dada pelo art. 734 do CC, segundo o qual "o transportador responde pelos danos causados às pessoas transportadas e suas bagagens, salvo motivo de força maior, sendo nula qualquer cláusula excludente da responsabilidade". Logo, é correto afirmar que Renato poderá pedir sua justa indenização em face de André.

Gabarito "A"

4.18. ENRIQUECIMENTO SEM CAUSA

(Analista – TRT/24ª – 2011 – FCC) A respeito do enriquecimento sem causa, considere:

I. Aquele que, sem justa causa, se enriquecer à custa de outrem, será obrigado a restituir o indevidamente auferido, pelo valor da data em que ocorreu o enriquecimento.

II. Se o enriquecimento tiver por objeto coisa determinada, quem a recebeu é obrigado a restituí-la, e, se a coisa não mais subsistir, a restituição se fará pelo valor do bem da época em que ocorreu o enriquecimento.

III. A restituição do indevidamente auferido será devida quando a causa que justificou o enriquecimento deixou de existir.

Está correto o que consta APENAS em

(A) II e III.

(B) I e II.

(C) I e III.

(D) III.

(E) II.

I: incorreta, pois será obrigado a restituir o indevidamente auferido, *com atualização monetária* (art. 884 do CC); **II:** incorreta, pois a restituição se fará pelo valor do bem *na época em que foi exigido* (art. 884, parágrafo único, do CC); **III:** correta (art. 885 do CC).

Gabarito "D"

5. RESPONSABILIDADE CIVIL

5.1. Obrigação de indenizar

(Procurador do Estado – PGE/MT – FCC – 2016) Marcelo exerce, com habitualidade, atividade que, por sua natureza, implica risco para os direitos de outrem. Se desta atividade advier dano, Marcelo responderá de maneira:

(A) subjetiva, não sendo necessária a comprovação do elemento culpa, mas se exigindo, em regra, a existência de nexo de causalidade.

(B) subjetiva, a qual exige, em regra, a comprovação de nexo de causalidade e culpa.

(C) objetiva, não sendo necessária, em regra, a comprovação dos elementos culpa ou nexo de causalidade.

(D) objetiva, não sendo necessária a comprovação do elemento culpa, mas se exigindo, em regra, a existência de nexo de causalidade.

(E) objetiva, a qual exige, em regra, a comprovação de nexo de causalidade e culpa.

Além dos casos especificados em lei, a responsabilidade será objetiva quando a atividade normalmente desenvolvida pelo autor do dano *"implicar, por sua natureza, risco para os direitos de outrem"* (CC, art. 927, parágrafo único). Trata-se de hipótese de responsabilidade objetiva em cláusula aberta. Nos casos de responsabilidade objetiva, como é cediço, não é preciso provar a culpa, mas mantém-se a necessidade de provar conduta, nexo causal e dano. GN

Gabarito "D"

(Procurador do Estado – PGE/RN – FCC – 2014) João é vizinho de uma indústria poluente, tendo ajuizado ação de natureza cominatória, para fazer cessar a emissão de gases, julgada improcedente, porque a indústria se localiza em local permitido e não haveria como diminuir os incômodos. A sentença transitou em julgado, mas passados alguns anos, surgiram equipamentos capazes de eliminar drasticamente a poluição. Nesse caso, João:

(A) não poderá exigir a redução das emissões poluentes, mas se alienar seu imóvel, o novo proprietário poderá formular essa pretensão, inclusive judicialmente.

(B) não poderá exigir a redução das emissões poluentes, porque prevalece a coisa julgada a favor da proprietária da indústria.

(C) poderá, inclusive judicialmente, exigir a redução ou eliminação das emissões poluentes.

(D) só poderá exigir a redução das emissões poluentes se ressarcir a proprietária da indústria dos gastos com aquisição dos equipamentos.

(E) poderá exigir a redução das emissões poluentes, mediante representação a autoridades ambientais, mas não poderá exigi-la judicialmente.

A questão parece resolver-se pela técnica do Processo Civil. O surgimento de equipamentos capazes de eliminar a poluição cria um fato novo, o que altera a causa de pedir de João. Isso evita que a indústria possa alegar coisa julgada no futuro, permitindo uma sentença cominatória no sentido de a empresa cessar a emissão de gases. GN

Gabarito "C"

(Técnico – TRF/3ª Região – 2014 – FCC) Considere as seguintes situações hipotéticas:

I. Mario, dezessete anos de idade, escondido de seu pai, Golias, pegou a chave do carro da família e atropelou Xisto.

II. Fabiana, dezesseis anos de idade, com a permissão de sua mãe, Maria, que lhe entregou as chaves do veículo da família, dirigiu alcoolizada e colidiu o referido veículo com a moto de Fabrício.

III. Carlos é dono do restaurante "CC". Seu empregado, Matias, derrubou um prato na cliente, Fátima, ferindo-a.

IV. Diogo é dono do hotel "AA". Nesta madrugada um hóspede enfurecido atirou pela janela do quarto, no qual estava hospedado, vasos, um abajur e um lustre, ferindo Simone, uma transeunte.

De acordo com o Código Civil brasileiro, responderão pelos atos praticados pelos terceiros mencionados nas situações hipotéticas,

(A) Maria, Carlos e Diogo, apenas.
(B) Maria e Diogo, apenas.
(C) Golias, Maria, Carlos e Diogo.
(D) Carlos e Diogo, apenas.
(E) Golias, Maria e Carlos, apenas.

I: correta, pois os pais são responsáveis pela reparação civil dos danos causados pelos filhos menores (art. 932, I, do CC), logo Golias responderá; **II:** correta, pois Maria responderá por ser mãe de Fabiana (menor), ainda que tenha dado autorização para que a filha dirigisse veículo (art. 932, I, do CC); **III:** correta, pois o empregador responde pelos danos causados por seus serviçais no exercício do trabalho que lhes competir, ou em razão dele, logo, Carlos responderá (art. 932, III, do CC); **IV:** correta, pois os donos de hotéis respondem pelos danos causados por seus hóspedes (art. 932, IV, do CC), razão pela qual Diogo deverá responder pela reparação.

Gabarito "C"

(Técnico – TRT/6ª – 2012 – FCC) Sendo o patrão responsável pela reparação civil dos danos causados culposamente por seus empregados no exercício do trabalho que lhes competir, ou em razão dele,

(A) é obrigado a indenizar ainda que o patrão não tenha culpa;
(B) só será obrigado a indenizar se o patrão também tiver culpa;
(C) não será obrigado a indenizar, se o empregado for absolvido pelo mesmo ato, em processo criminal, por insuficiência de prova;
(D) só será obrigado a indenizar se o ato também constituir crime e se o empregado for condenado no processo criminal;
(E) a obrigação de indenizar é subsidiária à do empregado que causou o dano.

A: correta, pois, uma vez caracterizada a responsabilidade do empregado, o empregador responde objetivamente, ou seja, ainda que não tenha culpa (arts. 932, III, e 933, ambos do CC); **B:** incorreta, pois conforme se viu a responsabilidade do patrão é independente de culpa (arts. 932, III, e 933, ambos do CC); **C:** incorreta, a absolvição por falta de provas na esfera penal não gera efeito algum na esfera civil; apenas as absolvições penais por negativa de autoria ou por inexistência material do fato é que repercutem na esfera civil; **D:** incorreta, não há esse requisito nos arts. 932, III e 933 do CC; **E:** incorreta, pois a responsabilidade pelo fato de terceiro é direta e imediata (art. 933 do CC) e não subsidiária.

Gabarito "A"

(Analista – TRT/3ª – 2015 – FCC) Saulo foi condenado criminalmente, por decisão transitada em julgado, em razão de lesões corporais causadas em Anderson, tendo sido reconhecidos, dentre outros elementos, a existência do fato e seu autor. Se Anderson ajuizar ação na esfera civil, Saulo

(A) poderá questionar a existência do fato e sua autoria independentemente de qualquer requisito, tendo em vista que a responsabilidade civil é independente da criminal.
(B) poderá questionar a existência do fato e sua autoria desde que, no juízo cível, apresente provas novas.
(C) não poderá questionar a existência do fato nem sua autoria.
(D) poderá questionar apenas a autoria do fato e desde que, no juízo cível, apresente provas novas.
(E) poderá questionar apenas a existência do fato e desde que, no juízo cível, apresente provas novas.

De acordo com o art. 935 do CC, "A responsabilidade civil é independente da criminal, não se podendo questionar mais sobre a existência do fato, ou sobre que seja o seu autor, quando estas questões se acharem decididas no juízo criminal". Todas as demais alternativas apresentadas violam o mencionado art. 935 do CC. Lembre-se, em nosso direito vigora o princípio da independência da responsabilidade civil em relação à criminal. O art. 64 do CPP diz que a reparação de dano pode ser proposta independentemente do procedimento criminal. Mas se a sentença criminal reconhecer o fato e a autoria, a justiça civil não poderá questionar tais matérias. Assim, transitada em julgado a sentença condenatória, pode os interessados promover-lhe a execução, no juízo cível, para o efeito da reparação do dano, o ofendido, seu representante legal ou seus herdeiros (art. 63 do CPP). Lembre-se: sentença penal condenatória faz coisa julgada no cível, sentença penal absolutória que reconhece a inexistência do fato ou da autoria fazem coisa julgada no cível, de outro lado, sentença penal absolutória que se fundamenta em falta de provas não faz coisa julgada no juízo cível.

Gabarito "C"

(Analista – TRT/11ª – 2012 – FCC) Carla é viúva e possui três filhos, Adão, Eva e Eduardo. Adão tem quinze anos; Eva tem dezessete; Eduardo tem 21 anos e é excepcional, sem desenvolvimento mental completo. Todos os filhos quando estavam jogando bola no quintal da residência quebraram duas janelas, uma mesa, cinco vasos e uma estátua muito valiosa da casa vizinha. Carla ressarciu o dano. Neste caso, Carla

(A) só poderá reaver o que pagou de Eva.
(B) poderá reaver o que pagou de todos os filhos.
(C) não poderá reaver o que pagou de nenhum dos filhos.
(D) só poderá reaver o que pagou de Eva e Eduardo.
(E) só poderá reaver o que pagou de Adão e Eduardo.

Considerando que todos os causadores dos danos são descendentes de Carla, sendo que Adão é absolutamente incapaz, Eva e Eduardo relativamente incapazes, sua genitora não poderá reaver o que pagou de nenhum dos filhos, nos termos do art. 934 do CC.

Gabarito "C"

(Analista – TRE/SP – 2012 – FCC) Platão, prefeito da cidade "Magnífica", está sendo demandado judicialmente pela empresa de publicidade X em R$ 50.000,00 pelos serviços prestados durante a campanha eleitoral. Ocorre que Platão já efetuou o pagamento da quantia mencionada na data aprazada pelas partes. De acordo com o Código Civil brasileiro, salvo se houver prescrição, a empresa de publicidade X, em razão da demanda de dívida já paga, ficará obrigada a pagar a Platão

(A) R$ 25.000,00.
(B) R$ 50.000,00.
(C) R$ 75.000,00.
(D) R$ 100.000,00.
(E) R$ 125.000,00.

De acordo com o disposto no art. 940 do CC, aquele que demandar por dívida já paga ficará obrigado a pagar ao devedor o dobro do que houver cobrado, no caso, R$ 100.000,00.

Gabarito "D"

(Analista – TRT/11ª – 2012 – FCC) De acordo com o Código Civil brasileiro, no caso de homicídio, a indenização consiste, sem excluir outras reparações, no pagamento

(A) das despesas com o tratamento da vítima, seu funeral e o luto da família, bem como na prestação de alimentos às pessoas a quem o morto os devia, levando- se em conta a duração provável da vida da vítima.
(B) apenas das despesas com o tratamento da vítima, bem como na prestação de alimentos às pessoas a quem o morto os devia, levando-se em conta a duração provável da vida da vítima.
(C) das despesas com seu funeral e o luto da família, bem como na prestação de alimentos às pessoas a quem o morto os devia, pelo período máximo de dois anos.
(D) das despesas com seu funeral e o luto da família, bem como na prestação de alimentos às pessoas a quem o morto os devia, pelo período máximo de cinco anos.
(E) das despesas com o tratamento da vítima, seu funeral e o luto da família, bem como na prestação de alimentos às pessoas a quem o morto os devia pelo período máximo de dez anos.

A: correta (art. 948, I e II do CC); **B:** incorreta, na medida em que exclui as despesas com funeral e luto da família; **C** e **D:** incorretas, pois excluem as despesas com tratamento da vítima e limita o tempo de prestação de alimentos às pessoas a quem o morto os devia; **E:** incorreta, pois limita o tempo de prestação de alimentos às pessoas a quem o morto os devia.

Gabarito "A"

(Analista – TRT/20ª – 2011 – FCC) José foi acusado de, dirigindo um veículo automotor, ter atropelado um pedestre e lhe causado ferimentos. No processo criminal relativo ao fato, foi decidido que José não foi o autor do fato, tendo a sentença criminal transitado em julgado. Nesse caso, na esfera civil, José

(A) só poderá vir a ser responsabilizado pelos danos morais decorrentes do atropelamento.
(B) poderá vir a ser responsabilizado pelos danos materiais e morais decorrentes do atropelamento porque a responsabilidade civil é independente da criminal.
(C) não mais poderá ser responsabilizado pelos danos materiais e morais decorrentes do atropelamento.
(D) poderá vir a ser responsabilizado pelos danos materiais decorrentes do atropelamento porque a sentença criminal não afastou a existência do fato.
(E) poderá vir a ser responsabilizado pelos danos morais decorrentes do atropelamento porque a sentença criminal não afastou a existência do fato.

Nos termos do art. 935 do CC, a responsabilidade civil é independente da criminal, não se podendo questionar mais sobre a existência do fato, ou sobre quem seja o seu autor, quando estas questões se acharem decididas no juízo criminal.

Gabarito "C"

(Magistratura/RR – 2015 – FCC) Os menores Joaquim, com dezessete anos e João, com dezesseis anos de idade, causaram lesões corporais em um transeunte, quando praticavam esporte violento, tendo o pai deles, Manoel, sido condenado a pagar os danos. Nesse caso, Manoel

(A) só poderá reaver de João, depois que ele atingir a maioridade, metade do que pagou, porque era relativamente incapaz quando praticou o ato ilícito.
(B) não poderá reaver dos filhos o que pagou a título de indenização, mesmo depois de eles atingirem a maioridade.
(C) poderá reaver de ambos o que pagou a título de indenização, mas não incidirá correção monetária, nem vencerão juros, até que cada um deles atinja a maioridade.
(D) não poderá reaver o que pagou a título de indenização, mas esses filhos terão de trazer à colação o que o pai despendeu, se houver outro irmão, a fim de se igualarem as legítimas.
(E) poderá reaver de ambos os filhos o que pagou a título de indenização com correção monetária, mas sem acréscimo de juros, mesmo depois que atingirem a maioridade.

A, C, D e **E:** incorretas, pois nesse caso a lei entende que o ascendente não poderá reaver o que tiver pagado tanto junto ao descendente relativamente incapaz, como junto ao descendente absolutamente incapaz (art. 934 do CC), não havendo norma relativa à colação que determine que esta seja feito em juízo por um fato desses; **B:** correta (art. 934 do CC).

Gabarito "B"

(Advogado da Sabesp/SP – 2014 – FCC) Responde objetivamente, em regra,

(A) o partido político, por quaisquer atos de seus agentes ou representantes.
(B) o prestador de serviços, independentemente da natureza do serviço prestado.
(C) aquele que, por ação ou omissão voluntária, negligência ou imprudência, violar direito e causar dano a outrem, ainda que exclusivamente moral.
(D) o Município, pelos danos que seus agentes causarem a terceiros no exercício da respectiva função pública.
(E) o agente público que, em serviço ou fora dele, causar dano a particulares, mesmo que o dano não tenha ocorrido no exercício de sua função.

A: incorreta, pois não existe tal previsão de responsabilidade objetiva em nosso ordenamento; **B:** incorreta, pois a natureza do serviço prestado (em especial o risco que ela gera) é essencial para se avaliar se a responsabilidade é objetiva ou não (CC, art. 927, parágrafo único); **C:**

incorreta, pois a assertiva reproduz o conceito de ato ilícito do art. 186, o qual traz, em seu bojo a ideia de culpa ou dolo, ou seja, responsabilidade subjetiva; **D:** correta, pois de acordo com a regra estabelecida pelo art. 37, § 6º, da CF; **E:** incorreta, pois – fora de sua função – o agente responde pela regra geral civilista, que é de responsabilidade subjetiva.

Gabarito "D"

(Defensoria/SP – 2013 – FCC) Sobre responsabilidade civil, é correto afirmar que

(A) no julgamento do REsp no 1.251.993-PR (representativo de controvérsia), proferido em 12/12/2012, o STJ decidiu pela aplicação do prazo prescricional trienal do Código Civil às ações indenizatórias por responsabilidade civil do Estado em detrimento do prazo quinquenal previsto no Decreto Lei no 20.910/32.

(B) o Código Civil adotou a teoria da responsabilidade civil subjetiva, deixando ao Código de Defesa do Consumidor a disciplina da responsabilidade civil objetiva pelo risco da atividade.

(C) a responsabilidade civil por atos de terceiros é fundada na culpa presumida, como nas hipóteses da culpa in vigilando e da culpa *in eligendo*, sendo que os terceiros respondem solidariamente com os autores do ato ilícito pelos danos causados ao ofendido.

(D) o Código de Defesa do Consumidor não equipara as vítimas do evento danoso aos consumidores na responsabilidade civil pelo fato do produto e do serviço.

(E) a redução equitativa da indenização na hipótese de excessiva desproporção entre a gravidade da culpa e o dano representa exceção ao princípio da reparação integral do dano.

A: incorreta, pois nesse julgamento estabeleceu-se justamente que o Decreto 20.910/1932 é uma lei especial em relação ao Código Civil. Logo, o prazo prescricional continua sendo de cinco anos; **B:** incorreta, pois o Código Civil também contempla hipóteses de responsabilidade civil em virtude do risco da atividade normalmente desenvolvida pelo autor do dano (CC, art. 927, parágrafo único); **C:** incorreta, pois os casos de responsabilidade por ato de terceiro são todos de responsabilidade objetiva (CC, art. 933). Não custa lembrar, porém, que é pressuposto para se chegar a tal responsabilização a prova da culpa do causador direto do dano; **D:** incorreta, pois para esses casos, "equiparam-se aos consumidores todas as vítimas do evento" (CDC, art. 17); **E:** correta, pois a regra estabelecida pelo próprio art. 944 do CC é no sentido de que a indenização mede-se pela extensão do dano. Uma das exceções a esta regra é justamente a hipótese prevista no parágrafo único do mesmo dispositivo, que prevê "excessiva desproporção entre a gravidade da culpa e o dano". Neste caso, poderá o juiz reduzir, equitativamente, a indenização (CC, art. 944, parágrafo único).

Gabarito "E"

(Defensor Público/PR – 2012 – FCC) É correto afirmar:

(A) A pessoa jurídica, porque não titulariza direitos subjetivos referentes à dignidade da pessoa humana, não é titular de direitos da personalidade, embora possa sofrer dano moral.

(B) A indenização por dano estético, na qualidade de espécie de dano moral, abarca este, não havendo falar em responsabilização autônoma do agente ofensor com relação aos danos psicológicos.

(C) É cabível a recusa do pagamento da indenização acidentária civil baseada na falta de pagamento do prêmio do seguro obrigatório de Danos Pessoais Causados por Veículos Automotores de Vias Terrestres (DPVAT).

(D) O absolutamente incapaz não responde pelos danos que causar, tendo em vista a responsabilidade privativa de seus pais ou responsáveis.

(E) No caso de deterioração da coisa alheia, provocada para remover perigo iminente provocado por terceiro, assistirá ao proprietário da coisa direito a indenização a ser paga pelo causador direto do dano, ainda que à luz da lei civil este não tenha cometido ato ilícito.

A: incorreta. O entendimento majoritário na doutrina e na jurisprudência é no sentido de que as pessoas jurídicas são titulares de alguns direitos da personalidade e podem sofrer dano moral (art. 52 do CC, e Súmula 227 do STJ); **B:** incorreta, pois, conforme a Súmula 387 do STJ, podem ser cumulados os pedidos de indenização por danos morais e estéticos; **C:** incorreta. A falta de pagamento do prêmio do seguro obrigatório de Danos Pessoais Causados por Veículos Automotores de Vias Terrestres (DPVAT) não é motivo para a recusa do pagamento da indenização (Súmula 257 do STJ); **D:** incorreta, pois o incapaz pode responder pelos danos que causar, se as pessoas por ele responsáveis não tiverem obrigação de fazê-lo ou não dispuserem de meios suficientes (art. 928 do CC); **E:** correta. O estado de necessidade agressivo (aquele que tem como objetivo remover perigo iminente provocado por terceiro) é considerado ato lícito, ainda assim gera o dever de reparar o dano causado, assegurado o direito de regresso (arts. 188, II, 929 e 930 do CC).

Gabarito "E"

(Defensor Público/PR – 2012 – FCC) Sobre o Sistema de Responsabilidade Civil é correto afirmar:

(A) No caso de atropelamento por veículo dirigido profissionalmente, a pretensão de reparação civil das escoriações e fraturas sofridas, pelo pedestre, sob o prisma do Direito Civil, exigirá a prova da culpa do motorista ofensor.

(B) Moradora de Curitiba perdeu o horário para realização de prova de segunda fase de concurso realizado em Manaus em razão de atraso no voo devido à greve dos pilotos de determinada companhia aérea. Esta situação caracteriza o chamado dano reflexo ou por ricochete.

(C) Pessoa embriagada, que atravessa larga avenida fora da faixa de segurança e correndo, vindo a ser atropelada por motorista que trafegava acima do limite de velocidade, deve ser indenizada integralmente, com base no princípio da *restitutio in integrum*.

(D) Microempresário contrata as empresas X e Y para o transporte cumulativo de uma carga que deixa de ser entregue em seu destino. Nesse caso, cada transportador deve responder pelo eventual descumprimento do contrato relativamente ao respectivo percurso, podendo opor tratar-se de obrigação de meio.

(E) Famoso artista de rua, que tem sua imagem veiculada em propaganda comercial sem sua autorização, terá direito à indenização, independentemente da demonstração de seu prejuízo.

A: incorreta. Por se tratar de motorista profissional a responsabilidade será objetiva, subsistindo o dever de indenizar pelo risco da atividade desenvolvida, nos termos do art. 927, parágrafo único, do Código Civil (TST, Agravo de Instrumento em Recurso de Revista 267/2007-007-18-40.2). Esta mesma responsabilidade pode ser fundamentada no art. 14 do CDC; **B:** incorreta. O dano reflexo, ou em ricochete, ocorre quando a ofensa é dirigida a uma pessoa, mas as consequências desta ação são sentidas por outra (ex.: ofensa dirigida ao morto – art. 12, parágrafo único, do CC). O enunciado descreve hipótese de responsabilidade pela *perda de uma chance*, pois houve a frustração da expectativa de uma chance real; **C:** incorreta. Caracterizada a culpa concorrente da vítima, a responsabilidade civil será mitigada (art. 945 do CC); **D:** incorreta, pois nos casos de transporte cumulativo todas as transportadoras respondem solidariamente, conforme art. 756 do CC. Além disso, incita salientar que a obrigação assumida não é de meio e sim de resultado: a transportadora assume a obrigação de levar a coisa ao seu destino com segurança e integridade; **E:** correta, pois de acordo com a Súmula 403 do STJ, "independe de prova do prejuízo a indenização pela publicação não autorizada de imagem de pessoa com fins econômicos ou comerciais".

Gabarito "E".

(Defensor Público/SP – 2012 – FCC) Em tema de Responsabilidade Civil, considere asserções abaixo.

I. Atos lícitos não podem engendrar responsabilidade civil contratual nem aquiliana.

II. A prática de *bullying* entre crianças e adolescentes, em ambiente escolar, pode ocasionar a responsabilização de estabelecimento de ensino, quando caracterizada a omissão no cumprimento no dever de vigilância.

III. Nos termos de reiteradas decisões do Superior Tribunal de Justiça, a cláusula de incolumidade, inerente ao contrato de transporte, não pode ser invocada nos casos de fortuito interno.

IV. A responsabilidade do dono ou detentor de animal pelos danos por este causado é objetiva.

V. O consentimento informado constitui excludente de responsabilidade dos profissionais liberais em caso de erro médico.

Dentre as asserções acima APENAS estão corretas

(A) I e III.
(B) II e IV.
(C) III e V.
(D) I e IV.
(E) II e V.

I: incorreta, pois mesmo um ato lícito pode ensejar em responsabilidade civil contratual ou extracontratual/aquiliana (arts. 188, 929 e 930 do CC); **II:** correta. Os educadores têm responsabilidade pelos danos causados aos educandos nos estabelecimentos de ensino (art. 932, IV e 933 do CC); **III:** incorreta. Segundo a jurisprudência do STJ o transportador não se exime de responsabilidade pelos danos causados aos passageiros em caso de fortuito interno: "Acidentes ocorridos em autoestradas, mesmo por culpa exclusiva de terceiros, são considerados fortuitos internos, incapazes, por isso, de afastar a responsabilidade Civil do transportador" (AgRg nos EDcl no REsp 1318095/MG, Rel. Min. Sidnei Beneti, julgado em 19.06.2012); **IV:** correta, pois, caso não seja provada a culpa da vítima ou a ocorrência de força maior, estará obrigado o dono ou detentor do animal a ressarcir os danos por eles causados (art. 936 do CC); **V:** incorreta. O termo de consentimento informado exclui a responsabilidade pelos riscos naturais do procedimento, mas não exclui a responsabilidade pelo erro médico.

Gabarito "B".

(Procurador do Município – Cuiabá/MT – 2014 – FCC) Aracy hospedou-se no Hotel Bela Vista e levou consigo um poodle aparentemente inofensivo. Este, porém, fugiu do quarto de Aracy, por descuido dela, e atacou os pés de Ana Tereza, causando-lhe rompimento de tendão. Ana Tereza poderá pedir indenização contra

(A) Aracy, que responde objetivamente pelos danos causados pelo animal, e contra o Hotel Bela Vista, que responde subjetivamente por seus hóspedes.

(B) Aracy, que responde objetivamente pelos danos causados pelo animal, e contra o Hotel Bela Vista, que responde objetivamente por seus hóspedes.

(C) Aracy, que responde subjetivamente pelos danos causados pelo animal, mas não contra o Hotel Bela Vista, que não teve culpa pelo incidente.

(D) o Hotel Bela Vista, apenas, por se tratar de relação de consumo.

(E) Aracy, que responde objetivamente pelos danos causados pelo animal, mas não contra o Hotel Bela Vista, que não teve culpa pelo incidente.

O art. 932 do CC estabelece uma lista de pessoas que respondem objetivamente pelos atos de terceiros. O empregador, por exemplo, responde objetivamente pelos atos praticados pelo empregado; o tutor responde objetivamente pelos atos dos tutelados e o hotel responde objetivamente pelo ato do hóspede. Esta responsabilidade, contudo, não afasta a eventual responsabilidade do próprio causador do dano. É por isso que a vítima poderá ajuizar ação contra o causador do dano e contra o próprio Hotel.

Gabarito "B".

5.2. Indenização

(Magistratura/CE – 2014 – FCC) Entre os poderes do juiz, ao fixar a indenização por responsabilidade civil extracontratual, acha-se o de

(A) impor a pessoa incapaz, qualquer que seja a sua situação econômica ou financeira, condenação a indenizar, se as pessoas por ele responsáveis não tiverem obrigação de fazê-lo ou não dispuserem de meios suficientes.

(B) desconsiderar, em qualquer hipótese, a sentença absolutória proferida no Juízo criminal.

(C) desconsiderar a circunstância de a vítima ter concorrido culposamente para o evento danoso.

(D) reduzir, equitativamente, a indenização, se houver excessiva desproporção entre a gravidade da culpa e o dano produzido.

(E) reconhecer a responsabilidade objetiva do causador do dano discricionariamente, segundo as circunstâncias do evento danoso.

A: incorreta, pois o art. 928 do CC possibilita ao juiz condenar diretamente o incapaz, desde que isso não prive o incapaz do necessário para sua sobrevivência; **B:** incorreta, pois de acordo com o art. 935 do Código Civil, o juízo cível não pode desconsiderar a decisão do juízo criminal que decidiu sobre a existência do fato ou sobre a autoria do crime; **C:** incorreta, pois o Código Civil determina que – no caso de concorrência de culpas – o juiz deverá fixar a indenização levando-se em conta: "*a gravidade de sua culpa em confronto com a do autor do dano*"; **D:** correta, pois o art. 944, parágrafo único, possibilita ao juiz reduzir equitativamente a indenização quando houver excessiva desproporção entre a gravidade da culpa e o dano; **E:** incorreta, pois o reconhecimento da responsabilidade objetiva decorre da lei ou quando "a atividade normalmente desenvolvida pelo autor do dano implicar, por sua natureza, risco para os direitos de outrem" (CC, art. 927).

Gabarito "D".

6. COISAS

6.1. Posse

6.1.1. Posse e sua classificação

Tendo em vista existência de elementos doutrinários no que concerne ao conceito de posse e à sua classificação, seguem algumas definições, que poderão colaborar na resolução de questões:

1. Conceito de posse: é o exercício, pleno ou não, de algum dos poderes inerentes à propriedade (art. 1.196, CC). É a exteriorização da propriedade, ou seja, a visibilidade da propriedade. Os poderes inerentes à propriedade são usar, gozar e dispor da coisa, bem como reavê-la (art. 1.228). Assim, se alguém estiver, por exemplo, usando uma coisa, como o locatário e o comodatário, pode-se dizer que está exercendo posse sobre o bem.

2. Teoria adotada: há duas teorias sobre a posse. A primeira é a **Teoria Objetiva** (de Ihering), para a qual a posse se configura com a mera conduta de dono, pouco importando a apreensão física da coisa e a vontade de ser dono dela. Já a segunda, a **Teoria Subjetiva** (de Savigny), entende que a posse só se configura se houver a apreensão física da coisa (*corpus*), mais a vontade de tê-la como própria (*animus domini*). Nosso CC adotou a Teoria Objetiva de Ihering, pois não trouxe como requisito para a configuração da posse a apreensão física da coisa ou a vontade de ser dono dela. Exige tão somente a conduta de proprietário.

3. Detenção: é aquela situação em que alguém conserva a posse em nome de outro e em cumprimento às suas ordens e instruções. Ex: caseiro, em relação ao imóvel de que cuida, e funcionário público, em relação aos móveis da repartição. A detenção não é posse, portanto não confere ao detentor direitos decorrentes desta.

4. Classificação da posse.

4.1. Posse direta e indireta: quanto ao campo de seu exercício (art. 1.197, CC).

(A) posse indireta: é aquela exercida por quem cedeu, temporariamente, o uso ou o gozo da coisa a outra pessoa. São exemplos: a posse exercida pelo locador, nu-proprietário, comodante e depositante. O possuidor indireto ou mediato pode se valer da proteção possessória.

(B) posse direta: é aquela exercida por quem recebeu o bem, temporariamente, para usá-lo ou gozá-lo, em virtude de direito pessoal ou real.

4.2. Posse individual e composse: quanto à simultaneidade de seu exercício (art. 1.199, CC).

(A) posse individual: é aquela exercida por apenas uma pessoa.

(B) composse: é a posse exercida por duas ou mais pessoas sobre coisa indivisa. Exemplos: a posse dos cônjuges sobre o patrimônio comum e a posse dos herdeiros antes da partilha. Na composse *pro diviso* há uma divisão de fato da coisa.

4.3. Posse justa e injusta: quanto à existência de vícios objetivos (art. 1.200, CC).

(A) posse justa: é aquela que não obtida de forma violenta, clandestina ou precária. Assim, é justa a posse não adquirida pela força física ou moral (não violenta), não estabelecida às ocultas (não clandestina) e não originada com abuso de confiança por parte de quem recebe a coisa com o dever de restituí-la (não precária). Perceba que os vícios equivalem, no Direito Penal, aos crimes de roubo, furto e apropriação indébita.

(B) posse injusta: é aquela originada do esbulho. Em caso de violência ou clandestinidade, a posse só passa a existir após a cessação da violência ou da clandestinidade (art. 1.208, CC). Já em caso de precariedade (ex.: um comodatário passa a se comportar como dono da coisa), a posse deixa de ser justa e passa a ser injusta diretamente. É importante ressaltar que, cessada a violência ou a clandestinidade, a posse passa a existir, mas o vício que a inquina faz com que o Direito a considere injusta. E, mesmo depois de um ano e dia, a posse continua injusta, só deixando de ter essa característica se houver aquisição da coisa, o que pode acontecer pela usucapião, por exemplo. A qualificação de posse injusta é relativa, valendo apenas em relação ao anterior possuidor da coisa. Em relação a todas as outras pessoas, o possuidor injusto pode defender a sua posse.

4.4. Posse de boa-fé e de má-fé: quanto à existência de vício subjetivo (art. 1.201, CC):

(A) posse de boa-fé: é aquela em que o possuidor ignora o vício ou o obstáculo que impede a aquisição da coisa. É de boa-fé a posse daquele que crê que a adquiriu de quem legitimamente a possuía. Presume-se de boa-fé o possuidor com **justo título**, ou seja, aquele título que seria hábil para transferir o direito à posse, caso proviesse do verdadeiro possuidor ou proprietário da coisa.

(B) posse de má-fé: é aquela em que o possuidor tem ciência do vício ou do obstáculo que impede a aquisição da coisa. A posse de boa-fé pode se transmudar em posse de má-fé em caso de ciência posterior do vício. A citação para a demanda que visa à retomada da coisa tem o condão de alterar o caráter da posse.

Obs.: saber se a posse de alguém é de boa-fé ou de má-fé interfere no direito à indenização pelas benfeitorias feitas, no direito de retenção, no direito aos frutos, no prazo de prescrição aquisitiva (usucapião), na responsabilidade por deterioração da coisa etc.

4.5. Posse natural e jurídica: quanto à origem:

(A) posse natural: é a que decorre do exercício do poder de fato sobre a coisa.

(B) posse civil ou jurídica: é a que decorre de um título, não requerendo atos físicos ou materiais.

(Juiz – TJ-SC – FCC – 2017) A posse de um imóvel:

(A) transmite-se aos herdeiros ou legatários do possuidor com os mesmos caracteres, sendo que o sucessor universal continua de direito a posse do seu antecessor, e, ao sucessor singular, é facultado unir sua posse à do antecessor para os efeitos legais.

(B) não se transmite de pleno direito aos herdeiros ou legatários do possuidor, mas eles podem, assim como a qualquer sucessor a título singular é facultado, unir sua posse à do antecessor, para efeitos legais.

(C) transmite-se de pleno direito aos sucessores a título universal e a título singular, não se permitindo a este recusar a união de sua posse à do antecessor, para efeitos legais.

(D) não se transmite aos herdeiros ou legatários do possuidor com os mesmos caracteres, tendo, cada novo possuidor, de provar seus requisitos para os efeitos legais.

(E) só pode ser adquirida pela própria pessoa que a pretende, mas não por representante ou terceiro sem mandato, sendo vedada a ratificação posterior.

A: correta, pois o sucessor universal (ex.: herdeiro único) continua de direito a posse do seu antecessor. Já o sucessor singular (ex.: herdeiro legatário, a quem se deixou um terreno) tem a opção de unir sua posse à do antecessor (CC, art. 1.207); **B:** incorreta, pois a posse transmite-se aos herdeiros ou legatários do possuidor com os mesmos caracteres (CC, art. 1.206); **C:** incorreta, pois o sucessor a título singular pode se recusar a somar a sua posse com a do seu antecessor para os efeitos legais (CC, art. 1.207); **D:** incorreta, pois a posse transmite-se aos herdeiros ou legatários do possuidor com os mesmos caracteres (CC, art. 1.206); **E:** incorreta, pois a posse pode ser adquirida tanto pela própria pessoa, quanto pelo terceiro sem mandato, com confirmação posterior (CC, art. 1.205). GN

Gabarito "A"

(Defensor Público – DPE/BA – 2016 – FCC) A posse-trabalho

(A) pode gerar ao proprietário a privação da coisa reivindicada, se for exercida em extensa área por prazo ininterrupto de cinco anos, mas o proprietário tem direito à fixação de justa indenização.

(B) é aquela que permite a usucapião especial urbana, em imóveis com área não superior a 250 metros quadrados e, por ser forma originária de aquisição da propriedade, independe de indenização.

(C) está prevista no Estatuto da Cidade como requisito para a usucapião coletiva de áreas urbanas ou rurais onde não for possível identificar os terrenos ocupados por cada possuidor.

(D) se configura como a mera detenção, também chamada de fâmulo da posse, fenômeno pelo qual alguém detém a posse da coisa em nome alheio.

(E) pode gerar a desapropriação de terras públicas em favor de um grupo de pessoas que realizou obras ou serviços considerados de interesse social e econômico relevante.

A: correta. Tal possibilidade está prevista no art. 1.228, §§ 4º e 5º do Código Civil; **B** e **C:** incorretas, pois a ideia da usucapião especial urbana é garantir casa para quem ainda não a tem. O requisito da posse-trabalho, que consiste na ideia de trabalhar a área, torná-la produtiva, acrescentar benfeitorias, não se adéqua na usucapião urbana; **D:** incorreta. O fâmulo da posse (exemplo: o caseiro de um sítio), é um detentor, e nos termos da lei encontra-se "*em relação de dependência para com outro, conserva a posse em nome deste e em cumprimento de ordens ou instruções suas*" (CC, art. 1.198). A posse trabalho é uma posse qualificada, prestigiada pelo Direito, que não se confunde com detenção; **E:** incorreta, pois não existe tal previsão no ordenamento jurídico pátrio.

Gabarito "A"

(Técnico – TRF/3ª Região – 2014 – FCC) A posse

(A) do imóvel não faz presumir a das coisas móveis que nele estiverem.

(B) direta, de pessoa que tem a coisa em seu poder, temporariamente, em virtude de direito pessoal, ou real, anula a indireta, de quem aquela foi havida.

(C) pode ser adquirida pela própria pessoa que a pretende ou por seu representante, bem como por terceiro sem mandato, independentemente de ratificação.

(D) não se transmite aos herdeiros ou legatários do possuidor em razão do atributo da pessoalidade que lhe é inerente.

(E) de boa-fé só perde este caráter no caso e desde o momento em que as circunstâncias façam presumir que o possuidor não ignora que possui indevidamente.

A: incorreta, pois a posse do imóvel *faz* presumir, até prova contrária, a das coisas móveis que nele estiverem (art. 1.209 do CC); **B:** incorreta, pois a posse direta, de pessoa que tem a coisa em seu poder, temporariamente, em virtude de direito pessoal, ou real, *não anula* a indireta, de quem aquela foi havida, podendo o possuidor direto defender a sua posse contra o indireto (art. 1.197 do CC); **C:** incorreta, pois quando adquirida por terceiro com mandato, é indispensável ratificação (art. 1.205, II, do CC); **D:** incorreta, pois a posse *transmite-se* aos herdeiros ou legatários do possuidor com os mesmos caracteres (art. 1.206 do CC); **E:** correta (art. 1.202 do CC).

Gabarito "E"

(Analista – TRE/CE – 2012 – FCC) Com relação à Posse, considere:

I. As benfeitorias não se compensam com os danos, e só obrigam ao ressarcimento se, ao tempo da evicção, ainda existirem.

II. O possuidor pode intentar a ação de esbulho, ou a de indenização, contra o terceiro, que recebeu a coisa esbulhada sabendo que o era.

III. Ao possuidor de má-fé serão ressarcidos somente as benfeitorias necessárias.

IV. O possuidor de boa-fé tem direito, enquanto ela durar, aos frutos percebidos.

De acordo com o Código Civil brasileiro, está correto o que se afirma APENAS em

(A) II e IV.

(B) I, II e III.

(C) I e III.

(D) III e IV.

(E) II, III e IV.

I: incorreta, pois, de acordo com o disposto no art. 454 do CC, se as benfeitorias abonadas ao que sofreu a evicção tiverem sido feitas pelo alienante, o valor delas será levado em conta na restituição devida. Além disso, o Código não estabelece que só obrigará ao ressarcimento se, ao tempo da evicção, ainda existirem; **II:** correta, nos termos do art. 1.212 do CC; **III:** correta, nos termos do art. 1.220 do CC; **IV:** correta, nos termos do art. 1.214, *caput*, do CC.

Gabarito "E"

(Magistratura/PE – 2013 – FCC) Considera-se possuidor de boa-fé

(A) apenas aquele que ostenta título de domínio.

(B) somente aquele que ostentar justo título.

(C) todo aquele que a obteve sem violência ou que não a exerce de modo clandestino.

(D) aquele que ignora o vício, ou o obstáculo que impede a aquisição da coisa.

(E) o que se mantiver na posse durante o período necessário à usucapião ordinária.

A: incorreta, pois aquele que ostenta o título de domínio é proprietário e não possuidor; **B:** incorreta, pois não é apenas aquele que ostenta justo título que é possuidor de boa-fé; **C:** incorreta, pois nesse caso tem-se a posse justa, critério objetivo que não se confunde com a boa ou má-fé; **D:** correta, pois possuidor de boa fé é justamente aquele que ignora o vício que macula a posse; **E:** incorreta, pois não é o transcurso do lapso que determina a boa ou má-fé do possuidor, mas sim a ignorância ou conhecimento do vício.

Gabarito "D"

(Defensor Público/AM – 2013 – FCC) A posse

(A) é de má-fé mesmo que o possuidor ignore o vício.

(B) é adquirida quando se detém a coisa a mando de outrem.

(C) pode ser oposta ao proprietário.

(D) não pode ser defendida, em juízo, pelo possuidor indireto.

(E) quando turbada, autoriza o ajuizamento de ação de reintegração.

A: incorreta. Quando o possuidor ignora o vício ou o obstáculo para aquisição da posse, esta é considerada de boa-fé (art. 1.202 do CC); **B:** incorreta, quando uma pessoa detém uma coisa a mando de outrem há detenção e não posse (art. 1.198 do CC); **C:** correta, pois, segundo art. 1.197 do CC, pode o possuidor direto defender sua posse em face do possuidor indireto (que normalmente é o proprietário do bem). Além disso, o art. 1.210, § 2º, do CC dispõe que "não obsta à manutenção ou reintegração na posse a alegação de propriedade, ou de outro direito sobre a coisa"; **D:** incorreta. Como a posse direta não anula a indireta, ambos os possuidores podem exercer a proteção possessória em juízo (art. 1.197 do CC); **E:** incorreta. Havendo turbação, a ação a ser ajuizada é a de manutenção de posse e, em caso de esbulho, deve ser ajuizada a ação de reintegração de posse (art. 1.210, *caput*, do CC).

Gabarito "C"

(Procurador Legislativo – Câmara de Vereadores de São Paulo/SP – 2014 – FCC) Considere as afirmações abaixo referentes à posse.

I. A posse direta, de pessoa que tem a coisa em seu poder, temporariamente, em virtude de direito pessoal, anula a indireta, de quem aquela foi havida, por isso podendo o possuidor direto defender a sua posse contra o possuidor indireto.

II. Se duas ou mais pessoas possuírem coisa indivisa, poderá cada uma exercer sobre ela atos possessórios, desde que não excluam os dos outros com possuidores.

III. É justa a posse que não for violenta, clandestina ou precária.

IV. É de boa-fé a posse, se o possuidor ignora o vício, ou o obstáculo que impede a aquisição da coisa.

V. Considera-se como possuidor somente aquele que tem de fato o exercício pleno de todos os poderes inerentes à propriedade.

Está correto o que se afirma APENAS em

(A) II, III e IV.

(B) III, IV e V.

(C) I, II, e V.

(D) II, IV e V.

(E) I, II e III.

I: incorreta, pois a posse direta (do locatário, do usufrutuário, do comodatário) não anula, nem mitiga a posse indireta do possuidor indireto (locador, nu-proprietário, comodante). Aliás, a essência desse desdobramento da posse é justamente preservar tanto a posse direta, quanto a indireta, concedendo efeitos possessórios para ambos; **II:** correta, pois a assertiva reproduz o disposto no art. 1.199, o qual regulamente o instituto da composse; **III:** correta, pois através deste critério, analisa-se objetivamente se a posse apresenta ou não os vícios da violência, clandestinidade e precariedade, não importando a ciência ou não do possuidor a seu respeito (CC, art. 1.200); **IV:** correta, pois a assertiva reproduz a regra estabelecida pelo art. 1.201 do CC; **V:** incorreta, pois de acordo com a teoria de Ihering, adotada pelo sistema civilista brasileiro, é considerado possuidor todo aquele que "*tem de fato o exercício, pleno ou não, de algum dos poderes inerentes à propriedade*", não se exigindo que ele tenha todos os poderes (CC, art. 1.196).

Gabarito "A"

6.1.2. *Aquisição e perda da posse*

O tema em tela trata da aquisição da posse. Por se tratar de tema que envolve, além de questões legais, elementos doutrinários, segue um resumo que colaborará na resolução da presente questão e de outras por vir.

Aquisição e perda da posse.

(1) Aquisição da posse:

1.(1) Conceito: *adquire-se a posse desde o momento em que se torna possível o exercício, em nome próprio, de qualquer dos poderes inerentes à propriedade* (art. 1.204, CC).

1.(2) Aquisição originária: *é aquela que não guarda vínculo com a posse anterior*. Ocorre nos casos de: **a) apreensão,** *que consiste na apropriação unilateral da coisa sem dono* (abandonada – *res derelicta*, ou de ninguém – *res nullius*) *ou na retirada da coisa de outrem sem sua permissão* (cessada a violência ou a clandestinidade); **b) exercício do direito**, como no caso da servidão constituída pela passagem de um aqueduto em terreno alheio; **c) disposição**, que consiste em alguém dar uma coisa ou um direito, situação que revela o exercício de um poder de fato (posse) sobre a coisa.

1.(3) Aquisição derivada: *é aquela que guarda vínculo com a posse anterior*. Nesse caso, a posse vem gravada dos eventuais vícios da posse anterior. Essa regra vale para a sucessão a título universal (art. 1.206, CC), mas é abrandada na sucessão a título singular (art. 1.207, CC). Ocorre nos casos de **tradição**, *que consiste na transferência da posse de uma pessoa para outra, pressupondo acordo de vontades*. A tradição pode ser de três tipos:

(A) tradição real: *é aquela em que há a entrega efetiva, material da coisa*. Ex.: entrega de um eletrodoméstico para o comprador. No caso de aquisição de grandes imóveis, não há a necessidade de se colocar fisicamente a mão sobre toda a propriedade, bastando a referência a ela no título. Trata-se da chamada *traditio longa manu*.

(B) tradição simbólica: *é aquela representada por ato que traduz a entrega da coisa*. Exemplo: entrega das chaves de uma casa.

(C) tradição consensual: *é aquela decorrente de contrato, de acordo de vontades*. Aqui temos duas possibilidades. A primeira é a *traditio brevi manu*, que é *aquela situação em que um possuidor, em nome alheio, passa a possuir a coisa em nome próprio*. É o caso do locatário que adquire a coisa. Já a segunda é o **constituto possessório**, *que é aquela situação em que um possuidor em nome próprio passa a possuí-la em nome de outro, adquirindo este a posse indireta da coisa*. É o caso do dono que vende a coisa e nela permanece como locatário ou comodatário.

(2) Perda da posse:

2.(1) Conceito: *perde-se a posse quando cessa, embora contra a vontade do possuidor, o poder sobre o bem*. É importante ressaltar, quanto ao ausente (no sentido de não ter presenciado o esbulho), que este só perde a posse quando, tendo notícia desta, abstém-se de retomar a coisa ou, tentando recuperá-la, é violentamente repelido (art. 1.224).

2.(2) Hipóteses de perda de posse: a) abandono: *é a situação em que o possuidor renuncia à posse, manifestando voluntariamente a intenção de largar o que lhe pertence;* ex.: quando alguém atira um objeto na rua; **b) tradição com intenção definitiva:** *é a entrega da coisa com o ânimo de transferi-la definitivamente a outrem;* se a entrega é transitória, não haverá perda total da posse, mas apenas perda temporária da posse direta, remanescendo a posse indireta; **c) destruição da coisa e sua colocação fora do comércio; d) pela posse de outrem:** nesse caso a perda da posse se dá por esbulho, podendo a posse perdida ser retomada.

6.1.3. *Efeitos da posse*

Efeitos da posse.

(1) Percepção dos frutos. Quando o legítimo possuidor retoma a coisa de outro possuidor, há de se resolver a questão dos frutos percebidos ou pendentes ao tempo da retomada. De acordo com o caráter da posse (de boa ou de má-fé), haverá ou não direitos para aquele que teve de entregar a posse da coisa. Antes de verificarmos essas regras, vale trazer algumas definições:

1.1. Conceito de frutos: *são utilidades da coisa que se reproduzem* (frutas, verduras, filhotes de animais, juros etc.). Diferem dos **produtos**, que *são as utilidades da coisa que não se reproduzem* (minerais, por exemplo).

1.2. Espécies de frutos quanto à sua natureza: a) civis (como os alugueres e os juros); **b)** naturais (como as maçãs de um pomar); e **c)** industriais (como as utilidades fabricadas por uma máquina).

1.3. Espécies de frutos quanto ao seu estado: a) pendentes (são os ainda unidos à coisa que os produziu); **b)** percebidos ou colhidos (são os já separados da coisa que os produziu); **c)** percebidos por antecipação (são os separados antes do momento certo); **d)** percepiendos (são os que deveriam ser colhidos e não foram); **e)** estantes (são os já separados e armazenados para venda); **f)** consumidos (são os que não existem mais porque foram utilizados).

1.4. Direitos do possuidor de boa-fé: tem direito aos frutos que tiver percebido enquanto estiver de boa-fé (art. 1.214, CC).

1.5. Inexistência de direitos ao possuidor de boa-fé: não tem direito às seguintes utilidades: **a)** aos frutos pendentes quando cessar a sua boa-fé; **b)** aos frutos percebidos antecipadamente, estando já de má-fé no momento em que deveriam ser colhidos; **c)** aos produtos, pois a lei não lhe confere esse direito, como faz com os frutos. De qualquer forma, é importante ressaltar que nos casos dos itens "a" e "b", apesar de ter de restituir os frutos colhidos ou o seu equivalente em dinheiro, terá direito de deduzir do que deve as despesas com a produção e o custeio.

1.6. Situação do possuidor de má-fé: este responde por todos os frutos colhidos e percebidos, bem como pelos que, por sua culpa, deixou de perceber, desde o momento em que se constituiu de má-fé. Todavia, tem direito às despesas de produção e custeio (art. 1.216, CC), em virtude do princípio do não enriquecimento sem causa.

(2) Responsabilidade por perda ou deterioração da coisa. Quando o legítimo possuidor retoma a coisa de outro possuidor, também há de se resolver a questão referente à eventual perda ou destruição da coisa.

2.1. Responsabilidade do possuidor de boa-fé: não responde pela perda ou deterioração à qual não der causa.

2.2. Responsabilidade do possuidor de má-fé: como regra, responde pela perda ou deterioração da coisa, só se eximindo de tal responsabilidade se provar que de igual modo esse acontecimento se daria, caso a coisa estivesse com o reivindicante dela. Um exemplo de exoneração da responsabilidade é a deterioração da coisa em virtude de um raio que cai sobre a casa.

(3) Indenização por benfeitorias e direito de retenção. Outra questão importante a ser verificada quando da retomada da coisa pelo legítimo possuidor é a atinente a eventual benfeitoria feita pelo possuidor que o antecedeu. De acordo com o caráter da posse (de boa ou de má-fé), haverá ou não direitos para aquele que teve de entregar a posse da coisa. Antes de verificarmos essas regras, é imperativo trazer algumas definições.

3.1. Conceito de benfeitorias: *são os melhoramentos feitos em coisa já existente*. São bens acessórios. Diferem da **acessão**, que *é a criação de coisa nova*. Uma casa construída no solo é acessão, pois é coisa nova; já uma garagem construída numa casa pronta é benfeitoria, pois é um melhoramento em coisa já existente.

3.2. Espécies de benfeitorias: a) benfeitorias necessárias *são as que se destinam à conservação da coisa* (ex.: troca do forro da casa, em virtude do risco de cair); **b)** benfeitorias úteis *são as que aumentam ou facilitam o uso de uma coisa* (ex.: construção de mais um quarto numa casa pronta); **c)** benfeitorias voluptuárias *são as de mero deleite ou recreio* (ex.: construção de uma fonte luminosa na entrada de uma casa).

3.3. Direitos do possuidor de boa-fé: tem direito à **indenização** pelas benfeitorias necessárias e úteis que tiver feito, podendo, ainda, levantar as voluptuárias, desde que não deteriore a coisa. A indenização se dará pelo valor atual da benfeitoria. Outro direito do possuidor de boa-fé é o de retenção da coisa, enquanto não for indenizado. Significa que o possuidor não é obrigado a entregar a coisa enquanto não for ressarcido. O direito deve ser exercido no momento da contestação da ação que visa à retomada da coisa, devendo o juiz se pronunciar sobre a sua existência. Trata-se de um excelente meio de coerção para recebimento da indenização devida. Constitui verdadeiro direito real, pois não se converte em perdas e danos.

3.4. Direitos do possuidor de má-fé: tem direito apenas ao ressarcimento das benfeitorias necessárias que tiver feito, não podendo retirar as voluptuárias. Trata-se de uma punição a ele imposta, que só é ressarcido pelas benfeitorias necessárias, pois são despesas que até o possuidor legítimo teria de fazer. O retomante escolherá se pretende indenizar pelo valor atual ou pelo custo da benfeitoria. O possuidor de má-fé não tem direito de retenção da coisa enquanto não indenizado pelas benfeitorias necessárias que eventualmente tiver realizado.

(4) Usucapião. A posse prolongada, desde que preenchidos outros requisitos legais, dá ensejo a outro efeito da posse, que é a aquisição da coisa pela usucapião.

(5) Proteção possessória. A posse também tem o efeito de gerar o direito de o possuidor defendê-la contra a perturbação e a privação de seu exercício, provocadas por terceiro. Existem dois tipos de proteção possessória previstos em lei, a autoproteção e a heteroproteção.

5.1. Autoproteção da posse. A lei confere ao possuidor o direito de, por si só, proteger a sua posse, daí porque falar-se em autoproteção. Essa proteção não pode ir além do indispensável à restituição (art. 1.210, CC). Há duas situações em que isso ocorre:

(A) legítima defesa da posse: consiste no direito de autoproteção da posse no caso do possuidor, apesar de presente na coisa, estar sendo perturbado. Repare que não chegou a haver perda da coisa.

(B) desforço imediato: consiste no direito de autoproteção da posse no caso de esbulho, de perda da coisa. Repare que a vítima chega a perder a coisa. A lei só permite o desforço imediato se a vítima do esbulho "agir logo", ou seja, agir imediatamente após a agressão ("no calor dos acontecimentos") ou logo que possa agir. Aquele que está ausente (não presenciou o esbulho) só perderá esse direito se não agir logo após tomar conhecimento da agressão à sua posse (art. 1.224, CC).

5.2. Heteroproteção da posse. Trata-se da proteção feita pelo Estado Juiz, provocado por quem sofre a agressão na sua posse. Essa proteção tem o nome de interdito possessório e pode ser de três espécies: interdito proibitório, manutenção de posse e reintegração de posse. Antes de analisarmos cada um deles, é importante verificar suas características comuns.

5.2.1. Características dos interditos possessórios:

(A) fungibilidade: o juiz, ao conhecer de pedido possessório, pode outorgar proteção legal ainda que o pedido originário não corresponda à situação de fato provada em juízo. Assim, caso se ingresse com ação de manutenção de posse e os fatos comprovam que a ação adequada é a de reintegração de posse, o juiz pode determinar a reintegração, conhecendo um pedido pelo outro (art. 554, NCPC).

(B) cumulação de pedidos: nas ações de reintegração e de manutenção de posse, a vítima pode reunir, além do pedido de *correção* da agressão (pedido possessório propriamente dito), os pedidos de condenação em *perdas e danos*, de cominação de *pena para o caso de descumprimento* da ordem judicial e de *desfazimento* da construção ou plantação feita na coisa (art. 555, NCPC).

(C) caráter dúplice: o réu também pode pedir a proteção possessória desde que, na contestação, alegue que foi ofendido na sua posse (art. 556, NCPC).

(D) impossibilidade de discussão do domínio: não se admite discussão de domínio em demanda possessória (arts. 1.210, § 2º, do CC, e 557 do NCPC), ou seja, ganha a ação quem provar que detinha previamente posse legítima da coisa.

5.2.2. Interdito proibitório:

(A) conceito: *é a ação de preceito cominatório utilizada para impedir agressões iminentes que ameaçam a posse de alguém* (arts. 567 e 568 do NCPC). Trata-se de ação de caráter *preventivo*, manejada quando há justo receio de que a coisa esteja na iminência de ser turbada ou esbulhada, apesar de não ter ocorrido ainda ato material nesses dois sentidos, havendo apenas uma *ameaça* implícita ou expressa.

(B) ordem judicial: acolhendo o pedido, o juiz fixará uma pena pecuniária para incidir caso o réu descumpra a proibição de turbar ou esbulhar a área, daí o nome de interdito "proibitório". Segundo a Súmula 228 do STJ, não é admissível o interdito proibitório para a proteção de direito autoral.

5.2.3. Manutenção de posse:

(A) conceito: *é a ação utilizada para corrigir agressões que turbam a posse.* Trata-se de ação de caráter repressivo, manejada quando ocorre **turbação**, que é todo ato ou conduta que *embaraça* o livre exercício da posse. Vizinho que colhe frutos ou que implementa marcos na área de outro está cometendo turbação. Se a turbação é passada, ou seja, não está mais acontecendo, cabe apenas pedido indenizatório.

(B) ordem judicial: acolhendo pedido, o juiz expedirá mandado de manutenção de posse. As demais condenações (em perdas e danos, em pena para o caso de nova turbação e para desfazimento de construção ou plantação) dependem de pedido específico da parte interessada. A utilização do rito especial, que prevê liminar, depende se se trata de ação de força nova (promovida dentro de ano e dia da turbação).

5.2.4. Reintegração de posse:

(A) conceito: *é a ação utilizada para corrigir agressões que fazem cessar a posse de alguém.* Trata-se de ação de caráter repressivo, manejada quando ocorre **esbulho**, que é a privação de alguém da posse da coisa, contra a sua vontade. A ação também é chamada de *ação de força espoliativa*.

(B) requisitos: o autor deve provar a sua posse, o esbulho praticado pelo réu, a data do esbulho e a perda da posse.

(C) legitimidade ativa: é parte legítima para propor a ação o possuidor esbulhado, seja ele possuidor direto ou indireto. O mero detentor não tem legitimidade. Os sucessores a título universal continuam, de direito, a posse de seu antecessor, podendo ingressar com ação, ainda que o esbulho tenha ocorrido antes do falecimento do *de cujus*. Já ao sucessor singular é facultado unir sua posse à do seu antecessor, para efeitos legais (art. 1.207). Como regra, a lei não exige vênia conjugal para a propositura de demanda possessória (art. 10, § 2º). Em caso de condomínio de pessoas não casadas, a lei permite que cada um ingresse com ação isoladamente (art. 1.314, CC).

(D) legitimidade passiva: é parte legítima para sofrer a ação o autor do esbulho. Cabe também reintegração de posse contra terceiro que recebe a coisa sabendo que fora objeto de esbulho. Já contra terceiro que não sabia que a coisa fora objeto de esbulho, a ação adequada é a reivindicatória, em que se discutirá o domínio.

(E) ordem judicial: acolhendo o pedido, o juiz expedirá mandado de reintegração de posse. As demais condenações (em perdas e danos, em pena para o caso de nova turbação e para desfazimento de construção ou plantação) dependem de pedido específico da parte interessada. A utilização do rito especial, que prevê liminar, depende se se trata de ação de força nova (promovida dentro de ano e dia do esbulho). Após ano e dia do esbulho, deve-se promover a ação pelo rito ordinário, no qual poderá ser acolhido pedido de tutela antecipada, preenchidos seus requisitos, conforme entendimento do STJ e Enunciado CJF 238.

(Defensoria Pública/SP – 2010 – FCC) Assinale a alternativa INCORRETA.

(A) Quando mais de uma pessoa se disser possuidora, será mantida na posse aquela que tiver justo título e estiver na detenção da coisa.

(B) É lícito o uso da força própria indispensável para a manutenção ou reintegração da posse.

(C) O possuidor tem direito à manutenção ou à reintegração da coisa, inclusive frente ao proprietário.

(D) Diante da pretensão daquele que se diz possuidor, o proprietário da coisa pode opor exceção fundada no domínio.

(E) Na disputa da posse fundada em domínio, a posse é daquele que dispõe de evidente título de propriedade.

A: correta, conforme o art. 1.211 do CC; **B:** correta, conforme o art. 1.210, § 1º, do CC; **C:** correta, conforme o art. 1.197, parte final, do CC; **D:** incorreta, devendo ser assinalada. Não obsta à manutenção ou reintegração na posse a alegação de propriedade, ou de outro direito sobre a coisa (art. 1.210, § 2º, do CC); **E:** correta, conforme a Súmula 487 do STF.

Gabarito "D"

6.2. Direitos reais e pessoais

1. Conceito de Direito Real: *é o poder, direto e imediato, do titular sobre a coisa, com exclusividade e contra todos.* O direito real difere do direito pessoal, pois este gera uma relação entre pessoas determinadas (princípio da relatividade) e, em caso de violação, converte-se em perdas e danos. No direito real, ao contrário, seu titular pode perseguir a coisa sobre a qual tem poder, não tendo que se contentar com a conversão da situação em perdas e danos. O ponto em comum entre os direitos pessoais e os direitos reais é o fato de que integram a categoria dos direitos patrimoniais, diferente dos direitos da personalidade.

2. Princípios do direito real:

2.1. Princípio da aderência: *aquele pelo qual se estabelece um vínculo entre o sujeito e a coisa, independentemente da colaboração do sujeito passivo.*

2.2. Princípio do absolutismo: *aquele pelo qual os direitos reais são exercidos contra todos (**erga omnes**).* Por exemplo: quando alguém é proprietário de um imóvel, todos têm de respeitar esse direito. Daí surge o *direito de sequela* ou o ***jus persequendi***, pelo qual, violado o direito real, a vítima pode perseguir a coisa, ao invés de ter de se contentar com uma indenização por perdas e danos.

2.3. Princípio da publicidade (ou visibilidade): *aquele pelo qual os direitos reais só se adquirem depois do registro do título na matrícula (no caso de imóvel) ou da tradição (no caso de móvel).* Por ser o direito real oponível *erga omnes*, é necessária essa publicidade para que sejam constituídos.

2.4. Princípio da taxatividade: *aquele pelo qual o número de direitos reais é limitado pela lei.* Assim, por acordo de vontades não é possível criar uma nova modalidade de direito real, que são *numerus clausus*. Assim, está certa a afirmativa de que só são direitos reais aqueles que a lei, taxativamente, denominar como tal, enquanto que os direitos pessoais podem ser livremente criados pelas partes envolvidas (desde que não seja violada a lei, a moral ou os bons costumes), sendo, portanto, o seu número ilimitado.

2.5. Princípio da tipificação: *aquele pelo qual os direitos reais devem respeitar os tipos existentes em lei.* Assim, o acordo de vontades não tem o condão de modificar o regime jurídico básico dos direitos reais.

2.6. Princípio da perpetuidade: *aquele pelo qual os direitos reais não se perdem pelo decurso do tempo, salvo as exceções legais.* Esse princípio se aplica ao direito de propriedade. Os direitos pessoais, por sua vez, têm a marca da *transitoriedade*.

2.7. Princípio da exclusividade: *aquele pelo qual não pode haver direitos reais, de igual conteúdo, sobre a mesma coisa.* Exemplo: o nu-proprietário e o usufrutuário não têm direitos iguais quanto ao bem objeto do usufruto.

2.8. Princípio do desmembramento: *aquele que permite o desmembramento do direito matriz (propriedade), constituindo-se direitos reais sobre coisas alheias.* Ou seja, pelo princípio é possível desmembrar um direito real (propriedade, por exemplo) em outros direitos reais (uso, por exemplo).

(Auditor Fiscal – São Paulo/SP – FCC – 2012) São direitos reais

(A) a habitação, o direito à vida e o direito à honra.

(B) a propriedade, o usufruto e o contrato de compra e venda.

(C) a propriedade, o usufruto e o contrato de doação.

(D) a propriedade, a hipoteca e o penhor.

(E) o usufruto, o direito à vida e a habitação.

A: incorreta, pois o direito à vida e à honra não se enquadram na classificação de direitos reais; **B:** incorreta, pois o contrato de compra e venda não é um direito real; **C:** incorreta, pois o contrato de doação não é direito real; **D:** correta, pois a propriedade é o direito real por excelência, ao passo que a hipoteca e o penhor são direitos reais sobre coisa alheia de garantia (CC, art. 1.225, I; VIII e IX); **E:** incorreta, pois o direito à vida não se classifica como direito real.

Gabarito "D"

(Procurador Legislativo – Câmara de Vereadores de São Paulo/SP – 2014 – FCC) Em relação à propriedade, considere as afirmações abaixo.

I. São defesos os atos que não trazem ao proprietário qualquer comodidade ou utilidade, e sejam animados pela intenção de prejudicar outrem.

II. A propriedade presume-se de modo absoluto plena e exclusiva.

III. A propriedade do solo abrange as jazidas, minas e demais recursos minerais.

Está correto o que se afirma em

(A) I e III, apenas.

(B) I e II, apenas.

(C) I, apenas.

(D) II e III, apenas.

(E) I, II e III.

I: correta, pois a assertiva trata da vedação aos atos emulativos, que são justamente aqueles atos permitidos pela lei, mas que não trazem ao proprietário qualquer comodidade, ou utilidade, sendo motivados pela intenção de prejudicar outrem; **II:** incorreta, pois: "A propriedade presume-se plena e exclusiva, até prova em contrário" (CC, art. 1.231); **III:** incorreta, pois a propriedade do solo não abrange as jazidas, minas e demais recursos minerais (CC, art. 1.230).

Gabarito "C"

(Analista – TRT/2ª Região – 2014 – FCC) Após pagar um terço de empréstimo garantido por hipoteca de seu imóvel, Bento Francisco procura aliená-lo a Kelly Joyce, mas ao notificar o credor hipotecário – o banco que lhe emprestou o dinheiro – este não consente com a venda, alegando haver no contrato cláusula que a proíbe expressamente. O posicionamento do banco credor é

(A) válido juridicamente, pois a alienação do imóvel só é possível pelo tomador do empréstimo após o pagamento de dois terços da dívida.

(B) válido juridicamente, já que o contrato faz lei entre as partes e Bento Francisco o celebrou livre e espontaneamente.

(C) juridicamente equivocado, por ser anulável o contrato, dada a abusividade da cláusula proibitiva de alienação.

(D) juridicamente equivocado, já que a lei civil prevê ser nula a cláusula que proíbe ao proprietário alienar imóvel hipotecado.

(E) juridicamente equivocado, pois, embora não se possa alienar a coisa antes de pago um determinado montante, a partir de um terço do pagamento do empréstimo já é possível vender o imóvel dado em garantia hipotecária.

A: incorreta, pois a lei não prevê porcentagem e pagamento da dívida para que o imóvel seja alienado, podendo ele ser vendido a qualquer momento (art. 1.475, *caput*, do CC); **B:** incorreta, pois ainda que conste tal cláusula no contrato, ela é nula de pleno direito, logo, Bento Francisco não está obrigado a cumpri-la (art. 1.475, *caput*, do CC); **C:** incorreta, pois a cláusula é nula e não anulável (art. 1.475, *caput*, do CC); **D:** correta (art. 1.475, *caput*, do CC); **E:** incorreta, pois é possível alienar a coisa independentemente do valor que foi pago, pois a lei considera nula qualquer restrição à alienação (art. 1.475, *caput*, do CC).

Gabarito "D"

6.3. Propriedade imóvel

(Juiz – TJ-SC – FCC – 2017) João X é proprietário de um imóvel de 230 m^2, onde reside com sua família, e adquiriu, posteriormente, em 12.5.2010, o imóvel contíguo de 250 m^2 mediante escritura de venda e compra outorgada por José Y, registrada no serviço de registro de imóveis, e onde existe um casebre por ele totalmente reformado, no ano de 2011, inclusive executando benfeitorias necessárias, úteis e voluptuárias. Em 10.3.2016, João X foi citado em ação reivindicatória movida por Antônio Z que comprovou ser proprietário do imóvel adquirido de José Y por João X, conforme o registro imobiliário, porque a escritura anterior recebida por José Y era falsa e outorgada por Joaquim P condenado por estelionato. Não obstante isso, João X, depois da citação, realizou benfeitorias necessárias. Em defesa, o réu alegou que comprou esse imóvel de boa-fé e que, em razão do tempo decorrido, o adquiriu pela usucapião quinquenal. A ação deverá ser julgada:

(A) improcedente, porque a usucapião pode ser alegada como matéria de defesa, devendo o autor ser declarado proprietário desse imóvel.

(B) procedente, mas o autor terá direito à indenização das benfeitorias necessárias e úteis, podendo exercer o direito de retenção pelo valor dessas benfeitorias, realizadas antes da citação, bem como ao ressarcimento das benfeitorias necessárias pela importância delas, realizadas depois da citação, mas sem direito de retenção; quanto às voluptuárias, se não lhe forem pagas, permite-se o levantamento, quando o puder, sem detrimento da coisa.

(C) procedente, e o autor terá direito ao ressarcimento de todas as benfeitorias necessárias e úteis, podendo exercer quanto a elas direito de retenção e, quanto às voluptuárias, se não lhes forem pagas poderá levantá-las, desde que sem detrimento da coisa.

(D) procedente, mas o autor terá direito ao ressarcimento das benfeitorias necessárias e úteis, mas direito de retenção só relativamente às necessárias introduzidas antes da citação e, quanto às voluptuárias, poderá levantá-las se não forem ressarcidas.

(E) improcedente, porque autor é adquirente de boa-fé, ficando prejudicada a alegação de usucapião.

O primeiro aspecto dessa questão é afastar a incidência da usucapião tabular (CC, art. 1.242, parágrafo único), cujo prazo é de 5 anos. Tal usucapião ocorre quando o atual possuidor comprou o bem com base no registro do respectivo cartório, mas que posteriormente foi cancelado. Tal usucapião exige que o possuidor tenha ali estabelecido sua moradia ou realizado investimentos de interesse social e econômico, o que não ocorreu nos fatos mencionados na questão.

O segundo aspecto da questão é entender que a "fronteira" entre a boa-fé (ignorância do vício da posse) e a má-fé (ciência do vício) é a citação. Diante disso, basta aplicar as regras dos arts. 1.219 e 1.220 do CC, que estipulam que o possuidor de boa-fé tem direito à indenização pelas benfeitorias necessárias e úteis (com direito de retenção), podendo apenas levantar as voluptuárias.

Já o possuidor de má-fé tem apenas direito à indenização pelas benfeitorias necessárias, sem retenção (CC, art. 1.220). (GN)

Gabarito "B"

(Procurador do Estado – PGE/MT – FCC – 2016) José, embora sem justo título nem boa-fé, exerceu, por dez anos, sem interrupção, nem oposição, a posse de imóvel registrado em nome de Caio, menor impúbere, nele estabelecendo sua moradia habitual. De acordo com o Código Civil,

(A) ocorreu usucapião ordinária, porque o prazo desta, de quinze anos, é reduzido a dez quando o possuidor estabelece no imóvel sua moradia habitual.

(B) ocorreu usucapião extraordinária, porque o prazo desta, de quinze anos, é reduzido a dez quando o possuidor estabelece no imóvel sua moradia habitual.

(C) nãoocorreu usucapião, porque esta ocorre somente se o possuidor tiver justo título.

(D) nãoocorreu usucapião, porque se aplicam à usucapião as causas que obstam, suspendem ou interrompem a prescrição.

(E) nãoocorreu usucapião, porque esta ocorre somente se o possuidor tiver boa-fé.

As hipóteses de suspensão/impedimento da prescrição (CC, arts. 197 a 201), e as hipóteses de interrupção da prescrição (CC, art. 202) são aplicáveis ao prazo de usucapião (CC, art. 1.244). Assim, por exemplo, não corre prazo de usucapião contra: *"os ausentes do país em serviço público da União"* (CC, art. 198, II). A hipótese mencionada é um exemplo clássico de impedimento de prazo prescricional, pois não corre prazo de prescrição contra o absolutamente incapaz (CC, art. 198, I). Logo, também não corre prazo de usucapião contra o absolutamente incapaz. GN

Gabarito "D"

(Procurador do Estado – PGE/RN – FCC – 2014) A alienação fiduciária em garantia de bem imóvel

(A) é negócio jurídico que equivale à cláusula de retrovenda, atribuindo ao adquirente a propriedade plena do bem até a extinção integral da obrigação garantida.

(B) não é negócio privativo de instituições financeiras e atribui ao credor fiduciário a propriedade resolúvel do bem, até a extinção integral da obrigação garantida.

(C) é garantia real divisível que se reduz, à medida que a dívida garantida for amortizada.

(D) é negócio privativo de instituições financeiras e atribui ao credor fiduciário a propriedade resolúvel do bem, até a extinção integral da obrigação garantida.

(E) não é negócio privativo de instituições financeiras e atribui ao credor fiduciário a propriedade plena do bem, até a extinção integral da obrigação garantida, que será devolvida ao fiduciante por retrovenda.

A: incorreta, pois na venda com cláusula de retrovenda (CC, art. 505) ocorre a transmissão da propriedade ao adquirente e – aquele que vendeu – poderá pleitear a recompra do imóvel. Na alienação fiduciária, transfere-se o bem em garantia, sob condição resolutiva. Caso ocorra o pagamento integral da dívida, resolve-se a propriedade em favor do devedor que solveu a dívida. Nesses temos, "*Com o pagamento da dívida e seus encargos, resolve-se, nos termos deste artigo, a propriedade fiduciária do imóvel*" (Lei 9.514/1997, art. 25); **B:** correta, pois de acordo com o permissivo legal estabelecido pelo art. 22 § 1° da Lei de Alienação Fiduciária (Lei 9.514/1997), segundo o qual: "*A alienação fiduciária poderá ser contratada por pessoa física ou jurídica, não sendo privativa das entidades que operam no SFI*"; **C:** incorreta, pois os direitos reais de garantia são indivisíveis. Eventual pagamento parcial não reduz a garantia imobiliária; **D:** incorreta, pois admite-se a utilização do instituto pelas pessoas físicas (Lei 9.514/1997, art. 22 § 1°); **E:** incorreta, pois a propriedade que se transfere é resolúvel e não há elementos de retrovenda na hipótese. GN

Gabarito "B"

(Magistratura/CE – 2014 – FCC) Na incorporação imobiliária, quando submetida ao regime de afetação,

(A) o terreno e as acessões, objetos de incorporação imobiliária, bem como os demais bens e direitos a ela vinculados, manter-se-ão apartados do patrimônio do incorporador e constituirão patrimônio de afetação, destinado à consecução da incorporação correspondente e à entrega das unidades imobiliárias aos respectivos adquirentes.

(B) somente a instituição financiadora da construção poderá nomear pessoa física ou jurídica para fiscalizar e acompanhar o patrimônio de afetação, em razão do direito ao sigilo bancário e fiscal que tem o incorporador.

(C) o patrimônio de afetação não se comunica com os demais bens, direitos e obrigações do patrimônio geral do incorporador, exceto com outros patrimônios de afetação por ele constituídos, respondendo apenas por obrigações vinculadas às incorporações de um mesmo incorporador.

(D) há necessidade de prévia averbação, no Registro de Imóveis, de termo firmado pelo incorporador e, quando for o caso, também pelos titulares de direitos reais de aquisição sobre o terreno.

(E) os efeitos da decretação da falência ou da insolvência do incorporador atingem os patrimônios de afetação constituídos, integrando a massa concursal o terreno, mas não as acessões e demais bens e direitos creditórios objeto da incorporação.

A: correta, pois a assertiva traduz o regime da afetação, nos moldes determinados pela Lei 4.591/1964, art. 31-A; **B:** incorreta, pois a "Comissão de Representantes e a instituição financiadora da construção poderão nomear, às suas expensas, pessoa física ou jurídica para fiscalizar e acompanhar o patrimônio de afetação" (Lei 4.591/1964, art. 31-C); **C:** incorreta, pois "o patrimônio de afetação não se comunica com os demais bens, direitos e obrigações do patrimônio geral do incorporador ou de outros patrimônios de afetação por ele constituídos e só responde por dívidas e obrigações vinculadas à incorporação respectiva" (Lei 4.591/1964, art. 31-A, § 1º); **D:** incorreta, pois tal averbação pode ser feita "*a qualquer tempo*" (Lei 4.591/1964, art. 31-B); **E:** incorreta, pois tais efeitos não atingem o patrimônio de afetação (Lei 4.591/1964, art. 31-F).

Gabarito "A"

(Procurador do Município – Cuiabá/MT – 2014 – FCC) Analise as proposições abaixo, acerca da propriedade fiduciária:

I. Constituída a propriedade fiduciária, o devedor não pode usar a coisa, que permanece em sua posse a título de depósito, até o vencimento da dívida.

II. Desde que haja previsão expressa, o proprietário fiduciário pode ficar com a coisa alienada em garantia se a dívida não for paga no vencimento.

III. O terceiro que pagar a dívida, mesmo que não interessado, se sub-rogará no crédito e na propriedade fiduciária.

Está correto o que se afirma em

(A) I, II e III.

(B) II e III, apenas.

(C) II, apenas.

(D) I, apenas.

(E) III, apenas.

I: incorreta, pois "com a constituição da propriedade fiduciária, dá-se o desdobramento da posse, tornando-se o devedor possuidor direto da coisa" (CC, art. 1.361, § 2º); **II:** incorreta, pois: "é nula a cláusula que autoriza o proprietário fiduciário a ficar com a coisa alienada em garantia, se a dívida não for paga no vencimento" (CC, art. 1.365); **III:** correta, pois "o terceiro, interessado ou não, que pagar a dívida, se sub-rogará de pleno direito no crédito e na propriedade fiduciária" (CC, art. 1.368).

Gabarito "E"

6.4. USUCAPIÃO

(Analista – TRF/3ª Região – 2014 – FCC) Considere as seguintes hipóteses:

I. Mariana, por onze anos, sem interrupção e nem oposição, possui, como sua, uma casa de 300 metros quadrados, tendo estabelecido no referido imóvel sua moradia habitual, realizando obras de conservação e ampliação da casa.

II. Gleison não é proprietário de imóvel urbano ou rural, mas possui, como sua, uma casa de 150 metros quadrados por sete anos ininterruptos e sem oposição utilizando-a como sua moradia.

III. Benício, proprietário de um terreno rural de 10 hectares, possui, como sua, uma casa de 70 metros quadrados, por oito anos ininterruptamente e sem oposição, utilizando-a como sua moradia.

De acordo com o Código Civil brasileiro, em razão da posse, poderá adquirir a propriedade dos imóveis acima mencionados

(A) Mariana, apenas.
(B) Mariana e Gleison, apenas.
(C) Gleison, apenas.
(D) Mariana, Gleison e Benício.
(E) Gleison e Benício, apenas.

I: correta, pois trata-se de caso de usucapião extraordinária previsto no art. 1.238, parágrafo único, do CC, em que a aquisição se dá após 10 anos de posse mansa, pacífica e ininterrupta, haja vista Mariana ter utilizado o local para moradia habitual e ter realizado obras de caráter produtivo; **II:** correta, pois trata-se de caso de usucapião especial urbana, em que adquire-se a propriedade aquele que, não sendo possuidor de outro imóvel urbano ou rural, ocupa área urbana de até duzentos e cinquenta metros quadrados, por cinco anos ininterruptamente e sem oposição, utilizando-a para sua moradia ou de sua família (art. 1.240, *caput*, do CC); **III:** incorreta, pois Benício não poderá usucapir a casa pela modalidade de usucapião especial urbana, pois é proprietário de outro imóvel rural (art. 1.239 do CC). Ademais, não é possível a aplicação de nenhuma outra modalidade de usucapião.

Gabarito "B".

(Defensor Público/SP – 2012 – FCC) Em tema de Usucapião Coletiva Urbana, é correto afirmar que

(A) tem por objeto área particular de até 250 metros quadrados.
(B) seu reconhecimento atribui a cada possuidor fração ideal correspondente à dimensão que ocupe na gleba, exceto se convencionado em contrário.
(C) exige posse não contestada, justo título e boa-fé.
(D) instaura condomínio indivisível e não passível de extinção por pelo menos dez anos.
(E) admite *acessio possessionis e sucessio possessionis.*

A: incorreta. A área deve ter mais de 250 m² para que seja possível a usucapião coletiva urbana (art. 10 da Lei 10.257/2001 – Estatuto da Cidade); **B:** incorreta. Cada possuidor terá direito a uma fração ideal do terreno independente da dimensão da área ocupada por cada pessoa (art. 10, § 3º, da Lei 10.257/2001); **C:** incorreta, pois conforme o art. 10 da Lei 10.257/2001, a usucapião coletiva urbana *não exige justo título e boa-fé*; **D:** incorreta, pois conforme art. 10, § 4º da Lei 10.257/2001, o condomínio *pode ser extinto* a qualquer momento se houver deliberação por, pelo menos, dois terços dos condôminos; **E:** correta. O possuidor pode, para o fim de contar o prazo exigido por este artigo, acrescentar sua posse à de seu antecessor (vivo ou falecido), contanto que ambas sejam contínuas (art. 10, § 1º, da Lei 10.257/2001).

Gabarito "E".

(Defensor Público/PR – 2012 – FCC) Acerca da propriedade e de suas formas de aquisição, aquele que

(A) possui ininterruptamente, há seis anos, imóvel urbano com 130 metros quadrados, contíguo com imóvel de sua propriedade com 80 metros quadrados, tem direito ao usucapião urbano.
(B) estabeleceu sua moradia habitual há sete anos em determinado imóvel, após firmar e adimplir com os ditames de contrato de compra e venda registrado e recentemente anulado por falta de capacidade civil do vendedor, terá de aguardar mais três anos para adquirir direito à aquisição da propriedade por usucapião.
(C) reivindica extensa área de terras de sua propriedade, atualmente ocupada por trinta famílias que ingressaram a nove anos no local, de boa-fé, em razão de um processo irregular de loteamento, vindo a urbanizar a área com recursos próprios, pode vir a ser privado da coisa, desde que devidamente indenizado pelos possuidores.
(D) invadiu imóvel alheio e ali estabeleceu sua moradia habitual há onze anos, cultivando no local hortaliças para venda na região, terá de aguardar mais quatro anos para adquirir direito à aquisição da propriedade por usucapião.
(E) possuiu de forma contínua e de boa-fé bem móvel como seu pelo período de dois anos, tem direito à aquisição da propriedade por usucapião.

A: incorreta. A usucapião especial urbana só pode ser exercida se o requerente *não for proprietário* de outro imóvel urbano ou rural (art. 1.240 do CC). As outras modalidades de usucapião não podem ser exercidas em razão do prazo; **B:** incorreta. Na hipótese descrita o possuidor poderá requerer a *usucapião ordinária reduzida* (posse-trabalho) com apenas cinco anos de posse (art. 1.242, parágrafo único, CC); **C:** correta. A alternativa apresenta os requisitos para a *desapropriação judicial privada por posse-trabalho* prevista nos arts. 1.228, §§ 4º e 5º do CC; **D:** incorreta. Na hipótese descrita o possuidor poderá requerer a *usucapião extraordinária reduzida* (posse-trabalho) com apenas dez anos de posse (art. 1.238, parágrafo único, CC); **E:** incorreta, pois a usucapião ordinária de bens móveis exige posse de três anos para aquisição da propriedade (art. 1.260 do CC).

Gabarito "C".

Para responder questões que tratam de usucapião, segue um resumo doutrinário.

Usucapião.

1) Conceito: *é a forma de aquisição originária da propriedade pela posse prolongada no tempo e pelo cumprimento de outros requisitos legais.* A usucapião também é chamada de *prescrição aquisitiva*. Essa forma de aquisição da propriedade independe de inscrição no Registro de Imóveis. Ou seja, cumpridos os requisitos legais, o possuidor adquire a propriedade da coisa. Assim, a sentença na ação de usucapião é meramente declaratória da aquisição da propriedade, propiciando a expedição de mandado para registro do imóvel em nome do adquirente, possibilitando a todos o conhecimento da nova situação. A aquisição é originária, ou seja, não está vinculada ao título anterior. Isso faz com que eventuais restrições que existirem na propriedade anterior não persistam em relação ao novo proprietário.

2) Requisitos. São vários os requisitos para a aquisição da propriedade pela usucapião. Vamos enumerar, neste item, apenas os requisitos que devem ser preenchidos em todas as modalidades de usucapião, deixando os específicos de cada modalidade para estudo nos itens abaixo respectivos. Os requisitos gerais são os seguintes:

(A) posse prolongada no tempo: não basta mera detenção da coisa, é necessária a existência de posse. E mais: de posse que se prolongue no tempo, tempo esse que variará de acordo com o tipo de bem (móvel ou imóvel) e em função de outros elementos, como a existência de boa-fé, a finalidade da coisa etc.;

(B) posse com *animus domini:* não basta a mera posse; deve se tratar de posse com ânimo de dono, com intenção de proprietário; essa circunstância impede que se considere a posse de um locatário do bem como hábil à aquisição da coisa;

(C) posse mansa e pacífica: ou seja, posse sem oposição; assim, se o legítimo possuidor da coisa se opôs à posse, ingressando com ação de reintegração de posse, neste período não se pode considerar a posse como mansa e pacífica, sem oposição.

(D) posse contínua: ou seja, sem interrupção; não é possível computar, por exemplo, dois anos de posse, uma interrupção de um ano, depois mais dois anos e assim por diante; deve-se cumprir o período aquisitivo previsto em lei sem interrupção.

3) Usucapião extraordinário – requisitos:

(A) tempo: 15 anos; o prazo será reduzido para 10 anos se o possuidor houver estabelecido no imóvel a sua moradia habitual, ou nele realizado obras ou serviços de caráter produtivo (art. 1.238, CC).

(B) requisitos básicos: posse "mansa e pacífica" (sem oposição), "contínua" (sem interrupção) e com "ânimo de dono".

4) Usucapião ordinário – requisitos:

(A) tempo: 10 anos; o prazo será reduzido para 5 anos se preenchidos dois requisitos: se o imóvel tiver sido adquirido onerosamente com base no registro constante do respectivo cartório; se os possuidores nele tiverem estabelecido a sua moradia ou realizado investimentos de interesse social e econômico (art. 1.242, CC).

(B) requisitos básicos: posse "mansa e pacífica" (sem oposição), "contínua" (sem interrupção) e com "ânimo de dono".

(C) boa-fé e justo título: como o prazo aqui é menor, exige-se do possuidor, no plano subjetivo, a boa-fé, e, no plano objetivo, a titularidade de um título hábil, em tese, para transferir a propriedade.

5) Usucapião especial urbano – requisitos:

(A) tempo: 5 anos (art. 1.240, CC).

(B) requisitos básicos: posse "mansa e pacífica" (sem oposição), "contínua" (sem interrupção) e com "ânimo de dono".

(C) tipo de imóvel: área urbana; tamanho de até 250 m^2;

(D) finalidade do imóvel: deve ser utilizado para a moradia do possuidor ou de sua família;

(E) requisitos negativos: que o possuidor não seja proprietário de outro imóvel urbano ou rural; que o possuidor já não tenha sido beneficiado pelo direito ao usucapião urbano.

6) Usucapião especial urbano FAMILIAR – requisitos:

(A) tempo: 2 anos (art. 1.240-A, CC).

(B) requisitos básicos: posse "mansa e pacífica" (sem oposição), "contínua" (sem interrupção) e com "ânimo de dono".

(C) tipo de imóvel: área urbana; tamanho de até 250 m^2;

(D) finalidade do imóvel: deve ser utilizado para a moradia do possuidor ou de sua família;

(E) requisito específico: imóvel cuja PROPRIEDADE o possuidor divida com ex-cônjuge ou ex-companheiro que ABANDONOU o lar;

(F) requisitos negativos: que o possuidor não seja proprietário de outro imóvel urbano ou rural; que o possuidor já não tenha sido beneficiado pelo direito ao usucapião urbano. O possuidor abandonado deve estar na posse direta e exclusiva do imóvel, e, cumpridos os requisitos da usucapião, adquirirá o domínio integral do imóvel.

7) Usucapião urbano coletivo – requisitos:

(A) tempo: 5 anos (art. 10 da Lei 10.257/01 – Estatuto da Cidade);

(B) requisitos básicos: posse "mansa e pacífica" (sem oposição), "contínua" (sem interrupção) e com "ânimo de dono".

(C) tipo de imóvel: área urbana; tamanho superior a 250 m^2;

(D) finalidade do imóvel: utilização para moradia; população de baixa renda;

(E) requisitos negativos: que o possuidor não seja proprietário de outro imóvel urbano ou rural; que seja impossível identificar o terreno ocupado por cada possuidor.

8) Usucapião especial rural – requisitos:

(A) tempo: 5 anos (art. 1.239, CC);

(B) requisitos básicos: posse "mansa e pacífica" (sem oposição), "contínua" (sem interrupção) e com "ânimo de dono";

(C) tipo de imóvel: área de terra em zona rural; tamanho de até 50 hectares;

(D) finalidade do imóvel: deve ser utilizado para a moradia do possuidor ou de sua família; área produtiva pelo trabalho do possuidor ou de sua família;

(E) requisito negativo: a terra não pode ser pública.

6.5. Direito de vizinhança

(Defensoria Pública/SP – 2010 – FCC) Assinale a alternativa INCORRETA.

(A) As águas que correm naturalmente do prédio superior devem ser recebidas pelo dono ou possuidor do prédio inferior.

(B) O dono ou possuidor do prédio inferior deve arcar com as despesas de canalização das águas naturais.

(C) O dono ou possuidor do prédio inferior, ao invés de proceder à canalização das águas naturais, poderá exigir o desvio delas pelo dono ou possuidor do prédio superior.

(D) O dono ou possuidor do prédio com águas colhidas artificialmente que correrem para o prédio inferior deve indenizar os prejuízos que o dono deste sofrer ou, se este o exigir, proceder a obras de desvio.

(E) O dono ou possuidor do prédio inferior não pode realizar obras que obstem o fluxo de águas que correm naturalmente.

A: correta. Está de acordo com o art. 1.288 do CC; **B:** correta. Essa obrigação está prevista no art. 1.288 do CC; **C:** incorreta, devendo ser assinalada. O dono ou o possuidor do prédio inferior *é obrigado a receber as águas* que correm naturalmente do superior (art. 1.288 do CC); **D:** correta. Está conforme o art. 1.289 do CC; **E:** correta, conforme o art. 1.288 do CC.

Gabarito "C"

6.6. Condomínio

(Magistratura/SC – 2015 – FCC) No condomínio edilício, cada condômino concorrerá nas despesas do condomínio na proporção

(A) da respectiva área de suas unidades autônomas, salvo disposição em contrário na convenção, e se não pagar ficará sujeito aos juros moratórios convencionados, ou não sendo previstos, os de dois por cento ao mês e multa de até dez por cento sobre o débito.

(B) das suas frações ideais, salvo disposição em contrário na convenção, e se não pagar ficará sujeito aos juros moratórios convencionados ou, não sendo previstos, os de um por cento ao mês e multa de até dois por cento sobre o débito.

(C) da respectiva área de suas unidades autônomas, salvo disposição em contrário na convenção, e se não pagar ficará sujeito aos juros moratórios convencionados ou, não sendo previstos, os de um por cento ao mês e multa de até dois por cento sobre o débito.

(D) de suas frações ideais, não podendo a convenção estabelecer outro critério de cobrança, e se não pagar ficará sujeito aos juros moratórios convencionados ou, não sendo previstos, os de um por cento ao mês e multa de até dois por cento sobre o débito.

(E) das suas frações ideais, salvo disposição em contrário na convenção e se não pagar ficará sujeito aos juros moratórios convencionados ou, não sendo previstos, os de dois por cento ao mês e multa de até vinte por cento sobre o débito.

A: incorreta, pois é na proporção da respectiva fração ideal (art. 1.336, I, do CC); ademais, os juros, se não convencionados, serão de 1% ao mês e a multa de até 2% sobre o débito (art. 1.336, § 1°, do CC); **B:** correta (art. 1.336, I e §1°, do CC); **C:** incorreta, pois é na proporção da respectiva fração ideal (art. 1.336, I, do CC); **D:** incorreta, pois a convenção pode trazer outro critério de cobrança (art. 1.336, I, do CC); **E:** incorreta, pois os juros, se não convencionados, serão de 1% ao mês e a multa de até 2% sobre o débito (art. 1.336, § 1°, do CC).

Gabarito "B"

6.7. Direitos reais na coisa alheia – fruição

(Magistratura/SC – 2015 – FCC) O usufruto pode recair

(A) apenas sobre imóveis urbanos, tendo o usufrutuário o direito de neles habitar, administrá-los e perceber os frutos, não podendo, porém, ceder o seu exercício.

(B) sobre bens móveis ou imóveis, devendo o usufrutuário deles utilizar, não podendo alugá-los ou emprestá-los.

(C) apenas sobre um ou mais bens, móveis ou imóveis, abrangendo-lhe os frutos e utilidades, mas não pode recair em um patrimônio inteiro.

(D) em um ou mais bens, móveis ou imóveis, em um patrimônio inteiro, ou parte deste, abrangendo-lhe, no todo ou em parte, os frutos e utilidades.

(E) em um ou mais bens, móveis ou imóveis, dependendo no caso de imóveis, de registro e pode ser transferido por alienação, a título gratuito ou oneroso.

A: incorreta, pois pode recair em imóvel rural também; ademais, o exercício do usufruto pode ser cedido (art. 1.393 do CC); **B:** incorreta, pois o usufrutuário pode não só usar, como também fruir (art. 1.394), o que inclui alugar ou emprestar a coisa; **C:** incorreta, pois pode recair num patrimônio inteiro (art. 1.390 do CC); **D:** correta (art. 1.390 do CC); **E:** incorreta, pois não é possível transferir o direito ao usufruto, mas apenas o exercício desse direito (art. 1.393 do CC).

Gabarito "D"

(Magistratura/PE – 2013 – FCC) O direito de superfície é concedido a outrem pelo

(A) proprietário ou possuidor, caracterizado pelo direito de construir ou de plantar em terreno do concedente, por tempo determinado, mediante escritura pública devidamente registrada no Cartório de Registro de Imóveis.

(B) proprietário, caracterizado pelo direito de construir ou de plantar em terreno do concedente, por tempo determinado, mediante escritura pública devidamente registrada no Cartório de Registro de Imóveis.

(C) proprietário, por escritura pública ou escrito particular, conferindo àquele o direito de construir ou de plantar em terreno do concedente, por prazo determinado ou indeterminado, e independentemente do registro no Cartório de Registro de Imóveis.

(D) proprietário, por escritura pública registrada no Cartório de Registro de Imóveis, sempre outorgando àquele o direito de executar obras no subsolo.

(E) proprietário, em decorrência de contrato de locação e de comodato, quando autorizadas construções ou plantações, devendo o instrumento ser registrado no Cartório de Registro de Imóveis.

A: incorreta, pois é o proprietário e não o possuidor quem concede direito real de superfície; **B:** correta, pois de pleno acordo com o disposto no art. 1.369 do CC; **C:** incorreta, pois a lei exige a escritura pública como forma para a concessão do referido direito real; **D:** incorreta, pois "o direito de superfície não autoriza obra no subsolo, salvo se for inerente ao objeto da concessão" (art. 1.369, parágrafo único, do CC); **E:** incorreta, pois o direito real de superfície não se confunde com contratos de locação e comodato, os quais só conferem a posse ao locatário/comodatário.

Gabarito "B"

(Procurador Legislativo – Câmara de Vereadores de São Paulo/SP – 2014 – FCC) Inês é usufrutuária de um imóvel, pelo prazo fixado de cinco anos. Há nele um grande pomar, no qual Inês sempre colheu os respectivos frutos; findo o prazo estipulado do usufruto, Inês colhe os frutos pendentes, sob protesto de Mário, nu-proprietário do bem, que lhe cobra não só o valor dos frutos pendentes, como também o relativo aos frutos colhidos pelo tempo de duração do usufruto. Essa atitude de Mário

(A) está parcialmente correta, pois Mário não tem direito ao percebimento dos frutos durante o tempo do usufruto; terá direito ao valor dos frutos pendentes, pagando porém compensação pecuniária a Inês pelas despesas de produção.

(B) está integralmente certa, pois Mário tem direito tanto aos frutos pendentes quando da cessação do usufruto, como também aos frutos percebidos por Inês durante seu curso, pagando apenas, neste caso, as despesas de produção.

(C) está integralmente equivocada, pois Inês tem direito não só aos frutos percebidos no curso do usufruto como também aos frutos pendentes por ocasião de sua finalização, como consequência natural da fruição do bem.

(D) está parcialmente correta, pois tem direito ao valor dos frutos pendentes, sem compensação de despesas a Inês, mas esta tem o direito ao percebimento dos frutos durante o tempo do usufruto.

(E) está errada, porque se trata de uma situação que se resolve em perdas e danos, arbitrando-se o valor total dos frutos colhidos no período de cinco anos do usufruto.

O Código Civil apresenta uma disciplina específica no que se refere à percepção de frutos em decorrência do direito real de usufruto. Deste modo, o art. 1.396 determina que o "Salvo direito adquirido por outrem, o usufrutuário faz seus os frutos naturais, pendentes ao começar o usufruto, sem encargo de pagar as despesas de produção". Ao mesmo tempo determina em seu parágrafo único que: "os frutos naturais, pendentes ao tempo em que cessa o usufruto, pertencem ao dono, também sem compensação das despesas". Logo, na questão mencionada, Inês teria direito não só aos frutos pendentes no início do usufruto, mas também aos frutos percebidos durante o usufruto. Todavia, Mário teria direito aos frutos pendentes ao tempo da extinção do usufruto.

Gabarito "D"

6.8. Direitos reais na coisa alheia – garantia

(Procurador do Estado – PGE/MT – FCC – 2016) Endividado, Ademir contraiu empréstimo de R$ 100.00,00 (cem mil reais) com o Banco Riqueza, oferecendo, como garantia, a hipoteca de um de seus imóveis. Paga parcialmente a dívida, Ademir alienou referido imóvel a Josué. A hipoteca

(A) é extinta tanto pelo pagamento parcial da dívida como pela alienação da coisa.

(B) é extinta pelo pagamento parcial da dívida.

(C) não é extinta pelo pagamento parcial da dívida, mas impede a alienação da coisa.

(D) não é extinta pelo pagamento parcial da dívida, nem impede a alienação da coisa, mas o credor hipotecário não poderá fazer valer o direito real de garantia contra o adquirente do bem.

(E) não é extinta pelo pagamento parcial da dívida nem impede a alienação da coisa, mas o credor hipotecário poderá fazer valer o direito real de garantia contra o adquirente do bem.

A e **B**: incorretas, pois o pagamento de "*uma ou mais prestações da dívida não importa exoneração correspondente da garantia*" (CC, art. 1.421); **C**: incorreta, pois "É nula a cláusula que proíbe ao proprietário alienar imóvel hipotecado" (CC, art. 1.475); **D**: incorreta, pois a característica principal do direito real de garantia é o fato de que – em eventual alienação – o credor pode fazer valer seu crédito contra o adquirente; **E**: correta, pois o pagamento parcial não importa extinção; a alienação do bem é permitida e o credor hipotecário pode fazer valer seu direito contra o adquirente. GN

Gabarito "E"

(Analista Judiciário – Área Judiciária – TRT12 – 2013 – FCC) No que tange ao penhor:

(A) são credores pignoratícios, desde que contratado desse modo, os hospedeiros, ou fornecedores de pousada ou alimento, sobre as bagagens, móveis, joias ou dinheiro que os seus consumidores ou fregueses tiverem consigo nas respectivas casas ou estabelecimentos, pelas despesas ou consumo que aí tiverem feito.

(B) no penhor rural, industrial, mercantil e de veículos, as coisas empenhadas são transferidas ao credor, que as deve guardar e conservar.

(C) não podem ser objeto de penhor agrícola os animais do serviço ordinário de estabelecimento agrícola, nem as colheitas pendentes ou em vias de formação.

(D) podem ser objeto de penhor direitos, suscetíveis de cessão, sobre coisas móveis ou imóveis, com registro em Títulos e Documentos ou no Registro Imobiliário, conforme o caso.

(E) constitui-se o penhor, como regra geral, pela transferência efetiva da posse que, em garantia do débito ao credor ou a quem o represente, faz o devedor, ou alguém por ele, de uma coisa móvel, suscetível de alienação.

A: incorreta, pois tais pessoas são credores pingnoratícios independentemente de convenção (art. 1.467, *caput*, do CC); **B**: incorreta, pois no penhor rural, industrial, mercantil e de veículos, as coisas empenhadas *continuam em poder do devedor*, que as deve guardar e conservar (art. 1.431, parágrafo único, do CC); **C**: incorreta, pois tais itens *podem* ser objeto de penhor agrícola (art. 1.442, V e II, do CC); **D**: incorreta, pois não podem ser objeto de penhor os direitos suscetíveis de cessão sobre coisas imóveis (art. 1.451 do CC); **E**: correta (art. 1.431 do CC).

Gabarito "E"

(Magistratura/SC – 2015 – FCC) O instrumento do penhor deverá

(A) mencionar o valor do crédito, sua estimação ou valor máximo; não poderá, entretanto, fixar taxa de juros.

(B) observar necessariamente a forma de escritura pública, quando se tratar de penhor rural.

(C) em qualquer de suas modalidades ser registrado no Cartório de Títulos e Documentos, por dizer respeito a garantia real com bens móveis.

(D) ser levado a registro, no caso de penhor comum no Cartório de Títulos e Documentos e, no caso de penhor rural, no Cartório de Registo de Imóveis da circunscrição em que estiverem situadas as coisas empenhadas.

(E) identificar o bem dado em garantia com as suas especificações e o valor mínimo do crédito concedido.

A: incorreta, pois é necessário fixar a taxa de juros (art. 1.424, III, do CC); **B**: incorreta, pois pode ser instrumento público ou particular (art. 1.438 do CC); **C**: incorreta, pois o penhor rural será registrado no Cartório de Registro de Imóveis (art. 1.438, *caput*, do CC); **D**: correta (arts. 1.432 e 1.438, *caput*, do CC); **E**: incorreta, pois deve declarar o valor do crédito, sua estimação, ou valor máximo, de modo que incorreto dizer que deverá declarar o valor mínimo do crédito concedido (art. 1.424, I, do CC).

Gabarito "D"

7. FAMÍLIA

7.1. Casamento

7.1.1. *Disposições gerais, capacidade, impedimentos, causas suspensivas, habilitação, celebração e prova do casamento*

(Defensor Público – DPE/ES – 2016 – FCC) Podem casar

(A) a pessoa solteira com pessoa separada judicialmente.

(B) as pessoas com deficiência intelectual ou mental em idade núbil, expressando sua vontade por meio de curador.

(C) o adotado com a filha biológica do adotante, se autorizados pelo juiz.

(D) os afins na linha reta, depois de dissolvido o casamento que determinara o parentesco por afinidade.

(E) o adotante com quem foi cônjuge do adotado.

A: incorreta, pois apenas o divórcio possibilita novo casamento; **B:** correta, pois o art. 6º da Lei 13.146/2015 permitiu expressamente que a pessoa com deficiência pudesse livremente se casar e também constituir união estável. A lei ainda teve o zelo de revogar o art. 1.548, I, que dizia ser nulo o casamento do "enfermo mental sem o necessário discernimento para os atos da vida civil". A clara intenção da lei é facilitar a inclusão da pessoa com deficiência na sociedade civil; **C:** incorreta, pois trata-se de casamento entre irmãos, proibido pelo CC, art. 1.521, IV; **D:** incorreta, pois na linha reta, a afinidade não se extingue com a dissolução do casamento ou da união estável (CC, art. 1.595, § 2º). Logo, continua incidindo a proibição do art. 1.521, II; **E:** incorreta, pois expressamente proibido pelo CC, art. 1.521, III.

Gabarito "B"

(Defensor Público – DPE/BA – 2016 – FCC) João, atualmente com 20 anos de idade, foi diagnosticado com esquizofrenia. Em razão desta grave doença mental, João tem delírios constantes e alucinações, e apresenta dificuldades de discernir o que é real e o que é imaginário, mesmo enquanto medicado. Em razão deste quadro, em 2014, logo após completar 18 anos, sofreu processo de interdição, que culminou no reconhecimento de sua incapacidade para a prática de todos os atos da vida civil, sendo-lhe nomeado curador na pessoa de Janice, sua mãe. Entretanto, ele é apaixonado por Tereza e deseja com ela se casar. Afirmou que em sinal de seu amor, quer escolher o regime da comunhão total de bens. Levando em consideração o direito vigente, João

(A) poderá contrair matrimônio de forma válida independentemente do consentimento de sua curadora, mas depende da sua assistência para celebrar validamente pacto antenupcial para a escolha do regime de bens.

(B) poderá contrair matrimônio de forma válida e celebrar pacto antenupcial para a escolha do regime de bens, independentemente do consentimento de sua curadora.

(C) não poderá contrair matrimônio de forma válida e nem celebrar pacto antenupcial para a escolha do regime de bens, ainda que contasse com o consentimento de sua curadora, pois o casamento será nulo de pleno direito por ausência de capacidade.

(D) poderá contrair matrimônio de forma válida independentemente do consentimento de sua curadora, mas não poderá celebrar validamente pacto antenupcial para a escolha do regime de bens no caso, pois a lei impõe o regime da separação obrigatória à espécie.

(E) não poderá contrair matrimônio de forma válida e nem celebrar pacto antenupcial para a escolha do regime de bens ainda que tenha o consentimento de sua genitora, pois o casamento seria inexistente em razão de vício da vontade.

O art. 6º da Lei 13.146/2015 permitiu expressamente que a pessoa com deficiência pudesse livremente se casar e também constituir união estável. A lei ainda teve o zelo de revogar o art. 1.548, I, que dizia ser nulo o casamento do "*enfermo mental sem o necessário discernimento para os atos da vida civil*". A clara ideia da lei é facilitar a inclusão da pessoa com deficiência na sociedade civil. Contudo, tal inclusão precisa ser feita com cautela, a fim de proteger tal pessoa. É por isso que o instituto da curatela continua em plena vigência no que se refere aos atos de natureza patrimonial (Lei 13.146, art. 85). Celebrar pacto antenupcial (em regime que não seja o da separação convencional de bens) certamente é um ato patrimonial e que necessitará da assistência de curador.

Gabarito "A"

(Procurador do Estado – PGE/RN – FCC – 2014) Pedro e Maria são casados sob o regime da comunhão parcial de bens. Durante a sociedade conjugal, Pedro recebeu prêmio de aposta em loteria, no valor de R$ 5.000.000,00 (cinco milhões de reais), resolvendo divorciar-se de Maria. Até então, possuíam os seguintes bens: uma casa doada pelos pais de Maria a ambos os nubentes, por ocasião do casamento; um sítio adquirido a título oneroso por Pedro durante a sociedade conjugal, fruto da economia de seus salários, tendo Maria recebido uma outra casa, por herança de sua mãe, depois do casamento. Na partilha de bens, em razão do divórcio observar-se-á o seguinte:

(A) somente Pedro tem direito ao prêmio que auferiu na aposta e ambos têm iguais direitos sobre os demais bens.

(B) cada um tem direito à metade do prêmio que Pedro auferiu na aposta; ambos têm iguais direitos sobre a casa doada pelos pais de Maria e ao sítio adquirido por Pedro e Maria tem a propriedade exclusiva da casa que recebeu por herança de sua mãe.

(C) somente Pedro tem direito ao prêmio que auferiu na aposta; ambos têm iguais direitos sobre a casa doada pelos pais de Maria e ao sítio adquirido por Pedro e Maria tem a propriedade exclusiva da casa que recebeu por herança de sua mãe.

(D) cada um tem direito à metade do prêmio que Pedro auferiu na aposta; somente Maria tem direito sobre a casa doada por seus pais e à propriedade exclusiva da casa que recebeu por herança de sua mãe e ambos têm iguais direitos sobre o sítio adquirido por Pedro.

(E) ambos têm iguais direitos sobre todos esses bens.

Apenas a assertiva 'B' soluciona a questão de forma adequada. A questão envolve a comunicação de bens no regime da comunhão parcial. Primeiramente, o prêmio da loteria comunica-se, pois constitui um bem advindo de "fato eventual" (CC, art. 1.660, II). A casa doada pelos pais de Maria *"a ambos os nubentes, por ocasião do casamento"* também se comunica, pois é um bem adquirido por doação "em favor de ambos os cônjuges" (CC, art. 1.660, III). O sítio adquirido a título oneroso por Pedro durante a sociedade conjugal também se comunica, não importando que foi comprado com o salário de Pedro (CC, art. 1.660, I). Por fim, a casa que Maria recebeu de herança não se comunica, mesmo tendo recebido durante o casamento, constituindo um bem particular dela (CC, art. 1.659, I). GN

Gabarito "B"

(Magistratura/PE – 2013 – FCC) São impedidos de casar

(A) os parentes colaterais até o quarto grau.

(B) os afins em linha reta e em linha colateral.

(C) o adotante com quem foi cônjuge do adotado e o adotado com quem o foi do adotante.

(D) o divorciado, enquanto não houver sido homologada ou decidida a partilha dos bens do casal.

(E) o tutor com a pessoa tutelada, enquanto não cessar a tutela e não estiverem saldadas as respectivas contas.

A: incorreta, pois não há impedimento para casamento entre colaterais de quarto grau; **B:** incorreta, pois os afins em linha colateral podem se casar; **C:** correta, pois de pleno acordo com a vedação estabelecida no art. 1.521, III, do CC; **D** e **E:** incorretas, pois nesses casos ocorre mera causa suspensiva (art. 1.523, III e IV, do CC, respectivamente), o que não impede o casamento, mas apenas acarreta a imposição do regime de separação obrigatória de bens.

Gabarito "C"

7.1.2. Invalidade

(Juiz – TJ-SC – FCC – 2017) É nulo o casamento:

(A) de pessoa que não completou idade mínima para casar.

(B) de pessoa com deficiência mental ou intelectual, em idade núbil, mesmo expressando sua vontade diretamente.

(C) apenas se contraído com infringência de impedimento.

(D) de incapaz de consentir ou manifestar, de modo inequívoco, o consentimento.

(E) por infringência de impedimento ou de causa suspensiva.

O Código Civil (art. 1.548) só contempla uma única hipótese de nulidade absoluta de casamento, que é a infringência de impedimentos matrimoniais (CC, art. 1.521), como o casamento entre ascendentes e descendentes, entre irmãos, pessoas já casadas, etc. GN

Gabarito "C"

7.1.3. Efeitos e dissolução do casamento

Observação importante: mesmo com a edição da EC 66/10, mantivemos as questões sobre separação judicial, pois ainda há controvérsia sobre a existência ou não desse instituto após a entrada em vigor da Emenda. O próprio CNJ, chamado a se manifestar sobre assunto, preferiu apenas alterar sua Resolução nº 35, para admitir o divórcio extrajudicial mesmo que não cumpridos os prazos de 2 anos de separação de fato (antigo divórcio-direto) e de 1 ano de separação judicial (antigo divórcio-conversão), não entrando no mérito se ainda existe a possibilidade de alguém preferir, antes do divórcio, promover separação judicial. O fato é que a EC 66/10 vem sendo aplicada normalmente pelos Cartórios Extrajudiciais, para permitir o divórcio direto, sem necessidade de cumprir os prazos mencionados, tudo indicando que o instituto da separação judicial venha, no mínimo, a cair em desuso. De qualquer maneira, como não houve ainda revogação do Código Civil no ponto que trata desse instituto, mantivemos as questões sobre o assunto, que, quem sabe, podem ainda aparecer em alguns concursos públicos. Segue, para conhecimento, a decisão do CNJ sobre o assunto:

"EMENTA: PEDIDO DE PROVIDÊNCIAS. PROPOSTA DE ALTERAÇÃO DA RESOLUÇÃO Nº 35 DO CNJ EM RAZÃO DO ADVENTO DA EMENDA CONSTITUCIONAL Nº 66/2010. SUPRESSÃO DAS EXPRESSÕES "SEPARAÇÃO CONSENSUAL" E "DISSOLUÇÃO DA SOCIEDADE CONJUGAL". IMPOSSIBILIDADE. PARCIAL PROCEDÊNCIA DO PEDIDO.

- A Emenda Constitucional nº 66, que conferiu nova redação ao § 6º do art. 226 da Constituição Federal, dispõe sobre a dissolubilidade do casamento civil pelo divórcio, para suprimir o requisito de prévia separação judicial por mais de 01 (um) ano ou de comprovada separação de fato por mais de 02 (dois) anos.
- Divergem as interpretações doutrinárias quanto à supressão do instituto da separação judicial no Brasil. Há quem se manifeste no sentido de que o divórcio passa a ser o único meio de dissolução do vínculo e da sociedade conjugal, outros tantos, entendem que a nova disposição constitucional não revogou a possibilidade da separação, somente suprimiu o requisito temporal para o divórcio.
- Nesse passo, acatar a proposição feita, em sua integralidade, caracterizaria avanço maior que o recomendado, superando até mesmo possível alteração da legislação ordinária, que até o presente momento não foi definida.
- Pedido julgado parcialmente procedente para propor a modificação da redação da Resolução nº 35 do Conselho Nacional de Justiça, de 24 de abril de 2007, que disciplina a aplicação da Lei nº 11.441/2007 pelos serviços notariais e de registro, nos seguintes termos: a) seja retirado o artigo 53, que versa acerca do lapso temporal de dois anos para o divórcio direto e; b) seja conferida nova redação ao artigo 52, passando o mesmo a prever: "Os cônjuges separados judicialmente, podem, mediante escritura pública, converter a separação judicial ou extrajudicial em divórcio, mantendo as mesmas condições ou alterando-as. Nesse caso, é dispensável a apresentação de certidão atualizada do processo judicial, bastando a certidão da averbação da separação no assento do casamento." (CNJ, Pedido de Providências nº 0005060-32.2010.2.00.0000, j. 12/08/10)"

(Defensor Público/AM – 2013 – FCC) O divórcio

(A) não pode ser concedido sem prévia partilha dos bens.

(B) demanda prévia separação judicial, há pelo menos um ano, ou de fato, há pelo menos dois.

(C) só pode ser requerido se comprovada culpa de um dos cônjuges.

(D) pode dar ensejo à obrigação de prestar alimentos, a qual não se extingue com novo casamento do alimentante.

(E) não importa restrição aos direitos e deveres decorrentes do poder familiar, salvo na hipótese de casamento de qualquer dos pais.

A: incorreta. O divórcio, amigável ou litigioso, judicial ou extrajudicial, pode ser realizado sem que haja prévia partilha dos bens (art. 1.581 do CC); **B:** incorreta, após a introdução da Emenda Constitucional 66/2010, que alterou o art. 226, § 6º, da Constituição Federal de 1988, a separação deixou de ser um requisito para o divórcio, que pode ser requerido a qualquer momento; **C:** incorreta. No divórcio não é possível a discussão de culpa. A análise da culpa somente era possível no procedimento de separação; **D:** correta. Se um dos cônjuges vier a necessitar de alimentos, o outro poderá ser obrigado a prestá-los mediante pensão a ser fixada pelo juiz (art. 1.704 do CC), sendo certo que o novo casamento do cônjuge devedor não extingue a obrigação constante da sentença de divórcio; **E:** incorreta, pois segundo dispõe o art. 1.636 do CC, o pai ou a mãe que contrair novas núpcias não perderá o poder familiar em relação aos filhos do relacionamento anterior.

Gabarito "D"

7.1.4. Regime de bens

(Defensor Público – DPE/BA – 2016 – FCC) Margarida de Oliveira conviveu em união estável com Geraldo Teixeira desde o ano de 2006, ambos pessoas capazes e não idosos. Não realizaram pacto de convivência. Durante o relacionamento, Margarida, funcionária pública, recebia salário equivalente a dez salários mínimos, enquanto Geraldo não realizava qualquer atividade remunerada. Em 2010, Margarida adquiriu, por contrato de compra e venda, um bem imóvel onde o casal passou a residir. Em 2015, recebeu o valor de R$ 100.000,00 (cem mil reais), deixado por seu pai por sucessão legítima. Diante desta hipótese, é correto dizer que Geraldo

(A) não tem direito à meação do imóvel adquirido na constância da união estável, uma vez que o bem foi adquirido sem qualquer participação de Geraldo, e também não faz jus à partilha do valor recebido a título de herança por Margarida, uma vez que o regime de bens aplicável à relação não contempla herança.
(B) tem direito à meação do imóvel adquirido na constância da união estável, independente de prova de esforço comum, mas não faz jus à partilha do valor recebido a título de herança por Margarida, uma vez que o regime de bens aplicável à relação não contempla herança.
(C) tem direito à meação do imóvel adquirido na constância da união estável, independente de prova de esforço comum, como também faz jus à partilha do valor recebido a título de herança por Margarida, uma vez que o regime de bens aplicável à relação contempla herança.
(D) tem direito tanto à meação do imóvel adquirido na constância da união estável bem como à partilha do valor recebido a título de herança por Margarida, desde que prove esforço comum em ambas as situações.
(E) não tem direito à meação do imóvel adquirido na constância da união estável, uma vez que o bem foi adquirido sem qualquer participação de Geraldo, mas faz jus à partilha do valor recebido a título de herança por Margarida, uma vez que o regime de bens aplicável à relação.

A questão diz respeito às regras de comunicabilidade de bens durante a união estável. Na ausência de estipulação contrária, o regime de bens aplicável para a união estável é o da comunhão parcial (CC, art. 1.725). Nesse regime, há comunicação (independentemente da prova de esforço comum) de bens adquiridos onerosamente durante a relação (conjugal ou de convivência), conforme o art. 1.660, I do Código Civil. Todavia, bens herdados – antes ou durante a relação – não se comunicam (CC, art. 1.659, I) e passam a fazer parte do acervo particular do cônjuge ou companheiro que herdou. Logo, apenas a assertiva 'b' é a que contempla a resposta correta.

Gabarito "B"

(Magistratura/RR – 2015 – FCC) Qualquer que seja o regime de bens do casamento, tanto o marido quanto a mulher podem livremente

(A) reivindicar os bens comuns, móveis ou imóveis, doados ou transferidos pelo outro cônjuge ao concubino, desde que provado que os bens não foram adquiridos pelo esforço comum destes, se o casal estiver separado de fato por mais de cinco anos.
(B) alienar os bens imóveis gravados com cláusula de incomunicabilidade.
(C) prestar fiança ou aval, desde que o valor por que se obriga não supere o de seus bens particulares.
(D) comprar a crédito as coisas necessárias à economia doméstica, mas não poderão obter por empréstimo as quantias necessárias para sua aquisição.
(E) propor ação de usucapião de bem imóvel.

A: correta (art. 1.642, V, do CC); **B:** incorreta, pois em relação a bens imóveis essa liberdade só existe se o casal é casado no regime de separação absoluta (art. 1.647, *caput* e inciso I, do CC); **C:** incorreta, pois essa liberdade só existe se o casal é casado no regime de separação absoluta (art. 1.647, *caput* e inciso III, do CC); **D:** incorreta, pois é cabível também, independentemente da autorização do outro, a obtenção de empréstimo de quantias necessárias a comprar as coisas necessárias à economia doméstica; **E:** incorreta, pois é necessário a autorização do outro (art. 1.647, II, do CC).

Gabarito "A"

(Magistratura/SC – 2015 – FCC) Analise as seguintes assertivas sobre o regime de bens do casamento.

I. No regime da comunhão parcial de bens excluem-se da comunhão os proventos do trabalho pessoal da cada cônjuge.
II. No regime da separação de bens, salvo disposição em contrário no pacto antenupcial, ambos os cônjuges são obrigados a contribuir para as despesas do casal apenas na proporção dos rendimentos de seu trabalho.
III. No regime da comunhão universal de bens, são excluídos da comunhão os bens herdados com a cláusula de inalienabilidade.
IV. Nos regimes da comunhão parcial e da comunhão universal de bens, recusando-se um dos cônjuges à outorga para alienação de bem imóvel, cabe ao juiz supri-la, se não houver motivo justo para a recusa.
V. Salvo no regime da separação de bens, é nula a fiança concedida por um dos cônjuges sem autorização do outro.

É correto o que se afirma APENAS em

(A) II, IV e V.
(B) III, IV e V.
(C) I, II e III.
(D) II, III e IV.
(E) I, III e IV.

I: correta (art. 1.659, VI, do CC); **II:** incorreta, pois a proporção do caso não é só em relação aos rendimentos do trabalho, mas também em relação aos rendimentos com os bens de cada um (art. 1.688 do CC); **III:** correta (art. 1.668, I, do CC); vale lembrar que a cláusula de inalienabilidade implica na incomunicabilidade (art. 1.911, *caput*, do CC); **IV:** correta (art. 1.648 do CC); **V:** incorreta, pois a lei refere a negócio "anulável" nesse caso (art. 1.649, *caput*, do CC) e jurisprudência fala em falta de eficácia (Súmula n. 332: "a fiança prestada sem autorização de um dos cônjuges implica a ineficácia total da garantia").

Gabarito "E"

(Magistratura/CE – 2014 – FCC) Analise as assertivas a seguir:

I. O pacto antenupcial não terá efeito perante terceiros senão depois de registrado em livro especial pelo oficial do Registro de Imóveis do domicílio dos cônjuges.

II. É inalterável o regime de bens do casamento, ainda que mediante autorização judicial.
III. No regime da comunhão universal de bens só não se comunicam aqueles herdados ou recebidos por doação com cláusula de incomunicabilidade.
IV. No regime da comunhão parcial de bens não se comunicam as obrigações provenientes de atos ilícitos, salvo reversão em proveito do casal.
V. No regime de separação de bens, ambos os cônjuges são obrigados a contribuir para as despesas do casal na proporção dos rendimentos de seu trabalho e de seus bens, salvo estipulação em contrário no pacto antenupcial.

Sobre o regime de bens do casamento, é correto o que se afirma APENAS em

(A) III, IV e V.
(B) I, III e V.
(C) I, IV e V.
(D) I, II e III.
(E) II, III e IV.

I: correta, pois a assertiva apenas reproduz o disposto no art. 1.657 do Código Civil; **II:** incorreta, pois o art. 1.639, § 2º, do CC permite tal alteração bastando para tanto o "*pedido motivado de ambos os cônjuges, apurada a procedência das razões invocadas e ressalvados os direitos de terceiros*"; **III:** incorreta, pois tais bens também se comunicam (CC, art. 1.667); **IV:** correta, pois tais obrigações são excluídas da comunhão (CC, art. 1.659, IV); **V:** correta, pois a assertiva reproduz a regra estabelecida pelo art. 1.688 do CC.

Gabarito "C"

(Procurador Legislativo – Câmara de Vereadores de São Paulo/SP – 2014 – FCC) Em relação ao regime de bens entre cônjuges:

(A) o pacto antenupcial pode ser feito por escritura pública ou por instrumento particular, neste caso desde que registrado em livro próprio, no Registro Imobiliário do domicilio dos cônjuges.
(B) é anulável a convenção ou cláusula de pacto antenupcial que contravenha disposição absoluta de lei.
(C) por serem atos formais e solenes, em nenhuma hipótese será permitida a realização de pactos antenupciais por menores.
(D) no pacto antenupcial, que adotar o regime de participação final nos aquestos, poder-se-á convencionar a livre disposição dos bens imóveis, desde que particulares.
(E) não havendo convenção antenupcial, ou sendo ela nula ou ineficaz, vigorará, quanto aos bens entre os cônjuges, o regime da comunhão universal.

A: incorreta, pois "*é nulo o pacto antenupcial se não for feito por escritura pública*" (CC, art. 1.653); **B:** incorreta, pois tal hipótese gera nulidade absoluta (CC, art. 1.655); **C:** incorreta, pois admite-se pacto antenupcial realizado por menor, condicionada à aprovação de seu representante legal (CC, art. 1.654); **D:** correta, pois tal possibilidade encontra respaldo no art. 1.656 do Código Civil; **E:** incorreta, pois nesse caso vigorará o regime de comunhão parcial (CC, art. 1.640).

Gabarito "D"

7.1.5. Temas combinados de casamento

(Defensor Público/PR – 2012 – FCC) Sobre o Direito de Família, é correto afirmar:

(A) Provado o adultério, fato confessado pela esposa, resta ilidida a presunção de paternidade com relação à criança nascida cem dias após a dissolução da sociedade conjugal.
(B) Filho advindo de relação extraconjugal somente pode ser reconhecido pelo pai em conjunto com a mãe.
(C) É ineficaz a condição aposta ao ato de reconhecimento do filho, sendo admitida a previsão de termo, uma vez que este trata de evento de ocorrência certa.
(D) A dívida contraída pela esposa para aquisição de bens necessários à economia doméstica obriga solidariamente o marido, ainda que este não tenha autorizado a contratação.
(E) Nos termos da lei civil, o adotado está impedido de casar com a filha biológica do adotante, não havendo impedimento para o reconhecimento da união estável entre os mesmos.

A: incorreta. *Não basta* o adultério da mulher, ainda que confessado, para ilidir a presunção legal da paternidade (art. 1.600 do CC). E nos termos do art. 1.597, inciso II, do CC, presumem-se concebidos na constância do casamento os filhos nascidos nos *trezentos dias* subsequentes à dissolução da sociedade conjugal; **B:** incorreta. O filho advindo de relação extraconjugal poderá ser reconhecido pelos pais em *conjunto ou separadamente* (art. 1.607 do CC); **C:** incorreta. O reconhecimento de filho é ato puro, sendo considerados ineficazes as condições e *termos* opostos ao ato (art. 1.613 do CC); **D:** correta. Está de acordo com o art. 1.643 do CC; **E:** incorreta, pois não se reconhece a união estável quando presentes os impedimentos para o casamento (arts. 1.521 e 1.723, § 1º do CC). No caso a relação será considerada concubinária.

Gabarito "D"

7.2. União estável

(Defensor Público/AM – 2013 – FCC) A união estável

(A) equipara-se, para todos os fins, ao casamento civil, inclusive no que toca à prova.
(B) pode ser constituída entre pessoas casadas, desde que separadas judicialmente ou de fato.
(C) demanda diversidade de gêneros, de acordo com recente entendimento do Supremo Tribunal Federal.
(D) será regida, em seus aspectos patrimoniais, pelo regime da separação obrigatória, salvo disposição contrária em contrato firmado pelos companheiros.
(E) se dissolvida, não autoriza os companheiros a pedirem alimentos.

A: incorreta, pois união estável não é equiparada ao casamento para todos os fins pelo Código Civil e nem pela Constituição Federal; **B:** correta. Os separados de fato e os separados juridicamente (judicial ou extrajudicialmente) podem constituir união estável (art. 1.723, § 1º, CC); **C:** incorreta. Apreciando o tema, o Supremo Tribunal Federal entendeu que a diversidade de gêneros não é requisito para constituição da união estável (ADI 4.277); **D:** incorreta, pois segundo o art. 1.725 do CC a união estável será regida pelo regime da comunhão parcial de bens, salvo disposição em contrário; **E:** incorreta, pois o art. 7º da Lei 9.278/1996 reconhece o direito a alimentos decorrentes da dissolução da união estável.

Gabarito "B"

(Procurador Legislativo – Câmara de Vereadores de São Paulo/SP – 2014 – FCC) Maria e José viveram juntos por oito anos. Não tiveram filhos. Separaram-se e Maria, objetivando meação dos bens que José levou para o convívio, propõe ação declaratória de reconhecimento de união estável, cumulada com a partilha de tais bens. José contesta alegando que, como ele era casado, embora separado de fato de seu cônjuge, e não tiveram filhos, não haveria como configurar-se união estável, por impedimento matrimonial; além disso, os bens seriam somente dele, José, por terem sido adquiridos antes da alegada união estável. Ao examinar a questão, o juiz da causa

(A) admitirá a união estável por ser irrelevante a ausência de filhos e suficiente a separação de fato para sua constituição, destinando metade dos bens para Maria, já que, por analogia, o regime de bens na união estável equipara-se à comunhão total de bens.

(B) admitirá a união estável, porque a ausência de filhos é irrelevante e a separação de fato já permite sua constituição; quanto aos bens, determinará que são apenas de José, porque só se comunicariam aqueles adquiridos na constância da união estável, à qual se aplicam, nas relações patrimoniais, no que couber, o regime da comunhão parcial de bens.

(C) não admitirá a união estável, pela existência de impedimento matrimonial, uma vez que é preciso estarem presentes todos os requisitos para conversão da convivência em casamento; no entanto, destinará metade dos bens para Maria, como indenização moral pelos oito anos de convívio.

(D) não admitirá a união estável, pela existência de impedimento matrimonial a impedir a conversão em casamento; também não destinará qualquer bem a Maria, por serem de exclusiva propriedade de José.

(E) não admitirá a união estável, pela inexistência de filhos e pela ocorrência de impedimento matrimonial, mas determinará indenização a Maria pela caracterização de concubinato.

A questão envolve três aspectos importantes sobre a união estável. Em primeiro lugar, é possível existir uma união estável concomitante a um casamento, desde que neste último os cônjuges estejam separados de fato (CC, art. 1.723, § 1º). Em segundo lugar, a existência ou não de filhos é irrelevante para configurar uma união estável, bastando o preenchimento de outros requisitos mais importantes, tais como a união pública e duradoura e principalmente o intuito de formar família. Por último, o regime de bens que deve ser aplicado para a união estável é o da comunhão parcial, o qual não implica comunicação de bens que foram adquiridos antes da união (CC, art. 1.725).

Gabarito "B"

(Magistratura/SC – 2015 – FCC) Joaquim, viúvo, é pai de José, que se casara com Amélia. José e Amélia divorciaram-se. Três meses após esse divórcio, Joaquim e Amélia compareceram a um Cartório de Notas, solicitando ao Tabelião que lavrasse uma escritura pública de união estável, escolhendo o regime da comunhão universal de bens. O Tabelião recusou-se a lavrar a escritura, por reputar inválido o ato. A recusa

(A) justifica-se, mas poderá ser estabelecida a união estável entre os pretendentes depois de transcorridos trezentos (300) dias do divórcio de Amélia e desde que os bens deixados pelo cônjuge de Joaquim tenham sido inventariados e partilhados.

(B) não se justifica, porque não há qualquer impedimento entre os pretendentes à união estável.

(C) justifica-se, porque Joaquim e Amélia não podem estabelecer união estável.

(D) só se justifica no tocante à escolha do regime de bens, porque seria obrigatório o regime da separação de bens.

(E) só se justifica no tocante à escolha do regime de bens, porque o único admissível é o da comunhão parcial de bens na união estável.

A, B, D e **E:** incorretas, pois no caso a lei dispõe que não se pode constituir uma união estável, em virtude do impedimento previsto no art. 1.521, II, do CC (art. 1.723, § 1º, do CC), tratando-se de impedimento absoluto que não há como sanar; **C:** correta, pois no caso a lei dispõe que não se pode constituir uma união estável, em virtude do impedimento previsto no art. 1.521, II, do CC (art. 1.723, § 1º, do CC).

Gabarito "C"

7.3. Parentesco e filiação

(Defensor Público – DPE/BA – 2016 – FCC) Francisco, que acabou de completar quinze anos, vai à Defensoria Pública de Ilhéus – BA em busca de orientação jurídica. Informa que recebeu um imóvel como herança de seu avô. Explica que o bem está registrado em seu nome; entretanto, a sua genitora alugou o imóvel para terceiro, recebe os valores dos alugueres e não faz qualquer repasse ou presta contas do valor recebido. Diante desta situação, a solução tecnicamente mais adequada a ser tomada pelo Defensor é:

(A) ajuizar ação visando à anulação do contrato de locação celebrado por parte ilegítima para referido negócio jurídico, uma vez que não se trata de proprietária do imóvel.

(B) orientar Francisco que enquanto ele estiver sob o poder familiar de sua genitora, ela poderá proceder de tal forma, pois não é obrigada a lhe repassar o valor dos alugueres ou prestar contas do destino do dinheiro recebido.

(C) ajuizar ação de prestação de contas contra a genitora e, caso ela não comprove que o dinheiro é revertido em favor de seu filho, cobrar o recebimento do equivalente ao prejuízo experimentado.

(D) notificar o inquilino para que os pagamentos passem a ser feitos diretamente para o proprietário, sob pena de ajuizamento de ação de despejo por falta de pagamento.

(E) ajuizar ação possessória, postulando a reintegração na posse do imóvel, e ação contra a genitora, visando à reparação dos danos sofridos por seu ato ilícito.

O Poder familiar é um *poder-dever*, que gera um sem número de atribuições, responsabilidades, deveres e direitos aos pais. Um desses é o direito real de usufruto sobre os bens do filho menor (CC, art. 1.689, I). Trata-se de um direito real sobre coisa alheia, que permite ao usufrutuário usar, possuir, administrar e fazer seus os frutos do bem (CC, art. 1.394). Os aluguéis recebidos do bem constituem frutos e, por isso, pertencem de pleno direito à mãe de Francisco. A presunção do legislador foi a de que os pais usarão esse dinheiro em favor e benefício dos filhos. Logo, não há o que Roberto fazer nesse momento, a não ser aguardar a extinção do poder familiar, aos dezoito anos de idade.

Gabarito "B"

7.4. Poder familiar, adoção, tutela e guarda

(Defensoria Pública/MT – 2009 – FCC) De acordo com o Direito da Infância e da Juventude:

(A) Considera-se criança, para os efeitos desta Lei, a pessoa até doze anos de idade completos, e adolescente aquela entre treze e dezoito anos de idade.

(B) O reconhecimento do estado de filiação é direito personalíssimo, indisponível e imprescritível, podendo ser exercitado contra os pais ou seus herdeiros, sem qualquer restrição, em procedimento dotado de ampla publicidade com vistas à preservação de interesses de terceiros.

(C) A colocação em família substituta estrangeira constitui medida excepcional, somente admissível na modalidade de adoção ou de tutela.

(D) É proibido qualquer trabalho a menores de dezesseis anos de idade, salvo na condição de aprendiz, a partir de doze anos de idade.

(E) Sem prévia e expressa autorização judicial, nenhuma criança ou adolescente nascido em território nacional poderá sair do País em companhia de estrangeiro residente ou domiciliado no exterior.

A: incorreta. Segundo o art. 2º, *caput*, da Lei 8.069/1090, considera-se criança a pessoa até doze anos de idade **incompletos**, e adolescente aquela entre **doze** e dezoito anos de idade; **B:** incorreta. O processo de reconhecimento do estado de filiação observará o segredo de justiça, conforme disposto no art. 27 da Lei 8.069/1990; **C:** incorreta. A colocação em família substituta estrangeira somente é admissível na modalidade de adoção, conforme art. 31 da Lei 8.069/1990; **D:** incorreta. É proibido qualquer trabalho aos menores de **quatorze anos de idade**, conforme art. 60 da Lei 8.069/1990; **E:** correta. A assertiva reflete o disposto no art. 85 da Lei 8.069/1990.

Gabarito "E"

7.5. Alimentos

(Defensor Público – DPE/ES – 2016 – FCC) Os alimentos gravídicos serão fixados pelo juiz,

(A) só excepcionalmente, se convencido da existência de indícios da paternidade, após justificação judicial prévia e compreenderão os valores suficientes para cobrir as despesas alimentícias da gestante, excluída a assistência médica, que deverá ser oferecida pelo poder público, perdurando até o nascimento da criança, que, nascendo com vida, deverá propor ação de alimentos, os quais serão estabelecidos na proporção de suas necessidades e das possibilidades do alimentante.

(B) desde que a mulher grávida firme declaração de que o réu é o pai, e compreenderão os valores suficientes para cobrir as despesas adicionais do período da gravidez, perdurando até o nascimento da criança, e após o nascimento com vida ficam convertidos em pensão alimentícia em favor do menor, até que uma das partes solicite sua revisão.

(C) apenas se houver presunção de paternidade e compreenderão os valores suficientes para cobrir as despesas adicionais do período da gravidez, perdurando até o nascimento da criança, e após o nascimento com vida ficam convertidos em pensão alimentícia em favor do menor, até que uma das partes solicite sua revisão.

(D) se convencido da existência de indícios da paternidade, compreendendo os valores suficientes para cobrir as despesas adicionais do período da gravidez, perdurando até o nascimento da criança, e após o nascimento com vida ficam convertidos em pensão alimentícia em favor do menor, até que uma das partes solicite sua revisão.

(E) somente se provado o casamento do réu com a gestante e compreenderão os valores suficientes para cobrir as despesas adicionais do período da gravidez, inclusive a alimentação especial, assistência médica e psicológica à gestante, perdurando até o nascimento da criança, e após o nascimento com vida ficam convertidos em pensão alimentícia, observando-se as necessidades do alimentando e as possibilidades do alimentante.

A: incorreta, pois as despesas médicas estão incluídas nos alimentos gravídicos (Lei 11.804/2008, art. 2º); **B** e **C:** incorretas, pois tal declaração da mulher não é exigida pela lei. Ao contrário, o art. 6º da referida lei se contenta com os "*indícios de paternidade*"; **D:** correta, pois a assertiva guarda perfeita correspondência com os artigos 2º e 6º da mencionada lei; **E:** incorreta, pois o casamento não é requisito para a fixação dos alimentos gravídicos.

Gabarito "D"

(Defensor Público – DPE/BA – 2016 – FCC) A respeito dos alimentos, é correto afirmar que:

(A) diante do inadimplemento do pai, a obrigação é transmitida imediatamente aos avós.

(B) cessam automaticamente com a maioridade do alimentando, salvo determinação judicial expressa em sentido contrário.

(C) cessam com o casamento ou a união estável do credor, assim como no caso de o credor portar-se de maneira indigna contra o alimentante.

(D) a prova do desemprego do devedor de alimentos é suficiente para afastar possibilidade de prisão civil.

(E) por expressa disposição de lei, somente incidem sobre a gratificação natalina e o terço de férias se constar expressamente no título que estipulou o direito aos alimentos.

A: incorreta, pois não é o mero inadimplemento do pai que transmite a obrigação aos avós e sim, a impossibilidade de suportar o encargo (CC, art. 1.698); **B:** incorreta, pois o STJ entende que a maioridade, por si só, não é critério de cessação automática dos alimentos (HC 77.839/SP, Rel. Ministro Hélio Quaglia Barbosa, Quarta Turma, julgado em 09/10/2007, DJe 17/03/2008); **C:** correta, pois as hipóteses descritas na assertiva estão contempladas no Código Civil, art. 1.708 e parágrafo único como extintivas da obrigação alimentar; **D:** incorreta, pois o que determina o afastamento da prisão civil é a real incapacidade financeira do alimentante, um conceito maior do que o mero desemprego. Nesse sentido, RHC 29.777/MG, Rel. Ministro Paulo De Tarso Sanseverino, Terceira Turma, julgado em 05/05/2011, DJe 11/05/2011; **E:** incorreta, pois não há necessidade de constar no título para que haja tal incidência.

Gabarito "C"

(Magistratura/GO – 2015 – FCC) Considere as proposições abaixo, a respeito dos alimentos:

I. Cabe em regra ao credor escolher a forma como a prestação alimentícia será paga, se em dinheiro ou *in natura*.

II. Os cônjuges divorciados contribuirão sempre em partes iguais para a manutenção dos filhos.

III. Com o casamento do credor, cessa o dever do ex--cônjuge de pagar alimentos.

Está correto o que se afirma em

(A) I, II e III.

(B) II, apenas.

(C) III, apenas.

(D) I, apenas.

(E) I e III, apenas.

I: incorreta. Cabe ao devedor escolher a forma como a prestação alimentícia será paga, pois é sua faculdade conforme dispõe o art. 1.701 do CC. O seu direito de escolha não é absoluto, pois o juiz pode determinar outra forma, se as circunstâncias assim o exigirem (art. 1701, parágrafo único); **II:** incorreta. A contribuição não deverá ser sempre em partes iguais para a manutenção dos filhos, mas na proporção de seus recursos (art. 1.703 do CC). A Lei 6.515/1977 (Lei do Divórcio) em seu art. 20 também prevê o preceito. Não obstante, os dispositivos utilizem da expressão separados judicialmente, a interpretação é extensiva, aplicando-se aos cônjuges divorciados. A separação judicial rompe a sociedade conjugal, o divórcio, o vínculo; **III:** Correta: está em conformidade com o art. 1.708 do CC, pelo qual diz expressamente: "Com o casamento, a união estável ou o concubinato do credor, cessa o dever de prestar alimentos".

Gabarito "C".

(Magistratura/RR – 2015 – FCC) O direito a alimentos que têm os filhos é

(A) renunciável, se tiverem, comprovadamente, recursos financeiros decorrentes de sucessão hereditária.

(B) irrenunciável, embora possam não exercê-lo, sendo o respectivo crédito insuscetível de cessão, compensação ou penhora.

(C) irrenunciável, mas pode ser objeto de cessão, para atender a obrigações assumidas com sua educação ou tratamento de saúde.

(D) renunciável, quando se tornarem relativamente incapazes, porque a partir dos dezesseis anos lhes é permitido o exercício de trabalho ou profissão.

(E) irrenunciável e o respectivo crédito insuscetível de cessão, embora possa ser compensado com suas dívidas ao alimentante.

A e **D:** incorretas, pois o direito a alimentos é irrenunciável (art. 1.707 do CC); **B:** correta (art. 1.707 do CC); **C:** incorreta, pois o direito a alimentos em si não pode ser objeto de cessão (art. 1.707 do CC); **E:** incorreta, pois a lei veda a compensação na hipótese (art. 1.707 do CC).

Gabarito "B".

(Procurador Legislativo – Câmara de Vereadores de São Paulo/SP – 2014 – FCC) Em relação aos alimentos, é correto afirmar que

(A) o novo casamento do cônjuge devedor extingue a obrigação constante da sentença de divórcio.

(B) a obrigação de prestar alimentos não se transmite aos herdeiros.

(C) a obrigação de prestar alimentos obedece à ordem de vocação hereditária, estendendo-se até os primos do alimentando.

(D) com casamento, união estável ou concubinato do credor, em regra permanece o dever de prestar alimentos, cabendo-lhe provar sua insuficiência posterior de recursos.

(E) a pessoa obrigada a prestar alimentos poderá pensionar o alimentando, ou dar-lhe hospedagem e sustento, sem prejuízo do dever de prestar o necessário a sua educação, quando menor.

A: incorreta, pois apenas o novo casamento do cônjuge credor é que extingue a obrigação alimentar (CC, art. 1.708); **B:** incorreta, pois a obrigação de prestar alimentos transmite-se aos herdeiros (CC, art. 1.700); **C:** incorreta, pois a ordem de vocação hereditária (CC, art. 1.829) é diferente da ordem de prestação alimentar (CC, art. 1.697); **D:** incorreta, pois o novo casamento ou união estável do credor extingue a obrigação (CC, art. 1.708); **E:** correta, pois a assertiva encontra respaldo no art. 1.701 do Código Civil.

Gabarito "E".

7.6. Bem de família

(Magistratura/GO – 2015 – FCC) Já sabendo estar insolvente, Cristiano transferiu sua residência para imóvel mais valioso, decorando-a com obras de arte. Não se desfez do imóvel anterior, que ficou desocupado.

Executado, alegou impenhorabilidade do imóvel e também das obras de arte, invocando proteção legal conferida ao bem de família. De acordo com a Lei nº 8.009/1990, esta proteção

(A) não terá o alcance pretendido por Cristiano, porque, embora abranja ambos os imóveis, as obras de arte são penhoráveis.

(B) não terá o alcance pretendido por Cristiano, porque as obras de arte são penhoráveis e porque a impenhorabilidade do bem de família pode ser transferida para o imóvel anterior, liberando-se o mais valioso para execução.

(C) beneficiará Cristiano, porque o direito à moradia deve ser interpretado da maneira mais ampla possível, abrangendo o imóvel de maior valor e as obras de arte, liberando-se para penhora apenas o imóvel anterior.

(D) não terá o alcance pretendido por Cristiano, porque, embora abranja o imóvel de maior valor, as obras de arte são penhoráveis, assim como o imóvel anterior.

(E) em nada beneficiará Cristiano, porque as obras de arte são penhoráveis e porque, em caso de má-fé, devem ser excutidos todos os bens do devedor.

Bem de família é uma maneira de afetar um imóvel residencial a um fim especial, tornando-o asilo inviolável, isto é, impenhorável por dívidas posteriores à sua constituição, exceto quando decorrente de impostos devidos pelo próprio prédio, enquanto forem vivos os cônjuges e até que os filhos completem sua maioridade. Há duas espécies de bem de família: voluntário (decorre da vontade dos cônjuges, companheiros ou terceiro, previsto no art. 1.711 do CC) e involuntário ou legal (resultante de estipulação legal, Lei n. 8.009/1990). Assim, não se beneficia da lei de impenhorabilidade do bem de família, aquele que sabendo estar insolvente, adquire de má-fé imóvel mais valioso para transferir a residência familiar, desfazendo-se ou não da residência antiga (art. 4º da Lei 8.009/1990). Aliás, para efeitos da impenhorabilidade da citada Lei, considera-se residência um único imóvel utilizado pelo casal ou pela entidade familiar para moradia permanente. Na hipótese de o casal, ou entidade familiar, ser possuidor de vários imóveis utilizados como residência a impenhorabilidade recairá sobre o de menor valor, salvo quando instituído nos termos do art. 1.711 do CC (art. 5º, parágrafo único, da Lei 8.009/1990). Ademais, o art. 2º da sobredita Lei 8.009/1990 exclui expressamente as obras de artes e adornos suntuosos da impenhorabilidade, bem como os veículos de transporte.

Gabarito "B".

7.7. Curatela

(Juiz – TJ-SC – FCC – 2017) A curatela

(A) do pródigo priva-o, apenas, de, sem curador, transigir, dar quitação ou alienar bens móveis ou imóveis.

(B) de pessoa com deficiência é medida protetiva extraordinária e definitiva.

(C) da pessoa com deficiência não poderá ser compartilhada a mais de uma pessoa, porque não se confunde com a tomada de decisão apoiada.

(D) de pessoa com deficiência afetará tãosomente os atos relacionados aos direitos de natureza patrimonial e negociai, não alcançando o direito ao trabalho, nem ao voto.

(E) do pródigo priva-o do matrimônio ou de novo matrimônio sob o regime de comunhão universal ou parcial de bens, e de, sem curador, alienar bens imóveis, hipotecá-los e demandar ou ser demandado sobre esses bens.

A: incorreta, pois o pródigo interditado também não poderá emprestar, hipotecar, demandar ou ser demandado, e praticar, em geral, os atos que não sejam de mera administração (CC, art. 1.782); **B:** incorreta, pois trata-se de uma medida que deve durar o menor tempo possível (Lei 13.146/2015, art. 84, §3°); **C:** incorreta, pois o juiz pode estabelecer "*curatela compartilhada a mais de uma pessoa*" (CC, art. 1.775-A); **D:** correta, pois a curatela afetará tão somente os atos relacionados aos direitos de natureza patrimonial e negocial, não alcançando o direito ao próprio corpo, à sexualidade, ao matrimônio, à privacidade, à educação, à saúde, ao trabalho e ao voto (Lei 13.146/2015, art. 85); **E:** incorreta, pois a lei não prevê tal restrição na liberdade do pródigo. GN

Gabarito "D"

7.8. Temas Combinados de direito de família

(**Defensor Público – DPE/ES – 2016 – FCC**) Cícero é proprietário de vários imóveis urbanos de pequeno valor, e veio a casar-se com Josefa pelo regime legal de bens, em 10/01/2006, sendo que ela de nenhum imóvel era proprietária. O casal foi residir em um dos imóveis de 250 m² pertencente ao varão e, a partir daí, nada mais adquiriram, em virtude de seus gastos excessivos. Passados dez anos, Cícero abandonou o cônjuge e passou a viver maritalmente com Roberta, tendo um filho. Nesse caso, Josefa

(A) não adquirirá o imóvel em que reside, ainda que exerça a posse exclusiva, exceto pela usucapião ordinária, porque a situação dela e de Cícero é semelhante à de condôminos de coisa indivisível em que a posse de um não pode impedir à do outro.

(B) não adquirirá o imóvel onde reside pela usucapião familiar ou conjugal, mesmo se decorridos dois anos ininterruptamente e sem oposição de sua posse direta e com exclusividade sobre o imóvel, por faltar-lhe requisito estabelecido em lei para essa forma especial de aquisição da propriedade.

(C) se exercer por dois anos ininterruptamente e sem oposição a posse direta com exclusividade sobre o imóvel onde reside, desde que não seja proprietária de outro imóvel urbano ou rural, adquirir-lhe-á o domínio pela usucapião.

(D) se exercer por um ano ininterruptamente e sem oposição a posse direta com exclusividade sobre o imóvel onde reside, desde que não seja proprietária de outro imóvel urbano ou rural, adquirir-lhe-á o domínio pela usucapião.

(E) mesmo preenchendo todos os requisitos para a aquisição do imóvel onde reside pela usucapião familiar ou conjugal, não obterá o domínio, porque Cícero veio a ter um descendente, que é herdeiro necessário.

A questão envolve o chamado "Usucapião por abandono de lar conjugal", criado pela lei 12.424/2011, que criou o art. 1.240-A do Código Civil. Um requisito essencial para a aquisição do imóvel através desta modalidade de usucapião, é que o imóvel esteja sob regime condominial entre o casal e que um deles abandone o lar. Assim, o cônjuge que permanecesse no imóvel poderia – após dois anos – adquirir o imóvel pela prescrição aquisitiva. A única assertiva que corretamente resolve a questão é a B.

Gabarito "B"

(**Defensor Público – DPE/BA – 2016 – FCC**) A respeito da proteção ao bem de família, é correto afirmar que:

(A) sua finalidade precípua não é a proteção à família, mas sim, o direito de moradia como direito fundamental, tanto que pode contemplar bem ocupado por um único indivíduo, o que alguns autores chamam de família unipessoal.

(B) pode ser convencionado por escritura pública, testamento ou doação, o bem imóvel de qualquer valor do patrimônio do instituidor, desde que se destine à residência familiar.

(C) a proteção prevista na lei específica (Lei 8.090/1990) contempla o bem em que a família resida, independentemente da existência de outros bens no patrimônio.

(D) caso o valor do imóvel seja elevado a ponto de ultrapassar as necessidades comuns correspondentes a um médio padrão de vida, a lei exclui a sua impenhorabilidade.

(E) decorre exclusivamente da lei, não havendo mais sentido o sistema anterior que contemplava o bem de família voluntário.

A: correta, pois a função do bem de família é instrumentalizar o direito de moradia. Ademais, o STJ já consolidou o entendimento segundo o qual não há uma definição consolidada e estratificada de família. A lei protege o ser humano, qualquer que seja sua forma de agrupamento ou isolamento social (AgRg no AREsp 301.580/RJ, Rel. Ministro Sidnei Beneti, Terceira Turma, julgado em 28/05/2013, DJe 18/06/2013); **B:** incorreta, pois a doação não é forma prevista em lei para instituição do bem de família (CC, art. 1.711); **C:** incorreta, pois "*Na hipótese de o casal, ou entidade familiar, ser possuidor de vários imóveis utilizados como residência, a impenhorabilidade recairá sobre o de menor valor, salvo se outro tiver sido registrado, para esse fim, no Registro de Imóveis*" (Lei 8.009/1990, art. 5°, parágrafo único); **D:** incorreta, pois não há tal previsão de exclusão de impenhorabilidade; **E:** incorreta, pois o bem de família voluntário tem expressa previsão no Código Civil (art. 1.711 a 1.722).

Gabarito "A"

8. SUCESSÕES

8.1. Sucessão em geral

(**Juiz – TJ-SC – FCC – 2017**) A sucessão por morte ou ausência obedece à lei do país:

(A) em que nasceu o defunto ou o desaparecido, qualquer que seja a natureza e a situação dos bens, mas a sucessão de bens de estrangeiros, situados no Brasil, será regulada pela lei brasileira em benefício do cônjuge ou dos filhos brasileiros, ou de quem os represente, sempre que não lhes seja mais favorável a lei pessoal do *de cujus*.

(B) em que era domiciliado o defunto ou o desaparecido, qualquer que seja a natureza e a situação dos bens, mas a sucessão de bens de estrangeiros, situados no Brasil, será regulada pela lei brasileira em benefício do cônjuge ou dos filhos brasileiros, ou de quem os represente, sempre que não lhes seja mais favorável a lei pessoal do *de cujus*.

(C) de cuja nacionalidade tivesse o defunto ou o desaparecido, mas a sucessão de bens de estrangeiros, situados no Brasil, será regulada pela lei brasileira em benefício do cônjuge ou dos filhos brasileiros, ou de quem os represente, sempre que não lhes seja mais favorável a lei pessoal do *de cujus*.

(D) em que era domiciliado o defunto ou o desaparecido, qualquer que seja a natureza e a situação dos bens, mas a sucessão de bens de estrangeiros, situados no Brasil, será sempre regulada pela lei brasileira, se houver cônjuge ou filhos brasileiros.

(E) de cuja nacionalidade tivesse o defunto, ou desaparecido, qualquer que seja a natureza e a situação dos bens, mas a sucessão de bens de estrangeiros, situados no Brasil, será regulada pela lei brasileira em benefício do cônjuge ou dos filhos brasileiros, ou de quem os represente, em qualquer circunstância.

Há duas regras básicas para compreender qual lei será aplicada para regular uma determinada sucessão. A primeira é que deve se aplicar a lei do domicílio do *de cujus* (Lei de Introdução, art. 10). Assim, por exemplo, se uma pessoa deixou bens no Brasil mas teve seu último domicílio em Buenos Aires, a lei material que regulará a sucessão será o Código Civil argentino.

A segunda regra somente será aplicada caso existam cônjuge ou filhos herdeiros de nacionalidade brasileira. Nesse caso, a lei aplicável será a "mais benéfica" (CF, art. 5°, XXXI). Ou seja, o juiz deverá comparar a lei do domicílio do *de cujus* com o Código Civil brasileiro e aplicar a regra que seja mais benéfica para o cônjuge ou filhos de nacionalidade brasileira. GN

Gabarito "B".

(Defensor Público – DPE/BA – 2016 – FCC) No direito das sucessões, o *droit de saisine*

(A) se aplica ao Município quando ele é sucessor em razão da vacância da herança, conforme entendimento do Superior Tribunal de Justiça.

(B) determina que a herança será transmitida, desde logo, tanto aos herdeiros legítimos como aos testamentários, no exato momento da morte, independentemente de quaisquer outros atos.

(C) permite que o herdeiro ceda qualquer bem da herança considerado singularmente antes da ultimação da partilha.

(D) estabelece que os herdeiros legítimos adquirem a posse da herança no exato momento em que tomam ciência do falecimento do autor da herança.

(E) não foi incorporado ao direito brasileiro, uma vez que é necessária a aceitação da herança para que seja transferida a propriedade e a posse dos bens herdados.

A: incorreta, pois – segundo entendimento do STJ - o direito de saisine não se aplica ao ente público. É apenas com a declaração de vacância que o domínio dos bens jacentes se transfere ao patrimônio público (RESP 100290 SP 1996/0042184-6, Quarta Turma, 14/05/2002); **B:** correta, pois a assertiva traduz com precisão a extensão do princípio de saisine, segundo o qual não há hiato entre o falecimento do *de cujus* e a aquisição do patrimônio pelos herdeiros (CC, art. 1.784); **C:** incorreta, pois a herança é um bem indivisível (CC, art. 1.791) e é ineficaz "*a cessão, pelo coerdeiro, de seu direito hereditário sobre qualquer bem da herança considerado singularmente*" (CC, art. 1.793, § 2º); **D:** incorreta, pois é a morte e não seu conhecimento pelo herdeiro que acarreta a transmissão dos bens; **E:** incorreta, pois o princípio de saisine tem previsão expressa no art. 1.784 do Código Civil. A aceitação apenas confirma algo que já havia ocorrido com a morte.

Gabarito "B".

(Defensor Público/PR – 2012 – FCC) Sobre o Direito das Sucessões, é correto afirmar:

(A) É eficaz a cessão, pelo coerdeiro, de seu direito hereditário sobre bem singularizado que compõe a herança ainda não partilhada.

(B) Nos termos da lei civil, a companheira do falecido participará da sucessão quanto aos bens adquiridos onerosamente na constância da união estável e, concorrendo apenas com dois descendentes só do autor da herança, caberá à companheira quota equivalente a que couber a cada um dos filhos do *de cujus*.

(C) Credor de herdeiro, que vem a ser prejudicado pela renúncia de seu devedor à herança pode, mediante autorização judicial, vir a aceitar a herança pelo renunciante.

(D) Para renunciar à herança, o herdeiro deve o fazer expressamente, por meio de termo judicial ou instrumento público ou particular.

(E) A herança responde pelo pagamento das dívidas do falecido, mas após a partilha por este débito responderão os herdeiros, independente da proporção recebida de herança por cada qual, cabível o posterior direito de regresso.

A: incorreta. É ineficaz a cessão, pelo coerdeiro, de seu direito hereditário sobre qualquer bem da herança considerado singularmente (art. 1.793, § 2º, do CC); **B:** incorreta. Quando o companheiro concorre com os descendentes só do autor, terá direito a uma quota equivalente à metade da quota deferida a cada descendente (art. 1.790, II, do CC); **C:** correta. A renúncia da herança pelo devedor pode caracterizar fraude contra credores, legitimando a aceitação indireta pelos credores (art. 1.813 do CC); **D:** incorreta. A herança pode ser renunciada mediante escritura pública ou termo judicial, não sendo admitido instrumento particular (art. 1.806 do CC); **E:** incorreta. A herança responde pelo pagamento das dívidas do falecido; mas, feita a partilha, só respondem os herdeiros, cada qual em *proporção da parte que na herança lhe coube* (art. 1.997 do CC).

Gabarito "C".

(Procurador do Município – Cuiabá/MT – 2014 – FCC) Quando faleceu, Arlindo possuía um irmão, Armando, e dois sobrinhos, João e Josué. À época do falecimento, a lei estipulava que o irmão precedia os sobrinhos na sucessão. No entanto, antes da partilha, sobreveio lei alterando a ordem de vocação hereditária, colocando os sobrinhos à frente do irmão. A lei não previu regras de transição. Os bens de Arlindo passaram a ser de

(A) Armando, que adquiriu tal direito por ocasião do falecimento de Arlindo.

(B) João e Josué, porque a lei de ordem pública possui efeito retroativo.

(C) João e Josué, porque, até a partilha, Armando possuía mera expectativa de direito.

(D) João e Josué, porque a lei nova não previu regras de transição.

(E) Armando, porque a lei equipara os direitos sob condição suspensiva ao direito adquirido.

Existe uma regra básica no Direito das Sucessões e que – no nosso Código Civil vem estipulada no art. 1.787 – segundo a qual a lei material a ser aplicada para distribuir o patrimônio de uma pessoa é aquela que estiver em vigor na data do seu falecimento. Por conta disso, o patrimônio de Arlindo deve ser entregue ao seu irmão, tendo em vista que à época do seu falecimento era essa a ordem legal a se cumprir. A mudança de lei sucessória, em especial de ordem de vocação hereditária (como é o caso da questão) gera uma situação curiosa, mas correta. O juiz – durante o processo de inventário – deverá aplicar uma lei já revogada, posto que ela é apta a distribuir o patrimônio de pessoas que faleceram sob sua vigência.

Gabarito "A"

(Magistratura/SC – 2015 – FCC) A sucessão *mortis causa* pode dar-se

(A) a título universal e a título singular, caracterizando-se a primeira pela transmissão do patrimônio ou cota parte do patrimônio do defunto e a segunda, pela transferência de algum ou alguns bens determinados.

(B) se legítima, apenas a título universal e se testamentária, apenas a título singular.

(C) apenas a título universal.

(D) apenas a título singular, porque a lei exige a partilha de bens entre os herdeiros.

(E) a título singular e a título universal, caracterizando-se a primeira pela transmissão de cota parte do patrimônio do defunto e a segunda, pela transmissão de certa generalidade de coisa ou cota parte concreta de bens.

A: correta, pois traz corretas definições sobre as sucessões a título universal e a título singular; **B:** incorreta, pois a sucessão testamentária pode se dar tanto a título singular, como a título universal; **C:** incorreta, pois há também sucessão a título singular (*v.* art. 1.912 do CC); **D:** incorreta, pois a partilha é o que se faz depois de operada a sucessão, que pode ser a título universal, atribuindo fração ideal de patrimônio a alguns herdeiros, que num momento seguinte vão efetuar uma partilha, quem sabe atribuindo bens certos para cada um; **E:** incorreta, pois na sucessão a título singular não há transmissão de cota parte do patrimônio, mas sim de algum ou alguns bem determinados.

Gabarito "A"

8.2. Sucessão legítima

(Juiz – TJ-SC – FCC – 2017) Na sucessão legítima, aplicam-se as seguintes regras:

I. Havendo renúncia à herança, a parte do renunciante devolver-se-á sempre aos herdeiros da classe subsequente.

II. Quando o herdeiro prejudicar os seus credores, renunciando à herança, poderão eles, com autorização do juiz, aceitá-la em nome do renunciante, mas, pagas as dívidas do renunciante, prevalece a renúncia quanto ao remanescente, que será devolvido aos demais herdeiros da mesma classe, salvo se for o único, caso em que se devolve aos herdeiros da classe subsequente.

III. Na classe dos colaterais, os mais próximos excluem os mais remotos, salvo o direito de representação concedido aos filhos de irmãos.

IV. Na falta de irmãos herdarão igualmente os tios e sobrinhos, que são colaterais de terceiro grau.

V. Na linha descendente, os filhos sucedem por cabeça, e os outros descendentes por cabeça ou por estirpe, conforme se achem ou não no mesmo grau.

Está correto o que se afirma APENAS em:

(A) I, IV e V.

(B) I, II e III.

(C) III, IV e V.

(D) I, II e IV.

(E) II, III e V.

I: incorreta, pois há outras opções para o destino da parte do renunciante. Assim, por exemplo, numa herança que só tenha filhos, a renúncia de um deles faz acrescer aos demais a sua quota (CC, art. 1.810). A renúncia de um herdeiro que seja devedor pode acabar nas mãos do seu credor (CC, art. 1.813); **II:** correta, pois de acordo com a previsão estabelecida pelo CC, art. 1.813. A ideia da regra é evitar que um herdeiro possa fraudar seu credor mediante a renúncia da herança; **III:** correta, pois apenas o sobrinho tem direito de representação quando se trata de uma herança na qual só haja herdeiros legítimos colaterais (CC, art. 1.840); **IV:** incorreta, pois na falta de irmãos a lei chama os sobrinhos e – não os havendo – convoca os tios (CC, art. 1.843). Em outras palavras, apesar de serem colaterais do mesmo grau, o sobrinho do falecido tem preferência em relação ao tio do falecido; **V:** correta, pois de pleno acordo com o disposto no art. 1.835 do Código Civil. GN

Gabarito "E"

(Procurador do Estado – PGE/MT – FCC – 2016) O cônjuge sobrevivente sucede,

(A) em concorrência com os descendentes, independentemente do regime em que era casado.

(B) ainda que separado de fato do falecido, há mais de dois anos, desde que haja prova de que a convivência se tornou impossível sem culpa do sobrevivente.

(C) por inteiro, na falta de descendentes, ainda que haja ascendentes.

(D) em concorrência com os descendentes, no regime da comunhão parcial, sejam os bens comuns ou particulares.

(E) em concorrência com os ascendentes em primeiro grau, ainda que haja descendentes.

A: incorreta, pois quando a viúva concorre com descendentes, o regime de bens é critério determinante para a concessão de direito sucessório (CC, art. 1.829, I); **B:** correta, pois a hipótese – ainda que teórica – é prevista no art. 1.830 do Código Civil; **C:** incorreta, pois o cônjuge sobrevivente concorrerá com os ascendentes (CC, art. 1.837); **D:** incorreta, pois no regime da comunhão parcial, o cônjuge sobrevivente herdará apenas nos bens particulares (Enunciado 270 do CJF); **E:** incorreta, pois havendo descendentes do falecido, os ascendentes do falecido não herdarão. GN

Gabarito "B"

(Defensor Público – DPE/ES – 2016 – FCC) Torquato tem quatro filhos sendo Joaquim, do seu primeiro casamento com Mariana; José, Romeu e Pedro de seu casamento com Benedita. Mariana e Benedita são falecidas e não possuíam ascendentes nem outros descendentes. Vítimas de um acidente de veículo, em que Torquato e todos os seus filhos se encontravam, morreram Torquato, instantaneamente, e José, algumas horas depois.

Pedro, Romeu e Joaquim sobreviveram. Torquato tinha um patrimônio avaliado em R$ 3.600.000,00 e era casado com Amélia sob o regime da separação obrigatória de bens e nada havia adquirido durante esse casamento, mas Amélia é beneficiária de um seguro de vida, contratado pelo marido, cuja indenização por morte acidental é de R$ 3.600.000,00. Nesse caso, Amélia

(A) receberá integralmente a indenização do seguro; cada um dos filhos de Torquato receberá R$ 900.000,00, a título de herança e em razão da morte subsequente de José, os irmãos sobreviventes Romeu e Pedro receberão cada um R$ 360.000,00 e Joaquim R$ 180.000,00.

(B) receberá metade da indenização do seguro e a outra metade será rateada entre os filhos vivos de Torquato; cada filho de Torquato receberá R$ 900.000,00 e, em razão da morte subsequente de José, cada um de seus irmãos sobreviventes receberá R$ 300.000,00.

(C) receberá da indenização do seguro R$ 1.800.000,00, porque o segurado, tendo herdeiros necessários não poderia dispor de mais da metade de seu patrimônio, rateando-se entre os filhos vivos de Torquato R$ 1.200.000,00; cada um dos filhos de Torquato receberá R$ 900.000,00, a título de herança e em razão da morte subsequente de José, os irmãos sobreviventes Romeu e Pedro receberão R$ 360.000,00 cada um e Joaquim, R$ 180.000,00.

(D) não poderá receber a indenização do seguro, em virtude do regime de bens do casamento, a qual será rateada igualmente entre os filhos vivos de Torquato; cada um dos filhos de Torquato receberá R$ 900.000,00, a título de herança e em razão da morte subsequente de José cada um de seus irmãos sobreviventes receberá R$ 300.000,00.

(E) receberá integralmente a indenização do seguro, cada um dos filhos sobreviventes de Torquato receberá R$ 900.000,00 e, em razão da morte subsequente de José, cada um de seus irmãos sobreviventes receberá R$ 300.000,00.

A questão precisa ser desmembrada para fins didáticos. Primeiramente, é preciso destacar o valor a ser entregue à viúva, Amélia, a título de seguro de vida, o qual não se confunde com herança, nem com ordem de vocação hereditária. Aliás, já vale destacar que Amélia não receberá nada de herança, em virtude de ela ser casada no regime da separação obrigatória de bens (CC, art. 1.829, I). Na sequência, basta dividir o patrimônio de Torquato em quatro partes iguais, tendo em vista que – no momento de sua morte – ele deixou quatro filhos vivos. O resultado será R$ 900 mil para cada. Horas depois ocorre o falecimento de José, filho de Torquato. O patrimônio que ele herdou (R$ 900 mil) deve ser dividido entre seus dois irmãos bilaterais (José e Romeu) e seu irmão unilateral (Joaquim). Obedecendo à regra do Código Civil (art. 1.841), cada irmão bilateral herda o dobro do que cada irmão unilateral. Com isso, a divisão ficaria R$ 360 mil para Romeu e Pedro e R$ 180 mil para Joaquim. A única assertiva que contempla a correta divisão é a letra A.

Gabarito "A".

(Defensor Público – DPE/BA – 2016 – FCC) Haroldo foi casado com Rita. Juntos, tiveram dois filhos. Entretanto, estavam separados de fato há dois anos, por mútuo consenso, quando Haroldo passou a conviver com Lúcia como se casados fossem. Haroldo e Rita nunca chegaram a se divorciar. Depois de coabitar com Lúcia por pouco mais de um ano, veio a falecer. De acordo com o Código Civil, na hipótese:

(A) a herança deverá ser dividida em partes iguais somente entre os filhos do autor da herança; Rita não terá qualquer direito em relação à herança de Haroldo, pois não apresentava condição de herdeira no momento da abertura da sucessão, e Lúcia, por ser herdeira facultativa, não concorre com os descendentes do autor da herança.

(B) Lúcia não terá qualquer direito em relação à meação dos bens adquiridos durante o relacionamento e também quanto à herança de Haroldo, pois o relacionamento havido entre eles não pode ser considerado união estável, levando-se em consideração que Haroldo ainda era casado; mas Rita, que apresentava condição de herdeira no momento da abertura da sucessão pois ainda era casada, poderá concorrer com os filhos do autor da herança.

(C) Rita e Lúcia deverão concorrer, em igualde de condições, com os filhos do autor da herança, uma vez que ambas ostentavam a condição de herdeiras no momento da abertura da herança, diante da existência de relações paralelas de casamento e união estável.

(D) Rita não terá qualquer direito em relação à herança de Haroldo, pois não apresentava condição de herdeira no momento da abertura da sucessão, mas Lúcia, além da meação quanto aos bens adquiridos onerosamente na constância da união estável, ainda concorrerá com os filhos do autor da herança em relação a tais bens.

(E) Rita não terá qualquer direito em relação à herança de Haroldo, pois não apresentava condição de herdeira no momento da abertura da sucessão, e Lúcia tem apenas direito à meação dos bens adquiridos onerosamente na constância da união estável, mas não concorre com os filhos do autor da herança.

O Código Civil afasta da sucessão o cônjuge viúvo que – no momento da morte – estava separado de fato do falecido há mais de dois anos (CC, art. 1.830). Ademais, Haroldo já estava vivendo em união estável com Lúcia, tendo em vista que – mesmo casado – a lei admite nova união estável, desde que o casado já esteja separado de fato (CC, art. 1.723, § 1º). Assim, Lúcia terá direito a herdar, concorrendo com os dois filhos de Haroldo, tendo em vista ostentar a qualidade de herdeira (CC, art. 1.790).

No que se refere à meação, é cediço que o regime de bens aplicado na união estável – na ausência de estipulação contrária – é o da comunhão parcial (CC, art. 1.725). Nesse regime, há comunicação (independentemente da prova de esforço comum) de bens adquiridos onerosamente durante a relação (conjugal ou de convivência), conforme o art. 1.660, I do Código Civil.

Gabarito "D".

(Procurador do Estado – PGE/RN – FCC – 2014) Romeu e Joana, casados sob o regime da comunhão universal de bens, faleceram em decorrência de acidente de veículo, ficando provado que Joana morreu primeiro. Romeu não tinha descendentes, nem ascendentes, mas possuía um irmão germano e um consanguíneo, além de dois sobrinhos, filhos de outro irmão germano, pré-morto. Joana não tinha descendentes, mas possuía pai vivo e avós maternos vivos. Nesse caso, a herança de Joana será atribuída a

(A) seu pai, enquanto a herança de Romeu será atribuída a seus irmãos, que herdarão por cabeça, mas o germano receberá metade do que receber o consanguíneo, bem como a seus sobrinhos que herdarão por estirpe, dividindo igualmente entre si o que receberia o pai deles.

(B) seu pai que herdará por cabeça e a seus avós que herdarão por estirpe, em concurso com Romeu, enquanto a herança de Romeu será atribuída a seus irmãos e a seus sobrinhos, que herdarão por cabeça.

(C) seu pai, em concurso com Romeu, e enquanto a herança de Romeu, incluindo os bens havidos de Joana, será atribuída a seus irmãos em valores iguais, que herdarão por cabeça, e a seus sobrinhos, que herdarão por estirpe, dividindo igualmente entre si o que receberia o pai deles.

(D) seu pai, em concurso com Romeu, enquanto a herança de Romeu, incluindo os bens havidos de Joana, será atribuída a seus irmãos, que herdarão por cabeça, mas o consanguíneo receberá metade do que receber o germano, bem como aos seus sobrinhos, que herdarão por estirpe, dividindo igualmente entre si o que receberia o pai deles.

(E) seu pai e a seus avós que herdarão por cabeça, enquanto a herança de Romeu será atribuída a seus irmãos que herdarão por cabeça em igualdade, e a seus sobrinhos, que herdarão por estirpe, dividindo entre si o que receberia o pai deles.

Para facilitar a compreensão desta questão, é aconselhável dividir a resposta em duas partes. A primeira parte refere-se à herança de Joana, que – no instante de sua morte – deixou marido, pai e avós. Nessa hipótese, não importa o regime de bens, já que seu marido irá dividir a herança com o pai da falecida (CC, art. 1.829, II combinado com art. 1.832).

Romeu, por sua vez, deixou um irmão unilateral vivo, um irmão bilateral vivo e um irmão bilateral pré-morto (o qual, por sua vez, deixou dois filhos). Sabendo que o irmão bilateral herda o dobro do que o irmão unilateral, basta atribuir uma quota dupla para cada irmão bilateral e uma quota simples para cada irmão unilateral (CC, art. 1.841). A parte do irmão pré-morto deve ser dividida em partes iguais entre seus filhos, aplicando assim o direito de representação (CC, art. 1.853). GN

Gabarito "D"

(Magistratura/GO – 2015 – FCC) Anita morreu deixando dois filhos e um irmão. Era casada no regime da comunhão parcial de bens, mas, ao tempo do falecimento, estava separada de fato há mais de 2 anos, por culpa do cônjuge sobrevivente. A sucessão legítima deverá ser deferida em favor dos filhos

(A) apenas.

(B) em concorrência com o irmão e com o cônjuge sobrevivente, salvo se não tiver deixado bens particulares.

(C) em concorrência com o cônjuge sobrevivente, salvo se não tiver deixado bens particulares.

(D) em concorrência com o cônjuge sobrevivente, ainda que não tenha deixado bens particulares.

(E) em concorrência com o irmão.

A: Correta, de acordo com o art. 1.830 do CC, que dispõe expressamente: "Somente é reconhecido o direito sucessório ao cônjuge sobrevivente se, ao tempo da morte do outro, não estavam separados judicialmente, nem separados de fato há mais de dois anos, salvo prova, neste caso, de que essa convivência se tornar impossível sem culpa do sobrevivente "; **B:** incorreta, pois os filhos não concorrem com o irmão (art. 1.829, I, do CC), mas apenas com o cônjuge sobrevivente, observado o disposto no art. 1.830 do Código. A lei prevê a concorrência dos descendentes, com o cônjuge sobrevivente como regra, salvo três hipótese: quando for casado no regime de comunhão universal (o cônjuge será meeiro e não concorrerá com o descendente), quando for casado no regime de separação obrigatória ou legal de bens, ou ainda, quando for casado no regime de comunhão parcial de bens, se o autor da herança não deixou bens particulares (o cônjuge sobrevivente apenas herdará quanto aos bens particulares, se deixou bens particulares, claro), conforme prevê o 1.829, I, CC; **C:** incorreta, porque viola o art. 1.829, I, pela razão exposta acima; **D:** incorreta, não haverá concorrência com o cônjuge sobrevivente por afrontar o citado art. 1.830 do CC, e, no regime de comunhão parcial de bens somente haverá concorrência, quanto aos bens particulares (1829, I); **E:** incorreta, visto que o Código não prevê a concorrência no direito sucessório dos descendentes com o irmão do autor da herança (colateral de segundo grau). Apenas há concorrência com o cônjuge sobrevivente (observado art. 1.830), conforme prevê o art. 1.829, I, do CC.

Gabarito "A"

(Magistratura/RR – 2015 – FCC) Na sucessão de colateral, não existindo outros parentes que prefiram na ordem da vocação hereditária, mas havendo do *de cujus*

(A) sobrinho neto e primo-irmão, a herança será atribuída somente ao primo-irmão.

(B) sobrinho-neto, tio-avô e primo-irmão, a herança será partilhada entre eles, por estirpe.

(C) tio e sobrinho, a herança será dividida entre eles.

(D) tio e sobrinho, a herança será atribuída apenas ao tio.

(E) sobrinho-neto, tio-avô e primo-irmão, a herança será partilhada entre eles, por cabeça.

A: incorreta, pois no caso tem-se parentes com a mesma proximidade com o falecido, não incidindo a regra de que na linha colateral os mais próximos excluem os mais remotos (art. 1.840 do CC); **B:** incorreta, pois a herança por estirpe se dá quando alguém representada alguém que faleceu, ou seja, depende que se esteja falando de descendente de um falecido considerado herdeiro, o que não se aplica ao tio-avô; **C** e **D:** incorretas, pois os sobrinhos preferem aos tios (art. 1.843, *caput*, do CC); **E:** correta, pois são todos parentes em 4º grau e não há preferência legal entre eles.

Gabarito "E"

(Magistratura/RR – 2015 – FCC) Falecendo alguém sem deixar testamento nem herdeiro legítimo notoriamente conhecido, os bens da herança, depois de arrecadados,

(A) passarão imediatamente ao patrimônio do Município em que se encontrarem, que os manterá sob a condição resolutiva do aparecimento de herdeiros, pelo prazo de dez anos.

(B) ficarão sob a guarda do Município onde se encontrarem, que os administrará, até que seja declarada a vacância e incorporados definitivamente ao seu patrimônio.

(C) serão declarados vacantes, tendo os possíveis herdeiros de se habilitar no prazo de cinco anos, a partir da abertura da sucessão, findo o qual passarão ao patrimônio do Município em que se encontrarem.

(D) consideram-se de herança jacente, da qual são excluídos os herdeiros colaterais e os necessários que não se habilitarem no prazo de um ano, a partir da abertura da sucessão, findo o qual a herança se considerará vacante e incorporada ao patrimônio do Município em que os bens se encontrarem.

(E) ficarão sob a guarda e administração de um curador até sua entrega ao sucessor, devidamente habilitado, ou à declaração de sua vacância.

A a D: incorretas, pois, para completar a frase do enunciado da questão, a alternativa deve dizer que os bens da herança, depois de arrecadados, "ficarão sob a guarda e administração de um curador, até a sua entrega ao sucessor devidamente habilitado ou à declaração de sua vacância" (art. 1.819 do CC); **E:** correta (art. 1.819 do CC).

Gabarito "E"

(Defensor Público/SP – 2012 – FCC) Fernando, casado com Laura pelo regime da comunhão parcial de bens, falece sem ter tido filhos, deixando um único imóvel adquirido na constância do casamento. Sabendo-se que os pais de Fernando ainda são vivos, e que Fernando não deixou dívidas, após a partilha do único bem, a fração total do imóvel que caberá à Laura será de

(A) 2/3.

(B) 5/6.

(C) 3/4.

(D) 3/5.

(E) 1/2.

Na solução do problema deve ser analisado tanto o direito à meação como também o direito hereditário. Como Fernando e Laura eram casados pelo regime da comunhão parcial e a casa foi adquirida na constância do casamento, Laura é meeira do bem e, portanto, já possui 1/2 (metade) do imóvel (art. 1.658 do CC). A outra 1/2 (metade) do imóvel constitui a herança de Fernando, devendo ser dividido entre todos os herdeiros: cônjuge e ascendente (art. 1.829, II, do CC). De acordo com o art. 1.837 do CC, se o cônjuge concorrer com os pais do falecido terá direito a 1/3 (um terço) da herança (um terço da metade do imóvel = um sexto do total do imóvel). Desta forma cada um dos pais receberá 1/6 (um sexto) do imóvel e Laura receberá dois terços (1/2 (=3/6) + 1/6 = 4/6 = 2/3).

Gabarito "A"

8.3. Sucessão testamentária

(Magistratura/PE – 2013 – FCC) Só se permite o testamento público

(A) ao cego, a quem lhe será lido, em voz alta, duas vezes, uma pelo tabelião ou por seu substituto legal e a outra por uma das testemunhas, designada pelo testador, fazendo-se de tudo circunstanciada menção no testamento.

(B) à pessoa estrangeira, que não conheça o idioma nacional, devendo as testemunhas conhecerem a língua em que se expressa o testador, e mediante tradução feita por tradutor juramentado.

(C) ao indivíduo inteiramente surdo, que souber ler e escrever ou, não o sabendo, que designe quem o leia em seu lugar, presentes cincos testemunhas.

(D) aos analfabetos, devendo a escritura de testamento, neste caso, ser subscrita por cinco testemunhas indicadas pelo testador.

(E) às pessoas que contarem mais de setenta anos de idade.

A única imposição legal de utilização da forma pública de testamento vem prevista no art. 1.867 do CC e verifica-se justamente para o testador cego.

Gabarito "A"

9. REGISTROS PÚBLICOS

(Juiz – TJ-SC – FCC – 2017) Luís adquiriu um terreno, por escritura pública não levada ao Registro de Imóveis e onde, posteriormente, construiu uma casa que teve emplacamento com o respectivo número, bem como a rua, que não o tinha, recebeu o nome de rua das Flores. Executado por uma nota promissória, e pretendendo obter efeito suspensivo nos embargos que opôs, diligenciou para adquirir o domínio do imóvel, incluindo a construção, sendo o bem aceito à penhora. Acolhidos os embargos e lhe sendo restituído o título, providenciou o necessário para que não mais constasse contra ele a penhora no registro imobiliário. As providências tomadas foram:

(A) averbação *ex-officio* do nome da rua, matrícula da escritura, averbações da edificação e do número do emplacamento, registro da penhora e registro da decisão que determinou o cancelamento da penhora.

(B) registro da escritura, averbação *ex-officio* do nome da rua, averbação da edificação e do número do emplacamento, registro da penhora e averbação da decisão que determinou o cancelamento da penhora.

(C) registro da escritura e da edificação, averbação do número do emplacamento, do nome da rua, da penhora, e da decisão que determinou o cancelamento da penhora.

(D) averbações da escritura, da edificação e do número do emplacamento e, *ex-officio*, do nome da rua, registros da penhora e da decisão que a cancelou.

(E) matrícula da escritura e registros da edificação, *ex-officio* do nome da rua, da penhora e seu cancelamento.

Quem determina se a hipótese é de registro, averbação "exofficio" ou averbação é a Lei 6.015/1973, no Título V (Do Registro de Imóveis), Capítulo I (Das Atribuições). A escritura de compra e venda submete-se ao registro (art. 167, I, 18), enquanto o nome dos logradouros determinados pelo poder público devem ser averbados "ex officio" (art. 167, II, 13). Edificação e emplacamento são averbados (art. 167, II, 4). No que tange à penhora, ela é registrada quando instituída (art. 167, I, 5), mas averbada quando cancelada (art. 167, II, 2). GN

Gabarito "B"

(Magistratura/CE – 2014 – FCC) Apresentado título para registro, o oficial do registro de imóveis, entendendo que há exigência a ser satisfeita, indicá-la-á por escrito, mas, não se conformando o apresentante ou não podendo satisfazê-la, será o título

(A) imediatamente submetido ao juiz competente que, ouvidos o apresentante e demais interessados bem como o representante do Ministério Público, proferirá sentença, sujeita a coisa julgada material.

(B) remetido ao juízo competente, a seu requerimento e com a declaração de dúvida, para dirimi-la, cuja decisão tem natureza administrativa e não impede o uso de processo contencioso.

(C) remetido ao juízo competente, a seu requerimento, perante o qual deverá requerer a declaração de não existir exigência a ser cumprida, mas a improcedência do pedido não impedirá o uso de processo contencioso.

(D) devolvido ao apresentante, que terá de suscitar ao juiz competente dúvida inversa.

(E) retido no cartório, até que outro seja apresentado livre de vício, ou incorreção ou imperfeição.

A hipótese mencionada na questão apresenta solução legal na Lei de Registros Públicos, art. 198. Desta forma, não se conformando com a exigência feita pelo oficial, o apresentante poderá suscitar dúvida ao juízo competente para dirimi-la. A própria lei dispõe que tal "*tem natureza administrativa e não impede o uso do processo contencioso competente*" (Lei de Registros Públicos, arts. 204 e 205).

Gabarito "B"

10. QUESTÕES COMBINADAS

(Analista – TRT/16ª Região – 2014 – FCC) Tulius pretende ajuizar ação fundada em direito real sobre bem móvel. Essa ação, em regra, deverá ser proposta

(A) no foro do domicílio do autor.
(B) no foro do domicílio do réu.
(C) no foro da situação da coisa.
(D) no foro em que foi celebrado o contrato.
(E) em qualquer foro.

Vide art. 46, *caput*, do NCPC.
Gabarito "B"

(Auditor Fiscal – São Paulo/SP – FCC – 2012) É correto afirmar:

(A) Não haverá obrigação de reparar quando a atividade normalmente desenvolvida pelo autor do dano implicar, por sua natureza, risco para os direitos de outrem.
(B) São defesos os atos que não trazem ao proprietário qualquer comodidade, ou utilidade, e sejam animados pela intenção de prejudicar outrem.
(C) A responsabilidade civil depende da criminal.
(D) Considera-se possuidor apenas aquele que detém fisicamente a coisa.
(E) A propriedade do solo não abrange a do espaço aéreo.

A: incorreta, pois o art. 927, parágrafo único, consagra exatamente a regra segundo a qual haverá responsabilidade objetiva quando a atividade normalmente desenvolvida implicar risco aos direitos de outrem (CC, art. 927, parágrafo único); **B:** correta, pois questão trata do exercício abusivo de direito, ou seja, o ato que é praticado dentro da lei, mas ultrapassando os limites da boa-fé, do fim social do direito, do fim econômico ou dos bons costumes (CC, art. 187). Aquele que praticar tal conduta responderá objetivamente pelos danos causados (arts. 187 e 927, do CC); **C:** incorreta, pois vigora o princípio da "independência das instâncias", ou seja, a responsabilidade civil é independente da penal, com as duas ressalvas do art. 935 que vinculam a esfera civil: existência do fato e autoria; **D:** incorreta, pois é possuidor quem age como dono (CC, art. 1.196) e muitas vezes o dono não tem contato físico direto com a coisa; **E:** incorreta, pois a propriedade do solo abrange a do espaço aéreo (CC, art. 1.229).
Gabarito "B"

(Auditor Fiscal – São Paulo/SP – FCC – 2012) É correto afirmar:

(A) Os prazos de prescrição podem ser alterados por acordo das partes.
(B) Se a pessoa natural tiver diversas residências, considerar-se-á seu domicílio o local em que residir há mais tempo.
(C) Nos contratos escritos, os contratantes não poderão especificar domicílio onde se exercitem e cumpram os direitos e obrigações deles resultantes.
(D) São infungíveis os móveis que podem substituir-se por outros da mesma espécie, qualidade e quantidade.
(E) Os negócios jurídicos benéficos e a renúncia interpretam-se estritamente.

A: incorreta, pois o art. 192 do CC proíbe alteração de prazos prescricionais; **B:** incorreta, pois a solução dada pelo art. 71 do CC é a de considerar como domicílio qualquer uma das residências; **C:** incorreta, pois o art. 78 do CC permite tal especificação; **D:** incorreta, pois a alternativa conceitua os bens fungíveis e não os infungíveis (CC, art. 85); **E:** correta, pois de pleno acordo com a regra do art. 114 do CC.
Gabarito "E"

(Defensoria/SP – 2013 – FCC) Considere as assertivas abaixo sobre direito de família e sucessões.

I. Na vigência do Código Civil, o bem imóvel adquirido na constância da união estável sem contrato escrito comunica-se entre os companheiros, bastando demonstrar a existência da união à época da aquisição do imóvel, independentemente da prova de esforço comum.
II. Na impossibilidade de guarda compartilhada, a guarda unilateral da criança deve ser atribuída àquele que possuir melhores condições para exercê-la, verificadas no caso concreto, fixando-se o direito de visitas ao outro genitor a fim de preservar os vínculos familiares.
III. A campanha de desqualificação da figura de um dos genitores fere o direito fundamental da criança de convivência familiar saudável e configura ato de alienação parental previsto na Lei no 12.318/2010 (Alienação parental), podendo acarretar, dentre outras medidas, a sujeição do alienador a acompanhamento psicológico, a inversão da guarda e a suspensão da autoridade parental.
IV. De acordo com o Código Civil, o companheiro sobrevivente não participa da sucessão dos bens adquiridos onerosamente na constância da união estável, cabendo exclusivamente aos descendentes, ascendentes e colaterais, nessa ordem, os direitos sucessórios do companheiro falecido.
V. O cônjuge supérstite casado no regime da comunhão parcial de bens concorre com os descendentes independentemente da existência de bens particulares deixados pelo falecido.

Está correto APENAS o que se afirma em

(A) III, IV e V.
(B) I, II e III.
(C) I, III e IV.
(D) II, III e IV.
(E) II, III e V.

I: correto, pois o art. 1.725 do CC determina, salvo disposição em contrário, o regime de comunhão parcial de bens aos companheiros de uma união estável. Este regime implica (CC, art. 1.660, I) na comunicação dos bens adquiridos onerosamente na constância da relação, independentemente de prova de esforço financeiro comum, tendo-se em vista que há uma presunção absoluta deste esforço, em virtude da convivência e do afeto recíprocos; **II:** correto, pois a assertiva reproduz a regra disposta no art. 1.583, § 2º, do CC; **III:** correto, pois a assertiva reproduz conceitos e sanções estabelecidas pela referida lei; **IV:** incorreto, pois de acordo com o art. 1.790 do CC, o companheiro herdará justamente sobre "os bens adquiridos onerosamente na vigência da união estável", sendo esta a massa patrimonial sobre a qual o companheiro herdará; **V:** incorreto, pois segundo o art. 1.829, I, do CC, o cônjuge sobrevivente casado na comunhão parcial de bens herda justamente sobre os bens particulares do falecido.
Gabarito "B"

7. Direito Processual Civil – Novo CPC – Lei 13.105/2015

Cintia Rodrigues, Denis Skorkowski, Ivo Shigueru Tomita, Luiz Dellore e Renato Montans*

I – PARTE GERAL

1. PRINCÍPIOS DO PROCESSO CIVIL

(Magistratura/PE – 2013 – FCC) Cabe ao réu manifestar-se precisamente sobre os fatos narrados na petição inicial, e, se não o fizer, como regra geral presumir-se-ão verdadeiros os fatos não impugnados. Esse ônus concerne ao princípio processual da

(A) congruência.

(B) eventualidade.

(C) isonomia processual.

(D) duração razoável do processo.

(E) inércia ou dispositivo.

A: incorreta, porque princípio da congruência, ou adstrição do juiz ao pedido, impõe ao juiz o dever de julgar a causa com base no pedido formulado pelo autor (NCPC, art. 141); **B:** correta, de acordo com o gabarito oficial. A doutrina se refere à regra que consta da questão como sendo o "ônus da impugnação especifica", previsto no art. 341 do NCPC. Princípio da eventualidade, ou da concentração, é aquele que impõe às partes o ônus de alegarem todos os fatos capazes de levar ao acolhimento, ou à rejeição do pedido, na primeira oportunidade que tiverem de falar nos autos, sob pena de preclusão (NCPC, art. 336); **C:** incorreta, porque isonomia significa a necessidade de que as partes recebam o mesmo tratamento por parte do juiz, com as mesmas oportunidades e faculdades (NCPC, art. 139, I); **D:** incorreta, pois a duração razoável do processo se refere ao tempo de tramitação do processo como um todo; **E:** incorreta, porque por princípio da inércia entende-se a necessidade de provocação do interessado para que seja movimentada a máquina judiciária (NCPC, art. 2º).

Gabarito "B"

(Magistratura/PE – 2011 – FCC) É correto afirmar que

(A) o princípio da eventualidade concerne aos limites do pedido inicial formulado.

(B) a coerência dos argumentos expostos caracteriza o princípio da congruência ou adstrição.

(C) o princípio isonômico previsto processualmente é meramente formal e abstrato, ao contrário de igual princípio constitucional.

(D) o princípio da iniciativa da parte rege o processo civil, não comportando exceções.

(E) é possível ao juiz, por sua própria iniciativa, determinar as provas que entender necessárias à instrução do processo, indeferindo diligências inúteis ou meramente procrastinatórias.

A: incorreta, porque o princípio da eventualidade está relacionado à necessidade de que as partes façam todas as alegações de fato, e formulem todos os eventuais pedidos possíveis, na primeira oportunidade para fazê-lo, sob pena de preclusão; **B:** incorreta, porque princípio da congruência ou adstrição está relacionado aos limites que o juiz encontra ao proferir a sentença; **C:** incorreta, porque a isonomia material também deve ser aplicada no processo, como decorrência do princípio do devido processo legal; **D:** incorreta, porque há exceções ao princípio da iniciativa da parte; **E:** correta (art. 370 do NCPC).

Gabarito "E"

2. JURISDIÇÃO E COMPETÊNCIA

(Analista Judiciário – TRT/24 – FCC – 2017) Sobre a competência interna, de acordo com o Código de Processo Civil, é correto afirmar:

(A) Prorrogar-se-á a competência relativa se o réu não alegar a incompetência em preliminar de contestação.

(B) A ação possessória imobiliária será proposta no foro de situação da coisa, podendo o autor, contudo, optar pelo foro do domicílio do réu ou de eleição.

(C) Tramitando processo de recuperação judicial na Justiça Estadual, os autos serão remetidos ao juízo federal competente no caso de intervenção de uma determinada empresa pública federal.

(D) O foro da Capital do Estado é competente para as causas em que seja autora a União.

(E) A citação válida torna prevento o juízo e, ainda quando ordenada por juiz incompetente, constitui em mora o devedor e interrompe a prescrição.

A: Correta, pois se não houver alegação de incompetência relativa em preliminar de contestação, há a preclusão – e, portanto, o juiz relativamente incompetente passa a ser relativamente competente (NCPC, art. 65); **B:** Incorreta, pois nesse caso não há possibilidade de opção por foro (NCPC, art. 47, § 1º); **C.** Incorreta, porque recuperação judicial sempre tramita na Justiça Estadual, mesmo que haja crédito de empresa pública federal – trata-se de exceção prevista no art. 109, I, parte final, da CF; **D:** incorreta, pois nesse caso competente é o foro do domicílio do réu (NCPC, art. 51); **E:** Incorreta, pois apenas a interrupção da prescrição é

* **Cintia Rodrigues e Luiz Dellore** comentaram as questões dos concursos de Analista – TRT/9ª – 2012 – FCC; Analista – TRT/11ª – 2012 – FCC. **Denis Skorkowski e Luiz Dellore** realizaram a atualização das questões de Magistratura/PE – 2013 – FCC, Ministério Público/CE – 2011 – FCC, Defensoria/SP – 2013 – FCC, Defensor Público/PR – 2012 – FCC, Defensor Público/SP – 2012 – FCC, Procurador do Município – Cuiabá/MT – 2014 – FCC, Procurador do Município/Teresina-PI – 2010 – FCC, Procurador Legislativo – Câmara de Vereadores de São Paulo/SP – 2014 – FCC, Advogado da Sabesp/SP – 2014 – FCC, Advogado do Metro/SP – 2014 – FCC; **Ivo Tomita** comentou as questões dos concursos de Magistratura/GO – 2015 – FCC; Magistratura/GO – 2015 – FCC, Magistratura/RR – 2015 – FCC, Analista – TRT/3ª – 2015 – FCC, **Renato Montans** comentou as questões dos concursos de Analista – TRT/1ª – 2012 – FCC, Analista – TRT/6ª – 2012 – FCC, Analista – TRT/8ª – 2010 – FCC, Analista – TRT/9ª – 2010 – FCC, Analista – TRT/14ª – 2011 – FCC, Analista – TRT/15ª – 2009 – FCC, Analista – TRT/18ª – 2008 – FCC, Analista – TRT/20ª – 2011 – FCC, Analista – TRT/23ª – 2011 – FCC, Analista – TRE/AP – 2011 – FCC, Analista – TRE/AL – 2010 – FCC, Analista – TRE/AM – 2010 – FCC, Analista – TRE/RS – 2010 – FCC, Analista – TJ/PA – 2009 – FCC, **Luiz Dellore** comentou as demais questões

que se verifica quando a citação for determinada por juiz incompetente (NCPC, art. 240, § 1º). LD

Gabarito "A"

(Procurador do Estado – PGE/MT – FCC – 2016) A respeito de competência absoluta e relativa, segundo legislação vigente,

(A) a incompetência relativa não pode ser conhecida de ofício pelo Magistrado, pois deve ser alegada pelo réu em exceção de incompetência, em peça apartada, no mesmo prazo da contestação.

(B) a competência prevista em lei para a execução fiscal, é de natureza funcional e, assim, absoluta, de modo que pode ser declinada de ofício pelo Magistrado.

(C) a incompetência, seja absoluta ou relativa, deve ser alegada pelo réu em preliminar de contestação; todavia, caso não o faça no prazo legal, somente esta última se prorroga.

(D) o Código prevê que é possível a reunião de duas ações conexas no juízo prevento, ainda que se trate de competência em razão da matéria, desde que haja interesse público que justifique a união das demandas para único julgamento.

(E) a incompetência territorial é relativa e, por isso, não pode ser conhecida de ofício pelo Magistrado, razão pela qual se prorroga, caso não seja alegada no momento oportuno.

A: Incorreta. De fato, a incompetência relativa não pode ser conhecida de ofício, porém, deve ser alegada em preliminar de contestação (NCPC, art. 64); **B:** Incorreta, não existindo previsão legal nesse sentido; **C:** Correta, sendo essas as previsões legais (NCPC, arts. 64 e 65); **D:** Incorreta, pois a conexão se aplica a causas com mesma competência relativa, não absoluta (NCPC, art. 54); **E:** Incorreta para a banca. A alternativa é correta, trazendo respostas clássicas a respeito da competência – o único ponto que poderia ser apontado como errado é que, excepcionalmente, a incompetência relativa pode ser reconhecida de ofício pelo juiz (NCPC, art. 63, § 3º). Questão deveria ter sido anulada. LD

Gabarito "C"

(Defensor Público – DPE/BA – 2016 – FCC) Sobre a competência,

(A) a ação possessória imobiliária será proposta no foro da situação da coisa, cujo juízo tem competência absoluta.

(B) são irrelevantes as modificações do estado de fato ou de direito ocorridas posteriormente ao registro ou à distribuição da petição inicial, ainda que alterem competência absoluta.

(C) serão remetidos à Justiça Federal os processos nos quais intervier a União, incluindo as ações de recuperação judicial e falência.

(D) uma vez remetidos os autos à Justiça Federal, em razão de intervenção da União, o juízo federal suscitará conflito de competência se, posteriormente, esta for excluída do processo.

(E) a ação fundada em direito real sobre bem móvel será proposta, em regra, no foro da situação da coisa.

A: correto. A competência territorial, em regra, é relativa. Contudo, tratando-se do art. 47 do NCPC (competência do foro do local do imóvel no caso de direito real imobiliário), prevê o Código não haver possibilidade de escolha em algumas situações (§ 1º), sendo que o § 2º afirma expressamente que, na possessória, a competência é absoluta; **B:** incorreto. A questão trata da *perpetuatio jurisdictionis*, instituto pelo qual as modificações do estado de fato ou de direito, ocorridas posteriormente ao registro ou distribuição da petição inicial, são *irrelevantes* – *salvo* se acarretar alteração de *competência absoluta*, caso em que haverá remessa dos autos ao novo juízo competente (NCPC, art. 43); **C:** incorreto. Em regra, a presença na União atrai a competência da Justiça Federal, mas há exceções – dentre as quais as causas de falência (CF, art. 109, I e NCPC, art. 45, I); **D:** incorreto, pois, na hipótese, não é necessário suscitar o conflito de competência, bastando que haja restituição dos autos ao juízo estadual (NCPC, art. 45, § 3º); **E:** incorreto, pois a competência, no caso, é do domicílio do réu (NCPC, art. 46).

Gabarito "A"

(Defensor Público – DPE/ES – 2016 – FCC) A respeito da competência, o novo Código de Processo Civil dispõe que

(A) a ação em que se pleiteia somente o reconhecimento da paternidade, deve ser proposta no foro do domicílio do autor.

(B) a incompetência relativa do juízo deve ser alegada em exceção de competência, no prazo para a resposta.

(C) o inventário deve ser proposto, em regra, ao foro de situação dos bens imóveis do autor da herança.

(D) como regra, nas ações de divórcio, é competente o foro do guardião do filho incapaz e, caso não haja filho incapaz, o foro do último domicílio do casal.

(E) a ação possessória imobiliária deve ser proposta no foro de situação da coisa, mas por se tratar de competência territorial, se prorroga caso não venha a ser alegada no momento oportuno.

A: incorreto, pois, nesse caso, aplica-se a regra geral do art. 46 do NCPC (domicílio do réu). Se houvesse cumulação com o pedido alimentar, aí a competência seria do domicílio do autor (Súmula 1/STJ: "O foro do domicílio ou da residência do alimentando é o competente para a ação de investigação de paternidade, quando cumulada com a de alimentos"). **B:** incorreta, pois no NCPC a exceção de incompetência deixa de existir e a incompetência deve ser alegada em preliminar de contestação (art. 64 e 337, II); **C:** incorreto, pois em regra o foro do último domicílio do autor da herança é o competente para o inventário (NCPC, art. 48); somente se não houver domicílio certo, é que a competência será do foro de situação dos bens imóveis (NCPC, art. 48, parágrafo único, I). **D:** correto, nos termos do art. 53, I, "a" e "b" do NCPC. Assim, não mais há, no NCPC, a previsão de foro do domicilio da mulher nas ações de divórcio. **E:** incorreto, pois nesse caso o próprio Código prevê que a competência é absoluta, portanto improrrogável (NCPC, art. 47, § 2º).

Gabarito "D"

(Magistratura/GO – 2015 – FCC) O conflito de competência

(A) quando suscitado pelo juiz, será dirigido ao presidente do tribunal, por ofício.

(B) dispensa a participação do Ministério Público, salvo nos casos em que atuar como parte.

(C) é ato exclusivo do juiz, demandando sempre decisão de plano pelo relator ao qual tenha sido distribuído.

(D) pode ser suscitado pelas partes, incluindo a que tiver oferecido exceção de incompetência.

(E) obsta que a parte, que não o suscitou, ofereça exceção declinatória de foro.

A: Correta. Apenas cabe destacar que no Novo CPC, fala-se em conflito dirigido ao Tribunal, não ao Presidente do Tribunal (art. 953, I, NCPC); **B:** Incorreta. Pois o MP será ouvido tanto nos casos em que for parte, quanto nos casos em que atuar como fiscal da ordem jurídica (NCPC, art. 951: o "Ministério Público **somente** será ouvido nos conflitos de competência **relativos aos processos previstos no art. 178,** mas terá qualidade de parte nos conflitos que suscitar"). **C:** Incorreta, considerando que partes e MP podem suscitar (art. 951 do

NCPC); **D:** Incorreta, pois quem discute a competência relativa (no NCPC, não mais em exceção, mas em preliminar de contestação), não pode suscitar (art. 952 do NCPC); **E:** Incorreta, pois a vedação é só à parte que apresentou a preliminar de incompetência relativa (art. 952, parágrafo único, do NCPC).

Gabarito "A"

(Magistratura/PE – 2013 – FCC) A modificação da competência em virtude de conexão sujeita-se à seguinte regra:

(A) a conexão só pode ser reconhecida a partir de pedido expresso da parte, defeso ao juiz agir de ofício para tanto.
(B) a conexão é caracterizada quando, em duas ou mais ações, forem idênticos o pedido, a causa de pedir e as partes.
(C) a competência relativa pode ser modificada em razão da conexão; é impossível, porém, modificar-se por normas de conexão a competência absoluta.
(D) é irrelevante que um dos processos já tenha sido julgado para que ocorra a reunião de processos conexos.
(E) o foro contratual de eleição, por ser personalíssimo, só obriga as partes contratantes, mas não seus herdeiros ou sucessores.

A: incorreta, porque o juiz pode reconhecer de ofício da conexão e determinar a reunião dos processos conexos (interpretação decorrente dos arts. 57 e 58 do NCPC); **B:** incorreta, pois a alternativa descreve a litispendência ou coisa julgada (ou seja, quando houver a tríplice identidade entre os elementos identificadores da ação –NCPC, art. 337, § 1º). Para a conexão basta a identidade de pedido ou de causa de pedir (art. 55 do NCPC); **C:** correta, porque a conexão somente se refere à incompetência relativa (NCPC, art. 54); **D:** incorreta, porque se num deles já houve sentença, não há sentido na reunião (Súmula n. 235/STJ: "A conexão não determina a reunião dos processos, se um deles já foi julgado" – que agora consta expressamente no art. 55, § 1º, do NCPC); **E:** incorreta, porque "o foro contratual obriga os herdeiros e sucessores das partes" (§ 2º do art. 63 do NCPC).

Gabarito "C"

(Magistratura/PE – 2013 – FCC) Em relação à jurisdição e à competência, é correto afirmar que

(A) a jurisdição é deferida aos juízes e membros do Ministério Público em todo território nacional.
(B) a jurisdição é una e não fracionável; o que se reparte é a competência, que com a jurisdição não se confunde, por tratar, a competência, da capacidade de exercer poder outorgada pela Constituição e pela legislação infraconstitucional.
(C) a jurisdição tem por objetivo solucionar casos litigiosos, pois os não litigiosos são resolvidos administrativamente.
(D) a arbitragem é modo qualificado e específico de exercício da jurisdição por particulares escolhidos pelas partes.
(E) em nenhuma hipótese poderá o juiz exercer a jurisdição de ofício, sendo preciso a manifestação do interesse da parte nesse sentido.

A: incorreta, porque os membros do Ministério Público não exercem jurisdição– porque os juízes é que são dotados de poder de aplicar o direito a uma lide; **B:** correta, porque a jurisdição, enquanto manifestação da soberania estatal, é uma só. As regras de competência são destinadas a repartir, entre os vários órgãos dotados de jurisdição, o seu exercício; **C:** incorreta, porque na chamada jurisdição voluntária, ou graciosa, não há litígio a solucionar, mas mera necessidade de administração pública de interesses privados; **D:** incorreta, porque o árbitro não exerce função jurisdicional; **E:** incorreta, porque há casos, expressamente previstos em lei, em que o juiz fica autorizado a agir de ofício (arrecadação de bens de herança jacente, por exemplo).

Gabarito "B"

(Magistratura/PE – 2011 – FCC) Quanto à competência, é correto afirmar:

(A) Argui-se por meio de exceção a incompetência absoluta.
(B) Não pode suscitar conflito a parte que, no processo, ofereceu exceção de incompetência.
(C) Declarada a incompetência absoluta, sempre se extinguirá o processo sem resolução do mérito.
(D) Em razão da matéria e da hierarquia, a competência é derrogável pela convenção das partes.
(E) O foro contratual é personalíssimo, não obrigando os herdeiros e sucessores das partes.

A: incorreta, porque a incompetência absoluta deve ser arguida por meio de preliminar de contestação (art. 337, II, NCPC); **B:** correta (art. 952, NCPC), lembrando que no NCPC a incompetência relativa também é alegada em preliminar de contestação; **C:** incorreta, porque o reconhecimento da incompetência absoluta acarreta a remessa dos autos ao juízo competente (art. 64, §§ 2º e 4º, NCPC); **D:** incorreta (arts. 62 e 63, NCPC); **E:** incorreta (art. 63, § 2º, NCPC).

Gabarito "B"

(Defensor Público/AM – 2013 – FCC) A competência

(A) é inderrogável por convenção das partes, seja relativa ou absoluta.
(B) é sempre do foro do consumidor, nas ações de responsabilidade civil do fornecedor.
(C) se relativa, deve ser arguida em preliminar de contestação, de acordo com o Código de Processo Civil.
(D) é alterada pela conexão, mesmo que um dos processos já tenha sido sentenciado.
(E) quando alterada em razão da matéria, acarreta a nulidade dos atos decisórios.

A: incorreto. A competência em razão do valor e do território é relativa, daí por que pode ser afastada por convenção das partes (arts. 62 e 63, do NCPC); **B:** incorreto (art. 101, I, do CDC). Cuida-se de opçao erigida em favor do consumidor, o qual poderá, se assim lhe convier, renunciar a tal faculdade e optar pelo ajuizamento da demanda no foro do domicílio do réu (art. 46, *caput*, do NCPC) ou no do local do dano (art. 93, I, do CDC). **C:** incorreto para o CPC/1973. Correto no NCPC, em que incompetência relativa e absoluta devem ser alegadas em preliminar de contestação (art. 64 do NCPC); **D:** incorreto (Súmula 235/STJ: "A conexão não determina a reunião dos processos, se um deles já foi julgado" e art. 55, § 1º, do NCPC); **E:** correto no CPC/1973. Incorreta no NCPC, pois, salvo decisão em contrário, serão conservados "os efeitos de decisão proferida pelo juízo incompetente até que outra seja proferida, se o caso, pelo juízo incompetente" (NCPC, art. 64, § 4º).

Gabarito "E" no CPC/73; "C" no NCPC

(Procurador do Município/Teresina-PI – 2010 – FCC) Quanto à competência:

(A) como regra, quando territorial, pode ser declinada de ofício pelo juiz, sem necessidade de provocação da parte.
(B) de modo geral, são relevantes as modificações do estado de fato ou de direito ocorridas posteriormente à propositura da demanda.

(C) é determinada no momento da propositura da demanda.

(D) a autoridade judiciária brasileira a tem concorrente para conhecer de ações relativas a imóveis situados no país.

(E) em razão do valor e da função, em primeiro grau, é regida pelas normas de organização judiciária.

A: incorreta. A incompetência territorial é relativa e depende de alegação do réu (NCPC, art. 64 e Súmula 33/STJ: A incompetência relativa não pode ser declarada de ofício); **B:** incorreta. Em regra, são irrelevantes, por força do princípio da *perpetuatio jurisdictionis* (NCPC, art. 43); **C:** correta. NCPC, art. 43; **D:** incorreta, pois a hipótese é de competência exclusiva da autoridade judiciária brasileira (NCPC, art. 23, I); **E:** incorreta. A competência funcional é regida pela legislação processual e Constituição.

Gabarito "C"

(Advogado do Metro/SP – 2014 – FCC) A respeito da competência, é competente o foro do domicílio

(A) ou da residência do alimentante, para a ação em que se pedem alimentos.

(B) do autor, em regra, para a ação fundada em direito real sobre bens móveis.

(C) do credor para a ação de anulação de títulos extraviados ou destruídos.

(D) do autor ou do local do fato para as ações que visam à reparação por dano resultante de acidente de veículo.

(E) do autor, em regra, para a ação fundada em direito pessoal.

A: incorreta, pois é competente o foro da residência do alimentando, ou seja, de quem pede alimentos (NCPC, art. 53, II); **B:** incorreta, porque nas ações fundadas em direito real sobre imóveis é competente o foro da situação da coisa (NCPC, art. 47, *caput* e § 1º) e nasações fundadas em direito pessoal ou em direito real sobre bens móveis a regra é a competência no foro do domicílio do réu (art. 46 do NCPC); **C:** incorreta, por ausência de previsão legal, portanto segue-se a regra geral (domicílio do réu – NCPC, art. 46). A hipótese legal prevista no art. 100, III, CPC/1973 foi suprimida no NCPC; **D:** correta (NCPC, art. 53, V); **E:** incorreta, porque a ação fundada em direito pessoal, em regra, deverá ser proposta no foro do domicílio do réu (NCPC, art. 46).

Gabarito "D"

(Analista – TRT/16ª – 2014 – FCC) Tulius pretende ajuizar ação fundada em direito real sobre bem móvel. Essa ação, em regra, deverá ser proposta

(A) no foro do domicílio do autor.

(B) no foro do domicílio do réu.

(C) no foro da situação da coisa.

(D) no foro em que foi celebrado o contrato.

(E) em qualquer foro.

A ação fundada em direito pessoal ou em direito real sobre bens móveis será proposta, em regra, no foro de domicílio do réu (art. 46 do NCPC).

Gabarito "B"

(Analista – TRT/2ª – 2014 – FCC) Domiciliado em Cajamar, Fabio Soares colide seu carro em Casa Branca. O veículo contra o qual colidiu pertence a Liliana Mendes, domiciliada em Jaguariúna. Como as partes não celebraram acordo, Fabio quer propor ação reparatória do dano sofrido, devendo fazê-lo em

(A) Casa Branca, apenas, por ser o local em que ocorrido o fato.

(B) Cajamar ou em Casa Branca, respectivamente, domicílio do autor ou do local do fato.

(C) qualquer uma das três Comarcas.

(D) Jaguariúna, apenas, por ser o domicílio da ré.

(E) Cajamar, somente, por ser o domicílio do autor.

É entendimento pacífico do STJ: "Consoante entendimento desta Corte, o parágrafo único do art. 100 do Código de Processo Civil 'contempla uma faculdade ao autor, supostamente vítima de ato delituoso ou de acidente causado por veículo, para ajuizar a ação de reparação de dano no foro de seu domicílio ou local do fato, sem exclusão da regra geral prevista no *caput* do art. 94' (*v.g.* REsp 4.603/RJ, *DJ* 17.12.1990)" (STJ, REsp 873.386/RN, 4ª T. j. 21.11.2006, rel. Min. Jorge Scartezzini, *DJ* 18.12.2006). Portanto, correta é a alternativa "C". O artigo 100 do CPC/1973 corresponde ao art. 53, V do NCPC.

Gabarito "C"

(Analista – TRT/11ª – 2012 – FCC) João reside em São Paulo. Pedro reside no Rio de Janeiro. Ambos possuem propriedades agrícolas em Campo Grande, sendo vizinhos. O gado de propriedade de Pedro entrou na propriedade de João e danificou a plantação. João deverá propor a ação de reparação de danos na comarca de

(A) Rio de Janeiro.

(B) Campo Grande.

(C) São Paulo.

(D) Campo Grande ou do Rio de Janeiro.

(E) Rio de Janeiro ou São Paulo.

A letra B está correta (art. 53, IV, "a", do NCPC). Registre-se que não há cogitar-se de foros concorrentes, eis que o dano não é proveniente de delito nem de acidente de veículos (art. 53, V, do NCPC).

Gabarito "B"

(Analista – TRT9 – 2012 – FCC) No que se refere à competência:

(A) é ela determinada no momento em que a ação é proposta, como regra, mostrando-se irrelevantes as modificações do estado de fato ou de direito ocorridas posteriormente.

(B) cabe à autoridade judiciária estrangeira proceder a inventário e partilha de bens, mesmo que situados no Brasil, se o autor da herança for estrangeiro e houver residido fora do território nacional.

(C) a ação fundada em direito pessoal e a ação fundada em direito real sobre bens móveis serão, em regra, propostas no foro do domicílio do autor.

(D) sendo incerto ou desconhecido o domicílio do réu, será ele demandado na capital do Estado da federação em que houvera residido com endereço certo.

(E) a territorial é absoluta e levanta-se por meio de preliminar na defesa apresentada pelo réu.

A: correta, conforme artigo 43 do NCPC que regulamenta a *perpetuatio jurisdictionis*; **B:** incorreta, pois tal competência pertence à autoridade judiciária brasileira, com exclusão de qualquer outra, conforme artigo 23, II, NCPC; **C:** incorreto. Em regra no domicílio do réu conforme artigo 46, NCPC; **D:** incorreta, pois nesse caso poderá ser demandado tanto no domicílio do autor como no local em que for encontrado conforme artigo 46, § 2º, do NCPC; **E:** incorreta no CPC/1973, pois a competência territorial é, em regra, relativa, era arguida por meio de exceção (arts. 111 e 112 do CPC/1973). O CPC de 2015 prevê que a incompetência, absoluta ou relativa, será alegada como questão preliminar de contestação. Portanto, estaria correta se analisada sob o prisma do Novo CPC (art. 64) no tocante à forma de arguição (já que a competência territorial se mantém relativa).

Gabarito oficial "A"

(Analista – TRT/1ª – 2012 – FCC) Só pode ser proposta no foro

(A) da situação da coisa a ação de nunciação de obra nova.

(B) do local do fato a ação de reparação de dano sofrido em razão de acidente de veículos.

(C) do domicílio do autor a ação em que houver dois ou mais réus com diferentes domicílios.

(D) do domicílio do alimentante a ação em que se pedem alimentos.

(E) do Distrito Federal a ação em que a União for ré.

A: correta, conforme art. 47, § 1º, do NCPC; **B:** incorreta, pois também se permite no domicílio do autor, conforme art. 53, V, do NCPC; e no domicílio do réu, conforme já decidiu o STJ, no CC 112573, relatado pelo Min. Raul Araújo em 25.02.2011.**C:** incorreta, pois se autoriza a propositura no foro de qualquer um dos réus (art. 46, § 4º, NCPC); **D:** incorreta já que o domicílio é do alimentando (art. 53, II, do NCPC); **E:** incorreta, pois dispõe o art. 51 do NCPC que é competente o **foro de domicílio do réu** para as causas em que seja autora a União.

Gabarito "A"

(Analista – TRT/11ª – 2012 – FCC) A incompetência em razão da matéria

(A) não pode ser declarada pelo juiz de ofício.

(B) acarreta a nulidade da prova, que deverá ser renovada perante o juízo competente.

(C) deve ser arguida pelo réu como preliminar na contestação.

(D) não pode ensejar conflito positivo de competência.

(E) só pode ser arguida através de exceção.

A: incorreta, pois se trata de incompetência absoluta e pode, portanto, de ofício (art. 64, § 1º, NCPC); **B:** incorreta. Pois os atos serão conservados salvo decisão em contrário (art. 64, § 4º, CPC); **C:** correto conforme artigo 337, II, do NCPC, a despeito de poder ser alegada a qualquer tempo e grau de jurisdição e não apenas em preliminar; **D:** incorreta. O artigo 66 do NCPC não restringe o conflito à incompetência relativa; **E:** incorreta. O CPC de 2015 prevê que a incompetência, absoluta ou relativa, será alegada como questão preliminar de contestação. Portanto, estaria correta se analisada sob o prisma do Novo CPC (art. 64).

Gabarito "C"

(Analista – TRT/11ª – 2012 – FCC) O foro contratual pode modificar a competência em razão

(A) da hierarquia e da matéria.

(B) do valor, apenas.

(C) do território, apenas.

(D) da hierarquia, apenas.

(E) do valor e do território.

O foro contratual (denominado de derrogação) apenas poderá alterar a competência relativa e, portanto, nos casos de competência do valor e território (art. 63, NCPC). Há, contudo, exceções tanto no valor como no território (como nos casos dos Juizados Especiais Federais e da Fazenda Pública, bem como o art. 47 do NCPC).

Gabarito "E"

(Analista – TRT/14ª – 2011 – FCC) É competente o foro do

(A) domicílio do autor para a ação em que for ré a sociedade que carece de personalidade jurídica.

(B) lugar do ato ou fato para a ação em que for réu o administrador ou gestor de negócios alheios.

(C) domicílio ou da residência do alimentante para a ação em que se pedem alimentos.

(D) domicílio ou residência do alimentante para a ação de investigação de paternidade, quando cumulada com a de alimentos.

(E) lugar do extravio ou da destruição para a ação de anulação de títulos extraviados ou destruídos.

A: incorreto, já que o foro competente nesse caso será o do local em que a sociedade destituída de personalidade jurídica exerce sua principal atividade (art. 53, III, "c", do CPC); **B:** correto (art. 53, IV, "b", do NCPC); **C** e **D:** incorretos, posto que o foro competente é o do domicílio ou residência do alimentando (art. 53, II, do NCPC e Súmula 1 do STJ); **E:** incorreto. O foro competente é o do domicílio do devedor (art. 100, III, do CPC/1973). O Novo Código não traz correspondência ao artigo mencionado anteriormente.

Gabarito "B"

(Analista – TRT/14ª – 2011 – FCC) Nas ações fundadas em direito real sobre imóveis, recaindo o litígio sobre posse,

(A) é competente o foro da residência do autor.

(B) o autor poderá optar pelo foro contratual.

(C) é competente o foro da situação da coisa.

(D) o autor poderá optar pelo foro do domicílio do réu.

(E) o autor poderá optar pelo foro da sua residência, se desconhecido o domicílio do réu.

O foro competente será o da situação da coisa (*forum rei sitae*). Nessa direção, note-se a doutrina de Marcus Vinícius Rios Gonçalves: "Para os fins de apuração de competência, ele considerou as ações possessórias como reais, tanto que determinou o seu aforamento no foro de situação da coisa. Mas só para fins de competência as possessórias devem ser consideradas reais. Sua verdadeira natureza jurídica é pessoal, pois a posse não foi incluída entre os direitos reais enumerados no CC, art. 1.225. Tampouco seguem as regras das ações que versam sobre direito real imobiliário, no que concerne à necessidade de outorga uxória no polo ativo e litisconsórcio necessário no polo passivo (art. 73, § 2º, do NCPC) (GONÇALVES, Marcus Vinícius Rios. *Novo Curso de Direito Processual Civil. Vol 1*. 8. ed. São Paulo: Saraiva, 2011, p. 81.

Gabarito "C"

(Analista – TRT/20ª – 2011 – FCC) José, residente e domiciliado fora do Brasil, pretende ajuizar no Brasil ação fundada em direito real sobre bem móvel em face de João, também residente e domiciliado fora do Brasil. A ação

(A) poderá ser proposta em qualquer foro.

(B) só poderá ser ajuizada no foro do último domicílio de João no Brasil.

(C) só poderá ser ajuizada no foro do último domicílio de José no Brasil.

(D) só poderá ser ajuizada no foro do local onde estiver o bem móvel.

(E) só poderá ser proposta no foro da última residência de João no Brasil.

Quando o réu não tiver domicílio nem residência no Brasil, a ação será proposta no foro do domicílio do autor. Se este também residir fora do Brasil, a ação será proposta em qualquer foro (art. 46, § 3º, do NCPC).

Gabarito "A"

(Analista – TRT/23ª – 2011 – FCC) João e José são domiciliados na cidade de São Paulo, mas são proprietários de lotes vizinhos num condomínio de praia na Comarca de Ubatuba. João construiu um muro na divisa do seu lote e bloqueou o acesso da servidão de passagem através da qual José tinha acesso à via pública. José ajuizou ação para liberação da servidão na comarca de São Paulo, ação esta que João contestou, aceitando, por conveniência, o foro, deixando de opor exceção de incompetência, no prazo legal, apesar do art. 95 do CPC dispor que *nas ações fundadas em direito real sobre imóveis é competente o foro da situação da coisa*. Nesse caso,

(A) haverá prorrogação da competência porque o réu aceitou o foro e não opôs exceção de incompetência no prazo legal.
(B) haverá prorrogação da competência, pois a lei permite ao autor optar pelo foro do domicílio do réu.
(C) não há possibilidade de prorrogação da competência, por tratar-se de ação relativa a servidão de passagem.
(D) só poderá haver prorrogação da competência se o foro da comarca de São Paulo tiver sido eleito pelas partes em contrato.
(E) haverá prorrogação da competência porque tanto o autor, como o réu são domiciliados da mesma cidade.

Nas demandas que versem sobre direitos reais imobiliários, bem assim sobre direito de propriedade, vizinhança, servidão, posse, divisão e demarcação de terras e nunciação de obra nova, o foro competente será o da situação da coisa (*forum rei sitae*) (art. 47, *caput* e § 1º, do NCPC). Cuida-se de *competência absoluta*, a qual não pode ser derrogada pela vontade das partes. A *prorrogação* é fenômeno afeto às hipóteses de *competência* relativa; tem por pressuposto a ocorrência de *preclusão* em face do réu que deixa de arguir a incompetência relativa, por meio de *exceção*, dentro do prazo de resposta. Nesse caso, o juízo originariamente *relativamenteincompetente* se torna então competente para o processamento e julgamento da causa, a considerar a preclusão havida por inércia do réu.Nota: Com o NCPC não há se falar em "exceção de incompetência", mas alegação em preliminar de contestação.

Gabarito "C"

3. PARTES, PROCURADORES, SUCUMBÊNCIA, MINISTÉRIO PÚBLICO E JUIZ

(Analista Judiciário – TRE/SP – FCC – 2017) Acerca dos impedimentos e suspeições do juiz, segundo o novo Código de Processo Civil, considere:

I. Há suspeição do juiz quando promover ação contra a parte ou seu advogado.
II. Há impedimento do juiz que for amigo íntimo ou inimigo de qualquer das partes ou de seus advogados.
III. Há impedimento do juiz quando qualquer das partes for sua credora ou devedora, de seu cônjuge ou companheiro ou de parentes destes, em linha reta até o terceiro grau, inclusive.
IV. Há impedimento do juiz no processo em que figure como parte cliente do escritório de advocacia de seu cônjuge, companheiro ou parente, consanguíneo ou afim, em linha reta ou colateral, até o terceiro grau, inclusive.
V. Há suspeição do juiz interessado no julgamento do processo em favor de qualquer das partes.

Está correto o que consta APENAS em

(A) I e III.
(B) I e II.
(C) II e IV.
(D) III e V.
(E) IV e V.

I: Incorreta, pois essa é uma situação objetiva e, portanto, de impedimento (NCPC, art. 144, IX); **II:** Incorreta, porque esse caso (situação subjetiva) é de suspeição e não impedimento (NCPC, art. 145, I); **III:** Incorreta, pois essa também é situação de suspeição (NCPC, art. 145, III); **IV:** Correta, sendo essa uma das novidades do Código a respeito do tema (NCPC, art. 144, VIII); **V:** Correta (NCPC, art. 145, IV).

Gabarito "E"

(Analista Judiciário – TRT/11 – FCC – 2017) A respeito dos honorários advocatícios, é correto afirmar que

(A) os honorários advocatícios não podem exceder 5% do valor da condenação, nas causas em que a Fazenda Pública for parte.
(B) os honorários fixados na sentença não podem ser cumulados com os honorários arbitrados na fase recursal.
(C) não são devidos honorários no cumprimento de sentença contra a Fazenda Pública que enseje a expedição de precatório, desde que não tenha sido impugnada.
(D) não são devidos honorários advocatícios no cumprimento provisório de sentença.
(E) não são devidos honorários advocatícios nos casos de perda de objeto.

A: Incorreta, pois o teto contra a Fazenda é de 20%, tal qual em relação aos particulares – mas há um escalonamento (NCPC, art. 85, § 3º, I); **B:** Incorreta, pois uma das novidades do NCPC é, exatamente, a previsão de sucumbência recursal (NCPC, art. 85, § 11); **C:** Correta, sendo essa a expressa previsão legal (NCPC, art. 85, § 7º); **D:** Incorreta, pois o NCPC prevê honorários exatamente nessa hipótese (NCPC, art. 85, § 1º). **E:** Incorreta (NCPC, art. 85, § 10).

Gabarito "C"

(Técnico Judiciário – TRT11 – FCC – 2017) Se ocorrer o falecimento do único advogado do réu, o juiz determinará que este constitua novo mandatário no prazo de 15 dias. Decorrido esse prazo sem a constituição de novo mandatário, o juiz

(A) suspenderá o processo pelo prazo de 1 ano.
(B) extinguirá o processo sem resolução de mérito.
(C) suspenderá o processo pelo prazo de 3 meses.
(D) ordenará o prosseguimento do processo à revelia do réu.
(E) nomeará outro advogado para o réu, apesar de não ser beneficiário da Justiça Gratuita.

A questão é expressamente regulada pelo Código (Art. 76. Verificada a incapacidade processual ou a irregularidade da representação da parte, o juiz suspenderá o processo e designará prazo razoável para que seja sanado o vício. § 1o Descumprida a determinação, caso o processo esteja na instância originária: (...) II – o réu será considerado revel, se a providência lhe couber). Assim, a alternativa correta é a D. **LD**

Gabarito "D"

(Defensor Público – DPE/ES – 2016 – FCC) De acordo com a atual sistemática processual civil, no caso de substituição processual, o

(A) substituto poderá reconvir e, assim, deduzir pedido em face da outra parte com fundamento na alegação de ser o próprio titular de um direito em relação à parte reconvinda.

(B) substituído poderá intervir como assistente litisconsorcial e, neste caso, sua atuação não se subordina à atividade do substituto.

(C) substituto atua como assistente simples do substituído, com atuação subordinada à atividade deste último quando intervém no processo.

(D) substituído não poderá intervir no processo pelas formas de intervenção de terceiro previstas na lei, razão pela qual não se submete à coisa julgada.

(E) substituto é considerado parte da relação jurídica de direito material e, portanto, tem o poder renunciar ao direito sobre o que se funda a ação ainda que o substituído se oponha.

O substituto processual é aquele que pleiteia direito alheio em nome próprio, quando previsto em lei (NCPC, art. 18). **A:** incorreto, pois nesse caso o fundamento da reconvenção deve estar embasado em pretensão do substituído, que é, em verdade, o titular do direito debatido no processo (NCPC, art. 343, § 5°). **B:** correto (NCPC, art. 18, parágrafo único), sendo certo que a qualidade de assistente litisconsorcial implica autonomia do assistente na atuação no processo (NCPC, art. 124). **C: incorreto**, pois o substituto é que atua como parte, pleiteando direito alheio em nome próprio (NCPC, art. 18). **D:** incorreto, considerando a resposta de "B". **E:** incorreto, porque o substituto não pode renunciar ao direito sobre o que se funda a ação, notadamente porque se trata de direito alheio (NCPC, art. 18).

Gabarito "B"

(Defensor Público – DPE/ES – 2016 – FCC) Sobre conciliação e mediação, diante dos conceitos e regras do novo Código de Processo Civil:

(A) No procedimento comum, o não comparecimento injustificado do réu à audiência de conciliação ou mediação gera a sua revelia e impõe o pagamento de multa.

(B) A audiência prévia de conciliação ou mediação somente não será realizada se o autor ou o réu manifestarem, expressamente, desinteresse na composição consensual.

(C) A conciliação seria o método mais adequado para a solução consensual para uma ação ajuizada como divórcio litigioso.

(D) Na sua atuação, o mediador deverá sugerir soluções para o litígio, sendo vedada a utilização de qualquer tipo de constrangimento ou intimidação para que as partes conciliem.

(E) O conciliador e o mediador, assim como os membros de suas equipes, não poderão depor acerca de fatos ou elementos oriundos da conciliação ou da mediação.

A: incorreto, pois o não comparecimento injustificado do réu não gera revelia, mas é considerado ato atentatório à dignidade da justiça, passível de ser sancionado com multa (NCPC, art. 334, § 8°). **B:** incorreto, apesar de essa ser *uma das* hipóteses em que, pela lei, não haverá a audiência. Segundo o Código, a audiência não será realizada caso se trate de direito indisponível ou se ambas as partes expressamente manifestarem que não querem realizar a audiência (NCPC, art. 334, § 4°). **C:** incorreto, pois, no caso do divórcio litigioso, a solução consensual mais adequada seria a mediação – indicada para os casos em que houver vínculo anterior entre as partes (NCPC, art. 165, § 3°). **D:** incorreto, pois o mediador auxiliará aos interessados a compreender as questões e os interesses em conflito, de modo que eles mesmos identifiquem soluções consensuais que gerem benefícios mútuos (NCPC, art. 165, § 3°). A sugestão para a solução do litígio é típica postura de conciliador. **E:** correto (NCPC, art. 166, § 2°).

Gabarito "E"

(Magistratura – TRT 1ª – 2016 – FCC)

Segundo o Código de Processo Civil de 1973, assinale a alternativa INCORRETA:

(A) nas ações possessórias, a participação do cônjuge do autor é dispensável nos casos de composse.

(B) a autorização do marido poderá ser suprida judicialmente quando o mesmo recusar-se sem justo motivo.

(C) o cônjuge somente necessitará do consentimento do outro para propor ações que versem sobre direitos imobiliários.

(D) ambos os cônjuges serão necessariamente citados para as ações fundadas em dívida contraída pelo marido a bem da família, mas cuja execução tenha de recair sobre o produto do trabalho da mulher.

(E) haverá a necessidade de citação de ambos os cônjuges nas ações que tenham por objeto a extinção de ônus sobre imóveis de um dos cônjuges.

A: incorreta, devendo esta ser assinalada. Existindo composse, há necessidade de participação do cônjuge (NCPC, art. 73, § 2°); **B:** correta (NCPC, art. 74); **C:** correta – mas não haverá necessidade se for casado no regime de separação absoluta de bens (NCPC, art. 73); **D:** correta no CPC de 1973, mas no NCPC a redação do artigo é a seguinte: "fundada em dívida contraída por um dos cônjuges a bem da família;" (art. 73, § 1°, III); **E:** correta (art. 73, § 1°, IV).

Gabarito "A" no CPC1973; A e D no NCPC

(Magistratura – TRT 1ª – 2016 – FCC) A respeito das despesas processuais previstas no CPC/1973, considere:

I. Quem receber custas excessivas é obrigado a restituí-las, incorrendo em multa equivalente ao dobro do seu valor.

II. Quando o exame pericial for requerido por ambas as partes, a remuneração do perito será paga pelo autor.

III. As despesas dos atos processuais, efetuadas a requerimento do Ministério Público, serão pagas ao final pelo vencido.

IV. Se o assistido for vencido, o assistente será condenado nas custas em proporção à atividade que houver exercido no processo.

Está correto o que se afirma em

(A) I, II, III e IV.

(B) II e IV, apenas.

(C) I e III, apenas.

(D) II e III, apenas.

(E) I, II e IV, apenas.

I: correta no CPC/1973, mas incorreta no Novo Código, pois não há previsão nesse sentido no NCPC; **II:** correta no CPC/1973, mas incorreta no novo Código, pois nesse caso a perícia será rateada entre as partes (NCPC, art. 95); **III:** correta (NCPC, art. 91); **IV:** correta (NCPC, art. 94).

Gabarito "A" no CPC/1973; sem resposta no NCPC

(Magistratura – TRT 1ª – 2016 – FCC) Segundo o CPC/1973,

(A) após renunciar ao mandato, e cientificado o mandante, o advogado continuará a representar o mandante, a fim de lhe evitar prejuízos, durante os 10 dias seguintes, prorrogáveis.

(B) a alienação da coisa ou direito litigioso, a título particular, por ato entre vivos, altera a legitimidade das partes.

(C) a sentença, caso tenha sido proferida entre as partes originárias, não estende os seus efeitos ao cessionário.

(D) a parte, que revogar o mandato outorgado ao seu advogado, no mesmo ato constituirá outro que assuma o patrocínio da causa.

(E) o advogado poderá intentar ação, em nome da parte, a fim de evitar decadência, quando então se obrigará a exibir o instrumento do mandato no prazo de 10 dias, prorrogável até outros 10 dias por despacho do juiz.

A: incorreta, pois o prazo é de 10 dias, sem menção a prorrogação (NCPC, art. 112, § 1º); **B:** incorreta, pois não há alteração da legitimidade (NCPC, art. 109); **C:** incorreta; ainda que a alienação do bem não altere a legitimidade, a sentença estende os efeitos ao cessionário (NCPC, art. 109, § 3º); **D:** correta, inclusive porque para revogar o mandato em juízo, há necessidade de capacidade postulatória, de modo que o novo advogado irá informar a respeito da revogação do mandato do profissional anterior (NCPC, art. 111); **E:** incorreta; ainda que seja possível ao advogado atuar sem procuração para evitar preclusão, decadência ou prescrição, o prazo para juntada do instrumento de mandato será de 15 dias, prorrogáveis por mais 15 dias (NCPC, art. 104, *caput* e § 1º).

Gabarito "D"

(Ministério Público/CE – 2011 – FCC) No processo civil, o Ministério Público

(A) age sempre facultativamente, em obediência a seu poder discricionário.

(B) no exercício de suas funções, não poderá ser responsabilizado civilmente, mas somente nos âmbitos administrativo e criminal.

(C) poderá produzir prova em audiência, mas não juntar documentos e certidões, o que é privativo das partes.

(D) intervirá nas causas em que haja interesses de incapazes, relativas ao estado da pessoa, declaração de ausência e disposições de última vontade.

(E) deverá manifestar-se nas ações que envolvam litígios coletivos e individuais pela posse da terra urbana e rural.

A: incorreta, porque há situações em que não há qualquer discricionariedade para a ação do MP, como, por exemplo, no caso de desistência infundada ou abandono da ação civil pública por associação legitimada, hipótese em que o MP assumirá a titularidade da ação (art. 5º, § 3º, da Lei 7.347/1985); **B:** incorreta, porque os membros do MP respondem civilmente por dolo ou fraude (art. 181 do NCPC); **C:** incorreta, porque a atuação do MP no processo civil, seja como parte, ou como fiscal da lei, não encontra o limite apontado na alternativa; **D:** correta (art. 178 do NCPC *atenção: no NCPC não há mais menção às "disposições de última vontade", de modo que esta resposta eventualmente poderia ser também considerada errada); **E:** incorreta, porque só haverá intervenção quando se trata de litígios coletivos pela posse de terra rural ou urbana (art. 178, III, NCPC).

Gabarito "D"

(Defensor Público/SP – 2012 – FCC) A prioridade na tramitação do processo judicial em todas as instâncias é expressamente garantida por lei federal às

(A) pessoas com doenças graves.

(B) crianças, adolescentes e idosos.

(C) crianças, adolescentes e às mulheres vítimas de violência doméstica.

(D) pessoas que estejam em situação de vulnerabilidade social.

(E) pessoas com deficiência.

Correta a alternativa "A", nos termos do art. 1.048, I, do NCPC.

Gabarito "A"

(Analista – TRT/23ª – 2011 – FCC) A capacidade processual

(A) é o poder atribuído ao juiz para solucionar o conflito de interesses entre o autor e o réu.

(B) é causa de nulidade insanável, não podendo o juiz assinar prazo para a sua regularização.

(C) é a aptidão profissional para atuar em juízo, como representante da parte.

(D) não é pressuposto de validade do processo.

(E) é inerente a toda pessoa maior e capaz, com plena capacidade de exercício dos atos da vida civil.

A *capacidade de fato ou de exercício* é o pressuposto processual de validade exigido para que a pessoa exercite pessoalmente direitos e obrigações na órbita civil sem a necessidade de estar representado ou assistido. Isso posto, a *personalidade jurídica* oriunda do direito civil está para a *capacidade de ser parte*, assim como a *capacidade de fato ou de exercício* está para a *capacidade de estar em juízo*. Exemplificando, o recém-nascido com vida tem personalidade jurídica, motivo pelo qual possui capacidade de ser parte, e, por isso, pode pleitear alimentos. Para tanto, será representado por seu representante legal, visto que não possui capacidade processual, isto é, capacidade de estar em juízo (capacidade de fato ou de exercício).

Gabarito "E"

(Analista – TRT/14ª – 2011 – FCC) No que concerne às despesas e honorários,

(A) se um litigante decair de parte mínima do pedido, os honorários e as despesas serão recíproca e proporcionalmente distribuídos e compensados entre eles.

(B) nos juízos divisórios, não havendo litígio, os interessados dividirão as despesas igualmente entre si e não na proporção dos respectivos quinhões.

(C) havendo transação e nada tendo as partes disposto quanto as despesas, estas serão pagas pelo réu.

(D) se o processo terminar por desistência, as despesas e os honorários serão rateados entre as partes.

(E) nos processos de jurisdição voluntária, as despesas serão adiantadas pelo requerente, mas rateadas entre os interessados.

A: incorreto, posto que o litigante que decair de parte mínima do pedido não será condenado ao pagamento das despesas processuais e honorários advocatícios. Nessa hipótese, tais verbas deverão ser integralmente pagas pela parte que se sagrou vencida ao final da lide (art. 86, parágrafo único, do NCPC); **B:** incorreto. A despesa, nesse caso, será rateada proporcionalmente ao quinhão de cada interessado (art. 89 do NCPC); **C:** incorreto. As despesas serão divididas igualmente entre os transatores (art. 90, § 2º, do CPC); **D:** incorreto. As despesas correrão por conta da parte que pleiteou a desistência (art. 90, *caput*, do NCPC); **E:** correto (art. 88 do NCPC).

Gabarito "E"

(Analista – TRT/14ª – 2011 – FCC) A condenação por litigância de má-fé

(A) não implicará em indenização à parte contrária, estando os prejuízos que sofreu incluídos na multa fixada pelo juiz ou tribunal.

(B) não inclui pagamento de honorários advocatícios.
(C) depende de requerimento da parte contrária, não podendo o tribunal decidir de ofício.
(D) implicará no pagamento de multa não excedente a 1% do valor da causa, devidamente atualizado.
(E) depende de requerimento da parte contrária, não podendo o juiz decidir de ofício.

A e **B**: incorretos, pois a condenação por litigância de má-fé implica o pagamento de multa, indenização, honorários advocatícios e despesas processuais (art. 81, *caput*, do NCPC); **C** e **E**: incorretos, já que o órgão jurisdicional poderá, de ofício ou a requerimento, condenar a parte litigante de má-fé (art. 81, *caput*, do NCPC); **D**: incorreto. A multa, nos termos do art. 81, caput, do NCPC, deverá ser superior a 1% e inferior a 10% o valor corrigido da causa.

Sem alternativa correta à luz do NCPC

(Analista – TRE/AP – 2011 – FCC) Vera, advogada do Condomínio Edifício SOL, ajuizou ação de cobrança a fim de evitar a prescrição, sem instrumento de mandato, tendo em vista que a síndica do referido Condomínio está ausente do Brasil em razão de viagem. Neste caso,

(A) Vera se obrigará, mediante caução, a exibir o instrumento de mandato no prazo de 10 dias, prorrogável até outros 10, por despacho do juiz.
(B) o processo será extinto sem resolução do mérito, tendo em vista a inexistência da procuração, com o consequente reconhecimento da prescrição.
(C) a inicial será indeferida por estar desacompanhada de documento essencial.
(D) Vera se obrigará, independentemente de caução, a exibir o instrumento de mandato no prazo de 15 dias, prorrogável até outros 15, por despacho do juiz.
(E) Vera se obrigará, independentemente de caução, a exibir o instrumento de mandato no prazo improrrogável de 60 dias.

Sem instrumento de mandato, o advogado não será admitido a procurar em juízo. Poderá, todavia, em nome da parte, intentar ação, a fim de evitar decadência ou prescrição, bem como intervir, no processo, para praticar atos reputados urgentes. Nestes casos, o advogado se obrigará, independentemente de caução, a exibir o instrumento de mandato no prazo de 15 (quinze) dias, prorrogável até outros 15 (quinze), por despacho do juiz (art. 104 do NCPC)

Gabarito "D"

(Analista – TRE/AP – 2011 – FCC) Fábio é juiz de direito na comarca de Barra de Ouro onde tramitam os processos Prata, Bronze e Cobre. No processo Prata ele é herdeiro presuntivo do autor, no processo Bronze ele é amigo íntimo do réu e no processo Cobre ele é cunhado do advogado do autor. Nestes casos, é defeso a Fábio exercer as suas funções

(A) nos processos Bronze e Cobre, somente.
(B) no processo Prata, somente.
(C) nos processos Prata, Bronze e Cobre.
(D) nos processos Prata e Bronze, somente.
(E) no processo Cobre, somente.

A imparcialidade do juiz é pressuposto de validade do processo. Nos casos de impedimento, o legislador presume de modo absoluto e objetivo (*jure et de jure*) a parcialidade do magistrado, não admitindo prova em contrário. As hipóteses de impedimento estão enumeradas no art. 144 do NCPC, e são objetivas. Paralelamente, a suspeição do juiz é caso de parcialidade relativa, cabendo, portanto, a produção de provas que afastem a referida presunção (*juris tantum*). A análise é subjetiva, de modo que a comprovação é mais difícil. As hipóteses estão arroladas no art. 145 do NCPC. De acordo com a proposição trazida pela questão, Fábio será considerado suspeito para atuar nos processos bronze e prata (art. 145, I e III, do NCPC), enquanto que no processo cobre será vedada sua atuação, em razão da existência de causa de impedimento, consoante se depreende do art. 144, III, segunda parte, do NCPC. Mas o enunciado induz o candidato em erro, pois na verdade a menção a "defeso" se refere, pelo Código, apenas aos casos de impedimento (no CPC/1973 havia a menção a defeso, ao passo que no NCPC fala-se em "vedado").

Gabarito "E"

(Magistratura/GO – 2015 – FCC) De acordo com o Código de Processo Civil, o juiz

(A) poderá atuar como intérprete, quando dominar idioma estrangeiro, vertendo-o para o português por ocasião da sentença.
(B) determinará, inclusive de ofício, a produção das provas necessárias à instrução do processo.
(C) decidirá, em regra, por equidade.
(D) apreciará a prova observando, estritamente, apenas as circunstâncias alegadas pelas partes.
(E) decidirá a lide sempre com vistas ao bem comum, se necessário extrapolando os limites em que foi proposta, ainda que a questão demande iniciativa da parte.

A: Incorreta, nos termos do art. 162 do NCPC; **B**: Correta, nos termos do art. 370 do NCPC; **C**: Incorreta, pois o juiz decidirá por equidade apenas nos casos previstos em lei, nos termos do art. 140, parágrafo único, do NCPC; **D**: Incorreta, nos termos do art. 371 do NCPC;**E**: Incorreta, nos termos do art. 141 do NCPC.

Gabarito "B"

4. PRAZOS PROCESSUAIS E ATOS PROCESSUAIS

(Analista Judiciário – TRT/24 – FCC – 2017) À luz do Código de Processo Civil, sobre os prazos, é correto afirmar:

(A) Nos processos em autos eletrônicos, a juntada de petições não ocorrerá de forma automática e dependerá de ato de serventuário da justiça.
(B) O prazo para o juiz prolatar sentença é de 15 dias, prorrogáveis por mais dez dias havendo motivo justificável.
(C) Em regra, considera-se o dia do começo do prazo o dia útil seguinte à consulta ao teor da citação ou da intimação ou ao término do prazo para que a consulta se dê, quando a citação ou a intimação for eletrônica.
(D) Nos processos físicos, os litisconsortes que tiverem diferentes procuradores, ainda que do mesmo escritório de advocacia, terão prazos contados em dobro para todas as suas manifestações, em qualquer juízo ou tribunal, independentemente de requerimento.
(E) É lícito ao juiz reduzir em caráter excepcional algum prazo peremptório independentemente de anuência das partes.

A: Incorreta, porque em processos eletrônicos as petições devem ser juntadas automaticamente (NCPC, art. 228, § 2º); **B**: Incorreta, pois o prazo para proferir sentença é de 30 dias (NCPC, art. 226, III), prorrogável por igual período se houver motivo justificável (NCPC, art. 227); **C:** Correta, conforme previsão legal (NCPC, art. 231, V); **D:** Incorreta, pois só há prazo em dobro, no processo físico, se os litisconsortes tiverem advogados distintos de escritórios distintos (NCPC, art. 229); **E:** Incorreto, pois é lícito ao juiz aumentar os prazos, não reduzir (NCPC, art. 139,VI).

Gabarito "C"

(Juiz – TJ-SC – FCC – 2017) No que se refere à comunicação dos atos processuais, é correto que:

(A) para a eficácia e existência do processo é indispensável a citação do réu ou do executado, com a ressalva única de indeferimento da petição inicial.

(B) o comparecimento espontâneo do réu ou do executado supre a falta ou a nulidade da citação, fluindo a partir desta data o prazo para apresentação de contestação ou de embargos à execução.

(C) a citação válida, salvo se ordenada por juízo incompetente, induz litispendência, torna litigiosa a coisa e constitui em mora o devedor.

(D) a citação será sempre pessoal, por se tratar de ato personalíssimo e, portanto, intransferível.

(E) como regra geral, a citação será feita por meio de mandado a ser cumprido por oficial de justiça; frustrada esta, far-se-á pelo correio.

A: incorreta, pois na improcedência liminar (decisão com mérito) tampouco há citação (NCPC, art. 332); **B:** correta (NCPC, art. 239, § 1º); **C:** incorreta, pois a citação acarreta esses efeitos *ainda* que ordenada por juiz *incompetente* (NCPC, art. 240); **D:** incorreta, pois cabe, por exemplo, citação no representante legal (NCPC, art. 242 A citação será pessoal, podendo, *no entanto*, ser feita na pessoa do representante legal ou do procurador do réu, do executado ou do interessado); **E:** incorreta, pois a regra é a citação por correio (NCPC, arts. 247 e 249).

Gabarito "B"

(Procurador do Estado – PGE/MT – FCC – 2016) Em 20/06/2016 (segunda-feira), foi enviada à Procuradoria do Estado do Mato Grosso, por meio de portal próprio, intimação eletrônica de sentença de mérito contrária à Fazenda Pública. Diante desta situação hipotética, considerando o prazo para o recurso cabível e as prerrogativas da Fazenda Pública, o prazo recursal é de

(A) quinze dias úteis e terá início apenas depois de dez dias, contados a partir do envio da intimação ao portal, caso o Procurador não tenha consultado o teor da intimação antes deste prazo.

(B) quinze dias úteis e somente terá início com a intimação pessoal da Fazenda Pública, por meio de oficial de justiça, uma vez que tal prerrogativa é assegurada pela lei.

(C) quinze dias úteis e somente terá início quando o Procurador do Estado consultar o teor da intimação eletrônica, independentemente de qualquer outro prazo.

(D) trinta dias úteis e terá início apenas depois de dez dias, contados a partir do envio da intimação ao portal, caso o Procurador não tenha consultado o teor da intimação antes deste prazo.

(E) trinta dias úteis e somente terá início depois de vinte dias, contados a partir do envio da intimação ao portal, caso o Procurador não tenha consultado o teor da intimação antes deste prazo.

A questão trata das prerrogativas da advocacia pública em juízo. Inicialmente, é de se destacar a existência de prazo em dobro (NCPC, art. 183) – e, portanto, o prazo é de 30 dias. Do outro lado, se o procurador não acessar o portal, a intimação fluirá em 5 dias, que serão contados em dobro, conforme previsão da Lei 11.419/2006). Assim, a alternativo correta é a "D".

Gabarito "D"

(Defensor Público – DPE/BA – 2016 – FCC) Sobre a nulidade dos atos processuais, é correto afirmar que

(A) se verifica independentemente da existência de prejuízo.

(B) o juiz não a pronunciará quando puder decidir o mérito a favor da parte a quem aproveite.

(C) pode ser alegada, em regra, em qualquer momento, não estando sujeita a preclusão.

(D) o erro de forma invalida o ato ainda que possa ser aproveitado sem prejuízo à defesa das partes.

(E) sua decretação pode ser requerida pela parte que lhe der causa, quando a lei prescrever determinada forma para o ato.

A: incorreto, pois só há nulidade se houver prejuízo (NCPC, art. 282, § 1º – que é a tradução do brocardo francês "pas de nullité sans grief"); **B:** correto, conforme art. 282, § 2º, do NCPC; **C:** incorreto, pois em regra a nulidade deve ser alegada na primeira oportunidade em que couber à parte falar nos autos, sob pena de preclusão (NCPC, art. 278) – salvo nos casos de nulidade absoluta; **D:** incorreto, tendo em vista o princípio da instrumentalidade. Assim, o erro de forma só acarreta a anulação dos atos que não possam ser reaproveitados (NCPC, art. 283); **E:** incorreto, tendo em vista a impossibilidade de se alegar a própria torpeza (NCPC, art. 276).

Gabarito "B"

(Magistratura – TRT 1ª – 2016 – FCC) Segundo disposto no CPC/1973, far-se-á a citação por oficial de justiça, EXCETO:

(A) quando frustrada a citação pelo correio.

(B) nas ações de estado.

(C) quando o autor afirmar ser inacessível o lugar em que o réu se encontrar.

(D) quando for ré pessoa incapaz.

(E) quando for ré pessoa de direito público.

A: incorreta, pois nesse caso a citação será por oficial de justiça (NCPC, art. 249); **B:** incorreta, pois nesse caso a citação será por oficial de justiça (NCPC, art. 247, I); **C:** correta no CPC/1973, sendo que o dispositivo correspondente no NCPC é um pouco distinto (NCPC, art. 247, IV: "quando o citando residir em local não atendido pela entrega domiciliar de correspondência"); **D:** incorreta, pois nesse caso a citação será por oficial de justiça (NCPC, art. 247, II); **E:** incorreta, pois nesse caso a citação será por oficial de justiça (NCPC, art. 247, III).

Gabarito "C"

(Analista – TRT/6ª – 2012 – FCC) O Oficial de Justiça, ao cumprir o mandado de citação, verificando que o réu é demente,

(A) passará certidão, descrevendo minuciosamente a ocorrência, e o juiz nomeará um médico para examinar o citando.

(B) devolverá o mandado informando o juízo, que imediatamente nomeará curador de sua confiança para receber a citação e defender o réu.

(C) fará a citação e devolverá o mandado cumprido, cabendo apenas ao réu alegar a nulidade.

(D) fará a citação com hora certa, porque, nesse caso, o citando será cientificado por carta.

(E) fará a citação na pessoa de qualquer parente ou pessoa que esteja na companhia do citando.

Não se fará citação, quando se verificar que o citando é mentalmente incapaz ou está impossibilitado de recebê-la. Após, o oficial de justiça passará certidão, descrevendo minuciosamente a ocorrência. O juiz nomeará um médico, a fim de examinar o citando (art. 245, §§ 1º e 2º, do NCPC).

Gabarito "A"

(Analista – TRE/SP – 2012 – FCC) Considere o processo em que for

I. ré: pessoa incapaz.
II. réu: o Município de São Paulo.
III. réu: partido político.
IV. réu: o Estado de São Paulo.

De acordo com o Código de Processo Civil brasileiro, NÃO se fará a citação pelo correio nas hipóteses indicadas APENAS em

(A) I e II.
(B) I e IV.
(C) III e IV.
(D) I, II e III.
(E) I, II, e IV.

I: correta (art. 247, II, do NCPC); **II:** correta (art. 247, III, do NCPC); **III:** incorreta (art. 247 do NCPC); **IV:** (art. 247, III, do NCPC).

Gabarito "E"

(Analista – TRT/14ª – 2011 – FCC) Paulo foi pessoalmente citado como réu de uma ação ordinária e não ofereceu contestação, tendo sido decretada a sua revelia. Posteriormente, contratou advogado e este interveio no processo. Nesse caso, os prazos correrão

(A) a partir da intimação, por carta, ao revel, dos atos decisórios.
(B) independentemente de intimação, a partir da data da publicação de cada ato decisório.
(C) independentemente de intimação, a partir da data dos atos decisórios.
(D) a partir da intimação pela imprensa do advogado constituído pelo revel.
(E) em cartório, a partir da intimaçao por carta do advogado constituído pelo revel.

Em que pese a revelia, o revel que intervier no feito recebê-lo-á no estado em que se encontra. Dessa forma, os prazos correrão a partir da publicação das decisões no órgão oficial, intimação esta que deverá ser levada a efeito em nome do advogado habilitado pelo revel (arts. 272, *caput* e § 2º, e 346, ambos do NCPC).

Gabarito "D"

(Analista – TRE/AP – 2011 – FCC) Quando a carta precatória for enviada para Juiz que carecer de competência em razão da hierarquia, este

(A) a cumprirá, cabendo às partes a arguição da nulidade do ato.
(B) recusará cumprimento, enviando-a para a Corregedoria-Geral do Tribunal competente.
(C) a cumprirá e posteriormente enviará para a autoridade hierarquicamente competente para ratificação dos atos.
(D) recusará cumprimento, devolvendo-a com despacho motivado.
(E) recusará cumprimento, enviando-a para o Tribunal Superior competente para apreciação da irregularidade através de processo administrativo.

O juiz recusará cumprimento à carta precatória ou arbitral, devolvendo-a com decisão motivado [...] II – quando faltar ao juiz competência em razão da matéria ou da hierarquia (art. 267, II, do NCPC).

Gabarito "D"

(Analista – TRT/11ª – 2012 – FCC) Numa ação ordinária, o réu não foi citado regularmente, mas, mesmo assim, apresentou contestação e atuou em todas as fases do processo, até o trânsito em julgado da decisão final. Nesse caso, na fase do cumprimento da sentença,

(A) poderá apresentar impugnação fundada na invalidade de citação.
(B) poderá apresentar impugnação fundada na inexistência de citação, por tratar-se de ato processual indispensável à regularidade do processo.
(C) só poderá apresentar impugnação fundada na inexistência de citação se demonstrar que se encontrava em local conhecido e poderia ter sido citado, mas não o foi.
(D) não poderá apresentar impugnação fundada na inexistência de citação.
(E) só poderá apresentar impugnação fundada na inexistência ou invalidade da citação se demonstrar que não foram esgotados os meios para a sua localização.

*** No NCPC, não existe mais o rito ordinário ou sumário, mas somente o procedimento comum.**
A: incorreto pelo princípio da instrumentalidade das formas (art. 239, § 1º, e 277 do NCPC); **B:** incorreto pelo princípio da instrumentalidade das formas (art. 239, § 1º, e 277 do NCPC); **C:** incorreto pelo princípio da instrumentalidade das formas (art. 239, § 1º, e 277 do NCPC); **D:** correto, pois o comparecimento espontâneo do réu supre a necessidade de citação (art. 239, § 1º, e 277 do NCPC); **E:** incorreto pelo princípio da instrumentalidade das formas (art. 239, § 1º, e 277 do NCPC).

Gabarito "D"

(Analista – TRF/1ª – 2011 – FCC) Considere as seguintes assertivas a respeito da distribuição:

I. Distribuir-se-ão por dependência as causas de qualquer natureza quando, tendo sido extinto o processo, sem julgamento de mérito, for reiterado o pedido, ainda que em litisconsórcio com outros autores.
II. Distribuir-se-ão por dependência as causas de qualquer natureza quando, tendo sido extinto o processo, sem julgamento de mérito, for reiterado o pedido, ainda que sejam parcialmente alterados os réus da demanda.
III. O juiz, de ofício ou a requerimento do interessado, corrigirá o erro ou a falta de distribuição, compensando- a.
IV. É vedada a fiscalização da distribuição pela parte ou por seu procurador, tratando-se de ato interno exclusivo do cartório competente.

De acordo com o Código Civil brasileiro, está correto o que se afirma SOMENTE em:

(A) I e III.
(B) II e IV.
(C) I, II e III.

(D) I, II e IV.

(E) II, III e IV.

I e **II**: corretos (art. 286, II, do NCPC); **III**: correto (art. 288 do NCPC); **IV**: incorreto (art. 289 do NCPC).

Gabarito "C"

5. LITISCONSÓRCIOE INTERVENÇÃO DE TERCEIROS

(Analista Judiciário – TRT/24 – FCC – 2017) Sobre a intervenção de terceiros, nos termos preconizados pelo Código de Processo Civil,

(A) na denunciação da lide, se o denunciante for vencedor, a ação de denunciação não terá o seu pedido examinado, sem prejuízo da condenação do denunciante ao pagamento das verbas de sucumbência em favor do denunciado.

(B) a assistência do terceiro juridicamente interessado é admitida em qualquer procedimento até a prolação da sentença de primeiro grau.

(C) na denunciação da lide, feita a denunciação pelo réu, se o denunciado for revel, o denunciante não pode deixar de prosseguir com sua defesa, eventualmente oferecida.

(D) a assistência simples obsta que a parte principal transija sobre direitos controvertidos.

(E) a decisão do juiz que solicita ou admite a participação de pessoa jurídica como *amicus curiae* em demanda com repercussão social da controvérsia pode ser impugnada por meio de agravo de instrumento.

A: Correta, existindo previsão, no NCPC, exatamente nesse sentido (art. 129, p.u.); **B**: Incorreta, pois a assistência é admitida mesmo em grau recursal (NCPC, art. 119, p.u.); **C**: Incorreta, pois o NCPC permite exatamente essa conduta do denunciante (art. 128, II); **D**: Incorreta, pois a assistência simples não permite ingerência do assistente quanto aos atos do assistido (NCPC, art. 122); **E**: Incorreta, porque a legislação afirma que a decisão relativa à admissão do *amicus curiae* é irrecorrível (art. 138). LD

Gabarito "A"

(Juiz – TJ-SC – FCC – 2017) Mário propõe ação reivindicatória contra João Roberto, a quem acusa de ter invadido ilicitamente área imóvel de sua propriedade. Após a citação de João Roberto e oferecimento de sua contestação, ingressa nos autos José Antônio, alegando que o imóvel não é de Mário nem de João Roberto e sim dele, juntando documentos e pedindo a retomada do imóvel para si. A intervenção processual de José Antônio denomina-se:

(A) litisconsórcio.

(B) chamamento ao processo.

(C) denunciação da lide.

(D) assistência litisconsorcial.

(E) oposição.

No caso, alguém que está fora do processo ingressa nos autos e se afirma o proprietário de determinado bem – trata-se da figura da oposição (NCPC, art. 682). Importante destacar que a oposição não está mais no capítulo de intervenção de terceiros no NCPC (estava nesse capítulo no Código anterior), mas segue sendo mencionada ao lado das demais formas de intervenção de terceiro. LD

Gabarito "E"

(Procurador do Estado – PGE/MT – FCC – 2016) Sobre as previsões do novo Código de Processo Civil a respeito da intervenção do *amicus curiae,* considere:

I. A intervenção de *amicus curiae* é admitida expressamente tanto no juízo de piso como perante órgãos colegiados.

II. A intervenção de pessoa natural ou jurídica, órgão ou entidade especializada na condição de *amicus curiae* independe de pedido das partes, pois a lei prevê expressamente a possibilidade de ser determinada de ofício pelo magistrado.

III. A intervenção de pessoa jurídica de direito público na condição de *amicus curiae* pode ensejar a modificação da competência e a remessa dos autos ao juízo competente.

IV. Da decisão que admite a intervenção de *amicus curiae,* cabe recurso pela parte interessada.

Está correto o que se afirma APENAS em

(A) I, II e III.

(B) I e IV.

(C) III e IV.

(D) I, II e IV.

(E) I e II.

I: Correta, considerando a redação do art. 138, *caput*, § 2º, do NCPC, que menciona "juiz ou relator"; **II**: Correta, sendo essa a previsão do art. 138, *caput*: há a intervenção espontânea ou provocada; **III**: Incorreta, existindo previsão expressa em sentido inverso (NCPC, art. 138, § 1º); **IV**: Incorreta, pois pelo Código, da decisão que trata do *amicus curiae*, não cabe recurso (art. 138, *caput*). LD

Gabarito "E"

(Procurador do Estado – PGE/MT – FCC – 2016) Uma empresa recolheu determinado tributo junto ao Município de Sinop – MT. Posteriormente, foi surpreendido com notificação de lançamento tributário pelo Município de Cuiabá – MT, relativamente ao mesmo tributo e mesmo fato gerador do tributo já pago para a outra fazenda municipal. Caso a autora venha a propor ação de anulação do débito fiscal em face do Município de Cuiabá – MT,

(A) poderá formar litisconsórcio passivo eventual com relação ao Município de Sinop, pleiteando a repetição do indébito no caso de improcedência do seu pedido principal.

(B) precisará aguardar o desfecho desta ação para, caso seja improcedente, pleitear a repetição do indébito perante o Município de Sinop.

(C) poderá formar um litisconsórcio passivo sucessivo com relação ao Município de Sinop, pleiteando a repetição do indébito no caso de improcedência do seu pedido principal.

(D) precisará formar litisconsórcio necessário entre os dois municípios para que a relação processual seja completa.

(E) caberá ao requerido denunciar a lide ao Município de Sinop, a fim de buscar indenização regressiva caso a demanda venha a ser julgada procedente.

A: Correta. Apesar da ausência de previsão legal, parte da doutrina admite o litisconsórcio eventual (aquele em que há pedidos cumulados / superveniente em relação a algum dos réus), trazendo o enunciado uma situação em que se admite esse litisconsórcio; **B**: Incorreta, considerando o exposto em "A"; **C**: Incorreta, considerando o exposto em "A"; **D:** Incorreta, não se tratando de situação de litisconsórcio necessário; **E:** Incorreta, pois a situação não é de questão de direito de regresso entre os Municípios. LD

Gabarito "A"

(Magistratura - TRT 1ª - 2016 - FCC) A respeito da intervenção de terceiros, considere:

I. A oposição, oferecida antes da audiência, será apensada aos autos principais e correrá simultaneamente com a ação, sendo ambas julgadas pela mesma sentença.

II. Se o nomeado à autoria negar a qualidade que lhe é atribuída, o processo continuará contra o nomeante, a quem então se assinará novo prazo para contestar.

III. A citação do responsável pela indenização, nos casos de denunciação da lide, deverá ser feita dentro de 30 dias quando o mesmo encontrar-se em lugar incerto, período em que ficará suspenso o processo.

IV. Na hipótese de chamamento ao processo, a sentença que julgar procedente a ação, condenando os devedores, valerá como título executivo em favor do que satisfizer a dívida.

Está correto o que se afirma em

(A) I, II, III e IV.

(B) II e IV, apenas.

(C) I e III, apenas.

(D) II e III, apenas.

(E) I, II e IV, apenas.

I: correta – apenas valendo destacar que, no NCPC, a oposição segue existindo, mas não como intervenção de terceiros e sim como procedimento especial (NCPC, art. 685); **II:** correta no CPC/1973, mas incorreta no NCPC, pois não mais existe nomeação à autoria no novo Código; **III:** correta no CPC/1973, mas sem previsão no NCPC; **IV:** correta (NCPC, art. 132).

Gabarito "A" no CPC/1973; sem resposta no NCPC

(Magistratura/PE - 2013 - FCC) No tocante ao litisconsórcio, analise os enunciados abaixo.

I. O juiz poderá limitar o litisconsórcio necessário quanto ao número de litigantes, quando este comprometer a rápida solução do litígio ou dificultar a defesa. O pedido de limitação suspende o prazo para a resposta, que recomeça da intimação da decisão.

II. Há litisconsórcio necessário, quando, por disposição de lei ou pela natureza da relação jurídica, o juiz tiver de decidir a lide de modo uniforme para todas as partes; caso em que a eficácia da sentença dependerá da citação de todos os litisconsortes no processo.

III. Salvo disposição em contrário, os litisconsortes serão considerados como litigantes distintos em suas relações com a parte adversa. Os atos e as omissões de um não prejudicarão nem beneficiarão os outros.

Está correto o que se afirma APENAS em

(A) II e III.

(B) I e II.

(C) I e III.

(D) II.

(E) III.

I: incorreta, porque a possibilidade de limitar o chamado litisconsórcio multitudinário está restrita às hipóteses de litisconsórcio facultativo (art. 113, §§ 1º e 2º, do NCPC); **II:** correta, porque se trata de reprodução do que consta no art. 114 do NCPC; **III:** correta no CPC/1973, mas incorreta no NCPC, considerando o art. 117: "Os litisconsortes serão considerados, em suas relações com a parte adversa, como litigantes distintos, *exceto no litisconsórcio unitário*, caso em que os atos e as omissões de um *não prejudicarão os outros, mas os poderão beneficiar*".

Gabarito "A" no CPC/1973; "D" no NCPC

(Magistratura/PE - 2011 - FCC) Demandado sozinho para responder pela totalidade da dívida, poderá o devedor solidário utilizar-se do instituto

(A) da denunciação da lide.

(B) da oposição.

(C) do chamamento ao processo.

(D) da assistência litisconsorcial.

(E) da nomeação à autoria.

Nos termos do inciso III do art. 130 do NCPC, é cabível o chamamento ao processo quando o devedor solidário é demandado sozinho. * Atenção: a nomeação à autoria deixou de existir no NCPC.

Gabarito "C"

(Defensoria/SP - 2013 - FCC) Sobre a intervenção de terceiros, é correto afirmar:

(A) Pelo efeito de intervenção causado em decorrência da assistência simples, o assistente sempre poderá discutir a justiça da decisão, desde que o faça em ação autônoma deduzindo pretensão própria, visto que não é considerado parte e não está sujeito aos efeitos da coisa julgada.

(B) Em ação movida por terceiro vítima de acidente automobilístico, a jurisprudência do Superior Tribunal de Justiça admite que a demanda seja endereçada concomitantemente contra o segurado causador do acidente e a seguradora, dispensada a denunciação à lide para que esta possa figurar no polo passivo da causa.

(C) Em caso de evicção é autorizada a denunciação da lide ao alienante imediato em litisconsórcio com seus antecessores, sendo vedada, entretanto, a denunciação *per saltum*.

(D) O recurso de terceiro prejudicado deve veicular pedido de reforma ou anulação da decisão impugnada, a fim de satisfazer seus interesses, razão pela qual não é admitida a participação do terceiro prejudicado que oferece simples embargos de declaração.

(E) Não é cabível a oposição em ação que o réu reconheceu a procedência do pedido do autor no prazo de contestação, visto que inexiste controvérsia entre ambos sobre o bem ou direito pretendido.

A: incorreta. A "justiça da decisão" (instituto distinto da coisa julgada) atinge o assistente, e impede que haja uma ampla discussão do que já restou decidido. Cabe nova discussão, mas desde que presentes requisitos previstos em lei (NCPC, art. 123); **B:** correta, conforme jurisprudência (informativo 490/STJ e Súmula 537/STJ: "Em ação de reparação de danos, a seguradora denunciada, se aceitar a denunciação ou contestar o pedido do autor, pode ser condenada, direta e solidariamente junto com o segurado, ao pagamento da indenização devida à vítima, nos limites contratados na apólice."); **C:** incorreta. O art. 456 do CC foi revogado pelo art. 1.072, II, do NCPC. Contudo, permanece dúvida acerca da possibilidade de denunciação "per saltum". Independentemente disso, a alternativa está equivocada considerando o §2º do art. 125 do NCPC; **D:** incorreta; pois não há restrição a qual recurso o terceiro prejudicado pode se valer (NCPC, art. 996); **E:** incorreta (NCPC, art. 684).* Atenção: no NCPC a oposição deixou de ser intervenção de terceiro e passou a ser procedimento especial.

Gabarito "B"

(Defensor Público/PR – 2012 – FCC) Acerca do litisconsórcio, da assistência e da intervenção de terceiros no processo civil, é correto afirmar:

(A) Havendo um número exagerado de litisconsortes necessários no polo passivo do processo, o juiz poderá limitar o número de litigantes e determinar o desdobramento das ações, quando tal fato comprometer a rápida solução do litígio ou dificultar a defesa.

(B) O pedido de limitação do litisconsórcio multitudinário deve ser feito pelo réu no bojo da contestação, sob pena de ocorrer preclusão consumativa.

(C) Não sendo o assistente adesivo parte no processo, eventual derrota do assistido não implicará na condenação daquele nas custas processuais, mesmo a despeito de sua efetiva participação na demanda.

(D) Proposta ação anulatória de arrematação judicial contra o exequente e o arrematante, terceiro que se considera o verdadeiro proprietário do bem, poderá, visando a participar do processo em curso, ajuizar oposição contra todos os litigantes da demanda anulatória.

(E) A denunciação à lide funda-se no ajuizamento, pelo denunciante, de lide eventual, subsidiária, processada em *simultaneus processus* com a ação principal, cujo julgamento ocorre *secundum eventum litis*, envolvendo direito de garantia, de regresso ou de indenização que o denunciante pretende exercer contra o denunciado.

A: incorreto, visto que a limitação do litisconsórcio multitudinário só se afigura possível quando se cuidar de *litisconsórcio facultativo* (art. 113, § 1º, do NCPC); **B:** incorreto. O pedido de limitação deve ser formulado *antes do oferecimento de resposta.* Ademais, sua simples arguição *interrompe* o respectivo prazo, o qual se reinicia após a intimação da deliberação que resolver o ponto (art. 113, § 2º, do NCPC); **C:** incorreto. Se o assistido for sucumbente, o assistente também deverá ser condenado a arcar com as despesas processuais e honorários advocatícios (art. 94 do NCPC); **D:** incorreto. A oposição se presta a debater a titularidade de um bem, quando autor e réu controvertem a respeito desse bem (NCPC, art. 682), o que não é o que ocorre no âmbito de uma ação anulatória de arrematação (em que se discute se a arrematação ocorreu corretamente ou não). Atenção: no NCPC, a oposição deixou de ser intervenção de terceiro e passou a ser procedimento especial. **E:** correto, pois a denunciação somente será julgada se a ação contra o denunciante for procedente (NCPC, art. 129).

Gabarito "E"

(Analista – TRT/2ª – 2014 – FCC) No tocante ao litisconsórcio, à assistência e à intervenção de terceiros, é correto afirmar:

(A) A denunciação da lide é obrigatória a todos os devedores solidários, quando o credor exigir de um ou de alguns deles, parcial ou totalmente, a dívida comum.

(B) Admite-se o chamamento ao processo ao alienante, na ação em que terceiro reivindica a coisa, cujo domínio foi transferido à parte, a fim de que esta possa exercer o direito que da evicção lhe resulta.

(C) Aquele que pretender, no todo ou em parte, a coisa ou o direito sobre os quais controvertem autor e réu, poderá, até sentença, nomear-se à autoria contra ambos.

(D) A assistência tem lugar em qualquer dos tipos de procedimento, mas só será admitida até prolação da sentença em Primeira Instância; o assistente receberá o processo no estado em que se encontra.

(E) Salvo disposição em contrário, os litisconsortes serão considerados, em suas relações com a parte adversa, como litigantes distintos; os atos e as omissões de um não prejudicarão nem beneficiarão os outros.

A: Incorreta, pois não há essa hipótese no art. 125 do NCPC. Por outro lado, é válido mencionar que, nos termos do art. 130, III, do NCPC, "é admissível o chamamento ao processo, requerido pelo juiz, dos demais devedores solidários, quando o credor exigir de um ou de alguns o pagamento da dívida comum"; **B**: Incorreta, nos termos do art. 125, I, do NCPC, pois "é admissível a denunciação da lide(e não o chamamento ao processo), promovida por qualquer das partes, ao alienante imediato, no processo relativo à coisa cujo domínio foi transferido ao denunciante, a fim de que possa exercer os direitos que da evicção lhe resultam".; **C**: Incorreta, uma vez que a alternativa descreve o instituto da oposição do art. 682 do NCPC (que, no CPC/1973, era intervenção de terceiro, sendo agora procedimento especial); **D**: Incorreta, pois a assistência será admitida em qualquer procedimento e em todos os graus de jurisdição, recebendo o assistente o processo no estado em que se encontre, conforme art. 119, parágrafo único, do NCPC; **E**: Incorreta à luz do NCPC e correta no CPC/1973, pois o art. 117 do novo Código prevê que "os litisconsortes serão considerados, em suas relações com a parte adversa, como litigantes distintos, exceto no litisconsórcio unitário, caso em que os atos e as omissões de um não prejudicarão os outros, *mas os poderão beneficiar*", diferentemente do que previa o art. 48 do CPC/1973,que impedia o benefício de outros pela ação ou omissão dos seus atos.

Gabarito sem resposta à luz do NCPC

(Analista – TRT/16ª – 2014 – FCC) Petrus adquiriu, através de compromisso particular de venda e compra, um apartamento, sabendo tratar-se de coisa litigiosa, face à existência de ação judicial proposta por terceiro que se diz proprietário do imóvel. Nesse caso, Petrus

(A) poderá intervir no processo através de denunciação da lide.

(B) não poderá intervir no processo.

(C) poderá ingressar em juízo substituindo o alienante, sem o consentimento da parte contrária.

(D) poderá intervir no processo na qualidade de opoente.

(E) poderá intervir no processo, assistindo o alienante.

Nos termos dos arts. 109, § 2º, e 119 do NCPC, "a alienação da coisa ou do direito litigioso por ato entre vivos, a título particular, não altera a legitimidade das partes. O adquirente ou cessionário poderá intervir no processo como *assistente litisconsorcial do alienante* ou cedente". Correta, portanto, a alternativa "E".

Gabarito "E"

(Analista – TRT/1ª – 2012 – FCC) No que concerne ao litisconsórcio, é correto afirmar:

(A) O pedido de limitação do litisconsórcio suspende o prazo para resposta, que voltará a correr a partir da intimação da decisão.

(B) A citação de litisconsorte ativo necessário é desnecessária, porque os seus interesses já estão representados pelo que ajuizou a demanda.

(C) A sentença prolatada sem a citação de um dos litisconsortes necessários não tem validade, mesmo se lhe for favorável.

(D) O desmembramento do litisconsórcio facultativo multitudinário quando o número de litigantes comprometer a rápida solução do litígio ou dificultar a defesa poderá ser determinado de ofício pelo juiz.

(E) Há litisconsórcio necessário quando entre duas ou mais pessoas houver comunhão de direitos e de obrigações relativamente à lide.

A: incorreta, pois se interrompe o prazo de resposta conforme artigo 113, § 2º, do NCPC; **B:** incorreta, pois a citação de todos os litisconsortes é necessária sob pena de extinção do processo conforme art. 115, parágrafo único, do NCPC. Mesmo os litisconsortes que se recusem a participar devem ser citados para que tomem a medida que melhor lhes aprouver, já que ninguém é obrigado a demandar em juízo; **C:** Incorreta, pois interpretando o sistema de invalidades do CPC, não há nulidade sem prejuízo (NCPC, art. 283, parágrafo único), dessa forma a procedência do pedido favorecendo os demais litisconsortes é válida. Ademais a coisa julgada alcança ao litisconsorte se a decisão lhe foi favorável (art. 506, CPC; **D:** correta, conforme locução "o juiz poderá" inserta no § 1º do art. 113 do CPC; **E:** incorreta, pois constitui hipótese de litisconsórcio facultativo conforme locução "podem" no art. 113, § 2º, do CPC.

Gabarito "D"

(Analista – TRT/9ª – 2012 – FCC) Das modalidades seguintes, não se caracteriza como intervenção de terceiro:

(A) a nomeação à autoria.

(B) a oposição.

(C) o litisconsórcio.

(D) a denunciação à lide.

(E) o chamamento ao processo.

A oposição (art. 682, NCPC) era intervenção de terceiro no CPC/1973, mas passou a ser procedimento especial. A nomeação àautoria foi extinta, existindo agora um dever de indicar o réu, quando se alega ilegitimidade passiva (art. 338, NCPC). Assim, no NCPC somente a denunciação da lide (art. 125 do NCPC) e o chamamento ao processo (art. 130 do NCPC) são modalidades de intervenção de terceiros. O litisconsórcio é apenas a pluralidade de partes dentro da demanda.

Gabarito "C" no CPC/1973. No NCPC, também "A" e "B"

(Analista – TRT/11ª – 2012 – FCC) Paulo, aderindo ao pedido formulado por uma das partes, interveio e foi admitido num processo cuja sentença irá influir na relação jurídica entre ele e o adversário desta. Paulo atuará no processo na condição de

(A) assistente litisconsorcial.

(B) assistente simples.

(C) opoente.

(D) litisdenunciante.

(E) nomeante à autoria.

Paulo deverá utilizar a *assistência, mais precisamente a litisconsorcial*, conforme art. 124 do NCPC: "Considera-se litisconsorte da parte principal o assistente sempre que a sentença influir na relação jurídica entre ele e o adversário do assistido" *Atenção: a nomeação à autoria deixou de existir no NCPC.

Gabarito "A"

(Analista – TRT/14ª – 2011 – FCC) João ajuizou ação de indenização contra o Plano de Saúde X, alegando ter ocorrido erro médico por parte de José, profissional responsável pela cirurgia a que foi submetido. Estando José obrigado, pelo contrato, a indenizar o Plano de Saúde X, em ação regressiva se este vier a perder a demanda, José deverá ser citado para integrar o processo através do instituto processual

(A) da oposição.

(B) da assistência.

(C) do chamamento ao processo.

(D) da denunciação da lide.

(E) da nomeação à autoria.

A denunciação da lide – modalidade de intervenção provocada de terceiros – tem natureza de ação condenatória que surge, seja por provocação do autor ou do réu, no bojo de outra ação condenatória. Presta-se à obtenção de sentença que reconheça o direito de regresso do denunciante em face do terceiro alienante, proprietário, possuidor indireto ou responsável civil, tudo, insista-se, dentro da mesma relação processual travada originariamente entre autor e réu. Na hipótese, a sociedade operadora do plano de saúde poderá denunciar a lide ao médico implicado, posto que responsável civil pelo ilícito cometido (art. 125, II, do CPC).

Gabarito "D"

(Analista – TRT/20ª – 2011 – FCC) Numa ação ordinária, duzentas pessoas litigam na condição de litisconsortes ativos facultativos. O réu formulou pedido de limitação do litisconsórcio facultativo quanto ao número de litigantes, alegando dificultar a defesa. Nesse caso, o pedido de limitação

(A) não interrompe o prazo para resposta.

(B) interrompe o prazo para resposta, que recomeça da intimação da decisão.

(C) implica no cômputo em dobro do prazo para resposta.

(D) só duplica o prazo para resposta se houver concordância dos autores.

(E) implica na extinção do processo sem resolução do mérito, devendo cada litigante ajuizar ação autônoma.

O juiz poderá limitar o litisconsórcio facultativo quanto ao número de litigantes, quando este comprometer a rápida solução do litígio ou dificultar a defesa. O pedido de limitação interrompe o prazo para resposta, que recomeça da intimação da decisão (art. 113, § 2º, do NCPC).

Gabarito "B"

6. PRESSUPOSTOS PROCESSUAIS, ELEMENTOS DA AÇÃO E CONDIÇÕES DA AÇÃO

(Magistratura/PE – 2013 – FCC) Em relação à capacidade processual, é correto afirmar que

(A) vindo o autor ao processo sem o consentimento do cônjuge, em caso no qual esse consentimento era necessário, deverá o juiz extinguir o processo de imediato, por ausência de pressuposto processual essencial.

(B) a presença de curador especial no processo torna prescindível a participação do Ministério Público, estando em causa interesses de incapazes.

(C) ambos os cônjuges serão necessariamente citados para ações que digam respeito a direitos reais mobiliários.

(D) nas ações possessórias é sempre indispensável a participação no processo de ambos os cônjuges.

(E) para propor ações que versem sobre direitos reais imobiliários necessita o cônjuge do consentimento do outro, exceto no caso de regime de separação absoluta de bens, sem no entanto exigir-se a formação de litisconsórcio necessário.

A: incorreta, porque, nesse caso, caberá ao juiz determinar ao autor que obtenha o consentimento do cônjuge, ou o seu suprimento, antes de extinguir o processo; **B:** incorreta, porque se a parte for incapaz, ainda que representada por curador especial, será obrigatória a intervenção do Ministério Público como fiscal da lei (art. 178, II, do NCPC). O curador especial representa a parte no processo, o que se confunde com atuação ministerial exigida pela lei quando estão em causa interesses de incapazes; **C:** incorreta, porque nos termos do art. 73, § 1º, I, do NCPC, só será obrigatória a citação de ambos quando se tratar de direitos reais sobre imóveis, salvo quando casados sob o regime de separação absoluta de bens; **D:** incorreta, porque "nas ações possessórias, a participação do cônjuge do autor ou do réu somente é indispensável nos casos de composse ou de ato por ambos praticados" (art. 73, § 2º, do NCPC);**E:** correta (art. 73 do NCPC).

Gabarito "E"

(Ministério Público/CE – 2011 – FCC) No tocante à ação, para nossa lei processual civil,

(A) o reconhecimento da ausência de pressupostos processuais leva ao impedimento da instauração da relação processual ou à nulidade do processo.

(B) a ausência do direito material subjetivo conduz à carência de ação.

(C) a ausência das condições da ação não pode ser aferida de ofício pelo juiz.

(D) não se admite a ação meramente declaratória, se já ocorreu a violação do direito.

(E) o interesse do autor está ligado sempre, e apenas, à constituição de seu direito, com pedido eventual de preceito mandamental.

A: correta uma vez que os pressupostos processuais podem ser de constituição e de desenvolvimento válido e regular do processo; **B:** incorreta, porque a ausência do direito material conduz à improcedência do pedido, e não à carência da ação; **C:** incorreta, porque se trata de matéria de ordem pública, cognoscível de ofício pelo juiz (art. 485, § 3º, do NCPC); **D:** incorreta (art. 20 do NCPC); **E:** incorreta, pode ter ele interesse na simples declaração (tutela declaratória) ou na tutela condenatória.

Gabarito "A"

(Técnico – TRT/6ª – 2012 – FCC) São condições da ação:

(A) citação do réu, possibilidade jurídica do pedido e interesse de agir.

(B) competência do juiz, interesse de agir e legitimidade das partes.

(C) interesse de agir, legitimidade das partes e possibilidade jurídica do pedido.

(D) pagamento das custas iniciais do processo, achar-se a parte representada por advogado e competência do juiz.

(E) não achar-se prescrita a pretensão, existência do direito pleiteado e legitimidade das partes.

No antigo CPC, eram condições da ação a legitimidade de parte, interesse de agir e possibilidade jurídica do pedido (alternativa "C"). No NCPC, a possibilidade jurídica deixou de ser condição da ação (art. 485, VI), de modo que atualmente somente são condições da ação legitimidade e interesse.

Gabarito sem resposta à luz do NCPC

7. FORMAÇÃO, SUSPENSÃO E EXTINÇÃO DO PROCESSO. NULIDADES

(Magistratura/RR – 2015 – FCC) As nulidades processuais civis,

(A) só podem ser declaradas após provocação das partes, vedado ao juiz reconhecê-las de ofício, pelo caráter privado das normas do processo civil.

(B) devem ser declaradas necessariamente sempre que a matéria disser respeito a questões de ordem pública.

(C) serão decretadas de imediato se a citação do réu for irregular, sem possibilidade de regularização por seu comparecimento espontâneo aos autos.

(D) por falta de intervenção do Ministério Público em processo com interesse de incapazes, são insanáveis, haja ou não prejuízo ao incapaz.

(E) são passíveis de sanação, pela incidência do princípio da instrumentalidade das formas.

A: Incorreta, pois podem ser conhecidas de ofício (art. 278, parágrafo único, do NCPC), sendo que as normas processuais são públicas, não privadas; **B**: Incorreta, pois só há nulidade se houver prejuízo – se não houver prejuízo, não se anula o ato (art. 282. § 1º); **D**: Incorreta. Apesar de o art. 279 do NCPC apontar que há nulidade, para a jurisprudência não haverá nulidade se não houver prejuízo ao incapaz (leitura em conjunto com o art. 282, § 1º, do NCPC); **E:** Correta. *Vide* comentários à alternativa "B".

Gabarito "E"

(Magistratura/PE – 2013 – FCC) Quanto às nulidades processuais, analise os enunciados abaixo.

I. Não existem nulidades de pleno direito no processo civil, pois toda invalidade processual deve ser decretada pelo juiz. Todos os atos processuais, cuja existência se reconheça, são válidos e eficazes até que se decretem as suas invalidades.

II. Quando a lei prescrever determinada forma, sob pena de nulidade, a decretação desta não pode ser requerida pela parte que lhe deu causa.

III. Quando a lei prescrever determinada forma, sem cominação de nulidade, o juiz considerará válido o ato se, realizado de outro modo, lhe alcançar a finalidade.

Está correto o que se afirma em

(A) I, II e III.

(B) I e II, apenas.

(C) I e III, apenas.

(D) II e III, apenas.

(E) II, apenas.

I: correta, porque o ato processual emana do Poder Judiciário; assim, até ser anulado, permanece válido; **II:** correta, pois isso seria alegar a própria torpeza (art. 276 do NCPC); **III:** correta, pois se trata do princípio da instrumentalidade das formas, previsto no art. 277 do NCPC.

Gabarito "A"

(Magistratura/PE – 2011 – FCC) No tocante às nulidades processuais, é INCORRETO afirmar:

(A) Sob pena de preclusão, a nulidade dos atos processuais deve ser alegada na primeira oportunidade em que couber à parte manifestar-se nos autos, mesmo quando deva o juiz decretá-la de ofício.

(B) Em ação na qual haja interesse de incapaz, a não intervenção do Ministério Público acarreta a nulidade do processo.

(C) Pelo princípio da instrumentalidade das formas, realizado o ato processual de modo diverso ao previsto em lei, sem nulidade estabelecida, o juiz terá tal ato como válido se alcançar sua finalidade.

(D) Ao pronunciar a nulidade, o juiz declarará os atos atingidos, ordenando as providências necessárias para que sejam repetidos ou retificados.

(E) São nulas as citações e intimações, quando feitas sem observância das prescrições legais.

A: incorreta, porque quando se trata de nulidade que o juiz deve reconhecer de ofício, não há preclusão (art. 278, parágrafo único, NCPC); **B:** correta (arts. 279 e 178, II, do NCPC); **C:** correta (art. 277 do NCPC); **D:** correta (art. 282 do NCPC); **E:** correta (art. 280 do NCPC).

Gabarito "A".

(Ministério Público/CE – 2011 – FCC) Pelo sistema da lei processual civil, as nulidades nela previstas

(A) convalidam-se, se o ato processual, realizado de forma diversa à prevista, lhe alcançar a finalidade.

(B) não são passíveis de convalidação, pois o que é nulo não produz nenhum efeito.

(C) não abrangem a atuação do Ministério Público, salvo se atuar no interesse de incapazes.

(D) devem ser sempre alegadas a qualquer tempo, inexistindo preclusão a respeito.

(E) não podem ser declaradas de ofício pelo juiz, vigorando sobre o tema, sem ressalvas, o princípio da iniciativa da parte.

A: correta, porque se trata de tradução do princípio da instrumentalidade das formas, previsto no art. 277 do NCPC; **B:** incorreta, considerando o exposto na alternativa "A"; **C:** incorreta, porque o art. 279 prevê que é nulo o processo, quando o Ministério Público não for intimado para acompanhar o feito em que deva intervir; **D:** incorreta, porque devem ser alegadas na primeira oportunidade em que couber à parte falar nos autos, sob pena de preclusão (art. 278 do NCPC– salvo nas matérias que o juiz pode conhecer de ofício, conforme parágrafo único); **E:** incorreta, porque as nulidades que decorrem da ofensa de normas de ordem pública podem ser declaradas de ofício pelo juiz (art. 278, parágrafo único, do NCPC).

Gabarito "A".

(Analista – TRE/AP – 2011 – FCC) O processo W foi suspenso porque a sentença de mérito depende do julgamento de outra causa e o processo Z foi suspenso por convenção das partes. Nestes casos, o prazo máximo de suspensão processual é, respectivamente, de

(A) um ano e seis meses.

(B) seis meses e um ano.

(C) três e seis meses.

(D) seis e três meses.

(E) um e dois anos.

Em havendo prejudicialidade externa (art. 313, V, do NCPC), o processo poderá ficar suspenso pelo prazo máximo de um ano (art. 313, § 4º, do NCPC). Já no caso de convenção das partes, o processo ficará sobrestado pelo prazo máximo de seis meses (art. 313, § 4º, do NCPC). Correta, portanto, a alternativa "A".

Gabarito "A".

8. TUTELA PROVISÓRIA

(Analista Judiciário – TRT/11 – FCC – 2017) A tutela de urgência, presentes os demais requisitos legais,

(A) só pode ser concedida após justificação prévia e sempre com caução.

(B) pode ser concedida quando houver perigo de dano, ou o risco ao resultado útil do processo.

(C) será concedida quando houver perigo de irreversibilidade dos efeitos da decisão.

(D) não pode ser efetivada através de arrolamento de bens, quando for de natureza cautelar.

(E) só pode ser concedida se o requerente oferecer caução real ou fidejussória idônea.

A: Incorreta, pois a caução e audiência de justificação prévia ficam a critério do juiz, de modo que não são obrigatórias (NCPC, art. 300, §§ 1º e 2º); **B:** Correta, sendo essa a nomenclatura prevista em lei para a urgência (NCPC, art. 300, *caput*); **C:** Incorreta, porque a previsão legal é exatamente a vedação de concessão quando há perigo de irreversibilidade (NCPC, art. 300, § 3º); **D:** Incorreta, pois uma das 4 cautelares mencionadas é exatamente o arrolamento de bens (NCPC, art. 301); **E:** Incorreta, considerando o exposto na alternativa "A".

Gabarito "B".

(Juiz – TJ-SC – FCC – 2017) Em relação às tutelas provisórias, de urgência e da evidência, considere os enunciados seguintes:

I. A tutela provisória de urgência, se cautelar, só pode ser concedida em caráter antecedente, podendo a qualquer tempo ser revogada ou modificada.

II. A tutela de urgência de natureza cautelar pode ser efetivada mediante arresto, sequestro, arrolamento de bens, registro de protesto contra alienação de bem e qualquer outra medida idônea para asseguração do direito.

III. Entre outros motivos, a tutela da evidência será concedida, independentemente da demonstração de perigo de dano ou de risco ao resultado útil do processo, se se tratar de pedido reipersecutório fundado em prova documental adequada do contrato de depósito, caso em que será decretada a ordem de entrega do objeto custodiado, sob cominação de multa.

IV. Para a concessão da tutela de urgência, o juiz deve, conforme o caso, exigir caução real ou fidejussória idônea para ressarcir os danos que a outra parte possa vir a sofrer, só podendo a garantia ser dispensada se os requerentes da medida forem menores ou idosos com mais de sessenta anos.

Está correto o que se afirma APENAS em:

(A) II e III.

(B) I e II.

(C) I, II e IV.

(D) II, III e IV.

(E) I, II e III.

I: incorreta, pois a tutela cautelar (como a tutela antecipada) pode ser concedida de forma antecedente ou incidental (NCPC, art. 294, parágrafo único.), **II.** correta, sendo essas as hipóteses mencionadas na lei (NCPC, art. 301); **III:** correta, sendo essa uma das hipóteses mencionadas na lei (NCPC, 311, III); **IV:** incorreta, porque a caução fica a critério do juiz conforme o caso concreto – não conforme a idade da parte (NCPC, art. 300, § 1º, que também prevê que a caução pode ser "dispensada se a parte economicamente hipossuficiente não puder oferecê-la"). LD

Gabarito "A"

(Defensor Público – DPE/BA – 2016 – FCC) Sobre a tutela de urgência:

(A) No procedimento da tutela antecipada requerida em caráter antecedente, atendidos os requisitos legais, a parte pode se limitar a requerer tutela antecipada, aditando a inicial depois que concedida a medida, no prazo de 15 dias. Não realizado o aditamento nem interposto o respectivo recurso, o Juiz julgará antecipadamente a lide.

(B) Concedida tutela de urgência, se a sentença for desfavorável, a parte responderá pelo prejuízo decorrente da efetivação da medida, que será apurado, em regra, por meio de ação autônoma.

(C) No procedimento da tutela antecipada requerida em caráter antecedente, a decisão que concede a tutela faz coisa julgada, só podendo ser revista por meio de ação rescisória.

(D) No procedimento da tutela antecipada requerida em caráter antecedente, atendidos os requisitos legais, a parte pode se limitar a requerer tutela antecipada, aditando a inicial depois que concedida a medida, no prazo de 15 dias ou em outro que fixar o juiz. Não realizado o aditamento nem interposto o respectivo recurso, a tutela se tornará estável e o processo será extinto.

(E) A tutela cautelar concedida em caráter antecedente conserva sua eficácia ainda que o juiz extinga o processo sem resolução de mérito em razão de ausência de pressupostos processuais.

A: incorreto. De fato, no procedimento narrado, a parte pode se limitar a requerer a tutela antecipada, aditando a inicial depois que concedida a medida – no prazo de 15 dias ou outro maior que o juiz fixar. Contudo, não realizado o aditamento, o processo será *extinto sem resolução do mérito* (NCPC, art. 303, § 1º, I e § 2º). **B:** incorreto, pois a indenização será liquidada nos próprios autos em que a tutela houver sido concedida (NCPC, art. 302, parágrafo único). **C:** incorreto, pois somente se não houver a interposição de recurso (agravo de instrumento), a decisão que concede a tutela antecedente se tornará estável (NCPC, art. 304, "caput" e § 6º). Além disso, cabe ação em 1º grau para rever, reformar ou invalidar a tutela antecipada estabilizada (NCPC, art. 304, §§ 2º, 3º e 5º) – e não ação rescisória. **D:** correto, considerando o exposto nas demais alternativas e a previsão legal (NCPC, arts. 303 e 304). **E:** incorreto, pois no caso de tutela cautelar a eficácia da decisão concedida sempre cessará no caso de extinção (NCPC, art. 309, III).

Gabarito "D"

II – PROCESSO DE CONHECIMENTO

9. PETIÇÃO INICIAL

(Defensor Público – DPE/BA – 2016 – FCC) Sobre a petição inicial e seu indeferimento e a improcedência liminar do pedido é correto:

(A) Depois da citação, o autor não poderá aditar ou alterar o pedido, ainda que haja consentimento do réu.

(B) Se o juiz verificar que a petição inicial não preenche os requisitos legais, deverá determinar a intimação do autor para que, no prazo de dez dias, a emende ou a complete, não cabendo ao Magistrado apontar qual o erro.

(C) O pedido deve ser certo, nele estando compreendidos os juros legais, a correção monetária e as verbas de sucumbência, mas a fixação de honorários advocatícios depende de pedido expresso.

(D) Indeferida a petição inicial, o autor poderá interpor agravo de instrumento, facultado ao juiz, no prazo de cinco dias, retratar-se.

(E) Nas causas que dispensem a fase instrutória, o juiz, independentemente da citação do réu, julgará liminarmente improcedente o pedido que contrariar enunciado de súmula do Supremo Tribunal Federal ou do Superior Tribunal de Justiça.

A: incorreto, pois havendo consentimento do réu, o autor poderá aditar ou alterar o pedido após a citação e até o saneamento do processo (NCPC, art. 329, II); **B:** incorreto, pois deverá o juiz *indicar com precisão* o que deve ser corrigido ou completado; além disso, o prazo para isso é de 15 dias e não de 10 (NCPC, art. 321). **C:** incorreto, pois também a fixação de honorários advocatícios independe de pedido expresso da parte (NCPC, art. 322, § 1º); **D:** incorreto, pois da decisão que indefere a petição inicial o recurso cabível é a apelação (NCPC, art. 331); **E:** correta (NCPC, art. 332, I).

Gabarito "E"

(Magistratura – TRT 1ª – 2016 – FCC) A respeito do pedido, o CPC/1973 dispõe:

(A) É lícito formular mais de um pedido alternativo, a fim de que o juiz conheça do seguinte em não podendo acolher o anterior.

(B) É permitida a cumulação, num mesmo processo, contra o mesmo réu, de vários pedidos, desde que entre eles haja conexão.

(C) Não será possível a cumulação de pedidos que correspondam a tipos diversos de procedimento, ainda que se empregue o procedimento ordinário.

(D) Quando a escolha do modo de cumprimento da obrigação couber ao réu, em razão de contrato, a possibilidade de cumprimento da obrigação, de um modo ou de outro, dependerá da existência de pedido alternativo formulado pelo autor.

(E) Quando a obrigação consistir em prestações periódicas, as mesmas considerar-se-ão incluídas no pedido, inde- pendentemente de declaração expressa do autor.

A: incorreta, pois essa é a definição de pedido subsidiário (NCPC, art. 326); **B:** incorreta, pois cabe a cumulação mesmo se não houver conexão (NCPC, art. 327); **C:** incorreta, pois cabe a cumulação se for utilizado o procedimento comum (NCPC, art. 327, § 2º *Atenção: no NCPC não mais existe o rito ordinário ou sumário, mas apenas o procedimento comum e procedimentos especiais); **D:** incorreta, pois caberá a escolha ao réu mesmo que não tenha sido formulado pedido alternativo (NCPC, art. 325, parágrafo único); **E:** correta (NCPC, art. 323).

Gabarito "E"

(Magistratura – TRT 1ª – 2016 – FCC) NÃO está elencado entre as pessoas impedidas de depor como testemunhas, segundo o CPC/1973, o

(A) juiz que conheceu da causa.

(B) condenado por crime de falso testemunho, havendo transitado em julgado a sentença.

(C) tutor na causa do menor.

(D) representante legal da pessoa jurídica.

(E) advogado que tenha assistido a parte.

As hipóteses de impedimento (situações mais objetivas, nas quais é indevido que a testemunha seja ouvida) para as testemunhas estão no art. 447, § 2º. **A:** correto, pois há impedimento do juiz para testemunhar (inciso III); **B:** incorreta, devendo esta ser assinalada (a hipótese não mais existe no NCPC – e não era de impedimento); **C:** correto, pois há impedimento para o tutor testemunhar (inciso III); **D:** correto, pois há impedimento para o representando da PJ testemunhar (inciso III); **E:** correto, pois há impedimento para o advogado da parte testemunhar (inciso III)

Gabarito "B"

(Magistratura/PE – 2013 – FCC) A petição inicial deverá preencher determinados requisitos, bem como ser instruída com os documentos indispensáveis à propositura da ação. Estando, porém, incompleta, deverá o juiz

(A) aguardar a contestação do réu, pois eventual medida dependerá de pedido expresso da parte, sendo-lhe defeso agir de ofício.

(B) determinar que o autor a complete, ou a emende, no prazo de dez dias, sob pena de, não cumprida a diligência, ser indeferida a inicial.

(C) considerar o fato como simples irregularidade, determinando o prosseguimento da ação sem outras consequências.

(D) determinar a emenda da inicial, em cinco dias, sob pena de se considerar descumprido um ônus processual, com a respectiva preclusão.

(E) indeferir de imediato a inicial, extinguindo a ação sem resolução do mérito.

Prevê expressamente o art. 321 do NCPC que, "O juiz, ao verificar que a petição inicial não preenche os requisitos dosarts. 319 e 320ou que apresenta defeitos e irregularidades capazes de dificultar o julgamento de mérito, determinará que o autor, no prazo de 15 (quinze) dias, a emende ou a complete, indicando com precisão o que deve ser corrigido ou completado" e, ainda, em seu parágrafo único prevê que "se o autor não cumprir a diligência, o juiz indeferirá a petição inicial". No CPC/1973, o prazo era de 10 dias para emendar.

Gabarito "B" no CPC/1973, sem resposta no NCPC

(Analista – TRT/1ª – 2012 – FCC) No procedimento ordinário,

(A) como o pedido deve ser certo e determinado, não pode o autor formular pedido alternativo.

(B) pode ser formulado pedido genérico quando a determinação do valor da condenação depender de ato que deva ser praticado pelo réu.

(C) não cabe pedido cominatório para as obrigações de entrega de coisa.

(D) não há possibilidade de cumulação, num único processo, contra o mesmo réu, de vários pedidos, se entre eles não houver conexão.

(E) não se incluem juros moratórios na condenação se não tiverem sido expressamente postulados na petição inicial.

A: incorreta, pois é possível conforme art. 325 do NCPC; **B:** correta, conforme artigo 324, § 1º, III do NCPC; **C:** incorreta conforme art. 498 do NCPC; **D:** incorreta, pois se permite a cumulação ainda que não haja conexão conforme dicção do artigo 327 do NCPC; **E:** incorreto, pois constitui modalidade de pedido implícito (art. 322, § 1º, NCPC) além de ser posicionamento pacificado do STF (Súmula 254, STF). O procedimento agora não é denominado mais ordinário e sim comum.

Gabarito "B"

(Analista – TRT/11ª – 2012 – FCC) No procedimento ordinário, a respeito do pedido constante da petição inicial, considere: *Atenção: no NCPC não há mais os ritos sumário ou ordinário, de modo que a pergunta seria quanto ao procedimento comum.

I. Se o autor tiver formulado mais de um pedido em ordem sucessiva, se o juiz julgar improcedente o pedido principal, o pedido subsidiário ficará prejudicado.

II. Quando a obrigação consistir em prestações periódicas, não serão consideradas incluídas no pedido as que vencerem após o trânsito em julgado da sentença.

III. O autor poderá requerer cominação de pena pecuniária para o caso de descumprimento de sentença ou de decisão antecipatória de tutela quando pedir o cumprimento da obrigação de entrega de coisa.

Está correto o que se afirma APENAS em

(A) I e II.

(B) I e III.

(C) II.

(D) II e III.

(E) III.

I: incorreto. Se o juiz não acolher o primeiro pedido, deverá examinar o posterior, consoante a sequência determinada pelo autor na petição inicial (art. 326 do NCPC); **II:** incorreto (art. 323 do NCPC); **III:** correto (arts. 536, § 1º, do NCPC).

Gabarito "E"

(Analista – TRT/14ª – 2011 – FCC) A petição inicial NÃO poderá

(A) ser considerada inepta quando contiver pedidos incompatíveis entre si.

(B) conter mais de um pedido em ordem sucessiva, a fim de que o juiz conheça do posterior, em não podendo acolher o anterior.

(C) conter pedido genérico, mesmo se a determinação do valor da condenação depender de ato que deva ser praticado pelo réu.

(D) ser considerada inepta quando da narração dos fatos não decorrer logicamente a conclusão.

(E) ser aditada depois da citação sem o consentimento do réu, mesmo se o autor arcar com as custas acrescidas em razão dessa iniciativa.

A: incorreto (art. 330, § 1º, IV, do NCPC); **B:** incorreto (art. 326 do NCPC); **C:** incorreto (art. 324, § 1º, III, do NCPC); **D:** incorreto (art. 330, § 1º, III, do NCPC); **E:** correto. O autor, antes da citação do réu, poderá emendar (corrigir) ou aditar (acrescentar) tanto a causa de pedir (fatos e fundamentos jurídicos do pedido) quanto o próprio pedido (art. 329 do NCPC). Implementada a citação, a modificação da causa de pedir ou do pedido só poderá ser efetuada com o consentimento do réu (art. 329, *II*, do NCPC).

Gabarito "E"

(Analista – TRT/14ª – 2011 – FCC) Numa ação ordinária de cobrança, não foram incluídas no pedido as prestações vincendas. Nesse caso, a

(A) sentença as incluirá na condenação, independentemente de pedido expresso do autor.

(B) sentença só poderá incluir na condenação as prestações vencidas até a citação do réu.

(C) inclusão das prestações vincendas na condenação dependerá da expressa concordância do réu.

(D) sentença não poderá incluí-las na condenação, sob pena de nulidade por decisão *extra petita*.

(E) inclusão das prestações vincendas na condenação dependerá de aditamento da petição inicial pelo autor.

O autor deve fixar os limites objetivos da lide, especificando em que consiste o provimento pleiteado junto ao Estado-Juiz (art. 141 do NCPC). Ressalvadas as hipóteses em que são admitidos pedidos implícitos, a parte deve declinar com precisão a providência jurisdicional almejada (arts. 323 e 322, § 2º, do NCPC).

Gabarito "A"

10. CONTESTAÇÃO E REVELIA

(Defensor Público – DPE/BA – 2016 – FCC) Sobre as respostas do réu, é correto afirmar:

(A) Para o réu propor reconvenção é necessário que apresente contestação.

(B) Se o réu, na contestação, deixar de alegar incompetência absoluta ou relativa, o juiz conhecerá de tais matérias de ofício.

(C) Havendo alegação de incompetência relativa ou absoluta, a contestação poderá ser protocolada no foro de domicílio do réu.

(D) A desistência da ação ou a ocorrência de causa extintiva que impeça o exame de seu mérito obsta o prosseguimento do processo quanto à reconvenção.

(E) Na contestação, é lícito ao réu propor reconvenção para manifestar pretensão própria, ainda que não conexa com a ação principal nem com o fundamento da defesa.

A: incorreto. Apesar de a reconvenção ser elaborada como um tópico da contestação, a propositura de reconvenção independe da apresentação de contestação (NCPC, art. 343, § 6º); **B:** incorreto, pois em regra o juiz somente conhece de ofício a incompetência absoluta (NCPC, art. 337, § 5º); **C:** correto (NCPC, art. 340); **D:** incorreto, pois nesse caso o processo prossegue em relação à reconvenção (NCPC, art. 343, § 2º); **E:** incorreto, pois cabe a reconvenção desde que o pedido nela formulado seja conexo com a ação principal ou com o fundamento da defesa (NCPC, art. 343).

Gabarito "C"

(Analista – TRT/16ª – 2014 – FCC) A respeito da revelia, considere:

I. Os prazos correrão contra o revel, independentemente de intimação, a partir de cada ato decisório, ainda que tenha constituído patrono nos autos.

II. Não se reputarão verdadeiros os fatos afirmados pelo autor se a petição inicial não estiver acompanhada do instrumento público, que a lei considere indispensável à prova do ato.

III. O juiz poderá conhecer diretamente do pedido e proferir sentença, quando ocorrer a revelia.

Está correto o que se afirma APENAS em

(A) II e III.

(B) I e II.

(C) I e III.

(D) I.

(E) III.

I: incorreta, pois os prazos contra o revel que não tenha patrono nos autos fluirão da data de publicação do ato decisório no órgão oficial (art. 346 do NCPC); **II:** correta, nos termos do art. 345, III, do NCPC; **III:** correta, nos termos do art. 355, II, do NCPC.

Gabarito "A"

(Magistratura/RR – 2015 – FCC) Ocorrendo revelia,

(A) a presunção de veracidade dos fatos afirmados pelo autor não admite prova contrária.

(B) seus efeitos, em nenhuma hipótese, podem ser excluídos, dada sua gravidade.

(C) verificando o juiz um direito indisponível, ainda que o réu não conteste, o autor tem de fazer a prova dos fatos constitutivos de seu direito, defeso ao juiz o julgamento antecipado da lide.

(D) embora haja a presunção de veracidade dos fatos alegados pelo autor, o réu revel tem o direito de ser intimado dos atos processuais subsequentes, tenha ou não advogado constituído nos autos.

(E) seus efeitos só ocorrem em relação aos réus citados por edital ou por hora certa.

A: Incorreta, pois mesmo declarada a revelia, poderá o réu produzir provas (art. 349 do NCPC); **B**: Incorreta, pois os efeitos da revelia não produzirão efeitos nas hipóteses do art. 345 do NCPC; **C**: Correta, nos termos dos arts. 345, II, e 348 do NCPC; **D**: Incorreta, pois, se o réu revel possuir advogado constituído deverá este ser intimado de todos os atos (art. 346 do NCPC); **E**: Incorreta, pois o art. 344 do NCPC não faz distinção dos réus citados por carta, oficial de justiça ou edital.

Gabarito "C"

(Magistratura/PE – 2011 – FCC) Ocorrendo a revelia,

(A) poderá o autor alterar o pedido, ou a causa de pedir, bem como demandar declaração incidente, independentemente de nova citação do réu.

(B) poderá o réu intervir no processo em qualquer fase, recebendo-o no estado em que se encontrar.

(C) reputar-se-ão verdadeiros, de modo absoluto, os fatos afirmados pelo autor.

(D) não poderá o réu participar da audiência de instrução e julgamento que venha a ser designada.

(E) deverá o juiz, necessariamente, julgar o processo antecipadamente, dada a veracidade presumida dos fatos alegados pelo autor.

A: incorreta (art. 329, II, NCPC); **B:** correta (art. 346, parágrafo único, NCPC); **C:** incorreta, porque a presunção de veracidade, quando verificada, será relativa, e não absoluta; **D:** incorreta (reler o comentário sobre a assertiva B); **E:** incorreta, porque mesmo diante da revelia, o juiz pode determinar que o autor faça prova dos fatos por ele alegados.

Gabarito "B"

(Procurador do Município – Cuiabá/MT – 2014 – FCC) De acordo com o Código de Processo Civil, em contestação

(A) pode o município, em regra, apresentar impugnação por negativa geral.

(B) compete ao réu, antes de discutir o mérito, alegar incompetência relativa e absoluta.

(C) o réu deverá especificar as provas que pretende produzir, juntando, neste momento, os documentos destinados a provar suas alegações.

(D) o réu poderá apresentar reconvenção, na mesma peça processual, mas depois de rebater os fatos descritos na inicial.

(E) o réu deverá rebater especificamente a narrativa contida na petição inicial, sob pena de presumirem-se verdadeiros quaisquer fatos não impugnados, em qualquer hipótese.

A: incorreta, pois o Município não está no rol daqueles que podem contestar por negativa geral (NCPC, art. 341, parágrafo único); **B:** correta, porque no NCPC a incompetência (tanto relativa como absoluta) deve ser alegada em preliminar de contestação (NCPC, art. 64 e 337, II); **C:** correta. Na contestação, o réu especifica as provas que quer produzir (NCPC, art. 336 – tal qual o autor na inicial), mas a prova documental já deve ser juntada (NCPC, art. 434); **D:** correta, pois, no NCPC, há simplificação em relação à reconvenção, que deixa de existir como uma peça apartada, devendo ser proposta na própria contestação (NCPC, art. 343); **E:** incorreta, pois apesar de a regra ser o ônus da impugnação específica (presumem-se verdadeiros os fatos não impugnados – NCPC, art. 341), há exceções (incisos desse artigo).

Gabarito "B", "C" e "D" à luz do NCPC

(Analista – TRT/11ª – 2012 – FCC) A revelia

(A) acarreta a presunção de veracidade das alegações de direito do autor.
(B) impede o juiz de determinar a produção de provas, quando julgar necessário.
(C) não acarreta para o revel a presunção de veracidade dos fatos afirmados pelo autor se algum litisconsorte necessário contestar a ação.
(D) não impede o réu de intervir no processo, mas não lhe dá o direito de recorrer da sentença.
(E) implica necessariamente na procedência do pedido do autor.

A: Incorreta. Apenas as alegações de fato (art. 344, NCPC); **B:** incorreto, pois a presunção de veracidade (efeito material da revelia) é relativa, não impedindo o magistrado de determinar a produção de provas que entenda necessária; **C:** Correto conforme art. 345, I, NCPC. Contudo essa regra se aplica apenas quando o litisconsórcio for unitário. Se simples, segue a regra da autonomia dos atos prevista no artigo 117 do NCPC; **D:** Incorreto. O revel pode ingressar no processo a qualquer momento e a partir de então praticar os atos regulares (art. 346, parágrafo único, NCPC); **E:** incorreto. A presunção é relativa. Pode o juiz julgar improcedente o pedido se o autor não provar o fato constitutivo do seu direito (art. 373, I, NCPC).

Gabarito "C"

(Analista – TRT/3ª – 2015 – FCC) Fernando ajuizou ação contra Priscila sustentando que esta, por culpa, abalroou seu veículo, causando-lhe danos exclusivamente materiais, os quais estariam comprovados por recibos de pagamento que anexou à petição inicial. De acordo com Fernando, o valor dos danos, já atualizado monetariamente e acrescido de juros legais, seria de R$ 8.000,00. Com base, exclusivamente, na prova documental, requereu a condenação de Priscila ao pagamento de R$ 15.000,00 a título de indenização por danos materiais. Em contestação, Priscila negou ter agido com culpa. No entanto, não impugnou o valor do pedido de indenização. Se o Juiz se convencer de que Priscila tem responsabilidade pelo acidente, deverá

(A) julgar totalmente procedente o pedido, condenando a ao pagamento de R$ 15.000,00, tendo em vista caber ao Réu, na contestação, alegar toda a matéria de defesa, presumindo-se verdadeiros, de maneira absoluta, os fatos não impugnados.
(B) julgar parcialmente procedente o pedido, condenando-a ao pagamento de R$ 8.000,00, tendo em vista ser relativa a presunção de veracidade decorrente da ausência de impugnação específica.
(C) indeferir a petição inicial e extinguir o processo sem resolução de mérito, pois da narrativa não decorre logicamente o pedido.
(D) julgar improcedente o pedido, pois Fernando utilizou o processo para obter objetivo ilegal, o que deve ser coibido pelo Poder Judiciário.
(E) julgar parcialmente procedente o pedido, condenando-a ao pagamento de R$ 8.000,00, tendo em vista que, apesar de absoluta a presunção de veracidade decorrente da ausência de impugnação específica, Fernando utilizou o processo para obter objetivo ilegal, o que deve ser coibido pelo Poder Judiciário.

Nos termos do art. 371 do NCPC, o juiz apreciará a prova constante dos autos, independentemente do sujeito que a tiver promovido, e indicará na decisão as razões da formação de seu convencimento. A ausência de impugnação do valor, no caso, não acarretaria o ônus da impugnação específica, considerando o previsto no art. 341, III, do NCPC, que dispõe: "Incumbe também ao réu manifestar-se precisamente sobre as alegações de fato constantes da petição inicial, presumindo-se verdadeiras as não impugnadas, salvo se: [...] III – estiverem em contradição com a defesa, considerada em seu conjunto". Portanto, a correta é a alternativa "B".

Gabarito "B"

11. PROVAS

(Juiz – TJ-SC – FCC – 2017) Em relação à prova, é correto afirmar que:

(A) como regra, há hierarquia entre as provas previstas normativamente, embora não exista hierarquia entre as provas admitidas consuetudinariamente.
(B) os fatos ocorridos, sobre os quais se tenha estabelecido controvérsia, prescindem de prova.
(C) a existência e o modo de existir de algum fato podem ser atestados ou documentados, a requerimento do interessado, mediante ata lavrada por tabelião; dados representados por imagem ou som gravados em arquivos eletrônicos poderão constar da ata notarial.
(D) para que o juiz determine as provas necessárias ao julgamento do mérito é preciso sempre que a parte as requeira, tendo em vista o princípio da inércia jurisdicional.
(E) o ônus da prova não admite ser convencionado em sentido contrário ao da norma jurídica, salvo unicamente nas relações consumeristas, se em prol do consumidor.

A: incorreta, pois não há hierarquia entre as provas, mas sim convencimento motivado do juiz, que deverá expor suas conclusões quanto à valoração da prova (NCPC, art. 371); **B:** incorreta, pois não dependem de provas os fatos incontroversos (NCPC, art. 374, III); **C:** correta, sendo a previsão da ata notarial uma das inovações do Código quanto às provas (NCPC, art. 384, "caput" e parágrafo único); **D:** incorreta, sendo possível ao juiz determinar a produção de provas de ofício (NCPC, art. 370); **E:** incorreta, porque é possível convenção (acordo entre as partes) quanto ao ônus da prova (NCPC, art. 373, § 3º, sendo que esse parágrafo prevê algumas hipóteses em que não cabe o acordo entre as partes quanto ao ônus). LD

Gabarito "C"

(Procurador do Estado – PGE/MT – FCC – 2016) Segundo disposições do novo Código de Processo Civil sobre o direito probatório,

(A) as partes podem, independentemente da natureza do direito em disputa, antes ou durante o processo, convencionar a forma de distribuição do ônus da prova de forma diversa da estabelecida pela lei, desde que sejam capazes para a celebração do negócio jurídico processual.

(B) a nova legislação abandonou completamente o modelo de distribuição estática do ônus da prova, contemplada pela legislação revogada, que atribuía o ônus da prova ao autor em relação aos fatos constitutivos de seu direito, e ao réu com relação à existência de fato impeditivo, modificativo ou extintivo do direito do autor, passando a existir uma distribuição judicial do ônus da prova para cada demanda.

(C) a nova legislação prevê expressamente a possibilidade de produção antecipada da prova ainda que não haja situação de urgência que justifique tal antecipação, desde que a prova seja suscetível de viabilizar a autocomposição ou outro meio adequado de solução do litígio ou o prévio conhecimento dos fatos possa justificar ou evitar o ajuizamento de ação.

(D) a lei não assegura expressamente à parte o direito de não produzir prova contra si própria, mas tal aplicação decorre dos princípios constitucionais da legalidade, da ampla defesa e do devido processo legal.

(E) a ata notarial e as declarações prestadas por meio de escritura pública têm eficácia probatória não somente da declaração, como também do fato declarado, que se presume verdadeiro, salvo se existir prova em sentido contrário.

A: Incorreta. As partes podem negociar a respeito do ônus da prova, mas não no caso de direitos indisponíveis (NCPC, art. 373, § 3º, I); **B:** Incorreta, pois a regra ainda é a distribuição estática do ônus da prova, no sentido de "quem alega prova" (NCPC, art. 373, I e II); **C:** Correta, sendo essa uma das inovações do Código a respeito da produção antecipada de prova (NCPC, art. 381, II); **D:** Incorreta (NCPC, art. 379. Preservado o *direito de não produzir prova contra si* própria (...)); **E:** Incorreta, pois não é qualquer fato declarado que se presume verdadeiro, mas aqueles que o tabelião "declarar que ocorreram em sua presença" (NCPC, art. 405). LD

Gabarito "C"

(Defensor Público – DPE/BA – 2016 – FCC) Sobre a prova testemunhal, é correto afirmar que

(A) esta é inadmissível quando a lei exigir prova escrita da obrigação, ainda que haja começo de prova escrita emanada da parte contra a qual se pretende produzir a prova.

(B) a parte pode se comprometer a levar a testemunha à audiência independentemente de intimação, que, em regra, deve ser realizada por carta com aviso de recebimento.

(C) é defeso à parte, nos contratos simulados, provar com testemunhas a divergência entre a vontade real e a vontade declarada, ou, nos contratos em geral, os vícios de consentimento.

(D) pode o juiz, se necessário, admitir o depoimento de testemunhas menores, impedidas ou suspeitas, devendo tomar-lhes compromisso.

(E) o juiz deve ouvir primeiro as testemunhas do autor e depois as do réu, não podendo inverter a ordem das oitivas ainda que as partes concordem.

A: incorreto, pois há expressa previsão de prova testemunhal ser admissível nessa hipótese (NCPC, art. 444); **B:** correto, sendo isso previsto no Código: (i) o advogado se comprometer a levar a testemunha independentemente de intimação (NCPC, art. 455, § 2º) e (ii) havendo necessidade de intimar a testemunha, isso será feito por meio de carta com aviso de recebimento (NCPC, art. 455, § 1º). **C:** incorreto, pois nesse caso é lícito à parte fazer essa prova com testemunha (NCPC, art. 446). **D:** incorreto. De fato, havendo necessidade, o juiz pode admitir o depoimento de testemunhas menores, impedidas ou suspeitas. Contudo, nesse caso está-se diante de *informante*, e essa oitiva ocorrerá independentemente de compromisso (NCPC, art. 447, § 5º). **E:** incorreto. Em regra, a ordem será essa; porém, é possível a alteração da ordem das provas, se houver concordância das partes (NCPC, art. 456, parágrafo único).

Gabarito "B"

(Advogado da Sabesp/SP – 2014 – FCC) A respeito da prova pericial:

(A) para desempenharem suas funções, podem o perito e os assistentes técnicos ouvir testemunhas e solicitar documentos que estejam em poder das partes.

(B) o perito pode ser substituído se, em outra perícia, houver elaborado laudo acerca do mesmo objeto.

(C) o juiz fica vinculado ao laudo se as partes e os assistentes técnicos não contrariarem suas conclusões.

(D) as partes não podem acompanhar os trabalhos periciais.

(E) a manifestação das partes e assistentes técnicos acerca do laudo se dá, exclusivamente, após a audiência de instrução e julgamento, por ocasião do debate oral ou dos memoriais.

A: correta (NCPC, art. 473, §3º); **B**: incorreta, pois essa situação não é prevista no Código como capaz de acarretar a substituição do perito (NCPC, art. 468); além disso, é comum no foro peritos que são designados exatamente com base em experiência pretérita em causas análogas; **C**: incorreta, tendo em vista o princípio do convencimento motivado (NCPC, arts. 371 e, especificamente, 479), ou seja, o juiz pode rejeitar o laudo pericial, desde que fundamente sua decisão; **D**: incorreta (NCPC, 474, que aponta ser da ciência das partes o local e data do início da perícia – ou seja, para que seja possível acompanhá-la); **E**: incorreta, pois o perito deverá protocolar o laudo em juízo pelo menos 20 dias antes da audiência de instrução e julgamento, momento em que as partes serão intimadas para manifestação (NCPC, art. 477 e seu §1º).

Gabarito "A"

(Analista – TRT/6ª – 2012 – FCC) A testemunha intimada a comparecer à audiência, se

(A) nada puder informar sobre os fatos, não será obrigada a comparecer.

(B) deixar de comparecer, ficará impedida de depor em outra ocasião, prejudicando a parte que a arrolou.

(C) deixar de comparecer, será processada pelo crime de desobediência, mas não poderá ser conduzida contra sua vontade.

(D) deixar de comparecer, sem motivo justificado, será conduzida, respondendo pelas despesas do adiamento.

(E) não comparecer espontaneamente, deverá ser trazida pela parte que a arrolou em outra sessão de audiência que o Juiz designar.

A: incorreto, porquanto nesse caso a testemunha não está dispensada de comparecer à sessão instrutória. Tal hipótese não consta do rol do art. 448 do NCPC; **B:** incorreto. Se a testemunha deixar de comparecer à audiência de instrução e julgamento por motivo justificado, o juiz poderá adiá-la (art. 362, II, do NCPC); **C** e **E:** incorretos. Em tais hipóteses, a testemunha será conduzida coercitivamente até o local onde será realizada a audiência de instrução e julgamento; **D:** correto (art. 455, *§ 5º*, do NCPC).

Gabarito "D"

(Analista – TRT/23ª – 2011 – FCC) A respeito da prova testemunhal, considere:

I. O cego e o surdo, quando a ciência do fato depender dos sentidos que lhes faltam.
II. O advogado que tenha assistido a qualquer das partes.
III. O que, por seus costumes, não for digno de fé.

Considera-se, dentre outros, impedida de depor a pessoa indicada APENAS em

(A) I.
(B) I e II.
(C) I e III.
(D) II e III.
(E) II.

I: incorreto. Cuida-se de causa de incapacidade, e não de impedimento (art. 447, § 1º, IV, do NCPC); **II:** correto (art. 447, § 2º, III, do NCPC); **III:** incorreto no CPC/1973, pois tratava-se de causa de suspeição (art. 405, § 3º, II, do CPC/1973). Importante lembrar que o Novo Código não previu essa hipótese de suspeição.

Gabarito "E"

(Analista – TRT/14ª – 2011 – FCC) A respeito das provas, considere:

I. O depoimento pessoal de quaisquer das partes pode ser determinado pelo juiz de ofício, independentemente de requerimento da parte contrária.
II. Nas ações que versarem sobre bens imóveis ou direitos sobre imóveis alheios, a confissão de um cônjuge não valerá sem a do outro.
III. O juiz não poderá determinar, de ofício, a realização de nova perícia, mesmo se a matéria não lhe parecer suficientemente esclarecida.

Está correto o que se afirma APENAS em

(A) II e III
(B) III.
(C) I.
(D) I e II.
(E) I e III.

I: correto. Cuida-se do denominado *interrogatório da parte*, o qual poderá ser determinado de ofício pelo juiz (art. 385 do NCPC); **II:** correto (art. 391, parágrafo único, do NCPC). Vale ressaltar que o Novo Código inserir ressalva à regra, ou seja, haverá incomunicabilidade das confissões. Nas ações que versarem sobre bens imóveis ou direitos reais sobre imóveis alheios, a confissão de um cônjuge ou companheiro não valerá sem a do outro, **salvo se o regime de casamento for o de separação absoluta de bens**; **III:** incorreto. O juiz, de acordo com seus poderes instrutórios, tem papel ativo – e não de mero espectador – quanto à realização, *de ofício*, das provas que reputar necessárias à instrução do feito. Essa atividade probatória do juiz se dá com plenitude nos procedimentos de jurisdição voluntária e nas causas que versem sobre direitos indisponíveis. Cuida-se de aplicação no processo civil dos ditames da *verdade material* e *do princípio inquisitivo*, visto que o juiz, atento ao escopo de pacificação social do processo, bem assim à necessidade de outorga de um provimento jurisdicional justo e atrelado à realidade dos fatos, tem o poder-dever de ordenar a produção das provas imprescindíveis ao esclarecimento da controvérsia fixada, sobretudo quando a matéria não lhe parecer suficiente esclarecida (arts. 370 e 480 do NCPC).

Gabarito "D"

(Analista – TRT/20ª – 2011 – FCC) No que concerne à prova testemunhal, depois de apresentado o rol de testemunhas, considere:

I. A testemunha faleceu.
II. A testemunha, por enfermidade, não está em condições de depor.
III. A testemunha mudou de residência e não foi encontrada pelo oficial de justiça, nem a parte que a indicou sabe de seu paradeiro.
IV. A testemunha declarou nada saber sobre os fatos.
V. A testemunha que em razão de fratura na perna não pode locomover-se.

A parte só poderá substituir a testemunha nas situações indicadas APENAS em

(A) I, II e III.
(B) I, III e V.
(C) I, IV e V.
(D) II e IV.
(E) III, IV e V.

I: correto (art. 451, I, do NCPC); **II:** correto (art. 451, II, do NCPC); **III:** correto (art. 451, III, do NCPC); **IV:** incorreto, já que a testemunha não é substituída quando declara não ter conhecimento sobre os fatos, a teor do que se depreende do rol do art. 451 do NCPC; **V:** incorreto (arts. 449, parágrafo único, do NCPC).

Gabarito "A"

(Técnico – TRT/6ª – 2012 – FCC) A falta do instrumento público, quando a lei o exigir, como da substância do ato,

(A) nenhuma outra prova, por mais especial que seja, pode suprir-lhe.
(B) poderá ser suprida por qualquer meio de prova que o juiz reputar conveniente.
(C) só poderá ser suprida pela confissão da parte.
(D) será suprida se, no curso do processo, as testemunhas forem absolutamente concordes a respeito do direito da parte.
(E) poderá ser suprida por instrumento particular com firma reconhecida e registrado em Cartório de Títulos e Documentos.

Prescreve o art. 406 do NCPC, que "quando a lei exigir instrumento público como da substância do ato, nenhuma outra prova, por mais especial que seja, pode suprir-lhe a falta".

Gabarito "A"

12. SENTENÇA, COISA JULGADA E AÇÃO RESCISÓRIA

(Juiz – TJ-SC – FCC – 2017) No tocante à sentença e à coisa julgada, é correto afirmar que:

(A) publicada a sentença, o juiz só poderá alterá-la para correção de inexatidões materiais ou erros de cálculo, por meio de embargos de declaração ou para reexaminar matérias de ordem pública.
(B) a sentença faz coisa julgada às partes entre as quais é dada, não prejudicando terceiros, sendo vedado à parte discutir no curso do processo as questões já decididas a cujo respeito se operou a preclusão.
(C) a sentença deve ser certa, a não ser que resolva relação jurídica condicional.
(D) na ação que tenha por objeto a emissão de declaração de vontade, a sentença que julgar procedente o pedido produzirá de imediato todos os efeitos da declaração não emitida.

(E) denomina-se coisa julgada material a autoridade que torna imutável e indiscutível a decisão, de mérito ou não, que não mais se encontre sujeita a recurso.

A: incorreta, pois não há previsão legal de alteração da sentença no caso de reexame de matérias de ordem pública – existindo menção na lei às demais hipóteses (NCPC, art. 494); **B:** correta, considerando que a alternativa reproduz a previsão legal quanto aos limites subjetivos da coisa julgada (NCPC, art. 506) e preclusão (NCPC, art. 507); **C:** incorreta, pois a sentença deve ser certa, *ainda que* resolva relação jurídica condicional (NCPC, art. 492, parágrafo único); **D:** incorreta, porque os efeitos da declaração dependerão do trânsito em julgado (NCPC, art. 501); **E:** incorreta, pois a coisa julgada material atinge apenas decisão de mérito (NCPC, art. 502).

Gabarito "B"

(Juiz – TJ-SC – FCC – 2017) Em relação à ação rescisória,

(A) não é cabível, por violação manifesta à norma jurídica, contra decisão baseada em enunciado de súmula ou acórdão proferido em julgamento de casos repetitivos, que não tenha considerado a existência de distinção entre a questão discutida no processo e o padrão decisório que lhe deu fundamento.

(B) só se pode ajuizá-la de decisões que tenham resolvido o mérito e transitadas em julgado.

(C) há erro de fato quando a decisão rescindenda admitir fato inexistente ou quando considerar inexistente fato efetivamente ocorrido, sendo dispensável que o fato não represente ponto controvertido sobre o qual o juiz deveria ter-se pronunciado.

(D) pode ter por objeto apenas um capítulo da decisão.

(E) sua propositura impede como regra o cumprimento da decisão rescindenda, até seu final julgamento.

A: incorreta, pois há expressa previsão legal nesse sentido (NCPC, art. 966, § 5º - na redação da Lei 13.256/2016); **B:** incorreta, pois o Código agora permite ação rescisória de decisões sem mérito, mas que impeçam a repropositura da demanda ou a admissibilidade do recurso (art. 966, § 2º); **C:** incorreta, pois na ação rescisória fundada em erro de fato é, "*indispensável* (...) que o fato não represente ponto controvertido" (art. 966, § 1º); **D:** correta, existindo expressa previsão nesse sentido no NCPC (art. 966, ,§ 3º); **E:** incorreta, tendo em vista que a ação rescisória em regra *não impede* o cumprimento da decisão, salvo se houver concessão de tutela provisória – ou seja, de "liminar" (art. 969).

Gabarito "D"

(Procurador do Estado – PGE/MT – FCC – 2016) Em processo que tramita na Comarca de Sorriso – MT, o autor ajuizou ação postulando o fornecimento de medicamento de alto custo em face do Estado. Requereu, incidentalmente, a tutela antecipada, alegando que o seu direito era evidente, diante do risco de vida que sofria caso não recebesse o medicamento, comprovado por farta documentação acostada à inicial. O magistrado concedeu a liminar, nos termos em que pleiteada e determinou a intimação do requerido para dar cumprimento à medida. Depois da intimação desta decisão, o requerido cumpriu a liminar nos termos em que determinada e não apresentou qualquer recurso contra a decisão. Diante desta situação, tal decisão

(A) é apta a gerar a estabilização dos seus efeitos, diante da ausência de recurso no prazo oportuno, mas poderá ser revista em ação própria, desde que ajuizada no prazo de dois anos.

(B) não é apta a gerar a estabilização dos seus efeitos, ainda que não tenha sido impugnada mediante recurso, uma vez que este fenômeno processual somente foi previsto para a tutela de urgência antecedente, e não para a tutela incidental.

(C) não é apta a gerar a estabilização dos seus efeitos, uma vez que a lei ressalva a inaplicabilidade deste fenômeno processual para a Fazenda Pública.

(D) é apta a gerar a estabilização dos seus efeitos, por ausência de recurso no prazo oportuno e, assim, fará coisa julgada material, que poderá ser desconstituída por meio de ação rescisória, no prazo de dois anos.

(E) é apta a gerar a estabilização dos seus efeitos, desde que não tenha sido impugnada mediante recurso, uma vez que a lei prevê que somente a tutela da evidência tem a aptidão à estabilização dos seus efeitos.

A: Incorreta, pois se trata de tutela antecipada incidental; **B:** Correta, exatamente porque somente há estabilização de tutela antecipada antecedente (NCPC, art. 304), sendo que o enunciado trata da tutela de urgência incidental (NCPC, art. 294, parágrafo único); **C:** Incorreta, pois não existe previsão legal nesse sentido; **D:** Incorreta, considerando o exposto em "A" e "B" – além disso, a tutela antecipada estabilizada, pela lei, não se configura como coisa julgada (NCPC, art. 304, § 6º); **E:** Incorreta, pois a previsão de estabilização é para a tutela antecipada – mas antecedente (NCPC, art. 304).

Gabarito "B"

(Defensor Público – DPE/ES – 2016 – FCC) De acordo com o novo CPC, a ação rescisória

(A) é cabível contra decisão fundada em interpretação de ato normativo tido pelo Supremo Tribunal Federal como incompatível com a Constituição Federal, em controle de constitucionalidade concentrado ou difuso, contado o prazo decadencial a partir do trânsito em julgado da decisão proferida pelo Supremo Tribunal Federal.

(B) impede o cumprimento da decisão rescindenda enquanto não ultimado o seu julgamento.

(C) é cabível somente contra decisão de mérito transitada em julgado, sendo inadmissível ação rescisória de sentença terminativa.

(D) deve ser proposta no prazo 02 anos, contados sempre do trânsito em julgado da decisão rescindenda.

(E) proposta com base em prova nova, deverá ser proposta em até 05 anos da data da descoberta desta nova prova.

A: correto, sendo essa uma polêmica inovação do NCPC, pois deixa a AR com prazo indeterminado (art. 525, §§ 12 e 15 e art. 535, §§ 5º e 8º). **B:** incorreto, pois a propositura da ação rescisória não impede o cumprimento da decisão rescindenda, salvo no caso de concessão de tutela provisória (NCPC, art. 969). **C:** incorreto, pois, em certos casos, a decisão terminativa também será rescindível (NCPC, art. 966, § 2º). **D:** incorreto. Em regra, o direito à rescisão se extingue em dois anos, contados do trânsito em julgado da última decisão proferida no processo (NCPC, art. 975); contudo, é possível que haja outros prazos, como no caso da alternativa "A" e "E". **E:** incorreto, pois no caso de AR fundada em prova nova, o "termo inicial do prazo será a data de descoberta da prova nova, observado o prazo máximo de 5 (cinco) anos, contado do trânsito em julgado da última decisão proferida no processo" (NCPC, art. 975, § 2º). Ou seja, são 2 anos a partir da descoberta da prova nova, mas limitado a 5 anos do trânsito.

Gabarito "A"

(Magistratura – TRT 1ª – 2016 – FCC) Sobre os requisitos e efeitos da sentença, considere:

I. O juiz poderá, de ofício, modificar o valor ou a periodicidade da multa, caso verifique que a mesma tornou-se insuficiente ou excessiva.
II. Tratando-se de coisa móvel, e não cumprida a obrigação no prazo estabelecido, expedir-se-á em favor do credor o mandado de busca e apreensão.
III. Publicada a sentença, o juiz não poderá alterá-la para retificar, de ofício, erros de cálculo.
IV. A sentença condenatória produz a hipoteca judiciária nos casos em que a condenação seja genérica.

Está correto o que se afirma em

(A) I, II, III e IV.
(B) II e IV, apenas.
(C) I e III, apenas.
(D) II e III, apenas.
(E) I, II e IV, apenas.

I: correto (NCPC, art. 537, § 1º); **II:** correto (NCPC, art. 538); **III:** incorreto, pois o juiz pode alterar a sentença, de ofício, para corrigir erros de cálculo ou inexatidões materiais (NCPC, art. 494, I); **IV:** correto (NCPC, art. 495, § 1º, I).

Gabarito "E"

(Magistratura/PE – 2013 – FCC) Não fazem coisa julgada:

I. os motivos, ainda que importantes para determinar o alcance da parte dispositiva da sentença.
II. a verdade dos fatos, estabelecida como fundamento da sentença.
III. a resolução da questão prejudicial, requerida pela parte, sendo o juiz competente em razão da matéria e constituindo a questão pressuposto necessário para o julgamento da lide.

Dos itens acima, está correto o que consta em

(A) I, II e III.
(B) I e III, apenas.
(C) II e III, apenas.
(D) I e II, apenas.
(E) I, apenas.

I: correta (art. 504, I, do NCPC); **II:** correta (art. 504, II, do NCPC); **III:** incorreta, pois não estão previstos todos os requisitos previstos no art. 503, § 1º, do NCPC, para que a questão prejudicial possa ser coberta pela coisa julgada (faltou, por exemplo, o contraditório prévio e efetivo).

Gabarito "D"

(Magistratura/PE – 2011 – FCC) Em relação à coisa julgada, é correto afirmar:

(A) forma-se pela verdade dos fatos, desde que estabelecida como fundamento da sentença.
(B) se ocorreu preclusão, pode-se discutir no curso do processo as questões já decididas, desde que em Primeira Instância.
(C) uma vez formada, com resolução de mérito, ter-se-ão como deduzidas e repelidas todas as alegações e defesas, que a parte poderia opor tanto ao acolhimento como à rejeição do pedido.
(D) a resolução da questão prejudicial não a forma em nenhum caso.
(E) o julgamento da relação jurídica continuativa, da qual sobreveio modificação no estado de fato ou de direito, é imutável pela formação de coisa julgada material.

A: incorreta, porque não faz coisa julgada "a verdade dos fatos, estabelecida como fundamento da sentença" (art. 504, II, NCPC); **B:** incorreta (art. 507, NCPC); **C:** correta, sendo essa a eficácia preclusiva da coisa julgada (art. 508 do NCPC); **D:** incorreta, pois se presentes determinados requisitos, haverá coisa julgada em relação à questão prejudicial (art. 503, § 1º, do NCPC); **E:** incorreta (art. 505, I, do NCPC).

Gabarito "C"

(Ministério Público/CE – 2011 – FCC) Em relação à sentença, o juiz

(A) proferirá sua decisão de forma concisa, se estiver extinguindo o processo com julgamento de mérito.
(B) sempre poderá proferi-la de modo ilíquido.
(C) poderá proferi-la em quantidade superior, mas não em natureza diversa da pedida.
(D) proferirá a jurisdição correspondente acolhendo ou rejeitando, total ou parcialmente, o pedido formulado pelo autor.
(E) pode deixar de fundamentá-la se proferida de modo conciso.

A: incorreta, porque o juiz sempre deve proferir sentença fundamentada de acordo com o art. 489, § 1º do NCPC; **B:** incorreta, porque "quando o autor tiver formulado pedido certo, é vedado ao juiz proferir sentença ilíquida" (art. 491 do NCPC); **C:** incorreta (art. 492); **D:** correta (art. 490 do NCPC); **E:** incorreta, porque a fundamentação deve estar sempre presente (art.489, § 1º, do NCPC).

Gabarito "D"

(Analista – TRT/14ª – 2011 – FCC) A respeito da ação rescisória, é correto afirmar que

(A) o direito de propor a ação rescisória se extingue em cinco anos, contados do trânsito em julgado da decisão.
(B) a petição inicial ajuizada pelo Ministério Público não poderá ser indeferida.
(C) não são cabíveis as medidas de natureza cautelar ou antecipatória de tutela.
(D) o simples ajuizamento da ação rescisória impede o cumprimento da sentença ou acórdão rescindendo.
(E) o terceiro juridicamente interessado tem legitimidade para propor a ação.

A: o prazo decadencial para o aforamento da rescisória é de 2 (dois) anos, a contar do trânsito em julgado da decisão de mérito (art. 975 do NCPC); **B:** incorreto. Não há qualquer regra que excepcione a aplicação do art. 968, § 3º, do NCPC em relação ao Ministério Público. Se a inicial subscrita pelo membro do MP não obedecer aos requisitos do art. do NCPC, não há qualquer óbice processual ao seu indeferimento; **C** e **D:** incorretos (art. 969 do NCPC); **E:** correto (art. 967, II, do NCPC).

Gabarito "E"

(Analista – TRT/20ª – 2011 – FCC) A respeito da ação rescisória, considere:

I. A propositura de ação rescisória autoriza o juízo de primeiro grau, com base no poder geral de cautela, a suspender a execução.
II. O Ministério Público tem legitimidade para propor ação rescisória para desconstituir a coisa julgada quando resultou de colusão entre as partes a fim de fraudar a lei.

III. Na ação rescisória podem ser concedidas, caso imprescindíveis e sob os pressupostos previstos em lei, medidas de natureza cautelar ou antecipatória de tutela.

Está correto o que se afirma APENAS em

(A) I.

(B) I e II.

(C) I e III.

(D) II e III.

(E) III.

I: incorreto. A ação rescisória será intentada junto ao tribunal de onde emanou o julgado que se pretende rescindir (arts. 973 e 974 do NCPC). Vale destacar, nesse diapasão, a doutrina de Alexandre Freitas Câmara: "No caso de ter transitado em julgado sentença proferida por órgão de primeira instância, será competente para a ação rescisória o tribunal que teria sido, em tese, competente para apreciar a apelação que contra aquela sentença poderia ter sido interposta" (FREITAS CÂMARA, Alexandre. *Ação rescisória*. Rio de Janeiro: Lumen Juris, 2007, p. 41-42). Logo, a concessão de medidas antecipatórias ou cautelares *no âmbito da rescisória*, a fim de sobrestar a execução que corre em primeira instância, são providências que somente podem ser determinadas pelo relator da rescisória, e não pelo juízo processante da execução. E mais, o simples ajuizamento da rescisória não impede o cumprimento da decisão que transitou em julgado (art. 969 do NCPC); **II:** correto (art. 967, III, do NCPC); **III:** correto (art. 969 do NCPC).

Gabarito "D"

(Analista – TRT/23ª – 2011 – FCC) A respeito da ação rescisória, considere:

I. Quando a ação for proposta pelo Ministério Público Federal, a União deverá depositar a importância de 5% do valor da causa, a título de multa, caso a ação seja, por unanimidade de votos, declarada inadmissível ou improcedente.

II. O terceiro juridicamente interessado tem, dentre outros, legitimidade para propor a ação.

III. O direito de propor ação rescisória é imprescritível e não se extingue, podendo ser exercido pelos sucessores da parte prejudicada pela sentença ou acórdão.

Está correto o que se afirma APENAS em

(A) II.

(B) I e II.

(C) I e III.

(D) II e III.

(E) I.

I: incorreto, posto que a União, os Estados, os Municípios e o Ministério Público estão dispensados do recolhimento da multa de 5% (art. 968, § 1º, do NCPC); **II:** correto (art. 967, II, do NCPC); **III:** incorreto, visto que o prazo *decadencial* para o aforamento da rescisória é de *2 anos*, a contar da última decisão proferida no processo (art. 975 do NCPC). Ademais, os sucessores da parte prejudicada pela sentença ou acórdão podem intentar a rescisória, consoante se depreende do art. 967, I, do NCPC.

Gabarito "A"

(Técnico – TRT/6ª – 2012 – FCC) Denomina-se coisa julgada:

(A) a decisão que determina o arquivamento definitivo dos autos.

(B) formal a eficácia que torna imutável e indiscutível a sentença não mais sujeita a recurso ordinário ou extraordinário.

(C) qualquer decisão no curso do processo acerca da qual tiver ocorrido preclusão.

(D) material a eficácia que torna imutável e indiscutível a sentença, não mais sujeita a recurso ordinário ou extraordinário.

(E) material a sentença não mais sujeita a recurso e a ação rescisória, em razão do decurso de prazo superior a 2 anos, desde sua publicação.

De acordo com o art. 502 do NCPC, "denomina-se coisa julgada material a autoridade que torna imutável e indiscutível a decisão de mérito não mais sujeita a recurso". Atenção: o enunciado reproduz os termos que constavam do Código anterior (eficácia).

Gabarito "D"

13. TEMAS COMBINADOS

(Defensor Público – DPE/ES – 2016 – FCC) Considere as seguintes situações abaixo:

I. Cumulação de pedidos, um deles restando incontroverso.

II. Abuso do direito de defesa.

III. Concessão de antecipação de tutela antecedente de urgência.

IV. Ação de consignação em pagamento proposta contra dois supostos credores, por não saber a quem se deve pagar.

É correto afirmar que

(A) a primeira trata de hipótese que permite a prolação de sentença parcial de mérito, em julgamento que pode produzir coisa julgada; a segunda, de tutela da evidência, que não faz coisa julgada; a terceira pode se tornar estável caso a outra parte não apresente recurso; a quarta, se trata de litisconsórcio passivo sucessivo.

(B) as três primeiras tratam de hipóteses que permitem a tutela provisória da urgência, que não faz coisa julgada, mas pode estabilizar os seus efeitos; a quarta, se trata de litisconsórcio passivo alternativo.

(C) as duas primeiras tratam de hipóteses que permitem a prolação de sentença parcial de mérito, em julgamento que pode produzir coisa julgada; a terceira pode se tornar estável caso a outra parte não apresente recurso; a quarta, se trata de litisconsórcio passivo alternativo.

(D) a primeira trata de hipótese que permite a prolação de sentença parcial de mérito, em julgamento que pode produzir coisa julgada; a segunda, de hipótese que permite a concessão de tutela da evidência, que não faz coisa julgada e nem se estabiliza; a terceira pode se tornar estável caso a outra parte não apresente recurso; a quarta, se trata de litisconsórcio passivo alternativo.

(E) as duas primeiras tratam de hipóteses que permitem a tutela provisória da urgência, que não faz coisa julgada; a terceira pode estabilizar os seus efeitos caso a parte não apresente recurso; a quarta, se trata de litisconsórcio eventual.

A: incorreto. A primeira assertiva é correta (NCPC, art. 356, I), sendo que, com o trânsito em julgado, haverá coisa julgada por ser decisão de mérito (NCPC, art. 502). A segunda assertiva também é correta, porque o abuso do direito de defesa pode culminar na concessão de tutela de evidência (NCPC, art. 311, I) e, além disso, o eventual deferimento não faz coisa julgada, porque, em se tratando de espécie de tutela provisória, poderá ser revogada ou modificada a qualquer tempo (NCPC, art. 296). A terceira assertiva é correta, pois a "tutela antecipada antecedente" pode ser estabilizada na falta de recurso do réu (NCPC, art. 304). A quarta assertiva está equivocada, porque, no caso, a lei prevê a citação de todos os possíveis titulares (NCPC, art. 547) e o conceito se enquadra ao instituto do litisconsórcio passivo alternativo, pelo qual o autor, estando em dúvida sobre a identificação do sujeito legitimado passivamente, tem a faculdade de incluir dois ou mais réus na demanda, de modo que a sentença seja endereçada a um deles, a depender da convicção do juiz. **B**: incorreto, conforme justificativas apresentadas na alternativa "A". **C**: incorreto, conforme justificativas apresentadas na alternativa "A". **D**: correto, conforme justificativas apresentadas na alternativa "A". **E**: incorreto, conforme justificativas apresentadas na alternativa "A".

Gabarito "D"

(Defensor Público – DPE/ES – 2016 – FCC) O novo Código de Processo Civil

(A) não prevê expressamente o princípio da identidade física do juiz.
(B) impõe ao advogado e ao defensor público o ônus de intimar a testemunha por ele arrolada do dia, da hora e do local da audiência designada, dispensando-se a intimação do juízo.
(C) abandonou completamente o sistema de distribuição do ônus da prova diante do polo ocupado pela parte na demanda.
(D) exige para a produção antecipada de provas prova de fundado receio de que venha a tornar-se impossível ou muito difícil a verificação de certos fatos na pendência da ação.
(E) mantém o sistema de reperguntas para a produção da prova testemunhal.

A: correto, pois o NCPC não reproduziu esse princípio, que constava do art. 132 do CPC/1973. **B**: incorreto, porque, embora seja um ônus do advogado (NCPC, art. 455), isso não se aplica ao defensor público. **C**: incorreto, pois o NCPC manteve, como regra, o ônus estático da prova: autor provando o fato constitutivo de seu direito; réu o fato impeditivo, modificativo ou extintivo do direito do autor (NCPC, art. 373, *caput*); **D**: incorreto, pois o NCPC não exige *"prova" de fundado receio*, mas sim *fundado receio* de que venha a tornar-se impossível ou muito difícil a verificação de certos fatos na pendência da ação (NCPC, art. 381, I). **E**: incorreto, pois, de acordo com o NCPC, as perguntas serão formuladas diretamente pelo advogados das partes (NCPC, art. 459).

Gabarito "A"

(Defensor Público – DPE/BA – 2016 – FCC) Sobre o direito processual intertemporal, o novo Código de Processo Civil

(A) torna aplicáveis a todas as provas as disposições de direito probatório adotadas, ainda que requeridas antes do início de sua vigência.
(B) vige desde o dia de sua publicação, porque a lei processual é de natureza cogente e possui efeito imediato.
(C) extinguiu o procedimento sumário, impondo a extinção de todas as ações ajuizadas sob este procedimento, incluindo as anteriores à sua entrada em vigor.
(D) não possui efeito retroativo e se aplica, em regra, aos processos em curso, respeitados os atos processuais praticados e as situações jurídicas consolidadas sob a vigência da norma revogada.
(E) retroage porque a norma processual é de natureza cogente.

A: incorreta, considerando art. 1.047 do NCPC; **B**: incorreta, tendo em vista a *vacatio legis* de 1 ano (NCPC, art. 1.045); **C**: incorreta. De fato houve a extinção do rito sumário no NCPC. Porém, as causas ajuizadas por esse procedimento seguirão reguladas pelo NCPC até a prolação da sentença (NCPC, art. 1.046, § 1º); **D**: correta. De acordo com os arts. 14 e 1.046 do NCPC, adotou-se a *teoria do isolamento dos atos processuais*. Ou seja, o ato praticado segundo a lei anteriormente vigente configura direito processualmente adquirido; e, em relação aos atos que vierem a ser praticados na vigência da lei nova, haverá obediência aos preceitos do NCPC; **E**: incorreta, considerando o exposto em D.

Gabarito "D"

III – CUMPRIMENTO DE SENTENÇA E EXECUÇÃO

14. CUMPRIMENTO DE SENTENÇA

(Procurador do Estado – PGE/MT – FCC – 2016) No processo de execução e cumprimento de sentença,

(A) a exceção de pré-executividade, embora não prevista expressamente no novo Código de Processo Civil, é aceita pela doutrina e pela jurisprudência para que o executado se defenda mediante a alegação de matérias de ordem pública, cognoscíveis de ofício, de modo que é possível que, em uma execução fiscal, o executado alegue prescrição por meio de exceção de pré-executividade.
(B) caso o executado já tenha apresentado embargos ou impugnação à execução, a desistência do exequente de toda a execução ou apenas alguma medida executiva dependerá do consentimento do embargante ou do impugnante.
(C) a sentença que determina a inclusão de vantagem pecuniária em folha de pagamento de servidores públicos admite execução provisória, depois de confirmado em duplo grau necessário.
(D) diante de uma sentença condenatória contra o Estado transitada em julgado e da superveniência de decisão do Supremo Tribunal Federal que julgou inconstitucional a lei que fundamentou a procedência do pedido nessa demanda, durante o cumprimento desta decisão, cabe ao ente, em sua defesa, ajuizar reclamação constitucional.
(E) o cumprimento de sentença proferida contra a Fazenda Pública Estadual tem como única forma de satisfação a expedição de precatório.

A: Correta. O enunciado expõe o que doutrina e jurisprudência apontam a respeito da chamada exceção de pré-executividade (defesa sem embargos), inclusive se referindo a hipótese em que ela é largamente admitida (prescrição). Porém, é possível encontrar uma base legal para a exceção no art. 803, parágrafo único; **B**: Incorreta, pois a desistência da execução independe da concordância do executado (NCPC, art. 775); **C**: Incorreta, porque para a jurisprudência a mudança de pagamento a servidor somente ocorrerá após o transito em julgado da decisão; **D**: Incorreta, pois nesse caso caberá impugnação ao cumprimento de sentença ou, se já houver trânsito em julgado da decisão condenatória, ação rescisória (NCPC, art. 525, §§ 12 e 15); **E**: Incorreta, pois há também o pagamento por meio de OPV ou RPV (obrigação ou requisição de pequeno valor – NCPC, art. 910, § 1º). LD

Gabarito "A"

(Defensor Público – DPE/ES – 2016 – FCC) Eduardo, maior e capaz, com 19 anos de idade, comparece à Defensoria Pública informando que seu genitor, que está desempregado mas tem recursos financeiros, não realizou o pagamento das duas últimas parcelas da pensão alimentícia fixada em sentença. Diante desta situação, o defensor público deverá

(A) orientar Eduardo sobre a impossibilidade de cobrar os alimentos após o atingimento da maioridade civil, pois a exoneração do devedor decorre de previsão legal expressa.

(B) pedir o cumprimento da sentença, sob pena de prisão, uma vez que este débito autoriza a prisão civil do devedor de alimentos, sem prejuízo de outros meios coercitivos para o pagamento, tais como o protesto da sentença.

(C) pedir o cumprimento da sentença, sob pena de penhora, uma vez que este débito não autoriza a prisão civil do devedor de alimentos.

(D) orientar Eduardo para aguardar o próximo mês, uma vez que o pedido de prisão civil depende do inadimplemento das três prestações anteriores ao ajuizamento da execução.

(E) pedir o cumprimento, sob pena de penhora, uma vez que, embora este débito autorize a prisão civil do devedor de alimentos, o desemprego do devedor justifica o inadimplemento.

A: incorreta, pois a exoneração depende de sentença que, ao verificar o binômio necessidade e possibilidade, eventualmente afastará o dever alimentar. Assim, não é algo automático após a maioridade. Súmula 358/STJ: "O cancelamento de pensão alimentícia de filho que atingiu a maioridade está sujeito à decisão judicial, mediante contraditório, ainda que nos próprios autos". **B:** correto. A hipótese diz respeito ao cumprimento de sentença que reconhece a exigibilidade de prestar alimentos, o qual deve ser requerido pelo defensor público, nos termos do art. 528 do NCPC. O débito alimentar que autoriza a prisão civil do alimentante é o que compreende as três prestações anteriores ao ajuizamento da execução (NCPC, art. 528, § 7º). **C:** incorreto, pois há possibilidade de prisão civil, como exposto na alternativa anterior. **D:** incorreto, pois possível dar início ao cumprimento de sentença ainda que haja o atraso de 1 prestação mensal. **E:** incorreto, pois apenas o desemprego é insuficiente para afastar o dever de alimentar ou a prisão civil – especialmente se há recursos financeiros, como consta do enunciado.

Gabarito "B"

(Magistratura – TRT 1ª – 2016 – FCC) Sobre a impugnação ocorrida no cumprimento da sentença, considere:

I. Poderá ser objeto de impugnação a transação ocorrida entre a audiência e a sentença.

II. Ainda que atribuído efeito suspensivo à impugnação, é lícito ao exequente requerer o prosseguimento da execução, oferecendo e prestando caução suficiente e idônea, arbitrada pelo juiz e prestada nos próprios autos.

III. Deferido efeito suspensivo, a impugnação será instruída e decidida nos próprios autos e, caso contrário, em autos apartados.

IV. Quando na sentença houver uma parte líquida, e outra ilíquida, ao credor é lícito promover simultaneamente a liquidação desta e, em autos apartados, a execução daquela.

Está correto o que se afirma em

(A) I, II, III e IV.

(B) II e IV, apenas.

(C) I e III, apenas.

(D) II e III, apenas.

(E) I, II e IV, apenas.

I: incorreta, pois somente pode ser alegado em impugnação aquilo que for posterior à sentença do processo de conhecimento (NCPC, art. 525, § 1º, VII), sob pena de violar a coisa julgada formada na fase de conhecimento; **II:** correta (NCPC, art. 525, § 10); **III:** correta no CPC/1973, mas incorreta no novo Código, pois a impugnação, no novo sistema, será sempre processada nos próprios autos (NCPC, art. 525, *caput*., parte final); **IV:** incorreta, pois é o contrário: "Quando na sentença houver uma parte líquida e outra ilíquida, ao credor é lícito promover simultaneamente a execução daquela e, em autos apartados, a liquidação desta" (NCPC, art. 509, § 1º)

Gabarito "D" no CPC/1973; sem resposta no NCPC

(Magistratura – TRT 1ª – 2016 – FCC) Segundo o CPC/1973, NÃO poderão ser penhorados os

(A) valores superiores a 40 salários mínimos depositados em cadernetas de poupança.

(B) móveis que guarnecem a residência do executado e que ultrapassem as necessidades comuns correspondentes a um médio padrão de vida.

(C) bens declarados, por ato voluntário, não sujeitos à execução.

(D) vestuários de elevado valor.

(E) materiais necessários para obras em andamento e que estejam penhoradas.

A: incorreta, pois poupança de *até* 40 salários mínimos é impenhorável (NCPC, art. 833, X); **B:** incorreta, pois móveis que *não* ultrapassem as necessidades comuns é que são impenhoráveis (NCPC, art. 833, II); **C:** correto, pois são bens impenhoráveis (NCPC, art. 833, I); **D:** incorreto, pois são penhoráveis vestuários e bens pessoais *de elevado valor* (NCPC, art. 833, III); **E:** incorreto, pois são impenhoráveis "os materiais necessários para obras em andamento, *salvo se essas forem penhoradas*" (NCPC, art. 833, VII).

Gabarito "C"

(Magistratura/PE – 2011 – FCC) No tocante à liquidação, é correto afirmar que

(A) de sua decisão caberá apelação.

(B) quando esta se der por artigos, haverá necessidade de alegar e provar fato novo para determinar o valor da condenação.

(C) é sempre necessária, quando haja condenação em pecúnia.

(D) é defensável que nela se discuta novamente a lide ou que se modifique a sentença que a julgou.

(E) seu requerimento pressupõe a formação anterior e necessária de coisa julgada.

A: incorreta, porque cabe agravo de instrumento da decisão que julga a liquidação (art. 1.015, parágrafo único, do NCPC); **B:** correta (art. 509 do NCPC); **C:** incorreta, porque será incabível quando o valor da condenação já constar da sentença; **D:** incorreta (art. 509, § 4º, NCPC); **E:** incorreta, porque pode ser iniciada na pendência de recurso (art. 512 do NCPC).

Gabarito "B"

(Defensor Público/AM – 2013 – FCC) Em relação ao cumprimento de sentença é correto afirmar:

(A) O acordo extrajudicial homologado em juízo e a sentença arbitral constituem títulos executivos judiciais.
(B) Em regra, a impugnação ao cumprimento de sentença suspende o curso do processo.
(C) É necessária a prestação de caução para se dar início à execução provisória.
(D) Quando tiver havido recurso, o cumprimento da sentença deverá ser processado perante o tribunal.
(E) O crédito do perito, cujos honorários houverem sido aprovados por decisão judicial, constitui título executivo judicial.

A: correto (art. 515, III e VII, do NCPC); **B:** incorreto (art. 525, *§ 5º*, 515 NCPC); **C:** incorreto (art. 521 do NCPC); **D:** incorreto (art. 516, II, do NCPC); **E:** incorreto no CPC/1973 (quando era título extrajudicial). No NCPC, trata-se de título judicial (art. 515, V do NCPC).

Gabarito "A" (CPC/73) e "E" (NCPC)

(Cartório/SP – 2012 – VUNESP) Para satisfação do débito reconhecido no título executivo, não pode(m) ser penhorado(s)

(A) os bens do sucessor do devedor a título singular, tratando-se de execução fundada em direito real ou obrigação reipersecutória.
(B) os bens do devedor, quando em poder de terceiros.
(C) a quantia depositada em caderneta de poupança até o limite de 40 (quarenta) salários mínimos.
(D) o bem móvel que guarnece a residência do executado, quando a execução referir-se ao crédito concedido para a aquisição do próprio bem.

A: incorreto, pois está enumerado como bem sujeito à execução (art. 790, I, do NCPC); **B:** incorreto, pois está elencado como bem sujeito à execução (art. 790, III, do NCPC); **C:** correto (art. 833, X, do NCPC); **D:** incorreto (art. 833, § 1º, do NCPC).

Gabarito "C"

(Procurador Legislativo – Câmara de Vereadores de São Paulo/SP – 2014 – FCC) Em relação ao cumprimento de sentença, considere as afirmações abaixo.

I. É definitiva a execução da sentença transitada em julgado e provisória quando se tratar de sentença impugnada mediante recurso ao qual não foi atribuído efeito suspensivo.
II. Quando na sentença houver uma parte líquida e outra ilíquida, ao credor é lícito promover simultaneamente a execução daquela e, em autos apartados, a liquidação desta.
III. Caso o devedor, condenado ao pagamento de quantia certa ou já fixada em liquidação, não o efetue no prazo de quinze dias, o montante da condenação será acrescido de multa no percentual de 10% e, a requerimento do credor e observados os requisitos de lei, expedir-se-á mandado de penhora e avaliação.
IV. No cumprimento da sentença, o devedor será citado para oferecer defesa por meio de embargos no prazo de dez dias, com ou sem garantia de penhora ou caução, a serem recebidos em regra somente no efeito devolutivo e podendo versar sobre qualquer matéria de direito, impeditiva, modificativa ou extintiva da obrigação.

Está correto o que se afirma em

(A) II, III e IV, apenas.
(B) I, II, III e IV.
(C) I, II e IV, apenas.
(D) I, III e IV, apenas.
(E) I, II e III, apenas.

I: correta. O art. 475-I, § 1º do CPC/1973 não possui correspondência legal no NCPC. Mas, a mesma lógica prevalece diante dos arts. 520 e 523 do NCPC; **II:** correta (NCPC, art. 509, §1º); **III:** correta (NCPC, art. 523, "caput" e §1º); **IV:** incorreta, pois a defesa no cumprimento de sentença é por meio de impugnação, que independe de garantia de juízo (NCPC, art. 525).

Gabarito "E"

(Técnico Judiciário – TRT/20ª – 2011 – FCC) NÃO é título executivo extrajudicial:

(A) o instrumento de transação referendado pelo Ministério Público.
(B) a debênture.
(C) documento particular assinado somente pelo devedor.
(D) os contratos de seguro de vida.
(E) o crédito decorrente de foro e laudêmio.

A: correta, com fulcro no art. 784, IV, do NCPC; **B:** correta, conforme disposto no art. 784, I, do NCPC; **C:** incorreta, devendo esta ser assinalada, já que o documento particular deverá ser assinado pelo devedor e por duas testemunhas (art. 784, III, do NCPC); **D:** correta, segundo estabelece o art. 784, V, do NCPC; **E:** correta, de acordo com o art. 784, VII, do NCPC.

Gabarito "C"

(Técnico Judiciário – TRT/23ª – 2011 – FCC) Quando a liquidação da sentença depender apenas de cálculo aritmético, o credor requererá:

(A) a prévia remessa dos autos ao contador do juízo, para elaboração do cálculo.
(B) a liquidação da sentença por arbitramento.
(C) o cumprimento da sentença, instruindo o pedido com a memória discriminada e atualizada do cálculo.
(D) a liquidação da sentença por artigos.
(E) a nomeação de perito contábil, às expensas do executado, para elaboração do cálculo.

Nos termos do art. 509, § 2º, do NCPC, o credor requererá o cumprimento da sentença, na forma do art. 523 do NCPC, instruindo o pedido com a memória discriminada e atualizada do cálculo. Atenção: no NCPC essa forma de liquidar deixa de ser tratada como "liquidação por cálculo", mas mero início da fase de conhecimento.

Gabarito "C"

15. PROCESSO DE EXECUÇÃO E EXPROPRIAÇÃO DE BENS

(Técnico Judiciário – TRT11 – FCC – 2017) A respeito da execução fiscal, considere:

I. Quando a garantia real da execução tiver sido prestada por terceiro, este será intimado para, no prazo de 15 dias, remir o bem.
II. Em qualquer fase do processo, será deferida pelo Juiz a substituição da penhora por dinheiro ou fiança bancária ou seguro garantia.

III. A Fazenda Pública não poderá adjudicar os bens penhorados, mesmo se não houver licitantes pelo preço da avaliação. Está correto o que se afirma APENAS em

(A) II.

(B) I e III.

(C) II e III.

(D) I e II.

(E) III.

I: Correta (NCPC, art. 799, I); **II:** Correta (art. 848, parágrafo único); **III:** Incorreta, por não haver previsão legal nesse sentido (vide art. 876 e ss.). LD

Gabarito "D"

(Defensor Público – DPE/BA – 2016 – FCC) Para possibilitar a penhora de dinheiro em depósito ou em aplicação financeira, o juiz,

(A) a requerimento do exequente, ouvindo previamente o executado, no prazo de três dias, determinará às instituições financeiras, por meio de sistema eletrônico gerido pela autoridade supervisora do sistema financeiro nacional, que torne indisponíveis ativos financeiros existentes em nome do executado.

(B) de ofício, ouvindo previamente o executado, no prazo de três dias, determinará às instituições financeiras, por meio de sistema eletrônico gerido pela autoridade supervisora do sistema financeiro nacional, que torne indisponíveis ativos financeiros existentes em nome do executado.

(C) a requerimento do exequente, sem dar ciência prévia do ato ao executado, determinará às instituições financeiras, por meio de sistema eletrônico gerido pela autoridade supervisora do sistema financeiro nacional, que torne indisponíveis ativos financeiros existentes em nome do executado.

(D) a requerimento do exequente, ouvindo previamente o executado, no prazo de três dias, determinará, por meio de ofício dirigido à instituição financeira em que alocados os recursos, que esta torne indisponíveis ativos financeiros existentes em nome do executado.

(E) de ofício, sem dar ciência prévia do ato ao executado, determinará, por meio de ofício dirigido à instituição financeira em que alocados os recursos, que esta torne indisponíveis ativos financeiros existentes em nome do executado.

A resposta encontra-se no art. 854 do NCPC, cujos termos estão presentes na alternativa "C". A alternativa "A" e "B" são incorretas, pois não é necessário dar ciência prévia ao executado. A "B" é incorreta, pois a determinação depende de requerimento do exequente (NCPC, art. 854). A "D", por sua vez, além de incorrer em erro ao prever a oitiva prévia do executado, equivoca-se ao prever que a penhora ocorrerá por meio de ofício (mesmo equívoco da alternativa "E"), sendo certo que a constrição será efetivada por meio eletrônico.

Gabarito "C"

(Magistratura – TRT 1ª – 2016 – FCC) José da Silva, executado em uma determinada ação cível, teve penhorado um bem indivisível que possui em conjunto com o seu cônjuge. Requereu ao juiz a substituição da penhora, o que foi indeferido. Na decisão, o magistrado determinou que a meação do cônjuge alheio à execução deverá recair sobre o produto da alienação do bem, exceto se fracassada a tentativa de sua alienação judicial. Nesta hipótese, o juiz decidiu

(A) incorretamente, uma vez que é facultada ao executado a indicação de bem diverso daquele que foi objeto de penhora, o que estaria acontecendo no caso ora examinado.

(B) incorretamente, uma vez que esta situação encontra-se expressamente prevista no art. 656 do CPC/1973, como sendo uma das situações autorizadoras da substituição da penhora.

(C) incorretamente, atentando contra o princípio da celeridade processual, até mesmo porque o óbice da indivisibilidade dificilmente iria levar a bom termo a tentativa de alienação do bem.

(D) corretamente, pois o CPC/1973 é expresso no sentido de que, em se tratando de penhora de bem indivisível, a meação do cônjuge alheio à execução recairá sobre o produto da alienação do bem.

(E) corretamente, pelo simples fato de que a meação do cônjuge alheio à execução não poderá ser objeto de alienação judicial, mas apenas a meação concernente ao executado é que estará sendo alienada.

A resposta para a questão, no NCPC, é igual à do CPC/1973, apenas havendo troca de "meação" por "quota-parte". NCPC, art. 843. Tratando-se de penhora de bem indivisível, o equivalente à quota-parte do coproprietário ou do cônjuge alheio à execução recairá sobre o produto da alienação do bem. Portanto, correta a alternativa "D".

Gabarito "D"

(Técnico – TRT/11ª – 2012 – FCC) Xisto é processado e condenado ao pagamento de indenização por danos morais e materiais em favor de Tomé, na quantia total de R$ 100.000,00. Iniciada a fase de cumprimento de sentença para pagamento do débito, Xisto tem um apartamento de sua propriedade na praia penhorado e devidamente avaliado por perito judicial. Maria, José e Paulo, cônjuge, filho e genitor de Xisto, respectivamente, pretendem exercer o direito de remição e, para tanto, poderão requerer a adjudicação do bem penhorado, oferecendo preço não inferior ao da avaliação e, havendo divergência entre os pretendentes, com igualdade de oferta após uma licitação entre eles, terá preferência na adjudicação,

(A) Maria, Paulo e José, nessa ordem.

(B) José, Paulo e Maria, nessa ordem.

(C) Maria, José e Paulo, nessa ordem.

(D) Paulo, Maria e José, nessa ordem.

(E) José, Maria e Paulo, nessa ordem.

De acordo com o art. 876, § 6º, do NCPC, terá preferência o cônjuge, descendente ou ascendente, nessa ordem.

Gabarito "C"

(Magistratura/RR – 2015 – FCC) Nas execuções por quantia certa contra devedor solvente

(A) são impenhoráveis os frutos e rendimentos dos bens inalienáveis, em qualquer hipótese, por sua natureza.

(B) é absolutamente impenhorável qualquer quantia depositada em caderneta de poupança, desde que única.

(C) o conceito de impenhorabilidade do bem de família abrange o imóvel pertencente às pessoas viúvas e divorciadas, mas não aos solteiros.

(D) na execução contra instituição financeira, é penhorável o numerário disponível, inclusive as reservas bancárias mantidas no Banco Central.

(E) é legítima a penhora da sede do estabelecimento comercial.

A: Incorreta, pois os frutos e rendimentos inalienáveis poderão ser penhorados se faltarem outros bens, nos termos do art. 834 do NCPC; **B**: Incorreta, pois será impenhorável até o limite de 40 salários mínimos a quantia depositada em caderneta de poupança, nos termos do art. 833, X, do NCPC; **C**: Incorreta, pois a súmula 364 do STJ prevê que "o conceito de impenhorabilidade de bem de família abrange também o imóvel pertencente a **pessoas solteiras**, separadas e viúvas"; **D**: Incorreta, pois, de acordo com a Súmula 328 do STJ "Na execução contra instituição financeira, é penhorável o numerário disponível, **excluídas as reservas bancárias mantidas no Banco Central.**"; **E**: Correta, nos termos da Súmula 451 do STJ: "É legítima a penhora da sede do estabelecimento comercial"..

Gabarito "E"

(Magistratura/PE – 2013 – FCC) Na execução,

(A) quando esta puder ser promovida por vários meios, cabe ao credor a escolha, pois a demanda é instaurada em seu benefício.

(B) verificando o juiz que a petição inicial está incompleta, ou sem os documentos essenciais à propositura da execução, indeferirá de imediato a inicial, extinguindo o feito sem resolução de mérito.

(C) o exequente poderá, no ato de sua distribuição, obter certidão comprobatória do ajuizamento respectivo, com identificação das partes e valor da causa, para fins de averbação no registro de imóveis, registro de veículos ou registro de outros bens sujeitos à penhora ou arresto; feita a averbação, presume-se em fraude à execução a alienação ou oneração de bens efetuada posteriormente.

(D) a ausência de liquidez e certeza do título executivo é irrelevante se não for arguida pelo devedor, dado o princípio dispositivo.

(E) recaindo mais de uma penhora sobre os mesmos bens, prevalecerá a mais antiga, vedada a multiplicidade de gravames na hipótese.

A: incorreta, porque vigora, na execução, o princípio da menor onerosidade para o devedor. Assim, "quando por vários meios o exequente puder promover a execução, o juiz mandará que se faça pelo modo menos gravoso para o executado" (art. 805 do NCPC); **B:** incorreta, porque nesse caso, cabe ao juiz fixar prazo de 15 dias para que a inicial seja emendada (art. 801do NCPC); **C:** correta (art. 828 do NCPC); **D:** incorreta, porque a adequação do título executivo às exigências legais é matéria de ordem pública, porque diz respeito ao interesse de agir na execução, motivo pelo qual pode ser conhecida de ofício pelo juiz; **E:** incorreta, porque é possível que sejam várias as constrições sobre o mesmo bem. A ordem entre elas é relevante para fixar o direito de preferência do credor que penhorou o bem em primeiro lugar, sobre o produto obtido com sua alienação. Terá preferência o credor que tiver penhorado em primeiro lugar o bem, ainda que alienação tenha ocorrido em execução promovida por outro credor.

Gabarito "C"

(Ministério Público/CE – 2011 – FCC) É INCORRETO afirmar:

(A) O Ministério Público pode promover a execução forçada, nos casos legalmente previstos.

(B) São sujeitos passivos da execução, entre outros, o fiador judicial e o responsável tributário, como tal definido na legislação própria.

(C) Se fundadas em títulos diferentes, o credor não poderá cumular várias execuções, ainda que o devedor seja o mesmo.

(D) Observados os requisitos legais, o credor tem a faculdade de desistir de toda a execução ou de apenas algumas medidas executivas.

(E) Quando o juiz decidir relação jurídica sujeita a condição ou termo, o credor não poderá executar a sentença sem provar que se realizou a condição ou que ocorreu o termo.

A: correta (art. 778, § 1º, I, NCPC); **B:** correta (art. 779 do NCPC); **C:** incorreta, devendo esta ser assinalada. Cabe a execução nesse caso, desde que o executado seja o mesmo(art. 780 do NCPC); **D:** correta (art. 775 do NCPC); **E:** correta (art. 514 do NCPC).

Gabarito "C"

(Defensoria/SP – 2013 – FCC) Sobre os princípios da liquidação e execução civis, é correto afirmar que

(A) pelo princípio do menor sacrifício do executado, o juiz poderá conceder usufruto de bem móvel ao exequente, mesmo que o executado se oponha.

(B) em razão do princípio da concentração do poder executivo do juiz, as medidas executivas devem encontrar tipificação legal para que sejam deferidas, garantindo o jurisdicionado contra a possibilidade de arbítrio judicial na escolha da forma de execução.

(C) em razão do princípio da fidelidade ao título, não se pode incluir na liquidação da sentença os juros moratórios, quando omissos os pedido inicial ou a condenação.

(D) em razão do princípio da disponibilidade, o exequente poderá desistir da execução independentemente do consentimento do executado, exceto quando oferecidos embargos.

(E) em razão do princípio da cooperação, o executado tem o dever de indicar quais são e onde estão os bens penhoráveis que possui, quando intimado a fazê-lo, sob pena de ficar caracterizado ato atentatório à dignidade da Justiça e não poder requerer a substituição do bem penhorado.

A: Incorreta, pois o NCPC abandona a previsão de "usufruto" (prevista no art. 716 do CPC/1973) e passa a prever a *penhora de frutos e rendimentos* de coisa móvel ou imóvel (NCPC, art. 867);**B:** incorreta, porque na execução há o *princípio da atipicidade* (ou da concentração dos poderes de execução), o qual destaca que o juiz tem um rol exemplificativo de poderes para se atingir o resultado da execução (ex., NCPC, art. 536, § 1º); **C:** incorreta, pois apesar de a execução ter de seguir o título, antiga jurisprudência fixou ser possível incluir juros, ainda que apenas na liquidação (Súmula 254/STF: Incluem-se os juros moratórios na liquidação, embora omisso o pedido inicial ou a condenação); **D:** incorreta. É ampla a disponibilidade do exequente na execução, sendo possível desistir da execução a qualquer momento, mesmo sem concordância do executado (NCPC, art. 775). Contudo, se houver embargos, a desistência da execução acarreta a *extinçãodos embargos* se a discussão destes for processual (NCPC, art. 775, parágrafo único), **E:** incorreta, pois a penalidade de ato atentatório à dignidade da justiça (que é prevista nesse caso) não acarreta a perda da substituição do bem penhora, mas apenas multa (NCPC, art. 774, parágrafo único).

Gabarito sem alternativa correta à luz do NCPC.

(Analista – TRT/3ª – 2015 – FCC) Celso propôs execução de título executivo extrajudicial contra Caio e Mário, que apresentaram embargos do devedor por meio de procuradores distintos. O prazo para o oferecimento dos embargos do devedor, por Caio e Mário, é contado, para

(A) ambos os executados, a partir da intimação da penhora, computando-se em dobro.

(B) ambos os executados, a partir da juntada do último mandado citatório aos autos, computando-se em dobro.

(C) cada executado, a partir da juntada do respectivo mandado citatório aos autos, computando-se em dobro.

(D) ambos os executados, a partir da juntada do último mandado citatório aos autos, não se computando em dobro.

(E) cada executado, a partir da juntada do respectivo mandado citatório aos autos, não se computando em dobro.

O prazo nos embargos à execução: (i) não é contado para cada executado (salvo se forem cônjuges – NCPC, art. 915, § 1º), diferentemente do que acontece no processo de conhecimento e (ii) não é contado em dobro (art. 915, § 3º, do NCPC), não se aplicando o art. 229 do NCPC). É correta, portanto, a alternativa "E".

Gabarito "E"

(Analista – TRT/3ª – 2015 – FCC) Em execução por quantia certa contra devedor solvente, Juliano teve penhorado dinheiro, que alega ser provento de seu salário, o qual viria a ser utilizado, na integralidade, para a subsistência de sua família. Tal bem é

(A) impenhorável, cabendo ao executado comprovar tratar-se de bem de tal natureza.

(B) penhorável, pois o processo executivo corre em benefício do credor.

(C) impenhorável, cabendo ao exequente comprovar que o bem não se reveste de tal natureza.

(D) impenhorável, salvo se tiver sido depositado em conta-poupança e tiver valor superior a 20 salários mínimos.

(E) impenhorável, não necessitando de prova de que se reveste de tal natureza, por haver presunção absoluta nesse sentido.

A quantia penhorada não poderia ser objeto de penhoa, nos termos do art. 833, IV, do NCPC. A alegação de impenhorabilidade caberá ao executado, que deverá comprovar a alegação em 5 dias (art. 854, § 3º, do NCPC).

Gabarito "A"

16. EMBARGOS DO DEVEDOR

(Analista – TRT/16ª – 2014 – FCC) Numa execução por quantia certa contra devedor solvente, os embargos do executado

(A) só poderão ser rejeitados liminarmente quando intempestivos.

(B) só poderão ser opostos pelo executado se tiver ocorrido penhora, depósito ou caução.

(C) deverão, em regra, ser processados com efeito suspensivo salvo entendimento judicial contrário, em decisão fundamentada.

(D) serão oferecidos no prazo de 15 dias, contados da data da juntada aos autos do mandado de citação.

(E) serão processados nos autos da execução, devendo o exequente ser ouvido no prazo de 10 dias.

A: Incorreta. Nos termos do art. 918 do NCPC "o juiz rejeitará liminarmente os embargos: I – quando intempestivos; II – nos casos de indeferimento da petição inicial e de improcedência liminar do pedido; III – manifestamente protelatórios". **B**: Incorreta, pois o executado, **independentemente de penhora, depósito ou caução**, poderá se opor à execução por meio de embargos (art. 914 do NCPC); **C**: Incorreta, pois os embargos à execução não terão efeito suspensivo (art. 919 do NCPC); **D**: Correta, nos termos do art. 915 do NCPC; **E**: Incorreta, pois o exequente será ouvido em 15 dias, nos termos do art. 920, I, do NCPC.

Gabarito "D"

(Analista – TRT/9ª – 2012 – FCC) Os embargos do devedor

(A) como regra, serão recebidos no efeito suspensivo.

(B) deverão ser opostos após garantia do juízo por meio de penhora, depósito ou caução, necessariamente.

(C) quando houver mais de um executado, com diferentes procuradores, o prazo para oposição dos embargos do devedor será contado em dobro.

(D) não podem ser rejeitados liminarmente, exigindo sempre julgamento meritório das razões aduzidas nos autos.

(E) serão oferecidos no prazo de 15 dias, contados da data da juntada aos autos do mandado de citação devidamente cumprido.

A: incorreta, pois em regra não terão efeito suspensivo (art. 919, NCPC); **B:** incorreta, pois os embargos independem da garantia do juízo (art. 914, NCPC); **C:** incorreta, porque não se aplica a regra do art. 229 do NCPC nos embargos do devedor, por opção legislativa (art. 915, § 3º, NCPC); **D:** incorreto, pois o juiz poderá rejeitá-los nas hipóteses do artigo 918 do NCPC; **E:** correto, conforme art. 915 do NCPC.

Gabarito "E"

17. EXECUÇÃO E CUMPRIMENTO DE SENTENÇA CONTRA A FAZENDA PÚBLICA

(Procurador do Estado/SP – FCC – 2009) Na execução contra a Fazenda Pública Paulista perante a Justiça Estadual de São Paulo, quando expedida requisição para pagamento de obrigação de pequeno valor,

(A) havendo litisconsórcio multitudinário no polo ativo devem ser somados os créditos de todos os exequentes para fins de classificação do requisitório como de pequeno valor.

(B) os honorários advocatícios devem ser incluídos, como parcela integrante do valor devido para fins de classificação do requisitório como de pequeno valor.

(C) no seu descumprimento, eventual decretação de sequestro deve ser realizada pelo juízo *a quo* da execução.

(D) o crédito do exequente devidamente atualizado está sujeito ao limite de 60 (sessenta) saláriosmínimos.

(E) é possível seu pagamento, quando se tratar de execução provisória, durante a pendência de recurso especial, que discuta a íntegra do mérito da demanda.

A questão trata do Juizado Especial da Fazenda Pública Estadual, pois há menção a obrigação ou requisição de pequeno valor (OPV ou RPV – Lei 12.153/2009).

A: incorreta, porque, nesse caso, os créditos devem ser considerados em separado para fins de classificação de RPV; **B:** correta, pois é levado em conta o valor total a ser pago (principal e acessórios); **C:** incorreta, pois essa é a previsão do JEF (Lei 10.259/2001, art. 17, § 2º);**D:** incorreta, leva-se em conta o valor histórico; **E:** incorreta, pois o pagamento ocorre após o trânsito em julgado, considerando o art. 17 da Lei 10.259/2001, aplicável subsidiariamente ao Juizado Especial da Fazenda Estadual (vide art. 27 da Lei 12.153/2009).

Gabarito "B"

18. EXECUÇÃO E CUMPRIMENTO DE SENTENÇA DE ALIMENTOS

(Defensor Público/AM – 2013 – FCC) A dívida de alimentos

(A) autoriza a prisão civil, mesmo depois de pago o valor em atraso.

(B) é imprescritível.

(C) torna-se inexigível depois da prisão.

(D) em regra, transmite-se aos herdeiros do devedor, assim como a obrigação de prestar os alimentos.

(E) autoriza a prisão civil, indefinidamente, até o pagamento do valor em atraso.

A: incorreto (art. 528, § 6º, do NCPC); **B:** incorreto (art. 23 da Lei 5.478/1968), mas não há prescrição contra menores (art. 198, I do CC); **C:** incorreto (art. 528, § 5º, do NCPC); **D:** correto (art. 1.700 do CC); **E:** incorreto, pois o prazo de prisão é de 1 a 3 meses (art. 528, § 3º, do NCPC).

Gabarito "D"

19. EXECUÇÃO FISCAL

(Analista Judiciário – TRT/11 – FCC – 2017) Na execução fiscal, o executado poderá oferecer embargos

(A) no prazo de 15 dias, contados da data do oferecimento da garantia da execução.

(B) independentemente de seguro o juízo através da garantia da execução.

(C) no prazo de 15 dias, contados da citação para pagamento do débito.

(D) no prazo de 30 dias, contados do depósito, da juntada da prova da fiança bancária ou do seguro garantia ou da intimação da penhora.

(E) no prazo de 15 dias, contados da juntadas aos autos do comprovante do depósito.

A: Incorreta, pois o prazo é de 30 dias (Lei 6.830/1980, art. 16); **B:** Incorreta, pois os embargos dependem da garantia do juízo (Lei 6.830/1980, art. 16, incisos); **C:** Incorreta, pois o prazo é a partir da garantia do juízo; **D:** Correta (Lei 6.830/1980, art. 16, incisos); **E:** Incorreta, considerando o exposto nas alternativas anteriores.

Gabarito "D"

(Procurador do Estado/MT – 2011 – FCC) Na execução fiscal

(A) é necessária a intervenção do Ministério Público.

(B) o devedor deverá ser intimado, pessoalmente, do dia e hora da realização do leilão.

(C) é incabível a citação por edital, mesmo se frustradas as demais modalidades.

(D) a substituição do bem penhorado por precatório independe da anuência do exequente.

(E) a prescrição ocorrida antes da propositura da ação não pode ser decretada de ofício.

A: Incorreta, pois não há previsão legal (NCPC, art. 178) e Súmula 189/STJ. **B:** correta. Súmula 121/STJ: Na execução fiscal o devedor deverá ser intimado, pessoalmente, do dia e hora da realização do leilão; **C:** incorreta. Lei 6830/1980, art. 8º, III e IV c/c NCPC, art. 256 e Súmula 414/STJ: A citação por edital na execução fiscal é cabível quando frustradas as demais modalidades; **D:** incorreta, pois substituição do bem penhorado depende de manifestação do exequente; **E:** incorreta. Súmula 409/STJ: Em execução fiscal, a prescrição ocorrida antes da propositura da ação pode ser decretada de ofício (resta saber se o entendimento será mantido no NCPC, considerando o art. 10 – princípio da vedação de decisão surpresa).

Gabarito "B"

IV – RECURSOS

20. TEORIA GERAL DOS RECURSOS

(Analista Judiciário – TRE/SP – FCC – 2017) O incidente de desconsideração da personalidade jurídica, disciplinado pelo novo Código de Processo Civil,

(A) pode ser instaurado de ofício.

(B) é cabível no cumprimento de sentença, mas não na execução fundada em título executivo extrajudicial.

(C) não suspende o processo se instaurado na fase de cumprimento de sentença.

(D) é resolvido por sentença.

(E) é cabível em todas as fases do processo de conhecimento.

A: Incorreta, sempre dependendo de provocação da parte ou MP (NCPC, art. 133); **B:** Incorreta, pois também cabe no caso de execução (NCPC, art. 134); **C:** Incorreta, pois a regra é a suspensão do processo com a instauração do IDPJ (NCPC, art. 134, § 3º); **D:** Incorreta, pois a decisão é, em regra, por interlocutória (NCPC, art. 136); **E:** Correta, como visto no item "B" (NCPC, art. 134).

Gabarito "E"

(Analista Judiciário – TRT/11 – FCC – 2017) A respeito dos recursos, é correto afirmar:

(A) os embargos de declaração têm efeito suspensivo e, em alguns casos, têm efeito interrupto dos prazos recursais.

(B) a renúncia do direito de recorrer depende a anuência da outra parte.

(C) cabe agravo de instrumento dos despachos.

(D) o recorrente só poderá desistir do recurso com a anuência do recorrido e dos litisconsortes.

(E) cabe agravo de instrumento da decisão que julgar o incidente de desconsideração da personalidade jurídica.

A: Incorreta, pois o correto é o inverso: sempre interrompe e, excepcionalmente, podem ter efeito suspensivo (NCPC, art. 1.026, *caput* e § 1º); **B:** Incorreta, pois renúncia independe de anuência (NCPC, art. 999); **C:** Incorreta, pois despachos são irrecorríveis (NCPC, art. 1.001); **D:** Incorreta, pois desistência independe de anuência (NCPC, art. 998); **E:** Correta, sendo esse um dos casos previstos no rol de cabimento do agravo (NCPC, art. 1.015, IV).

Gabarito "E"

(Analista Judiciário – TRT/24 – FCC – 2017) Renato ajuizou ação indenizatória contra Moisés que tramitou por meio eletrônico em uma das varas cíveis da comarca de São Paulo. Após o regular processamento a ação é julgada improcedente pelo Magistrado competente. Inconformado, Renato apresenta recurso de apelação sem, contudo, recolher qualquer valor a título de preparo. Neste caso, de acordo com o Código de Processo Civil, o juiz deverá

(A) intimar Renato, na pessoa de seu advogado, para realizar o recolhimento do valor do preparo e do porte de remessa e de retorno, sob pena de deserção.

(B) aplicar imediatamente a pena de deserção a Renato.

(C) intimar Renato, na pessoa de seu advogado, para realizar o recolhimento em dobro do valor do preparo e do porte de remessa e de retorno, sob pena de deserção.

(D) intimar Renato, na pessoa de seu advogado, para realizar o recolhimento em dobro do valor do preparo, exclusivamente, sob pena de deserção.

(E) intimar Renato, na pessoa de seu advogado, para realizar o recolhimento do valor do preparo, exclusivamente, sob pena de deserção.

No âmbito do NCPC, a apelação não é mais objeto de admissibilidade na origem (art. 1.010, § 3º), mas somente no destino. Além disso, no NCPC, se não houver recolhimento de preparo, antes da deserção a parte deverá ser intimada a recolher as custas, em dobro (art. 1.007, § 4º). **A:** Incorreta, pois o juiz não faz mais a admissibilidade da apelação; **B:** Incorreta, pois o juiz não faz a admissibilidade e descabe a deserção de plano; **C:** Incorreta, pois o juiz não faz mais a admissibilidade da apelação; **D:** Correta para a banca, considerando a previsão de recolhimento em dobro – porém, não está correta a previsão de que isso seria feito pelo juiz, como aponta o enunciado (assim, a pergunta deveria ter sido anulada); **E:** Incorreta, pois deveria haver o recolhimento em dobro.

Gabarito "D"

(Juiz – TJ-SC – FCC – 2017) Em uma ação de despejo por falta de pagamento julgada procedente, o locatário interpõe apelação, à qual se nega provimento por maioria de votos. Nesse caso:

(A) o julgamento terá prosseguimento em sessão a ser designada com a presença de outros julgadores, que serão convocados nos termos previamente definidos no regimento interno, em número suficiente para garantir a possibilidade de inversão do resultado inicial, assegurado às partes e a eventuais terceiros o direito de sustentar oralmente suas razões perante os novos julgadores, entretanto, sendo possível prosseguimento do julgamento dar-se-á na mesma sessão.

(B) não haverá prosseguimento do julgado, uma vez que a maioria negava provimento ao apelo; somente se fosse dado provimento ao apelo, por maioria, é que necessária e automaticamente ocorreria o prolongamento do julgamento.

(C) não haverá prosseguimento do julgado, uma vez que a maioria negava provimento ao apelo; somente se fosse provido o apelo, por maioria, e a requerimento expresso da parte, é que ocorreria o julgamento estendido do processo.

(D) haverá o prosseguimento do julgamento, pois atualmente não mais se exige o provimento majoritário do apelo; no entanto, será preciso requerimento expresso da parte a quem beneficiaria a reversão do julgado.

(E) não haverá o prosseguimento do julgamento, pois foram extintos os embargos infringentes, cabendo apenas a oposição de embargos de declaração e, julgados estes, a interposição de recursos especial e extraordinário.

No caso de decisão por maioria de votos, não há mais, no NCPC, o recurso de embargos infringentes. Mas no lugar ingressou a técnica do julgamento estendido (art. 942), que independe da vontade das partes e acarreta a vinda de novos julgadores para proceder à sequência do julgamento do recurso. A alternativa "A" reproduz exatamente o art. 942, sendo que as demais alterativas não encontram base na lei. A "B" está errada pois não há essa previsão na lei (apesar de ser defendida por parte da doutrina); a "C" e "D" estão erradas pois fala em *requerimento da parte* e a "E" não trata do julgamento estendido. LD

Gabarito "A"

(Defensor Público – DPE/BA – 2016 – FCC) Analise as proposições abaixo, a respeito dos recursos:

I. Os recursos impedem, em regra, a eficácia da decisão, salvo disposição legal ou decisão judicial em sentido contrário.

II. O recorrente pode desistir do recurso sem a anuência do recorrido ou dos litisconsortes, mas a desistência não impede a análise de questão cuja repercussão geral já tenha sido reconhecida e daquela objeto de julgamento de recursos extraordinários ou especiais repetitivos.

III. Excetuados os embargos de declaração, o prazo para interpor os recursos e para responder-lhes é de quinze dias.

IV. Os embargos de declaração possuem efeito suspensivo da eficácia da decisão e do prazo para a interposição de outros recursos.

Está correto o que se afirma APENAS em

(A) I, III e IV.

(B) I, II e IV.

(C) III.

(D) II e IV.

(E) II e III.

I: incorreto, pois a previsão legislativa é no sentido inverso, de que a interposição de recursos *não impede*, em regra, a eficácia da decisão, salvo disposição legal ou decisão judicial em sentido contrário (NCPC, art. 995); **II:** correto, sendo a parte final da proposição novidade do NCPC (art. 998, "caput" e parágrafo único); **III:** correto (NCPC, art. 1.003, § 5º); **IV:** incorreto, pois os embargos de declaração não possuem efeito suspensivo e *interrompem* o prazo para a interposição de recurso (NCPC, art. 1.026).

Gabarito "E"

(Defensor Público – DPE/ES – 2016 – FCC) Em uma ação proposta com pedido de condenação a indenização por danos materiais e danos morais, após a apresentação de contestação, o magistrado entende que o primeiro pedido restou incontroverso, e, por isso, condenou o réu ao pagamento dos danos materiais comprovados e, no mesmo ato, determinou o prosseguimento da ação somente em relação aos danos morais. Esta decisão tem natureza jurídica de

(A) sentença final de mérito e, portanto, desafia recurso de apelação.

(B) julgamento antecipado parcial de mérito e, portanto, desafia recurso de agravo de instrumento.

(C) julgamento antecipado parcial de mérito e, portanto, desafia recurso de apelação.

(D) tutela provisória incidental de urgência e, portanto, desafia recurso de agravo de instrumento.

(E) tutela provisória incidental da evidência, mas não apresenta recorribilidade imediata, pois não comporta recurso de agravo de instrumento, mas apenas apelação após a sentença final.

Trata-se de julgamento antecipado parcial do mérito, com previsão no art. 356, I do NCPC. E, nesse caso, como o processo como um todo não é concluído, não se trata de sentença (pois prossegue a fase cognitiva do procedimento comum). Dessa decisão, por expressa previsão legal, o recurso cabível é o agravo de instrumento (NCPC, art. 356, § 5º).

Gabarito "B"

(Defensor Público – DPE/ES – 2016 – FCC) Sobre o sistema recursal no novo Código de Processo Civil

(A) o Superior Tribunal de Justiça deverá negar seguimento ao recurso especial que suscite o conhecimento de questão constitucional.

(B) são cabíveis embargos infringentes contra acórdão não unânime que tenha reformado, em grau de apelação, a sentença de mérito, ou houver julgado procedente ação rescisória.

(C) os recursos não impedem a eficácia da decisão, salvo disposição legal ou decisão judicial em sentido diverso, mas a apelação, como regra, tem efeito suspensivo.

(D) as decisões interlocutórias que não se enquadram nas hipóteses de cabimento do agravo de instrumento são irrecorríveis, razão pela qual podem ser atacadas por mandado de segurança contra ato judicial.

(E) o recurso especial tem seu juízo de admissibilidade realizado exclusivamente pelo próprio Superior Tribunal de Justiça.

A: incorreto, pois se o relator, no STJ, entender que o recurso especial envolve questão constitucional, deverá conceder prazo de quinze dias para que o recorrente adeque o recurso para ser apreciado como RE pelo STF – ou seja, a hipótese é de fungibilidade e não de não conhecimento (NCPC, art. 1.032). **B:** incorreto. No NCPC, os embargos infringentes deixam de existir, de modo que no caso de voto vencido, passa a ser prevista a técnica do julgamento estendido (NCPC, art. 942). **C:** correto (NCPC, arts. 995 e 1.012). **D:** incorreto, pois as questões resolvidas na fase de conhecimento, se a decisão a seu respeito não comportar agravo de instrumento, poderão ser suscitadas em preliminar de apelação ou contrarrazões (art. art. 1.009, § 1º, do NCPC). **E:** incorreto, pois há duplo juízo de admissibilidade, conforme art. 1.030 do NCPC (a assertiva era correta na redação original do NCPC – mas houve alteração com a Lei 13.256/2016, que restaurou a sistemática que era prevista no CPC/1973).

Gabarito "C"

(Defensor Público – DPE/ES – 2016 – FCC) Com o advento no novo Código de Processo Civil, alguns entendimentos jurisprudenciais pacíficos e mesmo súmulas editadas à luz da legislação revogada, perderam a sua fundamentação jurídica e, portanto, não mais poderão persistir no ordenamento jurídico. O *overrulling*, como técnica adequada de aplicação dos precedentes

(A) depende da modificação legislativa e somente é aplicável após a revogação da Súmula pelo próprio Tribunal que a editou.

(B) consiste na revisão de precedentes que foram elaborados a partir de vícios formais e, portanto, devem ser extirpados do ordenamento jurídico.

(C) não implicaria a revogação do precedente, mas tão somente o afastamento de seu efeito vinculante em relação aos órgãos jurisdicionais de hierarquia inferior.

(D) impõe à parte o ônus de demonstrar a distinção entre o caso concreto e os fatos que serviram para a formação da tese jurídica do precedente, distinguindo-as e justificando, assim, a sua inaplicabilidade ao caso concreto.

(E) está relacionado com a demonstração de que a superveniência de fatores que podem operar a revogação ou a superação do precedente firmado à luz do ordenamento revogado.

O *overruling* é a superação da tese jurídica firmada em um precedente. Basicamente, é uma técnica que permite aos julgadores modificar teses firmadas no passado – seja por força de alteração legislativa, seja por força de evolução da sociedade ou do entendimento relativo a algum precedente. Diante disso, a alternativa correta é a "E".

Gabarito "E"

(Procurador do Estado/MT – 2011 – FCC) Uma ação ordinária foi julgada improcedente e o autor, inconformado, interpôs recurso de apelação, deixando, porém, de recolher o preparo, tendo o juiz, por esse motivo, julgado deserto o recurso. O autor provou justo impedimento e providenciou o recolhimento, tendo o juiz relevado a pena de deserção. Essa decisão

(A) pode ser impugnada pelo réu através de agravo retido.

(B) pode ser impugnada pelo réu através de agravo de instrumento.

(C) é irrecorrível, cabendo ao tribunal apreciar-lhe a legitimidade quando do julgamento da apelação.

(D) só pode ser impugnada pelo Ministério Público, através de agravo, se estiver atuando no feito como parte.

(E) só pode ser impugnada pelo Ministério Público, através de agravo, se estiver atuando no feito como fiscal da lei.

NCPC, art. 1.007, §6º. – hipótese em que o próprio legislador aponta a decisão como irrecorrível, pois o tribunal poderá rever a decisão, falta interesse recursal. ATENÇÃO: o NCPC não mais prevê o agravo retido.

Gabarito "C"

(Procurador do Município – Cuiabá/MT – 2014 – FCC) Maria ajuizou ação de cobrança contra Gerson e Renato, devedores solidários, os quais apresentaram defesas distintas mas com fundamentos comuns. O pedido foi julgado procedente mas apenas Renato recorreu. De acordo com o Código de Processo Civil, o recurso

(A) aproveita a Gerson, será recebido nos efeitos devolutivo e suspensivo, deverá ser interposto no prazo de 15 dias e respondido no prazo de 5.

(B) aproveita a Gerson, será recebido apenas no efeito devolutivo e deverá ser interposto e respondido no prazo de 15 dias.

(C) não aproveita a Gerson, será recebido apenas no efeito devolutivo e deverá ser interposto e respondido no prazo de 15 dias.

(D) não aproveita a Gerson, será recebido nos efeitos devolutivo e suspensivo, deverá ser interposto no prazo de 15 dias e respondido no prazo de 5.

(E) aproveita a Gerson, será recebido nos efeitos devolutivo e suspensivo e deverá ser interposto e respondido no prazo de 15 dias.

A situação trata da hipótese de recurso de apenas um dos litisconsortes. O assunto é expressamente regulado pelo NCPC (Art. 1005.

"O recurso interposto por um dos litisconsortes a todos aproveita, salvo se distintos ou opostos os seus interesses. Parágrafo único. Havendo solidariedade passiva, o recurso interposto por um devedor aproveitará aos outros, quando as defesas opostas ao credor lhes forem comuns"). Assim, esse recurso apenas aproveitará a Gerson, que não recorreu, por força do parágrafo único do art. 1005. No mais, o recurso será recebido no duplo efeito, visto que não se está em nenhuma das exceções dos incisos do §1º do art. 1.012 do NCPC, aplicando-se a regra geral. Por fim, o recurso deverá ser interposto e respondido em 15 dias (NCPC, art. §5º do art. 1.003). Assim, a alternativa correta é a letra "E".

Gabarito "E"

(Advogado do Metro/SP – 2014 – FCC) A respeito dos recursos, considere:

I. Contra a decisão que não recebe a apelação, cabe agravo retido.

II. A apelação interposta contra sentença que decidir o processo cautelar será recebida somente no efeito devolutivo.

III. Recebida a apelação nos efeitos devolutivo e suspensivo, o juiz não poderá inovar no processo.

Está correto o que consta APENAS em

(A) II e III.

(B) I e II.

(C) I e III.

(D) I.

(E) III.

I: incorreta. No NCPC, não há mais juízo de admissibilidade na origem, mas remessa ao Tribunal, para que o juízo *ad quem* (relator) proceda à admissibilidade (NCPC, art. 1.010, § 3º). Além disso, no NCPC também deixa de existir o agravo retido. **II:** O "processo cautelar" deixa de existir no NCPC, tendo sido absorvido pela "tutela provisória". Em verdade, a matéria passa a ser tratada sob a forma de "tutela de urgência cautelar" (que pode ser requerida em caráter antecedente ou incidental – NCPC, art. 294), sendo espécie da "tutela provisória". Feita a explicação, de se observar que a sentença que confirma, concede ou revoga tutela provisória produz efeitos imediatamente – ou seja, a apelação é recebida apenas no efeito devolutivo (NCPC, art. 1.012, §1º, V). Logo, adaptando a questão ao NCPC, tem-se como correto o enunciado II; **III:** incorreta, pois, como já dito, não há mais admissibilidade na origem, de modo que o juiz de 1º grau não dirá quais são os efeitos do recurso.

Gabarito: Assertiva correta somente a II, à luz do Antigo CPC
A questão não possui alternativa correta no NCPC.

(Analista – TRT/14ª – 2011 – FCC) A respeito dos recursos, considere:

I. A parte que aceitar tacitamente a sentença ou a decisão não poderá recorrer.

II. O recurso adesivo não está sujeito a preparo.

III. O recorrente poderá, a qualquer tempo, sem a anuência do recorrido ou dos litisconsortes, desistir do recurso.

Está correto o que se afirma APENAS em

(A) I e II.

(B) I e III.

(C) II.

(D) II e III.

(E) III.

I: correto, posto que nesse caso terá ocorrido a preclusão lógica, a qual impede o conhecimento do recurso, em razão da prática de ato anterior incompatível com a vontade de recorrer (art. 1.000 do NCPC); **II:** incorreta. O recurso adesivo, por sua vez, apesar de ser subordinado ao recurso principal, pode depender de preparo se o recurso independente dele necessitar (art. 997, §2º, do NCPC); **III:** correto (art. 998 do NCPC).

Gabarito "B"

(Analista – TRT/11ª – 2012 – FCC) Pedro, réu numa ação ordinária, foi condenado ao pagamento de quantia em dinheiro reclamada pelo autor. Interpôs recurso de apelação. Na véspera do julgamento, se arrependeu e protocolou petição, que assinou juntamente com seu advogado, desistindo do recurso interposto. Todavia, não houve tempo da desistência chegar ao conhecimento da Câmara Julgadora e o recurso foi julgado e provido, para o fim de ser julgada improcedente a ação.

Nesse caso, o julgamento é

(A) nulo e ineficaz, prevalecendo o que foi decidido na sentença recorrida.

(B) válido, porque a desistência não chegou ao conhecimento da Câmara Julgadora.

(C) válido, porque a desistência não foi homologada.

(D) válido, porque não houve concordância da parte contrária quanto à desistência.

(E) válido porque a desistência deve ser protocolada com a antecedência de, no mínimo, cinco dias da data do julgamento.

A: correto, pois a desistência não dependeda vontade da parte contrária nem de homologação judicial (art. 998, NCPC). As demais alternativas estão incorretas conforme art. 998 do NCPC.

Gabarito "A"

(Magistratura/PE – 2011 – FCC) Em relação aos recursos no processo civil,

(A) a insuficiência no valor do preparo recursal implicará deserção imediata.

(B) o recorrente pode desistir do recurso, desde que com a anuência do recorrido ou dos litisconsortes necessários.

(C) o não conhecimento do recurso principal não tem influência em relação ao recurso adesivo, que nesse ponto torna-se autônomo.

(D) com exceção dos embargos de declaração, o prazo para recorrer no processo civil será sempre de quinze dias.

(E) a renúncia ao direito de recorrer independe da aceitação da outra parte.

A: incorreta, porque o § 2º do art. 1.007 do NCPC prevê que o recorrente tem o direito à concessão do prazo de 5 dias para a complementação do preparo insuficiente; **B:** incorreta, porque a desistência do recurso não depende de anuência do recorrido ou dos litisconsortes necessários (art. 998 do NCPC); **C:** incorreta, porque o recurso adesivo só será admitido se o for o principal (art. 997, § 2º, III, do NCPC); **D:** incorreta no CPC/1973, mas correta no NCPC (art. 1.003, § 5º); **E:** correta (art. 999 do NCPC).

Gabarito "E" e "D" (NCPC)

21. APELAÇÃO

(Procurador do Município – Cuiabá/MT – 2014 – FCC) Márcio ajuizou ação de obrigação de fazer contra Telefonia do Centro Oeste pugnando pela retirada de seu nome dos cadastros de proteção ao crédito. Postulou pela concessão de tutela antecipada, a qual foi deferida de plano, sem oitiva da parte contrária. Ao final, porém, o pedido foi julgado improcedente, com revogação expressa da tutela antecipada. Apelação interposta por Márcio

(A) deverá ser recebida apenas no efeito devolutivo, mas com o restabelecimento dos efeitos da tutela revogada de forma expressa pela sentença, por se estar diante de direito da personalidade.

(B) deverá ser recebida nos efeitos devolutivo e suspensivo, que não restabelecerá os efeitos da tutela revogada de forma expressa pela sentença.

(C) deverá ser recebida apenas no efeito devolutivo, que não restabelecerá os efeitos da tutela revogada de forma expressa pela sentença.

(D) deverá ser recebida nos efeitos devolutivo e suspensivo, que restabelecerá os efeitos da tutela revogada de forma expressa pela sentença.

(E) restabelece os efeitos da tutela revogada de forma expressa pela sentença, independentemente do efeito em que tenha sido recebida.

Inicialmente, de se observar que o NCPC reuniu o regramento referente à **tutela de urgência** (esta dívida em duas subespécies: *tutela de urgência cautelar* e *tutela de urgência antecipada*) e **tutela de evidência** sob a denominação ***tutela provisória***. Na situação narrada, tem-se o deferimento de uma tutela provisória, a qual, na sentença, restou revogada. Assim, eventual efeito suspensivo da sentença (NCPC, art. 1.012, §1°) não terá o efeito de reativar a antecipação de tutela deferida (exatamente porque foi revogada). Assim, correta a alternativa "B".

Gabarito "B"

(Analista – TRT/1ª – 2012 – FCC) Na apelação,

(A) a decisão que relevar a pena de deserção pode ser objeto de agravo de instrumento.

(B) o recorrente não poderá desistir do recurso sem a anuência dos litisconsortes.

(C) o prazo para responder é de 10 dias, quando a sentença tiver sido proferida em audiência.

(D) constatando a ocorrência de nulidade sanável, o tribunal poderá determinar a realização ou renovação do ato processual, intimadas as partes.

(E) a aceitação expressa ou tácita da sentença não impede a interposição e o conhecimento do recurso.

A: incorreta. Não cabe recurso do juízo positivo de admissibilidade, pois a parte pode se insurgir em contrarrazões que será apreciada pelo órgão *ad quem*); **B:** Incorreta, pois a desistência é negócio jurídico unilateral não receptício que prescinde da anuência dos litisconsortes (art. 998, NCPC); **C:** Incorreta. O prazo sempre será de 15 dias (CPC, art. 1.003, § 5°); **D:** correto conforme art. 938, § 1° do NCPC; **E:** incorreta, pois a aceitação gera preclusão lógica (art. 1.000, NCPC).

Gabarito "D"

(Analista – TRE/AP – 2011 – FCC) Considere as seguintes assertivas a respeito do Recurso de Apelação:

I. A apelação será recebida só no efeito devolutivo, quando interposta de sentença que confirmar a antecipação dos efeitos da tutela.

II. Recebida a apelação em ambos os efeitos, o juiz não poderá inovar no processo; recebida só no efeito devolutivo, o apelado poderá promover, desde logo, a execução provisória da sentença, extraindo a respectiva carta.

III. Provando o apelante justo impedimento, o juiz relevará a pena de deserção, fixando-lhe prazo para efetuar o preparo. Esta decisão será irrecorrível, cabendo ao tribunal apreciar-lhe a legitimidade.

IV. Após a apresentação da resposta, o juiz não poderá reexaminar os pressupostos de admissibilidade do recurso.

De acordo com o Código de Processo Civil brasileiro, está correto o que se afirma SOMENTE em

(A) I, II e III.

(B) II, III e IV.

(C) I e II.

(D) III e IV.

(E) I e III.

I: correto. Em regra, a apelação é recebida no duplo efeito. Porém, nos termos do art. 1.012, § 1°, V, do NCPC, será somente recebida no efeito devolutivo a apelação de sentença que confirma, concede ou revoga tutela provisória; **II:** correto, nos termos do art. 1.012, § 2°, do NCPC; **III:** correto. Provando o recorrente justo impedimento, o relator relevará a pena de deserção, por decisão irrecorrível, fixando-lhe prazo de 5 (cinco) dias para efetuar o preparo (art. 1.007, § 6°, do NCPC); **IV:** incorreto. No NCPC, a admissibilidade da apelação não é feita no juízo de origem, mas sim no tribunal pelo relator (art. 1.010, § 3°, do NCPC).

Gabarito "A"

22. AGRAVO DE INSTRUMENTO E AGRAVOS DE 2° GRAU

(Ministério Público/CE – 2011 – FCC) A interposição do agravo de instrumento

(A) não admite juízo de retratação.

(B) não obsta o andamento do processo, ressalva feita à possibilidade de concessão de efeito suspensivo ao recurso.

(C) é regra geral do ordenamento processual civil, com hipóteses excepcionais de interposição de agravo retido.

(D) dirigir-se-á ao juiz da causa, a quem caberá o encaminhamento dos autos ao tribunal competente.

(E) dá-se em face de atos processuais ordinatórios e de decisões interlocutórias.

A. incorreta, porque o juiz pode se retratar quando interposto o agravo (NCPC, art. 1.018, § 1°); **B:** correta, porque não há efeito suspensivo para o recurso de agravo, exceto se expressamente concedido pelo relator (NCPC, arts. 995, parágrafo único e 1.019, I); **C:** incorreta. No NCPC, há o agravo de instrumento para um rol taxativo (art. 1.015) ou, então, recorre-se da interlocutória na própria sentença, já que deixa de existir o agravo retido (NCPC, art. 1.009, § 1°), não mais existindo preclusão logo após a prolação da decisão; **D:** incorreta, porque o agravo de instrumento é interposto diretamente no tribunal competente (NCPC, art. 1.016); **E:** incorreta, porque atos processuais ordinatórios (despachos) são irrecorríveis, já que não possuem natureza decisória (NCPC, art. 1.001).

Gabarito "B"

23. EMBARGOS DE DECLARAÇÃO

(Analista – TJ/SE – 2009 – FCC) Sobre os embargos de declaração pode-se afirmar que

(A) podem ser opostos no prazo de 10 (dez) dias.

(B) não estão sujeitos a preparo.

(C) só têm cabimento na segunda instância.

(D) mesmo quando manifestamente protelatórios, não ensejam a imposição de multa.

(E) serão relatados pelo revisor do acórdão embargado.

A, **B** e **C**: art. 1.023 do NCPC; **D**: art. 1.026 do NCPC; **E**: art. 1.024 do NCPC.

Gabarito "B"

24. RECURSOS ESPECIAL E EXTRAORDINÁRIO

(Procurador do Estado – PGE/MT – FCC – 2016) Diante de um Acórdão do Tribunal de Justiça do Mato Grosso que condenou o Estado ao pagamento de gratificação a servidor público, o Procurador do Estado opôs embargos de declaração para o fim de prequestionar dispositivos da lei federal que, embora tenham sido alegados nas razões de apelação, não foram enfrentados no Acórdão. Entretanto, os embargos foram rejeitados, sob o fundamento de inexistência de omissão a ser sanada. Após ser intimado desta decisão, o Procurador deve

(A) interpor recurso especial alegando que o Tribunal *a quo* negou vigência aos dispositivos apontados nas razões de apelação, pois o requisito do prequestionamento foi atendido, uma vez que é suficiente a menção dos dispositivos nas razões recursais; o primeiro juízo de admissibilidade deste recurso será feito no Tribunal *ad quem*.

(B) opor novos embargos de declaração, pois ainda permanece a omissão quanto aos dispositivos da lei federal, sob pena de não ser conhecido eventual recurso especial.

(C) interpor recurso especial alegando que o Tribunal *a quo* negou vigência aos dispositivos apontados nos embargos declaratórios, pois o requisito do prequestionamento foi atendido, uma vez que a lei admite expressamente o prequestionamento virtual; o primeiro juízo de admissibilidade deste recurso será feito no Tribunal *a quo*.

(D) interpor recurso especial alegando que o Tribunal *a quo* negou vigência aos dispositivos do Código que tratam dos embargos de declaração, pois o Acórdão não enfrentou a aplicação dos dispositivos apontados nos embargos declaratórios; o primeiro juízo de admissibilidade deste recurso será feito no Tribunal *a quo*.

(E) interpor recurso especial alegando que o Tribunal *a quo* negou vigência aos dispositivos apontados nos embargos declaratórios, pois o requisito do prequestionamento foi atendido, uma vez que a lei admite expressamente o prequestionamento virtual; o primeiro juízo de admissibilidade deste recurso será feito pelo relator sorteado no Tribunal *ad quem*.

O enunciado trata de uma situação expressamente prevista no NCPC (Art. 1.025. Consideram-se incluídos no acórdão os elementos que o embargante suscitou, para fins de pré-questionamento, ainda que os embargos de declaração sejam inadmitidos ou rejeitados, caso o tribunal superior considere existentes erro, omissão, contradição ou obscuridade). A partir desse artigo, tem-se então o prequestionamento ficto ou virtual, de modo que possível desde logo a interposição do REsp – cuja admissibilidade é bipartida, inicialmente sendo realizada na origem (art. 1.030). Sendo assim, a alternativa correta é a "C".

Gabarito "C"

25. OUTROS RECURSOS E TEMAS COMBINADOS

(Analista Judiciário – TRT/24 – FCC – 2017) No que concerne à Reclamação, na sistemática do Código de Processo Civil, e consoante entendimento jurisprudencial do Supremo Tribunal Federal e do Superior Tribunal de Justiça, é correto afirmar:

(A) O cabimento da reclamação proposta perante o Supremo Tribunal Federal para garantir a autoridade de decisão proferida sob a sistemática da repercussão geral está condicionado ao esgotamento da instância ordinária.

(B) É admissível a reclamação proposta após o trânsito em julgado da decisão reclamada.

(C) A inadmissibilidade ou o julgamento interposto contra a decisão proferida pelo órgão reclamado prejudica a reclamação.

(D) Ao despachar a reclamação, o relator, dentre outras providências, determinará a citação do beneficiário da decisão impugnada, que terá prazo de 10 dias para apresentar sua contestação.

(E) Não é permitido a qualquer interessado impugnar o pedido do reclamante.

A: Correta. Apesar de não existir exatamente essa previsão na legislação, a jurisprudência do STF está mais restritiva quanto ao uso da reclamação (Rcl 24686, rel. Min. Teori Zavascki, julgamento em 28.10.2016, informativo 845/STF), ao interpretar o art. 988, § 5º, II do NCPC; **B**: Incorreta, por expressa previsão legal que veda a reclamação após o trânsito (NCPC, art. 988, § 5º, I); **C**: Incorreta, por expressa previsão legal em sentido inverso (NCPC, art. 988, § 6º); **D**: Incorreta, pois o prazo de contestação é de 15 dias (NCPC, art. 989, III); **E**: Incorreta, pois há expressa previsão legal em sentido inverso (NCPC, art. 990).

Gabarito "A"

(Procurador do Estado – PGE/MT – FCC – 2016) Segundo o novo Código de Processo Civil, a reclamação

(A) é cabível diante da inobservância de Súmula de qualquer Tribunal.

(B) somente pode ser proposta perante os Tribunais Superiores.

(C) fica prejudicada diante da inadmissibilidade ou do julgamento do recurso interposto contra a decisão proferida pelo órgão reclamado.

(D) pode ser utilizada mesmo após o trânsito em julgado da decisão, por não se tratar de recurso.

(E) é cabível para garantir a observância de precedente proferido em julgamentos de casos repetitivos, a fim de dar correta aplicação da tese jurídica.

A: Incorreta (NCPC, art. 988, III faz menção a súmula vinculante); **B**: Incorreta, pois é utilizada perante qualquer tribunal que teve sua competência usurpada; **C**: Incorreta, persistindo o interesse na reclamação até a reforma da decisão atacada; **D**: Incorreta, pois há expressa vedação ao uso da reclamação de decisão transitada em julgado (NCPC, art. 988, § 5º, I); **E**: Correta (NCPC, art. 988, IV).

Gabarito "E"

(Procurador do Estado – PGE/MT – FCC – 2016) De acordo com a atual legislação, a decisão que determinou a exclusão de um litisconsorte

(A) desafia recurso de agravo de instrumento, no prazo de quinze dias, contados a partir da intimação desta decisão.

(B) é irrecorrível, mas pode ser questionada por outros meios de impugnação.

(C) desafia recurso de apelação, no prazo de quinze dias, contados a partir da intimação desta decisão.

(D) não apresenta recorribilidade imediata, e, por isso, não se submete à preclusão temporal antes da prolação da sentença, pois pode ser alegada quando da apelação, no prazo de quinze dias, contados a partir da intimação da sentença.

(E) pode desafiar recurso de agravo de instrumento ou de apelação, conforme o momento do processo em que a decisão for proferida; em ambos os casos, o prazo será de quinze dias, contados a partir intimação da decisão.

A: Correta, pois a decisão que exclui um litisconsorte não acaba com o processo; além disso, há previsão legal expressa do cabimento de agravo (NCPC, art. 1.015, VII); **B:** Incorreta, considerando o exposto em "A"; **C:** Incorreta, considerando o exposto em "A"; **D:** Incorreta, considerando o exposto em "A" – essa hipótese seria a correta se não fosse cabível o AI; **E:** Incorreta, considerando o exposto em "A". LD

Gabarito "A"

(Ministério Público/CE – 2009 – FCC) O apelante deduziu, como única matéria do recurso, a inconstitucionalidade de lei federal aplicada na sentença. A Câmara julgadora, por maioria de votos, reconheceu a inconstitucionalidade da lei, embora sem declarar expressamente sua inconstitucionalidade e o recurso foi provido, em parte. Nesse caso,

(A) a decisão da Câmara, embora não declare expressamente a inconstitucionalidade da lei, é nula porque viola a cláusula de reserva de plenário.

(B) como o único fundamento do recurso é a inconstitucionalidade de texto de lei, a Câmara tem competência para decidir desde logo o feito, sem declarar a inconstitucionalidade.

(C) a decisão é nula porque não foi unânime.

(D) a Câmara tem a competência e o dever de declarar expressamente a inconstitucionalidade parcial da lei aplicada na sentença.

(E) a decisão é válida, porque se o único fundamento do recurso é a inconstitucionalidade de texto de lei, inexistindo matéria remanescente a ser decidida, a Câmara deve julgar de imediato para evitar procrastinações.

A Súmula Vinculante n. 10 do STF assim dispõe: "Viola a cláusula de reserva de plenário (CF, artigo 97) a decisão de órgão fracionário de tribunal que, embora não declare expressamente a inconstitucionalidade de lei ou ato normativo do poder público, afasta sua incidência, no todo ou em parte"; portanto, a assertiva A está correta e as demais alternativas estão incorretas em razão da Súmula em questão.

Gabarito "A"

(Defensor Público/SP – 2012 – FCC) Assinale a alternativa INCORRETA.

(A) Cabe reclamação ao Supremo Tribunal Federal para impugnar decisão de órgão fracionário do Tribunal de Justiça que, embora não declare expressamente a inconstitucionalidade de lei ou ato normativo do Poder Público, afasta a sua incidência no todo ou em parte.

(B) A *querela nullitatis* pode ser deduzida em ação civil pública.

(C) Cabe agravo interno da decisão do presidente do Tribunal de Justiça que suspende a eficácia de sentença proferida contra o Poder Público em mandado de segurança.

(D) No âmbito do Supremo Tribunal Federal e do Superior Tribunal de Justiça são incabíveis os embargos infringentes, sendo possíveis, entretanto, os embargos de declaração e os embargos de divergência.

(E) A apelação será recebida só no efeito devolutivo, quando interposta de sentença que destituir ambos ou qualquer dos genitores do poder familiar.

A: correto, pois a reclamação é utilizada quando há violação de súmula vinculante (no caso, violação da SV 10); **B:** correto, conforme a jurisprudência (STJ, REsp 1.015.133/MT); **C:** correto (art. 15, *caput*, da Lei 12.016/2009); **D:** incorreta no CPC/1973, pois havia o cabimento, por exemplo, no caso de ação rescisória julgada procedente por maioria. No NCPC, deixam de existir os infringentes e passar a haver a técnica de julgamento do art. 942; **E:** correto (art. 199-B do ECA).

Gabarito "D" no CPC/1973, sem resposta no NCPC

(Procurador Legislativo – Câmara de Vereadores de São Paulo/SP – 2014 – FCC) Após acidente automobilístico sofrido por Jorge Nelson, seu advogado propõe ação indenizatória, material e moral, contra Jeferson José, com pedido de antecipação liminar total da tutela jurisdicional. A tutela é antecipada parcialmente, no tocante ao deferimento desde logo do dano material, indeferindo-se porém o dano moral antecipado.

Nessas condições, os advogados do autor Jorge Nelson, bem como do réu Jeferson José,

(A) tendo em vista que a decisão interlocutória proferida significa gravame somente para o réu Jeferson José, mas não para o autor Jorge Nelson, admitirá o recurso de agravo apenas para o réu, não o admitindo para o autor, já que revogável a antecipação tutelar.

(B) tendo em vista a natureza da decisão judicial proferida, interlocutória, cujo conteúdo representa gravame parcial para ambos, poderão eles interpor agravo em dez dias de tal decisão, Jorge Nelson para obter o deferimento total da antecipação tutelar pretendida, Jeferson José visando ao indeferimento total dessa antecipação jurisdicional.

(C) tendo em vista que a decisão interlocutória proferida significa gravame somente para o autor Jorge Nelson, diante do indeferimento da antecipação tutelar da indenização moral, mas não para Jeferson José, admitirá apenas o recurso de agravo por parte do autor, mas não por parte do réu, mesmo porque se trata de decisão revogável.

(D) por se tratar de decisão liminar antecipatória, é irrecorrível para ambas as partes, que só poderão alterá-la eventualmente requerendo sua reconsideração ao próprio juiz que a proferiu.

(E) tendo em vista que o deferimento da antecipação ao autor equivale à sentença futura, deverá Jeferson José apelar de tal deferimento, devendo Jorge Nelson agravar do indeferimento parcial.

Inicialmente, de se observar que o NCPC reuniu o regramento referente à **tutela de urgência** (esta dívida em duas subespécies: *tutela de urgência cautelar* e *tutela de urgência antecipada*) e **tutela de evidência** (liminar sem urgência) sob a denominação ***tutela provisória***. O enunciado narra uma decisão interlocutória, envolvendo tutela provisória. Como houve concessão parcial, está-se diante de sucumbência recíproca ou parcial (ou seja, há interesse recursal de ambos, de forma autônoma). Logo, ambos podem ingressar com agravo de instrumento, com fundamento no art. 1.015, I, NCPC. Portanto, a alternativa correta é a "B".

Gabarito "B"

V – PROCEDIMENTOS ESPECIAIS

26. MONITÓRIA

(Analista – TRT/11ª – 2012 – FCC) Sobre a ação monitória, é correto afirmar que NÃO

(A) pode a inicial fundar-se em mais de uma prova escrita sem eficácia de título executivo.
(B) pode a inicial ter por base nem fax, nem mensagem eletrônica *(e-mail)*.
(C) cabe citação por edital.
(D) é admissível a citação por hora certa.
(E) depende de prévia segurança do juízo a oposição de embargos pelo réu.

A: incorreta, pois não há óbice para que a monitória seja instruída com mais de uma prova escrita, inexistindo vedação legal – e seria ilógico limitar a parte de produzir prova; **B:** incorreta, pois a exigência da lei é prova escrita sem eficácia executiva (art. 700 do NCPC); logo, fax ou *e-mail*se enquadram nesse conceito; **C:** incorreta, pois admite-se citação por qualquer meio previsto em lei. (art. 700, § 7º,do NCPC); **D:** incorreta(art. 700, § 7º,do NCPC); **E:** correta, pois os embargos à monitória independem de prévia segurança do juízo (art. 702 do NCPC).

Gabarito "E"

(Analista – TRT/20ª – 2011 – FCC) A respeito da ação monitória, é INCORRETO afirmar:

(A) O titular de prova escrita não é obrigado a utilizar a ação monitória, podendo optar pelo procedimento comum.
(B) Cabe citação por edital em ação monitória.
(C) É admissível ação monitória fundada em cheque prescrito.
(D) Cabe citação com hora certa em ação monitória.
(E) É incabível ação monitória contra a Fazenda Pública.

A: correto O autor poderá, por exemplo, se valer da ação de cobrança, a qual, todavia, tramita pelo procedimento comum. Não há qualquer obrigatoriedade de que o demandante utilize a monitória; **B:** correto (Súmula 282 do STJ e art. 700, §7oº, CPC); **C:** correto Súmula 299 do STJ); **D:**correto (art. 700, §7oº, CPC). É cabível qualquer modalidade de citação ficta em ação monitória; **E:** incorreto, devendo ser assinalado (Súmula 339 do STJ e art. 700, §6oº, CPC)

Gabarito "E"

27. AÇÕES DO DIREITO DE FAMÍLIA E SUCESSÕES

(Defensor Público/AM – 2013 – FCC) No inventário

(A) admite-se instrução probatória para apuração de débitos do espólio.
(B) incumbe ao inventariante a administração dos bens do espólio.
(C) julga-se a partilha independentemente do pagamento do ITCMD.
(D) não cabe nomeação de perito para avaliação dos bens.
(E) será nomeado inventariante, preferencialmente, o filho mais velho do falecido.

A: incorreto. Em tal situação, o credor será remetido às vias ordinárias (art. 643, *caput*, do NCPC); **B:** correto (art. 618, II, do NCPC); **C:** incorreto, pois apenas após opagamento do tributo o juiz julgará a partilha (art. 654 do NCPC); **D:** incorreto (art. 630, *caput*, do NCPC); **E:** incorreto. Conforme a ordem elencada no art. 617 do NCPC, o cônjuge ou companheiro sobrevivente, desde que estivesse convivendo com o outro ao tempo da morte deste, prefere aos demais herdeiros (art. 617, I, do NCPC).

Gabarito "B"

28. JUIZADO ESPECIAL CÍVEL, FEDERAL E DA FAZENDA PÚBLICA

(Analista – TRE/CE – 2012 – FCC) Simoneta ajuizou ação de despejo para uso próprio em face de Gabriela perante o Juizado Especial Cível competente. A ação possui o valor da causa de R$ 18.000,00. Neste caso, de acordo com a Lei nº 9.099/1995, o Juizado Especial Cível é

(A) competente para apreciar tal demanda, mas Simoneta deverá obrigatoriamente estar assistida por advogado.
(B) competente para apreciar tal demanda, sendo a assistência do advogado facultativa para Simoneta.
(C) incompetente para apreciar a demanda em razão do valor da causa extrapolar o limite permitido na referida lei.
(D) incompetente para apreciar tal demanda uma vez que qualquer ação de despejo está excluída do rol de ações previstas na referida lei.
(E) incompetente para apreciar tal demanda uma vez que apenas a ação de despejo para uso próprio está excluída do rol de ações previstas na referida lei.

O juizado especial cível afigura-se competente para o processamento e julgamento da causa (art. 3.º, III, da Lei 9.099/1995), mas Simoneta deverá ser obrigatoriamente assistida por advogado, em razão de o valor da demanda superar o patamar de vinte salários mínimos, apurado no momento da aplicação do exame (art. 9.º, *caput*, da Lei 9.099/1995).

Gabarito "A"

(Defensor Público/RS – 2011 – FCC) Juizado Especial Cível, previsto na Lei nº 9.099/1995.

(A) O não comparecimento do autor à audiência gera revelia.
(B) O acesso independe, tanto em primeiro quanto em segundo grau de jurisdição, do pagamento de custas, taxas ou despesas.
(C) O Juizado Especial Cível não tem competência para as ações de despejo para uso próprio.
(D) Nas ações para reparação de dano de qualquer natureza, é competente tanto o foro do domicílio do autor quanto o do local do ato ou fato.
(E) O recurso inominado deve ser recebido, em regra, nos efeitos devolutivo e suspensivo.

A: incorreto, pois implica extinção do processo sem resolução de mérito (art. 51, I, da Lei 9.099/1995); **B:** incorreto, pois em grau recursal há custas (art. 54 da Lei 9.099/1995); **C:** incorreto, porque há expressa previsão legal nesse sentido (art. 3º, III, da Lei 9.099/1995); **D:** correto (art. 4º, III, da Lei 9.099/1995); **E:** incorreto (art. 43 da Lei 9.099/1995).

Gabarito "D"

(Analista – TRE/AL – 2010 – FCC) Joana propôs ação no Juizado Especial Cível Estadual (Lei nº 9.099/95) que foi julgada improcedente. Tendo em vista obscuridade na sentença, Joana protocolou Embargos de Declaração no terceiro dia após a data da audiência em que foi publicada a sentença. Neste caso, publicado o resultado do julgamento dos referidos Embargos, Joana terá mais

(A) dez dias para interpor recurso de apelação, tendo em vista que os Embargos de Declaração interrompem o prazo para recurso.
(B) sete dias para interpor recurso de apelação, tendo em vista que os Embargos de Declaração suspendem o prazo para recurso.
(C) treze dias para interpor recurso de apelação, tendo em vista que os Embargos de Declaração suspendem o prazo para recurso.
(D) sete dias para interpor recurso de apelação, tendo em vista que os Embargos de Declaração interrompem o prazo para recurso.
(E) dez dias para interpor recurso de apelação, tendo em vista que os Embargos de Declaração suspendem o prazo para recurso.

Na redação original da Lei 9.099/1995, os embargos de declaração, quando opostos no Juizado Especial Cível Estadual, suspendem o prazo para os demais recursos, a teor do que dispõe o art. 50 da Lei 9.099/1995 –e não interrompem *o prazo para os outros recursos*. ***ATENÇÃO:** o art. 1.065do NCPC altera o art. 50 da Lei 9.099/1995, de modo que também no JEC os declaratórios interrompem o prazo para os demais recursos. Considerando que o prazo para o *recurso inominado* (e não apelação como indevidamente apontou o examinador) é de 10 (dez) dias, com fulcro no art. 42, *caput*, da Lei 9.099/1995, bem assim o fato de já haver transcorrido 3 (três) dias da data de publicação da sentença quando foram opostos os embargos declaratórios, Joana terá mais 7 (sete) dias para interpor recurso inominado no sistema antes do NCPC (alternativa B) ou então, com o NCPC, 10 dias (alternativa A).

Gabarito "B" no CPC/1973 e "A", no NCPC.

29. AÇÃO CIVIL PÚBLICA, AÇÃO POPULAR E AÇÃO DE IMPROBIDADE

(Analista Judiciário – TRT/11 – FCC – 2017) A respeito da ação popular, considere:

I. Pode ser proposta por pessoa jurídica.
II. Na defesa do patrimônio público caberá a suspensão liminar do ato lesivo impugnado.
III. O prazo prescricional é de 5 anos.

Está correto o que se afirma APENAS em

(A) II e III.
(B) I e II.
(C) I e III.
(D) I.
(E) II.

I: Incorreta, pois somente o cidadão é legitimidade ativo (Lei 4.717/1965, art. 1º, *caput* e § 3º); **II:** Correta (Lei 4.717/1965, art. 5º, § 4º); **III:** Correta (Lei 4.717/1965, art. 21).

Gabarito "A"

(Procurador do Estado/RO – 2011 – FCC) No que se refere à disciplina da Ação Popular é correto afirmar que é considerado nulo o ato lesivo ao patrimônio da União, dos Estados, dos Municípios, e das outras entidades previstas na Lei nº 4.717/65, por motivo de ilegalidade do objeto, quando:

(A) o agente pratica o ato visando a fim diverso daquele previsto, explícita ou implicitamente, na regra de competência.
(B) o ato não se incluir nas atribuições legais do agente que o praticou.
(C) há observância incompleta de formalidades indispensáveis à existência ou seriedade do ato.
(D) o resultado do ato importar em violação de lei, regulamento ou outro ato normativo.
(E) a matéria de fato ou de direito, em que se fundamenta o ato, é materialmente inexistente ou juridicamente inadequada ao resultado obtido.

Lei 4.717/1965, art. 2º, parágrafo único, "c" (Parágrafo único. Para a conceituação dos casos de nulidade observar-se-ão as seguintes normas: (...) c) a ilegalidade do objeto ocorre quando o resultado do ato importa em violação de lei, regulamento ou outro ato normativo).

Gabarito "D"

(Analista – TRT/1ª – 2012 – FCC) A respeito da ação civil pública, considere:

I. As associações legitimadas não podem ajuizar a ação civil pública se o fato foi objeto de inquérito civil arquivado pelo Ministério Público.
II. A multa diária cominada liminarmente pelo juiz na ação que tenha por objeto o cumprimento de obrigação de fazer ou não fazer será exigível do réu após o trânsito em julgado da decisão favorável ao autor, mas será devida desde o dia em que se houver configurado o descumprimento.
III. O Ministério Público, se não intervier no processo como parte, atuará obrigatoriamente como litisconsorte da parte autora.

Está correto o que se afirma APENAS em

(A) I e II.
(B) I e III.
(C) II.
(D) II e III.
(E) III.

I: incorreto, pois as associações têm legitimidade mesmo com o pedido de arquivamento do Ministério Público (art. 5º da Lei 7.347/1985). Contudo, apesar de o gabarito ter assinalado como incorreta, não é o que diz a lei e a doutrina. O artigo 9º da Lei de ACP estabelece que o Ministério Público poderá promover o arquivamento em caso da inexistência de fundamento para a propositura da ação. Contudo, os autos deverão ser enviados após ao Conselho Superior do Ministério Público. E até que ocorra a seção com o arquivamento do feito pelo Conselho, poderão as associações legitimadas apresentar razões escritas ou documentos para se manifestar sobre o arquivamento. A lei não confere essa legitimidade às associações. **II:** correto, conforme artigo 12, § 2º da Lei 7.347/1985. **III:** incorreto, pois se não intervier como parte atuará como fiscal da lei (afinal, litisconsorte, também é parte) (art. 5º, § 1º, Lei 7.347/85).

Gabarito "C"

(Analista – TRE/CE – 2012 – FCC) No tocante a Ação Civil Pública considere:

I. O Ministério Público poderá instaurar, sob sua presidência, inquérito civil, ou requisitar, de qualquer organismo público ou particular, certidões, informações, exames ou perícias, no prazo que assinalar, o qual não poderá ser inferior a 10 dias úteis.
II. Os autos do inquérito civil ou das peças de informação arquivadas serão remetidos, sob pena de se incorrer em falta grave, no prazo de 15 dias, ao Conselho Superior do Ministério Público.

III. A promoção de arquivamento dos autos do inquérito civil será submetida a exame e deliberação do Colégio dos Procuradores de Justiça, conforme dispuser o seu Regimento.

IV. Em regra, constitui crime, punido com pena de reclusão de 1 a 3 anos, mais multa, a recusa, o retardamento ou a omissão de dados técnicos indispensáveis à propositura da ação civil, quando requisitados pelo Ministério Público.

Está correto o que se afirma APENAS em

(A) I, II e IV.

(B) I e IV.

(C) I, II e III.

(D) III e IV.

(E) I e II.

I: correto (art. 8.º, § 1º, da Lei 7.347/1985); **II:** incorreto. O prazo é de três dias (art. 9.º, § 1º, da Lei 7.347/1985); **III:** incorreto. O órgão incumbido de examinar e deliberar sobre a promoção de arquivamento é o Conselho Superior do Ministério Público (art. 9.º, § 3º, da Lei 7.347/1985); **IV:** correto (art. 10 da Lei 7.347/1985).

Gabarito "B"

30. MANDADO DE SEGURANÇA E *HABEAS DATA*

(Ministério Público/CE – 2011 – FCC) No tocante ao mandado de segurança, é correto afirmar:

(A) Da decisão do juiz de primeiro grau que conceder ou negar a liminar caberá recurso de apelação.

(B) Para efeito de sua concessão, equiparam-se às autoridades, entre outros, os dirigentes de pessoas jurídicas ou as pessoas naturais no exercício de atribuições do poder público, apenas no que disser respeito a essas atribuições.

(C) Concedida medida liminar, seus efeitos persistirão até o trânsito em julgado da decisão concessiva da segurança.

(D) Não se concederá mandado de segurança de decisão judicial da qual caiba recurso com efeito meramente devolutivo.

(E) A autoridade coatora pode informar e defender a licitude de seu ato, mas não recorrer da concessão da segurança.

A: incorreta, porque o recurso cabível, nesses casos, é o agravo de instrumento (art. 7º, § 1º, da Lei 12.016/2009– no NCPC, a previsão do agravo nessa hipótese está prevista no art. 1.015, I); **B:** correta (art. 1º, § 1º, da Lei. 12.016/2009); **C:** incorreta, porque "os efeitos da liminar, salvo se revogada ou cassada, persistirão até a prolação da sentença" (art. 7º, § 3º, da Lei 12.016/2009); **D:** incorreta, porque a lei afasta o cabimento do mandado de segurança quando se tratar de decisão judicial da qual caiba recurso com efeito suspensivo (art. 5º, II, Lei 12.016/2009); **E:** incorreta, porque a autoridade coatora também tem legitimidade recursal em matéria de mandado de segurança (art. 14, § 2º, da Lei 12.016/2009).

Gabarito "B"

31. AÇÕES DO CONTROLE CONCENTRADO DE CONSTITUCIONALIDADE

(Procurador do Estado/RO – 2011 – FCC) No procedimento estabelecido para a ação direta de inconstitucionalidade

(A) cabe agravo da decisão que indeferir a petição inicial.

(B) a desistência é admitida, ainda que após a propositura da ação direta.

(C) é admissível a intervenção de terceiros no processo de ação direta de inconstitucionalidade.

(D) decorrido o prazo das informações serão ouvidos, sucessivamente, o Procurador-Geral da República e o Advogado-Geral da União, que deverão manifestar-se, cada qual, no prazo de quinze dias.

(E) a petição inicial, ainda que manifestamente improcedente, não poderá ser liminarmente indeferida pelo relator.

A: correta, por se tratar de decisão monocrática de relator (art. 4º, parágrafo único, da Lei 9.868/1999 e art. 1.021 do NCPC); **B:** incorreta (art. 5º da Lei 9.868/1999); **C:** incorreta, pois a lei veda (art. 7º da Lei 9.868/1999). Contudo, é possível *amicus curiae*, que não deixa de ser uma espécie de terceiro, conforme art. 138 do NCPC – assim, o candidato deve ficar atento para essa questão, pois há divergência teórica entre a Lei 9.868 e o NCPC); **D:** incorreta, porque na alternativa houve inversão da ordem de oitivas (art. 8º da Lei 9.868/1999); **E:** incorreta, pois cabe o indeferimento liminar, inclusive como se vê da alternativa "A" (art. 4º, "*caput*", da Lei 9.868/1999).

Gabarito "A"

32. OUTROS PROCEDIMENTOS ESPECIAIS E TEMAS COMBINADOS

(Juiz – TJ-SC – FCC – 2017) No tocante aos procedimentos especiais de jurisdição contenciosa,

(A) quando o cônjuge ou companheiro defendam a posse de bens, próprios ou de sua meação, não serão considerados terceiros para a finalidade de ajuizamento dos embargos correspondentes.

(B) a consignação em pagamento será requerida no domicílio do credor da obrigação, cessando para o devedor, por ocasião da aceitação do depósito, os juros e os riscos, salvo se a demanda for julgada improcedente.

(C) na ação de exigir contas, a sentença deverá apurar o saldo, se houver, mas só poderá constituir título executivo judicial em prol do autor da demanda.

(D) na pendência de ação possessória é permitido, tanto ao autor quanto ao réu, propor ação de reconhecimento do domínio, salvo se a pretensão for deduzida em face de terceira pessoa.

(E) entre outros fins, a ação de dissolução parcial de sociedade pode ter por objeto somente a resolução ou a apuração de haveres.

A: incorreta, pois cabem embargos de terceiro pelo cônjuge para defesa de seus bens ou da meação (NCPC, art. 674, § 2º, I); **B:** incorreta, pois a consignação será proposta no local do pagamento – estando correta a parte final do enunciado (NCPC, art. 540. Requerer-se-á a consignação *no lugar do pagamento*, cessando para o devedor, à data do depósito, os juros e os riscos, salvo se a demanda for julgada improcedente); **C:** incorreta, considerando que a ação de exigir contas é dúplice, de modo que pode também beneficiar o réu (NCPC, art. 552. A sentença apurará o saldo e constituirá título executivo judicial); **D:** incorreta, pois pendente possessória não se pode debater a propriedade (NCPC, art. 557); **E:** correta, sendo essa a previsão legal (NCPC, art. 599, III). LD

Gabarito "E"

(Juiz – TJ-SC – FCC – 2017) No tocante aos procedimentos especiais de jurisdição voluntária:

(A) declarada a ausência nos casos previstos em lei, o juiz mandará arrecadar os bens do ausente, nomeando-

-lhe curador e determinando a publicação de editais na rede mundial de computadores; findo o prazo de um ano, poderão os interessados requerer a abertura da sucessão definitiva, observando-se as normas pertinentes.

(B) a interdição pode ser proposta privativamente pelo cônjuge ou companheiro do interditando ou, se estes não existirem ou não promoverem a interdição, pelo Ministério Público.

(C) na herança jacente, ultimada a arrecadação dos bens, o juiz mandará expedir edital, com os requisitos previstos em lei; passado um ano da primeira publicação do edital e não havendo herdeiro habilitado nem habilitação pendente, será a herança declarada vacante.

(D) processar-se-á como procedimento de jurisdição voluntária a homologação de autocomposição extrajudicial, desde que limitada a valor equivalente a quarenta salários mínimos.

(E) o divórcio consensual, a separação consensual e a extinção consensual de união estável, não havendo nascituro ou filhos incapazes e observados os requisitos legais, poderão ser realizados por escritura pública que deverá ser homologada judicialmente para constituir título hábil para atos de registro, bem como para levantamento de importância depositada em instituições financeiras.

A: incorreta, pois inicialmente há a abertura da sucessão *provisória* (NCPC, art. 745, § 1º); **B:** incorreta, pois existem mais legitimados a pleitear a interdição (NCPC, art. 747. A interdição pode ser promovida: I - pelo cônjuge ou companheiro; II - pelos parentes ou tutores; III - pelo representante da entidade em que se encontra abrigado o interditando; IV - pelo Ministério Público); **C:** correta, pois essa é a previsão legal (NCPC, arts. 743 e 741); **D:** incorreta, porque pode haver a homologação de acordo extrajudicial de qualquer valor (NCPC, art. 725, VIII); **E:** incorreta, pois não há necessidade de homologação judicial dessas medidas realizadas em cartório extrajudicial (NCPC, art. 733, § 1º).

Gabarito "C"

(Juiz – TJ-SC – FCC – 2017) Em relação às seguintes normas processuais civis, constantes do Estatuto da Criança e do Adolescente, é correto afirmar:

(A) a sentença que deferir a adoção produz efeitos imediatos, mesmo que sujeita apelação, que será recebida como regra geral nos efeitos devolutivo e suspensivo.

(B) na perda ou suspensão do poder familiar, se o pedido importar modificação da guarda do menor, este será necessariamente ouvido, em qualquer hipótese, sob pena de nulidade do procedimento.

(C) da decisão judicial que examine e discipline a participação de crianças e adolescentes em espetáculos públicos e seus ensaios, bem como em certames de beleza, cabe a interposição de agravo de instrumento.

(D) a sentença que destituir ambos ou qualquer dos genitores do poder familiar fica sujeita a apelação, que deverá ser recebida apenas no efeito devolutivo.

(E) nos procedimentos afetos à Justiça da Infância e da Juventude, proferida a decisão judicial a remessa dos autos à superior instância independerá de retratação pela autoridade judiciária que a proferiu.

A: incorreta, pois a apelação, na Lei 8.069/90, em regra terá somente efeito devolutivo, sendo que o juiz "poderá conferir efeito suspensivo aos recursos, para evitar dano irreparável à parte (art. 215); **B:** incorreta, porque "será obrigatória, *desde que possível e razoável*, a oitiva da criança ou adolescente" (art. 161, § 3º); **C:** incorreta, pois a previsão para participação em espetáculos em geral está no art. 149 do ECA, e das decisões embasadas neste artigo caberá apelação (art. 199. Contra as decisões proferidas com base no art. 149 caberá recurso de apelação); **D:** correta (art. 199-B. A sentença que destituir ambos ou qualquer dos genitores do poder familiar fica sujeita a apelação, que deverá ser recebida apenas no efeito devolutivo); **E:** incorreta, pois inicialmente sempre haverá a possibilidade de retratação por parte do juiz prolator da decisão (art. 198, VII - antes de determinar a remessa dos autos à superior instância, no caso de apelação, ou do instrumento, no caso de agravo, a autoridade judiciária proferirá despacho fundamentado, *mantendo ou reformando a decisão*, no prazo de cinco dias. * Atenção: desde metade da década de 1990, o agravo é interposto no Tribunal – mas o ECA não foi alterado, nesse ponto).

Gabarito "D"

(Técnico Judiciário – TRT11 – FCC – 2017) Na ação de desapropriação,

(A) a transmissão da propriedade, decorrente de desapropriação amigável ou judicial, ficará sujeita ao imposto de lucro imobiliário.

(B) é incabível a imissão provisória na posse dos bens.

(C) a instância interrompe-se no caso de falecimento do réu.

(D) não serão atendidas, no valor da desapropriação, o valor das benfeitorias necessárias feitas após a desapropriação.

(E) a contestação só poderá versar sobre vício do processo judicial ou impugnação do preço.

A: Incorreta, pois a legislação prevê o contrário (DL 3.365/1941, art. 27, § 2º A transmissão da propriedade, decorrente de desapropriação amigável ou judicial, não ficará sujeita ao imposto de lucro imobiliário); **B:** Incorreta, existindo previsão na lei de imissão provisória (dentre outras previsões do DL 3.365/1941, o art. 15, § 1º); **C:** Incorreta, pois a lei prevê o contrário (DL 3.365/1941, art. 21. A instância *não se interrompe*. No caso de falecimento do réu, ou perda de sua capacidade civil, o juiz, logo que disso tenha conhecimento, nomeará curador à lide, ate que se lhe habilite o interessado); **D:** Incorreta, pois as benfeitorias serão consideradas (DL 3.365/1941, art. 26, § 1º); **E:** Correta, sendo essa a previsão legal (DL 3365/41, art. 20).

Gabarito "E"

(Procurador do Estado – PGE/MT – FCC – 2016) De acordo com as regras transitórias de direito intertemporal estabelecidas no novo Código de Processo Civil,

(A) uma ação de nunciação de obra nova que ainda não tenha sido sentenciada pelo juízo de primeiro grau quando do início da vigência do Novo Código de Processo Civil, seguirá em conformidade com as disposições do Código de Processo Civil de 1973.

(B) as ações que foram propostas segundo o rito sumário antes do início da vigência do novo Código de Processo Civil, devem ser adaptadas às exigências da nova lei instrumental, à luz do princípio da imediata aplicação da lei processual nova.

(C) as disposições de direito probatório do novo Código de Processo Civil aplicam-se a todas as provas que forem produzidas a partir da data da vigência do novo diploma processual, independentemente da data em que a prova foi requerida ou determinada a sua produção de ofício.

(D) caso uma ação tenha sido proposta durante a vigência do Código de Processo Civil de 1973 e sentenciada já sob a égide do novo Código de Processo Civil, resolvendo na sentença questão prejudicial cuja resolução dependa o julgamento do mérito expressa e incidentalmente, tal decisão terá força de lei e formará coisa julgada.

(E) o novo Código de Processo Civil autoriza, sem ressalvas, a concessão de tutela provisória contra a Fazenda Pública, derrogando tacitamente as normas que dispõem em sentido contrário.

A: Correta, considerando a teoria do isolamento dos atos processuais e o ato jurídico processual perfeito (NCPC, art. 1.046); **B:** Incorreta, pelo motivo exposto em "A" e considerando a previsão legal em sentido inverso (NCPC, art. 1.046, § 1º); **C:** Incorreta, considerando previsão legal em sentido inverso (NCPC, art. 1.047. As disposições de direito probatório adotadas neste Código aplicam-se *apenas às provas requeridas ou determinadas de ofício a partir da data de início de sua vigência*); **D:** Incorreta, considerando previsão legal em sentido inverso (NCPC, art. 1.054. O disposto no art. 503, § 1º, somente se aplica aos processos iniciados após a vigência deste Código); **E:** Incorreta, pois a lei afirma que se aplica limitações à concessão de tutela provisória contra a Fazenda (NCPC, art. 1.059. À tutela provisória requerida contra a Fazenda Pública aplica-se o disposto nos arts. 1º a 4º da Lei 8.437, de 30 de junho de 1992, e no art. 7º, § 2º, da Lei 12.016, de 7 de agosto de 2009). LD

Gabarito "A"

(Procurador do Estado – PGE/MT – FCC – 2016) A respeito dos procedimentos especiais, em conformidade com as disposições do novo Código de Processo Civil e a jurisprudência dominante dos Tribunais Superiores,

(A) a imissão provisória na posse do imóvel objeto de desapropriação, caracterizada pela urgência, não prescinde de avaliação prévia ou de pagamento integral.

(B) no litígio coletivo pela posse de imóvel, quando o esbulho afirmado na petição inicial tiver ocorrido há mais de ano e dia, o juiz somente poderá apreciar o pedido de liminar depois de designar audiência de mediação.

(C) caso a Fazenda Pública seja ré em ação monitória e não apresente embargos após o mandado monitório, deverá imediatamente seguir o procedimento de execução contra a Fazenda Pública.

(D) em ação de usucapião, o possuidor e os confinantes devem ser citados, pessoalmente ou por edital.

(E) a ação monitória pode ser proposta com base em prova escrita sem eficácia de título executivo, desde que o documento tenha sido emitido pelo devedor ou nele conste sua assinatura.

A: Incorreta, pois necessário que haja o pagamento prévio; **B:** Correta, sendo essa uma das inovações do NCPC quanto às possessórias (art. 565); **C:** Incorreta, pois no caso haverá a aplicação do procedimento do cumprimento de sentença (NCPC, art. 701, § 4º); **D:** Incorreta, pois nesse caso a citação deve ser apenas pessoal (NCPC, art. 246, § 3º); **E:** Incorreta, a previsão legal é de prova escrita sem força de título, inexistindo menção a assinatura do devedor (NCPC, art. 700). LD

Gabarito "B"

(Magistratura/PE – 2011 – FCC) É correto afirmar que

(A) caberá liminar em ação de despejo, ao término do prazo da locação não residencial, se proposta ação em até trinta dias do termo ou do cumprimento de notificação comunicando a intenção da retomada.

(B) a sentença proferida na ação de alimentos forma coisa julgada material, por isso possibilitando a revisão do valor fixado.

(C) a ação de imissão na posse segue o rito ordinário e tem natureza possessória.

(D) não encontrado o bem alienado fiduciariamente, o credor hipotecário poderá requerer a conversão do pedido de busca e apreensão em ação de depósito, que sujeitará o devedor fiduciante à prisão civil.

(E) a obrigação de fazer constante da ação respectiva pode converter-se em perdas e danos por iniciativa e escolha do réu.

A: correta (art. 59, § 1º, VIII, da Lei 8.245/91); **B:** incorreta para a banca. É possível modificar o valor, desde que haja alteração da situação fática que existia ao tempo em que a sentença foi proferida. Para a legislação, essa característica faz com que não haja coisa julgada material na ação de alimentos (art. 15 da Lei 5.478/1968). Contudo, parte da doutrina e jurisprudência apontam que a decisão de alimentos é coberta pela coisa julgada, pois só cabe revisão se mudar alteração da causa de pedir. Pergunta indevida para um concurso de magistratura; **C:** incorreta, porque a ação de imissão na posse tem natureza petitória, e não possessória; **D:** incorreta, porque "é ilícita a prisão civil do depositário infiel, qualquer que seja a modalidade de depósito" (STF, Súmula vinculante n. 25); **E:** incorreta, porque compete ao autor formular o pedido de conversão da obrigação de fazer em perdas e danos (art. 499 do NCPC).

Gabarito "A"

(Magistratura/GO – 2015 – FCC) Nos procedimentos de jurisdição voluntária

(A) somente se exige citação quando o procedimento puder trazer prejuízo ao interessado.

(B) a sentença não pode ser modificada, ainda que ocorram circunstâncias supervenientes.

(C) a produção das provas compete exclusivamente às partes, vedado ao juiz investigar fatos de ofício.

(D) dispensa-se, como regra, a participação do Ministério Público.

(E) o juiz não está obrigado a observar a legalidade estrita, podendo adotar a solução que reputar mais conveniente ou oportuna para cada caso concreto.

A: Incorreta, nos termos do art. 721 do NCPC, pois serão citados **todos** os interessados, bem como intimado o Ministério Público, nos casos do art. 178, para que se manifestem, querendo, no prazo de 15 (quinze) dias; B: Incorreta. A decisão proferida em jurisdição voluntária é coberta pela coisa julgada, nos mesmos moldes da jurisdição contenciosa, sendo possível sua alteração se houver fato superveniente podendo, portanto, ser alterada, desde que ocorram circunstâncias supervenientes em relação jurídica de trato continuado (art. 505, I do NCPC). É importante mencionar que o art. 1.111 do CPC/1973 não possui dispositivo correspondente no NCPC.; **C:** Incorreta, pois sempre é possível ao juiz buscar as provas (art. 370 do NCPC); **D:** Incorreta, nos termos do art. 721 do NCPC; **E:** Correta, nos termos do art. 723, parágrafo único, do NCPC.

Gabarito "E"

(Defensor Público/SP – 2013 – FCC) Sobre os procedimentos especiais é correto afirmar:

(A) Segundo entendimento do Superior Tribunal de Justiça, em ação de desapropriação é suficiente a citação e participação processual do titular da matrícula, sendo o possuidor parte ilegítima, visto que deverá pleitear sua indenização pela posse em face daquele que ocupar o polo passivo da ação desapropriatória.

(B) Em ação de despejo por denúncia vazia, com base na prorrogação de contrato escrito celebrado por prazo igual ou superior a trinta meses, manifestando o réu no prazo da contestação concordância com a desocupação do imóvel, o juiz acolherá o pedido fixando período de seis meses para a desocupação.

(C) Não possui legitimidade para opor embargos de terceiro aquele que deveria ter sido incluído na relação processual principal como litisconsorte do réu, mas não o foi.

(D) Segundo entendimento dominante no Superior Tribunal de Justiça, em ação consignatória pode ser discutido o valor do débito, desde que não implique revisão de cláusulas contratuais.

(E) Em ação de alimentos, a fixação da obrigação alimentar em valor superior ao inicialmente pedido implica nulidade, visto que a sentença seria *ultra petita* e violaria o princípio da congruência.

A: incorreta, porque o STJ entende que há legitimidade do possuidor para pedir indenização em face do ente expropriante ("Legitimidade do possuidor que, sem título de domínio, postula indenização por perda da posse por ato ilícito do poder público", REsp 871.379/PR, *DJe* 21.10.2008); **B:** correta (Lei 8.245/1991, art. 61); **C:** incorreta, pois nesse caso o terceiro poderia optar por pleitear seu ingresso como assistente litisconsorcial ou opor embargos de terceiro (informativo 511/STJ: "Condômino, que não for parte na ação possessória, tem legitimidade ativa para ingressar com embargos de terceiro", REsp 834.487-MT, j. 13.11.2012.); **D:** incorreta, pois o STJ entende possível rever cláusula na consignatória ("Possível a revisão de cláusulas contratuais no bojo da ação consignatória, consoante a orientação processual do STJ", REsp 645.756/RJ, *DJe* 14.12.2010); **E:** incorreta, pois o STJ entende que, considerando a situação peculiar da ação de alimentos, não há total aplicação do princípio da congruência ("Ao fixar o valor dos alimentos, não fica o Juiz adstrito ao pedido deduzido pelo autor, com vistas ao primado do conceito da verba alimentar, qual seja, a possibilidade de fazer frente às necessidades, ainda que básicas, daquele que a postula; somente nessas hipóteses é que poderá haver, segundo prudente arbítrio de cada Juiz e consideradas as peculiaridades de cada processo, o abrandamento da interpretação proibitiva do julgamento *ultra petita*", REsp 1079190/DF, *DJe* 23.10.2008).

Gabarito "B"

8. Direito Penal

Arthur Trigueiros e Eduardo Dompieri*

1. CONCEITO, FONTES E PRINCÍPIOS

(Analista – TRF/3ª Região – 2014 – FCC) Dentre as ideias estruturantes ou princípios abaixo, todos especialmente importantes ao direito penal brasileiro, NÃO tem expressa e literal disposição constitucional o da

(A) legalidade.
(B) proporcionalidade.
(C) individualização.
(D) pessoalidade.
(E) dignidade humana.

A: incorreta. O *princípio da legalidade, estrita legalidade* ou *reserva legal*, que está contemplado, de forma expressa, nos arts. 1º do CP e 5º, XXXIX, da CF, estabelece que os tipos penais só podem ser concebidos por lei em sentido estrito, ficando afastada, assim, a possibilidade de a lei penal ser criada por outras formas legislativas que não a lei em sentido formal, como, por exemplo, a *medida provisória* (art. 62, § 1º, I, *b*, da CF); **B:** correta (deve ser assinalada), na medida em que este princípio, embora tenha aplicação no âmbito do direito penal, não encontra previsão expressa e literal no texto da Constituição Federal. Cuida-se, portanto, de princípio implícito; **C:** incorreta. Princípio explícito previsto nos arts. 5º, XLVI, da CF e 59 do CP; **D:** incorreta. O *princípio da pessoalidade* ou *personalidade* ou da *responsabilidade pessoal*, que encontra previsão expressa no art. 5º, XLV, CF, prescreve que a pena não pode passar da pessoa do delinquente, podendo, entretanto, a obrigação de reparar o dano e a decretação de perdimento de bens ser, nos termos da lei, estendidas aos sucessores e contra eles executadas até o limite do valor do patrimônio transferido; **E:** incorreta, já que se trata de princípio contemplado, de forma expressa, no art.1º, III, da CF.

Gabarito "B"

2. APLICAÇÃO DA LEI NO TEMPO

(Analista – TRT/8ª – 2010 – FCC) João cometeu um crime para o qual a lei vigente na época do fato previa pena de reclusão. Posteriormente, lei nova estabeleceu somente a sanção pecuniária para o delito cometido por João. Nesse caso,

(A) a aplicação da lei nova depende da expressa concordância do Ministério Público.
(B) aplica-se a lei nova somente se a sentença condenatória ainda não tiver transitado em julgado.
(C) não se aplica a lei nova, em razão do princípio da irretroatividade das leis penais.
(D) aplica-se a lei nova, mesmo que a sentença condenatória já tiver transitado em julgado.
(E) a aplicação da lei nova, se tiver havido condenação, depende do reconhecimento do bom comportamento carcerário do condenado.

A: assertiva incorreta, visto que a aplicação da lei nova mais favorável prescinde de anuência do Ministério Público, é dizer, a retroação da lei mais benéfica não está condicionada à concordância do MP; **B:** proposição errada, já que a lei nova mais benéfica, em consonância com a disciplina estabelecida no art. 2º, parágrafo único, do CP, poderá abarcar fatos anteriores já decididos por sentença condenatória passada em julgado; **C:** a lei penal nova mais benéfica é portadora tanto de retroatividade quanto de ultratividade – art. 5º, XL, da CF. Alternativa, portanto, incorreta; **D:** assertiva em consonância com o disposto no art. 2º, parágrafo único, do CP; **E:** a aplicação da lei nova, ainda que tenha havido condenação ou mesmo trânsito em julgado, não está condicionada ao bom comportamento do réu/condenado. Inexiste, pois, essa imposição. Assertiva incorreta.

Gabarito "D"

(Analista – TRF/4ª – 2010 – FCC) No que se refere à aplicação da lei penal, de acordo com o Código Penal, é certo que

(A) a homologação de sentença estrangeira para obrigar o condenado à reparação do dano, quando da aplicação de lei brasileira produz na espécie as mesmas consequências, depende de pedido da parte interessada.
(B) a lei excepcional ou temporária, embora decorrido o período de sua duração ou cessadas as circunstâncias que a determinaram, não se aplica ao fato praticado durante sua vigência.
(C) a lei posterior, que de qualquer modo favorecer o agente, aplica-se aos fatos anteriores, salvo se decididos por sentença condenatória transitada em julgado.
(D) ficam sujeitos à lei brasileira, embora cometidos no estrangeiro, os crimes contra a vida ou a liberdade do Presidente ou do Vice-Presidente da República.
(E) a pena cumprida no estrangeiro é computada na pena imposta no Brasil pelo mesmo crime, quando diversas, ou nela é atenuada, quando idênticas.

A: assertiva em consonância com o art. 9º, I, e parágrafo único, *a*, do CP; **B:** estabelece o art. 3º do CP que a lei temporária ou excepcional, embora decorrido o período de duração ou cessadas as circunstâncias que a determinaram, aplica-se, sim, ao fato praticado durante sua vigência. São *leis, portanto,* ultra-ativas e autorrevogáveis. Assertiva, portanto, incompatível com o teor do dispositivo; **C:** a lei posterior que de qualquer modo favorecer o agente (*lex mitior*) aplica-se aos fatos anteriores, mesmo que estes tenham sido decididos por sentença condenatória passada em julgado – art. 2º, parágrafo único, do CP; **D:** o art. 7º, I, *a*, do CP somente faz alusão a crimes contra a vida ou a liberdade do presidente da República; **E:** art. 8º do CP.

Gabarito "A"

3. APLICAÇÃO DA LEI NO ESPAÇO

(Analista – TRE/CE – 2012 – FCC) NÃO é uma das condições necessárias dentre aquelas estabelecidas pelo Código Penal para aplicação da lei brasileira, ao crime cometido no estrangeiro praticado por brasileiro:

---

* **Arthur Trigueiros** comentou as questões dos seguintes concursos: Magistratura, Ministério Público Estadual e Policiais; **Eduardo Dompieri** atualizou todas as questões do capítulo e comentou as questões dos seguintes concursos: DPE/ES/16, DPE/BA/16, MAG/TRT/1ª/16, Procuradorias, Defensoria, Analista e Técnico; **Arthur Trigueiros** e **Eduardo Dompieri** comentaram as questões dos concursos para Delegado e Cartório.

ED questões comentadas por: **Eduardo Dompieri.**

(A) entrar o agente no território nacional no prazo máximo de dois anos após o crime.
(B) ser o fato punível também no país onde foi praticado.
(C) estar o crime incluído entre aqueles pelos quais a lei brasileira autoriza a extradição.
(D) não ter sido o agente absolvido no estrangeiro.
(E) não ter sido o agente perdoado no estrangeiro.

A: incorreta (devendo ser assinalada), pois o art. 7º, § 2º, *a*, do CP não fixou prazo para o ingresso do agente no território nacional; **B:** correta, sendo a condição prevista no art. 7º, § 2º, *b*, do CP; **C:** correta, sendo a condição contemplada no art. 7º, § 2º, *c*, do CP; **D:** correta, sendo a condição prevista no art. 7º, § 2º, *d*, do CP; **E:** correta, sendo a condição prevista no art. 7º, § 2º, *e*, do CP.
Gabarito "A"

(Analista – TRT/8ª – 2010 – FCC) José, brasileiro, cometeu crime de peculato, apropriando-se de valores da embaixada brasileira no Japão, onde trabalhava como funcionário público. Em tal situação,

(A) somente se aplica a lei brasileira se José não tiver sido absolvido no Japão, por sentença definitiva.
(B) somente se aplica a lei brasileira se José não tiver sido processado pelo mesmo fato no Japão.
(C) aplica-se a lei brasileira, independentemente da existência de processo no Japão e de entrada do agente no território nacional.
(D) a aplicação da lei brasileira independe da existência de processo no Japão, mas está condicionada à entrada do agente no território nacional.
(E) aplica-se a lei brasileira somente se for mais favorável ao agente do que a lei japonesa.

Pela disciplina estabelecida no art. 7º, I, *b*, do Código Penal, embora cometido no estrangeiro, o crime praticado por José fica sujeito à lei penal brasileira, ainda que absolvido ou condenado no Japão. Estamos diante da incidência extraterritorial da lei penal brasileira, que, em face do bem jurídico tutelado, opera-se de forma incondicionada. Para que fique claro, portanto, este dispositivo do Código Penal contempla hipótese de extraterritorialidade incondicionada. A lei brasileira, aqui, será aplicada ao crime cometido no estrangeiro contra o patrimônio ou a fé pública da Administração Pública por quem está a seu serviço independente de qualquer condição.
Gabarito "C"

4. CONCEITO E CLASSIFICAÇÃO DOS CRIMES

(Magistratura/GO – 2015 – FCC) Segundo entendimento sumulado do Superior Tribunal de Justiça, os crimes de extorsão e de corrupção de menores são de natureza

(A) material e de mera conduta, respectivamente.
(B) formal.
(C) formal e material, respectivamente.
(D) material e formal, respectivamente.
(E) material.

De acordo com a Súmula 96 do STJ, o crime de extorsão consuma-se independentemente da obtenção da vantagem econômica indevida. Portanto, trata-se de crime formal (ou de consumação antecipada ou resultado cortado). Ainda, de acordo com a Súmula 500 do STJ, a configuração do crime previsto no art. 244-B do ECA (corrupção de menores) independe de prova da efetiva corrupção do menor, por se tratar de delito formal. Assim, ambos os crimes referidos no enunciado são formais.
Gabarito "B"

(Magistratura/CE – 2014 – FCC) Os crimes omissivos impróprios ou comissivos por omissão são aqueles

(A) cuja consumação se protrai no tempo, enquanto perdurar a conduta.
(B) em que a relação de causalidade é normativa.
(C) praticados mediante o "não fazer" o que a lei manda, sem dependência de qualquer resultado naturalístico.
(D) que se consumam antecipadamente, sem dependência de ocorrer ou não o resultado desejado pelo agente.
(E) que o agente deixa de fazer o que estava obrigado, ainda que sem a produção de qualquer resultado.

A: incorreta. A assertiva em comento trata do crime permanente, assim reconhecido quando sua consumação de protrair (prolongar) no tempo, enquanto perdurar a conduta ilícita praticada pelo agente; **B:** correta. De fato, nos crimes omissivos impróprios (ou impuros, ou espúrios, ou comissivos por omissão), a omissão do agente não decorre de expressa previsão no tipo penal, tal como se vê nos crimes omissivos próprios. O resultado – nos crimes comissivos por omissão – somente será imputado em virtude da inobservância de um dever jurídico de agir quando o agente pudesse agir para impedir o resultado. Nas situações previstas no art. 13, § 2º. CP, o resultado ocorrerá não pelo fato de o agente ter agido, mas, sim, por ter deixado de agir quando podia e devia fazê-lo. Aqui, a relação de causalidade não é física, ou seja, decorrente diretamente do comportamento omissivo, mas, sim, normativa, vale dizer, decorrente da própria lei, que impõe determinada atitude do agente quando tiver o dever jurídico de agir para impedir o resultado; **C:** incorreta. Nos crimes omissivos impróprios ou comissivos por omissão, o agente responderá pelo resultado naturalístico em virtude de ter deixado de agir quando devia e podia fazê-lo (art. 13, § 2º, CP). Perceba que, diversamente do que ocorre nos crimes omissivos próprios (ou puros), nos quais a própria lei, de maneira explícita ou implícita, impõe determinado comportamento (imperativos de comando), sendo absolutamente desnecessário qualquer resultado naturalístico, nos crimes omissivos impróprios o resultado será imputado ao agente por ter deixado de agir quando devia (dever jurídico de agir) e podia fazê-lo, não se encontrando o "fazer" ou o "não fazer" na lei (tipo penal), mas, sim, em norma de extensão (art. 13, § 2º, CP). Destaque-se que nos crimes comissivos por omissão, o resultado naturalístico existirá e será necessário à sua caracterização; **D:** incorreta. A assertiva está a tratar dos crimes formais, que são aqueles cujo resultado naturalístico, embora de possível verificação, não será exigido para a consumação. Daí serem chamados, também, de crimes de consumação antecipada, bastando, para tanto, que o agente pratique a conduta prevista no tipo penal, ainda que o resultado por ele almejado não se realize concretamente; **E:** incorreta. Como visto anteriormente, nos crimes omissivos próprios o agente não observa o dever jurídico de agir para impedir determinado resultado, nada obstante pudesse fazê-lo. Trata-se de crimes materiais, que exigem, assim, um resultado naturalístico.
Gabarito "B"

5. FATO TÍPICO E TIPO PENAL

(Magistratura/RR – 2015 – FCC) No que toca à relação de causalidade, é correto afirmar que

(A) é normativa nos crimes omissivos impróprios.
(B) a superveniência de causa relativamente independente exclui a imputação quando, por si só, produziu o resultado, não se podendo imputar os fatos anteriores a quem os praticou.

(C) a previsão legal de que a omissão é penalmente relevante quando o omitente devia e podia agir para evitar o resultado, se tinha por lei obrigação de cuidado, proteção ou vigilância, é aplicável aos crimes omissivos próprios.

(D) se adota em nosso sistema a teoria da *conditio sine qua non*, distinguindo-se, porém, causa de condição ou concausa.

(E) a teoria da imputação objetiva estabelece que somente pode ser objetivamente imputável um resultado causado por uma ação humana quando a mesma criou, para o seu objeto protegido, uma situação de perigo juridicamente relevante, ainda que permitido, e o perigo se materializou no resultado típico.

A: correta. De fato, nos crimes omissivos impróprios, ou comissivos por omissão, a relação de causalidade é normativa, ou seja, somente é possível imputar ao agente o resultado decorrente de uma omissão considerada penalmente relevante, assim considerada nas hipóteses previstas no art. 13, § 2º, do CP. Em suma, pela teoria normativa, a omissão somente interessa ao Direito Penal quando, impondo o ordenamento jurídico determinado comportamento ao agente, este optou por permanecer inerte; **B:** incorreta. De acordo com o art. 13, § 1º, do CP, a superveniência de causa relativamente independente que por si só tiver produzido o resultado, exclui a imputação, havendo, aqui, um rompimento do nexo causal. Todavia, os fatos anteriores serão imputados a quem os praticou; **C:** incorreta. A previsão sobre a omissão penalmente relevante, que se verifica quando o omitente devia e podia agir para evitar o resultado, nas situações descritas no art. 13, § 2º, do CP, tem aplicação apenas aos crimes omissivos impróprios (ou comissivos por omissão); **D:** incorreta. Pela teoria da *conditio sine qua non*, não se distinguem causa e condição ou concausa. Para a teoria em comento, causa é todo fato humano sem o qual o resultado não teria ocorrido da forma e como ocorreu. Logo, repita-se, não se faz distinção entre causa, concausa ou condição; **E:** incorreta. Para a teoria da imputação objetiva, criada por Claus Roxin na década de 1970, o resultado somente poderá ser objetivamente imputável ao agente se este tiver criado um risco proibido e que este tenha se materializado no resultado típico.

Gabarito "A"

(Defensor Público/PR – 2012 – FCC) Considere as afirmações abaixo, entre tipicidade e antijuridicidade.

I. Para a teoria do "tipo avalorado" (também chamado de "neutro", "acromático"), a tipicidade não indica coisa alguma acerca da antijuridicidade.

II. Para a teoria indiciária *(ratio congnoscendi)*, a tipicidade é um indício ou presunção *iuris et iuris* da normatividade da licitude.

III. Para a teoria da identidade, a tipicidade é a *ratio essendi* da antijuridicidade, onde afirmada a tipicidade resultará também afirmada antijuridicidade.

IV. Para a teoria do *tipo puro*, a tipicidade representa uma valoração subjetiva da normatividade da licitude.

Estão corretas APENAS as afirmações

(A) I e III.

(B) I e II.

(C) II e III.

(D) II e IV.

(E) III e IV.

I: para esta teoria, derivada do *causalismo*, a *tipicidade* é totalmente independente da *antijuridicidade*, isto é, não há qualquer relação entre elas. Correta, portanto, a assertiva; **II:** incorreta. Para a *teoria indiciária*, não há mais que se falar em neutralidade da tipicidade em relação à antijuridicidade, dado que há vínculo entre elas. Entende-se, por esta teoria, que o fato típico é também antijurídico, salvo se existir uma causa que exclua a ilicitude (presunção relativa – *iuris tantum*, e não *juris et de jure* – absoluta); **III:** correta. Segundo esta teoria, a tipicidade integra a antijuridicidade; **IV:** incorreta, pois não corresponde à teoria do tipo puro.

Gabarito "A"

(Defensor Público/PR – 2012 – FCC) Pedro e João, irmãos, nadam em um lago, quando Pedro começa a se afogar. João permanece inerte, eximindo-se de qualquer intervenção. Pedro vem a falecer por afogamento.

A responsabilidade de João será

(A) por crime de homicídio doloso qualificado, aplicando-se as regras da omissão imprópria.

(B) por crime de homicídio culposo, aplicando-se as regras da omissão imprópria.

(C) pelo crime de perigo, tipificado no art. 132, do Código Penal (perigo para a vida ou saúde de outrem).

(D) por crime de omissão de socorro.

(E) por crime de abandono de incapaz.

Por mais reprovável que seja a conduta de João, não se pode atribuir-lhe a responsabilidade pela morte de seu irmão, Pedro. Isso porque, por serem irmãos, João não tinha o dever jurídico de intervir para evitar o resultado fatal, o que somente é imposto, por força do que estabelece o art. 13, § 2º, do CP, àquele que, por lei, tem o dever de cuidado, proteção ou vigilância, ou ainda que, de outra forma, assumiu a responsabilidade de impedir o resultado ou, com seu comportamento anterior, houver criado o risco de ocorrer o resultado. Deverá, portanto, ser responsabilizado pelo crime de omissão de socorro majorada (art. 135, parágrafo único, do CP).

Gabarito "D"

6. CRIMES DOLOSOS, CULPOSOS E PRETERDOLOSOS

(Defensor Público/PR – 2012 – FCC) Numa cidade do interior do Estado, uma pequena aglomeração de pessoas se formou no aeroclube local para assistir a um espetáculo de paraquedismo. Em solo, em meio aos observadores encontrava-se Maria, jovem simpática e querida por todos que, aos 17 anos, já tinha "sobre os seus ombros" a responsabilidade de cuidar de seus irmãos mais novos e de seu pai alcoólatra, trabalhava e estudava. Na aeronave prestes a saltar encontrava-se Pedro, jovem arrogante, por todos antipatizado, que aos 25 anos interrompera seus estudos para viver à custa de uma tia idosa, e como a explorava. Durante sua apresentação Pedro, ao se aproximar do solo, por puro exibicionismo e autoconfiança, resolveu fazer uma manobra e acabou por acertar o rosto de Maria. O corte foi profundo e extenso, e a deformou permanentemente. Nesse caso, Pedro responderá pelo delito de lesão corporal

(A) simples.

(B) grave.

(C) gravíssima.

(D) culposa.

(E) culposa qualificada pela deformidade permanente.

Pelos dados fornecidos pelo enunciado, Pedro não visou ao resultado (dolo direto) tampouco assumiu o risco de produzi-lo (dolo eventual).

Bem por isso, deverá ser responsabilizado pelo crime de lesão corporal culposa, dado que, ao realizar manobra arriscada, agiu de forma imprudente, dando causa ao resultado (lesão corporal). A classificação da lesão corporal em *leve*, *grave* e *gravíssima* somente tem incidência no âmbito da lesão dolosa.

Gabarito "D"

7. ERRO DE TIPO, DE PROIBIÇÃO E DEMAIS ERROS

(Juiz – TJ-SC – FCC – 2017) Um cidadão americano residente no Estado da Califórnia, onde o uso medicinal de *Cannabis* é permitido, vem ao Brasil para um período de férias em Santa Catarina e traz em sua bagagem uma certa quantidade da substância, conforme sua receita médica. Ao ser revistado no aeroporto é preso pelo delito de tráfico internacional de drogas. Neste caso, considerando-se que seja possível a não imputação do crime, seria possível alegar erro de:

(A) proibição indireto.
(B) tipo permissivo.
(C) proibição direto.
(D) tipo.
(E) subsunção.

Por erro de proibição indireto deve-se entender a situação em que o agente, a despeito de ter ciência do caráter ilícito do fato, acredita, equivocadamente, que age amparado por uma causa excludente de antijuridicidade, ou, ainda, age com erro quanto aos limites de uma causa justificante efetivamente existente. ED

Gabarito "A"

(Magistratura/SC – 2015 – FCC) O elemento subjetivo derivado por extensão ou assimilação decorrente do erro de tipo evitável nas descriminantes putativas ou do excesso nas causas de justificação amolda-se ao conceito de

(A) culpa imprópria.
(B) dolo eventual.
(C) culpa inconsciente.
(D) culpa consciente.
(E) dolo direto.

A: correta. A culpa imprópria, também denominada de culpa por extensão, por equiparação ou por assimilação, é aquela que decorre do fato de o agente incidir em erro de tipo evitável (vencível ou inescusável), que, nos termos do art. 20, § 1º, 2ª parte, do CP, irá impor-lhe a imputação do resultado a título de culpa. Assim, o agente agirá em legítima defesa putativa, estado de necessidade putativo, estrito cumprimento de dever legal putativo ou exercício regular de direito putativo, que somente excluirá o dolo e a culpa quando o erro for inevitável. Se evitável, como dito, o agente responderá por culpa (denominada de imprópria, pois, embora tenha agido com dolo, por razões de política criminal, imputar-se-á ao agente o resultado culposo, desde que previsto em lei); **B:** incorreta. No dolo eventual o agente apenas assume o risco de produzir o resultado (art. 18, I, segunda figura, do CP), não se falando em erro de tipo; **C:** incorreta. Na culpa inconsciente, que também não se relaciona ao erro de tipo, o agente pratica determinado comportamento, do qual advém um resultado previsível, embora por ele não previsto; **D:** incorreta. Na culpa consciente, também denominada de culpa com previsão, o agente, após realizar determinado comportamento, produz resultado previsível e por ele previsto, embora acreditasse sinceramente em sua inocorrência. Nada tem a culpa consciente que ver com erro de tipo; **E:** incorreta. O dolo direto é aquele em que o agente quer produzir determinado resultado. Também não diz respeito ao erro de tipo, que é o enfoque do enunciado.

Gabarito "A"

8. TENTATIVA, CONSUMAÇÃO, DESISTÊNCIA, ARREPENDIMENTO E CRIME IMPOSSÍVEL

(Juiz – TJ-SC – FCC – 2017) Conforme a redação do Código Penal,

(A) configurada a tentativa, pela falta de completude do injusto, a pena sempre deverá ser reduzida de um a dois terços.
(B) o crime impossível é tentativa impunível.
(C) a desistência voluntária permite a interrupção do nexo causal sem a consideração da vontade.
(D) o arrependimento eficaz, quando pleno, exclui a pena, e quando parcial permite a redução de um a dois terços.
(E) pelo resultado que agrava especialmente a pena, só responde o agente que o houver causado dolosamente.

A: incorreta. É fato que o Código Penal, no que concerne à tentativa, acolheu, como regra, a teoria objetiva (ou realística ou dualista), segundo a qual o autor de crime tentado receberá pena inferior à do autor de crime consumado, nos termos do art. 14, parágrafo único, do CP, que estabelece que, neste caso, a pena será reduzida de um a dois terços. Sucede que o Código Penal permite a aplicação (art. 14, parágrafo único, CP: *salvo disposição em contrário*), em caráter excepcional, da teoria subjetiva, em que a pena do crime tentado será a mesma do crime consumado. Leva-se em conta, neste caso, a intenção do sujeito. Exemplo sempre lembrado pela doutrina é o crime do art. 352 do CP (evasão mediante violência contra a pessoa), em que a pena prevista para a modalidade tentada é idêntica àquela prevista para a modalidade consumada. São os chamados crimes de atentado. É incorreto afirmar-se, dessa forma, que a pena, uma vez configurada a tentativa, *sempre* será reduzida de um a dois terços; **B:** correta. De fato, o crime impossível, cuja definição está contemplada no art. 17 do CP, traduz hipótese de tentativa impunível, quer porque o agente se vale de meio absolutamente ineficaz, quer porque ele se volta contra objeto absolutamente impróprio; **C:** incorreta. Embora não se exija do agente, no contexto da desistência voluntária (art. 15, CP), espontaneidade, é de rigor que ele aja de forma *voluntária*, isto é, livre de qualquer coação. Assim, a interrupção do *iter criminis*, neste caso, deve decorrer da vontade do sujeito ativo. Em outras palavras, tanto na desistência voluntária quanto no arrependimento eficaz, a consumação do crime não é alcançada por vontade do agente; **D:** incorreta. No arrependimento eficaz (art. 15, C P), temos que o agente, depois de realizados todos os atos de execução do crime, age, de forma voluntária, com o propósito de impedir a sua consumação. Se obtiver sucesso, restará excluída a tipicidade em relação ao crime que ele, inicialmente, pretendia praticar, ou seja, não poderá ser responsabilizado pela tentativa, que pressupõe, como bem sabemos, que o resultado não seja produzido por circunstâncias *alheias* à vontade do sujeito; responderá, todavia, conforme estabelece o texto legal, pelos atos que praticou no curso do *iter criminis*. Dessa forma, não há que se falar em redução ou exclusão da pena que lhe seria imposta, mas, sim, em exclusão da tipicidade do delito que o agente, num primeiro momento, queria praticar; **E:** incorreta, na medida em que não corresponde ao que estabelece o art. 19 do CP: *(...) só responde o agente que o houver causado ao menos culposamente.* ED

Gabarito "B"

(Magistratura/RR – 2015 – FCC) Em relação às fases de execução do crime, pode-se assegurar que

(A) não se tipifica crime formal contra a ordem tributária, previsto no art. 1º, incisos I e IV, da Lei 8.137/1990, antes do lançamento definitivo do tributo, segundo entendimento sumulado.
(B) a desistência voluntária também é conhecida como quase crime ou tentativa impossível.
(C) não se admite tentativa de crime culposo.

(D) há arrependimento eficaz quando o agente, por ato voluntário, nos crimes cometidos sem violência ou grave ameaça à pessoa, repara o dano ou restitui a coisa até o recebimento da denúncia ou da queixa.

(E) há tentativa imperfeita quando, apesar de ter o agente realizado toda a fase de execução, o resultado não ocorre por circunstâncias alheias à sua vontade.

A: incorreta. Os crimes materiais (e não formais, como consta no enunciado!) contra a ordem tributária, definidos no art. 1º, I a IV, da Lei 8.137/1990, não se tipificam antes do lançamento definitivo do tributo, nos termos da Súmula vinculante 24; **B:** incorreta. A desistência voluntária (art. 15 do CP) é espécie de tentativa abandonada ou qualificada, que não se confunde com o crime impossível (art. 17 do CP), também denominado de tentativa impossível, tentativa inidônea, tentativa inadequada ou quase crime; **C:** correta. A tentativa é incompatível com os crimes culposos, pois pressupõe que o agente, querendo avançar na execução, não consiga fazê-lo por circunstâncias alheias à sua vontade. Em outras palavras, a tentativa somente é compatível com os crimes dolosos; **D:** incorreta. A assertiva descreve, em verdade, o arrependimento posterior, previsto no art. 16 do CP, e não o arrependimento eficaz, que se caracteriza pelo fato de o agente, após esgotar a potencialidade ofensiva de que dispunha, praticar novo comportamento impeditivo da consumação do crime; **E:** incorreta. Haverá tentativa imperfeita (ou inacabada) quando o agente não conseguir praticar todos os atos executórios por circunstâncias alheias à sua vontade, diferentemente da tentativa perfeita (ou acabada, ou crime falho), na qual, embora realizada toda a fase de execução, não se alcança a consumação por circunstâncias alheias à vontade do agente.

Gabarito "C"

(Magistratura/PE – 2013 – FCC) O arrependimento posterior

(A) deve ocorrer até o oferecimento da denúncia ou da queixa.

(B) constitui circunstância atenuante, a ser considerada na segunda etapa do cálculo da pena.

(C) pode reduzir a pena abaixo do mínimo previsto para o crime.

(D) não influi no cálculo da prescrição penal.

(E) prescinde de voluntariedade do agente.

A: incorreta, pois o arrependimento posterior pode ocorrer até o recebimento (e não oferecimento!) da denúncia ou queixa, nos termos do art. 16 do CP; **B:** incorreta, pois o arrependimento posterior é causa obrigatória de diminuição de pena (variável de um a dois terços), incidente na terceira etapa do sistema trifásico de dosimetria da pena, não se confundindo com a reparação do dano, cabível até antes do julgamento, considerado, aí sim, circunstância atenuante genérica (art. 65, III, "b", do CP), a ser sopesada na segunda fase da fixação da reprimenda; **C:** correta. Diferentemente das circunstâncias atenuantes, que não podem conduzir a fixação da pena aquém do mínimo legalmente cominado (Súmula 231 do STJ), as causas de diminuição de pena não encontram a mesma restrição, sendo perfeitamente possível que tal aconteça. Portanto, exemplificando, se o agente praticar o crime de furto simples, e restituir a coisa, íntegra, à vítima, voluntariamente, antes do recebimento da denúncia, poderá ver sua pena fixada abaixo de um ano, que é o mínimo cominado para o crime (art. 155, *caput*, do CP); **D:** incorreta. As causas de diminuição de pena (arrependimento posterior, por exemplo) influirão no cálculo da prescrição penal. No caso da prescrição da pretensão punitiva abstrata, baseada no máximo de pena privativa de liberdade cominada, as causas de diminuição deverão ser levadas em consideração (no caso, dever-se-á reduzir a pena máxima cominada pelo fato mínimo de diminuição); **E:** incorreta. A despeito de o arrependimento posterior, previsto no art. 16 do CP, não exigir espontaneidade do agente, deverá ocorrer por ato voluntário. Confira-se a redação de referido dispositivo legal: "Nos crimes cometidos sem violência ou grave ameaça à pessoa, reparado o dano ou restituída a coisa, até o recebimento da denúncia ou da queixa, por ato voluntário do agente, a pena será reduzida de um a dois terços".

Gabarito "C"

(Defensor Público/PR – 2012 – FCC) Quatro ladrões chegaram de carro em frente a uma residência para a prática de crime de furto. Porém, antes de descerem do veículo, foram obstados pela polícia, que os observava, e levados para a Delegacia onde lavrou-se o auto de prisão em flagrante. Nesse caso, os agentes

(A) podem se beneficiar da desistência voluntária na prática do delito, respondendo pelos atos já praticados.

(B) praticaram tentativa de furto qualificado pelo concurso de pessoas.

(C) tinham finalidade de praticar o crime de furto qualificado por concurso de agentes, mas não passaram da fase de meros atos preparatórios, impunível.

(D) iniciaram a prática de crime de roubo que não se consumou por circunstâncias alheias à sua vontade, face à chegada da polícia.

(E) devem ser devidamente punidos pela tentativa, dada a vontade deliberada de praticarem o delito.

A: incorreta. Constitui pressuposto ao reconhecimento da *desistência voluntária*, entre outros, que a execução do crime já tenha se iniciado. Na hipótese narrada no enunciado, os agentes não deram início à execução do crime, não havendo que se falar, portanto, em desistência voluntária (art. 15, primeira parte, do CP); **B:** incorreta. Não praticaram crime, dado que a execução do delito que pretendiam cometer não teve início; **C:** correta. Os agentes, embora intencionassem cometer o crime de furto, não chegaram a dar início à sua execução, visto que não realizaram ato idôneo (apto, capaz) e inequívoco para atingir o resultado perseguido (lesão patrimonial); **D:** incorreta. Não há que se falar em tentativa, pois, quando da chegada da polícia, os agentes ainda não tinham dado início à execução do crime; **E:** incorreta. A configuração do *conatus* tem como pressuposto, além da ausência de consumação por circunstâncias alheias à vontade do agente, também o início de execução do crime.

Gabarito "C"

9. ANTIJURIDICIDADE E CAUSAS EXCLUDENTES

(Analista – TJ/PA – 2009 – FCC) Dos requisitos do estado de necessidade, é subjetivo:

(A) o conhecimento da situação de fato.

(B) a ameaça de direito próprio ou alheio.

(C) cujo sacrifício era irrazoável exigir-se.

(D) a situação não provocada pela vontade do agente.

(E) a inexistência do dever legal de enfrentar o perigo.

Trata-se do chamado *elemento subjetivo da excludente de ilicitude*, necessário ao reconhecimento da descriminante.

Gabarito "A"

(Analista – TJ/SE – 2009 – FCC) Constituem elementos do estado de necessidade:

(A) Perigo atual ou iminente, que o agente não tenha provocado, nem podia de outro modo ter evitado.

(B) Reação à injusta agressão, atual ou iminente, fazendo uso dos meios necessários moderadamente.

(C) Agressão atual, defesa de direito próprio ou de outrem e reação moderada.

(D) Existência de perigo atual, cujo sacrifício, nas circunstâncias era razoável exigir-se.

(E) Defesa de direito próprio ou de outrem, voluntariamente provocado pelo agente e exigibilidade de conduta diversa.

Os requisitos do *estado de necessidade* estão contidos no art. 24 do CP.

Gabarito "A"

10. CONCURSO DE PESSOAS

(Juiz – TJ-SC – FCC – 2017) A moderna teoria do domínio do fato de Claus Roxin procura solucionar alguns problemas de autoria e, expressamente, já foi adotada em nossos tribunais. Além das previsões legais sobre autoria mediata, existe a possibilidade de autoria no âmbito de uma organização. Para que esta seja configurada devem estar presentes alguns requisitos, EXCETO:

(A) poder efetivo de mando.

(B) fungibilidade do autor imediato.

(C) desvinculação do aparato organizado do ordenamento jurídico.

(D) o prévio acerto entre o comandante e os demais comandados.

(E) disponibilidade consideravelmente elevada por parte do executor.

Para a chamada *teoria do domínio do fato*, concebida, na década de 1930, por Hans Welzel e, depois disso, desenvolvida e aperfeiçoada por Claus Roxin, autor é quem realiza o verbo contido no tipo penal. Mas não é só. É também autor quem tem o domínio organizacional da ação típica (quem, embora não tenha realizado o núcleo do tipo, planeja, organiza etc.). Além disso, é considerado autor aquele que domina a vontade de outras pessoas ou ainda participa funcionalmente da execução do crime. Em outras palavras, o autor, para esta teoria, detém o controle final sobre o fato criminoso, exercendo, sobre ele, um poder de decisão. É importante que se diga que é insuficiente a mera posição de hierarquia superior entre comandante e comandado, sendo de rigor que reste comprovado que aquele que comanda a vontade dos demais determine a prática da ação, não sendo necessário, aqui, prévio acerto entre eles. Para esta teoria, a responsabilidade criminal incidirá sobre o executor do fato, assim considerado o autor imediato, e também sobre o autor mediato, assim considerado o homem que age *por trás*. Embora o Código Penal não tenha adotado tal teoria, é fato que tanto o STF quanto o STJ têm recorrido a ela em vários casos, sendo o mais emblemático no caso do julgamento do "Mensalão" (AP 470/STF). ED

Gabarito "D"

(Analista – TRE/CE – 2012 – FCC) José, João e Mario praticam um determinado delito. Contudo, José, um dos concorrentes, queria participar de delito menos grave daquele cometido pelos agentes. Neste caso, para José, será aplicada a pena do crime

(A) menos grave, aumentada de 1/6 a 2/3, independentemente da previsibilidade do resultado mais grave.

(B) mais grave diminuída de 1/6 a 1/3.

(C) mais grave em qualquer hipótese.

(D) menos grave, que será aumentada até metade, na hipótese de ter sido previsível o resultado mais grave.

(E) menos grave, em qualquer hipótese, sem nenhuma majoração ou redução.

Estabelece o art. 29, § 2º, do CP que, se algum dos agentes quis participar de crime menos grave, a ele será aplicada a pena deste; essa pena, no entanto, será aumentada até metade, no caso de o resultado mais grave ser previsível. É a chamada *cooperação dolosamente distinta*.

Gabarito "D"

(Magistratura/GO – 2015 – FCC) "A" recebeu de "B" a determinação de espancar terceiro. No entanto, ultrapassando os limites da provocação, mata a vítima. No caso, o partícipe responderá

(A) por lesão corporal, sem aumento da pena, se podia prever o resultado, ou pelo homicídio, por dolo eventual, se assumiu o risco de produzir o resultado.

(B) pelo homicídio, por dolo eventual, se assumiu o risco de produzir o resultado, ou por homicídio culposo.

(C) por lesão corporal, sem aumento da pena, se não podia prever o resultado, ou pelo homicídio, por dolo eventual, se assumiu o risco de produzir o resultado.

(D) por lesão corporal, sem aumento de pena, se não podia prever o resultado morte, ou por homicídio culposo.

(E) por lesão corporal, com a pena aumentada, se a consequência letal lhe era imprevisível, ou pelo homicídio, por dolo eventual, se assumiu o risco de produzir o resultado.

Nos termos do art. 29, § 2º, do CP, que trata da cooperação dolosamente distinta, ou, ainda, dos desvios subjetivos entre os agentes ou da participação em crime menos grave, se algum dos concorrentes quis participar de crime menos grave, ser-lhe-á aplicada a pena deste. Porém, esta será aumentada até a metade na hipótese de o resultado mais grave ter sido previsível. Logo, se "A" recebeu de "B" a determinação para espancar a vítima, mas "exorbita" aquilo que fora inicialmente acertado, optando por matá-la, responderá, na condição de executor material do crime, por homicídio. Já o partícipe (no caso, "B") responderá por lesão corporal (crime que pretendia fosse praticado pelo autor), cuja pena somente poderia ser aumentada até a metade se o resultado mais grave (morte da vítima) fosse previsível. Contudo, poderia vir a responder por homicídio doloso, por dolo eventual, caso houvesse assumido o risco de produzir tal resultado. Assim, vamos à análise de cada uma das assertivas. **A:** incorreta, pois a pena da lesão corporal seria aumentada até a metade caso o resultado mais grave fosse previsível; **B:** incorreta. Nada obstante pudesse vir a responder por homicídio, a título de dolo eventual, caso houvesse assumido o risco de produzir o resultado, não poderia responder por homicídio culposo, pois, como sabido, os crimes culposos não admitem participação, bem como é inadmissível a participação culposa em crime doloso; **C:** correta. Como dito anteriormente, o partícipe, em caso de cooperação dolosamente distinta, responderá pelo crime menos grave, cuja pena poderá ser aumentada até a metade apenas se o resultado mais grave fosse previsível. Também poderia, no caso relatado no enunciado, responder por homicídio, por dolo eventual, caso assumido o risco de produzir o resultado morte; **D:** incorreta. Nada obstante o partícipe somente possa responder, em caso de cooperação dolosamente distinta, pelo crime menos grave com pena aumentada até a metade caso o resultado mais grave fosse previsível, na situação exposta no enunciado "B" – que é partícipe – não poderia responder por homicídio culposo, seja por não se admitir participação em crime culposo, seja porque é inadmissível a participação culposa em crime doloso; **E:** incorreta. O partícipe – no caso, "B" – não poderá responder por lesão corporal com pena aumentada se o resultado mais grave lhe era imprevisível.

Gabarito "C"

(Magistratura/SC – 2015 – FCC) Nos crimes dolosos contra a vida praticados em concurso de pessoas, é correto afirmar, em relação ao Código Penal Brasileiro que

(A) apenas nos crimes culposos contra a vida pode ser invocada a aplicação da Teoria Monista ou Unitária.

(B) é possível cindir o tipo no tocante à homogeneidade do elemento subjetivo, uma vez que a Teoria Monista ou Unitária não é plenamente reconhecida pelo sistema legal brasileiro.

(C) a teoria Monista ou Unitária aplica-se exclusivamente aos crimes dolosos contra a vida, tendo sua aplicação, portanto, vetada nas hipóteses contempladas pelos crimes de trânsito.

(D) inspirado na legislação italiana, adotou, como regra, a Teoria Monista ou Unitária, ou seja, havendo pluralidade de agentes, com diversidade de conduta, mas provocando um só resultado, existe um só delito.

(E) denunciados em coautoria delitiva, e não sendo as hipóteses de participação de menor importância ou cooperação dolosamente distinta, os réus poderiam ser condenados por delitos diversos: homicídio doloso e homicídio culposo.

A: incorreta. A Teoria Monista ou Unitária, positivada nos arts. 29 e 30 do CP, é aplicável aos crimes dolosos ou culposos, não havendo distinção na lei. Em outras palavras, quem, de qualquer modo, concorrer para a prática de um crime, por este responderá, na medida de sua culpabilidade, pouco importando se o crime é doloso ou culposo. Contudo, indispensável, para a caracterização do concurso de agentes, que todos revelem uma vontade homogênea, ou seja, que atuem visando à produção de um mesmo resultado; **B:** incorreta. Como visto, no concurso de pessoas será indispensável que todos os concorrentes atuem com vontade homogênea (princípio da convergência), ou seja, deverão contribuir para a produção de um mesmo resultado. Daí ser inviável a contribuição dolosa para um crime culposo, nem a concorrência culposa em crime doloso; **C:** incorreta. Nos termos do art. 291 do CTB (Lei 9.503/1997), aos crimes cometidos na direção de veículo automotor aplicam-se as normas gerais do CP. Portanto, a Teoria Unitária ou Monista, consagrada pelo art. 29 do CP, é perfeitamente aplicável aos crimes de trânsito; **D:** correta. De fato, de acordo com a Teoria Monista ou Unitária, os diversos agentes, praticando condutas penalmente relevantes, das quais advenha um mesmo resultado, terão concorrido para a prática de um mesmo crime (unidade de infração penal); **E:** incorreta. Se dois agentes são denunciados como coautores, o art. 29, *caput*, do CP, determina que ambos responderão pelo mesmo crime (unidade de infração penal – requisito para o reconhecimento do concurso de agentes). A Teoria Unitária ou Monista, como o próprio nome sugere, preconiza que todos os que concorrerem para um crime por este responderão. Só haverá imputação diversa nos casos de cooperação dolosamente distinta (art. 29, § 2º, do CP) ou quando o próprio Código Penal estabelecer crimes distintos para cada um dos agentes, tal como ocorre no aborto provocado por terceiro com o consentimento da gestante (o executor do aborto responde pelo crime do art. 126, ao passo que a gestante, pelo art. 124, parte final), ou nos casos de corrupção passiva (imputada ao funcionário público) e corrupção ativa (imputada ao particular, corruptor).

Gabarito "D"

(Magistratura/CE – 2014 – FCC) Em tema de concurso de pessoas, é possível afirmar que

(A) o concorrente, na chamada cooperação dolosamente diversa, responderá pelo crime menos grave que quis participar, mas sempre com aumento da pena.

(B) indispensável a adesão subjetiva à vontade do outro, embora desnecessária a prévia combinação.

(C) o ajuste, a determinação ou instigação e o auxílio nunca são puníveis, se o crime não chega, pelo menos, a ser tentado.

(D) não se comunicam as circunstâncias e as condições de caráter pessoal, ainda que elementares do crime.

(E) a participação de menor importância constitui causa geral de diminuição da pena, incidindo na segunda etapa do cálculo.

A: incorreta. Na cooperação dolosamente distinta (art. 29, § 2º, CP), aquele que houver querido participar de crime menos grave por este responderá. Contudo, a pena será aumentada de metade apenas se o resultado mais grave fosse previsível; **B:** correta. É requisito para o reconhecimento do concurso de pessoas, além da pluralidade de agentes, unidade de fato e relevância causal de cada ação ou omissão, que tenham eles uma vinculação psicológica (liame subjetivo), vale dizer, que um tenha aderido à vontade do outro. Porém, dispensável, para fins de caracterização do concurso de pessoas, que os agentes tenham previamente ajustado o cometimento da infração penal, bastando, como dito, que tenha havido, mesmo que durante a execução da empreitada criminosa, a adesão subjetiva de vontades (liame subjetivo ou vínculo psicológico); **C:** incorreta. Nos termos do art. 31 do CP, o ajuste, a determinação ou instigação e o auxílio, *salvo disposição expressa em contrário*, não são puníveis, se o crime não chega, pelo menos, a ser tentado; **D:** incorreta. Embora, em regra, as circunstâncias e as condições de caráter pessoal sejam incomunicáveis aos coautores ou partícipes do crime, haverá a comunicabilidade (extensão aos demais concorrentes) se forem elementares do crime, nos termos do art. 30 do CP; **E:** incorreta. A participação de menor importância, nos termos do art. 29, § 1º, CP, gerará a diminuição da pena do agente de um sexto a um terço. Assim, por se tratar de causa de diminuição (ou minorante), incidirá na terceira etapa da dosimetria da pena, e não na segunda, na qual serão consideradas as circunstâncias atenuantes e agravantes.

Gabarito "B"

11. CULPABILIDADE E CAUSAS EXCLUDENTES

(Defensor Público – DPE/ES – 2016 – FCC) A culpabilidade, entendida como o grau de reprovabilidade do agente pelo fato criminoso praticado, NÃO constitui parâmetro legal para

(A) o aumento da pena no crime continuado específico.

(B) a fixação da pena de cada concorrente no caso de concurso de pessoas.

(C) a determinação do regime inicial de cumprimento da pena privativa de liberdade.

(D) a escolha da fração de aumento da pena no concurso formal impróprio.

(E) a substituição das condições do *sursis* simples pelas do especial.

A: incorreta, já que o art. 71, parágrafo único, do CP, que define o chamado *crime continuado específico*, contempla, como parâmetro para determinar o aumento de pena, entre outros fatores, a *culpabilidade*; **B:** incorreta. O art. 29, *caput*, do CP contempla, como parâmetro para estabelecer a pena que caberá a cada concorrente no concurso de pessoas, a *culpabilidade*; **C:** incorreta, na medida em que as circunstâncias judiciais do art. 59 do CP, entre as quais a culpabilidade, servem como parâmetro para determinar o regime inicial de cumprimento da pena privativa de liberdade (inciso III); **D:** correta. Queremos crer que o examinador quis se referir ao concurso formal *próprio* (e não ao *impróprio*, tal como constou da assertiva). Isso porque só há que se falar em *escolha da fração de aumento* de pena no contexto do concurso formal *próprio*. No *concurso formal impróprio* ou *imperfeito*, a que faz referência a assertiva, as penas serão somadas, aplicando-se o critério ou sistema do *cúmulo material*. No concurso formal perfeito, diferentemente, se as penas previstas forem idênticas, aplica-se somente uma; se diferentes, aplica-se a maior, acrescida, em qualquer caso, de um sexto até metade (sistema da exasperação). Dito isso e considerando que a assertiva se referiu ao concurso formal próprio, é correto afirmar que a culpabilidade não serve como parâmetro para a escolha da fração de aumento de pena. É que o critério que deverá servir de norte para o juiz estabelecer o aumento da pena entre os patamares previstos é o número de crimes cometidos pelo sujeito ativo; **E:** incorreta, já que o art. 78, § 2º, do CP, que diz respeito ao *sursis* especial, faz referência às circunstâncias do art. 59 do CP. ED

Gabarito "D"

(Defensor Público – DPE/BA – 2016 – FCC) Sobre saúde mental e direito penal, é correto:

(A) segundo a normativa do Código Penal, é vedada a internação de pacientes portadores de transtornos mentais em instituições com características asilares.

(B) em virtude de sua periculosidade, a pessoa com transtorno mental não pode ter livre acesso aos meios de comunicação disponíveis.

(C) o tratamento da pessoa com transtorno mental tem por objetivo a contenção de sua periculosidade, ao invés da reinserção social, que é própria da pena.

(D) segundo a jurisprudência dominante do STJ, a medida de segurança tem prazo indeterminado.

(E) o tratamento da pessoa com transtorno mental deve ser realizado no interesse exclusivo de beneficiar sua saúde.

A: incorreta, já que a regra contida na assertiva encontra previsão no art. 4º, § 3º, da Lei 10.216/2001, e não no Código Penal, tal como afirmado; **B:** incorreta, pois contraria o que estabelece o art. 2º, parágrafo único, VI, da Lei 10.216/2001, que assegura à pessoa portadora de transtorno mental livre acesso aos meios de comunicação disponíveis; **C:** incorreta, pois não reflete a regra presente no art. 4º, § 1º, da Lei 10.216/2001, segundo a qual o objetivo do tratamento é a reinserção do paciente no seu meio; **D:** incorreta, já que, segundo a jurisprudência consolidada no STJ, a medida de segurança tem prazo determinado. Se levássemos em conta tão somente a redação do art. 97, § 1º, do CP, chegaríamos à conclusão de que a medida de segurança poderia ser eterna. Em vista da regra que veda as penas de caráter perpétuo, esta não é a melhor interpretação do dispositivo. Tanto que o STF firmou posicionamento no sentido de que o prazo máximo de duração da medida de segurança não pode ser superior a 30 anos (analogia ao art. 75 do CP). O STJ entende que a medida de segurança deve ter por limite o máximo da pena em abstrato cominada para o crime (STJ, HC 125.342-RS, 6ª T., rel. Min. Maria Thereza de Assis Moura, j. 19.11.2009). Consolidando tal entendimento, o STJ editou a Súmula 527, segundo a qual "o tempo de duração da medida de segurança não deve ultrapassar o limite máximo da pena abstratamente cominada ao delito praticado"; **E:** correta, pois em conformidade com o que estabelece o art. 2º, parágrafo único, II, da Lei 10.216/2001. ED

Gabarito "E"

(Magistratura/CE – 2014 – FCC) Na coação moral irresistível, há exclusão da

(A) antijuridicidade.

(B) culpabilidade, por inimputabilidade.

(C) culpabilidade, por não exigibilidade de conduta diversa.

(D) tipicidade.

(E) culpabilidade, por impossibilidade de conhecimento da ilicitude.

A coação moral irresistível (art. 22, CP) é causa de exclusão da culpabilidade, por inexigibilidade de conduta diversa do agente. Assim, nada obstante o agente pratique um fato típico e antijurídico, não será culpável em virtude de não se poder exigir dele, diante de situação de coação moral a que não poderia resistir, conduta diversa da praticada.

Gabarito "C"

(Magistratura/PE – 2013 – FCC) A coação moral irresistível e a obediência hierárquica excluem a

(A) culpabilidade.

(B) culpabilidade e a tipicidade, respectivamente.

(C) punibilidade e a ilicitude, respectivamente.

(D) tipicidade e a culpabilidade, respectivamente.

(E) tipicidade.

A: correta. De fato, tanto a coação moral irresistível, quanto a obediência hierárquica, institutos definidos no art. 22 do CP, são causas que excluem a culpabilidade do agente, tornando-o isento de pena. Em ambos os casos, inexistirá um dos requisitos de referido pressuposto de aplicação da pena, qual seja, a exigibilidade de conduta diversa. Saliente-se que, no tocante à coação moral irresistível, causa dirimente (excludente da culpabilidade), como visto, não se pode confundi-la com a coação *física* irresistível, esta considerada causa de exclusão da conduta, e, portanto, do próprio fato típico.

Gabarito "A"

(Defensor Público/PR – 2012 – FCC) Tomando por base duas normas penais não incriminadoras, verifica-se que na primeira o legislador afastou a punição do autor do fato delituoso que agira em determinada circunstância, utilizando a seguinte redação: *É isento de pena quem (...)*; já na segunda afastou a punição do fato tipificado praticado em determinadas circunstâncias, valendo-se da seguinte redação: *Não se pune o fato quando (...)*. Nestes casos, trata-se respectivamente das seguintes excludentes:

(A) tipicidade e culpabilidade.

(B) punibilidade e culpabilidade.

(C) punibilidade e punibilidade.

(D) culpabilidade e punibilidade.

(E) culpabilidade e ilicitude.

São exemplos de causas excludentes de culpabilidade: *inimputabilidade* (art. 26 do CP); *menoridade* (art. 27 do CP), *embriaguez completa decorrente de caso fortuito ou força maior* (art. 28, § 1º, do CP); *erro de proibição* (art. 21 do CP); e *coação moral irresistível* (art. 22 do CP). De outro lado, são causas que excluem a ilicitude (antijuridicidade), dentre outras: hipóteses de *aborto legal* (necessário e sentimental) – art. 128, I e II, do CP; *estado de necessidade* (art. 24 do CP); e *legítima defesa* (art. 25 do CP).

Gabarito "E"

12. PENAS E SEUS EFEITOS

(Juiz – TJ-SC – FCC – 2017) Sobre o trabalho externo do preso, é correto afirmar que:

(A) é possível na realização de serviços e obras públicas prestados por entidades privadas.

(B) só é possível em entidades públicas.

(C) a autorização será revogada com a prática de qualquer infração penal.

(D) somente poderá ser concedida após o cumprimento de 1/3 da pena.

(E) o limite máximo de presos será de 20% do total de empregados.

A (correta) e **B** (incorreta): segundo o art. 36 da LEP, o trabalho externo será admissível em serviço ou obras públicas realizadas por órgãos da Administração direta ou indireta, bem como em *entidades privadas*, desde que tomadas as cautelas contra a fuga e em favor da disciplina; **C:** incorreta. Em conformidade com o disposto no art. 37, parágrafo único, da LEP, não é o cometimento de qualquer infração penal que enseja a revogação do trabalho externo, mas tão somente a prática de fato definido como *crime*; além disso, também implicará a sua revogação: a punição por falta grave; e o fato de o apenado apresentar comportamento inadequado no trabalho para o qual foi designado; **D:** incorreta, na medida em que o art. 37, "caput", da LEP impõe ao condenado o cumprimento mínimo de 1/6 da pena, e não 1/3, tal como consta da assertiva; **E:** incorreta. Com o escopo de preservar a segurança, evitando-se, com isso, fugas, o legislador estabeleceu que o total de presos não poderá superar 10% do número de trabalhadores da obra (art. 36, §1º, da LEP). A assertiva, que está incorreta, fala em 20%. ED

Gabarito "A".

(Juiz – TJ/SC – FCC – 2017) Sobre a suspensão condicional da pena, é correto afirmar:

(A) Nos crimes previstos na Lei ambiental nº 9.605/98, a suspensão poderá ser aplicada em condenação a pena privativa de liberdade não superior a quatro anos.

(B) No primeiro ano do prazo, deverá o condenado cumprir uma das penas alternativas previstas no artigo 44 do Código Penal.

(C) A execução da pena privativa de liberdade, não superior a quatro anos, poderá ser suspensa, por quatro a seis anos, desde que o condenado seja maior de sessenta anos de idade.

(D) É causa de revogação obrigatória a condenação por crime doloso e culposo.

(E) É causa de revogação obrigatória a frustração da execução de pena de multa, embora solvente.

A: incorreta, uma vez que não corresponde ao teor do art. 16 da Lei 9.605/1998, que estabelece que, *nos crimes previstos nesta lei, a suspensão condicional da pena pode ser aplicada nos casos de condenação a pena privativa de liberdade não superior a 3 (três) anos*, e não a 4 (quatro), tal como consta da assertiva; **B:** incorreta, na medida em que, dentre as penas restritivas de direitos elencadas no art. 43 do CP, o condenado sujeitar-se-á, no primeiro ano da suspensão condicional da pena, tão somente à prestação de serviços à comunidade (art. 46, CP) e à limitação de fim de semana (art. 48). Não poderá submeter-se, portanto, às demais modalidades de penas restritivas de direitos. É o que estabelece o art. 78, §1º, do CP; **C:** incorreta, uma vez que o chamado *sursis* etário, que vem definido no art. 77, §2º, do CP, somente será concedido ao condenado que for maior de 70 anos (e não 60); **D:** incorreta. Embora seja correto afirmar-se que a condenação definitiva pela prática de crime doloso constitui hipótese de revogação obrigatória do *sursis* (art. 81, I, CP), tal não se dá com o beneficiário que é condenado, em definitivo, pelo cometimento de crime culposo. Neste último caso, a revogação do benefício será facultativa, tal como estabelece o art. 81, §1º, CP; **E:** correta, pois corresponde à regra prevista no art. 81, II, do CP. ED

Gabarito "E".

(Analista – TRE/SP – 2012 – FCC) Considere as seguintes situações hipotéticas de cidadãos processados pela Justiça Pública:

I. José, não reincidente, é condenado a cumprir pena de 04 anos de reclusão por crime de denunciação caluniosa e poderá iniciar o cumprimento da pena em regime aberto.

II. Paulo é condenado a cumprir pena de 02 anos de reclusão por crime de coação no curso do processo, e tem sua pena privativa de liberdade substituída por uma pena restritiva de direitos e por multa.

III. Murilo registra condenação anterior por crime de falso testemunho e está sendo processado por crime de peculato. Nesse caso, não poderá ter a sua pena privativa de liberdade substituída pela restritiva de direitos, por expressa vedação legal.

De acordo com o Código Penal, está correto o que consta APENAS em

(A) I.

(B) II.

(C) III.

(D) I e II.

(E) II e III.

I: correto, pois o réu primário, condenado a pena igual ou inferior a quatro anos, poderá iniciar o cumprimento da reprimenda no regime aberto (art. 33, § 2º, *c*, do CP); **II:** incorreto, pois não cabe, aqui, a substituição da pena privativa de liberdade por restritivas de direito porque a prática do crime em que incorreu Paulo (art. 344, do CP) pressupõe o emprego de violência ou grave ameaça (art. 44, I, do CP); **III:** incorreto, pois a substituição, neste caso, é, em regra, vedada (art. 44, II, do CP). Entretanto, poderá ela operar-se se estiverem presentes os requisitos a que alude o art. 44, § 3º, do CP, a saber: a substituição há de ser *socialmente recomendável* e o réu não pode ser reincidente na prática do mesmo crime (reincidência específica).

Gabarito "A".

(Magistratura/GO – 2015 – FCC) Quanto às penas privativas de liberdade, correto afirmar que, segundo entendimento dos Tribunais Superiores,

(A) a falta grave não interrompe o prazo para a progressão de regime.

(B) não impede a progressão de regime de execução de pena, fixada em sentença não transitada em julgado, o fato de o réu se encontrar em prisão especial.

(C) é admissível a fixação de pena substitutiva como condição especial ao regime aberto.

(D) a pena unificada para atender ao limite de 30 anos de cumprimento, determinado pelo art. 75 do Código Penal, não é considerada unicamente para a concessão de livramento condicional.

(E) é inadmissível a progressão de regime de cumprimento da pena ou aplicação imediata de regime menos severo nela determinada, antes do trânsito em julgado da sentença condenatória.

A: incorreta. A falta grave, segundo entendimento doutrinário e jurisprudencial, é causa de interrupção do prazo para a progressão de regime, haja vista que o mérito exigido pela lei ("bom comportamento carcerário" – art. 112 da LEP) estará prejudicado caso o agente pratique conduta caracterizadora de falta grave. Esse é o entendimento do STF (HC 102.652/RS, 6ª Turma, Informativo 391) e do STJ (REsp 1.364.192/RS, 3ª Seção, Informativo 546). Importante registrar, porém, que a contagem do novo período aquisitivo do requisito objetivo, qual seja, a quantidade de pena a ser cumprida, deverá iniciar-se da data do cometimento da última falta grave e incidir sobre o saldo remanescente da pena (ou seja, sobre a quantidade de pena restante), e não sobre a integralidade dela (STJ, HC 122.860/RS, 5ª Turma, Informativo 394); **B:** correta. Nos termos da Súmula 717 do STF, "não impede a progressão de regime de execução de pena, fixada em sentença não transitada em julgado, o fato de o réu se encontrar em prisão especial"; **C:** incorreta. Nos termos da Súmula 493 do STJ, "É inadmissível a fixação de pena substitutiva (artigo 44 do CP) como *condição especial* ao *regime aberto*"; **D:** incorreta. Nos termos da Súmula 715 do STF, a pena unificada para atender ao limite máximo de 30 anos, estabelecido no art. 75 do CP, não é considerada para a concessão de outros benefícios penais, tais como o livramento condicional e a progressão de regime prisional; **E:** incorreta. A assertiva trata da execução provisória, que é perfeitamente admissível, nos termos da Súmula 716 do STF, segundo a qual "admite-se a progressão de regime de cumprimento de pena ou a aplicação imediata de regime menos severo nela determinada, antes do trânsito em julgado da sentença condenatória". Inclusive, o CNJ, por meio da Resolução 19/2006, alterada pela Resolução 57/2008, regulamentou a execução provisória, determinando que a guia de recolhimento provisório será expedida quando da prolação da sentença ou acórdão condenatório, ressalvada a possibilidade de interposição de recurso com efeito suspensivo por parte do Ministério Público, devendo ser prontamente remetida ao Juízo da Execução Criminal.

Gabarito "B".

(Magistratura/RR – 2015 – FCC) A pena de multa

(A) prescreve em três anos, quando for a única cominada ou aplicada.

(B) pode substituir, ainda que isoladamente, a pena privativa de liberdade nos casos de violência doméstica e familiar contra a mulher.

(C) é fixada em salários mínimos, considerada a situação econômica do réu.

(D) pode substituir pena privativa de liberdade e ser aplicada em conjunto com restritiva de direitos, na condenação superior a 1 (um) ano, se presentes os requisitos legais.

(E) obsta a concessão do *sursis*, se a única aplicada em condenação anterior.

A: incorreta. Nos termos do art. 114, I, do CP, a prescrição da pena de multa ocorrerá em dois anos, quando for a única cominada ou aplicada; **B:** incorreta. Nos termos do art. 17 da Lei Maria da Penha (Lei 11.340/2006), é vedada a aplicação, nos casos de violência doméstica e familiar contra a mulher, de penas de cesta básica ou outras de prestação pecuniária, bem como a substituição de pena que implique o pagamento isolado de multa; **C:** incorreta. A pena de multa é calculada em dias-multa (art. 49 do CP), sendo que o valor unitário de cada dia-multa será fixado em um trigésimo do salário mínimo, não podendo ser superior a cinco vezes o valor do salário mínimo (art. 49, §1°, do CP). Aqui sim – no tocante ao valor do dia-multa – o juiz levará em conta, preponderantemente, a situação econômica do réu (art. 60 do CP); **D:** correta. De fato, nos termos do art. 44, § 2°, do CP, na condenação superior a 1 (um) ano, desde que preenchidos os demais requisitos legais, a pena de multa poderá substituir a pena privativa de liberdade, aplicada em conjunto com uma pena restritiva de direitos; **E:** incorreta. Nos termos do art. 77, § 1°, do CP, a condenação anterior a pena de multa não impede a concessão da suspensão condicional da pena (*sursis*).

Gabarito "D".

(Magistratura/RR – 2015 – FCC) Em matéria de penas privativas de liberdade, correto afirmar que

(A) possível a fixação do regime inicial fechado para o condenado a pena de detenção, se reincidente.

(B) o condenado por crime contra a Administração pública terá a progressão de regime do cumprimento de pena condicionada à reparação do dano que causou, ou à devolução do produto do ilícito praticado, com os acréscimos legais.

(C) a determinação do regime inicial de cumprimento da pena far-se-á com observância dos mesmos critérios previstos para a fixação da pena-base, mas nada impede a opção por regime mais gravoso do que o cabível em razão da pena imposta, se a gravidade abstrata do delito assim o justificar.

(D) inadmissível a adoção do regime inicial semiaberto para o condenado reincidente.

(E) os condenados por crimes hediondos ou assemelhados, independentemente da data em que praticado o delito, só poderão progredir de regime após o cumprimento de 2/5 (dois quintos) da pena, se primários, e de 3/5 (três quintos), se reincidentes.

A: incorreta. Da leitura do art. 33, *caput*, do CP, extrai-se ser impossível a fixação de regime inicial fechado para o cumprimento de pena de detenção. Apenas para os crimes punidos com reclusão será admissível a fixação de regime inicial fechado; **B:** correta, nos termos do art. 33, § 4°, do CP, que, de fato, condiciona a progressão de regime aos condenados por crimes contra a Administração Pública à reparação do dano causado, ou à devolução do produto do ilícito praticado, com os acréscimos legais; **C:** incorreta. Nada obstante a fixação do regime inicial de cumprimento de pena deva levar em consideração os critérios previstos no art. 59 do CP, que trata das circunstâncias judiciais, cuja observância é obrigatória para a estipulação da pena-base, a gravidade abstrata de um delito jamais poderá justificar a imposição de regime prisional mais gravoso do que a quantidade de pena permitir. Tal se extrai das Súmulas 718 e 719 do STF e Súmula 440 do STJ; **D:** incorreta. Nada obstante a reincidência seja fator a ser observado na escolha do regime inicial de cumprimento de pena (art. 33, § 2°, alíneas *b* e *c*, do CP), impondo, em tese, o regime mais gravoso possível para a espécie de pena privativa de liberdade, é certo que o STJ relativizou tal critério na Súmula 269, segundo a qual será possível a adoção de regime semiaberto ao condenado reincidente, desde que a pena privativa de liberdade não seja superior a quatro anos, e desde que favoráveis as circunstâncias judiciais do art. 59 do CP; **E:** incorreta. Nos termos da Súmula 471 do STJ, os condenados por crimes hediondos ou assemelhados cometidos antes da vigência da Lei 11.464/2007 sujeitam-se ao disposto no art. 112 da Lei 7.210/1984 (Lei de Execução Penal) para a progressão de regime prisional. Assim, para quem houver praticado crimes hediondos ou equiparados antes do advento da Lei 11.464/2007, que alterou a Lei 8.072/1990 para exigir o cumprimento de dois quintos ou três quintos da pena, a depender da primariedade ou reincidência do réu, para a progressão de regime prisional, aplicar-se-á o disposto no art. 112 da LEP, ou seja, o cumprimento de um sexto da pena. Em suma: a) condenação por crime hediondo ou assemelhado cometido antes da Lei 11.464/2007 exigirá o cumprimento de um sexto da pena para a progressão de regime; b) condenação por crime hediondo ou assemelhado cometido após a Lei 11.464/2007 exigirá o cumprimento de dois quintos ou três quintos da pena para a progressão de regime.

Gabarito "B".

(Magistratura/SC – 2015 – FCC) O critério judicial legalmente estabelecido para a fixação da pena pecuniária, na Parte Geral do Código Penal, vincula o juiz à observância, preponderantemente quanto

(A) aos danos sociais provocados pelo crime.

(B) à situação econômica do réu.

(C) à culpabilidade, aos antecedentes, à conduta social, à personalidade do agente e aos motivos, às circunstâncias e consequências do crime.

(D) à culpabilidade, aos antecedentes, à conduta social, à personalidade do agente e ao prejuízo sofrido pela vítima.

(E) às consequências do crime para a vítima.

De fato, nos termos do art. 60, *caput*, do CP, o juiz deverá atender, na fixação da pena de multa, principalmente, à situação econômica do réu, razão por que a alternativa B é a única correta, estando em descompasso as demais assertivas com aquilo que preconiza o referido dispositivo legal.

Gabarito "B".

(Magistratura/CE – 2014 – FCC) No tocante às penas restritivas de direitos,

(A) há conversão em privativa de liberdade quando ocorrer o descumprimento injustificado da restrição imposta, sem dedução do tempo cumprido da sanção substitutiva.

(B) é possível a imposição de interdição temporária de direitos consistente em proibição de inscrever-se em concurso, avaliação ou exame públicos.

(C) é admissível a fixação de pena substitutiva como condição especial ao regime aberto, conforme entendimento sumulado do Superior Tribunal de Justiça.

(D) é obrigatória a conversão, se sobrevier condenação à pena privativa de liberdade.

(E) a perda de bens e valores pertencentes ao condenado dar-se-á, preferencialmente, em favor da vítima ou de seus sucessores.

A: incorreta. Nada obstante o descumprimento injustificado da restrição imposta seja causa de conversão (ou reconversão) da pena restritiva de direitos em privativa de liberdade, é certo que o tempo cumprido de referida espécie de pena alternativa será deduzido no *quantum* de pena de prisão restante (art. 44, § 4º, CP); **B:** correta. Trata-se de pena restritiva de direitos incluída no CP (art. 47, V) pela Lei 12.550/2011. Será cabível quando o agente cometer o crime descrito no art. 311-A do CP (fraudes em certames de interesse público); **C:** incorreta. Nos termos da Súmula 493 do STJ, "é inadmissível a fixação de pena substitutiva (artigo 44 do CP) como condição especial ao regime aberto". Trata-se da consolidação da jurisprudência daquela Corte no sentido de que não é dado ao magistrado, com base no art. 115 da LEP ("o juiz poderá estabelecer condições especiais para a concessão de regime aberto"), fixar, no curso da execução de uma pena privativa de liberdade, uma "condição especial" que se caracterize, autonomamente, como pena restritiva de direitos, sob pena de se caracterizar *bis in idem*. Com base nesse entendimento é que o STJ editou a sobredita súmula; **D:** incorreta. Nos termos do art. 44, § 5º, do CP, sobrevindo condenação a pena privativa de liberdade, por outro crime, o juiz da execução penal decidirá sobre a conversão, podendo deixar de aplicá-la se for possível ao condenado cumprir a pena substitutiva anterior; **E:** incorreta. Nos moldes gizados pelo art. 45, § 3º, do CP, a perda de bens e valores pertencentes aos condenados dar-se-á, ressalvada a legislação especial, em favor do Fundo Penitenciário Nacional, e seu valor terá como teto – o que for maior – o montante do prejuízo causado ou do provento obtido pelo agente ou por terceiro, em consequencia da prática do crime. Não se confunde com a prestação pecuniária, espécie de pena restritiva de direitos consistente no pagamento em dinheiro à vítima, a seus dependentes ou a entidade pública ou privada com destinação social, de importância fixada pelo juiz, não inferior a 1 (um) salário mínimo nem superior a 360 (trezentos e sessenta) salários mínimos (art. 45, § 1º, CP).

Gabarito "B"

13. APLICAÇÃO DA PENA

(Defensor Público – DPE/ES – 2016 – FCC) Quanto às causas de aumento da pena, é correto afirmar que

(A) pode o juiz limitar-se a um só aumento, se houver concurso de causas previstas na parte geral do Código Penal.

(B) o respectivo acréscimo sempre pode ser integralmente compensado por igual redutor de eventual causa de diminuição, pois ausente prejuízo para o réu.

(C) deve prevalecer o acréscimo pela continuidade, ainda que se verifique concurso formal entre dois dos crimes integrantes da série continuada, segundo entendimento doutrinário e jurisprudencial.

(D) devem ser calculadas pelas circunstâncias da própria causa de aumento ou pelas circunstâncias do crime, se previstas em limites ou quantidades variáveis.

(E) a lei penal mais grave aplica-se ao crime continuado ou ao crime permanente, se a sua vigência é posterior à cessação da continuidade ou da permanência.

A: incorreta. É que, em se tratando de causas de aumento previstas na Parte Geral do CP, deverá o juiz aplicar todas, ou seja, não se admite compensação entre elas; a regra prevista no art. 68, parágrafo único, do CP, segundo a qual o juiz aplicará só um aumento, refere-se às causas contidas na Parte Especial do CP; **B:** incorreta, já que a compensação não tem lugar quando se trata de causas previstas na Parte Geral do CP; **C:** correta. No STJ: "1. Segundo orientação deste Superior Tribunal de Justiça, quando configurada a concorrência de concurso formal e crime continuado, aplica-se somente um aumento de pena, o relativo à continuidade delitiva. Precedentes. 2. Ocorre *bis in idem* quando há majoração da reprimenda primeiramente em razão do concurso formal, haja vista o cometimento de um delito roubo contra vítimas diferentes num mesmo contexto fático, e, em seguida, em função do reconhecimento do crime continuado em relação aos outros crimes praticados em situação semelhante de tempo e modo de execução. 3. *Habeas corpus* não conhecido. Ordem concedida de ofício apenas para afastar a exasperação imposta pelo reconhecimento do concurso formal, reduzindo-se a reprimenda para 6 (seis) anos e 8 (oito) meses de reclusão" (HC 162.987/DF, Rel. Ministro Jorge Mussi, Quinta Turma, julgado em 01.10.2013, *DJe* 08.10.2013); **D:** incorreta. É tranquilo o entendimento segundo o qual, se previstas em limites ou quantidades variáveis, as causas de aumento da pena devem ser calculadas pelas circunstâncias da própria causa, e não pelas circunstâncias do crime; **E:** incorreta, uma vez que contraria o entendimento firmado na Súmula 711 do STF: "A lei penal mais grave aplica-se ao crime continuado ou ao crime permanente, se a sua vigência é anterior à cessação da continuidade ou da permanência". ED

Gabarito "C"

(Defensor Público – DPE/BA – 2016 – FCC) Sobre os efeitos da condenação,

(A) quando for aplicada pena privativa de liberdade por tempo superior a 4 anos é automática a perda de cargo, função pública ou mandato eletivo.

(B) a obrigação de indenizar o dano causado pelo crime é efeito automático da sentença penal condenatória.

(C) o perdão tácito do ofendido não é admissível no direito penal brasileiro.

(D) o perdão judicial exclui os efeitos da condenação, salvo a reincidência.

(E) a estigmatização do condenado é um efeito declarado da sentença penal condenatória.

A: incorreta. No que toca à perda do cargo, função pública ou mandato eletivo como efeito secundário de natureza extrapenal da condenação, há duas situações a considerar: se a pena privativa de liberdade aplicada for superior a quatro anos, é de rigor a perda do cargo, função ou mandato eletivo, pouco importando, neste caso, se a conduta do funcionário foi praticada com abuso de poder ou com violação de dever inerente à função pública (art. 92, I, "b", do CP). É o caso desta assertiva; agora, se a pena privativa de liberdade aplicada for inferior a quatro, a perda do cargo, função pública ou mandato eletivo do agente somente se dará se este houver agido, na prática criminosa, com abuso de poder ou violação de deveres para com a Administração Pública (art. 92, I, "a", do CP). Nas duas hipóteses, cuida-se de efeito não automático da condenação, exigindo, portanto, declaração motivada na sentença (art. 92, parágrafo único, do CP); **B:** correta. Cuida-se, de fato, de efeito automático da sentença penal condenatória (art. 91, I, do CP); **C:** incorreta. O perdão do ofendido, instituto exclusivo da ação penal de iniciativa privada, pode ser expresso ou *tácito* (art. 106, CP); **D:** incorreta, pois contraria o que estabelece o art. 120 do CP. No mesmo sentido a Súmula 18, do STJ; **E:** incorreta. Não há, na sentença penal condenatória, declaração do efeito consistente na estigmatização do condenado.

Gabarito "B"

(Defensor Público – DPE/BA – 2016 – FCC) Sobre a reincidência, é correto afirmar que

(A) não prevalece a condenação anterior, se entre a data do cumprimento ou extinção da pena e a infração posterior tiver decorrido período de tempo superior a 5 anos, computado o período de prova do livramento condicional ou do regime aberto.

(B) por violar o direito penal do autor e o princípio do *ne bis in idem*, os Tribunais Superiores reconheceram a não recepção da reincidência pela Constituição de 1988.

(C) a reincidência em contravenção dolosa impede a substituição da pena de prisão simples por restritiva de direitos.

(D) por não ser permitida a aplicação da pena de prisão ao crime de posse de drogas para uso pessoal, a reincidência não exerce influência na aplicação da pena por este crime.

(E) a reincidência em crime culposo não impede a suspensão condicional da pena.

A: incorreta, uma vez que não corresponde ao teor do art. 64, I, parte final, do CP; **B:** incorreta. O Plenário do STF reconheceu, por unanimidade, a constitucionalidade da aplicação da reincidência como circunstância agravante, não havendo que se falar em violação ao direito penal do autor e ao princípio do *ne bis in idem*. Conferir: "Surge harmônico com a Constituição Federal o inciso I do artigo 61 do Código Penal, no que prevê, como agravante, a reincidência" (RE 453000, Relator(a): Min. Marco Aurélio, Tribunal Pleno, julgado em 04.04.2013); **C:** incorreta. Não há esta vedação; **D:** incorreta, já que o art. 28, § 4º, da Lei 11.343/2006 estabelece que, sendo o réu reincidente, as penas previstas nos incisos II e III poderão ser aplicadas por tempo superior (por até 10 meses); **E:** correta, nos termos do art. 77, I, do CP.

Gabarito "E"

(Defensor Público – DPE/BA – 2016 – FCC) Sobre a determinação do regime inicial de cumprimento de pena, é correto afirmar que

(A) a pena de detenção deve ser cumprida em regime aberto ou semiaberto, salvo caso de reincidência.

(B) segundo a jurisprudência dominante do STJ, a reincidência impede o cumprimento de pena em regime semiaberto, independentemente da quantidade de pena e das circunstâncias judiciais.

(C) em caso de condenação por crime de extorsão mediante sequestro consumado, é possível a aplicação do regime semiaberto.

(D) por ser cometido com violência ou grave ameaça contra a pessoa, a condenação por roubo consumado impede a aplicação do regime aberto.

(E) em virtude do princípio da individualização da pena, a primeira fase de aplicação da pena não pode influenciar na determinação do regime.

A: incorreta, uma vez que não corresponde ao teor do art. 33, *caput*, do CP, segundo o qual a pena de detenção será cumprida em regime aberto ou semiaberto, salvo necessidade de transferência ao regime fechado (e não em caso de reincidência); **B:** incorreta, pois contraria o entendimento firmado na Súmula 269 do STJ: "É admissível a adoção do regime prisional semiaberto aos reincidentes condenados a pena igual ou inferior a quatro anos se favoráveis as circunstâncias judiciais"; **C:** correta. De fato, se a pena aplicada for de 8 anos (mínima prevista para o crime), é possível, sim, que o agente inicie o cumprimento de sua pena no regime semiaberto. Mesmo porque, como bem sabemos, o art. 2º, § 1º, da Lei 8.072/1990 (Crimes Hediondos), que estabelece o regime inicial fechado aos condenados por crimes hediondos e equiparados, foi declarado pelo STF, no julgamento do HC 111.840, inconstitucional, não havendo mais, portanto, a obrigatoriedade de fixar-se o regime inicial fechado nos crimes hediondos, como é o caso da extorsão mediante sequestro (art. 1º, IV, da Lei 8.072/1990); **D:** incorreta. O emprego de violência ou grave ameaça contra a pessoa não constitui critério para determinar o regime inicial de cumprimento da pena. No caso do roubo, se a pena aplicada for a mínima prevista (4 anos), é possível que o condenado dê início ao cumprimento da pena no regime aberto, nos termos do que estabelece o art. 33, § 2º, *c*, do CP; **E:** incorreta, pois não corresponde ao que estabelece o art. 59, III, do CP.

Gabarito "C"

(Analista – TRE/PR – 2012 – FCC) Tício amarrou dois inimigos juntos num poste e os matou com um único disparo. Nesse caso, houve

(A) crime continuado, aplicando-se a pena de um dos crimes aumentada de dois terços até o dobro.

(B) crime continuado, aplicando-se as penas de um dos crimes aumentada de um sexto a dois terços.

(C) concurso formal próprio, aplicando-se as penas de um dos crimes, aumentada de um sexto até a metade.

(D) concurso formal impróprio e as penas aplicam-se cumulativamente.

(E) concurso formal próprio, aplicando-se as penas de um dos crimes aumentada até o triplo.

Pelo que é afirmado no enunciado, Tício agiu com o propósito de matar seus dois inimigos (pluralidade de desígnios). Como os resultados advieram de uma única conduta por ele levada a efeito (um único disparo de arma de fogo), tem-se que está configurada hipótese de *concurso formal impróprio* (ou imperfeito), razão pela qual as penas serão aplicadas cumulativamente. É o que estabelece o art. 70, *caput*, 2.ª parte, do CP.

Gabarito "D"

(Magistratura/GO – 2015 – FCC) Por disposição legal, a culpabilidade, os antecedentes, a conduta social e a personalidade do agente, bem como os motivos e as circunstâncias do crime, devem servir de parâmetro para o cálculo de

(A) diminuição da pena pelo arrependimento posterior.

(B) aumento da pena pelo crime continuado comum.

(C) aumento da pena pelo concurso formal próprio.

(D) diminuição da pena por semi-imputabilidade.

(E) aumento da pena pelo crime continuado específico.

A: incorreta. Para o cálculo da diminuição da pena pelo arrependimento posterior (art. 16, CP), que varia de um a dois terços, a doutrina se posiciona no sentido de que "quanto mais rápida e mais verdadeira, maior será a reparação" (Cleber Masson, Código Penal Comentado, edição 2014, p. 121, Ed. Método). Assim, diz-se que os parâmetros para a diminuição de pena pelo arrependimento posterior são a celeridade e voluntariedade da reparação do dano ou restituição da coisa; **B:** incorreta. O aumento da pena pelo crime continuado comum (art. 71, *caput*, do CP), variável de um sexto a dois terços, decorre exclusivamente da quantidade de crimes praticados pelo agente. Assim, se praticados dois crimes, a pena será aumentada em um sexto; três crimes, em um quinto; quatro crimes, em um quarto; cinco crimes, em um terço; seis crimes, em metade; sete ou mais crimes, o máximo de dois terços. Esse é o entendimento da jurisprudência (STF, HC 99.245/RJ, conforme noticiado no Informativo 639; STJ, AgRg nos EDcl no AResp 267.637, 6ª Turma, j. 13.08.2013); **C:** incorreta. No concurso formal próprio (ou perfeito), que se caracteriza pelo fato de o agente praticar dois ou mais crimes, idênticos ou não, com unidade de desígnios, o aumento da pena, variável de um sexto até a metade, leva em consideração o número de crimes cometidos pelo agente (STJ, HC 284.951/MG, 5ª Turma, j. 08.04.2014); **D:** incorreta. Reconhecida a semi-imputabilidade do agente (também chamada de imputabilidade reduzida ou restrita), nos termos do art. 26, parágrafo único, do CP, sua pena será reduzida de um a dois terços. De acordo com o STJ, "a diminuição da pena, nessa situação, deve ser avaliada de acordo com o grau de deficiência intelectiva do réu, vale dizer, de sua capacidade de autodeterminação" (HC 167.376/SP, 5ª Turma, j. 23.09.2014, Informativo 547); **E:** correta. De fato, nos termos do art. 71, parágrafo único, do CP, que trata do denominado "crime continuado específico", nos crimes dolosos, contra vítimas diferentes, cometidos com violência ou grave ameaça à pessoa, aplica-se a pena de qualquer dos crimes, se idênticas, ou a mais grave, se diversas, aumentada até o triplo. Para tanto, o juiz observará a culpabilidade, os antecedentes, a conduta social e a personalidade do agente, bem como os motivos e as circunstâncias dos crimes.

Gabarito "E".

(Magistratura/RR – 2015 – FCC) No concurso formal,

(A) aplica-se a mais grave das penas cabíveis ou, se iguais, somente uma delas, mas aumentada, em qualquer caso, de um sexto até a metade, ainda que os crimes concorrentes resultem de desígnios autônomos.

(B) a pena poderá exceder a que seria cabível pela regra do concurso material.

(C) o agente, mediante uma só ação ou omissão, desde que necessariamente dolosa, pratica dois ou mais crimes.

(D) a pena de multa deverá receber o mesmo acréscimo imposto à pena privativa de liberdade.

(E) aplicável a suspensão condicional do processo, segundo entendimento sumulado, quando a pena mínima cominada, seja pelo somatório, seja pela incidência da majorante, não ultrapassar o limite de 1 (um) ano.

A: incorreta. No concurso formal denominado de perfeito ou próprio (art. 70, *caput*, 1ª parte, do CP), a pena será aumentada de um sexto até a metade quando os diversos crimes praticados pelo agente decorrerem de um só desígnio delituoso. Aqui, o CP adotou o sistema da exasperação. Já se o agente atuar com desígnios autônomos (ou pluralidade de desígnios), estaremos diante do concurso formal imperfeito ou impróprio, que, nos termos do art. 70, *caput*, 2ª parte, do CP, adota o sistema do cúmulo material, ou seja, as penas serão somadas; **B:** incorreta. Nos termos do art. 70, parágrafo único, do CP, a pena não poderá exceder a que seria cabível pela regra do concurso material. Assim, quando o sistema da exasperação afigurar-se prejudicial ao agente, deverá ser adotado o do cúmulo material, razão por que tal situação é denominada de cúmulo material benéfico; **C:** incorreta. O concurso formal poderá ocorrer mediante a prática de crimes dolosos ou culposos, não havendo qualquer distinção na lei acerca do elemento subjetivo do crime (art. 70 do CP); **D:** incorreta. Em caso de concurso de crimes, a pena de multa será aplicada distinta e integralmente (art. 72 do CP), aplicando-se, portanto, o sistema do cúmulo material; **E:** correta. Nos termos da Súmula 243 do STJ, "o benefício da suspensão condicional do processo não é aplicável em relação às infrações penais cometidas em concurso material, concurso formal ou continuidade delitiva, quando a pena mínima cominada, seja pelo somatório, seja pela incidência da majorante, ultrapassar o limite de 01 ano". No mesmo sentido o STF, que, na Súmula 723 dispõe que "não se admite a suspensão condicional do processo por crime continuado, se a soma da pena mínima da infração mais grave com o aumento mínimo de 1/6 for superior a um ano".

Gabarito "E".

(Magistratura/RR – 2015 – FCC) No concurso de causas de aumento ou de diminuição,

(A) o juiz pode limitar-se a um só aumento ou a uma só diminuição, prevalecendo, todavia, a causa que menos aumente ou diminua.

(B) todas devem ser aplicadas, se previstas na parte geral do Código Penal.

(C) o juiz pode limitar-se a um só aumento ou a uma só diminuição, independentemente de a causa ser prevista na parte especial ou geral do Código Penal.

(D) a pena deve aproximar-se do limite indicado pelas circunstâncias preponderantes, entendendo-se como tais as que resultam dos motivos determinantes do crime, da personalidade e da reincidência.

(E) o juiz pode limitar-se a um só aumento ou a uma só diminuição, prevalecendo, todavia, a causa que menos aumenta e mais diminua.

A: incorreta. Nos termos do art. 68, parágrafo único, do CP, no concurso de causas de aumento ou de diminuição previstas na parte especial, o juiz pode limitar-se a um só aumento ou a uma só diminuição, prevalecendo, todavia, a causa que mais aumente ou diminua; **B:** correta. Da leitura do art. 68, parágrafo único, do CP, haverá a aplicação de apenas uma das causas de aumento ou de diminuição de pena quando previstas na parte especial. Conclui-se, daí, que, se previstas na parte geral, todas devem ser aplicadas, desde que obrigatórias; **C:** incorreta. Como visto, o juiz pode limitar-se a um só aumento ou diminuição se as causas majorantes ou minorantes estiverem previstas na parte especial do CP; **D:** incorreta. O conteúdo da assertiva diz respeito ao concurso de circunstâncias atenuantes e agravantes (art. 67 do CP), e não de causas de diminuição e aumento de pena; **E:** incorreta. O art. 68, parágrafo único, do CP, deixa claro que havendo o concurso de causas de aumento ou de diminuição de pena, desde que previstas na parte especial, o juiz poderá limitar-se a um só aumento ou diminuição, aplicando a causa que mais aumento ou a que mais diminua.

Gabarito "B".

(Magistratura/SC – 2015 – FCC) Na hipótese de concurso de pessoas instantâneo, entre um adulto e um adolescente, para a prática de roubo, sem que o adulto esteja animado por desígnio autônomo para corromper especificamente o adolescente para a prática do roubo, estabelece-se entre os delitos de roubo e corrupção de menores a seguinte modalidade de concurso de crimes:

(A) Não há concurso de crimes entre os delitos de roubo e corrupção de menores.

(B) Concurso formal impróprio.

(C) Concurso formal.

(D) Concurso material.

(E) Crime continuado.

De acordo com o enunciado, que sugere a inexistência de prévio ajuste entre o adulto e o adolescente (muito embora o prévio ajuste seja desnecessário para a caracterização do concurso de pessoas), se aquele e este praticarem um roubo, haverá, para o imputável, a atribuição daquele crime patrimonial, em concurso formal com corrupção de menores (art. 244-B do ECA). É que o adulto, mediante uma só ação, no mesmo contexto fático, praticou dois crimes (roubo e corrupção de menores). A proposição trazida na questão foi clara: o adulto não tinha o desígnio autônomo de corromper o adolescente para a prática do roubo. Portanto, não se pode cogitar de concurso formal impróprio (que exige pluralidade de desígnios – art. 70, *caput*, segunda parte, do CP), nem de concurso material (que pressupõe pluralidade de ações ou omissões – art. 69 do CP) ou crime continuado (que também pressupõe que o agente, mediante mais de uma ação ou omissão, pratique dois ou mais crimes, e desde que da mesma espécie, o que não é o caso dos delitos de roubo e corrupção de menores). Assim, correta apenas a alternativa C.

Gabarito "C"

(Magistratura/SC – 2015 – FCC) Sobre a utilização de inquéritos policiais ou as ações penais em curso como fundamento para aumentar a pena, é correto afirmar:

(A) É cabível na segunda fase e terceira fase de individualização da pena, mas não pode intervir sobre a fixação da pena-base.

(B) Embora não esteja expressamente prevista como circunstância agravante, pode ser considerada agravante genérica com especial permissão de emprego no processo individualizador da pena.

(C) Integra espectro compreendido no chamado princípio do livre convencimento do juiz que pode utilizá-la como causa geral de aumento de pena.

(D) É considerada circunstância agravante expressamente prevista no art. 61 do Código Penal.

(E) Não é reconhecida pela jurisprudência do Superior Tribunal de Justiça que editou, inclusive, súmula sobre o tema.

Nos termos da Súmula 444 do STJ, é vedada a utilização de inquéritos policiais e ações penais em curso para agravar a pena-base. Assim, referido verbete foi editado em homenagem ao princípio constitucional da não culpabilidade ou do estado de inocência, razão por que inquéritos ou ações penais em trâmite não poderão ser utilizados como circunstância judicial desfavorável na primeira fase da dosimetria da pena, nem como circunstância agravante (inclusive pela falta de previsão nos arts. 61 e 62 do CP). Correta, portanto, a alternativa E.

Gabarito "E"

(Magistratura/PE – 2013 – FCC) Na aplicação da pena,

(A) a incidência de circunstância atenuante pode conduzir à redução da pena abaixo do mínimo legal, segundo entendimento do Superior Tribunal de Justiça.

(B) não se impõe o acréscimo decorrente do concurso formal perfeito à pena de multa.

(C) o tempo de cumprimento das penas privativas de liberdade não pode ser superior a trinta anos, limite que deve ser considerado para efeito de concessão de livramento condicional, conforme entendimento sumulado do Supremo Tribunal Federal.

(D) considera-se circunstância agravante o fato de o crime ser praticado contra pessoa maior de setenta anos.

(E) não prevalece a condenação anterior, para efeito de reconhecimento de reincidência, se entre a data do cumprimento ou extinção da pena e a infração posterior tiver decorrido período de tempo superior a cinco anos, descontado o período de prova da suspensão.

A: incorreta, pois, nos termos da Súmula 231 do STJ, *a incidência da circunstância atenuante não pode conduzir à redução da pena abaixo do mínimo legal*; **B:** correta, pois a multa será aplicada distinta e integralmente em caso de concurso de crimes, nos moldes preconizados pelo art. 72 do CP. Em outras palavras, as penas de multa, para cada um dos crimes, serão somadas; **C:** incorreta, pois, a despeito do quanto disposto no art. 75, *caput*, do CP (o tempo de cumprimento das penas privativas de liberdade não pode ser superior a trinta anos), o fato é que referido lapso temporal diz respeito ao efetivo cumprimento delas, e não à sua aplicação. Quer-se com isso dizer ser perfeitamente possível a condenação de um agente às penas de 50 (cinquenta), 60 (sessenta) ou 100 (cem) anos, por exemplo, em decorrência do concurso de crimes. Todavia, nesses casos (quando a quantidade de pena superar trinta anos), será necessária a unificação das penas, nos termos do art. 75, § 1º, do CP, o que, porém, não se aplicará para benefícios como o livramento condicional, a remição ou progressão de regime. É o que se extrai da Súmula 715 do STF: "A pena unificada para atender ao limite de trinta anos de cumprimento, determinado pelo art. 75 do Código Penal, não é considerada para a concessão de outros benefícios, como o livramento condicional ou o regime mais favorável de execução"; **D:** incorreta, pois é circunstância agravante o fato de o crime ser praticado contra pessoa maior de 60 (sessenta) anos, nos termos do art. 61, II, "h", do CP; **E:** incorreta, pois, nos termos do art. 64, I, do CP, não prevalece a condenação anterior, se entre a data do cumprimento ou extinção da pena e a infração posterior tiver decorrido período de tempo superior a 5 (cinco) anos, *computado* (e não *descontado*, como quer a alternativa!) o período de prova da suspensão ou do livramento condicional, se não ocorrer revogação.

Gabarito "B"

(Magistratura/CE – 2014 – FCC) Na aplicação das penas,

(A) é aceito pela jurisprudência que, incidindo duas qualificadoras, uma sirva de circunstância agravante, se assim prevista.

(B) a diminuição pela atenuante da confissão espontânea deve incidir depois do acréscimo pelo concurso formal.

(C) pode o juiz limitar-se a um só aumento ou a uma só diminuição no caso de concurso de causas de aumento ou de diminuição previstas na parte geral do Código Penal, sempre prevalecendo a que mais diminua.

(D) o acréscimo pelo concurso formal não pode conduzir a pena superior à que seria cabível pela regra do concurso material, diversamente do que se verifica em relação ao crime continuado.

(E) é possível o estabelecimento de regime prisional mais gravoso do que o cabível em razão da sanção imposta, ainda que fixada a pena-base no mínimo legal, ante a gravidade abstrata do delito, segundo entendimento sumulado do Superior Tribunal de Justiça.

A: correta. De fato, a jurisprudência vem admitindo que, havendo pluralidade de qualificadoras, apenas uma servirá como fundamento para deslocar a pena a novos patamares, sendo que as demais incidirão como circunstâncias agravantes, desde que haja correspondência na lei, ou, em caso negativo, com circunstância judicial do art. 59 do CP. Nesse sentido: STJ, HC 173727/RJ, Rel. Min. Laurita Vaz, 5ª Turma, *DJe* 04.04.2011; **B:** incorreta. Nos termos do art. 68, *caput*, do CP, há uma sequência a ser observada para a incidência das causas modificadoras da pena. Na primeira fase, é sabido que incidem as circunstâncias judiciais (art. 59, CP). Na segunda etapa do sistema trifásico, serão observadas, nesta ordem, as circunstâncias atenuantes e agravantes e, finalmente (terceira fase), as causas de diminuição e aumento de pena. Perceba que, primeiramente, a pena será atenuada para, somente então, sofrer a incidência da(s) agravante(s). O mesmo se pode dizer no tocante às causas de diminuição e aumento de pena. Portanto, havendo a atenuante da confissão espontânea (art. 65, III, "d", CP) e, também, o acréscimo pelo concurso formal (art. 70, CP), primeiramente incidirá aquela – que será considerada na segunda fase da dosimetria da pena -, para, somente então, incidir este último – considerado causa de aumento de pena (terceira fase da fixação da reprimenda); **C:** incorreta. Nos termos do art. 68, parágrafo único, do CP, no concurso de causas de aumento ou de diminuição previstas na parte especial, pode o juiz limitar-se a um só aumento ou a uma só diminuição, prevalecendo, todavia, a causa que mais aumente ou diminua (e não somente a que mais diminua, tal como consta na assertiva); **D:** incorreta. Tanto em caso de concurso formal (art. 70, parágrafo único, CP) quanto de continuidade delitiva (art. 71, parágrafo único, parte final, CP), se a exasperação da pena superar a soma das penas de cada um dos delitos, levar-se-á em consideração a regra do cúmulo material (art. 69, CP). É o que se chama de *cúmulo material benéfico*; **E:** incorreta. Nos termos da Súmula 440 do STJ, fixada a pena-base no mínimo legal, é vedado o estabelecimento de regime prisional mais gravoso do que o cabível em razão da sanção imposta, com base apenas na gravidade abstrata do delito.

Gabarito "A".

(Defensor Público/SP – 2012 – FCC) Considere as assertivas abaixo.

I. O sistema pátrio de dosimetria das penas adotou o sistema bifásico.

II. O enquadramento da conduta em circunstância qualificadora precede a primeira fase, ao passo que as causas especiais de aumento de pena são computadas na última fase da dosimetria.

III. Segundo recente jurisprudência do Supremo Tribunal Federal, admite-se a fixação da pena abaixo do mínimo legal por força de circunstâncias atenuantes genéricas.

IV. Não apontadas circunstâncias judiciais desfavoráveis ao ensejo da aplicação do artigo 59 do Código Penal, não é admitida a alegação de gravidade do crime para se fixar regime prisional mais rigoroso do que o estabelecido para o tempo de pena imposta.

V. Recente alteração legislativa inovou ao permitir o agravamento da pena por maus antecedentes em razão de ação penal em curso, desde que haja decisão condenatória proferida por órgão colegiado.

Está correto APENAS o que se afirma em

(A) IV.
(B) V.
(C) II e IV.
(D) I, III e IV.
(E) II, IV e V.

I: incorreta, posto que o sistema adotado pelo Código Penal, no *caput* do art. 68, é o *trifásico* (e não o bifásico), em que o magistrado, num primeiro momento, valendo-se dos critérios estabelecidos no art. 59 do CP, fixará a pena-base; em seguida, já na segunda etapa, considerará as circunstâncias atenuantes e agravantes e, ao final, na última fase, passará à análise das causas de diminuição e de aumento; **II:** correta. O juiz percorrerá os três estágios de fixação da pena com base naquela estabelecida no preceito secundário do tipo penal incriminador. Assim, sendo o crime qualificado (o preceito secundário estabelece faixa diferenciada para a fixação da pena), o magistrado buscará a pena-base a partir da pena estabelecida no tipo qualificado. Também é verdade que as causas de aumento, sendo genéricas ou específicas, deverão ser mensuradas na terceira e última etapa de fixação da pena; **III:** incorreta, dado que, segundo orientação jurisprudencial atualmente em vigor, consubstanciada na Súmula n. 231 do STJ, não se admite que a consideração das circunstâncias atenuantes leve a pena abaixo do mínimo legal. Bem por isso, se o magistrado, no primeiro estágio do sistema trifásico, estabelecer a pena-base no mínimo legal, não poderá, na segunda fase, ao levar em conta circunstância atenuante, reduzir a pena aquém do mínimo cominado. Tal somente poderá ocorrer na terceira etapa de fixação da pena, quando então o juiz levará em conta as causas de diminuição de pena; **IV:** correta, visto que reflete o entendimento sufragado na Súmula n. 718 do STF; **V:** incorreta, pois contraria o entendimento firmado na Súmula n. 444 do STJ, atualmente em vigor.

Gabarito "C".

(Defensor Público/SP – 2012 – FCC) Em relação ao concurso de crimes ou infrações, é INCORRETO afirmar:

(A) O agente que investe com seu veículo automotor dolosamente em direção a um desafeto atingindo-o, mas acaba por lesionar culposamente também um terceiro, incorre em hipótese de concurso formal imperfeito ou impróprio.

(B) As eventuais penas de multa serão aplicadas distinta e integralmente, não observando o mesmo critério aplicado para a pena privativa de liberdade.

(C) Com o advento da Lei n. 12.015/2009, que alterou o título relativo aos crimes contra a dignidade sexual, se acentuou a possibilidade de revisão das condenações pela prática de estupro e atentado violento ao pudor praticados em condições semelhantes de tempo, lugar ou maneira de execução, em que houve aplicação do cúmulo material.

(D) Se a aplicação do critério do concurso formal redundar em pena superior àquela que seria aplicável na hipótese de reconhecimento do concurso material, as penas relativas aos crimes devem ser somadas.

(E) Diz-se que a unicidade de condutas no caso de crime continuado é ficção jurídica inspirada em motivos de política criminal, uma vez que se reveste de culpabilidade menos acentuada, em razão da repetição da conduta que arrefeceria a consciência do ilícito.

A: incorreta, devendo ser assinalada. Nos termos do art. 70 do CP, o concurso formal poderá ser *próprio* (perfeito) ou *impróprio* (imperfeito). No primeiro caso (primeira parte do *caput*), temos que o agente, por meio de uma única ação ou omissão (um só comportamento), pratica dois ou mais crimes, idênticos ou não, com *unidade de desígnio*. É o caso aqui tratado (o agente não perseguiu os dois resultados, mas tão somente atingir seu desafeto); já no *concurso formal impróprio* ou *imperfeito* (segunda parte do *caput*), a situação é diferente. Aqui, a conduta única decorre de desígnios autônomos, vale dizer, o agente, no seu atuar, deseja os resultados produzidos. Como consequência, as penas serão somadas, aplicando-se o critério ou sistema do *cúmulo material*. No concurso formal perfeito, diferentemente, se as penas previstas forem idênticas, aplica-se somente uma; se diferentes, aplica-se a maior, acrescida, em qualquer caso, de um sexto até metade (sistema da exasperação). Assertiva, portanto, incorreta; **B:** correta, pois em conformidade com o que estabelece o art. 72 do CP; **C:** correta. Os tribunais, até a edição da Lei 12.015/2009, tinham como consolidado o entendimento segundo o qual, quando o *atentado violento ao pudor* não constituísse meio natural para a prática do *estupro*, caracterizado estaria o concurso material de crimes: STJ, HC 102.362-SP, 5ª T., Rel. Min. Felix Fischer, j. 18.11.2008. Com a Lei 12.015/2009, que promoveu uma série de mudanças na disciplina dos crimes sexuais, o estupro – art. 213 do CP –, que incriminava tão somente a conjunção carnal realizada com mulher, mediante violência ou grave ameaça, passou a incorporar, também, a conduta antes contida no art. 214 do CP – dispositivo hoje revogado (art. 7º da Lei 12.015/2009). Dito de outro modo, constitui estupro, na sua nova forma, toda modalidade de violência sexual levada a efeito para qualquer fim libidinoso, incluída, por óbvio, a conjunção carnal. Dessa forma, o crime do art. 213 do CP, com a mudança implementada pela Lei 12.015/2009, passa a comportar, além da conduta consubstanciada na conjunção carnal violenta, contra homem ou mulher, também o comportamento consistente em obrigar alguém a praticar ou permitir que com o sujeito ativo se pratique outro ato libidinoso que não a conjunção carnal. Criou-se, assim, um tipo misto alternativo, razão pela qual a prática de *sexo oral* e *conjunção carnal* no mesmo contexto fático implica o cometimento de crime único. Incide, no caso, o *princípio da alternatividade*. Nesse sentido, o seguinte julgado do STJ: "Com a superveniência da Lei 12.015/2009, a conduta do crime de atentado violento ao pudor, anteriormente prevista no art. 214 do Código Penal, foi inserida naquela do art. 213, constituindo, assim, quando praticadas contra a mesma vítima e num mesmo contexto fático, crime único de estupro (AgRg no REsp 1127455-AC, 6ª T., rel. Min. Sebastião Reis Júnior, 28.08.2012); **D:** assertiva correta. É o chamado *concurso material benéfico* – art. 70, parágrafo único, do CP; **E:** correta. Embora existam duas teorias acerca da natureza jurídica do crime continuado, prevalece, hoje, o entendimento de que a unicidade de condutas, nesta modalidade de crime, constitui mera ficção.

Gabarito "A"

14. *SURSIS*, LIVRAMENTO CONDICIONAL, REABILITAÇÃO E MEDIDA DE SEGURANÇA

(Juiz – TJ-SC – FCC – 2017) Acerca da concessão da reabilitação, considere:

I. Ter domicílio no país pelo prazo de quatro anos.
II. No computo do prazo de *sursis* não ter havido revogação.
III. Ter demonstrado efetiva e constantemente bom comportamento público e privado.
IV. Condenação a pena superior a dois anos, no caso de pena privativa de liberdade.
V. Ter ressarcido o dano causado ou demonstrado a impossibilidade absoluta de fazê-lo.

Está correto o que se afirma APENAS em:

(A) III e IV.
(B) I, II, III e V.
(C) II, III, IV e V.
(D) II, III e V.
(E) I, II e IV.

Os requisitos da reabilitação, instituto de política criminal cujo escopo é estimular a regeneração do sentenciado, afastando alguns efeitos da condenação, estão contemplados no art. 94 do CP, a saber: requerimento formulado dois anos depois de extinta a pena; reparação do dano, salvo impossibilidade de fazê-lo; e domicílio no país e bom comportamento público e privado nos últimos dois anos (e não quatro, tal como constou da assertiva I, que está incorreta, portanto). Não há a restrição a que faz referência a proposição IV, já que o art. 93 do CP estabelece que *a reabilitação alcança quaisquer penas aplicadas em sentença definitiva*. Também é necessário, à concessão deste instituto, que não tenha havido revogação no cômputo do prazo do *sursis*. **ED**

Gabarito "D"

(Magistratura/SC – 2015 – FCC) NÃO é requisito para obtenção do livramento condicional:

(A) Cumprimento de mais de dois terços da pena, nos casos de condenação por crime hediondo ou assemelhado.
(B) Pagamento da pena de multa.
(C) Reparação do dano, salvo impossibilidade de o fazer.
(D) Cumprimento de mais de um terço da pena se não for reincidente em crime doloso e tiver bons antecedentes.
(E) Cumprimento de mais da metade se for reincidente em crime doloso.

A: incorreta, pois o art. 83, V, do CP condiciona a obtenção de livramento condicional, nos casos de condenação por crimes hediondos ou equiparados, ao cumprimento de dois terços da pena, e desde que o agente não seja reincidente específico em crimes dessa natureza; **B:** correta. De fato, o pagamento da pena de multa não constitui requisito para a obtenção do livramento condicional, não figurando entre as exigências contidas no art. 83 do CP; **C:** incorreta, pois a reparação do dano, salvo demonstrada a impossibilidade de fazê-lo, é condição para a obtenção do livramento condicional (art. 83, IV, do CP); **D:** incorreta. É condição para obter livramento condicional o condenado ter cumprido mais de um terço da pena, desde que não seja reincidente em crime doloso e tenha bons antecedentes (art. 83, I, do CP); **E:** incorreta, pois o livramento condicional para os condenados reincidentes em crime doloso somente será concedido após o cumprimento de mais de metade da pena (art. 83, II, do CP).

Gabarito "B"

(Magistratura/CE – 2014 – FCC) A suspensão condicional da pena

(A) é incabível nos crimes cometidos com violência ou grave ameaça à pessoa.
(B) obriga, necessariamente, à prestação de serviços à comunidade ou à limitação de fim de semana no primeiro ano do prazo.
(C) é incabível para o condenado reincidente, independentemente da natureza do crime que originou a agravante.
(D) é estendida às penas restritivas de direitos e à multa.
(E) é subsidiária em relação à substituição por pena restritiva de direitos.

A: incorreta. Não se encontram entre os requisitos exigidos para a concessão de suspensão condicional da pena (ou *sursis*) ter o crime sido cometido sem violência ou grave ameaça à pessoa (vide art. 77 do CP), diversamente do que se verifica, por exemplo, para a substituição de pena privativa de liberdade por restritiva de direitos (art. 44, I, CP); **B:** incorreta. A prestação de serviços à comunidade ou a limitação de fim de semana no primeiro ano do período de prova será condição obrigatória apenas para o chamado "*sursis* simples" (art. 78, § 1º, CP), sendo inaplicável àquele que se convencionou chamar de "*sursis* especial" (art. 78, § 2º, CP); **C:** incorreta. A reincidência impedirá a concessão do *sursis* apenas se se operar pela prática de crime doloso. Assim, se o réu for reincidente em crime culposo, não haverá óbice à suspensão condicional da pena; **D:** incorreta. Somente será admissível a suspensão condicional da pena (*sursis*) se não for cabível a substituição da pena privativa de liberdade por restritiva de direitos (art. 77, III, CP); **E:** correta. Como visto no comentário à assertiva anterior, o *sursis*, de fato, é subsidiário em relação à substituição por pena restritiva de direitos. Assim, somente poderá ser concedido se incabível a conversão de pena privativa de liberdade por restritiva de direitos.

Gabarito "E"

15. AÇÃO PENAL

(Magistratura/GO – 2015 – FCC) N o tocante à ação penal, é correto afirmar que

(A) admissível o perdão do ofendido mesmo depois que passa em julgado a sentença condenatória.
(B) implica renúncia tácita do direito de queixa o fato de receber o ofendido a indenização do dano causado pelo crime.
(C) admissível a renúncia tácita, mas o perdão do ofendido deve ser expresso.
(D) a renúncia constitui causa de extinção da punibilidade relativa às ações penais privadas e públicas condicionadas.

(E) concedido o perdão por um dos ofendidos, não prejudica o direito dos outros.

A: incorreta. Nos termos do art. 106, § 2º, do CP, não é admissível o perdão do ofendido depois que passa em julgado a sentença condenatória. Assim, o perdão pode ocorrer a qualquer momento, depois de iniciada a ação penal de iniciativa privada, mas desde que até o trânsito em julgado; **B:** incorreta, pois, nos termos do art. 104, parágrafo único, do CP, não importa renúncia tácita o fato de receber o ofendido a indenização do dano causado pelo crime. Todavia, no âmbito dos crimes de menor potencial ofensivo (de ação penal privada e pública condicionada à representação), o art. 74, parágrafo único, da Lei 9.099/1995, o acordo entre ofensor e ofendido, judicialmente homologado, acarreta renúncia ao direito de queixa ou de representação; **C:** incorreta. O perdão do ofendido pode ser tácito, assim considerado aquele que resulta da prática de ato incompatível com a vontade de prosseguir na ação (art. 106, § 1º, do CP); **D:** incorreta. A renúncia é causa extintiva da punibilidade relativa aos crimes de ação penal privada. Frise-se, porém, que a composição civil, no âmbito dos Juizados Especiais Criminais, acarreta renúncia ao direito de queixa ou representação (art. 74, parágrafo único, da Lei 9.099/1995); **E:** correta. Embora se concedido o perdão a qualquer dos querelados, a todos aproveitará (art. 106, I, do CP), se concedido por um dos ofendidos, não prejudicará o direito dos outros (art. 106, II, do CP). Assim, se o perdão for concedido por uma das vítimas, não afetará o direito de os demais ofendidos prosseguirem com a ação penal.

Gabarito "E"

16. EXTINÇÃO DA PUNIBILIDADE EM GERAL

(Magistratura/RR – 2015 – FCC) Constituem causas de extinção da punibilidade que se relacionam com a ação penal pública condicionada

(A) a perempção e o perdão do ofendido.

(B) a decadência e a perempção.

(C) o perdão do ofendido e a composição homologada dos danos civis nos juizado especial criminal.

(D) a decadência e o perdão do ofendido.

(E) a composição homologada dos danos civis no juizado especial criminal e a decadência.

A: incorreta. A perempção (art. 107, IV, terceira figura, do CP; art. 60 do CPP) é causa extintiva da punibilidade que se relaciona exclusivamente aos crimes de ação penal privada, caracterizada pela inércia do querelante em dar o adequado andamento à ação. O perdão do ofendido (art. 105 do CP) somente é admissível nos crimes que se procedem mediante queixa (ou seja, ação penal privada); **B:** incorreta, pois, como visto, a perempção é causa de extinção da punibilidade que incide apenas para os crimes de ação penal privada. Já a decadência (art. 103 do CP; art. 38 do CPP) atinge o direito de queixa (ação penal privada) ou de representação (ação penal pública condicionada); **C:** incorreta. Como visto, o perdão do ofendido é causa extintiva da punibilidade relacionada com a ação penal privada. Com relação à composição civil dos danos, o art. 104, parágrafo único, do CP enuncia que o fato de receber o ofendido a indenização do dano causado pelo crime (de ação penal privada!) não implica renúncia tácita ao direito de queixa. Assim, a renúncia é instituto que se relaciona, originalmente, com os crimes de ação penal privada. Contudo, no âmbito dos Juizados Especiais Criminais, a homologação de acordo entre ofensor e ofendido, denominada de composição civil dos danos, acarreta em renúncia ao direito de queixa ou de representação. Assim, a renúncia também é possível na ação penal pública condicionada, mas desde que estejamos diante de infração penal de menor potencial ofensivo; **D:** incorreta, pois o perdão do ofendido é causa extintiva da punibilidade que se relaciona apenas aos crimes de ação penal privada; **E:** correta. A decadência, como visto, é causa extintiva da punibilidade incidente sobre os crimes de ação penal privada e pública condicionada à representação.

Gabarito "E"

(Magistratura/PE – 2013 – FCC) Em relação às causas de extinção da punibilidade, correto afirmar que

(A) a concessão de anistia é de competência privativa do Presidente da República, excluindo o crime e fazendo desaparecer suas consequências penais.

(B) a concessão de indulto faz com que o beneficiado retorne à condição de primário.

(C) não são previstas, em qualquer situação, para casos de reparação do dano pelo agente.

(D) não a configuram a concessão de indulto parcial ou comutação, de competência privativa do Presidente da República.

(E) cabível o perdão judicial no caso de qualquer infração penal.

A: incorreta, pois a anistia, causa extintiva da punibilidade prevista no art. 107, II, do CP, consiste na exclusão, por meio de lei ordinária, dotada de efeitos retroativos, por ser benéfica, de fato(s) criminoso(s). Trata-se de verdadeira indulgência estatal, por meio, repita-se, da edição de lei ordinária federal, de competência, por óbvio, do Congresso Nacional, nos termos dos arts. 21, XVII, e 48, VIII, ambos da CF/1988. Não se confunde a anistia com a graça, esta sim de competência do Presidente da República (art. 84, XII, da CF/1988), passível, contudo, de delegação aos Ministros de Estado, ao Procurador-Geral da República ou ao Advogado-Geral da União (art. 84, parágrafo único, da CF/1988). Frise-se que a anistia opera a exclusão de todos os efeitos penais da condenação (principal e secundários de natureza penal), remanescendo, porém, os de natureza civil (ex.: obrigação do réu de reparar o dano causado pelo crime); **B:** incorreta, pois o indulto, causa extintiva da punibilidade (art. 107, II, do CP), concedida espontaneamente pelo Presidente da República, mediante decreto, terá o condão de apagar apenas o efeito principal da condenação (pena), mas, não, os demais efeitos (secundários de natureza penal e os extrapenais). Logo, um condenado beneficiado pelo indulto não retornará ao *status* de primário, pois a reincidência é efeito secundário de natureza penal, não abrangido por referida causa extintiva da punibilidade; **C:** incorreta, pois, por exemplo, no peculato culposo (art. 312, § 2º, do CP), se reparado o dano pelo agente até a sentença irrecorrível, haverá a extinção da punibilidade (art. 312, § 3º, do CP); **D:** correta. O indulto parcial, verificado por ato do Presidente da República (decreto), terá o condão apenas de reduzir a pena ou comutá-las, sem, contudo, extinguir a punibilidade. Portanto, nem sempre o indulto será causa extintiva da punibilidade. Apenas o indulto total é que o será; **E:** incorreta, pois o perdão judicial somente será cabível nos casos previstos em lei (art. 107, IX, do CP).

Gabarito "D"

17. PRESCRIÇÃO

(Defensor Público – DPE/ES – 2016 – FCC) Interrompe a prescrição a publicação

(A) da sentença condenatória integralmente anulada em grau de apelação.

(B) da sentença condenatória, ainda que reformada parcialmente em grau de apelação para a redução da pena imposta.

(C) da sentença absolutória imprópria.

(D) do acórdão confirmatório da condenação.

(E) da sentença concessiva do perdão judicial.

A: incorreta (hipótese não contemplada no rol do art. 117 do CP); **B:** correta (hipótese contemplada no art. 117, IV, do CP); **C:** incorreta (hipótese não contemplada no rol do art. 117 do CP); **D:** incorreta (hipótese não contemplada no rol do art. 117 do CP); **E:** incorreta (hipótese não contemplada no rol do art. 117 do CP).

Gabarito "B"

(Defensor Público – DPE/BA – 2016 – FCC) Sobre a prescrição, é correto afirmar que

(A) o prazo da prescrição da pretensão executória regula-se pela pena aplicada na sentença, aumentado de um terço, se o condenado for reincidente.

(B) no caso de concurso de crimes, as penas se somam para fins de prescrição.

(C) é reduzido de metade o prazo de prescrição quando o agente for menor de 21 anos na data da sentença.

(D) no caso de fuga ou evasão do condenado a prescrição é regulada de acordo com o total da pena fixada na sentença.

(E) o oferecimento da denúncia ou queixa é causa interruptiva da prescrição.

A: correta, pois em conformidade com o que estabelece o art. 110, *caput*, do CP; **B:** incorreta, pois não reflete a regra presente no art. 119 do CP; **C:** incorreta. Para fazer jus à redução do prazo prescricional, o agente deve ser menor de 21 anos ao *tempo do crime* (art. 115 do CP); levar-se-á em conta a data da sentença para determinar a redução do prazo prescricional dos maiores de 70 anos; **D:** incorreta, já que contraria a regra disposta no art. 113 do CP; **E:** incorreta, na medida em que o curso do prazo prescricional é interrompido pelo *recebimento* (e não *oferecimento*) da denúncia ou queixa (art. 117, I, do CP).

Gabarito "A"

(Analista – TRE/SP – 2012 – FCC) Rubens está sendo processado por crime de peculato, praticado no dia 03 de fevereiro de 2008, quando tinha 20 anos de idade. A denúncia foi recebida no dia 05 de junho de 2008. Por sentença judicial, publicada no Diário Oficial no dia 10 de novembro de 2011, Rubens foi condenado a cumprir pena de 02 (dois) anos e 06 (seis) meses de reclusão, em regime inicial aberto, e ao pagamento de 10 (dez) dias-multa. A pena privativa de liberdade aplicada pelo Magistrado foi substituída, na forma do artigo 44, do Código Penal, por uma pena restritiva de direitos de prestação de serviços à comunidade, pelo prazo da pena privativa de liberdade aplicada, e por 10 (dez) dias-multa, no valor unitário mínimo. A sentença transitou em julgado no dia 1º de janeiro de 2012. Nesse caso, após o trânsito em julgado, a prescrição para as penalidades aplicadas ao réu verifica-se no prazo de

(A) 02 anos para a pena privativa de liberdade e para as multas.

(B) 08 anos para a pena privativa de liberdade e 02 anos para as multas.

(C) 04 anos para a pena privativa de liberdade e para as multas.

(D) 04 anos para a pena privativa de liberdade e 02 anos para as multas.

(E) 08 anos para a pena privativa de liberdade e para as multas.

Dado que a condenação, tanto para a acusação quanto para a defesa, tornou-se definitiva (operou-se o trânsito em julgado), terão incidência, aqui, as regras da *prescrição da pretensão executória*. Assim sendo, o prazo prescricional levará em conta a pena concretamente aplicada, que, neste caso, é de dois anos e seis meses de reclusão, além da pena de multa. É o que estabelece o art. 110, *caput*, do CP. O fato de o juiz ter procedido à substituição da pena privativa de liberdade por restritivas de direito em nada altera o cálculo do prazo prescricional, dado o que dispõe o art. 109, parágrafo único, do CP. O prazo prescricional será extraído com base nas regras estampadas no art. 109 do CP. Dessa forma, tendo a pena sido fixada em dois anos e seis meses, chegaremos ao interregno de oito anos (art. 109, IV, do CP), prazo esse que, por força do art. 115 do CP, será reduzido de metade, o que corresponde a quatro anos. No que toca à pena de multa, a prescrição obedecerá ao mesmo prazo (art. 114, II, do CP).

Gabarito "C"

(Magistratura/GO – 2015 – FCC) A interrupção da prescrição

(A) não leva a que comece a correr novamente o prazo a partir do dia em que verificada a causa interruptiva, no caso de continuação do cumprimento da pena.

(B) ocorre com o oferecimento da denúncia ou da queixa, e não com o recebimento.

(C) é extensível aos crimes conexos, ainda que objeto de processos distintos, se verificada em relação a qualquer deles.

(D) produz efeitos relativamente a todos os autores do crime quando do início ou continuação do cumprimento da pena por algum deles.

(E) ocorre com a publicação da sentença ou acórdãos absolutórios recorríveis.

A: correta. Nos termos do art. 117, § 2º, do CP, não se interromperá a prescrição pelo início ou continuação da pena; **B:** incorreta. Considera-se causa interruptiva da prescrição o recebimento da denúncia ou queixa (art. 117, I, do CP), e não o mero oferecimento; **C:** incorreta. Nos termos do art. 117, § 1º, segunda parte, do CP, nos crimes conexos, que sejam objetos do mesmo processo, estende-se aos demais a interrupção da prescrição relativa a qualquer deles; **D:** incorreta. Nada obstante a regra seja a de que a prescrição produz efeitos com relação a todos os autores do crime (art. 117, § 1º, do CP), ficam excetuadas as hipóteses previstas nos incisos V (início ou continuação do cumprimento da pena) e VI (reincidência); **E:** incorreta. A publicação da sentença ou acórdão condenatório recorríveis (e não os absolutórios!) é que interrompe a prescrição (art. 117, IV, do CP).

Gabarito "A"

(Magistratura/RR – 2015 – FCC) Segundo entendimento sumulado dos Tribunais Superiores,

(A) o período de suspensão do prazo prescricional, no caso do art. 366 do CPP, é regulado pelo máximo da pena cominada.

(B) a prescrição pela pena em concreto é somente da pretensão punitiva.

(C) a prescrição da ação penal regula-se pelo máximo da pena cominada, quando não há recurso da acusação.

(D) a reincidência influi no prazo da prescrição da pretensão punitiva.

(E) admissível a extinção da punibilidade pela prescrição da pretensão punitiva com fundamento em pena hipotética, independentemente da existência ou sorte do processo penal.

A: correta. Nos termos da Súmula 415 do STJ, o período de suspensão do prazo prescricional é regulado pelo *máximo* da pena cominada; **B:** incorreta. De acordo com a Súmula 604 do STF, a prescrição pela pena em concreto é somente da pretensão executória; **C:** incorreta. A teor da Súmula 146 do STF, a prescrição da ação penal regula-se pela pena concretizada na sentença, quando não há recurso da acusação; **D:** incorreta, pois, nos termos da Súmula 220 do STJ, a reincidência não influi no prazo da prescrição da pretensão punitiva; **E:** incorreta. Nos termos da Súmula 438 do STJ, é inadmissível a extinção da punibilidade pela prescrição da pretensão punitiva com fundamento em pena hipotética, independentemente da existência ou sorte do processo penal.

Gabarito "A"

(Magistratura/CE – 2014 – FCC) NÃO é causa de suspensão da prescrição

(A) o tempo de prisão do condenado por outro motivo.

(B) o não lançamento definitivo do débito nos crimes tributários, segundo entendimento do Supremo Tribunal Federal.

(C) a instauração de incidente de insanidade mental.

(D) a suspensão condicional do processo.

(E) o não comparecimento do réu citado por edital que não constituiu advogado.

A: incorreta, pois, nos termos do art. 116, parágrafo único, do CP, depois de passada em julgado a sentença condenatória, a prescrição não corre durante o tempo em que o condenado está preso por outro motivo; **B:** incorreta. É entendimento já consolidado no STF que o não lançamento definitivo do débito tributário é causa suspensiva da prescrição. Confira-se a ementa do acórdão do julgamento do HC 84423/RJ, da lavra do então Min. Carlos Ayres Britto (*DJ* 24.09.2004): "*Habeas corpus*. Paciente denunciado por infração ao art. 1º, inciso II, da Lei 8.137/1990 e art. 288 do CP. Alegada necessidade de exaurimento da via administrativa para instauração da ação penal, sem o que não estaria comprovada a redução ou supressão do tributo e, por conseguinte, também revelaria a insubsistência do delito de quadrilha. pedido de trancamento do processo. A necessidade do exaurimento da via administrativa para a validade da ação penal por infração ao art. 1º da Lei 8.137/1990 já foi assentada pelo Supremo Tribunal Federal (HC 81.611). Embora a Administração já tenha proclamado a existência de créditos, em face da pendência do trânsito em julgado das decisões, não é possível falar-se tecnicamente de lançamento definitivo. Assim, é de se aplicar o entendimento do Plenário, trancando-se a ação penal no tocante ao delito do art. 1º da Lei 8.137/1990, por falta de justa causa, sem prejuízo do oferecimento de nova denúncia (ou aditamento da já existente) após o exaurimento da via administrativa. Ficando, naturalmente, suspenso o curso da prescrição. (...)"; **C:** correta. A instauração do incidente de insanidade mental (arts. 149 e seguintes do CPP) não é causa suspensiva da prescrição, que continua a fluir normalmente. O objetivo de referido processo incidente é o de constatar eventual inimputabilidade ou semi-imputabilidade do agente delitivo, não tendo o condão, repita-se, de obstar o curso da prescrição; **D:** incorreta, pois a suspensão condicional do processo, nos termos do art. 89, § 6º, da Lei 9.099/1995, se preenchidos os requisitos legais, não somente o processo ficará suspenso, mas, também, o prazo prescricional; **E:** incorreta. Nos termos do art. 366 do CPP, se o réu for citado por edital, não comparecer e não tiver advogado constituído, ficarão suspensos o processo e o curso do prazo prescricional (este, diga-se de passagem, até o limite máximo da prescrição, que levará em conta a pena máxima abstratamente cominada, sob pena de ser "criada" situação de imprescritibilidade).

Gabarito "C"

18. CRIMES CONTRA A PESSOA

(Defensor Público – DPE/ES – 2016 – FCC) No tocante ao crime de homicídio, é correto afirmar que

(A) inadmissível a continuidade delitiva, por ser a vida um bem personalíssimo.

(B) possível o reconhecimento da chamada figura privilegiada do delito na decisão de pronúncia.

(C) a ausência de motivos e a embriaguez completa são incompatíveis com a qualificadora do motivo fútil, consoante entendimento jurisprudencial.

(D) possível a coexistência entre as qualificadoras dos motivos torpe e fútil, segundo entendimento sumulado.

(E) a chamada figura privilegiada é incompatível com as qualificadoras do emprego de meio cruel e do motivo torpe.

A: incorreta. A Súmula 605, do STF, segundo a qual não se admite a continuidade delitiva nos crimes contra a vida, encontra-se, desde o advento da nova Parte Geral do Código Penal, introduzida pela Lei de Reforma 7.209/1984, superada, de sorte que é admitida, sim, a continuidade delitiva no contexto do crime de homicídio. Nesse sentido a jurisprudência do STF: "(...) Com a reforma do Código Penal de 1984, ficou suplantada a jurisprudência do Supremo Tribunal Federal predominante até então, segundo a qual *não se admite continuidade delitiva nos crimes contra a vida*" (HC 77.786, rel. Min. Marco Aurélio, j. 27.10.1998); **B:** incorreta. É vedado ao juiz, quando da prolação da decisão de pronúncia, reconhecer causas de diminuição de pena (figura privilegiada). A propósito, ao pronunciar o acusado, levando-o a julgamento perante o Tribunal do Júri, não deve o juiz aprofundar-se na prova; limitar-se-á, isto sim, ao exame, sempre em linguagem moderada e prudente, quanto à *existência do crime* (materialidade) e dos *indícios suficientes de autoria*, apontando, ainda, o dispositivo legal em que se acha incurso o acusado, bem assim as circunstâncias qualificadoras e as causas de aumento de pena. É o que estabelece o art. 413, § 1º, do CPP; **C:** correta, segundo a organizadora. De fato, a ausência de motivos não implica o reconhecimento da qualificadora do motivo fútil. No STJ: "(...) A jurisprudência desta Corte Superior não admite que a ausência de motivo seja considerada motivo fútil, sob pena de se realizar indevida analogia em prejuízo do acusado (...)" (HC 369.163/SC, Rel. Ministro Joel Ilan Paciornik, Quinta Turma, julgado em 21.02.2017, *DJe* 06.03.2017). No que toca à compatibilidade entre a embriaguez e o reconhecimento do motivo fútil, assim decidiu o STJ, segundo o qual é possível a compatibilidade entre eles (embriaguez e motivo fútil): "Pela adoção da teoria da *actio libera in causa* (embriaguez preordenada), somente nas hipóteses de ebriez decorrente de "caso fortuito" ou "força maior" é que haverá a possibilidade de redução da responsabilidade penal do agente (culpabilidade), nos termos dos §§ 1º e 2º do art. 28 do Código Penal. 2. Em que pese o estado de embriaguez possa, em tese, reduzir ou eliminar a capacidade do autor de entender o caráter ilícito ou determinar-se de acordo com esse entendimento, tal circunstância não afasta o reconhecimento da eventual futilidade de sua conduta. Precedentes do STJ" (REsp 908.396/MG, Rel. Ministro Arnaldo Esteves Lima, Quinta Turma, julgado em 03.03.2009, *DJe* 30.03.2009); **D:** incorreta, já que é tranquilo o entendimento jurisprudencial segundo o qual o motivo do crime não pode ser, a um só tempo, torpe e fútil. Ou um ou outro; **E:** incorreta. As causas de diminuição de pena previstas no art. 121, § 1º, do CP (homicídio privilegiado), por serem de ordem *subjetiva*, ou seja, por estarem jungidas à motivação do crime, somente são compatíveis com as qualificadoras de ordem *objetiva* (aquelas não ligadas à motivação do crime). É o caso do homicídio privilegiado praticado por meio cruel. Nesse caso, é perfeitamente possível a coexistência do privilégio contido no art. 121, § 1º, do CP com a qualificadora do art. 121, § 2º, III, do CP (meio cruel), já que esta é de ordem objetiva, isto é, não está ligada à motivação do crime, mas a sua forma de execução. É o chamado homicídio qualificado-privilegiado. Agora, se a qualificadora for de ordem *subjetiva*, como é o *motivo torpe*, não há que se falar em compatibilidade entre esta e a figura privilegiada. ED

Gabarito "C"

(Defensor Público – DPE/BA – 2016 – FCC) Sobre os crimes contra a pessoa,

(A) o princípio da insignificância não se aplica ao crime de lesão corporal, pois sua desclassificação incide na contravenção de vias de fato.

(B) a ofensa à saúde de outrem, por ser crime de perigo, não depende da produção do resultado para a configuração da tipicidade.

(C) a lesão corporal culposa na direção de veículo automotor impede a substituição da pena privativa de liberdade por pena restritiva de direitos.

(D) a prática de lesão corporal leve em situação de lesões recíprocas pode ensejar a substituição da pena de detenção pela de multa.

(E) o comportamento da vítima é incapaz de influenciar a pena no crime de lesão corporal.

A: incorreta, já que o postulado da insignificância pode, a depender do caso, ser aplicado ao crime de lesão corporal leve. Nesse sentido, conferir: "*Habeas corpus*. Penal. Lesão corporal leve [artigo 209, § 4º, do CPM]. Princípio da insignificância. Aplicabilidade. 1. O princípio da insignificância é aplicável no âmbito da Justiça Militar de forma criteriosa e casuística. Precedentes. 2. Lesão corporal leve, consistente em único soco desferido pelo paciente contra outro militar, após injusta provocação deste. O direito penal não há de estar voltado à punição de condutas que não provoquem lesão significativa a bens jurídicos relevantes, prejuízos relevantes ao titular do bem tutelado ou, ainda, à integridade da ordem social. Ordem deferida" (HC 95445, Relator(a): Min. Eros Grau, Segunda Turma, julgado em 02.12.2008); **B:** incorreta. O ato de ofender a saúde de outrem configura uma das formas do crime de lesão corporal, que, por ser material, pressupõe, à sua consumação, a ocorrência de resultado naturalístico consistente na lesão à vítima; **C:** incorreta, pois contraria o que estabelece o art. 44, I, do CP; **D:** correta (art. 129, § 5º, II, do CP); **E:** incorreta (art. 59, *caput*, do CP). ED

Gabarito "D"

(Magistratura/GO – 2015 – FCC) O homicídio privilegiado

(A) pode levar a pena abaixo do mínimo legal.

(B) é aquele em que o agente comete o crime sob o domínio de violenta emoção, logo em seguida a injusta agressão da vítima.

(C) pode concorrer com as qualificadoras subjetivas.

(D) pode ser identificado pelo juiz na decisão de pronúncia.

(E) é crime hediondo, segundo pacificado entendimento jurisprudencial.

A: correta. De fato, o homicídio privilegiado, que é causa especial de diminuição de pena, previsto no art. 121, § 1º, do CP, poderá conduzir à fixação da pena aquém do mínimo legal. Assim, o homicídio simples (art. 121, *caput*, do CP), com pena variável de seis a vinte anos de reclusão, caso seja cometido em uma das situações previstas em referido dispositivo (relevante valor moral ou social, ou se o agente estiver sob o domínio de violenta emoção, logo em seguida a injusta provocação da vítima), poderá redundar em condenação do agente a pena inferior à mínima cominada. Tal decorre do fato de as privilegiadoras incidirem na terceira fase de fixação da pena, na qual as minorantes podem gerar a imposição da reprimenda abaixo do mínimo legal; **B:** incorreta. Uma das hipóteses de homicídio privilegiado é denominada de "homicídio emocional", que se caracteriza pelo fato de o agente matar a vítima sob o domínio de violenta emoção, logo em seguida a injusta *provocação* dela, e não *agressão*. A injusta agressão, a depender da situação, poderá caracterizar o substrato fático para a invocação de legítima defesa (art. 25 do CP), que excluirá a ilicitude do fato perpetrado pelo agente; **C:** incorreta, já que somente haverá compatibilidade se se tratar de qualificadora de *caráter objetivo* (a assertiva fala em qualificadora *subjetiva*). Isso se dá porque as hipóteses legais de privilégio são de caráter subjetivo, incompatíveis, portanto, com as qualificadoras de caráter subjetivo, que são aquelas ligadas ao motivo do crime. Sendo possível compatibilizar alguma circunstância objetiva que qualifica o crime com alguma causa de diminuição de pena contemplada no art. 121, § 1º, do CP (privilégio), estaremos diante do que a doutrina convencionou chamar de homicídio qualificado-privilegiado (também chamado homicídio híbrido); **D:** incorreta. A decisão de pronúncia é de mera admissibilidade da acusação, cabendo ao Tribunal do Júri reconhecer o privilégio, até porque, nos crimes dolosos contra a vida, a dosagem da pena ocorrerá apenas na segunda fase do procedimento especial (procedimento do júri), após os jurados reconhecerem a prática do delito e, também, a responsabilidade do agente pelo resultado; **E:** incorreta. O homicídio privilegiado não é considerado crime hediondo, ainda que praticado na forma híbrida (homicídio privilegiado e qualificado).

Gabarito "A"

(Magistratura/PE – 2013 – FCC) Nos crimes contra a honra

(A) a pena é aumentada de um terço, se cometidos contra pessoa maior de sessenta anos ou portadora de deficiência, exceto no caso de difamação.

(B) é admissível o perdão judicial no crime de difamação, se houver retorsão imediata.

(C) a injúria real consiste no emprego de elementos preconceituosos ou discriminatórios relativos à raça, cor, etnia, religião, origem e condição de idoso ou deficiente.

(D) é admissível a exceção da verdade na injúria, se a vítima é funcionária pública e a ofensa é relativa ao exercício de suas funções.

(E) é admissível a retratação apenas nos casos de calúnia e difamação.

A: incorreta. Nos termos do art. 141, IV, do CP, os crimes contra a honra terão a pena majorada em um terço se a vítima for pessoa maior de 60 (sessenta) anos de idade ou portadora de deficiência, exceto no caso de injúria. Explica-se. É que o art. 140, § 3º, do CP, tratando da injúria racial ou preconceituosa, já pressupõe que a ofensa à honra subjetiva da vítima ocorra, dentre outras hipóteses, quando consistir na referência à condição de pessoa idosa ou portadora de deficiência. Logo, nesses casos, sob pena de *bis in idem*, inviável a majoração da pena, na forma do precitado art. 141, IV, do CP; **B:** incorreta, pois a retorsão imediata é hipótese de perdão judicial expressamente previsto para o crime de injúria (art. 140, § 1º, II, do CP), não incidente aos demais crimes contra a honra; **C:** incorreta. A injúria real é aquela que consiste em violência ou vias de fato, que, por sua natureza ou pelo meio empregado, se considerem aviltantes (art. 140, § 2º, do CP); **D:** incorreta. Inviável a exceção da verdade em crime que ofenda a honra subjetiva da vítima. Apenas nos crimes de calúnia (art. 138, § 3º, do CP) e difamação (art. 139, parágrafo único, do CP), neste último caso, desde que a vítima seja funcionária pública e a ofensa seja relativa ao exercício de suas funções, é que será cabível a exceção da verdade; **E:** correta. De fato, a retratação, desde que cabal, somente extinguirá a punibilidade do agente que houver praticado calúnia ou difamação, que são crimes que ofendem a honra objetiva da vítima e dizem respeito a fatos. Inviável, por evidente, a retratação no crime de injúria, visto que este diz respeito à honra subjetiva da vítima.

Gabarito "E"

(Magistratura/PE – 2013 – FCC) Em relação aos crimes contra a vida, correto afirmar que

(A) compatível o homicídio privilegiado com a qualificadora do motivo fútil.

(B) cabível a suspensão condicional do processo no homicídio culposo, se o crime resulta de inobservância de regra técnica de profissão, arte ou ofício.

(C) incompatível o homicídio privilegiado com a qualificadora do emprego de asfixia.

(D) o homicídio simples, em determinada situação, pode ser classificado como crime hediondo.

(E) a pena pode ser aumentada de um terço no homicídio culposo, se o crime é praticado contra pessoa menor de quatorze anos ou maior de sessenta anos.

A: incorreta, pois o homicídio privilegiado (art. 121, § 1º, do CP), que traz circunstâncias com nítido caráter subjetivo (relevante valor moral ou social ou agente que esteja sob o domínio de violenta emoção, logo em seguida a injusta provocação da vítima), somente é compatível com qualificadoras de caráter objetivo, relativas aos meios e modo de execução do crime (art. 121, § 2º, III e IV, do CP). O motivo fútil, por ter caráter subjetivo (art. 121, § 2º, II, do CP), não é compatível com qualquer das hipóteses de privilégio (art. 121, § 1º, do CP); **B:** incorreta, pois a suspensão condicional do processo, prevista no art. 89 da Lei 9.099/1995, somente é admissível quando a pena mínima cominada ao crime for não superior a 1 (um) ano. Considerando que o homicídio culposo tem pena variável de 1 (um) a 3 (três) anos de detenção, nos termos do art. 121, § 3º, do CP, mas que, quando praticado com inobservância de regra técnica de arte, ofício ou profissão, terá majoração da reprimenda em 1/3 (um terço), inviável será a aplicação do *sursis* processual. Afinal, considerada a causa de aumento de pena referida, resultaria, para o homicídio culposo majorado (art. 121, §§ 3º e 4º, do CP), reprimenda mínima de 1 (um) ano e 4 (quatro) meses de detenção, inviabilizando, portanto, a aplicação do benefício processual em comento; **C:** incorreta. Dado que o emprego de asfixia diz respeito ao meio de execução empregado para o homicídio, e, portanto, de qualificadora de caráter objetivo (art. 121, § 2º, III, do CP), haveria compatibilidade entre ela e qualquer das circunstâncias previstas no art. 121, § 1º, do CP (homicídio privilegiado); **D:** correta. De fato, o homicídio doloso simples, desde que praticado em atividade típica de grupo de extermínio, ainda que por uma só pessoa, é considerado crime hediondo (art. 1º, I, primeira parte, da Lei 8.072/1990); **E:** incorreta. Apenas se o homicídio for doloso é que a pena poderá ser aumentada em 1/3 (um terço) caso a vítima seja menor de 14 (quatorze) ou maior de 60 (sessenta) anos, conforme art. 121, § 4º, segunda parte, do CP.

Gabarito "D"

(Defensor Público/PR – 2012 – FCC) Maria reside sozinha com sua filha de 5 meses de idade e encontra-se em benefício previdenciário de licença maternidade de 6 meses. Todas as tardes a filha de Maria dorme por cerca de duas horas, momento no qual Maria realiza as atividades domésticas. Em determinado dia, neste horário de dormir da filha, Maria foi até ao supermercado próximo de sua casa, uma quadra de distância, para comprar alguns mantimentos para a alimentação de sua filha. Normalmente esta saída levaria de 10 a 15 minutos, mas neste dia houve uma queda no sistema informatizado do supermercado o que atrasou o retorno à sua casa por 40 minutos. Ao chegar próximo à sua casa, Maria constatou várias viaturas da polícia e corpo de bombeiros na frente de sua residência, todos acionados por um vizinho que percebeu o choro insistente de uma criança por 15 minutos, acionando os órgãos de segurança. Ao prestarem socorro à criança, com o arrombamento da porta de entrada da casa, os agentes dos órgãos de segurança verificam que a criança estava sozinha em casa, mas apenas assustada e sem qualquer lesão. A conduta de Maria é caracterizada como

(A) crime de abandono de incapaz.
(B) crime de abandono de incapaz majorado.
(C) crime de abandono de recém-nascido.
(D) atípica.
(E) contravenção penal.

É incorreto afirmar que Maria, com a sua conduta, incorreu nas penas do crime de abandono de incapaz (art. 133 do CP), visto que, pela narrativa contida no enunciado, é possível concluir-se que Maria em momento algum quis colocar sua filha em situação de perigo (dolo de perigo), elemento subjetivo necessário à existência deste crime.

Gabarito "D"

19. CRIMES CONTRA O PATRIMÔNIO

(Juiz – TJ-SC – FCC – 2017) No crime de estelionato contra a previdência social, a devolução da vantagem indevida antes do recebimento da denúncia,

(A) segundo o STJ, pode ser considerada analogicamente ao pagamento do tributo nos crimes tributários e significará a extinção da punibilidade.
(B) segundo o STF, pode ser considerada analogicamente à condição prevista na súmula 554 e obstar a ação penal.
(C) segundo o STF, pode ser considerada como falta de justa causa, sem prejuízo da persecução administrativo-fiscal para a cobrança de eventuais juros e multa.
(D) não tem qualquer repercussão na esfera penal por ter o delito em questão natureza previdenciária e expressa previsão legal neste sentido.
(E) somente pode ser considerado como arrependimento posterior.

Conferir: "1. O estelionato previdenciário configura crime permanente quando o sujeito ativo do delito também é o próprio beneficiário, pois o benefício lhe é entregue mensalmente (Precedentes). 2. A reparação do dano à Previdência Social com a devolução dos valores recebidos indevidamente a título de benefício previdenciário não afasta a subsunção dos fatos à hipótese normativa prevista no art. 171, §3º, do CP. 3. Agravo regimental desprovido" (AgRg no AgRg no AREsp 992.285/RJ, Rel. Min. Joel Ilan Paciornik, 5ª Turma, j. 20.06.2017, *DJe* 30.06.2017). No mesmo sentido: "Uma vez tipificada a conduta da agente como estelionato, na sua forma qualificada, a circunstância de ter ocorrido devolução à previdência social, antes do recebimento da denúncia, da vantagem percebida ilicitamente, não ilide a validade da persecução penal, podendo a iniciativa, eventualmente, caracterizar arrependimento posterior, previsto no art. 16 do CP" (REsp 1380672/SC, Rel. Min. Rogerio Schietti Cruz, 6ª Turma, j. 24.03.2015, *DJe* 06.04.2015). ED

Gabarito "E"

(Defensor Público – DPE/ES – 2016 – FCC) No que concerne aos crimes contra o patrimônio, é correto afirmar que

(A) há pluralidade de latrocínios, se diversas as vítimas fatais, ainda que único o patrimônio visado e lesado, conforme entendimento pacificado dos tribunais superiores.
(B) possível o reconhecimento da figura privilegiada do delito nos casos de furto qualificado, se primário o agente e de pequeno valor a coisa subtraída, independentemente da natureza da qualificadora, segundo entendimento sumulado do Superior Tribunal de Justiça.
(C) a indispensabilidade do comportamento da vítima não constitui critério de diferenciação entre o roubo e a extorsão.
(D) a receptação própria não prevê modalidade de crime permanente.
(E) não constitui furto de energia a subtração de sinal de TV a cabo, consoante já decidido pelo Supremo Tribunal Federal.

A: incorreta. No STF: "(...) Segundo entendimento acolhido por esta Corte, a pluralidade de vítimas atingidas pela violência no crime do roubo com resultado morte ou lesão grave, embora único o patrimônio lesado, não altera a unidade do crime, devendo essa circunstância ser sopesada na individualização da pena, que, no caso, é de 20 (vinte) a 30 (trinta) anos. Precedentes. 2. Desde que a conduta do agente esteja conscientemente dirigida a atingir mais de um patrimônio, considerado de forma objetiva, como requer o fim de proteção de bens jurídicos do Direito Penal, haverá concurso de crimes. Essa conclusão, todavia, somente pode ser alcançada mediante a análise das circunstâncias que envolvem a prática do ato delitivo. 3. No caso dos autos, não restou demonstrada, de modo inequívoco, a vontade do agente de atingir mais de um patrimônio. A própria denúncia, aliás, considera os bens subtraídos como pertencendo a um único patrimônio (do supermercado). 4. Ordem parcialmente concedida para afastar o concurso de crimes, com a extensão dos efeitos ao corréu (CPP, art. 580), e determinar ao juízo competente que considere a circunstância da pluralidade de vítimas na fixação da pena-base (CP, art. 59), respeitado o limite do *ne reformatio in pejus*" (HC 96736, Relator(a): Min. Teori Zavascki, Segunda Turma, julgado em 17.09.2013, acórdão eletrônico *DJe*-193 Divulg 01.10.2013 Public 02.10.2013); **B:** incorreta. É pacífico o entendimento, tanto no STJ quanto no STF, de que é possível a coexistência do furto qualificado (art. 155, § 4º, do CP) com a modalidade privilegiada do art. 155, § 2º, do CP, desde que – e aqui está o erro da assertiva – a qualificadora seja de ordem *objetiva*. Tanto é assim que o STJ, consolidando esse entendimento, editou a Súmula 511: "É possível o reconhecimento do privilégio previsto no § 2º do art. 155 do CP nos casos de crime de furto qualificado, se estiverem presentes a primariedade do agente, o pequeno valor da coisa e a qualificadora for de ordem objetiva"; **C:** incorreta, na medida em que, ao contrário do que se afirma nesta alternativa, a indispensabilidade do comportamento da vítima constitui, sim, critério de diferenciação entre o roubo e a extorsão. Segundo Guilherme de Souza Nucci, "a diferença concentra-se no fato de a extorsão exigir a participação ativa da vítima fazendo alguma coisa, tolerando que se faça ou deixando de fazer algo em virtude da ameaça ou da violência sofrida. Enquanto no roubo o agente atua sem a participação da vítima, na extorsão o ofendido colabora ativamente com o autor da infração penal (...)" (***Código Penal Comentado***, 13ª ed. São Paulo: RT, 2013. p. 824); **D:** incorreta. O *caput* do art. 180 do CP contempla dois blocos de condutas: *adquirir, receber, transportar, conduzir* e *ocultar* são os núcleos que constituem o que a doutrina convencionou chamar de receptação *própria*; o verbo *influir* (para que terceiro *adquira, receba* ou *oculte*) constitui a chamada receptação *imprópria*. No caso da modalidade própria, a conduta consistente em *ocultar* constitui crime permanente, assim entendido aquele cuja consumação se prolonga no tempo por vontade do agente; **E:** correta. Conferir: "(...) O sinal de TV a cabo não é energia, e assim, não pode ser objeto material do delito previsto no art. 155, § 3º, do Código Penal. Daí a impossibilidade de se equiparar o desvio de sinal de TV a cabo ao delito descrito no referido dispositivo. Ademais, na esfera penal não se admite a aplicação da analogia para suprir lacunas, de modo a se criar penalidade não mencionada na lei (analogia *in malam partem*), sob pena de violação ao princípio constitucional da estrita legalidade. Precedentes. Ordem concedida" (HC 97261, Relator(a): Min. Joaquim Barbosa, Segunda Turma, julgado em 12.04.2011, *DJe*-081 divulg 02.05.2011). ED

Gabarito "E"

(Magistratura – TRT 1ª – 2016 – FCC) Com base no Código Penal, em relação aos crimes contra a liberdade pessoal e aos crimes contra o patrimônio, considera-se

(A) "furto de coisa comum" a subtração, para si ou para outrem, de bem móvel fungível que esteja armazenado, juntamente com outros assemelhados, em local de guarda compartilhada.

(B) "furto qualificado" a subtração, para si ou outrem, de coisa alheia móvel, desde que praticada por quadrilha.

(C) "roubo", a subtração de coisa alheia móvel, para si ou outrem, quando praticada contra pessoa incapaz ou menor de 14 anos, presumindo-se o emprego ao menos de grave ameaça, salvo prova em contrário.

(D) "constrangimento ilegal" a prática de qualquer ato que, após haver reduzido a capacidade de resistência de alguém, lhe constrange a não fazer o que a lei permite ou a fazer que ela não manda.

(E) "extorsão indireta" ameaçar alguém, por palavra, escrito ou gesto, ou qualquer outro meio simbólico, de causar mal injusto e grave, com o objetivo de atingir fim ilícito que beneficie terceiro.

A: incorreta, já que a conduta descrita não corresponde ao crime de *furto de coisa comum*, capitulado no art. 156 do CP. É que este crime, que é próprio, já que somente pode ser praticado pelo condômino, coerdeiro ou sócio, comporta, como objeto material, tanto a coisa móvel *fungível* quanto *infungível*. Além disso, não se faz necessário que o objeto material esteja "armazenado, juntamente com outros assemelhados, em local de guarda compartilhada". A peculiaridade deste delito, vale dizer, reside no fato de a subtração ser voltada à coisa que não é completamente alheia (como é no furto do art. 155, CP), mas pertencente a outras pessoas, inclusive, em parte, ao agente; **B:** incorreta, uma vez que a conduta contida nesta assertiva não configura nenhuma das hipóteses de crime de furto qualificado, presentes no art. 155, §§ 4º, 5º e 6º, do CP, este último inserido pela Lei 13.330/2016, que trata do furto de semovente domesticável de produção; **C:** incorreta, na medida em que, no crime de roubo, ainda que praticado contra pessoa incapaz ou menor de 14 anos, o emprego de violência ou grave ameaça há de ser comprovado; **D:** correta, uma vez que a conduta contida na alternativa descreve um dos meios de se praticar o crime de constrangimento ilegal (art. 146, *caput*, do CP): "(...) ou depois de lhe haver reduzido, por qualquer outro meio, a capacidade de resistência (...)"; **E:** incorreta, visto que não corresponde à descrição típica do crime de *extorsão indireta* (art. 160, CP), que pressupõe que o agente exija ou receba, a título de garantia de dívida, documento apto a deflagrar procedimento criminal contra a vítima ou contra terceiro. É crime contra o patrimônio. A conduta descrita na alternativa configura, em princípio, o crime de ameaça (art. 147 do CP), que é delito contra a liberdade individual. ED

Gabarito "D"

(Magistratura/GO – 2015 – FCC) Em relação ao crime de furto, é correto assegurar que

(A) no caso de incidirem duas qualificadoras, uma qualifica o delito e a outra atua como agravante comum, ainda que não prevista como tal.

(B) é qualificado pelo concurso de pessoas, ainda que posterior a participação de outrem e não prometida com precedência.

(C) é punível a subtração de coisa comum por condômino, coerdeiro ou sócio, desde que fungível e o valor não exceda a quota a que tem direito o agente.

(D) a relação de emprego sempre configura a qualificadora do abuso de confiança.

(E) é admissível o reconhecimento da figura privilegiada do delito, em algumas situações, nos casos de furto qualificado.

A: incorreta. Se incidirem duas qualificadoras do furto, uma delas servirá para qualificar o crime (ou seja, será suficiente para deslocar a pena a novos patamares), enquanto a outra atuará como circunstância judicial desfavorável; **B:** incorreta, pois o concurso de pessoas pressupõe que o vínculo subjetivo entre elas ocorra antes ou durante a execução do crime; **C:** incorreta. Nos termos do art. 156, § 2º, do CP, não é punível a subtração de coisa comum fungível perpetrada por condômino, coerdeiro ou sócio, desde que a coisa seja fungível e o valor não exceda a quota a que tem direito o agente; **D:** incorreta. A qualificadora do abuso de confiança (art. 155, § 2º, II, primeira figura, do CP) pressupõe que a vítima, por qualquer motivo, deposite no agente, uma especial confiança, além deste ter que se aproveitar de alguma facilidade que a referida confiança lhe proporciona para cometer o crime. Assim, a mera relação de emprego não é suficiente para caracterizar a qualificadora, que, como visto, exige uma especial relação de confiança entre agente e vítima. Nem toda relação empregatícia gera referido vínculo entre empregador e empregado; **E:** correta. De fato, admite-se o reconhecimento do furto híbrido (ou furto privilegiado-qualificado), que, nos termos da Súmula 511 do STJ, exige a primariedade do agente, que o pequeno valor da coisa subtraída e que a qualificadora seja de natureza objetiva.

Gabarito "E"

(Magistratura/SC – 2015 – FCC) Sobre crimes contra o patrimônio, considere as seguintes assertivas:

I. O crime de extorsão se perfectibiliza no momento em que a vítima é constrangida, mediante grave ameaça, a fazer, deixar de fazer ou tolerar que se faça alguma coisa. E, tendo o agente exigido numerário, sob pena de mal futuro, caracterizado está referido delito, independentemente de obtenção da vantagem indevida.

II. No sistema legal brasileiro o latrocínio contempla crime complexo, qualificado pelo resultado, formado pela soma dos delitos de roubo e homicídio, doloso ou culposo.

III. O perdão judicial previsto no § 5º do artigo 180 do Código Penal constitui benefício incompatível com a modalidade dolosa do crime de receptação.

IV. O agente que tenta adentrar em estabelecimento ainda que com o intuito de subtrair coisa alheia móvel, mas, por circunstâncias alheias à sua vontade, não efetiva a empreitada criminosa, comete o crime de dano, desde que esse seja mais grave do que o furto tentado.

É correto o que se afirma APENAS em

(A) I, II e III.
(B) I e IV.
(C) II e III.
(D) I, III e IV.
(E) II, III e IV.

I: correta. O crime de extorsão (art. 158 do CP) se consuma quando a vítima é constrangida, após o emprego da violência ou grave ameaça, a fazer, deixar de fazer ou tolerar que se faça algo, independentemente da obtenção da indevida vantagem econômica almejada pelo agente. Trata-se de crime formal ou de consumação antecipada, consoante se depreende da Súmula 96 do STJ, que, repita-se, dispensa a obtenção da indevida vantagem econômica para a consumação do crime em comento; **II:** correta. O latrocínio (art. 157, § 3º, *in fine*, do CP) é o clássico exemplo de crime complexo, que é aquele que se caracteriza pela formação de dois ou mais tipos penais autônomos (no caso, roubo e homicídio). Importante anotar que o latrocínio é crime qualificado pelo resultado, podendo a morte decorrer de dolo ou culpa do agente; **III:** correta. O art. 180, § 5º, do CP permite o perdão judicial apenas para a modalidade culposa de receptação (art. 180, § 3º, do CP). Na modalidade dolosa, será possível apenas o reconhecimento da figura privilegiada, nos mesmos moldes previstos no art. 155, § 2º, do CP; **IV:** incorreta. O agente responderá por furto tentado, e não por dano, ainda que, para ingressar no estabelecimento, tenha rompido ou destruído obstáculo à subtração da coisa. Nesse caso, responderá por tentativa de furto qualificado (art. 155, § 4º, I, c.c. art. 14, II, ambos do CP).

Gabarito "A"

(Magistratura/CE – 2014 – FCC) Quanto aos crimes contra o patrimônio, possível assegurar que

(A) é pública condicionada a ação penal no caso de dano cometido por motivo egoístico ou com prejuízo considerável para a vítima.

(B) é causa de aumento da pena no roubo o fato de a vítima estar em serviço de transporte de valores, independentemente de o agente conhecer a circunstância.

(C) é admissível no furto praticado em concurso de pessoas o acréscimo de um terço até metade sobre a pena prevista para a forma simples do delito, por aplicação analógica do disposto para o roubo majorado pela mesma circunstância.

(D) o crime de duplicata simulada é de natureza formal, não exigindo a ocorrência de resultado naturalístico.

(E) cabível o perdão judicial na receptação dolosa simples, se primário o agente e de pequeno valor a coisa.

A: incorreta, pois o dano cometido por motivo egoístico (art. 163, parágrafo único, IV, do CP) proceder-se-á mediante queixa, conforme determina o art. 167 do CP; **B:** incorreta. Nos termos do art. 157, § 2º, III, do CP, a pena do agente será aumentada de um terço até a metade se a vítima estiver em serviço de transporte de valores no momento da empreitada criminosa, mas desde que o agente tenha conhecimento dessa circunstância. Assim não fosse, estaríamos diante de responsabilidade penal objetiva; **C:** incorreta. Nos termos da Súmula 442 do STJ, é inadmissível aplicar, no furto qualificado, pelo concurso de agentes, a majorante do roubo; **D:** correta. De acordo com a doutrina, o crime de duplicata simulada (art. 172, CP) consuma-se no instante em que referido título de crédito é colocado em circulação, sendo apresentado para desconto, independentemente de causação de efetivo prejuízo a terceiro (resultado naturalístico). Trata-se, portanto, de crime formal ou de consumação antecipada; **E:** incorreta. Será cabível o perdão judicial apenas para a receptação culposa (art. 180, § 3º, CP), desde que o agente seja primário. Não se confunde com a receptação privilegiada, à semelhança do furto privilegiado (art. 155, § 2º, CP), cabível quando o agente agir com dolo, e desde que presente a primariedade e o pequeno valor da coisa receptada.

Gabarito "D"

(Magistratura/PE – 2013 – FCC) Quanto aos crimes contra o patrimônio, é correto afirmar que

(A) a consumação do crime de extorsão independe da obtenção da vantagem indevida, segundo entendimento sumulado do Superior Tribunal de Justiça.

(B) cabível a diminuição da pena na extorsão mediante sequestro para o coautor que denunciá-la à autoridade, facilitando a libertação do sequestrado, apenas se o crime é cometido por quadrilha ou bando.

(C) independe de comprovação de fraude o delito de estelionato na modalidade de emissão de cheque sem suficiente provisão de fundos em poder do sacado.

(D) equiparável à atividade comercial, para efeito de configuração da receptação qualificada, qualquer forma de comércio irregular ou clandestino, excluído o exercido em residência.

(E) configura o delito de extorsão indireta o ato de exigir, como garantia de dívida, abusando da situação de alguém, documento que pode dar causa a procedimento civil contra a vítima ou contra terceiro.

A: correta, nos exatos termos da Súmula 96 do STJ ("o crime de extorsão consuma-se independentemente da obtenção da vantagem indevida"); **B:** incorreta. Nos termos do art. 159, § 4º, do CP, se o crime é cometido em *concurso*, o concorrente que o denunciar à autoridade, facilitando a libertação do sequestrado, terá sua pena reduzida de um a dois terços. Perceba que a lei fala em "concurso", e não em quadrilha ou bando (crime atualmente denominado "associação criminosa"); **C:** incorreta. Tratando-se a emissão de cheque sem suficiente provisão de fundos de modalidade de estelionato (art. 171, § 2º, VI, do CP), imprescindível – e inerente ao próprio tipo penal fundamental – o emprego de fraude. O próprio *nomem juris* do crime em comento é "fraude no pagamento por meio de cheque". O agente irá utilizar referido título de crédito como meio para enganar a vítima, dela obtendo vantagem indevida, induzindo-a a erro mediante a entrega do cheque, mas sem lastro suficiente; **D:** incorreta. Nos termos do art. 180, § 2º, do CP, equipara-se à atividade comercial, para efeito do parágrafo anterior, qualquer forma de comércio irregular ou clandestino, *inclusive o exercício em residência*; **E:** incorreta. Confira-se a redação típica do art. 160 do CP: "Exigir ou receber, como garantia de dívida, abusando da situação de alguém, documento que pode dar causa a *procedimento criminal* contra a vítima ou contra terceiro".

Gabarito "A"

(Defensor Público/PR – 2012 – FCC) Epicuro e Tales resolvem subtrair importância em dinheiro de um veículo coletivo de passageiros, com uso de simulacro de arma de fogo, e ameaçam o cobrador do ônibus, tomando-lhe pequena importância em espécie. Na mesma conduta subtraem dinheiro e celulares de dois passageiros e do próprio cobrador. Epicuro e Tales cometeram crime de

(A) roubo qualificado pelo uso de arma de fogo.

(B) roubo qualificado em concurso material de crimes.

(C) roubo simples em concurso material de crimes.

(D) furto qualificado em concurso material de crimes.

(E) roubo majorado em concurso de crimes.

No crime de roubo, se as subtrações que vulneraram o patrimônio de duas ou mais pessoas se deram no mesmo contexto, fala-se em concurso formal de crimes (art. 70 do CP). Nesse sentido é a lição de Guilherme de Souza Nucci: "(...) Ilustrando, o autor ingressa num ônibus, anuncia o assalto e pede que todos passem os bens. Concretiza-se o concurso formal perfeito, pois o agente não possui desígnios autônomos, vale dizer, dolo direto em relação a cada uma das vítimas, que nem mesmo conhece (...)" (*Código Penal Comentado*. 13. ed., São Paulo: Ed. RT, 2013. p. 807).

Gabarito "E"

20. CRIMES CONTRA A DIGNIDADE SEXUAL

(Magistratura/GO – 2015 – FCC) A prática de conjunção carnal consentida e sem fraude com alguém menor de 18 anos e maior de 14 anos

(A) pode configurar crime de ação penal pública condicionada, desde que se encontre a vítima em determinada situação.

(B) é sempre conduta atípica.

(C) configura crime de ação penal pública incondicionada, independentemente da condição da vítima.

(D) pode configurar crime de ação penal pública incondicionada, desde que se encontre a vítima em determinada situação.

(E) configura crime de estupro de vulnerável.

A prática de conjunção carnal consentida e sem fraude com pessoa maior de 14 anos e menor de 18 anos pode caracterizar estupro de vulnerável (art. 217-A do CP), desde que a vítima, por fatores outros que não a idade, seja considerada vulnerável. Assim, nos termos do § 1º do referido dispositivo legal, será considerada vulnerável a vítima que, por enfermidade ou deficiência mental, não tiver o necessário discernimento para a prática do ato, ou que, por qualquer outra causa, não puder oferecer resistência. Importante destacar que o crime de estupro de vulnerável é de ação penal pública incondicionada, nos termos do art. 225, parágrafo único, do CP. Assim, vamos aos comentários às assertivas. **A:** incorreta, pois o estupro de vulnerável é de ação penal pública incondicionada; **B:** incorreta. Ainda que haja consentimento da vítima para a prática de ato sexual, o crime de estupro de vulnerável poderá se caracterizar a depender da situação em que a vítima de encontre (por exemplo, deficiência mental ou outra causa que lhe retire o discernimento para a prática do ato); **C:** incorreta. O estupro, em regra, é crime de ação penal pública condicionada à representação (art. 225, *caput*, do CP). Contudo, se a vítima for menor de dezoito anos ou vulnerável, a ação penal se tornará pública incondicionada; **D:** correta. Como visto, a depender da situação em que se encontre a vítima menor de 18 anos e maior de 14 anos, poderá ser considerada vulnerável, ainda que consinta com o ato sexual, razão por que poderá se caracterizar estupro de vulnerável, que é crime de ação penal pública incondicionada; **E:** incorreta. A prática pura e simples de conjunção carnal consentida e sem fraude com alguém menor de 18 anos e maior de 14 anos não configura estupro de vulnerável. É necessário, para tal imputação, que o agente pratique ato sexual com vítima que seja considerada vulnerável, nos termos do art. 217-A, § 1º, do CP. Caso contrário, o fato será atípico.

Gabarito "D"

(Magistratura/SC – 2015 – FCC) Em tema de crime contra a dignidade sexual, analise as seguintes assertivas:

I. O crime consuma-se no exato momento em que o agente, valendo-se de violência ou grave ameaça, pratica o feito voluntário destinado à satisfação de sua lascívia. Portanto, a consumação do delito confunde-se com o próprio ato libidinoso e a este é inerente.

II. Crimes praticados com o mesmo *modus operandi* em face de vítimas diferentes, em diversas ocasiões e no período de um mês, induz o reconhecimento de crime continuado em relação a cada vítima e concurso material entre os crimes.

III. O crime de rufianismo – aquele segundo o qual alguém tira proveito da prostituição alheia, participando diretamente de seus lucros ou fazendo-se sustentar, no todo ou em parte, por quem a exerça – foi revogado pela Lei 12.015/2009.

IV. O crime de atentado violento ao pudor exige laudo pericial conclusivo, porquanto ser da modalidade que sempre deixa vestígios, face à sua natureza jurídica de crime material.

É correto o que se afirma APENAS em

(A) I e II.

(B) II, III e IV.

(C) I, II e III.

(D) I.

(E) I e III.

I: correta. Embora a assertiva não fale expressamente, cremos que está a se tratar do delito de estupro (art. 213 do CP). E, de fato, no crime em comento, empregada a violência ou grave ameaça pelo agente, a consumação estará atingida no momento da prática do ato libidinoso; **II:** correta. De fato, se diversos crimes sexuais (estupros, por exemplo) forem praticados em contextos fáticos distintos, contra vítimas distintas, no período de um mês, será perfeitamente possível reconhecer a continuidade delitiva com relação a cada vítima (art. 71 do CP), e, entre os crimes, o concurso material (art. 69 do CP); **III:** incorreta, pois, nos termos do art. 230 do CP, que trata do rufianismo, responderá criminalmente aquele que tirar proveito da prostituição alheia, participando diretamente de seus lucros ou fazendo-se sustentar, no todo ou em parte, por quem a exerça; **IV:** incorreta. Primeiramente, o atentado violento ao pudor, com o advento da Lei 12.015/2009, deixou de ser considerado crime autônomo (art. 214 do CP), tendo sido incorporado ao estupro (art. 213 do CP). Outrossim, não é verdadeira a afirmação de que se trate de crime que sempre deixa vestígios (crimes não transeuntes), haja vista que o crime contra a dignidade sexual em comento (atualmente, estupro) pode ser praticado mediante grave ameaça, e sem deixar vestígios (por exemplo, sexo oral).

Gabarito "A"

(Magistratura/CE – 2014 – FCC) Nos crimes contra a liberdade sexual e nos crimes sexuais contra vulnerável, a ação penal

(A) é pública incondicionada apenas se a vítima é menor de quatorze anos.

(B) é pública condicionada se a vítima for pessoa vulnerável, independentemente da idade.

(C) é pública incondicionada apenas se a vítima for pessoa vulnerável menor de dezoito anos.

(D) pode ser privada, se praticado o fato antes da vigência do atual art. 225 do Código Penal.

(E) é pública condicionada se a vítima é maior de quatorze e menor de dezoito anos.

A: incorreta. Nos crimes contra a liberdade sexual (arts. 213 a 216-A, CP) e nos crimes sexuais contra vulnerável (art. 217-A a 218-B, CP), a ação penal será pública incondicionada se a vítima for menor de dezoito anos ou vulnerável (art. 225, parágrafo único, CP), lembrando-se de que a regra da ação penal nos crimes contra a dignidade sexual é que somente se procedem mediante representação (art. 225, *caput*, CP); **B:** incorreta, pois, como visto, sendo a vítima vulnerável, a ação penal será pública incondicionada (art. 225, parágrafo único, CP); **C:** incorreta. O critério etário, para fins de caracterização da vulnerabilidade (art. 217-A, *caput*, e § 1º, CP), adota os 14 (quatorze) anos como "idade de corte", ou seja, quem estiver abaixo dela será considerado vulnerável; **D:** correta. Antes do advento da Lei 12.015/2009, que promoveu profundas alterações nos antigos "crimes contra os costumes", atuais "crimes contra a dignidade sexual", a ação penal para referidos delitos sexuais em regra era privada. Todavia, com a nova redação dada ao art. 225, *caput*, do CP, por sobredita lei federal, a regra passou a ser a ação penal pública condicionada à representação. Há, aqui, nítida alteração *in pejus* (prejudicial), haja vista que a ação penal privada permite maiores chances de extinção da punibilidade do agente (tais como o perdão do ofendido, a renúncia e a perempção), não admitidas na ação penal pública. Assim, a quem houver praticado crime sexual antes da Lei 12.015/2009, a ação penal continuará a ser, em regra, privada, em homenagem à irretroatividade da lei penal prejudicial (*novatio legis in pejus*); **E:** incorreta. Nada obstante, apenas do ponto de vista etário, a vítima maior de quatorze e menor de dezoito anos não seja considerada vulnerável, o art. 225, parágrafo único, do CP, dispõe que a ação penal será pública incondicionada, também, quando a vítima for menor de 18 (dezoito) anos.

Gabarito "D"

(Magistratura/PE – 2013 – FCC) No crime de favorecimento da prostituição ou outra forma de exploração sexual de vulnerável,

(A) o sujeito passivo só pode ser pessoa menor de dezoito anos.

(B) a pena é aumentada de um terço, se praticado com o fim de obter vantagem econômica.

(C) constitui efeito obrigatório da condenação a cassação da licença de localização e de funcionamento do estabelecimento.

(D) punível quem praticar conjunção carnal com alguém menor de dezoito e maior de doze anos em situação de prostituição.

(E) punível o proprietário do local em que se verifiquem as práticas, ainda que delas não tenha conhecimento.

A: incorreta. De acordo com o art. 218-B, *caput*, do CP, temos o seguinte: "Submeter, induzir ou atrair à prostituição ou outra forma de exploração sexual alguém *menor de 18 (dezoito) anos* ou que, por *enfermidade ou deficiência mental, não tem o necessário discernimento para a prática do ato*, facilitá-la, impedir ou dificultar que a abandone". Logo, o sujeito passivo do crime será não somente pessoa menor de dezoito anos, mas, também, todo aquele que não tiver o necessário discernimento para a prática de atos sexuais em razão de enfermidade ou deficiência mental; **B:** incorreta, tendo em vista que se o agente praticar a conduta descrita no art. 218-B, *caput*, do CP, com o fim de obter vantagem econômica, sem prejuízo da pena privativa de liberdade cominada (que é de reclusão, de quatro a dez anos), impor-se-á, também, pena de multa (art. 218-B, § 1º, do CP); **C:** correta. Nos exatos termos do art. 218-B, § 3º, do CP, na hipótese do inciso II do § 2º (incorrem nas mesmas penas o proprietário, o gerente ou o responsável pelo local em que se verifiquem as práticas referidas no *caput* do precitado artigo), constitui efeito obrigatório da condenação a cassação da licença de localização e de funcionamento do estabelecimento; **D:** incorreta. Quem pratica conjunção carnal ou outro ato libidinoso com alguém menor de 18 (dezoito) e maior de 14 (catorze) anos (e não doze anos!) na situação descrita no *caput* do art. 218-B, do CP incorrerá nas mesmas penas (quatro a dez anos de reclusão), conforme preconiza o art. 218-B, § 2º, I, do mesmo Código; **E:** incorreta. Evidentemente, o proprietário do local em que se verificar o favorecimento da prostituição ou outras formas de exploração sexual de vulnerável somente responderá criminalmente se tiver conhecimento da prática das condutas descritas no art. 218-B, *caput*, do CP. Caso contrário, estar-se-ia permitindo a responsabilidade penal objetiva. Imagine, por exemplo, se um imóvel foi alugado por determinada pessoa, exatamente para a prática das condutas típicas já referidas. O proprietário (locador) somente será punido se tiver ciência de que o locatário explora a prostituição naquele local.

Gabarito "C"

21. CRIMES CONTRA A FÉ PÚBLICA

(Defensor Público/PR – 2012 – FCC) Larissa sofreu grave acidente ao cair de sua bicicleta, ocorrendo traumatismo de mandíbula com fraturas múltiplas e avulsão dentária. Foi levada ao pronto-socorro onde foi atendida pelo Dr. José das Couves, médico credenciado junto ao SUS, na especialidade de traumatologia. Embora ciente de que o SUS arcaria com as despesas, o médico condicionou o tratamento mediante o pagamento da quantia de R$ 250,00 (duzentos e cinquenta reais), por fora, da mãe da acidentada, alegando que seria para pagar o anestesista e o protético, este último porque confeccionaria o aparelho ortodôntico. A mãe de Larissa pagou a quantia cobrada, face a premente necessidade de socorro da filha. Nestas circunstâncias,

(A) a conduta de cobrar a importância por médico do SUS tipifica o crime de corrupção passiva praticada por José.

(B) José praticou corrupção passiva e a mãe de Larissa, ao pagar a quantia cobrada, praticou o crime de corrupção ativa.

(C) José praticou conduta típica de concussão e a mãe de Larissa ao pagar a quantia cobrada apenas exauriu o crime praticado pelo médico.

(D) José praticou conduta típica de corrupção passiva e a mãe de Larissa ao pagar a quantia cobrada, apenas exauriu o crime praticado pelo médico.

(E) a conduta de José é atípica, pois estava legitimado a cobrar a diferença da baixa remuneração paga aos médicos pelo SUS.

A conduta em que incorreu o médico, que é credenciado ao SUS, está prevista no art. 316 do CP (concussão), já que não se limitou a *solicitar* vantagem indevida, o que configuraria, em princípio, crime de corrupção passiva (art. 317 do CP), mas impôs (exigiu), como condição para a realização do tratamento ao qual deveria submeter-se Larissa, o recebimento de vantagem indevida. Neste caso, o recebimento desta vantagem, entregue, pela mãe de Larissa, ao médico, configura mero exaurimento do crime de concussão, que já se consumara quando da exigência formulada pelo médico (crime formal). De se ver ainda que a mãe de Larissa, por ter se curvado à imposição do médico, nenhum crime praticou. Ainda que o médico houvesse, no lugar de exigir, solicitado vantagem não devida, mesmo assim a conduta da mãe de Larissa não poderia ser enquadrada no tipo penal do art. 333 do CP (corrupção ativa), visto que, neste crime, a iniciativa há de ter partido do particular.

Gabarito "C"

(Magistratura/GO – 2015 – FCC) Falsificar cartão de crédito ou débito é

(A) conduta atípica.

(B) crime de falsificação de documento particular.

(C) crime de falsa identidade.

(D) crime de falsidade ideológica.

(E) crime de falsificação de documento público, por equiparação.

Nos termos do art. 298, parágrafo único, do CP, a falsificação de cartão de crédito ou débito caracteriza crime de falsificação de documento particular. A Lei 12.737/2012, também conhecida como "Lei Carolina Dieckmann", incluiu ao precitado art. 298 um parágrafo único, equiparando a documento particular o cartão de crédito ou débito. Importante registrar que pouco importa o fato de a instituição financeira responsável pela emissão do cartão ser pessoa jurídica de direito privado ou público.

Gabarito "B"

22. CRIMES CONTRA A ADMINISTRAÇÃO PÚBLICA

(Defensor Público – DPE/BA – 2016 – FCC) Sobre os crimes praticados por particular contra a Administração Pública:

(A) Segundo a jurisprudência do STJ, o descumprimento de medida protetiva de urgência da Lei 11.340/2006 determinada por juiz configura crime de desobediência.

(B) A Relatoria para Liberdade de Expressão da Comissão Interamericana de Direitos Humanos já concluiu que as leis nacionais que estabelecem crimes de desacato são contrárias ao artigo 13 da Convenção Americana de Direitos Humanos, que prevê a liberdade de pensamento e de expressão.

(C) Configura-se o crime de resistência quando o agente se opõe à execução de ato legal de funcionário público competente.

(D) A consumação do crime de desobediência depende do emprego de violência ou grave ameaça contra o funcionário público.

(E) No crime de desacato a ofensa deve ser dirigida ao funcionário público em exercício ou ao órgão ou instituição pública na qual exerce suas funções.

A: incorreta. É tranquilo o entendimento, tanto na doutrina quanto na jurisprudência, no sentido de que o crime de desobediência (art. 330, CP) não se configura na hipótese de haver como consequência para o ato de recalcitrância penalidade de natureza civil ou administrativa. Cuida-se, portanto, de tipo penal subsidiário. Nessa esteira, conferir: "1. O crime de desobediência é um delito subsidiário, que se caracteriza nos casos em que o descumprimento da ordem emitida pela autoridade não é objeto de sanção administrativa, civil ou processual. 2. O descumprimento das medidas protetivas emanadas no âmbito da Lei Maria da Penha, admite requisição de auxílio policial e decretação da prisão, nos termos do art. 313 do Código de Processo Penal, afastando a caracterização do delito de desobediência" (AgRg no REsp 1476500/DF, Rel. Ministro Walter de Almeida Guilherme (desembargador convocado do TJ/SP), Quinta Turma, julgado em 11.11.2014, *DJe* 19.11.2014); **B:** correta. No que concerne a este tema, conferir recente decisão do STJ: "(...) 4. O art. 2º, c/c o art. 29, da Convenção Americana de Direitos Humanos (Pacto de São José da Costa Rica) prevê a adoção, pelos Estados Partes, de "medidas legislativas ou de outra natureza" visando à solução de antinomias normativas que possam suprimir ou limitar o efetivo exercício de direitos e liberdades fundamentais. 5. Na sessão de 04.02.2009, a Corte Especial do Superior Tribunal de Justiça, ao julgar, pelo rito do art. 543-C do CPC/1973, o Recurso Especial 914.253/SP, de relatoria do Ministro Luiz Fux, adotou o entendimento firmado pelo Supremo Tribunal Federal no Recurso Extraordinário 466.343/SP, no sentido de que os tratados de direitos humanos, ratificados pelo país, têm força supralegal, "o que significa dizer que toda lei antagônica às normas emanadas de tratados internacionais sobre direitos humanos é destituída de validade." 6. Decidiu-se, no precedente repetitivo, que, "no plano material, as regras provindas da Convenção Americana de Direitos Humanos, em relação às normas internas, são ampliativas do exercício do direito fundamental à liberdade, razão pela qual paralisam a eficácia normativa da regra interna em sentido contrário, haja vista que não se trata aqui de revogação, mas de invalidade." 7. A adequação das normas legais aos tratados e convenções internacionais adotados pelo Direito Pátrio configura controle de constitucionalidade, o qual, no caso concreto, por não se cuidar de convenção votada sob regime de emenda constitucional, não invade a seara do controle de constitucionalidade e pode ser feito de forma difusa, até mesmo em sede de recurso especial. 8. Nesse particular, a Corte Interamericana de Direitos Humanos, quando do julgamento do caso Almonacid Arellano y otros v. Chile, passou a exigir que o Poder Judiciário de cada Estado-Parte do Pacto de São José da Costa Rica exerça o controle de convencionalidade das normas jurídicas internas que aplica aos casos concretos. 9. Por conseguinte, a ausência de lei veiculadora de *abolitio criminis* não inibe a atuação do Poder Judiciário na verificação da inconformidade do art. 331 do Código Penal, que prevê a figura típica do desacato, com o art. 13 do Pacto de São José da Costa Rica, que estipula mecanismos de proteção à liberdade de pensamento e de expressão. 10. A Comissão Interamericana de Direitos Humanos – CIDH já se manifestou no sentido de que as leis de desacato se prestam ao abuso, como meio para silenciar ideias e opiniões consideradas incômodas pelo *establishment*, bem assim proporcionam maior nível de proteção aos agentes do Estado do que aos particulares, em contravenção aos princípios democrático e igualitário. 11. A adesão ao Pacto de São José significa a transposição, para a ordem jurídica interna, de critérios recíprocos de interpretação, sob pena de negação da universalidade dos valores insertos nos direitos fundamentais internacionalmente reconhecidos. Assim, o método hermenêutico mais adequado à concretização da liberdade de expressão reside no postulado *pro homine*, composto de dois princípios de proteção de direitos: a dignidade da pessoa humana e a prevalência dos direitos humanos. 12. A criminalização do desacato está na contramão do humanismo, porque ressalta a preponderância do Estado – personificado em seus agentes – sobre o indivíduo. 13. A existência de tal normativo em nosso ordenamento jurídico é anacrônica, pois traduz desigualdade entre funcionários e particulares, o que é inaceitável no Estado Democrático de Direito. 14. Punir o uso de linguagem e atitudes ofensivas contra agentes estatais é medida capaz de fazer com que as pessoas se abstenham de usufruir do direito à liberdade de expressão, por temor de sanções penais, sendo esta uma das razões pelas quais a CIDH estabeleceu a recomendação de que os países aderentes ao Pacto de São Paulo abolissem suas respectivas leis de desacato. 15. O afastamento da tipificação criminal do desacato não impede a responsabilidade ulterior, civil ou até mesmo de outra figura típica penal (calúnia, injúria, difamação etc.), pela ocorrência de abuso na expressão verbal ou gestual utilizada perante o funcionário público. 16. Recurso especial conhecido em parte, e nessa extensão, parcialmente provido para afastar a condenação do recorrente pelo crime de desacato (art. 331 do CP)" (REsp 1640084/SP, Rel. Ministro Ribeiro Dantas, Quinta Turma, julgado em 15.12.2016, *DJe* 01.02.2017); **C:** incorreta. Isso porque o crime de resistência (art. 329, CP) pressupõe que o agente se valha, para se opor à execução do ato legal, de violência ou ameaça contra o funcionário público competente ou aquele que lhe estiver prestando auxílio; **D:** incorreta. O momento consumativo do crime de desobediência depende do conteúdo da ordem: se o tipo penal estabelece uma omissão, o delito se consuma no momento da ação; se estabelece uma ação e um prazo em que ela deve ser implementada, a consumação é alcançada com a expiração desse interregno. Veja que o emprego de violência ou ameaça constitui requisito necessário à configuração do crime de resistência (art. 329, CP); **E:** incorreta, já que só pode ser alvo da ofensa, no desacato, o funcionário público.

Gabarito "B"

(Analista – TRE/CE – 2012 – FCC) Pedro, menor de dezessete anos, comete um ato infracional equiparado a crime de roubo contra um supermercado, empreendendo fuga logo em seguida. José, seu melhor amigo, de 22 anos de idade, deixa Pedro ingressar em sua residência e ali permanecer por alguns dias, impedindo a ação da Polícia. Neste caso, José

(A) cometeu crime de tráfico de influência.
(B) cometeu crime de favorecimento pessoal.
(C) não cometeu nenhum crime.
(D) cometeu crime de favorecimento real.
(E) cometeu crime de fraude processual.

É atípico o comportamento daquele que auxilia autor de ato infracional a ocultar-se da polícia, visto que a conduta praticada pelo menor (ato infracional equiparado ao crime de roubo) não pode ser entendida como "crime apenado com reclusão", não restando configurado o crime de favorecimento pessoal, previsto no art. 348 do CP.

Gabarito "C"

(Analista – TRE/CE – 2012 – FCC) Manoel e Reinaldo, funcionários de uma copiadora, utilizavam carimbos de autenticação pertencentes a um determinado Ofício de Notas e Protestos da comarca de Aracaju, fornecidos pelo próprio Tabelião, em cópias de documentos, encaminhando-as posteriormente ao cartório para aposição de assinaturas por escreventes autorizados. Manoel e Reinaldo praticaram em tese, crime de

(A) exercício funcional ilegalmente antecipado ou prolongado.
(B) usurpação de função pública.
(C) advocacia administrativa.
(D) corrupção ativa.
(E) tráfico de influência.

A: incorreto (art. 324 do CP); **B:** correto (art. 328 do CP); **C:** incorreto (art. 321 do CP); **D:** incorreto (art. 333 do CP); **E:** incorreto (art. 332 do CP).

Gabarito "B"

(Analista – TRE/PR – 2012 – FCC) João foi parado numa estrada porque dirigia em excesso de velocidade. Ao ser abordado pelo policial, ofereceu-lhe a quantia de R$ 100,00 para que relevasse a multa. Nisso, uma viatura policial chegou ao local e João, em vista disso, antes que o policial tivesse se manifestado a respeito da aceitação ou não da oferta, dela desistiu, dizendo-lhe para lavrar a autuação. Nesse caso, João

(A) não cometeu nenhum delito porque o fato é penalmente atípico.
(B) não cometeu nenhum crime, porque houve desistência voluntária.
(C) cometeu crime de corrupção passiva na forma tentada.
(D) não cometeu nenhum delito porque houve arrependimento eficaz.
(E) cometeu crime de corrupção ativa na forma consumada.

João cometeu o crime previsto no art. 333 do CP – corrupção ativa consumada. Trata-se de delito formal, cujo *momento consumativo* se opera no exato instante em que o agente *oferece* vantagem indevida ao policial, independentemente da produção do resultado naturalístico previsto no tipo penal (recebimento da vantagem). Se porventura o policial tivesse aceitado a oferta feita por João, incorreria nas penas do crime previsto no art. 317 do CP – corrupção passiva.

Gabarito "E"

(Analista – TRE/PR – 2012 – FCC) No que concerne aos crimes praticados contra a Administração em geral, é correto afirmar:

(A) O crime de resistência só se consuma se, em razão da violência ou grave ameaça, o ato legal não vier a ser executado.
(B) A reintrodução no país de produtos de fabricação nacional destinados exclusivamente à exportação e de venda proibida no Brasil, constitui crime de contrabando.
(C) O crime de desacato admite a forma culposa quando o agente estiver no exercício de suas funções.
(D) O crime de corrupção passiva admite a forma culposa quando cometido através de interposta pessoa.

A: incorreto. O crime de resistência (art. 329 do CP) é formal, pois a sua consumação não está condicionada à produção de resultado naturalístico (não execução do ato contra o qual se insurgiu o agente). A consumação se dá, portanto, em momento anterior, com o emprego de violência ou ameaça; **B:** correta. *Vide*, nesse sentido: TRF – 1.ª Região, *RT* 755/735; **C:** inexiste previsão de desacato culposo, e, salvo os casos expressos em lei, ninguém pode ser punido por fato previsto como crime, senão quando o pratica dolosamente (parágrafo único do art. 18 do CP); **D:** a corrupção passiva também não comporta a modalidade culposa, e, conforme esclarecido anteriormente, salvo os casos expressos em lei, ninguém pode ser punido por fato previsto como crime, senão quando o pratica dolosamente (art. 18, parágrafo único, do CP).

Gabarito "B"

(Magistratura/GO – 2015 – FCC) No que toca aos crimes contra a administração da justiça, acertado afirmar que

(A) não configura coação no curso do processo usar de violência ou grave ameaça, com o fim de favorecer interesse próprio ou alheio, contra autoridade, parte, ou qualquer outra pessoa que funciona ou é chamada a intervir em juízo arbitral.
(B) não configura crime a conduta de provocar a ação de autoridade, comunicando-lhe a ocorrência de contravenção que sabe não se ter verificado.
(C) configura favorecimento pessoal a conduta de auxiliar a subtrair-se à ação de autoridade pública autor de crime a que é cominada pena de detenção.

(D) não configura denunciação caluniosa dar causa à instauração de investigação policial contra alguém, imputando-lhe contravenção penal de que o sabe inocente.

(E) configura o crime de autoacusação falsa a conduta de acusar-se, perante a autoridade, de contravenção penal inexistente ou praticada por outrem.

A: incorreta. Nos exatos termos do art. 344 do CP, caracteriza o crime de coação no curso do processo o fato de o agente usar de violência ou grave ameaça, com o fim de favorecer interesse próprio ou alheio, contra autoridade, parte, ou qualquer outra pessoa que funciona ou é chamada a intervir em processo judicial, policial ou administrativo, ou em juízo arbitral; **B:** incorreta. Nos termos do art. 340 do CP, é crime o fato de alguém provocar a ação de autoridade, comunicando-lhe a ocorrência de crime ou de contravenção que sabe não se ter verificado; **C:** correta. Configura favorecimento pessoal a conduta de auxiliar a subtrair-se à ação de autoridade pública autor de crime a que é cominada pena de reclusão (art. 348, *caput*, do CP) ou a crime que não seja cominada referida espécie de pena privativa de liberdade (art. 348, § 1º, do CP); **D:** incorreta. Caracteriza denunciação caluniosa, porém com pena reduzida pela metade, dar causa à instauração de investigação policial contra alguém, imputando-lhe contravenção penal de que o sabe inocente (art. 339, § 2º, do CP); **E:** incorreta. A autoacusação falsa somente se tipifica quando o agente acusar-se, perante a autoridade, de crime inexistente ou praticado por outrem (art. 341 do CP). Assim, conclui-se que a autoacusação falsa de contravenção inexistente ou praticada por terceiro é conduta atípica.

Gabarito "C"

(Magistratura/PE – 2013 – FCC) Em relação aos crimes contra a administração pública, correto afirmar que

(A) o falso testemunho deixa de ser punível se, depois da sentença em que ocorreu o ilícito, o agente se retrata ou declara a verdade.

(B) o crime de concussão é de natureza formal, reclamando o recebimento da vantagem para a consumação.

(C) é pública condicionada a ação penal no delito de exercício arbitrário das próprias razões, se não há emprego de violência.

(D) é atípica a conduta de acusar-se, perante a autoridade, de contravenção penal inexistente ou praticada por outrem.

(E) configura favorecimento pessoal o ato de prestar a criminoso, fora dos casos de coautoria ou de receptação, auxílio destinado a tornar seguro o proveito do crime.

A: incorreta. A retratação, no crime de falso testemunho, somente tem o condão de extinguir a punibilidade do agente se ocorrer antes da sentença no processo em que ocorreu o ilícito (art. 342, § 2º, do CP); **B:** incorreta. Exatamente pelo fato de o crime de concussão, definido no art. 316 do CP, ter natureza formal, irá consumar-se independentemente do recebimento da vantagem indevida, bastando, para tanto, que o agente a exija; **C:** incorreta. O crime de exercício arbitrário das próprias razões (art. 345 do CP) comporta duas espécies de ação penal: i) pública incondicionada, se houver emprego de violência; ii) privada, se não houver emprego de violência. Tal é o que se extrai do art. 345, parágrafo único, do CP ("Se não há emprego de violência, somente se procede mediante queixa"); **D:** correta. De fato, o crime de autoacusação falsa, previsto no art. 341, pressupõe que o agente se acuse, perante a autoridade, de *crime* inexistente ou praticado por outrem. Perceba que o legislador empregou o vocábulo "crime" e não "infração penal". Logo, a autoacusação de contravenção é fato atípico; **E:** incorreta. Prestar a criminoso, fora dos casos de coautoria ou de receptação, auxílio destinado a tornar seguro o proveito do crime, caracteriza o crime de favorecimento real (art. 349 do CP). O favorecimento pessoal ocorre quando o agente auxiliar a subtrair-se à ação de autoridade pública autor de crime a que é cominada pena de reclusão (ou de detenção), nos termos do art. 348 do CP. Aqui, a diferenciação é muito simples: i) se o auxílio for prestado para tornar seguro o *proveito do crime*, o favorecimento é *real* (de *res*, coisa, objeto); ii) se o auxílio for prestado para que *alguém* consiga escapar da ação de autoridade pública em razão da prática de crime, o favorecimento é *pessoal* (afinal, ajudou-se a própria *pessoa* que tenha praticado o crime).

Gabarito "D"

23. OUTROS CRIMES DO CÓDIGO PENAL

(Defensor Público – DPE/BA – 2016 – FCC) Segundo a jurisprudência dominante do STF, é correto:

(A) a hediondez do tráfico de drogas em todas as suas modalidades impede a aplicação do indulto.

(B) o delito previsto no artigo 33 da Lei de Drogas, por ser crime de ação múltipla, faz com que o agente que, no mesmo contexto fático e sucessivamente, pratique mais de uma ação típica, responda por crime único em função do princípio da alternatividade.

(C) o porte de munição de arma de fogo de uso restrito constitui crime de perigo concreto, necessitando da presença da arma de fogo para sua tipificação.

(D) a circunstância judicial da personalidade do agente, por ser própria do direito penal do autor, não foi recepcionada pela Constituição de 1988.

(E) não configura constrangimento ilegal o cumprimento de pena em regime mais gravoso do que o fixado na sentença em virtude da falta de vagas, pois se aplica o princípio da reserva do possível.

A: incorreta, já que a modalidade de tráfico prevista no art. 33, § 4º, da Lei 11.343/2006 (tráfico privilegiado), porque não tem natureza hedionda, comporta o indulto. Com efeito, a Terceira Seção do STJ, em votação unânime, com o propósito de se alinhar ao entendimento do STF, cancelou a Súmula 512 (que atribuía ao tráfico privilegiado a natureza de crime hediondo), adotando a tese, em vigor no STF, de que o tráfico do art. 33, § 4º, da Lei 11.343/2006 não tem natureza hedionda; **B:** correta. De fato, o tráfico de drogas, capitulado no art. 33 da Lei 11.343/2006, é classificado como *crime de ação múltipla* (conteúdo variado ou plurinuclear), isto é, ainda que o agente pratique, no mesmo contexto fático, mais de uma ação típica (cada qual representada por um núcleo), responderá por um único crime (incidência do *princípio da alternatividade*); **C:** incorreta. Segundo tem entendido a jurisprudência e também a doutrina, os crimes do art. 16 da Lei 10.826/2003 (aqui incluído o porte de munição de arma de fogo de uso restrito) são de perigo abstrato. A propósito, o crime de posse ou porte ilegal de arma de fogo de uso restrito, tipificado no art. 16 da Lei 10.826/2003, com o advento da recente Lei 13.497/2017, passou a ser considerado hediondo (art. 1º, parágrafo único, parte final, da Lei 8.072/1990); **D:** incorreta. A circunstância judicial denominada *personalidade do agente*, contida no art. 59 do CP, se presta, tal como as demais, a concretizar, na primeira fase de fixação da pena, o postulado da individualização; **E:** incorreta, pois contraria o teor da Súmula Vinculante 56: "A falta de estabelecimento penal adequado não autoriza a manutenção do condenado em regime prisional mais gravoso, devendo-se observar, nessa hipótese, os parâmetros fixados no RE 641.320/RS". ED

Gabarito "B"

(Magistratura – TRT 1ª – 2016 – FCC) Sandro convence Carolina, Patrícia e Hugo, mediante o pagamento de R$ 100,00 (cem reais) por pessoa, a saírem da cidade onde moram, no Mato Grosso, para irem trabalhar como empregadas em uma fábrica localizada no interior do Amazonas. Lá chegando, os três são admitidos para exercer as mesmas tarefas, na fábrica mencionada por Sandro (sendo este, descobrem as trabalhadoras quando começam a desempenhar as suas atividades, o proprietário da fábrica).

Dizendo-se também proprietário do Armazém do Trabalhador, no primeiro dia de trabalho dos três empregados, Sandro diz que, *"seria melhor para eles fazerem suas compras na minha venda"* e *"que isso deixaria o chefe muito feliz"*. Apesar de o Armazém praticar preços mais elevados e ser razoavelmente mais distante que outros estabelecimentos assemelhados, sentindo seus empregos ameaçados, Carolina e Patrícia passam a fazer as compras naquele estabelecimento, o que acaba por lhes comprometer substancialmente a renda mensal fruto do salário recebido.

Patrícia e Hugo se filiam ao sindicato que representa os interesses da categoria profissional que integram, começam a participar das atividades e se tornam dirigentes da entidade. Sistematicamente, Sandro se recusa a liberar os dirigentes para participação nas reuniões do sindicato (inclusive uma que iria deliberar acerca de paralisação das atividades em sua fábrica), mesmo tendo Patrícia e Hugo sempre se comprometido a compensar no dia seguinte as horas que deixassem de trabalhar. Na frente de testemunhas, Sandro afirma para ambos: *"se vocês saírem antes serão descontados. Se repetirem, serão suspensos e se isso continuar vão ser dispensados por justa causa. A menos que tenham emprego aqui, vão acabar tendo que voltar lá para o Mato Grosso. Vocês que sabem ... Aliás, vocês são uns vagabundos de merda mesmo."* No entanto, nenhum dos empregados teve o seu contrato de trabalho extinto.

Admitindo que tudo o narrado seja verdade e esteja comprovado, e com base no Código Penal, em relação aos crimes contra a organização do trabalho, Sandro praticou ao menos:

(A) Atentado contra a liberdade de associação, Frustação de direito assegurado por lei trabalhista e injúria.

(B) Atentado contra a liberdade de associação e injúria.

(C) Frustração de direito assegurado por lei trabalhista e Aliciamento de trabalhadores de um local para o outro do território nacional.

(D) Aliciamento de trabalhadores de um local para o outro do território nacional.

(E) Atentando contra a liberdade de associação.

A e **B**: incorretas. Isso porque o crime de *atentado contra a liberdade de associação*, capitulado no art. 199 do CP, pressupõe, à sua configuração, o emprego de *violência* ou *grave ameaça*, o que não se deu no caso narrado no enunciado, uma vez que Sandro se limitou a advertir Patrícia e Hugo acerca das consequências de suas ausências; o mesmo se diga em relação ao crime de *frustração de direito assegurado por lei trabalhista* (art. 203, *caput*, CP), cuja prática pressupõe o emprego de *fraude* ou *violência*; de igual forma, não há que se falar na prática da modalidade presente no art. 203, § 1º, I, do CP, na medida em que não houve coação ou imposição de obrigação. Tanto que Sandro não adquiriu os produtos do armazém e nada lhe aconteceu; por fim, injúria (art. 140, CP) é crime contra a honra, e não contra a organização do trabalho; **C**: incorreta, já que não houve, como já dissemos acima, frustração de direito assegurado por lei trabalhista (art. 203, CP); **D**: correta, já que a conduta descrita no enunciado corresponde ao crime do art. 207 do CP; **E**: incorreta. *Vide* comentários às alternativas A e B.

Gabarito "D"

(Magistratura/SC – 2015 – FCC) Sobre os crimes de perigo comum previstos no Código Penal, é correto afirmar:

(A) Todos os crimes de perigo comum admitem forma qualificada pelo resultado.

(B) O crime de incêndio, por ser de perigo comum, pode se consumar com a provocação do mero perigo de incêndio, independentemente de expor diretamente a risco à vida ou à integridade física ou patrimônio de outrem.

(C) Os crimes de perigo comum não admitem forma tentada.

(D) Os crimes de perigo comum não admitem forma culposa.

(E) Os crimes de perigo comum exigem elemento subjetivo específico.

A: correta. Todos os crimes de perigo comum (Capítulo I, do Título VIII, da Parte Especial, do CP) admitem forma qualificada pelo resultado, consoante dispõe o art. 258 do CP; **B**: incorreta. Nos termos da própria redação típica (art. 250 do CP), o crime de incêndio somente pode se consumar com a exposição a perigo da vida, integridade física ou patrimônio de outrem. Trata-se, é bom registrar, de crime material e de perigo concreto; **C**: incorreta. Os crimes de perigo comum admitem a forma tentada, à exceção de alguns, como, por exemplo, o delito de explosão (art. 251 do CP), o de fabrico, fornecimento, aquisição, posse ou transporte de explosivos ou gás tóxico, ou asfixiante (art. 253 do CP), eis que incriminam, de forma autônoma, atos que representam fase preparatória de outros delitos, bem como o crime de perigo de inundação (art. 255 do CP), haja vista que constitui ato preparatório da inundação, que é crime autônomo (art. 254 do CP); **D**: incorreta. Diversos crimes de perigo comum admitem a forma culposa, tais como o incêndio (art. 250, § 2º, do CP), a explosão (art. 251, § 3º, do CP), o uso de gás tóxico ou asfixiante (art. 252, parágrafo único, do CP) e o desabamento ou desmoronamento (art. 256, parágrafo único, do CP); **E**: incorreta. Os crimes de perigo comum, em regra, exigem apenas o dolo, independentemente de qualquer finalidade específica do agente. Contudo, há exceções, como se vê, por exemplo, no art. 250, § 1º, I, do CP (incêndio majorado), em que o agente terá sua pena aumentada em um terço se o crime for cometido com o intuito de obter vantagem pecuniária em proveito próprio ou alheio.

Gabarito "A"

24. TEMAS COMBINADOS DE DIREITO PENAL

(Defensor Público/SP – 2012 – FCC) No tocante à parte especial do Código Penal, é correto afirmar que

(A) o crime de assédio sexual pressupõe a prevalência da condição de superior hierárquico ou ascendência inerentes ao exercício de cargo, emprego ou função, para o fim de obtenção de vantagem econômica ou favorecimento sexual.

(B) de acordo com a jurisprudência atual do Supremo Tribunal Federal não se admite o reconhecimento do privilégio no furto qualificado pelo rompimento de obstáculo, dada a incompatibilidade das circunstâncias em questão.

(C) o concurso de agentes constitui circunstância que qualifica o crime de homicídio, vez que a superioridade numérica, por si, indica a maior reprovabilidade da conduta.

(D) não é punível a conduta do agente que recebe coisa sabendo ser produto de crime, se não for apurada a autoria do crime de que a *res* proveio.

(E) pai que agride o filho homem, que possui 18 anos de idade, causando-lhe lesões corporais de natureza leve, terá sua conduta subsumida ao art. 129, § 9º – crime de violência doméstica.

A: incorreta, visto que o elemento subjetivo específico (na doutrina tradicional, dolo específico) do tipo penal do art. 216-A do CP (assédio sexual) consiste no intuito de obter vantagem ou favorecimento *sexual*, o que não inclui, à evidência, a vantagem de caráter *econômico*; **B:** incorreta. Conferir: (...) Furto. Bem de pequeno valor (R$ 179,00). Infração penal praticada com rompimento de obstáculo e em concurso com menor. Reprovabilidade da conduta. 3. Aplicação do princípio da insignificância. Impossibilidade. 4. Ordem denegada, mas concedida de ofício, a fim de restabelecer o acórdão do Tribunal de Justiça, admitindo a figura do furto qualificado-privilegiado" (STF, HC 105922, Gilmar Mendes). *Vide* Súmula 511, do STJ; **C:** incorreta, pois a superioridade numérica, por si só, não tem o condão de qualificar o crime de homicídio. *Vide*: TJPR, SER 395.483-2, *DOE* de 25.01.2008; **D:** incorreta, ainda que não se identifique o autor do crime antecedente, é cabível, mesmo assim, seja o autor da receptação punido, sendo tão somente suficiente a existência de provas do crime anterior; **E:** correta, pois reflete o teor do art. 129, § 9º, do CP.

Gabarito "E"

25. CRIMES DA LEI ANTIDROGAS

(Juiz – TJ-SC – FCC – 2017) "A" praticou o crime de tráfico de drogas (art. 33 da Lei nº 11.343/06) depois de haver sido condenado, com trânsito em julgado, pelo delito previsto no artigo 28 do mesmo estatuto. Na sentença, a condenação anterior:

(A) não poderá ser considerada para fins de reincidência, porquanto tal delito não possui cominada a pena de prisão.

(B) poderá ser considerada para fins de reincidência, mesmo não tendo o réu recebido pena privativa de liberdade.

(C) somente poderá ser considerada como maus antecedentes.

(D) não poderá gerar qualquer efeito por não ser crime nos termos da lei de introdução ao código penal.

(E) somente poderá ser considerada como circunstância judicial na primeira fase do cálculo da pena.

A natureza jurídica do art. 28 da Lei 11.343/2006 gerou, num primeiro momento, polêmica na doutrina, uma vez que, para uns, teria havido descriminalização da conduta ali descrita. Atualmente, esta discussão encontra-se superada. Não há mais dúvida de que o comportamento descrito neste art. 28 continua a ser crime, isso porque inserido no Capítulo III da atual Lei de Drogas. Houve, isto sim, despenalização da conduta. Nesse sentido, a 1ª Turma do STF, no julgamento do RE 430.105-9-RJ, considerou que o dispositivo em questão tem natureza de crime, e o usuário é um "tóxico delinquente" (Rel. Min. Sepúlveda Pertence, j. 13.2.2007). Bem por isso, a condenação anterior transitada em julgado pelo cometimento do crime do art. 28 da Lei de Drogas gera, sim, reincidência. Conferir: "A condenação definitiva anterior por porte de substância entorpecente para uso próprio, prevista no art. 28 da Lei 11.343/2006, gera reincidência, haja vista que essa conduta foi apenas despenalizada, mas não descriminalizada, pela nova Lei de Drogas" (HC 275.126/SP, Rel. Min. Nefi Cordeiro, 6ª Turma, j. 18.09.2014, *DJe* 03.10.2014). ED

Gabarito "B"

(Defensor Público – DPE/ES – 2016 – FCC) Quanto aos crimes previstos na Lei de Drogas, é correto afirmar que

(A) a pena de multa pode ser aumentada até o limite do triplo se, em virtude da condição econômica do acusado, o juiz considerá-la ineficaz, ainda que aplicada no máximo.

(B) não se tipifica o delito de associação para o tráfico se ausentes os requisitos de estabilidade e permanência, configurando-se apenas a causa de aumento da pena do concurso de pessoas.

(C) constitui causa de aumento da pena a promoção do tráfico de drogas nas imediações de estabelecimento de ensino e, consoante expressa previsão legal, a circunstância independe de comprovação de se destinar aos respectivos estudantes.

(D) o condenado por tráfico privilegiado poderá ser promovido de regime prisional após o cumprimento de um sexto da pena, segundo entendimento do Supremo Tribunal Federal.

(E) cabível a aplicação retroativa da figura do tráfico privilegiado, desde que o redutor incida sobre a pena prevista na lei anterior, pois vedada a combinação de leis.

A: incorreta, pois não corresponde ao teor do art. 43, parágrafo único, da Lei 11.343/2006, segundo o qual, em casos assim, as multas podem ser aumentadas até o *décuplo*; **B:** incorreta. É fato que, para a configuração do crime do art. 35 da Lei 11.343/2006 (associação para o tráfico), é indispensável que a associação se dê de forma estável e duradoura, tal como ocorre com o crime de associação criminosa (art. 288, CP). Até aqui a assertiva está correta. O erro da alternativa está em afirmar que o concurso de pessoas constitui causa de aumento de pena. Isso porque tal circunstância não está contemplada no art. 40 da Lei 11.343/2006; **C:** incorreta, já que a lei não prevê a desnecessidade de comprovação de que o entorpecente se destina aos alunos da escola em torno da qual ele é comercializado. De toda forma, é bom que se diga que, a despeito de a lei nada dizer sobre tal circunstância, é certo que a jurisprudência tem entendido que a configuração da causa de aumento de pena em questão (art. 40, III, da Lei 11.343/2006) independe da comprovação de o comércio de drogas se destinar especificamente aos alunos da escola. Conferir: "(...) Inexiste constrangimento ilegal em relação ao reconhecimento da causa especial de aumento prevista no art. 40, III, da Lei 11.343/2006, uma vez que restou devidamente comprovado que o paciente atuava próximo a estabelecimentos de ensino, pouco importando se ele estava ou não visando especialmente atingir estudantes desse estabelecimento ou efetivamente comercializando entorpecentes diretamente com os alunos das escolas" (AgRg no HC 283.816/SP, Rel. Ministro Sebastião Reis Júnior, Sexta Turma, julgado em 20.09.2016, *DJe* 06.10.2016); **D:** correta. Segundo entendimento firmado na Súmula n. 512, do STJ, não mais em vigor, "A aplicação da causa de diminuição de pena prevista no art. 33, § 4º, da Lei 11.343/2006 não afasta a hediondez do crime de tráfico de drogas". O Plenário do STF, ao julgar o HC 118.533/MS, em 23.06.2016, cuja relatoria foi da Min. Cármen Lúcia, entendeu, em dissonância com o posicionamento então adotado pelo STJ, que o crime de tráfico de drogas privilegiado não tem natureza hedionda. Pois bem. Sucede que a Terceira Seção do STJ, na sessão realizada em 23 de novembro de 2016, ao julgar a QO na Pet 11.796-DF, determinou o cancelamento da referida Súmula n. 512, alinhando-se ao entendimento adotado pelo STF no sentido de que o delito de tráfico privilegiado não pode ser equiparado a crime hediondo. Portanto, não se tratando de crime hediondo, o condenado pela prática de tráfico privilegiado progredirá no cumprimento de sua pena segundo as regras do art. 112 da LEP, que estabelece, como requisito objetivo, o cumprimento de um sexto da pena no regime anterior; **E:** incorreta, pois contraria o entendimento firmado na Súmula 501 do STJ: "É cabível a aplicação retroativa da Lei 11.343/2006, desde que o resultado da incidência das suas disposições, na íntegra, seja mais favorável ao réu do que o advindo da aplicação da Lei 6.368/1976, sendo vedada a combinação de leis". ED

Gabarito "D"

(Defensor Público/SP – 2012 – FCC) Em relação à Lei Federal n. 11.343/2006, que estabelece o Sistema Nacional de Políticas Públicas sobre Drogas, é correto afirmar que

(A) o comando legal que vedava a conversão da pena privativa de liberdade em restritiva de direitos no crime de tráfico teve sua execução suspensa por resolução do Senado Federal.

(B) a conduta de guardar, para consumo próprio, drogas em desacordo com determinação legal e regulamentar, configura mera infração administrativa.

(C) o informante que colabora com grupo que, sem autorização ou em desacordo com a legislação regulamentar, se dedica à venda de drogas, responde pelo mesmo tipo penal em que incorrerá o grupo vendedor, visto que sistema penal pátrio adota a teoria monista.

(D) por se tratar de norma penal em branco, a legislação delegou a órgão do Poder Executivo Federal a definição de critério quantitativo rígido para fins de distinção da conduta do usuário e do traficante.

(E) a lei em questão prevê pena privativa de liberdade para aquele que conduz veículo automotor, embarcação ou aeronave após o consumo de drogas, expondo a dano potencial a incolumidade de outrem.

A: correta. De fato, o Senado Federal, atendendo à decisão do STF tomada no HC 97.256/RS, suspendeu, por meio da Resolução n. 5/2012, a eficácia do dispositivo da Lei 11.343/2006 que impedia a substituição da pena privativa de liberdade por restritiva de direitos; **B:** incorreta, já que constitui crime a conduta daquele que guarda, para consumo próprio, drogas em desacordo com determinação legal ou regulamentar (art. 28 Lei 11.343/2006); **C:** incorreta, já que o informante, neste caso, responderá pelo crime do art. 37 da Lei de Drogas, o que constitui exceção à teoria monista (unitária); **D:** incorreta, visto que tal distinção caberá ao magistrado, que não está vinculado a nenhum critério quantitativo rígido (art. 28, § 2º, da Lei 11.343/2006); **E:** incorreta, posto que o art. 39 da Lei de Drogas não contemplou a conduta de conduzir veículo automotor após o consumo de substância entorpecente.

Gabarito "A"

26. CRIMES CONTRA O MEIO AMBIENTE

(Juiz – TJ-SC – FCC – 2017) São agravantes expressamente previstas na Lei ambiental nº 9.605/98 cometer a infração:

I. concorrendo para danos à propriedade alheia.
II. em domingos ou feriados.
III. mediante fraude ou abuso de confiança.
IV. com abuso de poder ou violação de dever inerente a cargo, ofício, ministério ou profissão.
V. à noite.

Está correto o que se afirma APENAS em

(A) II e III.
(B) I, III e IV.
(C) I, III e V.
(D) I, II, III e V.
(E) II, IV e V.

I: correta: agravante prevista no art. 15, II, *d*, da Lei 9.605/1998 (Crimes contra o Meio Ambiente); **II:** correta: agravante prevista no art. 15, II, *h*, da Lei 9.605/1998 (Crimes contra o Meio Ambiente); **III:** correta: agravante prevista no art. 15, II, *n*, da Lei 9.605/1998 (Crimes contra o Meio Ambiente); **IV:** incorreta. Hipótese não prevista como agravante na Lei 9.605/1998; **V:** correta: agravante prevista no art. 15, II, *i*, da Lei 9.605/1998 (Crimes contra o Meio Ambiente). ED

Gabarito "D"

27. CRIMES CONTRA A ORDEM TRIBUTÁRIA

(Analista – TRF/3ª Região – 2014 – FCC) Não se tipifica crime material contra a ordem tributária, previsto no art. 1º, incisos I a IV, da Lei 8.137/1990, antes do lançamento definitivo do tributo.

O enunciado da Súmula Vinculante 24 do STF, citado acima, mais diretamente implica que

(A) o erro sobre elemento do tipo penal exclui o dolo.

(B) reduz-se a pena quando, até o recebimento da denúncia, o agente de crime cometido sem violência ou grave ameaça reparar o dano ou restituir a coisa.

(C) a prescrição começa a correr do dia em que o crime se consumou.

(D) o erro inevitável sobre a ilicitude do fato isenta de pena.

(E) a confissão espontânea da autoria do crime atenua a pena.

Conferir: "*Habeas corpus* – Delito contra a ordem tributária – Sonegação fiscal – Procedimento administrativo-tributário ainda em curso – Ajuizamento prematuro, pelo Ministério Público, da ação penal – Impossibilidade – Ausência de justa causa para a válida instauração da "persecutio criminis" – Invalidação do processo penal de conhecimento desde o oferecimento da denúncia, inclusive – Pedido deferido. – Tratando-se dos delitos contra a ordem tributária, tipificados no art. 1º da Lei 8.137/1990, a instauração da concernente persecução penal depende da existência de decisão definitiva, proferida em sede de procedimento administrativo, na qual se haja reconhecido a exigibilidade do crédito tributário ("an debeatur"), além de definido o respectivo valor ("quantum debeatur"), sob pena de, em inocorrendo essa condição objetiva de punibilidade, não se legitimar, por ausência de tipicidade penal, a válida formulação de denúncia pelo Ministério Público. Precedentes. – Enquanto não se constituir, definitivamente, em sede administrativa, o crédito tributário, não se terá por caracterizado, no plano da tipicidade penal, o crime contra a ordem tributária, tal como previsto no art. 1º da Lei 8.137/1990. Em consequência, e por ainda não se achar configurada a própria criminalidade da conduta do agente, sequer é lícito cogitar-se da fluência da prescrição penal, que somente se iniciará com a consumação do delito (CP, art. 111, I). Precedentes" (HC 84092, Celso de Mello, STF).

Gabarito "C"

28. CRIMES DE TRÂNSITO

(Defensoria Pública/SP – 2010 – FCC) Nos delitos do Código de Trânsito Brasileiro, a penalidade de suspensão ou proibição de se obter a permissão ou habilitação para conduzir veículo automotor

(A) tem prazo mínimo de um mês.

(B) é cumprida concomitantemente à pena de prisão.

(C) é imposta apenas para o delito de embriaguez ao volante.

(D) é imposta obrigatoriamente para o reincidente específico.

(E) tem a mesma duração da pena privativa de liberdade substituída.

Art. 296 da Lei 9.503/1996 (Código de Trânsito Brasileiro).

Gabarito "D"

29. ESTATUTO DO DESARMAMENTO

(Magistratura/PE – 2013 – FCC) NÃO incorre nas mesmas penas cominadas para o delito de posse ou porte ilegal de arma de fogo de uso restrito quem

(A) possuir, detiver, fabricar ou empregar artefato explosivo ou incendiário, sem autorização ou em desacordo com determinação legal ou regulamentar.

(B) deixar de observar as cautelas necessárias para impedir que menor de 18 (dezoito) anos ou pessoa portadora de deficiência mental se apodere de arma de fogo que esteja sob sua posse ou que seja de sua propriedade.

(C) produzir, recarregar ou reciclar, sem autorização legal, ou adulterar, de qualquer forma, munição ou explosivo.

(D) vender, entregar ou fornecer, ainda que gratuitamente, arma de fogo, acessório, munição ou explosivo a criança ou adolescente.

(E) suprimir ou alterar marca, numeração ou qualquer sinal de identificação de arma de fogo ou artefato.

A: incorreta (art. 16, parágrafo único, III, da Lei 10.826/2003); **B:** correta. De fato, quem deixar de observar as cautelas necessárias para impedir que menor de 18 (dezoito) anos ou pessoa portadora de deficiência mental se apodere de arma de fogo que esteja sob sua posse ou que seja de sua propriedade, responde pelo crime do art. 13, *caput*, da Lei 10.826/2003. Apenas por curiosidade (e para reforçar os seus estudos!), trata-se do único crime culposo previsto no Estatuto do Desarmamento; **C:** incorreta (art. 16, parágrafo único, VI, da Lei 10.826/2003); **D:** incorreta (art. 16, parágrafo único, V, da Lei 10.826/2003); **E:** incorreta (art. 16, parágrafo único, I, da Lei 10.826/2003).

Gabarito "B"

30. CRIMES RELATIVOS À LICITAÇÃO

(Ministério Público/CE – 2009 – FCC) O autor de crime envolvendo licitação, quando servidor público, está sujeito à perda

(A) do cargo, mas não da função, ainda que se trate de delito tentado.

(B) do cargo, da função ou do emprego, ainda que se trate de delito tentado.

(C) do cargo apenas se o delito alcançar a consumação.

(D) da função, mas não do mandato eletivo, ainda que se trate de delito tentado.

(E) do emprego no caso exclusivo de o delito atingir a consumação.

Art. 83 da Lei 8.666/1993.

Gabarito "B"

31. CRIMES DE ABUSO DE AUTORIDADE

(Analista – TRE/AP – 2011 – FCC) No que concerne aos crimes de abuso de autoridade e a legislação específica que rege a matéria é correto afirmar:

(A) Considera-se autoridade, para os efeitos da Lei 4.898/1965, quem exerce cargo, emprego ou função pública, de natureza civil, ou militar, ainda que transitoriamente, sempre mediante remuneração.

(B) Não constitui abuso de autoridade o ato lesivo da honra de pessoa natural ou jurídica, quando praticado com desvio de poder ou sem competência legal.

(C) Quando o abuso for cometido por agente de autoridade policial, civil ou militar, de qualquer categoria, poderá ser cominada a pena, autônoma ou acessória, de não poder o acusado exercer funções de natureza policial ou militar no município da culpa, por prazo de um a cinco anos.

(D) Apresentada ao Ministério Público a representação da vítima, aquele, no prazo de cinco dias, denunciará o réu, desde que o fato narrado constitua abuso de autoridade.

(E) O processo administrativo poderá ser sobrestado para o fim de aguardar a decisão da ação penal ou civil.

A: incorreta, nos termos do art. 5º da Lei 4.898/1965; **B:** incorreta, nos moldes do art. 4º, *h*, da Lei 4.898/1965; **C:** correta, visto que em conformidade com o art. 6º, § 5º, da Lei 4.898/1965; **D:** incorreta, visto que o prazo estabelecido no art. 13, *caput*, da Lei 4.898/1965 é de 48 horas; **E:** incorreta, pois contraria o teor do art. 7º, § 3º, da Lei 4.898/1965.

Gabarito "C"

32. CRIMES CONTRA O SISTEMA FINANCEIRO

(Delegado/MA – 2006 – FCC) Dentre outras situações e de acordo com a Lei Complementar 105/2001, a troca de informações entre instituições financeiras, para fins cadastrais, inclusive por intermédio de centrais de risco, observadas as normas baixadas pelo Conselho Monetário Nacional e pelo Banco Central do Brasil,

(A) constitui contravenção penal e ilícito administrativo.

(B) constitui crime e sujeita os responsáveis à pena de reclusão e multa.

(C) constitui crime e sujeita os responsáveis à pena de prisão simples.

(D) constitui crime e sujeita os responsáveis à pena de detenção e multa.

(E) não constitui violação do dever de sigilo.

Art. 1º, § 3º, I, da Lei Complementar 105/2001.

Gabarito "E"

33. CRIMES HEDIONDOS

(Analista – TRF/5ª – 2008 – FCC) Considere:

I. Extorsão mediante sequestro.
II. Peculato.
III. Epidemia com resultado de morte.
IV. Moeda falsa.

São crimes hediondos os indicados, APENAS, em

(A) II, III e IV.

(B) II e III.

(C) I e III.

(D) III e IV.

(E) I, II e III.

I: correta – art. 1º, IV, da Lei 8.072/1990; **II:** incorreta – o delito de *peculato* – art. 312 do CP – não faz parte do rol do art. 1º da Lei 8.072/1990; **III:** correta – art. 1º, VII, da Lei 8.072/1990; **IV:** incorreta – o crime de *moeda falsa* – art. 289 do CP – não integra o rol do art. 1º da Lei 8.072/1990.

Gabarito "C"

34. TEMAS COMBINADOS DA LEGISLAÇÃO EXTRAVAGANTE

(Juiz – TJ-SC – FCC – 2017) Conforme a lei e a interpretação dos tribunais superiores, é INCORRETO afirmar:

(A) Constranger alguém mediante ameaça em razão de discriminação racial configura crime de tortura.

(B) Exportar bens com valores não correspondentes aos verdadeiros configura crime de lavagem de bens.

(C) A lei de crime organizado se aplica às infrações penais previstas em convenção internacional quando iniciada a execução no país devesse ter ocorrido no estrangeiro.

(D) Tratando-se de falência de microempresa e não se constatando prática habitual de condutas fraudulentas por parte do falido, o juiz poderá substituir a pena de prisão pela de perda de bens e valores.

(E) Possuir arma de fogo com o registro vencido configura crime previsto no artigo 12 do Estatuto do desarmamento.

A: correta: crime previsto no art. 1º, I, *c*, da Lei 9.455/1997 (Tortura); **B:** correta: crime previsto no art. 1º, §1º, III, da Lei 9.613/1998 (Lavagem de Bens e Capitais); **C:** correta: art. 1º, §2º, I, da Lei 12.850/2013 (Organização Criminosa); **D:** correta: art. 168, §4º, da Lei 11.101/2005 (Falência e Recuperação Judicial e Extrajudicial); **E:** incorreta. É tranquilo o entendimento, no STJ, no sentido de que o ato de possuir arma de fogo com registro vencido não configura infração penal, mas tão somente ilícito administrativo. Nesse sentido: "Em recente acórdão da Corte Especial do Superior Tribunal de Justiça, no julgamento da Ação Penal n. 686/AP, assentou-se que 'se o agente já procedeu ao registro da arma, a expiração do prazo é mera irregularidade administrativa que autoriza a apreensão do artefato e aplicação de multa. A conduta, no entanto, não caracteriza ilícito penal'" (HC 339.762/SP, Rel. Min. Reynaldo Soares da Fonseca, 5ª Turma, j. 02.02.2016, *DJe* 10.02.2016). ED

Gabarito "E"

(Juiz – TJ-SC – FCC – 2017) Configura crime de preconceito de raça ou cor:

I. obstar promoção funcional em razão de procedência nacional.

II. veicular símbolos que utilizem a cruz suástica para fins de divulgação do nazismo.

III. negar o holocausto para fins de divulgação do nazismo.

IV. incitar a discriminação por procedência nacional.

V. impedir a convivência familiar.

Está correto o que se afirma APENAS em:

(A) I, II e III.

(B) I, II, IV e V.

(C) II, III e IV.

(D) III, IV e V.

(E) I, III e V.

I: correta, uma vez que corresponde ao delito previsto no art. 3º, parágrafo único, da Lei 7.716/1989; **II:** correta, uma vez que corresponde ao delito previsto no art. 20, §1º, da Lei 7.716/1989; **III:** incorreta, na medida em que se trata de conduta não prevista como infração penal no ordenamento jurídico brasileiro; **IV:** correta, uma vez que corresponde ao delito previsto no art. 20, "caput", da Lei 7.716/1989; **V:** correta, uma vez que corresponde ao delito previsto no art. 14 da Lei 7.716/1989. ED

Gabarito "B"

35. MEDICINA LEGAL

35.1. Tanatologia

(Delegado/MA – 2006 – FCC) Analise os seguintes itens.

I. Quando há parada cardíaca e cessação de todos os sinais vitais pode-se firmar o diagnóstico de morte.

II. A morte é caracterizada, nos aspectos médico-legais, quando houver morte cerebral.

III. A rigidez cadavérica é um dos sinais de comprovação de morte.

(A) A afirmativa I é correta, apenas.

(B) As afirmativas I e II são corretas, apenas.

(C) As afirmativas I e III são corretas, apenas.

(D) A afirmativa II é correta, apenas.

(E) A afirmativa III é correta, apenas.

I: Incorreta. Nessa hipótese, verifica-se a morte relativa, pois, ainda que de forma muito rara, é possível que ocorra a ressuscitação; **II:** Incorreta. A morte nos aspectos médico-legais pode ser constatada pela parada circulatória e respiratória não reversível, assim como pela morte cerebral e pelo aparecimento dos fenômenos abióticos; **III:** Correta. A rigidez cadavérica inicia-se de 3 a 5 horas após a morte.

Gabarito "E"

35.2. Traumatologia

(Delegado/MA – 2006 – FCC) Em face da Medicina Legal é correto afirmar que

(A) são elementos para se classificar uma lesão corporal como de natureza gravíssima, a constatação pericial de: Incapacidade permanente para o trabalho; Perda de membro, sentido ou função; Enfermidade incurável; Deformidade permanente; Aborto.

(B) são elementos para se classificar uma lesão corporal como de natureza grave, a constatação pericial de: Incapacidade para o trabalho por mais de trinta dias; Perigo de vida; Debilidade temporária de membro, sentido ou função; Aceleração do parto.

(C) de acordo com a Doutrina Médico-Legal brasileira, as Lesões Corporais são classificadas, quanto aos seus graus, em Levíssima, Leve, Grave, Gravíssima e Lesão Corporal Seguida de Morte.

(D) o dano estético é classificado, de acordo com a Doutrina Médico-Legal brasileira, em leve, grave e gravíssima.

(E) o aborto pode ser enquadrado como lesão corporal de natureza grave ou como de natureza gravíssima, na dependência de ter ou não havido concordância da vítima na sua perpetração.

A: Correta. Todos os elementos descritos caracterizam lesões corporais de natureza gravíssima; **B:** Incorreta. A maior parte dos elementos descritos caracteriza as lesões corporais de natureza grave, exceto o que trata da debilidade de membro sentido ou função, que deve ser permanente e não temporária; **C:** Incorreta. Para a Medicina Legal, terão relevância as lesões corporais de natureza leve, grave, gravíssima e as seguidas de morte, excetuando-se as levíssimas; **D:** Incorreta. O dano estético para efeitos médico-legais deve ser permanente; **E:** Incorreta. O aborto sempre caracteriza lesão corporal de natureza gravíssima.

Gabarito "A"

(Delegado/MA – 2006 – FCC) Em face da Medicina Legal é correto afirmar que

(A) a morte por estrangulamento nunca decorre de suicídio, pois para sua execução sempre concorre uma força externa.

(B) o enforcamento mediante suspensão incompleta do corpo, ou seja, com parte do corpo apoiada em uma superfície, é compatível com suicídio.

(C) o achado necroscópico de dois projéteis de arma de fogo no interior do crânio e de um só ferimento perfurocontuso de entrada de projétil de arma de fogo, no crânio, sem outras lesões nas demais regiões corpóreas, exclui a possibilidade de suicídio.

(D) ferimentos perfurocontusos de entrada de projéteis de arma de fogo, nos membros superiores, devem sempre ser considerados lesões de defesa.

(E) a trajetória de projéteis de arma de fogo, no interior do corpo, de cima para baixo e de trás para frente, é sempre indicativa de "execução sumária".

A: Incorreta. Mesmo que de forma mais remota, a morte por estrangulamento pode decorrer de suicídio; **B:** Correta. O enforcamento com suspensão incompleta do corpo é compatível com o suicídio, haja vista que no enforcamento o tracionamento da corda se dá pelo próprio peso do corpo da vítima. Dessa forma, a suspensão incompleta ocorre nos casos em que a vítima permaneceu com os pés tocando o solo, fato que se verifica, normalmente, quando ela própria provoca a tração; **C:** Incorreta. O encontro de dois projéteis será possível no caso de ter sido utilizada uma arma automática, que, enquanto mantida a pressão no gatilho, efetuará disparos; **D:** Incorreta. Os ferimentos perfurocontusos provocados pela entrada de projéteis de arma de fogo nos membros superiores nem sempre indicam lesões de defesa; **E:** Incorreta. É sinal indicativo de "execução sumária" a existência de zona de tatuagem, que sugere que o tiro foi disparado à queima-roupa.

Gabarito "B"

9. Direito Processual Penal

Arthur Trigueiros, Eduardo Dompieri e Savio Chalita*

1. FONTES, PRINCÍPIOS GERAIS, EFICÁCIA DA LEI PROCESSUAL NO TEMPO E NO ESPAÇO

(Defensor Público – DPE/ES – 2016 – FCC) Sobre a garantia do duplo grau de jurisdição,

(A) é típico de sistemas processuais inquisitivos e se vale para uma melhor gestão da prova em virtude da colegialidade dos Tribunais.

(B) não se aplica nos Juizados Especiais Criminais, em virtude da informalidade que vigora nesse sistema.

(C) é expressa e explicitamente prevista na Constituição de 1988, aplicando-se, inclusive, aos casos de competência originária do STF.

(D) a jurisprudência dominante dos Tribunais Superiores considera aplicável o duplo grau de jurisdição apenas em relação ao acusado, não podendo o Ministério Público recorrer em caso de absolvição em primeira instância.

(E) a Corte Interamericana de Direitos Humanos já decidiu que no caso de o acusado ter sido absolvido em primeiro grau, mas em razão de recurso da acusação, é condenado em segundo grau pela primeira vez, deve ser garantido recurso amplo desta decisão, podendo rediscutir questões de fato e de direito.

A: incorreta. As características imanentes ao chamado *sistema processual inquisitivo* vão de encontro à garantia do duplo grau de jurisdição; de outro lado, o *sistema acusatório*, por nós adotado, se coaduna com tal garantia. São características do sistema *acusatório*: nítida separação nas funções de acusar, julgar e defender, o que torna imprescindível que essas funções sejam desempenhadas por pessoas distintas; o processo é público e contraditório; há imparcialidade do órgão julgador, que detém a gestão da prova (na qualidade de juiz-espectador), e a ampla defesa é assegurada. No *sistema inquisitivo*, que deve ser entendido como a antítese do acusatório, as funções de acusar, defender e julgar reúnem-se em uma única pessoa. É possível, nesse sistema, portanto, que o juiz investigue, acuse e julgue. Além disso, o processo é sigiloso e nele não vige o contraditório. Existe ainda o *sistema misto*, em que há uma fase inicial inquisitiva, ao final da qual tem início uma etapa em que são asseguradas todas as garantias inerentes ao acusatório. Embora não haja previsão expressa nesse sentido, acolhemos, segundo doutrina e jurisprudência majoritárias, o sistema acusatório; **B:** incorreta. Embora seja fato que a *informalidade* constitui critério a orientar o procedimento sumaríssimo (art. 62, Lei 9.099/1995), a verdade é que – e aqui está o erro da assertiva – a garantia do duplo grau de jurisdição tem incidência, sim, no contexto do Juizado Especial Criminal, cujas decisões poderão ser revistas por turmas de juízes que atuam no próprio juizado (art. 98, I, da CF; art. 82 da Lei 9.099/1995); **C:** incorreta. Apesar de não ter sido contemplado, de forma expressa, na CF/1988, o princípio do duplo grau de jurisdição foi consagrado, expressamente, na Convenção Americana de Direitos Humanos (Pacto de São José da Costa Rica), que, em seu art. 8º, 2, *h*, assim estabelece: "Durante o processo, toda pessoa tem direito, em plena igualdade, às seguintes garantias mínimas: direito de recorrer da sentença a juiz ou tribunal superior (...)". No mais, deve-se registrar que, embora não prevista, de forma expressa, no texto da nossa Constituição, cuida-se, indubitavelmente, de garantia materialmente constitucional, tendo em conta que o Pacto de São José da Costa Rica foi incorporado ao nosso ordenamento jurídico por meio do Decreto 678/1992, ganhando *status* de norma materialmente constitucional (art. 5º, § 2º, da CF). Dessa forma, é incorreto afirmar que a garantia do duplo grau de jurisdição tem previsão expressa no texto da CF/1988, como também é incorreto afirmar que tem incidência nos processos de competência originário do STF. Isso porque **a** competência originária constitui exceção ao exercício do duplo grau de jurisdição, que, portanto, não tem caráter absoluto. *Vide*, nesse sentido: STF, AI 601832 Agr - SP, 2ª T., rel. Min. Joaquim Barbosa, 17.03.2009; **D:** incorreta. Não seria razoável assegurar o duplo grau de jurisdição a tão somente uma das partes no processo penal. Tanto acusação quanto defesa podem se insurgir contra a decisão a eles desfavorável. O que ocorre é que existem alguns "recursos" que somente podem ser manejados pelo réu: *revisão criminal* e *embargos infringentes*; **E:** correta (Convenção Americana de Direitos Humanos – art. 8º, 2, "h"). Consultar Corte Interamericana no caso Mohamed vs. Argentina, cuja sentença foi proferida em 23/11/2012, em que ficou assentado o entendimento no sentido de que é imprescindível a existência de um recurso que assegure a dupla valoração dos fatos e das provas. ED

Gabarito "E"

(Defensor Público/SP – 2012 – FCC) Princípios e garantias processuais penais fundamentais. Assinale a alternativa correta.

(A) O princípio do *nemo tenetur se detegere* é corolário da garantia constitucional do direito ao silêncio e impede que todo o acusado seja compelido a produzir ou contribuir com a formação de prova contrária ao seu interesse, salvo se não houver outro meio de produção de prova.

(B) Constitui nulidade relativa o desempenho de uma única defesa técnica para corréus em posições conflitantes, em razão de violação ao princípio da ampla defesa.

(C) A garantia constitucional da duração razoável do processo não se aplica ao inquérito policial por este tratar de procedimento administrativo, sendo garantia exclusiva do processo acusatório.

(D) O Superior Tribunal de Justiça vem admitindo a mitigação do princípio da identidade física do juiz nos casos de convocação, licença, promoção ou de outro motivo que impeça o juiz que tiver presidido a instrução de sentenciar o feito, aplicando, por analogia, a lei processual civil.

(E) A defesa técnica em processo penal, por ser garantia exclusiva do acusado, pode ser por ele renunciada,

---

* **Arthur Trigueiros** comentou as questões do concurso para MAG/CE/13; **Eduardo Dompieri** atualizou todas as questões do capítulo e comentou as questões dos seguintes concursos: DPE/ES/16, DPE/BA/16Advogado da Metro/SP/2014, Procurador Legislativo/Câmara de Vereadores de São Paulo/14, Defensoria/SP/13, Magistratura Estadual, MAG/TRT/1ª/16 e Ministério Público Estadual; **Arthur Trigueiros** e **Eduardo Dompieri** comentaram as questões de Delegado, **Savio Chalita** e **Arthur Trigueiros** comentaram as questões de Policiais.

ED questões comentadas por: **Eduardo Dompieri.**

desde que haja expressa manifestação de vontade homologada pelo juiz competente.

A: incorreta. Ainda que inexista outro meio de produção de prova, ao acusado é assegurado, mesmo assim, em vista do que enuncia o princípio do *nemo tenetur se detegere*, o direito de não colaborar com a produção de qualquer tipo de prova, sem que isso implique prejuízo para a sua defesa. Bem por isso, é dado ao investigado/acusado, por exemplo, o direito de recusar-se a participar da reprodução simulada do crime; **B:** incorreta. Na hipótese de os corréus apresentarem defesas conflitantes, é vedada a atuação de um único advogado, sob pena de nulidade absoluta. Nesse sentido: "*Habeas corpus*. Colidência de defesa. Defensor único de corréus. Nulidade. Havendo a corré, no inquérito policial, afirmado a participação do paciente no evento criminoso e negado a sua, o interesse dos dois passou a ser conflitante. Assim, não poderia a defesa de ambos ter ficado a cargo do mesmo defensor público, sob pena de colidência. *Habeas corpus* deferido. Extensão da ordem à corré" (STF, 1ª T., HC 75873-MG, rel. Min. Ilmar Galvão, j. 26.05.1999); **C:** incorreta, já que o princípio da duração razoável do processo, contemplado no art. 5º, LXXVIII, da CF, tem incidência, sim, no âmbito do inquérito policial (procedimento administrativo); **D:** correta. A Lei 11.719/2008 introduziu no art. 399 do CPP o § 2º, conferindo-lhe a seguinte redação: "O juiz que presidiu a instrução deverá proferir a sentença". O princípio da identidade física do juiz, antes exclusivo do processo civil, passou a ser também aplicável ao processo penal. Como as restrições não foram disciplinadas no Código de Processo Penal, deve-se aplicar, quanto a estas, o que dispõe o art. 132 do Código de Processo Civil (dispositivo não reproduzido no NCPC). Conferir: "Habeas corpus. *Tráfico de drogas. Princípio da identidade física do juiz. Juiz sentenciante diverso do responsável pela condução da instrução criminal. Ausência de configuração das hipóteses previstas no art. 132 do CPC. Nulidade configurada. Liberdade provisória. Ausência de fundamentação concreta. Constrangimento ilegal evidenciado.* 1. Com o advento da Lei n. 11.719/2008, o magistrado que presidir a instrução criminal deverá sentenciar o feito, ou seja, o juiz que colher a prova fica vinculado ao julgamento da causa. 2. Esta Corte Superior de Justiça tem se orientado no sentido de que deve ser admitida a mitigação do princípio da identidade física do juiz nos casos de convocação, licença, promoção, aposentadoria ou afastamento por qualquer motivo que impeça o juiz que presidiu a instrução de sentenciar o feito, por aplicação analógica da regra contida no art. 132 do Código de Processo Civil. 3. Verificado que foi prolatada sentença penal condenatória por juiz diverso do que presidiu toda a instrução e que não está configurada nenhuma das hipóteses previstas no art. 132 do Código de Processo Civil, impõe-se a concessão da ordem para que seja anulada a sentença, determinando que outra seja proferida, dessa vez pelo Juiz titular da Vara ou por seu sucessor, conforme o caso (...)" (STJ, 6ª T., HC 201001748605, rel. Min. Sebastião Reis Júnior, *DJe* de 19.10.2011); **E:** incorreta. A defesa técnica, no âmbito do processo penal, é obrigatória. Não é dado ao acusado, portanto, dela abrir mão. É o que estabelece o art. 261 do CPP.

Gabarito "D"

(Magistratura/GO – 2015 – FCC) NÃO se trata de garantia processual expressa na Constituição da República:

(A) a liberdade provisória.

(B) a identificação do responsável pelo interrogatório policial.

(C) a publicidade restrita.

(D) o cumprimento da pena em estabelecimento distinto em razão da natureza do delito.

(E) o duplo grau de jurisdição.

A: assertiva correta, uma vez que se trata de garantia prevista no art. 5º, LXVI, da CF; **B:** assertiva correta, já que se trata de garantia contemplada no art. 5º, LXIV, da CF; **C:** assertiva correta, na medida em que se trata de garantia contemplada no art. 5º, LX, da CF; **D:** assertiva correta, uma vez que se trata de garantia prevista no art. 5º, XLVIII, da CF. Quanto a isso, *vide* Lei 13.167/2015, que, conferindo nova redação ao art. 84 da Lei 7.210/1984 (LEP), estabeleceu os critérios que devem ser observados para separação dos presos provisórios e também dos condenados; **E:** assertiva incorreta, devendo ser assinalada. Apesar de não ter sido contemplado, de forma expressa, na CF/1988, o princípio do duplo grau de jurisdição foi consagrado, expressamente, na Convenção Americana de Direitos Humanos (Pacto de São José da Costa Rica), que, em seu art. 8º, 2, *h*, assim estabelece: "Durante o processo, toda pessoa tem direito, em plena igualdade, às seguintes garantias mínimas: direito de recorrer da sentença a juiz ou tribunal superior (...)". No mais, deve-se registrar que, embora não prevista, de forma expressa, no texto da nossa Constituição, cuida-se, indubitavelmente, de garantia materialmente constitucional, tendo em conta que o Pacto de São José da Costa Rica foi incorporado ao nosso ordenamento jurídico por meio do Decreto 678/1992, ganhando status de norma materialmente constitucional (art. 5º, § 2º, da CF).

Gabarito "E"

(Magistratura/RR – 2015 – FCC) O princípio internacionalmente consagrado do Duplo Grau de Jurisdição é reconhecido por várias legislações ocidentais. No Brasil, o princípio também é reconhecido e, segundo o Supremo Tribunal Federal, decorre

(A) diretamente do texto constitucional brasileiro e está previsto no artigo 5º como uma garantia fundamental.

(B) diretamente do texto constitucional brasileiro, mas não está previsto no artigo 5º.

(C) do Pacto de Direitos Civis e Políticos e tem previsão na Constituição Federal do Brasil.

(D) do Pacto de São José da Costa Rica e não tem previsão Constitucional.

(E) diretamente dos pactos internacionais de direitos humanos e tem previsão expressa na Constituição Federal do Brasil.

Apesar de não ter sido contemplado, de forma expressa, na CF/1988, o princípio do duplo grau de jurisdição foi consagrado, expressamente, na Convenção Americana de Direitos Humanos (Pacto de São José da Costa Rica), que, em seu art. 8º, 2, *h*, assim estabelece: "Durante o processo, toda pessoa tem direito, em plena igualdade, às seguintes garantias mínimas: direito de recorrer da sentença a juiz ou tribunal superior (...)". No mais, deve-se registrar que, embora não prevista, de forma expressa, no texto da nossa Constituição, cuida-se, indubitavelmente, de garantia materialmente constitucional, tendo em conta que o Pacto de São José da Costa Rica foi incorporado ao nosso ordenamento jurídico por meio do Decreto 678/1992, ganhando *status* de norma materialmente constitucional (art. 5º, § 2º, da CF).

Gabarito "D"

(Magistratura/RR – 2015 – FCC) A lei processual penal brasileira

(A) admite interpretação extensiva e aplicação analógica, bem como o suplemento dos princípios gerais de direito.

(B) aplica-se desde logo, em prejuízo da validade dos atos realizados sob a vigência da lei anterior.

(C) retroage no tempo para obrigar a refeitura dos atos processuais, caso seja mais benéfica ao réu.

(D) não admite definição de prazo de *vacatio legis*.

A: correta, já que corresponde ao que estabelece o art. 3º do CPP; **B:** incorreta. Assim dispõe o art. 2º do CPP: "A lei processual penal aplicar-se-á desde logo, sem prejuízo da validade dos atos realizados sob a vigência da lei anterior". Isso quer dizer que a norma genuinamente processual penal terá aplicação imediata, conforme se afirma na assertiva, e os atos praticados até então, sob a égide da lei anterior, serão preservados; veja que a incorreção da alternativa está na palavra "em", no lugar da qual deveria estar, para ser considerada correta, "sem"; **C:** incorreta. Em regra, a norma processual penal começa a ser aplicada tão logo entre em vigor, passando a disciplinar os processos em curso, não afetando, como dissemos acima, os atos até ali realizados. Não tem, portanto, ao menos em regra, efeito retroativo. Sucede que há normas processuais penais que possuem natureza mista, híbrida, isto é, são dotadas de natureza processual e material ao mesmo tempo, tal qual as normas processuais que disciplinam a natureza da ação penal. Nesse caso, deverá prevalecer, em detrimento do regramento estabelecido no art. 2º do CPP, a norma contida no art. 2º, parágrafo único, do Código Penal (art. 5º, XL, da CF). Em se tratando de norma mais favorável ao réu, deverá retroagir em seu benefício; se prejudicial a lei nova, aplica-se a lei já revogada. Conferir: "*In casu*, o constrangimento é flagrante, tendo em vista que, diante de norma processual penal material, a disciplinar aspecto sensivelmente ligado ao *jus puniendi* – natureza da ação penal – pretendeu-se aplicar o primado *tempus regit actum*, art. 2.º do Código de Processo Penal, a quebrantar a garantia inserta no Código Penal, de que a *lex gravior* somente incide para fatos posteriores à sua edição. Como, indevidamente, o *Parquet* ofereceu denúncia, em caso em que cabível queixa, e, transposto o prazo decadencial de seis meses para o ajuizamento desta, tem-se como fulminada a persecução penal. 3. Ordem não conhecida, expedido *habeas corpus* de ofício para trancar a Ação Penal n. 2009.001.245923-5, em trâmite perante a 28.ª Vara Criminal da Comarca da Capital/RJ" (STJ, 6ª T., HC 201001533527, Maria Thereza De Assis Moura, *DJ* de 29.11.2012); **D:** incorreta. Embora seja mais comum que a lei processual penal não contemple, em seu texto, cláusula de *vacatio legis*, entrando em vigor na data de sua publicação, nada obsta que o legislador estabeleça um interregno necessário ao conhecimento da lei, fixando período de *vacatio*.

Gabarito "A"

2. INQUÉRITO POLICIAL E OUTRAS FORMAS DE INVESTIGAÇÃO CRIMINAL

(Juiz – TJ-SC – FCC – 2017) Concluído o Inquérito Policial pela polícia judiciária, o órgão do Ministério Público requer o arquivamento do processado. O Juiz, por entender que o Ministério Público do Estado de Santa Catarina não fundamentou a manifestação de arquivamento, com base no Código de Processo Penal, deverá:

(A) encaminhar o Inquérito Policial à Corregedoria-Geral do Ministério Público.
(B) indeferir o arquivamento do Inquérito Policial.
(C) remeter o Inquérito Policial ao Procurador-Geral de Justiça.
(D) indeferir o pedido de arquivamento e remeter cópias ao Procurador-Geral de Justiça e ao Corregedor-Geral do Ministério Público.
(E) remeter o Inquérito Policial à polícia judiciária para prosseguir na investigação.

Em vista do que dispõe o art. 28 do CPP, o juiz, se rejeitar o pleito de arquivamento dos autos de inquérito policial formulado pelo Ministério Público, fará a sua remessa ao chefe do "parquet", o procurador-geral, que é quem tem atribuição para proceder a nova análise do pedido de arquivamento feito pelo promotor de justiça. A partir daí, pode o procurador-geral, em face da provocação do magistrado, insistir no pedido de *arquivamento do inquérito*, ratificando posicionamento firmado pelo promotor, caso em que o juiz ficará obrigado, por imposição do art. 28 do CPP, a determiná-lo. Se o chefe do *parquet*, de outro lado, entender que é caso de *oferecimento de denúncia*, poderá ele mesmo, o procurador-geral, fazê-lo ou designar outro membro do MP para ofertá-la. Tal incumbência, frise-se, não poderá recair sobre o mesmo promotor, o que implicaria violação à sua livre convicção. ED

Gabarito "C"

(Defensor Público – DPE/BA – 2016 – FCC) Sobre o inquérito policial e as condições da ação, é correto afirmar:

(A) No crime de furto, no caso de a vítima, com 19 anos, ser separada judicialmente do autor do delito, a ação penal depende de representação da ofendida.
(B) Com a morte do ofendido, o direito de oferecer queixa não passa para os ascendentes.
(C) Tendo em vista o caráter administrativo do inquérito policial, o indiciado não poderá requerer perícias complexas durante a tramitação do expediente investigatório.
(D) No caso de declaração de ausência da vítima por decisão judicial, o direito de representação nas hipóteses de ação penal pública condicionada não se transmite para o cônjuge.
(E) É possível a interceptação de comunicações telefônicas quando o indiciado for investigado por delitos apenados com reclusão ou detenção, desde que a pena mínima para o fato investigado seja igual ou superior a dois anos.

A: correta, pois em conformidade com o que estabelece o art. 182, I, do Código Penal; **B:** incorreta. Nos crimes de ação penal privada, o art. 31 do CPP estabelece uma ordem que deve ser seguida na hipótese de o ofendido morrer ou mesmo ser considerado ausente por força de decisão judicial. Em primeiro lugar, o cônjuge; depois, o ascendente, descendente e irmão. Se houver discordância, deve prevalecer a vontade daquele que deseja ajuizar a ação. Ou seja, no caso de morte do ofendido, o direito de oferecer queixa passa, sim, para os ascendentes, inclusive. Cuidado: na *ação penal privada personalíssima* inexiste sucessão por morte ou ausência, razão por que não tem incidência o art. 31 do CPP. Tal se dá porque, nesta modalidade de ação privada, a titularidade é conferida única e exclusivamente ao ofendido. Com a morte deste, a ação penal não poderá ser proposta por outra pessoa; **C:** incorreta. Isso porque, segundo estabelece o art. 14 do CPP, poderão o indiciado, o ofendido ou o seu representante legal formular à autoridade policial pedido para realização de *qualquer* diligência; **D:** incorreta. Na hipótese de o ofendido ser declarado ausente por decisão judicial, o direito de representaçao passará às pessoas mencionadas no art. 24, § 1º, do CPP, a saber: *cônjuge*, ascendente, descendente e irmão, nessa ordem; **E:** incorreta. A teor do art. 2º, III, da Lei 9.296/1996, somente será autorizada a interceptação de comunicações telefônicas na hipótese de o fato objeto da investigação constituir infração penal punida com reclusão.

Gabarito "A"

(Analista – TRE/PR – 2012 – FCC) O inquérito policial

(A) poderá ser instaurado mesmo se não houver nenhuma suspeita quanto à autoria do delito.
(B) não poderá ser instaurado por requisição do Ministério Público.
(C) só poderá ser instaurado para apurar crimes de ação pública.
(D) pode ser arquivado pelo Delegado Geral de Polícia.
(E) poderá ser iniciado nos crimes de ação penal pública condicionada sem a representação do ofendido.

A: correto. Ainda que inexistam elementos que permitam, desde logo, apontar a autoria da infração penal, a instauração do inquérito policial é de rigor, visto que se presta justamente a apurar a prática do fato criminoso e a respectiva autoria; **B:** incorreto. A requisição do Ministério Público constitui uma das formas de instauração do inquérito policial (art. 5º, II, do CPP); **C:** incorreto. O inquérito se presta a apurar crimes cuja ação penal seja pública (condicionada ou incondicionada) ou privada. Neste último caso, a sua instauração está condicionada ao requerimento de quem tenha legitimidade para a ação penal respectiva – art. 5º, § 5º, do CPP; **D:** incorreto. Em nenhuma hipótese a autoridade policial poderá determinar o arquivamento dos autos de inquérito policial – art. 17 do CPP; **E:** incorreto; sem a representação do ofendido, o inquérito policial, nos crimes a ela condicionados, não poderá ser iniciado.

Gabarito "A".

(Magistratura/CE – 2014 – FCC) O inquérito policial

(A) é imprescindível para a propositura da ação penal, mas não pode subsidiar com exclusividade a prolação de sentença condenatória.

(B) não pode ser retomado, se anteriormente arquivado por decisão judicial que reconheceu a atipicidade do fato, a requerimento do Promotor de Justiça, ainda que obtidas provas novas.

(C) deve terminar no prazo de 10 (dez) dias, se o indiciado estiver preso, prazo que, se excedido, levará a constrangimento ilegal sanável pela via do *habeas corpus*, com prejuízo de prosseguimento do procedimento.

(D) pode ser instaurado de ofício para apuração de crime de ação penal pública condicionada.

(E) não pode ser objeto de trancamento pela autoridade judiciária.

A: incorreta está tão somente a primeira parte da assertiva, uma vez que o inquérito policial não constitui fase imprescindível à propositura da ação penal. Seu ajuizamento pode se dar, pois, com base em outras peças de informação que não o inquérito produzido pela Polícia Judiciária. É o que se infere do art. 12 do CPP; está correto, no entanto, o que se afirma na segunda parte da proposição. De fato, as provas reunidas no inquérito policial não podem, de forma exclusiva, servir de suporte para fundamentar uma sentença penal condenatória. Em outras palavras, é vedado ao magistrado fundamentar sua decisão exclusivamente nos elementos informativos produzidos na investigação (art. 155, *caput*, do CPP); **B:** correta. Em regra, a decisão que manda arquivar os autos de inquérito policial não gera coisa julgada material; gera, sim, coisa julgada formal. As investigações, assim, podem ser reiniciadas a qualquer tempo. Situação bem diversa é aquela em que o arquivamento do inquérito policial se dá por atipicidade da conduta. Neste caso, a decisão que determina o arquivamento é definitiva, gerando coisa julgada material; **C:** incorreta. Embora seja verdadeira a afirmação segundo a qual o inquérito deve, em regra, ser concluído no prazo de 10 dias, se preso estiver o investigado (art. 10, *caput*, do CPP), sob pena de configurar-se constrangimento ilegal combatível por meio de *habeas corpus*, é incorreto dizer-se que isso acarretará prejuízo ao prosseguimento do feito, que continuará a tramitar até o seu termo; **D:** incorreta, uma vez que, sendo a ação penal pública condicionada, a instauração de inquérito somente poderá se dar depois de oferecida a representação ou requisição do MJ (art. 5º, § 4º, do CPP); **E:** incorreta. Embora se trate de medida excepcional, o trancamento do inquérito policial por meio de *habeas corpus* é perfeitamente possível em situações em que se verifica, por exemplo, a falta de elementos mínimos a configurar o crime atribuído ao investigado.

Gabarito "B".

(Magistratura/PE – 2013 – FCC) Em relação ao inquérito policial, é correto afirmar que

(A) depois de ordenado seu arquivamento pela autoridade judiciária, por falta de base para a denúncia, a autoridade policial poderá proceder a novas pesquisas, se de outras provas tiver notícia.

(B) nos crimes de ação penal privada, a autoridade policial pode iniciar o inquérito policial mediante notícia de crime formulada por qualquer do povo.

(C) a autoridade policial poderá mandar arquivar autos de inquérito, quando se convencer acerca da atipicidade da conduta investigada.

(D) uma vez relatado o inquérito policial, não poderá ser devolvido à autoridade policial, a requerimento do Ministério Público.

(E) o sigilo total do inquérito policial pode ser oposto ao indiciado, de acordo com entendimento sumulado do Supremo Tribunal Federal.

A: correta – uma vez ordenado o arquivamento do inquérito policial pelo juiz de direito, por falta de base para a denúncia, nada obsta que a autoridade policial proceda a novas pesquisas, desde que de outras provas tenha conhecimento – art. 18 do CPP. Isso porque a decisão que determina o arquivamento do inquérito policial não gera, em regra, coisa julgada material. De se ver que as "outras provas" a que faz alusão o art. 18 do CPP devem ser entendidas como *provas substancialmente novas*, ou seja, aquelas que até então não eram de conhecimento das autoridades. Veja, a propósito, o teor da Súmula nº 524 do STF: "Arquivado o inquérito policial, por despacho do juiz, a requerimento do Promotor de Justiça, não pode a ação penal ser iniciada, sem novas provas". Agora, se o arquivamento do inquérito se der por ausência de tipicidade, a decisão, neste caso, tem efeito preclusivo, é dizer, produz coisa julgada material, impedindo, dessa forma, o desarquivamento do inquérito. A esse respeito, *Informativo STF* 375; **B:** incorreta, dado que, sendo a ação penal de iniciativa privativa do ofendido, a autoridade policial somente poderá proceder a inquérito se assim requerer o ofendido ou seu representante legal. É o que estabelece o art. 5º, § 5º, do CPP; **C:** incorreta – ainda que convicta da atipicidade da conduta sob investigação, é vedado à autoridade policial arquivar autos de inquérito policial. Tal providência somente poderá ser determinada pelo juiz de direito diante de requerimento do MP (arts. 17, 18 e 28 do CPP); **D:** incorreta – uma vez concluídas as investigações do inquérito policial e remetidos os autos ao promotor de justiça, poderá este pleitear a devolução dos autos à delegacia para a realização de diligências complementares, desde que indispensáveis ao oferecimento da denúncia (art. 16, CPP); **E:** incorreta – o sigilo imanente ao inquérito policial (art. 20, CPP) não é oponível ao indiciado tampouco ao seu advogado. A teor do art. 7º, XIV, da Lei 8.906/1994 (Estatuto da Advocacia), cuja redação foi alterada por força da Lei 13.245/2016, constitui direito do advogado, entre outros: "examinar, em qualquer instituição responsável por conduzir investigação, mesmo sem procuração, autos de flagrante e de investigações de qualquer natureza, findos ou em andamento, ainda que conclusos à autoridade, podendo copiar peças e tomar apontamentos". Sobre este tema, o STF editou a Súmula Vinculante nº 14, a seguir transcrita: "É direito do defensor, no interesse do representado, ter acesso amplo aos elementos de prova que, já documentados em procedimento investigatório realizado por órgão com competência de polícia judiciária, digam respeito ao exercício do direito de defesa".

Gabarito "A".

(Defensor Público/SP – 2012 – FCC) Analise as assertivas abaixo. Assinale a alternativa correta.

I. O civilmente identificado, indiciado pela prática de homicídio qualificado, deverá ser criminalmente identificado pela autoridade policial.

II. A decisão judicial de arquivamento do inquérito policial com fundamento na atipicidade do fato praticado produz coisa julgada material, impedindo-se a reabertura das investigações preliminares mesmo diante do surgimento de novas provas.

III. É direito do defensor, no interesse do representado, ter acesso amplo aos elementos de prova que, já documentados em procedimento investigatório realizado por órgão com competência de polícia judiciária, digam respeito ao exercício do direito de defesa.

IV. Nos termos da orientação já sumulada pelo Supremo Tribunal Federal, em sede de execução penal a falta de defesa técnica por defensor no processo administrativo disciplinar não ofende a Constituição Federal.

Está correto APENAS o que se afirma em

(A) I e II.
(B) II e III.
(C) III e IV.
(D) I, II e III.
(E) II, III e IV.

I: incorreta, pois a Lei 10.054/2000 foi revogada de forma expressa pela Lei 12.037/2009. A legislação revogada determinava que o indiciado por crime de homicídio doloso, ainda que civilmente identificado, deveria se submeter à identificação criminal. A legislação em vigor trouxe várias hipóteses em que é possível proceder-se à identificação criminal, mas nenhuma menção fez quanto à prática do homicídio doloso; **II:** correta. Em regra, a decisão que manda arquivar os autos de inquérito policial não gera coisa julgada material; gera, sim, coisa julgada formal. As investigações, assim, podem ser reiniciadas a qualquer tempo. Situação bem diversa é aquela em que o arquivamento do inquérito policial se dá por atipicidade da conduta. Neste caso, a decisão que determina o arquivamento é definitiva, gerando coisa julgada material; **III:** correta, pois corresponde ao teor da Súmula Vinculante n. 14; **IV:** incorreta, pois não corresponde ao que estabelece a Súmula Vinculante n. 5, que se refere tão somente ao processo administrativo disciplinar.

Gabarito "B"

(Advogado da Metro/SP – 2014 – FCC) A respeito do inquérito policial, considere:

I. O requerimento do ofendido ou de quem tenha qualidade para representá-lo só será apto para a instauração de inquérito policial se dele constar a individualização do autor da infração.

II. A requisição do Ministério Público torna obrigatória a instauração do inquérito pela autoridade policial.

III. Se o Delegado de Polícia verificar, no curso das investigações, que o indiciado é inocente, deverá determinar o arquivamento do inquérito.

Está correto o que se afirma APENAS em

(A) II e III.
(B) I e II.
(C) I e III.
(D) II.
(E) III.

I: incorreta, pois, não sendo isso possível de pronto (individuação do autor da infração), pode o requerente se valer de *sinais característicos* do suspeito (art. 5º, § 1º, *b*, do CPP); **II:** em regra, pode-se dizer que a requisição do MP impõe à autoridade policial a obrigação de instaurar inquérito policial. No entanto, tal assertiva não pode ser considerada como absoluta, na medida em que, em determinados casos, o delegado pode, sim, recusar-se a dar cumprimento à requisição do MP. Imaginemos que chegue às mãos do delegado requisição ministerial comunicando crime de ação pública condicionada sem que a vítima tenha se manifestado nesse sentido. Neste caso, não pode o delegado, em conformidade com o disposto no art. 5º, § 4º, do CPP, determinar a instauração de IP, ainda que requisitado pelo MP; outro exemplo: o membro do MP requisita à autoridade policial a instauração de IP para apurar fato manifestamente atípico. Evidente que, também neste caso, a "ordem" não deve ser cumprida; **III:** incorreta. A nenhum pretexto pode o delegado de polícia promover o arquivamento dos autos de inquérito (art. 17, CPP); tal incumbência é conferida, com exclusividade, ao representante do MP, que formulará requerimento nesse sentido ao juiz, ao qual caberá, e somente a ele, mandar arquivar o IP.

Gabarito "D"

3. AÇÃO PENAL

(Magistratura/PE – 2013 – FCC) Nos crimes de ação penal de iniciativa privada,

(A) a renúncia ao exercício do direito de queixa se estenderá a todos os querelantes.
(B) a renúncia é ato unilateral, voluntário e necessariamente expresso.
(C) a perempção pode ocorrer no curso do inquérito policial.
(D) o perdão do ofendido somente é cabível antes do exercício do direito de ação.
(E) o perdão concedido a um dos querelados aproveitará a todos, sem que produza, todavia, efeito em relação ao que o recusar.

A: incorreta. A renúncia ao exercício do direito de queixa, em relação a um dos autores do crime, será estendida aos demais (*autores*, não *querelantes*). É o que estabelece o art. 49 do CPP; **B:** incorreta – embora se trate de *ato unilateral* e *voluntário*, é incorreto dizer-se que a renúncia só admite a forma *expressa*, dado que comporta, também, a modalidade *tácita* (art. 57, CPP); **C:** incorreta – a perempção, instituto exclusivo da ação penal privada exclusiva, somente tem lugar no curso da ação penal (art. 60, CPP); **D:** incorreta, visto que o perdão somente terá cabimento no curso da ação penal; **E:** o perdão, que somente tem incidência depois de instaurada a ação penal privada, embora se estenda a todos os querelados, somente surtirá efeitos em relação àqueles que com ele concordarem. É a regra contida no art. 51 do CPP. Assertiva, portanto, correta.

Gabarito "E"

(Defensor Público/SP – 2012 – FCC) Ação processual penal. Assinale a alternativa correta.

(A) Nos termos do entendimento do Supremo Tribunal Federal, as ações penais fundamentadas na Lei Maria da Penha (Lei Federal n. 11.340/2006) podem ser processadas mesmo sem a representação da vítima, por serem consideradas ações penais públicas incondicionadas.
(B) Tratando-se de ação penal pública condicionada, e havendo representação da vítima, poderá ocorrer retratação caso a vítima a oferte até o recebimento da denúncia, haja vista que a lei processual prevê hipótese de arrependimento do ofendido.
(C) O princípio da obrigatoriedade da ação penal pública incondicionada não sofre mitigação, impondo ao Ministério Público a promoção da ação penal quando configurado um ilícito penal.
(D) Recebido o inquérito policial com elementos informativos suficientes para a propositura de denúncia e tendo o Ministério Público requerido novas diligências, poderá a vítima oferecer queixa subsidiária, dando início ao processo e assumindo o polo ativo da pretensão acusatória.

A: incorreta. O entendimento do STF que estabeleceu a natureza incondicionada da ação penal, tomado em controle concentrado de constitucionalidade (ADIn 4.424), somente se refere aos crimes de lesão corporal, independentemente de sua extensão, praticados contra a mulher no ambiente doméstico. Tal entendimento encontra-se consagrado na Súmula 542, do STJ; **B:** incorreta. Pelo que estabelece o art. 25 do CPP, a representação poderá ser retratada somente até o *oferecimento* da denúncia. Sucede que a Lei 11.340/2006, que estabeleceu, no seu art. 16, regra própria, prevê que a retratação poderá ser manifestada perante o juiz de direito e em audiência designada especialmente para esse fim até o *recebimento* da denúncia; **C:** incorreta. O princípio da obrigatoriedade, que impõe ao MP, na ação penal pública, o dever de promover a ação penal por meio de denúncia, desde que presentes os requisitos legais, comporta, segundo a doutrina, mitigação, que consiste na possibilidade de o MP, no âmbito do Juizado Especial, no lugar de oferecer a denúncia, propor transação penal ao autor do fato (art. 76 da Lei 9.099/1995). O princípio da indisponibilidade (art. 42 do CPP), segundo o qual é vedado ao MP desistir da ação penal em curso, também sofre mitigação, representada esta pela possibilidade de o MP oferecer a suspensão condicional do processo nas infrações penais cuja pena mínima não seja superior a um ano (art. 89 da Lei 9.099/1995). Vale dizer que este benefício, ao contrário da transação penal, não se restringe às infrações penais de menor potencial ofensivo, sendo cabível a todas as infrações em que a pena mínima cominada não exceda a um ano; **D:** correta. No que toca à ação penal privada subsidiária da pública, deve ficar claro, conforme entendimento jurisprudencial pacificado, que o seu cabimento está condicionado à inércia, desídia do órgão do Ministério Público. Bem por isso, se o MP, no lugar de ofertar a denúncia, requerer o arquivamento do inquérito ou ainda a sua devolução à polícia para a realização de diligências imprescindíveis ao exercício da ação penal, não terá lugar a ação penal subsidiária, que pressupõe, como já dito, inércia do órgão ministerial. E se o MP, no lugar de oferecer a denúncia, solicitar ao juiz a devolução do inquérito à polícia para a realização de diligências meramente protelatórias (não indispensáveis ao exercício da ação penal)? Neste caso, segundo o magistério de Guilherme de Souza Nucci, poderá o ofendido se valer da ação privada subsidiária. Conferir: "(...) Como regra, se o membro do Ministério Público ainda não formou sua convicção para dar início à ação penal, deve-se permitir que requeira o retorno dos autos do inquérito à delegacia para novas diligências. Não cabe, pois, ação privada subsidiária da pública. Ocorre que o art. 16, deste Código, estabelece que o Ministério Público não pode requerer a devolução do inquérito policial à autoridade policial para novas diligências, salvo quando estas forem imprescindíveis ao oferecimento da denúncia. Assim, quando o retorno à delegacia constituir pedido manifestamente protelatório, cuja finalidade é burlar o esgotamento do prazo para o oferecimento da denúncia, cremos ser viável que a vítima oferte a queixa (...)" (*Código de Processo Penal Comentado*, 12ª ed., p. 154).

Gabarito "D"

4. SUSPENSÃO CONDICIONAL DO PROCESSO

(Defensor Público/PR – 2012 – FCC) Marcelino, primário e de bons antecedentes, é denunciado pelo crime de furto simples, oportunidade em que é citado para responder aos termos da acusação. Neste caso, de acordo com o entendimento jurisprudencial dominante no Supremo Tribunal Federal e com base na Lei n. 9.099/1995,

(A) na ausência de proposta de suspensão condicional do processo, deve o juiz aplicar analogicamente o art. 28 do CPP.

(B) a proposta de suspensão condicional do processo é ato privativo do Ministério Público e o crime de furto, por não ser da competência do Juizado Especial Criminal, não comporta o oferecimento do *sursis* processual.

(C) caso seja oferecida a proposta de *sursis* processual, o processo ficará suspenso pelo período de 1 (um) ano, devendo o acusado, durante o período de prova, observar as condições estabelecidas na proposta.

(D) a suspensão será revogada se, no curso do processo, o beneficiário vier a ser processado por contravenção.

(E) a prescrição será interrompida durante o prazo da suspensão condicional do processo.

A: correta. Deverá o juiz, neste caso, no lugar de ele próprio oferecer o *sursis* processual, valendo-se, por analogia, do que estabelece o art. 28 do CPP, remeter os autos para apreciação do procurador-geral de Justiça. É esse o entendimento firmado por meio da Súmula n. 696 do STF: "Reunidos os pressupostos legais permissivos da suspensão condicional do processo, mas se recusando o Promotor de Justiça a propô-la, o juiz, dissentindo, remeterá a questão ao Procurador-Geral, aplicando-se por analogia o art. 28 do Código de Processo Penal"; **B:** incorreta. Somente o MP pode figurar como proponente na suspensão condicional do processo. Até aqui a assertiva está correta. É falsa, no entanto, a parte em que se afirma que ao crime de furto, porque não considerado de menor potencial ofensivo, não é aplicável o *sursis* processual. Embora a suspensão condicional do processo esteja contemplada na Lei 9.099/1995 (Juizados Especiais), sua incidência vai além das infrações consideradas de menor potencial ofensivo, conforme prevê o art. 89 da Lei dos Juizados Especiais, que estabelece que este benefício terá lugar nos crimes cuja pena mínima cominada for igual ou inferior a um ano (o que abrange o furto simples); **C:** incorreta, já que o art. 89, *caput*, da Lei 9.099/1995 estabelece o prazo de dois a quatro anos como período de prova; **D:** incorreta, pois, neste caso, o juiz *poderá* revogar a suspensão (revogação facultativa) – art. 89, § 4º, da Lei 9.099/1995; **E:** incorreta. A prescrição será *suspensa*, e não *interrompida* (art. 89, § 6º, da Lei 9.099/1995).

Gabarito "A"

5. AÇÃO CIVIL

Atenção: Para responder à questão seguinte, assinale a alternativa correta em relação ao assunto indicado.

(Defensoria/SP – 2013 – FCC) Ação processual penal e ação civil *ex delicto*.

(A) No âmbito do procedimento comum, e tendo em vista o princípio da disponibilidade da ação penal de iniciativa privada, o recebimento de indenização por danos causados pelo crime implica em renúncia à propositura da ação penal.

(B) A norma que altera a natureza da ação penal não retroage, salvo para beneficiar o réu, nos termos do artigo 5o, inciso XL, da Constituição Federal, não tendo pronta aplicabilidade nos moldes do artigo 2o, do Código de Processo Penal.

(C) Tratando-se de ação penal de iniciativa pública incondicionada, a denúncia deverá ser oferecida no prazo de dez dias se o acusado estiver preso cautelarmente, ou no prazo de quinze dias se estiver solto. O prazo deverá ser contado da data em que o Ministério Público receber o instrumento de investigação preliminar.

(D) Nos termos da jurisprudência do Supremo Tribunal Federal, é lícito ao magistrado, quando do recebimento da denúncia, em juízo de admissibilidade da acusação, conferir definição jurídica aos fatos narrados na peça acusatória, corrigindo a capitulação jurídica da inicial acusatória.

(E) Não cabe ação civil *ex delicto* quando houver o arquivamento do inquérito policial por manifesta atipicidade do fato praticado.

A: incorreta, uma vez que o recebimento de indenização, por parte da vítima do crime, não implica renúncia à propositura da ação penal; **B:** correta. Como bem sabemos, em conformidade com o art. 2º do CPP, a lei processual penal terá, em regra, aplicação imediata, preservando-se os atos realizados sob a égide da lei anterior; há normas processuais penais, no entanto, que possuem natureza mista, híbrida, isto é, são dotadas de natureza processual e material ao mesmo tempo, tal qual as normas processuais que disciplinam a natureza da ação penal. Nesse caso, deverá prevalecer, em detrimento do regramento estabelecido no art. 2º do CPP, a norma contida no art. 2º, parágrafo único, do Código Penal (art. 5º, XL, da CF). Em se tratando de norma mais favorável ao réu, deverá retroagir em seu benefício; se prejudicial a lei nova, aplica-se a lei já revogada. Conferir: "*In casu*, o constrangimento é flagrante, tendo em vista que, diante de norma processual penal material, a disciplinar aspecto sensivelmente ligado ao *jus puniendi* – natureza da ação penal – pretendeu-se aplicar o primado *tempus regit actum*, art. 2.º do Código de Processo Penal, a quebrantar a garantia inserta no Código Penal, de que a *lex gravior* somente incide para fatos posteriores à sua edição. Como, indevidamente, o *Parquet* ofereceu denúncia, em caso em que cabível queixa, e, transposto o prazo decadencial de seis meses para o ajuizamento desta, tem-se como fulminada a persecução penal. 3. Ordem não conhecida, expedido *habeas corpus* de ofício para trancar a Ação Penal n. 2009.001.245923-5, em trâmite perante a 28.ª Vara Criminal da Comarca da Capital/RJ" (STJ, 6ª T., HC 201001533527, Maria Thereza De Assis Moura, *DJ* de 29.11.2012); **C:** incorreta. O erro da proposição está na parte em que afirma que, estando o indiciado preso, a denúncia deverá ser oferecida no prazo de 10 (dez) dias; neste caso, conforme estabelece o art. 46 do CPP, o titular da ação penal disporá, para o oferecimento da peça exordial, do prazo de 5 (cinco) dias; **D:** incorreta, dado que a correção quanto à capitulação feita pelo titular da ação na inicial acusatória deve ser feita, pelo juiz, na sentença (art. 383 do CPP – *emendatio libelli*). Conferir: "(...) Não é lícito ao Juiz, no ato de recebimento da denúncia, quando faz apenas juízo de admissibilidade da acusação, conferir definição jurídica aos fatos narrados na peça acusatória. Poderá fazê-lo adequadamente no momento da prolação da sentença, ocasião em que poderá haver a *emendatio libelli* ou a *mutatio libelli*, se a instrução criminal assim o indicar" (STF, 1ª T., HC 87.324, rel. Min. Cármen Lúcia, j. 10.04.2007); **E:** incorreta (art. 67, I, do CPP).

Gabarito "B"

6. JURISDIÇÃO E COMPETÊNCIA. CONEXÃO E CONTINÊNCIA

(Juiz – TJ-SC – FCC – 2017) Considere os Casos 1 e 2 abaixo.

Caso 1: Iniciada a prática de homicídio em Florianópolis, a morte da vítima ocorreu em Itajaí e a prisão do acusado em Blumenau.

Caso 2: Delito de menor potencial ofensivo foi praticado em Itajaí e se consumou no Balneário de Camboriú, não sendo possível a transação penal.

É competente para julgar as ações penais,

(A) o Tribunal do Júri da Comarca de Itajaí (Caso 1) e o juiz singular, segundo a organização judiciária da Comarca do Balneário de Camboriú (Caso 2).

(B) em ambos os casos, segundo a regra de distribuição, o juiz criminal da Comarca de Itajaí.

(C) o Tribunal do Júri da Comarca de Florianópolis (Caso 1) e o juiz singular, segundo a organização judiciária da Comarca de Itajaí (Caso 2).

(D) o Tribunal do Júri (Caso 1) e o juiz singular (Caso 2), segundo a organização judiciária da Comarca de Itajaí.

(E) em ambos os casos, segundo a regra de prevenção, o juiz criminal da Comarca de Itajaí.

Caso 1: como bem sabemos, a competência será determinada em razão do lugar em que se deu a consumação do crime (art. 70, "caput", CPP). Acolheu-se, assim, a teoria do resultado. Dessa forma, nos chamados *crimes plurilocais*, em que a conduta (ação ou omissão) ocorre num determinado local e o resultado acaba por ser produzido em outro, competente será o foro do local onde se deu a consumação. Pois bem. Sucede que, no contexto dos crimes contra a vida, tanto os culposos quanto os dolosos, a jurisprudência, contrariando o texto legal, construiu a tese segundo a qual deve-se adotar, tendo em conta a conveniência na colheita de provas, a teoria da atividade. Com isso, a competência firmar-se-á, nos crimes contra a vida cujo resultado ocorra em local diverso do da conduta, pelo foro do local da ação ou omissão, e não o do resultado, tal como estabelece o art. 70, "caput", do CPP. É o caso da vítima que, alvejada a tiros em determinada cidade, vem a falecer em outra. Parece lógico e producente que a prova seja colhida e o processamento se dê na comarca onde foi praticada a conduta, e não no local em que o crime se consumou. Como se pode ver, a banca examinadora adotou a literalidade do art. 70 do CPP, segundo o qual o julgamento deverá ocorrer no Tribunal do Júri do município de Itajaí, local no qual se deu a morte da vítima. Conferir: "Recurso ordinário em habeas corpus. Processual Penal. Crime de homicídio culposo (CP, art. 121, §§ 3º e 4º). Competência. Consumação do delito em local distinto daquele onde foram praticados os atos executórios. Crime plurilocal. Possibilidade excepcional de deslocamento da competência para foro diverso do local onde se deu a consumação do delito (CPP, art. 70). Facilitação da instrução probatória. Precedente. Recurso não provido. 1. A recorrente foi denunciada pela prática do crime de homicídio culposo (art. 121, § 3º, c/c § 4º do Código Penal), porque "deixando de observar dever objetivo de cuidado que lhe competia em razão de sua profissão de médica e agindo de forma negligente durante o pós-operatório de sua paciente Fernanda de Alcântara de Araújo, ocasionou a morte desta, cinco dias após tê-la operado, decorrendo o óbito de uma embolia gordurosa não diagnosticada pela denunciada, a qual sequer chegou a examinar a vítima após a alta hospitalar, limitando-se a prescrever remédios pelo telefone, em total afronta ao Código de Ética Médica (artigo 62 do CEM)". 2. Embora se possa afirmar que a responsabilidade imputada à recorrente possa derivar de negligência decorrente da falta do exame pessoal da vítima e do seu correto diagnóstico após a alta hospitalar, é inconteste que esse fato deriva do ato cirúrgico e dos cuidados pós-operatórios de responsabilidade da paciente, de modo que se está diante de crime plurilocal, o que justifica a eleição como foro do local onde os atos foram praticados e onde a recorrente se encontrava por ocasião da imputada omissão (por ocasião da prescrição de remédios por telefone à vítima). 3. Recurso não provido" (RHC 116200, Rel. Min. Dias Toffoli, 1ª Turma, j. 13.08.2013, Processo Eletrônico *DJe* 06.09.2013 Publ. 09.09.2013); **Caso 2:** o art. 63 da Lei 9.099/1995 estabelece que a competência do Juizado Especial Criminal será determinada em razão do lugar em que foi *praticada* a infração penal. Surgiram, assim, três teorias a respeito do juiz competente para o julgamento da causa: (i) teoria da atividade: é competente o juiz do local onde se verificou a ação ou omissão; (ii) teoria do resultado: a ação deve ser julgada no local onde se produziu o resultado; (iii) e teoria da ubiquidade: são considerados competentes tanto o juiz do local em que se deu a ação ou omissão quanto aquele do lugar em que se produziu o resultado. Na doutrina e na jurisprudência, predominam as teorias da atividade e da ubiquidade. O examinador adotou a teoria da atividade. ED

Gabarito "D"

(Juiz – TJ/SC – FCC – 2017) Nas ações penais de competência originária do Supremo Tribunal Federal, estabelece a Lei nº 8.038/90:

Art. 7º – Recebida a denúncia ou a queixa, o relator designará dia e hora para o interrogatório, mandando citar o acusado ou querelado e intimar o órgão do Ministério Público, bem como o querelante ou o assistente, se for o caso.

No que tange ao interrogatório do acusado,

(A) deve ser o ato derradeiro da instrução penal, nos termos do art. 400, do Código de Processo Penal, exceto quanto às ações penais onde o interrogatório tenha ocorrido antes da reforma de 2008.

(B) será sempre o ato derradeiro da instrução penal, nos termos do art. 400, do Código de Processo Penal, pois mais favorável à defesa do acusado.

(C) prevalecerá a regra procedimental da Lei nº 8.038/90 (art. 7º), em detrimento da regra geral e subsidiária do Código de Processo Penal.

(D) é irrelevante a ordem da realização do interrogatório, pois o acusado não está obrigado a responder às indagações do relator.

(E) o Plenário do Supremo Tribunal Federal não tem posição pacífica sobre o tema, prevalecendo ora a regra da Lei nº 8.038/90, ora a regra do art. 400, do Código de Processo Penal.

Em homenagem aos princípios do contraditório e da ampla defesa, o STF consolidou o entendimento segundo o qual, nas ações penais de competência originária do Supremo Tribunal Federal, deve incidir a regra contida no art. 400 do CPP, que estabelece que o interrogatório realizar-se-á ao final da instrução, em detrimento da regra presente no art. 7º da Lei 8.038/1990, para o qual o interrogatório deverá realizar-se no início da instrução. A exceção fica por conta das ações penais em que o interrogatório tenha ocorrido antes do advento da Lei 11.719/2008, que promoveu diversas alterações no CPP, entre as quais estabeleceu que, a partir de então, o interrogatório seria realizado ao final da instrução. Conferir: "O Plenário desta Suprema Corte, em homenagem aos princípios da ampla defesa e contraditório, firmou entendimento no sentido de que, mesmo nas ações penais originárias do Supremo Tribunal Federal, o interrogatório do réu deve ser o último ato da instrução processual (AP 528 AgR, Rel. Min. Ricardo Lewandowski, Tribunal Pleno, *DJe* 08.06.02011)". (AP 988 AgR, Rel. Min. Marco Aurélio, Rel. p/ Acórdão: Min. Alexandre De Moraes, 1ª Turma, j. 04.04.2017. No mesmo sentido: "I - O art. 400 do Código de Processo Penal, com a redação dada pela Lei 11.719/2008, fixou o interrogatório do réu como ato derradeiro da instrução penal. II – Sendo tal prática benéfica à defesa, deve prevalecer nas ações penais originárias perante o Supremo Tribunal Federal, em detrimento do previsto no art. 7º da Lei 8.038/90 nesse aspecto. Exceção apenas quanto às ações nas quais o interrogatório já se ultimou. III – Interpretação sistemática e teleológica do direito" (AP 528 AgR, Rel. Min. Ricardo Lewandowski, Tribunal Pleno, j. 24.03.2011). ED

Gabarito "A"

(Defensor Público – DPE/BA – 2016 – FCC) De acordo com norma expressa do Código de Processo Penal, são fatores que determinam a competência jurisdicional:

(A) A prevenção e o local da prisão.

(B) A prerrogativa de função e o domicílio ou residência do réu.

(C) O local da investigação e a conexão ou continência.

(D) O local da prisão e o local da infração.

(E) O local da residência da vítima e a natureza da infração.

A única alternativa que contempla somente critérios de fixação de competência é a "B", segundo a regra contida no art. 69 do CPP, que assim dispõe: *Determinará a competência jurisdicional: I – o lugar da infração; II – o domicílio ou residência do réu; III – a natureza da infração; IV – a distribuição; V – a conexão ou continência; VI – a prevenção; VII – a prerrogativa de função.*

Gabarito "B"

(Analista – TRE/CE – 2012 – FCC) Sobre a competência, de acordo com o Código de Processo Penal, analise as assertivas abaixo.

I. Tratando-se de infração permanente, praticada em território de duas ou mais jurisdições, a competência será determinada pelo lugar em que for praticado o último ato de execução.

II. Quando incerto o limite territorial entre duas ou mais jurisdições, a competência firmar-se-á pela prevenção.

III. Não sendo conhecido o lugar da infração, a competência regular-se-á pelo domicílio ou residência do réu.

IV. Nos casos de exclusiva ação privada, o querelante não poderá preferir o foro de domicílio ou de residência do réu se conhecido o lugar da infração.

Está correto o que se afirma APENAS em

(A) I e IV.

(B) II e IV.

(C) III e IV.

(D) II e III.

(E) I e II.

I: incorreta. Em vista do que dispõe o art. 71 do CPP, tratando-se de crime continuado ou permanente, em que a ação tenha se desenvolvido em território de mais de uma jurisdição, a competência para o processamento e julgamento firmar-se-á pela prevenção; **II:** correta, nos termos do art. 70, § 3º, do CPP; **III:** correta, pois em consonância com o que estabelece o art. 72, *caput*, do CPP; **IV:** incorreta. Em casos assim, o querelante poderá, sim, preferir o foro do domicílio ou residência do réu, mesmo que conhecido o lugar da infração – art. 73 do CPP.

Gabarito "D"

(Analista – TRE/PR – 2012 – FCC) A respeito da competência, considere:

I. O foro competente do caso de tentativa é o do local em que o delito iria se consumar.

II. Não sendo conhecido o lugar da infração, a competência regular-se-á pelo domicílio ou residência do réu.

III. A competência será determinada pela conexão e implicará reunião dos processos, mesmo que um ou alguns deles já tenham sido julgados.

Está correto o que se afirma APENAS em

(A) I.

(B) II.

(C) I e II.

(D) I e III.

(E) II e III.

I: incorreta. No caso da tentativa, será competente o foro do local em que foi praticado o derradeiro ato executório – art. 70, *caput*, 2.ª parte, do CPP; **II:** correta, nos termos do art. 72, *caput*, do CPP; **III:** incorreta, pois contraria o disposto na Súmula 235 do STJ, a seguir transcrita: "A conexão não determina a reunião dos processos, se um deles já foi julgado".

Gabarito "B"

(Analista – TRE/TO – 2011 – FCC) Na hipótese de crime cuja execução tenha sido iniciada no território nacional, mas a consumação tenha ocorrido fora dele, a competência será determinada

(A) pelo lugar onde ocorreu a consumação.

(B) pelo lugar em que tiver sido praticado, no Brasil, o último ato de execução.

(C) pelo lugar em que tiver sido praticado, no Brasil, o primeiro ato de execução.

(D) pela prevenção.

(E) pela residência ou domicílio do réu.

Incidirá, aqui, a *teoria da ubiquidade*, consagrada no art. 6º do CP e aplicável aos chamados *crimes a distância* ou *de espaço máximo*, que são aqueles em que a execução se inicia em um país e a consumação se opera em outro. Com base no que dispõe o art. 70, § 1º, do CPP, a competência, no Brasil, será firmada pelo lugar em que tiver sido praticado o último ato de execução.

Gabarito "B"

(Magistratura/RR – 2015 – FCC) A definição da competência processual penal possui regras previstas na Constituição Federal, no Código de Processo Penal e nas leis especiais. Sobre a competência, analise as seguintes assertivas:

I. Conforme a Constituição Federal, caberá ao STF julgar, nas infrações penais comuns e nos crimes de responsabilidade, o Presidente da República, o Vice-presidente, os membros do Congresso Nacional, os Ministros de Estado, os comandantes da Marinha, do Exército e da Aeronáutica.

II. No conflito entre foro determinado pela Constituição Federal, por prerrogativa de função e o foro material, definido para o tribunal do Júri no artigo 5º, XXXVIII, d, prevalecerá este último por ser garantia fundamental individual.

III. O foro por prerrogativa de função é sempre definido pela Constituição Federal, mas as constituições estaduais também podem conferir foro por prerrogativa.

IV. Os prefeitos devem ser julgados por Tribunal de Justiça Estadual, mas em cometimento de crimes federais deverão ser julgados pelo Tribunal Regional Federal.

V. Em casos de delitos cometidos em erro na execução e resultado diverso do pretendido a competência será determinada pela conexão.

Está correto o que se afirma APENAS em

(A) I e III.

(B) III e IV.

(C) I e V.

(D) II e IV.

(E) III e V.

I: incorreta. É verdade que o presidente e o vice-presidente da República, pela prática de crime comum, serão julgados pelo STF, na forma estatuída no art. 102, I, *b*, da CF; agora, pelo cometimento de crime de responsabilidade, essas autoridades serão julgadas pelo Senado Federal (art. 52, I, CF). Os ministros de Estado e os comandantes das Forças Armadas somente serão julgados pelo Senado Federal, pela prática de crime de responsabilidade, se existir conexão entre este e o crime de responsabilidade praticado pelo presidente da República ou pelo seu vice (art. 52, I, da CF); **II:** incorreta. A solução deve ser extraída da Súmula 721 do STF, cujo teor foi reproduzido na Súmula Vinculante n. 45: "A competência constitucional do Tribunal do Júri prevalece sobre o foro por prerrogativa de função estabelecido exclusivamente pela Constituição estadual". A contrário senso, a competência constitucional do Tribunal do Júri não prevalecerá sobre o foro por prerrogativa de função estabelecido pela Constituição Federal; **III:** correta. Podem as Constituições dos Estados, de fato, ampliar as hipóteses de foro por prerrogativa de função de competência dos Tribunais de Justiça; **IV:** correta. Os prefeitos municipais serão julgados, pela prática de crimes comuns de competência da Justiça Estadual, pelo Tribunal de Justiça (art. 29, X, da CF). Agora, se o chefe do executivo municipal praticar crime eleitoral ou federal, a competência, aqui, será do TRE e TRF, respectivamente. É a conclusão a que se chega pela leitura da Súmula 702, STF: "A competência do Tribunal de Justiça para julgar prefeitos restringe-se aos crimes de competência da Justiça comum estadual; nos demais casos, a competência originária caberá ao respectivo tribunal de segundo grau"; **V:** incorreta, nos termos do art. 77, II, do CPP. É hipótese de continência, e não de conexão.

Gabarito "B"

(Magistratura/SC – 2015 – FCC) Com relação aos processos de competência originária, nos termos da Lei 8.038/1990, analise as seguintes assertivas:

I. Apresentada a denúncia ou a queixa ao Tribunal, o acusado será notificado para oferecer resposta no prazo de quinze dias.

II. O recebimento, a rejeição da denúncia ou da queixa, ou a improcedência da acusação serão deliberados pelo Tribunal, permitida a sustentação oral de acusação e defesa, pelo prazo de quinze minutos.

III. Para o recebimento, a rejeição da denúncia ou da queixa, ou a improcedência da acusação o Tribunal poderá limitar a presença ao recinto apenas aos advogados, podendo impedir, inclusive, a presença das partes, se o interesse público exigir.

IV. As intimações poderão ser realizadas por carta registrada com aviso de recebimento, mas somente por expressa determinação do relator.

V. Após as alegações escritas, o relator poderá determinar a realização de outras provas, apenas em caso de requerimento das partes, e se reputadas imprescindíveis ao julgamento.

É correto o que se afirma APENAS em

(A) II, III e V.

(B) I e II.

(C) I, II e III.

(D) I e III.

(E) I, II, III e IV.

I: correta (art. 4º, *caput*, da Lei 8.038/1990); **II:** correta (art. 6º, *caput* e § 2º, da Lei 8.038/1990); **III:** correta (art. 6º, § 2º, da Lei 8.038/1990); **IV:** correta (art. 9º, § 2º, da Lei 8.038/1990); **V:** incorreta (art. 11, § 3º, da Lei 8.038/1990).

Gabarito "E"

(Magistratura/SC – 2015 – FCC) Após a condenação em primeira instância por um crime de competência federal, o réu de uma ação penal é diplomado como deputado federal. Posteriormente, quanto ao julgamento de sua apelação, interposta antes da diplomação, deverá ser julgada:

(A) pelo Tribunal Regional Federal, se já estiver devida mente instruída com razões e contrarrazões.

(B) normalmente pelo juiz federal da causa, em respeito ao princípio do juiz natural.

(C) pelo Supremo Tribunal Federal.

(D) pelo Superior Tribunal de Justiça.

(E) normalmente pelo Tribunal Regional Federal.

Vigora, quanto à manutenção ou aquisição do chamado foro especial, o princípio da *atualidade* do exercício do cargo/mandato. É dizer: a autoridade gozará do foro especial enquanto permanecer no exercício do cargo/mandato; cessado este, cessa a prerrogativa. No caso narrado no enunciado, o réu, que responde a processo pela prática de crime federal cometido antes de assumir seu mandato como deputado federal, fará jus, a partir de sua diplomação, a ver-se julgado perante o Supremo Tribunal Federal, seu juízo natural (art. 53, § 1º, da CF).

Gabarito "C"

(Magistratura/PE – 2013 – FCC) No que se refere à competência no processo penal, segundo entendimento sumulado,

(A) compete ao foro do local da emissão do cheque sem provisão de fundos processar e julgar o crime de estelionato.

(B) compete à Justiça Comum Estadual processar e julgar crime em que o indígena figura como autor ou vítima.

(C) compete à Justiça Comum Estadual processar e julgar crime de falso testemunho cometido no processo trabalhista.

(D) a utilização de papel moeda grosseiramente falsificado configura, em tese, o crime de estelionato, da competência da Justiça Estadual.

(E) a competência do tribunal do júri prevalece sempre sobre o foro por prerrogativa de função.

A: incorreta, já que não corresponde ao teor das Súmulas nº 244, do STJ, e 521, do STF, que estabelecem que o foro competente, neste caso, é o do local da recusa do pagamento; **B:** incorreta. A competência para o julgamento de crime em que indígena figure como autor ou réu é, em regra, da Justiça Comum estadual (Súmula nº 140, STJ). Agora, se o crime envolver a disputa de direitos indígenas, a competência, neste caso, passa à Justiça Federal (art. 109, XI, da CF); **C:** incorreta. É da competência da Justiça Federal (não da estadual) o processamento e julgamento do crime de falso testemunho praticado em processo trabalhista (Súmula n. 165, STJ); **D:** correta, pois em conformidade com o entendimento firmado na Súmula n. 73 do STJ; **E:** incorreta, pois não corresponde ao entendimento firmado na Súmula nº 721 do STF, cujo teor foi reproduzido na Súmula Vinculante 45: "A competência constitucional do Tribunal do Júri prevalece sobre o foro por prerrogativa de função estabelecido exclusivamente pela Constituição estadual".

Gabarito "D"

(Defensoria/SP – 2013 – FCC) Competência.

(A) Nos casos de conexão de natureza objetiva, em que exista a presença de crimes para os quais estão previstos ritos processuais diferentes, deverá ser adotado o procedimento mais abrangente, em observância aos postulados do contraditório e da ampla defesa.

(B) Operada a desclassificação, com o afastamento da figura dolosa pelo plenário do júri, o juiz presidente passa a ter competência para o julgamento do militar acusado pela prática de homicídio em desfavor de vítima civil.

(C) Praticado crime de tráfico transnacional de entorpecentes em município que não seja sede de vara da Justiça Federal, caberá ao juízo estadual competente o processo e o julgamento do delito, com recurso para o Tribunal Regional Federal da respectiva região.

(D) Compete aos Tribunais de Justiça o julgamento de autor de contravenção penal detentor de foro por prerrogativa funcional em Tribunal Regional Federal, tendo em vista que por expressa previsão constitucional não compete à Justiça Federal o julgamento das contravenções.

(E) Nos crimes praticados fora do território nacional, mas que incida a regra da extraterritorialidade da lei penal, será competente o juízo da capital do Estado onde houver por último residido o acusado. Caso o acusado nunca tenha residido no Brasil, a competência será definida pela prevenção entre os juízos das Capitais dos Estados da República.

A: correta. Conferir: "Processual penal – *Habeas corpus* – Roubo circunstanciado tentado – Roubo circunstanciado consumado – Porte de arma – Corrupção ativa – Extorsão – Tráfico de drogas – Conexão – Escolha pelo procedimento ordinário dada a sua amplitude – Possibilidade – Ampla defesa – Excesso de prazo – Complexidade da causa – Princípio da razoabilidade – Ordem denegada. 1 – Estando o paciente denunciado por crimes conexos, aos quais se atribuem diferentes procedimentos, aplica-se o mais abrangente deles, qual seja, o ordinário, dada a previsão de um maior número de atos processuais que possibilita a melhor argumentação das partes, efetivando-se a ampla defesa. 2 – Eventual excesso de prazo na instrução criminal deve ser examinado levando-se em conta a complexidade do feito, não sendo suficiente para relaxar a prisão provisória do acusado se evidenciado que o Juízo singular vem adotando todas as providências necessárias para o regular andamento do feito. 3 – Ordem denegada" (HC 200802177110, Jane Silva – Desembargadora Convocada do TJ/MG, STJ – Quinta Turma, *DJE* 10.11.2008); **B:** incorreta. Se da desclassificação, operada pelo Tribunal Popular, resultar em crime culposo praticado por militar contra civil (art. 206, CPM), o julgamento deverá realizar-se perante a Justiça Militar, à qual deverão ser os autos remetidos; **C:** incorreta, pois não reflete o que estabelece o art. 70, parágrafo único, da Lei 11.343/2006 (Drogas); **D:** incorreta. Embora seja verdadeira a afirmação de que à Justiça Federal não cabe o julgamento de contravenção penal (art. 109, IV, primeira parte, da CF e Súmula 38, STJ), o detentor de foro por prerrogativa de função deverá, mesmo diante da prática de contravenção penal, ser julgado pelo seu juízo natural, que, neste caso, é o TRF da região respectiva; **E:** incorreta, pois não reflete o disposto no art. 88 do CPP.

Gabarito "A"

(Procurador Legislativo – Câmara de Vereadores de São Paulo/SP – 2014 – FCC) Antonio, Vereador, foi injuriado e difamado pelo Prefeito Municipal, durante sessão da Câmara dos Vereadores em que se colocou em votação parecer do Tribunal de Contas do Estado que rejeitava as contas municipais. Diante disso,

(A) ação penal somente será instaurada mediante requisição do Procurador da Câmara Municipal.

(B) Antonio deve oferecer representação, para que o Promotor de Justiça ofereça denúncia contra o Prefeito Municipal na comarca onde ocorreram os fatos.

(C) Antonio deve, necessariamente, requerer a instauração de inquérito policial, para apuração do ocorrido.

(D) caso queira que o Prefeito seja processado criminalmente pelas ofensas, Antonio pode oferecer queixa-crime perante o Tribunal de Justiça do Estado.

(E) Antonio pode opor exceção da verdade.

A: incorreta. Providência não contemplada em lei. Como bem sabemos, os crimes contra a honra (calúnia, difamação e injúria) são, em regra, de ação penal privada (art. 145, CP), razão por que, sendo a vontade de Antônio, vereador, ver processado seu ofensor, o prefeito do município, deverá ajuizar contra este queixa-crime; **B:** incorreta, na medida em que a *representação* somente se faz necessária quando se tratar de ação penal pública condicionada; estamos aqui a falar de ação penal privada; **C:** incorreta. Conforme já sabemos, o inquérito policial não constitui fase imprescindível da persecução penal, podendo o titular da ação, neste caso Antônio, valer-se de outros meios que não o inquérito para ajuizar a queixa-crime; **D:** correta. Isso porque o prefeito municipal, sendo detentor de foro por prerrogativa de função, assegurado pelo art. 29, X, da CF, será processado e julgado pelo Tribunal de Justiça; **E:** incorreta. A exceção da verdade, que somente tem lugar nos crimes de calúnia e difamação, será oposta pelo ofensor (prefeito), e não pelo ofendido (Antônio).

Gabarito "D"

7. QUESTÕES E PROCESSOS INCIDENTES

(Juiz – TJ-SC – FCC – 2017) A sentença penal condenatória foi proferida por juiz de direito que, posteriormente, foi promovido ao Tribunal de Justiça e, como desembargador, não pode participar do julgamento da apelação interposta pelo condenado. A razão processual de tal vedação é:

(A) Suspeição, em razão de foro íntimo.

(B) Suspeição, por haver julgado a causa em outra instância.

(C) Impedimento, por haver julgado a causa em outra instância.

(D) Incompetência, por haver julgado a causa em outra instância.

(E) Perda de imparcialidade por haver julgado a causa em outra instância, mas não havia vedação processual para participar do julgamento.

A solução desta questão deve ser extraída da regra presente no art. 252, III, do CPP, que constitui hipótese de impedimento segundo a qual é vedado ao magistrado promovido para atuar em segunda instância, como desembargador, julgar decisão proferida por ele próprio enquanto juiz de primeira instância. Em outras palavras, é-lhe defeso integrar colegiado de instância superior para proceder ao julgamento de decisão que ele mesmo tenha proferido em instância inferior. É importante que se diga que a prática de atos de mero expediente e de impulso procedimental, porque não têm carga decisória, não têm o condão de configurar esta modalidade de impedimento. ED

Gabarito "C"

(Analista – TRF/3ª Região – 2014 – FCC) Exceção de suspeição de magistrado deve ser julgada procedente quando o juiz

(A) permitiu, antes do recebimento da denúncia, dilação de prazo para conclusão do inquérito policial.

(B) prolatou sentença em feito desmembrado.

(C) já proferiu, em outros processos, decisões desfavoráveis ao excipiente.

(D) não acolheu pretensão do excipiente em relação à suposta parcialidade da Procuradora da República.

(E) for acionista de sociedade interessada no processo.

A: incorreta, uma vez que não se enquadra em nenhuma das hipóteses de suspeição previstas no art. 254 do CPP; **B:** incorreta, uma vez que não se enquadra em nenhuma das hipóteses de suspeição previstas no art. 254 do CPP; **C:** incorreta, uma vez que não se enquadra em nenhuma das hipóteses de suspeição previstas no art. 254 do CPP; **D:** incorreta, uma vez que não se enquadra em nenhuma das hipóteses de suspeição previstas no art. 254 do CPP; **E:** correta, na medida em que corresponde à hipótese de suspeição contida no art. 254, VI, do CPP.

Gabarito "E"

(Magistratura/RR – 2015 – FCC) Se a decisão em um processo penal sobre a existência ou não de uma infração penal depender da solução de uma controvérsia reputada séria e fundada, o juiz

(A) deverá suspender o processo e o curso da ação penal até que a questão seja dirimida por sentença civil transitada em julgado sempre que a dúvida disser respeito ao estado civil das pessoas, ficando igualmente suspenso o prazo prescricional.

(B) poderá suspender o processo e o curso da ação penal por prazo determinado para que a questão relacionada ao estado civil das pessoas seja dirimida por sentença transitada em julgado, permitindo-se a realização de provas urgentes, ficando igualmente suspenso o prazo prescricional.

(C) deverá suspender o processo e o curso da ação penal em caso de dúvida sobre qualquer matéria civil, permitindo-se a produção de provas urgentes, sem previsão legal para suspensão do prazo prescricional.

(D) poderá suspender o processo e o curso da ação penal em caso de dúvida quanto ao estado civil das pessoas, contudo determinando prazo razoável, que poderá ser prorrogado, antes realizando as provas urgentes, sem previsão legal para a suspensão do prazo prescricional.

(E) poderá suspender o processo e o curso da ação penal em qualquer dúvida sobre matéria não penal, determinando prazo para a suspensão após a inquirição das testemunhas e realização de outras provas de natureza urgente, sem previsão legal de suspensão do prazo prescricional.

O enunciado descreve hipótese de questão prejudicial *obrigatória*. Prevista no art. 92 do CPP, é aquela que necessariamente enseja a suspensão do processo, sendo tão somente suficiente que o magistrado do juízo criminal a repute séria e fundada. Aqui, o juiz deverá determinar a paralisação do feito até que o juízo cível emita sua manifestação. Envolve questões atinentes à própria existência do crime. Preleciona o art. 116, I, do CP que, em casos assim, o curso da prescrição ficará suspenso. Já na questão prejudicial *facultativa*, contida no art. 93 do CPP, o magistrado tem a faculdade, não a obrigação, de suspender o processo. São questões que não envolvem o estado das pessoas.

Gabarito "A"

(Magistratura/SC – 2015 – FCC) Em processo que apura o delito de abandono material, (art. 244 do CP), em resposta à acusação, o réu alega não ser o pai do abandonado, pessoa menor de 18 anos. Neste caso, nos termos do Código de Processo Penal,

(A) a ação penal ficará suspensa, marcando o juiz prazo para a suspensão, que expirado, poderá ser prorrogado por no máximo mais uma vez, por igual período, para que se evite a ocorrência da prescrição.

(B) havendo ação penal de investigação de paternidade já proposta no juízo cível, por se tratar de questão de difícil solução, o juiz deverá suspender a ação penal por prazo indeterminado até que lá se resolva a questão, decisão esta irrecorrível.

(C) havendo ação penal de investigação de paternidade já proposta no juízo cível, o juiz deverá suspender a ação penal imediatamente para preservar a coerência das decisões, não cabendo qualquer recurso da suspensão.

(D) mesmo sem a existência de ação civil proposta para a resolução da questão da paternidade, o juiz poderá suspender a ação penal e decidir primeiramente sobre tal questão, contudo o código de processo penal permite a realização das provas urgentes sempre que surgirem.

(E) a ação penal ficará suspensa e com ela o prazo prescricional, se o juiz reputar séria e fundada a questão da paternidade.

O enunciado descreve hipótese de questão prejudicial *obrigatória*. Prevista no art. 92 do CPP, é aquela que necessariamente enseja a suspensão do processo, bastando que o magistrado do juízo criminal a repute séria e fundada. Não há dúvida de que a paternidade, que está sendo questionada, refere-se ao estado civil das pessoas. O reconhecimento da alegação do réu afasta a ocorrência do crime pelo qual ele responde. Aqui, o juiz deverá determinar a paralisação do feito até que o juízo cível emita sua manifestação. Preleciona o art. 116, I, do CP que, em casos assim, o curso da prescrição ficará suspenso. No mais, segundo estabelece o art. 581, XVI, do CPP, a decisão que ordenar a suspensão do processo em virtude de questão prejudicial desafia recurso em sentido estrito.

Gabarito "E"

(Magistratura/PE – 2013 – FCC) Quanto às medidas assecuratórias, de acordo com o Código de Processo Penal, é correto afirmar:

(A) A hipoteca legal sobre os imóveis do indiciado poderá ser requerida pelo ofendido em qualquer fase do processo, desde que haja certeza da infração e indícios suficientes da autoria.

(B) O sequestro poderá ser embargado pelo Ministério Público.

(C) Se o réu oferecer caução suficiente, em dinheiro ou em títulos da dívida pública, pelo valor de sua cotação em Bolsa, o juiz poderá mandar deixar de proceder ao sequestro de bem imóvel.

(D) Em caso de alienação antecipada, não alcançado o valor estipulado pela administração judicial, será realizado novo leilão, podendo os bens ser alienados por valor não inferior a 75% do estipulado na avaliação judicial.

(E) A especialização da hipoteca e o arresto correrão nos próprios autos do inquérito ou ação penal.

A: correta, pois corresponde à redação do art. 134 do CPP; **B:** incorreta, pois não reflete o disposto no art. 130 do CPP, que não confere legitimidade ao MP para opor embargos ao sequestro; **C:** incorreta, pois tal providência se refere à hipoteca legal (art. 135, § 6°, do CPP); **D:** incorreta, dado que o art. 144-A, § 2°, do CPP estabelece o percentual mínimo de oitenta por cento; **E:** incorreta, pois não reflete o que dispõe o art. 138 do CPP.

Gabarito "A"

8. PRERROGATIVAS DO ACUSADO

(Defensor Público/PR – 2012 – FCC) Instaurado inquérito policial para investigação de roubo de veículos na cidade de Foz do Iguaçu, Marivaldo é preso preventivamente, pela suposta prática dos crimes dos arts. 157, § 2°, I e 288 do Código Penal. Tendo sido comunicada a prisão e encaminhada a cópia do cumprimento do mandado ao Defensor Público, que se dirigiu à Delegacia de Polícia. De acordo com as prerrogativas contidas na Lei Complementar n. 80/1994 e as disposições do Código de Processo Penal analise as afirmações abaixo.

I. Se houver a decretação da incomunicabilidade do indiciado, o Defensor Público não poderá se entrevistar com aquele, a fim de assegurar a continuidade das investigações.

II. O Defensor Público deverá agendar previamente a sua visita à Delegacia de Polícia para se entrevistar com o preso.

III. O Defensor Público terá acesso aos autos do inquérito policial, podendo apenas tomar apontamentos.

IV. Enquanto não relatado o inquérito policial o Defensor Público poderá ter acesso aos autos, mas não obterá cópias, dada a sua sigilosidade.

V. O Defensor Público não precisará de procuração do indiciado para ter vista dos autos do inquérito policial, podendo praticar os atos que entender necessários.

Está correto o que se afirma em

(A) III, apenas.

(B) V, apenas.

(C) III e V, apenas.

(D) III, IV e V, apenas.

(E) I, II, III, IV e V.

I e **II:** incorretas. *Vide* art. 44, VII, da LC n. 80/1994, *in verbis:* "Art. 44. São prerrogativas dos membros da Defensoria Pública da União: (...) VII – comunicar-se, pessoal e reservadamente, com seus assistidos, ainda quando esses se acharem presos ou detidos, mesmo incomunicáveis, tendo livre ingresso em estabelecimentos policiais, prisionais e de internação coletiva, independentemente de prévio agendamento; **III** e **IV:** incorretas, conforme dispõe o art. 44, VIII, da LC n. 80/1994: "Art. 44 (...) VIII – Examinar, em qualquer repartição pública, autos de flagrantes, inquéritos e processos, assegurada a obtenção de cópias e podendo tomar apontamentos"; **V:** correta. A vista dos autos de inquérito independe de procuração.

Gabarito "B"

9. PROVAS

(Defensor Público – DPE/ES – 2016 – FCC) Sobre as provas no processo penal,

(A) após realização do reconhecimento pessoal, deve ser lavrado auto pormenorizado, subscrito pela autoridade, pela pessoa chamada para proceder ao reconhecimento e por duas testemunhas presenciais.

(B) em virtude do princípio do livre convencimento motivado, o juiz pode suprir a ausência de exame de corpo de delito, direto ou indireto, pela confissão do acusado nos crimes que deixam vestígios.

(C) de acordo com o sistema acusatório, o interrogatório é o ato final da instrução, não podendo ocorrer mais de uma vez no mesmo processo.

(D) segundo a Convenção Americana de Direitos Humanos, a confissão do acusado só é válida se feita sem coação de nenhuma natureza, de modo que não há mácula na confissão informal feita no momento da prisão quando apenas induzida por policiais.

(E) diante da notícia concreta de tráfico de drogas e da presença de armas em determinada favela, é possível a expedição de mandado de busca domiciliar para todas as casas da comunidade.

A: correta, visto que corresponde à redação do art. 226, IV, do CPP; **B:** incorreta. O exame de corpo de delito, nas infrações que deixam vestígios, é indispensável – art. 158 do CPP. Agora, se estes vestígios, por qualquer razão, se perderem, nosso ordenamento jurídico admite que a prova testemunhal supra essa ausência – art. 167 do CPP. A confissão, no entanto, por expressa disposição do art. 158 do CPP, não poderá ser utilizada para esse fim; **C:** incorreta. Por força das modificações implementadas pela Lei 11.719/2008, que alterou diversos dispositivos do CPP, entre os quais o art. 400, a instrução, que antes tinha como providência inicial o interrogatório do acusado, passou a ser una, impondo, além disso, nova sequência de atos, todos realizados em uma única audiência. Nesta (art. 400 do CPP – ordinário; art. 531 do CPP – sumário), deve-se ouvir, em primeiro lugar, o ofendido; depois, ouvem-se as testemunhas de acusação e, em seguida, as de defesa. Após, vêm os esclarecimentos dos peritos e as acareações. Em seguida, procede-se ao reconhecimento de pessoas e coisas. Somente depois se interroga o acusado. Ao final, não havendo requerimento de diligências, serão oferecidas pelas partes alegações finais orais, por vinte minutos, prorrogáveis por mais dez. Como se pode notar, a primeira parte da assertiva está correta. O erro está na sua segunda parte, uma vez que ao juiz é dado proceder, sempre que necessário, a novo interrogatório (art. 196, CPP); **D:** incorreta, pois contraria o disposto no art. 8º, 3, da Convenção Americana de Direitos Humanos (Pacto de São José da Costa Rica), que assim estabelece: *a confissão do acusado só é válida se feita sem coação de nenhuma natureza*; **E**: incorreta, pois em desconformidade com o disposto no art. 243, I, do CPP. Vale, quanto a isso, a lição de Guilherme de Souza Nucci: "(...) o mandado de busca a apreensão, por importar em violação de domicílio, deve ser preciso e determinado, indicando, *o mais precisamente possível* a casa onde a diligência será efetuada, bem como o nome do proprietário ou morador (neste caso, podendo ser o locatário ou comodatário). Admitir-se o mandado genérico torna impossível o controle sobre os atos de força do Estado contra direito individual, razão pela qual é indispensável haver fundada suspeita e especificação" (*Código de Processo Penal Comentado*, 12ª ed., p. 571).

Gabarito "A"

(Analista – TRE/SP – 2012 – FCC) Analise as seguintes situações sobre as testemunhas, de acordo com o Código do Processo Penal:

I. Tício, padre de uma paróquia na cidade de São Paulo, mantém contato, no exercício de sua atividade religiosa, com uma determinada pessoa que lhe conta com detalhes, em função da fé no confessionário, que presenciou um delito de homicídio na porta da sua casa, praticado contra um vizinho. Tício poderá figurar como testemunha, mas está proibido de prestar depoimento em juízo, salvo se quiser e for desobrigado pela parte interessada.

II. O Presidente do Superior Tribunal de Justiça é arrolado como testemunha em um processo crime que tramita em uma das Varas Criminais da Comarca de São Paulo. Neste caso, ele será inquirido em local, dia e hora previamente ajustados com o juiz do processo, podendo optar, também, pela prestação de depoimento por escrito, caso em que as perguntas, formuladas pelas partes, lhes serão transmitidas por ofício.

III. Em regular audiência de instrução e julgamento está sendo ouvida testemunha arrolada pela acusação. O juiz não poderá indeferir perguntas formuladas pelo advogado do réu, mesmo se não tiverem relação com o processo.

Está correto o que consta SOMENTE em

(A) I.
(B) II.
(C) I e II.
(D) I e III.
(E) II e III.

I: as pessoas listadas no art. 207 do CPP estão em regra proibidas de prestar depoimento. Trata-se de uma imposição legal, e não mera faculdade; poderão, todavia, fazê-lo se a parte que lhe confiou o segredo desobrigá-la e a autorizar a depor. Assertiva, portanto, correta; **II:** incorreta. Somente têm a faculdade de optar pela prestação de depoimento escrito o Presidente e o Vice-Presidente da República, bem assim os Presidentes do Senado Federal, da Câmara dos Deputados e do Supremo Tribunal Federal – art. 221, § 1º, do CPP; **III:** incorreta, pois o juiz pode, sim, indeferir as perguntas que puderem induzir a resposta, não tiverem relação com a causa ou importarem na repetição de outra já respondida – art. 212, *caput*, do CPP.

Gabarito "A"

(Magistratura/GO – 2015 – FCC) Em relação às testemunhas no processo penal, de acordo com o Código de Processo Penal,

(A) caso as testemunhas de acusação se sintam ameaçadas pelo réu, poderão deixar de prestar depoimento.
(B) caso arrolado como testemunha, o Governador poderá optar por prestar depoimento por escrito.
(C) as cartas rogatórias só serão expedidas se demonstrada previamente a sua imprescindibilidade, arcando a parte requerente com os custos de envio.
(D) caso a testemunha seja arrolada pela defesa e esteja impossibilitada, por enfermidade, de comparecer para depor, o juiz determinará que a defesa substitua esta testemunha, sob pena de preclusão da prova.
(E) são proibidas de depor, ainda que desobrigadas pela parte interessada, as pessoas que, em razão da profissão, devam guardar segredo.

A: incorreta, uma vez que, em casos assim, o juiz cuidará para que a inquirição seja feita por meio de videoconferência; não sendo isso possível, determinará a retirada do acusado da sala de audiência (art. 217, CPP). Não podem as testemunhas, portanto, ainda que se sintam ameaçadas pelo réu, deixar de prestar depoimento; **B:** incorreta. Segundo estabelece o art. 221, *caput*, do CPP, as pessoas ali listadas, entre as quais o governador, têm a prerrogativa, quando ouvidas na condição de testemunha, de ajustar, com o juiz da causa, local, dia e hora para que lhes seja tomado o depoimento. A prerrogativa de prestar depoimento por escrito somente é conferida ao presidente e vice-presidente da República e também aos presidentes do Senado Federal, da Câmara de Deputados e do Supremo Tribunal Federal; **C:** correta, pois reflete a regra prevista no art. 222-A, *caput*, do CPP; **D:** incorreta, pois em desconformidade com o disposto no art. 220 do CPP, que estabelece que, neste caso, o juiz deverá cuidar para que a testemunha seja inquirida no local em que estiver; **E:** incorreta. Por força do que dispõe o art. 207 do CPP, estão proibidas de depor as pessoas que, em razão da função, ministério, ofício ou profissão, devam guardar segredo. Trata-se, como se pode ver, de uma imposição legal, e não mera faculdade; poderão, todavia, fazê-lo, e aqui está a incorreção da assertiva, se a parte que lhe confiou o segredo desobrigá-la e a autorizar a depor.

Gabarito "C"

(Magistratura/GO – 2015 – FCC) *Conforme a orientação deste Superior Tribunal de Justiça, a inquirição das testemunhas pelo juiz antes que seja oportunizada a formulação das perguntas às partes, com a inversão da ordem prevista no art. 212 do Código de Processo Penal, constitui nulidade relativa* (STJ, HC n. 237.782, Rel. Min. Laurita Vaz, *DJe* de 21.08.2014).

Diante deste entendimento do Superior Tribunal de Justiça, a nulidade, neste caso,

(A) será declarada mesmo que não tenha influído na decisão da causa.
(B) deve ser reconhecida de ofício.
(C) independe de comprovação do prejuízo.
(D) deve ser arguida pela parte interessada em tempo oportuno.
(E) não se sujeita à preclusão.

Com as mudanças implementadas no art. 212 do CPP pela Lei de Reforma 11.690/2008, o *sistema presidencialista*, pelo qual a testemunha, depois de inquirida pelo juiz, respondia, por intermédio deste, às perguntas formuladas pelas partes, deu lugar ao chamado sistema *cross examination*, atualmente em vigor, segundo o qual as partes passam a dirigir suas indagações às testemunhas sem a intermediação do magistrado, de forma direta, vedados os questionamentos que puderem induzir a resposta, não tiverem relação com a causa ou importarem na resposta de outra já respondida. Ao final da inquirição, se ainda remanescer algum ponto não esclarecido, poderá o juiz complementá-la, formulando à testemunha novas perguntas (art. 212, parágrafo único, do CPP). É por essa razão que se diz que a atividade do juiz é complementar, remanescente à das partes. Pois bem. Surgiu então a questão atinente à consequência que poderia advir da inversão desta ordem. Prevalece hoje o entendimento no sentido de que é relativa a nulidade decorrente do fato de o juiz, no lugar de formular seus questionamentos ao término da oitiva da testemunha, fazê-lo no começo do depoimento, antes, portanto, das perguntas elaboradas pelas partes. E sendo relativa esta nulidade, o seu reconhecimento somente se dará com a arguição oportuna pelo interessado (não pode o juiz decretá-la de ofício), que, se assim não fizer, sujeitar-se-á à preclusão.

Gabarito "D"

(Magistratura/SC – 2015 – FCC) Com relação ao exame de corpo de delito e às perícias em geral, analise as seguintes assertivas, nos termos do Código de Processo Penal:

I. Na falta de perito oficial, o exame poderá ser realizado por duas pessoas idôneas, portadoras de diploma de curso superior, mas não necessariamente na área técnica específica da natureza do exame.

II. O Ministério Público, o assistente de acusação, o ofendido, o querelante e o acusado poderão formular quesitos, mas somente o Ministério Público e o acusado poderão indicar assistente técnico.

III. A autópsia será feita sempre após seis horas do óbito, não prevendo a lei qualquer exceção.

IV. A exumação será realizada em dia e hora previamente agendados, e somente após autorização judicial.

V. As partes poderão requerer a oitiva dos peritos para esclarecerem a prova ou para responderem a quesitos, desde que o mandado de intimação e os quesitos ou questões a serem esclarecidas sejam encaminhados com antecedência mínima de 10 dias, podendo apresentar as respostas em laudo complementar.

É correto o que se afirma APENAS em

(A) II e IV.

(B) I, IV e V.

(C) I, II, III e IV.

(D) I e V.

(E) II, III e V.

I: correta, já que o art. 159, § 1º, do CPP, que disciplina a matéria, fala em *preferencialmente*; **II:** incorreta, uma vez que as pessoas mencionadas na alternativa podem, sim, indicar assistente técnico (art. 159, § 3º, do CPP); **III:** incorreta. Dispõe o art. 162, *caput*, do CPP que "a autópsia será feita pelo menos 6 (seis) horas depois do óbito, salvo se os peritos, pela evidência dos sinais de morte, julgarem que possa ser feita antes daquele prazo, o que declararão no auto"; **IV:** incorreta. A exumação será determinada, em regra, pela autoridade policial (art. 163, CPP) responsável pelas investigações; pode ocorrer, entretanto, que a exumação seja determinada pelo juiz de direito; neste caso, o procedimento será conduzido pelo delegado de polícia; **V:** correta (art. 159, § 5º, I, do CPP).

Gabarito "D"

(Magistratura/PE – 2013 – FCC) Em relação à prova testemunhal, de acordo com o Código de Processo Penal, é INCORRETO afirmar:

(A) As perguntas no procedimento comum serão formuladas pelas partes diretamente à testemunha, não admitindo o juiz aquelas que puderem induzir a resposta, não tiverem relação com a causa ou importarem na repetição de outra já respondida.

(B) As cartas rogatórias só serão expedidas se demonstrada previamente a sua imprescindibilidade, arcando a parte requerente com os custos de envio.

(C) O Vice-Presidente da República poderá optar pela prestação de depoimento por escrito, caso em que as perguntas, formuladas pelas partes e deferidas pelo juiz, lhe serão transmitidas por ofício.

(D) Se o juiz verificar que a presença do réu poderá causar temor à testemunha ou ao ofendido, de modo que prejudique a verdade do depoimento, determinará desde logo a retirada do réu, prosseguindo na inquirição, com a presença de seu defensor.

(E) A testemunha que morar fora da jurisdição do juiz será inquirida pelo juiz do lugar de sua residência, expedindo-se, para esse fim, carta precatória, com prazo razoável, intimadas as partes.

A: correta. Dado o que dispõe o art. 212, *caput*, do CPP, as partes formularão suas perguntas diretamente às testemunhas. Antes de o Código de Processo Penal ser alterado pela Lei de Reforma nº 11.690/2008, vigia, entre nós, o *sistema presidencialista*, pelo qual a testemunha, depois de inquirida pelo juiz, respondia, por intermédio deste, às perguntas formuladas pelas partes. Por este sistema, não podiam acusação e defesa formular seus questionamentos diretamente à testemunha, o que somente era feito por meio do juiz. Pois bem. Com a alteração promovida pela Lei 11.690/2006 na redação do art. 212 do CPP, o *sistema presidencialista*, até então em vigor, deu lugar ao chamado sistema *cross examination*, segundo o qual as partes passam a dirigir suas indagações às testemunhas sem a intermediação do magistrado, de forma direta; **B:** proposição em conformidade com o art. 222-A, inserido no CPP pela Lei 11.900/09; **C:** correta, pois reflete o disposto no art. 221, § 1º, do CPP; **D:** incorreta (deve ser assinalada), visto que, neste caso, caberá ao juiz, antes de determinar a retirada do réu da sala de audiências, procurar proceder à inquirição por videoconferência; não sendo isso possível, aí sim o juiz providenciará a retirada do acusado. Além disso, estas providências e suas justificativas devem constar do termo de audiência. É o que estabelece o art. 217 do CPP; **E:** correta, já que corresponde à regra contida no art. 222, *caput*, do CPP.

Gabarito "D"

(Defensoria/SP – 2013 – FCC) Provas.

(A) É válida a interceptação telefônica realizada sem prévia autorização judicial, desde que haja posterior consentimento de um dos interlocutores para ser tratada como escuta telefônica e utilizada como prova em processo penal.

(B) Consoante o entendimento do Superior Tribunal de Justiça, para embasar a denúncia oferecida é possível a utilização do reconhecimento fotográfico realizado na fase inquisitiva, desde que este não seja utilizado de forma isolada e esteja em consonância com os demais elementos informativos constantes dos autos.

(C) A lei processual penal permite a utilização da prova testemunhal como elemento de convicção do julgador para o reconhecimento das agravantes referentes ao estado das pessoas.

(D) A Lei Federal nº 11.690/2008, que reformou parcialmente o Código de Processo Penal, alterou a sistemática de inquirição das vítimas, das testemunhas e do acusado, determinando que sejam questionados diretamente pelas partes e possibilitando ao magistrado a complementação da inquirição quando entender necessário quaisquer esclarecimentos.

(E) Apregoa o Código de Processo Penal que a confissão é indivisível e retratável, sendo permitida a sua valoração como elemento probatório desde que corroborada pelas demais provas produzidas sob o crivo do contraditório e da ampla defesa.

A: incorreta. Conferir: "Direito processual penal. Interceptação telefônica sem autorização judicial. Vício insanável. Não é válida a interceptação telefônica realizada sem prévia autorização judicial, ainda que haja posterior consentimento de um dos interlocutores para ser tratada como escuta telefônica e utilizada como prova em processo penal. A interceptação telefônica é a captação de conversa feita por um terceiro, sem o conhecimento dos interlocutores, que depende de ordem judicial, nos termos do inciso XII do artigo 5º da CF, regulamentado pela Lei n. 9.296/1996. A ausência de autorização judicial para captação da conversa macula a validade do material como prova para processo penal. A escuta telefônica é a captação de conversa feita por um terceiro, com o conhecimento de apenas um dos interlocutores. A gravação telefônica é feita por um dos interlocutores do diálogo, sem o consentimento ou a ciência do outro. A escuta e a gravação telefônicas, por não constituírem interceptação telefônica em sentido estrito, não estão sujeitas à Lei 9.296/1996, podendo ser utilizadas, a depender do caso concreto, como prova no processo. O fato de um dos interlocutores dos diálogos gravados de forma clandestina ter consentido posteriormente com a divulgação dos seus conteúdos não tem o condão de legitimar o ato, pois no momento da gravação não tinha ciência do artifício que foi implementado pelo responsável pela interceptação, não se podendo afirmar, portanto, que, caso soubesse, manteria tais conversas pelo telefone interceptado. Não existindo prévia autorização judicial, tampouco configurada a hipótese de gravação de comunicação telefônica, já que nenhum dos interlocutores tinha ciência de tal artifício no momento dos diálogos interceptados, se faz imperiosa a declaração de nulidade da prova, para que não surta efeitos na ação penal." (STJ, HC 161.053-SP, rel. Min. Jorge Mussi, j. 27.11.2012); **B:** correta: "Para embasar a denúncia oferecida, é possível a utilização do reconhecimento fotográfico realizado na fase policial, desde que este não seja utilizado de forma isolada e esteja em consonância com os demais elementos probatórios constantes dos autos." (STJ, HC 238.577-SP, rel. Min. Sebastião Reis Júnior, j. 06.12.2012); **C:** incorreta. Não há tal previsão na lei processual penal; **D:** incorreta. Isso porque a alteração promovida pela Lei de Reforma 11.690/2008 no art. 212, *caput*, do CPP somente se aplica à oitiva de testemunha (não tem incidência no âmbito do interrogatório e da ouvida do ofendido). Estabelece o dispositivo que as partes formularão suas perguntas diretamente às testemunhas. Antes de o Código de Processo Penal ser alterado pela Lei de Reforma 11.690/2008, vigia, entre nós, o *sistema presidencialista*, pelo qual a testemunha, depois de inquirida pelo juiz, respondia, por intermédio deste, às perguntas formuladas pelas partes. Por este sistema, não podiam acusação e defesa formular seus questionamentos diretamente à testemunha, o que somente era feito por meio do juiz. Pois bem. Com a alteração promovida pela Lei 11.690/2006 na redação do art. 212 do CPP, o *sistema presidencialista*, até então em vigor, deu lugar ao chamado sistema *cross examination*, segundo o qual as partes passam a dirigir suas indagações às testemunhas sem a intermediação do magistrado, de forma direta; **E:** incorreta, pois a confissão, por expressa disposição do art. 200 do CPP, é *divisível*, ao contrário do que se afirma na assertiva.

Gabarito "B"

10. SUJEITOS PROCESSUAIS

(Defensor Público – DPE/ES – 2016 – FCC) Com relação ao assistente de acusação no processo penal:

(A) o assistente de acusação somente poderá se habilitar na ação penal pública, condicionada ou incondicionada.

(B) é vedado ao assistente de acusação a indicação de assistente técnico nos exames periciais.

(C) a intervenção do assistente de acusação é proscrita após o início da fase instrutória do processo penal.

(D) é vedado ao assistente de acusação arrazoar o recurso interposto pelo Ministério Público, devendo utilizar recurso próprio.

(E) é garantido ao assistente de acusação o mesmo tempo para alegações finais orais no procedimento comum ordinário.

A: correta, pois reflete o que dispõe o art. 268 do CPP; **B:** incorreta, pois contraria o disposto no art. 159, § 3º, do CPP; **C:** incorreta, na medida em que o ingresso do assistente, que receberá a causa no estado em que se achar, será admitido a partir do recebimento da denúncia e até o trânsito em julgado da decisão (art. 269, CPP); **D:** incorreta, pois não reflete a regra presente no art. 271 do CPP; **E:** incorreta, uma vez que o art. 403, § 2º, do CPP estabelece prazos diferenciados.

Gabarito "A"

(Magistratura/CE – 2014 – FCC) Quanto à assistência da acusação, é correto afirmar que

(A) do despacho que admitir, ou não, o assistente, não caberá impugnação por qualquer meio, segundo a doutrina e a jurisprudência.

(B) pode propor meios de prova, dispensada a oitiva do Ministério Público acerca de sua realização.

(C) o corréu pode intervir como assistente.

(D) o assistente receberá a causa no estado em que se achar, mesmo após o trânsito em julgado.

(E) o prazo para o assistente recorrer supletivamente começa a correr imediatamente após o transcurso do prazo do Ministério Público.

A: incorreta. Nesse sentido, conferir o magistério de Guilherme de Souza Nucci: "Cabimento de mandado de segurança: embora o artigo em comento seja taxativo ao afirmar que da decisão do juiz a respeito da admissibilidade ou não do assistente não cabe recurso, cremos ser admissível a interposição de mandado de segurança. É direito líquido e certo do ofendido, quando demonstre a sua condição documentalmente – ou de seus sucessores – ingressar no polo ativo, auxiliando a acusação (...)" (*Código de Processo Penal Comentado*, 12ª ed., p. 612); **B:** incorreta, já que, neste caso, o juiz, antes de decidir acerca da produção do meio de prova proposto pelo assistente, ouvirá o Ministério Público. É o que estabelece o art. 271, § 1º, do CPP; **C:** incorreta, pois contraria a regra prevista no art. 270 do CPP, que veda a atuação de corréu, no mesmo processo, na qualidade de assistente; **D:** incorreta, na medida em que o ingresso do assistente, que receberá a causa no estado em que se achar, somente será admitido a partir do recebimento da denúncia e até o trânsito em julgado da decisão (art. 269, CPP); **E:** correta, pois em conformidade com o entendimento firmado na Súmula 448 do STF.

Gabarito "E"

11. CITAÇÃO, INTIMAÇÃO E PRAZOS

(Magistratura/GO – 2015 – FCC) José está preso e foi pronunciado pela prática de homicídio duplamente qualificado. Devem ser intimados pessoalmente desta decisão

(A) José e o Defensor nomeado.

(B) o querelante, em caso de ação privada subsidiária, e José.

(C) o Defensor constituído e o assistente do Ministério Público.

(D) o Defensor constituído e o Ministério Público.

(E) o Ministério Público e o Defensor nomeado.

Segundo estabelece o art. 420, I do CPP, a intimação da decisão de pronúncia será feita pessoalmente ao acusado (José), ao defensor nomeado e também ao Ministério Público; o defensor, quando constituído pelo réu, será intimado pela imprensa, regra que também se aplica ao querelante e ao assistente do Ministério Público, conforme previsão contida no art. 420, II, do CPP. Ademais disso, se o acusado estiver solto e não for encontrado para intimação pessoal, será comunicado da decisão de pronúncia por meio de edital, a teor do art. 420, parágrafo único, do CPP.

Gabarito "A"

(Magistratura/RR – 2015 – FCC) Com relação à citação, é correto afirmar que

(A) se o réu não for localizado para ser citado pessoalmente em processo que tramite pela Vara dos Juizados Especiais Criminais, o juiz de direito deverá suspender o processo e o prazo prescricional nos termos do artigo 366 do Código de Processo Penal.

(B) será feita, a do funcionário público, por intermédio de seu superior hierárquico.

(C) se o réu estiver preso, sua requisição por ofício dirigido ao diretor do estabelecimento suprirá a citação pessoal.

(D) se o réu citado por edital não comparecer e nem constituir advogado, o processo e o curso do prazo prescricional ficarão suspensos, salvo nos casos de crimes de lavagem de ativos.

(E) se o réu não for encontrado para citação pessoal, será citado por edital, com prazo de 30 dias.

A: incorreta, pois não reflete o teor do art. 66, parágrafo único, da Lei 9.099/1995, que estabelece que, no âmbito do procedimento sumaríssimo, não localizado o acusado para ser citado pessoalmente, as peças serão encaminhadas ao juízo comum para prosseguimento, no qual se procederá, se necessário for, à citação por edital; **B:** incorreta. A citação do funcionário público será feita pessoalmente, devendo o juiz apenas notificar o chefe da repartição em que o funcionário exerce suas funções, dando-lhe conta do dia e horário em que o acusado deverá comparecer em juízo (art. 359, CPP). Com isso, a repartição disporá de tempo para, se for o caso, cuidar para que o funcionário, naquele dia e horário, seja substituído. Veja que a providência a que se refere a proposição será tomada quando se tratar de réu militar, em que citação será feita por meio do chefe do respectivo serviço (art. 358, CPP); **C:** incorreta. Se preso estiver o acusado, sua citação deverá ser feita pessoalmente (art. 360, CPP), com a entrega, pelo oficial de Justiça, do respectivo mandado citatório. É incorreto afirmar-se, portanto, que a requisição do preso supre a necessidade de que se proceda à sua citação; **D:** correta. Na hipótese de o réu não ser encontrado, deverá o juiz determinar a sua citação por edital, depois de esgotados os meios disponíveis para a sua localização. Se o acusado, depois de citado por edital, não comparecer tampouco constituir defensor, o processo e o prazo prescricional ficarão, em vista da disciplina estabelecida no art. 366 do CPP, suspensos. Embora a redação do art. 2º, § 2º, da Lei 9.613/1998 tenha sido modificada por força da Lei 12.683/2012, permanece a impossibilidade de aplicar-se, aos crimes de lavagem de dinheiro, o art. 366 do CPP, devendo o processo, por isso, seguir a sua marcha com a nomeação de defensor dativo; **E:** incorreta, já que o art. 361 do CPP estabelece o prazo de 15 dias, e não de 30 dias.

Gabarito "D"

(Magistratura/CE – 2014 – FCC) Se o acusado, citado por edital, não comparecer, nem constituir advogado, o juiz

(A) poderá determinar a antecipação da prova testemunhal, produzindo-a apenas na presença do Ministério Público.

(B) poderá tomar o depoimento antecipado de testemunha nos casos de enfermidade ou velhice, mas não no de necessidade dela ausentar-se.

(C) poderá determinar a produção antecipada das provas, fundamentando a necessidade da medida no decurso do tempo.

(D) deverá ordenar a suspensão do processo e do curso do prazo prescricional, este regulado pelo máximo da pena cominada, segundo entendimento sumulado.

(E) deverá decretar a prisão preventiva.

Na hipótese de o réu não ser encontrado, deverá o juiz determinar a sua citação por edital, depois de esgotados os meios disponíveis para a sua localização. Se o acusado, depois de citado por edital, não comparecer tampouco constituir defensor, o processo e o prazo prescricional ficarão, em vista da disciplina estabelecida no art. 366 do CPP, suspensos. Quanto ao período durante o qual o prazo prescricional deverá permanecer suspenso, prevalece o entendimento de que tal deverá ocorrer pelo interregno correspondente ao prazo máximo em abstrato previsto para o crime narrado na peça acusatória. A esse respeito, *vide* Súmula 415 do STJ. A produção da prova considerada urgente deverá se dar em conformidade com o entendimento firmado na Súmula 455 do STJ: "A decisão que determina a produção antecipada de provas com base no art. 366 do CPP deve ser concretamente fundamentada, não a justificando unicamente o mero decurso do tempo". Mais: a colheita desta prova somente poderá se dar na presença de defensor público ou dativo, para o fim de que ao acusado seja assegurado direito de defesa. No que toca à prisão preventiva, a sua decretação, no âmbito do art. 366 do CPP, somente poderá se dar diante da presença dos requisitos do art. 312 do CPP, sendo vedada, portanto, a decretação automática da custódia. O mesmo há de ser aplicado à produção antecipada de provas, que está condicionada à demonstração de sua necessidade, não bastando, a autorizá-la, como dissemos, o mero decurso do tempo.

Gabarito "D"

12. PRISÃO, MEDIDAS CAUTELARES E LIBERDADE PROVISÓRIA

(Juiz – TJ/SC – FCC – 2017) A Lei nº 11.343/2006 – Lei de Drogas, estabelece em seu art. 59 – *Nos crimes previstos nos arts. 33,* caput e § *1º, e 34 a 37 desta Lei, o réu não poderá apelar sem recolher-se à prisão, salvo se for primário e de bons antecedentes, assim reconhecido na sentença condenatória.*

Este dispositivo legal:

(A) foi declarado inconstitucional pelo Supremo Tribunal Federal.

(B) estabeleceu modalidade de prisão preventiva visando a garantia da ordem pública e assegurar a aplicação da lei penal.

(C) é incompatível com a regra do Código de Processo Penal que determina que o juiz, ao proferir a sentença condenatória, decidirá, fundamentadamente, sobre a manutenção ou a imposição de prisão preventiva.

(D) somente poderá ser aplicado no caso de sentença penal condenatória que impuser o regime inicial de cumprimento da pena fechado.

(E) é modalidade de execução provisória da pena privativa de liberdade aplicada ao réu.

A decretação ou manutenção da prisão cautelar (provisória ou processual), assim entendida aquela que antecede a condenação definitiva, deve sempre estar condicionada à demonstração concreta de sua imperiosa necessidade, ainda que se trate da prática de crimes graves, como é o caso do tráfico de drogas, delito equiparado a hediondo. Bem por isso, deve o magistrado apontar as razões, no seu entender, que a tornam indispensável (art. 312 do CPP). Colocado de outra forma, a prisão provisória ou cautelar somente se justifica dentro do ordenamento jurídico quando necessária ao processo. Deve ser vista, portanto, como um *instrumento* do processo a ser utilizado em situações *excepcionais*. É por essa razão que a prisão decorrente de sentença penal condenatória recorrível deixou de constituir modalidade de prisão cautelar. Era uma prisão automática, já que, com a prolação da sentença condenatória, o réu era recolhido ao cárcere (independentemente de a prisão ser necessária). Nesse contexto, o acusado era considerado presumidamente culpado. Com as modificações introduzidas pela Lei 11.719/2008 e também em razão da atuação dos tribunais, esta modalidade de prisão cautelar deixou de existir, consagrando, assim, o *postulado da presunção de inocência*. Em vista dessa nova realidade, se o acusado permanecer preso durante toda a instrução, a manutenção dessa prisão somente terá lugar se indispensável for ao processo, pouco importando se, uma vez condenado em definitivo, permanecerá ou não preso (art. 387, § 1º, CPP). A prisão desnecessária decretada ou mantida antes de a sentença passar em julgado constitui antecipação da pena que porventura seria aplicada em caso de condenação, o que representa patente violação ao princípio da presunção de inocência, postulado esse de índole constitucional – art. 5º, LVII. De se ver ainda que, tendo em conta as mudanças implementadas pela Lei 12.403/2011, que instituiu as *medidas cautelares alternativas à prisão provisória*, esta somente terá lugar diante da impossibilidade de se recorrer às medidas cautelares. Dessa forma, a prisão, como medida excepcional que é, deve também ser vista como instrumento subsidiário, supletivo. Pois bem. É importante registrar que essa tônica (de somente dar-se início ao cumprimento da pena depois do trânsito em julgado da sentença penal condenatória) sofreu, recentemente, um revés. Explico. O STF, em julgamento histórico realizado em 17 de fevereiro de 2016, mudou, à revelia de grande parte da comunidade jurídica, seu entendimento acerca da possibilidade de prisão antes do trânsito em julgado da sentença penal condenatória. A Corte, ao julgar o HC 126.292, passou a admitir a execução da pena após decisão condenatória proferida em segunda instância. Com isso, passou a ser desnecessário, para dar início ao cumprimento da pena, aguardar o trânsito em julgado da decisão condenatória. Flexibilizou-se, pois, o postulado da presunção de inocência. Naquela ocasião, votaram pela mudança de paradigma sete ministros, enquanto quatro mantiveram o entendimento até então prevalente. Cuidava-se, é bem verdade, de uma decisão tomada em processo subjetivo, sem eficácia vinculante, portanto. Tal decisão, conquanto tomada em processo subjetivo, passou a ser vista como uma mudança de entendimento acerca de tema que há vários anos havia se sedimentado. Mais recentemente, nossa Suprema Corte foi chamada a se manifestar, em ações declaratórias de constitucionalidade impetradas pelo Conselho Federal da OAB e pelo Partido Ecológico Nacional, sobre a constitucionalidade do art. 283 do CPP. Existia a expectativa de que algum ou alguns dos ministros mudassem o posicionamento adotado no julgamento realizado em fevereiro de 2016. Afinal, a decisão, agora, teria uma repercussão muito maior, na medida em que tomada em ADC. Pois bem. Depois de muita especulação e grande expectativa, o STF, em julgamento realizado em 5 de outubro do mesmo ano, desta vez por maioria mais apertada (6 a 5), já que houve mudança de posicionamento do ministro Dias Toffoli, indeferiu as medidas cautelares pleiteadas nessas ADCs (43 e 44), mantendo, assim, o posicionamento que autoriza a prisão depois de decisão condenatória confirmada em segunda instância. Importante dizer que este tema pode ser submetido a nova apreciação a qualquer momento. De toda forma e em suma, o art. 59 da Lei de Drogas, que contempla hipótese de prisão processual obrigatória e automática, é incompatível com a atual ordem constitucional e com o que estabelece o art. 387, § 1º, do CPP, para o qual a prisão preventiva, independentemente da gravidade do crime pelo qual foi o agente condenado em primeiro grau, só poderá ser decretada, sempre de forma fundamentada, se presentes estiverem os fundamentos contidos no art. 312 do CPP. ED

Gabarito "C"

(Juiz – TJ-SC – FCC – 2017) Recebendo o juiz os autos do inquérito policial com pedido de prazo para conclusão, sem provocação da autoridade policial ou do Ministério Público,

(A) poderá o juiz decretar a prisão temporária do investigado por cinco dias, ainda que não haja representação da autoridade policial ou requerimento do Ministério Público.

(B) não poderá decretar a prisão temporária do investigado, pois não há previsão legal de prisão temporária decretada de ofício pelo Juiz.

(C) não poderá decretar a prisão temporária do investigado, pois a prisão temporária somente poderá ser decretada após a conclusão do inquérito policial.

(D) poderá decretar a prisão temporária do investigado, desde que tenha por fundamento a garantia da ordem pública, da ordem econômica, por conveniência da instrução criminal ou para assegurar a aplicação da lei penal e haja prova do crime e indício suficiente de autoria.

(E) poderá o juiz determinar a produção antecipada das provas consideradas urgentes e decretar a prisão do investigado.

A: incorreta. Tema bastante recorrente em concursos públicos, é defeso ao juiz decretar a prisão temporária de ofício, isto é, sem provocação do MP ou da autoridade policial. É o que estabelecem os arts. 1º, I, e 2º, "*caput*", da Lei 7.960/1989. Cuidado: a prisão preventiva, ao contrário da temporária, pode ser decretada de ofício pelo magistrado, desde que no curso da ação penal; se ainda na etapa investigatória, tal medida extrema somente poderá ser decretada pelo juiz diante de requerimento formulado pelo MP ou mediante representação do delegado de polícia (art. 311, CPP); **B:** correta (vide comentário anterior); **C:** incorreta. Ao contrário do que se afirma, a prisão temporária, na medida em que se presta a viabilizar as investigações do inquérito policial, somente pode ser decretada no curso deste; é vedada, pois, a decretação da prisão temporário depois da conclusão do inquérito policial; **D:** incorreta, já que contempla os fundamentos e requisitos da prisão preventiva (art. 312, "caput", CPP), e não da temporária; **E:** incorreta. Embora seja correto afirmar-se que ao juiz é dado, mesmo antes de iniciada a ação penal, determinar, de ofício, a produção antecipada das provas consideradas urgentes (art. 156, I, CPP), é-lhe vedado, no contexto narrado no enunciado, decretar de ofício tanto a prisão temporária quanto a preventiva. ED

Gabarito "B"

(Defensor Público – DPE/ES – 2016 – FCC) Sobre as medidas cautelares pessoais no processo penal brasileiro, é correto afirmar que

(A) a prisão domiciliar é cabível apenas para a mulher quando for imprescindível aos cuidados especiais de pessoa menor de seis anos de idade, em virtude do relevante papel social que cumpre na sociedade.

(B) podem ser aplicadas nos crimes dolosos com pena privativa de liberdade máxima inferior a quatro anos se o crime envolver violência doméstica e familiar contra a mulher para garantir a execução das medidas protetivas de urgência.

(C) em respeito à Convenção Americana de Direitos Humanos, só podem ser aplicadas no âmbito das audiências de custódia.

(D) a adequação das medidas cautelares diversas da prisão não interferem na conversão da prisão em flagrante em preventiva, se presentes os requisitos do art. 312 do Código de Processo Penal.

(E) as hipóteses de exclusão da licitude do Código Penal, por serem aferidas após cognição exauriente no processo penal, não impedem a aplicação da prisão preventiva.

A: incorreta. O juiz poderá, em vista do que estabelece o art. 318 do CPP, substituir a prisão preventiva pela domiciliar nas seguintes hipóteses: agente que contar com mais de 80 (oitenta) anos (inciso I); agente extremamente debilitado por motivo de doença grave (inciso II); quando o agente for imprescindível aos cuidados de pessoa com menos de 6 (seis) anos ou com deficiência (inciso III); quando se tratar de gestante (inciso IV – cuja redação foi alterada pela Lei 13.257/2016); quando se tratar de mulher com filho de até 12 anos de idade incompletos (inciso V – cuja redação foi determinada pela Lei 13.257/2016); homem, caso seja o único responsável pelos cuidados do filho de até 12 anos de idade incompletos (inciso VI – cuja redação foi determinada pela Lei 13.257/2016). São várias as situações, portanto, em que a substituição será autorizada; **B:** correta. Ao que parece, o examinador, nesta alternativa, quis se referir à prisão preventiva, e não às demais modalidades de medida cautelar de natureza pessoal. Nesse caso, o emprego da custódia preventiva, no contexto da violência doméstica, independe do máximo de pena abstratamente previsto para a infração penal (art. 313, III, do CPP); **C:** incorreta, na medida em que não há, na Convenção Americana sobre Direitos Humanos (Pacto de São José da Costa Rica), qualquer previsão nesse sentido; **D:** incorreta. A prisão preventiva tem caráter subsidiário em relação às demais medidas cautelares diversas da prisão, de tal sorte que o magistrado somente poderá lançar mão da custódia preventiva diante da impossibilidade de aplicar outra medida cautelar (art. 282, § 6º, CPP); **E:** incorreta, pois contraria o que estabelece o art. 314 do CPP.

Gabarito "B"

(Analista – TRE/CE – 2012 – FCC) José, primário, de bons antecedentes e regularmente identificado, está sendo investigado em regular inquérito policial, acusado de praticar crime de contrabando na forma simples, punido com reclusão de um a quatro anos. Nesse caso,

(A) o Juiz poderá aplicar de ofício a José, durante a fase investigatória, uma das medidas cautelares substitutivas da prisão preventiva, desde que presentes os pressupostos legais para tanto.

(B) o Juiz poderá decretar, de ofício, durante a fase investigatória, presentes os requisitos legais, a prisão preventiva de José.

(C) havendo prisão em flagrante e tratando-se de crime inafiançável, o juiz poderá conceder a José liberdade provisória.

(D) havendo prisão em flagrante, a Autoridade Policial não poderá arbitrar a fiança ao réu, cabendo exclusivamente ao Magistrado fixá-la.

(E) o Juiz, em regra, não poderá decretar a prisão preventiva de José.

A: incorreta. O magistrado somente poderá agir de ofício, na decretação das medidas cautelares diversas da prisão, no curso da ação penal. Na fase investigatória, a medida cautelar somente poderá ser decretada a requerimento do MP ou por representação da autoridade policial – art. 282, § 2º, do CPP; **B:** incorreta. Aqui não é diferente. Por força da Lei 12.403/2011, a redação do art. 311 do CPP foi modificada. A prisão preventiva continua a ser decretada em qualquer fase da investigação policial ou do processo penal, mas o juiz, que antes podia determiná-la de ofício também na fase de inquérito, somente poderá fazê-lo, a partir de agora, no curso da ação penal. É dizer, para que a custódia preventiva seja decretada no curso da investigação, é necessário que haja provocação da autoridade policial, mediante representação, ou do Ministério Público, por meio de requerimento. Atenção: a prisão temporária, destinada a viabilizar investigações de crimes graves somente pode ser decretada na fase de inquérito. Aqui, nada mudou; **C:** incorreta. Nada obsta que o juiz, ao receber o auto de prisão em flagrante pela prática de crime inafiançável, conceda ao indiciado a liberdade provisória sem fiança; **D:** incorreta. Outra novidade trazida pela Lei 12.403/2011 é que a autoridade policial pode, agora, arbitrar fiança em qualquer infração penal cuja pena máxima cominada não seja superior a quatro anos (reclusão ou detenção). Pela redação anterior do art. 322 do CPP, o delegado somente estava credenciado a arbitrar fiança nas contravenções e nos crimes apenados com detenção. Vale a observação de que, com o advento da Lei 13.008/2014 (posterior, portanto, à elaboração desta questão), que introduziu, no Código Penal, o art. 334-A, a pena para o crime de contrabando, que antes era de 1 a 4 anos de reclusão, passou para 2 a 5 anos de reclusão. Com isso, atualmente não é dado ao delegado de polícia, em razão dessa alteração legislativa, estabelecer fiança ao autor desse delito. Importante dizer que a pena para o crime de descaminho, previsto no art. 334 do CP, permanece a mesma, ou seja, 1 a 4 anos de reclusão; **E:** correta. Pela novel redação do art. 313 do CPP, a prisão preventiva somente terá lugar diante da prática de crime doloso punido com pena privativa de liberdade máxima superior a quatro anos. Esta é a regra. As exceções estão contempladas nos incisos II e III do mesmo dispositivo (reincidente em crime doloso e violência doméstica). Assertiva correta, portanto.

Gabarito "E"

(Magistratura/GO – 2015 – FCC) Em relação à prisão temporária, à prisão preventiva e às medidas cautelares alternativas à prisão, é correto afirmar que

(A) somente será admitida fiança nos casos de infração cuja pena privativa de liberdade máxima não seja superior a 4 anos.

(B) quando o acusado estiver no território nacional, fora da jurisdição do juiz processante, será deprecada sua prisão preventiva, devendo constar da precatória o inteiro teor do mandado.

(C) as medidas cautelares alternativas à prisão não podem ser aplicadas cumulativamente, em razão da proporcionalidade e da proibição de excesso.

(D) a prisão domiciliar consiste no recolhimento do indiciado ou acusado em sua residência, só podendo dela ausentar-se com autorização do Delegado de Polícia.

(E) caberá prisão temporária quando houver fundadas razões, de acordo com qualquer prova admitida na legislação penal, de autoria ou participação do indiciado na prática de crime hediondo.

A: incorreta, uma vez que a vedação a que se refere a assertiva somente tem aplicação na fiança concedida pela autoridade policial, que somente está autorizada a fixá-la nos casos de infração penal cuja pena privativa de liberdade máxima não seja superior a quatro anos (art. 322, *caput*, CPP); o juiz, no entanto, poderá conceder a fiança para todas as infrações penais, inclusive àquelas em que a pena máxima cominada seja superior a quatro anos, salvo nas infrações listadas no art. 323 do CPP e outras previstas em legislação especial; **B:** correta, pois em conformidade com a regra prevista no art. 289, *caput*, do CPP; **C:** incorreta, pois contraria o que estabelece o art. 282, § 1º, do CPP, segundo o qual as medidas cautelares alternativas à prisão podem ser aplicadas isolada ou cumulativamente; **D:** incorreta. É que somente o juiz (o dispositivo exige autorização *judicial*) está credenciado a autorizar o investigado/acusado que cumpre prisão domiciliar a ausentar-se de sua residência; tal providência, portanto, não cabe à autoridade policial. É o que estabelece o art. 317 do CPP; **E:** incorreta. Segundo a melhor doutrina, a decretação da prisão temporária, modalidade de prisão cautelar, está condicionada à existência de fundadas razões de autoria ou participação do indiciado na prática dos crimes listados no art. 1º, III, da Lei 7.960/1989 e também ao fato de ser ela, a prisão temporária, imprescindível para as investigações do inquérito policial. Devem coexistir, portanto, os requisitos previstos nos incisos I e III do art. 1º da Lei 7.960/1989; a coexistência das condições presentes nos incisos I e II também pode dar azo à decretação da custódia temporária. É dizer: o inciso III deve combinar com o inciso I ou com o II. É a posição adotada por Guilherme de Souza Nucci e Maurício Zanoide de Moraes.

Gabarito "B"

(Magistratura/SC – 2015 – FCC) Sobre as medidas cautelares pessoais, analise as seguintes assertivas:

I. Durante a investigação policial, havendo indícios suficientes de autoria e materialidade, o juiz, possuindo convicção de que o investigado poderá prejudicar a instrução criminal, poderá decretar a prisão preventiva de ofício, haja vista que o inquérito policial foi devidamente instaurado.

II. No curso de uma ação penal, um réu que respondeu ao processo em liberdade e possui residência fixa, e que nunca demonstrou qualquer sinal de que se furtaria à aplicação da lei penal, teve um pedido de prisão preventiva ofertado ao juiz pelo Ministério Público que especula sobre sua possível fuga, sem demonstração fática nos autos. Neste caso, diante da ausência de urgência ou de perigo de ineficácia da medida, o juiz, antes de decretar a medida, deverá intimar a parte contrária dando-lhe ciência do requerimento.

III. Após a elaboração de um auto de prisão em flagrante pelo crime de estelionato, diante da impossibilidade do delegado de polícia em arbitrar a fiança, o acusado (ou seu defensor) deve requerê-la diretamente ao juiz, que decidirá no prazo de 48 horas, independentemente de manifestação do Ministério Público.

IV. Se houver a possibilidade de arbitramento de fiança, que deverá variar entre 10 (dez) e 200 (duzentos) salários mínimos em crimes cuja pena máxima seja superior a 4 (quatro) anos, o juiz ainda assim poderá aumentar o valor, se a situação econômica do réu o recomendar, em até 1000 (mil) vezes. Contudo, para determinar o valor final, deverá se ter em consideração, dentre outros fatores, as circunstâncias indicativas de sua periculosidade.

É correto o que se afirma APENAS em

(A) II, III e IV.
(B) I.
(C) II.
(D) II e III.
(E) III e IV.

I: incorreta. Com a edição da Lei 12.403/2011, a redação do art. 311 do CPP foi modificada. Com isso, a prisão preventiva continua a ser decretada em qualquer fase da investigação policial ou do processo penal, mas o juiz, que antes podia determiná-la de ofício também na fase investigatória, somente poderá fazê-lo, agora, no curso da ação penal. É dizer, para que a custódia preventiva seja decretada no curso da investigação, somente mediante representação da autoridade policial ou a requerimento do Ministério Público; **II:** correta, pois corresponde à providência prevista no art. 282, § 3º, do CPP; **III:** correta, pois em conformidade com os arts. 322, parágrafo único, e 333, ambos do CPP; **IV:** correta (arts. 325 e 326 do CPP).

Gabarito "A"

(Magistratura/PE – 2013 – FCC) No tocante à prisão no curso do processo e medidas cautelares,

(A) a proibição de ausentar-se do país será comunicada pelo juiz às autoridades encarregadas de fiscalizar as saídas do território nacional, intimando-se o indiciado ou acusado para entregar o passaporte, no prazo de 48 (quarenta e oito) horas.
(B) o juiz poderá substituir a prisão preventiva pela domiciliar quando o agente for maior de 75 (setenta e cinco) anos.
(C) a autoridade policial somente poderá conceder fiança nos casos de infração cuja pena privativa de liberdade máxima não seja superior a 4 (quatro) anos.
(D) julgar-se-á quebrada a fiança quando o acusado praticar nova infração penal, ainda que culposa.
(E) se assim recomendar a situação econômica do preso, a fiança poderá ser aumentada, pelo juiz, até, no máximo, o décuplo.

A: incorreta, já que o art. 320 do CPP, cuja redação foi determinada pela Lei 12.403/2011, estabelece o prazo de 24 (vinte e quatro) horas para o indiciado/acusado promover a entrega do passaporte; **B:** incorreta. Somente fará jus à substituição o agente que contar com mais de 80 (oitenta) anos, nos termos do art. 318 do CPP (inciso I), que estabelece outras hipóteses em que é possível a substituição, a saber: agente extremamente debilitado por motivo de doença grave (inciso II); quando o agente for imprescindível aos cuidados de pessoa com menos de 6 (seis) anos ou com deficiência (inciso III); quando se tratar de gestante (inciso IV – cuja redação foi alterada pela Lei 13.257/2016); mulher com filho de até 12 anos de idade incompletos (inciso V – cuja redação foi determinada pela Lei 13.257/2016); homem, caso seja o único responsável pelos cuidados do filho de até 12 anos de idade incompletos (inciso VI – cuja redação foi determinada pela Lei 13.257/2016); **C:** outra alteração implementada pela Lei 12.403/2011 é que a autoridade policial, agora, pode arbitrar fiança em qualquer infração penal cuja pena máxima cominada não seja superior a quatro anos (reclusão ou detenção). Pela redação anterior do art. 322 do CPP, o delegado somente estava credenciado a arbitrar fiança nas contravenções e nos crimes apenados com detenção. Assertiva, portanto, correta; **D:** incorreta, pois o art. 341, V, do CPP somente faz referência à prática de crime doloso; **E:** incorreta. Reza o art. 325, § 1º, III, do CPP que a fiança, a depender da situação econômica do preso, poderá ser aumentada em até mil vezes.

Gabarito "C"

(Defensor Público/SP – 2012 – FCC) Prisão provisória. Assinale a alternativa correta.

(A) Ausentes o s requisitos para a decretação da prisão preventiva poderá o juiz, no curso do processo, decretar a prisão domiciliar caso o réu esteja extremamente debilitado por motivo de doença grave.
(B) Em qualquer fase da investigação policial poderá o juiz decretar, de ofício, a prisão preventiva do indiciado.
(C) Em relação à prisão temporária, constata-se o *fumus comissi delicti* quando presente fundadas razões de autoria ou participação do indiciado em crimes taxativamente relacionados na Lei federal n. 7.960/1989, que disciplina a prisão temporária, exceto se for autorizada para outros crimes por legislação federal posterior.
(D) A publicação de sentença condenatória, que impõe regime inicialmente fechado para o cumprimento da pena privativa de liberdade, constitui marco impe-

ditivo para a concessão da liberdade provisória ao condenado.

A: incorreta. A prisão domiciliar somente será decretada se preenchidos os requisitos da prisão preventiva – art. 312 do CPP; **B:** incorreta. Pela disciplina estabelecida no art. 311 do CPP, cuja redação foi modificada por força da Lei 12.403/2011, a prisão preventiva poderá ser decretada nas duas fases que compõem a persecução penal (inquérito e ação penal); todavia, somente poderá ser decretada de ofício pelo juiz no curso da ação penal; durante as investigações, somente a requerimento do MP, do querelante ou do assistente, ou por representação da autoridade policial; **C:** correta, pois corresponde ao contido no art. 1º, III, da Lei 7.960/1989 (Prisão Temporária); **D:** incorreta, já que a liberdade provisória poderá ser concedida até o trânsito em julgado da sentença penal condenatória (art. 334 do CPP).

Gabarito "C"

(Procurador Legislativo – Câmara de Vereadores de São Paulo/SP – 2014 – FCC) Tomando-se em conta o tema da prisão e da liberdade provisória, é INCORRETO afirmar:

(A) Julgar-se-á quebrada a fiança quando o réu praticar nova infração penal, dolosa ou culposa.

(B) Não será concedida fiança nos crimes de racismo.

(C) Para determinar o valor da fiança, a autoridade terá em consideração a natureza da infração, as condições pessoais de fortuna e vida pregressa do acusado, as circunstâncias indicativas de sua periculosidade, bem como a importância provável das custas do processo até final julgamento.

(D) O réu afiançado não poderá, sob pena de quebramento da fiança, mudar de residência, sem prévia permissão da autoridade processante, ou ausentar-se por mais de oito dias de sua residência, sem comunicar àquela autoridade o lugar onde será encontrado.

(E) A fiança poderá ser prestada enquanto não transitar em julgado a sentença condenatória.

A: assertiva incorreta, devendo ser assinalada, dado que o art. 341, V, do CPP não contemplou a prática de infração penal culposa como fato a ensejar a quebra da fiança; **B:** assertiva correta (art. 323, I, do CPP); **C:** assertiva correta (art. 326, CPP); **D:** assertiva correta (art. 328, CPP); **E:** correta (art. 334, CPP).

Gabarito "A"

(Advogado da Metro/SP – 2014 – FCC) A ameaça a testemunhas, no curso da instrução criminal, formulada pelo réu através de pessoas a ele ligadas, pode ensejar a prisão

(A) civil do acusado para garantia da ordem pública.

(B) temporária do acusado.

(C) preventiva do acusado para conveniência da instrução criminal.

(D) civil do acusado para assegurar a aplicação da lei penal.

(E) administrativa do acusado.

Ensina Guilherme de Souza Nucci, ao discorrer sobre o tema *ameaça a testemunhas*, que "é indiscutível constituir tal ameaça formulada pelo réu ou por pessoas a ele ligadas um dos principais fatores a autorizar a decretação da prisão preventiva, tendo em vista que a instrução criminal pode ser seriamente abalada pela coerção. Se as testemunhas não tiverem ampla liberdade de depor, narrando o que efetivamente sabem e compondo o quadro da verdade real, não se está assegurando a *conveniente instrução criminal*, motivo pelo qual a prisão preventiva tem cabimento (...)" (*Código de Processo Penal Comentado*, 12ª ed., p. 677). Na jurisprudência não é diferente: "Ação penal. Prisão preventiva. Conveniência da instrução criminal. Chacina de membros de uma família. Réu foragido. Risco manifesto à vítima e única testemunha do fato, ainda não ouvida. Inexistência de constrangimento ilegal. HC denegado. Aplicação do art. 312 do CPP. Precedentes. É legal o decreto de prisão preventiva que, a título de conveniência da instrução criminal, se baseia em que o réu, foragido, teria feito ou, pelas circunstâncias do fato, representaria séria ameaça à testemunha ou vítima ainda não ouvida" (STF, 2ª T., RHC 94805, rel. Min. Cezar Peluso, j. 25.11.2008).

Gabarito "C"

13. PROCESSO E PROCEDIMENTOS

(Defensor Público/PR – 2012 – FCC) A disciplina dos procedimentos no Código de Processo Penal sofreu profunda reformulação no ano de 2008. Sobre este assunto analise as afirmações abaixo.

I. O princípio da identidade física no Processo Penal observa as limitações do art. 132 do CPC, conforme vem assentando a jurisprudência dos tribunais superiores.

II. No procedimento ordinário, durante a instrução poderão ser inquiridas até 8 (oito) testemunhas arroladas pela acusação e 8 (oito) pela defesa.

III. O Código de Processo Penal prevê a absolvição antecipada apenas no procedimento do Tribunal do Júri.

IV. Quando o Juizado Especial Criminal encaminhar as peças ao Juízo Criminal adotar-se-á o procedimento sumaríssimo.

V. O interrogatório do réu, no procedimento ordinário, é o último ato de inquirição da audiência de instrução e julgamento.

Estão corretas APENAS as afirmações

(A) II e IV.

(B) IV e V.

(C) I, II e IV.

(D) I, II e V.

(E) I, IV e V.

I: correta. A Lei 11.719/2008 introduziu no art. 399 do CPP o § 2º, conferindo-lhe a seguinte redação: "O juiz que presidiu a instrução deverá proferir a sentença". O *princípio da identidade física do juiz*, antes exclusivo do processo civil, agora será também aplicável ao processo penal. Como as restrições não foram disciplinadas no Código de Processo Penal, deve-se aplicar, quanto a estas, o que dispõe o art. 132 do Código de Processo Civil (dispositivo não reproduzido no NCPC): "O juiz, titular ou substituto, que concluir a audiência, julgará a lide, salvo se estiver convocado, licenciado, afastado por qualquer motivo, promovido ou aposentado, caso em que passará os autos ao seu sucessor."; **II:** correta, pois em conformidade com a norma contida no art. 401 do CPP; **III:** incorreta, dado que a absolvição sumária também tem incidência no âmbito do procedimento comum – art. 397 do CPP; **IV:** incorreta, tendo em vista que, em conformidade com o que estabelece o art. 538 do CPP, o procedimento a ser adotado, neste caso, é o *sumário*; **V:** correta. Por força das modificações implementadas pela Lei 11.719/2008, que alterou diversos dispositivos do CPP, entre os quais o seu art. 400, a instrução, que antes tinha como providência inicial o interrogatório do acusado, passou a ser una, impondo, além disso, nova sequência de atos, todos realizados em uma única audiência. Nesta (art. 400 do CPP – ordinário; art. 531 do CPP – sumário), deve-se ouvir, em primeiro lugar, o ofendido; depois, ouvem-se as testemunhas de acusação e, em seguida, as de defesa. Após, vêm os esclarecimentos dos peritos e as acareações. Em seguida, procede-se ao reconhecimento de pessoas e coisas. Finalmente, interroga-se o acusado.

Gabarito "D"

14. PROCESSO DE COMPETÊNCIA DO JÚRI

(Defensor Público – DPE/BA – 2016 – FCC) Sobre o procedimento relativo ao Tribunal do júri, é correto afirmar:

(A) Na sentença de pronúncia não poderá o juiz declarar o dispositivo legal em que julgar incurso o acusado, pois não é dado ao magistrado decisão aprofundada de mérito, sob pena de invasão na competência dos jurados para análise da causa.

(B) Se o juiz entender pela impronúncia do acusado, fica vedada futura persecução penal pelo mesmo fato enquanto não ocorrer a extinção da punibilidade, ainda que, eventualmente, descobertas novas provas, visto que não existe revisão criminal em desfavor do réu.

(C) Contra sentença de impronúncia cabe recurso em sentido estrito, ao passo que, contra decisão que absolve sumariamente o acusado, cabe apelação.

(D) A intimação da sentença de pronúncia do acusado solto que não for encontrado será feita por meio de edital, sendo que o julgamento ocorrerá independentemente do seu comparecimento, ainda que a pronúncia admita acusação pelo delito de aborto.

(E) De acordo com o Código de Processo Penal, no julgamento pelo Tribunal do júri de dois réus soltos, um autor, outro partícipe, havendo separação de julgamentos pela recusa distinta de jurados, será julgado em primeiro lugar aquele que estiver há mais tempo pronunciado.

A: incorreta. Ao pronunciar o acusado, levando-o a julgamento perante o Tribunal do Júri, não deve o juiz aprofundar-se na prova; limitar-se-á, isto sim, ao exame, sempre em linguagem moderada e prudente, quanto à *existência do crime* (materialidade) e dos *indícios suficientes de autoria*, apontando, ainda, o dispositivo legal em que se acha incurso o acusado, bem assim as circunstâncias qualificadoras e as causas de aumento de pena. É o que estabelece o art. 413, § 1º, do CPP. Se for além disso, emitindo apreciações mais aprofundadas quanto ao mérito, a decisão, porque apta a influenciar no ânimo dos jurados, deve ser considerada nula. Mesmo porque se trata de decisão interlocutória não terminativa, que encerra tão somente um juízo de admissibilidade, que está longe, portanto, de ser definitivo. Dessa forma, o erro da assertiva está tão somente na parte em que afirma que ao juiz é vedado indicar o dispositivo legal em que se acha incurso o acusado; **B:** incorreta, já que a decisão de impronúncia não faz coisa julgada material, na medida em que, enquanto não ocorrer a extinção da punibilidade, poderá, se houver prova nova, ser formulada nova denúncia (art. 414, parágrafo único, do CPP); **C:** incorreta. Se o juiz impronunciar o acusado, ou mesmo absolvê-lo sumariamente, o recurso a ser interposto é a *apelação*, na forma estatuída no art. 416 do CPP, e não o *recurso em sentido estrito*; **D:** correta, pois em conformidade com o que estabelecem os arts. 420, parágrafo único, e 457, *caput*, do CPP; **E:** incorreta, uma vez que não reflete a regra presente no art. 469, § 2º, do CPP.

Gabarito "D"

(Magistratura/SC – 2015 – FCC) Sobre o Júri, analise as seguintes assertivas:

I. A fundamentação da pronúncia limitar-se-á à indicação da materialidade do fato e da existência de indícios suficientes de autoria ou de participação, devendo o juiz declarar o dispositivo legal em que julgar incurso o acusado e especificar todas as circunstâncias do crime: qualificadoras, agravantes e atenuantes e causas de aumento e diminuição de pena.

II. Não se convencendo da materialidade do fato ou da existência de indícios suficientes de autoria ou de participação, o juiz, fundamentadamente, impronunciará o acusado. Havendo prova nova, a acusação poderá requerer o desarquivamento dos autos para a respectiva juntada, após a qual o juiz receberá os autos conclusos para nova decisão sobre a pronúncia.

III. Se houver indícios de autoria ou de participação de outras pessoas não incluídas na acusação, o juiz, ao pronunciar ou impronunciar o acusado, determinará o retorno dos autos ao Ministério Público, pelo prazo de 15 dias, observada, se for o caso, a hipótese de separação dos processos.

IV. O juiz poderá dar ao fato definição jurídica diversa da constante da acusação, embora o acusado fique sujeito a pena mais grave.

V. A intimação da decisão de pronúncia ao acusado será somente pessoal.

É correto o que se afirma APENAS em

(A) II, III e IV.
(B) I, III e V.
(C) III e IV.
(D) III, IV e V.
(E) I, II e III.

I: incorreta. Por força do art. 413, § 1º, do CPP, que fixa o conteúdo da pronúncia, é vedado ao juiz, ao proferi-la, proceder à classificação das agravantes e atenuantes genéricas bem como das causas de diminuição de pena; **II:** incorreta, uma vez que não corresponde ao teor do art. 414, parágrafo único, do CPP, segundo o qual se, depois de impronunciado o acusado, surgir prova nova que altere o panorama até então verificado, o órgão acusatório, desde que ainda não operada a prescrição, deverá oferecer nova denúncia. Não é suficiente, portanto, que a acusação requeira o desarquivamento dos autos para que sejam instruídos com a prova nova, remetendo-os para apreciação do juiz, que analisará se é caso de pronunciar o réu; **III:** correta (art. 417, CPP); **IV:** correta (art. 418, CPP); **V:** incorreta, uma vez que o acusado solto que não for encontrado será intimado por meio de edital (art. 420, parágrafo único, do CPP).

Gabarito "C"

(Magistratura/CE – 2014 – FCC) No tocante ao procedimento do júri, correto afirmar que

(A) não será permitida a leitura de documento durante o julgamento, se não se tiver sido juntado aos autos com antecedência mínima de 3 (três) dias úteis, não se compreendendo na proibição a leitura de matéria jornalística.

(B) na fundamentação da pronúncia o juiz deverá indicar os elementos que comprovam a autoria e a materialidade do fato.

(C) a absolvição sumária não impede a formulação de nova denúncia ou queixa se houver prova nova, enquanto não ocorrer a extinção da punibilidade.

(D) é cabível apelação e recurso em sentido estrito contra as decisões de pronúncia e impronúncia, respectivamente.

(E) é possível a absolvição sumária do acusado inimputável, se a excludente da culpabilidade for a única tese defensiva

A: incorreta, uma vez que o art. 479, parágrafo único, do CPP contemplou, na proibição prevista no *caput* deste dispositivo, "a leitura de jornais ou qualquer outro escrito (...)"; **B:** incorreta. O juiz, na pronúncia, decisão interlocutória mista, deverá indicar, fundamentadamente, a existência do crime (materialidade) e os indícios suficientes de autoria (art. 413, "*caput*" e § 1º, do CPP). O legislador não exigiu, portanto, a presença de prova de autoria (bastam indícios), necessária somente à condenação; **C:** correta, nos termos do art. 414, parágrafo único, do CPP; **D:** incorreta. Contra a decisão de impronúncia caberá a interposição de apelação (art. 416, CPP), e não recurso em sentido estrito; já a pronúncia desafia recurso em sentido estrito (art. 581, IV, do CPP), e não de apelação; **E:** incorreta, pois não reflete o disposto no art. 415, parágrafo único, do CPP, que veda a incidência da absolvição sumária ao acusado reconhecidamente inimputável (art. 26, CP), salvo se a *inimputabilidade* (e não a *culpabilidade*, que abrange aquela) constituir a única tese de defesa.

Gabarito "C"

15. JUIZADOS ESPECIAIS

(Analista – TRE/SP – 2012 – FCC) Moacir foi conduzido ao Distrito Policial acusado de praticar crime de desacato, pois teria xingado um Policial Militar quando foi abordado em uma operação bloqueio da "Lei Seca" na cidade de São Paulo. Foi lavrado o respectivo Termo Circunstanciado e encaminhado ao Fórum local. Moacir ostenta vasta folha de antecedentes criminais e não fazia jus a qualquer benefício legal.

O Ministério Público ofereceu, então, denúncia contra Moacir, acusando-o de praticar o delito em questão (desacato). Designada audiência de instrução, debates e julgamento, o acusado foi regularmente citado e compareceu ao ato acompanhado de seu advogado. Iniciado o ato processual, o Magistrado concedeu a palavra ao advogado de Moacir para responder aos termos da denúncia. Em seguida, o Magistrado, em decisão fundamentada, rejeitou a denúncia apresentada pelo Ministério Público. Contra essa decisão

(A) não caberá recurso.

(B) caberá apelação, no prazo de três dias, que será julgada por turma composta de três Juízes em exercício no primeiro grau de jurisdição, reunidos na sede do Juizado.

(C) caberá apelação, no prazo de cinco dias, que será julgada por turma composta de três Juízes em exercício no primeiro grau de jurisdição, reunidos na sede do Juizado.

(D) caberá apelação, no prazo de dez dias, que será julgada por turma composta de três Juízes em exercício no primeiro grau de jurisdição, reunidos na sede do Juizado.

(E) caberá apelação, no prazo de quinze dias, que será julgada por turma composta de três Juízes em exercício no primeiro grau de jurisdição, reunidos na sede do Juizado.

O art. 82, *caput* e § 1º, da Lei 9.099/1995 estabelece que da decisão que rejeitar a denúncia ou a queixa caberá recurso de apelação, a ser interposto, por petição escrita, no prazo de dez dias, da qual deverão constar as razões e o pedido. O julgamento deste recurso caberá a uma turma composta de três juízes em exercício no primeiro grau de jurisdição, reunidos na sede do Juizado.

Gabarito "D"

(Magistratura/RR – 2015 – FCC) A Lei 9.099/1995 tem como princípio inspirador constante de seu artigo 2º a simplicidade e a celeridade, buscando-se, sempre que possível, a conciliação ou a transação.

Nos termos da lei,

(A) a composição dos danos civis tem por objetivo a reparação do dano à vítima, que poderá questionar os termos do acordo em recurso próprio de apelação direcionado à turma recursal.

(B) a composição dos danos civis decorrentes de crime promovido por meio de ação penal privada em nada interfere na propositura desta.

(C) a transação penal, que consiste em aplicação imediata somente de pena restritiva de direitos, poderá ser concedida pelo juiz de ofício.

(D) da transação penal, acolhida pelo autor da infração a proposta e sendo esta aplicada pelo juiz, caberá apelação.

(E) após a audiência preliminar, o não oferecimento da representação por parte da vítima implicará decadência do direito.

A: incorreta, haja vista que "a composição dos danos civis será reduzida a escrito e, homologada pelo juiz mediante sentença irrecorrível, terá eficácia de título a ser executado no juízo civil competente" (art. 74, *caput*, da Lei 9.099/1995); **B:** incorreta, pois em desacordo com o teor do art. 74, parágrafo único, da Lei 9.099/1995, que estabelece que o acordo homologado, neste caso, acarreta a renúncia ao direito de queixa, se privada a ação penal, ou representação, sendo a ação pública condicionada; **C:** incorreta. Prevalece o entendimento segundo o qual é vedado ao magistrado substituir-se ao membro do MP e, ele próprio, de ofício, ofertar a transação penal. Se o promotor se recusar a oferecer a transação penal (veja que ele não pode ser obrigado a tanto), o juiz, discordando, fará com que os autos sejam remetidos ao procurador-geral, aplicando-se, por analogia, o art. 28 do CPP; a Súmula 696, do STF, embora se refira à suspensão condicional do processo, reforça esse posicionamento, que, repita-se, não é unânime; **D:** correta (art. 76, § 5º, Lei 9.099/1995); **E:** incorreta, pois não reflete o disposto no art. 75, parágrafo único, da Lei 9.099/1995.

Gabarito "D"

(Magistratura/CE – 2014 – FCC) No procedimento dos juizados especiais criminais,

(A) a apelação será interposta no prazo de 10 (dez) dias, contados da ciência da sentença, por petição escrita, abrindo-se vista depois para oferecimento das respectivas razões no prazo de 03 (três) dias.

(B) a sentença conterá relatório, fundamentação e dispositivo.

(C) os embargos de declaração não suspendem o prazo para o recurso.

(D) a prática de atos processuais em outras comarcas poderá ser solicitada por qualquer meio hábil de comunicação.

(E) nenhum ato será adiado, vedada a determinação de condução coercitiva de quem deva comparecer.

A: incorreta. É que, no âmbito do Juizado Especial Criminal, cujo procedimento a ser seguido é o sumaríssimo, o recorrente deverá, dentro do prazo de dez dias, estabelecido no art. 82, § 1º, da Lei 9.099/1995, interpor a apelação já acompanhada das razões de sua irresignação. É dizer, não é dado à parte recorrente, nesta modalidade de rito, apresentar a petição de interposição desacompanhada das respectivas razões, como se dá no âmbito do rito ordinário, em que o prazo para a interposição da apelação é de cinco dias, dispondo a parte, depois disso, do prazo de oito dias para apresentar as razões do recurso (arts. 593, *caput*, e 600, *caput*, do CPP); **B:** incorreta, visto que, no rito sumaríssimo, afeto às infrações penais de menor potencial ofensivo, o relatório, ao contrário do que se verifica nos ritos ordinário e sumário, é dispensável, em conformidade com o art. 81, § 3º, da Lei 9.099/1995 e em homenagem à informalidade, à economia processual e à celeridade, princípios informadores do Juizado Especial Criminal; são imprescindíveis, no entanto, a fundamentação e o dispositivo; **C:** incorreta, ao tempo em que esta questão foi formulada, pois, de fato, contrariava o disposto no art. 83, § 2º, da Lei 9.099/1995, que hoje estabelece, ante a modificação operada pela Lei 13.105/2015, que os embargos de declaração, cuja oposição suspendia o prazo para interposição de recurso, interrompem (e não mais suspendem) a contagem de tal prazo; **D:** correta, uma vez que reflete o disposto no art. 65, § 2º, da Lei 9.099/1995; **E:** incorreta, nos termos do art. 80 da Lei 9.099/1995.

Gabarito "D"

(Magistratura/CE – 2014 – FCC) No que se refere ao juizado especial criminal,

(A) é admissível a suspensão condicional do processo por crime continuado, se a soma da pena mínima da infração mais grave com o aumento mínimo de 1/6 (um sexto) for inferior a um ano.

(B) é cabível a transação penal apenas nos crimes de ação penal pública incondicionada.

(C) são consideradas infrações penais de menor potencial ofensivo as contravenções penais e os crimes a que lei comine pena máxima não superior a 2 (dois) anos, desde que não cumulada com multa.

(D) é incabível o acordo civil nos crimes de ação penal pública condicionada.

(E) não se admite a transação penal se comprovado que o autor da infração já foi condenado, pela prática de contravenção penal, à pena privativa de liberdade, por sentença definitiva.

A: correta. O STF admite a suspensão condicional do processo no caso de crime continuado, desde que a soma da pena mínima cominada ao crime com o aumento de 1/6 decorrente da continuidade não seja superior ao patamar de 1 (um) ano, estabelecido no art. 89, *caput*, da Lei 9.099/1995, entendimento esse consolidado por meio da Súmula 723 do STF; **B:** incorreta. Embora o art. 76 da Lei 9.099/1995 faça referência tão somente à ação penal pública (condicionada ou incondicionada), é tranquilo o entendimento no sentido de que a transação penal também tem lugar nas ações penais privadas; **C:** incorreta. Estão sob a égide do Juizado Especial Criminal as contravenções penais e os crimes cuja pena *máxima* cominada não seja superior a dois anos, *cumulada ou não com multa*, conforme dispõe o art. 61 da Lei 9.099/1995; **D:** incorreta. O acordo civil (arts. 72 a 75 da Lei 9.099/1995) poderá ser firmado tanto na ação penal privada quanto na pública, incondicionada ou condicionada à representação; **E:** incorreta, uma vez que somente impedirá a transação penal a condenação pela prática de *crime* (e não de *contravenção*) à pena privativa de liberdade por sentença definitiva (art. 76, § 2º, I, da Lei 9.099/1995).

Gabarito "A"

(Defensor Público/PR – 2012 – FCC) Os Juizados Especiais Criminais foram criados no ano de 1995 com o objetivo de conferir tratamento jurídico menos gravoso às infrações de menor potencial ofensivo. Neste contexto, de acordo com a Lei n. 9.099/1995,

(A) nos crimes de ação penal pública a proposta de transação penal é oferecida pelo juiz, com a aquiescência do Ministério Público, quando presentes os requisitos legais.

(B) o oferecimento da resposta ocorre antes do recebimento da denúncia ou queixa.

(C) as disposições da Lei se aplicam à Justiça Militar, no que couber.

(D) são infrações de menor potencial ofensivo todos os crimes cuja pena máxima não exceda 2 (dois) anos, ressalvados os casos em que a lei preveja procedimento especial.

(E) é cabível a realização de citação por edital nos Juizados Especiais Criminais, aplicando-se o art. 366 do CPP.

A: incorreta, visto que tal incumbência cabe ao MP (art. 76, *caput*, da Lei 9.099/1995); **B:** correta, pois reflete o que dispõe o art. 81, *caput*, da Lei 9.099/1995; **C:** incorreta, pois não reflete a norma contida no art. 90-A da Lei 9.099/1995; **D:** incorreta. A ressalva que havia, quanto à incidência das regras da Lei 9.099/1995 no âmbito dos crimes de procedimento especial, foi eliminada pela Lei 11.313/2006, que alterou a redação do art. 61 da Lei 9.099/1995; **E:** incorreta. Em obediência ao que preleciona o art. 66, parágrafo único, da Lei 9.099/1995, uma vez não localizado o acusado para ser citado, o juiz deverá providenciar o encaminhamento dos autos ao juízo comum para prosseguimento, e não determinar a sua citação por edital.

Gabarito "B"

(Procurador Legislativo – Câmara de Vereadores de São Paulo/SP – 2014 – FCC) Foi lavrado termo circunstanciado, apontando-se João como autor de crime de menor potencial ofensivo. É correto afirmar:

(A) Na audiência preliminar, presente o representante do Ministério Público, João e a vítima, acompanhados por seus advogados, o Juiz esclarecerá sobre a possibilidade da composição dos danos e da aceitação da proposta de aplicação imediata de pena privativa de liberdade.

(B) A competência do Juizado Especial Criminal para processar e julgar João será determinada pelo domicílio de João.

(C) A conciliação entre João e a vítima será conduzida pelo Juiz ou por conciliador sob sua orientação.

(D) A composição dos danos civis será reduzida a escrito e, homologada pelo Juiz mediante sentença irrecorrível, terá eficácia de título a ser executado no juízo criminal competente.

(E) Acolhendo a proposta do Ministério Público aceita por João, o Juiz aplicará a pena restritiva de direitos ou multa, que importará em reincidência.

A: incorreta, uma vez que o art. 72 da Lei 9.099/1995 fala em "aplicação imediata de pena *não* privativa de liberdade"; **B:** incorreta. Isso porque a competência, no âmbito do Juizado Especial Criminal, será determinada, a teor do art. 63 da Lei 9.099/1995, em razão do lugar em que foi *praticada* a infração penal (e não em função do domicílio do autor dos fatos). De ver-se que, quanto a isso, dada a imprecisão do termo de que se valeu o legislador ("praticada"), surgiram três teorias a respeito do juiz competente para o julgamento da causa: *teoria da atividade*: é competente o juiz do local onde se verificou a ação ou omissão; *teoria do resultado*: a ação deve ser julgada no local onde se produziu o resultado; e *teoria da ubiquidade*: é considerado competente tanto o juiz do local em que se deu a ação ou omissão quanto aquele do lugar em que se produziu o resultado. Na doutrina e na jurisprudência predominam as teorias da atividade e da ubiquidade; **C:** correta, pois reflete o disposto no art. 73, *caput*, da Lei 9.099/1995; **D:** incorreta. O erro da assertiva reside na parte em que é afirmado que a composição civil *terá eficácia de título a ser executado no juízo* criminal *competente*. É que, a teor do art. 74, *caput*, da Lei 9.099/1995, a composição civil, depois de homologada, *terá eficácia de título a ser executado no juízo* civil *competente* (e não no *criminal*); **E:** incorreta, pois contraria o que estabelece o art. 76, § 4º, da Lei 9.099/1995, nestes termos: "(...) o juiz aplicará a pena restritiva de direitos ou multa, que *não* importará em reincidência...".

Gabarito "C"

16. SENTENÇA, PRECLUSÃO E COISA JULGADA

(Defensor Público – DPE/BA – 2016 – FCC) Sobre os institutos jurídicos da *mutatio libelli* e *emendatio libelli*, é correto afirmar:

(A) O princípio da congruência não permite que o juiz atribua definição jurídica distinta daquela descrita na denúncia quando a nova tipificação prever pena mais severa.

(B) Na hipótese do juiz reconhecer a *emendatio libelli*, poderá, caso a nova figura típica reflita hipótese de furto qualificado tentado, oferecer a suspensão condicional do processo, mesmo que já encerrada a instrução processual, caso o acusado preencha os requisitos previstos na Lei 9.099/1995.

(C) O reconhecimento da *emendatio libelli* perpetua a competência do prolator da decisão para a análise da nova figura típica, independentemente da nova tipificação.

(D) No caso do Ministério Público não aditar a denúncia após ser reconhecida nova definição jurídica do fato em vista de provas existentes nos autos de elementos não contidos na denúncia, deverá o Magistrado, de pronto, julgar improcedente a denúncia originalmente proposta.

(E) Havendo o aditamento da denúncia depois de admitida a *emendatio libelli*, cada parte poderá arrolar até cinco testemunhas para serem ouvidas.

A: incorreta. O acusado, no processo penal, defende-se dos fatos que lhe são imputados, e não da capitulação que é atribuída ao crime na peça acusatória, denúncia ou queixa. Pouco importa, pois, a classificação operada pelo titular da ação penal na exordial. É isso que estabelece o art. 383 do CPP (*emendatio libelli*). Note que o fato, na *emendatio libelli*, permanece inalterado, sem prejuízo, por isso mesmo, para a defesa. A mudança, aqui, incide na classificação da conduta, levada a efeito pela acusação, no ato da propositura da ação, e retificada pelo juiz, de ofício, no momento da sentença, sendo desnecessário, em vista disso, ouvir a esse respeito o defensor, ainda que a pena correspondente ao novo tipo penal seja mais grave; **B:** correta, pois reflete o que estabelece o art. 383, § 1º, do CPP. Neste caso, deverá o juiz cuidar para que seja aberta vista ao MP a fim de que este possa oferecer a proposta de suspensão condicional do processo (art. 89 da Lei 9.099/1995); **C:** incorreta. Não há que se falar em perpetuação de competência no contexto da *emendatio libelli*, já que o magistrado que, no ato da sentença, reconhecer que a nova definição jurídica conferida ao fato o torna incompetente para o julgamento da causa deverá remeter os autos ao juízo que detém competência para tanto, na forma estatuída no art. 383, § 2º, do CPP; **D:** incorreta. Em vista do que dispõe o art. 384, § 1º, do CPP (que manda aplicar o art. 28 do CPP), o juiz, diante da recusa do promotor em proceder ao aditamento, fará a remessa dos autos ao chefe do Ministério Público, o procurador-geral, que é quem tem atribuição para reavaliar a situação. A partir daí, pode o procurador-geral, em face da provocação do magistrado, designar outro membro do MP para proceder ao aditamento ou ainda insistir no prosseguimento da ação tal como foi proposta, julgando a lide nos termos da imputação contida na denúncia. É vedado ao magistrado, portanto, em face da recusa do MP em proceder ao aditamento, decidir de plano, devendo provocar, como dissemos, a atuação do chefe do *parquet*; **E:** incorreta. Primeiro porque não há aditamento no contexto da *emendatio libelli*. Segundo porque, no campo da *mutatio libelli*, havendo aditamento, cada parte poderá arrolar até 3 testemunhas (art. 384, § 4º, do CPP).

Gabarito "B"

(Magistratura/SC – 2015 – FCC) Com relação à sentença penal, é correto afirmar:

(A) Conforme a redação do CPP, ao final da instrução, se o juiz perceber a possibilidade de nova classificação jurídica do fato em virtude de prova nos autos de circunstância ou elemento não contidos na acusação, não havendo aditamento por parte do Ministério Público, deverá cumprir o procedimento previsto no artigo 28 do CPP.

(B) A intimação da sentença penal poderá ser feita tanto na pessoa do defensor quanto na do réu, caso este esteja solto, por expressa disposição do artigo 397, II, CPP, mas os Tribunais Superiores entendem que se a sentença penal for condenatória, ambos deverão ser intimados, e o prazo recursal começará a fluir da primeira intimação.

(C) Em contrarrazões de apelação, se entender cabível nova definição jurídica do fato, em consequência de prova existente nos autos de elemento ou circunstância da infração penal não contida na acusação, o Ministério Público deverá propor o aditamento da denúncia no prazo de cinco dias. Se tal situação ocorrer, o Tribunal deverá intimar o réu para oferecer nova contrarrazões em igual prazo.

(D) Com a reforma processual promovida pela Lei 11.719/2008, consagrou-se a identidade física do juiz no ordenamento processual penal brasileiro, e o juiz que presidiu a instrução deverá proferir a sentença (artigo 399, § 2º do CPP). O STJ tem confirmado a regra, e prestigiado o princípio, pacificando o entendimento de que diante da ausência de outras normas específicas que regulamentem a matéria, deve-se impedir qualquer tipo de mitigação ao dispositivo.

(E) Conforme a redação do CPP, um dos efeitos da sentença condenatória de primeiro grau é a imediata expedição de mandado de prisão, salvo se o juiz permitir ao réu que apele em liberdade. Neste caso, deverá fundamentar sua decisão com base nas evidências dos autos.

A: correta. Em vista do que dispõe o art. 384, § 1º, do CPP (que manda aplicar o art. 28 do CPP), o juiz, diante da recusa do promotor em proceder ao aditamento, fará a remessa dos autos ao chefe do Ministério Público, o procurador-geral, que é quem tem atribuição para reavaliar a situação. A partir daí, pode o procurador-geral, em face da provocação do magistrado, designar outro membro do MP para proceder ao aditamento ou ainda insistir no prosseguimento da ação tal como foi proposta, julgando a lide nos termos da imputação contida na denúncia. É vedado ao magistrado, portanto, em face da recusa do MP em proceder ao aditamento, decidir de plano, devendo provocar, como dissemos, a atuação do chefe do *parquet*; **B:** incorreta. Em primeiro lugar, o dispositivo legal ao qual faz referência a assertiva trata de tema diverso (hipóteses em que tem lugar a absolvição sumária), que nenhuma relação tem com as regras que disciplinam a intimação da sentença. Quanto ao mérito, a proposição está incorreta. Segundo tem entendido o STJ, em homenagem ao princípio da ampla defesa, é necessário que, em se tratando de sentença condenatória, proceda-se à intimação tanto do réu quanto do seu defensor, ainda que aquele não esteja preso. Ademais disso, o prazo recursal, ao contrário do que se afirma na proposição, terá como termo inicial a última intimação. A propósito: "(...) A jurisprudência dos Tribunais Superiores é firme em que, da sentença condenatória, em qualquer caso, devem ser intimados o réu e seu defensor público, dativo ou constituído, aperfeiçoando-se o procedimento de cientificação da decisão com a última das intimações, a partir da qual flui o prazo recursal. A exigência da dupla intimação e a consequente fluência do prazo recursal a partir da última das intimações deve ser utilizada de modo a ampliar a incidência do princípio da ampla defesa, nunca para tolhê-lo, como sói acontecer em casos tais em que o recurso de apelação deixou de ser conhecido por ausência de intimação do réu, sanada, de qualquer modo, na segunda instância (...)" (HC 98.644/BA, Rel. Ministro Hamilton Carvalhido, Sexta Turma, julgado em 27.05.2008, *DJe* 12.08.2008); **C:** incorreta. A assertiva descreve hipótese de *mutatio libelli*, cuja incidência, conforme entendimento firmado na Súmula 453 do STF, é vedada em segundo grau de jurisdição. Vale observar que tal vedação não se aplica no campo da *emendatio libelli*. E por falar nisso, é importante que apontemos a diferença entre esses dois institutos. No campo da *emendatio libelli*, o fato descrito pela acusação na peça inicial permanece inalterado, sem prejuízo, por isso mesmo, para a defesa. A mudança, aqui, incide na classificação da conduta, levada a efeito pela acusação, no ato da propositura da ação, e retificada pelo juiz, de ofício, no momento da sentença, sendo desnecessário, em vista disso, ouvir a esse respeito o defensor. Na *mutatio libelli*, diferentemente, temos que a prova colhida na instrução aponta para uma nova definição jurídica do fato, diversa daquela contida na inicial. Por força do que estabelece o art. 383 do CPP, com a redação que lhe conferiu a Lei de Reforma 11.719/2008, impõe-se o aditamento da exordial pelo órgão acusatório, ainda que a nova capitulação jurídica implique aplicação de pena igual ou menos grave; **D:** incorreta. A Lei 11.719/2008 de fato introduziu no art. 399 do CPP o § 2º, conferindo-lhe a seguinte redação: "O juiz que presidiu a instrução deverá proferir a sentença". O *princípio da identidade física do juiz*, antes exclusivo do processo civil, agora será também aplicável ao processo penal. Como as restrições não foram disciplinadas no Código de Processo Penal, deve-se aplicar, quanto a estas, o que dispõe o art. 132 do CPC (dispositivo não reproduzido no NCPC): "O juiz, titular ou substituto, que concluir a audiência, julgará a lide, salvo se estiver convocado, licenciado, afastado por qualquer motivo, promovido ou aposentado, caso em que passará os autos ao seu sucessor". Dizemos que este postulado, consagrado no âmbito do processo penal, não tem caráter absoluto na medida em que autoriza exceções no que toca à realização dos atos de instrução. É o caso, por exemplo, da testemunha que reside fora da comarca do juiz processante, cujo depoimento será tomado por outro magistrado, que não aquele que preside a instrução e ao qual caberá proferir a sentença; **E:** incorreta. O art. 393, I, do CPP, antes de a Lei 12.403/2011 operar a sua revogação, estabelecia ser a prisão do réu um dos desdobramentos da sentença penal recorrível. Atualmente, é pacífico o entendimento de que a prisão não constitui (ou não deveria constituir) desdobramento automático da sentença condenatória recorrível. Seria uma antecipação no cumprimento da pena imposta. Hoje, por expressa disposição do art. 387, § 1º, do CPP, o juiz, ao preferir sentença condenatória, deverá justificar eventual manutenção ou decretação da custódia do condenado, calcado, para tanto, nos requisitos da prisão preventiva – art. 312, CPP.

Gabarito "A"

(Magistratura/CE – 2014 – FCC) Na sentença condenatória, o juiz

(A) não precisa fundamentar a necessidade de manutenção de prisão preventiva.

(B) pode reconhecer circunstâncias agravantes, embora nenhuma tenha sido alegada.

(C) pode atribuir ao fato definição jurídica diversa, sem modificar a descrição contida na denúncia ou na queixa, prejudicada a suspensão condicional do processo.

(D) não pode computar o tempo de prisão provisória para fins de determinação do regime inicial de pena privativa de liberdade.

(E) decidirá de pronto, no caso de entender cabível nova definição jurídica do fato, em consequência de prova existente nos autos de elemento ou circunstância da infração não contida na acusação, se o órgão do Ministério Público não proceder ao aditamento.

A: incorreta. O magistrado, ao prolatar a sentença condenatória, deverá manifestar-se, se preso estiver o réu, acerca da necessidade de sua manutenção no cárcere, sempre levando em conta os requisitos do art. 312 do CPP. Ausentes estes, deverá o juiz, ante a desnecessidade da prisão, revogá-la, permitindo ao acusado que aguarde o trânsito em julgado da sentença em liberdade. É o teor do art. 387, § 1º, do CPP, introduzido pela Lei 12.736/2012; **B:** correta, pois em conformidade com o que estabelece o art. 385, segunda parte, do CPP; **C:** incorreta, uma vez que, no âmbito da *emendatio libelli*, é possível, a teor do art. 383, § 1º, do CPP, a incidência da *suspensão condicional do processo* (art. 89, Lei 9.099/1995); **D:** incorreta (art. 387, § 2º, do CPP); **E:** incorreta. Em vista do que dispõe o art. 384, § 1º, do CPP (que manda aplicar o art. 28 do CPP), o juiz, diante da recusa do promotor em proceder ao aditamento, fará a remessa dos autos ao chefe do Ministério Público, o procurador-geral, que é quem tem atribuição para reavaliar a situação. A partir daí, pode o procurador-geral, em face da provocação do magistrado, designar outro membro do MP para proceder ao aditamento ou ainda insistir no prosseguimento da ação tal como foi proposta, julgando a lide nos termos da imputação contida na denúncia. É vedado ao magistrado, portanto, em face da recusa do MP em proceder ao aditamento, decidir de plano, devendo provocar, como dissemos, a atuação do chefe do *parquet*.

Gabarito "B"

17. NULIDADES

(Magistratura/SC – 2015 – FCC) Com relação às nulidades e ao Tribunal do Júri, analise as seguintes assertivas:

I. Ao julgar apelação interposta pelo Ministério Público com fundamento no artigo 593, III, *d*, o Tribunal de Justiça submeteu o réu a novo Júri, cujos elementos probantes foram colhidos em audiência em que um falso advogado (sem curso de direito e não inscrito a Ordem dos Advogados do Brasil) atuara como defensor. Neste caso, há efetivo prejuízo causado à parte, conforme já decidiu o STF.

II. O excesso de linguagem reconhecido acarreta a anulação da decisão de pronúncia ou do acórdão que incorreu no mencionado vício. Assim, conforme já decidiu o STF, deverá ser providenciado o desentranhamento e envelopamento da respectiva peça processual, para evitar que o jurado tenha acesso à tal peça processual.

III. A norma especial contida no art. 448 do Código de Processo Penal veda expressamente a participação de marido e mulher no mesmo conselho de sentença. Contudo, conforme já decidiu o STF, realizado o sorteio dos jurados na forma e com a antecedência exigidas pela legislação, eventual arguição de suspeição ou impedimento deve ser feita em Plenário, sob pena de preclusao.

IV. A jurisprudência do STF está assentada no sentido de que o pleito de desclassificação de crime, por se tratar de matéria exclusivamente de direito, pode ser pleiteada pela via do *habeas corpus* por não demandar aprofundado exame do conjunto fático probatório da causa, mas sim mera revaloração.

V. O não oferecimento das alegações finais em procedimento da competência do Tribunal do Júri, intimadas regularmente acusação e da defesa, gera nulidade absoluta, conforme já decidiu o STF.

É correto o que se afirma APENAS em

(A) III e V.

(B) I, II e III.

(C) I e II.

(D) I e III.

(E) III, IV e V.

I: correta. Nesse sentido: "Recurso ordinário em *habeas corpus*. Recorrente defendido por profissional não inscrito na ordem dos advogados do Brasil. Prejuízo à defesa técnica evidente. Nulidade da ação penal. 1. Nos termos do art. 4º da Lei 8.906/1994, são nulos todos os atos privativos de advogado praticados por pessoa não inscrita na Ordem dos Advogados do Brasil. Precedentes. 2. A decisão do Tribunal de Justiça que submeteu o recorrente a novo Júri baseou-se em elementos probantes colhidos em audiência em que o falso advogado atuara como defensor, o que demonstra o efetivo prejuízo causado à parte. 3. Recurso ordinário provido" (RHC 119900, rel. Min. Teori Zavascki, Segunda Turma, julgado em 05.05.2015, *DJe* 20.05.2015); **II:** incorreta. Conferir: "(...) Desentranhamento e envelopamento do ato viciado. Impossibilidade. Anulação, como consectário lógico. 1. O excesso de linguagem posto reconhecido acarreta a anulação da decisão de pronúncia ou do acórdão que incorreu no mencionado vício; e não o simples desentranhamento e envelopamento da respectiva peça processual, sobretudo em razão de o parágrafo único do artigo 472 do CPP franquear o acesso dos jurados a elas, na linha do entendimento firmado pela Primeira Turma desta Corte no julgamento de questão semelhante aventada no HC n. 103.037, Rel. Min. Cármen Lúcia, restando decidido que o acórdão do Superior Tribunal de Justiça "... representa não só um constrangimento ilegal imposto ao Paciente, mas também uma dupla afronta à soberania dos veredictos do júri, tanto por ofensa ao Código de Processo Penal, conforme se extrai do art. 472, alterado pela Lei 11.689/2008, quanto por contrariedade ao art. 5º, XXXVIII, alínea 'c', da Constituição da República". 2. *In casu*, o Superior Tribunal de Justiça reconheceu no acórdão proferido nos autos do recurso em sentido estrito qual o excesso de linguagem apto a influenciar o ânimo dos jurados; todavia, em vez de anular o ato judicial viciado, apenas determinou o seu desentranhamento, envelopamento e a certificação de que o paciente estava pronunciado. 3. *Habeas corpus* extinto, por ser substitutivo de recurso ordinário; ordem concedida, de ofício, para anular o acórdão proferido nos autos do recurso em sentido estrito, a fim de que outro seja prolatado sem o vício do excesso de linguagem" (STF, HC 123.311, 1ª Turma, rel. Min. Luiz Fux, julgado em 24.03.2015); **III:** correta. Nesse sentido: "(...) A norma especial contida no art. 448 do Código de Processo Penal veda expressamente a participação de marido e mulher no mesmo conselho de sentença. 4. Realizado o sorteio dos jurados na forma e com a antecedência exigidas pela legislação, eventual arguição de suspeição ou impedimento deve ser feita em Plenário, sob pena de preclusão. Precedentes. 5. As nulidades do julgamento devem ser arguidas em Plenário, logo depois que ocorrerem, sob pena de preclusão. 6. Ordem denegada" (HC 120746, rel. Min. Roberto Barroso, Primeira Turma, julgado em 19.08.2014, DJe 02.09.2014); **IV:** incorreta. Conferir: "(...) Na mesma linha de entendimento, conforme assentado pela jurisprudência desta Suprema Corte, o pedido de desclassificação da conduta criminosa também implica "revolvimento do conjunto fático-probatório da causa, o que, como se sabe, não é possível nesta via estreita do *habeas corpus*, instrumento que exige a demonstração do direito alegado de plano e que não admite dilação probatória" (HC 118.349/BA, Rel. Min. Ricardo Lewandowski, 2ª Turma, *DJe* 07.5.2014). 3. Ordem de *habeas corpus* denegada" (HC 123.424/MG, Rel. Min. Rosa Weber, 1ª Turma, julgado em 07.10.2014); **V:** incorreta. Conferir: "(...) Esta Suprema Corte, inclusive, já assentou que, até mesmo o não oferecimento das alegações finais em procedimento da competência do Tribunal do Júri constitui adequada tática da acusação e da defesa de deixarem os argumentos de que dispõem para a apresentação em plenário, ocasião em que poderão surtir melhor efeito, por não serem previamente conhecidos pela parte adversária. Precedentes (HC 74.631/SP, Segunda Turma, da relatoria do Ministro Maurício Corrêa, DJ de 20.06.1997; HC 92.207/AC, Primeira Turma, Relatora a Ministra Cármen Lúcia, DJe de 26.10.2007). 4. *Habeas Corpus* denegado" (STF, HC 108.951, 1ª Turma, rel. Min. Dias Tofolli, julgado em 08.05.2012).

Gabarito "D"

18. RECURSOS

(Defensor Público – DPE/BA – 2016 – FCC) Sobre o sistema de recursos previsto na legislação processual penal, é correto afirmar:

(A) O princípio da fungibilidade recursal permite que o tribunal, excepcionalmente, receba recurso intempestivo, quando protocolado pelo réu.

(B) Na hipótese de julgamento pelo tribunal do júri, se a sentença do juiz presidente divergir das respostas dos jurados aos quesitos, o tribunal *ad quem*, ao analisar recurso de apelação defensivo, determinará o retorno dos autos ao magistrado de primeiro grau para nova decisão sobre o tema.

(C) O Código de Processo Penal prevê hipótese de juízo de retratação após apresentado o recurso de apelação, sendo que se o juiz reformar o despacho recorrido, a parte contrária, por simples petição, poderá recorrer da nova decisão, se couber recurso, não podendo mais o juiz modificá-la.

(D) Em vista da teoria monística que rege o concurso de pessoas na legislação brasileira, a decisão do recurso interposto por um dos réus, se fundado na sua relação de parentesco com a vítima, aproveitará aos outros.

(E) Há previsão expressa no Código de Processo Penal de assinatura de termo de recurso por terceiro, na presença de duas testemunhas, caso o réu **não** saiba assinar seu nome.

A: incorreta, na medida em que a *fungibilidade recursal* (art. 579, CPP) refere-se à interposição de um recurso por outro, e não à tempestividade do recurso; **B:** incorreta, uma vez que, sendo a sentença do juiz que presidiu o julgamento divergente das respostas dadas pelos jurados aos quesitos formulados, o tribunal *ad quem* deverá, diretamente, corrigir o erro, sem a necessidade de realizar novo julgamento ou mesmo de remeter os autos ao juízo *a quo* para que ele mesmo proceda à retificação (art. 593, § 1º, do CPP); **C:** incorreta. Tudo que se afirma na assertiva somente tem aplicação no âmbito do recurso em sentido estrito (art. 589, CPP); não há juízo de retratação no campo da apelação; **D:** incorreta, uma vez que, se a decisão do recurso interposto por um dos réus se fundar em motivo de caráter exclusivamente pessoal, como é o caso da relação de parentesco, o benefício obtido pelo corréu não poderá ser estendido aos demais (art. 580, CPP); **E:** correta (art. 578, § 1º, do CPP).

Gabarito "E"

(Analista – TRF/3ª Região – 2014 – FCC) Antônio está preso e foi condenado pela prática do delito de tráfico de entorpecentes. Ao ser intimado da decisão condenatória, assinou termo de renúncia ao direito de recorrer. O defensor legalmente constituído, porém, interpôs apelação. Diante disso,

(A) deve prevalecer a vontade do réu em não recorrer.

(B) deve ser processada a apelação.

(C) a apelação só deve ser processada depois de intimado novamente o réu, para ficar ciente de que seu defensor apelou da decisão condenatória.

(D) o advogado deve ser destituído, porque agiu em dissonância à vontade do réu.

(E) somente deve ser processada a apelação se a renúncia do acusado for anterior à interposição feita pelo advogado.

Neste caso, deve-se processar o recurso interposto pelo defensor constituído, em obediência ao entendimento firmado na Súmula n. 705 do STF: "A renúncia do réu ao direito de apelação, manifestada sem a assistência do defensor, não impede o conhecimento da apelação por este interposta".

Gabarito "B"

(Analista – TRE/CE – 2012 – FCC) Xisto é denunciado pelo Ministério Público por crimes de peculato e prevaricação. Após a autuação, o Magistrado competente, em decisão fundamentada, recebe parcialmente a denúncia. Contra esta decisão caberá

(A) Apelação, no prazo de quinze dias.

(B) Apelação, no prazo de oito dias.

(C) Recurso em Sentido Estrito, no prazo de oito dias.

(D) Apelação, no prazo de cinco dias.

(E) Recurso em Sentido Estrito, no prazo de cinco dias.

A decisão do magistrado que recebe, em parte, a inicial acusatória desafia recurso em sentido estrito – nos termos do art. 581, I, do CPP. O art. 586 do CPP estabelece o prazo de cinco dias para a interposição deste recurso. Cuidado: na hipótese prevista no inciso XIV do art. 581 do CPP, qual seja, na decisão que incluir jurado na lista geral ou desta o excluir, caberá o recurso em sentido estrito, a ser interposto no prazo de 20 dias (art. 586, parágrafo único, do CPP).

Gabarito "E"

(Analista – TRE/SP – 2012 – FCC) Paulo, Juiz de uma determinada comarca do Estado de São Paulo, prolatou uma decisão contra a qual cabe recurso em sentido estrito. Uma das partes interpôs o recurso no prazo legal, apresentando as suas razões e a parte contrária, por sua vez, as contrarrazões, posteriormente. Apresentadas as contrarrazões, os autos foram remetidos a Paulo que exerceu o juízo de retratação e reformou a decisão impugnada. Neste caso, a parte contrária

(A) não poderá recorrer de qualquer forma da nova decisão.

(B) poderá recorrer da nova decisão por simples petição, se couber recurso, não sendo mais lícito ao juízo modificá-la.

(C) poderá recorrer da nova decisão por petição nos autos, se couber recurso, com abertura de novos prazos para razões e contrarrazões, sendo lícito ao juízo modificá-la novamente.

(D) poderá recorrer da nova decisão por simples petição, se couber recurso, sendo lícito ao juízo modificá-la novamente.

(E) poderá recorrer da nova decisão por petição nos autos, se couber recurso, com abertura de novos prazos para razões e contrarrazões, não sendo mais lícito ao juízo modificá-la.

Art. 589, parágrafo único, do CPP.

Gabarito "B"

(Magistratura/GO – 2015 – FCC) Em relação aos recursos no processo penal, cabe recurso

(A) em sentido estrito da decisão que receber a denúncia.

(B) de agravo, no prazo de 5 dias, da declaração da extinção da punibilidade feita pelo juiz da execução penal.

(C) em sentido estrito da decisão que absolver sumariamente o acusado, no procedimento do Tribunal do Júri.

(D) em sentido estrito da decisão que decidir sobre a unificação das penas.

(E) de embargos infringentes quando a decisão de segundo grau, ao julgar apelação, recurso em sentido ou *habeas corpus*, for desfavorável ao acusado, por maioria de votos.

A: incorreta. É que da decisão que recebe a denúncia ou queixa não cabe qualquer recurso. Cabe, isto sim, da decisão que a rejeita (não recebe), na forma do art. 581, I, CPP. Registre-se que, neste caso, é possível, no entanto, a impetração de *habeas corpus:* **B:** correta. O recurso cabível nesta hipótese é o agravo em execução, previsto no art. 197 da LEP. Quanto ao prazo para a sua interposição, é tranquilo o entendimento da jurisprudência no sentido de que este recurso, pelo fato de se sujeitar ao mesmo rito do recurso em sentido estrito, deve ser interposto no prazo de cinco dias. Nesse sentido, a Súmula 700 do STF: "É de cinco dias o prazo para interposição de agravo contra decisão do juiz da execução penal"; **C:** incorreta. Se o juiz absolver sumariamente o acusado, ou mesmo impronunciá-lo, o recurso a ser interposto é a *apelação*, na forma estatuída no art. 416 do CPP, e não o *recurso em sentido estrito*, tal como constou da assertiva; **D:** incorreta. Caberá ao juiz da execução proferir decisão acerca da unificação de penas (art. 66, III, *a*, da LEP), contra a qual caberá agravo, na forma estatuída no art. 197, LEP; **E:** incorreta. Os embargos infringentes, recurso exclusivos da *defesa*, somente podem ser opostos quando a decisão desfavorável ao réu, em segunda instância, não for unânime (decisão plurânime) – art. 609, parágrafo único, CPP; só podem ser opostos em sede de apelação, recurso em sentido estrito e agravo em execução (não cabe no *habeas corpus*). De ver-se que não é consenso na doutrina e na jurisprudência o emprego dos embargos no âmbito do agravo em execução.

Gabarito "B"

(Magistratura/RR – 2015 – FCC) Sobre os recursos e as ações de impugnação, é correto afirmar:

(A) Como regra, não é cabível a *reformatio in pejus*, mas segundo entendimento sumulado pelo STF, o tribunal poderá reconhecer nulidade mesmo que não arguida em recurso da acusação.

(B) A proibição da *reformatio in pejus* não impede que o tribunal, mesmo em recurso da defesa, corrija erro material na sentença consistente em erro na somatória dos fatores considerados no processo de individualização, conforme já decidido pelo STF.

(C) O recurso de apelação, quando utilizado das decisões do tribunal do júri, devolve toda a matéria ao tribunal, regulando-se o efeito devolutivo pelo conteúdo das razões.

(D) A revisão criminal pode desconstituir uma sentença penal condenatória transitada em julgado, não havendo prazo determinado para sua impetração, que deverá ocorrer perante o juízo da condenação.

(E) Os tribunais estaduais, obedecendo-se a cláusula de reserva de plenário, poderão declarar a inconstitucionalidade de lei ou ato normativo em recurso de apelação.

A: incorreta, pois contraria o entendimento firmado na Súmula 160, do STF: "É nula a decisão do Tribunal que acolhe, contra o réu, nulidade não arguida no recurso da acusação, ressalvados os casos de recurso de ofício"; **B:** incorreta. Nesse sentido: "Sentença penal. Capítulo decisório. Condenação. Pena privativa de liberdade. Reclusão. Fixação. Soma dos fatores considerados na dosimetria. Erro de cálculo. Estipulação final de pena inferior à devida. Trânsito em julgado para o Ministério Público. Recurso de apelação da defesa. Improvimento. Acórdão que, no entanto, aumenta de ofício a pena, a título de correção de erro material. Inadmissibilidade. Ofensa à proibição da *reformatio in pejus*. HC concedido para restabelecer o teor da sentença de primeiro grau. Não é lícito ao tribunal, na cognição de recurso da defesa, agravar a pena do réu, sob fundamento de corrigir *ex officio* erro material da sentença na somatória dos fatores considerados no processo de individualização" (HC 83545, rel. Min. Min. Cezar Peluso, Primeira Turma, julgado em 29.11.2005, *DJ* 03.03.2006); **C:** incorreta, conforme se depreende do teor da Súmula 713 do STF: "O efeito devolutivo da apelação contra decisões do júri é adstrito aos fundamentos da sua interposição"; **D:** incorreta. O erro da assertiva reside na afirmação de que a impetração da revisão criminal deverá ocorrer perante o juízo da condenação. Isso porque, segundo estabelece o art. 624 do CPP, as revisões criminais serão ajuizadas perante o tribunal competente para o seu julgamento; **E:** correta (art. 97 da CF).

Gabarito "E"

(Magistratura/CE – 2014 – FCC) Em relação ao recurso de apelação, é possível assegurar que

(A) o efeito devolutivo contra as decisões do Júri é adstrito aos fundamentos da sua interposição.

(B) a decisão do recurso interposto por um dos réus, no caso de concurso de agentes, sempre aproveitará aos outros.

(C) pode o Tribunal acolher, contra o réu, nulidade não arguida no recurso voluntário da acusação.

(D) não há nulidade no julgamento sem prévia intimação do advogado constituído ou publicação da pauta.

(E) é inadmissível a interposição pelo réu para obter a modificação do fundamento legal da absolvição.

A: correta, pois reflete o entendimento sufragado na Súmula 713 do STF: "O efeito devolutivo da apelação contra decisões do júri é adstrito aos fundamentos da sua interposição"; **B:** incorreta, uma vez que o efeito extensivo (aproveita aos demais agentes) somente se impõe se se tratar de recurso fundado em motivo que não seja de caráter exclusivamente pessoal (art. 580, CPP); **C:** incorreta, pois não corresponde ao entendimento firmado na Súmula 160 do STF; **D:** incorreta, pois não corresponde ao entendimento firmado na Súmula 431 do STF; **E:** incorreta. Conferir: "Penal e processual penal. Sentença absolutória. Modificação do fundamento legal. Materialidade do fato delituoso. Comprovação. Artigo 66, do Código de Processo Penal. Ausência de interesse recursal. Competência. Art. 81 do CPP. *Perpetuatio jurisdictionis*. Crimes funcionais e não funcionais. Defesa preliminar. Art. 514 do CPP. Afastamento. Perícia. Complementação. Deferimento. Cerceamento de defesa. Inocorrência. Prova. Validade. Discussão. Mérito. Crimes ambientais. Art. 38 da Lei 9.605/98. art. 45 da Lei 9.605/1998. Corte, retirada e aproveitamento de árvores mortas ou caídas por ações naturais. Autorização do Ibama. Irregularidades. Prova pré-processual. Prova judicial. Insuficiência. Dúvida. Absolvição. 1. Para a admissibilidade de qualquer recurso é necessário que haja legítimo interesse do recorrente (art. 577, parágrafo único, do Código de Processo Penal). Somente há interesse recursal na alteração do fundamento legal da sentença absolutória, quando houver possibilidade de evitar eventuais repercussões na esfera cível, o que não ocorre quando a existência do fato resta incontroversa (artigo 66 do CPP). 2. Embora absolvidos os réus cuja condição funcional firmava a competência da Justiça Federal, tal situação não importa remessa dos autos à Justiça Estadual em relação aos demais réus, por força do disposto no art. 81 do CPP, pois operada a *perpetuatio jurisdictionis*. 3. O processamento dos réus em face de imputação concomitante de crimes funcionais e não funcionais afasta a necessidade de defesa preliminar. Precedentes do STF. 4. O reconhecimento de nulidade relativa exige a comprovação de prejuízo. 5. Deferido o pedido de complementação da perícia, com apresentação de respostas aos quesitos complementares, afasta-se a alegação de cerceamento de defesa. 6. A discussão acerca da validade da prova produzida, para os fins da instrução criminal, tem lugar na própria ação penal, independente do debate travado sobre a prova em ação civil pública. 7. O art. 38 da Lei 9.605/1998 tipifica o crime de "destruir ou danificar floresta considerada de preservação permanente, mesmo que em formação, ou utilizá-la com infringência das normas de proteção." 8. O art. 45 da Lei 9.605/1998 criminaliza a conduta de "cortar ou transformar em carvão madeira de lei". Trata-se de crime de ação múltipla, em que a prática de qualquer das condutas previstas nos verbos núcleos do tipo implica consumação do delito. 9. Se os réus possuíam prévia autorização do órgão de proteção ambiental para o corte, retirada e aproveitamento de árvores mortas ou caídas por ações naturais, a prova pré-processual indiciária, consistente em laudo produzido pela polícia ambiental, informando a ocorrência de irregularidades, precisa ser corroborada por prova convincente durante a instrução criminal, para ensejar a condenação penal. 10. São distintos os graus de convicção exigidos para o recebimento da denúncia e para a condenação criminal, assim como também é diverso o grau de certeza que se exige da prova no processo penal e no processo civil, porquanto, nesta última comparação, os bens jurídicos envolvidos são essencialmente diferentes. No processo penal, a prova precisa ser suficiente para conferir ao Juiz a certeza da condenação, porquanto atinge bens e valores individuais elevados ao patamar constitucional, como a liberdade e a imagem da pessoa. A mesma prova pode ser valorada de forma diferente em outra esfera jurídica, e a decisão judicial sobre a valoração e suficiência da prova no processo penal não vincula necessariamente outros juízos, salvo os casos expressos em lei. 11. Considerada insuficiente a prova para a condenação no processo penal, absolvem-se os réus, com fundamento no art. 386, VII, do CPP" (ACR 00016955720034047203, Marcelo de Nardi, TRF4 – Sétima Turma, *DE* 10.10.2013).

Gabarito "A"

19. *HABEAS CORPUS*, MANDADO DE SEGURANÇA E REVISÃO CRIMINAL

(Defensor Público – DPE/ES – 2016 – FCC) Sobre a revisão criminal,

(A) é vedada discussão sobre indenização por erro judiciário em sede de revisão criminal, devendo ser proposta ação própria em caso de revisão procedente.

(B) é cabível a revisão criminal da sentença absolutória imprópria.

(C) em virtude da soberania dos veredictos, é vedada a revisão criminal de sentença do Tribunal do Júri.

(D) sem a falsidade da prova utilizada para condenar o réu ou de nova prova capaz de inocentá-lo não há possibilidade jurídica do pedido de revisão criminal.

(E) ao contrário do *habeas corpus*, é necessária capacidade postulatória para a revisão criminal.

A: incorreta (art. 630, CPP); **B:** correta. É verdade que a existência de uma sentença condenatória com trânsito em julgado constitui pressuposto ao ajuizamento da ação revisional. No entanto, deve-se inserir nesse universo a sentença absolutória imprópria, visto que esta impinge ao inimputável uma medida de segurança, espécie do gênero *sanção*. Fica evidente, pois, seu interesse em promover a revisão criminal. Na jurisprudência: "(...) Com efeito o art. 621 do CPP só permite a revisão de sentença condenatória, sendo, portanto, condição indispensável, para o seu conhecimento, a decisão definitiva de mérito acolhendo a pretensão condenatória, ou seja, impondo ao réu a sanção penal correspondente. 2. Tanto a doutrina como a jurisprudência não admitem o conhecimento de revisão criminal de sentença absolutória, salvo em caso de absolutória com aplicação de medida de segurança" (REsp 329.346/RS, Rel. Ministro Hélio Quaglia Barbosa, Sexta Turma, julgado em 31.05.2005, *DJ* 29.08.2005); **C:** incorreta. Atualmente, prevalece na doutrina e na jurisprudência o entendimento segundo o qual a soberania dos veredictos, no Tribunal do Júri, não é absoluta, podendo a decisão do Conselho de Sentença ser modificada por meio da revisão criminal. Na jurisprudência: "I. Transitada em julgado a sentença condenatória, proferida com fundamento em decisão do Tribunal do Júri, o Tribunal *a quo* julgou procedente a Revisão Criminal, ajuizada pela defesa, absolvendo, desde logo, o réu, por ocorrência de erro judiciário, em face de contrariedade à prova dos autos, bem como pela existência de novas provas de sua inocência, a teor dos arts. 621, I e III, e 626 do CPP (...) V. Uma vez que o Tribunal de origem admitiu o erro judiciário, não por nulidade no processo, mas em face de contrariedade à prova dos autos e de existência de provas da inocência do réu, não há ofensa à soberania do veredicto do Tribunal do Júri se, em juízo revisional, absolve-se, desde logo, o réu, desconstituindo-se a injusta condenação. Precedente da 6ª Turma do STJ. VI. "A obrigação do Poder Judiciário, em caso de erro grave, como uma condenação que contrarie manifestamente as provas dos autos, é reparar de imediato esse erro. Por essa razão é que a absolvição do ora paciente (e peticionário, na revisão criminal) é perfeitamente aceitável, segundo considerável corrente jurisprudencial e doutrinária" (REsp 1304155/MT, Rel. Ministro Sebastião Reis Júnior, Rel. p/ Acórdão Ministra Assusete Magalhães, Sexta Turma, julgado em 20.06.2013, *DJe* 01.07.2014); **D:** incorreta (art. 621, I, do CPP); **E:** incorreta, pois contraria o disposto no art. 623 do CPP, que estabelece que a revisão poderá ser pedida pelo próprio réu.

Gabarito "B"

(Analista – TRE/SP – 2012 – FCC) Sobre o *habeas corpus* e seu processo, de acordo com o Código de Processo Penal, considere:

I. A competência para processar e julgar, originalmente, o *habeas corpus*, cuja autoridade coatora for um Secretário de Estado, é do Tribunal de Justiça do respectivo Estado.

II. A utilização do *habeas corpus* é assegurada ao agente que responde processo por infração penal, a que a pena pecuniária seja a única cominada ou contra decisão condenatória a pena de multa.

III. José, Juiz de Direito de uma determinada comarca do Estado de São Paulo, recebeu, após regular distribuição, um *habeas corpus* questionando uma ordem dada por um Delegado de Polícia da cidade. Após requisitar informações, tomou conhecimento de que a ordem foi ratificada por Pedro, outro Juiz de Direito da mesma comarca, para o qual o Inquérito Policial foi distribuído. Neste caso, cessa de imediato a competência do Magistrado José, para quem foi distribuído o *habeas corpus*, conhecer do *writ*.

Está correto o que consta APENAS em

(A) I.
(B) III.
(C) I e II.
(D) I e III.
(E) II e III.

I: correto, nos termos do disposto no art. 650, II, do CPP; **II:** incorreto, pois contraria o contido na Súmula 693 do STF: "Não cabe *habeas corpus* contra decisão condenatória a pena de multa, ou relativo a processo em curso por infração penal a que a pena pecuniária seja a única cominada"; **III:** correto, pois reflete o disposto no art. 650, § 1º, do CPP.

Gabarito "D"

(Magistratura/GO – 2015 – FCC) Em relação ao *habeas corpus*, é correto afirmar:

(A) Se o *habeas corpus* for concedido em virtude de nulidade do processo, este não poderá ser renovado.
(B) Juiz de primeiro grau não tem competência para expedir de ofício ordem de *habeas corpus*.
(C) Compete originariamente ao Supremo Tribunal Federal o julgamento de *habeas corpus* contra decisão de turma recursal de juizados especiais criminais.
(D) De acordo com a jurisprudência mais recente dos Tribunais Superiores, não se concede, em hipótese alguma, ordem de *habeas corpus*, caso este tenha sido impetrado como substitutivo do recurso oponível ou da revisão criminal.
(E) Não se conhece de *habeas corpus* contra omissão de relator de extradição, se fundado em fato ou direito estrangeiro cuja prova não constava dos autos, nem foi ele provocado a respeito.

A: incorreta. Ao contrário do afirmado na assertiva, sendo o HC concedido por força de nulidade ocorrida no processo, este será, sim, renovado (art. 652, CPP); **B:** incorreta. É claro o art. 654, § 2º, do CPP ao estabelecer que "os juízes e os tribunais têm competência para expedir de ofício ordem de *habeas corpus* (...)"; **C:** incorreta. O STF já consolidou entendimento no sentido de que não cabe àquela Corte apreciar *habeas corpus* impetrado contra decisões de colegiados recursais. A esse respeito: "Competência Originária. Criminal. *Habeas corpus*. Impetração contra decisão de colégio recursal de juizado especial criminal. Incompetência do STF. Feito da competência do Tribunal de Justiça local. HC não conhecido. Agravo improvido. Precedente do Plenário. Para julgamento de pedido de *habeas corpus* contra decisão de turma ou colégio recursal de juizado especial, a competência é do tribunal de justiça local, não do Supremo Tribunal Federal" (HC 92332 AgR, Relator: Min. Cezar Peluso, Segunda Turma, julgado em 06.11.2007); **D:** incorreta. Embora seja correto afirmar-se que os Tribunais Superiores não têm admitido o manejo do *habeas corpus* como substituto do recurso oponível ou ainda da revisão criminal, o fato é que tal poderá ocorrer em situações excepcionais. Conferir: "(...) 1. À luz do disposto no art. 105, I, II e III, da CF, esta Corte de Justiça e o Supremo Tribunal Federal não vêm mais admitindo a utilização do *habeas corpus* como substituto de recurso ordinário, tampouco de recurso especial, nem como sucedâneo da revisão criminal, sob pena de se frustrar a celeridade e desvirtuar a essência desse instrumento constitucional. 2. Entretanto, esse entendimento deve ser mitigado, em situações excepcionais, nas hipóteses em que se detectar flagrante ilegalidade, nulidade absoluta ou teratologia a ser eliminada, situação inocorrente na espécie (...)" (HC 214.752/BA, Rel. Ministro Og Fernandes, Sexta Turma, julgado em 03.09.2013, *DJe* 16.09.2013); **E:** correta, pois corresponde ao entendimento firmado na Súmula n. 692, do STF.

Gabarito "E"

(Magistratura/CE – 2014 – FCC) A revisão criminal

(A) não admite reiteração, ainda que fundada em novas provas.
(B) não se presta a modificar a pena.
(C) é aceita no caso de sentença absolutória imprópria.
(D) obriga o recolhimento à prisão para ser requerida.
(E) pode ser requerida em qualquer tempo, mas apenas antes da extinção da pena.

A: incorreta, já que caberá, sim, a reiteração do pedido de revisão criminal, desde que calcado em novas provas – art. 622, parágrafo único, CPP; **B**: incorreta, já que não corresponde ao teor do art. 626 do CPP, que assim dispõe: "Julgando procedente a revisão, o tribunal poderá alterar a classificação da infração, absolver o réu, modificar a pena ou anular o processo"; **C**: correta. É verdade que a existência de uma sentença condenatória com trânsito em julgado constitui pressuposto ao ajuizamento da ação revisional. No entanto, deve-se inserir nesse universo a sentença absolutória imprópria, visto que esta impinge ao inimputável uma medida de segurança, espécie do gênero *sanção*. Fica evidente, pois, seu interesse em promover a revisão criminal; **D**: incorreta, nos termos da Súmula 393 do STF: "Para requerer revisão criminal, o condenado não é obrigado a recolher-se à prisão"; **E**: incorreta, na medida em que a revisão poderá ser requerida a qualquer tempo, antes ou mesmo depois de extinta a pena (art. 622, *caput*, do CPP).

Gabarito "C"

20. EXECUÇÃO PENAL

(Juiz – TJ-SC – FCC – 2017) Segundo a Lei de Execução Penal, o preso, condenado com trânsito em julgado, poderá ter a execução da sua pena fiscalizada por meio da monitoração eletrônica, quando o juiz:

(A) fixar o regime aberto para cumprimento da pena e o dispensar do recolhimento ao estabelecimento penal no período noturno e nos dias de folga.

(B) aplicar pena restritiva de liberdade a ser cumprida nos regimes aberto ou semiaberto, ou conceder progressão para tais regimes.

(C) aplicar pena restritiva de direitos que estabeleça limitação de horários ou de frequência a determinados lugares.

(D) conceder o livramento condicional ou a suspensão condicional da pena.

(E) autorizar a saída temporária no regime semiaberto ou determinar a prisão domiciliar.

A monitoração eletrônica terá lugar nas seguintes hipóteses: i) quando da concessão de saída temporária (arts. 122, parágrafo único, e 146-B, II, da LEP); ii) quando da imposição de prisão domiciliar (art. 146-B, IV, da LEP); iii) e como modalidade de medida cautelar diversa da prisão preventiva (art. 319, IX, do CPP), antes, portanto, do trânsito em julgado, possibilidade inserida pela Lei 12.403/2011, que alterou sobremaneira a prisão processual e introduziu as chamadas medidas cautelares a ela alternativas. ED

Gabarito "E"

(Juiz – TJ-SC – FCC – 2017) O regime disciplinar diferenciado, de cumprimento da pena, apresenta as seguintes características:

I. duração máxima de trezentos e sessenta dias, até o limite de um sexto da pena aplicada.

II. recolhimento em cela individual.

III. visitas semanais de duas pessoas, sem contar as crianças, com duração de duas horas.

IV. o preso terá direito à saída da cela por 2 horas diárias para banho de sol.

V. não poderá abrigar presos provisórios.

Está correto o que se afirma APENAS em:

(A) II, III, IV e V.

(B) I, II, III e IV.

(C) III e IV.

(D) I, II e V.

(E) I, III e V.

I: correta (art. 52, I, da LEP); **II:** correta (art. 52, II, da LEP); **III:** correta (art. 52, III, da LEP); **IV:** correta (art. 52, IV, da LEP); **V:** incorreta, na medida em que, por expressa previsão contida no art. 52, "caput", da LEP, o regime disciplinar diferenciado alcança tanto o preso condenado em definitivo quanto o provisório. ED

Gabarito "B"

(Defensor Público – DPE/BA – 2016 – FCC) Paulo, reincidente em crime não específico, iniciou o cumprimento de pena privativa de liberdade pelo delito de tráfico, no regime fechado, em 10/09/2010. Cumpridas as condições legais, conquistou o livramento condicional. Já no primeiro mês do período de prova, aportou aos autos nova condenação pelo delito de tentativa de homicídio simples, na qual foi fixado o regime semiaberto, sendo que o fato foi cometido em 03/02/2008. Somadas as penas, que atingiram um total de 10 anos, foi novamente fixado o regime fechado pelo juiz para o cumprimento do restante da pena total. Sobre o instituto do livramento condicional,

(A) Paulo não terá mais direito a um segundo livramento condicional, por ter aportado aos autos nova condenação durante o período de prova.

(B) por ser reincidente, não poderá ser deferido a Paulo, novamente, o livramento condicional.

(C) Paulo terá que cumprir a primeira pena (por tráfico) na íntegra, para, então, cumprir metade da pena remanescente e somente depois reconquistar o livramento condicional.

(D) Paulo terá direito a um segundo livramento condicional, desde que cumpridos os requisitos legais, já que o fato que ocasionou a condenação por tentativa de homicídio simples é anterior ao período de prova do primeiro livramento condicional.

(E) deveria o juiz ter mantido Paulo no livramento condicional, sendo que a nova condenação por tentativa de homicídio simples deveria ser cumprida após o término do período de prova do livramento.

Considerando que a prática do crime de tentativa de homicídio simples é precedente ao período de prova do livramento condicional concedido em razão da condenação pelo crime de tráfico de drogas, é inaplicável a hipótese de revogação do livramento contida no art. 86, I, do CP. No caso narrado no enunciado, incide o art. 86, II, do CP, que estabelece que, se a condenação por crime é anterior ao período de prova, deve-se observar o disposto no art. 84 do CP, que estabelece que as penas devem ser somadas para o fim de calcular o novo livramento a ser concedido. Aplicam-se também os arts. 88 do CP e 728 do CPP.

Gabarito "D"

(Defensor Público – DPE/BA – 2016 – FCC) Sobre o trabalho e o estudo dos apenados, bem como acerca da remição, é correto afirmar:

(A) O condenado que usufrui liberdade condicional poderá remir, pela frequência a curso de ensino regular ou de educação profissional, parte do tempo do período de prova.

(B) Se o preso restar impossibilitado de prosseguir no trabalho, por acidente no local do labor, não poderá continuar a se beneficiar com a remição enquanto perdurar o afastamento.

(C) O trabalho externo, segundo a Lei de Execuções Penais, é permitido apenas aos presos dos regimes semiaberto e aberto.

(D) O trabalho interno é obrigatório para os presos definitivos e provisórios.

(E) O tempo a remir pelas horas de estudo será acrescido de 1/2 no caso de conclusão do ensino fundamental durante o cumprimento da pena, desde que a conclusão seja certificada pelo órgão competente do sistema de educação.

A: correta (art. 126, § 6°, da LEP); **B:** incorreta. Ao contrário do que se afirma na alternativa, *o preso impossibilitado, por acidente, de prosseguir no trabalho ou nos estudos continuará a beneficiar-se com a remição*; **C:** incorreta, já que o trabalho externo, por expressa disposição do art. 36, *caput*, da LEP, também é permitido ao preso que se encontra em cumprimento de pena no regime fechado, desde que em serviço ou obras públicas; **D:** incorreta. Segundo o art. 31, parágrafo único, da LEP, *para o preso provisório, o trabalho não é obrigatório e só poderá ser executado no interior do estabelecimento*; **E:** incorreta, uma vez que deverá incidir, neste caso, a fração correspondente a *um terço*, e não *metade*, tal como reza o art. 126, § 5°, da LEP.

Gabarito "A"

(Defensor Público – DPE/BA – 2016 – FCC) Considerando as disposições constantes na Lei de Execuções Penais, no que toca às saídas dos condenados do estabelecimento prisional,

(A) para que o condenado conquiste o direito às saídas temporárias, é necessário que atinja 1/6 da pena, se primário, e 1/2, se reincidente.

(B) as saídas temporárias poderão ser deferidas aos presos do regime fechado, mediante escolta, caso exista efetivo de servidores na comarca, para frequência a curso supletivo e profissionalizante.

(C) as saídas temporárias serão deferidas pelo diretor da casa prisional.

(D) a permissão de saída não pode ser concedida pelo diretor do estabelecimento prisional para os condenados do regime fechado, pois nesse caso deverá haver autorização judicial.

(E) a permissão de saída pode ser deferida para os condenados dos regimes fechado e semiaberto, bem como aos presos provisórios.

A: incorreta, na medida em que a autorização para saída temporária será concedida, a teor do art. 123, II, da LEP, ao condenado que tenha cumprido no mínimo *um sexto* da pena, se primário, e *um quarto* (e não *metade*), se reincidente for; **B:** incorreta. É requisito à concessão da saída temporária o fato de o condenado encontrar-se em cumprimento de pena no regime *semiaberto* (art. 122, *caput*, da LEP); **C:** incorreta. A saída temporária, diferentemente da permissão de saída (art. 120, parágrafo único, da LEP), somente poderá ser concedida mediante autorização do juízo da execução, ouvidos o MP e a administração penitenciária (art. 123, *caput*, da LEP); **D:** incorreta. Isso porque a permissão de saída será concedida, pelo diretor do estabelecimento prisional, aos condenados que cumprem pena nos regimes fechado e semiaberto, e também aos presos provisórios (art. 120, *caput*, LEP); **E:** correta, pois em conformidade com o art. 120, *caput*, LEP.

Gabarito "E"

(Defensor Público – DPE/BA – 2016 – FCC) Sobre os incidentes de execução previstos na Lei de Execuções Penais,

(A) é possível, para apenados do regime aberto e com penas não superiores a três anos, desde que cumpridos os requisitos legais, a conversão da pena privativa de liberdade em pena restritiva de direito.

(B) na hipótese de sobrevir doença mental no curso da execução da pena privativa de liberdade, não poderá ser convertido referido apenamento em medida de segurança, posto se tratar de providência gravosa ao apenado, portanto impossível de ser formalizada por força da coisa julgada.

(C) o próprio sentenciado poderá suscitar o incidente de desvio de execução.

(D) o excesso de execução ocorre quando o ato for praticado além dos limites fixados na sentença, mas não se caracteriza quando a ilegalidade decorrer de inobservância de normas regulamentares, pois nesses casos a apuração das responsabilidades ficará a cargo da autoridade administrativa.

(E) sobrevindo condenação à pena privativa de liberdade no regime semiaberto, estando em curso a execução de penas restritivas de direito, deverá o juiz automaticamente reconverter as penas alternativas em prisão, dada a natureza distinta das duas espécies de sanção.

A: incorreta, pois em desconformidade com a regra presente no art. 180, *caput*, da LEP, que assim dispõe: "a pena privativa de liberdade, não superior a 2 anos, poderá ser convertida em restritiva de direitos, desde que: I – o condenado a esteja cumprindo em regime aberto (...)"; **B:** incorreta. Há que se distinguir, aqui, duas situações. Em se tratando de doença mental de caráter transitório, com perspectiva, portanto, de cura, não há por que converter a pena privativa de liberdade em medida de segurança. Aplica-se, neste caso, o art. 41 do CP, que estabelece que o sentenciado será transferido para hospital de custódia e tratamento e ali permanecerá até o seu restabelecimento. De outro lado, se se tratar de doença mental de caráter permanente, que parece ser o caso narrado na assertiva, deverá o juiz, em obediência ao que estabelece o art. 183 da LEP, converter a pena privativa de liberdade em medida de segurança, já que não existe, ao menos naquele momento, perspectiva de melhora da saúde mental do condenado. Neste caso, a duração da medida de segurança está limitada ao tempo de resta para o cumprimento da pena estabelecida na sentença; **C:** correta, uma vez que reflete a regra contida no art. 186, III, da LEP, que concede ao sentenciado a prerrogativa de, ele mesmo, suscitar o incidente de excesso ou desvio de execução, que também poderá ser suscitado pelo MP, pelo Conselho Penitenciário e por qualquer dos demais órgãos da execução penal; **D:** incorreta, pois não corresponde ao que estabelece o art. 185 da LEP; **E:** incorreta (art. 44, § 5°, do Código Penal).

Gabarito "C"

(Defensor Público – DPE/ES – 2016 – FCC) Sobre a remição, é correto afirmar:

(A) Para o cômputo da remição, os dias remidos devem ser considerados como pena cumprida pelo sentenciado.

(B) A remição por estudo é concedida na mesma proporção da remição pelo trabalho, ou seja, a cada dezoito horas de estudo, deve ser remido um dia de pena.

(C) É vedada a cumulação de remição por trabalho e por estudo dada a incompatibilidade resultante da quantidade de horas diárias necessárias para remir por cada atividade.

(D) A remição por estudo é cabível nos três regimes de cumprimento de pena, sendo vedado apenas no livramento condicional.

(E) Em caso de falta grave, o juiz deverá revogar um terço do tempo remido, sendo vedada nova concessão de remição durante o período de cumprimento da sanção.

A: correta, pois em consonância com o que estabelece o art. 128 da LEP; **B:** incorreta. Por força do que dispõe o art. 126, § 1°, I e II, da LEP, a remição pelo estudo será concedida na proporção de um dia de pena para cada 12 horas de estudo, que deverão ser divididas, no mínimo, em 3 dias; pelo trabalho, na proporção de um dia de pena para cada 3 dias de labor; **C:** incorreta. Por força do que dispõe o art. 126, § 3º, da LEP, é possível, sim, a compatibilização, para fins de remição, do *trabalho* com *estudo*. Ou seja, nada impede que o reeducando obtenha a remição de sua pena pelo trabalho e pelo estudo, concomitantemente, desde que não haja coincidência, é óbvio, entre as horas dedicadas ao estudo e aquelas utilizadas para o trabalho. Assim, se o preso dedicar o tempo mínimo ao trabalho, que é de 6 horas, e também ao estudo, que, neste caso, é de 4 horas, poderá abater dois de cada três dias de sua pena; **D:** incorreta, pois contraria o que dispõe o art. 126, § 6º, da LEP: "O condenado que cumpre pena em regime aberto ou semiaberto e o que usufrui liberdade condicional poderão remir, pela frequência a curso de ensino regular ou de educação profissional (...)"; **E:** incorreta (art. 127 da LEP).

Gabarito "A"

(Defensor Público – DPE/ES – 2016 – FCC) Sobre as autorizações de saída,

(A) somente poderão ser concedidas com prazo mínimo de quarenta e cinco dias de intervalo entre uma e outra.

(B) são cabíveis apenas no regime semiaberto.

(C) a saída temporária será concedida pelo diretor do estabelecimento prisional.

(D) o lapso temporal para deferimento da saída temporária ao reincidente é de um quarto.

(E) o Decreto natalino de saída temporária é de competência exclusiva do Presidente da República.

A: incorreta. *Autorização de saída*, a que faz referência o enunciado, é gênero do qual são espécies a *permissão de saída* e a *saída temporária*, cada qual com regramento próprio. O intervalo de 45 dias somente tem incidência no contexto da *saída temporária* (art. 124, § 3º, da LEP); a *permissão de saída*, que tem finalidade e disciplina diversas da *autorização de saída*, não se sujeita a intervalo mínimo entre uma concessão e outra; ou seja, será concedida sempre que estiverem presentes os requisitos contidos no art. 120 da LEP; **B:** incorreta. É verdade que a *saída temporária*, espécie do gênero *autorização de saída*, somente será concedida aos condenados que cumprem pena no regime semiaberto (art. 122, *caput*, da LEP); no entanto, a *permissão de saída*, que também é modalidade de *autorização de saída*, poderá beneficiar tanto o condenado que cumpre a pena nos regimes fechado ou semiaberto quanto os presos provisórios (art. 120, *caput*, da LEP); **C:** incorreta. A *saída temporária*, diferentemente da *permissão de saída* (art. 120, parágrafo único, da LEP), somente poderá ser concedida mediante autorização do juízo da execução, ouvidos o MP e a administração penitenciária (art. 123, *caput*, da LEP). Acrescente-se que, segundo entendimento consolidado na Súmula 520, do STJ, a concessão de saída temporária constitui ato jurisdicional insuscetível de delegação à autoridade administrativa do estabelecimento prisional; **D:** correta. De fato, a autorização para saída temporária será concedida, a teor do art. 123, II, da LEP, ao condenado reincidente que tenha cumprido no mínimo *um quarto* da pena; se primário, *um sexto*; **E:** incorreta. A *saída temporária*, como acima dissemos, somente pode ser concedida pelo juízo da execução, tal como estabelece o art. 123, *caput*, da LEP; caberá ao presidente da República conceder o indulto (art. 84, XII, da CF).

Gabarito "D"

(Defensor Público – DPE/ES – 2016 – FCC) O juiz poderá definir a fiscalização por meio da monitoração eletrônica quando conceder

(A) indulto.

(B) comutação.

(C) livramento condicional.

(D) prisão domiciliar.

(E) progressão ao regime semiaberto.

A monitoração eletrônica terá lugar nas seguintes hipóteses: i) quando da concessão de saída temporária (arts. 122, parágrafo único, e 146-B, II, da LEP); ii) quando da imposição de prisão domiciliar (art. 146-B, IV, da LEP); iii) e como modalidade de medida cautelar diversa da prisão preventiva (art. 319, IX, do CPP), possibilidade inserida pela Lei 12.403/2011, que alterou sobremaneira a prisão processual e introduziu as chamadas medidas cautelares a ela alternativas.

Gabarito "D"

(Defensor Público – DPE/ES – 2016 – FCC) Sobre o livramento condicional,

(A) é vedada a concessão do livramento condicional para o preso que cumpre pena em regime fechado, sob pena de incorrer em progressão por salto.

(B) o lapso temporal para o livramento condicional no caso de reincidente é de dois terços da pena.

(C) é vedada a revogação do livramento condicional por crime cometido antes do período de prova.

(D) é vedada a concessão de livramento condicional ao reincidente específico em crime hediondo.

A: incorreta. A concessão do livramento condicional ao condenado que se acha em cumprimento de pena no regime fechado não implica progressão *per saltum*, que se configura com a ida do condenado do regime fechado diretamente ao aberto, o que é vedado (Súmula 491, STJ: "É inadmissível a chamada progressão *per saltum* de regime prisional"). Nada impede que o livramento condicional seja concedido ao condenado que se encontra no regime fechado; **B:** incorreta. O reincidente em crime doloso somente fará jus ao livramento condicional depois de cumprir mais da metade da pena; se não for reincidente em crime doloso e tiver bons antecedentes, deverá cumprir, para obter o livramento condicional, mais de um terço da pena. É o que estabelece o art. 83, I e II, do CP; **C:** incorreta. É hipótese de revogação obrigatória (art. 86, II, do CP); **D:** correta (art. 83, V, parte final, do CP).

Gabarito "D"

(Defensor Público – DPE/ES – 2016 – FCC) Segundo as inspeções em unidades prisionais nas Regras de Mandela, é correto afirmar que

(A) é dispensável a elaboração de relatório escrito após a inspeção em virtude da informalidade que deve reger a atividade.

(B) as inspeções nas unidades prisionais feitas pela própria administração prisional não devem ser realizadas, pois tendem a encobrir irregularidades da própria administração penitenciária.

(C) as inspeções prisionais feitas por órgãos independentes da administração prisional devem contar com profissionais de saúde e buscar uma representação paritária de gênero.

(D) as inspeções devem ser previamente informadas à administração prisional para garantia da segurança dos inspetores.

(E) nas inspeções prisionais não devem ser entrevistados funcionários prisionais, dada a possibilidade de deturpação de informações, que devem ser colhidas por inspetores independentes.

As chamadas *Regras de Mandela* constituem regras mínimas das Nações Unidas para o tratamento de presos. Elaboradas em 1955, foram atualizadas em 22 de maio de 2015, com a incorporação de novas doutrinas de direitos humanos. O objetivo, *grosso modo*, é fornecer subsídios e orientações para transformar o paradigma de encarceramento e reestruturar o modelo hoje em vigor, conferindo maior efetividade aos direitos dos encarcerados e à sua dignidade. Passemos a analisar o conteúdo de cada alternativa. **A:** incorreta, pois em desacordo com a regra 85, item 1: *Toda inspeção será seguida de um relatório escrito a ser submetido à autoridade competente. Esforços devem ser empreendidos para tornar os relatórios de inspeções externas de acesso público, excluindo-se qualquer dado pessoal dos presos, a menos que tenham fornecido seu consentimento explícito*; **B:** incorreta, pois em desacordo com a regra 83, item 1: *Deve haver um sistema duplo de inspeções regulares nas unidades prisionais e nos serviços penais: (a) Inspeções internas ou administrativas conduzidas pela administração prisional central; (b) Inspeções externas conduzidas por órgão independente da administração prisional, que pode incluir órgãos internacionais ou regionais competentes*; **C:** correta, pois reflete a regra 84, item 2: *Equipes de inspeção externa devem ser compostas por inspetores qualificados e experientes, indicados por uma autoridade competente, e devem contar com profissionais de saúde. Deve-se buscar uma representação paritária de gênero*; **D:** incorreta, pois contraria o disposto na regra 84, item 1: *Os inspetores devem ter a autoridade para: (...) (b) Escolher livremente qual estabelecimento prisional deve ser inspecionado, inclusive fazendo visitas de iniciativa própria sem prévio aviso, e quais presos devem ser entrevistados*; **E:** incorreta, uma vez que corresponde ao que estabelece a regra 84, item 1: *Os inspetores devem ter a autoridade para: (...) (c) Conduzir entrevistas com os presos e com os funcionários prisionais, em total privacidade e confidencialidade, durante suas visitas.*

Gabarito "C"

(Defensor Público – DPE/BA – 2016 – FCC) No que toca à disciplina carcerária,

(A) são vedadas, pela Lei de Execuções Penais, as sanções coletivas.

(B) depois da Constituição Federal de 1988, qualquer sanção disciplinar deve contar com homologação judicial, tendo em conta a atuação fiscalizatória do juiz.

(C) a Lei de Execuções Penais especifica de forma taxativa as faltas de natureza grave e média, sendo que remete ao legislador local a especificação das faltas de caráter leve.

(D) a autoridade administrativa poderá decretar o isolamento preventivo do faltoso pelo prazo de até vinte dias.

(E) a submissão de preso ao regime disciplinar diferenciado poderá ser determinada pelo diretor da casa prisional, em caráter emergencial e excepcional, sendo que a decisão deverá ser ratificada pelo juiz no prazo máximo de vinte e quatro horas, contadas da efetivação da medida.

A: correta (art. 45, § 3º, da LEP – Lei 7.210/1984); **B:** incorreta, pois contraria o disposto no art. 54, *caput*, da LEP – Lei 7.210/1984, segundo o qual *as sanções dos incisos I a IV do art. 53 serão aplicadas por ato motivado do diretor do estabelecimento e a do inciso V, por prévio e fundamentado despacho do juiz competente*; **C:** incorreta, já que, por força do que dispõe o art. 49, *caput*, da LEP – Lei 7.210/1984, tanto as faltas disciplinares leves quanto as médias serão especificadas por legislação local; as graves estão elencadas nos arts. 50 e 51, *caput*, da LEP – Lei 7.210/1984; **D:** incorreta. O prazo máximo durante o qual o faltoso poderá permanecer em isolamento preventivo corresponde a 10 dias (e não a 20 dias), conforme estabelece o art. 60, *caput*, da LEP – Lei 7.210/1984; **E:** incorreta, já que inclusão do preso em regime disciplinar diferenciado (RDD) somente poderá se dar por decisão *prévia* e fundamentada do juiz competente, tal como estabelece o art. 54, *caput*, da LEP – Lei 7.210/1984.

Gabarito "A"

(Magistratura/GO – 2015 – FCC) Joaquim foi condenado por crime de roubo com emprego de arma de fogo à pena de 5 anos e 4 meses de reclusão, em regime semiaberto. É reincidente e responde a outros dois processos por crimes de furto e roubo. Após o cumprimento de 1/6 da sanção, a defesa de Joaquim requereu a progressão ao regime aberto de pena, o que foi indeferido pelo juiz, sob argumento de que, por ser reincidente, deveria resgatar metade da sanção, o que ainda não havia ocorrido. Diante disso,

(A) caso Joaquim tivesse praticado falta grave, por ter provado início de rebelião no presídio, poderia perder a totalidade dos dias remidos, começando o novo período a partir da data da prática da infração disciplinar.

(B) caso Joaquim tivesse frequentado curso profissionalizante por 180 dias, por 6 horas diárias, mesmo sem concluí-lo, poderia remir 90 dias da pena.

(C) a razão invocada pelo juiz para o indeferimento da progressão ao regime aberto está incorreta.

(D) para a obtenção do livramento condicional, sendo Joaquim reincidente específico, deverá cumprir mais de dois terços da pena, vedada a progressão por salto.

(E) caso sobreviesse doença mental a Joaquim, este deveria cumprir medida de segurança, por no mínimo 2 anos e no máximo o tempo da pena máxima em abstrato cominada ao delito.

A: incorreta. Mesmo que Joaquim tivesse cometido falta grave, ainda assim não poderia perder a totalidade dos dias remidos. Isso porque, por força das alterações implementadas na LEP pela Lei 12.433/2011, estabeleceu-se, no caso de cometimento de falta grave, uma proporção máxima em relação à qual poderá se dar a perda dos dias remidos. Assim, diante da prática de falta grave, poderá o juiz, em vista da nova redação do art. 127 da LEP, revogar no máximo 1/3 do tempo remido, devendo a contagem recomeçar a partir da data da infração disciplinar; **B:** incorreta, dado que as doze horas de estudo necessárias para a remição de um dia de pena devem ser divididas, segundo estabelece o art. 126, § 1º, I, da LEP, em no mínimo três dias, o que daria quatro horas de estudo por dia; **C:** correta. Pouco importa, para a progressão de regime, se o condenado é primário ou reincidente, já que o art. 112 da LEP não faz nenhuma distinção. Está incorreta, portanto, a fundamentação invocada pelo magistrado. Cuidado: tal regra não se aplica no universo dos crimes hediondos e equiparados, em que a progressão, nos moldes do art. 2º, § 2º, da Lei 8.072/1990, dar-se-á depois de o condenado cumprir 2/5 da pena, se primário; se reincidente, a progressão somente se dará após o cumprimento de 3/5 da pena; **D:** incorreta. Para que Joaquim possa obter o livramento condicional basta o cumprimento de mais da metade da pena imposta (art. 83, II, do CP); a fração mencionada na assertiva, da ordem de 2/3 da pena, só terá incidência se o crime pelo qual cumpre pena o condenado for hediondo ou equiparado, na forma estatuída no art. 83, V, do CP. No mais, seja como for, é vedada a progressão por salto (Súmula 491, STJ); **E:** incorreta. Há que se distinguir, aqui, duas situações. Em se tratando de doença mental de caráter transitório, com perspectiva, portanto, de cura, não há por que converter a pena privativa de liberdade em medida de segurança. Aplica-se, neste caso, o art. 41 do CP, que estabelece que o sentenciado será transferido para hospital de custódia e tratamento e ali permanecerá até o seu restabelecimento. De outro lado, se se tratar de doença mental de caráter permanente, que parece ser o caso narrado no enunciado, deverá o juiz, em obediência ao que estabelece o art. 183 da LEP, converter a pena privativa de liberdade em medida de segurança, já que não existe, ao menos naquele momento, perspectiva de melhora da saúde mental do condenado. Neste caso, a duração da medida de segurança está limitada ao tempo que resta para o cumprimento da pena estabelecida na sentença. Nesse sentido: "*Habeas corpus*. 1. Sentença condenatória. Execução. Superveniência de doença mental. Conversão de pena privativa de liberdade em medida de segurança. Internação. Manutenção. Tempo de cumprimento da pena extrapolado. Constrangimento ilegal. 2. Ordem concedida. 1. Em se tratando de medida de segurança aplicada em substituição à pena corporal, prevista no art. 183 da Lei de Execução Penal, sua duração está adstrita ao tempo que resta para o cumprimento da pena privativa de liberdade estabelecida na sentença condenatória, sob pena de ofensa à coisa julgada. Precedentes desta Corte. 2. Ordem concedida" (HC 130.162/SP, rel. Min. Maria Thereza de Assis Moura, Sexta Turma, julgado em 02.08.2012, *DJe* 15.08.2012).

Gabarito "C"

(Magistratura/RR – 2015 – FCC) O trabalho é reconhecido como um dever e um direito.

Nesse sentido, segundo a Lei de Execução Penal, é correto afirmar que

(A) o trabalho externo será permitido nos regimes aberto e semiaberto, sendo proibido no regime fechado.

(B) o condenado perderá sempre 1/3 dos dias remidos pelo trabalho em caso de cometimento de falta grave, desde que devidamente apurada em processo administrativo e homologada pelo juiz da execução.

(C) a remuneração deverá atender, dentre outras finalidades, as pequenas despesas pessoais do condenado.

(D) a autoridade administrativa deverá encaminhar ao juiz, semestralmente, uma cópia dos registros de todos os condenados que estejam trabalhando com informação dos dias trabalhados.

(E) o juiz, ao conceder o livramento condicional, poderá, em caráter complementar e facultativo, subordinar o livramento a obtenção de ocupação lícita pelo liberado.

A: incorreta, já que o trabalho externo, a teor do art. 36, *caput*, da LEP, é, sim, permitido aos presos que se encontram no regime fechado, desde que em serviços ou obras públicas realizadas por órgãos da administração direta ou indireta, ou entidades privadas, contanto que sejam tomadas as cautelas contra a fuga e em favor da disciplina; **B:** errada, na medida em que o condenado que praticar falta grave no curso da execução da pena perderá *até* 1/3 dos dias remidos pelo trabalho, na forma estabelecida no art. 127 da LEP. Como se pode notar, a incorreção da assertiva está em afirmar que o condenado, em casos assim, *sempre* perderá 1/3 dos dias remidos. É bom lembrar que este limite passou a vigorar com a edição da Lei 12.433/2011; antes disso, era lícito ao magistrado revogar os dias remidos na íntegra, entendimento esse reconhecido como constitucional pelo STF (Súmula Vinculante 9); **C:** correta, pois em consonância com o que estabelece o art. 29, § 1º, *c*, da LEP; **D:** incorreta. É que os atestados de trabalho/frequência serão encaminhados ao juízo da execução todos os meses, e não semestralmente, como consta da proposição. É o que estabelece o art. 129, *caput*, da LEP; **E:** incorreta, já que a obtenção de ocupação lícita, por parte do liberado, constitui condição *obrigatória* (art. 132, § 1º, *a*, da LEP).

Gabarito "C"

(Magistratura/SC – 2015 – FCC) Segundo a Lei de Execução Penal, com relação às faltas disciplinares,

(A) a prática de falta grave implicará a imediata perda do direito à saída temporária.

(B) para que um comportamento seja tipificado como falta disciplinar independentemente da gravidade, em respeito ao princípio da legalidade estrita, deverá estar previsto na Lei 7.210/1984.

(C) após a apuração de qualquer falta, poderá ser aplicado ao infrator o regime disciplinar diferenciado, a critério do magistrado, desde que este fundamente a decisão.

(D) com base em decreto federal, o prazo para a reabilitação da conduta, a partir do cumprimento da sanção disciplinar, será de doze meses para faltas graves.

(E) a autoridade administrativa, entendendo que é caso de isolamento preventivo, deverá requerer ao juiz a decretação da medida.

A: incorreta, visto que a revogação da saída temporária está condicionada à punição pelo cometimento de falta grave, na forma estatuída no art. 125 da LEP; **B:** incorreta, dado que a falta disciplinar leve e média pode ser definida por legislação local (art. 49, *caput*, da LEP), o mesmo não ocorrendo em relação à falta disciplinar grave, que deverá, necessariamente, ser definida por meio de lei federal em sentido estrito (art. 50, LEP); **C:** incorreta, uma vez que não corresponde ao que estabelece o art. 52, *caput*, da LEP; **D:** correta (art. 81, III, do Decreto 6.049/2007); **E:** incorreta, uma vez que o isolamento preventivo, decretado pela autoridade administrativa por prazo não superior a 10 dias, prescinde de autorização judicial (art. 60, *caput*, LEP).

Gabarito "D"

(Magistratura/CE – 2014 – FCC) Em matéria de execução penal, NÃO constitui entendimento sumulado dos Tribunais Superiores o seguinte enunciado:

(A) É inadmissível a chamada progressão *per saltum* de regime prisional.

(B) Admite-se o exame criminológico, desde que em decisão motivada.

(C) Admite-se a progressão de regime de cumprimento da pena ou a aplicação imediata de regime menos severo nela determinado, antes do trânsito em julgado da sentença condenatória.

(D) Os condenados por crimes hediondos ou assemelhados cometidos antes da vigência da Lei nº 11.464/2007 sujeitam-se ao disposto no art. 112 da Lei de Execução Penal para a progressão de regime prisional.

(E) A falta grave não interrompe o prazo para a progressão de regime.

A: correta, mas não deve ser assinalada, uma vez que constitui entendimento sumulado no STJ, cuja Súmula 491 assim dispõe: "É inadmissível a chamada progressão *per saltum* de regime prisional"; **B:** correta, mas não deve ser assinalada, uma vez que constitui entendimento sumulado no STF. Com as alterações trazidas pela Lei 10.792/2003, a previsão constante do art. 112 da LEP deixou de exigir o exame criminológico para fins de progressão de regime. Contudo, doutrina e jurisprudência dominantes passaram a entender que, desde que determinado por decisão fundamentada em elementos concretos, o exame pode ser exigido. Foi, inclusive, editada a Súmula Vinculante 26 pelo STF: "Para efeito de progressão de regime no cumprimento de pena por crime hediondo, ou equiparado, o juízo da execução observará a inconstitucionalidade do art. 2º da Lei 8.072, de 25 de julho de 1990, sem prejuízo de avaliar se o condenado preenche, ou não, os requisitos objetivos e subjetivos do benefício, podendo determinar, para tal fim, de modo fundamentado, a realização de exame criminológico". Além dela, a admissão do exame criminológico vem consagrada na Súmula 439 do STJ: "Admite-se o exame criminológico pelas peculiaridades do caso, desde que em decisão motivada"; **C:** correta, mas não deve ser assinalada, uma vez que constitui entendimento firmado na Súmula 716 do STF; **D:** correta, mas não deve ser assinalada, já que constitui o entendimento firmado na Súmula 471 do STJ; **E:** incorreta, devendo ser assinalada. Há muita discussão sobre os efeitos da falta grave sobre os benefícios em sede de execução. Prevalece na jurisprudência o entendimento segundo o qual a falta grave interrompe, sim, o prazo de contagem para fins de progressão de regime, por aplicação dos artigos 112, 118 e 127, todos da LEP. Contudo, no que diz respeito ao livramento condicional, o mesmo não se pode afirmar, por ausência de previsão legal, tendo, nesse aspecto, sido editada a Súmula 441 do STJ.

Gabarito "E"

(Magistratura/PE – 2013 – FCC) No que se refere à execução penal,

(A) a falta grave interrompe o prazo para obtenção de livramento condicional.

(B) o juiz poderá definir a fiscalização por meio da monitoração eletrônica quando autorizar a saída temporária no regime semiaberto.

(C) a frequência a curso de ensino formal é causa de remição de parte do tempo de execução sob regime semiaberto, unicamente.

(D) segundo entendimento majoritário do Superior Tribunal de Justiça, é cabível mandado de segurança pelo Ministério Público para conferir efeito suspensivo ao agravo de execução.

(E) o regime disciplinar diferenciado tem duração máxima de 360 (trezentos e sessenta) dias, podendo ser aplicado uma única vez.

A: incorreta, pois não corresponde ao entendimento firmado na Súmula n. 441 do STJ, *in verbis*: "A falta grave não interrompe o prazo para obtenção de livramento condicional"; **B:** correta. A saída temporária, disciplinada nos 122 a 125 da Lei 7.210/84 (Lei de Execução Penal), destina-se tão somente ao condenado que cumpre a pena em regime semiaberto. O parágrafo único do art. 122 da LEP, introduzido pela Lei 12.258/2010, passou a admitir, neste caso, o emprego de vigilância indireta (utilização de equipamento de monitoração eletrônica pelo condenado); **C:** incorreta – a remição, tanto pelo trabalho quanto pelo estudo, pode se dar nos regimes fechado e semiaberto (art. 126, LEP); **D:** incorreta. Nesse sentido: "*HABEAS CORPUS*. CONDENADO CUMPRINDO PENA. PEDIDO DE TRANSFERÊNCIA PARA O REGIME DISCIPLINAR DIFERENCIADO – RDD. INDEFERIMENTO PELO JUÍZO DA VARA DE EXECUÇÕES PENAIS. AGRAVO INTERPOSTO PELO MINISTÉRIO PÚBLICO. IMPETRAÇÃO DE MANDADO DE SEGURANÇA COM O FITO DE EMPRESTAR EFEITO SUSPENSIVO AO RECURSO. DEFERIMENTO PELO TRIBUNAL *A QUO*. ILEGALIDADE. 1. O Ministério Público não tem legitimidade para impetrar mandado de segurança almejando atribuir efeito suspensivo ao recurso de agravo em execução, porquanto o órgão ministerial, em observância ao princípio constitucional do devido processo legal, não pode restringir o direito do acusado ou condenado além dos limites conferidos pela legislação, mormente se, nos termos do art. 197, da Lei de Execuções Penais, o agravo em execução não possui efeito suspensivo. Precedente do STJ. 2. Ordem concedida para, confirmando a liminar anteriormente deferida, cassar o acórdão prolatado em sede de mandado de segurança, retirando o efeito suspensivo atribuído ao agravo em execução em tela, fazendo prevalecer, assim, a decisão do Juízo da Vara de Execuções Penais que indeferiu o regime prisional mais gravoso. E, por conseguinte, determinar a desinternação do Paciente do RDD, até o julgamento do mérito do agravo em execução pela Corte Estadual". (HC 200501461800, LAURITA VAZ, STJ – QUINTA TURMA, DJ 20.03.2006); **E:** incorreta. A teor do art. 52, I, da LEP, o regime disciplinar diferenciado, que tem a duração máxima de 360 dias, poderá ser repetido diante da prática de nova falta grave da mesma espécie.

Gabarito "B"

(Defensor Público/PR – 2012 – FCC) Hermes, réu primário, é processado e condenado pelo crime previsto no art. 33, *caput*, da Lei n. 11.343/2006 à pena de 5 (cinco) anos de reclusão, em regime fechado, por fato praticado em 21.11.2008 e, em outro processo, pelo crime do art. 157, § 2º, I do Código Penal, à pena de 6 (seis) anos de reclusão, em regime fechado, por fato praticado em 29.03.2007. O trânsito em julgado de ambas as condenações ocorreu em 20.04.2011. A família do preso procura a Defensoria Pública e informa que Hermes foi capturado em 22.04.2012 para início do cumprimento de pena e gostaria de informações acerca dos prazos para progressão de regime. Neste caso, a progressão de regime

(A) ocorrerá após o cumprimento de 1/6 da pena unificada das duas condenações.

(B) observará o prazo de 2/5 do cumprimento da pena do crime de tráfico de drogas e o cumprimento de 1/6 da pena do crime de roubo, adotando-se o cálculo diferenciado.

(C) ocorrerá após o cumprimento de 2/5 da pena unificada das duas condenações.

(D) observará o prazo de 1/3 do cumprimento da pena unificada.

(E) observará o prazo de 1/6 do cumprimento da pena do crime de tráfico de drogas e o cumprimento de 2/5 da pena do crime de roubo, adotando-se o cálculo diferenciado.

Pelo crime de roubo majorado, Hermes, para progredir ao regime mais favorável, o semiaberto, deverá cumprir 1/6 da pena imposta na sentença, na forma estatuída no art. 112 da LEP; pelo crime de tráfico de drogas a progressão dar-se-á depois de cumpridos 2/5 da pena aplicada. Isso porque se trata de réu primário; se reincidente fosse, a progressão para o regime semiaberto somente seria possível depois do cumprimento de 3/5 da reprimenda imposta. É o que estabelece o art. 2º, § 2º, da Lei 8.072/1990 (Crimes Hediondos). Atenção: se o crime de tráfico de drogas, que é equiparado a hediondo, tivesse sido praticado antes da entrada em vigor da Lei 11.464/2007, que alterou, na Lei de Crimes Hediondos, a disciplina relativa à progressão de pena nos crimes hediondos e assemelhados, a progressão, neste caso, deveria obedecer à disciplina do art. 112 da LEP, que impõe, como condição para progressão de regime, o cumprimento de um sexto da pena no regime anterior, além de bom comportamento carcerário. É este o entendimento firmado na Súmula n. 471 do STJ.

Gabarito "B"

(Defensor Público/SP – 2012 – FCC) Considere as assertivas abaixo:

I. Os condenados que cumprem pena em regime fechado ou semiaberto e os presos provisórios podem obter, do diretor do presídio, permissão de saída, mediante escolta, nas hipóteses elencadas na LEP.

II. Se o sentenciado receber nova condenação por outro crime, após o início de cumprimento de pena por condenação anterior, o regime prisional de cumprimento será obrigatoriamente determinado pelo resultado da soma das penas, visto que a individualização da pena é tarefa que se impõe ao juiz do processo de conhecimento.

III. Recente alteração legislativa alçou a Defensoria Pública à condição de órgão da execução penal, mas não incumbiu à instituição a visita aos estabelecimentos prisionais, senão como faculdade do defensor público.

IV. A partir da edição da Lei n. 10.792/2003, foi proibida a realização do exame criminológico, à vista da constatação de que a providência constituía um dos grandes fatores responsáveis pela morosidade na apreciação do pedido de benefícios em sede de execução penal.

V. A LEP não prevê como condição para o exercício do trabalho no regime semiaberto o prévio cadastramento do empregador no órgão gestor do sistema penitenciário estadual.

Está correto APENAS o que se afirma em

(A) I e II.

(B) I e V.

(C) II e IV.

(D) III e V.

(E) I, III e V.

I: correta, pois corresponde à norma contida no art. 120, *caput*, da LEP; **II:** incorreta, pois não reflete o disposto no art. 111, parágrafo único, da LEP: "Sobrevindo condenação no curso da execução, somar-se-á a pena ao restante da que está sendo cumprida, para determinação do regime"; **III:** incorreta, pois não reflete o disposto no art. 81-B, parágrafo único, da LEP, inserido pela Lei 12.313/2010, que prevê: "O órgão da Defensoria Pública visitará periodicamente os estabelecimentos penais, registrando a sua presença em livro próprio"; **IV:** incorreta. A despeito da modificação implementada pela Lei 10.792/2003 no art. 112 da LEP, o STJ e o STF têm entendido que o magistrado pode, sempre que entender necessário e conveniente, determinar a realização de exame criminológico no condenado, como condição para aferir se preenche o requisito subjetivo para progressão de regime. Em outras palavras, não está o juiz impedido de determinar tal providência. *Vide* Súmula Vinculante n. 26 e Súmula n. 439 do STJ; **V:** correta. Exigência não contemplada na LEP.

Gabarito "B"

21. LEGISLAÇÃO EXTRAVAGANTE

(Magistratura/GO – 2015 – FCC) De acordo com a Lei 12.850/2013, que define organização criminosa e dispõe sobre a investigação criminal, os meios de obtenção da prova, infrações penais correlatas e o procedimento criminal,

(A) a ação controlada, consistente em retardar a intervenção policial ou administrativa relativa à ação praticada por organização criminosa ou a ela vinculada, independe de prévia comunicação ao juiz competente, em razão da urgência.

(B) a infiltração de agentes de polícia em tarefas de investigação será precedida de circunstanciada, motivada e sigilosa autorização do Ministério Público, que estabelecerá seus limites.

(C) o colaborador beneficiado por perdão judicial ou não denunciado não poderá ser ouvido em juízo a requerimento das partes, mas apenas por iniciativa da autoridade judicial.

(D) não será admitida colaboração premiada depois de proferida sentença condenatória.

(E) caso preste depoimento, o colaborador renunciará, na presença de seu defensor, ao direito ao silêncio e estará sujeito ao compromisso legal de dizer a verdade.

A: incorreta, na medida em que o art. 8º, § 1º, da Lei 12.850/2013 impõe que a autoridade responsável pela investigação comunique a ação controlada ao juiz competente, cabendo a este, quando o caso, estabelecer os limites que devem ser impostos ao retardamento da intervenção policial ou administrativa; **B:** incorreta, pois a autorização para a realização da infiltração de agentes deve ser dada pelo juiz de direito, e não pelo MP, ao qual incumbe, quando o caso, requerer a medida (art. 10, Lei 12.850/2013); **C:** incorreta, já que não corresponde ao que estabelece o art. 4º, § 12, da Lei 12.850/2013, que permite às partes, neste caso, requerer a oitiva do colaborar beneficiado por perdão judicial ou não denunciado; **D:** incorreta. A Lei 12.850/2013, inovando, permite, em seu art. 4º, § 5º, que o acordo de colaboração seja firmado depois da sentença condenatória; **E:** correta, pois reflete a regra presente no art. 4º, § 14, da Lei 12.850/2013.

Gabarito "E"

(Magistratura/SC – 2015 – FCC) A Lei 11.340/2006 cria mecanismos para coibir e prevenir a violência doméstica e familiar contra a mulher, nos termos do § 8º do art. 226 da Constituição Federal, da Convenção sobre a Eliminação de Todas as Formas de Violência contra a Mulher, da Convenção Interamericana para Prevenir, Punir e Erradicar a Violência contra a Mulher e de outros tratados internacionais ratificados pela República Federativa do Brasil. Neste sentido, possui dispositivos que excepcionam regras processuais previstas no Código de Processo Penal e nas leis extravagantes, penais e processuais. Portanto, nos termos da lei, é correto afirmar que

(A) Nos casos em que o agressor ingressar ou deixar a prisão, ou o advogado constituído ou a própria ofendida deverão ser notificados.

(B) É vedada a aplicação, nos casos de violência doméstica e familiar contra a mulher, de penas de cesta básica.

(C) Nos casos em que for realizada a transação penal, o juiz poderá aplicar a pena restritiva de direitos sempre cumulada com o pagamento de multa reparatória.

(D) Mesmo que a pena aplicada na sentença pelo magistrado seja inferior a dois anos de prisão, não poderá ser concedida a suspensão da execução da pena (*sursis*).

(E) O juiz poderá decretar várias medidas protetivas de urgência, dentre elas a suspensão da posse ou restrição do porte de armas, com comunicação ao órgão competente, exigindo-se sempre para a decretação de tais medidas a manifestação prévia do Ministério Público.

A: incorreta, já que não corresponde ao teor do art. 21 da Lei 11.340/2006, que estabelece que os atos processuais relativos ao agressor devem ser comunicados tanto à ofendida quanto ao seu defensor (constituído ou público); **B:** correta, pois em conformidade com a regra disposta no art. 17 da Lei 11.340/2006; **C:** incorreta, dado que o art. 41 da Lei Maria da Penha, cuja constitucionalidade foi reconhecida pelo STF (ADC 19, de 09.02.2012), veda a aplicação, no âmbito dos crimes praticados com violência doméstica e familiar contra a mulher, das medidas despenalizadoras contempladas na Lei 9.099/1995, entre as quais a transação penal. Consolidando tal entendimento, editou-se a Súmula 536 do STJ: "A suspensão condicional do processo e a transação penal não se aplicam na hipótese de delitos sujeitos ao rito da Lei Maria da Penha"; **D:** incorreta, uma vez que não há vedação à concessão da suspensão condicional da pena; **E:** incorreta, pois contraria o que estabelecem os arts. 19, § 1º, e 22, § 1º, da Lei Maria da Penha.

Gabarito "B"

(Magistratura/SC – 2015 – FCC) A Lei 12.850/2013 define organização criminosa e dispõe sobre a respectiva investigação criminal e os meios de obtenção de prova. Em situação definida pela lei como colaboração premiada, dentre todas as medidas previstas na lei, quanto ao líder da organização NÃO caberá a

(A) concessão do perdão judicial.

(B) exclusão do rol de denunciados.

(C) redução da pena privativa de liberdade em até dois terços.

(D) substituição da pena privativa de liberdade por restritiva de direitos.

(E) progressão de regime sem o preenchimento dos requisitos objetivos.

A colaboração premiada, tal como disciplinada na Lei de Organização Criminosa, não tem, como uma de suas consequências, a exclusão do colaborador do rol de denunciados. É do art. 4º, *caput*, da Lei 12.850/2013 que, verificada a colaboração premiada, uma das seguintes medidas podem ser adotadas pelo juiz: concessão do perdão judicial; condenação do réu colaborador, reduzindo sua pena em até 2/3; substituição da pena privativa de liberdade por restritiva de direitos. A medida consistente em não oferecer denúncia, prevista no § 4º do mesmo dispositivo, não alcança o líder da organização criminosa. Há ainda a hipótese em que o acordo de colaboração é firmado depois de proferida a sentença, caso em que a pena poderá ser reduzida até a metade ou será admitida a progressão de regime independente da presença dos requisitos objetivos (art. 4º, § 5º, da Lei 12.850/2013).

Gabarito "B"

(Magistratura/GO – 2015 – FCC) Segundo a Lei 11.343/2006,

(A) a delação premiada prevista nesta Lei permite que o colaborador não seja denunciado.

(B) para efeito da lavratura do auto de prisão em flagrante e estabelecimento da materialidade do delito, é suficiente o laudo de constatação da natureza e quantidade da droga, firmado por dois peritos ou, na falta, por duas pessoas idôneas.

(C) o inquérito policial será concluído no prazo de 30 dias, se o indiciado estiver preso, e de 90 dias, quando solto, não podendo estes prazos ser prorrogados sob qualquer motivo.

(D) ao oferecer denúncia, o Ministério Público poderá arrolar até 8 testemunhas.

(E) oferecida a denúncia, o juiz ordenará a notificação do acusado para oferecer defesa prévia, por escrito, no prazo de 10 dias, e somente se recebida a denúncia ordenará, depois, a citação do acusado para audiência de instrução e julgamento.

A: incorreta. A Lei de Drogas, em seu art. 41, estabelece que a delação premiada ali prevista terá como consequência, uma vez preenchidos os requisitos legais, a redução de pena da ordem de um a dois terços, a ser aplicada, portanto, na terceira fase de fixação da pena; **B:** incorreta, uma vez que a confecção do laudo de constatação é feita por um só perito oficial ou, na falta deste, por pessoa idônea. É o que estabelece o art. 50, § 1º, da Lei 11.343/2006; **C:** incorreta, na medida em que o prazo fixado para a conclusão do inquérito policial, no âmbito da Lei de Drogas, que é, se preso estiver o indiciado, de 30 dias, e, quando solto, de 90 dias, comporta, sim, duplicação, providência a ser determinada pelo juiz mediante pedido justificado formulado pela autoridade policial (art. 51, parágrafo único, da Lei de Drogas); **D:** incorreta. Diferentemente do que se dá no procedimento comum ordinário, em que as partes podem arrolar até *oito* testemunhas, aqui, na Lei de Drogas, é dado às partes arrolar até *cinco* (arts. 54, III, e 55, § 1º, da Lei 11.343/2006); **E:** correta, porque reflete a regra contida nos arts. 55, *caput*, e 56, *caput*, da Lei de Drogas).

Gabarito "E"

(Magistratura/CE – 2014 – FCC) Se praticado no contexto de violência doméstica, a ação será pública incondicionada no caso de crime de

(A) lesão corporal contra a mulher, mas apenas se grave.

(B) ameaça, independentemente da condição da vítima.

(C) lesão corporal leve contra pai.

(D) ameaça contra mulher.

(E) lesão corporal contra mulher, independentemente da extensão.

Art. 16 da Lei 11.340/2006. O STF, ao julgar a ADIN 4.424, de 9/02/2012, entendeu ser incondicionada a ação penal em caso de crime de lesão corporal praticado contra a mulher no ambiente doméstico. A atuação do MP, nesses casos, portanto, prescinde da anuência da vítima. Consagrando tal entendimento, o STJ editou a Súmula 542.

Gabarito "E"

(Defensoria/SP – 2013 – FCC) Em relação à questão das drogas no sistema penal brasileiro é correto afirmar que

(A) o tráfico ilícito de entorpecentes é inafiançável, imprescritível e insuscetível de graça, indulto e anistia por disposição constitucional.

(B) a dependência de drogas não pode excluir a culpabilidade nos crimes contra o patrimônio.

(C) o lapso temporal para obtenção de livramento condicional do agente primário condenado pelo crime de associação para o tráfico de drogas se configura após o cumprimento de um terço da pena.

(D) o descumprimento reiterado da pena do crime de porte de drogas para uso pessoal acarreta sua conversão em pena privativa de liberdade.

A: incorreta, uma vez que, no Brasil, somente são considerados imprescritíveis o racismo (art. 5º, XLII, da CF) e a ação de grupos armados, civis ou militares, contra a ordem constitucional e o Estado Democrático (art. 5º, XLIV, da CF); **B:** incorreta, pois contraria o que estabelece o art. 45 da Lei 11.343/2006; **C:** correta. Tendo em conta que o crime de associação para o tráfico, capitulado no art. 35 da Lei de Drogas, não é considerado assemelhado a hediondo, o lapso de cumprimento de pena necessário à obtenção do livramento condicional, sendo o condenado primário, é de 1/3 da pena, conforme regra contida no art. 83, I, do CP; **D:** incorreta. No âmbito do crime do art. 28 da Lei de Drogas, não terá lugar, em hipótese alguma, a pena de prisão. Pelo descumprimento das medidas restritivas de direitos impostas pelo juiz na sentença, *caberão admoestação verbal* e *multa*, conforme determina o art. 28, § 6º, Lei 11.343/2006.

Gabarito "C"

22. QUESTÕES COMBINADAS E OUTROS TEMAS

(Defensoria/SP – 2013 – FCC) Ações de impugnação e princípios processuais penais.

(A) Não é cabível a impetração de *habeas corpus* contra decisão judicial que determine a aplicação, ao acusado, de medida cautelar diversa da prisão preventiva.

(B) Segundo o entendimento do Supremo Tribunal Federal, não ofende o postulado da presunção de inocência o não reconhecimento da causa de diminuição de pena prevista no § 4º do artigo 33 na Lei nº 11.343/2006 (Lei de Drogas) em razão da ausência de comprovação da participação do acusado em organização criminosa, tendo em vista que por expressa previsão legal compete ao denunciado a comprovação do preenchimento dos requisitos para a concessão da benesse.

(C) Nos termos da jurisprudência do Supremo Tribunal Federal, não ofende o princípio da colegialidade o exame monocrático do mérito do *habeas corpus* pelo Relator para denegar a ordem.

(D) A defesa técnica é aquela exercida por profissional legalmente habilitado, com capacidade postulatória, constituindo direito indisponível e irrenunciável. Ao réu é assegurado o exercício da autodefesa consistente em ser interrogado pelo juízo ou em invocar direito ao silêncio, bem como de poder acompanhar os atos da instrução criminal, além de apresentar ao respectivo defensor a sua versão dos fatos para que este elabore as teses defensivas. Ao acusado, contudo, não é dado apresentar sua própria defesa, quando não possuir capacidade postulatória.

(E) Tratando-se de crimes cuja individualização da conduta dos autores seja impossível, não há que se falar em violação aos postulados do contraditório, da ampla defesa e da presunção de inocência, quando houver a formulação de acusação estatal genérica.

A: incorreta. É possível, sim, a impetração de *habeas corpus* em face da decisão que determina medida cautelar diversa da prisão. Isso porque tal medida poderá, em princípio e a qualquer tempo, ser convertida em prisão preventiva (art. 282, § 4º, do CPP); **B:** incorreta. Conferir: "*Habeas Corpus*. Tráfico transnacional de drogas. Afastamento da causa de diminuição de pena prevista no art. 33, § 4º, da Lei 11.343/2006. Fundamentação inidônea. Inversão do ônus da prova. Inadmissibilidade. Precedentes. O afastamento da causa de diminuição de pena prevista no § 4º do art. 33 da Lei 11.343/2006 exige fundamentação idônea. A ausência de provas do envolvimento em atividades criminosas ou da participação em organização criminosa deve ser interpretada em benefício do acusado e, por conseguinte, não é suficiente para afastar a aplicação da causa de redução da pena. Incidência do princípio da presunção de inocência e da regra do *in dubio pro reo*. Precedentes. Ordem parcialmente concedida apenas para afastar o óbice à aplicação da causa de diminuição prevista no § 4º do art. 33 da Lei 11.343/2006, devendo a fixação do *quantum* ser realizada pelo juízo do processo de origem ou, se já tiver ocorrido o trânsito em julgado da sentença condenatória, pelo juízo da execução da pena" (STF, HC 103.225, Joaquim Barbosa); **C:** incorreta: "Recurso ordinário em *habeas corpus*. Constitucional e processual penal. Homicídio. Denegação da ordem no Superior Tribunal de Justiça. Decisão monocrática. Afronta ao princípio da colegialidade. Precedentes. Recurso não conhecido. Ordem concedida de ofício. 1. Não se conhece de recurso ordinário em *habeas corpus* contra decisão monocrática proferida no Superior Tribunal de Justiça. 2. O exame do mérito do *habeas corpus* não pode ser realizado pelo Relator, monocraticamente, para denegar a ordem, sob pena de indevida ofensa ao princípio da colegialidade. Precedentes. 3. Recurso ordinário em habeas corpus não conhecido e ordem concedida, de ofício, para cassar a decisão questionada e determinar a apreciação do mérito pela Sexta Turma do Superior Tribunal de Justiça." (RHC 108877, Cármen Lúcia, STF); **D:** correta. Conferir: "*Habeas corpus*. Penal. Processual penal. Defesa técnica. Direito indisponível e irrenunciável. Inadmissibilidade de o réu subscrever sua própria defesa. Autodefesa. Direito excepcional do acusado. Possibilidade restrita às hipóteses previstas na constituição e nas leis processuais. Ordem denegada. I – A defesa técnica é aquela exercida por profissional legalmente habilitado, com capacidade postulatória, constituindo direito indisponível e irrenunciável. II – A pretensão do paciente de realizar sua própria defesa mostra-se inadmissível, pois se trata de faculdade excepcional, exercida nas hipóteses estritamente previstas na Constituição e nas leis processuais. III – Ao réu é assegurado o exercício da autodefesa consistente em ser interrogado pelo juízo ou em invocar direito ao silêncio, bem como de poder acompanhar os atos da instrução criminal, além de apresentar ao respectivo advogado a sua versão dos fatos para que este elabore as teses defensivas. IV – Ao acusado, contudo, não é dado apresentar sua própria defesa, quando não possuir capacidade postulatória. V – Ordem denegada" (HC 102019, Ricardo Lewandowski, STF); **E:** embora se trate de questão polêmica e objeto de acalorados debates na doutrina e também na jurisprudência dos tribunais superiores, é admitida a possibilidade de o titular da ação penal, nos crimes de autoria coletiva (como o delito societário), desde que não se consiga identificar com exatidão a conduta de cada coautor ou partícipe que tomou parte na empreitada criminosa, oferecer denúncia genérica. Fora do âmbito dos chamados crimes societários e multitudinários, há uma tendência da jurisprudência em não admitir a formulação da chamada denúncia genérica. Note que a assertiva fala em "crimes cuja individualização da conduta dos autores seja *impossível*". Cremos que, neste caso, ainda que se trate de crime de autoria coletiva, a denúncia genérica, porque impossível a individualização da conduta de cada agente, de fato ofende os princípios do contraditório e da ampla defesa. Conferir: "*Habeas corpus*. Estelionato. Art. 171, *caput*, do Código Penal. 1 – O inquérito policial não é procedimento indispensável à propositura da ação penal (RHC 58.743/ES, Min. Moreira Alves, *DJ* 08.05.1981 e RHC 62.300/RJ, Min. Aldir Passarinho). 2 – Denúncia que não é inepta, pois descreve de forma clara a conduta atribuída aos pacientes, que, induzindo a vítima em erro, venderam a ela um falso seguro, omitindo a existência de cláusulas que lhe eram prejudiciais visando à obtenção de vantagem ilícita, fato que incide na hipótese do art. 171, *caput*, do Código Penal. Alegações que dependem de análise fático-probatória, que não se coaduna com o rito angusto do *habeas corpus*. 3 – Esta Corte já firmou o entendimento de que, em se tratando de crimes societários ou de autoria coletiva, é suficiente, na denúncia, a descrição genérica dos fatos, reservando-se à instrução processual a individualização da conduta de cada acusado (HC 80.204/GO, Min. Maurício Corrêa, *DJ* 06.10.2000 e HC 73.419/RJ, Min. Ilmar Galvão, *DJ* 26.04.1996. 4 – "*Habeas corpus*" indeferido" (STF, HC 82246, rel. Min. Ellen Gracie, 15.10.2002).

Gabarito "D"

(Defensoria/SP – 2013 – FCC) Analise as assertivas abaixo.

I. A apresentação pelo acusado da prática de furto, no curso do processo, de prévio contrato de compra e venda que o identifique como o comprador da *res furtiva*, impõe ao magistrado a suspensão do processo criminal e o encaminhamento das partes ao juízo cível, por tratar-se de questão prejudicial de natureza heterogênea.

II. Nos termos da lei processual penal, a restituição de bens apreendidos constitui ato privativo do juiz criminal competente, não podendo ser concedida pela autoridade policial, em razão da existência de efeitos extrapenais da sentença condenatória.

III. Segundo o entendimento pacífico do Supremo Tribunal Federal, não podem subsistir condenações penais fundadas unicamente em prova produzida na fase do inquérito policial, sob pena de grave afronta às garantias constitucionais do contraditório e da ampla defesa.

IV. O acusado, embora preso, tem o direito de comparecer, de assistir e de presenciar, sob pena de nulidade absoluta, os atos processuais, notadamente aqueles que se produzem na fase de instrução do processo penal.

Está correto APENAS o que se afirma em

(A) I; III e IV.

(B) I e II.

(C) III e IV.

(D) II e III.

(E) I; II e IV.

I: incorreta. Tratando-se de questão prejudicial de natureza heterogênea (integra outro ramo do direito – Direito Civil) que não tem conexão com o estado das pessoas, a suspensão é *facultativa*, a teor do art. 93, *caput*, do CPP; **II:** incorreta, uma vez que o art. 120, *caput*, do CPP estabelece que a restituição de bem apreendido pode ser realizada tanto pelo magistrado competente quanto pela autoridade policial; **III:** correta. É o que estabelece o art. 155, *caput*, do CPP. Na jurisprudência do STF: "*Habeas corpus*. Penal. Paciente condenado pela prática de atentado violento ao pudor. Alegação de nulidade da condenação por estar baseada exclusivamente em provas colhidas no inquérito policial. Ocorrência. Decisão fundada essencialmente em depoimentos prestados na fase pré-judical. Nulidade. Precedentes. Ordem concedida. I – Os depoimentos retratados perante a autoridade judiciária foram decisivos para a condenação, não se indicando nenhuma prova conclusiva que pudesse levar à responsabilidade penal do paciente. II – A tese de que há outras provas que passaram pelo crivo do contraditório, o que afastaria a presente nulidade, não prospera, pois estas nada provam e são apenas indícios. III – O acervo probatório que efetivamente serviu para condenação do paciente foi aquele obtido no inquérito policial. Segundo entendimento pacífico desta Corte não podem subsistir condenações penais fundadas unicamente em prova produzida na fase do inquérito policial, sob pena de grave afronta às garantias constitucionais do contraditório e da plenitude de defesa. Precedentes. IV – Ordem concedida para cassar o acórdão condenatório proferido pelo Tribunal de Justiça do Estado de São Paulo e restabelecer a sentença absolutória de primeiro grau" (HC 103660, Ricardo Lewandowski); **IV:** correta. Conferir: "(...) O acusado tem o direito de comparecer, de assistir e de presenciar, sob pena de nulidade absoluta, os atos processuais, notadamente aqueles que se produzem na fase de instrução do processo penal, que se realiza, sempre, sob a égide do contraditório. São irrelevantes, para esse efeito, as alegações do Poder Público concernentes à dificuldade ou inconveniência de proceder ao custeio de deslocamento do réu, no interesse da Justiça, para fora da sede de sua Organização Militar, eis que razões de mera conveniência administrativa não têm – nem podem ter – precedência sobre as inafastáveis exigências de cumprimento e de respeito ao que determina a Constituição. Doutrina. Jurisprudência. – O direito de audiência, de um lado, e o direito de presença do réu, de outro, esteja ele preso ou não, traduzem prerrogativas jurídicas essenciais que derivam da garantia constitucional do "due process of law" e que asseguram, por isso mesmo, ao acusado, o direito de comparecer aos atos processuais a serem realizados perante o juízo processante, ainda que situado este em local diverso daquele da sede da Organização Militar a que o réu esteja vinculado. Pacto Internacional sobre Direitos Civis e Políticos/ONU (Artigo 14, n. 3, "d"). Convenção Americana de Direitos Humanos/OEA (Artigo 8º, § 2º, "d" e "f") e Decreto 4.307/2002 (art. 28, inciso I). – Essa prerrogativa processual reveste-se de caráter fundamental, pois compõe o próprio estatuto constitucional do direito de defesa, enquanto complexo de princípios e de normas que amparam qualquer acusado em sede de persecução criminal, seja perante a Justiça Comum, seja perante a Justiça Militar. Precedentes" (HC 98676, Celso de Mello, STF.).

Gabarito "C"

(Defensoria/SP – 2013 – FCC) Analise as assertivas abaixo.

I. Por tratar-se de direito subjetivo do acusado, o juízo competente deverá, no âmbito de ação penal de iniciativa pública, oferecer o benefício da suspensão condicional do processo ao acusado caso constate, mediante provocação da parte interessada, a insubsistência dos fundamentos utilizados pelo Ministério Público para negar o benefício, bem como o preenchimento dos requisitos previstos na Lei Federal nº 9.099/95.

II. Em sede de execução penal é inadmissível a fixação de pena substitutiva como condição especial para a concessão do regime aberto.

III. Nos termos da jurisprudência do Supremo Tribunal Federal, não constitui nulidade processual a não intimação da Defensoria Pública do local de cumprimento de carta precatória quando, na origem, o acusado fora assistido por defensor público e existir, no juízo deprecado, Defensoria Pública estruturada.

IV. Caso o Tribunal de Justiça, em sede de apelação, determine a realização de novo júri em razão do reconhecimento de que a decisão dos jurados fora manifestamente contrária à prova dos autos, não é possível que se conceda às partes o direito de inovar no conjunto probatório mediante a apresentação de novo rol de testemunhas a serem ouvidas em plenário.

Está correto APENAS o que se afirma em

(A) I; III e IV.

(B) I e II.

(C) III e IV.

(D) II e III.

(E) I; II e IV.

I: questão difícil e tormentosa, diz respeito à possibilidade de o juiz, ante a recusa do MP, oferecer, ele próprio, a suspensão condicional do processo. Há, quanto a isso, diferentes posicionamentos, tanto da doutrina quanto da jurisprudência. De um lado estão aqueles que, considerando que o *sursis* processual constitui direito subjetivo do acusado, o juiz, diante da recusa do MP em ofertá-lo, poderia, em substituição a este, fazê-lo, concedendo ao réu, desde que entenda presentes os requisitos legais, a suspensão do processo. Para esta corrente, a concessão da benesse não deve ficar ao alvedrio do representante do MP. Outros – e não são poucos – advogam a tese de que deverá o juiz, neste caso, no lugar de ele próprio oferecer o *sursis* processual, remeter os autos para apreciação do procurador-geral, valendo-se, por analogia, do que estabelece o art. 28 do CPP. É esse o entendimento firmado por meio da Súmula 696 do STF: "Reunidos os pressupostos legais permissivos da suspensão condicional do processo, mas se recusando o Promotor de Justiça a propô-la, o juiz, dissentindo, remeterá a questão ao Procurador-Geral, aplicando-se por analogia o art. 28 do Código de Processo Penal". No sentido de que o juiz pode oferecer o *sursis* processual: "(...) Tratando-se a suspensão condicional do processo de um meio conciliatório para a resolução de conflitos no âmbito da Justiça Criminal, mostrando-se como uma alternativa à persecução penal estatal, fica evidenciado o interesse público na aplicação do aludido instituto. 2. Embora o órgão ministerial, na qualidade de titular da ação penal pública, seja ordinariamente legitimado a propor a suspensão condicional do processo prevista no artigo 89 da Lei 9.099/1995, os fundamentos da recusa da proposta podem e devem ser submetidos ao juízo de legalidade por parte do Poder Judiciário. Proposta negada em razão da ausência dos requisitos subjetivos. Culpabilidade. Circunstâncias do crime. Elementos que integram o próprio tipo penal incriminador atribuído ao paciente na exordial acusatória. Gravidade abstrata. Fundamentação inidônea. Constrangimento ilegal evidenciado. Ordem parcialmente concedida. 1. Na linha dos precedentes desta Corte, segundo os quais não se admite a utilização de elementos integrativos do tipo penal para justificar a exacerbação da pena-base, igualmente deve ser vedado o recurso à fundamentação semelhante para, em juízo sumário, negar a suspensão condicional do processo. 2. Na hipótese, o órgão acusatório negou ao paciente a proposta de suspensão condicional do processo, o que foi chancelado tanto pelo juízo monocrático como pelo Tribunal de origem, utilizando-se de elementos que integram a própria descrição abstrata do crime de quadrilha, bem como da suposta gravidade do delito que, pela sua falta de concretude, não atende à garantia constante do artigo 93, inciso IX, da Constituição Federal. 3. Ordem parcialmente concedida para deferir ao paciente a suspensão condicional do processo, devendo o magistrado singular estabelecer as condições previstas no artigo 89, § 1°, da Lei 9.099/1990 como entender de direito" (HC 200900449735, Jorge Mussi, STJ – Quinta Turma, *DJE* 04.03.2013); **II:** correta, pois retrata o posicionamento firmado na Súmula 493 dos STJ: "É inadmissível a fixação de pena substitutiva (art. 44 do CP) como condição especial ao regime aberto"; **III:** incorreta. Conferir: STF, 1ª T., RHC 106.394, rel. Min. Rosa Weber, j. 30.10.2012; **IV:** correta. Conferir: "(...) No caso em que o Tribunal, em apelação, determine a realização de novo júri em razão do reconhecimento de que a decisão dos jurados fora manifestamente contrária à prova dos autos, não é possível que se conceda às partes o direito de inovar no conjunto probatório mediante a apresentação de novo rol de testemunhas a serem ouvidas em plenário. A preparação prevista no art. 422 do CPP, que consiste, entre outras coisas, na apresentação do rol de testemunhas que irão depor em plenário, é ato antecedente ao julgamento em si. Praticado o referido ato de preparação – que não se confunde com o ato de julgamento propriamente dito –, ocorrerá, em regra, a sua preclusão consumativa. Dessa maneira, tendo sido provida apelação tão somente para a realização de novo julgamento, não será possível repetir a realização de outro ato (o de preparação) que já fora consumado, sendo cabível proceder apenas ao novo julgamento do acusado. Além do mais, se o Tribunal *ad quem* determina um novo julgamento por estar convencido de que o veredicto exarado pelo Conselho de Sentença anterior seria manifestamente contrário à prova dos autos, deve o novo Júri realizar uma nova análise sobre o mesmo acervo de provas anteriormente analisado. Caso contrário, estar-se-ia, no novo Conselho de Sentença, diante do primeiro juízo de valoração de prova inédita – que não fora valorada no primeiro julgamento – sem que fosse possível outro pleito de anulação desse novo julgamento com base no art. 593, III, *d*, do CPP, visto que a norma contida na parte final do § 3° do aludido dispositivo impede a interposição de segunda apelação fundamentada no mesmo motivo" (STJ, HC 243.452-SP, rel. Min. Jorge Mussi, j. 26.02.2013).

Gabarito "E"

(Defensoria/SP – 2013 – FCC) Analise as assertivas abaixo.

I. Por imposição do princípio da congruência, a causa de aumento de pena não pode ser presumida pelo julgador, devendo o fato que a configurar estar descrito pormenorizadamente na denúncia ou queixa.

II. O juiz competente poderá, de ofício, impor medidas cautelares de natureza pessoal ao indiciado, desde que apresente, de forma fundamentada, a necessidade da garantia do resultado justo da investigação criminal.

III. O condenado tem direito de aguardar o julgamento do recurso de apelação em liberdade na hipótese em que fixado o regime inicial semiaberto para o cumprimento da pena, ainda que a sentença condenatória tenha fundamentado a necessidade de manutenção da prisão preventiva.

IV. A opinião do julgador sobre a gravidade do crime e longevidade da pena não constitui motivação idônea para o indeferimento da progressão de regime prisional e do livramento condicional.

Está correto APENAS o que se afirma em

(A) I; III e IV.

(B) I e II.

(C) III e IV.

(D) II e III.

(E) I; II e IV.

I: correta. Conferir: "A causa de aumento de pena não pode ser presumida pelo julgador, devendo o fato que a configurar estar descrito pormenorizadamente na denúncia ou queixa. O princípio da correlação entre acusação e sentença, também chamado de princípio da congruência, representa uma das mais relevantes garantias do direito de defesa, visto que assegura a não condenação do acusado por fatos não descritos na peça acusatória. É dizer, o réu sempre terá a oportunidade de refutar a acusação, exercendo plenamente o contraditório e a ampla defesa. É certo que, a teor do disposto no art. 383 do CPP, o acusado se defende dos fatos que lhe são atribuídos na denúncia ou queixa, e não da capitulação legal, razão pela qual o juiz poderá, sem modificar a descrição fática, atribuir-lhe definição jurídica diversa, ainda que tenha de aplicar pena mais grave. Contudo, o fato que determina a incidência do preceito secundário da norma penal deverá estar descrito na peça acusatória, com o objetivo de viabilizar o contraditório e a ampla defesa. Autorizar a presunção de causa de aumento de pena, sem qualquer menção na exordial, configura inversão do sistema de ônus da prova vigente no ordenamento processual, visto que seria imposto à defesa o dever de provar a inexistência dessa circunstância, e não à acusação o ônus de demonstrá-la" (STJ, REsp 1.193.929-RJ, rel. Min. Marco Aurélio Bellizze, j. 27.11.2012); **II:** incorreta. O magistrado somente poderá agir de ofício, na decretação das medidas cautelares de natureza pessoal (aqui incluída, por óbvio, a prisão processual), no curso da ação penal. Na fase investigatória, a medida cautelar somente poderá ser decretada a requerimento do MP ou por representação da autoridade policial – art. 282, § 2°, do CPP e art. 311 do CPP; **III:** correta. Conferir: "(...) 3. No caso, a manutenção da custódia cautelar encontra-se suficientemente fundamentada, tendo sido ressaltado o anterior envolvimento do Paciente em atividades criminosas, a indicar a necessidade de sua segregação para a garantia da ordem pública. 4. Todavia, fixado o regime semiaberto para o inicial do cumprimento da pena privativa de liberdade, não pode o acusado aguardar o julgamento de seu recurso em regime mais gravoso do que aquele estabelecido na sentença condenatória. Precedentes do Superior Tribunal de Justiça. 5. *Habeas corpus* não conhecido. Ordem de *habeas corpus* concedida, de ofício, para assegurar ao Paciente a colocação no regime inicial semiaberto, aplicando-se-lhe as regras desse regime" (HC 201102993450, Laurita Vaz, STJ – Quinta Turma, *DJE* 24.10.2012); **IV:** correta: "(...) O Superior Tribunal de Justiça já se manifestou no sentido de que a gravidade do crime ou a longa pena a cumprir não constituem fundamentos idôneos para indeferir o pedido de progressão de regime, especialmente quando dissociados de elementos concretos, ocorridos no curso da execução penal. VIII. *Habeas corpus* não conhecido. IX. Ordem concedida, de ofício, para que o Juízo da 2ª Vara de Execuções Criminais de Presidente Prudente/SP reavalie o pedido de progressão de regime do paciente, afastando os elementos inicialmente considerados, ou seja, a longa pena a cumprir e a gravidade dos delitos" (HC 201201447893, Assusete Magalhães, STJ – Sexta Turma, *DJE* 30.10.2012). Também nesse sentido a Súmula 718 do STF, que a seguir se transcreve: "A opinião do julgador sobre a gravidade em abstrato do crime não constitui motivação idônea para a imposição de regime mais severo do que o permitido segundo a pena aplicada".

Gabarito "A"

(Procurador Legislativo – Câmara de Vereadores de São Paulo/SP – 2014 – FCC) Segundo entendimento sumulado, é correto afirmar que

(A) o benefício da suspensão do processo não é aplicável em relação às infrações penais cometidas em concurso material, concurso formal ou continuidade delitiva, quando a pena mínima cominada, seja pelo somatório, seja pela incidência da majorante, ultrapassar o limite de um ano.

(B) é admissível a chamada progressão *per saltum* de regime prisional.

(C) cabe *habeas corpus* contra decisão condenatória a pena de multa, ou relativo a processo em curso por infração penal a que a pena pecuniária seja a única cominada.

(D) reunidos os pressupostos legais permissivos da suspensão condicional do processo, mas se recusando o Promotor de Justiça a propô-la, o Juiz, dissentindo, deverá propô-la de ofício.

(E) a reincidência influi no prazo da prescrição da pretensão punitiva.

A: correta, pois corresponde ao entendimento firmado na Súmula 243, STJ; **B:** incorreta, já que não corresponde ao entendimento firmado na Súmula 491, STJ, a seguir transcrita: "É inadmissível a chamada progressão *per saltum* de regime prisional"; **C:** incorreta, na medida em que não reflete o posicionamento constante da Súmula 693, do STF: "Não cabe *habeas corpus* contra decisão condenatória a pena de multa, ou relativo a processo em curso por infração penal a que a pena pecuniária seja a única cominada"; **D:** incorreta, vez que a Súmula 696 do STF dispõe que, neste caso, o magistrado (a quem não cabe propor a suspensão) cuidará para que os autos sejam remetidos ao procurador-geral, a quem incumbe, nos termos do art. 28 do CPP, decidir se é ou não caso de propor o *sursis* processual; **E:** incorreta, pois contraria o entendimento firmado na Súmula 220 do STJ: "A reincidência não influi no prazo da prescrição da pretensão punitiva".

Gabarito "A"

10. Direito Tributário

Fernando Castellani, Henrique Subi, Robinson Barreirinhas*

1. COMPETÊNCIA TRIBUTÁRIA

(Juiz – TJ-SC – FCC – 2017) A respeito da competência legislativa sobre normas gerais em matéria tributária:

(A) Trata-se de competência concorrente da União, Estados, Distrito Federal e Municípios.

(B) Trata-se de competência exclusiva da União.

(C) É afastada pelo exercício da competência plena dos entes tributantes quanto aos seus respectivos tributos.

(D) Pode ser exercida por lei ordinária, desde que comprovada a relevância e urgência da matéria.

(E) Não tem relevância alguma para o imposto de transmissão *causa mortis* e doação de bens ou direitos.

A: incorreta, pois cabe à lei complementar federal estabelecer normas gerais em matéria tributária, conforme o art. 146, III, da CF, observado o art. 24, § 1º, da CF; **B:** correta, conforme comentário anterior; **C:** incorreta, pois somente a União, por lei complementar, pode estabelecer normas gerais, ressalvada a hipótese de omissão (se o Congresso Nacional não legisla, Estados e Municípios podem regular a matéria, enquanto perdurar a omissão – arts. 24, § 3º, e 30, II, da CF); **D:** incorreta, conforme comentários anteriores; **E:** incorreta, pois havendo normas gerais federais em relação a esse imposto (hoje há omissão da União), as normas estaduais e distritais atualmente vigentes deixam de ter eficácia – art. 24, § 4º, da CF. RB

Gabarito "B"

(Magistratura/GO – 2015 – FCC) Considere as seguintes afirmativas:

I. A competência tributária pode ser deslocada para outro ente diante da inércia na instituição do tributo pelo ente político originalmente competente.

II. A competência se distingue da capacidade tributária ativa porque esta está relacionada à instituição do tributo e aquela à cobrança do tributo.

III. A competência tributária é fixada pela Constituição da República.

IV. A imunidade tributária significa ausência de competência do ente para instituir tributo na situação definida pela norma constitucional imunizante.

V. A competência tributária pode ser delegada por lei a outro ente político, hipótese em que se torna também o titular da capacidade tributária ativa.

Está correto o que se afirma APENAS em

(A) III e IV.

(B) I, II e III.

(C) III, IV e V.

(D) I e II.

(E) IV e V.

I: incorreta, pois a competência tributária é privativa, indelegável, incaducável, irrenunciável, inalterável e facultativa – art. 7º do CTN; **II:** incorreta, pois competência tributária é a competência para legislar acerca de determinado tributo (art. 6º do CTN), enquanto a capacidade tributária ativa é qualidade daquele ente que ocupa o polo ativo da relação jurídica tributária, quem exige o tributo (essa pode ser delegada por lei a outro ente, distinto daquele que detém a competência tributária) – art. 7º do CTN; **III:** correta, pois somente a CF fixa competências para legislar sobre tributos; **IV:** correta, sendo essa uma definição adequada de imunidade, qual seja a delimitação negativa da competência tributária pela Constituição Federal; **V:** incorreta, pois a competência tributária é indelegável, somente podendo ser atribuída pela Constituição Federal.

Gabarito "A"

(Auditor Fiscal – São Paulo/SP – FCC – 2012) Município *Deixa pra Lá*, não conseguindo, hipoteticamente, exercer sua competência constitucional tributária para instituir o ITBI no seu território, celebrou acordo com o Estado federado em que se localiza, para que esse Estado passasse a exercer, em seu lugar, a competência constitucional para instituir o referido imposto em seu território municipal e, ainda, para que exercesse as funções de fiscalizar e arrecadar esse tributo, recebendo, em contrapartida, um pagamento fixo anual, a título de "retribuição compensatória".

Relativamente a essa situação, o Município Deixa pra Lá

(A) não pode delegar sua competência tributária, nem suas funções de arrecadar e de fiscalizar tributos de sua competência tributária a qualquer outra pessoa jurídica de direito público, mas pode delegar as funções de arrecadação às instituições bancárias públicas e privadas.

(B) pode delegar sua competência tributária e suas funções de arrecadar e de fiscalizar tributos a outra pessoa jurídica de direito público.

(C) não pode delegar sua competência tributária a qualquer outra pessoa jurídica de direito público, embora possa delegar as funções de arrecadar e de fiscalizar tributos de sua competência tributária.

(D) não pode delegar sua competência tributária, nem suas funções de fiscalizar tributos a qualquer outra pessoa jurídica de direito público, embora possa delegar suas funções de arrecadar tributos de sua competência tributária.

(E) não pode delegar sua competência tributária, nem suas funções de arrecadar e de fiscalizar tributos de sua competência tributária a qualquer outra pessoa jurídica de direito público.

A, D e E: incorretas, pois é possível a delegação para o Estado das funções de arrecadação e fiscalização dos tributos, mas não para instituições financeiras (a elas somente é possível cometer o encargo ou a função de arrecadar os tributos) – art. 7º, *caput* e § 3º, do CTN; **B:** incorreta, pois a competência tributária, ou seja, a competência para legislar acerca do tributo, é indelegável – art. 7º do CTN; **C:** correta, conforme o art. 7º do CTN.

Gabarito "C"

---

* **Fernando Castellani** comentou as questões dos seguintes concursos: MAG/RR/08, MP/CE/11; **Henrique Subi** comentou as questões dos concursos de Analista; **Robinson Barreirinhas** atualizou todas as questões do capítulo e comentou as demais questões.

RB questões comentadas por: **Robinson Barreirinhas.**

(Magistratura/PE – 2011 – FCC) Em nosso sistema tributário, os impostos designados residuais

(A) podem ser instituídos por lei ordinária federal, desde que não sejam cumulativos e tenham fato gerador e base de cálculo inéditos.

(B) podem ser instituídos pela União, Estados ou Municípios, desde que não sejam cumulativos e tenham fato gerador e base de cálculo inéditos.

(C) podem ser instituídos por lei ordinária federal, desde que tenham fato gerador e base de cálculo inéditos.

(D) são de competência privativa da União e só podem ser instituídos mediante lei complementar.

(E) são instituídos para cobertura das despesas residuais orçamentárias.

A competência tributária relativa aos impostos é taxativa em relação aos Estados, ao Distrito Federal e aos Municípios, mas não em relação à União. Isso porque ela detém a chamada competência residual. Assim, a União, e somente ela, pode instituir outros impostos além daqueles indicados expressamente na Constituição Federal, por meio de lei complementar, desde que sejam não cumulativos e não tenham fato gerador ou base de cálculo próprios dos impostos discriminados na CF (não pode haver bitributação ou *bis in idem*) – art. 154, I, da CF. **A:** e **C:** incorretas, pois a competência residual é exercida por lei complementar federal, não ordinária; **B:** Incorreta, pois somente a União detém a competência residual; **D:** correta, conforme comentários iniciais; **E:** incorreta, pois a competência residual não é definida pela Constituição Federal em relação à sua finalidade. É interessante lembrar que os impostos não podem ter suas receitas vinculadas a despesas específicas, nos termos e com as exceções do art. 167, IV, da CF.

Gabarito "D"

(Procurador do Município – Cuiabá/MT – 2014 – FCC) Procurador do município de Cuiabá consultado sobre possibilidades legislativas de iniciativa do executivo municipal que propiciassem um aumento da arrecadação, elaborou parecer indicando quais seriam as espécies tributárias de competência do município passíveis de serem alteradas. São tributos de competência da União, dos Estados e dos Municípios, respectivamente:

(A) Imposto sobre a propriedade territorial rural; Imposto sobre a prestação de Serviços de qualquer natureza, não compreendidos no art. 155, II, definidos em lei ordinária federal; Imposto sobre operações relativas à circulação de mercadorias.

(B) Imposto sobre a transmissão *causa mortis* e doação, de quaisquer bens ou direitos; Imposto sobre a transmissão *inter vivos*, a qualquer título, por ato oneroso, de bens imóveis por acessão física; Imposto sobre a propriedade de veículos automotores.

(C) Impostos extraordinários, no caso de iminência de guerra externa ou interna; Imposto sobre a propriedade predial e territorial urbana; Imposto sobre a prestação de serviços de comunicação.

(D) Imposto sobre serviços de qualquer natureza, não compreendidos no art. 155, II, definidos em lei complementar; Imposto sobre grandes fortunas, nos termos de lei ordinária federal; Imposto sobre a prestação de serviços de transporte interestadual.

(E) Imposto sobre operações relativas a valores mobiliários; Imposto sobre operações relativas à circulação de mercadorias; Imposto sobre a transmissão *inter vivos*, a qualquer título, por ato oneroso, de bens imóveis, por natureza.

A: incorreta, pois o ISS é da competência dos Municípios, e o ICMS, dos Estados; **B:** incorreta, pois o ITCMD é estadual, o ITBI é Municipal e o IPVA, estadual; **C:** incorreta, pois o IPTU é municipal e o ICMS, que engloba a prestação de serviço de comunicação, estadual; **D:** incorreta, pois o ISS é municipal, o IGF, federal e o ICMS, que abrange os serviços de transporte interestadual é estadual; **E:** correta, pois o IOF é federal, o ICMS é estadual e o ITBI é municipal.

Gabarito "E"

(Procurador Legislativo – Câmara de Vereadores de São Paulo/SP – 2014 – FCC) O exercício da competência constitucional tributária

(A) é atribuído constitucionalmente para os entes federados, suas autarquias e fundações.

(B) é atribuído constitucionalmente para os entes federados, que podem delegá-la às suas autarquias e fundações, para os fatos geradores relacionados com suas funções.

(C) se manifesta através da criação de leis instituidoras e modificadoras de tributos, bem assim de leis que disciplinam as causas de exclusão, suspensão e extinção do crédito tributário.

(D) somente se delega através de lei específica do ente federado que é competente para a instituição do tributo.

(E) pode ser renunciado pelo ente federado, bem assim delegado por lei a outro ente, desde que por meio de lei complementar.

A: incorreta, pois somente os entes políticos, ou seja, apenas a União, os Estados e o Distrito Federal podem legislar (têm competência legislativa) e possuem competência tributária (competência para legislar acerca de tributos – ver art. 6º do CTN); **B:** incorreta, pois a competência para legislar sobre tributos (competência tributária) é indelegável; **C:** assertiva correta, descrevendo adequadamente a competência tributária; **D:** incorreta, pois a competência tributária é indelegável; **E:** incorreta, pois a competência tributária, a exemplo da competência legislativa em geral, é irrenunciável.

Gabarito "C"

(Procurador do Estado/MT – FCC – 2011) Sobre competência tributária e capacidade tributária ativa, é correto afirmar:

(A) A competência tributária é delegável por lei.

(B) A capacidade tributária ativa indica o sujeito ativo da obrigação tributária principal.

(C) O Código Tributário Nacional fixa as competências tributárias.

(D) A capacidade tributária ativa é exclusiva do ente político definido na Constituição Federal.

(E) Somente o ente político competente para instituir o tributo pode ser titular da capacidade tributária ativa.

A: incorreta, pois a competência tributária (competência para legislar acerca do tributo) é indelegável (o que pode ser delegada por lei é a sujeição ativa) – art. 7º do CTN; **B:** essa é a assertiva correta, pois indica corretamente o conceito de capacidade ativa tributária, relativa ao sujeito ativo da obrigação tributária; **C:** incorreta, pois a competência tributária é fixada exclusivamente pela Constituição Federal; **D** e **E:** incorretas, pois, diferentemente da competência, a sujeição ativa pode ser delegada por lei – art. 7º do CTN.

Gabarito "B"

Veja a seguinte tabela com as competências dos entes políticos em relação aos impostos, para estudo e memorização:

Competência em relação aos impostos		
União	**Estados e DF**	**Municípios e DF**
- imposto de importação - imposto de exportação - imposto de renda - IPI - IOF - ITR - Imposto sobre grandes fortunas - Impostos extraordinários - Impostos da competência residual	- ITCMD - ICMS - IPVA	- IPTU - ITBI - ISS

2. PRINCÍPIOS

(Procurador do Estado – PGE/MT – FCC – 2016) Tendo em vista calamidade pública, regularmente decretada pelo Governador do Estado, e a necessidade de elevação dos níveis de arrecadação de Imposto sobre operações relativas à circulação de mercadorias e prestações de serviços de transporte interestadual e intermunicipal e de comunicação – ICMS, Imposto sobre a propriedade de veículos automotores – IPVA e Imposto sobre transmissão *causa mortis* e doação – ITD, é INCORRETA a adoção da seguinte medida:

(A) aumento do ICMS sobre bens supérfluos, mediante lei estadual, para vigência após decorridos noventa dias da edição da lei correspondente.

(B) revisão, mediante os atos infralegais pertinentes, das margens de valor adicionado utilizadas para o cálculo do ICMS devido no regime de antecipação tributária, para vigência imediata.

(C) aumento, por meio de lei editada no mês de julho do ano corrente, das bases de cálculo do IPVA, para vigência no ano seguinte ao de sua edição.

(D) antecipação dos prazos de recolhimento dos impostos estaduais, para vigência imediata.

(E) elevação, por meio de lei, das alíquotas do ITD aplicáveis a partir dos fatos geradores ocorridos durante o ano-calendário 2017, respeitando-se o prazo mínimo de noventa dias contados da edição da lei.

A: incorreta, pois a majoração do ICMS, embora possa se referir a bens supérfluos (seletividade – art. 155, § 2º, III, da CF), deve sujeitar-se também ao princípio da anterioridade anual, não apenas à anterioridade nonagesimal. A assertiva somente estaria correta se a lei fosse publicada nos últimos 90 dias do ano (porque então a noventena seria mais favorável aos contribuintes); **B:** correta, pois, embora haja muita discussão, entende-se majoritariamente que os cálculos necessários para fixação do tributo na sistemática da antecipação tributária (que é gênero, do qual a substituição tributária "para frente" é espécie) baseiem-se em critérios definidos por atos infralegais – ver RMS 17.303/SE; **C:** correta, sendo interessante lembrar que a majoração da base de cálculo do IPVA sujeita-se apenas à anterioridade anual, não à nonagesimal – art. 150, § 1º, da CF; **D:** correta, pois a antecipação do prazo para recolhimento não implica majoração do tributo sujeita à anterioridade – Súmula Vinculante 50/STF; **E:** correta, lembrando que a questão foi feita no ano de 2016, ou seja, a cobrança apenas em 2017 respeita a anterioridade anual – art. 150, III, *b*, da CF.

Gabarito "A"

(Procurador do Estado – PGE/MT – FCC – 2016) Considere o seguinte princípio constitucional:

"Art. 152 É vedado aos Estados, ao Distrito Federal e aos Municípios estabelecer diferença tributária entre bens e serviços, de qualquer natureza, em razão de sua procedência ou destino."

Os Estados e o Distrito Federal estão impedidos de

(A) cobrar o ICMS sobre a entrada de mercadorias oriundas de determinado país, em operação de importação, mas desonerar por completo esse imposto na saída de mercadorias tendo como destinatário o mesmo país.

(B) exigir o ICMS pelas alíquotas interestaduais variáveis conforme o Estado de destino dos bens ou serviços, diferentemente das alíquotas praticadas às operações internas.

(C) instituir isenções ou alíquotas diferenciadas do ITD tendo como fator de discriminação o domicílio do respectivo donatário dos bens doados.

(D) estabelecer a não incidência do ITD sobre doações de imóveis situados em outras Unidades da Federação.

(E) exigir o ICMS por alíquotas diferenciadas para mercadorias ou serviços diferentes.

A: incorreta, até porque as exportações são mesmo imunes ao ICMS – art. 155, § 2º, X, *a*, da CF, enquanto as importações são tributáveis – art. 155, § 2º, IX, *a*, da CF; **B:** incorreta, pois as alíquotas interestaduais, menores que as internas, previstas no art. 155, § 2º, VII, são fixadas pelo órgão legislativo paritário da República, o Senado Federal (todos os Estados e DF têm a mesma representatividade), sem que isso possa ser considerada distinção vedada pela CF – art. 155, § 2º, IV, da CF; **C:** correta, pois essa distinção feita unilateralmente por determinado Estado ou pelo DF implicaria ofensa ao princípio federativo e violação ao disposto no art. 152 da CF; **D:** incorreta, pois essa norma seria inócua, já que os Estados e o DF somente têm competência para tributar as doações de imóveis localizados em seus respectivos territórios – art. 155, § 1º, I, da CF; **E:** incorreta, pois não há qualquer distinção em relação à origem ou ao destino das mercadorias ou serviços, mas sim quanto às suas próprias características, o que é admitido nos termos do art. 155, § 2º, III, da CF, inclusive.

Gabarito "C"

(Procurador do Estado – PGE/RN – FCC – 2014) Em relação ao princípio constitucional da anterioridade, é correto afirmar:

(A) A prorrogação, por meio de lei complementar, do termo inicial para que contribuintes se beneficiem do creditamento amplo de ICMS relativo às aquisições de materiais de uso e consumo deve ser formalizada com o mínimo de 90 dias antes do término do ano-calendário para que possa surtir efeito a partir de 1º de Janeiro do ano-calendário seguinte.

(B) Por sua natureza de remuneração de serviços públicos, a instituição ou majoração das taxas não está sujeita à aplicação do princípio da anterioridade.

(C) A elevação de alíquota de tributo pela própria Constituição Federal ou Emenda à Constituição prescinde da observância do princípio da anterioridade.

(D) A edição de lei que prorroga a aplicação de lei temporária que prevê a aplicação de alíquota majorada de ICMS não está sujeita ao princípio da anterioridade.

(E) A exigência de tributo uma vez revogada uma isenção está sujeita ao princípio da anterioridade.

A: incorreta, pois apenas as modificações que importem criação ou majoração do tributo sujeitam-se à anterioridade anual, além da anterioridade nonagesimal – art. 150, III, *b* e *c*, da CF; **B:** incorreta, pois o princípio da anterioridade aplica-se a todos os tributos, com as exceções taxativamente descritas na CF; **C:** incorreta, pois a anterioridade é considerada cláusula pétrea, devendo ser observada pelo constituinte derivado – ver ADI 939/DF; **D:** correta, pois não se trata de criação ou majoração de tributo – ver RE 584.100/SP; **E:** incorreta, à luz da jurisprudência do STF, que deu origem à Súmula 615, pois a isenção implica afastamento da norma que determinava a exclusão do crédito tributário, o que não se confunde com criação ou majoração de tributo. Pelo texto do CTN, apenas a revogação de isenção dos impostos sobre patrimônio (ITR, IPVA, IPTU) e renda (IR) tem efeitos diferidos para o exercício seguinte ao da publicação da lei – art. 104, III, do CTN. Entretanto, é importante acompanhar a evolução jurisprudencial, pois há precedente do STF afirmando o princípio da anterioridade em caso de majoração indireta do tributo por meio de revogação de benefício fiscal – ver RE 564.225AgR/RS. RB

Gabarito "D".

Veja a seguinte tabela, relativa às exceções ao princípio da anterioridade anual e nonagesimal, para memorização:

Exceções à anterioridade anual (art. 150, III, *b*, da CF)	**Exceções à anterioridade nonagesimal (art. 150, III, *c*, da CF)**
- empréstimo compulsório para atender a despesas extraordinárias decorrentes de calamidade pública ou de guerra externa ou sua iminência (art. 148, II, *in fine*, da CF, em sentido contrário); - imposto de importação (art. 150, § 1º, da CF); - imposto de exportação (art. 150, § 1º, da CF); - IPI (art. 150, § 1º, da CF); - IOF (art. 150, § 1º, da CF); - impostos extraordinários na iminência ou no caso de guerra externa (art. 150, § 1º, da CF); - restabelecimento das alíquotas do ICMS sobre combustíveis e lubrificantes (art. 155, § 4º, IV, *c*, da CF); - restabelecimento da alíquota da CIDE sobre combustíveis (art. 177, § 4º, I, *b*, da CF); - contribuições sociais (art. 195, § 6º, da CF).	- empréstimo compulsório para atender a despesas extraordinárias decorrentes de calamidade pública ou de guerra externa ou sua iminência (art. 148, II, *in fine*, da CF, em sentido contrário – entendimento doutrinário); - imposto de importação (art. 150, § 1º, da CF); - imposto de exportação (art. 150, § 1º, da CF); - IR (art. 150, § 1º, da CF); - IOF (art. 150, § 1º, da CF); - impostos extraordinários na iminência ou no caso de guerra externa (art. 150, § 1º, da CF); - fixação da base de cálculo do IPVA (art. 150, § 1º, da CF); - fixação da base de cálculo do IPTU (art. 150, § 1º, da CF).

Veja esta tabela, relativa às matérias que devem ser veiculadas por lei, para memorização:

Dependem de lei – art. 97 do CTN	**Não dependem de lei**
- a instituição de tributos, ou a sua extinção; - a majoração de tributos, ou sua redução (exceção: alteração das alíquotas do II, IE, IPI, IOF e da CIDE sobre combustíveis). Equipara-se à majoração do tributo a modificação da sua base de cálculo, que importe em torná-lo mais oneroso. Não constitui majoração de tributo a atualização do valor monetário da respectiva base de cálculo; - a definição do fato gerador da obrigação tributária principal; - a fixação de alíquota do tributo e da sua base de cálculo (lembrando que as alíquotas de II, IE, IPI, IOF e CIDE sobre combustíveis podem ser alteradas por norma infralegal); - a cominação de penalidades para as ações ou omissões contrárias a seus dispositivos, ou para outras infrações nela definidas; - as hipóteses de exclusão, suspensão e extinção de créditos tributários, ou de dispensa ou redução de penalidades.	- fixação da data para pagamento do tributo; - regulamentação das obrigações acessórias (forma de declaração, escrituração, recolhimento etc.). Há controvérsia quanto à própria fixação de obrigações acessórias, pois o art. 113, § 2º, do CTN faz referência à legislação tributária (expressão que inclui não apenas as leis, mas também decretos, portarias etc.); - alteração das alíquotas do II, IE, IPI, IOF e da CIDE sobre combustíveis.

Veja a seguinte tabela, com as hipóteses de aplicação da lei tributária a ato ou a fato pretérito, para estudo e memorização:

Aplicação da lei tributária a ato ou a fato pretérito
– lei expressamente interpretativa – art. 106, I, do CTN
– redução ou extinção de sanção (*lex mitior*) – art. 106, II, do CTN
– normas relativas à fiscalização ou ao aumento de garantias e privilégios do crédito tributário, exceto para atribuir responsabilidade tributária a terceiros – art. 144, § 1º, do CTN

(Ministério Público/CE – 2011 – FCC) Sobre os princípios constitucionais tributários é correto afirmar que

(A) a lei que modifica tributos só pode ser aplicada no exercício seguinte ao da sua publicação por força da regra da irretroatividade da lei tributária.

(B) os tributos sempre deverão ser pessoais e atender às condições econômicas dos contribuintes, por força do princípio da capacidade contributiva.

(C) salvo exceções a lei que cria ou majora tributo terá eficácia no exercício financeiro seguinte ao da sua publicação, como expressão da anterioridade tributária.

(D) como exceção à legalidade tributária, pode o Presidente da República instituir, por decreto, impostos de importação, de exportação, sobre produtos industrializados e sobre operações financeiras.

(E) a instituição de empréstimo compulsório, imposto extraordinário, imposto residual e impostos de natureza extrafiscal são exceções à anterioridade nonagesimal.

A: incorreto, pois nem toda alteração por lei tributária deverá se submeter a determinado prazo para a produção de seus efeitos, além do que o princípio que estabelece tal limitação é o princípio da anterioridade, não da irretroatividade (CF, art. 150, III); **B:** incorreto, pois o princípio da capacidade contributiva deve ser aplicado, nos termos da CF, sempre que possível, que demonstra que o sistema reconhece a impossibilidade, em algumas situações de aplicação da tal regra. Para os chamados impostos indiretos, ou mesmo para as taxas, tal princípio mostra-se inaplicável (CF, art. 145, § 1º); **C:** correto, pois essa é exatamente a definição do princípio da anterioridade ou da não surpresa, que tem por objetivo impedir que o sujeito passivo seja surpreendido com a nova, e maior, carga tributária (CF, art. 150, III); **D:** incorreto, pois a exceção ao princípio da legalidade estabelece a possibilidade de alteração de alíquota por decreto, mas não a instituição do tributo (CF, 153, § 1º); **E:** incorreto, pois as exceções a anterioridade nonagesimal, previstas na CF, não alcançam os impostos residuais, nem mesmo todos os extrafiscais.

Gabarito "C"

(Procurador do Município – Cuiabá/MT – 2014 – FCC) É uma proposta que visa ao aumento da arrecadação municipal e que não afronta o disposto na Constituição Federal:

(A) Proposta de lei complementar a ser levada ao Congresso Nacional para que seja aumentado para setenta e cinco por cento o repasse aos municípios do produto da arrecadação do imposto do Estado sobre a propriedade de veículos automotores licenciados em seus territórios municipais.

(B) Inclusão por lei complementar municipal da prestação de serviços de transporte intermunicipal na lista de serviços alcançadas pela incidência do imposto sobre serviços de qualquer natureza.

(C) Aumento, por meio de lei ordinária municipal, das alíquotas do imposto sobre a propriedade predial e territorial urbana para os imóveis localizados em determinados bairros do perímetro urbano do município.

(D) Acréscimo de 2% ao limite máximo da alíquota aplicável ao imposto sobre serviços de qualquer natureza, por meio de lei ordinária municipal.

(E) Revogação por Portaria do Executivo Municipal de benefícios fiscais relativos ao imposto sobre serviços de qualquer natureza anteriormente concedidos a determinados setores de prestações de serviços.

A: incorreta, pois a distribuição da receita de IPVA de todos os Estados em favor de municípios somente poderia ser feita por emenda constitucional alterando o art. 158, III, da CF; **B:** incorreta, pois a competência tributária é fixada exclusivamente pela Constituição, e o transporte intermunicipal é tributado pelos Estados e pelo Distrito Federal – art. 155, II, da CF. No mais, dentro da competência municipal, basta lei ordinária para regular o ISS, não sendo necessária lei complementar; **C:** correta, pois o IPTU pode ter alíquotas diferenciadas segundo a localização do imóvel – art. 156, § 1º, II, da CF; **D:** incorreta, pois o limite máximo da alíquota do ISS é fixada por lei complementar federal – art. 156, § 3º, I, da CF; **E:** incorreta, pois benefícios fiscais somente podem ser concedidos e revogados por lei.

Gabarito "C"

(Procurador Legislativo – Câmara de Vereadores de São Paulo/SP – 2014 – FCC) Na seção denominada das "limitações constitucionais ao poder de tributar" o texto constitucional dispõe sobre

(A) capacidade tributária para cobrar tributos.

(B) imunidades e isenções tributárias.

(C) todos os institutos tributários que atuam no campo da cobrança dos tributos instituídos na Constituição Federal.

(D) princípios e regras que disciplinam o exercício da competência para instituir e modificar tributos.

(E) o rol taxativo dos impostos instituídos pela Constituição Federal para os entes federados, que não têm poder de instituir, mas apenas para cobrar.

A: incorreta, pois isso se refere à capacidade dos entes políticos, especialmente, exigir os tributos de suas competências tributárias, matéria essa (competência), tratada em seções posteriores; **B:** incorreta, pois, embora as principais imunidades realmente constem dessa seção, isenções são tratadas por leis de cada ente tributante; **C:** incorreta, pois, além da dificuldade de se compreender o que seria a atuação de institutos tributários, é fato que outras seções tratam deles (dos institutos tributários); **D:** essa é a correta, conforme disposto nos arts. 150 a 152 da CF, que tratam dos mais importantes princípios tributários e imunidades, limitando o poder de tributação; **E:** incorreta, pois a delimitação da competência tributária (que não é taxativa para a União, pois tem a competência residual) se dá em outras seções, além de que refere-se exatamente ao poder de instituir tributos por meio de leis.

Gabarito "D"

(Advogado da Metro/SP – 2014 – FCC) Considere duas situações hipotéticas:

I. União Federal cobrou tributo no mesmo exercício financeiro em que haja sido publicada a lei que o aumentou;

II. União Federal concedeu isenção de tributo de competência de determinado Município. Nos termos da Constituição Federal,

(A) a conduta I é vedada e a conduta II permitida.

(B) ambas as condutas são permitidas, pois próprias do permissivo constitucional atribuído à União Federal.

(C) ambas as condutas são vedadas.

(D) a conduta I é permitida e a conduta II vedada.

(E) ambas as condutas são permitidas, embora não estejam expressamente previstas na Constituição Federal.

Ambas as condutas são expressamente vedadas pelos arts. 150, III, *b*, e 151, III, da CF. Por essa razão, a alternativa "C" é a correta.

Gabarito "C"

3. IMUNIDADES

(Magistratura/RR – 2015 – FCC) Mary, Juan, Cristina e François são quatro amigos que tinham, originariamente, as respectivas nacionalidades: americana, mexicana, brasileira e canadense. Eles acabaram de se graduar em música, na *Juilliard School,* de Nova Iorque.

Em 2010, os quatro músicos decidiram passar o carnaval no Brasil. Os estrangeiros se encantaram com a terra, com o povo e, principalmente, com a variedade de sons da música brasileira.

Juan gostou tanto que, em 2011, naturalizou-se brasileiro. François, por sua vez, conseguiu visto de residência permanente no Brasil já em 2012.

Em 2014, Mary produziu, em Belo Horizonte, um CD com canções sertanejas de Marcelo & Marcelinho, autores gaúchos, que interpretaram as canções de sua autoria; Juan produziu, no Rio de Janeiro, um DVD com melodias do cancioneiro indígena da Amazônia; Cristina produziu, na Argentina, um CD com letras e músicas de sua criação e, por fim, François produziu, em São Paulo, um CD instrumental com melodias folclóricas medievais de autores franceses.

Com base nas informações acima e no que dispõe a Constituição Federal a respeito das limitações ao poder de tributar, o ICMS

NÃO incide sobre as operações de comercialização, no território nacional, do

I. CD produzido por Cristina.

II. CD produzido por Mary.

III. DVD produzido por Juan.

IV. CD produzido por François.

Está correto o que se afirma APENAS em

(A) I, II e IV.

(B) I e IV.

(C) II e III.

(D) II e IV.

(E) III e IV.

Nos termos do art. 150, VI, *e*, da CF, há imunidade para fonogramas e videofonogramas musicais produzidos no Brasil contendo obras musicais ou literomusicais de autores brasileiros e/ou obras em geral interpretadas por artistas brasileiros bem como os suportes materiais ou arquivos digitais que os contenham, salvo na etapa de replicação industrial de mídias ópticas de leitura a laser. Assim, são imunes as obras de autoria de brasileiros ou interpretadas por brasileiros, desde que produzidas no Brasil. No caso, apenas aquelas produzidas por Mary e Juan, portanto, são abrangidas pela imunidade, de modo que a alternativa "C" é a correta.

Gabarito "C"

(Auditor Fiscal – São Paulo/SP – FCC – 2012) A *Igreja Mundial do Imposto Sagrado,* tendo em vista a ampliação de suas atividades religiosas, começou a cobrar de seus fiéis o valor de R$ 100,00 por batismo realizado. Responsáveis pela entidade religiosa regularmente constituída formulam consulta ao órgão competente do município de sua localização, para saber se devem, ou não, recolher o ISS pelos serviços religiosos prestados. Formulam consulta, também, ao fisco federal, para saber se a renda auferida com os batismos deve ser declarada como tributada pelo Imposto sobre Renda e Proventos de Qualquer Natureza – Pessoa Jurídica – IRPJ da entidade religiosa.

Nesse caso,

(A) o IRPJ não deve ser cobrado, pois a renda auferida com os batismos resta alcançada por imunidade tributária; porém, sobre o serviço de batismo deve ser cobrado o ISS, tendo em vista a ausência de dispositivo normativo em sentido contrário.

(B) o ISS e o IRPJ devem ser cobrados, em razão do princípio da igualdade, pois os templos de qualquer culto devem ser tratados tributariamente como qualquer pessoa jurídica que realize um serviço tributável e que aufira rendas.

(C) o ISS não deve ser cobrado, tendo em vista que o serviço de batismo é atividade relacionada às finalidades religiosas da entidade, porém, o IRPJ deve ser cobrado, pois a renda auferida com qualquer serviço prestado pelo templo é tributada.

(D) tanto o ISS como o IRPJ devem ser cobrados, pois não há dispositivo normativo que exima o templo de qualquer culto de quaisquer cobranças tributárias.

(E) nem o ISS, nem o IRPJ devem ser cobrados, tendo em vista que, tanto o serviço de batismo, como a renda respectivamente auferida, estão relacionados às finalidades essenciais da entidade religiosa.

O patrimônio, as rendas e os serviços relacionados às finalidades essenciais da entidade imune (templo religioso, no caso) são abrangidos pela imunidade recíproca – art. 150, § 4º, da CF. O batismo está diretamente relacionado ao culto religioso, de modo que o valor cobrado não pode ser objeto de tributação por qualquer das esferas fiscais. Por essas razões, a alternativa "E" é a correta.

Gabarito "E"

(Defensor Público/SP – 2012 – FCC) Dentre as hipóteses constitucionais de vedação à União, aos Estados, ao Distrito Federal e aos Municípios para instituir impostos é autoaplicável a imunidade sobre

(A) livros, jornais, periódicos e o papel destinado a sua impressão.
(B) partidos políticos, inclusive suas fundações.
(C) entidades sindicais dos trabalhadores.
(D) instituições de educação.
(E) entidades de assistência social, sem fins lucrativos.

Das imunidades previstas no art. 150, VI, da CF, sujeita-se à regulamentação legal apenas aquela relativa a partidos políticos, inclusive suas fundações, entidades sindicais dos trabalhadores, e instituições de educação e de assistência social, sem fins lucrativos (alínea "c"). Assim, a alternativa correta é a "A".

Gabarito "A"

(Procurador do Município – Cuiabá/MT – 2014 – FCC) Visando ao aumento da arrecadação municipal, a Secretaria de Finanças de Cuiabá elaborou diversas propostas de lei ordinária a serem encaminhadas à Câmara Municipal. A proposta que NÃO afronta o disposto na Constituição Federal é:

(A) Instituir em 2014 e cobrar em 2015 nova taxa específica sobre o serviço de coleta de lixo de materiais eletrônicos dos proprietários de imóveis localizados tanto no perímetro urbano, como na área rural do município, cuja base de cálculo não pode ser a mesma utilizada para a cobrança do IPTU.
(B) Instituir e cobrar em 2014 nova taxa específica sobre o serviço de coleta de lixo de materiais eletrônicos dos proprietários de imóveis localizados no perímetro urbano do município, cuja base de cálculo será o valor venal dos imóveis que vierem a ser beneficiados com o serviço de coleta.
(C) Instituir em 2014 e cobrar somente em 2015 nova taxa específica sobre o serviço de coleta de lixo de materiais eletrônicos dos proprietários de imóveis localizados tanto no perímetro urbano, como na área rural do município, cuja base de cálculo será o valor venal dos imóveis que vierem a ser beneficiados com o serviço de coleta.
(D) Instituir e cobrar em 2014 nova taxa específica sobre o serviço de coleta de lixo de materiais eletrônicos dos proprietários de imóveis localizados no perímetro urbano do município, cuja base de cálculo não pode ser a mesma utilizada para a cobrança do IPTU.
(E) Instituir em 2014 e cobrar em 2015 nova taxa específica sobre o serviço de coleta de lixo de materiais eletrônicos dos proprietários de imóveis localizados no perímetro urbano do município, cuja base de cálculo será o valor venal dos imóveis que vierem a ser beneficiados com o serviço de coleta.

A: correta, observando a anterioridade e a não coincidência da base de cálculo com a de imposto – arts. 145, § 2º, e 150, III, da CF e Súmula Vinculante 29/STF; **B, C** e **E:** incorretas, pois a taxa não pode ter base de cálculo idêntica à de imposto, no caso a do IPTU – Súmula Vinculante 29/STF. No caso da alternativa "B", há também ofensa ao princípio da anterioridade anual – art. 150, III, *b*, da CF; **D:** incorreta, pois é preciso observar o princípio da anterioridade anual – art. 150, III, *b*, da CF.

Gabarito "A"

(Procurador do Município – Cuiabá/MT – 2014 – FCC) Considere as seguintes afirmações:

I. Compete à União, aos Estados, ao Distrito Federal e aos Municípios, instituir contribuições de intervenção no domínio econômico, observados os princípios da legalidade e da anterioridade, como previsto na Constituição Federal.
II. Tendo em vista a proximidade da Copa do Mundo e sendo Cuiabá uma das cidades-sede escolhidas para a realização de jogos do mundial, verificou-se a necessidade urgente de ampliação da sua rede de transporte de passageiros. Para fazer face aos custos deste investimento, considerado de caráter urgente, o Município de Cuiabá poderia, mediante lei complementar municipal, instituir empréstimo compulsório, desde que observado o princípio da anterioridade.
III. A cobrança da contribuição para o custeio do serviço de iluminação pública, passível de instituição pelo município de Cuiabá, pode ser feita na fatura de consumo de energia elétrica.

Está correto o que se afirma APENAS em

(A) II e III.
(B) I e III.
(C) III.
(D) II.
(E) I.

I: incorreta, pois somente a União pode instituir CIDE – art. 149, *caput*, da CF; **II:** incorreta, pois somente a União pode instituir empréstimo compulsório – art. 148 da CF; **III:** correta, nos termos do art. 149-A, parágrafo único, da CF.

Gabarito "C"

(Procurador do Estado/RO – 2011 – FCC) O Sindicato Patronal das Indústrias do Setor de Plásticos e Derivados, alegando como argumento o fato de constituir-se como sindicato, requereu imunidade constitucional tributária abrangendo a totalidade de seu patrimônio, renda e serviços. Com relação ao pleito e fundamentação apresentada,

(A) aplica-se a imunidade tributária exclusivamente ao patrimônio do sindicato patronal.
(B) aplica-se a imunidade exclusivamente para os serviços, em função do princípio da imunidade recíproca.
(C) aplica-se a imunidade integral, abrangendo inclusive taxas e contribuições, em razão da finalidade da entidade.
(D) não se aplica a imunidade por se tratar de sindicato patronal.
(E) não se aplica a imunidade, que é restrita, exclusivamente, aos templos de qualquer culto, às entidades de assistência social sem fins lucrativos e aos livros, jornais e periódicos.

A imunidade prevista no art. 150, VI, *c*, da CF refere-se apenas aos sindicatos dos trabalhadores, não aos patronais, de modo que a alternativa "D" é a correta.

Gabarito "D"

(Advogado da Sabesp/SP – 2014 – FCC) Pelo serviço público de fornecimento de água tratada de forma compulsória pelo ente federado diretamente

(A) é devida a tarifa, tendo em vista que o serviço é indivisível, já que não é possível identificar o destinatário do mesmo, sendo prestado a toda a coletividade.
(B) não pode ser instituída nenhuma cobrança do usuário, tendo em vista que se trata de uma obrigação do poder público decorrente do dever de prestar saúde a todos.

(C) só deve existir cobrança de qualquer tributo quando a prestação do serviço se der por ente da Administração pública indireta estatal, como autarquia, por exemplo, já que estes entes têm capacidade tributária para instituir tributos.

(D) é devido o tributo taxa, pela prestação efetiva do serviço público específico e divisível, prestado ao contribuinte ou posto à sua disposição, desde que instituída por lei.

(E). é devido o tributo taxa, posto que o fato gerador será o uso da água tratada de modo individualizado por cada usuário, ou seja, por ser serviço público específico e divisível.

A: incorreta, pois o serviço é específico e divisível, sendo possível identificar o usuário – art. 79, II e III, do CTN; **B:** incorreta, pois é possível a cobrança de contraprestação pecuniária pelo Poder Público; **C:** incorreta, por duas razões. Em primeiro lugar, é possível a cobrança de contrapartida pecuniária pela administração direta e indireta. Em segundo lugar, as entidades da administração indireta não podem instituir tributos, já que somente os entes políticos têm competência tributária (ou seja, somente os entes políticos podem legislar acerca dos tributos); **D:** correta – art. 145, II, da CF. É importante lembrar que o STF e o STJ admitem que quando o serviço é prestado por concessionária a cobrança é de tarifa, não taxa – ver REsp 1.027.916/MS; **E:** incorreta, pois o fato gerador é a prestação do serviço, não o uso da água – art. 145, II, da CF.

Gabarito "D"

4. DEFINIÇÃO DE TRIBUTO E ESPÉCIES TRIBUTÁRIAS

(Magistratura/SC – 2015 – FCC) Autoridades brasileiras constataram que as relações internacionais com determinado país vizinho começaram a se deteriorar velozmente, e todas as medidas diplomáticas ao alcance de nossas autoridades foram inúteis para reverter o quadro que apontava para a eclosão de guerra iminente. Em razão disso, o País teve de começar a tomar medidas defensivas, visando a aparelhar as forças armadas brasileiras de modo a que pudessem defender o território nacional e sua população. Os ministérios das áreas competentes constataram que seria necessário incrementar a arrecadação de tributos em, pelo menos, 20%, para fazer face às despesas extraordinárias que essa situação estava ocasionando. Com base na situação hipotética descrita e nas regras da Constituição Federal,

(A) a União poderá instituir, mediante lei, tanto empréstimos compulsórios para atender a despesas extraordinárias, decorrentes de guerra externa ou sua iminência, como impostos extraordinários, sendo estes últimos apenas no caso de guerra externa deflagrada.

(B) a União, não tendo despesas extraordinárias a atender, poderá instituir, na iminência de guerra externa, mediante lei complementar, empréstimo compulsório, que deverá ser cobrado, observados os princípios da anterioridade e da noventena (anterioridade nonagesimal).

(C) os Estados e os Municípios, por meio de lei, poderão instituir contribuições de beligerância, a serem lançadas e cobradas na fase pré-conflito, para custear as despesas necessárias à adaptação da infraestrutura urbana das cidades que fazem fronteira com a potência estrangeira hostil.

(D) a União, tendo ou não tendo despesas extraordinárias a atender, poderá instituir, na iminência de guerra externa, mediante lei, impostos extraordinários, dispensada a observância dos princípios da anterioridade e da noventena (anterioridade nonagesimal).

(E) a União, os Estados e os Municípios, na iminência de guerra externa, poderão, por meio de lei, instituir, respectivamente, adicionais do ITR, do IPVA e do IPTU sobre a propriedade de bens de estrangeiros residentes no Brasil, nacionais da potência estrangeira hostil.

A: incorreta, pois tanto o empréstimo compulsório como o imposto extraordinário podem ser instituídos com a iminência da guerra externa – arts. 148, I e 154, II da CF; **B:** incorreta, pois um dos pressupostos do empréstimo compulsório é atender as despesas extraordinários que deram ensejo à sua instituição. Ademais, nesse caso não se aplica a anterioridade anual – art. 148, I, da CF; **C:** incorreta, pois somente a União detém competência para instituir tributos relacionados à guerra, conforme comentários anteriores; **D:** essa é a melhora alternativa pois, diferentemente do que ocorre em relação ao empréstimo compulsório previsto no art. 148, I, a Constituição Federal ao se referir ao imposto extraordinário não indica expressamente a existência de despesa para sua instituição. Entretanto, na prática, embora os impostos em geral não tenham vinculação com atividade estatal específica (art. 16 do CTN), seria bastante questionável a criação desse imposto do art. 154, II, da CF se não houvesse despesa extraordinária a atender; **E:** incorreta, conforme comentário à alternativa "C".

Gabarito "D"

(Procurador do Estado – PGE/RN – FCC – 2014) De acordo com a Constituição Federal, é INCORRETO afirmar:

(A) As exigências aplicáveis à instituição de impostos não compreendidos na competência tributária da União também são aplicáveis à instituição de outras contribuições sociais destinadas ao custeio da Seguridade Social além das previstas nos incisos I a IV do art. 195 da Constituição Federal.

(B) É possível a instituição de contribuição de melhoria relativa à valorização imobiliária decorrente de obra pública realizada pela União, Estados, Distrito Federal e Municípios.

(C) A instituição de taxas por parte dos Estados pressupõe o exercício efetivo do poder de polícia ou a utilização, efetiva ou potencial de serviços públicos específicos e divisíveis, prestados ao contribuinte ou postos à sua disposição.

(D) A cobrança de ICMS sobre as importações de bens realizadas por pessoas físicas e por prestadores de serviços não contribuintes habituais do ICMS passou a ser possível em tese com a promulgação da Emenda Constitucional 33/2001, mas o exercício efetivo da respectiva competência permaneceu condicionado à prévia edição de lei complementar e leis estaduais aplicáveis.

(E) Embora seja inconstitucional a cobrança de taxas de iluminação pública, por não se tratar de serviço específico e divisível, a Emenda Constitucional no 39/2002, outorgou à União, Estados e Municípios a competência para a instituição de contribuição destinada ao custeio do serviço de iluminação pública.

A: correta, conforme art. 195, § 4º, da CF; **B:** correta, pois a competência é comum a todos os entes políticos – art. 145, III, da CF e art. 81 do CTN; **C:** correta, conforme art. 145, II, da CF e art. 77 do CTN; **D:** correta, já que a redação do art. 155, § 2º, IX, *a*, da CF, com a redação dada pela EC 33/2001, não afasta a necessidade de a competência tributária dos Estados e do DF ser exercida por meio de leis próprias, que prevejam a incidência nessas importações; **E:** incorreta – art. 149-A da CF.

Gabarito "E"

(Procurador do Estado – PGE/RN – FCC – 2014) Com base no disposto na Constituição Federal considere as afirmações abaixo.

I. Serviços públicos cuja exploração seja concedida a particulares por meio da concessão de serviços públicos prevista na Lei 8.987/1995, ou de parceria público-privada, regida pela Lei 11.079/2005, passam a ser remunerados por tarifas, e não por taxas.

II. O exercício do direito de petição aos Poderes Públicos em defesa de direitos ou contra ilegalidade ou abuso de poder é protegido por meio de imunidade específica que impede a cobrança de taxas.

III. A redução do valor cobrado pelas taxas de serviços públicos poderá ser deferida por meio de decreto regulamentar.

Está correto o que se afirma APENAS em

(A) II e III.

(B) I.

(C) II.

(D) III.

(E) I e II.

I: correta – art. 175, parágrafo único, III, da CF; **II:** correta – art. 5º, XXXIV, *a*, da CF; **III:** incorreta, pois, embora o art. 150, I, da CF refira-se apenas a exigência e majoração de tributos ao tratar do princípio da legalidade, também os benefícios fiscais exigem lei para serem concedidos – art. 150, § 6º, da CF.

Gabarito "E"

(Auditor Fiscal – São Paulo/SP – FCC – 2012) Um contribuinte deixou de emitir o documento fiscal referente a uma prestação de serviço tributada pelo ISS, tributo de competência municipal, e, como consequência, foi-lhe aplicada penalidade pecuniária pelo descumprimento dessa obrigação acessória (art. 230, *caput*, inciso V, alínea "a" do Decreto Municipal 52.703/11)

Essa penalidade pecuniária

(A) é taxa, pois tem a finalidade de ressarcir o erário pelo dano causado pelo descumprimento de uma obrigação acessória.

(B) é imposto, pois está prevista na legislação do ISS.

(C) não é imposto, mas é tributo, em sentido amplo, pois tem natureza compulsória.

(D) é tributo, porque é cobrado por meio de atividade vinculada, conforme estabelece o Código Tributário Nacional.

(E) não é tributo, pois sanção pelo cometimento de ato ilícito não pode ser definida como tributo.

A penalidade pecuniária por infração da legislação tributária, embora seja objeto da obrigação tributária principal (art. 113, § 1º, do CTN), não se confunde com tributo, por definição (art. 3º do CTN). Importante salientar que taxas, impostos e contribuições de melhoria são espécies de tributo, nos termos do art. 145 da CF. Por essas razões, a alternativa "E" é a correta.

Gabarito "E"

(Auditor Fiscal – São Paulo/SP – FCC – 2012) Projeto de lei estadual, no intuito de fiscalizar a pesca esportiva no rio Piracicaba, foi enviado à Assembleia Legislativa, propondo a criação da *Taxa de Fiscalização de Pesca do Rio Piracicaba*, como meio de custear aparato fiscalizador estadual das atividades de pesca do referido rio. Tendo em vista que os benefícios trazidos por tal fiscalização atingiriam toda a população das cidades ribeirinhas, o projeto de lei em questão propunha que a base de cálculo da taxa pelo exercício do poder de polícia sobre a pesca esportiva fosse o valor venal dos imóveis localizados no perímetro urbano das cidades, desde que esses imóveis se encontrassem na zona limítrofe do rio Piracicaba, até a distância máxima de 10 km. O projeto de lei não foi aprovado pela Assembleia Legislativa, tendo sido arquivado, sob o fundamento de inconstitucionalidade.

Com base na situação descrita acima, é correto afirmar:

(A) Nas circunstâncias descritas e pela relevância social do projeto de lei proposto, somente a União teria competência para instituir um imposto extraordinário, com a mesma finalidade e com a mesma base de cálculo do IPTU.

(B) Como a competência para instituir taxas pelo exercício do poder de polícia é exclusiva dos municípios, o projeto de lei deveria ser municipal.

(C) A taxa não pode ter base de cálculo idêntica à que corresponda a imposto.

(D) A espécie tributária a ser criada deveria ser uma contribuição de melhoria, e não uma taxa pelo exercício do poder de polícia, tendo em vista os benefícios trazidos pela fiscalização da pesca às cidades ribeirinhas.

(E) A espécie tributária a ser criada deveria ser um imposto estadual com base de cálculo idêntica à do IPTU, e não uma taxa pelo exercício do poder de polícia.

A: incorreta, até porque o imposto extraordinário somente pode ser instituído em caso de guerra externa ou sua iminência – art. 154, II, da CF; **B:** incorreta, pois todos os entes políticos podem instituir taxas pelo exercício do regular poder de polícia inserido; **C:** essa é a correta, nos termos do art. 145, § 2º, da CF, art. 77, parágrafo único, do CTN e Súmula Vinculante 29/STF. No caso, a base de cálculo da taxa coincidiria com a do IPTU, o que seria inconstitucional; **D e E:** incorretas, pois o custeio do exercício do poder de polícia pode se dar por meio de taxa, a ser instituída por quem detém a competência e efetivamente realiza a fiscalização – art. 145, II, da CF e art. 77 do CTN.

Gabarito "C"

(Auditor Fiscal – São Paulo/SP – FCC – 2012) A realização de obras públicas, que transformaram uma região anteriormente pantanosa em um belo e aprazível parque, ocasionou a valorização da maior parte dos imóveis localizados em suas proximidades, da seguinte maneira:

- o imóvel "A", que valia R$ 4.000.000,00 antes das obras, teve fator de absorção do benefício de valorização de 200%, passando a valer R$ 12.000.000,00.
- o imóvel "B", que valia R$ 3.000.000,00 antes das obras, teve fator de absorção do benefício da valorização de 100%, passando a valer R$ 6.000.000,00.
- o imóvel "C", que valia R$ 2.000.000,00 antes das obras, teve fator de absorção do benefício da valorização de 50%, passando a valer R$ 3.000.000,00.

– o imóvel "D" não teve valorização alguma em decorrência das obras realizadas.

Obs.: Todos os quatro imóveis têm a mesma área de terreno e o que determinou a diferença nos fatores de absorção do benefício da valorização foram elementos alheios à dimensão do terreno. O custo total da obra foi orçado em R$ 6.000.000,00 e a referida contribuição deverá custeá-la integralmente.

Com base nessas informações e considerando que o município em questão editou lei ordinária estabelecendo a cobrança de contribuição de melhoria para fazer face ao custo dessa obra, é correto afirmar que

(A) a municipalidade poderá exigir do proprietário do imóvel "C" contribuição de melhoria no valor de R$ 500.000,00, mesmo que seu imóvel tenha sido valorizado em R$ 1.000.000,00, desde que o limite total da exigência referente ao custo da obra não ultrapasse R$ 6.000.000,00.

(B) os proprietários dos imóveis "A", "B", "C" e "D" deverão pagar contribuição de melhoria, pois estão na zona beneficiada.

(C) os proprietários dos imóveis "A", "B" e "C" deverão pagar contribuição de melhoria, desde que a fixação das bases de cálculo e dos fatos geradores respectivos sejam estabelecidos por lei complementar.

(D) os proprietários dos imóveis "A", "B" e "C", que tiveram seus imóveis efetivamente valorizados com a obra, deverão ratear integralmente o valor de custo da obra, com base na área do terreno de cada um deles, cabendo a cada um o valor de R$ 2.000.000,00.

(E) a municipalidade poderá exigir, cumulativamente, de todos os quatro proprietários, contribuição de melhoria em valor igual ao da valorização de seus respectivos imóveis, cabendo ao imóvel "A" pagar R$ 8.000.000,00, ao imóvel "B" pagar R$ 3.000.000,00, ao imóvel "C" pagar R$ 1.000.000,00 e não cabendo nada a "D", perfazendo um total de R$ 12.000.000,00.

A: assertiva correta, pois se observam ambos os limites para a cobrança (individual e total) – art. 81 do CTN; **B:** incorreta, pois não pode haver cobrança em relação ao imóvel "D", já que, quanto a ele, não houve fato gerador (= valorização imobiliária decorrente da obra) – art. 145, III, da CF e art. 81 do CTN; **C:** incorreta, pois não há reserva de lei complementar. Basta lei ordinária municipal, no caso (note que o art. 146, III, *a*, da CF refere-se apenas a impostos); **D:** incorreta, pois nenhum proprietário poderá ser compelido a pagar mais do que o valor da valorização imobiliária correspondente (= limite individual) – art. 81 do CTN; **E:** incorreta, pois o fisco não pode cobrar mais do que o valor da obra (= limite total) – art. 81 do CTN.

Gabarito "A"

(Auditor Fiscal – São Paulo/SP – FCC – 2012) Admitindo-se que caiba apenas aos Estados federados colocar à disposição da população um determinado serviço público específico e divisível, e, admitindo-se, também, que, em decorrência de omissão de alguns Estados, os municípios neles localizados resolvam, fora do âmbito de suas respectivas atribuições, tornar esse serviço disponível às suas respectivas populações, cobrando, em razão disso, taxas pelos serviços que estão sendo colocados à sua disposição, conclui-se que a instituição dessa taxa está em

(A) desconformidade com a legislação, pois as taxas só podem ser cobradas em razão de serviços efetivamente prestados e não meramente colocados à disposição do munícipe.

(B) desconformidade com a legislação, pois uma pessoa jurídica de direito público não pode cobrar taxa por atividade que não esteja no âmbito de suas respectivas atribuições.

(C) conformidade com a legislação, desde que o Estado delegue sua competência tributária para o município.

(D) desconformidade com a legislação, pois a atividade desenvolvida pelo município deve ser prestada gratuitamente, custeada pela receita geral de impostos, já que os municípios não estão constitucionalmente autorizados a cobrar taxa de espécie alguma.

(E) conformidade com a legislação, pois, se o Estado não exerceu sua competência constitucional, o município deve fazê-lo, cobrando, consequentemente, as taxas cabíveis.

Não é possível a cobrança da taxa, pois o respectivo serviço deve ser estar inserido no âmbito de suas atribuições, conforme o art. 80 do CTN. Ou seja, se o ente político presta serviço fora de suas atribuições (sem que possua competência material para isso), não poderá cobrar taxa em relação a essa atividade. Por essa razão, a alternativa "B" é a correta.

Gabarito "B"

(Auditor Fiscal – São Paulo/SP – FCC – 2012) Claudio Ladeira é proprietário de bem imóvel, localizado no Município de São Paulo, em via não asfaltada. Em janeiro de 2012, a Prefeitura iniciou a execução de plano de obra pública de pavimentação da via, cujo edital prevê a incidência de Contribuição de Melhoria aos imóveis beneficiados pela obra. Essa Contribuição será arrecadada dos proprietários de imóveis beneficiados por obras

(A) públicas, executadas pela Prefeitura exclusivamente por meio de seus órgãos da Administração direta.

(B) de pavimentação de vias e logradouros, executadas pela Prefeitura por meio de seus órgãos da Administração direta ou indireta, em relação aos imóveis localizados na zona rural.

(C) de pavimentação de vias e logradouros, executadas pela Prefeitura por meio de seus órgãos da Administração direta ou indireta.

(D) de pavimentação, reparação e recapeamento de pavimento, de alteração do traçado geométrico de vias e logradouros públicos e de colocação de guias e sarjetas, em relação aos imóveis localizados na zona urbana.

(E) de reparação e recapeamento de pavimento, de alteração do traçado geométrico de vias e logradouros públicos e de colocação de guias e sarjetas, em relação aos imóveis localizados na zona urbana.

A: incorreta, pois não há restrição quanto à execução da obra, que pode ser feita por empresa contratada pelo Poder Público, por exemplo; **B:** incorreta, pois não há restrição quanto ao imóvel estar localizada na zona rural ou urbana (a contribuição pode abarcar todos, nos termos da lei instituidora do tributo); **C:** essa é a correta, nos termos do art. 145, III, da CF e do art. 81 do CTN; **D:** incorreta, pois as obras descritas na questão referem-se apenas à pavimentação. Ademais, há jurisprudência no sentido de que a manutenção de bens públicos (reparação e recapeamento, no caso) não dão ensejo à contribuição de melhoria, pois não implicam efetiva valorização imobiliária (apenas recuperação do valor); **E:** incorreta, conforme comentários às alternativas "B" e "D".

Gabarito "C"

(Auditor Fiscal – São Paulo/SP – FCC – 2012) Carlos Maximus é proprietário de bem imóvel localizado no Município de São Paulo. Verificada a ocorrência de fato gerador da Contribuição de Melhoria envolvendo seu imóvel, foi notificado para o pagamento do tributo. NENHUMA parcela anual da Contribuição de Melhoria poderá ser superior a

(A) 3% do valor venal do imóvel, apurado para efeito de cálculo do IPTU, no exercício de cobrança de cada uma dessas parcelas.

(B) 5% do valor venal do imóvel, apurado para efeito de cálculo do IPTU, no exercício de cobrança da contribuição.

(C) 8% do valor venal do imóvel, apurado para efeito de cálculo do IPTU, no exercício de cobrança de cada uma dessas parcelas.

(D) 20% do valor apurado de IPTU, no exercício de cobrança de cada uma dessas parcelas.

(E) 40% do valor apurado de IPTU, no exercício de cobrança da contribuição.

O art. 12, *caput*, do DL 195/1967 dispõe que a contribuição de melhoria será paga pelo contribuinte da forma que a sua parcela anual não exceda a 3% (três por cento) do maior valor fiscal do seu imóvel, atualizado à época da cobrança. Por essa razão, a alternativa "A" é a correta.

Gabarito "A"

(Auditor Fiscal – São Paulo/SP – FCC – 2012) Letícia Barbieri, proprietária de bem imóvel localizado no Município de São Paulo, não promoveu o pagamento da Contribuição de Melhoria, incidente sobre seu imóvel, na data de seu vencimento. Tal débito tributário, não pago no respectivo vencimento, fica acrescido de

I. multa moratória de 20%, se o pagamento efetuar-se após o vencimento.

II. multa moratória de 25% sobre o valor da contribuição devida, quando apurado o débito pela fiscalização.

III. multa equivalente a 0,33%, por dia de atraso, sobre o valor do imposto devido, até o limite de 30%.

IV. juros moratórios de 1% ao mês, a partir do mês imediato ao do vencimento.

V. correção monetária.

Está correto o que se afirma APENAS em

(A) I, IV e V.

(B) II, IV e V.

(C) III, IV e V.

(D) III e V.

(E) IV e V.

A fixação de penalidade pecuniária, juros e correção monetária pelo atraso no pagamento de tributos é feita pela legislação do ente competente. No caso, a legislação do Município de São Paulo prevê multa moratória de 20%, juros moratórios de 1% ao mês e correção monetária – art. 13, I, II e III, respectivamente, da Lei Municipal 10.212/1986 de São Paulo. Por essa razão, a alternativa "A" é a correta.

Gabarito "A"

5. LEGISLAÇÃO TRIBUTÁRIA – FONTES

(Auditor Fiscal – São Paulo/SP – FCC – 2012) A legislação tributária de um determinado município paulista atribui eficácia normativa às decisões de seus órgãos coletivos de jurisdição administrativa.

Esse órgão, por sua vez, em determinada ocasião, proferiu decisão administrativa dessa natureza, concluindo pela não incidência de um determinado tributo municipal.

Esse entendimento, todavia, não reflete a jurisprudência firmada nos tribunais judiciais superiores, que têm sido em sentido diverso, pela incidência desse tributo.

Com base na regra da legislação municipal que atribui eficácia normativa às decisões de seus órgãos coletivos de jurisdição administrativa, muitos munícipes deixaram de pagar o referido tributo, seguindo o entendimento desse tribunal administrativo. A fiscalização, porém, tomando ciência de que os tribunais judiciais superiores firmaram entendimento em sentido diverso, pela incidência desse tributo, adotou a mesma interpretação da legislação firmada nos tribunais superiores e passou a fazer o lançamento do referido tributo, observando os prazos decadenciais.

Relativamente a essa situação, a Fazenda Pública municipal

(A) nada poderá reclamar do contribuinte, nem mesmo o valor nominal do tributo, pois ele agiu em conformidade com decisão proferida em processo administrativo tributário à qual a lei daquele município atribui eficácia normativa.

(B) poderá reclamar o tributo devido, mas não poderá impor penalidades, nem reclamar juros de mora ou atualização monetária pelo imposto pago extemporaneamente.

(C) poderá reclamar o tributo devido, bem como impor penalidades e reclamar juros de mora e atualização monetária pelo tributo pago extemporaneamente.

(D) poderá reclamar o tributo devido e impor penalidades, mas não poderá reclamar juros de mora ou atualização monetária pelo imposto pago extemporaneamente.

(E) poderá reclamar o tributo devido, impor penalidades e reclamar atualização monetária sobre o imposto pago extemporaneamente, pois isso não implica aumento da base de cálculo do imposto, mas não poderá reclamar juros de mora pelo imposto pago extemporaneamente.

Essa situação enseja debate quanto à possibilidade de uma autoridade municipal descumprir uma norma local (decisão administrativa com efeitos normativos – art. 100, II, do CTN), ou ainda a possibilidade, sempre questionada, de o ente político recorrer judicialmente de decisão administrativa proferida por órgão de sua própria estrutura. Entretanto, a leitura das alternativas permite perceber que o examinador exigia apenas o conhecimento do disposto no art. 100, parágrafo único, do CTN, pelo qual o cumprimento de normas complementares pelos contribuintes, posteriormente consideradas ilegais ou inconstitucionais, não afasta o dever de recolher o tributo (conforme a lei e a Constituição), mas impede a imposição de penalidade, cobrança de juros de mora e atualização do valor monetário da base de cálculo do tributo. Por essa razão, a alternativa "B" é a correta.

Gabarito "B"

(Auditor Fiscal – São Paulo/SP – FCC – 2012) Um município brasileiro criou, hipoteticamente, por meio de lei ordinária, uma nova taxa, de conformidade com as normas gerais de direito tributário que disciplinam essa matéria, mas deixou para o decreto regulamentador a fixação de sua alíquota e de sua base de cálculo.

A lei em questão não poderia, todavia, ter atribuído ao decreto a competência para fixar alíquota e determinar a base de cálculo da referida taxa, porque determinar a base de cálculo das taxas

(A) é matéria de lei complementar e fixar a alíquota delas é matéria de lei ordinária.

(B) e fixar a alíquota delas é matéria de lei ordinária.

(C) e fixar a alíquota delas é matéria de lei complementar.

(D) é matéria de lei ordinária, mas fixar a alíquota delas é matéria tanto de lei complementar como de lei ordinária.

(E) é matéria tanto de lei complementar como de lei ordinária, mas fixar a alíquota delas é matéria apenas de lei ordinária.

A fixação de alíquotas e base de cálculo de taxas (como no caso da generalidade dos tributos) deve ser feita por lei – art. 97, IV, do CTN. Exige-se lei complementar apenas para: (a) determinados tributos da competência federal (arts. 148, 153, VII, 154, I, 195, § 4º, da CF) e (b) base de cálculo e contribuintes dos impostos previstos na Constituição (art. 146, III, *a*, da CF). Por essas razões, a alternativa "B" é a correta.

Gabarito "B"

(Magistratura/CE – 2014 – FCC) Atendidas as condições e os limites estabelecidos em lei, o IPI, o ICMS, as taxas municipais pelo poder de polícia, as contribuições de melhoria e o Imposto de Exportação podem ter suas alíquotas aumentadas, respectivamente, por:

(A) lei ordinária, decreto, lei ordinária, decreto e lei ordinária.

(B) lei complementar, lei ordinária, decreto, decreto e lei complementar.

(C) decreto, lei ordinária, lei ordinária, lei ordinária e decreto.

(D) lei ordinária, decreto, lei ordinária, lei ordinária e lei complementar.

(E) decreto, lei ordinária, decreto, decreto e lei ordinária.

O IPI e o imposto de exportação, a exemplo do imposto de importação e do IOF, podem ter suas alíquotas modificadas por ato infralegal, nas condições e nos limites fixados pela lei – art. 153, § 1º, da CF. O ICMS, as taxas e as contribuições de melhoria somente podem ter suas alíquotas alteradas por lei – art. 150, I, da CF. Por essa razão, a alternativa "C" é a única correta.

Gabarito "C"

(Advogado da Metro/SP – 2014 – FCC) Considere as seguintes matérias tributárias:

I. Regular as limitações constitucionais ao poder de tributar.

II. Estabelecer normas gerais em matéria de legislação tributária, especialmente sobre adequado tratamento tributário ao ato cooperativo praticado pelas sociedades cooperativas.

III. Estabelecer critérios diferenciados de tributação com o objetivo de prevenir desequilíbrios da concorrência.

IV. Instituir empréstimos compulsórios.

Nos termos da Constituição Federal, cabe à lei complementar dispor sobre o que consta em:

(A) III e IV, apenas.

(B) I e III, apenas.

(C) I, apenas.

(D) I e II, apenas.

(E) I, II, III e IV.

I: correta, nos termos do art. 146, II, da CF; **II:** correta, nos termos do art. 146, III, *c*, da CF; **III:** correta, nos termos do art. 146-A da CF; **IV:** correta, conforme o art. 148 da CF.

Gabarito "E"

6. VIGÊNCIA, APLICAÇÃO, INTERPRETAÇÃO E INTEGRAÇÃO

(Magistratura/RR – 2015 – FCC) O Código Tributário Nacional estabelece que, em caso de dúvida quanto à natureza ou às circunstâncias materiais do fato, ou à natureza ou extensão dos seus efeitos, deverá ser interpretada da maneira mais favorável ao acusado, a lei tributária que

(A) outorga isenções.

(B) cria obrigações acessórias para o sujeito passivo.

(C) define o fato gerador do tributo.

(D) define infrações.

(E) fixa percentuais de juros de mora.

Nos termos do art. 112 do CTN, a lei tributária que define infrações, ou lhe comina penalidades, interpreta-se da maneira mais favorável ao acusado, em caso de dúvida quanto: (i) à capitulação legal do fato; (ii) à natureza ou às circunstâncias materiais do fato, ou à natureza ou extensão dos seus efeitos; (iii) à autoria, imputabilidade, ou punibilidade; e (iv) à natureza da penalidade aplicável, ou à sua graduação. Por essa razão, a alternativa "D" é a correta.

Gabarito "D"

(Auditor Fiscal – São Paulo/SP – FCC – 2012) Um município brasileiro, desconsiderando as regras de direito privado a respeito de transmissões onerosas e doações de bens e direitos, inseriu, na lei ordinária que instituiu o ITBI naquele município, uma regra jurídica que equiparava as doações de imóveis, feitas entre parentes em linha reta e entre parentes em linha colateral, até o terceiro grau, a transmissões onerosas e, com base nessa norma legal, passou a cobrar o ITBI sobre essas transmissões.

Nesse caso, a norma municipal acima referida

(A) poderia ter sido criada pelo município, desde que o município firmasse convênio com o Estado no qual está localizado, transferindo a competência tributária do Estado para a do município e promovendo repartição de receita com o ente estadual, de modo que este recebesse em repasse a mesma importância que receberia se a operação tivesse sido tributada pelo ITCMD.

(B) não poderia ter sido criada pelo município, pois é competência dos Estados, e não dos municípios, legislar sobre o ITBI.

(C) não poderia ter sido criada pelo município, pois ela fere norma geral de direito tributário que impede que a pessoa jurídica de direito público edite norma para alterar a definição, o conteúdo e o alcance de institutos, conceitos e formas de direito privado, utilizados, expressa ou implicitamente, pela Constituição Federal, para definir ou limitar competências tributárias.

(D) poderia ter sido criada pelo município, pois é competência dos municípios legislar sobre o ITBI.

(E) poderia ter sido criada pelo município, desde que o município firmasse convênio com o Estado no qual ele está localizado, transferindo a competência tributária do Estado para a competência tributária do município.

A: incorreta, pois a competência tributária é indelegável – art. 7º do CTN; **B**: incorreta, pois o ITBI é da competência municipal – art. 156, II, da CF; **C**: essa é a correta, nos termos do art. 110 do CTN; **D**: incorreta, pois houve doação, conforme definido pela legislação civil, o que se submete à competência exclusiva dos Estados e do Distrito Federal – art. 155, I, da CF; **E**: incorreta, conforme comentário à alternativa "A".

Gabarito "C"

(Auditor Fiscal – São Paulo/SP – FCC – 2012) Uma lei hipotética do município de São Paulo reduziu de 50% para 30% o percentual da penalidade aplicável ao sujeito passivo que descumpriu uma determinada obrigação tributária.

Esse novo percentual de penalidade se aplica

(A) em relação a todas as infrações cometidas depois da entrada da lei em vigor e, em relação àquelas cometidas antes dessa data, somente em relação aos processos não definitivamente julgados e desde que a nova lei mencione expressamente produzir efeitos retroativos.

(B) apenas às infrações cometidas após a data em que essa lei entrou em vigor.

(C) apenas às infrações cometidas antes da data em que essa lei entrou em vigor.

(D) em relação às infrações cometidas tanto antes, como depois, da data em que essa lei entrou em vigor.

(E) em relação a todas as infrações cometidas depois da entrada da lei em vigor e, em relação àquelas cometidas antes dessa data, somente em relação aos processos não definitivamente julgados.

A: incorreta, pois não é necessária menção expressa ao efeito retroativo – art. 106, II, do CTN; **B**: incorreta, pois a norma que reduz penalidade aplica-se a fatos pretéritos, desde que não definitivamente julgados – art. 106, II, do CTN; **C**: incorreta, pois a regra é a aplicação prospectiva (para frente) da norma – ver o art. 150, III, *a*, da CF; **D**: incorreta, pois a aplicação retroativa não ocorre nos casos definitivamente julgados (nem quando já houve recolhimento da penalidade – extinção do crédito, ato jurídico perfeito); **E**: assertiva correta, conforme comentários anteriores.

Gabarito "E"

(Auditor Fiscal – São Paulo/SP – FCC – 2012) Legislações municipais brasileiras estabelecem a incidência do ISS nas prestações de serviços de "alfaiataria e costura, quando o material for fornecido pelo usuário final, exceto aviamento".

Órgãos de fiscalização de alguns municípios, desconsiderando a própria restrição contida nesse dispositivo da lei complementar federal e de sua própria lei municipal, expediram notificação do lançamento do ISS, reclamando o tributo também sobre as prestações de serviços de alfaiataria e costura, inclusive nos casos em que o material utilizado nessa prestação não tenha sido fornecido pelo usuário final. A justificativa legal para sua cobrança foi o uso da analogia prevista no CTN, pois, no entender daquelas autoridades municipais, as prestações de serviços em que o material é fornecido pelo consumidor final são análogas àquela em que o referido material não é fornecido.

Nesse caso, a ação dos órgãos de fiscalização municipal,

(A) está em desconformidade com a legislação, porém, neste caso, deve o contribuinte se conformar com o lançamento efetuado, tendo em vista sua legalidade, somente restando a ele se socorrer dos princípios gerais de direito público, a fim de minorar os efeitos da cobrança.

(B) não merece reparos, tendo em vista a possibilidade de se cobrar tributos para fatos não contemplados pela lei, mas que seriam semelhantes a fatos geradores legalmente previstos.

(C) não merece reparos, porém, neste caso, deve o contribuinte pleitear a aplicação da equidade, tendo em vista ser dispensado do pagamento do tributo devido.

(D) está em desconformidade com a legislação, porém, nesse caso, deve o contribuinte se conformar com o lançamento efetuado, tendo em vista sua legalidade, somente restando a ele se socorrer dos princípios gerais de direito tributário, a fim de minorar os efeitos da cobrança.

(E) está em desconformidade com a legislação e, em razão disso, o contribuinte tem a possibilidade de se insurgir contra o lançamento efetuado, alegando que não se pode exigir imposto não previsto em lei, por meio de analogia.

A e **D**: incorretas, pois paradoxais. Não há como algo estar em desconformidade com a legislação e, ao mesmo tempo, estar dentro da legalidade. No caso, a exação é indevida e pode ser contestada pelo contribuinte; **B** e **C**: incorretas, pois a aplicação da analogia é possível somente em caso de lacuna legislativa (não é o caso) e, principalmente, jamais poderá implicar exigência de tributo sem previsão legal – art. 108, § 1º, do CTN; **E**: essa é a correta, conforme comentários às alternativas anteriores.

Gabarito "E"

(Auditor Fiscal – São Paulo/SP – FCC – 2012) A autoridade competente para aplicar a lei tributária municipal, estando diante de norma legal a partir da qual se podem erigir diferentes interpretações, deverá interpretá-la de maneira mais favorável ao

(A) sujeito passivo de obrigação acessória, quanto à extensão dos prazos para cumprimento de obrigação acessória.

(B) acusado, quando essa lei tributária estiver definindo infrações ou cominando penalidades.

(C) contribuinte, no tocante à alíquota e à base de cálculo aplicáveis a um determinado tributo.

(D) contribuinte acusado, no tocante à alíquota e à base de cálculo aplicáveis a um determinado tributo, bem como às penalidades passíveis de imposição a ele.

(E) contribuinte, no tocante à alíquota aplicável a um determinado tributo.

A: incorreta, pois a interpretação mais benéfica ao contribuinte (infrator, a rigor) refere-se às infrações e penalidades – art. 112 do CTN. As normas relativas à dispensa de obrigação acessória devem ser interpretadas literalmente (estritamente) – art. 111 do CTN; **B**: essa é a correta, conforme comentário anterior; **C**: incorreta, conforme comentário à alternativa "A". A interpretação das normas relativas ao tributo (alíquota, base de cálculo) deve ser estrita; **D**: incorreta, pois a interpretação mais benéfica refere-se apenas às penalidades – art. 112 do CTN; **E:** incorreta, conforme comentários anteriores.

Gabarito "B"

(Procurador do Município – Cuiabá/MT – 2014 – FCC) Considere os seguintes itens:

I. Tratando-se de ato não definitivamente julgado, quando lhe comine penalidade menos severa que a prevista na lei vigente ao tempo da sua prática.

II. Em qualquer caso, quando deixe de tratá-lo como contrário a qualquer exigência de ação ou omissão, desde que não tenha sido fraudulento e não tenha implicado em falta de pagamento de tributo.

III. Em qualquer caso, quando a lei seja expressamente interpretativa, excluída a aplicação de penalidade à infração dos dispositivos interpretados.

De acordo com o Código Tributário Nacional, há possibilidade de retroatividade da aplicação da lei APENAS em:

(A) II e III.

(B) I e III.

(C) III.

(D) II.

(E) I.

I: correta, conforme o art. 106, II, *c*, do CTN; **II:** incorreta, pois há retroatividade apenas em caso de ato não definitivamente julgado, nos termos do art. 106, II, *b*, do CTN; **III:** correta, conforme o art. 106, I, do CTN.

Gabarito "B"

(Procurador do Município – Cuiabá/MT – 2014 – FCC) Ao analisar auto de infração, cujo termo de início de fiscalização e lavratura deu-se em 2013 por autoridade administrativa fazendária municipal, em face de infração cometida em 2009 por contribuinte do ISSQN, verifica-se que a legislação aplicável ao contribuinte à época do fato gerador fora revogada em 2011, e a legislação instituindo novos critérios de apuração e processos de fiscalização fora alterada em 2012. Com base nestas informações, considere as assertivas a seguir:

I. A legislação aplicável ao lançamento referente ao contribuinte infrator deve ser a vigente em 2009.

II. A legislação aplicável ao lançamento referente ao contribuinte infrator deve ser a de 2009 e a aplicável à autoridade administrativa, em sua fiscalização e procedimento de lavratura, deve ser a vigente em 2013.

III. A legislação aplicável à autoridade administrativa em sua fiscalização e procedimento de lavratura deve ser a vigente em 2009. Estão de acordo com os dispositivos do Código Tributário

Nacional em relação ao lançamento tributário, o que se afirma APENAS em

(A) I e II.

(B) I.

(C) II.

(D) III.

(E) I e III.

I: correta, pois, em relação ao tributo, aplica-se sempre a lei vigente à época do fato gerador; **II:** correta, nos termos dos arts. 105 e 144, § 1º, do CTN; **III:** incorreta, pois aplica-se ao lançamento a legislação que, posteriormente à ocorrência do fato gerador da obrigação, tenha instituído novos critérios de apuração ou processos de fiscalização – art. 144, § 1º, do CTN.

Gabarito "A"

(Procurador Legislativo – Câmara de Vereadores de São Paulo/SP – 2014 – FCC) No processo de interpretação e integração da legislação tributária

(A) é vedada a aplicação da analogia que amplie o aspecto material da hipótese de incidência, porque em Direito Tributário vigora a regra da estrita legalidade.

(B) não existe vedação legal expressa para aplicação da analogia, mas, ao contrário, é legalmente admitida para o imposto sobre serviços de qualquer natureza – ISS, na interpretação do rol de serviços tributáveis.

(C) o uso da equidade é proibido expressamente no Código Tributário Nacional, diante da regra da irretroatividade da lei tributária e do princípio da igualdade.

(D) não existe uma ordem de preferência legal para aplicação de ferramentas de interpretação.

(E) não se aplicam os princípios gerais de direito privado, tendo em vista que o Direito Tributário é ramo do direito público.

A: correta, nos termos do art. 150, I, da CF e art. 108, § 1º, do CTN; **B:** incorreta, até porque a listagem de serviços na LC 116/2003 é taxativa, embora admita interpretação extensiva em cada item; **C:** incorreta, pois a equidade é método integrativo válido, embora limitado, nos termos do art. 108, IV, e § 2º, do CTN; **D:** incorreta, pois, especificamente para a integração, há ordem expressa no art. 108 do CTN; **E:** incorreta, pois os princípios de direito são aplicados, nos termos e com a limitação do art. 109 do CTN.

Gabarito "A"

7. FATO GERADOR E OBRIGAÇÃO TRIBUTÁRIA

(Procurador do Estado – PGE/MT – FCC – 2016) A obrigação tributária acessória, relativamente a um determinado evento que constitua, em tese, fato gerador de um imposto,

(A) não poderá ser instituída, em relação a um mesmo fato jurídico, por mais de uma pessoa política distinta.

(B) não pode ser exigida de quem é imune ao pagamento do imposto.

(C) pode ser exigida de quem é isento do imposto.

(D) poderá ser exigida de quaisquer pessoas designadas pela lei tributária que disponham de informação sobre os bens, serviços, rendas ou patrimônio de terceiros, independentemente de cargo, ofício, função, ministério, atividade ou profissão por aqueles exercidas.

(E) não é exigível no caso de não incidência tributária, pois inexiste interesse da arrecadação ou fiscalização tributárias a justificar a imposição acessória.

A: incorreta, pois não há bitributação em relação a obrigações acessórias. Assim, o fisco municipal e o fisco federal podem, concomitantemente, exigir dados relativos a determinado imóvel para determinar se o tributo devido é o IPTU ou o ITR, por exemplo; **B:** incorreta, pois a imunidade e os benefícios fiscais em geral não afastam necessariamente as obrigações acessórias. Uma entidade imune deve fornecer dados de sua atividade financeira ao fisco federal, por exemplo, para que este possa verificar se preenche mesmo os requisitos para a imunidade em relação ao imposto de renda – art. 194, parágrafo único, do CTN; **C:** correta, conforme comentário anterior – art. 194, parágrafo único, do CTN; **D:** incorreta, pois o dever de prestar informações ao fisco não se aplica a fatos sobre os quais o informante esteja legalmente obrigado a observar segredo em razão de cargo, ofício, função, ministério, atividade ou profissão – art. 197, parágrafo único, do CTN. RB

Gabarito "C"

(Auditor Fiscal – São Paulo/SP – FCC – 2012) A empresa Fernando Rosa S/C Ltda., contribuinte de imposto municipal, efetuou prestação de serviço sujeita à incidência desse imposto, emitiu corretamente o documento fiscal previsto na legislação municipal, escriturou-o regularmente no livro próprio, apurou o montante do imposto a pagar no término do período de apuração e, ao final, pagou o imposto devido.

A obrigação tributária principal

(A) se extingue juntamente com a extinção do fato gerador.

(B) não se extingue.

(C) se extingue com o lançamento por homologação feito pelo contribuinte.

(D) se extingue juntamente com a extinção do crédito tributário dela decorrente.

(E) se extingue com a apresentação de pedido de parcelamento do crédito tributário.

A: incorreta, pois fato gerador é a situação que faz surgir a obrigação, de modo que não pode (o fato gerador) ser extinto (é a obrigação e o crédito correspondente que são extintos); **B:** incorreta, pois a extinção do crédito implica, em regra, extinção da obrigação tributária correspondente; **C:** incorreta, pois lançamento, em si, não implica extinção do crédito. O recolhimento do tributo e da penalidade objeto desse lançamento (pagamento antecipado) é que corresponde à extinção do crédito – art. 156, VII, do CTN; **D:** correta, conforme comentário à alternativa "B"; **E:** incorreta, pois o efetivo parcelamento apenas suspende a exigibilidade do crédito (a extinção ocorre apenas com a quitação do débito parcelado) – art. 151, VI, do CTN.

Gabarito "D"

(Auditor Fiscal – São Paulo/SP – FCC – 2012) Um determinado município paulista, ao instituir o ISS, imposto de competência municipal, criou, na mesma lei ordinária, várias obrigações acessórias, no interesse da arrecadação e fiscalização desse imposto.

Com relação à referida lei ordinária, é correto afirmar que

(A) cabe à lei complementar criar tanto obrigações principais, como obrigações acessórias.

(B) ela não poderia ter criado obrigações acessórias, pois isso é atribuição de decreto.

(C) ela não poderia ter criado obrigações acessórias, pois isso é atribuição de normas regulamentares e infrarregulamentares.

(D) não há irregularidade alguma em ela ter criado obrigações acessórias.

(E) lei ordinária só pode criar obrigação principal e normas infralegais só podem criar obrigações acessórias.

A: incorreta, pois, em regra, basta lei ordinária para fixar obrigações principais e acessórias (há alguns tributos federais que exigem lei complementar); **B** e **C:** incorretas, pois é possível instituir obrigação acessória por lei (há quem entenda que não se pode instituí-las por norma infralegal); **D:** correta, conforme comentários anteriores; **E:** incorreta, pois é possível a instituição de obrigação acessória por lei, conforme comentários anteriores (o debate é sobre a possibilidade de instituir-se obrigação acessória por norma infralegal).

Gabarito "D"

8. LANÇAMENTO, CRÉDITO TRIBUTÁRIO

(Procurador do Estado – PGE/MT – FCC – 2016) Considere:

I. A modalidade de lançamento a ser aplicada pelo fisco por ocasião da constituição do crédito tributário é a que impõe o menor ônus ao contribuinte, inclusive quanto às opções fiscais relativas a regimes de apuração, créditos presumidos ou outorgados e demais benefícios fiscais que o contribuinte porventura não tenha aproveitado.

II. A modalidade de lançamento por declaração é aquela na qual o contribuinte, tendo efetivado o cálculo e recolhimento do tributo devido com base na legislação, apresenta à autoridade fazendária a declaração dos valores correspondentes à base de cálculo, alíquota, tributo devido e recolhimento efetuado.

III. O pagamento antecipado efetivado pelo contribuinte poderá ser efetuado mediante guia de recolhimentos, compensação ou depósito judicial.

IV. O lançamento de ofício é o formalizado quando a autoridade fazendária identifica diferenças no crédito tributário constituído espontaneamente pelo contribuinte.

Está correto o que se afirma APENAS em

(A) IV.

(B) II e III.

(C) III e IV.

(D) I.

(E) I e II.

I: incorreta, pois a modalidade de lançamento (ofício, homologação ou declaração) é determinada pela legislação tributária, inexistindo discricionariedade – art. 142 do CTN; **II:** incorreta, pois no lançamento por declaração o fisco recebe as informações do contribuinte, calcula o tributo devido e notifica-o a recolher – art. 147 do CTN; **III:** incorreta, pois a compensação depende de lei autorizativa específica para servir como modalidade de extinção de crédito (art. 170 do CTN) e o depósito judicial apenas suspende sua exigibilidade (não corresponde a pagamento – art. 151, II, do CTN); **IV:** correta, sendo essa uma hipótese que dá ensejo ao lançamento de ofício – art. 149, V, do CTN. RB

Gabarito "A"

(Magistratura/GO – 2015 – FCC) Segundo o Código Tributário Nacional é possível a revisão do lançamento com a consequente modificação do crédito tributário, de ofício pela autoridade administrativa. Neste caso,

(A) é situação específica da modalidade de lançamento por homologação, quando o sujeito passivo já fez o pagamento antecipado, prestou as declarações necessárias e o Fisco vai homologar ou não o pagamento.

(B) somente é possível a revisão do lançamento na modalidade de lançamento de ofício.

(C) o lançamento somente pode ser revisto de ofício enquanto não extinto o direito da Fazenda Pública.

(D) admite-se apenas a revisão de ofício nas hipóteses de lançamento por declaração, quando se comprove que houve dolo, fraude ou simulação.

(E) se o lançamento foi de ofício não cabe sua revisão pela autoridade administrativa, tendo em vista que a mesma já exerceu seu direito à fiscalização do fato gerador.

A: incorreta, pois a homologação pela autoridade não se confunde com revisão do lançamento – art. 149 do CTN; **B:** incorreta, pois a autoridade pode rever o lançamento anteriormente realizado por qualquer modalidade – art. 149 do CTN; **C:** correta, conforme o art. 149, parágrafo único, do CTN; **D** e **E:** incorretas, conforme comentário à alternativa "B".

Gabarito "C"

(Auditor Fiscal – São Paulo/SP – FCC – 2012) Um contribuinte do Imposto Predial e Territorial Urbano – IPTU possuía um imóvel urbano com área construída equivalente a 250 m^2. Após a reforma que promoveu nesse imóvel, no final do ano de 2009, a área construída, passou a ser de 400 m^2.

Essa reforma foi feita sem o conhecimento nem a autorização das autoridades municipais competentes, com o intuito de evitar o aumento do valor do IPTU lançado para esse imóvel.

Independentemente das sanções que esse contribuinte possa sofrer pelas irregularidades cometidas, foi constatado que, nos anos de 2010 e 2011, a prefeitura daquele município lançou o IPTU em valor menor do que o devido, pois considerou como construída a área de 250 m2, e não de 400 m2.

Em setembro de 2011, ao tomar conhecimento de que a área construída do referido imóvel havia sido aumentada sem a devida comunicação à municipalidade, a fiscalização municipal, em relação ao IPTU,

(A) pode revisar de ofício apenas o lançamento do IPTU referente ao exercício de 2011, pois foi nesse exercício que o fisco constatou a existência de aumento da área construída.

(B) não pode fazer coisa alguma, pois os lançamentos do IPTU referentes aos exercícios de 2010 e 2011 já haviam sido feitos e estavam revestidos de definitividade.

(C) pode revisar de ofício os lançamentos do IPTU referentes aos exercícios de 2010 e 2011, para apreciar fatos anteriormente desconhecidos (o aumento da área construída), não havendo prazo limite para o início dessa revisão, pois o contribuinte agiu com dolo ao deixar de informar a Fazenda Pública municipal a respeito da ampliação da área construída.

(D) desde que autorizado judicialmente, pode rever de ofício os lançamentos do IPTU referentes aos exercícios de 2010 e 2011, para apreciar fatos anteriormente desconhecidos (o aumento da área construída), devendo essa revisão do lançamento, porém, ser iniciada enquanto não extinto o direito da Fazenda Pública.

(E) pode revisar de ofício os lançamentos do IPTU referentes aos exercícios de 2010 e 2011, para apreciar fatos anteriormente desconhecidos (o aumento da área construída), devendo essa revisão do lançamento, porém, ser iniciada enquanto não extinto o direito da Fazenda Pública.

A, B e **D:** incorretas, pois em ambos os lançamentos citados houve dolo do contribuinte e erro de fato, o que permite a retificação de ofício do lançamento pela autoridade fiscal, sem necessidade de provimento jurisdicional (o lançamento é privativo da autoridade fiscal) – art. 149, VII e VIII, do CTN; **C:** incorreta, pois há sempre prazo decadencial, nos termos dos arts. 149, parágrafo único, e 173 do CTN; **E:** essa é a correta, conforme comentários anteriores.

Gabarito "E"

(Auditor Fiscal – São Paulo/SP – FCC – 2012) Um determinado tributo, cuja legislação de regência determine aos seus contribuintes a emissão do correspondente documento fiscal, com sua posterior escrituração no livro fiscal próprio, seguida da apuração do valor devido no final de cada período de competência e, finalmente, do subsequente recolhimento do valor apurado junto à rede bancária, tudo sem a prévia conferência do fisco, ficando essa atividade desenvolvida pelo contribuinte sujeita à posterior análise e exame pelo agente do fisco, que poderá considerá-la exata ou não, caracteriza a forma de lançamento denominada

(A) extemporâneo.

(B) de ofício.

(C) por homologação.

(D) por declaração.

(E) misto.

A descrição corresponde ao lançamento por homologação, conforme o art. 150 do CTN.

Gabarito "C"

(Defensor Público/AM – 2013 – FCC) Em caso de tributo sujeito a lançamento por homologação, o não pagamento antecipado pelo sujeito passivo traz como consequência a

(A) exclusão do crédito tributário, que deverá, portanto, ser lançado de ofício pelo fisco, sob pena de prescrição.

(B) necessidade do fisco em lançar de ofício, o que acontecerá com a lavratura de Auto de Infração e Imposição de Multa, sob pena de decadência.

(C) extinção da obrigação tributária em cinco anos a contar da ocorrência do fato gerador pela decadência, caso o fisco não realize o autolançamento neste prazo.

(D) suspensão da exigibilidade do crédito tributário até que o fisco lavre Auto de Infração e Imposição de Multa.

(E) presunção de existência do crédito tributário por parte do fisco, que deve imediatamente inscrevê-lo em dívida ativa e propor execução fiscal.

A: incorreta, pois exclusão do crédito tributário refere-se à isenção ou à anistia – art. 175 do CTN; **B:** correta, nos termos do art. 149, V, do CTN; **C:** incorreta, pois o fisco não faz autolançamento (isso é feito pelo sujeito passivo). A autoridade fiscal realiza o lançamento de ofício em face da omissão do contribuinte – art. 149, V, do CTN; **D:** incorreta, pois a omissão do contribuinte não é causa de suspensão da exigibilidade do crédito tributário – art. 151 do CTN; **E:** incorreta. É importante salientar, entretanto, que, caso o contribuinte tenha declarado o tributo devido, apesar da omissão no pagamento, seria desnecessário o lançamento de ofício previsto no art. 149, V, do CTN, sendo possível a imediata inscrição e cobrança – Súmula 436/STJ.

Gabarito "B"

9. SUJEIÇÃO PASSIVA, RESPONSABILIDADE TRIBUTÁRIA, CAPACIDADE E DOMICÍLIO

(Procurador do Estado – PGE/MT – FCC – 2016) A pessoa jurídica DAMALINDA, dedicada ao varejo de vestuários, é composta por dois sócios, um dos quais assumiu a administração da empresa conforme previsto em seus atos constitutivos. Em razão de dificuldades financeiras, essa empresa passou a interromper os recolhimentos do ICMS, visando a obter recursos para o pagamento de seus empregados e fornecedores. Não obstante a inadimplência, a empresa continuou a declarar o valor mensalmente devido. Após certo período de tempo, a atividade se revelou efetivamente inviável, e o administrador optou por encerrar suas atividades e fechou todas as lojas, leiloando em um *site* de internet todo o saldo de estoques. A decisão deste administrador

I. foi acertada, pois se a empresa estava em dificuldades não haveria motivo para continuar com as atividades e incrementar ainda mais seu passivo tributário.

II. foi incorreta, pois ao simplesmente fechar as portas das lojas ficou caracterizada a dissolução irregular, o que poderá justificar o futuro redirecionamento de execuções fiscais à pessoa física dos sócios.

III. foi incorreta, pois o administrador poderia ter recorrido a remédios legais para a proteção de empresas em dificuldade, tais como a recuperação de empresas e a falência, ao invés de simplesmente encerrar suas atividades sem a comunicação aos órgãos administrativos competentes.

IV. não alterou a situação legal do outro sócio no tocante à respectiva responsabilidade pelo crédito tributário, uma vez que todos os sócios respondem pelos débitos fiscais da sociedade.

Está correto o que se afirma APENAS em

(A) I e IV.

(B) II e III

(C) II.

(D) III.

(E) IV.

I: incorreta pelo aspecto jurídico-tributário, já que o fechamento das portas sem baixa nos registros empresariais e fiscais implica dissolução irregular e responsabilidade do sócio administrador pelos tributos inadimplidos – art. 135, III, do CTN e Súmula 435/STJ; **II:** correta, lembrando que somente o sócio administrador pode ser responsabilizado, conforme comentário anterior; **III:** correta, sendo em tese viável a recuperação ou pedido de falência – Lei 11.101/2005; **IV:** incorreta, pois somente o sócio administrador pode ser responsabilizado, por ter atuado na gestão da empresa – art. 135, III, do CTN. RB

Gabarito "B"

(Magistratura/GO – 2015 – FCC) A atribuição ao sujeito passivo de obrigação tributária da condição de responsável pelo pagamento de imposto cujo fato gerador deva ocorrer posteriormente

(A) pode acontecer, nos termos da lei, na hipótese em que o empregador faz a retenção na fonte do IRPF de seu empregado.

(B) é inadmissível, uma vez que a obrigação tributária surge apenas após a ocorrência do fato gerador.

(C) pode acontecer, nos termos da lei, na hipótese de recolhimento antecipado de ICMS pelo fabricante de veículos automotores relativamente à futura revenda dos mesmos pelas concessionárias.

(D) trata-se da substituição tributária para trás, cujo fundamento é previsto expressamente na Constituição da República.

(E) pode acontecer, nos termos da lei, quando o tomador do serviço faz a retenção na fonte do ISSQN devido pelo prestador do serviço por ocasião do pagamento pelo serviço prestado.

A: incorreta, pois, nesse caso, o fato gerador é concomitante à retenção pela fonte; **B:** incorreta, pois a substituição tributária "para frente" é expressamente prevista no art. 150, § 7º, da CF; **C:** correta, sendo esse exemplo da substituição tributária "para frente"; **D:** incorreta, pois a substituição tributária "para trás" é espécie de diferimento do recolhimento do imposto, que não se confunde com a antecipação que ocorre na substituição "para frente"; **E:** incorreta, pois é o mesmo caso comentado na alternativa "A".

Gabarito "C"

(Magistratura/GO – 2015 – FCC) A responsabilidade tributária

(A) é atribuída expressamente por lei à terceira pessoa, que não praticou o fato gerador, mas que está a ele vinculado, podendo ser exclusiva ou supletiva à obrigação do contribuinte.

(B) é atribuída ao sujeito passivo da obrigação tributária que pratica o fato gerador.

(C) é do contribuinte quando a lei lhe impõe esta obrigação, mesmo que não pratique o fato gerador.

(D) pode ser atribuída a terceiro estranho ao fato gerador através de contrato particular firmado entre o contribuinte e terceiro.

(E) independe de qualquer vínculo jurídico entre o terceiro e o contribuinte, bastando que haja expressa disposição legal ou convenção entre as partes.

A: correta, nos termos do art. 128 do CTN; **B:** incorreta, pois o sujeito passivo que pratica o fato gerador é o próprio contribuinte – art. 121, parágrafo único, I, do CTN; **C:** incorreta, pois esse é o responsável tributário – art. 121, parágrafo único, II, do CTN; **D:** incorreta, pois a sujeição passiva é sempre fixada por lei, jamais por acordo privado – art. 123 do CTN; **E:** incorreta, conforme comentário à alternativa "D".

Gabarito "A"

(Procurador do Estado – PGE/RN – FCC – 2014) A antecipação dos efeitos do fato gerador

(A) tem cabimento nas hipóteses de fato gerador pretérito.

(B) está expressamente autorizada na Constituição Federal.

(C) trata-se de substituição tributária para trás.

(D) acontece nos tributos sujeitos a lançamento por homologação, quando ocorre o pagamento antecipado.

(E) não é reconhecida pelo direito pátrio, pois só existirá crédito tributário a partir do momento em que ocorrer o fato gerador.

A: incorreta, pois se o fato gerador é pretérito (passado), é porque já aconteceu, evidentemente, não sendo lógico falar em antecipação de seus efeitos; **B:** correta, é a substituição tributária "para frente" – art. 150, § 7º, da CF; **C:** incorreta, pois a antecipação refere-se à substituição tributária "para frente" ou progressiva; **D:** incorreta, pois a simples antecipação de pagamento não é, necessariamente, substituição tributária, que pressupõe responsabilidade de terceiro distinto do contribuinte; **E:** incorreta, conforme comentários anteriores. RB

Gabarito "B"

(Procurador do Estado – PGE/RN – FCC – 2014) Segundo o Código Tributário Nacional, a denúncia espontânea

(A) impede a constituição do crédito tributário relativamente aos juros de mora e à multa moratória.

(B) é causa de extinção do crédito tributário.

(C) tem lugar antes de qualquer procedimento administrativo ou medida de fiscalização relacionados com a infração.

(D) alcança a obrigação principal e a obrigação acessória, acarretando a exclusão do crédito tributário.

(E) só pode ser realizada nos tributos sujeitos a lançamento por homologação, desde que não tenha havido apresentação de declaração, quando exigida.

A: incorreta, pois a denúncia espontânea pressupõe o pagamento integral do tributo, acrescido de juros, afastando apenas as multas – art. 138 do CTN; **B:** incorreta, pois a extinção se dá pelo pagamento do tributo, não especificamente pela denúncia espontânea, que é característica e efeito do pagamento feito nas condições do art. 138 do CTN; **C:** correta – art. 138 do CTN; **D:** incorreta, pois a denúncia espontânea refere-se a pagamento de tributo, não a obrigações acessórias – art. 138 do CTN; **E:** incorreta, pois não há limitação em relação à modalidade de lançamento. É possível, em tese, denúncia espontânea em relação a tributo lançado de ofício a menor, por falta de informações do contribuinte, por exemplo. No caso dos tributos lançados por homologação, é interessante lembrar que, de fato, se houver declaração prévia do débito, inexiste denúncia espontânea, conforme a Súmula 360/STJ. RB

Gabarito "C"

(Auditor Fiscal – São Paulo/SP – FCC – 2012) Um contribuinte infrator de dispositivo da legislação tributária, querendo sanear a irregularidade cometida, pretende promover a denúncia espontânea. Como essa infração resultou em sonegação do tributo, esse contribuinte infrator, para evitar a imposição de sanções fiscais sobre ele, decidiu efetuar o pagamento do tributo devido, acrescido dos juros de mora sobre ele incidentes.

Para que essa denúncia esteja revestida de espontaneidade, ela deverá ser feita antes

(A) de o fisco dar início a qualquer procedimento administrativo ou medida de fiscalização, relacionados com a infração.

(B) do julgamento de impugnação apresentada contra o lançamento de ofício da penalidade pecuniária.

(C) do transcurso do prazo prescricional.

(D) da ocorrência do fato gerador da obrigação tributária principal à qual a infração está vinculada.

(E) do transcurso do prazo decadencial.

A denúncia espontânea ocorre somente se o pagamento da totalidade do tributo devido, acrescido de juros de mora, ocorrer antes do início de qualquer procedimento administrativo ou medida de fiscalização, relacionados com a infração, nos termos do art. 138, parágrafo único, do CTN. Por essa razão, a alternativa "A" é a correta.

Gabarito "A"

(Auditor Fiscal – São Paulo/SP – FCC – 2012) Uma pessoa adquiriu bem imóvel, localizado em área urbana de município paulista, sem exigir que o vendedor lhe exibisse ou entregasse documento comprobatório da quitação do IPTU, relativo aos cinco exercícios anteriores ao da data da referida aquisição. Nada constou a respeito dessa quitação no título por meio do qual foi feita a transmissão da propriedade do referido imóvel.

Desse modo, esse adquirente

(A) tornou-se contribuinte do IPTU em relação aos créditos tributários referentes aos exercícios anteriores ao de sua aquisição, cabendo a ele quitá-los nessa condição.

(B) é responsável tributário pelo pagamento do IPTU devido até o momento da transmissão da propriedade.

(C) é responsável tributário pelo pagamento do IPTU somente em relação aos fatos geradores ocorridos após a aquisição do imóvel.

(D) não é responsável tributário pelo pagamento do IPTU anterior à aquisição do imóvel, pois não há ilícito algum na aquisição de imóvel em transmissão *inter vivos*.

(E) não é responsável tributário pelo pagamento do IPTU anterior à aquisição do imóvel, pois nada constou, no título aquisitivo, sobre a existência desses créditos tributários não pagos.

O adquirente do imóvel torna-se responsável tributário em relação aos créditos relativos a impostos cujo fato gerador seja a propriedade, o domínio útil ou a posse de bens imóveis, além dos relativos a taxas pela prestação de serviços referentes a esses bens ou a contribuições de melhoria. A exceção é no caso de prova da quitação constante do título translativo, conforme o art. 130, *caput*, do CTN. Por essas razões, a alternativa "B" é a correta.

Gabarito "B"

(Auditor Fiscal – São Paulo/SP – FCC – 2012) Um menino menor de idade, com dez anos, recebeu, na qualidade de herdeiro testamentário, por ocasião da morte de sua avó, um imóvel urbano, localizado em município do interior de São Paulo, no valor de R$ 350.000,00.

Houve a aceitação da herança pelo menor, que, nesse ato, foi representando por seus pais. Nesse caso, o tributo devido na transmissão causa mortis de bens imóveis caberá

(A) ao menino menor de idade, pois ele tem capacidade tributária, e, no caso de impossibilidade de exigência do cumprimento dessa obrigação tributária por ele, seus pais responderão solidariamente com ele.

(B) aos pais do menor de idade, pois o menino, por ser menor de idade, não tem capacidade tributária.

(C) ao menino menor de idade, pois ele tem capacidade tributária, e, no caso de impossibilidade de exigência do cumprimento dessa obrigação tributária por ele, seus pais responderão solidariamente com ele, nos atos em que intervierem ou pelas omissões de que forem responsáveis.

(D) cinquenta por cento ao menino menor de idade e cinquenta por cento aos pais do menor.

(E) aos pais do menino menor de idade e ao próprio menino, pois o menor não tem capacidade jurídica para ser, isoladamente, contribuinte.

A, B, D e **E:** incorretas, pois a responsabilidade dos pais só ocorre se houver omissão deles no recolhimento do tributo, sendo subsidiária (apesar da literalidade do art. 134 do CTN); **C:** essa é a correta, nos termos do art. 134, I, do CTN.

Gabarito "C"

(Auditor Fiscal – São Paulo/SP – FCC – 2012) Em uma situação hipotética, quatro irmãos adquiriram, em conjunto, no exercício de 2005, por meio de compra e venda, um imóvel localizado em município do Estado de São Paulo.

Esses irmãos, todavia, deixaram de pagar o IPTU incidente sobre esse imóvel, nos exercícios de 2006 a 2011.

No final do ano de 2011, o referido município editou lei ordinária, concedendo remissão do crédito tributário desse IPTU exclusivamente aos proprietários ou coproprietários, pessoas naturais, que comprovassem ter auferido rendimentos anuais em montante inferior a R$ 12.000,00, nos exercícios de 2006 a 2011.

Considerando que o mais velho dos irmãos se encontra na situação prevista nessa lei, a remissão

(A) não beneficiou os quatro irmãos porque não existe solidariedade entre os quatro irmãos em relação ao IPTU devido pelo bem imóvel adquirido.
(B) beneficiou a todos os quatro irmãos, pois, por força da solidariedade, ou todos se beneficiam, ou nenhum deles se beneficia.
(C) não beneficiou nenhum dos quatro irmãos, pois, por força da solidariedade, ou todos se beneficiam, ou nenhum deles se beneficia.
(D) só beneficiou o irmão mais velho, pois, tendo sido concedida em caráter pessoal, não se estende aos demais.
(E) só beneficiou o irmão mais velho, extinguindo, por outro lado, a solidariedade entre os demais irmãos não beneficiados pela isenção.

Em princípio, a isenção concedida a um dos solidariamente obrigados estende-se aos demais, exceto exatamente em casos como o descrito, em que o benefício é concedido em caráter pessoal a um deles – art. 125, II, do CTN. Por essa razão, a alternativa "D" é a correta.

Gabarito "D"

(Auditor Fiscal – São Paulo/SP – FCC – 2012) Uma determinada pessoa adquiriu um imóvel urbano em maio de 2010. Em fevereiro de 2012, ela constatou que o IPTU incidente sobre esse imóvel, nos exercícios de 2008, 2009 e 2010, não havia sido pago pelo proprietário anterior. Os créditos tributários referentes ao IPTU incidente nos exercícios de 2011 e 2012 ela mesma os pagou, em razão de o imóvel já lhe pertencer nesses exercícios. Não existe prova alguma de quitação do tributo referente aos exercícios 2008, 2009 e 2010.

Considerando que o fato gerador do IPTU, em relação à situação descrita acima, ocorre no dia 1º de janeiro de cada exercício, o adquirente é

(A) responsável tributário pelo pagamento do IPTU, em relação aos exercícios de 2008, 2009 e 2010 e contribuinte desse imposto em relação aos exercícios de 2011 e 2012.
(B) contribuinte do IPTU, em relação aos exercícios de 2008, 2009, 2010, 2011 e 2012.
(C) contribuinte do IPTU, em relação aos exercícios de 2008, 2009 e 2010 e responsável tributário pelo pagamento desse imposto em relação aos exercícios de 2011 e 2012.
(D) contribuinte do IPTU, em relação aos exercícios de 2008 e 2009 e responsável tributário pelo pagamento desse imposto em relação aos exercícios de 2010, 2011 e 2012.
(E) responsável tributário pelo pagamento do IPTU, em relação aos exercícios de 2008, 2009, 2010, 2011 e 2012.

O adquirente do imóvel é responsável pelos tributos inadimplidos pelo proprietário anterior, relacionados ao bem, nos termos do art. 130 do CTN, dentro do prazo prescricional (e decadencial, caso não tenha havido lançamento à época). Após a aquisição, o adquirente é contribuinte, na qualidade de proprietário do imóvel à época do fato gerador (exercícios de 2011 e 2012). Por essa razão, a alternativa "A" é a correta.

Gabarito "A"

(Auditor Fiscal – São Paulo/SP – FCC – 2012) Nos casos de impossibilidade de exigência do cumprimento da obrigação principal pelo contribuinte, respondem solidariamente com esse contribuinte, nos atos em que intervierem ou pelas omissões de que forem responsáveis, os tabeliães, escrivães e demais serventuários de ofício, pelos tributos devidos sobre os atos praticados por eles, ou perante eles, em razão do seu ofício, conforme dispõe o art. 134, *caput*, inciso VI do CTN.

Quanto aos tabeliães e escrivães, especificamente no que concerne aos tributos municipais, é correto afirmar que,

(A) mediante intimação escrita, são obrigados a prestar à autoridade administrativa todas as informações de que disponham com relação aos bens, negócios ou atividades de terceiros, exceto quanto a fatos sobre os quais os tabeliães e escrivães estejam legalmente obrigados a observar segredo em razão de cargo, ofício, função, ministério, atividade ou profissão.
(B) diferentemente dos contribuintes e dos responsáveis em geral, não estão sujeitos à fiscalização municipal, pois já se submetem à fiscalização da Corregedoria Geral da Justiça estadual.
(C) como qualquer outro contribuinte ou responsável em geral, estão sujeitos à fiscalização municipal, mas só estão obrigados a prestar à autoridade administrativa as informações de que disponham com relação aos bens, negócios ou atividades de terceiros, quando autorizados pela Corregedoria Geral da Justiça estadual.
(D) mediante intimação escrita, ou inclusive verbal, em caso de urgência, são obrigados a prestar à autoridade administrativa todas as informações de que disponham com relação aos bens, negócios ou atividades de terceiros, exceto quanto a fatos sobre os quais os tabeliães e escrivães estejam legalmente obrigados a observar segredo em razão de cargo, ofício, função, ministério, atividade ou profissão.
(E) nas cidades que não forem capitais de Estado, mediante anuência da autoridade judicial da comarca, devem prestar à autoridade administrativa todas as informações de que disponham com relação aos bens, negócios ou atividades de terceiros, exceto quanto a fatos sobre os quais os tabeliães e escrivães estejam legalmente obrigados a observar segredo em razão de cargo, ofício, função, ministério, atividade ou profissão.

A: correta, pois reflete o disposto no art. 197, parágrafo único, do CTN; **B:** incorreta, pois os tabeliães, escrivães e demais serventuários de ofício submetem-se à fiscalização tributária, devendo prestar informações nos termos do art. 197, I, do CTN; **C:** incorreta, pois não há necessidade de autorização prévia; **D:** incorreta, pois não há previsão de intimação verbal que vincule à prestação de informações – art. 197 do CTN; **E:** incorreta, pois não há essa restrição em relação cidades que não sejam capital de Estado ou exigência de autorização judicial – art. 197 do CTN.

Gabarito "A"

(Auditor Fiscal – São Paulo/SP – FCC – 2012) Empresa contribuinte do ISS firma contrato de natureza particular com pessoa jurídica sua cliente, convencionando que a obrigação de pagar o referido imposto, correspondente aos serviços que presta, deva ser de responsabilidade de sua cliente.

Tendo em vista que a referida cliente não cumpriu a convenção particular entre elas celebrada, pois não liquidou o crédito tributário lançado em nome da contribuinte prestadora de serviços, a fiscalização municipal notificou a contribuinte a pagar o imposto devido. Em resposta à notificação fiscal, a contribuinte apresentou cópia da convenção particular celebrada entre elas, alegando a existência de erro na identificação do sujeito passivo na notificação elaborada. Entende a contribuinte que a cobrança do tributo não pago deveria ser feita à sua cliente.

Com base no descrito acima e nas normas gerais de direito tributário que disciplinam essa matéria, a justificativa apresentada pela contribuinte

(A) deve ser acatada, pois a convenção particular deve ser aceita e respeitada pela Fazenda Pública Municipal para eximir a contribuinte do pagamento do imposto ainda não pago, desde que haja decreto do Poder Executivo municipal, permitindo a modificação da definição legal do sujeito passivo das obrigações tributárias correspondentes.

(B) não deve ser acatada, pois a convenção particular não se presta a alterar a sujeição passiva de obrigação tributária, exceto quando firmada escritura pública nesse sentido, situação em que a Fazenda Pública Municipal deve eximir a contribuinte prestadora de serviço de tal cobrança, mesmo na ausência de lei normatizando a questão.

(C) não deve ser acatada, na medida em que o ordenamento jurídico não contemple possibilidade alguma de modificação da definição legal do sujeito passivo das obrigações tributárias, quer por meio de convenção entre as partes, quer por meio de disposição de lei.

(D) deve ser acatada, pois a convenção particular, desde que celebrada por escritura pública, deve ser aceita e respeitada pela Fazenda Pública Municipal, para eximir a contribuinte do pagamento do imposto ainda não pago, pois a responsabilidade passou a ser da sua cliente.

(E) não deve ser acatada, pois nem a convenção particular, nem a escritura pública se prestam a alterar a sujeição passiva de obrigação tributária, a não ser que haja lei normatizando a questão.

A sujeição passiva é fixada em lei, não podendo ser alterada por convenção particular, inoponível, portanto, contra o fisco, exceto se a própria lei autorizar isso – art. 123 do CTN. Por essa razão, a alternativa "E" é a correta.

Gabarito "E"

(Auditor Fiscal – São Paulo/SP – FCC – 2012) Ferraz Ltda. adquire estabelecimento da Maribrás S.A., continuando a exploração dos serviços então prestados pela alienante. Considerando-se que a Maribrás S.A. não cessou com a exploração de sua atividade, a empresa Ferraz Ltda. responde pelos tributos, relativos ao estabelecimento adquirido, devidos até a data do ato de aquisição

(A) apenas no caso de conluio, fraude ou simulação.

(B) de forma pessoal.

(C) de forma solidária com a Maribrás S.A.

(D) até o limite de 50% de todos os débitos.

(E) de forma subsidiária.

A responsabilidade do adquirente do estabelecimento (Ferraz Ltda.) é integral, exceto se o alienante prosseguir (ou reiniciar) a exploração de qualquer atividade profissional, industrial ou comercial nos seis meses seguintes à alienação. Nesse último caso, a responsabilidade do adquirente é apenas subsidiária – art. 133, I e II, do CTN. Por essa razão, a alternativa "E" é a correta.

Gabarito "E"

(Defensor Público/SP – 2012 – FCC) Em relação às espécies de responsabilidade tributária, na responsabilidade

(A) de devedores solidários, por terem eles interesse comum na situação constituinte do fato gerador, cabe o benefício de ordem.

(B) por transferência, o responsável tributário responde por débito próprio, após a ocorrência do fato gerador.

(C) de devedores sucessores, a obrigação é transferida para outro devedor em razão da remissão do devedor original.

(D) por substituição, o não recolhimento do tributo pelo substituto retransmite a responsabilidade das obrigações acessórias para o contribuinte substituído.

(E) de terceiros devedores, o dever em relação ao patrimônio de outrem exsurge, em geral, do vínculo jurídico existente para com incapazes ou entes despersonalizados.

A: incorreta, pois não cabe benefício de ordem na solidariedade tributária – art. 124, parágrafo único, do CTN; **B:** incorreta, pois, na responsabilidade por transferência, o fato gerador faz surgir a obrigação tributária em relação a determinado sujeito passivo e, por conta de fato superveniente, essa sujeição passiva passa a ser ocupada pelo responsável tributário (por exemplo, o adquirente do imóvel passa a ser responsável tributário por transferência). A assertiva refere-se ao responsável por substituição, ou seja, aquele que ocupa o polo passivo da obrigação tributária originariamente, desde seu surgimento com o fato gerador; **C:** incorreta, pois remissão implica extinção do crédito tributário (é perdão do crédito) – art. 156, IV, do CTN; **D:** incorreta, pois a responsabilidade por substituição, em si, não implica regras de solidariedade ou subsidiariedade; **E:** essa é a melhor alternativa, por exclusão das demais e porque a responsabilidade de terceiros, prevista nos arts. 134 e 135 do CTN, refere-se, algumas vezes, à relação do responsável com incapazes (filhos menores, curatelados) ou entes despersonalizados (espólio, massa falida). É importante ressalvar, entretanto, que a responsabilidade de terceiro mais importante, na prática, refere-se à relação com entes personalizados (responsabilidade de gestores em relação a pessoas jurídicas – art. 135, III, do CTN).

Gabarito "E"

(Procurador do Município – Cuiabá/MT – 2014 – FCC) Considere as afirmações abaixo.

I. A pessoa obrigada ao pagamento da penalidade pecuniária é sujeito passivo de obrigação principal ou de obrigação acessória.

II. Em regra, as convenções particulares, relativas à responsabilidade pelo pagamento de tributos, podem ser opostas à Fazenda Pública, para modificar a definição legal do sujeito passivo das obrigações tributárias correspondentes, desde que sejam acordadas em cartório.

III. Ambos, contribuinte e responsável, são considerados sujeitos passivos de obrigação principal, dependendo do grau de relação (direta ou indireta), com a situação que constitua o respectivo fato gerador.

Os sujeitos passivos das relações jurídicas de natureza tributária são definidos APENAS em

(A) I e III.
(B) I e II.
(C) III.
(D) II.
(E) I.

I: incorreta, pois obrigação acessória não tem por objeto prestação pecuniária – art. 113, § 2º, do CTN; **II:** incorreta, pois a sujeição passiva é fixada por lei, não cabendo alteração por acordo entre particulares (embora a literalidade do art. 123 do CTN dê a entender que pode haver ressalva pela lei); **III:** correta – ver art. 121, parágrafo único, do CTN.
Gabarito "C"

(Procurador Legislativo – Câmara de Vereadores de São Paulo/SP – 2014 – FCC) Considerando a capacidade tributária passiva,

(A) o menor absolutamente incapaz não pode ser sujeito passivo da obrigação tributária, mas seu representante legal o será na qualidade de responsável tributário.
(B) o pródigo, interditado civilmente, pode ser sujeito passivo da obrigação tributária, mas não pode ser considerado contribuinte, sendo seu curador o responsável tributário.
(C) o menor relativamente incapaz pode ser sujeito passivo da obrigação tributária desde que seu representante legal o tenha assistido na prática do fato gerador.
(D) a pessoa jurídica, para ser contribuinte, depende de estar regularmente constituída, com inscrição de seus atos constitutivos na junta comercial ou perante o ofício de registro civil das pessoas jurídicas.
(E) o louco, interditado civilmente, pode ser sujeito passivo da obrigação tributária na qualidade de contribuinte, mas seu curador é responsável solidariamente com o mesmo pelos atos em que intervier ou pelas omissões de que for responsável.

A: incorreta, pois a sujeição passiva (capacidade tributária passiva) independe da capacidade civil – art. 126 do CTN; **B:** incorreta, pois o incapaz é contribuinte – art. 126 do CTN; **C:** incorreta, conforme comentário às alternativas anteriores; **D:** incorreta, pois a capacidade tributária passiva independe disso – art. 126, III, do CTN; **E:** correta, nos termos dos art. 126 e 134, II, do CTN. Interessante notar que, embora o art. 134 do CTN utilize o termo "solidariamente", os responsáveis responderão apenas no caso de impossibilidade de o fisco cobrar o crédito tributário do contribuinte.
Gabarito "E"

(Advogado da Sabesp/SP – 2014 – FCC) A denúncia espontânea da infração

(A) traz redução no valor do crédito tributário quando o sujeito passivo a faz antes do lançamento.
(B) é causa de exclusão do crime de sonegação fiscal, sendo matéria atinente ao Direito Penal Tributário quanto à infração decorrente de dolo específico.
(C) afasta a responsabilidade por infração, desde que anterior a qualquer medida de fiscalização ou procedimento administrativo e acompanhada do pagamento, se for o caso, do tributo devido e dos juros de mora.
(D) pode ser apresentada, para qualquer tributo, até o final da ação fiscal, procedimento administrativo de fiscalização, mas antes da lavratura do auto de infração e imposição de multa, desde que relacionada com a infração.
(E) afasta a incidência do crédito tributário, sendo forma de anistia do crédito tributário, desde que haja previsão em lei do ente competente e seja feita pelo sujeito passivo antes de qualquer medida de fiscalização pelo fisco.

A: incorreta, pois a denúncia espontânea somente ocorre antes de qualquer procedimento administrativo ou ato de fiscalização e afasta apenas a penalidade pecuniária – art. 138 do CTN; **B:** incorreta, pois a denúncia espontânea por si não tem esse efeito; **C:** correta, nos termos do art. 138 do CTN; **D:** incorreta, pois após o início de procedimento administrativo ou medida de fiscalização não há denúncia espontânea; **E:** incorreta, pois a denúncia espontânea afasta apenas penalidade pecuniária, nunca o tributo (o crédito tributário abrange também o tributo).
Gabarito "C"

10. SUSPENSÃO, EXTINÇÃO E EXCLUSÃO DO CRÉDITO

(Procurador do Estado – PGE/MT – FCC – 2016) Constituem modalidades de suspensão da exigibilidade, exclusão e de extinção do crédito tributário, respectivamente,

(A) a moratória, a isenção condicional e o parcelamento.
(B) a remissão, a anistia e o pagamento.
(C) o depósito do montante integral, a liminar em mandado de segurança e a novação.
(D) a isenção condicional, o fato gerador enquanto pendente condição suspensiva e o parcelamento.
(E) a impugnação administrativa, a isenção condicional e a conversão de depósito em renda.

Esse tipo de questão exige decorar as modalidades de suspensão, extinção e exclusão do crédito tributário e é muito comum em concursos públicos.

A: incorreta, pois parcelamento é modalidade de suspensão do crédito; **B:** incorreta, pois remissão é extinção; **C:** incorreta, pois liminar é suspensão e novação não é modalidade de extinção, exclusão ou suspensão; **D:** incorreta, pois isenção é exclusão, fato gerador não é modalidade alguma e parcelamento é suspensão; **E:** correta – arts. 151, 156 e 175 do CTN. RB
Gabarito "E"

(Procurador do Estado – PGE/MT – FCC – 2016) O perdão parcial de multa pecuniária regularmente constituída mediante o lançamento de ofício do qual o contribuinte tenha sido devidamente notificado, em decorrência da adesão voluntária, por parte do contribuinte, a um "programa de regularização fiscal" criado por lei, consiste em:

(A) suspensão da exigibilidade do crédito tributário, na modalidade parcelamento com desconto.
(B) exclusão do crédito tributário, na modalidade remissão de débitos.
(C) exclusão do crédito tributário, na modalidade parcelamento de débitos.
(D) exclusão do crédito tributário, na modalidade anistia.
(E) extinção do crédito mediante desconto condicional.

O perdão de penalidade pecuniária, exclusivamente, é modalidade de exclusão do crédito tributário, especificamente a anistia (art. 180 do CTN), de modo que a alternativa "D" é a correta. O perdão de todo o crédito, incluindo o próprio tributo, é modalidade de extinção, especificamente a remissão. RB
Gabarito "D"

(Defensor Público – DPE/ES – 2016 – FCC) A prescrição e a decadência são fenômenos que atingem o crédito tributário e, neste sentido, impedem o Estado de abastecer os cofres públicos. A respeito dos dois institutos, é correto afirmar:

(A) O prazo para constituição do crédito tributário é decadencial e conta da data em que se tornar definitiva a decisão que houver anulado, por vício formal, o lançamento anteriormente efetuado.

(B) Somente atos judiciais, entre eles o protesto, interrompem o prazo prescricional.

(C) A prescrição se interrompe com a efetiva citação pessoal do executado.

(D) A constituição em mora é indiferente para fins do prazo prescricional.

(E) Tanto a prescrição quanto a decadência são hipóteses de exclusão do crédito tributário.

A: correta, pois é mesmo decadencial o prazo e, embora não seja comum, existe possibilidade de contagem a partir da data em que se tornar definitiva essa decisão, nos termos do art. 173, II, do CTN; **B:** incorreta, pois há atos extrajudiciais que interrompem a prescrição, desde que importem em reconhecimento do débito pelo devedor, conforme o art. 174, parágrafo único, IV, do CTN; **C:** incorreta, art. 174, parágrafo único, I, do CTN; **D:** incorreta, art. 174, parágrafo único, III, do CTN, **E:** incorreta, são hipóteses de extinção (art. 156, V, do CTN).

Gabarito "A"

(Magistratura/RR – 2015 – FCC) Em uma situação hipotética, um comerciante, contribuinte do ICMS (imposto lançado por homologação), com estabelecimento localizado na cidade de Rorainópolis/RR, promoveu saída de mercadoria tributada, sem emitir o devido documento fiscal, com o intuito comprovado de reduzir o montante do imposto a pagar naquele período de apuração.

Tendo apurado esses fatos durante o regular desenvolvimento de processo de fiscalização, o fisco estadual de Roraima efetuou o lançamento de ofício desse imposto, bem como aplicou a penalidade cabível pela infração cometida, tendo intimado o contribuinte da prática desses atos administrativos poucos dias depois da data da saída da mercadoria.

No prazo cominado pela legislação do processo administrativo tributário estadual de Roraima para apresentação de impugnação (reclamação) contra os atos praticados pelo fisco, o contribuinte ofereceu seus argumentos de defesa.

O referido processo administrativo tributário tramitou durante dois anos, por todas as instâncias administrativas possíveis, e a decisão final, irrecorrível na esfera administrativa, manteve a exigência fiscal fazendária, tendo sido o contribuinte intimado a pagar o crédito tributário constituído, com os devidos acréscimos legais, no prazo previsto na legislação do processo administrativo tributário estadual.

Considerando as informações constantes do enunciado acima, e a disciplina do Código Tributário Nacional a esse respeito,

(A) verifica-se que o prazo prescricional teve início somente após a conclusão do processo administrativo tributário referido no enunciado.

(B) e sendo o ICMS um tributo lançado por homologação, o fisco não poderia ter promovido o seu lançamento de ofício.

(C) e sendo a penalidade um tributo lançado por homologação, o fisco poderia ter promovido o seu lançamento de ofício.

(D) verifica-se que, entre a data em que o documento fiscal deixou de ser emitido e a data em que o contribuinte foi intimado da efetuação do lançamento de ofício, transcorreu prazo prescricional inferior a cinco anos.

(E) verifica-se que o prazo para a homologação tácita da atividade de lançamento do imposto, por decurso de prazo, aplicável à situação deste contribuinte, teve início a partir da data da ocorrência do fato gerador.

A: correta. Pode-se dizer que o prazo teria começado com a notificação do lançamento, mas ficou suspenso durante o trâmite administrativo (coincidindo com o período de suspensão da exigibilidade do crédito tributário, conforme a *actio nata*), iniciando-se com a decisão definitiva – art. 151, III, do CTN; **B:** incorreta, pois o fisco pode rever o lançamento independentemente da modalidade da constituição do crédito – art. 149 do CTN; **C:** incorreta, pois a penalidade não se confunde com tributo – art. 3º do CTN; **D:** incorreta, conforme comentário à alternativa "A"; **E:** incorreta, pois não há falar em lançamento por homologação, nesse caso, pois não houve pagamento.

Gabarito "A"

(Magistratura/SC – 2015 – FCC) Lukas, domiciliado em cidade do interior catarinense, é proprietário de imóvel residencial, que valia, em 2012, R$ 200.000,00. Em 2013, esse imóvel passou a valer R$ 240.000,00, em razão da obra pública realizada pela Prefeitura Municipal, e que resultou na referida valorização. A Prefeitura Municipal instituiu, lançou e cobrou contribuição de melhoria dos contribuintes que, como Lukas, tiveram suas propriedades valorizadas. O mesmo Município catarinense, a seu turno, com base em lei municipal, lançou e cobrou, em 2013, a taxa decorrente da prestação de serviço público de recolhimento de lixo domiciliar, tendo como fato gerador o recolhimento do lixo produzido individualmente, nos imóveis residenciais localizados naquele Município. O Município catarinense lançou e cobrou essa taxa de Lukas, em relação ao mesmo imóvel acima referido. Neste ano de 2015, Lukas recebeu uma excelente oferta pelo seu imóvel e está pensando em vendê-lo. Ocorre, porém, que não pagou a contribuição de melhoria lançada pela municipalidade, nem a taxa lançada pelo Município. Em razão disso, com base nas regras de responsabilidade por sucessão estabelecidas no CTN,

(A) tanto o crédito tributário relativo à contribuição de melhoria, como o relativo à taxa, se sub-rogarão na pessoa do adquirente, na proporção de 50% do valor lançado.

(B) o crédito tributário relativo à contribuição de melhoria não se sub-rogará na pessoa do adquirente, mas o relativo à taxa sim, salvo se constar do título aquisitivo a sua quitação.

(C) tanto o crédito tributário relativo à contribuição de melhoria, como o relativo à taxa, se sub-rogarão na pessoa do adquirente, salvo se constar do título aquisitivo a sua quitação.

(D) nem o crédito tributário relativo à contribuição de melhoria, nem o relativo à taxa, se sub-rogará na pessoa do adquirente.

(E) o crédito tributário relativo à contribuição de melhoria se sub-rogará na pessoa do adquirente, salvo se constar do título aquisitivo a sua quitação, mas o relativo à taxa não.

A: incorreta, pois a sub-rogação é pelo valor total, exceto se contar prova da quitação no título de transferência do imóvel – art. 130 do CTN; **B:** incorreta, pois todos os impostos cujo fato gerador seja a propriedade, o domínio útil ou a posse de bens imóveis, e bem assim os relativos a taxas pela prestação de serviços referentes a tais bens, ou a contribuições de melhoria, sub-rogam-se na pessoa dos respectivos adquirentes – art. 130 do CTN; **C:** correta, conforme comentários anteriores; **D:** incorreta, conforme comentários anteriores; **E:** incorreta, conforme comentários anteriores.

Gabarito "C"

(Procurador do Estado – PGE/RN – FCC – 2014) Das modalidades de suspensão da exigibilidade do crédito tributário, é correto afirmar:

(A) a decisão judicial transitada em julgado é causa de suspensão da exigência do crédito tributário.

(B) o oferecimento de fiança bancária para garantia de débitos objeto de ação de execução fiscal assegura a emissão da Certidão Positiva de Débitos com Efeitos de Negativa.

(C) a lei que concede a moratória pode ser determinada em relação a determinada região do território da pessoa jurídica de direito público, ou a determinada classe ou categoria de sujeitos passivos.

(D) a Consignação em Pagamento tem o efeito de depósito judicial para o fim de suspender a exigibilidade do crédito tributário.

(E) em virtude da compensação devidamente autorizada por lei, o Fisco não poderá exigir a cobrança do crédito tributário objeto da compensação até a ulterior homologação da compensação.

A: incorreta, pois é extinção; **B:** incorreta, pois não se trata de suspensão, apenas, como diz o texto, garantia do débito que garante a emissão da certidão com efeito de negativa por força do art. 206 do CTN; **C:** correta, conforme o art. 152, parágrafo único, do CTN; **D:** incorreta, pois a consignação refere-se ao valor que o consignante se propõe a pagar (que pode ser inferior ao exigido pelo fisco) e pode implicar depósito em ação com mais de um ente político no polo passivo, não se confundindo com o depósito judicial em favor do fisco, nem, portanto, implicando suspensão da exigibilidade do crédito – art. 164, § 1º, do CTN; **E:** incorreta, pois enquanto não houver extinção do crédito por compensação validamente realizada ele continua exigível e deve ser cobrado. RB

Gabarito "C"

(Procurador do Estado – PGE/RN – FCC – 2014) Uma lei estadual que autorize o Procurador do Estado a não ingressar com Execução Fiscal para cobrança de créditos tributários inferiores a um determinado valor, renunciando portanto a esta receita, está prevendo hipótese de

(A) extinção do crédito tributário, na modalidade transação.

(B) suspensão da exigibilidade do crédito tributário, na modalidade moratória específica.

(C) exclusão do crédito tributário, na modalidade isenção em caráter específico.

(D) extinção do crédito tributário, na modalidade remissão.

(E) suspensão da exigibilidade do crédito tributário, na modalidade anistia.

É importante destacar que o não ingresso com execução fiscal não implica necessariamente renúncia, já que há meios alternativos de cobrança (administrativa, protesto, transação etc.). Caso efetivamente essa lei tenha determinado renúncia ao valor, trata-se de perdão do crédito e, portanto, remissão, que é modalidade de extinção do crédito, de modo que a alternativa "D" é a correta. RB

Gabarito "D"

(Auditor Fiscal – São Paulo/SP – FCC – 2012) Ocorrido o fato gerador do IPTU, iniciou-se o prazo para que a Fazenda Pública municipal efetuasse o lançamento desse tributo, o que foi feito dentro do prazo previsto na legislação.

O contribuinte, discordando do valor do crédito tributário constituído por meio desse lançamento, ofereceu, tempestivamente, impugnação contra ele, a qual, todavia, resultou totalmente infrutífera, já que a decisão definitiva, na esfera administrativa, manteve a integralidade do crédito tributário lançado.

Resignado com essa decisão administrativa, o contribuinte optou por não discutir a questão na esfera judicial, dando ensejo a que a Fazenda Pública pudesse cobrar dele o crédito tributário constituído pelo citado lançamento.

O prazo inicialmente referido para a Fazenda Pública efetuar o lançamento do tributo; o obstáculo jurídico do início da fluência do prazo para a cobrança do crédito tributário definitivamente constituído e o prazo finalmente mencionado para a Fazenda Pública poder cobrar do contribuinte o crédito tributário definitivamente constituído são, respectivamente, denominados

(A) suspensão de exigibilidade do crédito tributário; decadência e prescrição.

(B) decadência; suspensão de exigibilidade do crédito tributário e prescrição.

(C) prescrição; suspensão de exigibilidade do crédito tributário e decadência.

(D) prescrição; decadência e suspensão de exigibilidade do crédito tributário.

(E) decadência; prescrição e suspensão de exigibilidade do crédito tributário.

O prazo para o fisco lançar o tributo é decadencial – art. 173 do CTN. A impugnação administrativa do lançamento pelo sujeito passivo é modalidade de suspensão do crédito tributário – art. 151, III, do CTN. Finalmente, o prazo para cobrança do tributo pelo fisco é prescricional – art. 174 do CTN. Por essas razões, a alternativa "B" é a correta.

Gabarito "B"

(Auditor Fiscal – São Paulo/SP – FCC – 2012) Para poder discutir em juízo a incidência ou não de um determinado tributo, lançado por município paulista, o contribuinte ingressou com a ação judicial que considerou apropriada e, no bojo dessa ação, efetuou o depósito da importância em discussão.

Como a decisão definitiva do processo foi contrária ao contribuinte, a quantia depositada foi convertida em renda da Fazenda Pública municipal.

Nesse caso,

(A) a conversão em renda da quantia questionada judicialmente extingue o crédito tributário e o seu depósito, integral ou não, suspende definitivamente a exigibilidade desse mesmo crédito.

(B) o depósito da quantia questionada, integral ou parcial, suspende a exigibilidade do crédito tributário e a conversão dele em renda extingue esse mesmo crédito.

(C) o depósito integral da quantia questionada suspende a exigibilidade do crédito tributário e a conversão dele em renda extingue esse mesmo crédito.

(D) tanto o depósito integral da quantia questionada como sua conversão em renda da Fazenda Pública municipal suspendem a exigibilidade do crédito tributário questionado judicialmente.

(E) tanto o depósito integral da quantia questionada como sua conversão em renda da Fazenda Pública municipal extinguem o crédito tributário questionado judicialmente.

A e **B:** incorretas, pois somente o depósito integral suspende a exigibilidade do crédito – art. 151, II, do CTN; **C:** essa é a correta – arts. 151, II, e 156, VI, do CTN; **D:** incorreta, pois a conversão do depósito em renda extingue (não suspende) o crédito – art. 156, VI, do CTN; **E:** incorreta, pois o depósito integral suspende (não extingue) o crédito – art. 151, II, do CTN.

Gabarito "C"

(Auditor Fiscal – São Paulo/SP – FCC – 2012) Os tributos federais, bem como os estaduais e os municipais, estão sujeitos às regras de decadência, referidas no art. 173 do CTN. Tratando-se de tributos cujo lançamento seja feito por homologação, estes, especificamente, se sujeitarão, também, à regra de homologação tácita, por decurso de prazo, prevista no § 4º do art. 150 desse mesmo Código.

Tanto os prazos de decadência como o de homologação tácita do lançamento, pelo decurso de prazo, são de cinco anos e estão previstos, respectivamente, no caput do art. 173 do CTN e no § 4º do art. 150 do referido Código.

Consequentemente, a contagem desses prazos quinquenais deve ser feita de modo

(A) contínuo, excluindo-se na sua contagem o dia de início e incluindo-se o de vencimento, sendo que eles só se iniciam ou vencem em dia de expediente normal na repartição à qual o contribuinte está vinculado, em razão do seu domicílio.

(B) contínuo ou descontínuo, conforme determinar a lei ordinária, incluindo-se na sua contagem o dia de início e excluindo-se o de vencimento, sendo que eles só se iniciam ou vencem em dia de expediente normal na repartição à qual o contribuinte está vinculado, em razão do seu domicílio.

(C) contínuo ou descontínuo, conforme determinar a lei ordinária, excluindo-se na sua contagem o dia de início e incluindo-se o de vencimento, sendo que eles só se iniciam ou vencem em dia de expediente normal na repartição em que corra o processo ou deva ser praticado o ato.

(D) contínuo, excluindo-se na sua contagem o dia de início e incluindo-se o de vencimento, sendo que eles só se iniciam ou vencem em dia de expediente normal na repartição em que corra o processo ou deva ser praticado o ato.

(E) contínuo, incluindo-se na sua contagem o dia de início e excluindo-se o de vencimento, sendo que eles só se iniciam ou vencem em dia de expediente normal na repartição à qual o contribuinte está vinculado, em razão do seu domicílio.

Nos termos do art. 210 do CTN, os prazos previstos no Código e na legislação tributária serão contínuos, excluindo-se na sua contagem o dia de início e incluindo-se o de vencimento. Ademais, só se iniciam ou vencem em dia de expediente normal na repartição em que corra o processo ou deva ser praticado o ato. Por essas razões, a alternativa "E" é a correta.

Gabarito "E"

(Auditor Fiscal – São Paulo/SP – FCC – 2012) Município localizado no Estado de São Paulo concedeu, por meio de lei ordinária, isenção do ITBI para as transmissões imobiliárias, quando, cumulativamente, o adquirente do imóvel fosse pessoa natural, o valor venal do imóvel, no ano da transmissão, não excedesse R$ 50.000,00 e o referido imóvel tivesse mais de 20 anos de construção.

Para poder fruir dessa isenção, o interessado, isto é, o adquirente do imóvel, deveria formular, por meio de requerimento escrito, o pedido de isenção do ITBI, juntando a documentação comprobatória do direito de usufruir o benefício legal.

Um munícipe, interessado em usufruir do referido benefício, apresentou o referido requerimento, juntando:

I. cópia do *carnet* do IPTU, comprovando que o referido imóvel, no exercício anterior ao da transmissão, tinha valor venal equivalente a R$ 49.000,00.

II. documentação comprobatória de que o imóvel tinha 19 anos de construção.

III. documentos comprovando que ele, pessoa natural, é o adquirente desse imóvel.

Em seu requerimento, explicou que o fato de o imóvel não ter mais de 20 anos não deveria impedir o deferimento do pedido de isenção, pois o imóvel estava "tão arruinado", que parecia ter 50 anos de construção.

A autoridade municipal competente para apreciar o referido requerimento e reconhecer ou não a presença dos requisitos necessários para o reconhecimento da isenção deverá

(A) indeferir o pedido formulado pelo munícipe, pois matéria relacionada com a outorga de isenção deve ser interpretada literalmente e, se o referido imóvel, não tem mais de 20 anos de construção, nem a prova de seu valor venal foi feita com *carnet* do IPTU do exercício em que se deu a transmissão do imóvel, não há como reconhecer que o interessado tenha satisfeito os requisitos legais para fruição do benefício isencional.

(B) deferir o pedido formulado pelo munícipe, por considerar satisfeitos todos os requisitos legais, pois o adquirente é pessoa natural, o valor da transação é inferior a R$ 50.000,00, conforme demonstra o *carnet* do IPTU referente ao lançamento feito no exercício anterior ao da transmissão do imóvel, e o estado de conservação do imóvel lhe dá a aparência de ter sido construído há mais de 20 anos.

(C) deferir parcialmente o pedido formulado pelo munícipe e considerar satisfeitos apenas dois dos três requisitos legais, reconhecendo ao adquirente o direito de usufruir apenas 2/3 (dois terços) do valor do benefício isencional.

(D) deferir o pedido formulado, interpretando teleologicamente a legislação, para reconhecer que a finalidade social da isenção deve nortear seu despacho, não se devendo valorizar em demasia requisitos formais, tais como a perfeita idade do imóvel ou a comprovação do seu valor venal do exercício em que houve a transmissão do bem.

(E) deferir o pedido formulado, aplicando a interpretação analógica ao caso e reconhecendo que, se o imóvel aparenta estar "arruinado", ele tem, por analogia com imóveis no mesmo estado, mais de vinte anos, sendo, ademais, irrelevante, que o documento comprobatório do valor venal do imóvel seja do ano anterior ao da transmissão do bem.

Não há como deferir o pedido, pois a norma que concede isenção deve necessariamente ser interpretada de modo estrito ou literal, na terminologia do art. 111, II, do CTN. Assim, não preenchidos os requisitos para o benefício (construção com 50 anos e comprovação do valor venal no ano da transmissão), inviável a pretensão do contribuinte. Por essa razão, a alternativa "A" é a correta.

Gabarito "A"

(Defensor Público/AM – 2013 – FCC) O contribuinte pretende quitar seu débito com a Fazenda Pública através da entrega de bem imóvel de sua propriedade. Neste caso, esta medida só terá cabimento se

(A) houver lei do ente competente especificando a forma e as condições para a realização da dação em pagamento, hipótese em que será admitida como causa de extinção do crédito tributário.

(B) o bem imóvel estiver garantindo o juízo da execução e desde que haja interesse por parte do ente em receber aquele bem imóvel na forma de depósito, hipótese em que será admitida como causa de exclusão do crédito tributário.

(C) estiver o débito em fase de cobrança judicial e não houver sido apresentado embargos à execução fiscal pelo executado, bem assim que haja lei autorizando esta transação como forma de extinção do crédito tributário.

(D) for feita em juízo, nos autos da execução fiscal e mediante homologação judicial desta forma de compensação do crédito tributário como causa de extinção do crédito tributário.

(E) houver previsão legal do ente competente admitindo a entrega de bem imóvel como forma de pagamento direto, causa de extinção do crédito tributário, já que o tributo pode ser pago em moeda ou cujo valor nela se possa exprimir.

A: correta, nos termos do art. 156, XI, do CTN; **B:** incorreta, pois há apenas duas modalidades de exclusão do crédito tributário, quais sejam isenção e anistia – art. 175 do CTN; **C** e **D:** incorretas, pois a quitação do tributo por meio de bem imóvel, por vontade do devedor, é apenas a dação em pagamento prevista no art. 156, XI, do CTN; **E:** incorreta, pois a modalidade de pagamento é a dação de bem imóveis, conforme comentários anteriores.

Gabarito "A"

(Procurador do Município – Cuiabá/MT – 2014 – FCC) Lei municipal extingue crédito tributário referente a principal, multas, juros e honorários relativos às cobranças de IPTU ajuizadas e não pagos nos últimos 5 anos, para aqueles contribuintes que demonstrem, neste período, renda familiar inferior a 10 salários mínimos e que desistam de eventuais litígios tributários em face do município de Cuiabá em relação ao imposto e que se comprometam a efetuar os pagamentos tempestivos do IPTU vincendo. É modalidade de extinção de crédito tributário tratada nessa lei municipal:

(A) compensação.

(B) remissão.

(C) prescrição.

(D) dação em pagamento.

(E) consignação em pagamento.

Trata-se de perdão em relação a período pretérito incluindo não apenas a sanção pecuniária (ou seria anistia), mas também o próprio tributo (= principal), ou seja, trata-se de remissão de crédito tributário, nos termos do art. 172 do CTN. Por essa razão, a alternativa "B" é a correta.

Gabarito "B"

(Procurador do Município – Cuiabá/MT – 2014 – FCC) Em face de rescisão de decisão condenatória, cujo trânsito em julgado ocorrera em 29 de junho de 2013, contribuinte do ISSQN do município de Cuiabá pretende pedir a restituição do crédito tributário já pago, tanto em relação ao tributo, como aos juros e às penalidades pecuniárias.

Com base nestas informações, considere as assertivas a seguir:

I. Haverá necessidade de que o contribuinte prove não ter repassado a terceiro o encargo financeiro do ISSQN já pago ou que tenha autorização expressa deste para solicitar a restituição.

II. O contribuinte tem 5 anos da data do trânsito em julgado da decisão rescisória para formular seu pedido de restituição.

III. A restituição total do tributo dá lugar à restituição, na mesma proporção, dos juros de mora e de quaisquer penalidades pecuniárias.

Em relação ao pedido de restituição a ser formulado está correto o que se afirma APENAS em

(A) I e III.

(B) I e II.

(C) III.

(D) II.

(E) I.

I: correta, nos termos do art. 166 do CTN; **II:** correta, nos termos do art. 168, II, do CTN; **III:** incorreta, pois as penalidades referentes a infrações de caráter formal não são prejudicadas pela causa da restituição – art. 167, *caput, in fine*, do CTN.

Gabarito "B"

(Defensoria/SP – 2013 – FCC) A isenção tributária

(A) no Estado de São Paulo ocorre na transmissão de bens imóveis, por doação, em imóveis de valor inferior a 2.500 UFESP.

(B) é uma espécie de incentivo fiscal e pode ser concedida por decreto presidencial.

(C) pode ser concedida pela União em relação ao Imposto Territorial Urbano (IPTU) e ao Imposto sobre Produtos Industrializados (IPI).

(D) pode ser concedida pelos Estados sobre o Imposto sobre Circulação de Mercadorias e Serviços (ICMS), desde que os produtos sejam oriundos do mesmo estado que concedeu a isenção.

(E) pode ser concedida pela União para templos de qualquer culto.

A: correta, conforme o art. 6º, I, *b*, da Lei 10.705/2000 do Estado de São Paulo. Mesmo quem não conheça a legislação estadual, a questão pode ser resolvida por eliminação das demais alternativas; **B:** incorreta, pois qualquer incentivo fiscal depende de lei – art. 150, § 6º, da CF; **C:** incorreta, pois a União não pode conceder benefício fiscal em relação a tributos de outro ente político (a competência tributária, que abrange a capacidade legislativa para conceder isenção, é exclusiva) – art. 151, III, da CF; **D:** incorreta, pois é vedado aos Estados estabelecer diferenças tributárias em razão da procedência das mercadorias – art. 152 da CF; **E:** imprecisa, certamente não é a melhor alternativa, pois há imunidade de impostos nesse caso – art. 150, VI, *b*, da CF. Entretanto, nada impede que a União, por lei, conceda isenção de alguma contribuição ou taxa de sua competência, em favor de templos, desde que se observem os princípios constitucionais (em especial, da isonomia e da capacidade contributiva).

Gabarito "A"

11. REPARTIÇÃO DE RECEITAS

(Juiz – TJ-SC – FCC – 2017) As participações dos Municípios na arrecadação do ICMS são fixadas conforme os seguintes parâmetros:

(A) Lei estadual disporá livremente sobre os critérios aplicáveis para o cálculo das parcelas devidas aos Municípios, desde que respeitadas as desigualdades regionais.

(B) São calculadas, integralmente, pelo valor adicionado nas operações relativas às prestações de serviços e circulação de mercadorias ocorridas nos territórios municipais.

(C) São determinadas pelos valores adicionados nas operações relativas às prestações de serviços e circulação de mercadorias ocorridas nos territórios municipais e por outros critérios fixados em lei estadual.

(D) São fixadas pelos Estados conforme critérios definidos por Resolução do Senado Federal, atentando para as desigualdades regionais e locais.

(E) São calculadas sobre 1/3 do tributo efetivamente arrecadado, conforme a população local, áreas de preservação permanente, áreas alagadas para produção de energia elétrica e levando em conta o desenvolvimento regional.

A: incorreta, pois a Constituição Federal determina que três quartos, no mínimo, dos 25% de ICMS que pertence aos municípios serão distribuídos pelo critério do valor adicionado em cada território – art. 158, parágrafo único, da CF; **B:** incorreta, pois até um quarto desse percentual de 25% pode ser distribuído por outros critérios, conforme leis estaduais – art. 158, parágrafo único, II, da CF; **C:** correta, conforme comentários anteriores – ver também a LC 63/1990; **D:** incorreta, conforme comentários anteriores e LC 63/1990; **E:** incorreta, inclusive porque o percentual destinado aos municípios é de 25% do ICMS arrecadado.

Gabarito "C"

(Magistratura/SC – 2015 – FCC) Por expressa determinação constitucional, pertencem aos Municípios 25% do produto da arrecadação do ICMS. É a chamada *quota-parte* municipal sobre o produto da arrecadação do ICMS. O Estado de Santa Catarina concedeu empréstimo a vários Municípios localizados em seu território, sob condição de que o valor emprestado fosse pago no prazo máximo de 24 meses. Findo o referido prazo, a maior parte dos Municípios manteve-se inadimplente. Como consequência dessa inadimplência, o Estado editou norma que condicionou a entrega da quota-parte municipal sobre o produto da arrecadação do ICMS ao pagamento dos referidos créditos vencidos e não pagos. Diante do condicionamento criado pelo Estado, os Municípios catarinenses entraram em juízo, pedindo a declaração de inconstitucionalidade da norma que implementou a referida condição, e alegaram, paralelamente, que deixaram de pagar os referidos empréstimos recebidos, como forma de protesto contra o governo estadual, que editara lei, segundo a qual, três quintos da quota-parte municipal sobre o produto da arrecadação do ICMS seriam creditados de acordo com aquela lei. Os Municípios devedores sentiram-se prejudicados pelos termos dessa nova lei. Com base nos fatos hipotéticos narrados acima e na disciplina da Constituição Federal acerca dessa questão, o Estado de Santa Catarina

(A) não poderia ter editado lei ordinária dispondo sobre a forma de creditamento de fração alguma da quota-parte municipal sobre o produto da arrecadação do ICMS, pois essa matéria é reservada à disciplina de lei complementar federal.

(B) não poderia ter editado norma que condicionasse a entrega de recursos provenientes da quota-parte municipal sobre o produto da arrecadação do ICMS, ao pagamento dos créditos de que era titular.

(C) poderia ter editado lei ordinária que dispusesse sobre a forma de creditamento da quota-parte municipal sobre o produto da arrecadação do ICMS, na proporção de até um quarto do valor da referida quota-parte.

(D) poderia ter editado lei ordinária que dispusesse sobre a forma de creditamento da quota-parte municipal sobre o produto da arrecadação do ICMS, na proporção de até metade do valor da referida quota-parte.

(E) não poderia ter editado norma visando reter os recursos provenientes da quota-parte municipal sobre o produto da arrecadação do ICMS, mas poderia tê-la editado para o fim de restringir emprego desses recursos a determinados fins.

A: incorreta, pois o Estado pode condicionar a entrega dos recursos do ICMS ao pagamento de seus créditos, conforme a norma excepcional do art. 160, parágrafo único, I, da CF; **B:** incorreta, conforme comentário anterior; **C:** essa é a melhor alternativa, embora ela e a "D" não sejam muito claras. A assertiva se refere ao fato de que apenas 25% dos recursos do ICMS são repassados aos municípios, nos termos do art. 158, IV, da CF; **D:** incorreta, conforme comentário anterior; **E:** incorreta, pois não há possibilidade de restrição ao repasse de recursos com base nos fins a que serão destinados – art. 160 da CF.

Observação importante: a rigor, o Estado de Santa Catarina não poderia realizar esse empréstimo aos Municípios, pois isso é expressamente vedado pelo art. 35 da Lei de Responsabilidade Fiscal.

Gabarito "C"

(Auditor Fiscal – São Paulo/SP – FCC – 2012) Como resultado da emancipação político-administrativa do distrito de um determinado município paulista, o município recém-criado terá, em primeiro lugar, de eleger sua Câmara Municipal para que esta, posteriormente, elabore a legislação tributária do referido município. Nesse caso, salvo disposição de lei em contrário,

(A) a repartição das receitas tributárias (50% do IPVA, 25% do ICMS, 50% do ITR etc.) referentes a fatos geradores ocorridos no novo município, após a sua criação, pertencerão ao município do qual ele se desmembrou, até o primeiro dia do exercício seguinte ao que entrar em vigor a legislação do novo município.

(B) até a edição dessa nova legislação, não poderá ser cobrado tributo algum pela pessoa jurídica de direito público recém-criada.

(C) até a edição dessa nova legislação, só poderão ser cobradas taxas pela pessoa jurídica de direito público recém-criada.

(D) até a edição dessa nova legislação, continuará a ser aplicada a legislação tributária do município do qual a nova pessoa jurídica de direito público se desmembrou, até que entre em vigor a sua própria.

(E) a repartição das receitas tributárias (50% do IPVA, 25% do ICMS, 50% do ITR etc.) referentes a fatos geradores ocorridos no novo município, após a sua criação, pertencerão ao município do qual ele se desmembrou, até o último dia do exercício em que entrar em vigor a legislação do novo município.

A e **E:** incorretas, pois o novo município terá direito às transferências constitucionalmente previstas, independentemente da aprovação de suas normas tributárias; **B** e **C:** incorretas, pois, salvo disposição de lei em contrário, a pessoa jurídica de direito público, que se constituir pelo desmembramento territorial de outra, sub-roga-se nos direitos desta, cuja legislação tributária aplicará até que entre em vigor a sua própria – art. 120 do CTN. **D:** correta, conforme comentário à alternativa anterior.

Gabarito "D"

12. IMPOSTOS E CONTRIBUIÇÕES EM ESPÉCIE

12.1. IPI

(Magistratura/SC – 2015 – FCC) Wagner, pequeno empresário, domiciliado na cidade de Mafra/SC, desejando ampliar seus negócios, pensou em transformar seu estabelecimento comercial em estabelecimento industrial. Sua preocupação era ter de pagar um imposto que até então lhe era desconhecido: o IPI. Para melhor conhecer esse imposto, conversou com alguns amigos que também eram proprietários de indústria e cada um deles lhe passou as informações que tinham sobre esse imposto. Disseram-lhe, por exemplo, que a competência para instituir esse imposto está prevista na Constituição Federal e que, de acordo com o texto constitucional, o IPI

I. é imposto não cumulativo, compensando-se o que é devido em cada operação com o montante cobrado nas anteriores, pelo mesmo ou outro Estado ou pelo Distrito Federal.

II. tem seu impacto reduzido sobre a aquisição de bens de capital pelo contribuinte do imposto, na forma estabelecida em Regulamento.

III. pode ter suas alíquotas interestaduais alteradas por meio de Resolução do Senado Federal.

IV. é imposto seletivo, em função da essencialidade do produto, mas não o é em função do porte do estabelecimento industrial que promove seu fato gerador.

Está correto o que se afirma em

(A) IV, apenas.

(B) I, apenas.

(C) I, II, III e IV.

(D) I e III, apenas.

(E) II e IV, apenas.

I: incorreta, pois o IPI é cobrado pela União exclusivamente; **II:** incorreta, pois a redução de impacto nesse caso deve ser regulada por lei – art. 153, § 3º, IV, da CF; **III:** incorreta, pois a regulação pelo IPI é por lei federal, sem previsão de resoluções do Senado; **IV:** correta, conforme o art. 153, § 3º, I, da CF.

Gabarito "A"

12.2. ITR

(Auditor Fiscal/PB – 2006 – FCC) O imposto sobre propriedade territorial rural

(A) será progressivo e terá suas alíquotas fixadas a fim de estimular a manutenção de propriedades improdutivas.

(B) será fiscalizado e cobrado pelos Municípios que assim optarem, na forma da lei, desde que não implique redução do imposto ou qualquer outra forma de renúncia fiscal.

(C) é instituído pela União, sendo que a competência legislativa para sua instituição ou aumento pode ser delegada aos Municípios.

(D) não incidirá sobre pequenas glebas rurais, definidas em lei, mesmo quando o proprietário possua outros imóveis.

(E) não incidirá sobre pequena gleba rural, exigindo-se, apenas, que o proprietário a explore só ou com sua família.

A: incorreta, a função extrafiscal do ITR é desestimular (não estimular) a propriedade improdutiva – art. 153, § 4º, I, da CF; **B:** correta, art. 153, § 4º, III, da CF; **C:** incorreta, a competência tributária (prerrogativa de legislar acerca do ITR) é indelegável; **D:** incorreta, a imunidade do art. 153, § 4º, II, da CF beneficia apenas o proprietário que não tenha outro imóvel; **E:** incorreta, exige-se que o proprietário não possua outro imóvel (art. 153, § 4º, II, da CF).

Gabarito "B"

12.3. ICMS

(Procurador do Estado – PGE/MT – FCC – 2016) O princípio da não cumulatividade é

(A) um atributo exclusivo do ICMS e do IPI.

(B) princípio de tributação por meio do qual se pretende evitar a assim chamada "tributação em cascata" que onera as sucessivas operações e prestações com bens e serviços sujeitos a determinado tributo.

(C) técnica de tributação aplicável também aos impostos reais, tais como o ITR e o IPTU.

(D) suscetível apenas de interpretação restritiva e literal, à medida que institui um benefício fiscal ao contribuinte.

(E) um instrumento de transferência de riqueza indireta entre as Unidades da Federação inserido no pacto federativo, à medida que o crédito de ICMS a ser suportado pela Unidade da Federação de destino dos bens e serviços está limitado ao valor do imposto efetivamente recolhido em favor do Estado de origem.

A: incorreta, pois a legislação atinente a outros tributos também prevê a não cumulatividade, caso da Cofins e da contribuição para o PIS/Pasep; **B:** correta, caracterizando adequadamente a não cumulatividade; **C:** incorreta, pois é possível a não cumulatividade, em princípio, no caso de tributos que incidem sobre cadeias de produção, comercialização e consumo de bens e serviços; **D:** incorreta, pois não se trata de benefício fiscal (art. 111 do CTN), mas sistemática de tributação; **E:** incorreta, pois não há transferência de riqueza entre os entes federados, embora haja de fato muita discussão por conta da distribuição das receitas incidentes sobre operações interestaduais – art. 155, § 2º, IV e VII, da CF, este último inciso com a redação dada pela EC 87/2015. RB

Gabarito "B"

(Procurador do Estado – PGE/MT – FCC – 2016) No que concerne ao Imposto sobre operações relativas à circulação de mercadorias e prestações de serviços de transporte interestadual e intermunicipal e de comunicação – ICMS, considere:

I. O ICMS incide sobre operações relativas à circulação de mercadorias, inclusive sobre operações de transferência de propriedade de estabelecimento contribuinte.

II. Armazém-geral, embora prestador de serviços sujeito ao Imposto Municipal sobre Serviços de Qualquer Natureza, é insuscetível de ser colocado na condição de sujeito passivo do ICMS.

III. Convênio que autorize a isenção do ICMS sobre o fornecimento de bens e mercadorias destinados à operação de serviços de transporte metroferroviário de passageiros, inclusive por meio de Veículo Leve sobre Trilhos, dá amparo legal à concessão de isenção do ICMS sobre a energia elétrica destinada à alimentação dos trens do VLT.

IV. A base de cálculo, para fins de substituição tributária, em relação às operações ou prestações subsequentes, será obtida pelo somatório das parcelas seguintes: (i) valor da operação ou prestação própria realizada pelo substituto tributário ou pelo substituto intermediário; (ii) montante dos valores de seguro, de frete e de outros encargos cobrados ou transferíveis aos adquirentes ou tomadores de serviço, (iii) margem de valor agregado, inclusive lucro, relativa às operações ou prestações subsequentes.

Está correto o que se afirma APENAS em

(A) I e II.

(B) II e III.

(C) I.

(D) III e IV.

(E) IV.

I: incorreta, pois não há circulação de mercadoria nessa hipótese – art. 3º, VI, da LC 87/1996; **II:** incorreta, pois o armazém-geral será contribuinte do ICMS caso promova circulação de mercadoria – art. 4º da LC 87/1996; **III:** correta, pois incide ICMS sobre o fornecimento de energia elétrica, que é insumo para a atividade de transporte metroferroviário de passageiros; **IV:** correta – art. 8º, II, da LC 87/1996. RB

Gabarito "D"

(Magistratura/RR – 2015 – FCC) Os representantes dos 26 Estados brasileiros, bem como o Distrito Federal, foram convocados para reunião do CONFAZ, na cidade de Boa Vista/RR, com a finalidade de promover a celebração de um convênio que permitiria concessão de isenção do ICMS relativa a determinadas operações internas com mercadorias. Esse convênio era de interesse único e exclusivo do Estado de Roraima.

Outras questões, de natureza interna do CONFAZ, também foram objeto de deliberação.

A essa reunião, presidida por representante do Governo federal, deixaram de comparecer os representantes dos Estados do Amazonas, da Bahia, de Goiás, do Rio Grande do Norte e de Santa Catarina.

Todos os representantes presentes votaram pela aprovação do convênio que permitia a concessão da isenção pretendida pelo Estado de Roraima.

O Estado de Goiás, embora ausente da reunião, publicou decreto, no décimo dia subsequente ao da publicação do convênio no Diário Oficial da União, por meio do qual rejeitou o convênio firmado em Boa Vista.

Considerando a disciplina estabelecida na Lei Complementar 24/1975 a respeito da celebração de convênios, é correto afirmar que

(A) a isenção pleiteada pelo Estado de Roraima foi concedida, pois o referido convênio foi ratificado.

(B) as regras desta Lei Complementar também se aplicam à concessão de créditos presumidos do ICMS e à redução de base de cálculo desse imposto.

(C) as deliberações dessa reunião não produziram efeitos, pelo simples fato de que cinco unidades federadas deixaram de comparecer a ela.

(D) a rejeição do convênio pelo Estado de Goiás não impediu sua aprovação, na medida em que mais de quatro quintos das unidades federadas o ratificaram.

(E) este convênio é inconstitucional, porque é vedado celebrar convênios que disponham que a aplicação de suas cláusulas seja limitada a uma ou a algumas Unidades da Federação.

A: incorreta, pois o convênio é considerado rejeitado se não for expressa ou tacitamente ratificado por todos os Estados e pelo Distrito Federal no prazo de 15 dias da publicação – art. 4º, § 2º, da LC 24/1975; **B:** correta, nos termos do art. 1º, parágrafo único, I e III, da LC 24/1975; **C:** incorreta, pois a deliberação é válida desde que todas as Unidades da Federação tenham sido convocadas e o quórum de maioria das Unidades Federadas tenha sido observado – art. 2º, *caput* e § 1º, da LC 24/1975; **D:** incorreta, conforme comentários anteriores. De fato, a aprovação pela unanimidade das Unidades que compareceram à sessão garante a concessão do benefício, desde que posteriormente ratificada pela totalidade das Unidades – art. 2º, § 2º, da LC 24/1975; **E:** incorreta, pois é possível a concessão de benefício para apenas uma ou algumas Unidades da Federação – art. 1º da LC 24/1975.

Gabarito "B"

(Magistratura/RR – 2015 – FCC) O ICMS é imposto de competência estadual. Não obstante isso, a Constituição Federal estabelece que determinadas matérias deverão ser disciplinadas por meio de lei complementar federal. Assim, dentre as matérias que devem ser necessariamente disciplinadas por meio de lei complementar, encontram-se:

(A) A disciplina relativa à substituição tributária; a regulação da forma como, mediante deliberação dos Estados e do Distrito Federal, isenções, incentivos e benefícios fiscais serão concedidos e revogados; a fixação de suas alíquotas, observados os limites estabelecidos pela Constituição Federal.

(B) A fixação de sua base de cálculo, de modo que o montante do imposto a integre, também na importação do exterior de bem, mercadoria ou serviço; a definição de seus contribuintes; a disciplina do regime de compensação do imposto.

(C) A fixação, para efeito de sua cobrança e definição do estabelecimento responsável, do local das operações relativas à circulação de mercadorias e das prestações de serviços; a fixação de sua base de cálculo; a fixação das datas e prazos para o seu pagamento.

(D) Previsão dos casos de manutenção de crédito, relativamente à remessa para outro Estado e exportação para o exterior, de serviços e de mercadorias; a fixação do percentual de juros de mora incidentes sobre o crédito tributário não pago na data fixada na legislação; a definição das infrações e as respectivas cominações de penalidades para as infrações à sua legislação.

(E) A fixação das alíquotas interestaduais; a fixação das regras de fiscalização do responsável por substituição tributária, nas operações e prestações interestaduais; a disciplina do regime de compensação do imposto.

A: incorreta, pois a fixação das alíquotas do ICMS não depende de lei complementar federal – art. 155, § 2º, XII, da CF; **B:** correta, nos termos do art. 155, § 2º, XII, da CF; **C:** incorreta, pois datas e prazos para pagamento não são matéria reservada a lei complementar federal; **D:** incorreta, pois a fixação do percentual dos juros de mora e a previsão de penalidades tampouco são matérias reservadas a lei complementar; **E:** incorreta, pois a fixação das alíquotas interestaduais se dá por resolução do Senado, não por lei complementar – art. 155, § 2º, IV, da CF. Ademais, as regras de fiscalização podem ser veiculadas por normas de cada Estado e do Distrito Federal.

Gabarito "B"

(Magistratura/SC – 2015 – FCC) Um determinado contribuinte do ICMS emitiu dois documentos fiscais referentes a operações tributadas, indicando valores diferentes nas respectivas vias, deixando, com isso, de submeter essas operações, parcialmente, à incidência do imposto. O primeiro documento, referente à saída de mercadorias em operações internas, sujeitas à alíquota de 17%, indicava, em sua primeira via, um valor de operação equivalente a R$ 100.000,00, mas, na via fixa, destinada à escrituração, apuração e pagamento do imposto, registrou-se a importância de R$ 10.000,00, como sendo o valor da operação. O segundo documento, também referente à saída de mercadorias em operações internas, sujeitas à alíquota de 17%, indicava, em sua primeira via, um valor de operação equivalente a R$ 500.000,00, mas, na via fixa, destinada à escrituração, apuração e pagamento do imposto, registrou-se a importância de R$ 50.000,00, como sendo o valor da operação. Em ambos os casos, a base de cálculo do ICMS era o próprio valor da operação. Foram lavradas duas notificações fiscais, uma para cada situação, por meio das quais se reclamou a diferença de imposto sonegado e a penalidade pecuniária, equivalente a 100% do imposto sonegado. O contribuinte optou por discutir os referidos lançamentos diretamente na esfera judicial. Os processos não tramitaram conjuntamente. O primeiro processo, referente à infração cometida em 2012, foi sentenciado em primeira instância, em março de 2014, enquanto que o segundo foi sentenciado em novembro de 2014. O referido Estado, por meio de lei ordinária publicada em junho de 2014, cujos efeitos se produziram de imediato, promoveu alteração na penalidade aplicável a esse tipo de infração, que passou a ser apenada com multa equivalente a 60% do valor da operação. Na data de publicação dessa lei, em nenhum dos dois processos havia decisão judicial transitada em julgado. Nenhuma das duas penalidades cominadas para essa infração foi considerada inconstitucional por qualquer motivo. Com base nos dados fornecidos e nas normas do Código Tributário Nacional acerca da aplicação da legislação tributária, a penalidade pecuniária prevista no novo texto legal

(A) será aplicada, automaticamente, à segunda situação infracional, mas não à primeira.

(B) não será aplicada a nenhuma das duas situações infracionais.

(C) será aplicada, automaticamente, a ambas as situações infracionais.

(D) será aplicada à primeira situação infracional, se o contribuinte tiver apresentado recurso, mas não se aplica à segunda situação infracional.

(E) será aplicada, automaticamente, à primeira situação infracional, mas não à segunda.

Somente a penalidade mais benéfica é aplicável retroativamente, nos termos do art. 106, II, *c*, do CTN. No caso, há uma pegadinha. Perceba que a multa original era de 100% sobre o valor do tributo sonegado (o valor pago a menor), enquanto a multa nova é de 60% sobre o valor da operação, ou seja, calculada respectivamente sobre R$ 100 mil e R$ 500 mil, o que é muito mais gravoso para o contribuinte. Por essa razão, não há retroatividade e a alternativa "B" é a correta.

Gabarito "B"

(Procurador do Estado – PGE/RN – FCC – 2014) Sobre a base de cálculo do ICMS, é correto afirmar:

(A) Será o valor da prestação no Estado de origem, em relação à utilização, por contribuinte, de serviço cuja prestação se tenha iniciado em outro Estado e não esteja vinculada à operação ou prestação subsequente.

(B) Embora persistam divergências doutrinárias e jurisprudenciais sobre a incidência, ou não, do ICMS nas transferências entre estabelecimentos de mesma titularidade, prevê a legislação complementar que o ICMS será calculado sobre o valor de venda a consumidor final na operação mais recente nas operações de transferências interestaduais entre estabelecimentos de mesma titularidade.

(C) Compreenderá o montante do imposto sobre produtos industrializados nas importações e também quando a operação interna ou interestadual realizada entre contribuintes configure fato gerador dos dois impostos.

(D) Poderá ser livremente reduzida pela Unidade da Federação mediante a edição de lei.

(E) Compreenderá o valor de venda das mercadorias, excluída a parcela de serviços cobrada pelo fornecedor a título de frete, seguro, instalação e montagem.

A: correta, conforme art. 13, IX, da LC 87/1996; **B:** incorreta, inexistindo disposição expressa relacionada a estabelecimentos de mesma titularidade nas operações interestaduais – art. 13, § 5º, da LC 87/1996; **C:** incorreta, pois quando a operação configurar fato gerador dos dois impostos, o IPI não comporá a base de cálculo do ICMS – art. 155, § 2º, XI, da CF; **D:** incorreta, pois a base de cálculo dos impostos previstos na CF é definida por lei complementar federal – art. 146, III, *a*, da CF e art. 13 da LC 87/1996; **E:** incorreta, pois juros, seguros e fretes compõem a base de cálculo do ICMS – art. 13, § 1º, II, da LC 87/1996. RB

Gabarito "A"

(Procurador do Estado – PGE/RN – FCC – 2014) Por meio do Convênio ICMS 94/2012 os Estados e o Distrito Federal foram autorizados a instituir a isenção de ICMS sobre operações com bens e mercadorias destinados à implantação de projetos de mobilidade urbana de passageiros relativos ao modal metroferroviário. No Estado de São Paulo, a isenção foi incorporada à legislação estadual por meio dos Decretos 58.492/2012, o qual prevê a isenção para as operações internas de mercadorias em geral destinadas à manutenção de trens, locomotivas e vagões, e 58.491/2012, o qual prevê a isenção para as operações internas de trens, locomotivas e vagões destinadas às redes de transportes sobre trilhos de passageiros. Empresa situada no Rio Grande do Norte sente-se prejudicada com a restrição, pois ao adquirir tais mercadorias de fornecedores paulistas, não será beneficiada com a isenção fiscal. A limitação da isenção fiscal às operações internas é:

I. Constitucional, o ente federativo pode conceder isenções limitando-se apenas às operações realizadas em seu território.

II. Inconstitucional, pois por meio da restrição às operações internas, o Estado de São Paulo estabeleceu diferença tributária entre bens em razão de sua procedência e destino.

III. Constitucional, pois é admitido que União, Estados e Municípios instituam incentivos fiscais que não sejam uniformes ao território nacional com o objetivo de promover o equilíbrio do desenvolvimento socioeconômico entre as diferentes Regiões do País.

Está correto o que se afirma APENAS em

(A) II e III.
(B) I.
(C) II.
(D) III.
(E) I e III.

Questão problemática, considerando que o STJ entende que até que a legislação de determinado Estado seja eventualmente declarada inconstitucional pelo STF, ela deverá ser observada pelos demais entes federados. A legislação paulista é vigente, sendo arriscado falar em inconstitucionalidade.
De qualquer forma, o Decreto Estadual de SP 58.491/2012, que trata de trem, locomotiva ou vagão, abrange operações internas e interestaduais, não havendo falar em distinção, nem, portanto, eventual inconstitucionalidade.
O Decreto Estadual de SP 58.492/2012, que trata de matéria-prima, materiais etc., efetivamente restringe-se a operações internas, o que pode ser considerando inconstitucional, por distinguir operações em relação ao destino da mercadoria – art. 152 da CF. Com essas observações, a melhor alternativa é a "C", pois descreve como inconstitucional o benefício fiscal concedido por SP com prejuízo para o RN. (RB)

Gabarito "C"

(Procurador do Estado – PGE/RN – FCC – 2014) O regime de substituição tributária com antecipação dos efeitos do fato gerador do ICMS

(A) poderá ser aplicado nas operações com consumidor final e nas operações com insumos destinados à industrialização por parte do respectivo adquirente.

(B) nas operações internas, depende de lei especificando as mercadorias ou serviços sujeitos ao regime, e disciplinando a respectiva base de cálculo.

(C) nas operações interestaduais, depende de Protocolo entre os Estados envolvidos, e de previsão em lei do Estado de Origem.

(D) é inconstitucional, pois representa a cobrança sobre fato gerador futuro e incerto.

(E) não é aplicável às operações realizadas com consumidor final.

A: discutível. Em regra, não há substituição tributária em operações com consumidor final, pois não há fato gerador futuro, cujos efeitos possam ser antecipados (o consumidor final não realizará operação posterior). É possível, entretanto, haver substituição tributária em relação às operações interestaduais, em que há obrigação do adquirente contribuinte, mesmo que seja consumidor final, recolher o diferencial de alíquota, conforme o art. 155, § 2º, VIII, *a*, da CF. Nesse caso, é possível falar em substituição se a lei imputar ao contribuinte na origem o dever de antecipar o recolhimento do diferencial que seria devido pelo adquirente em outro Estado ou DF. De qualquer forma, mesmo nesse caso não há fato gerador futuro, sendo inviável falar na substituição com antecipação dos efeitos do fato gerador, prevista no art. 150, § 7º, da CF; **B:** correta, observando o disposto no art. 8º da LC 87/1996; **C:** incorreta, pois depende de acordo específico entre os Estados interessados – art. 9º da LC 87/1996; **D:** incorreta, até porque é prevista expressamente pelo art. 150, § 7º, da CF; **E:** discutível, conforme comentário à primeira alternativa. RB

Gabarito "B"

(Procurador do Estado – PGE/RN – FCC – 2014) Tendo sido reconhecida a inconstitucionalidade da cobrança do ICMS sobre os serviços de transporte aéreo de passageiros, as empresas do setor passaram a pleitear o reconhecimento do indébito tributário. A restituição do ICMS deverá ser deferida:

I. Caso as empresas continuem em operação normal, vedada a restituição àquelas empresas que interromperam suas operações por qualquer razão.

II. Apenas se a companhia aérea ajuizou ação judicial individual pleiteando o reconhecimento da inexigibilidade do ICMS sobre a prestação de serviços de transporte aéreo de passageiros.

III. Caso as empresas aéreas apresentem comprovação de que não transferiram aos passageiros os encargos relativos ao ICMS.

Está correto o que se afirma APENAS em

(A) II e III.
(B) I.
(C) II.
(D) III.
(E) I e II.

I: incorreta, já que não há esse pressuposto para repetição de indébito tributário – art. 165 do CTN; **II:** incorreta, pois é possível o pedido administrativo de restituição – art. 169 do CTN; **III:** correta, devendo a peticionária demonstrar que assumiu o ônus econômico do indébito – art. 166 do CTN. RB

Gabarito "D"

(Magistratura/CE – 2014 – FCC) Com o objetivo de evitar a chamada "guerra fiscal" no âmbito do ICMS, a Constituição Federal, no seu art. 155, inciso II, c/c § 2º, inciso XII, alínea "g", determina que a concessão de certos benefícios fiscais aos sujeitos passivos desse imposto só seja levada a efeito quando essa concessão for autorizada pelo Conselho Nacional de Política Fazendária – CONFAZ, nos termos do que estabelece a Lei Complementar: no caso, a Lei Complementar 24, de 07 de janeiro de 1975. De acordo com essa lei complementar e com os dispositivos citados da Constituição Federal, NÃO está sujeita à autorização do CONFAZ, no que diz respeito ao ICMS, a

(A) inclusão de mercadoria na sistemática de retenção antecipada do imposto, por substituição tributária.
(B) redução de base de cálculo.
(C) outorga de isenções.
(D) redução de alíquota, de 17% para 3%.
(E) concessão de crédito presumido.

O art. 155, § 2º, XII, *g*, da CF prevê deliberação dos Estados e do Distrito Federal para concessão e revogação de isenções, incentivos e benefícios fiscais. A retenção antecipada de imposto na substituição tributária não é benefício fiscal, pois não desonera ou beneficia o contribuinte, pelo contrário, onera o responsável pela retenção antecipada e, indiretamente, o contribuinte (já que ao adquirir a mercadoria tende a pagar o imposto, embutido no preço, antes mesmo da subsequente alienação). Todas as demais alternativas são benefícios fiscais, nos termos do art. 1º, parágrafo único, da LC 24/1975. Por essa razão, a alternativa "A" deve ser indicada.

Gabarito "A"

12.4. ISS

(Procurador do Município/Teresina-PI – 2010 – FCC) Ao instituir o imposto sobre serviços de qualquer natureza o Município elenca na lei o rol de serviços tributáveis por este imposto. Tratando-se de serviço semelhante, mas não previsto expressamente nesta lei, o Município

(A) poderá sofrer a incidência deste imposto se o serviço não for objeto de tributação por imposto de competência do Estado, pois neste caso caberá a aplicação da analogia.
(B) não poderá sofrer a incidência deste imposto porque é vedada a analogia que resulte na exigência de tributo não previsto em lei.
(C) poderá sofrer a incidência deste imposto em virtude da interpretação analógica, aplicável em casos de equidade.
(D) deverá sofrer incidência deste imposto por equidade, já que não se admite interpretação que resulte na dispensa do pagamento de tributo devido.
(E) está obrigado a tributar para evitar caracterização de renúncia de receita, desde que não altere o conteúdo e o alcance dos conteúdos legais.

A jurisprudência admite que a lista de serviços anexa à LC 116/2003 é taxativa (os Municípios e o Distrito Federal não podem tributar serviços que não constem dela). Entretanto, reconhece a possibilidade de interpretação extensiva de cada um de seus itens, especialmente quando há a expressão "e congêneres" ao final – ver REsp 1.111.234/PR repetitivo e Súmula 424/STJ. Por essa razão, o "serviço semelhante", desde que abrangido pela interpretação extensiva de algum dos itens da lista anexa, poderia ser tributado, em tese, pelo Município. Entretanto, nenhuma alternativa indica essa interpretação. Pelo contrário, as alternativas A, C e D são claramente erradas, pois não se pode exigir tributo por analogia ou por simples equidade, sem lei expressamente autorizativa – art. 108, § 1º, do CTN e princípio da legalidade. A alternativa "E" é discutível, pois, embora o ente político realmente deva exigir todos os tributos de sua competência, como medida de responsabilidade fiscal (art. 11 da Lei da Responsabilidade Fiscal – LC 101/2000), isso não implica direito de exigir tributo sem expressa previsão legal. A alternativa "B" é a melhor, por exclusão das demais, considerando que "serviço semelhante" é expressão bastante subjetiva e pode, efetivamente, indicar atividade fora da competência tributária municipal. Ademais, como já dito, realmente não cabe exigência de tributo por analogia – art. 108, § 1º, do CTN.

Gabarito "B"

Veja a seguinte tabela, com as hipóteses de tributação dos serviços prestados com fornecimento de mercadoria:

Fornecimento de mercadoria com prestação de serviço Art. 1º, § 2º, da LC 116/2003 e art. 2º, IV e V, da LC 87/1996		
Situação	**Incidência**	**Exemplos**
Serviço constante da lista da LC 116/2003, sem ressalva em relação à mercadoria	ISS sobre o preço total	Súmula 156/STJ. A prestação do serviço de composição gráfica, personalizada e sob encomenda, ainda que envolva fornecimento de mercadorias, está sujeita, apenas, ao ISS. Súmula 274/STJ. O ISS incide sobre o valor dos serviços de assistência médica, incluindo-se neles as refeições, os medicamentos e as diárias hospitalares.
Serviço constante da lista da LC 116/2003, com ressalva em relação à mercadoria	ISS sobre o preço do serviço e ICMS sobre o valor da mercadoria	Item 14.03 – Recondicionamento de motores (exceto peças e partes empregadas, que ficam sujeitas ao ICMS).
Serviço não constante da lista da LC 116/2003	ICMS sobre o valor total da operação	Súmula 163/STJ. O fornecimento de mercadorias com a simultânea prestação de serviços em bares, restaurantes e estabelecimentos similares constitui fato gerador do ICMS a incidir sobre o valor total da operação.

Em 2011, entretanto, o STF decidiu, ainda que em cautelar (ADI 4.389/DF MC), que "o ISS não incide sobre operações de industrialização por encomenda de embalagens, destinadas à integração ou utilização direta em processo subsequente de industrialização ou de circulação de mercadoria. Presentes os requisitos constitucionais e legais, incidirá o ICMS."

12.5 ITBI

(Magistratura/GO – 2015 – FCC) Sobre o ITBI é correto afirmar que

(A) não incide sobre a promessa de compra e venda de bem imóvel.

(B) incide sobre a transmissão, a qualquer título, da propriedade de bens imóveis, por natureza ou acessão física.

(C) não incide sobre a cessão de direitos relativos à transmissão de bens imóveis por ato *inter vivos*, a título oneroso.

(D) é um imposto de competência municipal e do Distrito Federal, sendo devido ao Município do domicílio do comprador, titular da respectiva capacidade contributiva.

(E) não incide sobre a cessão de direitos reais de garantia sobre o bem imóvel.

A: incorreta. A rigor, a Constituição, em seu art. 156, II, prevê a incidência do ITBI sobre a transmissão de direitos reais sobre os imóveis (caso do direito do promitente comprador – art. 1.225, VII, do CC), de modo que as legislações municipais em regra trazem essa previsão. Entretanto, essa incidência é afastada pelo Judiciário, daí porque a assertiva é considerada incorreta – ver AgRg no AREsp 659.008/RJ. Ademais, o gabarito está correto também porque não há dúvida quanto ao acerto da alternativa "E"; **B:** incorreta, pois o ITBI incide apenas nas transmissões onerosas, não gratuitas, *inter vivos* – art. 156 II, da CF; **C:** incorreta, conforme comentário anterior; **D:** incorreta, pois o ITBI é sempre devido ao município ou ao Distrito Federal onde localizado o imóvel – art. 156 § 2º, II, da CF; **E:** correta, pois essa exclusão é expressamente prevista no art. 156, II, da CF.

Gabarito "E".

12.6. IPVA

(Procurador do Estado – PGE/RN – FCC – 2014) Analise os itens abaixo.

I. O IPVA é um imposto de competência dos Estados e do Distrito Federal, mas pode ser instituído pelos Municípios na ausência de legislação estadual.

II. As alíquotas mínimas para o IPVA são fixadas por Resolução do Senado Federal.

III. O IPVA pode ter alíquotas diferenciadas em função do tipo e da utilização dos veículos.

IV. O IPVA pode ter alíquotas progressivas em razão do valor venal do veículo, conforme disposição expressa na Constituição Federal.

Está correto o que se afirma APENAS em

(A) II e IV.

(B) I e II.

(C) II e III.

(D) III e IV.

(E) I e III.

I: incorreta, pois a competência, ou seja, a atribuição para legislar sobre determinado tributo, é indelegável – art. 7º do CTN; **II:** correta – art. 155, § 6º, I, da CF; **III:** correta – art. 155, § 6º, II, da CF; **IV:** incorreta, pois a CF não prevê expressamente a progressividade do IPVA – art. 155, § 6º, da CF.

Gabarito "C".

12.7. ITCMD

(Procurador do Estado – PGE/MT – FCC – 2016) O imposto de transmissão *causa mortis* e doação de quaisquer bens ou direitos, de competência estadual,

(A) incide sobre a transmissão de bens, realizada entre pessoas jurídicas, em decorrência da transferência da propriedade de bem imóvel em virtude de aumento de capital aprovada pelos órgãos societários das pessoas jurídicas envolvidas.

(B) onera atos jurídicos relativos à constituição de garantias reais sobre imóveis.

(C) será devido em favor do Estado do Mato Grosso, em relação às doações de dinheiro, sempre que o donatário estiver domiciliado nessa Unidade da Federação, ou no Distrito Federal.

(D) não incidirá sobre as transmissões ou doações em que figurarem como herdeiros, legatários ou donatários, os partidos políticos e suas fundações, respeitados os requisitos de lei.

(E) tem lançamento apenas na modalidade "por declaração".

A: incorreta, pois o ITCMD não incide sobre transmissões onerosas, como é o caso da transmissão para aumento de capital – art. 155, I, da CF. Ademais, há imunidade em relação ao ITBI municipal, exceto na hipótese descrita no art. 156, § 2º, I, da CF; **B:** incorreta, pois não há doação ou transmissão *causa mortis*, nessa hipótese; **C:** incorreta, pois o ITCMD incidente sobre doações de bens móveis, títulos e créditos é devido ao ente federado onde domiciliado o doador – art. 155, § 1º, II, da CF; **D:** correta, nos termos do art. 5º, I, *c*, da Lei Estadual do MT 7.850/2002. Note que não há norma nacional que defina o sujeito passivo do ITCMD, de modo que cabe a cada Estado regular a matéria – art. 146, III, *a*, e art. 24, § 3º, da CF. Assim, não se pode afirmar que há imunidade, nesse caso, pois se a lei de determinado Estado aponta o doador como contribuinte (o que é muito comum), incide o ITCMD nas transmissões em favor de entidades imunes (como partidos políticos), exceto claro se o doador também for imune. No caso do MT, entretanto, a lei estadual afasta expressamente essa incidência nas doações em transmissões para partidos políticos e suas fundações, o que exigiria conhecimento específico do candidato.

Gabarito "D".

(Magistratura/RR – 2015 – FCC) Sérgio, viúvo, faleceu em 2012, tendo deixado dois filhos como herdeiros: um maior de idade e outro menor de idade.

No momento de seu falecimento, o valor total dos bens deixados por Sérgio (todos eles bens móveis) era de R$ 1.500.000,00.

Nesse mesmo momento, o valor de suas dívidas, inclusive tributárias, perfazia o montante de R$ 300.000,00.

Em seu testamento, deixou como legado, para seu sobrinho Carlos, menor de idade, com 8 anos completos, a importância de R$ 120.000,00, e deixou para Madalena, sua sobrinha e irmã de Carlos, com 21 anos completos, a importância de R$ 100.000,00.

Camilo, tutor de Carlos, aceitou a herança em nome do menino, mas como este não possuía recurso financeiro algum para liquidar o crédito tributário em questão, deixou-se de efetivar o pagamento do ITCMD incidente sobre essa transmissão *causa mortis*.

Madalena aceitou a herança, mas não pagou o ITCMD devido, por puro esquecimento.

De acordo com a lei do Estado federado que tinha titularidade ativa para instituir o ITCMD sobre essas transmissões hipotéticas, "o contribuinte do ITCMD é o herdeiro a qualquer título".

Considerando os fatos acima narrados e o que o Código Tributário Nacional dispõe a respeito de sujeição passiva e capacidade tributária,

(A) Carlos não pode ser contribuinte do ITCMD relativo ao legado que recebeu, por ser menor de idade, ainda que lei estadual tenha disposto que o herdeiro a qualquer título é o contribuinte na transmissão *causa mortis*.

(B) Camilo não pode ser responsabilizado pelo pagamento do ITCMD devido sobre o legado recebido por Carlos, pois não agiu com dolo.

(C) o espólio é responsável pelas dívidas tributárias do *de cujus*, incorridas anteriormente ao seu óbito.

(D) Madalena, por ser irmã de Carlos, e maior de idade, é contribuinte tanto em relação ao ITCMD devido pelo legado que recebeu, como em relação ao ITCMD devido pelo legado recebido por seu irmão.

(E) o espólio, na qualidade de responsável por sucessão, é contribuinte do ITCMD devido pelos legatários e pelos herdeiros legais menores de idade.

A: incorreta, pois a capacidade tributária independe da capacidade civil – art. 126, I, do CTN; **B**: incorreta, a configuração de dolo não é relevante para a responsabilidade prevista no art. 134, II, do CTN; **C**: correta, nos termos do art. 131, III, do CTN; **D**: incorreta, pois o fato de Madalena ser irmã de Carlos não faz dela responsável tributário por inexistir vinculação, ainda que indireta, com o fato gerador – art. 128 do CTN; **E**: incorreta, pois o espólio responde apenas pelos tributos devidos pelo *de cujus*, e não os devidos pelos herdeiros – art. 131, III, do CTN.

Gabarito "C"

(Magistratura/RR – 2015 – FCC) José, viúvo, domiciliado em Alto Alegre/RR, doou, em 2012, a seu filho mais velho, Pedro, a importância de R$ 50.000,00, que mantinha depositada em uma caderneta de poupança aberta em agência bancária da cidade de Belém/PA. Nesse mesmo ano, doou a seu filho caçula, Paulo, um terreno de sua propriedade, localizado na cidade de Oriximiná/PA, no valor de R$ 60.000,00.

Em 2014, José veio a falecer, deixando como herdeiros os seus três filhos: Pedro, Mercedes e Paulo.

O processo judicial de inventário dos bens deixados por seu falecimento correu na cidade de Alto Alegre/RR, onde ainda estava domiciliado no momento de sua morte.

Em seu testamento, José deixou para Mercedes um terreno, no valor de R$ 200.000,00, localizado no centro da cidade de Manaus/AM, e deixou para Pedro a importância de R$ 55.000,00, depositada em caderneta de poupança mantida em agência bancária da cidade de Palmas/TO. O restante dos bens deixados, no valor total de R$ 1.800.000,00, todos eles móveis e não incluídos no testamento de José, foram divididos igualmente entre os três filhos, cabendo a cada um deles a importância de R$ 600.000,00.

Com base nos fatos acima narrados e nas regras constantes da Constituição Federal, o sujeito ativo do ITCMD incidente sobre a transmissão

I. *causa mortis*, da caderneta de poupança deixada por testamento a Pedro, é o Estado de Roraima.
II. por doação, a Pedro, dos R$ 50.000,00, é o Estado de Roraima.
III. *causa mortis*, do terreno deixado por testamento a Mercedes, é o Estado do Amazonas.
IV. *causa mortis*, dos demais bens móveis que não foram incluídos no testamento, é o Estado de Roraima.
V. por doação, a Paulo, do terreno localizado na cidade de Oriximiná, é o Estado do Pará.

Está correto o que se afirma em

(A) I, II, III, IV e V.
(B) I, II e IV, apenas.
(C) II e V, apenas.
(D) III, IV e V, apenas.
(E) III e V, apenas.

I: correta, pois o ITCMD no caso de transmissão *causa mortis* de bens móveis é devido ao Estado ou ao Distrito Federal onde se processar o inventário ou arrolamento – art. 155, § 1º, II, da CF; **II**: correta, pois o ITCMD no caso de transmissão por doação de bens móveis é devido ao Estado ou ao Distrito Federal onde domiciliado o doador – art. 155, § 1º, II, da CF; **III**: correta, pois o ITCMD relativo a transmissão de bens imóveis, seja por doação ou *causa mortis*, é sempre devido ao Estado ou Distrito Federal onde localizado esse imóvel – art. 155, § 1º, I, da CF; **IV**: correta, conforme comentário a "I"; **V**: correta, conforme comentário a "III".

Gabarito "A"

(Magistratura/SC – 2015 – FCC) Klaus, viúvo, domiciliado em Blumenau/SC, faleceu em 2013 e deixou bens no valor de R$ 1.800.000,00 a seus quatro filhos: Augusto, Maria, Marcos e Teresa. Augusto, domiciliado em Chapecó/SC, em pagamento de seu quinhão, recebeu o terreno localizado em Maringá/PR. Maria, domiciliada em Belo Horizonte/MG, renunciou a seu quinhão a favor de sua irmã, Teresa. Marcos, domiciliado em São Paulo/SP, em pagamento de seu quinhão, recebeu o montante depositado na conta-corrente que Klaus mantinha em São Paulo e com o imóvel localizado à beira-mar, em Torres/RS. A Teresa, domiciliada em Campo Grande/MS, em pagamento de seu quinhão, couberam os bens móveis deixados pelo falecido. Marcos renunciou ao imóvel localizado em Torres a favor de sua irmã, Teresa. O processo judicial de arrolamento dos bens deixados por Klaus correu em Blumenau/SC. Considerando as informações acima e a disciplina estabelecida na Constituição Federal acerca da sujeição ativa do ITCMD, compete ao Estado de

(A) São Paulo o imposto sobre a renúncia de Marcus em relação ao terreno recebido, pois essa renúncia caracteriza doação e o doador está domiciliado em São Paulo.

(B) Santa Catarina o imposto incidente sobre a transmissão *causa mortis* do terreno recebido por Augusto.

(C) Santa Catarina o imposto incidente sobre a transmissão *causa mortis* de todos os bens deixados por falecimento de Klaus.

(D) Mato Grosso do Sul, Estado de domicílio de Teresa, o imposto incidente sobre a transmissão *causa mortis* dos bens móveis recebidos por ela.

(E) Minas Gerais o imposto incidente sobre a transmissão *inter vivos*, não onerosa, de bens móveis integrantes do quinhão recebido por Teresa, em razão da renúncia efetivada por Maria.

A: incorreta, pois o ITCMD relativo a transmissão de bens imóveis, seja por doação ou *causa mortis*, é sempre devido ao Estado ou Distrito Federal onde localizado esse imóvel, no caso, ao Estado do RS – art. 155, § 1º, I, da CF. Importante destacar que, no mais, a assertiva está correta. A renúncia de Marcos não foi pura (ou abdicativa), ou seja, ele simplesmente não desistiu da herança, hipótese em que não incidiria o ITCMD em relação a ele. Sua renúncia foi translativa, pois ele indicou quem deveria receber a herança em seu lugar (ou seja, é como se ele tivesse aceitado a herança e depois doado o bem), caso em que o ITCMD incide sobre as duas transmissões, na forma da lei estadual; **B:** incorreta, conforme comentário à alternativa "A", de modo que o ITCMD nesse caso é devido ao Paraná, onde localizado o imóvel; **C:** incorreta, pois em relação aos imóveis o ITCMD será devido ao Estado onde localizado cada um deles, conforme comentários anteriores; **D:** incorreta, pois, em relação aos bens móveis, o ITCMD é devido aos Estados em que localizados os doadores (no caso, a SP o ITCMD relativo à doação de Maria, considerando que seriam bens móveis). Em relação aos bens imóveis, conforme comentários anteriores, o ITCMD é devido ao Estado em que localizado (no caso, ao RS em relação ao imóvel doado por Marcos); **E:** correta, pois o ITCMD sobre doação é devido ao local de domicílio do doador, no caso, ao Estado de MG – art. 155, § 1º, II, da CF.

Gabarito "E"

(Procurador do Estado – PGE/RN – FCC – 2014) Segundo o Código Tributário Nacional, a definição legal do fato gerador é interpretada abstraindo-se da validade jurídica dos atos efetivamente praticados, da natureza do seu objeto e seus efeitos, bem como dos efeitos dos fatos efetivamente ocorridos. Diante disso,

(A) o recolhimento de ITCD incidente sobre doação de bem imóvel em fraude contra credores é válido, mesmo diante de anulação do negócio jurídico por decisão judicial irrecorrível.

(B) somente os negócios juridicamente válidos podem ser definidos como fato gerador de tributos.

(C) a hipótese de incidência pode ter em seu aspecto material fatos ilícitos, desde que compatíveis com a regra-matriz de incidência prevista na Constituição Federal.

(D) somente os negócios jurídicos com agente capaz, objeto lícito e forma prevista ou não proibida em lei serão fatos geradores de tributos.

(E) a circulação de mercadoria objeto de contrabando não pode ser fato gerador do ICMS, tendo em vista que o objeto do negócio, qual seja, a mercadoria, é ilícita.

A: correta, sendo essa a interpretação dada pelo fisco ao art. 118, I, do CTN; **B:** incorreta, pois a validade jurídica dos negócios não é, em princípio, relevante para aferição da ocorrência do fato gerador – art. 118 do CTN; **C:** incorreta, pois a hipótese de incidência, como previsão legal, geral e abstrata do fato gerador não pode definir situação ilícita como fato gerador do tributo – art. 3º do CTN. O que não impede que uma situação de fato ilícita implique incidência do imposto. Por exemplo, auferir renda é fato lícito, abstratamente considerado, e previsto na hipótese de incidência do imposto de renda. Traficante de drogas realiza atos ilícitos, mas ao auferir renda, deve recolher o imposto correspondente; **D:** incorreta, pois a capacidade civil do agente é irrelevante para a sujeição passiva (art. 126 do CTN), assim como a licitude ou forma dos atos efetivamente praticados (art. 118 do CTN); **E:** incorreta, pois a circulação de mercadoria em si, que é fato gerador do ICMS, é lícita, sendo irrelevante a validade jurídica dos atos efetivamente praticados pelos contribuintes – art. 118 do CTN. RB

Gabarito "A"

(Procurador do Estado – PGE/RN – FCC – 2014) Em relação ao Imposto sobre Transmissão *Causa Mortis* e Doação, de quaisquer bens ou direitos:

(A) terá suas alíquotas máximas reguladas por Convênio entre os Estados e o Distrito Federal.

(B) na doação de bens imóveis, compete ao Estado onde tiver domicílio o doador.

(C) terá suas alíquotas mínimas fixadas por Resolução do Congresso Nacional.

(D) na doação de bens móveis, a competência para a sua instituição deverá ser regulada por lei complementar no caso em que o donatário tenha domicílio no exterior.

(E) incidirá sobre doações realizadas por pessoas jurídicas.

A: incorreta, pois as alíquotas máximas do ITCMD devem ser fixadas pelo Senado Federal – art. 155, § 1º, IV, da CF; **B:** incorreta, pois o ITCMD relativo a imóvel é devido ao Estado ou ao DF onde localizado o bem – art. 155, § 1º, II, da CF; **C:** incorreta, pois somente as alíquotas máximas são determinadas, e pelo Senado Federal, conforme comentário à primeira alternativa; **D:** incorreta, pois a lei complementar deverá regular o caso de doador no exterior, não donatário. Caso o doador esteja no Brasil, o ITCMD será devido ao Estado ou DF em que ele estiver domiciliado – art. 155, § 1º, II, da CF; **E:** correta, considerando que a doação feita por qualquer pessoa, natural ou jurídica, sujeita-se ao ITCMD, exceto evidentemente em caso de imunidade ou benefício fiscal que lhe aproveite. RB

Gabarito "E"

(Auditor Fiscal – São Paulo/SP – FCC – 2012) A Empresa Olivata Ltda. atua preponderantemente como comerciante e, esporadicamente, presta serviços de transporte municipal e de transporte intermunicipal. Com base na legislação municipal paulistana que regulamenta o ISS, o serviço prestado pela Olivata Ltda. de transporte

(A) municipal pode ser considerado fato gerador do ISS ainda que não seja atividade preponderante do prestador, da mesma forma que o serviço de transporte intermunicipal é fato gerador do ISS por não estar no âmbito de incidência do ICMS.

(B) municipal não pode ser considerado fato gerador do ISS, ainda que seja a atividade preponderante do prestador, da mesma forma que o serviço de transporte intermunicipal não é fato gerador do ISS por estar no âmbito de incidência do ICMS.

(C) intermunicipal pode ser considerado fato gerador do ISS, ainda que não seja atividade preponderante do prestador, ao passo que o serviço de transporte municipal não é fato gerador do ISS por estar no âmbito de incidência do ICMS.

(D) municipal pode ser considerado fato gerador do ISS, ainda que não seja atividade preponderante do prestador, ao passo que o serviço de transporte intermunicipal não é fato gerador do ISS por estar no âmbito de incidência do ICMS.

(E) intermunicipal não pode ser considerado fato gerador do ISS, desde que seja a atividade preponderante do prestador, da mesma forma que o serviço de transporte municipal não é fato gerador do ISS por estar no âmbito de competência do ICMS.

Incide ISS apenas sobre os serviços de transporte municipal (dentro do território do município), já que o intermunicipal sujeita-se exclusivamente ao ICMS estadual – art. 155, II, da CF. A Olivata Ltda. é contribuinte do ISS, independentemente de a prestação do serviço ser ou não atividade preponderante – art. 1º, *caput*, *in fine*, da LC 116/2003. Por essas razões, a alternativa "D" é a correta.

Gabarito "D"

(Auditor Fiscal – São Paulo/SP – FCC – 2012) Empresa Marista S.A. foi contratada para prestar serviço de pesquisa de opinião sobre o "paladar do paulistano", pela empresa Food Ltda., que está instalando uma cadeia de restaurantes no Município de São Paulo. A empresa Food Ltda. firmou contrato de rateio de despesas com sua controladora, a empresa Food Inc., situada nos Estados Unidos da América, de forma que o serviço prestado pela Marista S.A. foi pago pela Food Inc., representando ingresso de divisas oriundas do exterior no território nacional. Nesse caso,

(A) há incidência de ISS, tendo-se em vista que não existe previsão de isenção de ISS para exportação de serviços.

(B) há incidência de ISS, tendo-se em vista que o resultado da prestação de serviços foi verificada no território nacional, não se configurando a existência de exportação de serviços, para fins da legislação municipal.

(C) não há incidência de ISS, tendo-se em vista que houve ingresso de divisas no território nacional, configurando-se a existência de exportação de serviços, para fins da legislação municipal.

(D) há incidência de ISS, tendo-se em vista que a isenção anteriormente prevista às exportações de serviços foi revogada.

(E) não há incidência de ISS, tendo-se em vista que o resultado da prestação de serviços não foi verificado no território nacional, configurando-se a existência de exportação de serviços, para fins de legislação municipal.

O serviço foi prestado no Brasil, por empresa brasileira para tomadora brasileira, sendo que o serviço produziu efeitos no País. Pouco importa, nesse contexto, o rateio da despesa com a controladora estrangeira ou o ingresso de divisas. Por essas razões, a alternativa "B" é a correta.

Gabarito "B"

(Auditor Fiscal – São Paulo/SP – FCC – 2012) Empresa X S.A., estabelecida em Barueri, contrata, em 25/03/2009, a empresa Correa B.V.I, estabelecida no exterior, para lhe prestar serviços de consultoria técnica, que são realizados integralmente no exterior. A prestação é finalizada em 23/04/2010, sem qualquer recolhimento de ISS. Em 25/07/2011, X S.A. altera sua sede social para o Município de São Paulo, deixando de ser estabelecida em Barueri. Nesse caso, o ISS

(A) não é devido ao Município de São Paulo, tendo-se em vista que o estabelecimento de serviços da contratante estava situado em Barueri, no momento em que houve a prestação de serviços.

(B) é devido à União Federal e ao Município de São Paulo, por tratar-se de serviço proveniente do exterior.

(C) é devido, exclusivamente, ao Município de São Paulo, onde se encontra atualmente o estabelecimento contratante.

(D) não é devido ao Município de São Paulo, haja vista que o serviço é proveniente do exterior.

(E) é devido ao Município de São Paulo, em virtude da previsão da solidariedade ativa, que norteia o regime jurídico do ISS incidente sobre a importação de serviços.

No momento do fato gerador, o Município de São Paulo não tem qualquer relação com o estabelecimento tomador do serviço (art. 3º, I, da LC 116/2003), muito menos com o prestador, inexistindo, tampouco, relação com o local da prestação do serviço. Não há como, portanto, falar em pretensão do fisco paulistano em relação à tributação desse serviço, ainda que tenha ocorrido, posteriormente, instalação da sede da contribuinte em seu território. Por essas razões, a alternativa "A" é a correta.

Gabarito "A"

(Auditor Fiscal – São Paulo/SP – FCC – 2012) Associação Esperança, entidade de assistência social sem fins lucrativos, estabelecida no Município de São Paulo, goza de imunidade, contrata a prestadora de serviços Outsorcing Ltda., estabelecida em Ribeirão Preto, para prestar serviços de fornecimento de mão de obra, em seu estabelecimento. Nos termos da legislação paulistana, a Associação Esperança

(A) não é responsável pelo ISS devido na operação, haja vista que a Outsorcing Ltda. encontra-se estabelecida no Município de Ribeirão Preto.

(B) é responsável pelo ISS devido na operação, haja vista que o serviço prestado pela Outsorcing Ltda. é de fornecimento de mão de obra, embora o ISS não seja devido ao Município de São Paulo.

(C) não é responsável pelo ISS devido na operação, haja vista que o ISS não é devido ao Município de São Paulo.

(D) não é responsável pelo ISS devido na operação, haja vista gozar de imunidade.

(E) é responsável pelo ISS devido na operação, haja vista que o serviço é de fornecimento de mão de obra e o ISS é devido ao Município de São Paulo.

A imunidade da entidade assistencial não beneficia terceiros, no caso, o prestador do serviço, que é o contribuinte do ISS. No fornecimento de mão de obra, o ISS é devido ao Município em que localizado o estabelecimento do tomador do serviço – art. 3º, XX, da LC 116/2003. Ademais, o tomador é responsável pela retenção na fonte e recolhimento do imposto – art. 6º, § 2º, II, da LC 116/2003, c/c item 17.05 da lista anexa. Finalmente, a imunidade não afasta a responsabilidade tributária por retenção na fonte – art. 9º, § 1º, do CTN. Por essas razões, a alternativa "E" é a correta.

Gabarito "E"

(Auditor Fiscal – São Paulo/SP – FCC – 2012) A empresa X S.A. tem como objeto social a consultoria em informática. Tem sede no Rio de Janeiro, onde recolhe, integralmente, o ISS incidente sobre suas atividades. No Município de São Paulo, mantém uma sala, com computadores, uma telefonista e três consultores que atendem a demanda dos tomadores estabelecidos no Município de São Paulo. A empresa X S.A.,

(A) ainda que não possua estabelecimento no Município de São Paulo, está obrigada a recolher o ISS ao Município de São Paulo em seu valor integral.

(B) por não possuir estabelecimento no Município de São Paulo, não está obrigada a recolher ISS ao Município de São Paulo.

(C) por possuir estabelecimento no Município de São Paulo, está obrigada a recolher o ISS incidente sobre os serviços prestados no referido estabelecimento ao Município de São Paulo.

(D) por possuir estabelecimento no Município de São Paulo, está obrigada a recolher o ISS ao Município de São Paulo, apenas no montante da quantia que superar o valor do ISS já recolhido no Município do Rio de Janeiro.

(E) ainda que não possua estabelecimento no Município de São Paulo, está obrigada a recolher o ISS ao Município de São Paulo, apenas no montante da quantia que superar o valor do ISS já recolhido no Município do Rio de Janeiro.

O ISS relativo ao serviço de consultoria em informática é devido ao Município em que está localizado o estabelecimento prestador – art. 3º, *caput*, da LC 116/2003. Considera-se estabelecimento prestador o local onde o contribuinte desenvolva a atividade de prestar serviços, de modo permanente ou temporário, e que configure unidade econômica ou profissional, sendo irrelevantes para caracterizá-lo as denominações de sede, filial, agência, posto de atendimento, sucursal, escritório de representação ou contato ou quaisquer outras que venham a ser utilizadas – art. 4º da LC 116/2003. Por essas razões, o ISS em questão é devido ao Município de São Paulo, de modo que a alternativa "C" é a correta.

Gabarito "C"

(Auditor Fiscal – São Paulo/SP – FCC – 2012) A pessoa jurídica Engenharia TecsonMovement Ltda. apresenta pedido de consulta ao Município de São Paulo. Informa que é composta por sócios que prestam serviços de engenharia de forma pessoal, e que, em 2011, foram alienadas quotas correspondentes a 50% do capital social da sociedade à pessoa jurídica Ipson Participações S.A., estabelecida no Brasil, constituída de capital 100% nacional, especializada em investir em pessoas jurídicas de médio porte. Constitui teor da consulta a possibilidade de aplicação do regime especial de recolhimento do imposto, em que a receita bruta é estabelecida a partir de um valor fixo, multiplicada pelo número de profissionais habilitados. O contribuinte foi corretamente informado de que o regime especial é

(A) inaplicável à Engenharia TecsonMovement Ltda. porque esse benefício apenas pode ser pleiteado pelas sociedades empresárias.

(B) aplicável à Engenharia TecsonMovement Ltda. porque se trata de serviços de engenharia e os sócios engenheiros prestam serviços de forma pessoal, sendo irrelevante que haja sócias que sejam pessoas jurídicas.

(C) inaplicável à Engenharia TecsonMovement Ltda. porque apenas as pessoas físicas poderão se aproveitar desse benefício.

(D) inaplicável à Engenharia TecsonMovement Ltda. porque possui sócia que apenas aporta o capital.

(E) aplicável à Engenharia TecsonMovement Ltda. porque se trata de serviços de engenharia e os sócios engenheiros prestam serviços de forma pessoal, e a única sócia pessoa jurídica é estabelecida no Brasil, e constituída de capital 100% nacional.

As chamadas sociedades uniprofissionais (SUPs) são aquelas formadas exclusivamente por profissionais habilitados de uma mesma categoria (advogados, médicos, dentistas, arquitetos, contadores etc.) que prestam o serviço assumindo responsabilidade pessoal, hipótese em que o ISS será calculado pela multiplicação de um valor fixo em reais pelo número de profissionais daquela sociedade – art. 9º, §§ 1º e 3º, do DL 406/1968. No caso descrito, o ingresso de pessoa jurídica no quadro societário descaracteriza a SUP, afastando a tributação por valor fixo. Por essas razões, a alternativa "D" é a correta.

Gabarito "D"

(Auditor Fiscal – São Paulo/SP – FCC – 2012) Determinado contribuinte presta serviço, tributado com a alíquota de 5%, cujo preço é de R$ 100,00. No contrato, há previsão de desconto de 20%, desde que o pagamento do serviço seja realizado até o dia primeiro do mês subsequente à emissão da Nota Fiscal. O tomador de serviço pagou no dia primeiro do mês subsequente ao da emissão da Nota Fiscal. Contudo, pagou apenas 50% do valor do serviço, ficando inadimplente, quanto ao restante. Nesse caso, o valor do ISS devido é de

(A) R$ 2,00.

(B) R$ 2,50.

(C) R$ 2,50 pelo prestador de serviços e no valor de R$ 2,50 pelo tomador de serviços.

(D) R$ 4,00.

(E) R$ 5,00.

Em regra, as legislações municipais, ao definirem a base de cálculo do ISS, observando o disposto no art. 7º da LC 116/2003, permitem o abatimento apenas dos descontos incondicionais (a exemplo do ICMS – ver art. 13, § 1º, II, *a*, da LC 87/1996). No caso, o desconto foi condicionado a evento futuro e incerto, o que impede o abatimento (a base de cálculo será o preço "cheio", ou seja, R$ 100,00). Ademais, o efetivo pagamento do preço pelo tomador do serviço (sua adimplência) não altera o cálculo. O fato gerador é a prestação onerosa do serviço, não o pagamento. Por essas razões, o ISS, no caso, corresponde a R$ 5,00 (= 5% de R$ 100,00), de modo que a alternativa "E" é a correta.

Gabarito "E"

(Auditor Fiscal – São Paulo/SP – FCC – 2012) No Município de São Paulo,

I. a alíquota de ISS relativa aos serviços de locação de bens móveis é de 5%;

II. a alíquota mais elevada é de 5%;

III. as alíquotas de ISS são progressivas, levando-se em conta a capacidade contributiva do contribuinte.

Está correto o que afirma APENAS em

(A) I.

(B) I e II.

(C) II.

(D) II e III.

(E) III.

Embora as alíquotas do ISS sejam fixadas pela lei municipal, é possível resolver a questão com base nas normas constitucionais e nacionais que regulam a matéria, além da jurisprudência dos Tribunais Superiores. **I:** incorreta, pois não incide ISS sobre locação de bens móveis, lembrando que o item correspondente foi vetado da lista anexa da LC 116/2003 – ver Súmula Vinculante 31/STF; **II:** correta, considerando que esse é o teto para todos os Municípios e Distrito Federal (as alíquotas do ISS podem variar entre 2% e 5%) – art. 8º, II, da LC 116/2003; **III:** incorreta, lembrando que não há, em regra, progressividade nos tributos incidentes sobre a circulação de bens ou serviços (ISS, ICMS, IPI etc. não são progressivos) – a progressividade existe no caso do imposto de renda e determinados impostos sobre a propriedade ou sua transferência (IR, ITR, IPTU, ITCMD – ver o RE 562045RS relativo ao ITCMD).

Gabarito "C"

(Auditor Fiscal – São Paulo/SP – FCC – 2012) Contribuinte sofre auto de infração, apurando-se que a base de cálculo do ISS era de R$ 1.000,00. Um ano depois, é lavrado lançamento complementar, por erro de fato, tendo-se em vista que a base de cálculo, na realidade, era de R$ 100.000,00. O referido lançamento complementar

(A) apenas poderia ter sido realizado, se devidamente fundamentada a mudança de critério jurídico adotado pela autoridade administrativa, observado contraditório e devido processo legal.

(B) poderia ter sido realizado, no prazo disponível à Fazenda Municipal.

(C) não poderia ter sido realizado, pela proibição de dupla acusação sobre a mesma infração.

(D) poderia ter sido realizado, a qualquer tempo, haja vista que a inexatidão é causa de interrupção do prazo prescricional.

(E) poderia ter sido realizado, a qualquer tempo, haja vista que a inexatidão é causa de interrupção de perempção.

O erro de fato (diferente do erro de direito) permite a revisão do lançamento dentro do prazo decadencial – art. 149, IV e VIII, do CTN. Ver também o art. 146 do CTN e a Súmula 227/TFR que afastam a possibilidade de revisão no caso de erro de direito. Por essas razões, a alternativa "B" é a correta.

Gabarito "B"

(Auditor Fiscal – São Paulo/SP – FCC – 2012) Jucs Serviços Ltda. deixou de pagar o ISS destacado em notas fiscais de serviços eletrônica emitidas. O débito tributário de ISS, após a cobrança amigável, será enviado para

(A) inscrição em dívida ativa, sem nenhum acréscimo, por se configurar a denúncia espontânea.

(B) lavratura de lançamento complementar, observado o contraditório e ampla defesa.

(C) inscrição em dívida ativa, com os acréscimos legais devidos.

(D) lavratura de auto de infração, observado o contraditório e ampla defesa.

(E) lavratura de auto de infração, dispensado o contraditório e ampla defesa por ser ato unilateral do sujeito passivo.

O tributo declarado pelo próprio contribuinte, mas não pago, já tem o crédito constituído (a declaração corresponde ao lançamento), dispensando qualquer atuação do fisco nesse sentido. No caso, basta inscrever o débito em dívida ativa e executá-lo judicial, admitindo-se a qualquer momento a cobrança amigável – Súmula 436/STJ. Por essa razão, a alternativa "C" é a correta.

Gabarito "C"

(Auditor Fiscal – São Paulo/SP – FCC – 2012) Considere:

I. A incidência de ISS depende do resultado financeiro obtido decorrente da prestação de serviços.

II. A nomenclatura do serviço é relevante para determinar a incidência do ISS.

III. O ISS incide sobre a prestação dos serviços constantes da lista veiculada na legislação municipal. Está correto o que se afirma em

(A) I, apenas.

(B) I e II, apenas.

(C) I, II e III.

(D) I e III, apenas.

(E) III, apenas.

I: incorreta, pois o ISS é devido pela simples prestação onerosa do serviço (esse é o fato gerador), sendo irrelevante os efeitos financeiros (mesmo em caso de inadimplemento há obrigação de recolhimento do imposto) – art. 118, II, do CTN; **II:** incorreta, pois a denominação é irrelevante – art. 4º, I, do CTN; **III:** correta, já que é necessária a previsão expressa da incidência na lei municipal ou distrital, lembrando que ela não pode inovar em relação aos serviços taxativamente listados na norma nacional (LC 116/2003).

Gabarito "E"

(Procurador do Município – Cuiabá/MT – 2014 – FCC) Projeto de lei municipal visando atrair empresas prestadoras de serviço para os bairros menos favorecidos do perímetro urbano de Cuiabá prescreve isenções de IPTU, de ISSQN, de quaisquer taxas municipais e de eventuais contribuições de melhoria, durante três anos consecutivos, para aqueles que ali se estabelecerem até 31/12/2014, dispensando-os nesse período, inclusive, do cumprimento de quaisquer obrigações acessórias relativas às isenções concedidas. Em relação ao projeto de lei citado, deve ser feita ressalva, por ilegalidade ou inconstitucionalidade, à

(A) isenção para taxas e contribuições de melhoria, dispensa do cumprimento de obrigações acessórias.

(B) isenção para taxas e contribuições de melhoria e dispensa do cumprimento de obrigações acessórias.

(C) isenção para taxas instituídas posteriormente à sua concessão.

(D) isenção para contribuições de melhoria.

(E) isenção do ISSQN sem observância da forma e das condições previstas para a concessão conforme lei complementar respectiva.

O único óbice à pretensão do município é a limitação do art. 156, § 3º, I, da CF e do art. 88 do ADCT em relação ao ISS. De fato, ele não pode fixar alíquota menor que 2% ou conceder benefício que afaste a tributação ou implique cobrança em patamar menor que 2% sobre o preço do serviço. Por essa razão, a alternativa "E" é a correta.

Gabarito "E"

12.8. IPTU

(Magistratura/GO – 2015 – FCC) O IPTU,

(A) não pode ter alíquotas progressivas porque se trata de imposto real, não se submetendo ao princípio da capacidade contributiva.

(B) é um imposto exclusivamente proporcional, de acordo com o valor venal do imóvel.

(C) admite progressividade extrafiscal, denominada no tempo, que varia de acordo com o valor venal do imóvel.

(D) têm que ter alíquotas progressivas em razão da localização e da destinação do imóvel, submetendo-se ao princípio da capacidade contributiva.

(E) poderá ter alíquotas progressivas em razão do valor venal do imóvel ou no tempo, e seletivas de acordo com a localização e o uso do imóvel, conforme o caso.

A: incorreta, pois a possibilidade de progressividade do IPTU é expressamente prevista pelos arts. 156, § 1º, I, (em relação ao valor do imóvel) e 182, § 4º, II, (no tempo) da CF, e aceita pelo STF (inclusive a progressividade em relação ao valor do imóvel, após a EC 29/2000 – ver Súmula 668/STF); **B:** incorreta, pois pode haver progressividade, conforme comentário anterior; **C:** incorreta, pois essa progressividade extrafiscal varia no tempo, conforme o art. 182, § 4º, II, da CF e do art. 7º do Estatuto da Cidade (Lei 10.257/2001); **D:** incorreta, pois a CF prevê apenas a possibilidade (não imposição) de que as alíquotas sejam diferentes em razão da localização e uso do imóvel – art. 156, § 1º, II, da CF; **E:** correta, conforme comentários anteriores e art. 156, § 1º, da CF.

Gabarito "E".

(Procurador do Município – Cuiabá/MT – 2014 – FCC) No intuito de aumentar a arrecadação municipal, a Secretaria de Finanças de Cuiabá elaborou estudo propondo medidas viáveis a tal mister. Considere as seguintes propostas, em relação à cobrança de IPTU

I. de instituições religiosas, cujos imóveis estejam localizados no perímetro urbano do município de Cuiabá e que não estejam relacionados com suas finalidades essenciais;

II. de instituições de educação que estejam localizadas no perímetro urbano do município de Cuiabá, com ou sem fins lucrativos, independentemente do atendimento aos requisitos referidos no artigo 14 do Código Tributário Nacional;

III. relativo a imóveis de pessoas físicas ou jurídicas localizados no perímetro urbano de Cuiabá e que estejam locados a órgãos públicos da União ou do Estado.

É constitucionalmente possível o que se afirma APENAS em:

(A) II e III.

(B) I e III.

(C) II.

(D) III.

(E) I.

I: correta, pois a imunidade dos templos abrange apenas os imóveis relacionados com as finalidades essenciais da entidade religiosa – art. 150, § 4º, da CF; **II:** incorreta, pois a imunidade do art. 150, VI, c, da CF não prescinde do cumprimento dos requisitos do art. 14 do CTN; **III:** correta, pois inexiste óbice à cobrança, já que o contribuinte (proprietário do imóvel) não é beneficiado pela imunidade do locatário.

Gabarito "B".

12.9. Outros impostos e questões combinadas

(Magistratura/RR – 2015 – FCC) Autoridades judiciais, estaduais e federais, conforme o caso, exercendo jurisdição no Estado de Roraima, e tendo de proferir decisões em cinco processos judiciais distintos, pronunciaram-se das seguintes maneiras:

I. A cota parte dos Municípios do Estado de Roraima, na arrecadação do ITCMD, não é de 25%, mas de 50%.

II. O Imposto de Renda está sujeito ao princípio da anterioridade, mas não ao princípio da noventena (anterioridade nonagesimal).

III. A substituição tributária com retenção antecipada de imposto não tem previsão na Constituição Federal.

IV. A instituição, pelos Estados e pelo Distrito Federal, da contribuição para o custeio do serviço de iluminação pública está sujeita ao princípio da irretroatividade, mas não ao da anterioridade.

V. A majoração da base de cálculo do IPVA não está sujeita ao princípio da noventena (anterioridade nonagesimal), mas a majoração de sua alíquota está.

Com base no que dispõe a Constituição Federal acerca dessa matéria, as autoridades judiciais decidiram corretamente em relação às situações descritas nos itens:

(A) I, II, III e IV, apenas.

(B) I, II, III, IV e V.

(C) I e IV, apenas.

(D) II, III e IV, apenas.

(E) II e V, apenas.

I: incorreta, em conformidade com a legislação local, lembrando que não há norma constitucional ou nacional relativa à repartição dos recursos do ITCMD. O ICMS é que tem 25% de sua receita entregue pelo Estado aos Municípios, conforme o art. 158, IV, da CF; **II:** correta, conforme o art. 150, § 1º, da CF; **III:** incorreta, pois a chamada substituição tributária "para frente" é expressamente prevista no art. 150, § 7º, da CF; **IV:** incorreta, pois essa contribuição é de competência dos Municípios e do Distrito Federal, não dos Estados. Ademais, sujeita-se ao princípio da anterioridade também – art. 149-A da CF; **V:** correta, conforme o art. 150, § 1º, da CF.

Gabarito "E".

(Magistratura/CE – 2014 – FCC) Raquel, violonista, Flávia, flautista e Beatriz, pianista, também são cantoras de música popular brasileira. Essas três artistas brasileiras decidiram, em novembro de 2013, gravar um DVD com canções, cujas letras e melodias são de autores brasileiros.

Decidiram produzir o DVD no Estado do Ceará, porque, além de ser mais barato do que produzi-lo em outro Estado, ou até mesmo no exterior, foram informadas de que o DVD já estaria nas lojas a tempo para as vendas de Natal. A criação desse DVD

(A) está sujeita ao ICMS, nas vendas dos DVDs pelos estabelecimentos varejistas aos consumidores finais.

(B) está sujeita ao Imposto sobre Produtos Industrializados, na fase de multiplicação industrial de seus suportes materiais gravados.

(C) está sujeita ao Imposto sobre Serviços de Qualquer Natureza, relativamente à gravação das canções.

(D) não está sujeita a imposto algum, desde a gravação do videofonograma até sua comercialização no varejo, porque Raquel, Flávia e Beatriz são brasileiras.

(E) não está sujeita a imposto algum, desde a gravação do videofonograma até sua comercialização no varejo, porque os autores das canções são brasileiros.

A e **C:** incorretas, pois há imunidade, nos termos do art. 150, VI, *e*, da CF; **B:** correta, pois a imunidade prevista no art. 150, VI, *e*, da CF não abrange a etapa de replicação industrial de mídias ópticas de leitura a laser; **D** e **E:** incorretas, conforme comentário à alternativa "B".

Gabarito "B".

(Magistratura /CE – 2014 – FCC) De acordo com a Constituição Federal, a alíquota da contribuição de intervenção no domínio econômico relativa às atividades de importação ou comercialização de petróleo e de seus derivados, de gás natural e de seus derivados e de álcool combustível – CIDE-COMBUSTÍVEL – poderá ser

(A) reduzida e restabelecida por ato do Poder Executivo da União, aplicando-se à tributação do gás natural e de seus derivados os princípios da legalidade, noventena e anterioridade.

(B) aumentada e restabelecida por ato do Poder Legislativo da União, não se lhe aplicando o princípio da legalidade.

(C) reduzida e aumentada por ato do Poder Legislativo da União, não se lhe aplicando o princípio da noventena.

(D) reduzida e aumentada por ato dos Poderes Executivos dos Estados e do Distrito Federal, não se lhe aplicando o princípio da irretroatividade.

(E) reduzida e restabelecida por ato do Poder Executivo da União, não se lhe aplicando o princípio da anterioridade.

A: incorreta, pois afasta-se apenas a anterioridade anual, não a nonagesimal – art. 177, § 4º, I, *b*, da CF; **B:** incorreta, pois admite-se a redução e restabelecimento (não qualquer aumento) da alíquota por ato do Executivo, nos termos do art. 177, § 4º, I, *b*, da CF. Claro que o Legislativo federal pode aumentar essa alíquota por lei, a ser sancionada pelo Executivo, mas então se falaria em inaplicação do princípio da legalidade; **C:** incorreta, conforme comentários das alternativas "A" e "B"; **D:** incorreta, pois a competência para as CIDEs é da União, exclusivamente – art. 149 da CF; **E:** correta, nos termos do art. 177, § 4º, I, *b*, da CF, sendo inaplicável a anterioridade anual.

Gabarito "E".

(Magistratura/CE – 2014 – FCC) Em setembro de 2013, Gustavo, com 10 anos de idade, domiciliado em Fortaleza/CE, recebeu em doação, de sua avó, Mariângela, viúva, domiciliada em Natal/RN, um terreno localizado à beira-mar, em Aquiraz/CE, do qual ela era proprietária, fazia 30 anos.

Como Gustavo é menor de idade, a aceitação da doação foi feita apenas por sua mãe, que o representa na prática de atos da vida civil, pois seu pai foi destituído do poder familiar, por decisão judicial, e há muito tempo "anda desaparecido".

No momento em que foi lavrada a escritura de doação, Mariângela, que era contribuinte do IPTU, encontrava-se em débito com a Prefeitura do Município de Aquiraz, relativamente a esse imposto, no exercício de 2013.

Considerando que o contribuinte do ITCD, nas doações, é o donatário e tomando como base o que dispõem a Constituição Federal e o Código Tributário Nacional, é correto afirmar:

(A) Mariângela, ao formalizar a doação do imóvel a seu neto, deixará de revestir a condição de contribuinte do IPTU/2013, passando Gustavo a revestir a condição de contribuinte em relação ao IPTU/2013, mesmo que da escritura de doação conste certidão negativa relativamente a esse exercício.

(B) O pai de Gustavo pode ser considerado responsável tributário pelo ITCD devido por essa transmissão por doação, pelo simples fato de ser pai, mesmo não tendo intervido no ato de transmissão por doação, nem tendo sido responsável por qualquer omissão.

(C) Gustavo, embora tenha apenas 10 anos de idade e seja, por causa disso, civilmente incapaz, tem, todavia, capacidade tributária para ser contribuinte do ITCD, pois sua capacidade tributária não é afetada por sua incapacidade civil.

(D) O sujeito ativo do ITCD incidente sobre essa transmissão é o Estado do Rio Grande do Norte, pois a doadora, Mariângela, está domiciliada em Natal.

(E) O pai e a mãe de Gustavo revestirão a condição de responsáveis tributários pelo IPTU em atraso e pelo ITCD devido por Gustavo, se, da escritura de doação, não constar certidão negativa relativamente a débitos do IPTU e do ITCD e se não for possível exigir de Gustavo o cumprimento da obrigação principal.

A: incorreta, pois Mariângela era a proprietária à época do fato gerador (início daquele exercício) e, portanto, contribuinte do IPTU correspondente. Ademais, se o IPTU foi pago, não há falar em responsabilidade do adquirente – art. 121, parágrafo único, I, e art. 130 do CTN; **B:** incorreta, pois a responsabilidade do pai poderia existir apenas em caso de sua omissão em relação especificamente ao recolhimento eventualmente devido pelo filho, o que não ocorreu – art. 134, I, do CTN; **C:** correta, conforme art. 126, I, do CTN; **D:** incorreta, pois no caso de imóveis o ITCMD é sempre devido ao Estado (ou Distrito Federal) onde localizado o bem, no caso, Ceará – art. 155, § 1º, I; **E:** incorreta, pois o pai de Gustavo não pode ser responsabilizado, conforme comentário à alternativa "B".

Gabarito "C".

(Procurador Legislativo – Câmara de Vereadores de São Paulo/SP – 2014 – FCC) Relativamente aos tributos municipais, é correto afirmar que

(A) o imposto sobre serviços de qualquer natureza – ISS deve ser aplicado em valor fixo anual para todos os serviços.

(B) a fixação da base de cálculo do imposto sobre a propriedade predial e territorial urbana – IPTU não se submete à anterioridade nonagesimal, embora tenha que se submeter à anterioridade anual.

(C) é inconstitucional fixar para o imposto sobre a propriedade predial e territorial urbana – IPTU a mesma base de cálculo do imposto sobre a transmissão de bens imóveis por ato oneroso *inter vivos* – ITBI.

(D) o dinheiro arrecadado com os impostos municipais são receitas vinculadas às despesas que estiverem previstas na Lei Orçamentária Anual, não podendo ser desviado para outro fim.

(E) todos os impostos de competência do município podem ter alíquotas progressivas de acordo com a base de cálculo.

A: incorreta, pois a regra é a tributação pela aplicação de alíquota sobre o preço do serviço – art. 7º da LC 116/2003, entre outros; **B:** correta, nos termos do art. 150, § 1º, *in fine*, da CF; **C:** incorreta, pois em ambos dos casos o valor venal do imóvel permite a adequada quantificação do fato gerador (propriedade e transmissão do bem, respectivamente – lembrando que o ITBI incide também sobre a transmissão de outros direitos além da propriedade) – arts. 33 e 38 do CTN; **D:** Incorreta, nos termos do art. 167, IV, da CF; **E:** Incorreta, pois, nos termos do art. 156, § 1º, da CF, apenas o IPTU poderá ser progressivo em razão do valor do imóvel e ter alíquotas diferentes de acordo com a localização do imóvel.

Gabarito "B".

12.10. Contribuições Especiais

(Auditor Fiscal – São Paulo/SP – FCC – 2012) Para custear o serviço de iluminação pública, nos moldes da competência estabelecida no art. 149-A da Constituição Federal, a Prefeitura de São Paulo instituiu a COSIP. Com relação à referida contribuição, nos termos do Decreto 52.703/2011 do Município de São Paulo, é correto afirmar que

I. contribuinte é todo aquele possua ligação de energia elétrica regular ao sistema de fornecimento de energia.
II. são isentos os contribuintes residentes ou instalados em vias ou logradouros que não possuam iluminação pública.
III. são isentos os contribuintes vinculados às unidades consumidoras classificadas como "tarifa social de baixa renda".

Está correto o que se afirma em

(A) I, apenas.
(B) I, II e III.
(C) II, apenas.
(D) II e III, apenas.
(E) III, apenas.

Todas estão corretas, conforme a legislação municipal, de modo que a alternativa "B" é a correta. Como diretriz nacional, perceba que o art. 149-A, parágrafo único, da CF prevê que a cobrança dessa contribuição pode ser feita na fatura de energia elétrica, o que leva a maior parte dos Municípios a regularem dessa forma a exação.

Gabarito "B"

13. GARANTIAS E PRIVILÉGIOS DO CRÉDITO

Veja a seguinte tabela com a ordem de classificação dos créditos na falência (art. 83 da LF):

Ordem de classificação dos créditos na falência (art. 83 da LF)
1º – os créditos derivados da legislação do trabalho, limitados a 150 (cento e cinquenta) salários mínimos por credor, os decorrentes de acidentes de trabalho. Também os créditos equiparados a trabalhistas, como os relativos ao FGTS (art. 2º, § 3º, da Lei 8.844/1994) e os devidos ao representante comercial (art. 44 da Lei 4.886/1965)
2º – créditos com garantia real até o limite do valor do bem gravado (será considerado como valor do bem objeto de garantia real a importância efetivamente arrecadada com sua venda, ou, no caso de alienação em bloco, o valor de avaliação do bem individualmente considerado)
3º – créditos tributários, independentemente da sua natureza e tempo de constituição, excetuadas as multas tributárias
4º – com privilégio especial (= os previstos no art. 964 da Lei 10.406/2002; os assim definidos em outras leis civis e comerciais, salvo disposição contrária da LF; aqueles a cujos titulares a lei confira o direito de retenção sobre a coisa dada em garantia); aqueles em favor dos microempreendedores individuais e das microempresas e empresas de pequeno porte de que trata a LC 123/2006
5º – créditos com privilégio geral (= os previstos no art. 965 da Lei n 10.406/2002; os previstos no parágrafo único do art. 67 da LF; e os assim definidos em outras leis civis e comerciais, salvo disposição contrária da LF)
6º – créditos quirografários (= aqueles não previstos nos demais incisos do art. 83 da LF; os saldos dos créditos não cobertos pelo produto da alienação dos bens vinculados ao seu pagamento; e os saldos dos créditos derivados da legislação do trabalho que excederem o limite estabelecido no inciso I do *caput* do art. 83 da LF). Ademais, os créditos trabalhistas cedidos a terceiros serão considerados quirografários
7º – as multas contratuais e as penas pecuniárias por infração das leis penais ou administrativas, inclusive as multas tributárias
8º – créditos subordinados (= os assim previstos em lei ou em contrato; e os créditos dos sócios e dos administradores sem vínculo empregatício)
Lembre-se que os **créditos extraconcursais** (= basicamente os surgidos no curso do processo falimentar, que não entram no concurso de credores) são pagos com precedência sobre todos esses anteriormente mencionados, na ordem prevista no art. 84 da LF: **(i)** remunerações devidas ao administrador judicial e seus auxiliares, e créditos derivados da legislação do trabalho ou decorrentes de acidentes de trabalho relativos a serviços prestados após a decretação da falência; **(ii)** quantias fornecidas à massa pelos credores; **(iii)** despesas com arrecadação, administração, realização do ativo e distribuição do seu produto, bem como custas do processo de falência; **(iv)** custas judiciais relativas às ações e execuções em que a massa falida tenha sido vencida; e **(v)** obrigações resultantes de atos jurídicos válidos praticados durante a recuperação judicial, nos termos do art. 67 da LF, ou após a decretação da falência, e tributos relativos a fatos geradores ocorridos após a decretação da falência, respeitada a ordem estabelecida no art. 83 da LF.

(Procurador do Município – Cuiabá/MT – 2014 – FCC) Manoel Truco, conhecido jogador profissional do município de Cuiabá, é dono de diversos imóveis residenciais e estabelecimentos prestadores de serviços da região. Em débito de IPTU e de ISSQN com a Fazenda Pública municipal, ao ter contra si lavrados diversos autos de infração e verificando que seriam precários seus argumentos em eventual impugnação administrativa, apressou-se em alienar todos os seus imóveis e estabelecimentos, antes do crédito tributário constituído ser regularmente inscrito em dívida ativa. Em relação à atitude de Manoel Truco em face do disposto no Código Tributário Nacional, é correto afirmar:

(A) Se o crédito tributário já tivesse sido regularmente inscrito em dívida ativa, haveria a presunção de fraude em qualquer circunstância.
(B) A fraude cometida pelo contribuinte é patente, tendo em vista que uma vez lavrado auto de infração não se pode alienar qualquer bem, tendo em vista a garantia do crédito tributário regularmente constituído.
(C) Não há a presunção de fraude, tendo em vista que o crédito tributário não fora regularmente inscrito em dívida ativa.
(D) Não há a presunção de fraude, tendo em vista que o crédito tributário não fora regularmente inscrito em dívida ativa, contanto que tenha rendas suficientes para pagar integralmente a dívida administrativamente constituída.
(E) Deve haver apenas a presunção de fraude, tendo em vista a alienação de seus bens quando já constituído regularmente o crédito tributário.

A: incorreta, pois afasta-se a presunção de fraude na hipótese de terem sido reservados, pelo devedor, bens ou rendas suficientes ao total pagamento da dívida inscrita – art. 185, parágrafo único, do CTN; **B:** incorreta, a presunção de fraude refere-se a débitos inscritos em dívida ativa, com a observação feita à alternativa "A" – art. 185 do CTN; **C:** correta, conforme art. 185 do CTN; **D:** incorreta, pois a existência de rendas, conforme descrito, afastaria a presunção de fraude em caso de débitos inscritos em dívida ativa, mas não é requisito para afastamento da presunção no caso, pois sequer houve essa inscrição – art. 185 do CTN; **E:** incorreta, conforme comentário à alternativa "B".

Gabarito "C"

(Procurador do Estado/MT – FCC – 2011) Em processo de falência, a ordem de preferência do crédito tributário constituído antes da decretação da falência de determinado contribuinte que deve também créditos trabalhistas anteriores à quebra, equivalentes a vinte mil reais; créditos trabalhistas anteriores à quebra, cedidos a terceiros, equivalentes a quinze mil reais; crédito garantido com hipoteca até o limite do valor do bem gravado; remuneração devida ao administrador judicial equivalente a cinco mil reais, corresponderá ao

(A) primeiro pagamento.
(B) segundo pagamento.
(C) terceiro pagamento.
(D) quarto pagamento.
(E) quinto pagamento.

A remuneração devida ao administrador judicial é considerada crédito extraconcursal, ou seja, não entra no concurso de credores, relativos aos débitos anteriores à quebra – art. 84, I, da Lei de Recuperações e Falências – LF (Lei 11.101/2005). Em segundo lugar, serão pagos os créditos trabalhistas até o valor de 150 salários mínimos – art. 83, I, da LF. Em terceiro lugar, serão pagos os créditos com garantia real até o limite do valor do bem gravada – art. 83, II, da LF. Em quarto lugar, serão pagos os créditos tributários, excetuadas as multas – art. 83, III, da LF. Em quinto lugar, serão pagos os créditos trabalhistas cedidos a terceiros, que passam a ser considerados simples créditos quirografários – art. 83, VI, e § 4°, da LF. Finalmente, se houver multa tributária, ela será paga após todos esses pagamentos anteriores – art. 83, VII, da LF. Por essas razões, a alternativa "D" é a correta. Consulte também o art. 186, parágrafo único, do CTN.

Gabarito "D"

(Advogado da Sabesp/SP – 2014 – FCC) Na falência, o crédito tributário

(A) decorrente de impostos prefere o pagamento daqueles decorrentes de taxas e contribuições de melhoria, devidos pelo mesmo sujeito passivo, caso seja necessária a imputação de pagamento.
(B) não se sujeita a concurso de credores ou habilitação em falência, mas admite concurso de preferência entre as pessoas jurídicas de direito público, na seguinte ordem: União; Estados e Distrito Federal, *pro rata* e Municípios, *pro rata*.
(C) é considerado extraconcursal quando o fato gerador ocorreu antes do processo de falência, hipótese em que prefere qualquer outro crédito, exceto os créditos decorrentes da legislação do trabalho ou do acidente do trabalho.
(D) prefere às importâncias passíveis de restituição, nos termos da lei falimentar, bem assim aos créditos com garantia real.
(E) prefere a qualquer outro, seja qual for a natureza ou o tempo da sua constituição, ressalvados os créditos decorrentes da legislação do trabalho ou do acidente do trabalho.

A: incorreta, pois as regras de imputação previstas no art. 163, II, do CTN preveem a preferência de contribuições de melhorias, taxas e por fim impostos, nessa ordem; **B:** correta, conforme o art. 187, parágrafo único, II, do CTN; **C:** incorreta, pois os créditos anteriores ao curso da falência não são extraconcursais – art. 188 do CTN; **D:** incorreta, pois na falência o crédito tributário não prefere aos créditos extraconcursais ou às importâncias passíveis de restituição, nos termos da lei falimentar, nem aos créditos com garantia real, no limite do valor do bem gravado – art. 186, parágrafo único, I, do CTN; **E:** incorreta, pois na falência há as regras específicas do art. 186, parágrafo único, do CTN, conforme comentário à alternativa "D".

Gabarito "B"

14. ADMINISTRAÇÃO TRIBUTÁRIA, FISCALIZAÇÃO

(Magistratura/SC – 2015 – FCC) Rubens, agente do fisco de Santa Catarina, compareceu ao estabelecimento de Supermercado Rio Itajaí Ltda., localizado na cidade de Itajaí e, depois de identificar-se funcionalmente aos encarregados diretos da empresa presentes no local, intimou-os a franquear-lhe acesso às dependências internas do estabelecimento, com base no que dispõe o § 3° do art. 69 do Regulamento do ICMS de Santa Catarina, que assim dispõe:

"Art. 69 – ... ... § 3° – Os agentes do fisco terão acesso às dependências internas do estabelecimento, mediante a apresentação de sua identidade funcional aos encarregados diretos presentes no local."

Os referidos encarregados da empresa, embora cientes de sua obrigação de dar acesso às dependências internas do estabelecimento ao agente do fisco, negaram-se a fazê-lo, mas de modo bastante cordial. Diante de tal situação, Rubens

(A) não poderá requisitar auxílio de autoridade policial estadual, se não demonstrar que foi vítima de desacato no exercício de suas funções.
(B) poderá requisitar auxílio de autoridade policial estadual, com a finalidade de auxiliá-lo na efetivação da referida medida prevista na legislação tributária.
(C) nada poderá fazer, enquanto não for expedida ordem judicial expressa para que os encarregados da empresa cumpram a determinação contida no Regulamento do ICMS estadual.
(D) só poderá requisitar auxílio de autoridade policial estadual, se demonstrar que a negativa dos encarregados da empresa configura fato definido em lei como crime.
(E) deverá solicitar, necessariamente, a expedição de ordem judicial determinando à autoridade policial estadual que lhe preste auxílio no sentido de dar cumprimento ao disposto no Regulamento do ICMS estadual.

A: incorreta, pois o auxílio de força policial à fiscalização independe da configuração de crime, bastando o embaraço – art. 200 do CTN; **B:** correta, conforme comentário anterior; **C:** incorreta, pois o auxílio da força policial para tornar efetiva a fiscalização independe de ordem judicial – art. 200 do CTN; **D:** incorreta, conforme comentário à alternativa "A"; **E:** incorreta, conforme comentário à alternativa "C". Cabe uma observação: embora o gabarito oficial adote o entendimento geral dos fiscos, há precedente do STF no sentido de que a inviolabilidade da casa (art. 5°, XI, da CF) abrange as áreas não abertas ao público nos escritórios e estabelecimentos empresariais, de modo que, caso os livros e documentos necessários à fiscalização lá se encontrem, será necessária autorização judicial – ver HC 93. 050/RJ-STF.

Gabarito "B"

(Auditor Fiscal – São Paulo/SP – FCC – 2012) Auditor fiscal municipal, ao dar início aos seus trabalhos de fiscalização, lavrou termo de início desses trabalhos em livro fiscal da empresa *Venha a mim Ltda.*, arrecadando, naquela oportunidade, diversos documentos e livros fiscais, a fim de realizar seu trabalho na repartição municipal de sua sede. João Modesto, dono da empresa fiscalizada, ao ser alertado pelo seu contador de que os documentos e livros fiscais apontariam infrações relacionadas com o não pagamento de imposto, determinou a elaboração das guias de pagamento dos impostos não recolhidos e relativos à documentação apreendida, a fim de evitar que fosse lavrado auto de infração contra sua empresa.

Caso a fiscalização descubra as irregularidades fiscais da empresa,

(A) poderá lavrar auto de infração, cobrando multa pelas infrações cometidas, mesmo após a tentativa saneadora efetivada pela empresa, devendo ser regularizado, todavia, o procedimento de início de fiscalização, com a lavratura de "notificação de correção de termo de início de fiscalização", documento oficial a ser assinado pelo contribuinte, para evitar que o auto de infração seja cancelado por vício formal.

(B) não poderá lavrar auto de infração pelas infrações possivelmente identificadas na análise documental, tendo em vista que a empresa saneou as irregularidades, ao pagar os impostos devidos, antes da efetiva notificação do auto de infração.

(C) não poderá lavrar auto de infração, pois o procedimento de início de fiscalização foi irregular, na medida em que o fiscal, ao invés de ter lavrado o termo de início da fiscalização no livro do contribuinte, deveria ter-lhe entregado, obrigatoriamente, uma notificação apartada.

(D) poderá lavrar auto de infração, cobrando multa, pelas infrações cometidas, tendo em vista que a possibilidade de denúncia espontânea estaria excluída, pois o termo de início de fiscalização fora lavrado regularmente antes da tentativa saneadora da empresa.

(E) poderá lavrar auto de infração, cobrando multa a qualquer momento, mesmo que, antes da lavratura do termo de início de fiscalização, aposto em livro fiscal pelo auditor municipal, as irregularidades fiscais tivessem sido saneadas.

A: incorreta, pois o início da fiscalização foi regularmente registrado nos livros fiscais da contribuinte, atendendo ao disposto no art. 196 do CTN; **B:** incorreta, pois o pagamento dos tributos não afasta a exigibilidade das multas pelo atraso. Não há denúncia espontânea após o início da fiscalização – art. 138, parágrafo único, do CTN; **C:** incorreta, pois há necessidade de entrega de cópia do termo de início de fiscalização apenas quando não há lavratura nos livros do contribuinte – art. 196, parágrafo único, *in fine*, do CTN; **D:** correta, conforme comentários anteriores; **E:** incorreta, pois antes do início regular da fiscalização poderia haver denúncia espontânea – art. 138 do CTN.

Gabarito "D"

(Auditor Fiscal – São Paulo/SP – FCC – 2012) Empresa X S.A. sofre a lavratura de auto de infração. As incorreções, omissões ou inexatidões existentes em tal auto de infração não o tornam nulo quando dele constem elementos suficientes para determinação

(A) do crédito tributário, caracterização da infração e identificação do autuado.

(B) da reincidência do sujeito passivo.

(C) do saldo credor, disponível ao autuado.

(D) da alíquota do imposto e do percentual de penalidade aplicável.

(E) da boa-fé do agente fiscal.

A: correta, pois esses são os elementos essenciais e suficientes para a constituição do crédito atinente à sanção pecuniária; **B, C, D:** incorretas, pois não são elementos essenciais ou suficientes para a constituição do crédito (perceba que em nenhuma dessas alternativas consta a identificação do sujeito passivo, por exemplo); **E:** incorreta, pois a boa-fé é presumida e, ademais, não é suficiente para a constituição do crédito.

Gabarito "A"

15. DÍVIDA ATIVA, INSCRIÇÃO, CERTIDÕES

(Procurador do Estado – PGE/RN – FCC – 2014) Contribuinte faz pagamento de crédito tributário mediante cheque, que não é pago por insuficiência de fundos. Neste caso, o Fisco deverá

(A) propor ação ordinária de cobrança, pois o crédito foi extinto com o pagamento, se o cheque estiver prescrito.

(B) promover a execução do cheque.

(C) protestar o cheque.

(D) inscrever o débito em Dívida Ativa.

(E) realizar o lançamento do crédito tributário e notificar o contribuinte a pagar.

A: incorreta, pois o crédito pago por cheque somente se considera extinto com o resgate pelo sacado (= compensação pelo banco) – art. 162, § 2º, do CTN; **B:** incorreta, pois desnecessário. A inscrição do crédito em dívida ativa constitui o título executivo para a execução fiscal – art. 201 do CTN; **C:** incorreta, pois desnecessário, conforme comentário anterior; **D:** correta, conforme comentários anteriores; **E:** incorreta, pois se o contribuinte se propôs a pagar o débito com o cheque, presume-se que já houve constituição do crédito tributário, ou seja, não há mais falar em lançamento – art. 142 do CTN e Súmula 436/STJ. RB

Gabarito "D"

(Procurador Legislativo – Câmara de Vereadores de São Paulo/SP – 2014 – FCC) Sobre dívida ativa é correto afirmar que

(A) todo crédito tributário não pago e vencido ingressa automaticamente na dívida ativa e já pode ser decretada a penhora de bens do devedor.

(B) após a inscrição do crédito tributário em dívida ativa não cabe mais o seu parcelamento, por serem atos excludentes entre si, ou seja, a inscrição em dívida ativa decorre do não pagamento do débito, ao passo que o parcelamento pressupõe que haverá pagamento.

(C) a inscrição em dívida ativa depende de prévia previsão do débito na Lei Orçamentária Anual.

(D) somente após a inscrição do crédito tributário em dívida ativa é que o mesmo se torna exigível judicialmente.

(E) inscrição do crédito tributário em dívida ativa é causa de interrupção do prazo prescricional de cinco anos para cobrar o crédito tributário.

A: incorreta, pois a inscrição pressupõe apuração da dívida correspondente pela procuradoria do órgão competente – art. 2º, § 4º, da

Lei 6.830/1980. Ademais, a penhora de bens só pode ocorrer no curso da execução fiscal promovida judicialmente; **B:** incorreta, pois nada impede o parcelamento de dívidas já inscritas – art. 155-A do CTN; **C:** incorreta, pois não há essa exigência – art. 201 do CTN; **D:** correta, pois a inscrição e a extração da correspondente certidão são pressupostos para a execução fiscal – art. 6º, § 1º, da Lei 6.830/1980; **E:** incorreta, pois a prescrição tributária não é interrompida pela inscrição, sendo inaplicável à dívida tributária o disposto no art. 2º, § 3º, da Lei 6.830/1980.

Gabarito "D"

16. AÇÕES TRIBUTÁRIAS

(Procurador do Estado – PGE/MT – FCC – 2016) Sobre o processo civil tributário, considere:

I. O Estado é parte legítima para figurar no polo passivo das ações propostas por servidores públicos estaduais que visam ao reconhecimento do direito à isenção ou à repetição do indébito relativo ao imposto de renda retido na fonte.

II. O contribuinte pode optar por receber, por meio de precatório ou por compensação, o indébito tributário certificado por sentença declaratória transitada em julgado.

III. O consumidor tem legitimidade para propor ação declaratória cumulada com repetição de indébito que busca afastar, no tocante ao fornecimento de energia elétrica, a incidência do ICMS sobre a demanda contratada e não utilizada.

IV. O depósito prévio previsto no art. 38, da LEF – Lei de Execução Fiscal, constitui condição de procedibilidade da ação anulatória de débito fiscal.

Está correto o que se afirma APENAS em

(A) I, II e IV.
(B) III e IV.
(C) I e IV.
(D) II e III.
(E) I, II e III.

I: correta – REsp 989.419/RS-repetitivo; **II:** correta – REsp 1.114.404/MG-repetitivo; **III:** correta – REsp 1.299.303/SC-repetitivo; **IV:** incorreta, pois a jurisprudência afastou o depósito prévio como pressuposto para a ação anulatória – Súmula Vinculante 28/STF. RB

Gabarito "E"

(Procurador do Estado – PGE/MT – FCC – 2016) Segundo a jurisprudência dominante no Superior Tribunal de Justiça a respeito das execuções fiscais,

(A) o fluxo do prazo prescricional em ação de execução fiscal somente se interrompe pela citação pessoal válida.

(B) deve ser reconhecida a prescrição intercorrente caso o processo fique paralisado por mais de cinco anos após a decisão que determinou o arquivamento da execução fiscal em razão do pequeno valor do débito executado, sem baixa na distribuição, uma vez que não há suspensão do prazo prescricional.

(C) deve ser reconhecida a prescrição intercorrente caso o processo de execução fiscal fique paralisado por cinco anos sem a localização de bens penhoráveis.

(D) é cabível a citação por edital quando, na execução fiscal, não se obteve êxito na citação postal, independentemente de diligências ou certidões levadas a efeito pelo oficial de justiça.

(E) a interrupção do prazo prescricional, para fins de execução fiscal, se dá pelo despacho do juiz que ordena a citação, de modo que este será o termo *a quo*.

A: incorreta, pois a citação retroage à data da propositura da ação para efeitos de interrupção da prescrição, na forma do art. 802, parágrafo único, do NCPC, quando a demora na citação é imputada exclusivamente ao Poder Judiciário, nos termos da Súmula 106/STJ – REsp 1.120.295/SP-repetitivo; **B:** correta – REsp 1.102.554/MG-repetitivo; **C:** incorreta, pois é necessário suspender-se o processo por um ano antes de se iniciar a contagem do prazo de prescrição intercorrente – Súmula 314/STJ; **D:** incorreta, pois a citação por edital se dá apenas após esgotadas as tentativas de citação pelas modalidades previstas no art. 8º da Lei 6.830/1980, quais sejam pelo correio e por oficial de justiça – Súmula 414/STJ; **E:** incorreta, conforme comentário à primeira alternativa. Note que, apesar de o art. 174, parágrafo único, I, do CTN se referir ao despacho do juiz que ordena a citação como causa interruptiva da prescrição, a jurisprudência reconhece que, ajuizada a ação no prazo quinquenal, a demora da citação por culpa do Judiciário não prejudica o credor. RB

Gabarito "B"

(Magistratura/GO – 2015 – FCC) A prescrição intercorrente:

(A) Não se aplica à prescrição em matéria tributária, diante da supremacia do interesse público sobre o particular.

(B) Pode se operar durante o curso da execução fiscal, se o executado não for localizado ou não forem encontrados bens suficientes para garantir a execução.

(C) Pode ser reconhecida em sede de qualquer ação de iniciativa do contribuinte, como o mandado de segurança, por exemplo.

(D) Ocorre decorridos 5 anos da propositura de ação para anular o crédito tributário, se não houver sido prolatada sentença, ainda que passível de recurso.

(E) Tem seu curso interrompido com a propositura de medida cautelar fiscal.

A: incorreta, havendo prescrição intercorrente, nos termos do art. 40, § 4º, da Lei 6.830/1980 e da Súmula 314/STJ; **B:** correta, conforme o art. 40, § 4º, da Lei 6.830/1980 e a Súmula 314/STJ; **C:** incorreta, pois a prescrição intercorrente refere-se à execução fiscal, conforme comentários anteriores; **D:** incorreta, conforme comentários anteriores; **E:** incorreta, pois não há previsão de interrupção, nesse caso.

Gabarito "B"

(Magistratura/GO – 2015 – FCC) Estando o crédito tributário objeto de execução fiscal prescrito, é correto afirmar que

(A) estando em curso a execução fiscal, somente se admite o reconhecimento da prescrição intercorrente.

(B) somente poderá ser reconhecida a prescrição pelo juiz se a parte a arguir em sede de Embargos à Execução.

(C) se o crédito já é objeto de execução fiscal não poderá mais ser extinto pela prescrição, pois esta é a perda do direito de cobrar o crédito tributário.

(D) pode ser reconhecida de ofício de pelo juiz, extinguindo-se a execução fiscal.

(E) depende de prévia oitiva da Fazenda Pública, após prévia e necessária provocação do executado.

A: incorreta, pois a prescrição do art. 174 do CTN, modalidade de extinção do crédito tributário, pode ser reconhecida pelo juízo a qualquer tempo, independentemente da prescrição intercorrente; **B:** incorreta, pois a prescrição pode ser reconhecida de ofício – ver AgRg no AREsp 547.167/SC; **C:** incorreta, pois há prescrição intercorrente, nos termos do art. 40, § 4º, da Lei 6.830/1980 e da Súmula 314/STJ; **D:** correta, conforme comentário à alternativa "B"; **E:** incorreta, pois a prescrição pode ser conhecida de ofício, conforme comentários anteriores, embora a decretação da prescrição deva ser precedida de oitiva da Fazenda, nos termos do art. 40, § 4º, da Lei 6.830/1980.

Gabarito "D"

(Procurador do Estado – PGE/RN – FCC – 2014) A medida cautelar fiscal

(A) é ação de iniciativa do contribuinte visando a suspensão da exigibilidade do crédito tributário a partir da concessão da liminar.

(B) somente pode ser preparatória da execução fiscal.

(C) é ação voltada para o arrolamento de bens de devedor tributário ou não tributário, desde que o débito ultrapasse o limite de seu patrimônio conhecido.

(D) tem lugar apenas quando o devedor pratica atos que caracterizam fraude à execução, como forma de suspender os efeitos das alienações levadas a efeito.

(E) decretada produz, de imediato, a indisponibilidade dos bens do requerido, até o limite da satisfação da obrigação.

A: incorreta, pois é ação de iniciativa do fisco para garantia do recebimento do crédito tributário – art. 2º da Lei 8.397/1992; **B:** incorreta, pois pode também ser proposta após o início da execução fiscal – art. 1º da Lei 8.397/1992; **C:** incorreta, pois a hipótese de débito superior a 30% do patrimônio conhecido do devedor é apenas uma das que dão ensejo à cautelar fiscal – art. 2º da Lei 8.397/1992; **D:** incorreta, pois há diversas outras hipóteses que permitem o ajuizamento da cautelar fiscal – art. 2º da Lei 8.397/1992; **E:** correta – art. 4º da Lei 8.397/1992. RB

Gabarito "E"

(Procurador do Estado – PGE/RN – FCC – 2014) Julgada procedente e transitada em julgada a sentença declaratória em ação para repetição do indébito, o contribuinte

(A) terá que fazer obrigatoriamente a compensação com débitos devidos ao mesmo ente.

(B) recebe imediatamente os valores pagos indevidamente, com juros e correção monetária.

(C) terá que fazer execução contra a Fazenda Pública para receber por meio de precatório, obrigatoriamente.

(D) terá o prazo de dois anos, a contar da decisão, para cobrar o valor pago indevidamente.

(E) poderá optar entre fazer compensação ou receber por meio de precatório.

A: incorreta, pois o STJ admite que é opção do contribuinte credor executar seu crédito, mesmo em se tratando de sentença declaratória, para recebê-lo por precatório ou requisição de pequeno valor, ou então realizar a compensação – REsp 1.114.404/MG-repetitivo; **B:** incorreta, pois no caso de execução, o credor se sujeita ao regime dos precatórios ou das requisições de pequeno valor; **C:** incorreta, conforme comentários anteriores; **D:** incorreta, pois, em princípio, o prazo para cobrança de créditos contra a fazenda pública é de cinco anos – Decreto 20.910/1932; **E:** correta, conforme comentário à primeira alternativa. RB

Gabarito "E"

(Procurador do Estado – PGE/RN – FCC – 2014) Sujeito passivo em débito com a Fazenda Pública Estadual deixou de realizar o pagamento de um determinado tributo por entender que o mesmo é inconstitucional. Considerando que o prazo para impugnação administrativa do lançamento já transcorreu, para evitar ter o crédito cobrado judicialmente por meio de execução fiscal deverá

(A) obter uma liminar em sede de mandado de segurança repressivo, desde que tenha sido o mesmo impetrado no prazo legal, como forma de suspender a exigibilidade do crédito.

(B) declarar a moratória, através de procedimento administrativo próprio, que é causa de suspensão da exigibilidade do crédito tributário.

(C) fazer o depósito do montante integral do crédito e formular consulta administrativa.

(D) propor ação declaratória de inexistência de obrigação tributária, pois a partir da citação válida da Fazenda Pública o crédito tem sua exigibilidade suspensa.

(E) fazer a consignação judicial em pagamento do crédito tributário, pois a partir do depósito o crédito tem sua exigibilidade suspensa.

A: correta, sendo possível o MS repressivo, em que se pede que o fisco se abstenha de exigir o tributo inconstitucional – art. 151, IV, do CTN; **B:** incorreta, pois a moratória é benefício fiscal que pressupõe lei concessiva – art. 151, I, do CTN; **C:** incorreta, pois a consulta, com efeito do art. 161 § 2º, do CTN, deve ser realizada antes do vencimento; **D:** incorreta, pois a suspensão da exigibilidade não se dá com o simples ajuizamento da ação ordinária, sendo necessária antecipação de tutela ou depósito integral em dinheiro – art. 151, II e V, do CTN; **E:** incorreta, pois somente o depósito integral do valor cobrado suspende a exigibilidade, enquanto a consignatória restringe-se ao montante que o contribuinte alega ser devido – art. 164, § 1º, do CTN. RB

Gabarito "A"

(Auditor Fiscal – São Paulo/SP – FCC – 2012) Uma pessoa adquiriu, no ano de 2011, por meio de contrato de compra e venda, um imóvel localizado no município de São Paulo. Em razão de erro de cálculo, essa pessoa, contribuinte do ITBI, acabou pagando quantia superior à efetivamente devida.

Com consequência desse pagamento indevido, esse contribuinte, neste exercício de 2012,

(A) poderá pleitear a restituição do que foi pago em excesso, no decurso do prazo de cinco anos contados da data em que foi feito o pagamento indevido.

(B) não poderá pleitear a restituição da importância indevidamente paga.

(C) poderá pleitear a restituição de tudo o que foi pago, no decurso do prazo de dois anos, contados da data da ocorrência do fato gerador do imposto cujo pagamento foi feito indevidamente, devendo, então, fazer o pagamento da quantia correta.

(D) poderá pleitear a restituição de tudo o que foi pago, no decurso do prazo de cinco anos, contados da data da ocorrência do fato gerador do imposto cujo pagamento foi feito indevidamente, devendo, então, fazer o pagamento da quantia correta.

(E) poderá pleitear a restituição do que foi pago em excesso, no decurso do prazo de dois anos contados da data em que foi feito o pagamento indevido.

Aquele que paga indevidamente tributo tem direito à restituição (da parcela indevida, no caso descrito, não da totalidade recolhida ao fisco), desde que tenha assumido o encargo econômico ou, no caso de tê-lo transferido a terceiro (tributos indiretos), ter autorização desse terceiro para receber – art. 166 do CTN. O prazo para a repetição do indébito é de 5 anos contados, em regra, do pagamento indevido (extinção do crédito), ou, caso tenha havido pedido administrativo, 2 anos contados da denegação do pleito – arts. 168 e 169 do CTN. Por essas razões, a alternativa "A" é a correta.

Gabarito "A"

(Defensor Público/AM – 2013 – FCC) Em sede de execução fiscal proposta pelo Município por débito de IPTU, o executado não foi encontrado para ser citado, quer via postal, quer pessoalmente, por oficial de justiça. Ato contínuo, foi promovida a citação por edital, tendo sido penhorado o imóvel que deu origem ao débito de IPTU. Foi nomeado curador especial ao executado. Neste caso,

(A) o curador especial deverá obrigatoriamente apresentar *exceção de pré-executividade*, impugnando a certidão de dívida ativa por negativa geral.

(B) a execução fiscal deverá ter seu curso suspenso por um ano para que o Fisco tente localizar o devedor.

(C) o curador especial deverá apresentar embargos à execução fiscal no prazo de 30 dias da intimação da penhora.

(D) o juiz deverá decretar, de ofício, a indisponibilidade de todos os bens e direitos do executado, comunicando a decisão, preferencialmente por meio eletrônico, aos órgãos e entidades que promovem registro de transferência de bens.

(E) o juiz deverá determinar imediata hasta pública do bem imóvel penhorado para satisfação do débito, convertendo em renda o valor arrecadado com a arrematação até o montante do débito, ficando o saldo remanescente depositado em conta judicial à disposição do executado.

A: incorreta, pois não se impõe a exceção de pré-executividade, que, ademais, é desnecessária, já que a penhora do bem permite a apresentação dos Embargos à Execução; **B:** incorreta, pois não há essa previsão de suspensão da execução; **C:** correta, pois essa é a impugnação adequada (presumindo-se que há fundamento para alguma impugnação), possível após a garantia do juízo (o que ocorreu por meio da penhora do bem) no prazo de 30 dias, contados conforme o art. 16 da Lei 6.830/1980; **D:** incorreta, pois a indisponibilidade universal descrita no art. 185-A do CTN somente pode ser decretada quando não localizados bens penhoráveis; **E:** incorreta, pois será dada oportunidade para o executado embargar e suspender a execução.

Gabarito "C"

(Procurador do Município – Cuiabá/MT – 2014 – FCC) Analise as proposições abaixo, acerca do processo de execução fiscal:

I. Presume-se fraudulenta, desde a inscrição do débito em dívida ativa, a alienação ou oneração de bens, a menos que o devedor tenha reservado bens ou rendas suficientes ao total pagamento da dívida inscrita.

II. A produção de provas, pelo município, independe de requerimento na petição inicial.

III. Em garantia da execução fiscal, o executado pode oferecer fiança bancária pelo valor da dívida acrescida de juros, multa e encargos indicados na certidão de dívida ativa.

Está correto o que se afirma em

(A) III, apenas.

(B) II e III, apenas.

(C) I e III, apenas.

(D) I e II, apenas.

(E) I, II e III.

I: correta, nos termos do art. 185 do CTN; **II:** correta, conforme art. 6º, § 3º, da Lei 6.830/1980; **III:** correta, conforme art. 9º, *caput* e II, da Lei 6.830/1980.

Gabarito "E"

17. PROCESSO ADMINISTRATIVO FISCAL

(Magistratura/CE – 2014 – FCC) De acordo com as normas gerais de direito tributário vigentes e, especificamente, a Lei Estadual cearense 12.732, de 24 de setembro de 1997, compete ao Contencioso Administrativo Tributário do Estado do Ceará decidir, no âmbito administrativo, as questões decorrentes de relação jurídica estabelecida entre o Estado do Ceará e o sujeito passivo de obrigação tributária estadual

(A) ou entre os municípios cearenses e o sujeito passivo de obrigação tributária municipal, relativamente à exigência de crédito tributário estadual ou municipal, sendo que a representação dos interesses do Estado junto ao contencioso cearense é da competência da Procuradoria Geral do Estado ou das Procuradorias Municipais, conforme o caso.

(B) relativamente à exigência de crédito tributário, à restituição de tributos estaduais pagos indevidamente, à imposição de penalidades e demais encargos relacionados com essa exigência ou restituição e à solução de consulta em matéria tributária de competência estadual, sendo que a representação dos interesses do Estado junto ao contencioso cearense é da competência da Assessoria Jurídica do Gabinete do Secretário da Fazenda do Estado do Ceará.

(C) ou entre os municípios cearenses e o sujeito passivo de obrigação tributária municipal, relativamente à exigência de crédito tributário, à restituição de tributos estaduais ou municipais pagos indevidamente e à imposição de penalidades e demais encargos relacionados com essa exigência ou restituição.

(D) relativamente à exigência de crédito tributário, à restituição de tributos estaduais pagos indevidamente, à imposição de penalidades e demais encargos relacionados com essa exigência ou restituição e à solução de consulta em matéria tributária de competência estadual, sendo que a representação dos interesses do Estado junto ao contencioso cearense é da competência da Representação Fiscal do Estado do Ceará.

(E) relativamente à exigência de crédito tributário, à restituição de tributos estaduais pagos indevidamente e à imposição de penalidades e demais encargos relacionados com essa exigência ou restituição, sendo que a representação dos interesses do Estado junto ao contencioso cearense é da competência da Procuradoria Geral do Estado.

As normas específicas relativas ao processo administrativo tributário são veiculadas pela legislação de cada ente, devendo ser estudadas pelos candidatos

A e **C:** incorretas, pois não cabe à legislação estadual regular o contencioso administrativo dos municípios; **B** e **D:** incorreta, pois o Estado é, em regra, representado por procuradores ou pela própria autoridade fiscal que defende a exigência; **E:** correta, conforme comentários anteriores.

Gabarito "E"

18. MICROEMPRESAS – ME E EMPRESAS DE PEQUENO PORTE – EPP

(Juiz – TJ-SC – FCC – 2017) De acordo com o Regime Especial Unificado de Arrecadação de Tributos e Contribuições devidos pelas Microempresas e Empresas de Pequeno Porte – Simples Nacional –, instituído pela Lei Complementar nº 123/2006,

(A) a contribuição previdenciária patronal devida pela empresa optante pelo sistema simplificado está, para qualquer atividade, embutida na alíquota única aplicável ao contribuinte.

(B) o Imposto Sobre Serviços devido pela empresa optante pelo sistema simplificado é sempre calculado pela alíquota fixa de 5% e assim somado à alíquota aplicável ao contribuinte.

(C) será regular a opção pela tributação simplificada feita por microempresa ou empresa de pequeno porte incorporadora de imóveis e locadora de imóveis próprios.

(D) a contratante de serviços de vigilância prestados por empresa com opção regular pelo regime simplificado deverá reter a contribuição previdenciária patronal, quando dos pagamentos à contratada.

(E) a prestação de serviços advocatícios veda a opção pelo regime simplificado de tributação, por se tratar de serviços regulados por lei especial.

A: incorreta, pois há hipótese em que a CPP não está abrangida pelo Simples Nacional – art. 13, VI, da LC 123/2006; **B:** incorreta, pois as alíquotas variam do piso de 2% até o teto de 5%, conforme as tabelas e faixas de faturamento da LC 123/2006; **C:** incorreta, pois são casos de vedação de ingresso no Simples Nacional – art. 17, XIV e XV, da LC 123/2006; **D:** correta, conforme o art. 18, § 5º-C, VI, da LC 123/2006; **E:** incorreta, pois é possível o ingresso no Simples Nacional, conforme art. 18, § 5º-C, VII, da LC 123/2006, incluído pela LC 147/2014. RB

Gabarito "D"

(Magistratura/RR – 2015 – FCC) Jonas, funcionário de empresa de assessoria comercial e tributária localizada em Caracaraí/RR, foi consultado por um de seus clientes a respeito da possibilidade de enquadrar sua empresa no SIMPLES NACIONAL. Jonas, depois de analisar cuidadosamente as indagações que lhe foram feitas, forneceu as seguintes respostas:

I. A pessoa jurídica, que tenha sócio domiciliado no exterior, não poderá se beneficiar do tratamento jurídico diferenciado previsto na Lei Complementar 123/2006, mesmo que a receita bruta global não ultrapasse o limite de R$ 360.000,00.

II. É considerada microempresa, a empresa individual de responsabilidade limitada que aufira, em cada ano-calendário, receita bruta igual ou inferior a R$ 360.000,00.

III. O Simples Nacional implica o recolhimento mensal de vários impostos, mediante documento único de arrecadação, dentre os quais se encontram o **IPI**, o **IRPJ** e o **ISS**.

IV. Mediante adesão expressa da União, dos Estados e dos Municípios à disciplina estabelecida pelo Comitê Gestor do Simples Nacional, o recolhimento anual do **ITR**, do **IPVA** e do **IPTU** poderá ser feito mediante documento único de arrecadação.

V. A pessoa jurídica, cujo sócio participe com mais de 10% do capital de outra empresa não beneficiada pela Lei Complementar 123/2006, não poderá se beneficiar do tratamento jurídico diferenciado previsto na referida Lei Complementar, mesmo que a receita bruta global não ultrapasse o limite de R$ 3.600.000,00.

Com base na Lei Complementar 123/2006, está correto o que foi afirmado por Jonas em

(A) I, II, III, IV e V.

(B) I, III, IV e V, apenas.

(C) I e IV, apenas.

(D) II e III, apenas.

(E) II, IV e V, apenas.

I: incorreta, pois embora essa pessoa jurídica não possa ingressar no sistema simplificado de recolhimento de tributos (Simples Nacional), nos termos do art. 17, II, da LC 123/2006, isso não impede que ela usufrua de outros benefícios dessa lei, já que pode ser enquadrada como microempresa, nos termos do art. 3º da LC 123/2006; **II:** correta, nos termos do art. 3º, I, da LC 123/2006; **III:** correta, conforme o art. 13 da LC 123/2006; **IV:** incorreta, pois o recolhimento só pode ser feito dessa forma, conforme o arts. 13 e 21, I, da LC 123/2006; **V:** incorreta, pois a vedação se aplica apenas se a receita global das pessoas jurídicas ultrapasse o limite mencionado – art. 3º, § 4º, IV, da LC 123/2006. **Atenção:** a LC 123/2006, que institui o Estatuto Nacional da Microempresa e da Empresa de Pequeno Porte, incluindo a sistemática tributária do Simples Nacional, foi intensamente modificada nos últimos anos (inclusive em relação aos limites máximos de faturamento para enquadramento com empresa de pequeno porte), de modo que o aluno deve sempre verificar a redação atual, vigente à época do edital de cada Exame da OAB e de concursos públicos.

Gabarito "D"

19. CRIMES TRIBUTÁRIOS

(Auditor Fiscal – São Paulo/SP – FCC – 2012) Auditor-Fiscal Tributário Municipal constata que determinado sujeito passivo, em tese, suprimiu ISS devido, mediante declaração falsa apresentada às autoridades administrativas. Nesse caso, a notícia crime deverá ser enviada ao Ministério Público após

(A) a constituição do crédito tributário, ainda que este seja pago integralmente, desde que não apresentada defesa.

(B) a constituição do crédito tributário, se este não for pago integralmente, ainda que apresentada defesa.

(C) a constituição do crédito tributário, ainda que este seja pago integralmente ou seja apresentada defesa.

(D) a constituição do crédito tributário, se este não for pago integralmente e não for apresentada defesa.

(E) o julgamento de segunda instância administrativa, desde que mantida a exigência fiscal, total ou parcialmente, ainda que o crédito tributário seja pago integralmente, após o proferimento da referida decisão.

O STF pacificou o entendimento de que não há tipificação de crime material contra a ordem tributária (relacionado ao não pagamento de tributo) antes do lançamento definitivo, que ocorre somente após o prazo para recurso administrativo ou com a decisão definitiva nessa esfera – Súmula Vinculante 24/STF. Ademais, nos termos da legislação penal, o pagamento integral do crédito afasta a punibilidade – ver arts. 168-A e 337-A do CP, por exemplo. Por essas razões, a alternativa "D" é a correta.

Gabarito "D"

(Auditor Fiscal – São Paulo/SP – FCC – 2012) Certo contribuinte comete prática de infração, em 01 de janeiro de 2006, submetendo-se a multa de R$ 100,00. Em 05 de julho de 2006, é condenado de forma definitiva pela administração pública, em razão de tal infração, e em 05 de maio de 2008, em fiscalização, percebe-se que o contribuinte houvera cometido a mesma infração em julho de 2005 e em 05 de agosto de 2006. Considerando-se que, no período, o valor da multa não sofreu alteração, pelas infrações ocorridas em 01 de janeiro de 2006, julho de 2005 e em 05 de agosto de 2006, o valor da multa exigida deve ser, respectivamente, em reais,

(A) 100,00; 100,00 e 100,00.
(B) 100,00; 100,00 e 200,00.
(C) 100,00; 200,00 e 240,00.
(D) 200,00; 100,00 e 240,00.
(E) 200,00; 200,00 e 200,00.

Nos termos da legislação local, a multa é duplicada em caso de reincidência, considerada apenas no caso da infração cometida após a condenação definitiva em 05 de julho de 2006. Por essa razão, a alternativa "B" é a correta.

Gabarito "B"

(Auditor Fiscal – São Paulo/SP – FCC – 2012) Antonio Rodrigues é proprietário de um restaurante/churrascaria no Município de São Paulo. O valor devido pelo estabelecimento a título de TFE, em razão de inspeção sanitária, nos termos da tabela VII do Decreto 52.703/2011 do Município de São Paulo-SP, é de R$ 462,00

(A) multiplicado pela categoria do estabelecimento, determinado pela tabela VII do Decreto Municipal.
(B) quando da efetiva inspeção.
(C) anuais.
(D) mensais.
(E) multiplicado pelo nível de salubridade do estabelecimento, determinado pela tabela VII do Decreto Municipal.

A quantificação da taxa de fiscalização é feita nos termos da legislação local indicada, de modo que a alternativa "C" é a correta.

Gabarito "C"

(Auditor Fiscal – São Paulo/SP – FCC – 2012) Aline Rosa era proprietária de uma academia de dança no Município de São Paulo, que encerrou suas atividades em julho de 2011. A TFE naquele exercício

(A) é devida integralmente, ainda que o estabelecimento tenha sido explorado apenas em parte do período considerado.
(B) não é devida, em razão do encerramento das atividades do estabelecimento antes do término do exercício fiscal.
(C) é devida proporcionalmente aos meses em que o estabelecimento foi explorado, dentro do período considerado.
(D) é devida integralmente, apenas se a efetiva fiscalização for verificada antes do encerramento das atividades do estabelecimento, dentro do período considerado.
(E) é devida proporcionalmente aos meses em que o estabelecimento foi explorado, apenas se a efetiva fiscalização for verificada antes do encerramento das atividades do estabelecimento, dentro do período considerado.

Nos termos da legislação local, a taxa de fiscalização não é fracionada ou reduzida, no caso, de modo que a alternativa "A" é a correta.

Gabarito "A"

(Auditor Fiscal – São Paulo/SP – FCC – 2012) Brilhantina Ltda. é empresa que presta serviço de organização de espetáculos artísticos no Município de São Paulo e foi contratada por outra pessoa jurídica para organizar um evento em local com capacidade de lotação acima de 10.000 pessoas. O valor devido a título de TFE, em razão da realização do evento, nos termos da tabela VII do Decreto 52.703/2011 do Município de São Paulo-SP, é de R$ 2.000,00

(A) mensais.
(B) multiplicado pelo nível de salubridade do estabelecimento, determinado pela tabela VII do Decreto Municipal.
(C) multiplicado pela categoria do estabelecimento, determinado pela tabela VII do Decreto Municipal.
(D) anuais.
(E) por evento.

A quantificação da taxa de fiscalização é feita nos termos da legislação local indicada, de modo que a alternativa "E" é a correta.

Gabarito "E"

(Auditor Fiscal – São Paulo/SP – FCC – 2012) Para custear o serviço de fiscalização de anúncios, fundado no poder de polícia do Município, a Prefeitura de São Paulo instituiu a TFA. Nos termos do Decreto 52.703/2011 do Município de São Paulo, a referida taxa

I. incide uma única vez por período de incidência, independentemente da quantidade de mensagens veiculadas em determinado anúncio.
II. não incide quanto aos anúncios destinados a fins patrióticos e à propaganda de partidos políticos ou de seus candidatos.
III. incide quanto aos anúncios e emblemas de hospitais, sociedades culturais e esportivas, quando colocados nas respectivas sedes ou dependências.

Está correto o que se afirma APENAS em

(A) I.
(B) I e II.
(C) II.
(D) II e III.
(E) III.

A incidência da taxa de fiscalização é feita nos termos da legislação local indicada, de modo que a alternativa "B" é a correta.

Gabarito "B"

(Auditor Fiscal – São Paulo/SP – FCC – 2012) LDC Publicidades deseja veicular anúncio animado (com mudança de cor, desenho e luzes), com tamanho acima de 20 m^2, no Município de São Paulo. O valor devido a título de TFA, nos termos da tabela X do Decreto 52.703/2011 do Município de São Paulo, é de R$ 450,00

(A) anualmente, independente do número de anúncios veiculados.

(B) mensalmente, por período de duração do anúncio.
(C) mensalmente, por unidade de anúncio.
(D) mensalmente, independente do número de anúncios veiculados.
(E) anualmente, por unidade de anúncio.

A quantificação da taxa de fiscalização é feita nos termos da legislação local indicada, de modo que a alternativa "E" é a correta.
Gabarito "E".

(Auditor Fiscal – São Paulo/SP – FCC – 2012) Guilherme Amantes é proprietário de um estabelecimento que presta serviços hospitalares de cirurgia plástica, sediado no Município de São Paulo. A TRSS é devida

(A) anualmente, em razão da efetiva utilização do serviço público de coleta, transporte, tratamento e destinação final de resíduos sólidos de serviços de saúde, de fruição obrigatória, prestados em regime público.
(B) mensalmente, em razão da utilização potencial do serviço público de coleta, transporte, tratamento e destinação final de resíduos sólidos de serviços de saúde, de fruição obrigatória, prestados em regime público.
(C) anualmente, em razão da utilização potencial do serviço público de coleta, transporte, tratamento e destinação final de resíduos sólidos de serviços de saúde, de fruição obrigatória, prestados em regime público.
(D) trimestralmente, em razão da utilização potencial do serviço público de coleta, transporte, tratamento e destinação final de resíduos sólidos de serviços de saúde, de fruição obrigatória, prestados em regime público.
(E) mensalmente, em razão da efetiva utilização do serviço público de coleta, transporte, tratamento e destinação final de resíduos sólidos de serviços de saúde, de fruição obrigatória, prestados em regime público.

A quantificação da taxa é feita nos termos da legislação local indicada, de modo que a alternativa "B" é a correta.
Gabarito "B".

(Auditor Fiscal – São Paulo/SP – FCC – 2012) Adelino Silva, agente fiscal do Município de São Paulo constatou a ocorrência de fato gerador da TRSS e deve efetuar a lavratura do lançamento fiscal. A base de cálculo desse tributo é

(A) equivalente ao custo da prestação dos serviços, rateada entre os contribuintes, na proporção da quantidade de geração potencial de resíduos sólidos gerados, transportados, tratados e objetos de destinação final.
(B) fixa, determinada em razão da quantidade de geração potencial de resíduos sólidos gerados, transportados, tratados e objetos de destinação final.
(C) equivalente ao custo da prestação dos serviços, rateada entre os contribuintes, em razão do tipo de resíduos sólidos gerados, transportados, tratados e objetos de destinação final.
(D) equivalente ao custo da prestação dos serviços, rateada entre os contribuintes, em razão do tipo de resíduos sólidos gerados, na proporção da quantidade de geração efetiva de resíduos sólidos gerados, transportados, tratados e objetos de destinação final.
(E) fixa, determinada em razão do tipo de resíduos sólidos gerados, transportados, tratados e objetos de destinação final.

A quantificação da taxa é feita nos termos da legislação local indicada, de modo que a alternativa "A" é a correta.
Gabarito "A".

(Auditor Fiscal – São Paulo/SP – FCC – 2012) Olhar bem, estabelecimento hospitalar instalado no Município de São Paulo, realiza fato gerador da TRSS. O valor devido, pelo estabelecimento, a título da referida taxa, desconsiderando eventuais acréscimos, descontos e benefícios fiscais concedidos pela legislação municipal, é de R$ 4.513,49, devido

(A) anualmente, em razão da quantidade efetiva de resíduo sólido produzido declarada à fiscalização municipal.
(B) mensalmente, em razão da classificação da tabela de EGRS.
(C) anualmente, em razão da classificação da tabela de EGRS.
(D) anualmente, em razão da classificação da tabela de GSRS.
(E) mensalmente, em razão da classificação da tabela de GSRS.

A quantificação da taxa é feita nos termos da legislação local indicada, de modo que a alternativa "B" é a correta.
Gabarito "B".

(Auditor Fiscal – São Paulo/SP – FCC – 2012) Klin Slin é contribuinte da TRSS. Além de pagar o tributo, é seu dever perante a Administração Tributária

I. efetuar escrituração diária da quantidade, em quilos, de resíduos sólidos de serviço de saúde gerados apresentados à coleta.
II. apresentar mensalmente a escrituração diária da quantidade gerada à fiscalização municipal.
III. declarar sua faixa de EGRS e efetuar o pagamento do tributo devido.

Está correto o que se afirma APENAS em

(A) I.
(B) I e III.
(C) II.
(D) II e III.
(E) III.

A imposição de obrigações acessórias relacionadas à taxa é feita nos termos da legislação local indicada, de modo que a alternativa "B" é a correta.
Gabarito "B".

20. TEMAS COMBINADOS E OUTRAS MATÉRIAS

(Juiz – TJ-SC – FCC – 2017) Tendo em conta as normas gerais de Direito Tributário, é INCORRETO afirmar:

(A) A legislação tributária aplica-se imediatamente aos fatos geradores pendentes e futuros.

(B) A obrigação principal surge com a ocorrência do fato gerador e tem por objeto o pagamento de tributo ou penalidade pecuniária, extinguindo-se com o crédito dela decorrente.

(C) O lançamento por homologação não admite homologação tácita.

(D) A denúncia espontânea acompanhada, quando o caso, de pagamento do tributo devido com consectários cabíveis, exclui a responsabilidade por infração.

(E) O parcelamento suspende a exigibilidade do crédito tributário.

A: correta – art. 105 do CTN; **B:** correta – art. 113, § 1º, do CTN; **C:** incorreta, pois há homologação tácita que, inclusive, ocorre na quase totalidade das vezes (há pouquíssimos casos de homologação efetiva) – art. 150, § 4º, do CTN; **D:** correta – art. 138 do CTN; **E:** correta – art. 151, VI, do CTN.

Gabarito "C"

(Juiz - TJ-SC – FCC – 2017) Tendo em vista princípios de direito financeiro, é correto afirmar:

(A) O princípio do equilíbrio orçamentário significa que despesas e receitas projetadas devem se manter em níveis compatíveis umas frente às outras, vedando, portanto, a realização de *superávits*.

(B) O princípio da unidade de tesouraria determina que todas as receitas sejam recolhidas a conta única, vedada a criação de caixas especiais, à exceção dos fundos de despesa.

(C) A anualidade determina que as dotações orçamentárias do exercício seguinte sejam fixadas conforme exercício anterior.

(D) O orçamento especial da previdência social é a única exceção ao princípio na universalidade.

(E) É permitida a vinculação de receita de impostos a órgão ou fundo, exclusiva mente, para a despesas com educação.

A: incorreta, pois o equilíbrio orçamentário não impede a realização de *superávits* - art. 48, *b*, da Lei 4.320/64 e art. 31, § 1º, II, da LRF; **B:** correta – art. 56 da Lei 4.320/64; **C:** incorreta, pois não há essa imposição de identidade das dotações de um ano em relação ao anterior. A anualidade se refere ao período em que aplicável cada lei orçamentária – art. 165, § 5º, da CF; **D:** incorreta, lembrando que a lei orçamentária anual compreende, além do orçamento fiscal do ente político, o orçamento de investimento de empresas estatais e o orçamento da seguridade social, nos termos do art. 165, § 5º, da CF; **E:** incorreta, pois há outras hipóteses em que se admite a vinculação excepcional da receita de impostos – art. 167, IV, da CF.

Gabarito "B"

(Defensoria/SP – 2013 – FCC) É entendimento sumulado do Supremo Tribunal Federal a

(A) possibilidade de somar gratificações e abonos ao salário do servidor público para que atinja o salário mínimo.

(B) constitucionalidade da cobrança de taxa de lixo pelos Estados.

(C) constitucionalidade da cobrança de ISS sobre locação de bens móveis.

(D) inconstitucionalidade da exigência de depósito ou arrolamento prévio de bens para a admissibilidade de recurso administrativo.

(E) constitucionalidade da cobrança de taxa para matrícula em universidade pública.

A: incorreta, pois o que foi sumulado (Súmula Vinculante 15/STF) é a não incidência das gratificações sobre esses abonos; **B:** incorreta, pois são os Municípios e o Distrito Federal que prestam esse serviço e, portanto, têm competência para cobrar a taxa correspondente – Súmula Vinculante 19/STF; **C:** incorreta, pois o STF sumulou a inconstitucionalidade dessa cobrança – Súmula Vinculante 31/STF; **D:** correta, conforme a Súmula Vinculante 21/STF; **E:** incorreta, pois o STF sumula a inconstitucionalidade dessa cobrança – Súmula Vinculante 12/STF.

Gabarito "D"

11. DIREITO EMPRESARIAL

Fernando Castellani, Henrique Subi e Robinson Barreirinhas*

1. TEORIA GERAL

1.1. Empresa, empresário, caracterização e capacidade

(Magistratura/PE – 2011 – FCC) É correto afirmar que

(A) a lei assegurará tratamento isonômico ao empresário rural e ao pequeno empresário, quanto à inscrição empresarial e aos efeitos dela decorrentes.

(B) o empresário casado pode, sem necessidade de outorga conjugal, qualquer que seja o regime de bens, alienar os imóveis que integrem o patrimônio da empresa ou gravá-los de ônus real.

(C) é facultativa a inscrição do empresário no Registro Público de Empresas Mercantis da sede respectiva, antes do início de sua atividade.

(D) quem estiver legalmente impedido de exercer atividade própria de empresário, se a exercer, não responderá pelas obrigações que contrair.

(E) é vedado aos cônjuges contratar sociedade entre si ou com terceiros, qualquer que seja o regime de bens escolhido.

A: incorreta, pois não há previsão de tratamento isonômico aos empresários rurais e pequenos empresários; **B:** correta, pois há regra expressa na lei (CC, art. 978); **C:** incorreta, pois há exigência expressa na lei (CC, art. 967); **D:** incorreta, pois a proibição para o exercício da atividade empresarial não afasta eventual responsabilidade por atos (CC, art. 973); **E:** incorreta, pois a vedação aplica-se apenas para os casos e regime de comunhão universal ou separação obrigatória (CC, art. 977).

Gabarito "B".

(Ministério Público/CE – 2011 – FCC) Se o empresário tornar-se incapaz

(A) poderá, por meio de representante ou devidamente assistido, continuar a empresa antes exercida por ele enquanto capaz, independentemente de autorização judicial, que estará implícita nos poderes conferidos ao curador nomeado pelo juiz.

(B) não poderá, ainda que por meio de representante, continuar a empresa, salvo, por intermédio deste, até a liquidação, e os bens que possuir, estranhos à atividade empresarial, não responderão pelas dívidas contraídas para o funcionamento dela.

(C) poderá, por meio de representante ou devidamente assistido, continuar a empresa antes exercida por ele enquanto capaz, devendo, para isso, preceder autorização judicial que é revogável e não ficam sujeitos ao resultado da empresa os bens que o incapaz possuía ao tempo da interdição, desde que estranhos ao acervo daquela.

(D) somente poderá continuar a empresa, se o curador nomeado pelo juiz puder exercer atividade de empresário, respondendo a caução, que este prestar, pelas dívidas que assumir durante o exercício da empresa, se os bens do incapaz vinculados à atividade empresarial forem insuficientes para o pagamento das dívidas caso venha a ser decretada a falência do incapaz.

(E) só poderá continuar a exercer atividade empresária como sócio não administrador e desde que autorizado pelo juiz no processo de interdição, não ficando, porém, outros bens, exceto as cotas societárias, sujeitos ao pagamento das dívidas contraídas no exercício da empresa.

A: incorreta, pois nos termos da legislação, a continuação da empresa pelo incapaz depende, necessariamente, de autorização judicial, em atividade discricionária, na qual o juiz analisará a conveniência para a manutenção na exploração (CC, art. 974). Interessante destacar que, atualmente, somente há incapacidade absoluta no caso dos menores de 16 anos, por conta da redação dada ao art. 3º do CC, de modo que não existe mais a possibilidade dessa incapacidade absoluta superveniente que daria ensejo à representação; **B:** incorreta, pois como forma de privilegiar o princípio da preservação da empresa, a legislação permite a continuidade, desde que atendidos determinados requisitos (CC, art. 974); **C:** correta, pois trata-se da expressa previsão legal, tanto na questão da possibilidade de continuação, quanto na questão da responsabilidade limitada apenas aos bens relacionados a exploração da atividade (CC, art. 974), **D:** incorreta, pois a continuação será feita mediante representante ou assistente, sem exigência de caução ou garantia (CC, art. 974); **E:** incorreta, pois na condição de sócio o incapaz não continuaria com a exploração da atividade, já que, nesse caso, a exploração seria feita pela sociedade, não por ele.

Gabarito "C".

1.2. Desconsideração da personalidade jurídica

(Magistratura – TRT 1ª – 2016 – FCC) São hipóteses autorizadoras da desconsideração da personalidade jurídica expressamente previstas no Código de Defesa do Consumidor (Lei 8.078/1990), EXCETO:

(A) confusão patrimonial.

(B) excesso de poder.

(C) violação dos estatutos ou contrato social.

(D) abuso de direito.

(E) falência.

Nos termos do art. 28 do CDC, o juiz poderá desconsiderar a personalidade jurídica da sociedade quando, em detrimento do consumidor, houver (i) abuso de direito, (ii) excesso de poder, (iii)

* **Fernando Castellani** comentou as questões dos seguintes concursos: MAG/RR/08, MP/CE/11; **Henrique Subi** comentou as questões dos seguintes concursos: Analista/Bacen, Analista ANS, Advogado da Metro/SP/14, MAG/GO/15, MAG/RR/15, MAG/SC/15, /MAG/CE/14; **Robinson Barreirinhas** atualizou todas as questões do capítulo e comentou as demais questões.

HS questões comentadas por: **Henrique Subi.**

infração da lei, (iv) fato ou ato ilícito ou (v) violação dos estatutos ou contrato social. A desconsideração também será efetivada quando houver falência, estado de insolvência, encerramento ou inatividade da pessoa jurídica provocados por má administração. Por essas razões, a alternativa "A" é a única que indica situação não expressamente prevista para a desconsideração (isso não significa que não possa haver desconsideração nessa hipótese, apenas que ela não é prevista literalmente no CDC).

Gabarito "A"

1.3. Inscrição, Registros, Escrituração e Livros

(Magistratura/GO – 2015 – FCC) Acerca dos livros e fichas dos empresários e sociedades, é correto afirmar:

(A) não fazem prova senão depois de homologados pela Junta Comercial.

(B) fazem prova contra as pessoas a que pertencem, mas não em seu favor.

(C) a prova deles resultantes é bastante mesmo nos casos em que a lei exige escritura pública, já que se equiparam a documentos públicos.

(D) quando escriturados sem vício extrínseco ou intrínseco, fazem prova a favor das pessoas a que pertencem, mas desde que confirmados por outros subsídios.

(E) a prova deles resultantes pode ser ilidida pela comprovação da falsidade dos lançamentos, mas não da sua inexatidão.

A: incorreta. Mesmo que não autenticados pela Junta Comercial, provam contra o empresário (art. 226 do CC); **B:** incorreta. Quando livres de qualquer vício intrínseco ou extrínseco e acompanhados de outros subsídios, a escrituração do empresário faz prova em seu favor (art. 226 do CC); **C:** incorreta. Exigindo a lei escritura pública, a escrituração contábil do empresário não é suficiente para supri-la (art. 226, parágrafo único, do CC); **D:** correta, nos termos do art. 226 do CC; **E:** incorreta. Também a comprovação da inexatidão dos lançamentos contábeis afasta sua força probante (art. 226, parágrafo único, do CC).

Gabarito "D"

(Procurador do Estado – PGE/RN – FCC – 2014) Os livros e fichas dos empresários e sociedades provam

(A) contra ou a favor das pessoas a que pertencem, desde que escriturados sem vícios intrínsecos ou extrínsecos, podendo, entretanto, os interessados impugná-los provando a inexatidão ou falsidade dos lançamentos e, para isso, poderão requerer em juízo a exibição parcial dos livros, competindo somente à Fazenda Pública pleitear a exibição integral para a fiscalização do pagamento de impostos, nos estritos termos das respectivas leis especiais, ou, a qualquer credor, no caso de falência.

(B) a favor das pessoas a que pertencem, quando escriturados sem vício extrínseco ou intrínseco e forem confirmados por outros subsídios, nesse caso suprindo a falta de escritura pública exigida por lei, salvo se provadas a falsidade ou inexatidão dos lançamentos.

(C) somente contra as pessoas a que pertencem e nunca a seu favor, por isso não podendo o Juiz determinar a exibição integral dos livros e papéis de escrituração, porque ninguém tem obrigação de fazer prova contra si próprio.

(D) contra as pessoas a que pertencem, todavia, o Juiz só pode autorizar a exibição integral dos livros e papéis da escrituração nos casos taxativamente previstos em lei, entre os quais, para resolver questões relativas à sucessão, sendo que as restrições legais não se aplicam às autoridades fazendárias, no exercício da fiscalização do pagamento de impostos, nos estritos termos das respectivas leis especiais.

(E) contra ou a favor das pessoas a que pertencem, desde que escriturados sem vício extrínseco ou intrínseco, ressalvada ao interessado a prova da falsidade ou inexatidão dos lançamentos, qualquer interessado podendo requerer ao Juiz a exibição integral, para demonstrar os seus direitos.

Nos termos do art. 226 do CC, a escrituração do empresário faz prova contra as pessoas a que pertencem. Ao mesmo tempo, o art. 1.191 do CC determina que só é autorizado ao juiz determinar a exibição integral dos livros quando necessária para resolver questões relativas a sucessão, comunhão ou sociedade, administração ou gestão à conta de outrem, ou em caso de falência. Obviamente, as restrições de acesso não se aplicam às autoridades fazendárias no exercício de suas funções de fiscalização (art. 1.193 do CC). HS

Gabarito "D"

(Magistratura/PE – 2013 – FCC) No tocante ao estabelecimento e seus institutos complementares, é correto afirmar que

(A) o juiz poderá, livremente e sem ressalvas, determinar diligências para verificar se o empresário ou a sociedade empresária observam, ou não, as formalidades prescritas em lei em seus livros e fichas contábeis.

(B) a sociedade simples e a sociedade empresária vinculam-se ao Registro Público de Empresas Mercantis a cargo das Juntas Comerciais, e o empresário vincula-se ao Registro Civil das Pessoas Jurídicas, vedado à sociedade simples adotar um dos tipos de sociedade empresária.

(C) a sociedade limitada pode adotar firma ou denominação, integradas pela palavra final "limitada" ou a sua abreviatura; a omissão da palavra "limitada" determina a responsabilidade subsidiária e limitada ao capital social dos administradores que empregarem a firma ou a denominação da sociedade.

(D) o preposto do estabelecimento pode negociar livremente por conta própria ou de terceiro, bem como participar de operação do mesmo gênero da que lhe foi cometida, salvo vedação expressa a respeito.

(E) o adquirente do estabelecimento responde pelo pagamento dos débitos anteriores à transferência, desde que regularmente contabilizados, continuando o devedor primitivo solidariamente obrigado pelo prazo de um ano, contado da publicação quanto aos créditos vencidos, e da data do vencimento em relação aos demais.

A: incorreta, pois, ressalvados os casos previstos em lei, nenhuma autoridade, juiz ou tribunal, sob qualquer pretexto, poderá fazer ou ordenar diligência para verificar se o empresário ou a sociedade empresária observam, ou não, em seus livros e fichas, as formalidades prescritas em lei – art. 1.190 do CC/2002; **B:** incorreta, pois o empresário e a sociedade empresária vinculam-se ao Registro Público de Empresas Mercantis a cargo das Juntas Comerciais, e a sociedade simples ao Registro Civil das Pessoas Jurídicas, o qual deverá obedecer às normas fixadas para aquele registro, se a sociedade simples adotar um dos tipos de sociedade empresária – art. 1.150 do CC/2002; **C:** incorreta, pois a omissão da palavra "limitada" determina a responsabilidade solidária e ilimitada dos administradores que assim empregarem a firma ou a denominação da sociedade – art. 1.158, § 3º, do CC/2002; **D:** incorreta, pois o preposto, salvo autorização expressa, não pode negociar por conta própria ou de terceiro, nem participar, embora indiretamente, de operação do mesmo gênero da que lhe foi cometida, sob pena de responder por perdas e danos e de serem retidos pelo preponente os lucros da operação – art. 1.170 do CC/2002; **E:** correta, nos exatos termos do art. 1.146 do CC/2002.

Gabarito "E"

1.4. Locação

(Magistratura/RR – 2008 – FCC) Na locação empresarial, a exceção de retomada do imóvel, oposta em sede de ação renovatória,

(A) apenas é possível se o contrato houver sido celebrado por prazo maior do que 30 (trinta) meses.

(B) depende de previsão contratual expressa, não cabendo em contratos não escritos.

(C) pode ser efetuada apenas quando o contrato viger por prazo indeterminado.

(D) é cabível se motivada pela utilização do imóvel para instalação de estabelecimento empresarial do locador, em ramo de atividade distinto do locatário.

(E) depende de notificação do poder público, recebida pelo locador, determinando a realização de obras que importem em radical modificação do imóvel locado.

A: incorreta, pois nos termos da lei de locações, a renovação compulsória exige prazo mínimo de 5 anos de contrato (Lei 8.245/1991, art. 51); **B:** incorreta, pois decorre diretamente de lei (Lei 8.245/1991, art. 51); **C:** incorreta, pois a lei exige contrato por prazo determinado (Lei 8.245/1991, art. 51); **D:** correta, pois há previsão das chamadas exceções de retomada, que representam o exercício lícito do direito de propriedade (Lei 8.245/1991, art. 52); **E:** incorreta, pois o locatário informará ao locador, não havendo necessidade de notificação do poder público.

Gabarito "D"

1.5. Estabelecimento

(Magistratura/SC – 2015 – FCC) Ricardo, empresário do ramo de móveis, alienou o seu estabelecimento para Alexandre, que ali deu continuidade à exploração da mesma atividade. No contrato de trespasse, foram regularmente contabilizadas todas as dívidas relativas ao estabelecimento, algumas delas já vencidas e outras por vencer. Nesse caso, Ricardo

(A) não responde pelas dívidas do estabelecimento, ainda que anteriores à sua transferência.

(B) responde com exclusividade por todas as dívidas do estabelecimento anteriores à sua transferência.

(C) responde com exclusividade apenas pelas dívidas já vencidas por ocasião da transferência do estabelecimento.

(D) responde solidariamente com Alexandre, durante determinado prazo, por todas as dívidas anteriores à transferência do estabelecimento.

(E) responde solidariamente com Alexandre apenas pelas dívidas já vencidas por ocasião da transferência do estabelecimento.

Pelo contrato de trespasse, o alienante do estabelecimento responde solidariamente com o adquirente pelas dívidas vencidas pelo período de um ano contado da publicação do contrato (art. 1.146 do CC).

Gabarito "D"

2. DIREITO SOCIETÁRIO

(Defensor Público – DPE/ES – 2016 – FCC) O registro nas Juntas Comerciais de contratos ou alterações contratuais de sociedade que envolva sócio incapaz

(A) exige apenas autorização judicial, após a concordância do Ministério Público, mas em nenhuma hipótese seus bens ficarão sujeitos ao resultado da empresa.

(B) não é permitido, mesmo que esteja representado ou assistido, salvo se adquirir cotas, em razão de sucessão hereditária.

(C) exige que o capital social esteja totalmente integralizado.

(D) é permitido, bastando que esteja representado ou assistido.

(E) é permitido, desde que o respectivo instrumento seja firmado por quem o represente ou assista, devendo apenas constar a vedação do exercício da administração da sociedade por ele.

A: incorreta, pois não ficam sujeitos ao resultado da empresa os bens que o incapaz já possuía, ao tempo da sucessão ou da interdição, desde que estranhos ao acervo daquela, devendo tais fatos constar do alvará que conceder a autorização – art. 974, § 2º, do CC; **B:** incorreta, pois é possível o registro, nos termos e nas condições do art. 974 do CC; **C:** correta, conforme o art. 974, § 3º, II, do CC; **D** e **E:** incorretas, pois há outras condições, como autorização judicial, nos termos do art. 974 do CC.

Gabarito "C"

2.1. Sociedade simples

(Procurador do Estado/SE – FCC – 2005) Dois médicos constituíram uma sociedade, sob a forma limitada, para exercício conjunto da profissão em caráter não empresarial, e registraram-na na Junta Comercial. A sociedade

(A) rege-se somente pelas regras relativas à sociedade simples, mesmo tendo adotado a forma limitada

(B) é na verdade empresária, pois toda sociedade prestadora de serviços tem essa natureza.

(C) não adquiriu personalidade jurídica, porque o registro é irregular, e os sócios são pessoalmente responsáveis pelas dívidas sociais.

(D) automaticamente torna-se empresária pelo registro na Junta Comercial, independentemente do caráter do exercício da atividade.

(E) não poderia ter adotado a forma limitada, que é privativa das sociedades empresárias.

A: incorreta. Quando a sociedade simples adotar um tipo societário específico, deverá submeter-se às respectivas regras (art. 983 do CC); **B:** incorreta. Há expressa exclusão das atividades intelectuais científicas da caracterização do empresário (art. 966, parágrafo único, do CC); **C:** correta. Sendo sociedade simples por imposição legal (art. 966, parágrafo único, do CC), o registro na Junta Comercial não lhe confere a roupagem de empresária e é considerado irregular, pois deveria ter sido realizado no Cartório de Registro Civil de Pessoas Jurídicas (art. 1.150 do CC). Assim, enquanto não promover o registro correto, a sociedade será considerada sociedade em comum e, portanto, respondem os sócios ilimitadamente pelas obrigações sociais (art. 990 do CC); **D:** incorreta, conforme comentário anterior; **E:** incorreta. Não há óbice para que a sociedade simples adote tipo societário específico (art. 1.150 do CC).

Gabarito "C"

2.2. Sociedade empresária

(Defensor Público/PA – 2009 – FCC) O credor de uma sociedade empresária

(A) apenas quando se tratar de sociedade em nome coletivo poderá cobrar seus créditos diretamente dos sócios, solidariamente com a sociedade.

(B) só pode cobrar seus créditos diretamente da pessoa jurídica, pois esta não se confunde com seus sócios.

(C) pode cobrar seus créditos tanto da pessoa jurídica como dos sócios, diretamente e como regra, já que solidária a responsabilidade.

(D) somente em caso de extinção da pessoa jurídica poderá cobrar seus créditos dos sócios, já que nesse caso desaparece o patrimônio da sociedade.

(E) deverá cobrar seus créditos da pessoa jurídica e, subsidiariamente, poderá pedir a desconsideração de sua personalidade jurídica nos casos previstos em lei, para requerer a responsabilidade pessoal dos sócios.

A: incorreta, pois há sócios de outros tipos societários que também respondem solidariamente pelos débitos (por exemplo, os sócios comanditados – art. 1.045 do CC), além dos sócios das sociedades simples puras, desde que previsto em seu contrato social (art. 1.023 do CC); **B:** incorreta, pois é possível haver responsabilidade solidária dos sócios, como visto no comentário à alternativa anterior, ou mesmo subsidiária – art. 997, VIII, do CC; **C:** a assertiva é incorreta, pois, em regra, há separação do patrimônio da sociedade em relação ao de seus sócios. Já vimos, entretanto, que há exceções, como no caso da sociedade em comum (art. 990 do CC) ou da sociedade em nome coletivo (art. 1.039 do CC); **D:** incorreta, pois a liquidação válida não implica, em regra, responsabilização dos sócios; **E:** assertiva correta, pois apresenta adequadamente caso em que os sócios podem ser chamados a responder pelas obrigações sociais – art. 50 do CC.

Gabarito "E"

(Ministério Público/CE – 2009 – FCC) A sociedade empresária, como pessoa jurídica, é sujeito de direito personalizado. Posta a premissa, é FALSA a consequência seguinte:

(A) a responsabilização patrimonial, solidária e direta dos sócios, em relação aos credores, pelo eventual prejuízo causado pela sociedade.

(B) sua titularidade negocial, ou seja, é ela quem assume um dos polos na relação negocial.

(C) sua titularidade processual, isto é, pode demandar e ser demandada em juízo.

(D) sua responsabilidade patrimonial, ou seja, tem patrimônio próprio, inconfundível e incomunicável com o patrimônio individual de seus sócios.

(E) extingue-se por um processo próprio, que compreende as fases de dissolução, liquidação e partilha de seu acervo.

A: incorreta (devendo ser assinalada), pois a premissa de que a sociedade empresária é pessoa jurídica, sujeito de direito personalizado, não pode levar à conclusão de que seus sócios, que são pessoas distintas, respondem solidária e diretamente pelos prejuízos causados pela sociedade aos seus credores; **B**, **C**, **D** e **E:** corretas. As assertivas decorrem da personalização da sociedade, distinta da pessoa de seus sócios.

Gabarito "A"

2.3. Sociedades em Comum, em Conta de Participação, em Nome Coletivo, em Comandita

(Magistratura/RR – 2015 – FCC) Analise as seguintes proposições acerca da sociedade em conta de participação:

I. Com a inscrição do seu contrato social no registro competente, adquire personalidade jurídica.

II. A atividade constitutiva do seu objeto social é exercida unicamente pelo sócio participante, em nome individual e sob responsabilidade própria e exclusiva dele.

III. Sua constituição independe de qualquer formalidade e se prova por todos os meios de direito.

IV. É dissolvida de pleno direito em caso de falência do sócio participante.

V. É regida subsidiariamente pelas normas que disciplinam a sociedade simples, e a sua liquidação rege-se pelas normas relativas à prestação de contas, na forma da lei processual.

Está correto o que se afirma APENAS em

(A) I e II.

(B) I e III.

(C) II e IV.

(D) III e V.

(E) IV e V.

I: incorreta. A sociedade em conta de participação tem natureza secreta, de forma que, ainda que eventualmente seus atos constitutivos sejam registrados, não adquirirá personalidade jurídica (art. 993 do CC); **II:** incorreta. O objeto social é explorado pelo sócio ostensivo, não pelo participante (art. 991 do CC); **III:** correta, nos termos do art. 992 do CC; **IV:** incorreta. A falência do sócio **ostensivo** opera de pleno direito a dissolução da sociedade em conta de participação. Falindo o sócio participante, aplicam-se as regras da Lei de Falências sobre os contratos bilaterais do falido, ou seja, caberá ao administrador judicial decidir se cumpre as obrigações previstas na sociedade em conta de participação (art. 994, § 2º, do CC); **V:** correta, nos termos do art. 996 do CC.

Gabarito "D"

(Magistratura/CE – 2014 – FCC) João e Paulo, empresários, constituíram uma sociedade em conta de participação para atuação no mercado imobiliário. Ajustaram que João seria o sócio ostensivo e Paulo o sócio participante, cada qual contribuindo com R$ 50.000,00 (cinquenta mil reais) para a consecução do objeto social. Nesse caso,

(A) sem prejuízo do direito de fiscalizar a gestão dos negócios sociais, Paulo não poderá tomar parte nas relações de João com terceiros, sob pena de responder subsidiariamente pelas obrigações em que intervier.

(B) na omissão do contrato social, João poderá admitir novo sócio sem o consentimento expresso de Paulo.

(C) a inscrição do contrato social no Registro do Comércio confere personalidade jurídica à sociedade em conta de participação.

(D) a falência de João acarreta a dissolução da sociedade e a liquidação da respectiva conta, cujo saldo constituirá crédito quirografário, porém, falindo Paulo, o contrato social fica sujeito às normas que regulam os efeitos da falência nos contratos bilaterais do falido.

(E) a contribuição de Paulo constitui, com a de João, patrimônio especial, objeto da conta de participação relativa aos negócios sociais e a especialização patrimonial produz efeitos tanto em relação aos sócios, quanto em relação a terceiros.

A: incorreta. Se João intervier nos negócios sociais, sua responsabilidade será solidária (art. 993, parágrafo único, do Código Civil); **B:** incorreta. Silente o contrato, o sócio ostensivo depende da aprovação dos demais para a admissão de novo sócio (art. 995 do Código Civil); **C:** incorreta. A sociedade em conta de participação é uma espécie de sociedade não personificada, de forma que não há obrigatoriedade do registro de seus atos constitutivos. Ainda que tal medida seja tomada, não acarretará a personalidade jurídica da sociedade, porque sua despersonalização decorre de lei (art. 993, *in fine*, do Código Civil); **D:** correta, nos termos do art. 994, §§ 2º e 3º, do Código Civil; **E:** incorreta. A especialização patrimonial não produz efeitos perante terceiros, porque esses se obrigam exclusivamente perante o sócio ostensivo (art. 994, § 1º, do Código Civil).

Gabarito "D"

(Advogado da Metro/SP – 2014 – FCC) A constituição da sociedade em conta de participação

(A) independe de qualquer formalidade e pode provar-se por todos os meios de direito.

(B) deverá obedecer as formalidades previstas para a constituição de sociedade em nome coletivo.

(C) deverá obedecer as formalidades previstas para a constituição de sociedade limitada.

(D) deverá obedecer as formalidades previstas para a constituição de sociedade em comandita simples.

(E) independe de formalidade desde que haja no mínimo prova escrita inequívoca de sua constituição.

A sociedade em conta de participação é uma espécie de sociedade não personificada, cuja existência não se pretende divulgar. Por isso, o art. 992 do CC estabelece que sua constituição independe de qualquer formalidade e admite qualquer meio de prova.

Gabarito "A"

2.4. Sociedade limitada

(Juiz – TJ-SC – FCC – 2017) A empresa individual de responsabilidade limitada:

(A) não é pessoa jurídica, porque instituída por uma única pessoa titular da totalidade do capital social, não se admitindo que o sujeito possua mais de um patrimônio.

(B) é pessoa jurídica constituída por uma única pessoa titular da totalidade do capital social, devidamente integralizado, inferior a cem vezes o maior salário mínimo vigente no país.

(C) é pessoa jurídica constituída por uma única pessoa, titular da totalidade do capital social, devidamente integralizado, não inferior a cem vezes o maior salário mínimo vigente no país.

(D) é pessoa jurídica resultante exclusivamente da resolução parcial de uma sociedade, quando remanescer apenas um sócio.

(E) é pessoa jurídica constituída por uma única pessoa, titular da totalidade do capital social devidamente integralizado de qualquer valor, aplicando-lhe subsidiariamente as regras previstas para as sociedades simples.

A: incorreta. A EIRELI é espécie de pessoa jurídica expressamente prevista no art. 44, VI, do CC; **B:** incorreta. O capital social da EIRELI deve ser equivalente a 100 salários mínimos ou mais (art. 980-A do CC); **C:** correta, nos termos do art. 980-A, "caput", do CC; **D:** incorreta. A EIRELI pode ser criada originariamente como tal ou resultar de qualquer outra operação societária; **E:** incorreta, porquanto existe o capital social mínimo já referido e também porque ela se sujeita supletivamente às regras da sociedade limitada (art. 980-A, §6º, do CC). HS

Gabarito "C"

(Magistratura – TRT 1ª – 2016 – FCC) Segundo o Código Civil Brasileiro, relativamente às sociedades limitadas, as deliberações dos sócios serão tomadas pelos votos correspondentes, no mínimo, a

(A) três quartos do capital social, nos casos de pedido de concordata.

(B) dois terços do capital social, nos casos de modificação do contrato social.

(C) dois terços do capital social, nos casos de pedido de concordata.

(D) dois terços dos presentes, nos casos de destituição dos administradores.

(E) três quartos do capital social, nos casos de incorporação ou fusão da sociedade.

A: incorreta, pois exige-se mais da metade do capital social, lembrando que hoje existe recuperação judicial ou extrajudicial, não concordata; **B:** incorreta, pois exige-se ¾; **C:** incorreta, conforme comentário à primeira alternativa; **D:** incorreta, pois exige-se mais da metade do capital social (lembre-se que destituição de administradores é algo bastante grave, exigindo maioria qualificada, especialmente quando se tratar de sócio administrador, caso em que a maioria é elevada para 2/3 do capital, salvo disposição contratual diversa); **E:** correta, nos termos do art. 1.076, I, do CC.

Gabarito "E"

Veja a seguinte tabela para memorização dos votos necessários para deliberações nas sociedades limitadas:

Deliberação dos sócios das sociedades limitadas – art. 1.076 do CC – votos necessários	
- ¾ no mínimo do capital social	- modificação do contrato social - incorporação, fusão dissolução da sociedade, ou cessação do estado de liquidação
- mais da metade do capital social	- designação de administradores, quando feita em ato separado - destituição de administradores - modo de remuneração dos administradores, quando não estabelecido no contrato - pedido de concordata
- maioria dos votos presentes	- demais casos, se o contrato não exigir maioria mais elevada
- unanimidade dos sócios	- designação de administradores não sócios, enquanto o capital não estiver integralizado – c/c art. 1.061 do CC

- 2/3 dos sócios	- designação de administradores não sócios, após a integralização do capital – c/c art. 1061 do CC
- 2/3 no mínimo do capital social	- destituição de sócio nomeado administrador no contrato, salvo disposição contratual diversa - – c/c art. 1.063, § 1º, do CC

(Magistratura/GO – 2015 – FCC) Numa sociedade limitada com mais de dez sócios, as deliberações sociais

(A) podem ser tomadas independentemente da realização de reunião ou assembleia se os sócios representantes de mais da metade do capital social decidirem, por escrito, sobre a matéria que seria objeto delas.
(B) devem ser tomadas em assembleia apenas se tiverem por objeto a modificação do contrato social.
(C) podem ser tomadas tanto em reunião quanto em assembleia.
(D) devem ser tomadas obrigatoriamente em assembleia, dispensada no caso de todos os sócios decidirem por escrito sobre a matéria que seria objeto dela.
(E) podem ser tomadas em reunião apenas se tiverem por objeto matéria não sujeita a quórum especial de aprovação.

Como regra, na limitada os sócios podem escolher se as deliberações serão realizadas em assembleia ou reunião de sócios, exceto se a sociedade tiver **mais de dez sócios** (ou seja, a partir de 11). Nesse caso, é obrigatória a deliberação em assembleia, dispensada esta somente se todos os sócios decidirem por escrito sobre os temas que seriam nela debatidos (art. 1.072, §§ 1º e 3º, do CC).

Gabarito "D"

(Magistratura/RR – 2015 – FCC) Marcos, sócio integrante de determinada sociedade limitada, faltou com os seus deveres sociais, mediante a reiteração de condutas desleais e graves que colocaram em risco a própria continuidade da empresa. Por conta disso, todos os demais sócios desejam excluí-lo da sociedade. Considerando-se que contrato social é omisso quanto à possibilidade de exclusão por justa causa, Marcos

(A) somente poderá ser excluído da sociedade judicialmente, mediante iniciativa da maioria dos demais sócios.
(B) poderá ser excluído da sociedade extrajudicialmente, mediante alteração do contrato social, desde que a exclusão seja aprovada por sócios titulares de pelo menos 2/3 (dois terços) do capital social.
(C) não poderá ser excluído da sociedade, nem mesmo judicialmente, pois a exclusão por justa causa depende de previsão expressa do contrato social.
(D) somente poderá ser excluído da sociedade judicialmente, mediante iniciativa de sócios titulares de pelo menos 3/4 (três quartos) do capital social.
(E) poderá ser excluído da sociedade extrajudicialmente, mediante alteração do contrato social, desde que a exclusão seja aprovada por sócios titulares de mais da metade do capital social.

A exclusão extrajudicial de sócio só é possível se estiver prevista no contrato social (art. 1.085 do CC). Portanto, no caso apresentado, os demais sócios somente poderão promover a exclusão **judicial** de Marcos mediante iniciativa da maioria deles (art. 1.030 do CC).

Gabarito "A"

(Magistratura/SC – 2015 – FCC) Adriana e Débora eram sócias numa sociedade limitada. Sem prévia audiência dos demais sócios, Adriana alienou à Débora a totalidade das quotas de que era titular. Nesse caso, considerando que o contrato social era omisso quanto à cessão de quotas, a alienação realizada é

(A) válida, mas só será eficaz depois de ratificada pela maioria dos demais sócios.
(B) nula, porque não autorizada expressamente pelo contrato social.
(C) nula, porque não respeitado o direito de preferência dos demais sócios.
(D) válida, não podendo ser impedida pelos demais sócios.
(E) válida, mas pode ser vetada por sócios titulares de mais de um quarto do capital social.

Nos termos do art. 1.057 do CC, nada dispondo o contrato social sobre o assunto, o sócio pode ceder suas quotas a outro independentemente da anuência dos demais ou a estranhos, desde que não haja oposição de mais de um quarto do capital social.

Gabarito "D"

(Magistratura/CE – 2014 – FCC) Os sócios quotistas de uma sociedade limitada, reunidos em assembleia e com base em autorização constante do contrato social, aprovaram, por maioria simples, a distribuição de lucros com prejuízo do capital social. Nesse caso, a distribuição de lucros é

(A) inválida, ficando os sócios obrigados à reposição dos lucros que receberam em prejuízo do capital social, inclusive aqueles que votaram contra a sua distribuição ou se abstiveram de votar.
(B) inválida, mas, porquanto aprovada por maioria, os sócios não serão obrigados à reposição dos lucros recebidos, os quais deverão ser compensados com lucros futuros, se houver.
(C) válida porque autorizada pelo contrato social, de sorte que os sócios não serão obrigados a devolver os lucros recebidos.
(D) válida porque, na sociedade limitada, diferentemente de outros tipos societários, é permitida distribuição de lucros em prejuízo do capital social, e por isso, os sócios não serão obrigados a devolver os lucros recebidos.
(E) inválida, ficando os sócios obrigados à reposição dos lucros que receberam em prejuízo do capital social, exceto aqueles que os receberam de boa-fé.

Tal deliberação contraria diretamente o art. 1.059 do Código Civil, norma de ordem pública que não pode ser afastada pelo contrato ou deliberação dos sócios. Com isso, devem todos os sócios que receberam dividendos em prejuízo do capital social repor as respectivas quantias.

Gabarito "A"

2.5. Sociedade Anônima

2.5.1. Constituição, Capital Social, Ações, Debêntures e Outros Valores Mobiliários. Acionistas, acordos e controle

(Magistratura – TRT 1ª – 2016 – FCC) Relativamente ao direito de voto, conforme estabelece a Lei 6.404/1976, é correto afirmar:

(A) O credor garantido por alienação fiduciária da ação poderá exercer o direito de voto.
(B) É permitido atribuir voto plural às ações escriturais.
(C) Se todos os subscritores forem condôminos do bem com que concorreram para a formação do capital social, será dispensada a apresentação de laudo de avaliação do bem.
(D) O direito de voto da ação gravada com usufruto, se não for regulado no ato de constituição do gravame, somente poderá ser exercido mediante prévio acordo entre o proprietário e o usufrutuário.
(E) O acionista responde pelos danos causados pelo exercício abusivo do direito de voto apenas quando o seu voto houver prevalecido.

A: incorreta, pois o credor não pode exercer o direto a voto nesse caso, e o devedor somente poderá exercer esse direito nos termos do contrato – art. 113, parágrafo único, da Lei das Sociedades Anônimas – LSA (Lei 6.4041976); **B:** incorreta, pois é vedado atribuir voto plural a qualquer classe de ações – art. 110, § 2º, da LSA; **C:** incorreta, pois os subscritores podem aprovar o laudo, nesse caso, não sendo ele dispensado, conforme o art. 115, § 2º, da LSA; **D:** correta, correspondendo ao disposto no art. 114 da LSA; **E:** incorreta, pois, em caso de exercício abusivo do direito de voto, o acionista responde pelos danos causados ainda que seu voto não tenha prevalecido – art. 115, § 3º, da LSA.

Gabarito "D"

(Magistratura/GO – 2015 – FCC) João, Carlos e Antônio, titulares de 60% das ações ordinárias de uma sociedade anônima, resolveram firmar um acordo de acionistas para disciplinar o exercício do direito de voto entre eles. Numa determinada assembleia, João não compareceu, ao passo que Carlos proferiu voto em contrariedade aos termos estipulados no acordo de acionistas, previamente arquivado na sede da companhia. Nesse caso,

(A) o acordo de acionistas é inválido e não produz nenhum efeito, pois esse tipo de avença só pode versar sobre a compra e venda de ações, a preferência para adquiri-las e o exercício do poder de controle.
(B) os participantes do acordo prejudicados pela ausência de João não poderão votar com as ações dele, já que o direito de voto é pessoal e intransmissível.
(C) o acordo de acionistas é inoponível à companhia, por ser parte estranha à sua celebração.
(D) o acordo de acionista poderá ser invocado para eximir os participantes do acordo de eventual responsabilidade pelo exercício do direito de voto.
(E) o presidente da assembleia não deverá computar o voto de Carlos.

A: incorreta. O exercício do direito de voto também pode ser objeto de acordo de acionistas (art. 118 da LSA); **B:** incorreta. Na ausência de João, os demais signatários do acordo de acionistas podem votar por suas ações (art. 118, § 9º, da LSA); **C:** incorreta. Uma vez arquivado na sede da companhia, o acordo de acionistas pode ser oposto à própria sociedade anônima (art. 118, *caput*, da LSA); **D:** incorreta. Há expressa vedação legal em sentido contrário (art. 118, § 2º, da LSA); **E:** correta. Como o acordo de acionistas estava arquivado na sede da companhia, ela é obrigada a respeitá-lo. Portanto, o presidente da assembleia não poderá computar o voto dado em conflito com o acordo (art. 118, § 8º, da LSA).

Gabarito "E"

(Magistratura/PE – 2011 – FCC) Nas sociedades por ações,

(A) a cada ação ordinária corresponde um voto nas deliberações da assembleia geral e o estatuto não poderá deixar de conferir às ações preferenciais nenhum dos direitos reconhecidos às ações ordinárias, exceto a exclusão do direito de voto;
(B) o estatuto fixará o número das ações, que sempre terão valor nominal, o qual poderá não ser o mesmo para todas as ações;
(C) a constituição da companhia se dará mediante a subscrição por ao menos 7 (sete) pessoas, de todas as ações em que se divide o capital, e, no caso de constituição por subscrição pública, dependerá do prévio registro da emissão na Comissão de Valores Mobiliários e será efetuada necessariamente com a intermediação de instituição financeira;
(D) a incorporação de imóveis de qualquer valor para formação do capital social exige escritura pública;
(E) o estatuto poderá prever vantagens políticas, assegurando a uma ou mais classe de ações preferenciais o direito de eleger, por votação em separado, um ou mais membros dos órgãos de administração.

A: incorreta, pois as ações preferenciais, diferentemente das ordinárias, podem não garantir direito a voto – art. 111 da Lei das Sociedades por Ações – LSA (Lei 6.404/1976); **B:** incorreta, pois o art. 11 da LSA prevê a possibilidade de ações sem valor nominal; **C:** incorreta, pois, para a constituição da companhia, exige-se o mínimo de duas pessoas que subscrevam todas as ações em que se divide o capital social fixado no estatuto – art. 80, I, da LSA. No mais, a assertiva é correta – art. 82 da LSA; **D:** incorreta, pois não se exige escritura pública para a incorporação de imóveis para formação do capital – art. 89 da LSA; **E:** correta, conforme o art. 18 da LSA.

Gabarito "E"

2.5.2. Assembleia Geral, Conselho de Administração, Diretoria, Administradores e Conselho Fiscal

(Magistratura/GO – 2015 – FCC) O conselho fiscal da sociedade anônima é órgão

(A) obrigatório e de funcionamento necessariamente permanente, qualquer que seja a companhia.
(B) obrigatório e de funcionamento permanente ou somente nos exercícios em que houver sido requerida sua instalação pelos acionistas, exceto nas companhias de economia mista, nas quais seu funcionamento é necessariamente permanente.
(C) facultativo, exceto nas companhias abertas e de economia mista, nas quais é obrigatório.
(D) obrigatório e de funcionamento permanente, exceto nas companhias com capital social inferior a R$ 1.000.000,00, nas quais poderá funcionar somente nos exercícios em que houver sido requerida sua instalação pelos acionistas.

(E) facultativo, exceto nas companhias com capital social igual ou superior a R$ 1.000.000,00, nas quais é obrigatório.

Nos termos do art. 161 da Lei 6.404/1976, o Conselho Fiscal é um órgão obrigatório, porém não necessariamente permanente, pois pode funcionar somente nos exercícios em que houver sido requerida sua instalação pelos acionistas, exceto nas sociedades de economia mista. Nelas, a atuação do Conselho Fiscal será sempre permanente (art. 240 da LSA).

Gabarito "B"

(Auditor Fiscal/RO – 2010 – FCC) NÃO se inclui na competência do Conselho de Administração, dentre outras atribuições:

(A) fixar a orientação geral para os negócios sociais.

(B) suspensão de direitos dos acionistas.

(C) escolher e destituir os auditores independentes, se houver.

(D) eleger e destituir os membros da diretoria.

(E) convocar a Assembleia Geral.

A, C, D e **E:** incorretas, pois essas **são atribuições** do conselho de administração – art. 142, I, II, IV e IX, da LSA; **B:** essa é a alternativa que não indica atribuição do conselho de administração da companhia, já que cabe à assembleia geral suspender o exercício dos direitos do acionista que deixar de cumprir obrigação imposta pela lei ou pelo estatuto – art. 120 da LSA.

Gabarito "B"

(Magistratura/CE – 2014 – FCC) Acerca do Conselho de Administração da Sociedade Anônima, é correto afirmar:

(A) Compete ao Conselho de Administração, entre outras atribuições, a eleição dos membros da Diretoria e do Conselho Fiscal.

(B) Compete ao Conselho de Administração, entre outras atribuições, fiscalizar a gestão dos diretores e deliberar, quando autorizado pelo estatuto, sobre a emissão de ações ou de bônus de subscrição. Esse órgão será composto por, no mínimo, 3 (três) membros, eleitos pela Assembleia Geral e destituíveis por ela a qualquer tempo. Os membros do Conselho de Administração, até o máximo de 1/3 (um terço), também poderão ser eleitos para cargos de diretores, hipótese em que exercerão cumulativamente as funções dos dois cargos.

(C) É órgão obrigatório nas companhias abertas e nas companhias de economia mista, mas de existência facultativa nas companhias de capital autorizado.

(D) Na eleição dos membros do Conselho de Administração, é cabível a adoção do processo de voto múltiplo a pedido de acionistas representantes de 0,1 (um décimo) do capital social com direito a voto, desde que exista previsão no estatuto social e que o requerimento seja formulado até a data da instalação da assembleia, salvo se houver oposição de acionistas representantes de mais da metade do capital social com direito a voto.

(E) Os membros do Conselho de Administração deverão ser pessoas naturais residentes no País e acionistas da companhia. Além disso, são inelegíveis para o Conselho de Administração as pessoas impedidas por lei especial, ou condenadas por crime falimentar, de prevaricação, peita ou suborno, concussão, peculato, contra a economia popular, a fé pública ou a propriedade, ou a pena criminal que vede, ainda que temporariamente, o acesso a cargos públicos, bem como as pessoas declaradas inabilitadas por ato da Comissão de Valores Mobiliários.

A: incorreta. Tal atribuição cabe à Assembleia Geral (art. 122, II, da Lei das Sociedades Anônimas – LSA – Lei 6.404/1976); **B:** correta, nos termos dos arts. 140 e 142, III e VII, da LSA; **C:** incorreta. As companhias de capital autorizado devem contar obrigatoriamente com o conselho de administração (art. 138, § 2º, da LSA); **D:** incorreta. Não é necessária a previsão no estatuto para a realização do voto múltiplo (art. 141, *caput*, da LSA), o pedido deve ser feito até 48h antes da realização da assembleia (art. 141, § 1º, da LSA) e não há previsão de vedação pela maioria do capital votante; **E:** incorreta. Não é necessário ser acionista e apenas os diretores devem residir no país (art. 146, *caput*, da LSA).

Gabarito "B"

(Magistratura/PE – 2013 – FCC) Nas sociedades por ações,

(A) o prazo de gestão é livre, podendo o estatuto limitá-lo a cinco anos, e vedado aos membros do Conselho de Administração serem eleitos para cargos de direção da companhia.

(B) o estatuto da companhia fixará o valor do capital social, expresso em moeda nacional e formado exclusivamente com contribuições em dinheiro.

(C) a administração da companhia caberá exclusivamente à diretoria, cabendo ao Conselho de Administração, de existência obrigatória, poderes consultivos e fiscalizatórios.

(D) qualquer que seja o objeto, a companhia é mercantil e se rege pelas leis e usos do comércio; poderá ter por objeto participar de outras sociedades, mesmo que a participação não seja prevista estatutariamente, como meio de realizar o objeto social ou para beneficiar-se de incentivos fiscais.

(E) o administrador é objetivamente responsável pelas obrigações que contrair em nome da sociedade, ainda que em virtude de ato regular de gestão, em razão do risco decorrente de sua atividade.

A: incorreta, pois o prazo de gestão estabelecido no estatuto para o conselho de administração não poderá ser superior a 3 anos, permitida a reeleição – art. 140 da Lei das Sociedades por Ações – LSA (Lei 6.404/1976); **B:** incorreta, pois não há limitação a contribuições em dinheiro. O capital social poderá ser formado com contribuições em dinheiro ou em qualquer espécie de bens suscetíveis de avaliação em dinheiro – arts. 5º e 7º da LSA; **C:** incorreta, pois a administração da companhia competirá, conforme dispuser o estatuto, ao conselho de administração e à diretoria, ou somente à diretoria – art. 138 da LSA; **D:** correta, nos termos do art. 2º da LSA e do art. 982, parágrafo único, do CC/2002; **E:** incorreta, pois o administrador não é pessoalmente responsável pelas obrigações que contrair em nome da sociedade e em virtude de ato regular de gestão – art. 158 da LSA.

Gabarito "D"

2.5.3. *Transformação, Incorporação, Fusão e Cisão*

2.6. Questões combinadas sobre sociedades e outros temas

(Juiz – TJ-SC – FCC – 2017) As *holdings* se definem como sociedades:

(A) não operacionais, cujo patrimônio é constituído de participações em outras sociedades, podendo ter por objeto o exercício nestas do poder de controle ou participação relevante.

(B) coligadas de fato, sendo modalidade de concentração empresarial.

(C) nas quais a investidora tem influência significativa, qualquer que seja seu objeto ou finalidade.

(D) coligadas de cujo capital outras sociedades participam com 10% (dez porcento) ou mais.

(E) financeiras de investimento, sem objetivo de controle ou participação por coligação.

Denominam-se *holdings* as sociedades cujo objeto é exclusivamente a participação no capital de outras pessoas jurídicas, controlando-as ou não. Estão previstas no art. 2º, §3º, da Lei 6.404/76 (LSA). Dado seu objeto social específico, são espécie de sociedade **não operacional**, porque não exercem propriamente uma atividade econômica. HS

Gabarito "A"

(Juiz – TJ-SC – FCC – 2017) A securitização de direitos creditórios do agronegócio é operação realizada por:

(A) companhia de seguros pela qual os direitos do segurado são garantidos por indenização caso haja inadimplemento dos adquirentes de produtos agrícolas, vendidos mediante emissão de títulos de crédito.

(B) companhia securitizadora, com qualificação de instituição financeira, pela qual tais direitos são expressamente vinculados à emissão de uma série de títulos de crédito, podendo sobre eles ser instituído regime fiduciário.

(C) companhia securitizadora, sem qualificação de instituição financeira, pela qual tais direitos são expressamente vinculados à emissão de uma série de títulos de crédito, não podendo sobre eles ser instituído regime fiduciário.

(D) companhia de seguros pela qual obrigações do segurado são garantidas por indenização, caso ocorra sinistro com a perda de safra ou oscilação negativa dos preços dos produtos agrícolas, vendidos mediante emissão de títulos de crédito.

(E) companhia securitizadora, sem qualificação de instituição financeira, pela qual tais direitos são expressamente vinculados à emissão de uma série de títulos de crédito, podendo sobre eles ser instituído regime fiduciário.

A securitização de direitos creditórios do agronegócio está regulamentada pela Lei 11.076/2004, que dispõe que tal atividade é realizada por uma companhia securitizadora, uma instituição não financeira constituída necessariamente sob a forma de sociedade anônima (art. 38), consistente na vinculação de tais direitos a uma série de títulos de crédito (art. 40), inclusive sob regime fiduciário (art. 39). HS

Gabarito "E"

(Magistratura – TRT 1ª – 2016 – FCC) Segundo o Código Civil Brasileiro, são características da sociedade cooperativa, EXCETO:

(A) indivisibilidade do fundo de reserva entre os sócios, ainda que em caso de dissolução da sociedade.

(B) variabilidade, ou dispensa do capital social.

(C) limitação do valor da soma de quotas do capital social que cada sócio poderá tomar.

(D) direito de cada sócio a um só voto nas deliberações, qualquer que seja o valor da sua participação.

(E) transferibilidade das quotas do capital a terceiros estranhos à sociedade em casos de herança.

A: correta, nos termos do art. 1.094, VIII, do CC; **B:** correta, nos termos do art. 1.094, I, do CC; **C:** correta, nos termos do art. 1.094, III, do CC; **D:** correta, nos termos do art. 1.094, VI, do CC; **E:** incorreta, pois é vedada a transferência das quotas do capital social a terceiros estranhos à sociedade cooperativa, ainda que por herança – art. 1.094, IV, do CC.

Gabarito "E"

(Auditor Fiscal – São Paulo/SP – FCC – 2012) Considere as proposições abaixo:

I. O sócio que, a título de quota social, transmitir domínio, posse ou uso, responde pela evicção; e, pela solvência do devedor, aquele que transferir crédito.

II. Os bens particulares dos sócios não podem ser executados por dívidas da sociedade, senão depois de executados os bens sociais.

III. O sócio, admitido em sociedade já constituída, exime-se das dívidas sociais anteriores à admissão.

Assinale:

(A) está correta APENAS a afirmativa I.

(B) está correta APENAS a afirmativa II.

(C) está correta APENAS a afirmativa III.

(D) estão corretas APENAS as afirmativas I e II.

(E) estão corretas APENAS as afirmativas II e III.

I: correta, pois reflete o disposto no art. 1.005 do CC; **II:** assertiva correta, pois é diretriz atinente às sociedades indicada no art. 1.024 do CC; **III:** incorreta, pois o sócio, admitido em sociedade já constituída, não se exime das dívidas sociais anteriores à admissão – art. 1.025 do CC.

Gabarito "D"

(Magistratura/PE – 2013 – FCC) Na liquidação e na transformação da sociedade

(A) pode o liquidante gravar de ônus reais os móveis e imóveis, bem como contrair empréstimos para pagamento das obrigações correntes da sociedade, salvo se expressamente proibido por seu contrato social.

(B) compete ao liquidante representar a sociedade e praticar todos os atos necessários à sua liquidação, inclusive alienar bens móveis ou imóveis, transigir, receber e dar quitação.

(C) respeitados os direitos dos credores preferenciais, cabe ao liquidante saldar as dívidas sociais vencidas, cancelando-se as vincendas, por inexigíveis.

(D) o ato de transformação da sociedade depende de suas prévias dissolução ou liquidação, obedecendo aos preceitos próprios da constituição e inscrição do tipo em que se vai converter.

(E) a transformação independe do consentimento de todos os sócios, salvo se houver tal exigência no ato constitutivo da sociedade.

A: incorreta, pois, sem estar expressamente autorizado pelo contrato social, ou pelo voto da maioria dos sócios, não pode o liquidante gravar de ônus reais os móveis e imóveis, contrair empréstimos, salvo quando indispensáveis ao pagamento de obrigações inadiáveis, nem prosseguir, embora para facilitar a liquidação, na atividade social – art. 1.105, parágrafo único, do CC/2002; **B:** correta, nos termos do art. 1.106 do CC/2002; **C:** incorreta, pois, respeitados os direitos dos credores preferenciais, pagará o liquidante as dívidas sociais proporcionalmente, sem distinção entre vencidas e vincendas, mas, em relação a estas, com desconto – art. 1.106 do CC/2002; **D:** incorreta, pois o ato de transformação independe de dissolução ou liquidação da sociedade; **E:** incorreta, pois a transformação depende do consentimento de todos os sócios, salvo se prevista no ato constitutivo – art. 1.114 do CC/2002.

Gabarito "B"

(Magistratura/PE – 2013 – FCC) Em relação às microempresas e às empresas de pequeno porte, analise os enunciados abaixo.

I. Enquadram-se como microempresas ou como empresas de pequeno porte, preenchidos os requisitos legais, a sociedade empresária, a sociedade simples, a empresa individual de responsabilidade limitada, as cooperativas e as sociedades por ações, desde que de capital fechado às Bolsas de Valores.

II. As microempresas ou as empresas de pequeno porte, optantes ou não pelo Simples Nacional, poderão realizar negócios de compra e venda de bens, para os mercados nacional e internacional, por meio de sociedade de propósito específico, que terá seus atos arquivados no Registro Civil de Pessoas Jurídicas.

III. O protesto do título relativo às microempresas não é sujeito a quaisquer emolumentos, taxas, custas ou contribuições, podendo ser cobradas apenas as despesas de correio, condução e publicação de edital para realização de suas intimações.

Está INCORRETO o que se afirma em

(A) I, II e III.
(B) III, apenas.
(C) II, apenas.
(D) I e II, apenas.
(E) I e III, apenas.

I: incorreta, pois o critério básico para enquadramento como microempresa ou empresa de pequeno porte é a receita bruta anual abaixo dos limites fixados pelo art. 3º da LC 123/2006; **II:** incorreta à época do concurso, pois somente as empresas optantes pelo Simples Nacional podiam realizar negócios por meio da sociedade de propósito específico prevista no art. 56, § 1º, da LC 123/2006. O dispositivo, entretanto, foi alterado pela LC 147/2014, de modo que mesmo as empresas não optantes pelo Simples Nacional têm hoje esse direito; **III:** incorreta, pois não se dispensam emolumentos, nem a cobrança do devedor das despesas de correio, condução e publicação de edital para realização da intimação – art. 73, I, da LC 123/2006.

Gabarito "A"

(Defensor Público/SP – 2012 – FCC) Jorge, José e Pedro constituem, com pacto expresso limitativo de poderes, pequena empresa para prestação de serviços de marcenaria, sem levar seus atos constitutivos ao competente registro. Pedro, em nome da sociedade, celebra contrato com Maria para fornecimento e montagem de uma cozinha planejada, recebendo adiantados os valores correspondentes aos serviços e produtos contratados. Maria desconhece a existência de tal pacto limitativo. Inadimplido o contrato, Maria poderá ter seu crédito satisfeito com a excussão dos bens

(A) sociais, considerando a existência de pacto limitativo de poderes, sem possibilidade de invasão dos bens particulares dos sócios.

(B) particulares dos sócios, já que estes respondem solidária e ilimitadamente pelas dívidas contraídas em nome da sociedade, sem possibilidade de excussão dos bens da sociedade, por se tratar de sociedade em comum, com pacto limitativo de poderes.

(C) particulares de Pedro, por desconhecer a existência de pacto limitativo de poderes e considerando ter ele celebrado o contrato em nome da sociedade em comum, sem possibilidade de excussão dos bens sociais ou dos demais sócios.

(D) sociais e particulares dos sócios, devendo exaurir os bens sociais para invasão do patrimônio dos sócios, exceto para Pedro, cujos bens particulares poderão ser executados concomitantemente com os bens sociais.

(E) sociais e particulares de Pedro, sem possibilidade de acionar os demais sócios, já que estes não participaram da avença, prevalecendo o pacto limitativo de poderes.

A sociedade é despersonalizada (sociedade em comum) antes da inscrição dos atos constitutivos – art. 986 do CC. Nessa situação, todos os sócios respondem solidária e ilimitadamente pelas obrigações sociais – art. 990 do CC. José e Jorge gozam do benefício de ordem, ou seja, seus bens e direitos pessoais responderão pelo débito apenas após esgotados os das sociedades – art. 1.024 do CC. Já Pedro, que contratou em nome da sociedade, não terá o benefício de ordem, podendo seus bens e direitos pessoais serem onerados a qualquer tempo – art. 990, *in fine*, do CC. Por essas razões, a alternativa "D" é a correta.

Gabarito "D"

3. DIREITO CAMBIÁRIO

3.1. Teoria geral

Veja as seguintes tabelas, com os princípios do direito cambiário e a classificação dos títulos de crédito:

<table>
<tr><td colspan="2">Princípios do Direito Cambiário</td></tr>
<tr><td colspan="2">Cartularidade: o documento (cártula) é necessário para o exercício dos direitos cambiários
Caso de relativização da cartularidade: protesto da duplicata por indicação – art. 13, § 1º, da Lei das Duplicatas.</td></tr>
<tr><td colspan="2">Literalidade: somente aquilo que está escrito no título produz efeitos jurídico-cambiais.
Caso de relativização da literalidade: aceite informado por escrito, previsto no art. 29 da Lei Uniforme.</td></tr>
<tr><td rowspan="2">Autonomia: cada obrigação que deriva do título é autônoma em relação às demais – os vícios que comprometem a validade de uma relação jurídica, documentada em título de crédito, não se estendem às demais relações abrangidas no mesmo documento.</td><td>Subprincípio da Abstração: com a circulação, há desvinculação do título em relação ao ato ou ao negócio jurídico que deu ensejo à sua criação. Caso de relativização da abstração: necessidade de se indicar a origem do crédito para habilitação em falência (– art. 9º, II, da Lei de Falências).</td></tr>
<tr><td>Subprincípio da Inoponibilidade: o executado não pode opor exceções pessoais a terceiro de boa-fé</td></tr>
</table>

Classificações dos Títulos de Crédito	
Critério	Espécies
Modelo	– vinculados – livres
Estrutura	– ordem de pagamento – promessa de pagamento
Hipóteses de emissão	– causais – limitados – não causais
Circulação	– ao portador – nominativos à ordem – nominativos não à ordem (ou ao portador, à ordem e nominativos).

(Magistratura/PE – 2011 – FCC) Em relação ao protesto de títulos, é correto afirmar:

(A) O protesto será tirado por falta de pagamento, de aceite ou de devolução, só podendo ser efetuado o protesto por falta de aceite antes do vencimento da obrigação e após o decurso do prazo legal para o aceite ou a devolução.

(B) Em nenhum caso serão protestados títulos e outros documentos de dívida em moeda estrangeira, emitidos fora do Brasil.

(C) Todos os títulos serão examinados pelo tabelião de protesto em seus caracteres formais, inclusive quanto à ocorrência de prescrição ou caducidade, só tendo curso se não apresentarem vícios.

(D) Quando a intimação do devedor for efetivada excepcionalmente no último dia do prazo ou além dele, por motivo de força maior, o protesto será tirado antecipadamente.

(E) O protesto é ato personalíssimo, devendo sua intimação ocorrer sempre na figura do devedor e defesa a intimação por edital.

A: correta, conforme o art. 21 da Lei 9.492/1997; **B:** incorreta, pois poderão ser protestados títulos e outros documentos de dívida em moeda estrangeira, emitidos fora do Brasil, desde que acompanhados de tradução efetuada por tradutor público juramentado – art. 10 da Lei 9.492/1997; **C:** incorreta, pois não cabe ao tabelião investigar a ocorrência de prescrição ou caducidade – art. 9º da Lei 9.492/1997; **D:** incorreta, pois, nesse caso, o protesto será tirado no primeiro dia útil subsequente – art. 13 da Lei 9.492/1997; **E:** incorreta, pois se admite a intimação por edital se a pessoa indicada para aceitar ou pagar for desconhecida, sua localização incerta ou ignorada, for residente ou domiciliada fora da competência territorial do tabelionato, ou, ainda, ninguém se dispuser a receber a intimação no endereço fornecido pelo apresentante – art. 15 da Lei 9.492/1997.

Gabarito "A"

Veja a seguinte tabela com os prazos prescricionais para cobrança de títulos de crédito, para estudo e memorização:

	Prazos prescricionais para letras de câmbio e promissórias – art. 70 da Lei Uniforme	Prazos prescricionais para duplicatas – art. 18 da Lei 5.474/1968
Contra o devedor principal (aceitante, na letra – sacado, na duplicata) e seus avalistas	3 anos a contar do vencimento	3 anos a contar do vencimento
Contra os coobrigados – endossantes e seus avalistas (também o sacador, no caso de letra aceita)	1 ano do protesto tempestivo ou do vencimento (se houve cláusula "sem despesas")	1 ano do protesto tempestivo
Regresso dos coobrigados uns contra os outros	6 meses do dia em que o coobrigado pagou o título ou em que ele próprio foi acionado	1 ano da data de pagamento do título

(Magistratura/RR – 2008 – FCC) A sociedade ABC Ltda. recebeu, por endosso de EEZ Ltda., uma duplicata não vencida. Como o devedor da duplicata era de solvência duvidosa, a ABC Ltda. exigiu, da endossante, que apresentasse um avalista pessoal, que apôs sua assinatura no título, nessa qualidade. Posteriormente, com o título vencido e não pago pelo devedor principal, a ABC Ltda. voltou-se contra a EEZ Ltda. para fins de cobrança do respectivo valor, mas descobriu que, nesse ínterim, à endossante havia sido deferida a recuperação judicial.

Nesse contexto, a responsabilidade do avalista

(A) persiste, desde que tenha havido o protesto do título no prazo de 30 (trinta) dias a contar de seu vencimento.

(B) persiste, independentemente do protesto do título.

(C) extingue-se, porque a recuperação judicial do avalizado implica a exoneração de todos os seus avalistas.

(D) extingue-se, porque todos os créditos do avalizado passam a estar sujeitos à recuperação judicial.

(E) está suspensa enquanto perdurar a recuperação judicial do avalizado.

As obrigações do avalista e do avalizado, são, a rigor, independentes, não havendo impedimento para a cobrança do avalista, em caso de recuperação judicial do avalizado. Contudo, a cobrança do avalista somente poderá ser feita se o título, não pago pelo devedor principal, for levado a protesto no prazo estipulado pela lei. Assim, a eventual recuperação judicial do avalizado não impede a cobrança do avalista (Lei 11.101/2005, art. 6º). **A:** correta, pois a responsabilidade do avalista somente existe se houver o regular protesto no prazo de 30 dias. O deferimento de recuperação judicial do devedor principal impede o exercício do direito de crédito perante esse devedor, mas não impede a cobrança de todos os chamados codevedores, tais como o avalista; **B:** incorreta, pois sem o protesto não se materializa a obrigação do avalista; **C**, **D** e **E:** incorretas, pois as obrigações são autônomas.

Gabarito "A"

(Ministério Público/CE – 2011 – FCC) Sobre o endosso da letra de câmbio e da nota promissória analise as afirmações abaixo:

I. No endosso pignoratício, os coobrigados não podem invocar contra o portador as exceções fundadas sobre as relações pessoais deles com o endossante, a menos que o portador, ao receber a letra, tenha procedido conscientemente em detrimento do devedor.
II. O endosso, que pode ser parcial, deve ser puro e simples, não se admitindo subordiná-lo a condição.
III. O mandato que resulta de um endosso por procuração não se extingue por morte, ou sobrevinda incapacidade legal do mandatário.
IV. O endossante, salvo cláusula em contrário, não é garante da aceitação ou do pagamento da letra.
V. O endossante pode proibir novo endosso, e neste caso, não garante o pagamento às pessoas a quem a letra for posteriormente endossada.

Está correto o que se afirma em

(A) I, II e III.
(B) I, III e V.
(C) II, III e IV.
(D) II, III e V.
(E) II, IV e V.

I: correta, pois pelo princípio da abstração, com a circulação, o título desliga-se do negócio jurídico original, não sendo, com isso, cabível a alegação de exceção pessoal relacionada a o emitente ou endossante; **II:** incorreta, pois o endosso parcial é nulo (CC, art. 912, parágrafo único); **III:** correta, por força do princípio da abstração dos títulos de crédito; **IV:** incorreta, pois por previsão expressa o endossante é garante da aceitação ou pagamento da letra (Decreto 57.663/1969, art. 15); **V:** correta, por expressa previsão legal. Nesse caso ele praticará endosso (Decreto 57.663/1969, art. 15).

Gabarito "B"

(Advogado da Metro/SP – 2014 – FCC) A respeito dos títulos de crédito considere:

I. A omissão de qualquer requisito legal, que tire ao escrito a sua validade como título de crédito, não implica a invalidade do negócio jurídico que lhe deu origem.
II. Aquele que, sem ter poderes, ou excedendo os que tem, lança a sua assinatura em título de crédito, como mandatário ou representante de outrem, fica pessoalmente obrigado, e, pagando o título, tem ele os mesmos direitos que teria o suposto mandante ou representado.
III. A transferência do título de crédito não implica a de todos os direitos que lhe são inerentes.
IV. O pagamento de título de crédito, que contenha obrigação de pagar soma determinada, pode ser garantido por aval, sendo permitido o aval parcial.

De acordo com o Código Civil brasileiro, está correto o que consta APENAS em

(A) I, III e IV.
(B) I, II e III.
(C) I e II.
(D) II, III e IV.
(E) II e IV.

I: correta, nos termos do art. 888 do CC; **II:** correta, nos termos do art. 892 do CC; **III:** incorreta. O endosso transfere, em regra, todos os direitos inerentes ao título, nos termos do art. 893 do CC; **IV:** incorreta. O aval parcial é proibido pelo art. 897, parágrafo único, do CC. Vale lembrar que essa limitação se aplica somente aos títulos de crédito **atípicos**, que são aqueles regulados pelo CC. Para os demais, que possuem legislação própria (letra de câmbio, nota promissória, cheque e duplicata) o aval parcial é válido.

Gabarito "C"

3.2. Títulos em Espécie

3.2.1. Nota promissória

(Defensor Público – DPE/ES – 2016 – FCC) Sobre o endosso e o aval de letras de câmbio e de notas promissórias,

I. pelo endosso transmitem-se todos os direitos emergentes da letra de câmbio e da nota promissória e o endossante, salvo cláusula em contrário, garante o pagamento desses títulos.
II. o endosso pode ser condicional, mas não parcial.
III. o pagamento de uma letra de câmbio ou de uma nota promissória pode ser no todo ou em parte garantido por aval.
IV. o avalista é responsável da mesma maneira que a pessoa afiançada, mas sua obrigação se mantém se a obrigação que ele garantiu for nula apenas por vício de forma.
V. o endossante acionado não pode opor ao portador de uma nota promissória as exceções fundadas sobre as relações pessoais dele com os portadores anteriores, salvo se o portador ao adquirir a nota promissória tiver procedido conscientemente em detrimento do devedor.

Está correto o que se afirma APENAS em

(A) II, III e IV.
(B) III, IV e V.
(C) II, IV e V.
(D) I, III e V.
(E) I, II e IV.

I: correta, reiterando que o endossante da letra de câmbio e da nota promissória, salvo cláusula em contrário, garante o pagamento – arts. 14, 15 e 77 da Lei Uniforme – LU (Decreto 57.663/1966), não se aplicando a disposição do art. 914, *caput*, do CC, por existir norma especial (conforme o art. 903 do CC); **II:** incorreta, pois considera-se não escrita qualquer condição a que se subordine o endossante, além de ser nulo o endosso parcial – art. 912 do CC; **III:** correta, pois é o que dispõe o art. 30 da LU. Importante lembrar que o Código Civil veda o aval parcial – art. 897, parágrafo único, do CC, mas essa regra não subsiste se houver norma específica (art. 903 do CC), como é o caso da letra de câmbio e da nota promissória, cuja legislação admite aval parcial (arts. 30 e 77 da LU); **IV:** incorreta, pois a responsabilidade do avalista não subsiste no caso de nulidade por vício de forma da obrigação daquele a quem se equipara– art. 899, § 2º, *in fine*, do CC; **V:** correta, conforme o art. 17 da LU.

Gabarito "D"

(Magistratura/RR – 2015 – FCC) João subscreveu uma nota promissória em favor de Paulo.

Além da denominação "nota promissória", a cártula, devidamente assinada por João, contém a promessa pura e simples de pagar a Paulo a quantia de R$ 2.000,00 (dois mil reais), a indicação da data em que foi emitida e do lugar onde foi passada, mas não prevê nem a época do pagamento, nem o lugar onde este deve ser realizado. Nesse caso, a cártula

(A) não vale como nota promissória, pois a indicação da época do pagamento é requisito essencial do título.

(B) não vale como nota promissória, pois a indicação do lugar onde o pagamento deve ser realizado é requisito essencial do título.

(C) vale como nota promissória, sendo que, à falta de indicação da época do pagamento, considera-se o título à vista.

(D) vale como nota promissória, sendo que, à falta de indicação do lugar do pagamento, considera-se como tal o domicílio de Paulo, independentemente de onde o título foi passado.

(E) vale como nota promissória, sendo que, à falta de indicação da época do pagamento, este só poderá ser exigido trinta dias após a sua apresentação ao subscritor do título.

Época do pagamento e lugar do pagamento não são requisitos essenciais da nota promissória, sendo ela válida mesmo na ausência daqueles. Dispõe o art. 76 da Lei Uniforme de Genebra que, nesses casos, considera-se o título pagável à vista e no local onde a nota foi sacada.

Gabarito "C"

3.2.2. *Cheque*

(Defensor Público – DPE/BA – 2016 – FCC) Sobre os títulos de crédito, analise as afirmações abaixo:

I. De acordo com o entendimento do Superior Tribunal de Justiça, a nota promissória vinculada a contrato de abertura de crédito não goza de autonomia em razão da iliquidez do título que a originou.

II. O cheque nominal, com ou sem a cláusula expressa "à ordem", é transmissível por via de endosso, enquanto o cheque nominal com cláusula "não à ordem" somente pode ser transmitido pela forma de cessão.

III. O título de crédito emitido sem o preenchimento de requisito de forma que lhe retire a validade, acarreta a invalidade do negócio jurídico que lhe deu origem.

IV. Ao contrário da nota promissória, a duplicata é um título causal e, em regra, não goza de abstração.

Está correto o que se afirma APENAS em

(A) I, II e III.

(B) I e II.

(C) II e IV.

(D) I e IV.

(E) I, II e IV.

I: correta, pois é o que dispõe a Súmula 258/STJ; **II:** correta, conforme o art. 17 da Lei do Cheque – LC (Lei 7.357/1985); **III:** incorreta, pois a omissão de qualquer requisito legal, que tire ao escrito a sua validade como título de crédito, não implica a invalidade do negócio jurídico que lhe deu origem, conforme dispõe o art. 888 do CC; **IV:** correta, pois a duplicata é extraída a partir da fatura relativa ao contrato de compra e venda ou prestação de serviço – arts. 2º e 20 da Lei das Duplicatas – LD (Lei 5.474/1968).

Gabarito "E"

(Magistratura/SC – 2015 – FCC) Antônio contratou a compra da safra de milho produzida por Bruno, pelo preço de R$ 20,00 por saca de 60 Kg. Em pagamento do preço, Antônio emitiu e entregou a Bruno um cheque, mas deixou de preencher o valor, que seria aposto pelo próprio vendedor, depois de feita a pesagem do milho colhido. No entanto, Bruno preencheu o cheque com valor superior ao combinado e, em seguida, endossou a cártula a Carlos, que conhecia os termos do ajuste feito com Antônio. Em seguida, Carlos endossou o cheque a Dagoberto, terceiro de boa-fé, que por sua vez endossou o título a outro terceiro de boa-fé, Eduardo, com a cláusula de que não garantia o pagamento da cártula. Apresentado o cheque para pagamento ao banco, este o devolveu por insuficiência de fundos. Nesse caso, Eduardo poderá cobrar o pagamento do cheque

(A) de Antônio, Bruno, Carlos e Dagoberto.

(B) apenas de Antônio.

(C) apenas de Carlos.

(D) apenas de Bruno e Carlos.

(E) apenas de Antônio, Bruno e Carlos.

Bruno e Carlos são coobrigados ao pagamento porque são endossantes e sabiam que a cártula fora preenchida em desacordo com o pactuado. Dagoberto é terceiro de boa-fé que inseriu no cheque a cláusula "sem garantia", com isso fica desobrigado do pagamento. Antonio, por sua vez, é o devedor principal, mas o título foi preenchido de forma destoante do negócio jurídico que o originou. Em tese, portanto, poderia negar o pagamento. Mas não nos esqueçamos do **princípio da autonomia das relações cambiais**, que impede a oposição de exceções pessoais a terceiros de boa-fé – que é o caso de Eduardo.

Gabarito "E"

(Magistratura/CE – 2014 – FCC) Antônio emitiu um cheque nominativo a José contra o Banco Brasileiro S.A. No mesmo dia, José endossou o cheque a Ricardo, fazendo constar do título que não garantiria o seu pagamento e que a eficácia do endosso estava subordinada à condição de que Maria, irmã de Ricardo, lhe pagasse uma dívida que venceria dali a dez (10) dias. Vinte (20) dias depois da emissão do título e sem que Maria tivesse honrado a dívida para com José, Ricardo apresentou o cheque para pagamento, mas o título lhe foi devolvido porque João não mantinha fundos disponíveis em poder do sacado. Nesse caso,

(A) Ricardo não poderá endossar o cheque a terceiro, pois o cheque só admite um único endosso.

(B) o endosso em preto de cheque nominativo exonera o emitente do título de responsabilidade pelo seu pagamento.

(C) por força de lei, o emitente do cheque deve ter fundos disponíveis em poder do sacado, e a infração desse preceito prejudica a validade do título como cheque.

(D) José responderá perante Ricardo pelo pagamento do cheque, porque se reputa não escrita cláusula que isente o endossante de responsabilidade pelo pagamento do título.

(E) a despeito do inadimplemento de Maria, Ricardo ostenta legitimidade para cobrar o pagamento do título porque se reputa não escrita qualquer condição a que o endosso seja subordinado.

A: incorreta. A antiga limitação de apenas um endosso por cheque estava presente na Lei 9.311/1996, que regulamentava a CPMF. Com a revogação da disposição constitucional transitória que fundamentava tal tributo, a lei foi revogada e não há mais qualquer restrição à circulação do cheque; **B:** incorreta. O endossante, qualquer que seja a modalidade do endosso, vincula-se ao pagamento do cheque como coobrigado, exceto aposição de cláusula em sentido contrário – chamado de "endosso sem garantia" (art. 21 da Lei 7.357/1985); **C:** incorreta. A ausência de fundos suficientes não invalida o cheque, que pode ser protestado por falta de pagamento (art. 4º, *in fine*, da Lei 7.357/1985);

D: incorreta. É válida a cláusula "sem garantia", que isenta o endossante da obrigação de pagar o título (art. 21 da Lei 7.357/1985); **E:** correta, nos termos do art. 18 da Lei 7.357/1985.

Gabarito "E"

(Magistratura/PE – 2013 – FCC) Em relação à duplicata, é correto afirmar:

(A) Uma só duplicata pode corresponder a mais de uma fatura, desde que todas correspondam a dívidas vencidas.

(B) Indicará ela sempre o valor total da fatura, ainda que o comprador tenha direito a qualquer rebate, mencionando o vendedor o valor líquido que o comprador deverá reconhecer como obrigação de pagar.

(C) O comprador só pode resgatá-la após aceitá-la e a partir de sua data de vencimento.

(D) Em seu pagamento não podem ser deduzidos créditos a favor do devedor, ainda que relativos ao mesmo negócio jurídico, tendo em vista sua origem causal.

(E) Não admite reforma ou prorrogação do prazo de vencimento, uma vez que se trata de título formal.

A: incorreta, pois uma duplicata somente pode se referir a uma única fatura – art. 2º, § 2º, da Lei das Duplicatas – LD (Lei 5.474/1968); **B:** correta, refletindo o disposto no art. 3º da LD; **C:** incorreta, pois é lícito ao comprador resgatar a duplicata antes de aceitá-la ou antes da data do vencimento – art. 9º da LD; **D:** incorreta, pois no pagamento da duplicata poderão ser deduzidos quaisquer créditos a favor do devedor resultantes de devolução de mercadorias, diferenças de preço, enganos, verificados, pagamentos por conta e outros motivos assemelhados, desde que devidamente autorizados – art. 10 da LD; **E:** incorreta, pois a duplicata admite reforma ou prorrogação do prazo de vencimento, mediante declaração em separado ou nela escrita, assinada pelo vendedor ou endossatário, ou por representante com poderes especiais – art. 11 da LD.

Gabarito "B"

3.2.3. Duplicata

(Magistratura – TRT 1ª – 2016 – FCC) Sobre os títulos de crédito, é INCORRETO afirmar:

(A) A perda ou extravio da duplicata obrigará o vendedor a extrair a triplicata.

(B) O cheque apresentado para pagamento antes do dia indicado como data de emissão não é pagável quando da sua apresentação.

(C) No caso dos cheques, são nulos o seu endosso parcial e do sacado.

(D) As empresas, individuais ou coletivas, fundações ou sociedades civis poderão emitir faturas e duplicatas de prestação de serviços.

(E) O cheque pode ser emitido à ordem do próprio sacador.

A: correta, nos termos do art. 23 da Lei das Duplicatas – LD (Lei 5.474/1968); **B:** incorreta, pois o cheque apresentado para pagamento antes do dia indicado como data de emissão é pagável no dia da apresentação – art. 32, parágrafo único, da Lei do Cheque – LC (Lei 7.357/1985); **C:** correta, nos termos do art. 18, § 1º, da LC; **D:** correta, nos termos do art. 20 da LD; **E:** correta, nos termos do art. 9º, I, da LC.

Gabarito "B"

(Magistratura/GO – 2015 – FCC) Analise as seguintes proposições acerca da duplicata:

I. Uma mesma duplicata pode corresponder a mais de uma fatura.

II. É permitido ao comprador resgatar a duplicata antes de aceitá-la ou antes da data do vencimento.

III. O pagamento da duplicata não poderá ser assegurado por aval, reputando-se não escrita declaração com esse sentido aposta no título.

IV. No ato da emissão da fatura, dela poderá ser extraída uma duplicata para circulação como efeito comercial, não sendo admitida nenhuma outra espécie de título de crédito para documentar o saque do vendedor pela importância faturada ao comprador.

V. Nos casos de venda para pagamento em parcelas, é obrigatória a emissão de tantas duplicatas quantas forem as parcelas, vedada a emissão de duplicata única.

Está correto APENAS o que se afirma em

(A) IV e V.

(B) I e II.

(C) I e III.

(D) II e IV.

(E) III e V.

I: incorreta. A uma fatura corresponderá uma única duplicata (art. 2º, § 2º, da Lei 5.474/1968); **II:** correta, nos termos do art. 9º da Lei das Duplicatas; **III:** incorreta. O aval está expressamente previsto no art. 12 da Lei das Duplicatas; **IV:** correta, nos termos do art. 2º da Lei das Duplicatas; **V:** incorreta. É possível a emissão de duplicata única ou série de duplicatas (art. 2º, § 3º, da Lei das Duplicatas).

Gabarito "D"

(Magistratura/SC – 2015 – FCC) Considere as seguintes proposições acerca da duplicata:

I. É vedado ao comprador resgatar a duplicata antes de aceitá-la.

II. O prazo de vencimento da duplicata é improrrogável.

III. A duplicata é protestável por falta de aceite, devolução ou pagamento.

IV. É ineficaz o aval dado em garantia do pagamento da duplicata após o vencimento do título.

V. Uma só duplicata não pode corresponder a mais de uma fatura.

Está correto o que se afirma APENAS em

(A) IV e V.

(B) I e II.

(C) I e III.

(D) II e IV.

(E) III e V.

I: incorreta. O art. 9º da Lei 5.474/1968 autoriza o pagamento da duplicata antes do aceite ou da data do vencimento; **II:** incorreta. O art. 11 da Lei 5.474/1968 autoriza a prorrogação por escrito do prazo de pagamento da duplicata; **III:** correta, nos termos do art. 13 da Lei das Duplicatas; **IV:** incorreta. O aval póstumo ou tardio produz os mesmos efeitos daquele prestado anteriormente ao vencimento (art. 12, parágrafo único, da Lei 5.474/1968); **V:** correta, nos termos do art. 2º, § 2º, da Lei das Duplicatas.

Gabarito "E"

(Magistratura/PE – 2011 – FCC) No que tange à duplicata:

(A) o comprador poderá deixar de aceitá-la por vícios, defeitos e diferenças na qualidade ou na quantidade das mercadorias, exclusivamente.

(B) é lícito ao comprador resgatá-la antes do aceite, mas não antes do vencimento.

(C) trata-se de título causal, que por isso não admite reforma ou prorrogação do prazo de vencimento.

(D) é título protestável por falta de aceite, de devolução ou de pagamento, podendo o protesto ser tirado mediante apresentação da duplicata, da triplicata, ou ainda por simples indicações do portador, na falta de devolução do título.

(E) em nenhum caso poderá o sacado reter a duplicata em seu poder até a data do vencimento, devendo comunicar eventuais divergências à apresentante com a devolução do título.

A: incorreta, pois o comprador poderá deixar de aceitar a duplicata também por motivo de (i) avaria ou não recebimento das mercadorias, quando não expedidas ou não entregues por sua conta e risco e de (ii) divergência nos prazos ou nos preços ajustados – art. 8º da LD; **B:** incorreta, pois o comprador pode resgatar a duplicata antes de aceitá-la ou antes da data do vencimento – art. 9º da LD; **C:** incorreta, pois a duplicata admite reforma ou prorrogação do prazo de vencimento, mediante declaração em separado ou nela escrita, assinada pelo vendedor ou endossatário, ou por representante com poderes especiais – art. 11 da LD; **D:** Essa é a alternativa correta, nos termos do art. 13 da LD; **E:** Incorreta, pois, havendo expressa concordância da instituição financeira cobradora, o sacado poderá reter a duplicata em seu poder até a data do vencimento, desde que comunique, por escrito, à apresentante o aceite e a retenção – art. 7º, § 1º, da LD.

Gabarito "D"

4. DIREITO CONCURSAL – FALÊNCIA E RECUPERAÇÃO

4.1. Aspectos Gerais

(Procurador do Município/São Paulo-SP – 2008 – FCC) Analise as seguintes afirmativas a respeito da recuperação judicial e da falência das sociedades empresárias:

I. A decretação da falência ou o deferimento do processamento da recuperação judicial interrompe o curso da prescrição e suspende todas as ações e execuções em face do devedor.

II. Não são exigíveis do devedor, na recuperação judicial ou na falência, as obrigações a título gratuito e as despesas que os credores fizerem para tomar parte na recuperação judicial ou na falência, salvo as custas judiciais decorrentes do litígio com o devedor.

III. Na classificação dos créditos na falência, os créditos decorrentes da legislação do trabalho, limitados a 150 salários mínimos por credor e os decorrentes de acidente de trabalho preferem aos créditos tributários, mas estes não preferem aos créditos com garantia real até o limite do valor do bem gravado.

IV. O juízo da falência é indivisível e competente para conhecer todas as ações sobre bens, interesses e negócios do falido, dele sendo excluídas, apenas, as causas fiscais.

V. Estão sujeitos à recuperação judicial todos os créditos existentes na data do pedido, ainda que não vencidos.

Estão corretas as afirmativas

(A) I, II e III.
(B) I, III e IV.
(C) I, IV e V.
(D) II, III e IV.
(E) II, III e V.

I: incorreta. Não são todas as ações e execuções em desfavor do devedor que ficam suspensas. Terão seu trâmite normal aquelas que demandem quantia ilíquida e as execuções fiscais (art. 6º, §§ 1º e 7º, da LF); **II:** correta, nos termos do art. 5º da LF; **III:** correta, nos termos do art. 83 da LF; **IV:** incorreta. A força atrativa do juízo falimentar não abrange ainda as causas trabalhistas e aquelas não previstas na Lei 11.101/2005 (art. 76 da LF); **V:** correta, nos termos do art. 49 da LF.

Gabarito "E"

4.2. Falência

(Juiz – TJ-SC – FCC – 2017) Na falência, são ineficazes:

I. os atos praticados com a intenção de prejudicar credores, provando-se o conluio fraudulento entre o devedor e o terceiro que com ele contratar e o prejuízo sofrido pela massa falida.

II. os pagamentos de dívidas não vencidas realizados pelo devedor dentro do termo legal, por qualquer meio extintivo do direito de crédito, ainda que pelo desconto do próprio título.

III. os registros de direitos reais e de transferência de propriedade entre vivos por título oneroso ou gratuito, ou a averbação relativa a imóveis realizados após a decretação da falência, mesmo se tiver havido prenotação anterior.

IV. os pagamentos de dívidas vencidas e exigíveis realizado dentro do termo legal, por outra forma que não seja a prevista pelo contrato.

V. a prática de atos a título gratuito ou a renúncia à herança ou legado, até 2 (dois) anos antes da decretação da falência.

Está correto o que se afirma APENAS em:

(A) II, IV e V.
(B) I, III e V.
(C) II, III e IV.
(D) I, IV e V.
(E) III, IV e V.

I: incorreta. A assertiva descreve os atos **revogáveis** previstos no art. 130 da Lei 11.101/2005, que não se confundem com os atos **ineficazes** do art. 129: os primeiros demandam ação revocatória para sua desconstituição e a prova do conluio fraudulento e o prejuízo à massa, ao passo que os segundos são declarados ineficazes perante a massa falida por simples petição; **II:** correta, nos termos do art. 129, I, da Lei de Falências; **III:** incorreta. A prenotação anterior afasta a presunção de ineficácia (art. 129, VII, parte final, da Lei de Falências); **IV:** correta, nos termos do art. 129, II, da Lei de Falências; **V:** correta, nos termos do art. 129, IV e V, da Lei de Falências. HS

Gabarito "A"

(Defensor Público – DPE/BA – 2016 – FCC) De acordo com a Lei 11.101/2005 (Lei de Falências):

(A) Os credores da massa falida são extraconcursais e devem ser pagos com precedência aos débitos trabalhistas e tributários dos créditos da falência.

(B) Pode ser decretada com fundamento na falta de pagamento, no vencimento, de obrigação líquida materializada em títulos executivos protestados, independentemente de seu valor.

(C) O administrador judicial deve ser pessoa física, preferencialmente advogado, economista, administrador de empresas ou contador.

(D) O plano de recuperação judicial não implica novação dos créditos anteriores ao pedido.

(E) As obrigações do falido somente serão extintas depois do pagamento de todos os créditos.

A: correta, nos termos do art. 84 da Lei de Falência e Recuperação de Empresas – LF (Lei 11.101/2005); **B:** incorreta. A decretação de falência decorre da insolvência jurídica, caracterizada pela (i) impontualidade injustificada, (ii) execução frustrada ou (iii) prática de atos de falência – art. 94, I, II e III, da LF. A impontualidade injustificada se caracteriza se o valor da obrigação ultrapassar 40 salários-mínimos – art. 94, I, da LF; **C:** incorreta, pois o administrador pode ser pessoa jurídica especializada – art. 21 da LF; **D:** incorreta, pois o plano de recuperação judicial implica novação dos créditos anteriores ao pedido, e obriga o devedor e todos os credores a ele sujeitos, conforme o art. 59 da LF; **E:** incorreta, pois há outras hipóteses de extinção das obrigações do falido – art. 158 da LF.

Gabarito "A"

(Magistratura – TRT 1ª – 2016 – FCC) José da Silva, empregado da Empresa XYZ, sofreu um acidente de trabalho no dia 15/01/2016. Em 30/01/2016, a Empresa XYZ teve decretada a sua falência. Em 14/02/2016, João da Pedra sofreu um acidente de trabalho decorrente de serviços prestados à Empresa XYZ. Considerando-se o que dispõe a Lei 11.101/2005,

(A) por se tratar de crédito com privilégio geral, José da Silva terá o direito de receber anteriormente a João da Pedra, caso tenha habilitado o seu crédito antes do acidente de trabalho ocorrido com este último.

(B) José da Silva terá o direito de receber o seu crédito decorrente do acidente de trabalho antes de João da Pedra por ter sofrido em momento anterior o seu acidente do trabalho.

(C) João da Pedra terá o direito de receber o seu crédito decorrente do acidente de trabalho antes de José da Silva.

(D) terá o direito de receber antes o seu crédito decorrente do acidente de trabalho aquele que habilitar o seu crédito em primeiro lugar, pois se trata de créditos de mesma natureza.

(E) José da Silva, assim como João da Pedra, terão tratamento privilegiado em seus créditos, limitados a 150 salários mínimos por credor.

A: incorreta, pois os créditos decorrentes da legislação trabalhista e de acidentes de trabalhos relativos ao período posterior à quebra são extraconcursais, ou seja, preferem àqueles anteriores à decretação de falência – art. 84, I, da Lei de Falências - LF (Lei 11.101/2005); **B:** incorreta, conforme comentário anterior; **C:** correta, pois o crédito de João da Pedra é extraconcursal, ou seja, não entra no concurso de credores relativos ao período anterior à quebra; **D:** incorreta, conforme comentários anteriores; **E:** incorreta, pois, como visto, o crédito de João da Pedra e outros créditos extraconcursais previstos no art. 84 da LF preferem ao crédito de José da Silva (ele só receberá após a quitação de todos os créditos extraconcursais, inclusive o do João da Pedra, se sobrar dinheiro), observado o limite de 150 salários mínimos (se o crédito de José da Silva for superior a isso, ele só receberá o restante após o pagamento dos créditos com privilégio geral – art. 83, VI, *c*, da LF).

Gabarito "C"

(Magistratura/RR – 2015 – FCC) O juízo da falência é uno, indivisível e universal. Nos termos da Lei 11.101/2005, ele é competente para conhecer todas as ações sobre bens, interesses e negócios do falido,

(A) nas quais o falido figurar como autor ou réu, ressalvadas apenas as causas trabalhistas e fiscais.

(B) ressalvadas as causas trabalhistas, fiscais e aquelas não reguladas nessa lei em que o falido figurar como autor ou litisconsorte ativo.

(C) ressalvadas apenas as causas trabalhistas, fiscais e aquelas em que o falido figurar como réu.

(D) nas quais o falido figurar como réu, inclusive as causas trabalhistas e fiscais.

(E) nas quais o falido figurar como autor ou réu, inclusive as causas fiscais, ressalvadas as trabalhistas.

A competência do juízo falimentar abrange todas as ações sobre bens, interesses e negócios do falido, exceto as trabalhistas, fiscais e outras não reguladas pela Lei de Falências nas quais o falido seja autor ou litisconsorte ativo (art. 76 da Lei de Falências).

Gabarito "B"

(Magistratura/SC – 2015 – FCC) "FRANGO SAUDÁVEL S.A.", empresa produtora e exportadora de frangos, com sede em Florianópolis, concentra sua atividade econômica em Blumenau, onde se situa o seu principal estabelecimento. No entanto, todos os seus fornecedores e credores têm domicílio em Itajaí. Nesse caso, a competência para decretar a falência da empresa será do juízo de:

(A) Florianópolis ou Itajaí, definindo-se por prevenção.

(B) Blumenau.

(C) Florianópolis.

(D) Itajaí.

(E) Florianópolis ou Blumenau, definindo-se por prevenção.

A competência para o processo falimentar é do foro onde se situa o principal estabelecimento do devedor – no caso, Blumenau (art. 3º da LF).

Gabarito "B"

(Ministério Público/CE – 2011 – FCC) Inexistindo, na falência, outros créditos, exceto os mencionados nas alternativas abaixo, classificam-se na seguinte ordem, sucessivamente:

(A) os créditos derivados da legislação do trabalho, limitados a 150 (cento e cinquenta) salários mínimos por credor, e os decorrentes de acidentes de trabalho; créditos tributários, independentemente da sua natureza e tempo de constituição, excetuadas as multas tributárias; créditos com garantia real até o limite do valor do bem gravado; os créditos quirografários; os créditos com privilégio geral; os créditos com privilégio especial.

(B) os créditos derivados da legislação do trabalho, limitados a 150 (cento e cinquenta) salários mínimos por credor, e os decorrentes de acidentes de trabalho; créditos com garantia real até o limite do valor do bem gravado; créditos tributários, independentemente da sua natureza e tempo de constituição, excetuadas as multas tributárias; os créditos com privilégio geral, os créditos com privilégio especial, os créditos quirografários.

(C) créditos tributários, independentemente da sua natureza e tempo de constituição, excetuadas as multas tributárias; créditos com garantia real até o limite do valor do bem gravado; os créditos derivados da legislação do trabalho, limitados a 150 (cento e cinquenta) salários mínimos por credor, e os decorrentes de acidentes de trabalho; os créditos quirografários, os créditos com privilégio especial, os créditos com privilégio geral.

(D) os créditos derivados da legislação do trabalho, limitados a 150 (cento e cinquenta) salários mínimos por credor, e os decorrentes de acidentes de trabalho; créditos com garantia real até o limite do valor do bem gravado; créditos tributários, independentemente da sua natureza e tempo de constituição, excetuadas as multas tributárias; os créditos com privilégio especial; os créditos com privilégio geral; os créditos quirografários.

(E) créditos com garantia real até o limite do valor do bem gravado; os créditos derivados da legislação do trabalho, limitados a 150 (cento e cinquenta) salários mínimos por credor, e os decorrentes de acidentes de trabalho; créditos tributários, independentemente da sua natureza e tempo de constituição, excetuadas as multas tributárias; os créditos com privilégio geral, os créditos com privilégio especial.

Os créditos, na falência, serão pagos conforme a ordem estabelecida nos artigos 83 e 84 da Lei, demonstrada na tabela abaixo. **A:** incorreta, pois o crédito com garantia real tem prioridade sobre o tributário; **B:** incorreta, pois os créditos com privilégio especial tem preferência sobre os créditos com privilégio geral; **C:** incorreta, pois os créditos com garantia tem prioridade sobre os créditos tributários; **D:** correta, pois respeitam a exata disposição legal; **E:** incorreta, pois os créditos trabalhistas tem prioridade sobre os garantia real.

Gabarito "D"

Veja a seguinte tabela com a ordem de classificação dos créditos na falência (art. 83 da LF):

Ordem de classificação dos créditos na falência (art. 83 da LF)
1º – os créditos derivados da legislação do trabalho, limitados a 150 (cento e cinquenta) salários mínimos por credor, os decorrentes de acidentes de trabalho. Também os créditos equiparados a trabalhistas, como os relativos ao FGTS (art. 2º, § 3º, da Lei 8.844/1994) e os devidos ao representante comercial (art. 44 da Lei 4.886/1965).
2º – créditos com garantia real até o limite do valor do bem gravado (será considerado como valor do bem objeto de garantia real a importância efetivamente arrecadada com sua venda, ou, no caso de alienação em bloco, o valor de avaliação do bem individualmente considerado).
3º – créditos tributários, independentemente da sua natureza e tempo de constituição, excetuadas as multas tributárias.
4º – com privilégio especial (= os previstos no art. 964 do Código Civil; os assim definidos em outras leis civis e comerciais, salvo disposição contrária da LF; aqueles a cujos titulares a lei confira o direito de retenção sobre a coisa dada em garantia e aqueles em favor dos microempreendedores individuais e das microempresas e empresas de pequeno porte de que trata a LC 123/2006).
5º – créditos com privilégio geral (= os previstos no art. 965 do Código Civil; os previstos no parágrafo único do art. 67 da LF; e os assim definidos em outras leis civis e comerciais, salvo disposição contrária da LF).
6º – créditos quirografários (= aqueles não previstos nos demais incisos do art. 83 da LF; os saldos dos créditos não cobertos pelo produto da alienação dos bens vinculados ao seu pagamento; e os saldos dos créditos derivados da legislação do trabalho que excederem o limite estabelecido no inciso I do *caput* do art. 83 da LF). Ademais, os créditos trabalhistas cedidos a terceiros serão considerados quirografários.
7º – as multas contratuais e as penas pecuniárias por infração das leis penais ou administrativas, inclusive as multas tributárias.
8º – créditos subordinados (= os assim previstos em lei ou em contrato; e os créditos dos sócios e dos administradores sem vínculo empregatício).
Lembre-se que os **créditos extraconcursais** (= basicamente os surgidos no curso do processo falimentar, que não entram no concurso de credores) são pagos com precedência sobre todos esses anteriormente mencionados, na ordem prevista no art. 84 da LF: **(i)** remunerações devidas ao administrador judicial e seus auxiliares, e créditos derivados da legislação do trabalho ou decorrentes de acidentes de trabalho relativos a serviços prestados após a decretação da falência; **(ii)** quantias fornecidas à massa pelos credores; **(iii)** despesas com arrecadação, administração, realização do ativo e distribuição do seu produto, bem como custas do processo de falência; **(iv)** custas judiciais relativas às ações e execuções em que a massa falida tenha sido vencida; e **(v)** obrigações resultantes de atos jurídicos válidos praticados durante a recuperação judicial, nos termos do art. 67 da LF, ou após a decretação da falência, e tributos relativos a fatos geradores ocorridos após a decretação da falência, respeitada a ordem estabelecida no art. 83 da LF.

(Ministério Público/CE – 2011 – FCC) A prescrição dos crimes previstos na Lei 11.101, de 09/02/2005, que regula a recuperação judicial, a extrajudicial e a falência do empresário e da sociedade empresária,

(A) começa a fluir somente a partir do dia da decretação da falência, que é a condição objetiva de punibilidade das infrações penais descritas na Lei 11.101, de 09/02/2005.

(B) rege-se exclusivamente pelas disposições da Lei 11.101, de 09/02/2005, porque ela disciplinou integralmente essa matéria.

(C) tem o seu prazo interrompido apenas pelo recebimento da denúncia ou da queixa, ainda que tenha começado a fluir com a concessão da recuperação judicial.

(D) rege-se pelas disposições do Código Penal, começando a correr do dia da decretação da falência, da concessão de recuperação judicial ou da homologação do plano de recuperação extrajudicial.

(E) tem o seu prazo suspenso pela decretação da falência, se houver iniciado com a concessão da recuperação judicial ou com a homologação de plano da recuperação extrajudicial.

Nos termos do art. 182, da LF (Lei 11.101/2005), a prescrição dos crimes previstos nesta Lei reger-se-á pelas disposições do Decreto-Lei 2.848, de 7 de dezembro de 1940 – Código Penal, começando a correr do dia da decretação da falência, da concessão da recuperação judicial ou da homologação do plano de recuperação extrajudicial. Haverá, ainda, interrupção da contagem, com a decretação da falência do devedor cuja contagem tenha iniciado com a concessão da recuperação judicial ou com a homologação do plano de recuperação extrajudicial. **A:** incorreta, pois no caso de concessão de recuperação judicial anterior, a prescrição já terá se iniciado, **B:** incorreta, pois há previsão expressa de aplicação das regras do Código Penal; **C:** incorreta, pois tem seu prazo interrompido pela decretação da falência; **D:** correta, por expressa previsão legal; **E:** incorreta, pois a decretação da falência é causa de interrupção e não de suspensão.

Gabarito "D"

4.3. Recuperação Judicial e Extrajudicial

(Magistratura – TRT 1ª – 2016 – FCC) Segundo a Lei 11.101/2005, constituem meios de recuperação judicial, observada a legislação pertinente a cada caso, as seguintes hipóteses, EXCETO:

(A) usufruto da empresa.
(B) emissão de valores imobiliários.
(C) trespasse de estabelecimento, inclusive à sociedade constituída pelos próprios empregados.
(D) alienação do controle societário.
(E) constituição de sociedade de credores.

A: correta, conforme o art. 50, XIII, da Lei de Falências - LF (Lei 11.101/2005); **B:** incorreta, pois admite-se apenas a emissão de valores mobiliários como meio de recuperação judicial – art. 50, XV, da LF; **C:** correta, conforme o art. 50, VII, da Lei de Falências – LF; **D:** correta, conforme o art. 50, III, da Lei de Falências – LF, que permite a alteração do controle societário (a alteração decorre necessariamente da alienação do controle); **E:** correta, conforme o art. 50, X, da Lei de Falências – LF.

Gabarito "B".

(Magistratura/RR – 2015 – FCC) A empresa "Lojas Vende Barato", por dificuldades de fluxo de caixa, formulou pedido de recuperação judicial apresentando plano que prevê a remissão de 50% de todas as suas dívidas. Estão sujeitos à recuperação judicial os créditos contra a recuperanda existentes na data

(A) do pedido, desde que já vencidos, excluindo-se os por vencer.
(B) da assembleia geral de credores que deliberar sobre o plano de recuperação, desde que constituídos posteriormente ao pedido.
(C) do pedido, tanto os vencidos quanto os por vencer.
(D) em que deferido o processamento da recuperação judicial, ainda que constituídos posteriormente ao pedido.
(E) da assembleia geral de credores que deliberar sobre o plano de recuperação, ainda que constituídos posteriormente ao pedido.

Estão sujeitos à recuperação judicial todos os créditos existentes na data do pedido, sejam vencidos ou vincendos (art. 49 da Lei de Falências).

Gabarito "C".

(Magistratura/SC – 2015 – FCC) A empresa "PESCADO PURO LTDA." formulou pedido de recuperação judicial, apresentando plano que previa o pagamento de todas as suas dívidas em 60 (sessenta) parcelas mensais e sucessivas, vencendo-se a primeira no dia da concessão da recuperação e as demais no mesmo dia dos meses subsequentes. Regularmente aprovado o plano pela assembleia geral de credores, a recuperação foi concedida pelo juiz. Porém, depois de pontualmente adimplidas as trinta primeiras parcelas, a devedora não conseguiu honrar com as demais, por dificuldades de fluxo de caixa. Nesse caso, o descumprimento das obrigações assumidas no plano

(A) não autoriza a convolação da recuperação judicial em falência, mas pode justificar novo pedido de falência.
(B) autoriza a convolação da recuperação judicial em falência, que pode ser decretada de ofício.
(C) autoriza a convolação da recuperação judicial em falência, desde que requerida por qualquer credor.
(D) autoriza a convolação da recuperação judicial em falência, desde que requerida pelo administrador judicial.
(E) não autoriza a convolação da recuperação judicial em falência, mas apenas a execução individual pelos credores.

Nos termos do art. 61 da LF, o devedor permanece em recuperação judicial somente até que cumpra as obrigações que vencerem até 2 anos depois da concessão do benefício. Passado esse prazo (que é o caso do enunciado – 30 meses), o descumprimento de qualquer obrigação prevista no plano não importa a convolação da recuperação judicial em falência, mas autoriza pedido de quebra (art. 62 da LF).

Gabarito "A".

(Magistratura/CE – 2014 – FCC) No processo de recuperação judicial da empresa Colchões de Mola Dorme Bem Ltda., a devedora apresentou plano de recuperação que previa: (i) o pagamento, no prazo de 30 (trinta) dias, dos créditos de natureza estritamente salarial vencidos nos 3 (três) meses anteriores ao pedido de recuperação judicial, até o limite de 5 (cinco) salários mínimos por trabalhador; (ii) o pagamento, no prazo de 1 (um) ano, dos demais créditos derivados da legislação do trabalho vencidos até a data do pedido de recuperação judicial; (iii) o pagamento, no prazo de 5 (cinco) anos, de todos os créditos quirografários, com abatimento de 20% (vinte por cento); e (iv) o pagamento, no prazo de 10 (dez) anos, de todos os créditos com garantia real, com abatimento de 30% (trinta por cento). Oferecida objeção por um dos credores trabalhistas, foi convocada Assembleia Geral de Credores para deliberar sobre o plano. Nessa assembleia, o plano restou aprovado por todas as classes de credores, segundo os quóruns previstos em lei. Diante dessas circunstâncias, e tendo em vista as normas de ordem pública que disciplinam a elaboração do plano de recuperação, conclui-se que o juiz

(A) não deve homologar o plano nem conceder a recuperação judicial, pois a lei proíbe que se estabeleça prazo superior a 2 (dois) anos para o pagamento de quaisquer créditos, já que esse é o prazo máximo durante o qual o devedor poderá permanecer em recuperação judicial.
(B) não deve homologar o plano nem conceder a recuperação judicial, pois a lei proíbe que se estabeleça o pagamento dos créditos com garantia real em condições piores do que as previstas para o pagamento dos créditos quirografários.
(C) deve homologar o plano e conceder recuperação judicial, desde que satisfeitas as demais exigências legais.
(D) não deve homologar o plano nem conceder a recuperação judicial, já que, por exigência legal, os créditos derivados da legislação do trabalho devem ser pagos até, no máximo, seis meses.
(E) não deve homologar o plano nem conceder a recuperação judicial, já que, por exigência legal, os créditos de natureza estritamente salarial vencidos nos 3 (três) meses anteriores ao pedido de recuperação judicial devem ser pagos no prazo de 30 (trinta) dias até o limite de 150 (cento e cinquenta) salários mínimos por trabalhador.

Uma das maiores inovações do Direito Falimentar operada pela Lei 11.101/2005 foi justamente a liberdade concedida aos credores e devedor de negociar as condições do plano de recuperação judicial, revogando-se as amarras da antiga concordata em relação a prazo e débitos envolvidos. Na verdade, a única limitação imposta por lei refere-se aos créditos derivados da relação de trabalho: direitos estritamente salariais devem ser pagos em até 3 meses e os demais em até 1 ano contados da aprovação do plano (art. 54 da Lei de Falências). Portanto, no caso narrado no enunciado, todas as disposições legais foram atendidas, cabendo ao juiz apenas homologar o plano e deferir a recuperação (art. 58 da Lei de Falências).

Gabarito "C"

(Magistratura/PE – 2011 – FCC) Deferido o processamento da recuperação judicial,

(A) serão suspensas as execuções de natureza fiscal, mas não as de natureza trabalhista com penhora efetivada.

(B) serão atraídas pelo Juízo que o deferiu todas as demandas por quantias ilíquidas.

(C) suspende-se o curso da prescrição em face do devedor, não se dando, todavia, essa suspensão quando o pedido de recuperação judicial se fizer com base em plano especial apresentado por microempresas ou empresas de pequeno porte, no tocante aos créditos por ele não abrangidos.

(D) o Juiz nomeará administrador judicial, que não poderá, em nenhuma hipótese, ser pessoa jurídica e, preferencialmente, a nomeação recairá em advogado ou contador de notória idoneidade e experiência profissional comprovada.

(E) ficará o devedor dispensado da apresentação de certidões negativas para contratação com o Poder Público, mas, no respectivo contrato, deverá ser acrescida, após o nome comercial, a expressão "em Recuperação Judicial".

A: incorreta, pois os créditos tributários não são incluídos na recuperação judicial, nem há suspensão das execuções fiscais – arts. 6º, § 7º, e 57 da LF; **B:** incorreta, pois terá prosseguimento no juízo no qual estiver se processando a ação que demandar quantia ilíquida – art. 6º, § 1º, da LF; **C:** essa é a assertiva correta, conforme os arts. 6º, *caput*, e 71, parágrafo único, da LF; **D:** incorreta, pois o administrador judicial poderá ser pessoa jurídica especializada ou profissional idôneo, preferencialmente advogado, economista, administrador de empresas ou contador – art. 21 da LF; **E:** incorreta, pois a dispensa de apresentação de certidões negativas não se aplica às contratações com o poder público, nem para o recebimento de benefícios ou incentivos fiscais ou creditícios – art. 52, II, da LF.

Gabarito "C"

4.4. Temas combinados de direito concursal

(Magistratura/GO – 2015 – FCC) Acerca dos processos de falência e de recuperação judicial de empresas, considere:

I. A decretação da falência ou o deferimento do processamento da recuperação judicial não suspendem o prazo prescricional das ações e execuções em face do devedor, mas obstam ao prosseguimento das ações já ajuizadas contra ele.

II. Não são exigíveis do devedor, na recuperação judicial ou na falência, as despesas que os credores fizerem para tomar parte na recuperação judicial ou na falência, salvo as custas judiciais decorrentes de litígio com o devedor.

III. O ato judicial que decreta a falência de sociedade acarreta a falência dos seus sócios, mesmo os de responsabilidade limitada.

IV. É competente para homologar o plano de recuperação extrajudicial, deferir a recuperação judicial ou decretar a falência o juízo do domicílio do maior credor do devedor.

V. O plano de recuperação deve ser apresentado pelo devedor em juízo no prazo improrrogável de 60 dias da publicação da decisão que deferir o processamento da recuperação judicial, sob pena de convolação em falência.

Está correto APENAS o que se afirma em

(A) II e V.

(B) III e IV.

(C) I e IV.

(D) I e V.

(E) II e III.

I: incorreta. A decretação da quebra e o deferimento da recuperação judicial suspendem a prescrição juntamente com o andamento das ações em trâmite contra o falido ou recuperando (art. 6º da Lei 11.101/2005); **II:** correta, nos termos do art. 5º, II, da Lei de Falências; **III:** incorreta. Apenas os sócios de responsabilidade ilimitada são também considerados falidos junto com a sociedade (art. 81 da Lei de Falências); **IV:** incorreta. A competência para o processo falimentar e de recuperação é do juízo da sede do principal estabelecimento do devedor (art. 3º da Lei de Falências); **V:** correta, nos termos do art. 53 da Lei de Falências.

Gabarito "A"

5. CONTRATOS EMPRESARIAIS

(Defensor Público – DPE/ES – 2016 – FCC) Sobre o contrato de fiança:

I. A fiança dar-se-á por escrito e não admite interpretação extensiva, mas, não sendo limitada, compreenderá todos os acessórios da dívida principal, inclusive as despesas judiciais, desde a citação do fiador.

II. É nula a fiança concedida pelo homem casado, sem a anuência do cônjuge, salvo se o casamento se tiver realizado pelo regime da separação total de bens.

III. A fiança conjuntamente celebrada a um só débito por mais de uma pessoa não importa compromisso de solidariedade entre elas, salvo disposição contratual em sentido contrário.

IV. O fiador pode opor ao credor as exceções que lhe forem pessoais e as extintivas da obrigação que competem ao devedor principal, se não provierem simplesmente de incapacidade pessoal, salvo o caso de mútuo feito a pessoa menor.

V. O fiador poderá exonerar-se da fiança que tiver assinado sem limitação de tempo, sempre que lhe convier, ficando obrigado por todos os efeitos da fiança, durante sessenta dias após a notificação do credor, mas esse prazo é de cento e vinte dias se a fiança for de obrigações decorrentes de locação predial urbana.

Está correto o que se afirma APENAS em

(A) III, IV e V.

(B) I, II e III.

(C) I, IV e V.
(D) I, III, e IV.
(E) II, IV e V.

I: correta, nos termos dos arts. 819 e 822 do CC; **II:** incorreta, à luz do Código Civil. O art. 1.647, III, do CC exige a outorga conjugal, exceto no regime de separação absoluta de bens, e o art. 1.649 dispõe que a falta de autorização, quando não suprida pelo juiz, torna anulável o ato (não nulo), daí porque seria incorreta a assertiva. Entretanto, é interessante anotar que o STJ tem se manifestado no sentido de que há nulidade total, muitas vezes referindo-se indistintamente à anulabilidade e à nulidade, e não apenas em relação à meação – ver AgRg no AREsp 383.913/RS; **III:** incorreta, pois a solidariedade é a regra, nesse caso, exceto se houver reserva do benefício de divisão – art. 829 do CC; **IV:** correta, pois é o que dispõe o art. 837 do CC; **V:** correta, conforme o art. 835 do CC e o art. 12, § 2º, da Lei 8.245/1991.

Gabarito "C"

(Defensor Público – DPE/BA – 2016 – FCC) Sobre a cessão de crédito e a assunção de dívida, é correto afirmar:

(A) o fiador do devedor originário segue responsável pela dívida em caso de assunção por terceiro.
(B) na cessão de crédito há novação subjetiva passiva em relação à relação obrigacional originária.
(C) com a cessão de crédito, cessam as garantias reais e pessoais da dívida.
(D) terceiro pode assumir a obrigação do devedor com o consentimento expresso do credor, exonerando o devedor primitivo, ainda que o credor ignorasse que o assuntor fosse insolvente ao tempo da assunção de dívida.
(E) a cessão de crédito não depende da anuência do devedor para que seja válida.

A: incorreta, pois a fiança é garantia pessoal, dada em relação ao afiançado, não se transmitindo a quem assume a dívida – art. 818 do CC; **B:** incorreta, pois com a cessão de crédito não há extinção da obrigação original, apenas substituição do devedor; já na novação há sempre extinção da obrigação original, com criação de novo liame obrigacional (no caso da novação subjetiva passiva, com outra pessoa no polo devedor da nova obrigação) – arts. 360, II, do CC e 299 do CC; **C:** incorreta, pois não há essa disposição, até porque essas garantias referem-se à inadimplência do devedor, que continua o mesmo na cessão de crédito – art. 286 do CC; **D:** incorreta, pois o devedor primitivo não fica exonerado se o credor ignorava que o sujeito que assumiu a dívida era insolvente ao tempo da assunção – art. 299, *in fine*, do CC; **E:** correta, pois não se exige anuência do devedor, exceto no caso de convenção específica nesse sentido, lembrando que a cessão só tem eficácia em relação ao devedor após sua notificação – arts. 286 e 290 do CC.

Gabarito "E"

5.1. Arrendamento Mercantil / *Leasing*

(Defensor Público/SP – 2010 – FCC) Assinale a alternativa INCORRETA.

(A) O arrendatário inadimplente que não devolver o bem pratica esbulho e sujeita-se à reintegratória.
(B) O arrendador, no caso de inadimplência do arrendatário, pode exigir deste o valor de pagamento das prestações vencidas e vincendas.
(C) O arrendatário deve ser notificado da inadimplência.
(D) O arrendatário deve pagar as prestações vencidas até a data da efetiva retomada do bem pelo arrendador.
(E) Verificando que as prestações tornaram-se excessivamente onerosas poderá o arrendatário postular judicialmente a revisão da cláusula contratual pertinente.

A: assertiva correta, pois a retenção indevida do bem torna injusta a posse, caracterizando o esbulho possessório e possibilitando a ação de reintegração de posse – ver: STJ, REsp 329.932/SP; **B:** incorreta, devendo ser assinalada, pois somente podem ser exigidas as parcelas vencidas até a entrega do bem ao arrendante – ver STJ, REsp 211.570/PR; **C:** assertiva correta, pois o arrendatário deve ser previamente notificado, para configuração da mora – ver STJ, EREsp 162.185/SP; **D:** correta, conforme comentário à alternativa B; **E:** correta, pois é possível pleitear judicialmente a revisão contratual em situação de excepcional e excessiva onerosidade – ver AgRg no REsp 699.871/DF.

Gabarito "B"

(Ministério Público/CE – 2011 – FCC) Descumprida a obrigação pecuniária pelo arrendatário, no contrato de *leasing* financeiro,

(A) o arrendante apenas pode cobrar a dívida, mas não pleitear a rescisão do contrato ou a sua reintegração na posse, dada a existência de opção de compra.
(B) não se admite em nenhuma hipótese a ação de reintegração de posse, se nas parcelas tiver sido incluído o denominado Valor Residual Garantido (VRG), de acordo com a jurisprudência mais recente consolidada em súmula do Superior Tribunal de Justiça.
(C) admite-se a reintegração do arrendante na posse, caso haja no contrato cláusula resolutória expressa e tenha sido o arrendatário devidamente notificado de sua mora.
(D) perde o arrendatário o direito de usar o bem enquanto não purgar a mora, independentemente de notificação do arrendante, mas não fica sujeito à retomada do bem antes do trânsito em julgado da sentença que rescindir o contrato.
(E) a reintegração na posse pelo arrendante prescinde de cláusula resolutória expressa e de notificação prévia do arrendatário, vencendo-se a dívida por inteiro, e será o bem vendido para seu pagamento e o arrendatário ficará pessoalmente responsável pelo saldo devedor se o valor obtido com a venda for insuficiente.

A: incorreta, pois no *leasing* o bem pertence ao arrendante, podendo, pois, em caso de rescisão, retomar a coisa pela busca a apreensão; **B:** incorreta, pois o recebimento antecipado do VRG não desnatura o contrato, devendo, apenas, tal valor ser restituído; **C:** correta, pois se exige a presença da cláusula resolutória e demonstração da mora, para reintegração em sede, inclusive, de liminar; **D:** incorreta, pois a retomada do bem poderá se dar a partir da constituição da mora; **E:** incorreta, pois a reintegração depende de cláusula resolutória expressa e de notificação

Gabarito "C"

5.2. ALIENAÇÃO FIDUCIÁRIA

(Magistratura do Trabalho – 11ª Região – 2007 – FCC) Por meio do contrato de alienação fiduciária em garantia, o proprietário de um bem móvel

(A) aliena-o a outra pessoa, em garantia de uma dívida com esta contraída, mas permanece com a posse direta do bem.
(B) aliena-o a outra pessoa, em garantia de uma dívida com esta contraída, e lhe transfere a propriedade plena do bem, recuperando-a após o pagamento da dívida.
(C) oferece-o em penhor ao credor do financiamento obtido para a aquisição do próprio bem.

(D) transfere a sua posse direta a outra pessoa, em garantia de uma dívida com esta contraída, mas permanece com a propriedade plena do bem.

(E) transfere a sua posse indireta a outra pessoa, em garantia de uma dívida com esta contraída, mas permanece com a propriedade plena do bem.

A: assertiva correta, pois descreve adequadamente a alienação fiduciária em garantia – art. 1.361 do CC; **B:** incorreta, pois a propriedade transferida não é plena, pois, além de resolúvel (em caso de pagamento da dívida o domínio se resolve em desfavor do credor), o devedor ainda mantém-se na posse direta do bem; **C:** incorreta, pois não se trata de penhor, mas transferência do domínio; **D** e **E:** incorretas, pois a propriedade é transferida ao credor, não a posse direta, que é mantida pelo devedor.

Gabarito "A"

5.3. Contratos bancários e cartão de crédito

Veja a seguinte tabela, com as principais súmulas relativas ao direito bancário, para estudo:

Súmulas de Direito Bancário	
Súmula 596/STF	As disposições do Decreto 22.626/1933 [Lei de Usura, que limita a taxa de juros] não se aplicam às taxas de juros e aos outros encargos cobrados nas operações realizadas por instituições públicas ou privadas, que integram o sistema financeiro nacional.
Súmula 382/STJ	A estipulação de juros remuneratórios superiores a 12% ao ano, por si só, não indica abusividade.
Súmula 381/STJ	Nos contratos bancários, é vedado ao julgador conhecer, de ofício, da abusividade das cláusulas.
Súmula 379/STJ	Nos contratos bancários não regidos por legislação específica, os juros moratórios poderão ser convencionados até o limite de 1% ao mês.
Súmula 328/STJ	Na execução contra instituição financeira, é penhorável o numerário disponível, excluídas as reservas bancárias mantidas no Banco Central.
Súmula 322/STJ	Para a repetição de indébito, nos contratos de abertura de crédito em conta-corrente, não se exige a prova do erro.
Súmula 300/STJ	O instrumento de confissão de dívida, ainda que originário de contrato de abertura de crédito, constitui título executivo extrajudicial.
Súmula 299/STJ	É admissível a ação monitória fundada em cheque prescrito.
Súmula 297/STJ	O Código de Defesa do Consumidor é aplicável às instituições financeiras.
Súmula 296/STJ	Os juros remuneratórios, não cumuláveis com a comissão de permanência, são devidos no período de inadimplência, à taxa média de mercado estipulada pelo Banco Central do Brasil, limitada ao percentual contratado.
Súmula 294/STJ	Não é potestativa a cláusula contratual que prevê a comissão de permanência, calculada pela taxa média de mercado apurada pelo Banco Central do Brasil, limitada à taxa do contrato.
Súmula 286/STJ	A renegociação de contrato bancário ou a confissão da dívida não impede a possibilidade de discussão sobre eventuais ilegalidades dos contratos anteriores.
Súmula 285/STJ	Nos contratos bancários posteriores ao Código de Defesa do Consumidor incide a multa moratória nele prevista.
Súmula 283/STJ	As empresas administradoras de cartão de crédito são instituições financeiras e, por isso, os juros remuneratórios por elas cobrados não sofrem as limitações da Lei de Usura.
Súmula 258/STJ	A nota promissória vinculada a contrato de abertura de crédito não goza de autonomia em razão da iliquidez do título que a originou.
Súmula 247/STJ	O contrato de abertura de crédito em conta-corrente, acompanhado do demonstrativo de débito, constitui documento hábil para o ajuizamento da ação monitória.
Súmula 233/STJ	O contrato de abertura de crédito, ainda que acompanhado de extrato da conta-corrente, não é título executivo.
Súmula 30/STJ	A comissão de permanência e a correção monetária são inacumuláveis.

(Defensor Público/PA – 2009 – FCC) Nos contratos de crédito bancário,

(A) os juros remuneratórios são livres, é potestativa a comissão de permanência, que não pode ser cobrada, e a multa moratória limita-se em qualquer caso a 2% mensais.
(B) são livres os juros remuneratórios, limitada a taxa de comissão de permanência, em caso de inadimplência, aos juros contratados, e a multa moratória a 2% mensais nas relações consumeristas.
(C) são livres os juros remuneratórios, bem como a taxa de comissão de permanência, limitada a multa a 10% mensais, em qualquer caso
(D) os juros remuneratórios obedecem ao limite de uma taxa diária do Banco Central, bem como a comissão de permanência; a multa moratória não pode ultrapassar 2% mensais, nas relações de consumo.
(E) os juros remuneratórios são limitados a 1% ao mês, bem como a comissão de permanência, com multa moratória de 2% mensais nas relações de consumo.

A: incorreta, pois a cláusula que prevê comissão de permanência não é potestativa – Súmula 294 do STJ. Ademais, a limitação da multa moratória a 2% aplica-se apenas às relações em que o cliente do banco é consumidor (não se aplica, por exemplo, às operações bancárias entre instituições financeiras) – art. 52, § 1º, do CDC; **B:** assertiva correta, conforme as Súmulas 596 do STF, 294 e 297 do STJ e o art. 52, § 1º, do CDC. Ademais, a jurisprudência do STJ é pacífica no sentido de que é inviável a cobrança de comissão de permanência sem que tenha havido pactuação prévia – ver AgRg nos EDcl nos EREsp 833.711/RS; **C**, **D** e **E:** incorretas, conforme comentários anteriores.

Gabarito "B"

5.4. FRANQUIA

(Magistratura – TRT 1ª – 2016 – FCC) Sobre os contratos de franquia empresarial *(franchising)*, conforme estabelece a Lei 8.955/1994, é correto afirmar:

(A) O contrato de franquia somente terá validade após ser levado a registro perante cartório ou órgão público.
(B) Representa uma informação obrigatória na Circular de Oferta de Franquia o perfil do "franqueado ideal".
(C) A Circular de Oferta de Franquia deverá ser entregue ao candidato a franqueado no mínimo 30 dias antes do pagamento de qualquer tipo de taxa pelo franqueado ao franqueador ou a pessoa ligada a este.
(D) A Circular de Oferta de Franquia deverá ser entregue ao candidato a franqueado no mínimo 30 dias antes da assinatura do contrato ou pré-contrato de franquia.
(E) O contrato de franquia deve ser sempre escrito e assinado na presença de pelo menos três testemunhas.

A: incorreta, pois o contrato de franquia terá validade independentemente de ser levado a registro perante cartório ou órgão público, desde que seja escrito e assinado na presença de duas testemunhas – art. 6º da Lei 8.955/1994; **B:** correta, nos termos do art. 3º, V, da Lei 8.955/1994; **C:** incorreta, pois o prazo é de 10 dias antes da assinatura do contrato ou do pagamento de qualquer taxa – art. 4º, da Lei 8.955/1994; **D:** incorreta, conforme comentário anterior; **E:** incorreta, pois exige-se apenas duas testemunhas – art. 6º da Lei 8.955/1994.

Gabarito "B"

(Magistratura/GO – 2015 – FCC) Acerca do contrato de franquia empresarial, é correto afirmar:

(A) O franqueado poderá requerer a sua anulação se não lhe tiver sido fornecida a circular de oferta de franquia com a antecedência prevista em lei, ainda que não a tenha requerido previamente por escrito ao franqueador.
(B) Deve ser escrito e assinado na presença de 2 testemunhas e só terá validade depois de registrado em cartório ou órgão público.
(C) Estabelece vínculo empregatício entre franqueador e franqueado.
(D) A falsidade das informações contidas na circular de oferta de franquia entregue ao franqueado o torna nulo de pleno direito, e não meramente anulável.
(E) Atualmente não é disciplinado por lei especial ou extravagante, sendo regido exclusivamente pelo Código Civil.

A: correta, nos termos do art. 4º da Lei 8.955/1994; **B:** incorreta. O contrato de franquia independe de qualquer registro em cartório ou órgão público (art. 6º da Lei 8.955/1994); **C:** incorreta. O art. 2º da Lei 8.955/1994 é expresso ao determinar que o contrato de franquia não estabelece vínculo empregatício entre franqueador e franqueado; **D:** incorreta. Vícios na circular de oferta de franquia implicam a anulabilidade do contrato (art. 4º, parágrafo único, da Lei 8.955/1994); **E:** incorreta. Como já fartamente mencionado, o contrato de franquia é contrato típico previsto em lei específica, a Lei 8.955/1994.

Gabarito "A"

5.5. Outros contratos

(Magistratura do Trabalho – 11ª Região – 2007 – FCC) Alberto era representante comercial da ABC Ltda., tendo exercido essa função por dez anos. Ao longo desse período, por imposição da empresa representada, as partes celebravam contratos por prazo determinado de um ano, ao fim do qual procedia-se a sua imediata renovação. Ao final do 10º ano, a ABC Ltda. notificou Alberto a respeito da não renovação de seu contrato e extinção do vínculo negocial. Alberto agora pleiteia o recebimento de indenização equivalente a 1/12 (um doze avos) das comissões auferidas durante todo o período de representação, em razão da extinção imotivada do contrato por iniciativa da representada. Essa indenização

(A) é devida, pois é aplicável a todos os contratos de representação comercial.
(B) é devida, apenas com relação ao último período anual de contrato.
(C) é devida, pois é aplicável a contratos com mais de cinco anos de vigência.
(D) é devida, pois o contrato celebrado com Alberto deve ser considerado a prazo indeterminado.
(E) não é devida.

Sempre que um contrato de representação comercial sucede, dentro de 6 meses, a outro contrato, com ou sem determinação de prazo, passa a ser considerado por prazo indeterminado, nos termos do art. 27, § 3º, da Lei 4.886/1965. Alberto, no caso, tem direito à indenização fixada em, no mínimo, 1/12 do total da retribuição auferida durante o tempo em que exerceu a representação – art. 27, *j*, da Lei 4.886/1965.

Gabarito "D"

(Ministério Público/CE – 2009 – FCC) Em relação a contratos mercantis, é correto afirmar que:

(A) por sua natureza, o mandato mercantil pode ser oneroso ou gratuito.
(B) a compra e venda é mercantil quando o vendedor ou comprador são empresários, podendo uma das partes sê-lo ou não.
(C) a alienação fiduciária em garantia tem sua abrangência restrita a bens móveis.
(D) as empresas de faturização, ou fomento mercantil, a exemplo das instituições financeiras, devem manter sigilo sobre suas operações.
(E) o arrendamento mercantil é a locação caracterizada pela compra compulsória do bem locado ao término da locação.

A: incorreta, pois o mandato mercantil, a exemplo da generalidade dos contratos empresariais, é oneroso; **B:** incorreta, pois os contratos mercantis ou empresariais caracterizam-se por haver comerciantes ou empresários nos dois polos da relação obrigacional; **C:** incorreta, pois é possível (e mais comum, inclusive) a alienação fiduciária em relação a bens imóveis – art. 66-B da Lei 4.728/1965, DL 911/1969 e arts. 22 a 33 da Lei 9.514/1997; **D:** correta, nos termos do art. 1º, § 1º, VII, da LC 105/2001; **E:** incorreta, pois a aquisição do bem ao término do contrato é opção (não obrigação) do arrendatário.

Gabarito "D"

6. PROPRIEDADE INTELECTUAL

(Juiz – TJ-SC – FCC – 2017) São patenteáveis:

(A) as descobertas, teorias científicas e métodos matemáticos.
(B) os microrganismos transgênicos que atendam aos requisitos de novidade, atividade inventiva e aplicação industrial, e que não sejam mera descoberta.
(C) as obras literárias, arquitetônicas, artísticas e científicas e qualquer criação estética.
(D) as técnicas cirúrgicas e métodos terapêuticos e de diagnóstico para aplicação no corpo animal, mas não no corpo humano.
(E) apenas as invenções que atendam os requisitos de novidade, atividade inventiva e aplicação industrial.

A, C e **D**: incorretas. Tais coisas não se consideram invenções, portanto não são patenteáveis (art. 10, I, IV e VIII, da Lei 9.279/96, respectivamente); **B:** correta, nos termos do art. 18, III, parte final, da Lei 9.279/96; **E:** incorreta. Os modelos de utilidade também são patenteáveis (art. 9º da Lei 9.279/96). HS

Gabarito "B"

(Magistratura – TRT 1ª – 2016 – FCC) Quanto à patentiabilidade, considera-se invenção:

(A) ato decorrente de atividade inventiva e desde que com aplicação industrial.
(B) objeto que apresente nova forma ou disposição, envolvendo ato inventivo, que resulte em melhoria funcional no seu uso ou em sua fabricação.
(C) plano publicitário.
(D) programa de computador em si.
(E) método de diagnóstico para aplicação no corpo humano.

A: correta, pois, nos termos do art. 8º, da Lei da Propriedade Industrial – LPI (Lei 9.279/1996), é patenteável a invenção que atenda aos requisitos de novidade, atividade inventiva e aplicação industrial; **B:** incorreta, pois esse objeto pode ser patenteado como modelo de utilidade, não invenção – art. 9º da LPI; **C:** incorreta, pois não são considerados invenção ou modelo de utilidade patenteáveis os planos publicitários, assim como outras criações previstas no art. 10 da LPI; **D** e **E:** incorretas, conforme comentário à alternativa "C" – art. 10, V e VIII, da LPI.

Gabarito "A"

7. QUESTÕES COMBINADAS E OUTROS TEMAS

(Defensor Público – DPE/ES – 2016 – FCC) Entre os meios de prova admissíveis acham-se os livros dos empresários

(A) por isso, mesmo os microempresários são obrigados a seguir um sistema de contabilidade, mecanizado ou não, com base na escrituração uniforme de seus livros e em correspondência com a documentação respectiva, devendo anualmente levantar o balanço de resultado econômico, mas não o balanço patrimonial.
(B) por isso o juiz sempre poderá ordenar diligência para verificar se o empresário ou a sociedade empresária observam, ou não, em seus livros e fichas, as formalidades prescritas em lei.
(C) mas os livros e fichas dos empresários só fazem prova contra eles, e não a seu favor, por serem escriturados unilateralmente.
(D) e a prova resultante dos livros empresários é suficiente e bastante, mesmo nos casos em que a lei exige escritura pública, só podendo ser ilidida pela comprovação de falsidade ou inexatidão dos lançamentos.
(E) mas o juiz só poderá autorizar a exibição integral dos livros e papéis de escrituração quando necessária para resolver questões relativas a sucessão, comunhão ou sociedade, administração ou gestão à conta de outrem, ou em caso de falência.

A: incorreta, pois é obrigatório também o balanço patrimonial anual, dispensado o pequeno empresário descrito no art. 970 do CC – art. 1.179 do CC; **B:** incorreta, pois o juiz só poderá autorizar a exibição integral dos livros e papéis de escrituração quando necessária para resolver questões relativas a sucessão, comunhão ou sociedade, administração ou gestão à conta de outrem, ou em caso de falência – art. 1.191 do CC; **C:** incorreta, pois os livros e fichas dos empresários e sociedades provam contra as pessoas a que pertencem, e, em seu favor, quando, escriturados sem vício extrínseco ou intrínseco, forem confirmados por outros subsídios – art. 226 do CC; **D:** incorreta, pois a prova resultante dos livros e fichas não é bastante nos casos em que a lei exige escritura pública, ou escrito particular revestido de requisitos especiais, e pode ser ilidida pela comprovação da falsidade ou inexatidão dos lançamentos – art. 226, parágrafo único, do CC; **E:** correta, conforme comentário à alternativa "B".

Gabarito "E"

(Magistratura/SC – 2015 – FCC) Em matéria de direito do autor, contrafação significa

(A) o ato de registro que garante ao autor exclusividade sobre a sua obra.
(B) a elaboração de biografia sem autorização do biografado.
(C) a reprodução não autorizada.
(D) a reprodução de obra de domínio público.

(E) a decadência do direito do autor sobre a sua obra.

Contrafação significa "falsificação", "imitação", "adulteração". Se estivéssemos falando de marcas registradas, contrafação seria a imitação ou falsificação dela para enganar o consumidor. Quando falamos de direito autoral, contrafação está ligada à reprodução não autorizada da obra (art. 5º, VII, da Lei 9.610/1998).

Gabarito "C"

(Auditor Fiscal – São Paulo/SP – FCC – 2012) Considere as proposições abaixo:

I. a lei, depois de entrar em vigor, precisa respeitar o direito adquirido.

II. os contratos de adesão não possuem validade jurídica.

III. para haver responsabilização civil, sempre é necessária a comprovação de culpa.

Assinale:

(A) está correta APENAS a afirmativa I.

(B) está correta APENAS a afirmativa II.

(C) está correta APENAS a afirmativa III.

(D) estão corretas APENAS as afirmativas I e II.

(E) estão corretas APENAS as afirmativas II e III.

I: correta, nos termos do art. 5º, XXXVI, da CF; **II:** incorreta, pois os contratos de adesão são reconhecidos pelo sistema jurídico – ver, por exemplo, os arts. 423 e 424 do CC e art. 54 do CDC; **III:** incorreta, pois há hipóteses excepcionais de responsabilidade pelo dano independentemente da existência de culpa – ver, por exemplo, o art. 12 e seguintes do CDC.

Gabarito "A"

(Auditor Fiscal – São Paulo/SP – FCC – 2012) Considere as proposições abaixo:

I. O contrato social pode excluir o sócio de participar dos lucros e das perdas.

II. O alienante do estabelecimento, salvo autorização expressa, não pode fazer concorrência ao adquirente, nos cinco anos subsequentes à transferência.

III. Os administradores respondem solidariamente perante a sociedade e terceiros prejudicados, independentemente de culpa, no desempenho de suas funções.

Assinale:

(A) está correta APENAS a afirmativa I.

(B) está correta APENAS a afirmativa II.

(C) está correta APENAS a afirmativa III.

(D) estão corretas APENAS as afirmativas I e II.

(E) estão corretas APENAS as afirmativas II e III.

I: incorreta, pois isso é vedado expressamente pelo art. 1.008 do CC; **II:** correta, pois reflete a restrição prevista no art. 1.147 do CC; **III:** incorreta, já que a responsabilidade dos administradores, solidária perante a sociedade e os terceiros prejudicados, depende de culpa no desempenho de suas funções – art. 1.016 do CC.

Gabarito "B"

(Magistratura/CE – 2014 – FCC) Analise as seguintes proposições acerca do protesto de títulos:

I. O protesto será registrado dentro de três dias úteis contados da protocolização do título ou documento de dívida. Na contagem desse prazo, inclui-se o dia da protocolização e exclui-se o do vencimento.

II. A intimação do devedor será feita por edital se a pessoa indicada para aceitar ou pagar for desconhecida, sua localização incerta ou ignorada, for residente ou domiciliada fora da competência territorial do Tabelionato, ou, ainda, ninguém se dispuser a receber a intimação no endereço fornecido pelo apresentante.

III. Antes da lavratura do protesto, poderá o apresentante retirar o título ou documento de dívida, independentemente do pagamento dos emolumentos e de quaisquer despesas.

IV. O protesto por falta de aceite somente poderá ser efetuado antes do vencimento da obrigação e após o decurso do prazo legal para o aceite ou a devolução.

V. É admitido o protesto por falta de pagamento de letra de câmbio contra o sacado não aceitante.

Está correto APENAS o que se afirma em

(A) II e V.

(B) IV e V.

(C) I e III.

(D) I e IV.

(E) II e IV.

I: incorreta. Na contagem do prazo, **exclui-se** o dia da protocolização e **inclui-se** o do vencimento (art. 12, § 1º, da Lei 9.492/1997); **II:** correta, nos termos do art. 15 da Lei 9.492/1995; **III:** incorreta. A retirada do título só será deferida mediante o pagamento dos emolumentos e demais despesas (art. 16, *in fine*, da Lei 9.492/1997); **IV:** correta, nos termos do art. 21, § 1º, da Lei 9.492/1997; **V:** incorreta. É proibido o protesto por falta de pagamento da letra contra o sacado não aceitante, porque ele não se vincula à obrigação cambial (art. 21, § 5º, da Lei 9.492/1997).

Gabarito "E"

12. Direito do Trabalho

Hermes Cramacon e Luiz Fabre

1. PRINCÍPIOS E FONTES DO DIREITO DO TRABALHO

(Analista Judiciário – TRT/24 – FCC – 2017) O advogado Hércules pretende fundamentar uma tese na petição inicial de reclamatória trabalhista utilizando o ditame segundo o qual, ainda que haja mudanças vertiginosas no aspecto de propriedade ou de alteração da estrutura jurídica da empresa, não pode haver afetação quanto ao contrato de trabalho já estabelecido. Tal valor está previsto no princípio de Direito do Trabalho denominado

(A) razoabilidade.

(B) disponibilidade subjetiva.

(C) responsabilidade solidária do empregador.

(D) asserção empresarial negativa.

(E) continuidade da relação de emprego.

"E" é a opção correta. Isso porque, o princípio da continuidade da relação de emprego tem por objetivo preservar o contrato de trabalho, presumindo a contratação por prazo indeterminado, sendo a exceção o contrato com prazo determinado. Nos termos do art. 448 da CLT, qualquer mudança na propriedade ou na estrutura jurídica da empresa não afetará os contratos de trabalho dos respectivos empregados. Da mesma forma, qualquer alteração na estrutura jurídica da empresa não afetará os direitos adquiridos por seus empregados (art. 10 da CLT).

Gabarito "E"

(Técnico – TRT/16ª – 2015 – FCC) A Consolidação das Leis do Trabalho e a Constituição Federal são fontes

(A) autônomas.

(B) heterônimas.

(C) heterônima e autônoma, respectivamente.

(D) autônoma e heterônima, respectivamente.

(E) extraestatais.

A: incorreta, pois as fontes autônomas são elaboradas pelas próprias partes destinatárias da norma, como por exemplo, a convenção coletiva de trabalho. **B:** correta, pois as fontes heterônomas têm como característica serem elaboradas com a participação do Estado, como por exemplos a CLT e a CF. **C:** incorreta, pois embora a CF seja considerada fonte heterônoma a CLT não é fonte autônoma. Veja comentários anteriores. **D:** incorreta, pois embora a CLT seja fonte heterônoma a CF não é fonte autônoma. Vide comentários anteriores. **E:** incorreta, pois fontes extraestatais são oriundas das próprias partes, como por exemplo, o regulamento de empresa.

Gabarito "B"

(Analista – TRT/16ª – 2014 – FCC) No tocante as fontes do Direito do Trabalho considere:

I. As fontes formais traduzem a exteriorização dos fatos por meio da regra jurídica.

II. São fontes formais do Direito do Trabalho as portarias ministeriais e a Constituição Federal brasileira.

III. A sentença normativa e as leis são fontes materiais autônomas.

Está correto o que se afirma APENAS em

(A) I e II.

(B) I e III.

(C) II e III.

(D) III.

(E) II.

I: correta, pois as fontes formais correspondem à norma jurídica já constituída, já positivada. Em outras palavras, representam a exteriorização dessas normas, ou seja, é a norma materializada. **II**: correta, pois a Constituição Federal e as portarias ministeriais constituem verdadeiras fontes formais, assim como a CLT. **III**: incorreta, pois a sentença normativa e s leis constituem fontes formais heterônomas, que decorrem da atividade normativa do Estado. Caracterizam-se pela participação de um agente externo (Estado) na elaboração da norma jurídica

Gabarito "A"

(Analista – TRT/6ª – 2012 – FCC) Com relação às Fontes do Direito do Trabalho, considere:

I. A Lei Ordinária que prevê disposições a respeito do 13º salário é uma fonte material autônoma.

II. As fontes heterônimas decorrem do exercício da autonomia privada, ou seja, sujeitos distintos do Estado possuem a faculdade de editar.

III. O contrato individual de emprego é uma fonte autônoma.

IV. A Convenção Coletiva de Trabalho é uma fonte autônoma.

Está correto o que se afirma APENAS em

(A) III e IV.

(B) I, II e III.

(C) I, II e IV.

(D) I e III.

(E) II e IV.

I: opção incorreta, pois as fontes materiais representam o momento pré-jurídico da norma, ou seja, a norma ainda não positivada. Representa a pressão exercida pelos trabalhadores contra o Estado buscando melhores condições de trabalho. As fontes materiais referem-se aos fatores sociais, econômicos, históricos, políticos e, ainda, filosóficos, que originam o direito, influenciando na criação da norma jurídica, como por exemplo, a greve. **II**: opção incorreta, pois as fontes formais heterônomas decorrem da atividade normativa do Estado. Caracterizam-se pela participação de um agente externo (Estado) na elaboração da norma jurídica. São exemplos: a Constituição Federal, a CLT. **III**: opção correta, pois as fontes formais autônomas se caracterizam por serem formadas com a participação imediata dos próprios destinatários da

* **Hermes Cramacon** comentou as questões dos concursos dos anos de 2016, 2017, Analista TRT/3ª/15, Analista TRT/2ª/14, Analista – TRT/16ª/14, Defensoria, Procuradorias, Técnico – TRT/3ª – 2015 – FCC, Técnico – TRT/19ª – 2015 – FCC, Técnico – TRT/16ª – 2015 – FCC; **Hermes Cramacon e Luiz Carlos Fabre** comentaram as questões dos demais concursos.

HC questões comentadas por: **Hermes Cramacon.**

norma jurídica. Aqui, eles participam diretamente no processo de sua elaboração sem a interferência do agente externo (Estado), como ocorre com o contrato individual de trabalho. **IV:** opção correta, veja comentário anterior.

Gabarito "A"

(Analista – TRT/11ª – 2012 – FCC) *O Juiz do Trabalho pode privilegiar a situação de fato que ocorre na prática, devidamente comprovada, em detrimento dos documentos ou do rótulo conferido à relação de direito material.* Tal assertiva, no Direito do Trabalho, refere-se ao princípio da

(A) irrenunciabilidade.

(B) intangibilidade salarial.

(C) continuidade.

(D) primazia da realidade.

(E) proteção.

A: opção incorreta, pois o princípio da irrenunciabilidade ensina que as normas trabalhistas, em geral, possuem caráter imperioso ou cogente, na medida em que são normas de ordem pública e, por sua vez, não podem ser modificadas pelo empregador. **B:** opção incorreta, pois o princípio da intangibilidade salarial, estampado no art. 462 da CLT, determina a proibição ao empregador de efetuar descontos no salário do empregado. **C:** opção incorreta, pois o princípio da continuidade tem por objetivo preservar o contrato de trabalho, presumindo a contratação por prazo indeterminado, sendo a exceção o contrato com prazo determinado. **D:** opção correta, pois a assertiva bem explica o princípio da primazia da realidade. **E:** opção incorreta, pois o princípio da proteção tem por escopo atribuir uma proteção maior ao empregado, parte hipossuficiente da relação jurídica laboral. Em outras palavras, visa a atenuar a desigualdade existente entre as partes do contrato de trabalho.

Gabarito "D"

(Técnico – TRT/6ª – 2012 – FCC) O Regulamento da empresa "BOA" revogou vantagens deferidas a trabalhadores em Regulamento anterior. Neste caso, segundo a Súmula 51 do TST, *"as cláusulas regulamentares, que revoguem ou alterem vantagens deferidas anteriormente, só atingirão os trabalhadores admitidos após a revogação ou alteração do regulamento"*. Em matéria de Direito do Trabalho, esta Súmula trata, especificamente, do Princípio da

(A) Razoabilidade.

(B) Indisponibilidade dos Direitos Trabalhistas.

(C) Imperatividade das Normas Trabalhistas.

(D) Dignidade da Pessoa Humana.

(E) Condição mais benéfica.

A: incorreta, o princípio da razoabilidade é sobreprincípio geral de direito. O direito é concebido como a razão escrita (*rule of reasonableness*), sendo-lhe condição implícita a vedação a excessos (parte-se do pressuposto de que o homem aja razoavelmente, com bom senso, e não arbitrariamente). Conquanto a rigor não se trate de um princípio específico do Direito do Trabalho, mas de um princípio que acompanha todo o Direito, o jurista uruguaio Américo Plá Rodriguez o arrola entre os princípios do Direito do Trabalho; **B**: incorreta, o princípio da indisponibilidade dos direitos trabalhistas é uma projeção do princípio da imperatividade e traduz-se na inviabilidade de poder o empregado despojar-se, por sua simples manifestação de vontade, das vantagens e proteções asseguradas pela ordem jurídica e pelo contrato de trabalho; **C**: incorreta, segundo o princípio da imperatividade, prevalece no Direito do Trabalho as normas jurídicas obrigatórias, avultando-se sobre as normas meramente dispositivas, suscetíveis de livre pactuação pelas partes. Destarte, como regra, as normas justrabalhistas são imperativas, não podendo ser afastadas pela simples manifestação de vontade das partes; **D**: incorreta, a dignidade da pessoa humana não é, propriamente, um princípio específico de Direito do Trabalho, mas um princípio fundamental da própria ordem jurídica (CF, art. 1º, IV). A noção de dignidade impregna todos os ordenamentos modernos e possui substrato filosófico em Kant: *trate sempre o ser humano como um fim, jamais como um meio.* A dignidade é um valor objetivo, decorrente da simples humanidade, razão pela qual até mesmo os incapazes devem ter sua dignidade tutelada, ainda que não possuam noção de que ela esteja sendo violada; **E**: correta, o princípio da proteção é o princípio matricial do Direito do Trabalho e decorre da tão só existência deste ramo jurídico: se existe um direito comum (direito civil) que tutela as relações intersubjetivas em geral e se existe um Direito do Trabalho, então a razão deste existir só pode ser a tutela diferenciada a um bem jurídico merecedor de especial proteção, no caso, o trabalhador. Plá Rodriguez aponta três subprincípios decorrentes do princípio da proteção: o princípio da norma mais favorável (havendo confronto entre duas normas na aplicação do Direito do Trabalho, o operador do direito deve aplicar a norma mais favorável ao trabalhador); princípio da condição mais benéfica (garantia de preservação, ao longo do contrato de trabalho, das condições de trabalho mais vantajosas ao empregado, sendo uma expressão do direito adquirido); e princípio do *in dubio pro operario* (trata-se de princípio inaplicável em matéria probatória, em relação a que prevalecem as regras do ônus da prova; todavia, em sede de direito material do trabalho, vem-se entendendo cabível a invocação de tal subprincípio para orientar o operador do direito quando uma mesma norma gerar múltiplas interpretações).

Gabarito "E"

2. VÍNCULO EMPREGATÍCIO E CONTRATO DE TRABALHO

(Analista Judiciário – TRT/24 – FCC – 2017) Sócrates foi aposentado por invalidez pelo INSS após ter trabalhado por dez anos na empresa Deuses Imortais. Em razão desse fato o plano de saúde do trabalhador foi cancelado pela empregadora uma vez que ela arcava integralmente com os respectivos custos. Nesta situação, conforme legislação aplicável e entendimento sumulado pelo Tribunal Superior do Trabalho,

(A) a opção pela manutenção do plano de saúde constitui uma faculdade da empregadora, mas não há obrigação legal neste sentido.

(B) há determinação legal para que a empregadora mantenha o plano de saúde pelo prazo mínimo de 12 meses, quando então ocorreria o término da estabilidade do trabalhador.

(C) o plano de saúde deve ser mantido pela empregadora porque o contrato de trabalho está suspenso diante da aposentadoria por invalidez.

(D) a empregadora atuou de forma correta uma vez que com a aposentadoria por invalidez houve a ruptura do contrato de trabalho, não ensejando mais nenhuma obrigação contratual.

(E) a aposentadoria por invalidez interrompe o contrato de trabalho pelo prazo de 24 meses, razão pela qual o plano de saúde deve ser mantido até o término deste prazo.

"C" é a opção correta. Nos termos da súmula 440 do TST Assegura-se o direito à manutenção de plano de saúde ou de assistência médica oferecido pela empresa ao empregado, não obstante suspenso o contrato de trabalho em virtude de auxílio-doença acidentário ou de aposentadoria por invalidez.

Gabarito "C"

(Analista Judiciário – TRT/24 – FCC – 2017) Atenas foi empregada da empresa Delta Operadora Cambial que é dirigida, administrada e controlada pela empresa Delta Empreendimentos S/A, situação esta que caracteriza a existência de grupo econômico para fins trabalhistas. Após dois anos de contrato de trabalho Atenas foi dispensada sem justa causa, mas não recebeu as verbas rescisórias devidas. Nessa situação, conforme previsão contida na Consolidação das Leis do Trabalho, a responsabilidade pelo pagamento será

(A) das empresas Delta Operadora Cambial e Delta Empreendimentos S/A de forma solidária.

(B) da empresa empregadora Delta Operadora Cambial e subsidiariamente da empresa controladora Delta Empreendimentos S/A.

(C) da empresa controladora Delta Empreendimentos S/A e subsidiariamente da empresa empregadora Delta Operadora Cambial.

(D) apenas da empresa Delta Operadora Cambial porque era a efetiva empregadora.

(E) apenas a empresa Delta Empreendimentos S/A porque é a principal, que dirige, administra e controla.

"A" é a opção correta. Isso porque, nos termos do art. 2º, § 2º, da CLT sempre que uma ou mais empresas, tendo, embora, cada uma delas, personalidade jurídica própria, estiverem sob a direção, controle ou administração de outra, ou ainda quando, mesmo guardando cada uma sua autonomia, integrem grupo econômico, serão responsáveis solidariamente pelas obrigações decorrentes da relação de emprego. Vale lembrar que, nos termos do § 3º do mesmo dispositivo legal não caracteriza grupo econômico a mera identidade de sócios, sendo necessárias, para a configuração do grupo, a demonstração do interesse integrado, a efetiva comunhão de interesses e a atuação conjunta das empresas dele integrantes.

Gabarito "A"

(Técnico Judiciário – TRT24 – FCC – 2017) As alterações do contrato de trabalho são disciplinadas na Consolidação das Leis do Trabalho e a preocupação do legislador centrou-se nos aspectos das vontades das partes, da natureza da alteração e dos efeitos que esta gerará para determinar se será válida ou não. Em razão disso, excluem-se naturalmente da análise da legalidade as alterações obrigatórias, que são imperativamente impostas por lei ou por normas coletivas. No tocante às alterações do contrato de trabalho, estabelece a legislação vigente:

(A) Nos contratos individuais de trabalho só é lícita a alteração das respectivas condições por mútuo consentimento, mesmo que resultem, direta ou indiretamente, prejuízos ao empregado.

(B) Não se considera alteração unilateral a determinação do empregador para que o respectivo empregado reverta ao cargo efetivo, anteriormente ocupado, deixando o exercício de função de confiança.

(C) É ilícita a transferência quando ocorrer extinção do estabelecimento em que trabalhar o empregado.

(D) Mesmo que não haja necessidade de serviço o empregador poderá transferir o empregado para localidade diversa da que resultar do contrato, mas, nesse caso, ficará obrigado a um pagamento suplementar, sempre superior a 25% dos salários que o empregado percebia naquela localidade, enquanto durar essa situação.

(E) É vedada, em qualquer hipótese, a transferência de empregados que exerçam cargo de confiança.

A: opção incorreta, pois nos termos do art. 468 da CLT a alteração não será válida se resultar prejuízos diretos ou indiretos. **B:** opção correta, pois reflete a disposição do art. 468, parágrafo único, da CLT. **C:** opção incorreta, pois nos termos do art. 469, § 2º, da CLT é lícita a transferência quando ocorrer extinção do estabelecimento em que trabalhar o empregado. **D:** opção incorreta, pois somente em caso de necessidade de serviço o empregador poderá transferir o empregado para localidade diversa da que resultar do contrato, não obstante as restrições do artigo anterior, mas, nesse caso, ficará obrigado a um pagamento suplementar, nunca inferior a 25% (vinte e cinco por cento) dos salários que o empregado percebia naquela localidade, enquanto durar essa situação. **E:** opção incorreta, pois nos termos do art. 469, § 1º, da CLT permite-se a transferência de empregados que exerçam cargo de confiança. HC

Gabarito "B"

(Técnico Judiciário – TRT24 – FCC – 2017) Relativamente ao contrato de trabalho, segundo a legislação,

(A) considera-se como de prazo determinado o contrato de trabalho cuja vigência dependa de termo prefixado ou da execução de serviços especificados ou ainda da realização de certo acontecimento suscetível de previsão aproximada.

(B) não se admite que o contrato individual de trabalho seja acordado de maneira tácita, mas apenas de maneira expressa, verbalmente ou por escrito e por prazo determinado ou indeterminado.

(C) considera-se por prazo indeterminado todo contrato que suceder, dentro de 8 meses, a outro contrato por prazo determinado, inclusive se a expiração deste dependeu da execução de serviços especializados ou da realização de certos acontecimentos.

(D) para fins de contratação, o empregador não exigirá do candidato a emprego comprovação de experiência prévia por tempo superior a 1 ano no mesmo tipo de atividade.

(E) o contrato de experiência não poderá exceder de 3 meses.

A: opção correta, pois reflete o disposto no art. 443, § 1º, da CLT. **B:** opção incorreta, pois nos termos do art. 442 da CLT o contrato de trabalho pode ser tácito. **C:** opção incorreta, pois nos termos do art. 452 da CLT considera-se por prazo indeterminado todo contrato que suceder, dentro de 6 (seis) meses, a outro contrato por prazo determinado, salvo se a expiração deste dependeu da execução de serviços especializados ou da realização de certos acontecimentos. **D:** opção incorreta, pois nos termos do art. 442-A da CLT para fins de contratação, o empregador não exigirá do candidato a emprego comprovação de experiência prévia por tempo superior a 6 (seis) meses no mesmo tipo de atividade. **E:** opção incorreta, pois o contrato de experiência não pode ultrapassar 90 dias, art. 445, parágrafo único, da CLT. HC

Gabarito "A"

(Analista Judiciário – TRT/20 – FCC – 2016) A restrição à autonomia da vontade inerente ao contrato de trabalho, em contraponto à soberania da vontade contratual das partes que prevalece no Direito Civil, é tida como instrumento que assegura as garantias fundamentais do trabalhador, em face do desequilíbrio de poderes inerentes ao contrato de emprego, é expressão do princípio da

(A) autonomia privada coletiva.

(B) condição mais benéfica.
(C) primazia da realidade.
(D) imperatividade das normas trabalhistas.
(E) prevalência do negociado em face do legislado.

"D" é a opção correta. As normas trabalhistas são imperativas, ou seja, normas de ordem pública que não podem, em regra, ser afastadas pela simples vontade das partes. No contrato de trabalho há pouco espaço para a autonomia de vontade, diferente do direito civil.

Gabarito "D"

(Técnico Judiciário – TRT20 – FCC – 2016) São consideradas hipóteses de suspensão e interrupção do contrato de trabalho, respectivamente,

(A) férias anuais remuneradas; descansos semanais remunerados.
(B) aviso-prévio trabalhado; aposentadoria por invalidez.
(C) licença nojo de 2 dias por luto de familiar; dia de feriado religioso.
(D) aposentadoria por invalidez; doação voluntária de sangue por um dia durante o ano.
(E) férias coletivas; participação em curso ou programa de qualificação.

A: opção incorreta, pois ambas são consideradas interrupção do contrato de trabalho, na medida em que embora não estejam trabalhando, os empregados receberão seus salários. **B:** opção incorreta, pois no aviso-prévio trabalhado não há suspensão nem interrupção do contrato de trabalho. Já a aposentadoria por invalidez será considerada suspensão do contrato de trabalho, na forma do art. 475 da CLT. **C:** opção incorreta, pois a licença luto, art. 473, I, da CLT será considerada interrupção do contrato de trabalho, assim como o dia de feriado religioso, art. 8º da Lei 605/1949. **D:** opção correta, pois a aposentadoria por invalidez será considerada suspensão do contrato de trabalho, art. 475 da CLT ao passo que a doação voluntária de sangue por um dia durante o ano será causa de interrupção do contrato de trabalho, art. 473, IV, da CLT. **E:** opção incorreta, pois as férias coletivas representam interrupção do contrato de trabalho, arts. 139 a 141 da CLT ao passo que a participação em curso ou programa de qualificação representa hipótese de suspensão do contrato, na forma do art. 476-A da CLT. HC

Gabarito "D"

(Técnico Judiciário – TRT20 – FCC – 2016) A empresa onde Orpheu trabalha pretende incrementar sua linha de produção, oferecendo a ele a participação em curso de qualificação profissional, com duração de quatro meses, conforme previsão contida em convenção coletiva de trabalho. Orpheu assinou documento concordando com a oferta de seu empregador. Nessa situação, preenchidos os requisitos legais previstos na Consolidação das Leis do Trabalho, o contrato de trabalho ficará

(A) suspenso, não fazendo jus ao pagamento de salários durante o período de afastamento.
(B) interrompido, fazendo jus ao pagamento de salários durante o período de afastamento.
(C) suspenso, sem o pagamento de salários durante o período de afastamento, mas com uma ajuda de custo de 50% do valor do salário, conforme previsão legal.
(D) interrompido, tendo direito legal a ajuda compensatória mensal no valor das refeições, despesas com transporte e 50% do valor do salário durante o afastamento.
(E) rescindido, sem caracterizar suspensão ou interrupção e sem qualquer consequência de ordem financeira para as partes durante o afastamento, com novação do contrato a partir do retorno ao serviço normal.

"A" é a resposta correta. Isso porque, nos termos do art. 476-A da CLT o contrato de trabalho poderá ser suspenso, por um período de dois a cinco meses, para participação do empregado em curso ou programa de qualificação profissional oferecido pelo empregador, com duração equivalente à suspensão contratual, mediante previsão em convenção ou acordo coletivo de trabalho e aquiescência formal do empregado. HC

Gabarito "A"

(Técnico Judiciário – TRT20 – FCC – 2016) Hera, com formação em enfermagem, prestou serviços de cuidadora e enfermeira particular para a idosa Isis em sua residência a partir de 01/10/2015. Comparecia na casa de Isis em dois plantões por semana de 12 horas cada um, das 10 às 22 horas, com uma hora de intervalo para refeições e descanso. Recebia, no início de cada jornada, diária o valor de R$ 120,00 por plantão. O pagamento era feito por Apolo, filho de Isis que morava na mesma residência. Após um ano de prestação de serviços, Hera foi dispensada por Apolo, recebendo apenas pelo último dia de plantão. Insatisfeita com a situação, Hera ingressou com ação trabalhista em face de Isis. Neste caso, Hera será considerada

(A) empregada urbana comum porque exerceu funções de enfermagem e tinha todos os requisitos legais previstos na CLT e na norma coletiva da categoria dos enfermeiros, não se enquadrando a hipótese de trabalho doméstico.
(B) empregada doméstica, com direito às horas extras além da oitava diária, férias com 1/3, 13º salário, aviso-prévio e FGTS com multa rescisória de 40%.
(C) trabalhadora autônoma porque trabalhou para Isis, mas não recebeu pagamento desta pessoa, mas sim de seu filho que a contratou e remunerou.
(D) trabalhadora autônoma e eventual sem vínculo de emprego doméstico e sem direitos trabalhistas por ausência do requisito de continuidade previsto em lei específica.
(E) empregada doméstica, com direito apenas às férias com 1/3, 13º salário e aviso prévio, visto que o FGTS é facultativo e as horas extras não estão previstas para a categoria dos domésticos.

"D" é a resposta correta. Isso porque, será considerado empregado doméstico nos termos do art. 1º da LC 150/2015 aquele que presta serviços de forma contínua, subordinada, onerosa e pessoal e de finalidade não lucrativa à pessoa ou à família, no âmbito residencial destas, por mais de 2 (dois) dias por semana. Note que hera laborava somente 2 dias na semana, o que lhe afasta a qualidade de empregado doméstico. HC

Gabarito "D"

(Analista – TRT/3ª – 2015 – FCC) O contrato de trabalho é

I. um contrato de direito público, devido à forte limitação sofrida pela autonomia da vontade na estipulação de seu conteúdo.
II. concluído, como regra, intuito personae em relação à pessoa do empregador.
III. um contrato sinalagmático.
IV. um contrato sucessivo. A relação jurídica de emprego é uma "relação de débito permanente", em que entra como elemento típico a continuidade, a duração.
V. um contrato consensual. A lei, via de regra, não exige forma especial para sua validade.

Considerando as proposições acima, está correto o que consta APENAS em

(A) III, IV e V.
(B) III e V.
(C) I, II e V.
(D) I, III e IV.
(E) I, II e IV.

I: incorreta, pois o contrato de trabalho é considerado um contrato de direito privado, tendo em vista a natureza jurídica privada dos sujeitos e interesses envolvidos. Ademais, as partes poderão pactuar as condições que irão reger o contrato. **II**: incorreta, pois é considerado *intuito personae* em relação ao empregado, na medida em que ele não pode fazer-se substituir por outro empregado. Trata-se do requisito da pessoalidade do contrato de trabalho. **III**: correta, pois o contrato de trabalho é do tipo sanalagmático, ou seja, gera obrigações para ambas as partes (empregado e empregador). **IV**: correta, pois as obrigações se sucedem continuamente no tempo, enquanto perdurar o contrato. **V**: correta, pois o contrato de trabalho pode ser pactuado livremente pelas partes, sem a necessidade de observância de formalidades.

Gabarito "A"

(Analista – TRT/3ª – 2015 – FCC) Maria, durante três anos, prestou serviços ao Clube de Mães Madalena Arraes, que é uma entidade sem fins lucrativos instituída para desenvolver atividades culturais e filantrópicas com a comunidade carente. Cumpria jornada de trabalho diário das 8 às 17 horas, com uma hora de intervalo para repouso e alimentação, devidamente controlada, e, enquanto estava trabalhando era obrigada a usar uniforme. Entregava relatórios semanais sobre as suas atividades e os resultados obtidos com as crianças e recebia mensalmente um valor fixo pelo trabalho prestado. Em relação à situação descrita,

(A) presentes as características da relação de emprego na relação mantida entre Maria e o Clube de Mães, deve ser reconhecido o vínculo de emprego entre as partes, não sendo óbice para tal reconhecimento o fato de o Clube de Mães ser entidade filantrópica sem finalidade lucrativa.
(B) embora presentes as características da relação de emprego, o fato de o Clube de Mães ser entidade filantrópica sem finalidade lucrativa impede o reconhecimento do vínculo de emprego entre as partes.
(C) somente seria possível o reconhecimento do vincula de emprego entre as partes se presente a subordinação de Maria em relação ao Clube de Mães, o que não se verifica no presente caso.
(D) os serviços prestados à entidade sem fins lucrativos, desde que instituída para desenvolver atividades culturais e filantrópicas, não caracteriza vínculo de emprego, mas sim trabalho voluntário, sendo irrelevante estarem presentes as características da relação de emprego.
(E) a finalidade lucrativa do empregador e o recebimento de participação do trabalhador nesse lucro é essencial para a caracterizaçao do vínculo de emprego.

A: correta, pois uma vez presentes os requisitos para a relação de emprego, quais sejam: subordinação, onerosidade, pessoalidade, pessoa física e habitualidade deve ser reconhecido o vínculo de emprego, ainda que o empregador seja entidade filantrópica sem fim lucrativo, art. 2º, § 1º, da CLT. **B**: incorreta, pois a entidade filantrópica sem fim lucrativo equipara-se a empregador, art. 2º, § 1º, da CLT. **C**: incorreta, pois se verifica o elemento da subordinação na medida em que Maria tinha jornada de trabalho controlada, era obrigada a usar uniforme e devia entregar relatórios semanais. **D**: incorreta, pois podemos notar no caso em estudo a presença de todos os elementos da relação de emprego capaz de reconhecer o vínculo empregatício. **E**: incorreta, pois a finalidade lucrativa não é elemento capaz de descaracterizar a relação de emprego. Veja art. 2º, § 1º, da CLT.

Gabarito "A"

(Técnico – TRT/19ª – 2015 – FCC) Contrato de experiência celebrado por 29 dias, que foi prorrogado por mais 29 dias,

(A) pode ser prorrogado por até mais 32 dias, para completar 90 dias.
(B) pode ser prorrogado por mais 31 dias, para completar 3 meses.
(C) é nulo, pois o sistema legal não ampara a prorrogação do contrato de experiência.
(D) não pode mais ser prorrogado.
(E) pode ser prorrogado, desde que não ultrapasse o limite máximo de duração de dois anos.

A: incorreta, pois como já houve uma prorrogação do contrato, embora não tenha alcançado o prazo máximo de 90 dias, não poderá haver a segunda prorrogação, sob pena do contrato ser considerado como de prazo indeterminado. Veja arts. 445, parágrafo único e 451 da CLT. **B**: incorreta, pois como vimos no comentário anterior não poderá ser prorrogado mais de uma vez. Ademais, não poderá ser superior a 90 dias e não 3 meses. **C**: incorreta, pois o contrato de experiência poderá ser prorrogado desde que seja uma única vez e não ultrapasse o período máximo de 90 dias. **D**: correta, pois nos termos dos arts. 445, parágrafo único 451 da CLT esse tipo de contrato só admite uma única prorrogação. **E**: incorreta, pois nos termos do art. 445, parágrafo único, da CLT não poderá ser superior a 90 dias.

Gabarito "D"

(Técnico – TRT/19ª – 2015 – FCC) O contrato de trabalho pode ser celebrado

(A) apenas por escrito e expressamente.
(B) apenas por escrito e verbalmente.
(C) expressamente, de forma escrita ou verbal, ou tacitamente.
(D) apenas com a assistência do sindicato da categoria profissional.
(E) por escrito e deve ser registrado no órgão competente.

A: incorreta, pois nos termos do arts. 442 e 443 da CLT o contrato de trabalho além de escrito e expresso, pode ser tácito e verbal. **B**: incorreta, pois além de poder ser celebrado por escrito e verbalmente, poderá ser celebrado expresso e tacitamente, art. 443 da CLT. **C**: correta, pois reflete o disposto no art. 443 da CLT que ensina que o contrato individual de trabalho poderá ser acordado tácita ou expressamente, verbalmente ou por escrito e por prazo determinado ou indeterminado. **D**: incorreta, pois não há necessidade da assistência do sindicato da categoria profissional para celebração do contrato. **E**: incorreta, pois para celebração do contrato de trabalho não se exige registro no órgão competente. Veja arts. 442 e 443 da CLT.

Gabarito "C"

(Técnico – TRT/3ª – 2015 – FCC) De acordo com a Constituição Federal de 1988, dentre os direitos sociais assegurados ao trabalhador, NÃO está a

(A) introdução do terço constitucional sobre as férias.
(B) proteção em face de automação, na forma da lei.

(C) criação dos turnos ininterruptos de revezamento com jornada especial de 6 horas diárias.

(D) criação de licença paternidade, de cinco dias.

(E) irredutibilidade do salário, independentemente de disposição em convenção ou acordo coletivo, salvo em caso de força maior ou prejuízos devidamente comprovados.

A: incorreta, pois o pagamento das férias acrescido do terço constitucional está previsto no art. 7º, XVII, da CF. **B:** incorreta, pois a proteção em face da automação está disposta no art. 7º, XXVII, da CF. **C:** incorreta, pois a criação dos turnos ininterruptos de revezamento com jornada especial de 6 horas diárias está previsto no art. 7º, XIV, da CF. **D:** incorreta, pois a licença paternidade de 5 dias está prevista no art. 7º, XIX, da CF e 10, § 1º, do ADCT. De acordo com a redação dada pela Lei 13.257/2016, o art. 1º, II, da Lei 11.770/2008, prorroga em 15 dias a duração da licença-paternidade para o empregado das empresas que aderirem ao programa "Empresa Cidadã". **E:** correta, pois nos termos do art. 7º, VI, da CF o salário é irredutível, salvo disposto em acordo ou convenção coletiva de trabalho.

Gabarito "E"

(Técnico – TRT/3ª – 2015 – FCC) Maria da Glória foi dispensada por justa causa por não atender aos ditames inseridos no regulamento da empresa em que trabalhava, devidamente depositado no Ministério do Trabalho, que limitava o uso do banheiro em, no máximo, cinco minutos, no período da manhã e no período da tarde. A mesma já tinha sido advertida por escrito duas vezes anteriormente pela falta cometida. No caso exposto,

(A) está correto o uso do poder de direção do empregador, porque o regulamento de empresa estava devidamente depositado no Ministério do Trabalho, produzindo efeitos jurídicos nos contratos de trabalho.

(B) está correto o uso do direito de controle do empregador, uma vez que ao assumir os riscos do empreendimento, pode exigir ao máximo a prestação dos serviços de seus colaboradores dentro do horário de serviço.

(C) há abuso do poder de direção do empregador, uma vez que inserir no regulamento de empresa tal proibição fere o direito à dignidade da trabalhadora.

(D) há abuso do poder de direção do empregador, uma vez que a limitação ao uso do banheiro deveria ter sido estipulada na contratação da colaboradora, em suas cláusulas do contrato individual de trabalho, e não em regulamento interno.

(E) é errônea a forma de rescisão do contrato de trabalho, pois a dispensa por justa causa somente ocorre após a aplicação de três advertências e não duas, como no caso.

O simples depósito do regulamento da empresa no Ministério do Trabalho e Emprego não confere por si só, validade à norma, pois ela deve respeitar as normas inerentes ao trabalho, inclusive os princípios constitucionais, dentre eles o da dignidade da pessoa humana, art. 1º, CF. Ademais, ensina o art. 444 da CLT que as relações contratuais de trabalho podem ser objeto de livre estipulação das partes interessadas em tudo quanto não contravenha às disposições de proteção ao trabalho, aos contratos coletivos que lhes sejam aplicáveis e às decisões das autoridades competentes. Vale dizer que, nos termos do parágrafo único do art. 444 da CLT essa livre estipulação aplica-se às hipóteses previstas no art. 611-A desta Consolidação, com a mesma eficácia legal e preponderância sobre os instrumentos coletivos, no caso de empregado portador de diploma de nível superior e que perceba salário mensal igual ou superior a duas vezes o limite máximo dos benefícios do Regime Geral de Previdência Social.

Gabarito "C"

(Analista – TRT/2ª – 2014 – FCC) Considere as assertivas:

I. As instituições beneficentes, para os efeitos da relação de emprego, são equiparadas ao empregador quando admitirem trabalhadores como empregados.

II. Não há solidariedade pelas obrigações trabalhistas entre as empresas de um grupo econômico quando cada qual é dotada de personalidade jurídica própria.

III. Embora o empregado doméstico não desempenhe atividade econômica, diversos direitos atribuídos aos trabalhadores urbanos são garantidos aos trabalhadores domésticos, como, por exemplo, férias, 13º salário, aviso-prévio.

IV. O trabalho temporário difere da relação de emprego por ser exercido sem subordinação e sem onerosidade.

V. O constituinte assegurou aos empregados rurais os mesmos direitos dos empregados urbanos.

Está correto o que consta APENAS em

(A) II, III e IV.

(B) III, IV e V.

(C) II e IV.

(D) I, II, III e IV.

(E) I, III e V.

I: correta, pois reflete o disposto no art. 2º, § 1º, da CLT. **II**: incorreta, pois nos termos do art. 2º, § 2º, da CLT há solidariedade solidária pelas obrigações trabalhistas entre as empresas de um grupo econômico quando cada qual é dotada de personalidade jurídica própria. **III**: correta, pois reflete o disposto no art. 7º, parágrafo único, da CF. Veja também a LC 150/2015. **IV**: incorreta, pois no trabalho temporário, regulado pela Lei 6.019/74, embora não haja o requisito da subordinação entre a empresa de trabalho temporário e a tomadora de serviços há onerosidade. **V**: correta, pois o disposto no art. 7º, *caput*, da CF, assegura igualdade entre os direitos assegurados aos empregados rurais e urbanos.

Gabarito "E"

(Analista – TRT/11ª – 2012 – FCC) A empresa Gama foi sucedida pela empresa Delta, ocupando o mesmo local, utilizando as mesmas instalações e fundo de comércio, assim como mantendo as mesmas atividades e empregados. Em relação aos contratos de trabalho dos empregados da empresa sucedida é correto afirmar que

(A) serão automaticamente extintos, fazendo surgir novas relações contratuais.

(B) as obrigações anteriores recairão sobre a empresa sucedida, e as posteriores sobre a sucessora.

(C) as cláusulas e condições estabelecidas no contrato de trabalho serão obrigatoriamente repactuadas entre os empregados e o novo empregador individual.

(D) a transferência de obrigações trabalhistas dependerá das condições em que a sucessão foi pactuada.

(E) os contratos se manterão inalterados e seguirão seu curso normal.

"E" é a opção correta, pois de acordo com os arts. 10 e 448 da CLT, qualquer alteração na estrutura jurídica da empresa não afetará os direitos adquiridos por seus empregados e não afetará os contratos de trabalho dos respectivos empregados. A legislação trabalhista, na defesa dos contratos de trabalho e visando à garantia do empregado, estabelece o princípio da continuidade do vínculo jurídico trabalhista, declarando que a alteração na estrutura jurídica e a sucessão de empresas em nada o afetarão o contrato de trabalho. Ademais, nos termos do art. 448-A da CLT caracterizada a sucessão empresarial ou de empregadores prevista nos arts. 10 e 448 desta Consolidação, as obrigações trabalhistas, inclusive as contraídas à época em que os empregados trabalhavam para a empresa sucedida, são de responsabilidade do sucessor. A empresa sucedida responderá solidariamente com a sucessora quando ficar comprovada fraude na transferência, art. 448-A, parágrafo único, da CLT..

Gabarito "E".

(Analista – TRT/11ª – 2012 – FCC) Em relação à duração do contrato individual de trabalho, é correto afirmar que o contrato por prazo determinado

(A) será lícito, seja qual for a sua finalidade.

(B) quando for prorrogado mais de uma vez passará a vigorar sem determinação de prazo.

(C) não prevê o pagamento de indenização caso seja rescindido sem justa causa de forma antecipada.

(D) poderá ser estipulado por prazo superior a dois anos, desde que o seu objeto dependa da realização de determinados acontecimentos.

(E) sob a forma de contrato de experiência não poderá ultrapassar noventa dias, podendo ser estipulado por três períodos de trinta dias cada um.

A: opção incorreta, pois a contratação com prazo determinado feita com base na CLT, só poderá ocorrer nas hipóteses previstas nas alíneas do § 2º do art. 443 da CLT. **B:** opção correta, pois reflete o disposto 451 da CLT. **C:** opção incorreta, pois a indenização em casos de rescisão antecipada está prevista nos arts. 479 e 480 da CLT. **D:** opção incorreta, pois nos termos do art. 445 da CLT o prazo não será superior a 2 (dois) anos. **E:** opção incorreta, pois embora não possa ultrapassar 90 dias (art. 445, parágrafo único, da CLT), somente poderá haver uma única prorrogação, nos termos do art. 451 da CLT.

Gabarito "B".

(Analista – TRT/1ª – 2012 – FCC) Considere as proposições abaixo em relação ao contrato individual de trabalho.

I. Para fins de contratação, o empregador não exigirá do candidato a emprego comprovação de experiência prévia por tempo superior a seis meses no mesmo tipo de atividade.

II. O contrato por prazo determinado só será válido em se tratando de serviço transitório e contrato de experiência.

III. O contrato de trabalho por prazo determinado não poderá ser estipulado por mais de um ano.

IV. As relações contratuais de trabalho podem ser objeto de livre estipulação das partes interessadas.

Está correto o que se afirma APENAS em

(A) I e II.

(B) I e IV.

(C) II e III.

(D) III e IV.

(E) II e IV.

I: opção correta, pois reflete o disposto no art. 442-A da CLT. **II:** opção incorreta, pois nos termos do art. 443,§ 2º, da CLT admite-se contrato com prazo determinado em se tratando de: a) de serviço cuja natureza ou transitoriedade justifique a predeterminação do prazo; b) de atividades empresariais de caráter transitório e c) de contrato de experiência. **III:** opção incorreta, pois nos termos do art. 445 da CLT o contrato com prazo determinado não poderá exceder 2 anos, já o contrato de experiência, 90 dias. **IV:** opção correta, pois reflete a disposição contida no art. 444 da CLT.

Gabarito "B".

(Analista – TRT/6ª – 2012 – FCC) Conforme previsão da Consolidação das Leis do Trabalho, em relação aos sujeitos do contrato de trabalho, é INCORRETO afirmar que

(A) será considerado empregado aquele que presta serviços de forma pessoal e natureza não eventual, mediante retribuição pecuniária e sob a dependência do empregador.

(B) as instituições de beneficência e os profissionais liberais que admitirem trabalhadores como empregados equiparam-se ao empregador.

(C) o tempo em que o empregado estiver à disposição do empregador, aguardando ordens de serviço, considera-se como de serviço efetivo, salvo disposição especial expressamente consignada.

(D) não se distingue entre o trabalho realizado no estabelecimento do empregador, o executado no domicílio do empregado e o realizado a distância, desde que estejam caracterizados os pressupostos da relação de emprego.

(E) não haverá distinções relativas à espécie de emprego e à condição de trabalhador, exceto quanto ao trabalho intelectual, técnico e manual, em razão das suas peculiaridades.

A: correto (arts. 2º e 3º da CLT); **B:** correto (art. 2º, § 1º, da CLT); **C:** correto (art. 4º da CLT); **D:** correto (art. 6º da CLT); **E:** incorreto (devendo ser assinalada), nos termos do art. 3º, parágrafo único, da CLT.

Gabarito "E".

(Analista – TRT/6ª – 2012 – FCC) Nos termos previstos na Consolidação das Leis do Trabalho, o contrato

(A) individual de trabalho não pode ser acordado verbalmente.

(B) de experiência não poderá exceder o prazo de 90 (noventa) dias.

(C) individual será obrigatoriamente alterado, caso haja mudança na propriedade ou na estrutura jurídica da empresa.

(D) de trabalho por prazo determinado poderá ser estipulado por mais de 2 (dois) anos, havendo mútuo consentimento das partes.

(E) de trabalho por prazo determinado poderá ser prorrogado mais de uma vez, dentro do prazo máximo estipulado, sem que passe a vigorar sem determinação de prazo.

A: incorreto (art. 442, *caput*, da CLT); **B:** correto (art. 445, parágrafo único, da CLT); **C:** incorreto (arts. 10 e 448 da CLT); **D:** incorreto (art. 445, *caput*, da CLT); **E:** incorreto (art. 451 da CLT).

Gabarito "B".

(Técnico Judiciário – TRT9 – 2012 – FCC) Considera-se empregado toda pessoa física que prestar serviços a empregador com as características de

(A) pessoalidade, continuidade, exclusividade e subordinação.

(B) pessoalidade, continuidade, onerosidade e subordinação.

(C) pessoalidade, continuidade, confidencialidade e subordinação.

(D) pessoalidade, continuidade, onerosidade e independência jurídica.

(E) impessoalidade, continuidade, onerosidade e independência jurídica.

A: errada, pois a exclusividade não é requisito da relação de emprego. **B**: correta, pois aponta os requisitos da relação de emprego, que estão dispostos nos arts. 2º e 3º da CLT. **C**: incorreta, pois a confidencialidade não é um requisito da relação de emprego. **D**: incorreta, pois a independência jurídica não é requisito da relação de emprego. A independência jurídica indica autonomia, o que afasta a configuração da relação de emprego. **E**: incorreta, pois para que se caracterize a relação de emprego é necessário que os serviços prestados sejam pessoais. Ademais, a independência jurídica não é um requisito da relação de emprego, como tratado acima.

Gabarito "B"

(Técnico – TRT/11ª – 2012 – FCC) São requisitos legais da relação de emprego e do contrato de trabalho:

(A) pessoalidade do empregado; subordinação jurídica do empregado; exclusividade na prestação dos serviços.

(B) exclusividade na prestação dos serviços; eventualidade do trabalho; pessoalidade do empregador.

(C) eventualidade do trabalho; alteridade; onerosidade.

(D) onerosidade; não eventualidade do trabalho; pessoalidade do empregado.

(E) alteridade; habitualidade; impessoalidade do empregado.

Arts. 2º e 3º da CLT.

Gabarito "D"

3. RELAÇÕES DE TRABALHO

(Analista Judiciário – TRT/24 – FCC – 2017) A empresa Ajax Produções contratou os serviços de dois operadores de som para atender à necessidade transitória de substituição de seu pessoal regular e permanente, optando pelo regime de trabalho temporário. Conforme legislação que regula o trabalho temporário,

(A) o contrato entre a empresa de trabalho temporário e a empresa tomadora ou cliente, com relação a um mesmo empregado, não poderá exceder de um ano, sujeito a apenas uma prorrogação por igual período.

(B) fica assegurada ao trabalhador temporário remuneração equivalente à percebida pelos empregados de mesma categoria da empresa tomadora ou cliente, calculada à base horária, garantida, em qualquer hipótese, a percepção do salário mínimo regional.

(C) entre a empresa de trabalho temporário e a empresa tomadora ou cliente deverá haver obrigatoriamente contrato escrito, mas entre a empresa de trabalho temporário e cada um dos assalariados colocados à disposição de uma empresa tomadora o contrato poderá ser verbal.

(D) no caso de falência da empresa de trabalho temporário, a empresa tomadora ou cliente é subsidiariamente responsável pela remuneração, indenização trabalhista e recolhimento das contribuições previdenciárias, no tocante ao tempo em que o trabalhador esteve sob suas ordens.

(E) a empresa de trabalho temporário poderá cobrar do trabalhador a importância máxima de 2% sobre o valor do primeiro salário a título de mediação, bem como efetuar os descontos previstos em Lei.

A: opção incorreta, pois nos termos do art. 10, § 1º, da Lei 6.019/1974 o contrato de trabalho temporário, com relação ao mesmo empregador, não poderá exceder ao prazo de cento e oitenta dias, consecutivos ou não. **B:** opção correta, pois reflete o disposto no art. 12, *a*, da Lei 6.019/1974. **C:** opção incorreta, pois nos termos do art. 11 da Lei 6.019/1974 o contrato de trabalho celebrado entre empresa de trabalho temporário e cada um dos assalariados colocados à disposição de uma empresa tomadora ou cliente será, obrigatoriamente, escrito e dele deverão constar, expressamente, os direitos conferidos aos trabalhadores. **D:** opção incorreta, pois nos termos do art. 16 da Lei 6.019/1974 no caso de falência da empresa de trabalho temporário, a empresa tomadora ou cliente é solidariamente responsável pelo recolhimento das contribuições previdenciárias, no tocante ao tempo em que o trabalhador esteve sob suas ordens, assim como em referência ao mesmo período, pela remuneração e indenização. **E:** opção incorreta, pois nos termos do art. 18 da Lei 6.019/1974 é vedado à empresa do trabalho temporário cobrar do trabalhador qualquer importância, mesmo a título de mediação, podendo apenas efetuar os descontos previstos em Lei.

Gabarito "B"

(Técnico Judiciário – TRT24 – FCC – 2017) Dentro do universo das relações jurídicas, encontram-se as relações de trabalho e as relações de emprego. No tocante a essas relações, seus sujeitos e requisitos, segundo a legislação vigente,

(A) considera-se empregado toda pessoa física ou jurídica que prestar serviços de natureza exclusiva e não eventual a empregador, sob a dependência deste e mediante salário.

(B) considera-se empregador a empresa, individual ou coletiva, que, mesmo sem assumir os riscos da atividade econômica, admite, assalaria e dirige a prestação pessoal de serviço.

(C) são distintos o trabalho realizado no estabelecimento do empregador, o executado no domicílio do empregado e o realizado a distância, mesmo que estejam caracterizados os pressupostos da relação de emprego.

(D) os meios telemáticos e informatizados de comando, controle e supervisão não se equiparam, para fins de subordinação jurídica, aos meios pessoais e diretos de comando, controle e supervisão do trabalho alheio.

(E) se equiparam ao empregador, para os efeitos exclusivos da relação de emprego, os profissionais liberais, as instituições de beneficência, as associações recreativas ou outras instituições sem fins lucrativos, que admitirem trabalhadores como empregados.

A: opção incorreta, pois nos termos do art. 3º da CLT a exclusividade não é um requisito da figura do empregado, que nos termos do citado dispositivo legal é toda pessoa física que prestar serviços de natureza não eventual a empregador, sob a dependência deste e mediante salário. **B:** opção incorreta, pois nos termos do art. 2º da CLT considera-se empregador a empresa, individual ou coletiva, que, assumindo os riscos da atividade econômica, admite, assalaria e dirige a prestação pessoal de serviço. **C:** opção incorreta, pois nos termos do art. 6º da CLT não se distingue entre o trabalho realizado no estabelecimento do empregador, o executado no domicílio do empregado e o realizado a distância, desde que estejam caracterizados os pressupostos da relação de emprego. **D:** opção incorreta, pois nos termos do art. 6º, parágrafo único, da CLT os meios telemáticos e informatizados de comando, controle e supervisão se equiparam, para fins de subordinação jurídica, aos meios pessoais e diretos de comando, controle e supervisão do trabalho alheio. **E:** opção correta, pois nos termos do art. 2º, § 1º, da CLT equiparam-se ao empregador, para os efeitos exclusivos da relação de emprego, os profissionais liberais, as instituições de beneficência, as associações recreativas ou outras instituições sem fins lucrativos, que admitirem trabalhadores como empregados. HC

Gabarito "E"

(Analista Judiciário – TRT/20 – FCC – 2016) Minerva foi admitida em 2010 para trabalhar como corretora para a empresa Gama Participações Imobiliárias S/A. Após dois anos, ela passou a exercer o cargo de confiança de gerente de corretores, em razão de afastamento por acidente de trabalho do gerente Dionísio, recebendo gratificação de função. Dezoito meses após essa substituição, Minerva foi revertida ao cargo efetivo ocupado anteriormente de corretora, deixando o exercício de função de confiança, em decorrência do retorno ao trabalho de Dionísio, deixando de receber a gratificação de função. Conforme previsão legal e sumulada do Tribunal Superior do Trabalho, em relação à Minerva, a hipótese apresentada:

(A) será considerada alteração unilateral prejudicial, o que implica em irregularidade, cabendo indenização prevista em lei no valor da gratificação de função que passa a ser incorporada ao seu salário.

(B) resultará em pagamento complementar, nunca inferior a 25% do seu salário normal, em razão de modificação contratual lesiva.

(C) somente será revestida de regularidade caso tenha havido anuência formal de Minerva, com participação do sindicato profissional.

(D) é regular porque não será considerada alteração unilateral a determinação do empregador para que o empregado reverta ao cargo efetivo, anteriormente ocupado, deixando o exercício de função de confiança, sem qualquer consequência pecuniária.

(E) somente será possível se decorrer da real necessidade de serviço, caracterizando alteração unilateral lícita e prevista em lei, mas incorporando 50% da gratificação de função para cada ano ou fração igual ou superior a seis meses do exercício da função de confiança.

"D" é a opção correta. Nos termos do art. 468, parágrafo único, da CLT não se considera alteração unilateral a determinação do empregador para que o respectivo empregado reverta ao cargo efetivo, anteriormente ocupado, deixando o exercício de função de confiança.

Gabarito "D"

(Analista Judiciário – TRT/20 – FCC – 2016) A Consolidação das Leis do Trabalho elenca na combinação dos artigos 2º e 3º os requisitos fáticos e jurídicos da relação de emprego. Nesse sentido,

(A) tornando-se inviável a prestação pessoal do trabalho, no curso do contrato, por certo período, o empregado poderá se fazer substituir por outro trabalhador.

(B) um trabalhador urbano que preste serviço ao tomador com finalidade lucrativa, mesmo que por diversos meses seguidos, mas apenas em domingos ou finais de semana, configura-se como trabalhador eventual.

(C) considerando que nem todo trabalho é passível de mensuração econômica, não se pode estabelecer que a onerosidade constitui-se em um elemento fático-jurídico da relação de emprego.

(D) somente o empregador é que, indistintamente, pode ser pessoa física ou jurídica, com ou sem finalidade lucrativa, jamais o empregado.

(E) na hipótese de trabalhador intelectual, a subordinação está relacionada ao poder de direção do empregador, mantendo o empregado a autonomia da vontade sobre a atividade desempenhada, sem se reportar ao empregador.

A: opção incorreta, pois o requisito da pessoalidade indica que o empregado não pode ser substituído. **B:** opção incorreta, pois eventual é o trabalhador admitido numa empresa para determinado evento. Em outras palavras, é o trabalho realizado de maneira eventual, de curta duração, cujos serviços não coincidem com os fins normais da empresa. **C:** opção incorreta, pois a remuneração é um dos requisitos da relação de emprego. **D:** opção correta, pois o empregador pode ser pessoa jurídica (art. 2º da CLT) ou física (art. 2º, § 1º, da CLT) **E:** opção incorreta, pois o empregado não terá autonomia da vontade.

Gabarito "D"

(Analista Judiciário – TRT/20 – FCC – 2016) Considere:

I. Ulisses presta serviços por três meses para a empresa Ajax Estruturas S/A para suprir necessidade transitória de substituição do seu pessoal regular e permanente, por intermédio da empresa Delta Mão de Obra Ltda.

II. Isis trabalha na produção de uma peça teatral durante a temporada de oito meses no teatro municipal, com ajuste de pagamento por obra certa.

III. Hermes é psicoterapeuta e faz palestras e consultas em centro de apoio à criança com deficiência motora, realizando dois plantões semanais de doze horas cada um, com ajuste apenas do ressarcimento das despesas que comprovadamente realizou no desempenho de suas atividades.

A relação de trabalho apresentada no item I, II e III corresponde, respectivamente, a

(A) autônomo; eventual; avulso.

(B) terceirizado; avulso; autônomo.

(C) avulso; eventual; terceirizado.

(D) voluntário; aprendiz; autônomo.

(E) temporário; eventual; voluntário.

I: empregado temporário, entendido como aquele prestado por pessoa física contratada por uma empresa de trabalho temporário que a coloca à disposição de uma empresa tomadora de serviços, para atender à necessidade de substituição transitória de pessoal permanente ou à demanda complementar de serviços, art. 2º da Lei 6.019/1974. **II:** Eventual, entendido como o trabalhador admitido numa empresa para determinado evento. Em outras palavras, é o trabalho realizado de maneira eventual, de curta duração, cujos serviços não coincidem com os fins normais da empresa. O trabalhador eventual é vulgarmente chamado de "bico" ou "*freelancer*", laborando de maneira precária, na medida em que não se encontra presente o elemento habitualidade. **III:** Trabalho voluntário é aquele que exerce atividade não remunerada prestada por pessoa física a entidade pública de qualquer natureza ou a instituição privada de fins não lucrativos que tenha objetivos cívicos, culturais, educacionais, científicos, recreativos ou de assistência à pessoa, art. 1º da Lei 9.608/1998.

Gabarito "E"

(Técnico Judiciário – TRT20 – FCC – 2016) A empresa Mitos S/A contratou Perseu para trabalhar como auditor fiscal na filial do município de São Paulo. Decorridos oito meses, esta filial foi extinta e Perseu foi transferido para a matriz da empresa em Brasília, mesmo sem sua anuência. Nessa situação, a transferência será considerada

(A) ilegal porque não houve anuência do empregado, sendo de plano rescindido o contrato de trabalho.

(B) lícita quando ocorrer a extinção do estabelecimento em que trabalha o empregado.
(C) regular porque não há previsão legal para esta situação, podendo assim ser exercido o poder diretivo do empregador com base no *jus variandi*.
(D) irregular porque a alteração das respectivas condições de trabalho só é possível por mútuo consentimento.
(E) legal desde que ocorra um pagamento suplementar, nunca inferior a 25% do salário do empregado.

"B" é a resposta correta. Isso porque, nos termos do art. 469, § 2°, da CLT é licita a transferência quando ocorrer extinção do estabelecimento em que trabalhar o empregado.

Gabarito "B"

(Técnico Judiciário – TRT20 – FCC – 2016) Em relação à figura jurídica do empregado, conforme definição legal,

(A) pode ser pessoa física ou jurídica, desde que preste seus serviços com natureza eventual, sob a subordinação jurídica do empregador e mediante remuneração.
(B) é obrigatório que o empregado exerça seus serviços no estabelecimento do empregador para que possa ser verificado o requisito da subordinação.
(C) um dos requisitos essenciais para caracterização da relação de emprego é a exclusividade na prestação dos serviços para determinado empregador.
(D) o estagiário que recebe bolsa de estudos em dinheiro do contratante será considerado empregado.
(E) o elemento fundamental que distingue o empregado em relação ao trabalhador autônomo é a subordinação jurídica.

A: opção incorreta, pois nos termos do art. 3° da CLT empregado deve ser pessoa física. **B:** opção incorreta, pois nos termos do art. 6° da CLT não se distingue entre o trabalho realizado no estabelecimento do empregador, o executado no domicílio do empregado e o realizado a distância, desde que estejam caracterizados os pressupostos da relação de emprego. **C:** opção incorreta, pois a exclusividade não é requisito da relação de emprego. Veja arts. 2° e 3° da CLT. **D:** opção incorreta, pois desde que o contrato de estágio seja prestado regularmente nos termos da Lei 11.788/2008, o fato de o estagiário receber bolsa de estudo não descaracteriza o contrato de estágio. Veja art. 12 da Lei 11.788/2008. **E:** opção correta, pois o empregado autônomo não possui subordinação, na medida em que ele próprio quem faz as regras da prestação de serviços. Caso ele seja subordinado estaremos diante de uma típica relação de emprego.

Gabarito "E"

3.1 RELAÇÕES ESPECIAIS DE TRABALHO

3.1.1. Domésticos

(Analista – TRT/14ª – 2011 – FCC) Karina e Mariana residem no pensionato de Ester, local em que dormem e realizam as suas refeições, já que Gabriela, proprietária do pensionato, contratou Abigail para exercer as funções de cozinheira. Jaqueline reside em uma república estudantil que possui como funcionária Helena, responsável pela limpeza da república, além de cozinhar para os estudantes moradores. Abigail e Helena estão grávidas. Neste caso,

(A) somente Helena é empregada doméstica, mas ambas terão direito a estabilidade provisória decorrente da gestação.
(B) somente Abigail é empregada doméstica, mas ambas terão direito a estabilidade provisória decorrente da gestação.
(C) ambas são empregadas domésticas, mas não terão direito a estabilidade provisória decorrente da gestação.
(D) nenhuma das empregadas são domésticas, mas ambas terão direito a estabilidade provisória decorrente da gestação.
(E) ambas são empregadas domésticas e terão direito a estabilidade provisória decorrente da gestação.

Na medida em que Abigail exerce suas atividades de cozinheira para pensionistas no âmbito de um pensionato, conclui-se que os serviços por esta prestados possuem finalidade lucrativa, a afastar seu enquadramento à situação do art. 1° da LC 150/2015, tratando-se de uma empregada comum. Helena, diversamente, exerce serviços não inseridos em uma estrutura que visa ao lucro, tratando-se de empregada doméstica. Não obstante, ambas terão direito à garantia no emprego decorrente da gestação (Ato das Disposições Constitucionais Transitórias, art. 10, II, b, quanto a empregada comum e art. 25, parágrafo único, da LC 150/2015, quanto a doméstica).

Gabarito "A"

3.1.2. Trabalho da mulher

(Técnico – TRT/19ª – 2015 – FCC) Com relação às regras de proteção ao trabalho da mulher:

(A) Em caso de parto antecipado, a mulher terá direito aos 60 (sessenta) dias de licença.
(B) Para amamentar o próprio filho, até que este complete 6 (seis) meses de idade, a mulher terá direito, durante a jornada de trabalho, de um descanso especial de meia hora.
(C) À empregada que adotar ou obtiver guarda judicial para fins de adoção de criança será concedida licença-maternidade, com duração variável de acordo com a idade da criança adotada.
(D) É garantido à empregada, durante a gravidez, sem prejuízo do salário e demais direitos, dispensa do horário de trabalho pelo tempo necessário para a realização de, no mínimo, quatro consultas médicas e demais exames complementares.
(E) A confirmação do estado de gravidez advindo no curso do contrato de trabalho, ainda que durante o prazo do aviso-prévio trabalhado ou indenizado, garante à empregada gestante a estabilidade provisória.

A: incorreta, pois nos termos do art. 392, § 3°, da CLT em caso de parto antecipado, a mulher terá direito aos 120 (cento e vinte) dias de licença. **B:** incorreta, pois nos termos do art. 396 da CLT para amamentar o próprio filho, até que este complete 6 (seis) meses de idade, a mulher terá direito, durante a jornada de trabalho, a 2 (dois) descansos especiais, de meia hora cada um. Nos termos do § 2° do mesmo dispositivo, os horários dos descansos deverão ser definidos em acordo individual entre a mulher e o empregador. **C:** incorreta, pois nos termos do art. 392-A da CLT à empregada que adotar ou obtiver guarda judicial para fins de adoção de criança será concedida licença-maternidade. **D:** incorreta, pois nos termos do art. 392, § 4°, II, da CLT é garantido à empregada dispensa do horário de trabalho pelo tempo necessário para a realização de, no mínimo, seis consultas médicas e demais exames complementares. **E:** correta, pois nos termos do art. 391-A da CLT a confirmação do estado de gravidez advindo no curso do contrato de trabalho, ainda que durante o prazo do aviso-prévio trabalhado ou indenizado, garante à empregada gestante a estabilidade provisória.

Gabarito "E"

(Procurador do Estado – PGE/RN – FCC – 2014) Iara Delfina, de 16 anos, foi contratada como operadora de bomba de gasolina no Posto Mata Estrela, dirigido por seu pai e que se situa a 50 quilômetros de Natal, cidade onde reside. A empregadora, cuidadosa no pagamento de suas obrigações trabalhistas decorrentes da legislação, remunera Iara corretamente, a qual recebe mensalmente salário, horas extras, adicional de periculosidade, além de conceder-lhe vale-transporte e auxílio-refeição, conforme determina a convenção coletiva da categoria. Considerados os fatos narrados, o trabalho prestado por Iara, à luz da Consolidação das Leis do Trabalho e da Constituição da República, é:

(A) permitido porque o Posto Mata Estrela é dirigido pelo pai de Iara.

(B) permitido porque Iara já atingiu a idade de 16 anos completos.

(C) proibido porque Iara exerce trabalho em condições de periculosidade.

(D) permitido porque a Constituição da República se sobrepõe à CLT e fomenta o dever social à profissionalização.

(E) proibido porque Iara não é aprendiz, hipótese autorizadora do trabalho descrito.

"C" é a opção correta. Isso porque o art. 7º, XXXIII, CF ensina ser proibido o trabalho noturno, perigoso ou insalubre a menores de dezoito e de qualquer trabalho a menores de dezesseis anos, salvo na condição de aprendiz, a partir de quatorze anos.

Gabarito "C"

(Analista – TRT/11ª – 2012 – FCC) Considerando as normas especiais de proteção ao trabalho da mulher, é INCORRETO afirmar que

(A) é vedado publicar ou fazer publicar anúncio de emprego no qual haja referência ao sexo, à idade, à cor ou situação familiar, salvo quando a natureza da atividade, pública e notoriamente, assim o exigir.

(B) é vedado exigir atestado ou exame, de qualquer natureza, para comprovação de esterilidade ou gravidez, na admissão ou permanência no emprego.

(C) ao empregador é vedado empregar a mulher em serviço que demande o emprego de força muscular superior a vinte quilos de trabalho contínuo, ou vinte e cinco quilos para o trabalho ocasional, salvo se exercida a atividade com aparelhos mecânicos.

(D) a empregada que adotar ou obtiver guarda judicial para fins de adoção de criança será concedida licença-maternidade condicionada à apresentação do termo judicial de guarda à adotante ou guardiã.

(E) em caso de aborto não criminoso, comprovado por atestado médico oficial, a mulher terá um repouso remunerado de quatro semanas, ficando-lhe assegurado o direito de retornar à função que ocupava antes do afastamento.

A: opção correta, pois reflete o disposto no art. 373-A, I, da CLT. **B:** opção correta, pois reflete o disposto no art. 373-A, IV, da CLT. **C:** opção correta, pois reflete o disposto no art. 390 da CLT. **D:** opção correta, pois reflete o disposto no art. 392-A da CLT. **E:** opção incorreta, devendo ser assinalada, pois de acordo com o art. 395 da CLT o período de descanso será de 2 semanas.

Gabarito "E"

(Analista – TRT/6ª – 2012 – FCC) Branca Pink, empregada da empregada "T" obteve a guarda judicial da menor Soraya de 7 anos de idade para fins de adoção. Neste caso, segundo a Consolidação das Leis Trabalhista, Branca Pink

(A) terá direito a 60 dias de licença-maternidade.

(B) não terá direito à licença maternidade em razão da adoção e não da gestação.

(C) não terá direito à licença maternidade em razão da adoção de menor com mais de cinco anos de idade.

(D) terá direito a 120 dias de licença-maternidade.

(E) terá direito a 30 dias de licença-maternidade.

"D" é a resposta correta, pois reflete o disposto no art. 392-A da CLT. Note que a Lei 12.010/2009 revogou os parágrafos do art. 392-A da CLT que previa um período de licença-maternidade diferenciado de acordo com a idade da criança.

Gabarito "D"

(Analista – TRT/1ª – 2012 – FCC) Considera-se como regras de proteção à maternidade, de acordo com a Consolidação das Leis do Trabalho:

(A) licença de cento e vinte dias, sem prejuízo do emprego e do salário, e estabilidade no emprego pelo período desde a confirmação da gravidez até cinco meses após o parto.

(B) licença de cento e vinte dias, sem prejuízo do emprego e do salário, e estabilidade no emprego pelo período desde a confirmação da gravidez até cento e oitenta dias após o parto.

(C) licença de cento e oitenta dias, sem prejuízo do emprego e do salário, e estabilidade no emprego pelo período desde a confirmação da gravidez até cento e vinte dias após o parto.

(D) licença de cinco meses, sem prejuízo do emprego e do salário, e estabilidade no emprego pelo período desde a confirmação da gravidez até cento e vinte dias após o parto.

(E) licença de cento e vinte dias, sem prejuízo do emprego e do salário e, apenas para as empregadas urbanas, estabilidade no emprego pelo período desde a confirmação da gravidez até cinco meses após o parto.

"A" é a opção correta, pois reflete o disposto no art. 7º, XVIII, da CF e art. 10, II, b, do ADCT. Vale lembrar que o art. 1º da Lei 11.770/2008 prevê a possibilidade de prorrogação do período de licença por mais 60 dias.

Gabarito "A"

3.1.3 Digitadores

(Analista – TRT/23ª – 2011 – FCC) Os digitadores

(A) equiparam-se aos trabalhadores nos serviços de mecanografia (datilografia, escrituração ou cálculo), razão pela qual têm direito a intervalos de descanso de 10 minutos a cada 90 minutos de trabalho consecutivo.

(B) não se equiparam aos trabalhadores nos serviços de mecanografia (datilografia, escrituração ou cálculo), tratando-se de categorias distintas com direitos distintos, não havendo qualquer analogia relacionada aos períodos de descanso.

(C) equiparam-se aos trabalhadores nos serviços de mecanografia (datilografia, escrituração ou cálculo), razão pela qual têm direito a intervalos de descanso de 5 minutos a cada 90 minutos de trabalho consecutivo.

(D) equiparam-se aos trabalhadores nos serviços de mecanografia (datilografia, escrituração ou cálculo), razão pela qual têm direito a intervalos de descanso de 15 minutos a cada 120 minutos de trabalho consecutivo.

(E) equiparam-se aos trabalhadores nos serviços de mecanografia (datilografia, escrituração ou cálculo), razão pela qual têm direito a intervalos de descanso de 15 minutos a cada 90 minutos de trabalho consecutivo.

Súmula 346 do TST e art. 72 da CLT.

Gabarito "A".

3.1.4. *Trabalho do Menor, Aprendizagem e Estágio*

(Analista – TRT/6ª – 2012 – FCC) Quanto ao trabalho do menor, nos termos da legislação trabalhista consolidada, é INCORRETO afirmar que

(A) não será permitido ao menor o trabalho nos locais e serviços perigosos ou insalubres, constantes de quadro para esse fim aprovado pela Secretaria de Segurança e Medicina do Trabalho.

(B) quando o menor de 18 (dezoito) anos for empregado em mais de um estabelecimento, as horas de trabalho de cada um serão totalizadas.

(C) é proibido qualquer trabalho a menores de dezesseis anos de idade, salvo na condição de aprendiz, a partir dos quatorze anos.

(D) é lícito ao menor firmar recibo pelo pagamento dos salários, bem como, tratando-se de rescisão do contrato de trabalho, dar quitação ao empregador pelo recebimento da indenização que lhe for devida, sem assistência dos seus responsáveis legais.

(E) se aplica ao menor a vedação do serviço que demande o emprego de força muscular superior a 20 (vinte) quilos para o trabalho continuo, ou 25 (vinte e cinco) quilos para o trabalho ocasional; exceto em caso da remoção de material feita por impulsão ou tração de vagonetes sobre trilhos, de carros de mão ou quaisquer aparelhos mecânicos.

A: correto, nos termos do art. 7º, XXXIII, da CF e do art. 405, I, da CLT (v. art. 441 da CLT); **B:** correto (art. 414 da CLT); **C:** correto (art. 7º, XXXIII, da CF e art. 403 da CLT); **D:** incorreto (devendo ser assinalado), nos termos do art. 439 da CLT; **E:** correto (art. 405, § 5º c/c art. 390 da CLT).

Gabarito "D".

4. TERCEIRIZAÇÃO E TRABALHO TEMPORÁRIO

(Analista Judiciário – TRT/20 – FCC – 2016) A empresa Olimpos Metalúrgica decidiu terceirizar o setor de limpeza contratando os serviços de Atlas Limpadora que forneceu três faxineiras por um período de 10 meses. Após o término do contrato entre as empresas, as três faxineiras foram dispensadas pela empresa Atlas Limpadora, sem receber qualquer indenização rescisória, com 2 meses de salários em atraso e ausência do recolhimento do FGTS do período. Nessa situação, conforme entendimento sumulado pelo TST, sobre a responsabilidade da empresa Olimpos em relação aos direitos das faxineiras, pode-se afirmar que

(A) não haverá qualquer responsabilidade porque não eram empregadas da empresa Olimpos e a terceirização foi regular porque não era objeto de atividade-fim da tomadora.

(B) a responsabilidade será direta e exclusiva, com a formação do vínculo de emprego com a empresa Olimpos, porque a terceirização foi irregular.

(C) a responsabilidade será subsidiária em razão de terceirização regular, alcançando todos os direitos não cumpridos pela empresa empregadora no período.

(D) a responsabilidade será solidária em razão de terceirização irregular, alcançando todos os direitos não cumpridos pela empresa empregadora no período.

(E) a empresa Olimpos responderá de forma subsidiária porque a terceirização foi regular, mas fica restrita apenas a indenização rescisória em razão do rompimento contratual, porque os salários e o FGTS são de responsabilidade exclusiva da empregadora.

"C" é a opção correta. Nos termos do art. 5-A, § 5º, da Lei 6.019/1974, empresa contratante é subsidiariamente responsável pelas obrigações trabalhistas referentes ao período em que ocorrer a prestação de serviços, e o recolhimento das contribuições previdenciária.

Gabarito "C".

(Analista – TRT/11ª – 2012 – FCC) O supermercado Delta terceirizou, de forma regular por meio de contrato, os serviços de vigilância junto à empresa Ajax Serviços. Houve inadimplência das obrigações trabalhistas em relação aos vigilantes. Nesta hipótese, o supermercado Delta

(A) poderá responder de forma solidária pelos débitos trabalhistas da empresa Ajax.

(B) não terá qualquer responsabilidade trabalhista visto que firmou contrato regular de terceirização com a prestadora Ajax.

(C) poderá responder de forma subsidiária ou solidária pelos débitos trabalhistas da empresa Ajax.

(D) poderá responder de forma subsidiária pelos débitos trabalhistas da empresa Ajax.

(E) poderá responder de forma solidária pelos débitos trabalhistas apenas em caso de falência da empresa Ajax.

"D" é a resposta correta. Isso porque trata-se de uma terceirização lícita, art. 4º-A da Lei 6.019/1974. Nessa hipótese, nos termos da súmula 331, item IV, do TST: "o inadimplemento das obrigações trabalhistas, por parte do empregador, implica a responsabilidade subsidiária do tomador dos serviços quanto àquelas obrigações, desde que haja participado da relação processual e conste também do título executivo judicial".

Gabarito "D".

(Analista – TRT9 – 2012 – FCC) Em relação ao trabalho temporário, com fundamento na legislação aplicável, é correto afirmar:

(A) A empresa de trabalho temporário é a pessoa física ou jurídica, urbana ou rural, cuja atividade consiste em colocar à disposição de outras empresas, temporariamente, trabalhadores devidamente qualificados, por ela remunerados e assistidos.

(B) Será nula de pleno direito qualquer cláusula de reserva, proibindo a contratação do trabalhador pela empresa tomadora ou cliente ao fim do prazo em que tenha sido colocado à sua disposição pela empresa de trabalho temporário.

(C) O contrato entre a empresa de trabalho temporário e a empresa tomadora ou cliente, com relação a um mesmo empregado, não poderá exceder de seis meses, salvo mediante autorização do Ministério do Trabalho.

(D) O contrato de trabalho celebrado entre a empresa de trabalho temporário e cada um dos assalariados colocados à disposição da empresa tomadora ou cliente poderá ser celebrado verbalmente ou por escrito, sendo vedada a modalidade de contrato tácito.

(E) A jornada normal de trabalho do temporário não poderá exceder de 6 horas diárias, remuneradas as horas extras com adicional de 20% sobre o valor da hora normal.

A: opção incorreta, pois nos termos do art. 4°, da Lei 6.019/1974 empresa de trabalho temporário é a pessoa jurídica, devidamente registrada no Ministério do Trabalho, responsável pela colocação de trabalhadores à disposição de outras empresas temporariamente. **B:** opção correta, pois reflete o disposto no art. 11, parágrafo único, da Lei 6.019/1974. **C:** opção incorreta, pois nos termos do art. 10, § 1°, da Lei 6.019/1974 o contrato de trabalho temporário, com relação ao mesmo empregador, não poderá exceder ao prazo de cento e oitenta dias, consecutivos ou não. Vale dizer que, além desse prazo o contrato poderá ser prorrogado por até noventa dias, consecutivos ou não, quando comprovada a manutenção das condições que o ensejaram. **D:** opção incorreta, pois o contrato deverá ser obrigatoriamente escrito, nos termos do art. 11 da Lei 6.019/1974. **E:** opção incorreta, pois a jornada de trabalho será de 8 horas diárias e o adicional será de 50% sobre a hora normal, art. 7°, XVI, da CF.

Gabarito "B"

5. JORNADA DE TRABALHO

(Técnico Judiciário – TRT24 – FCC – 2017) Os intervalos intrajornadas são períodos de descanso regularmente concedidos durante a jornada de trabalho, em que o empregado deixa de trabalhar e de estar à disposição do empregador. Com relação aos períodos de descanso, a legislação vigente estabelece:

(A) Em qualquer trabalho contínuo, cuja duração exceda de 6 horas, é obrigatória a concessão de um intervalo para repouso ou alimentação, o qual será, no mínimo, de uma hora e, em qualquer caso, não poderá exceder de duas horas.

(B) Todos os intervalos de descanso serão computados na duração do trabalho.

(C) Nos serviços permanentes de mecanografia (datilografia, escrituração ou cálculo), a cada período de 90 minutos de trabalho consecutivo corresponderá um repouso de 10 minutos deduzidos da duração normal de trabalho.

(D) Será considerado como trabalho efetivo o tempo em que o motorista empregado estiver à disposição do empregador, incluídos os intervalos para refeição, repouso e descanso, e o tempo de espera.

(E) Para os empregados que trabalham no interior das câmaras frigoríficas e para os que movimentam mercadorias do ambiente quente ou normal para o frio e vice-versa, depois de uma hora e 20 minutos de trabalho contínuo, será assegurado um período de 40 minutos de repouso, computado esse intervalo como de trabalho efetivo.

A: opção incorreta, pois nos termos do art. 71 da CLT havendo acordo escrito ou contrato coletivo em contrário, não poderá exceder de 2 (duas) horas. **B:** opção incorreta, pois nos termos do art. 71, § 2°, da CLT os intervalos de descanso não serão computados na duração do trabalho. **C:** opção correta, pois nos termos do art. 72 da CLT, nos serviços permanentes de mecanografia (datilografia, escrituração ou cálculo), a cada período de 90 (noventa) minutos de trabalho consecutivo corresponderá um repouso de 10 (dez) minutos não deduzidos da duração normal de trabalho. **D:** opção incorreta, pois nos termos do art. 235-C, § 1°, da CLT será considerado como trabalho efetivo o tempo em que o motorista empregado estiver à disposição do empregador, excluídos os intervalos para refeição, repouso e descanso e o tempo de espera. **E:** opção incorreta, pois nos termos do art. 253 da CLT para os empregados que trabalham no interior das câmaras frigoríficas e para os que movimentam mercadorias do ambiente quente ou normal para o frio e vice-versa, depois de 1 (uma) hora e 40 (quarenta) minutos de trabalho contínuo, será assegurado um período de 20 (vinte) minutos de repouso, computado esse intervalo como de trabalho efetivo. HC

Gabarito "C"

(Técnico – TRT/16ª – 2015 – FCC) Por meio de acordo escrito, a empresa X acordou com seus empregados, cuja jornada é de 8 horas diárias, que o intervalo para repouso e alimentação será de 1 hora e cinquenta minutos. Carmelita, sócia da empresa, indagou ao departamento jurídico da empresa, afirmando que o horário de intervalo intrajornada não poderia ultrapassar 1 hora por dia. Neste caso, de acordo com a Consolidação das Leis do Trabalho, Carmelita está

(A) correta, uma vez que, o acordo celebrado pelos funcionários não possui validade porque não foi estabelecido em Convenção Coletiva de Trabalho.

(B) incorreta, uma vez que o intervalo para refeição e descanso não poderá ultrapassar uma hora e trinta minutos.

(C) incorreta, uma vez que o referido diploma legal está sendo respeitado.

(D) correta, uma vez que, em qualquer hipótese, o intervalo para repouso e alimentação não poderá ultrapassar uma hora.

(E) correta, uma vez que o intervalo para repouso e alimentação somente poderá ser negociado para redução e nao para o aumento dos sessenta minutos diários.

Carmelita está equivocada, pois de acordo com o art. 71 da CLT em qualquer trabalho contínuo, cuja duração exceda 6 (seis) horas, é obrigatória a concessão de um intervalo para repouso ou alimentação, o qual será, no mínimo, de 1 (uma) hora e, salvo acordo escrito ou contrato coletivo em contrário, não poderá exceder de 2 (duas) horas.

Gabarito "C"

(Técnico – TRT/3ª – 2015 – FCC) Considerando que um empregado trabalhe sob o regime normal de jornada de trabalho de 8 horas diárias e 44 horas semanais, com 1 hora de intervalo para refeição, tendo ele laborado das 13 h até às 22 h de sábado, o primeiro horário em que ele deverá retornar ao local de trabalho será às

(A) 6 h da manhã de domingo.

(B) 10 h da manhã de segunda-feira.

(C) 7 h da manhã de domingo.

(D) 8 h da manhã de segunda-feira.

(E) 9 h da manhã de segunda-feira.

"E" é a resposta correta. Isso porque devemos somar o período de intervalo interjornada de 11 horas esculpido no art. 66 da CLT e, também, o período de 24 horas referente ao descanso semanal remunerado, que ocorrerá, preferencialmente no domingo, direitos estes devidos a todos os trabalhadores. Assim, tendo terminado sua jornada às 22 horas de sábado, deverá retornar ao local de trabalho às 9h da manhã de segunda-feira.

Gabarito "E"

(Analista – TRT/11ª – 2012 – FCC - adaptada) Conforme previsão legal e jurisprudência sumulada do TST, em relação aos períodos de repousos e suas consequências, é INCORRETO afirmar que

(A) poderão ser concedidas férias coletivas a todos os empregados de uma empresa ou de determinados estabelecimentos ou setores da empresa que poderão ser gozadas em dois períodos anuais desde que nenhum deles seja inferior a dez dias corridos.

(B) não terá direito a férias o empregado que, no curso do período aquisitivo, deixar o emprego e não for readmitido dentro de sessenta dias subsequentes à sua saída ou se afastar do serviço, com percepção de auxílio-doença por mais de seis meses, embora descontínuos.

(C) o limite mínimo de uma hora para repouso ou refeição poderá ser reduzido por ato do Ministério do Trabalho, ainda que os empregados estiverem sob regime de trabalho prorrogado a horas suplementares.

(D) entre duas jornadas de trabalho haverá um período mínimo de onze horas consecutivas para descanso.

A: opção correta, pois reflete o disposto no art. 139, *caput* e § 1º, da CLT. **B:** opção correta, pois reflete o disposto no art. 133, I, da CLT. **C:** opção incorreta, devendo ser assinalada, pois de acordo com a parte final do art. 71, § 3º, da CLT, não poderão os empregados estar sob regime de trabalho prorrogado a horas suplementares. **D:** opção correta, pois refere-se ao intervalo interjornada, previsto no art. 66 da CLT.

Gabarito "C"

(Analista – TRT9 – 2012 – FCC) Em relação ao intervalo para repouso e alimentação, é INCORRETO afirmar:

(A) Em qualquer trabalho contínuo cuja duração exceda de seis horas, é obrigatória a concessão de um intervalo de no mínimo uma hora e, salvo acordo escrito ou contrato coletivo em contrário, de no máximo duas horas.

(B) Não excedendo de seis horas o trabalho, será obrigatório um intervalo de quinze minutos quando a duração ultrapassar de quatro horas.

(C) A não concessão do intervalo para repouso e alimentação implica em mera sanção administrativa, com imposição de multa ao empregador.

(D) Os intervalos para repouso e alimentação previstos na Consolidação das Leis do Trabalho não serão computados na duração do trabalho.

(E) O trabalho em horas extras pelos empregados impede a redução do intervalo dos mesmos para período inferior a uma hora.

A: opção correta, pois reflete o disposto no art. 71 da CLT. **B:** opção correta, pois reflete o disposto no art. 71, § 1º, da CLT. **C:** opção incorreta, a não concessão ou a concessão parcial do intervalo intrajornada mínimo, para repouso e alimentação, a empregados urbanos e rurais, implica o pagamento, de natureza indenizatória, apenas do período suprimido, com acréscimo de 50% (cinquenta por cento) sobre o valor da remuneração da hora normal de trabalho. (art. 71, § 4º, da CLT). **D:** opção correta, pois reflete o disposto no art. 71, § 2º, da CLT. **E:** opção correta, pois reflete o disposto no art. 71, § 3º, da CLT.

Gabarito "C"

(Analista – TRT/1ª – 2012 – FCC) Em relação ao intervalo para repouso e alimentação é INCORRETO afirmar:

(A) Em qualquer trabalho que exceda de seis horas, será concedido intervalo para repouso e alimentação de, no mínimo, uma hora e, no máximo, duas horas.

(B) Não excedendo de seis horas o trabalho, será obrigatório um intervalo de quinze minutos.

(C) Quando o intervalo para repouso e alimentação não for concedido pelo empregador, este deverá remunerar o período correspondente com um acréscimo de no mínimo cinquenta por cento sobre o valor da remuneração da hora normal de trabalho.

(D) Quando o intervalo para repouso e alimentação não for concedido pelo empregador, este deverá remunerar o período correspondente com um acréscimo de no mínimo vinte por cento sobre o valor da remuneração da hora normal de trabalho.

(E) Os intervalos de descanso não serão computados na duração do trabalho.

A: opção correta, pois reflete o disposto no art. 71 da CLT. **B:** opção correta, pois reflete o disposto no art. 71, § 1º, da CLT. **C:** opção correta, pois nos termos do art. 71, § 4º da CLT a não concessão ou a concessão parcial do intervalo intrajornada mínimo, para repouso e alimentação, a empregados urbanos e rurais, implica o pagamento, de natureza indenizatória, apenas do período suprimido, com acréscimo de 50% (cinquenta por cento) sobre o valor da remuneração da hora normal de trabalho.. **D:** opção incorreta, devendo ser assinalada, pois nos termos do art. 71, § 4º, da CLT o adicional será de 50%. **E:** opção correta, pois reflete o disposto no art. 71, § 2º, da CLT.

Gabarito "D"

Analista – TRT/6ª – 2012 – FCC) Em relação à jornada de trabalho e períodos de descanso previstos na Consolidação das Leis do Trabalho, é correto afirmar que:

(A) Entre duas jornadas de trabalho haverá um período mínimo de onze horas consecutivas para descanso.

(B) Não serão descontadas nem computadas como jornada extraordinária as variações de horário no registro de ponto não excedentes de dez minutos, observado o limite máximo de vinte minutos diários.

(C) Em qualquer trabalho contínuo, cuja duração não exceda de seis horas, será obrigatório um intervalo para repouso ou alimentação de trinta minutos quando a duração ultrapassar quatro horas.

(D) Em qualquer trabalho contínuo, cuja duração exceda de seis horas, será obrigatório um intervalo para repouso ou alimentação de uma hora no mínimo, que poderá ser reduzido por acordo individual entre empregado e empregador.

(E) A duração normal do trabalho poderá ser acrescida de horas suplementares, em número não excedente de três por dia, mediante acordo escrito entre empregador e empregado, ou mediante contrato coletivo de trabalho.

A: correto (art. 66 da CLT); **B:** incorreto (art. 58, § 1º, da CLT e súmula 366 do TST); **C:** incorreto (art. 71, *caput* e § 1º, da CLT); **D:** incorreto (art. 71, § 3º, da CLT) Veja art. 611-A, III, da CLT; **E:** incorreto (art. 59 da CLT).

Gabarito "A"

(Técnico – TRT/11ª – 2012 – FCC) De acordo com previsão da Constituição Federal brasileira e da CLT, em relação à duração do trabalho é correto afirmar que

(A) a duração do trabalho normal não poderá ser superior a 8 horas diárias e 40 horas semanais, não sendo facultada a compensação de horários.

(B) a duração do trabalho normal não poderá ser superior a 8 horas diárias e 48 horas semanais, sendo facultada a compensação de horários.

(C) será considerado trabalho noturno para o trabalhador urbano aquele executado entre às 22 horas de um dia e às 5 horas do dia seguinte.

(D) será considerado horário noturno para o trabalhador urbano aquele executado entre às 21 horas de um dia e às 4 horas do dia seguinte.

(E) para a jornada diária de trabalho contínuo superior a 4 horas e não excedente a 6 horas o intervalo obrigatório será de, no mínimo, uma hora e, salvo acordo escrito ou contrato coletivo em contrário, não poderá exceder de duas horas.

A e **B**: incorretas, CF, art. 7º, XIII; **C:** correta, art. 73, § 2º, da CLT; **D**: incorreta, art. 73, § 2º, da CLT; **E**: incorreta, art. 71, § 1º, da CLT.

Gabarito "C"

(Técnico – TRT/6ª – 2012 – FCC) Atena é empregada da empresa "AFA", possuindo jornada diária de trabalho de 6 horas. Ela cumpre regularmente a sua jornada, não ultrapassando estas 6 horas diárias. Neste caso, prevê a Consolidação das Leis do Trabalho que Atena terá intervalo para repouso e alimentação de

(A) no mínimo trinta minutos.

(B) trinta minutos.

(C) no mínimo sessenta minutos.

(D) no máximo sessenta minutos.

(E) quinze minutos.

CLT, art. 71, § 1º.

Gabarito "E"

(Técnico – TRT/6ª – 2012 – FCC) Na hipótese de se estabelecer jornada de oito horas, por meio de regular negociação coletiva, os empregados submetidos a turnos ininterruptos de revezamento

(A) têm direito ao pagamento da 7ª e 8ª horas com acréscimo de, no mínimo, 60% sobre a hora normal.

(B) têm direito ao pagamento da 7ª e 8ª horas com acréscimo de 50% sobre a hora normal.

(C) não têm direito ao pagamento da 7ª e 8ª horas como horas extras.

(D) têm direito ao pagamento da 8ª hora com acréscimo de 30% sobre a hora normal.

(E) têm direito ao pagamento da 8ª hora com acréscimo de, no mínimo, 50% sobre a hora normal.

Súmula 423 do TST.

Gabarito "C"

6. TRABALHO NOTURNO (INCLUSIVE, ADICIONAL NOTURNO)

(Técnico – TRT/19ª – 2015 – FCC) A remuneração do trabalho noturno é superior em 20% à do diurno, em decorrência

(A) de Convenção Coletiva de Trabalho.

(B) de Sentença Normativa.

(C) de previsão legal.

(D) do plano de cargos e salários da empresa.

(E) de negociação direta entre empregado e empregador.

A CF prevê em seu art. 7º, IX remuneração do trabalho noturno superior à do diurno. A CLT, todavia, leciona em seu art. 73 que o trabalho noturno terá remuneração superior a do diurno e, para esse efeito, sua remuneração terá um acréscimo de 20 % (vinte por cento), pelo menos, sobre a hora diurna

Gabarito "C"

(Analista – TRT/6ª – 2012 – FCC) Conforme previsão contida na Consolidação das Leis do Trabalho, para o trabalhador urbano considera-se noturno o trabalho executado entre as

(A) 21 (vinte e uma) horas de um dia e as 5 (cinco) horas do dia seguinte.

(B) 20 (vinte) horas de um dia e as 4 (quatro) horas do dia seguinte.

(C) 22 (vinte e duas) horas de um dia e as 5 (cinco) horas do dia seguinte.

(D) 20 (vinte) horas de um dia e as 5 (cinco) horas do dia seguinte.

(E) 21 (vinte e uma) horas de um dia e as 6 (seis) horas do dia seguinte.

Art. 73, § 2º, da CLT.

Gabarito "C"

(Técnico – TRT/6ª – 2012 – FCC) Héstia é empregada da Lanchonete "ABA" e trabalha como balconista, possuindo horário de trabalho no período noturno, das 22 às 5 horas. A Lanchonete "ABA" é frequentada por consumidores que normalmente voltam de outras programações noturnas, tendo em vista que a lanchonete possui horário de funcionamento até às 5 horas. Porém, a Lanchonete só encerra suas atividades após o atendimento do último cliente. Assim, Héstia frequentemente estende seu horário de trabalho até às 6 horas. Neste caso,

(A) será devido o adicional noturno também sobre a hora prorrogada uma vez que Héstia cumpre seu horário de trabalho integralmente no horário noturno.

(B) não será devido o adicional noturno sobre a hora prorrogada uma vez que, de acordo com a CLT, a hora noturna é das 22 às 5 horas, sendo considerada a hora como 52 minutos e 30 segundos.

(C) não será devido o adicional noturno sobre a hora prorrogada uma vez que, de acordo com a CLT, a hora noturna é das 22 às 5 horas, sendo considerada a hora como 55 minutos e 50 segundos.

(D) só será devido o adicional noturno também sobre a hora prorrogada, se houver expressa previsão contratual neste sentido e previsão em norma coletiva.

(E) não será devido o adicional noturno sobre a hora prorrogada, uma vez que é expressamente proibido o trabalho extraordinário para empregado que possui jornada de trabalho integral em horário noturno.

Súmula 60, II, do TST.

Gabarito "A"

7. REPOUSO SEMANAL REMUNERADO

(Analista Judiciário – TRT/11 – FCC – 2017) Considere as seguintes situações hipotéticas: Marta é empregada vendedora comissionista da loja X situada no interior do Shopping Y. Sua irmã, Gabriela, é vendedora comissionista pracista da fábrica de remédios Z. Nestes casos, de acordo com o entendimento Sumulado do TST, é devida a remuneração do repouso semanal

(A) e dos dias feriados apenas para Marta.
(B) e dos dias feriados apenas para Gabriela.
(C) para Marta e Gabriela e dos dias feriados apenas para Marta.
(D) para Marta e Gabriela, sendo que os feriados não são remunerados, tendo em vista que já recebem comissões pelas vendas efetuadas nestes dias.
(E) e dos dias feriados para Marta e Gabriela.

"E" é a opção correta. Isso porque, em conformidade com a súmula 27 do TST é devida a remuneração do repouso semanal e dos dias feriados ao empregado comissionista, ainda que pracista.

Gabarito "E"

(Técnico Judiciário – TRT9 – 2012 – FCC) De acordo com previsão constitucional, o descanso semanal remunerado deve ser concedido

(A) alternativamente aos sábados e aos domingos.
(B) exclusivamente aos domingos.
(C) preferencialmente aos domingos.
(D) preferencialmente aos sábados.
(E) preferencialmente aos domingos, salvo em semana

Nos termos do art. 7º, XV, da CF o repouso semanal remunerado será preferencialmente aos domingos. Nesse mesmo sentido, dispõe o art. 1º da Lei 605/1949. Vale lembrar, contudo, que nos termos do parágrafo único do art. 6º da Lei 11.603/2007, nas atividades do comércio em geral, observada a legislação municipal, o repouso semanal remunerado deverá coincidir, pelo menos uma vez no período máximo de três semanas, com o domingo, respeitadas as demais normas de proteção ao trabalho e outras a serem estipuladas em negociação coletiva.

Gabarito "C"

8. FÉRIAS

(Analista Judiciário – TRT/24 – FCC – 2017) Durante o período aquisitivo das férias 2016/2017, Perseu ausentou-se do serviço por 1 dia para acompanhar filho de cinco anos em consulta médica, por 2 dias consecutivos em razão de falecimento do seu irmão e 2 dias realizando exame vestibular para ingresso em estabelecimento de ensino superior. Nessa situação hipotética, em relação ao referido período Perseu terá direito ao gozo de férias na seguinte proporção:

(A) 18 dias corridos.
(B) 20 dias corridos
(C) 30 dias corridos
(D) 24 dias corridos
(E) 25 dias corridos.

"C" é a opção correta. Isso porque, nos termos do art. 473, XI (por 1 (um) dia por ano para acompanhar filho de até 6 (seis) anos em consulta médica), I (até 2 (dois) dias consecutivos, em caso de falecimento do irmão e VII (nos dias em que estiver comprovadamente realizando provas de exame vestibular para ingresso em estabelecimento de ensino superior) constituem motivos justificáveis de falta, o que não interferirá em seu período de férias disposto no art. 130 da CLT.

Gabarito "C"

(Técnico Judiciário – TRT24 – FCC – 2017) As férias têm por objetivo a preservação da saúde e da integridade física do empregado, na medida em que o repouso a ser usufruído nesse período visa a recuperar as energias gastas e permitir que o trabalhador retorne ao serviço em melhores condições físicas e psíquicas. Segundo a legislação,

(A) na dispensa por justa causa, o empregado perde o direito de receber as férias vencidas, acrescidas de 1/3.
(B) o empregado que, no período aquisitivo, deixar o emprego e não for readmitido dentro de 60 dias subsequentes à sua saída não terá direito às férias.
(C) o tempo de trabalho anterior à apresentação do empregado para serviço militar obrigatório será computado no período aquisitivo, desde que ele compareça ao estabelecimento dentro de 60 dias da data em que se verificar a respectiva baixa.
(D) a concessão das férias será participada, por escrito, ao empregado, com antecedência de, no mínimo, 15 dias. Dessa participação o interessado dará recibo.
(E) os membros de uma família, que trabalharem no mesmo estabelecimento ou empresa, terão direito a gozar férias no mesmo período, se assim o desejarem e mesmo que isto resulte prejuízo para o serviço, vez que o empregador deve assumir os riscos do seu próprio negócio.

A: opção incorreta, pois nos termos da súmula 171 do TST em caso de demissão por justa causa o empregador perderá o direito às férias proporcionais. **B:** opção correta, pois reflete a disposição do art. 133, I, da CLT. **C:** opção incorreta, pois nos termos do art. 132 da CLT o tempo de trabalho anterior à apresentação do empregado para serviço militar obrigatório será computado no período aquisitivo, desde que ele compareça ao estabelecimento dentro de 90 (noventa) dias da data em que se verificar a respectiva baixa. **D:** opção incorreta, pois nos termos do art. 135 da CLT a comunicação será de no mínimo 30 dias. **E:** opção incorreta, pois nos termos do art. 136, § 1º, da CLT os membros de uma família, que trabalharem no mesmo estabelecimento ou empresa, terão direito a gozar férias no mesmo período, se assim o desejarem e se disto não resultar prejuízo para o serviço. HC

Gabarito "B"

(Técnico Judiciário – TRT20 – FCC – 2016) Plutão, empregado da Construtora Piramidal Olímpica S/A, foi convocado e prestou o serviço militar compulsório. Nesse caso, sobre a suspensão do período aquisitivo de férias durante o período correspondente à prestação de serviço militar obrigatório, é correto afirmar:

(A) Haverá suspensão, desde que ele retorne ao emprego nos 90 dias seguintes à cessação do serviço militar obrigatório.
(B) Haverá suspensão, desde que ele compareça ao esta-

belecimento no prazo de 60 dias, contados da data em que se verificar sua baixa.

(C) Não haverá suspensão, porque não há previsão legal para suspensão de período aquisitivo de férias, mas apenas de interrupção.

(D) A suspensão depende de haver previsão em norma coletiva da categoria, porque não há previsão legal para esta suspensão.

(E) Haverá suspensão, desde que ele se apresente dentro do período aquisitivo de gozo relativo ao período concessivo que se pretende a suspensão.

"A" é a alternativa correta. Isso porque, nos termos do art. 132 da CLT o tempo de trabalho anterior à apresentação do empregado para serviço militar obrigatório será computado no período aquisitivo, desde que ele compareça ao estabelecimento dentro de 90 (noventa) dias da data em que se verificar a respectiva baixa. HC

Gabarito "A"

(Analista – TRT/3ª – 2015 – FCC) Quanto à remuneração a ser paga no período de férias,

(A) o empregado não receberá salário, pois nesse período houve o afastamento do exercício de sua atividade laboral.

(B) no salário pago por tarefa, para fins de apuração do valor das férias, toma-se a média da produção no período aquisitivo, aplicando-se o valor da tarefa do mês imediatamente anterior à concessão das férias.

(C) para o salário pago por porcentagem, a remuneração das férias será apurada pela média do que foi percebido nos doze meses que precederem à concessão das férias.

(D) no salário pago por hora, com jornadas variáveis, a remuneração das férias será a média dos últimos seis meses, aplicando-se o valor do salário vigente na data da sua apuração.

(E) a parte do salário paga em utilidades não será computada no valor das férias.

A: incorreta, pois o período de férias é remunerado, em conformidade com os arts. 129 e 142 da CLT. Veja art. 7º, XVII, CF. **B:** incorreta, pois nos termos do art. 142, § 2º, da CLT no salário pago por tarefa terá por base a media da produção no período aquisitivo do direito a férias, aplicando-se o valor da remuneração da tarefa na data da concessão das férias. **C:** correta, pois reflete o disposto no art. 142, § 3º, da CLT. **D:** incorreta, pois no salário pago por hora apurar-se-á a média do período aquisitivo, aplicando-se o valor do salário na data da concessão das férias. **E:** incorreta, pois a parte do salário paga em utilidades será computada no valor das férias, nos termos do art. 142, § 4º, da CLT.

Gabarito "C"

(Técnico – TRT/3ª – 2015 – FCC) É parcela que repercute no cálculo das férias acrescidas de 1/3 do empregado:

(A) abono e rendimento do PIS/PASEP.

(B) salário-família pago no valor previsto em lei.

(C) adicional de horas extras recebidas habitualmente.

(D) participação nos lucros ou resultados.

(E) diárias para viagem que não excedam de 50% do salário percebido pelo empregado e não se sujeitam à prestação de contas.

A: opção incorreta, pois o abano e rendimento do PIS/PASEP por não ser pelo empregador como contraprestação ao serviços prestados, não possui natureza salarial, mas sim de verba de direito público, na medida em que provém de um fundo de natureza pública. Ademais, o abono e rendimento do PIS/PASEP não integram o salário de contribuição do empregado, art. 28, § 9º, alínea "I", da Lei 8.212/91. **B**: opção incorreta, pois o salário-família possui natureza jurídica de benefício previdenciário, art. 7º, XII, CF. Veja arts. 65 a 70 da Lei 8.213/91. **C**: opção correta, pois as horas extras são pagas pelo empregador como contraprestação pelos serviços prestados. Ademais, de acordo com o entendimento disposto nas súmulas 347 e 376, II, do TST as horas extras habituais repercutirão em todas as verbas trabalhistas, dentre elas as férias. **D**: opção incorreta, pois a participação nos lucros e resultados não possui natureza salarial, nos termos do art. 3º da Lei 10.101/2000. **E**: opção incorreta, pois as diárias para viagem que não excedam de 50% do salário percebido pelo empregado, para que não integrem o salário do obreiro devem se sujeitar à prestação de contas.

Gabarito "C"

(Técnico – TRT/19ª – 2015 – FCC) Sobre férias:

(A) Poderão ser gozadas em até 3 períodos, desde que nenhum deles seja inferior a uma semana.

(B) O empregado estudante tem direito a fazer coincidir suas férias com as escolares, independentemente da sua idade.

(C) O empregado pode trocá-la, integralmente, por dinheiro.

(D) A concessão deve ser avisada pelo empregador ao Ministério do Trabalho e aos empregados envolvidos.

(E) É do empregador o direito de escolher o período de concessão, desde que o faça no período concessivo correto, sob pena de ter que remunerá-las em dobro.

A: incorreta, pois nos termos do art. 134, § 1º, da CLT desde que haja concordância do empregado, as férias poderão ser usufruídas em até três períodos, sendo que um deles não poderá ser inferior a quatorze dias corridos e os demais não poderão ser inferiores a cinco dias corridos, cada um.. **B:** incorreta, pois nos termos do art. 136, § 2º, da CLT o empregado estudante, menor de 18 (dezoito) anos, terá direito a fazer coincidir suas férias com as férias escolares. **C:** incorreta, pois nos termos do art. 143 da CLT é facultado ao empregado converter, somente, 1/3 (um terço) do período de férias a que tiver direito em abono pecuniário. **D:** incorreta, pois nos termos do art. 135 da CLT a concessão das férias será participada, por escrito, ao empregado, com antecedência de, no mínimo, 30 (trinta) dias. **E:** correta, pois de acordo com o art. 136 da CLT A época da concessão das férias será a que melhor consulte os interesses do empregador.

Gabarito "E"

(Analista – TRT/16ª – 2014 – FCC) Considere as seguintes hipóteses:

I. Vilma deixou seu emprego, porém foi readmitida no quadragésimo quinto dia subsequente à sua saída.

II. Katia permaneceu em gozo de licença, com percepção de salários, por mais de 45 dias.

III. Manoela percebeu da Previdência Social prestações de acidente de trabalho por 45 dias contínuos.

IV. Berenice percebeu da Previdência Social prestações de auxílio-doença por 45 dias descontínuos.

Nestes casos, considerando que Vilma, Katia, Manoela e Berenice são empregadas da empresa XXX Ltda., de acordo com a Consolidação das Leis do Trabalho, terão direito a férias

(A) Vilma, Katia, Manoela e Berenice.

(B) Manoela e Berenice, apenas.

(C) Vilma, Manoela e Berenice, apenas.

(D) Katia e Manoela, apenas.
(E) Katia e Berenice, apenas.

Isso porque Vilma terá direito às férias. Somente perderia seu direito caso deixasse o emprego e não fosse readmitida depois de 60 dias, art. 133, I, CLT. Katia por ter permanecido em gozo de licença, com percepção de salários, por mais de 30 dias, perderá o direito às férias, art. 133, II, da CLT. Já Manoela que percebeu da Previdência Social prestações de acidente de trabalho por 45 dias contínuos fará jus às férias. Somente perderia tal direito caso o período fosse superior a 6 meses, art. 133, IV, da CLT. Da mesma forma e pelos mesmos fundamentos legais Berenice, que recebeu da Previdência Social prestações de auxílio-doença por 45 dias descontínuos terá direito às férias.
Gabarito "C"

(Analista – TRT/2ª – 2014 – FCC) Perderá o direito a férias o empregado que, no curso do período aquisitivo,

(A) deixar o emprego e não for readmitido nos 60 dias posteriores à sua saída.
(B) prestar serviço militar obrigatório por período superior a 6 meses.
(C) deixar de trabalhar, com percepção de salários, por mais de 60 dias, em virtude de paralisação parcial ou total dos serviços da empresa, desde que tal paralisação tenha decorrido de força maior.
(D) tiver percebido da Previdência Social prestações de acidente do trabalho ou de auxílio-doença por mais de 6 meses, desde que contínuos.
(E) usufruir de licença remunerada, qualquer que seja o período de duração da mesma.

A: correta, pois reflete o disposto no art. 133, I, CLT. **B:** incorreta, pois nos termos do art. 132 da CLT, a prestação de serviço militar obrigatório corresponde a uma hipótese de suspensão do contrato de trabalho, não sendo devidos salários pelo empregador. No entanto, alguns efeitos do contrato são mantidos, dentre eles o cômputo do tempo de trabalho anterior à apresentação do empregado para serviço militar obrigatório no período aquisitivo para apuração das férias, desde que ele compareça ao estabelecimento dentro de 90 (noventa) dias da data em que se verificar a respectiva baixa (art. 132 da CLT). **C:** incorreta, pois de acordo com o art. 133, III, da CLT o período de paralisação superior a 30 dias não necessita ter ocorrido por motivo de força maior. **D:** incorreta, pois nos termos do art. 133, IV, da CLT o citado período pode ser descontínuo. **E:** incorreta, pois nos termos do art. 133, II, da CLT perderá o direito de férias o empregado que permanecer em gozo de licença, com percepção de salários, por mais de 30 (trinta) dias.
Gabarito "A"

(Analista – TRT/6ª – 2012 – FCC) No lojinha "Xérox e companhia" trabalham desde 2008 apenas duas empregadas, Loira e Linda, que são, respectivamente, mãe e filha. De acordo com a Consolidação das Leis do Trabalho, Loira e Linda

(A) não terão direito de gozar férias no mesmo período, em razão do evidente prejuízo para o serviço.
(B) terão direito de gozar férias no mesmo período uma vez que são membros da mesma família.
(C) só terão direito de gozar férias no mesmo período quando completarem cinco anos de serviço para a mesma empresa.
(D) só terão direito de gozar férias no mesmo período se Linda for estudante de ensino médio ou superior.
(E) só terão direito de gozar férias no mesmo período se Loira possuir mais de sessenta anos de idade.

"A" é a opção correta. Isso porque o art. 136, § 1º, da CLT determina que os membros de uma família, que trabalharem no mesmo estabelecimento ou empresa, terão direito a gozar férias no mesmo período, se assim o desejarem e se disto não resultar prejuízo para o serviço. Por serem as duas únicas funcionárias da loja, o prejuízo é manifesto, o que impossibilita o gozo de férias no mesmo período.
Gabarito "A"

(Analista – TRT/11ª – 2012 – FCC) O empregado, no período aquisitivo de férias, faltou quatro dias seguidos em razão de falecimento da sua mãe, oito dias seguidos para celebrar seu casamento e de lua de mel, dois dias para doação voluntária de sangue. No período concessivo respectivo, ele terá direito a usufruir de

(A) 24 dias de férias.
(B) 30 dias de férias.
(C) 18 dias de férias.
(D) 16 dias de férias.
(E) somente 15 dias de férias em razão do excesso de faltas.

Art. 130, II, da CLT c/c arts. 131, I, e 473, I, II e IV, da CLT.
Gabarito "A"

(Técnico Judiciário – TRT9 – 2012 – FCC) O empregado tem direito ao gozo de férias

(A) anuais remuneradas com, pelo menos, dois terços a mais do que o salário normal.
(B) semestrais remuneradas com, pelo menos, dois terços a mais do que o salário normal.
(C) anuais remuneradas com, pelo menos, um terço a mais do que o salário normal.
(D) anuais remuneradas com, pelo menos, metade a mais do que o salário normal.
(E) semestrais remuneradas com, pelo menos, um terço a mais do que o salário normal.

"C" é a resposta correta, pois nos termos do art. 7º, XVII, da CF é assegurado a todo empregado o gozo de férias anuais remuneradas com, pelo menos, 1/3 (um terço) a mais do que o salário normal.
Gabarito "C"

9. REMUNERAÇÃO, SALÁRIO E RESSARCIMENTOS

(Analista Judiciário – TRT/11 – FCC – 2017) Carlos é empregado da empresa DCD Ltda. Ele recebe adicional de periculosidade em razão da atividade desenvolvida na empresa. Exatamente em razão desta atividade Carlos também é remunerado pelas horas que permanece de sobreaviso em sua residência, porém, na remuneração destas horas de sobreaviso a empresa paga sem a integração do adicional de periculosidade. Neste caso, de acordo com o entendimento Sumulado do TST, a empresa empregadora efetua o pagamento de forma

(A) incorreta se as horas de sobreaviso ultrapassam dez horas durante um mês, uma vez que, somente neste caso, haverá integração do adicional de periculosidade sobre as horas de sobreaviso.
(B) incorreta uma vez que a integração do adicional de periculosidade sobre as horas de sobreaviso é sempre devido, em razão da atividade desenvolvida pelo empregado.

(C) incorreta se as horas de sobreaviso ultrapassam quinze horas durante um mês, uma vez que, somente neste caso, haverá integração do adicional de periculosidade sobre as horas de sobreaviso.

(D) correta uma vez que Carlos não se encontra em condições de risco, razão pela qual é incabível a integração do adicional de periculosidade sobre as horas de sobreaviso.

(E) incorreta se as horas de sobreaviso ultrapassam vinte horas durante um mês, uma vez que, somente neste caso, haverá integração do adicional de periculosidade sobre as horas de sobreaviso.

"D" é a opção correta. Nos termos da súmula 132 do TST durante as horas de sobreaviso, o empregado não se encontra em condições de risco, razão pela qual é incabível a integração do adicional de periculosidade sobre as mencionadas horas.

Gabarito "D"

(Analista Judiciário – TRT/11 – FCC – 2017) Mário presta serviços como entregador de carnes no Frigorífico "ABC" Ltda e, numa sexta-feira no final do dia, teve que estender sua jornada de trabalho para descarregar a mercadoria do caminhão e colocá-la na câmara fria, sob pena de perda irreparável do produto, sendo considerado um serviço inadiável. Neste caso, de acordo com a Consolidação das Leis do Trabalho, a prestação de horas extras

(A) poderá ocorrer independentemente da existência de acordo ou contrato coletivo e deverá ser comunicado, dentro de dez dias, à autoridade competente em matéria de trabalho, ou, antes desse prazo, justificado no momento da fiscalização sem prejuízo dessa comunicação.

(B) não poderá ocorrer sem a existência de acordo ou contrato coletivo, devendo o empregador contratar prestadores de serviços para fazê-lo.

(C) poderá ocorrer independentemente da existência de acordo ou contrato coletivo, entretanto o adicional a ser pago é de no mínimo 100% sobre a hora normal de trabalho.

(D) não poderá ocorrer sem a existência de acordo ou contrato coletivo, podendo o empregador solicitar os serviços de Mário, que poderá ou não aceitar a prestação dos serviços, já que não é obrigada pelo contrato de trabalho a fazê-lo.

(E) poderá ocorrer independentemente da existência de acordo ou contrato coletivo e deverá ser comunicado, dentro de noventa dias, à autoridade competente em matéria de trabalho, ou, antes desse prazo, justificado no momento da fiscalização sem prejuízo dessa comunicação.

A"A é a opção correta. Nos termos do art. 61, § 1º, da CLT o excesso, nos casos deste artigo, poderá ser exigido independentemente de acordo ou contrato coletivo e deverá ser comunicado, dentro de 10 (dez) dias, à autoridade competente em matéria de trabalho, ou, antes desse prazo, justificado no momento da fiscalização sem prejuízo dessa comunicação.

Gabarito "A"

(Técnico Judiciário – TRT11 – FCC – 2017) Considere:

I. Habitação não excedendo a 35% do salário contratual.
II. Educação, em estabelecimento de ensino próprio.
III. Educação, em estabelecimento de ensino de terceiros.
IV. Previdência privada.

De acordo com a Consolidação das Leis do Trabalho, NÃO serão consideradas como salário as utilidades concedidas pelo empregador indicadas APENAS em

(A) I, II e III.
(B) II, III e IV.
(C) I, III e IV.
(D) I e III.
(E) II e IV.

I: opção incorreta, pois nos termos do art. 458, § 3º, da CLT habitação não poderá exceder 25% do salário-contratual. **II**: opção correta, pois reflete a disposição do art. 458, § 2º, II, da CLT. **III**: opção correta, pois reflete a disposição no art. 458, § 2º, II, da CLT. **IV**; opção correta, pois reflete a disposição do art. 458, § 2º, VI, da CLT. HC

Gabarito "B"

(Analista Judiciário – TRT/20 – FCC – 2016) Juno trabalhou por oito meses como vigilante bancário, exercendo atividades que, por sua natureza ou métodos de trabalho, implicavam risco acentuado pela exposição permanente a roubos ou outras espécies de violência física nas atividades profissionais de segurança patrimonial. Nessa situação, Juno fará jus a adicional de

(A) insalubridade no valor de 30% da remuneração global, incluindo os acréscimos decorrentes de gratificações e prêmios.

(B) periculosidade no importe de 10%, 20% ou 40% do salário mínimo, conforme o grau de risco da exposição verificado em perícia de engenheiro ou médico do trabalho.

(C) penosidade no importe de 10%, 20% ou 40% do salário básico, conforme o grau de risco da exposição verificado em perícia de engenheiro ou médico do trabalho.

(D) periculosidade no importe de 30% sobre o salário básico, mas sem descontar ou compensar deste adicional outros da mesma natureza eventualmente já concedidos ao vigilante por meio de acordo coletivo.

(E) periculosidade no valor de 30% sobre o salário sem os acréscimos resultantes de gratificações, prêmios ou participações nos lucros da empresa.

"E" é a opção correta. Nos termos do art. 193, II, da CLT são consideradas atividades ou operações perigosas, aquelas que, por sua natureza ou métodos de trabalho, impliquem risco acentuado em virtude de exposição permanente do trabalhador a roubos ou outras espécies de violência física nas atividades profissionais de segurança pessoal ou patrimonial. Assim, em conformidade com o § 1º do citado dispositivo, o trabalho em condições de periculosidade assegura ao empregado um adicional de 30% (trinta por cento) sobre o salário sem os acréscimos resultantes de gratificações, prêmios ou participações nos lucros da empresa.

Gabarito "E"

(Técnico Judiciário – TRT20 – FCC – 2016) Dentre os direitos dos trabalhadores urbanos e rurais inseridos no artigo 7º da Constituição Federal do Brasil de 1988, com objetivo de garantir e aprimorar a sua condição social, está

(A) a assistência gratuita aos filhos e dependentes desde o nascimento até sete anos de idade em creches e pré-escolas.

(B) o salário-família pago em razão do dependente do trabalhador de baixa renda, nos termos da lei.

(C) o repouso semanal remunerado, obrigatoriamente aos domingos, salvo determinação diversa ajustada em convenção coletiva de trabalho em razão da especificidade da atividade.

(D) a participação nos lucros, ou resultados, vinculada a remuneração e, obrigatoriamente, na gestão das empresas com mais de duzentos empregados.

(E) a proibição de trabalho noturno, perigoso ou insalubre a menores de dezesseis e de qualquer trabalho a menores de quatorze anos, salvo na condição de aprendiz, a partir de doze anos.

A: opção incorreta, pois nos termos do art. 7º, XXV, da CF assegura-se assistência gratuita aos filhos e dependentes desde o nascimento até 5 (cinco) anos de idade em creches e pré-escolas. **B:** opção correta, pois reflete a disposição do art. 7º, XII, da CF. **C:** opção incorreta, pois o repouso semanal será preferencialmente aos domingos, art. 7º, XV, da CF. **D:** opção incorreta, pois nos termos do art. 7º, XI, da CF é assegurada a participação nos lucros, ou resultados, desvinculada da remuneração, e, excepcionalmente, participação na gestão da empresa. **E:** opção incorreta, pois nos termos do art. 7º, XXXIII, da CF é direito de todo trabalhador proibição de trabalho noturno, perigoso ou insalubre a menores de dezoito e de qualquer trabalho a menores de dezesseis anos, salvo na condição de aprendiz, a partir de quatorze anos.

Gabarito "B"

(Procurador do Estado – PGE/MT – FCC – 2016) Arquimedes laborou como vendedor da Metalúrgica Gregos e Troianos Ltda., tendo sido dispensado no dia 10/10/2015. Para o desempenho das suas funções utilizava veículo da empresa. Em seu contrato de trabalho, não havia qualquer previsão a respeito de desconto por eventuais danos que causasse pela utilização do veículo da empresa. Recebia salário fixo e comissões sobre as vendas efetuadas. Dois meses antes de ser dispensado efetuou uma venda em dez parcelas, sendo que recebeu as comissões devidas por cada parcela quitada até a sua rescisão. Ao retornar desta venda, bateu o veículo da empresa, tendo sido constatada a sua culpa no evento. A empresa procedeu ao desconto do valor do conserto no salário de Arquimedes no mês seguinte. No ato da rescisão descontou as comissões pagas pela última venda realizada pelo mesmo, alegando que não teria sido concluída a negociação por conta do parcelamento. Na presente situação, o desconto pelo conserto do veículo é:

(A) correto ainda que não pactuado em contrato de trabalho, pelo fato de ter sido comprovada a culpa do empregado, e lícito o desconto das comissões pagas pela última venda pelo fato de o empregado ter se desligado da empresa antes de a mesma ter sido concluída, perdendo, ainda, o direito às comissões sobre as demais parcelas pagas pós rescisão.

(B) indevido, visto que a única hipótese que possibilitaria referido desconto seria a pactuação no contrato de trabalho, e lícito o desconto das comissões pagas pela última venda uma vez que esta não foi concluída até o momento da rescisão contratual, em virtude de o pagamento ter sido estipulado por parcelas.

(C) ilícito, uma vez que não havia acordo expresso prevendo esta possibilidade, ainda que comprovada a culpa do empregado, e ilícita a dedução das comissões pagas pelas parcelas quitadas da última venda, uma vez que a venda se concluiu, ainda que de forma parcelada, fazendo o empregado jus às comissões inclusive sobre as parcelas pagas após a rescisão contratual.

(D) incorreto, uma vez que não agiu o empregado com dolo no evento, única hipótese que ensejaria a possibilidade de tal desconto, e equivocado o desconto das comissões pelas parcelas pagas referentes à última venda, posto que a venda se aperfeiçoou por inteiro, ainda que o pagamento fosse parcelado, mas não faz jus o empregado às comissões sobre as parcelas pós rescisão.

(E) correto, uma vez que comprovada a culpa do empregado, hipótese que legitima a dedução do salário, e incorreto o desconto das comissões sobre as parcelas pagas da última venda até a rescisão, mas não faz jus o empregado às comissões sobre as parcelas a serem pagas após a rescisão, uma vez que não havia mais vínculo com empresa.

"C" é a resposta correta. Com relação ao desconto por conta dos danos, é ilícito na medida em que o art. 462, § 1º, da CLT determina que em caso de dano causado por culpa do empregado, o desconto será lícito, desde de que esta possibilidade tenha sido acordada. Somente o dano doloso pode ser descontado do salário do obreiro sem o seu consentimento. Com relação às comissões o desconto também é ilícito. Isso porque, nos termos do art. 466, § 2º, da CLT, a cessação das relações de trabalho não prejudica a percepção das comissões e percentagens devidas.

Gabarito "C"

(Analista – TRT/3ª – 2015 – FCC) Sobre equiparação salarial, considere:

I. É viável a equiparação salarial entre reclamante e paradigma que prestam serviços ao mesmo empregador, mas em municípios diversos que não integram a mesma região metropolitana.

II. A cessão de empregados não exclui a equiparação salarial, embora exercida a função em órgão governamental estranho à cedente, se esta responder pelos salários do paradigma e do reclamante.

III. A equiparação salarial não é possível quando o desnível salarial decorre de decisão judicial que beneficiou o paradigma.

IV. Desde que preenchidos os requisitos previstos em lei, é possível a equiparação salarial de trabalho intelectual, que pode ser avaliado por sua perfeição técnica, cuja aferição terá critérios objetivos.

Está correto o que consta APENAS em

(A) II e IV.

(B) I e IV.

(C) I, II e III.

(D) III e IV.

(E) I e II.

I: incorreta, pois o art. 461 da CLT exige que empregado e paradigma trabalhem no mesmo estabelecimento. **II:** correta, pois reflete o entendimento disposto no item V da súmula 6 do TST. **III:** incorreta, pois de acordo com o item VI da súmula 6 do TST presentes os pressupostos do art. 461 da CLT, é irrelevante a circunstância de que o desnível salarial tenha origem em decisão judicial que beneficiou o paradigma. **IV:** correta, pois reflete o disposto na súmula 6, item VII, do TST.

Gabarito "A"

(Analista – TRT/16ª – 2014 – FCC) Jussara é empregada da empresa X exercendo o cargo de vendedora externa de produtos, visitando todos os dias diversos clientes, em suas residências, escritórios e consultórios. Para o desempenho de suas atividades, Jussara utiliza-se de um veículo fornecido pelo empregador. Considerando que

Jussara, além de utilizar-se do veículo para a realização de seu trabalho também o faz em atividades particulares, neste caso, o veículo fornecido

(A) possui natureza salarial, incorporando-se na sua remuneração apenas para alguns efeitos.
(B) possui natureza salarial, incorporando-se na sua remuneração para todos os efeitos.
(C) não tem natureza salarial.
(D) somente não terá natureza salarial se a empresa fornecer o combustível como ajuda de custo.
(E) somente terá natureza salarial se utilizado com habitualidade e exclusivamente pela empregada.

Isso porque o veículo é utilizado como ferramenta de trabalho, ou seja, é usado PARA o desempenho de suas atividades laborais. Desta forma, ainda que o veículo seja utilizado em atividades particulares não será considerado salário *in natura*, nos termos da súmula 367, I, do TST.

Gabarito "C"

(Analista – TRT/11ª – 2012 – FCC) A empresa Gama Participações fornece a seu gerente João alguns benefícios, além do pagamento em dinheiro relativo ao salário. Das utilidades fornecidas pela empresa ao empregado sob a forma de benefícios, constituem salário *in natura*

(A) matrícula e mensalidade de curso universitário.
(B) vestuário utilizado no local de trabalho para a prestação de serviços.
(C) transporte destinado ao deslocamento para o trabalho e retorno.
(D) seguro de vida e acidentes pessoais.
(E) aluguel de apartamento decorrente do contrato ou do costume.

A: opção incorreta, pois não serão consideradas salário in natura, nos termos do art. 458, § 2º, II, da CLT. **B:** opção incorreta, pois o vestuário não será considerado salário in natura, nos termos do art. 458, § 2º, I, da CLT. **C:** opção incorreta, pois o transporte destinado ao deslocamento para o trabalho e retorno não será considerado salário in natura, nos termos do art. 458, § 2º, III, da CLT. **D:** opção incorreta, pois o seguro de vida e acidentes pessoais não será considerado salário in natura, nos termos do art. 458, § 2º, V, da CLT. **E:** opção correta, pois nos termos do art. 458, *caput*, da CLT a habitação fornecida por força do contrato de trabalho constitui salário in natura.

Gabarito "E"

(Analista – TRT9 – 2012 – FCC) De acordo com a legislação aplicável, o 13º salário

(A) será pago entre os meses de fevereiro e outubro de cada ano.
(B) é um direito assegurado aos empregados urbanos, rurais, domésticos e não aos trabalhadores avulsos.
(C) será proporcional na extinção dos contratos a prazo, exceto os de safra, ainda que a relação de emprego haja findado antes de dezembro.
(D) será proporcional na cessação da relação de emprego resultante da aposentadoria do trabalhador, ainda que verificada antes de dezembro.
(E) deverá ser pago como antecipação na proporção de 40% a todos os empregados no mesmo mês.

A: opção incorreta, pois nos termos do art. 1º da Lei 4.749/1965 o 13º salário será pago até o dia 20 de dezembro de cada ano. Ademais, nos termos do art. 2º da mesma lei, entre os meses de fevereiro e novembro de cada ano, o empregador pagará, como adiantamento da gratificação referida no artigo precedente, de uma só vez, metade do salário recebido pelo respectivo empregado no mês anterior. **B:** opção incorreta, pois nos termos do art. 7º, XXXIV, da CF, também será devido ao avulso. **C:** opção incorreta, pois nos termos do art. 1º, § 3º, I, da Lei 4.090/1962 a gratificação será proporcional na extinção dos contratos a prazo, entre estes incluídos os de safra, ainda que a relação de emprego haja findado antes de dezembro. **D:** opção correta, pois reflete o disposto no art. 1º, § 3º, II, da Lei 4.090/1962. **E:** opção incorreta, pois nos termos do art. 2º da Lei 4.749/1965 o adiantamento corresponderá a metade do salário, sendo que o empregador não está obrigado a pagá-lo no mesmo mês a todos os empregados, em conformidade com o § 1º do mesmo dispositivo legal.

Gabarito "D"

(Técnico – TRT/19ª – 2015 – FCC) A segunda parcela do 13º salário (gratificação de Natal) será efetuada até o dia

(A) 15 de dezembro de cada ano.
(B) 10 de janeiro do ano subsequente.
(C) 20 de dezembro de cada ano.
(D) 30 de novembro.
(E) que for mais conveniente para o empregador, pois é ele quem assume os riscos da atividade.

A gratificação natalina encontra previsão constitucional no art. 7º, VIII, da CF. A Lei 4.749/65 determina em seu art. 1º que deverá ser paga pelo empregador até o dia 20 de dezembro de cada ano, compensada a importância que, a título de adiantamento, o empregado houver recebido.

Gabarito "C"

(Técnico – TRT/16ª – 2015 – FCC) De acordo com a Consolidação das Leis do Trabalho *"poderá ser dispensado o acréscimo de salário se, por força de acordo ou convenção coletiva de trabalho, o excesso de horas em um dia for compensado pela correspondente diminuição em outro dia, de maneira que não exceda, no período máximo de um ano, à soma das jornadas semanais de trabalho previstas, nem seja ultrapassado o limite máximo de dez horas diárias"*. Na hipótese de rescisão do contrato de trabalho sem que tenha havido a compensação integral da jornada extraordinária, fará o trabalhador jus ao pagamento

(A) das horas extras nao compensadas, calculadas sobre o valor da remuneração na data da sua efetiva realização.
(B) das horas extras não compensadas, calculadas sobre o valor da remuneração na data da rescisão.
(C) de uma indenização relativa à média das horas extras prestadas acrescidas de 50%.
(D) de uma indenização relativa à média das horas extras prestadas acrescidas de 25%.
(E) de uma indenização apenas relativa à média das horas extras prestadas.

"Nos termos do art. 59, § 3º, da CLT na hipótese de rescisão do contrato de trabalho sem que tenha havido a compensação integral da jornada extraordinária, o trabalhador terá direito ao pagamento das horas extras não compensadas, calculadas sobre o valor da remuneração na data da rescisão..

Gabarito "B"

(Técnico Judiciário – TRT9 – 2012 – FCC) Com fundamento na CLT – Consolidação das Leis do Trabalho e na CF – Constituição Federal, as horas extraordinárias NÃO podem exceder de

(A) três e devem ser pagas com adicional de, no mínimo, 50% superior à hora normal.
(B) duas e devem ser pagas com adicional de, no mínimo, 25% superior à hora normal.
(C) três e devem ser pagas com adicional de, no mínimo, 25% superior à hora normal.
(D) duas e devem ser pagas com adicional de, no mínimo, 50% superior à hora normal.
(E) seis e devem ser pagas com adicional de, no mínimo, 50% superior à hora normal.

"D" é a opção correta, pois nos termos do art. 59 da CLT a duração diária do trabalho poderá ser acrescida de horas extras, em número não excedente de duas, por acordo individual, convenção coletiva ou acordo coletivo de trabalho.

Gabarito "D"

(Técnico – TRT/6ª – 2012 – FCC) O pagamento dos salários até o 5º dia útil do mês subsequente ao vencido não está sujeito à correção monetária. Se essa data limite for ultrapassada, incidirá o índice da correção monetária do mês

(A) da prestação dos serviços, a partir do 1º dia útil.
(B) da prestação dos serviços, a partir do dia 1º.
(C) da prestação dos serviços, a partir do 5º dia útil.
(D) subsequente ao da prestação dos serviços, a partir do 5º dia útil.
(E) subsequente ao da prestação dos serviços, a partir do dia 1º.

Súmula 381 do TST.

Gabarito "E"

10. ALTERAÇÃO DO CONTRATO DE TRABALHO

(Analista – TRT/3ª – 2015 – FCC) Relativamente às alterações do contrato de trabalho,

(A) é considerada alteração unilateral vedada por lei a determinação do empregador para que o empregado com mais de dez anos no exercício de função de confiança, reverta ao cargo efetivo anteriormente ocupado.
(B) o empregador pode, sem a anuência do empregado exercente de cargo de confiança, transferi-lo, com mudança de domicílio, para localidade diversa da que resultar do contrato de trabalho, independentemente de real necessidade de serviço.
(C) o adicional de 25% do salário do empregado é devido nas hipóteses de transferência provisória e definitiva.
(D) a extinção do estabelecimento não é causa de transferência do empregado, sendo obrigatória, nesse caso, a extinção do contrato de trabalho.
(E) o empregador pode, sem a anuência do empregado cujo contrato de trabalho tenha condição, implícita ou explícita de transferência, transferi-lo, com mudança de domicílio, para localidade diversa da que resultar do contrato, desde que haja real necessidade de serviço.

A: incorreta, nos termos do art. 468, § 1º, da CLT, Não se considera alteração unilateral a determinação do empregador para que o respectivo empregado reverta ao cargo efetivo, anteriormente ocupado, deixando o exercício de função de confiança. Ademais, nos termos do § 2º do mesmo dispositivo legal essa alteração com ou sem justo motivo, não assegura ao empregado o direito à manutenção do pagamento da gratificação correspondente, que não será incorporada, independentemente do tempo de exercício da respectiva função.. **B:** incorreta, pois nos termos da súmula 43 do TST presume-se abusiva a transferência sem comprovação da necessidade do serviço. **C:** incorreta, pois de acordo com o art. 469, § 2º, da CLT e OJ 113 da SDI 1 do TST somente na transferência provisória será devido o adicional de 25%. **D:** incorreta, pois se ocorrer a extinção do estabelecimento em que trabalhar o empregado, sua transferência será lícita, nos termos do art. 469, § 2º, da CLT. **E:** correta, pois refletem o entendimento do art. 469, § 1º, da CLT.

Gabarito "E"

(Analista – TRT/16ª – 2014 – FCC) Considere as seguintes hipóteses: A empresa "A" passa a exigir que seus empregados trabalhem de uniforme e a empresa "B" muda o maquinário da empresa para se adequar às modificações tecnológicas. Estes casos são exemplos de *jus variandi*

(A) extraordinário.
(B) ordinário.
(C) ordinário e extraordinário, respectivamente.
(D) extraordinário e ordinário, respectivamente.
(E) indireto e extraordinário, respectivamente.

Jus variandi ordinário é o direito conferido ao empregador de conduzir a prestação laboral de seus empregados, ajustando as circunstâncias e critérios de acordo com o seu interesse. Essas modificações dizem respeito aos aspectos não essenciais do contrato de trabalho e atua fora das cláusulas contratuais e/ou normas jurídicas. Já o *jus variandi* extraordinário, consiste na possibilidade que o empregador tem de modificar as condições de trabalho no âmbito de suas cláusulas contratuais e legais. Nesses casos, só é permitida a alteração se houver consentimento do empregado, que pode se dar por previsão contratual ou por autorização legal direta ou indireta. Assim, as alterações trazidas correspondem ao *jus variandi* ordinário do empregador.

Gabarito "B"

(Analista – TRT/11ª – 2012 – FCC) Após alguns anos de serviço prestado a empresa Seguradora Beta S/A o empregado Pedro passou a exercer função de confiança em razão da licença maternidade da empregada Joana. Seis meses após, Joana voltou ao trabalho e Pedro foi revertido ao cargo efetivo anteriormente ocupado, deixando o exercício da função de confiança. Tal situação

(A) não será considerada alteração unilateral.
(B) implica em pagamento suplementar, nunca inferior a 25% do salário do empregado Pedro.
(C) só será regular se houver anuência do empregado Pedro.
(D) só será possível se não resultar em prejuízo ao empregado Pedro.
(E) só será possível se resultar de real necessidade de serviço.

"A" é a resposta correta, pois nos termos do art. 468, § 1º, da CLT, Não se considera alteração unilateral a determinação do empregador para que o respectivo empregado reverta ao cargo efetivo, anteriormente ocupado, deixando o exercício de função de confiança. Ademais, nos termos do § 2º do mesmo dispositivo legal essa alteração com ou sem justo motivo, não assegura ao empregado o direito à manutenção do pagamento da gratificação correspondente, que não será incorporada, independentemente do tempo de exercício da respectiva função..

Gabarito "A"

(Analista – TRT/11ª – 2012 – FCC) Em relação à alteração, suspensão e interrupção do contrato de trabalho, é correto afirmar que

(A) o empregador não poderá, em nenhuma hipótese, transferir o empregado para localidade diversa da que resultar do contrato.
(B) o afastamento do empregado em virtude das exigências do serviço militar não será motivo para alteração ou rescisão do contrato de trabalho por parte do empregador.
(C) o empregado que for aposentado por invalidez não terá o contrato de trabalho suspenso, mas sim rescindido.
(D) os primeiros quinze dias de afastamento do empregado por acidente de trabalho são considerados como causa de suspensão do contrato de trabalho.
(E) é lícita a alteração unilateral das condições de trabalho por determinação do empregador para poder manter o desenvolvimento do seu empreendimento, ainda que tal modificação resulte prejuízo indireto ao empregado.

A: incorreto (art. 469, §§ 1º e 2º da CLT); **B:** correto (art. 472 da CLT); **C:** incorreto, pois a hipótese é de suspensão e não de extinção do contrato de trabalho, conforme se depreende do art. 475 da CLT e das Súmulas 160 e 440 do TST e da OJ 375 da SDI1 do TST; **D:** incorreto (art. 60, § 3º, da Lei 8.213/1991); **E:** incorreto (art. 468 da CLT).
Gabarito "B"

11. RESCISÃO DO CONTRATO DE TRABALHO (INCLUSIVE AVISO-PRÉVIO)

(Analista Judiciário – TRT/11 – FCC – 2017) A empresa de calçados Chão Azul Ltda. rescindiu o contrato de trabalho com justa causa da empregada Lívia que estava afastada do emprego gozando de auxílio doença previdenciário. Na última perícia médica Lívia teve alta do INSS, mas transcorridos cinquenta e cinco dias, ela não retornou ao trabalho e não justificou o motivo de não retornar. Neste caso, de acordo com entendimento sumulado do TST, a empresa

(A) agiu corretamente, uma vez que Lívia possuía o prazo de quinze dias após a cessação do benefício previdenciário para retornar ao trabalho ou justificar o motivo de não o fazer.
(B) agiu corretamente, uma vez que Lívia possuía o prazo de trinta dias após a cessação do benefício previdenciário para retornar ao trabalho ou justificar o motivo de não o fazer.
(C) não agiu corretamente, uma vez que Lívia possui o prazo de sessenta dias após a cessação do benefício previdenciário para retornar ao trabalho ou justificar o motivo de não o fazer, não havendo transcorrido, ainda este lapso temporal.
(D) não agiu corretamente, uma vez que Lívia possui o prazo de noventa dias após a cessação do benefício previdenciário para retornar ao trabalho ou justificar o motivo de não o fazer, não havendo transcorrido, ainda este lapso temporal.
(E) não agiu corretamente, neste caso, em razão do gozo do benefício previdenciário, independentemente do lapso temporal, não se configura a hipótese de abandono de emprego, sendo vedada a dispensa com justa causa.

"B" é a opção correta. Isso porque, nos termos da súmula 32 do TST entende presumir-se o abandono de emprego se o trabalhador não retornar ao serviço no prazo de 30 (trinta) dias após a cessação do benefício previdenciário nem justificar o motivo de não o fazer. O abandono de emprego é uma justa causa tipificada no art. 482, *i*, da CLT.
Gabarito "B"

(Analista Judiciário – TRT/24 – FCC – 2017) Em relação ao instituto jurídico do aviso-prévio, nos termos das normas contidas na Consolidação das Leis do Trabalho e da jurisprudência sumulada do Tribunal Superior do Trabalho,

(A) havendo aplicação da dispensa do empregado por justa causa em razão de desídia no desempenho de suas funções deverá ser concedido aviso-prévio.
(B) em caso de despedida indireta e rescisão por culpa recíproca não é devido o aviso-prévio.
(C) o pagamento relativo ao período de aviso-prévio trabalhado está sujeito à contribuição para o FGTS, o que não ocorre quando o mesmo for indenizado.
(D) o horário normal de trabalho do empregado, durante o prazo do aviso, será reduzido em duas horas diárias, sem prejuízo do salário integral, independentemente de quem tenha promovido a rescisão.
(E) é incorreto substituir o período que se reduz da jornada de trabalho, no aviso-prévio, pelo pagamento das horas correspondentes.

A: Opção incorreta, pois não há concessão de aviso-prévio em justa causa, nos termos do art. 487 da CLT. **B:** opção incorreta, pois é devido aviso-prévio na rescisão indireta, art. 487, § 4º, da CLT. **C:** opção incorreta, pois nos termos da súmula 305 do TST o pagamento relativo ao período de aviso-prévio, trabalhado ou não, está sujeito a contribuição para o FGTS. **D:** opção incorreta, pois nos termos do art. 488 da CLT o horário normal de trabalho do empregado, durante o prazo do aviso, e se a rescisão tiver sido promovida pelo empregador, será reduzido de 2 (duas) horas diárias, sem prejuízo do salário integral. **E:** opção correta, pois é ilegal substituir o período que se reduz da jornada de trabalho, no aviso-prévio, pelo pagamento das horas correspondentes.
Gabarito "E"

(Analista Judiciário – TRT/20 – FCC – 2016) A notificação ou comunicação antecipada que uma das partes faz à outra manifestando a sua intenção em romper o contrato de trabalho é conceituada como aviso-prévio. Conforme previsão legal e sumulada pelo Tribunal Superior do Trabalho,

(A) é permitido por lei substituir o período que se reduz da jornada de trabalho, no aviso-prévio, pelo pagamento das horas correspondentes, desde que acrescida do adicional de horas extras em dobro.
(B) após a comunicação do aviso-prévio, a rescisão torna-se efetiva depois de expirado o respectivo prazo, mas, se a parte notificante reconsiderar o ato, antes de seu termo, a outra parte fica obrigada a aceitar a reconsideração.
(C) o empregado que, durante o prazo do aviso-prévio, cometer quaisquer das faltas consideradas pela lei como justa causa para a rescisão, perde o direito ao restante do respectivo prazo.
(D) a ocorrência de qualquer motivo de justa causa no decurso do prazo do aviso-prévio dado pelo empre-

gador, retira do empregado qualquer direito às verbas rescisórias de natureza indenizatória.

(E) é devido o aviso-prévio na despedida indireta, mas nesse caso o valor das horas extraordinárias habituais não integrará o aviso-prévio indenizado.

A: opção incorreta, pois nos termos da súmula 230 do TST é ilegal substituir o período que se reduz da jornada de trabalho, no aviso-prévio, pelo pagamento das horas correspondentes. **B:** opção incorreta, pois nos termos do art. 489 da CLT dado o aviso-prévio, a rescisão torna-se efetiva depois de expirado o respectivo prazo, mas, se a parte notificante reconsiderar o ato, antes de seu termo, à outra parte é facultado aceitar ou não a reconsideração. **C:** opção correta, pois nos termos do art. 491 da CLT o empregado que, durante o prazo do aviso-prévio, cometer qualquer das faltas consideradas pela lei como justas para a rescisão, perde o direito ao restante do respectivo prazo. **D:** opção incorreta, pois nos termos da súmula 73 do TST a ocorrência de justa causa, salvo a de abandono de emprego, no decurso do prazo do aviso-prévio dado pelo empregador, retira do empregado qualquer direito às verbas rescisórias de natureza indenizatória. **E:** opção incorreta, pois nos termos do § 4º do art. 487 da CLT é devido o aviso-prévio na despedida indireta. Ademais, o § 5º do mesmo dispositivo ensina que O valor das horas extraordinárias habituais integra o aviso-prévio indenizado.

Gabarito "C"

(Analista – TRT/3ª – 2015 – FCC) A solidariedade quanto ao cumprimento das obrigações trabalhistas exige

(A) a existência de empresas com a mesma personalidade jurídica.

(B) a existência de direção, controle ou administração de uma empresa em relação a outras, constituindo grupo industrial, comercial ou de qualquer atividade econômica, embora cada uma com personalidade jurídica própria.

(C) a existência de empresas com personalidade jurídica e direção diferentes, mas com unidade de objeto social.

(D) a existência de previsão nos contratos sociais das empresas, pois a lei civil dispõe que a solidariedade decorre da lei ou do contrato.

(E) acordo entre empregado e o empregador, não bastando a simples configuração de grupo de empregadores.

A: incorreta, pois para que haja solidariedade quanto aos cumprimentos das obrigações trabalhistas não se exige que as empresas tenham a mesma personalidade jurídica quando estiverem sob a direção, controle ou administração de outra. *Vide* art. 2º, § 2º, da CLT. **B:** correta, pois reflete o disposto no art. 2º, § 2º, da CLT. **C:** incorreta, pois embora a lei exija empresas com personalidade jurídica diferentes, controladas ou administradas por outra, cada uma delas poderá ter um objeto social distinto, desde que possua caráter econômico. **D:** incorreta, pois a solidariedade quanto ao cumprimento das obrigações trabalhistas possui previsão legal, expressamente disposta no art. 2º, § 2º, da CLT. Ademais, no presente caso não se aplica o Código Civil, nos termos do art. 8º, parágrafo único, da CLT. **E:** incorreta, pois independentemente de acordo ajustado entre as partes, uma vez configurado o grupo de empresas, art. 2º, § 2º, da CLT haverá responsabilidade solidária entre as empresas.

Gabarito "B"

(Analista – TRT/3ª – 2015 – FCC) Empregador dispensa o empregado sem justa causa, dando aviso prévio ao mesmo. No 12º dia de cumprimento do aviso, o empregador arrepende-se de ter dispensado o empregado e reconsidera seu ato. Essa reconsideração

(A) não gera qualquer efeito, pois em relação ao aviso prévio o legislador prevê que, depois de ter sido dado, não há qualquer possibilidade de arrependimento eficaz.

(B) gera efeitos imediatos, sendo certo que, no caso de aviso prévio indenizado, o empregado deve voltar imediatamente ao trabalho.

(C) não gera efeitos, pois já transcorridos mais de dez dias após a dispensa do empregado.

(D) gera efeitos, se a outra parte aceitar a reconsideração.

(E) não é possível, pois o aviso prévio é irrenunciável pelo empregado, não havendo que se falar em reconsideração do mesmo, sob pena de afronta a direito previsto em norma de ordem pública.

A: incorreta, pois nos termos do art. 489 da CLT é possível a retratação do aviso prévio. **B:** incorreta, pois é facultada à parte que recebeu a ordem de aviso prévio aceitar ou não a reconsideração. **C:** incorreta, pois a reconsideração do aviso prévio pode ocorrer até expirado seu período, que será de no mínimo 30 dias. **D:** correta, pois nos termos do art. 489 da CLT dado o aviso prévio, a rescisão torna-se efetiva depois de expirado o respectivo prazo, mas, se a parte notificante reconsiderar o ato, antes de seu termo, à outra parte é facultado aceitar ou não a reconsideração. Todavia, caso seja aceita a reconsideração ou continuando a prestação depois de expirado o prazo, o contrato continuará a vigorar, como se o aviso prévio não tivesse sido dado. **E:** incorreta, pois como estudamos é possível a reconsideração do aviso prévio.

Gabarito "D"

(Técnico – TRT/16ª – 2015 – FCC) Vera, empregada da empresa "A", estando atolada em dívidas, informou levianamente a seu superior hierárquico que havia mudado de residência, apresentando novo comprovante falso, visando receber maiores vantagens a título de vale-transporte. A empresa "A" descobriu a atitude de sua empregada e rescindiu o seu contrato de trabalho por justa causa, em razão da prática de falta grave caracterizada por

(A) desídia.

(B) ato de incontinência de conduta.

(C) desídia e insubordinação.

(D) ato de improbidade.

(E) ato de indisciplina.

A: incorreta, tendo em vista que desídia trata da hipótese em que o empregado deixa de prestar o serviço com zelo, interesse, empenho, passando a laborar com negligência. **B:** incorreta, tendo em vista que *incontinência de conduta mostra* comportamento desregrado ligado à vida sexual do obreiro, comportamento este que traz perturbações ao ambiente de trabalho, como, por exemplo, visitas a sites pornográficos na *internet*. **C:** incorreta, pois a insubordinação consiste no descumprimento de ordens pessoais de serviço expedidas pelo empregador. Quanto à desídia remetemos aos comentários da alternativa "*A*". **D:** correta, pois o ato de improbidade revela mau caráter, maldade, desonestidade, má-fé, por parte do empregado, capaz de causar prejuízo ou até risco à integridade do patrimônio do empregador. **E:** incorreta, pois a indisciplina consiste no descumprimento de ordens gerais de serviço, como por exemplo, o descumprimento de uma norma prevista no regulamento da empresa.

Gabarito "D"

(Técnico – TRT/3ª – 2015 – FCC) Quanto ao instituto do aviso-prévio:

(A) é a comunicação que uma parte da relação de emprego faz a outra, informando que não tem a intenção de manter o contrato de trabalho, previsto apenas para os contratos por prazo indeterminado.

(B) a falta de aviso-prévio pelo empregador dá ao empregado o direito aos salários correspondentes ao prazo respectivo, garantida sempre a integração desse período no seu tempo de serviço.

(C) seu prazo será proporcional ao tempo de serviço do empregado, desde que este receba por mês e esteja empregado há, pelo menos, um ano na empresa, acrescendo-se 3 dias a mais por ano trabalhado no seu cálculo.

(D) com o advento da lei que estipulou o aviso-prévio proporcional ao tempo de serviço, foram revogadas todas as cláusulas previstas em acordos ou convenções coletivas de trabalho, bem como em dissídios coletivos, que previam o instituto com proporcionalidade mais benéfica ao trabalhador.

(E) a falta de cumprimento pelo empregado, sem a respectiva justificativa, retira-lhe o direito ao recebimento não só do salário do prazo respectivo, como também das demais verbas rescisórias a que teria direito.

A: incorreta, pois embora o aviso-prévio seja a comunicação que uma parte da relação de emprego faz a outra, informando que não tem a intenção de manter o contrato de trabalho, pode ser previsto no contrato de trabalho com prazo determinado que contenha a cláusula assecuratória do direito recíproco de rescisão, art. 481 da CLT. **B:** correta, pois reflete o disposto no art. 487, § 1º, da CLT. **C:** incorreta, pois o aviso-prévio será proporcional ao tempo de serviço, independente da forma de remuneração do empregado, art. 1º da Lei 12.506/2011. **D:** incorreta, pois havendo cláusula estipulada em acordo ou convenção coletiva que seja mais benéfica ao trabalhador deverá ela prevalecer, em obediência ao princípio da aplicação da norma mais favorável. **E:** incorreta, pois nos termos do art. 487, § 2º, da CLT falta de aviso-prévio por parte do empregado dá ao empregador o direito de descontar os salários correspondentes ao prazo respectivo, mas não retira o direito à percepção de todas as verbas rescisórias.

Gabarito "B"

(Analista – TRT/2ª – 2014 – FCC) Em relação às hipóteses de rescisão do contrato de trabalho por prazo indeterminado, considere:

I. O pedido de demissão caracteriza-se como ato de iniciativa do empregado, praticado com a intenção de extinguir o contrato.

II. Havendo culpa recíproca no ato que determinou a rescisão do contrato, será devida a mesma indenização que seria devida em caso de culpa exclusiva do empregador.

III. No caso de prática de falta grave pelo empregador, poderá o empregado pleitear a rescisão do seu contrato e o pagamento das respectivas indenizações, sendo-lhe facultado, em qualquer hipótese, permanecer ou não no serviço até final da decisão do processo.

IV. A morte do empregador pessoa física leva à extinção do contrato de trabalho, salvo se o empregado, por ocasião do falecimento do empregador, tiver mais de dez anos de serviço para o mesmo.

Está INCORRETO o que consta APENAS em

(A) I, II e IV.

(B) II, III e IV.

(C) II e III.

(D) I e IV.

(E) III e IV.

I: correta, pois o pedido de demissão que o empregado faz ao empregador é um ato de sua iniciativa que tem por objetivo colocar fim ao contrato de trabalho. **II:** incorreta, pois nos termos do art. 484 da CLT havendo culpa recíproca a indenização à que seria devida em caso de culpa exclusiva do empregador, será reduzida pela metade. **III:** incorreta, pois caso o empregado faça o pedido de rescisão indireta por justa causa do empregador, art. 483 da CLT, poderá permanecer no emprego se o empregador não cumprir as obrigações do contrato de trabalho ou se o empregador reduzir o seu trabalho, sendo este por peça ou tarefa, de forma a afetar sensivelmente a importância dos salários, em conformidade com o art. 483, § 3º, da CLT. **IV:** incorreta, pois nos termos do art. 483, § 2º, da CLT no caso de morte do empregador constituído em empresa individual, é facultado ao empregado rescindir o contrato de trabalho.

Gabarito "B"

(Analista – TRT/16ª – 2014 – FCC) Vera é empregada da empresa "S" Ltda. e recebe seu salário na base de tarefa. Ontem, Vera teve seu contrato de trabalho rescindido. Neste caso, para recebimento de seu aviso prévio indenizado, o cálculo será feito de acordo com

(A) a média dos últimos doze meses de serviço.

(B) a média dos últimos seis meses de serviço.

(C) a média dos últimos dois meses de serviço.

(D) o valor recebido no mês anterior ao mês da rescisão contratual.

(E) o valor recebido no mês anterior ao mês da rescisão contratual acrescido de 50%.

Nos termos do art. 487, § 3º, da CLT em se tratando de salário pago na base de tarefa, o cálculo, para os efeitos dos parágrafos anteriores, será feito de acordo com a média dos últimos 12 (doze) meses de serviço.

Gabarito "A"

(Analista – TRT/16ª – 2014 – FCC) Claudiomar, sócio-gerente da empresa "M" Ltda descobriu que Bruno, um de seus empregados do setor de montagem de peças, foi condenado em processo criminal pela prática do crime de estelionato qualificado. O referido processo encontra-se em fase de recurso e Bruno respondendo em liberdade. Neste caso, de acordo com a Consolidação das Leis do Trabalho, Claudiomar

(A) poderá rescindir imediatamente o contrato de Bruno por justa causa, havendo dispositivo legal expresso neste sentido, devendo notificar previamente o empregado.

(B) não poderá rescindir o contrato de Bruno por justa causa independentemente da aplicação de pena e do trânsito em julgado uma vez que não guarda qualquer relação com o contrato de trabalho.

(C) só poderá rescindir o contrato de Bruno por justa causa após o trânsito em julgado da sentença condenatória, caso não haja suspensão da execução da pena.

(D) só poderá rescindir o contrato de Bruno por justa causa após o trânsito em julgado da sentença condenatória e independentemente da ocorrência ou não de suspensão da execução da pena.

(E) poderá rescindir imediatamente o contrato de Bruno por justa causa, havendo dispositivo legal expresso neste sentido, independente de prévia notificação do empregado.

"C" é a resposta correta. Para a rescisão por justa causa, art. 482, *d*, da CLT exige-se a condenação do empregado, transitada em julgado, da qual decorra sua prisão, sem direito à suspensão da execução da pena. O que enseja a dispensa é a impossibilidade de comparecer ao trabalho.

Gabarito "C".

(Analista – TRT/9 – 2012 – FCC) Considerando as previsões da CLT sobre rescisão do contrato de trabalho, é INCORRETO afirmar:

(A) No caso de morte do empregador constituído em empresa individual, é facultado ao empregado rescindir o contrato de trabalho.

(B) No caso de paralisação temporária ou definitiva do trabalho, motivada por ato de autoridade municipal, estadual ou federal, ou pela promulgação de lei ou resolução que impossibilite a continuação da atividade, prevalecerá o pagamento da indenização, que ficará a cargo do governo responsável.

(C) Havendo culpa recíproca no ato que determinou a rescisão do contrato de trabalho, não há que se falar em recebimento de indenização.

(D) Nos contratos que tenham termo estipulado, o empregador que, sem justa causa, despedir o empregado, será obrigado a pagar-lhe, a título de indenização, e por metade, a remuneração a que teria direito até o término do contrato.

(E) Aos contratos por prazo determinado que contiverem cláusula assecuratória do direito recíproco de rescisão antes de expirado o termo ajustado, aplicam-se, caso seja exercido tal direito por qualquer das partes, os princípios que regem a rescisão dos contratos por prazo indeterminado.

A: opção correta, pois reflete o disposto no art. 483, § 2º, da CLT. **B:** opção correta, pois reflete o disposto no art. 486 da CLT. **C:** opção incorreta, devendo ser assinalada, pois nos termos do art. 484 da CLT havendo culpa recíproca no ato que determinou a rescisão do contrato de trabalho, o tribunal de trabalho reduzirá a indenização à que seria devida em caso de culpa exclusiva do empregador, por metade. **D:** opção correta, pois reflete o disposto no art. 479 da CLT. **E:** opção correta, pois reflete o disposto no art. 481 da CLT.

Gabarito "C".

(Analista – TRT/6ª – 2012 – FCC) Clodoaldo, empregado da empresa "VV" há cinco anos, forneceu informação falsa quanto às suas necessidades de deslocamento de sua residência para o seu local de trabalho, visando receber maiores vantagens a título de vale transporte. Neste caso, Clodoaldo

(A) praticou falta grave passível de rescisão de seu contrato de trabalho por justa causa, em razão da prática de ato de incontinência de conduta.

(B) praticou falta grave passível de rescisão de seu contrato de trabalho por justa causa, em razão da prática de ato de improbidade.

(C) praticou falta grave passível de rescisão de seu contrato de trabalho por justa causa, em razão da prática de ato de insubordinação.

(D) praticou falta grave passível de rescisão de seu contrato de trabalho por justa causa, em razão da prática de ato de indisciplina.

(E) não praticou falta grave passível de rescisão de seu contrato de trabalho, mas deverá receber punição disciplinar em razão da conduta descrita.

A: opção incorreta, pois a incontinência de conduta, art. 482, a, da CLT, aponta um comportamento desregrado ligado à vida sexual do obreiro, comportamento este que traz perturbações ao ambiente de trabalho. **B:** opção correta, pois o ato de improbidade, art. 482, a, da CLT, revela mau caráter, maldade, desonestidade, má-fé, por parte do empregado, que cause prejuízo ou até risco à integridade do patrimônio do empregador. **C:** opção incorreta, pois o ato de insubordinação, art. 482, h, da CLT consiste no descumprimento de ordens pessoais de serviço. **D:** opção incorreta, pois a indisciplina, art. 482, h, da CLT, consiste no descumprimento de ordens gerais de serviço. **E:** opção incorreta, pois o obreiro praticou falta grave tipificada no art. 482, a, da CLT.

Gabarito "B".

(Analista – TRT/6ª – 2012 – FCC) Marius foi contratado por prazo indeterminado pela empresa Alfa Contabilidade Empresarial. Após onze meses de trabalho, recebeu um comunicado escrito da sua dispensa sem justa causa, com a determinação para trabalhar durante o período de aviso-prévio. Na presente situação, conforme legislação aplicável ao aviso-prévio, é correto afirmar:

(A) O horário normal de trabalho do empregado, durante o prazo do aviso, será reduzido de 1 (uma) hora diária, sem prejuízo do salário integral.

(B) É facultado ao empregado faltar ao serviço, sem prejuízo do salário integral, por 7 (sete) dias corridos.

(C) Dado o aviso-prévio, a rescisão torna-se efetiva depois de expirado o respectivo prazo, mas, se a parte notificante reconsiderar o ato, antes de seu termo, à outra parte é obrigada a aceitar a reconsideração.

(D) Mesmo que o empregado, durante o prazo do aviso-prévio, cometa qualquer das faltas consideradas pela lei como justas para a rescisão, ele não perde o direito ao restante do respectivo prazo.

(E) O reajuste salarial coletivo, determinado no curso do aviso-prévio, beneficia o empregado pré-avisado da despedida, salvo na hipótese de ter recebido antecipadamente os salários correspondentes ao período do aviso.

A: incorreto (art. 488, *caput*, da CLT); **B:** correto (art. 488, parágrafo único, da CLT); **C:** incorreto (art. 489 da CLT); **D:** incorreto (art. 491 da CLT – v. Súmula 73 do TST); **E:** incorreto (art. 487, § 6º, da CLT).

Gabarito "B".

(Analista – TRT/11ª – 2012 – FCC) Diariamente e durante o horário de expediente, uma empregada expõe e vende produtos de higiene e beleza para seus colegas de trabalho, sem a permissão do seu empregador. Tal situação configura motivo para rescisão contratual por justa causa?

(A) Não, porque seria apenas motivo para advertência ou suspensão do empregado.

(B) Não, porque não há previsão legal para tal situação de rescisão por justa causa.

(C) Sim, porque o fato é grave, embora não esteja previsto em lei.

(D) Sim, porque o fato está tipificado em lei como justa causa para rescisão do contrato pelo empregador.

(E) Não, porque o fato não é tão grave e poderia apenas ensejar a rescisão sem justa causa.

Art. 482, *c*, da CLT.

Gabarito "D".

(Técnico – TRT/6ª – 2012 – FCC) Considere as seguintes verbas:

I. Saldo de Salário.
II. Décimo terceiro salário proporcional.
III. Aviso-Prévio.

Na rescisão de contrato individual de trabalho por prazo indeterminado em razão da prática de falta grave, falta esta configuradora de justa causa, dentre outras verbas, o empregado NÃO terá direito a indicada APENAS em

(A) II e III.
(B) I e II.
(C) I e III.
(D) II.
(E) I.

O saldo de salários, assim como as férias vencidas (quando já transcorrido o prazo do período concessivo) e as férias simples (quando já transcorrido o período aquisitivo, mas ainda em curso o período concessivo), constituem direito adquirido e tais verbas sempre serão devidas, qualquer que seja a hipótese de extinção do contrato de trabalho. Na extinção do contrato por justa causa do emprego, não há direito a décimo terceiro salário proporcional (art. 3º da Lei 4.090/1962), férias proporcionais (CLT, art. 146. Parágrafo único), multa sobre o FGTS (por não se tratar de desligamento involuntário), nem a aviso-prévio (na medida em que este se presta a resguardar o trabalhador em face da subida extinção involuntária de seu vínculo empregatício). Ademais, o empregado não fará jus ao saque do FGTS nem do Seguro-Desemprego.

Gabarito "A"

12. ESTABILIDADE E GARANTIA NO EMPREGO

(Analista – TRT/3ª – 2015 – FCC) Matheus trabalha na filial da empresa X, na cidade de Juiz de Fora. Em 24 de março de 2015 foi eleito membro da CIPA. Entretanto, no dia 28 de maio de 2015, o estabelecimento em que trabalhava foi extinto e ele foi dispensado sem justa causa. Em relação a essa situação,

(A) a dispensa é inválida, pois a estabilidade de membro eleito da CIPA tem por fundamento o interesse coletivo dos trabalhadores que representa.
(B) a dispensa é válida, sendo certo que a estabilidade do cipeiro não constitui vantagem pessoal, mas garantia para as atividades dos membros da CIPA, que somente tem razão de ser quando em atividade a empresa. Extinto o estabelecimento, não se verifica a despedida arbitrária.
(C) a dispensa é inválida, pois a estabilidade do cipeiro constitui vantagem pessoal que independe da atividade da empresa.
(D) havendo membro eleito da CIPA no estabelecimento, o mesmo não pode ser extinto, sob pena de afronta à garantia fundamental de permanência no emprego assegurada ao cipeiro.
(E) a dispensa é válida, mas a empresa terá que pagar ao empregado indenização equivalente ao period faltante para o término da estabilidade, pela metade.

"B" é a resposta correta. Em conformidade com o entendimento cristalizado na súmula 339, II, do TST a estabilidade provisória do cipeiro não constitui vantagem pessoal, mas garantia para as atividades dos membros da CIPA, que somente tem razão de ser quando em atividade a empresa. Extinto o estabelecimento, não se verifica a despedida arbitrária, sendo impossível a reintegração e indevida a indenização do período estabilitário.

Gabarito "B"

(Analista – TRT9 – 2012 – FCC) Em relação às estabilidades provisórias no emprego, considere as proposições:

I. A estabilidade é assegurada ao dirigente sindical eleito como titular e ao eleito como suplente.
II. A estabilidade da gestante estende-se desde a confirmação da gravidez até 6 meses após o parto.
III. A estabilidade do dirigente sindical vai desde o registro da candidatura até um ano após o término do mandato.
IV. O empregado eleito para o cargo de direção de comissões internas de prevenção de acidentes tem estabilidade desde a eleição até um ano após o término do mandato.
V. O empregado acidentado no trabalho tem garantida, pelo prazo mínimo de 12 meses, a manutenção do seu contrato de trabalho na empresa, após a cessação do auxílio-doença acidentário, independentemente de percepção de auxílio-acidente.

Está correto APENAS o que se afirma em

(A) I, III e V.
(B) II, III e IV.
(C) I, II e V.
(D) II, IV e V.
(E) I, II e III.

I: opção correta, pois reflete o disposto no art. 8º, VIII, da CF e art. 543, § 3º, da CLT. Veja súmula 369, II, do TST. **II:** opção incorreta, pois o período de estabilidade da empregada gestante é desde a confirmação da gravidez até 5 meses após o parto, os termos do art. 10, II, b, do ADCT. **III:** opção correta, pois reflete o disposto no art. 8º, VIII, da CF e art. 543, § 3º, da CLT. **IV:** opção incorreta, pois nos termos do art. 10, II, a, do ADCT a estabilidade é contada desde o registro de sua candidatura até um ano após o final de seu mandato. **V:** opção correta, pois reflete o disposto no art. 118 da Lei 8.213/1991.

Gabarito "A"

13. ACIDENTE, SUSPENSÃO E INTERRUPÇÃO DO CONTRATO DE TRABALHO

(Analista Judiciário – TRT/11 – FCC – 2017) De acordo com o entendimento Sumulado do TST, as faltas ou ausências decorrentes de acidente do trabalho

(A) são consideradas para os efeitos de duração de férias e cálculo da gratificação natalina.
(B) não são consideradas para os efeitos de duração de férias, mas são consideradas para o cálculo da gratificação natalina.
(C) não são consideradas para os efeitos de duração de férias e cálculo da gratificação natalina.
(D) são consideradas para os efeitos de duração de férias, mas não são consideradas para o cálculo da gratificação natalina.
(E) são consideradas para os efeitos de duração de férias e cálculo da gratificação natalina de forma reduzida, limitando-se a quinze dias.

"C" é a opção correta. Nos termos da súmula 46 do TST as faltas ou ausências decorrentes de acidente do trabalho não são consideradas para os efeitos de duração de férias e cálculo da gratificação natalina.

Gabarito "C"

(Técnico Judiciário – TRT11 – FCC – 2017) Lucila, em razão da abertura involuntária do colo do útero, de forma prematura, comprovada por atestado médico oficial, sofreu um aborto na segunda semana de gestação. Neste caso, o contrato de trabalho de Lucila será

(A) interrompido e ela terá direito a dez dias de repouso.

(B) suspenso e ela terá direito a duas semanas de repouso.

(C) interrompido e ela terá direito a duas semanas de repouso.

(D) suspenso e ela terá direito a quinze dias de repouso.

(E) suspenso e ela terá direito a uma semana de repouso.

"C" é a opção correta. Isso porque, nos termos do art. 395 da CLT em caso de aborto não criminoso, comprovado por atestado médico oficial, a mulher terá um repouso remunerado de 2 (duas) semanas, ficando-lhe assegurado o direito de retornar à função que ocupava antes de seu afastamento. Tendo em vista o repouso ser remunerado, fala-se em interrupção do contrato de trabalho. HC

Gabarito "C"

(Procurador do Estado – PGE/MT – FCC – 2016) Sócrates é professor de Matemática na Escola Sol Nascente, contratado pelo regime da Consolidação das Leis do Trabalho. Celebrado o contrato de trabalho, foi prevista uma carga horária de 40 horas-aula semanais, com valor R$ 20,00 por hora-aula. Em virtude da diminuição do número de alunos, a direção da escola reduz a carga horária de Sócrates para 20 horas semanais, sem consultar o empregado, mantendo o valor pago por hora-aula. Levando-se em conta a legislação vigente e orientação jurisprudencial da SDI-1 do Tribunal Superior do Trabalho,

(A) é lícita esta alteração contratual com redução de carga horária uma vez que o empregador, mesmo sem o consentimento do empregado, sempre pode alterar as cláusulas do contrato de trabalho, por ser detentor do *jus variandi.*

(B) não se trata na hipótese de alteração contratual, uma vez que a redução de carga horária em decorrência da redução do número de alunos não implica alteração contratual, já que não acarretou redução do valor da hora-aula.

(C) é ilícita esta redução de carga horária, uma vez que o único requisito de toda alteração contratual perpetrada pelo empregador é o mútuo consentimento entre ele e o empregado.

(D) é ilícita esta alteração contratual uma vez que o empregado terá reduzida a sua remuneração mensal, o que só é permitida mediante acordo ou convenção coletiva, conforme previsão na Constituição Federal de 1988.

(E) é ilícita esta redução de carga horária, uma vez que o empregador deve assumir os riscos do negócio, não sendo possível transferir ao empregado o prejuízo causado pela redução do número de alunos, que deve ser suportado por ele.

"B" é a resposta correta. Isso porque, nos termos da OJ 244 da SDI 1 do TST, a redução da carga horária do professor, em virtude da diminuição do número de alunos, não constitui alteração contratual, uma vez que não implica redução do valor da hora-aula. HC

Gabarito "B"

(Técnico – TRT/19ª – 2015 – FCC) O afastamento do empregado do serviço por quinze dias, em consequência de doença, configura

(A) suspensão do contrato de trabalho.

(B) interrupção do contrato de trabalho.

(C) ausência injustificada.

(D) rescisão do contrato de trabalho.

(E) alteração do contrato de trabalho.

O empregado que estiver sem condições de exercer suas funções, em razão de doença e ficar afastado por até 15 dias tem seu contrato interrompido e não suspenso, na medida em que nesse período caberá à empresa pagar a remuneração do empregado, art. 60, § 3º, da Lei 8.213/1991, o que representa típica hipótese de interrupção do contrato de trabalho. No entanto, caso persista a incapacidade, a partir do 16º dia do afastamento, o empregado passa a usufruir de auxílio-doença, em conformidade com os arts. 59 e 60, *caput*, da Lei 8.213/1991, caracterizando, nessa última hipótese, a suspensão do contrato de trabalho.

Gabarito "B"

(Técnico – TRT/16ª – 2015 – FCC) Considere as seguintes hipóteses:

I. Falta ao serviço não justificada por cinco dias corridos em razão do matrimônio.

II. Falta ao serviço não justificada por até três dias consecutivos em razão do falecimento de irmão.

III. Gozo de férias.

IV. Licença de empregado para atuação como conciliador em Comissão de Conciliação Prévia.

Caracterizam hipóteses de interrupção do contrato de trabalho, as indicadas APENAS em

(A) I e II.

(B) I, III e IV.

(C) III e IV.

(D) II e IV.

(E) I, II e III.

I: As faltas injustificadas constituem hipótese de suspensão do contrato de trabalho. Como faltas justificadas, veja o art. 473, II, da CLT. **II:** As faltas injustificadas constituem hipótese de suspensão do contrato de trabalho. Como faltas justificadas, veja o art. 473, I, da CLT. **III:** As férias representam hipótese de interrupção do contrato de trabalho, na medida em que são remuneradas pelo empregador, art. 129 da CLT. **IV:** o período de licença do empregado para atuação como conciliador em Comissão de Conciliação Prévia será computado como tempo de trabalho, devendo ser pago pelo empregador, art. 625-B, § 2º, da CLT.

Gabarito "C"

(Técnico – TRT/3ª – 2015 – FCC) Mário ausentou-se do trabalho por três dias por ter se casado, tirando suas férias vencidas em seguida, e, finalmente, deixando de retornar ao trabalho por ter acompanhado sua esposa que foi, voluntariamente, doar sangue, sem previsão de abono de falta em norma coletiva. Nos casos expostos, tem-se, respectivamente, a caracterização no contrato de trabalho d**e:**

(A) interrupção, interrupção e suspensão, respectivamente.

(B) interrupção, suspensão e suspensão, respectivamente.

(C) suspensão, interrupção e interrupção, respectivamente.

(D) suspensão, em todos os casos.

(E) interrupção, em todos os casos.

"A" é a opção correta. Isso porque, a ausência do trabalho por 3 dias por motivo de casamento, também chamada de "licença-gala" caracteriza-se interrupção do contrato de trabalho, art. 473, II, da CLT. As férias do empregado também representam hipótese de interrupção do contrato de trabalho, art. 129 da CLT. A doação de sangue seria hipótese de interrupção do contrato de trabalho, caso fosse para o próprio empregado, art. 473, IV, da CLT. O dia que acompanhou a esposa para doação de sangue será considerada falta injustificada, o que representa hipótese de suspensão do contrato de trabalho do empregado.

Gabarito "A"

14. EXTINÇÃO DO CONTRATO DE TRABALHO

(Analista Judiciário – TRT/24 – FCC – 2017) Diana frequentemente chegava atrasada no início de sua jornada de trabalho, atingia produção bem inferior àquela realizada pelos colegas de sua equipe, além de apresentar um número elevado de faltas injustificadas. Por tais razões, a empregada foi advertida, verbalmente e por escrito, além de receber suspensão disciplinar por 2 dias. Na situação apresentada, Diana cometeu falta grave que ensejaria a dispensa por justa causa na modalidade de

(A) incontinência de conduta.

(B) ato de insubordinação.

(C) atitude de indisciplina.

(D) ato de improbidade.

(E) desídia no desempenho das funções.

A: opção incorreta, pois *Incontinência de conduta:* comportamento desregrado ligado à vida sexual do obreiro, comportamento este que traz perturbações ao ambiente de trabalho, como, por exemplo, visitas a *sites* pornográficos na *internet*. **B:** opção incorreta, pois insubordinação consiste no descumprimento de ordens pessoais de serviço. **C:** opção incorreta, pois indisciplina consiste no descumprimento de ordens gerais de serviço. **D:** opção incorreta, pois improbidade revela mau caráter, maldade, desonestidade, má-fé, que cause prejuízo ou até risco à integridade do patrimônio do empregador, como, por exemplo, furto ou roubo de bens da empresa. **E:** opção correta, pois desídia no desempenho das funções*:* hipótese em que o empregado deixa de prestar o serviço com zelo, interesse, empenho, passando a laborar com negligência.

Gabarito "E"

(Procurador do Estado – PGE/MT – FCC – 2016) O Estado de Goiás contratou a empresa Vênus Limpadora Ltda., após processo de licitação, para prestar serviços de limpeza e portaria no prédio onde funciona a Secretaria Estadual de Educação. O empregado da empresa Vênus, Netuno de Tal, que presta serviços na portaria, ingressa com ação na Justiça do Trabalho, sem se afastar do emprego, pleiteando a rescisão indireta do seu contrato de trabalho, sob fundamento de que a sua empregadora vem descumprindo obrigações contratuais, colocando no polo passivo a empresa Vênus e o Estado de Goiás, requerendo a responsabilidade solidária e, alternativamente, subsidiária deste último. Pleiteia pelo pagamento de todas as verbas rescisórias decorrentes de uma dispensa sem justa causa por iniciativa da empregadora. Considerando a legislação trabalhista vigente e a jurisprudência sumulada do Tribunal Superior do Trabalho, na hipótese de descumprimento por parte do empregador de obrigações contratuais, é correto afirmar:

(A) O pedido de rescisão indireta do contrato de trabalho só pode ser realizado após o empregado se afastar do trabalho e, neste caso, não responde de forma subsidiária o Estado de Goiás pelas verbas rescisórias eventualmente deferidas em Juízo, por ter havido regular procedimento licitatório para a contratação da empresa prestadora de serviços.

(B) É possível o pleito de rescisão indireta do contrato de trabalho nessa hipótese permanecendo o trabalhador no emprego, desde que notifique a empresa Vênus Limpadora Ltda. por escrito com antecedência mínima de trinta dias, mas a responsabilidade subsidiária do Estado de Goiás não se verifica por ter havido regular procedimento licitatório para a contratação da empresa prestadora de serviços.

(C) Não cabe pedido de rescisão indireta do contrato de trabalho quando a prestação de serviços se der em benefício de ente da Administração pública direta, pelo fato de ela possuir o dever legal de verificar o correto cumprimento por parte da empresa contratada com as obrigações contratuais relativas aos seus empregados.

(D) É faculdade do trabalhador, quando esse for o fundamento do pedido de rescisão indireta do contrato de trabalho, ingressar com a ação pertinente sem se afastar do trabalho e, nesse caso, possível a condenação de forma subsidiária do Estado de Goiás pelas verbas eventualmente deferidas em Juízo, desde que comprovado que deixou de fiscalizar o regular cumprimento pela empresa contratada com as obrigações contratuais e legais em relação aos seus empregados.

(E) É cabível requerer rescisão indireta do contrato de trabalho com tal fundamento, ainda que o faça sem se afastar do emprego e, nessa hipótese, o Estado de Goiás deverá responder de forma solidária com a empresa prestadora de serviços se configurada a ausência de fiscalização por parte do Estado de Goiás do regular cumprimento pela empresa contratada com as obrigações contratuais e legais em relação aos seus empregados.

"D" é a opção correta, pois, nos termos do art. 483, § 3º, CLT, o empregado poderá ajuizar a ação sem se desligar do emprego. Nesse caso, nos termos da súmula 331, V, TST a Administração Pública responde subsidiariamente. HC

Gabarito "D"

(Procurador do Estado – PGE/RN – FCC – 2014) Sobre a responsabilidade dos entes integrantes da Administração pública direta, pelos direitos dos empregados da prestadora de serviços por ele contratada na qualidade de tomadores de serviço, ante o inadimplemento das obrigações trabalhistas por parte do empregador, é correto afirmar, segundo entendimento jurisprudencial cristalizado pelo Tribunal Superior do Trabalho, que é:

(A) subsidiária porque decorre do mero inadimplemento das obrigações trabalhistas assumidas pela empresa prestadora de serviços.

(B) solidária porque decorre do mero inadimplemento das obrigações trabalhistas assumidas pela empresa prestadora de serviços.

(C) solidária porque, ao contratar tomadores de serviço, a Administração pública abre mão dos privilégios que teria no exercício de seu *jus imperium*.

(D) subsidiária e, como tal, independe da conduta culposa na Administração pública no cumprimento das obrigações previstas na Lei nº 8.666/1993.

(E) subsidiária e dependente de ser evidenciada a sua conduta culposa no cumprimento das obrigações previstas na Lei nº 8.666/1993.

"E" é a opção correta. Isso porque, nos termos da súmula 331, V, TST, entende-se que os entes integrantes da Administração Pública direta e indireta respondem subsidiariamente, nas mesmas condições do item IV, caso evidenciada a sua conduta culposa no cumprimento das obrigações da Lei 8.666, de 21.06.1993, especialmente na fiscalização do cumprimento das obrigações contratuais e legais da prestadora de serviço como empregadora. A aludida responsabilidade não decorre de mero inadimplemento das obrigações trabalhistas assumidas pela empresa regularmente contratada. HC

Gabarito "E"

15. FGTS

(Analista Judiciário – TRT/11 – FCC – 2017) Com relação ao FGTS, considere:

I. A equivalência entre os regimes do Fundo de Garantia do Tempo de Serviço e da estabilidade prevista na CLT é meramente jurídica e não econômica, sendo indevidos valores a título de reposição de diferenças.

II. O pagamento relativo ao período de aviso-prévio, trabalhado ou não, está sujeito à contribuição para o FGTS.

III. Caberá ao Conselho Curador do FGTS, na qualidade de agente operador, emitir Certificado de Regularidade do FGTS.

IV. Quando ocorrer rescisão do contrato de trabalho por culpa recíproca ou força maior reconhecida pela Justiça do Trabalho, o percentual devido relativo à multa pela rescisão será de 20%.

Está correto o que se afirma APENAS em

(A) I e II.

(B) I, II e III.

(C) II, III e IV.

(D) I, II e IV.

(E) III e IV.

I: correto. Nos termos da súmula 98, I, do TST A equivalência entre os regimes do Fundo de Garantia do Tempo de Serviço e da estabilidade prevista na CLT é meramente jurídica e não econômica, sendo indevidos valores a título de reposição de diferenças. **II:** correto. Nos termos da súmula 305 do TST O pagamento relativo ao período de aviso-prévio, trabalhado ou não, está sujeito a contribuição para o FGTS. **III:** incorreto. Nos termos do art. 7º, V, da Lei 8.036/1990 cabe à caixa Econômica Federal emitir Certificado de Regularidade do FGTS. **IV:** correto. Nos termos do art. 18, § 2º, da Lei 8.036/1990 quando ocorrer despedida por culpa recíproca ou força maior, reconhecida pela Justiça do Trabalho, o percentual relativo à multa pela rescisão será de 20 (vinte) por cento.

Gabarito "D"

(Analista Judiciário – TRT/24 – FCC – 2017) Quanto ao Fundo de Garantia por Tempo de Serviço – FGTS, segundo ordenamento jurídico e jurisprudência sumulada do Tribunal Superior do Trabalho:

(A) A contribuição para o Fundo de Garantia do Tempo de Serviço incide sobre a remuneração mensal devida ao empregado, inclusive horas extras e adicionais, desde que habituais.

(B) É trintenária a prescrição do direito de reclamar contra a falta de recolhimento de contribuição para o FGTS, observado o prazo de cinco anos após o término do contrato.

(C) Quando ocorrer despedida por culpa recíproca ou força maior, reconhecida pela Justiça do Trabalho, o percentual da multa rescisória será reduzido para dez por cento.

(D) A prescrição da pretensão relativa às parcelas remuneratórias alcança o respectivo recolhimento da contribuição para o FGTS.

(E) A conta vinculada do trabalhador no FGTS poderá ser movimentada quando houver suspensão total do trabalho avulso por período igual ou superior a sessenta dias, comprovada por declaração do sindicato representativo da categoria profissional.

A: opção incorreta, pois nos termos da súmula 63 do TST a contribuição para o Fundo de Garantia do Tempo de Serviço incide sobre a remuneração mensal devida ao empregado, inclusive horas extras e adicionais eventuais, ainda que não habituais. **B:** opção incorreta, pois nos termos da súmula 362 a prescrição será quinquenal. **C:** opção incorreta, pois nos termos do art. 18, § 2º, da Lei 8.036/1990 quando ocorrer despedida por culpa recíproca ou força maior, reconhecida pela Justiça do Trabalho, o percentual da multa rescisória será de 20 (vinte) por cento. **D:** opção correta, pois a prescrição da pretensão relativa às parcelas remuneratórias alcança o respectivo recolhimento da contribuição para o FGTS. **E:** opção incorreta, pois nos termos do art. 20, X, da Lei 8.036/1990 a conta poderá ser movimentada em caso de suspensão total do trabalho avulso por período igual ou superior a 90 (noventa) dias, comprovada por declaração do sindicato representativo da categoria profissional.

Gabarito "D"

(Analista – TRT/2ª – 2014 – FCC) Um trabalhador avulso teve seu trabalho suspenso de forma total pelo período de 90 dias, tendo sido tal suspensão comprovada por declaração do sindicato representativo da categoria profissional. Nesse caso, em relação ao FGTS, de acordo com a legislação aplicável, os valores depositados em sua conta vinculada

(A) não poderão ser sacados tendo em vista que o saque de FGTS do trabalhador avulso só ocorre por ocasião da aposentadoria do mesmo.

(B) poderão ser sacados, eis que preenchidos os requisitos legais para tanto.

(C) não poderão ser sacados, uma vez que a suspensão do trabalho não completou o período de 120 dias.

(D) só poderão ser sacados se a suspensão do trabalho for autorizada pelo Ministério do Trabalho.

(E) só poderão ser sacados se o trabalhador tiver completado 65 anos de idade.

A: incorreta, pois a Lei 8.036/90 trata de outras situações que o trabalhador avulso poderá sacar o FGTS. Veja art. 20 da Lei 8.036/90. Ademais, por força do art. 7º, XXXIV, da CF, o FGTS é um direito dos trabalhadores urbanos e rurais estendido aos trabalhadores avulsos. **B:** correta, pois os requisitos exigidos no art. 20, X, da Lei 8.036/90 foram atendidos. **C:** incorreta, pois o período de suspensão disposto no art. 20, X, da Lei 8.036/90 não é de 120 dias, mas de 90 dias. **D:** incorreta, pois a suspensão do trabalho não carece de autorização do Ministério do Trabalho, mas sim de declaração do sindicato representativo da categoria profissional. **E:** incorreta, pois nos termos do art. 20, XV, da Lei 8.036/90 a idade deve ser igual ou superior a 70 anos.

Gabarito "B"

(Analista – TRT9 – 2012 – FCC) Com fundamento na legislação aplicável ao FGTS, a conta vinculada do trabalhador NÃO poderá ser movimentada na hipótese de

(A) falecimento do trabalhador.
(B) dispensa indireta.
(C) culpa recíproca.
(D) aposentadoria concedida pela Previdência Social.
(E) pedido de demissão.

A: opção incorreta, pois poderá ser movimentada, nos termos do art. 20, IV, da Lei 8.036/1990. **B:** opção incorreta, pois poderá ser movimentada, nos termos do art. 20, I, da Lei 8.036/1990. **C:** opção incorreta, pois poderá ser movimentada, nos termos do art. 20, I, da Lei 8.036/1990. **D:** opção incorreta, pois poderá ser movimentada, nos termos do art. 20, III, da Lei 8.036/1990. **E:** opção correta, pois no pedido de demissão o empregado não poderá movimentar a conta do FGTS, na medida em que não consta no rol do art. 20 da Lei 8.036/1990.

Gabarito "E"

16. PRESCRIÇÃO E DECADÊNCIA

(Técnico Judiciário – TRT20 – FCC – 2016) Athenas trabalhou por oito anos na empresa Netuno Produções como secretária. Em razão de crise econômica, o contrato foi extinto após o aviso-prévio trabalhado até 10/10/2015, sem receber as verbas da rescisão contratual, incluindo diferenças de depósitos do FGTS com a multa rescisória de 40%. Nesse caso, o prazo prescricional para ajuizar reclamação trabalhista termina em 10 de outubro de

(A) 2017, exceto quanto às diferenças de FGTS com 40%, cuja prescrição é trintenária.
(B) 2020 para todos os direitos trabalhistas.
(C) 2020, exceto quanto às diferenças de FGTS com 40%, cuja prescrição é decenal.
(D) 2018 para todos os direitos trabalhistas.
(E) 2017 para todos os direitos trabalhistas.

"E" é a opção correta. Embora o enunciado não tenha levado em consideração a data de projeção do aviso-prévio (OJ 83 da SDI 1 do TST), o empregado terá 2 anos para ingressar com a reclamação trabalhista, nos termos do art. 7º, XXIX, da CF e art. 11 da CLT. Ademais, a súmula 362 do TST dispõe nesse sentido.

Gabarito "E"

(Analista – TRT/1ª – 2012 – FCC) O prazo prescricional para reclamar créditos resultantes das relações de trabalho, conforme previsão legal e entendimento sumulado do TST, é de

(A) dois anos para os trabalhadores rurais, até o limite de cinco anos após a extinção do contrato de trabalho.
(B) cinco anos para os trabalhadores urbanos e rurais, até o limite de dois anos após a extinção do contrato de trabalho.
(C) dois anos para os trabalhadores urbanos e rurais, até o limite de cinco anos após a extinção do contrato de trabalho.
(D) trinta anos para reclamar contra o não recolhimento da contribuição para o FGTS.
(E) trinta anos para reclamar contra o não recolhimento da contribuição para o FGTS, observado o prazo de cinco anos após o término do contrato de trabalho.

"B" é a alternativa correta, pois reflete o disposto no art. 7º, XXIX, da CF e art. 11 da CLT. Veja também a súmula 308, I, do TST.

Gabarito "B"

(Analista – TRT/6ª – 2012 – FCC) Analisando-se as normas legais relativas ao instituto da prescrição no Direito do Trabalho, é correto afirmar:

(A) Contra menores de 21 (vinte e um) anos não corre nenhum prazo de prescrição.
(B) O direito de ação quanto a créditos resultantes das relações de trabalho prescreve em três anos para contrato em vigor e encerrados.
(C) O direito de ação quanto a créditos resultantes das relações de trabalho prescreve em cinco anos após a extinção do contrato de trabalho.
(D) Não corre prazo de prescrição para as ações que tenham por objeto anotações para fins de prova junto à Previdência Social.
(E) A prescrição do direito de reclamar a concessão das férias ou o pagamento da respectiva remuneração será sempre contada da cessação do contrato de trabalho.

A: incorreto (art. 440 da CLT); **B** e **C:** incorretos (arts. 7º, XXIX, da CF e 11 da CLT); **D:** correto (art. 11, § 1º, da CLT); **E:** incorreto (art. 149 da CLT).

Gabarito "D"

(Técnico Judiciário – TRT9 – 2012 – FCC) O prazo prescricional para ajuizamento de ação judicial, após a extinção do contrato de trabalho, para pleitear créditos resultantes das relações de trabalho para os trabalhadores urbanos e rurais, respectivamente, é de

(A) dois anos e cinco anos, até o limite de cinco anos.
(B) cinco anos e dois anos, até o limite de cinco anos.
(C) dois anos e dois anos, até o limite de cinco anos.
(D) cinco anos e cinco anos, até o limite de dois anos.
(E) cinco anos e dois anos, até o limite de dois anos.

"C" é a opção correta, pois reflete o disposto no art. 7º, XXXIX, da CF e art. 11 da CLT. Veja súmula 308, I, do TST.

Gabarito "C"

17. SEGURANÇA E MEDICINA DO TRABALHO

(Técnico Judiciário – TRT11 – FCC – 2017) Segundo a Consolidação das Leis do Trabalho, o mandato dos membros eleitos da Comissão Interna de Prevenção de Acidentes – CIPA terá a duração de

(A) um ano, permitida uma reeleição, exceto ao membro suplente que, durante o seu mandato, tenha participado de menos da metade do número de reuniões da CIPA.
(B) um ano, vedado a reeleição, em qualquer hipótese, havendo dispositivo legal expresso neste sentido.
(C) dois anos, vedada a reeleição, em qualquer hipótese, havendo dispositivo legal expresso neste sentido.
(D) um ano, permitida uma reeleição, exceto ao membro suplente que, durante o seu mandato, tenha participado de menos de 1/3 do número de reuniões da CIPA.
(E) dois anos, permitida uma reeleição, exceto ao membro suplente que, durante o seu mandato, tenha participado de menos de 1/3 do número de reuniões da CIPA.

"A" é a resposta correta. Isso porque, nos termos do art. 164, § 3º, da CLT o mandato dos membros eleitos da CIPA terá a duração de 1 (um) ano, permitida uma reeleição.

Gabarito "A"

(Técnico Judiciário – TRT24 – FCC – 2017) A constatação de que o exercício de qualquer atividade profissional gera riscos à saúde e à integridade física do trabalhador fez com que, gradativamente fosse sendo construída uma estrutura de proteção ao trabalhador, passando a questão relativa à segurança e medicina do trabalho ser vista a partir de uma concepção profundamente humana. Com relação às normas de medicina e segurança do trabalho, em especial às atividades insalubres e perigosas, a legislação estabelece que

(A) o exercício de trabalho em condições insalubres, acima dos limites de tolerância, assegura a percepção de adicional respectivamente de 40% ou 20% do salário-base do empregado, segundo se classifiquem nos graus máximo e mínimo.

(B) o trabalho em condições de periculosidade assegura ao empregado um adicional de 30% sobre o salário sem os acréscimos resultantes de gratificações, prêmios ou participações nos lucros da empresa.

(C) são consideradas atividades ou operações perigosas aquelas que, por sua natureza ou métodos de trabalho, impliquem risco acentuado em virtude de exposição permanente ou eventual do trabalhador a roubos ou outras espécies de violência, física ou moral, nas atividades profissionais de bancários e de segurança pessoal ou patrimonial.

(D) não serão descontados ou compensados do adicional de insalubridade outros da mesma natureza eventualmente já concedidos ao vigilante por meio de acordo coletivo.

(E) o Ministério do Trabalho aprovará o quadro das atividades e operações insalubres e adotará normas sobre os critérios de caracterização da insalubridade, cabendo à Justiça do Trabalho fixar os limites de tolerância aos agentes agressivos, meios de proteção e o tempo máximo de exposição do empregado a esses agentes.

A: opção incorreta, pois nos termos do art. 192 da CLT o exercício de trabalho em condições insalubres, acima dos limites de tolerância estabelecidos pelo Ministério do Trabalho, assegura a percepção de adicional respectivamente de 40% (quarenta por cento), 20% (vinte por cento) e 10% (dez por cento) do salário-mínimo da região, segundo se classifiquem nos graus máximo, médio e mínimo. **B:** opção correta, pois reflete a disposição do art. 193, § 1°, da CLT. **C:** opção incorreta, pois nos termos do art. 193, II, da CLT são consideradas perigosas aquelas que, por sua natureza ou métodos de trabalho, impliquem risco acentuado em virtude de exposição permanente do trabalhador a roubos ou outras espécies de violência física nas atividades profissionais de segurança pessoal ou patrimonial. **D:** opção incorreta, pois nos termos do art. 193, § 3°, da CLT serão descontados ou compensados do adicional outros da mesma natureza eventualmente já concedidos ao vigilante por meio de acordo coletivo. **E:** opção incorreta, pois nos termos do art. 190 da CLT não compete à Justiça do Trabalho fixar os limites de tolerância aos agentes agressivos, meios de proteção e o tempo máximo de exposição do empregado a esses agentes. Determina referido dispositivo legal que o Ministério do Trabalho aprovará o quadro das atividades e operações insalubres e adotará normas sobre os critérios de caracterização da insalubridade, os limites de tolerância aos agentes agressivos, meios de proteção e o tempo máximo de exposição do empregado a esses agentes. HC

Gabarito "B"

(Técnico Judiciário – TRT24 – FCC – 2017) A Comissão Interna de Prevenção de Acidentes – CIPA – tem como objetivo a prevenção de acidentes e doenças decorrentes do trabalho, de modo a tornar compatível permanentemente o trabalho com a preservação da vida e a promoção da saúde do trabalhador. Em relação à CIPA, segundo a legislação,

(A) os representantes dos empregadores, titulares e suplentes, serão eleitos, entre todos os empregados, em escrutínio secreto.

(B) os representantes dos empregados, titulares e suplentes, serão designados pelo sindicato.

(C) o empregador designará, anualmente, dentre os seus representantes eleitos, o Vice-Presidente da CIPA.

(D) o mandato dos membros eleitos da CIPA terá a duração de 1 ano, permitida uma reeleição.

(E) os empregados elegerão, dentre os empregados designados pelo sindicato, o Presidente da CIPA.

A: opção incorreta, pois nos termos do art. 164, § 2°, da CLT os representantes dos empregados, titulares e suplentes, serão eleitos em escrutínio secreto, do qual participem, independentemente de filiação sindical, exclusivamente os empregados interessados. **B:** opção incorreta, pois nos termos do art. 164, § 1°, da CLT os representantes dos empregadores, titulares e suplentes, serão por eles designados. **C:** opção incorreta, pois nos termos do art. 164, § 5°, da CLT o empregador designará, anualmente, dentre os seus representantes, o Presidente da CIPA e os empregados elegerão, dentre eles, o Vice-Presidente. **D:** opção correta, pois reflete a disposição do art. 164, § 3°, da CLT. **E:** opção incorreta, pois os empregados elegerão o Vice-Presidente, art. 164, § 5°, da CLT. HC

Gabarito "D"

(Técnico Judiciário – TRT20 – FCC – 2016) Medusa foi contratada como caixa do posto de combustíveis Abasteça S/A. O caixa fica localizado ao lado das bombas de abastecimento dos veículos, razão pela qual ela atua em atividade que implica risco acentuado por exposição permanente da trabalhadora a produtos inflamáveis e explosivos. Medusa ajuizou ação trabalhista postulando o pagamento de adicional, sendo verificadas as condições de risco por perícia judicial. Assim, conforme legislação aplicável, Medusa fará jus ao adicional de

(A) penosidade, no valor de 10%, 20% ou 40% do salário mínimo regional, conforme classificação de risco mínimo, médio e máximo.

(B) periculosidade, no valor de 25% sobre o valor da hora normal para cada hora trabalhada com exposição ao risco.

(C) insalubridade, no importe de 30% sobre toda a sua remuneração, incluindo prêmios e gratificações.

(D) periculosidade, no valor de 30% sobre o salário sem os acréscimos resultantes de gratificações, prêmios ou participações nos lucros da empresa.

(E) insalubridade, no importe de 10%, 20% ou 40% do salário mínimo nacional, conforme classificação de risco mínimo, médio e máximo.

"D" é a opção correta. Isso porque, nos termos do art. 193, I, da CLT são consideradas atividades ou operações perigosas, na forma da regulamentação aprovada pelo Ministério do Trabalho e Emprego, aquelas que, por sua natureza ou métodos de trabalho, impliquem risco acentuado em virtude de exposição permanente do trabalhador a inflamáveis. Nessa linha, determina o § 1° do mesmo dispositivo legal que o trabalho em condições de periculosidade assegura ao empregado um adicional de 30% (trinta por cento) sobre o salário sem os acréscimos resultantes de gratificações, prêmios ou participações nos lucros da empresa. Vale dizer que, embora nossa Constituição Federal assegure no art. 7°, XXIII, o adicional na remuneração para o trabalho penoso, não há em nosso ordenamento jurídico regulamentação sobre o tema.

Gabarito "D"

(Procurador do Estado – PGE/MT – FCC – 2016) Aristóteles é empregado da empresa Alpha Combustíveis Ltda. que atua no ramo de posto de combustíveis. O referido empregado presta serviços de vigilante no posto, laborando nas dependências do estabelecimento. Realizada perícia no local de trabalho para apuração da existência de periculosidade, o médico do trabalho, designado pelo Juiz do Trabalho da causa, elabora laudo concluindo pela periculosidade no ambiente de trabalho, o qual é acolhido pelo Magistrado. Nesta hipótese,

(A) o empregado faz jus ao adicional de periculosidade, à base de 30% do valor do salário, sem acréscimos de gratificações, prêmios e participação em lucros da empresa.

(B) não é devido adicional de periculosidade uma vez que o empregado é vigilante e, nesta situação, não faz jus ao referido adicional, posto que não atua diretamente em contato com inflamáveis, única hipótese de ter direito ao propalado adicional.

(C) é devido adicional de periculosidade ao empregado e deve a empresa ser condenada ao pagamento de adicional de 30% do salário mínimo nacional vigente à época, sem os acréscimos de gratificações, prêmios e participação em lucros.

(D) é devido adicional de periculosidade ao empregado à base de 30% do valor do salário, acrescidas de gratificações, prêmios e participações em lucros.

(E) o empregado não faz jus ao adicional de periculosidade, uma vez que a perícia é nula pelo fato de ter sido realizada por médico do trabalho, quando o correto seria que a perícia fosse confiada a um engenheiro de segurança do trabalho.

"A" é a opção correta. Isso porque, nos termos da súmula 39 do TST, os empregados que operam em bomba de gasolina têm direito ao adicional de periculosidade (Lei 2.573, de 15.08.1955), que assegura ao empregado um adicional de 30% (trinta por cento) sobre o salário sem os acréscimos resultantes de gratificações, prêmios ou participações nos lucros da empresa, conforme art. 193, § 1º, CLT.

Gabarito "A"

(Analista – TRT/3ª – 2015 – FCC) Daniel, empregado da Pizzaria Novo Sabor, trabalha como entregador de pizza, utilizando moto para tal finalidade. Em razão da condição de execução do trabalho, Daniel

(A) não tem direito de receber qualquer adicional de remuneração, pois seu trabalho não se caracteriza como atividade insalubre ou perigosa.

(B) não tem direito de receber qualquer adicional de remuneração, pois não trabalha com inflamáveis ou explosivos, as únicas situações que caracterizam condição perigosa de trabalho para fins de percepção do adicional respectivo.

(C) tem direito de receber adicional de insalubridade, pois o trabalho com moto é prejudicial para sua saúde.

(D) tem direito de receber adicional de insalubridade, mas somente em grau mínimo, mais adicional de periculosidade, calculado em razão do tempo em que se utiliza da moto na execução do trabalho.

(E) tem direito de receber adicional de periculosidade, por expressa previsão legal.

"E" é a opção correta. O § 4º ao art. 193 da CLT garante aos profissionais que utilizam a motocicleta para trabalhar com o transporte de passageiros e mercadorias, como os motoboys, mototaxistas, motofretistas e de serviço comunitário de rua, o direito ao adicional de periculosidade de 30% sobre seus salários, descontados os acréscimos resultantes de gratificações, prêmios ou participações nos lucros da empresa. Contudo, de acordo com o Anexo 5 da NR 16 do MTE algumas atividades NÃO são consideradas perigosas para efeitos da lei. São elas: a) a utilização de motocicleta ou motoneta exclusivamente no percurso da residência para o local de trabalho ou deste para aquela; b) as atividades em veículos que não necessitem de emplacamento ou que não exijam carteira nacional de habilitação para conduzi-los; c) as atividades em motocicleta ou motoneta em locais privados; d) as atividades com uso de motocicleta ou motoneta de forma eventual, assim considerado o fortuito, ou o que, sendo habitual, dá-se por tempo extremamente reduzido.

Gabarito "E"

(Técnico – TRT/19ª – 2015 – FCC) Se a atividade do empregado é, simultaneamente, insalubre e perigosa, o adicional devido será o

(A) de maior valor.

(B) escolhido pelo empregado.

(C) escolhido pelo empregador.

(D) da atividade preponderante.

(E) de periculosidade, sempre.

"B" é a resposta correta. Nos termos do art. 193, § 2º, da CLT, dispositivo que regula o adicional de periculosidade, ensina que o empregado poderá optar pelo adicional de insalubridade que porventura lhe seja devido.

Gabarito "B"

(Técnico – TRT/16ª – 2015 – FCC) O posto de gasolina "C" possui empregados que recebem adicional de periculosidade. Este adicional é pago na proporção de 30% (trinta por cento) sobre o salário sem os acréscimos resultantes de gratificações, prêmios ou participações nos lucros do posto. De acordo com a Consolidação das Leis do Trabalho, o adicional de periculosidade

(A) está sendo pago corretamente.

(B) deveria ser pago na base de 35% sobre o salário sem acréscimos.

(C) deveria incidir com os acréscimos resultantes de gratificações.

(D) deveria incidir com os acréscimos resultantes de prêmios.

(E) deveria incidir na base de 35% sobre o salário mínimo.

"A" é a resposta correta. Nos termos do art. 193, § 1º, da CLT o trabalho em condições de periculosidade assegura ao empregado um adicional de 30% (trinta por cento) sobre o salário sem os acréscimos resultantes de gratificações, prêmios ou participações nos lucros da empresa.

Gabarito "A"

(Técnico – TRT/3ª – 2015 – FCC) A respeito das normas que tratam de segurança e medicina do trabalho, é INCORRETO afirmar que

(A) é obrigação e por conta do empregador, conforme atividades desenvolvidas e instruções do Ministério do Trabalho, a exigência de exames médicos admissional, periódicos e demissional.

(B) os equipamentos de proteção individual, adequados ao risco e em perfeito estado de conservação, serão fornecidos pelo empregador, com o devido desconto em folha do empregado, uma vez que se trata de ferramenta de trabalho.

(C) no tocante às edificações, para que garantam perfeita segurança aos trabalhadores deverão ter, no mínimo, três metros de pé-direito, assim considerada a altura livre do piso ao teto.

(D) o trabalho em condições insalubres, acima dos limites de tolerância do trabalhador, conforme normas do Ministério do Trabalho e Laudo Técnico, assegura a percepção do respectivo adicional de acordo com sua classificação em grau mínimo, médio ou máximo.

(E) o adicional de periculosidade será devido aos trabalhadores expostos na forma da regulamentação em vigor sobre a matéria a agentes inflamáveis, explosivos, energia elétrica e o uso de motocicleta, sendo necessária, nesta última, a sua inclusão nos quadros das atividades do Ministério do Trabalho para percepção do respectivo adicional.

A: correta, pois reflete o disposto no art. 168 da CLT. **B:** incorreta, pois nos termos do art. 166 da CLT os equipamentos de proteção individual deverão ser fornecidos gratuitamente pelo empregador. **C:** correta, pois reflete o disposto no art. 171 da CLT. **D:** correta, pois nos termos do art. 192 da CLT o exercício de trabalho em condições insalubres, acima dos limites de tolerância estabelecidos pelo Ministério do Trabalho, assegura a percepção de adicional respectivamente de 40% (quarenta por cento), 20% (vinte por cento) e 10% (dez por cento) do salário mínimo da região, segundo se classifiquem nos graus máximo, médio e mínimo **E:** correta, pois reflete o disposto no art. 193 e seu § 4º, da CLT. Veja anexo 5 da NR 16 do MTE.

Gabarito "B"

(Analista – TRT/16ª – 2014 – FCC) Considere os seguintes itens:

I. Gratificações.

II. Prêmios.

III. Participações nos lucros da empresa.

Para o cálculo do adicional de periculosidade

(A) incidem as verbas indicadas apenas em II e III.

(B) incidem as verbas indicadas em I, II e III.

(C) incidem as verbas indicadas apenas em I e II.

(D) não incidem as verbas indicadas apenas em I e II.

(E) não incidem as verbas indicadas em I, II e III.

Nos termos do art. 193, § 1º, da CLT o trabalho em condições de periculosidade assegura ao empregado um adicional de 30% (trinta por cento) sobre o salário sem os acréscimos resultantes de gratificações, prêmios ou participações nos lucros da empresa.

Gabarito "E"

(Analista – TRT/9 – 2012 – FCC) Considere as proposições:

I. Atividades ou operações insalubres são aquelas que, por sua natureza, condições ou métodos de trabalho, exponham os empregados a agentes nocivos à saúde, acima dos limites de tolerância fixados em razão da natureza e da intensidade do agente e do tempo de exposição aos seus efeitos.

II. A eliminação ou neutralização da insalubridade ocorrerá com a adoção de medidas que conservem o ambiente de trabalho dentro dos limites de tolerância e com a utilização pelo trabalhador de EPI's que diminuam a intensidade do agente agressivo a limites de tolerância.

III. O trabalho em condições de periculosidade assegura ao empregado um adicional de 30% (trinta por cento) sobre o salário, com os acréscimos resultantes de gratificações, prêmios ou participações nos lucros da empresa.

IV. A caracterização e a classificação da insalubridade e da periculosidade far-se-ão através de perícias, ficando a primeira a cargo de Médico do Trabalho e a segunda a cargo de Engenheiro do Trabalho, registrado no Ministério do Trabalho.

V. O adicional de insalubridade e o adicional de periculosidade incorporam-se ao salário do empregado, não podendo deixar de ser pagos mesmo que tenha havido a cessação do risco à saúde ou a integridade física do mesmo.

Está correto APENAS o que se afirma em

(A) III, IV e V.

(B) II, III e V.

(C) I e II.

(D) II e IV.

(E) I, II e V.

I: opção correta, pois reflete o disposto no art. 189 da CLT. **II:** opção correta, pois reflete o disposto no art. 191, I e II, da CLT. **III:** opção incorreta, pois nos termos do art. 193, § 1º, da CLT o trabalho em condições de periculosidade assegura ao empregado um adicional de 30% (trinta por cento) sobre o salário sem os acréscimos resultantes de gratificações, prêmios ou participações nos lucros da empresa. **IV:** opção incorreta, pois nos termos do art. 195 da CLT a caracterização e a classificação da insalubridade e da periculosidade, far-se-ão através de perícia a cargo de Médico do Trabalho ou Engenheiro do Trabalho, registrados no Ministério do Trabalho. Veja também a súmula 448 do TST. **V:** opção incorreta, pois nos termos do art. 194 da CLT o direito do empregado ao adicional de insalubridade ou de periculosidade cessará com a eliminação do risco à sua saúde ou integridade física.

Gabarito "C"

(Analista – TRT/6ª – 2012 – FCC) Carlus trabalha em um posto de abastecimento de combustíveis. Exerce as funções de frentista, cuja atividade principal é abastecer os veículos com combustível direto da bomba. Recebe salário base e vale refeição. Pelo exercício das suas funções, nos termos da legislação aplicável à matéria, Carlus faz jus ao pagamento do adicional de

(A) penosidade no valor correspondente a 40% sobre o salário mínimo.

(B) insalubridade no percentual de 10%, 20% ou 40% do salário mínimo.

(C) periculosidade no percentual de 30% do salário contratual.

(D) periculosidade no percentual 10%, 20% ou 40% do salário mínimo.

(E) penosidade no percentual de 30% do salário contratual.

"C" é a resposta correta, pois reflete o disposto no art. 193, I, e § 1º, da CLT. Nesse sentido, veja a súmula 39 do TST: " Os empregados que operam em bomba de gasolina têm direito ao adicional de periculosidade (Lei nº 2.573, de 15.08.1955)."

Gabarito "C"

(Analista – TRT/6ª – 2012 – FCC) Afrodite trabalha em posto de revenda de combustível líquido, possuindo contato permanente com líquidos combustíveis. Neste caso, de acordo com a Consolidação das Leis do Trabalho, ela terá direito ao adicional de

(A) insalubridade correspondente a 25% sobre o seu salário base.
(B) periculosidade correspondente a 25% sobre o seu salário base.
(C) periculosidade correspondente a 20% sobre o seu salário base.
(D) insalubridade correspondente a 40, 20 ou 10% sobre o seu salário mínimo.
(E) periculosidade correspondente a 30% sobre o seu salário base.

"E" é a opção correta, pois reflete o disposto no art. 193, I, § 1º, da CLT. Sobre o tema veja a súmula 364, I, do TST: "ADICIONAL DE PERICULOSIDADE". EXPOSIÇÃO EVENTUAL, PERMANENTE E INTERMITENTE. I- Tem direito ao adicional de periculosidade o empregado exposto permanentemente ou que, de forma intermitente, sujeita-se a condições de risco. Indevido, apenas, quando o contato dá-se de forma eventual, assim considerado o fortuito, ou o que, sendo habitual, dá-se por tempo extremamente reduzido.

Gabarito "E"

(Técnico Judiciário – TRT9 – 2012 – FCC) O trabalho em condições de periculosidade assegura ao empregado um adicional sobre o salário sem os acréscimos resultantes de gratificações, prêmios ou participações nos lucros da empresa. O percentual do adicional de periculosidade é de

(A) 10%.
(B) 50%.
(C) 20%.
(D) 40%.
(E) 30%.

"E" é a opção correta, pois nos termos do art. 193, § 1º, da CLT o trabalho em condições de periculosidade assegura ao empregado um adicional de 30% (trinta por cento) sobre o salário sem os acréscimos resultantes de gratificações, prêmios ou participações nos lucros da empresa.

Gabarito "E"

(Técnico – TRT/11ª – 2012 – FCC) Sobre segurança e medicina no trabalho, nos termos da legislação trabalhista pertinente, é correto afirmar:

(A) São consideradas atividades insalubres aquelas, por sua natureza ou métodos de trabalho, impliquem o contato permanente com inflamáveis ou explosivos em condição de risco acentuado.
(B) O direito do empregado ao adicional de insalubridade ou de periculosidade cessará com a eliminação do risco à sua saúde ou integridade física, nos termos da CLT e das normas expedidas pelo Ministério do Trabalho.
(C) Será obrigatória a constituição da Comissão Interna de Prevenção de Acidentes, conforme instruções do Ministério do Trabalho nos estabelecimentos nelas especificadas, sendo composta por representantes dos empregados cujo mandato dos membros titulares será de um ano, sem direito à reeleição.
(D) O trabalho em condições insalubres, acima dos limites de tolerância estabelecidos por norma, assegura ao empregado o adicional de 30% sobre o salário contratual.
(E) Caso o empregado exerça suas atividades em condições insalubres ou de periculosidade, ele não poderá optar pelo pagamento de um dos adicionais, por falta de previsão legal.

A: incorreta, art. 189 da CLT; **B**: correta, art. 194 da CLT; **C**: incorreta, art. 164, § 3º, da CLT; **D**: incorreta, art. 192 da CLT; **E**: incorreta, art. 193, § 2º, da CLT.

Gabarito "B"

18. DIREITO COLETIVO DO TRABALHO

18.1. Sindicatos

(Procurador do Estado – PGE/MT – FCC – 2016) Nos termos das normas contidas na Consolidação das Leis do Trabalho e na jurisprudência sumulada do Tribunal Superior do Trabalho sobre a Organização Sindical e as negociações coletivas de trabalho,

(A) a solidariedade de interesses econômicos dos que empreendem atividades idênticas, similares ou conexas constitui o vínculo social básico que se denomina categoria profissional diferenciada.
(B) empregado integrante de categoria profissional diferenciada não tem o direito de receber de seu empregador vantagens previstas em instrumento coletivo no qual a empresa não foi representada por órgão de classe de sua categoria.
(C) a legitimidade do sindicato para propor ação de cumprimento estende-se à observância de convenção coletiva de trabalho, mas não ao acordo coletivo de trabalho, que impõe ação reclamatória individual para efetivar o cumprimento das normas, em razão das partes que a compõem.
(D) o empregado de categoria diferenciada eleito dirigente sindical goza de estabilidade prevista na lei ainda que não exerça na empresa atividade pertinente à categoria profissional do sindicato para o qual foi eleito dirigente.
(E) as disposições de contrato individual de trabalho livremente ajustadas entre as partes podem contrariar normas de Convenção ou Acordo Coletivo de Trabalho quando mais favoráveis à manutenção do emprego e à estabilidade econômica empresarial e, nessas situações, as condições estabelecidas em Acordo prevalecerão sobre as estipuladas em Convenção.

A: incorreta, pois categoria profissional diferenciada deve ser entendida como aquela formada pelos empregados que exerçam profissões ou funções diferenciadas por força de estatuto profissional especial ou em consequência de condições de vida singulares; **B**: correta, pois, nos termos da súmula 374 do TST, o empregado integrante de categoria profissional diferenciada não tem o direito de haver de seu empregador vantagens previstas em instrumento coletivo no qual a empresa não foi representada por órgão de classe de sua categoria; **C**: incorreta, pois, nos termos da súmula 286 do TST, a legitimidade do sindicato para propor ação de cumprimento estende-se também à observância de acordo ou de convenção coletivos; **D**: incorreta, pois, nos termos da súmula 369, III, TST, o empregado de categoria diferenciada eleito dirigente sindical só goza de estabilidade se exercer na empresa atividade pertinente à categoria profissional do sindicato para o qual foi eleito dirigente; **E**: incorreta, pois, de acordo com o art. 444 da CLT, as relações contratuais de trabalho podem ser objeto de livre estipulação das partes interessadas em tudo quanto não contravenha às disposições de proteção ao trabalho, aos contratos coletivos que lhes sejam aplicáveis e às decisões das autoridades competentes. Ademais, o art. 619 determina que nenhuma disposição de contrato individual de trabalho que contrarie normas de Convenção ou Acordo Coletivo de Trabalho poderá prevalecer na sua execução, sendo considerada nula de pleno direito.

Gabarito "B"

(Técnico – TRT/3ª – 2015 – FCC) No tocante ao Direito Coletivo do Trabalho, considere:

I. São consideradas relações coletivas de trabalho tanto aquelas que abrangem o sindicato dos empregados (categoria profissional) e o sindicato de empresas (categoria econômica), como também aquelas estabelecidas diretamente entre o sindicato dos empregados e uma ou mais empresas, sem a representação da entidade sindical patronal.

II. No Brasil vigora o princípio da liberdade sindical, onde trabalhadores e empregadores têm o direito de se agruparem e constituírem de forma livre entidades sindicais representativas, sem a interferência do Poder Público, ressalvado a necessidade do registro em órgão competente, para fins de publicidade para os outros sindicatos, para impugnação quando se tratar de mesma categoria ou mesma base territorial.

III. É vedada a dispensa do empregado sindicalizado a partir do registro da candidatura a cargo de direção ou representação sindical e, se eleito, ainda que suplente, até um ano e meio após o final do mandato, salvo se cometer falta grave nos termos da lei.

Está correto o que consta em

(A) I, II e III.
(B) I e III, apenas.
(C) II, apenas.
(D) I e II, apenas.
(E) III, apenas.

I: correta, pois as relações que abrangem o sindicato dos empregados e o sindicato das empresas constituem convenção coletiva de trabalho, art. 611 da CLT e as relações estabelecidas diretamente entre o sindicato dos empregados e uma ou mais empresas, sem a representação da entidade sindical patronal, constituem acordo coletivo de trabalho, art. 611, § 1º, da CLT ambas representam instrumentos de relações coletivas de trabalho. **II:** correta, art. 8º da CF. **III:** incorreta, pois nos termos do art. 8º, VIII, da CF e art. 543, § 3º, da CLT é vedada a dispensa do empregado sindicalizado a partir do registro da candidatura a cargo de direção ou representação sindical e, se eleito, ainda que suplente, até um ano (não um ano e meio) após o final do mandato, salvo se cometer falta grave nos termos da lei.

Gabarito "D"

(Analista – TRT/2ª – 2014 – FCC) São critérios previstos pelo ordenamento jurídico para formação, respectivamente, das categorias econômicas, profissionais e profissionais diferenciadas:

(A) Similitude de condições de vida oriunda da profissão ou trabalho em comum, em situação de emprego na mesma atividade econômica ou em atividades econômicas similares ou conexas; solidariedade de interesses econômicos dos que empreendem atividades idênticas, similares ou conexas; e exercício de profissões ou funções diferenciadas por força de estatuto profissional especial ou em consequência de condições de vida singulares.

(B) Homogeneidade de representação perante as autoridades administrativas, na defesa dos interesses econômicos; solidariedade de interesses e similitude de condições de vida decorrentes de estatuto profissional próprio; e exercício de profissões ou funções diferenciadas por força de estatuto profissional especial ou em consequência de condições de vida singulares.

(C) Solidariedade de interesses econômicos dos que empreendem atividades idênticas, similares ou conexas; similitude de condições de vida oriunda da profissão ou trabalho em comum, em situação de emprego na mesma atividade econômica ou em atividades econômicas similares ou conexas; e exercício de profissões ou funções diferenciadas por força de estatuto profissional especial ou em consequência de condições de vida singulares.

(D) Exercício de profissões ou funções diferenciadas por força de estatuto profissional especial ou em consequência de condições de vida singulares; similitude de condições de vida oriunda da profissão ou trabalho em comum, em situação de emprego na mesma atividade econômica ou em atividades econômicas similares ou conexas; e solidariedade de interesses econômicos dos que empreendem atividades idênticas, similares ou conexas.

(E) Solidariedade de interesses econômicos dos que empreendem atividades idênticas, similares ou conexas; exercício de profissões ou funções diferenciadas por força de estatuto profissional especial ou em consequência de condições de vida singulares; e similitude de condições de vida oriunda da profissão ou trabalho em comum, em situação de emprego na mesma atividade econômica ou em atividades econômicas similares ou conexas.

"C" é a correta, pois nos termos do art. 511, § 1º, da CLT a solidariedade de interesses econômicos dos que exploram atividades idênticas, similares ou conexas, constitui o vínculo social denominado categoria econômica. Já a categoria profissional, em conformidade com o § 2º do art. 511 da CLT é caracterizada pela semelhança de condições de vida oriunda da profissão ou trabalho em comum, em situação de emprego na mesma atividade econômica ou em atividades econômicas similares ou conexas. Por último, categoria profissional diferenciada é a que se forma dos empregados que exerçam profissões ou funções diferenciadas por força de estatuto profissional especial ou em consequência de condições de vida singulares.

Gabarito "C"

(Analista – TRT9 – 2012 – FCC) A associação em sindicatos constitui um dos elementos decorrentes da liberdade sindical. O ordenamento jurídico brasileiro, no entanto, impõe a associação sindical a partir da formação de categorias, que podem ser:

(A) profissionais diferenciadas: aquelas formadas a partir da similitude de condições de vida oriunda da profissão ou trabalho em comum, em situação de emprego na mesma atividade econômica ou em atividades econômicas similares ou conexas.

(B) profissionais: aquelas formadas a partir da similitude de condições de vida oriunda da profissão ou trabalho em comum, em situação de emprego na mesma atividade econômica ou em atividades econômicas similares ou conexas.

(C) econômicas: aquelas formadas a partir da similitude de condições de vida dos trabalhadores, oriunda da profissão ou trabalho em comum dos mesmos, definindo, em consequência, a atividade econômica preponderante das empresas.

(D) econômicas: as que se formam a partir do exercício de profissões ou funções diferenciadas em relação aos demais empregados, definindo, em consequência, a atividade econômica preponderante das empresas.

(E) profissionais diferenciadas: as que se formam a partir da solidariedade de interesses econômicos dos trabalhadores que trabalham em atividades idênticas, similares ou conexas. similares ou conexas.

"B" é a opção correta, pois reflete o disposto no art. 511, § 2º, da CLT. Importante lembrar que nos termos do art. 511, § 3º, da CLT categoria profissional diferenciada é a que se forma dos empregados que exerçam profissões ou funções diferenciadas por força de estatuto profissional especial ou em consequência de condições de vida singulares. Já a similitude de condições de vida oriunda da profissão ou trabalho em comum, em situação de emprego na mesma atividade econômica ou em atividades econômicas similares ou conexas, compõe a categoria profissional, nos termos do § 2º do art. 511 da CLT.

Gabarito "B"

18.2. Convenções e acordos coletivos de trabalho

(Analista – TRT/3ª – 2015 – FCC) Em relação às normas coletivas,

(A) os efeitos de uma convenção coletiva de trabalho só alcançam os associados dos sindicatos convenentes.

(B) o acordo coletivo de trabalho é ajustado entre um grupo de empregados e uma ou mais empresas, à revelia dos sindicatos representativos das categorias profissional e econômica.

(C) o prazo de duração do acordo coletivo de trabalho é sempre menor do que o da convenção coletiva de trabalho.

(D) as convenções e os acordos coletivos de trabalho somente têm vigência após a homologação de seu conteúdo pelo Ministério do Trabalho.

(E) as convenções e os acordos coletivos de trabalho entrarão em vigor três dias após a data de entrega dos mesmos no Ministério do Trabalho.

A: incorreta, pois os efeitos de uma convenção coletiva de trabalho alcançam a categoria profissional e econômica representadas. Veja arts. 611 e 613, III, da CLT. **B:** incorreta, pois nos termos do art. 611, § 1º, da CLT acordo coletivo de trabalho é o ajuste celebrado entre o sindicato da categoria profissional com uma ou mais empresas da mesma categoria econômica. **C:** incorreta, pois nos termos do art. 614, § 3º, da CLT não será permitido estipular duração de convenção coletiva ou acordo coletivo de trabalho superior a dois anos, sendo vedada a ultratividade.. **D:** incorreta, pois entrarão em vigor 3 (três) dias após a data da sua entrega no Ministério do Trabalho e Emprego, art. 614, § 1º, CLT. **E:** correta, pois reflete o disposto no art. 614, § 1º, da CLT.

Gabarito "E"

(Técnico – TRT/16ª – 2015 – FCC) No tocante às Convenções Coletivas de Trabalho, considere:

I. Os Sindicatos só poderão celebrar Convenções Coletivas de Trabalho por deliberação de Assembleia Geral especialmente convocada para esse fim, consoante o disposto nos respectivos Estatutos, dependendo a validade desta do comparecimento e votação, em primeira convocação, de um terço dos associados da entidade.

II. As Convenções e os Acordos entrarão em vigor dez dias após a data da entrega da documentação exigida para tal fim no órgão competente.

III. O prazo máximo para estipular duração de Convenção Coletiva é de três anos, permitida uma única renovação dentro deste período.

IV. O processo de prorrogação, revisão, denúncia ou revogação total ou parcial de Convenção ficará subordinado à aprovação de Assembleia Geral dos Sindicatos convenentes.

De acordo com a Consolidação das Leis do Trabalho, está correto o que se afirma APENAS em

(A) II e III.

(B) III.

(C) I, II e III.

(D) I e IV.

(E) IV.

I: incorreta, pois nos termos do art. 612 da CLT a validade das convenções dependerá do comparecimento e votação de 2/3 dos associados. **II**: incorreta, pois nos termos do art. 614, § 1º da CLT entrarão em vigor 3 dias após a data da entrega da documentação exigida para tal fim no Ministério do Trabalho e Emprego. **III:** incorreta, pois nos termos do art. 614, § 3º, da CLT não será permitido estipular duração de convenção coletiva ou acordo coletivo de trabalho superior a 2 anos, sendo vedada a ultratividade.. **IV:** correta, pois reflete o disposto o art. 615 da CLT.

Gabarito "E"

(Analista – TRT/16ª – 2014 – FCC) No tocante às convenções e acordos coletivos de trabalho, considere:

I. O acordo coletivo de trabalho é o instrumento normativo que decorre da negociação coletiva, sendo firmado, em regra, pelo sindicato da categoria profissional com uma ou mais empresas.

II. O acordo coletivo não é fonte do Direito do Trabalho, uma vez que estabelece normas genéricas e abstratas.

III. A cláusula de convenção coletiva de trabalho que prevê multa ao sindicato que descumprir a convenção coletiva classifica-se em obrigacional.

IV. O prazo máximo de duração de convenção coletiva de trabalho são três anos, permitida uma única prorrogação desde que dentro deste período.

Está correto o que se afirma APENAS em

(A) II e IV.

(B) I, III e IV.

(C) I, II e III.

(D) I e III.

(E) II e III.

I: correta, pois reflete o disposto no art. 611, § 1º, da CLT. **II**: incorreta, pois o acordo coletivo é considerado fonte formal autônoma do direito do trabalho. **III**: correta, pois cláusula obrigacional é aquela que cria direitos e deveres às partes que participaram do acordo. Multa para o sindicato que descumprir cláusulas desse acordo possui conteúdo obrigacional. **IV**: incorreta, poisnos termos do art. 614, § 3º, da CLT não será permitido estipular duração de convenção coletiva ou acordo coletivo de trabalho superior a dois anos, sendo vedada a ultratividade..

Gabarito "D"

(Analista – TRT/11ª – 2012 – FCC - adaptada) Em relação ao direito coletivo do trabalho é correto afirmar que

(A) Convenção Coletiva de Trabalho é o acordo de caráter normativo, pelo qual dois ou mais Sindicatos representativos de categorias econômicas e profissionais estipulam condições de trabalho aplicáveis, no âmbito das respectivas representações, às relações individuais do trabalho.
(B) a solidariedade de interesses econômicos dos que empreendem atividades idênticas, similares ou conexas, constitui o vínculo social básico denominado categoria profissional diferenciada.
(C) somente os Sindicatos poderão celebrar convenções coletivas de trabalho para reger as relações das categorias a elas vinculadas, inorganizadas em Sindicatos, no âmbito de suas representações.
(D) as condições estabelecidas em Acordo Coletivo de Trabalho não prevalecerão sobre as estipuladas em Convenção Coletiva de Trabalho.
(E) não será permitido estipular duração de Convenção Coletiva de Trabalho ou Acordo Coletivo de Trabalho superior a um ano.

A: opção correta, pois reflete o disposto no art. 611 da CLT. **B:** opção incorreta, pois o conceito de categoria diferenciada vem disposto no art. 511, § 3º, da CLT. **C:** opção incorreta, pois nos termos do art. 611, § 2º, da CLT as Federações e, na falta desta, as Confederações representativas de categorias econômicas ou profissionais poderão celebrar convenções coletivas de trabalho para reger as relações das categorias a elas vinculadas. **D:** opção incorreta, pois nos termos do art. 620 da CLT as condições estabelecidas em acordo coletivo de trabalho sempre prevalecerão sobre as estipuladas em convenção coletiva de trabalho.. **E:** opção incorreta, pois nos termos do art. 614, § 3º, da CLT poisnos termos do art. 614, § 3º, da CLT não será permitido estipular duração de convenção coletiva ou acordo coletivo de trabalho superior a dois anos, sendo vedada a ultratividade.

Gabarito "A"

(Analista – TRT/1ª – 2012 – FCC) Em relação às normas coletivas de trabalho, é correto afirmar:

(A) Convenção Coletiva de Trabalho é o acordo de caráter normativo pelo qual se estipulam condições de trabalho aplicáveis, no âmbito da empresa ou das empresas acordantes, às respectivas relações de trabalho.
(B) Acordo Coletivo de Trabalho é o acordo de caráter normativo pelo qual se estipulam condições de trabalho aplicáveis, no âmbito das respectivas representações, às relações individuais de trabalho.
(C) O processo de prorrogação de Convenção ou Acordo será automático, desde que não haja manifestação expressa em sentido contrário da Assembleia Geral dos sindicatos convenentes.
(D) Não será permitido estipular duração de Convenção ou Acordo superior a quatro anos.
(E) Os sindicatos representativos de categorias econômicas ou profissionais e as empresas, inclusive as que não tenham representação sindical, quando provocados, não podem recusar-se à negociação coletiva.

A: opção incorreta, pois nos termos do art. 611 da CLT Convenção Coletiva de Trabalho é o acordo de caráter normativo, pelo qual dois ou mais Sindicatos representativos de categorias econômicas e profissionais estipulam condições de trabalho aplicáveis, no âmbito das respectivas representações, às relações individuais de trabalho. **B:** opção incorreta, pois nos termos do art. 611, § 1º, da CLT é facultado aos Sindicatos representativos de categorias profissionais celebrar Acordos Coletivos com uma ou mais empresas da correspondente categoria econômica, que estipulem condições de trabalho, aplicáveis no âmbito da empresa ou das acordantes respectivas relações de trabalho. **C:** opção incorreta, pois nos termos do art. 615 da CLT o processo de prorrogação ficará subordinado, em qualquer caso, à aprovação de Assembleia Geral dos Sindicatos convenentes ou partes acordantes. **D:** opção incorreta, pois nos termos do art. 614, § 3º, da CLT não será permitido estipular duração de convenção coletiva ou acordo coletivo de trabalho superior a dois anos, sendo vedada a ultratividade.. **E:** opção correta, pois reflete o disposto no art. 616 da CLT.

Gabarito "E"

18.3. Direito de greve

(Analista – TRT/11ª – 2012 – FCC) Nos serviços ou atividades essenciais, os sindicatos, os empregadores e os trabalhadores ficam obrigados, de comum acordo, a garantir, durante a greve, a prestação dos serviços indispensáveis ao atendimento das necessidades inadiáveis da comunidade. Nos termos da lei que assegura o exercício do direito de greve, NÃO são considerados serviços ou atividades essenciais:

(A) assistência médica e hospitalar.
(B) atividades escolares do ensino fundamental.
(C) guarda, uso e controle de substâncias radioativas, equipamentos e materiais nucleares.
(D) compensações bancárias.
(E) distribuição e comercialização de medicamentos e alimentos.

A: opção incorreta, pois é considerada atividade essencial nos termos do art. 10, II, da Lei 7.783/1989. **B:** opção correta, pois "atividades escolares do ensino fundamental" não consta no rol de atividades essenciais descritas no art. 10 da Lei 7.783/1989. **C:** opção incorreta, pois é considerada atividade essencial nos termos do art. 10, VIII, da Lei 7.783/1989. **D:** opção incorreta, pois é considerada atividade essencial nos termos do art. 10, XI, da Lei 7.783/1989. **E:** opção incorreta, pois é considerada atividade essencial nos termos do art. 10, III, da Lei 7.783/1989.

Gabarito "B"

(Analista – TRT/9 – 2012 – FCC) De acordo com o previsto na Lei nº 7.783/1989 (Lei de Greve), em relação à greve em serviços ou atividades essenciais, é INCORRETA a afirmação:

(A) São considerados serviços ou atividades essenciais, entre outros, transporte coletivo; captação e tratamento de esgoto e lixo; telecomunicações; processamento de dados ligados a serviços essenciais.
(B) Os sindicatos, os empregadores e os trabalhadores ficam obrigados de comum acordo, a garantir, durante a greve, a prestação dos serviços indispensáveis ao atendimento das necessidade inadiáveis da comunidade.
(C) São considerados serviços ou atividades essenciais, entre outros: assistência médica e hospitalar; funerário; controle de tráfego aéreo; compensação bancária.
(D) As entidades sindicais ou os trabalhadores, conforme o caso, ficam obrigados a comunicar a decisão aos empregadores e aos usuários com antecedência mínima de 48 horas da paralisação.

(E) São necessidades inadiáveis da comunidade aquelas que, não atendidas, coloquem em perigo iminente a sobrevivência, a saúde ou a segurança da população.

A: opção correta, pois reflete o disposto no art. 10, incisos V, VI, VII e IX, respectivamente, da Lei 7.783/1989. **B:** opção correta, pois reflete o disposto no art. 11 da Lei 7.783/1989. **C:** opção correta, pois reflete o disposto no art. 10, incisos II, IV, X e XI, respectivamente, da Lei 7.783/1989. **D:** opção incorreta, pois o art. 3º, parágrafo único, da Lei 7.783/1989 prevê o aviso-prévio da greve com antecedência mínima de 48 horas. Já para as atividades essenciais esse prazo é de 72 horas, nos termos do art. 13 da Lei 7.783/1989. **E:** opção correta, pois reflete o disposto no art. 11, parágrafo único, da Lei 7.783/1989.

Gabarito "D"

(Analista – TRT/1ª – 2012 – FCC) Em relação ao direito de greve, é correto afirmar:

(A) Ao servidor público civil é garantido o exercício livre e amplo do direito de greve.
(B) É assegurado o direito de greve, competindo aos trabalhadores decidir sobre a sua extensão e fixar quais as atividades que serão consideradas como essenciais para fins de delimitação do movimento.
(C) Considera-se legítimo exercício do direito de greve a suspensão coletiva, temporária e total, de prestação pessoal de serviços a empregador.
(D) São assegurados aos grevistas, dentre outros direitos, o emprego de meios pacíficos tendentes a persuadir ou aliciar os trabalhadores a aderirem à greve, a arrecadação de fundos e a livre divulgação do movimento.
(E) Compete aos sindicatos a garantia, durante a greve, da prestação dos serviços indispensáveis ao atendimento das necessidades inadiáveis da comunidade.

A: opção incorreta, pois nos termos do art. 37, VII, da CF o direito de greve é limitado nos termos da lei. Importante lembrar que até que sobrevenha regulamentação própria, aplica-se a Lei 7.783/1989 ao servidor público civil, veja julgamento de Mandados de Injunção 670, 708, 712 no STF. **B:** opção incorreta, pois as atividades essenciais estão elencadas no art. 10 da Lei 7.783/1989. **C:** opção incorreta, pois nos termos do art. 2º da Lei 7.783/1989 considera-se legítimo exercício do direito de greve a suspensão coletiva, temporária e pacífica, total ou parcial, de prestação pessoal de serviços a empregador. **D:** opção correta, pois reflete o disposto no art. 6º incisos I e II, da Lei 7.783/1989. **E:** opção incorreta, pois nos termos do art. 11 da Lei 7.783/1989 nos serviços ou atividades essenciais, os sindicatos, os empregadores e os trabalhadores ficam obrigados, de comum acordo, a garantir, durante a greve, a prestação dos serviços indispensáveis ao atendimento das necessidades inadiáveis da comunidade.

Gabarito "D"

18.4. Comissão de conciliação prévia

(Técnico – TRT/16ª – 2015 – FCC) Considere a seguinte hipótese: a Comissão de Conciliação Prévia instituída no âmbito da empresa Z é composta por seis membros, possuindo mais seis suplentes. Dentre seus membros, metade foi indicada pelo empregador e a outra metade foi eleita pelos empregados, em escrutínio secreto. O mandato de seus membros é de um ano, permitida uma recondução. Neste caso, a Comissão de Conciliação Prévia instituída no âmbito da empresa Z é

(A) regular porque respeita as normas previstas na Consolidação das Leis do Trabalho.
(B) irregular porque possui um número de membros maior que o permitido pela Consolidação das Leis do Trabalho.
(C) irregular porque possui um número de membros menor que o limite mínimo previsto pela Consolidação das Leis do Trabalho.
(D) irregular porque apenas dois membros poderão ser indicados pelo empregador.
(E) irregular porque, no tocante ao mandato de seus membros, a Consolidação das Leis do Trabalho veda a recondução.

Nos termos do *caput* do art. 625-B da CLT a Comissão de Conciliação Prévia instituída no âmbito da empresa será composta de, no mínimo, dois e, no máximo, dez membros. O inciso II do citado dispositivo legal dispõe que na comissão haverá tantos suplentes quantos forem os representantes titulares. Tais requisitos foram respeitados pela Comissão instituída no caso em tela, na medida em que prevê a composição de 6 titulares e 6 suplentes. Dispõe o inciso I do mesmo art. 625-B da CLT que a metade dos membros da comissão será indicada pelo empregador e outra metade eleita pelos empregados, em escrutínio, secreto, fiscalizado pelo sindicato de categoria profissional. Ainda, determina o inciso III que o mandato dos seus membros, titulares e suplentes, será de um ano, permitida uma recondução. Uma vez cumpridas todas as exigências dispostas nos incisos do art. 625-B da CLT podemos afirmar que a Comissão de Conciliação Prévia instituída no âmbito da empresa Z é regular porque respeita as normas previstas na Consolidação das Leis do Trabalho.

Gabarito "A"

(Analista – TRT/6ª – 2012 – FCC) Em se tratando de Comissões de Conciliação Prévia – CCP, conforme determina a legislação trabalhista, é correto afirmar:

(A) As empresas e os sindicatos podem instituir Comissões de Conciliação Prévia, de composição paritária, com representantes dos empregados e dos empregadores, não se admitindo a sua constituição por grupo de empresas ou em caráter intersindical.
(B) Caso exista, na mesma localidade e para a mesma categoria, Comissão de empresa e Comissão sindical, o interessado deverá submeter a sua demanda perante a sindical.
(C) O mandato dos membros da CCP, titulares e suplentes, é de dois anos, permitida duas reconduções.
(D) É vedada a dispensa dos membros da CCP, titulares e suplentes, até seis meses após o final do mandato, salvo se cometerem falta grave, nos termos da lei.
(E) Aceita a conciliação, será lavrado termo assinado pelo empregado, pelo empregador ou seu preposto e pelos membros da Comissão, sendo que o termo de conciliação é título executivo extrajudicial.

A: incorreto (art. 625-A, parágrafo único, da CLT); **B:** incorreto (art. 625-D, § 4º, da CLT); **C:** incorreto (art. 625-B, III, da CLT); **D:** incorreto (art. 625-B, § 1º, da CLT); **E:** correto (art. 625-E da CLT).

Gabarito "E"

(Técnico Judiciário – TRT9 – 2012 – FCC) Com fundamento nas regras instituídas pela CLT sobre as Comissões de Conciliação Prévia, é INCORRETO afirmar:

(A) O prazo prescricional será suspenso a partir da provocação da Comissão de Conciliação Prévia, recomeçando a fluir, pelo que lhe resta, a partir da tentativa frustrada de conciliação ou do esgotamento do prazo para a realização da sessão de tentativa de conciliação.

(B) É vedada a dispensa dos representantes dos empregados membros da Comissão de Conciliação Prévia, titulares e suplentes, até um ano após o final do mandato, salvo se cometerem falta grave, nos termos da lei.

(C) O termo de conciliação é título executivo extrajudicial e terá eficácia liberatória geral, exceto quanto às parcelas expressamente ressalvadas.

(D) As Comissões de Conciliação Prévia têm prazo de 10 dias para a realização da sessão de tentativa de conciliação a partir da provocação do interessado.

(E) A Comissão instituída no âmbito da empresa será composta de no mínimo cinco e no máximo quinze membros.

A: correta, pois reflete o disposto no art. 625-G da CLT. **B**: correta, pois reflete o disposto no art. 625-B, § 1º, da CLT. **C**: correta, pois reflete o disposto no art. 625-E, parágrafo único, da CLT. **D**: correta, pois reflete o disposto no art. 625-F da CLT. **E**: incorreta, pois nos termos do art. 625-B da CLT a Comissão instituída no âmbito da empresa será composta de, no mínimo, dois e, no máximo, dez membros.

Gabarito "E".

19. TEMAS COMBINADOS

(Técnico Judiciário – TRT24 – FCC – 2017) A Constituição Federal de 1988 prevê expressamente uma série de disposições normativas trabalhistas que, segundo a doutrina, pode ser considerada como patamar mínimo civilizatório do trabalhador. Entre outros direitos trabalhistas, a Constituição Federal de 1988 prevê, expressamente, o direito

(A) ao adicional de sobreaviso e de prontidão e a redução dos riscos inerentes ao trabalho, por meio de normas de saúde, higiene e segurança.

(B) ao adicional de horas extras e observância da proporcionalidade para contratação de empregado estrangeiro.

(C) ao seguro-desemprego, em caso de desemprego voluntário ou não, e gozo de intervalo para refeição e descanso na forma da lei.

(D) à proteção do mercado de trabalho da mulher, mediante incentivos específicos, nos termos da lei, e ao aviso-prévio proporcional ao tempo de serviço, sendo no mínimo de trinta dias, conforme previsão legal.

(E) ao intervalo intrajornada e interjornada.

A: opção incorreta, pois embora haja previsão no art. 7º, XXII, da CF quanto a redução dos riscos inerentes ao trabalho, por meio de normas de saúde, higiene e segurança, o adicional de sobreaviso e prontidão estão previstos expressamente para o serviço ferroviário, art. 244 e parágrafos, da CLT. **B:** opção incorreta, pois embora o adicional de horas extras esteja previsto no art. 7º, XVI, da CF a observância da proporcionalidade na contratação de estrangeiro está prevista nos arts. 352 a 358 da CLT, tidos como inconstitucionais, a teor do art. 5º, caput e inciso XIII, CF. **C:** opção incorreta, pois nos termos do art. 7º, II, CF é direito de todo trabalhador seguro-desemprego, em caso de desemprego involuntário. **D:** opção correta, pois reflete as disposições contidas nos incisos XX, XXI do art. 7º da CF. **E:** opção incorreta, pois o intervalo intrajornada está previsto no art. 71, *caput* e § 1º, da CLT. HC

Gabarito "D".

(Técnico Judiciário – TRT20 – FCC – 2016) Considere:

I. A obrigação de comprovar o término do contrato de trabalho quando negado o despedimento é do empregador.

II. A descaracterização de um contrato de prestação de serviços de trabalhador sob sistema de cooperativa, desde que presentes os requisitos fático-jurídicos da relação empregatícia.

III. As cláusulas regulamentares que alterem vantagens deferidas anteriormente, só atingirão os trabalhadores admitidos após a alteração do regulamento.

Os itens I, II e III correspondem, respectivamente, aos princípios do Direito do Trabalho:

(A) continuidade da relação de emprego; irrenunciabilidade; razoabilidade.

(B) razoabilidade; primazia da realidade; intangibilidade salarial.

(C) continuidade da relação de emprego; primazia da realidade; condição mais benéfica.

(D) primazia da realidade; condição mais benéfica; instrumentalidade das formas.

(E) irrenunciabilidade; continuidade da relação de emprego; prevalência do negociado sobre o legislado.

I: Princípio da continuidade da relação de emprego. Previsão da súmula 212 do TST, que assim dispõe: "O ônus de provar o término do contrato de trabalho, quando negados a prestação de serviço e o despedimento, é do empregador, pois o princípio da continuidade da relação de emprego constitui presunção favorável ao empregado." **II:** primazia da realidade. Por meio desse princípio, deve prevalecer a efetiva realidade dos fatos e não eventual forma construída em desacordo com a verdade. Havendo desacordo entre o que na verdade acontece com o que consta dos documentos, deverá prevalecer a realidade dos fatos. **III:** Princípio da condição mais benéfica. Esse princípio consagra a aplicação da teoria do direito adquirido. Tal princípio informa ao operador do direito que as vantagens adquiridas não podem ser retiradas, tampouco modificadas para pior. O TST editou a súmula 51, I, que assim dispõe: "as cláusulas regulamentares que revoguem ou alterem vantagens deferidas anteriormente, só atingirão os trabalhadores admitidos após a revogação ou alteração do regulamento". HC

Gabarito "C".

(Técnico – TRT/3ª – 2015 – FCC) Afonso, nascido em 16/01/1998, trabalhou como empregado, exercendo a função de Ajudante Geral de 31/01/2014 a 18/11/2014, tendo pedido demissão, cumprido o prazo do aviso-prévio trabalhando. Deseja ingressar com Reclamação Trabalhista logo após a sua saída contra sua ex-empregadora para requerer o registro em Carteira de Trabalho e Previdência Social – CTPS para comprovação de seu tempo de serviço, além do pagamento de diferenças de horas extras. Neste caso,

(A) não se aplica o prazo prescricional final previsto na Constituição Federal para ambos os direitos.

(B) o prazo final para Afonso ajuizar a referida ação é 18/11/2016, tendo em vista a prescrição do direito de ação, para ambos os pedidos.

(C) não se aplica o prazo prescricional final previsto na Constituição Federal para o pedido de registro em CTPS, aplicando-se somente para o pedido de diferenças de horas extras.

(D) não se aplica o prazo prescricional final previsto na Constituição Federal para as diferenças de horas extras, aplicando-se para o pedido de registro em CTPS.

(E) Afonso não poderá ingressar com Reclamação Trabalhista, pois a sua contratação é nula.

Note que a prova foi aplicada em 2015 e Afonso nasceu em 1998, portanto possui 17 anos de idade. A CLT em seu art. 402 considera menor o trabalhador de 14 até os dezoito anos. Por sua vez, o art. 440 da CLT ensina que contra os menores de 18 (dezoito) anos não corre nenhum prazo de prescrição, ou seja, os prazos de prescrição, bienal e quinquenal (art. 7º, XXIX, CF e art. 11 da CLT) ficam suspensos até que ele complete 18 anos de idade. Completados os 18 anos de idade, o prazo prescricional suspenso voltará a fluir. Vale dizer, ainda, que o fato de Afonso não ter sua CTPS assinada, não torna o contrato nulo, na medida em que o contrato de trabalho é informal, não se exigindo formalidades para sua validade, desde que seu objeto seja lícito.

Gabarito "A"

13. Direito Processual do Trabalho

Hermes Cramacon e Luiz Fabre*

1. JUSTIÇA DO TRABALHO E MINISTÉRIO PÚBLICO DO TRABALHO

(Técnico Judiciário – TRT24 – FCC – 2017) Com a Constituição Federal de 1988, o Poder Judiciário passa a ser o guardião da Constituição, cuja finalidade repousa, basicamente, na preservação dos valores e princípios que fundamentam o novo Estado Democrático de Direito. A Constituição Federal prevê, expressamente, que são órgãos que integram a organização da Justiça do Trabalho:

(A) Supremo Tribunal Federal, Tribunal Superior do Trabalho, Tribunais Regionais do Trabalho e Varas do Trabalho.

(B) Supremo Tribunal Federal, Tribunal Superior do Trabalho e Juízes do Trabalho.

(C) Tribunal Superior do Trabalho, Tribunais Regionais do Trabalho e Juízes do Trabalho.

(D) Tribunal Superior do Trabalho, Tribunais Regionais do Trabalho, Varas do Trabalho e Conselho Superior da Justiça do Trabalho.

(E) Tribunal Superior do Trabalho, Tribunais Estaduais do Trabalho, Varas do Trabalho, Conselho Superior da Justiça do Trabalho e Escola Nacional de Formação e Aperfeiçoamento de Magistrados do Trabalho.

"C" é a opção correta, pois nos termos do art. 111 da CF são órgãos da Justiça do Trabalho: Tribunal Superior do Trabalho; Tribunais Regionais do Trabalho e os Juízes do Trabalho. HC

Gabarito "C"

(Analista Judiciário – TRT/20 – FCC – 2016) O Ministério Público da União, organizado por Lei Complementar, é instituição permanente, essencial à função jurisdicional do Estado, compreendendo em sua estrutura o Ministério Público do Trabalho. Sobre a organização desse último, é correto afirmar que

(A) os Procuradores Regionais do Trabalho poderão atuar tanto nos Tribunais Regionais do Trabalho quanto nas Varas do Trabalho, de forma residual.

(B) o chefe do Ministério Público do Trabalho é o Procurador-Geral da República indicado em lista tríplice pelos seus pares e nomeado pelo Congresso Nacional.

(C) dentre os órgãos do Ministério Público do Trabalho estão o Colégio de Procuradores do Trabalho, a Câmara de Coordenação e Revisão do Ministério Público do Trabalho e a Corregedoria do Ministério Público do Trabalho.

(D) os Subprocuradores-Gerais do Trabalho serão designados para oficiar junto ao Tribunal Regional do Trabalho da 10ª Região – Distrito Federal, com sede em Brasília.

(E) o Conselho Superior do Ministério Público do Trabalho será composto pelo Procurador-Geral do Trabalho, o Vice- Procurador-Geral do Trabalho, quatro Subprocuradores-Gerais do Trabalho e quatro procuradores regionais do trabalho, todos eleitos pelos seus pares.

A: opção incorreta, pois nos termos do art. 110 da LC 75/1993 os Procuradores Regionais do Trabalho serão designados para oficiar junto aos Tribunais Regionais do Trabalho e não nas Varas do Trabalho. **B:** opção incorreta, pois nos termos do art. 87 da LC 75/1993 o Procurador-Geral do Trabalho é o Chefe do Ministério Público do Trabalho. **C:** opção correta, pois o art. 85 da LC 75/1993, respectivamente nos incisos II, IV e V aponta como órgãos do MPT. **D:** opção incorreta, pois os termos do art. 107 da LC 75/1993 os Subprocuradores-Gerais do Trabalho serão designados para oficiar junto ao Tribunal Superior do Trabalho e nos ofícios na Câmara de Coordenação e Revisão. **E:** opção incorreta, pois nos termos do art. 95 da LC 75/1993 o Conselho Superior do Ministério Público do Trabalho será composto por: a) Procurador-Geral do Trabalho e o Vice-Procurador-Geral do Trabalho, que o integram como membros natos; b) quatro Subprocuradores-Gerais do Trabalho, eleitos para um mandato de dois anos, pelo Colégio de Procuradores do Trabalho, mediante voto plurinominal, facultativo e secreto, permitida uma reeleição e c) quatro Subprocuradores-Gerais do Trabalho, eleitos para um mandato de dois anos, por seus pares, mediante voto plurinominal, facultativo e secreto, permitida uma reeleição.

Gabarito "C"

(Analista – TRT/3ª – 2015 – FCC) Em relação às Varas do Trabalho e aos Tribunais Regionais do Trabalho,

(A) a lei criará Varas da Justiça do Trabalho, podendo, nas comarcas não abrangidas por sua jurisdição, atribuí-la aos Juízes de Direito, com Recurso para o respectivo Tribunal Regional do Trabalho.

(B) a lei criará Varas da Justiça do Trabalho, não podendo, nas comarcas não abrangidas por sua jurisdição, atribuí-la aos Juízes de Direito, com Recurso para o respectivo Tribunal Regional do Trabalho.

(C) a lei criará Varas da Justiça do Trabalho, podendo, nas comarcas não abrangidas por sua jurisdição, atribuí-la aos Juízes de Direito, com Recurso para o respectivo Tribunal de Justiça.

(D) há, atualmente, no Brasil, 22 Tribunais Regionais do Trabalho, sendo um em cada Estado, exceto no Estado de São Paulo que possui dois Tribunais Regionais do Trabalho.

(E) compete aos Tribunais Regionais do Trabalho, julgar os recursos ordinários interpostos em face das decisões das Varas e também, originariamente, as ações envolvendo relação de trabalho.

A: correta, pois reflete o disposto no art. 112 da CF. **B:** incorreta, pois nos termos do art. 112 da CF nas comarcas onde não houver vara do Trabalho, atribuir a competência para o juiz de direito. **C:** incorreta, pois nos termos do art. 112 da CF os recursos serão dirigidos ao Tribunal

* **Hermes Cramacon** comentou as questões dos seguintes concurso: MAG/TRT/1ª/16, Analista – TRT/3ª/15, Analista – TRT/2ª/14, Analista – TRT/16ª/14, Defensoria e Procuradorias; **Luiz Fabre** comentou as questões dos seguintes concursos: Analista, Técnico e Magistratura do Trabalho.

HC questões comentadas por: **Hermes Cramacon.**

Regional do Trabalho (TRT) local e não ao Tribunal de Justiça. **D:** incorreta, pois os Tribunais Regionais do Trabalho constituem a 2ª Instância da Justiça do Trabalho. Atualmente são 24 (vinte e quatro) Tribunais Regionais, que estão distribuídos pelo território nacional. O estado de São Paulo possui dois Tribunais Regionais do Trabalho: o da 2ª Região, sediado na capital do estado e o da 15ª Região, com sede em Campinas. **E:** incorreta, pois as ações envolvendo relação de trabalho são de competência das Varas do Trabalho.

Gabarito "A"

(Analista – TRT/3ª – 2015 – FCC) Em relação à competência e às formas de atuação, compete ao Ministério Público do Trabalho

(A) promover ação civil pública no âmbito da Justiça do Trabalho, para defesa de interesses individuais e coletivos, quando desrespeitados os direitos sociais constitucionalmente garantidos.

(B) promover ação civil pública no âmbito da Justiça do Trabalho, para defesa de interesses coletivos, quando desrespeitados os direitos sociais constitucionalmente garantidos.

(C) promover ação civil pública no âmbito da Justiça Comum, para defesa de interesses coletivos, quando desrespeitados os direitos sociais constitucionalmente garantidos.

(D) promover ação civil pública no âmbito da Justiça do Trabalho, para defesa de interesses individuais e coletivos, quando desrespeitadas os normas previstas na Consolidação das Leis do Trabalho.

(E) instaurar instância em caso de greve, desde que provocado pelo sindicato patronal.

A: incorreta, pois o Ministério Público do Trabalho não possui competência para a defesa de interesses individuais, nos termos do art. 83 da LC 75/93. **B:** correta, pois reflete o disposto no art. 83, III, da LC 75/93. **C:** incorreta, pois nos termos do art. 83, III, da LC 75/93 a competência será para promover a ação civil pública no âmbito da Justiça do Trabalho. **D:** incorreta, pois nos termos do art. 83, III, da LC 75/93 o Ministério Público do Trabalho não possui competência para a defesa de interesses individuais. Ademais, devem ser desrespeitados os direitos sociais constitucionalmente garantidos. **E:** incorreta, pois nos termos do art. 83, VIII, da LC 75/93 a competência será para o Ministério Público do Trabalho instaurar instância em caso de greve, quando a defesa da ordem jurídica ou o interesse público assim o exigir.

Gabarito "B"

(Analista – TRT/9 – 2012 – FCC) Conforme normas legais aplicáveis à organização da Justiça do Trabalho, incluindo o Tribunal Superior do Trabalho, os Tribunais Regionais do Trabalho e as Varas do Trabalho, é correto afirmar que

(A) o Conselho Superior da Justiça do Trabalho funcionará junto ao Tribunal Superior do Trabalho, cabendo-lhe exercer, na forma da lei, a supervisão administrativa, orçamentária, financeira e patrimonial da Justiça do Trabalho de primeiro e segundo graus, como órgão central do sistema, cujas decisões terão efeito vinculante.

(B) o Tribunal Superior do Trabalho compor-se-á de 17 Ministros, togados e vitalícios, escolhidos dentre brasileiros com mais de 35 e menos de 60 anos, nomeados pelo Presidente da República, após aprovação pelo Congresso Nacional.

(C) dentre os Ministros do Tribunal Superior do Trabalho, 11 serão escolhidos dentre juízes dos Tribunais Regionais do Trabalho, integrantes da carreira da magistratura trabalhista, três dentre advogados e três dentre membros do Ministério Público do Trabalho.

(D) em cada Estado e no Distrito Federal haverá pelo menos um Tribunal Regional do Trabalho, e a lei instituirá as Varas do Trabalho, podendo, nas comarcas onde não forem instituídas, atribuir sua jurisdição aos juízes de direito, sendo que nesse caso os recursos são julgados diretamente pelo Tribunal Superior do Trabalho.

(E) os Tribunais Regionais do Trabalho compõem-se de, no mínimo, 11 juízes, recrutados, quando possível, na respectiva região, e nomeados pelo Presidente do Tribunal Superior do Trabalho dentre brasileiros com mais de 30 e menos de 65 anos.

A: assertiva correta, pois reflete o disposto no art. 111-A, § 2º, II, da CF; **B:** assertiva incorreta, pois o TST será composto por de vinte e sete Ministros, escolhidos dentre brasileiros com mais de trinta e cinco anos e menos de sessenta e cinco anos, de notável saber jurídico e reputação ilibada, nomeados pelo Presidente da República após aprovação pela maioria absoluta do Senado Federal (art. 111-A, caput, da CF); **C:** assertiva incorreta, pois nos termos dos incisos I e II do art. 111-A da CF um quinto dos Ministros, ou seja, 6 Ministros serão escolhidos dentre advogados com mais de dez anos de efetiva atividade profissional e membros do Ministério Público do Trabalho com mais de dez anos de efetivo exercício, observado o disposto no art. 94 da CF e os demais Ministros, ou seja, 21 Ministros dentre juízes dos Tribunais Regionais do Trabalho, oriundos da magistratura da carreira, indicados pelo próprio Tribunal Superior; **D:** assertiva incorreta, pois nos termos do art. 112 da CF os recursos serão dirigidos ao respectivo Tribunal Regional do Trabalho; **E:** assertiva incorreta, pois os Tribunais Regionais do Trabalho serão compostos por, no mínimo, sete juízes, recrutados, quando possível, na respectiva região, e nomeados pelo Presidente da República dentre brasileiros com mais de trinta e menos de sessenta e cinco anos, nos termos do que dispõe o caput do art. 115 da CF.

Gabarito "A"

(Analista – TRT/6ª – 2012 – FCC) Quanto aos serviços auxiliares da Justiça do Trabalho, é INCORRETO afirmar:

(A) Compete à secretaria das Varas do Trabalho o recebimento, a autuação, o andamento, a guarda e a conservação dos processos e outros papéis que lhe forem encaminhados.

(B) Nas localidades em que existir mais de uma Vara do Trabalho compete ao distribuidor a distribuição, pela ordem rigorosa de entrada, e sucessivamente a cada Vara, dos feitos que, para esse fim, lhe forem apresentados pelos interessados.

(C) Compete à secretaria das Varas do Trabalho a realização das penhoras e demais diligências processuais.

(D) Na falta ou impedimento do Oficial de Justiça ou Oficial de Justiça Avaliador, o Juiz poderá atribuir a realização do ato a qualquer serventuário.

(E) No caso de avaliação, terá o Oficial de Justiça Avaliador, para cumprimento do ato, o prazo de 15 (quinze) dias.

A: assertiva correta (art. 711, *a*, da CLT); **B:** assertiva correta (arts. 713 e 714, *a*, da CLT); **C:** assertiva correta (art. 711, *h*, da CLT); **D:** assertiva correta (art. 721, § 5º, da CLT); **E:** assertiva incorreta, devendo ser assinalada, pois o prazo para o Oficial de Justiça Avaliador concluir a avaliação é de 10 dias, conforme preceitua o art. 721, § 3º, da CLT, c/c o art. 888 da CLT.

Gabarito "E"

(Técnico – TRT/11ª – 2012 – FCC) Quanto à organização, jurisdição e competência da Justiça do Trabalho, é INCORRETO afirmar que:

(A) a Justiça do Trabalho é competente, para processar e julgar as ações entre trabalhadores portuários e os operadores portuários ou o Órgão Gestor de Mão de Obra decorrentes da relação de trabalho.

(B) a competência das Varas do Trabalho, em regra, é determinada pelo local da contratação ou domicílio do empregado, ainda que tenha sido diversa a localidade onde o empregado, reclamante ou reclamado, prestar serviços ao empregador.

(C) conforme previsão constitucional compete à Justiça do Trabalho processar e julgar as ações sobre representação sindical, entre sindicatos, entre sindicatos e trabalhadores, e entre sindicatos e empregadores.

(D) os Tribunais Regionais do Trabalho serão compostos de, no mínimo, sete juízes, sendo um quinto dentre advogados e membros do Ministério Público do Trabalho e os demais mediante promoção de Juízes do Trabalho por antiguidade e merecimento, alternadamente.

(E) nas localidades em que existir mais de uma Vara do Trabalho haverá um distribuidor, cuja principal competência é a distribuição, pela ordem rigorosa de entrada, e sucessivamente a cada Vara, dos feitos que, para esse fim, lhe forem apresentados pelos interessados.

A: correta, arts. 643, § 3º, e 652, *a*, V, da CLT; **B:** incorreta (devendo ser assinalada), pois dispõe o art. 651 da CLT que a competência será determinada pela localidade onde o empregado, reclamante ou reclamado, prestar serviços ao empregador, ainda que tenha sido contratado noutro local ou no estrangeiro; **C:** correta, art. 114, III, da CF; **D:** art. 115 da CF; **E:** correta, arts. 713 e 714, a, da CLT.

Gabarito "B"

(Técnico Judiciário – TRT9 – 2012 – FCC) Conforme previsão constitucional, as vagas destinadas à advocacia e ao Ministério Público do Trabalho nos Tribunais Regionais do Trabalho, observado o disposto no artigo 94 da CF, serão de:

(A) um terço dentre os advogados com mais de cinco anos de efetiva atividade profissional e membros do Ministério Público do Trabalho com mais de cinco anos de efetivo exercício.

(B) um quinto dentre os advogados com mais de dez anos de efetiva atividade profissional e membros do Ministério Público do Trabalho com mais de dez anos de efetivo exercício.

(C) um quinto dentre os advogados com mais de cinco anos de efetiva atividade profissional e membros do Ministério Público do Trabalho com mais de cinco anos de efetivo exercício.

(D) um terço dentre os advogados com mais de três anos de efetiva atividade profissional e membros do Ministério Público do Trabalho com mais de três anos de efetivo exercício.

(E) um quinto dentre os advogados com mais de três anos de efetiva atividade profissional e membros do Ministério Público do Trabalho com mais de três anos de efetivo exercício.

"B" é a opção correta, pois nos termos do art. 115, I, da CF um quinto dentre advogados com mais de dez anos de efetiva atividade profissional e membros do Ministério Público do Trabalho com mais de dez anos de efetivo exercício. Os demais, mediante promoção de juízes do trabalho por antiguidade e merecimento, alternadamente.

Gabarito "B"

2. TEORIA GERAL E PRINCÍPIOS DO PROCESSO DO TRABALHO

(Procurador do Estado – PGE/MT – FCC – 2016) No estudo da Teoria Geral do Direito Processual do Trabalho com enfoque nos princípios, fontes, hermenêutica e nos métodos de solução dos conflitos trabalhistas,

(A) a autocomposição é uma técnica de solução dos conflitos que consiste na solução direta entre os litigantes diante da imposição de interesses de um sobre o outro, sendo exemplos desta modalidade permitida pela legislação que regula a ordem trabalhista a greve, o locaute, o poder disciplinar do empregador e a autotutela sindical.

(B) por força do princípio da subsidiariedade previsto expressamente no texto consolidado, o direito processual comum será aplicado na Justiça do Trabalho exclusivamente pelo critério da omissão da lei processual trabalhista.

(C) os dissídios individuais ou coletivos submetidos à apreciação da Justiça do Trabalho serão sempre sujeitos à conciliação e, não havendo acordo, o juízo conciliatório converter-se-á, obrigatoriamente, em arbitral; sendo lícito às partes celebrar acordo que ponha termo ao processo, mesmo depois de encerrado o juízo conciliatório.

(D) os costumes, a jurisprudência, a analogia e a autonomia privada coletiva são consideradas fontes materiais do direito processual do trabalho, conforme previsão expressa contida na Consolidação das Leis do Trabalho.

(E) os princípios da irrecorribilidade das decisões interlocutórias e da execução *ex officio* das sentenças se restringem aos processos que tramitam pelo rito sumaríssimo na Justiça do Trabalho.

A: incorreta. O *lockout* é proibido no Brasil, nos termos do art. 17 da Lei 7.783/1989, que dispõe que: "Fica vedada a paralisação das atividades, por iniciativa do empregador, com o objetivo de frustrar negociação ou dificultar o atendimento de reivindicações dos respectivos empregados"; **B:** incorreta, pois, nos termos do art. 769 da CLT, nos casos omissos, o direito processual comum será fonte subsidiária do direito processual do trabalho, exceto naquilo em que for incompatível com suas normas e princípios; **C:** correta, pois, nos termos do art. 764 da CLT, os dissídios individuais ou coletivos submetidos à apreciação da Justiça do Trabalho serão sempre sujeitos à conciliação. O § 2º do mesmo art. 764 da CLT estabelece que, não havendo acordo, o juízo conciliatório converter-se-á obrigatoriamente em arbitral, proferindo decisão. Por fim, o § 3º do citado dispositivo legal determina que é lícito às partes celebrar acordo que ponha termo ao processo, ainda mesmo depois de encerrado o juízo conciliatório; **D:** incorreta, pois os costumes, a jurisprudência, a analogia e a autonomia privada coletiva, são considerados fontes supletivas do Direito do Trabalho, conforme art. 8º, CLT; **E:** incorreta, pois ambos os princípios são aplicados na Justiça do Trabalho, em ambos os procedimentos. HC

Gabarito "C"

(Procurador do Estado – PGE/MT – FCC – 2016) Na reclamação trabalhista ajuizada por Diana em face da sua empregadora AMAS - Autarquia Municipal de Assistência Social do Município de Campo Grande, foram analisados dois pedidos. A sentença deferiu a pretensão de maior valor e rejeitou a de menor expressão econômica. Na presente situação, de acordo com as regras da Consolidação das Leis do Trabalho, a responsabilidade pelas custas processuais será:

(A) do réu, que deverá arcar com metade do valor, uma vez que sucumbente apenas em um dos dois pedidos, à base de 1% sobre o valor atribuído à causa.

(B) do réu, que deverá arcar com o pagamento integral à base de 2% sobre o valor da causa, sem isenção, porque tal benefício atinge apenas os órgãos da Administração direta, não abrangendo entes da Administração indireta como as Autarquias.

(C) de ambas as partes, em rateio de 50%, visto que houve sucumbência parcial, ou seja, foram formulados dois pedidos, um foi acolhido e o outro rejeitado; à base de 2% sobre o valor de cada pedido.

(D) do réu, que arcará com o pagamento integral, visto que foi vencido, ainda que em um pedido, à base de 2% sobre o valor da condenação, ficando a Autarquia Municipal, todavia, isenta na forma da lei.

(E) de cada uma das partes, na proporção exata de cada pedido, visto que houve sucumbência recíproca, à base de 1% sobre o valor de cada pedido.

"D" é a opção correta. Isso porque, nos termos do art. 789, § 1º, CLT, as custas serão pagas pelo vencido após o trânsito em julgado da decisão. No caso de recurso, serão pagas e comprovado o recolhimento dentro do prazo recursal, em conformidade com a súmula 245 do TST. Assim, ainda que a ação tenha sido julgada parcialmente procedente, as custas serão de responsabilidade da reclamada. Serão calculadas na base de 2% sobre o valor da condenação, com base no art. 789, I, CLT. Contudo, nos termos do art. 790-A, I, CLT, a Administração direta está isenta do recolhimento. HC

Gabarito "D"

(Técnico – TRT/19ª – 2015 – FCC) O artigo 39 da Consolidação das Leis do Trabalho permite que a Delegacia Regional do Trabalho – DRT encaminhe processo administrativo à Justiça do Trabalho, onde conste reclamação de trabalhador no tocante a recusa de anotação da CTPS pela empresa. Este é um exemplo de exceção ao princípio

(A) da eventualidade.

(B) inquisitivo.

(C) da imediação.

(D) dispositivo.

(E) da extrapetição.

A: incorreta, pois o princípio da eventualidade, art. 336 do CPC/2015, é próprio da contestação e ensina que compete ao réu alegar toda a matéria de defesa, expondo as razões de fato e de direito, com que impugna o pedido do autor e especificando as provas que pretende produzir. **B**: incorreta, pois o princípio inquisitivo consiste na iniciativa conferida ao magistrado na investigação dos fatos e determinação das provas que entende pertinentes, em busca da verdade real para formação de seu livre convencimento. **C**: incorreta, pois o princípio da imediação está disciplinado no art. 446, II, do CPC (regra não adotada pelo CPC/2015) pelo qual o juiz deve proceder direta e pessoalmente à colheita das provas na audiência. **D**: correta, pois o princípio do dispositivo ensina que a iniciativa para a propositura da ação é das partes, em regra. Portanto, a regra contida do art. 39 da CLT representa exceção ao princípio dispositivo. **E**: incorreta, pois o princípio da extrapetição ensina que o juiz pode condenar a reclamada em pedidos não contidos na petição inicial, nos casos previstos em lei, como por exemplo, a regra contida no art. 137, §2º, da CLT e, ainda, o pedido de juros e correção monetária, hipótese prevista na súmula 211 do TST.

Gabarito "D"

(Técnico – TRT/3ª – 2015 – FCC) De acordo com a Súmula 422 do Tribunal Superior do Trabalho *"Não se conhece de recurso para o TST, pela ausência do requisito de admissibilidade inscrito no art. 514, II, do CPC (art. 1.010, II, CPC/2015), quando as razões do recorrente não impugnam os fundamentos da decisão recorrida, nos termos em que fora proposta"*. Neste caso, está sendo aplicado o princípio

(A) da estabilidade da lide.

(B) da lealdade processual.

(C) da delimitação recursal.

(D) do dispositivo.

(E) da dialeticidade.

A: incorreta, pois o princípio da estabilidade da lide, ensina que o pedido e a causa de pedir é que traçam e demarcam os limites objetivos da lide, o que permite à parte contrária o pleno exercício do direito do contraditório. No processo do trabalho, caso haja o aditamento da petição inicial deverá o Juiz designar nova audiência. **B**: incorreta, pois o princípio da lealdade processual tem como fim impor aos litigantes uma conduta moral, ética e de respeito mútuo para que o processo alcance seu objetivo final, qual seja a prestação jurisdicional. **C**: incorreta, pois o princípio da delimitação recursal indica que as matérias delimitadas pelo recorrente é que poderão ser apreciadas pelo órgão julgador. **D**: incorreta, pois o princípio do dispositivo ensina que pertence às partes a iniciativa das alegações e pedidos e assim limitando a atuação investigativa do juiz aos fatos narrados nos autos. **E**: correta, pois o princípio da dialeticidade ensina que deve a parte recorrente impugnar todos os fundamentos suficientes para manter o acórdão recorrido, de maneira a demonstrar que o julgamento proferido pelo Tribunal de origem merece ser modificado, ou seja, não basta que faça alegações genéricas em sentido contrário às afirmações do julgado contra o qual se insurge.

Gabarito "E"

(Procurador do Estado – PGE/RN – FCC – 2014) Em uma Reclamação Trabalhista na qual o Estado do Rio Grande do Norte fez-se representar por sua procuradora Janaína Areias, declarou o juiz de primeira instância a irregularidade dessa representação, eis que não foram carreados aos autos o ato de nomeação da procuradora, nem qualquer instrumento de mandato, embora as peças tenham sido assinadas pela procuradora com a declaração de seu cargo e indicação do seu número de inscrição na Ordem dos Advogados do Brasil.

Nessas condições, ante o entendimento sumulado pelo Tribunal Superior do Trabalho, o juiz agiu:

(A) equivocadamente, porque, em razão da fé pública, presume-se regular a representação do Estado.

(B) equivocadamente, porque embora não tenha sido juntado qualquer documento, a procuradora prestou declaração de exercício do seu cargo.

(C) acertadamente, porque a juntada do instrumento de mandato era indispensável.

(D) acertadamente, porque a comprovação do ato de nomeação era indispensável.

(E) acertadamente, porque tanto a juntada do instrumento de mandato como a comprovação do ato de nomeação eram indispensáveis.

"B" é a opção correta. Isso porque, nos termos da súmula 436 do TST, a União, Estados, Municípios e Distrito Federal, suas autarquias e fundações públicas, quando representadas em juízo, ativa e passivamente, por seus procuradores, estão dispensadas da juntada de instrumento de mandato e de comprovação do ato de nomeação. Ademais, é essencial que o signatário ao menos declare-se exercente do cargo de procurador, não bastando a indicação do número de inscrição na Ordem dos Advogados do Brasil. HC

Gabarito "B"

(Analista – TRT/16ª – 2014 – FCC) No tocante ao Procedimento Sumaríssimo, dispõe o artigo 852-D da CLT que: *O juiz dirigirá o processo com liberdade para determinar as provas a serem produzidas, considerado o ônus probatório de cada litigante, podendo limitar ou excluir as que considerar excessivas, impertinentes ou protelatórias, bem como para apreciá-las e dar especial valor às regras de experiência comum ou técnica.* Neste caso, está presente o Princípio

(A) da Imediatidade.

(B) Dispositivo.

(C) da Identidade física do juiz.

(D) Inquisitivo.

(E) do Juiz natural.

A: incorreta, pois o princípio da imediatidade é peculiar do direito material do trabalho e ensina que tão logo seja cometida a falta pelo empregado, deverá o empregador agir e punir seu empregado, sob pena de se caracterizar o perdão tácito, ou seja, não poderá o empregador punir em momento posterior. **B:** incorreta, pois o princípio do dispositivo disposto no art. 2º do CPC/2015 ensina que: "o processo começa por iniciativa da parte e se desenvolve por impulso oficial, salvo as exceções previstas em lei.". **C:** incorreta, pois o princípio da identidade física do juiz estava previsto no art. 132 do CPC/1973 não está previsto no CPC/2015. Esse princípio determinava que o magistrado que presidiu e concluiu a instrução probatória ficava vinculado ao processo, devendo, assim, ser o prolator da sentença. **D:** correta, pois o princípio inquisitivo ou do impulso oficial está consagrado no art. 2º CPC/2015 e ensina que o processo começa por iniciativa da parte, mas se desenvolve por impulso oficial. **E:** incorreta, pois do juiz natural ensina que nenhum litígio será julgado sem prévia existência legal de determinado juízo, ou seja, não poderão ser criados Tribunais de Exceção, feitos para julgar determinadas causas. Todos têm o direito de serem julgados por juiz competente e pré-constituído na forma da lei. Veja art. 5º, XXXVII e LIII, CF.

Gabarito "D"

(Analista – TRT/9 – 2012 – FCC) A legislação processual do trabalho regulamenta o trâmite de dissídios individuais, criando regras sobre a forma de reclamação e a notificação do reclamado. Segundo tais normas, a reclamação

(A) recebida e protocolada será remetida a segunda via da petição ao reclamado, notificando-o ao mesmo tempo, para comparecer à audiência de julgamento, que será a primeira desimpedida, depois de 48 horas.

(B) será, preliminarmente, sujeita à distribuição nas localidades em que houver apenas uma Vara do Trabalho.

(C) poderá ser apresentada pelos empregados e empregadores, pessoalmente, ou por seus representantes e pelos sindicatos de classe.

(D) será feita por notificação via oficial de justiça, não sendo admitida a notificação por edital nos processos que tramitam pelo rito ordinário.

(E) poderá ser acumulada num só processo com outros, quando houver identidade de matéria, desde que sejam empregados da mesma profissão e região metropolitana.

A: assertiva incorreta, pois nos termos do art. 841, *caput*, da CLT a audiência deverá ser feita depois de 5 dias; **B:** assertiva incorreta, pois nos termos do art. 838 da CLT nas localidades em que houver mais de uma Vara do Trabalho a reclamação será preliminarmente sujeita à distribuição; **C:** assertiva correta, pois reflete o disposto no art. 839, a, da CLT; **D:** assertiva incorreta, pois, nos termos do § 1º do art. 841 da CLT, a notificação será feita em registro postal com franquia, sendo que, se o reclamado criar embaraços ao seu recebimento ou não for encontrado, far-se-á a notificação por edital, inserto no jornal oficial ou no que publicar o expediente forense, ou, na falta, afixado na sede do Juízo; **E:** assertiva incorreta, pois nos termos do art. 842 da CLT poderá haver a acumulação de ações nos casos de empregados da mesma empresa ou estabelecimento.

Gabarito "C"

(Analista – TRT/9 – 2012 – FCC) Dentre os princípios norteadores do Processo do Trabalho estão a oralidade e a concentração dos atos em audiência. Nessa seara, conforme previsão legal,

(A) o depoimento das partes e testemunhas que não souberem falar a língua nacional será feito por meio de intérprete nomeado pelo juiz e as despesas correrão por conta da parte vencida no processo.

(B) se, até 30 minutos após a hora marcada, o Juiz não houver comparecido, os presentes poderão retirar-se, devendo o ocorrido constar do livro de registro das audiências.

(C) o Juiz manterá a ordem nas audiências, mas não poderá mandar retirar do recinto os assistentes que a perturbarem em razão da publicidade das audiências na Justiça do Trabalho, sendo que nesse caso deverá adiar a sessão.

(D) as audiências dos órgãos da Justiça do Trabalho serão públicas e realizar-se-ão em dias úteis previamente fixados, entre 8 e 18 horas, não podendo ultrapassar 5 horas seguidas, salvo quando houver matéria urgente.

(E) as audiências dos órgãos da Justiça do Trabalho serão públicas e realizar-se-ão na sede do Juízo ou Tribunal não podendo ser designado outro local para a realização das audiências.

A: assertiva incorreta, pois embora nos termos do art. 819 da CLT o depoimento da parte ou da testemunha que não souber falar português seja feito por intérprete nomeado pelo juiz, de acordo com o § 2º do mesmo dispositivo, as despesas correrão por conta da parte a que interessar o depoimento; **B:** assertiva incorreta, pois, nos termos do art. 815, parágrafo único, da CLT, o período é de 15 (quinze) minutos; **C:** assertiva incorreta, pois, nos termos do art. 816 da CLT, o Juiz poderá mandar retirar do recinto os assistentes que a perturbarem; **D:** assertiva correta, pois reflete os exatos termos do disposto no art. 813 da CLT; **E:** assertiva incorreta, pois em casos especiais, nos termos do art. 813, § 1º, da CLT, poderá ser designado outro local para a realização das audiências, mediante edital afixado na sede do Juízo ou Tribunal, com a antecedência mínima de 24 (vinte e quatro) horas.

Gabarito "D"

(Analista – TRT/1ª – 2012 – FCC) Considerando-se os princípios gerais do processo aplicáveis ao processo judiciário trabalhista é correto afirmar:

(A) A irrecorribilidade das decisões interlocutórias é um dos aspectos da oralidade, plenamente identificado no processo trabalhista.

(B) Não se aplica o princípio da concentração dos atos processuais em audiência, como ocorre no processo comum.

(C) Não há omissão das normas processuais na Consolidação das Leis do Trabalho que justifique a aplicação subsidiária do processo comum.

(D) Havendo omissão das normas processuais na Consolidação das Leis do Trabalho fica a critério de cada Juiz a aplicação do direito processual comum, cujo critério para adoção é a concordância das partes.

(E) A execução trabalhista poderá ser promovida apenas pelas partes interessadas, não havendo o impulso oficial ex officio pelo próprio Juiz competente.

A: assertiva correta. O processo do trabalho se distingue do processo comum por ter acolhido, em sua magnitude, o princípio da oralidade representado, de um lado, pela concentração dos atos processuais, e de outro, pela irrecorribilidade imediata das decisões interlocutórias, que está expressa no art. 893, § 1°, da CLT; **B:** assertiva incorreta, pois, como informado na resposta à assertiva anterior, aplica-se o princípio da concentração dos atos, como se observa pela redação dos arts. 843 a 850 da CLT; **C:** assertiva incorreta, pois existem diversas omissões nas normas processuais, e nessas hipóteses deveremos aplicar a regra esculpida no art. 769 da CLT. No mesmo sentido art. 15 CPC/2015; **D:** assertiva incorreta, pois nos termos do art. 769 da CLT, nos casos de omissão o operador do Direito aplicará o direito processual comum, exceto naquilo em que for incompatível com as normas processuais trabalhistas, independente da concordância das partes; **E:** assertiva incorreta, pois, nos termos do art. 878 da CLT, execução será promovida pelas partes, permitida a execução de ofício pelo juiz ou pelo Presidente do Tribunal apenas nos casos em que as partes não estiverem representadas por advogado.

Gabarito "A"

(Técnico Judiciário – TRT9 – 2012 – FCC) Quanto ao processo judiciário do trabalho, é correto afirmar:

(A) Havendo omissão da CLT sempre serão aplicadas as regras do direito processual comum como fonte subsidiária.

(B) Aplicam-se apenas as regras contidas na CLT, não podendo ser aplicada norma prevista no direito processual comum.

(C) A CLT não possui regras processuais próprias, razão pela qual são aplicadas normas do direito processual comum.

(D) Nos casos omissos, o direito processual comum será fonte subsidiária do direito processual do trabalho, exceto naquilo em que for incompatível com as regras da CLT.

(E) O direito processual comum é fonte primária, sendo aplicadas as normas processuais contidas na CLT de forma subsidiária.

A: incorreta, pois para a aplicação subsidiária do direito processual comum, deverá haver compatibilidade com as regras celetistas, nos termos do art. 769 da CLT e art. 15 CPC/2015; **B:** incorreta, pois havendo a omissão na norma consolidada, aplicar-se-á o direito processual comum, nos termos do art. 769 da CLT e art. 15 CPC/2015; **C:** incorreta, pois a CLT prevê regras próprias, vide arts. 643 e seguintes da CLT; **D:** correta, pois reflete o disposto no art. 769 da CLT e art. 15 CPC/2015; **E:** incorreta, pois o direito processual comum é fonte subsidiária e sua aplicação se dá nos termos do art. 769 da CLT e art. 15 CPC/2015.

Gabarito "D"

(Técnico Judiciário – TRT/24ª – 2011 – FCC) De acordo com a Consolidação das Leis do Trabalho, os Juízos e Tribunais do Trabalho terão ampla liberdade na direção do processo e velarão pelo andamento rápido das causas, podendo determinar qualquer diligência necessária ao esclarecimento delas. Este dispositivo retrata especificamente o princípio

(A) da perpetuatio jurisdictionis.

(B) da instrumentalidade.

(C) dispositivo.

(D) da estabilidade da lide.

(E) inquisitivo.

A: pelo princípio da *perpetuation jurisdictionis*, a competência para o julgamento da lide é definida no momento do ajuizamento da ação, sendo que alterações fáticas posteriores que não sejam relevantes não implicarão em deslocamento de competência. É assim que, por exemplo, se determinado empregado laborando em Campo Grande ajuíza uma ação perante uma das varas do trabalho da capital sulmatogrossense, o fato de do local de sua prestação de serviços ser alterado para Três Lagoas no curso do processo não possui o condão de deslocar a competência territorial; **B**: o princípio da instrumentalidade está afeto às nulidades trabalhistas e informa que a nulidade do ato processual não será declarada se, a despeito de alguma irregularidade, o ato atingir sua finalidade; **C**: o princípio do dispositivo, também conhecido como princípio da demanda ou da congruência entre a decisão e o pedido, informa que a lide deve ser julgada nos limites da ação proposta, vedando-se ao Juiz, em linha de princípio, emitir julgamentos *extra petita* (fora do pedido), *ultra petita* (além do pedido) ou *citra petita* (aquém do pedido). Observe-se, no entanto, que esta regra possui diversas exceções; **D**: o princípio da estabilidade da lide concerne à proibição de inovação de pedido ou causa de pedir após determinado momento processual. No processo cível, após a citação do réu só é permitida a mudança do pedido ou causa de pedir com a concordância deste, sendo que em nenhuma hipótese será possível a mudança do pedido ou causa de pedir após o saneamento da lide, art. 329, II, CPC/2015. No processo do trabalho, uma vez que a citação do Réu decorre de ato automático do Juízo e uma vez que inexiste expressa previsão de despacho saneador, doutrinadores debatem quanto ao momento da estabilização da demanda, prevalecendo que até o momento de apresentação da defesa o autor poderá aditar a inicial para alterar pedidos e causa de pedir; **E**: de fato, o preceito legal estampado no enunciado (CLT, art. 765) é uma faceta do princípio inquisitivo, embora não se deva dizer que o processo trabalhista seja, em si, um processo inquisitivo. Ao contrário, com o advento do Estado de Direito e do princípio do devido processo legal, os processos estão submetidos ao princípio do contraditório e as decisões devem ser motivadas. Atualmente, apenas procedimentos (e não processos) possuem natureza inquisitiva ou inquisitorial, como o inquérito policial ou o inquérito civil.

Gabarito "E"

3. PRESCRIÇÃO E DECADÊNCIA

(Analista Judiciário – TRT/24 – FCC – 2017) A empresa Minerva & Atena Cia do Saber foi acionada em reclamatória trabalhista e recebeu a notificação da sentença por oficial de justiça em um sábado. Segundo as regras da Consolidação das Leis do Trabalho e a jurisprudência sumulada do Tribunal Superior de Trabalho, para recurso, considerando não haver feriado naquele mês, o início do prazo e o início da contagem, serão, respectivamente,

(A) na segunda-feira.

(B) segunda-feira e terça-feira

(C) no sábado.

(D) sábado e segunda-feira.

(E) sábado e terça-feira.

"B" é a resposta correta. Nos termos da súmula 262 do TST intimada ou notificada a parte no sábado, o início do prazo se dará no primeiro dia útil imediato e a contagem, no subsequente.

Gabarito "B"

4. COMPETÊNCIA

(Analista Judiciário – TRT/24 – FCC – 2017) Asclépio, residente e domiciliado em Manaus, participou de processo seletivo e foi contratado na cidade de Brasília, onde se localiza a sede da empresa Orfheu Informática S/A, para trabalhar como programador, na filial da empresa no Município de Campo Grande. No contrato de trabalho as partes convencionaram como foro de eleição a comarca de São Paulo. Após dois anos de contrato, Asclépio foi dispensado por justa causa sem receber nenhuma verba rescisória, retornando para Manaus. Não concordando com o motivo da sua rescisão, o trabalhador resolveu ajuizar reclamação trabalhista em face da sua ex-empregadora. Conforme a regra de competência territorial prevista na lei trabalhista a ação deverá ser proposta na Vara do Trabalho de

(A) Brasília, por ser a sede da empresa reclamada.

(B) Brasília, por ser o local da contratação.

(C) Manaus, local de seu domicílio.

(D) Campo Grande, local da prestação dos serviços.

(E) São Paulo, foro de eleição contratual.

"D" é a opção correta. Nos termos do art. 651 da CLT é competente o foro do local da prestação dos serviços. No entanto, de acordo com o art. 507-A da CLT nos contratos individuais de trabalho cuja remuneração seja superior a duas vezes o limite máximo estabelecido para os benefícios do Regime Geral de Previdência Social, poderá ser pactuada cláusula compromissória de arbitragem, desde que por iniciativa do empregado ou mediante a sua concordância expressa, nos termos previstos na Lei 9.307, de 23 de setembro de 199.

Gabarito "D"

(Técnico Judiciário – TRT24 – FCC – 2017) A Constituição Federal de 1988 dispõe expressamente sobre a competência material da Justiça do Trabalho e, entre essas disposições, NÃO prevê a competência da Justiça do Trabalho para processar e julgar

(A) as ações sobre representação sindical, entre sindicatos, entre sindicatos e trabalhadores, e entre sindicatos e empregadores.

(B) os mandados de segurança, *habeas corpus* e *habeas data*, quando o ato questionado envolver matéria sujeita à sua jurisdição.

(C) as ações de indenização por dano moral ou patrimonial, decorrentes da relação de trabalho.

(D) as ações relativas às penalidades administrativas impostas aos empregadores pelos órgãos de fiscalização das relações de trabalho.

(E) os crimes contra a organização do trabalho e as causas acidentárias em face do Instituto Nacional do Seguro Social.

A: opção incorreta, pois reflete a disposição do art. 114, III, CF. **B:** opção incorreta, pois reflete o disposto no art. 114, IV, CF. **C:** opção incorreta, pois reflete o disposto no art. 114, VI, CF. **D:** opção incorreta, pois VII, CF. **E:** opção correta, pois no julgamento da ADI 3684-0 o STF determina a incompetencia da Justiça do Trabalho para processar e julgar ações penais. As ações penais são de competência da Justiça Comum Estadual ou Federal. As ações acidentárias em face do INSS são de competência da Justiça Comum Estadual, exceção disposta no art. 109, I, CF.

Gabarito "E"

(Analista Judiciário – TRT/20 – FCC – 2016) Vênus atuou durante 6 anos como preposta da Cia de Bebidas Fonte de Amor. Por força da crise econômica foi dispensada sem receber alguns direitos trabalhistas. Em razão de sua experiência, ingressou com reclamação trabalhista de forma verbal, sem constituir advogado. Conforme súmula do Tribunal Superior do Trabalho e dispositivo processual trabalhista, a capacidade postulatória de Vênus em relação a essa reclamatória

(A) está restrita a fase de conhecimento na Vara do Trabalho.

(B) limita-se às Varas do Trabalho e aos Tribunais Regionais do Trabalho, não alcançando a fase executória.

(C) limita-se às Varas do Trabalho e aos Tribunais Regionais do Trabalho, não alcançando os recursos de competência do Tribunal Superior do Trabalho.

(D) é ilimitada quanto a fase processual, bem como em relação à instância, alcançando inclusive o Tribunal Superior do Trabalho, porque a lei permite o acompanhamento das reclamações até o final.

(E) está restrita à fase de conhecimento, incluindo recursos em todas as instâncias trabalhistas, Varas do Trabalho, Tribunais Regionais do Trabalho e Tribunal Superior do Trabalho, mas não envolve a fase de execução.

"C" é a opção correta, pois nos termos da súmula 425 do TST o *jus postulandi* das partes, estabelecido no art. 791 da CLT, limita-se às Varas do Trabalho e aos Tribunais Regionais do Trabalho, não alcançando a ação rescisória, a ação cautelar, o mandado de segurança e os recursos de competência do Tribunal Superior do Trabalho

Gabarito "C"

(Analista Judiciário – TRT/20 – FCC – 2016) Hera participou de processo seletivo e foi contratada como música instrumentista da Orquestra do Banco Ultra S/A, no Município de Itabaiana/SE, onde tem o seu domicílio. No contrato de trabalho foi estipulado como foro de eleição para propositura de demanda trabalhista o Município de Aracaju/SE. O banco possui agências em todos estados do Brasil e a sua sede está localizada em Brasília/DF. Durante os oito meses em que foi empregada do Banco, Hera exerceu suas funções apenas no Município de Aracaju/SE. Caso decida ajuizar reclamação trabalhista em face de seu ex-empregador, deverá propor em

(A) Aracaju, porque foi o local da prestação dos serviços.

(B) Aracaju, por ser o foro de eleição previsto em contrato de trabalho.

(C) Itabaiana, porque é o foro do seu domicílio.

(D) Brasília, por estar situada a sede do Banco reclamado.

(E) Aracaju, Itabaiana ou Brasília, dependendo da sua própria conveniência como reclamante.

"A" é a opção correta. Nos termos do art. 651 da CLT a competência será do local de prestação de serviços. Vale dizer que, o art. 507-A da CLT nos contratos individuais de trabalho cuja remuneração seja superior a duas vezes o limite máximo estabelecido para os benefícios do Regime Geral de Previdência Social, poderá ser pactuada cláusula compromissória de arbitragem, desde que por iniciativa do empregado ou mediante a sua concordância expressa.

Gabarito "A"

(Analista Judiciário – TRT/20 – FCC – 2016) A Constituição Federal expressamente prevê regras que organizam a estrutura da Justiça do Trabalho, e tratam da sua competência. Conforme tal regramento,

(A) os juízes dos Tribunais Regionais do Trabalho, oriundos da magistratura da carreira, que comporão o Tribunal Superior do Trabalho serão indicados pelos próprios Regionais, alternativamente, e escolhidos pelo Congresso Nacional.

(B) os Tribunais Regionais do Trabalho instalarão a justiça itinerante, com a realização de audiência e demais funções de atividade jurisdicional, nos limites territoriais da respectiva jurisdição, servindo-se de equipamentos públicos e comunitários.

(C) haverá pelo menos um Tribunal Regional do Trabalho em cada Estado e no Distrito Federal, e a lei instituirá as Varas do Trabalho, podendo, nas comarcas onde não forem instituídas, atribuir sua jurisdição a Vara do Trabalho mais próxima.

(D) os mandados de segurança, *habeas corpus* e *habeas data,* quando o ato questionado envolver matéria sujeita à jurisdição da Justiça do Trabalho serão julgados e processados na Justiça Federal, por se tratar de remédios jurídicos de natureza constitucional.

(E) os Tribunais Regionais do Trabalho compõem-se de, no mínimo, nove juízes, que serão recrutados na respectiva região, e nomeados pelo Presidente do Tribunal Superior do Trabalho dentre brasileiros com mais de trinta e menos de sessenta e cinco anos.

A: opção incorreta, pois os juízes dos TRTs oriundos da magistratura da carreira que compõem o TST serão indicados pelo próprio TST, art. 111-A, II, CF. **B:** opção correta, pois reflete a disposição do art. 115, § 1º, da CF. **C:** opção incorreta, pois nos termos do art. 112 da CF a competência será do juiz de direito. **D:** opção incorreta, pois nos termos do art. 114, IV, da CF a competência será da justiça do trabalho. **E:** opção incorreta, pois nos termos do art. 115 da CF os Tribunais Regionais do Trabalho compõem-se de, no mínimo, sete juízes, recrutados, quando possível, na respectiva região, e nomeados pelo Presidente da República dentre brasileiros com mais de trinta e menos de sessenta e cinco anos.

Gabarito "B"

(Técnico Judiciário – TRT20 – FCC – 2016) Péricles pretende ingressar com reclamação trabalhista para receber indenização por danos morais em face do Banco Horizonte S/A em razão da alegação de assédio moral. Conforme previsão legal contida na Consolidação das Leis do Trabalho, a ação deverá ser proposta na Vara do Trabalho do local

(A) da sua contratação.

(B) do seu domicílio.

(C) da matriz do Banco empregador.

(D) da prestação dos serviços.

(E) escolhido pelas partes na celebração do contrato.

"D" é a opção correta. Isso porque nos termos do art. 651 da CLT a competência será determinada pela localidade onde o empregado, reclamante ou reclamado, prestar serviços ao empregador, ainda que tenha sido contratado noutro local ou no estrangeiro. Sobre a competência de ações por danos morais, vale lembrar da redação da súmula vinculante 22 do STF: "A Justiça do Trabalho é competente para processar e julgar as ações de indenização por danos morais e patrimoniais decorrentes de acidente de trabalho propostas por empregado contra empregador, inclusive aquelas que ainda não possuíam sentença de mérito em primeiro grau quando da promulgação da emenda constitucional 45/2004.

Gabarito "D"

(Técnico Judiciário – TRT20 – FCC – 2016) Conforme normas relativas à jurisdição e competência das Varas do Trabalho e dos Tribunais Regionais do Trabalho:

(A) A EC 45/2004 previu a obrigatoriedade da criação de apenas um Tribunal Regional do Trabalho em cada Estado membro da Federação, bem como no Distrito Federal.

(B) Os Tribunais Regionais do Trabalho serão compostos de juízes nomeados pelo Presidente do Tribunal Superior do Trabalho e serão compostos, no mínimo, de oito juízes recrutados, necessariamente, dentro da própria região.

(C) Os Tribunais Regionais do Trabalho poderão funcionar descentralizadamente, constituindo Câmaras regionais, a fim de assegurar o pleno acesso dos jurisdicionados à justiça em todas as fases do processo.

(D) Nas Varas do Trabalho, a jurisdição será, necessariamente, exercida por um juiz singular titular e outro substituto, além de um membro do Ministério Público do Trabalho que atuará junto à Vara.

(E) As ações entre trabalhadores portuários e os operadores portuários ou o Órgão Gestor de Mão de Obra – OGMO decorrentes da relação de trabalho são de competência originária dos Tribunais Regionais do Trabalho.

A: opção incorreta, pois não há a obrigatoriedade. Veja art. 115 da CF. O estado de São Paulo possui dois TRTs: o da 2ª Região, sediado na capital do estado, com jurisdição sobre a Região Metropolitana de São Paulo, parte de Região Metropolitana da Baixada Santista e o município interiorano de Ibiúna, e o da 15ª Região, com sede em Campinas e jurisdição sobre os demais municípios paulistas. Não foram criados TRTs nos Estados de Tocantins, Acre, Roraima e Amapá. **B:** opção incorreta, pois nos termos do art. 115 da CF os Tribunais Regionais do Trabalho compõem-se de, no mínimo, sete juízes, recrutados, quando possível, na respectiva região, e nomeados pelo Presidente da República dentre brasileiros com mais de trinta e menos de sessenta e cinco anos. **C:** opção correta, pois reflete a disposição do art. 115, § 2º, CF. **D:** opção incorreta, pois nos termos do art. 116 da CF nas Varas do Trabalho, a jurisdição será exercida por um juiz singular. **E:** opção incorreta, pois a ação será de competência da Vara do Trabalho. As hipóteses de competência dos TRTs estão reguladas no art. 678 da CLT.

Gabarito "C"

(Técnico Judiciário – TRT20 – FCC – 2016) Poseidon prestou concurso público e foi aprovado tomando posse como agente de fiscalização sanitária no combate ao "mosquito da dengue", vinculado à Secretaria de Saúde do Estado de Sergipe, pelo regime jurídico estatutário. Decorridos dezoito meses de serviço, houve atraso no pagamento de salários e a inadimplência da verba denominada adicional de insalubridade. Inconformado com a situação, Poseidon pretende ajuizar ação cobrando seus direitos, sendo competente para processar e julgar a

(A) Justiça Federal, porque embora o servidor seja estadual, a matéria envolve questão de natureza sanitária de repercussão nacional, relacionada à epidemia do "mosquito da dengue".

(B) Justiça Comum Estadual, porque envolve todo servidor público estadual, independente do seu regime jurídico de contratação.

(C) Justiça do Trabalho, porque se trata de ação oriunda da relação de trabalho, abrangido ente de direito público da Administração pública direta estadual.

(D) Justiça do Trabalho, porque independente do ente envolvido, a matéria discutida relaciona-se com salários e adicional de insalubridade, portanto direitos de natureza trabalhista.

(E) Justiça Comum Estadual, porque a relação de trabalho prevista no artigo 114, I da CF, não abrange as causas entre o Poder Público e servidor regido por relação jurídica estatutária.

"E" é a opção correta. Isso porque, a ação do servidor público aprovado em concurso público contra a administração, por possuir típica relação de ordem estatutária, será de competência da justiça comum estadual, conforme julgamento da ADI 3395-6. HC

Gabarito "E"

(Analista – TRT/3ª – 2015 – FCC) Em relação à competência material da Justiça do Trabalho:

(A) As ações relativas às penalidades administrativas impostas aos empregadores pelos órgãos de fiscalização das relações de trabalho devem ser julgadas pela Justiça Federal, nos termos do artigo 109 da CF/88.

(B) Desde a promulgação da CF/88, a Justiça do Trabalho é competente para julgar ações impostas pelos órgãos de fiscalização, em matéria trabalhista, aos empregadores.

(C) A Emenda Constitucional n. 45/04, deu nova redação ao artigo 114 da CF/88, estabelecendo que cabe à Justiça do Trabalho processar e julgar as ações relativas às penalidades administrativas impostas aos empregadores pelos órgãos de fiscalização das relações de trabalho.

(D) Impõe multas administrativas ao empregador em processos trabalhistas, nos quais foi constatada a ocorrência de infração aos dispositivos da CLT.

(E) Não é competente, de ofício, para executar as contribuições previdenciárias das sentenças que proferir.

A: incorreta, pois nos termos do art. 114, VII, da CF a ação será de competência da Justiça do Trabalho. **B:** incorreta, pois a competência foi atribuída à Justiça do Trabalho por meio da EC 45/2004. **C:** correta, pois está de acordo com o art. 114, VII, da CF. **D:** incorreta, pois a multa não será imposta pela Justiça do Trabalho, mas sim pelos órgãos de fiscalização das relações de trabalho (Ministério do Trabalho e Emprego). **E:** incorreta, pois nos termos do art. 114, VIII, da CF a Justiça do Trabalho possui competência para de ofício, para executar as contribuições previdenciárias das sentenças que proferir.

Gabarito "C"

(Técnico – TRT/19ª – 2015 – FCC) Ricardo foi contratado pela empresa "Fazenda Ltda.", para exercer a função de montador de estande em feiras agropecuárias. Considerando que Ricardo reside em Marechal Deodoro e que a sede da empresa é em Maceió, local da celebração do contrato, bem como que as feiras agropecuárias não ocorrem na referida capital e sim em diversas cidades interioranas, segundo a Consolidação das Leis do Trabalho, eventual reclamação trabalhista, no tocante à competência territorial deverá ser ajuizada

(A) obrigatoriamente em Marechal Deodoro.

(B) obrigatoriamente em Maceió.

(C) obrigatoriamente no local em que prestou serviços em último lugar.

(D) em Maceió ou Marechal Deodoro.

(E) em Maceió ou no local da prestação dos respectivos serviços.

Ensina o art. 651, § 3º, da CLT em se tratando de empregador que promova realização de atividades fora do lugar do contrato de trabalho, como no caso em estudo, é assegurado ao empregado apresentar reclamação na localidade da celebração do contrato ou no da prestação dos respectivos serviços. Assim, Ricardo poderá optar em apresentar a reclamação trabalhista em Maceió, localidade em que foi celebrado o contrato de trabalho ou então na localidade das diversas cidades interioranas.

Gabarito "E"

(Técnico – TRT/16ª – 2015 – FCC) A empregada "A" ajuizou reclamação trabalhista em Salvador, local em que se mudou após sua dispensa. Entretanto, o local em que prestou serviços foi em São Luís. A empresa, regularmente notificada, não compareceu à audiência, tendo sido decretada sua revelia e confissão quanto à matéria de fato. No tocante à alegação de incompetência em razão do lugar, é correto afirmar que:

(A) tendo em vista se tratar de matéria de ordem, deverá ser declarada *ex officio* pelo juiz, que se declarará incompetente para conhecer e julgar a reclamação.

(B) tendo em vista que a incompetência é relativa, poderá ser alegada em qualquer fase do processo, mesmo após a prolação da sentença, até a interposição de recurso ordinário.

(C) tendo em vista que a incompetência é relativa e não alegada no momento oportuno, ou seja, com a defesa, prorroga-se a competência do juízo de Salvador, tornando-se competente para conhecer e julgar o feito, havendo preclusão da matéria.

(D) a empresa somente poderá alegar a exceção de incompetência em razão do lugar em preliminar de recurso ordinário.

(E) deverá a empresa interpor agravo de instrumento para conhecimento imediato da exceção.

A: incorreta, pois a incompetência relativa não é matéria de ordem pública e, portanto, não pode ser declarada de ofício pelo Juiz. **B**: incorreta, pois a incompetência relativa/territorial deve ser alegada como matéria prelinar de contestação, art. 337, II, CPC/2015, sob pena de prorrogar-se a competência do juízo. Em outras palavras, a incompetência territorial se convalidará caso a parte interessada não oponha exceção de incompetência no prazo legal. Vide art. 795 da CLT. **C**: correta, pois de fato, como exposto no comentário anterior, caso a incompetência relativa não seja alegada na apresentação de sua defesa, ocorrerá a prorrogação de competência, passando a ser competente o juízo de Salvador. **D**: incorreta, pois a incompetência relativa/territorial deve ser alegada como matéria prelinar de contestação, art. 337, II, CPC/2015. **E**: incorreta, pois o agravo de instrumento é o recurso interposto contra decisão que denegar a interposição de recurso, ou seja, a decisão que não admitiu recurso no 1º juízo de admissibilidade, art. 897, *b*, da CLT.

Gabarito "C"

(Analista – TRT/2ª – 2014 – FCC) Compete à Justiça do Trabalho processar e julgar

I. as ações sobre representação sindical, entre sindicatos, entre sindicatos e trabalhadores e entre sindicatos e empregadores.

II. a ação em que todos os membros da magistratura sejam direta ou indiretamente interessados, e aquela em que mais da metade dos membros do tribunal de origem estejam impedidos ou sejam direta ou indiretamente interessados.

III. os conflitos e atribuições entre autoridades administrativas e judiciárias da União, ou entre autoridades judiciárias de um Estado e administrativas de outro ou do Distrito Federal, ou entre as deste e da União.

IV. as ações relativas às penalidades administrativas impostas aos empregadores pelos órgãos de fiscalização das relações de trabalho.

Está correto o que consta em

(A) I e IV, apenas.
(B) I, II, III e IV.
(C) I e III, apenas.
(D) I, apenas.
(E) II e IV, apenas.

I: correta, pois reflete o disposto no art. 114, III, CF. **II**: incorreta, pois nos termos do art. 102, I, *n*, da CF a ação é de competência do STF. **III**: incorreta, pois nos termos do art. 105, I, *g*, da CF a ação é de competência do STJ. **IV**: correta, pois reflete o disposto no art. 114, VII, da CF.

Gabarito "A".

(Analista – TRT/9 – 2012 – FCC) Athenas, residente na cidade de Apucarana, foi contratada em Londrina para trabalhar como secretária da Diretoria Comercial da Empresa de Turismo Semideuses Ltda., cuja matriz está sediada em Cascavel. Após dois anos de contrato prestado na filial da empresa em Curitiba, foi dispensada, embora tenha avisado o seu empregador que estava grávida. Athenas decidiu ajuizar ação reclamatória trabalhista postulando a sua reintegração por estabilidade de gestante. No presente caso, a Vara do Trabalho competente para processar e julgar a demanda é a do município de

(A) Cascavel, em razão de ser a matriz da empresa empregadora que é ré na ação.
(B) Curitiba, porque nesse caso a comarca competente é a Capital do Estado.
(C) Apucarana, por ser o local da residência da trabalhadora.
(D) Curitiba, por ser o local da prestação dos serviços.
(E) Londrina, porque foi o local da contratação da trabalhadora.

"D" é a assertiva correta, pois, nos termos do art. 651 da CLT, a competência será determinada pelo local da prestação de serviço.

Gabarito "D".

(Analista – TRT/1ª – 2012 – FCC) Minerva, domiciliada no município de Duque de Caxias, foi contratada no município de Resende para trabalhar na empresa Olimpo Empreendimentos. Durante todo o contrato de trabalho trabalhou no município de Friburgo, sede da sua empregadora. Após três anos de labor, Minerva foi dispensada. Para receber as verbas rescisórias que não foram pagas, a comarca competente para o ajuizamento de reclamação trabalhista é a do município de

(A) Resende, porque é o local onde foi firmado o contrato de trabalho.
(B) Friburgo, porque é o local da prestação dos serviços da trabalhadora.
(C) Duque de Caxias, porque é o local do domicílio da reclamante.
(D) Rio de Janeiro, porque, além de ser a Capital do Estado, é a sede do Tribunal Regional do Trabalho da 1a Região.
(E) Duque de Caxias, Resende ou Friburgo, pois não há regra na CLT? Consolidação das Leis do Trabalho regulando a competência territorial.

"B" é a assertiva correta, pois nos termos do art. 651 da CLT a competência será determinada pelo local da prestação de serviço.

Gabarito "B".

(Analista – TRT/11ª – 2012 – FCC) O trabalhador firmou contrato de trabalho com a empresa no município "Alfa" para prestar serviços no município "Beta". A empresa possui sua sede e domicílio no município "Gama". Após ser dispensado o trabalhador, que reside no município "Delta", resolve ajuizar ação reclamatória trabalhista para receber seus haveres rescisórios. Neste caso, de acordo com a CLT, deverá ajuizar a reclamatória no município

(A) "Alfa" porque foi o local onde da celebração do contrato.
(B) "Delta" porque é o domicílio do trabalhador reclamante.
(C) "Gama" porque é o domicílio da empresa reclamada.
(D) "Alfa" ou "Delta" porque o trabalhador poderá optar pelo local da celebração do contrato ou pelo seu domicílio.
(E) "Beta" porque foi o local da prestação dos serviços.

Nos termos do art. 651 da CLT a competência será determinada pelo local da prestação de serviço..

Gabarito "E".

5. CUSTAS, EMOLUMENTOS E HONORÁRIOS

(Analista Judiciário – TRT/11 – FCC – 2017) No tocante às custas, considere:

I. A parte vencedora na primeira instância, se vencida na segunda, está obrigada, independentemente de intimação, a pagar as custas fixadas na sentença originária, das quais ficara isenta a parte então vencida.

II. No caso de inversão do ônus da sucumbência em segundo grau, sem acréscimo ou atualização do valor das custas e se estas já foram devidamente recolhidas, caberá um novo pagamento pela parte vencida, ao recorrer.

III. Não caracteriza deserção a hipótese em que, acrescido o valor da condenação, não houve fixação ou cálculo do valor devido a título de custas e tampouco intimação da parte para o preparo do recurso, devendo ser as custas pagas ao final.

IV. Não há reembolso das custas à parte vencedora mesmo na hipótese em que a parte vencida for pessoa isenta do seu pagamento, nos termos previstos na Consolidação das Leis do Trabalho.

Está correto o que se afirma APENAS em

(A) II e III.

(B) I e III.
(C) I, II e IV.
(D) II, III e IV.
(E) I e IV.

I: opção correta. Nos termos da súmula 25, I, do TST a parte vencedora na primeira instância, se vencida na segunda, está obrigada, independentemente de intimação, a pagar as custas fixadas na sentença originária, das quais ficara isenta a parte então vencida. **II:** incorreta. Em conformidade com a súmula 25, II, do TST no caso de inversão do ônus da sucumbência em segundo grau, sem acréscimo ou atualização do valor das custas e se estas já foram devidamente recolhidas, descabe um novo pagamento pela parte vencida, ao recorrer. Deverá ao final, se sucumbente, reembolsar a quantia. **III:** correto. A súmula 25, III, do TST ensina que não caracteriza deserção a hipótese em que, acrescido o valor da condenação, não houve fixação ou cálculo do valor devido a título de custas e tampouco intimação da parte para o preparo do recurso, devendo ser as custas pagas ao final. **IV:** opção incorreta. O item IV da súmula 25 do TST ensina que o reembolso das custas à parte vencedora faz-se necessário mesmo na hipótese em que a parte vencida for pessoa isenta do seu pagamento, nos termos do art. 790-A, parágrafo único, da CLT.

Gabarito "B"

(Analista Judiciário – TRT/24 – FCC – 2017) Em audiência realizada no curso da ação trabalhista movida por Perseu em face da empresa Cavalo de Troia Empreendimentos, após terem sido ouvidas as partes, o Juiz apresentou proposta conciliatória que foi aceita pelas partes. Entretanto, nada foi ajustado sobre custas. Conforme normas contidas na Consolidação das Leis do Trabalho, as custas processuais

(A) ficarão a cargo da reclamada, em razão do princípio da hipossuficiência do trabalhador.
(B) serão de responsabilidade do reclamante que irá se beneficiar com proveito econômico do acordo.
(C) serão dispensadas pela União nos casos de conciliação em processo trabalhista.
(D) caberão em partes iguais aos litigantes, sempre que houver acordo, se de outra forma não for convencionado.
(E) serão atribuídas sempre à reclamada, uma vez que o acordo implica em confissão de dívida.

"D" é a opção correta. Nos termos do art. 789, § 3º, da CLT sempre que houver acordo, se de outra forma não for convencionado, o pagamento das custas caberá em partes iguais aos litigantes.

Gabarito "D"

(Técnico Judiciário – TRT24 – FCC – 2017) No tocante às custas processuais, a Consolidação das Leis do Trabalho estabelece que

(A) o pagamento das custas, sempre que houver acordo, caberá à Reclamada, pois deu causa ao processo.
(B) as custas serão, em qualquer caso, pagas pelo vencido, antes do trânsito em julgado da decisão.
(C) no processo de execução são devidas custas, de responsabilidade do executado ou do exequente, conforme o caso, sendo pagas após a liquidação de sentença.
(D) não sendo líquida a condenação, o juízo arbitrar-lhe-á o valor e fixará o montante das custas processuais.
(E) apenas nos dissídios individuais, no exercício da jurisdição trabalhista, as custas relativas ao processo de conhecimento incidirão à base de 1%, sem observância de importância mínima.

A: opção incorreta, pois nos termos do art. 789, § 3º, CLT sempre que houver acordo, se de outra forma não for convencionado, o pagamento das custas caberá em partes iguais aos litigantes. **B:** opção incorreta, pois nos termos do art. 789, § 1º, CLT as custas serão pagas pelo vencido, após o trânsito em julgado da decisão. No caso de recurso, as custas serão pagas e comprovado o recolhimento dentro do prazo recursal. **C:** opção incorreta, pois nos termos do art. 789-A da CLT no processo de execução são devidas custas, sempre de responsabilidade do executado e pagas ao final. **D:** opção correta, pois nos termos do art. 789, § 2º, CLT não sendo líquida a condenação, o juízo arbitrar-lhe-á o valor e fixará o montante das custas processuais. **E:** opção incorreta, pois nos termos do art. 789 da CLT nos dissídios individuais e nos dissídios coletivos do trabalho, nas ações e procedimentos de competência da Justiça do Trabalho, bem como nas demandas propostas perante a Justiça Estadual, no exercício da jurisdição trabalhista, as custas relativas ao processo de conhecimento incidirão à base de 2% (dois por cento), observado o mínimo de R$ 10,64 e o máximo de 4 vezes o limite máximo dos benefícios do Regime Geral de Previdência social. HC

Gabarito "D"

(Técnico Judiciário – TRT20 – FCC – 2016) Afrodite, empregada doméstica, ajuizou ação reclamatória trabalhista em face de sua ex-empregadora Minerva, postulando o pagamento de horas extras, férias e 13o salários não adimplidos. A ação foi julgada procedente em parte, uma vez que foram acolhidos apenas os pedidos de férias e 13o salários, sendo rejeitado o pedido de horas extras. No caso proposto, o valor, bem como a responsabilidade pelo pagamento das custas processuais, será de

(A) 2% sobre o valor da condenação a cargo da parte vencida, ou seja, da reclamada.
(B) 1% sobre o valor de cada pedido acolhido sob a responsabilidade da reclamada e 1% sobre o pedido não acolhido sob a responsabilidade da reclamante.
(C) 2% sobre o valor dos pedidos acolhidos, com redução proporcional ao pedido não acolhido, sob a responsabilidade da reclamada.
(D) 2% sobre o valor da causa, pagas pela reclamante, porque não houve procedência total dos pedidos requeridos.
(E) 1% sobre o valor da causa, a cargo da reclamada, visto que houve procedência apenas parcial.

"A" é a opção correta, pois nos termos do art. 789, I, da CLT as custas serão calculadas na base de 2% sobre o valor da condenação. Ademais, nos termos do § 1º do mesmo dispositivo legal serão pagas pelo vencido, após o trânsito em julgado da decisão. No caso de recurso, as custas serão pagas e comprovado o recolhimento dentro do prazo recursal. HC

Gabarito "A"

(Analista – TRT/3ª – 2015 – FCC) No Processo do Trabalho, na fase de conhecimento, as custas serão sempre pagas

(A) no momento da propositura da ação e incidirão no percentual de 2% sobre o valor atribuído à causa.
(B) ao final do processo e incidirão no percentual de 2% sobre o valor da causa, em caso de procedência ou procedência em parte do pedido, e sobre o valor do acordo, em caso de conciliação.

(C) ao final do processo e incidirão no percentual de 2% sobre o valor da condenação, em caso de procedência e procedência em parte do pedido, e sobre o valor do acordo, em caso de conciliação.

(D) ao final do processo e incidirão no percentual de 5% sobre o valor da condenação, em caso de procedência, procedência em parte do pedido e sobre o valor do acordo, em caso de conciliação.

(E) ao final do processo e incidirão no percentual de 5% sobre o valor da condenação, apurado em liquidação de sentença, em caso de procedência, procedência em parte do pedido, e sobre o valor do acordo, em caso de conciliação.

Nos dissídios individuais, ainda que propostos perante a Justiça Estadual no exercício da jurisdição trabalhista (art. 112 da CF), as custas relativas ao processo de conhecimento sempre serão no importe de 2% (dois por cento) e serão calculadas da seguinte maneira: **A:** Em caso de acordo ou condenação, as custas serão calculadas sobre o respectivo valor. Vale lembrar que, sempre que houver acordo, o pagamento das custas caberá em partes iguais aos litigantes se outra forma não for convencionada; **B:** caso o processo seja extinto sem julgamento do mérito ou julgado totalmente improcedente, as custas serão calculadas sobre o valor da causa; **C:** Nas ações declaratórias e constitutivas, também serão calculadas sobre o valor da causa; **D:** Para as ações que o valor da condenação for indeterminado, deverá o magistrado fixar um valor. As custas serão pagas pelo vencido após o trânsito em julgado da decisão. No caso de recurso, serão pagas e comprovado o recolhimento dentro do prazo recursal, em conformidade com a súmula 245 do TST.

Gabarito "C"

(Técnico – TRT/3ª – 2015 – FCC) Gilda ajuizou reclamação trabalhista em face da empresa "G" tendo sido a referida reclamação julgada totalmente improcedente. Sabendo-se que o valor atribuído à causa foi de R$ 200.000,00, e que Gilda não é beneficiária da justiça gratuita, para ajuizar Recurso Ordinário, Gilda

(A) terá que pagar o valor de R$ 2.000,00 dentro do prazo recursal sob pena de deserção.

(B) terá que pagar o valor de R$ 4.000,00 dentro do prazo recursal sob pena de deserção.

(C) terá que pagar o valor de R$ 1.000,00 dentro do prazo recursal sob pena de deserção.

(D) está isenta do pagamento das custas, uma vez que estas não são devidas ao reclamante quando da interposição de recurso, sendo devidas apenas com o trânsito em julgado.

(E) está isenta do pagamento das custas, uma vez que estas não são devidas ao reclamante na Justiça do Trabalho.

A alternativa "B" é a correta, tendo em vista que nos termos do art. 789, *caput* e inciso I, da CLT o reclamante pagará as custas sempre que os pedidos forem julgados totalmente improcedentes ou o processo for extinto sem resolução do mérito e serão calculadas a base de 2% do valor da causa. Ademais, ensina o § 1º do art. 789 da CLT, bem como a súmula 245 do TST que ensinam que as custas deverão ser pagas no prazo alusivo ao recurso. As hipóteses de isenção de custas estão elencadas no art. 790-A da CLT, as quais Gilda não se enquadra.

Gabarito "B"

(Analista – TRT/16ª – 2014 – FCC) Em determinada reclamação trabalhista o Conselho Regional de Medicina do Estado do Maranhão – CRM-MA foi condenado em R$ 11.000,00 relativo a danos morais sofridos por ex-empregado. O CRM-MA pretende interpor recurso ordinário. Neste caso, no tocante às custas processuais, estas

(A) serão devidas no importe de R$ 220,00.

(B) serão indevidas uma vez que o CRM-MA é isento do recolhimento de custas processuais.

(C) serão devidas no importe de R$ 110,00.

(D) serão devidas no importe de R$ 330,00.

(E) somente serão devidas a final e dependerão do valor da condenação após o trânsito em julgado da demanda.

As custas relativas ao processo de conhecimento sempre serão no importe de 2% (dois por cento) e serão calculadas da seguinte maneira: **A:** Em caso de acordo ou condenação, as custas serão calculadas sobre o respectivo valor. As custas serão pagas pelo vencido após o trânsito em julgado da decisão. No caso de recurso, serão pagas e comprovado o recolhimento dentro do prazo recursal, em conformidade com a súmula 245 do TST. Importante lembrar que as entidades fiscalizadoras do exercício profissional, como por exemplo: CRM, OAB, CREA etc. não estão isentas do pagamento de custas, nos termos do art. 790-A, parágrafo único, da CLT.

Gabarito "A"

(Analista – TRT/6ª – 2012 – FCC) Rafus ajuizou reclamação trabalhista em face da sua empregadora a empresa Alfa & Beta Comunicações, pleiteando o pagamento de verbas rescisórias. Houve a determinação de ser emendada a petição inicial no prazo de 10 dias. Tal determinação não foi cumprida, razão pela qual ocorreu a extinção do processo sem resolução ou julgamento do mérito. Nesta situação, sobre as custas

(A) relativas ao processo de conhecimento incidirão à base de 1% e serão calculadas sobre o valor da causa.

(B) relativas ao processo de conhecimento incidirão à base de 1% observado o mínimo legal e serão calculadas sobre o valor arbitrado pelo juiz.

(C) relativas ao processo de conhecimento incidirão à base de 2% e serão calculadas sobre o valor estimado da condenação da ação.

(D) relativas ao processo de conhecimento incidirão à base de 2% observado o mínimo legal e serão calculadas sobre o valor da causa.

(E) haverá isenção do pagamento em razão da não apreciação do mérito da ação.

Art. 789, II, da CLT.

Gabarito "D"

(Técnico – TRT/6ª – 2012 – FCC) Com relação às custas no processo trabalhista, é INCORRETO afirmar:

(A) São isentos do pagamento de custas, a União, os Estados, o Distrito Federal, os Municípios e respectivas autarquias e as fundações públicas federais, estaduais ou municipais que não explorem atividade econômica.

(B) No caso de recurso, as custas serão pagas e comprovado o recolhimento dentro do prazo recursal.

(C) Não sendo líquida a condenação, o juízo arbitrar-lhe-á o valor e fixará o montante das custas processuais.

(D) Sempre que houver acordo, se de outra forma não for convencionado, o pagamento das custas caberá em partes iguais aos litigantes.

(E) Nos dissídios coletivos do trabalho, as custas relativas ao processo de conhecimento incidirão à base de 1% e serão calculadas, quando houver acordo ou condenação, sobre o respectivo valor.

A: correta, art. 790-A, I, da CLT; **B:** correta, art. 789, § 1º, da CLT; **C:** correta, art. 789, § 2º, da CLT; **D:** correta, art. 789, § 3º, da CLT; **E:** incorreta (devendo ser assinalada), pois, de acordo com o art. 789, *caput*, da CLT, as custas relativas ao processo de conhecimento incidirão à base de 2% (dois por cento).

Gabarito "E"

6. AUDIÊNCIA TRABALHISTA

(Analista Judiciário – TRT/24 – FCC – 2017) A empresa Mutilados Produtos Hospitalares foi acionada em reclamação trabalhista movida por seu ex-empregado Thor. Em audiência inaugural, não havendo possibilidade de acordo, o Juiz recebeu a defesa da reclamada e adiou a audiência para instrução em razão da ausência de uma testemunha convidada pelo reclamante. Na audiência de instrução em prosseguimento, compareceram apenas o reclamante com seu advogado e o advogado da reclamada, visto que o seu cliente se esqueceu da audiência e não enviou preposto. Nessa situação,

(A) aplica-se a confissão à parte que, expressamente intimada com aquela cominação, não comparecer à audiência em prosseguimento, na qual deveria depor.

(B) deve ser designada outra audiência porque o adiamento da primeira audiência decorreu de interesse do reclamante, em observância aos princípios do contraditório e da ampla defesa.

(C) o não comparecimento do reclamado importa revelia, além de confissão quanto à matéria de fato, devendo ser marcado o julgamento.

(D) não se aplica a confissão à parte que não comparecer à audiência em prosseguimento, na qual deveria depor, caso seu advogado compareça e, tendo conhecimento dos fatos, atue como preposto da empresa, cujas declarações obrigarão o proponente.

(E) se o juiz entender que não é necessário o interrogatório da reclamada não será aplicada a confissão ficta requerida pela parte contrária, ainda que a reclamada tenha sido expressamente intimada com aquela cominação.

"A" é a opção correta. Em conformidade com a súmula 74, I, do TST aplica-se a confissão à parte que, expressamente intimada com aquela cominação, não comparecer à audiência em prosseguimento, na qual deveria depor.

Gabarito "A"

(Técnico Judiciário – TRT24 – FCC – 2017) Em relação às audiências no Processo do Trabalho, a Consolidação das Leis do Trabalho estabelece:

(A) Terminada a instrução, poderão as partes aduzir razões finais, em prazo não excedente de 10 minutos para cada uma. Em seguida, o juiz ou presidente renovará a proposta de conciliação e, não se realizando esta, será proferida a decisão.

(B) Se, até 30 minutos após a hora marcada, o juiz ou presidente não houver comparecido, os presentes poderão retirar-se, devendo o ocorrido constar do livro de registro das audiências.

(C) O juiz do trabalho deve manter a ordem nas audiências, mas não poderá mandar retirar do recinto os assistentes que a perturbarem, pois a sala de audiência é local público.

(D) A audiência de julgamento será contínua, não se admitindo, em nenhum caso, concluí-la em outro dia.

(E) As audiências dos órgãos da Justiça do Trabalho serão públicas e realizar-se-ão apenas na sede do Juízo, em dias úteis previamente fixados, entre 8 e 17 horas, não podendo ultrapassar 5 horas seguidas, salvo quando houver matéria urgente.

A: opção correta, pois reflete o disposto no art. 850 da CLT. **B:** opção incorreta, pois nos termos do art. 815, parágrafo único, CLT se, até 15 (quinze) minutos após a hora marcada, o juiz ou presidente não houver comparecido, os presentes poderão retirar-se, devendo o ocorrido constar do livro de registro das audiências. **C:** opção incorreta, pois nos termos do art. 816 da CLT o juiz ou presidente manterá a ordem nas audiências, podendo mandar retirar do recinto os assistentes que a perturbarem. **D:** opção incorreta, pois nos termos do art. 849 da CLT a audiência de julgamento será contínua; mas, se não for possível, por motivo de força maior, concluí-la no mesmo dia, o juiz ou presidente marcará a sua continuação para a primeira desimpedida, independentemente de nova notificação. **E:** opção incorreta, pois nos termos do art. 813 da CLT as audiências dos órgãos da Justiça do Trabalho serão públicas e realizar-se-ão na sede do Juízo ou Tribunal em dias úteis previamente fixados, entre 8 (oito) e 18 (dezoito) horas, não podendo ultrapassar 5 (cinco) horas seguidas, salvo quando houver matéria urgente. HC

Gabarito "A"

(Analista Judiciário – TRT/20 – FCC – 2016) Zeus ajuizou reclamação trabalhista em face de seu empregador que tramita pelo rito sumaríssimo, convidando verbalmente as suas testemunhas. Ocorre que, na audiência designada, as testemunhas não compareceram e não houve nenhuma comprovação sobre o convite feito às mesmas. No caso,

(A) as testemunhas deverão ser intimadas em razão do princípio da busca da verdade real, impondo-se o adiamento da audiência.

(B) a audiência prosseguirá porque somente será deferida intimação de testemunha que, comprovadamente convidada, deixar de comparecer.

(C) a audiência será adiada para outra data e as testemunhas deverão comparecer espontaneamente, sob pena de pagamento de multa, além da preclusão da prova.

(D) no rito sumaríssimo não cabe condução coercitiva de testemunhas ou adiamento de audiência por tal motivo, mas para garantir a paridade de tratamento, deverá o juiz encerrar a instrução processual sem ouvir testemunhas da reclamada.

(E) as testemunhas deverão ser conduzidas coercitivamente uma vez que não se pode tolerar o descumprimento do dever cívico de colaboração com a Justiça.

"B" é a opção correta. Nos termos do art. 852-H, § 2º, da CLT as testemunhas, até o máximo de duas para cada parte, comparecerão à audiência de instrução e julgamento independentemente de intimação. Contudo, em conformidade com o § 3º do mesmo dispositivo legal, somente será deferida intimação de testemunha que, comprovadamente convidada, deixar de comparecer. Não comparecendo a testemunha intimada, o juiz poderá determinar sua imediata condução coercitiva.

Gabarito "B"

(Técnico Judiciário – TRT20 – FCC – 2016) O reclamante Perseu e seu advogado compareceram na audiência designada em reclamação trabalhista para às 13h00min. Naquele dia, o juiz iniciou a pauta de audiências pontualmente, mas, em razão da complexidade das audiências anteriores, a audiência de Perseu somente foi apregoada às 13h20min. Adentraram à sala de audiência a reclamada e o advogado do reclamante, informando ao Juiz que seu cliente Perseu já tinha ido embora, em razão do atraso no pregão. Nessa situação,

(A) será decretada a revelia na própria audiência, porque o atraso não foi superior a 30 minutos e o reclamante deveria ter esperado.

(B) independente do tempo do atraso não haverá consequência processual ao reclamante porque o seu advogado estava presente e o representará, sendo realizada normalmente a audiência.

(C) a audiência não deve ser adiada e o processo será arquivado diante da ausência do reclamante.

(D) o juiz deverá designar outra audiência porque seu atraso foi superior a 15 minutos, saindo intimados sobre a data da nova audiência a reclamada e o reclamante, este por seu advogado presente.

(E) se o atraso fosse superior a 30 minutos a audiência deveria ser adiada, mas como foi de apenas 20 minutos o processo deverá ser arquivado.

"C" é a resposta correta. Isso porque, nos termos do art. 815, parágrafo único, da CLT as partes presentes poderão somente se, até 15 (quinze) minutos após a hora marcada, o juiz ou presidente não houver comparecido, devendo o ocorrido constar do livro de registro das audiências. Atraso na pauta de audiência não autoriza as partes se retirarem. Tendo em vista a ausência do autor na audiência, deverá ser aplicada a regra do art. 844 da CLT que ensina que o não comparecimento do reclamante à audiência importa o arquivamento da reclamação.

Gabarito "C"

7. PARTES, ADVOGADOS, REPRESENTAÇÃO

(Analista Judiciário – TRT/24 – FCC – 2017) Analisando o normativo previsto na Consolidação das Leis do Trabalho quanto à nomeação de advogado com poderes para o foro em geral na Justiça do Trabalho,

(A) dá-se pela juntada prévia de instrumento de procuração, com firma devidamente reconhecida.

(B) a nomeação poderá ser efetivada mediante simples registro em ata de audiência, a requerimento verbal do advogado interessado, com anuência da parte representada.

(C) apenas o trabalhador poderá reclamar sem a presença de advogado, uma vez que o princípio do *jus postulandi* somente se aplica à parte hipossuficiente.

(D) o advogado pode atuar sem que lhe sejam exigidos poderes outorgados pela parte, em razão da previsão legal do *jus postulandi*.

(E) nos dissídios coletivos é obrigatória aos interessados a assistência por advogado constituído necessariamente por instrumento de mandato, com firma devidamente reconhecida.

A: opção incorreta, pois a CLT não prevê regra específica para a juntada prévia de procuração aos autos da reclamação trabalhista. Sobre o tema veja súmula 383 do TST. **B:** opção correta, pois nos termos do art. 791, § 3º, da CLT a constituição de procurador com poderes para o foro em geral poderá ser efetivada, mediante simples registro em ata de audiência, a requerimento verbal do advogado interessado, com anuência da parte representada. **C:** opção incorreta, pois nos termos do art. 791 da CLT empregado e empregador poderão fazer uso do *jus postulandi*. **D:** opção incorreta, pois somente as partes podem fazer uso do *jus postulandi*. Para o que o advogado possa atuar em nome da parte, é necessária a procuração, art. 104 do CPC/2015. **E:** opção incorreta, pois nos termos do art. 791, § 2º, da CLT nos dissídios coletivos é facultada aos interessados a assistência por advogado.

Gabarito "B"

(Técnico Judiciário – TRT24 – FCC – 2017) Quanto às partes e procuradores que figuram no Processo do Trabalho, a Consolidação das Leis do Trabalho estabelece:

(A) A constituição de procurador com poderes para o foro em geral poderá ser efetivada, mediante simples registro em ata de audiência, a requerimento verbal do advogado interessado, com anuência da parte representada.

(B) Nos dissídios coletivos, é obrigatória aos interessados a assistência por advogado.

(C) No processo do trabalho não é admitida a acumulação de várias reclamações em um mesmo processo, ainda que haja identidade de matéria e se tratem de empregados da mesma empresa ou estabelecimento.

(D) Os empregadores não poderão reclamar pessoalmente perante a Justiça do Trabalho e acompanhar as suas reclamações até o final.

(E) A reclamação trabalhista do menor de 21 anos será feita por seus representantes legais e, na falta destes, apenas pelo sindicato ou curador nomeado em juízo.

A: opção correta, pois trata-se do mandato tácito (*apud acta*) disposto no art. 791, § 3º, CLT. **B:** opção incorreta, pois na Justiça do Trabalho, ainda que em dissídios coletivos, a assistência por advogado não é obrigatória. Ademais, nos termos do art. 857 da CLT a representação para instaurar a instância em dissídio coletivo constitui prerrogativa das associações sindicais. **C:** opção incorreta, pois admite-se a reclamação trabalhista plúrima. Ademais, o art. 842 da CLT ensina que sendo várias as reclamações e havendo identidade de matéria, poderão ser acumuladas num só processo, se tratar de empregados da mesma empresa ou estabelecimento. **D:** opção incorreta, pois nos termos do art. 791 da CLT que prevê o *jus postulandi* das partes, tanto os empregados quanto os empregadores poderão reclamar pessoalmente perante a Justiça do Trabalho e acompanhar as suas reclamações até o final. O *jus postulandi* encontra seus limites nas orientações da súmula 425 do TST. **E:** opção incorreta, pois nos termos do art. 793 da CLT a reclamação trabalhista do menor de 18 anos será feita por seus representantes legais e, na falta destes, pela Procuradoria da Justiça do Trabalho, pelo sindicato, pelo Ministério Público estadual ou curador nomeado em juízo.

Gabarito "A"

(Técnico Judiciário – TRT20 – FCC – 2016) Em relação às capacidades de postular e de estar em juízo, conforme normas contidas na Consolidação das Leis do Trabalho,

(A) nos dissídios individuais os empregados e empregadores somente poderão estar em juízo se estiverem representados por advogado particular ou de entidade sindical.

(B) nos dissídios coletivos trabalhistas, as partes representadas pelos entes sindicais, deverão ter a necessária assistência por advogado.

(C) a constituição de procurador com poderes para o foro em geral poderá ser efetivada, mediante simples registro em ata de audiência, a requerimento verbal do advogado interessado, com anuência da parte representada.

(D) a reclamação trabalhista do menor de 18 anos somente será acolhida se feita por órgão do Ministério Público do Trabalho.

(E) os maiores de 18 e menores de 21 anos poderão pleitear perante a Justiça do Trabalho sem a assistência de seus pais ou tutores, desde que assistidos por advogado.

A: opção incorreta, pois o advogado é dispensável na Justiça do Trabalho, na medida em que as partes poderão fazer uso do *jus postulandi* - capacidade de acompanhar pessoalmente seus processos, art. 791 da CLT. **B**: opção incorreta, pois nos dissídios coletivos não há necessidade da presença de advogado. Nos termos do art. 857 da CLT a representação para instaurar a instância em dissídio coletivo constitui prerrogativa das associações sindicais. **C**: opção correta, pois reflete a disposição do art. 791, § 3º, da CLT. **D**: opção incorreta, pois nos termos do art. 793 da CLT a reclamação trabalhista do menor de 18 anos será feita por seus representantes legais e, na falta destes, pela Procuradoria da Justiça do Trabalho, pelo sindicato, pelo Ministério Público estadual ou curador nomeado em juízo. **E**: opção incorreta, pois não é necessária a assistência por advogado, art. 791 CLT. HC

Gabarito "C"

(**Técnico – TRT/3ª – 2015 – FCC**) Considere:

I. Interposição de Recurso Ordinário para Tribunal Regional do Trabalho.
II. Interposição de Recurso de Revista para o Tribunal Superior do Trabalho.
III. Agravo de Petição contra decisão em Embargos à Execução proferida por juiz de Vara do Trabalho.
IV. Agravo de Instrumento proposto em face de decisão reconhecendo a deserção de Recurso Ordinário proferida por juiz de Vara do Trabalho.

O jus postulandi das partes, estabelecido no artigo 791 da Consolidação das Leis do Trabalho abrange as hipóteses indicadas APENAS em

(A) I e III.
(B) I, III e IV.
(C) II, III e IV.
(D) I, II e IV.
(E) I, II e III.

I: correta, pois nos termos do art. 791 da CLT e súmula 425 do TST o recurso ordinário para o TRT pode ser interposto pela parte fazendo uso do *jus postulandi*. **II**: incorreta, pois a competência para apreciação do recurso de revista é de uma das Turmas do TST e por essa razão, tendo em vista o entendimento disposto na súmula 425 do TST, não é permitido à parte fazer uso do *jus postulandi* nos recursos de competência do TST. **III**: correta, pois como a competência para a apreciação do agravo de petição é do TRT, nos termos do art. 791 da CLT e súmula 425 do TST pode ser interposto pela parte fazendo uso do *jus postulandi*. **IV**; correta, pois como a competência para a apreciação do agravo de instrumento em tela será do TRT, nos termos do art. 791 da CLT e súmula 425 do TST poderá ser interposto pela parte fazendo uso do *jus postulandi*.

Gabarito "D"

(**Analista – TRT/1ª – 2012 – FCC**) Hermes manteve contrato de trabalho com a empresa Gama Transportadora de Cargas por três anos, sendo dispensado por justa causa, sem receber nenhuma verba rescisória. Procurou a Vara do Trabalho do município para ajuizar reclamação trabalhista. Conforme previsão contida na Consolidação das Leis do Trabalho e jurisprudência atual e sumulada pelo TST, Hermes

(A) deve necessariamente constituir advogado para a propositura da reclamação trabalhista.
(B) pode postular sem a necessidade de advogado em todas as instâncias da Justiça do Trabalho.
(C) pode propor a reclamação trabalhista sem constituir advogado, apenas na primeira instância.
(D) não precisa constituir advogado para atuar em todas instâncias da Justiça do Trabalho, desde que esteja assistido pelo Sindicato da Categoria Profissional.
(E) pode reclamar pessoalmente perante a Justiça do Trabalho, limitando-se às Varas do Trabalho e aos Tribunais Regionais do Trabalho.

A assertiva "E" é a correta, pois nos termos do art. 791 da CLT que trata do jus postulandi na Justiça do Trabalho reclamar pessoalmente perante a Justiça do Trabalho e acompanhar as suas reclamações até o final. No entanto, de acordo com a Súmula 425 do TST: "O jus postulandi das partes, estabelecido no art. 791 da CLT, limita-se às Varas do Trabalho e aos Tribunais Regionais do Trabalho, não alcançando a ação rescisória, a ação cautelar, o mandado de segurança e os recursos de competência do Tribunal Superior do Trabalho".

Gabarito "E"

8. NULIDADES

(**Analista Judiciário – TRT/24 – FCC – 2017**) Urano ingressou com reclamatória trabalhista pretendendo receber adicional de periculosidade e horas extras em face da empresa que trabalha. Na audiência UNA designada foi requerida a prova técnica pericial e a oitiva de testemunhas por carta precatória. O juiz deferiu apenas a realização da prova pericial, encerrando a instrução processual e designando julgamento. Inconformado, o patrono de Urano pode alegar nulidade processual

(A) em qualquer fase do processo, por se tratar de nulidade fundada em incompetência de foro.
(B) apenas em grau de recurso, por se tratar de nulidade fundada em incompetência de prerrogativa.
(C) em qualquer momento do processo, quando arguida por quem lhe tiver dado causa.
(D) no prazo de cinco dias após a realização da audiência, por meio de agravo de instrumento.
(E) à primeira vez em que tiver de falar em audiência ou nos autos, em razão do princípio da preclusão.

"E" é a opção correta. Isso porque, por conta da irrecorribilidade imediata das decisões interlocutórias, prevista no art. 893, § 1º, da CLT a decisão no caso em análise é irrecorrível de imediato, razão pela qual, nos termos do art. 795 da CLT, a parte deverá fazer o protesto antipreclusivo devendo arguir a nulidade à primeira vez em que tiverem de falar em audiência ou nos autos.

Gabarito "E"

(**Analista Judiciário – TRT/20 – FCC – 2016**) Na reclamação trabalhista movida pelo empregado Záfiro em face da empresa Olimpo S/A houve procedência parcial em sentença. A reclamada interpôs recurso, mas por equívoco do Juízo não houve intimação do reclamante para apresentar contrarrazões. O recurso teve seu provimento negado. No caso, quanto à teoria das nulidades processuais, conforme previsão contida no texto consolidado,

(A) caberia arguição pela reclamada da nulidade processual visto que não foi cumprido ato processual essencial.
(B) deveria ser declarada a nulidade de ofício, que alcançaria todos os atos decisórios.
(C) não poderia ser declarada nulidade de ofício por não ser absoluta, mas caso fosse arguida por quaisquer das partes seria acolhida com anulação dos atos decisórios.
(D) a nulidade não seria declarada porque não houve prejuízo à parte que não foi intimada para apresentar contrarrazões do recurso.
(E) deveria ser declarada a nulidade por provocação da reclamada apenas em eventual ação rescisória a ser movida.

"D" é a opção correta, pois nos termos do art. 794 da CLT nos processos sujeitos à apreciação da Justiça do Trabalho só haverá nulidade quando resultar dos atos inquinados manifesto prejuízo às partes litigantes.

Gabarito "D"

(Analista – TRT/3ª – 2015 – FCC) Em relação à sentença no Processo do Trabalho, a decisão

(A) *citra* ou *infra petita* é a que decide além do pedido, ou seja, defere verbas além das postuladas na inicial.
(B) *ultra petita* contém julgamento fora do pedido, ou seja, o provimento jurisdicional sobre o pedido é diverso do postulado.
(C) *extra petita* é a que decide aquém do pedido, contendo omissão do julgado.
(D) *citra* ou *infra petita* ocorre quando, por exemplo, o reclamante pede horas extras, adicional de insalubridade e danos morais, mas a sentença não aprecia o pedido de horas extras.
(E) *ultra petita* ocorre quando, por exemplo, o reclamante postula horas extras e a sentença defere horas pela não concessão de intervalo intrajornada.

Sentença *extra petita* é aquela em que juiz concede algo distinto do que foi pedido na petição inicial. Por sua vez, a **sentença *ultra petita*** é aquela em que o juiz ultrapassa o que foi pedido, ou seja, vai além dos limites do pedido. Já a **sentença *infra* ou *citra petita*** é aquela em que o magistrado concede menos do pedido.

Gabarito "D"

(Técnico – TRT/19ª – 2015 – FCC) Marta ajuizou reclamação trabalhista em face de sua empregadora doméstica Tatiana. A referida reclamação foi distribuída para a primeira Vara Trabalhista de Maceió. Marta descobriu que, Mônica, esposa do Magistrado da referida Vara, é credora de Tatiana, já que esta deve valores locatícios de imóvel de propriedade de Mônica. Neste caso,

(A) não há suspeição e nem impedimento do Magistrado.
(B) há impedimento do Magistrado, podendo ser arguida mediante exceção.
(C) há suspeição e impedimento do Magistrado, podendo ser arguida mediante exceção.
(D) há suspeição do Magistrado, podendo ser arguida mediante exceção.
(E) há incompetência funcional absoluta, que deve ser arguida em preliminar de contestação.

A: incorreta, pois embora não exista impedimento do magistrado (art. 144 CPC/2015) há sua suspeição, art. 145, II, CPC/2015 **B**: incorreta, pois não se trata de hipótese de impedimento do magistrado. As hipóteses de impedimento estão elencadas no art. 144 CPC/2015. **C**: incorreta, pois há apenas suspeição do magistrado, art. 145, II, CPC/2015. **D**: correta, pois nos termos do art. 145, II, CPC/2015 há suspeição do magistrado sempre que alguma das partes for credor ou devedor do juiz, de seu cônjuge ou de parentes destes, em linha reta ou na colateral até o terceiro grau, que deve ser alegada em exceção de suspeição **E**: incorreta, pois não há incompetência funcional absoluta, ou seja, incompetência do juiz de 1º grau para apreciar a demanda.

Gabarito "D"

(Analista – TRT/11ª – 2012 – FCC) Nos processos sujeitos à apreciação da Justiça do Trabalho, a nulidade

(A) não poderá ser declarada mediante provocação das partes, mas apenas se arguida ex officio pelo Juiz.
(B) será pronunciada ainda quando arguida por quem lhe tiver dado causa.
(C) só será declarada quando resultar dos atos inquinados manifesto prejuízo às partes litigantes.
(D) após declarada não prejudicará senão os atos anteriores ou posteriores que dele dependam, ou sejam consequência.
(E) será sempre pronunciada, mesmo que seja possível suprir-se a falta ou repetir-se o ato.

A: assertiva incorreta, pois, nos termos do art. 795, *caput*, da CLT, as nulidades não serão declaradas senão mediante provocação das partes; **B:** assertiva incorreta, pois, nos termos do art. 796, b, da CLT, a nulidade não será declarada quando for arguida por quem lhe tiver dado causa; **C:** assertiva correta, pois reflete o disposto no art. 794 da CLT; **D:** assertiva incorreta, pois, nos termos do art. 798 da CLT, a nulidade do ato não prejudicará senão os posteriores que dele dependam ou sejam consequência; **E:** assertiva incorreta, pois a nulidade não será pronunciada quando for possível suprir-se a falta ou repetir-se o ato, nos termos do art. 796, a, da CLT.

Gabarito "C"

(Analista – TRT/1ª – 2012 – FCC) Zeus, funcionário de uma empresa pública com contrato regido pelas normas da CLT – Consolidação das Leis do Trabalho – ajuizou reclamação trabalhista em face da empresa para reclamar o pagamento de gratificação denominada "sexta-parte" e as suas integrações. A ação foi distribuída na 1ª Vara do Trabalho da cidade do Rio de Janeiro. O advogado de Zeus informou-lhe que o Juiz Titular daquela Vara, em outros processos análogos, rejeitou o referido pedido. Para que o processo não fosse julgado por aquele Juiz, Zeus deliberadamente ofendeu o magistrado em audiência, inclusive ameaçando-o de morte. Conforme norma expressa da CLT, na presente situação está configurada a suspeição do Juiz?

(A) Sim, por configurar o interesse na causa por parte do Juiz.
(B) Não, porque não é caso de parentesco por consanguinidade até o terceiro grau civil.
(C) Sim, pelo risco da manutenção de sua integridade física.
(D) Não, porque o litigante procurou de propósito o motivo de que se originaria a suspeição.
(E) Não, por não haver previsão na CLT de que a inimizade pessoal possa gerar suspeição do Juiz.

A assertiva "D" é a opção correta, pois, nos termos do parágrafo único, parte final do art. 801 da CLT, a suspensão não será admitida sempre que o recusante/empregado procurou de propósito o motivo de que ela se originou.

Gabarito "D"

(Analista – TRT/6ª – 2012 – FCC) Nos processos sujeitos à apreciação da Justiça do Trabalho, em relação à matéria de nulidades, é correto afirmar que:

(A) As nulidades somente serão declaradas se forem arguidas em recurso de revista ao TST.

(B) A nulidade do ato não prejudicará senão os posteriores que dele dependam ou sejam consequência.

(C) O juiz ou Tribunal que pronunciar a nulidade não precisa declarar os atos a que se estende.

(D) Ainda que seja possível repetir-se o ato, a nulidade será pronunciada.

(E) Ainda que dos atos inquinados não resulte manifesto prejuízo às partes, a nulidade deverá ser declarada de ofício pelo juiz.

A: assertiva incorreta (art. 795, caput, da CLT); **B:** assertiva correta (art. 798 da CLT); **C:** assertiva incorreta (art. 797 da CLT); **D:** assertiva incorreta (art. 796, *a*, da CLT); **E:** assertiva incorreta (art. 794 da CLT).

Gabarito "B"

9. PROVAS

(Técnico Judiciário – TRT24 – FCC – 2017) O ônus da prova pode ser assim problematizado: quem deve provar. Em princípio, as partes têm o ônus de provar os fatos jurídicos narrados na petição inicial ou na peça de resistência, bem como os que se sucederem no envolver da relação processual. Quanto às provas no Processo do Trabalho, a Consolidação das Leis do Trabalho estabelece:

(A) Qualquer que seja o procedimento, não é permitida a arguição dos peritos compromissados ou dos técnicos, uma vez que o laudo que apresentam já é suficiente como prova.

(B) As testemunhas devem, necessariamente, ser previamente intimadas para depor.

(C) Toda testemunha, antes de prestar o compromisso legal, será qualificada, indicando o nome, nacionalidade, profissão, idade, residência, e, quando empregada, o tempo de serviço prestado ao empregador, ficando sujeita, em caso de falsidade, às leis penais.

(D) Cada uma das partes, no procedimento ordinário e também quando se tratar de inquérito para apuração de falta grave, não poderá indicar mais de 3 testemunhas.

(E) A testemunha que for parente até o segundo grau civil, amigo íntimo ou inimigo de qualquer das partes, prestará compromisso, mas o seu depoimento valerá como simples informação.

A: Opção incorreta, pois nos termos do art. 827 da CLT o juiz ou presidente poderá arguir os peritos compromissados ou os técnicos, e rubricará, para ser junto ao processo, o laudo que os primeiros tiverem apresentado. **B:** opção incorreta, pois nos termos do art. 825 da CLT as testemunhas comparecerão a audiência independentemente de notificação ou intimação. **C:** opção correta, pois reflete a disposição do art. 828 da CLT. **D:** opção incorreta, pois nos termos do art. 821 da CLT no procedimento ordinário, cada uma das partes não poderá indicar mais de 3 (três) testemunhas, salvo quando se tratar de inquérito, caso em que esse número poderá ser elevado a 6 (seis). Vale dizer que no procedimento sumaríssimo esse número é de 2 testemunhas para cada parte, art. 852-H, § 2º, CLT. **E:** opção incorreta, pois nos termos do art. 829 da CLT a testemunha que for parente até o **terceiro grau** civil, amigo íntimo ou inimigo de qualquer das partes, não prestará compromisso, e seu depoimento valerá como simples informação.

Gabarito "C"

(Técnico Judiciário – TRT20 – FCC – 2016) Hercules ajuizou reclamação trabalhista em face da empresa Deuses da Paixão S/A, pretendendo o pagamento de indenização por dano moral e adicional de insalubridade. O valor da somatória dos dois pedidos não ultrapassa 40 vezes o salário-mínimo na data do ajuizamento. Para tentar provar suas alegações, o reclamante pretende ouvir cinco testemunhas, bem como requerer a prova pericial. Nessa situação, em relação à matéria de provas,

(A) poderá ouvir somente duas testemunhas e deve ser realizada a prova pericial.

(B) poderá ouvir três testemunhas e a prova pericial não pode ser realizada em razão do rito processual.

(C) todas as cinco testemunhas podem ser ouvidas e deve ser realizada a prova pericial.

(D) somente poderá ouvir duas testemunhas e a prova pericial não pode ser realizada em razão do rito processual.

(E) poderá ouvir três testemunhas desde que a reclamada também traga três testemunhas e deve ser realizada a prova pericial.

"A" é a resposta correta. Isso porque a demanda cujo valor não ultrapasse 40 salários-mínios serão submetidas ao procedimento sumaríssimo. Nesse procedimento determina o art. 852-H, § 2º, da CLT dispõe que cada parte poderá levar somente 2 testemunhas. Já com relação à prova pericial, determina o art. 852-H, § 4º, da CLT que somente quando a prova do fato o exigir, ou for legalmente imposta, será deferida prova técnica, incumbindo ao juiz, desde logo, fixar o prazo, o objeto da perícia e nomear perito.

Gabarito "A"

(Analista – TRT/3ª – 2015 – FCC) Em relação à prova documental no Processo do Trabalho,

(A) o pagamento de salário deverá ser efetuado contra recibo, assinado pelo empregado; em se tratando de analfabeto, deve ser assinado por seu representante legal.

(B) terá força de recibo o comprovante de depósito em conta bancária, aberta para esse fim em nome do empregado, com o consentimento deste, em estabelecimento de crédito próximo ao local de trabalho.

(C) terá força de recibo o comprovante de depósito em conta bancária, aberta para esse fim em nome do empregado, independentemente do consentimento deste, em estabelecimento de crédito definido pelo empregador.

(D) no recibo de pagamento é possível adotar o denominado "salário complessivo", que engloba o pagamento de todas as parcelas em uma única, indiscriminadamente.

(E) na esfera trabalhista, em razão do princípio da primazia da realidade, prevalece o entendimento de que o recibo de pagamento pode ser escrito, verbal ou tácito, podendo a empresa comprovar o pagamento dos salários por todos os meios de prova em direito admitidos.

A: incorreta, pois nos termos do art. 464 da CLT o pagamento do salário deverá ser efetuado contra recibo, assinado pelo empregado; em se tratando de analfabeto, mediante sua impressão digital, ou, não sendo esta possível, a seu rogo. **B**: correta, pois reflete o disposto no art. 464, parágrafo único, da CLT. **C**: incorreta, pois nos termos do art. 464, parágrafo único, da CLT será necessário o consentimento do empregado. Ademais, deverá o estabelecimento bancário ser próximo ao local de trabalho. **D**: incorreta, pois não se admite o salário complessivo, nos termos da súmula 91 do TST. **E**: incorreta, pois não se admite a comprovação tácita de pagamento. As formas legais relacionadas a prova documental do pagamento dos salários estão dispostas no art. 464 da CLT. Com relação aos menores de idade ver art. 439 da CLT.

Gabarito "B"

(Técnico – TRT/16ª – 2015 – FCC) No tocante à produção de provas no processo do trabalho, é correto afirmar que:

(A) Somente no rito ordinário, e não no sumaríssimo, existe a possibilidade de requerimento pelas partes, se for o caso, de condução coercitiva de suas testemunhas.

(B) Com a revelia da reclamada e aplicação da confissão quanto à matéria de fato, o pedido de insalubridade requerido na inicial será julgado procedente, dispensando obrigatoriamente o Juiz a realização de prova pericial para sua apuração.

(C) No rito ordinário é facultado a cada uma das partes a indicação de até três testemunhas; já no inquérito para apuração de falta grave, o número de testemunhas será de seis para cada parte.

(D) As testemunhas, que forem depor em Juízo e apresentarem o devido Atestado de Comparecimento à empresa em que trabalham, poderão sofrer desconto do dia.

(E) No rito sumaríssimo, tendo em vista a celeridade processual, é proibida a produção de prova técnica, sendo que a parte deverá escolher o rito ordinário se tiver intenção de produzi-la para embasar seus pedidos.

A: incorreta, pois assim como no rito ordinário, art. 840, § 1º, da CLT e art. 319, IV, CPC/2015, no procedimento sumaríssimo também se admite o requerimento pelas partes de condução coercitiva das testemunhas, nos termos do art. 852-H, § 3º, da CLT sempre que a testemunha convidada, comprovadamente, deixar de comparecer à audiência. **B**: incorreta, pois o pedido de insalubridade ou periculosidade exige a produção de prova pericial/técnica, nos termos do art. 195 da CLT. Por ser uma matéria exclusivamente de direito não se aplicam os efeitos da revelia, ou seja, confissão quanto a matéria de fato. **C**: correta, pois nos termos do art. 821 da CLT cada uma das partes não poderá indicar mais de 3 (três) testemunhas, salvo quando se tratar de inquérito, caso em que esse número poderá ser elevado a 6 (seis). **D**: incorreta, pois nos termos do art. 822 da CLT, as testemunhas não poderão sofrer qualquer desconto pelas faltas ao serviço, ocasionadas pelo seu comparecimento para depor, quando devidamente arroladas ou convocadas. **E**: incorreta, pois nos termos do art. 852-H, § 4º, da CLT no procedimento sumaríssimo sempre que a prova do fato o exigir, ou for legalmente imposta, será deferida prova técnica, incumbindo ao juiz, desde logo, fixar o prazo, o objeto da perícia e nomear perito.

Gabarito "C"

(Analista – TRT/16ª – 2014 – FCC) As testemunhas que prestam depoimento segundo os fatos que tiveram notícias são testemunhas

(A) originárias.

(B) oculares.

(C) auriculares.

(D) referidas.

(E) instrumentárias.

A: incorreta, pois testemunhas originárias são aquelas indicadas pelas partes. **B**: incorreta, pois testemunhas oculares são aquelas que presenciaram os fatos. **C**: correta, pois as testemunhas auriculares são aquelas que têm conhecimento do fato apenas por ouvir dizer. **D**: incorreta, pois testemunhas referidas são aquelas mencionadas por outras testemunhas em suas declarações. **E**: incorreta, pois testemunhas instrumentárias são aqueles que asseguram com a sua presença e assinatura, a verdade dos atos jurídicos, colaborando na formação da prova literal pré-constituída.

Gabarito "C"

(Analista – TRT/11ª – 2012 – FCC) O Banco Alfa S/A não enviou preposto para a audiência designada logo após a distribuição da reclamação, embora estivesse presente o seu advogado, com procuração.

Nesta situação, o reclamado é considerado quanto à matéria

(A) fática, confesso mas não revel.

(B) fática, revel e confesso.

(C) fática, nem revel nem confesso.

(D) fática, revel mas não confesso.

(E) de direito, confesso apenas.

A assertiva "B" é a opção correta, pois nos termos do art. 844 da CLT o não comparecimento do reclamado à audiência importa revelia, além de confissão quanto à matéria de fato.

Gabarito "B"

(Analista – TRT/11ª – 2012 – FCC) Carlos, analista judiciário do TRT, é arrolado como testemunha do autor em uma ação reclamatória trabalhista em que deverá depor em horário normal de seu expediente.

Nesta situação, Carlos deverá

(A) ser conduzido por oficial de justiça à audiência marcada.

(B) comparecer espontaneamente à audiência designada.

(C) ser ouvido na sua própria repartição.

(D) prestar seu depoimento por escrito para posterior juntada aos autos.

(E) ser requisitado ao chefe da repartição para comparecer à audiência marcada.

A assertiva "E" é a opção correta, pois regra geral em conformidade com o art. 825 da CLT as testemunhas comparecerão a audiência independentemente de notificação ou intimação. Porém, se a testemunha for funcionário civil ou militar, e tiver de depor em hora de serviço, será requisitada ao chefe da repartição para comparecer à audiência marcada, nos termos do art. 823 da CLT.

Gabarito "E"

(Analista – TRT/9 – 2012 – FCC) Em todo processo judicial, o conjunto probatório é fundamental para a solução do litígio. A Consolidação das Leis do Trabalho possui regras específicas sobre as provas judiciais, sendo assim,

(A) as testemunhas não poderão sofrer qualquer desconto pelas faltas ao serviço, ocasionadas pelo seu comparecimento para depor, quando devidamente arroladas ou convocadas.

(B) as testemunhas comparecerão à audiência independentemente de notificação ou intimação, sendo que as que não comparecerem não serão ouvidas, ainda que seja requerido pela parte a intimação das ausentes.

(C) o juiz nomeará perito em caso de haver matéria técnica, não sendo facultado às partes indicação de assistentes técnicos em razão da celeridade processual que deve ser aplicada ao Processo do Trabalho.

(D) apenas a testemunha que for parente até o segundo grau civil ou amigo íntimo de qualquer das partes, não prestará compromisso, e seu depoimento valerá como simples informação.

(E) o documento oferecido para prova só será aceito se estiver no original ou em certidão autêntica, não podendo ser declarado autêntico pelo próprio advogado, diante da sua parcialidade.

A: assertiva correta, pois reflete os exatos termos do disposto no art. 822 da CLT; **B:** assertiva incorreta, pois embora conste do art. 825 da CLT que as testemunhas comparecerão independentemente de notificação ou intimação, determina o parágrafo único do mesmo dispositivo legal que as testemunhas que não comparecerem serão intimadas, ex officio ou a requerimento da parte, ficando sujeitas à condução coercitiva, além das penalidades do art. 730 da CLT, caso, sem motivo justificado, não atendam à intimação; **C:** assertiva incorreta, pois nos termos do art. 826 da CLT é facultado a cada uma das partes apresentar um perito ou técnico, sendo que nos termos do art. 3º da Lei 5.584/1970 os exames periciais serão realizados por perito único designado pelo Juiz, que fixará o prazo para entrega do laudo e, em conformidade com o parágrafo único do referido artigo, será permitido a cada parte a indicação de um assistente, cuja laudo terá que ser apresentado no mesmo prazo assinado para o perito, sob pena de ser desentranhado dos autos; **D:** assertiva incorreta, pois nos termos do art. 829 da CLT a testemunha que for parente até o terceiro grau civil, o amigo íntimo ou o inimigo de qualquer das partes não prestará compromisso; **E:** assertiva incorreta, pois em conformidade com o art. 830 da CLT o documento em cópia oferecido para prova poderá ser declarado autêntico pelo próprio advogado, sob sua responsabilidade pessoal.

Gabarito "A"

(Analista – TRT/1ª – 2012 – FCC) Atenas, em dezembro de 2012, ajuizou reclamação trabalhista em face da sua empregadora Celestial Cosméticos e Perfumes S/A postulando apenas uma indenização por ofensas e danos morais, no valor que foi atribuído à causa de R$ 6.220,00 (seis mil duzentos e vinte reais), equivalentes a 10 salários mínimos na época da propositura da ação. Para comprovar suas alegações, conforme previsão legal, a quantidade máxima de testemunhas que Atenas poderá indicar é de

(A) três.

(B) cinco.

(C) duas.

(D) quatro.

(E) seis.

A assertiva "C" é a opção correta, pois, nos termos do art. 852-A da CLT, as ações cujo valor da causa não superar 40 salários mínimos ficarão submetidos ao procedimento sumaríssimo. Nesse procedimento, de acordo com o art. 852-H, § 2º, da CLT cada parte poderá levar até duas testemunhas.

Gabarito "C"

(Analista – TRT/6ª – 2012 – FCC) O número máximo de testemunhas admitido em lei para cada uma das partes nos dissídios individuais trabalhistas nos procedimentos ordinário, sumaríssimo e inquérito para apuração de falta grave, respectivamente, é de

(A) duas, três e quatro.

(B) três, duas e seis.

(C) três, três e três.

(D) cinco, três e seis.

(E) cinco, três e cinco.

Arts. 821 e 852-H, § 2º, da CLT.

Gabarito "B"

(Analista – TRT/11ª – 2012 – FCC) Em relação à prova testemunhal no processo do trabalho, é correto afirmar que

(A) no caso de inquérito para apuração de falta grave, cada uma das partes não poderá indicar mais de três testemunhas.

(B) no procedimento sumaríssimo, só será deferida intimação de testemunha que, comprovadamente convidada, deixar de comparecer.

(C) a testemunha que for parente até o quarto grau civil, não prestará compromisso, e seu depoimento valerá como simples informação.

(D) a testemunha que não souber falar a língua nacional não será ouvida, devendo ser substituída por outra testemunha.

(E) a testemunha poderá sofrer desconto salarial proporcional ao tempo do seu depoimento quando for arrolada pela parte, mas não poderá sofrer qualquer desconto quando foi convocada pelo juiz.

A: assertiva incorreta, pois cada uma das partes poderá indicar até seis testemunhas (art. 821 da CLT); **B:** assertiva correta (art. 852-H, § 3º, da CLT); **C:** assertiva incorreta, pois o parente até o terceiro grau civil não prestará compromisso (art. 829 da CLT); **D:** assertiva incorreta, pois o depoimento da testemunha que não souber falar a língua nacional será feito por meio de intérprete nomeado pelo juiz (art. 819, caput, da CLT); **E:** assertiva incorreta, pois, quando devidamente arrolada pela parte ou convocada pelo juiz, a testemunha não poderá sofrer qualquer desconto pela falta ao serviço (art. 822 da CLT).

Gabarito "B"

10. PROCEDIMENTO (INCLUSIVE, ATOS PROCESSUAIS)

(Técnico Judiciário – TRT24 – FCC – 2017) Com relação ao procedimento sumaríssimo, a Consolidação das Leis do Trabalho estabelece que

(A) os dissídios individuais, cujo valor não exceda a 60 vezes o salário-mínimo vigente na data do ajuizamento da reclamação ficam submetidos ao procedimento sumaríssimo.

(B) o juiz dirigirá o processo com liberdade para determinar as provas a serem produzidas, considerado o ônus probatório de cada litigante, podendo limitar ou excluir as que considerar excessivas, impertinentes ou protelatórias, bem como para apreciá-las e dar especial valor às regras de experiência comum ou técnica.

(C) estão incluídas no procedimento sumaríssimo as demandas em que é parte a Administração pública direta, autárquica e fundacional.

(D) sobre os documentos apresentados por uma das partes manifestar-se-á a parte contrária em até 5 dias, a critério do juiz.

(E) em nenhuma hipótese admitir-se-á a realização de prova técnica, incumbindo ao juiz, quando sua realização for necessária, converter o rito para o procedimento ordinário.

A: opção incorreta, pois no procedimento sumaríssimo o valor da ação não poderá ultrapassar 40 salários-mínimos, art. 852-A da CLT. **B:** opção correta, pois reflete a disposição do art. 852-D da CLT. **C:** opção incorreta, pois nos termos do art. 852-A, parágrafo único, da CLT estão excluídas do procedimento sumaríssimo as demandas em que é parte a Administração Pública direta, autárquica e fundacional. **D:** opção incorreta, pois nos termos do art. 852-H, § 1°, da CLT sobre os documentos apresentados por uma das partes manifestar-se-á imediatamente a parte contrária, sem interrupção da audiência, salvo absoluta impossibilidade, a critério do juiz. **E:** opção incorreta, pois nos termos do art. 852-H, § 4°, da CLT a prova técnica somente será deferida quando a prova do fato o exigir, ou for legalmente imposta, incumbindo ao juiz, desde logo, fixar o prazo, o objeto da perícia e nomear perito.

Gabarito "B"

(Analista Judiciário – TRT/20 – FCC – 2016) Considerando que o processo pode ser entendido como uma sequência ordenada de atos que devem seguir procedimentos e prazos previstos em lei, no Processo Judiciário do Trabalho, segundo normas contidas na Consolidação das Leis do Trabalho e entendimentos sumulados do Tribunal Superior do Trabalho,

(A) intimada ou notificada a parte no sábado, o início do prazo se dará no primeiro dia útil imediato e, a contagem, no subsequente, e os prazos que se vencerem em sábado, domingo ou feriado, terminarão no primeiro dia útil seguinte.

(B) em qualquer situação a penhora poderá realizar-se em domingo ou dia de feriado, não havendo necessidade de urgência ou determinação legal expressa.

(C) quando a intimação tiver lugar na sexta-feira, ou a publicação com efeito de intimação for feita nesse dia, o prazo judicial será contado, a partir deste dia porque se trata de dia útil forense.

(D) presume-se recebida a notificação vinte e quatro horas depois de sua postagem; o seu não recebimento ou a entrega após o decurso desse prazo constitui ônus de prova do destinatário.

(E) o prazo decadencial para ajuizamento de ação rescisória quando expira em feriado, final de semana ou em dia em que não houver expediente forense, não se prorroga até o primeiro dia útil, imediatamente subsequente.

A: opção correta, pois a súmula 262, I, do TST determina que intimada ou notificada a parte no sábado, o início do prazo se dará no primeiro dia útil imediato e a contagem, no subsequente. **B:** opção incorreta, pois nos termos do art. 770, parágrafo único, da CLT a penhora poderá realizar-se em domingo ou dia feriado, mediante autorização expressa do juiz. **C:** opção incorreta, pois nos termos da súmula 1 do TST quando a intimação tiver lugar na sexta-feira, ou a publicação com efeito de intimação for feita nesse dia, o prazo judicial será contado da segunda-feira imediata, inclusive, salvo se não houver expediente, caso em que fluirá no dia útil que se seguir. **D:** opção incorreta, pois nos termos da súmula 16 do TST presume-se recebida a notificação 48 (quarenta e oito) horas depois de sua postagem. O seu não recebimento ou a entrega após o decurso desse prazo constitui ônus de prova do destinatário. **E:** opção incorreta, pois nos termos do item IX da súmula 100 do TST prorroga-se até o primeiro dia útil, imediatamente subsequente, o prazo decadencial para ajuizamento de ação rescisória quando expira em férias forenses, feriados, finais de semana ou em dia em que não houver expediente forense. Aplicação do art. 775 da CLT.

Gabarito "A"

(Técnico Judiciário – TRT20 – FCC – 2016) Na reclamatória movida por Hércules em face da empresa Delírios Artísticos e Produções Culturais, o Juiz designou audiência trabalhista UNA para sexta-feira às 18h30min, intimando as partes para o comparecimento, sob as penalidades legais cabíveis em caso de ausência. Conforme previsão contida na Consolidação das Leis do Trabalho, o horário para realização do referido ato processual e o tempo máximo de duração será, respectivamente, das

(A) 8 às 20 horas, com cinco horas seguidas, exceto quando houver matéria urgente.

(B) 8 às 18 horas, com cinco horas seguidas, salvo quando houver matéria urgente.

(C) 6 às 18 horas, com três horas seguidas, mesmo quando houver matéria urgente.

(D) 9 às 18 horas, com três horas seguidas, independente da urgência da matéria.

(E) 11 às 19 horas, com duas horas seguidas, ainda quando houver matéria urgente.

"B" é a opção correta. Isso porque, nos termos do art. 813 da CLT As audiências dos órgãos da Justiça do Trabalho serão públicas e realizar-se-ão na sede do Juízo ou Tribunal em dias úteis previamente fixados, entre 8 (oito) e 18 (dezoito) horas, não podendo ultrapassar 5 (cinco) horas seguidas, salvo quando houver matéria urgente.

Gabarito "B"

(Analista – TRT/3ª – 2015 – FCC) Em relação à audiência trabalhista e à presença das partes na audiência:

(A) A CLT exige o comparecimento pessoal das partes em audiência, não podendo o empregador fazer-se substituir por outra pessoa que não o representante legal da empresa.

(B) Ao empregador é facultado fazer-se substituir pelo gerente, ou qualquer outro preposto que tenha conhecimento do fato, e cujas declarações obrigarão o preponente.

(C) O reclamante poderá fazer-se substituir, em audiência, por qualquer pessoa, desde que outorgue poderes para tanto, através de procuração por instrumento público.

(D) O não comparecimento do reclamante à audiência importa em improcedência da ação.

(E) O não comparecimento da reclamada à audiência importa em arquivamento da reclamação.

A: incorreta, pois nos termos do art. 843, § 1°, da CLT o empregador poderá fazer-se substituir pelo gerente, ou qualquer outro preposto que tenha conhecimento do fato, e cujas declarações obrigarão o proponente. Vale dizer que, nos termos do § 3° do mesmo dispositivo legal que o preposto não precisa ser empregado da parte reclamada.. **B:** correta, pois reflete o disposto no art. 843, § 1°, da CLT. **C:** incorreta, pois independentemente da presença dos advogados as partes (reclamante e reclamado) devem comparecer na audiência. Contudo, nos termos do art. 843, § 2°, da CLT se por doença ou qualquer outro motivo poderoso, devidamente comprovado, não for possível ao empregado comparecer pessoalmente, poderá fazer-se representar por outro empregado que pertença à mesma profissão, ou pelo seu sindicato. **D:** incorreta, pois nos termos do art. 844 da CLT o não comparecimento do reclamante importará no arquivamento da reclamação. **E:** incorreta, pois nos termos do art. 844 da CLT o não comparecimento da reclamada na audiência importará na aplicação dos efeitos da revelia a confissão ficta.

Gabarito "B"

(Analista – TRT/3ª – 2015 – FCC) Em relação ao procedimento sumaríssimo:

(A) As testemunhas, até o máximo de duas para cada parte, comparecerão à audiência de instrução e julgamento independentemente de intimação.

(B) As testemunhas, até o máximo de três para cada parte, comparecerão à audiência de instrução e julgamento independentemente de intimação.

(C) As testemunhas, até o máximo de três para cada parte, comparecerão à audiência de instrução e julgamento mediante intimação.

(D) Sobre os documentos apresentados por uma das partes, manifestar-se-á, no prazo de 5 dias, a parte contrária.

(E) A testemunha que não comparecer à audiência será intimada, determinando o Juiz sua imediata condução coercitiva.

A: correta, pois reflete o disposto no art. 852-H, § 2º, da CLT. **B:** incorreta, pois nos termos do art. 852-H, § 2º, da CLT o número máximo de testemunhas no procedimento sumaríssimo é de duas. Esse número é elevado para três nas causas submetidas ao procedimento ordinário. **C:** incorreta, pois nos termos do art. 852-H, § 2º, da CLT o número máximo é de duas testemunhas que comparecerão independentemente de intimação. **D:** incorreta, pois nos termos do art. 852-H, § 1º, da CLT sobre os documentos apresentados por uma das partes manifestar-se-á imediatamente a parte contrária, sem interrupção da audiência, salvo absoluta impossibilidade, a critério do juiz. **E:** incorreta, pois nos termos do art. 852-H, § 3º, da CLT somente será deferida intimação de testemunha que, comprovadamente convidada, deixar de comparecer. Não comparecendo a testemunha intimada, o juiz poderá determinar sua imediata condução coercitiva.

Gabarito "A"

(Técnico – TRT/19ª – 2015 – FCC) Viviane compareceu ao distribuidor da Justiça Trabalhista objetivando a propositura de uma reclamação trabalhista verbal. Após a sua distribuição, Viviane foi advertida de que deveria comparecer na secretaria da Vara competente no prazo de cinco dias para que a reclamação trabalhista fosse reduzida a termo. De acordo com a Consolidação das Leis do Trabalho, se Viviane não comparecer na referida secretaria, sem justo motivo, dentro do respectivo prazo,

(A) incorrerá na pena de perda, pelo prazo de 6 (seis) meses, do direito de reclamar perante a Justiça do Trabalho.

(B) incorrerá na pena de perda, pelo prazo de 12 (doze) meses, do direito de reclamar perante a Justiça do Trabalho.

(C) não ocorrerá a redução a termo da reclamação verbal e Viviane somente poderá ajuizar ação escrita através de advogado ou do sindicato da categoria.

(D) não ocorrerá a redução a termo da reclamação verbal e Viviane poderá ajuizar novamente reclamação verbal após dez dias do arquivamento da distribuição anterior.

(E) não ocorrerá a redução a termo da reclamação verbal e Viviane poderá ajuizar novamente reclamação verbal após trinta dias do arquivamento da distribuição anterior.

Nos termos do art. 731 da CLT aquele que, tendo apresentado ao distribuidor reclamação verbal, não se apresentar, no prazo de 5 dias estabelecido no parágrafo único do art. 786 da CLT, comparecer na secretaria da Vara competente para que a reclamação trabalhista seja reduzida a termo, incorrerá na pena de perda, pelo prazo de 6 (seis) meses, do direito de reclamar perante a Justiça do Trabalho, fenômeno processual conhecido como "perempção provisória".

Gabarito "A"

(Técnico – TRT/19ª – 2015 – FCC) No tocante aos prazos processuais, considere:

I. Quanto à origem da fixação, o prazo estabelecido na Consolidação das Leis do Trabalho para o executado pagar ou garantir a execução em 48 horas classifica-se como um prazo judicial.

II. Os prazos dilatórios não admitem a prorrogação pelo juiz, inclusive quando solicitado pela parte.

III. Os prazos fixados pelo ordenamento jurídico e destinados aos juízes e servidores do Poder Judiciário, não sujeitos a preclusão, classificam-se, quanto aos destinatários, em impróprios.

Está correto o que consta APENAS em

(A) I e III.

(B) I.

(C) I e II.

(D) II e III.

(E) III.

I: incorreta, pois por ser fixado em lei, especificamente no art. 880 da CLT, possui natureza de prazo legal. **II:** incorreta, pois nos termos do art. 190 CPC/2015 podem as partes, de comum acordo, reduzir ou prorrogar o prazo dilatório; a convenção, porém, só tem eficácia se, requerida antes do vencimento do prazo, se fundar em motivo legítimo. **III:** correta, pois os prazos impróprios não acarretam preclusão e são estabelecidos para o juiz, auxiliares e o MP quando atua como fiscal da lei.

Gabarito "E"

(Técnico – TRT/19ª – 2015 – FCC) Considere hipoteticamente as seguintes reclamações trabalhistas:

I. Reclamação trabalhista A: partes: Maria das Graças e Empresa Casa Ltda.; valor da causa: R$ 26.000,00.

II. Reclamação trabalhista B: partes: Simone Silva e Empresa Flores Ltda.; valor da causa: R$ 13.560,00.

III. Reclamação trabalhista C: partes: Gabriela Sousa e Fundação Pública S; valor da causa: R$ 11.000,00.

IV. Reclamação trabalhista D: partes: Felícia Campos e Autarquia Estadual Z; valor da causa: R$ 19.000,00.

De acordo com a Consolidação das Leis do Trabalho, obedecerão o procedimento sumaríssimo, as demandas que constam em

(A) I e II, apenas.

(B) I, II, III e IV.

(C) III e IV, apenas.

(D) II e IV, apenas.

(E) I e III, apenas.

Inicialmente cumpre salientar que em 2015 o salário mínimo nacional era de R$ 788,00 (setecentos e oitenta e oito reais). **I:** correta, a reclamação tramitará pelo procedimento sumaríssimo, tendo em vista que o valor da causa é inferior a 40 vezes o valor do salário mínimo, ou seja, abaixo de R$ 31.520,00 Trinta e um mil, quinhentos e vinte reais). **II:** correta, a reclamação tramitará pelo procedimento sumaríssimo, tendo em vista que o valor da causa é inferior a 40 vezes o valor do salário mínimo, ou seja, abaixo de R$ 31.520,00 Trinta e um mil, quinhentos e vinte reais). **III**: incorreta, embora a reclamação trabalhista tenha valor da causa inferior a 40 salários-mínimos, a ação foi proposta contra Fundação Pública, o que nos termos do art. 852-A, parágrafo único, da CLT impede que a reclamação trabalhista tramite pelo procedimento sumaríssimo. **IV**: incorreta, embora a reclamação trabalhista tenha valor da causa inferior a 40 salários-mínimos, a ação foi proposta contra Autarquia Estadual, o que nos termos do art. 852-A, parágrafo único, da CLT impede que a reclamação trabalhista tramite pelo procedimento sumaríssimo.

Gabarito "A"

(Técnico – TRT/16ª – 2015 – FCC) Determinado trabalhador ajuizou reclamação trabalhista, mas deixou de comparecer à audiência designada, injustificadamente, tendo o processo sido arquivado. Seu advogado solicitou o desentranhamento dos documentos e, após três meses, ingressou com nova ação. Novamente, deixou o reclamante de comparecer à audiência, sem motivo justificado, tendo o processo sido novamente arquivado. Seu advogado, de igual forma, requereu o desentranhamento dos documentos. Caso queira ajuizar uma nova ação, o trabalhador

(A) terá que aguardar o prazo de um ano.
(B) terá que aguardar o prazo de seis meses.
(C) poderá ajuizar a nova ação de imediato, contanto que pague o valor de uma multa que será arbitrada pelo juiz.
(D) poderá ajuizar a nova ação de imediato, desde que autorizado pelo juiz.
(E) perderá seu direito de ajuizar nova ação, tendo em vista suas faltas injustificadas às audiências, como penalidade por desrespeito ao Poder Judiciário.

Determina o art. 732 da CLT que o reclamante que, por 2 (duas) vezes seguidas, der causa ao arquivamento por não comparecimento à audiência inaugural, perderá o direito de apresentar nova reclamação trabalhista por 6 (seis) meses. Esse fenômeno processual é denominado "perempção provisória". Após o transcurso desse período e respeitado o prazo prescricional, o reclamante poderá apresentar nova reclamação trabalhista.

Gabarito "B"

(Técnico – TRT/3ª – 2015 – FCC) Nas causas sujeitas ao procedimento sumaríssimo, somente será admitido Recurso de Revista

(A) quando derem ao mesmo dispositivo de Convenção Coletiva de Trabalho, Acordo Coletivo e sentença normativa interpretação divergente, da que lhe houver dado outro Tribunal Regional do Trabalho, no seu Pleno ou Turma.
(B) na hipótese exclusiva de contrariedade à súmula de jurisprudência uniforme do Tribunal Superior do Trabalho ou à súmula vinculante do Supremo Tribunal Federal.
(C) quando derem ao mesmo dispositivo de Lei Federal interpretação diversa da que lhe houver dado outro Tribunal Regional do Trabalho, no seu Pleno ou Turma.
(D) por contrariedade à súmula de jurisprudência uniforme do Tribunal Superior do Trabalho ou à súmula vinculante do Supremo Tribunal Federal e por violação direta da Constituição Federal.
(E) quando derem ao mesmo dispositivo de Lei Federal interpretação diversa da que lhe houver dado a Seção de Dissídios Individuais do Tribunal Superior do Trabalho.

. "D" é a opção correta. Isso porque, nos termos do art. 896, § 9º, da CLT nas causas sujeitas ao procedimento sumaríssimo, somente será admitido recurso de revista por contrariedade a súmula de jurisprudência uniforme do Tribunal Superior do Trabalho ou a súmula vinculante do Supremo Tribunal Federal e por violação direta da Constituição Federal.

Gabarito "D"

(Técnico – TRT/3ª – 2015 – FCC) Gabriela ajuizou reclamação trabalhista em face de sua ex-empregadora a empresa "S" dando à causa o valor de R$ 27.800,00. Gabriela convidou Bruna, Soraya e Janine para prestarem depoimento testemunhal. Neste caso,

(A) as três testemunhas poderão prestar depoimento testemunhal, sendo que comparecerão à audiência de instrução e julgamento mediante prévia intimação pessoal.
(B) as três testemunhas poderão prestar depoimento testemunhal, sendo que comparecerão à audiência de instrução e julgamento independentemente de intimação.
(C) Gabriela terá que escolher duas das três testemunhas, que comparecerão à audiência de instrução e julgamento mediante prévia intimação pessoal.
(D) Gabriela terá que escolher duas das três testemunhas, que comparecerão à audiência de instrução e julgamento independentemente de intimação.
(E) o magistrado escolherá apenas duas das três testemunhas de Gabriela, desde que todas estejam presentes na audiência de instrução e julgamento.

Inicialmente cumpre salientar que o valor do salário mínimo em 2015 era de R$ 788,00 (setecentos e oitenta e oito reais). Como Gabriela atribuiu à causa o valor de R$ 27.800,00, ou seja, valor abaixo de 40 salários mínimos, a ação tramitará pelo procedimento sumaríssimo, art. 852-A a 852-I da CLT. Nesse tipo de procedimento explica o art. 852-H, § 2º, da CLT que cada parte poderá levar, no máximo, 2 testemunhas que comparecerão à audiência de instrução e julgamento independentemente de intimação, ou seja, a testemunha será convidada a comparecer na audiência. Somente será deferida intimação de testemunha que, comprovadamente convidada, deixar de comparecer. Não comparecendo a testemunha intimada, o juiz poderá determinar sua imediata condução coercitiva.

Gabarito "D"

(Técnico – TRT/3ª – 2015 – FCC) Joana ajuizou reclamação trabalhista em face de sua ex-empregadora a empresa "Z". O processo foi devidamente contestado pela reclamada, tendo sido realizada perícia para apuração de insalubridade no local de trabalho. Após entrega do laudo pericial e manifestação das partes, foi designada audiência de instrução e julgamento. Na data da referida audiência não compareceram a reclamante e nem o seu advogado, mas compareceram a reclamada e seu patrono. Neste caso, considerando que as partes estavam devidamente intimadas da referida audiência, inclusive, para prestarem depoimento pessoal, sob pena de confissão,

(A) a audiência se realizará sem a presença de Joana e para ela será aplicada a pena de confissão no tocante às questões de fatos nas quais lhe cabia o ônus da prova.
(B) o processo será arquivado, e Joana será condenada às custas e despesas processuais, havendo expresso dispositivo legal neste sentido.

(C) será marcada nova audiência, com a intimação pessoal de Joana, em razão da ausência também de seu advogado.

(D) será marcada nova audiência, com intimação de Joana através de seu advogado, uma vez que regularmente constituído nos autos.

(E) a audiência se realizará sem a presença de Joana sendo que para ela não será aplicada a pena de confissão, uma vez que esta é aplicada exclusivamente à parte reclamada.

A: correta, pois reflete o entendimento disposto na súmula 74 do TST. **B**: incorreta, pois em conformidade com o entendimento disposto na súmula 9 do TST A ausência do reclamante, quando adiada a instrução após contestada a ação em audiência, não importa arquivamento do processo. **C**: incorreta, pois como as partes saíram intimadas da audiência de instrução, será aplicada a pena de confissão, não havendo nova designação de audiência. **D**: incorreta, pelas mesmas razões expostas no comentário anterior. **E**: incorreta, pois contraria o entendimento disposto na súmula 74 do TST.

Gabarito "A"

(Analista – TRT/2ª – 2014 – FCC) Na audiência UNA, o reclamante não comparece, sob motivo de internação hospitalar devidamente comprovado, fazendo-se substituir por colega de trabalho que conhece os fatos alegados na reclamação e seu advogado. Ainda, deixa de comparecer o representante legal da empresa, sob alegação que ficou preso no trânsito, estando presente apenas seu advogado munido de procuração e defesa. Diante do exposto, o juiz

(A) receberá a defesa apresentada pelo advogado da empresa e ouvirá o depoimento pessoal do representante do reclamante e suas testemunhas.

(B) determinará de plano o arquivamento do feito, ante o não comparecimento de ambas as partes.

(C) decretará a revelia da reclamada, com aplicação da pena de confissão quanto à matéria de fato, redesignando nova data de audiência para o depoimento pessoal das partes.

(D) determinará o arquivamento do feito, uma vez que o representante do autor não possui poderes para prestar depoimento pessoal, nem celebrar acordos em seu nome.

(E) redesignará nova data, ilidindo o arquivamento, tendo em vista a representação do reclamante por seu colega, e não implicará revelia e pena de confissão à reclamada quanto à matéria de fato, em razão do trânsito caótico, que é considerado fato notório.

A: incorreta, pois determina o art. 843 da CLT que as partes deverão estar presentes na audiência, independentemente do comparecimento de seus advogados. De acordo com o art. 844 da CLT o não comparecimento da reclamada permitirá a revelia, sofrendo o réu os efeitos de presunção relativa sobre a matéria fática, ou seja, confissão ficta. Por essa razão o juiz não poderá receber a contestação Veja súmula 122 do TST. **B:** incorreta, pois como o reclamante foi representado por um trabalhador da mesma profissão, nos termos do art. 843, § 2º, da CLT, deverá o juiz designar nova audiência, art. 844, parágrafo único, da CLT. **C:** correta, pois tendo em vista o não comparecimento da reclamada, nos termos do art. 844, *caput*, da CLT, deverá aplicar os efeitos da revelia e confissão ficta. Por outro lado, como o reclamante foi representado por um trabalhador da mesma profissão, nos termos do art. 843, § 2º, da CLT, deverá o juiz designar nova audiência, art. 844, parágrafo único, da CLT. **D:** incorreta, pois embora o representante do autor não possua poderes para prestar depoimento pessoal, nem celebrar acordos em seu nome, visto que seu papel é exclusivamente evitar o arquivamento, não poderá o juiz determinar o arquivamento da reclamação, arts. 843 e 844, parágrafo único, da CLT. **E:** incorreta, pois embora deva ser redesignada nova audiência o comparecimento do representante do reclamante em nada favorece a reclamada, que ante sua ausência, sofrerá os efeitos da revelia e confissão ficta, art. 844 da CLT.

Gabarito "C"

(Analista – TRT/16ª – 2014 – FCC) Carolina ajuizou reclamação trabalhista em face de sua ex-empregadora a empresa "V" Ltda. dando à causa o valor de R$ 15.000,00. A referida reclamação foi julgada procedente e a empresa "V" Ltda. interpôs recurso ordinário. Neste caso, no referido recurso, o parecer do Ministério Público será

(A) escrito, tendo este o prazo de sessenta dias após a distribuição do recurso para enviar o referido parecer diretamente ao relator.

(B) escrito, tendo este o prazo de trinta dias após a distribuição do recurso para enviar o referido parecer diretamente ao relator.

(C) oral na sessão de julgamento, se este entender necessário, sendo registrado na certidão de julgamento.

(D) oral na sessão de julgamento, sendo obrigatório o comparecimento de seu representante em todos os julgamentos, em razão do *munus* público que desempenha.

(E) escrito, tendo este o prazo de vinte dias após a distribuição do recurso para enviar o referido parecer diretamente ao relator.

Tendo em vista o valor da causa ser inferior a 40 salários mínimos a ação será submetida ao procedimento sumaríssimo, arts. 852-A a 852-I da CLT. Com relação ao recurso ordinário interposto contra a sentença proferida no procedimento sumaríssimo determina o art. 895, § 1º, III, da CLT que terá parecer oral do representante do Ministério Público presente à sessão de julgamento, se este entender necessário o parecer, com registro na certidão. Ademais, determina o § 4º do mesmo dispositivo legal que terá acórdão consistente unicamente na certidão de julgamento, com a indicação suficiente do processo e parte dispositiva, e das razões de decidir do voto prevalente. Se a sentença for confirmada pelos próprios fundamentos, a certidão de julgamento, registrando tal circunstância, servirá de acórdão.

Gabarito "C"

(Analista – TRT/11ª – 2012 – FCC) Em relação ao procedimento sumaríssimo na Justiça do Trabalho, é INCORRETO afirmar que

(A) não se fará citação por edital, incumbindo ao autor a correta indicação do nome e do endereço do reclamado.

(B) o pedido deverá ser certo ou determinado e indicará o valor correspondente.

(C) as demandas em que é parte a administração pública direta, autárquica e fundacional também podem se submeter ao procedimento sumaríssimo, se o valor pleiteado não exceder a quarenta vezes o salário mínimo.

(D) as testemunhas, até no máximo de duas para cada parte, comparecerão à audiência de instrução e julgamento independentemente de intimação.

(E) só será deferida intimação de testemunha que, comprovadamente convidada, deixar de comparecer.

A: assertiva correta, pois reflete o disposto no art. 852-B, II, da CLT; **B:** assertiva correta, pois reflete o disposto no art. 852-B, I, da CLT; **C:** assertiva incorreta, devendo esta assertiva ser assinalada, pois, nos termos do art. 852-A, parágrafo único, da CLT, estão excluídas do procedimento sumaríssimo as demandas em que é parte a Administração Pública direta, autárquica e fundacional; **D:** assertiva correta, pois reflete o disposto no art. 852-H, § 2º, da CLT; **E:** assertiva correta, pois reflete o disposto no art. 852-H, § 3º, da CLT.

Gabarito "C"

(Analista – TRT/11ª – 2012 – FCC) Em se tratando de reclamada pessoa jurídica de direito privado, entre o ajuizamento da reclamação trabalhista e a data designada para audiência, há que existir um interregno mínimo de

(A) 5 dias.
(B) 10 dias
(C) 15 dias.
(D) 20 dias.
(E) 48 horas.

A assertiva "A" é a opção correta, pois nos termos o art. 841 da CLT: "Recebida e protocolada a reclamação, o escrivão ou secretário, dentro de 48 (quarenta e oito) horas, remeterá a segunda via da petição, ou do termo, ao reclamado, notificando-o ao mesmo tempo, para comparecer à audiência do julgamento, que será a primeira desimpedida, depois de 5 (cinco) dias".

Gabarito "A"

(Analista – TRT/11ª – 2012 – FCC) No processo do trabalho, o Juiz deverá propor a conciliação

(A) somente quando o valor da causa o permitir.
(B) somente quando houver requerimento das partes.
(C) após a apresentação da defesa e ao término da instrução processual.
(D) na abertura da audiência, antes da apresentação da defesa e renovadas após as razões finais.
(E) após a oitiva das partes e quando do encerramento da instrução processual.

A assertiva "D" é a opção correta, pois aberta a audiência o Juiz deverá propor a conciliação, nos termos do que dispõe o art. 846 da CLT, e deverá renovar a proposta após a apresentação de razões finais, nos termos do art. 850 da CLT. Vale dizer que nos teros do art. 764 da CLT a conciliação pode ser buscada em qualquer fase processual.

Gabarito "D"

(Analista – TRT/9 – 2012 – FCC) Em se tratando de dissídio individual, a norma processual trabalhista prevê, como regra, a realização de audiência UNA, ou seja, em um determinado ato processual será realizada a tentativa de conciliação, a instrução processual e o julgamento. Nesse sentido,

(A) terminada a defesa, seguir-se-á a instrução do processo, sendo ouvidas as testemunhas, os peritos e os técnicos, se houver, e após será efetuado o interrogatório dos litigantes.
(B) caso o reclamante não compareça na audiência inaugural, mesmo presente seu advogado, deverá necessariamente ser adiada a sessão.
(C) é facultado ao empregador fazer-se substituir pelo gerente, ou qualquer outro preposto que tenha conhecimento do fato, mas cujas declarações não obrigarão o proponente.
(D) aberta a audiência, o Juiz proporá a conciliação, sendo que se não houver acordo, o reclamado poderá apresentar defesa oral no tempo máximo de 10 (dez) minutos.
(E) deverão estar presentes o reclamante e o reclamado na audiência de julgamento, independentemente do comparecimento de seus representantes.

A: assertiva incorreta, pois, nos termos do art. 848 da CLT, terminada a defesa seguir-se-á a instrução podendo o juiz interrogar os litigantes e, a seguir, nos termos do § 2º do mesmo dispositivo serão ouvidas as testemunhas, os peritos e os técnicos, se houver; **B:** assertiva incorreta, pois caso o reclamante não compareça na audiência inaugural a reclamação será arquivada, nos termos do art. 844 da CLT; **C:** assertiva incorreta, pois nos termos do art. 843, § 1º, da CLT as declarações obrigarão o proponente; **D:** assertiva incorreta, pois, nos termos do art. 847 da CLT, a defesa poderá ser apresentada em até 20 minutos; **E:** assertiva correta, pois reflete o disposto no art. 843 da CLT.

Gabarito "E"

(Analista – TRT/9 – 2012 – FCC) Hidra pretende ajuizar uma reclamatória trabalhista em face da sua empregadora Matrix S/A, postulando o pagamento de horas extraordinárias, totalizando o valor equivalente a 10 (dez) salários mínimos à época do ajuizamento da ação. Nesse caso, o procedimento processual que deve tramitar a reclamatória trabalhista e a quantidade máxima de testemunhas que cada parte pode indicar, respectivamente, é

(A) ordinário e três testemunhas.
(B) sumaríssimo e duas testemunhas.
(C) inquérito judicial e seis testemunhas.
(D) ordinário e cinco testemunhas.
(E) sumaríssimo e três testemunhas.

A assertiva "B" é a opção correta, pois, nos termos do art. 852-A da CLT, os dissídios individuais cujo valor não exceda a quarenta vezes o salário mínimo vigente na data do ajuizamento da reclamação ficam submetidos ao procedimento sumaríssimo e de acordo com o § 2º do art. 852-H da CLT cada parte poderá levar no máximo 2 testemunhas.

Gabarito "B"

(Técnico Judiciário – TRT9 – 2012 – FCC) Os dissídios individuais trabalhistas podem seguir o procedimento ordinário e sumaríssimo. Sobre esse último (sumaríssimo) é INCORRETO:

(A) Estão excluídas desse procedimento as demandas em que é parte a Administração pública direta, autárquica e fundacional.
(B) Esse procedimento é determinado pelo valor dos dissídios individuais, que não exceda a 20 (vinte) vezes o salário mínimo vigente na data do ajuizamento da reclamação.
(C) Nas reclamações enquadradas nesse procedimento, o pedido deverá ser certo ou determinado e indicará o valor correspondente, sob pena de arquivamento da reclamação.
(D) As testemunhas, até o máximo de duas para cada parte, comparecerão à audiência de instrução e julgamento independentemente de intimação.
(E) Todas as provas serão produzidas em audiência única, sendo que sobre os documentos apresentados por uma das partes manifestar-se-á imediatamente a

parte contrária, sem interrupção da audiência, salvo absoluta impossibilidade, a critério do juiz.

A: correta, pois reflete o disposto no art. 852-A, parágrafo único, da CLT. **B:** incorreta, pois nos termos do art. 852-A da CLT o procedimento sumaríssimo é determinado pelo valor dos dissídios individuais, que não exceda a 40 (quarenta) vezes o salário mínimo vigente na data do ajuizamento da reclamação. **C:** correta, pois reflete o disposto no art. 852-B, I e § 1º, da CLT. **D:** correta, pois reflete o disposto no art. 852-H, § 2º, da CLT. **E:** correta, pois reflete o disposto no art. 852-H, *caput* e § 1º, da CLT.

Gabarito "B"

(Técnico – TRT/6ª – 2012 – FCC) Hefesta ajuizou reclamação em face da Fundação Pública "Zeus", possuindo a causa o valor de R$ 7.000,00. Perséfone ajuizou reclamação trabalhista em face da Autarquia municipal "LL", possuindo a causa o valor de R$ 24.800,00. Héstia ajuizou reclamação trabalhista em face da empresa "CD Ltda.", possuindo a causa o valor de R$ 23.257,00. Nestes casos, o procedimento Sumaríssimo será aplicado na reclamação trabalhista proposta APENAS por:

(A) Perséfone e por Héstia.
(B) Héstia.
(C) Zeus e por Perséfone.
(D) Zeus.
(E) Zeus e por Héstia.

Art. 852-A da CLT (observe-se que, segundo o parágrafo único do dispositivo citado, estão excluídas do procedimento sumaríssimo as demandas em que é parte a Administração Pública direta, autárquica e fundacional).

Gabarito "B"

(Técnico – TRT/11ª – 2012 – FCC) De acordo com a CLT, em regra, os atos processuais praticados no Processo Trabalhista serão:

(A) sempre públicos e realizar-se-ão nos dias úteis das 8 às 18 horas.
(B) públicos salvo quando as partes estabelecerem o contrário e realizar-se-ão nos dias úteis das 6 às 20 horas.
(C) públicos salvo quando o contrário determinar o juiz e realizar-se-ão nos dias úteis das 6 às 18 horas.
(D) públicos salvo quando envolver pessoa pública de notoriedade social e a penhora poderá realizar-se em domingo ou dia de feriado, independente de autorização expressa do juiz.
(E) públicos salvo quando o contrário determinar o interesse social e realizar-se-ão nos dias úteis das 6 às 20 horas.

Art. 770 da CLT.

Gabarito "E"

(Técnico – TRT/11ª – 2012 – FCC) Nas audiências realizadas nos processos trabalhistas pelos órgãos da Justiça do Trabalho é INCORRETO afirmar que:

(A) é facultado ao empregador fazer-se substituir pelo gerente, ou qualquer outro preposto que tenha conhecimento do fato, e cujas declarações obrigarão o proponente.
(B) se por doença ou qualquer outro motivo poderoso, devidamente comprovado, não for possível ao empregado comparecer pessoalmente, poderá fazer-se representar por outro empregado que pertença à mesma profissão, ou pelo seu sindicato.
(C) o não comparecimento do reclamante à audiência importa em revelia, além de confissão quanto à matéria de fato.
(D) as testemunhas, em regra, comparecerão à audiência independentemente de notificação ou intimação.
(E) as testemunhas que forem intimadas para comparecimento em audiência e, sem motivo justificado, não atendam à intimação, estarão sujeitas a condução coercitiva, além do pagamento de multa.

A: correta, art. 843, § 1º, da CLT; **B:** correta, art. 843, § 2º, da CLT; **C:** incorreta (devendo ser assinalada), estabelece o art. 844 da CLT que "o não comparecimento do reclamante à audiência importa o arquivamento da reclamação, e o não comparecimento do reclamado importa revelia, além de confissão quanto à matéria de fato"; **D:** correta, art. 825 da CLT; **E:** correta, art. 825, parágrafo único, da CLT.

Gabarito "C"

(Analista – TRT/23ª – 2011 – FCC) Com relação à Revelia e à Confissão, considere:

I. Para elidir a revelia basta a presença do advogado do réu na audiência munido de procuração e contestação.
II. A revelia implica o prosseguimento do processo contra o réu, independentemente de intimação ou notificação para a contagem do início dos prazos ou para atos do processo, com exceção da sentença, da qual o réu revel será intimado.
III. Em sede de Ação Rescisória não há lugar para os efeitos da revelia, assim, nesta ação a revelia não produz confissão.

Está correto o que se afirma APENAS em

(A) II e III.
(B) I e II.
(C) I e III.
(D) III.
(E) I.

I: assertiva incorreta, nos termos da Súmula 122 do TST ("A reclamada, ausente à audiência em que deveria apresentar defesa, é revel, ainda que presente seu advogado munido de procuração, podendo ser ilidida a revelia mediante a apresentação de atestado médico, que deverá declarar, expressamente, a impossibilidade de locomoção do empregador ou do seu preposto no dia da audiência"). Vale dizer que, nos termos do art. 843, § 5º, da CLT Ainda que ausente o reclamado, presente o advogado na audiência, serão aceitos a contestação e os documentos eventualmente apresentados; **II:** assertiva correta, por definição (v. arts. 852 e 841, § 1º,da CLT); **III:** assertiva correta, nos termos da Súmula 398 do TST ("Na ação rescisória, o que se ataca na ação é a sentença, ato oficial do Estado, acobertado pelo manto da coisa julgada. Assim sendo, e considerando que a coisa julgada envolve questão de ordem pública, a revelia não produz confissão na ação rescisória").

Gabarito "A"

11. LIQUIDAÇÃO E EXECUÇÃO

(Técnico Judiciário – TRT11 – FCC – 2017) Considere os seguintes créditos:

I. Crédito trabalhista decorrente de reclamação trabalhista ajuizada por empregado doméstico relativo ao trabalho exercido para a família empregadora.

II. Crédito trabalhista decorrente de reclamação trabalhista ajuizada pelo Rito Sumaríssimo em face da empresa AA Ltda.

III. Crédito relativo a contribuição previdenciária decorrente de empregado doméstico.

De acordo com a Lei 8.009/1990, a impenhorabilidade do bem de família é oponível em processo de execução relativo ao crédito indicado em

(A) I, II e III.

(B) I e II, apenas.

(C) II e III, apenas.

(D) I, apenas.

(E) III, apenas.

Todas as assertivas estão corretas. Isso porque, nos termos do art. 1º da Lei 8.009/1990 o imóvel residencial próprio do casal, ou da entidade familiar, é impenhorável e não responderá por qualquer tipo de dívida civil, comercial, fiscal, previdenciária ou de outra natureza, contraída pelos cônjuges ou pelos pais ou filhos que sejam seus proprietários e nele residam. A impenhorabilidade compreende o imóvel sobre o qual se assentam a construção, as plantações, as benfeitorias de qualquer natureza e todos os equipamentos, inclusive os de uso profissional, ou móveis que guarnecem a casa, desde que quitados. Vale lembrar que o art. 3º da mesma lei determina as hipóteses em que a impenhorabilidade retratada não poderá ser oponível. HC

Gabarito "A"

(Técnico Judiciário – TRT24 – FCC – 2017) Em relação à liquidação da sentença e à execução no Processo do Trabalho, a Consolidação das Leis do Trabalho estabelece:

(A) Na liquidação, não se poderá modificar, ou inovar, a sentença liquidanda nem discutir matéria pertinente à causa principal.

(B) Somente as decisões passadas em julgado e os acordos, quando não cumpridos, poderão ser executados na Justiça do Trabalho.

(C) Elaborada a conta pela parte ou pelos órgãos auxiliares da Justiça do Trabalho, o juiz procederá à intimação da União para manifestação, no prazo de 8 dias, sob pena de preclusão.

(D) Requerida a execução, o juiz ou Presidente do Tribunal mandará expedir mandado de citação do executado, a fim de que cumpra a decisão ou o acordo, ou, quando se tratar de pagamento em dinheiro, exceto de contribuições sociais devidas à União, para que o faça em 72 horas ou garanta a execução.

(E) Não pagando o executado, nem garantindo a execução, seguir-se-á a penhora dos bens, tantos quantos bastem ao pagamento da condenação, sem os acréscimos de custas e juros de mora.

A: opção correta, pois reflete o disposto no art. 879, § 1º, da CLT. **B:** opção incorreta, pois nos termos do art. 876 da CLT as decisões passadas em julgado ou das quais não tenha havido recurso com efeito suspensivo; os acordos, quando não cumpridos; os termos de ajuste de conduta firmados perante o Ministério Público do Trabalho e os termos de conciliação firmados perante as Comissões de Conciliação Prévia serão executados na Justiça do Trabalho. Ademais, nos termos do art. 13 da IN 39 do TST por aplicação supletiva do art. 784, I (art. 15 do CPC), o cheque e a nota promissória emitidos em reconhecimento de dívida inequivocamente de natureza trabalhista também são títulos extrajudiciais para efeito de execução perante a Justiça do Trabalho, na forma do art. 876 e seguintes da CLT. **C:** opção incorreta, pois nos termos do art. 879, § 3º, da CLT elaborada a conta pela parte ou pelos órgãos auxiliares da Justiça do Trabalho, o juiz procederá à intimação da União para manifestação, no prazo de 10 (dez) dias, sob pena de preclusão. **D:** opção incorreta, pois nos termos do art. 880 da CLT o prazo será de 48 horas. **E:** opção incorreta, pois nos termos do art. 883 da CLT não pagando o executado, nem garantindo a execução, seguir-se-á penhora dos bens, tantos quantos bastem ao pagamento da importância da condenação, acrescida de custas e juros de mora, sendo estes, em qualquer caso, devidos a partir da data em que for ajuizada a reclamação inicial. HC

Gabarito "A"

(Técnico Judiciário – TRT20 – FCC – 2016) O reclamado Netuno foi condenado a pagar horas extras e indenização por dano moral e material em razão de agressões verbais e físicas a seu empregado, que exercia as funções de motorista particular. Não recorreu da sentença e se iniciou a execução. Nessa hipótese, conforme regras contidas na Consolidação das Leis do Trabalho,

(A) elaborada a conta e tornada líquida a sentença exequenda, o juiz deverá abrir às partes prazo comum de 5 dias para impugnação fundamentada com a indicação dos itens e valores objeto da discordância, sob pena de preclusão.

(B) requerida a execução, o juiz mandará expedir mandado de citação do executado, a fim de que pague o valor da condenação, acrescido de contribuições sociais devidas à União, em 5 dias, ou garanta a execução nesse prazo, sob pena de penhora.

(C) garantida a execução ou penhorados os bens, terá o executado 15 dias para apresentar embargos, cabendo o prazo de 5 dias ao exequente para impugnação.

(D) a matéria de defesa dos embargos à execução será restrita às alegações de cumprimento da decisão ou do acordo, quitação, não cabendo, nesta fase, arguição de prescrição da dívida e prova testemunhal.

(E) julgada subsistente a penhora, o juiz mandará proceder à avaliação dos bens penhorados e, concluída esta, ocorrerá a arrematação que será que fará em dia, hora e lugar anunciados e os bens serão vendidos pelo maior lance, tendo o exequente a preferência para a adjudicação.

A: opção incorreta, pois nos termos do art. 879, § 2º, da CLT (de acordo com a Lei 13.467/2017) o prazo será de 8 dias. **B:** opção incorreta, pois nos termos do art. 880 da CLT o prazo é de 48 horas. **C:** opção incorreta, pois nos termos do art. 884 da CLT terá o executado 5 (cinco) dias para apresentar embargos, cabendo igual prazo ao exequente para impugnação. **D:** opção incorreta, pois nos termos do art. 884, §§ 1º e 2º, da CLT é permitida a alegação de prescrição e a prova testemunhal. **E:** opção correta, pois reflete as disposições do art. 886, § 2º, e art. 888, *caput* e § 1º, da CLT. HC

Gabarito "E"

(Procurador do Estado – PGE/MT – FCC – 2016) Em execução trabalhista foi penhorado um bem imóvel de propriedade da empresa executada Delta & Gama Produções S/A para garantia do juízo. Houve a interposição de embargos à execução, que foram rejeitados pelo Juiz da execução. Nessa situação, caberá à executada interpor:

(A) agravo de instrumento no prazo de 15 dias.

(B) recurso de revista no prazo de 8 dias.

(C) recurso ordinário no prazo de 8 dias.

(D) embargos no prazo de 15 dias.

(E) agravo de petição no prazo de 8 dias.

"E" é a opção correta. O agravo de petição está previsto no art. 897, *a*, da CLT, como sendo o recurso cabível, no prazo de 8 (oito) dias, em face das decisões do Juiz do Trabalho proferidas na fase de execução de sentença. HC

Gabarito "E"

(Técnico – TRT/16ª – 2015 – FCC) Tendo em vista a execução trabalhista, segundo a Consolidação das Leis do Trabalho, é INCORRETO afirmar:

(A) Não há citação para execução, uma vez que a fase executiva pode ser iniciada de ofício pelo juiz.

(B) A citação na execução será realizada por mandado, mas, se o executado não for encontrado após duas tentativas, caberá a citação por edital.

(C) A citação na execução poderá ser feita pelos oficiais de justiça.

(D) A citação na execução será realizada por mandado, determinando o cumprimento da decisão ou do acordo no prazo e com as cominações ali estabelecidas.

(E) No mandado de citação na execução, quando se tratar de pagamento em dinheiro, constarão igualmente as contribuições previdenciárias devidas.

A: incorreta, pois embora a fase executiva possa ser iniciada de ofício pelo juiz, nos termos do art. 878 da CLT, deve haver a citação do executado para que cumpra a decisão, nos moldes do art. 880 da CLT. **B**: correta, pois reflete o disposto nos §§ 1º, 2º e 3º do art. 880 da CLT. **C**: correta, pois reflete o disposto no § 2º do art. 880 da CLT. **D:** correta, pois reflete o disposto no art. 880, *caput*, da CLT. **E**: correta, pois reflete a disposição contida no art. 880 *caput*, da CLT.

Gabarito "A"

(Técnico – TRT/3ª – 2015 – FCC) Simon arrematou uma casa em leilão judicial no qual os bens da empresa "X" foram leiloados para pagamento de diversas reclamações trabalhistas. O lance de Simon foi de R$ 500.000,00. Neste caso, de acordo com a Consolidação das Leis do Trabalho, Simon deverá garantir o lance com

(A) sinal de R$ 100.000,00 e pagar o preço da arrematação dentro de 24 horas.

(B) o seu preço integral no ato da arrematação no leilão judicial.

(C) sinal de R$ 50.000,00 e pagar o preço da arrematação dentro de 24 horas.

(D) sinal de R$ 100.000,00 e pagar o preço da arrematação dentro de 48 horas.

(E) sinal de R$ 50.000,00 e pagar o preço da arrematação dentro de cinco dias.

"A" é a opção correta, pois nos termos do art. 888, § 2º, da CLT o arrematante deverá garantir o lance com o sinal correspondente a 20% (vinte por cento) do seu valor. Ademais, ensina o § 4º do mesmo dispositivo legal que se o arrematante, ou seu fiador, não pagar dentro de 24 (vinte e quatro) horas o preço da arrematação, perderá, em benefício da execução, o sinal de que trata o § 2º deste artigo, voltando à praça os bens executados.

Gabarito "A"

(Procurador do Estado – PGE/RN – FCC – 2014) Decisão proferida pela 1a Vara do Trabalho de Natal julgou e manteve subsistente a penhora de bens de pessoa jurídica sucedida pelo Estado do Rio Grande do Norte, ao considerar que o acordo realizado entre o reclamante exequente e a sucedida foi efetuado quando esta ainda se submetia ao regime de direito privado. De acordo com a orientação jurisprudencial do Tribunal Superior do Trabalho quanto ao tema, a penhora:

(A) não é válida porque, independentemente do momento de formalização do ato, a sucessão pelo Estado impõe a execução mediante precatório.

(B) não é válida porque realizada anteriormente à sucessão pelo Estado, razão pela qual a execução deve reorientar-se mediante precatório.

(C) é válida, se realizada anteriormente à sucessão pelo Estado, não podendo a execução prosseguir mediante precatório.

(D) não é válida porque a decisão que a mantém viola o artigo 100 da Constituição da República.

(E) é válida, independentemente do momento de formalização do ato, mas é necessário que o pagamento observe a ordem cronológica de apresentação do precatório.

"C" é a opção correta. Isso porque, nos termos da OJ 343 da SDI 1 do TST, é válida a penhora em bens de pessoa jurídica de direito privado, realizada anteriormente à sucessão pela União ou por Estado-membro, não podendo a execução prosseguir mediante precatório. A decisão que a mantém não viola o art. 100 da CF/1988. HC

Gabarito "C"

(Analista – TRT/16ª – 2014 – FCC) Considere as seguintes assertivas a respeito da praça, leilão e da arrematação:

I. Concluída a avaliação, seguir-se-á a arrematação, que será anunciada por edital afixado na sede do juízo ou tribunal e publicado no jornal local, se houver, com a antecedência de quinze dias.

II. O sinal para garantir o lance é de 50% sobre o seu valor.

III. O arrematante terá cinco dias para pagar o preço da arrematação, prazo este contado do dia da praça.

IV. Se o arrematante, ou seu fiador, não pagar no prazo legal o preço da arrematação, perderá, em benefício da execução, o sinal que foi dado, voltando à praça os bens executados.

De acordo com a Consolidação das Leis do Trabalho está correto o que se afirma APENAS em

(A) I e IV.

(B) II.

(C) I e III.

(D) II e IV.

(E) IV.

I: incorreta, pois nos termos do art. 888 da CLT, a arrematação será anunciada com antecedência de 20 (vinte dias). **II:** incorreta, pois nos termos do art. 888, § 2º, da CLT o sinal será de 20%. **III:** incorreta, pois nos termos do § 4º do art. 888 da CLT o prazo é de 24 (vinte e quatro) horas. **IV:** correta, pois reflete o disposto no art. 888, § 4º, da CLT.

Gabarito "E"

(Analista – TRT/11ª – 2012 – FCC) Em relação à execução por prestações sucessivas, por tempo indeterminado, é correto afirmar que

(A) não há previsão de execução por prestações sucessivas no processo do trabalho.

(B) a execução compreenderá inicialmente as prestações devidas até a data do ingresso na execução.

(C) a execução por prestações sucessivas no processo do trabalho obedece aos parâmetros estabelecidos no CPC, aplicável subsidiariamente ao processo do trabalho.

(D) a execução pelo não pagamento de uma prestação compreenderá as que lhe sucederem.

(E) a execução compreenderá apenas as prestações devidas após o ingresso na execução.

A: assertiva incorreta, pois os arts. 890 até o 892 da CLT tratam do tema (Seção V – Da execução por prestações sucessivas); **B:** assertiva correta, pois reflete o disposto no art. 892 da CLT; **C:** assertiva incorreta, pois a execução para pagamento de prestações sucessivas far-se-á com observância das normas constantes na própria CLT, arts. 890 a 892; **D:** assertiva incorreta, pois, nos termos do art. 891 da CLT, as prestações sucessivas por tempo determinado (e não indeterminado), a execução pelo não pagamento de uma prestação compreenderá as que lhe sucederem; **E:** assertiva incorreta, pois, nos termos do art. 892 da CLT, a execução compreenderá inicialmente as prestações devidas até a data do ingresso na execução e, posteriormente, a demais.

Gabarito "B"

(Analista – TRT/9 – 2012 – FCC) A fase de execução no processo trabalhista possui regramentos próprios e típicos, conforme previsões contidas na Consolidação das Leis do Trabalho, sendo correto afirmar sobre essa fase que

(A) a matéria de defesa nos embargos do executado será restrita às alegações de cumprimento da decisão ou do acordo, quitação ou prescrição da divida, não cabendo produção de prova testemunhal.

(B) requerida a execução, o Juiz mandará expedir mandado de citação do executado para que faça o pagamento em 15 (quinze) dias ou garanta a execução, sob pena de penhora.

(C) o executado que não pagar a importância reclamada poderá nomear bens à penhora, não havendo qualquer ordem preferencial a ser observada.

(D) garantida a execução ou penhorados os bens, terá a empresa executada 5 (cinco) dias para apresentar embargos, cabendo igual prazo ao exequente para impugnação.

(E) serão julgados em sentenças distintas os embargos e as impugnações à liquidação apresentadas pelos credores trabalhista e previdenciário, para possibilitar recursos parciais.

A: assertiva incorreta, pois é permitida a prova testemunhal. Veja art. 884, § 2º, e art. 886, ambos da CLT; **B:** assertiva incorreta, pois o pagamento deverá ser feito no prazo de 48 horas, nos termos do art. 880 da CLT; **C:** assertiva incorreta, pois deverá ser observada a ordem preferencial estabelecida no art. 835 CPC/2015, em conformidade com o art. 882 da CLT; **D:** assertiva correta, pois reflete o disposto no art. 884 da CLT; **E:** assertiva incorreta, pois, nos termos do art. 884, § 4º, da CLT, os embargos e as impugnações à liquidação serão julgados na mesma sentença.

Gabarito "D"

(Analista – TRT/6ª – 2012 – FCC) Em se tratando de embargos à execução e impugnação à sentença no processo do trabalho, é correto afirmar:

(A) É vedada a dilação probatória nos embargos à execução.

(B) Não é necessária a garantia do juízo ou penhora de bens para apresentação de embargos à execução.

(C) O prazo do executado para apresentar embargos à execução é de 5 (cinco) dias, cabendo igual prazo ao exequente para impugnação.

(D) A matéria da defesa dos embargos é ampla, podendo rediscutir as bases do título executivo judicial.

A: assertiva incorreta, tendo em vista que, se na defesa tiverem sido arroladas testemunhas, poderá o Juiz ou o Presidente do Tribunal, caso julgue necessários seus depoimentos, marcar audiência para a produção das provas (art. 884, § 2º, da CLT); **B:** assertiva incorreta, pois é o oposto, sendo necessária a garantia do juízo ou a penhora de bens (art. 884, *caput*, da CLT); **C:** assertiva correta (art. 884, *caput*, da CLT); **D:** assertiva incorreta, pois a matéria de defesa é restrita às alegações de cumprimento da decisão ou do acordo, quitação ou prescrição da dívida (art. 884, § 1º, da CLT).

Gabarito "C"

(Analista – TRT/6ª – 2012 – FCC - adaptada) A empresa Alfa, executada em ação trabalhista, foi citada "para pagar o débito ou garantir a execução, sob pena de penhora". Nesta situação, em relação à nomeação de bens à penhora, deve-se observar

(A) a ordem preferencial estabelecida no art. 835 do Código Processual Civil.

(B) as disposições contidas na legislação do Imposto de Renda.

(C) o interesse ou conveniência do executado.

(D) a preferência por bens imóveis sobre os demais.

(E) que indicação do exequente, independente de ordem preferencial.

Nos termos do art. 882 da CLT o executado que não pagar a importância reclamada poderá garantir a execução mediante depósito da quantia correspondente, atualizada e acrescida das despesas processuais, apresentação de seguro-garantia judicial ou nomeação de bens à penhora, observada a ordem preferencial estabelecida no art. 835 do CPC/2015.

Gabarito "A"

(Técnico – TRT/6ª – 2012 – FCC) Em determinada execução trabalhista por carta precatória, foi penhorado bem imóvel de Samuel, irmão gêmeo de Davi, proprietário da empresa executada. Samuel pretende ajuizar Embargos de Terceiro. Neste caso, como regra geral, Samuel:

(A) deverá oferecer os referidos embargos no juízo deprecado, sob pena de não conhecimento.

(B) poderá oferecer os referidos embargos no juízo deprecante ou no juízo deprecado, sendo que a competência para julgá-los é do juízo deprecado.

(C) deverá oferecer os referidos embargos no juízo deprecante, sob pena de não conhecimento.

(D) poderá oferecer os referidos embargos no juízo deprecante ou no juízo deprecado, sendo que a competência para julgá-los é do juízo deprecante.

(E) não poderá oferecer Embargos de Terceiros, uma vez que não há tipificação legal para o ajuizamento destes embargos na hipótese mencionada.

Nos termos da Súmula 419 do TST na execução por carta precatória, os embargos de terceiro serão oferecidos no juízo deprecado, salvo se indicado pelo juízo deprecante o bem constrito ou se já devolvida a carta (art. 676, parágrafo único, do CPC de 2015)..

Gabarito "A"

(Técnico – TRT/6ª – 2012 – FCC) Na reclamação Trabalhista "M", em fase de execução de sentença, o Juiz da "W" Vara do Trabalho de Recife não homologou acordo celebrado entre as partes em razão do valor acordado tratar-se de apenas 5% do débito que estava sendo executado. Neste caso,

(A) a homologação do acordo constitui faculdade do juiz, inexistindo direito líquido e certo tutelável pela via do mandado de segurança.
(B) as partes poderão impetrar mandado de segurança no prazo de 120 dias da não homologação judicial.
(C) as partes poderão impetrar mandado de segurança no prazo de 90 dias da não homologação judicial.
(D) as partes deverão interpor agravo de petição no prazo de 8 dias da não homologação judicial.
(E) as partes poderão impetrar mandado de segurança no prazo de 60 dias da não homologação judicial.

Nos termos da Súmula 418 do TST a homologação de acordo constitui faculdade do juiz, inexistindo direito líquido e certo tutelável pela via do mandado de segurança.

Gabarito "A"

(Técnico – TRT/6ª – 2012 – FCC) Salomão e David são irmãos e pretendem arrematar um imóvel no leilão judicial de bens penhorados em reclamações trabalhistas para moradia de sua mãe. Em determinado leilão judicial, Salomão conseguiu arrematar uma casa pelo valor de R$ 100.000,00. Neste caso, Salomão deverá garantir o seu lance com um sinal correspondente a:

(A) R$ 10.000,00 e efetuar o pagamento do restante em 48 horas da arrematação.
(B) R$ 10.000,00 e efetuar o pagamento do restante em 24 horas da arrematação.
(C) R$ 20.000,00 e efetuar o pagamento do restante em 48 horas da arrematação.
(D) R$ 20.000,00 e efetuar o pagamento do restante em 24 horas da arrematação.
(E) R$ 15.000,00 e efetuar o pagamento do restante em 24 horas da arrematação.

Art. 888, §§ 2º e 4º, da CLT.

Gabarito "D"

12. EMBARGOS DE TERCEIRO

(Analista – TRT/8ª – 2010 – FCC) Gabriela adquiriu uma fazenda na Cidade do Sol através de instrumento particular de compra e venda. Após alguns dias descobriu que a fazenda adquirida havia sido arrematada em leilão judicial em razão de dívida trabalhista do ex-proprietário. Neste caso, Gabriela

(A) não poderá interpor Embargos de Terceiros, tendo em vista que o bem já foi arrematado em leilão.
(B) poderá interpor Embargos de Terceiros até cinco dias depois da arrematação, mas sempre antes da assinatura da respectiva carta.
(C) poderá interpor Embargos de Terceiros até dez dias depois da arrematação, mas sempre antes da assinatura da respectiva carta.
(D) poderá interpor Embargos de Terceiros até cinco dias depois da arrematação, independentemente da assinatura da respectiva carta.
(E) poderá interpor Embargos de Terceiros até dez dias depois da arrematação, independentemente da assinatura da respectiva carta.

Art. 675 CPC/2015.

Gabarito "B"

13. COISA JULGADA E AÇÃO RESCISÓRIA

(Técnico Judiciário – TRT24 – FCC – 2017) A sentença é um dos atos processuais praticados pelo juiz, por meio do qual entrega às partes a tutela jurisdicional. Uma vez não sujeita a recurso, opera-se a denominada coisa julgada. Com relação à sentença e à coisa julgada, a Consolidação das Leis do Trabalho estabelece:

(A) As decisões cognitivas ou homologatórias não precisam indicar a natureza jurídica das parcelas constantes da condenação ou do acordo homologado, nem mesmo o limite de responsabilidade de cada parte pelo recolhimento da contribuição previdenciária, se for o caso.
(B) Existindo na decisão evidentes erros ou equívocos de escrita, de datilografia ou de cálculo, não poderão os mesmos, em nenhuma hipótese, ser corrigidos.
(C) No caso de conciliação, o termo que for lavrado valerá como decisão irrecorrível, salvo para a Previdência Social quanto às contribuições que lhe forem devidas.
(D) O acordo celebrado após o trânsito em julgado da sentença ou após a execução da mesma prejudicará os créditos da União.
(E) Na decisão não será necessário mencionar as custas que devam ser pagas pela parte vencida, uma vez que se tratam de taxas automaticamente impostas pelo Poder Judiciário.

A: opção incorreta, pois nos termos do art. 832, § 3º, da CLT as decisões cognitivas ou homologatórias deverão sempre indicar a natureza jurídica das parcelas constantes da condenação ou do acordo homologado, inclusive o limite de responsabilidade de cada parte pelo recolhimento da contribuição previdenciária, se for o caso. **B:** opção incorreta, pois nos termos do art. 833 da CLT existindo na decisão evidentes erros ou enganos de escrita, de datilografia ou de cálculo, poderão os mesmos, antes da execução, ser corrigidos, *ex officio*, ou a requerimento dos interessados ou da Procuradoria da Justiça do Trabalho. **C:** opção correta, pois reflete o disposto no art. 831, parágrafo único, CLT. **D:** opção incorreta, pois nos termos do art. 832, § 6º, CLT acordo celebrado após o trânsito em julgado da sentença ou após a elaboração dos cálculos de liquidação de sentença não prejudicará os créditos da União. **E:** opção incorreta, pois nos termos do art. 832, § 2º, da CLT a decisão mencionará sempre as custas que devam ser pagas pela parte vencida. HC

Gabarito "C"

14. INQUÉRITO PARA APURAÇÃO DE FALTA GRAVE

(Analista Judiciário – TRT/24 – FCC – 2017) A empresa Gregos e Troianos Ltda. possui nos seus quadros um empregado que exerce o cargo de dirigente sindical no sindicato que representa a categoria profissional dos empregados. Referido empregado foi surpreendido embriagado no ambiente de trabalho e a empresa o suspendeu, pretendendo dispensar o mesmo por justa causa. Nessa hipótese, a empresa deverá

(A) comunicar o sindicato da categoria no prazo de 5 dias para o mesmo instaurar inquérito para apuração dos fatos.
(B) marcar a homologação da rescisão do empregado perante o Ministério do Trabalho, o qual deverá notificar o sindicato da categoria para tomar ciência da rescisão contratual de seu dirigente.
(C) propor inquérito para apuração de falta grave perante a Vara do Trabalho competente, no prazo de 30 dias da suspensão do empregado.
(D) ajuizar inquérito civil perante o Ministério Público do Trabalho para apuração dos fatos, para que a dispensa possa ter legitimidade.
(E) ajuizar inquérito para apuração de falta grave perante o Tribunal Regional do Trabalho no prazo de 60 dias da suspensão do empregado.

"C" é a opção correta. Nos termos do art. 8º, VIII, da CF e art. 543, § 3º, da CLT o dirigente sindical possui garantia de emprego a partir do registro de sua candidatura a cargo de dirigente sindical e, se eleito, ainda como suplente, até 1 (um) ano após o fim do mandato, salvo se cometer falta grave, devidamente apurada por inquérito judicial para apuração de falta grave. Nessa linha, no prazo decadencial de 30 dias deverá o empregador ajuizar inquérito judicial para apuração de falta grave, nos termos do art. 853 da CLT, a contar da suspensão do empregado.

Gabarito "C"

(Procurador do Estado – PGE/MT – FCC – 2016) Conforme normas celetistas e entendimento sumulado do Tribunal Superior do Trabalho, no Inquérito para Apuração de Falta Grave,

(A) se tiver havido prévio reconhecimento da estabilidade do empregado, o julgamento do inquérito pela Vara do Trabalho não prejudicará a execução para pagamento dos salários devidos ao empregado, até a data da instauração do referido inquérito.
(B) na fase de instrução processual, cada uma das partes poderá indicar no máximo cinco testemunhas, sendo admissível a realização de prova pericial.
(C) reconhecida a inexistência de falta grave praticada pelo empregado, fica o empregador obrigado a readmiti-lo no serviço e com pagamento dos salários em dobro a que teria direito no período da suspensão.
(D) o dirigente sindical titular somente poderá ser dispensado por falta grave mediante a apuração em inquérito judicial, o que não ocorre com o suplente.
(E) para a instauração do inquérito para apuração de falta grave contra empregado estável, o empregador apresentará reclamação por escrito à Vara do Trabalho, dentro de noventa dias, contados da data da suspensão do empregado.

"A" é a opção correta. Isso porque, nos termos do art. 855 da CLT, se tiver havido prévio reconhecimento da estabilidade do empregado, o julgamento do inquérito não prejudicará a execução para pagamento dos salários devidos ao empregado, até a data da instauração do mesmo inquérito. HC

Gabarito "A"

15. MANDADO DE SEGURANÇA

(Analista – TRT/20ª – 2011 – FCC) Considere as seguintes assertivas a respeito do mandado de segurança:

I. O *jus postulandi* das partes, estabelecido na CLT, alcança o mandado de segurança de competência do Tribunal Superior do Trabalho.
II. No caso de tutela antecipada concedida antes da sentença, caberá a impetração do mandado de segurança, em face da inexistência de recurso próprio.
III. Em regra, a antecipação da tutela concedida na sentença comporta impugnação pela via do mandado de segurança.

De acordo com o entendimento Sumulado do Tribunal Superior do Trabalho está correto o que se afirma APENAS em

(A) I e II.
(B) I e III.
(C) II.
(D) II e III.
(E) III.

I: assertiva incorreta (Súmula 425 do TST: "O jus postulandi das partes, estabelecido no art. 791 da CLT, limita-se às Varas do Trabalho e aos Tribunais Regionais do Trabalho, não alcançando a ação rescisória, a ação cautelar, o mandado de segurança e os recursos de competência do Tribunal Superior do Trabalho"); **II:** assertiva correta (Súmula 414, II, do TST: "II – No caso da tutela antecipada (ou liminar) ser concedida antes da sentença, cabe a impetração do mandado de segurança, em face da inexistência de recurso próprio"); **III:** assertiva incorreta (Súmula 414, I, do TST: "I – A antecipação da tutela concedida na sentença não comporta impugnação pela via do mandado de segurança, por ser impugnável mediante recurso ordinário. A ação cautelar é o meio próprio para se obter efeito suspensivo a recurso").

Gabarito "C"

(Analista – TRT/24ª – 2011 – FCC) Considere as seguintes assertivas a respeito do Mandado de Segurança:

I. Não há direito líquido e certo à execução definitiva na pendência de Recurso Extraordinário, ou de Agravo de Instrumento visando a destrancá-lo.
II. Ajuizados Embargos de Terceiro para pleitear a desconstituição da penhora, é incabível a interposição de mandado de segurança com a mesma finalidade.
III. Constitui direito líquido e certo passível de ser tutelado através de Mandado de Segurança a negativa do juiz em homologar acordo entre as partes litigantes.
IV. É incabível a impetração de mandado de segurança contra ato judicial que, de ofício, arbitrou novo valor à causa, acarretando a majoração das custas processuais.

Está correto o que consta APENAS em

(A) III e IV.
(B) I e II.
(C) I, II e IV.
(D) I, II e III.
(E) II, III e IV.

I: assertiva correta (OJ 56 da SDI-2 do TST: "Não há direito líquido e certo à execução definitiva na pendência de recurso extraordinário, ou de agravo de instrumento visando a destrancá-lo"); **II:** assertiva correta (OJ 54 da SDI-2 do TST: " Ajuizados embargos de terceiro (art. 674 CPC/2015) para pleitear a desconstituição da penhora, é incabível a interposição de mandado de segurança com a mesma finalidade"); **III:** assertiva incorreta (Súmula 418 do TST: "A homologação de acordo constitui faculdade do juiz, inexistindo direito líquido e certo tutelável pela via do mandado de segurança."); **IV:** assertiva correta (OJ 88 da SDI-2 do TST: "Incabível a impetração de mandado de segurança contra ato judicial que, de ofício, arbitrou novo valor à causa, acarretando a majoração das custas processuais, uma vez que cabia à parte, após recolher as custas, calculadas com base no valor dado à causa na inicial, interpor recurso ordinário e, posteriormente, agravo de instrumento no caso de o recurso ser considerado deserto").

Gabarito "C"

16. DEMANDAS COLETIVAS (DISSÍDIO COLETIVO, AÇÃO CIVIL PÚBLICA, AÇÃO DE CUMPRIMENTO)

(Analista – TRT/23ª – 2011 – FCC) Segundo a Consolidação das Leis do Trabalho, a decisão sobre novas condições de trabalho poderá também ser estendida a todos os empregados da mesma categoria profissional compreendida na jurisdição do Tribunal por solicitação, dentre outros, de

(A) 1 ou mais empregadores.
(B) no mínimo dois sindicatos de empregados.
(C) no mínimo três sindicatos de empregadores.
(D) no mínimo dez empregadores.
(E) no mínimo cinco sindicatos de empregados.

Art. 869 da CLT.

Gabarito "A"

17. RECURSOS

(Analista Judiciário – TRT/11 – FCC – 2017) No tocante à Ação Rescisória, considere:

I. Havendo recurso ordinário em sede de rescisória, o depósito recursal só é exigível quando for julgado procedente o pedido e imposta condenação em pecúnia, devendo este ser efetuado no prazo recursal, no limite e nos termos da legislação vigente, sob pena de deserção.
II. Não procede pedido formulado na ação rescisória por violação literal de lei se a decisão rescindenda estiver baseada em texto legal infraconstitucional de interpretação controvertida nos Tribunais.
III. O marco divisor quanto a ser, ou não, controvertida, nos Tribunais, a interpretação dos dispositivos legais citados na ação rescisória é a data da inclusão, na Orientação Jurisprudencial do TST, da matéria discutida.
IV. É absoluta a exigência de pronunciamento explícito na ação rescisória, ainda que esta tenha por fundamento violação de dispositivo de lei. Assim, não é prescindível o pronunciamento explícito quando o vício nasce no próprio julgamento, como se dá com a sentença "extra, cita e ultra petita".

De acordo com o entendimento Sumulado do TST, está correto o que se afirma APENAS em

(A) II e III.
(B) I, II e IV.
(C) I, III e IV.
(D) I e II.
(E) I, II e III.

I: correta. A súmula 99 do TST ensina que havendo recurso ordinário em sede de rescisória, o depósito recursal só é exigível quando for julgado procedente o pedido e imposta condenação em pecúnia, devendo este ser efetuado no prazo recursal, no limite e nos termos da legislação vigente, sob pena de deserção. **II:** correta. A súmula 83, I, do TST determina que não procede pedido formulado na ação rescisória por violação literal de lei se a decisão rescindenda estiver baseada em texto legal infraconstitucional de interpretação controvertida nos Tribunais. **III:** correta. O item II da súmula 83 do TST determina que o marco divisor quanto a ser, ou não, controvertida, nos Tribunais, a interpretação dos dispositivos legais citados na ação rescisória é a data da inclusão, na Orientação Jurisprudencial do TST, da matéria discutida. **IV:** incorreta. A súmula 298, V, do TST determina que não é absoluta a exigência de pronunciamento explícito na ação rescisória, ainda que esta tenha por fundamento violação de dispositivo de lei. Assim, prescindível o pronunciamento explícito quando o vício nasce no próprio julgamento, como se dá com a sentença "extra, citra e ultra petita".

Gabarito "E"

(Analista Judiciário – TRT/11 – FCC – 2017) As empresas A e B foram condenadas solidariamente na reclamação trabalhista Z pretendendo ambas as empresas interpor Recurso Ordinário. A empresa A interpôs Recurso Ordinário no quinto dia do prazo recursal e depositou o valor do depósito recursal de forma integral. Neste caso, o depósito recursal

(A) efetuado pela empresa A não aproveita a empresa B, em nenhuma hipótese, uma vez que o depósito recursal possui caráter personalíssimo.
(B) efetuado pela empresa A aproveita a empresa B, exceto se aquela pleiteia sua exclusão da lide.
(C) efetuado pela empresa A aproveita a empresa B, exceto se as empresas possuírem procuradores distintos.
(D) é devido na proporção de 50% para cada empresa, sendo que o depósito integral da empresa A, não exime a empresa B de efetuar o depósito da sua parte, podendo a empresa A requerer o levantamento da parte que depositou a maior.
(E) é devido na proporção de 50% para cada empresa, sendo que o depósito integral da empresa A, exime a empresa B de efetuar o depósito da sua parte.

"B" é a opção correta. Nos termos da súmula 128, III, do TST havendo condenação solidária de duas ou mais empresas, o depósito recursal efetuado por uma delas aproveita as demais, quando a empresa que efetuou o depósito não pleiteia sua exclusão da lide.

Gabarito "B"

(Analista Judiciário – TRT/11 – FCC – 2017) Em face da decisão X proferida pelo Tribunal Regional do Trabalho da 11ª Região, em execução de sentença nos autos da reclamação trabalhista movida por Maria contra a empresa Z Ltda, cujo pedido seria o reconhecimento de vínculo de emprego

(A) caberá Embargos de Declaração no prazo de oito dias.
(B) caberá Recurso de Revista, no prazo de oito dias, em qualquer hipótese.
(C) não caberá Recurso de Revista, salvo na hipótese de ofensa direta e literal de norma da Constituição Federal.
(D) não caberá Recurso de Revista, com exceção somente da hipótese de ofensa a súmula de jurisprudência uniforme do Tribunal Superior do Trabalho.
(E) não caberá Recurso de Revista, exceto na hipótese de ofensa a súmula vinculante do Supremo Tribunal Federal.

"C" é a opção correta. Contra a decisão proferida pelo TRT (acórdão) na fase de execução de sentença somente será admitido recurso de revista na hipótese de ofensa direta e literal de norma da Constituição Federal.

Gabarito "C"

(Analista Judiciário – TRT/11 – FCC – 2017) Em determinado processo trabalhista a ata da audiência de julgamento (art. 851, § 2º, da CLT) foi juntada ao processo após 24 horas da referida audiência. Neste caso, o prazo para recurso será contado

(A) da data da juntada aos autos da sentença.
(B) da data em que a parte receber a intimação da sentença via Diário Oficial Eletrônico.
(C) da data da audiência.
(D) da data em que a parte receber pessoalmente a intimação da sentença.
(E) após transcorridas 48 horas da data da audiência.

"C" é a opção correta. O art. 852 da CLT ensina que da decisão serão os litigantes notificados, pessoalmente, ou por seu representante, na própria audiência.

Gabarito "C"

(Analista Judiciário – TRT/24 – FCC – 2017) Adonis ingressou com reclamação trabalhista no Município de Campo Grande, sendo distribuída para a 2ª Vara do Trabalho. Na audiência UNA a reclamada apresentou exceção de incompetência em razão do lugar, que foi acolhida com a remessa dos autos a uma das Varas do Trabalho de Cuiabá. Em relação à referida decisão,

(A) caberá agravo de instrumento.
(B) não caberá recurso, por se tratar de decisão interlocutória.
(C) caberá mandado de segurança.
(D) caberá reclamação correcional.
(E) caberá recurso ordinário.

A: opção incorreta, pois nos termos do art. 897, *b*, da CLT o agravo de instrumento é o recurso apto a destrancar recurso que teve seu seguimento negado. **B:** opção incorreta, pois embora seja uma decisão interlocutória, a decisão se classifica como decisão interlocutória terminativa de feito, o que nos termos da súmula 214, *c*, do TST desafia a interposição de recurso ordinário. **C:** opção incorreta, pois mandado de segurança será cabível para defesa de violação de direito liquido e certo da parte. Veja Lei 12.016/2009. **D:** opção incorreta, pois reclamação correicional disposta no art. 682, XI, segunda parte e art. 709, I, da CLT objetiva atacar atos judiciais atentatórios ao bom andamento processual. **E:** opção correta. A decisão que acata a exceção de incompetência territorial de Campo Grande – Mato Grosso do Sul, pertencente ao TRT da 24ª Região e remete os autos a TRT de Cuiabá – Mato Grasso, pertencente ao TRT da 23ª Região é recorrível por meio de recurso ordinário, em conformidade com o entendimento disposto na súmula 214, *c*, do TST.

Gabarito "E"

(Técnico Judiciário – TRT11 – FCC – 2017) De acordo com entendimento Sumulado do TST, em face de decisão homologatória de adjudicação ou arrematação

(A) só caberá ação rescisória se fundamentada em nulidade absoluta relacionada ao vício de consentimento e se alegada no prazo decadencial de cinco anos contados da decisão homologatória.
(B) caberá ação rescisória no prazo decadencial de dois anos, a contar do trânsito em julgado da decisão.
(C) caberá ação rescisória no prazo prescricional de um ano, a contar do trânsito em julgado da decisão.
(D) só caberá ação rescisória se fundamentada em nulidade absoluta relacionada ao vício de consentimento e se alegada no prazo decadencial de três anos contados da decisão homologatória.
(E) é incabível ação rescisória.

"E" é a opção correta. Isso porque o TST firmou entendimento consubstanciado na súmula 399, item I em que é incabível ação rescisória para impugnar decisão homologatória de adjudicação ou arrematação. HC

Gabarito "E"

(Técnico Judiciário – TRT11 – FCC – 2017) De acordo com a Consolidação das Leis do Trabalho e entendimento Sumulado do TST, no ato de interposição do agravo de instrumento, em regra, e desde que não atingido o valor da condenação,

(A) não é exigido depósito recursal.
(B) o depósito recursal corresponderá a 50% do valor do depósito do recurso ao qual se pretende destrancar.
(C) o depósito recursal corresponderá a 30% do valor do depósito do recurso ao qual se pretende destrancar.
(D) o depósito recursal corresponderá a 60% do valor do depósito do recurso ao qual se pretende destrancar.
(E) somente será devido o depósito recursal se tratar de procedimento ordinário, sendo este correspondente a 25% do valor do depósito do recurso ao qual se pretende destrancar.

"B" é a opção correta. Isso porque, nos termos do art. 899, § 7º, da CLT no ato de interposição do agravo de instrumento, o depósito recursal corresponderá a 50% (cinquenta por cento) do valor do depósito do recurso ao qual se pretende destrancar. No entanto, quando o agravo de instrumento tem a finalidade de destrancar recurso de revista que se insurge contra decisão que contraria a jurisprudência uniforme do Tribunal Superior do Trabalho, consubstanciada nas suas súmulas ou em orientação jurisprudencial, não haverá obrigatoriedade de se efetuar o referido depósito. HC

Gabarito "B"

(Técnico Judiciário – TRT11 – FCC – 2017) De acordo com a Consolidação das Leis do Trabalho, no tocante ao Recurso Ordinário, considere:

I. Nas reclamações trabalhistas sujeitas ao procedimento sumaríssimo, o recurso ordinário terá parecer oral do representante do Ministério Público presente à sessão de julgamento, se este entender necessário o parecer, com registro na certidão.
II. Os Tribunais Regionais, divididos em Turmas, não poderão designar Turma para o julgamento dos recursos ordinários interpostos das sentenças prolatadas nas demandas sujeitas ao procedimento sumaríssimo, devendo o julgamento ocorrer simultâneo com os demais Recursos.
III. Terá acórdão consistente unicamente na certidão de julgamento, com a indicação suficiente do processo e parte dispositiva, e das razões de decidir do voto prevalente.
IV. Se a sentença for confirmada pelos próprios fundamentos, a certidão de julgamento, registrando tal circunstância, servirá de acórdão.

Está correto o que se afirma APENAS em

(A) II e III.
(B) I, II e IV.
(C) III e IV.
(D) I e II.
(E) I, III e IV.

I: opção correta, pois reflete o disposto no art. 895, § 1º, III, da CLT. **II:** opção incorreta, pois nos termos do art. 895, § 2º, da CLT os Tribunais Regionais, divididos em Turmas, poderão designar Turma para o julgamento dos recursos ordinários interpostos das sentenças prolatadas nas demandas sujeitas ao procedimento sumaríssimo. **III:** opção correta, pois reflete o disposto no art. 895, § 1º, IV, da CLT. **IV:** opção correta, pois nos termos do art. 895, § 1º, IV, parte final se a sentença for confirmada pelos próprios fundamentos, a certidão de julgamento, registrando tal circunstância, servirá de acórdão. HC

Gabarito "E"

(Analista Judiciário – TRT/20 – FCC – 2016) Em matéria recursal no Processo Judiciário do Trabalho, conforme normas da Consolidação das Leis do Trabalho,

(A) a interposição de recurso para o Supremo Tribunal Federal de decisão da Justiça do Trabalho que contrarie a Constituição Federal prejudicará a execução do julgado, que deverá ficar suspensa.

(B) no Tribunal Superior do Trabalho cabem embargos, no prazo de cinco dias de decisão unânime de julgamento que homologar conciliação em dissídios coletivos que excedam a competência territorial dos Tribunais Regionais do Trabalho.

(C) o Ministro Relator denegará seguimento aos embargos no Tribunal Superior do Trabalho nas hipóteses de intempestividade e deserção, não cabendo recurso de tal decisão.

(D) o agravo de instrumento interposto contra o despacho que não receber agravo de petição suspenderá a execução da sentença até o seu julgamento final, diante do princípio da segurança jurídica.

(E) quando o recurso de revista tempestivo contiver defeito formal que não se repute grave, o Tribunal Superior do Trabalho poderá desconsiderar o vício ou mandar saná-lo, julgando o mérito.

A: opção incorreta, pois o recurso extraordinário não tem efeito suspensivo. O art. 893, § 2º, da CLT ensina que A interposição de recurso para o Supremo Tribunal Federal não prejudicará a execução do julgado. **B:** opção incorreta, pois nos termos do art. 894 da CLT o prazo é de 8 dias. **C:** opção incorreta, pois nos termos do art. 894, § 4º a decisão poderá ser recorrida via agravo. **D:** opção incorreta, pois nos termos do art. 897, § 2º, da CLT o agravo de instrumento interposto contra o despacho que não receber agravo de petição não suspende a execução da sentença. **E:** opção correta, pois nos termos do art. 896, § 11, da CLT Quando o recurso tempestivo contiver defeito formal que não se repute grave, o Tribunal Superior do Trabalho poderá desconsiderar o vício ou mandar saná-lo, julgando o mérito.

Gabarito "E"

(Analista – TRT/3ª – 2015 – FCC) Em relação à execução provisória os recursos serão interpostos por simples petição e terão efeito meramente

(A) suspensivo, salvo as exceções previstas em lei, permitida a execução provisória até a penhora.

(B) suspensivo, salvo as exceções previstas em lei, permitida a execução definitiva.

(C) devolutivo, salvo as exceções previstas em lei, permitida a execução definitiva.

(D) meramente suspensivo, salvo as exceções previstas em lei, permitida a execução provisória até o leilão e a praça.

(E) devolutivo, salvo as exceções previstas em lei, permitida a execução provisória até a penhora.

"E" é a opção correta. De acordo com o art. 899 da CLT os recursos serão interpostos por simples petição e terão efeito meramente devolutivo, salvo as exceções previstas em lei, permitida a execução provisória até a penhora. Como exceção à regra podemos indicar a possibilidade de efeito suspensivo ao recurso ordinário interposto em dissídio coletivo, em conformidade com o art. 14 da Lei 10.192/2001. Da mesma forma, poderá ser atribuído efeito suspensivo às decisões das Turmas dos Tribunais do Trabalho no julgamento de processos coletivos, em conformidade com o art. 9º da Lei 7.701/1988. Por último, a jurisprudência admite nas hipóteses em que a execução provisória possa acarretar prejuízos irreparáveis, a propositura de ação cautelar inominada a ser distribuída perante o TRT competente, nos termos da súmula 414, I, do TST.

Gabarito "E"

(Técnico – TRT/19ª – 2015 – FCC) Constitui pressuposto intrínseco do recurso de revista

(A) a tempestividade.

(B) a sucumbência.

(C) a divergência jurisprudencial.

(D) a regularidade de representação.

(E) o preparo.

A: incorreta, pois a tempestividade é um pressuposto extrínseco do recurso. **B**: incorreta, pois a sucumbência não é pressuposto recursal O que constitui, também, verdadeiro pressuposto intrínseco do recurso é o interesse recursal. **C**: correta, pois por pressuposto intrínseco podemos entender como aquele próprio do recurso de revista. Assim, a divergência jurisprudencial é um pressuposto intrínseco do recurso de revista pautado nas alíneas *"a"* e *"b"*, do art. 896 da CLT. **D**: incorreta, pois a regularidade de representação é um pressuposto extrínseco do recurso. **E**: incorreta, pois o preparo (recolhimento de custas e depósito recursal, este último apenas em se tratando de empregador) constitui pressuposto extrínseco do recurso.

Gabarito "C"

(Técnico – TRT/16ª – 2015 – FCC) Considere a seguinte hipótese: Reclamação trabalhista ajuizada perante o Juiz de Direito, tendo em vista que aquela localidade não estava abrangida por jurisdição de Vara do Trabalho, sendo pelo mesmo processada e julgada. Inconformadas as partes com o teor da sentença, devem interpor recurso

(A) de apelação para o Tribunal de Justiça do Estado.

(B) de apelação para o Tribunal Regional do Trabalho.

(C) ordinário para o Tribunal de Justiça do Estado.

(D) ordinário para o Tribunal Regional do Trabalho.

(E) especial para o Superior Tribunal de Justiça.

Nos termos do art. 112 da CF nas localidades não abrangidas por jurisdição de Vara do Trabalho, ou seja, nas localidades onde não haja Vara do Trabalho, a competência para apreciação das demandas de natureza trabalhista será atribuída aos juízes de direito, com recurso para o respectivo Tribunal Regional do Trabalho.

Gabarito "D"

(Técnico – TRT/3ª – 2015 – FCC) Considere as seguintes hipóteses:

I. Indeferimento da petição inicial.

II. Indeferimento do requerimento da realização de perícia para apuração de periculosidade.

III. Juiz acolhe alegação de litispendência.

IV. Juiz acolhe alegação de coisa julgada.

Caberá Recurso Ordinário nas hipóteses indicadas APENAS em

(A) I e III.

(B) I e II.

(C) I, III e IV.

(D) II, III e IV.

(E) II e IV.

I: correta, pois decisão que indefere a petição inicial extingue o processo sem resolução do mérito (485 CPC/2015) e por isso possui natureza jurídica de sentença, nos termos do art. 203, § 1º CPC/2015. **II**: incorreta, pois a decisão que indefere o requerimento de perícia possui natureza de decisão interlocutória, em conformidade com o art. 203, § 2º, CPC/2015, não desafiando a interposição de recurso ordinário, art. 893, § 1º, da CLT. **III**: correta, pois em conformidade com o art. 203, § 1º, CPC/2015 a decisão que acata a litispendência possui natureza de sentença e extingue o processo sem resolução de mérito (485 CPC/2015). **IV**: correta, pois em conformidade com o art. 203, § 1º, CPC/2015 a decisão que acolhe a alegação de coisa julgada possui natureza de sentença e extingue o processo sem resolução de mérito (art. 485 CPC/2015).

Gabarito "C"

(Técnico – TRT/3ª – 2015 – FCC) Na execução de sentença proferida em reclamação trabalhista, contra as decisões dos Tribunais Regionais do Trabalho

(A) não caberá Recurso de Revista, salvo na hipótese de ofensa direta e literal de norma estadual ou federal.

(B) caberá, em qualquer hipótese, Recurso de Revista, no prazo de oito dias.

(C) não caberá Recurso de Revista, salvo na hipótese de ofensa à súmula ou jurisprudência consolidada do Tribunal Superior do Trabalho.

(D) caberá, em qualquer hipótese, Recurso de Revista, no prazo de quinze dias.

(E) não caberá Recurso de Revista, exceto quando ocorrer ofensa direta e literal de norma da Constituição Federal.

A: incorreta, pois na fase de execução não caberá recurso de revista por ofensa direta e literal de norma estadual ou federal. Veja art. 896, § 2º, da CLT. **B**: incorreta, pois na fase de execução o recurso de revista está restrito a hipótese de ofensa direta e literal de norma da Constituição Federal. Ademais, caberá recurso de revista por violação a lei federal, por divergência jurisprudencial e por ofensa à Constituição Federal nas execuções fiscais e nas controvérsias da fase de execução que envolvam a Certidão Negativa de Débitos Trabalhistas (CNDT). **C**: incorreta, pois o recurso de revista na hipótese de ofensa à súmula ou jurisprudência consolidada do TST é prevista para a fase de conhecimento no procedimento ordinário. **D**: incorreta, pois as hipóteses de cabimento de recurso de revista estão previstas no § 2º do art. 896 da CLT e seu prazo será de 8 dias, art. 6º da Lei 5.584/1970 **E**: opção correta, pois reflete o disposto no art. 896, § 2º, da CLT.

Gabarito "E"

(Analista – TRT/16ª – 2014 – FCC) A legitimidade para recorrer e o depósito prévio trabalhista são pressupostos recursais

(A) subjetivo e objetivo, respectivamente.

(B) objetivo e subjetivo, respectivamente.

(C) subjetivos.

(D) objetivos.

(E) objetivo e legal, respectivamente.

São pressupostos recursais intrínsecos ou subjetivos: capacidade, legitimidade e interesse. São pressupostos recursais extrínsecos ou objetivos: recorribilidade do ato, representação, adequação, tempestividade e preparo (custas e depósito recursal).

Gabarito "A"

(Analista – TRT/16ª – 2014 – FCC) Considere as seguintes hipóteses:

I. O autor renunciou ao direito sobre o qual se funda a ação.

II. A petição inicial foi indeferida uma vez que inepta.

III. O reclamante não compareceu à audiência e o processo foi arquivado.

IV. O juiz acolhe alegação de litispendência.

Caberá recurso ordinário nas hipóteses

(A) III e IV, apenas.

(B) I, II e III, apenas.

(C) I, II, III e IV.

(D) I, II e IV, apenas.

(E) II e III, apenas.

I: correta, pois determina o art. 895, I da CLT que contra as sentenças terminativas (sem resolução do mérito, art. 485 CPC/2015) e definitivas (com resolução do mérito, art. 487 CPC/2015) caberá a interposição de recurso ordinário. A sentença que homologa a renúncia é uma decisão definitiva, pois extingue o processo com resolução do mérito, art. art. 487, III, c, CPC/2015, portanto impugnável via reurso ordinário, art. 895, I, CLT. **II**: correta, pois a sentença que indefere a petição inicial por ser inepta é uma decisão terminativa de feito, art. art. 485, I, CPC/2015, portanto impugnável via reurso ordinário, art. 895, I, CLT. **III**: correta, pois a sentença que determinou o arquivamento dos autos por não comparecimento do reclamante é uma decisão terminativa de feito, pois não resolve o mérito da questão, art. 485, III, CPC/2015, portanto impugnável via reurso ordinário, art. 895, I, CLT. **IV**: correta, pois a sentença que acolhe a litispendência é uma decisão terminativa, pois não resolve o mérito da questão, art. 485, V, CPC/2015, portanto impugnável via reurso ordinário, art. 895, I, CLT.

Gabarito "C"

(Analista – TRT/16ª – 2014 – FCC) Gabriel, proprietário de diversos imóveis, teve um terreno penhorado por uma dívida trabalhista da qual não é devedor e não faz ou fez parte da relação processual. Neste caso, Gabriel interpôs embargos de terceiro. Assim, considerando que os referidos embargos já se encontram em grau recursal, da decisão proferida pelo Tribunal Regional do Trabalho competente

(A) caberá recurso de revista, no prazo de 8 dias, em todas as hipóteses previstas expressamente na Consolidação das Leis do Trabalho.

(B) não caberá recurso de revista em qualquer hipótese.

(C) não caberá recurso de revista, salvo apenas na hipótese de ofensa direta e literal de norma da Constituição Federal.

(D) não caberá recurso de revista, salvo na hipótese de interpretação diversa de mesmo dispositivo de lei federal a Súmula de Jurisprudência Uniforme do Tribunal Superior do Trabalho.

(E) não caberá recurso de revista, salvo na hipótese de interpretação diversa de mesmo dispositivo de lei federal ou estadual, da que lhe houver dado outro Tribunal Regional do Trabalho.

A: incorreta, pois na fase de execução a interposição do recurso de revista está restrito às hipóteses tratadas nos § 2º do art. 896 da CLT. As hipóteses previstas nas alíneas do art. 896 não são cabíveis na fase de execução. **B**: incorreta, pois caberá a interposição de recurso de revista, por força do art. 896, § 2º, da CF. **C**: correta, pois nos termos do art. 896, § 2º, da CLT das decisões proferidas pelos Tribunais Regionais do Trabalho ou por suas Turmas, em execução de sentença, inclusive em processo incidente de embargos de terceiro, não caberá Recurso de Revista, salvo na hipótese de ofensa direta e literal de norma da Constituição Federal. **D:** incorreta, pois na fase de execução não caberá recurso de revista previsto na alínea *a* do art. 896 da CLT, ou seja, por divergência na interpretação de lei ou súmula do TST. A interposição do recurso de revista na fase de execução está restrita às hipóteses tratadas nos § 2º do art. 896 da CLT. **E:** incorreta, pois na fase de execução não caberá recurso de revista previsto na alínea *a* e *b* do art. 896 da CLT, ou seja, por interpretação diversa de mesmo dispositivo de lei federal ou estadual, da que lhe houver dado outro Tribunal Regional do Trabalho. A interposição do recurso de revista na fase de execução está restrita às hipóteses tratadas no § 2º do art. 896 da CLT.

Gabarito "C"

(Analista – TRT/11ª – 2012 – FCC) A empresa Tetra, durante a execução definitiva de um processo em que é parte, teve parte de seus bens penhorados. A executada interpôs embargos à execução por não concordar com os cálculos do exequente, os quais foram homologados. O juiz da execução, decidindo os embargos, deles não conheceu, em razão de considerá-los intempestivos. Dessa decisão caberá

(A) recurso de revista.
(B) recurso ordinário.
(C) embargos declaratórios.
(D) agravo de instrumento.
(E) agravo de petição.

A assertiva "E" é a opção correta, pois, nos termos do art. 897, a, da CLT, das decisões proferidas na fase de execução caberá agravo de petição.

Gabarito "E"

(Analista – TRT/11ª – 2012 – FCC) Sobre a matéria recursal no Processo do Trabalho é correto afirmar que

(A) cabe recurso ordinário para a instância superior das decisões definitivas ou terminativas dos Tribunais Regionais, em processos de sua competência originária, no prazo de oito dias, quer nos dissídios individuais, quer nos dissídios coletivos.
(B) no Tribunal Superior do Trabalho cabem embargos, no prazo de oito dias, das decisões das Turmas que divergirem entre si, ou das decisoes proferidas pela Seção de Dissídios Individuais, ainda que a decisão recorrida estiver em consonância com súmula ou orientação Jurisprudencial do Tribunal Superior do Trabalho ou do Supremo Tribunal Federal.
(C) o recurso de revista, sempre dotado de efeitos devolutivo e suspensivo, será apresentado ao Presidente do Tribunal recorrido, que poderá recebê-lo ou denegá-lo, fundamentando em qualquer caso, a decisão.
(D) das decisões proferidas pelos Tribunais Regionais do Trabalho ou por suas Turmas em execução de sentença inclusive em processo incidente de embargos de terceiro, sempre caberá recurso de revista.
(E) o agravo de instrumento interposto contra o despacho que não receber agravo de petição suspende a execução da sentença.

A: assertiva correta, pois reflete o disposto no art. 895, II, da CLT; **B:** assertiva incorreta, pois se a decisão recorrida estiver em consonância com súmula ou orientação jurisprudencial do Tribunal Superior do Trabalho ou súmula vinculante do Supremo Tribunal Federal, não caberá recurso, nos termos do art. 894, II, da CLT; **C:** assertiva incorreta, pois o recurso de revista é dotado, apenas, de efeito devolutivo, nos termos do art. 896, § 1º, da CLT; **D:** assertiva incorreta, pois na fase de execução de sentença, nos termos do art. 896, § 2º, da CLT, somente caberá recurso de revista por ofensa direta e literal de norma da Constituição Federal. Veja também o § 10 do mesmo dispositivo legal; **E:** assertiva incorreta, pois nos termos do art. 897, § 2º, da CLT o agravo de instrumento interposto contra o despacho que não receber agravo de petição não suspende a execução da sentença.

Gabarito "A"

(Analista – TRT/1ª – 2012 – FCC) Sobre os recursos no Processo do Trabalho, conforme previsão legal é correto afirmar:

(A) O Agravo de Instrumento é o recurso cabível para questionar as decisões interlocutórias, devendo ser interposto no prazo de 8 (oito) dias.
(B) No Tribunal Superior do Trabalho cabem Embargos, no prazo de 8 (oito) dias das decisões das Turmas que divergirem entre si, ou das decisões proferidas pela Seção de Dissídios Individuais, ainda que a decisão recorrida esteja em consonância com súmula ou orientação jurisprudencial do próprio TST.
(C) Cabe Recurso Ordinário para a instância superior das decisões definitivas ou terminativas dos Tribunais Regionais, em processos de sua competência originária, no prazo de 15 (quinze) dias, quer nos dissídios individuais, quer nos dissídios coletivos.
(D) O Recurso de Revista, interposto em 10 (dez) dias, dotado dos efeitos suspensivo e devolutivo, será apresentado ao Presidente do Tribunal recorrido, que poderá recebê-lo ou denegá-lo, fundamentando, em qualquer caso, a decisão.
(E) O Agravo de Petição só será recebido quando o agravante delimitar, justificadamente, as matérias e os valores impugnados, permitida a execução imediata da parte remanescente até o final, nos próprios autos ou por carta de sentença.

A: assertiva incorreta, pois nos termos do art. 897, b, da CLT caberá o agravo de instrumento dos despachos que denegarem a interposição de recursos; **B:** assertiva incorreta, pois nos termos do art. 894, II, da CLT se decisão recorrida estiver em consonância com súmula ou orientação jurisprudencial do Tribunal Superior do Trabalho ou súmula vinculante do Supremo Tribunal Federal não caberá o recurso de embargos; **C:** assertiva incorreta, pois nos termos do art. 895, II, da CLT o prazo para a interposição do recurso ordinário das decisões definitivas ou terminativas dos Tribunais Regionais é de 8 (oito) dias; **D:** assertiva incorreta, pois o recurso de revista será recebido somente no efeito devolutivo, nos termos do art. 896, § 1º, da CLT. Ademais, o prazo para sua interposição é de 8 (oito) dias.

Gabarito "E"

(Técnico Judiciário – TRT9 – 2012 – FCC) Vênus foi dispensada da empresa Néctar dos Deuses S/A por justa causa. Ajuizou reclamação trabalhista para questionar o motivo da rescisão e postular indenização por dispensa imotivada. Ocorre que a ação foi julgada improcedente pelo Juiz da Vara do Trabalho. Inconformada, Vênus resolveu recorrer da sentença. Nessa situação, é cabível interpor:

(A) recurso ordinário, no prazo de 05 dias.
(B) embargos de declaração, no prazo de 05 dias.
(C) recurso de revista, no prazo de 08 dias.
(D) apelação, no prazo de 15 dias.
(E) recurso ordinário, no prazo de 08 dias.

A: incorreta, pois o prazo para o recurso ordinário é de 8 dias, nos termos do art. 895, I, da CLT; **B:** incorreta, pois os embargos de declaração são cabíveis das sentenças que contenham omissão, contradição ou obscuridade, nos termos do art. 897-A da CLT; **C:** incorreta, pois o recurso de revista é o recurso cabível das decisões proferidas pelo TRT, nos termos do art. 896 da CLT; **D:** incorreta, pois no processo do trabalho não existe o recurso de apelação. Nesse caso, tendo em vista a existência de recursos próprios, não se aplica o CPC de forma subsidiária (art. 769 da CLT.); **E:** correta, pois reflete o disposto no art. 895, I, da CLT.

Gabarito "E"

(Técnico – TRT/6ª – 2012 – FCC) Considere:

I. Recurso Ordinário.
II. Embargos de Declaração em Recurso Ordinário.
III. Ação Rescisória.
IV. Recurso de Revista.
V. Agravo de Petição de decisão proferida por Vara do Trabalho.

O jus postulandi das partes NÃO alcança as hipóteses indicadas APENAS em:

(A) I, II e V.
(B) III, IV e V.
(C) III e IV.
(D) II, III e IV.
(E) I, II e IV.

Nos termos da Súmula 425 do TST o jus postulandi das partes, estabelecido no art. 791 da CLT, limitase às Varas do Trabalho e aos Tribunais Regionais do Trabalho, não alcançando a ação rescisória, a ação cautelar, o mandado de seguran- ça e os recursos de competência do Tribunal Superior do Trabalho..

Gabarito "C"

(Técnico – TRT/6ª – 2012 – FCC) De decisão não unânime do Tribunal Superior do Trabalho que estender sentença normativa e das decisões definitivas dos Tribunais Regionais do Trabalho em processos de sua competência originária, ainda não transitados em julgados, caberá:

(A) Embargos e Agravo de Petição, respectivamente.
(B) Embargos e Recurso Ordinário, respectivamente.
(C) Recurso de Revista e Recurso Ordinário, respectivamente.
(D) Embargos.
(E) Recurso de Revista.

Arts. 894, I, *a*, e 895, II, da CLT.

Gabarito "B"

18. QUESTÕES COMBINADAS

(Analista – TRT/2ª – 2014 – FCC) Relativamente ao rito sumaríssimo é correto afirmar:

(A) Formulando o autor pedido ilíquido ou genérico, não será admitida a emenda da inicial, competindo ao magistrado extinguir liminarmente o processo sem exame do mérito.
(B) O recurso será imediatamente distribuído, uma vez recebido no Tribunal, devendo o relator liberá-lo no prazo máximo de quinze dias, e a Secretaria do Tribunal ou Turma colocá-lo, imediatamente, em pauta para julgamento, sem revisor.
(C) Será facultado às partes a oitiva de até três testemunhas, que comparecerão à audiência de instrução e julgamento independentemente de intimação.
(D) É aplicável aos dissídios individuais e coletivos, desde que o valor da causa seja igual ou inferior a 40 (quarenta) salários mínimos.
(E) É incabível para ações contra a Administração pública direta, autárquica e fundacional, bem como contra as empresas públicas e sociedades de economia mista.

A: correta, pois nos termos do art. 852-B, I, da CLT no procedimento sumaríssimo é um requisito o pedido certo ou determinado com a indicação do valor correspondente, o que impede a emenda da petição inicial. Não atendido o requisito pelo autor o juiz deverá arquivar a reclamação trabalhista, art. 852-B, § 1º, da CLT. **B:** incorreta, pois nos termos do art. 895, § 1º, II, da CLT o prazo para o relator liberar o recurso é de 10 dias. **C:** incorreta, pois nos termos do art. 852-H, § 2º, da CLT o limite máximo de testemunhas é de duas por parte. **D:** incorreta, pois nos termos do art. 852-A da CLT somente dissídios individuais serão submetidos ao procedimento sumaríssimo e nunca os dissídios coletivos. **E:** incorreta, pois nos termos do art. 852-A da CLT somente estão excluídas do procedimento sumaríssimo as demandas em que é parte a Administração Pública direta, autárquica e fundacional, as sociedades de economia mista poderão figurar no procedimento sumaríssimo.

Gabarito "A"

14. Direito do Consumidor

André de Carvalho Barros, Gabriela R. Pinheiro, Roberta Densa e Wander Garcia*

1. CONCEITO DE CONSUMIDOR E RELAÇÃO DE CONSUMO

(Defensor Público – DPE/BA – 2016 – FCC) De acordo com as disposições legais e jurisprudência dos Tribunais Superiores, o Código de Defesa do Consumidor se aplica

(A) às entidades abertas de previdência complementar e aos serviços públicos remunerados prestados *uti universi*, mas não se aplica às entidades fechadas de previdência complementar e nem aos serviços públicos *uti singuli*.

(B) às entidades abertas ou fechadas de previdência complementar e aos serviços públicos *uti universi et singuli*.

(C) às entidades abertas ou fechadas de previdência complementar e aos serviços públicos remunerados prestados *uti singuli*, mas não aos contratos de administração imobiliária firmados entre locador (proprietário do imóvel) e a imobiliária e aos serviços públicos *uti universi*.

(D) às entidades abertas de previdência complementar e aos serviços remunerados prestados *uti singuli*, mas não se aplica às entidades fechadas de previdência complementar e nem aos serviços públicos *uti universi*.

(E) às entidades abertas de previdência complementar e aos serviços públicos uti *universi et singuli*; mas não se aplica às entidades fechadas de previdência complementar.

O Código de Defesa do Consumidor é aplicável às entidades abertas de previdência complementar, não incidindo nos contratos previdenciários celebrados com entidades fechadas (Súmula 563). Em relação aos serviços públicos, o STJ já firmou entendimento de que somente os serviços públicos *uti singuli* estão submetidos ao Código de Defesa do Consumidor, afastando, no entanto, a proteção consumeristas dos serviços prestados *uti universi*. Nesse sentido, vide tema da jurisprudência em teses nº 74 do STJ: "A relação entre concessionária de serviço público e o usuário final para o fornecimento de serviços públicos essenciais é consumerista, sendo cabível a aplicação do Código de Defesa do Consumidor".

Gabarito "D"

(Defensor Público – DPE/BA – 2016 – FCC) Sebastião juntou dinheiro que arrecadou ao longo de 20 anos trabalhando como caminhoneiro para adquirir um caminhão, zero quilômetros, que passou a utilizar em seu trabalho, realizando fretes no interior do Estado da Bahia. Ainda no prazo de garantia, o veículo apresentou problemas e ficou imobilizado. Sua esposa, Raimunda, microempresária do ramo da costura, adquiriu uma máquina bordadeira de valor elevado de uma grande produtora mundial, que depois de poucas semanas de funcionamento, também apresentou parou de funcionar. Diante desses fatos, é correto afirmar que

(A) ambos podem ser considerados consumidores, ainda que não se configurem como usuários finais dos produtos adquiridos, uma vez que, embora o Código de Defesa do Consumidor adote a teoria finalista, em casos semelhantes, o Superior Tribunal de Justiça já admitiu a mitigação desta teoria diante da prova da hipossuficiência e do desequilíbrio na relação, caracterizando hipótese de consumo intermediário.

(B) nenhum dos dois pode se enquadrar no conceito de consumidor previsto no Código de Defesa do Consumidor, pois não são destinatários finais dos produtos; a lei adotou a teoria finalista, e a jurisprudência pacífica do Superior Tribunal de Justiça não admite a hipótese de consumo intermediário, afastando as disposições consumeristas para os produtos adquiridos para a utilização em cadeia de produção.

(C) ambos podem ser considerados consumidores, ainda que não se configurem como usuários finais dos produtos adquiridos, uma vez que a jurisprudência do Superior Tribunal de Justiça entende que o Código de Defesa do Consumidor não adotou a teoria finalista, bastando a prova da hipossuficiência e do desequilíbrio na relação e, portanto, se apresentando como irrelevante que o consumo tenha ocorrido na cadeia de produção.

(D) Sebastião pode ser considerado consumidor mesmo que não seja usuário final do produto adquirido, uma vez que, embora o Código de Defesa do Consumidor adote a teoria finalista, a jurisprudência do Superior Tribunal de Justiça admite a mitigação desta teoria diante da prova da hipossuficiência e do desequilíbrio na relação, caracterizando hipótese de consumo intermediário, mas Raimunda não poderá ser considerada consumidora, por se tratar de pessoa jurídica.

(E) ambos podem ser considerados consumidores, desde que se configurem como usuários finais dos produtos adquiridos e comprovem hipossuficiência econômica em relação ao fornecedor, uma vez que, embora o Código de Defesa do Consumidor adote a teoria finalista como regra geral, a lei reconhece expressamente a hipótese de consumo intermediário mediante prova da hipossuficiência econômica e do desequilíbrio na relação.

A: correta. A teoria finalista temperada (ou aprofundada) adotada pelo Superior Tribunal de Justiça, considera consumidor aquele

* **Roberta Densa** atualizou todas as questões do capítulo e comentou as questões dos seguintes concursos: DPE/BA/16, DPE/ES/16; **Gabriela Pinheiro** comentou as questões dos seguintes concursos: MAG/CE/2014, Advogado da Metro/SP/2014, Procurador Legislativo/Câmara de Vereadores de São Paulo/2014, Defensoria/SP/13, **André Barros** e **Wander Garcia** comentaram as questões dos seguintes concursos: Magistratura Estadual, MP Estadual e Defensoria; **Wander Garcia** comentou as demais questões.

RD questões comentadas por: **Roberta Densa.**

que adquire ou utiliza produto ou serviço como destinatário final, para uso próprio ou fins profissionais, desde que esteja presente a vulnerabilidade. O caso em tela apresenta justamente duas hipóteses de pessoas que retiraram os produtos do mercado com o objetivo de lucro, mas que são consideradas consumidoras como qualquer outra consumidora que tenha adquirido o produto para uso próprio. **B**: incorreta. A teoria finalista pura não é a teoria adotada pelo Superior Tribunal de Justiça. **C**: incorreta. O Superior Tribunal de Justiça adotou a teoria finalista temperada (ou mitigada). **D**: incorreta. Em ambos os casos os empresários são considerados consumidores. **E**: incorreta. O Código de Defesa do Consumidor permite a interpretação para o desenvolvimento das três teorias que foram amplamente discutidas no Brasil: teoria finalista, teoria maximalista e a teoria finalista temperada (ou aprofundada).

Gabarito "A"

(Magistratura/CE – 2014 – FCC) São relações jurídicas que se definem como de consumo, e assim se enquadram legalmente,

(A) as bancárias, securitárias, locatícias, bem como as concernentes aos serviços médicos.

(B) as condominiais, financeiras, de crédito e as concernentes aos serviços prestados por profissionais liberais.

(C) as concernentes às associações civis, bancárias, securitárias e relativas aos serviços advocatícios.

(D) as bancárias, securitárias, financeiras e as concernentes aos serviços prestados por profissionais liberais.

(E) quaisquer relações que envolvam a entrega de produtos ou serviços, em qualquer circunstância, com habitualidade ou não.

A: incorreta, pois as relações locatícias não são consideradas relação de consumo. Neste sentido: Civil – Recurso especial – Locação – Despejo por falta de pagamento – Multa moratória contratual – Lei de usura e **Código de Defesa do Consumidor – Inaplicabilidade**. 1 – A Lei de Usura (Decreto 22.626/1933) é aplicável somente aos contratos de mútuo, não podendo incidir sobre o contrato de locação para redução da multa moratória livremente convencionada entre o locador e o locatário. Outrossim, é **entendimento pacífico no âmbito desta Corte Superior de Uniformização Infraconstitucional a não aplicabilidade do Código de Defesa do Consumidor (Lei 8.078/1990, com a redação dada pelo art. 52 da Lei 9.298/1996) nos pactos locatícios, especialmente no que se refere à multa pelo atraso no pagamento do aluguel, já que firmados de forma diversa (livre convenção) e nos termos da legislação pertinente** (Lei 8.245/1991). 2 – Precedentes (REsp 262.620/RS, 266.625/GO e 399.938/MS). 3 – Recurso conhecido, porém, desprovido. (REsp 324015/SP, Rel. Ministro Jorge Scartezzini, Quinta Turma, j. 03.10.2002, *DJ* 11.11.2002, p. 247). O CDC traz um rol exemplificativo no art. 3º, § 2º sobre as relações que são consideradas de consumo; **B**: incorreta, pois não se aplica o CDC na relação condominial. Neste contexto: Recurso especial interposto por ambas as partes – Ação de cobrança – Cotas condominiais – Dissídio jurisprudencial – Não configuração – Correção monetária – Termo inicial – Vencimento do débito – Multa condominial de 10% prevista na convenção – Redução para 2% operada pelo tribunal *a quo* – Código de Defesa do Consumidor – Inaplicabilidade – Manutenção do percentual estabelecido na sentença – Litigância de má-fé – Restabelecimento – Súmula 7/STJ. 1 — A teor do art. 255, § 2º, do RISTJ, para a apreciação e comprovação da divergência jurisprudencial, devem ser expostas as circunstâncias que identificam os casos confrontados, impondo-se a similitude fática entre o v. acórdão recorrido e o paradigma com tratamento jurídico diverso. Outrossim, necessária a juntada de cópias integrais de tais julgados, ou ainda, a citação do respectivo repositório oficial de jurisprudência. No caso vertente, a recorrente não realizou o necessário confronto analítico entre os arestos apontados como divergentes, restringindo-se a mera citação de ementas, impossibilitando o conhecimento do recurso pela divergência. 2 – A correção monetária é devida desde o vencimento do débito, evitando-se, com isso, o enriquecimento sem causa do devedor inadimplente. 3 – A jurisprudência desta Corte é pacífica no sentido de que **não se aplica o Código de Defesa do Consumidor às relações jurídicas existentes entre condomínio e condôminos. Assim, a redução do percentual da multa, estabelecida na Convenção, de 10% para 2%, determinada pelo Tribunal *a quo*, com base na legislação consumerista, merece reforma**. 4 – Fixada, na Convenção Condominial, a multa por atraso no pagamento das cotas, no patamar 10%, permitido pelo art. 12, § 3º, da Lei 4.591/1964, este deve ser aplicado aos atrasos ocorridos antes do advento do novo Código Civil, quando então passa a valer o percentual de 2%, previsto no art. 1.336, § 1º deste novel diploma. 5 – Para o restabelecimento da pena por litigância de má-fé faz-se necessário o exame aprofundado do material cognitivo, o que é vedado ante o óbice da Súmula 7/STJ. 6 – Recurso interposto por Neumarkt Trade and Financial Center S.A. não conhecido, e o interposto por Condomínio Neumarkt Trade and Financial Center conhecido, em parte e, nessa parte, provido para restabelecer a sentença de primeiro grau no que tange a multa moratória. (REsp 753.546/SC, Rel. Ministro Jorge Scartezzini, Quarta Turma, j. 04.08.2005, DJ 29.08.2005, p. 366); **C**: incorreta, pois não se aplica o CDC a relação referente a serviços advocatícios. Vide julgado: Processual civil e civil. Agravo regimental no agravo em recurso especial. Contrato de prestação de serviços advocatícios. CDC. Inaplicabilidade. Decisão mantida. 1. Conforme entendimento firmado no STJ, o Código de Defesa do Consumidor **não se aplica à prestação de serviços de advocacia**. Precedentes. 2. Agravo regimental a que se nega provimento. (AgRg no AREsp 316.594/RJ, Rel. Ministro Antonio Carlos Ferreira, Quarta Turma, j. 04.09.2014, *DJe* 09.09.2014); **D**: correta (art. 3º, § 2º e 14, § 4º, do CDC); **E**: incorreta, pois nem toda situação em que há entrega de produto é possível afirmar que se aplique o CDC, pois pode ocorrer de os sujeitos não se enquadrarem no conceito de fornecedor e consumidor (art. 2º, "caput", e art. 3º, "caput", do CDC).

Gabarito "D"

(Magistratura/PE – 2013 – FCC) No tocante às relações de consumo,

(A) pode-se falar em consumidor por equiparação à coletividade de pessoas, ainda que indetermináveis, que haja intervindo nas relações de consumo.

(B) fornecedor é toda pessoa física ou jurídica, neste caso privada, somente, nacional ou estrangeira, bem como os entes despersonalizados, que desenvolvem atividades de produção, montagem, criação, construção, transformação, importação, exportação, distribuição ou comercialização de produtos ou prestação de serviço.

(C) produto é qualquer bem, desde que material, podendo ser móvel ou imóvel.

(D) serviço é qualquer atividade fornecida no mercado de consumo, com ou sem remuneração, inclusive as de natureza bancária, financeira, de crédito e securitária.

(E) as normas consumeristas são de natureza dispositiva e de interesse individual dos consumidores.

A: correta (art. 2º, parágrafo único, do CDC); **B**: incorreta, pois a pessoa jurídica pública também pode ser fornecedora (art. 3º, "caput", do CDC); **C**: incorreta, pois produto pode ser bem material ou imaterial (art. 3º, § 1º, do CDC); **D**: incorreta, pois um serviço só está sujeito ao CDC se for remunerado (art. 3º, § 2º, do CDC); **E**: incorreta, pois são normas de *ordem pública* (ou seja, não dispositivas, não passíveis de serem afastadas pelas partes) e de *interesse social* (e não meramente individual de consumidor), conforme o art. 1º do CDC.

Gabarito "A"

(Magistratura/PE – 2013 – FCC) NÃO se enquadram ao Código de Defesa do Consumidor

(A) as relações jurídicas envolvendo o usuário da rodovia e a concessionária do serviço público.
(B) as relações jurídicas entre a entidade de previdência privada e seus participantes.
(C) as relações jurídicas decorrentes dos contratos de planos de saúde.
(D) o exame dos contratos de cartão de crédito, submetidos apenas às resoluções específicas do Banco Central.
(E) as relações jurídicas concernentes aos condôminos, nos condomínios edilícios.

A: incorreta, pois as concessionárias de serviço público estão sujeitas às disposições do CDC (art. 22, "caput" e parágrafo único, do CDC); **B:** incorreta, pois a Súmula STJ n. 563 dispõe justamente o contrário: "O Código de Defesa do Consumidor é aplicável às entidades abertas de previdência complementar, não incidindo nos contratos previdenciários celebrados com entidades fechadas"; **C:** incorreta, pois a relação securitária está prevista como de consumo (art. 3º, § 2º, do CDC), inclusive com pronunciamento expresso nesse sentido pela Súmula STJ n. 469: "Aplica-se o Código de Defesa do Consumidor aos contratos de plano de saúde"; **D:** incorreta, pois as relações de crédito (inclusive cartão de crédito) estão previstas como de consumo (art. 3º, § 2º, do CDC); **E:** correta, pois o condomínio não se enquadra no conceito de serviço previsto no CDC (art. 3º. § 2º, do CDC), conforme jurisprudência pacífica do STJ: "(...) Não se aplicam as normas do Código de Defesa do Consumidor às relações jurídicas estabelecidas entre condomínio e condôminos" (AgRg no Ag 1.122.191, Quarta Turma, Rel. Min. Luis Felipe Salomão, julgado em 22/06/2010, DJ 01/07/2010).

Gabarito "E"

2. PRINCÍPIOS E DIREITOS BÁSICOS

(Juiz – TJ-SC – FCC – 2017) Quanto aos direitos do consumidor, bem como suas disposições gerais, é correto:

(A) Direitos básicos do consumidor possuem rol elucidativo e não taxativo; se a ofensa for praticada por mais de um autor, todos responderão solidariamente pela reparação dos danos previstos nas normas de consumo.
(B) Equipara-se a consumidor a coletividade de pessoas, desde que determinadas ou determináveis, que haja intervindo nas relações de consumo.
(C) Fornecedor é toda pessoa física ou jurídica, pública ou privada, desde que personalizada, que desenvolve atividades de produção, montagem, criação, construção, transformação, importação, exportação, distribuição ou comercialização de produtos ou prestação de serviços.
(D) As normas consumeristas têm natureza protetiva e de defesa dos consumidores, de ordem dispositiva e de interesse social, implicando tratamento diferenciado a estes por sua hipossuficiência e vulnerabilidade.
(E) Produto é qualquer bem, exclusivamente material, de natureza móvel ou imóvel, indistintamente.

A: correta. O rol do art. 6º do Código de Defesa do Consumidor, que traz os direitos básicos, é elucidativo, traz o patamar mínimo de direitos do consumidor, que se expande para todo o Código; **B:** incorreta. Equipara-se a consumidor a coletividade de pessoas, ainda que **indetermináveis**, que haja intervindo nas relações de consumo (art. 2º, parágrafo único, do CDC); **C:** incorreta. Os entes despersonalizados também são considerados consumidores (art. 2º, "caput", do CDC); **D:** incorreta. Nos termos do art. 1º do CDC, as normas nele inseridas são normas de ordem pública e interesse social, protegendo a vulnerabilidade do consumidor. Todos os consumidores são vulneráveis, nem todos os consumidores são hipossuficientes. A hipossuficiência é a dificuldade apresentada pelo consumidor para fazer a prova em juízo, o que deve ser analisado tão somente para fins de inversão do ônus da prova; **E:** incorreta. O bem imaterial (incorpóreo) também pode ser objeto da relação de consumo (art. 3º, § 1º, do CDC). RD

Gabarito "A"

(Magistratura/PE – 2011 – FCC) Dentre os direitos básicos assegurados pela Teoria Geral do Direito abaixo discriminados NÃO se aplica às relações de consumo a regra:

(A) do *pacta sunt servanda*.
(B) da inversão do ônus da prova.
(C) da continuidade dos serviços essenciais prestados pelo Poder Público.
(D) da verossimilhança das alegações do consumidor.
(E) da desconsideração da personalidade jurídica.

A: correta, pois, de fato, essa regra não está no CDC; **B:** incorreta, pois a regra está no art. 6º, VIII, do CDC; **C:** incorreta, pois a regra está no art. 22 do CDC; **D:** incorreta, pois a regra está no art. 6º, VIII, do CDC; **E:** incorreta, pois a regra está no art. 28 do CDC.

Gabarito "A"

(Ministério Público/CE – 2011 – FCC) A inversão do ônus da prova para facilitação da defesa dos direitos do consumidor no processo civil é:

(A) obrigatória quando o pedido se fundar em norma de ordem pública, porque o interesse privado do fornecedor neste caso deverá ser sempre afastado.
(B) obrigatória, sempre que o Ministério Público for o autor da ação e, nos casos em que, intervindo como fiscal da lei, requerer aquele benefício.
(C) inadmissível quando o objeto do processo revestir interesse exclusivamente privado, para não ferir o princípio da isonomia.
(D) admissível, a critério do juiz, desde que a parte o requeira, mediante declaração de pobreza firmada de próprio punho, porque ela firma presunção relativa de sua hipossuficiência.
(E) admissível quando, a critério do juiz, for verossímil a alegação ou quando for ele hipossuficiente, segundo as regras ordinárias de experiência.

A alternativa "E" é a correta, pois a inversão do ônus da prova não é obrigatória no processo civil quando tem por objeto as relações de consumo. Trata-se de um direito do consumidor quando, a critério do juiz, for verossímil a alegação ou quando for ele hipossuficiente, segundo as regras ordinárias de experiências (art. 6º, VIII, do CDC). Todo consumidor é vulnerável, mas nem todo consumidor é hipossuficiente.

Gabarito "E"

(Defensor Público/AM – 2013 – FCC) Segundo o Código de Defesa do Consumidor, são instrumentos para a execução da política nacional das relações de consumo:

(A) a criação de delegacias de polícia especializadas no atendimento de consumidores vítimas de infrações penais de consumo e a harmonização dos interesses dos participantes das relações de consumo e compatibilização da proteção do consumidor com a necessidade de desenvolvimento econômico e tecnológico, de modo a viabilizar os princípios nos quais se funda a ordem econômica (art. 170, da Constituição Federal), sempre com base na boa-fé e equilíbrio nas relações entre consumidores e fornecedores.

(B) a educação e informação de fornecedores e consumidores, quanto aos seus direitos e deveres, com vistas à melhoria do mercado de consumo, estudo constante das modificações do mercado de consumo e a racionalização e melhoria dos serviços públicos.

(C) a concessão de estímulos à criação e desenvolvimento das Associações de Defesa do Consumidor, a criação de delegacias de polícia especializadas no atendimento de consumidores vítimas de infrações penais de consumo e a manutenção de assistência jurídica, integral e gratuita para o consumidor carente.

(D) a instituição de Promotorias de Justiça de Defesa do Consumidor, no âmbito do Ministério Público, o reconhecimento da vulnerabilidade do consumidor no mercado de consumo e o incentivo à criação pelos fornecedores de meios eficientes de controle de qualidade e segurança de produtos e serviços, assim como de mecanismos alternativos de solução de conflitos de consumo.

(E) a manutenção de assistência jurídica, integral e gratuita para o consumidor carente, a criação de Juizados Especiais de Pequenas Causas e Varas Especializadas para a solução de litígios de consumo e o reconhecimento da vulnerabilidade do consumidor no mercado de consumo.

A: incorreta, pois a "harmonização dos interesses (...)" é *princípio* e não *instrumento* da PNRC (Política Nacional das Relações de Consumo), nos termos do art. 4º, III, do CDC; **B:** incorreta, pois a "educação e informação (...)" é *princípio* e não *instrumento* da PNRC (Política Nacional das Relações de Consumo), nos termos do art. 4º, IV, do CDC; **C:** correta (art. 5º, I, III e V, do CDC); **D:** incorreta, pois o "reconhecimento da vulnerabilidade (...)" e "o incentivo à criação (...)" são *princípios* e não *instrumentos* da PNRC (Política Nacional das Relações de Consumo), nos termos do art. 4º, I e V, do CDC; **E:** incorreta, pois "o reconhecimento da vulnerabilidade (...)" é *princípio* e não *instrumento* da PNRC (Política Nacional das Relações de Consumo), nos termos do art. 4º, I, do CDC.

Gabarito "C"

(Defensor Público/SP – 2012 – FCC) De acordo com o que dispõe de forma expressa o art. 5º do Código de Defesa do Consumidor (Lei 8.078/1990), para a execução da Política Nacional das Relações de Consumo, contará o poder público com os seguintes instrumentos, EXCETO:

(A) Concessão de estímulos à criação e desenvolvimento das Associações de Defesa do Consumidor.

(B) Instituição de Promotorias de Justiça de Defesa do Consumidor, no âmbito do Ministério Público.

(C) Criação de Delegacias de Polícia especializadas no atendimento de consumidores vítimas de infrações penais de consumo.

(D) Criação de Juizados Especiais de Pequenas Causas e Varas Especializadas para a solução de litígios de consumo.

(E) Criação de Defensorias Públicas de Defesa do Consumidor, provendo assistência jurídica, integral e gratuita, em favor do consumidor necessitado.

O único instrumento que não está previsto no art. 5º do CDC é a criação de Defensorias Públicas de Defesa do Consumidor, apesar de haver previsão da manutenção de uma assistência jurídica, integral e gratuita para o consumidor carente.

Gabarito "E"

3. RESPONSABILIDADE PELO FATO DO PRODUTO OU DO SERVIÇO E PRESCRIÇÃO

(Juiz – TJ-SC – FCC – 2017) Quanto à responsabilidade pelo fato do produto e do serviço, é correto afirmar:

(A) O produto colocado no mercado torna-se defeituoso se outro de melhor qualidade vier a substituí-lo para a mesma finalidade.

(B) O prazo para ajuizamento de ação indenizatória pelo consumidor lesado é decadencial.

(C) A responsabilidade pessoal dos profissionais liberais será examinada, se a relação for consumerista, de acordo com as regras da responsabilidade objetiva, na modalidade de risco atividade, que admite excludentes.

(D) O serviço, que é defeituoso quando não fornece a segurança que o consumidor dele pode esperar, não é assim considerado pela adoção de novas técnicas.

(E) Se o comerciante fornecer o produto sem identificação clara de seu fabricante, produtor, construtor ou importador, sua responsabilidade será apurada mediante verificação de culpa, isto é, de acordo com as normas da responsabilidade subjetiva.

A: incorreta. "O produto não é considerado defeituoso pelo fato de outro de melhor qualidade ter sido colocado no mercado" (art. 12, § 2º); **B:** incorreta. O prazo de cinco anos para ingressar com pedido de indenização por defeito de produto ou serviço é prescricional; **C:** incorreta. A responsabilidade pessoal dos profissionais liberais é subjetiva (art. 14, § 4º, do CDC); **D:** correta. Nos exatos termos do art. 18, § 1º, do CDC; **E:** incorreta. A responsabilidade civil do comerciante por defeito de produto é objetiva e subsidiária, nos termos do art. 13 do CDC. RD

Gabarito "D"

(Defensor Público – DPE/BA – 2016 – FCC) Considere as assertivas abaixo.

I. É abusiva a cláusula prevista em contrato de adesão que impõe ao consumidor em mora a obrigação de pagar honorários advocatícios decorrentes de cobrança extrajudicial.

II. A estipulação de juros remuneratórios superiores a 12% ao ano constitui abusividade.

III. Constitui prática comercial abusiva o envio de cartão de crédito sem prévia e expressa solicitação do consumidor, configurando-se ato ilícito indenizável e sujeito à aplicação de multa administrativa.

IV. Caracteriza prática abusiva no mercado de consumo a diferenciação do preço do produto em função de o pagamento ocorrer em dinheiro, cheque ou cartão de crédito.

Está de acordo com a jurisprudência do Superior Tribunal de Justiça, APENAS o que se afirma em:

(A) III e IV.

(B) I, II e IV.

(C) II, III e IV.

(D) II e III.

(E) II e IV.

I. incorreta. Somente seria considerada abusiva se não houvesse possibilidade de o consumidor também fazer a cobrança. Nesse sentido, já decidiu o Superior Tribunal de Justiça: "Nas relações de consumo, havendo expressa previsão contratual, ainda que em contrato de adesão, não se tem por abusiva a cobrança de honorários advocatícios extrajudiciais em caso de mora ou inadimplemento do consumidor. Igual direito é assegurado ao consumidor, em decorrência de imposição legal, nos termos do art. 51, XII, do CDC, independentemente de previsão contratual. (STJ, REsp 1002445/DF, DJe 14/12/2015). **II.** incorreta. Súmula 382 do STJ: "A estipulação de juros remuneratórios superiores a 12% ao ano, por si só, não indica abusividade." **III.** Correta. Súmula 532 do STJ: "Constitui prática comercial abusiva o envio de cartão de crédito sem a prévia e expressa solicitação do consumidor, configurando-se ato ilícito indenizável e sujeito à aplicação de multa". **IV.** Correta. Conforme entendimento jurisprudencial. Entanto, há que se observar a Medida Provisória 764/2016 (posterior ao concurso), que permite a cobrança de valores de forma diferenciada, afastando, portando, a abusividade.

Gabarito "A"

(Magistratura/PE – 2013 – FCC) Analise os enunciados abaixo, em relação à responsabilidade pelo fato do produto e do serviço.

I. O produto é defeituoso quando não oferece a segurança que dele legitimamente se espera, levando-se em consideração circunstâncias relevantes, como sua apresentação, o uso e os riscos razoavelmente esperados e a época em que foi colocado em circulação.

II. O serviço é tido por defeituoso quando não fornece a segurança que o consumidor dele pode esperar, levando-se em conta circunstâncias relevantes, como o modo de seu fornecimento, o resultado e os riscos razoavelmente esperados e a adoção de novas técnicas.

III. O comerciante é responsabilizado quando o fabricante, o construtor, o produtor ou o importador não puderem ser identificados, ou quando o produto for fornecido sem identificação clara do seu fabricante, produtor, construtor ou importador ou, ainda, quando não conservar adequadamente os produtos perecíveis.

Está correto o que se afirma em

(A) I, II e III.

(B) II, apenas.

(C) II e III, apenas.

(D) I e II, apenas.

(E) I e III, apenas.

I: correta (art. 12, § 1º, I, II e III, do CDC); **II:** incorreta, pois o serviço não é considerado defeituoso pela adoção de novas técnicas (art. 14, § 2º, do CDC); **III:** correta (art. 13, I, II e III, do CDC).

Gabarito "E"

(Magistratura/PE – 2011 – FCC) Na hipótese de dano causado ao consumidor por defeito de fabricação de veículo importado, a responsabilidade pela sua reparação:

(A) depende da existência de culpa.

(B) é do comerciante, em primeira intenção.

(C) é exclusiva do importador do veículo.

(D) é do fabricante estrangeiro e do importador nacional em caráter solidário.

(E) é exclusiva do fabricante estrangeiro.

A: incorreta, pois a responsabilidade é objetiva ("independentemente da existência de culpa"), nos termos do art. 12, *caput*, do CDC; **B:** incorreta, pois o comerciante, em princípio, não responderá em caso de defeito ou responsabilidade pelo fato do produto ou do serviço, conforme se verifica do art. 12, *caput*, do CDC; **C:** incorreta, pois também é responsável o fabricante, ainda que estrangeiro (art. 12, *caput*, do CDC); **D:** correta (art. 12, *caput*, c/c art. 7º, p. un., do CDC); **E:** incorreta, pois o importador também é responsável, nos termos do art. 12, *caput*, do CDC.

Gabarito "D"

(Magistratura/PE – 2011 – FCC) A prescrição da pretensão relativa à reparação dos danos causados pelo fato do produto ou do serviço:

(A) consuma-se no prazo de noventa dias contados do respectivo fornecimento.

(B) consuma-se no prazo de cinco anos contados do conhecimento do dano.

(C) consuma-se no prazo de cinco anos contados do momento em que ficar evidenciado o defeito.

(D) não ocorre.

(E) depende de prévia reclamação formulada pelo consumidor.

A prescrição, no caso, está regulamentada no art. 27 do CDC, e é de 5 anos, contados do dano e de sua autoria.

Gabarito "B"

(Magistratura/PE – 2011 – FCC) No fornecimento de serviços, a responsabilidade pela reparação dos danos causados aos usuários, depende da demonstração de culpa dos:

(A) prestadores de serviços em geral.

(B) caminhoneiros em autoestrada.

(C) profissionais liberais.

(D) prepostos de pessoas jurídicas de direito privado.

(E) servidores públicos.

A responsabilidade do fornecedor no CDC é objetiva. Porém, há uma exceção, que depende da demonstração de culpa, que é a responsabilidade dos profissionais liberais (art. 14, § 4º, do CDC).

Gabarito "C"

(Defensor Público/SP – 2012 – FCC) Em se tratando de responsabilidade do fornecedor pelo fato do produto e do serviço, a pretensão à reparação do consumidor pelos danos causados prescreve em

(A) 30 dias.

(B) 90 dias.

(C) 180 dias.

(D) 3 anos.

(E) 5 anos.

A pretensão prescreve no prazo de 5 anos, contados do conhecimento do dano e de sua autoria (art. 27 do CDC).

Gabarito "E"

4. RESPONSABILIDADE POR VÍCIO DO PRODUTO OU DO SERVIÇO E DECADÊNCIA

(Juiz – TJ-SC – FCC – 2017) Quanto à qualidade dos produtos e serviços nas relações de consumo, considere:

I. O comerciante é objetivamente responsável quando o fabricante, o construtor, o produtor ou o exportador não puderem ser identificados; quando o produto for fornecido sem identificação clara do seu fabricante, produtor, construtor ou importador; ou quando não conservar adequadamente os produtos perecíveis.

II. Os produtos e serviços colocados no mercado de consumo não acarretarão riscos à saúde ou segurança dos consumidores, exceto os considerados normais e previsíveis em decorrência de sua natureza e fruição, obrigando-se os fornecedores, em qualquer hipótese, a dar as informações necessárias e adequadas a seu respeito.

III. Em nenhuma hipótese o fornecedor de produtos e serviços poderá colocar no mercado produtos potencialmente nocivos ou perigosos à saúde ou segurança, retirando-os imediatamente do mercado ao tomar conhecimento dessa nocividade ou periculosidade ao consumidor.

IV. A ignorância do fornecedor sobre os vícios de qualidade por inadequação dos produtos e serviços isenta-o de responsabilidade, mas não a ignorância sobre produtos defeituosos, por dizerem respeito à segurança que dele legitimamente se espera.

Está correto o que se afirma APENAS em:

(A) I e IV.
(B) I e III.
(C) I e II.
(D) II, III e IV.
(E) I e III.

I: correta. A responsabilidade do comerciante está definida no art. 13 da lei consumerista e é subsidiária e objetiva por defeito de produto colocado no mercado de consumo; **II:** correta. Os produtos com periculosidade latente ou inerente podem ser colocados no mercado de consumo desde que os consumidores sejam avisados quanto aos riscos envolvidos (art. 8º do CDC); **III:** incorreta. Conforme justificativa do item "II"; **IV:** incorreta. A ignorância do fornecedor sobre os vícios de qualidade por inadequação dos produtos e serviços não o exime de responsabilidade (art. 23, do CDC). RD

Gabarito "C"

(Juiz – TJ-SC – FCC – 2017) Sobre responsabilidade por vício do produto ou serviço, considere:

I. Se houver vício no fornecimento de produtos de consumo duráveis ou não duráveis o consumidor poderá exigir a restituição imediata da quantia paga, monetariamente corrigida, com prejuízo de eventuais perdas e danos.

II. As partes só podem convencionar a redução do prazo previsto para que seja sanado o vício no fornecimento do produto ou serviço, pois sua ampliação implicaria indevida vantagem ao fornecedor.

III. No fornecimento de serviços que tenham por objetivo a reparação de qualquer produto considerar-se-á implícita a obrigação do fornecedor de empregar componentes de reposição originais adequados e novos, ou que mantenham as especificações técnicas do fabricante, salvo, quanto a estes últimos, autorização em contrário do consumidor.

IV. A garantia legal de adequação do produto ou serviço independe de termo expresso, vedada a exoneração contratual do fornecedor.

Está correto o que se afirma APENAS em:

(A) III e IV.
(B) II e IV.
(C) II e IV.
(D) I, II e III.
(E) I e III.

I: incorreta. O consumidor sempre terá direito à indenização integral, monetariamente atualizada, sem prejuízo das perdas e danos (art. 18, II, do CDC); **II:** incorreta. O prazo de conserto pode ser diminuído para sete dias e aumentado para 180 dias, a depender da vontade das partes (art. 18, § 2º, do CDC); **III:** correta. Conforme arts. 21 e 70 do CDC: **IV:** correta. A garantia legal independe de termo expresso e está prevista no arts. 26 e 74 do CDC. RD

Gabarito "A"

(Magistratura/CE – 2014 – FCC) Luciana Cristina tem sua conta bancária invadida por *hackers*, que lhe causam prejuízo de R$ 5.000,00. Ao buscar a reparação do dano, o Banco Ases das Finanças nega-se a lhe devolver o dinheiro, negando que terceiros tenham invadido a conta da consumidora e insinuando que ela própria retirou maliciosamente o dinheiro. Nessa situação, Luciana Cristina proporá ação

(A) indenizatória por danos materiais e morais contra o banco, que na hipótese responde objetivamente, na modalidade de risco integral, em razão de suas atividades de risco para a sociedade.

(B) indenizatória contra o banco, baseada na responsabilidade objetiva no tocante aos danos materiais e na responsabilidade subjetiva quanto aos danos morais, nesse caso sem inversão possível do ônus probatório.

(C) de repetição de indébito contra o banco, para que este devolva em dobro o prejuízo, a título material, podendo propor ação indenizatória moral autonomamente.

(D) indenizatória por danos materiais e morais contra o banco, tendo que provar a culpa com que este agiu mas podendo pedir a inversão do ônus probatório.

(E) indenizatória contra o banco, baseada em sua responsabilidade objetiva pelo risco da atividade, cabendo ao réu o ônus de provar suas alegações; poderá cumular seu pedido de indenização por danos morais, pela insinuação de que agiu ilicitamente.

A: incorreta, pois o CDC não adota a teoria do risco integral com relação aos fornecedores, mas sim a teoria do risco da atividade. Neste contexto, a teoria do risco integral é a modalidade extremada da doutrina do risco administrativo, abandonada na prática, por conduzir ao abuso e à iniquidade social. Para essa fórmula radical, a Administração/Fornecedor ficaria obrigado a indenizar todo e qualquer dano suportado por terceiros, ainda que resultante de culpa ou dolo da vítima (Hely Lopes Meirelles 1999, p. 586); **B:** incorreta, pois tanto os danos materiais como os morais estarão fundados em responsabilidade objetiva, sendo permitida a inversão do ônus da prova nos dois casos (art. 14, "caput", e art. 6º, VIII, do CDC); **C:** incorreta, pois a ação de repetição do indébito é utilizada quando algo é pago indevidamente, hipótese que não se enquadra no caso em tela. Será cabível ação indenizatória tanto para cobrar o dano moral, como o material (art. 14, "caput", do CDC); **D:** incorreta, pois a Luciana não terá de provar a culpa do banco, uma vez que este responde independentemente de culpa (responsabilidade objetiva). Basta que demonstre a conduta, o dano e o nexo (art. 14, "caput", e § 1º do CDC); **E:** correta, pois há responsabilidade objetiva do banco em decorrência do risco de sua atividade. Essa teoria prevê que toda pessoa que exerce alguma atividade cria um risco de dano para terceiros. E deve ser obrigado a repará-lo, ainda que sua conduta seja isenta de culpa. Assim, o banco ficará responsável pela indenização tanto por danos morais como materiais, cabendo a ele comprovar seus fundamentos e desconstituir as alegações da autora (art. 14, "caput", e § 1º e art. 6º, VIII, do CDC). Nesse sentido, veja a Súmula 479 do STJ: "As instituições financeiras respondem objetivamente pelos danos gerados por fortuito interno relativo a fraudes e delitos praticados por terceiros no âmbito de operações bancárias".

Gabarito "E"

(Magistratura/CE – 2014 – FCC) Em relação à qualidade dos produtos e serviços, da prevenção e da reparação dos danos nas relações de consumo, examine os seguintes enunciados:

I. Os produtos e serviços colocados no mercado de consumo não acarretarão riscos à saúde ou segurança dos consumidores, exceto os considerados normais e previsíveis em decorrência de sua natureza e fruição, obrigando-se os fornecedores, em qualquer hipótese, a dar as informações necessárias e adequadas a seu respeito.

II. O fornecedor de produtos e serviços potencialmente nocivos ou perigosos à saúde ou segurança deverá informar, de maneira ostensiva e adequada, a respeito da sua nocividade ou periculosidade, sem prejuízo da adoção de outras medidas cabíveis em cada caso concreto.

III. O fornecedor não poderá colocar no mercado de consumo produto ou serviço que sabe ou deveria saber apresentar alto grau de nocividade ou periculosidade à saúde ou segurança. Se souber posteriormente dessa nocividade ou periculosidade, deverá retirar imediatamente o produto ou serviço do mercado de consumo, comunicando o fato às autoridades competentes para que estas o comuniquem aos consumidores mediante anúncios publicitários nos meios de comunicação.

IV. *Recall* é o ato pelo qual o fornecedor informa o consumidor a respeito do defeito do produto que tem potencialidade para causar dano ou prejuízo à sua saúde ou segurança, chamando de volta o produto nocivo ou perigoso para a correção do risco que apresenta.

Estão corretos

(A) II, III e IV, apenas.
(B) I, II e III, apenas.
(C) I, II e IV, apenas.
(D) I, II, III e IV.
(E) I, III e IV, apenas.

I: correta (art. 8º, "caput", do CDC); **II:** correta (art. 9º do CDC); **III:** incorreta, pois se o fornecedor tiver conhecimento da nocividade posteriormente deverá comunicar o fato imediatamente às autoridades competentes e aos consumidores, mediante anúncios publicitários (art. 10, § 1º, do CDC). Note que é o fornecedor quem deve comunicar os consumidores, e não as autoridades. Os produtos apenas poderão ser retirados do mercado após a determinação da autoridade competente (art. 64, parágrafo único, do CDC); **IV:** correta, pois o *recall* é justamente a denominação do ato pelo qual o fornecedor reconhece que o produto por ele colocado no mercado apresenta algum tipo de defeito, expondo o consumidor a algum tipo de risco à saúde ou à segurança. Neste sentido, segue julgado ilustrativo do STJ: Civil. Processual civil. Recurso especial. Direito do consumidor. Veículo com defeito. Responsabilidade do fornecedor. Indenização. Danos morais. Valor indenizatório. Redução do *quantum*. Precedentes desta corte. 1. Aplicável à hipótese a legislação consumerista. O fato de o recorrido adquirir o veículo para uso comercial – taxi – não afasta a sua condição de hipossuficiente na relação com a empresa-recorrente, ensejando a aplicação das normas protetivas do CDC. 2. Verifica-se, *in casu*, que se trata de defeito relativo à falha na segurança, de caso em que o produto traz um vício intrínseco que potencializa um acidente de consumo, sujeitando-se o consumidor a um perigo iminente (defeito na mangueira de alimentação de combustível do veículo, propiciando vazamento causador do incêndio). Aplicação da regra do artigo 27 do CDC. 3. O Tribunal *a quo*, com base no conjunto fático-probatório trazido aos autos, entendeu que o defeito fora publicamente reconhecido pela recorrente, ao proceder ao "recall" com vistas à substituição da mangueira de alimentação do combustível. A pretendida reversão do *decisum* recorrido demanda reexame de provas analisadas nas instâncias ordinárias. Óbice da Súmula 7/STJ. 4. Esta Corte tem entendimento firmado no sentido de que "quanto ao dano moral, não há que se falar em prova, deve-se, sim, comprovar o fato que gerou a dor, o sofrimento, sentimentos íntimos que o ensejam. Provado o fato, impõe-se a condenação" (Cf. AGA. 356.447-RJ, DJ 11.06.01). 5. Consideradas as peculiaridades do caso em questão e os princípios de moderação e da razoabilidade, o valor fixado pelo Tribunal *a quo*, a título de danos morais, em 100 (cem) salários mínimos, mostra-se excessivo, não se limitando à compensação dos prejuízos advindos do evento danoso, pelo que se impõe a respectiva redução a quantia certa de R$ 5.000,00 (cinco mil reais). 6. Recurso conhecido parcialmente e, nesta parte, provido. (REsp 575.469/RJ, Rel. Ministro Jorge Scartezzini, Quarta Turma, j. 18.11.2004, *DJ* 06.12.2004, p. 325).

Gabarito "C"

(Magistratura/PE – 2011 – FCC) Constatado vício no funcionamento de produto durável (geladeira), sessenta dias após sua aquisição, o consumidor:

(A) não poderá exigir o saneamento do vício.
(B) poderá exigir saneamento do vício, no prazo máximo de trinta dias.
(C) poderá exigir, imediatamente, a substituição do produto por outro da mesma espécie.
(D) poderá exigir, imediatamente, a substituição do produto por outro, ainda que de espécie, marca ou modelo diversos.
(E) poderá exigir, imediatamente, a substituição do produto, a restituição da quantia paga ou o abatimento do preço.

Segundo o art. 18, *caput* e § 1º, do CDC, o consumidor deverá, em primeiro lugar, solicitar o conserto do produto (o saneamento do vício). Caso este não seja sanado no prazo de 30 dias, aí sim o consumidor poderá se valer das alternativas previstas no art. 18, § 1º, do CDC.

Gabarito "B"

(Magistratura/PE – 2011 – FCC) Na superveniência de vício de qualidade do produto, o consumidor poderá fazer uso imediato dos seus direitos reparatórios sempre que:

(A) tiver adquirido o produto mediante pagamento à vista.
(B) o fornecedor abrir mão do direito e proceder ao saneamento do vício.
(C) o produto, por ser essencial, não comportar saneamento.
(D) não tiver decorrido o prazo máximo de trinta dias.
(E) não tiver decorrido o prazo máximo de noventa dias.

De fato, quando o produto for essencial (e também quando a substituição das partes viciadas puder comprometer o produto), o consumidor poderá, nos termos do art. 18, § 3º, do CDC, pular a etapa de pedir o conserto da coisa, para pedir diretamente qualquer uma das opções previstas no art. 18, § 1º, do CDC.

Gabarito "C"

(Defensoria/SP – 2013 – FCC) A respeito da responsabilidade pelo fato do produto e do serviço, o Código de Defesa do Consumidor (Lei 8.078/1990) estabelece que

(A) a responsabilidade pessoal dos profissionais liberais será caracterizada independentemente verificação de culpa.

(B) o fabricante, o produtor, o construtor, nacional ou estrangeiro, e o importador respondem, desde que caracterizada a sua culpa, pela reparação dos danos causados aos consumidores por defeitos decorrentes de projeto, fabricação, construção, montagem, fórmulas, manipulação, apresentação ou acondicionamento de seus produtos, bem como por informações insuficientes ou inadequadas sobre sua utilização e riscos.

(C) o fabricante, o construtor, o produtor ou importador será responsabilizado mesmo quando provar que não colocou o produto no mercado.

(D) o comerciante é igualmente responsável, de forma objetiva, quando: o fabricante, o construtor, o produtor ou o importador não puderem ser identificados; o produto for fornecido sem identificação clara do seu fabricante, produtor, construtor ou importador; ou não conservar adequadamente os produtos perecíveis.

(E) o fornecedor de serviços será responsabilizado mesmo quando provar a culpa exclusiva do consumidor ou de terceiro.

A: incorreta, pois a responsabilidade dos profissionais liberais é subjetiva, isto é, a aferição da culpa é indispensável (art. 14, § 4º, do CDC); **B:** incorreta, pois trata-se de hipótese de responsabilidade objetiva, onde os sujeitos respondem independentemente de culpa. Basta que seja demonstrada a conduta, o nexo e o dano (art. 12, "caput", do CDC); **C:** incorreta, pois esta é uma causa de excludente de responsabilidade (art. 12, § 3º, I, do CDC); **D:** correta, pois, em regra o comerciante não é responsabilizado pelo defeito dos produtos, salvo nestas hipóteses (art.13, I, II e III, do CDC); **E:** incorreta, pois se ficar provada a culpa exclusiva do consumidor, o fornecedor de serviços estará isento de responsabilidade (art. 14, § 3º, II, do CDC).

Gabarito "D"

(Procurador Legislativo – Câmara de Vereadores de São Paulo/SP – 2014 – FCC) No que se refere à disciplina jurídica das relações de consumo, é correto afirmar:

(A) O comerciante é responsável, nas relações de consumo, nas mesmas situações em que se responsabiliza o fabricante do produto por ele comercializado.

(B) Os produtos e serviços colocados no mercado de consumo não acarretarão em nenhuma situação riscos à saúde ou segurança dos consumidores.

(C) O fornecedor de serviços responde, desde que se comprove sua culpa, pela reparação dos danos causados aos consumidores por defeitos relativos à prestação dos serviços, bem como por informações insuficientes ou inadequadas sobre sua fruição e riscos.

(D) Nas relações de consumo, a responsabilidade dos profissionais liberais é apurada sempre pela responsabilidade objetiva, na modalidade do risco atividade, excluindo-se-a nos casos de culpa de terceiro, caso fortuito ou força maior e culpa exclusiva da vítima.

(E) Os direitos previstos no Código de Defesa do Consumidor não excluem outros decorrentes de tratados ou convenções internacionais de que o Brasil seja signatário, da legislação interna ordinária, de regulamentos expedidos pelas autoridades administrativas competentes, bem como dos que derivem dos princípios gerais do direito, analogia, costumes e equidade.

A: incorreta, pois o comerciante apenas é responsabilizado quando: I – o fabricante, o construtor, o produtor ou o importador não puderem ser identificados; II – o produto for fornecido sem identificação clara do seu fabricante, produtor, construtor ou importador; III – não conservar adequadamente os produtos perecíveis (art. 13, I, II e III, do CDC); **B:** incorreta, pois são permitidos os riscos considerados normais e previsíveis em decorrência de sua natureza e fruição, obrigando-se os fornecedores, em qualquer hipótese, a dar as informações necessárias e adequadas a seu respeito (art. 8º, "caput", do CDC); **C:** incorreta, pois trata-se de hipótese de responsabilidade objetiva, em que o fornecedor responde independentemente da verificação de sua culpa (art. 14, "caput", do CDC); **D:** incorreta, pois a responsabilidade dos profissionais liberais é apurada sempre pela responsabilidade subjetiva, sendo indispensável a demonstração de culpa (art. 14, § 4º, do CDC); **E:** correta (art. 7º, "caput", do CDC).

Gabarito "E"

5. DESCONSIDERAÇÃO DA PERSONALIDADE JURÍDICA. RESPONSABILIDADE EM CASO DE GRUPO DE EMPRESAS

(Analista – ANS – 2007 – FCC) A respeito da personalidade jurídica e de sua desconsideração, é correto afirmar que:

(A) as sociedades controladas são solidariamente responsáveis pelas obrigações decorrentes do Código de Defesa do Consumidor.

(B) o encerramento ou inatividade da pessoa jurídica provocados por má administração justifica a desconsideração da personalidade jurídica.

(C) as sociedades integrantes de grupos societários são solidariamente responsáveis pelas obrigações decorrentes do Código de Defesa do Consumidor.

(D) as sociedades consorciadas são subsidiariamente responsáveis pelas obrigações decorrentes do Código de Defesa do Consumidor.

(E) as sociedades coligadas responderão independentemente de culpa pelas obrigações decorrentes do Código de Defesa do Consumidor.

A: incorreta, pois as sociedades controladas são *subsidiariamente* responsáveis e não *solidariamente* responsáveis (art. 28, § 2º, do CDC); **B:** correta (art. 28, *caput*, parte final, do CDC); **C:** incorreta, pois as sociedades integrantes dos grupos societários são *subsidiariamente* responsáveis e não *solidariamente* responsáveis (art. 28, § 2º, do CDC); **D:** incorreta, pois as sociedades consorciadas são *solidariamente* responsáveis e não *subsidiariamente* responsáveis (art. 28, § 3º, do CDC); **E:** incorreta, pois as sociedades coligadas só respondem por culpa, ou seja, não respondem objetivamente (art. 28, § 4º, do CDC).

Gabarito "B"

(Magistratura/AL – 2007 – FCC) "Mesmos nos países em que se reconhece a personalidade jurídica apenas às sociedades de capitais surgiu, há muito, uma doutrina que visa, em certos casos, a desconsiderar a personalidade jurídica, isto é, não considerar os efeitos da personalidade, para atingir a responsabilidade dos sócios. Por isso também é conhecida por doutrina da penetração. Esboçada nas jurisprudências inglesa e norte-americana, é conhecida no direito comercial como a doutrina do *Disregard of Legal Entity*. Na Alemanha surgiu uma tese apresentada pelo Prof. Rolf Serick, da Faculdade de Direito da Universidade de Heidelberg, que estuda profundamente a doutrina, tese essa que adquiriu notoriedade causando forte influência na Itália e na Espanha. Seu título, traduzido pelo Prof. Antonio Pólo, de Barcelona, é bem significativo: '*Aparencia y Realidad em las Sociedades Mercantiles – El abuso de derecho por medio de la persona jurídica*'. Pretende a doutrina penetrar no âmago da sociedade, superando ou desconsiderando a personalidade jurídica, para atingir e vincular a responsabilidade do sócio." (Rubens Requião. **Curso de Direito Comercial**. 26. ed. São Paulo: Saraiva, 2006. v. 1, p. 390). Pode-se afirmar que a doutrina acima referida, nas relações de consumo:

(A) foi agasalhada pelo direito brasileiro e permite que o Juiz desconsidere a pessoa jurídica sempre que sua personalidade for, de alguma forma, obstáculo ao ressarcimento de prejuízos causados aos consumidores.

(B) foi agasalhada pelo direito brasileiro, mas a desconsideração não será efetivada quando houver falência ou estado de insolvência, porque todos os credores devem ser tratados com igualdade nestes casos.

(C) não foi agasalhada pelo direito brasileiro que, expressamente, distingue a personalidade jurídica dos sócios da personalidade jurídica da sociedade.

(D) foi parcialmente adotada pelo direito brasileiro e permite ao Juiz dissolver a sociedade, determinando sua liquidação, quando, em detrimento do consumidor, houver abuso de direito, excesso de poder, infração da lei, fato ou ato ilícito ou violação dos estatutos ou contrato social.

(E) está incorporada ao direito brasileiro e permite às autoridades administrativas e ao Juiz determinar que os efeitos de certas relações de obrigações sejam estendidos aos bens particulares dos administradores ou sócios da pessoa jurídica, se verificado abuso da personalidade jurídica desta pelo desvio de finalidade ou pela confusão patrimonial.

A: correta (art. 28, § 5º, do CDC); **B:** incorreta, pois em desacordo com o art. 28, *caput*, do CDC; **C:** incorreta, pois a desconsideração da personalidade foi adotada em vários diplomas legais brasileiros, como nos arts. 50 do CC e 28 do CDC, **D:** incorreta, pois a desconsideração da personalidade não tem o efeito de dissolver a sociedade, mas apenas de declarar a ineficácia momentânea de sua personalidade, para atingir a personalidade de seus sócios e administradores; **E:** incorreta, pois apenas autoridades judiciais podem decretar a desconsideração da personalidade.

Gabarito "A"

(Magistratura do Trabalho – 11ª Região – 2007 – FCC) Se comparada com a regra geral prevista no Código Civil, a desconsideração da personalidade jurídica, tal como prevista na Lei 8.078/1990 (Código de Defesa do Consumidor), ocorre em hipóteses mais

(A) amplas, porque o Código Civil permite a desconsideração apenas em caso de falência ou insolvência do devedor.

(B) amplas, porque o Código de Defesa do Consumidor permite a desconsideração sempre que a personalidade for obstáculo ao ressarcimento dos consumidores.

(C) amplas, porque o Código Civil não contempla a previsão de desconsideração em caso de confusão patrimonial.

(D) restritas, porque o Código de Defesa do Consumidor permite a desconsideração apenas em caso de confusão patrimonial.

(E) restritas, porque o Código de Defesa do Consumidor permite a desconsideração apenas em caso de desvio de finalidade.

A e **C:** incorretas, pois, apesar de ser verdadeiro dizer que o CDC prevê hipóteses mais amplas, é falso dizer que o CC só admite a desconsideração em caso de falência ou insolvência do devedor, já que o CC permite a desconsideração em caso de *abuso de personalidade*, caracterizado por confusão patrimonial ou desvio de finalidade (art. 50 do CC); **B:** correta, nos termos do § 5º do art. 28 do CDC; **D** e **E:** incorretas, pois as hipóteses de desconsideração são bem amplas, bastando verificar o texto do art. 28, *caput*, do CDC, que já é amplo, e o § 5º do art. 28 do CDC, que o torna mais amplo ainda, permitindo a desconsideração sempre que a personalidade da pessoa jurídica for obstáculo ao ressarcimento de danos; vale lembrar que o CDC adotou a Teoria Menor da Desconsideração, pela qual há "menos" requisitos para que esta se dê.

Gabarito "B"

6. PRESCRIÇÃO E DECADÊNCIA

(Magistratura/CE – 2014 – FCC) Fábio Henrique adquiriu um computador e o fabricante exigiu, para efeito de manutenção da garantia contratual, que um seu funcionário o instalasse, o que ocorreu dez dias depois. Ao utilizá-lo, Fábio percebe de imediato a inadequação do produto às suas necessidades, pois o aparelho não funcionava com seus programas. Nesse caso, Fábio terá

(A) noventa dias para reclamar do defeito do produto, contados da data da compra, sob pena de caducidade.

(B) noventa dias para reclamar o conserto do vício do produto, contados da data do serviço de instalação, sob pena de decadência.

(C) noventa dias para reclamar o conserto do vício do produto, contados da data do serviço de instalação, sob pena de prescrição.

(D) oitenta dias para reclamar do defeito do produto, por ser de fácil constatação, contados da data da compra, sob pena de decadência.

(E) oitenta dias para reclamar do vício do produto, contados da data da compra, sob pena de prescrição.

A: incorreta, pois trata-se de caso de vício e não de defeito, pois a inadequação diz respeito a características intrínsecas do produto. Logo, o prazo para reclamação é de noventa dias, pois trata-se de bem durável, contados da entrega efetiva do produto, que, neste caso se deu após a instalação do computador pelo funcionário (art. 26, II e § 1º, do CDC); **B:** correta, pois trata-se de vício em produto durável (art. 26, II, do CDC); **C:** incorreta, pois trata-se de prazo decadencial, e não prescricional (art. 26, "caput", do CDC). Apenas o prazo referente a defeito é prescricional; **D:** incorreta, pois o prazo é noventa dias, pois trata-se de vício em produto durável. O termo inicial será a data em que o computador foi instalado, e não a data da compra, pois nesta última ele ainda não estava permitido de usufruir do produto, sob pena de perda da garantia contratual (art. 26, "caput", e inciso II do CDC); **E:** incorreta, pois o prazo é noventa dias, contados da instalação, sob pena de decadência (art. 26, "caput", e inciso II, do CDC).

Gabarito "B"

(Magistratura/PE – 2013 – FCC) Quanto aos prazos prescricionais e decadenciais nas relações de consumo, é correto afirmar:

(A) Tratando-se de vício oculto, o prazo decadencial inicia-se no pagamento do produto ou do serviço.

(B) O prazo prescricional pode ser suspenso ou interrompido, mas não o prazo decadencial, que não se interrompe ou suspende mesmo nas relações consumeristas.

(C) Na aferição dos vícios de fácil ou aparente constatação, o prazo decadencial se inicia tão logo seja entregue o produto ou terminada a execução do serviço.

(D) Decai em cinco anos a pretensão à reparação pelos danos causados por fato do produto ou do serviço, iniciando-se a contagem do prazo a partir do conhecimento do dano e de sua autoria.

(E) O direito de reclamar pelos vícios aparentes ou de fácil constatação caduca em noventa dias, tratando-se de fornecimento de serviço e de produto não duráveis.

A: incorreta, pois, em sendo oculto o vício, o prazo somente se inicia no momento em que ficar evidenciado o defeito (art. 26, § 3º, do CDC); **B:** incorreta, pois o prazo decadencial para reclamar de vícios de produto ou serviço no âmbito do CDC fica suspenso nos casos previstos no art. 26, § 2º, I e III, do CDC (reclamação comprovada até resposta negativa inequívoca e na constância de inquérito civil, respectivamente); **C:** correta (art. 26, § 1º, do CDC); **D:** incorreta, pois o prazo em questão não "decai", mas, sim, "prescreve"; trata-se de prazo prescricional e não decadencial (art. 27 do CDC); **E:** incorreta, pois, tratando-se de produtos ou serviços não duráveis, o prazo decadencial é de 30 dias e não de 90 dias, prazo este aplicável aos produtos ou serviços duráveis (art. 26, I e II, do CDC, respectivamente).

Gabarito "C"

7. PRÁTICAS COMERCIAIS

(Juiz – TJ-SC – FCC – 2017) Em relação à publicidade nas relações de consumo, é correto afirmar:

(A) A publicidade omissiva em relação a um produto ou serviço não se caracteriza como enganosa ou abusiva, pois não induz em erro o consumidor, nem lhe causa prejuízo.

(B) O ônus da prova da veracidade e correção da informação ou comunicação publicitária cabe a quem tenha arguido a abusividade ou ilegalidade.

(C) A publicidade enganosa ou abusiva gera consequências diversas, pois enquanto a enganosa conduz à anulabilidade do negócio jurídico ao qual o consumidor foi induzido, a abusividade gera sua nulidade.

(D) A publicidade de um produto pode estar contida dissimuladamente em uma notícia veiculada pelos meios de comunicação, mas sua verdadeira natureza publicitária deverá ser declinada se houver requisição do Ministério Público ou do juiz.

(E) O fornecedor, na publicidade de seus produtos ou serviços, manterá, em seu poder, para informação dos legítimos interessados, os dados fáticos, técnicos e científicos que dão sustentação à mensagem.

A: incorreta. A publicidade enganosa por omissão é aquela que deixa de dar uma informação essencial quanto ao produto ou serviço e é expressamente proibida pelo art. 37, § 3º, do CDC; **B:** incorreta. O ônus da prova da veracidade da publicidade é sempre de quem as patrocina (art. 38 do CDC): **C:** incorreta. A publicidade enganosa é aquela que leva o consumidor a erro (art. 37, § 1) e a publicidade abusiva (art. 37, § 2º), embora não conceituada pelo legislador, é aquela que manipula do consumidor com elementos do subconsciente. Em ambos os casos, por ser norma de ordem pública, induzem a nulidade de eventuais contratos; **D:** incorreta. Pelo princípio da veracidade da publicidade, esta "deve ser veiculada de tal forma que o consumidor, fácil e imediatamente, a identifique como tal" (art. 36 do CDC), sendo vedada, portanto, qualquer forma de publicidade dissimulada ou subliminar; **E:** correta. Nos exatos termos do art. 36, parágrafo único. RD

Gabarito "E"

(Defensor Público – DPE/ES – 2016 – FCC) O consumidor cobrado em quantia indevida tem direito à repetição

(A) do valor indevidamente pago, independentemente da prova de erro, mas o valor será devolvido em dobro, se provar lesão.

(B) do indébito, por valor igual ao dobro do que pagou em excesso, acrescido de correção monetária e juros, salvo hipótese de engano justificado.

(C) do indébito, por valor igual ao dobro do que pagou em excesso, acrescido de correção monetária e juros, não se admitindo exceção de engano, ainda que justificável, do fornecedor.

(D) somente do valor indevidamente pago, com correção monetária e juros.

(E) do valor indevidamente pago, se provar erro, acrescido de juros e correção monetária.

Nos termos do parágrafo único do art. 42 do CDC, "o consumidor cobrado em quantia indevida tem direito à repetição do indébito, por valor igual ao dobro do que pagou em excesso, acrescido de correção monetária e juros legais, salvo hipótese de engano justificável".

Gabarito "B"

(Defensor Público – DPE/ES – 2016 – FCC) Joãozinho, após acessar o Facebook, teve acesso a um conteúdo publicitário com os seguintes dizeres: compre um celular e receba o segundo gratuitamente. Interessado por tais aparelhos Joãozinho efetuou a compra pela internet e recebeu os aparelhos em sua residência. Após o primeiro uso, os aparelhos que não apresentavam qualquer tipo de vício ou defeito são recusados pelo comprador, por mero desejo em adquirir um equipamento mais moderno. Com base neste problema e no Código de Defesa do Consumidor, Joãozinho

(A) teria direito à substituição do produto por outro ou ao abatimento proporcional do preço ou à devolução do produto com a correspondente devolução do dinheiro pago, estas alternativas são opções do consumidor.

(B) tem direito de desistir da compra, desde que o faça em sete dias a contar do recebimento do produto.

(C) só teria direito de desistir da compra se os produtos apresentassem vício ou defeito.

(D) não pode efetuar a desistência por se tratar de uma venda promocional e vantajosa ao consumidor.

(E) tem o direito de desistir da aquisição eis que ele é vulnerável e hipossuficiente, desde que realize tal desistência no prazo de trinta dias.

O direito de desistência somente pode ser exercido, nos termos do artigo 49 do CDC, quando a compra ocorrer fora do estabelecimento comercial. Nesta hipótese, tendo Joãozinho comprado pela internet, ele pode exercer o direito de arrependimento, desde que o faça em até 7 (sete) dias contados do recebimento do produto.

Gabarito "B"

(Defensor Público – DPE/ES – 2016 – FCC) As informações negativas do consumidor nos cadastros de entidades de proteção ao crédito não poderão referir-se a período superior a

(A) um lustro, ainda que o prazo prescricional da execução da dívida seja superior a cinco anos.
(B) um ano, salvo se o consumidor já tiver outros apontamentos, hipótese em que o período poderá estender-se até cinco anos.
(C) cinco anos, salvo se o prazo prescricional da execução da dívida for superior a um lustro.
(D) três anos, que é o prazo prescricional das pretensões fundadas na responsabilidade civil, salvo se o prazo prescricional da execução da dívida for superior àquele período.
(E) dez anos, que é o prazo geral da prescrição, exceto se o prazo prescricional da execução da dívida for de até cinco anos, quando, então, a inscrição negativa terá de ser cancelada. Direitos Humanos

O prazo máximo para a manutenção no nome do consumidor nos cadastros negativos é de um lustro (cinco anos), na forma do art. 43, § 1º do CDC, contados a partir da inscrição (conforme entendimento jurisprudencial). Além de observar o prazo máximo para a inscrição da dívida, o fornecedor jamais poderá manter o nome do consumidor em cadastro negativo quando se tratar de dívida prescrita (art. 43, § 5º).

Gabarito "A"

(Magistratura/PE – 2013 – FCC) Na oferta de produtos e serviços regulada pelo Código de Defesa do Consumidor,

(A) o fornecedor é apenas subsidiariamente responsável pelos atos de seus prepostos ou representantes autônomos.
(B) a reposição de componentes e peças dos produtos deve ser assegurada apenas enquanto estes forem fabricados ou importados.
(C) em qualquer hipótese, é proibida a publicidade de bens e serviços ao consumidor por telefone.
(D) as informações ao consumidor oferecidas nos produtos refrigerados, devem ser gravadas de forma indelével.
(E) a informação ou publicidade do produto obriga o fornecedor que a fizer veicular, mas só integra o contrato se for realizada por escrito.

A: incorreta, pois o fornecedor é *solidariamente* responsável pelos atos de seus prepostos ou representantes autônomos (art. 34 do CDC); **B:** incorreta, pois cessadas a fabricação ou importação, a oferta deverá ser mantida por período razoável de tempo, na forma da lei (art. 32, parágrafo único, do CDC); **C:** incorreta, pois é vedada a publicidade de bens e serviços por telefone quando a chamada for onerosa ao consumidor (art. 33, parágrafo único, do CDC); **D:** correta (art. 31, parágrafo único, do CDC); **E:** incorreta, pois toda informação ou publicidade, suficientemente precisa, obriga o fornecedor e integra o contrato (art. 30 do CDC).

Gabarito "D"

(Magistratura/CE – 2014 – FCC) Em relação à publicidade nas relações de consumo, é correto afirmar que

(A) a veiculação de publicidade em revistas e jornais deve ser realizada de modo que, facilmente e de imediato, possa o consumidor identificá-la como tal e não como notícia.
(B) a publicidade enganosa ou abusiva se dá sempre comissivamente por meio do fornecedor do produto ou serviço.
(C) a publicidade dos métodos de curandeirismo e de "trabalhos" para resolver problemas amorosos configura- se como enganosa.
(D) o folheto publicitário é meramente ilustrativo e não precisa guardar, necessariamente, correspondência com o contrato futuro a ser assinado.
(E) o ônus da prova da veracidade e correção da informação ou comunicação publicitária é de natureza judicial, cabendo ao juiz defini-lo, discricionariamente, em cada caso concreto.

A: correta, pois o CDC traz disposição expressa nesse sentido (art. 36, "caput"). Tal disposição visa incentivar a transparência nas práticas de consumo; **B:** incorreta, pois tanto a publicidade enganosa como a abusiva podem se dar por omissão (art. 37, §§ 1º e 3º, do CDC); **C:** incorreta, pois esse tipo de publicidade é abusiva, pois explora o medo e a superstição do consumidor, bem como pode levá-lo a se comportar de forma prejudicial ou perigosa à sua saúde ou segurança (art. 37, § 2º, do CDC); **D:** incorreta, pois os dados fornecidos no folheto informativo obrigam o fornecedor que o fizer veicular ou dele se utilize e integra o contrato que vier a ser celebrado. Assim, o fornecedor fica vinculado a tudo aquilo que estiver descrito no folheto (art. 30 do CDC); **E:** incorreta, pois o ônus da prova sobre a correção da informação ou comunicação publicitária é do fornecedor. Neste sentido o CDC prevê que cabe a ele manter em seu poder, para informação dos legítimos interessados, os dados fáticos, técnicos e científicos que dão sustentação à mensagem (art. 36, parágrafo único).

Gabarito "A"

(Magistratura/PE – 2011 – FCC) Uma mensagem publicitária considera-se abusiva quando:

(A) tiver finalidade ideológica ou política.
(B) induzir em erro o consumidor.
(C) deixar de informar o consumidor sobre dado essencial do produto ou serviço.
(D) for patrocinada pelo Poder Público.
(E) desrespeitar valores ambientais.

Art. 37, § 2º, do CDC.

Gabarito "E"

(Defensor Público/AM – 2013 – FCC) Em relação à cobrança de dívida, o Código de Defesa do Consumidor estabelece que

(A) o consumidor cobrado em quantia indevida tem direito à repetição do indébito, por valor igual ao dobro do que pagou em excesso, acrescido de correção monetária e juros legais, salvo hipótese de engano justificável.
(B) o fornecedor do produto ou serviço é solidariamente responsável pelos atos de seus prepostos ou representantes autônomos.
(C) deve ser reconhecida a vulnerabilidade do consumidor no mercado de consumo, para fins do cálculo da multa e dos juros.
(D) o fornecedor de serviços responde, independentemente da existência de culpa, pela reparação dos danos causados aos consumidores por defeitos relativos à prestação dos serviços, bem como por informações insuficientes ou inadequadas sobre sua fruição e riscos.

(E) as multas de mora decorrentes do inadimplemento de obrigações no seu termo não poderão ser superiores a cinco por cento do valor da prestação.

A: correta (art. 42, parágrafo único, do CDC); **B:** incorreta, pois, apesar da afirmativa trazer uma informação verdadeira (art. 34 do CDC), essa norma está na seção da "Oferta" e não na de "Cobrança de Dívidas", mencionada no enunciado; **C:** incorreta, pois a vulnerabilidade deve ser reconhecida para todos os fins e não só para isso, tratando-se de princípio do CDC (art. 4º, I); **D:** incorreta, pois essa norma também não está na Seção "Cobrança de Dívidas"; **E:** incorreta, pois essa multa não pode ser superior a 2% do valor da prestação (art. 52, § 1º, do CDC).

Gabarito "A"

(Defensor Público/AM – 2013 – FCC) São práticas abusivas contra o consumidor:

I. Condicionar o fornecimento de produto ou de serviço ao fornecimento de outro produto ou serviço, bem como, sem justa causa, a limites quantitativos.

II. Prevalecer-se da fraqueza ou ignorância do consumidor, tendo em vista sua idade, sexo, saúde e carência econômica para impingir-lhe seus produtos ou serviços.

III. Repassar informação depreciativa, referente a ato praticado pelo consumidor no exercício de seus direitos.

IV. Colocar, no mercado de consumo, qualquer produto ou serviço em desacordo com as normas expedidas pelos órgãos oficiais competentes ou, se normas específicas não existirem, pelo Departamento Nacional de Defesa do Consumidor, da Secretaria Nacional de Direito Econômico (MJ).

Está correto o que se afirma APENAS em

(A) II e IV.

(B) I, II e III.

(C) II, III e IV.

(D) I e III.

(E) I e IV.

I: correta (art. 39, I, do CDC); **II:** incorreta, pois a "carência econômica" e "sexo", não estão no art. 39, IV, na definição dessa prática abusiva; **III:** correta (art. 39, VII, do CDC); **IV:** incorreta, pois não existindo normas expedidas por órgãos oficiais, há de se obedecer as normas expedidas pela ABNT ou outra entidade credenciada pelo Conselho Nacional de Metrologia, Normatização e Qualidade Industrial (Conmetro), nos termos do art. 39, VIII, do CDC.

Gabarito "D"

(Defensor Público/PR – 2012 – FCC) De acordo com o Código de Defesa do Consumidor,

(A) a inscrição de inadimplente pode ser mantida nos serviços de proteção ao crédito por, no máximo, três anos.

(B) é desnecessária a comunicação ao consumidor da abertura de cadastro, ficha, registro e dados pessoais e de consumo.

(C) os bancos de dados e cadastros relativos aos consumidores e os serviços de proteção ao crédito são considerados entidades de caráter privado.

(D) cabe ao fornecedor a notificação do devedor antes de proceder à inscrição.

(E) da anotação irregular em cadastro de proteção ao crédito, não cabe indenização por dano moral, quando preexistente legítima inscrição.

A: incorreta, pois o prazo máximo é de 5 anos (art. 43, § 1º, do CDC); **B:** incorreta, pois essa comunicação é obrigatória, nos termos do art. 43, § 2º, do CDC; **C:** incorreta, pois são considerados de caráter público (art. 43, § 4º, do CDC); **D:** incorreta, pois essa obrigação não é do fornecedor, mas do órgão mantenedor do Cadastro de Proteção ao Crédito (ex.: SERASA, SPC), nos termos da Súmula STJ n. 359; **E:** correta, nos termos da Súmula STJ n. 385.

Gabarito "E"

(Defensor Público/PR – 2012 – FCC) Sobre oferta e publicidade é correto afirmar que

(A) no caso de outorga de crédito, como nas hipóteses de financiamento ou parcelamento, é necessária apenas a discriminação do número, periodicidade e valor das prestações.

(B) o ônus da prova da veracidade e correção da informação ou comunicação publicitária cabe à agência de publicidade.

(C) é enganosa a publicidade que desrespeita valores da sociedade e que é capaz de induzir o consumidor a se comportar de forma prejudicial à sua saúde.

(D) configura infração ao direito básico do consumidor à informação apenas informar os preços em parcelas, obrigando-o ao cálculo total.

(E) da inexecução de uma oferta, apresentação ou publicidade, o consumidor não pode aceitar a entrega de outro produto ou prestação de serviço equivalente.

A: incorreta, pois é necessário informar, também, montante de juros de mora e taxa efetiva anual de juros, acréscimos legalmente previstos e soma total a pagar, com e sem financiamento, tudo em moeda nacional (art. 52 do CDC); **B:** incorreta, pois é de quem patrocina a comunicação publicitária, ou seja, é do anunciante (art. 38 do CDC); **C:** incorreta, pois, nesse caso, a propaganda é abusiva e não enganosa (art. 37, § 2º, do CDC); **D:** correta, nos termos do art. 52, V, do CDC; **E:** incorreta, pois o consumidor, em caso de inexecução de uma oferta, poderá escolher, dentre outras possibilidades, outro produto ou prestação de serviço equivalente (art. 35 do CDC).

Gabarito "D"

(Defensor Público/RS – 2011 – FCC) Código de Defesa do Consumidor.

(A) A violação do princípio da identificação dá causa à publicidade abusiva.

(B) Conforme jurisprudência do Superior Tribunal de Justiça, o Código de Defesa do Consumidor adotou a denominada teoria menor da desconsideração da personalidade jurídica.

(C) A proibição da prática de condicionar, em qualquer caso, o fornecimento de produtos a limites quantitativos configura proteção legal do consumidor em relação à denominada venda casada.

(D) O credor, que no exercício do seu direito expõe o consumidor a constrangimento ou humilhação, deve devolver em dobro os valores que venham a ser pagos.

(E) A abertura de ficha em cadastro de consumidores só pode ser feita quando autorizada previamente pelo interessado.

A: incorreta, pois tal violação da causa à publicidade enganosa (art. 37, § 1º, do CDC); **B:** correta, pois, de fato, o STJ vem entendendo que o CDC, assim como o Direito Ambiental, adotou a Teoria Menor da Desconsideração, pela qual há "menos" requisitos para que esta se dê. No caso, exige-se apenas a dificuldade em penhorar bens do fornecedor (consequência do art. 28, § 5º, do CDC), não sendo necessário comprovar fatos adicionais, como abuso da personalidade, confusão patrimonial, dentre outros, como se dá no âmbito das relações regidas pelo Código Civil (art. 50 do CC); **C**: incorreta, pois a hipótese trata da proteção em relação à denominada limitação quantitativa: a venda casada (art. 39, I, primeira parte, do CDC) é instituto que se configura quando se condiciona o fornecimento de um produto ou serviço ao fornecimento de *outro* produto ou serviço (exemplo: alguém quer comprar um sanduíche é obrigado a comprar um refrigerante também); já a limitação quantitativa (art. 39, I, segunda parte, do CDC) se dá quando se condiciona a alguém a comprar uma quantidade mínima de algum produto, *sem justa causa* (exemplo: alguém quer comprar um 1 kg de arroz *in natura*, mas é obrigado a comprar no mínimo 5 kg do arroz; **D**: incorreta, pois a devolução em dobro dos valores pagos em excesso só é obrigatória quando o consumidor é cobrado em quantia indevida (art. 42, parágrafo único, do CDC); **E**: incorreta, pois o consumidor não precisa autorizar; é necessário, apenas, que o consumidor seja previamente informado por escrito da abertura de ficha, quando não solicitada por ele (art. 43, § 2º, do CDC).

Gabarito "B"

(Advogado da Metro/SP – 2014 – FCC) A editora X divulgou propaganda comercial com os seguintes dizeres: "você que anda de metrô, mas que tem medo de velocidade; você que deseja se comunicar com seu irmão falecido, mas tem medo de espírito; você que adora barcos, mas tem medo de água; aqui está a solução para os seus medos: Livro Guia da Vida". De acordo com o Código de Defesa do Consumidor, esta propaganda é

(A) abusiva.
(B) enganosa.
(C) legal e institucional.
(D) legal e restritiva.
(E) legal, apenas.

Referida propaganda pode ser considerada como abusiva, vez que explora o medo e a superstição do consumidor para conseguir a venda do produto (art. 37, § 2º, do CDC).

Gabarito "A"

8. PROTEÇÃO CONTRATUAL

(Juiz – TJ-SC – FCC – 2017) No tocante à proteção contratual prevista nas relações de consumo,

(A) o consumidor pode desistir do contrato no prazo da garantia conferida pela lei ao produto.
(B) as declarações de vontade constantes de escritos particulares, recibos e pré-contratos relativos às relações de consumo vinculam o fornecedor, ensejando inclusive execução específica.
(C) a garantia contratual deve ser conferida ao consumidor pelo prazo e nos limites legalmente previstos.
(D) se o consumidor desistir do contrato e exercer o direito de arrependimento, deverá escolher outro produto de valor equivalente, sendo-lhe, porém, defeso pleitear a devolução dos valores eventualmente pagos.
(E) os contratos consumeristas admitem a renúncia do direito de indenização por benfeitorias necessárias, desde que as partes sejam plenamente capazes.

A: incorreta. O direito de arrependimento previsto no art. 49 do CDC pode ser exercido no prazo de 7 (sete) dias contados da assinatura ou do recebimento do produto; **B**: correta. Trata-se da vinculação da oferta (e todo o aspecto pré-contratual) que está previsto nos arts. 48 e 30 do CDC; **C**: incorreta. A garantia contratual é complementar à legal, sendo certo que o prazo pode ser estabelecido pelas partes de acordo com termo escrito entregue pelo fornecedor ao consumidor (art. 50 do CDC); **D**: incorreta. Caso o consumidor exerça o direito ao arrependimento previsto no art. 49 do CDC, os valores eventualmente pagos, a qualquer título, deverão ser devolvidos imediatamente, monetariamente atualizados; **E**: incorreta. A cláusula que admite a renúncia do direito de indenização por benfeitorias necessárias é nula (art. 51, XVI, do CDC). RD

Gabarito "B"

(Magistratura/CE – 2014 – FCC) Tatiana adquire um sistema de som nas Casas Ceará e, sete dias depois, considera o aparelho como de pouca potência e procura devolvê-lo, arguindo o prazo de reflexão previsto no CDC. Casas Ceará:

(A) não será obrigada a aceitar o aparelho de som de volta, pois o prazo de arrependimento previsto em lei é de cinco dias, apenas.
(B) será obrigada a aceitar o aparelho de som de volta, mas oferecendo outro de maior potência em troca, já que a compra se deu em seu estabelecimento.
(C) não será obrigada a aceitar o aparelho de som de volta, uma vez que o prazo de reflexão não se aplica às mercadorias adquiridas no próprio estabelecimento.
(D) será obrigada a aceitar o aparelho de som de volta, pois o prazo de reflexão previsto no CDC aplica-se a qualquer aquisição de bens de consumo, mesmo no próprio estabelecimento.
(E) será obrigada a aceitar o aparelho de som de volta, pois para Tatiana o aparelho tinha pouca potência, o que caracterizou defeito do produto.

A: incorreta, pois a loja não é obrigada a aceitar a mercadoria de volta, haja vista não haver notícia do bem ter sido adquirido fora do estabelecimento. E ainda que tivesse sido, o prazo de arrependimento é de 7 dias e não de 5 dias (art. 49, "caput", do CDC); **B**: incorreta, pois a loja não é obrigada a aceitar o aparelho de volta, uma vez que o prazo de arrependimento apenas se aplica a bens adquiridos fora do estabelecimento, em especial por telefone ou a domicílio (art. 49, "caput", do CDC); **C**: correta, pois de fato a loja não é obrigada a realizar a troca porque o prazo de arrependimento não se aplica ao caso em tela, haja vista a compra ter sido feita no próprio estabelecimento (art. 49, "caput", do CDC); **D**: incorreta, pois o prazo de reflexão apenas se aplica a bens adquiridos fora do estabelecimento (art. 49, "caput", do CDC); **E**: incorreta, pois o fato do aparelho ter pouca potência não caracteriza defeito do produto. Neste passo, prevê o CDC que o produto não é considerado defeituoso pelo fato de outro de melhor qualidade ter sido colocado no mercado (art. 12, § 2º, do CDC).

Gabarito "C"

(Magistratura/CE – 2014 – FCC) Em relação às cláusulas abusivas nas relações de consumo, examine os enunciados seguintes:

I. O rol que as aponta é meramente exemplificativo, aberto; sempre que verificar a existência de desequilíbrio na posição contratual das partes no contrato de consumo, o juiz poderá reconhecer e declarar abusiva determinada cláusula, atendidos aos princípios da boa-fé e da compatibilidade com o sistema de proteção ao consumidor.
II. São nulas de pleno direito as cláusulas que estabeleçam inversão do ônus da prova em prejuízo do consumidor, bem como anuláveis as que determinem a utilização compulsória da arbitragem.
III. A nulidade de uma cláusula contratual abusiva não invalida o contrato, exceto quando de sua ausência,

apesar dos esforços de integração, decorrer ônus excessivo a qualquer das partes.

IV. A cláusula contratual de eleição de foro, nos casos previstos na lei processual, pode ser considerada abusiva se traduzida em dificuldade de defesa para o consumidor.

Estão corretos

(A) I, II, III e IV.

(B) I, III e IV, apenas.

(C) I, II e IV, apenas.

(D) I, II e III, apenas.

(E) I II, III e IV, apenas.

I: correta, pois o rol de cláusulas abusivas previsto no art. 51, "caput", do CDC é meramente exemplificativo, vez que o texto traz a expressão "entre outras", o que extirpa quaisquer dúvidas sobre o assunto. Assim, verificando a abusividade, o juiz pode tranquilamente declarar a nulidade da cláusula; **II:** incorreta, pois são *nulas* de pleno direito as cláusulas de estabeleçam a utilização compulsória da arbitragem (art. 51, VII, do CDC); **III:** correta, pois, em regra, a nulidade de uma norma apenas vicia a cláusula específica, de modo que somente viciará o contrato inteiro se não tiver como dissociá-la da avença e isso causar excessivo ônus às partes (art. 51, § 2º, do CDC); **IV:** correta, pois é nula de pleno direito as cláusulas que estabeleçam obrigações que coloquem o consumidor em desvantagem exagerada (art. 51, IV, do CDC). Neste passo, prevê o art. 112, parágrafo único, do CPC que o juiz pode declarar de ofício a nulidade da cláusula de eleição de foro em contrato de adesão.

Gabarito "B"

(Magistratura/CE – 2014 – FCC) NÃO se inclui entre os direitos contratuais do consumidor

(A) a interpretação mais favorável das cláusulas contratuais.

(B) o recebimento imediato pelo consumidor do valor eventualmente pago pelo produto, monetariamente atualizado, após o exercício do direito de arrependimento.

(C) a redação clara e compreensível das cláusulas contratuais, em vernáculo pátrio.

(D) o pagamento em cheque, a ser sempre aceito pelo fornecedor do produto ou serviço por se tratar de ordem de pagamento à vista.

(E) o efetivo conhecimento do conteúdo do contrato, com a clara especificação dos direitos e deveres de ambas as partes.

A: incorreta, pois essa é uma cláusula que faz parte da proteção contratual do consumidor (art. 47 do CDC); **B:** incorreta, pois este também é um direito previsto em Lei ao consumidor (art. 49, parágrafo único, do CDC); **C:** incorreta, pois garante-se ao consumidor que o contrato seja redigido de modo a facilitar a compreensão do seu sentido e alcance (art. 46 do CDC); **D:** correta, pois este não é um direito contratual do consumidor, vez que o fornecedor não é obrigado a aceitar cheque em seu estabelecimento, ainda que seja uma ordem de pagamento a vista; **E:** incorreta, pois o CDC prevê esse direito no art. 46.

Gabarito "D"

(Magistratura/PE – 2013 – FCC) As cláusulas abusivas no Código de Defesa do Consumidor são

(A) nulas de pleno direito e previstas em rol meramente exemplificativo.

(B) anuláveis e previstas em rol elucidativo.

(C) nulas de pleno direito e previstas em rol taxativo.

(D) anuláveis e previstas em rol fechado.

(E) tidas por inexistentes.

A: correta; as cláusulas abusivas importam em nulidade de pleno direito, nos termos do art. 51, "caput", do CDC, e estão em rol exemplificativo, já que o art. 51, "caput", do CDC usa a expressão "dentre outras" e o inciso IV apresenta vários conceitos jurídicos indeterminados, de modo a abarcar situações que vão além da casuística prevista nos demais incisos do art. 51; **B:** incorreta, pois são nulas de pleno direito (art. 51, "caput", do CDC); **C:** incorreta, pois, conforme explicação dada à alternativa correta, o rol do art. 51 é meramente exemplificativo; **D:** incorreta, pois são nulas de pleno direito e o rol é aberto ou exemplificativo (art. 51, "caput", do CDC); **E:** incorreta, pois são nulas de pleno direito (art. 51, "caput", do CDC).

Gabarito "A"

(Magistratura/PE – 2011 – FCC) O consumidor pode desistir do contrato, no prazo de sete dias a contar de sua assinatura ou do ato de recebimento do produto ou serviço e pleitear a devolução dos valores pagos, quando:

(A) se tratar de produtos duráveis.

(B) se tratar de produtos industrializados.

(C) tiver efetivado o pagamento à vista.

(D) tiver notificado previamente o respectivo fornecedor.

(E) o respectivo contrato tiver sido celebrado fora do estabelecimento fornecedor, especialmente pela internet.

Art. 49 do CDC.

Gabarito "E"

(Defensor Público/AM – 2013 – FCC) Em relação às cláusulas abusivas, previstas no Código de Defesa do Consumidor, é correto afirmar:

(A) A nulidade de uma cláusula contratual abusiva invalida o contrato.

(B) São nulas cláusulas que estabeleçam inversão do ônus da prova em prejuízo do consumidor e prevejam a utilização de arbitragem.

(C) Nos contratos do sistema de consórcio de produtos duráveis, é considerada abusiva a cláusula que estabelece a compensação ou a restituição das parcelas quitadas com desconto da vantagem econômica auferida com a fruição e os prejuízos que o desistente ou inadimplente causar ao grupo.

(D) Nos contratos de compra e venda de móveis ou imóveis mediante pagamento em prestações, bem como nas alienações fiduciárias em garantia, consideram-se nulas de pleno direito as cláusulas que estabeleçam a perda parcial das prestações pagas em benefício do credor que, em razão do inadimplemento, pleitear a resolução do contrato e a retomada do produto alienado.

(E) São aquelas que estabeleçam obrigações consideradas iníquas, abusivas, que coloquem o consumidor em desvantagem exagerada, ou sejam incompatíveis com a boa-fé ou a equidade.

A: incorreta, pois a nulidade de uma cláusula não invalida, como regra, o contrato inteiro; isso só acontecerá se, apesar dos esforços de integração, a ausência da cláusula impor ônus excessivo a qualquer das partes (art. 51, § 2º, do CDC); **B:** incorreta, pois o que não pode é a cláusula prever a utilização compulsória da arbitragem (art. 51, VII, do CDC), não impedindo que se preveja a utilização facultativa da arbitragem, a critério do consumidor, no momento em que surgir uma controvérsia; **C:** incorreta, pois tal cláusula é possível (art. 53, § 2º, do CDC); **D:** incorreta, pois é nula a cláusula que estabeleça "perda total" (e não "perda parcial) das parcelas (art. 53, *caput*, do CDC); **E:** correta (art. 51, IV, do CDC).

Gabarito "E"

(Defensor Público/PR – 2012 – FCC) De acordo com a nova realidade contratual prevista no Código de Defesa do Consumidor,

(A) não se exige a imprevisibilidade do fato superveniente para a revisão de cláusulas contratuais.

(B) o *pacta sunt servanda* tem preponderância sobre os outros princípios.

(C) as cláusulas contratuais devem ser interpretadas de forma extensiva.

(D) as cláusulas contratuais gerais têm controle administrativo abstrato e preventivo.

(E) a forma de redação dos instrumentos contratuais assume relevância relativa.

A: correta, pois basta que haja um fato superveniente (imprevisto ou não) que torne as prestações excessivamente onerosas (art. 6º, V, do CDC), diferentemente do Código Civil, que requer um fato extraordinário e imprevisível (art. 478); **B:** incorreta, pois o CDC é uma norma de ordem pública (art. 1º), de modo que mesmo que o consumidor assine um contrato aceitando o descumprimento de normas do CDC, esse contrato não fará lei entre as partes, ou seja, o fornecedor não poderá alegar a "pacta sunt servanda"; **C:** incorreta, pois devem ser interpretadas de maneira mais favorável ao consumidor (art. 47 do CDC); **D:** incorreta; a expressão "cláusulas contratuais gerais" deve estar no sentido de cláusulas previstas para um número indeterminado de pessoas, como são as de um plano de saúde, por exemplo; nesse sentido, o controle administrativo de uma cláusula dessa pode ser tanto preventivo (antes de alguém ter assinado um contrato desses), como repressivo, sempre por meio da sanções administrativas (art. 56 do CDC); da mesma forma, o controle judicial também pode ser preventivo ou repressivo; **E:** incorreta, pois quando um instrumento contratual for redigido de modo a dificultar a compreensão de seu sentido e alcance o contrato sequer irá obrigar o consumidor (art. 46 do CDC); o CDC, em se tratando de contrato de adesão, traz, ainda, uma série de regras a serem cumpridas na redação do contrato (art. 54, §§ 3º, 4º, do CDC).

Gabarito "A"

(Defensor Público/RS – 2011 – FCC) Contrato de consumo.

(A) O descumprimento dos termos da proposta, após sua aceitação, é hipótese típica de responsabilidade pré-contratual do fornecedor.

(B) A publicidade quando veicule informações inverídicas dá causa à sanção de contrapropaganda, mas não gera eficácia vinculativa em relação ao consumidor.

(C) A publicidade feita por intermédio de ligação telefônica é permitida, mesmo quando onerosa, porém admite o exercício do direito de arrependimento pelo consumidor.

(D) A recusa do fornecedor a dar cumprimento à oferta pode dar causa ao abatimento do preço.

(E) Segundo entendimento majoritário, o responsável pela indenização decorrente da promoção de publicidade ilícita é o fornecedor que a faz veicular.

A: incorreta, pois, se já houve aceitação da proposta, já se tem um contrato, de modo que se tem responsabilidade contratual, e não responsabilidade pré-contratual; **B:** incorreta, pois qualquer informação suficientemente precisa vincula o fornecedor (art. 30 do CDC); **C:** incorreta, pois é proibida a publicidade de bens e serviços por telefone, quando a chamada for onerosa ao consumidor que a recebe (art. 33, parágrafo único, do CDC); **D:** incorreta, pois a recusa do fornecedor ao cumprimento da oferta dá causa à execução específica nos termos da oferta, à aceitação de produto ou serviço equivalente ou à rescisão do contrato, com direito à restituição de quantia eventualmente antecipada, monetariamente atualizada, e a perdas e danos, podendo o consumidor escolher livremente qual dessas opções prefere (art. 35 do CDC), não havendo previsão de abatimento do preço, nesse caso, mas somente na hipótese do art. 20 do CDC, em que o fornecedor de serviços responde pelos vícios de qualidade que os tornem impróprios ao consumo ou lhes diminuam o valor, assim como por aqueles decorrentes da disparidade com as indicações constantes da oferta ou mensagem publicitária, também sendo de livre escolha pelo consumidor dentre as opções indicadas; **E:** correta, até porque é o anunciante quem tem o ônus da prova da veracidade da publicidade (art. 38 do CDC), bem como é quem é obrigado a cumprir a oferta (art. 35 do CDC).

Gabarito "E"

(Defensor Público/RS – 2011 – FCC) Equilíbrio dos contratos de consumo.

(A) Uma cláusula contratual considerada abusiva em um contrato de consumo, o será necessariamente também em um contrato civil, desde que redigida em termos idênticos.

(B) A cláusula abusiva será nula quando afetar o equilíbrio das prestações do contrato, porém pode ser convalidada quando se trate de vício de informação, desde que haja concordância das partes com a redução do proveito do fornecedor.

(C) A revisão dos contratos de consumo pode se dar em face da alteração de circunstâncias, com a finalidade de proteção do consumidor, não se exigindo que tal situação seja necessariamente desconhecida das partes.

(D) Cláusula abusiva celebrada em contrato individual de consumo não pode ter sua nulidade pronunciada em ação coletiva, sem a anuência do consumidor que é parte da contratação.

(E) Não se reconhece a existência de cláusula surpresa se o consumidor leu, no momento da contratação, os termos do instrumento contratual.

A: incorreta, pois as normas do CDC são mais protetivas da parte mais fraca (no caso, o consumidor), de modo que nem sempre uma cláusula considerada abusiva pelo CDC será considerada nula pelo CC; **B:** incorreta, pois o CDC trabalha com o conceito de nulidade de pleno direito (art. 51, *caput*, do CDC), que é uma nulidade absoluta, e não uma nulidade relativa, que admitiria convalidação; **C:** correta, pois o direito à revisão contratual depende apenas de um fato novo que desequilibre o contrato, não sendo necessário que se trate de fato imprevisível ou não conhecido das partes (art. 6º, V, do CDC); **D:** incorreta, em virtude do disposto no art. 51, § 4º, do CDC; **E:** incorreta, pois a cláusula surpresa é aquela que venha a surpreender o consumidor após a conclusão do contrato; um exemplo é uma cláusula que estipula que o consumidor estará sujeito a uma comissão de permanência consistente nas taxas de mercado do momento; repare que, por ser a cláusula incerta, o consumidor terá verdadeira surpresa quando tiver de arcar com a comissão de permanência cobrada; dessa forma, não basta o consumidor ter lido a cláusula contratual respectiva, para que se entenda que não há, no caso, cláusula surpresa, pois esta, a surpresa, pode decorrer de uma circunstância futura, como no exemplo citado.

Gabarito "C"

9. RESPONSABILIDADE ADMINISTRATIVA

(Analista – ANS – 2007 – FCC) A "Cia Fonefácil", concessionária de serviço público, pela prática reincidente das infrações de maior gravidade previstas na Lei 8.078/1990, tendo violado obrigação legal ou contratual, estará sujeita, desde que não haja pendência de ação judicial na qual se discuta a imposição de penalidade administrativa e que inexistam circunstâncias de fato que desaconselham a aplicação, à sanção de:

(A) suspensão do fornecimento do serviço.
(B) cassação da concessão.
(C) intervenção administrativa.
(D) interdição temporária da atividade.
(E) imposição de contrapropaganda.

Segundo o art. 59, § 1°, do CDC, "a pena de **cassação da concessão** será aplicada à concessionária de serviço público, quando violar **obrigação legal ou contratual**".

Gabarito "B"

(Magistratura/GO – 2009 – FCC) De acordo com o CDC, considere as seguintes assertivas:

I. Em caso de reincidência na prática de infrações graves poderá ser aplicada a cassação de alvará de licença.
II. A aplicação de multa será graduada também de acordo com o grau de hipossuficiência do consumidor.
III. A pena de cassação da concessão será aplicada à concessionária de serviço público, somente quando houver violação legal.
IV. A pena de intervenção administrativa será aplicada sempre que as circunstâncias de fato desaconselharem a aplicação da multa.
V. A advertência não está prevista dentre as sanções administrativas aplicáveis ao fornecedor.

SOMENTE estão corretas as assertivas:

(A) III e V.
(B) I e II.
(C) I e V.
(D) I, II e III.
(E) II, IV e V.

I: correta, pois, nos termos do art. 59 do CDC, em caso de reincidência na prática de infrações de maior gravidade previstas no CDC e na legislação de consumo, é possível aplicar a sanção administrativa de *cassação de alvará de licença*, assim como a interdição e a suspensão temporária da atividade (art. 59 do CDC); **II:** incorreta, pois a pena de multa será graduada de acordo com i) a gravidade da infração, ii) a vantagem auferida e iii) a condição econômica do fornecedor (art. 57 do CDC); **III:** incorreta, pois essa pena será aplicada não só quando houver violação de obrigação legal, mas também quando houver violação de obrigação contratual (art. 59, § 1°, do CDC); **IV:** incorreta, pois a pena de intervenção administrativa será aplicada sempre que as circunstâncias de fato desaconselharem a cassação de licença, a interdição ou suspensão da atividade (art. 59, § 2°, do CDC); **V:** correta, pois tal sanção não está no rol de sanções administrativas previsto no art. 56 do CDC.

Gabarito "C"

10. RESPONSABILIDADE CRIMINAL

(Defensor Público – DPE/ES – 2016 – FCC) As infrações penais tipificadas no Código de Defesa do Consumidor podem acarretar

(A) pena de detenção, que não pode ser substituída por pena restritiva de direitos ou de multa.
(B) pena de reclusão, interdição temporária de direitos e prestação de serviços à comunidade e a publicação em órgãos de comunicação de grande circulação ou audiência, de notícias sobre os fatos e a condenação, às expensas do condenado.
(C) pena de detenção e a publicação, em órgãos de comunicação de grande circulação ou audiência, de notícias sobre os fatos e a condenação, às expensas do condenado.
(D) somente penas de interdição temporária de direitos e prestação de serviços à comunidade.
(E) somente a pena de multa e as penas restritivas de direitos, como a perda de bens e valores e de prestação de serviço à comunidade.

A: incorreta. As penas de detenção podem ser aplicadas de forma cumulativa ou alternadamente com as penas restritivas de direito ou multa (art. 78 do CDC); **B:** incorreta. Não há previsão de pena de reclusão nos crimes descritos no Código de Defesa do Consumidor. **C:** Correta. Na forma do art. 78 do CDC, além das penas privativas de liberdade e de multa, podem ser impostas, cumulativa ou alternadamente, as penas de interdição temporária de direitos; a publicação em órgãos de comunicação de grande circulação ou audiência, às expensas do condenado, de notícia sobre os fatos e a condenação ou a prestação de serviços à comunidade. **D:** incorreta. Vide justificativa da alternativa "D". **E:** incorreta. Vide justificativa da alternativa "D".

Gabarito "C"

11. DEFESA DO CONSUMIDOR EM JUÍZO

(Juiz – TJ-SC – FCC – 2017) Nas ações coletivas para a defesa de interesses individuais homogêneos,

(A) em caso de procedência do pedido, a condenação deverá ser líquida e certa, fixada desde logo a responsabilidade do réu pelos danos causados.
(B) o Ministério Público, por não se tratar de interesses difusos ou coletivos, está legitimado a atuar somente como fiscal da lei.
(C) em caso de concurso de créditos decorrentes de condenação em ações civis públicas e de indenizações pelos prejuízos individuais resultantes do mesmo evento danoso, estas terão preferência no pagamento.
(D) a liquidação e a execução de sentença somente poderão ser promovidas pela vítima e seus sucessores.
(E) a responsabilidade pelos danos é fixada coletivamente na sentença em tais ações, mas sua execução só se dará individualmente, consideradas as especificidades dos direitos de cada vítima.

A: incorreta. Em caso de procedência do pedido, a condenação será genérica, fixando a responsabilidade do réu pelos danos causados, sendo que a apuração de valores será feita em cumprimento de sentença (art. 95 do CDC); **B:** incorreta. O Ministério Público é legitimado para atuar nas ações que envolvam direitos individuais homogêneos, desde que haja pertinência temática com as suas funções institucionais. Vale lembra que se o Ministério Público não for parte, será fiscal da lei (art. 92 do CDC); **C:** correta. Conforme art. 99 do CDC; **D:** incorreta. A liquidação e a execução de sentença poderão ser promovidas pela vítima e seus sucessores, assim como pelos legitimados da ação coletiva (art. 97 do CDC); **E:** incorreta. A execução poderá ser coletiva, sendo promovida pelos legitimados da ação civil pública, e pelas vítimas cujas indenizações já tiveram sido fixadas em sentença de liquidação, sem prejuízo do ajuizamento de outras execuções (art. 98 do CDC). RD

Gabarito "C"

(Juiz – TJ-SC – FCC – 2017) No tocante à tutela específica nas obrigações de fazer ou não fazer concernentes às relações consumeristas,

(A) em caso de litigância de má-fé a associação autora e os diretores responsáveis pela propositura da ação serão subsidiariamente condenados em honorários advocatícios, nas custas e nas despesas processuais, estas e aquelas em dobro, sem prejuízo da responsabilidade por perdas e danos.

(B) a conversão da tutela específica em perdas e danos poderá ser livremente determinada pelo juiz, independentemente da impossibilidade de obtenção daquela ou do resultado prático equivalente.

(C) uma vez formulado o pedido de tutela específica, é defeso convertê-lo em perdas e danos, pois o fato caracterizaria uma decisão *extra petita*.

(D) nas ações coletivas visando à obtenção da tutela específica só haverá adiantamento de custas ou emolumentos, mas não de honorários periciais ou quaisquer outras despesas, salvo se caracterizada má-fé processual.

(E) para a tutela específica ou para a obtenção do resultado prático equivalente, poderá o juiz determinar as medidas necessárias, tais como busca e apreensão, remoção de coisas e pessoas, desfazimento de obra, impedimento de atividade nociva, além de requisição de força policial.

A: incorreta. Na hipótese de litigância de má-fé, a associação autora e os diretores responsáveis pela propositura da ação serão solidariamente condenados em honorários advocatícios e ao décuplo das custas, sem prejuízo da responsabilidade por perdas e danos (art. 87, parágrafo único, do CDC); **B:** incorreta. Na ação que tenha por objeto o cumprimento da obrigação de fazer ou não fazer, o juiz concederá a tutela específica da obrigação ou determinará providências que assegurem o resultado prático equivalente ao do adimplemento (art. 84 do CDC); **C:** incorreta. É possível a conversão em perdas e danos quando o autor por elas optar ou se impossível a tutela específica ou a obtenção de resultado prático correspondente (art. 84, § 1º, do CDC); **D:** incorreta. Nos termos do art. 87 do CDC, "nas ações coletivas não haverá adiantamento de custas, emolumentos, honorários periciais e quaisquer outras despesas, nem condenação da associação autora, salvo comprovada má-fé, em honorários de advogados, custas e despesas processuais"; **E:** correta, nos termos do art. 84, § 5º, do CDC. RD

Gabarito "E"

(Defensor Público – DPE/ES – 2016 – FCC) Para as ações fundadas no Código de Defesa do Consumidor, aplica-se a seguinte regra:

(A) os prazos prescricionais não se sujeitam a interrupção, nem a suspensão, enquanto os decadenciais se sujeitam a suspensão, mas não se sujeitam a interrupção.

(B) sujeita-se a prescrição a pretensão por danos causados por fato do produto ou do serviço e a decadência somente a reclamação por vício oculto de serviço ou de produto.

(C) sujeita-se a decadência a pretensão à reparação por danos causados por fato do produto ou do serviço e a prescrição o direito de reclamar por vícios aparentes ou de fácil constatação no fornecimento de serviços e produtos.

(D) sujeita-se à prescrição a pretensão à reparação pelos danos causados por fato do produto ou do serviço e a decadência o direito de reclamar por vícios aparentes ou de fácil constatação, no fornecimento de serviços e de produtos.

(E) os prazos prescricionais e decadenciais se identificam quanto à incidência de causas suspensivas e interruptivas.

A: incorreta. Os prazos decadenciais previstos no art. 26 para os vícios de produto ou serviço podem ser "obstados" (art. 26, § 2º) por reclamação comprovadamente formulada pelo consumidor perante o fornecedor até resposta negativa correspondente, que deve ser transmitida de forma inequívoca ou pela instauração de inquérito civil. Sendo assim, o prazo decadencial é interrompido e voltará a correr quando da resposta do fornecedor ou pela instauração do inquérito civil. O prazo prescricional estabelecido no art. 27 do CDC, conta-se a partir do conhecimento do dano e de sua autoria. Na forma do Código Civil, a prescrição tem causas suspensivas (art. 197 e 198) e causas interruptivas (art. 202). **B:** incorreta. Vide justificativa da alternativa "D". **C:** incorreta. Vide justificativa da alternativa "D". **D:** correta. O Código de Defesa do Consumidor, em seu artigo 26, trata dos prazos decadenciais para as hipóteses de vício de produto ou serviço. O artigo 27, por sua vez, trata dos prazos prescricionais para o consumidor requerer em juízo o ressarcimento pelos danos causados por defeito de produto ou serviço. **E:** incorreta. Vide justificativa da alternativa "A".

Gabarito "D"

(Magistratura/PE – 2013 – FCC) Nas ações coletivas de que trata o Código de Defesa do Consumidor, a sentença fará coisa julgada:

I. *erga omnes*, exceto se o pedido for julgado improcedente por insuficiência de provas, hipótese em que qualquer legitimado poderá intentar outra ação, com idêntico fundamento, valendo-se de nova prova, na hipótese dos interesses ou direitos difusos conforme tratados no CDC.

II. *ultra partes*, mas limitadamente ao grupo, categoria ou classe, salvo improcedência por insuficiência de provas, hipótese em que qualquer legitimado poderá intentar outra ação, com idêntico fundamento, valendo-se de nova prova, quando se tratar de interesses ou direitos coletivos conforme tratados no CDC.

III. *erga omnes*, apenas no caso de procedência do pedido, para beneficiar todas as vítimas e seus sucessores, na hipótese de interesses ou direitos individuais homogêneos, assim entendidos os decorrentes de origem comum.

Está correto o que se afirma em

(A) I e II, apenas.

(B) II e III, apenas.

(C) I e III, apenas.

(D) I, apenas.

(E) I, II e III.

I: correta (art. 103, I, do CDC); **II:** correta (art. 103, II, do CDC); **III:** correta (art. 103, III, do CDC).

Gabarito "E"

(Defensor Público/RS – 2011 – FCC) Ação Coletiva.

(A) A ação coletiva que pretenda indenização por danos de consumidores vítimas do descumprimento de contrato de prestação de assistência à saúde tem por objeto espécie de direito coletivo *stricto sensu*.

(B) A indenização por lesão a direitos individuais não reverterá, em nenhuma hipótese, a fundo estatal de reparação de bens lesados.

(C) A isenção de custas, emolumentos, honorários periciais e quaisquer outras despesas, para ingresso das ações coletivas de consumo não abrange as interpostas por órgãos estatais que atuem como representantes ou substitutos processuais dos consumidores.

(D) A improcedência de ação coletiva que tenha por objeto a tutela de direito individual homogêneo, não afeta a possibilidade de interposição de nova ação individual pelo consumidor substituído na primeira demanda, desde que não tenha nela atuado como litisconsorte.

(E) A Defensoria Pública não tem legitimidade para a tutela coletiva de direitos que envolvam relações de consumo.

A: incorreta, pois o caso envolve direito individual homogêneo; **B:** incorreta, pois há exceção no art. 100, parágrafo único, do CDC; **C:** incorreta (art. 18 da Lei 7.347/1985); **D:** correta (art. 103, § 2º, do CDC); **E:** incorreta, pois a Defensoria Pública, como órgão público que é, tem legitimidade sim (art. 82, III, do CDC).

Gabarito "D"

(Procurador do Município – Cuiabá/MT – 2014 – FCC) Durante cirurgia de emergência, Marcos teve a perna amputada por Alexandre, cirurgião, para quem o procedimento extremo era necessário à salvação da vida de Marcos. Profundamente abalado, Marcos ajuizou ação de indenização contra Alexandre, que se defendeu afirmando ter agido com diligência, prudência e perícia. A versão de Alexandre foi comprovada por meio de prova pericial. Por outro lado, a prova pericial também comprovou que a amputação da perna de Marcos foi causada por Alexandre.

De acordo com o Código de Defesa do Consumidor, o pedido indenizatório deverá ser julgado

(A) procedente, porque Alexandre exerce atividade que, por sua natureza, traz risco aos direitos de outrem.

(B) improcedente, pois Alexandre comprovou não ter agido com culpa e porque a responsabilidade do profissional liberal é subjetiva.

(C) procedente, pois Marcos comprovou nexo de causalidade e porque a responsabilidade do profissional liberal é objetiva.

(D) improcedente, porque, embora objetiva, a responsabilidade de Alexandre foi elidida pela ausência de culpa.

(E) procedente, porque Alexandre prestou serviço defeituoso, o que acarreta responsabilidade objetiva.

A: incorreta, pois ainda que atividade traga risco aos direitos de outrem, isso não é suficiente para justificar responsabilidade de Alexandre, haja vista que a responsabilidade dele é subjetiva (art. 14, § 4º, do CDC); **B:** correta, pois a responsabilidade de Alexandre (no caso, profissional liberal) é subjetiva, apenas se configurando mediante comprovação de culpa. Na hipótese em tela, restou provada a ausência de culpa, logo, não haverá o dever de indenizar (art. 14, § 4º, do CDC); **C:** incorreta, pois ainda que haja nexo, é indispensável a comprovação de culpa, por não se tratar de caso de responsabilidade objetiva (art. 14, § 4º, do CDC); **D:** incorreta, pois trata-se de caso de responsabilidade subjetiva (art. 14, § 4º, do CDC); **E:** incorreta, pois o serviço não pode ser considerado defeituoso, nos termos do art. 12, § 1º, do CDC. Ademais, a forma como o serviço é prestado não tem o condão de transformar responsabilidade subjetiva em objetiva.

Gabarito "B"

12. TEMAS COMBINADOS

(Defensor Público – DPE/BA – 2016 – FCC) De acordo com a jurisprudência dominante no Superior Tribunal de Justiça,

(A) a operadora de saúde não é responsável por eventuais falhas na prestação de serviços pelo profissional credenciado.

(B) a inclusão indevida do nome de consumidor em cadastro de proteção ao crédito gera dano moral indenizável, desde que se comprove efetivo prejuízo extrapatrimonial.

(C) as instituições financeiras respondem objetivamente pelos danos gerados por fortuito interno relativo a fraudes e delitos praticados por terceiros no âmbito de operações bancárias.

(D) a falta de pagamento do prêmio do seguro obrigatório de Danos Pessoais Causados por Veículos Automotores de Vias Terrestres (DPVAT) justifica a recusa do pagamento da indenização.

(E) o Estado tem responsabilidade civil nos casos de morte de custodiado em unidade prisional, desde que se prove a culpa *in vigilando*.

A: incorreta. O STJ entende que há responsabilidade solidária entre a operadora de saúde e os profissionais e hospitais por ela indicados/cadastrados. **B:** incorreta. O dano moral se configura por lesão aos direitos de personalidade, razão pela qual não precisa ser provado. **C:** correta. Súmula 479 do STJ: "As instituições financeiras respondem objetivamente pelos danos gerados por fortuito interno relativo a fraudes e delitos praticados por terceiros no âmbito de operações bancárias". **D:** incorreta. A falta de pagamento do DPVAT configura mera infração administrativa, não podendo a seguradora recusar o pagamento da indenização. **E:** incorreta. Não se faz necessária a prova da culpa *in vigilando* posto que a responsabilidade civil do Estado é objetiva.

Gabarito "C"

(Defensor Público – DPE/ES – 2016 – FCC) A competência para legislar sobre responsabilidade por dano ao consumidor é

(A) concorrentemente da União, dos Estados, do Distrito Federal e dos Municípios.

(B) concorrentemente da União, dos Estados e do Distrito Federal.

(C) privativa da União.

(D) comum da União, dos Estados, do Distrito Federal e dos Municípios.

(E) comum da União, dos Estados e do Distrito Federal, apenas.

A competência para legislar sobre danos aos consumidores é concorrente e está definida no art. 24 da Constituição Federal: "Compete à União, aos Estados e ao Distrito Federal legislar concorrentemente sobre: (...)V – produção e consumo; (...) VIII – responsabilidade por dano ano meio ambiente, aos consumidor, a bens e direitos de valor artístico, estético, histórico, turístico e paisagístico".

Gabarito "B"

(Defensor Público/AM – 2013 – FCC) Em relação ao Código de Defesa do Consumidor – Lei 8.078/1990 analise as afirmações abaixo.

I. A Política Nacional das Relações de Consumo tem por objetivo o atendimento das necessidades dos consumidores, o respeito à sua dignidade, saúde e segurança, a proteção de seus interesses econômicos, a melhoria da sua qualidade de vida, bem como a transparência e harmonia das relações de consumo.

II. Na cobrança de débitos, o consumidor inadimplente não será exposto a ridículo, nem será submetido a qualquer tipo de constrangimento ou ameaça.

III. O consumidor pode desistir do contrato, no prazo de 30 dias a contar de sua assinatura ou do ato de recebimento do produto ou serviço, sempre que a contratação de fornecimento de produtos e serviços ocorrer fora do estabelecimento comercial, especialmente por telefone ou a domicílio.

IV. É facultado a qualquer consumidor o ajuizamento de ação civil pública para ser declarada a nulidade de cláusula contratual que contrarie o disposto no Código de Defesa do Consumidor ou de qualquer forma não assegure o justo equilíbrio entre direitos e obrigações das partes.

Está correto o que se afirma APENAS em

(A) III e IV.

(B) I e II.

(C) I e IV.

(D) II e III.

(E) II e IV.

I: correta (art. 4º, *caput*, do CDC); **II:** correta (art. 42, *caput*, do CDC); **III:** incorreta, pois o prazo para desistência de compras feitas fora do estabelecimento é de 7 dias e não de 30 dias (art. 49 do CDC); **IV:** incorreta, pois o consumidor pode representar para o Ministério Público entrar com essa ação (art. 51, § 4º, do CDC) e não ele mesmo entrar com ação, pois não existe no Brasil ação popular de consumo.

Gabarito "B"

15. Direito Ambiental

Alice Satin, Arthur Trigueiros, Fabiano Melo, Fernanda Camargo Penteado e Wander Garcia*

1. HISTÓRICO E CONCEITOS BÁSICOS

(Magistratura/SC – 2015 – FCC) O Meio Ambiente, bem de uso comum do povo, consistente no equilíbrio ecológico e na higidez do meio e dos recursos naturais, é bem

(A) individual homogêneo, indivisível, indisponível e impenhorável.
(B) tangível, disponível e impenhorável.
(C) coletivo, divisível e indisponível.
(D) comum, geral, difuso, indivisível, indisponível e impenhorável.
(E) difuso, divisível, indisponível e impenhorável.

A: incorreta, pois os direitos individuais homogêneos são aqueles cujos titulares são determinados ou determináveis, decorrentes de origem comum (art. 81, parágrafo único, III, do CDC) ou seja, direitos individuais protegidos de forma coletiva. Desta forma, os direitos individuais homogêneos não alcançam os bens ambientais, pois estes são de interesse difuso; **B**: incorreta, pois o Meio Ambiente engloba também bens intangíveis e dada sua natureza de uso comum do povo, não pode ser classificado como disponível; **C**: incorreta, já que o Meio Ambiente não é passível de divisão; **D**: correta, visto que por força do art. 225 da CF o Meio Ambiente é bem de uso comum do povo e essencial à sadia qualidade de vida, portanto, pertence à toda a coletividade, conforme entendimento jurisprudencial do Tribunal de Justiça do Paraná, consolidado no julgamento do Agravo de Instrumento 689289-3, tendo como Relator Des. Fábio André Santos Muniz, julgado em 14.09.2010 pela 5ª Câmara Cível; **E:** incorreta, já que por ser de uso comum, o Meio Ambiente não pode ser divisível.

Gabarito "D"

2. PATRIMÔNIO CULTURAL BRASILEIRO

(Analista – TRT/3ª – 2015 – FCC) Uma autarquia estadual que atua na área previdenciária é proprietária de vasto patrimônio imobiliário, especialmente porque fazia parte da política de gestões anteriores o financiamento de imóveis residenciais e comerciais para servidores públicos, especialmente em regiões com necessidade de revitalização. Assim, referida autarquia era proprietária de um casarão na região central de determinado município, construído no início do século XX. O Município, ouvindo rumores de que a autarquia pretendia alienar seu patrimônio que não estivesse formalmente destinado às finalidades institucionais do ente, providenciou regular procedimento e, por meio de seu órgão competente, editou Resolução tombando o imóvel. O imóvel, apurou-se posteriormente, já era tombado pelo órgão estadual competente. Diante desse cenário,

(A) a autarquia pode impugnar o tombamento, tendo em vista que o Município não poderia decretar o tombamento de bens pertencentes a pessoas jurídicas de direito público, tendo em vista que o tombamento constituiu uma limitação à propriedade privada.
(B) o Município somente poderia tombar o bem da autarquia caso não houvesse tombamento anterior, tendo em vista que sobre o mesmo imóvel não podem se sobrepor duas intervenções à propriedade.
(C) não obstante a autarquia tenha personalidade jurídica híbrida e seus bens estejam sujeitos ao regime jurídico de direito privado, o tombamento estadual prefere ao tombamento municipal, que fica por aquele ato absorvido.
(D) a alienação onerosa do bem tombado ficou inviabilizada, tendo em vista que limitação à propriedade dessa natureza impõe gravame ao proprietário e exige que a propriedade do bem remanesça sendo de pessoa jurídica de direito público.
(E) o tombamento municipal, cuja imposição seguiu trâmite regular, permanece válido, tendo em vista que sobre o mesmo bem, ainda que pertencente a pessoa jurídica de direito público, pode existir mais de uma limitação daquela natureza, desde que compatíveis, cabendo ao proprietário observar as posturas e restrições impostas pelos dois entes federados.

A: incorreta, pois o tombamento, como instrumento de proteção ao patrimônio histórico e artístico nacional, aplica-se às coisas pertencentes às pessoas naturais, bem como às pessoas jurídicas de direito privado e de direito público interno (art. 2º do Dec.-lei 25/1937); **B**: incorreta, pois é possível o tombamento cumulativo, feito por mais de um ente público; **C**: incorreta, pois as autarquias são pessoas jurídicas de direito púbico (art. 41, IV, do CC), logo, seus bens sujeitam-se igualmente ao regime jurídico de direito público; **D**: incorreta, por se tratar de bem de propriedade de autarquia, já lhe é característico a inalienabilidade, conforme ensinamentos extraídos do RMS 18952/RJ: "somente pode ser transferido de um ente para outro. Além disso, como o tombamento não implica (...) transferência da propriedade, inexiste a limitação constante no art. 2º, § 2º, do Dec.-lei 3.365/1941, que proíbe o Município de desapropriar bem do Estado"; **E**: correta, pois é possível que recaia sobre um mesmo bem tombamentos realizados por diferentes entes, desde que compatíveis e observadas das restrições correspondentes.

Gabarito "E"

(Magistratura/CE – 2014 – FCC) O Conselho de Defesa do Patrimônio Cultural de determinado Município estudou uma dança folclórica típica do local, pretendendo preservá-la. Para tanto,

(A) não poderá proteger a dança, por se tratar de patrimônio imaterial.

---

* **Alice Satin** comentou as questões dos seguintes concursos: MAG/SC – 2015, MAG/RR – 2015, MAG/GO – 2015, Analista – TRT/3ª – 2015, MAG/CE/14, Procurador do Município/MT/14, Advogado Sabesp/14, Defensor/SP/13, **Arthur Trigueiros** comentou as questões do concurso MP/CE/11; **Fabiano Melo** atualizou todas as questões do capítulo; **Fabiano Melo e Fernando Camargo Penteado** comentaram as questões dos anos de 2016 e 2017; **Arthur Trigueiros** e **Wander Garcia** comentaram as demais questões dos concursos para Procuradorias; **Wander Garcia** comentou as questões dos seguintes concursos: demais questões para Defensoria e Magistratura Estadual.

FM/FCP questões comentadas por: **Fabiano Melo e Fernanda Camargo Penteado.**

(B) encaminhará o estudo à Secretaria de Cultura do Estado, diante da incompetência municipal para a preservação do patrimônio cultural.

(C) poderá registrar tal dança folclórica por se tratar de patrimônio imaterial.

(D) encaminhará o estudo ao IPHAN, uma vez que os Municípios não possuem competência para a tutela do patrimônio cultural.

(E) efetivará o tombamento da citada dança folclórica.

A: incorreta, pois o patrimônio imaterial também tem natureza jurídica de bem ambiental difuso e gozam da proteção constitucional (artigo 216, § 1º e 225 da Constituição Federal), assim também é a lição de José Rubens Morato Leite: "São, portanto, os bens culturais que portam referência à ação, à memória e à identidade do povo brasileiro que compõem o ambiente, essencial a sadia à qualidade e à manutenção da vida humana, há justa medida em que a sua preservação garante nossa sobrevivência" (José Rubens Morato Leite org., **Estado de Direito Ambiental: tendências: aspectos constitucionais e diagnósticos**, p. 99); **B:** incorreta, pois a Constituição Federal determinou a competência comum dos entes federativos para proteção do patrimônio cultural (art. 23, III); **C:** correta, já que a dança, como bem cultural de natureza imaterial constitui patrimônio cultural brasileiro conforme previsto pelo Decreto Federal 3.551/2000; **D:** incorreta, pois o município além de ter a competência constitucional comum com os demais entes federativos na proteção do patrimônio imaterial, é legitimado para provocar a instauração de um processo de registro deste bem (art. 2º, III, Decreto Federal 3.551/2000); **E:** incorreta, pois o tombamento não é o instrumento adequado de proteção do patrimônio imaterial, que está suscetível ao inventário e ao registro.

Gabarito "C"

3. DIREITO AMBIENTAL CONSTITUCIONAL

(Defensor Público – DPE/ES – 2016 – FCC) No que tange à proteção conferida ao meio ambiente pela Constituição Federal de 1988,

(A) compete privativamente à União proteger o meio ambiente e combater a poluição em qualquer de suas formas.

(B) a Floresta Amazônica brasileira, a Mata Atlântica, o Cerrado, o Pantanal Mato-Grossense e a Zona Costeira configuram-se como patrimônio nacional.

(C) é atribuída expressamente pelo texto constitucional competência legislativa concorrente ao Município em matéria ambiental.

(D) é reconhecida expressamente a tríplice responsabilidade (civil, administrativa e penal) do poluidor pelo dano ambiental.

(E) Incumbe ao Poder Público exigir, na forma da lei, para instalação de obra ou atividade potencialmente causadora de significativa degradação do meio ambiente, estudo prévio de impacto ambiental, dispensando-se a publicidade a critério do órgão ambiental competente.

A: Errada. A competência para proteger o meio ambiente e combater a poluição em qualquer de suas formas é comum entre a União, Estados, Distrito Federal e Municípios, consoante o art. 23, VI, da CF/1988. **B:** Errada. O cerrado não é considerado patrimônio nacional, ao teor do art. 225, § 4º, da CF/1988. **C:** Errada. A competência legislativa concorrente é prevista expressamente para a União, Estados e Distrito Federal no art. 24 da CF. Esse dispositivo não menciona os municípios, que, todavia, possuem competência legislativa ao teor do art. 30, II, da CF. **D:** Correta. É o que dispõe o art. 225, § 3º, da CF, a saber: "As condutas e atividades consideradas lesivas ao meio ambiente sujeitarão os infratores, pessoas físicas ou jurídicas, a sanções penais e administrativas, independentemente da obrigação de reparar os danos causados". Conforme Fabiano Melo: "Essa norma trouxe a tríplice responsabilidade em matéria ambiental: civil, penal e administrativa. Essas responsabilidades possuem regimes jurídicos próprios" (Direito Ambiental. 2 ed. SP: Método, 2017, p. 53). **E:** Errada. Consoante o art. 225, § 1º, IV, incumbe ao Poder Público exigir, na forma da lei, para instalação de obra ou atividade potencialmente causadora de significativa degradação do meio ambiente, estudo prévio de impacto ambiental, ao qual se dará publicidade. Ou seja, a publicidade é obrigatória.

Gabarito "D"

(Procurador do Estado – PGE/RN – FCC – 2014) Segundo a Constituição Federal,

(A) todos têm direito ao meio ambiente ecologicamente equilibrado, bem de uso comum do povo e essencial à sadia qualidade de vida, facultando-se ao Poder Público defendê-lo e preservá-lo para as presentes e futuras gerações.

(B) todos têm direito ao meio ambiente ecologicamente equilibrado, bem de uso comum do povo e essencial à sadia qualidade de vida, impondo-se ao Poder Público e à coletividade o dever de defendê-lo e preservá-lo para as presentes e futuras gerações.

(C) todos têm direito ao meio ambiente ecologicamente equilibrado, bem de uso especial do povo e essencial à sadia qualidade de vida, impondo-se ao Poder Público e à coletividade o dever de defendê-lo e preservá-lo para as presentes e futuras gerações.

(D) todos têm direito ao meio ambiente ecologicamente equilibrado, bem de uso especial do povo e essencial à sadia qualidade de vida, impondo-se apenas à coletividade o dever de defendê-lo e preservá-lo para as presentes e futuras gerações.

(E) todos têm direito ao meio ambiente ecologicamente equilibrado, bem de uso especial do povo e essencial à sadia qualidade de vida, impondo-se apenas ao Poder Público o dever de defendê-lo e preservá-lo para as presentes e futuras gerações.

Dispõe o art. 225, *caput*, da CF/1988: "Todos têm direito ao meio ambiente ecologicamente equilibrado, bem de uso comum do povo e essencial à sadia qualidade de vida, impondo-se ao Poder Público e à coletividade o dever de defendê-lo e preservá-lo para as presentes e futuras gerações". FM/FCP

Gabarito "B"

(Magistratura/PE – 2013 – FCC) Suponha a existência de determinada lei ordinária que permita o exercício de determinadas atividades econômicas em áreas de preservação permanente, sob o fundamento de interesse público ou de indispensabilidade à segurança nacional. Esta lei ainda confere à autoridade ambiental a competência para permitir, em cada caso concreto, o exercício dessas atividades econômicas sempre que o permissivo legal estiver configurado. Tendo em vista a disciplina constitucional sobre a matéria, semelhante lei, em tese, seria

(A) inconstitucional, uma vez que a supressão dos espaços naturais especialmente protegidos é matéria reservada à lei formal e não poderia ser delegada à autoridade ambiental.

(B) inconstitucional, por aplicação do princípio da proibição do retrocesso em sede ambiental.

(C) inconstitucional, porque as áreas de preservação permanente sempre terão proteção integral, não se admitindo qualquer espécie de exceção.

(D) constitucional, porque a Constituição é omissa com relação às áreas de preservação permanente, delegando ao legislador ordinário a possibilidade de regular o instituto na íntegra.

(E) constitucional, desde que as atividades econômicas permitidas na área de preservação permanente não comprometam a integridade dos atributos que justificaram a sua proteção especial.

A: incorreta, pois como a autoridade ambiental só poderá, no caso concreto, permitir exercício de atividades nos casos em que "o permissivo legal estiver configurado", não há problema algum de desrespeito ao princípio da legalidade; **B** a **D:** incorretas, pois a própria Constituição é que estabelece que compete à lei definir os casos em que a alteração ou supressão de áreas em espaços potencialmente protegidos é possível (art. 225, § 1º, III, da CF); **E:** correta, nos termos do permissivo contido no art. 225, § 1º, III, da CF.

Gabarito "E"

(Procurador do Município – Cuiabá/MT – 2014 – FCC) A ordem econômica tem por princípio a defesa do meio ambiente, a qual será concretizada

(A) pela implementação técnica dos processos produtivos.

(B) de forma igualitária, independentemente da atividade exercida.

(C) por meio de ações sociais voltadas ao desenvolvimento econômico da população.

(D) mediante tratamento diferenciado conforme o impacto ambiental dos produtos e serviços e de seus processos de elaboração e prestação.

(E) mediante plano de ação econômica com diretrizes estabelecidas para a utilização de recursos naturais segundo a demanda do mercado consumidor.

A: incorreta, pois a defesa do meio ambiente como princípio da ordem econômica determinada pelo art. 170, VI, da Constituição Federal não trata da implementação técnica dos processos produtivos; **B:** incorreta, pois a defesa do meio ambiente não está associada ao tratamento igualitário das ativadas exercidas dentro da ordem econômica; **C:** incorreta, pois ações sociais não são meios de concretizar a defesa do meio ambiente; **D:** correta, conforme previsto pelo inciso VI do art. 170 da CF: "VI – defesa do meio ambiente, inclusive mediante tratamento diferenciado conforme o impacto ambiental dos produtos e serviços e de seus processos de elaboração e prestação"; **E:** incorreta, pois não há no art. 170 previsão de plano de ação econômica para concretização da defesa do meio ambiente.

Gabarito "D"

(Procurador do Estado/MT – FCC – 2011) Considere os seguintes requisitos:

I. Aproveitamento racional e adequado.

II. Utilização adequada dos recursos naturais disponíveis.

III. Preservação do meio ambiente.

IV. Observância da legislação trabalhista.

V. Exploração que favoreça o bem-estar dos proprietários e dos trabalhadores.

Cumpre a função social a propriedade rural que atende simultaneamente aos requisitos

(A) I, II, III, IV e V.

(B) I, II, III e IV, apenas.

(C) I, II, III e V, apenas.

(D) I, II, IV e V, apenas.

(E) I, III, IV e V, apenas.

De acordo com o art. 186, CF, a função social é cumprida quando a propriedade rural atende, simultaneamente, segundo critérios e graus de exigência estabelecidos em lei, aos seguintes requisitos: I – aproveitamento racional e adequado; II – utilização adequada dos recursos naturais disponíveis e preservação do meio ambiente; III – observância das disposições que regulam as relações de trabalho; IV – exploração que favoreça o bem-estar dos proprietários e dos trabalhadores. Corretas, portanto, as assertivas I, II, III, IV e V. Conforme Fabiano Melo, "A leitura do art. 186 da Constituição destaca três aspectos para o cumprimento da função social da propriedade rural: **a) o aspecto econômico,** com o aproveitamento racional e adequado (inciso I); **b) o aspecto ambiental,** pela utilização adequada dos recursos naturais disponíveis e a preservação do meio ambiente (inciso II); **c) o aspecto social,** com observância das disposições que regulam as relações de trabalho e a exploração que favoreça o bem-estar dos proprietários e dos trabalhadores (incisos III e IV). Não se trata de cumprir um ou outro desses aspectos. Ao reverso, a função social da propriedade rural é satisfeita com a observância conjunta e indissociável desses três componentes. A propósito, o eventual descumprimento da função social da propriedade rural enseja que a União proceda à desapropriação por interesse social, para fins de reforma agrária, nos moldes do art. 184 da CF" (Direito Ambiental. 2 ed. SP: Método, 2017, p. 107).

Gabarito "A"

4. PRINCÍPIOS DO DIREITO AMBIENTAL

Segue um resumo sobre Princípios do Direito Ambiental:

1. **Princípio do desenvolvimento sustentado:** *determina a harmonização entre o desenvolvimento econômico e social e a garantia da perenidade dos recursos ambientais*. Tem raízes na Carta de Estocolmo (1972) e foi consagrado na ECO-92.
2. **Princípio do poluidor-pagador:** *impõe ao poluidor tanto o dever de prevenir a ocorrência de danos ambientais, como o de reparar integralmente eventuais danos que causar com sua conduta*. O princípio não permite a poluição, conduta absolutamente vedada e passível de diversas e severas sanções. Ele apenas reafirma o dever de prevenção e de reparação integral por parte de quem pratica atividade que possa poluir. Esse princípio **também** impõe ao empreendedor a internalização das externalidades ambientais negativas das atividades potencialmente poluidoras, buscando evitar a socialização dos ônus (ou seja, que a sociedade pague pelos danos causados pelo empreendedor) e a privatização dos bônus (ou seja, que somente o empreendedor ganhe os bônus de gastar o meio ambiente).
3. **Princípio da obrigatoriedade da intervenção estatal:** *impõe ao Estado o dever de garantir o meio ambiente ecologicamente equilibrado*. O princípio impõe ao poder público a utilização de diversos instrumentos para proteger o meio ambiente, que serão vistos em capítulo próprio.
4. **Princípio da participação coletiva ou da cooperação de todos:** *impõe à coletividade (além do Estado) o dever de garantir e participar da proteção do meio ambiente*. O princípio cria deveres (preservar o meio ambiente) e direitos (participar de órgãos colegiados e audiências públicas, p. ex.) às pessoas em geral.
5. **Princípio da responsabilidade objetiva e da reparação integral:** *impõe o dever de qualquer pessoa responder integralmente pelos danos que causar ao meio*

ambiente, independentemente de prova de culpa ou dolo. Perceba que a proteção é dupla. Em primeiro lugar, fixa-se que a responsabilidade é objetiva, o que impede que o causador do dano deixe de ter a obrigação de repará-lo sob o argumento de que não agiu com culpa ou dolo. Em segundo lugar, a obrigação de reparar o dano não se limita a pagar uma indenização, mas impõe que a reparação seja específica, isto é, deve-se buscar a restauração ou recuperação do bem ambiental lesado, procurando, assim, retornar à situação anterior.

6. **Princípio da prevenção:** *impõe à coletividade e ao poder público a tomada de medidas prévias para garantir o meio ambiente ecologicamente equilibrado para as presentes e futuras gerações*. A doutrina faz uma distinção entre este princípio e o **princípio da precaução**. **O princípio da prevenção** incide naquelas hipóteses em que se tem **certeza** de que dada conduta causará um dano ambiental. O princípio da prevenção atuará de forma a evitar que o dano seja causado, impondo licenciamentos, estudos de impacto ambiental, reformulações de projeto, sanções administrativas etc. A ideia aqui é eliminar os perigos já comprovados. Já o **princípio da precaução** incide naquelas hipóteses de **incerteza científica** sobre se dada conduta pode ou não causar um dano ao meio ambiente. O princípio da precaução atuará no sentido de que, na dúvida, deve-se ficar com o meio ambiente, tomando as medidas adequadas para que o suposto dano de fato não ocorra. A ideia aqui é eliminar que o próprio perigo possa se concretizar.
7. **Princípio da educação ambiental:** *impõe ao poder público o dever de promover a educação ambiental em todos os níveis de ensino e a conscientização pública para a preservação do meio ambiente*. Perceba que a educação ambiental deve estar presente em todos os níveis de ensino e, que, além do ensino, a educação ambiental deve acontecer em programas de conscientização pública.
8. **Princípio do direito humano fundamental:** *garante que os seres humanos têm direito a uma vida saudável e produtiva, em harmonia com o meio ambiente*. De acordo com o princípio, as pessoas têm direito ao meio ambiente ecologicamente equilibrado.
9. **Princípio da ubiquidade:** *impõe que as questões ambientais devem ser consideradas em todas as atividades humanas*. Ubiquidade quer dizer existência concomitantemente em todos os lugares. De fato, o meio ambiente está em todos os lugares, de modo que qualquer atividade deve ser feita com respeito à sua proteção e promoção.
10. **Princípio do usuário-pagador:** *as pessoas que usam recursos naturais devem pagar por tal utilização*. Esse princípio difere do princípio do poluidor-pagador, pois o segundo diz respeito a condutas ilícitas ambientalmente, ao passo que o primeiro a condutas lícitas ambientalmente. Assim, aquele que polui (conduta ilícita), deve reparar o dano, pelo princípio do poluidor-pagador. Já aquele que usa água (conduta lícita) deve pagar pelo seu uso, pelo princípio do usuário-pagador. A ideia é que o usuário pague com o objetivo de incentivar o uso racional dos recursos naturais, além de fazer justiça, pois há pessoas que usam mais e pessoas que usam menos dados recursos naturais.
11. **Princípio da informação e da transparência das informações e atos:** *impõe que as pessoas têm direito de receber todas as informações relativas à proteção, preventiva e repressiva, do meio ambiente*. Assim, pelo princípio, as pessoas têm direito de consultar os documentos de um licenciamento ambiental, assim como têm direito de participar de consultas e de audiências públicas em matéria de meio ambiente.
12. **Princípio da função socioambiental da propriedade:** *a propriedade deve ser utilizada de modo sustentável, com vistas não só ao bem-estar do proprietário, mas também da coletividade como um todo*.
13. **Princípio da equidade geracional:** *é as presentes e futuras gerações têm os mesmos direitos quanto ao meio ambiente ecologicamente equilibrado*. Assim, a utilização de recursos naturais para a satisfação das necessidades atuais não deverá comprometer a possibilidade das gerações futuras satisfazerem suas necessidades. O princípio impõe, também, equidade na distribuição de benefícios e custos entre gerações, quanto à preservação ambiental.

(Defensor Público/SP – 2012 – FCC) A inversão do ônus da prova em Ação Civil Pública em matéria ambiental, conforme entendimento jurisprudencial do Superior Tribunal de Justiça, consolidado no julgamento do Recurso Especial 1.060.753/SP, de relatoria da Ministra Eliana Calmon, tem como fundamento normativo principal, além da relação interdisciplinar entre as normas de proteção ao consumidor e as de proteção ambiental e o caráter público e coletivo do bem jurídico tutelado, o princípio

(A) da precaução.
(B) da função ambiental da propriedade.
(C) do usuário-pagador.
(D) do desenvolvimento sustentável.
(E) da cooperação.

De acordo com a decisão citada, "o princípio da **precaução** pressupõe a inversão do ônus probatório, competindo a quem supostamente promoveu o dano ambiental comprovar que não o causou ou que a substância lançada ao meio ambiente não lhe é potencialmente lesiva". Assim, a alternativa "A" é a correta. Conforme Fabiano Melo, "No princípio da precaução o que se configura é a ausência de informações ou pesquisas científicas conclusivas sobre a potencialidade e os efeitos de deter- minada intervenção sobre o meio ambiente e a saúde humana. Ele atua como um mecanismo de gerenciamento de riscos ambientais, notadamente para as atividades e empreendimentos marcados pela ausência de estudos e pesquisas objetivas sobre as consequências para o meio ambiente e a saúde humana" (Direito Ambiental. 2 ed. SP: Método, 2017, p. 109).

Gabarito "A".

(Defensor Público/PR – 2012 – FCC) Quanto aos princípios do direito ambiental, é correto afirmar:

(A) O princípio do poluidor-pagador está intimamente ligado ao princípio da livre-iniciativa e permite a livre utilização dos bens ambientais pelos particulares, ressalvado o posterior ressarcimento à Fazenda Pública pelo uso.
(B) O princípio do acesso equitativo aos recursos naturais não impede que se dê preferência a utilização do bem

ambiental pelas comunidades que se encontram mais próximas a ele.

(C) O princípio da prevenção está ligado à incerteza sobre os riscos de determinada atividade potencialmente poluidora, enquanto o princípio da precaução demanda a adoção de medidas que assegurem a salubridade ambiental quando já se conhecem as consequências daquela atividade.

(D) O princípio da participação impõe obrigações não só ao Estado, mas também aos particulares, respondendo ambos, solidariamente, por quaisquer danos que venham a ser causados ao meio ambiente.

(E) O princípio do direito ao meio ambiente ecologicamente equilibrado impede a utilização dos elementos de fauna e flora em suas formas nativas no intuito de manter o equilíbrio ambiental, tanto quanto possível, sem que haja a intervenção humana.

A: incorreta, pois o princípio não dá um salvo-conduto para poluir; quem poluir não poderá usar o princípio para se evadir de sanções criminais e administrativas; o que o princípio quer dizer, em seu aspecto repressivo, é que, uma vez que se poluiu, ter-se-á que reparar o meio ambiente, sem prejuízo das outras sanções cabíveis pela conduta contrária ao Direito; **B:** correta, pois a igualdade significa tratar os iguais igualmente e os desiguais desigualmente, na medida de sua desigualdade; um exemplo é o benefício concedido a pequenos núcleos populacionais rurais quanto ao uso dos recursos hídricos (art. 12, § 1º, I, da Lei 9.433/1997); **C:** incorreta, pois é o contrário, ou seja, a prevenção está ligada à certeza científica, ao passo que a precaução está ligada à incerteza; **D:** incorreta, pois os particulares não respondem por todo e qualquer dano que venham a ser causados ao meio ambiente só por conta do princípio da participação; é necessário algum tipo de relação do particular com o dano causado; já o Estado, pela ausência culposa de fiscalização do meio ambiente, pode ser chamado a responder solidariamente com o causador do dano; **E:** incorreta, pois o princípio é compatível com o uso do meio ambiente, ainda que importe em utilização da natureza em sua forma nativa; o que não se pode é fazê-lo sem a busca do meio-termo, do respeito às leis e sem o cuidado para que não se mitigue ao máximo os impactos ambientais.

Gabarito "B"

(Procurador do Município – Cuiabá/MT – 2014 – FCC) Joaquim é proprietário de imóvel rural no Município Gama. Há quatro exemplares arbóreos em seu imóvel que precisam ser suprimidos. A competência para autorizar esta supressão é

(A) do Estado ou do Município.

(B) do Município, pelo baixo impacto.

(C) da União.

(D) do Município, por ser assunto de interesse local.

(E) do Estado.

A: incorreta, pois a LC 140/2011 em seu art. 9º, inciso XV, alíneas 'a' e 'b', determina quais dentre as ações administrativas o município poderá aprovar: "a supressão e o manejo de vegetação, de florestas e formações sucessoras em florestas públicas municipais e unidades de conservação instituídas pelo Município, exceto em Áreas de Proteção Ambiental (APAs); e a supressão e o manejo de vegetação, de florestas e formações sucessoras em empreendimentos licenciados ou autorizados, ambientalmente, pelo Município.", conforme visto, não há referência à supressão de arbóreas em área rural; **B:** incorreta, pois não compete ao municípios aprovar supressão de arbóreos em área rural, independente do impacto; **C:** incorreta, o art. 7º, XV, alínea 'a' da LC 140/2011 determina como ação administrativa da União aprovar o manejo e a supressão de vegetação, de florestas e formações sucessoras em florestas públicas federais, terras devolutas federais ou unidades de conservação instituídas pela União, exceto em APAs, sem mencionar, entretanto, área rural; **D:** incorreta, pois o interesse local não faz surgir para o município a competência para tratar do tema; **E:** correta, conforme determinado pelo art. 8º, XVI, alínea 'b' da LC 140/2011: "Art. 8º São ações administrativas dos Estados: (...)XVI – aprovar o manejo e a supressão de vegetação, de florestas e formações sucessoras em: *b*) imóveis rurais, observadas as atribuições previstas no inciso XV do art. 7º.

Gabarito "E"

(Procurador do Estado/MT – FCC – 2011) São princípios do Direito Ambiental:

(A) poluidor pagador, usuário-pagador e autonomia da vontade.

(B) prevenção, taxatividade e poluidor pagador.

(C) função socioambiental da propriedade, usuário-pagador e precaução.

(D) vedação de retrocesso, prevenção e insignificância.

(E) capacidade contributiva, função socioambiental da propriedade e desenvolvimento sustentável.

De fato, são princípios do Direito Ambiental, entre outros, o do poluidor-pagador, usuário-pagador, prevenção, função socioambiental da propriedade, precaução, vedação de retrocesso (muito discutido com a entrada em vigor do "Novo Código Florestal" e objeto de discussões no STF) e desenvolvimento sustentável. Não são considerados princípios ambientais o da autonomia da vontade, taxatividade, insignificância e capacidade contributiva.

Gabarito "C"

(Procurador do Município/Teresina-PI – 2010 – FCC) *O desmatamento indiscriminado do cerrado piauiense sob o argumento de que as empresas criam empregos não é aceitável, pois pode haver atividade economicamente sustentável desde que as empresas estejam dispostas a diminuírem seus lucros, utilizando-se de matrizes energéticas que não signifiquem a política de terra arrasada.* (AG 2007.01.00.059260-7/PI) Ao analisar os princípios do direito e, em particular do direito ambiental, é INCORRETO afirmar que

(A) o princípio do desenvolvimento sustentável é fundado em três pilares: econômico, ambiental e social.

(B) os Estados têm a responsabilidade de assegurar que atividades sob sua jurisdição ou seu controle não causem danos ao meio ambiente de outros Estados ou de áreas além dos limites da jurisdição nacional.

(C) de acordo com o princípio da precaução quando houver ameaça de danos sérios ou irreversíveis, a ausência de absoluta certeza científica não deve ser utilizada como razão para postergar medidas eficazes e economicamente viáveis para prevenir a degradação ambiental.

(D) a noção de gestão sustentável dos recursos naturais no espaço e no tempo impõe um duplo imperativo ético de solidariedade – equidade intrageracional e intergeracional.

(E) de acordo com o princípio poluidor-pagador o poluidor deve pagar pela poluição causada que acarrete danos à saúde humana e os demais custos ambientais da produção devem ser arcados por toda a sociedade para a própria existência das atividades econômicas.

A: correta, pois deve haver uma compatibilidade do desenvolvimento econômico e social, de um lado, com a proteção do meio ambiente, de outro lado; **B:** correta, tendo em vista a responsabilidade constitucional de cada Estado (art. 23, VI e VII, da CF); **C:** correta, em virtude da aplicação do princípio da precaução; **D:** correta, até porque, de nada adiante querer garantir a solidariedade entre gerações (intergeracional), se não se conseguir garantir a solidariedade em relação à gestão sustentável dos recursos naturais na nossa própria geração; **E:** incorreta, devendo ser assinalada; isso porque os demais custos ambientais deverão ser internalizados pelo empreendedor, que deve levá-los em conta na elaboração dos custos de produção e, consequentemente, ele próprio deve assumi-los.

Gabarito "E"

(Magistratura/SC – 2015 – FCC) Um pesquisador desenvolveu uma técnica de cultivo de ostra pela qual a produção aumenta em 75%, trazendo, assim, real ganho econômico ao produtor. A nova técnica exaure os recursos naturais necessários ao cultivo da ostra em 30 anos. A nova técnica

(A) poderá ser admitida pelo órgão ambiental, independentemente de prévio Estudo de Impacto Ambiental, por representar aumento de produção ao empreendedor.

(B) poderá ser admitida pelo órgão ambiental, desde que haja o licenciamento ambiental da atividade.

(C) poderá ser admitida pelo órgão ambiental, desde que o licenciamento ambiental seja conduzido por um Estudo de Impacto Ambiental e respectivo Relatório de Impacto Ambiental.

(D) não poderá ser admitida pelo órgão ambiental, uma vez que fere o Princípio do Desenvolvimento Sustentável.

(E) não poderá ser admitida pelo órgão ambiental por ferir o Princípio da Taxatividade Ambiental.

A: incorreta, pois toda atividade potencialmente causadora de degradação ao meio ambiente dependerá de estudo prévio de impacto ambiental (art. 225, § 1º, IV, da CF); **B**: incorreta, pois mesmo diante do licenciamento, por força do art. 225 da CF, não se pode permitir que a exploração de uma atividade ponha fim a um recurso natural; **C**: incorreta, pois de qualquer modo a técnica trará o exaurimento dos recursos naturais, prejudicando o acesso das futuras gerações; **D**: correta, conforme os ensinamentos da Professora Granziera: "A expressão desenvolvimento sustentável tem a ver com o futuro. As atividades humanas desenvolvidas em certo momento devem considerar, à luz da disponibilidade dos recursos naturais utilizados, a possibilidade de manter-se ao longo do tempo, para as gerações futuras. Se uma determinada atividade pressupõe o esgotamento dos recursos naturais envolvidos, devem ser redobrados os cuidados na autorização de sua implantação, chegando-se ao limite de restringi-la." (GRAZIERA, Maria Luiza Machado. Direito Ambiental. 2. ed. Atlas. 2011. p. 57); **E**: incorreta, pois o Princípio da Taxatividade está relacionado ao Princípio da legalidade, segundo o qual a norma deve ser suficientemente clara e objetiva permitindo a real compreensão do cidadão.

Gabarito "D"

(Magistratura/RR – 2015 – FCC) Tomando por fato real e cientificamente comprovado que o rápido avanço do desmatamento irregular da floresta amazônica é um fator gerador da grave e crescente crise hídrica que atinge as regiões nordeste e sudeste brasileiras, essa atividade

(A) está amparada pelo Princípio do Usuário Pagador.

(B) está amparada pelo Princípio do Poluidor Pagador.

(C) fere o Princípio da Solidariedade Intergeracional.

(D) fere o Princípio da Taxatividade.

(E) fere o Princípio da Fragmentariedade.

A: incorreta, pois o usuário pagador é aquele que paga pelo uso de um bem ambiental cuja titularidade é difusa; **B**: incorreta, pois "em nenhuma hipótese o princípio do poluidor-pagador significa pagar para poluir. Seu significado refere-se aos custos sociais externos que acompanham a atividade econômica que devem ser internalizados" (GRAZIERA, Maria Luiza Machado. Direito Ambiental. 2ª ed. Atlas. 2011. p. 70); **C**: correta, conforme previsto no art. 225 da CF os bens ambientais devem ser utilizados de tal forma que possam ser preservados no tempo e no espaço para as presentes e futuras gerações; **D**: incorreta, já que o Princípio da Taxatividade orienta que a norma deve ser suficientemente clara e objetiva de modo a permitir a real compreensão do cidadão; **E**: incorreta, pois o Princípio da Fragmentariedade, ligado ao Direito Penal, orienta que as condutas tipificadas deveriam se de menor número, deixando as sanções jurídicas para os demais ramos do direito.

Gabarito "C"

5. COMPETÊNCIA EM MATÉRIA AMBIENTAL

(Procurador do Estado – PGE/MT – FCC – 2016) O Estado tem atribuição para aprovar o manejo e a supressão de vegetação, de florestas e formações sucessoras em

(A) florestas públicas estaduais ou unidades de conservação do próprio Estado, exceto em Áreas de Proteção Ambiental (APAs), em imóveis rurais, observadas as atribuições da União, e nas atividades ou empreendimentos licenciados ou autorizados, ambientalmente, pelo citado ente federativo.

(B) florestas públicas estaduais ou unidades de conservação localizadas em seu território, exceto em Áreas de Proteção Ambiental (APAs), em imóveis rurais, observadas as atribuições da União, e nas atividades ou empreendimentos licenciados ou autorizados, ambientalmente, pelo citado ente federativo.

(C) florestas públicas estaduais ou unidades de conservação localizadas em seu território, em imóveis rurais, observadas as atribuições da União, e nas atividades ou empreendimentos licenciados ou autorizados, ambientalmente, pelo citado ente federativo.

(D) florestas públicas estaduais ou unidades de conservação localizadas em seu território e nas atividades ou empreendimentos licenciados ou autorizados, ambientalmente, pelo citado ente federativo.

(E) todos os imóveis rurais e nas atividades ou empreendimentos licenciados ou autorizados, ambientalmente, pelo citado ente federativo.

De fato, o Estado tem atribuição para aprovar o manejo e a supressão de vegetação, de florestas e formações sucessoras em florestas públicas estaduais ou unidades de conservação do próprio Estado, exceto em Áreas de Proteção Ambiental (APAs), em imóveis rurais, observadas as atribuições da União, e nas atividades ou empreendimentos licenciados ou autorizados, ambientalmente, pelo citado ente federativo, nesse sentido, dispõe o (art. 8º, XVI, da Lei Complementar 140/2011). No que diz respeito a competência do Estado para aprovar o manejo e a supressão de vegetação, de florestas e formações sucessoras localizadas em unidades de conservação, o critério que definirá a competência é o da criação do espaço especialmente protegido, e não da sua localização conforme disposto no enunciado. Outrossim, em se tratando de Áreas de Proteção Ambiental (APA's), para fins de autorização de supressão e manejo de vegetação, o critério do ente federativo instituidor da unidade de conservação não será aplicado, mas seguirá os critérios previstos nas alíneas "a", "b", "e", "f" e "h" do inciso XIV do art. 7º, no inciso XIV do art. 8º e na alínea "a" do inciso XIV do art. 9º, da Lei Complementar 140/2011 (art. 12, parágrafo único, Lei Complementar 140/2011). FM-FCP.

Gabarito "A"

(Magistratura/RR – 2015 – FCC) A competência para legislar sobre controle da poluição é

(A) privativa da União.
(B) privativa dos Estados e Distrito Federal.
(C) concorrente entre a União e os Estados e Distrito Federal.
(D) privativa dos Municípios.
(E) privativa do Conselho Nacional do Meio Ambiente (CONAMA).

Somente a alternativa **C** está correta. Conforme determinado expressamente pela Constituição Federal: "Art. 24. Compete à União, aos Estados e ao Distrito Federal legislar concorrentemente sobre: VI – florestas, caça, pesca, fauna, conservação da natureza, defesa do solo e dos recursos naturais, proteção do meio ambiente e controle da poluição;" Em que pese entendimento do STJ reconhecendo também a competência do Município, nos autos do RE 586224/SP: Recurso extraordinário em ação direta de inconstitucionalidade estadual. Limites da competência municipal. Lei municipal que proíbe a queima de palha de cana-de-açúcar e o uso do fogo em atividades agrícolas. Lei municipal 1.952, de 20.12.1995, do município de Paulínia. Reconhecida repercussão geral. Alegação de violação aos arts. 23, *caput* e parágrafo único, n. 14, 192, § 1.º e 193, XX e XXI, da Constituição do Estado de São Paulo e arts. 23, VI e VII, 24, VI e 30, I e II DA CRFB. *1. O Município é competente para legislar sobre meio ambiente com União e Estado, no limite de seu interesse local e desde que tal regramento seja harmônico com a disciplina estabelecida pelos demais entes federados (art. 24, VI c/c 30, I e II da CRFB).* 2. O Judiciário está inserido na sociedade e, por este motivo, deve estar atento também aos seus anseios, no sentido de ter em mente o objetivo de saciar as necessidades, visto que também é um serviço público.

Gabarito "C"

(Magistratura/GO – 2015 – FCC) O Estado X criou por Decreto um Parque Estadual, unidade de conservação da natureza de proteção integral segundo a Lei Federal 9.985/2000. Passados 5 anos, editou-se um novo Decreto para desafetar parte da área deste Parque Estadual, reduzindo-se, assim, sua extensão territorial. O novo Decreto é

(A) válido, pois não há impedimento legal para que o Ente Federativo que criou uma unidade de conservação possa alterar seus limites por meio de Decreto.
(B) válido, uma vez que a desafetação foi realizada pelo mesmo tipo de ato normativo que criou o Parque Estadual.
(C) nulo, porque há expressa proibição legal para desafetar ou reduzir limites de qualquer unidade de conservação.
(D) nulo, salvo se o Decreto contiver exposição de motivos.
(E) nulo, uma vez que a desafetação ou redução dos limites de uma unidade de conservação só pode ser feita mediante lei específica.

Somente a alternativa **E** está correta. A Lei 9.985/2000 que institui o Sistema Nacional de Unidades de Conservação da Natureza, determina que as unidades de conservação serão criadas por ato do Poder Público, porém a desafetação ou redução dos limites de uma unidade de conservação só pode ser feita mediante lei específica (art. 22, § 7º, da Lei 9.985/2000 e art. 225, § 1º, III, da CF). Sendo assim, é possível criar um parque estadual por meio do decreto, porém, é nulo decreto posterior que altere sua extensão territorial, cabendo para tanto somente lei específica. Segundo Fabiano Melo,"A redução ou desafetação de uma unidade de conservação somente poderá ocorrer por meio de lei específica (art. 22, § 7o), orientação que advém da própria Constituição Federal (art. 225, § 1o, III). Trata-se, na verdade, de situação singular no direito brasileiro, uma vez que, em regra, a norma é revogada pela mesma espécie normativa. No caso das unidades de conservação, ao reverso, se instituída por um decreto, somente através de uma lei específica pode ser reduzida ou desafetada"(Direito Ambiental. 2 ed. SP: Método, 2017, p. 337).

Gabarito "E"

(Magistratura/SC – 2015 – FCC) Determinado Estado da Federação possui uma legislação sobre flora. A União, após intenso debate legislativo, trouxe em lei federal normas gerais sobre a mesma matéria tratada na lei estadual. A lei estadual

(A) fica revogada no que for contrário à legislação federal superveniente.
(B) está automaticamente revogada.
(C) pode ser revogada pelo Poder Legislativo Estadual.
(D) continua em vigor, mesmo os dispositivos que sejam contrários ao texto da lei federal.
(E) fica com a eficácia suspensa no que for contrário à legislação federal superveniente.

Somente a alternativa **E** está correta. Conforme o texto constitucional, compete à União, aos Estados e ao Distrito Federal legislar concorrentemente sobre florestas, caça, pesca, fauna, conservação da natureza, defesa do solo e dos recursos naturais, proteção do meio ambiente e controle da poluição, limitando-se à União estabelecer normas gerais, sem que fique excluída a competência suplementar dos Estados. Por fim, destaca-se que a superveniência de lei federal sobre normas gerais, suspende a eficácia da lei estadual no que lhe for contrário (art. 24, VI, §§ 1º ao 4º).

Gabarito "E"

6. LEI DE POLÍTICA NACIONAL DO MEIO AMBIENTE

(Juiz – TJ-SC – FCC – 2017) As resoluções normativas do Conselho Nacional do Meio Ambiente:

(A) vinculam a União e possuem caráter sugestivo em relação aos Estados e Municípios.
(B) vinculam os entes federativos que optarem por integrar o Sistema Nacional de Meio Ambiente.
(C) vinculam todos os entes federativos diante do Sistema Nacional de Meio Ambiente.
(D) estabelecem regramento apenas para o Ministério do Meio Ambiente, uma vez que o Conselho Nacional do Meio Ambiente é órgão do citado ministério.
(E) não possuem caráter cogente.

De fato, as resoluções normativas do Conselho Nacional do Meio Ambiente (CONAMA) vinculam todos os entes federativos, diante do Sistema Nacional do Meio Ambiente (SINAMA). Nos termos do art. 6º, II, da Lei 6.938/1981, o CONAMA é órgão consultivo e deliberativo do SISNAMA, cabendo deliberar, no âmbito de sua competência, sobre normas e padrões compatíveis com o meio ambiente ecologicamente equilibrado e essencial à sadia qualidade de vida. Os Estados e os municípios, na esfera de suas competências e nas áreas de sua jurisdição, elaborarão normas supletivas e complementares e padrões relacionados com o meio ambiente, observados os que foram estabelecidos pelo CONAMA (art. 6º, § 1º e 2º, da Lei 6.938/1981) **FM/FCP**.

Gabarito "C"

(Magistratura/RR – 2015 – FCC) Joaquim pretende instalar uma indústria, que gera poluição acima dos padrões admitidos, em um Município absolutamente carente. A indústria proporcionará empregos e trará arrecadação ao Município. Segundo a finalidade da Política Nacional do Meio Ambiente, a indústria,

(A) poderá ser instalada, uma vez que incrementará o orçamento do Município.

(B) poderá ser instalada, considerando a geração de empregos.

(C) não poderá ser instalada, pois a demanda por mão de obra qualificada é incompatível com o perfil dos habitantes do Município.

(D) poderá ser instalada, pois não há qualquer fator impeditivo.

(E) não poderá ser instalada, uma vez que não trará preservação, melhoria e recuperação da qualidade ambiental propícia à vida.

A: incorreta, pois não há relação com o incremento do orçamento do Município e a Política Nacional do Meio Ambiente; **B**: incorreta, pois o desenvolvimento econômico e a geração de emprego devem observar a defesa do meio ambiente (art. 170, VI, da CF); **C**: incorreta, pois a Política Nacional do Meio Ambiente não se presta a avaliar o perfil dos habitantes de determinado município; **D**: incorreta, pois à luz do texto constitucional e da Política Nacional do Meio Ambiente, as atividades poluidoras devem ser monitoradas, não sendo tolerados os limites acima dos padrões admitidos (art. 225 da CF e art. 2º da Lei 6.938/1981); **E**: correta, conforme art. 2º da Lei 6.938/1981: "A Política Nacional do Meio Ambiente tem por objetivo a preservação, melhoria e recuperação da qualidade ambiental propícia à vida, visando assegurar, no País, condições ao desenvolvimento socioeconômico, aos interesses da segurança nacional e à proteção da dignidade da vida humana."

Gabarito "E"

(Magistratura/SC – 2015 – FCC) O proprietário da Fazenda Santa Rita instituiu uma servidão ambiental, pelo prazo de 05 anos, em área de 150 hectares de sua propriedade dotada de relevante interesse ecológico. Após 02 anos, a fazenda foi desmembrada. A servidão ambiental

(A) permanecerá sem alteração de destinação durante seu prazo de vigência.

(B) será extinta.

(C) é nula, uma vez que não existe no ordenamento jurídico brasileiro servidão ambiental temporária.

(D) poderá ser mantida a critério dos novos proprietários.

(E) será extinta em um prazo máximo de 01 ano.

A: correta, já que é vedada, durante o prazo de vigência da servidão ambiental, a alteração da destinação da área, nos casos de transmissão do imóvel a qualquer título, de desmembramento ou de retificação dos limites do imóvel (art. 9º-A, § 6º, da Lei 6.938/1981); **B**: incorreta (art. 9º-A, § 6º, da Lei 6.938/1981); **C**: incorreta, já que a Política Nacional do Meio Ambiente fala em servidão onerosa, temporária ou perpétua (art. 9º-B, § 1º, da Lei 6.938/1981); **D**: incorreta (art. 9º-A, § 6º, da Lei 6.938/1981); **E**: incorreta, embora o enunciado fale em servidão de 05 anos, a Política Nacional do Meio Ambiente, fala em prazo mínio de 15 anos (art. 9º-B, § 1º, da Lei 6.938/1981).

Gabarito "A"

(Magistratura/RR – 2015 – FCC) A licença prévia,

(A) autoriza a instalação do empreendimento ou atividade de acordo com as especificações constantes dos planos, programas e projetos aprovados, incluindo as medidas de controle ambiental e demais condicionantes, da qual constituem motivo determinante.

(B) autoriza a operação da atividade ou empreendimento com as medidas de controle ambiental e condicionantes determinadas para a operação.

(C) autoriza a instalação do empreendimento ou atividade e a respectiva operação.

(D) é concedida na fase de planejamento do empreendimento ou atividade, restringindo-se a aprovar a respectiva localização.

(E) é concedida na fase preliminar do planejamento do empreendimento ou atividade aprovando sua localização e concepção, atestando a viabilidade ambiental e estabelecendo os requisitos básicos e condicionantes a serem atendidos nas próximas fases de sua implementação.

A: incorreta, pois instalação da atividade depende da licença de instalação (art. 8º, II, da Res. 237/1997 CONAMA); **B**: incorreta, já que a operação da atividade é autorizada pela licença de operação (art. 8º, III, Res. 237/1997 CONAMA); **C**: incorreta, pois o Poder Público expedirá licenças específicas para cada fase de instalação e operação; **D**: incorreta, pois a licença prévia não se limita a aprovar a localização; **E**: correta (art. 8º, I, Res. 237/1997 CONAMA).

Gabarito "E"

(Magistratura/CE – 2014 – FCC) A Política Nacional do Meio Ambiente tem por objetivo a preservação, melhoria e recuperação da qualidade ambiental propícia à vida, visando assegurar no País

(A) o aparelhamento do Estado no controle das atividades poluidoras e degradadoras, principalmente do bioma amazônico.

(B) condições ao desenvolvimento socioeconômico, aos interesses da segurança nacional e à proteção da dignidade da vida humana.

(C) a estabilidade agrícola.

(D) a permanência de espécies ameaçadas de extinção.

(E) a livre concorrência sustentável.

A: incorreta, pois o controle da atividade poluidora é um princípio da PNMA e não um objetivo (art. 2º, V, PNMA); **B:** correta pois conforme o *caput* do art. 2º da Lei 6.938/1981 A Política Nacional do Meio Ambiente tem por objetivo a preservação, melhoria e recuperação da qualidade ambiental propícia à vida, visando assegurar, no País, condições ao desenvolvimento socioeconômico, aos interesses da segurança nacional e à proteção da dignidade da vida humana; **C:** incorreta pois estabilidade agrícola não é um objetivo da PNMA; **D:** incorreta pois a PNMA não trata da permanência de espécies ameaçadas de extinção; **E:** incorreta pois a livre concorrência e a defesa do meio ambiente são princípios da ordem econômica estabelecidos pelo art. 170 da Constituição Federal ademais, não como objetivos da PNMA preocupação com a livre concorrência.

Gabarito "B"

(Magistratura/PE – 2011 – FCC) O Conselho Nacional do Meio Ambiente – CONAMA é órgão encarregado de

(A) reunir em um sistema único os órgãos da administração ambiental federal, estadual e municipal, promovendo reuniões trimestrais entre eles para tornar efetiva a proteção do meio ambiente.

(B) gerir o Fundo Nacional do Meio Ambiente e a distribuição de recursos para projetos ambientais.

(C) estudar e propor diretrizes de políticas governamentais para o meio ambiente e executar a política nacional do meio ambiente, podendo agir administrativa ou judicialmente.

(D) estudar e propor diretrizes de políticas governamentais para o meio ambiente e deliberar, no âmbito de sua competências, sobre normas e padrões compatíveis com a proteção do meio ambiente.

(E) expedir Resoluções para a manutenção da qualidade do meio ambiente no âmbito federal.

A: incorreta, pois essa competência não está prevista na Lei 6.938/1981 ou no Decreto 99.274/1990; **B:** incorreta, pois o Fundo Nacional do Meio Ambiente é administrado pela Secretaria do Meio Ambiente da Presidência da República, de acordo com as diretrizes fixadas pelo Conselho de Governo, sem prejuízo das competências do Conama (art. 4º da Lei 7.797/1989); **C:** incorreta, pois "executar a política nacional do meio ambiente" é atribuição dos órgãos executores, como o IBAMA (art. 6º, IV, da Lei 6.938/1981); **D:** correta (art. 6º, II, da Lei 6.938/1981); **E:** incorreta, pois as resoluções do CONAMA não têm eficácia apenas para o âmbito federal; ademais, a ideia não é só a manutenção da qualidade do meio ambiente, mas também a melhoria dessa qualidade.

Gabarito "D"

(Defensor Público/SP – 2012 – FCC) A Lei da Política Nacional do Meio Ambiente (Lei 6.938/1981), após seus 30 anos de vigência, cumpre, de certa forma, o papel de Código Ambiental Brasileiro, assegurando normativamente:

(A) a exigência de licença ambiental e de estudo de impacto de vizinhança para atividades efetiva ou potencialmente poluidoras.
(B) a consagração da responsabilidade penal da pessoa jurídica.
(C) o reconhecimento da legitimidade do Ministério Público para propor ação de responsabilidade civil e criminal em decorrência de danos causados ao ambiente.
(D) a consagração expressa do princípio da precaução.
(E) a caracterização da responsabilidade subjetiva do poluidor pela reparação ou indenização do dano ecológico causado.

A: incorreta, pois a licença ambiental é prevista na Lei da Política Nacional do Meio Ambiente (art. 9.º, IV, da Lei 6.938/1981), mas o estudo de impacto de vizinhança está previsto no Estatuto da Cidade (arts. 36 a 38 da Lei 10.257/2001); **B:** incorreta, pois a responsabilidade penal da pessoa jurídica só foi introduzida como realidade na Lei de Crimes Ambientais (arts. 3º e 21 da Lei 9.605/1998), após a abertura dada pelo art. 225, § 3.º, da CF, que prevê a aplicação de sanções penais e administrativas a pessoas jurídicas que cometem condutas e atividades consideradas lesivas ao meio ambiente; **C:** correta (art. 14, § 1.º, da Lei 6.938/1981); **D:** incorreta, pois esse princípio foi consagrado por ocasião da ECO/92 (Princípio 15 do documento nela produzido: "Com o fim de proteger o meio ambiente, o princípio da precaução deverá ser amplamente observado pelos Estados, de acordo com suas capacidades. Quando houver ameaça de danos graves ou irreversíveis, a ausência de certeza científica absoluta não será utilizada como razão para o adiamento de medidas economicamente viáveis para prevenir a degradação ambiental"); **E:** incorreta, pois o art. 14 da Lei 6.938/1981 prevê a responsabilidade civil objetiva do poluidor.

Gabarito "C"

(Procurador do Município – Cuiabá/MT – 2014 – FCC) O Conselho Estadual do Meio Ambiente do Estado do Mato Grosso (CONSEMA) tem caráter

(A) apenas consultivo e recursal.
(B) consultivo, deliberativo e recursal.
(C) apenas consultivo e deliberativo.
(D) apenas consultivo.
(E) apenas deliberativo.

Em 15 de junho de 1990 o estado do Mato Grosso publicou a Lei Estadual 5.612/1990, que dispões sobre o Conselho Estadual do Meio Ambiente, a qual seu artigo 1º assim determina: "Art. 1º O Conselho Estadual do Melo Ambiente – órgão autônomo de caráter consultivo, deliberativo e recursal, tem as seguintes atribuições: (...)", deste modo a única alternativa correta é a letra B.

Gabarito "B"

(Procurador do Município – Cuiabá/MT – 2014 – FCC) A Política Nacional do Meio Ambiente tem como objetivo

(A) a proteção da saúde pública e da qualidade ambiental.
(B) a prevenção e a defesa contra eventos hidrológicos críticos de origem natural ou decorrentes do uso inadequado dos recursos naturais.
(C) assegurar os direitos sociais.
(D) o desenvolvimento de pesquisas e de tecnologias nacionais orientadas para o uso racional de recursos ambientais.
(E) a redução das emissões antrópicas de gases de efeito estufa em relação às suas diferentes fontes.

O art. 4º da Lei 6.938/1981 – PNMA descreve quais são seus sete objetivos. Dentre as alternativas apresentadas, a única de descreve um objetivo da PNMA é a letra 'D', constante no inciso IV do art. 4º da PNMA.: "Art. 4º A Política Nacional do Meio Ambiente visará: I – à compatibilização do desenvolvimento econômico social com a preservação da qualidade do meio ambiente e do equilíbrio ecológico; II – à definição de áreas prioritárias de ação governamental relativa à qualidade e ao equilíbrio ecológico, atendendo aos interesses da União, dos Estados, do Distrito Federal, do Territórios e dos Municípios; III – ao estabelecimento de critérios e padrões da qualidade ambiental e de normas relativas ao uso e manejo de recursos ambientais; IV – ao desenvolvimento de pesquisas e de tecnologias nacionais orientadas para o uso racional de recursos ambientais; V – à difusão de tecnologias de manejo do meio ambiente, à divulgação de dados e informações ambientais e à formação de uma consciência pública sobre a necessidade de preservação da qualidade ambiental e do equilíbrio ecológico; VI – à preservação e restauração dos recursos ambientais com vistas à sua utilização racional e disponibilidade permanente, concorrendo para a manutenção do equilíbrio ecológico propício à vida; VII – à imposição, ao poluidor e ao predador, da obrigação de recuperar e/ou indenizar os danos causados, e ao usuário, de contribuição pela utilização de recursos ambientais com fins econômicos.".

Gabarito "D"

7. INSTRUMENTOS DE PROTEÇÃO DO MEIO AMBIENTE

7.1. Licenciamento ambiental e EIA/RIMA

Para resolver as questões sobre Licenciamento Ambiental e EIA/RIMA, segue um resumo da matéria:

O **licenciamento ambiental** pode ser **conceituado** como *o procedimento administrativo destinado a licenciar atividades ou empreendimentos utilizadores de recursos ambientais, efetiva ou potencialmente poluidores ou capazes, sob qualquer forma, de causar degradação ambiental* (art. 2º, I, da Lei Complementar 140/2011). Assim, toda vez que uma determinada atividade puder causar degradação ambiental, além das licenças administrativas pertinentes, o responsável pela atividade deve buscar a necessária licença ambiental também.

A **regulamentação** do licenciamento ambiental compete ao CONAMA, que expede normas e critérios para o licenciamento. A Resolução 237 do órgão traz as normas gerais de licenciamento ambiental. Há também sobre o tema o Decreto 99.274/1990. Há, também, agora, a Lei Complementar 140/2011, que trata da cooperação dos entes políticos para o exercício da competência comum em matéria ambiental, e consagrou a maior parte das disposições da Resolução CONAMA 237, colocando pá de cal sobre qualquer dúvida que existisse sobre a competência do Município para o exercício do licenciamento ambiental em casos de impacto ambiental local.

Já a **competência** para executar o licenciamento ambiental é assim dividida:

a) **impacto nacional e regional:** é do IBAMA, com a colaboração de Estados e Municípios. O IBAMA poderá delegar sua competência aos Estados, se o dano for regional, por convênio ou lei. Assim, a competência para o licenciamento ambiental de uma obra do porte da transposição do Rio São Francisco é do IBAMA.

b) **impacto em dois ou mais municípios (impacto microrregional):** é dos estados-membros. Por exemplo, uma estrada que liga 6 municípios de um mesmo estado-membro.

c) **impacto local:** é do Município. Por exemplo, o licenciamento para a construção de um prédio de apartamentos. A Lei Complementar 140/2011, em seu art. 9º, XIV, estabelece que o Município promoverá o licenciamento ambiental das atividades ou empreendimentos localizados em suas unidades de conservação e também das demais atividades e empreendimentos que causem ou possam causar impacto ambiental local, conforme tipologia definida pelos respectivos Conselhos Estaduais do Meio Ambiente, considerados os critérios de porte, potencial poluidor e natureza da atividade. A Resolução n. 237 permite que, por convênio ou lei, os Municípios recebam delegação dos estados para determinados licenciamentos, desde que tenha estrutura para tanto.

Há três **espécies** de licenciamento ambiental (art. 19, Decreto 99.274/1990):

a) **Licença Prévia (LP):** *é o ato que aprova a localização, a concepção do empreendimento e estabelece os requisitos básicos a serem atendidos nas próximas fases;* trata-se de licença ligada à fase preliminar de planejamento da atividade, já que traça diretrizes relacionadas à localização e instalação do empreendimento. Por exemplo, em se tratando do projeto de construir um empreendimento imobiliário na beira de uma praia, esta licença disporá se é possível o empreendimento no local e, em sendo, quais os limites e quais as medidas que deverão ser tomadas, como construção de estradas, instalação de tratamento de esgoto próprio etc. Essa licença tem validade de até 5 anos.

b) **Licença de Instalação (LI):** é o *ato que autoriza a implantação do empreendimento, de acordo com o projeto executivo aprovado.* Depende da demonstração de possibilidade de efetivação do empreendimento, analisando o projeto executivo e eventual estudo de impacto ambiental. Essa licença autoriza as intervenções no local. Permite que as obras se desenvolvam. Sua validade é de até 6 anos.

c) **Licença de Operação (LO):** *é o ato que autoriza o início da atividade e o funcionamento de seus equipamentos de controle de poluição, nos termos das licenças anteriores.* Aqui, o empreendimento já está pronto e pode funcionar. A licença de operação só é concedida se for constado o respeito às licenças anteriores, bem como se não houver perigo de dano ambiental, independentemente das licenças anteriores. Sua validade é de 4 a 10 anos.

É importante ressaltar que a **licença ambiental**, diferentemente da licença administrativa (por ex., licença para construir uma casa), apesar de normalmente envolver competência vinculada, tem prazo de validade definida e não gera direito adquirido para seu beneficiário. Assim, de tempos em tempos, a licença ambiental deve ser renovada. Além disso, mesmo que o empreendedor tenha cumprido os requisitos da licença, caso, ainda assim, tenha sido causado dano ao meio ambiente, a existência de licença em seu favor não o exime de reparar o dano e de tomar as medidas adequadas à recuperação do meio ambiente.

O **licenciamento ambiental**, como se viu, é obrigatório para todas as atividades que utilizam recursos ambientais, em que há possibilidade de se causar dano ao meio ambiente. Em processos de licenciamento ambiental é comum se proceder a Avaliações de Impacto Ambiental (AIA). Há, contudo, atividades que, potencialmente, podem causar danos *significativos* ao meio ambiente, ocasião em que, além do licenciamento, deve-se proceder a uma AIA mais rigorosa e detalhada, denominada Estudo de Impacto Ambiental (EIA), que será consubstanciado no Relatório de Impacto Ambiental (RIMA).

O **EIA** pode ser **conceituado** como *o estudo prévio das prováveis consequências ambientais de obra ou atividade, que deve ser exigido pelo Poder Público, quando estas forem potencialmente causadoras de significativa degradação do meio ambiente* (art. 225, § 1º, IV, CF).

Destina-se a averiguar as alterações nas propriedades do local e de que forma tais alterações podem afetar as pessoas e o meio ambiente, o que permitirá ter uma ideia acerca da viabilidade da obra ou atividade que se deseja realizar.

O Decreto 99.274/1990 conferiu ao CONAMA atribuição para traçar as regras de tal estudo. A Resolução 1/1986, desse órgão, traça tais diretrizes, estabelecendo, por exemplo, um rol exemplificativo de atividades que devem passar por um EIA, apontando-se, dentre outras, a implantação de estradas com duas ou mais faixas de rolamento, de ferrovias, de portos, de aterros sanitários, de usina de geração de eletricidade, de distritos industriais etc.

O EIA trará conclusões quanto à fauna, à flora, às comunidades locais, dentre outros aspectos, devendo ser realizado por equipe multidisciplinar, que, ao final, deverá redigir um relatório de impacto ambiental (RIMA), o qual trará os levantamentos e conclusões feitos, devendo o órgão público licenciador receber o relatório para análise das condições do empreendimento.

O empreendedor é quem **escolhe** os componentes da equipe e é quem **arca** com os custos respectivos. Os profissionais que farão o trabalho terão todo interesse em agir com correção, pois fazem seus relatórios sob as penas da lei. Como regra, o estudo de impacto ambiental e seu relatório são **públicos**, podendo o interessado solicitar sigilo industrial, fundamentando o pedido.

O EIA normalmente é exigido **antes** da licença prévia, mas é cabível sua exigência mesmo para empreendimentos já licenciados.

(Juiz – TJ-SC – FCC – 2017) Os apontamentos levantados em audiência pública:

(A) não vinculam o órgão licenciador, que tem o dever, por outro lado, de justificar tecnicamente o não acolhimento das sugestões.
(B) vinculam o órgão licenciador, que tem o dever, portanto, de acolher as sugestões.
(C) são votados e vinculam o órgão licenciador os que obtiverem maioria simples.
(D) são votados e vinculam o órgão licenciador os que obtiverem maioria absoluta.
(E) são votados e vinculam o órgão licenciador os que obtiverem quórum de 2/3.

A: correta, nos termos do art. 5º, da Resolução 09/1987 do CONAMA, a saber: "a ata da(s) audiência(s) pública(s) e seus anexos, servirão de base, juntamente com o RIMA, para a análise e parecer final do licenciador quanto à aprovação ou não do projeto"; desta forma, os apontamentos levantados em audiência pública não vinculam o órgão licenciador; **B:** incorreta, pois a audiência pública, nos termos do art. 1º, da Resolução 09/1987 do CONAMA, tem por finalidade expor aos interessados o conteúdo do produto em análise e do seu referido RIMA, dirimindo dúvidas e recolhendo dos presentes as críticas e sugestões a respeito, ou seja, visa a concretizar o princípio da informação, não tendo o órgão licenciador, o dever de acolher as sugestões advindas da audiência pública; **C, D, E:** incorretas, pois não há votação dos apontamentos levantados em audiência pública, esta tem a finalidade deoferecer aos indivíduos acesso a informações relativas a atividade a ser licenciada e aos seus impactos. FM/FCP

Gabarito "A"

(Magistratura/RR – 2015 – FCC) A Audiência Pública no licenciamento ambiental conduzido por um EIA-RIMA

(A) será o primeiro ato do processo.
(B) será realizada em local de fácil acesso, nos Municípios atingidos pelo empreendimento e após a elaboração do EIA-RIMA.
(C) é facultativa.
(D) será realizada antes da elaboração do EIA-RIMA.
(E) será realizada antes da elaboração do EIA-RIMA e as conclusões resumidas em ata nortearão a elaboração do citado estudo.

Questão Anulada. Segundo Resolução Normativa 009/1987 do CONAMA: "Art. 2º Sempre que julgar necessário, ou quando for solicitado por entidade civil, pelo Ministério Público, ou por 50 (cinquenta) ou mais cidadãos, o Órgão de Meio Ambiente promoverá a realização de audiência pública.". Sendo assim, poderá ser facultativa, sempre que julgar necessário, mas obrigatória quando solicitada pelo rol elencados na resolução. Desta forma, embora o gabarito tenha indicado a alternativa **B**, como correta, também é possível apontar a alternativa **C**, como verdadeira.

Gabarito "Anulada"

(Magistratura/CE – 2014 – FCC) A empresa X pretende instalar uma indústria no Estado Alfa. Tal Estado, contudo, não possui órgão ambiental capacitado ou conselho de meio ambiente. Nesta hipótese, segundo a Lei Complementar 140/2011, a competência para conduzir o licenciamento ambiental será

(A) solidária da União.
(B) supletiva do Município no qual se localizará o empreendimento.
(C) subsidiária da União.
(D) solidária do Município no qual se localizará o empreendimento.
(E) supletiva da União.

A: incorreta, pois embora a Lei Complementar 140/2011 trate da competência comum entre os entes federativos (art. 1º), não há solidariedade entre eles, isto porque a competência foi estabelecida conforme a amplitude do impacto, a localização e na natureza da atividade poluidora; **B:** incorreta, pois na ausência de órgão ambiental capacitado no Estado, a competência será supletiva da União e não do Município (art. 15, I, LC 140/2011); **C:** incorreta, pois a atuação subsidiária da União somente se daria nos casos de solicitação do Estado com objetivo de auxiliar no desempenho das atribuições decorrentes da competência comum, e não por ausência de órgão estadual capacitado (art. 2º, III, LC 140/2011); **D:** incorreta, pois a LC 140/2011 não prevê a competência solidária entre os entes federados, somente as competências supletivas e subsidiárias (art. 2º, II e III); **E:** correta, pois os entes federativos devem atuar em caráter supletivo nas ações administrativas de licenciamento na hipótese de inexistir órgão ambiental capacitado ou conselho de meio ambiente no Estado ou no Distrito Federal, neste caso por força do art. 15, I, da LC 140/2011 a União deverá desempenhar as ações administrativas estaduais ou distritais até a criação do órgão estadual competente.

Gabarito "E"

(Magistratura/PE – 2013 – FCC) A Lei Federal 6.938/1981 impõe a obrigatoriedade de licenciamento ambiental para as atividades consideradas "efetiva e potencialmente poluidoras", assim como as "capazes, sob qualquer forma, de causar degradação ambiental". Nesse contexto, as competências do Conselho Nacional do Meio Ambiente – CONAMA incluem, dentre outras,

(A) o estabelecimento de normas e critérios para o licenciamento, especificando quais atividades estarão a ele desde logo sujeitas, bem como o efetivo exercício do licenciamento ambiental, sempre que este estiver sob a alçada da União.
(B) a definição de quais entidades da Federação são competentes para o licenciamento ambiental, bem como o procedimento administrativo que deverá ser seguido em seus respectivos âmbitos.
(C) relacionar atividades que estão aprioristicamente sujeitas ao estudo de impacto ambiental (EIA), bem como disciplinar as espécies de licenças ambientais passíveis de expedição e suas respectivas hipóteses de cabimento.
(D) a fixação de critérios e padrões de qualidade do meio ambiente e a supervisão da atividade de licenciamento exercida pelos órgãos estaduais e municipais integrantes do Sistema Nacional do Meio Ambiente – SISNAMA.
(E) homologar o licenciamento ambiental a cargo de órgãos estaduais e municipais integrantes do Sistema Nacional do Meio Ambiente – SISNAMA e estabelecer normas e critérios para o licenciamento das atividades efetiva ou potencialmente poluidoras.

A: incorreta, pois o CONAMA, como órgão consultivo e deliberativo, tem competência para o estabelecimento de normas e padrões ambientais (arts. 6º, II, e 8º, I, da Lei 6.938/1981), mas não tem competência para promover o licenciamento ambiental, que é da alçada, na esfera federal, do IBAMA, órgão executor (art. 6º, IV, da Lei 6.938/1981); **B:** incorreta, pois a Lei Complementar 140/2011 é que estabelece a competência de cada esfera federativa para o licenciamento ambiental (arts. 7º, XIV, 8º, XIV e XV, e 9º, XIV, da LC 140/2011); **C:** correta, desde que respeitado o disposto na LC

140/2011; **D:** incorreta, pois o CONAMA se limita a estabelecer as normas e critérios para o licenciamento (art. 8º, I, da Lei 6.938/1981); **E:** incorreta, pois o licenciamento ambiental em si não é da competência do CONAMA, e sim das entidades federativas (União, Estados e Municípios) mencionadas nos arts. 7º, XIV, 8º, XIV e XV, e 9º, XIV, da LC 140/2011.

Gabarito "C"

(Magistratura/PE – 2011 – FCC) Os municípios brasileiros, face ao ordenamento constitucional e legal, no que se refere ao licenciamento ambiental,

(A) podem emitir licença ambiental exclusivamente nos casos que envolvam o patrimônio histórico local.

(B) podem emitir licença ambiental, desde que o empreendimento seja de interesse apenas local e não afete o meio ambiente em nível regional ou nacional.

(C) não podem emitir licença ambiental em hipótese nenhuma.

(D) não podem emitir licença ambiental em hipótese nenhuma exceto se receberem, para tanto, delegação expressa do IBAMA.

(E) podem emitir licença ambiental, desde que o empreendimento se situe e abranja área de região metropolitana reconhecida por lei.

Art. 9º, XIV, da Lei Complementar 140/2011. Vale ressaltar que compete ao respectivo Conselho Estadual do Meio Ambiente definir o que é e o que não é impacto ambiental local, para fins de verificação da competência do município. Ademais, somente os municípios que tiverem *estrutura e conselho municipal do meio ambiente* poderão promover licenciamento ambiental.

Gabarito "B"

(Defensor Público/AM – 2013 – FCC) São ações administrativas da União promover o licenciamento ambiental de empreendimentos e atividades

(A) localizados ou desenvolvidos em unidades de conservação instituídas pela União, exceto em Áreas de Proteção Ambiental (APAs).

(B) localizados ou desenvolvidos em dois ou mais Municípios.

(C) de alto impacto ambiental.

(D) localizados ou desenvolvidos em rios federais.

(E) localizados ou desenvolvidos em terras quilombolas.

A: correta (art. 7.º, XIV, "d", da Lei Complementar 140/2011); **B:** incorreta, pois nesse caso a competência é do Estado (art. 8.º, XIV, da Lei Complementar 140/2011), por não se encaixar na competência da União (art. 7º, XIV, da Lei Complementar 140/2011) e dos Municípios (art. 9º, XIV, da Lei Complementar 140/2011); **C:** incorreta, pois esse não é o critério para a distribuição da competência para o licenciamento ambiental, previsto nos arts. 7.º a 9.º da Lei Complementar 140/2011; **D:** incorreta, pois não há tal previsão no art. 7.º, XIV, da Lei Complementar 140/2011; de qualquer forma, caso se verifique impacto de âmbito regional, atingindo, por exemplo, dois Estados, aí sim a competência para o licenciamento será da União (art. 7.º, XIV, "e", da Lei Complementar 140/2011); **E:** incorreta, pois não há essa previsão, apesar de haver quanto a empreendimentos localizados ou desenvolvidos em terras indígenas (art. 7.º, XIV, "c", da Lei Complementar 140/2011).

Gabarito "A"

(Procurador do Estado/MT – FCC – 2011) Uma rodovia que passe pelo território de quatro municípios no Estado de Mato Grosso deve ter seu licenciamento ambiental realizado

(A) exclusivamente pela União.

(B) exclusivamente pelo Estado de Mato Grosso.

(C) exclusivamente pelo Estado de Mato Grosso, ouvidos os Municípios diretamente afetados, que se manifestarão em relação às questões inseridas na competência municipal.

(D) em concorrência entre o Estado de Mato Grosso e os Municípios diretamente afetados.

(E) em concorrência entre União, Estado de Mato Grosso e Municípios diretamente afetados.

De fato, o licenciamento ambiental de uma obra (rodovia, no caso) que passe por quatro municípios, por evidente, não seria realizado exclusivamente pela União, ou concorrentemente com ela, razão pela qual já podemos excluir, de plano, as alternativas "A" e "E". O licenciamento ambiental será realizado pela União se presente uma das hipóteses do art. 7º, XIV, da LC 140/2011. Também podemos excluir a alternativa "D", visto que, à luz da LC 140/2011, o licenciamento ambiental será realizado por um único ente federativo (art. 13), a fim de evitar sobreposição de atuações dos entes federativos. Porém, os demais entes federativos interessados podem manifestar-se ao órgão ambiental licenciador, de forma não vinculante, conforme dispõe o art. 13, § 1º, da aludida lei complementar. Portanto, correta a alternativa "C", que respeita a nova sistemática do licenciamento (realização por um único ente federativo, cabendo, porém, a oitiva dos demais entes interessados).

Gabarito "C"

7.2. Unidades de Conservação

(Juiz – TJ-SC – FCC – 2017) O proprietário de uma Reserva Particular do Patrimônio Natural – RPPN:

(A) não pode receber recursos advindos da compensação ambiental.

(B) pode receber recursos advindos da compensação ambiental desde que em conjunto com o Município.

(C) pode receber recursos advindos da compensação ambiental desde que o proprietário seja fiscalizado pelo Município.

(D) pode receber recursos advindos da compensação ambiental, visto que a Reserva Particular do Patrimônio Natural – RPPN é uma unidade de conservação da natureza de proteção integral.

(E) pode receber recursos advindos da compensação ambiental desde que sua unidade de conservação tenha sido afetada por um empreendimento de significativo impacto ambiental.

De fato, o proprietário de uma RPPN pode receber recursos advindos da compensação ambiental desde que tenha sido afetada diretamente por um empreendimento de significativo impacto ambiental. Nesse sentido, dispõe o art. 29, do Decreto 5.746/2006: "No caso de empreendimento com significativo impacto ambiental que afete diretamente a RPPN já criada, o licenciamento ambiental fica condicionado à prévia consulta ao órgão ambiental que a criou, devendo a RPPN ser uma das beneficiadas pela compensação ambiental [...]". FM/FCP

Gabarito "E"

(Procurador do Estado – PGE/MT – FCC – 2016) A Floresta Estadual

(A) não é uma unidade de conservação pertencente ao Sistema Nacional de Unidades de Conservação da Natureza (SNUC).

(B) é uma unidade de conservação do grupo das Unidades de Proteção Integral.

(C) é uma unidade de conservação do grupo das Unidades de Uso Sustentável.

(D) é um imóvel rural de propriedade do Estado sem qualquer relação com a defesa do meio ambiente.

(E) pode ser constituída por propriedades privadas, que terão sua função social adequada aos objetivos do território especialmente protegido.

A: incorreta, nos termos do art. 3º, da Lei 9.985/2000: "Art. 3º O Sistema Nacional de Unidades de Conservação da Natureza – SNUC é constituído pelo conjunto das unidades de conservação federais, estaduais e municipais [...]"; **B:** incorreta, as Florestas são unidades de conservação do grupo Uso Sustentável (art. 14, III c/c art. 17, § 6º, ambos da Lei 9.985/2000); **C:** correta (art. 14, III c/c art. 17, § 6º, ambos da Lei 9.985/2000); **D:** incorreta, as florestas são de posse e domínio públicos, sendo que as áreas particulares incluídas em seus limites devem ser desapropriadas de acordo com o que dispõe a lei (art. 17, §§ 1º e 6º, da Lei 9.985/2000). FM-FCP

Gabarito "C"

(Procurador do Estado – PGE/RN – FCC – 2014) A posse e o uso das áreas ocupadas pelas populações tradicionais nas Reservas Extrativistas e Reservas de Desenvolvimento Sustentável serão regulados por contrato, sendo que o uso dos recursos naturais por tais populações obedecerá às seguintes normas:

(A) proibição de colheita de sementes de vegetação exótica.

(B) autorização para o uso de espécies localmente ameaçadas de extinção para manter rituais religiosos.

(C) autorização de práticas que danifiquem o *habitat* da flora local ameaçada de extinção para manutenção da tradicionalidade.

(D) autorização de práticas que danifiquem os *habitats* da fauna local ameaçada de extinção para manutenção da tradicionalidade.

(E) proibição de práticas ou atividades que impeçam a regeneração natural dos ecossistemas.

De fato, a posse e o uso das áreas ocupadas pelas populações tradicionais nas Reservas Extrativistas e Reservas de Desenvolvimento Sustentável serão regulados por contrato, sendo que o uso dos recursos naturais por tais populações obedecerá às seguintes normas: proibição de práticas ou atividades que impeçam a regeneração natural dos ecossistemas. Nos termos do art. 23, § 2º, da Lei 9.985/2000: O uso dos recursos naturais pelas populações tradicionais obedecerá às seguintes normas: proibição do uso de espécies localmente ameaçadas de extinção ou de práticas que danifiquem os seus habitats; proibição de práticas ou atividades que impeçam a regeneração natural dos ecossistemas; e, demais normas estabelecidas na legislação, no Plano de Manejo da unidade de conservação e no contrato de concessão de direito real de uso. FM-FCP

Gabarito "E"

(Defensor Público/SP – 2012 – FCC) No Estado do Acre, onde, a partir da década de 1970, iniciou-se um processo acelerado de desmatamento da floresta para dar lugar a grandes pastagens de gado, Chico Mendes, junto ao movimento local dos seringueiros, desenvolveu práticas pacíficas de resistência para defender a floresta. A sua luta contra a devastação da Floresta Amazônica chamou a atenção do mundo, especialmente em razão da sua morte, ocorrida em 22 de dezembro de 1988. Em vista de tal cenário, com o propósito de proteger áreas de relevância ambiental e regulamentar o disposto no art. 225, § 1.º, I, II, III e VII, da Lei Fundamental de 1988, o legislador infraconstitucional editou a Lei do Sistema Nacional de Unidades de Conservação – SNUC (Lei 9.985/2000). Integra a categoria de Unidade de Conservação de Uso Sustentável:

(A) Estação Ecológica.

(B) Área de Relevante Interesse Ecológico.

(C) Reserva Biológica.

(D) Monumento Natural.

(E) Refúgio da Vida Silvestre.

A: incorreta, pois a assertiva "A" refere-se à Unidade de Proteção Integral (art. 8.º, I, da Lei 9.985/2000); **B:** correta (art. 14, II, da Lei 9.985/2000); **C:** incorreta, pois a assertiva "C" refere-se à Unidade de Proteção Integral (art. 8.º, II, da Lei 9.985/2000); **D:** incorreta, pois a assertiva "D" refere-se à Unidade de Proteção Integral (art. 8.º, IV, da Lei 9.985/2000); **E:** incorreta, pois a assertiva "E" refere-se à Unidade de Proteção Integral (art. 8.º, V, da Lei 9.985/2000).

Gabarito "B"

(Procurador do Município – Cuiabá/MT – 2014 – FCC) O Município criou por decreto uma Reserva Extrativista em áreas particulares sem ajuizar as ações de desapropriação dos imóveis abrangidos. Neste caso, os proprietários

(A) continuarão titulares de domínio, mas serão indenizados apenas pelas restrições impostas às respectivas propriedades.

(B) continuarão titulares de domínio, pois a Reserva Extrativista é uma unidade de conservação de uso sustentável.

(C) poderão ajuizar ações de desapropriação indireta, diante da inércia do Município, sendo possível discutir apenas o valor das indenizações.

(D) poderão ajuizar ações declaratórias de nulidade do ato administrativo do Chefe do Executivo Municipal, porquanto não ser possível a criação de unidade de conservação por Decreto.

(E) continuarão titulares de domínio, mas terão restrições impostas às respectivas propriedades sem direito à indenização, diante do princípio da função social da propriedade.

A: incorreta, pois conforme determinado pelo art. 18, § 1º, Lei 9.985/2000, sempre que a Reserva Extrativista for criada em área particular, esta, deverá ser desapropriada; **B:** incorreta, embora a área seja de fato uma área de conservação de uso sustentável (art. 18, *caput*, da Lei do SNUC), esta não é a razão pela qual os titulares continuação com o domínio da área. De modo contrário, uma vez instituída a Reserva Extrativista, a área tornar-se de domínio público; **C:** correta, pois conforme previsto pelo art. 18, § 1º, da Lei 9.985/2000 que institui o Sistema Nacional de Unidades de Conservação da Natureza, a Reserva Extrativista é área considerada de domínio público com uso concedido às populações extrativistas tradicionais, sendo que as áreas particulares incluídas em seus limites devem ser desapropriadas, de acordo com o que dispõe a lei. Por esta razão, diante da inércia do Município, cabe aos proprietários a desapropriação indireta; **D:** incorreta, não há nulidade na criação de Reserva Extrativista por decreto, conforme já se pronunciou o STF no MS 25.284; **E:** incorreta, a função social da propriedade não é causa para manutenção do domínio nas Reservas Extrativista, por força do art. 18, § 1º, a área deve ser desapropriada por tornarem-se de domínio público.

Gabarito "C"

(Procurador do Município – Cuiabá/MT – 2014 – FCC) Um determinado Município possui um Parque Municipal ocupado parcialmente por populações tradicionais. Segundo o Sistema Nacional de Unidades de Conservação da Natureza (SNUC), essas populações tradicionais

(A) serão indenizadas ou compensadas pelas benfeitorias existentes e devidamente realocadas pelo Município em local e condições acordados entre as partes.
(B) permanecerão residindo no Parque, sem que sofram qualquer interferência.
(C) serão realocadas sem direito a indenização.
(D) serão indenizadas pelas benfeitorias e realocadas para zona de uso conflitante, segundo zoneamento estabelecido pelo plano de manejo do Parque.
(E) permanecerão residindo no Parque pelo prazo máximo improrrogável de cinco anos.

A: correta, por força do determinado no art. 42, § 1º, da Lei 9.985/2000: "Art. 42. As populações tradicionais residentes em unidades de conservação nas quais sua permanência não seja permitida serão indenizadas ou compensadas pelas benfeitorias existentes e devidamente realocadas pelo Poder Público, em local e condições acordados entre as partes. § 1º O Poder Público, por meio do órgão competente, priorizará o reassentamento das populações tradicionais a serem realocadas."; **B:** incorreta, pois se a presença da população tradicional for incompatível com a proteção que se deseja garantir naquela unidade de conservação, eles deverão retirar-se, cabendo ao poder público ressarci-los e realocá-los; **C:** incorreta, pois contraria o § 1º do já citado art. 42; **D:** incorreta, pois o local e as condições de relocação das populações tradicionais será acordado entre elas e o Poder Público; **E:** incorreta, por falta de previsão legal.
Gabarito "A"

(Procurador do Estado/MT – FCC – 2011) Em relação ao Sistema Nacional de Unidades de Conservação, é correto afirmar que
(A) as Unidades de Conservação somente podem ser criadas por Lei.
(B) as Unidades de Conservação subdividem-se em três grupos: proteção integral, uso sustentável e proteção sustentável.
(C) as propriedades do entorno da Unidade de Conservação não sofrem, em regra, qualquer influência deste espaço territorialmente protegido.
(D) a desafetação ou redução dos limites de uma Unidade de Conservação só pode ser feita mediante lei específica.
(E) o subsolo e o espaço aéreo não integram os limites de uma Unidade de Conservação.

A: incorreta, pois as Unidades de Conservação podem ser criadas por lei ou ato normativo diverso do Poder Executivo (geralmente, decretos), conforme dispõe o art. 22, Lei 9.985/2000. Lembre-se, porém, que sua extinção ou redução dependerá de lei (art. 225, § 1º, III, CF); **B:** incorreta, pois as Unidades de Conservação são divididas em dois grupos, quais sejam, as de Proteção Integral (arts. 7º, I e 8º, Lei 9.985/2000) e as de Uso Sustentável (art. 7º, II e 14, Lei 9.985/2000); **C:** incorreta, pois a área no entorno das Unidades de Conservação é denominada de zona de amortecimento, e, conforme art. 2º, XVIII, da Lei 9.985/2000, as atividades humanas em referida área comporta observância de normas e restrições, de molde a minimizar os impactos negativos sobre a unidade; **D:** correta (art. 22, § 7º, Lei 9.985/2000; art. 225, § 1º, III, CF); **E:** incorreta (art. 24, Lei 9.985/2000).
Gabarito "D"

(Procurador do Estado/RO – 2011 – FCC) Considere as assertivas abaixo.
I. As Unidades de Conservação integrantes do Sistema Nacional de Unidades de Conservação dividem-se em três grupos: Unidades de Proteção Integral, Unidades de Uso Sustentável e Unidades de Preservação Permanente.
II. As áreas de reserva legal são consideradas áreas públicas para fins turísticos.
III. As Unidades de Conservação podem ser criadas por ato do Poder Executivo ou do Poder Legislativo.
IV. Novas categorias de Unidade de Conservação Estaduais não previstas na Lei Federal 9.985/2000, que instituiu o Sistema Nacional de Unidades de Conservação, poderão passar a fazer parte deste sistema, desde que tal seja autorizado pelo CONAMA – Conselho Nacional de Meio Ambiente.
V. Todas as Unidades de Conservação, sem exceções, devem dispor de um plano de manejo.

Com base na legislação ambiental está correto SOMENTE o que se afirma em
(A) III e V.
(B) III.
(C) III, IV e V.
(D) I, IV e V.
(E) III e IV.

I: incorreta, pois são dois grupos (unidades de proteção integral e unidades de uso sustentável), nos termos do art. 7º da Lei 9.985/2000; **II:** incorreta, pois as áreas de reserva legal são aquelas localizadas no interior de uma propriedade ou posse rural, delimitada nos termos da lei, com a função de assegurar o uso econômico de modo sustentável dos recursos naturais do imóvel rural, auxiliar a conservação e a reabilitação dos processos ecológicos e promover a conservação da biodiversidade, bem como o abrigo e a proteção de fauna silvestre e da flora nativa; tais áreas permanecem privadas, com a diferença que devem obedecer às restrições legais (art. 3º, III, da Lei 12.651/2012); **III:** correta, pois são criadas por *ato do Poder Público*, podendo ser do Executivo ou do Legislativo (art. 22 da Lei 9.985/2000); **IV:** correta (art. 6º, parágrafo único, da Lei 9.985/2000); **V:** correta (art. 27, *caput*, da Lei 9.985/2000).
Gabarito "C"

7.3. Outros instrumentos

(Magistratura/CE – 2014 – FCC) Uma mineradora pretende exercer sua atividade em determinado local da zona rural do Município Gama. Pela lei de zoneamento deste Município, tal atividade é permitida no local. Contudo, pelo Zoneamento Ecológico-Econômico do Estado no qual o Município Gama está inserido, a atividade minerária é vedada no local pretendido. Neste caso, a mineradora
(A) poderá exercer sua atividade se houver expressa autorização do Estado.
(B) não poderá exercer sua atividade até que o Zoneamento Ecológico-Econômico seja declarado inconstitucional por afrontar o zoneamento municipal.
(C) poderá exercer sua atividade, diante da competência constitucional do Município para regrar a ocupação de seu território.
(D) não poderá exercer sua atividade, diante da vedação imposta pelo Zoneamento Ecológico-Econômico, que é mais restritivo do que o zoneamento municipal.
(E) poderá exercer sua atividade, diante da ilegalidade do Zoneamento Ecológico-Econômico, que confronta com o zoneamento municipal.

A: incorreta, o Zoneamento Ecológico-Econômico é um instrumento de organização do território a ser obrigatoriamente seguido na implantação de planos, obras e atividades públicas e privadas (art. 2º Decreto 4297/2002), por isso, dada sua obrigatoriedade não pode o Estado autorizar atividade mineradora contrária ao estabelecido pelo ZEE; **B:** incorreta, pois não há inconstitucionalidade no fato do Zoneamento do Estado ter maior rigor na proteção ambiental; **C:** incorreta, pois o zoneamento municipal não pode contrarias os instrumentos de proteção ambiental estaduais e federais; **D:** correta, pois ainda que o zoneamento rural municipal autorize a atividade mineradora, a área está localizada dentro de um Zoneamento Ecológico-Econômico do Estado que contém regras mais rigorosas de proteção ambiental e por isso prevalece sobre o zoneamento municipal; **E:** incorreta, pois as restrições presentes no ZEE estadual não o tornam ilegal, do contrário, devem ser seguidos por terem maior proteção ambiental.

Gabarito "D"

8. PROTEÇÃO DA FLORA. CÓDIGO FLORESTAL

(Juiz – TJ-SC – FCC – 2017) Em pequena propriedade ou posse rural familiar:

(A) o poder público federal deverá prestar apoio técnico para a recomposição da vegetação da reserva legal.

(B) o poder público municipal deverá prestar apoio técnico para a recomposição da vegetação da reserva legal.

(C) a recomposição da reserva legal será feita exclusivamente com vegetação nativa, sendo as mudas subsidiadas pelo poder público federal, que também garantirá, como incentivo financeiro, a compra de subprodutos vindos de tal área.

(D) a área de preservação permanente será considerada como reserva legal, recaindo sobre ela o regramento mais permissivo da reserva legal.

(E) para cumprimento da manutenção da área de reserva legal poderão ser computados os plantios de árvores frutíferas, ornamentais ou industriais, compostos por espécies exóticas, cultivadas em sistema intercalar ou em consórcio com espécies nativas da região em sistemas agroflorestais.

A: incorreta, pois, é o poder público estadual, e não federal, quem deverá prestar apoio técnico para a recomposição da vegetação da reserva legal em pequena propriedade ou posse rural (art. 54, parágrafo único, da Lei 12.651/2012); **B: in**correta, pois, é o poder público estadual, e não o municipal, quem deverá prestar apoio técnico para a recomposição da vegetação da reserva legal em pequena propriedade ou posse rural (art. 54, parágrafo único, da Lei 12.651/2012); **C:** incorreta, pois, a recomposição da reserva legal não precisa ser feita com vegetação nativa, exclusivamente, bem como não tem o poder público federal que subsidiar as mudas e nem garantir como incentivo financeiro, a compra de subprodutos vindos de tal área (art. 54, da Lei 12.651/2012); **D:** incorreta, pois somente será admitido o cômputo das áreas de preservação permanente no cálculo do percentual da reserva legal do imóvel, desde que preenchidos os requisitos do art. 15, da Lei 12.651/2012, e ao contrário do disposto na alternativa, o regime de proteção da área de preservação permanente não se alterará (art. 15, § 1º, da Lei 12.651/2012); **E:** correta, (art. 54, da Lei 12.651/2012). FM/FCP

Gabarito "E"

(Procurador do Estado – PGE/MT – FCC – 2016) Para viabilizar a construção de um local necessário à realização de competições esportivas estaduais, segundo a Lei Federal 12.651/2012,

(A) não poderá haver intervenção ou supressão de vegetação nativa em área de preservação permanente.

(B) poderá haver supressão de vegetação nativa em área de preservação permanente, exceto vegetação nativa protetora de nascente, duna ou restinga.

(C) poderá haver supressão de vegetação nativa em área de preservação permanente, exceto vegetação nativa protetora de nascente.

(D) poderá haver intervenção ou supressão de vegetação nativa em área de preservação permanente.

(E) poderá haver intervenção em área de preservação permanente, desde que não haja supressão de vegetação nativa.

De fato, para viabilizar a construção de um local necessário à realização de competições esportivas estaduais, poderá haver intervenção ou supressão de vegetação nativa em área de preservação permanente. Nesse sentido, dispõe o art. 8º, da Lei 12.651/2012: "Art. 8º A intervenção ou a supressão de vegetação nativa em Área de Preservação Permanente somente ocorrerá nas hipóteses de utilidade pública, de interesse social ou de baixo impacto ambiental previstas nesta Lei". Entende-se por utilidade pública, os termos do art. 3º, VIII, "b", da Lei 12.651/2012: as obras de infraestrutura destinadas às instalações necessárias à realização de competições esportivas estaduais. FM-FCP.

Gabarito "D"

(Magistratura/GO – 2015 – FCC) Alexandre adquiriu, no corrente ano, um imóvel rural na região centro-oeste brasileira com 200 hectares cobertos integralmente por vegetação nativa. Pretende converter a área de vegetação nativa em área agricultável. Segundo a Lei Federal 12.651/2012 (Novo Código Florestal), Alexandre poderá suprimir

(A) a vegetação nativa existente no imóvel, salvo aquela considerada de preservação permanente e a considerada como Reserva Legal, podendo incluir no cálculo da Reserva Legal o cômputo das áreas de preservação permanente.

(B) toda a vegetação nativa existente no imóvel, podendo compensar em outra área a falta de sua Reserva Legal.

(C) toda a vegetação nativa existente no imóvel, salvo aquela considerada de preservação permanente.

(D) a vegetação nativa existente no imóvel que não seja considerada de preservação permanente e não esteja cobrindo 20% da área total da propriedade.

(E) apenas 20% da área total do imóvel rural.

A: incorreta, pois o enunciado diz que o proprietário pretende converter a área de vegetação nativa em área agricultável. Por implicar em novos desmatamentos, não será possível cumprir um dos requisitos exigidos pelo Código Florestal para que se possa computar a Reserva Legal no cálculo das APPs (art. 15, I, da Lei 12.651/2012). **B**: incorreta, já que o Código Florestal não prevê autorização para compensar a Reserva Legal em área de terceiros. **C**: incorreta, pois não há autorização na legislação, para supressão de toda vegetação nativa da propriedade; **D**: correta, conforme expressamente autorizado pelo art. 12, II do Código Florestal; **E**: incorreto, conforme determinado pelo art. 15 do Código Florestal.

Gabarito "D"

(Magistratura/CE – 2014 – FCC) A empresa QTC Empreendimentos Imobiliários apresentou projeto para a construção de duas torres residenciais e uma torre comercial em área de depósito arenoso paralelo à linha da costa, de forma alongada, produzido por processos de sedimentação, onde se encontram diferentes comunidades que recebem influência marinha, com cobertura vegetal em mosaico, apresentando, de acordo com o estágio sucessional, estrato herbáceo e arbustivo. A área é caracterizada como fixadora de dunas existentes na região e está localizada na zona urbana do Município. Neste caso, o empreendimento

(A) poderá ser autorizado, desde que seja precedido de EIA-RIMA.
(B) não poderá ser autorizado por estar em área de preservação permanente.
(C) não poderá ser autorizado por estar em área de reserva legal.
(D) poderá ser autorizado por estar na zona urbana do Município.
(E) poderá ser autorizado, desde que sejam exigidas medidas mitigadoras e compensatórias.

A: incorreta, pois a supressão de vegetação nativa protetora de nascentes, dunas e restingas somente poderá ser autorizada em caso de utilidade pública (art. 8º, § 1º, Lei 12.651/2012 – Código Florestal) e a construção de um empreendimento imobiliário não caracteriza utilidade pública, por isso nem mesmo um EIA-RIMA poderia justificar autorização do empreendimento; **B:** correta, pois a área descrita é definida pelo Código Florestal como restinga (art. 3º, XVI) e por isso é considerada área de preservação permanente (art. 4º, VI), sendo dever do proprietário manter a vegetação desta área (art. 7º), o que impossibilita a construção do empreendimento; **C:** incorreta pois a área descrita está localizada na zona urbana do município, não preenchendo, por esta razão, o requisito de reserva legal definida pelo Código Florestal, como sendo (art. 3º, III); **D:** incorreta, pois a localização urbana não justifica a realização de um empreendimento de grande impacto ambiental, ainda mais estando em área de restinga; **E:** incorreta pois a intervenção ou a supressão de vegetação nativa em área de restinga somente acontecerá em caso de utilidade pública, por isso não será possível a autorização do empreendimento imobiliário mediante simples medidas mitigadoras e compensatórias.

Gabarito "B"

(Defensoria/SP – 2013 – FCC) O Novo Código Florestal Brasileiro foi objeto de inúmeras críticas ao longo do seu trâmite legislativo, inclusive em razão de estabelecer um padrão normativo menos rígido em comparação ao Código Florestal de 1965, notadamente em relação aos institutos da área de preservação permanente e da reserva legal, violando, por esse prisma, o princípio da proibição de retrocesso ambiental. Tomando por base o novo diploma florestal brasileiro:

(A) Todo imóvel rural deve manter área com cobertura de vegetação nativa, a título de Reserva Legal, sem prejuízo da aplicação das normas sobre as Áreas de Preservação Permanente, observado percentual mínimo de 30% (trinta por cento) em relação à área do imóvel, quando localizado nas regiões do País fora Amazônia Legal.
(B) A Área de Preservação Permanente é a área localizada no interior de uma propriedade ou posse rural, com a função de assegurar o uso econômico de modo sustentável dos recursos naturais do imóvel rural, auxiliar a conservação e a reabilitação dos processos ecológicos e promover a conservação da biodiversidade, bem como o abrigo e a proteção de fauna silvestre e da flora nativa.
(C) A Reserva Legal é área protegida, coberta ou não por vegetação nativa, com a função ambiental de preservar os recursos hídricos, a paisagem, a estabilidade geológica e a biodiversidade, facilitar o fluxo gênico de fauna e flora, proteger o solo e assegurar o bem-estar das populações humanas.
(D) Considera-se Área de Preservação Permanente, em zonas rurais ou urbanas, as faixas marginais de qualquer curso d'água natural perene e intermitente, excluídos os efêmeros, desde a borda da calha do leito regular, em largura mínima de cinquenta metros, para os cursos d'água de menos de dez metros de largura.
(E) A obrigação do proprietário, possuidor ou ocupante a qualquer título de promover a recomposição da vegetação suprimida em Área de Preservação Permanente tem natureza real e é transmitida ao sucessor no caso de transferência de domínio ou posse do imóvel rural.

A: incorreta, pois fora da Amazônia Legal o percentual mínimo a ser preservado como reserva legal é de 20% conforme art. 12, II, do Código Florestal; **B:** incorreta, pois a alternativa traz a definição de reserva legal e não de área de preservação permanente, conforme art. 3º, III, do Código Florestal: "Reserva Legal: área localizada no interior de uma propriedade ou posse rural, delimitada nos termos do art. 12, com a função de assegurar o uso econômico de modo sustentável dos recursos naturais do imóvel rural, auxiliar a conservação e a reabilitação dos processos ecológicos e promover a conservação da biodiversidade, bem como o abrigo e a proteção de fauna silvestre e da flora nativa"; **C:** incorreta, esta não é a definição de reserva legal, que em verdade está descrita no art. 3º, III, do Código, enquanto a definição de APP está condida no inciso II do mesmo artigo: "II – Área de Preservação Permanente – APP: área protegida, coberta ou não por vegetação nativa, com a função ambiental de preservar os recursos hídricos, a paisagem, a estabilidade geológica e a biodiversidade, facilitar o fluxo gênico de fauna e flora, proteger o solo e assegurar o bem-estar das populações humanas"; **D:** incorreta, pois a proteção para cursos d'água de menos de dez metros de largura é de 30 (trinta) metros (Art. 4º, I, 'a' da Lei 12.651/2012); **E:** correta, conforme o texto do art. 7º, § 2º, do Código Florestal.

Gabarito "E"

(Defensor Público/AM – 2013 – FCC) A intervenção ou a supressão de vegetação nativa em área de preservação permanente

(A) poderá ser autorizada, excepcionalmente, nas restingas estabilizadoras de mangues e nos manguezais, em locais onde a função ecológica do manguezal esteja comprometida, para execução de obras habitacionais e de urbanização, inseridas em projetos de regularização fundiária de interesse social, em áreas urbanas consolidadas ocupadas por população de baixa renda.
(B) não será autorizada.
(C) somente ocorrerá nas hipóteses de utilidade pública e de interesse social.
(D) protetora de nascentes, dunas e restingas somente poderá ser autorizada em caso de interesse social.
(E) poderá ser autorizada desde que haja solicitação tecnicamente fundamentada do proprietário ou possuidor do imóvel.

A: correta (art. 8º, § 2º, da Lei 12.651/2012); **B:** incorreta, pois há autorização expressa no art. 8º, § 2º, da Lei 12.651/2012; **C:** incorreta, pois também é cabível na hipótese de baixo impacto ambiental, na forma da lei, tudo conforme o art. 8º, "caput", da Lei 12.651/2012; **D:** incorreta, pois, nesses casos, só é possível a autorização em caso de utilidade pública e não de interesse social (art. 8º, § 1º, da Lei 12.651/2012); **E:** incorreta, pois não basta esse tipo de solicitação, sendo necessário que se enquadre nas hipóteses taxativas previstas no art. 8º da Lei 12.651/2012.

Gabarito "A"

(Procurador do Município – Cuiabá/MT – 2014 – FCC) Os proprietários ou possuidores de imóveis rurais que realizaram supressão de vegetação nativa respeitando os percentuais de Reserva Legal previstos pela legislação em vigor à época em que ocorreu a supressão são

(A) obrigados a permitir a regeneração da Reserva Legal na respectiva propriedade rural para os percentuais exigidos pela Lei Federal 12.651/2012 (novo Código Florestal), em razão do caráter *propter rem* da obrigação ambiental.

(B) obrigados a promover a recomposição da Reserva Legal na respectiva propriedade rural para os percentuais exigidos pela Lei Federal 12.651/2012 (novo Código Florestal), dado tratar-se de obrigação *propter rem*.

(C) dispensados de promover a recomposição, compensação ou regeneração para os percentuais exigidos pela Lei Federal 12.651/2012 (novo Código Florestal).

(D) obrigados a promover a recomposição da Reserva Legal na respectiva propriedade rural para os percentuais exigidos pela Lei Federal 12.651/2012 (novo Código Florestal) ou a compensar área equivalente em outra propriedade rural, desde que no mesmo bioma.

(E) dispensados de promover a recomposição da Reserva Legal na respectiva propriedade rural para os percentuais exigidos pela Lei Federal 12.651/2012 (novo Código Florestal), mas obrigados a compensar área equivalente em outra propriedade rural, desde que no mesmo bioma.

A: incorreta, embora o caráter *propter rem* seja definido por Maria Helena Diniz com aquele em que "o titular do direito real é obrigado, devido a sua condição, a satisfazer certa prestação" (Curso de direito civil brasileiro: direito das coisas. 27. ed. São Paulo: Saraiva, 2012. p.29), neste caso o proprietário não precisará permitir a regeneração pois foi desobrigado pelo art. 68 do Código Florestal; **B:** incorreta, por falta de previsão legal da obrigação de recompor a Reserva Legal suprimidas antes da vigência do Código Florestal; **C:** correta, conforme previsão contida no art. 68 do Código Florestal pela Lei Federal 12.651/2012: "Art. 68. Os proprietários ou possuidores de imóveis rurais que realizaram supressão de vegetação nativa respeitando os percentuais de Reserva Legal previstos pela legislação em vigor à época em que ocorreu a supressão são dispensados de promover a recomposição, compensação ou regeneração para os percentuais exigidos nesta Lei."; **D:** incorreta, diante da dispensa legal de recomposição da área (art. 68 Lei 12.651/2012); **E:** incorreta, visto que o referido artigo 68 não faz menção à obrigação de compensar área equivalente.

Gabarito "C"

9. RESPONSABILIDADE CIVIL AMBIENTAL E PROTEÇÃO JUDICIAL DO MEIO AMBIENTE

Segue um resumo sobre a **Responsabilidade Civil Ambiental**:

1. Responsabilidade objetiva.

A responsabilidade objetiva pode ser ***conceituada*** *como* o dever de responder por danos ocasionados ao meio ambiente, independentemente de culpa ou dolo do agente responsável pelo evento danoso. *Essa responsabilidade está prevista no § 3º do art. 225 da CF, bem como no § 1º do art. 14 da Lei 6.938/1981 e ainda no art. 3º da Lei 9.605/1998.*

Quanto a seus ***requisitos,*** *diferentemente do que ocorre com a responsabilidade objetiva no Direito Civil, onde são apontados três elementos para a configuração da responsabilidade (conduta, dano e nexo de causalidade), no Direito Ambiental são necessários apenas dois.*

A doutrina aponta a necessidade de existir um ***dano*** *(evento danoso), mais o* ***nexo de causalidade, que o liga ao poluidor****.*

*Aqui não se destaca muito a conduta como requisito para a responsabilidade ambiental, apesar de diversos autores entenderem haver três requisitos para sua configuração (*conduta, dano e nexo de causalidade*). Isso porque é comum o dano ambiental ocorrer sem que se consiga identificar uma conduta específica e determinada causadora do evento.*

Quanto ao **sujeito responsável pela reparação do dano**, é o poluidor, que pode ser tanto pessoa física como jurídica, pública ou privada.

Quando o Poder Público não é o responsável pelo empreendimento, ou seja, não é o poluidor, sua responsabilidade é **subjetiva**, ou seja, depende de comprovação de culpa ou dolo do serviço de fiscalização, para se configurar. Assim, o Poder Público pode responder pelo dano ambiental por omissão no dever de fiscalizar. Nesse caso, haverá responsabilidade solidária do poluidor e do Poder Público. Mas lembre-se: se o Poder Público é quem promove o empreendimento, sua responsabilidade é **objetiva**.

Em se tratando de pessoa jurídica, a Lei 9.605/1998 estabelece que esta será responsável *nos casos em que a infração for cometida por decisão de seu representante legal ou contratual, ou de seu órgão colegiado, no interesse ou benefício da sua entidade*. Essa responsabilidade da pessoa jurídica não exclui a *das pessoas físicas, autoras, coautoras ou partícipes do mesmo fato.*

A Lei 9.605/1998 também estabelece uma cláusula geral que permite a **desconsideração da personalidade jurídica** da pessoa jurídica, em qualquer caso, desde que destinada ao ressarcimento dos prejuízos causados à qualidade do meio ambiente. Segundo o seu art. 4º, *poderá ser desconsiderada a pessoa jurídica sempre que sua personalidade for obstáculo ao ressarcimento dos prejuízos causados à qualidade do meio ambiente*. Adotou-se, como isso, a chamada **teoria menor da desconsideração**, para a qual basta a insolvência da pessoa jurídica, para que se possa atingir o patrimônio de seus membros. No direito civil, ao contrário, adotou-se a teoria maior da desconsideração, teoria que exige maiores requisitos, no caso, a existência de um desvio de finalidade ou de uma confusão patrimonial para que haja desconsideração.

2. Reparação integral dos danos.

A obrigação de reparar o dano não se limita a pagar uma indenização; ela vai além: a reparação deve ser específica, *isto é, ela deve buscar a restauração ou recuperação do bem ambiental lesado, ou seja, o seu retorno à situação anterior. Assim, a responsabilidade pode envolver as seguintes obrigações:*

a) **de reparação natural ou in specie:** é a reconstituição ou recuperação do meio ambiente agredido, cessando a atividade lesiva e revertendo-se a degradação ambiental. *É a primeira providência que deve ser tentada, ainda que mais onerosa que outras formas de reparação;*

*b) **de indenização em dinheiro:*** consiste no ressarcimento pelos danos causados e não passíveis de retorno à situação anterior. *Essa solução só será adotada quando não for viável fática ou tecnicamente a reconstituição. Trata-se de forma indireta de sanar a lesão.*

*c) **compensação ambiental:** consiste em forma alternativa à reparação específica do dano ambiental, e importa na adoção de uma medida de equivalente importância ecológica, mediante a observância de critérios técnicos especificados por órgãos públicos e aprovação prévia do órgão ambiental competente, admissível desde que seja impossível a reparação específica. Por exemplo, caso alguém tenha derrubado uma árvore, pode-se determinar que essa pessoa, como forma de* compensação ambiental*, replante duas árvores da mesma espécie.*

3. Dano ambiental.

Não é qualquer alteração adversa no meio ambiente causada pelo homem que pode ser considerada dano ambiental. Por exemplo, o simples fato de alguém inspirar oxigênio e expirar gás carbônico não é dano ambiental. O art. 3º, III, da Lei 6.938/1981 nos ajuda a desvendar quando se tem dano ambiental, ao dispor que a poluição é a degradação ambiental resultante de atividades que direta ou indiretamente:

a) prejudiquem a saúde, a segurança e o bem-estar da população; b) criem condições adversas às atividades sociais e econômicas; c) afetem desfavoravelmente a biota; d) afetem as condições estéticas ou sanitárias do meio ambiente; e) lancem matérias ou energia em desacordo com os padrões ambientais estabelecidos.

Quanto aos lesados pelo dano ambiental, este pode atingir pessoas indetermináveis e ligadas por circunstâncias de fato (ocasião em que será difuso), grupos de pessoas ligadas por relação jurídica base (ocasião em que será coletivo), vítimas de dano oriundo de conduta comum (ocasião em que será individual homogêneo) e vítima do dano (ocasião em que será individual puro).

De acordo com o pedido formulado na ação reparatória é que se saberá que tipo de interesse (difuso, coletivo, individual homogêneo ou individual) está sendo protegido naquela demanda.

Quanto à extensão do dano ambiental, a doutrina reconhece que este pode ser material (patrimonial) ou moral (extrapatrimonial). Será da segunda ordem quando afetar o bem-estar de pessoas, causando sofrimento e dor. Há de se considerar que existe decisão do STJ no sentido que não se pode falar em dano moral difuso, já que o dano deve estar relacionado a pessoas vítimas de sofrimento, e não a uma coletividade de pessoas. De acordo com essa decisão, pode haver dano moral ambiental a pessoa determinada, mas não pode haver dano moral ambiental a pessoas indetermináveis.

4. A proteção do meio ambiente em juízo.

A reparação do dano ambiental pode ser buscada extrajudicialmente, quando, por exemplo, é celebrado termo de **compromisso de ajustamento de conduta** com o Ministério Público, ou judicialmente, pela propositura da ação competente.

Há duas ações vocacionadas à defesa do meio ambiente. São elas: a **ação civil pública** (art. 129, III, da CF e Lei 7.347/1985) e a **ação popular** (art. 5º, LXXIII, CF e Lei 4.717/1965). A primeira pode ser promovida pelo Ministério Público, pela Defensoria Pública, por entes da Administração Pública ou por associações constituídas há pelo menos um ano, que tenham por objetivo a defesa do meio ambiente. Já a segunda é promovida pelo cidadão.

Também são cabíveis em matéria ambiental o **mandado de segurança** (art. 5º, LXIX e LXX, da CF e Lei 12.016/2009), individual ou coletivo, preenchidos os requisitos para tanto, tais como prova pré-constituída, e ato de autoridade ou de agente delegado de serviço público; o **mandado de injunção** (art. 5º, LXXI, da CF), quando a falta de norma regulamentadora torne inviável o exercício dos direitos e liberdades constitucionais e das prerrogativas inerentes à nacionalidade, à soberania e à cidadania; as **ações de inconstitucionalidade** (arts. 102 e 103 da CF e Leis 9.868/1999 e 9.882/1999); e a **ação civil de responsabilidade por ato de improbidade administrativa** em matéria ambiental (art. 37, § 4º, da CF, Lei 8.429/1992 e art. 52 da Lei 10.257/2001).

(Magistratura/RR – 2015 – FCC) O rol completo dos legitimados para propor ação civil pública previsto na Lei Federal 7.347/1985 é composto por:

(A) Ministério Público, Defensoria Pública, União, Estados, Distrito Federal, Municípios, Autarquias, Empresas Públicas, Fundações, Sociedades de Economia Mista e Associações, estas últimas desde que cumpridos certos requisitos previstos em lei.

(B) Ministério Público, Defensoria Pública, União, Estados, Distrito Federal, Municípios e Associações, estas últimas desde que cumpridos certos requisitos previstos em lei.

(C) Ministério Público, Defensoria Pública, União, Estados, Distrito Federal, Municípios, Autarquias, Empresas Públicas, Fundações e Associações, estas últimas desde que cumpridos certos requisitos previstos em lei.

(D) Ministério Público, Defensoria Pública, União, Estados, Distrito Federal, Municípios, Autarquias, Fundações e Associações, estas últimas desde que cumpridos certos requisitos previstos em lei.

(E) Ministério Público, Defensoria Pública, União, Estados, Distrito Federal, Municípios, Autarquias e Associações, estas últimas desde que cumpridos certos requisitos previstos em lei.

A: correta (art. 5º da Lei 7.347/1985); **B**: incorreta, visto estar faltando as Autarquias, Empresas Públicas, Fundações e Sociedades de Economia Mista; **C**: incorreta, pois deixou de constar as Sociedades de Economia Mista; **D**: incorreta, já que não contempla as Empresas Públicas; **E**: incorreta, pois estão faltando as Empresas Públicas, Fundações e Sociedades de Economia Mista;

Gabarito "A".

(Magistratura/SC – 2015 – FCC) A Defensoria Pública, preocupada com uma população carente que reside nas cercanias do novo empreendimento, ajuizou uma ação civil pública pretendendo a declaração de nulidade do licenciamento de uma Indústria conduzido pelo Estado Y, em razão de que, mediante convênio, o Estado Y delegou a execução de ações administrativas relacionadas ao licenciamento para o Município X, o qual dispõe de órgão ambiental capacitado para executar as ações delegadas e de conselho de meio ambiente. A ação deverá ser julgada

(A) improcedente.
(B) extinta, sem resolução de mérito, por ilegitimidade de parte no polo ativo.
(C) procedente.
(D) extinta, sem resolução de mérito, por ilegitimidade de parte no polo passivo, que é ocupado pelo Estado Y e pelo Município X.
(E) parcialmente procedente apenas para condicionar o licenciamento à previa autorização da União.

A: correta, conforme autorizado pela Res. 237/1997 do CONAMA: "Art. 6º Compete ao órgão ambiental municipal, ouvidos os órgãos competentes da União, dos Estados e do Distrito Federal, quando couber, o licenciamento ambiental de empreendimentos e atividades de impacto ambiental local e daquelas que lhe forem delegadas pelo Estado por instrumento legal ou convênio." e "Art. 20. Os entes federados, para exercerem suas competências licenciatórias, deverão ter implementados os Conselhos de Meio Ambiente, com caráter deliberativo e participação social e, ainda, possuir em seus quadros ou a sua disposição profissionais legalmente habilitados."; **B**: incorreta, pois a Defensoria Pública é órgão habilitado para propor ação civil pública (art. 5º, II, da Lei 7347/1985); **C**: incorreta, já que a medida tomada pelo Estado e pelo município tem amparo legal; **D**: incorreta, pois embora o Estado e Município sejam legítimos, não há procedência no mérito; **E**: incorreta, por falta de previsão legal.

Gabarito "A"

(Magistratura/SC – 2015 – FCC) Por decisão do representante contratual da Empresa BETA, que produz fertilizante agrícola, alguns funcionários, inclusive o próprio representante contratual, utilizaram espécimes da fauna silvestre em rota migratória, sem a devida permissão, licença ou autorização, em pesquisa realizada sem o conhecimento da empresa e divorciada de qualquer atividade de interesse ou que pudesse trazer algum benefício, ainda que indireto, para ela. A empresa

(A) poderá ser responsabilizada no campo do direito penal, a depender de outros elementos, uma vez que a conduta praticada é tipificada como contravenção penal.
(B) será responsabilizada no campo do direito penal, uma vez que a conduta praticada é tipificada como crime.
(C) não será responsabilizada no campo do direito penal.
(D) será responsabilizada no campo do direito penal, uma vez que a conduta praticada é tipificada como contravenção penal.
(E) não será responsabilizada no campo do direito penal porque o fato é atípico.

A: incorreta, visto que o tipo penal descrito não se enquadra como contravenção já que é punidos com pena de detenção, (art. 29 da Lei 9.605/1998); **B**: incorreta, pois a ação do representante contratual não resultou em benefício para a empresa; **C**: correta, mesmo sendo uma infração penal tipificada, a ação do representante legal da empresa está desconectada de qualquer atividade de interesse ou benefício para a pessoa jurídica (art. 3º da Lei 9.605/1998); **D**: incorreta, pois a conduta é crime e não contravenção penal; **E**: incorreta, pois o fato é típico descrito pela Lei de Crimes Ambientais (art. 29 da Lei 9.605/1998);

Gabarito "C"

(Magistratura/CE – 2014 – FCC) Determinado Município está com racionamento de água. O Ministério Público Estadual ajuizou uma ação civil pública em face da Associação das Concessionárias de Veículos do citado Município para obrigar os associados a utilizar a lavagem ecológica dos veículos no período de racionamento. Pediu a antecipação dos efeitos da tutela, que deverá ser

(A) deferida, uma vez presentes a plausibilidade do direito e o risco de dano irreparável ou de difícil reparação, com fundamento no princípio da ordem econômica de defesa do meio ambiente.
(B) indeferida, porquanto é vedado ao Poder Judiciário interferir na atividade empresarial sem que haja lei expressa autorizando a tutela pretendida.
(C) indeferida, diante da livre-iniciativa da ordem econômica.
(D) deferida com base no *venire contra factum proprium*.
(E) indeferida, diante da ausência de risco de dano irreparável ou de difícil reparação.

A: correta, pois o desenvolvimento da atividade econômica está condicionado à defesa do meio ambiente (art. 170, VI, da CF/1988), ademais, o risco de escassez de água justifica o receio de dano irreparável; vide art. 300 do NCPC (o art. 273, I, do CPC/1973 trazia, em sua redação: "dano irreparável ou de difícil reparação". O NCPC traz: "a probabilidade do direito e o perigo de dano ou o risco ao resultado útil do processo"); **B:** incorreta, pois é permitida a interferência na atividade empresarial sempre que esta não atender aos princípios da atividade econômica elencados pelo art. 170 da CPF, dentre eles a defesa do meio ambiente; **C:** incorreta, pois a livre-iniciativa de ordem econômica está vinculada a outra princípios, dentre eles a função social da propriedade, defesa do consumidor e do meio ambiente (art. 170, III, V, e VI); **D:** incorreta, o deferimento da tutela não deve ter por base o princípio da vedação do comportamento contraditório visto que não há contradição processual a ser sanada; **E:** incorreta, pois a pois a completa escassez de água traria danos irreparáveis ou de difícil reparação, portanto, o receio da escassez preenche os requisitos de deferimento de antecipação dos efeitos da tutela.

Gabarito "A"

(Magistratura/CE – 2014 – FCC) A Defensoria Pública do Estado do Ceará ajuizou uma ação civil pública em face do Estado do Ceará, com pedido de antecipação dos efeitos da tutela, para paralisar o licenciamento ambiental de uma rodovia estadual ao argumento de não haver sido considerada uma alternativa locacional apontada pelo EIA RIMA como mais adequada a se preservar a diversidade e a integridade de um importante patrimônio genético em estudo. Como Juiz,

(A) deve ser concedida a tutela antecipada com fundamento no princípio da prevenção.
(B) a ação deve ser julgada extinta, sem resolução de mérito, pela ilegitimidade passiva do Estado do Ceará.
(C) a ação deve ser julgada extinta, sem resolução de mérito, diante da ilegitimidade ativa da Defensoria Pública.
(D) a antecipação dos efeitos da tutela deve ser negada, diante da ausência do *periculum in mora*.
(E) a ação deve ser julgada extinta, sem resolução de mérito, pela impossibilidade jurídica do pedido.

A: correta, pois diante do perigo conhecido de dano ao patrimônio genético em estudo, justificada a concessão da antecipação dos efeitos da tutela com base no princípio da prevenção (art. 294 do NCPC); **B:**

incorreta, pois a atividade poluidora (construção da rodovia estadual) está localizada no Estado do Ceará, ele será o ente federativo competente para conceder a licença ambiental, portanto, legitimado passivo da ação civil pública para paralização do licenciamento ambiental; **C:** incorreta, a Defensoria Pública é um dos entes competentes para propor ação civil pública (art. 5º, II, Lei 7.347/1985); **D:** incorreta, pois o perigo na demora da concessão dos efeitos da tutela é ter perdido o patrimônio genético em estudo, por decorrência da construção da rodovia; **E:** incorreta pois a demora no julgamento definitivo da demanda pode ameaçar a preservação do patrimônio genético do local que está sobe estudo.

Gabarito "A"

(Magistratura /CE – 2014 – FCC) O Estado Beta ajuizou uma ação civil pública em face de José Benedito visando retirá-lo de área de Parque Estadual, bem como a recuperação dos danos ambientais causados ao local. Durante a ação, ficou comprovado que:

(i) o réu não tem título da área que ocupa com sua casa de veraneio, (ii) a ocupação ocorreu em momento posterior à criação do Parque Estadual, (iii) o réu possui no local criação de gado, galinha e porco. A ação deverá ser julgada

(A) parcialmente procedente, apenas para retirar o réu do local.

(B) parcialmente procedente, apenas para impor ao réu um regramento específico de utilização do local.

(C) extinta, sem resolução de mérito, diante da falta de legitimidade do Estado Beta para figurar no polo ativo da ação.

(D) improcedente, diante da hipossuficiência do réu.

(E) procedente, uma vez comprovados os requisitos da responsabilidade civil ambiental.

A: incorreta, pois o dano ambiental enseja a recomposição do ambiente conforme estava, por isso o réu além de desocupar o imóvel deve recuperar a área degradada; **B:** incorreta pois como categoria de unidade de conservação regulamentado pela Lei 9.985/2000 o parque Estadual criado antes da ocupação do espeço é incompatível com a possibilidade de utilização do local para veraneio; **C:** incorreta pois o Estado é um dos entes competentes para propor ação civil pública (art. 5º, III, Lei 7.347/1985) nas ações de responsabilidade por danos patrimoniais causados ao meio ambiente (art. 1º, I, Lei 7.347/1985); **D:** incorreta, pois o réu não é hipossuficiente equiparado ao consumidor descrito pelo artigo 6º, VIII, do CDC e mesmo que assim o fosse, não é causa de improcedência da ação mas de inversão do ônus da prova; **E:** correta, pois a procedência da ação visando a retirada do réu e recuperação dos danos tem base nos requisitos da responsabilidade civil ambiental, quais sejam: evento danoso e nexo de causalidade.

Gabarito "E"

(Magistratura/PE – 2011 – FCC) O Ministério Público propôs ação civil pública contra proprietário de indústria clandestina (sociedade de fato), que vinha causando poluição hídrica e sonora na localidade em que estava instalada e também contra o proprietário do imóvel arrendado pelo poluidor. Em termos de responsabilidade civil pelo dano ambiental, o proprietário arrendador

(A) não responde civilmente, porque inexiste nexo causal entre sua conduta e o dano ambiental causado.

(B) responde civilmente, mas apenas em caráter subsidiário, caso o empresário arrendatário não possua bens.

(C) responde civilmente, todavia nos limites do valor do contrato firmado com o arrendatário.

(D) não responde civilmente, porque no contrato firmado com o arrendatário existe cláusula excluindo-o de responsabilidade por danos ambientais.

(E) responde civilmente, em caráter solidário, porque omitiu-se no dever de preservação ambiental da propriedade.

A jurisprudência do STJ vem entendendo que "as obrigações ambientais ostentam caráter *propter rem*, isto é, são de natureza ambulante, ao aderirem ao bem, e não a seu eventual titular" (EResp 218.781/PR); nesse sentido, há de se reconhecer a responsabilidade do arrendador também; aliás, até em questões de natureza privada, como é o caso da responsabilidade do locador de veículo pelos danos causados pelo locatário deste, o locador responde, principalmente em questões de natureza ambiental, com princípios mais rigorosos e voltados à busca intensa da reparação ambiental.

Gabarito "E"

(Procurador do Estado/RO – 2011 – FCC) A respeito da responsabilidade por danos ambientais materiais, é correto afirmar que

(A) a responsabilidade civil não será elidida com a reparação do dano ambiental.

(B) a responsabilidade penal, civil e administrativa decorre de culpa.

(C) mesmo após o pagamento de multa imposta pela administração pública resta o dever do infrator de reparar o dano.

(D) o administrador de uma pessoa jurídica nunca responde penalmente pelos danos causados pela empresa.

(E) o autor de um crime contra a administração ambiental só pode ser funcionário público.

A: incorreta, pois, havendo reparação ambiental, não há mais o que se responsabilizar na esfera civil; **B:** incorreta, pois a responsabilidade CIVIL é objetiva; **C:** correta, pois a instância civil é independente da instância administrativa (art. 225, § 3º, da CF); **D:** incorreta (art. 2º da Lei 9.605/1998); **E:** incorreta, pois há crimes previstos a esse título que não requerem que o autor seja funcionário público, como o crime de "Obstar ou dificultar a ação fiscalizadora do Poder Público no trato de questões ambientais" (art. 69 da Lei 9.605/1998).

Gabarito "C"

(Procurador do Estado/RO – 2011 – FCC) Partindo das definições de "compensação ambiental" e "mitigação ambiental" e da legislação que as regulamentam, é correto afirmar que

(A) os recursos obtidos com a compensação ambiental devem ser utilizados para recompor os bens ambientais lesados pela obra licenciada.

(B) o valor devido a título de compensação nunca será inferior a 0,5% dos custos totais da implantação do empreendimento.

(C) o valor devido a título de mitigação ambiental nunca será superior a 0,5% dos custos totais da implantação do empreendimento.

(D) cabe ao órgão ambiental definir as Unidades de Conservação que serão beneficiadas com recursos da compensação ambiental.

(E) quando se tratar de empreendimento com significativo impacto ambiental, a compensação poderá ser dispensada pelo órgão licenciador se o empreendedor tomou todas as medidas mitigadoras cabíveis.

A: incorreta, pois tais recursos serão destinados ao seguinte: i) regularização fundiária e demarcação das terras; ii) elaboração, revisão ou implantação de plano de manejo; iii) aquisição de bens e serviços necessários à implantação, gestão, monitoramento e proteção da unidade, compreendendo sua área de amortecimento; iv) desenvolvimento de estudos necessários à criação de nova unidade de conservação; v) desenvolvimento de pesquisas necessárias para o manejo da unidade de conservação e área de amortecimento (art. 33 do Decreto 4.340/2002); **B** e **C:** incorretas, pois a previsão de percentual, prevista no art. 36, § 1º, da Lei 9.985/2000, foi declarada inconstitucional pelo STF, que determinou que "o valor da compensação-compartilhamento é de ser fixado proporcionalmente ao impacto ambiental, após estudo em que se assegurem o contraditório e ampla defesa", dada a "prescindibilidade da fixação de percentual sobre os custos do empreendimento" (ADI 3.378-6, DJ 20/06/08); no mais o STF entendeu constitucional a compensação devida pela implantação de empreendimentos de significativo impacto ambiental, em decisão, na ADI mencionada, com a seguinte ementa: "AÇÃO DIRETA DE INCONSTITUCIONALIDADE. ART. 36 E SEUS §§ 1º, 2º E 3º DA LEI 9.985, DE 18 DE JULHO DE 2000. CONSTITUCIONALIDADE DA COMPENSAÇÃO DEVIDA PELA IMPLANTAÇÃO DE EMPREENDIMENTOS DE SIGNIFICATIVO IMPACTO AMBIENTAL. INCONSTITUCIONALIDADE PARCIAL DO § 1º DO ART. 36. 1. O compartilhamento-compensação ambiental de que trata o art. 36 da Lei 9.985/2000 não ofende o princípio da legalidade, dado haver sido a própria lei que previu o modo de financiamento dos gastos com as unidades de conservação da natureza. De igual forma, não há violação ao princípio da separação dos Poderes, por não se tratar de delegação do Poder Legislativo para o Executivo impor deveres aos administrados. 2. Compete ao órgão licenciador fixar o quantum da compensação, de acordo com a compostura do impacto ambiental a ser dimensionado no relatório – EIA/RIMA. 3. O art. 36 da Lei 9.985/2000 densifica o princípio usuário-pagador, este a significar um mecanismo de assunção partilhada da responsabilidade social pelos custos ambientais derivados da atividade econômica. 4. Inexistente desrespeito ao postulado da razoabilidade. Compensação ambiental que se revela como instrumento adequado à defesa e preservação do meio ambiente para as presentes e futuras gerações, não havendo outro meio eficaz para atingir essa finalidade constitucional. Medida amplamente compensada pelos benefícios que sempre resultam de um meio ambiente ecologicamente garantido em sua higidez. 5. Inconstitucionalidade da expressão "não pode ser inferior a meio por cento dos custos totais previstos para a implantação do empreendimento", no § 1º do art. 36 da Le 9.985/2000. O valor da compensação-compartilhamento é de ser fixado proporcionalmente ao impacto ambiental, após estudo em que se assegurem o contraditório e a ampla defesa. Prescindibilidade da fixação de percentual sobre os custos do empreendimento. 6. Ação parcialmente procedente"; **D:** correta (art. 36, § 2º, da Lei 9.985/2000); **E:** incorreta, pois a compensação no caso é obrigação prevista em lei, que não abre essa exceção (art. 36, *caput*, da Lei 9.985/2000).

Gabarito "D"

(Advogado da Sabesp/SP – 2014 – FCC) Ao promover a ampliação de uma de suas Estações de Tratamento de Esgoto, sem a prévia obtenção de Licença de Instalação, a empresa TEM S.A. ocasionou danos ao meio ambiente. Esta conduta acarretará:

(A) responsabilidade Civil da TEM S.A., subjetivamente; responsabilidade Penal da TEM S.A. e seus dirigentes, objetivamente, por ampliar obra potencialmente poluidora sem licença; e responsabilidade Administrativa da TEM S.A., com provável imposição de multa.

(B) responsabilidade Civil da TEM S.A., objetivamente; responsabilidade Penal da TEM S.A. e seus dirigentes, subjetivamente, por ampliar obra potencialmente poluidora sem licença; e responsabilidade Administrativa da TEM S.A., com provável imposição de multa.

(C) apenas responsabilidade Civil da TEM S.A., tendo em vista que a conduta descrita configura um ilícito civil e que a prática de uma única conduta não poderá gerar mais de uma consequência jurídica, sob pena de ofensa ao princípio do *non bis in idem*.

(D) apenas responsabilidade Penal da TEM S.A. e seus dirigentes, tendo em vista que a conduta descrita configura um crime ambiental e que a prática de uma única conduta não poderá gerar mais de uma consequência jurídica, sob pena de ofensa ao princípio do *non bis in idem*.

(E). apenas responsabilidade Administrativa da TEM S.A., tendo em vista que a conduta descrita configura uma infração administrativa e que a prática de uma única conduta não poderá gerar mais de uma consequência jurídica, sob pena de ofensa ao princípio do *non bis in idem*.

A: incorreta, pois a responsabilidade civil ambiental é objetiva (§ 1º do art. 14 da Lei 6.938/1981, art. 3º da Lei 9.605/1998 e art. 225, § 3º, da CF; **B:** correta, pois a responsabilidade civil ambiental é objetiva, mas a penal dependerá da análise de dolo ou culpa, e concorrerão ainda em infração administrativa conforme art. 70 da Lei 9.605/1998, que assim determina: "considera-se infração administrativa ambiental toda ação ou omissão que viole as regras jurídicas de uso, gozo, promoção, proteção e recuperação do meio ambiente." **C:** incorreta, já que o art. 225, § 3º, da CF determina que "as condutas e atividades consideradas lesivas ao meio ambiente sujeitarão os infratores, pessoas físicas ou jurídicas, a sanções penais e administrativas, independentemente da obrigação de reparar os danos causados."; **D:** incorreta pois responderão pelos danos ambientais tanto na esfera civil, penal quanto administrativa (art. 225, § 3º, da CF); **E:** incorreta já que o art. 225 da CF imputa responsabilidade civil, penal quanto administrativa diante do dano ambiental.

Gabarito "B"

10. RESPONSABILIDADE ADMINISTRATIVA AMBIENTAL

(Juiz – TJ-SC – FCC – 2017) Lavrado Auto de Infração Ambiental por supressão ilegal de vegetação nativa em área de preservação permanente, aplicou-se pena de multa, que foi adimplida pelo autuado. A Administração Pública, neste caso, deverá:

(A) arquivar o processo administrativo diante do pagamento integral da multa imposta.

(B) noticiar o fato aos órgãos competentes (Ministério Público e Polícia Civil) para verificar eventual prática de crime ambiental e buscar, administrativamente ou por meio do Poder Judiciário, a reparação do dano ambiental.

(C) noticiar o fato aos órgãos competentes (Ministério Público e Polícia Civil) para verificar eventual prática de crime ambiental e arquivar o processo administrativo.

(D) noticiar o fato aos órgãos competentes (Ministério Público e Polícia Civil) para verificar eventual prática de crime ambiental e buscar administrativamente a reparação do dano ambiental, visto que não tem legitimidade para ingressar em juízo.

(E) ingressar em juízo para buscar a reparação do dano ambiental e a condenação do autuado pela prática de crime ambiental.

Dispõe o art. 225, § 3º, da CF/88, que: "As condutas e atividades consideradas lesivas ao meio ambiente sujeitarão os infratores, pessoas físicas ou jurídicas, a sanções penais e administrativas, independentemente da obrigação de reparar os danos causados". Extrai-se da norma transcrita que as responsabilidades administrativa, penal e civil são autônomas e independentes entre si. Desta forma, lavrado Auto de Infração Ambiental por supressão ilegal de vegetação nativa em área de preservação permanente, aplicou-se pena de multa, que foi adimplida pelo autuado. A Administração Pública, neste caso, deverá noticiar o fato aos órgãos competentes (Ministério Público e Polícia Civil) para verificar eventual prática de crime ambiental e buscar, administrativamente ou por meio do Poder Judiciário, a reparação do dano ambiental. **FM/FCP**

Gabarito "B"

(Procurador do Estado – PGE/RN – FCC – 2014) O agente autuante, ao lavrar o auto de infração ambiental, indicará as sanções estabelecidas pelo Decreto Federal 6.514/2008, observando

(A) a situação econômica do infrator.

(B) a gravidade dos fatos, tendo em vista os motivos da infração e suas consequências para o desenvolvimento econômico.

(C) o grau de instrução ou escolaridade do agente.

(D) a curva de crescimento da flora ou fauna atingida.

(E) o arrependimento do infrator.

De fato, o agente autuante ao lavrar o auto de infração ambiental deverá observar a situação econômica do infrator. Nesse sentido, dispõe o art. 4º, do Decreto 6.514/2008: "Art. 4º O agente autuante, ao lavrar o auto de infração, indicará as sanções estabelecidas neste Decreto, observando: I – gravidade dos fatos, tendo em vista os motivos da infração e suas consequências para a saúde pública e para o meio ambiente; II – antecedentes do infrator, quanto ao cumprimento da legislação de interesse ambiental; e III – situação econômica do infrator. **FM-FCP**

Gabarito "A"

(Magistratura/PE – 2013 – FCC) Com relação aos prazos prescricionais do poder de polícia sancionador de infrações administrativas ambientais, é correto afirmar que

(A) caso a infração administrativa também seja capitulada como crime, o prazo prescricional é aquele da lei penal.

(B) não são admitidas hipóteses de prescrição intercorrente.

(C) o prazo prescricional é sempre de 5 (cinco) anos, contado da data da prática do ato ou da sua cessação, no caso de infração permanente ou continuada.

(D) a prescrição varia conforme a gravidade da infração.

(E) a extinção da pretensão punitiva pela prescrição estende-se à esfera cível.

A: correta (art. 21, § 3º, do Decreto 6.514/2008); **B:** incorreta, pois "incide a prescrição no procedimento de apuração do auto de infração paralisado por mais de três anos, pendente de julgamento ou despacho, cujos autos serão arquivados de ofício ou mediante requerimento da parte interessada, sem prejuízo da apuração da responsabilidade funcional decorrente da paralisação, se for o caso" (art. 21, § 2º, do Decreto 6.514/2008, com redação dada pelo Decreto 6.686/2008); **C:** incorreta, pois o prazo não será sempre de 5 anos, já que, no caso em que a infração também constituir crime, a prescrição reger-se-á pelo prazo previsto na lei penal (art. 21, § 3º, do Decreto 6.514/2008); **D:** incorreta, pois o prazo geral é de 5 anos, pouco importando a gravidade da infração, havendo como exceção apenas os casos em que a infração também constituir crime, hipótese em que se observa a lei penal (art. 21, "caput" e § 3º, do Decreto 6.514/2008); **E:** incorreta, pois as esferas civil e administrativa são independentes entre si (art. 146, §§ 3º e 4º, I e II, do Decreto 6.514/2008).

Gabarito "A"

(Magistratura/PE – 2011 – FCC) O art. 72 da Lei 9.605/1998 elenca o rol de sanções administrativas cabíveis no caso de infração administrativa ao meio ambiente e prevê como a primeira delas (inc. I) a pena de advertência, sobre a qual é correto afirmar:

(A) Trata-se de mera admoestação sem consequência alguma, exceto a de constar nos antecedentes do infrator, podendo, por isso mesmo, ser aplicada independentemente da instauração do devido processo legal.

(B) Trata-se de sanção como outra qualquer e que não é pressuposto para a aplicação das demais.

(C) Trata-se de sanção que deve preceder a aplicação das demais e que, por isso mesmo, é a primeira a ser prevista.

(D) Trata-se de sanção que pode ser aplicada de plano, sem necessidade de contraditório, face ao princípio da verdade sabida.

(E) Trata-se de sanção que, por suas próprias características, deve ser aplicada em conjunto com outras previstas nos vários incisos do referido artigo.

A e **D:** incorretas, pois a aplicação de qualquer sanção administrativa depende da observância do devido processo legal, assegurado o direito de ampla defesa e o contraditório (art. 70, § 4º, da Lei 9.605/1998); **B:** correta, pois a advertência é aplicada sem prejuízo das demais sanções previstas na lei (art. 72, § 2º, da Lei 9.605/1998); **C** e **E:** incorreta, nos termos do comentário à alternativa "b".

Gabarito "B"

11. RESPONSABILIDADE PENAL AMBIENTAL

(Juiz – TJ-SC – FCC – 2017) Pedro, Diretor Executivo de empresa de fertilizante, determinou, contra orientação do corpo técnico, que trouxe solução ambientalmente correta, a descarga de produtos em curso d'água causando poluição que tornou necessária a interrupção do abastecimento público de água de uma comunidade localizada a jusante. A conduta de Pedro:

(A) é atípica.

(B) é prevista como forma qualificada de crime ambiental.

(C) é prevista como crime, mas sem qualificadora.

(D) não pode ser responsabilizada, sob o ponto de vista penal, pois a responsabilidade penal recairá sobre a pessoa jurídica.

(E) ensejará a responsabilidade penal da empresa, ainda que a conduta não tenha sido praticada no interesse ou em benefício da pessoa jurídica.

A: incorreta. A conduta de Pedro é típica, consoante verifica-se no art. 54, §2º, III, da Lei 9.605/1998; **B:** correta (art. 54, §2º, III, da Lei 9.605/1998); **C:** incorreta, pois a conduta é prevista como crime qualificado, nos termos do art. 54, §2º, III, da Lei 9.605/1998; **D:** incorreta. A responsabilidade não recairá na pessoa jurídica, pois, nos termos do art. 3º, da Lei 9.605/1998, para a pessoa jurídica ser responsabilizada há a necessidade de que a conduta tenha sido praticada por decisão de seu representante legal, contratual ou órgão colegiado, e no interesse ou benefício da entidade, o que não é o caso da questão em análise, já que a decisão de Pedro foi contrária à orientação do corpo técnico não existindo notícia de que tenha revertido em favor da entidade; **E:** incorreta, pois, nos termos do art. 3º da Lei 9.605/1998: "As pessoas jurídicas serão responsabilizadas administrativa, civil e penalmente conforme o disposto nesta Lei, nos casos em que a infração seja cometida por decisão de seu representante legal ou contratual, ou de seu órgão colegiado, no interesse ou benefício da sua entidade". FM/FCP

Gabarito "B"

(Magistratura/RR – 2015 – FCC) Nas infrações penais previstas na Lei de Crimes Ambientais Lei 9.605/1998, a ação penal é

(A) pública incondicionada, pública condicionada à representação ou privada, a depender do tipo penal.
(B) pública incondicionada.
(C) pública incondicionada ou pública condicionada à representação, a depender do tipo penal.
(D) pública incondicionada ou privada, a depender do tipo penal.
(E) pública condicionada à representação ou privada, a depender do tipo penal.

Somente a alternativa **B** está correta, por força do art. 26 da lei: "Art. 26. Nas infrações penais previstas nesta Lei, a ação penal é pública incondicionada". Ademais, vale observar que o meio ambiente é um bem difuso, de uso comum do povo, logo, não há que se falar em condicionar ou tão menos tornar privada sua representação.

Gabarito "B"

Magistratura/GO – 2015 – FCC) José responde ação penal por manter em guarda doméstica animal silvestre não considerado ameaçado de extinção. O fato é

(A) crime punido com detenção de seis meses a um ano ou multa.
(B) atípico.
(C) crime, podendo o juiz, considerando as circunstâncias, deixar de aplicar a pena.
(D) contravenção penal.
(E) crime hediondo.

Apenas a alternativa C está correta, por força do art. 29, § 2º, da Lei 9.605/1998: "§ 2º No caso de guarda doméstica de espécie silvestre não considerada ameaçada de extinção, pode o juiz, considerando as circunstâncias, deixar de aplicar a pena". No mesmo sentido, segue o REsp 1.425.943-RN, que pleiteava suspensão do ato que ato de apreensão de duas aves (uma arara vermelha e uma arara canindé) que viviam na residência do recorrido há mais de vinte anos: "4. Inexiste violação do art. 1º da Lei 5.197/1997 e do art. 25 da Lei 9.605/1998 no caso concreto, pois a legislação deve buscar a efetiva proteção dos animais. Após mais de 20 anos de convivência, sem indício de maltrato, é desarrazoado determinar a apreensão de duas araras para duvidosa reintegração ao seu habitat".

Gabarito "C"

(Magistratura/PE – 2013 – FCC) Em casos envolvendo crime ambiental de menor potencial ofensivo, a suspensão do processo

(A) é condicionada à prévia reparação do dano ambiental, apurada mediante laudo de constatação.
(B) poderá ser prorrogada sem tempo máximo de duração, enquanto não for reparado o dano ambiental.
(C) poderá ser deferida, mas a extinção da punibilidade depende da reparação do dano ambiental ou da comprovação de que o acusado tomou as providências necessárias à sua reparação integral.
(D) é providência necessária, que pode ser, a qualquer tempo, também condicionada à proibição de frequentar determinados lugares ou à proibição de ausentar-se da comarca sem autorização do juiz.
(E) não é cabível, excepcionando as regras da Lei 9.099/1995.

A: incorreta, pois o laudo de constatação da reparação ambiental é requisito para a extinção da punibilidade e não para a concessão da suspensão do processo (art. 28, V, da Lei 9.605/1998); **B:** incorreta, pois a prorrogação será por até o período máximo previsto no art. 89 da Lei 9.099/1995, acrescido de mais um ano, com suspensão do prazo de prescrição (art. 28, II, da Lei 9.605/1998), sem prejuízo de nova prorrogação excepcional nos termos do art. 28, IV, da Lei 9.605/1998; **C:** correta (art. 28, V, da Lei 9.605/1998); **D:** incorreta, pois tais condições, previstas no art. 89, § 1º, II e III, da Lei 9.099/1995, respectivamente proibição de frequentar determinado lugares e de ausentar-se da comarca sem autorização do juiz, não se aplicam em se tratando de crimes ambientais (art. 28, III, da Lei 9.605/1998); **E:** incorreta, pois é cabível sim, nos termos do art. 28, "caput", da Lei 9.605/1998.

Gabarito "C"

(Magistratura/PE – 2011 – FCC) Acatando pedido formulado por uma associação (Organização Não Governamental – ONG), em ação civil pública, o Juiz de Direito da comarca concede liminar impedindo a reforma da fachada do prédio de um clube, construído há cerca de cem anos, bem este que, apesar de não ter sido tombado pelo órgão estadual do patrimônio histórico e cultural, é considerado pela comunidade local como parte de seu patrimônio histórico. O presidente do clube dizendo-se amparado por decisão da diretoria, intimado da ordem judicial, determina a destruição da parte externa do imóvel, o que se realiza em poucas horas. Esta conduta, do ponto de vista penal, pode ser considerada

(A) atípica, porque inexiste um tipo penal correspondente no Código Penal e na legislação ambiental.
(B) infração penal tipificada no art. 163 do Código Penal, que configura crime de dano.
(C) atípica, como crime ambiental previsto na Lei 9.605/1998, na seção IV do Capítulo V, que trata dos "Crimes contra o Ordenamento Urbano e o Patrimônio Cultural", porque o imóvel não se encontrava tombado pela autoridade administrativa competente.
(D) típica, como crime ambiental previsto na Lei 9.605/1998, na seção IV do Capítulo V, que trata dos "Crimes contra o Ordenamento Urbano e o Patrimônio Cultural".
(E) crime de resistência, previsto no art. 329 do Código Penal.

A conduta praticada pelo presidente do clube é típica e está prevista no art. 63 da Lei 9.605/1998.

Gabarito "D"

(Magistratura/PE – 2011 – FCC) Em razão da prática de crime previsto na Lei 9.605/1998, as pessoas jurídicas, desde que a infração tenha sido cometida por decisão de seu representante legal ou contratual ou de seu órgão colegiado, no interesse ou benefício da sua entidade, podem ser sancionadas com

(A) multa, penas restritivas de direitos ou de prestação de serviços à comunidade, isolada, cumulativa ou alternativamente.

(B) multa e obrigação de ressarcir o dano ambiental causado.
(C) multa e prestação de serviços à comunidade.
(D) declaração de perda da personalidade jurídica com consequente responsabilidade pessoal dos sócios.
(E) penas restritivas de direitos, consistentes em suspensão parcial ou total de atividades, interdição temporária de estabelecimento, obra ou atividade ou proibição de contratar com o Poder Público, bem como dele obter subsídios, subvenções ou doações.

Consoante os arts. 3º, *caput*, e 21 da Lei 9.605/1998.
Gabarito "A"

(Defensor Público/AM – 2013 – FCC) Pedro, em estado de necessidade, para saciar sua fome e de sua família, composta por esposa e cinco filhos, abateu animal da fauna amazônica. Segundo a Lei Federal 9.605/1998, que dispõe sobre as sanções penais e administrativas derivadas de condutas e atividades lesivas ao meio ambiente, tal fato

(A) é tipificado como crime.
(B) é tipificado como contravenção penal.
(C) é tipificado como crime, sendo a situação descrita circunstância atenuante da pena.
(D) não é considerado crime.
(E) é tipificado como crime, sendo a ação penal neste caso pública condicionada à representação.

A, **B**, **C** e **E**: incorretas, pois o art. 37, I, da Lei 9.605/1998 dispõe que não é crime (nem contravenção penal, por extensão, já que se tem excludente de antijuridicidade, ante o estado de necessidade) tal conduta; **D**: correta, nos termos do art. 37, I, da Lei 9.605/1998.
Gabarito "D"

(Procurador do Município/Teresina-PI – 2010 – FCC) Indústria lança resíduos de tinta de lavagem de jeans diretamente em curso d'água no Município de Teresina e provoca dano ambiental, constando-se mortandade de animais e a destruição significativa da flora. Nesse caso,

(A) na hipótese de o lançamento de resíduos de tinta ter ocorrido em razão de um acidente, configura-se uma excludente em matéria de responsabilidade civil ambiental, já que a empresa não deve assumir todos os riscos da atividade.
(B) a responsabilidade civil dessa indústria, pessoa jurídica, é subjetiva e depende da constatação de negligência, imprudência ou imperícia.
(C) a responsabilidade penal da indústria será apurada observando-se se a conduta foi realizada por decisão de seu representante legal ou contratual, ou de seu órgão colegiado, no interesse ou benefício da empresa.
(D) na hipótese de a indústria realizar o lançamento de resíduos de tinta de lavagem de jeans em curso d'água respeitando os parâmetros estabelecidos na licença ambiental, constata-se a responsabilidade administrativa da empresa.
(E) a responsabilidade penal da indústria, pessoa jurídica, exclui a responsabilidade penal das pessoas físicas, autoras, coautoras ou partícipes do mesmo fato e é objetiva no caso em tela, já que o bem ambiental e, notadamente, as águas, merecem uma proteção especial.

A: incorreta, neste caso, estará configurada a modalidade culposa do crime, prevista no art. 54, § 1º, da Lei de Crimes Ambientais; **B**: incorreta, pois a responsabilidade civil ambiental é objetiva; **C**: correta (art. 3º da Lei de Crimes Ambientais); **D**: incorreta, pois a licença ambiental não estabelece parâmetros de tolerância a serem observados; **E**: incorreta, nos termos do art. 3º, parágrafo único, da Lei 9.605/1998.
Gabarito "C"

12. RESÍDUOS SÓLIDOS

(Defensoria/SP – 2013 – FCC) De acordo com a Lei da Política Nacional de Resíduos Sólidos (Lei 12.305/2010):

(A) Os fabricantes, importadores, distribuidores e comerciantes de produtos eletroeletrônicos e seus componentes são obrigados a estruturar e implementar sistemas de logística reversa, mediante retorno dos produtos após o uso pelo consumidor, de forma independente do serviço público de limpeza urbana e de manejo dos resíduos sólidos.
(B) São considerados rejeitos o material, substância, objeto ou bem descartado resultante de atividades humanas em sociedade, a cuja destinação final se procede, se propõe proceder ou se está obrigado a proceder, nos estados sólido ou semissólido, bem como gases contidos em recipientes e líquidos cujas particularidades tornem inviável o seu lançamento na rede pública de esgotos ou em corpos d'água, ou exijam para isso soluções técnica ou economicamente inviáveis em face da melhor tecnologia disponível.
(C) Logística reversa significa a destinação de resíduos que inclui a reutilização, a reciclagem, a compostagem, a recuperação e o aproveitamento energético ou outras destinações admitidas pelos órgãos competentes do SISNAMA, do SNVS e do SUASA, entre elas a disposição final, observando normas operacionais específicas de modo a evitar danos ou riscos à saúde pública e à segurança e a minimizar os impactos ambientais adversos.
(D) Destinação final ambientalmente adequada é instrumento de desenvolvimento econômico e social caracterizado por um conjunto de ações, procedimentos e meios destinados a viabilizar a coleta e a restituição dos resíduos sólidos ao setor empresarial, para reaproveitamento, em seu ciclo ou em outros ciclos produtivos, ou outra destinação final ambientalmente adequada.
(E) Resíduos sólidos são aqueles resíduos que, depois de esgotadas todas as possibilidades de tratamento e recuperação por processos tecnológicos disponíveis e economicamente viáveis, não apresentem outra possibilidade que não a disposição final ambientalmente adequada.

A: correta, conforme art. 33, VI da Política Nacional de Resíduos Sólidos (Lei 12.305/2010): "Art. 33. São obrigados a estruturar e implementar sistemas de logística reversa, mediante retorno dos produtos após o uso pelo consumidor, de forma independente do serviço público de limpeza urbana e de manejo dos resíduos sólidos, os fabricantes, importadores, distribuidores e comerciantes de: (...) VI – produtos eletroeletrônicos e seus componentes"; **B**: incorreta, por força do art. 3º, XV são considerados rejeitos: "resíduos sólidos que, depois de esgotadas todas as possibilidades de tratamento e recuperação por processos tecnológicos disponíveis e economicamente viáveis, não apresentem outra possibilidade que não a disposição final ambientalmente adequada"; **C:** incorreta, conforme art. 3º, XII, logística reversa é definida como "instrumento de desenvolvimento econômico e social caracterizado por um conjunto de ações, procedimentos e meios destinados a viabilizar a coleta e a restituição dos resíduos sólidos ao setor empresarial, para reaproveitamento, em seu ciclo ou em outros ciclos produtivos, ou outra destinação final ambientalmente adequada"; **D:** incorreta, já que a definição de destinação final ambientalmente adequada está descrita pelo art. 3º, VII como: "destinação de resíduos que inclui a reutilização, a reciclagem, a compostagem, a recuperação e o aproveitamento energético ou outras destinações admitidas pelos órgãos competentes do Sisnama, do SNVS e do Suasa, entre elas a disposição final, observando normas operacionais específicas de modo a evitar danos ou riscos à saúde pública e à segurança e a minimizar os impactos ambientais adversos"; **E:** incorreta, pois a definição legal de resíduos sólidos é o "material, substância, objeto ou bem descartado resultante de atividades humanas em sociedade, a cuja destinação final se procede, se propõe proceder ou se está obrigado a proceder, nos estados sólido ou semissólido, bem como gases contidos em recipientes e líquidos cujas particularidades tornem inviável o seu lançamento na rede pública de esgotos ou em corpos d'água, ou exijam para isso soluções técnica ou economicamente inviáveis em face da melhor tecnologia disponível (art. 3º, XVI, da Política Nacional de Resíduos Sólidos (Lei 12.305/2010).

Gabarito "A"

(Defensor Público/AM – 2013 – FCC) Uma organização não governamental (ONG) está trazendo para o Estado do Amazonas resíduos sólidos perigosos, provenientes dos Estados Unidos da América, cujas características causam dano ao meio ambiente e à saúde pública, para tratamento e posterior reutilização em benefício de população de baixa renda. Tal conduta, segundo a Política Nacional de Resíduos Sólidos (Lei Federal 12.305/2010),

(A) depende de autorização discricionária do Presidente da República por envolver os Ministérios do Meio Ambiente e da Saúde.

(B) é permitida, diante da destinação social do resíduo sólido.

(C) é proibida, ainda que haja tratamento e posterior reutilização do resíduo sólido.

(D) é permitida, desde que exame prévio do material, realizado no país de origem, comprove a possibilidade de adequado tratamento do resíduo sólido.

(E) é permitida, desde que exame prévio do material, realizado no Brasil, comprove a possibilidade de adequado tratamento do resíduo sólido.

A, **B**, **D** e **E:** incorretas, pois é absolutamente proibida a importação de resíduos sólidos perigosos e rejeitos que possam causar danos ao meio ambiente, à saúde pública e animal e à sanidade vegetal, mesmo que para tratamento, reforma, reúso, reutilização ou recuperação, nos termos do que dispõe o art. 49 da Lei 12.305/2010; **C:** correta, nos termos do referido art. 49 da Lei 12.305/2010.

Gabarito "C"

(Magistratura/PE – 2013 – FCC) Considere as afirmações abaixo acerca da Política Nacional de Resíduos Sólidos, tal como instituída pela Lei 12.305/2010.

I. No gerenciamento de resíduos sólidos, a não geração e a redução de resíduos são objetivos preferíveis à reciclagem e ao seu tratamento adequado.

II. Os fabricantes de produtos em geral têm o dever de implementar sistemas de logística reversa.

III. Os consumidores têm responsabilidade compartilhada pelo ciclo de vida de quaisquer produtos adquiridos.

Está correto o que se afirma em

(A) II e III, apenas.

(B) I e II, apenas.

(C) I, apenas.

(D) I, II e III.

(E) I e III, apenas.

I: correta; pela ordem, a gestão e o gerenciamento de resíduos sólidos devem buscar o seguinte – não geração, redução, reutilização, reciclagem, tratamento dos resíduos e disposição final ambientalmente adequada dos rejeitos (art. 9º, "caput", da Lei 12.305/2010); **II:** incorreta, pois fabricantes (além de importadores, distribuidores e comerciantes) devem providenciar o retorno dos produtos após o uso pelo consumidor (logística reversa), apenas quanto aos produtos mencionados no art. 33 da Lei 12.305/2010, tais como pilhas, baterias, pneus, dentre outros; **III:** correta (arts. 3º, I e XVII, 6º, VII, 7º, XII, 8º, III, 17, VIII, 21, VII, e 30 a 36, todos da Lei 12.305/2010).

Gabarito "E"

13. RECURSOS HÍDRICOS

13.1. Política nacional de recursos hídricos

(Defensor Público/AM – 2013 – FCC) Sobre a Política Nacional de Recursos Hídricos, analise as afirmações abaixo.

I. A água é um bem de domínio público.

II. A água é um recurso natural ilimitado.

III. A gestão dos recursos hídricos deve sempre proporcionar o uso múltiplo das águas.

IV. A gestão dos recursos hídricos deve ser centralizada e contar com a participação do Poder Público, dos usuários e das comunidades.

É correto o que se afirma APENAS em

(A) I.

(B) II e IV.

(C) II e III.

(D) II.

(E) I e III.

I: correta (art. 1º, I, da Lei 9.433/1997 – Lei que instituiu a Política Nacional de Recursos Hídricos); **II:** incorreta, pois é um recurso reconhecido como limitado (art. 1º, II, da Lei 9.433/1997); **III:** correta (art. 1º, IV, da Lei 9.433/1997); **IV:** incorreta, pois a gestão deve ser descentralizada (art. 1º, VI, da Lei 9.433/1997).

Gabarito "E"

13.2. INSTRUMENTOS (ARTS. 5º A 27)

(Procurador do Município/Recife-PE – 2008 – FCC)

I. O enquadramento dos corpos d'água em classes, de acordo com a Lei 9.433/1997, objetiva não só definir os usos preponderantes e assegurar qualidade de água com eles compatível, como também diminuir o custo do combate à poluição.

II. Os padrões de qualidade inerentes a cada uma das classes de águas são previamente definidos em resolução do CONAMA, cabendo aos conselhos de recursos hídricos competentes o efetivo enquadramento de cada corpo d'água em uma das classes.

III. O enquadramento dos corpos d'água em classes, de acordo com a Lei 9.433/1997, tem como consequência o estabelecimento de base de cálculo para a cobrança da outorga pelo uso dos recursos hídricos correspondentes.

(A) Somente a afirmativa I está correta.

(B) Somente a afirmativa II está correta.

(C) Somente as afirmativas I e II estão corretas.

(D) Somente as afirmativas I e III estão corretas.

(E) Somente as afirmativas II e III estão corretas.

I: correta (art. 9º, I e II, da Lei 9.433/1997); **II:** correta, pois a afirmativa reflete o disposto nos arts. 7º e 38 da Resolução 357/2005 do CONAMA; **III:** incorreta, pois o enquadramento dos corpos de água em classes, segundo os usos preponderantes da água, visa a assegurar às águas qualidade compatível com os usos mais exigentes a que forem destinadas e diminuir os custos de combate à poluição das águas, mediante ações preventivas permanentes (art. 9º, I e II, da Lei 9.433/1997).

Gabarito "C"

14. RECURSOS MINERAIS

(Magistratura/RR – 2015 – FCC) As jazidas e demais recursos minerais, segundo a Constituição Federal, para efeito de exploração ou aproveitamento, pertencem

(A) ao proprietário do imóvel.

(B) ao Município.

(C) ao Estado, sendo garantida ao concessionário a propriedade do produto da lavra.

(D) à União, sendo garantida ao concessionário a propriedade do produto da lavra.

(E) ao Estado, sendo garantida ao proprietário do imóvel a propriedade do produto da lavra.

Somente a alternativa **D** está correta, por força do art. 176 da CF: "Art. 176. As jazidas, em lavra ou não, e demais recursos minerais e os potenciais de energia hidráulica constituem propriedade distinta da do solo, para efeito de exploração ou aproveitamento, e pertencem à União, garantida ao concessionário a propriedade do produto da lavra".

Gabarito "D"

15. DIREITO AMBIENTAL INTERNACIONAL

(Magistratura/PE – 2013 – FCC) A obrigação de simples informação, por um Estado a outro, da ocorrência de dano ambiental que possa ter efeitos transfronteiriços adversos é

(A) decorrente de convenções internacionais específicas e dependente de sua aceitação e ratificação pelos Estados-partes, sem o que não produzirá efeitos.

(B) inexistente no âmbito do direito internacional, pois é violadora da soberania interna dos Estados, que não podem ser vinculados a qualquer interferência externa.

(C) princípio do Direito Internacional do Meio Ambiente, que determina, ainda, o estabelecimento de tratativas entre os Estados envolvidos, tão logo quanto possível e de boa-fé.

(D) tão somente observável no âmbito de organizações internacionais e de integração regional, prevista em instrumentos não vinculantes, também chamados de *soft law*.

(E) insuscetível de gerar responsabilidade internacional do Estado, salvo se houver previsão de igual teor no direito interno.

A obrigação mencionada decorre dos seguintes diplomas normativos: i) Princípio 22 da Declaração de Estocolmo (Os Estados devem cooperar para o contínuo desenvolvimento do Direito Internacional no que se refere à responsabilidade e à indenização às vítimas de contaminação e de outros danos ambientais por atividades realizadas dentro da jurisdição ou sob controle de tais Estados, bem como zonas situadas fora de suas jurisdições); ii) Observância da Carta das Nações Unidas, no artigo 33, 1 (As partes em uma controvérsia, que possa vir a constituir uma ameaça à paz e à segurança internacionais, procurarão, antes de tudo, chegar a uma solução por negociação, inquérito, mediação, conciliação, arbitragem, solução judicial, recurso a entidades ou acordos regionais, ou a qualquer outro meio pacífico à sua escolha); iii) Princípio 19 da Declaração do Rio (Os Estados devem prover, oportunamente, a Estados que possam ser afetados, notificação prévia e informações relevantes sobre atividades potencialmente causadoras de considerável impacto transfronteiriço negativo sobre o meio ambiente, e devem consultar-se com estes tão logo possível e de boa-fé). Assim, apenas a alternativa "C" está correta.

Gabarito "C"

16. QUESTÕES COMBINADAS E OUTROS TEMAS

(Juiz – TJ-SC – FCC – 2017) O pagamento por serviços ambientais – PSA tem por fundamento:

(A) a legislação estrangeira, não encontrando base no ordenamento jurídico brasileiro.

(B) o princípio da solidariedade intergeracional.

(C) o princípio do protetor-recebedor.

(D) o princípio do usuário-pagador.

(E) o princípio do poluidor-pagador.

O pagamento por serviços ambientais (PSA) tem fundamento no princípio do protetor-recebedor, pois o pagamento ou a compensação por serviços ambientais consiste na transferência de recursos (monetários ou outros) a quem ajuda a manter ou a produzir os serviços ambientais. Consideram-se serviços ambientais as funções imprescindíveis providas pelos ecossistemas naturais para a manutenção, a recuperação ou a melhoria das condições ambientais adequadas à vida, incluindo a humana. De outra banda, o princípio protetor-recebedor tem a finalidade de incentivar economicamente quem protege uma área, deixando de utilizar seus recursos, estimulando a preservação ambiental. Conforme Fabiano Melo, "o princípio do protetor-recebedor atua por meio de instrumentos e medidas de incentivo econômico para a proteção aos recursos naturais como alternativa às exigências legais, visto que estas nem sempre são cumpridas pelos atores sociais e econômicos. Estas medidas de justiça econômica fornecem aos pequenos produtores rurais e populações tradicionais uma maior efetividade na proteção ambiental mediante incentivos fiscais, tributários e econômicos do que a aplicação de sanções legais, como a imposição de multas ou o enquadramento nas tipificações penais. Nesse caso, nada mais justo, uma vez que aquele que protege ou renuncia à exploração de recursos naturais em prol da coletividade deve ser contemplado com os incentivos decorrentes do princípio do protetor-recebedor" (*Direito Ambiental.* São Paulo: Método, 2017). **FM/FCP**

Gabarito "C"

(Procurador do Estado – PGE/RN – FCC – 2014) São objetivos da Política Nacional sobre Mudança do Clima – PNMC:

(A) a interação do mercado de carbono com o mercado de compensação de áreas de preservação permanente.

(B) a redução das emissões de gases expelidos naturalmente em relação às suas diferentes fontes.

(C) o estímulo ao mercado de compensação de reserva legal e ao mercado de compensação de áreas de preservação permanente.

(D) a preservação, a conservação e a recuperação dos recursos ambientais, com particular atenção aos grandes biomas naturais tidos como Patrimônio Nacional.

(E) a união do mercado de carbono com o mercado de compensação de reserva legal.

De fato, a preservação, a conservação e a recuperação dos recursos ambientais, com particular atenção aos grandes biomas naturais tidos como Patrimônio Nacional, são objetivos da Política Nacional sobre Mudança do Clima (PNMC). Aliás, o art. 4º, da Lei 12.187/2009, estabelece como objetivos da Política Nacional sobre Mudança do Clima – PNMC: à compatibilização do desenvolvimento econômico-social com a proteção do sistema climático; à redução das emissões antrópicas de gases de efeito estufa em relação às suas diferentes fontes; ao fortalecimento das remoções antrópicas por sumidouros de gases de efeito estufa no território nacional; à implementação de medidas para promover a adaptação à mudança do clima pelas 3 (três) esferas da Federação, com a participação e a colaboração dos agentes econômicos e sociais interessados ou beneficiários, em particular aqueles especialmente vulneráveis aos seus efeitos adversos; à preservação, à conservação e à recuperação dos recursos ambientais, com particular atenção aos grandes biomas naturais tidos como Patrimônio Nacional; à consolidação e à expansão das áreas legalmente protegidas e ao incentivo aos reflorestamentos e à recomposição da cobertura vegetal em áreas degradadas; e, o estímulo ao desenvolvimento do Mercado Brasileiro de Redução de Emissões – MBRE. (FM – FCP)

Gabarito "D"

16. Estatuto da Criança e do Adolescente

Ana Paula Garcia, Eduardo Dompieri, Roberta Densa, Vanessa Tonolli Trigueiros e Wander Garcia*

1. CONCEITOS BÁSICOS E PRINCÍPIOS

(Magistratura – TRT 1ª – 2016 – FCC) NÃO é dever da comunidade e da sociedade em geral assegurar ao adolescente, com absoluta prioridade, o direito

(A) à convivência familiar.

(B) ao esporte.

(C) ao lazer.

(D) à cultura.

(E) ao ensino superior.

As alternativas, exceção feita àquela que corresponde à letra "E", contemplam direitos que devem ser assegurados às crianças e adolescentes (art. 4º, *caput*, do ECA).

Gabarito "E"

(Magistratura/GO – 2009 – FCC) Pelo que anuncia o próprio Estatuto da Criança e do Adolescente em suas disposições preliminares, esta lei

(A) declara que os direitos fundamentais de crianças e adolescentes são limitáveis somente pelo justo exercício do poder familiar ou por ordem judicial fundamentada.

(B) destina-se a oferecer cuidado e proteção aos menores em situação irregular.

(C) considera criança pessoa de zero a quatorze anos incompletos.

(D) aplica-se, em alguns casos, a pessoas entre dezoito e vinte e um anos de idade.

(E) compreende um conjunto de normas especialmente voltadas à tutela de crianças e adolescentes em situação de risco social ou pessoal.

A: incorreta, pois os direitos fundamentais de crianças e adolescentes não são limitáveis; **B:** incorreta, pois a lei dispõe sobre a proteção integral à criança e ao adolescente, seja em relação aos menores em situação regular, seja quanto aos que estão em situação irregular; **C:** incorreta, pois criança é a pessoa de até doze anos de idade incompletos (art. 2º, *caput*, do ECA); **D:** correta (art. 2º, parágrafo único, do ECA); **E:** incorreta, pois a lei dispõe sobre a proteção integral à criança e ao adolescente, em situação de risco ou não.

Gabarito "D"

(Magistratura/RR – 2008 – FCC) "Ser adolescente na adolescência nem sempre se apresenta como uma tarefa fácil, diz Winnicott. Algumas pessoas são doentes demais para atingir esse estado do desenvolvimento afetivo no momento devido, assim como algumas estruturas familiares e sociais mais abrangentes também são muito doentes para aceitar os comportamentos regressivos dos adolescentes como sinais de saúde".

(LINS, Maria Ivone Accioly. Violência em serviços públicos de saúde mental: uma experiência clínica com adolescentes. In: LEVISKY, David Léo (Org.). *Adolescência e violência*: consequências da realidade brasileira. São Paulo: Casa do Psicólogo, 2000. p. 83).

Com base no texto acima, é correto afirmar que, juridicamente, a fixação da adolescência corresponde a

(A) uma ficção, por não corresponder à realidade biopsicológica e social dos adolescentes.

(B) uma presunção relativa, que permite prova em contrário, admitindo análise casuística.

(C) uma realidade, esteada em fatos sociais comprováveis e cientificamente certos.

(D) uma presunção absoluta que, não admitindo prova em contrário, corrobora a realidade social e a verificação dos fatos.

(E) ônus imposto à sociedade.

Art. 2º do ECA, o qual adotou um critério cronológico absoluto, sem analisar a condição psíquica ou biológica do adolescente.

Gabarito "A"

2. DIREITOS FUNDAMENTAIS

2.1. Direito à vida e à saúde

(Juiz – TJ-SC – FCC – 2017) Segundo a Portaria nº 1.082/2014, do Ministério da Saúde, a qual dispõe sobre as diretrizes da Política Nacional de Atenção Integral à Saúde de Adolescentes em Conflito com a Lei, é correto afirmar que:

(A) os projetos terapêuticos singulares elaborados pela área de saúde devem se articular com os planos individuais de atendimento previstos no SINASE – Sistema Nacional Socioeducativo.

(B) deverá haver a priorização das ações de promoção da saúde, vedando-se aos adolescentes, entretanto, a política da redução de danos provocados pelo consumo de álcool e outras drogas.

(C) propõe a assunção do atendimento da saúde dos adolescentes privados de liberdade por equipes da unidade socioeducativa, partindo para a intersetorialização de serviços assim que alcançada a liberdade.

(D) a implementação da atenção integral à saúde dos adolescentes privados de liberdade ocorrerá com a participação do Estado e da União, excluída a responsabilidade dos municípios por não lhes caber

* **Roberta Densa** comentou as questões dos seguintes concursos: DPE/ES/16/ DPE/BA/16; **Vanessa Tonolli Trigueiros** comentou as questões dos seguintes concursos: Defensoria 2012 e 2013, MAG/GO/15, MAG/RR/15, MAG/SC/15, MAG/CE/14, MAG/PE/13, MAG/RR/08 e MP/CE/11; **Eduardo Dompieri** atualizou todas as questões do capítulo e comentou as questões de MAG/TRT/1ª/16, **Eduardo Dompieri** e **Wander Garcia** comentaram as questões dos seguintes concursos: Magistratura Estadual e Ministério Público Estadual; **Ana Paula Garcia** e **Wander Garcia** comentaram as demais questões dos concursos para Defensoria

ED questões comentadas por: **Eduardo Dompieri.**

a manutenção de programas de internação e semiliberdade.

(E) o cuidado de saúde bucal será viabilizado na Atenção Especializada da Rede de Atenção à Saúde.

A: correta (art. 7º, III, da Portaria 1.082/2014, do Ministério da Saúde); **B:** incorreta (art. 7º, VI, da Portaria 1.082/2014, do Ministério da Saúde); **C:** incorreta (art. 7º, II, da Portaria 1.082/2014, do Ministério da Saúde); **D:** incorreta (art. 14 da Portaria 1.082/2014, do Ministério da Saúde); **E:** incorreta (art. 10, I, *e*, da Portaria 1.082/2014, do Ministério da Saúde). ED

Gabarito "A"

(Defensor Público – DPE/ES – 2016 – FCC) Em março de 2016, o texto do Estatuto da Criança e do Adolescente sofreu modificações destinadas a incorporar ou reforçar regras voltadas à proteção da primeira infância, entre as quais podemos citar:

(A) Responsabilização criminal de pais ou responsável que, injustificadamente, deixem de promover vacinação de crianças sob sua guarda.

(B) Direito da parturiente, junto ao Sistema Único de Saúde, de contar com um acompanhante de sua preferência no pré-natal, e o pós-parto e dois acompanhantes durante o trabalho de parto.

(C) Isenção de multas, custas e emolumentos nos registros e certidões necessários à inclusão, a qualquer tempo, do nome do pai no assento de nascimento da criança.

(D) Possibilidade de destituição sumária do poder familiar em caso de abuso sexual praticado ou facilitado pelos genitores contra criança de até 6 anos de idade.

(E) Criação de serviços de acolhimento institucional especializados para a faixa etária da primeira infância, sem prejuízo da preservação de eventuais vínculos com irmãos maiores.

A: incorreta. O art. 14 do ECA já previa, em sua redação original, a obrigatoriedade de vacinação. Além disso, a ausência de vacinação pode trazer a possibilidade de aplicação das medidas em relação aos pais previstas no art. 129 ou a infração administrativa genérica do art. 249 do ECA. **B:** incorreta. O direito incluído pela Lei da Primeira Infância, previsto no art. 8º, § 6º, é de manter um 1 (um) acompanhante de sua preferência durante o período do pré-natal, do trabalho de parto e do pós-parto imediato. **C:** correta. Nos termos do art. 102, § 5º, do ECA. **D:** incorreta. A destituição do poder familiar somente pode ser feita pela autoridade judicial, através do devido processo legal (art. 155 e seguintes do ECA). **E:** incorreta. O vínculo com os irmãos deve ser mantido, nos termos do art. 28, § 4º, do ECA: "os grupos de irmãos serão colocados sob adoção, tutela ou guarda da mesma família substituta, ressalvada a comprovada existência de risco de abuso ou outra situação que justifique plenamente a excepcionalidade de solução diversa, procurando-se, em qualquer caso, evitar o rompimento definitivo dos vínculos fraternais".

Gabarito "C"

(Defensor Público – DPE/ES – 2016 – FCC) Na perspectiva de conceituar adequadamente as situações de violência contra a criança e o adolescente, o Estatuto da Criança e do Adolescente, definiu, expressamente

(A) negligência grave como a omissão reiterada, por quem detenha o dever de cuidado, capaz de produzir danos físicos e/ou psíquicos à criança ou adolescente.

(B) castigo físico como a ação de natureza disciplinar ou punitiva aplicada com o uso da força sobre a criança ou adolescente que resulte em sofrimento físico ou lesão.

(C) castigo moral como a ação ou omissão que, sem causar dano físico, tenha por objetivo submeter criança ou adolescente a vexame ou constrangimento.

(D) tratamento cruel ou degradante como toda conduta intencionalmente voltada à violação de um direito fundamental da criança que produza sofrimento ou comprometa seu desenvolvimento saudável.

(E) abuso infantil como toda prática, omissa ou comissiva, que, direta ou indiretamente, submeta a criança à sexualização precoce. Direito dos Idosos, das Pessoas com Deficiência e das Mulheres.

A: incorreta. O ECA não conceitua expressamente a negligência **B:** correta. Para os fins do art. 18-A, incisos I e II, *castigo físico* pode ser considerado toda ação de natureza disciplinar ou punitiva aplicada com o uso da força física sobre a criança ou o adolescente que resulte em sofrimento físico ou lesão. O tratamento cruel ou degradante: conduta ou forma cruel de tratamento em relação à criança ou ao adolescente que humilhe; ameace gravemente; ou ridicularize. **C:** incorreta. O ECA não utiliza a expressão *castigo moral* mas sim a expressão *tratamento cruel ou degradante*. **D:** incorreta. Vide justificativa da alternativa "B". **E:** incorreta. O ECA não conceitua expressamente o abuso infantil.

Gabarito "B"

(Magistratura/RR – 2015 – FCC) Joana encontra-se no sétimo mês de gravidez e informa à enfermeira do posto de saúde onde faz o pré-natal que pretende entregar o nascituro para adoção. Segundo o que obriga expressamente o Estatuto da Criança e do Adolescente (Lei 8.069/1990), diante de tal informação, deve o serviço de saúde

(A) cadastrar Joana no programa de parto anônimo e encaminhá-la ao serviço de referência.

(B) encaminhar Joana à Justiça da Infância e da Juventude.

(C) acionar a rede socioassistencial com vistas a incluir Joana e sua família em programas de auxílio e pro moção familiar.

(D) comunicar a situação ao Conselho Tutelar, a fim de que sejam aplicadas as medidas protetivas cabíveis.

(E) acompanhar a gestante e, após o parto, se mantida a intenção de entregar a criança, reportar os fatos ao Ministério Público para ajuizamento das ações pertinentes.

A: incorreta, pois incumbe ao poder público, por meio do serviço de saúde, proporcionar assistência psicológica à gestante e à mãe, no período pré e pós-natal, inclusive como forma de prevenir ou minorar as consequências do estado puerperal. Oportuno registrar que tal assistência também deverá ser prestada a gestantes ou mães que manifestem interesse em entregar seus filhos para adoção, nos termos do art. 8º, § 5º, do ECA; **B:** correta. De fato, a gestante ou mãe que manifeste interesse em entregar seu filho para adoção será obrigatoriamente encaminhada à Justiça da Infância e da Juventude (art. 13, § 1º, do ECA); **C** e **D:** incorretas, pois tais medidas, muito embora possam ser realizadas na prática, não estão previstas expressamente no ECA; **E:** incorreta, pois conforme já mencionado acima, a gestante ou mãe que manifeste interesse em entregar seu filho para adoção será obrigatoriamente encaminhada à Justiça da Infância e Juventude (art. 13, § 1º, do ECA) e não ao Ministério Público.

Gabarito "B"

(Magistratura/PE – 2013 – FCC) Os hospitais e demais estabelecimentos de atenção à saúde de gestantes, públicos e particulares, são obrigados a

(A) prestar orientação ao pais do recém-nascido, quanto à terapêutica de anormalidades no metabolismo, mas não são obrigados a proceder a exames visando ao diagnóstico, cuja realização é atribuição exclusiva de laboratórios públicos.

(B) manter o registro das atividades desenvolvidas, através de prontuários individuais, pelo prazo mínimo de cinco e máximo de dez anos.

(C) identificar o recém-nascido mediante o registro de sua impressão plantar e digital e impressão digital da mãe.

(D) fornecer declaração de nascimento, desde que não constem as intercorrências do parto e do desenvolvimento do neonato.

(E) manter alojamento conjunto, possibilitando ao neonato a permanência junto aos pais.

A: incorreta, pois os hospitais devem proceder a exames visando ao diagnóstico e terapêutica de anormalidades no metabolismo do recém-nascido, além de prestar orientação aos pais (art. 10, III, do ECA); **B**: incorreta, pois os hospitais devem manter registro das atividades desenvolvidas, por meio de prontuários individuais, pelo prazo de dezoito anos (art. 10, I, do ECA); **C**: correta (art. 10, II, do ECA); **D**: incorreta, pois os hospitais devem fornecer declaração de nascimento onde constem necessariamente as intercorrências do parto e do desenvolvimento do neonato (art. 10, IV, do ECA); **E**: incorreta, pois os hospitais devem manter alojamento conjunto, possibilitando ao neonato a permanência junto à mãe (art. 10, V, do ECA).

Gabarito "C"

(Defensor Público/SP – 2012 – FCC) Os artigos 4º e 11 do Estatuto da Criança e do Adolescente (Lei 8.069/1990) estabelecem, como absoluta prioridade, a efetivação dos direitos referentes à vida e à saúde por meio de políticas públicas que assegurem o acesso universal e igualitário às ações e serviços para a promoção, proteção e recuperação da saúde. A Política do Ministério da Saúde para Atenção Integral a Usuários de Álcool e outras Drogas e a Portaria nº 1.190, de 04.06.2009, preveem, por seu turno, diretrizes e recomendações aplicáveis na atenção dessa população, dentre elas:

(A) o desestímulo à abordagem da redução de danos como um caminho promissor, já que esta desconsidera a diversidade, a singularidade e a corresponsabilidade do usuário.

(B) um plano de ação baseado somente no campo das ações clínicas, evitando-se a vitimização do usuário e dos problemas sociais contemporâneos, como o tráfico de drogas e a violência.

(C) aumento dos leitos para internação em hospitais psiquiátricos, com reserva dos Centros de Atenção Psicossocial Álcool e Drogas somente como um equipamento de transição à alta médica.

(D) o alcance da abstinência através da ação da justiça, da segurança e da defesa, bem como com o afastamento do usuário do agente indutor.

(E) o enfrentamento do estigma em toda e qualquer ação proposta para a população usuária de álcool e drogas, afastando-se da política unicamente repressiva.

Correta a assertiva "E", já que está de acordo com o art. 3º, IV, da Portaria MS nº 1.190/2009, ficando excluídas as demais hipóteses.

Gabarito "E"

2.2. Direito à liberdade, ao respeito e à dignidade

(Magistratura – TRT 1ª – 2016 – FCC) É considerado tratamento cruel à criança ou adolescente, conforme disposição expressa do Estatuto da Criança e do Adolescente – ECA:

(A) menoscabo.

(B) ridicularização.

(C) castigo físico.

(D) admoestação.

(E) obtemperação.

A resposta correta deve ser extraída do art. 18-A, parágrafo único, II, *c*, do ECA: "(...) Para os fins desta Lei, considera-se: (...) II – tratamento cruel ou degradante: a conduta ou forma cruel de tratamento em relação à criança ou ao adolescente que: (...) c) ridicularize".

Gabarito "B"

(Magistratura – TRT 1ª – 2016 – FCC) NÃO está compreendido, nos termos do Estatuto da Criança e do Adolescente – ECA (Lei 8.069/1990), dentro do direito ao respeito à criança e do adolescente, a preservação

(A) da autonomia.

(B) da imagem.

(C) dos recursos materiais.

(D) dos objetos pessoais.

(E) das ideias.

A resposta a esta questão deve ser extraída do art. 17 do ECA (Lei 8.069/1990), que assim dispõe: "O direito ao respeito consiste na inviolabilidade da integridade física, psíquica e moral da criança e do adolescente, abrangendo a preservação da imagem, da identidade, da autonomia, dos valores, ideais e crenças, dos espaços e objetos pessoais". Como se pode ver, o dispositivo em questão não contempla o elemento "recursos materiais", razão por que deve ser assinalada a assertiva "C".

Gabarito "C"

(Magistratura/GO – 2015 – FCC) De acordo com o Estatuto da Criança e do Adolescente, considera-se tratamento cruel ou degradante dispensado à criança aquele que a

(A) submete ao aleitamento materno no interior de presídio onde a mãe cumpre pena.

(B) submeta a tratamento a toxicômanos.

(C) proporcione castigo e sofrimento físico desnecessário.

(D) humilhe, ameace gravemente ou a ridicularize.

(E) prive da frequência ao ensino fundamental.

Com o advento da Lei 13.010/2014, conhecida como a "Lei da Palmada" ou "Lei do Menino Bernardo", passou-se a proibir expressamente a prática de castigo físico e de tratamento cruel ou degradante em face da criança e do adolescente. Nos termos do art. 18-A, parágrafo único, considera-se: I – castigo físico: ação de natureza disciplinar ou punitiva aplicada com o uso da força física sobre a criança ou o adolescente que resulte em: *a)* sofrimento físico; ou *b)* lesão; II – tratamento cruel ou degradante: conduta ou forma cruel de tratamento em relação à criança ou ao adolescente que: *a)* humilhe; ou *b)* ameace gravemente; ou *c)* ridicularize. Assim, a alternativa "D" está correta, ficando excluídas as demais assertivas.

Gabarito "D"

(Defensor Público/RS – 2011 – FCC) Abaixo estão elencados alguns aspectos relativos aos direitos de crianças e adolescentes que merecem proteção especial no ordenamento jurídico vigente. NÃO encontra guarida na Constituição Federal de 1988

(A) a proibição de qualquer trabalho a menores de quatorze anos, salvo na condição de aprendiz, a partir dos doze anos.
(B) a garantia de acesso do trabalhador adolescente à escola.
(C) a obediência aos princípios de brevidade, excepcionalidade e respeito à condição peculiar de pessoa em desenvolvimento, quando da aplicação de qualquer medida privativa da liberdade.
(D) a garantia de pleno e formal conhecimento da atribuição de ato infracional, igualdade na relação processual e defesa técnica por profissional habilitado, segundo dispuser a legislação tutelar específica.
(E) o desenvolvimento de programas de prevenção e atendimento especializado à criança e ao adolescente dependente de entorpecentes e drogas afins.

A: correta, pois o art. 7º, XXXIII, da CF/1988 veda o trabalho noturno, perigoso ou insalubre a menores de dezoito e de qualquer trabalho a menores de dezesseis anos, salvo na condição de aprendiz, a partir de quatorze anos; **B:** incorreta (art. 227, § 3º, III, da CF/1988); **C:** incorreta (art. 227, § 3º, V, da CF/1988); **D:** incorreta (art. 227, § 3º, IV, da CF/1988); **E:** incorreta (art. 227, § 3º, VII, da CF/1988).

Gabarito "A"

2.3. Direito à convivência familiar e comunitária

(Juiz – TJ-SC – FCC – 2017) Segundo o Estatuto da Criança e do Adolescente, são regras que devem ser observadas para a concessão da guarda, tutela ou adoção,

(A) o consentimento do adolescente, colhido em audiência, exceto para a guarda.
(B) a opinião da criança que, sempre que possível, deve ser colhida por equipe interprofissional e considerada pela autoridade judiciária competente.
(C) a prevalência das melhores condições financeiras para os cuidados com a criança ou adolescente.
(D) a prioridade da tutela em favor de família extensa quando ainda coexistir o poder familiar.

A: incorreta, uma vez que a inserção do maior de doze anos em família substituta, aqui incluída a *guarda*, depende do seu consentimento, a ser colhido em audiência, tal como estabelece o art. 28, § 2º, do ECA. É importante que se diga que esta regra, segundo defendem alguns doutrinadores, a nosso ver com razão, deve ser relativizada, dado que o adolescente com doze anos ou um pouco mais não tem a exata noção do que lhe é mais benéfico, mais favorável, ou seja, o que melhor atende ao seu interesse, que é aquilo que, de fato, deve ser levado em conta quando da colocação do jovem em família substituta. Enfim, há um sem número de situações possíveis, que impõem ao magistrado a análise do caso concreto levando-se em consideração, dessa forma, as suas especificidades. O erro da assertiva está em excepcionar a *guarda*; **B:** correta, pois corresponde ao que estabelece o art. 28, § 1º, do ECA; **C:** incorreta. Do art. 28, § 3º, do ECA é possível inferir que deve ser levada em conta, como fator preponderante, quando da colocação do jovem em família substituta, a relação de afinidade e afetividade existente entre os envolvidos. O objetivo, aqui, é minorar as consequências decorrentes da medida; **D:** incorreta. A tutela *constitui forma de colocação da criança ou do adolescente em família substituta que pressupõe a perda ou a suspensão do poder familiar* (art. 36, parágrafo único, do ECA). Assim, ao contrário da guarda, a tutela é incompatível com o poder familiar. ED

Gabarito "B"

(Defensor Público – DPE/BA – 2016 – FCC) De acordo com o Estatuto da Criança e do Adolescente (Lei 8.069/1990), considerando as regras hoje em vigor,

(A) toda criança ou adolescente tem direito a ser criado e educado no seio da sua família e, excepcionalmente, em família substituta, assegurada a convivência familiar e comunitária, em ambiente livre da presença de pessoas dependentes de substâncias entorpecentes.
(B) a condenação criminal do pai ou da mãe não implicará a destituição do poder familiar, exceto na hipótese de condenação por crime doloso, sujeito à pena de reclusão, contra o próprio filho ou filha.
(C) o reconhecimento do filho pelo pai não pode preceder o nascimento, mas pode se dar após o falecimento do filho, caso ele deixe descendentes.
(D) a colocação em família substituta estrangeira constitui medida excepcional, somente admissível nas modalidades de tutela e adoção.
(E) considera-se adoção internacional aquela na qual a pessoa ou casal postulante não tem nacionalidade brasileira.

A: incorreta. De fato, redação original do art. 19 do ECA, constava que a criança e adolescente deveriam conviver "em ambiente livre da presença de pessoas dependentes de substâncias entorpecentes". Com a Lei 13.257/2016, o art. 19 passou a ter nova redação, nos seguintes termos: "é direito da criança e do adolescente ser criado e educado no seio de sua família e, excepcionalmente, em família substituta, assegurada a convivência familiar e comunitária, em ambiente que garanta seu desenvolvimento integral"; **B:** correta. Nos exatos termos do art. 23, § 2º, do ECA, com redação dada pela Lei 12.962/2014; **C:** incorreta. O reconhecimento de filho pode ser feito antes do nascimento ou após o falecimento (art. 1.609, parágrafo único, do Código Civil); **D:** incorreta. A colocação em família substituta estrangeira somente pode ser admitida na modalidade de adoção (art. 31 do ECA). **E:** incorreta. Considera-se adoção internacional aquela na qual a pessoa ou casal postulante é residente ou domiciliado fora do Brasil (art. 51 do ECA).

Gabarito "B"

(Defensor Público – DPE/ES – 2016 – FCC) Sobre a adoção é correto afirmar que, segundo a legislação vigente,

(A) depende do consentimento dos pais ou responsável, dispensada a concordância apenas em caso de falecimento ou renúncia, suspensão ou destituição do poder familiar.
(B) consiste numa das hipóteses legais de extinção do poder familiar.
(C) não pode ser deferida, conforme prescreve o Estatuto da Criança e do Adolescente – ECA, a adotante que seja avô, tio ou irmão da criança ou adolescente cuja adoção se requer.
(D) exige, para ser deferida, que o adotante seja pelo menos 18 anos mais velho do que o adotando.
(E) é irrevogável, somente podendo ser desfeita em caso de adoções tardias que revelem grave quadro de inadaptação do adotando na família adotiva.

A: incorreta. O poder familiar não pode ser renunciado pelos pais. Ademais, o consentimento para a adoção pode ser feito através do processo judicial de adoção pelos pais (não por seus responsáveis). **B:** correta. São causas de extinção do poder familiar (art. 1.635 do CC): a) a morte dos pais ou do filho; b) a emancipação; c) a maioridade; d) a adoção; e) a decisão judicial de perda de poder familiar (art. 1.638). **C:** incorreta. O impedimento para a adoção alcança somente os ascendentes e os irmãos do adotando, é permitida a adoção pelo tio da criança ou adolescente. **D:** incorreta. A diferença de idade entre adotante e adotado deve ser de 16 anos (art. 42, § 3°, do ECA). **E:** incorreta. A adoção será sempre irrevogável (art. 39, § 1°).

Gabarito "B"

(Defensor Público – DPE/ES – 2016 – FCC) Um bebê de aproximadamente 6 meses de idade é deixado na porta da casa de Maria sem documentos. Maria o acolhe em sua casa e aguarda que alguém reclame a criança. Um ano se passa sem que ninguém procure pelo bebê. Maria se apega à criança e deseja adotá-la, mesmo não sendo habilitada à adoção. Diante desses fatos, é correto afirmar que, segundo as regras e princípios da legislação em vigor,

(A) a autoridade judiciária, tomando ciência da situação, deve determinar o afastamento da criança do convívio com Maria e entregá-la a casal cadastrado em programa de acolhimento familiar, o qual terá preferência para adotá-lo caso assim deseje.

(B) o Conselho Tutelar, tomando conhecimento da situação, deve determinar o imediato acolhimento institucional da criança, requisitar a lavratura de seu registro de nascimento e comunicar o caso à autoridade judiciária.

(C) Maria, antes de postular a adoção, deve providenciar o registro tardio da criança e, na sequência, pedir ao Conselho Tutelar a concessão, em seu favor, de termo provisório de guarda e responsabilidade da criança.

(D) o Ministério Público, ciente da situação, deve propor ação declaratória de infante exposto, cujo procedimento prevê a expedição de edital para ciência pública do achamento da criança, concedendo prazo para manifestação para eventuais interessados.

(E) Maria somente poderá adotar a criança quando esta última completar três anos, e desde que preenchidos os demais requisitos legais.

Todas as pessoas que pretendem adotar devem estar previamente inscritas no Cadastro Nacional de Adoção. Na forma do § 13 do art. 50 do ECA, "somente poderá ser deferida adoção em favor de candidato domiciliado no Brasil não cadastrado previamente nos termos desta Lei quando: I – se tratar de pedido de adoção unilateral; II – for formulada por parente com o qual a criança ou adolescente mantenha vínculos de afinidade e afetividade; III – oriundo o pedido de quem detém a tutela ou guarda legal de criança maior de 3 (três) anos ou adolescente, desde que o lapso de tempo de convivência comprove a fixação de laços de afinidade e afetividade, e não seja constatada a ocorrência de má-fé ou qualquer das situações previstas nos arts. 237 ou 238 desta Lei". Mais ainda, caso haja adoção nessas condições, é essencial que o candidato comprove o preenchimento dos requisitos necessários à adoção (art. 50, § 14). **A:** incorreta. O acolhimento familiar é medida protetiva prevista no art. 101 do ECA. Neste caso, a medida de acolhimento de familiar deve ser deferida para Maria, tendo em vista os laços de afetividade já mantidos com a criança. **B:** incorreta. O conselho tutelar não pode determinar medida de acolhimento institucional (art. 136, inciso I). **C:** incorreta. A guarda somente pode ser conferida pela autoridade judicial (arts. 101 e 136, I do ECA). **D:** incorreta. O Ministério Público poderia, nesse caso, requerer ao juiz a aplicação de medida de proteção. Não há que se falar em ação para perda ou suspensão do poder familiar tendo em vista que não se sabe, no problema apresentado, quem são os pais da criança. **E:** correta. Nos termos do art. 50, § 13, III, do ECA.

Gabarito "E"

(Magistratura/RR – 2015 – FCC) Segundo determina expressamente o Estatuto da Criança e do Adolescente (Lei 8.069/1990), cabe ao órgão federal responsável pela política indigenista

(A) comunicar à autoridade judiciária competente os casos de suspeita ou confirmação de castigo físico, de tratamento cruel ou degradante e de maus-tratos contra criança ou adolescente indígena.

(B) autorizar, fundado em laudos antropológicos, a submissão de adolescente indígena ao procedimento de apuração de ato infracional e aplicação de medidas socioeducativas perante a Justiça da Infância e Juventude.

(C) recrutar, selecionar e cadastrar pessoas ou famílias indígenas dispostas a receber, sob guarda, tutela ou adoção, crianças pertencentes a suas etnias ou grupos étnicos que estejam afastadas do convívio familiar.

(D) disponibilizar representante para oitiva e intervenção perante a equipe interprofissional ou multidisciplinar responsável por acompanhar casos de colocação de criança ou adolescente indígena em família substituta.

(E) assessorar o Juiz da Infância e Juventude na elaboração das portarias judiciais regulatórias do trabalho, educação e trânsito de crianças e adolescentes indígenas residentes na circunscrição do Juízo.

A alternativa "D" está correta, pois está de acordo com o disposto nos arts. 28, § 6°, I, II e III, e 161, § 2°, ambos do ECA, ficando excluídas as demais assertivas.

Gabarito "D"

(Magistratura/CE – 2014 – FCC) No que diz respeito ao direito à convivência familiar e comunitária de crianças e adolescentes, é correto afirmar:

(A) A criança ou adolescente submetido ao programa de acolhimento familiar ou institucional terá sua situação reavaliada anualmente.

(B) A determinação de guarda de criança ou adolescente a terceiro não exclui o dever dos genitores de prestar alimentos.

(C) O maior de doze anos será ouvido em caso de colocação em família substituta, sendo sua manifestação um dos elementos de formação da convicção do juiz, podendo ser afastada.

(D) A colocação em família substituta de criança ou adolescente indígena deverá ocorrer obrigatoriamente no seio de sua comunidade.

(E) A condenação criminal definitiva pela prática de crime doloso praticado por pai ou mãe, implicará, automaticamente, perda do poder familiar.

A: incorreta, pois toda criança ou adolescente que estiver inserido em programa de acolhimento familiar ou institucional terá sua situação reavaliada, no máximo, a cada 6 (seis) meses, e não anualmente, nos termos do art. 19, § 1°, do ECA; **B:** correta, pois a alternativa está de acordo com o disposto no art. 33, § 4°, do ECA. Assim, se não houver expressa e fundamentada determinação em contrário, emanada da autoridade judiciária competente, ou quando a medida for aplicada em preparação para adoção, persiste o dever alimentar, uma vez que a guarda não pressupõe a destituição do poder familiar, do qual decorre o dever de sustento; **C:** incorreta, pois em caso de colocação em família substituta de adolescente maior de 12 (doze) anos de idade será necessário seu consentimento, colhido em audiência. Por sua vez, em se tratando de criança ou adolescente menor de 12 anos, será previamente ouvido por equipe interprofissional, sendo sua opinião devidamente considerada e servindo como elemento de formação de convicção do juiz (art. 28, §§ 1º e 2º, do ECA); **D:** incorreta, pois a colocação de criança ou adolescente indígena em família substituta será prioritariamente, e não obrigatoriamente, no seio de sua comunidade ou junto a membros da mesma etnia (art. 28, § 6º, II, do ECA); **E:** incorreta, pois não haverá perda (art. 1.638, do CC), mas suspensão do exercício do poder familiar ao pai ou à mãe condenados por sentença irrecorrível, em virtude de crime cuja pena exceda a dois anos de prisão (art. 1.637, parágrafo único, do CC).

Gabarito "B"

(Magistratura/PE – 2013 – FCC) A colocação em família substituta estrangeira

(A) constitui medida excepcional, somente admissível na modalidade de adoção.
(B) é absolutamente vedada.
(C) constitui medida excepcional, somente admissível nas modalidades de guarda e de tutela.
(D) é admitida em todas as modalidades, desde que autorizadas pelo juiz competente.
(E) não encontra qualquer restrição, se houver vínculo de parentesco até o quarto grau com o menor, independentemente de vínculos de afinidade e afetividade.

A alternativa "A" está correta, pois está de acordo com o disposto no art. 31 do ECA, ficando excluídas as demais.

Gabarito "A"

(Magistratura/PE – 2011 – FCC) Na colocação da criança ou adolescente em família substituta, observar-se-á a seguinte regra:

(A) a guarda obriga à prestação de assistência material, moral e educacional à criança ou adolescente, mas não confere a seu detentor o direito de opor-se aos pais.
(B) não será aceita a nomeação de tutor por testamento, uma vez que se trata de ato privativo do Juiz, ouvido o Ministério Público.
(C) tratando-se de maior de 12 (doze) anos de idade, será necessário seu consentimento, colhido em audiência.
(D) podem adotar os ascendentes e os irmãos do adotando, desde que o adotante tenha mais de 21 (vinte e um) anos e seja, pelo menos, 16 (dezesseis) anos mais velho do que o adotando.
(E) não se admitem organismos estrangeiros encarregados de intermediar pedidos de habilitação à adoção internacional.

A: a guarda, modalidade de colocação em família substituta, obriga à prestação de assistência material, moral e educacional à criança ou adolescente e, além disso, confere ao guardião o direito de opor-se a terceiros, inclusive aos pais; **B:** além da tutela *legítima* e da *dativa*, há também a tutela *testamentária*. Prevista no art. 37 do ECA e no art. 1.729 do CC, é aquela instituída por vontade dos pais, em conjunto; deve constar de testamento ou de outro documento autêntico. Tutela *legítima:* à falta de tutor nomeado pelos pais, incumbe a tutela aos parentes consanguíneos do menor, conforme ordem estabelecida no art. 1.731 do CC. Tutela *dativa:* diante da falta de tutor testamentário ou legítimo, ou quando estes forem excluídos ou escusados da tutela, ou ainda quando removidos por não idôneos o tutor legítimo e o testamentário, o juiz nomeará tutor idôneo – art. 1.732, CC; **C:** correta, nos termos do art. 28, § 2º, do ECA; **D:** são impedidos de adotar os ascendentes e os irmãos do adotando (art. 42, § 1º). Tios, portanto, podem adotar; **E:** incorreta, pois não reflete o disposto no art. 52, §§ 1º, 2º e 3º, do ECA.

Gabarito "C"

(Magistratura/GO – 2009 – FCC) A destituição do poder familiar

(A) é dispensável, no caso de adoção, se os pais concordarem com a colocação da criança na família substituta.
(B) é pressuposto necessário ao deferimento da tutela sobre criança cujos pais estejam vivos.
(C) é condição para inclusão da criança em programa de colocação familiar.
(D) pode ser decretada por sentença em processo iniciado por portaria judicial, por pedido do Ministério Público ou por pedido de quem tenha legítimo interesse.
(E) decorre de sentença judicial cujo cumprimento se dá com o cancelamento do assento de nascimento originário da criança/adolescente.

A: correta (art. 45, § 1º, do ECA); **B:** incorreta, pois a tutela poderá ser deferida em caso de suspensão do poder familiar, mesmo que ainda vivos os pais (art. 36, parágrafo único, do ECA); **C:** incorreta, pois, como se viu, basta a suspensão do poder familiar para que se coloque a criança ou o adolescente em tutela, por exemplo; **D:** incorreta, pois o art. 155 do ECA dispõe que esse procedimento será iniciado por provocação do Ministério Público ou de quem tenha legítimo interesse; **E:** incorreta, pois o cumprimento da sentença se dá com a averbação à margem do registro de nascimento da criança ou do adolescente, da destituição do poder familiar (art. 163, parágrafo único, do ECA).

Gabarito "A"

(Ministério Público/CE – 2011 – FCC) O consentimento dos pais com a adoção do filho, de acordo com o que dispõe a lei,

(A) é uma das hipóteses de perda do poder familiar decretada por sentença.
(B) é retratável até a data da publicação da sentença constitutiva da adoção.
(C) só terá validade se prestado perante a autoridade judiciária competente ou se formalizado por meio de instrumento público.
(D) só será válido após minuciosa investigação que ateste a relevância de seus motivos.
(E) só terá valor se manifestado após três meses do nascimento da criança.

A alternativa "B" está correta, pois está de acordo com o art. 166, § 5º, do ECA, ficando excluídas as demais.

Gabarito "B"

(Defensor Público/AM – 2013 – FCC) Com base no Estatuto da Criança e do Adolescente, a respeito do direito à convivência familiar e comunitária,

(A) a tutela destina-se a regularizar a posse de fato, podendo ser deferida liminarmente nos processos de adoção, exceto da adoção por estrangeiros.
(B) a colocação em família substituta deverá contar, obrigatoriamente, com o consentimento do adolescente, quando maior de 14 (catorze) anos.
(C) aos pais incumbe o dever de sustento dos filhos, mesmo que a guarda tenha sido deferida a terceiro.
(D) a adoção por estrangeiro é medida excepcional e somente poderá ser deferida por procuração no caso de o estágio de convivência ter se completado no Brasil.
(E) na adoção conjunta, é dispensável que os adotantes sejam ou tenham sido casados civilmente ou que tenham mantido ou mantenham união estável.

A: incorreta, pois é a guarda que se destina a regularizar a posse de fato, podendo ser deferida, liminar ou incidentalmente, nos procedimentos de tutela e adoção, exceto no de adoção por estrangeiros (art. 33, § 1º, do ECA); **B:** incorreta, pois o consentimento do adotando é obrigatório a partir dos doze anos de idade (art. 45, § 2º, do ECA); **C:** correta (arts. 22 e 33, § 4º, ambos do ECA); **D:** incorreta, pois é vedada a adoção por procuração (art. 39, § 2º, do ECA); **E:** incorreta. De acordo com o art. 42, § 2º, do ECA, para a adoção conjunta, é indispensável que os adotantes sejam casados civilmente ou mantenham união estável, comprovada a estabilidade da família. Excepcionalmente, os divorciados, os judicialmente separados e os ex-companheiros podem adotar conjuntamente, contanto que acordem sobre a guarda e o regime de visitas e desde que o estágio de convivência tenha sido iniciado na constância do período de convivência e que seja comprovada a existência de vínculos de afinidade e afetividade com aquele não detentor da guarda, que justifiquem a excepcionalidade da concessão (art. 42, § 4º, do ECA).

Gabarito "C"

(Defensor Público/PR – 2012 – FCC) A Lei 12.010/2009, conhecida doutrinariamente como a Lei de Convivência Familiar e Comunitária, é considerada a maior reforma do Estatuto da Criança e do Adolescente, incorporando novos princípios, procedimentos e institutos. Em relação às inovações, é correto afirmar:

(A) A criança ou adolescente que estiver inserido em programa de acolhimento familiar ou institucional terá sua situação reavaliada, no mínimo, a cada 6 (seis) meses, cabendo aos dirigentes de entidades que desenvolvem programas de acolhimento familiar ou institucional a remessa à autoridade judiciária do relatório circunstanciado acerca da situação de cada criança ou adolescente acolhido e sua família.

(B) Crianças e adolescentes serão encaminhados às instituições que executam programas de acolhimento institucional, governamentais ou não, por meio de uma Guia de Acolhimento expedida pelo Conselho Tutelar através de decisão fundamentada da autoridade judiciária.

(C) Imediatamente após o acolhimento da criança ou do adolescente, a entidade responsável pelo programa de acolhimento institucional ou familiar elaborará um plano individual de atendimento, visando à colocação em família substituta.

(D) O acolhimento familiar ou institucional ocorrerá no local mais próximo à Vara da Infância e Juventude para garantir a tramitação eficiente do processo e a reintegração familiar da criança ou do adolescente com sua família de origem ou extensa, respeitando os laços afetivos.

(E) As entidades que mantenham programa de acolhimento institucional poderão, em caráter excepcional e de urgência, acolher crianças e adolescentes sem prévia determinação da autoridade competente, fazendo comunicação do fato em até 24 horas ao Juiz da Infância e da Juventude, sob pena de responsabilidade.

A: incorreta, pois toda criança ou adolescente que estiver inserido em programa de acolhimento familiar ou institucional terá sua situação reavaliada, *no máximo*, a cada 6 (seis) meses (art. 19, § 1º, do ECA); **B:** incorreta, pois a guia de acolhimento é expedida pela autoridade judiciária e não pelo Conselho Tutelar (art. 101, § 3º, do ECA); **C:** incorreta, pois a entidade responsável pelo programa de acolhimento institucional ou familiar elaborará um plano individual de atendimento, *visando à reintegração familiar*, ressalvada a existência de ordem escrita e fundamentada em contrário de autoridade judiciária competente, caso em que também deverá contemplar sua colocação em família substituta; **D:** incorreta, pois o acolhimento familiar ou institucional ocorrerá no local mais próximo à *residência dos pais ou do responsável* (art. 101, § 7º, do ECA); **E:** correta, pois, de fato, as entidades que mantenham programa de acolhimento institucional poderão, em caráter excepcional e de urgência, acolher crianças e adolescentes sem prévia determinação da autoridade competente, fazendo comunicação do fato em até 24 (vinte e quatro) horas ao juiz da Infância e da Juventude, sob pena de responsabilidade (art. 93, do ECA).

Gabarito "E"

(Defensor Público/SP – 2012 – FCC) Sobre o direito à convivência familiar e comunitária previsto no Estatuto da Criança e do Adolescente, é correto afirmar que

(A) o acolhimento institucional é medida provisória e excepcional, não implicando em privação de liberdade, salvo em caso de determinação judicial nesse sentido.

(B) a permanência da criança e do adolescente em programa de acolhimento institucional ou familiar será reavaliada a cada seis meses, não podendo superar o prazo de dois anos, salvo comprovada necessidade.

(C) a suspensão do poder familiar será decretada em procedimento contraditório, exceto em casos de maus tratos, quando será possível instauração de procedimento não contencioso.

(D) à pessoa maior de dezoito anos é assegurado o direito a conhecer sua origem biológica, inclusive com o acesso irrestrito ao processo no qual a medida de adoção foi aplicada.

(E) a família natural prefere à família substituta e esta, por sua vez, prefere à família extensa.

A: incorreta, pois em hipótese alguma o acolhimento institucional implicará privação de liberdade (art. 101, § 1º, do ECA); **B:** incorreta, pois toda criança ou adolescente que estiver inserido em programa de acolhimento familiar ou institucional terá sua situação reavaliada, *no máximo*, a cada 6 (seis) meses, sendo que a permanência da criança ou do adolescente em programa de acolhimento institucional não se prolongará por mais de 2 (dois) anos, salvo comprovada necessidade que atenda ao seu superior interesse, devidamente fundamentada pela autoridade judiciária (art. 19, §§ 1º e 2º, do ECA); **C:** incorreta, pois em qualquer hipótese de perda ou suspensão do poder familiar haverá o ajuizamento de ação própria, em respeito aos princípios da ampla defesa e do contraditório (art. 155 e ss., do ECA); **D:** correta (art. 48, *caput*, do ECA); **E:** incorreta, pois a família natural prefere à família extensa, que por sua vez prefere à família substituta (arts. 92, II, e 100, parágrafo único, X, ambos do ECA).

Gabarito "D"

(Defensor Público/RS – 2011 – FCC) Analise as seguintes afirmativas, todas relativas ao Estatuto da Criança e do Adolescente:

I. O adotado tem direito de conhecer sua origem biológica, bem como de obter acesso irrestrito ao processo no qual a medida foi aplicada e seus eventuais incidentes, após completar 18 (dezoito) anos.

II. Podem adotar os maiores de 21 (vinte e um) anos, independentemente do estado civil.

III. Toda criança ou adolescente que estiver inserido em programa de acolhimento familiar ou institucional terá sua situação reavaliada, no máximo, a cada 6 (seis) meses.

IV. A permanência da criança e do adolescente em programa de acolhimento institucional não se prolongará por mais de 3 (três) anos, salvo comprovada necessidade que atenda ao seu superior interesse, devidamente fundamentada pela autoridade judiciária.

V. Toda criança ou adolescente tem direito a ser criado e educado no seio da sua família e, excepcionalmente, em família substituta, assegurada a convivência familiar e comunitária, em ambiente livre da presença de pessoas dependentes de substâncias entorpecentes.

A partir dessa análise, pode-se concluir que estão corretas APENAS

(A) I, II e III.
(B) I, III e V.
(C) I, IV e V.
(D) II, III e IV.
(E) III, IV e V.

I: correta (art. 48, *caput*, do ECA); **II:** incorreta, pois, de acordo com a nova redação do art. 42, *caput*, do ECA, podem adotar os *maiores de 18 anos*; **III:** correta (art. 19, § 1º, do ECA); **IV:** incorreta, pois a permanência da criança e do adolescente em programa de acolhimento institucional não se prolongará por mais de *2 (dois) anos* (art. 19, § 2º, do ECA); **V:** correta à época em que a questão foi elaborada, pois correspondia ao disposto no art. 19, *caput*, do ECA, que, atualmente, com a redação dada pela Lei 13.257/2016, prevê: "É direito da criança e do adolescente ser criado e educado no seio de sua família e, excepcionalmente, em família substituta, assegurada a convivência familiar e comunitária, em ambiente que garanta seu desenvolvimento integral".

Gabarito "B".

(Defensor Público/RS – 2011 – FCC) Tiago, 20 (vinte) anos, estudante universitário e Juliana, 25 (vinte e cinco) anos, convivem em união estável. Tiago e Juliana pretendem adotar a pequena Sofia, com 04 (quatro) anos de idade. A infante é filha biológica de Roberta, irmã de Juliana, sendo que o pai biológico é desconhecido. Roberta não ostenta mais a condição de mãe, uma vez que foi destituída do poder familiar, tendo a guarda de Sofia sido conferida ao casal Tiago e Juliana. Após o ingresso da ação de adoção, Tiago falece em decorrência de acidente de trânsito. Ressalta-se que Tiago e Juliana não possuíam inscrição no cadastro de adoção. Em relação ao caso relatado e, em conformidade com o que dispõe o Estatuto da Criança e do Adolescente,

(A) Tiago não poderia adotar pelo fato de ser menor de 21 (vinte e um) anos de idade.
(B) Juliana está impedida de adotar em razão do parentesco com a criança a ser adotada.
(C) a adoção será deferida apenas à Juliana, uma vez que ausente o requisito da diferença mínima de idade exigida por lei entre Tiago e Sofia.
(D) a adoção depende do consentimento da mãe biológica da criança.
(E) a ausência de inscrição no cadastro, nesse caso, não é óbice ao deferimento da adoção ao casal.

A: incorreta, pois podem adotar os maiores de 18 anos (art. 42, *caput*, do ECA); **B:** incorreta, pois o parentesco de Juliana (tia) não impede a adoção, apenas não se admite adoção por ascendente e irmãos do adotando (art. 42, § 1º, do ECA); **C:** incorreta, pois Tiago é 16 anos mais velho que Sofia, requisito exigido pelo art. 42, § 3º, do ECA; **D:** incorreta, pois o consentimento dos pais do adotando é dispensado quando os pais forem desconhecidos e/ou destituídos do poder familiar (art. 45, § 1º, do ECA); **E:** correta, pois, neste caso, em que há afinidade e afetividade entre os adotantes (parentes) e o adotando, é dispensado o cadastro (art. 50, § 13, II, do ECA).

Gabarito "E".

2.4. Direito à educação, à cultura, ao esporte e ao lazer

(Defensor Público – DPE/ES – 2016 – FCC) Sobre a educação infantil, conforme disciplinada na normativa vigente, é correto afirmar que

(A) sua oferta é de responsabilidade primária dos Estados e Municípios e apenas supletivamente da União.
(B) engloba três etapas: creche (0 a 2 anos), jardim (3 e 4 anos) e pré-escola (5 e 6 anos).
(C) tem como finalidade principal a oferta de cuidado e proteção da criança em ambiente rico de estímulos para seu desenvolvimento cognitivo.
(D) não tem exigência de frequência mínima obrigatória na educação pré-escolar, mas ausências reiteradas sem justificativa podem ensejar notificação ao Conselho Tutelar para adoção das providências cabíveis em face dos pais ou responsável.
(E) tem como regra a avaliação por meio de acompanhamento e registro do desenvolvimento de crianças, sem objetivo de promoção, mesmo para o acesso ao ensino fundamental.

A: incorreta. Conforme art. 211, § 2º, da CF, os municípios atuarão prioritariamente no ensino fundamental e médio. **B:** incorreta. A educação infantil é destinada às crianças com até 5 (cinco) anos de idade em creche e pré-escola (art. 208, IV, da CF) e será oferecida em creches, ou entidades equivalentes, para crianças de até três anos de idade e em pré-escolas, para as crianças de 4 (quatro) a 5 (cinco) anos de idade (art. 30, da LDB). **C:** incorreta. A educação visa ao pleno desenvolvimento da pessoa, seu preparo para o exercício da cidadania e sua qualificação para o trabalho (art. 205 da CF). **D:** incorreta. A educação infantil exige controle de frequência pela instituição de educação pré-escolar, com frequência mínima de 60% (sessenta por cento) do total de horas (art. 31, IV, da LDB). **E:** correta. Nos exatos termos do art. 31, I, da LDB.

Gabarito "E".

(Magistratura/SC – 2015 – FCC) João, com idade para cursar a pré-escola, tem síndrome de Down e está fora da escola. A mãe deseja matriculá-lo em escola especializada para crianças com deficiência, mas o município não dispõe de tal equipamento na rede pública, somente na rede particular. A solução mais adequada às regras e princípios previstos na legislação vigente:

(A) reclamar do município o cumprimento da regra constitucional de criação de escolas especializadas para crianças com deficiência em todas as etapas da educação básica, facultando-lhe a alternativa de, não havendo demanda suficiente, arcar com os custos de tal atendimento na rede privada.
(B) impor ao Município ou ao Estado (ente estadual), alternativamente, o dever de matricular a criança em suas redes regulares de ensino, contratando, se necessário com apoio financeiro da União, professor especializado em educação de crianças com Síndrome de Down para atender João e garantir a ele, o aporte educacional diferenciado a que faz jus.
(C) impor ao ente estadual a obrigação de atender a criança, já que, por força de lei, é dele o dever de criar classes especiais para criança e adolescentes com deficiência em sua rede de ensino.
(D) orientar a mãe de que o direito a vaga em escola especializada é restrito ao ensino fundamental e médio,

devendo contentar-se, até que a criança complete 7 (sete) anos, com o atendimento pré-escolar em escola pública regular destinada a crianças sem deficiência.

(E) orientar a mãe a promover a matrícula da criança em pré-escola do município e aceitar a inclusão do filho em sala de aula, junto com crianças sem deficiência, zelando para que João, não obstante, receba atenção adequada às suas necessidades pedagógicas especiais.

A: incorreta, pois a CF/1988, em seu art. 208, III, estabelece que é dever do Estado garantir o atendimento educacional especializado aos portadores de deficiência, preferencialmente na rede regular de ensino, e não em escolas especializadas. Inclusive, de acordo com o art. 58, *caput*, da Lei de Diretrizes e Bases (Lei 9.394/1996), entende-se por educação especial a modalidade de educação escolar oferecida preferencialmente na rede regular de ensino, para educandos com deficiência, transtornos globais do desenvolvimento e altas habilidades ou superdotação; **B:** incorreta, pois não há previsão expressa acerca do dever de o Município ou Estado contratar professor especializado em educação de crianças com Síndrome de Down. Todavia, quando necessário, haverá serviços de apoio especializado, na escola regular, para atender às peculiaridades da clientela de educação especial. Ainda, o atendimento educacional será feito em classes, escolas ou serviços especializados, sempre que, em função das condições específicas dos alunos, não for possível a sua integração nas classes comuns de ensino regular (art. 58, §§ 1º e 2º, da Lei 9.394/1996); **C:** incorreta. De fato, a oferta de educação especial é dever constitucional do Estado (art. 58, § 3º, da Lei 9.394/1996). No entanto, conforme já esclarecido na alternativa anterior, o atendimento educacional especializado será realizado de forma subsidiária, desde que não seja possível, em razão das condições do aluno, a sua integração na classe comum de ensino regular; **D:** incorreta, pois, nos termos do art. 58, § 3º, da Lei 9.394/1996, a oferta de educação especial, dever constitucional do Estado, tem início na faixa etária de zero a seis anos, durante a educação infantil; **E:** correta, pois é dever do Estado assegurar à criança e ao adolescente o atendimento educacional especializado aos portadores de deficiência, preferencialmente na rede regular de ensino (art. 54, III, do ECA).

Gabarito "E"

(Magistratura/PE – 2011 – FCC) Considere as seguintes afirmações:

I. O Estado assegurará ensino fundamental, obrigatório e gratuito, desde que a criança se encontre na idade própria.

II. Será oferecido o ensino fundamental pelo Poder Público, cuja omissão ou oferta irregular importa responsabilidade da autoridade competente.

III. Os dirigentes de estabelecimento de ensino fundamental comunicarão ao Conselho Tutelar os casos de maus-tratos envolvendo seus alunos e os de elevados níveis de repetência.

IV. O atendimento educacional especializado aos portadores de deficiência se dará preferencialmente em estabelecimentos também especializados fora da rede regular de ensino.

V. No processo educacional respeitar-se-ão os valores culturais, artísticos e históricos próprios do contexto social da criança.

Para assegurar o direito à educação da criança são corretas as afirmações

(A) I, II e III.
(B) I, III e V.
(C) II, III e IV.
(D) II, III e V.
(E) III, IV e V.

I: incorreta, pois não reflete o teor do art. 54, I, do ECA; **II:** correta, nos moldes do art. 54, § 2º, do ECA: **III:** proposição correta (art. 56, I e III, do ECA); **IV:** incorreta, pois não corresponde ao que estabelece o art. 54, III, do ECA; **V:** proposição correta (art. 58 do ECA).

Gabarito "D"

(Defensor Público/AM – 2013 – FCC) Os pais de determinada criança, que completa cinco anos de idade em janeiro de 2013, pretendem obter gratuitamente o registro civil de nascimento de seu filho e, na sequência, ingressar com ação judicial, através da Defensoria Pública, para obrigar o Poder Público a garantir-lhe o acesso à educação infantil gratuita, uma vez que foram informados de que não há vaga para que a criança ingresse na rede pública de ensino. Apesar de estarem munidos de todos os documentos para pleitearem o registro de nascimento de seu filho, os pais da criança são pobres nos termos da lei, não tendo recursos financeiros para pagar as despesas do ato registral sem prejuízo de seu sustento. Nesse contexto, é correto afirmar que o registro civil de nascimento

(A) pode ser gratuitamente obtido, mas o Poder Público não está obrigado a garantir à criança o acesso à educação infantil gratuita, uma vez que não há vagas para tanto.

(B) pode ser gratuitamente obtido e o Poder Público está obrigado a garantir à criança o acesso à educação infantil gratuita.

(C) pode ser gratuitamente obtido, mas o Poder Público não está obrigado a garantir à criança o acesso à educação infantil gratuita, uma vez que o infante não possui a idade mínima exigida pela Constituição Federal.

(D) não pode ser gratuitamente obtido, uma vez que somente a certidão de óbito é gratuita aos reconhecidamente pobres nos termos da Constituição Federal, embora o Poder Público esteja obrigado a garantir à criança o acesso à educação infantil gratuita.

(E) não pode ser gratuitamente obtido, uma vez que tardio, e o Poder Público não está obrigado a garantir à criança o acesso à educação infantil gratuita, já que não há vagas para tanto.

A alternativa "B" está correta, pois está de acordo com os arts. 53, V, e 54, I e § 1º, do ECA; e art. 5º, LXXVI, "a", da CF/1988, ficando excluídas as demais.

Gabarito "B"

(Defensor Público/SP – 2012 – FCC) Segundo a Lei de Diretrizes e Bases da Educação Nacional (Lei 9.394/1996),

(A) ao Estado incumbe assumir o transporte escolar dos alunos, incluindo-se os da rede municipal e estadual.

(B) o rito para processamento de ação judicial que verse sobre sonegação ou oferta irregular de ensino obrigatório é o sumário.

(C) há garantia de que a criança, a partir do dia em que completar 2 anos de idade, obtenha vaga na escola pública de educação infantil ou de ensino fundamental mais próxima à sua residência.

(D) ao Município cabe oferecer educação infantil em pré-escolas, às crianças de zero a seis anos incompletos.

(E) é compulsória a inclusão de conteúdo que trate dos direitos das crianças e dos adolescentes no currículo do ensino médio.

A: incorreta, pois ao Estado incumbe assumir o transporte escolar dos alunos da rede estadual (art. 10, VII, da Lei 9.394/1996). Por sua vez, ao Município incumbe assumir o transporte escolar dos alunos da rede municipal (art. 11, VI, da Lei 9.394/1996); **B:** correta (art. 5º, § 3º, da Lei 9.394/1996); **C:** incorreta, pois é garantida a vaga na escola pública de educação infantil ou de ensino fundamental mais próxima à residência da criança a partir dos 4 (quatro) anos de idade, quando então o ensino é obrigatório e gratuito (art. 208, I, da CF/1988 e art. 4º, I e X, da Lei nº 9.394/1996); **D:** incorreta, pois a educação infantil é até os cinco anos de idade (arts. 4º, II, e 29, ambos da Lei 9.394/1996); **E:** incorreta, pois o enunciado não está de acordo com o art. 36, da Lei 9.394/1996, sendo que é compulsória a inclusão de conteúdo que trate dos direitos das crianças e dos adolescentes no currículo do ensino fundamental (art. 32, § 5º, da Lei 9.394/1996).

Gabarito "B"

2.5. Direito à Profissionalização e à Proteção no Trabalho

(Magistratura – TRT 1ª – 2016 – FCC) Sobre o trabalho da criança e do adolescente, é correto afirmar:

(A) É proibido o trabalho de adolescentes em atividades lúdicas.É proibido o trabalho de adolescentes em atividades

(B) É proibido para os menores de 16, salvo na condição de aprendizes. É proibido para os menores de 16, salvo na condição de

(C) É proibido o trabalho noturno de menores de 16 anos, salvo na condição de aprendizes

(D) É proibido o trabalho de adolescentes em hospitais, salvo na condição de aprendizes de enfermagem.

(E) É proibido o trabalho de crianças em peças teatrais e atividades cinematográficas.

A: incorreta. Vedação não contemplada em lei; **B:** correta. Segundo estabelece o art. 7º, XXXIII, da CF, é proibido o trabalho *noturno*, *perigoso* ou *insalubre* a menores de 18 anos, e de qualquer trabalho a menores de 16 anos, salvo na condição de aprendiz, se contar, no mínimo, com 14 anos. Temos, portanto, três situações distintas: menos de 14 anos: trabalho proibido; entre 14 e 16 anos: somente na condição de aprendiz; entre 16 e 18 anos: qualquer trabalho, menos noturno, insalubre e perigoso; **C:** incorreta. *Vide* comentário anterior; **D:** incorreta, já que, ainda que na condição de aprendiz de enfermagem, o trabalho de adolescentes em hospitais, por ser insalubre (exposição a vírus, bactérias etc.), é vedado. Vide Decreto 6.481, de 12.06.2008, editado pelo presidente da República, que elenca as piores formas de trabalho infantil; **E:** incorreta (arts. 405, § 3º, *a*, e 406, da CLT).

Gabarito "B"

(Magistratura/CE – 2014 – FCC) Com relação ao direito à profissionalização e proteção ao trabalho de adolescentes, consta do Estatuto da Criança e do Adolescente:

(A) É vedado o trabalho noturno ao adolescente submetido a regime familiar de trabalho.

(B) As normas de proteção ao trabalho de adolescentes estão reguladas exclusivamente pelo ECA e pela Constituição Federal.

(C) O programa social que tenha por base o trabalho socioeducativo não poderá estar sob a responsabilidade de entidade governamental, mas somente não governamental sem fins lucrativos.

(D) O adolescente aprendiz, maior de catorze anos, tem assegurado os direitos trabalhistas, afastando-se os previdenciários em razão da natureza do serviço.

(E) O adolescente que mantiver participação na venda de produtos originários de seu trabalho perderá a condição de trabalho educativo de sua atividade.

A: correta, pois a alternativa está de acordo com o art. 67, I, do ECA; **B:** incorreta, pois há normas de proteção ao trabalho de adolescente previstas em vários diplomas normativos, além da CF/1988 e do ECA, tais como o Estatuto da Juventude (Lei 12.852/2013), a CLT, a Convenção da OIT (n. 138 e 182), dentre outras leis especiais; **C:** incorreta, pois o programa social que tenha por base o trabalho educativo poderá estar sob responsabilidade tanto de entidade governamental como não governamental sem fins lucrativos, devendo assegurar ao adolescente que dele participe condições de capacitação para o exercício de atividade regular remunerada (art. 67, *caput*,e art. 68, *caput*, ambos do ECA); **D:** incorreta, pois ao adolescente aprendiz, maior de quatorze anos, são assegurados os direitos trabalhistas e previdenciários. Por sua vez, ao adolescente até quatorze anos de idade é assegurada bolsa de aprendizagem (art. 64 e 65, do ECA); **E:** incorreta, pois o programa social deve ter por base o trabalho educativo do adolescente, que se entende como sendo a atividade laboral em que as exigências pedagógicas relativas ao desenvolvimento pessoal e social do educando prevalecem sobre o aspecto produtivo. Todavia, a remuneração auferida pelo trabalho efetuado pelo adolescente ou a participação na venda dos produtos de seu trabalho não desfigura o caráter educativo, até mesmo porque lhes são assegurados todos os direitos trabalhistas (art. 65 e art. 68, §§ 1º e 2º, do ECA).

Gabarito "A"

(Magistratura/PE – 2013 – FCC) Ao menor de quatorze anos de idade

(A) é permitido o exercício de qualquer trabalho compatível com o seu desenvolvimento, desde que autorizado pelo juiz e em virtude das necessidades econômicas de sua família.

(B) é proibido qualquer trabalho, salvo na condição de aprendiz, em que lhe é assegurada bolsa de aprendizagem.

(C) que trabalhar na condição de aprendiz são obrigatoriamente assegurados os direitos trabalhistas e previdenciários.

(D) é proibido qualquer trabalho, mesmo na condição de aprendiz, em virtude de disposição constitucional que fixa a idade mínima de dezesseis anos para o exercício de atividade laborativa.

(E) que exerce trabalho na condição de aprendiz, fica dispensada a frequência ao ensino regular, se incompatível com o horário de serviço.

A alternativa "B" está correta, pois está de acordo com o disposto nos arts. 60 e 64 do ECA, ficando excluídas as demais. Todavia, oportuno ressaltar que "*dentre as modificações decorrentes da Reforma Previdenciária, derivada da EC 20/1998, foi proibido o exercício de qualquer trabalho para os menores de 16 anos, salvo na condição de aprendiz, de modo que o art. 60 do Estatuto não está em conformidade com a norma constitucional*" (ROSSATO; LÉPORE; SANCHES. **Estatuto da Criança e do Adolescente Comentado**, Ed. RT). Segundo a Constituição, proíbe-se o trabalho noturno, perigoso ou insalubre a menores de dezoito e de qualquer trabalho a menores de dezesseis anos, salvo na condição de aprendiz, a partir de quatorze anos (art. 7º, XXXIII, da CF). Ainda, ao adolescente aprendiz são assegurados os direitos trabalhistas e previdenciários (art. 65, do ECA). A formação técnico-profissional obedecerá aos seguintes princípios: I – garantia de acesso e frequência obrigatória ao ensino regular; II – atividade compatível com o desenvolvimento do adolescente; III – horário especial para o exercício das atividades (art. 63, do ECA).

Gabarito "B"

(Ministério Público/CE – 2011 – FCC) Conforme estabelece o Estatuto da Criança e do Adolescente, ao adolescente empregado em regime familiar de trabalho é VEDADO trabalhar

(A) no meio urbano externo sem prévia autorização judicial.

(B) com jornada superior a 30 horas semanais.

(C) em atividade cujos aspectos produtivos prevaleçam sobre as exigências pedagógicas.

(D) em jornada que não permita descanso aos domingos.

(E) entre as vinte e duas horas de um dia e as cinco horas do dia seguinte.

A: incorreta, pois o ECA não traz a vedação mencionada na alternativa; **B**, **C** e **D:** incorretas, pois tais vedações estão previstas no art. 7º, XIII e XV, da CF/88, e não no ECA; **E:** correta (art. 67, I, do ECA).

Gabarito "E"

(Defensoria/SP – 2013 – FCC) Com base no que dispõe o Estatuto da Criança e do Adolescente a respeito do direito à profissionalização e à proteção no trabalho é correto afirmar, no caso de pedido de alvará judicial para autorização para o trabalho infantil, que este poderá ser concedido à criança ou ao adolescente, vencendo a limitação etária disposta em lei, em caso de

(A) miserabilidade da família.

(B) emancipação.

(C) afastamento da criminalidade.

(D) sustento próprio.

(E) ensaio para espetáculo público.

A: incorreta, pois a miserabilidade da família não é causa que justifique a autorização para o adolescente trabalhar; **B:** incorreta, pois, caso o adolescente seja emancipado, já terá alcançado a plena capacidade civil, dispensando-se autorização judicial para o trabalho; **C:** incorreta, pois o afastamento da criminalidade não é motivo legal que autorize o adolescente a trabalhar; **D:** incorreta, pois o dever de sustento do adolescente cabe aos pais, em razão do poder familiar; **E:** correta, pois compete à autoridade judiciária disciplinar, através de portaria, ou autorizar, mediante alvará, a participação de criança e adolescente em espetáculos públicos e seus ensaios, nos termos do art. 149, II, "a", do ECA.

Gabarito "E"

3. PREVENÇÃO

(Magistratura/CE – 2014 – FCC) Com relação à autorização para viajar, pode-se afirmar, tomando por base as disposições do Estatuto da Criança e do Adolescente, que

(A) constitui instrumento judicial no exercício da prevenção especial, previsto pelo Estatuto.

(B) constitui instrumento judicial de prevenção geral, previsto pelo Estatuto.

(C) será dispensada quando se tratar de viagem ao exterior de adolescente acompanhado de um dos pais e autorizado pelo outro, em declaração simples, sem maiores formalidades.

(D) será exigida somente quando a criança estiver desacompanhada dos pais ou responsável e tratar-se de deslocamento à comarca contígua à de sua residência, mesmo que acompanhada de pessoa por eles autorizada.

(E) será exigida quando a criança e o adolescente estiverem desacompanhados dos pais ou responsável e tratar-se de deslocamento à comarca contígua à de sua residência, mesmo que acompanhada de pessoa por eles autorizada.

A: correta, pois, de fato, as normas que disciplinam a autorização para viajar (artigos 83 a 85, do ECA) estão dentro do Capítulo II, que trata da prevenção especial; **B:** incorreta. O ECA traz em seus artigos 70 a 73 regras gerais sobre o dever fundamental de se prevenir a ameaça ou violação dos direitos da criança e do adolescente, criando um sistema protetivo de ordem pública. Além disso, o ECA especifica algumas regras dirigidas a determinadas atividades, como forma de prevenção especial, a respeito da informação, cultura, lazer, esportes, diversões e espetáculos (art. 74 a 80, do ECA); da comercialização de produtos e serviços (art. 81 e 82, do ECA); e da autorização para viajar (art. 83 a 85, do ECA); **C:** incorreta, pois, em se tratando de viagem internacional de criança ou adolescente, acompanhada de um dos pais, exige-se autorização expressa do outro, por documento com firma reconhecida (art. 84 do ECA e Resolução 131 do CNJ); **D** e **E:** incorretas. Em princípio, nenhuma criança poderá viajar para fora da comarca onde reside, desacompanhada dos pais ou responsável, sem expressa autorização judicial. Todavia, a autorização não será exigida quando: *a) tratar-se de comarca contígua à da residência da criança, se na mesma unidade da Federação, ou incluída na mesma região metropolitana; b) a criança estiver acompanhada:1) de ascendente ou colateral maior, até o terceiro grau, comprovado documentalmente o parentesco;2) de pessoa maior, expressamente autorizada pelo pai, mãe ou responsável* (art. 83 do ECA).Por sua vez, o adolescente poderá viajar sozinho, em todo o território nacional, sendo desnecessária a autorização judicial, a qual somente é exigida pelo ECA, caso se trate de viagem internacional. Nos termos do art. 84, do ECA, em caso de viagem internacional, "*a autorização é dispensável, se a criança ou adolescente: I – estiver acompanhado de ambos os pais ou responsável; II – viajar na companhia de um dos pais, autorizado expressamente pelo outro através de documento com firma reconhecida*".

Gabarito "A"

(Defensor Público/AM – 2013 – FCC) Conforme disposto pelo Estatuto da Criança e do Adolescente, são exemplos de medidas de prevenção especial à ameaça ou violação aos direitos da criança e do adolescente

(A) o acolhimento institucional e a requisição de tratamento médico.

(B) a regulação das diversões e espetáculos públicos e a autorização para viajar.

(C) a inclusão em programa de acolhimento familiar e a colocação em família substituta.

(D) a proibição de entrada de criança e adolescente em estabelecimento que explore bilhar e a inclusão em programa oficial de tratamento a toxicômanos.

(E) a proibição de vendas de bebidas alcoólicas a crianças e adolescentes e o acolhimento familiar.

A: incorreta, pois o acolhimento institucional não está inserido no capítulo que trata da prevenção especial, mas sim naquele que trata do Direito à Convivência Familiar e Comunitária (art. 19 e seguintes do ECA). Por sua vez, a medida de requisição de tratamento médico é protetiva (art. 101, V, do ECA) e não de prevenção especial; **B:** correta (arts. 74 a 80 e 83 a 85, todos do ECA); **C:** incorreta, pois as medidas de inclusão em programa de acolhimento familiar e a colocação em família substituta não estão inseridas no capítulo que trata da prevenção especial, mas sim naquele que trata do Direito à Convivência Familiar e Comunitária (art. 19 e ss. do ECA); **D:** incorreta, pois a inclusão em programa oficial de tratamento a toxicômanos é medida protetiva (art. 101, VI, do ECA) e não de prevenção especial; **E:** incorreta, pois o acolhimento familiar não está inserido no capítulo que trata da prevenção especial, mas sim naquele que trata do Direito à Convivência Familiar e Comunitária (art. 19 e ss., do ECA).

Gabarito "B"

(Defensoria Pública/SP – 2010 – FCC) Prevê o Estatuto da Criança e do Adolescente, considerando inclusive suas recentes alterações, como regra geral, o prazo máximo de

(A) 30 dias para o ajuizamento de ação de destituição de poder familiar após o deferimento cautelar, pelo juiz, do afastamento de criança e adolescente do convívio familiar.

(B) 6 meses para a reavaliação da situação de criança ou adolescente que estiver inserido em programa de acolhimento familiar ou institucional.

(C) 3 anos para permanência da criança e do adolescente em programa de acolhimento institucional.

(D) 4 anos para reavaliação, pelo Conselho Municipal dos Direitos da Criança e do Adolescente, dos programas de proteção, em execução, destinados a crianças e adolescentes.

(E) 120 dias para o relator colocar em mesa para julgamento, contado de sua conclusão, os recursos nos procedimentos de adoção e de destituição de poder familiar.

Art. 92, § 2º, do ECA, inserido pela Lei 12.010/2009.

Gabarito "B"

4. POLÍTICA E ENTIDADES DE ATENDIMENTO

(Defensoria/SP – 2013 – FCC) No que diz respeito à apuração de irregularidades em entidade de atendimento, segundo o Estatuto da Criança e do Adolescente,

(A) a multa e a advertência que vierem a ser impostas em procedimento de apuração serão aplicadas ao dirigente da entidade ou ao programa de atendimento.

(B) instaurado o procedimento, o dirigente será citado para, em 15 (quinze) dias, apresentar resposta escrita, podendo juntar documentos e indicar provas.

(C) o procedimento para apuração de irregularidades terá início somente por portaria da autoridade judiciária.

(D) em caso de instauração do procedimento respectivo, haverá, imediatamente, o afastamento provisório de seu dirigente, em virtude da matéria.

(E) instaurado o procedimento administrativo de apuração, não mais caberá a fixação de prazo, pelo juiz, para a remoção das irregularidades.

A: correta, pois a alternativa está de acordo com o disposto no art. 193, § 4º, do ECA; **B:** incorreta, pois o prazo para resposta é de 10 dias, nos termos do art. 192 do ECA; **C:** incorreta, pois o procedimento terá início mediante portaria da autoridade judiciária ou representação do Ministério Público ou do Conselho Tutelar (art. 191, *caput*, do ECA); **D:** incorreta, pois somente haverá o afastamento provisório do dirigente da entidade, havendo motivo grave, mediante decisão fundamentada (art. 191, parágrafo único, do ECA); **E:** incorreta, pois é possível ao juiz fixar prazo para a remoção das irregularidades que foram apuradas, as quais, se satisfeitas, acarretarão a extinção do processo, sem julgamento de mérito (art. 193, § 3º, do ECA).

Gabarito "A"

(Defensoria Pública/SP – 2010 – FCC) Dentre as diretrizes da política de atendimento expressamente indicadas no Estatuto da Criança e do Adolescente (art. 88) temos a

(A) municipalização das políticas sociais básicas e das políticas e programas de assistência social.

(B) integração operacional de órgãos do Judiciário, Ministério Público, Defensoria Pública, Segurança Pública, Conselho Tutelar e Assistência Social para efeito agilização do atendimento inicial a adolescente a quem se atribua autoria de ato infracional.

(C) criação de conselhos tutelares em âmbito municipal, estadual e federal.

(D) criação de programas federais de acolhimento institucional que observem rigorosa separação por faixa etária.

(E) manutenção de fundos nacional, estaduais e municipais vinculados aos respectivos conselhos dos direitos da criança e do adolescente.

Art. 88, IV, do ECA.

Gabarito "E"

5. MEDIDAS DE PROTEÇÃO

(Defensor Público – DPE/BA – 2016 – FCC) Sobre os princípios que regem a aplicação das medidas específicas de proteção, conforme expressamente previstos no Estatuto da Criança e do Adolescente, é correto afirmar que, pelo(s) princípio(s) da

(A) proporcionalidade e da atualidade, a intervenção deve considerar as condições fáticas vigentes ao tempo em que a situação de risco e perigo teve início.

(B) obrigatoriedade da informação e da participação, crianças e adolescentes devem ser formalmente cientificados, por mandado ou meio equivalente, de todas as decisões judiciais que apliquem, em face deles, medidas de promoção de direitos e de proteção.

(C) intervenção mínima, a intervenção deve ser exercida exclusivamente pelas autoridades e instituições cuja ação seja indispensável à efetiva promoção dos direitos e à proteção da criança e do adolescente.

(D) presunção de responsabilidade, a criança ou adolescente em situação de risco deve ter sua situação analisada e decidida pela autoridade protetiva que primeiro tiver notícia da ameaça ou violação dos direitos.

(E) discricionariedade, as decisões que apliquem medidas devem ser baseadas no prudente arbítrio das autoridades administrativas e/ou judiciais.

A: incorreta. Pelo princípio da proporcionalidade e atualidade, a intervenção deve ser a necessária e adequada à situação de perigo em que a criança e o adolescente se encontrem (art. 100, parágrafo único, inciso VIII, do ECA). **B:** incorreta. Pelo princípio da obrigatoriedade da informação, a criança e adolescente serão informados dos seus direitos, dos motivos que determinaram a intervenção e da forma como esta se processa, sempre respeitando seu estágio de desenvolvimento e capacidade de compreensão (art. 100, parágrafo único, inciso XI, do ECA). **C:** Correta. Nos exatos termos do art. 100, parágrafo único, inciso VII, do ECA. **D:** incorreta. Pelo princípio da intervenção precoce (não da presunção de responsabilidade), a intervenção das autoridades competentes deve ocorrer logo que a situação de perigo seja conhecida (art. 100, parágrafo único, inciso VI, do ECA). **E:** incorreta. Todas as medidas de proteção devem ser pautadas nas orientações do Estatuto da Criança e do Adolescente, em especial dos artigos 100 e 101.

Gabarito "C"

(Magistratura/SC – 2015 – FCC) Paulo tem 8 anos e João,16. Ambos são filhos de Natália, usuária problemática de álcool e drogas e que se encontra longe do lar há várias semanas. A paternidade não foi declarada. Eles não têm contato com outros parentes e, com o sumiço da mãe, permaneceram morando em sua residência, desacompanhados de outros adultos. Contam com a ajuda de uma vizinha para auxiliá-los. Nenhum dos dois está frequentando escola, mas João trabalha. Segundo as regras e princípios da legislação vigente,

(A) caso sejam acolhidos, deve o respectivo serviço de acolhimento, elaborar imediatamente o Plano Individual de Atendimento, que deve prever, entre outras providências, a preservação do vínculo dos irmãos com a vizinha, a busca pela genitora e seu encaminhamento para tratamento, além da procura por familiares extensos.

(B) caso a Justiça decrete a perda do poder familiar de Natália sobre os filhos, ainda que ela se recupere do quadro de dependência de drogas, eles não mais poderão voltar a viver em sua companhia.

(C) conhecido o caso pelas autoridades de proteção, tanto João quanto Paulo devem ser obrigatoriamente encaminhados a serviços de acolhimento institucional, desde que, no caso de Paulo, haja expressa anuência à medida, colhida em audiência judicial na presença do Promotor de Justiça.

(D) por se tratar de dois irmãos, com vínculo entre si, em nenhuma hipótese podem ser acolhidos em serviços distintos, nem é possível, sem que ambos concordem, o encaminhamento de Paulo para adoção separadamente de João.

(E) a vizinha, por não ser parente, não pode pleitear a guarda judicial dos irmãos, exceto se a genitora concordar com o pedido.

A: correta, pois, caso os menores sejam acolhidos, a entidade responsável pelo programa de acolhimento institucional ou familiar elaborará um plano individual de atendimento, visando à reintegração familiar (família natural ou extensa), devendo-se evitar o rompimento dos vínculos fraternais entre irmãos (art. 101, § 4º, e art. 28, § 4º, ambos do ECA). Inclusive, as entidades que desenvolvam programas de acolhimento familiar ou institucional deverão adotar, além de outros princípios, o de preservação dos vínculos familiares e promoção da reintegração familiar e o de não desmembramento de grupos de irmãos (art. 92, I e V, do ECA). Ainda, em sendo a genitora das crianças usuária de álcool e drogas, deverá ser encaminhada para a inclusão em programa oficial ou comunitário de auxílio, orientação e tratamento a alcoólatras e toxicômanos (art. 129, II, do ECA); **B:** incorreta, pois é possível que os menores retomem a convivência com sua genitora, mesmo após a perda do poder familiar e desde que não persista mais a situação que os colocava em risco, em busca do melhor interesse da criança e do direito à convivência familiar e comunitária; **C:** incorreta, pois o acolhimento institucional ou familiar constitui medida provisória e excepcional, utilizável como forma de transição para reintegração familiar ou, não sendo esta possível, para colocação em família substituta, não implicando privação de liberdade (art. 101, § 1º, do ECA); **D:** incorreta, pois, em regra, os grupos de irmãos não devem ser separados quando da colocação em família substituta, por meio da adoção, tutela ou guarda. Todavia, é possível solução diversa, se comprovada existência de risco de abuso ou outra situação que justifique tal medida, procurando-se, em qualquer caso, evitar o rompimento definitivo dos vínculos fraternais (art. 28, § 4º, do ECA); **E:** incorreta, pois, para pleitear a guarda de uma criança, não é necessário que haja vínculo de parentesco entre ela e o requerente. No entanto, é imprescindível que a guarda destine-se a regularizar a posse de fato, podendo ser deferida liminar ou incidentalmente, nos procedimentos de tutela e adoção (art. 33, § 1º, do ECA); ou a atender a situações peculiares ou suprir a falta eventual dos pais ou responsável, podendo ser deferido o direito de representação para a prática de atos determinados (art. 33, § 2º, do ECA).

Gabarito "A"

(Magistratura/GO – 2015 – FCC) O acolhimento institucional e o acolhimento familiar são medidas específicas de proteção com as seguintes características:

(A) provisórias e excepcionais, utilizáveis como forma de transição para reintegração familiar ou, não sendo esta possível, para colocação em adoção, implicando na privação de liberdade cautelar.

(B) excepcionais, utilizáveis como forma de transição para colocação em família substituta, não implicando privação de liberdade.

(C) provisórias ou definitivas, utilizáveis como forma de transição para reintegração familiar ou, não sendo esta possível, para colocação em família substituta, implicando restrição da liberdade em razão da institucionalização.

(D) provisórias e excepcionais, utilizáveis como forma de transição para reintegração familiar ou, não sendo esta possível, para colocação em adoção, não implicando privação de liberdade.

(E) provisórias e excepcionais, utilizáveis como forma de transição para reintegração familiar ou, não sendo esta possível, para colocação em família substituta, não implicando privação de liberdade.

A: incorreta, pois o acolhimento institucional e familiar não implica privação da liberdade da criança e do adolescente (art. 101, §1º, do ECA); **B:** incorreta, pois tais medidas servem também como forma de transição para a reinserção familiar, que, inclusive, é a medida almejada pela rede de proteção, tendo em vista que a criança e o adolescente têm o direito à convivência familiar, isto é, de ser criado e educado no seio da sua família e, excepcionalmente, em família substituta (art. 19, *caput*, do ECA, cuja redação foi alterada pela Lei 13.257/2016); **C:** incorreta, pois o acolhimento institucional e o acolhimento familiar são medidas de proteção de caráter provisório, sendo que a sua duração deve ser o mais breve possível, ou seja, pelo tempo necessário ao retorno da criança e do adolescente à família natural. Registre-se que a manutenção de tais medidas será reavaliada a cada seis meses, devendo a autoridade judiciária competente, com base em relatório elaborado por equipe interprofissional ou multidisciplinar, decidir de forma fundamentada pela possibilidade de reintegração familiar ou colocação em família substituta (art. 19, § 1º, do ECA). Oportuno frisar que é de dois anos o prazo máximo de duração de tais medidas, salvo comprovada necessidade que atenda ao superior interesse da pessoa em desenvolvimento (art. 19, § 2º, do ECA); **D:** incorreta, pois a autoridade judiciária, ao avaliar a medida de acolhimento institucional ou familiar, deverá decidir de forma fundamentada pela possibilidade de reintegração familiar ou colocação em família substituta, em quaisquer das modalidades previstas no art. 28, quais sejam, a guarda, a tutela ou a adoção (art. 19, § 1º, do ECA); **E:** correta. O acolhimento institucional e o acolhimento familiar são medidas de proteção de caráter provisório – pois a sua duração deve ser o mais breve possível – e excepcional, na medida em que servem como forma de transição para a reinserção da criança e do adolescente à família natura ou extensa/ampliada ou, se não for possível, para a colocação em família substituta, não implicando privação de sua liberdade (art. 101, VII e VIII, do ECA).

Gabarito "E"

(Ministério Público/CE – 2011 – FCC) O plano individual de atendimento da criança e do adolescente em medida de acolhimento institucional, segundo disciplina o Estatuto da Criança e do Adolescente, deve ser elaborado

(A) antes da expedição da guia de acolhimento, na qual deve constar, desde logo, os compromissos assumidos pelos pais ou responsáveis.

(B) e remetido ao juiz no prazo de até seis meses contados do início do acolhimento institucional.

(C) pelos profissionais que compõem a equipe interprofissional de assessoria ao juiz da infância e juventude.

(D) pelas partes e definido pela autoridade judiciária na decisão, provisória ou definitiva, que decreta o afastamento da criança ou do adolescente do convívio familiar.

(E) imediatamente após o acolhimento da criança e do adolescente.

A e **B:** incorretas, pois o plano individual de atendimento deve ser elaborado imediatamente após o acolhimento da criança ou do adolescente (art. 101, § 4º, do ECA); **C** e **D:** incorretas, pois o plano individual de atendimento deve ser elaborado pela entidade responsável pelo programa de acolhimento institucional ou familiar (art. 101, § 4º, do ECA); **E:** correta (art. 101, § 4º, do ECA).

Gabarito "E".

(Defensor Público/PR – 2012 – FCC) Arthur, adolescente homossexual, é expulso de casa pelos pais em virtude de sua orientação sexual. Imediatamente, Arthur procura ajuda da Defensoria Pública. Considerando os serviços e benefícios socioassistenciais, qual das possibilidades abaixo se enquadra como alternativa de requisição do Defensor Público para a proteção de Arthur?

(A) Centro de Atenção Psicossocial Álcool e Drogas CAPS AD.

(B) Benefício de Prestação Continuada –BPC.

(C) Serviço de Proteção e Atendimento Especializado às Famílias e Indivíduos.

(D) Serviço de proteção em situações de calamidades públicas e de emergências.

(E) Serviço de Acolhimento em República.

A alternativa C está correta, já que a medida protetiva que se coaduna com o caso em questão é o "acompanhamento familiar", razão pela qual ficam excluídas as demais hipóteses.

Gabarito "C".

6. MEDIDAS SOCIOEDUCATIVAS E ATO INFRACIONAL – DIREITO MATERIAL

(Juiz – TJ-SC – FCC – 2017) A Lei Federal nº 12.594/12, que instituiu o SINASE – Sistema Nacional Socioeducativo, previu como direitos dos adolescentes em cumprimento de medida socioeducativa, expressamente,

(A) direito a creche e pré-escola de filhos de zero a cinco anos de idade e o direito de ser inserido em medida em meio aberto quando o ato infracional praticado não estiver carregado de violência ou grave ameaça e não houver vaga para internação no local de sua residência.

(B) possibilidade de saída monitorada sem prévia autorização judicial nos casos de falecimento de irmão e de peticionar por escrito a qualquer autoridade ou órgão público, devendo ser respondido em até 10 (dez) dias.

(C) direito de receber visita, mesmo que de egresso do sistema socioeducativo e de ter acesso à leitura em seu alojamento, mesmo que em quarto coletivo.

(D) direito a creche e pré-escola de filhos de zero a cinco anos de idade e de ter acesso à leitura em seu alojamento, mesmo que em quarto coletivo.

(E) direito de peticionar por escrito a qualquer autoridade ou órgão público, devendo ser respondido em até 10 (dez) dias e de receber visita, mesmo que de egresso do sistema socioeducativo.

A: correta (art. 49, II e VIII, da Lei 12.594/2012); **B:** incorreta. A primeira parte da assertiva está correta, pois em conformidade com o art. 50 da Lei 12.594/2012; a segunda parte, no entanto, está incorreta, uma vez que não reflete o disposto no art. 49, IV, da Lei 12.594/2012, que estabelece o prazo de 15 dias (e não de 10); **C:** incorreta (previsão não contemplada na Lei 12.594/2012); **D:** a primeira parte da assertiva está correta (art. 49, VIII, da Lei 12.594/2012); já em relação à segunda parte da proposição, não há tal previsão legal; **E:** incorreta. A primeira parte está incorreta porque, segundo dispõe o art. 49, IV, da Lei 12.594/2012, o prazo para resposta é de 15 dias (e não de 10); já em relação à segunda parte da proposição, não há tal previsão legal. ED

Gabarito "A".

(Juiz – TJ-SC – FCC – 2017) Mário, 15 anos de idade, encontrava-se em cumprimento de medida socioeducativa de liberdade assistida. Durante o curso desta, Mário teve contra si nova apuração de ato infracional, praticado no curso da execução anterior, que resultou em decisão judicial que lhe impôs nova medida, a de semiliberdade. O juiz competente pelo acompanhamento do processo de execução, então, proferiu decisão, a qual impôs-lhe o cumprimento de uma única medida, a de semiliberdade. Nesta decisão, nos termos da Lei Federal nº 12.594/12, o juiz competente aplicou o instituto da:

(A) cumulação.

(B) unificação.

(C) suspensão.

(D) alteração.

(E) substituição.

A solução desta questão deve ser extraída do art. 45 da Lei 12.594/2012: *Se, no transcurso da execução, sobrevier sentença de aplicação de nova medida, a autoridade judiciária procederá à unificação, ouvidos, previamente, o Ministério Público e o defensor, no prazo de 3 (três) dias sucessivos, decidindo-se em igual prazo. § 1º É vedado à autoridade judiciária determinar reinício de cumprimento de medida socioeducativa, ou deixar de considerar os prazos máximos, e de liberação compulsória previstos na Lei nº 8.069, de 13 de julho de 1990 (Estatuto da Criança e do Adolescente), excetuada a hipótese de medida aplicada por ato infracional praticado durante a execução. § 2º É vedado à autoridade judiciária aplicar nova medida de internação, por atos infracionais praticados anteriormente, a adolescente que já tenha concluído cumprimento de medida socioeducativa dessa natureza, ou que tenha sido transferido para cumprimento de medida menos rigorosa, sendo tais atos absorvidos por aqueles aos quais se impôs a medida socioeducativa extrema.* ED

Gabarito "B".

(Defensor Público – DPE/BA – 2016 – FCC) Segundo dispõe a legislação em vigor, a medida

(A) protetiva de obrigação de reparar o dano pode ser aplicada pelo Conselho Tutelar a crianças e adolescentes, com fundamento no fato de elas terem depredado o espaço escolar.

(B) restaurativa de frequência obrigatória a programas comunitários de tratamento pode ser aplicada pelo Ministério Público, com fundamento no fato de serem a criança ou o adolescente portadores de doença ou deficiência mental.

(C) protetiva de acolhimento familiar, aplicada pela autoridade judiciária, consiste no auxílio financeiro prestado pelo estado a parentes próximos com os quais conviva a criança ou adolescente cujos pais renunciaram ao poder familiar.

(D) de advertência pode ser aplicada pelo juiz a pais ou responsável, sob fundamento de terem cometido a infração administrativa de submeter criança ou adolescente sob sua guarda a vexame ou constrangimento.

(E) socioeducativa de internação implica privação de liberdade, sendo permitida a realização de atividades externas, a critério da equipe técnica da entidade, salvo expressa determinação judicial em contrário.

A: incorreta. A medida socioeducativa de reparação de danos está prevista nos art. 112 e 116, e só pode ser aplicada pela autoridade judicial (art. 148 do ECA). **B:** incorreta. A medida de proteção de inclusão em serviços e programas oficiais ou comunitários de proteção, apoio e promoção da família, da criança e do adolescente (art. 101, inciso IV); pode ser aplicada pela autoridade judicial, pelo conselho tutelar, cabendo também ao MP na forma do art. 201, inciso VIII, e § 1°, do ECA. **C:** incorreta. A medida protetiva de acolhimento familiar e institucional só podem ser aplicadas pela autoridade judiciária (art. 101 do ECA) e são utilizáveis como forma de transição para reintegração familiar ou colocação em família substituta (art. 101, § 1°, do ECA). **D:** incorreta. A medida socioeducativa somente pode ser aplicada ao adolescente infrator. Aos pais são cabíveis as medidas previstas no art. 129 do ECA. **E:** correta. A medida socioeducativa de internação é medida que restringe a liberdade do adolescente, sendo possível, no entanto, na forma do § 1°, do art. 121, do ECA: "a realização de atividades externas, a critério da equipe técnica da entidade, salvo expressa determinação judicial em contrário".

Gabarito "E"

(Defensor Público – DPE/BA – 2016 – FCC) Sobre o SINASE – Sistema Nacional de Atendimento Socioeducativo – é correto afirmar que

(A) se trata de um subsistema do Sistema Único de Assistência Social – SUAS, por meio do qual são regulamentados e geridos os programas socioassistenciais, socioeducativos e socioprotetivos destinados aos adolescentes autores de atos infracionais.

(B) mesmo previsto na Constituição Federal desde 1988, foi efetivamente implantado no país somente a partir de 2010, quando, por força de lei federal, a adesão a esse Sistema tornou-se obrigatória pelos estados, municípios e Distrito Federal.

(C) é coordenado por uma comissão triparte de gestores representantes dos sistemas estaduais, distrital e municipais responsáveis pela implementação dos seus respectivos programas de atendimento ao adolescente ao qual seja aplicada medida socioeducativa.

(D) ao Conselho Nacional dos Direitos da Criança e do Adolescente (Conanda) competem as funções normativa, deliberativa, de avaliação e de fiscalização do Sinase.

(E) corresponde ao conjunto ordenado de princípios, regras e critérios que envolvem a aplicação e execução de medidas socioeducativas, incluindo-se, nele, todos os planos, políticas e programas, gerais e específicos, de atendimento ao adolescente em conflito com a lei e a seus familiares.

A: incorreta. O art. 1°, § 1°, da Lei 12.594/2012, entende por SINASE "o conjunto ordenado de princípios, regras e critérios que envolvem a execução de medidas socioeducativas, incluindo-se nele, por adesão, os sistemas estaduais, distrital e municipais, bem como todos os planos, políticas e programas específicos de atendimento a adolescente em conflito com a lei". O Sistema Único de Assistência Social – SUAS, por sua vez, tem por função a gestão do conteúdo específico da assistência social. **B:** incorreta. O SINASE foi regulamentado pela Lei 12.594/2012, e determinou, nos seus arts. 82, 83 e 84, o prazo de um ano para adequação dos programas por parte do Estado, Municípios e Distrito Federal. **C:** incorreta. O SINASE é coordenado pela União e integrado pelos sistemas estaduais, distrital e municipais responsáveis pela implementação dos seus respectivos programas de atendimento a adolescente ao qual seja aplicada medida socioeducativa, com liberdade de organização e funcionamento (art. 2°). **D:** correta. Nos exatos termos do art. 3°, § 2°, da Lei 12.594/2012. **E:** incorreta. O SINASE não é destinado aos familiares do adolescente infrator (veja justificativa da alternativa "A").

Gabarito "D"

(Defensor Público – DPE/ES – 2016 – FCC) Ao final do procedimento de apuração de ato infracional o juiz aplica ao adolescente medida socioeducativa de internação, sem fixação de prazo de duração. Ao receber a notícia pelo Defensor Público, o adolescente pergunta a quanto tempo de internação foi "condenado". Conforme previsto em lei, a resposta mais correta do Defensor ao adolescente seria a de que a medida

(A) durará de seis meses a três anos caso o adolescente seja primário e de um ano a três anos caso seja reincidente.

(B) durará no máximo cinco anos, podendo o adolescente ser transferido para semiliberdade desde que tenha bom comportamento e cumpra pelo menos 10 meses de internação.

(C) pode ser substituída por outra medida mais branda a qualquer tempo e não pode ultrapassar três anos de duração.

(D) foi aplicada pelo prazo mínimo de seis meses, ao término do qual a medida pode ser prorrogada, sucessivamente, não podendo ultrapassar o limite máximo de quatro semestres.

(E) durará o tempo necessário para o que adolescente seja considerado apto a regressar ao convívio social com baixo risco de reincidência ou, até que, antes disso, complete 18 anos.

A: incorreta. O prazo máximo da medida é de 3 (três) anos e a prática de ato infracional não pode ser considerada para fins de reincidência, apenas a reiteração da prática de ato infracional para fins de internação nos termos do art. 122 do ECA. **B:** incorreta. O prazo máximo da medida é de 3 (três) anos). **C:** correta. A medida socioeducativa e internação não pode ultrapassar o prazo de 3 (três) anos, sempre havendo reavaliação da situação do adolescente no período de até 6 (seis) meses (art. 121, §§ 2° e 3° do ECA). A medida socioeducativa pode ser solicitada a qualquer tempo na forma do art. 43 da Lei do SINASE: "a reavaliação da manutenção, da substituição ou da suspensão das medidas de meio aberto ou de privação da liberdade e do respectivo plano individual pode ser solicitada a qualquer tempo, a pedido da direção do programa de atendimento, do defensor, do Ministério Público, do adolescente, de seus pais ou responsável". (Lei 12.594/2012); **D:** incorreta. A avaliação da manutenção ou não da medida é feita a cada 6 (seis) meses, no máximo, podendo ser feita antes desse prazo. Razão pela qual não se pode falar em tempo mínimo para a medida. **E:** incorreta. Além dos prazos já mencionados nas alternativas anteriores, a medida pode ser aplicada até o prazo de 21 anos (art. 121, § 5º).

Gabarito "C"

(Magistratura/SC – 2015 – FCC) João tem 19 anos e cumpre medida socioeducativa de internação há 2 anos e 6 meses pela prática de latrocínio. Em um tumulto havido no centro de internação, a João foi imputada a prática de tentativa de homicídio, razão pela qual é preso em flagrante. Conforme dispõe expressamente a legislação em vigor,

(A) considerando que o ato infracional pelo qual João foi internado é mais grave do que o crime a ele imputado, é vedado ao juiz extinguir de plano a medida socioeducativa, devendo aguardar a solução do processo criminal.

(B) a prisão em flagrante é descabida, tendo em vista que o jovem já se encontra internado e é presumido inocente em relação à tentativa de homicídio, cabendo ao juiz da Infância, caso libere João futuramente, comunicar o fato ao juiz Criminal, que avaliará eventual interesse em sua custódia cautelar.

(C) se João permanecer em prisão cautelar por mais de 6 meses e for impronunciado, sem recurso, não poderá retomar o cumprimento da medida socioeducativa.

(D) quando revogada sua prisão cautelar, se João tiver menos de 21 anos, deverá retomar a medida de internação, devendo o juiz, no prazo máximo de 30 dias, à luz de parecer interdisciplinar, avaliar a possibilidade de encerramento da medida socioeducativa.

(E) comunicada a prisão do jovem, diante das evidências de fracasso na ressocialização, a medida socioeducativa deve ser extinta pelo juiz da Infância, ficando o jovem sob jurisdição exclusiva da Justiça Criminal.

A e B: incorretas, pois o fato de ser aplicada medida socioeducativa ao jovem não o impede de ser privado de sua liberdade e de responder a processo-crime perante a Justiça Criminal, oportunidade em que a Justiça da Infância e Juventude avaliará a necessidade da manutenção ou extinção da medida, independentemente da gravidade do ato infracional praticado (art. 46, § 1º, da Lei 12.594/2012); **C:** correta, pois a medida socioeducativa será declarada extinta pela aplicação de pena privativa de liberdade, a ser cumprida em regime fechado ou semiaberto, em execução provisória ou definitiva (art. 46, III, da Lei 12.594/2012); **D:** incorreta, pois no caso de o maior de 18 (dezoito) anos, em cumprimento de medida socioeducativa, responder a processo-crime ou quando revogada a sua prisão cautelar, caberá à autoridade judiciária decidir sobre eventual extinção da execução, cientificando da decisão o juízo criminal competente (art. 46, § 1º, da Lei 12.594/2012); **E:** incorreta, pois não basta a comunicação da prisão em flagrante do jovem para a extinção da medida socioeducativa e ele aplicada, conforme já esclarecido na alternativa C.

Gabarito "C"

(Magistratura/SC – 2015 – FCC) Considere o trecho da reportagem publicada no jornal Diário Gaúcho, de 01.05.2015, sob o título "Como o Estado não pôde impedir a morte de Emanuel":

Os estágios da proteção: Um menino encontrado em situação de rua é encaminhado ao Conselho Tutelar e outras entidades municipais de acolhimento. O entendimento pode ser pela entrega dele à família ou algum abrigo. A decisão de abrigá-lo, no entanto, cabe ao Judiciário. Se este menino é pego cometendo algum ato infracional, sua punição passa por quatro etapas: advertência, prestação de serviços à comunidade, reparação do dano, semiliberdade e internação. Depois de cometer um roubo a pedestre no Centro, Emanuel foi internado provisoriamente na Fase. Depois de 30 dias, a definição foi de que ele cumpriria medida socioeducativa em semiliberdade em um abrigo de São Leopoldo. O delito cometido por ele, e o seu histórico, não eram passíveis de cumprimento de medida em regime fechado.

Considerando a leitura do texto à luz da legislação vigente, é correto afirmar:

(A) a internação provisória, no caso narrado na reportagem, durou trinta dias, mas, segundo a lei vigente, poderia durar até sessenta dias, improrrogáveis.

(B) a decisão de abrigar o adolescente, exatamente como diz o texto, cabe em regra ao Judiciário. Todavia, segundo a lei, em situações excepcionais o acolhimento pode ser determinado pelo Conselho Tutelar ou pelo Ministério Público.

(C) a afirmação de que o cometimento de um roubo a pedestre não tornaria o adolescente passível de cumprimento de medida em regime fechado está incorreta, já que, mesmo sendo primário, há previsão legal para aplicação, nessa hipótese, de internação.

(D) o texto está correto ao apontar fluxos de atendimento e medidas diferentes para o adolescente que é encontrado em situação de rua e para aquele que é pego cometendo um ato infracional, sendo proibida, segundo o Estatuto da Criança e do adolescente, a permanência em serviços de acolhimento institucional de adolescentes em cumprimento de medida socioeducativa.

(E) se um menino encontrado em situação de rua não concordar em ser levado ao Conselho Tutelar, a lei permite, expressamente, que seja conduzido coercitivamente ao órgão, sem necessidade de ordem judicial prévia.

A: incorreta, pois o prazo máximo de internação provisória é de 45 (quarenta e cinco) dias (arts. 183 e 208, *caput*, do ECA); **B:** incorreta, pois, nos termos do art. 93, *caput*, do ECA, as entidades que mantenham programa de acolhimento institucional – e não o Ministério Público ou Conselho Tutelar – poderão, em caráter excepcional e de urgência, acolher crianças e adolescentes sem prévia determinação da autoridade competente, fazendo comunicação do fato em até 24 (vinte e quatro) horas ao Juiz da Infância e da Juventude, sob pena de responsabilidade; **C:** correta, pois, segundo o art. 122, do ECA, a medida de internação será aplicada quando: I – tratar-se de ato infracional cometido mediante grave ameaça ou violência a pessoa, como por exemplo no ato infracional equiparado ao crime de roubo; II – por reiteração no cometimento de outras infrações graves; III – por descumprimento reiterado e injustificável da medida anteriormente imposta. Oportuno registrar que, para o STJ, configura-se reiteração a prática, no mínimo, de três infrações graves (HC 39.458/SP, 5ª T., rel. Min. Laurita Vaz). Diferente, portanto, de reincidência. Aliás, esta é uma das teses nacionais aprovadas no I Congresso Nacional de Defensores Públicos da Infância e Juventude; **D:** incorreta, pois não há tal proibição; **E:** incorreta, pois não é possível o Conselho Tutelar conduzir coercitivamente o menor em situação de rua, contra a sua vontade, sem ordem judicial para tanto.

Gabarito "C"

(Magistratura/RR – 2015 – FCC) A Alex, com 17 anos, pela prática de roubo, foi aplicada medida socioeducativa de internação. Cumpridos doze meses da medida, chega ao juízo responsável pela execução nova sentença de internação aplicada a Alex, agora pela prática de um latrocínio, acontecido seis meses antes do roubo que resultou na sua primeira internação. Cabe ao juiz da execução, adotando a solução que mais se aproxima das regras e princípios da Lei 12.594/2012,

(A) operar a unificação das medidas aplicadas e determinar o reinício do cumprimento da medida socioeducativa de internação.

(B) operar a unificação da execução, fixando como termo final para liberação compulsória do adolescente a soma dos prazos máximos de duração definidos para as medidas em cada sentença.

(C) determinar a suspensão da medida de internação em curso e ordenar o início da execução da nova medida de internação aplicada, que prevalece em razão da antecedência cronológica e da maior gravidade do ato que a motivou.

(D) determinar a cumulação das medidas, procedendo-se à execução simultânea de ambas as sentenças, com elaboração de um novo plano individual de atendimento que considere o ato infracional de latrocínio e que será executado paralelamente ao plano decorrente da primeira sentença.

(E) unificar as medidas, prosseguindo-se na execução de medida de internação já em curso, sem impacto nos prazos máximos de cumprimento e reavaliação.

A: incorreta, pois não haverá o reinício do cumprimento da medida socioeducativa de internação, devendo o juiz proceder à unificação, prosseguindo-se na execução; **B:** incorreta, pois, com a unificação, não haverá impacto nos prazos máximos de cumprimento e reavaliação da medida de internação; **C:** incorreta, pois não haverá a suspensão da medida e sim a unificação, com o prosseguimento da execução da medida de internação; **D:** incorreta, pois não haverá cumulação das medidas e sim unificação, sem interferência nos prazos máximos de cumprimento e reavaliação; **E:** correta, pois, se no transcurso da execução sobrevier sentença de aplicação de nova medida, a autoridade judiciária procederá à unificação, prosseguindo-se na execução. Ainda, o juiz deve ouvir, previamente, o Ministério Público e o defensor, no prazo de 3 (três) dias sucessivos, decidindo-se em igual prazo, nos termos do art. 45, *caput*, da Lei 12.594/2012.

Gabarito "E"

(Magistratura/CE – 2014 – FCC) Com relação à medida socio educativa de internação, o Estatuto da Criança e do Adolescente dispõe que

(A) deverá ser cumprida em estabelecimento que mantenha atividades pedagógicas, salvo no caso da internação provisória e da internação-sanção.

(B) o adolescente a ela submetido poderá peticionar diretamente a qualquer autoridade.

(C) será aplicada quando o adolescente não conseguir cumprir a medida de semiliberdade imposta, em razão da ausência de respaldo familiar.

(D) pode ser determinada em razão do descumprimento injustificado e reiterado de medida anteriormente imposta, com duração de até seis meses.

(E) pode ser determinada em razão de reiteração no cometimento de outras infrações graves, desde que a prática atual tenha sido praticada com violência ou grave ameaça à pessoa.

A: incorreta, pois, durante o período de internação, inclusive provisória, serão obrigatórias atividades pedagógicas (art. 123, parágrafo único, do ECA); **B:** correta, pois, dentre os direitos do adolescente privado de liberdade, está o de peticionar diretamente a qualquer autoridade (art. 124, II, do ECA); **C:** incorreta. A internação, por constituir uma medida privativa de liberdade, somente será aplicada excepcionalmente e nas hipóteses previstas no art. 122 do ECA, a saber: I – quando se tratar de ato infracional cometido mediante grave ameaça ou violência a pessoa, caso em que a internação será por prazo indeterminado; II – por reiteração no cometimento de outras infrações graves, caso em que a internação será por prazo indeterminado; III – por descumprimento reiterado e injustificável da medida anteriormente imposta, caso em que a internação não poderá ultrapassar o prazo de 3 meses. Oportuno registrar que é possível a regressão da medida socioeducativa, sendo a semiliberdade substituída pela internação, desde que observado o devido processo legal, mediante decisão fundamentada em parecer técnico e precedida de prévia audiência e oitiva do menor (art. 43, *caput* e § 4º, da Lei 12.594/2012 e Súmula 265, STJ); **D:** incorreta, pois, em caso de internação-sanção, decorrente do descumprimento reiterado e injustificável da medida anteriormente aplicada, o prazo máximo é de 3 meses (art. 122, § 1º, do ECA); **E:** incorreta, pois basta a reiteração no cometimento de outras infrações graves, mesmo que não praticadas com violência ou grave ameaça a pessoa. Para o STJ, *são necessárias, no mínimo, duas outras sentenças desfavoráveis, com trânsito em julgado, desconsideradas as remissões*. (STJ – HC: 280550 SP 2013/0356735-7, Relator: Ministra Marilza Maynard, j. 11.03.2014, Sexta Turma, *DJ* 31.03.2014).

Gabarito "B"

(Magistratura/CE – 2014 – FCC) Compete à direção do programa de prestação de serviços à comunidade ou de liberdade assistida, segundo a Lei 12.594/2012,

(A) credenciar orientadores de medida, após seleção pelo Conselho Municipal dos Direitos da Criança e do Adolescente.

(B) sofrer impugnação do programa através de procedimento administrativo instaurado pelo Conselho Municipal dos Direitos da Criança e do Adolescente.

(C) delegar a supervisão dos programas ao Conselho Tutelar.

(D) comunicar, semestralmente, o rol de orientadores credenciados ao Ministério Público e ao Poder Judiciário.

(E) encaminhar relatório do educando, solicitando a substituição da medida socioeducativa em curso, quando autorizado pelo juiz competente.

A: incorreta, pois compete à própria direção do programa selecionar e credenciar orientadores de medida (art. 13, I, da Lei 12.594/2012); **B:** incorreta, pois compete à autoridade judiciária instaurar incidente de impugnação, se considerar o programa inadequado ou se o Ministério Público impugnar o credenciamento, determinando-se a citação do dirigente do programa e da direção da entidade ou órgão credenciado (art. 14, parágrafo único, da Lei 12.594/2012); **C:** incorreta, pois compete à própria direção do programa supervisionar o desenvolvimento da medida (art. 13, IV, da Lei 12.594/2012); **D:** correta (art. 13, parágrafo único, da Lei 12.594/2012); **E:** incorreta, pois é possível que a direção do programa solicite a reavaliação da manutenção, da substituição ou da suspensão da medida socioeducativa aplicada ao adolescente, quando assim entender adequado e justificado, independente de autorização do juiz (art. 43, *caput*, da Lei 12.594/2012). Ademais, compete à direção do programa, por ocasião da reavaliação da medida, obrigatoriamente apresentar relatório da equipe técnica sobre a evolução do adolescente no cumprimento do plano individual (art. 58 da Lei 12.594/2012).

Gabarito "D"

(Magistratura/PE – 2013 – FCC) Verificada a prática de ato infracional, a autoridade competente poderá aplicar ao adolescente a medida de

(A) prestação de serviços comunitários, por período não excedente a 01 (um) ano.

(B) determinação de compensação do prejuízo da vítima, ainda que se trate de ato sem reflexos patrimoniais.

(C) requisição de tratamento médico, psicológico ou psiquiátrico, em regime hospitalar ou ambulatorial.

(D) liberdade assistida pelo prazo máximo de 06 (seis) meses, podendo a qualquer tempo ser prorrogada, revogada ou substituída.

(E) semiliberdade, embora não desde o início, como forma de transição para o meio aberto.

A: incorreta, pois a prestação de serviços comunitários, que consiste na realização de tarefas gratuitas de interesse geral, não excederá o período de seis meses (art. 117, *caput*, do ECA); **B:** incorreta, pois a medida socioeducativa de reparação do dano é aplicada em se tratando de ato infracional com reflexos patrimoniais (art. 116, *caput*, do ECA); **C:** correta, pois ao adolescente que praticar ato infracional poderão ser aplicadas medidas socioeducativas e/ou protetivas, dentre elas, a requisição de tratamento médico, psicológico ou psiquiátrico, em regime hospitalar ou ambulatorial (art. 101, V, do ECA); **D:** incorreta, pois a liberdade assistida será fixada pelo prazo mínimo de seis meses, podendo a qualquer tempo ser prorrogada, revogada ou substituída por outra medida, ouvido o orientador, o Ministério Público e o defensor (art. 118, § 2º, do ECA); **E:** incorreta, pois é possível a aplicação da medida de semiliberdade desde o início ou como forma de transição para o meio aberto (art. 120, *caput*, do ECA).

Gabarito "C"

(Magistratura/PE – 2011 – FCC) A medida socioeducativa de internação

(A) não pode exceder a 3 (três) meses no caso de descumprimento reiterado e injustificável da medida anteriormente imposta.

(B) é cabível no caso de reiteração no cometimento de outras infrações, independentemente de sua natureza.

(C) não admite a realização de atividades externas.

(D) não permite a suspensão temporária de visitas.

(E) deve ser reavaliada, mediante decisão fundamentada, no máximo a cada 3 (três) meses.

A: correta, nos termos do art. 122, § 1º, do ECA. Esta é a chamada *internação-sanção* ou *internação com prazo determinado*; **B:** incorreta, pois, no caso do inciso II do art. 122 do ECA, exige-se que a infração seja grave. Mais: consolidou-se na jurisprudência o entendimento no sentido de que é necessário o cometimento de no mínimo três infrações dessa natureza (reiteração); **C:** incorreta, já que, a teor do art. 121, § 1º, do ECA, a atividade externa será, sim, admitida, a critério da equipe técnica da entidade, salvo expressa determinação judicial em contrário; **D:** incorreta, pois, se a autoridade judiciária entender que existem motivos sérios e fundados que tornam a visita, inclusive dos pais ou responsável, prejudicial aos interesses do adolescente, poderá suspendê-la temporariamente – art. 124, § 2º, ECA; **E:** incorreta, visto que a internação, segundo dispõe o art. 121, § 2º, não comporta prazo determinado, devendo sua manutenção ser reavaliada, mediante decisão fundamentada, no máximo a cada *seis meses*.

Gabarito "A"

(Ministério Público/CE – 2011 – FCC) O adolescente, pela prática de ato infracional, segundo o Estatuto da Criança do Adolescente, pode receber medida socioeducativa de:

(A) semiliberdade cujo prazo, fixado na sentença, não seja nem inferior a seis meses e nem superior a três anos.

(B) internação em estabelecimento terapêutico ou hospitalar, desde que seja portador de doença ou deficiência mental e o ato infracional tiver sido praticado mediante violência ou grave ameaça à pessoa.

(C) internação provisória por até noventa dias, desde que presentes os requisitos da necessidade imperiosa da medida e indícios suficientes de autoria e materialidade.

(D) liberdade assistida cumulada com medidas de orientação, apoio e acompanhamento temporário e de inclusão em programa comunitário ou oficial de auxílio à família.

(E) acolhimento sociofamiliar sempre que identificada a incapacidade dos genitores de prevenir a reiteração infracional.

A: incorreta, pois a medida socioeducativa de semiliberdade não comporta prazo determinado (art. 120, § 2º, do ECA); **B:** incorreta, pois os adolescentes portadores de doença ou deficiência mental receberão tratamento individual e especializado, em local adequado às suas condições (art. 112, § 3º, do ECA); **C:** incorreta, pois o prazo máximo da internação provisória é de quarenta e cinco dias (art. 108, *caput*, do ECA); **D:** correta (art. 112, I a VII, do ECA); **E:** incorreta, pois o acolhimento familiar é uma medida transitória e de proteção à criança ou ao adolescente que se encontra em situação de risco, com vistas à sua rápida reintegração à família de origem ou, se tal solução se mostrar comprovadamente inviável, sua colocação em família substituta (art. 50, § 11, do ECA). Por sua vez, caso se identifique a incapacidade dos genitores de prevenir a reiteração infracional pelo adolescente, será possível a aplicação de uma das medidas previstas no art. 129 do ECA.

Gabarito "D"

(Defensor Público/AM – 2013 – FCC) Segundo a Lei 12.594/2012, que dispõe sobre o Sistema Nacional de Atendimento Socioeducativo, a reavaliação da medida socioeducativa dar-se-á

(A) no prazo máximo de seis meses, somente pelo juiz competente, com base nos relatórios anteriores emitidos pela direção do programa de atendimento e sua equipe.

(B) com relação às medidas de prestação de serviços à comunidade, liberdade assistida, semiliberdade e internação, desde que atingido o prazo máximo de seis meses.

(C) somente a pedido da direção do programa de atendimento que acompanhar o cumprimento da medida de prestação de serviços à comunidade, liberdade assistida, semiliberdade ou internação.

(D) a qualquer tempo, desde que solicitada pela direção do programa de atendimento, pelo defensor, pelo Ministério Público, pelo adolescente ou por seus pais ou responsáveis.

(E) no prazo mínimo de doze meses, pelo defensor, caso ainda não haja indicação da direção do programa de atendimento pela substituição por medida menos gravosa.

A alternativa D está correta, pois está de acordo com o disposto no art. 43 da Lei 12.594/2012, que dispõe sobre o Sistema Nacional de Atendimento Socioeducativo, ficando excluídas as demais.

Gabarito "D"

(Defensor Público/PR – 2012 – FCC) Sobre o Plano Individual de Atendimento (PIA) previsto na Lei 12.594/2012 que institui o Sistema Nacional de Atendimento Socioeducativo (SINASE) e regulamenta a execução das medidas socioeducativas destinadas a adolescente que pratique ato infracional, é correto afirmar:

(A) O cumprimento das medidas socioeducativas, em regime de prestação de serviços à comunidade, liberdade assistida, reparação de danos, semiliberdade ou internação, dependerá de Plano Individual de Atendimento (PIA).

(B) Para o cumprimento das medidas de semiliberdade ou de internação, o plano individual conterá a definição das atividades internas e externas, individuais ou coletivas, das quais o adolescente poderá participar.

(C) Para o cumprimento das medidas de prestação de serviços à comunidade, o PIA será elaborado no prazo de até 45 (quarenta e cinco) dias do ingresso do adolescente no programa de atendimento.

(D) O acesso ao plano individual será restrito aos servidores do respectivo programa de atendimento, conselho tutelar, ao adolescente e a seus pais ou responsável, ao Ministério Público e ao defensor.

(E) O PIA será elaborado sob a responsabilidade da equipe técnica da autoridade judiciária e nele constarão os resultados da avaliação interdisciplinar e a previsão de suas atividades de integração social e/ou capacitação profissional.

A: incorreta, pois dependerá de Plano Individual de Atendimento (PIA) o cumprimento das medidas socioeducativas em regime de prestação de serviços à comunidade, liberdade assistida, semiliberdade ou internação, excluindo-se, portanto, a reparação do dano (art. 52, da Lei 12.594/2012); **B:** correta, pois está de acordo com o disposto no art. 55, II, da Lei 12.594/2012; **C:** incorreta, pois, no caso de medida socioeducativa de prestação de serviços à comunidade, o PIA será elaborado *no prazo de até 15 (quinze) dias* do ingresso do adolescente no programa de atendimento (art. 56, da Lei 12.594/2012); **D:** incorreta, pois o acesso ao plano individual será restrito aos servidores do respectivo programa de atendimento, ao adolescente e a seus pais ou responsável, ao Ministério Público e ao defensor, exceto expressa autorização judicial, excluindo-se, portanto, o Conselho Tutelar (art. 59, da Lei 12.594/2012); **E:** incorreta, pois o PIA será elaborado sob a responsabilidade da *equipe técnica do respectivo programa de atendimento*, com a participação efetiva do adolescente e de sua família, representada por seus pais ou responsável (arts. 53 e 54, I e III, ambos da Lei 12.594/2012).

Gabarito "B"

(Defensor Público/SP – 2012 – FCC) A Lei 12.594/2012, recentemente em vigor, instituiu o Sistema Nacional Socioeducativo e regulamentou a execução de medidas socioeducativas aplicadas a autores de atos infracionais, prevendo, dentre outros dispositivos

(A) o princípio da prioridade às práticas ou medidas restaurativas e que atendam, sempre que possível, às necessidades das vítimas.

(B) o dever de o juiz reavaliar as medidas de prestação de serviços à comunidade, de liberdade assistida, de semiliberdade e de internação no prazo máximo de seis meses.

(C) a execução das medidas de proteção, obrigação de reparar o dano e advertência nos próprios autos do processo de conhecimento, caso aplicadas isolada ou cumulativamente com outra medida socioeducativa.

(D) a possibilidade de unificação de ato infracional praticado no decurso da medida de internação, cuja sentença impôs medida de mesma espécie, limitando-se ao prazo máximo de três anos de privação de liberdade.

(E) a possibilidade de aplicar, ao autor de ato infracional, nova medida de internação após este ter concluído o cumprimento de medida de mesma natureza ou ter sido transferido para cumprimento de medida menos rigorosa.

A: correta (art. 35, III, da Lei 12.594/2012); **B:** incorreta, pois as medidas socioeducativas de liberdade assistida, de semiliberdade e de internação deverão ser reavaliadas no máximo a cada 6 (seis) meses, excluindo-se, portanto, a prestação de serviços à comunidade, que é medida aplicada com prazo determinado (art. 42, da Lei 12.594/2012); **C:** incorreta, pois as medidas de proteção, de advertência e de reparação do dano, quando aplicadas de *forma isolada*, serão executadas nos próprios autos do processo de conhecimento. Por sua vez, para a aplicação das medidas socioeducativas de prestação de serviços à comunidade, liberdade assistida, semiliberdade ou internação, será constituído processo de execução para cada adolescente (arts. 38 e 39, da Lei 12.594/2012); **D** e **E:** incorretas, pois estão em desacordo com o disposto no art. 45, § 2º, da Lei 12.594/2012, em afronta ao princípio da absorção das medidas socioeducativas.

Gabarito "A"

(Defensor Público/RS – 2011 – FCC) Em relação às medidas socioeducativas, é INCORRETO afirmar:

(A) A remissão concedida ao adolescente não pode ser cumulada com medida socioeducativa de semiliberdade.

(B) Quando aplicada a medida socioeducativa de liberdade assistida, não é obrigatória a intimação pessoal do adolescente.

(C) A medida socioeducativa de semiliberdade possibilita a realização de atividades externas independentemente de autorização judicial.

(D) As medidas socioeducativas privativas de liberdade estão sujeitas aos princípios da brevidade, excepcionalidade e respeito à peculiar condição de pessoa em desenvolvimento.

(E) A prestação de serviços à comunidade será estabelecida pelo prazo mínimo de 6 (seis) meses.

A: correta (art. 127 do ECA); **B:** correta (art. 190, § 1º, do ECA); **C:** correta (art. 120, *caput*, do ECA); **D:** correta (art. 227, § 3º, V, da CF/1988); **E:** incorreta, devendo ser assinalada, pois a prestação de serviços à comunidade *não excederá a seis meses* (art. 117, *caput*, do ECA).

Gabarito "E"

7. ATO INFRACIONAL – DIREITO PROCESSUAL

(Magistratura/RR – 2015 – FCC) Segundo o Estatuto da Criança e do Adolescente (Lei 8.069/1990), sob pena de responsabilidade,

(A) não poderá o adolescente a quem se atribua autoria de ato infracional ser algemado ou transportado em compartimento fechado de veículo policial.

(B) deverá a autoridade judiciária transferir a criança disponível à adoção para serviço de acolhimento institucional sediado na comarca de residência dos pretendentes habilitados conforme indicação do cadastro nacional.

(C) deverão as entidades que mantenham programa de acolhimento comunicar ao Conselho Tutelar, até o segundo dia útil imediato, o acolhimento de criança ou adolescente realizado em caráter excepcional sem prévia determinação da autoridade competente.

(D) não poderá ser ultrapassado o prazo máximo de cinco dias para remover, para entidade adequada, adolescente internado provisoriamente que se encontre recolhido em seção isolada dos adultos dentro de repartição policial.

(E) deverá o juiz examinar a possibilidade de internação imediata, em estabelecimento educacional, de criança ou adolescente autores de ato infracional que vivenciem condição peculiar de vulnerabilidade pessoal e social decorrente do abandono familiar.

A: incorreta. Em verdade, a alternativa está incompleta, pois, nos termos do art. 178, do ECA, o adolescente, a quem se atribua autoria de ato infracional, não poderá ser conduzido ou transportado em compartimento fechado de veículo policial, em condições atentatórias à sua dignidade, ou que impliquem risco à sua integridade física ou mental, sob pena de responsabilidade; **B:** incorreta, pois o acolhimento familiar ou institucional deverá ocorrer no local mais próximo à residência dos pais ou do responsável, até mesmo porque isso facilita o processo de reintegração familiar, sendo facilitado e estimulado o contato com a criança ou com o adolescente acolhido (art. 101, § 7º, do ECA); **C:** incorreta, pois as entidades que mantenham programa de acolhimento institucional poderão, em caráter excepcional e de urgência, acolher crianças e adolescentes sem prévia determinação da autoridade competente, fazendo comunicação do fato em até 24 (vinte e quatro) horas ao Juiz da Infância e da Juventude, sob pena de responsabilidade, nos termos do art. 93, *caput*, do ECA. Ainda, após o recebimento da referida comunicação, a autoridade judiciária, ouvido o Ministério Público e se necessário com o apoio do Conselho Tutelar local, tomará as medidas necessárias para promover a imediata reintegração familiar da criança ou do adolescente ou, se por qualquer razão não for isso possível ou recomendável, para seu encaminhamento a programa de acolhimento familiar, institucional ou a família substituta (art. 93, parágrafo único, do ECA); **D:** correta, pois, conforme preleciona o art. 185, §2º, do ECA, sendo impossível a pronta transferência, o adolescente aguardará sua remoção em repartição policial, desde que em seção isolada dos adultos e com instalações apropriadas, não podendo ultrapassar o prazo máximo de cinco dias, sob pena de responsabilidade; **E:** incorreta, pois somente será cabível a internação provisória nos casos expressamente previstos no ECA. Assim, segundo o art. 122 do ECA, a medida de internação só poderá ser aplicada quando: I – tratar-se de ato infracional cometido mediante grave ameaça ou violência a pessoa; II – por reiteração no cometimento de outras infrações graves; III – por descumprimento reiterado e injustificável da medida anteriormente imposta. Oportuno registrar que, para o STJ, configura-se reiteração a prática, no mínimo, de três infrações graves (HC 39.458/SP, 5ª T., rel. Min. Laurita Vaz). Diferente, portanto, de reincidência. Aliás, esta é uma das teses nacionais aprovadas no I Congresso Nacional de Defensores Públicos da Infância e Juventude.

Gabarito "D"

(Magistratura/GO – 2015 – FCC) O juiz da infância e da juventude poderá conceder a remissão ao adolescente, autor de ato infracional,

(A) apenas como forma de suspensão do processo.

(B) como forma de suspensão ou extinção do processo.

(C) como forma de exclusão, suspensão ou extinção do processo.

(D) apenas como forma de exclusão do processo.

(E) apenas como forma de extinção do processo.

A alternativa "B" está correta, pois, nos termos do art. 126, *caput* e parágrafo único, do ECA, o juiz da infância e juventude poderá conceder a remissão ao adolescente que pratique ato infracional, desde que iniciado o procedimento, acarretando a suspensão ou a extinção do processo. Por sua vez, antes de iniciado o procedimento judicial para apuração do ato infracional, o representante do Ministério Público poderá conceder a remissão, como forma de exclusão do processo, atendendo às circunstâncias e consequências do fato, ao contexto social, bem como à personalidade do adolescente e sua maior ou menor participação no ato infracional.

Gabarito "B"

(Ministério Público/CE – 2011 – FCC) De acordo com o que prevê o Estatuto da Criança e do Adolescente, o Ministério Público, no procedimento de apuração de ato infracional atribuído ao adolescente,

(A) deve ouvir informalmente o adolescente, salvo se, desde logo, optar pela aplicação da remissão como forma de exclusão do processo.

(B) pode oferecer representação independente de prova pré-constituída de autoria e materialidade.

(C) deve funcionar como curador especial do adolescente cujos pais ou responsável estejam ausentes.

(D) pode promover o arquivamento dos autos sempre que as circunstâncias do fato, a personalidade do adolescente e seu grau de participação no ato infracional sugerirem a desnecessidade da aplicação de qualquer medida socioeducativa.

(E) pode, a qualquer tempo, apurado que o ato infracional decorreu da ação ou omissão dos genitores do adolescente, postular a conversão do pedido de aplicação de medida socioeducativa em pedido de aplicação de medida pertinente aos pais ou responsável.

A: incorreta, pois, apresentado o adolescente, o representante do Ministério Público procederá imediata e informalmente à sua oitiva (art. 179 do ECA), a fim de formar a sua convicção a respeito dos fatos e embasar uma das seguintes providências: a) promover o arquivamento dos autos; b) conceder remissão como forma de exclusão do processo; ou c) oferecer representação. Discute-se quanto à obrigatoriedade ou não da oitiva informal do adolescente, tal como uma condição de procedibilidade. *"A respeito do tema, o Superior Tribunal de Justiça decidiu que a ausência de oitiva informal não é capaz de gerar nulidade da representação e dos atos subsequentes, se os elementos existentes nos autos já bastarem à formação da convicção do magistrado"* (Rossato; Lépore; Sanches. **Estatuto da Criança e do Adolescente Comentado**. Editora RT); **B:** correta (art. 182, *caput* e § 2º, do ECA); **C:** incorreta, pois, se os pais ou responsável não forem localizados, a autoridade judiciária dará curador especial ao adolescente (art. 184, § 2º, do ECA e art. 72, I, do NCPC); **D:** incorreta, pois, quando as circunstâncias do fato, a personalidade do adolescente e seu grau de participação no ato infracional sugerirem a desnecessidade da aplicação de qualquer medida socioeducativa, o Promotor de Justiça poderá oferecer remissão própria (perdão puro e simples) como forma de exclusão do processo (art. 126 do ECA), ao passo que promoverá o arquivamento dos autos, caso verifique que o adolescente não foi o autor da conduta; que o ato praticado não é equiparado a crime; dentre outras causas; **E:** incorreta, pois, caso se verifique que o ato infracional decorreu da ação ou omissão dos genitores do adolescente, deve-se postular a improcedência da ação socioeducativa. Quanto à aplicação de medida pertinente aos pais ou responsável, cabível uma explicação mais aprofundada. Vejamos. O art. 129 do ECA traz um rol de medidas pertinentes aos pais ou responsáveis que descumprirem com seus deveres em relação à criança ou ao adolescente sobre o qual exerçam poder. *"Por força do inciso II do art. 136 do Estatuto, a aplicação das medidas pertinentes contidas nos incisos I a VII do art. 129 (...) constitui atribuição do Conselho Tutelar, não obstante, subsidiariamente, também possa haver a determinação por parte da autoridade judiciária (...) já* *que não importam em alteração de situação familiar da criança ou do adolescente, mantendo-se a pessoa em desenvolvimento sob os poderes de seus guardiões, tutores ou pais (...). A seu turno, a competência para execução das medidas pertinentes dispostas nos incisos VIII a X (...) é exclusiva da autoridade judiciária, conforme diligência dos arts. 35, 164, 24, e 155 a 163, todos do Estatuto.* Ainda, oportuno ressaltar que "*as medidas previstas nos incisos I a IV do art. 129 (...), por serem de cunho eminentemente protetivo, dispensam qualquer procedimento e podem ser aplicadas incidentalmente mesmo em feitos destinados à apuração da responsabilidade por ato infracional, em que os pais ou responsáveis não são partes processuais. Entretanto, o seu efetivo cumprimento depende da aquiescência dos destinatários (pais ou responsável), já que não há medida coercitiva a ser aplicada em caso de descumprimento (...). Por sua vez, as medidas dispostas nos incisos V a X do art. 129 (...) exigiriam procedimentos próprios, isso porque, imporiam deveres ou sanções relativos à liberdade, e integridade física e psíquica dos pais ou responsáveis. Sendo assim, exige-se que os interessados possam se manifestar ostentando a posição de titularidade de um dos polos de uma contenda, sendo, pois, credores de exercício do contraditório e da ampla defesa exarados em um processo próprio*" (Rossato; Lépore; Sanches. **Estatuto da Criança e do Adolescente Comentado**. Editora RT).

Gabarito "B"

(Defensoria/SP – 2013 – FCC) A respeito dos regimes disciplinares previstos na Lei 12.594 (SINASE), de 12 de janeiro de 2012, é correto afirmar que

(A) é obrigatória a audiência do adolescente ou jovem que tiver sido acusado da prática de falta disciplinar, somente no caso de aplicação da sanção excepcional de isolamento.

(B) não se exige a instauração formal de processo disciplinar para aplicação da sanção de admoestação verbal decorrente de falta disciplinar.

(C) deverá ser garantida a participação de um socioeducando na composição da comissão de apuração da falta disciplinar.

(D) as entidades de atendimento, em seu regimento, deverão prever as infrações como leves, médias e graves.

(E) é dispensável a instauração do processo disciplinar caso a falta incorra em responsabilização penal ou infracional, caso em que deverá ser lavrado somente boletim de ocorrência.

A: incorreta, pois será obrigatória a audiência do socioeducando, nos casos em que seja necessária a instauração de processo disciplinar e não somente no caso de aplicação da sanção de isolamento (art. 71, III, da Lei 12.594/2012); **B:** incorreta, pois se exige a instauração formal de processo disciplinar para a aplicação de qualquer sanção, garantidos a ampla defesa e o contraditório (art. 71, II, da Lei 12.594/2012); **C:** incorreta, pois a comissão de apuração da falta disciplinar será composta por 03 integrantes da entidade de atendimento socioeducativo, sendo que dentre eles um deve ser da equipe técnica (art. 71, VIII, da Lei 12.594/2012). Inclusive, é vedado ao socioeducando desempenhar função ou tarefa de apuração disciplinar ou aplicação de sanção nas entidades de atendimento socioeducativo (art. 73 da Lei 12.594/2012); **D:** correta, pois a alternativa está de acordo com o disposto no art. 71, I, da Lei 12.594/2012; **E:** incorreta, pois o regime disciplinar é independente da responsabilidade civil ou penal que advenha do ato cometido pelo adolescente.

Gabarito "D"

(Defensoria/SP – 2013 – FCC) O adolescente Renan foi ouvido pelo Promotor de Justiça da Vara Especial da Infância e Juventude da Comarca da Capital, nos termos do art. 179 do Estatuto da Criança e do Adolescente, após ter sido surpreendido em um supermercado, tentando subtrair chocolates. Após a oitiva informal, o d. Promotor decidiu pela concessão de remissão, submetendo-a a homologação judicial. Tal instituto refere-se à remissão como forma de

(A) perdão judicial.

(B) suspensão do processo.

(C) extinção do processo.

(D) exclusão do processo.

(E) arquivamento dos autos.

A alternativa "D" está correta, pois está de acordo com o artigo 126, *caput*, do ECA, ficando excluídas as demais.

Gabarito "D"

(Defensor Público/PR – 2012 – FCC) Quanto ao exercício da defesa técnica ao adolescente acusado de ato infracional ou em cumprimento de medida socioeducativa, é INCORRETO afirmar:

(A) Deve a defesa insurgir-se contra a internação provisória imposta ao adolescente, nas hipóteses em que, em tese, não seria possível a aplicação da medida socioeducativa de internação.

(B) A defesa pode concordar com a aplicação ou manutenção da medida privativa de liberdade em sede de processo de conhecimento e de execução quando existe ameaça de morte contra o adolescente.

(C) Eventual confissão do adolescente em relação aos fatos a si imputados na representação, em virtude de declarações colhidas no relatório técnico elaborado pela equipe interprofissional, caracteriza prova ilícita, por ofensa ao devido processo legal, ensejando a nulidade dos atos processuais posteriores.

(D) Não cabe medida socioeducativa de internação por ato infracional de tráfico de entorpecentes, exceto nos casos de reiteração em ato infracional grave, ou seja, se ocorrer o cometimento de 3 (três) ou mais infrações graves, conforme ressalta a jurisprudência do Superior Tribunal de Justiça.

(E) O prazo máximo de internação-sanção é de até três meses, sendo necessário a defesa impugnar a aplicação do prazo máximo no primeiro descumprimento, em observância ao princípio da proporcionalidade.

A: correta. Aliás, esta é uma das teses nacionais aprovadas no I Congresso Nacional de Defensores Públicos da Infância e Juventude; **B:** incorreta, devendo ser assinalada, pois, segundo *uma das teses nacionais aprovadas no I Congresso Nacional de Defensores Públicos da Infância e Juventude*, é vedado à defesa concordar com a aplicação ou manutenção da medida privativa de liberdade em sede de processo de conhecimento e de execução. "Para tanto, poderá ser acionado o Programa de Proteção a Criança e Adolescentes Ameaçados de Morte – PPCAAM – instituído pelo Decreto 6.231/2007, que tem por finalidade proteger crianças e adolescentes expostos a grave ameaça no território nacional, podendo ser estendida aos pais ou responsáveis, bem como a outras pessoas (art. 3º, § 2º) (...). Assim, em razão de suposto risco, o correto não é decretar a internação provisória do adolescente, mas entregá-lo ao respectivo programa de proteção" (ROSSATO, Luciano Alves; LÉPORE, Paulo Eduardo e CUNHA, Rogério Sanches. **Estatuto da Criança e do Adolescente comentado artigo por artigo**. 3. ed. São Paulo: RT, 2012); **C:** correta. Segundo o parecer da Defensoria Pública do Estado de São Paulo, a confissão de adolescente constante em relatórios técnicos viola inúmeras garantias a ele asseguradas. "Em primeiro lugar, há uma nítida afronta ao direito ao silêncio, previsto expressamente no art. 5º, LXIII, da Constituição Federal, de indiscutível aplicação em âmbito infracional, em face do princípio da proteção integral e do disposto no art. 35, I, da Lei 12.594/2012. Dessa forma, o adolescente, ao ser ouvido em audiência de apresentação, poderá se valer do direito ao silêncio. Todavia, caso conste em seu relatório inicial eventual confissão dos fatos, haverá evidente prejuízo ao exercício de tal garantia (...). Além disso, em nenhum dos diversos relatórios analisados constou qualquer informação a respeito de eventual ciência do adolescente de que o documento produzido instruiria o seu processo socioeducativo. Portanto, em tais casos, além do direito ao silêncio, há violação expressa ao direito à informação, assegurado a todo adolescente acusado da prática de algum ato infracional, bem como ao princípio do *nemo tenetur se detegere*, consagrado implicitamente na Constituição Federal e de forma expressa no Pacto de San José da Costa Rica (Convenção Americana sobre Direitos Humanos), precisamente no art. 8, item 2, alínea *g*, pacto o qual o Brasil é signatário (...). Assim, tal como o réu no processo penal, o adolescente em sede infracional não é obrigado a produzir prova contra si mesmo. Para tanto, é imprescindível que saiba qual será a destinação dada ao relatório produzido pela equipe técnica, ou seja, ao ter contato com tal equipe, o adolescente deve ter ciência de que as informações colhidas integrarão o seu processo socioeducativo. A própria natureza da relação existente entre o adolescente e a sua equipe técnica demanda seja ele orientado acerca de todas as etapas do seu processo socioeducativo. É inadmissível que venha o adolescente expor toda a sua vida à profissional que lhe entrevista, acreditando que está acobertado pelo sigilo, sendo posteriormente, surpreendido pela juntada destas mesmas informações ao seu processo, e o pior, podendo ser utilizadas em seu desfavor. Mas ressalte-se, ainda que exista a concordância prévia do adolescente, é vedado ao relatório fazer qualquer menção a eventual confissão. Não é este o momento processual adequado. Na maior parte dos casos, tal adolescente sequer pôde entrevistar-se com seu defensor, a fim de verificar a melhor estratégia defensiva. Portanto, se o relatório técnico inicial contiver qualquer declaração do adolescente que caracterize a confissão dos fatos, estará eivado de nulidade. Dispõe o art. 5º, LVI, da Constituição Federal que 'são inadmissíveis no processo, as provas obtidas por meios ilícitos'. Já o art. 157 do CPP traz previsão semelhante, ao dispor que 'são inadmissíveis, devendo ser desentranhadas do processo, as provas ilícitas, assim entendidas as obtidas em violação a normas constitucionais ou legais'. Portanto, a confissão colhida do adolescente e presente no relatório técnico elaborado pela equipe interprofissional caracteriza prova ilícita, devendo tal relatório ser desentranhado do processo, justamente pela violação às garantias acima mencionadas. Caso isto não ocorra, todos os atos posteriores a sua juntada serão considerados nulos. Aliás, este é o teor da Súmula do II Congresso Nacional de Defensores Públicos da Infância e Juventude" (Parecer da DP/SP – PA NEIJ 81/2011); **D:** correta. Nos termos do art. 122 do ECA, a medida de internação só poderá ser aplicada quando: I – tratar-se de ato infracional cometido mediante grave ameaça ou violência a pessoa; II – por reiteração no cometimento de outras infrações graves; III – por descumprimento reiterado e injustificável da medida anteriormente imposta. Assim, inicialmente, conclui-se pela inaplicabilidade da medida socioeducativa de internação ao adolescente que praticar o ato infracional equiparado ao crime de tráfico de drogas. Neste sentido é o entendimento jurisprudencial noticiado no Informativo nº 445 do STJ: "ECA – Tráfico – Internação. O ato infracional análogo ao tráfico de drogas, apesar de sua natureza eminentemente hedionda, não enseja, por si só, a aplicação da medida socioeducativa de internação, já que essa conduta não revela violência ou grave ameaça à pessoa (art. 122 do ECA) (...)". Todavia, pode o magistrado determinar a internação, em razão da prática do ato infracional equiparado ao crime de tráfico, diante de sua reiteração. Para o STJ, reiteração é, no mínimo, três infrações graves (HC 39.458/SP, 5ª T., j. 12.04.2005, rel. Min. Laurita Vaz, *DJ* 09.05.2005). Diferente, portanto, de reincidência. *Aliás, esta é uma das teses nacionais aprovadas no I Congresso Nacional de Defensores Públicos da Infância e Juventude*; **E:** correta (art. 122, § 1º, do ECA).

Gabarito "B"

(Defensor Público/SP – 2012 – FCC) Com relação à prática de ato infracional e ao procedimento para sua apuração até a devida prestação jurisdicional, segundo o Estatuto da Criança e do Adolescente, é correto afirmar que

(A) para que o representante do Ministério Público possa oferecer representação contra adolescente, imputando-lhe a prática de ato infracional, faz-se necessária prova pré-constituída da materialidade e indícios suficientes de autoria.

(B) a remissão, como forma de suspensão ou extinção do processo, poderá ser proposta até o trânsito em julgado da sentença.

(C) proferida decisão condenatória, com inserção do adolescente no cumprimento da medida de internação e determinação expressa de vedação a atividades externas, tal vedação somente poderá ser revista após seis meses de seu cumprimento.

(D) em caso de flagrante de ato infracional praticado por adolescente, é obrigatória a lavratura do auto de apreensão em flagrante, com encaminhamento imediato de cópia ao representante do Ministério Público.

(E) em uma interpretação sistemática, compatibilizando os arts. 106, 108 e 110, a privação de liberdade por ordem judicial, antes da sentença, somente poderá ser determinada após a instauração do devido processo legal.

A: incorreta, pois a representação independe de prova pré-constituída da autoria e materialidade, bastando meros indícios (art. 182, § 2º, do ECA); **B:** incorreta, pois a remissão, como forma de extinção ou suspensão do processo, poderá ser aplicada em qualquer fase do procedimento, *antes da sentença* (art. 188, do ECA); **C:** incorreta, pois a manutenção da medida de internação deve ser reavaliada, mediante decisão fundamentada, *no máximo* a cada seis meses (art. 121, § 2º, do ECA); **D:** incorreta, pois somente é obrigatória a lavratura do auto de apreensão em flagrante quando o ato infracional é cometido mediante violência ou grave ameaça a pessoa. Caso contrário, nas demais hipóteses de flagrante, a lavratura do auto poderá ser substituída por boletim de ocorrência circunstanciada (art. 173, do ECA). Em caso de não liberação, a autoridade policial encaminhará, desde logo, o adolescente ao representante do Ministério Público, juntamente com cópia do auto de apreensão ou boletim de ocorrência (art. 175, *caput*, do ECA). Sendo o adolescente liberado, a autoridade policial encaminhará imediatamente ao representante do Ministério Público cópia do auto de apreensão ou boletim de ocorrência (art. 176, do ECA); **E:** correta, pois a internação do adolescente pode ser provisória – caso em que juiz decreta a medida cautelarmente, por ordem escrita e fundamentada (art. 108, do ECA), ou mantém a apreensão em flagrante do adolescente, quando da designação da audiência de apresentação (art. 184, do ECA) – ou definitiva, quando decorrer da aplicação da medida em razão da procedência da ação socioeducativa. Assim, em ambos os casos há o respeito à garantia processual de que nenhum adolescente será privado de sua liberdade sem o devido processo legal (art. 110, do ECA).

Gabarito "E"

(Defensoria Pública/SP – 2010 – FCC) Segundo prevê o Estatuto da Criança e do Adolescente, quando uma criança pratica ato infracional,

(A) é vedada a lavratura de boletim de ocorrência, devendo a vítima – se quiser – registrar o fato junto ao Conselho Tutelar.

(B) tratando-se de flagrante, deve ser encaminhada imediatamente, ou no primeiro dia útil seguinte, à presença da autoridade judiciária.

(C) ela não está sujeita a medida de qualquer natureza, uma vez que crianças não praticam ato infracional.

(D) deve o Conselho Tutelar representar à autoridade judiciária para fins de aplicação de quaisquer das medidas pertinentes aos pais ou responsável.

(E) fica sujeita à aplicação de medidas específicas de proteção de direitos pelo Conselho Tutelar ou Poder Judiciário, conforme o caso.

A: incorreta (art. 173 do ECA); **B:** incorreta (art. 172, *caput*, do ECA); **C:** incorreta (art. 105 do ECA); **D:** incorreta, pois cabe ao Conselho Tutelar aplicar diretamente grande parte das medidas aplicáveis aos pais ou responsáveis (art. 136, II, do ECA); **E:** correta (art. 105 do ECA).

Gabarito "E"

8. CONSELHO TUTELAR

(Magistratura – TRT 1ª – 2016 – FCC) As decisões dos Conselhos Tutelares poderão ser

(A) executadas com representação ao Poder Executivo.

(B) por ele executadas, requisitando serviços públicos de saúde e educação.

(C) executadas mediante representação ao Ministério Público.

(D) revistas por ato da autoridade do Poder Executivo.

(E) executadas com requisição de serviços públicos de qualquer natureza.

Correta é a alternativa "B", já que corresponde ao que estabelece o art. 136, III, *a*, do ECA.

Gabarito "B"

(Magistratura/GO – 2015 – FCC) Enquanto não instalado o conselho tutelar no Município, as atribuições a ele conferidas serão exercidas

(A) pelos comissários da infância e da juventude.

(B) pelas entidades de atendimento.

(C) pelo Ministério Público.

(D) pelo conselho municipal de direitos.

(E) pela autoridade judiciária.

De fato, enquanto não instalado o Conselho Tutelar no Município, compete à autoridade judiciária exercer as atribuições a ele conferidas. Assim, a alternativa "E" está correta, pois está de acordo com o disposto no art. 262 do ECA, ficando as demais assertivas excluídas.

Gabarito "E"

(Ministério Público/CE – 2011 – FCC) O Conselho Tutelar, segundo o Estatuto da Criança e do Adolescente,

(A) deve integrar-se operacionalmente ao Judiciário, Ministério Público, Defensoria Pública, Segurança e Assistência Social para o fim de agilizar o atendimento inicial do adolescente a quem se atribui autoria de ato infracional.

(B) é composto de cinco membros, escolhidos pela comunidade local para mandato de três anos, permitida uma recondução.

(C) exceto em casos de delegação expressa pela autoridade judiciária competente, não pode expedir autorização de viagem nacional para crianças e adolescentes.

(D) para executar suas decisões, pode requisitar a condução coercitiva dos genitores que, embora notificados, não comparecerem para atendimento.

(E) tem seu local, dia e horário de funcionamento, remuneração de seus membros e suas atribuições definidos por lei municipal.

A: incorreta, pois o atendimento inicial do adolescente a quem se atribui a autoria de ato infracional será realizado pela autoridade policial ou judiciária (arts. 171 e 172, ambos do ECA); **B:** correta, de acordo com o gabarito à época da elaboração da questão. Com a alteração do art. 132 do ECA pela Lei 12.696/2012, *em cada Município e em cada Região Administrativa do Distrito Federal haverá, no mínimo, 1 (um) Conselho Tutelar como órgão integrante da administração pública local, composto de 5 (cinco) membros, escolhidos pela população local para mandato de 4 (quatro) anos, permitida 1 (uma) recondução, mediante novo processo de escolha*; **C:** incorreta, pois somente a autoridade judiciária expedirá autorização de viagem nacional para crianças e adolescentes (art. 83 e 84, ambos do ECA); **D:** incorreta, por falta de previsão legal (art. 136, do ECA); **E:** incorreta, já que as atribuições do Conselho Tutelar estão previstas no art. 136 do ECA.

Gabarito "B"

(Defensor Público/PR – 2012 – FCC) O Estatuto da Criança e do Adolescente inaugura a doutrina da proteção integral e estimula um novo modelo de gestão pública através de órgãos não previstos na legislação menorista. A alternativa que relaciona corretamente as características do Conselho dos Direitos da Criança e do Adolescente e do Conselho Tutelar é:

	Conselho dos Direitos da Criança e do Adolescente	Conselho Tutelar
(A)	Possui atribuição de assessorar o Poder Executivo local na elaboração da proposta orçamentária para planos e programas de atendimento dos direitos da criança e do adolescente.	Lei municipal disporá sobre local, dia e horário de seu funcionamento.
(B)	A função de membro do conselho é considerada de interesse público relevante e não será remunerada.	Possui as funções deliberativa e de controle do Sistema Municipal de Atendimento Socioeducativo.
(C)	Registra as entidades governamentais de acolhimento institucional de crianças e de adolescentes.	Realiza a gestão do fundo municipal dos direitos da criança e do adolescente.
(D)	Em sua composição é assegurada a participação popular paritária por meio de organizações representativas.	Fiscaliza as entidades de atendimento de crianças e adolescentes.
(E)	Fiscaliza o processo para a escolha dos membros do Conselho Tutelar.	Suas decisões poderão ser revistas pela autoridade judiciária a pedido de quem tenha legítimo interesse.

A: incorreta, pois a alternativa trata de uma das atribuições do Conselho Tutelar (art. 136, IX, do ECA) e não do Conselho de Direitos da Criança e do Adolescente; **B:** incorreta, pois o Conselho Tutelar não é órgão deliberativo (arts. 131 e 136, ambos do ECA), diversamente do Conselho de Direitos da Criança e do Adolescente (arts. 88, II e 89, ambos do ECA); **C:** incorreta, pois o Conselho de Direitos da Criança e do Adolescente registra tão somente as entidades não governamentais (art. 91, do ECA), ao qual cabe a gestão do fundo municipal dos direitos da criança e do adolescente (art. 88, IV, do ECA); **D:** correta (arts. 88, II, e 95, ambos do ECA); **E:** incorreta, pois o processo para a escolha dos membros do Conselho Tutelar será estabelecido em lei municipal e realizado sob a responsabilidade do Conselho Municipal dos Direitos da Criança e do Adolescente, e a *fiscalização do Ministério Público* (art. 139, do ECA).

Gabarito "D"

(Defensor Público/SP – 2012 – FCC) No tocante ao Conselho Tutelar, o Estatuto da Criança e do Adolescente estabelece:

(A) poderão ser candidatos a conselheiros pessoas maiores de dezoito anos, com reputação ilibada e ensino médio completo.

(B) suas decisões poderão ser revistas através de interposição de recurso, por quem tenha legítimo interesse, ao Conselho Municipal dos Direitos da Criança e do Adolescente.

(C) deverá o Conselho Tutelar receber comunicação dos dirigentes de estabelecimento de ensino fundamental quanto aos casos de maus-tratos de alunos, reiteração de faltas injustificadas e evasão escolar, bem como nos casos de elevado nível de repetência.

(D) compete ao Conselho Tutelar editar portaria que autorize a participação de crianças ou adolescentes, desacompanhados dos pais, em estabelecimentos de diversão eletrônica, desde que em sua circunscrição de atuação.

(E) deverá o Conselho Tutelar emitir a guia de acolhimento nos casos de retirada da criança ou adolescente do convívio familiar, apontando os motivos da medida.

A: incorreta, pois se exige que o candidato a conselheiro tenha idade superior a vinte e um anos (art. 133, II, do ECA), sendo que não se exige grau de escolaridade; **B:** incorreta, pois as decisões do Conselho Tutelar somente poderão ser revistas pela autoridade judiciária a pedido de quem tenha legítimo interesse (art. 137, do ECA); **C:** correta (art. 56, I, II e III, do ECA); **D:** incorreta, pois compete à *autoridade judiciária* disciplinar, por meio de portaria, ou autorizar, mediante alvará (art. 149, do ECA); **E:** incorreta, pois a Guia de Acolhimento é expedida pela *autoridade judiciária* e não pelo Conselho Tutelar (art. 101, § 3º, do ECA).

Gabarito "C"

9. MINISTÉRIO PÚBLICO

(Ministério Público/CE – 2011 – FCC) Ao fiscalizar as entidades de atendimento responsáveis pela execução de programas de proteção e socioeducativos, age de acordo com o Estatuto da Criança e do Adolescente o representante do Ministério Público que

(A) postula ao Conselho Estadual dos Direitos da Criança e do Adolescente a cassação do registro de entidade governamental que desenvolve programa de acolhimento familiar e não estimula o contato dos acolhidos com seus pais e parentes.

(B) representa ao Conselho Tutelar para a aplicação de multa à entidade não governamental que desenvolve programa de proteção social especial e não mantém serviços de apoio e acompanhamento de seus egressos.

(C) aplica, ele próprio, medida de recomendação e advertência à entidade governamental que desenvolve programa de acolhimento familiar e não observa a rigorosa separação de seus usuários segundo critérios de gênero e compleição física.

(D) representa ao juiz para a interdição de programa de internação executado por entidade governamental que descumpre a obrigação de oferecer atendimento personalizado, em pequenas unidades e grupos reduzidos.

(E) postula ao Conselho Municipal dos Direitos da Criança e do Adolescente o afastamento temporário de dirigente de entidade não governamental que desenvolve programa de semiliberdade e não oferece profissionalização aos adolescentes atendidos.

A alternativa "D" está correta, pois está de acordo com o art. 97, II, "c" e art. 201, X e XI, ambos do ECA, ficando excluídas as demais alternativas.

Gabarito "D"

(Ministério Público/CE – 2011 – FCC) Compete ao Ministério Público, segundo o que prevê o Estatuto da Criança e do Adolescente,

(A) conceder remissão como forma de extinção do processo.

(B) promover a oitiva informal de crianças e de adolescentes aos quais se atribui a autoria de ato infracional.

(C) requisitar, de qualquer pessoa, informações sobre fatos relevantes à defesa de direitos indisponíveis de crianças ou adolescentes, assinalando prazo não inferior a dez dias úteis para a resposta.

(D) aprovar o plano de aplicação das doações subsidiadas e demais receitas que integram o Fundo Municipal dos Direitos da Criança e do Adolescente.

(E) exercer as atribuições dos Conselhos Tutelares enquanto eles ainda não tiverem sido instalados.

A: incorreta, pois compete ao Ministério Público conceder remissão como forma de exclusão do processo, o qual nem sequer será iniciado (art. 126, *caput*, do ECA), e não como forma de extinção do processo; **B:** incorreta, pois a oitiva informal tem por finalidade a apuração de ato infracional praticado por adolescente (art. 179 do ECA), cabendo ao Ministério Público adotar uma das providências previstas no art. 180 do ECA. Caso se trate de ato infracional cometido por criança, caberá a aplicação de medida de proteção e não socioeducativa (art. 105 do ECA), a ser executada, em regra, pelo Conselho Tutelar. Neste sentido: *"às crianças será possível a aplicação única e exclusivamente de medidas de proteção, conforme decisão do Conselho Tutelar. Contudo, dependendo da medida, a criança será encaminhada para o magistrado, como, por exemplo, quando for necessária a inserção em acolhimento institucional"* (Rossato, Lépore e Sanches. **Estatuto da Criança e do Adolescente Comentado**. Editora RT); **C:** correta (art. 223, § 3º, do ECA); **D:** incorreta, pois cabe tão somente ao Ministério Público fiscalizar o Fundo Municipal dos Direitos da Criança e do Adolescente (arts. 260-I, VI, e 206-J, do ECA); **E:** incorreta, pois, enquanto não instalados os Conselhos Tutelares, as atribuições a eles conferidas serão exercidas pela autoridade judiciária (art. 262 do ECA). Ademais, em cada Município e em cada Região Administrativa do Distrito Federal **haverá**, no mínimo, 1 (um) Conselho Tutelar como órgão integrante da administração pública local (art. 132, do ECA). Assim, extrai-se do ECA a obrigatoriedade de o Município criar o

Conselho Tutelar e o Conselho Municipal dos Direitos da Criança e do Adolescente (art. 88, I, II e IV; art.132; art. 134 e art. 139, todos do ECA). Neste sentido é o entendimento jurisprudencial: *"AÇÃO CIVIL PÚBLICA – CONSELHO MUNICIPAL DOS DIREITOS DA CRIANÇA E DO ADOLESCENTE E O CONSELHO TUTELAR – ECA – CRIAÇÃO E FORMAÇÃO. A Ação Civil Pública é eficaz para compelir o Executivo municipal a criar e formar o Conselho Municipal dos Direitos da Criança e do Adolescente e o Conselho Tutelar, conforme determina o Estatuto da Criança e do Adolescente – ECA. Em reexame necessário, sentença confirmada"* (Processo nº 1.0297.05.000699-0/001 (1), Rel. Des. Nilson Reis, p. em 24.03.2006).

Gabarito "C"

10. ACESSO À JUSTIÇA

(Defensoria/SP – 2009 – FCC) Pelo que dispõe expressamente o Estatuto da Criança e do Adolescente, a Justiça da Infância e Juventude

(A) é regida, em seus atos e procedimentos, pelo princípio da informalidade.

(B) deve contar com varas especializadas criadas obrigatoriamente pelos Estados e pelo Distrito Federal nas comarcas de grande porte.

(C) é competente para, em alguns casos, suprir a capacidade ou o consentimento para o casamento.

(D) deve contar com equipe interprofissional de assessoramento cujos componentes têm assegurada livre manifestação do ponto de vista técnico, não estando subordinados imediatamente à autoridade judiciária.

(E) deve contar com um corpo executivo, denominado Comissariado da Infância e Juventude, cuja função, entre outras, é apoiar o cumprimento das decisões judiciais.

A: incorreta, pois não existe essa previsão legal; **B:** incorreta, pois *poderão* ser criadas varas especializadas (art. 145 do ECA); **C:** correta (art. 148, parágrafo único, *c*, do ECA); **D:** incorreta, pois a equipe interprofissional é subordinada à autoridade judiciária (art. 151 do ECA); **E:** incorreta, pois não existe essa previsão legal.

Gabarito "C"

11. INFRAÇÕES ADMINISTRATIVAS

(Defensor Público/AM – 2013 – FCC) O adolescente João, aluno do 6º ano do ensino fundamental, foi apreendido em razão de suposta prática de ato infracional equiparado ao crime de roubo. Sua genitora, a fim de auxiliar na instrução processual e na defesa de seu filho, solicitou à escola onde João estuda declaração de matrícula escolar. Dessa forma, o diretor da escola tomou conhecimento da apreensão e, como já desejava expulsar o aluno, acabou divulgando aos demais alunos, sem autorização, que João estava respondendo pela prática de ato infracional, utilizando-o como mau exemplo. O Diretor, em tese

(A) praticou infração administrativa prevista pelo ECA.

(B) praticou o crime de quebra de sigilo previsto pelo ECA.

(C) praticou crime de quebra de sigilo e infração administrativa, ambos previstos pelo ECA.

(D) praticou crime de difamação previsto pelo ECA.

(E) não praticou crime, tampouco infração administrativa prevista pelo ECA.

A conduta descrita no enunciado se amolda à infração administrativa prevista no art. 247, do ECA, ficando excluídas as demais.

Gabarito "A"

12. CRIMES

(Magistratura/PE – 2013 – FCC) Nos crimes praticados contra a criança e o adolescente tipificados na Lei 8.069/1990,

(A) em alguns casos somente se procede mediante queixa.

(B) a expressão "cena de sexo explícito" pode não compreender a exibição dos órgãos genitais de uma criança ou adolescente.

(C) cominada pena de detenção para o ato de exibir, total ou parcialmente, fotografia de criança ou adolescente envolvido em ato infracional.

(D) não prevista causa de aumento de pena para o delito de corrupção de menor de dezoito anos.

(E) aplicáveis as normas da parte especial do Código Penal.

A: incorreta, pois os crimes definidos no ECA são de ação pública incondicionada (art. 227, do ECA); **B:** correta, pois a expressão cena de sexo explícito ou pornográfica pode ser entendida como *"qualquer situação que envolva criança ou adolescente em atividades sexuais explícitas, reais ou simuladas, ou exibição dos órgão genitais de uma criança ou adolescente para fins primordialmente sexuais"* (art. 241-E, do ECA). *"Por questão técnica preferimos diferenciar cena de sexo explícito da pornográfica. A primeira (cena de sexo explícito) pressupõe contato físico entre os personagens, enquanto a segunda (pornográfica) revela imagens que exprimem atos obscenos, não necessariamente mediante contato físico"* (ROSSATO; LÉPORE; SANCHES. **Estatuto da Criança e do Adolescente Comentado**, Ed. RT); **C:** incorreta, pois a pena para a infração administrativa prevista no art. 247, § 1º, do ECA, é a de multa de três a vinte salários de referência, aplicando-se o dobro em caso de reincidência (art. 247 do ECA); **D:** incorreta, pois há previsão de causa de aumento de pena de um terço para o delito de corrupção de menor de dezoito anos (art. 244-B, § 2º, do ECA), no caso de a infração cometida ou induzida estar incluída no rol do art. 1º da lei dos crimes hediondos (Lei 8.072/1990); **E:** incorreta, pois se aplicam aos crimes definidos no ECA as normas da Parte Geral do Código Penal e, quanto ao processo, as pertinentes ao Código de Processo Penal (art. 226, do ECA).

Gabarito "B"

(Ministério Público/CE – 2011 – FCC) Como estratégia para prevenir violação de direito da criança e do adolescente, bem como responsabilizar os violadores, o Estatuto da Criança e do Adolescente tipificou como

(A) crime exibir filme classificado pelo órgão competente como inadequado às crianças e adolescentes admitidos ao espetáculo.

(B) crime deixar o médico responsável por estabelecimento de atenção à saúde de comunicar à autoridade os casos de que tenha conhecimento envolvendo suspeita de maus tratos contra criança.

(C) infração administrativa deixar a autoridade competente de efetuar a inclusão de crianças em condições de serem adotadas no respectivo cadastro.

(D) infração administrativa deixar a autoridade policial de comunicar a apreensão da criança ou adolescente à família do apreendido.

(E) infração administrativa a venda de fogos de estampido ou de artifício a criança ou adolescente.

A: incorreta, pois a alternativa trata de infração administrativa e não de crime (art. 255 do ECA); **B:** incorreta, pois a alternativa trata de infração administrativa e não de crime (art. 245 do ECA); **C:** correta (art. 258-A, parágrafo único, do ECA); **D:** incorreta, pois a alternativa trata de crime e não de infração administrativa (art. 231 do ECA); **E:** incorreta, pois a alternativa trata de crime e não de infração administrativa (art. 244 do ECA).

Gabarito "C"

13. DECLARAÇÕES E CONVENÇÕES

(Defensor Público – DPE/BA – 2016 – FCC) Dentre os princípios fundamentais enunciados nas Diretrizes das Nações Unidas para Prevenção da Delinquência Juvenil (Princípios Orientadores de Riad) consta, expressamente, a ideia de que

(A) o comportamento desajustado dos jovens aos valores e normas da sociedade são, com frequência, parte do processo de amadurecimento e tendem a desaparecer, espontaneamente, na maioria das pessoas, quando chegam à maturidade.

(B) os estados devem criar instâncias especializadas de intervenção, de modo a garantir que, quando o adolescente transgrida uma norma de natureza penal, os organismos mais formais de controle social sejam acionados como primeira alternativa.

(C) embora desencadeados por fatores ambientais desfavoráveis, grande parte dos delitos praticados por adolescentes são resultantes de quadros psicopatológicos, cujo tratamento precoce é fundamental para uma política preventiva bem-sucedida.

(D) devem ser oferecidas a crianças, adolescentes e jovens, sempre que possível, oportunidades lícitas de geração de renda, garantindo-lhes acesso ao trabalho protegido, não penoso e que não prejudique a frequência e o aproveitamento escolar.

(E) considerando o consenso criminológico de que a delinquência juvenil está diretamente associada aos estilos parentais autoritário, permissivo ou negligente, é tarefa primordial dos estados, em colaboração com meios de comunicação, incentivar os pais no aprimoramento de suas técnicas de criação e educação dos filhos.

A: correta. O § 5º dos Princípios das Nações Unidas para a Prevenção, alínea "e" da convenção dispõe: "a consideração de que o comportamento ou conduta dos jovens, que não é conforme as normas e valores sociais gerais, faz muitas vezes parte do processo de maturação e crescimento e tende a desaparecer espontaneamente na maior parte dos indivíduos na transição para a idade adulta". **B:** incorreta. Os organismos formais de controle social só devem ser utilizados como último recurso (veja o § 6º dos Princípios Orientadores de Riad). **C:** incorreta. A convenção de Riad não considera as psicopatias em seu texto. **D:** incorreta. Os princípios de Riad dão conta da necessidade de formação profissional, não de geração de renda. Vejamos o texto do §10: "Deve ser dada importância às políticas preventivas que facilitem uma socialização e integração bem-sucedida de todas as crianças e jovens, em especial através da família, da comunidade, dos grupos de jovens, das escolas, da formação profissional e do desenvolvimento pessoal próprio das crianças e dos jovens, devendo estes ser integralmente aceites como parceiros iguais nos processos de socialização e integração". **E:** incorreta. Os princípios de Riad consideram a família unidade central responsável pela socialização da criança e reforça o sentido de manter os laços familiares (Vide §§11 até 19).

Gabarito "A"

(Magistratura/CE – 2014 – FCC) A Convenção Internacional sobre os Direitos da Criança prevê, dentre suas disposições, o direito

(A) à adoção internacional como meio de cuidado de crianças, não a condicionando à ausência de atendimento adequado em seu país de origem.

(B) à concessão de benefícios pertinentes, exceto quando relativos à previdência social.

(C) de incentivo aos órgãos de comunicação a levar em conta as necessidades linguísticas da criança que pertencer à minoria, salvo as indígenas, que têm regramento internacional próprio.

(D) de ser considerada criança, para aplicação da norma internacional, pessoa até os 21 (vinte e um) anos de idade.

(E) de liberdade de reunião pacífica, inclusive da liberdade de associação.

A: incorreta, pois a Convenção prevê que a adoção deve ser efetuada em outro país como meio alternativo de cuidar da criança, no caso em que a mesma não possa ser colocada em um lar de adoção ou entregue a uma família adotiva ou não logre atendimento adequado em seu país de origem (artigo 21, "b", da Convenção Internacional sobre os Direitos da Criança); **B:** incorreta, pois os Estados-Partes reconhecerão a todas as crianças o direito de usufruir da previdência social, inclusive do seguro social (artigo 26, "1", da Convenção Internacional sobre os Direitos da Criança); **C:** incorreta, pois os Estados-Partes incentivarão os meios de comunicação no sentido de, particularmente, considerar as necessidades linguísticas da criança que pertença a um grupo minoritário ou que seja indígena (artigo 17, "d", da Convenção Internacional sobre os Direitos da Criança); **D:** incorreta, pois se considera como criança todo ser humano com menos de dezoito anos de idade, a não ser que, em conformidade com a lei aplicável à criança, a maioridade seja alcançada antes (artigo 1º, da Convenção Internacional sobre os Direitos da Criança); **E:** correta, pois, de fato, os Estados-Partes reconhecem os direitos da criança à liberdade de associação e à liberdade de realizar reuniões pacíficas, nos termos do artigo 15, "1", da Convenção Internacional sobre os Direitos da Criança.

Gabarito "E"

(Defensor Público/PR – 2012 – FCC) Analise as afirmações abaixo sobre a proteção jurídica da criança e do adolescente com deficiência.

I. A Convenção Internacional sobre os Direitos das Pessoas com Deficiência prevê que os Estados-Partes reconhecem que as mulheres e meninas com deficiência estão sujeitas a múltiplas formas de discriminação e, portanto, tomarão medidas para assegurar às mulheres e meninas com deficiência o pleno e igual exercício de todos os direitos humanos e liberdades fundamentais.

II. Na Convenção sobre os Direitos da Criança, os Estados-Partes reconhecem o direito da criança deficiente de receber cuidados especiais e, de acordo com os recursos disponíveis e sempre que a criança ou seus responsáveis reúnam as condições requeridas, estimularão e assegurarão a prestação da assistência solicitada, que seja adequada ao estado da criança e às circunstâncias de seus pais ou das pessoas encarregadas de seus cuidados.

III. A Emenda Constitucional 65 incluiu, no art. 227, a previsão de criação de programas de prevenção e atendimento especializado para as pessoas portadoras de deficiência física, sensorial ou mental, bem como de integração social do adolescente e do jovem portador de deficiência, mediante o treinamento para o trabalho e a convivência, e a facilitação do acesso aos bens e serviços coletivos, com a eliminação de obstáculos arquitetônicos e de todas as formas de discriminação.

Está correto o que se afirma em

(A) I e II, apenas.

(B) II e III, apenas.

(C) I e III, apenas

(D) I, apenas.

(E) I, II e III.

I: correta (art. 6º, da Convenção sobre os Direitos da Pessoa com Deficiência). Oportuno registrar que o Congresso Nacional aprovou, por meio do Decreto Legislativo 186/2008, conforme o procedimento do § 3º do art. 5º da Constituição, a Convenção sobre os Direitos das Pessoas com Deficiência e seu Protocolo Facultativo, assinados em Nova York, em 30 de março de 2007. Assim, tal instrumento normativo possui *status* constitucional; **II:** correta (art. 23, da Convenção sobre os Direitos da Criança); **III:** correta (art. 227, § 1º, II, da CF/1988).

Gabarito "E"

(Defensor Público/SP – 2012 – FCC) Com relação ao conjunto de regras normativas internacionais que modificou a antiga concepção da situação irregular, abandonando o conceito reducionista do menorismo, é correto afirmar, considerando suas especificidades, que

(A) à Convenção sobre os Direitos da Criança coube prever o modelo penal indiferenciado, no trato do adolescente em relação ao adulto, com exceção do direito ao recurso de decisões condenatórias, matéria essa em que se quedou silente.

(B) às Regras de Tóquio coube orientar os casos de jovens tidos como crianças ou adolescentes passíveis de serem responsabilizados pela prática de atos infracionais, prevendo a reação do Estado e a proporcionalidade de sua resposta em relação às circunstâncias do infrator e da infração.

(C) às Regras de Beijing coube promover o uso de medidas não custodiais, orientando a previsão de medidas não privativas de liberdade, desde disposições pré-processuais até pós-sentenciais, evitando o uso desnecessário do encarceramento.

(D) às Diretrizes de Riad coube prever medidas de prevenção à prática do ato infracional, mediante a participação da sociedade e a adoção de uma abordagem voltada à criança, definindo o papel da família, da educação, da comunidade, prevendo cooperação entre todos os setores relevantes da sociedade.

(E) à Declaração Universal dos Direitos das Crianças coube prever, em forma de princípios, dentre outros direitos, o direito à educação e orientação, cabendo tal responsabilidade, em primeiro lugar ao Estado, que deverá se direcionar pelo melhor interesse da criança.

A: incorreta, pois traz um tratamento diferenciado para o adolescente que infringir a lei, diverso do modelo penal aplicável ao adulto (art. 40, da Convenção sobre os Direitos da Criança); **B:** incorreta, pois as Regras de Tóquio trazem recomendações acerca da aplicação de medidas alternativas à prisão, em razão da prática de crimes por adultos, como uma forma de aprofundar a política criminal da intervenção mínima. Assim, muito embora suas normas não tenham força de lei, são de extrema importância para a humanização e modernização do Direito Penal; **C:** incorreta, pois as Regras de *Beijing* ou Regras de Pequim se referem às regras mínimas das Nações Unidas para a Administração da Justiça da Infância e da Juventude. São recomendações sobre a prevenção do ato infracional e tratamento de seu autor (criança ou adolescente). "Com essas Regras, esboçaram-se as primeiras linhas do Sistema de Justiça da Infância e da Juventude, pautado na especialidade e garantidor de ênfase ao bem estar não só do infante, como também do adolescente" (ROSSATO, Luciano Alves; LÉPORE, Paulo Eduardo e CUNHA, Rogério Sanches. **Estatuto da Criança e do Adolescente comentado artigo por artigo**. 3. ed. São Paulo: RT, 2012); **D:** correta, pois, de fato, as Diretrizes de *Riad* se referem às Diretrizes das Nações Unidas para Prevenção da Delinquência Juvenil; **E:** incorreta, pois a Declaração Universal dos Direitos das Crianças prevê os seguintes princípios: Direito à igualdade, sem distinção de raça, religião ou nacionalidade; Direito a especial proteção para o seu desenvolvimento físico, mental e social; Direito a um nome e a uma nacionalidade; Direito à alimentação, moradia e assistência médica adequadas para a criança e a mãe; Direito à educação e a cuidados especiais para a criança física ou mentalmente deficiente; Direito ao amor e à compreensão por parte dos pais e da sociedade; *Direito à educação gratuita e ao lazer infantil. O interesse superior da criança deverá ser o interesse diretor daqueles que têm a responsabilidade por sua educação e orientação. Tal responsabilidade incumbe, em primeira instância, a seus pais, e não ao Estado*; Direito a ser socorrido em primeiro lugar, em caso de catástrofes; Direito a ser protegido contra o abandono e a exploração no trabalho; Direito a crescer dentro de um espírito de solidariedade, compreensão, amizade e justiça entre os povos.

Gabarito "D"

14. TEMAS COMBINADOS E OUTROS TEMAS

(Defensor Público – DPE/ES – 2016 – FCC) São aspectos que, entre outros, o próprio Estatuto da Criança e do Adolescente – ECA expressamente determina sejam observados na interpretação de seus dispositivos:

(A) As exigências do bem comum e os princípios gerais e especiais do direito da infância.

(B) Os deveres individuais e a condição peculiar da criança e do adolescente como pessoas em desenvolvimento.

(C) Os direitos sociais e coletivos e o contexto socioeconômico e cultural em que se encontrem a criança ou adolescente e seus pais ou responsável.

(D) Os fins sociais a que se destina a lei e a flexibilidade e informalidade dos procedimentos.

(E) O superior interesse da criança e do adolescente e os usos e costumes locais.

A letra B está correta. Na forma do art. 6º do ECA: "na interpretação desta Lei levar-se-ão em conta os fins sociais a que ela se dirige, as exigências do bem comum, os direitos e deveres individuais e coletivos, e a condição peculiar da criança e do adolescente como pessoas em desenvolvimento".

Gabarito "B"

(Defensor Público – DPE/BA – 2016 – FCC) Em relação à posição das Defensorias Públicas no Sistema de Garantia dos Direitos da Criança e do Adolescente, como definido nas Resoluções 113 e 117 do Conselho Nacional dos Direitos da Criança e do Adolescente – Conanda, é correto afirmar que elas integram, ao lado

(A) de outros serviços de assessoramento jurídico e assistência judiciária, o eixo estratégico da defesa dos direitos humanos de crianças e adolescentes.

(B) dos órgãos da magistratura e público-ministeriais, o eixo estratégico judicial do Sistema de Garantias dos Direitos da Criança e do Adolescente.

(C) dos conselhos tutelares e dos conselhos de direito, os eixos estratégicos de promoção e de proteção dos direitos de crianças e adolescentes.

(D) do Ministério Público, dos serviços e programas das políticas públicas, e dos serviços de proteção social especial, o eixo estratégico de controle da efetivação dos direitos da criança e do adolescente.

(E) da advocacia pública e privada, o eixo estratégico de prevenção da violação dos direitos humanos da criança e do adolescente do Sistema de Garantia dos Direitos da Criança e do Adolescente.

O art. 7º da Resolução 113, determina que o eixo da defesa dos direitos humanos de crianças e adolescentes é composto pelos seguintes órgãos públicos: a) judiciais, especialmente as varas da infância e da juventude e suas equipes multiprofissionais, as varas criminais especializadas, os tribunais do júri, as comissões judiciais de adoção, os tribunais de justiça, as corregedorias gerais de Justiça; b) público-ministeriais, especialmente as promotorias de justiça, os centros de apoio operacional, as procuradorias de justiça, as procuradorias gerais de justiça, as corregedorias gerais do Ministério Público; c) defensorias públicas, serviços de assessoramento jurídico e assistência judiciária; d) advocacia geral da união e as procuradorias gerais dos estados; e) polícia civil judiciária, inclusive a polícia técnica; f) polícia militar; g) conselhos tutelares; f) ouvidorias e entidades sociais de defesa de direitos humanos, incumbidas de prestar proteção jurídico-social, nos termos do artigo 87, V do Estatuto da Criança e do Adolescente. Esse eixo é caracterizado pela garantia de acesso à justiça, ou seja, pelo recurso às instâncias públicas e mecanismos jurídicos de proteção legal dos direitos humanos, gerais e especiais, da infância e da adolescência, para assegurar a impositividade deles e sua exigibilidade, em concreto.

Gabarito "A"

(Defensor Público – DPE/BA – 2016 – FCC) Conforme prevê expressamente o Estatuto da Criança e do Adolescente – ECA, a emancipação

(A) pode ser deferida incidentalmente, a pedido do próprio adolescente, nos autos da ação de acolhimento institucional, como estratégia de preparação para autonomia.

(B) pressupõe, para sua concessão, prévia avaliação psicossocial que ateste a autonomia e maturidade do adolescente, além da concordância expressa de ambos os genitores.

(C) concede ao emancipado o direito de viajar desacompanhado pelo território nacional, vedada, contudo, sua saída do país sem expressa autorização dos genitores ou do juiz.

(D) não exclui a responsabilidade civil dos pais decorrente de ato ilícito praticado pelo filho emancipado, fazendo cessar, contudo, o dever dos genitores de prestar-lhe alimentos.

(E) pode ser concedida pelo Juiz da Infância e Juventude quando faltarem os pais e, preenchidos os requisitos da lei civil, se os direitos do requerente, previstos no ECA, forem ameaçados ou violados por ação ou omissão da sociedade ou do Estado, bem como por omissão ou abuso dos pais ou responsável ou em razão de sua conduta.

Antes de percorrer cada uma das alternativas, é importante lembrar que o ECA é lei protetiva do menor de 18 anos, pouco importando a sua condição de emancipação na forma do Código Civil. Caso o menor seja emancipado, a proteção da lei menorista continua a ser aplicada em todos os seus termos, exceto no que diz respeito ao exercício do poder familiar. **A:** incorreta. O art. 5º do Código Civil trata da emancipação do menor de 18 anos e maior de 16, nos seguintes termos: "cessará, para os menores, a incapacidade: I – pela concessão dos pais, ou de um deles na falta do outro, mediante instrumento público, independentemente de homologação judicial, ou por sentença do juiz, ouvido o tutor, se o menor tiver dezesseis anos completos; II – pelo casamento; III – pelo exercício de emprego público efetivo; IV – pela colação de grau em curso de ensino superior; V – pelo estabelecimento civil ou comercial, ou pela existência de relação de emprego, desde que, em função deles, o menor com dezesseis anos completos tenha economia própria". Não há que se falar em emancipação em razão de acolhimento institucional, o adolescente somente poderá ser emancipado nas condições acima previstas. **B:** incorreta. O Código Civil não exige estudo psicossocial para a emancipação. **C:** incorreta. O adolescente pode viajar para todo o território nacional desacompanhado na forma do art. 83 do ECA. Além disso, a viagem para o exterior deve sempre obedecer às regras do art. 84 do ECA, independentemente da emancipação do menor de 18 e maior de 16 anos. **D:** incorreta. O dever de alimentos é decorrente da relação de filiação e não depende do exercício de poder familiar (art. 229 da CF). **E:** correta. A Vara de Infância e Juventude será responsável pela emancipação do adolescente quanto este estiver em situação de risco (art. 98) e faltarem os pais (art. 148, alínea "e", do ECA).

Gabarito "E"

(Defensor Público – DPE/BA – 2016 – FCC) A pessoa com deficiência recebeu um novo estatuto que, dentro dos limites legais, destina-se a assegurar e a promover, em condições de igualdade, o exercício dos direitos e das liberdades fundamentais por pessoa com deficiência, visando à sua inclusão social e cidadania. Dentre as novidades introduzidas, destaca-se o entendimento que

(A) para emissão de documentos oficiais será exigida a situação de curatela da pessoa com deficiência.

(B) a pessoa com deficiência está obrigada à fruição de benefícios decorrentes de ação afirmativa.

(C) a pessoa com deficiência poderá ser obrigada a se submeter à intervenção clínica ou cirúrgica, a tratamento ou à institucionalização forçada, sempre com recomendação médica, independentemente de risco de morte ou emergência.

(D) a educação constitui direito da pessoa com deficiência, a ser exercido em escola especial e direcionada, em um local que não se conviva deficientes e não deficientes.

(E) a deficiência não afeta a plena capacidade civil da pessoa, inclusive para casar-se, constituir união estável e exercer direitos sexuais e reprodutivos.

A: incorreta. Na forma do artigo 86 do Estatuto da Pessoa com Deficiência, a emissão de documentos oficiais independe da situação de curatela. **B:** incorreta. Nos exatos termos do artigo 4º, § 2º, do Estatuto da Pessoa com Deficiência. **C)** incorreta. Conforme artigo 11 do Estatuto, a pessoa com deficiência não pode ser obrigada a se submeter à intervenção clínica ou cirúrgica, a tratamento ou a institucionalização forçada. **D:** incorreta. Reza o art. 27 que "a educação constitui direito da pessoa com deficiência, assegurados sistema **educacional inclusivo** em todos os níveis e aprendizado ao longo de toda a vida, de forma a alcançar o máximo desenvolvimento possível de seus talentos e habilidades físicas, sensoriais, intelectuais e sociais, segundo suas características, interesses e necessidades de aprendizagem" (grifo nosso). **E:** correta. A deficiência não afeta a plena capacidade civil da pessoa, inclusive para casar-se e constituir união estável; exercer direitos sexuais e reprodutivos; exercer o direito de decidir sobre o número de filhos e de ter acesso a informações adequadas sobre reprodução e planejamento familiar; conservar sua fertilidade, sendo vedada a esterilização compulsória; exercer o direito à família e à convivência familiar e comunitária; e exercer o direito à guarda, à tutela, à curatela e à adoção, como adotante ou adotando, em igualdade de oportunidades com as demais pessoas (art. 6º).

Gabarito "E"

(Magistratura/SC – 2015 – FCC) A desjudicialização do atendimento é apontada por alguns autores como uma das tendências incorporadas pelo Estatuto da Criança e do Adolescente – ECA para a proteção dos direitos da população infanto-juvenil. Todavia, para algumas situações, ainda reservou a lei a necessidade de intervenção judicial específica. Nessa linha, segundo prevê expressamente o ECA, é necessária

(A) prévia autorização judicial para que adolescentes em cumprimento de medida socioeducativa de semiliberdade realizem atividades externas.

(B) decisão judicial para que se possa aplicar medida de advertência a pais ou responsável quando, por ação ou omissão, ameacem ou violem direitos de seus filhos.

(C) autorização, por, alvará judicial, para que os adotantes internacionais, após trânsito em julgado da sentença de adoção, possam obter o passaporte da criança/adolescente adotado.

(D) autorização, por alvará judicial, para a participação de menores de 18 (dezoito) anos em campeonatos desportivos durante o período letivo, nos horários de aula (inclusive noturnos), salvo se relativos à própria disciplina e organização do estabelecimento escolar frequentado pela criança ou adolescente.

(E) autorização judicial para permitir que os pais ou responsável visitem, em serviços de acolhimento institucional, crianças que foram afastadas de seu convívio por suspeitas de maus-tratos ou abuso.

A: incorreta, pois, no regime da semiliberdade, a realização de atividades externas pelo adolescente independe de autorização judicial (art. 120, *caput*, do ECA); **B:** incorreta, pois a remissão concedida pelo Ministério Público pode incluir, independente de autorização judicial, a aplicação de qualquer das medidas previstas no ECA, exceto a colocação em regime de semiliberdade e a internação, medidas para as quais se exige expressa determinação judicial; **C**: correta, pois somente será permitida a saída do adotando do território nacional após o trânsito em julgado da decisão de adoção internacional. Oportuno ressaltar que a autoridade judiciária poderá autorizar, por meio de alvará, além da própria viagem, a obtenção de passaporte, constando, obrigatoriamente, as características da criança ou adolescente adotado, como idade, cor, sexo, eventuais sinais ou traços peculiares, assim como foto recente e a aposição da impressão digital do seu polegar direito, instruindo o documento com cópia autenticada da decisão e certidão de trânsito em julgado (art. 52, §§ 8º e 9º, do ECA); **D**: incorreta, pois não se exige autorização judicial para a realização de campeonato desportivo durante o período letivo e em horário escolar; **E**: incorreta, pois em havendo suspeita de maus-tratos ou abuso, a autoridade judiciária poderá suspender temporariamente a visita, inclusive de pais ou responsável, por existirem motivos sérios e fundados de sua prejudicialidade aos interesses da criança ou do adolescente (art. 124, § 2º, do ECA).

Gabarito "C"

(Magistratura/CE – 2014 – FCC) É garantia da educação escolar pública, segundo a Lei de Diretrizes e Bases da Educação,

(A) o acesso até o ensino fundamental como direito público subjetivo.

(B) o acesso público e gratuito exclusivamente ao ensino fundamental, àqueles que não o concluíram em idade própria.

(C) o atendimento educacional especializado gratuito aos educandos com deficiência, transtornos globais do desenvolvimento e altas habilidades ou superdotação, preferencialmente na rede regular de ensino.

(D) a educação infantil gratuita às crianças de até 6 (seis) anos de idade.

(E) o atendimento ao educando, no ensino fundamental, por meio de programas suplementares de material didático escolar, transporte, alimentação e assistência à saúde.

A: incorreta, pois é garantido o acesso aos níveis mais elevados do ensino, da pesquisa e da criação artística, segundo a capacidade de cada um (art. 4º, V, da Lei 9.394/1996); **B:** incorreta, pois é garantido o acesso público e gratuito aos ensinos fundamental e médio para todos os que não os concluíram na idade própria (art. 4º, IV, da Lei 9.394/1996); **C:** correta, pois a alternativa está de acordo com o disposto no artigo 4º, III, da Lei 9.394/1996; **D:** incorreta, pois é garantida a educação infantil gratuita às crianças de até 5 (cinco) anos de idade (art. 4º,II, da Lei 9.394/1996); **E:** incorreta, pois o atendimento ao educando, por meio de programas suplementares, de material didático-escolar, transporte, alimentação e assistência à saúde, deve ser garantido em todas as etapas da educação básica (art. 4º, VIII, da Lei 9.394/1996).

Gabarito "C"

(Magistratura/CE – 2014 – FCC) A respeito do financiamento e cofinanciamento do sistema socioeducativo, a Lei 12.594/2012 dispõe:

(A) Incumbe aos Estados manter programas de execução das medidas de liberdade assistida, semiliberdade e de internação, bem como editar normas complementares para organização de seu sistema e dos sistemas municipais.

(B) O Conselho Estadual de Direitos da Criança e do Adolescente definirá, anualmente, o percentual de recursos dos Fundos dos Direitos da Criança e do Adolescente a serem aplicados nas ações previstas pela Lei em destaque.

(C) Compete ao município cofinanciar, juntamente com os demais entes federados, a execução de programas e ações destinadas ao atendimento inicial de adolescente apreendido para apuração de ato infracional.

(D) Somente os entes federados estaduais e municipais deverão prestar informações sobre o desempenho de suas ações através do Sistema de Informações sobre Atendimento Socioeducativo, já que são os que executam diretamente as medidas socioeducativas privativas de liberdade e em meio aberto.

(E) O Sinase será cofinanciado com recursos dos orçamentos fiscais, além de outras fontes, exceto com os recursos da seguridade social.

A: incorreta, pois compete aos Estados criar, desenvolver e manter programas para a execução das medidas socioeducativas de semiliberdade e internação, ficando a cargo dos Municípios as medidas socioeducativas em meio aberto (artigos 4º, III, e 5º, III, da Lei 12.594/2012); **B:** incorreta, pois todos os Conselhos de Direitos, nas 3 (três) esferas de governo, definirão, anualmente, o percentual de recursos dos Fundos dos Direitos da Criança e do Adolescente a serem aplicados no financiamento das ações previstas na Lei do Sinase, em especial para capacitação, sistemas de informação e de avaliação (art. 31, *caput*, da Lei 12.594/2012); **C:** correta, pois a alternativa está de acordo com o disposto no art. 5º, VI, da Lei 12.594/2012; **D:** incorreta, pois todos os entes federados beneficiados com recursos do Fundo dos Direitos da Criança e do Adolescente para ações de atendimento socioeducativo prestarão informações sobre o desempenho dessas ações por meio do Sistema de Informações sobre Atendimento Socioeducativo (art. 31, parágrafo único, da Lei 12.594/2012); **E:** incorreta, pois o Sinase será cofinanciado com recursos dos orçamentos fiscais e também da seguridade social, além de outras fontes (art. 30, *caput*, da Lei 12.594/2012).

Gabarito "C"

(Defensoria/SP – 2013 – FCC) Na linha da Política do Ministério da Saúde para a atenção integral a usuários de álcool e drogas, incluindo o atendimento a crianças e adolescentes, o serviço CAPS AD III (Centro de Atenção Psicossocial de Álcool e Outras Drogas)

(A) garante visitas e atendimentos domiciliares a seus usuários, após o comparecimento espontâneo a três agendamentos.

(B) oferece atividade de oficinas terapêuticas executadas por profissionais de nível universitário ou de nível médio.

(C) não presta atendimento a crianças e adolescentes, que serão sempre acolhidos em CAPS Infantil.

(D) tem disponibilidade para atender somente casos já vinculados, mediante agendamento prévio, em razão da especialidade do serviço.

(E) não oferece serviço de abrigamento ou acolhimento noturno a seus usuários.

A: incorreta, pois não se exige o comparecimento espontâneo a três agendamentos para que sejam garantidas visitas e atendimentos domiciliares a usuários do serviço CAPS AD III (Centro de Atenção Psicossocial de Álcool e Outras Drogas), nos termos do item III, "d", do Anexo da Portaria 2.841/2010; **B:** correta, pois a alternativa traz uma das atividades previstas para o CAPS AD III, constante no item III, "c", do Anexo da Portaria 2.841/2010; **C:** incorreta, pois o CAPS AD III poderá se destinar a atender adultos ou crianças e adolescentes, conjunta ou separadamente, sendo que deverá se adequar ao que prevê o Estatuto da Criança e do Adolescente (art. 3º, *caput* e parágrafo único, da Portaria 130/2012); **D:** incorreta, pois o CAPS AD III tem disponibilidade para acolher casos novos e já vinculados, sem agendamento prévio e sem qualquer outra barreira de acesso, em todos os dias da semana, inclusive finais de semana e feriados, das 07 às 19 horas (art. 5º, III, da Portaria 130/2012); **E:** incorreta, pois o CAPS AD III oferece serviço de abrigamento ou acolhimento noturno a seus usuários (art. 5º, IV; art. 11, parágrafo único e art. 13, III, da Portaria 130/2012).

Gabarito "B"

(Defensoria/SP – 2013 – FCC) Em audiência instalada junto ao Fórum Especial da Infância e Juventude, nesta Capital, o magistrado competente tomou conhecimento de que um adolescente que cumpria medida socioeducativa em meio aberto estava sendo ameaçado de morte por traficantes de sua região, em razão da droga perdida quando de sua apreensão. Além de acionar o Programa de Proteção da Secretaria da Justiça e da Defesa da Cidadania do Estado, o d. magistrado expediu ofício à Secretaria de Assistência e Desenvolvimento Social do Município, determinando a realização de análise territorial sobre a capacidade protetiva da família, no sentido de conhecer a realidade local e a oferta de serviços capazes de atender à demanda. Tomando por base a Lei nº 8.742/93 e suas alterações, a diligência encaminhada à Secretaria de Assistência incide sobre seu objetivo legal de

(A) amparo a crianças e adolescentes.

(B) vigilância socioassistencial.

(C) proteção social.

(D) defesa de direitos.

(E) habilitação e reabilitação de pessoas.

A alternativa "B" está correta, pois a diligência descrita no enunciado retrata um dos objetivos da Assistência Social, previsto no art. 2º, II, da Lei 8.742/1993, que é a vigilância socioassistencial, cuja finalidade é a de analisar territorialmente a capacidade protetiva das famílias e nela a ocorrência de vulnerabilidades, de ameaças, de vitimizações e danos, ficando, portanto, excluídas as demais alternativas.

Gabarito "B"

(Defensoria/SP – 2013 – FCC) Analisando-se os paradigmas legislativos em matéria de infância e juventude, pode-se afirmar que antes da edição do Código de Mello Mattos, em 1927, vigorava o modelo

(A) higienista.

(B) da situação irregular.

(C) penal indiferenciado.

(D) da proteção integral.

(E) da institucionalização para a proteção.

A alternativa "C" está correta, ficando excluídas as demais. Inicialmente, o tratamento jurídico conferido à criança e ao adolescente era de **absoluta indiferença**, sem nenhum diploma legislativo que regulamentasse tais pessoas. Com as Ordenações Afonsinas e Filipinas, o Código Criminal do Império de 1830 e o Código Penal de 1890, passou-se a fase da mera **imputação criminal**, cujo único propósito era o de coibir a prática de ilícitos, ou seja, vigorava o Direito Penal indiferenciado, já que não havia tratamento diferenciado para o adolescente. "*O início do século XX foi um período de relevantes mudanças na sociedade brasileira, sobretudo na década de 20, o país atravessou uma fase de crise econômica e política da República Liberal, o que levou a um questionamento sobre o papel do Estado nas questões sociais. Neste período se inauguraram várias instituições para educação, repressão e assistência a crianças, conforme indicam Abreu e Martinez (1997, p. 28-9). Neste contexto estabelece-se a preocupação com a criminalidade juvenil. Por detrás do pequeno delito se ocultaria a monstruosidade. Havia uma perspectiva* ***higienista****, com o viés da eugenia. Unem-se a pedagogia, a puericultura e a ciência jurídica para atacar o problema, tido como ameaçador aos destinos da nação: 'o problema do menor'. Ocorre a conscientização quanto à gravidade das precárias condições de sobrevivência das crianças pobres. Havia epidemias, superstição materna e pátrio poder impermeável às orientações quanto às providências básicas de saúde e higiene. Era elevada a taxa de mortalidade infantil (PAES, Janiere Portela Leite. O Código de Menores e o Estatuto da Criança e do Adolescente: avanços e retrocessos.* Conteúdo Jurídico, Brasília-DF: 20 maio 2013. Disponível em: <http://www.conteudojuridico.com.br/?artigos&ver=2.43515&seo=1>. Acesso em: 14 set. 2014). Por sua vez, com o Código Mello Mattos de 1927 e o Código de Menores de 1979, iniciou-se a fase tutelar ou da **situação irregular**, em que se buscava tutelar a criança ou adolescente em situação de risco, privados de assistência (menores abandonados) ou em conflito com a lei (delinquentes infantojuvenis). A criança desamparada, nesta fase, ficava **institucionalizada** para a sua proteção, recebendo orientação e oportunidade para trabalhar. Por fim, com o Estatuto da Criança e do Adolescente de 1990, inaugurou-se a doutrina da **proteção integral**, destinado a tutelar todos os direitos das crianças e dos adolescentes, considerados como pessoas em desenvolvimento e sujeitos de direitos, sem qualquer distinção.

Gabarito "C"

(Defensoria/SP – 2013 – FCC) Diante do caráter excepcional e provisório da medida protetiva de acolhimento institucional, a Corregedoria Nacional de Justiça do CNJ editou, recentemente, o Provimento 32/13, visando garantir a realização dos eventos conhecidos como "audiências concentradas". A normativa estabelece:

(A) recomendação para que os processos referentes à medida de proteção sejam autuados em apenso a eventual ação de destituição do poder familiar, adoção ou outros procedimentos com rito próprio, a fim de possibilitar uma análise mais pormenorizada da situação do infante.

(B) sugestão de marcação dos autos com tarja específica que indique se tratar de infante acolhido, evitando-se ajuntada de fotografia da criança ou adolescente para preservar-lhe a identidade.

(C) o dever de que magistrados realizem as "audiências concentradas" anualmente, sendo facultativa sua realização em intervalos semestrais, desde que a entidade cumpra as exigências do art. 94, inciso XIV, do ECA.

(D) o dever de se lavrar atas que discorram sobre a realização das audiências concentradas, arquivando-as por unidade de acolhimento institucional, facultando-se a instauração de um único processo de acompanhamento em caso de Comarcas de pouco fluxo e caso a gerência das unidades pertencer à mesma entidade governamental ou não governamental.

(E) recomendação ao juiz para que encaminhe cópia dos autos ao Procurador-Geral de Justiça, para reexame nos termos do art. 28 do CPP, quando o Promotor de Justiça entender pela manutenção do acolhimento institucional, sem propositura de ação para destituição do poder familiar, em caso de acolhimento que perdure por mais de seis meses.

A: incorreta, pois a recomendação do CNJ é que o *processo de "medida de proteção" ou similar, referente ao infante em situação de risco, acolhido ou não, **seja preferencialmente autônomo** em relação a eventual ação de destituição do poder familiar de seus genitores, bem como à ação de adoção ou quaisquer outros procedimentos onde se deva observar o contraditório, podendo ser arquivado ou desarquivado por decisão judicial sempre que a situação de risco subsistir, para preservar, num só feito, o histórico do infante e, ao mesmo tempo, manter o processo sempre acessível, enquanto as outras ações, com rito próprio, possam se encontrar em carga com quaisquer das partes ou vir a ser objeto de recurso para os tribunais* (art. 4°, do Provimento 32/2013, do CNJ); **B:** incorreta, pois uma das sugestões na condução rotineira do processo é que haja foto da criança ou do adolescente, de preferência, na primeira página após a capa (artigo 2°, "b", do Provimento 32/2013, do CNJ); **C:** incorreta, pois o Juiz da Vara da Infância e Juventude deverá realizar, em cada semestre, preferencialmente nos meses de abril e outubro, as "audiências concentradas"; **D:** incorreta, pois uma das sugestões do roteiro para a realização das audiências é a confecção de **ata de audiência individualizada** para cada acolhido ou grupo de irmãos, com a assinatura dos presentes e as medidas tomadas, com a sua juntada aos respectivos autos (art. 1°, § 2°, VII, do Provimento 32/2013, do CNJ); **E:** correta, pois a alternativa está de acordo com o disposto no artigo 5°, parágrafo único, do Provimento 32/2013 do CNJ.

Gabarito "E"

(Defensor Público/AM – 2013 – FCC) Segundo a Política Nacional de Assistência Social (Resolução CNAS no 145/04), o princípio da matricialidade familiar corresponde à

(A) centralidade na família como âmbito de suas ações, já que se trata de um espaço privilegiado e insubstituível de proteção e ancoragem na socialização primária de seus membros.

(B) centralidade na figura materna como âmbito de suas ações, já que se trata da principal provedora de cuidados nas famílias monoparentais.

(C) desfamilização, abrandando a responsabilidade da família e destacando o dever de o Estado prover políticas que atendam às suas necessidades.

(D) desresponsabilização do Estado em sua função de garantir e assegurar as atenções básicas de proteção, desenvolvimento e inclusão social de todos os cidadãos.

(E) política social voltada ao aspecto tutelar, movida pela compaixão, consistindo em auxílio a problemas concretos, sendo o fornecimento de cesta básica um exemplo contundente dessa política.

A matricialidade sociofamiliar é uma das bases organizacionais do processo de gestão da Política Nacional de Assistência Social. De acordo com o Anexo I da resolução CNAS n° 145/2004, "embora haja o reconhecimento explícito sobre a importância da família na vida social e, portanto, merecedora da proteção do Estado, tal proteção tem sido cada vez mais discutida, na medida em que a realidade tem dado sinais cada vez mais evidentes de processos de penalização e desproteção das famílias brasileiras. Nesse contexto, a matricialidade sociofamiliar passa a ter papel de destaque no âmbito da Política Nacional de Assistência Social – PNAS. Esta ênfase está ancorada na premissa de que a centralidade da família e a superação da focalização, no âmbito da política de Assistência Social, repousam no pressuposto de que para a família prevenir, proteger, promover e incluir seus membros é necessário, em primeiro lugar, garantir condições de sustentabilidade para tal. Nesse sentido, a formulação da política de Assistência Social é pautada nas necessidades das famílias, seus membros e dos indivíduos". Ainda, "para a proteção social de Assistência Social o princípio de matricialidade sociofamiliar significa que: a família é o núcleo social básico de acolhida, convívio, autonomia, sustentabilidade e protagonismo social; a defesa do direito à convivência familiar, na proteção de Assistência Social, supera o conceito de família como unidade econômica, mera referência de cálculo de rendimento per capita e a entende como núcleo afetivo, vinculado por laços consanguíneos, de aliança ou afinidade, que circunscreve obrigações recíprocas e mútuas, organizadas em torno de relações de gerações e de gêneros; a família deve ser apoiada e ter acesso a condições para responder ao seu papel no sustento, na guarda e na educação de suas crianças e adolescentes, bem como na proteção de seus idosos e portadores de deficiência; o fortalecimento de oportunidade de convívio, educação e proteção social, na própria família, não restringe as responsabilidades públicas de proteção social para com os indivíduos e a sociedade".

Gabarito "A"

(Defensor Público/AM – 2013 – FCC) A Política do Ministério da Saúde para a atenção integral a usuários de álcool e drogas tem como uma de suas diretrizes:

(A) a existência de uma rede de dispositivos tipo Centro de Atendimento Psicossocial Álcool e Drogas (CAP-Sad), capazes de oferecer atendimento somente na modalidade não intensiva.

(B) a necessidade de estruturação e fortalecimento de rede centrada na reabilitação através do isolamento como forma de tratamento eficaz.

(C) a manutenção dos leitos psiquiátricos, em hospitais psiquiátricos, para atendimento de seu público alvo.

(D) a formulação de política tendo como base que todo usuário é um indivíduo doente e que requer internação, fortalecendo-se reflexamente a segurança pública.

(E) o respeito à Lei 0.216/2001, como instrumento legal máximo para a política de atenção.

A: incorreta, pois os Centros de Atendimento Psicossocial Álcool e Drogas deve oferecer atendimento nas modalidades intensiva, semi-intensiva e não intensiva, permitindo o planejamento terapêutico dentro de uma perspectiva individualizada de evolução contínua; **B:** incorreta, pois há a necessidade de estruturação e fortalecimento de uma rede de assistência centrada na atenção comunitária associada à rede de serviços de saúde e sociais, que tenha ênfase na reabilitação e reinserção social dos seus usuários, sempre considerando que a oferta de cuidados a pessoas que apresentem problemas decorrentes do uso de álcool e outras drogas deve ser baseada em dispositivos extra-hospitalares de atenção psicossocial especializada, devidamente articulados à rede assistencial em saúde mental e ao restante da rede de saúde; **C:** incorreta, pois a rede proposta se baseia em serviços comunitários, apoiados por leitos psiquiátricos em hospital geral e outras práticas de atenção comunitária (ex.: internação domiciliar, discussão comunitária de serviços), de acordo com as necessidades da população-alvo dos trabalhos; **D:** incorreta. Muito pelo contrário, pois um dos objetivos é formular políticas que possam desconstruir o senso comum de que todo usuário de droga é um doente que requer internação, prisão ou absolvição; **E:** correta. As diretrizes para uma política ministerial específica para a atenção a estes indivíduos estão em consonância com os princípios da política de saúde mental vigente regulamentada e respaldada pela Lei Federal 10.216/2001

Gabarito "E"

(Defensor Público/PR – 2012 – FCC) Analise as afirmações abaixo sobre o Sistema de Garantia dos Direitos da Criança e do Adolescente – SGD.

I. Os órgãos públicos e as organizações da sociedade civil que integram o Sistema de Garantia dos Direitos da Criança e do Adolescente – SGD deverão exercer suas funções em rede como, por exemplo, a integração operacional de órgão do Judiciário, Ministério Público, Defensoria, Segurança Pública e Assistência Social, preferencialmente em um mesmo local, para efeito de agilização do atendimento inicial a adolescente a quem se atribua autoria de ato infracional.

II. O Sistema de Garantia dos Direitos da Criança e do Adolescente articular-se-á com todos os sistemas nacionais de operacionalização de políticas públicas, especialmente nas áreas da saúde, educação, assistência social, trabalho, segurança pública, planejamento, orçamentária, relações exteriores e promoção da igualdade e valorização da diversidade.

III. Consideram-se instrumentos normativos de promoção, defesa e controle da efetivação dos direitos humanos da criança e do adolescente as normas internacionais não convencionais, aprovadas como Resoluções da Assembleia Geral das Nações Unidas, a respeito da matéria.

Está correto o que se afirma em

(A) I, II e III.
(B) I e II, apenas.
(C) II e III, apenas.
(D) I e III, apenas.
(E) I, apenas.

I: correta (art. 88, V, do ECA); **II:** correta (art. 88, VI, do ECA); **III:** correta. Os principais documentos internacionais heterogêneos de proteção ao infante são: convenções da Organização Internacional do Trabalho; Declaração de Genebra – Carta da Liga sobre a Criança de 1924; Declaração dos Direitos da Criança de 1959, dentre outros.

Gabarito "A"

(Defensor Público/PR – 2012 – FCC) Assinale a alternativa que correlaciona corretamente o caso hipotético e o procedimento apresentado.

	Caso hipotético	Procedimento
(A)	Desaparecimento de criança e adolescente.	Os órgãos competentes que receberam a notificação poderão comunicar o fato aos portos, aeroportos, Polícia Rodoviária e companhias de transporte interestaduais e internacionais.
(B)	Gestantes ou mães que manifestam interesse em entregar seus filhos para adoção.	Serão obrigatoriamente encaminhadas ao Ministério Público da Infância e Juventude.
(C)	Reiteração de faltas injustificadas e de evasão escolar, esgotados os recursos escolares.	Os dirigentes de estabelecimentos de ensino fundamental comunicarão ao Conselho Municipal dos Direitos da Criança e do Adolescente.
(D)	Afastamento da criança ou do adolescente de sua família de origem.	A autoridade judiciária não poderá investigar os fatos e ordenar de ofício as providências necessárias.
(E)	Adolescente apreendido por força de ordem judicial.	Será, desde logo, encaminhado à autoridade policial competente.

A: incorreta, pois a investigação do desaparecimento de crianças ou adolescentes será realizada imediatamente após notificação aos órgãos competentes, que deverão comunicar o fato aos portos, aeroportos, Polícia Rodoviária e companhias de transporte interestaduais e internacionais, fornecendo-lhes todos os dados necessários à identificação do desaparecido (art. 208, § 2º, do ECA); **B:** incorreta, pois caberá ao poder público proporcionar às gestantes ou mães que manifestarem intenção de entregar seu filho a devida assistência psicológica (art. 8º, § 5º, do ECA, cuja redação foi modificada por força da Lei 13.257/2016); **C:** incorreta, pois no caso descrito na alternativa caberá aos dirigentes de estabelecimento de ensino comunicar o fato ao Conselho Tutelar (art. 56, do ECA); **D:** correta, já que se exige procedimento judicial contencioso, a pedido do Ministério Público ou de quem tenha legítimo interesse (art. 101, § 2º, do ECA); **E:** incorreta, pois o adolescente apreendido será desde logo encaminhado à autoridade judiciária competente (art. 171, do ECA).

Gabarito "D"

(Defensor Público/SP – 2012 – FCC) No caso de crianças e adolescentes com perda ou fragilidade de vínculos de afetividade e sociabilidade ou que tenham optado por alternativas diferenciadas de sobrevivência que possam representar risco pessoal e social, dentre outros casos, a Lei 8.742/1993, que organiza a Assistência Social e a Resolução nº 145/2004, que institui a Política Nacional de Assistência Social, previram os serviços socioassistenciais.

Estes serviços, na referência da

(A) substitutividade, visam forçar que o Estado exerça o papel da família, utilizando-se de instrumentos de acolhimento institucional ou contenção da criança e do adolescente.
(B) vigilância social, visam compensar o valor inadequado do salário-mínimo percebido por adolescente

a partir dos 16 anos de idade, excluindo as situações de desemprego, cuja situação é abrangida por outra referência.

(C) defesa social, visam definir situações de necessária reclusão e de perda das relações, com encaminhamento de crianças e adolescentes à apartação social.

(D) proteção social, visam garantir a segurança da sobrevivência, de acolhida e de convívio ou vivência familiar.

(E) proteção individual, visam inserir a criança e o adolescente em programas de proteção à vítima de ameaça ou violência.

A: incorreta, pois de acordo com a Política Nacional de Assistência Social, busca-se um conjunto integrado de ações e iniciativas do governo e da sociedade civil para garantir proteção social para quem dela necessitar (Resolução nº 145/2004); **B:** incorreta, pois a vigilância socioassistencial, como um dos objetivos da assistência social, visa analisar territorialmente a capacidade protetiva das famílias e nela a ocorrência de vulnerabilidades, de ameaças, de vitimizações e danos (art. 2º, II, da Lei nº 8.742/1993); **C:** incorreta, pois a defesa de direitos, como um dos objetivos da assistência social, visa à garantir o pleno acesso aos direitos no conjunto das provisões socioassistenciais (art. 2º, III, da Lei nº 8.742/1993); **D:** correta (arts. 2º, I e art. 6º-A, I e II, ambos da Lei 8.742/1993); **E:** incorreta, pois a Política Pública de Assistência Social visa à proteção social básica e especial (de média e alta complexidade) e não individual.

Gabarito "D"

17. Processo Coletivo

Marcos Destefenni, Roberta Densa e Wander Garcia*

1. INTERESSES DIFUSOS, COLETIVOS E INDIVIDUAIS HOMOGÊNEOS E PRINCÍPIOS

(Defensor Público/AM – 2013 – FCC) São hipóteses de causas de interesses difusos, coletivos e individuais homogêneos, respectivamente,

(A) instituição de reserva legal em área particular, convenção coletiva que viola direito dos trabalhadores de uma empresa de montagem de veículos e *recall* de veículo do tipo A.

(B) área de preservação permanente em bem público, área de preservação permanente em loteamento e área de preservação permanente em propriedade particular individual.

(C) propaganda enganosa veiculada em jornal de pequena circulação, regularização de loteamento clandestino e poluição sonora do bairro X.

(D) poluição causada por indústria multinacional, poluição causada por indústria nacional e poluição causada por indústria municipal.

(E) regularização de loteamento clandestino, poluição de córrego na cidade Y e cláusula abusiva em contrato de adesão de financiamento da instituição financeira Z.

A: correta, pois a instituição da reserva legal está afeta a interesse difuso (meio ambiente ecologicamente equilibrado), a convenção coletiva interessa a uma categoria de trabalhadores e o recall está relacionado a uma lesão ou ameaça de lesão que tem origem comum; **B:** incorreta, pois preservação de área de preservação permanente está afeta a interesses difusos (meio ambiente ecologicamente equilibrado), independentemente de sua localização; **C:** incorreta, pois, por exemplo, a regularização de loteamento satisfaz interesse difuso (ordem urbanística); **D:** incorreta, pois a poluição causa lesão a interesse difuso, independentemente de quem a tenha praticado; **E:** incorreta, pois a poluição de um córrego ofende interesses difusos, ainda que o córrego esteja localizado em determinada cidade.

Gabarito "A"

(Defensor Público/PR – 2012 – FCC) Um mesmo fato pode trazer consequências para diferentes direitos difusos, coletivos e/ou individuais. Partindo dessa premissa, a alternativa que NÃO relaciona uma consequência a direito difuso é:

(A) Acidente em usina de energia nuclear, que causa a contaminação da nascente de um rio.

(B) Veiculação de publicidade abusiva que incite a discriminação racial.

(C) Fechamento de hospital público sem a instalação ou existência prévia de outra unidade de saúde na mesma região.

(D) Diminuição do horário letivo das escolas de ensino fundamental de um município de 6 para 2 horas, durante o restante do ano de 2012.

(E) Suspensão por tempo indeterminado e sem justificação de todas as linhas de ônibus que ligam determinado bairro ao centro da cidade.

A: correta, pois a contaminação do rio afronta direitos difusos (relacionado ao meio ambiente ecologicamente equilibrado); **B:** correta, pois a publicidade abusiva atinge número indeterminável de pessoas, ou seja, afronta direitos difusos; **C:** correta, pois há o interesse difuso no funcionamento do hospital. O seu fechamento ofende direitos difusos, afinal um número indeterminável de pessoas é potencial usuário de um hospital público; **D:** incorreta, devendo esta alternativa ser assinalada, pois, no caso, há uma relação jurídica base entre os estudantes e a instituição de ensino, de tal forma que a hipótese é de tutela de direitos coletivos no sentido estrito. Para corroborar a afirmação, é importante constatar que o direito é indivisível, isto é, pertence igualmente a todo o grupo de estudantes; **E:** correta, pois é atingido um número indeterminável de pessoas, usuários e potenciais usuários do sistema de transporte público afrontando-se direitos difusos.

Gabarito "D"

(Defensoria Pública/SP – 2010 – FCC) Uma comunidade carente, vitimada pela perda de suas moradias e mobiliários por força de enchentes sucessivas em seu bairro, caracteriza, para fins de tutela metaindividual, qual categoria de direitos?

(A) Direitos transindividuais, de natureza indivisível, com titulares de direitos determinados, ligados com a parte contrária por circunstância de fato.

(B) Direitos transindividuais, de natureza indivisível, com titulares indetermináveis, ligadas por circunstância de fato.

(C) Direitos coletivos, com titulares indetermináveis, ligados entre si por relação jurídica base.

(D) Direitos individuais homogêneos, com titulares determinados, ligados entre si por relação jurídica base.

(E) Direitos individuais homogêneos, com titulares determinados, ligados entre si por circunstância de fato.

Trata-se de direito individual homogêneo pelo fato de a origem ser *comum*, que, no caso, é a circunstância de fato da *enchente*. Ademais, os interessados são *determináveis*, ao contrário dos interesses difusos, e o objeto de interesse é *divisível*, já que cada vítima terá direito à sua própria indenização.

Gabarito "E"

(Defensoria/MA – 2009 – FCC) A defesa coletiva será exercida quando se tratar de interesses ou direitos:

(A) difusos, assim entendidos os transindividuais, de natureza divisível, de que sejam titulares pessoas determinadas e ligadas por circunstâncias de fato.

(B) coletivos, assim entendidos os transindividuais, de natureza divisível de que seja titular grupo, categoria ou classe de pessoas ligadas entre si ou com a parte contrária por uma relação jurídica base.

* **Roberta Densa** atualizou todas as questões do capítulo e comentou as questões dos seguintes concursos: DPE/BA/16 E DPE/ES/16; **Marcos Destefenni** comentou as questões dos seguintes concursos: DEF/AM/13, DEF/PR/12, DEF/SP/12, MP/CE/11; **Wander Garcia** comentou as demais questões.

(C) individuais homogêneos, assim entendidos os transindividuais, de natureza divisível de que seja titular grupo, categoria ou classe de pessoas ligadas entre si ou com a parte contrária decorrentes de origem comum.

(D) coletivos, assim entendidos os transindividuais, de natureza indivisível de que seja titular grupo, categoria ou classe de pessoas ligadas entre si ou com a parte contrária por uma relação jurídica base.

(E) difusos, assim entendidos os transindividuais, de natureza indivisível de que seja titular grupo, categoria ou classe de pessoas ligadas entre si ou com a parte contrária por circunstâncias de fato.

Art. 81, parágrafo único, do CDC.

Gabarito "D"

2. COMPETÊNCIA, CONEXÃO, CONTINÊNCIA E LITISPENDÊNCIA

(Ministério Público/CE – 2011 – FCC) A ação civil pública será proposta

(A) facultativamente no local onde ocorreu o dano ou no domicílio do réu, mas sua propositura não prevenirá a jurisdição para as ações posteriormente intentadas, ainda que tenham a mesma causa de pedir ou o mesmo objeto, porque a hipótese se qualifica como de ações concorrentes.

(B) sempre no domicílio do réu e, havendo mais de um, no de qualquer deles, mas sua propositura prevenirá a jurisdição do juízo para todas as ações posteriormente intentadas que possuam a mesma causa de pedir ou o mesmo objeto.

(C) no foro do local onde ocorrer o dano, cujo juízo terá competência funcional para processar e julgar a causa e sua propositura prevenirá a jurisdição do juízo para todas as ações posteriormente intentadas que possuam a mesma causa de pedir ou o mesmo objeto.

(D) facultativamente, quando a competência for da Justiça Estadual, no foro do local onde ocorreu o dano ou no da Capital do Estado, e, quando neste último, prevenirá a jurisdição para as ações posteriormente intentadas que possuem a mesma causa de pedir e o mesmo objeto.

(E) no foro do domicílio do autor, qualquer que seja o domicílio do réu ou o local dos fatos, e prevenirá a jurisdição do juízo para todas as ações posteriormente intentadas que possuem a mesma causa de pedir ou o mesmo objeto.

A: incorreta, pois a ação deve ser proposta no foro do local do dano (art. 2º da LACP). A hipótese é de competência absoluta. Além disso, há prevenção para as ações conexas posteriormente intentadas; **B:** incorreta, conforme anotado no item anterior; **C:** correta, pois é o que estabelece o art. 2º da LACP; **D:** incorreta, pois, conforme mencionado, a competência do foro do local do dano é absoluta; **E:** incorreta, pelo que já foi comentado.

Gabarito "C"

(Defensor Público/PR – 2012 – FCC) Um cidadão procura os serviços de assistência jurídica da Defensoria Pública do Paraná em Curitiba, relatando a cobrança da "taxa para procedimentos operacionais", no valor de R$ 5.000,00, pelo Banco Lucrobom, para a expedição da declaração de quitação integral do financiamento imobiliário que havia contratado. Ao pesquisar sobre o assunto, o Defensor Público responsável pelo caso identificou uma ação civil pública ajuizada pela Defensoria Pública do Ceará, na 1ª Vara Cível da Comarca de Fortaleza, contra o mesmo banco e questionando a mesma taxa, cuja sentença, ao julgar procedente a demanda, proibiu a cobrança da taxa em novas oportunidades e determinou a devolução em dobro para aqueles que já a haviam custeado. A decisão transitara em julgado um mês antes, após julgamento da apelação, à qual se negou provimento, pelo Tribunal de Justiça do Ceará. Diante desses fatos, a medida a ser adotada pelo Defensor Público é

(A) o ajuizamento de ação individual de conhecimento em Curitiba, já que a eficácia da sentença em ação civil pública limita-se à competência territorial do órgão prolator e apenas os residentes em Fortaleza podem executar aquela decisão.

(B) a execução individual da decisão em Curitiba, já que a eficácia da sentença em ação civil pública não sofre limitação territorial, alcançando todos que dela possam beneficiar-se.

(C) o encaminhamento do caso para a Defensoria Pública do Ceará para que a decisão seja executada em Fortaleza, ainda que o cidadão resida em Curitiba, já que a eficácia da sentença em ação civil pública limita-se à competência territorial do órgão prolator.

(D) o encaminhamento do caso para a Defensoria Pública do Ceará para que a decisão seja executada em qualquer comarca do Ceará, ainda que o cidadão resida em Curitiba, já que a eficácia da sentença em ação civil pública limita-se à competência territorial do órgão prolator, que é o Tribunal de Justiça do Ceará, por ter manifestado-se sobre o mérito da ação no julgamento da apelação.

(E) o ajuizamento de ação individual de conhecimento em Curitiba, já que a eficácia da sentença em ação civil pública limita-se à competência territorial do órgão prolator e como houve manifestação do Tribunal de Justiça do Ceará no caso, apenas os residentes daquele estado podem executar a decisão.

A: incorreta, pois referido entendimento está superado, conforme comentários à próxima assertiva; **B:** correta, pois esse é o atual entendimento do STJ, cuja Corte Especial, no julgamento do REsp 1.243.887/PR (Rel. Min. Luis Felipe Salomão, DJe de 12/12/2011), firmou a seguinte orientação jurisprudencial: "Direito processual. Recurso representativo de controvérsia (art. 543-C, CPC [art. 1.036 do NCPC]). Direitos metaindividuais. Ação civil pública. Apadeco x Banestado. Expurgos inflacionários. Execução/liquidação individual. Foro competente. Alcance objetivo e subjetivo dos efeitos da sentença coletiva. Limitação territorial. Impropriedade. Revisão jurisprudencial. Limitação aos associados. Inviabilidade. Ofensa à coisa julgada. A liquidação e a execução individual de sentença genérica proferida em ação civil coletiva pode ser ajuizada no foro do domicílio do beneficiário, porquanto os efeitos e a eficácia da sentença não estão circunscritos a lindes geográficos, mas aos limites objetivos e subjetivos do que foi decidido, levando-se em conta, para tanto, sempre a extensão do dano e a qualidade dos interesses metaindividuais postos em juízo (arts. 468, 472 e 474, CPC [arts. 504, 506 e 508 do NCPC] e 93 e 103, CDC)"; **C:** incorreta, conforme se depreende do comentário anterior; **D:** incorreta, pelas razões já expostas; **E:** incorreta, conforme o exposto em relação à alternativa "B".

Gabarito "B"

(Defensor Público/PR – 2012 – FCC) A Defensoria Pública do Paraná ajuíza ação civil pública em face do Estado do Paraná e do Município de Cascavel. Um mês depois, o Ministério Público ajuíza ação com idêntico pedido e idêntica causa de pedir, em face do Município de Cascavel. Nesta hipótese, verifica-se a ocorrência de

(A) conexão.
(B) continência.
(C) litispendência.
(D) conexão em relação ao Estado do Paraná e continência em relação ao Município de Cascavel.
(E) ausência de identidade entre os processos, por se tratarem de autores diferentes.

A: incorreta, pois, no caso, há identidade entre os elementos da demanda (mesmo réu, mesma causa de pedir e mesmo pedido). Sendo assim, o fenômeno é o da litispendência. O fato de o autor ser formalmente diferente não impede o reconhecimento da litispendência, decorrente da tríplice identidade, no processo coletivo, pois o autor da demanda postula em juízo direitos que não são seus, mas que pertencem à coletividade; **B:** incorreta, pois os pedidos são idênticos. Haveria possibilidade de continência se os pedidos deduzidos em uma demanda fossem mais amplos do que os pedidos deduzidos na outra; **C:** correta, pois, conforme exposto, há identidade entre os elementos objetivos (causa de pedir e pedido) e subjetivos (partes) da demanda, o que caracteriza a litispendência; **D:** incorreta, pois, como se disse, não há continência, que pressupõe diferença de amplitude dos pedidos; **E:** incorreta, pois, conforme se disse, há identidade entre elementos da demanda.

Gabarito "C"

(Defensoria Pública/SP – 2010 – FCC) Um Defensor Público da Defensoria Regional de Presidente Prudente ajuíza, na capital do Estado, ação civil pública em face do Estado de São Paulo, visando a supressão de "lista de espera" de centenas de pessoas com deficiência que, há 10 anos, aguardam, em lista do SUS, distribuição de cadeiras de rodas, próteses e órteses, veiculando pleito de imediato fornecimento desses equipamentos de inclusão social. As pessoas, que há anos esperam o fornecimento administrativo desses equipamentos, estão espalhadas por 30 cidades que integram a referida regional. Sob o aspecto da competência, o ajuizamento dessa ação civil pública está:

(A) correto em vista do âmbito regional dos danos.
(B) correto, pois é na capital o foro de domicílio do ente demandado.
(C) incorreto, pois a ação coletiva deveria ter sido distribuída na comarca sede da Defensoria Regional.
(D) incorreto, pois deveriam ser ajuizadas uma ação civil pública em cada cidade da região.
(E) correto, posto tratar-se de competências concorrentes.

Art. 93, II, do CDC.

Gabarito "A"

3. LEGITIMAÇÃO, LEGITIMADOS, MINISTÉRIO PÚBLICO E LITISCONSÓRCIO

(Defensor Público/AM – 2013 – FCC) Com relação à legitimidade ativa para propor ação civil pública, é correto afirmar:

(A) Dos legitimados ativos, somente o Ministério Público e a Defensoria Pública podem ajuizar ação civil pública sem necessidade de demonstração da pertinência temática.
(B) Com relação à associação, o requisito da pertinência temática pode ser dispensado pelo juiz, quando haja manifesto interesse social evidenciado pela dimensão ou característica do dano, ou pela relevância do bem jurídico a ser protegido.
(C) A Defensoria Pública passou a ter legitimidade ativa para a propositura de ação civil pública com o advento da Constituição Federal de 1988.
(D) Tratando-se de ação civil pública envolvendo pessoas carentes a Defensoria Pública deve intervir como *custos legis*.
(E) Nos termos da Lei da Ação Civil Pública, dentre os legitimados ativos para a sua propositura, somente o Ministério Público pode instaurar inquérito civil.

A: incorreta, pois, de certa forma, mesmo no caso de ações propostas pelo Ministério Público e pela Defensoria Pública há consideração da pertinência temática. Por exemplo, o Ministério Público não pode propor ação para tutelar interesses individuais disponíveis sem relevância social. E a Defensoria Pública não pode tutelar interesses individuais homogêneos de pessoas que não sejam necessitadas; **B:** incorreta, pois, nos termos do art. 5º, § 4º, da Lei n. 7.347/1985, é o requisito da pré-constituição que poderá ser dispensado pelo juiz, quando haja manifesto interesse social evidenciado pela dimensão ou característica do dano, ou pela relevância do bem jurídico a ser protegido; **C:** incorreta, pois a legitimidade da Defensoria Pública passou a ser defendida com o advento do Código de Defesa do Consumidor (art. 82, III, da Lei 8.078/1990) e se tornou explícita com a Lei 11.448/2007; **D:** incorreta, pois a função de intervir como *custos legis* é do Ministério Público (art. 5º, § 1º, da Lei 7.347/1985). A Defensoria Pública poderá ser autora da ação; **E:** correta, pois o art. 8º, § 1º, da Lei 7.347/1985 restringe a legitimidade ao Ministério Público.

Gabarito "E"

(Defensor Público/AM – 2013 – FCC) A Defensoria Pública de um Estado ajuizou ação civil pública contra regra de edital de processo seletivo de transferência voluntária de Universidade Pública do mesmo Estado, que previu, como condição essencial para inscrição de interessados e critério de cálculo da ordem classificatória, a participação no Enem, exigindo nota média mínima. Nesse caso,

(A) o direito à educação é garantia de natureza universal e de resultado orientada ao "pleno desenvolvimento da personalidade humana e do sentido de sua dignidade" sendo, porém, direito público subjetivo disponível, razão pela qual a Defensoria Pública não possui interesse processual nem legitimidade ativa para essa ação.
(B) a jurisprudência do STJ admite que os legitimados para a ação civil pública protejam interesses individuais homogêneos, sendo que a educação é da máxima relevância no Estado Social, daí ser integral e incondicionalmente aplicável, nesse campo, o meio processual da Ação Civil Pública, que representa contraposição à técnica tradicional de solução atomizada de conflitos.
(C) a Defensoria Pública, instituição altruísta por natureza, é essencial à função jurisdicional do Estado, nos termos do art. 134, *caput*, da Constituição Federal; todavia, como não atuou exclusivamente na defesa de hipossuficientes a ação deverá ser extinta sem julgamento do mérito, por ilegitimidade de causa.
(D) a legitimidade para referida ação é do Ministério Público – e não da Defensoria Pública – tendo em vista que a natureza jurídica do direito defendido é indisponível.

(E) cabe à Defensoria Pública a tutela de qualquer interesse individual homogêneo, coletivo *stricto sensu* ou difuso, desde que presente a representatividade adequada.

A: incorreta, pois o direito à educação é indisponível, conforme será demonstrado nos comentários à próxima assertiva; **B:** correta, pois assim já decidiu o STJ (REsp 1.264.116/RS, Segunda Turma, Rel. Min. Herman Benjamin): "administrativo. Ação civil pública. Direito à educação. Art. 13 do Pacto Internacional sobre Direitos Econômicos, Sociais e Culturais. Defensoria Pública. Lei 7.347/85. Processo de transferência voluntária em instituição de ensino. Legitimidade ativa. Lei 11.448/2007. Tutela de interesses individuais homogêneos. 1. Trata-se na origem de Ação Civil Pública proposta pela Defensoria Pública contra regra em edital de processo seletivo de transferência voluntária da UFCSPA, ano 2009, que previu, como condição essencial para inscrição de interessados e critério de cálculo da ordem classificatória, a participação no Enem, exigindo nota média mínima. Sentença e acórdão negaram legitimação para agir à Defensoria. 2. O direito à educação, responsabilidade do Estado e da família (art. 205 da Constituição Federal), é garantia de natureza universal de resultado, orientada ao "pleno desenvolvimento da personalidade humana e do sentido de sua dignidade" (art. 13, do Pacto Internacional sobre Direitos Econômicos, Sociais e Culturais, adotado pela XXI Sessão da Assembleia Geral das Nações Unidas, em 19 de dezembro de 1966, aprovado pelo Congresso Nacional por meio do Decreto Legislativo 226, de 12 de dezembro de 1991, e promulgado pelo Decreto 591, de 7 de julho de 1992), daí não poder sofrer limitação no plano do exercício, nem da implementação administrativa ou judicial. Ao juiz, mais do que a ninguém, compete zelar pela plena eficácia do direito à educação, sendo incompatível com essa sua essencial, nobre, indeclinável missão interpretar de maneira restritiva as normas que o asseguram nacional e internacionalmente. 3. É sólida a jurisprudência do STJ que admite possam os legitimados para a propositura de Ação Civil Pública proteger interesse individual homogêneo, mormente porque a educação, mote da presente discussão, é da máxima relevância no Estado Social, daí ser integral e incondicionalmente aplicável, nesse campo, o meio processual da Ação Civil Pública, que representa 'contraposição à técnica tradicional de solução atomizada' de conflitos (REsp 1.225.010/PE, Rel. Ministro Mauro Campbell Marques, Segunda Turma, DJe 15/03/2011). 4. A Defensoria Pública, instituição altruísta por natureza, é essencial à função jurisdicional do Estado, nos termos do art. 134, *caput*, da Constituição Federal. A rigor, mormente em países de grande desigualdade social, em que a largas parcelas da população – aos pobres sobretudo – nega-se acesso efetivo ao Judiciário, como ocorre infelizmente no Brasil, seria impróprio falar em verdadeiro Estado de Direito sem a existência de uma Defensoria Pública nacionalmente organizada, conhecida de todos e por todos respeitada, capaz de atender aos necessitados da maneira mais profissional e eficaz possível. 5. O direito à educação legitima a propositura da Ação Civil Pública, inclusive pela Defensoria Pública, cuja intervenção, na esfera dos interesses e direitos individuais homogêneos, não se limita às relações de consumo ou à salvaguarda da criança e do idoso. Ao certo, cabe à Defensoria Pública a tutela de qualquer interesse individual homogêneo, coletivo stricto sensu ou difuso, pois sua legitimidade ad causam, no essencial, não se guia pelas características ou perfil do objeto de tutela (= critério objetivo), mas pela natureza ou *status* dos sujeitos protegidos, concreta ou abstratamente defendidos, os necessitados (= critério subjetivo). 6. 'É imperioso reiterar, conforme precedentes do Superior Tribunal de Justiça, que a *legitimatio ad causam* da Defensoria Pública para intentar ação civil pública na defesa de interesses transindividuais de hipossuficientes é reconhecida antes mesmo do advento da Lei 11.448/2007, dada a relevância social (e jurídica) do direito que se pretende tutelar e do próprio fim do ordenamento jurídico brasileiro: assegurar a dignidade da pessoa humana, entendida como núcleo central dos direitos fundamentais' (REsp 1.106.515/MG, Rel. Ministro Arnaldo Esteves Lima, Primeira Turma, DJe 02/02/2011). 7. Recurso Especial provido para reconhecer a legitimidade ativa da Defensoria Pública para a propositura da Ação Civil Pública"; **C:** incorreta, como se depreende dos comentários anteriores; **D:** incorreta, pois a Defensoria Pública tem legitimidade, conforme consignado; **E:** incorreta, pois a Defensoria Pública não tem legitimidade para tutelar todo e qualquer direito individual. Deve sempre ser analisada a questão da vulnerabilidade.

Gabarito "B"

(Defensor Público/SP – 2012 – FCC) Tramita no Supremo Tribunal Federal a Ação Direta de Inconstitucionalidade n. 3.943 interposta pela Associação Nacional dos Membros do Ministério Público – CONAMP, contestando a legitimidade da Defensoria Pública para a propositura de Ação Civil Pública, sob a alegação, em linhas gerais, de que tal legitimidade da Defensoria Pública "afeta diretamente" as atribuições do Ministério Público. De acordo com os diplomas normativos e a doutrina dominante que tratam do Direito Processual Coletivo,

(A) a exclusão da Defensoria Pública do rol dos entes legitimados para a propositura da Ação Civil Pública, especialmente para a hipótese dos direitos difusos, notadamente no caso da proteção do ambiente, segue o caminho da ampliação do acesso à Justiça, encontrando suporte normativo na legislação processual coletiva e mesmo na Lei Fundamental de 1988.

(B) no caso da tutela coletiva dos direitos fundamentais sociais, o ajuizamento de Ação Civil Pública pela Defensoria Pública implica sobreposição de atribuições com o Ministério Público, tomando por base ainda que os beneficiários de tais medidas não se enquadram no público alvo da Defensoria Pública e, por tal razão, não haveria como identificar a pertinência temática no caso.

(C) a legitimidade da Defensoria Pública para a tutela coletiva de direitos difusos – como, por exemplo, a ordem urbanística, o direito aos serviços públicos essenciais de saúde e educação e o direito ao ambiente – está em perfeita sintonia com o art. 5º, II, e o rol exemplificativo de direitos coletivos em sentido amplo trazido pelo art. 1º, ambos da Lei 7.347/85.

(D) a Ação Direta de Inconstitucionalidade deve ser julgada procedente, tendo em vista a contrariedade existente entre o art. 5º, II, da Lei 7.347/85, e o art. 129, § 1º, da Constituição Federal de 1988, o qual confere ao Ministério Público exclusividade para a propositura de Ação Civil Pública.

(E) a legitimidade da Defensoria Pública em matéria de direitos difusos não pode ser admitida, mas tão somente em relação aos direitos individuais homogêneos, uma vez que não se faz possível a identificação dos beneficiários de uma Ação Civil Pública que tenha tal propósito.

A: incorreta, pois a mencionada exclusão contraria a tendência de ampliação do acesso à Justiça; **B:** incorreta, pois a lesão a direitos fundamentais sociais atinge, também, necessitados. Maiores considerações no item a seguir; **C:** correta, pois a legitimidade da Defensoria Pública, para o ajuizamento de ações coletivas, passou a constar expressamente do inciso II do art. 5º da Lei n. 7.347/1985, por força da inclusão determinada pela Lei 11.448/2007. E a jurisprudência tem corroborado essa legitimidade. Para ilustrar, pode ser citada a decisão proferida no REsp 912.849/RS (Rel. Min. José Delgado, DJe 28/04/2008): "Processual civil. Ação coletiva. Defensoria Pública. Legitimidade ativa. Art. 5º, II, da Lei 7.347/1985 (redação da Lei 11.448/2007). Precedente. 1. Recursos especiais contra acórdão que entendeu pela legitimidade ativa da Defensoria Pública para propor ação civil coletiva de interesse coletivo dos consumidores. 2. Este Superior Tribunal de Justiça vem-se posicionando no sentido de que, nos termos do art. 5º, II, da Lei 7.347/1985 (com a redação dada pela Lei 11.448/2007), a Defensoria Pública tem legitimidade para propor a ação principal e a ação cautelar em ações civis coletivas que buscam auferir responsabilidade por danos causados ao meio ambiente, ao consumidor, a bens e direitos de valor artístico, estético, histórico, turístico e paisagístico e dá outras providências". A legitimidade para a defesa de direitos difusos vem sendo afirmada em face do caráter indivisível desses direitos, pois é inegável que a lesão a interesses difusos também atinge os necessitados. Recentemente a Segunda Turma do STJ exaltou a legitimidade da Defensoria Pública no processo coletivo: "O direito à educação legitima a propositura da Ação Civil Pública, inclusive pela Defensoria Pública, cuja intervenção, na esfera dos interesses e direitos individuais homogêneos, não se limita às relações de consumo ou à salvaguarda da criança e do idoso. Ao certo, cabe à Defensoria Pública a tutela de qualquer interesse individual homogêneo, coletivo stricto sensu ou difuso, pois sua legitimidade ad causam, no essencial, não se guia pelas características ou perfil do objeto de tutela (= critério objetivo), mas pela natureza ou *status* dos sujeitos protegidos, concreta ou abstratamente defendidos, os necessitados (= critério subjetivo)" (REsp 1.264.116/RS, Rel. Min. Herman Benjamin, DJe 13/04/2012); **D:** incorreta, pois não há legitimidade exclusiva do Ministério Público para a propositura de ação civil pública (art. 5º da Lei 7.347/1985); **E:** incorreta, conforme as considerações feitas na assertiva "C".

Gabarito "C"

(Defensoria/MA – 2009 – FCC) Dentro da tutela dos direitos transindividuais, compete à Defensoria Pública:

(A) propor a ação principal e a ação cautelar de responsabilidade por danos morais e patrimoniais causados ao consumidor, ao meio ambiente e à ordem urbanística.

(B) instaurar, sob sua presidência, inquérito civil, ou requisitar, de qualquer organismo público ou particular, certidões, informações, exames ou perícias, no prazo que assinalar, o qual não poderá ser inferior a 10 (dez) dias úteis.

(C) uma vez esgotadas todas as diligências, se convencer da inexistência de fundamento para a propositura da ação civil, promover o arquivamento dos autos do inquérito civil ou das peças informativas, fazendo-o fundamentadamente.

(D) tomar dos interessados compromisso de ajustamento de sua conduta às exigências legais, mediante cominações, que terá eficácia de título executivo extrajudicial e promover, por conta disso, o arquivamento do inquérito civil correspondente.

(E) propor a ação principal e a ação cautelar para a tutela de direitos individuais dos necessitados, mas não para a tutela dos direitos transindividuais.

B, **C** e **D:** incorretas, pois a Defensoria Pública não pode instaurar inquérito civil, que é de competência exclusiva do Ministério Público, de modo que as alternativas em questão são impertinentes; **A:** correta e **E:** incorreta – a Defensoria Pública tem legitimidade para defender interesses transindividuais (art. 5º, II, da Lei 7.347/1985).

Gabarito "A"

4. OBJETO

(Defensoria/SP – 2007 – FCC) Na Ação Civil Pública e nos termos do pedido de tutela coletiva, reconhecendo a omissão ou deficiência do Poder Público na concretização da política pública definida em lei, o juiz tem o poder de determinar o seu cumprimento, legitimado:

(A) politicamente, com fundamento na discricionariedade judicial.

(B) constitucionalmente, com fundamento na discricionariedade judicial, exceto se para tanto tiver que declarar, incidentalmente, a inconstitucionalidade de norma envolvida.

(C) constitucionalmente, com fundamento em critérios objetivos de interpretação constitucional, de ponderação de valores, ainda que para tanto tenha que declarar, incidentalmente, a inconstitucionalidade por omissão em relação a política pública relativa ao bem jurídico constitucionalmente protegido.

(D) politicamente, com fundamento em critérios objetivos de interpretação constitucional, de ponderação de valores, ainda que para tanto tenha que adentrar o mérito do ato administrativo, para assim estabelecer a solução ótima para a satisfação do interesse público.

(E) constitucionalmente, com fundamento em critérios objetivos de interpretação constitucional, de ponderação de valores, ainda que para tanto tenha que, diante da "reserva do possível", estabelecer uma implementação gradual do direito social fundamental, a fim de preservar o seu "mínimo vital".

O juiz deve fundar suas decisões na Constituição, de modo que ficam excluídas as alternativas "A" e "D". A alternativa "B" também não calha, pois nada impede que o juiz reconheça, incidentalmente, a inconstitucionalidade. E a alternativa "C" não está correta, pois não observa a necessária ponderação de valores, para que se implemente, gradualmente, o direito social fundamental envolvido.

Gabarito "E"

5. COMPROMISSO DE AJUSTAMENTO

(Defensor Público – DPE/BA – 2016 – FCC) Na ação civil pública,

(A) o poder público possui legitimidade para propor a ação, habilitar-se como litisconsorte de qualquer das partes ou assumir a titularidade ativa em caso de desistência infundada ou abandono da ação por associação legitimada.

(B) o Ministério Público, com exclusividade, pode tomar dos interessados compromisso de ajustamento de sua conduta às exigências legais, que terá eficácia de título executivo judicial.

(C) poderá o juiz conceder mandado liminar, sempre com justificação prévia, em decisão não sujeita a recurso.

(D) a multa cominada liminarmente será exigível de imediato, devendo ser excutida em autos apartados, independentemente do trânsito em julgado.

(E) havendo condenação em dinheiro, a indenização será revertida ao Estado, que deverá aplicar os recursos na recomposição do dano.

A: correta. A legitimidade do poder público está expressamente prevista no art. 5º da LACP. O § 2º do mesmo artigo, por sua vez, permite expressamente o litisconsórcio facultativo do Poder Público e o § 3º determina expressamente que os legitimados poderão assumir a titularidade ativa em caso de desistência infundada ou abandono da causa. **B:** incorreta. O termo de ajustamento de conduta pode ser tomado, na forma do art. 5º, §, 6º, da LACP, pelos órgãos públicos legitimados. **C:** incorreta. A liminar prevista expressamente no art. 12 da LACP está sempre sujeita a recurso. **D:** incorreta. O § 2º do art. 12 da LACP prevê a possibilidade de cominação de multa em sede de liminar, que somente será exigível após o trânsito em julgado da decisão favorável ao autor, mas será devida desde o dia do descumprimento. **E:** incorreta. Nas ações coletivas, o valor da indenização deverá ser revertido ao fundo por conselhos, na forma do art. 13 da LACP: "Havendo condenação em dinheiro, a indenização pelo dano causado reverterá a um fundo gerido por um Conselho Federal ou por Conselhos Estaduais de que participarão necessariamente o Ministério Público e representantes da comunidade, sendo seus recursos destinados à reconstituição dos bens lesados".

Gabarito "A"

(Ministério Público/CE – 2011 – FCC) Os órgãos públicos legitimados à propositura de ação civil pública

(A) poderão tomar dos interessados compromisso de ajustamento de sua conduta às exigências legais, mediante cominações, que terá eficácia de título executivo extrajudicial.

(B) não poderão tomar dos interessados compromisso de ajustamento de conduta às exigências legais, exceto o Ministério Público ao qual a lei atribui essa competência com exclusividade.

(C) poderão tomar dos interessados compromisso de ajustamento de sua conduta às exigências legais, mediante cominações, que terá eficácia de título executivo judicial.

(D) poderão tomar dos interessados compromisso de ajustamento de sua conduta às exigências legais, mediante cominações, que terá eficácia de título executivo extrajudicial, exceto se houver interveniência do Ministério Público, quando lhe será atribuída eficácia de título executivo judicial.

(E) só poderão tomar dos interessados compromisso de ajustamento de sua conduta às exigências legais, em audiência de tentativa de conciliação prevista no artigo 331, do Código de Processo Civil e terá eficácia de título executivo judicial.

A: correta, pois o art. 5º, § 6º, da LACP, dá aos órgãos públicos legitimados à propositura da ação a possibilidade de tomar dos interessados compromisso de ajustamento de conduta, que terá eficácia de título extrajudicial. Se for homologado em juízo, o compromisso tem eficácia de título judicial; **B:** incorreta, pois a legitimidade para celebrar o compromisso é dos órgãos públicos e não apenas do MP; **C:** incorreta, pois a eficácia é de título extrajudicial; **D:** incorreta, pois, conforme mencionado, a eficácia de título judicial decorre da homologação em juízo e não da intervenção do MP; **E:** incorreta, pois o compromisso pode ser celebrado extrajudicialmente.

Gabarito "A"

(Defensor Público/PR – 2012 – FCC) O Ministério Público do Paraná firmou termo de ajustamento de conduta com o Município de Londrina para que uma creche que atendia 200 crianças fosse temporariamente fechada, por seis meses, para que se realizassem reformas no prédio no intuito de acabar com graves problemas estruturais que colocavam a segurança das crianças e dos funcionários em risco. Um grupo de mães de alunos procurou a Defensoria Pública do Paraná em Londrina relatando que não foram disponibilizadas pelo Município vagas em outras creches e que, questionada, a Prefeitura informou que as mães deveriam aguardar o final da reforma. Diante dessa situação, o Defensor Público deve

(A) ajuizar ação civil pública contra o Ministério Público e o Município, com pedido de nulidade do termo de ajustamento de conduta por não prever medida compensatória para as crianças que ficaram sem creche e, sucessivamente, pedido para que o Município disponibilize vagas em outras unidades até o final da reforma.

(B) oficiar ao Ministério Público relatando o caso, já que apenas esse órgão poderia tomar novas providências por já ter firmado o termo de ajustamento de conduta com o Município, solicitando um aditamento ao termo.

(C) propor novo termo de ajustamento de conduta com o Município para que sejam garantidas vagas para as crianças em outras creches durante a reforma e, caso o Município, sob qualquer argumento, recuse-se a regularizar a situação, ajuizar ação civil pública.

(D) apresentar recurso administrativo ao Conselho Superior do Ministério Público contra o termo de ajustamento de conduta firmado, requerendo o aditamento do termo para constar medidas que assegurem vagas para as crianças em outras creches.

(E) diante da existência de termo de ajustamento de conduta sobre o caso, que esgota a possibilidade de intervenção coletiva, ajuizar ações individuais para cada uma das duzentas crianças, requerendo vaga em alguma das creches municipais.

A: incorreta, pois o compromisso de ajustamento de conduta não contém qualquer vício, não sendo o caso, portanto, de ação anulatória. Ademais, sendo o compromisso celebrado pelo Ministério Público insuficiente para tutelar o direito das mães, está a Defensoria Pública, como órgão público, legitimada a tomar novo termo e, se for o caso, propor ação civil pública para exigir outras providências, que tutelem, efetivamente, o direito das mães; **B:** incorreta, pois a Defensoria Pública pode tomar providências, celebrar compromisso de ajustamento de conduta e propor ação civil pública. A legitimidade para a celebração de compromisso decorre do art. 5º, § 6º, da Lei 7.347/1985: "Os órgãos públicos legitimados poderão tomar dos interessados compromisso de ajustamento de sua conduta às exigências legais, mediante cominações, que terá eficácia de título executivo extrajudicial"; **C:** correta, pois, como dito, a Defensoria Pública tem legitimidade para a tomada das providências mencionadas; **D:** incorreta, pois não se trata da providência mais efetiva, ante a legitimidade da Defensoria Pública para celebrar o compromisso e para propor ação, se for o caso; **E:** incorreta, pois o compromisso celebrado pelo Ministério Público não impede a propositura de ação coletiva ou a proposição de compromisso de ajustamento de conduta, uma vez que a atuação de um colegitimado não pode impedir a atuação do outro. Nesse sentido que muitos afirmam que a legitimidade concorrente, no âmbito da tutela coletiva, é disjuntiva.

Gabarito "C"

6. AÇÃO, PROCEDIMENTO, TUTELA ANTECIPADA, MULTA, SENTENÇA, COISA JULGADA, RECURSOS, CUSTAS E QUESTÕES MISTAS

(Defensor Público – DPE/ES – 2016 – FCC) No que diz respeito aos Direitos Difusos e Coletivos, a doutrina especializada criou uma nova terminologia, chamada coisa julgada *secundum eventum litis*, *erga omnes* ou *ultra partes*. Neste sentido, a sentença fará coisa julgada

(A) e seus efeitos indeferem do direito tratado, seja ele difuso, coletivo ou individual homogêneo.

(B) ultra partes, mas limitadamente ao grupo, categoria ou classe, salvo improcedência por insuficiência de provas quando se tratar de direitos difusos e coletivos.

(C) *erga omnes*, exceto se o pedido for julgado improcedente por insuficiência de provas, hipótese em que qualquer legitimado poderá intentar outra ação, com idêntico fundamento valendo-se de nova prova, no caso dos direitos difusos.

(D) *erga omnes*, em todos os casos em que houver análise de mérito.

(E) somente se os titulares dos direitos difusos forem individualmente chamados a compor a lide.

A: incorreta. Na forma do art. 103 do CDC, se julgada procedente a ação coletiva, a coisa julgada em direitos difusos será *erga omnes*; em direitos coletivos *ultra partes*; e em direitos individuais homogêneos será *erga omnes*. Há se se recordar, ainda, que o efeito da sentença dependerá, sempre, do resultado da lide. Se a ação for julgada improcedente por falta de provas em direitos difusos e coletivos, é possível ingressar com nova ação coletiva. Já para os direitos individuais homogêneos, caso a ação tenha sido julgada improcedente com provas ou falta de provas, não se permite o ingresso de nova ação coletiva. **B:** incorreta. Mesmo fundamento da alternativa anterior. **C:** correta. Em direitos difusos, o efeito da sentença será *erga omnes*, exceto se o pedido for julgado improcedente por insuficiência de provas, hipótese em que qualquer legitimado poderá intentar outra ação, com idêntico fundamento valendo-se de nova prova. **D:** incorreta. Mesmo fundamento da alternativa A. **E:** incorreta. Os titulares dos direitos difusos são indetermináveis e, mesmo nos direitos coletivos e individuais homogêneos, a coisa julgada não depende de participação dos indivíduos para se operar.

Gabarito "C"

(Defensor Público – DPE/ES – 2016 – FCC) Dr. Carlos é magistrado na comarca de Vitória, no Espírito Santo. No desenvolvimento do seu trabalho percebe que inúmeros consumidores ingressam com ações individuais na busca de reparação de danos decorrentes de direitos individuais homogêneos. Dr. Carlos, decide acertadamente, com base no novo CPC

(A) encaminhar o caso aos centros de conciliação, na busca de uma solução direta para todos os casos, transformando a demanda individual em coletiva.

(B) suspender os casos individuais até a propositura de uma ação coletiva correspondente, com o intuito de evitar decisões contraditórias e permitir, assim, a melhor distribuição da justiça.

(C) oficiar o Ministério Público, já que a Defensoria não possui legitimidade para propor eventual ação por não restringir a demanda coletiva aos hipossuficientes.

(D) não oficiar a ninguém, sob pena de violar a inércia e a imparcialidade do magistrado.

(E) oficiar a Defensoria Pública para, se for o caso, promover a propositura da ação coletiva respectiva.

A: incorreta. A mediação e a conciliação são formas alternativas de solução de conflito. As ações, as mediações e conciliações não podem ser transformadas em coletivas; **B:** incorreta. A suspensão dos casos individuais se faz na forma do art. 104 do CDC, razão pela qual, sempre que houver ação coletiva em curso, poderá a parte que ingressou com ação individual exercer o direito de manter a ação individual ou suspendê-la. Vale lembrar que, o STJ já firmou entendimento em sede de Recurso Repetitivo, tese 589, que "ajuizada ação coletiva atinente a macrolide geradora de processo multitudinários, suspendem-se as ações individuais, no aguardo da ação coletiva". **C:** incorreta. Na forma do art. 139, X, do Código de Processo Civil, o "juiz dirigirá o processo conforme as disposições deste Código, incumbindo-lhe: X – quando se deparar com diversas demandas individuais repetitivas, oficiar o Ministério Público, a Defensoria Pública e, na medida do possível, outros legitimados a que se referem o art. 5º da Lei 7.347, de 24 de julho de 1985, e o art. 82 da Lei 8.078, de 11 de setembro de 1990, para, se for o caso, promover a propositura da ação coletiva respectiva". **D:** incorreta. Conforme argumentos expostos na alternativa C. **E:** correta. Conforme argumentos expostos na alternativa C.

Gabarito "E"

(Defensor Público/AM – 2013 – FCC) Com relação à coisa julgada nas ações coletivas, considere as afirmações abaixo.

I. Nas causas de interesses difusos, a sentença de improcedência fará coisa julgada *erga omnes*.

II. Nas causas de interesses coletivos, a sentença fará coisa julgada *erga omnes*, exceto se o pedido for julgado improcedente por insuficiência de provas.

III. Nas causas de interesses difusos, após o trânsito em julgado de sentença procedente, qualquer legitimado poderá ajuizar outra ação com mesmo pedido e causa de pedir, valendo-se de nova prova.

IV. Os efeitos da coisa julgada, tanto nas causas de interesses difusos como nas de coletivos, não prejudicarão interesses e direitos individuais dos integrantes da coletividade, do grupo, categoria ou classe.

V. Na hipótese de direitos individuais homogêneos, a sentença fará coisa julgada *erga omnes*, apenas no caso de procedência do pedido, para beneficiar todas as vítimas e seus sucessores.

Está correto o que se afirma APENAS em

(A) I e III.

(B) III, IV e V.

(C) IV e V.

(D) II e V.

(E) I, II e III.

I: incorreta, pois é a sentença de procedência que fará coisa julgada *erga omnes* (art. 103, I, do CDC); **II:** incorreta, pois a sentença de procedência, no caso de direitos coletivas, fará coisa julgada *ultra partes* (art. 103, II, do CDC); **III:** incorreta, pois a possibilidade de ajuizamento de nova ação só existe se a ação for julgada improcedente por falta de provas (art. 103, I, do CDC), **IV:** correta, pois é o que estabelece o art. 103, § 1º, do CDC; **V:** correta, pois é o que estabelece o art. 103, III, do CDC.

Gabarito "C"

(Defensor Público/PR – 2012 – FCC) Uma associação de proteção ao meio ambiente ajuizou ação civil pública contra uma indústria química para que fosse impedida de realizar determinado processo de produção que teria por resultado uma fumaça tóxica que impediria o crescimento das araucárias. Como a associação não pôde custear a perícia, a ação foi julgada improcedente por falta de provas e transitou em julgado. Nesse caso

(A) é possível a qualquer legitimado para a tutela coletiva ajuizar nova ação civil pública, desde que fundada em novas provas.

(B) apenas a associação que ajuizou a primeira ação poderá ajuizar nova ação civil pública, desde que fundada em novas provas, pois se trata de um direito difuso.

(C) como houve apreciação do mérito, forma-se coisa julgada material, não sendo possível o ajuizamento de nova ação civil pública, tampouco de ação rescisória.

(D) é necessário o ajuizamento de ação rescisória pela associação, após a realização da perícia pela via cautelar, por se tratar de prova da qual não pôde fazer uso e que por si só pode assegurar-lhe pronunciamento favorável.

(E) é necessário o ajuizamento de ação rescisória por qualquer dos legitimados para a tutela coletiva, após a realização da perícia pela via cautelar, por se tratar de prova da qual não se pôde fazer uso e que por si só pode assegurar pronunciamento favorável.

A: correta, pois a decisão de improcedência da ação coletiva que tutela direitos difusos (art. 81, parágrafo único, I, do CDC), por falta de provas, não impede o ajuizamento de outro ação coletiva, desde que fundada em novas provas. Assim estabelece o art. 103, I, do CDC. Aliás, essa é uma das grandes características do processo coletivo: impedir que uma decisão proferida em ação coletiva, quando a atuação do colegitimado não foi efetiva, possa impedir a efetiva tutela dos direitos transindividuais; **B:** incorreta, pois, como expressamente dispõe o art. 103, I, do CDC, "qualquer legitimado poderá intentar outra ação"; **C:** incorreta, pois, no âmbito do processo coletivo, nem toda decisão de mérito faz coisa julgada material. A formação da coisa julgada material, que poderia impedir nova demanda sobre a mesma questão, é condicionada ao resultado do processo (*secundum eventum litis*) e à qualidade da prova produzida (*secundum eventum probationis*); **D:** incorreta, pois não cabe ação rescisória se não houve a formação da coisa julgada material (art. 966, *caput*, do NCPC); **E:** incorreta, pois, como se disse, incabível, no caso, a ação rescisória.

Gabarito "A"

18. Direito Eleitoral

Flavia Moraes Barros, Robinson Sakiyama Barreirinhas e Savio Chalita*

1. FONTES E PRINCÍPIOS DE DIREITO ELEITORAL

(Juiz – TJ-SC – FCC – 2017) Para concorrer às eleições, o candidato deverá possuir, entre outras condições,

(A) domicílio eleitoral na respectiva circunscrição pelo prazo de, pelo menos, um ano antes do pleito e estar com a filiação deferida pelo partido no mesmo prazo.
(B) domicílio eleitoral na respectiva circunscrição pelo prazo de, pelo menos, um ano antes do pleito, ressalvado o caso de transferência ou remoção de servidor público ou de membro de sua família.
(C) filiação deferida pelo partido no mínimo um ano antes da data da eleição, caso o estatuto partidário não estabeleça prazo inferior.
(D) domicílio eleitoral na respectiva circunscrição pelo prazo de, pelo menos, seis meses antes do pleito e estar com a filiação deferida pelo partido no mesmo prazo.
(E) domicílio eleitoral na respectiva circunscrição pelo prazo de, pelo menos, um ano antes do pleito, e estar com a filiação deferida pelo partido no mínimo seis meses antes da data da eleição.

A questão trata das condições de elegibilidade, assunto recorrente em todas as provas da magistratura, uma vez que caberá ao leitor, futuro magistrado, decidir sobre os pedidos de registro de candidatura (e também decidir sobre as Ações de Impugnação ao Registro de Candidatura) nas eleições municipais. Sobre o tema, leitura obrigatória do art. 14,§ 3°, CF. Vejamos as alternativas pontualmente:
A: incorreta, já que a filiação partidária deverá ter uma anterioridade mínima de 6 meses anteriores ao pleito. Quanto ao domicílio eleitoral, o prazo permanece imutável (1 ano). Vide, quanto a isso, as alterações da Lei 13.165/2015 no art. 9°, Lei das Eleições; **B:** incorreta. Importante mencionar que, muito embora o prazo de domicílio eleitoral seja de 1 ano anterior ao pleito, o art. 18 da Resolução TSE 21.538/2003 assim dispõe:
Art. 18. A transferência do eleitor só será admitida se satisfeitas as seguintes exigências:
I – recebimento do pedido no cartório eleitoral do novo domicílio no prazo estabelecido pela legislação vigente;
II – transcurso de, pelo menos, um ano do alistamento ou da última transferência;
III – residência mínima de três meses no novo domicílio, declarada, sob as penas da lei, pelo próprio eleitor;
IV – prova de quitação com a Justiça Eleitoral
§ 1º O disposto nos incisos II e III não se aplica à transferência de título eleitoral de servidor público civil, militar, autárquico, ou de membro de sua família, por motivo de remoção ou transferência
C: incorreta, uma vez que o art. 20 da Lei dos Partidos Políticos autoriza que a agremiação crie prazo superior e jamais inferior ao estabelecido em lei. Ou seja, ao menos 6 meses deve ser considerado. Se o partido estabelecer 1 ano, estará dentro do que permite o já dito art. 20; **D:** incorreta, pelos mesmos fundamentos da assertiva A; **E:** correta, com fundamento no art. 9º, Lei das Eleições. SC

Gabarito "E"

(Técnico Judiciário – TRE/SP – FCC – 2017) Acerca das fontes de Direito Eleitoral,

(A) a função normativa da Justiça Eleitoral autoriza que sejam editadas Resoluções Normativas pelo Tribunal Superior Eleitoral com a finalidade de criar direitos e estabelecer sanções, possibilitando a revogação de leis anteriores que disponham sobre o mesmo objeto da Resolução Normativa.
(B) as normas eleitorais devem ser interpretadas em conjunto com o restante do sistema normativo brasileiro, admitindo-se a celebração de termos de ajustamento de conduta, previstos na Lei 7.345/85, que disciplina a Ação Civil Pública, desde que os partidos políticos transijam, exclusivamente, sobre as prerrogativas que lhes sejam asseguradas.
(C) o Código Eleitoral define a organização e a competência da Justiça Eleitoral, podendo ser aplicado apesar de a Constituição Federal prever a necessidade de lei complementar para tanto.
(D) as Resoluções Normativas do TSE, as respostas às Consultas e as decisões do Tribunal Superior Eleitoral são fontes de Direito Eleitoral de natureza exclusivamente jurisdicional e aplicáveis apenas ao caso concreto dos quais emanam.
(E) o Código Eleitoral, a Lei de Inelegibilidades, a Lei dos Partidos Políticos, a Lei das Eleições, as Resoluções Normativas do TSE e as respostas a Consultas são fontes de Direito Eleitoral de mesma estatura, hierarquia e abrangência, podendo ser revogadas umas pelas outras.

A: Incorreta, uma vez que a função atípica (legislativa) da justiça eleitoral encerra importância na regulamentação das eleições, sem a possibilidade de inovar quanto a direitos e sanções, tampouco revogação de leis; **B:** Incorreta, pois de acordo com o art. 105-A, Lei das Eleições, em matéria eleitoral não são aplicáveis os procedimentos previstos na Lei 7.347/1985; **C:** Correta, uma vez que o Código Eleitoral foi recepcionado como lei complementar na parte que disciplina a organização e a competência da Justiça Eleitoral, considerando que no instituto da recepção constitucional de normas anteriores é analisado o aspecto material, não importando o formal. Vide art. 121 da CF. **D:** Incorreta. Uma vez que as consultas respondidas pelo TSE são de natureza doutrinária (não jurisprudencial), não vinculando o judiciário. **E:** Incorreta, já que o Código Eleitoral, a Lei de Inelegibilidades, a Lei dos Partidos Políticos, a Lei das Eleições, as Resoluções Normativas do TSE, são fontes primárias. Respostas às consultas, fontes secundárias. SC

Gabarito "C"

---

* **Flavia Moraes Barros** comentou as questões do concurso para Analista; **Robinson Sakiyama Barreirinhas** comentou as questões dos seguintes concursos: Magistratura Estadual e Ministério Público Estadual; **Savio Chalita** atualizou todas as questões do capítulo e comentou as questões dos seguintes concursos: MAG/RR/15, MAG/GO/15, MG/SC/15, MAG/CE/14, MAG/PE/13, MAG/RR/08, MP/CE/11, Procurador Legislativo/Câmara de Vereadores de São Paulo/2014, Defensoria/SP/13.

SC questões comentadas por: **Savio Chalita.**

2. COMPETÊNCIA E ORGANIZAÇÃO DA JUSTIÇA ELEITORAL

(Técnico Judiciário – TRE/SP – FCC – 2017) A Justiça Eleitoral é *sui generis,* na medida em que, além do exercício da função jurisdicional, é dotada da função administrativa, da função normativa e da função consultiva. Sobre as funções da Justiça Eleitoral,

(A) a função normativa permite a edição de atos normativos de caráter geral e abstrato com vistas a dar execução ao Código Eleitoral.

(B) a função administrativa autoriza que a Justiça Eleitoral atue apenas na gestão de seu corpo de funcionários e defina suas regras de funcionamento, tais como atendimento ao público nas zonas eleitorais.

(C) a função consultiva permite que a Justiça Eleitoral responda, em caráter abstrato e fora do período eleitoral, a perguntas formuladas por qualquer interessado relacionadas à aplicação da lei eleitoral.

(D) as respostas a Consultas formuladas perante o Tribunal Superior Eleitoral – TSE resultam em ato normativo, em tese, sem efeitos concretos, podendo ser invocadas, em reclamação, no caso de uma decisão de juiz eleitoral de primeira instância estar em desacordo com o teor da resposta à Consulta.

(E) a função normativa autoriza o juiz eleitoral a promover o alistamento dos eleitores, a expedição de títulos eleitorais e a designação dos locais de votação.

A: Correta, pelos próprios fundamentos da assertiva. Trata-se de função atípica da Justiça Eleitoral prevista no art. 1º, parágrafo único e art. 23, IX, ambos do Código Eleitoral e que lhe permite expedir instruções para a execução das leis eleitorais, entre elas o Código Eleitoral (Resoluções). **B:** Incorreta, pois em relação a função administrativa, caberá ao juiz administrar todo o processo eleitoral, tal como exemplo o alistamento eleitoral, transferência de domicílio eleitoral e medidas para impedir a prática de propaganda eleitoral irregular. **C:** Incorreta, pois a função consultiva permite o pronunciamento dessa Justiça especializada sempre em tese (situações abstratas e impessoais). **D:** Incorreta, pois não há natureza judicial. Assemelha-se à natureza doutrinária, informativa. **E:** Incorreta, pois trata-se, tal exemplificação, da função administrativa. SC

Gabarito "A"

(Técnico Judiciário – TRE/SP – FCC – 2017) O Tribunal Regional Eleitoral – TRE

(A) é competente para julgar, como órgão de segunda instância, os recursos contra as decisões dos juízes eleitorais, exceto as discussões criminais a si correlatas e as decisões que impliquem inelegibilidade.

(B) é composto de 7 membros, sendo 2 desembargadores do Tribunal de Justiça, 2 juízes federais, 1 juiz do Tribunal Regional Federal e 2 advogados.

(C) é composto de 7 membros, sendo 2 desembargadores do Tribunal de Justiça, 2 juízes do Tribunal Regional Federal, 1 promotor e 2 advogados.

(D) é competente para julgar, como instância originária, as questões relacionadas às eleições para Governador e Vice-Governador, Senador, Deputado Federal e Deputado Estadual, salvo as discussões criminais a si correlatas.

(E) garante a todos os seus membros julgadores, todas as prerrogativas dos integrantes da magistratura relacionadas à independência, inamovibilidade e vitaliciedade.

A: Incorreta, cabe ao TRE julgar recurso contra qualquer decisão do juiz eleitoral (art. 29, II, "a", CE), incluindo recursos a respeito de decisões que impliquem inelegibilidade. Assertiva errada, uma vez que criou uma exceção (quanto às inelegibilidades). **B** e **C:** Incorretas, pois o art. 120, § 1º, CF, estabelece que os Tribunais Regionais Eleitorais serão compostos por 2 juízes dentre os desembargadores do Tribunal de Justiça, 2 Juízes dentre juízes de direito, escolhidos pelo Tribunal de Justiça, 1 Juiz do TRF com sede na capital do estado ou no DF (se não houver, de um juiz federal escolhido pelo TRF respectivo), 2 juízes dentre 6 advogados de notável saber jurídico e idoneidade moral (indicados pelo Tribunal de Justiça e nomeados pelo Presidente da República). **D:** Correta, com fundamento no art. 29, I, *a,* Código Eleitoral. **E:** Incorreta, pois dentre as garantias aplicáveis à magistratura, são asseguradas ao juiz eleitoral a independência e a inamovibilidade durante o período que exercerem a função eleitoral. Não se aplica, entretanto, a garantia da vitaliciedade, uma vez que o exercício da função eleitoral é por tempo determinado, não vitalício (2 anos, com possibilidade de uma recondução). SC

Gabarito "D"

(Técnico Judiciário – TRE/SP – FCC – 2017) Considere as situações hipotéticas abaixo.

I. Marileide foi candidata à Presidência da República.

II. Joel foi candidato a Senador.

III. Févio foi candidato a Vice-Prefeito.

Contra todos eles houve alegações de inelegibilidade. As arguições de inelegibilidade foram corretamente feitas perante o Tribunal

(A) Superior Eleitoral nos casos de Marileide e de Joel e o Juiz Eleitoral competente no caso de Mévio.

(B) Superior Eleitoral nos casos de Marileide e de Joel e o Tribunal Regional Eleitoral competente no caso de Mévio.

(C) Superior Eleitoral no caso de Marileide, o Tribunal Regional Eleitoral competente no caso de Joel e o Juiz Eleitoral competente no caso de Mévio.

(D) Regional Eleitoral competente nos casos de Marileide, de Joel e de Mévio.

(E) Superior Eleitoral nos casos de Marileide, de Joel e de Mévio.

Considerando as competências estabelecidas no art. 2º, parágrafo único, da LC 64/1990 (*Art. 2º Compete à Justiça Eleitoral conhecer e decidir as arguições de inelegibilidade. Parágrafo único. A arguição de inelegibilidade será feita perante: I – o Tribunal Superior Eleitoral, quando se tratar de candidato a Presidente ou Vice-Presidente da República; II – os Tribunais Regionais Eleitorais, quando se tratar de candidato a Senador, Governador e Vice-Governador de Estado e do Distrito Federal, Deputado Federal, Deputado Estadual e Deputado Distrital; III – os Juízes Eleitorais, quando se tratar de candidato a Prefeito, Vice-Prefeito e Vereador.*), a alternativa C é a única que traz afirmação correta. Assim, no caso de Marileide, competência do TSE. No de Joel, o TRE. E, no caso de Mévio, Juiz Eleitoral. SC

Gabarito "C"

(Magistratura/RR – 2015 – FCC) Considere as seguintes afirmativas:

I. O Presidente e o Vice-Presidente do Tribunal Superior Eleitoral são eleitos dentre os Ministros do Supremo Tribunal Federal, e o Corregedor Eleitoral dentre os demais membros da Corte.

II. Não podem integrar o Tribunal Superior Eleitoral cidadãos que tenham entre si parentesco, ainda que por afinidade, até o quarto grau, seja o vínculo legítimo ou ilegítimo, excluindo-se neste caso o que tiver sido escolhido por último.

III. Os provimentos emanados da Corregedoria-Geral da Justiça Eleitoral vinculam os Corregedores Regionais, que lhes devem dar imediato e preciso cumprimento.

IV. Os juízes afastados por motivo de licença de suas funções na Justiça Comum não ficam automaticamente afastados da Justiça Eleitoral no mesmo período.

Está correto o que se afirma APENAS em

(A) III e IV.
(B) I e III.
(C) I e II.
(D) II e IV.
(E) II e III.

I: incorreta, pois o Presidente e o Vice-Presidente serão escolhidos dentre os membros do STF, enquanto o corregedor será um dos desembargadores do STJ , tudo conforme o art. 119, parágrafo único, da CF; **II:** correta, nos exatos termos do art. 16, § 1º, do CE; **III:** correta, nos exatos termos do art. 17, § 3º, do CE; **IV:** incorreta, pois conforme o § 2º do art. 14 do CE, sendo "os juízes afastados por motivo de licença, férias e licença especial, de suas funções na Justiça comum, ficarão automaticamente afastados da Justiça Eleitoral pelo tempo correspondente (...)." Desta forma, a alternativa que representa as assertivas correta é a de letra E (II e III estão corretas).

Gabarito "E".

(Analista – TRE/CE – 2012 – FCC) Pedro tem 32 anos de idade. Mesmo preenchidos os demais requisitos legais, NÃO poderá, em razão da sua idade, candidatar-se, dentre outros, ao cargo de

(A) Prefeito Municipal.
(B) Governador de Estado.
(C) Deputado Federal.
(D) Deputado Estadual.
(E) Senador.

A: incorreta, a idade mínima é de 21 anos (art. 14, § 3º, VI, *c*, da CF/1988); **B:** incorreta, a idade mínima é de 30 anos (art. 14, § 3º, VI, *b*, da CF/1988); **C:** incorreta, a idade mínima é de 21 anos (art. 14, § 3º, VI, *c*, da CF/1988); **D:** incorreta, a idade mínima é de 21 anos (art. 14, § 3º, VI, *c*, da CF/1988); **E:** correta, a idade mínima é de 35 anos (art. 14, § 3º, VI, *a*, da CF/1988).

Gabarito "E".

(Analista – TRE/CE – 2012 – FCC) A nomeação dos membros das Juntas Eleitorais e a designação das respectivas sedes compete ao

(A) Corregedor Regional Eleitoral e ao Juiz Eleitoral, respectivamente.
(B) Juiz Eleitoral da Zona Eleitoral correspondente, após aprovação do Ministério Público.
(C) Tribunal Regional Eleitoral e ao Juiz Eleitoral, respectivamente.
(D) Superior Tribunal Eleitoral e ao Tribunal Regional Eleitoral, respectivamente.
(E) Presidente do Tribunal Regional Eleitoral, após a aprovação desse órgão.

A competência para ambos os atos é somente dos Tribunais Regionais Eleitorais (art. 30, V, do CE).

Gabarito "E".

(Analista – TRE/TO – 2011 – FCC) De acordo com a Constituição Federal, podem vir a integrar tanto o Tribunal Superior Eleitoral, como o Tribunal Regional Eleitoral do Estado de Tocantins,

(A) Juízes de Direito da Justiça Estadual do Estado de Tocantins.
(B) Advogados de notável saber jurídico e idoneidade moral militantes no Estado de Tocantins.
(C) Ministros do Supremo Tribunal Federal.
(D) Ministros do Superior Tribunal de Justiça.
(E) Desembargadores do Tribunal de Justiça do Estado de Tocantins.

Art. 119, II c/c art. 120, § 1º, III CF/1988 – apenas advogados de notável saber jurídico e idoneidade moral poder vir a compor tanto o Tribunal Superior Eleitoral como o Tribunal Regional Eleitoral. Os juízes estaduais e os desembargadores do Tribunal de Justiça do Estado só podem compor os Tribunais Regionais Eleitorais (art. 120, § 1º, I, *a* e *b*, CF/1988) e os Ministros do STJ e do STF só podem compor o Tribunal Superior Eleitoral (art. 119, I, *a* e *b*, CF/1988).

Gabarito "B".

(Analista – TRE/TO – 2011 – FCC) O Tribunal Superior Eleitoral

(A) elegerá obrigatoriamente seu Corregedor-Geral dentre os Ministros do Supremo Tribunal Federal.
(B) elegerá obrigatoriamente seu Corregedor-Geral dentre os Advogados de notável saber jurídico e idoneidade moral.
(C) compor-se-á, no mínimo, de onze membros, escolhidos, dentre outros, por nomeação do Presidente da República, três juízes dentre seis advogados de notável saber jurídico e idoneidade moral, indicados pelo Supremo Tribunal Federal.
(D) compor-se-á, no mínimo, de sete membros, escolhidos, dentre outros, mediante eleição, pelo voto secreto, dois juízes dentre os Ministros do Superior Tribunal de Justiça.
(E) compor-se-á, no mínimo, de onze membros, escolhidos, dentre outros, mediante eleição, pelo voto secreto, dois juízes dentre os Ministros do Supremo Tribunal Federal.

A: incorreta: o Corregedor-Geral será eleito pelo TSE dentre os Ministros do STJ – art. 119, parágrafo único, da CF/1988; **B:** incorreta: o Corregedor-Geral será eleito pelo TSE dentre os Ministros do STJ – art. 119, parágrafo único, CF/1988; **C:** incorreta: sua composição será de, no mínimo, sete membros e serão escolhidos, dentre outros, dois juízes dentre seis advogados de notável saber jurídico e idoneidade moral, indicados pelos STF – art. 119, II, CF/1988; **D:** correta: art. 119 CF/1988; **E:** incorreta: sua composição será de, no mínimo, sete membros e serão escolhidos, dentre outros, dois juízes dentre seis advogados de notável saber jurídico e idoneidade moral, indicados pelos STF – art. 119, II, CF/1988.

Gabarito "D".

(Analista – TRE/TO – 2011 – FCC) Os membros das Juntas Eleitorais serão nomeados sessenta dias antes das eleições

(A) depois da aprovação do Tribunal Regional Eleitoral, pelo Presidente deste.
(B) pelo Juiz de Direito da respectiva Zona Eleitoral, independentemente de qualquer aprovação.
(C) pelo Juiz de Direito da respectiva Zona Eleitoral, após aprovação dos partidos políticos.

(D) pelo Presidente do Tribunal Superior Eleitoral, após indicação do Tribunal Regional Eleitoral a que pertencer.

(E) pelo escrivão eleitoral indicado pelo Tribunal Regional Eleitoral a que pertencer.

Art. 36, § 1º, CE.

Gabarito "A"

(Analista – TRE/TO – 2011 – FCC) A requisição de força federal necessária ao cumprimento de decisão do Tribunal Regional Eleitoral compete ao

(A) próprio Tribunal Regional Eleitoral.

(B) Tribunal Superior Eleitoral.

(C) Presidente do respectivo Tribunal Regional Eleitoral.

(D) Governador do respectivo Estado.

(E) Procurador Regional Eleitoral.

Art. 23, XIV, CE.

Gabarito "B"

(Analista – TRE/TO – 2011 – FCC) Compete aos Tribunais Regionais Eleitorais, dentre outras atribuições, processar e julgar originariamente

(A) a suspeição e o impedimento do Procurador-Geral Eleitoral.

(B) os conflitos de jurisdição entre Juízes Eleitorais do respectivo Estado e de outro Estado da Federação.

(C) a suspeição ou impedimento aos membros do próprio Tribunal Regional Eleitoral.

(D) o registro de candidatos à Presidente e Vice-Presidente da República.

(E) os crimes eleitorais e os comuns que lhes forem conexos cometidos pelos juízes do próprio Tribunal Regional Eleitoral.

A: incorreta: trata-se de competência do TSE – art. 22, I, *c*, CE; **B:** incorreta: trata-se de competência do TSE – art. 22, I, *b*, CE; **C:** correta: art. 29, I, *c*, CE; **D:** incorreta: trata-se de competência do TSE – art. 22, I, *a*, CE; **E:** incorreta: trata-se de competência do TSE – art. 22, I, *d*, CE.

Gabarito "C"

(Analista – TRE/RS – 2010 – FCC) O juiz oriundo da classe dos advogados com notável saber jurídico e idoneidade moral integrante do Tribunal Superior Eleitoral

(A) não pode ser eleito para o cargo de Corregedor Eleitoral.

(B) pode ser eleito apenas para o cargo de Presidente desse Tribunal.

(C) pode ser eleito apenas para o cargo de Vice-Presidente desse Tribunal.

(D) pode ser eleito para os cargos de Presidente ou Vice-Presidente desse Tribunal.

(E) pode ser eleito apenas para os cargos de Presidente desse Tribunal e de Corregedor Eleitoral.

A: correta – só poderá ser eleito para o cargo de Corregedor Eleitoral um dentre os Ministros do Superior Tribunal de Justiça – art. 119, parágrafo único, da CF/1988; **B:** incorreta – só um membro do STF pode ser presidente do TSE – art. 119, parágrafo único, da CF/1988; **C:** incorreta – só um membro do STF pode ser vice-presidente do TSE – art. 119 parágrafo único, da CF/1988; **D:** incorreta – art. 119, parágrafo único, da CF/1988; **E:** incorreta – art. 119, parágrafo único, da CF/1988

Gabarito "A"

(Analista – TRE/AC – 2010 – FCC) A respeito da composição dos órgãos da Justiça Eleitoral, é correto afirmar que

(A) um terço dos cargos do Tribunal Superior Eleitoral será reservado para advogados e membros do Ministério Público Federal.

(B) os Desembargadores dos Tribunais de Justiça dos Estados poderão integrar o Tribunal Superior Eleitoral no cargo de livre nomeação do Presidente da República.

(C) integram o Tribunal Superior Eleitoral três juízes nomeados pelo Presidente da República dentre Ministros do Superior Tribunal de Justiça.

(D) integram o Tribunal Superior Eleitoral três juízes dentre Ministros do Supremo Tribunal Federal, escolhidos mediante eleição e pelo voto secreto.

(E) o Corregedor Eleitoral será nomeado pelo Presidente da República dentre os membros do Tribunal Superior Eleitoral.

A: incorreta – o TSE será composto por, no mínimo, sete membros, sendo três dentre Ministros do STF, dois dentre Ministros do STJ e dois dentre seis advogados de notável saber jurídico, indicados pelo STF – art. 119 CF/1988; **B:** incorreta – Dentre os integrantes oriundos do Poder Judiciário, apenas ministros do STF ou do STJ poderão ser indicados para compor o TSE e mediante eleição pelo voto secreto – art. 119, I, *a* e *b* CF/1988; **C:** incorreta – o TSE será composto por dois (não três) juízes dentre os Ministros do STJ e mediante eleição pelo voto secreto – art. 119, I, *b*, da CF/1988; **D:** correta – art. 119, I, *a*, da CF/1988, **E:** incorreta – o corregedor eleitoral será eleito dentre os Ministros do Superior Tribunal de Justiça – art. 119, parágrafo único, da CF/1988.

Gabarito "D"

(Magistratura/CE – 2014 – FCC) Os Tribunais Regionais Eleitorais, em sua composição, contarão com

(A) dois juízes nomeados pelo Presidente da República, selecionados entre advogados com mais de dez anos de efetiva atividade profissional, indicados em lista sêxtupla pelo respectivo órgão de representação classista ao Tribunal de Justiça respectivo, que, por sua vez, formará lista tríplice e a encaminhará à apreciação presidencial.

(B) três juízes nomeados pelo Presidente da República dentre seis advogados de notável saber jurídico e idoneidade moral, indicados pelo Tribunal de Justiça do Estado, ainda que não contem com mais de dez anos de efetiva atividade profissional.

(C) dois juízes nomeados pelo Presidente da República dentre seis advogados de notável saber jurídico e idoneidade moral, indicados pelo Tribunal de Justiça do Estado, desde que contem com mais de dez anos de efetiva atividade profissional.

(D) dois juízes escolhidos, dentre os juízes de direito, pelo Tribunal Superior Eleitoral.

(E) um juiz integrante do Tribunal Regional Federal com sede na Capital do Estado ou no Distrito Federal, sendo vedada a escolha de juiz federal para exercer, ainda que supletivamente, o cargo.

A: incorreta. Muito embora estejamos diante do quinto constitucional, disposto pelo art. 94, CF (leitura do artigo recomendada), já é pacífico o entendimento de que a OAB (entendida aqui como o órgão representativo de classe, como descrito na parte final do *caput* do art. 94), não faz parte do processo de elaboração da lista sêxtupla a ser enviada ao Tribunal de Justiça correspondente de cada estado, isto porque o quinto constitucional reservado à advocacia, no caso da justiça eleitoral (do TRE, propriamente) será regulado pelo art. 120, § 1°. III, CF, que dispõe que serão nomeados dois juízes, por nomeação do Presidente da República, dentre seis advogados de notável saber jurídico e idoneidade moral, indicados pelo Tribunal de Justiça; **B:** incorreta, uma vez que o art. 120, § 1°, III, dispõe que o Presidente da República nomeará dois juízes dentre aqueles seis indicados pelo Tribunal de Justiça de cada Estado; **C:** correta, pois a assertiva vai ao encontro ao disposto no art. 120, § 1°, III, CF, além da já pacífica e sólida posição jurisprudencial acerca do tempo mínimo de dez anos de atividade profissional: "Matéria eleitoral. Organização do Poder Judiciário. Preenchimento de vaga de juiz substituto da classe dos advogados. Regra geral. Art. 94, CF. Prazo de dez anos de exercício da atividade profissional. TRE. Art. 120, § 1°, III, CF. Encaminhamento de lista tríplice. A Constituição silenciou-se, tão somente, em relação aos advogados indicados para a Justiça eleitoral. Nada há, porém, no âmbito dessa justiça, que possa justificar disciplina diferente na espécie. Omissão constitucional que não se converte em 'silêncio eloquente'." (RMS 24.334, 2.ª T., j. 31.05.2005, rel. Min. Gilmar Mendes, *DJ* 26.08.2005.)". Outros casos é possível verificar na seguinte jurisprudência: RMS 24.232,2.ª T., j. 29.11.2205, rel. Min. Joaquim Barbosa, *DJ* 26.05.2006; RMS 23.123, Pleno, j. 15.12.1999, rel. Min. Nelson Jobim, *DJ* 12.03.2004; **D:** incorreta, pois inexiste a previsão legal de escolha de Ministros do TSE para compor o corpo de julgadores do TRE; **E:** incorreta, uma vez que o art. 120, § 1°, II, CF, dispõe que o TRE será composto, dentre outras formações, por um juiz do Tribunal Regional Federal com sede na Capital do Estado ou no Distrito Federal, ou, não havendo, de juiz federal, escolhido, em qualquer caso, pelo Tribunal Regional Federal respectivo.

Gabarito "C"

(Procurador Legislativo – Câmara de Vereadores de São Paulo/SP – 2014 – FCC) A respeito da Justiça Eleitoral, é correto afirmar que

(A) o Presidente do Tribunal Superior Eleitoral será o Ministro do Supremo Tribunal Federal mais antigo.

(B) os Juízes de Direito que integram os Tribunais Regionais serão nomeados pelo Presidente da República.

(C) os Juízes dos Tribunais Regionais servirão por quatro anos, vedada a recondução.

(D) dela fazem parte as Juntas Eleitorais, posto que exercem jurisdição eleitoral.

(E) são irrecorríveis as decisões do Tribunal Superior Eleitoral que denegarem *habeas corpus* ou mandado de segurança.

A: incorreta, vez que o parágrafo único do art. 119, CF, dispõe que o Tribunal Superior Eleitoral elegerá seu Presidente e o Vice-Presidente dentre os Ministros do Supremo Tribunal Federal, não havendo critério de antiguidade, como sugerido pela assertiva; **B:** incorreta, uma vez que o art. 120, § 1°, I, *b*, CF, dispõe que os juízes de Direito serão escolhidos pelo Tribunal de Justiça do estado; **C:** incorreta, uma vez que o mandato será de dois anos, permitida única recondução, conforme art. 121, § 2°, CF; **D:** correta, vez que o art. 118, CF, dispõe que compõem a Justiça Eleitoral: I – o Tribunal Superior Eleitoral; II – os Tribunais Regionais Eleitorais; III – os Juízes Eleitorais; IV – as Juntas Eleitorais; **E:** incorreta (na realidade, incompleta), pois o art. 281, CE, dispõe que são irrecorríveis as decisões do Tribunal Superior, salvo as que declararem a invalidade de lei ou ato contrário à Constituição Federal e as denegatórias de "habeas corpus" ou mandado de segurança, das quais caberá recurso ordinário para o Supremo Tribunal Federal, interposto no prazo de 3 (três) dias.

Gabarito "D"

3. MINISTÉRIO PÚBLICO ELEITORAL

(Analista – TRE/PE – 2004 – FCC) Considere as afirmativas a respeito do Ministério Público Eleitoral:

I. Tem previsão constitucional, quadro próprio e carreira específica.

II. As atribuições em segunda instância da Justiça Eleitoral são privativas do Ministério Público Federal.

III. O Ministério Público dos Estados atuam perante os juízes e Juntas Eleitorais pelo princípio da delegação.

IV. A designação de Promotores Eleitorais para atuarem perante a Justiça Eleitoral dos Estados é atribuição do Tribunal Regional Eleitoral.

Está correto APENAS o que se afirma em

(A) I, II e III.

(B) I, II e IV.

(C) I e III.

(D) II e III.

(E) I, III e IV.

I: incorreta – art. 32, III, da Lei 8.625/1993 c/c art. 72 da LC 75/1993; **II:** correta – O Ministério Público Federal atua em todas as fases do processo eleitoral, mas lhe cabe privativamente atuar na segunda instância da Justiça Eleitoral, visto que o art. 32, III, da Lei 8.625/1993 (Lei Orgânica Nacional do Ministério Público) atribui ao Ministério Público Estadual a competência para oficiar apenas junto à Justiça Eleitoral de primeira instância. **III:** correta – a assertiva está correta, mas exige interpretação sistemática da legislação. Como o art. 72 da LC 75/1993 estabelece competir ao Ministério Público Federal atuar junto à Justiça Eleitoral, temos que a competência originária para atuar é do MPF. Justamente por isso a Lei 8.625/1993 (Lei Orgânica Nacional do Ministério Público) remete à LC 75/1993 naquilo que for pertinente e, pela leitura de ambas, percebe-se a delegação aos promotores eleitorais (membros do *Parquet* estadual) de competência para atuarem junto aos juízes e juntas eleitorais. **IV:** incorreta – Segundo o art. 10, IX, *h*, da Lei 8.625/1993, é atribuição do Procurador-Geral designar membros do Ministério Público para oficiar perante os Juízes e Juntas Eleitorais ou junto ao Procurador Regional Eleitoral, em havendo solicitação deste.

Gabarito "D"

4. ALISTAMENTO ELEITORAL E DIREITOS POLÍTICOS

(Analista Judiciário – TRE/SP – FCC – 2017) Patrick, com 20 anos, naturalizou-se brasileiro em março de 2015 e, até hoje, ainda não realizou seu alistamento eleitoral. Dessa forma, em conformidade com a Resolução 21.538/2003, Patrick

(A) não incorrerá em multa, pois o prazo de alistamento eleitoral, no caso, é até três anos depois de adquirida a nacionalidade brasileira.

(B) incorrerá em multa imposta pelo juiz federal e cobrada até a antevéspera do pleito, pois o alistamento do brasileiro naturalizado deve ocorrer até seis meses depois de adquirida a nacionalidade brasileira.

(C) incorrerá em multa imposta pelo juiz eleitoral e cobrada quarenta e oito horas após a inscrição e, ainda, perderá o direito de alistar-se, pois o prazo para o alistamento findou-se quinze dias após a aquisição da nacionalidade.

(D) poderá alistar-se a qualquer tempo, sem incorrer em multa, já que referido alistamento é obrigatório apenas aos brasileiros natos.

(E) incorrerá em multa imposta pelo juiz eleitoral e cobrada no ato da inscrição, pois o alistamento do brasileiro naturalizado deve ocorrer até um ano depois de adquirida a nacionalidade brasileira.

A única alternativa correta vem descrita pela assertiva E, em plena reprodução do art. 15, Resolução TSE 21.538/2003, vejamos: "Art. 15.

O brasileiro nato que não se alistar até os 19 anos ou o naturalizado que não se alistar até um ano depois de adquirida a nacionalidade brasileira incorrerá em multa imposta pelo juiz eleitoral e cobrada no ato da inscrição".

Gabarito "E"

(Analista Judiciário – TRE/SP – FCC – 2017) Considere a ocorrência da seguinte situação hipotética: Saulo sempre sonhou em seguir carreira pública. No início do ano eleitoral para escolha de Presidente e Vice-Presidente da República, Governador e Vice-Governador, Senador e Deputado, abriu o concurso público na esfera federal que ele sempre sonhou e, então, Saulo passou a dedicar-se integralmente aos estudos, o que resultou em sua aprovação. Referido concurso foi homologado antes dos três meses que antecedem o pleito eleitoral. Ansioso, e na dúvida se poderia assumir seu novo cargo, Saulo consultou a Lei 9.504/1997 e constatou que sua nomeação

(A) é possível, pois o concurso público foi homologado até o início dos três meses que antecedem o pleito.

(B) não é possível, pois constitui conduta vedada ao agente público nomear, contratar ou admitir servidor público nos seis meses que antecedem o pleito até a posse dos eleitos, sob pena de nulidade de pleno direito.

(C) é possível, independentemente da data da homologação do concurso público.

(D) não é possível, pois constitui conduta vedada ao agente público nomear, contratar ou admitir servidor público nos três meses que antecedem o pleito até a posse dos eleitos, sob pena de anulação de pleno direito.

(E) não é possível, pois constitui conduta vedada ao agente público nomear, contratar ou admitir servidor público nos três meses que antecedem o pleito até a posse dos eleitos, sob pena de nulidade de pleno direito.

A única alternativa correta é representada pela assertiva A. Isto pois a homologação do concurso de Saulo ocorreu até o início dos três meses que antecedem ao pleito. A tratativa é encontrada na Lei das Eleições, especificamente quanto as condutas vedadas aos agentes públicos em campanhas eleitorais. Vejamos:

Art. 73. São proibidas aos agentes públicos, servidores ou não, as seguintes condutas tendentes a afetar a igualdade de oportunidades entre candidatos nos pleitos eleitorais:

(...)

V – nomear, contratar ou de qualquer forma admitir, demitir sem justa causa, suprimir ou readaptar vantagens ou por outros meios dificultar ou impedir o exercício funcional e, ainda, *ex officio*, remover, transferir ou exonerar servidor público, na circunscrição do pleito, nos três meses que o antecedem e até a posse dos eleitos, sob pena de nulidade de pleno direito, **ressalvados**:

(...)

c) a nomeação dos aprovados em concursos públicos homologados até o início daquele prazo (ou seja, 3 meses antes do pleito).

Gabarito "A"

(Técnico Judiciário – TRE/SP – FCC – 2017) Considere as situações hipotéticas abaixo:

I. Tício é Governador e deseja se candidatar ao cargo de Presidente da República.

II. Graça, eleita Vice-Prefeita, sucedeu o Prefeito falecido três meses antes do pleito e deseja se candidatar ao cargo de Governadora.

Nesses casos, e considerando apenas os dados fornecidos, Tício

(A) deverá renunciar ao mandato seis meses antes do pleito para se candidatar ao cargo pretendido e Graça deverá renunciar ao mandato quatro meses antes do pleito para se candidatar ao cargo pretendido.

(B) e Graça deverão renunciar aos respectivos mandatos até seis meses antes do pleito, para se candidatarem a esses cargos.

(C) e Graça são inelegíveis, não podendo candidatar-se a qualquer cargo até o final do mandato, sob pena de suspensão dos direitos políticos, salvo os casos de reeleição.

(D) e Graça deverão renunciar aos respectivos mandatos até três meses antes do pleito, para se candidatarem a esses cargos.

(E) deverá renunciar ao mandato quatro meses antes do pleito para se candidatar ao cargo pretendido e Graça não precisará se desincompabilizar para se candidatar ao cargo pretendido.

A única alternativa correta vem representada pela assertiva B. Isto porque conforme o § 1º do artigo 1º da LC 64/1990, para concorrência a outros cargos, o Presidente da República; os Governadores de Estado e do DF e os Prefeitos devem renunciar aos respectivos mandatos até 6 meses antes do pelito. No caso em questão Graça sucedeu ao Prefeito. Neste passo, a situação de ter sido titular do cargo impõe a desincompatibilização 6 meses antes do pleito. SC

Gabarito "B"

(Técnico Judiciário – TRE/SP – FCC – 2017) Lineu completará dezesseis anos um dia antes da realização das eleições. Preenchidos os demais requisitos, de acordo com a Resolução 21.538/2003 do Tribunal Superior Eleitoral, o alistamento eleitoral de Lineu é

(A) facultativo, podendo ser solicitado até o encerramento do prazo fixado para requerimento de inscrição eleitoral ou transferência, sendo que o título surtirá efeitos na data do pedido, mesmo não tendo completado dezesseis anos.

(B) obrigatório, devendo ser solicitado até o encerramento do prazo fixado para requerimento de inscrição eleitoral ou transferência, sendo que o título somente surtirá efeitos com o implemento da idade de dezesseis anos.

(C) proibido, sendo considerado inalistável em razão da idade inferior a dezesseis anos.

(D) facultativo, podendo ser solicitado até o encerramento do prazo fixado para requerimento de inscrição eleitoral ou transferência, sendo que o título somente surtirá efeitos com o implemento da idade de dezesseis anos.

(E) obrigatório, podendo ser solicitado até o encerramento do prazo fixado para requerimento de inscrição eleitoral ou transferência, sendo que o título surtirá efeitos na data do pedido, mesmo não tendo completado dezesseis anos.

De fato, a alternativa D é a única correta, isto porque o art. 14, § 1º, Res. TSE 21.538/2003, dispõe que: "Art. 14. É facultado o alistamento, no ano em que se realizarem eleições, do menor que completar 16 anos até a data do pleito, inclusive. § 1º O alistamento de que trata o *caput* poderá ser solicitado até o encerramento do prazo fixado para requerimento de inscrição eleitoral ou transferência." SC

Gabarito "D"

(Técnico Judiciário – TRE/SP – FCC – 2017) Considere as situações hipotéticas abaixo.

I. Leon é analfabeto e deseja se candidatar a Vereador.
II. Fidalgo foi condenado, por decisão transitada em julgado, à pena privativa de liberdade por crime contra a saúde pública e, tendo se passado cinco anos após o cumprimento da pena, deseja se candidatar a Governador.
III. Mustafá é Ministro do Estado e se afastou de suas funções quatro meses antes do pleito com intensão de se candidatar à Vice-Presidência da República.

De acordo com a Lei Complementar nº 64/1990,

(A) apenas Leon e Fidalgo são inelegíveis.
(B) apenas Leon é inelegível.
(C) apenas Fidalgo é inelegível.
(D) Leon, Fidalgo e Mustafá são inelegíveis.
(E) apenas Fidalgo e Mustafá são inelegíveis.

A única alternativa correta vem tratada na assertiva D, indicando que todos os cidadãos indicados são inelegíveis. **I** – Leon é inelegível pela circunstância de analfabetismo (Art. 1º, I, *a*, LC 64/1990), no entanto, se vier a ser alfabetizado passa a cumprir tal condição. **II** – Fidalgo é inelegível em razão da condenação transitada em julgada, a contar de sua condenação e até o transcurso de 8 anos (Art. 1º, I, *e*, 3, LC 64/1990). **III** – Mustafá é inelegível em razão de ser Ministro de Estado e buscar se candidatar ao cargo de Presidente da República. Para isso, é necessário que proceda com a desincompatibilização (inciso II, *a*, 1, art. 1º, LC 64/1990). **SC**

Gabarito "D"

(Técnico Judiciário – TRE/SP – FCC – 2017) A Albino, brasileiro nato, residente e domiciliado atualmente em Portugal, foi outorgado o gozo dos direitos políticos no país em que vive no momento, outorga esta devidamente comunicada ao Tribunal Superior Eleitoral. Referido gozo dos direitos políticos em Portugal, em conformidade com a Resolução 21.538/2003,

(A) importará a suspensão desses mesmos direitos de Albino no Brasil.
(B) importará a perda desses mesmo direitos de Albino no Brasil.
(C) não implicará a perda ou suspensão desses mesmos direitos de Albino no Brasil.
(D) implicará, no Brasil, a inelegibilidade de Albino, mantendo-se obrigatório, porém, o exercício do voto.
(E) implicará, no Brasil, o impedimento do exercício de voto de Albino, permitindo-se, porém, que seja eleito.

Em regra, estrangeiros não exercem direitos políticos no Brasil. No entanto, se tratando de portugueses residentes no Brasil há mais de 3 anos ininterruptos, em razão do TRATADO DA AMIZADE, será possível o exercício de direitos políticos no Brasil, por portugueses, desde que haja reciprocidade de tratamento. Quanto a esta reciprocidade, a mesma circunstância a ser obedecida em Portugal, em favor de brasileiros. Neste caso, os direitos políticos do brasileiro, no Brasil, ficarão suspensos, não se permitindo o exercício dos direitos políticos em ambos países simultaneamente (ou em um, ou em outro). Destaca-se, por oportuno, que o Tratado da Amizade não se sobrepõe às situações constitucionalmente indicadas como "cargos privativos de brasileiro nato", cabendo aos portugueses (nas condições ditas acima) exercer direitos políticos sob a limitação de um "brasileiro naturalizado). Vide Dec. 3.927/2001 (Tratado da Amizade). **SC**

Gabarito "A"

(Técnico Judiciário – TRE/SP – FCC – 2017) Com relação à obrigatoriedade do voto no Brasil,

(A) os maiores de 18 anos são obrigados a votar, podendo ser impedidos de obter empréstimos em estabelecimentos de crédito mantidos pelo governo caso não apresentem a prova de votação na última eleição.
(B) a ausência de comprovação do cumprimento da obrigação de votar implica a suspensão imediata de aluno de instituição de ensino oficial.
(C) o eleitor que deixar de votar deverá justificar sua ausência perante o Juiz Eleitoral no prazo de 60 dias e ainda efetuar o pagamento de multa, em qualquer hipótese.
(D) a ausência de votação, por pelo menos 3 eleições consecutivas ou a falta de alistamento eleitoral dos maiores de 18 anos, implicarão o cancelamento do alistamento ou a proibição de sua realização.
(E) os maiores de 16 anos e menores de 18 anos, que não comprovarem a votação na última eleição, não poderão obter passaporte ou carteira de identidade.

A: Correta, uma vez que o art. 7º, § 1º, IV, Código Eleitoral dispõe que sem a prova de que votou na última eleição, pagou a respectiva multa ou de que se justificou devidamente, não poderá o eleitor obter empréstimos em estabelecimentos de crédito mantidos pelo governo. **B:** Incorreta, já que a ausência de comprovação do cumprimento da obrigação de votar impede a renovação de matrícula conforme prevê o art. 7º, § 1º, VI, do CE. A suspensão não é imediata. **C:** Incorreta, pois se o eleitor deixar de votar, deverá justificar sua ausência perante o Juiz Eleitoral no prazo de 60 dias. A multa somente será aplicada se não justificar. **D:** Incorreta, pois a ausência de votação em 3 eleições consecutivas por aquele que é obrigado a votar não o impedirá da regularização e futuro alistamento. **E:** Incorreta, pois os maiores de 16 anos e menores de 18 anos são votantes facultativos, logo, não sofrem as consequências do art. 7º. **SC**

Gabarito "A"

(Magistratura/GO – 2015 – FCC) Considere as seguintes afirmativas:

I. Convocado o plebiscito, o projeto legislativo ou medida administrativa não efetivada, cujas matérias constituam objeto da consulta popular, terá sustada sua tramitação, até que o resultado das urnas seja proclamado.
II. O plebiscito, convocado nos termos da legislação, requer, para ser aprovado, maioria absoluta, de acordo com o resultado homologado pelo Tribunal Superior Eleitoral.
III. Aprovado o ato convocatório de plebiscito, o Presidente do Congresso Nacional dará ciência ao Chefe do Poder Executivo, a quem competirá assegurar a gratuidade nos meios de comunicação de massa concessionários de serviço público, aos partidos políticos e às frentes suprapartidárias organizadas pela sociedade civil em torno da matéria em questão, para a divulgação de seus postulados referentes ao tema sob consulta.
IV. É vedado rejeitar projeto de lei de iniciativa popular por vício de forma, cabendo à Câmara dos Deputados, por seu órgão competente, providenciar a correção de eventuais impropriedades de técnica legislativa ou de redação.

Está correto o que se afirma APENAS em

(A) I e IV.

(B) I e II.

(C) I e III.

(D) III e IV.

(E) II e III.

I: correta, uma vez que trata-se a assertiva de reprodução do art. 9º da Lei 9.709/1998, lei que regulamenta a execução do disposto nos incs. I, II e III do art. 14 da CF (Lei do Plebiscito e Referendo); **II:** incorreta, uma vez que por atenção ao que dispõe o art. 10 da referida Lei 9.709/1998 será necessária a aprovação por maioria simples; **III:** incorreta, uma vez que será dada ciência à Justiça Eleitoral, e não como sugere a assertiva, tudo conforme dicção do art. 8º, IV, da Lei 9.709/1998; **IV:** correta, conforme dicção do art. 13, § 2º, da Lei 9.709/1998. Desta forma, a alternativa A é que apresenta as assertivas corretas.

Gabarito "A"

(Magistratura/SC – 2015 – FCC) Considere as seguintes afirmativas:

I. O cancelamento da aquisição da nacionalidade brasileira mediante naturalização por sentença transitada em julgado constitui óbice à filiação em partido político.

II. Desde que encontre permissivo expresso no estatuto partidário, é cabível a filiação a partido político de menor de dezesseis anos.

III. A inelegibilidade não constitui óbice à filiação partidária.

IV. Para concorrer a cargo eletivo, o candidato deve ter, no mínimo, dois anos de filiação no respectivo partido político.

Está correto o que se afirma APENAS em

(A) II e III.

(B) I e III.

(C) I e II.

(D) III e IV.

(E) II e IV.

I: correta, uma vez que o indivíduo teve sua naturalização cancelada e consequentemente houve perda de seus direitos políticos (lembrando que este um dos casos considerados exceção neste tema, já que é vedada a cassação de direitos políticos conforme o art. 15 da CF), com base no que impõe o art. 15, I, da CF. Assim, na condição de estrangeiro não poderá alistar-se como eleitor junto a justiça eleitoral (art. 14, § 2º, da CF) ou mesmo filiar-se junto às agremiações políticas (art. 16 da LPP). Atenção especial deve ser tomada quando o enunciado trouxer informações de que o indivíduo estrangeiro é português residente no Brasil e satisfaz as condições impostas pelo Tratado da Amizade (Dec. 3.927/2001), situação onde será considerada a possibilidade de exercício dos direitos políticos do estrangeiro (apenas deste português, nestas condições); **II:** incorreta, uma vez que apenas poderá filiar-se a partido político aquele que estiver no pleno gozo dos seus direitos políticos (art. 16 da LPP). Desta forma, o menor de 16 anos sequer poderá alistar-se na condição de direito prerrogativa (não obrigatoriedade). Atenção aos amigos concurseiros neste ponto! É de conhecimento que alguns estatutos partidários trazem em seu bojo tal possibilidade. Muito embora a doutrina vem admitindo a figura do Estatuto Partidário como fonte do direito eleitoral (já que dispõe acerca de assunto como a fidelidade partidária) jamais será capaz de sobrepor-se à legislação ordinária ; **III:** correta, sendo plena a dicção da Resolução TSE 23.117/2009 que dispõe em seu art. 1º que "*Somente poderá filiar-se a partido o eleitor que estiver no pleno gozo de seus direitos políticos (Lei 9.096/1995, art. 16), ressalvada a possibilidade de filiação do eleitor considerado inelegível (Ac.-TSE 12.371, de 27.08.1992, 23.351, de 23.09.2004 e 22.014, de 18.10.2004).*"; **IV:** incorreta, uma vez que não é de dois anos o prazo de prévia filiação partidária para concorrer ao pleito eleitoral. No entanto, importante esclarecimento acerca da reforma eleitoral estabelecida pela Lei 13.165/2015 e a resposta correta a esta assertiva: Antes da reforma eleitoral de 2015 o prazo para filiação partidária era o de 1 ano, podendo o estatuto da agremiação prever prazo superior desde que tal exigência não ocorresse em ano eleitoral. No entanto, com a entrada em vigor da Lei 13.165/2015 o prazo exigido pelo art. 9º da Lei das Eleições passa a ser de 6 (seis) meses considerando o deferimento da hipotética filiação. Embora exista tal atualização nesta assertiva, não compromete o gabarito oficial. Portanto, a alternativa B é a única que compreende o conjunto de assertivas corretas.

Gabarito "B"

(Analista – TRE/CE – 2012 – FCC) NÃO é requisito para a transferência do eleitor,

(A) o transcurso de, pelo menos, um ano do alistamento ou da última transferência.

(B) o recebimento do pedido no cartório eleitoral do novo domicílio no prazo estabelecido pela legislação vigente.

(C) o parecer favorável do Ministério Público Eleitoral.

(D) a residência mínima de três meses no novo domicílio, declarada, sob as penas da lei, pelo próprio eleitor.

(E) a prova de quitação com a Justiça Eleitoral.

A: correta (art. 18, II, da Res. 21.538/2003 do TSE); **B:** correta (art. 18, I, da Res. 21.538/2003 do TSE); **C:** incorreta, devendo ser assinalada, pois não há qualquer previsão legal nesse sentido; **D:** correta (art. 18, III, da Res. 21.538/2003 do TSE); **E:** correta (art. 18, IV, da Res. 21.538/2003 do TSE).

Gabarito "C"

(Analista – TRE/PR – 2012 – FCC) Paulo é servidor público federal e foi removido para cidade de outro Estado da Federação. A transferência do domicílio eleitoral no prazo estabelecido pela legislação vigente só será admitida se Paulo

(A) demonstrar o transcurso de, pelo menos, seis meses do alistamento ou da última transferência.

(B) estiver quite com a Justiça Eleitoral.

(C) declarar, sob as penas da lei, residência mínima de três meses no novo domicílio.

(D) demonstrar o transcurso de, pelo menos, um ano do alistamento ou da última transferência.

(E) provar residência mínima de seis meses no novo domicílio.

A: incorreta (art. 55, § 2º, do CE); **B:** correta, somente será concedida transferência ao eleitor que estiver quite com a Justiça Eleitoral (art. 61 do CE); **C:** incorreta (art. 55, § 2º, do CE); **D:** incorreta (art. 55, § 2º, do CE); **E:** incorreta (art. 55, §§ 1º, III e 2º, do CE).

Gabarito "B"

(Analista – TRE/SP – 2012 – FCC) Os dados pessoais do eleitor José da Silva (filiação, data de nascimento, profissão, estado civil, escolaridade, telefone e endereço) poderão ser fornecidos

(A) a qualquer pessoa que justifique adequadamente o pedido.

(B) ao seu credor, desde que justifique o pedido com demonstração da dívida e a inércia do devedor.

(C) a entidades autorizadas pelo Tribunal Superior Eleitoral, desde que exista reciprocidade de interesses.

(D) aos jornalistas em geral, desde que desenvolvam matéria relacionada à sua profissão.

(E) aos parentes do eleitor, quando estiverem buscando o seu paradeiro.

Segundo o que dispõe a Res. 21.538/2003 do TSE, como regra geral, em resguardo da privacidade do cidadão, não se fornecerão informações de caráter personalizado constantes do cadastro eleitoral (art. 29, § 1º, da Res. 21.538/2003 do TSE). Todavia, há exceções a essa regra e uma delas é a possibilidade de acesso a informações "por entidades autorizadas pelo Tribunal Superior Eleitoral, desde que exista reciprocidade de interesses" (art. 29, § 3º, *c*, da Res. 21.538/2003 do TSE).

Gabarito "C"

(Analista – TRE/TO – 2011 – FCC) De acordo com a Resolução do TSE 21.538/2003, no título de eleitor, os dois últimos algarismos correspondem

(A) ao código do Tribunal que autorizou a expedição.

(B) à unidade da federação de origem da inscrição.

(C) à cidade a que pertence o título eleitoral.

(D) ao código da residência do titular.

(E) aos dígitos verificadores.

Art. 12, parágrafo único, *c*, da Res 21.538/2003.

Gabarito "E"

(Analista – TRE/AP – 2011 – FCC) Plínio filiado à partido político e brasileiro, de reputação ilibada que acabara de completar vinte anos de idade no mês de junho de 2008, efetuou o seu alistamento eleitoral na circunscrição eleitoral do Município de Caju, onde mantinha seu domicílio. A sua intenção era a de concorrer ao cargo de Prefeito no Município de Margarida, nas eleições daquele mesmo ano, posto que frequentava faculdade na referida Cidade, e era presidente do diretório acadêmico, sendo conhecido e amado pelos colegas de faculdade e pela maioria dos habitantes da região, com grandes chances de vencer as eleições. Porém, sua candidatura ao referido cargo foi barrada, porque não preenchia os requisitos de

(A) idade mínima de vinte e cinco anos de idade e domicílio eleitoral referente a um período de dois anos.

(B) idade mínima de vinte e um anos de idade e de domicílio eleitoral na circunscrição do Município de Margarida.

(C) domicílio eleitoral na circunscrição do Município de Margarida e de idade mínima de trinta anos de idade.

(D) pleno exercício dos direitos políticos e de idade mínima de trinta anos de idade.

(E) pleno exercício dos direitos políticos e de idade mínima de vinte e cinco anos de idade.

Art. 14, § 3º, VI, *c*, CF/1988

Gabarito "B"

(Analista – TRE/AP – 2011 – FCC) De acordo com a Resolução TSE 21.538/2003, a decisão das pluralidades de inscrições, agrupadas ou não pelo batimento, quando envolver inscrições efetuadas em zonas eleitorais de circunscrições diversas, caberá ao

(A) Tribunal Regional Eleitoral.

(B) juiz da zona eleitoral onde foi efetuada a inscrição mais antiga.

(C) juiz da zona eleitoral onde foi efetuada a inscrição mais recente.

(D) Corregedor-Regional eleitoral.

(E) Corregedor-Geral eleitoral.

Art. 41, II, *c*, da Res. 21.538/2003 TSE.

Gabarito "E"

(Analista – TRE/RS – 2010 – FCC) A respeito da fiscalização exercida pelos partidos políticos no que concerne ao alistamento, à emissão e entrega de títulos eleitorais, à transferência, revisão e segunda via, é correto afirmar que NÃO poderão

(A) examinar, mesmo sem perturbação dos serviços e na presença dos servidores designados, os documentos relativos aos pedidos de transferência, revisão de segunda via e revisão de eleitorado.

(B) ser mantidos mais de um delegado de cada partido atuando simultaneamente na mesma zona eleitoral.

(C) assumir a defesa do eleitor cuja exclusão esteja sendo promovida.

(D) examinar, mesmo sem perturbação dos serviços e na presença dos servidores designados, os documentos relativos aos pedidos de alistamento eleitoral.

(E) requerer a exclusão de qualquer eleitor inscrito irregularmente.

A: incorreta: art. 27, III da Res. 21.538/2003; **B:** correta – os partidos políticos poderão manter até dois delegados perante o Tribunal Regional Eleitoral e até três delegados em cada zona eleitoral, mas não é permitida a atuação simultânea de mais de um delegado de cada partido – Art. 28 da Res. 21.538/2003; **C:** incorreta – art. 27, II da Res. 21.538/2003; **D:** incorreta – art. 27, III da Res. 21.538/2003; **E:** incorreta – art. 27, II da Res.21.538/2003.

Gabarito "B"

(Defensoria/SP – 2013 – FCC) Segundo a Constituição Federal brasileira, a iniciativa popular é exercida no âmbito

(A) estadual, nos termos que a lei dispuser sobre a iniciativa popular no processo legislativo estadual.

(B) municipal, pela apresentação à Câmara dos Vereadores de projeto de lei subscrito por, no mínimo, um por cento do eleitorado.

(C) estadual, através da manifestação de, pelo menos, cinco por cento do eleitorado.

(D) estadual, através da manifestação de, pelo menos, cinco por cento do eleitorado, distribuído pelo menos por cinco Municípios, com não menos de três décimos por cento dos eleitores de cada um deles.

(E) municipal e referente a projetos de lei de interesse específico do Município, da cidade ou de bairros, através da manifestação de, pelo menos, um por cento do eleitorado.

A única alternativa correta é apresentada pela assertiva A, conforme art. 27, § 4º, CF, que disciplina o assunto ao determinar que lei disporá sobre a iniciativa popular no processo legislativo estadual. Ou seja, caberá a lei dispor acerta do assunto. As regras dispostas no art. 61 e seguintes, CF, não se aplicam ao exercício da iniciativa popular em âmbito estadual, mas sim federal.

Gabarito "A"

(Magistratura/CE – 2014 – FCC) Considere as seguintes afirmativas:

I. A filiação partidária somente é permitida ao eleitor que se encontre em pleno gozo de seus direitos políticos, sendo cabível ainda que esteja inelegível, segundo decisão proferida pela Justiça Eleitoral.

II. É vedado o cancelamento da filiação partidária em caso de superveniente perda dos direitos políticos do filiado, salvo expressa disposição estatutária em sentido contrário.

III. Havendo coexistência de filiações partidárias, prevalecerá a mais recente, devendo a Justiça Eleitoral determinar o cancelamento das demais.

IV. Configurado caso de dupla filiação do eleitor, ambos os vínculos partidários devem ser considerados nulos para todos os efeitos.

Está correto o que é afirmado APENAS em

(A) II e IV.

(B) I, II e IV.

(C) I e IV.

(D) I e III.

(E) II e III.

I: correta, uma vez que assim dispõe o art. 16 da Lei 9.096/1995 e art. 1° da Res.-TSE 23.117, de 20.08.2009, que autoriza ao inelegível a possibilidade de filiação partidária; **II:** incorreta, uma vez que tal possibilidade encontra guarida no disposto do inciso II, art. 22 da Lei 9.096/1995; **III:** correta, em atenção a nova disposição trazida pela minirreforma eleitoral, Lei 12.891/2013, que alterou a redação do parágrafo único do art. 22 da Lei 9.096/1995. **IV:** incorreta, pelas mesmas razões da alternativa anterior, vez que com a minirreforma eleitoral a questão passou a ser tratada de modo a manter-se a filiação mais recente, evitando a perda de uma das condições de elegibilidade do cidadão.

Gabarito "D"

(Ministério Público/CE – 2011 – FCC) Segundo a Constituição Federal o alistamento eleitoral e o voto são:

(A) obrigatórios para os maiores de dezesseis anos.

(B) facultativos para os estrangeiros residentes no país há mais de três anos.

(C) facultativos para os analfabetos e os conscritos durante o serviço militar obrigatório.

(D) obrigatório o alistamento e facultativo o voto dos maiores de dezesseis e menores de dezoito anos.

(E) facultativos para os maiores de setenta anos.

De fato a única alternativa correta é a trazida pela assertiva E, uma vez que o art. 14, § 1° da Constituição Federal dispõe que o alistamento eleitoral e o voto são obrigatórios para os maiores de dezoito anos e facultativos para os analfabetos, maiores de setenta anos e maiores de dezesseis e menores de dezoito anos.

Gabarito "E"

(Ministério Público/CE – 2011 – FCC) São condições de elegibilidade para o cargo de Vice-Governador de Estado:

(A) nacionalidade brasileira, pleno exercício dos direitos políticos, alistamento eleitoral, domicílio eleitoral na circunscrição, filiação partidária e idade mínima de trinta anos.

(B) naturalidade brasileira, pleno exercício dos direitos políticos, domicílio eleitoral na circunscrição, filiação partidária e idade mínima de trinta anos.

(C) nacionalidade brasileira, pleno exercício dos direitos políticos, alistamento eleitoral, domicílio eleitoral no território nacional, filiação partidária e idade mínima de trinta e cinco anos.

(D) nacionalidade brasileira, pleno exercício dos direitos políticos, alistamento eleitoral, domicílio eleitoral na circunscrição e idade mínima de vinte e cinco anos.

(E) naturalidade brasileira, pleno exercício dos direitos políticos, alistamento eleitoral, filiação partidária e idade mínima de trinta e cinco anos.

De fato, em atenção ao que questiona o enunciado, as condições de elegibilidade ao pretendente a concorrer ao cargo de Vice-Governador de Estado são encontradas ao longo do art. 14, § 3° c/c art. 14, § 3°, VI, "b".

Gabarito "A"

(Procurador Legislativo – Câmara de Vereadores de São Paulo/SP – 2014 – FCC) A idade mínima de trinta anos na data do pleito eleitoral é condição de elegibilidade para, dentre outros, o cargo de

(A) Vice-Governador de Estado.

(B) Deputado Federal.

(C) Deputado Estadual

(D) Prefeito Municipal.

(E) Vereador.

De fato a única resposta correta é encontrada na alternativa A. O art. 14, § 3°, VI, CF, dispõe sobre as idades mínimas as serem obedecidas aos pretendentes a concorrer a cargos eletivos públicos, como condição de elegibilidade a ser aferida tendo-se como perspectiva a data da posse do candidato. São elas: a) trinta e cinco anos para Presidente e Vice-Presidente da República e Senador; b) trinta anos para Governador e Vice-Governador de Estado e do Distrito Federal; c) vinte e um anos para Deputado Federal, Deputado Estadual ou Distrital, Prefeito, Vice-Prefeito e juiz de paz; d) dezoito anos para Vereador.

Gabarito "A"

5. CANCELAMENTO E EXCLUSÃO DE ELEITOR

(Analista – TRE/AC – 2010 – FCC) A respeito do cancelamento e da exclusão de eleitores, pode-se afirmar que

(A) a decisão do juiz eleitoral é irrecorrível.

(B) cessada a causa do cancelamento, o interessado não poderá requerer a sua qualificação e inscrição.

(C) durante o processo e até a exclusão pode o eleitor votar validamente.

(D) a suspensão dos direitos políticos não é causa de cancelamento.

(E) a exclusão de eleitor não pode ser determinada *ex officio* pelo Juiz Eleitoral, dependendo de requerimento de partido ou candidato.

A: incorreta – da decisão do juiz eleitoral caberá recurso no prazo de 3 (três) dias, para o Tribunal Regional Eleitoral, interposto pelo excluendo ou por delegado de partido – art. 80, CE; **B:** incorreta – art. 81, CE; **C:** correta – art. 72, CE; **D:** incorreta – art. 71, II, CE; **E:** incorreta – art. 71, § 1°, CE.

Gabarito "C"

(Analista – TRE/PI – 2009 – FCC) O cancelamento e a exclusão de eleitores

(A) por pluralidade de inscrição se processarão de forma sumária, não estando sujeitos a contestação, nem a dilação probatória.

(B) dependerão de requerimento de delegado de partido, não podendo ser promovidos *ex officio*.

(C) dependerão de decisão do Juiz Eleitoral, da qual caberá recurso para o Tribunal Regional Eleitoral, no prazo de 3 dias.

(D) terão efeito retroativo à data de instauração do processo, impedindo o eleitor de votar validamente durante a respectiva tramitação.

(E) não poderão ter como causa a suspensão, mas apenas a perda dos direitos políticos.

A: incorreta – art. 77 do CE; **B:** incorreta – o cancelamento e a exclusão de eleitores por pluralidade de inscrição poderão ser requeridas *ex officio*, por delgado de partido ou por qualquer eleitor – art. 71, § 1º, do CE; **C:** correta – art. 80 do CE; **D:** incorreta – art. 72 do CE; **E:** incorreta – art. 71, II, do CE.

Gabarito "C"

6. PARTIDOS POLÍTICOS

(Analista Judiciário – TRE/SP – FCC – 2017) Gilberto foi eleito Deputado Estadual pelo partido político "W" e deseja se candidatar a Vereador nas próximas eleições pelo partido "Y". De acordo com a Lei 9.096/1995, Gilberto

(A) poderá efetuar a mudança de partido, sem perder o mandato, sempre que assim desejar, desde que o partido ao qual pretende se filiar tenha integrado a coligação pela qual ele foi eleito.

(B) poderá desfiliar-se de seu partido político sem perder o mandato apenas nas hipóteses de mudança substancial ou desvio reiterado do programa partidário.

(C) poderá desfiliar-se de seu partido político sem perder o mandato apenas na hipótese de grave discriminação política pessoal.

(D) não poderá concorrer às próximas eleições por outro partido político, sendo permitida sua desfiliação, apenas seis meses após o término de seu mandato, sob pena de pagamento de multa e de inelegibilidade por oito anos.

(E) poderá efetuar a mudança de partido durante o período de 30 dias que antecede o prazo de filiação exigido em lei para concorrer à eleição, ao término do mandato vigente, não perdendo o seu mandato.

A única alternativa correta é representada pela assertiva E. Isto porque, com a reforma eleitoral de 2015 (Lei 13.165/2015) observou-se alterações quanto às situações autorizadoras de trocas partidárias (pelo filiado) sem que isso viesse a revestir-se do caráter de quebra de fidelidade partidária. Com a atual redação do parágrafo único, art. 22-A, Lei dos Partidos Políticos, consideram-se justa causa, para a desfiliação partidária somente as seguintes hipóteses: I – mudança substancial ou desvio reiterado do programa partidário; II – grave discriminação política pessoal, III – mudança de partido efetuada durante o período de trinta dias que antecede o prazo de filiação exigido em lei para concorrer à eleição, majoritária ou proporcional, ao término do mandato vigente.

Gabarito "E"

(Analista Judiciário – TRE/SP – FCC – 2017) Clóvis é eleitor residente em zona rural distante três quilômetros das mesas receptoras de votos, que se encontra dentro dos limites territoriais do respectivo Município. Visando a possibilitar o voto de Clóvis, o partido político "A" pretende fornecer, no dia das eleições, gratuitamente, transporte a ele e sua esposa Cláudia até o local de votação. O partido político "A"

(A) está proibido de fornecer transporte a eleitores, não podendo, a Justiça Eleitoral, requisitar veículos e embarcações aos órgãos da Administração direta ou indireta da União, dos Estados, Territórios, Distrito Federal e Municípios, salvo os de uso militar, e particulares, tendo em vista que os eleitores se encontram a menos de cinco quilômetros distantes das mesas receptoras de voto.

(B) está proibido de fornecer transporte a eleitores, podendo, a Justiça Eleitoral, a qualquer tempo, requisitar apenas veículos e embarcações a particulares, obrigatoriamente de aluguel, sendo os serviços requisitados pagos até o dia do pleito, para possibilitar a execução dos serviços de transporte gratuito de eleitores em zonas rurais, em dias de eleição.

(C) poderá fornecer o transporte a Clóvis e Cláudia, tendo em vista que se encontram em zona rural distante três quilômetros das mesas receptoras de votos, sendo, o direito ao voto, um direito universal, garantido a todos, sem distinção, cujo exercício deve ser facilitado pelo partido que concorre ao pleito.

(D) poderá fornecer o transporte a Clóvis e Cláudia, desde que haja concordância dos demais candidatos e partidos políticos, tendo em vista o caráter excepcional da situação, eximindo-os de votar caso haja indisponibilidade ou deficiência do transporte oferecido.

(E) está proibido de fornecer transporte a eleitores, podendo, a Justiça Eleitoral, até quinze dias antes das eleições, requisitar, nos termos da lei, aos órgãos da Administração direta ou indireta da União, dos Estados, Territórios, Distrito Federal e Municípios os funcionários e as instalações de que necessitar para possibilitar a execução dos serviços de transporte gratuito de eleitores em zonas rurais, em dias de eleição.

A única alternativa correta é representa pela alternativa E. Isto considerando os prazos previstos na Lei 6.091/1974. Para maior objetividade nos estudos, apropriada a análise dos prazos (de forma compilada), na tabela que segue:

Momento (data da eleição é o paradigma)	Prazo	Ocorrência
ANTES DAS ELEIÇÕES	Até 50 dias	Repartições públicas informarão sobre seus veículos.
	Até 40 dias antes	Diretórios regionais indicarão pessoas p/ comissão de transporte.
	Até 30 dias antes	Justiça Eleitoral requisitará veículos.
	30 dias antes	Justiça Eleitoral instalará comissão de transporte.
	Até 15 dias antes	Justiça Eleitoral divulgará percursos e horários.
	Até 15 dias antes	Justiça Eleitoral requisitará à Administração Pública os funcionários e as instalações de que necessitar.
	Até 24h antes	Os veículos e embarcações devem estar em condições de serem utilizados.
ELEIÇÕES		
DEPOIS DAS ELEIÇÕES	Até 30 dias depois	Serviços requisitados serão pagos.
	3 dias depois	Da divulgação de percursos e horários: reclamações por partidos, candidatos e eleitores.
	3 dias subsequentes	Reclamações serão apreciadas.

Gabarito "E"

(Analista Judiciário – TRE/SP – FCC – 2017) A coligação "X" deseja requerer o registro dos seus candidatos à Câmara de Vereadores de determinado Município que possui cem mil eleitores. Para isso, foi verificar o total de candidatos que poderia registrar, ficando ciente de que deve preencher as vagas com, no mínimo, 30% e, no máximo, 70% para candidaturas de cada sexo. Dentre os seus candidatos estão Níveo, que fará 18 anos na data da posse e Jade, que fará 18 anos na data-limite para o registro. A coligação "X" poderá registrar candidatos no total de até

(A) 200% dos lugares a preencher, sendo que Níveo não poderá se candidatar.

(B) 150% dos lugares a preencher, sendo que tanto Níveo quanto Jade não poderão se candidatar.

(C) 200% dos lugares a preencher, sendo que Jade não poderá se candidatar.

(D) 150% dos lugares a preencher, sendo que Jade não poderá se candidatar.

(E) 200% dos lugares a preencher, sendo que tanto Níveo quanto Jade poderão se candidatar.

A única alternativa correta é representada pela alternativa A. Para responder, o candidato precisava conhecer duas informações. A primeira (não necessariamente na ordem do enunciado) é relativa à verificação da condição de elegibilidade de candidatos a cargos onde a idade imposta (condição de elegibilidade relativamente às idades mínimas) seja de 18 anos. Com a reforma de 2015, o art. 11, § 2º, Lei das Eleições, estabelece que "A idade mínima constitucionalmente estabelecida como condição de elegibilidade é verificada tendo por referência a data da posse, **salvo quando fixada em dezoito anos**, hipótese em que será aferida na data-limite para o pedido de registro". Assim, temos que Níveo não poderá se candidatar uma vez que somente cumprirá 18 anos na data da posse (e que, logicamente, será posteriormente à data limite do pedido de registro de candidatura. A título de visualização, a data limite será 15 de Agosto do ano eleitoral. A data de posse, primeiro de janeiro do ano posterior ao ano eleitoral). Com esta informação, de fato, seria possível responder à questão. No entanto, ainda temos o Segundo tema cobrado. Trata-se do art. 10, II, Lei das Eleições, que estabelece que "II – nos Municípios de até cem mil eleitores, nos quais cada coligação poderá registrar candidatos no **total de até 200%** (duzentos por cento) do número de lugares a preencher."

Gabarito "A"

(Juiz – TJ-SC – FCC – 2017) A incorporação de partido político:

(A) somente é cabível em relação a partidos políticos que tenham obtido registro definitivo do Tribunal Superior Eleitoral há, pelo menos, 5 (cinco) anos.

(B) exige que os órgãos nacionais de deliberação dos partidos políticos envolvidos na incorporação aprovem, em reunião conjunta, por maioria absoluta, novos estatutos e programas, bem como elejam novo órgão de direção nacional ao qual caberá promover o registro da incorporação.

(C) não implica eleição de novo órgão de direção nacional, mantendo-se o mandato e a composição do órgão de direção nacional da agremiação partidária incorporadora.

(D) condiciona a existência legal da nova agremiação partidária ao registro, no Ofício Civil competente da Capital Federal, dos novos estatutos e programas, cujo requerimento deve ser acompanhado das atas das decisões dos órgãos competentes.

(E) não autoriza a soma dos votos obtidos na última eleição geral para a Câmara dos Deputados pelos partidos incorporados, para efeito da distribuição dos recursos do Fundo Partidário e do acesso gratuito ao rádio e à televisão.

A: correta, com fundamento no §9°, art. 29, Lei dos Partidos Políticos, que, a partir da Lei 13.165/2015, passou a estabelecer que "somente será admitida a fusão ou incorporação de partidos políticos que hajam obtido o registro definitivo do Tribunal Superior Eleitoral há, pelo menos, 5 (cinco) anos". Assim, há uma vedação à criação de partidos políticos que nascem destinados à serem verdadeiramente "loteados" a outros; **B:** incorreta, já que o §2°, art. 29, Lei dos Partidos Políticos estabelece que " No caso de incorporação, observada a lei civil, caberá ao partido incorporando deliberar por maioria absoluta de votos, em seu órgão nacional de deliberação, sobre a adoção do estatuto e do programa de outra agremiação"; **C:** incorreta. O art. 29, §1°, II, Lei dos Partidos Políticos dispõe que "- os órgãos nacionais de deliberação dos partidos em processo de fusão votarão em reunião conjunta, por maioria absoluta, os projetos, e elegerão o órgão de direção nacional que promoverá o registro do novo partido."; **D:** incorreta, já que esta regra disposta na assertiva D diz respeito à situação a ser observado no caso de fusão. Trata-se de reprodução do quanto disposto no §4°, art. 29, Lei dos Partidos Políticos; **E:** incorreta, já que a autorização é expressa pelo §7°, art. 29, Lei dos Partidos Políticos. SC

Gabarito "A"

(Juiz – TJ-SC – FCC – 2017) Nos termos da Constituição Federal, a Câmara dos Deputados compõe-se de representantes do povo, eleitos, pelo sistema proporcional. Tal sistema eleitoral:

(A) determina, segundo o Código Eleitoral, que as vagas não preenchidas segundo o quociente partidário serão distribuídas aos partidos com o maior número de votos remanescentes, ou seja, aqueles que restaram em face do cálculo do quociente partidário.

(B) determina, segundo o Código Eleitoral, a eleição dos candidatos que tenham obtido votos em número igual ou superior a 10% (dez por cento) do quociente eleitoral, tantos quantos o respectivo quociente partidário indicar, na ordem da votação nominal que cada um tenha recebido.

(C) impede, segundo a legislação eleitoral, que o voto conferido a candidato de determinado partido seja considerado para a eleição de candidato de partido diverso, ainda que coligado.

(D) determina, segundo o Código Eleitoral, a eleição dos candidatos que tenham obtido votos em número igual ou superior ao quociente eleitoral, na ordem da votação nominal que cada um tenha recebido.

(E) descabe ser aplicado à eleição de Vereadores, em virtude de a Constituição Federal atualmente estabelecer limite máximo de Vereadores para cada Município em função do número de habitantes, afastando a proporcionalidade da representação que originalmente vigorava.

A: incorreta, uma vez que os arts. 109 e 110 do Código Eleitoral estabelecem tratativa diferente. Atenção especial deve ser dada a estes dispositivos (objetivamente o art. 109, CE), uma vez que sofreu alterações pela Lei 13.165/2015 (Reforma de 2015). Vejamos:

Art. 109. Os lugares não preenchidos com a aplicação dos quocientes partidários e em razão da exigência de votação nominal mínima a que se refere o art. 108 serão distribuídos de acordo com as seguintes regras:

I - dividir-se-á o número de votos válidos atribuídos a cada partido ou coligação pelo número de lugares definido para o partido pelo cálculo do quociente partidário do art. 107, mais um, cabendo ao partido ou coligação que apresentar a maior média um dos lugares a preencher, desde que tenha candidato que atenda à exigência de votação nominal mínima;

II - repetir-se-á a operação para cada um dos lugares a preencher;

III - quando não houver mais partidos ou coligações com candidatos que atendam às duas exigências do inciso I, as cadeiras serão distribuídas aos partidos que apresentem as maiores médias. § 1º O preenchimento dos lugares com que cada partido ou coligação for contemplado far-se-á segundo a ordem de votação recebida por seus candidatos.

§ 2º Somente poderão concorrer à distribuição dos lugares os partidos ou as coligações que tiverem obtido quociente eleitoral.

Art. 110. Em caso de empate, haver-se-á por eleito o candidato mais idoso.

B: correta. Fundamento está no art. 108, CE. Destaca-se que esta disposição é também fruto de alterações inserida pela Lei 13.165/2015, portanto, deve o candidato possuir atenção redobrada. Importante mencionar, também, que esta quota de 10% (temos sustentado em sala a denominação "cláusula de barreira no Sistema proporcional") não será observada quando na situação de chamamento dos suplentes a ocuparem cargos vagos, mas tão somente para esta aferição de resultado das eleições; **C:** incorreta, isto porque o cálculo do quociente partidário inclui a consideração da unidade apresentada pela coligação. Ou seja, os partidos poderão (não há obrigatoriedade) coligar-se para uma eleição. Havendo coligação, toda a apuração será considerada tendo-se por base o partido político individualmente (quando não coligado) ou a própria coligação (quando houver associação entre as agremiações). Art. 107, CE; **D:** incorreta, uma vez que é necessário observar o cumprimento de 10% do quociente eleitoral, conforme dito na assertiva B, relativamente à cláusula de barreira do Sistema eleitoral; **E:** incorreta, já que o sistema proporcional de apuração dos votos será utilizado para as eleições para cargos do legislativo, sendo a única exceção o cargo de senador, onde a apuração se dá pelo sistema majoritário. SC

Gabarito "B"

(Técnico Judiciário – TRE/SP – FCC – 2017) Ieda foi orientada a estudar a Lei 9.096/95 para o concurso que irá prestar. Descobriu que, destinando-se a assegurar, no interesse do regime democrático, a autenticidade do sistema representativo e a defender os direitos fundamentais definidos na Constituição Federal, o partido político é pessoa jurídica de direito

(A) privado, sendo livre a criação, fusão, incorporação e extinção de partidos políticos cujos programas respeitem a soberania nacional, o regime democrático, o pluripartidarismo e os direitos fundamentais da pessoa humana.

(B) público interno, sendo livre a criação, fusão, incorporação e extinção de partidos políticos cujos programas respeitem a soberania nacional, o regime democrático, o pluripartidarismo e os direitos fundamentais da pessoa humana.

(C) público externo, sendo livre a criação, fusão, incorporação e extinção de partidos políticos cujos programas respeitem a soberania nacional, o regime democrático, o pluripartidarismo e os direitos fundamentais da pessoa humana.

(D) público, interno ou externo, dependendo do seu estatuto, sendo livre a criação, fusão, incorporação e extinção de partidos políticos cujos programas respeitem a soberania nacional, o regime democrático, o pluripartidarismo e os direitos fundamentais da pessoa humana.

(E) privado ou de direito público interno, dependendo do seu estatuto, sendo livre a criação, fusão, incorporação e extinção de partidos políticos cujos programas respeitem a soberania nacional, o regime democrático, o pluripartidarismo e os direitos fundamentais da pessoa humana.

De fato, a única alternativa correta corresponde à assertiva tratada na letra A, pois em perfeita consonância com o art. 44, V, Código

Civil. Também, e de modo mais específico, os artigos 1º e 2º da Lei dos Partidos Políticos, que assim dispõe: "Art. 1º O partido político, pessoa jurídica de direito privado, destina-se a assegurar, no interesse do regime democrático, a autenticidade do sistema representativo e a defender os direitos fundamentais definidos na Constituição Federal. Art. 2º É livre a criação, fusão, incorporação e extinção de partidos políticos cujos programas respeitem a soberania nacional, o regime democrático, o pluripartidarismo e os direitos fundamentais da pessoa humana." SC

Gabarito "A"

(Técnico Judiciário – TRE/SP – FCC – 2017) Clodoaldo é detentor do mandato de Vereador, tendo sido eleito pelo partido político A, ao qual era filiado. Ocorre que, em razão de ter sofrido grave discriminação política pessoal, desfiliou-se do referido partido. Clodoaldo,

(A) perderá o mandato apenas se a desfiliação partidária ocorrer durante os dois primeiros anos de seu mandato.

(B) perderá o mandato, pois o motivo referido não caracteriza justa causa para a desfiliação partidária.

(C) não perderá o mandato, pois a desfiliação partidária independe de justa causa para ocorrer.

(D) perderá o mandato, ainda que caracterizada a justa causa para a desfiliação partidária.

(E) não perderá o mandato, pois o motivo referido caracteriza justa causa para a desfiliação partidária.

De fato, a única alternativa correta é apresentada pelo art. 22-A, Lei dos Partidos Políticos. Isto porque dispõe que perderá o mandato o detentor de cargo eletivo que se desfiliar, sem justa causa, do partido pelo qual foi eleito. No entanto, a Lei 13.165, de 2015, alterou o dispositivo, especialmente quanto às chamadas justas causas à desfiliação partidária (sem que isso resulte em infidelidade partidária). O parágrafo único, do mesmo dispositivo, considera como justa causa, atualmente, apenas: I – mudança substancial ou desvio reiterado do programa partidário; II – grave discriminação política pessoal; e, III – mudança de partido efetuada durante o período de trinta dias que antecede o prazo de filiação (6 meses) exigido em lei para concorrer à eleição, majoritária ou proporcional, ao término do mandato vigente. SC

Gabarito "E"

(Técnico Judiciário – TRE/SP – FCC – 2017) Os partidos políticos X, Y e Z, dentro da mesma circunscrição, celebraram coligações para eleição majoritária e proporcional, observadas todas as normas legais para sua formação. Chegado o momento próprio, descobriram que, na realização de propaganda na televisão para eleição majoritária, a coligação usará,

(A) facultativamente, sob sua denominação, as legendas de todos os partidos que a integram, e, na propaganda para eleição proporcional, cada partido usará apenas sua legenda sob o nome da coligação.

(B) obrigatoriamente, sob sua denominação, as legendas de todos os partidos que a integram, e, na propaganda para eleição proporcional, cada partido usará apenas sua legenda sob o nome da coligação.

(C) obrigatoriamente, apenas a legenda do partido ao qual o candidato é filiado, sob o nome da coligação, e, na propaganda para eleição proporcional, usará, também obrigatoriamente, sob sua denominação, as legendas de todos os partidos que a integram.

(D) facultativamente, sob sua denominação, as legendas de todos os partidos que a integram, aplicando-se a mesma regra na propaganda para eleição proporcional.

(E) obrigatoriamente, como denominação, a junção de todas as siglas dos partidos que a integram, e, na propaganda para eleição proporcional, cada partido poderá usar, facultativamente, sua legenda sob o nome da coligação.

De fato, a única alternativa correta está exposta na assertiva de letra B. Relaciona-se com o que dispõe o art. 6º, § 2º, Lei das Eleições, ao tratar que na propaganda para eleição majoritária, a coligação usará, obrigatoriamente, sob sua denominação, as legendas de todos os partidos que a integram; na propaganda para eleição proporcional, cada partido usará apenas sua legenda sob o nome da coligação. SC

Gabarito "B"

Atenção: EC 97/2017

A Emenda Constitucional indicada passou a não mais permitir sejam feitas coligações partidárias para eleições onde o sistema de apuração se dê proporcionalmente. Ou seja, apenas eleições majoritárias admitem coligações. A alteração foi inserida pelo §1°, art. 17, CF, prevendo expressamente ser vedada a celebração de coligações nas eleições proporcionais. Desta forma, o art. 6º, Lei 9504/97 pode ser considerado não recepcionado pela EC 97/17. Cabe destacar, no entanto, que tal alteração apenas produzirá efeitos a partir das eleições de 2020, por expressa previsão em seu art. 2° (art. 2°, EC 97/2017).

Art. 17 (...)

§ 1º É assegurada aos partidos políticos autonomia para definir sua estrutura interna e estabelecer regras sobre escolha, formação e duração de seus órgãos permanentes e provisórios e sobre sua organização e funcionamento e para adotar os critérios de escolha e o regime de suas coligações nas eleições majoritárias, vedada a sua celebração nas eleições proporcionais, sem obrigatoriedade de vinculação entre as candidaturas em âmbito nacional, estadual, distrital ou municipal, devendo seus estatutos estabelecer normas de disciplina e fidelidade partidária.

(Magistratura/GO – 2015 – FCC) O funcionamento parlamentar dos partidos políticos

(A) que ainda não tenham obtido registro junto à Justiça Eleitoral constitui questão que não cabe ao Tribunal Superior Eleitoral responder em sede de consulta.

(B) é assegurado, em todas as Casas Legislativas para as quais tenha elegido representante, aos partidos que, em cada eleição para a Câmara dos Deputados, tenham obtido o apoio de, no mínimo, cinco por cento dos votos apurados, não computados os brancos e os nulos, distribuídos em, pelo menos, um terço dos Estados, com um mínimo de dois por cento do total de cada um deles.

(C) não admite, em face da autonomia assegurada às agremiações partidárias, a formação de alianças e blocos parlamentares, pois devem atuar por intermédio de suas próprias bancadas e constituir suas lideranças entre seus representantes.

(D) cabe ser disciplinado pelos regimentos das respectivas Casas Legislativas, sendo matéria vedada às disposições dos estatutos partidários.

(E) cabe ser disciplinado pelos estatutos partidários, sendo matéria vedada às disposições dos regimentos internos das respectivas Casas Legislativas.

A: correta. Para responder a esta questão necessário o conhecimento de jurisprudência do TSE conferida no Resp. 22.132 "Consulta. Partido político. Funcionamento parlamentar. Matéria não eleitoral. Não conhecimento. O TSE não responde consulta envolvendo questão relativa ao funcionamento dos partidos políticos"; **B:** incorreta, já que a cláusula de barreira foi julgada inconstitucional pelo STF em oportunidade do julgamento das ADIs 1351 e 1354. Importante mencionar que a atual composição do TSE, especificamente o presidente Min. Dias Toffoli, defende a criação de uma nova cláusula de barreira para a contenção da criação de novos partidos políticos, atualmente em número de 33 (sendo 28 com representatividade no Congresso Nacional); **C:** incorreta, pois em confronto com o que dispõe o art. 12 Lei dos Partidos Políticos, acerca do funcionamento parlamentar; **D:** incorreta, como mencionado na assertiva anterior, trata-se de afronta ao que dispõe o art. 12 da LPP; **E:** incorreta, uma vez que assim autoriza o já citado art. 12 da LPP, em sua parte final.

Gabarito "A"

(Analista – TRE/PR – 2012 – FCC) Em exame da prestação de contas anual do partido Gama, foi constatado o recebimento de recursos de origem não esclarecida. Nesse caso,

(A) o partido será punido com multa igual ao valor dos recursos e terá suas atividades suspensas até que o esclarecimento seja feito.

(B) o partido será punido com multa igual ao dobro do valor dos recursos de origem não esclarecida.

(C) ficará suspenso o recebimento pelo partido das quotas do Fundo Partidário por um ano.

(D) ficará suspenso o recebimento pelo partido das quotas do Fundo Partidário até que o esclarecimento seja aceito pela Justiça Eleitoral.

(E) ficará suspenso o recebimento das quotas do Fundo Partidário por dois anos e o partido será punido com multa de dez salários mínimos.

Art. 36, I, da Lei 9.096/1995.

Gabarito "D"

(Analista – TRE/CE – 2012 – FCC) Os partidos políticos

(A) podem desenvolver campanhas publicitárias pagas por entidades estrangeiras.

(B) são obrigados a conservar os documentos comprobatórios de suas prestações de contas por, pelo menos, cinco anos.

(C) não podem impugnar as prestações de contas de outros partidos, função que cabe exclusivamente à Justiça Eleitoral.

(D) podem ser mantidos por entidade de classe ou sindical, desde que os respectivos diretores sejam diferentes.

(E) não estão obrigados, no ano em que ocorrem eleições, a enviar à Justiça Eleitoral nem balanço anual, nem balancetes mensais.

A: incorreta (art. 31, I, da Lei 9.096/1995); **B:** correta (art. 34, IV, da Lei 9.096/1995); **C:** incorreta (art. 35, parágrafo único, da Lei 9.096/1995); **D:** incorreta (art. 31, IV, da Lei 9.096/1995); **E:** incorreta (art. 32, *caput*, da Lei 9.096/1995).

Gabarito "B"

(Analista – TRE/CE – 2012 – FCC) A respeito da propaganda partidária, considere:

I. A propaganda partidária paga no rádio e na televisão só é permitida no ano em que não se realizarem eleições.

II. A divulgação de propaganda de candidatos a cargos eletivos só pode ser feita durante a propaganda partidária gratuita no rádio e na televisão até o dia 5 de julho do ano da eleição.

III. A propaganda partidária gratuita no rádio e na televisão será feita através de transmissões em bloco, em cadeia nacional ou estadual, ou em inserções de trinta segundos e um minuto, no intervalo da programação normal das emissoras.

Está correto o que se afirma APENAS em

(A) III.

(B) I e II.

(C) I e III.

(D) II e III.

(E) II.

I: incorreta, a propaganda partidária, no rádio e na televisão, fica restrita aos horários gratuitos disciplinados nesta Lei, com proibição de propaganda paga (art. 45, § 6º, da Lei 9.096/1995); **II:** incorreta, é vedada a divulgação de propaganda de candidatos a cargos eletivos e a defesa de interesses pessoais ou de outros partidos (art. 45, § 1º, II, da Lei 9.096/1995); **III:** correta (art. 46, § 1º, da Lei 9.096/1995).

Gabarito "A"

(Analista – TRE/AP – 2011 – FCC) A perda dos direitos políticos

(A) não impede a filiação partidária, mas apenas a votação em convenções.

(B) não impede a filiação partidária, mas apenas a disputa de cargo eletivo.

(C) impede a filiação partidária.

(D) só impede a filiação partidária se houver prévia decisão nesse sentido dos órgãos de direção do partido.

(E) só impede a filiação partidária se houver dispositivo expresso nesse sentido no estatuto do partido.

Art. 16 da Lei 9.096/1995 – só pode filiar-se a partidos o eleitor que estiver no pleno gozo de seus direitos políticos.

Gabarito "C"

(Analista – TRE/TO – 2011 – FCC) De acordo com a Lei 9.096/1995, os partidos políticos

(A) não poderão promover alterações programáticas ou estatutárias após o registro de seu estatuto no Tribunal Superior Eleitoral.

(B) poderão, depois de autorização diplomática, subordinarem-se a entidade estrangeira.

(C) poderão incorporar-se um ao outro por decisão de seus órgãos nacionais de deliberação.

(D) poderão manter organização paramilitar.

(E) poderão receber recursos financeiros de procedência estrangeira.

A: incorreta: as alterações programáticas ou estatutárias, após registradas no Ofício Civil competentes, devem ser encaminhadas, para o mesmo fim, ao Tribunal Superior Eleitoral – art. 10 da Lei 9.096/1995; **B:** incorreta: a ação do partido ter caráter nacional e é exercida de acordo com seu estatuto ou programa, sem subordinação a entidades ou governos estrangeiros – art. 5º da Lei 9.096/1995; **C:** correta: art. 29 da Lei 9.096/1995. Importa mencionar que com a reforma de 2015, especificamente pela Lei 13.107/2015, houve a inclusão do parágrafo 6°, a dispor que "No caso de incorporação, o instrumento respectivo deve ser levado ao Ofício Civil competente, que deve, então, cancelar o registro do partido incorporado a outro"; **D:** incorreta: é vedado ao partido político ministrar instrução militar ou paramilitar – art. 6º da Lei 9.096/1995; **E:** incorreta: art. 31, I, da Lei 9.096/1995.

Gabarito "C"

(Analista – TRE/TO – 2011 – FCC) É livre a criação, fusão, incorporação e extinção de partidos políticos, cujos programas NÃO estão obrigados a respeitar

(A) o pluripartidarismo.
(B) a soberania nacional.
(C) o regime democrático.
(D) as orientações políticas do Presidente da República.
(E) os direitos fundamentais da pessoa humana.

Art. 1º da Lei 9.096/1995.
Gabarito "D"

(Analista – TRE/TO – 2011 – FCC) A respeito da fusão e incorporação de partidos políticos, considere:

I. Na hipótese de fusão, a existência legal do novo partido tem início com o registro dos estatutos do novo partido no Tribunal Superior Eleitoral.
II. No caso de incorporação, o instrumento respectivo deve ser levado ao Ofício Civil competente, que deve, então, cancelar o registro do partido incorporado a outro.
III. Adotados o estatuto e o programa do partido incorporador, realizar-se-á, em reunião conjunta dos órgãos nacionais de deliberação, a eleição do novo órgão de direção nacional.

Está correto o que se afirma APENAS em
(A) I.
(B) I e II,
(C) I e III.
(D) II e III.
(E) III.

I: incorreta: na hipótese de fusão, a existência legal do novo partido tem início com o registro, no Ofício Civil competente da Capital Federal, do estatuto e do programa, cujo requerimento deve ser acompanhado das atas das decisões dos órgãos competentes – art. 29, § 4º, da Lei 9.096/1995. Também, com as alterações trazidas pela Lei 13.107/2015, alterou-se o §6°, a dispor que "No caso de incorporação, o instrumento respectivo deve ser levado ao Ofício Civil competente, que deve, então, cancelar o registro do partido incorporado a outro."; **II**: correta: art. 29, § 5º, da Lei 9.096/1995; **III**: correta: art. 29, § 3º, da Lei 9.096/1995.
Gabarito "D"

(Analista – TRE/RS – 2010 – FCC) A respeito da filiação partidária, é INCORRETO afirmar:

(A) Para concorrer a cargo eletivo, o eleitor deverá estar filiado ao respectivo partido pelo menos um ano antes da data fixada para as eleições, majoritárias ou proporcionais.
(B) O prazos de filiação partidária fixados no estatuto do partido, com vistas a candidatura a cargos eletivos, não podem ser alterados no ano da eleição.
(C) Considera-se deferida, para todos os efeitos, a filiação partidária, com o deferimento do pedido pelo Tribunal Regional Eleitoral.
(D) Para desligar-se do partido, o filiado faz comunicação escrita ao órgão de direção municipal e ao Juiz Eleitoral da Zona em que for inscrito.
(E) Se o estatuto do partido estabelecer outros casos de cancelamento da filiação partidária além dos previstos em lei deve obrigatoriamente comunicar ao atingido no prazo de 48 horas da decisão.

A: correta à época em que a questão foi elaborada, mas atualmente incorreta, uma vez que a Lei 13.165/2015 alterou a redação do art. 9°, Lei das Eleições, de forma a estabelecer que para concorrer às eleições, o candidato deverá possuir domicílio eleitoral na respectiva circunscrição pelo prazo de, pelo menos, um ano antes do pleito, e estar com a filiação deferida pelo partido no mínimo seis meses antes da data da eleição. Ainda, em seu parágrafo único, que em caso de fusão ou incorporação de partidos após o prazo estipulado no caput, será considerada, para efeito de filiação partidária, a data de filiação do candidato ao partido de origem.; **B**: correta – art. 20, parágrafo único, da Lei 9.099/1995; **C**: incorreta, devendo ser assinalada, pois "considera-se deferida, para todos os efeitos, a filiação partidária, *com o atendimento das regras estatutárias do partido*" – art. 17 da Lei 9.096/1995; **D**: correta – art. 21 da Lei 9.096/1995; **E**: correta – art. 22, IV, da Lei 9.096/1995.
Observação: O gabarito original traz a alternativa C como a única incorreta. No entanto, em razão da alteração trazida pela Lei 13.165/2015, a alternativa A também passa a ser considerada incorreta.
Gabarito "C"

(Analista – TRE/AC – 2010 – FCC) O requerimento de registro de partido político deve ser subscrito pelos seus fundadores, em número nunca inferior a

(A) cento e um, com domicílio eleitoral em, no mínimo, um terço dos Estados.
(B) duzentos e um, com domicílio eleitoral em, no mínimo, dois terços dos Estados.
(C) trezentos e um, com domicílio eleitoral em, no mínimo, um quinto dos Estados.
(D) quatrocentos e um, com domicílio eleitoral em, no mínimo, um sexto dos Estados.
(E) quinhentos e um, com domicílio eleitoral em, no mínimo, metade dos Estados.

Art. 8º Lei 9.096/1995
Gabarito "A"

(Analista – TRE/AC – 2010 – FCC) A respeito da fusão, incorporação e extinção dos partidos políticos, considere:

I. O Tribunal Superior Eleitoral, após o trânsito em julgado de decisão, determinará o cancelamento do registro civil e do estatuto do partido contra o qual fique provado estar recebendo recursos de procedência estrangeira.
II. O partido político, em nível nacional, sofrerá suspensão das cotas do fundo partidário como consequência de atos praticados por órgãos regionais ou municipais.
III. A falta de prestação, na forma da lei, das devidas contas à Justiça Eleitoral não se inclui dentre as causas de cancelamento do registro e do estatuto do partido.

Está correto o que se afirma APENAS em
(A) I.
(B) I e II.
(C) I e III.
(D) II e III.
(E) III.

I: correta – art. 28, I, Lei 9.096/1995; **II**: incorreta – art. 28, § 3º, Lei 9.096/1995; **III**: incorreta – art. 28, III da Lei 9.096/1995. Cabe destacar, também, que o art. 37-A da Lei 9.099/1995, incluído pela Lei 13.165/2015, passou a dispor que a falta de prestação de contas implicará a suspensão de novas cotas do Fundo Partidário enquanto perdurar a inadimplência e sujeitará os responsáveis às penas da Lei.
Gabarito "A"

(Analista – TRE/AL – 2010 – FCC) O registro do estatuto no Tribunal Superior Eleitoral NÃO é requisito para o Partido Político

(A) assegurar a exclusividade da sua denominação.
(B) poder participar do processo eleitoral.
(C) receber recursos do Fundo Partidário.
(D) ter acesso gratuito ao rádio e à televisão, na forma da lei.
(E) definir sua estrutura interna, organização e funcionamento.

Segundo o § 2º do art. 7º da Lei 9.096/1995, só o partido que tenha registrado seu estatuto no Tribunal Superior Eleitoral poder participar do processo eleitoral, receber recursos do Fundo Partidário e ter acesso gratuito ao rádio e à televisão. A *contrario sensu*, portanto, o registro do estatuto no TSE não será requisito apenas na hipótese prevista no item E.

Gabarito "E"

(Analista – TRE/AM – 2010 – FCC) A respeito da criação e do registro dos Partidos Políticos, considere:

I. O partido político que já tenha adquirido personalidade jurídica através do registro no cartório competente do Registro Civil e das Pessoas Jurídicas da Capital Federal poderá participar do processo eleitoral, ter acesso gratuito ao rádio e à televisão, mas não receberá recursos do Fundo Partidário.
II. Só é admitido o registro do estatuto de partido político que tenha caráter nacional.
III. O registro do estatuto no Tribunal Superior Eleitoral assegura a exclusividade da sua denominação, sigla e símbolos.
IV. O requerimento de registro de partido político, dirigido ao cartório competente do Registro Civil e das Pessoas Jurídicas, da Capital Federal, deve ser subscrito pelos seus fundadores, em número nunca inferior a cento e um, com domicílio eleitoral em, no mínimo, um terço dos Estados.

Está correto o que se afirma APENAS em

(A) II, III e IV.
(B) I, II e IV.
(C) I, II e III.
(D) I e IV.
(E) II e III.

I: incorreta – só o partido que tenha registrado seu estatuto no Tribunal Superior Eleitoral pode participar do processo eleitoral, receber recursos do Fundo Partidário e ter acesso gratuito ao rádio e à televisão – art. 7º, § 2º, da Lei 9.096/1995; **II:** correta – art. 7º, § 1º, da Lei 9.096/1995; **III:** correta – art. 7º, § 3º, da Lei 9.096/1995; **IV:** correta: art. 8º da Lei 9.096/1995.

Gabarito "A"

(Analista – TRE/AM – 2010 – FCC) A respeito do Fundo Partidário, é correto afirmar que

(A) não pode ser constituído por doações de pessoas físicas ou jurídicas, mas somente por dotações orçamentárias da União.
(B) a Justiça Eleitoral não pode investigar a aplicação dos recursos oriundos do Fundo Partidário, em razão da autonomia administrativa dos partidos políticos.
(C) os partidos políticos não necessitam prestar contas à Justiça Eleitoral das despesas realizadas com o Fundo Partidário.
(D) serão destinados pelos partidos políticos, no mínimo 20% do total recebido, para a criação e manutenção de instituto ou fundação de pesquisa e de doutrinação e educação política.
(E) os recursos dele oriundos, até 80%, podem ser aplicados no pagamento de pessoal.

A: incorreto – art. 38, III, da Lei 9.096/1995; **B:** incorreta – art. 44, § 2º, da Lei 9.096/1995; **C:** incorreta – art. 44, § 1º da Lei 9.096/1995; **D:** correta – art. 44, IV, da Lei 9.096/1995; **E:** incorreta – o limite máximo é de 50% (cinquenta por cento) para o órgão nacional e 60% para cada órgão estadual e municipal, nos termos do art. 44, I, alíneas "a" e "b", com as alterações trazidas pela Lei 13.165/2015.

Gabarito "D"

(Ministério Público/CE – 2011 – FCC) A Constituição Federal assegura que é livre a criação, fusão, incorporação e extinção de partidos políticos, resguardados a soberania nacional, o regime democrático, o pluripartidarismo, os direitos fundamentais da pessoa humana. No plano de sua estrutura interna é correto afirmar:

(A) As coligações eleitorais poderão dispor sobre a organização e funcionamento dos partidos políticos e adotar os critérios de escolha de candidaturas, com obrigatoriedade de vinculação entre as candidaturas em âmbito nacional, estadual, distrital ou municipal.
(B) É assegurada aos partidos políticos autonomia para definir sua estrutura interna, organização e funcionamento e para adotar os critérios de escolha e o regime de suas coligações eleitorais, sem obrigatoriedade de vinculação entre as candidaturas em âmbito nacional, estadual, distrital ou municipal, devendo seus estatutos estabelecer normas de disciplina e fidelidade partidária.
(C) Os partidos políticos e as coligações partidárias são livres para definir sua organização e funcionamento e para adotar os critérios de escolha de candidaturas avulsas, sem obrigatoriedade de vinculação entre as candidaturas em âmbito nacional, estadual, distrital ou municipal, devendo seus estatutos estabelecer normas de disciplina e fidelidade partidária.
(D) É assegurada aos partidos políticos autonomia para definir as condições de alistamento e elegibilidade, organização e funcionamento e para adotar os critérios de escolha e o regime de suas coligações eleitorais, sem obrigatoriedade de vinculação entre as candidaturas em âmbito nacional, estadual, distrital ou municipal, devendo seus estatutos estabelecer normas de disciplina e fidelidade partidária.
(E) É assegurada aos partidos políticos autonomia para definir sua organização e funcionamento e para adotar os critérios de escolha de filiados e o regime de suas coligações eleitorais, bem como obrigatoriedade de vinculação entre as candidaturas em âmbito nacional, estadual, distrital ou municipal, vedado aos seus estatutos estabelecer normas de disciplina e fidelidade partidária.

A alternativa "B" reproduz o disposto no art. 17, § 1º, da CF, norma que confere autonomia aos partidos políticos, destacando-se a não obrigatoriedade de vinculação entre candidaturas nos diferentes entes federativos, o que impede a chamada "verticalização obrigatória", resultante de interpretação da Resolução 20.993/2002 do TSE. Antes da Emenda Constitucional 52/2006, entendia-se que a coligação estadual, por exemplo, eram obrigadas a seguir as orientações das coligações nacionais.

Gabarito "B"

(Ministério Público/CE – 2011 – FCC) O registro dos candidatos a vereador

(A) deve ser feito junto ao Tribunal Regional Eleitoral da unidade da Federação respectiva até 4 (quatro) meses antes da eleição.

(B) deve ser feito perante qualquer juízo eleitoral onde o partido ao qual estiver filiado o candidato possua diretório devidamente registrado.

(C) far-se-á sempre em chapa única e indivisível, ainda que resulte a indicação de aliança de partidos.

(D) deve ser feito no juízo eleitoral até 6 (seis) meses antes da eleição, desde que filiado a partido político na circunscrição em que concorrer.

(E) deve ser dirigido ao Tribunal Regional Eleitoral nos casos em que o partido político não possuir diretório devidamente registrado na circunscrição em que se realizar a eleição.

De fato a única alternativa correta é exposta pela assertiva 'D', uma vez que de acordo com o que dispõe o art. 87, parágrafo único e art. 89, III, ambos do CE.

Gabarito "D"

7. INELEGIBILIDADE

(Analista Judiciário – TRE/SP – FCC – 2017) Considere as seguintes situações hipotéticas:

I. Chiara é servidora pública que possui cargo em comissão e deseja se candidatar a Presidente da República.

II. Jairo é comandante da Aeronáutica e deseja se candidatar a Vice-Presidente da República.

O prazo para a desincompatibilização de Chiara é de

(A) quatro meses antes do pleito e pressupõe apenas seu afastamento de fato e o de Jairo é de seis meses depois de afastado definitivamente de seu cargo.

(B) três meses antes do pleito e pressupõe apenas seu afastamento de fato e o de Jairo é de seis meses depois de afastado definitivamente de seu cargo.

(C) três meses antes do pleito e pressupõe a exoneração do cargo comissionado e o de Jairo é de quatro meses depois de afastado definitivamente de seu cargo.

(D) três meses antes do pleito e pressupõe a exoneração do cargo comissionado e o de Jairo é de seis meses depois de afastado definitivamente de seu cargo.

(E) seis meses antes do pleito e pressupõe apenas seu afastamento de fato e o de Jairo é de três meses depois de afastado definitivamente de seu cargo.

A única alternativa correta é representada pela assertiva D. Isto porque, em atenção ao que dispõe o art. 1º, II, a, item 7 (caso do Jairo), bem como a alínea I (caso de Chiara), temos que:

Art. 1º, II – São inelegíveis para Presidente e Vice-Presidente da República:

a) até 6 (seis) meses depois de afastados definitivamente de seus cargos e funções:

7. os Comandantes do Exército, Marinha e Aeronáutica

(...)

l) os que, servidores públicos, estatutários ou não, dos órgãos ou entidades da Administração direta ou indireta da União, dos Estados, do Distrito Federal, dos Municípios e dos Territórios, inclusive das fundações mantidas pelo Poder Público, não se afastarem até 3 (três) meses anteriores ao pleito, garantido o direito à percepção dos seus vencimentos integrais;

Gabarito "D"

(Analista Judiciário – TRE/SP – FCC – 2017) Laerte foi condenado por decisão transitada em julgado por crime contra o meio ambiente à pena privativa de liberdade. Faltando dois anos para o término do cumprimento integral da pena, Laerte deseja se candidatar ao cargo de Deputado Estadual nas próximas eleições, que ocorrerão daqui a dois anos. Laerte

(A) poderá se candidatar, pois a condenação por crime ambiental não o torna inelegível.

(B) poderá se candidatar, pois é inelegível apenas até o cumprimento integral da pena.

(C) não poderá se candidatar, pois é inelegível desde a condenação até o transcurso do prazo de 8 anos após o cumprimento da pena.

(D) poderá se candidatar, pois é inelegível somente desde a condenação até o transcurso do prazo de 1 ano.

(E) não poderá se candidatar, pois é inelegível desde a condenação até o transcurso do prazo de 10 anos após o cumprimento da pena.

A única alternativa correta para esta questão é encontrada na assertiva C. Isto porque o art. 1º, I, e, itens 3 e 4 da LC 64/1990, estabelece justamente tal entendimento. Vejamos: Art. 1º São inelegíveis: I – para qualquer cargo: (...) e) os que forem condenados, em decisão transitada em julgado ou proferida por órgão judicial colegiado, desde a condenação até o transcurso do prazo de 8 (oito) anos após o cumprimento da pena, pelos crimes: (...) 3. contra o meio ambiente e a saúde pública; 4. eleitorais, para os quais a lei comine pena privativa de liberdade." Assim, Laerte está com os direitos políticos suspensos, faltando ainda 2 anos para o cumprimento integral da pena. Também, estará inelegível por 8 anos após o cumprimento da penal.

Gabarito "C"

(Magistratura/GO – 2015 – FCC) NÃO são inelegíveis para

(A) qualquer cargo, os membros do Congresso Nacional, das Assembleias Legislativas, da Câmara Legislativa e das Câmaras Municipais, que hajam perdido os respectivos mandatos por conduta incompatível com o decoro parlamentar, para as eleições que se realizarem durante o período remanescente do mandato para o qual foram eleitos e nos oito anos subsequentes ao término da legislatura.

(B) os cargos de Presidente e Vice-Presidente da República, os que tenham, dentro dos quatro meses anteriores ao pleito, ocupado cargo ou função de direção, administração ou representação em entidades representativas de classe, mantidas, total ou parcialmente, por contribuições impostas pelo Poder Público ou com recursos arrecadados e repassados pela Previdência Social.

(C) qualquer cargo, os que, sem ter exercido cargo na administração pública direta, indireta ou fundacional, tenham contra si julgamento procedente pela Justiça Eleitoral, em decisão transitada em julgado, proferida em sede de recurso contra expedição de diploma, que reconheça ter havido abuso do poder econômico, para a eleição na qual concorrem ou tenham sido diplomados, bem como para as que se realizarem nos oito anos seguintes.

(D) qualquer cargo, os que, em estabelecimentos de crédito, financiamento ou seguro, que tenham sido ou estejam sendo objeto de processo de liquidação judicial ou extrajudicial, hajam exercido, nos doze meses anteriores à respectiva decretação, cargo ou função de direção, administração ou representação, enquanto não forem exonerados de qualquer responsabilidade.

(E) qualquer cargo, os inalistáveis e os analfabetos.

A: incorreta, uma vez que a assertiva aponta uma hipótese infraconstitucional de inelegibilidade prevista no art. 1°, I, *b*, da LC da 64/1990; **B:** incorreta, uma vez que a hipótese também encontra-se estabelecida no art. 1°, II, *g*, da LC 64/1990; **C:** correta, pois a assertiva não estabelece a hipótese de inelegibilidade, sendo que em análise de "correção" da assertiva, poderíamos considerar o art. 1°, I, *d*, da LC 64/1990, que dispõe que serão inelegíveis, para qualquer cargo, os que tenham contra sua pessoa representação julgada procedente pela Justiça Eleitoral, em decisão transitada em julgado ou proferida por órgão colegiado em processo de apuração de abuso do poder econômico ou político, para a eleição na qual concorrem ou tenham sido diplomados, bem como para as que se realizem nos oito anos seguintes. A assertiva faz menção à decisão proferida em sede de recurso contra a expedição de diploma, além de ter feito inserir a condição de "não ter exercido cargo na administração pública direta, indireta ou fundacional"; **D:** incorreta, uma vez que a assertiva alerta para uma hipótese de inelegibilidade, conforme art. 1°, I, *i*, da LC 64/1990; **E:** incorreta, uma vez que a assertiva trata da inelegibilidade prevista no art. 1°, I, *a*, da LC 64/1990.

Gabarito "C"

(Analista – TRE/AP – 2011 – FCC) Tício é Secretário de Estado. Para candidatar-se a Presidente da República ou Governador do Estado, em que exerce as suas funções, ou Prefeito Municipal da Capital desse Estado deverá observar o prazo para desincompatibilização de

(A) 6 meses, 6 meses e 4 meses, respectivamente.

(B) 6 meses, 4 meses e 6 meses, respectivamente.

(C) 4 meses, 6 meses e 4 meses, respectivamente.

(D) 4 meses.

(E) 6 meses.

Art. 1°, II, item 12, art. 1°, III, *a*, e art. 1°, IV, *a*, todos da LC 64/1990.

Gabarito "A"

(Analista – TRE/AL – 2010 – FCC) O prazo para desincompatibilização de um professor efetivo da rede estadual de ensino que deseja candidatar-se a Deputado Estadual, é de

(A) 30 dias.

(B) 3 meses.

(C) 4 meses.

(D) 5 meses.

(E) 6 meses.

São inelegíveis os que, servidores públicos, estatutários ou não, dos órgãos ou entidades da Administração direta ou indireta da União, dos Estados, do Distrito Federal, dos Municípios e dos Territórios, inclusive das fundações mantidas pelo Poder Público, não se afastarem até 3 (três) meses anteriores ao pleito, garantido o direito à percepção dos seus vencimentos integrais (art. 1°, II, alínea *l*, da LC 64/1990).

Gabarito "B"

(Analista – TRE/TO – 2011 – FCC) De acordo com a Lei Complementar 64/1990 (Lei de Inexigibilidade), para candidatarem-se ao cargo de Presidente ou Vice-Presidente da República, devem observar o prazo de desincompatibilização de 6 meses o que consta SOMENTE em

I. Os que tiverem competência ou interesse direto, indireto ou eventual, no lançamento, arrecadação ou fiscalização de impostos, taxas e contribuições de caráter obrigatório, inclusive parafiscais, ou para aplicar multas relacionadas com essas atividades.

II. Os que tenham ocupado cargo ou função de direção, administração ou representação em entidades representativas de classe, mantidas, total ou parcialmente, por contribuições impostas pelo poder público.

III. Os que tenham ocupado cargo ou função de direção, administração ou representação em entidades representativas de classe, mantidas, total ou parcialmente, com recursos repassados pela Previdência Social.

(A) I.

(B) I e II.

(C) I e III.

(D) II e III.

(E) III.

I: correta: art. 1°, II, *d*, da LC 64/1990; **II:** incorreta: o prazo para desincompatibilização é de 04 (quatro) meses – art. 1°, II, *g*, da LC 64/1990; **III:** incorreta: art. 1°, II, *g*, da LC 64/1990.

Gabarito "A"

(Analista – TRE/AM – 2010 – FCC) Paulo é Deputado Estadual pelo Estado do Amazonas e deseja candidatar-se a Deputado Federal. Nesse caso,

(A) o prazo para desincompatibilização é de 3 meses, sem remuneração.

(B) o prazo para desincompatibilização é de 3 meses, garantida a percepção dos vencimentos integrais.

(C) não há necessidade de afastar-se suas funções.

(D) o prazo para desincompatibilização é de 6 meses.

(E) o prazo para desincompatibilização é de 4 meses.

Não há qualquer previsão na LC 64/1990 prevendo a necessidade de desincompatibilização nesse caso.

Gabarito "C"

(Magistratura/PE – 2013 – FCC) É proibido aos agentes públicos, servidores ou não, nomear, contratar ou de qualquer forma admitir, demitir sem justa causa, suprimir ou readaptar vantagens ou por outros meios dificultar ou impedir o exercício funcional e, ainda, *ex officio*, remover, transferir ou exonerar servidor público, na circunscrição do pleito, nos três meses que o antecedem e até a posse dos eleitos, sob pena de nulidade de pleno direito, com ressalvas legais que NÃO incluem a

(A) nomeação ou exoneração de cargos em comissão e designação ou dispensa de funções de confiança.

(B) nomeação para cargos do Poder Judiciário, do Ministério Público, dos Tribunais ou Conselhos de Contas e dos órgãos da Presidência da República.

(C) nomeação dos aprovados em concursos públicos concluídos, ainda que não homologados, até o início daquele prazo.

(D) nomeação ou contratação necessária à instalação ou ao funcionamento inadiável de serviços públicos essenciais, com prévia e expressa autorização do Chefe do Poder Executivo.

(E) transferência ou remoção *ex officio* de militares, policiais civis e de agentes penitenciários.

A alínea *c*, do inciso V, art. 73 da Lei das Eleições (Lei 9.504/1997) dispõe sobre a ressalva de nomeação dos aprovados em concursos públicos homologados até o início do prazo de 3 meses anteriores ao pleito eleitoral.

Gabarito "C"

(Procurador Legislativo – Câmara de Vereadores de São Paulo/SP – 2014 – FCC) O Vice-Governador que não substituiu o Governador, nem o sucedeu nos seis meses anteriores ao pleito, para candidatar-se a Vice-Governador

(A) deverá afastar-se do cargo até seis meses antes do pleito.
(B) não estará sujeito ao prazo de desincompatibilização.
(C) deverá afastar-se do cargo até cinco meses antes do pleito.
(D) deverá afastar-se do cargo até quatro meses antes do pleito.
(E) deverá afastar-se do cargo até três meses antes do pleito.

De fato a alternativa B é única correta, uma vez que o vice-governador não veio a substituir o titular nos seis meses anteriores ao pleito, não incorrendo a hipótese de inelegibilidade disposta no art. 14, § 5º, CF, dispondo que o Presidente da República, os Governadores de Estado e do Distrito Federal, os Prefeitos e quem os houver sucedido, ou substituído no curso dos mandatos poderão ser reeleitos para um único período subsequente.

Gabarito "B"

8. ELEIÇÕES

8.1. Registro de Candidatura e Coligações

(Analista – TRE/SP – 2012 – FCC) Num determinado município, a convenção partidária realizada no último dia do prazo legal deliberou a respeito da formação de coligação, deliberação esta contrária às diretrizes legitimamente estabelecidas pelo órgão de direção nacional, que, por isso, anulou a deliberação e todos os atos dela decorrentes. Em vista disso, houve necessidade de escolha de candidatos. Nesse caso, observadas as demais exigências legais,

(A) deverá ser realizada nova convenção partidária para esse fim nos quinze dias posteriores à anulação.
(B) deverá ser realizada nova convenção partidária para esse fim nos trinta dias posteriores à anulação da deliberação.
(C) o partido ficará sem candidatos para esse pleito eleitoral, por já ter esgotado o prazo legal para realização das convenções.
(D) o pedido de registro de novos candidatos deverá ser apresentado à Justiça Eleitoral nos dez dias seguintes à deliberação relativa à anulação.
(E) o pedido de registro de candidatos só poderá ser feito por estes pessoalmente, diretamente à Justiça Eleitoral, nos quinze dias seguintes ao ato de anulação.

Se, da anulação, decorrer a necessidade de escolha de novos candidatos, o pedido de registro deverá ser apresentado à Justiça Eleitoral nos 10 (dez) dias seguintes à deliberação, observado o disposto no art. 13 – Art. 7º, § 4º, c/c art. 13, ambos da Lei 9.504/1997.

Gabarito "D"

(Analista – TRE/TO – 2011 – FCC) As propostas defendidas pelo candidato

(A) devem instruir o pedido de registro de candidatura a Deputado Estadual.
(B) devem instruir o pedido de registro de candidatura a Prefeito, Governador de Estado e Presidente da República.
(C) devem instruir o pedido de registro de candidatura a Vereador.
(D) não se incluem dentre os documentos que devem instruir o registro de qualquer candidatura.
(E) devem instruir o pedido de registro de candidatura a Deputado Federal e Senador.

Trata-se de exigência trazida pela Lei 12.034/2009, que acresceu o inciso IX ao § 1º do artigo 11 da lei das Eleições estabelecendo a obrigatoriedade de que o pedido de registro dos candidatos a Prefeito, Governador do Estado ou a Presidente da República venham instruídos com as propostas por ele defendidas – Art. 11, § 1º, IX, da Lei 9.504/1997.

Gabarito "B"

(Analista – TRE/TO – 2011 – FCC) Se o registro do candidato estiver *sub judice*, ele

(A) poderá efetuar todos os atos relativos à campanha eleitoral, enquanto estiver sob essa condição.
(B) não poderá utilizar o horário gratuito na televisão.
(C) não poderá utilizar o horário gratuito no rádio.
(D) não terá seu nome mantido na urna eletrônica enquanto estiver sob essa condição.
(E) os votos a ele atribuídos não terão validade se não ocorrer o deferimento do seu registro até a proclamação do resultado das eleições.

Art. 16-A da Lei 9.504/1997.

Gabarito "A"

(Analista – TRE/TO – 2011 – FCC) A denominação da coligação poderá

(A) fazer referência ao nome de candidato dela integrante.
(B) coincidir com o nome de candidato dela integrante.
(C) ser a junção de todas as siglas dos partidos que a integram.
(D) incluir o número de candidato dela integrante.
(E) conter pedido de voto para partido político.

A: incorreta: art. 6º, § 1º-A, da Lei 9.504/1997; **B:** incorreta: art. 6º §1º-A da Lei 9.504/1997; **C:** correta: art. 6º, § 1º, da Lei 9.504/1997; **D:** incorreta: art. 6º, § 1º-A, da Lei 9.504/1997; **E:** incorreta: art. 6º, § 1º-A, da Lei 9.504/1997.

Gabarito "C"

(Analista – TRE/TO – 2011 – FCC) No caso das convenções partidárias não indicarem o número máximo de candidatos previstos em lei,

(A) o preenchimento das vagas remanescentes será feito através da votação da maioria dos candidatos indicados na convenção.
(B) o preenchimento das vagas remanescentes dependerá da realização de nova convenção.
(C) os partidos concorrerão apenas com os candidatos indicados na convenção.

(D) os órgãos de direção dos partidos respectivos poderão preencher as vagas remanescentes até sessenta dias antes do pleito.

(E) os filiados aos partidos políticos poderão livremente inscrever-se até atingir o número máximo permitido.

No caso de as convenções para a escolha de candidatos não indicarem o número máximo de candidatos previsto no *caput* e nos §§ 1º e 2º do artigo 10, os órgãos de direção dos partidos respectivos poderão preencher as vagas remanescentes até trinta dias antes do pleito – Art. 10, § 5º, da Lei 9.504/1997, com redação alterada pela Lei 13.165/2015. A redação original da assertiva compreendia também o dispositivo vigente à época que indicava o prazo como sendo de 60 dias. A reforma eleitoral de 2015, propriamente a Lei 13.165/2015 (de reflexo no caso) encurtou todo o processo eleitoral, e deste modo, consequentemente, referido prazo da assertiva D também foi reduzido em via consequencial.

Gabarito "D"

(Analista – TRE/TO – 2011 – FCC) Tício pretende candidatar-se a Deputado Estadual e completará a idade mínima constitucional de 21 anos no ano em que se realizam as eleições. Nesse caso, Tício só terá o registro de sua candidatura deferido e só poderá concorrer ao pleito se completar 21 anos até a data

(A) do registro da candidatura.

(B) da posse.

(C) da convenção partidária.

(D) da proclamação dos eleitos.

(E) da diplomação.

A idade mínima constitucionalmente estabelecida como condição de elegibilidade é verificada tendo por referência a data da posse – Art. 11, § 2º, da Lei 9.504/1997. A única exceção que observa é quanto aos que pretenderem concorrer ao cargo de vereador, sendo que neste caso, muito embora a aferição das condições de elegibilidade sejam ainda feitas por ocasião do pedido de registro de candidatura, a análise da condição relativa à idade será feita tendo-se por base a data limite do pedido de registro de candidatura (e não mais o da posse). Frise-se que esta exceção apenas deverá ser observada para os concorrentes à cargo de vereador. Esta alteração foi trazida pela Lei 13.165/2015, conforme se verifica no § 2° do art. 11 da Lei das Eleições.

Gabarito "B"

(Analista – TRE/AP – 2011 – FCC) Paulo e Pedro não foram indicados pela convenção de seu partido político para disputarem cargos de Deputado Estadual. Como as indicações da convenção não alcançaram o número máximo de vagas, os órgãos de direção do partido indicaram, posteriormente, somente o nome de Paulo, sem, no entanto, preencher a totalidade das vagas. Nesse caso, o pedido de registro da candidatura de Pedro só poderá ser feito

(A) se o mesmo também vier a ser indicado pelos órgãos de direção dentro do prazo legal.

(B) se for realizada nova convenção até o final do mês de julho do ano das eleições.

(C) pelo próprio interessado, pessoalmente, independentemente de indicação pelos órgãos de direção do partido.

(D) pelo próprio interessado, pessoalmente, se obtiver apoio de, pelo menos, um quinto dos filiados.

(E) pelo próprio interessado, pessoalmente, como candidatura avulsa, se pedir o cancelamento da sua filiação partidária.

No caso de as convenções para a escolha de candidatos não indicarem o número máximo de candidatos previsto no *caput* e nos §§ 1º e 2º do art. 10 da Lei 9.504/1997, os órgãos de direção dos partidos respectivos poderão preencher as vagas remanescentes até sessenta dias antes do pleito (redação anterior do § 5º do art. 10 da Lei 9.504/1997). Com nova redação trazida pela Lei 13.165/2015, no referido § 5° do art. 10, Lei das Eleições, o prazo foi alterado para 30 dias.

Gabarito "A"

(Analista – TRE/AP – 2011 – FCC) João foi escolhido pela Convenção do Partido a que pertence para concorrer ao cargo de Deputado Estadual, embora tenha 20 anos de idade. Nesse caso, o pedido de registro de sua candidatura, desde que preenchidos os demais requisitos legais,

(A) só deverá ser deferido, se João vier a completar 21 anos até a data do pleito.

(B) deverá ser indeferido, porque o candidato a Deputado Estadual deve possuir 21 anos completos na data do pedido de registro da candidatura.

(C) só deverá ser deferido, se João vier a completar 21 anos até a data da posse.

(D) deverá ser indeferido, porque é de 30 anos a idade mínima para o cargo de Deputado Estadual.

(E) deverá ser deferido, porque é de 18 anos a idade mínima para o cargo de Deputado Estadual.

Art. 11, § 2º, da Lei 9.504/1997 – a idade mínima constitucionalmente estabelecida como condição de elegibilidade é verificada tendo por referência a data da posse. A única exceção que observa é quanto aos que pretenderem concorrer ao cargo de vereador, sendo que neste caso, muito embora a aferição das condições de elegibilidade sejam ainda feitas por ocasião do pedido de registro de candidatura, a análise da condição relativa à idade será feita tendo-se por base a data limite do pedido de registro de candidatura (e não mais o da posse). Frise-se que esta exceção apenas deverá ser observada para os concorrentes à cargo de vereador. Esta alteração foi trazida pela Lei 13.165/2015, conforme se verifica no § 2° do art. 11 da Lei das Eleições.

Gabarito "C"

(Analista – TRE/AC – 2010 – FCC) O pedido de registro de candidatura deverá ser instruído, dentre outros documentos, com certidão de quitação eleitoral. No que concerne às multas aplicadas pela Justiça Eleitoral, serão

(A) considerados quites os candidatos que tenham comprovado o pagamento do débito até o trânsito em julgado da decisão que, por esse motivo, indeferir o registro.

(B) considerados quites os candidatos que, até a formalização do pedido de registro de candidatura, tenham comprovado o parcelamento da dívida regularmente cumprido.

(C) consideradas todas as multas impostas, inclusive aquelas cuja decisões estejam ainda pendentes de recurso.

(D) considerados devedores os que tendo pago as multas que lhes couber individualmente não pagarem as multas impostas concomitantemente a outros candidatos em razão do mesmo fato.

(E) considerados devedores os candidatos definitivamente condenados, que tenham efetuado o pagamento do débito, pelo período de até seis meses após a quitação.

A: incorreta – art. 11, § 8º, I, da Lei 9.504/1997; **B:** correta – art. 11, § 8º, I, da Lei 9.504/1997; **C:** incorreta – art. 11, § 7º, da Lei 9.504/1997;

D: incorreta – art. 11, § 8º, II, da Lei 9.504/1997; **E:** incorreta – art. 11, § 8º, I, da Lei 9.504/1997.

Gabarito "B"

(Analista – TRE/AL – 2010 – FCC) A respeito da impugnação do registro de candidatura é correto afirmar:

(A) A impugnação por parte de partido político ou coligação impede a ação do Ministério Público no mesmo sentido.

(B) A impugnação do pedido de registro do candidato poderá ser feita, em petição fundamentada, por partido político ou coligação, não podendo ser formulada por outro candidato.

(C) O prazo para impugnação é de 5 dias, contados da publicação do pedido de registro do candidato.

(D) O impugnante especificará, desde logo, os meios de prova com que pretende demonstrar a veracidade do alegado, sendo vedada a produção de prova testemunhal.

(E) Quando se tratar de candidato a Deputado Federal, a arguição de inelegibilidade será feita perante o Tribunal Superior Eleitoral.

A: incorreta – A impugnação, por parte do candidato, partido político ou coligação, *não* impede a ação do Ministério Público no mesmo sentido – art. 3º, § 1º, da LC 64/1990; **B:** incorreta – art. 3º, *caput*, LC 64/1990; **C:** correta – art. 3º, LC 64/1990; **D:** incorreta – poderá arrolar testemunhas, até um máximo de 06 – art. 3º, § 3º, LC 64/1990. **E:** incorreta – será feita perante o Tribunal Regional Eleitoral (art. 2º, parágrafo único, I, da LC 64/1990).

Gabarito "C"

8.2. Propaganda Eleitoral

(Analista Judiciário – TRE/SP – FCC – 2017) Dora, candidata a Prefeita de São Paulo, pela primeira vez durante toda sua campanha, realizou, na véspera das eleições, propaganda eleitoral paga por meio de um anúncio publicado em determinada página de um jornal, no qual constou, de forma visível, o valor pago pela inserção. A propaganda realizada por Dora é

(A) regular, desde que tenha sido utilizado o espaço máximo de 1/8 de página se se tratar de jornal padrão e de 1/4 de página se se tratar de tabloide.

(B) irregular, pois quando realizada na imprensa escrita, a propaganda é permitida até a antevéspera das eleições.

(C) irregular, pois é proibida a sua realização mediante pagamento.

(D) regular, pois quando realizada na imprensa escrita, a propaganda é permitida até a véspera das eleições.

(E) regular, desde que tenha sido utilizado o espaço máximo de 1/4 de página se se tratar de jornal padrão e de 1/2 de página se se tratar de tabloide.

A única alternativa correta vem descrita pela letra B. A propaganda eleitoral na imprensa escrita poderá ser realizada até antevéspera das eleições (vide redação do art. 43, Lei das Eleições: "Art. 43. São permitidas, até a antevéspera das eleições, a divulgação paga, na imprensa escrita, e a reprodução na internet do jornal impresso, de até 10 (dez) anúncios de propaganda eleitoral, por veículo, em datas diversas, para cada candidato, no espaço máximo, por edição, de 1/8 (um oitavo) de página de jornal padrão e de 1/4 (um quarto) de página de revista ou tabloide"). Assim, o enunciado indica o caráter irregular da propaganda. Sendo irregular, o candidato poderia ficar em dúvida entre a B e a C. No entanto, a C indica pela proibição da propaganda mediante pagamento, o que não condiz com nosso ordenamento.

Gabarito "B"

(Técnico Judiciário – TRE/SP – FCC – 2017) No período permitido por lei, em ano eleitoral, o candidato Joel deseja realizar propaganda eleitoral em postes de iluminação pública, enquanto que seu adversário, Jaime, no mesmo período, deseja colocar mesas para distribuição de material de campanha e utilizar bandeiras ao longo de vias públicas. A veiculação da propaganda pretendida por Joel é

(A) permitida, desde que autorizada pela Justiça Eleitoral e pela Prefeitura, e a pretendida por Jaime é permitida, independentemente de serem móveis os meios de propaganda utilizados e que não dificultem o bom andamento do trânsito de pessoas e veículos.

(B) permitida, desde que não dificulte o bom andamento do trânsito de pessoas e veículos, e a pretendida por Jaime é vedada.

(C) permitida, assim como a veiculação da propaganda pretendida por Jaime, porque a propaganda eleitoral não se sujeita à censura.

(D) vedada, assim como a veiculação da propaganda pretendida por Jaime, ainda que os meios de propaganda sejam móveis e não dificultem o bom andamento do trânsito de pessoas e veículos.

(E) vedada e a pretendida por Jaime é permitida, desde que os meios de propaganda sejam colocados e retirados entre às 6h e às 22h e que não dificultem o bom andamento do trânsito de pessoas e veículos.

De acordo com o art. 37, *caput*, Lei das Eleições, não é possível a realização de propaganda eleitoral em postes de iluminação pública (quanto a Joel). Quanto a Jaime, a autorização de sua publicidade encontra guarida no art. 37, §§ 6º e 7º da Lei das Eleições. SC

Gabarito "E"

(Magistratura/RR – 2015 – FCC) Considere as seguintes afirmativas:

I. Na propaganda para eleição proporcional, cada partido usará, obrigatoriamente, sob o nome da coligação, todas as legendas partidárias que a integram.

II. Na propaganda para eleição majoritária, a coligação usará sob sua denominação, as legendas de todos os partidos que a integram, sob pena de multa.

III. Não constitui propaganda eleitoral antecipada a realização de encontros, seminários ou congressos, em ambiente fechado e a expensas dos partidos políticos, para tratar da organização dos processos eleitorais, discussão de políticas públicas, planos de governo ou alianças partidárias visando às eleições.

IV. Não é vedado, na campanha eleitoral, o oferecimento pelo candidato de café e lanche durante reunião com eleitores na sede do respectivo comitê eleitoral.

Está correto o que se afirma APENAS em

(A) II e IV.

(B) I e III.

(C) I e II.

(D) III e IV.

(E) II e III.

I: incorreta, uma vez que o art. 6º, § 2º, segunda parte, da Lei das Eleições estabelece que cada partido usará apenas sua legenda sob o nome da coligação; **II:** incorreta, uma vez que não existe a previsão de multa ante o descumprimento da obrigatoriedade trazida pelo art. 6º, § 2º, primeira parte, da Lei das Eleições; **III:** correta, em perfeita harmonia com o que dispõe o art. 36-A, II, da Lei das Eleições; **IV:** correta, conforme jurisprudência "conduta vedada – cafés e lanches em reuniões com eleitores – alcance do § 6º do artigo 39 da Lei 9.504/1997. O preceito do § 6º do art. 39 da Lei 9.504/1997 não alcança o fornecimento de pequeno lanche – café da manhã e caldos – em reunião de cidadãos, visando a sensibilizá-los quanto a candidaturas" (Ac. de 28.10.2010 no RO 1859, rel. Min. Marco Aurélio.)

Gabarito "D"

(Analista – TRE/SP – 2012 – FCC) Pedro é radialista e titular de um programa numa emissora da cidade. Tendo sido escolhido candidato a Prefeito Municipal pela convenção de seu partido, adotou variação nominal coincidente com o nome do seu programa. Em tal situação, a partir de 1º de julho do ano da eleição, a emissora de rádio, em sua programação normal,

(A) poderá divulgar o nome do programa, porque não é o mesmo que o do candidato.

(B) poderá divulgar o nome do programa, porque já existia antes da convenção partidária.

(C) poderá divulgar o nome do programa, desde que não difunda opinião favorável ao candidato.

(D) só poderá divulgar o nome do programa se não for apresentado ou comentado pelo candidato.

(E) não poderá divulgar o nome do programa, por expressa vedação legal.

Art. 45, VI, da Lei 9.504/1997. No entanto, a nova redação trazida pela Lei 13.165/2015, alterou o prazo de início desta vedação. Antes, 1º de Julho. Atualmente, com o fim da data limite de realização das convenções partidárias, que também com as mesmas alterações, passou a ser até 05 de agosto do ano eleitoral (art. 93, § 2º, Código Eleitoral).

Gabarito "E"

(Analista – TRE/TO – 2011 – FCC) A propaganda eleitoral

(A) através da realização de *showmício* e de evento assemelhado para promoção de candidato, bem como a apresentação, remunerada ou não, de artistas com a finalidade de animar comício ou reunião eleitoral é permitida até às 22 horas do dia que antecede a eleição.

(B) através da utilização de trios elétricos é vedada para a sonorização de comícios.

(C) através da distribuição de material gráfico, caminhada, carreata, passeata ou carro de som que transite pela cidade divulgando *jingles* ou mensagens de candidatos é permitida até às 22 horas do dia que antecede a eleição.

(D) é absolutamente vedada no dia da eleição, não podendo o eleitor utilizar broches e adesivos.

(E) através de *outdoors* submete-se a prévio sorteio de local a ser feito pela Justiça Eleitoral.

A: incorreta: é proibida a realização de *showmício* e de evento assemelhado para promoção de candidatos, bem como a apresentação, remunerada ou não, de artistas com a finalidade de animar comício e reunião eleitoral – art. 39, § 7º, da Lei 9.504/1997; **B:** incorreta: como regra, a utilização de trios elétricos é vedada, exceto para a sonorização de comícios – art. 39, § 10, da Lei 9.504/1997; **C:** correta: art. 39, § 9º, da Lei 9.504/1997. Importante mencionar que ante a criatividade do brasileiro nas propagandas eleitorais, a Lei 13.165/2015 incluiu o § 9º-A ao art. 39, Lei das Eleições, estabelecendo que considera-se carro de som, além dos previstos no §12 do mesmo artigo, qualquer veículo motorizado ou não, ou ainda tracionado por animais. Isto porque era muito comum, até a alteração, a utilização de carroças ou bicicletas equipadas com grandes potências sonoras, visto que não seriam "carro de som"; **D:** incorreta: é permitida, no dia das eleições, a manifestação individual e silenciosa da preferência do eleitor por partido político, coligação ou candidato, revelada exclusivamente pelo uso de bandeiras, broches, dísticos e adesivos – art. 39-A da Lei 9.504/1997; **E:** incorreta: é vedada a propaganda eleitoral mediante *outdoors* – art. 39, § 8º, da Lei 9.504/1997.

Gabarito "C"

(Analista – TRE/TO – 2011 – FCC) É permitida a veiculação de propaganda eleitoral através de

(A) faixas e estandartes em cinemas, clubes e lojas.

(B) faixas em postes de iluminação pública e sinalização de tráfego.

(C) inscrição a tinta em paradas e ônibus, passarelas e pontes.

(D) faixas em árvores e jardins localizados em áreas públicas, desde que não lhes cause danos.

(E) distribuição de folhetos editados sob a responsabilidade de partido, coligação ou candidato.

A: incorreta: para fins eleitorais, são considerados bens de uso comum aqueles a que a população em geral tem acesso, tais como cinemas, clubes e lojas, sendo vedada a veiculação de propaganda de qualquer natureza, inclusive pichação, inscrição a tinta, fixação de placas, estandartes, faixas, cavaletes e assemelhados – art. 37, *caput*, e § 4º da Lei 9.504/1997; **B:** incorreta: art. 37 da Lei 9.504/1997; **C:** incorreta: art. 37 da Lei 9.504/1997; **D:** incorreta: nas árvores e nos jardins em áreas públicas, bem como muros, cercas e tapumes divisórios, não é permitida a colocação de propaganda eleitoral de qualquer natureza, mesmo que não lhes cause danos – art. 37, § 5º, da Lei 9.504/1997; **E:** correta: art. 38 da Lei 9.504/1997.

Gabarito "E"

(Analista – TRE/AP – 2011 – FCC) No que concerne à propaganda eleitoral gratuita no rádio e na televisão, é correto afirmar:

(A) Se houver segundo turno, a propaganda eleitoral gratuita no rádio e na televisão será dividida em dois períodos diários de vinte minutos, sendo que o tempo de cada período será dividido entre os candidatos proporcionalmente aos votos obtidos no primeiro turno.

(B) Os debates sobre as eleições majoritária ou proporcional deverão ser veiculados dentro do horário eleitoral gratuito definido em lei.

(C) Poderá ser utilizado, no tempo reservado ao partido, comercial ou propaganda com o objetivo de promover marca ou produto.

(D) A emissora não autorizada a funcionar pelo poder competente poderá, para propiciar ampla informação ao eleitorado, veicular a propaganda eleitoral gratuita.

(E) Independentemente da veiculação de propaganda eleitoral gratuita no horário definido nesta Lei, é facultada a transmissão, por emissora de rádio ou televisão, de debates sobre as eleições majoritária ou proporcional.

A: incorreta: o tempo de cada período diário será dividido igualitariamente entre os candidatos – art. 49, § 2º, da Lei 9.504/1997; **B:** incorreta: independentemente da veiculação de propaganda eleitoral gratuita no horário definido nesta Lei, é facultada a transmissão, por emissora de rádio ou televisão, de debates sobre as eleições majoritária ou proporcional – art. 46 da Lei 9.504/1997; **C:** incorreta: art. 44, § 2º, da Lei 9.504/1997; **D:** incorreta: art. 44, § 3º, da Lei 9.504/1997; **E:** correta: art. 46 da Lei 9.504/1997. Importante destacar alterações trazidas pela Lei 13.165/2015 ao estabelecer que "Independentemente da veiculação de propaganda eleitoral gratuita no horário definido nesta Lei, é facultada a transmissão por emissora de rádio ou televisão de debates sobre as eleições majoritária ou proporcional, sendo assegurada a participação de candidatos dos partidos com representação superior a nove Deputados, e facultada a dos demais, observado o seguinte: I - nas eleições majoritárias, a apresentação dos debates poderá ser feita: a) em conjunto, estando presentes todos os candidatos a um mesmo cargo eletivo; b) em grupos, estando presentes, no mínimo, três candidatos; II - nas eleições proporcionais, os debates deverão ser organizados de modo que assegurem a presença de número equivalente de candidatos de todos os partidos e coligações a um mesmo cargo eletivo, podendo desdobrar-se em mais de um dia; III - os debates deverão ser parte de programação previamente estabelecida e divulgada pela emissora, fazendo-se mediante sorteio a escolha do dia e da ordem de fala de cada candidato, salvo se celebrado acordo em outro sentido entre os partidos e coligações interessados. § 1º Será admitida a realização de debate sem a presença de candidato de algum partido, desde que o veículo de comunicação responsável comprove havê-lo convidado com a antecedência mínima de setenta e duas horas da realização do debate. § 2º É vedada a presença de um mesmo candidato a eleição proporcional em mais de um debate da mesma emissora. § 3º O descumprimento do disposto neste artigo sujeita a empresa infratora às penalidades previstas no art. 56."

Relevante destacar que em data muito recente, especificamente em 25.08.2016, o STF julgou as ADIs 5423, 5487, 5488, 5491, 5577, ajuizadas por partidos políticos e pela Associação Brasileira das Emissoras de Rádio e TV (Abert), cujo objetivo era questionar pontos da reforma eleitoral de 2015, referentes à propaganda eleitoral gratuita e aos debates eleitorais no rádio e na TV.

A ADI 5491, que discutiu as modificações referentes à propaganda eleitoral gratuita, a maioria acompanhou o voto do relator, Ministro Dias Toffoli, pela improcedência. Neste caso, entendeu-se que as regras estabelecidas pela Lei Eleitoral (artigo 47 da Lei 9.504/1997) quanto à distribuição do tempo de propaganda eleitoral de maneira proporcional ao número de representantes na Câmara dos Deputados, respeita os princípios constitucionais da proporcionalidade e da razoabilidade.

Quanto às ADIs 5423, 5487, 5557 e 5488, relativas às regras que trazem restrições à participação de candidatos de agremiações com menos de 10 parlamentares na Câmara dos Deputados nos debates, o entendimento foi no seguinte sentido:

a) Conforme redação do art. 46, aqueles partidos que possuam representação na Câmara dos Deputados em número superior a 9 (ou seja, igual a 10 ou mais) terão direito de ter seus candidatos participando dos debates (ou seja, é uma prerrogativa, obviamente o candidato pode não participar, mas tão somente por sua intenção).

b) Independentemente da representação na Câmara dos Deputados, as emissoras poderão convidar qualquer dos candidatos a participarem do debate, não havendo necessidade de que haja concordância da maioria dos demais participantes, As emissoras poderão convidar qualquer candidato.

Toda a questão tomou grande repercussão em razão de debates organizados nas capitais respectivas de São Paulo e Rio de Janeiro, onde candidatos, que muito embora mantinham-se bem colocados nas pesquisas (Luiza Erundina PSOL, em São Paulo/SP e Marcelo Freixo, também do PSOL, no Rio de Janeiro/RJ) não foram convidados a participar dos debates em razão do não atingimento de 10 deputados federais, satisfazendo o requisito da reforma de 2015.

Portanto, a partir desta decisão, as regras específicas quanto ao debate sofrem tal flexibilização, com considerações acerca da intenção de preservar a liberdade de escolha dos eleitores (que a partir do debate poderão optar com mais clareza em razão das propostas e posicionamentos de seus candidatos, bem como pela igualdade de oportunidade dos que se dispõem a concorrer aos cargos públicos eletivos, vez que, do mesmo modo, poderão apresentar e manifestar seus posicionamentos aos eleitores).

Gabarito "E"

(Analista – TRE/RS – 2010 – FCC) A propaganda partidária gratuita, efetuada mediante transmissão por rádio e televisão,

(A) só poderá ser feita em bloco, com a duração de 30 minutos, em cadeia nacional ou estadual.
(B) será feita por iniciativa e responsabilidade das emissoras de rádio e de televisão.
(C) não permite a defesa de interesses pessoais ou de outros partidos políticos.
(D) através de cadeias, tanto nacional ou estaduais, não depende de prévia autorização da Justiça Eleitoral.
(E) não exclui a propaganda paga, que pode ser feita em qualquer horário, a critério de cada emissora.

A: incorreta – as transmissões serão em bloco, em cadeia nacional ou estadual, e em inserções de trinta segundos e um minuto, no intervalo da programação normal das impressoras – art. 46, § 1º, da Lei 9.096/1995; **B:** incorreta – as emissoras de rádio e de televisão estão obrigadas a realizar, para os partidos políticos, transmissões gratuitas em âmbito nacional e estadual na forma descrita na legislação, mas sob iniciativa e responsabilidade dos órgãos de direção dos partidos – art. 46 da Lei 9.096/1995; **C:** correta – art. 45, § 1º, II, da Lei 9.096/1995; **D:** incorreta – art. 46, § 1º, da Lei 9.096/1995; **E:** incorreta – a propaganda partidária, no rádio e na televisão, fica restrita aos horários gratuitos disciplinados na lei, com proibição da propaganda paga – art. 45, § 6º, da Lei 9.096/1995.

ATENÇÃO: Lei 13.487/2017

Caro leitor,

A Lei 13487/2017, colocou fim às chamadas propagandas partidárias. O fato de se deu expressamente com a redação do art. 5°, que assim dispôs: " Art. 5º Ficam revogados, a partir do dia 1º de janeiro subsequente à publicação desta Lei, os arts. 45, 46, 47, 48 e 49 e o parágrafo único do art. 52 da Lei nº 9.096, de 19 de setembro de 1995.".

Importante lembrar que temos a Propaganda Intrapartidária (aquela realizada com vistas às convenções partidárias), a Propaganda Eleitoral (visa a captação de eleitores e, por conseguinte, votos. Relaciona-se à proximidade do pleito eleitoral), a Propaganda Institucional (caráter educativo, informativo, de orientação social e promovida pelos órgãos públicos - art. 37, §1°, CF) e por fim a Propaganda Política (organizada com o intuito de propagar os ideários partidários arregimentando adeptos e atraindo novos filiados). Com a reforma de 2017, apenas a propaganda política foi extinta.

Gabarito "C"

(Analista – TRE/RS – 2010 – FCC) A respeito da propaganda eleitoral em geral, é correto afirmar:

(A) É permitida a propaganda através de *outdoors*, cabendo aos partidos políticos e coligações a distribuição entre seus candidatos, dos espaços que lhes couberem.
(B) A realização de qualquer ato de propaganda eleitoral em recinto aberto depende de licença da polícia e de comunicação à Justiça Eleitoral.
(C) A realização de comícios é permitida em qualquer horário e local, não podendo sofrer qualquer restrição.
(D) É vedada, no dia das eleições, a manifestação mesmo individual e silenciosa da preferência do eleitor por partido político, coligação ou candidato, revelada exclusivamente pelo uso de bandeiras, broches, dísticos e adesivos.
(E) A propaganda exercida nos termos da legislação eleitoral não poderá ser objeto de multa nem cerceada sob alegação do exercício do poder de polícia.

A: incorreta – art. 39, § 8º, da Lei 9.504/1997; **B:** incorreta – art. 39 da Lei 9.504/1997; **C:** incorreta – art. 39, § 4º, da Lei 9.504/1997; **D:** incorreta – art. 39-A da Lei 9.504/1997; **E:** correta – art. 41 da Lei 9.504/1997.

Gabarito "E"

(Analista – TRE/AL – 2010 – FCC) A propaganda

(A) exercida nos termos da legislação eleitoral não poderá ser objeto de multa nem cerceada sob alegação do exercício do poder de polícia.

(B) eleitoral através de carreata é permitida no dia das eleições, desde que não dificulte o acesso dos eleitores aos locais de votação.

(C) eleitoral através de alto-falantes é permitida no dia das eleições até cem metros dos locais de votação.

(D) eleitoral no rádio e na televisão só é gratuita no horário definido pela Justiça Eleitoral, devendo, no restante da programação, ser paga pelos partidos ou coligações.

(E) partidária gratuita prevista em lei não poderá ser veiculada no primeiro semestre do ano da eleição.

A: correta – art. 41 da Lei 9.504/1997; **B:** incorreta – tal conduta constitui crime – art. 39, § 5º, da Lei 9.504/1997; **C:** incorreta – tal conduta também é prevista como crime – art. 39, § 5º, da Lei 9.504/1997; **D:** **incorreta,** a propaganda eleitoral no rádio e na televisão restringe-se ao horário definido na Lei 9.504/1997, sendo vedada a veiculação de propaganda paga – art. 44 da Lei 9.504/1997; **E:** incorreta – no segundo semestre (e não no primeiro) não será veiculada a propaganda partidária gratuita prevista em lei.

Gabarito "A"

(Magistratura/CE – 2014 – FCC) Considere as seguintes afirmativas:

I. É vedada, no período de campanha eleitoral, a realização de enquetes relacionadas ao processo eleitoral.

II. Entre as informações que devem ser registradas, para conhecimento público, junto à Justiça Eleitoral pelas entidades e empresas que realizarem pesquisas de opinião pública relativas às eleições ou aos candidatos encontram-se as seguintes: quem contratou a pesquisa, questionário completo aplicado ou a ser aplicado, nome de quem pagou pela realização do trabalho e cópia da respectiva nota fiscal.

III. É vedada a divulgação de pesquisas eleitorais por qualquer meio de comunicação, a partir do décimo quinto dia que antecede a data da eleição até as dezoito horas do dia do pleito.

IV. Não configura crime a irregularidade comprovada nos dados publicados em pesquisas eleitorais, ensejando, porém, a obrigatoriedade de veiculação dos dados corretos no mesmo espaço, local, horário, página, caracteres e outros elementos de destaque, de acordo com o veículo usado.

Está correto o que é afirmado APENAS em

(A) II e IV.

(B) I, II e III.

(C) I e II.

(D) I e IV.

(E) II e III.

I: correta, conforme art. 33, § 5º da Lei das Eleições; **II:** correta, conforme incisos constantes no *caput* do art. 33 da Lei das Eleições; **III:** incorreta, uma vez que referido dispositivo, contido no art. 35-A, Lei das Eleições, foi considerado inconstitucional através da ADIN 3.741-2; **IV:** incorreta, uma vez que tal conduta é tipifica pelo § 2º do art. 34 da Lei das Eleições, independentemente se oriunda de irregularidades quaisquer.

Gabarito "C"

(Procurador Legislativo – Câmara de Vereadores de São Paulo/SP – 2014 – FCC) Considera-se propaganda eleitoral irregular a

(A) a distribuição de folhetos editados sob a responsabilidade do candidato.

(B) colocação de bonecos móveis ao longo das vias públicas, sem dificultar o trânsito de pessoas e veículos.

(C) a distribuição de folhetos editados sob a responsabilidade do partido ou coligação.

(D) colocação de bandeiras móveis ao longo das vias públicas, sem dificultar o trânsito de pessoas e veículos.

(E) a colocação de faixas em árvores e jardins localizados em áreas públicas, mesmo que não lhes cause dano.

A: incorreta, uma vez que não há irregularidade nesta forma de propaganda, conforme dispõe o art. 38 da Lei das Eleições ao dizer que "Independe da obtenção de licença municipal e de autorização da Justiça Eleitoral a veiculação de propaganda eleitoral pela distribuição de folhetos, adesivos, volantes e outros impressos, os quais devem ser editados sob a responsabilidade do partido, coligação ou candidato"; **B:** incorreta, uma vez que neste caso não há qualquer irregularidade, já que autorizado pelo art. 37, § 6º, Lei das Eleições. No entanto, importantíssima ponderação deve ser observada: A minirreforma eleitoral, Lei 12.891/2013, alterou a redação do citado dispositivo, passando a não mais permitir a utilização de boneco. Não obstante, mantivemos a assertiva como se tratando de uma propaganda regular tanto pelo fato de que as minirreforma eleitoral apenas aplicar-se-á às eleições de 2016, quanto pelo fato da Resolução TSE 23.404/2014 dispor em seu art. 11, § 4º que é permitida a colocação de cavaletes, bonecos, cartazes, mesas para distribuição de material de campanha e bandeiras ao longo das vias públicas, desde que móveis e que não dificultem o bom andamento do trânsito de pessoas e veículos. Para todos efeitos, esta forma de propaganda tornar-se-á irregular para o pleito de 2016; **C:** incorreta, pois não há qualquer irregularidade, pelos mesmos fundamentos da assertiva A, já que a responsabilidade pelos impressos (santinhos) será do partido, candidato ou coligação; **D:** incorreta, vez que se trata de um mecanismo de propaganda eleitoral permitido expressamente pelo art. 37, § 6º, Lei das Eleições; **E:** correta, uma vez que expressamente vedado pelo art. 37, 5º, Lei das Eleições, ao dispor que nas árvores e nos jardins localizados em áreas públicas, bem como em muros, cercas e tapumes divisórios, não é permitida a colocação de propaganda eleitoral de qualquer natureza, mesmo que não lhes cause dano, também confirmado pela Resolução TSE 23.404/2014, especificamente no art. 11, § 3º.

Gabarito "E"

(Procurador Legislativo – Câmara de Vereadores de São Paulo/SP – 2014 – FCC) A respeito da propaganda eleitoral da internet, considere:

I. sítio do candidato, com endereço eletrônico comunicado à Justiça Eleitoral e hospedado, direta ou indiretamente, em provedor de serviço de internet estabelecido no País.

II. mensagem eletrônica para endereços cadastrados gratuitamente pelo candidato, partido ou coligação.

III. matéria paga, com custo e respectivo pagamento devidamente lançados na prestação de contas do candidato, do partido ou da coligação.

IV. *blogs,* redes sociais, sítios de mensagens instantâneas e assemelhados, cujo conteúdo seja gerado ou editado por candidatos, partidos ou coligações ou de iniciativa de qualquer pessoa natural.

É permitida a propaganda eleitoral veiculada pela internet, dentre outras, da forma indicada APENAS em

(A) III e IV.
(B) I, III e IV.
(C) II e III.
(D) I, II e IV.
(E) I, II e III.

I: correta, com fundamento no art. 57-B, I, Lei das Eleições; **II:** correta, conforme art. 57-B, III, Lei das Eleições; **III:** incorreta, já que o art. 57-C, Lei das Eleições, veda expressamente a veiculação de qualquer tipo de propaganda eleitoral paga; **IV:** correta, conforme art. 57-B, IV, Lei das Eleições. Em caráter geral, importante mencionar que a Lei 13.488/2017 passou a autorizar o impulsionamento de comteúdo em redes sociais, como uma exceção à regra de vedação à propaganda eleitoral paga na internet (art. 57-C, Lei das Eleições). Nesta mesma esteira, alterou o dispositivo contido no art. 58, §3°, IV, a, Lei das Eleições, de forma a estabelecer que em caso de ofensa realizada por meio de postagens impulsionadas nas redes sociais o ofendido, claramente, terá direito de resposta. Tal direito (o de resposta), reconhecida e deferida pela Justiça Eleitoral, compreenderá a veiculação com igual impulsionamento e com iguais características, cabendo ao ofensor arcar com todos os custos. Ou seja, se houver impulsionamento com um investimento de R$10.000,00, com imagens ou vídeos, tais características deverão ser comsideradas na veiculação do direito de resposta.

Gabarito "D"

8.3. Pesquisas e Testes Pré-Eleitorais

(Analista – TRE/BA – 2003 – FCC) As entidades e empresas que realizarem pesquisas de opinião pública relativas às eleições ou aos candidatos, para conhecimento público, são obrigadas, para cada pesquisa, a registrar, junto à Justiça Eleitoral, até 5 dias antes da divulgação, certas informações, sem obrigação de mencionar

(A) o questionário completo aplicado ou a ser aplicado.
(B) quem contratou a pesquisa.
(C) o valor e a origem dos recursos despendidos no trabalho.
(D) o nome de quem pagou pela realização do trabalho.
(E) a identificação dos entrevistadores.

A: incorreta – art. 33, VI, da Lei 9.504/1997; **B:** incorreta – art. 33, I, da Lei 9.504/1997; **C:** incorreta – art. 33, II, da Lei 9.504/1997, **D:** incorreta – art. 33, VII, da Lei 9.504/1997; **E:** sem previsão legal.

Gabarito "E"

8.4. Direito de Resposta

(Analista – TRE/AP – 2011 – FCC) José, candidato a Deputado Estadual, foi atingido por afirmação injuriosa do também candidato Pedro, difundida por emissora de televisão, no horário eleitoral gratuito. Nessa situação, José poderá pedir o exercício do direito de resposta à Justiça Eleitoral no prazo, contado a partir da veiculação da ofensa, de

(A) vinte e quatro horas e a Justiça Eleitoral notificará o ofensor para se defender no prazo de vinte e quatro horas.
(B) quarenta e oito horas e a Justiça Eleitoral notificará o ofensor para se defender no prazo de quarenta e oito horas.
(C) setenta e duas horas e a Justiça Eleitoral notificará o ofensor para se defender no prazo de setenta e duas horas.
(D) cinco dias e a Justiça Eleitoral notificará o ofensor para se defender no prazo de três dias.
(E) dez dias e a Justiça Eleitoral notificará o ofensor para se defender no prazo de dez dias.

Art. 58, § 1°, I, da Lei 9.504/1997. A título de informação, a Lei 13.165/2015 inseriu o inciso IV, ao mesmo dispositivo, indicando que no caso de conteúdo divulgado na internet o pedido de exercício do direito de resposta poderá se dar a qualquer tempo ou em 72h, se após a sua retirada.

Gabarito "A"

(Analista – TRE/AL – 2010 – FCC) A respeito do direito de resposta no horário eleitoral gratuito é correto afirmar:

(A) O ofendido usará, para resposta, o dobro do tempo do partido ou coligação responsável pela ofensa.
(B) O prazo para o ofendido ou seu representante legal pedir o exercício do direito de resposta à Justiça Eleitoral é de vinte e quatro horas, contadas a partir da veiculação da ofensa.
(C) A resposta será veiculada cinco vezes consecutivas no horário destinado ao partido ou coligação responsável pela ofensa.
(D) A resposta do ofendido ou de seu representante legal poderá versar sobre fatos diversos dos que foram veiculados pelo partido ou coligação responsável pela ofensa.
(E) A resposta do ofendido ou de seu representante legal será veiculada sempre no final do programa do partido ou coligação responsável pela ofensa.

A: incorreta – o tempo de resposta é igual ao do partido ou coligação responsável pela ofensa – art. 58, § 3°, III, *a*, da Lei 9.504/1997; **B:** correta – art. 58, § 1°, I, da Lei 9.504/1997; **C:** incorreta – art. 58, § 3°, III, *a*, c/c art. 58, § 3°, III, *c*, da Lei 9.504/1997; **D:** incorreta – deve necessariamente dirigir-se aos fatos que deram ensejo ao pedido de direito de resposta – art. 58, § 3°; III, *b*; **E:** incorreta – deve ter lugar no início do programa do partido ou coligação – art. 58, § 3°, III, *d*, da Lei 9.504/1997.

Gabarito "B"

(Analista – TRE/RS – 2010 – FCC) A respeito do direito de resposta, considere:

I. O direito de resposta é privativo de candidato atingido, ainda que indiretamente, por conceito, imagem ou afirmação caluniosa, difamatória, injuriosa ou sabidamente inverídica, difundidos por qualquer veículo de comunicação, não podendo ser exercido por partido ou coligação.
II. O ofendido poderá pedir o exercício do direito de resposta à Justiça Eleitoral no prazo de 24 horas, quando se tratar da programação normal das emissoras de rádio e televisão.
III. Da decisão sobre o exercício do direito de resposta cabe recurso às instâncias superiores, em 24 horas da data de sua publicação em cartório ou sessão, assegurado ao recorrido oferecer contrarrazões em igual prazo, a contar da sua notificação.
IV. No caso de pedido de resposta em programação normal das emissoras de rádio e televisão, deferido o pedido, a resposta será dada em até 48 horas após a decisão, em tempo igual ao da ofensa, porém nunca inferior a um minuto.

Está correto o que se afirma SOMENTE em

(A) III e IV.
(B) I e II.

(C) I, II e IV.
(D) II e IV.
(E) I e III.

I: incorreta – a partir da escolha de candidatos em convenção, é assegurado o direito de resposta **a candidato, partido ou coligação atingidos**, ainda que de forma indireta, por conceito, imagem ou afirmação caluniosa, difamatória, injuriosa ou sabidamente inverídica, difundidos por qualquer veículo de comunicação social – art. 58 da Lei 9.504/1997; **II**: incorreta – o prazo é, nesse caso, de 48 horas – art. 58, § 1º, II, da Lei 9.504/1997; **III**: correta – art. 58, § 5º, da Lei 9.504/1997; **IV**: correta – art. 58, § 3º, II, *c*, da Lei 9.504/1997.

Gabarito "A"

8.5. Mesas Receptoras

(Analista – TRE/PR – 2012 – FCC) Maria é advogada. Ana é professora. Luiz é investigador de polícia. Pedro pertence ao serviço eleitoral. No que concerne às Mesas Receptoras, somente poderão ser nomeados mesários

(A) Maria e Ana.
(B) Luiz e Pedro.
(C) Maria e Pedro.
(D) Ana e Pedro.
(E) Maria e Luiz.

A resposta é aferida por exclusão, na medida em que nem agentes policiais (Luiz) nem os que pertencerem ao serviço eleitoral (Pedro) podem ser nomeados presidentes e mesários (art. 120, § 1º, do CE).

Gabarito "A"

(Analista – TRE/SP – 2006 – FCC) Podem ser nomeados Presidentes e Mesários das Mesas Receptoras, dentre outros, os

(A) que pertencerem ao serviço eleitoral.
(B) agentes policiais.
(C) funcionários no desempenho de cargos de confiança do Executivo.
(D) professores.
(E) parentes de candidatos até o segundo grau, inclusive.

A: incorreta – art. 120, § 1º, IV, do CE; **B**: incorreta – art. 120, § 1º, III, do CE; **C**: incorreta, art. 120, § 1º, III, do CE; **D**: correta – art. 120, § 2º, do CE; **E**: incorreta – art. 120, § 1º, I, do CE.

Gabarito "D"

(Analista – TRE/MG – 2005 – FCC) A cada Seção Eleitoral corresponde uma Mesa Receptora de votos. Podem, entre outros, ser nomeados mesários das Mesas Receptoras

(A) as autoridades.
(B) os agentes policiais.
(C) os funcionários no desempenho de cargo de confiança do Executivo.
(D) os que pertencerem ao serviço eleitoral.
(E) os serventuários da justiça.

A: incorreta – vedação prevista no art. 120, § 1º, III, do CE; **B**: incorreta – vedação prevista no art. 120, § 1º, III, do CE; **C**: incorreta – vedação prevista no art. 120, § 1º, III, do CE; **D**: incorreta – vedação prevista no art. 120, § 1º, IV, do CE; **E**: correta – prevê que os mesários serão, preferencialmente, eleitores da própria seção e, dentre estes, os diplomados em escola superior, os professores e os serventuários da justiça – art. 120, § 2º, do CE.

Gabarito "E"

8.6. Fiscalização dos Trabalhos Eleitorais

(Analista – TRE/TO – 2011 – FCC) Na fiscalização das eleições,

(A) o presidente do partido ou representante da Coligação não precisa registrar na Justiça Eleitoral o nome das pessoas autorizadas a expedir as credenciais dos fiscais e delegados.
(B) as credenciais de fiscais e delegados deverão ser expedidas exclusivamente pela Justiça Eleitoral.
(C) a escolha dos fiscais ou delegados de partido ou coligação poderá recair em quem, por nomeação do Juiz Eleitoral, já faça parte da Mesa Receptora.
(D) a escolha dos fiscais ou delegados de partido ou coligação poderá recair em pessoa com 16 anos.
(E) o fiscal poderá ser nomeado para fiscalizar mais de uma Seção Eleitoral no mesmo local de votação.

A: incorreta: art. 65, § 3º, da Lei 9.504/1997; **B**: incorreta: as credenciais de fiscais e delegados serão expedidas exclusivamente pelos partidos ou coligações – art. 65, § 2º, da Lei 9.504/1997; **C**: incorreta: art. 65 da Lei 9.504/1997; **D**: incorreta: não poderá recair em pessoa com menos de 18 anos – art. 65 da Lei 9.504/1997; **E**: correta – art. 65, § 1º, da Lei 9.504/1997.

Gabarito "E"

(Analista – TRE/SE – 2007 – FCC) Cada partido ou coligação poderá nomear dois fiscais junto a cada Mesa Receptora, funcionando um de cada vez, cujas credenciais serão expedidas

(A) pela autoridade policial do local de votação.
(B) pelo Juiz Eleitoral da circunscrição onde a eleição se realizar.
(C) pelo Tribunal Regional Eleitoral do respectivo Estado.
(D) pelas Mesas Receptoras de votos de cada Seção Eleitoral.
(E) exclusivamente pelos partidos políticos ou coligações.

Art. 65, § 2º, da Lei 9.504/1997.

Gabarito "E"

(Analista – TRE/RN – 2005 – FCC) A respeito da fiscalização perante as mesas receptoras, através de fiscais e delegados de partido, é correto afirmar que

(A) o fiscal não pode ser nomeado para fiscalizar mais de uma Seção Eleitoral, no mesmo local de votação.
(B) a escolha de fiscais e delegados poderá recair em pessoa menor de dezoito anos, desde que maior de dezesseis.
(C) pode ser escolhido fiscal ou delegado pessoa que já faça parte da Mesa Receptiva, por escolha do Juiz Eleitoral.
(D) as credenciais dos fiscais serão expedidas, exclusivamente, pelos partidos ou coligações.
(E) cabe ao Juiz Eleitoral, com exclusividade, a expedição de credenciais de delegados.

A: incorreta – art. 65, § 1º, da Lei 9.504/1997; **B**: incorreta – art. 65, *caput*, da Lei 9.504/1997; **C**: incorreta – art. 65, *caput*, da Lei 9.504/1997 e art. 131, § 2º, CE; **D**: correta – art. 65, § 2º, da Lei 9.504/1997; **E**: incorreta – art. 65, § 2º, da Lei 9.504/1997.

Gabarito "D"

8.7. Polícia dos Trabalhos Eleitorais

(Analista – TRE/SE – 2007 – FCC) Durante ato eleitoral, a Força Pública

(A) circulará pela seção eleitoral à paisana, procurando preservar a ordem pública, e a segurança dos eleitores e a liberdade de voto.

(B) permanecerá nas proximidades da seção eleitoral e poderá aproximar-se do lugar da votação e nele penetrar em caso de solicitação de qualquer eleitor.

(C) permanecerá nas proximidades da seção eleitoral e poderá aproximar-se do lugar da votação e nele penetrar em caso de solicitação de fiscais de Partido Político ou Coligações Partidárias.

(D) conservar-se-á a 100 metros da seção eleitoral e não poderá aproximar-se do lugar da votação, ou nele penetrar, sem ordem do Presidente da Mesa.

(E) fará o policiamento ostensivo, mantendo plantão dentro de cada seção eleitoral, com a finalidade de evitar "boca de urna" e zelar pela liberdade de escolha do eleitor.

A força armada conservar-se-á a cem metros da seção eleitoral e não poderá aproximar-se do lugar da votação, ou dele penetrar, sem ordem do presidente da mesa – Art. 141 do CE.

Gabarito "D"

8.8. Arrecadação e aplicação de recursos nas campanhas eleitorais

(Técnico Judiciário – TRE/SP – FCC – 2017) Sebastião, eleitor, e a entidade esportiva J desejam fazer doação em dinheiro para utilização nas campanhas eleitorais para o partido político K. Obedecido o disposto em lei, Sebastião

(A) e a entidade esportiva J poderão fazer a doação, desde que limitada a 10% dos rendimentos brutos auferidos por cada um deles no ano anterior à eleição.

(B) e a entidade esportiva J não poderão fazer doação de qualquer quantia em dinheiro ou estimável em dinheiro.

(C) poderá fazer a doação, desde que limitada a 10% dos rendimentos brutos auferidos por ele no ano anterior à eleição, sendo vedada a doação pela entidade esportiva J.

(D) poderá fazer a doação de qualquer quantia, sem limitação, sendo vedada a doação pela entidade esportiva J.

(E) poderá fazer a doação, desde que limitada a 20% dos rendimentos brutos auferidos por ele no ano anterior à eleição, sendo vedada a doação pela entidade esportiva J.

De fato, a única alternativa correta é a apresentada na assertiva C. Isto por duas razões. A primeira é que às pessoas físicas podem doar, havendo tão somente a limitação de 10% da renda auferida no ano anterior (§ 1º, art. 23, Lei das Eleições). No entanto, relativamente à entidade esportiva, encontramos vedação à doação a candidato e partido (art. 24, IX, Lei das Eleições), bem como qualquer doação feita por pessoa jurídica. SC

Gabarito "C"

(Analista – TRE/SP – 2012 – FCC) O comitê financeiro do partido Alpha, tendo cumprido as exigências eleitorais e recebido seu número de registro de CNPJ, iniciou a arrecadação de recursos financeiros à campanha eleitoral. Pretendem fazer doações:

I. cooperativa não beneficiada com recursos públicos, composta por cooperados que não são concessionários ou permissionários de serviço público.

II. entidade esportiva privada, sem participação em campeonatos das divisões principais.

III. sindicato representativo de categoria profissional patronal de âmbito estadual.

IV. pessoa jurídica sem fins lucrativos que não recebe recurso do exterior.

Dentre os pretendentes, o comitê financeiro do partido Alpha NÃO poderá receber doações das entidades indicadas em

(A) I e II.

(B) I e III.

(C) I e IV.

(D) II e III.

(E) II e IV.

I: incorreta. Podem fazer doações cooperativas não beneficiadas com recursos públicos e composta por cooperados que não são concessionários ou permissionários de serviços públicos (art. 24, § 1º, da Lei 9.504/1997); **II:** correta. Não podem fazer doações entidades esportivas, de qualquer natureza (art. 24, IX, da Lei 9.504/1997); **III:** correta. Não podem fazer doações entidades de classe ou sindical (art. 24, VI, da Lei 9.504/1997); **IV:** Os artigos 24 e 81 da Lei 9.504/1997, bem como os artigos 31, 38 e 39 da Lei dos Partidos Políticos, dispunham sobre as doações e contribuições de pessoas jurídicas para campanhas eleitorais. No entanto, a Ação Declaratória de Inconstitucionalidade proposta pela Ordem dos Advogados do Brasil (ADI 4650), provocou o Supremo Tribunal Federal chamado a manifestar-se pela procedência do pedido e declarou a inconstitucionalidade de dispositivos legais que autorizavam a contribuição de empresas a campanhas eleitorais e partidos políticos. Assim, nenhuma assertiva afigura-se como correta.

Gabarito "D"

8.9. Prestação de Contas

(Analista – TRE/AL – 2010 – FCC) A respeito das prestações de contas referentes à arrecadação e aplicação de recursos nas campanhas eleitorais, considere:

I. As prestações de contas dos candidatos às eleições proporcionais serão feitas pelo comitê financeiro ou pelo próprio candidato.

II. A indicação dos nomes dos doadores e os respectivos valores deverá obrigatoriamente ser divulgada, pela rede mundial de computadores (internet), nos relatórios dos dias 6 de agosto e 6 de setembro do ano das eleições.

III. A inobservância do prazo para encaminhamento das prestações de contas não impede a diplomação dos candidatos, enquanto perdurar.

Está correto o que se afirma APENAS em

(A) I.

(B) I e II.

(C) I e III.

(D) II e III.

(E) II.

I: correta, à época em que a questão foi elaborada. A atual redação do § 2º do art. 28 da Lei 9.504/1997 não traz a previsão do comitê financeiro; **II:** incorreta – art. 28, § 4º, da Lei 9.504/1997; **III:** incorreta – art. 29, § 2º, da Lei 9.504/1997.

Gabarito "A"

8.10. Condutas Vedadas a Agentes Públicos em Eleições

(Juiz – TJ-SC – FCC – 2017) No ano em que se realizar eleição, fica proibida a distribuição gratuita de bens, valores ou benefícios por parte da Administração pública, EXCETO em casos de:

(A) estado de emergência, de intervenção federal ou de programas sociais autorizados em lei e já em execução orçamentária desde o primeiro semestre do ano eleitoral, mesmo que executados por entidade nominalmente vinculada a candidato ou por esse mantida.

(B) calamidade pública, de intervenção federal ou de programas sociais autorizados em lei e já em execução orçamentária desde o primeiro mês do ano eleitoral, vedada, no entanto, a execução de tais programas por entidade nominalmente vinculada a candidato ou por esse mantida.

(C) calamidade pública, de estado de emergência ou de programas sociais autorizados em lei e já em execução orçamentária no exercício anterior, vedada, no entanto, a execução de tais programas por entidade nominalmente vinculada a candidato ou por esse mantida.

(D) estado de emergência, de calamidade pública ou de programas sociais autorizados em lei e já em execução orçamentária desde o primeiro semestre do ano eleitoral, vedada, no entanto, a execução de tais programas por entidade nominalmente vinculada a candidato ou por esse mantida.

(E) calamidade pública, de intervenção federal ou de programas sociais autorizados em lei e já em execução orçamentária no exercício anterior, mesmo que executados por entidade nominalmente vinculada a candidato ou por esse mantida.

A única alternativa correta vem representada pela assertiva C, pois em plena consonância com o que estabelece o art. 73, §10, Lei das Eleições. O tema das condutas vedadas aos agentes públicos em campanhas eleitorais (art. 73 e seguintes da Lei das Eleições) é de extrema relevância para a carreira da magistratura, isto porque os colegas leitores (futuros magistrados!) que estiverem atuando nas comarcas com a cumulação de serviços eleitorais estarão diante de situações constantes ali descritas durante as eleições municipais.

Gabarito "C"

(Analista – TRE/AM – 2010 – FCC) É vedado aos agentes públicos, servidores ou não, na circunscrição do pleito, nos três meses que o antecedem e até a posse dos eleitos,

(A) a nomeação para cargos dos Tribunais de Contas.

(B) a transferência *ex officio* de agentes penitenciários.

(C) a nomeação para cargos em comissão.

(D) a transferência *ex officio* de policiais civis.

(E) a remoção de servidores públicos em geral.

A: incorreta – art. 73, V, *b*, da Lei 9.504/1997; **B:** incorreta – art. 73, V, *e*, da Lei 9.504/1997; **C:** incorreta – art. 73, V, *a*, da Lei 9.504/1997; **D:** incorreta – art. 73, V, *e*, da Lei 9.504/1997; **E:** correta – art. 73, *V*, da Lei 9.504/1997.

Gabarito "E"

(Analista – TRE/RS – 2010 – FCC) Nos três meses que antecedem as eleições, é

(A) vedada a designação ou dispensa de funções de confiança.

(B) vedada a distribuição gratuita de bens, valores ou benefícios por parte da Administração Pública nos casos de calamidade pública.

(C) vedada a nomeação ou exoneração de cargos em comissão.

(D) permitida a nomeação para cargos dos órgãos da Presidência da República.

(E) permitida a contratação de shows artísticos pagos com recursos públicos na realização de inaugurações.

A: incorreta – art. 73, V, *a*, Lei 9.504/1997; **B:** incorreta – art. 73, § 10, da Lei 9.504/1997; **C:** incorreta – art. 73, V, *a*, da Lei 9.504/1997; **D:** correta – art. 73, V, *b*, da Lei 9.504/1997; **E:** incorreta – art. 75 da Lei 9.504/1997.

Gabarito "D"

8.11. Apuração de Votos

(Analista Judiciário – TRE/SP – FCC – 2017) Laerte se interessa pelos estudos de Direito Eleitoral. Iniciante na matéria, aprendeu que as eleições acontecem em todo País, no primeiro domingo de outubro do ano respectivo e que serão realizadas, simultaneamente, para Presidente e Vice-Presidente da República, Governador e Vice-Governador de Estado e do Distrito Federal,

(A) Prefeito e Vice-Prefeito, sendo considerado eleito, no primeiro turno, o candidato a Presidente, a Governador ou a Prefeito que obtiver a maioria dos votos, não computados os em branco e os nulos.

(B) Senador, Deputado Federal, Deputado Estadual e Deputado Distrital, sendo considerado eleito, no primeiro turno, o candidato a Presidente ou a Governador que obtiver a maioria absoluta de todos os votos, computados os em branco e os nulos.

(C) e Vereador, sendo considerado eleito, no primeiro turno, o candidato a Presidente ou a Governador que obtiver a maioria simples dos votos, não computados os em branco e os nulos.

(D) Senador, Deputado Federal, Deputado Estadual e Deputado Distrital, sendo considerado eleito, no primeiro turno, o candidato a Presidente ou a Governador que obtiver a maioria absoluta de votos, não computados os em branco e os nulos.

(E) Prefeito e Vice-Prefeito, sendo considerado eleito, no primeiro turno, o candidato a Presidente, a Governador ou a Prefeito que obtiver a maioria dos votos, computados os em branco e os nulos.

A única alternativa correta vem representada pela assertiva D. Isto porque o art. 1º, parágrafo único, I c.c art. 2º, Lei das Eleições, dispõe que: Art. 1º As eleições para Presidente e Vice-Presidente da República, Governador e Vice-Governador de Estado e do Distrito Federal, Prefeito e Vice-Prefeito, Senador, Deputado Federal, Deputado Estadual, Deputado Distrital e Vereador dar-se-ão, em todo o País, no primeiro domingo de outubro do ano respectivo.

Parágrafo único. Serão realizadas **simultaneamente** as eleições:

I – para Presidente e Vice-Presidente da República, Governador e Vice-Governador de Estado e do Distrito Federal, Senador, Deputado Federal, Deputado Estadual e Deputado Distrital;

II – para Prefeito, Vice-Prefeito e Vereador.

Art. 2º Será considerado eleito o candidato a Presidente ou a Governador que obtiver a maioria absoluta de votos, **não computados os em branco e os nulos**.

Gabarito "D"

(Analista Judiciário – TRE/SP – FCC – 2017) Realizadas as eleições, para o Partido "X" identificar quantos e quais candidatos à Câmara dos Vereadores, por ele registrados, foram eleitos, deve considerar vários elementos. Nesse quadro,

(A) determina-se o quociente eleitoral dividindo-se o número de votos válidos apurados pelo de lugares a preencher em cada circunscrição eleitoral, desprezada a fração, qualquer que seja.

(B) determina-se o quociente eleitoral dividindo-se o número de votos válidos apurados pelo de lugares a preencher em cada circunscrição eleitoral, desprezada a fração se igual ou inferior a meio, equivalente a um, se superior.

(C) determina-se o quociente partidário dividindo-se o número de votos válidos apurados pelo de lugares a preencher em cada circunscrição eleitoral, equivalente a fração a 1, se igual ou superior a meio.

(D) estarão eleitos tão somente os candidatos registrados por um partido ou coligação que tenham obtido votos em número igual ou superior a 15% do quociente eleitoral, tantos quantos o respectivo quociente partidário indicar, na ordem da votação nominal que cada um tenha recebido, ficando destinados os lugares não preenchidos por esse critério aos suplentes.

(E) não são considerados válidos os votos dados apenas às legendas partidárias, mas tão somente aqueles dados especificamente a candidato regularmente inscrito.

A: Incorreta, uma vez que o art. 106, Código Eleitoral, estabelece que o quociente eleitoral será determinado a partir da divisão do número de votos válidos apurados pelo de lugares a preencher em cada circunscrição eleitoral, desprezada a fração se igual ou inferior a meio, equivalente a um, se superior. **B:** Correta, nos exatos termos do art. 106, Código Eleitoral. **C:** Incorreta, pois o art. 107, Código Eleitoral, estabelece que "determina-se para cada partido ou coligação o quociente partidário, dividindo-se pelo quociente eleitoral o número de votos válidos dados sob a mesma legenda ou coligação de legendas, desprezada a fração.". **D:** Incorreta, pois o art. 108, Código Eleitoral, indica a necessidade de que, mesmo na apuração pelo sistema proporcional, para que seja eleito, o candidato deve alcançar NO MÍNIMO a votação correspondente a 10% do Quociente Eleitoral (também pode ser chamada de cláusula de barreira no sistema de apuração proporcional de quocientes). Importa destacar que esta condicionante não será analisada no caso de chamamento de suplentes (estes poderão possuir votação inferior aos 10% do quociente eleitoral). **E:** Incorreta, pois o art. 5º, Lei das Eleições, dispõe que nas eleições proporcionais serão contados como válidos aqueles votos depositados diretamente na legenda partidária ou candidatos postos à escolha dos cidadãos.

Gabarito "B"

Dica para guardar:

Análise do Quociente	Observação
Quociente Eleitoral	**Art. 106, CE**. Despreza-se a fração se igual ou inferior a 0,5. Se maior, contabiliza-se 1.
Quociente Partidário	**Art. 107, CE**. SEMPRE será desprezada a fração.

(Analista – TRE/SE – 2007 – FCC) O recurso contra a apuração

(A) independe da indicação expressa de qual a eleição a que se refere, inclusive quando ocorrerem eleições simultâneas.

(B) será admitido independentemente de ter ocorrido prévia impugnação, perante a Junta no ato da apuração, contra as nulidades arguidas.

(C) interposto verbalmente ou por escrito, deverá ser fundamentado no prazo de 48 horas para que tenha seguimento.

(D) deverá ser instruído com peças fornecidas pelo próprio recorrente, sendo vedado a instrução de ofício através da certidão da decisão recorrida.

(E) não poderá ser interposto por fiscais e candidatos, uma vez que a legitimidade para a sua proposição é exclusiva dos partidos e das coligações.

A: incorreta – art. 169, § 3º, do CE; **B:** incorreta – art. 171 do CE; **C:** correta – art. 169, § 2º, do CE; **D:** incorreta – art. 169, § 4º, do CE; **E:** incorreta – art. 169 do CE.

Gabarito "C"

(Magistratura/PE – 2013 – FCC) Se nenhum candidato alcançar maioria absoluta na primeira votação, far-se-á nova eleição no último domingo de outubro, concorrendo os dois candidatos mais votados, e considerando-se eleito o que obtiver a maioria dos votos válidos. Esta regra aplica-se à eleição para Prefeito em Município com mais de duzentos mil

(A) eleitores.

(B) habitantes.

(C) cidadãos.

(D) brasileiros.

(E) trabalhadores.

A alternativa A é a correta, uma vez que se refere à possibilidade de 2º turno, previsto no, § 1º do art. 2º c/c o, § 2º do art. 3º, todos da Lei das Eleições (Lei 9.504/1997). Referidos dispositivos preceituam que em municípios com mais de duzentos mil eleitores haverá a possibilidade de realização do chamado segundo turno se nenhum candidato alcançar a maioria absoluta na primeira votação, concorrendo, para tanto, os dois candidatos mais votados.

Gabarito "A"

8.12. Transporte de eleitores

(Analista – TRE/SP – 2012 – FCC) Paulo é proprietário de uma van de aluguel com a qual faz transporte de alunos para uma escola particular. No dia da eleição, transportou todos os onze membros de sua família, da zona rural para os locais de votação. A conduta de Paulo

(A) foi ilícita, por se tratar de veículo de aluguel.

(B) foi ilícita, por se tratar de transporte de eleitores da zona rural.

(C) foi lícita, porque se limitou a transportar os membros de sua família.

(D) foi ilícita, por se tratar de utilitário e não de automóvel de passeio.

(E) só poderá ser considerada lícita se tiver obtido prévia autorização da Justiça Eleitoral.

Art. 5º, III, da Lei 6.091/1974.

Gabarito "C"

(Analista – TRE/TO – 2011 – FCC) De acordo com a Lei 6.091/1974, utilizar em campanha eleitoral, no decurso dos noventa dias que antecedem o pleito, veículos e embarcações pertencentes à União, Estados, Municípios e respectivas autarquias e sociedades de economia mista, acarreta

(A) a aplicação de pena de detenção de 15 dias a 6 meses e de 200 a 300 dias-multa.

(B) a aplicação de advertência verbal e pública pelo Presidente do Tribunal Regional Eleitoral.

(C) o cancelamento do registro do candidato ou de seu diploma, se já houver sido proclamado eleito.

(D) a imposição de multa de 100 a 150 dias-multa.

(E) a aplicação de pena de detenção de 3 a 6 meses, somente.

Art. 11, V, da Lei 6.091/1974.

Gabarito "C"

(Analista – TRE/RS – 2010 – FCC) José é candidato a cargo eletivo, reside num bairro da zona rural e possui uma Kombi, com capacidade para oito pessoas, com a qual transporta trabalhadores para as fazendas da região. Oito pessoas residentes nas proximidades da sua moradia solicitaram que as transportasse para a cidade, no dia da eleição, até os locais de votação, fornecesse refeições e os trouxesse de volta no dia seguinte. José

(A) poderá trazê-los de volta à zona rural no dia posterior à eleição.

(B) não poderá transportá-los, nem fornecer-lhes refeições, no dia do pleito eleitoral, por expressa vedação legal.

(C) poderá transportá-los para a cidade, até os locais de votação, bem como trazê-los de volta, mas não poderá fornecer-lhes refeições.

(D) poderá fornecer-lhes refeições, mas não poderá transportá-los para a cidade, até os locais de votação.

(E) poderá fornecer-lhes refeições, mas não poderá trazê-los de volta à zona rural no dia posterior à eleição.

Somente a Justiça Eleitoral poderá, quando imprescindível, em face da absoluta carência de recursos de eleitores da zona rural, fornecer-lhes refeições, correndo, nesta hipótese, as despesas por conta do Fundo Partidário – art. 8º da Lei 6.091/1974.

Gabarito "B"

8.13. Votação

(Magistratura/GO – 2015 – FCC) Iniciados os trabalhos de votação, caso ocorra, em determinada seção eleitoral, falha na urna que impeça a continuidade da votação eletrônica antes que o segundo eleitor conclua seu voto, esgotados os procedimentos de contingência previstos na legislação

(A) será considerado nulo o voto do segundo eleitor, entregando-se-lhe o comprovante de votação, com o registro dessa ocorrência na ata.

(B) deverá o segundo eleitor iniciar novamente o processo de votação, em outra urna ou em cédulas, considerando-se insubsistentes os votos para os cargos por ele sufragados na urna danificada, mantida a votação do primeiro eleitor.

(C) deverá o primeiro eleitor votar novamente, em outra urna ou em cédulas, sendo o voto sufragado na urna danificada considerado insubsistente.

(D) caberá à Mesa Receptora de Votos dispensar a presença do primeiro eleitor logo após verificar o adequado armazenamento de seu voto no cartão de memória da urna danificada, bem como a viabilidade de sua transmissão.

(E) deverá o segundo eleitor retomar o processo de votação, em outra urna ou em cédulas, assinalando votos somente para os cargos por ele não sufragados na urna danificada, mantida a votação do primeiro eleitor.

A única alternativa correta encontra-se esclarecida na alternativa C. O § 2º do art. 96 da Resolução TSE 23.399/2014 dispõe que "*art. 96. Para garantir o uso do sistema eletrônico, além do previsto no artigo anterior, poderá ser realizada carga de urna de seção, obedecendo, no que couber, o disposto nos artigos 65 e 74 desta resolução, desde que não tenha ocorrido votação naquela seção. §2º Na hipótese de ocorrer falha na urna que impeça a continuidade da votação eletrônica antes que o segundo eleitor conclua seu voto, esgotadas as possibilidades previstas no artigo anterior, deverá o primeiro eleitor votar novamente, em outra urna ou em cédulas, sendo o voto sufragado na urna danificada considerado insubsistente*".

Gabarito "C"

(Magistratura/RR – 2015 – FCC) Entre os atos preparatórios à votação, destaca-se a constituição das Mesas Receptoras de Votos. Segundo a disciplina normativa que rege sua composição

(A) admite-se a participação, como integrantes da mesma Mesa, de eleitores que tenham relação de parentesco.

(B) a nomeação dos membros da Mesa deve recair preferencialmente sobre eleitores da própria seção eleitoral e, dentre estes, sobre diplomados em escola superior, professores e serventuários da Justiça.

(C) é cabível sua redução numérica, mediante dispensa devidamente concedida pelo Tribunal Regional Eleitoral competente, para, no mínimo, dois membros.

(D) devem ser nomeados, para cada Mesa, um presidente, um primeiro e um segundo mesários, três secretários e dois suplentes.

(E) admite-se a participação, como mesários, de eleitores menores de dezoito anos, diversamente do que permitido para Mesas Receptoras de Justificativas.

A: incorreta. O § 1º do art. 120 do CE, dispõe que não podem ser nomeados presidentes e mesários: I – os candidatos e seus parentes ainda que por afinidade, até o segundo grau, inclusive, e bem assim o cônjuge; II – os membros de diretórios de partidos desde que exerça função executiva; III – as autoridades e agentes policiais, bem como os funcionários no desempenho de cargos de confiança do Executivo; IV – os que pertencerem ao serviço eleitoral; **B:** correta, conforme redação trazida pelo § 2º do art. 120 do CE, ao dispor que os mesários serão nomeados, de preferência entre os eleitores da própria seção, e, dentre estes, os diplomados em escola superior, os professores e os serventuários da Justiça; **C:** incorreta, pois a redução para dois membros só pode ocorrer quanto na mesa receptora de justificativa, conforme § 1º do art. 9º, Resolução TSE 23.399/2014; **D:** incorreta. Conforme o art. 120 do CE, constituem a mesa receptora um presidente, um primeiro e um segundo mesários, dois secretários e um suplente, nomeados pelo juiz eleitoral sessenta dias antes da eleição, em audiência pública, anunciado pelo menos com cinco dias de antecedência; **E:** incorreta, uma vez que o art. 63, § 2º, da Lei das Eleições, dispõe que não podem ser nomeados presidentes e mesários os menores de dezoito anos.

Gabarito "B"

(Magistratura/RR – 2015 – FCC) A disciplina normativa que rege o sistema proporcional de eleição determina que:

(A) Os lugares não preenchidos com a aplicação dos quocientes partidários serão distribuídos mediante a observância do sistema de maiores médias, sendo que, em caso de empate nas médias, prevalecerá o candidato mais idoso.

(B) Em caso de empate entre candidatos da mesma coligação, será eleito o candidato da legenda partidária com maior votação dentro da própria coligação.

(C) Na ocorrência de vaga, não havendo suplente para preenchê-la, far-se-á eleição, salvo se faltarem menos de nove meses para findar o período de mandato.

(D) Se nenhum partido político ou coligação alcançar o quociente eleitoral, serão eleitos, até o preenchimento de todos os lugares, os candidatos mais votados.

(E) O quociente eleitoral de cada circunscrição será divulgado pelos respectivos Tribunais Regionais Eleitorais previamente à realização do pleito eleitoral.

A: incorreta, uma vez que o art. 109 do CE, disciplina a forma que se dará a divisão de lugares não preenchidos com a aplicação dos quocientes partidários, devendo ser observadas as regras dos incisos, sendo elas: "I – dividir-se-á o número de votos válidos atribuídos a cada partido ou coligação pelo número de lugares definido para o partido pelo cálculo do quociente partidário do art. 107, mais um, cabendo ao partido ou coligação que apresentar a maior média um dos lugares a preencher, desde que tenha candidato que atenda à exigência de votação nominal mínima; II – repetir-se-á a operação para cada um dos lugares a preencher. Quando não houver mais partidos ou coligações com candidatos que atendam às duas exigências do inciso I, as cadeiras serão distribuídas aos partidos que apresentem as maiores médias. § 1º O preenchimento dos lugares com que cada partido ou coligação for contemplado far-se-á segundo a ordem de votação recebida por seus candidatos. § 2º Somente poderão concorrer à distribuição dos lugares os partidos ou as coligações que tiverem obtido quociente eleitoral"; **B:** incorreta, uma vez que o art. 110 do CE, esclarece que em caso de empate, haver-se-á por eleito o candidato mais idoso; **C:** incorreta, já que o art. 113, o Código Eleitoral dispõe que na ocorrência de vaga, não havendo suplente para preenchê-la, far-se-á eleição, salvo se faltarem menos de nove meses para findar o período de mandato; **D:** correta, em atenção à dicção do art. 111 do CE; **E:** incorreta, uma vez que não há como ser estabelecido o quociente antes da realização do pleito. Dispõe o art. 106 do CE que se determina o quociente eleitoral dividindo-se o número de votos válidos apurados pelo de lugares a preencher em cada circunscrição eleitoral, desprezada a fração se igual ou inferior a meio, equivalente a um, se superior.

Gabarito "D"

(Magistratura/SC – 2015 – FCC) Conforme o regime legal que dispõe sobre o sistema de representação proporcional, as cadeiras não preenchidas com a aplicação dos quocientes partidários serão distribuídas mediante a observância do sistema de maiores médias. Nesse caso,

(A) divide-se o número de votos válidos atribuídos a cada partido ou coligação pelo número de vagas por ele obtido, mais um, cabendo ao partido ou coligação que apresentar a maior média as demais cadeiras a preencher.

(B) as cadeiras não preenchidas são atribuídas aos partidos ou coligações com o maior número de votos residuais, considerados aqueles não utilizados para a definição das vagas mediante a aplicação dos quocientes partidários.

(C) havendo empate nas médias, prevalece o partido ou coligação com maior votação.

(D) havendo empate nas médias, prevalece o candidato mais idoso.

(E) divide-se o número de votos válidos atribuídos a cada partido ou coligação pelo número de vagas por ele obtido, cabendo ao partido ou coligação que apresentar a maior média mais uma das cadeiras a preencher.

A única alternativa que apresenta assertiva correta está na letra C. Vide Res.-TSE 16.844/1990 e Jurisprudência Ac.-TSE 11.778/1994 e 2.895/2001: no caso de empate na média entre dois ou mais partidos ou coligações, considerar-se-á o partido ou coligação com maior votação, não se aplicando o art. 110 do CE. Ac.-TSE 2.845/2001: no caso de empate na média e no número de votos, deve ser usado como terceiro critério de desempate o número de votos nominais.

Gabarito "C"

(Juiz de Direito/MG – 2014) O sistema eleitoral é o conjunto de técnicas e procedimentos que se empregam na realização das eleições, destinados a organizar a representação do povo no território nacional, sendo que, no Brasil, se adota o sistema majoritário e o proporcional.

Considerando o sistema eleitoral brasileiro, assinale a alternativa **INCORRETA**.

(A) O sistema majoritário é aquele em que são eleitos os candidatos que tiverem o maior número de votos para o cargo disputado.

(B) No sistema majoritário deve-se observar, para os cargos de presidente, governador e prefeitos de municípios com mais de duzentos mil eleitores, que é necessária a obtenção da maioria absoluta de votos, não computados os em branco e os nulos, no 1º turno, sob pena de se realizar o 2º turno com os dois candidatos mais votados.

(C) O sistema proporcional é utilizado para os cargos de várias vagas, como os de senadores.

(D) O sistema proporcional objetiva distribuir proporcionalmente as vagas entre os partidos políticos que participam da disputa e, com isso, viabilizar a representação de todos os setores da sociedade no parlamento.

A: assertiva correta, "pelo sistema majoritário, o candidato que receber a maioria – absoluta ou relativa - dos votos válidos é considerado vencedor do certame" (Gomes, José Jairo. *Direito eleitoral.* 8.ed. São Paulo: Atlas, 2012. p.110); **B:** assertiva correta, conforme verificamos nos artigos 28, *caput*, 29, II, 32, § 2º, 46 e 77, § 2º, todos da CF; **C:** assertiva incorreta, devendo ser assinalada, uma vez para o cargo de Senador será utilizado o sistema majoritário na apuração dos votos, conforme art. 83, Código Eleitoral; **D:** assertiva correta, nos dizeres do ilustre José Jairo Gomes, o "sistema proporcional foi concebido para refletir os diversos pensamentos e tendências existentes no meio social. Visa distribuir entre as múltiplas entidades políticas as vagas existentes na Casas Legislativas, tornando equânime a disputa pelo poder e, principalmente, ensejando a representação de grupos minoritários." (Idem, p. 111-112).

Gabarito "C"

(Magistratura/RR – 2015 – FCC) Nos termos da legislação que disciplina a apuração dos votos:

(A) O Relatório Geral de Apuração, apresentado ao Tribunal Regional Eleitoral, conterá, entre outros dados, o quociente eleitoral, os quocientes partidários, a distribuição das sobras, os votos de cada partido político, coligação e candidato nas eleições majoritária e proporcional, bem como as seções anuladas e as não apuradas, os motivos e a quantidade de votos anulados ou não apurados.

(B) O Relatório Geral de Apuração, apresentado à Comissão Apuradora, ficará na Secretaria do Tribunal Regional Eleitoral, pelo prazo de cinco dias, para exame pelos partidos políticos e coligações interessados, que poderão examinar, também, os documentos nos quais foi baseado, inclusive arquivo ou relatório gerado pelo sistema de votação ou totalização.

(C) Constitui crime, punível com reclusão, de cinco a doze anos, obter acesso a sistema de tratamento automático de dados usado pelo serviço eleitoral, a fim de alterar a apuração de votos.

(D) Cabe a cada Tribunal Regional Eleitoral, até a véspera das eleições, constituir, com cinco de seus membros, presidida por um deles, uma Comissão Apuradora.

(E) Os boletins de urna deverão conter, entre outros dados, o código de identificação da urna, a votação individual de cada eleitor, a soma geral dos votos e a quantidade de eleitores aptos.

A: correta, conforme dicção do art. 199, § 5º, do CE; **B:** incorreta, pois o arts. 199, § 5º, e 200, do CE, o relatório será apresentado ao Tribunal Regional Eleitoral e não à Comissão apuradora. O prazo será de 3 e não 5 dias. Não há no texto legal a expressão "inclusive arquivo ou relatório"; **C:** incorreta, uma vez que o art. 72, I, da Lei das Eleições dispõe que "Constituem crimes, puníveis com reclusão, de cinco a **dez anos**: I – obter acesso a sistema de tratamento automático de dados usado pelo serviço eleitoral, a fim de alterar a apuração ou a **contagem de votos** (...)"; **D:** incorreta, uma vez que o *caput* do art. 199 do CF dispõe que "antes de iniciar a apuração o Tribunal Regional constituirá com três de seus membros, presidida por um destes, uma Comissão apuradora; **E:** incorreta, pois conforme o art. 179, II, do CE: "Concluída a contagem dos votos a Junta ou turma deverá: (...); II – expedir boletim contendo o resultado da respectiva seção, no qual serão consignados o número de votantes, a votação individual de cada candidato, os votos de cada legenda partidária, os votos nulos e os em branco, bem como recursos, se houver".

Gabarito "A"

(Analista – TRE/PR – 2012 – FCC) Determina-se o quociente eleitoral dividindo-se o número de

(A) eleitores pelo de lugares a preencher em cada circunscrição eleitoral, desprezada a fração se igual ou inferior a meio, equivalente a um, se superior.

(B) votos válidos dados sob a mesma legenda ou coligação de legendas pelo número de candidatos pelas mesmas registrados.

(C) votos válidos apurados pelo de lugares a preencher em cada circunscrição eleitoral, desprezada a fração se igual ou inferior a meio, equivalente a um, se superior.

(D) votos válidos atribuídos a cada partido ou coligação de partidos pelo número de lugares a preencher, desprezada a fração se igual ou inferior a meio, equivalente a um, se superior.

(E) eleitores pelo número de votos válidos em cada circunscrição eleitoral, desprezada a fração se igual ou inferior a meio, equivalente a um, se superior.

Art.106 do CE.

Gabarito "C"

(Analista – TRE/RS – 2010 – FCC) A respeito do sistema eletrônico de votação e totalização dos votos, é correto afirmar:

(A) Os candidatos a Deputado Estadual poderão votar em qualquer seção do Estado em que sejam eleitores.

(B) O Presidente da República poderá votar em qualquer seção eleitoral do País.

(C) Os Governadores de Estado, nas eleições municipais, poderão votar em qualquer seção do município em que sejam eleitores.

(D) O Presidente, mesários, secretários e suplentes poderão votar perante as Mesas em que servirem.

(E) Nas seções em que for adotada a urna eletrônica somente poderão votar eleitores cujos nomes estiverem na folha de votação.

O art. 62 da Lei 9.504/1997 estabelece que, nas seções em que for adotada a urna eletrônica, somente poderão votar eleitores cujos nomes estiverem nas respectivas folhas de votação, não se aplicando, nesse caso, a ressalva a que se refere o art. 148, § 1º, CE, que possibilita o voto de algumas autoridades, ainda que fora de suas respectivas seções, nos termos estabelecidos no art. 145 CE. Com o advento do sistema eletrônico de votação, portanto, a possibilidade de votação dessas autoridades fora de suas seções passou a ser aplicável apenas nos locais em que esse sistema ainda não se encontra implantado.

Gabarito "E"

(Magistratura/PE – 2011 – FCC) NÃO é nula a votação quando

(A) a maioria dos eleitores opta pelo voto nulo.

(B) efetuada em folhas de votação falsas.

(C) realizada em dia, hora, ou local diferentes do designado ou encerrada antes das 17 horas.

(D) preterida formalidade essencial do sigilo dos sufrágios.

(E) feita perante mesa não nomeada pelo juiz eleitoral, ou constituída com ofensa à letra da lei.

A: essa é a assertiva correta, pois não há essa hipótese de nulidade – art. 220 do CE; **B, C, D** e **E:** incorretas – há nulidade da votação, nesses casos – art. 220 do CE. Cabe destacar que a Lei 13.165/2015 incluiu o § 3° do art. 224 do Código Eleitoral a estabelecer que se decisão da Justiça Eleitoral importar no indeferimento do registro, cassação do diploma ou a perda do mandato do candidato eleito em pleito majoritário, isto acarretará, com o trânsito em julgado, a realização de novas eleições, independentemente do número de votos anulados (ou seja, não é necessário que seja superior a metade dos votos). No caso em tela, a questão envolve outra situação. Pertinente breve explanação: Tema costumeiramente mal interpretado e que, há tempos, temos tentado esclarecer nos escritos e redes sociais. Os arts. 219 ao 224 do Código Eleitoral estabelece disposições acerca da nulidade das votações. A primeira grande confusão que se verifica é considerar sinônimas as expressões votos nulos e nulidade dos votos.

No primeiro caso estamos diante da opção do eleitor em anular o seu voto. Isto, pois, a obrigatoriedade do voto, imposto pelo art. 14 da CF, tem relação com o comparecimento às urnas, e não propriamente ao conteúdo material do voto. Assim, é possível que o voto seja anulado,

por exemplo, votando em siglas inexistentes. Este é o voto nulo, incapaz de gerar a nulidade da eleição, pois desconsiderado quando na apuração final (não é um voto válido).
No segundo caso temos a nulidade do voto ou da votação, que se dará por fraudes, pelo indeferimento do registro, cassação do diploma ou perda do mandato, conforme já ilustrado.

Gabarito "A"

8.14. Garantias Eleitorais

(Técnico Judiciário – TRE/SP – FCC – 2017) Com relação às garantias eleitorais e proibições de condutas com vistas a impedir ou comprometer o exercício do direito de sufrágio e a sinceridade do voto,

(A) no período de 10 dias antes da eleição, os candidatos não poderão ser presos ou detidos salvo flagrante delito.

(B) no período de 5 dias antes e até 48 horas depois do encerramento da eleição, não é permitida a realização de prisão ou detenção de eleitores, salvo em flagrante delito ou em virtude de sentença criminal condenatória por crime inafiançável ou, ainda, por desrespeito a salvo-conduto.

(C) é permitido o transporte de eleitores residentes na zona rural ou urbana, por qualquer pessoa, mesmo que haja expresso pedido de votos, desde que não seja feita ameaça quanto ao voto para que se realize a locomoção.

(D) os moradores de zona rural, para os quais a Justiça Eleitoral não fornecer transporte no dia da eleição, estarão desobrigados do dever de votar.

(E) o abuso de poder político sobre a liberdade de escolha do voto é coibido, não prevendo a legislação eleitoral, porém, punição para as interferências do poder econômico nas eleições.

A: Incorreta, pois o art. 236, § 1º, Código Eleitoral, dispõe que os membros das Mesas Receptoras e os Fiscais de partido, durante o exercício de suas funções, não poderão ser, detidos ou presos, salvo o caso de flagrante delito; da mesma garantia gozarão os candidatos desde 15 (quinze) dias antes da eleição. **B:** Correta, já que o art. 236, Código Eleitoral, estabelece que nenhuma autoridade poderá, desde 5 (cinco) dias antes e até 48 (quarenta e oito) horas depois do encerramento da eleição, prender ou deter qualquer eleitor, salvo em flagrante delito ou em virtude de sentença criminal condenatória por crime inafiançável, ou, ainda, por desrespeito a salvo-conduto. **C:** Incorreta, já que o art. 5º, Lei 6.091/1974, nenhum veículo ou embarcação poderá fazer transporte de eleitores desde o dia anterior até o posterior à eleição, salvo: I – a serviço da Justiça Eleitoral; II – coletivos de linhas regulares e não fretados; III – de uso individual do proprietário, para o exercício do próprio voto e dos membros da sua família; IV – o serviço normal, sem finalidade eleitoral, de veículos de aluguel não atingidos pela requisição de que trata o art. 2º". **D:** Incorreta, já que o art. 6º, Lei 6.091/1974, dispõe que a indisponibilidade ou as deficiências do transporte de que trata esta Lei não eximem o eleitor do dever de votar. **E:** Incorreta, pois o próprio art. 237, Código Eleitoral, dispõe que a interferência do poder econômico e o desvio ou abuso do poder de autoridade, em desfavor da liberdade do voto, serão coibidos e punidos. SC

Gabarito "B"

9. AÇÕES, RECURSOS, IMPUGNAÇÕES

(Magistratura/PE – 2013 – FCC) É correto afirmar que

(A) caberá a qualquer candidato, a partido político, coligação ou ao Ministério Público, no prazo de dez dias, contados da publicação do pedido de registro do candidato, impugná-lo em petição fundamentada.

(B) a impugnação, por parte do candidato, partido político ou coligação, impede a ação do Ministério Público no mesmo sentido.

(C) não poderá impugnar o registro de candidato o representante do Ministério Público que, nos quatro anos anteriores, tenha disputado cargo eletivo, integrado diretório de partido ou exercido atividade político-partidária.

(D) o impugnante especificará, desde logo, os meios de prova com que pretende demonstrar a veracidade do alegado, arrolando testemunhas, se for o caso, no máximo de sete.

(E) a partir da data em que terminar o prazo para impugnação, passará a correr, após devida notificação, o prazo de dez dias para que o candidato, partido político ou coligação possa contestá-la, juntar documentos, indicar rol de testemunhas e requerer a produção de outras provas, inclusive documentais, que se encontrarem em poder de terceiros, de repartições públicas ou em procedimentos judiciais, ou administrativos, salvo os processos em tramitação em segredo de justiça.

A: incorreta, uma vez que o prazo será o de 5 (cinco) dias a contar da publicação do pedido de registro, conforme preceitua o art. 3º da LC 64/1990; **B:** incorreta, uma vez que a impugnação por parte de candidato, partido ou coligação partidária não obsta a atuação do Ministério Público, conforme dispõe o parágrafo único do art. 22 da LC 64/1990; **C:** correta, conforme o, § 2º do art. 3º da LC 64/1990; **D:** incorreta, uma vez que o número máximo de testemunhas a serem arroladas é de 6 (seis), conforme art. 3º, § 3º da LC 64/1990; **E:** incorreta, uma vez que o prazo para contestação será o de 7 (sete) dias, conforme dispõe o art. 4º da LC 64/1990.

Gabarito "C"

(Magistratura/PE – 2011 – FCC) Considere as seguintes afirmações sobre impugnações perante as Juntas Eleitorais e assinale a INCORRETA.

(A) À medida que os votos são apurados, os fiscais e delegados de partido, assim como os candidatos, podem apresentar impugnações que serão decididas de plano pela Junta.

(B) As Juntas decidem por maioria de votos as impugnações.

(C) Não é admitido recurso contra a apuração quando não tiver havido impugnação perante a Junta, no ato da apuração, contra as nulidades arguidas.

(D) Das decisões da Junta cabe recurso imediato, interposto verbalmente ou por escrito, que deve ser fundamentado no prazo de vinte e quatro horas para que tenha seguimento.

(E) Resolvidas as impugnações, a Junta passa a apurar os votos.

A: assertiva correta, nos termos do art. 169, *caput*, do CE; **B:** correta, conforme o art. 169, § 1º, do CE; **C:** correta, pois a vedação é prevista no art. 171 do CE; **D:** essa é a assertiva incorreta, devendo ser assinalada, pois o prazo para fundamentação do recurso é de 48 horas – art. 169, § 2º, do CE; **E:** correta, conforme o art. 173 do CE.

Gabarito "D"

(Ministério Público/CE – 2011 – FCC) O candidato a prefeito eleito, assim como o seu vice, receberá diploma assinado pela autoridade judiciária competente. Sobre a expedição do diploma é correto afirmar:

(A) Para os prefeitos das capitais será expedido pelo Presidente do Tribunal Superior Eleitoral.

(B) Enquanto o Tribunal Superior não decidir o recurso interposto contra a expedição do diploma, poderá o diplomado exercer o mandato em toda a sua plenitude.

(C) Para os prefeitos das capitais será expedido pelo Presidente do Tribunal Regional Eleitoral, não havendo previsão de recurso contra sua expedição.

(D) Admite recurso com efeito suspensivo se demonstrado abuso de poder econômico no curso da campanha ou em prestação de contas.

(E) Pode ter sua expedição suspensa pela propositura de ação penal por crime doloso cometido anteriormente ao registro da candidatura.

A: incorreta, uma vez que o art. 215 do CE disciplina que os candidatos eleitos, assim como os suplentes, receberão diploma assinado pelo Presidente do Tribunal Superior, Tribunal Regional ou da Junta Eleitoral, conforme o caso; **B:** correta, conforme art. 216 do CE; **C:** incorreta, arts. 215 e 216 do CE; **D:** incorreta, uma vez que se admite efeito suspensivo ao recurso do candidato face à impugnação contra sua diplomação e não à própria impugnação, vez que o art. 216 garante o diploma, posse e exercício do mandato eletivo até que seja provida definitivamente a demanda ("Ac.-TSE, de 18.6.2009, na AC 3237: "O recurso contra expedição de diploma não assegura o direito ao exercício do mandato eletivo até seu julgamento final (art. 216 do CE) se a inviabilidade da candidatura estiver confirmada em outro processo").; **E:** incorreta, apenas se julgada procedente a ação penal poderá ter cassado seu diploma bem como declarada sua inelegibilidade pelo prazo 8 anos, conforme art. 22, XIV, da LC 64/1990.

Gabarito "B"

10. CRIMES ELEITORAIS E PROCESSO PENAL ELEITORAL

Atenção: Lei 13.488/2017

Apropriação Indébita Eleitoral

Caro leitora, importante atentar para a criação do novo crime previsto no art. 354-A, Código Eleitoral. Trata-se do crime de apropriar-se, o candidato, o administrador financeiro da campanha, ou quem de fato exerça essa função, de bems, recursos ou valores destinados ao financiamento eleitoral, em proveito próprio ou alheio. Para o tipo penal descrito, a previsão de pena de 2 a 6 anos e multa. Não há dúvidas de que trata-se de uma decorrência das inúmeras situações que temos sido testemunhas ultimamente. Inúmeros casos de apropriação das sobras de campanhas eleitorais entre outros exemplos.

Art. 354-A. Apropriar-se o candidato, o administrador financeiro da campanha, ou quem de fato exerça essa função, de bens, recursos ou valores destinados ao financiamento eleitoral, em proveito próprio ou alheio:

Pena - reclusão, de dois a seis anos, e multa.

(Analista Judiciário – TRE/SP – FCC – 2017) Em campanha para a prefeitura de sua cidade em 2012, Mauro cometeu crime eleitoral pelo qual foi condenado, em 2015, a dois anos de reclusão e, em 2018, pretende se candidatar ao governo de seu Estado. Mauro

(A) não poderá ser eleito Governador em 2018, pois é inelegível desde a condenação até o transcurso do prazo de oito anos após o cumprimento da pena, desde que a decisão condenatória tenha transitado em julgado ou sido proferida por órgão judicial colegiado.

(B) não poderá ser eleito Governador em 2018, pois é inelegível desde a condenação até o transcurso do prazo de oito anos após o cumprimento da pena, apenas na hipótese de ter a decisão condenatória transitado em julgado.

(C) poderá ser eleito Governador em 2018, pois a sua inelegibilidade recai apenas sobre o período do cumprimento da pena, na hipótese de ter a decisão condenatória transitado em julgado.

(D) poderá ser eleito Governador em 2018, pois é inelegível apenas para o cargo ao qual concorreu em 2012, ou seja, para Prefeito, desde a condenação até o transcurso do prazo de oito anos após o cumprimento da pena, desde que a condenação tenha transitado em julgado ou sido proferida por órgão judicial colegiado.

(E) não poderá ser eleito Governador em 2018, pois é inelegível desde a condenação até o transcurso do prazo de oito anos após a condenação, desde que a decisão condenatória tenha transitado em julgado ou sido proferida por órgão judicial colegiado.

A única alternativa correta é representada pela assertiva A. O fundamento é encontrado no art. 1º, I, E, item 4, LC 64/1990, que dispõe ser inelegível para concorrer a QUALQUER CARGOS aqueles que forem condenados, em decisão transitada em julgado ou proferida por órgão colegiado, desde a condenação até o transcurso de 8 anos após o cumprimento da pena pelos crimes, entre outros, cuja lei comine pena privativa de liberdade.

Gabarito "A"

(Técnico Judiciário – TRE/SP – FCC – 2017) Sobre os crimes eleitorais, é correto afirmar que o

(A) crime de recusar ou abandonar serviço eleitoral exige a comprovação do prejuízo concreto causado aos serviços eleitorais e dolo de causar este prejuízo.

(B) crime de violação de sigilo do voto somente pode ser praticado por funcionário da Justiça Eleitoral.

(C) crime de retardar a publicação de atos da Justiça Eleitoral comporta a figura culposa.

(D) desatendimento, por particular, de requisição de veículos para transporte de eleitores da zona rural mesmo quando inexistam veículos de aluguel para requisição, constitui infração eleitoral, sem a tipificação criminal.

(E) crime de impedir ou embaraçar o exercício do sufrágio configura-se mesmo quando não haja prejuízo ao eleitor impedido de votar.

A: Incorreta, já que o crime em questão, previsto no art. 344, CE, não é um "crime formal". Ou seja, não se exige, para sua configuração, o resultado ou comprovação de efetivo prejuízo. **B:** Incorreta, pois o art. 312, CE ("violar ou tentar violar o sigilo do voto") é crime comum (qualquer um pode cometê-lo, não dependendo de qualidade especial do sujeito). **C:** Incorreta, uma vez que somente irá admitir forma culposa se houver previsão expressa (o que não ocorre no caso do art. 341, CE, referido na assertiva em questão). **D:** Incorreta, vez que a tipificação encontra-se encampada no art. 11, II, c.c art. 2º, Lei 6.091/1974. **E:** Correta, uma vez que o art. 297, CE, é um crime formal, não havendo necessidade de que se verifique o resultado ou comprovação de efetivo prejuízo para a sua configuração. SC

Gabarito "E"

(Técnico Judiciário – TRE/SP – FCC – 2017) O candidato a governador A alega que candidato a governador B, em sua propaganda eleitoral, acusou-o de ter praticado o crime de estelionato, o que afirma não ser verdadeiro. Ambos os candidatos não são exercentes de função pública no momento da disputa eleitoral. Diante dessa situação

(A) a ação penal deverá ser proposta perante o Tribunal Regional Eleitoral, necessariamente, não importando o cargo que exerça o candidato.

(B) o Ministério Público Eleitoral deverá ajuizar a respectiva ação penal pela prática do crime de injúria, apenas.

(C) caso o Ministério Público Eleitoral não proponha a ação penal, o candidato A poderá fazê-lo, cumpridos os requisitos legais.

(D) o candidato A deverá propor ação penal privada contra o candidato B, uma vez que não se trata de ação penal pública.

(E) caso o Ministério Público Eleitoral entender pelo não oferecimento da denúncia, deverá requerer o arquivamento ao juiz, que, se considerar improcedentes os motivos para tanto, fará a remessa da comunicação ao Procurador-Geral de Justiça, na Justiça Comum Estadual.

A: Incorreta, uma vez que existindo o foro de prerrogativa de funções, deve ser observado. No entanto, no caso em questão, ambos candidatos não são ocupantes de cargos públicos eletivos, sendo que a ação deverá ser proposta perante o juiz eleitoral e não o TRE. **B:** Incorreta, com fundamento no art. 324, CE, já que o crime em tela refere-se ao tipo indicado como "calúnia eleitoral". Considerando que em âmbito dos crimes tratados no CE a natureza será sempre de Ação Penal Pública Incondicionada (inclusive para os crimes contra a honra. E isso em razão da tutela objetivada e o fim indicado pelo próprio tipo como "na propaganda eleitoral, ou visando fins de propaganda"). Assim, cabe ao MPE denunciar o sujeito. **C:** Correta, por força do art. 5º, LIX, CF. Nas situações onde se observar a omissão do MPE (no caso, quanto ao oferecimento da denúncia) é admitida a ação penal privada subsidiária da pública. **D:** Incorreta, conforme art. 355, CE. Ou seja, os crimes eleitorais tratados pelo Código Eleitoral são de Ação Penal Pública Incondicionada (mesmo os contra a honra, conforme já tratado nas assertivas anteriores). **E:** Incorreta, conforme art. 357, § 1º, CE. Quando o promotor eleitoral requerer o arquivamento do IP, não havendo concordância do juiz eleitoral, este encaminhará os autos ao PRE (Procurador Regional Eleitoral) e não ao PGJ (Procurador Geral de Justiça). SC

Gabarito "C"

(Analista – TRE/PR – 2012 – FCC) A respeito dos crimes eleitorais, considere:

I. Abandonar o serviço eleitoral, mesmo por justa causa.

II. Oferecer dinheiro para conseguir abstenção, ainda que a oferta não seja aceita.

III. Usar de grave ameaça para coagir alguém a votar em determinado partido, ainda que os fins visados não sejam conseguidos.

IV. Intervir o Juiz Eleitoral no funcionamento da Mesa Receptora.

Constituem crimes eleitorais as condutas descritas APENAS em

(A) I e IV.

(B) II e III.

(C) II e IV.

(D) III e IV.

(E) I, II e III.

I: incorreta (art. 344 do CE); **II:** correta (art. 299 do CE); **III:** correta (art. 301 do CE); **IV:** incorreta, não se trata de qualquer conduta tipificada como crime em lei.

Gabarito "B"

(Analista – TRE/AP – 2011 – FCC) NÃO é crime eleitoral

(A) impedir ou embaraçar o exercício do sufrágio.

(B) prender eleitor em flagrante delito no dia da eleição.

(C) reter título eleitoral contra a vontade do eleitor.

(D) fazer propaganda, qualquer que seja a sua forma, em língua estrangeira.

(E) inutilizar, alterar ou perturbar meio de propaganda devidamente empregado.

A: incorreta: art. 297 CE; **B:** correta: o tipo penal previsto no art. 298 CE estabelece ser crime eleitoral 'prender ou deter eleitor, membro de mesa receptora, fiscal, delegado de partido ou candidato com violação do disposto no art. 236 CE. O artigo mencionado, por sua vez, determina que nenhuma autoridade poderá, desde cinco dias antes até 48 (quarenta e oito) horas depois do encerramento da eleição, prender ou deter qualquer eleitor, salvo em flagrante delito ou em virtude de sentença criminal condenatória por crime inafiançável, ou, ainda, por desrespeito a salvo-conduto. Assim sendo, em leitura sistemática, podemos considerar que prender eleitor em flagrante delito no dia da eleição não é crime eleitoral – art. 236 c/c 298 CE; **C:** incorreta: 295 CE; **D:** incorreta: art. 335 CE; **E:** incorreta: art. 331 CE.

Gabarito "B"

(Analista – TRE/AM – 2010 – FCC) Se o órgão do Ministério Público, recebendo comunicação de infração penal eleitoral, ao invés de apresentar a denúncia, requerer o arquivamento, o Juiz, no caso de considerar improcedentes as razões invocadas,

(A) fará a remessa da comunicação ao Procurador Regional Eleitoral.

(B) recorrerá de ofício ao Tribunal Regional Eleitoral competente.

(C) instaurará a ação penal através de Portaria.

(D) intimará o órgão do Ministério Público a oferecer denúncia, sob pena de desobediência.

(E) permitirá ao autor da comunicação que ajuíze a ação penal privada.

Se o órgão do Ministério Público, ao invés de apresentar a denúncia, requerer o arquivamento da comunicação, o juiz, no caso de considerar improcedentes as razões invocadas, fará remessa da comunicação ao Procurador Regional, e este oferecerá a denúncia, designará outro Promotor para oferecê-la, ou insistirá no pedido de arquivamento, ao qual só então estará o juiz obrigado a atender – Art. 357, § 1º, do CE.

Gabarito "A"

(Analista – TRE/AM – 2010 – FCC) NÃO constitui crime eleitoral:

(A) tentar votar mais de uma vez.

(B) reter título eleitoral contra a vontade do eleitor.

(C) permitir o Presidente da Mesa Receptora que o eleitor vote sem estar de posse de seu título eleitoral.

(D) tentar violar o sigilo do voto.

(E) votar em lugar de outrem.

A: incorreta – art. 309, CE; **B:** incorreta – art. 295, CE; **C:** correta – o Supremo Tribunal Federal acabou entendendo, na medida cautelar proposta na ADI 4467, proposta em face do artigo 91-A da Lei 9.504/1997, com a redação que lhe foi dada pela Lei 12.034/2009 (a chamada minirreforma eleitoral) e que estabelece a obrigatoriedade de apresentação do título de eleitor e de documento com fotografia no momento da votação, que apenas a ausência de apresentação de documento oficial com foto pode impedir o eleitor de votar, razão pela qual não há qualquer ilegalidade na hipótese prevista no item C; **D:** incorreta – 312 CE; **E:** incorreta – 309 CE.

Gabarito "C"

(Magistratura/PE – 2013 – FCC) É crime eleitoral apenado com detenção:

(A) inscrever-se fraudulentamente o eleitor.

(B) efetuar o juiz, fraudulentamente, a inscrição do alistando.

(C) negar ou retardar a autoridade judiciária, sem fundamento legal, a inscrição requerida.

(D) promover, no dia da eleição, com o fim de impedir, embaraçar ou fraudar o exercício do voto a concentração de eleitores, sob qualquer forma, inclusive o fornecimento gratuito de alimento e transporte coletivo.

(E) intervir autoridade estranha à mesa receptora, salvo o juiz eleitoral, no seu funcionamento sob qualquer pretexto.

A: incorreta, uma vez que o art. 289 do Código Eleitoral, que tipifica o crime em questão, prevê pena de reclusão; **B:** incorreta, uma vez que o art. 291 do Código Eleitoral, que tipifica o crime em questão, prevê pena de reclusão; **C:** incorreta, uma vez que o crime, preceituado no art. 292 do Código Eleitoral, possui previsão de pena de multa; **D:** incorreta, uma vez que o crime capitulado no art. 302 do Código Eleitoral preceitua a pena de reclusão; **E:** correta, conforme art. 305 do Código Eleitoral.

Gabarito "E"

(Magistratura/PE – 2013 – FCC) Em matéria de Processo Penal Eleitoral

(A) todo cidadão que tiver conhecimento de infração penal do Código Eleitoral deverá comunicá-la a qualquer juiz eleitoral, inclusive de zona diferente àquela em que a mesma se verificou.

(B) verificada a infração penal, o Ministério Público oferecerá a denúncia dentro do prazo de quinze dias.

(C) qualquer eleitor poderá provocar a representação contra o órgão do Ministério Público se o juiz, no prazo de cinco dias, não agir de ofício.

(D) o réu ou seu defensor terá o prazo de quinze dias para oferecer alegações escritas e arrolar testemunhas.

(E) se a decisão do Tribunal Regional for condenatória, baixarão imediatamente os autos à instância inferior para a execução da sentença, que será feita no prazo de cinco dias, contados da data da vista ao Ministério Público.

A: incorreta, uma vez que o art. 356 do Código Eleitoral dispõe que a comunicação deverá ser feita ao juiz eleitoral da zona eleitoral onde se verificou a infração; **B:** incorreta, já que o art. 357 do Código Eleitoral preceitua que verificada a infração penal, o Ministério Público oferecerá a denúncia dentro do prazo de 10 (dez) dias; **C:** incorreta, vez que o art. 357, § 5º ao disciplinar o tema fixa que o prazo será o de 10 dias; **D:** incorreta, uma vez que o art. 360 do Código Eleitoral prevê o prazo de 5 dias para o oferecimento de alegações finais pra as partes; **E:** correta, conforme art. 363 do Código Eleitoral.

Gabarito "E"

(Magistratura/PE – 2011 – FCC) É crime eleitoral apenado com reclusão

(A) induzir alguém a se inscrever eleitor com infração de qualquer dispositivo do Código Eleitoral.

(B) reter título eleitoral contra a vontade do eleitor.

(C) promover desordem que prejudique os trabalhos eleitorais.

(D) impedir ou embaraçar o exercício do sufrágio.

(E) valer-se o servidor público da sua autoridade para coagir alguém a votar ou não votar em determinado candidato ou partido.

A: assertiva correta, pois a conduta é apenada com reclusão de até 2 anos, além do pagamento de multa – art. 290 do Código Eleitoral – CE (Lei 4.737/1965); **B:** incorreta, pois essa conduta é apenada com detenção (não reclusão) de até 2 meses ou pagamento de multa – art. 295 do CE; **C:** incorreta, pois a pena prevista para essa conduta é de detenção de até 2 meses e pagamento de multa; **D:** assertiva incorreta, pois é prevista pena de detenção de até 6 meses e pagamento de multa; **E:** assertiva incorreta, pois aplica-se pena de detenção de até 6 meses e pagamento de multa, nesse caso.

Gabarito "A"

11. PROCESSO ELEITORAL

(Analista Judiciário – TRE/SP – FCC – 2017) Roseli, acadêmica de Direito, estudando a competência da Justiça Eleitoral para a avaliação da faculdade, aprendeu que, de acordo com o Código Eleitoral, compete, exemplificativamente, ao Tribunal Superior Eleitoral processar e julgar originariamente

(A) os conflitos de jurisdição entre Tribunais Regionais e Juízes Eleitorais de Estados diferentes e os crimes eleitorais cometidos pelos Juízes Eleitorais.

(B) a ação rescisória, nos casos de inelegibilidade, desde que intentada dentro do prazo de cento e vinte dias de decisão irrecorrível e os crimes eleitorais cometidos pelos Juízes Eleitorais.

(C) os conflitos de jurisdição entre Tribunais Regionais e Juízes Eleitorais de Estados diferentes e a suspeição ou impedimento aos seus membros, ao Procurador-Geral e aos funcionários da sua Secretaria.

(D) a suspeição ou impedimento aos seus membros, ao Procurador-Geral e aos funcionários da sua Secretaria e a ação rescisória, nos casos de inelegibilidade, desde que intentada dentro do prazo de dois anos de decisão irrecorrível.

(E) a ação rescisória, nos casos de inelegibilidade, desde que intentada dentro do prazo de dois anos de decisão irrecorrível e os crimes eleitorais cometidos pelos Juízes Eleitorais.

A: Incorreta, já que os crimes eleitorais cometidos pelos Juízes Eleitorais serão de competência do TRE, conforme art. 29, I, *d*, Código Eleitoral; **B:** Incorreta, com o mesmo fundamento da assertiva anterior, já que será competência do TRE julgar crimes eleitorais cometidos por juízes eleitorais; **C:** Correta, uma vez que em plena consonância com o art. 22, I, *d*, Código Eleitoral (conflito de jurisdição) e art. 22, I, *c*, Código Eleitoral (Suspeição ou impedimento); **D:** Incorreta, uma vez que o prazo para o manejo de Ação Rescisória Eleitoral é de 120 dias (não de 2 anos); **E:** Incorreta, pelo mesmo argumento tratado nas assertivas A e B, vez que compete ao TRE julgar crimes eleitorais cometidos pelos juízes eleitorais.

Gabarito "C"

(Juiz – TJ-SC – FCC – 2017) O Código Eleitoral impede de servir como juízes nos Tribunais Eleitorais, ou como juiz eleitoral, o cônjuge ou o parente consanguíneo ou afim, até o segundo grau, de candidato a cargo eletivo registrado na circunscrição. Esse impedimento alcança:

(A) do início da campanha eleitoral até a apuração final da eleição.
(B) apenas os feitos decorrentes do processo eleitoral em que seja interessado o respectivo candidato ou o partido político em que está filiado.
(C) do início da campanha eleitoral até a apuração final da eleição e os feitos decorrentes do processo eleitoral em que seja interessado o respectivo candidato.
(D) da homologação da respectiva convenção partidária até a diplomação e os feitos decorrentes do processo eleitoral.
(E) da homologação da respectiva convenção partidária até a apuração final da eleição.

A única alternativa correta vem apresentada na assertiva D. Isto porque o art. 14, §3° do Código Eleitoral assim dispõe:
Art. 14. Os Juízes dos Tribunais Eleitorais, salvo motivo justificado, servirão obrigatoriamente por dois anos, e nunca por mais de dois biênios consecutivos.
§ 3º Da homologação da respectiva convenção partidária até a diplomação e nos feitos decorrentes do processo eleitoral, não poderão servir como juízes nos Tribunais Eleitorais, ou como juiz eleitoral, o cônjuge ou o parente consanguíneo ou afim, até o segundo grau, de candidato a cargo eletivo registrado na circunscrição. SC

Gabarito "D"

(Técnico Judiciário – TRE/SP – FCC – 2017) Ajuizado pedido de direito de resposta pelo candidato X contra o candidato Y, ambos disputando o cargo de Prefeito, em razão de ofensa veiculada em propaganda eleitoral, foi concedida liminar para a publicação imediata de resposta. Apresentada defesa, foi proferida sentença de procedência do pedido. Considerando a jurisprudência do TSE, nesse caso,

(A) contra a decisão que concedeu a medida liminar caberá agravo, que deverá ser reiterado quando da interposição do recurso contra a sentença.
(B) contra a sentença de procedência caberá recurso eleitoral, interposto no prazo de 24 horas, a ser julgado pelo Tribunal Regional Eleitoral.
(C) a decisão interlocutória concessiva da liminar poderá, via de regra, ser impugnada a partir da impetração de mandado de segurança.
(D) interposto o recurso pelo candidato Y, será exercido o juízo de admissibilidade e, se houver o recebimento pelo juiz eleitoral, será aberto prazo para a oferta de contrarrazões pelo candidato X.
(E) o recurso eleitoral será recebido sempre no efeito suspensivo.

A: Incorreta, uma vez que não cabe agravo de instrumento para impugnação de decisões interlocutórias na Justiça Eleitoral. **B:** Correta, com fundamento no art. 96, § 8º, Lei da Eleições, cabe recurso no prazo de 24h. **C:** Incorreta, uma vez que, em regra, as decisões interlocutórias proferidas pela Justiça Eleitoral são irrecorríveis. **D:** Incorreta, uma vez que não há juízo de admissibilidade em sede de recurso eleitoral. Recebido o recurso, o juiz eleitoral intima a parte contrária para contrarrazões e encaminha o recurso ao TRE para julgamento. **E:** Incorreta, pois nos termos do que dispõe o art. 257, Código Eleitoral, os recursos eleitorais não possuem efeito suspensivo. SC

Gabarito "B"

(Técnico Judiciário – TRE/SP – FCC – 2017) Proposta a Ação de Investigação Judicial contra candidato a Deputado Federal, que se sagrou vencedor nas urnas, para apurar a prática de abuso de poder econômico, foi proferido acórdão em 22/11, publicado em 24/11, reconhecendo a procedência do pedido, com declaração de inelegibilidade do candidato e a cassação do respectivo registro. Considerando a jurisprudência do TSE, nesse caso,

(A) decorrido o prazo recursal sem impugnação, será possível o ajuizamento de ação rescisória perante o Tribunal Superior Eleitoral, no prazo de dois anos do trânsito em julgado.
(B) contra o acórdão do TRE poderá ser interposto recurso ordinário, ao TSE, para impugnar a violação à legislação eleitoral e recurso extraordinário, ao STF, para impugnar a violação à Constituição Federal.
(C) interposto o recurso ordinário, este será recebido apenas no efeito devolutivo.
(D) contra o acórdão do TRE o candidato poderá interpor recurso no dia 23/11.
(E) o recurso cabível para impugnar o acórdão será o Recurso Especial Eleitoral, que poderá veicular matéria legal e constitucional, não se admitindo a oposição de embargos de declaração.

A: Incorreta, a ação rescisória em matéria eleitoral obedece ao prazo de 120 dias (art. 22, I, *j*, do Código Eleitoral). **B:** Incorreta, pois da decisão proferida pelo TRE não é possível recorrer diretamente ao STF. Somente caberá recurso ao STF se, após decisão do TSE, existir contrariedade ao Texto Constitucional. **C:** Incorreta, pois das decisões que resultar cassação de registro, afastamento do titular ou perda de mandato eletivo será recebido pelo Tribunal com efeito suspensivo. **D:** Correta, Súmula 65 TSE: Considera-se tempestivo o recurso interposto antes da publicação da decisão recorrida. **E:** Incorreta, pois no caso ilustrado caberá embargos declaratórios, recurso ordinário para o TSE (pois envolve causa de inelegibilidade, anulação e perda de diploma ou mandato eletivo federal ou estadual – CF, art. 121, § 4º, III e IV). SC

Gabarito "D"

(Analista – TRE/CE – 2012 – FCC) A ação de impugnação de mandato eletivo

(A) pode ser ajuizada contra candidato eleito, até a diplomação.
(B) contra deputados federais deve ser ajuizada perante o Tribunal Superior Eleitoral.
(C) só pode ser ajuizada por partido político ou coligação.
(D) deve tramitar em segredo de justiça.
(E) comporta recurso somente quando for julgada improcedente.

A: incorreta, o mandato eletivo poderá ser impugnado ante a Justiça Eleitoral no prazo de quinze dias contados da diplomação, instruída a ação com provas de abuso do poder econômico, corrupção ou fraude (art. 14, § 10, da CF/1988); **B:** incorreta, o órgão do Poder Judiciário competente para o registro da candidatura é o competente para a diplomação e para tramitação do processo de impugnação do mandato eletivo (art. 89, II, do CE); **C:** incorreta, a lei silenciou sobre quem seriam os legitimados ativos a propositura da ação de impugnação de mandato eletivo, de modo que se tem divergência doutrinária a respeito do tema, em especial sobre a possibilidade ou não de eleitor vir a propô-la. Todavia, já houve decisão judicial no sentido de que, diante da lacuna legal, aplica-se analogicamente o art. 22 da LC 64/1990 (Ag 1.863-SE, rel. Min. Nelson Jobim, DJ 7.4.2000); **D:** correta, a Res.

23.210, de 11 de fevereiro de 2010, do TSE dispõe que o trâmite da ação de impugnação de mandato eletivo deve ser realizado em segredo de justiça, mas o seu julgamento deve ser público (art. 14, § 11, da CF/1988); **E:** incorreta – não havendo qualquer previsão legal nesse sentido, vale a regra geral – art. 258 CE.

Gabarito "D"

(Analista – TRE/CE – 2012 – FCC) Das decisões que versarem sobre a expedição de diplomas nas eleições federais ou estaduais e das decisões que denegarem *habeas corpus* ou mandado de segurança,

(A) cabe recurso especial e ordinário, respectivamente.

(B) cabe somente recurso especial.

(C) cabe recurso ordinário e especial, respectivamente.

(D) cabe recurso ordinário.

(E) não cabe recurso.

Art. 276, II, *b*, do CE.

Gabarito "D"

(Analista – TRE/AP – 2011 – FCC) Interposto recurso especial contra decisão do Tribunal Regional Eleitoral, foi o mesmo denegado pelo Presidente. Dessa decisão,

(A) caberá apenas pedido de reconsideração no prazo de cinco dias.

(B) caberá agravo regimental para o Plenário do Tribunal Regional Eleitoral, no prazo de três dias.

(C) não caberá recurso.

(D) caberá agravo de instrumento para o Tribunal Superior Eleitoral, no prazo de três dias.

(E) caberá agravo regimental para o Plenário do Tribunal Regional Eleitoral, no prazo de cinco dias.

Art. 279 CE. A Lei 12.322/2010 transforma o agravo de instrumento interposto contra decisão que não admite recurso extraordinário ou especial em agravo nos próprios autos. Ac.-TSE, de 20.10.2011, PA 144683: incidência da Lei 12.322/2010 no processo eleitoral."

Gabarito "D"

(Analista – TRE/AL – 2010 – FCC) A respeito da investigação judicial para apurar uso indevido, desvio ou abuso do poder econômico ou do poder de autoridade, ou utilização indevida de veículos ou meios de comunicação social, em benefício de candidato ou de partido político é INCORRETO afirmar:

(A) Qualquer partido político, coligação, candidato ou Ministério Público Eleitoral poderá representar à Justiça Eleitoral diretamente ao Corregedor-Geral ou Regional.

(B) O Corregedor-Geral ou Regional, que terá as mesmas atribuições do Relator em processos judiciais, indeferirá desde logo a inicial, quando não for o caso de representação ou lhe faltar algum requisito legal.

(C) No caso do Corregedor-Geral ou Regional indeferir a representação, ou retardar-lhe a solução, poderá o interessado renová-la perante o Tribunal competente, que resolverá dentro de vinte e quatro horas.

(D) Findo o prazo para defesa, serão ouvidas as testemunhas arroladas pelo representante e pelo representado até o máximo de seis para cada um, as quais comparecerão independentemente de intimação.

(E) Terminado o prazo para as alegações finais, os autos serão conclusos ao Corregedor, que julgará a representação, declarando, no caso de procedência, a inelegibilidade do representado e quantos hajam contribuído para a prática do ato, cominando-lhes as sanções previstas em lei.

A: correta: art. 22 da LC 64/1990; **B:** correta: art. 22, I, *c*, LC 64/1990; **C:** correta – art. 22, II, LC 64/1990; **D:** correta – art. 22, V, da LC 64/1990; **E:** incorreta – terminado o prazo para alegações, os autos serão conclusos ao Corregedor, no dia imediato, para apresentação de relatório conclusivo sobre o que houver sido apurado, e tanto esse relatório como os autos serão encaminhados ao Tribunal competente, para apreciação – art. 22, XI c/c XII e XIV da LC 64/1990.

Gabarito "E"

(Analista – TRE/AM – 2010 – FCC) As transgressões pertinentes a origem de valores pecuniários, abuso do poder econômico ou político, em detrimento da liberdade de voto, nas eleições para Deputado Federal, serão apuradas mediante procedimento sumaríssimo de investigação judicial realizada pelo

(A) Ministério Público Eleitoral.

(B) Corregedor-Geral Eleitoral.

(C) Corregedor Regional Eleitoral do respectivo Estado.

(D) Tribunal Superior Eleitoral.

(E) Tribunal Regional Eleitoral do respectivo Estado.

O art. 19 da LC 64/1990 prevê a competência tanto do corregedor-geral como dos corregedores regionais eleitorais para a realização do procedimento sumaríssimo de investigação judicial. Todavia, considerando que ao corregedor-geral compete a realização da investigação judicial quando a questão envolver o presidente e o vice-presidente, caberão aos corregedores regionais eleitorais a investigação judicial em se tratando de eleições para deputado federal.

Gabarito "C"

(Analista – TRE/AM – 2010 – FCC) O prazo para interposição de recurso da decisão do Juiz Eleitoral que rejeitar impugnação de registro de candidato a Prefeito Municipal e do acórdão do Tribunal Regional Eleitoral que confirmar a decisão de primeiro grau é de

(A) 15 dias.

(B) 3 dias.

(C) 3 e 5 dias, respectivamente.

(D) 5 dias.

(E) 5 e 7 dias, respectivamente.

Art. 8º c/c art. 11, § 2º, LC 64/1990.

Gabarito "B"

(Analista – TRE/AM – 2010 – FCC) Da decisão de Tribunal Regional Eleitoral que denegar mandado de segurança

(A) cabe reclamação.

(B) só cabe pedido de reconsideração.

(C) cabe agravo de instrumento.

(D) não cabe recurso.

(E) cabe recurso ordinário.

Art. 276, II, *b*, CE.

Gabarito "E"

12. DIPLOMAÇÃO

(Analista – TRE/AC – 2010 – FCC) Nos municípios em que houver mais de uma Junta Eleitoral, a expedição dos diplomas aos eleitos para os cargos municipais será feita

(A) pelo Tribunal Regional Eleitoral.

(B) pela Junta Eleitoral que for presidida pelo Juiz Eleitoral mais antigo.

(C) pela Junta Eleitoral que tiver apurado maior número de votos.

(D) pelo Tribunal Superior Eleitoral.

(E) pelo Corregedor Regional Eleitoral.

Nos municípios onde houver mais de uma junta eleitoral a expedição dos diplomas será feita pelo que for presidida pelo juiz eleitoral mais antigo, à qual as demais enviarão os documentos da eleição – Art. 40, parágrafo único, CE.

Gabarito "B"

13. QUESTÕES COMBINADAS

(Técnico Judiciário – TRE/SP – FCC – 2017) A explicação do Tribunal Superior Eleitoral – TSE sobre o funcionamento desse sistema é a seguinte: *Os votos computados são os de cada partido ou coligação e, em uma segunda etapa, os de cada candidato. Eis a grande diferença. Em outras palavras, para conhecer os deputados e vereadores que vão compor o Poder Legislativo, deve-se, antes, saber quais foram os partidos políticos vitoriosos para, depois, dentro de cada agremiação partidária que conseguiu um número mínimo de votos, observar quais são os mais votados. Encontram-se, então, os eleitos. Esse, inclusive, é um dos motivos de se atribuir o mandato ao partido e não ao político.* – Agência Câmara Notícias.

O sistema eleitoral descrito no texto é o

(A) misto.

(B) distrital.

(C) majoritário simples.

(D) majoritário de dois turnos.

(E) proporcional.

De fato, a única alternativa correta é representada pela assertiva E, uma vez que o sistema proporcional dá-se de forma a apurar a votação tendo-se como foco a análise do quociente eleitoral e partidária, nos termos dos artigos 105 e seguintes do Código Eleitoral. SC

Gabarito "E"

(Procurador Legislativo – Câmara de Vereadores de São Paulo/SP – 2014 – FCC) No dia da eleição, a propaganda de boca de urna

(A) só é proibida se realizada de forma acintosa e inconveniente.

(B) é permitida, desde que a cem metros dos locais de votação.

(C) é permitida, desde que a duzentos metros do local de votação.

(D) só é proibida se realizada por grupo de pessoas.

(E) é proibida e constitui crime, de acordo com a legislação em vigor.

A alternativa E é a única correta, já que o art. 39, § 5º, II, Lei das Eleições, tipifica a conduta conhecida como "boca de urna", não havendo qualquer exceção.

Gabarito "E"

19. Direito do Idoso

Ana Paula Garcia e Anna Carolina Bontempo*

1. DIREITOS FUNDAMENTAIS

(Defensor Público – DPE/ES – 2016 – FCC) A respeito das garantias e direitos assegurados pelo Estatuto do Idoso – Lei 10.741/2003, podemos afirmar que há previsão expressa de que

(A) haverá, por parte do Poder Público, a criação e estímulo a programas de preparação à aposentadoria, com antecedência mínima de seis meses, esclarecendo direitos sociais e de cidadania aos idosos.

(B) ao idoso, desde que com idade a partir de 65 anos, está assegurado o direito de prioridade para recebimento da restituição do imposto de renda.

(C) ao idoso está assegurado o direito de realizar transação relativa a alimentos perante o Promotor de Justiça ou Defensor Público, que a referendará, passando a ter efeito de título executivo judicial.

(D) ao idoso que não pode se locomover, é assegurado o atendimento domiciliar, desde que abrigado ou acolhido em instituição pública ou filantrópica, não alcançando instituições privadas.

(E) o Poder Público criará oportunidade de acesso ao idoso em cursos especiais para sua integração à vida moderna, incluindo conteúdo relativo às técnicas de comunicação, computação e demais avanços tecnológicos.

A: incorreta, pois a antecedência é de **um** ano (art. 28, II, da Lei 10.741/2003); **B:** incorreta, pois o referido direito é assegurado aos idosos de **60 anos** (art. 3º, parágrafo único, IX, da Lei 10.741/2003); **C:** incorreta, pois trata-se de título executivo **extrajudicial** (art. 13 da Lei 10.741/2003); **D:** incorreta, pois abrange também instituições **sem fins lucrativos e eventualmente conveniadas com o Poder Público** (art. 15, § 1º, IV); **E:** correta (art. 21 da Lei 10.741/2003).

Gabarito "E".

(Defensor Público/AM – 2013 – FCC) A garantia da absoluta prioridade, estabelecida no Estatuto do Idoso, compreende:

I. O atendimento preferencial junto à Defensoria Pública da União, dos Estados e do Distrito Federal em relação aos Serviços de Assistência Judiciária.

II. A reserva de pelo menos 10% (dez por cento) das unidades, nos programas habitacionais residenciais, públicos ou subsidiados com recursos públicos, para atendimento aos idosos.

III. A priorização do atendimento do idoso por sua própria família, em detrimento do atendimento asilar, exceto dos que não a possuam ou careçam de condições de manutenção da própria sobrevivência.

IV. A prioridade no embarque no sistema de transporte coletivo e no recebimento da restituição do Imposto de Renda.

Está correto o que se afirma APENAS em

(A) I, II e III.

(B) II, III e IV.

(C) I, III e IV.

(D) I e II.

(E) I e IV.

I: correta (art. 71, § 3º do Estatuto do Idoso); **II:** incorreta, pois a reserva é de pelo menos 3% (três por cento) (art. 38, I, do Estatuto do Idoso); **III:** correta (art. 3º, parágrafo único, V, do Estatuto do Idoso); **IV:** correta, lembrando que há a prioridade também no desembarque (arts. 42 e 3º, parágrafo único, IX, do Estatuto do Idoso).

Gabarito "C".

(Defensor Público/AM – 2013 – FCC) Dentre os direitos fundamentais da pessoa idosa está o direito à percepção de alimentos. Sobre o tema, é correto afirmar que

(A) o Defensor Público ou o Promotor de Justiça poderão celebrar transações relativas a alimentos, as quais, após referendadas, passarão a ter efeito de título executivo extrajudicial, nos termos da lei processual civil.

(B) a obrigação alimentar é solidária, podendo o idoso optar entre os prestadores, guardada a ordem de sucessão entre os parentes.

(C) as transações relativas a alimentos poderão ser celebradas perante o Defensor Público, que as referendará, e passarão a ter efeito de título executivo extrajudicial somente se houver a concordância do Ministério Público.

(D) a pessoa idosa não está obrigada a prestar alimentos ao cônjuge não idoso.

(E) ao Defensor Público cabe atuar como substituto processual do idoso, em situação de risco, que necessitar de alimentos.

A: correta (art. 13 do Estatuto do Idoso); **B:** incorreta, pois o Estatuto do Idoso não estabelece ordem de sucessão entre os parentes (art. 12); **C:** incorreta, o Estatuto do Idoso não impõe a concordância do Ministério Público (art. 13); **D:** incorreta, pois os alimentos serão prestados ao idoso na forma da lei civil (art. 11 do Estatuto do Idoso), desse modo podem os parentes, os cônjuges ou companheiros pedir uns aos outros os alimentos de que necessitem para viver de modo compatível com a sua condição social, nos termos do art. 1.694 do CC/2002; **E:** incorreta, pois compete ao Ministério Público atuar como substituto processual do idoso em situação de risco (art. 74, III, do Estatuto do Idoso).

Gabarito "A".

(Defensoria/MA – 2009 – FCC) O Estatuto do Idoso, e suas alterações posteriores, assegura direitos que, de uma forma geral, beneficiam pessoas a partir de 60 anos de idade. Figura como exceção à essa regra geral o direito

(A) ao transporte gratuito, que favorece pessoas a partir de 70 anos de idade.

(B) à tramitação processual prioritária, que favorece pessoas a partir de 55 anos de idade.

* **Ana Paula Garcia** comentou as questões dos seguintes concursos: Defensoria 2009 e Procuradorias; **Anna Caroliona Bontempo** comentou as questões do concurso para Defensoria 2016 e 2013.

(C) ao benefício mensal de um salário-mínimo, nos termos da Lei Orgânica da Assistência Social – Loas, aplicável a partir de 65 anos de idade.

(D) a descontos de pelo menos 50% nos ingressos para eventos artísticos, culturais, esportivos e de lazer, aplicável a partir de 70 anos de idade.

(E) ao recebimento prioritário da restituição do Imposto de Renda, que beneficia pessoas a partir de 70 anos de idade.

A: incorreta, pois o transporte gratuito é garantido aos maiores de 65 anos, conforme art. 39, *caput*, do Estatuto do Idoso; **B:** incorreta, pois a prioridade de tramitação processual é garantida quando figure como parte ou interveniente pessoa com idade igual ou superior a 60 anos, conforme art. 71, *caput*, do Estatuto do Idoso; **C:** correta, pois a assertiva reflete o disposto no art. 34, *caput*, do Estatuto do Idoso; **D:** incorreta, pois o desconto de pelo menos 50% nos ingressos para eventos será aplicável ao idoso, nos termos do art. 23 do Estatuto do Idoso, ou seja, a pessoas com idade igual ou superior a 60 anos (art. 1º do Estatuto do Idoso); **E:** incorreta, pois a prioridade da restituição do imposto de renda beneficia o idoso com idade igual ou superior a 60 anos, conforme art. 3º, parágrafo único, IX, do Estatuto do Idoso.

Gabarito "C"

(Defensoria/MT – 2009 – FCC) De acordo com o Estatuto do Idoso, é correto afirmar que aos idosos que não possuam meios para prover sua subsistência, nem de tê-la provida por sua família, é assegurado, a partir de:

(A) 65 anos, o benefício mensal de meio salário-mínimo, nos termos da Lei Orgânica da Assistência Social, não sendo computado para os fins do cálculo da renda familiar *per capita* benefício similar já concedido a qualquer membro da família.

(B) 65 anos, o benefício mensal de meio salário-mínimo, nos termos da Lei Orgânica da Assistência Social, sendo computado para os fins do cálculo da renda familiar *per capita* benefício similar já concedido a qualquer membro da família.

(C) 65 anos, o benefício mensal de um salário-mínimo, nos termos da Lei Orgânica da Assistência Social, não sendo computado para os fins do cálculo da renda familiar *per capita* benefício similar já concedido a qualquer membro da família.

(D) 70 anos, o benefício mensal de meio salário-mínimo, nos termos da Lei Orgânica da Assistência Social, sendo computado para os fins do cálculo da renda familiar *per capita* benefício similar já concedido a qualquer membro da família.

(E) 70 anos, o benefício mensal de um salário-mínimo, nos termos da Lei Orgânica da Assistência Social, não sendo computado para os fins do cálculo da renda familiar *per capita* benefício similar já concedido a qualquer membro da família.

A assertiva C está correta, pois reflete o disposto no art. 34 do Estatuto do Idoso.

Gabarito "C"

2. MEDIDAS DE PROTEÇÃO

(Defensoria/MA – 2009 – FCC) Os conselhos municipais do idoso são

(A) órgãos consultivos do poder público municipal em relação à política local de atendimento aos direitos dos idosos.

(B) compostos por 50% de representantes de órgãos e entidades públicas municipais e por 50% de pessoas escolhidas entre os cidadãos idosos residentes no município.

(C) responsáveis pelo atendimento individual aos idosos em situação de ameaça ou violação de direitos e pela aplicação das respectivas medidas de proteção.

(D) responsáveis, junto com Ministério Público e Vigilância Sanitária, pela fiscalização das entidades governamentais e não governamentais de atendimento ao idoso.

(E) responsáveis pela arrecadação dos fundos necessários ao financiamento da política municipal de atendimento ao idoso.

A assertiva D está correta, pois reflete o disposto no art. 52 do Estatuto do Idoso.

Gabarito "D"

3. ACESSO À JUSTIÇA

(Ministério Público/CE – 2009 – FCC) Compete ao Ministério Público, no processo civil, na defesa do idoso,

(A) impedir a atuação de terceiros, ainda que legitimados para as ações cíveis previstas no Estatuto do Idoso, sempre que o Estatuto do Idoso conferir legitimidade ao Ministério Público nas mesmas ações.

(B) atuar como assistente simples do idoso em situação de risco, por abuso da família, curador ou entidade de atendimento.

(C) promover a revogação de instrumento procuratório do idoso, sempre que os direitos reconhecidos no Estatuto do Idoso forem ameaçados em razão de sua condição pessoal e o interesse público justificar.

(D) homologar transações envolvendo interesses e direitos dos idosos previstos no Estatuto do Idoso.

(E) atuar obrigatoriamente, nos processos em que não for parte, na defesa dos direitos de que cuida o Estatuto do Idoso, hipótese em que terá vista dos autos antes das partes, podendo juntar documentos e requerer diligências.

A alternativa C está correta, pois reflete o disposto no art. 74, IV, do Estatuto do Idoso. As demais alternativas não estão descritas no rol de atribuições previstas na legislação.

Gabarito "C"

(Defensoria/MA – 2009 – FCC) Considerando os dispositivos do Estatuto do Idoso que afetam mais diretamente a atuação e funcionamento Defensorias Públicas, pode-se afirmar que esta lei, com as alterações posteriores,

(A) obriga as Defensorias Públicas a criar órgãos especializados na defesa dos direitos dos idosos.

(B) estabelece o direito à assistência judiciária gratuita por parte de instituições filantrópicas ou sem fins lucrativos prestadoras de serviço ao idoso.

(C) confere efeito de título executivo extrajudicial a acordos relativos a alimentos e benefícios previdenciários de pessoas idosas quando realizados na presença de Defensor Público.

(D) garante às Defensorias Públicas assento nos conselhos estaduais e federal do idoso.

(E) manda considerar a vulnerabilidade pessoal, em detrimento da renda pessoal/familiar, para justificar o atendimento preferencial do idoso pela Defensoria Pública.

A: incorreta, pois não existe essa previsão legal; **B:** correta, pois a assertiva reflete o disposto no art. 51 do Estatuto do Idoso; **C:** incorreta, pois somente os acordos relativos a alimentos ao idoso celebrados perante o Promotor de Justiça ou Defensor Público passarão a ter efeito de título executivo extrajudicial, nos termos do art. 13 do Estatuto do Idoso; **D:** incorreta, pois não existe essa previsão legal; **E:** incorreta, pois não existe essa previsão legal.

Gabarito "B"

4. CRIMES

(Defensor Público/AM – 2013 – FCC) O Estatuto do Idoso define a violência contra o idoso como sendo

(A) o atentado contra a pessoa do idoso, nos termos da lei penal.

(B) a prática dos crimes contra a vida, de lesões corporais, de periclitação da vida e da saúde e contra a liberdade individual do idoso.

(C) o crime que envolver violência doméstica e familiar contra o idoso.

(D) o atentado contra os direitos fundamentais do idoso.

(E) a ação ou omissão praticada em local público ou privado que lhe cause morte, dano ou sofrimento físico ou psicológico.

A alternativa **E** está correta, pois reflete o disposto no art. 19, § 1º, do Estatuto do Idoso. As demais alternativas não revelam a violência contra o idoso.

Gabarito "E"

(Defensor Público/AM – 2013 – FCC) O Estatuto do Idoso estabelece que aos crimes em espécie, previstos em seu texto, cuja pena máxima privativa de liberdade não ultrapasse 4 (quatro) anos, aplica-se o procedimento previsto na Lei 9.099/1995. Com base nos princípios norteadores da Lei 10.741/2003, é correto afirmar:

(A) Todos os benefícios da Lei 9.099/1995 devem ser aplicados à espécie, uma vez que a celeridade das ações penais é corolário da prioridade de atendimento ao idoso.

(B) A regra permite, tão somente, a aplicação do procedimento sumaríssimo previsto na Lei 9.099/1995 e não outros benefícios nela previstos.

(C) O benefício da transação penal é uma das etapas do procedimento previsto na Lei 9.099/1995, tendo o Estatuto do Idoso ampliado o conceito de delito de pequeno potencial ofensivo.

(D) A ampliação do conceito de delito de pequeno potencial ofensivo deve beneficiar todos os idosos em razão de sua peculiar condição de vulnerável social.

(E) As regras simplificadoras da Lei 9.099/1995 devem ser aplicadas em sua integralidade em relação aos crimes praticados contra os idosos visando à celeridade e à informalidade do provimento jurisdicional.

O art. 94 do Estatuto do Idoso estabelece a aplicação do procedimento da Lei 9.099/1995 aos crimes cuja pena máxima não ultrapasse quatro anos, ou seja, infrações penais que não são de menor potencial ofensivo, ensejando, assim, divergência na doutrina e jurisprudência, inclusive no sentido de se afirmar a ampliação do conceito de delito de pequeno potencial ofensivo. Contudo, o art. 98, I, da Constituição Federal prevê que compete aos Juizados Especiais as "causas cíveis de menor complexidade e infrações penais de menor potencial ofensivo, mediante os procedimentos oral e sumaríssimo, permitido, nas hipóteses previstas em lei, a transação e o julgamento de recursos por turmas de juízes de primeiro grau". Nota-se que apenas é admitia a transação penal no âmbito dos Juizados Especiais e nos crimes de menor potencial ofensivo, ou ainda quando houver previsão legal expressa. Nesse diapasão, no julgamento da ADI 3.096/DF, o STF concedeu interpretação conforme a Constituição Federal ao art. 98 do Estatuto do Idoso, com aplicação, na justiça comum, apenas do procedimento sumaríssimo da Lei 9.099/1995, o que beneficia o idoso com a celeridade processual. Não sendo possível a aplicação de medidas despenalizadoras e a interpretação benéfica ao autor da infração penal. Da leitura do acórdão, conclui-se, pois, que é impossível a composição civil de danos, transação penal, suspensão condicional do processo, o sursis e substituição de pena. Logo, não há que se falar em competência dos Juizados Especiais Criminais e tampouco em ampliação do conceito de delito de menor potencial ofensivo, pois somente foi assentada a natureza exclusivamente processual da norma.

Gabarito "B"

(Defensoria/MA – 2009 – FCC) Abandonar o idoso em hospitais, casas de saúde, entidades de longa permanência ou congêneres

(A) caracteriza crime de ação penal privada.

(B) caracteriza infração administrativa, sujeitando o infrator à pena de multa.

(C) trata-se de mero ilícito civil, passível de ação indenizatória se comprovados os danos.

(D) caracteriza crime de ação penal pública incondicionada.

(E) configura violação de regra moral, irrelevante do ponto de vista jurídico.

A assertiva D está correta, pois reflete o disposto nos arts. 95 e 98 do Estatuto do Idoso.

Gabarito "D"

5. TEMAS VARIADOS

(Defensor Público – DPE/ES – 2016 – FCC) A Lei 13.146/2015 – Estatuto da Pessoa com Deficiência, bem como as alterações por ela produzidas na legislação esparsa vigente, prevê

(A) o dever de garantir a capacitação inicial e continuada aos profissionais que prestam assistência à pessoa com deficiência, especialmente em serviços de habilitação e de reabilitação.

(B) a existência de residências inclusivas, voltadas essencialmente a idosos e localizadas em áreas residenciais da comunidade, com estruturas adequadas, sem apoio psicossocial interno, visando a autonomia do indivíduo.

(C) que a deficiência não afeta, em regra, a plena capacidade civil da pessoa, inclusive para exercer o direito à fertilidade, orientando a esterilização compulsória somente para casos devidamente fundamentados de síndromes genéticas.

(D) a extensão de todos os direitos relativos ao atendimento prioritário da pessoa com deficiência ao seu acompanhante.

(E) o fortalecimento e ampliação do instituto da interdição civil como medida protetiva à pessoa com deficiência.

A: correta (arts. 16, IV e 18, § 3º, da Lei 13.146/2015); **B:** incorreta, as residências inclusivas são unidades de oferta do Serviço de Acolhimento do Sistema Único de Assistência Social (Suas) localizadas em áreas residenciais da comunidade, com estruturas adequadas, que possam contar com apoio psicossocial para o atendimento das necessidades da pessoa acolhida, destinadas a jovens e adultos com deficiência, em situação de dependência, que não dispõem de condições de autossustentabilidade e com vínculos familiares fragilizados ou rompidos (art. 3º, X, da Lei 13.146/2015); **C:** incorreta, pois o Estatuto veda a esterilização compulsória (art. 6º, IV); **D:** incorreta, art. 9º, § 1º, da Lei 13.146/2015; **E:** incorreta, pois o Estatuto estabelece que a **curatela** de pessoa com deficiência constitui medida protetiva extraordinária, proporcional às necessidades e às circunstâncias de cada caso, e durará o menor tempo possível (art. 84, § 3º).

Gabarito "A"

(Defensor Público – DPE/ES – 2016 – FCC) O Estatuto do Idoso é um dos diplomas legais que busca robustecer a tutela coletiva dos direitos dos idosos, que conjugando-se com outros grupos vulneráveis, dispõe sobre os seguintes direitos, com EXCEÇÃO de:

(A) Nos programas habitacionais, públicos ou subsidiados com recursos públicos, o idoso goza de prioridade na aquisição de imóvel para moradia própria, observada a reserva de 8% das unidades habitacionais para o atendimento aos idosos ou de pessoas por ele indicadas.

(B) As instituições filantrópicas ou sem fins lucrativos prestadoras de serviço ao idoso terão direito à assistência judiciária gratuita.

(C) Os alimentos serão prestados ao idoso na forma da lei civil e as transações relativas a alimentos poderão ser celebradas perante o Promotor de Justiça ou Defensor Público, que as referendará, e passarão a ter efeito de título executivo extrajudicial nos termos da lei processual civil.

(D) Aos maiores de sessenta e cinco anos fica assegurada a gratuidade dos transportes coletivos públicos urbanos e semiurbanos, exceto nos serviços seletivos e especiais, quando prestados paralelamente aos serviços regulares.

(E) As entidades que desenvolvam programas de institucionalização de longa permanência adotarão como princípios norteadores a preservação dos vínculos familiares e a manutenção do idoso na mesma instituição, salvo em caso de força maior.

A: incorreta (devendo ser assinalada), pois a reserva é de **pelo menos 3% (três por cento)** das unidades habitacionais residenciais (art. 38, I, da Lei 10.741/2003); **B:** correta (art. 51 da Lei 10.741/2003); **C:** correta (arts. 11 e 13 da Lei 10.741/2003); **D:** correta (art. 39 da Lei 10.741/2003); **E:** correta (art. 49, I e III, da Lei 10.741/2003).

Gabarito "A"

20. CRIMINOLOGIA

Vivian Calderoni

1. TEORIAS DA PENA

(Defensor Público – DPE/BA – 2016 – FCC) "Ao nível teórico, a ideia de uma sanção jurídica é incompatível com a criação de um mero obstáculo mecânico ou físico, porque este não motiva o comportamento, mas apenas o impede, o que fere o conceito de pessoa (...) por isso, a mera neutralização física está fora do conceito de direito, pelo menos no nosso atual horizonte cultural. (...) A defesa social é comum a todos os discursos legitimantes, mas se expressa mais cruamente nessa perspectiva, porque tem a peculiaridade de expô-la de modo mais grosseiro, ainda que também mais coerente (...)."

(ZAFFARONI, Eugenio Raúl; BATISTA, Nilo; ALAGIA, Alejandro; SLOKAR, Alejandro. Direito Penal Brasileiro I. Rio de Janeiro: Revan, 2003)

A teoria da pena criticada na passagem acima é:

(A) retributiva.
(B) prevenção especial ressocializadora.
(C) prevenção geral intimidatória.
(D) prevenção especial negativa.
(E) agnóstica.

A: incorreta. A teoria retributiva entende que a pena tem como função principal a retribuição de um mal àquele que causou um mal à sociedade ao cometer um delito. Entende, portanto, a pena, por uma perspectiva de vingança, devolução de um mal. **B:** incorreta. A prevenção especial é aquela que entende que a pena tem a finalidade de prevenir que àquela pessoa volte a cometer um novo delito. O seu fundamento é de que a pena tem a missão de prevenir o cometimento de novos crimes. A prevenção especial ressocializadora entende que por meio da ressocialização do indivíduo ele não voltará a cometer novos crimes (prevenção da reincidência) e, desse modo, ter-se-ia alcançado o objetivo de prevenção. **C:** incorreta. A prevenção geral tem por objetivo evitar que outras pessoas cometam delitos. Essa teoria entende que o exemplo dado ao punir um indivíduo serve de intimidação para que outras pessoas não venham a cometer crimes. A pena teria, de acordo com essa teoria, uma finalidade pedagógica. **D:** Correta. O trecho está criticando a teoria da prevenção especial negativa, que entende que a função da pena é impedir que aquela pessoa volte a cometer delitos por estar impossibilitada fisicamente de fazê-lo. A punição teria a finalidade de contenção. **E:** Incorreta. A teoria agnóstica entende que a pena privativa de liberdade não atinge o objetivo declarado de ressocialização ou de prevenção do cometimento de delitos, tem apenas uma finalidade política e não é possível de ser fundamentada juridicamente. Nesse sentido, propõem uma discussão sobre outras formas de punição penal, para que esses objetivos sejam alcançados.

Gabarito "D"

2. TEORIAS CRIMINOLÓGICAS

(Defensor Público – DPE/ES – 2016 – FCC) Na história da administração penal, várias épocas podem ser destacadas, durante as quais vigoraram sistemas de punição completamente diferentes. Indenização (penance) e fiança foram os métodos de punição preferidos na Idade Média. Eles foram sendo gradativamente substituídos por um duro sistema de punição corporal e capital que, por sua vez, abriu caminho para o aprisionamento, em torno do século XVII.

(RUSCHE, Georg; KIRCHHEIMER, Otto. Punição e estrutura social. 2.ed. Rio de Janeiro: Revan, 2004, p. 23)

De acordo com o clássico trabalho de Rusche e de Kirchheimer de 1939, é correto afirmar:

(A) A pena de prisão foi tida pelos autores como uma forma positiva de adaptação dos trabalhadores ao sistema produtivo, trazendo a ressocialização ao centro do sistema punitivo.
(B) O surgimento da prisão como forma hegemônica de punição da modernidade foi uma conquista iluminista de humanização das penas frente à barbárie da Idade Média.
(C) Os autores podem ser classificados como membros da Escola de Chicago, dominante no período de publicação da obra.
(D) As relações entre mercado de trabalho, sistema punitivo e cárcere são próprios da criminologia crítica, que surgiu na década de 1960 e foi a principal escola de oposição a Rusche e Kirchheimer.
(E) A pena de prisão é relacionada ao surgimento do capitalismo mercantil, com a consequente necessidade de disciplina da mão de obra para beneficiar interesses econômicos.

A: incorreta. Ao contrário, a obra traça uma relação entre o mercado de trabalho e o sistema punitivo, demonstrando como as punições adotadas eram formas de fortalecer o sistema produtivo. Nesse sentido, fazem uma leitura histórica das penas em que demonstram que a obrigatoriedade do trabalho dos presos nas galés, no século XVI, deveu-se à escassez de trabalhadores livres, os quais se negavam a realizar insalubre tarefa; a repressão à mendicância e vadiagem, contrárias aos valores da ascendente burguesia, determinaram o surgimento das casas de correção no fim do século XVII; o sistema de encarceramento foi impulsionado pelo Mercantilismo e pelo Iluminismo, e assim por diante. Os autores não associam a pena ao ideal ressocializar. Não é esse o cerne do trabalho. **B:** incorreta. De acordo com os autores, a adoção da pena de prisão como hegemônica não foi uma conquista iluminista e humanista, mas sim do sistema produtivo de incentivo ao incremento do capitalismo. **C:** incorreta. Os ideais expressos nessa obra podem ser enquadrados como as sementes da teoria crítica da Criminologia, que associa o sistema punitivo à luta de classes. **D:** incorreta. Rusche e Kirchheimer não sofreram oposição da escola crítica, ao contrário, a escola crítica utiliza esses autores na sua construção. **E:** correta. É exatamente essa a tese defendida pelos autores na obra. Eles correlacionam a pena de prisão com o surgimento do capitalismo e como ela foi necessária e útil para o fortalecimento deste.

Gabarito "E"

(Defensor Público – DPE/ES – 2016 – FCC) Sobre a escola positivista da criminologia, é correto afirmar:

(A) A escola positivista ainda não chega a considerar a concepção da pena como meio de defesa social, que é própria de escolas mais modernas da criminologia.

(B) Sua recepção no Brasil recebeu contornos racistas, notadamente no trabalho antropológico de Nina Rodrigues.

(C) É uma escola criminológica ultrapassada e que já influenciou a legislação penal brasileira, mas que após a Constituição Federal de 1988 não conta mais com institutos penais influenciados por esta corrente.

(D) Por ter enveredado pela sociologia criminal, Enrico Ferri não é considerado um autor da escola positivista, que possui viés médico e antropológico.

(E) O método positivista negava a importância da pesquisa empírica, que possivelmente a levaria a resultados diversos daqueles encontrados pelos seus autores.

A: Incorreta. Ao contrário, a teoria positivista entende a pena como meio de defesa social, já que, para tal teoria, existem os criminosos natos – sendo que parte deles não é recuperável de modo algum. Nesse sentido, a pena, tem sim, um caráter de defesa social. **B:** correta. A teoria lombosiana foi recepcionada com fortes características racistas no Brasil, uma vez que entende que algumas características determinam se a pessoa é ou não criminosa. A teoria lombrosiana reforça estereótipos sociais e, nessa esteira, a interpretação adotada por Nina Rodrigues compreendia que características dos negros asseguravam que seriam criminosos. **C:** incorreta. O Código Penal de 1940 foi fortemente influenciado pelos conceitos advindos da escola positivista, dando especial ênfase para traços de personalidade e periculosidade dos autores de delito. Contudo, a Constituição Federal de 1988 e o atual direito penal brasileiro são construídos com base no direito penal do fato (não do autor). Deste modo, pode-se dizer que após a promulgação da CF/1988 os ideias positivistas se afastaram do ordenamento jurídico pátrio. Contudo, para alguns autores, o art. 59 do Código Penal, ao estabelecer que a personalidade do agente é um dos elementos a serem considerados no quando da aplicação da pena, se aproxima das ideias positivistas. **D:** incorreta. Ao contrário, Enrico Ferri partia dos mesmos pressupostos dos demais autores da escola positivista. Coube a ele acrescentar a perspectiva sociológica a teoria positivista. Para ele o delito era determinado por fatores biológicos, climáticos e sociais. **E:** incorreta: Ao contrário, a teoria positivista se constituiu com base em pesquisas empíricas. A questão que se coloca sobre a teoria de Lombrose é que sua pesquisa empírica analisou um objeto que não permitia chegar a resposta que queria. A sua principal falha metodológica é de que ele estudou apenas aquelas pessoas já condenadas pelo cometimento de crimes, com o objetivo de verificar se existe um tipo criminosos. Tal escolha do universo a ser pesquisado é carregada de um viés que invalida sua teoria, pois desconsidera a seletividade do sistema de justiça, ou seja, desconsidera que o sistema de justiça seleciona a classe mais pobre para ser condenada. Essa falha metodológica grave faz com que alguns autores considerem a escola positivista como pré-científica.

Gabarito "B"

3. POLÍTICA CRIMINAL

(Defensor Público – DPE/ES – 2016 – FCC) Considerando a atual conjuntura da política criminal brasileira, é correto afirmar que

(A) a eficiência do trabalho policial pode ser verificado pelo baixo índice de letalidade e o alto índice de prisões efetuadas.

(B) o processo de encarceramento em massa no Brasil alavancou-se no período de vigência da Constituição Federal de 1988, apesar desta ter como seus fundamentos a cidadania e a dignidade da pessoa humana.

(C) a construção de presídios tem sido uma política eficaz de redução do encarceramento em massa.

(D) o crescimento da população prisional é isonômico no aspecto de gênero.

(E) a proteção de direitos humanos tem sido o principal resultado da política criminal brasileira, uma vez que o aumento da população prisional demonstra que os bens jurídicos estão sendo cada vez mais protegidos por meio do direito penal.

A: incorreta. Os índices de letalidade policial são altíssimos no Brasil. De acordo com o 10° anuário de segurança pública – publicado em 2016 – foram 3.320 vítimas de intervenções policiais em 2015. Ademais, a eficiência do trabalho policial não pode ser medido considerando a taxa de prisões efetuadas, pois elas podem, inclusive, ser ilegais ou forjadas. **B:** Correta. A taxa de encarceramento no Brasil após a promulgação da Constituição Federal de 1988 é altíssima. Em 1990, o Brasil tinha 90 mil pessoas presas. Em 2014, esse número passa a ser superior a 620 mil – de acordo com os dados do Ministério da Justiça. **C:** incorreta. A construção de presídios é uma estratégia ineficaz ao combate ao encarceramento em massa. Poder-se-ia, até, discutir se seria uma forma eficiente de combate à superlotação carcerária. Mas, a opção política por construção de presídios é um elemento que demonstra, justamente, que o país pretende seguir com o processo de encarceramento em massa. **D:** incorreta. A população prisional feminina cresce de modo muito superior a masculina. Segundo dados do Ministério da Justiça, a quantidade de mulheres presas cresceu 567% entre os anos 2000 e 2014, chegando a 37.380 em 2014. Já a população de homens presos cresceu 220% no mesmo período. Em 2000, o total de mulheres presas representava 3,2% da população prisional. Em 2014, esse número subiu para 6,4%. **E:** incorreta. A correlação entre quantidade de pessoas presas e proteção aos bens jurídicos, ou seja, redução da criminalidade, é falaciosa. O Brasil tem a 4ª maior população prisional do mundo, mas está longe de ser um dos países mais seguros. Ademais, grande parte da população prisional é composta por presos provisórios (cerca de 40% segundo o Ministério da Justiça), ou seja, parcela considerável do incremento da população carcerária não é atribuída a pessoas condenadas.

Gabarito "B"

21. Direitos Humanos e Direito Internacional

Renan Flumian

1. TEORIA E DOCUMENTOS HISTÓRICOS

(Defensor Público – DPE/BA – 2016 – FCC) Com relação à origem histórica dos direitos humanos, um grande número de documentos e veículos normativos podem ser mencionados, dentre eles é correto afirmar que cada um dos documentos abaixo mencionados está relacionado com um direito humano específico, com EXCEÇÃO de:

(A) Declaração de Direitos (Bill of Rights), 1689, que previu a separação de poderes e o direito de petição.

(B) Convenção de Genebra, 1864, que teve relevante destaque no tratamento do direito humanitário.

(C) Constituição de Weimar, 1919, que trouxe a igualdade jurídica entre marido e mulher, equiparou os filhos legítimos aos ilegítimos com relação à política social do Estado.

(D) Constituição Mexicana, 1917, que expandiu o sistema de educação pública, deu base à reforma agrária e protegeu o trabalhador assalariado.

(E) Declaração de Direitos do Estado da Virgínia, 1776, que disciplinou os direitos trabalhistas e previdenciários como direitos sociais.

A única assertiva que faz uma associação errônea entre um documento histórico e um direito humano específico é a "E". A Declaração de Direitos da Virgínia de 1776 é considerada por muitos a primeira *declaração de direitos* a reconhecer a existência de direitos adstritos à condição humana, ou seja, independentemente de qualquer condição: o ser humano possui direitos inatos (apontando-os como universais). O seu artigo I assim estipula: "Que todos os homens são, por natureza, igualmente livres e independentes, e têm certos direitos inatos, dos quais, quando entram em estado de sociedade, não podem por qualquer acordo privar ou despojar seus pósteros e que sao: o gozo da vida e da liberdade com os meios de adquirir e de possuir a propriedade e de buscar e obter felicidade e segurança". Ademais, ela demonstra preocupação com a estruturação de um governo democrático (*soberania popular*). No entanto, não faz nenhuma menção aos direitos econômicos e sociais – esses só aparecerão na Declaração de Direitos da Constituição francesa de 1791.

Gabarito "E"

2. SISTEMA GLOBAL DE PROTEÇÃO DOS DIREITOS HUMANOS

2.1. Declaração Universal dos Direitos Humanos

(Defensor Público – DPE/ES – 2016 – FCC) A Declaração Universal dos Direitos Humanos de 1948

(A) não tratou do direito à instrução, como direito à educação.

(B) proibiu a pena de morte.

(C) restringiu-se aos direitos civis e políticos por se tratar de um documento inaugural.

(D) não tratou do direito ao voto, por se tratar de um direito político não reconhecido por todos os Estados signatários.

(E) consolida a ética universal e, combinando o valor da liberdade com o da igualdade, enumera tanto os direitos civis e políticos quanto os direitos econômicos sociais e culturais.

A: incorreta, pois tal direito foi previsto no artigo 26 da Declaração; **B:** incorreta, pois a Declaração não dispõe sobre a pena de morte; **C:** incorreta. Em seu bojo encontram-se direitos civis e políticos (artigos 3º a 21) e também direitos econômicos, sociais e culturais (artigos 22 a 28), o que reforça as características da indivisibilidade e interdependência dos direitos humanos; **D:** incorreta, pois tal direito foi previsto no artigo 21 da Declaração; **E:** correta (reler o comentário sobre a assertiva "C").

Gabarito "E"

2.2. Pacto Internacional Sobre Direitos Civis e Políticos

(Defensor Público – DPE/BA – 2016 – FCC) Segundo o Pacto Internacional sobre os Direitos Civis e Políticos, qualquer pessoa acusada de infração penal goza de presunção de inocência até que a sua culpabilidade tenha sido legalmente estabelecida, tendo direito, pelo menos, às seguintes garantias:

I. Ser prontamente informada, numa língua que ela compreenda, de modo detalhado, acerca da natureza e dos motivos da acusação apresentada contra ela.

II. Ser julgada em no máximo um ano.

III. Fazer-se assistir de um intérprete, se não compreender ou não falar a língua utilizada no tribunal.

IV. Comunicar com um advogado da sua escolha e dispor do tempo, no mínimo dez dias, para a preparação da defesa.

É correto o que se afirma APENAS em

(A) I e II.

(B) II e III.

(C) III e IV.

(D) II e IV.

(E) I e III.

I: certo (art. 9º, ponto 2, do Pacto); **II:** errado, pois não existe previsão nesse sentido no Pacto; **III:** certo (art. 14, ponto 3, *f*, do Pacto); **IV:** errado, pois não existe previsão nesse sentido no Pacto.

Gabarito "E"

2.3. Pacto Internacional Sobre Direitos Econômicos, Sociais e Culturais

(Defensor Público – DPE/ES – 2016 – FCC) O Pacto Internacional dos Direitos Econômicos, Sociais e Culturais entrou em vigor no ano de 1976 e é considerado um relevante instrumento dos direitos humanos, especialmente por

(A) que a previdência social, apesar de não prevista no pacto, está no protocolo facultativo.

(B) ser um relevante documento, mas omitiu-se quanto ao direito de greve, não tratando deste relevante direito social.

(C) ser um importante documento, mas não goza de nenhum tipo de mecanismo de monitoramento.

(D) ser reconhecido como um documento que venceu a resistência de vários Estados e mesmo a doutrina que viam os direitos sociais em sentido amplo como sendo meras recomendações ou exortações.

(E) que as medidas cautelares estão previstas no próprio texto original do pacto.

A: incorreta, pois o direito à previdência social está previsto no artigo 9º do Pacto mencionado na questão; **B:** incorreta, pois o direito à greve está previsto no artigo 8º, ponto 1, *d*, do Pacto mencionado na questão; **C:** incorreta. No que tange à sistemática de controle sobre a aplicação das disposições do Pacto Internacional dos Direitos Econômicos, Sociais e Culturais, foi adotado o envio de relatórios pelos Estados-partes; **D:** correta, pois, de fato, sofreu muita resistência. O grande objetivo do Pacto é expandir e tornar obrigatórios e vinculantes os direitos econômicos, sociais e culturais elencados na Declaração Universal dos Direitos Humanos; **E:** incorreta, pois as medidas cautelares foram previstas pelo Protocolo Facultativo ao Pacto Internacional dos Direitos Econômicos, Sociais e Culturais.

Gabarito "D"

3. SISTEMA GLOBAL DE PROTEÇÃO ESPECÍFICA DOS DIREITOS HUMANOS

3.1. RESPONSABILIDADE INTERNACIONAL

(Defensor Público – DPE/BA – 2016 – FCC) No que tange à responsabilização internacional do Estado por violação de compromissos assumidos no âmbito internacional,

(A) prevalece que a responsabilidade é subjetiva, ou seja prescinde de dolo ou culpa para que o Estado seja responsabilizado.

(B) prevalece que, em matéria de Direitos Humanos, a responsabilidade é objetiva, devendo haver a violação de uma obrigação internacional, acompanhada do nexo de causalidade entre a mencionada violação e o dano sofrido.

(C) o Estado não é responsabilizado se comprovar que investigou e puniu os seus agentes internos.

(D) não há que se falar em responsabilização internacional, na medida em que não existe um órgão internacional de execução de sentenças condenatórias das cortes internacionais.

(E) em respeito à soberania, o Estado não pode ser responsabilizado, internacionalmente, a fazer ou deixar de fazer algo no âmbito interno e as condenações se limitam a obrigações de dar.

Em matéria de Direitos Humanos, a responsabilidade do Estado é objetiva. Dessa forma, quando existir dano, conduta e nexo de causalidade entre ambos, e desde que não exista nenhuma das causas de exclusão da responsabilidade, o Estado deverá ser responsabilizado.

Gabarito "B"

4. SISTEMA REGIONAL DE PROTEÇÃO DOS DIREITOS HUMANOS

4.1. Sistema Interamericano

4.1.1. Comissão Interamericana

(Defensor Público – DPE/BA – 2016 – FCC) A Comissão Interamericana de Direitos Humanos, em 16 de março de 2016, submeteu à Corte Interamericana o caso n. 12.728 que trata do Povo Xurucu e seus membros. Nesse caso houve violação prioritária

(A) do direito à propriedade coletiva do povo indígena.

(B) do direito à integridade física do povo indígena.

(C) do direito do povo indígena contra o trabalho escravo e a servidão.

(D) da liberdade de pensamento e de expressão do povo indígena.

(E) do direito à nacionalidade do povo indígena.

A Comissão Interamericana de Direitos Humanos (CIDH) apresentou à Corte Interamericana de Direitos Humanos (Corte IDH) o caso 12.728, Povo Indígena Xucuru e seus membros, a respeito do Brasil.

O caso está relacionado com a violação do direito à propriedade coletiva do povo indígena Xucuru em consequência da demora de mais de dezesseis anos, entre 1989 e 2005, no processo administrativo de reconhecimento, titulação, demarcação e delimitação de suas terras e territórios ancestrais, também pela demora na regularização total dessas terras e territórios, de maneira que o mencionado povo indígena pudera exercer pacificamente tal direito. Além disso, o caso está relacionado com a violação dos direitos às garantias judiciais e proteção judicial, em consequência do descumprimento da garantia de prazo razoável no mencionado processo administrativo, assim como da demora em resolver ações civis iniciadas por pessoas não indígenas em relação a parte das terras e territórios ancestrais do povo indígena Xucuru.

Gabarito "A"

(Defensor Público – DPE/ES – 2016 – FCC) O sistema Regional Americano tem suas peculiaridades e, dentre elas, pode-se mencionar a existência da Comissão Interamericana de Direitos Humanos e a Corte interamericana de Direitos Humanos. A respeito destes órgãos, é correto afirmar:

(A) As medidas cautelares, adotadas pela Comissão, possuem natureza vinculante, citando-se como exemplo o caso da Usina Belo Monte.

(B) A Comissão Interamericana é composta por sete membros eleitos por quatro anos, permitida só uma reeleição.

(C) A Corte Interamericana é composta por sete membros por um mandato de quatro anos, permitida a reeleição.

(D) O indivíduo pode acessar ambos os órgãos mencionados, bastando, para tanto, preencher o requisito do prévio esgotamento das vias ordinárias.

(E) A Comissão Interamericana tem a competência de emitir opiniões consultivas vinculantes aos Estados-Membros.

A: incorreta, pois tais medidas não possuem natureza vinculante; **B:** correta. A Comissão Interamericana de Direitos Humanos é o órgão administrativo do sistema regional de proteção americano. É composta de sete membros, que devem ser pessoas de alta autoridade moral e de reconhecido saber em matéria de direitos humanos (art. 2º, ponto 1, do

Estatuto da Comissão). Esses membros são eleitos, a título pessoal, pela Assembleia Geral da OEA, a partir de uma lista de candidatos propostos pelos governos dos Estados-membros, e cumprem mandato de quatro anos, com a possibilidade de uma reeleição. Vale lembrar que não pode fazer parte da Comissão mais de um nacional de um mesmo país (art. 7º do Estatuto da Comissão); **C:** incorreta. A Corte é o órgão jurisdicional do sistema regional de proteção americano. Sua composição é de sete juízes, os quais são nacionais dos países-membros da OEA e escolhidos pelos Estados-partes da Convenção. Os juízes da Corte serão eleitos por um período de seis anos e só poderão ser reeleitos uma vez (art. 54 da Convenção Americana de Direitos Humanos); **D:** incorreta, pois a Corte não pode ser acionada por indivíduo (art. 61, ponto 1, da Convenção Americana de Direitos Humanos); **E:** incorreta, pois as opiniões consultivas não são vinculantes.

Gabarito "B".

4.1.2. *Corte Interamericana*

(Defensor Público – DPE/ES – 2016 – FCC) O Caso Cosme Rosa Genoveva e outros, submetido à Corte Interamericana de Direitos Humanos, em resumo, trata-se de um caso em que

(A) um grupo de Afrodescendentes foram deslocados forçadamente.

(B) visa apurar a prática de trabalho escravo em fazendas no interior do Brasil.

(C) agentes da polícia supostamente praticaram a execução de vinte e seis pessoas, alguns adolescentes e foram, hipoteticamente, submetidos a práticas sexuais e tortura antes de serem executados.

(D) policiais realizaram o despejo forçado de famílias que ocupavam uma fazenda no município de Querência do Norte, no Paraná.

(E) um indivíduo faleceu após maus-tratos recebidos em uma clínica de tratamento em Sobral, no Ceará.

A Comissão Interamericana de Direitos Humanos (CIDH) apresentou à Corte Interamericana de Direitos Humanos (Corte IDH) o caso 11.566, Cosme Rosa Genoveva, Evandro de Oliveira e outros (Favela Nova Brasília), a respeito do Brasil.

O caso está relacionado às execuções extrajudiciais de 26 pessoas – inclusive seis meninos/meninas – por ocasião das operações policiais a que procedeu a Polícia Civil do Rio de Janeiro, em 18 de outubro de 1994 e 8 de maio de 1995, na Favela Nova Brasília. A Comissão determinou que esses fatos ocorreram num contexto e padrão de uso excessivo da força e execuções extrajudiciais levadas a cabo pela polícia no Brasil, especialmente no Rio de Janeiro. A Comissão concluiu ainda que o contexto em que ocorreram os fatos do caso foi tolerado e, inclusive, patrocinado por instituições estatais. A Comissão também estabeleceu que esse contexto inclui a falta de mecanismos de prestação de contas e a situação de impunidade em que permanecem essas violações.

Gabarito "C".

(Defensor Público – DPE/ES – 2016 – FCC) Após os ataques do dia 11 de setembro de 2001, inúmeras medidas foram tomadas pelo Governo norte-americano no combate ao que eles mencionaram tratar-se de terrorismo. Dentre estas medidas, criou-se a prisão de Guantánamo. Em um julgado específico da Corte Interamericana de Direitos Humanos, de 07 de setembro de 2004, utilizou-se a expressão Guantanaminização que, em linhas gerais, trata-se de uma

(A) construção doutrinária que questiona a forma de tratamento dado aos adolescentes submetidos à medida de internação sem justa causa aparente.

(B) nova diretriz internacional aceita pelos organismos internacionais como uma forma de proteção da sociedade – este caso foi utilizado nos ataques ao jornal francês Charlie Hebdo.

(C) nova forma de combater a crescente onda de terror que assola os países do mundo desenvolvido, aceita, excepcionalmente, pelas cortes internacionais.

(D) forma de revisitar o processo penal e as penas, impondo violações a direitos humanos, especialmente a tortura e prisão sem justa causa, em nome da segurança e do discurso do medo.

(E) forma de revisitar os direitos humanos, tornando-se mais adaptados à realidade e flexibilizados, diretamente relacionados aos direitos sociais, econômicos e culturais.

A assertiva "D" é a correta e deve ser assinalada por retratar o significado da expressão "guantanaminização".

Gabarito "D".

(Defensor Público – DPE/BA – 2016 – FCC) No famoso caso apreciado pela Corte Interamericana de Direitos Humanos, TIBI vs. Equador, houve a violação específica do artigo 7.5 da Convenção Americana de Direitos Humanos. Por meio desta violação, o Estado foi condenado, tratando-se de violação do direito

(A) ao duplo grau de jurisdição.

(B) à liberdade de expressão.

(C) a não extradição de um nacional.

(D) de condução, sem demora, do preso à autoridade judicial competente.

(E) à assistência jurídica integral e gratuita.

O caso referido foi de violação do direito de condução, sem demora, do preso à autoridade judicial competente.

Gabarito "D".

(Defensor Público – DPE/BA – 2016 – FCC) A competência consultiva do sistema regional interamericano de proteção aos direitos humanos

(A) é uma das atuações preventivas da Comissão Interamericana e visa evitar a judicialização dos casos perante a Corte.

(B) é uma das competências da Corte Interamericana e refere-se à faculdade de qualquer membro da OEA solicitar o parecer da Corte relativamente à interpretação da Convenção ou de qualquer outro tratado relativo à proteção dos direitos humanos nos Estados Americanos.

(C) é uma consulta, e portanto o resultado de tal comportamento não vincula os estados-membros.

(D) não aprecia a compatibilidade entre as leis internas e os instrumentos internacionais mencionados na consulta, no bojo do sistema interamericano.

(E) possibilita que qualquer cidadão de um dos estados membros da OAE tenha o direito de acessar a Comissão Interamericana para que esta exerça o papel consultivo relacionado à interpretação da Convenção Americana de Direitos Humanos.

A competência consultiva da Corte Interamericana de Direitos Humanos é marcada por sua grande finalidade de uniformizar a interpretação da Convenção Americana de Direitos Humanos e dos tratados de direitos humanos confeccionados no âmbito da OEA. Dentro dessa competência, qualquer Estado-membro ou órgão da OEA pode pedir que a Corte emita parecer que indique a correta interpretação da Convenção e dos tratados concernentes à proteção dos direitos humanos nos Estados Americanos (art. 64, ponto 1, da Convenção Americana de Direitos Humanos). Ademais, a Corte pode fazer análise de compatibilidade entre a legislação doméstica de um país-membro da OEA e o sistema protetivo americano, com o intuito de harmonizá-los.

Gabarito "B"

5. SISTEMA AMERICANO DE PROTEÇÃO ESPECÍFICA DOS DIREITOS HUMANOS

(Defensor Público – DPE/BA – 2016 – FCC) A Convenção Interamericana para prevenir, punir e erradicar a violência contra a mulher fortaleceu o quadro protetivo da mulher, e, entre os quadros de violência tratados pelo documento, é correto afirmar:

(A) É considerada violência contra a mulher não somente a violência física, sexual e psicológica ocorrida no âmbito da família ou unidade doméstica ou em qualquer relação interpessoal, quer o agressor compartilhe, tenha compartilhado ou não a sua residência, incluindo-se, entre outras formas, o estupro, maus-tratos e abuso sexual.

(B) Não se inclui no conceito de violência contra a mulher, para fins da mencionada convenção, a violência perpetrada ou tolerada pelo Estado.

(C) O assédio sexual no local de trabalho, por ser figura tratada em lei específica, não se insere na violência contra a mulher para a mencionada convenção.

(D) A preocupação da convenção limita-se, apenas, ao âmbito doméstico e familiar.

(E) Em que pese o desejo internacional, os Estados signatários não se obrigaram em editar outras medidas para a combater a violência e a tomar as medidas adequadas, inclusive legislativas, para modificar ou abolir leis e regulamentos vigentes ou modificar práticas jurídicas ou consuetudinárias que respaldem a persistência e a tolerância da violência contra a mulher.

A: correta (artigos 1º e 2º, *a*, da Convenção); **B:** incorreta (art. 2º, *c*, da Convenção); **C** e **D:** incorretas (art. 2º, *b*, da Convenção); **E:** incorreta (art. 7º da Convenção).

Gabarito "A"

6. DIREITOS HUMANOS NO BRASIL

6.1. Constituição Cidadã de 1988

(Defensor Público – DPE/BA – 2016 – FCC) Acerca do sistema constitucional de proteção dos direitos humanos e fundamentais, é correto afirmar:

(A) Nas hipóteses de grave violação de direitos humanos, o Procurador-Geral da República, com a finalidade de assegurar o cumprimento de obrigações decorrentes de tratados internacionais de direitos humanos dos quais o Brasil seja parte, poderá suscitar, perante o Superior Tribunal de Justiça, em qualquer fase do inquérito ou processo, incidente de deslocamento de competência para a Justiça Federal.

(B) De acordo com a posição firmada pelo Supremo Tribunal Federal, os tratados internacionais de direitos humanos incorporados antes da inserção do § 3º no artigo 5º da Constituição Federal, levada a efeito pela Emenda Constitucional 45/2004, possuem hierarquia constitucional, prevalecendo em face de qualquer norma infraconstitucional interna.

(C) A norma constitucional atribui legitimidade exclusiva ao Ministério Público para a propositura de ação civil pública para a proteção do patrimônio público e social, do meio ambiente e de outros interesses difusos e coletivos.

(D) Ação popular teve o seu objeto ampliado por disposição da Constituição Federal de 1988, autorizando expressamente o seu manuseio para a defesa dos direitos do consumidor.

(E) O serviço público de assistência jurídica integral e gratuita prestado pela Defensoria Pública é caracterizado pelo acesso universal, tal como o serviço público na área da saúde.

A: correta (artigo 109, § 5º, da CF); **B:** incorreta. Neste caso, os tratados terão hierarquia supralegal (tese da supralegalidade); **C:** incorreta, pois a norma atribui a propositura de ação civil pública nesses casos como função institucional e não legitimidade exclusiva (art. 129, III, da CF); **D:** incorreta. Art. 5º, LXXIII, da CF: "qualquer cidadão é parte legítima para propor ação popular que vise a anular ato lesivo ao patrimônio público ou de entidade de que o Estado participe, à moralidade administrativa, ao meio ambiente e ao patrimônio histórico e cultural, ficando o autor, salvo comprovada má-fé, isento de custas judiciais e do ônus da sucumbência"; **E:** incorreta. Art. 5º, LXXIV, da CF: "o Estado prestará assistência jurídica integral e gratuita aos que comprovarem insuficiência de recursos".

Gabarito "A"

6.2. Controle de Convencionalidade

(Defensor Público – DPE/BA – 2016 – FCC) O controle de convencionalidade na sua vertente nacional quando comparado com a vertente internacional apresenta inúmeras diferenças, destacando-se:

(A) Na vertente internacional o parâmetro de controle é a norma internacional e pouco importa a hierarquia da lei local, podendo, inclusive, ser oriunda do poder constituinte originário.

(B) No que diz respeito ao aspecto nacional apenas o Supremo Tribunal Federal tem competência para exercê-lo e, por isso, é uma forma de se apresentar o controle concentrado de constitucionalidade.

(C) Na vertente internacional o parâmetro de controle é a norma internacional, porém, é impossível exercer tal controle no que diz respeito às normas oriundas do poder constituinte originário.

(D) Em que pese ser objeto de estudo, o controle de convencionalidade se resume à aplicação doutrinária.

(E) Para que o controle de convencionalidade seja exercido, no âmbito interno, é necessário o prévio esgotamento das vias ordinárias e a matéria precisa ser objeto de prequestionamento.

A: correta. O citado controle é assim definido por André de Carvalho Ramos: "O controle de convencionalidade *internacional* é atividade de fiscalização dos atos e condutas dos Estados em confronto com seus compromissos internacionais. Em geral, o controle de convencionalidade é atribuído a órgãos compostos por julgadores independentes, criados por tratados internacionais, o que evita que os próprios Estados sejam, ao mesmo tempo, fiscais e fiscalizados1". Deve-se destacar que o citado controle pode ser exercido até em face das Constituições nacionais2, podendo gerar as chamadas normas constitucionais inconvencionais3. Trata-se de um controle bem amplo, englobando todos os atos estatais, inclusive as omissões; **B:** incorreta, pois o controle de convencionalidade nacional também pode ser exercido de forma difusa (por todos os juízes); **C:** incorreta (reler o comentário sobre a assertiva "A"); **D:** incorreta. Em 2006, a Corte Interamericana de Direitos Humanos mencionou pela primeira vez o controle de convencionalidade no Caso *Almonacid Arellano e outros vs. Chile.* A Corte fundamenta a aplicação desse controle nos artigos 1º e 2º da Convenção Americana e nos 26 e 27 da Convenção de Viena sobre o Direito dos Tratados. Conforme a Corte já sustentou, o controle tem por base o princípio da boa-fé que opera no direito internacional; os Estados não podem invocar seu direito interno como justificativa para descumprir as obrigações assumidas internacionalmente; **E:** incorreta, pois não existe tais exigências legais no ordenamento jurídico brasileiro.

Gabarito "A"

7. DIREITO DOS REFUGIADOS

(Defensor Público – DPE/BA – 2016 – FCC) O conceito de refugiado, dentro da convenção relativa ao Estatuto dos Refugiados (1951), respeita algumas premissas e determinações, sendo correto afirmar que cessa a condição de refugiado e passa a NÃO gozar de toda a sua proteção o agente contra quem houver sérias razões para pensar que

(A) cometeu um crime contra a paz, um crime de guerra ou um crime contra a humanidade, no sentido dos instrumentos internacionais elaborados para prever tais crimes.

(B) não abriu mão de sua nacionalidade no país que o acolher.

(C) pleiteou, no que tange ao direito de associação, o tratamento mais favorável concedido aos nacionais de um país estrangeiro.

(D) adotou, no território do país que o acolher, religião diversa da oficial deste país.

(E) pretendeu voltar ao seu país de origem sem que haja autorização expressa da autoridade consular.

A questão é um pouco confusa porque parece mencionar a cessação da condição de refugiado, porém a alternativa apontada como correta pelo gabarito é "A", que trata de uma situação configuradora de perda da condição de refugiado (art. 39, III, do Estatuto). Leia os artigos 38 e 39 do Estatuto para conhecer todas as causas de cessação e perda da condição de refugiado.

Gabarito "A"

8. COMBINADAS E OUTROS TEMAS DE DIREITOS HUMANOS

(Defensor Público – DPE/ES – 2016 – FCC) A Declaração de Estocolmo de 1972, que disciplina o ambiente humano, consagra expressamente as seguintes proposições, com EXCEÇÃO de:

(A) É preciso livrar o homem e seu meio ambiente dos efeitos das armas nucleares e de todos os demais meios de destruição em massa. Os Estados devem se esforçar para chegar logo a um acordo – nos órgãos internacionais pertinentes – sobre a eliminação e a destruição completa de tais armas.

(B) Como parte de sua contribuição ao desenvolvimento econômico e social deve-se utilizar a ciência e a tecnologia para descobrir, evitar e combater os riscos que ameaçam o meio ambiente, para solucionar os problemas ambientais e para o bem comum da humanidade.

(C) As políticas que promovem ou perpetuam o apartheid, a segregação racial, a discriminação, a opressão colonial e outras formas de opressão e de dominação estrangeira são condenadas e devem ser eliminadas.

(D) Deve-se aplicar o planejamento aos assentamento humanos e à urbanização com vistas a evitar repercussões prejudiciais sobre o meio ambiente e a obter os máximos benefícios sociais, econômicos e ambientais para todos. A este respeito devem-se abandonar os projetos destinados à dominação colonialista e racista.

(E) Toda pessoa tem deveres para com a comunidade, em que o livre e pleno desenvolvimento de sua personalidade é possível.

A: correta (princípio 26); **B:** correta (princípio 18); **C:** correta (princípio 1); **D:** correta (princípio 15); **E:** incorreta e dever ser assinalada porque não existe previsão nesse sentido na Declaração de Estocolmo.

Gabarito "E"

(Defensor Público – DPE/BA – 2016 – FCC) João é pai solteiro e educa seus 4 filhos com todo carinho e dedicação. Um dos seus filhos, Renato, desenvolveu dependência de substância psicoativa e, em estado de desespero, procurou a Defensoria Pública na busca de uma solução adequada ao caso. Com base na resolução CONAD 01/2015, Renato

(A) não tem o direito de descontinuar o tratamento, uma vez acolhido, voluntária ou involuntariamente sob pena de violar a resolução do CONAD e o seu tratamento médico.

(B) poderá ser internado compulsoriamente pelo pai em uma unidade de acolhimento, eis que o caso é de saúde pública e familiar

(C) poderá ser acolhido em uma entidade de acolhimento de pessoas, desde que a adesão ocorra de forma voluntária e como uma etapa transitória para a reinserção sócio-familiar e econômica do acolhido.

(D) será segregado de seus familiares por até 120 dias, assim que for acolhido na entidade correspondente.

1. RAMOS, André de Carvalho. *Teoria geral dos direitos humanos na ordem internacional. 2. ed. São Paulo:* Saraiva, 2012. p. 250.

2. Vide o caso "A última tentação de Cristo" *versus* Chile – Corte Interamericana de Direitos Humanos.

3. "(...) também é possível admitir que existam normas constitucionais inconvencionais, por violarem direitos humanos provenientes de tratados, direitos estes que (justamente por terem *status* constitucional) também pertencem ao bloco das cláusulas pétreas. Seria o caso daquelas normas da Constituição, alocadas à margem do bloco de constitucionalidade, ou seja, que não integrem o núcleo intangível constitucional, que estão a violar normas de tratados de direitos humanos (as quais, por serem normas de 'direitos humanos', já detêm primazia sobre quaisquer outras, por pertencerem ao chamado 'bloco de constitucionalidade" (MAZZUOLI, Valerio de Oliveira. *O controle jurisdicional da convencionalidade das leis*. 2. ed. São Paulo: Ed. RT, 2011. p. 149-150).

(E) deverá se submeter ao PAS – Plano de Atendimento Singular que é de caráter facultativo e a sua elaboração contará com a participação das Defensorias Públicas.

A única alternativa correta conforme a Resolução CONAD 01/2015 é a "C" (artigos 1º e 2º da Resolução).

Gabarito "C"

9. DIREITO INTERNACIONAL PÚBLICO E PRIVADO

(Defensor Público – DPE/ES – 2016 – FCC) A Convenção sobre os Aspectos Civis do Sequestro Internacional de Crianças trata, prioritariamente, de situações como a de

(A) reparação de danos morais e materiais a crianças e adolescentes vítimas de quadrilha especializada em tráfico internacional de pessoas.

(B) uma criança que vive no Brasil, sob guarda judicial da tia e vai visitar o pai no exterior, oportunidade em que o pai retém a criança e não permite seu retorno ao Brasil. '

(C) um adolescente que viaja ao exterior, com autorização dos pais, para realizar intercâmbio educacional e decide não voltar ao país.

(D) assegurar a devolução de criança ou adolescente que foi deixado pelos pais com amigos, em país estrangeiro, sem regularização da guarda.

(E) outorga excepcional de nacionalidade ou direito de permanência a criança estrangeira que resida há mais de cinco anos em país para o qual foi levada contra sua vontade.

A citada Convenção trata especialmente de situações como a descrita na assertiva "B" (arts. 1º e 3º da Convenção sobre os Aspectos Civis do Sequestro Internacional de Crianças).

Gabarito "B"

(Defensor Público – DPE/RN – 2016 – CESPE) Quanto ao tratamento dispensado a crianças e adolescentes no âmbito das normas internacionais, assinale a opção correta.

(A) A Convenção sobre os Aspectos Civis do Sequestro Internacional de Crianças aplica-se à criança que tenha residência habitual em um Estado contratante até que ela complete dezoito anos de idade.

(B) Embora a Convenção dos Direitos da Criança contemple direitos relativos à proteção da saúde da criança, tais como assistência médica e cuidados sanitários, ela é silente quanto aos direitos inerentes à previdência social, que são objeto de convenção internacional específica.

(C) As normas da Convenção Relativa à Proteção das Crianças e à Cooperação em Matéria de Adoção Internacional incorporadas pelo ECA permitem a adoção de criança brasileira por estrangeiros residentes no exterior, ainda que não se tenham esgotado as possibilidades de colocação dessa criança em família substituta brasileira.

(D) Segundo o STJ, a Convenção sobre os Aspectos Civis do Sequestro Internacional de Crianças não objetiva discutir o direito de guarda de criança, mas sim as questões vinculadas à retirada ilegal de criança de seu país e(ou) a retenção indevida de criança em local que não o de sua residência habitual.

(E) Segundo as Regras de Beijing, a sanção aplicável ao jovem que cometer ato infracional deverá ser específica e única, princípio que torna inadmissível a aplicação simultânea de uma medida de liberdade assistida e uma de prestação de serviços à comunidade.

A: incorreta, pois a idade limite para aplicação é dezesseis anos (art. 4º da Convenção sobre os Aspectos Civis do Sequestro Internacional de Crianças; **B**: incorreta, pois esse direito está previsto (art. 26, ponto 1, da Convenção dos Direitos da Criança); **C:** incorreta (art. 51, § 1º, do ECA); **D:** correta (Informativo 559 do STJ, 2015); **E:** incorreta, pois é possível a aplicação de medidas simultaneamente (art. 18 das Regras de Beijing).

Gabarito "D"

22. SOCIOLOGIA E CIÊNCIA POLÍTICA

Renan Flumian

(Defensor Público – DPE/BA – 2016 – FCC) Considere os dois excertos a seguir:

I. (...) as sociedades de estamentos, em geral, apresentam uma mobilidade mínima, tanto horizontal quanto vertical. A sociedade colonial, ao contrário, configura uma sociedade estamental com grande mobilidade, e é essa conjunção surpreendente e mesmo paradoxal de clivagem com movimentação que marca a sua originalidade.

(NOVAIS, Fernando. "Condições da privacidade na colônia". In: MELLO e SOUZA, Laura (org). História da vida privada no Brasil, v. I: cotidiano e vida privada na América Portuguesa. São Paulo: Companhia das Letras, 1997. p. 30)

II. (...) cristalizaram-se na América Portuguesa múltiplas manifestações de religiosidade privada. A abundante diversidade (...) explica-se antes de mais nada, pela multiplicidade dos estoques culturais presentes desde os primórdios da conquista e ocupação do Novo Mundo, onde centenas de etnias indígenas e africanas prestavam culto a panteões os mais diversos.

(MOTT, Luiz. Cotidiano e vivência religiosa: entre a capela e o calundu. In: MELLO e SOUZA, Laura (org.) História da vida privada no Brasil, v. I: cotidiano e vida privada na América Portuguesa. São Paulo: Companhia das Letras, 1997. p. 220)

A sociedade baiana no período colonial compartilha as características enfatizadas nos trechos acima. Os trechos I e II, referem- se, respectivamente, a

(A) relativa mobilidade social; e a densa formação de estoque cultural por meio da conquista.
(B) grande clivagem cultural; e a forte religiosidade no âmbito da vida privada.
(C) configuração estamental horizontal e vertical; e a singular unidade identitária.
(D) combinação ambígua de clivagem e mobilidade sociais; e a diversidade de cultos e crenças.
(E) equilibrada democracia social; e a cristalização de manifestações étnico-religiosas.

A assertiva "D" traz a correlação de características da sociedade baiana no período colonial corretamente.

Gabarito "D"

Defensor Público – DPE/BA – 2016 – FCC) Considere o texto a seguir, publicado em um jornal baiano em 1905:

"Estamos na Costa da África? É o que se torna necessário ser averiguado pela polícia, porquanto se lá não estamos também de lá não nos separam grande distância os nossos costumes negreiros. E a prova é que, fechando ouvidos a repetidas queixas da imprensa e de particulares, a polícia consente que dentro da cidade, porque é no outeiro que o vulgo denominou de 'Cucuí', descendentes vadios de negros selvagens façam candomblés, todos os dias, à noite principalmente, incomodando com um bate-bate dos pecados o sono tranquilo da população. Já lá se foram os tempos dos 'feitiço' e dos 'candomblés', e porque atravessamos um século de largo progresso e ampla civilização, apelamos para a energia e a boa vontade, ainda não desmentidas, do sr.(...) subcomissário de polícia, certos de que s.s. porá ponto final na folia macabra dos negros desocupados do 'Cucuí'."

(Jornal A ORDEM. 21 out. 1905. p. 1, Apud SANTOS, Edmar Ferreira. O poder dos candomblés: perseguição e resistência no Recôncavo da Bahia. Salvador: EDUFBA, 2009. Disponível em: https://repositorio.ufba.br/ri/bitstream/ufba/179/1/O%20poder%20dos%20candombles.pdf. Acesso em: 11 de julho de 2016)

A partir da leitura do texto acima, é correto afirmar que o autor desse texto

(A) usa expressões como "folia macabra" e "bate-bate dos pecados" para denunciar a prática do candomblé como uma seita pecaminosa, localizada em um lugar específico da cidade, a ser combatida pela polícia e pela Igreja.
(B) reclama que a prática do candomblé deva ser investigada para que se verifique a autenticidade das matrizes africanas desses "costumes negreiros", assumidos em seu texto como "nossos" mas supostamente originários da Costa da África.
(C) associa a prática do candomblé à vadiagem, apelando para um discurso celebrativo da ordem e do progresso e acusando a polícia de ser tolerante com esse costume que ameaçava a "população", da qual os negros, em seu texto, parecem excluídos.
(D) sugere que o candomblé é uma manifestação de selvageria ultrapassada, praticamente extinta uma vez que vem sendo combatida pela imprensa com êxito, de modo que "já lá se foram os tempos dos feitiço' e dos 'candomblés'."
(E) considera que a prática do candomblé representa um incômodo aos trabalhadores por ocorrer durante a noite, afirmando ainda que seus praticantes eram descendentes de negros vadios, por isso marginalizados pelo resto da população.

A única assertiva correta em relação ao texto apresentado pela questão é a "C".

Gabarito "C"

(Defensor Público – DPE/BA – 2016 – FCC) A Revolta dos Búzios

(A) pautou-se por bandeiras liberais, dentre as quais a abertura dos portos, a diminuição de impostos, a ampliação do direito à cidadania; tendo sido conduzida por soldados e alfaiates negros, inspirados pela Independência das Treze Colônias inglesas e a conquista do fim da escravidão obtida nesse episódio.

(B) iniciou-se em reuniões integradas por intelectuais e membros da elite baiana, como Cipriano Barata, que pregava a independência do Brasil nos mesmos moldes da Inconfidência Mineira, e foi rapidamente disseminada entre a população escravizada, que a revestiu de uma pauta mais radical.

(C) foi organizada pela loja maçônica denominada Cavaleiros da Luz, em nome da igualdade racial e social, da democracia e dos fins dos privilégios da elite letrada, tendo sido rapidamente reprimida com a imputação da pena capital ao conjunto dos líderes e simpatizantes.

(D) contou com participação de escravizados, bem como profissionais liberais e militares de baixa patente, e pregava o fim da escravidão e a formação de uma República Bahiense, em parte inspirada nos ideias da Revolução Francesa e na experiência da Revolução Haitiana.

(E) ganhou rápida difusão por meio de panfletos distribuídos à população e do apoio de grande parte da imprensa à causa independentista e abolicionista, resultando em motim com ampla adesão de militares baianos, que resistiram belicamente até serem completamente derrotados.

A única assertiva que descreve corretamente a Revolta dos Búzios (ou Conjuração Baiana) é a "D".

Gabarito "D".

(Defensor Público – DPE/BA – 2016 – FCC) Fenômenos sociais como a Revolta de Canudos e o Cangaço, no Nordeste, são explicados historicamente por diversos fatores, tais como

(A) seca prolongada, a exploração do trabalho e a falta de perspectiva de futuro, motivos que levavam os sertanejos a lutarem por uma sociedade igualitária e democrática, objetivo das ações de ambos os movimentos.

(B) falência do coronelismo, em um momento em que esse tipo de poder era obrigado a ceder espaço às forças federais republicanas, que desestruturaram as elites locais e o sistema de apadrinhamento então vigente.

(C) crise econômica e política provocada pela queda do preço do açúcar no mercado internacional, acompanhada de migrações para o norte e da fuga de famílias inteiras que passaram a integrar bandos e comunidades religiosas, em busca de subsistência.

(D) crescente politização da população de baixar renda após as revoltas ocorridas durante o Segundo Reinado, repercutindo em levantes contra o Império, contra o mandonismo local e contra o catolicismo.

(E) miséria e descaso do poder público com as populações sertanejas, expostas à intensa violência de diversas ordens e atraídas por movimentos que prometiam condições de vida diferentes e/ou a sensação de proteção.

A única assertiva que traz corretamente as causas da Revolta de Canudos e do Cangaço é a "E".

Gabarito "E".

(Defensor Público – DPE/BA – 2016 – FCC) Considere o texto a seguir:

"(...) a especialização do escravo é determinada segundo as necessidades do mercado ou a boa vontade de seu senhor. Esta imensa possibilidade de transferência tem uma influência reguladora sobre o mercado, onde a demanda varia de acordo com a conjuntura e a concorrência. O escravo é, às vezes, simplesmente alugado (...). É possível alugá-lo ao dia, à semana, ao mês, ao ano ou por mais tempo."

(MATTOSO, Kátia de Queirós. Ser escravo no Brasil. Trad. São Paulo: Brasiliense, 3.ed, 1990, p. 141)

A descrição acima sinaliza uma forma de trabalho escravo

(A) disseminada no meio urbano, no meio rural e bastante usual quando se tratava de indígenas que, apesar de cidadãos livres perante a Coroa, se dispunham a suportar o cativeiro em troca de subsistência e da proteção da Igreja.

(B) rara nas cidades baianas, onde o escravo doméstico, fosse índio ou negro, era considerado um agregado da família que deveria ser fiel a seu dono, não sendo permitido a ele deixá-lo para prestar serviços a terceiros, prática mais comum na região Sudeste.

(C) típica de regiões de mineração, onde as flutuações de mercado eram maiores em função das eventuais descobertas de jazidas, sendo os escravos alforriados e transformados em trabalhadores livres, para que seus donos não tivessem obrigações com seu sustento.

(D) comum nas cidades, onde os escravos "de ganho" eram frequentes e representavam uma fonte de renda para seus senhores, que deles dispunham livremente alugando sua força de trabalho, se julgassem necessário ou oportuno.

(E) ocasional entre índios e negros escravizados nas regiões canavieiras, quando, durante os muitos meses de ócio nos períodos de entressafra, eram enviados a Salvador para aprenderem ofícios e venderem suas habilidades.

A única assertiva que traz a forma de trabalho escravo que foi descrito na questão é a "D".

Gabarito "D".

23. Direito Agrário

Wander Garcia e Henrique Subi

1. CONCEITOS E PRINCÍPIOS DO DIREITO AGRÁRIO[1]

(Procurador do Estado – PGE/MT – FCC – 2016) O direito de propriedade de bem imóvel rural:

(A) é absoluto, não se submetendo a qualquer tipo de controle estatal.

(B) deve ser exercido de acordo com sua função social, que se traduz na obrigação de repartição do ganho auferido com a produção do imóvel rural.

(C) não se relaciona com a função social da propriedade rural.

(D) encontra seu contorno jurídico estabelecido pela função social da propriedade.

(E) deve priorizar a propriedade coletiva.

A: incorreta. Toda propriedade deve atender a sua função social (art. 5º, XXIII, da CF). No caso dos imóveis rurais, isso implica o atendimento de padrões mínimos, dentre outros, de produtividade e respeito ao meio ambiente (art. 186 da CF); **B:** incorreta. Tal preceito não se inclui dentre aqueles listados como parte da função social da propriedade rural no art. 186 da CF; **C:** incorreta, nos termos do comentário à alternativa "A"; **D:** correta, nos termos dos arts. 5º, XXIII, e 186 da CF; **E:** incorreta. Não há qualquer determinação legal ou constitucional nesse sentido. **HS**

Gabarito "D"

2. USUCAPIÃO ESPECIAL RURAL

(Procurador do Estado/MT – FCC – 2011) Sobre a usucapião especial rural prevista no artigo 191 da Constituição Federal, é correto afirmar:

(A) É modo derivado de aquisição da propriedade rural.

(B) É modo originário de aquisição da propriedade rural não superior a 50 hectares, bastando transcurso de lapso temporal ininterrupto de 5 anos, justo título e boa-fé.

(C) É modo derivado de aquisição da propriedade rural não superior a 50 hectares, bastando transcurso de lapso temporal ininterrupto de 5 anos, justo título e boa-fé.

(D) É modo originário de aquisição da propriedade rural não superior a 50 hectares, bastando transcurso de lapso temporal ininterruptos de 5 anos sem oposição.

(E) É modo originário de aquisição da propriedade rural não superior a 50 hectares, bastando o exercício de posse ininterrupta e sem oposição por 5 anos, tornando a área produtiva por seu trabalho ou de sua família, tendo nela sua moradia e não sendo proprietário de imóvel rural ou urbano.

A: incorreta, pois a usucapião é modo originário de aquisição de propriedade; **B** a **D:** incorretas; **E:** correta (art. 191 da CF).

Gabarito "E"

3. AQUISIÇÃO E USO DA PROPRIEDADE E DA POSSE RURAL

(Procurador do Estado/MT – FCC – 2011) É correto afirmar sobre a aquisição de imóvel rural no território nacional por estrangeiros:

(A) Os portugueses não possuem igualdade de condições com os brasileiros no que tange à aquisição de terras no território nacional.

(B) Apenas as terras de fronteira possuem restrições para a aquisição por estrangeiros.

(C) Os estrangeiros residentes no Brasil e as pessoas jurídicas estrangeiras autorizadas a funcionar no Brasil podem adquirir terras no território nacional.

(D) As restrições impostas ao estrangeiro com relação aos bens imóveis referem-se apenas a sua aquisição.

(E) A aquisição de imóvel rural por estrangeiros far-se-á por instrumento diverso da escritura pública.

A: incorreta, pois aos portugueses com residência no país, se houver reciprocidade em favor de brasileiros, serão atribuídos os direitos inerentes ao brasileiro, salvo os casos previstos na Constituição Federal (art. 12, § 1º, da CF); **B:** incorreta, pois essa restrição não se limita às terras de fronteiras (art. 1º, *caput*, da Lei 5.709/71); **C:** correta, pois a afirmativa reflete o disposto na Lei 5.709/71; **D:** incorreta, pois as restrições referem-se à aquisição e arrendamento; **E:** incorreta, pois a aquisição far-se-á necessariamente por escritura pública (art. 8º da Lei 5.709/71).

Gabarito "C"

4. DESAPROPRIAÇÃO PARA A REFORMA AGRÁRIA

(Procurador do Estado/MT – FCC – 2011) Em relação à reforma agrária é INCORRETO afirmar:

(A) Toda pequena e média propriedade rural são insuscetíveis de desapropriação para fins de reforma agrária.

(B) A propriedade rural improdutiva que não cumprir sua função social poderá ser desapropriada para fins de reforma agrária.

(C) A competência para desapropriar para fins de reforma agrária é exclusiva da União.

(D) Na desapropriação para fins de reforma agrária, a indenização será prévia e justa em títulos da dívida agrária, com cláusula de preservação do valor real, resgatáveis no prazo de até 20 anos, a partir do segundo ano de sua emissão.

(E) As benfeitorias úteis e necessárias serão indenizadas em dinheiro.

A: incorreta, pois são insuscetíveis de desapropriação para fins de reforma agrária toda pequena e média propriedade rural, *desde que o proprietário não possua outra* (art. 185, I, da CF); **B:** correta (art. 184, *caput*, e 185, II, ambos da CF); **C:** correta (art. 184, *caput*,

[1] **HS** questões comentadas por: **Henrique Subi.**

da CF); **D:** correta (art. 184, *caput*, da CF); **E:** correta (art. 184, § 1º, da CF).

Gabarito "A".

5. CONTRATOS AGRÁRIOS

(Procurador do Estado – PGE/MT – FCC – 2016) Os contratos agrários, segundo a Lei Federal nº 4.947, de 06 de abril de 1966,

(A) regulam-se pelos princípios gerais que regem os contratos administrativos.

(B) estabelecem proteção social e econômica aos arrendantes.

(C) regulam-se pelos princípios gerais que regem os contratos de direito comum no que concerne ao acordo de vontade e ao objeto.

(D) admitem a renúncia do arrendatário ou do parceiro não proprietário de direitos ou vantagens estabelecidos em leis ou regulamentos.

(E) são considerados, por si só, títulos executivos extrajudiciais dotados de preferência executória.

A: incorreta. Os princípios aplicáveis aos contratos agrários são os mesmos do direito privado (art. 13 da Lei 4.947/1966); **B:** incorreta. As normas visam a proteger os arrendatários (art. 13, V, da Lei 4.947/1966); **C:** correta, nos termos do art. 13, "caput", da Lei 4.947/1966; **D:** incorreta. A proibição à renúncia de direitos pelos arrendatários e parceiros está expressa no art. 13. IV, da Lei 4.947/1966; **E:** incorreta. Não há qualquer preferência prevista na legislação.

Gabarito "C".

6. TERRAS DEVOLUTAS

(Procurador do Estado/MT – FCC – 2011) É correto afirmar sobre discriminação de terras devolutas:

(A) Apenas pode ser feita por meio judicial.

(B) Seu fundamento jurídico é o domínio eminente que o Estado detém sobre todas as terras que estão situadas no território nacional, originariamente públicas, fato este que lhe outorga o poder de identificar suas terras devolutas.

(C) A ação discriminatória não pode ser realizada de maneira generalizada em determinadas regiões previamente selecionadas ou em Municípios.

(D) Compete exclusivamente à União promover ação discriminatória.

(E) Depois de verificada a condição de terra devoluta na ação discriminatória, o autor deverá ajuizar ação demarcatória.

A: incorreta. O processo discriminatório poderá ser administrativo ou judicial, nos termos do art. 1º, parágrafo único, da Lei nº 6.383/76; **B:** correta. São terras devolutas, nos termos do art. 5º do Decreto-lei nº 9.760/46, os imóveis rústicos de natureza pública sem destinação específica, que nunca integraram o patrimônio particular ou foram devolvidas ao Estado; **C:** incorreta. É possível a medida generalizada em determinadas regiões previamente selecionadas; **D:** incorreta. No âmbito estadual, as ações discriminatórias serão propostas pelo órgão indicativo nas respectivas leis de organização judiciária; **E:** incorreta. A ação discriminatória abrange a demarcação das terras (art. 22 da Lei nº 6.383/76).

Gabarito "B".

7. TERRENAS INDÍGENAS E QUILOMBOLAS

(Procurador do Estado – PGE/MT – FCC – 2016) São terras tradicionalmente ocupadas pelos índios:

(A) as por eles habitadas em caráter permanente, as utilizadas para suas atividades produtivas, as imprescindíveis à preservação dos recursos ambientais necessários a seu bem-estar e as necessárias à sua reprodução física e cultural, segundo seus usos, costumes e tradições.

(B) as por eles habitadas em caráter permanente ou provisório, as utilizadas para suas atividades produtivas, as imprescindíveis à preservação dos recursos ambientais necessários a seu bem-estar e as necessárias à sua reprodução física e cultural, segundo seus usos, costumes e tradições.

(C) apenas aquelas por eles utilizadas para suas atividades produtivas e para moradia.

(D) as por eles habitadas em caráter provisório e as utilizadas para suas atividades produtivas.

(E) as terras declaradas por portaria da Fundação Nacional do Índio.

Nos termos do art. 231, § 1º, da CF, são terras tradicionalmente ocupadas pelos índios "as por eles habitadas em caráter permanente, as utilizadas para suas atividades produtivas, as imprescindíveis à preservação dos recursos ambientais necessários a seu bem-estar e as necessárias a sua reprodução física e cultural, segundo seus usos, costumes e tradições." HS

Gabarito "A".

(Procurador do Estado – PGE/MT – FCC – 2016) Aos remanescentes das comunidades dos quilombos que estejam ocupando suas terras é:

(A) reconhecida a posse definitiva, devendo o Estado emitir-lhes os títulos respectivos.

(B) reconhecida a propriedade definitiva, devendo o Estado emitir-lhes os títulos respectivos.

(C) reconhecida a propriedade individual de cada família, devendo o Estado criar programas de incentivo para a aquisição onerosa do título de propriedade.

(D) reconhecida a propriedade, impondo-se às famílias a criação de uma associação para promover a aquisição, a título oneroso, do território.

(E) assegurado o direito de preferência na aquisição do território.

O art. 68 do ADCT garante aos remanescentes dos antigos quilombos que estejam ocupando suas terras a propriedade definitiva, cabendo ao Estado emitir-lhes os respectivos títulos. HS

Gabarito "B".

(Procurador do Estado/MT – FCC – 2011) Assinale a alternativa correta sobre as terras tradicionalmente ocupadas pelos índios.

(A) São de domínio da União.

(B) As riquezas do solo são de usufruto da FUNAI, que possui a obrigação legal de reparti-las.

(C) É vedado o aproveitamento do potencial energético em terra indígena.

(D) É permitida a remoção definitiva dos grupos indígenas de suas terras, desde que haja autorização do Congresso Nacional, em caso de relevante interesse público.

(E) É válida a alienação de terras indígenas, desde que o grupo esteja adaptado à cultura branca e assistido pela FUNAI.

A: correta (art. 20, XI, da CF); **B:** incorreta, pois as riquezas do solo das terras tradicionalmente ocupadas pelos índios são de usufruto exclusivo dos índios (art. 231, § 2º, da CF); **C:** incorreta, pois não é vedado o aproveitamento do potencial energético em terra indígena (art. 231, § 3º, da CF); **D:** incorreta, pois é vedada a remoção dos grupos indígenas de suas terras, salvo, "ad referendum" do Congresso Nacional, em caso de catástrofe ou epidemia que ponha em risco sua população, ou no interesse da soberania do País, após deliberação do Congresso Nacional, garantido, em qualquer hipótese, o retorno imediato logo que cesse o risco (art. 231, § 5º, da CF); **E:** incorreta, pois as terras ocupadas tradicionalmente pelos índios são inalienáveis (art. 231, § 4º, da CF).

Gabarito "A"

8. OUTROS TEMAS E TEMAS COMBINADOS

(Procurador do Estado – PGE/MT – FCC – 2016) A posse agrária originária:

(A) está presente nos contratos agrários de arrendamento.

(B) está presente nos contratos agrários de parceria.

(C) não se diferencia da posse civil.

(D) acarretará a perda da propriedade pela desapropriação para fins de reforma agrária, se exercida com um dos vícios da posse.

(E) gera a aquisição da propriedade por meio da usucapião especial rural.

A e **B**: incorretas. Posse agrária originária é aquela que não decorre de outra anterior, como na usucapião. Posses adquiridas por meio de contratos são classificadas como derivadas; **C:** incorreta. A posse civil tem caráter individual, bastando o exercício de qualquer dos poderes inerentes ao domínio (art. 1.196 do CC). Já a posse agrária tem caráter social e econômico, porque demanda o exercício de atividades agrárias na propriedade, assim entendidas como aquelas destinadas a aumentar seu aproveitamento econômico; **D:** incorreta. Como já dito, a posse agrária originária é aquela que não decorre de outra, pela qual o possuidor exerce atividade agrária na propriedade. Se há aproveitamento racional e adequado do imóvel rural, não há que se falar em desapropriação para fins de reforma agrária; **E:** correta, consoante todos os comentários anteriores. HS

Gabarito "E"

24. Administração Pública

Robinson Barreirinhas

1. PRINCÍPIOS E TEORIAS[1]

(Técnico Judiciário – TRT11 – FCC – 2017) A atuação da Administração é pautada por determinados princípios, alguns positivados em âmbito constitucional ou legal e outros consolidados por construções doutrinárias. Exemplo de tais princípios são a tutela ou controle e a autotutela, que diferem entre si nos seguintes aspectos:

(A) a autotutela é espontânea e se opera de ofício, enquanto a tutela é exercida sempre mediante provocação do interessado ou de terceiros prejudicados.

(B) a autotutela se dá no âmbito administrativo, de ofício pela Administração direta ou mediante representação, e a tutela é exercida pelo Poder Judiciário.

(C) ambas são exercidas pela própria Administração, sendo a tutela expressão do poder disciplinar e a autotutela do poder hierárquico.

(D) a tutela decorre do poder hierárquico e a autotutela é expressão da supremacia do interesse público fundamentando o poder de polícia.

(E) é através da tutela que a Administração direta exerce o controle finalístico sobre entidades da Administração indireta, enquanto pela autotutela exerce controle sobre seus próprios atos.

A: incorreta, pois a tutela, exercida pela administração direta sobre entidades da administração indireta, pode ser por representação, reclamação, mas também de ofício; **B:** incorreta, pois a tutela é controle finalístico exercido pela administração direta sobre entidades da administração indireta; **C:** incorreta, pois a tutela é controle finalístico, conforme comentários anteriores, não disciplinar; **D:** incorreta, pois o poder hierárquico se refere especialmente à autotutela, exercido internamente pela administração direta; **E:** correta, conforme comentários anteriores. RB

Gabarito "E"

2. GESTÃO E LIDERANÇA

(Técnico Judiciário – TRT11 – FCC – 2017) Nas últimas décadas, a Administração pública vem buscando a excelência nos serviços públicos, fazendo uso de conceitos, metodologias e ferramentas consagradas, com vistas a atingir o grau ótimo de prestação de serviços ao cidadão. Nesse contexto, o modelo criado pela Fundação Nacional da Qualidade – FNQ desenvolveu critérios de excelência

(A) correspondentes às melhores práticas importadas de organizações modelo, entre as quais o aprendizado organizacional

(B) que representam o grau de maturidade dos colaboradores, entre os quais se inclui o pensamento sistêmico.

(C) que permitem medir o grau de excelência da organização, entre os quais se incluem estratégias e planos.

(D) utilizados exclusivamente para obtenção de certificação de acordo com a pontuação atribuída a cada um de seus itens.

(E) consistentes em insumos para aplicação de métodos de gerenciamento de processos, objetivando a otimização dos recursos materiais e humanos disponíveis na organização.

A: incorreta, pois o modelo de excelência da gestão – MEG, da FNQ, não é baseado ou orientado a determinada organização, sendo modelo de referência e aprendizagem, aplicável a qualquer tipo de organização – ver na página www.fnq.org.br; **B:** incorreta, pois, embora o pensamento sistêmico seja um dos fundamentos da excelência, não se refere ao grau de maturidade dos colaboradores, mas sim à inter-relação e interdependência entre os diversos componentes da organização; **C:** correta, pois os sistemas de medição são essenciais no MEG; **D:** incorreta, pois a obtenção de certificação pode ser um reflexo da aplicação do MEG, não seu objetivo; **E:** incorreta, pois não se reduz à metodologia para gerenciamento de processos, focando diversos outros aspectos da organização, incluindo pensamento sistêmico, aprendizado organizacional, liderança transformadora, adaptabilidade etc. RB

Gabarito "C"

(Técnico Judiciário – TRT11 – FCC – 2017) No que diz respeito à gestão por projetos, é importante ter em mente que nem todas as atividades desenvolvidas por uma organização correspondem a um projeto. Para que possam ser assim enquadradas devem ostentar algumas características, entre as quais:

I. Singularidade, na medida em que todo o produto ou serviço gerado por um projeto se distingue de outros.

II. Prioridade, eis que o projeto é sempre ligado aos indicadores de planejamento estratégico.

III. Temporalidade, pois todo projeto possui início e fim definidos.

Está correto o que se afirma APENAS em

(A) I e III.

(B) I e II.

(C) II e III.

(D) III.

(E) II.

Projeto é sempre um esforço temporário (com prazo definido) e distinto das atividades regulares da organização, desenvolvido por etapas, e do qual resulta um produto, serviço ou outro resultado singular, distinto de outros realizados anteriormente. Por essa razão, apenas as assertivas I e III são corretas. RB

Gabarito "A"

---

[1] RB questões comentadas por: **Robinson Barreirinhas.**

25. Administração Financeira e Orçamentária

Robinson Barreirinhas

1. LEI ORÇAMENTÁRIA ANUAL - LOA

(Técnico Judiciário – TRT11 – FCC – 2017) O gestor de uma entidade do Poder Judiciário Federal

(A) pode propor emendas à Lei Orçamentária Anual, desde que indique que os recursos necessários serão provenientes de operações de crédito.

(B) pode encaminhar a Lei Orçamentária Anual referente ao Poder Judiciário destacadamente da Lei Orçamentária Anual do Poder Executivo para aprovação pelo Poder Legislativo.

(C) pode realizar a despesa orçamentária com construção de um prédio, cujo prazo de execução é superior a dois anos, desde que compatível com o Plano Plurianual e a Lei de Diretrizes Orçamentárias.

(D) deve inserir um dispositivo com a autorização para a abertura de créditos adicionais especiais e para a contratação de operação de crédito por antecipação da receita orçamentária na Lei Orçamentária Anual.

(E) deve abrir créditos adicionais extraordinários para reforçar uma dotação já existente para despesas com Outros Serviços de Terceiros – Pessoa Jurídica.

A: incorreta, pois compete ao chefe do Executivo propor modificações no projeto da lei orçamentária anual, no prazo fixado no art. 166, § 5º, da CF; **B:** incorreta, pois os Tribunais elaboram suas propostas orçamentárias, dentro dos limites estipulados conjuntamente com os demais Poderes na LDO e encaminham para a consolidação pelo Executivo (art. 99, § 1º, da CF). É sempre o chefe do Executivo que envia o projeto de lei ao Legislativo (o Judiciário, o MP e a Defensoria jamais enviam a proposta diretamente ao Legislativo); **C:** correta, considerando que o gestor é ordenador da despesa, tendo competência para executar a correspondente rubrica orçamentária, lembrando que os investimentos (caso de obras) cuja execução ultrapasse um exercício financeiro devem estar incluídos no PPA, ou em lei que autorize a inclusão, sob pena de crime de responsabilidade – art. 167, § 1º, da CF; **D:** incorreta, até porque a LOA não pode conter autorização para abertura de crédito adicional especial, mas apenas de créditos adicionais suplementares – art. 165, § 8º, da CF; **E:** incorreta, pois os créditos extraordinários somente podem ser abertos por decreto do Executivo – art. 44 da Lei 4.320/1964, lembrando que o art. 167, § 3º, da CF refere-se a medida provisória e, efetivamente, é esse o instrumento utilizado pela União. RB

Gabarito "C".

2. DESPESAS E RECEITAS

(Técnico Judiciário – TRT11 – FCC – 2017) Em um Tribunal Regional do Trabalho, as

(A) despesas com telefone e material de expediente são despesas de capital.

(B) despesas com a aquisição de um terreno para a construção de um prédio são classificadas como investimentos.

(C) despesas com passagens e diárias são classificadas como inversões financeiras.

(D) receitas com a alienação de bens móveis são classificadas como receitas correntes.

(E) receitas de prestação de serviços são classificadas como receitas de capital.

A: incorreta, pois as despesas do dia a dia das repartições, necessárias para o funcionamento do serviço público, são despesas de custeio, espécie de despesa corrente, não de capital – art. 12, § 1º, da Lei 4.320/1964; **B:** correta – art. 12, § 4º, da Lei 4.320/1964; **C:** incorreta, pois são despesas correntes. Inversões financeiras são relativas a (i) aquisição de imóveis, ou de bens de capital já em utilização, (ii) aquisição de títulos representativos do capital de empresas ou entidades de qualquer espécie, já constituídas, quando a operação não importe aumento do capital ou (iii) constituição ou aumento do capital de entidades ou empresas que visem a objetivos comerciais ou financeiros, inclusive operações bancárias ou de seguros – art. 12, § 5º, da Lei 4.320/1964; **D:** incorreta, pois a receita decorrente de alienação de imóvel é receita de capital – art. 11, § 2º, da Lei 4.320/1964; **E:** incorreta, pois são receitas correntes – art. 11, § 1º, da Lei 4.320/1964. RB

Gabarito "B".

RB questões comentadas por: **Robinson Barreirinhas.**

26. Regimento Interno e Legislação Local

Leni Mouzinho Soares

(Técnico Judiciário – TRE/SP – FCC – 2017) Em uma situação hipotética, Gabriela, juíza de direito, escolhida e nomeada para integrar o Tribunal Regional Eleitoral de São Paulo – TRE-SP, serviu por dois biênios consecutivos. De acordo com o Regimento Interno do Tribunal Regional Eleitoral de São Paulo, em regra, após servir por dois biênios consecutivos, Gabriela;

(A) não poderá voltar a integrar o TRE-SP na mesma classe ou em classe diversa, salvo se transcorridos dois anos do término do segundo biênio.
(B) não poderá voltar a integrar o TRE-SP na mesma classe ou em classe diversa, salvo se transcorridos cinco anos do término do segundo biênio.
(C) poderá voltar a integrar o TRE-SP em classe diversa imediatamente, havendo restrição apenas para integrar a mesma classe.
(D) poderá voltar a integrar, imediatamente, o TRE-SP na mesma classe ou em classe diversa não havendo restrição.
(E) não poderá voltar a integrar o TRE-SP na mesma classe ou em classe diversa, salvo se transcorridos três anos do término do segundo biênio.

A: correta – Nenhum Juiz efetivo poderá voltar a integrar o Tribunal, na mesma classe ou em classe diversa, após servir por dois biênios consecutivos, salvo se transcorridos dois anos do término do segundo biênio (Art. 8º do Regimento Interno do TRE-SP); **B**, **C** e **D:** incorretas, de acordo com art. 8º, *caput*, do RI-TRE/SP. LM

Gabarito "A"

(Técnico Judiciário – TRE/SP – FCC – 2017) Com relação à ordem de serviço no Tribunal, considere:

I. Nos processos de *habeas corpus*, mandado de segurança e medida cautelar se, a qualquer título, ocorrer afastamento do Relator por mais de três dias e, nos demais feitos, por prazo superior a quinze dias, serão eles redistribuídos ao seu substituto ou, na falta deste, aos demais Juízes, mediante oportuna compensação.
II. Em caso de vaga, o novo Juiz funcionará como Relator dos feitos já distribuídos a seu antecessor, devendo a Secretaria proceder à redistribuição, mediante despacho fundamentado.
III. Independem de distribuição, competindo ao Presidente encaminhar à apreciação do Tribunal, dentre outros, os expedientes relativos à designação de Juízes Eleitorais e à nomeação de auxiliares eleitorais, para compor as Mesas Receptoras e as Juntas Eleitorais.
IV. Independem de distribuição, competindo ao Presidente encaminhar à apreciação do Tribunal, dentre outros, o expediente relativo à requisição de força policial necessária ao cumprimento da lei e das decisões do Tribunal, solicitando, quando necessário, ao Tribunal Superior a requisição de força federal.

De acordo com o Regimento Interno do TRE-SP, está correto o que consta APENAS em

(A) I e IV.
(B) I, II e III.
(C) II, III e IV.
(D) I, III e IV.
(E) II e III.

As afirmativas I, III e IV são verdadeiras. **I:** correta – art. 41 do RI-TRE/SP; **II:** incorreta – a redistribuição independe de despacho (art. 43 do RI-TRE/SP); **III** e **IV:** corretas – art. 46 do RI-TRE/SP. LM

Gabarito "D"

Atenção: Para responder às questões abaixo, considere a Portaria 214/2015, que institui o Código de Ética dos Servidores do Tribunal Regional Eleitoral de São Paulo.

(Técnico Judiciário – TRE/SP – FCC – 2017) Quando da concessão de audiências ou por ocasião de reuniões com particulares, o servidor deve,

(A) obrigatoriamente, fazer-se acompanhar de, pelo menos, um outro servidor público.
(B) preferencialmente, fazer-se acompanhar de, pelo menos, um outro servidor público.
(C) preferencialmente, fazer-se acompanhar de, pelo menos, dois outros servidores públicos.
(D) realizar o atendimento sozinho, mas comunicar, imediatamente, o teor da audiência ou reunião a seu superior hierárquico.
(E) obrigatoriamente, fazer-se acompanhar de seu superior hierárquico.

A, C, D e **E:** incorretas – não é obrigatório o acompanhamento de outro servidor, mas, sim, preferencial. Tampouco na companhia de seu superior hierárquico (art. 18 da Portaria 214/2015); **B:** correta – art. 18 da Portaria 214/2015. LM

Gabarito "B"

(Técnico Judiciário – TRE/SP – FCC – 2017) Considere:

I. A participação do servidor em atividades externas poderá suscitar conflito de interesses.
II. As atividades externas de interesse pessoal não poderão ser exercidas em prejuízo das atividades normais inerentes ao cargo.
III. Depende de prévia autorização a participação em eventos de interesse pessoal, não enquadrada na condição de ativa, ainda que fora do horário de expediente.
IV. Quando a participação do servidor em atividades externas for de interesse institucional, é vedada, em qualquer hipótese, a cobertura pelo promotor ou patrocinador do evento, de despesas decorrentes da participação do servidor indicado pelo TRE-SP.

LM questões comentadas por: **Leni Mouzinho Soares.**

Nos termos do Código de Ética dos Servidores do TRE-SP, é correto o que consta APENAS em

(A) I e III.

(B) II e IV.

(C) III e IV.

(D) I.

(E) II.

I: incorreta – em hipótese alguma a participação do servidor em atividades externas poderá suscitar conflito de interesses (art. 20, § 1°, da Portaria 214/2015); **II**: correta – art. 20, § 2°, da Portaria n° 214/2015; **III**: incorreta – independe de prévia autorização (art. 20, § 5°); **IV**: incorreta – porque o dispositivo prevê exceções (art. 21 da Portaria 214/2015). Portanto, a alternativa "E" é a correta, porque apenas a assertiva II é verdadeira.

Gabarito "E".

Atenção: Para responder às questões abaixo, considere a Resolução 367/2016 que estabelece o Plano Estratégico do Tribunal Regional Eleitoral de São Paulo.

(Técnico Judiciário – TRE/SP – FCC – 2017) Para a elaboração do Plano Estratégico do Tribunal Regional Eleitoral de São Paulo, utilizou-se a metodologia BSC – *Balanced Scorecard* – que aloca os diversos objetivos estratégicos (macrodesafios) em perspectivas de análise. Nesse caso, as perspectivas são

(A) Processos Internos, Sociedade e Eleitorado.

(B) Receitas, Processos Externos e Cidadania.

(C) Recursos, Processos Externos e Governança.

(D) Receitas, Processos Internos e Governança.

(E) Recursos, Processos Internos e Sociedade.

As perspectivas estão definidas no Anexo I da Resolução 367/2016, sendo elas: os recursos, processos internos e a sociedade.

Gabarito "E".

(Técnico Judiciário – TRE/SP – FCC – 2017) No tocante ao Mapa Estratégico, *"Consolidar a credibilidade da Justiça Eleitoral, especialmente quanto à efetividade, transparência e segurança"* trata-se especificamente

(A) da visão.

(B) dos valores.

(C) da missão.

(D) do objetivo a consolidar.

(E) do objetivo consolidado.

A visão do Mapa Estratégico é "Consolidar a credibilidade da Justiça Eleitoral, especialmente quanto à efetividade, transparência e segurança", enquanto que a missão é de "Garantir a legitimidade do processo eleitoral"; e os valores são: "Ética, Transparência, Comprometimento, Acessibilidade, Modernidade e Responsabilidade Social" (Anexo I da Resolução 367/2016).

Gabarito "A".

27. Direitos das Pessoas com Deficiência

Ana Paula Garcia

(Técnico Judiciário – TRT24 – FCC – 2017) Em 2015 foi aprovada lei que prevê diversos direitos para pessoas que tenham "impedimento de longo prazo de natureza física, mental, intelectual ou sensorial, o qual, em interação com uma ou mais barreiras, pode obstruir sua participação plena e efetiva na sociedade em igualdade de condições com as demais pessoas". O enunciado se refere à

(A) Lei 10.048, que dá prioridade de atendimento às pessoas com deficiência.

(B) Lei 11.126, que dispõe sobre o direito do portador de deficiência visual de ingressar e permanecer em ambientes de uso coletivo acompanhado de cão-guia.

(C) Lei 10.098, que estabelece normas gerais e critérios básicos para a promoção da acessibilidade das pessoas com deficiência ou com mobilidade reduzida.

(D) Constituição da República Federativa do Brasil.

(E) Lei 13.146, que institui o Estatuto da Pessoa com Deficiência.

O enunciado refere-se à Lei 13.146, de 06 de julho de 2015, que dispõe em seu art. 2º: "Art. 2º Considera-se pessoa com deficiência aquela que tem impedimento de longo prazo de natureza física, mental, intelectual ou sensorial, o qual, em interação com uma ou mais barreiras, pode obstruir sua participação plena e efetiva na sociedade em igualdade de condições com as demais pessoas." AG

Gabarito "E"

(Técnico Judiciário – TRT24 – FCC – 2017) Sobre o "Símbolo Internacional de Surdez", a legislação brasileira determina que

(A) é permitido modificar ou adicionar ao símbolo outros elementos além do desenho reproduzido pela lei, a depender de seu local de fixação.

(B) o símbolo deverá ser colocado, obrigatoriamente, em todos os locais que possibilitem acesso, circulação e utilização por pessoas com deficiência auditiva.

(C) é lícita a utilização do símbolo para outras finalidades para além dos interesses do deficiente auditivo.

(D) é vedado o uso do símbolo para identificar veículos conduzidos por deficiente auditivo, pois tal conduta é discriminatória.

(E) é proibida a reprodução do símbolo em publicações e outros meios de comunicação relevantes para os interesses do deficiente auditivo.

A: incorreta, pois NÃO é permitida a modificação ou adição ao desenho, nos termos do art. 2º da Lei 8.160/1991; **B:** correta, pois a assertiva descreve o disposto no art. 1º da Lei 8.160/1991; **C:** incorreta, pois é proibida a utilização do símbolo para outras finalidades (art. 3º da Lei 8.160/1991); **D:** incorreta, pois a utilização de adesivos no carro com o símbolo internacional de surdez não é proibida, nos termos do art. 3º, parágrafo único, da Lei 8.160/1991; **E:** incorreta, pois não é proibida a reprodução do símbolo para o interesse do deficiente auditivo, nos termos da legislação já mencionada. AG

Gabarito "B"

(Técnico Judiciário – TRT24 – FCC – 2017) Contempla todas as pessoas que têm assegurado por lei o direito ao atendimento prioritário em uma repartição pública:

(A) pessoas com deficiência, idosos com idade igual ou superior a 60 anos, as gestantes, as lactantes, as pessoas com crianças de colo e os obesos.

(B) pessoas com deficiência, idosos com idade igual ou superior a 70 anos, as gestantes, as lactantes, as pessoas com crianças de colo e os obesos.

(C) pessoas com deficiência, idosos com idade igual ou superior a 60 anos, as gestantes, as lactantes e as pessoas com crianças de colo.

(D) pessoas com deficiência e idosos com idade igual ou superior a 70 anos.

(E) pessoas com deficiência, idosos com idade igual ou superior a 60 anos e as gestantes.

De acordo com o art. 1º da Lei 10.048/2000, "as pessoas com deficiência, os idosos com idade igual ou superior a 60 (sessenta) anos, as gestantes, as lactantes, as pessoas com crianças de colo e os obesos terão atendimento prioritário", que traduz o disposto na assertiva A, e por isso deve ser assinalada como correta. AG

Gabarito "A"

(Técnico Judiciário – TRT11 – FCC – 2017) Ao estabelecer as categorias de deficiência, o Decreto 5.296/2004 dispõe que

(A) paraparesia e monoparesia são formas de deficiência mental.

(B) lazer não é considerado área de habilidade adaptativa para fins de caracterização da deficiência mental.

(C) a pessoa pode ser considerada portadora de mobilidade reduzida desde que causada por fatores temporários apenas.

(D) a pessoa é considerada deficiente mental se possuir limitações associadas a todas as áreas de habilidades adaptativas.

(E) o funcionamento intelectual significativamente inferior à média deve se manifestar até os 18 anos para que seja caracterizada a deficiência mental.

A: incorreta, pois a paraparesia e a monoparesia são formas de deficiência física (art. 5º, § 1º, I, a, do Decreto 5.296/2004); **B:** incorreta, pois lazer é considerado área de habilidade adaptativa para fins de caracterização de deficiência mental (art. 5º, § 1º, I, d, 7, do Decreto 5.296/2004); **C:** incorreta, pois a mobilidade reduzida pode ser também permanente (art. 5º, § 1º, II, do Decreto 5.296/2004); **D:** incorreta, pois basta que seja associada a duas ou mais áreas de habilidades adaptativas (art. 5º, § 1º, I, d, do Decreto 5.296/2004); **E:** correta, nos termos do art. 5º, § 1º, I, d, do Decreto 5.296/2004. AG

Gabarito "E"

(Técnico Judiciário – TRT11 – FCC – 2017) O Decreto 3.298/1999, que regulamenta normas relativas à Política Nacional para a Integração da Pessoa Portadora de Deficiência, no que se refere ao acesso ao trabalho, estabelece que

---

AG questões comentadas por: **Ana Paula Garcia.**

(A) a inserção da pessoa portadora de deficiência no mercado de trabalho ou sua incorporação ao sistema produtivo através de regime especial de trabalho protegido não pode ser feita através da contratação das cooperativas sociais.

(B) as entidades beneficentes de assistência social, na forma da lei, poderão intermediar a colocação competitiva.

(C) a oficina protegida de produção é caracterizada pela relação de dependência com entidade pública ou beneficente de assistência social.

(D) a inserção laboral da pessoa portadora de deficiência por meio do processo de contratação regular, nos termos da legislação trabalhista e previdenciária, que independe da adoção de procedimentos especiais para sua concretização, não sendo excluída a possibilidade de utilização de apoios especiais, é denominada colocação seletiva.

(E) a inserção laboral da pessoa portadora de deficiência não pode ser feita por meio de promoção do trabalho por conta própria.

A: incorreta, pois a inserção, nos casos de deficiência grave ou severa, pode ser efetivada mediante a contratação das cooperativas sociais (art. 34, parágrafo único, do Decreto 3.298/1999); **B:** incorreta, pois as entidades beneficentes de assistência social só poderão intermediar a modalidade de inserção laboral pela colocação seletiva ou por promoção do trabalho por conta própria (art. 35, § 1°, do Decreto 3.298/1999); **C:** correta, pois reflete o disposto no art. 35, § 4°, do Decreto 3.298/1999: "considera-se oficina protegida de produção a unidade que funciona em relação de dependência com entidade pública ou beneficente de assistência social, que tem por objetivo desenvolver programa de habilitação profissional para adolescente e adulto portador de deficiência, provendo-o com trabalho remunerado, com vista à emancipação econômica e pessoal relativa."; **D:** incorreta, pois a colocação seletiva depende da adoção de procedimentos e apoios especiais para sua concretização (art. 35, II, do Decreto 3.298/1999); **E:** incorreta, pois a inserção pode ser feita pela promoção do trabalho por conta própria (art. 35, III, do Decreto 3.298/1999). AG

Gabarito "C"

(Técnico Judiciário – TRT20 – FCC – 2016) De acordo com os conceitos previstos no Estatuto da Pessoa com Deficiência – Lei13.146/2015, é correto afirmar:

(A) Considera-se pessoa com deficiência aquela que tem impedimento de longo prazo de natureza física, mental ou sensorial, excluídos os impedimentos de ordem intelectual.

(B) Acompanhante é aquele que acompanha a pessoa com deficiência, podendo ou não desempenhar as funções de atendente pessoal.

(C) Tecnologia assistiva ou ajuda técnica são aquelas que dificultam ou impedem o acesso da pessoa com deficiência às tecnologias.

(D) Residências inclusivas são moradias com estruturas adequadas capazes de proporcionar serviços de apoio coletivos e individualizados que respeitem e ampliem o grau de autonomia de jovens e adultos com deficiência.

(E) Barreiras arquitetônicas são aquelas existentes nas vias e nos espaços públicos e privados abertos ao público ou de uso coletivo.

A: incorreta, pois de acordo com o disposto no art. 2° da Lei 13.146/2015: "Considera-se pessoa com deficiência aquela que tem impedimento de longo prazo de natureza física, mental, intelectual ou sensorial, o qual, em interação com uma ou mais barreiras, pode obstruir sua participação plena e efetiva na sociedade em igualdade de condições com as demais pessoas."; **B:** correta, pois a assertiva descreve literalmente o art. 3°, inciso XIV, da Lei 13.146/2015, que dispõe que acompanhante é aquele que acompanha a pessoa com deficiência, podendo ou não desempenhar as funções de atendente pessoal; **C:** incorreta, pois dispõe o art. 3°, inciso III, da Lei 13.146/2015, que "tecnologia assistiva ou ajuda técnica: produtos, equipamentos, dispositivos, recursos, metodologias, estratégias, práticas e serviços que objetivem promover a funcionalidade, relacionada à atividade e à participação da pessoa com deficiência ou com mobilidade reduzida, visando à sua autonomia, independência, qualidade de vida e inclusão social; **D:** incorreta, pois dispõe o art. 3°, inciso X, da Lei 11.146/2015, que "residências inclusivas: unidades de oferta do Serviço de Acolhimento do Sistema Único de Assistência Social (Suas) localizadas em áreas residenciais da comunidade, com estruturas adequadas, que possam contar com apoio psicossocial para o atendimento das necessidades da pessoa acolhida, destinadas a jovens e adultos com deficiência, em situação de dependência, que não dispõem de condições de autossustentabilidade e com vínculos familiares fragilizados ou rompidos; **E:** incorreta, pois as barreiras arquitetônicas são aquelas existentes nos edifícios públicos e **privados** (art. 3°, IV, *b*, da Lei 11.146/2015). AG

Gabarito "B"

(Técnico Judiciário – TRT20 – FCC – 2016) De acordo com a Lei 10.098/2000 que estabelece normas gerais e critérios básicos para a promoção da acessibilidade das pessoas portadoras de deficiência ou com mobilidade reduzida, e dá outras providências, é correto afirmar:

(A) Todos os sanitários e lavatórios de uso público existentes ou a construir em parques, jardins e espaços livres públicos, deverão ser acessíveis e atender às especificações das normas técnicas da ABNT.

(B) Os centros comerciais e estabelecimentos congêneres devem fornecer carros e cadeiras de rodas, necessariamente motorizados, para o atendimento da pessoa com deficiência ou com mobilidade reduzida.

(C) Não cabe ao Poder Público implementar a formação de profissionais intérpretes em escrita braile, linguagem de sinais e guias-intérpretes para facilitar a comunicação direta à pessoa com deficiência sensorial e com dificuldade de comunicação.

(D) Em edifícios públicos, todos os acessos ao interior da edificação devem estar livres de barreiras arquitetônicas e de obstáculos que impeçam ou dificultem a acessibilidade de pessoa portadora de deficiência ou com mobilidade reduzida.

(E) As regras de acessibilidade se aplicam aos edifícios públicos e de uso coletivo, mas também existem regras impostas aos edifícios de uso privado em que seja obrigatória a instalação de elevadores ou edifícios com mais de um pavimento.

A: incorreta, pois a Lei não exige que todos os sanitários e lavatórios sejam acessíveis, mas exige pelo menos **UM** sanitário e lavatório acessíveis (art. 6° da Lei 10.098/2000); **B:** incorreta, pois os carros e cadeiras de rodas exigíveis **podem ou não ser motorizados** (art. 12-A da Lei 10.098/2000); **C:** incorreta, pois essa providência CABE ao Poder Público, nos termos do art. 18 da Lei 10.098/2000; **D:** incorreta, pois há necessidade de apenas UM acesso ao interior estar livre, nos termos do art. 11, parágrafo único, II, da Lei 10.098/2000; **E:** correta, nos termos do art. 13 da Lei 10.098/2000. AG

Gabarito "E"

(Técnico Judiciário – TRT20 – FCC – 2016) Carlos Eduardo tem deficiência mental e deseja se deslocar de Aracaju-SE para João Pessoa-PB. De acordo com a Lei 8.899/1994, Carlos Eduardo

(A) não tem assegurado o passe livre previsto pela lei mencionada, pois este se limita à pessoa com deficiência física.
(B) tem assegurado o passe livre no sistema de transporte coletivo interestadual, independente de comprovação de sua carência.
(C) tem assegurado o passe livre no sistema de transporte coletivo interestadual, desde que comprove a sua carência.
(D) não tem assegurado o passe livre previsto pela lei mencionada, pois este se limita ao sistema de transporte coletivo intermunicipal.
(E) tem assegurado o passe livre no sistema de transporte individual privado ou coletivo interestadual, desde que comprove a sua carência.

A alternativa C está correta pois o art. 1º da Lei 8.899/1994 dispões que: "É concedido passe livre às pessoas portadoras de deficiência, comprovadamente carentes, no sistema de transporte coletivo interestadual". AG

Gabarito "C"

Atenção: Para responder às questões abaixo, considere a Lei 13.146/2015 – Estatuto da Pessoa com Deficiência.

(Técnico Judiciário – TRE/SP – FCC – 2017) Os direitos relacionados ao atendimento prioritário da pessoa com deficiência, são extensivos ao acompanhante da pessoa com deficiência ou ao seu atendente pessoal, EXCETO, dentre outra hipótese, quanto

(A) à proteção e socorro em quaisquer circunstâncias.
(B) ao atendimento em todas as instituições e serviços de atendimento ao público.
(C) ao recebimento de restituição de imposto de renda.
(D) à disponibilização de pontos de parada, estações e terminais acessíveis de transporte coletivo de passageiros e garantia de segurança no embarque e no desembarque.
(E) ao acesso a informações e disponibilização de recursos de comunicação acessíveis.

A alternativa C deve ser assinalada, pois os direitos previstos são extensíveis ao acompanhante ou atendente pessoal da pessoa com deficiência, com **exceção** à prioridade na tramitação processual e nos procedimentos judiciais em que forem partes ou interessados e **recebimento de restituição de imposto de renda** (art. 9º, § 1º, da Lei 13.146/2015). AG

Gabarito "C"

(Técnico Judiciário – TRE/SP – FCC – 2017) A habilitação profissional pode ocorrer em empresas por meio de prévia formalização do contrato de emprego da pessoa com deficiência, que será considerada para o cumprimento da reserva de vagas prevista em lei, desde que, observado o disposto em regulamento, seja por tempo

(A) indeterminado e concomitante à inclusão profissional na empresa.
(B) determinado e anterior à inclusão profissional na empresa.
(C) determinado e concomitante à inclusão profissional na empresa.
(D) indeterminado e anterior à inclusão profissional na empresa.
(E) determinado e posterior à inclusão profissional na empresa.

A alternativa C está correta, pois reflete literalmente o disposto no art. 36, § 6º do Estatuto da pessoa com Deficiência (Lei 13.146/2015): "A habilitação profissional pode ocorrer em empresas por meio de prévia formalização do contrato de emprego da pessoa com deficiência, que será considerada para o cumprimento da reserva de vagas prevista em lei, desde que por tempo **determinado e concomitante com a inclusão profissional na empresa**, observado o disposto em regulamento." AG

Gabarito "C"

28. Língua Portuguesa e Redação

Eloy Gustavo de Souza, Fernanda Franco, Henrique Subi, Magally Dato e Rodrigo Ferreira de Lima*

1. SEMÂNTICA / ORTOGRAFIA / ACENTUAÇÃO GRÁFICA

Atenção: Para responder às questões abaixo, considere o texto abaixo.

Centro de Memória Eleitoral - CEMEL

O Centro de Memória Eleitoral do TRE-SP foi criado em agosto de 1999 e tem por objetivo a execução de ações que possibilitem cultivar e difundir a memória político-eleitoral como instrumento eficaz do aprofundamento e alargamento da consciência de cidadania, em prol do aperfeiçoamento do regime democrático brasileiro.

Seu acervo reúne títulos eleitorais desde a época do Império, urnas de votação (de madeira, de lona e eletrônicas), *quadros, fotografias e material audiovisual, entre outros itens.*

A realização de exposições temáticas, o lançamento de livros, a realização de palestras, além de visitas escolares monitoradas na sede do tribunal e o desenvolvimento de um projeto de história oral, são algumas das iniciativas do CEMEL.

(Disponível em: **www.tre-sp.jus.br**)

(Técnico Judiciário – TRE/SP – FCC – 2017) *O Centro de Memória Eleitoral do TRE-SP foi criado em agosto de 1999 e tem por objetivo a execução de ações...* (1º parágrafo) O segmento sublinhado estará corretamente substituído, com o sentido preservado, por:

(A) visa à

(B) propõe-se da

(C) promove à

(D) reivindica à

(E) promulga a

O exato sinônimo para "tem por objetivo" é o verbo "visar". Vale lembrar que, com esse sentido, ele é transitivo indireto e rege a preposição "a" – por isso que é seguido, na alternativa, por "a" com acento grave indicativo da crase (a palavra que se segue no texto original é feminina). Esquecer dessa preposição é um erro bastante comum. O verbo "visar", como transitivo direto (sem preposição", é sinônimo de "assinar": "O advogado visou o contrato" (assinou o contrato). HS

Gabarito "A"

Atenção: Considere o texto abaixo para responder às questões seguintes.

Muito antes das discussões atuais sobre as mudanças climáticas, os cataclismos naturais despertam interesse no homem. Os desastres são um capítulo trágico da história da humanidade desde tempos longínquos. Supostas inundações catastróficas aparecem em relatos de várias culturas ao longo dos tempos, desde os antigos mesopotâmicos e gregos até os maias e os vikings.

Fora da rota dos grandes furacões, sem vulcões ativos e desprovido de zonas habitadas sujeitas a terremotos, o Brasil não figura entre os países mais suscetíveis a desastres naturais. Contudo, a aparência de lugar protegido dos humores do clima e dos solavancos da geologia deve ser relativizada. Aqui, cerca de 85% dos desastres são causados por três tipos de ocorrências: inundações bruscas, deslizamentos de terra e secas prolongadas. Esses fenômenos são relativamente recorrentes em zonas tropicais, e seus efeitos podem ser atenuados por políticas públicas de redução de danos.

Dois estudos feitos por pesquisadores brasileiros indicam que o risco de ocorrência desses três tipos de desastre deverá aumentar até o final do século. Eles também sinalizam que novos pontos do território nacional deverão se transformar em áreas de risco significativo para esses mesmos problemas. "Os impactos tendem a ser maiores no futuro, com as mudanças climáticas, o crescimento das cidades e a ocupação de mais áreas de risco", comenta o pesquisador José A. Marengo.

Além da suscetibilidade natural a secas, enchentes, deslizamentos e outros desastres, a ação do homem tem um peso considerável em transformar o que poderia ser um problema de menor monta em uma catástrofe. Os pesquisadores estimam que um terço do impacto dos deslizamentos de terra e metade dos estragos de inundações poderiam ser evitados com alterações de práticas humanas ligadas à ocupação do solo e a melhorias nas condições socioeconômicas da população em áreas de risco.

Moradias precárias em lugares inadequados, perto de encostas ou em pontos de alagamento, cidades superpopulosas e impermeabilizadas, que não escoam a água da chuva; esses fatores da cultura humana podem influenciar o desfecho de uma situação de risco. "Até hábitos cotidianos, como não jogar lixo na rua, e o nível de solidariedade de uma população podem ao menos mitigar os impactos de um desastre", pondera a geógrafa Lucí Hidalgo Nunes.

(Adaptado de PIVETTA, Marcos. Disponível em: **http://revistapesquisa.fapesp.br**)

---

* **Eloy Gustavo de Souza** comentou as questões de Redação; HS **Henrique Subi** comentou as questões dos seguintes concursos: Analista TRT/2012, BB – Escriturário, CEF – Técnico Bancário e Agente de Polícia; **Magally Dato** comentou as questões dos seguintes concursos: Auditor fiscal, Auditor Tributário, Agente Fiscal, Fiscal de Tributos, Tribunais Técnico e Tribunais Analista; **Fernanda Franco** e **Rodrigo Ferreira Lima** comentaram as questões dos seguintes concursos: Analista ANS, Analista Bacen, Técnico Bacen e Técnico Legislativo; **Fernanda Franco** e **Eloy Gustavo de Souza** comentaram as questões do concurso para Oficial de Chancelaria.

HS questões comentadas por: **Henrique Subi**.

(Técnico Judiciário – TRT11 – FCC – 2017) No contexto, as palavras *longínquos* (1º parágrafo) e *mitigar* (5º parágrafo) adquirem, respectivamente, sentidos de:

(A) contíguos - atenuar
(B) adjacentes - aplacar
(C) antigos - exasperar
(D) imemoráveis - impedir
(E) remotos - abrandar

"Longínquo" é sinônimo de "remoto", "distante". Já "mitigar" é o mesmo que "abrandar", "aliviar", "reduzir", "atenuar". HS

Gabarito "E".

(Analista – TRT/24ª – 2011 – FCC) As leis religiosas têm mais sublimidade; as leis civis dispõem de mais extensão.

A respeito da construção da frase acima, é correto afirmar que

(A) o verbo *dispor* foi empregado no mesmo sentido que assume na frase A solidão dispõe o homem à melancolia.
(B) da comparação entre leis civis e leis religiosas, expressa pelo termo mais, resulta a superioridade inconteste de uma delas.
(C) entre os dois segmentos separados pelo ponto e vírgula estabelece-se uma relação de sentido equivalente ao da expressão ao passo que.
(D) entre os dois segmentos separados por ponto e vírgula estabelece-se uma relação de sentido equivalente ao da expressão por conseguinte.
(E) o verbo dispor foi empregado no mesmo sentido que assume na frase O sacristão dispôs o altar para a missa.

A: em "as leis civis dispõem", o verbo *dispor* tem acepção de "conter, ter parte constituinte"; já em "A solidão dispõe", o verbo tem a acepção de predispor-se; **B** e **C:** entre as oração estabelece-se uma relação de proporcionalidade; **D:** "por conseguinte" é uma conjunção que anuncia uma consequência; **E:** na oração dessa alternativa, o verbo *dispor* tem a acepção de arrumar.

Gabarito "C".

(Analista – TRE/TO – 2011 – FCC) ... *capaz de fornecer as mais diferentes soluções para questões humanas eminentes.* (último parágrafo) Considerando-se o par de palavras **eminentes / iminentes**, é correto afirmar que se trata de exemplo de

(A) homofonia.
(B) antonímia.
(C) sinonímia.
(D) paronímia.
(E) homonímia.

A: homofonia é relação entre duas ou mais palavras que, sendo diversas no significado e na grafia, se pronunciam de modo idêntico; **B:** antonímia é a qualidade das palavras antônimas; **C:** sinonímia é a qualidade dos vocábulos que têm significação muito próxima, permitindo que um seja escolhido pelo outro em alguns contextos; **D:** paronímia é semelhança entre palavras, quer por motivos etimológicos, quer por convergência fonética parcial; **E:** homonímia é relação entre formas linguísticas com significados diferentes, mas com a mesma forma gráfica e fônica ou apenas fônica.

Gabarito "D".

(Analista – TRE/TO – 2011 – FCC) ... escolherei *a dedo* seu guarda-roupa e livros sérios para você ler.

A expressão grifada na frase acima pode ser substituída, sem prejuízo para o sentido original, por:

(A) pessoalmente.
(B) de modo incisivo.
(C) apontando.
(D) entre outras coisas.
(E) cuidadosamente.

A expressão "a dedo" tem a acepção de algo feito com cuidado, criteriosamente.

Gabarito "E".

(Analista – TRT/20ª – 2011 – FCC) Está clara e correta a redação deste livre comentário sobre o texto:

(A) Muita gente imagina que literatura é aonde se escreve como se fala, embora hajam autores que consigam fazê-lo com arte.
(B) O gosto literário dos antigos professores de português não sucitava qualquer dúvida quanto ao brilho da retórica exagerada.
(C) A formulação mesma dos temas de redação era um indubitável encaminhamento do aluno para o estilo grandiloquente.
(D) A linguagem rude de Paulo Honório não desestimulou-lhe de escrever um romance que se notabilizaria como literário.
(E) Embora Graciliano Ramos ache mais preferível uma linguagem concisa do que a empolada, ele é um escritor bastante culto.

A: "Muita gente imagina que na literatura se escreve como se fala, embora haja autores que consegue fazê-lo com arte."; **B:** "suscitava"; **C:** redação correta; **D:** "não o desestimulou a escrever"; **E:** "ache preferível.

Gabarito "C".

(Analista – TRE/AP – 2011 – FCC) A alternativa que apresenta frase correta é:

(A) – Senhor Ministro, peço sua licença para advertir que Vossa Excelência se equivocais no julgamento dessa lei tão polêmica.
(B) Seus companheiros, até os recém-contratados, não lhe atribuem nenhum deslize e crêem que esse é mais um injusto empecilho entre tantos com que ele já se defrontou.
(C) Se eles não satisfazerem todas as exigências, não se têm como contratá-los sem enveredar pelo caminho da irregularidade.
(D) O traumático episódio gerou grande ansiedade, excitação desmedida que lhe fez xingar e investir contra a pessoa mais cumpridora com seus deveres.
(E) Caso ele venha a se opor, será uma compulsão a que ninguém deve compartilhar, sob perigo de todos os envolvidos se virem em situação de risco na empresa.

A: "se equivocou" (3ª pessoa do singular); **B:** o Novo Acordo Ortográfico determina a supressão do acento circunflexo das formas verbais terminadas em "-eem"; **C:** a forma verbal "satisfazerem" existe. Trata-se do infinitivo conjugado. Preste atenção que a oração desse alternativa começa com um pronome condicional ("se"). Desse modo, usaremos o futuro do subjuntivo "satisfizerem". A oração corretamente redigida fica: "Se eles não satisfizerem todas as exigências". Na língua falada é muito comum essa troca. Dê especial atenção a isso, pois é tema comum nas questões de concursos. **D:** a oração poderia ser reescrita. Uma possibilidade é: "O traumático episódio gerou grande ansiedade e excitação desmedida. Xingaram e investiram contra a pessoa mais cumpridora com seus deveres."; **E:** "será uma compulsão que ninguém deve compartilhar".

Gabarito "B"

(Analista – TRE/AP – 2011 – FCC) Está correta a seguinte frase:

(A) Ainda que os méritos pela execução do projeto não coubessem àquele engenheiro, foram-lhe logo atribuídos, mas ele, com humildade, não hesitou em recusá-los.

(B) Parecia haver muitas razões para que seus estudos de metereologia não convencesse, mas a mais excêntrica era inventar pretextos inverossímeis para seus erros.

(C) Devem fazer mais de seis meses que ele não constroe nenhuma maquete, talvez por estresse; por isso, muitos são a favor de que lhe seja concedido as férias acumuladas.

(D) Ele é especialista em vegetais euros-siberianos, motivo das suas análizes serem feitas em extensa faixa da Europa e dele viajar tão à vontade.

(E) Ao que me disseram, tratam-se de questões totalmente irrelevante para o pesquisador, mas, mesmo assim, jornalistas tentam assessorá-lo na divulgação delas.

B: verifique a ortografia: meteorologia; **C:** o verbo *fazer* quando indica tempo decorrido é impessoal: "Deve fazer mais de seis meses que ele não constrói [*note a ortografia da 3ª pessoa do singular do presente do indicativo*] (...) muitos são a favor de que lhe sejam concedidas as férias [verifique a concordância verbal – 'que as férias sejam concedidas']"; **D:** ortografia: análises; o pronome *dele* é possessivo e não funciona como sujeito, porém há algumas gramáticas que já aceitam o seu uso. De qualquer modo, sejamos conservadores considerando como forma correta: "de ele viajar". O pronome pessoa "ele" é o sujeito do verbo viajar; **E:** o verbo *tratar* é transitivo indireto em "trata-se de questões", o *se* é índice de indeterminação do sujeito. Nesse caso, o verbo sempre permanece no singular, uma vez que não o sujeito não está determinado para indicar a concordância. Quanto à concordância nominal, o adjetivo concorda em gênero (quando for o caso) e número com o substantivo: "questões irrelevantes".

Gabarito "A"

(Analista – TRT/18ª – 2008 – FCC) Está correta a grafia de todas as palavras da frase:

(A) Muitos se deixam embalar por um mixto de torpor e devaneio, quando se entretém à janela do ônibus.

(B) Tentou convencer o jovem a desligar a engenhoca, mas não obteve sucesso nessa tentativa de dissuazão.

(C) Que temos nós a haver com o relatório que deixou frustado aquele executivo?

(D) Por que não se institue a determinação de por um fim ao abuso dos ruídos no interior de um ônibus?

(E) É difícil explicar o porquê de tanta gente sentir-se extasiada diante das iniquidades de um filme violento.

A: misto; **B:** dissuasão; **C:** frustrado; **D:** instituir; **E:** a palavra "porquê" é um substantivo e está corretamente grafada. A palavra "iniquidade" não leva mais trema, de acordo com o novo Acordo Ortográfico da Língua Portuguesa.

Gabarito "E"

(Analista – TRF/5ª – 2008 – FCC) Todas as palavras estão corretamente grafadas na frase:

(A) Ela não crê em rixa, mas em complementaridade entre o pessimismo e o otimismo, admitindo, assim, flexibilização das sensações humanas.

(B) As sensações espectantes produzem, entre os mais pessimistas, muito temor, e entre os otimistas, uma gososa, deleitosa ansiedade.

(C) Algumas pessoas não admitem hesitação ou abstensão, quando nos inquirem: você se arroula entre os pessimistas ou entre os otimistas?

(D) Em tese, não se deve previlegiar o otimismo ou o pessimismo; esses humores não reinvindicam, por si mesmos, nenhuma hegemonia.

(E) O autor do texto se apoia na tese segundo a qual não se deve descriminar em definitivo entre o pessimismo e o otimismo.

A: a grafia das palavras dessa assertiva está correta; **B:** expectantes; gozosa (*aquilo que resulta em satisfação*); **C:** abstenção; arrola (verbo *arrolar* [*inscrever-se*] na 3ª pessoa do singular do presente do indicativo); **D:** privilegiar; reivindicam; **E:** o verbo *apoiar* na 3ª pessoa do singular do presente do indicativo ("apoia") não leva acento de acordo com o novo Acordo Ortográfico da Língua Portuguesa; discriminar (distinguir).

Gabarito "A"

(Analista – TRT/18ª – 2008 – FCC) *Claro que você também* se inteirará *dos detalhes da vida doméstica de muita gente (...)*

A frase acima conservará o sentido básico, sem prejuízo para a correção, substituindo-se o elemento sublinhado por:

(A) estará à corrente.

(B) ficará ao par.

(C) abeirar-se-á.

(D) certificar-se-á.

(E) tomará ciência.

A e **B:** a expressão correta é estar "ao corrente de", que significa ciente de, "a par de"; **C:** *abeirar* significa chegar perto de, aproximar-se; **D:** *certificar* é atestar; **E:** a palavra *ciência* tem a acepção de conhecimento aprofundado de algo, significado que se encaixa na oração.

Gabarito "E"

(Analista – TRF/4ª – 2007 – FCC) Em *perpetuei e transmiti o respeito de meus pais pelas ficções*, não haverá necessidade de se alterar ou introduzir qualquer outro elemento nessa frase caso se substitua *perpetuei* e *transmiti* por

(A) honrei e convivi.

(B) herdei e difundi.

(C) habituei-me e aprendi.

(D) orgulhei-me e admirei.

(E) rendi-me e louvei.

A: "honrei o respeito; convivi com o respeito"; **B:** assim como os verbos *perpetuar* e *transmitir*, os verbos *herdar* e *difundir* são transitivos diretos: "herdei e difundi o respeito"; **C:** "habituei-me com o respeito e aprendi o respeito"; **D:** "orgulhei-me do respeito e admirei o respeito"; **E:** "rendi-me ao respeito e louvei o respeito".

Gabarito "B"

(Analista – TRT/23ª – 2007 – FCC) Estão corretos o emprego e a grafia de todas as palavras da frase:

(A) A corrupção só se extingue ou diminue quando os justos intervêm para que as boas causas prevaleçam.

(B) Os homens que usufruem de vantagens a que não fazem jus cultivam a hipocrisia de propalar discursos moralizantes.

(C) Contra tantos canalhas audases há que haver a reação dos que têm a probidade como um valor inerente ao exercício da cidadania.

(D) Há uma inestricável correlação entre a apatia dos bons cidadãos e a desenvoltura com que agem os foras-da-lei.

(E) Deprende-se que houve êxito das iniciativas dos homens de bem quando os prevaricadores sentiram cerceada sua área de atuação.

A: diminui (verbo diminuir na 3ª pessoa do singular do presente do indicativo); prevaleçam; **C:** audazes; **D:** inextricável; fora da lei (locução adverbial); **E:** depreende-se.

Gabarito "B"

(Analista – TRF/2º – 2007 – FCC) A frase em que a grafia e a acentuação estão em conformidade com as prescrições da norma padrão da Língua Portuguesa é:

(A) Ao se estender esse viez interpretativo, correm o risco de por tudo à perder, na medida em que será alterada a estratégia da pesquisa previamente adotada.

(B) Sua pretenção ao consenso esvaiu-se quase que de repente, quando notou que entorno de si as pessoas mais pareciam descansar que dispostas à debates.

(C) Tomou como ultrage a displicência com que foi recebido, advinhando que o mal-estar que impregnava o ambiente era mais que uma questão eminentemente pessoal.

(D) Estava atrás de um acessório que o despensasse de promover a limpeza do aparelho e sua conseqüente manutenção depois de cada utilização, mas não pôde achá-lo por alí.

(E) Quando se considera a par do tema, ajuíza sem medo, mas, ao se compreender insipiente, pára tudo e pede aos especialistas que o catequizem no assunto para não passar por néscio.

A: viés; pôr [*acentuado*] tudo a [*não ocorre a crase antes de* verbo] perder; **B:** "Sua pretensão"; em torno (à volta de); "dispostas a [*preposição*] debates"; **C:** ultraje; adivinhando; **D:** dispensasse; consequente; ali; **E:** "para tudo" (o verbo *parar* na 3ª pessoa do singular recebia acento diferencial. De acordo com o novo Acordo Ortográfico da Língua Portuguesa, não há mais esse acento. A questão é de 2007 (anterior ao Acordo), de modo que a assertiva era considerada correta).

Gabarito "E"

Atenção: A próxima questão baseia-se no texto abaixo.

A Norma (1831) é claramente uma ópera que encena, numa suposta rebelião gaulesa contra a tutela romana na Antiguidade, a desejada libertação dos italianos em face das potências estrangeiras – no caso, certamente a Áustria – que lhes vedam a independência e a unidade nacional. Como é de praxe em boa parte das óperas italianas do século XIX, ao posicionamento progressista nas grandes questões sociais ou nacionais se opõe um lastro, geralmente ocultado, que é de natureza mais propriamente pessoal, e serve de enorme peso – inconsciente, posto que até então desconhecido – contra aquela tomada de partido em favor [...] do "bem" ou, pelo menos, da justiça e do progresso. Esse modelo aparece, para citarmos apenas algumas óperas, nas Vespri Siciliani e no Trovatore de Verdi; poder-se-ia argumentar que a Traviata procede do mesmo modo.

Assim, um recorte se delineia inicialmente, a opor as causas progressistas (a pátria livre, seja ela a Gália, a Sicília ou qualquer outra; a defesa dos pobres; a união de quem se ama) ao que existe de mais retrógrado; porém, a dramaticidade não procederá do conflito, num mesmo nível, entre progressistas e reacionários, mas da irrupção, no âmago mesmo da causa revolucionária avançada, de um elemento pessoal marcado pelo acumpliciamento secreto, arcaico e culpável com o inimigo. Dessa forma, o herói libertador dos sicilianos nas Vespri é na verdade filho ilegítimo do governador francês, o trovador, na ópera homônima, é o irmão perdido de seu próprio perseguidor – e aqui, na Norma, a sacerdotiza suprema dos gauleses é amante do chefe romano. É isso o que dilacera a alma, tanto do ator-cantor como do expectador-ouvinte, e confere a essas óperas seu caráter trágico.

(Analista – ANS – 2007 – FCC) Considerando sempre o contexto, diz-se com correção que

(A) a palavra *mesmo* (linhas 16, 22 e 23) apresenta, em suas três ocorrências, idênticos valor e sentido.

(B) as palavras *lastro* (linha 9) e *acumpliciamento* (linha 25) estão em relação de antonímia.

(C) o segmento *um recorte se delineia inicialmente* (linha 17) está corretamente interpretado assim: "uma ruptura em princípio se impõe".

(D) as formas verbais *procede* (linha 16) e *procederá* (linha 21) expressam o mesmo significado, embora remetam a tempos e modos distintos.

(E) as palavras *justiça* e *progresso* (linha 13) foram empregadas com significação menos abrangente que a de *"bem"*.

A: incorreta, pois a palavra *mesmo* na linha 16 e 22 possui o valor semântico sinônimo de "igual" ("de modo igual", "num nível igual"). Já na linha 23, tem valor enfático e equivale semanticamente a "realmente"; **B:** incorreta, pois o termo "lastro" foi usado como sinônimo de "peso", é justamente aquilo que causa o conflito essencial das óperas analisadas. O termo "acumpliciamento" reforça a mesma ideia do conflito, já que mostra como a questão pessoal nega a ideológica, sendo o "lastro" a causa do "acumpliciamento"; **C:** incorreta, pois o trecho original apresenta uma sutileza que não se confirma na interpretação. Os termos *recorte* e *delineia* indicam que a situação se mostra ainda não tão claramente. Já os termos *ruptura* e *impõe* mostram o oposto, como se desde o início a situação fosse clara e evidente de forma brusca; **D:** incorreta, pois, na linha 16, o verbo "procede" é usado no sentido de "conduzir-se ou portar-se (alguém) [de determinada maneira]; agir, atuar, haver-se ‹p. bem› ‹p. mal›" (*Dicionário Houaiss*), La Traviata comporta-se da mesma forma. Já na linha 21, o verbo foi usado na acepção de "(t.i.) [prep.: de] ter como ponto de partida (um lugar); vir, provir" (*Dicionário Houaiss*), ou seja, a dramaticidade não terá como ponto de partida o conflito entre progressistas e reacionários. Ainda, as duas formas verbais estão conjugadas no modo indicativo, a primeira no presente e a segunda no futuro do presente; **E:** correta, pois, na estrutura do texto, nota-se que "bem" foi usado de maneira genérica e imprecisa, por isso, exatamente, está entre aspas. Os termos *justiça* e *progresso* especificam a visão ideológica do bem nas óperas. Tal relação entre os termos fica clara pelo uso da expressão "ou, pelo menos", que indica um recorte claro do significado do termo anterior.

Gabarito "E"

Os números do relatório da CPI dedicada originalmente aos Correios são expressivos, dos milhares de páginas de texto e documentos aos mais de cem acusados. É o tempo do espanto. Um oceano nos separa, contudo, do resultado concreto, o das absolvições e o das punições. Os dois momentos do mar imenso entre relatório e resultado estão no julgamento final, cuja tendência é pessimista, a contar de exemplos recentes. Não deveria ser.

Não deveria ser pela natureza mesma das comissões parlamentares de inquérito, cujo nome é raramente objeto de meditação até pelos operários do direito. "Comissão", além do significado mercantil (depreciativo, no caso do Parlamento), *do dinheiro pago em remuneração de serviço, é também o do grupamento encarregado de realizar tarefa de interesse comum. Interesse comum? Não. De interesses conflituosos pela própria natureza política de seu trabalho, pois o vocábulo "parlamentares" as afirma integradas por componentes de uma das casas do Congresso ou mistas, funcionando segundo seus regimentos internos. (...)*

"As comissões são úteis ou necessárias?", perguntará o leitor. Sem a menor dúvida e vigorosamente, respondo sim. Há abusos. São lamentáveis, mas inerentes à vida parlamentar, no Brasil e em qualquer país onde haja comissões parlamentares. Se os legisladores devem ser a expressão média de seu povo, fica manifesto que os parlamentos sejam compostos por homens e mulheres de bem, dedicados e honestos, mas também por pilantras, patifes, cachaceiros, delinquentes e assim por diante. (...) Seria ideal que o povo escolhesse melhor seus representantes, dizem as elites, mas sem razão. O povo vota sob influência do poder econômico, após seleção dos favoritos de chefes partidários, para exclusão dos que assumam linha independente da adotada pelas lideranças e assim por diante.

Voltando à CPI dos Correios, cabe esclarecer por que há um oceano entre o relatório e o resultado. "Inquérito" é trabalho de apuração. Se bem feito, propicia bom material aos julgadores. Se malfeito, facilita a "pizza", essa maravilhosa invenção atribuída aos italianos em geral, mas que vem do sul da Itália. "Pizza" transformada em cambalacho e tapeação? Não necessariamente. Muitas vezes o defeito da distância entre a apuração e o julgamento está naquela, e não neste, principalmente se for judicial. O mal do julgamento político está em que não considera seu efeito paralelo do desprestígio para o Parlamento como um todo. No caso atual, porém, não se pode negar que já houve resultados apreciáveis. Para o relatório lido nesta semana cabe esperar pela travessia do oceano e torcer para que chegue a bom porto.

(W. Ceneviva. **Folha de S. Paulo**. 01/04/2006, C2.)

(Técnico Judiciário – TRT/14ª – 2011 – FCC) Das frases abaixo só NÃO há erros de ortografia em:

(A) O consumo de proteínas e gorduras em exceço pode ser nossivo para o processo digestivo.

(B) Manter o organismo mau hidratado pode prejudicar a eliminação de toxínas e provocar sérios problemas de saúde.

(C) Carbohidratos ricos em fibras são importantes aliados para manter estável o nivel de energia do organismo.

(D) Sabe-se que uma substancia encontrada no guaraná pode estimular a função cerebral e auxiliar na concentrasão.

(E) Consumir alimentos ricos em vitaminas e minerais pode ajudar a reduzir os efeitos negativos do estresse.

A: excesso, nocivo; **B:** mal (mal hidratado), toxinas (paroxítona não leva acento quando terminada em **a**); **C:** carboidratos, nível (paroxítona terminada em **l** é acentuada); **D:** substância (paroxítona terminada em ditongo crescente é acentuada), concentração.

Gabarito "E"

(Técnico Judiciário – TRE/AP – 2011 – FCC) Entre as frases que seguem, a única correta é:

(A) Ele se esqueceu de que?

(B) Era tão ruím aquele texto, que não deu para distribui-lo entre os presentes.

(C) Embora devessemos, não fomos excessivos nas críticas.

(D) O juíz nunca negou-se a atender às reivindicações dos funcionários.

(E) Não sei por que ele mereceria minha consideração.

A: "Ele se esqueceu de quê?"; **B:** "Era tão ruim" (não há acento gráfico); **C:** "Embora devêssemos"; **D:** a palavra juiz não é acentuada.

Gabarito "E"

(Técnico Judiciário – TRE/RS – 2010 – FCC) A frase totalmente correta do ponto de vista da grafia e/ou da acentuação é:

(A) É o caso de se por em discussão se ele realmente crê na veracidade dos dados.

(B) Referiu-se àquilo que todos esperavam - sua ascensão na empresa -, com um misto de humildade e prepotência.

(C) Enquanto construimos esta ala, eles constroem a reservada aos aparelhos de rejuvenecimento.

(D) Ele é sempre muito cortês, mas não pode evitar que sua ogeriza à ela transpareça.

(E) Assinou o cheque, mas ninguém advinha o valor registrado, porisso foi devolvido pelo banco.

A: *pôr* é verbo; **C:** construímos, rejuvenescimento; **D:** ojeriza, a ela; **E:** "adivinhou o valor registrado"; por isso.

Gabarito "B"

Atenção: As próximas duas questões referem-se ao texto transcrito abaixo.

Vários historiadores têm procurado entender a originalidade da monarquia brasileira vinculando-a à chegada da família real ao Brasil em 1808. De fato, é no mínimo inusitado pensar numa colônia sediando a capital de um império. Chamada por Maria Odila Leite da Silva Dias de a "internacionalização da metrópole", a instalação no Brasil da corte portuguesa, que fugia das tropas napoleônicas, significou não apenas um acidente fortuito, mas um momento angular da história nacional e de um processo singular de emancipação. Fuga ou golpe político, o fato é que com D. João e sua família, e contando com a ajuda inglesa, transferiram-se para o país a própria corte portuguesa — cujo número estimado de pessoas chegava a 20 mil, sendo que a cidade do Rio possuía apenas 60 mil almas — e várias instituições metropolitanas. Mas não era só: comerciantes ingleses e franceses, artistas italianos e naturalistas austríacos vinham junto com os baús. Difícil imaginar choque cultural maior.

Transformado em reino unido já em 1815, o Brasil passou a distanciar-se, aos poucos, de seu antigo estatuto colonial, ganhando uma autonomia relativa jamais conhecida naquele contexto. A partir de então, o Rio de Janeiro tornou-se capital de Portugal e de suas possessões na África e na Ásia, e os portos brasileiros se abriram ao comércio britânico (seguindo o acerto feito com a Inglaterra, que assegurou o transporte da corte, mas o trocou por esse acordo comercial). Tais fatos alteraram radicalmente a situação da colônia portuguesa na América.

(Adaptado de SCHWARCZ, Lilia Moritz. *As barbas do imperador:* D. Pedro II, um monarca nos trópicos. São Paulo: Companhia das Letras, 1999, p. 35-36.)

(Analista – ANS – 2007 – FCC) Considerando sempre o contexto, está correta a seguinte correspondência de significados:

(A) processo singular de emancipação (linha 10) = distinto decurso de alforria.

(B) comerciantes ingleses e franceses, artistas italianos e naturalistas austríacos vinham junto com os baús (linhas 16 e 17) = distintos estratos do operariado europeu chegavam com os pertences dos portugueses.

(C) um acidente fortuito (linha 8) = um providencial incidente.

(D) um momento angular (linha 9) = uma basilar conjuntura.

(E) distanciar-se [...] de seu antigo estatuto colonial (linhas 20 e 21) = desacatar a precedente regulamentação para colônias.

Para a análise de questões com correspondências de significados, sugere-se a consulta ao dicionário como recurso de estudo; **A:** incorreta, pois *decurso* indica tempo decorrido e não necessariamente abriga a ideia de sucessão de fatos do processo; **B:** incorreta, pois *comerciantes, artistas* e *naturalistas* representam a elite intelectual e não o operariado; **C:** incorreta, pois *fortuito* indica algo não planejado e não carrega a carga semântica positiva de providencial, conveniente; **D:** correta, pois *momento* e *conjuntura*, no contexto, são sinônimos de "circunstância", assim como *angular* e *basilar* significam "fundamental"; **E:** incorreta, pois não há ideia de desacato no distanciamento, a própria capital embasa o distanciamento.

Gabarito "D"

(Analista – ANS – 2007 – FCC) ...os portos brasileiros se abriram ao comércio britânico (seguindo o acerto feito com a Inglaterra, que assegurou o transporte da corte, mas o trocou por esse acordo comercial).

O segmento que traduz, completa e corretamente, a situação da coroa inglesa descrita no trecho sublinhado acima é:

(A) que não podia dar o braço a torcer.

(B) que não deu ponto sem nó.

(C) que fez uma emenda pior que o soneto.

(D) que não trocou seis por meia dúzia.

(E) que frequentemente mete a mão em cumbuca.

A questão pede que se analise o conteúdo do texto original e o relacione a uma expressão popular que resuma o que representou a ação da Inglaterra com relação ao Brasil. O conteúdo mostra que a ajuda oferecida pelos ingleses tinha seus próprios interesses em vista. Ajudar Portugal era necessariamente vinculado a receber uma vantagem muito maior, a saber, o acordo comercial. A expressão que indica se fazer algo com objetivo em outra mais vantajosa é a letra **B**.

Gabarito "B"

Atenção: A questão a seguir baseia-se no texto apresentado abaixo.

A cultura, e consequente organização social, política e econômica dominante na sociedade contemporânea, ainda é aquela que começou a nascer no século XVI, quando um conjunto de inovações tecnológicas num contexto histórico favorável contribuiu para o início do enterro do Antigo Regime, no qual a Terra estava no centro do universo, a ordem social era imutável e a Igreja, junto com o poder absolutista, tinha o monopólio da informação.

A prensa de Gutenberg estava entre as inovações tecnológicas que contribuíram para a ascensão do mundo burguês. E os seus principais produtos - o livro e o jornal - foram entendidos durante muitos anos pela ordem dominante como ferramentas subversivas. Esta subversão gestou e gerou o mundo em que vivemos. Um mundo onde a iniquidade social ainda incomoda e assusta, mas no qual todas as barreiras para a geração de riqueza e de conhecimento foram derrubadas, num processo que também gerou a onda de inovação que estamos vivendo e a possibilidade de darmos o próximo salto.

Não é função da indústria pensar a educação. A missão de qualquer empresa é lutar com todas as suas forças para crescer e se perpetuar. Mesmo quando isso vai de encontro aos interesses da comunidade em que ela está inserida. Ela jamais poderá pensar com a devida isenção numa plataforma de serviços focada em educação.

Por isso mesmo, nenhum representante da indústria de tecnologia poderia ter sido pioneiro num projeto de educação fundamentado nas profundas e dramáticas mudanças que a cibernética tem trazido para as nossas vidas.

(Trecho do artigo do jornalista Rodrigo Lara Mesquita. **O Estado de S. Paulo**, A2, 4 de maio de 2007.)

(Técnico Legislativo – Câmara dos Deputados – 2007 – FCC) O segmento que se encontra transcrito com outras palavras, mas com o mesmo sentido original é:

(A) num contexto histórico favorável = com todas as facilidades existentes.

(B) tinha o monopólio da informação = mantinha-se bem informada.

(C) onde a iniquidade social ainda incomoda e assusta = onde não se estabeleceu a igualdade social.

(D) que também gerou a onda de inovação = que deu início a transformações inovadoras.

(E) quando isso vai de encontro aos interesses da comunidade = quando atende aos interesses do meio social.

As expressões "gerou a onda de inovação" e deu início a transformações inovadoras possuem sentidos equivalentes.

Gabarito "D"

2. PRONOME E COLOCAÇÃO PRONOMINAL

Atenção: Para responder às questões abaixo, considere o texto abaixo.

As crianças de hoje estão crescendo numa nova realidade, na qual estão conectadas mais a máquinas e menos a pessoas, de uma maneira que jamais aconteceu na história da humanidade. A nova safra de nativos do mundo digital pode ser muito hábil nos teclados, mas encontra dificuldades quando se trata de interpretar comportamentos alheios frente a frente, em tempo real.

Um estudante universitário observa a solidão e o isolamento que acompanham uma vida reclusa ao mundo virtual de atualizações de status e "postagens de fotos do meu jantar". Ele lembra que seus colegas estão perdendo a habilidade de manter uma conversa, sem falar nas discussões profundas, capazes de enriquecer os anos de universidade. E acrescenta: "Nenhum aniversário, show, encontro ou festa pode ser desfrutado sem que você se distancie do que está fazendo", para que aqueles no seu mundo virtual saibam instantaneamente como está se divertindo.

De algumas maneiras, as intermináveis horas que os jovens passam olhando fixamente para aparelhos eletrônicos podem ajudá-los a adquirir habilidades cognitivas específicas. Mas há preocupações e questões sobre como essas mesmas horas podem levar a déficits de habilidades emocionais, sociais e cognitivas essenciais.

(Adaptado de: GOLEMAN, Daniel. **Foco**: a atenção e seu papel fundamental para o sucesso. Trad. Cássia Zanon. Rio de Janeiro, Objetiva, 2013, p. 29-30)

(Técnico Judiciário – TRE/SP – FCC – 2017) Considere a relação entre o vocábulo "que" e a expressão entre colchetes nas seguintes passagens do texto.

I. *... estão conectadas mais a máquinas e menos a pessoas, de [uma maneira] que jamais aconteceu na história da humanidade.* (1º parágrafo)

II. *Um estudante universitário observa [a solidão e o isolamento] que acompanham uma vida reclusa ao mundo virtual...* (2º parágrafo)

III. *Ele lembra que [seus colegas] estão perdendo a habilidade de manter uma conversa...* (2º parágrafo)

IV. *[Nenhum aniversário,* show*, encontro ou festa] pode ser desfrutado sem que você se distancie...* (2º parágrafo)

V. ... [as *intermináveis horas] que os jovens passam olhando fixamente para aparelhos eletrônicos...* (3º parágrafo)

Tem função pronominal, por se referir à expressão entre colchetes e equivaler a ela em termos de sentido, o vocábulo "que" sublinhado APENAS em

(A) II, III e V.

(B) I, III e IV.

(C) I, II e V.

(D) I, II e IV.

(E) III, IV e V.

"Que" é pronome relativo nos períodos I, II e V. No período III, é conjunção integrante, pois une a oração principal à subordinada substantiva objetiva direta. No período IV, também é conjunção que inaugura a oração subordinada adverbial de modo.

Gabarito "C"

Atenção: Considere o texto abaixo para responder às questões que se seguem.

Instituições financeiras reconhecem que é cada vez mais difícil detectar se uma transação é fraudulenta ou verdadeira

Os bancos e as empresas que efetuam pagamentos têm dificuldades de controlar as fraudes financeiras on-line no atual cenário tecnológico conectado e complexo. Mais de um terço (38%) *das organizações reconhece que é cada vez mais difícil detectar se uma transação é fraudulenta ou verdadeira, revela pesquisa realizada por instituições renomadas.*

O estudo revela que o índice de fraudes on-line acompanha o aumento do número de transações on-line, e 50% das organizações de serviços financeiros pesquisadas acreditam que há um crescimento das fraudes financeiras eletrônicas. Esse avanço, juntamente com o crescimento massivo dos pagamentos eletrônicos combinado aos novos avanços tecnológicos e às mudanças nas demandas corporativas, tem forçado, nos últimos anos, muitas delas a melhorar a eficiência de seus processos de negócios.

De acordo com os resultados, cerca de metade das organizações que atuam no campo de pagamentos eletrônicos usa soluções não especializadas que, segundo as estatísticas, não são confiáveis contra fraude e apresentam uma grande porcentagem de falsos positivos. O uso incorreto dos sistemas de segurança também pode acarretar o bloqueio de transações. Também vale notar que o desvio de pagamentos pode causar perda de clientes e, em última instância, uma redução nos lucros.

Conclui-se que a fraude não é o único obstáculo a ser superado: as instituições financeiras precisam também reduzir o número de alarmes falsos em seus sistemas a fim de fornecer o melhor atendimento possível ao cliente.

(Adaptado de: computerworld.com.br. Disponível em: http://computerworld.com.br/quase-40-dos-bancos-nao-sao-capazes-de-diferenciar-um-ataque-de-atividades-normais-de-clientes)

(Técnico Judiciário – TRT24 – FCC – 2017) No trecho *Os bancos e as empresas que efetuam pagamentos,* no início do primeiro parágrafo, o "que" exerce função pronominal. Outro trecho do texto em que essa palavra exerce a mesma função é:

(A) *De acordo com os resultados, cerca de metade das organizações* **que** *atuam no campo de pagamentos eletrônicos...* (3º parágrafo)

(B) *Mais de um terço (38%) das organizações reconhece* **que** *é cada vez mais difícil detectar se uma transação é fraudulenta ou verdadeira...* (1º parágrafo)

(C) *O estudo revela* **que** *o índice de fraudes* on-line *acompanha o aumento do número de transações* on-line... (2º parágrafo)

(D) *Também vale notar* **que** *o desvio de pagamentos pode causar perda de clientes...* (3º parágrafo)

(E) *Conclui-se* **que** *a fraude não é o único obstáculo a ser superado...* (4º parágrafo)

A: correta. Aqui também a palavra "que" exerce a função de pronome relativo; **B**, **C**, **D** e **E:** incorretas. O "que" destacado é conjunção integrante: une a oração principal à oração subordinada.

Gabarito "A"

(Técnico Judiciário – TRT24 – FCC – 2017) No segundo parágrafo do texto, o termo "delas" refere-se a

(A) *fraudes financeiras eletrônicas.*

(B) *organizações de serviços financeiros.*

(C) *demandas corporativas.*

(D) *transações* on-line.

(E) *mudanças.*

O pronome "delas" foi usado como elemento de coesão que remete a "organizações de serviços financeiros". HS

Gabarito "B"

O mito napoleônico baseia-se menos nos méritos de Napoleão do que nos fatos, então sem paralelo, de sua carreira. Os homens que se tornaram conhecidos por terem abalado o mundo de forma decisiva no passado tinham começado como reis, como Alexandre, ou patrícios, como Júlio César, mas Napoleão foi o "pequeno cabo" que galgou ao comando de um continente pelo seu puro talento pessoal. Todo homem de negócios daí em diante tinha um nome para sua ambição: ser – os próprios clichês o denunciam – um "Napoleão das finanças" ou "da indústria". Todos os homens comuns ficavam excitados pela visão, então sem paralelo, de um homem comum maior do que aqueles que tinham nascido para usar coroas. Em síntese, foi a figura com que todo homem que partisse os laços com a tradição podia se identificar em seus sonhos.

Para os franceses ele foi também algo bem mais simples: o mais bem-sucedido governante de sua longa história. Triunfou gloriosamente no exterior, mas, em termos nacionais, também estabeleceu ou restabeleceu o mecanismo das instituições francesas como existem hoje. Ele trouxe estabilidade e prosperidade a todos, exceto para os 250 mil franceses que não retornaram de suas guerras, embora até mesmo para os parentes deles tivesse trazido a glória. Sem dúvida, os britânicos se viam como lutadores pela causa da liberdade contra a tirania; mas em 1815 a maioria dos ingleses era mais pobre do que o fora em 1800, enquanto a maioria dos franceses era quase certamente mais rica.

Ele destruíra apenas uma coisa: a Revolução de 1789, o sonho de igualdade, liberdade e fraternidade, do povo se erguendo na sua grandiosidade para derrubar a opressão. Este foi um mito mais poderoso do que o dele, pois, após a sua queda, foi isto e não a sua memória que inspirou as revoluções do século XIX, inclusive em seu próprio país.

(Adaptado de Eric. J. Hobsbawm. **A era das revoluções – 1789-1848.** 7ª ed. Trad. de Maria Tereza Lopes Teixeira e Marcos Penchel. Rio de Janeiro: Paz e Terra, 1989, p.93-4)

(Analista – TRT9 – 2012 – FCC)

... tinham nascido para usar coroas.

Ele trouxe estabilidade e prosperidade a todos ...

... que inspirou as revoluções do século XIX ...

A substituição dos elementos sublinhados pelo pronome correspondente, com os necessários ajustes, tem como resultado correto, na ordem dada:

(A) tinham nascido para as usar – Ele lhes trouxe estabilidade e prosperidade – que lhes inspirou

(B) tinham nascido para lhes usar – Ele trouxe-os estabilidade e prosperidade – que inspirou-as

(C) tinham nascido para usá-las – Ele lhes trouxe estabilidade e prosperidade – que as inspirou

(D) tinham nascido para usá-las – Ele os trouxe estabilidade e prosperidade – que lhes inspirou

(E) tinham nascido para as usar – Ele trouxe-os estabilidade e prosperidade – que as inspirou

No primeiro trecho, a substituição deve ser feita pelo pronome oblíquo "as", porque "coroas" é objeto direto, posposto ao verbo (ênclise), considerando que não ocorre nenhum caso de próclise obrigatória. No segundo trecho, a substituição deve ser feita pelo pronome "lhes", porque "a todos" é objeto indireto, anteposto ao verbo (próclise), que se recomenda diante do pronome reto "eles". No terceiro trecho, a substituição deve ser feita pelo pronome oblíquo "as", porque "as revoluções..." é objeto direto, anteposto ao verbo (próclise), obrigatória diante do pronome relativo "que".

Gabarito "C"

(Analista – TRT/14ª – 2011 – FCC) Está correta a seguinte frase:

(A) O presidente advertiu Vossa Excelência para que não deixeis passar o prazo previsto no acordo, caso em que sereis responsabilizado legalmente pelo decurso.

(B) Tenho exausto minhas forças nesse pretencioso projeto, mas nem que consiga o octagésimo lugar no concurso, que é o último, espero vê-lo analisado.

(C) Já está inserto na obra o trecho em que ele afirma acreditar muito na água que considera benta, pois diz que, tendo sido benzida em dia de muito fervor, é miraculosa.

(D) Urge, e ninguém discorda disso, as medidas já anunciadas, porém se o secretário dispuser de imediato de toda a verba prometida, poderá haver problemas mais à frente.

(E) Tratam-se de advertências as mais singulares, entre elas a que incita os cidadãos a que remediem por si sós os danos cuja reparação está legalmente sob o dever do estado.

A: "O presidente advertiu Vossa Excelência para que não deixe [*ao se utilizar pronome de tratamento, o verbo deve concordar na 3ª pessoa*], caso em que será responsabilizado"; **B:** "Tenho exaurido [*a palavra exausto é adjetivo*] minhas forças nesse pretensioso projeto... octogésimo"; **C:** o nome "inserto" é sinônimo de inserido... **D:** "Urgem (...) as medidas já anunciadas"; **E:** "Trata-se [*o verbo é transitivo indireto. O se é índice de indeterminação do sujeito. Se o sujeito é indeterminado, o verbo fica na 3ª pessoa do singular*] de advertências as mais singulares, entre elas as [*advertências*] que incitam os cidadãos a remediar por si sós os danos cujas reparações estão legalmente".

Gabarito "C"

A correspondência oficial não dispensa nem os protocolos de rigor que lhe são próprios, nem a máxima objetividade no tratamento do assunto em tela. Não cabendo o coloquialismo do tratamento na pessoa você, é preciso conhecer o emprego mais cerimonioso de Vossa Senhoria e Vossa Excelência, por exemplo, para os casos em que essas ou outras formas mais respeitosas se impõem. Quanto à disposição da matéria tratada, a redação deve ser clara e precisa, para que se evitem ambiguidades, incoerências e quebras sintáticas.

(Diógenes Moreyra, inédito)

(Analista – TRT/16ª – 2009 – FCC) Quanto ao emprego das formas de tratamento, está correta a seguinte construção:

(A) Se preferires, adiaremos o simpósio para que não nos privemos de sua coordenação, Excelência, bem como das sugestões que certamente tereis a nos oferecer.

(B) Sempre contaremos com os préstimos com que Vossa Senhoria nos tem honrado, razão pela qual, antecipadamente, deixamos-lhe aqui nosso profundo reconhecimento.

(C) Vimos comunicar a Vossa Excelência que já se encontra à vossa disposição o relatório que nos incumbiste de providenciar há cerca de uma semana.

(D) Diga a Vossa Senhoria que estamos à espera de suas providências, das quais não nos cabe tratar com seu adjunto – grande, embora, seja a consideração, meu caro senhor, que lhe dispensamos.

(E) Esperamos que Vossa Senhoria sejais capaz de atender aos nossos reclamos, ao nosso ver justos e precisados de toda a vossa atenção.

Ao se utilizar pronome de tratamento, o verbo deve concordar na 3ª pessoa. **A:** oração corrigida: Se preferir [*3ª pessoa do singular do futuro do subjuntivo*], (...) Excelência certamente terá [*3ª pessoa do singular do futuro do presente do indicativo*]"; **B:** "Vossa Senhoria nos tem [*3ª pessoa do singular do presente do indicativo*] honrado (...) deixamos-lhe [*a Vossa Senhoria*]"; **C:** oração corrigida: "Vimos comunicar a Vossa Excelência que já se encontra à sua disposição o relatório que nos incumbiu [*3ª pessoa do singular do pretérito perfeito*] de providenciar"; **D:** oração corrigida: "Diga a Sua Senhoria..."; **E:** oração corrigida: "Esperamos que Vossa Senhoria seja [*3ª pessoa do singular do presente do subjuntivo*] capaz de atender (...) precisados de toda a sua atenção."

Gabarito "B".

(Analista – TRT/2ª – 2008 – FCC) Está adequado o emprego do elemento sublinhado na frase:

(A) Meu amigo juiz escrevia poemas que o estilo de linguagem era muito depurado.

(B) Expressava-se numa linguagem poética em que ele se obrigara a ser contido e disciplinado.

(C) Logo recebi o livro de poemas nos quais o grande valor expressivo eu sequer desconfiava.

(D) Surpreendeu-me que tivesse escrito poemas em cujos não havia vestígio de academicismos.

(E) Meu amigo deu-me uma explicação à qual pude aproveitar uma lição muito original.

Orações corrigidas a seguir. **A:** "(...) poemas nos quais o estilo de linguagem era muito depurado."; **B:** está correta; **C:** "Logo recebi o livro de poemas de que o grande valor expressivo eu sequer desconfiava."; **D:** "Surpreendeu-me que tivesse escrito poemas nos quais não havia vestígio de academicismos."; **E:** "Meu amigo deu-me uma explicação da qual pude aproveitar uma lição muito original."

Gabarito "B".

Viagem para fora

Há não tanto tempo assim, uma viagem de ônibus, sobretudo quando noturna, era a oportunidade para um passageiro ficar com o nariz na janela e, mesmo vendo pouco, ou nada, entreter-se com algumas luzes, talvez a lua, e certamente com os próprios pensamentos. A escuridão e o silêncio no interior do ônibus propiciavam um pequeno devaneio, a memória de alguma cena longínqua, uma reflexão qualquer.

Nos dias de hoje as pessoas não parecem dispostas a esse exercício mínimo de solidão. Não sei se a temem: sei que há dispositivos de toda espécie para não deixar um passageiro entregar-se ao curso das ideias e da imaginação pessoal. Há sempre um filme passando nos três ou quatro monitores de TV, estrategicamente dispostos no corredor. Em geral, é um filme ritmado pelo som de tiros, gritos, explosões. É também bastante possível que seu vizinho de poltrona prefira não assistir ao filme e deixar-se embalar pela música altíssima de seu fone de ouvido, que você também ouvirá, traduzida num chiado interminável, com direito a batidas mecânicas de algum sucesso pop. Inevitável, também, acompanhar a variedade dos toques personalizados dos celulares, que vão do latido de um cachorro à versão eletrônica de uma abertura sinfônica de Mozart. Claro que você também se inteirará dos detalhes da vida doméstica de muita gente: a senhora da frente pergunta pelo cardápio do jantar que a espera, enquanto o senhor logo atrás de você lamenta não ter incluído certos dados em seu último relatório.

Quando o ônibus chega, enfim, ao destino, você desce tomado por um inexplicável cansaço.

Acho interessantes todas as conquistas da tecnologia da mídia moderna, mas prefiro desfrutar de uma a cada vez, e em momentos que eu escolho. Mas parece que a maioria das pessoas entrega-se gozosa e voluptuosamente a uma sobrecarga de estímulos áudio-visuais, evitando o rumo dos mudos pensamentos e das imagens internas, sem luz. Ninguém mais gosta de ficar, por um tempo mínimo que seja, metido no seu canto, entretido consigo mesmo? Por que se deleitam todos com tantas engenhocas eletrônicas, numa viagem que poderia propiciar o prazer de uma pequena incursão íntima? Fica a impressão de que a vida interior das pessoas vem-se reduzindo na mesma proporção em que se expandem os recursos eletrônicos.

(Thiago Solito da Cruz, inédito)

(Analista – TRT/18ª – 2008 – FCC) O autor vale-se do emprego do pronome *você*, ao longo do segundo parágrafo, da mesma forma que esse pronome é empregado em:

(A) Quando perguntei se você gostava de viajar, você titubeou, e não me respondeu.

(B) Já sei a opinião dele acerca da mídia eletrônica; gostaria que você me dissesse, agora, qual a sua.

(C) Não é aquele ou aquela passageira que me interessa; meus olhos não conseguem desviar-se de você.

(D) Quando se está em meio a um tumulto, você não consegue concentrar-se em seus próprios pensamentos.

(E) Espero que você não tenha se ofendido por eu lhe haver proposto que desligue o celular enquanto conversamos.

O pronome de tratamento *você* está sendo usado com a intenção de se direcionar o discurso a um interlocutor genérico.

Gabarito "D".

(Analista – TRT/18ª – 2008 – FCC) Sempre gostei das viagens de ônibus, mas atualmente considero as viagens de ônibus uma verdadeira provação, pois o que vem caracterizando as viagens de ônibus é uma profusão de ruídos de toda espécie, o que torna as viagens de ônibus um desafio aos nervos de um pacato passageiro.

Evitam-se as viciosas repetições do texto acima substituindo-se os elementos sublinhados, na ordem dada, por:

(A) considero-as - as vem caracterizando - as torna
(B) considero-as - vem-nas caracterizando - lhes torna
(C) as considero - vem-lhes caracterizando - torna-las
(D) considero-lhes - lhes vem caracterizando - as torna
(E) considero-lhes - vem caracterizando-as - torna-as

Os verbos *considerar* e *tornar* e a locução verbal "vem caracterizando" são transitivos diretos e exigem como complemento um objeto direto. O objeto direto pode ser indicado, nesses períodos, pelo pronome *a*: considero-as, as vem caracterizando (próclise por conta da palavra atrativa que) e as torna (próclise por conta da palavra atrativa *que*).

Gabarito "A".

(Técnico Judiciário – TRT/23ª – 2011 – FCC) A tecnologia surgida no século XX beneficiou, em especial, os amantes da música, tornando possível ouvir música individualmente com fones de ouvido e transportar a música com facilidade por meio de aparelhos portáteis, o que transformou a música em uma diversão de fácil acesso. Evitam-se as desnecessárias repetições da frase acima substituindo-se os elementos grifados, respectivamente, por:

(A) a ouvir - transportar-lhe - lhe transformou
(B) a ouvir - lhe transportar - transformou-na
(C) ouvi-la - transportar-lhe - transformou-a
(D) lhe ouvir - a transportar - transformou-lhe
(E) ouvi-la - transportá-la - a transformou

O verbos ouvir, transportar e transformar são transitivos diretos. Na colocação pronominal, o objeto direto deve ser substituído por o, a, os, as. Sabemos que os objetos diretos do verbos citados são femininos singulares, então, usaremos o pronome feminino singular **a**. Teremos "ouvi-la", "transportá-la" e "a transformou" (uma vez que há a partícula atrativa "que" – "**que** a transformou").

Gabarito "E".

(Técnico Judiciário – TRT/24ª – 2011 – FCC) O emprego dos pronomes de tratamento está inteiramente correto na frase:

(A) É para vós, Vossa Senhoria, que dirigimos nossa solicitação, no sentido de nossa equipe ser recebida em vosso escritório.
(B) A Vossa Excelência, como Membro deste Tribunal, será encaminhado o processo em que devereis anexar vosso Parecer.
(C) Esperamos que V. Sa, aceiteis o convite que ora lhe fazemos, e que nos honrará com vossa presença nesse evento.
(D) V. Excia., Senhor Conselheiro deste Tribunal, deverá emitir a orientação a ser seguida por sua equipe de auxiliares.
(E) Solicitamos a vós todos, nobres senhores Deputados, que vos unis a nós em defesa dos direitos estabelecidos pela Constituição.

O pronomes de tratamento concordam na 3ª pessoa. **A:** "É a Vossa Senhoria, que dirigimos nossa solicitação, no sentido de nossa equipe ser recebida em **seu** escritório"; **B:** "em que **deverá** anexar **seu** Parecer"; **C:** "aceite o convite que ora lhe fazemos, e que nos honrará com **sua** presença"; **E:** "Solicitamos a todos, nobres senhores Deputados, que **se unam**".

Gabarito "D".

Atenção: para responder a próxima questão, considere o texto abaixo.

Preocupada com a ameaça de repetição da crise alimentar que provocou conflitos em várias partes do mundo em 2008, a Organização das Nações Unidas para Alimentação e Agricultura (FAO) convocou uma reunião de emergência, em Roma. As causas dos problemas atuais são bem diferentes das que, há dois anos, levaram o mundo a enfrentar uma séria crise de alimentos. Neste ano, o mundo deverá colher a terceira maior safra de grãos da história e os estoques mundiais estão em nível bem mais alto do que em 2008. Mesmo assim, as cotações de alguns dos principais produtos, de grande consumo pelas populações mais pobres do planeta, subiram muito nos últimos meses e algumas, como as do trigo, mantêm tendência de alta.

Protestos contra a alta exagerada de alguns produtos, como o pão, e a escassez de outros, já ocorreram em Moçambique, no Egito e na Índia. Na Rússia, a falta de trigo preocupa a população, e a história recente do país mostra que a escassez de produtos essenciais – como salsicha, sal e vodca, além de farinha de trigo – pode resultar em instabilidade política.

Uma combinação de pânico de escassez prolongada e um grande fluxo de investimentos que não encontram atrativos no mercado financeiro para a especulação com estoques e preços de produtos agrícolas está provocando, há alguns meses, uma alta contínua das cotações de alimentos. O índice geral de preços está no seu nível mais alto desde setembro de 2008.

Um conjunto de más notícias assustou os consumidores, que foram às compras, o que está pressionando os preços ainda mais para cima. A Rússia transformou-se na principal fonte de notícias ruins para o mercado mundial de alimentos.

Assolada pela seca, que deu origem a muitos incêndios nas plantações, estima que este ano sua produção de grãos será 38% menor do que a de 2009. As inundações na Ásia destruíram plantações e dificultaram a distribuição de produtos, especialmente para a população mais pobre.

Nesse quadro, alguns produtores preferiram manter o produto estocado a vendê-lo pelos preços oferecidos, o que estimulou a alta. Além disso, com os juros baixos na maioria dos países, como parte das medidas de estímulo para as economias afetadas pela crise mundial, investidores estão buscando outras opções de aplicação, e as encontram no mercado de produtos agrícolas, cujos preços, por isso, sobem mais. São notícias preocupantes, mas as reservas mundiais em grãos, suficientes para cobrir a quebra de produção provocada pelos fenômenos climáticos, deveriam conter seus efeitos. Infelizmente, esse dado não está sendo levado na devida conta.

(Adaptado de **O Estado de S. Paulo**, *Notas e Informações*, A3, 12 de setembro de 2010)

(Técnico Judiciário – TRT/22ª – 2010 – FCC) Considere as substituições dos pronomes grifados nas frases abaixo pelos segmentos em negrito no final de cada uma delas:

I. e algumas, como as do trigo, mantêm tendência de alta. – **as cotações do trigo** (final do 1º parágrafo)

II. alguns produtores preferiram manter o produto estocado a vendê-lo pelos preços oferecidos – **a vender o produto estocado** (início do 5º parágrafo)

III. e as encontram no mercado de produtos agrícolas – **as medidas de estímulo** (5º parágrafo)

IV. cujos preços, por isso, sobem mais – **os preços de produtos agrícolas** (5º parágrafo)

Estão corretas as substituições feitas SOMENTE em:

(A) I e II.

(B) II e III.

(C) III e IV.

(D) I, II e III.

(E) I, II e IV.

O pronome “as” corresponde a “outras opções de aplicações”.

Gabarito “E”.

Atenção: para responder a próxima questão, considere o texto abaixo.

O Brasil é dono de um dos mais extensos e diversificados conjuntos de arte rupestre do mundo. Dele, conhece-se apenas uma pequena parte. O Instituto do Patrimônio Histórico e Artístico Nacional (Iphan) registra a existência de 2.000 sítios arqueológicos com pinturas e inscrições pré-históricas, mas estima-se que esse número possa ser dez vezes maior. São sítios muitas vezes em locais de difícil acesso, e pinturas isoladas, que ficam a centenas de quilômetros umas das outras.

Esses registros gravados em rochas datam de até 40.000 anos atrás e constituem um patrimônio precioso e frágil por natureza, exposto que é à ação do tempo e das mudanças climáticas. No Brasil, a essa agressão inevitável soma-se uma praga vergonhosa. Aqui, o grande inimigo da conservação é o vandalismo. Pinturas milenares têm sido depredadas por pichações, fogueiras, gado – e até por cartazes de propaganda eleitoral.

Nos levantamentos do Iphan a depredação atinge 3% do patrimônio nacional. O patrimônio rupestre até agora conhecido no Brasil não tem a mesma beleza dos desenhos de locais célebres como as grutas de Lascaux, na França e de Altamira, na Espanha. Mas os sítios formam uma das maiores concentrações do mundo de pinturas ainda não estudadas. Eles estão espalhados pelo país e guardam desenhos de diferentes períodos.

Alguns são inscrições geométricas, outros sugerem animais, rituais, cenas de luta. São uma ferramenta importante para os estudos sobre o processo de ocupação do continente americano,além de seu valor como registro artístico. Sua destruição é preocupante, porque recai sobre material que ainda não foi sequer cadastrado e examinado.

Hoje, o Parque Nacional da Serra da Capivara, no Piauí, reconhecido como Patrimônio Cultural da Humanidade, só permite visitação com acompanhamento de um guia devidamente treinado, o que praticamente acabou com o vandalismo.

(Marcelo Bortoloti. **Veja**, 5 de agosto de 2009, pp. 72-74, com adaptações)

(Técnico Judiciário – TRT/22ª – 2010 – FCC) *Eles* estão espalhados pelo país e guardam desenhos de diferentes períodos. *Alguns* são inscrições geométricas, *outros* sugerem animais, rituais, cenas de luta. (3º parágrafo)

Os pronomes grifados acima evitam a repetição no texto, respectivamente, de

(A) os sítios, os desenhos, os desenhos.

(B) os locais célebres, os sítios, os desenhos.

(C) os desenhos, os sítios, os registros.

(D) os registros, os desenhos, os sítios.

(E) os estudos, os registros, os locais célebres.

Segue a transcrição de parte do 3º parágrafo: “O patrimônio rupestre até agora conhecido no Brasil não tem a mesma beleza dos desenhos de locais célebres (...). Mas **os sítios** formam uma das maiores concentrações do mundo de pinturas ainda não estudadas. **Eles** estão espalhados pelo país e guardam desenhos de diferentes períodos. Alguns são inscrições geométricas, outros sugerem animais, rituais, cenas de luta.”

Gabarito “A”.

(Técnico Judiciário – TRE/RS – 2010 – FCC) A frase que respeita totalmente o padrão culto escrito é:

(A) Exmo. Sr. Senador, acabo de receber o projeto que Vossa Excelência me encaminhou e pretendo lhe enviar o parecer solicitado no prazo de, no máximo, um mês.

(B) Acredito que Vossa Senhoria, Exmo. Sr. Secretário, não deve se preocupar com questões que não demandem diretamente vossa decisão.

(C) Tal foram as exigências deles, que Maria, ela própria, desistiu da compra, não sem antes avisar que, qualquer que fossem as alegações, nada a impediria de lhes denunciar.

(D) Cada um de todos aqueles grupos que se cuidem, pois as armadilhas que impuseram um ao outro acredito que pode ter consequências.

(E) Ao se dirigir àquele Senhor, passou-lhe os documentos que necessitava para ir adiante ao processo já iniciado.

A: os pronomes de tratamento concordam na 3ª pessoa; **B:** “sua decisão”; **C:** “denunciá-los”; **D:** “as armadilhas que impuseram um ao outro, acredito que podem (as armadilhas) ter consequências”; **E:** “os documentos que deveriam ir adiante”. O verbo *necessitar* também poderia ser usado na acepção de “fazer que seja necessário” (“documentos necessários”).

Gabarito “A”.

Atenção: para responder a próxima questão, considere o texto abaixo.

Os Jogos Olímpicos são um desafio ao bom senso. Tome-se o arremesso do martelo. Terem inventado que tal coisa é uma atividade digna de ser praticada, digna de ser chamada de “esporte” e, para culminar, digna de figurar entre as modalidades olímpicas mostra como são instigantes os caminhos que a mente humana é capaz de percorrer. Tome-se o salto com vara. Por que saltar com vara? É outra invenção que só pode ser atribuída à tendência da mente humana em fugir do que é natural e razoável. E a corrida com barreiras? E o salto triplo? A rigor seria até dispensável o trabalho de selecionar uma ou outra modalidade. O esporte como um todo, e em especial a mania de superação que contamina seus praticantes, já repousaria sobre a premissa absurda de contrariar o prazer do sossego e do repouso.

Todo o universo atlético ganha um sentido, no entanto, quando nos damos conta de que ali se reencena a luta humana pela sobrevivência. A corrida tem sua origem na fuga das feras ou dos grupos rivais; a corrida com obstáculos, na dificuldade de superar os charcos, os barrancos e os espinheiros; o salto em distância, na ultrapassagem dos riachos; o salto em altura, na tentativa de alcançar os frutos no alto das árvores. Até o salto com vara ganha uma lógica: é o momento em que o homem primitivo se torna capaz de inventar ferramentas para superar os obstáculos impostos pela natureza. E o arremesso do martelo, assim como o do disco e o do dardo, visita a quadra em que o homem criou as armas para substituir os próprios punhos na caça e no enfrentamento dos inimigos.

Os Jogos Olímpicos miram na Grécia e acertam na pré-história. São uma releitura da Idade da Pedra. Ou melhor: uma parte dos Jogos. Os esportes com bola pertencem a outro capítulo da história da humanidade. Se nossos ancestrais demoraram tanto para inventar a roda, demoraram ainda mais para chegar à bola. A bola tem como principal característica uma esplendorosa inutilidade. É um brinquedo. As modalidades do atletismo lembram as sofridas necessidades da subsistência, na era em que a espécie procurava se consolidar sobre o planeta – fugir, comer, enfrentar o inimigo, contornar os obstáculos, conquistar a fêmea. Já a bola se notabiliza pela ausência de função nas lides pela sobrevivência. Por isso mesmo representa a conquista de um novo patamar, de inestimável valor, na escala da evolução: o patamar da diversão. Consolidada e confiante em si mesma, a espécie permite-se o luxo de brincar.

O arremesso do martelo, mesmo não sendo mais com martelo, continua assustador. Haja músculo, para atirar aquela bola de ferro. Haja peso, para dar os rodopios que precedem seu lançamento. É uma atividade que pode causar admiração pela força, nunca pela astúcia. Já os passes no futebol ou as levantadas do vôlei mostram que, nos esportes com bola, a força é temperada, e às vezes até substituída, pela habilidade.

O martelo pode até causar assombro, mas nunca provocará um sorriso. Já o drible, no futebol e no basquete, ou a "largada" no vôlei, manobras cujo objetivo é enganar o adversário, representam a intromissão do humor na competição. Do martelo à bola, desenha-se um percurso em cujo ponto de chegada a ênfase está menos nos músculos do que no uso da massa cinzenta alojada no cocuruto do animal humano.

(Roberto Pompeu de Toledo. Veja. 27 de agosto de 2008, p.170, com adaptações)

(Técnico Judiciário – TRT/2ª – 2008 – FCC) O segmento grifado está corretamente substituído pelo pronome correspondente, considerando-se também sua colocação, em:

(A) *para substituir os próprios punhos* = para lhes substituir.
(B) *pertencem a outro capítulo da história* = pertencem a ele.
(C) *que pode causar admiração pela força* = que pode causá-lo.
(D) *mas nunca provocará um sorriso* = mas nunca lhe provocará.
(E) *representam a intromissão do humor* = o representam.

A: o verbo *substituir* é transitivo direto. O pronome que pode tomar o lugar do objeto direto é *los* ("substituí-los"); **B:** o verbo *pertencer* é transitivo indireto. A alternativa está correta; **C:** a locução verbal "poder causar" é transitiva direta. O pronome correspondente tem que ser feminino ("que pode causá-la"); **D:** o verbo *provocar* é transitivo direto. O pronome que pode substituir o objeto direto é *o* ("mas nunca o provocará"); **E:** o verbo *representar* na acepção de "ser representante" é transitivo direto. A expressão "a intromissão do humor" corresponde ao objeto direto e pode ser substituída pelo pronome feminino *na* ("representam-na").

Gabarito "B"

(Auditor Fiscal/São Paulo-SP – 2007 – FCC) No caso das leis mosaicas, um desses princípios é o da interdição: "Não matarás".

O pronome sublinhado na frase acima reaparece, conservando a mesma função sintática que nela exerce, nesta outra frase:

(A) Para se garantir o cumprimento de um princípio, institui-se uma sanção para quem o ignore.
(B) Quanto ao abuso de poder, só rigorosas diligências e isenta apuração o evitam.
(C) Dos desafios da nossa sociedade, talvez o maior seja o de não se permitir a impunidade.
(D) O ***homo sapiens***, que tem o dom da racionalidade criativa, nem sempre o aproveita em seu benefício.
(E) Se o indivíduo responsável pela aplicação da justiça transgride um princípio, que ninguém o acoberte.

O pronome sublinhado é demonstrativo. **A:** o pronome *o* ("quem o ignore") é oblíquo; **B:** o pronome *o* ("o evitam") é oblíquo; **C:** o pronome *o* é demonstrativo: "seja o de não se permitir a impunidade"; **D:** pronome *o* ("nem sempre o aproveita") é oblíquo; **E:** pronome *o* ("que ninguém o acoberte") é oblíquo.

Gabarito "C"

(Auditor Fiscal/São Paulo-SP – 2007 – FCC) Não é preciso amar os princípios de convivência, como também não se deve ignorar esses princípios, pois quem não dá fé a esses princípios impede que os contraventores levem a sério esses princípios.

Evitam-se as viciosas repetições da frase acima substituindo-se os segmentos sublinhados por, respectivamente,

(A) ignorá-los - lhes dá fé - os levem a sério
(B) ignorar-lhes - dá-lhes fé - levem-lhes a sério
(C) lhes ignorar - lhes dá fé – os levem a sério
(D) ignorá-los – dar fé a eles – levem-lhes a sério
(E) os ignorar – os dá fé – levem-nos a sério

Os pronomes oblíquos que substituem os objetos diretos são o, a, os, as. Se o verbo no qual ocorrerá a ênclise for terminado em *r*, usam-se as formas lo, la, los, las. Se o verbo terminar em *m* usam-se as formas no, na, nos, nas. O pronome oblíquo que substitui o objeto indireto (lhe, lhes) não altera a forma verbal. Nessa questão temos: o verbo ignorar que é transitivo direto. O seu objeto deve ser substituído por los (ignorá-los); o verbo dar que é bitransitivo e deve ter seu objeto indireto substituído por lhe (lhes dá fé); o verbo levar é transitivo direto e intransitivo. Seu objeto direto será substituído por nos (levem-nos) no caso enclítico ou *os* no caso da próclise ("os levem a sério").

Gabarito "A"

(Auditor Fiscal/São Paulo-SP – 2007 – FCC) Está correto o uso do segmento sublinhado na frase:

(A) Trata-se de um texto em cuja tese poucos devem mostrar-se contrários.

(B) A natureza também tem seus princípios de violência, a cujos os homens precisam superar.

(C) Nos ditames da lei mosaica, cujo o rigor é indiscutível, prevalece o princípio da interdição.

(D) As normas da ética, de cujas ninguém devia se afastar, não são exatamente as mesmas ao longo do tempo.

(E) Os braços da justiça, a cujo alcance deveriam estar todos, tornam-se inócuos quando desprestigiados.

O pronome relativo cuja concorda com a coisa possuída e pode vir precedido por preposição exigida pelo verbo regente. Esse pronome não aceita posposição de artigo. **A:** "Trata-se de um texto cuja [sem preposição] tese (...)"; **B:** "A natureza também tem seus princípios de violência, a qual [não cabe o pronome cujo] os homens. (...)"; **C:** "Nos ditames da lei mosaica, cujo [sem posposição de artigo] rigor"; **D:** "As normas de ética, das quais [não cabe o pronome cujo] ninguém".

Gabarito "E"

Atenção: A próxima questão baseia-se no texto abaixo.

A Norma (1831) é claramente uma ópera que encena, numa suposta rebelião gaulesa contra a tutela romana na Antiguidade, a desejada libertação dos italianos em face das potências estrangeiras – no caso, certamente a Áustria – que lhes vedam a independência e a unidade nacional. Como é de praxe em boa parte das óperas italianas do século XIX, ao posicionamento progressista nas grandes questões sociais ou nacionais se opõe um lastro, geralmente ocultado, que é de natureza mais propriamente pessoal, e serve de enorme peso – inconsciente, posto que até então desconhecido – contra aquela tomada de partido em favor [...] do "bem" ou, pelo menos, da justiça e do progresso. Esse modelo aparece, para citarmos apenas algumas óperas, nas Vespri Siciliani e no Trovatore de Verdi; poder-se-ia argumentar que a Traviata procede do mesmo modo.

Assim, um recorte se delineia inicialmente, a opor as causas progressistas (a pátria livre, seja ela a Gália, a Sicília ou qualquer outra; a defesa dos pobres; a união de quem se ama) ao que existe de mais retrógrado; porém, a dramaticidade não procederá do conflito, num mesmo nível, entre progressistas e reacionários, mas da irrupção, no âmago mesmo da causa revolucionária avançada, de um elemento pessoal marcado pelo acumpliciamento secreto, arcaico e culpável com o inimigo. Dessa forma, o herói libertador dos sicilianos nas Vespri é na verdade filho ilegítimo do governador francês, o trovador, na ópera homônima, é o irmão perdido de seu próprio perseguidor – e aqui, na Norma, a sacerdotiza suprema dos gauleses é amante do chefe romano. É isso o que dilacera a alma, tanto do ator-cantor como do expectador-ouvinte, e confere a essas óperas seu caráter trágico.

(Analista – ANS – 2007 – FCC) Consideradas a forma e a posição do pronome pessoal previstas na norma culta da língua, a alternativa correta é:

(A) Os primeiros cristãos registraram, em diferentes documentos históricos, as formas como os romanos lhes perseguiram.

(B) Os assessores do governador francês não deram-no a desoladora notícia imediatamente.

(C) Se os outros sacerdotes lhe encontrassem naquela situação, certamente ficariam constrangidos.

(D) Antes do desfecho trágico daquela relação amorosa, ele tinha avisado-lhe do perigo que corriam.

(E) Quando queriam parecer realmente originais, os cantores novatos se tornavam ainda mais ridículos.

A: incorreta, pois o pronome "lhes" deve ser usado em caso de substituir termo regido por preposição. O verbo regente é *perseguir*, que pede objeto direto, ou seja, sem a intermediação de preposição (quem persegue, persegue algo ou alguém, no caso, "os primeiros cristãos", expressão masculina plural). O pronome correto seria "os"; **B:** incorreta, pois palavras de valor negativo são atrativas para o uso de pronomes oblíquos. A palavra "não" exige que o pronome seja colocado em próclise, antes do verbo "deram". Além disso, o verbo rege duplo objeto, sendo o receptor indireto e o que é dado direto (deram a notícia **ao** rei). O pronome oblíquo que substitui termo preposicionado é "lhe". A frase estaria corretamente escrita: "(...) não lhe deram"; **C:** incorreta, pois o verbo *encontrar* foi usado na acepção de "(t.d.pred.) deparar com (algo ou alguém), percebendo seu estado, condição ou situação" (*Dicionário Houaiss*) e rege, portanto, objeto direto. Como não há referente em contexto para o pronome, não é possível determinar precisamente seu gênero, sendo a opção mais provável o masculino pela generalização do termo "sacerdote", de que faz parte o referente do pronome. A forma correta seria "Se os outros sacerdotes o encontrassem (..)"; **D:** incorreta, pois, assim como no item **A**, o termo a que se refere o pronome não é introduzido por preposição (avisar alguém de algo – avisar alguém do perigo). Deveria ser usado o pronome "o". Não há no trecho o referente óbvio do pronome, não é possível determinar definitivamente que seria avisado, sendo a mais provável hipótese os participantes da relação amorosa que corriam perigo. No entanto, pela falta de contexto, não é possível afirmar que exista erro de concordância com o uso do pronome no singular. Há ainda que se julgar a colocação do pronome. Em locuções verbais com verbo principal na forma nominal do particípio, é recusado o uso da ênclise ao particípio. O trecho estaria correto: "ele tinha os avisado"; **E:** correta, pois o pronome reflexivo "se" está corretamente colocado e concorda em pessoa com seu referente.

Gabarito "E"

Atenção: A questão a seguir baseia-se no texto apresentado abaixo.

Nas formas de vida coletiva podem assinalar-se dois princípios que se combatem de morte e regulam diversamente as atividades dos homens. Esses dois princípios encarnam-se nos tipos do aventureiro e do trabalhador. Já nas sociedades rudimentares manifestam-se eles, segundo sua predominância, na distinção fundamental entre os povos caçadores ou coletores e os povos lavradores. Para uns, o objeto final, a mira de todo esforço, o ponto de chegada, assume relevância tão capital, que chega a dispensar, por secundários, quase supérfluos, todos os processos intermediários. Seu ideal será colher o fruto sem plantar a árvore.

Esse tipo humano ignora as fronteiras. No mundo tudo se apresenta a ele em generosa amplitude e onde quer que se erija um obstáculo a seus propósitos ambiciosos, sabe transformar esse obstáculo em trampolim. Vive dos espaços ilimitados, dos projetos vastos, dos horizontes distantes.

O trabalhador, ao contrário, é aquele que enxerga primeiro a dificuldade a vencer, não o triunfo a alcançar. O esforço lento, pouco compensador e persistente que, no entanto, mede todas as possibilidades de esperdício e sabe tirar o máximo proveito do insignificante, tem sentido bem nítido para ele. Seu campo visual é naturalmente restrito. A parte maior que o todo.

Existe uma ética do trabalho, como existe uma ética da aventura. Assim, o indivíduo do tipo trabalhador só atribuirá valor moral positivo às ações que sente ânimo de praticar e, inversamente, terá por imorais e detestáveis as qualidades próprias do aventureiro - audácia, imprevidência, irresponsabilidade, instabilidade, vagabundagem -, tudo, enfim, quanto se relacione com a concepção espaçosa do mundo, característica desse tipo.

Por outro lado, as energias e esforços que se dirigem a uma recompensa imediata são enaltecidos pelos aventureiros; as energias que visam estabilidade, paz, segurança pessoal e os esforços sem perspectiva de rápido proveito material passam, ao contrário, por viciosos e desprezíveis para eles. Nada lhes parece mais estúpido e mesquinho do que o ideal do trabalhador.

Entre esses dois tipos não há, em verdade, tanto uma oposição absoluta como uma incompreensão radical. Ambos participam, em maior ou menor grau, de múltiplas combinações e é claro que, em estado puro, nem o aventureiro, nem o trabalhador, possuem existência real fora do mundo das ideias. Mas também não há dúvida que os dois conceitos nos ajudam a situar e a melhor ordenar nosso conhecimento dos homens e dos conjuntos sociais. E é precisamente nessa extensão superindividual que eles assumem importância inestimável para o estudo da formação e evolução das sociedades.

Na obra da conquista e da colonização dos novos mundos coube ao espírito do trabalho, no sentido aqui compreendido, papel muito limitado, quase nulo. A época predispunha aos gestos e façanhas audaciosos, galardoando bem os homens de grandes voos. E não foi fortuita a circunstância de se terem encontrado neste continente, empenhadas nessa obra, principalmente as nações onde o tipo do trabalhador, tal como acaba de ser discriminado, encontrou ambiente menos propício.

(Sérgio Buarque de Holanda. **Raízes do Brasil**. 2ª ed. Rio de Janeiro: José Olympio, 1948, p. 36-39.)

(Técnico Legislativo – Câmara dos Deputados – 2007 – FCC) Para **uns**, o objeto final, a mira de todo esforço, o ponto de chegada ... (1º parágrafo) O pronome grifado acima refere-se, considerando-se o contexto, à expressão:

(A) *dois princípios*. (1º parágrafo)

(B) *[os] tipos do aventureiro e do trabalhador*. (1º parágrafo)

(C) *os povos caçadores ou coletores*. (1º parágrafo)

(D) *os povos lavradores*. (1º parágrafo)

(E) *seus propósitos ambiciosos*. (2º parágrafo)

O pronome destacado refere-se a "os povos caçadores ou coletores".

Gabarito "C".

3. PREPOSIÇÃO

Leia o texto abaixo para responder à questão a seguir.

Pode até mesmo parecer um pouco antagônica a conjugação dos termos "tecnologia" e "política", mas a prática – e sua intensidade – com que se desenvolve o processo de convencimento popular em tempos atuais, com toda a "sofisticação" de recursos – não necessariamente técnicos – que se possa imaginar, nos leva a admitir a absoluta compatibilidade entre aqueles termos, ao ponto em que imaginar-se uma candidatura sem o arrojo dos "avanços" estratégicos políticos é o mesmo que se predispor à mais imprevisível das aventuras.

Segundo dados da ONU, dois terços da população mundial não se sente representada por seus governos e tem uma péssima opinião sobre a honestidade e sentido público dos políticos, muitas vezes sendo o voto uma manifestação "mais contra o que se teme, do que a favor do que se espera".

(Alexandre Vidigal de Oliveira, Tecnologia política e a globalização da crise de representatividade, in: *Correio Braziliense*, 14/10/2002, com adaptações.)

(Analista – BACEN – 2002 – FCC) Marque a opção correta a respeito do emprego das expressões do texto.

(A) Preserva-se a correção gramatical da oração ao empregar, alternativamente, **sentem** em lugar de "sente"(l. 15).

(B) A coerência textual e a correção gramatical permitem a retirada da contração com a preposição "do" após "teme,"(l. 19).

(C) Mantém-se a coerência textual ao empregar a expressão **a maioria da população**, em lugar de "dois terços da população"(l. 14 e 15), mas para manter a correção gramatical é necessário substituir "tem"(l. 16) por **têm**.

(D) A estruturação sintática do período admite que a vírgula após "políticos"(l. 18) seja substituída por ponto final sem que isso prejudique a correção gramatical ou a coerência do texto.

(E) A conjunção "e"(l. 16), além de ter o valor semântico de adicionar uma ideia à outra, tem, no texto, também o valor de introduzir uma consequência para a oração anterior.

A retirada da preposição "do" não altera a relação expressa (comparação) no período.

Gabarito "B".

4. VERBO

Atenção: Considere o texto abaixo para responder às questões que se seguem.

Instituições financeiras reconhecem que é cada vez mais difícil detectar se uma transação é fraudulenta ou verdadeira

Os bancos e as empresas que efetuam pagamentos têm dificuldades de controlar as fraudes financeiras on-line no atual cenário tecnológico conectado e complexo. Mais de um terço (38%) *das organizações reconhece que é cada vez mais difícil detectar se uma transação é fraudulenta ou verdadeira, revela pesquisa realizada por instituições renomadas.*

O estudo revela que o índice de fraudes on-line acompanha o aumento do número de transações on-line, e 50% das organizações de serviços financeiros pesquisadas acreditam que há um crescimento das fraudes financeiras eletrônicas. Esse avanço, juntamente com o crescimento massivo dos pagamentos eletrônicos combinado aos novos avanços tecnológicos e às mudanças nas demandas corporativas, tem forçado, nos últimos anos, muitas delas a melhorar a eficiência de seus processos de negócios.

De acordo com os resultados, cerca de metade das organizações que atuam no campo de pagamentos eletrônicos usa soluções não especializadas que, segundo as estatísticas, não são confiáveis contra fraude e apresentam uma grande porcentagem de falsos positivos. O uso incorreto dos sistemas de segurança também pode acarretar o bloqueio de transações. Também vale notar que o desvio de pagamentos pode causar perda de clientes e, em última instância, uma redução nos lucros.

Conclui-se que a fraude não é o único obstáculo a ser superado: as instituições financeiras precisam também reduzir o número de alarmes falsos em seus sistemas a fim de fornecer o melhor atendimento possível ao cliente.

(Adaptado de: computerworld.com.br. Disponível em: http://computerworld.com.br/quase-40-dos-bancos-nao-sao-capazes-de-diferenciar-um-ataque-de-atividades-normais-de-clientes)

(Técnico Judiciário – TRT24 – FCC – 2017) No texto, as formas verbais flexionadas no presente do indicativo "têm" (1º parágrafo), "acompanha" (2º parágrafo) e "apresentam" (3º parágrafo) indicam eventos que

(A) já aconteceram e certamente não acontecerão mais.

(B) ocorrem em condições hipotéticas.

(C) se repetem com os passar dos dias.

(D) não se repetirão num futuro próximo.

(E) raramente aconteceram ou acontecem.

O tempo presente do modo indicativo transmite a ideia de que os eventos estão acontecendo agora ou que são corriqueiros, acontecem todos os dias.

Gabarito "C"

Atenção: Considere o texto abaixo para responder às questões abaixo.

Freud uma vez recebeu carta de um conhecido pedindo conselhos diante de uma escolha importante da vida. A resposta é surpreendente: para as decisões pouco importantes, disse ele, vale a pena pensar bem. Quanto às grandes escolhas da vida, você terá menos chance de errar se escolher por impulso.

A sugestão parece imprudente, mas Freud sabia que as razões que mais pesam nas grandes escolhas são inconscientes, e o impulso obedece a essas razões. Claro que Freud não se referia às vontades impulsivas proibidas. Falava das decisões tomadas de "cabeça fria", mas que determinam o rumo de nossas vidas. No caso das escolhas profissionais, as motivações inconscientes são decisivas. Elas determinam não só a escolha mais "acertada", do ponto de vista da compatibilidade com a profissão, como são também responsáveis por aquilo que chamamos de talento. Isso se decide na infância, por mecanismos que chamamos de identificações. Toda criança leva na bagagem alguns traços da personalidade dos pais. Parece um processo de imitação, mas não é: os caminhos das identificações acompanham muito mais os desejos não realizados dos pais do que aqueles que eles seguiram na vida.

Junto com as identificações formam-se os ideais. A escolha profissional tem muito a ver com o campo de ideais que a pessoa valoriza. Dificilmente alguém consegue se entregar profissionalmente a uma prática que não represente os valores em que ela acredita.

Tudo isso está relacionado, é claro, com a almejada satisfação na vida profissional. Mas não vamos nos iludir. Satisfação no trabalho não significa necessariamente prazer em trabalhar. Grande parte das pessoas não trabalharia se não fosse necessário. O trabalho não é fonte de prazer, é fonte de sentido. Ele nos ajuda a dar sentido à vida. Só que o sentido da vida profissional não vem pronto: ele é o efeito, e não a premissa, dos anos de prática de uma profissão. Na contemporaneidade, em que se acredita em prazeres instantâneos, resultados imediatos e felicidade instantânea, é bom lembrar que a construção de sentido requer tempo e persistência. Por outro lado, quando uma escolha não faz sentido o sujeito percebe rapidamente.

(Adaptado de KEHL, Maria Rita. Disponível em: rae.fgv.br / sites/rae.fgv.br/files/artigos)

(Técnico Judiciário – TRT11 – FCC – 2017) O verbo que pode ser corretamente flexionado em uma forma do plural, sem que nenhuma outra modificação seja feita na frase, está em:

(A) ... *em que se acredita em prazeres instantâneos*... (4º parágrafo)

(B) *Grande parte das pessoas não trabalharia*... (4º parágrafo)

(C) ... *o campo de ideais que a pessoa valoriza.* (3º parágrafo)

(D) ... *que não represente os valores*... (3º parágrafo)

(E) ... *não se referia às vontades impulsivas*... (2º parágrafo)

A única expressão que admite dupla concordância é "grande parte das pessoas". É possível fazer a concordância natural com "parte", colocando o verbo no singular, ou a concordância atrativa com o termo mais próximo – "pessoas" – permanecendo o verbo no plural.

Gabarito "B"

(Técnico Judiciário – TRE/SP – FCC – 2017) A forma verbal empregada corretamente está na frase:

(A) Notam-se a probabilidade de problemas emocionais e de déficits de habilidades sociais.

(B) Dedica-se ao manejo de aparelhos eletrônicos, desde a mais tenra idade, as crianças de hoje.

(C) Cercam-se de solidão e isolamento uma vida reclusa ao mundo virtual de atualizações de *status*.

(D) Findaram as discussões profundas, com as quais poderia se enriquecer os anos de universidade.

(E) Interpretam-se, com dificuldade, comportamentos alheios frente a frente, em tempo real.

A: incorreta. O verbo "notar' deveria estar na terceira pessoa do singular para concordar com "probabilidade"; **B:** incorreta. O verbo "dedicar" concorda com "crianças", portanto deveria estar na terceira pessoa do plural; **C:** incorreta. O verbo "cercar" concorda com "vida", então deveria estar na terceira pessoa do singular; **D:** incorreta. O verbo "poder" deveria estar na terceira pessoa do plural ("poderiam") para concordar com "anos"; **E:** correta. Todas as normas de concordância foram respeitadas. HS

Gabarito "E".

(Analista – TRT/6ª – 2012 – FCC) Atente para as seguintes frases:

I. Seria ótimo que a Igreja Católica venha a escolher, no próximo ano, um tema tão importante como o que já elegera para a campanha da fraternidade deste ano.

II. Se todas as religiões adotassem exatamente o mesmo sentido para o termo **dignidade**, este alcançaria o valor universal que cada uma delas postula.

III. Quando viermos a nos entender quanto ao que fosse **dignidade**, esse termo poderia ser utilizado sem gerar tantas controvérsias.

Ocorre adequada correlação entre os tempos e os modos verbais no que está em

(A) I, II e III.

(B) I e II, apenas.

(C) II e III, apenas.

(D) I e III, apenas.

(E) II, apenas.

I: incorreta. Deveria constar "viesse" em vez de "venha" e "elegeu" no lugar de "elegera"; **II:** correta. Todos os verbos foram conjugados conforme as normas gramaticais; **III:** incorreta. Deveria constar "seja" no lugar de "fosse" e "poderá" em vez de "poderia".

Gabarito "E".

O mito napoleônico baseia-se menos nos méritos de Napoleão do que nos fatos, então sem paralelo, de sua carreira. Os homens que se tornaram conhecidos por terem abalado o mundo de forma decisiva no passado tinham começado como reis, como Alexandre, ou patrícios, como Júlio César, mas Napoleão foi o "pequeno cabo" que galgou ao comando de um continente pelo seu puro talento pessoal. Todo homem de negócios daí em diante tinha um nome para sua ambição: ser – os próprios clichês o denunciam – um "Napoleão das finanças" ou "da indústria". Todos os homens comuns ficavam excitados pela visão, então sem paralelo, de um homem comum maior do que aqueles que tinham nascido para usar coroas. Em síntese, foi a figura com que todo homem que partisse os laços com a tradição podia se identificar em seus sonhos.

Para os franceses ele foi também algo bem mais simples: o mais bem-sucedido governante de sua longa história. Triunfou gloriosamente no exterior, mas, em termos nacionais, também estabeleceu ou restabeleceu o mecanismo das instituições francesas como existem hoje. Ele trouxe estabilidade e prosperidade a todos, exceto para os 250 mil franceses que não retornaram de suas guerras, embora até mesmo para os parentes deles tivesse trazido a glória. Sem dúvida, os britânicos se viam como lutadores pela causa da liberdade contra a tirania; mas em 1815 a maioria dos ingleses era mais pobre do que o fora em 1800, enquanto a maioria dos franceses era quase certamente mais rica.

Ele destruíra apenas uma coisa: a Revolução de 1789, o sonho de igualdade, liberdade e fraternidade, do povo se erguendo na sua grandiosidade para derrubar a opressão. Este foi um mito mais poderoso do que o dele, pois, após a sua queda, foi isto e não a sua memória que inspirou as revoluções do século XIX, inclusive em seu próprio país.

(Adaptado de Eric. J. Hobsbawm. **A era das revoluções – 1789-1848.** 7ª ed. Trad. de Maria Tereza Lopes Teixeira e Marcos Penchel. Rio de Janeiro: Paz e Terra, 1989, p.93-4)

(Analista – TRT9 – 2012 – FCC) Sem dúvida, os britânicos se viam como lutadores pela causa da liberdade contra a tirania ...

O verbo empregado nos mesmos tempo e modo que o verbo grifado acima está em:

(A) Todos os homens comuns ficavam excitados pela visão ...

(B) O mito napoleônico baseia-se menos nos méritos de Napoleão ...

(C) ... exceto para os 250 mil franceses que não retornaram de suas guerras ...

(D) Ele destruíra apenas um coisa ...

(E) ... os próprios clichês o denunciam ...

A: correta. Ambos os verbos estão na terceira pessoa do plural do pretérito imperfeito do indicativo; **B:** incorreta. Na alternativa, o verbo está na terceira pessoa do singular do presente do indicativo; **C:** incorreta. Na alternativa, o verbo está na terceira pessoa do plural do pretérito perfeito do indicativo; **D:** incorreta. Na alternativa, o verbo está na terceira pessoa do singular do pretérito mais-que-perfeito do indicativo; **E:** incorreta. Na alternativa, o verbo está na terceira pessoa do plural do presente do indicativo.

Gabarito "A".

Em outubro de 1967, quando Gilberto Gil e Caetano Veloso apresentaram as canções Domingo no parque e Alegria, Alegria, no Festival da TV Record, logo houve quem percebesse que as duas canções eram influenciadas pela narrativa cinematográfica: repletas de cortes, justaposições e flashbacks. Tal suposição seria confirmada pelo próprio Caetano quando declarou que fora "mais influenciado por Godard e Glauber do que pelos Beatles ou Dylan". Em 1967, no Brasil, o cinema era o que havia de mais intenso e revolucionário, superando o próprio teatro, cuja inquietação tinha incentivado os cineastas a iniciar o movimento que ficou conhecido como Cinema Novo.

O Cinema Novo nasceu na virada da década de 1950 para a de 1960, sobre as cinzas dos estúdios Vera Cruz (empresa paulista que faliu em 1957 depois de produzir dezoito filmes). *"Nossa geração sabe o que quer", dizia o baiano Glauber Rocha já em 1963. Inspirado por* Rio 40 graus *e por* Vidas secas, *que Nelson Pereira dos Santos lançara em 1954 e 1963, Glauber Rocha transformaria, com* Deus e o diabo na terra do sol, *a história do cinema no Brasil. Dois anos depois, o cineasta lançou* Terra em Transe, *que talvez tenha marcado o auge do* Cinema

Novo, *além de ter sido uma das fontes de inspiração do* Tropicalismo.

A ponte entre Cinema Novo e Tropicalismo ficaria mais evidente com o lançamento, em 1969, de Macunaíma, de Joaquim Pedro de Andrade. Ao fazer o filme, Joaquim Pedro esforçou-se por torná-lo um produto afinado com a cultura de massa. "A proposição de consumo de massa no Brasil é algo novo. A grande audiência de TV entre nós é um fenômeno novo. É uma posição avançada para o cineasta tentar ocupar um lugar dentro dessa situação", disse ele.

Incapaz de satisfazer plenamente as exigências do mercado, o Cinema Novo deu os seus últimos suspiros em fins da década de 1970 – período que marcou o auge das potencialidades comerciais do cinema feito no Brasil.

(Adaptado de Eduardo Bueno. **Brasil: uma história**. Ed. Leya, 2010. p. 408)

(Analista – TRT9 – 2012 – FCC)... *Glauber Rocha transformaria, com* Deus e o Diabo na terra do sol, *a história do cinema no Brasil.*

O verbo que exige o mesmo tipo de complemento que o grifado acima está empregado em:

(A) *A ponte entre* Cinema Novo e Tropicalismo *ficaria mais evidente* ...
(B) *O* Cinema Novo *nasceu na virada da década de 1950 para a de 1960* ...
(C) *Dois anos depois, o cineasta lançou* Terra em transe ...
(D) *A grande audiência de TV entre nós é um fenômeno novo.*
(E) ... *empresa paulista que faliu em 1957* ...

"Transformar" é verbo transitivo direto, que exige como complemento o objeto direto (quem transforma, transforma alguma coisa). **A:** incorreta. "Ficar", nesse caso, é verbo de ligação e "mais evidente" é predicativo do sujeito; **B:** incorreta. "Nascer" é verbo intransitivo, não exige complemento; **C:** correta. "Lançar" é também verbo transitivo direto; **D:** incorreta. "Ser" é verbo de ligação e "um fenômeno novo", predicativo do sujeito; **E:** incorreta. "Falir" é verbo intransitivo, não exige complemento.

Gabarito "C"

(Analista – TRT/11ª – 2012 – FCC) O verbo indicado entre parênteses deverá ser flexionado no **plural** para preencher corretamente a lacuna da frase:

(A) Nem todos discriminam, numa foto, os predicados mágicos que a ela se ...... (**atribuir**) nesse texto.
(B) Os tempos que ...... (**documentar**) uma simples foto, aparentemente congelada, são complexos e estimulantes.
(C) A associação entre músicos e fotógrafos profissionais ...... (**remeter**) às especificidades de cada tipo de sintaxe.
(D) A poucos ...... (**costumar**) ocorrer que as fotografias podem enfeixar admiráveis atributos estéticos, como obras de arte que são.
(E) Imaginem-se os sustos que não ...... (**ter**) causado aos nativos de tribos remotas a visão de seus rostos fotografados!

A: correta. Deve-se conjugar "atribuem", na terceira pessoa do plural, para concordar com "predicados mágicos"; **B:** incorreta. Essa é uma "pegadinha" perigosa. O verbo deve ser conjugado como "documenta", no singular, para concordar com "uma simples foto", seu sujeito. "Os tempos" é sujeito do verbo "ser", deslocado para o fim do período; **C:** incorreta. O verbo deve ser conjugado como "remete", no singular, para concordar com "associação"; **D:** incorreta. Outra "pegadinha". "A poucos" é adjunto adverbial, portanto não determina a concordância do verbo. Na verdade, "costuma" deve ser flexionado no singular porque estamos diante de uma oração com sujeito indeterminado; **E:** incorreta. Outra alternativa difícil. O núcleo do sujeito de "ter", que se flexionará "terá", é "a visão", substantivo singular.

Gabarito "A"

(Analista – TRT/11ª – 2012 – FCC) Estamos *vivendo uma época em que a bandeira da discriminação se* apresenta *em seu sentido mais positivo:* trata-se *de aplicar políticas afirmativas para promover aqueles que* vêm *sofrendo discriminações históricas.*

Mantém-se adequada correlação entre tempos e modos verbais com a substituição das formas sublinhadas no trecho acima, na ordem dada, por:

(A) Estávamos - apresentava - tratava-se - vinham
(B) Estaríamos - apresentara - tratava-se - viessem
(C) Estaremos - apresente - tratar-se-ia - venham
(D) Estávamos - apresentou - tratar-se-á - venham
(E) Estaremos - apresentara - tratava-se - viessem

Como no trecho original os verbos estão todos no presente, precisamos encontrar a alternativa que mantém o tempo verbal em todos os verbos propostos. **A:** correta. Todos os verbos estão conjugados no pretérito imperfeito do indicativo; **B:** incorreta. "Estaríamos" e "apresentara" são formas do pretérito mais-que-perfeito do indicativo, "tratava-se" é pretérito imperfeito do indicativo e "viessem" é pretérito imperfeito do subjuntivo; **C:** incorreta. "Estaremos" pertence ao futuro do presente do indicativo, "apresente" e "venham" são conjugações do presente do subjuntivo e "tratar-se-ia" está no futuro do pretérito do indicativo; **D:** incorreta. Na ordem indicada, encontramos pretérito imperfeito do indicativo, pretérito perfeito do indicativo, futuro do presente do indicativo e presente do subjuntivo; **E:** incorreta. Respectivamente, temos futuro do presente do indicativo, pretérito mais-que-perfeito do indicativo, pretérito imperfeito do indicativo e pretérito imperfeito do subjuntivo.

Gabarito "A"

(Analista – TRT/14ª – 2011 – FCC) Está adequada a correlação entre tempos e modos verbais na frase:

(A) Será que alguém acreditou que uma sociedade sem classes e sem preconceitos possa ter-se formado num regime autoritário?
(B) Se a catequese pudesse propagar a fé religiosa sem recorrer à intimidação, talvez os convertidos tenham sido mais numerosos.
(C) Um fim talvez justificaria os meios caso estes implicarem sacrifícios que não se distribuam desigualmente.
(D) Ele acredita que haverão de justificar-se todos os meios quando os fins representarem um ganho de alcance coletivo.
(E) Tão logo fossem denunciados os horrores do stalinismo, os comunistas devem ter revisto suas antigas convicções.

A: "acreditou [*pretérito perfeito do indicativo*] que uma sociedade (...) poderia [*futuro do pretérito do indicativo*] ter-se formado"; **B:** "se a catequese pudesse [*pretérito imperfeito do subjuntivo*] (...) talvez os convertidos tivessem sido [*pretérito mais-que-perfeito do subjuntivo*]; **C:** "Um fim talvez justificaria [*futuro do pretérito do indicativo*] os meios caso estes implicassem [*pretérito imperfeito do subjuntivo*] sacrifícios que não se distribuíssem [*pretérito imperfeito do subjuntivo*]; **D:** em "haverão de justificar-se" o verbo *haver* no futuro do presente do indicativo está acertadamente correlacionado ao verbo *representar* no futuro do subjuntivo; **E:** "os comunistas deveriam ter" – verbo adequadamente correlacionado no futuro do pretérito do indicativo.

Gabarito "D"

(Analista – TRT/20ª – 2011 – FCC) Paulo Honório (querer) contar a própria vida, mas, julgando que não o (conseguir), (pedir) ao jornalista Gondim que o (fazer). Os verbos indicados entre parênteses estarão adequadamente correlacionados na frase acima caso se flexionem nas seguintes formas:

(A) quisera – conseguirá – pedisse – faria
(B) queria – conseguiria – pediu – fizesse
(C) queria – conseguisse – pedia – faça
(D) quis – consegue – pede – fizesse
(E) quis – conseguiu – pediu – faça

A: quisera (pretérito mais-que-perfeito do indicativo); conseguirá (futuro do presente do indicativo); pedisse (pretérito imperfeito do subjuntivo); faria (futuro do pretérito do indicativo); **B:** queria (pretérito imperfeito do indicativo); conseguiria (futuro do pretérito do indicativo); pediu (pretérito perfeito do indicativo); fizesse (pretérito imperfeito do subjuntivo): "Paulo Honório queria contar a própria vida, mas, julgando que não o conseguiria, pediu ao jornalista Gondim que o fizesse."; **C:** conseguisse (pretérito imperfeito do subjuntivo); pedia (pretérito imperfeito do indicativo); faça (presente do subjuntivo); **D:** quis (pretérito perfeito do indicativo); consegue (presente do indicativo); **E:** conseguiu (pretérito perfeito do indicativo).

Gabarito "B"

(Analista – TRT/23ª – 2011 – FCC) O verbo corretamente empregado e flexionado está grifado em:

(A) É de se imaginar que, se os viajantes setecentistas **antevessem** as dificuldades que iriam deparar, muitos deles desistiriam da aventura antes mesmo de embarcar.
(B) O que quer que os **compelisse**, cabe admirar a coragem desses homens que partiam para o desconhecido sem saber o que os aguardava a cada volta do rio.
(C) Caso não se **surtisse** com os mantimentos necessários para o longo percurso, o viajante corria o risco de literalmente morrer de fome antes de chegar ao destino.
(D) Se não maldiziam os santos, é bastante provável que muitos dos viajantes **maldizessem** ao menos o destino diante das terríveis tribulações que deviam enfrentar.
(E) Na história da humanidade, desbravadores foram não raro aqueles que **sobreporam** o desejo de enriquecer à relativa segurança de uma vida sedentária.

A: verbo *antever* conjugado na 3ª pessoa do plural do pretérito imperfeito do subjuntivo: antevissem; **B:** o verbo *compelir* está corretamente flexionado na 3ª pessoa do singular do pretérito imperfeito do subjuntivo; **C:** verbo *surtir* sem o pronome *se*; **D:** verbo *maldizer* na 3ª pessoa do plural do pretérito imperfeito do subjuntivo: maldissessem; **E:** verbo *sobrepor* na 3ª pessoa do plural do pretérito mais-que-perfeito do indicativo: sobrepuseram.

Gabarito "B"

(Analista – TRT/23ª – 2011 – FCC) Está adequada a correlação entre tempos e modos verbais na frase:

(A) Os criminosos que tenham ultrajado a pátria seriam forçados a servi-la pelo tempo que se julgava necessário.
(B) Os que vierem a ultrajar a pátria deveriam ser submetidos a um castigo que trouxera consigo uma clara lição.
(C) Ninguém seria indiferente a uma vultosa soma que venha a receber como indenização ao delito que o prejudique.
(D) O próprio criminoso, se mantivesse alguma dose de decência, possa tirar proveito da lição a que seja submetido.
(E) Sempre houve povos que, por forte convicção, evitaram a guerra, ainda quando fossem provocados.

A: "Os criminosos que tivessem ultrajado"; **B:** "Os que viessem a ultrajar a pátria deveriam ser submetidos a um castigo que traria consigo uma clara lição."; **C:** "que viesse a receber como indenização ao delito que o prejudicara"; **D:** "poderia tirar proveito da lição a que tivesse sido submetido". E; redação com correta correlação entre tempos e modos verbais.

Gabarito "E"

(Analista – TRT/23ª – 2011 – FCC) Muitos se dizem a favor da pena de morte, mas mesmo os que mais ardorosamente defendem a pena de morte não são capazes de atribuir à pena de morte o efeito de reparação do ato do criminoso que supostamente mereceria a pena de morte.

Evitam-se as viciosas repetições da frase acima substituindo-se os elementos sublinhados, respectivamente, por:

(A) a defendem - lhe atribuir - a mereceria.
(B) a defendem - atribui-la - lhe mereceria.
(C) defendem-na - atribui-la - merecer-lhe-ia.
(D) lhe defendem - lhe atribuir - mereceriam-na.
(E) defendem-lhe - atribuir-lhe - a mereceria.

O verbo defender é transitivo direto. O objeto direito em "defendem a pena de morte", pode ser substituído por a: "a defendem" ou "defendem-na"; o verbo atribuir é transitivo direto e indireto. O objeto indireto em "atribuir à pena de morte" pode ser substituído pelo pronome "lhe": lhe atribuir" ou "atribuir-lhe"; o verbo merecer é transitivo direto. O objeto direto em "mereceria a pena de morte" pode ser substituído pelo pronome "a": "a mereceria" ou "merecê-la-ia".

Gabarito "A"

(Analista – TRT/24ª – 2011 – FCC) O verbo indicado entre parênteses deverá ser flexionado numa forma do plural para preencher de modo correto a lacuna da frase:

(A) Às bondades individuais ...... (dever) seguir um benefício que se estenda ao conjunto de uma sociedade.
(B) Nem sempre ...... (haver) de respeitar as leis da religião quem se curva às leis civis.
(C) Não se ...... (respeitar) as leis civis por bondade, nem as religiosas por espírito cívico.
(D) Não se ...... (opor) o princípio da religião ao da ordem civil, embora as instâncias de uma e outra sejam distintas.
(E) ...... (ser) de se notar, entre as leis civis e as religiosas, a diferença dos princípios que as regem.

A: o sujeito do verbo é singular: "um benefício (...) deve seguir às bondades individuais"; **B:** "quem se curva às leis civis há de respeitar as leis da religião"; **C:** o verbo *respeitar* é transitivo direto. Na oração "Não se respeitam as leis civis", o pronome se é apassivador. O verbo concorda com "as leis civis", sujeito da ativa: "As leis civis e as religiosas não são respeitadas, nem por bondade, no caso das civis, nem por espírito cívico, no caso das religiosas"; **D:** "o princípio da religião (sujeito) não se opõe ao da ordem civil..."; **E:** "a diferença dos princípio que as regem (sujeito) é de ser notar."

Gabarito "C"

As indústrias culturais, e mais especificamente a do cinema, criaram uma nova figura, "mágica", absolutamente moderna: a estrela. Depressa ela desempenhou um papel importante no sucesso de massa que o cinema alcançou. E isso continua. Mas o sistema, por muito tempo restrito apenas à tela grande, estendeu-se progressivamente, com o desenvolvimento das indústrias culturais, a outros domínios, ligados primeiro aos setores do espetáculo, da televisão, do show business. Mas alguns sinais já demonstravam que o sistema estava prestes a se espalhar e a invadir todos os domínios: imagens como as de Gandhi ou Che Guevara, indo de fotos a pôsteres, no mundo inteiro, anunciavam a planetarização de um sistema que o capitalismo de hiperconsumo hoje vê triunfar.

O que caracteriza o star-system em uma era hipermoderna é, de fato, sua expansão para todos os domínios.

Em todo o domínio da cultura, na política, na religião, na ciência, na arte, na imprensa, na literatura, na filosofia, até na cozinha, tem-se uma economia do estrelato, um mercado do nome e do renome. A própria literatura consagra escritores no mercado internacional, os quais negociam seus direitos por intermédio de agentes, segundo o sistema que prevalece nas indústrias do espetáculo. Todas as áreas da cultura valem-se de paradas de sucesso (hit-parades), dos mais vendidos (best-sellers), de prêmios e listas dos mais populares, assim como de recordes de venda, de frequência e de audiência destes últimos.

A extensão do star-system não se dá sem uma forma de banalização ou mesmo de degradação – da figura pura da estrela, trazendo consigo uma imagem de eternidade, chega-se à vedete do momento, à figura fugidia da celebridade do dia; do ícone único e insubstituível, passa-se a uma comunidade internacional de pessoas conhecidas, "celebrizadas", das quais revistas especializadas divulgam as fotos, contam os segredos, perseguem a intimidade.

Da glória, própria dos homens ilustres da Antiguidade e que era como o horizonte resplandecente da grande cultura clássica, passou-se às estrelas – forma ainda heroicizada pela sublimação de que eram portadoras –, depois, com a rapidez de duas ou três décadas de hipermodernidade, às pessoas célebres, às personalidades conhecidas, às "pessoas". Deslocamento progressivo que não é mais que o sinal de um novo triunfo da formamoda, conseguindo tornar efêmeras e consumíveis as próprias estrelas da notoriedade.

(Adap. de Gilles Lipovetsky e Jean Serroy. Uma cultura de celebridades: a universalização do estrelato. *In* **A cultura – mundo**: resposta a uma sociedade desorientada. Trad.: Maria Lúcia Machado. São Paulo: Companhia das Letras, 2011, pp. 81 83)

(Analista – TRE/AP – 2011 – FCC) Em certas passagens do primeiro parágrafo, os autores referem-se a certas ações pretéritas que consideravam contínuas. A forma verbal que demonstra essa atitude é

(A) (linha 2) *criaram.*
(B) (linha 5) *alcançou.*
(C) (linha 5) *continua.*
(D) (linha 13) *anunciavam.*
(E) (linha 15) *vê triunfar.*

A forma verbal que expressa continuidade no passado é o pretérito imperfeito. **A** e **B:** pretérito perfeito do indicativo; **C** e **E:** presente do indicativo; **D:** pretérito imperfeito do indicativo.

Gabarito "D"

(Analista – TRE/TO – 2011 – FCC) *Para que nos* faça *feliz...*

O verbo flexionado nos mesmos tempo e modo em que se encontra o grifado acima está em:

(A) *Seríamos felizes da mesma forma...*
(B) *...como a morte de alguém que amamos...*
(C) *... por que nos darmos o trabalho...*
(D) *Se o livro que estamos lendo...*
(E) *... livros que nos atinjam...*

Na oração "Para que nos faça feliz", o verbo *fazer* está conjugado no presente do subjuntivo. **A:** "seríamos" está no futuro do pretérito do indicativo; **B:** "amamos" está no presente do indicativo; **C:** "darmos" está no infinitivo pessoal; **D:** "estamos" está no presente do indicativo; **E:** "atinjam" está no presente do subjuntivo.

Gabarito "E"

(Analista – TRE/TO – 2011 – FCC) *Minha outra mulher teve uma educação rigorosa, mas mesmo assim mamãe nunca entendeu por que eu* escolhera *justamente aquela, entre tantas meninas de uma família distinta.* O verbo grifado na frase acima pode ser substituído, sem que se altere o sentido e a correção originais, e o modo verbal, por:

(A) escolheria.
(B) havia escolhido.
(C) houvera escolhido.
(D) escolhesse.
(E) teria escolhido.

A forma no pretérito mais-que-perfeito simples do indicativo "escolhera" tem correspondência com a forma composta do mesmo tempo verbal: "havia escolhido".

Gabarito "B"

(Analista – TRT/2ª – 2008 – FCC) Todas as formas verbais estão corretamente empregadas e flexionadas na frase:

(A) Não há nada que impela mais ao registro confessional da linguagem do que uma vocação poética essencialmente lírica.
(B) O juiz disse ao amigo que lhe convira frequentar as duas linguagens, a poética e a jurídica.
(C) Constatou que nos poemas não se vislumbrava qualquer marca que adviesse da formação profissional do amigo.
(D) O juiz lembrou ao amigo que o ofício de poeta não destitue de objetividade o ofício de julgar.
(E) Nem bem se detera na leitura dos poemas do amigo e já percebera que se tratava de uma linguagem muito depurada.

A: "não há nada que impila [verbo *impelir* na 3ª pessoa do singular do presente do subjuntivo] (...)"; **B:** "O juiz disse ao amigo que lhe conviera [verbo *convir* na 3ª pessoa do singular do pretérito mais-que-perfeito do indicativo] (...)"; **C:** o verbo *advir* está corretamente conjugado no pretérito imperfeito do subjuntivo; **D:** "(...) o ofício de poeta não destitui [verbo *destituir* na 3ª pessoa do presente do indicativo] de objetividade (...)"; **E:** "Nem bem se detivera [verbo *deter* na 3ª pessoa do singular do pretérito mais-que-perfeito do indicativo] na leitura (...)".

Gabarito "C"

(Analista – TRT/2ª – 2008 – FCC) O verbo indicado entre parênteses deverá flexionar-se numa forma do plural para preencher corretamente a lacuna da frase:

(A) Entre as várias qualidades de seus poemas ...... (destacar-se), acima de todas, a virtude da contenção.

(B) Como não ...... (haver) de surpreender, em seus poemas, a precisão dos recursos estilísticos?

(C) Aos poetas confessionais ...... (costumar) apresentar-se o risco de excessos emotivos.

(D) Mais que tudo me ...... (agradar), naquele livro, os recursos formais que intensificavam o lirismo.

(E) As duas práticas a que ...... (fazer) referência o texto não são, de fato, inconciliáveis.

A: verbo no singular: "a virtude da contenção destaca-se"; **B:** verbo no singular: "Como não haveria de surpreender (...) a precisão dos recursos estilísticos"; **C:** verbo no singular: "o risco (...) costuma apresentar-se aos poetas confessionais"; **D:** verbo no plural: "os recursos formais (...) me agradam"; **E:** verbo no singular: "o texto faz referência".

Gabarito "D"

Da impunidade

O homem ainda não encontrou uma forma de organização social que dispense regras de conduta, princípios de valor, discriminação objetiva de direitos e deveres comuns. Todos nós reconhecemos que, em qualquer atividade humana, a inexistência de parâmetros normativos implica o estado de barbárie, no qual prevalece a mais dura e irracional das justificativas: a lei do mais forte, também conhecida, não por acaso, como "a lei da selva". É nessa condição que vivem os animais, relacionando-se sob o exclusivo impulso dos instintos. Mas o homo sapiens afirmou-se como tal exatamente quando estabeleceu critérios de controle dos impulsos primitivos.

Variando de cultura para cultura, as regras de convívio existem para dar base e estabilidade às relações entre os homens. Não decorrem, aliás, apenas de iniciativas reconhecidas simplesmente como humanas: podem apresentar-se como manifestações da vontade divina, como valores supremos, por vezes apresentados como eternos. Os dez mandamentos ditados por Deus a Moisés são um exemplo claro de que a religião toma para si a tarefa de orientar a conduta humana por meio de princípios fundamentais. No caso da lei mosaica, um desses princípios é o da interdição: "Não matarás", "Não cobiçarás a mulher do próximo" etc. Ou seja: está suposto nesses mandamentos que o ponto de partida para a boa conduta é o reconhecimento daquilo que não pode ser permitido, daquilo que representa o limite de nossa vontade e de nossas ações.

Nas sociedades modernas, os textos constitucionais e os regulamentos de todo tipo multiplicam-se e sofisticam-se, mas permanece como sustentação delas a ideia de que os direitos e os deveres dizem respeito a todos e têm por finalidade o bem comum. Para garantia do cumprimento dos princípios, instituem-se as sanções para quem os ignore. A penalidade aplicada ao indivíduo transgressor é a garantia da validade social da norma transgredida. Por isso, a impunidade, uma vez manifesta, quebra inteiramente a relação de equilíbrio entre direitos e deveres comuns, e passa a constituir um exemplo de delito vantajoso: aquele em que o sujeito pode tirar proveito pessoal de uma regra exatamente por tê-la infringido. Abuso de poder, corrupção, tráfico de influências, quando não seguidos de punição exemplar, tornam-se estímulos para uma prática delituosa generalizada. Um dos maiores desafios da nossa sociedade é o de não permitir a proliferação desses casos. Se o ideal da civilização é permitir que todos os indivíduos vivam e convivam sob os mesmos princípios éticos acordados, a quebra desse acordo é a negação mesma desse ideal da humanidade.

(Inácio Leal Pontes)

(Auditor Fiscal/São Paulo-SP – 2007 – FCC) Está bem observada a correlação entre os tempos e modos verbais na construção do período:

(A) Se não variassem de cultura para cultura, as regras de convívio terão alcançado, efetivamente, a chamada validade universal.

(B) Tendo cabido ao *homo sapiens* discriminar critérios de convívio, conseguiu ele criar uma organização social que, até hoje, não abdica de punir quem os desrespeite.

(C) A relação de equilíbrio entre direitos e deveres comuns estava sendo prejudicada caso se viesse a permitir a existência de privilégios.

(D) Para que não se consagrasse o péssimo exemplo da impunidade, faz-se necessária a sanção dos que vierem a cometer delitos.

(E) Enquanto os animais continuam regulando-se pela "lei da selva", os homens estariam sempre se esforçando para tê-la superado.

Assertivas corrigidas: **A:** "Se não variassem [*pretérito do subjuntivo*] de cultura para cultura, as regras de convívio teriam [*futuro do pretérito*] alcançado (...)"; **B:** as correlações verbais estão corretas; **C:** "A relação de equilíbrio entre direitos e deveres comuns estaria [*futuro do pretérito do indicativo*] sendo prejudicada se fosse [*pretérito do subjuntivo*] permitida a existência de privilégios."; **D:** "Para que não se consagre [*presente do subjuntivo*] o péssimo exemplo da impunidade, faz-se [*presente do indicativo*] necessária a sanção dos que vierem [futuro do subjuntivo] a cometer delitos."; **E:** "Enquanto os animais continuam [*presente do indicativo*] regulando-se pela "lei da selva", os homens estão [*presente do indicativo*] sempre se esforçando para tê-la superado."

Gabarito "B"

(Auditor Fiscal/São Paulo-SP – 2007 – FCC) O verbo indicado entre parênteses deverá flexionar-se numa forma do **singular** para preencher corretamente a lacuna da frase:

(A) Nunca ...... (**haver**) de prosperar as sociedades cujos princípios sejam frágeis.

(B) ...... (**caber**) aos animais viver segundo os impulsos de seus instintos primários.

(C) ...... -se (**estipular**) na lei mosaica, como se sabe, princípios de interdição.

(D) Pela lei mosaica, ... (**cuidar**) os homens de observar rígidos ditames.

(E) A nenhum de nós ...... (**deixar**) de afetar os rigores das sanções previstas.

A: o verbo haver nessa assertiva é pessoal e flexionado no plural para concordar com o sujeito: "as sociedades cujos princípios sejam frágeis"; **B:** o sujeito é oracional: "viver segundo os impulsos de seus instintos primários". O verbo caber concordará no singular; **C:** o verbo estipular concorda no plural com seu sujeito: "princípios de interdição"; **D:** o verbo cuidar concorda no plural com seu sujeito: "os homens"; **E:** o verbo deixar concorda no plural com seu sujeito: "os rigores das sanções previstas".

Gabarito "B"

(Auditor Fiscal/São Paulo-SP – 2007 – FCC) Estão corretos o emprego e a flexão de todas as formas verbais na frase:

(A) Se os homens dessem ouvido à consciência e contessem seus instintos, as relações sociais seriam mais harmoniosas.

(B) Aos homens nunca aprouve respeitar os princípios coletivos quando não prescrita uma punição para quem viesse a menosprezá-los.

(C) Se os cidadãos elegerem princípios e convirem que estes são justos, só os infligirá quem se valer de má-fé.

(D) No caso de evidente erro judiciário, deve-se ratificar a sanção aplicada para que a punição injusta não constitue um argumento a favor da impunidade.

(E) Quando todos revirmos o papel social que nos cabe e nos dispormos a exercê-lo de fato, nenhum caso de impunidade será tolerado.

A: "Se os homens dessem ouvido à consciência e contivessem [pretérito imperfeito do subjuntivo] seus instintos (...)"; **B:** "O verbo aprazer é defectivo (isto é, não apresenta todas as formas do paradigma a que pertence). Aprazer significa causar ou sentir prazer, contentar-se. A forma do pretérito perfeito aprouve (na 3ª pessoa do singular) existe. Está correta a oração: "Aos homens nunca aprouve respeitar os princípios coletivos quando não prescrita uma punição para quem viesse a menosprezá-los."; **C:** "Se os cidadãos elegerem [futuro do subjuntivo] princípios e convierem [futuro do subjuntivo] que estes são justos, só os infligirá quem se valer de má-fé."; **D:** "No caso de evidente erro judiciário, deve-se ratificar a sanção aplicada para que a punição injusta não constitua [presente do subjuntivo] (...); **E:** "Quando todos revirmos [futuro do subjuntivo] o papel social que nos cabe e nos dispusermos [futuro do subjuntivo] a exercê-lo de fato (...).

Gabarito "B"

Será a felicidade necessária?

Felicidade é uma palavra pesada. Alegria é leve, mas felicidade é pesada. Diante da pergunta "Você é feliz?", dois fardos são lançados às costas do inquirido. O primeiro é procurar uma definição para felicidade, o que equivale a rastrear uma escala que pode ir da simples satisfação de gozar de boa saúde até a conquista da bem-aventurança. O segundo é examinar-se, em busca de uma resposta.

Nesse processo, depara-se com armadilhas. Caso se tenha ganhado um aumento no emprego no dia anterior, o mundo parecerá belo e justo; caso se esteja com dor de dente, parecerá feio e perverso. Mas a dor de dente vai passar, assim como a euforia pelo aumento de salário, e se há algo imprescindível, na difícil conceituação de felicidade, é o caráter de permanência. Uma resposta consequente exige colocar na balança a experiência passada, o estado presente e a expectativa futura. Dá trabalho, e a conclusão pode não ser clara.

Os pais de hoje costumam dizer que importante é que os filhos sejam felizes. É uma tendência que se impôs ao influxo das teses libertárias dos anos 1960. É irrelevante que entrem na faculdade, que ganhem muito ou pouco dinheiro, que sejam bem-sucedidos na profissão. O que espero, eis a resposta correta, é que sejam felizes. Ora, felicidade é coisa grandiosa. É esperar, no mínimo, que o filho sinta prazer nas pequenas coisas da vida. Se não for suficiente, que consiga cumprir todos os desejos e ambições que venha a abrigar. Se ainda for pouco, que atinja o enlevo místico dos santos. Não dá para preencher caderno de encargos mais cruel para a pobre criança.

(Trecho do artigo de Roberto Pompeu de Toledo. **Veja**. 24 de março de 2010, p. 142)

(BB – Escriturário – 2011 – FCC) *É irrelevante que* entrem *na faculdade, que* ganhem *muito ou pouco dinheiro, que* sejam *bem-sucedidos na profissão.* (3º parágrafo)

O emprego das formas verbais grifadas acima denota

(A) hipótese passível de realização.

(B) fato real e definido no tempo.

(C) condição de realização de um fato.

(D) finalidade das ações apontadas no segmento.

(E) temporalidade que situa as ações no passado.

O presente do subjuntivo (tempo verbal utilizado no trecho) denota um evento futuro cuja ocorrência é possível.

Gabarito "A"

A multiplicação de desastres naturais vitimando populações inteiras é inquietante: tsunamis, terremotos, secas e inundações devastadoras, destruição da camada de ozônio, degelo das calotas polares, aumento dos oceanos, aquecimento do planeta, envenenamento de mananciais, desmatamentos, ocupação irresponsável do solo, impermeabilização abusiva nas grandes cidades. Alguns desses fenômenos não estão diretamente vinculados à conduta humana. Outros, porém, são uma consequência direta de nossas maneiras de sentir, pensar e agir.

É aqui que avulta o exemplo de Hans Jonas.

Em 1979 ele publicou O Princípio Responsabilidade. A obra mostra que as éticas tradicionais – antropocêntricas e baseadas numa concepção instrumental da tecnologia – não estavam à altura das consequências danosas do progresso tecnológico sobre as condições de vida humana na Terra e o futuro das novas gerações. Jonas propõe uma ética para a civilização tecnológica, capaz de reconhecer para a natureza um direito próprio. O filósofo detectou a propensão de nossa civilização para degenerar de maneira desmesurada, em virtude das forças econômicas e de outra índole que aceleram o curso do desenvolvimento tecnológico, subtraindo o processo de nosso controle.

Tudo se passa como se a aquisição de novas competências tecnológicas gerasse uma compulsão a seu aproveitamento industrial, de modo que a sobrevivência de nossas sociedades depende da atualização do potencial tecnológico, sendo as tecnociências suas principais forças produtivas. Funcionando de modo autônomo, essa dinâmica tende a se reproduzir coercitivamente e a se impor como único meio de resolução dos problemas sociais surgidos na esteira do desenvolvimento. O paradoxo consiste em que o progresso converte o sonho de felicidade em pesadelo apocalíptico – profecia macabra que tem hoje a figura da catástrofe ecológica. [...]

Jonas percebeu o simples: para que um "basta" derradeiro não seja imposto pela catástrofe, é preciso uma nova conscientização, que não advém do saber oficial nem da conduta privada, mas de um novo sentimento coletivo de responsabilidade e temor. Tornar-se inventivo no medo, não só reagir com a esperteza de "poupar a galinha dos ovos de ouro", mas ensaiar novos estilos de vida, comprometidos com o futuro das próximas gerações.

(Adaptado de Oswaldo Giacoia Junior. **O Estado de S. Paulo**, A2 *Espaço Aberto*, 3 de abril de 2010)

(BB – Escriturário – 2010 – FCC) *Em 1979 ele* publicou ***O Princípio Responsabilidade***. (início do 3º parágrafo)

A frase cujo verbo exige o mesmo tipo de complemento que o grifado acima é:

(A) *... que as éticas tradicionais [...] não estavam à altura das consequências danosas do progresso tecnológico ...*

(B) *... para degenerar de maneira desmesurada ...*

(C) *... que aceleram o curso do desenvolvimento tecnológico ...*

(D) *... a sobrevivência de nossas sociedades depende da atualização do potencial tecnológico ...*

(E) *... que não advém do saber oficial nem da conduta privada ...*

No enunciado, o verbo é complementado por um objeto direto. Na letra "A", temos predicativo do sujeito; na letra "B", adjunto adverbial; correta a letra "C", por também trazer um objeto direto a complementar o verbo; na alternativa "D", vemos objeto indireto; na letra "E", adjunto adverbial.

Gabarito "C"

Vários historiadores têm procurado entender a originalidade da monarquia brasileira vinculando-a à chegada da família real ao Brasil em 1808. De fato, é no mínimo inusitado pensar numa colônia sediando a capital de um império. Chamada por Maria Odila Leite da Silva Dias de a "internacionalização da metrópole", a instalação no Brasil da corte portuguesa, que fugia das tropas napoleônicas, significou não apenas um acidente fortuito, mas um momento angular da história nacional e de um processo singular de emancipação. Fuga ou golpe político, o fato é que com D. João e sua família, e contando com a ajuda inglesa, transferiram-se para o país a própria corte portuguesa — cujo número estimado de pessoas chegava a 20 mil, sendo que a cidade do Rio possuía apenas 60 mil almas — e várias instituições metropolitanas. Mas não era só: comerciantes ingleses e franceses, artistas italianos e naturalistas austríacos vinham junto com os baús. Difícil imaginar choque cultural maior.

Transformado em reino unido já em 1815, o Brasil passou a distanciar-se, aos poucos, de seu antigo estatuto colonial, ganhando uma autonomia relativa jamais conhecida naquele contexto. A partir de então, o Rio de Janeiro tornou-se capital de Portugal e de suas possessões na África e na Ásia, e os portos brasileiros se abriram ao comércio britânico (seguindo o acerto feito com a Inglaterra, que assegurou o transporte da corte, mas o trocou por esse acordo comercial). Tais fatos alteraram radicalmente a situação da colônia portuguesa na América.

(Adaptado de SCHWARCZ, Lilia Moritz. *As barbas do imperador:* D. Pedro II, um monarca nos trópicos. São Paulo: Companhia das Letras, 1999, p. 35-36.)

(Analista – ANS – 2007 – FCC) Tendo como parâmetro a norma culta da língua, assinale a alternativa que contém forma verbal corretamente empregada.

(A) Portugal proveu o Brasil de uma estrutura encontrada apenas em metrópoles.

(B) A Inglaterra conviu em que seria mais prudente ajudar na vinda de D. João VI para o Brasil.

(C) As grandes nações se precaveem de infortúnios com planejamento.

(D) Algumas ex-colônias requiseram a emancipação política antes que nosso país o fizesse.

(E) Quando os historiadores reverem o episódio, certamente encontrarão passagens difíceis de interpretar.

Verbos irregulares sofrem alterações em seus radicais quando conjugados. **A:** correta. A forma "proveu" está certa (3ª p.s., pretérito perfeito do indicativo, prover); **B:** incorreta. Deveria ser "conveio" (3ª p.s., pretérito perfeito do indicativo, convir); **C:** incorreta. Verbo defectivo, não é conjugado nas pessoas do singular e na 3ª do plural no presente do indicativo; **D:** incorreta. Deveria ser "requereram" (3ª p.pl. pretérito perfeito do indicativo, requerer); **E:** incorreta. Deveria ser "revirem" (3ª p.pl. futuro do subjuntivo, rever).

Gabarito "A"

5. REESCRITA

Atenção: As próximas duas questões baseiam-se no texto abaixo.

A Norma (1831) é claramente uma ópera que encena, numa suposta rebelião gaulesa contra a tutela romana na Antiguidade, a desejada libertação dos italianos em face das potências estrangeiras – no caso, certamente a Áustria – que lhes vedam a independência e a unidade nacional. Como é de praxe em boa parte das óperas italianas do século XIX, ao posicionamento progressista nas grandes questões sociais ou nacionais se opõe um lastro, geralmente ocultado, que é de natureza mais propriamente pessoal, e serve de enorme peso – inconsciente, posto que até então desconhecido – contra aquela tomada de partido em favor [...] do "bem" ou, pelo menos, da justiça e do progresso. Esse modelo aparece, para citarmos apenas algumas óperas, nas Vespri Siciliani e no Trovatore de Verdi; poder-se-ia argumentar que a Traviata procede do mesmo modo.

Assim, um recorte se delineia inicialmente, a opor as

causas progressistas (a pátria livre, seja ela a Gália, a Sicília ou qualquer outra; a defesa dos pobres; a união de quem se ama) ao que existe de mais retrógrado; porém, a dramaticidade não procederá do conflito, num mesmo nível, entre progressistas e reacionários, mas da irrupção, no âmago mesmo da causa revolucionária avançada, de um elemento pessoal marcado pelo acumpliciamento secreto, arcaico e culpável com o inimigo. Dessa forma, o herói libertador dos sicilianos nas Vespri é na verdade filho ilegítimo do governador francês, o trovador, na ópera homônima, é o irmão perdido de seu próprio perseguidor – e aqui, na Norma, a sacerdotiza suprema dos gauleses é amante do chefe romano. É isso o que dilacera a alma, tanto do ator-cantor como do expectador-ouvinte, e confere a essas óperas seu caráter trágico.

(Analista – ANS – 2007 – FCC) A Norma (1831) é claramente uma ópera que encena, numa suposta rebelião gaulesa contra a tutela romana na Antiguidade, a desejada libertação dos italianos em face das potências estrangeiras [...] que lhes vedam a independência e a unidade nacional.

O trecho acima está clara e corretamente reescrito em:

(A) A *Norma* (1831) é uma peça que dramatiza claramente uma suposta rebelião gaulesa contra o controle romano na Antiguidade, pressupondo a almejada libertação dos italianos contra as potências estrangeiras que lhes vetam a independência e a união entre as nações.

(B) A *Norma* (1831) faz supor que tenha existido uma rebelião gaulesa contra a tirania romana na Antiguidade, quando o que de fato ali ocorreu foi um momento de libertação da Itália em face das potências estrangeiras que dificultavam sua emancipação e unidade enquanto país.

(C) Na *Norma* (1831), uma alegada revolta gaulesa contra o domínio romano corresponde à superfície do texto, que, na verdade, encena a almejada libertação dos italianos das potências estrangeiras que lhes impediam a independência e a unidade nacionais.

(D) A Norma (1831) é uma ópera encenada a respeito da claramente ansiada libertação dos italianos defronte das potências estrangeiras que lhes negam a união, mas ela refere explicitamente uma insurreição gaulesa contra a tutela romana na Antiguidade.

(E) Uma sublevação gaulesa de enfrentamento ao poder romano na Antiguidade serve de pretexto, na *Norma* (1831), para dramatizar, de modo claro, a conquista da liberdade pelos italianos, que eram bloqueados por potências estrangeiras em relação à independência e à unidade para com a pátria.

A: incorreta, pois a reescrita apresenta falhas interpretativas em dois pontos. Primeiro, o uso da forma "pressupondo" não dá margem à interpretação de que a revolta gaulesa serve como metáfora para situação atual da Itália, mas sim que o fato da Antiguidade serve como ponto de partida para a situação atual. Segundo, a unidade que se busca é da Itália enquanto nação, e não de diversos países que se unem como um só; **B:** incorreta, pois a reescrita do item deixa a entender que os fatos retratados na ópera são falsos e o que que de fato ocorreu na Antiguidade foi a libertação da Itália. Perde-se a comparação metafórica entre a representação da ópera e os fatos da realidade italiana durante a sua composição; **C:** correta, pois a reescrita mantém a relação entre o plano narrativo da revolta gaulesa e o plano ideológico da libertação nacional da Itália, colocando-os em relação de profundidade no texto da ópera; **D:** incorreta, pois a situação original é diretamente oposta à apresentada no item. A insurreição gaulesa refere explicitamente à ansiada libertação italiana; **E:** incorreta, pois o que é dramatizado na ópera é a revolta gaulesa, que não serve de pretexto, mas de metáfora para a ideologia de liberdade dos italianos. O uso da expressão "para com a pátria" ao fim do trecho permite dupla interpretação com relação à independência, uma vez que o paralelismo entre independência e unidade indica situações opostas: originalmente os italianos querem a pátria independente e não independência deles para com a pátria.

Gabarito "C"

(Analista – ANS – 2007 – FCC) Assinale a alternativa que apresenta redação clara e adequada à norma culta da Língua Portuguesa.

(A) Apesar da quantidade de textos dedicados a relação entre arte e política ser extensa, quase todos os trabalhos tem argumentado de que a primeira sempre faz referência à última.

(B) As obras artísticas reconhecidas como mais perenes, mantém a expectativa do público e lhes provoca, reiteradamente, a sensação de não saber exatamente porque as relações humanas são tão complexas.

(C) Nas óperas italianas dos anos 1800 a que fizemos referência, sacerdotes, trovadores e heróis são, antes de tudo, seres humanos comuns, perplexos diante de sua sina e de seus anseios mais íntimos.

(D) Justamente por tratar de um tema onde os sentimentos mais profundos afloram, já fazem quase 200 anos que a *Norma* traz emoção aqueles que admiram obras típicas do Romantismo.

(E) Se não fossem os conflitos pessoais que passamos, não havia se quer a possibilidade de pensar em crises político-sociais, à medida que o homem é, ao fim e ao cabo, o centro de tudo.

A: incorreta, pois o termo "dedicados" rege complemento nominal introduzido pela preposição "a". O complemento é representado pelo termo "relação", acompanhado do artigo "a". É necessário o uso do sinal indicativo da crase (a preposição + a artigo). Outro erro incorre da regência do verbo *argumentar*. O verbo *argumentar* no contexto rege objeto direto na acepção "(t.d.int.) apresentar fatos, ideias, razões lógicas, provas etc. que comprovem uma afirmação, uma tese" (*Dicionário Houaiss*). O objeto é representado pela oração "que a primeira sempre faz referência à última", que não deveria ser introduzida pela preposição "de"; **B:** incorreta, pois o uso da vírgula após "perenes" separa o sujeito de seu predicado, o que constitui uma falha de pontuação. Caso fosse intenção isolar como aposto o determinante "reconhecidas como mais perenes", seria necessário o uso das vírgulas ao início e ao fim da expressão. No entanto, esse uso causaria problemas de coesão e entendimento no trecho; **C:** correta. Os elementos que poderiam causar dúvidas estão corretos. A regência da oração subordinada pela expressão "fazer referência" é a preposição "a" que introduz corretamente o pronome relativo "que". A concordância dos pronomes possessivos "sua (sina)" e "seus (anseios)" com seus substantivos determinados e com seu referente de terceira pessoa (seres humanos) não apresenta problemas. E pontuação do item segue corretamente as regras de isolamento de termos e enumeração; **D:** incorreta, pois o verbo *fazer*, quando indica período de tempo transcorrido, é impessoal e deve ser conjugado sempre na 3ª pessoa do singular. A forma correta seria "já faz quase 200 anos".

O verbo trazer rege duplo objeto, direto e indireto (quem traz, traz algo a alguém – emoções aos admiradores). A presença obrigatória da preposição unida ao pronome "aqueles" exige o sinal indicativo de crase: "àqueles"; **E:** incorreta, pois o verbo *passar* na acepção de atravessar rege preposição "por". O objeto do verbo é representado pelo pronome relativo "que", que, além da função de objeto, une a oração subordinada ao seu referente "conflitos pessoais", termo substituído pelo pronome "que" na oração subordinada (nós passamos por conflitos pessoais). A escrita correta seria "Os conflitos pessoais por que passamos" ou "pelos quais passamos". O termo "sequer" significa "ao menos" e sua grafia é como uma única palavra. Esse é o uso é adequado ao texto. As duas palavras em separado indicam a condição para se querer algo, incoerente ao texto.

Gabarito "C"

6. REGÊNCIA

(Técnico Judiciário – TRT11 – FCC – 2017) Uma criança pode revelar grande interesse por uma profissão os pais sonharam, mas nunca exerceram.

Preenche corretamente a lacuna da frase acima o que está em:

(A) por que
(B) de que
(C) à qual
(D) na qual
(E) com que

"Sonhar" é verbo transitivo indireto que rege a preposição "com". Logo, a lacuna deve ser preenchida com "com que". HS

Gabarito "E"

(Analista – TRT/6ª – 2012 – FCC) *O Estado deve ficar fora das atividades* de que o setor privado já dá conta.

A nova redação da frase acima estará correta caso se substitua o elemento sublinhado por

(A) a que o setor privado já vem colaborando.
(B) com as quais o setor privado já vem cuidando.
(C) nas quais o setor privado já vem interferindo.
(D) em cujas o setor privado já vem demonstrando interesse.
(E) pelas quais o setor privado já vem administrando.

A: incorreta. "Colaborar" rege a preposição "com", não "a"; **B:** incorreta. "Cuidar" rege a preposição "de", não "com"; **C:** correta. "Interferir" rege, realmente, a preposição "em"; **D:** incorreta. "Cujas" é pronome relativo que indica posse, o que não faz sentido nessa construção. Além disso, "interesse" rege a preposição "por"; **E:** incorreta. "Administrar" é verbo transitivo direto, ou seja, não rege preposição.

Gabarito "C"

(Analista – TRT9 – 2012 – FCC) *Em 1992, a indústria cinematográfica do país entrou numa crise ...... só começou a se recuperar na segunda metade da década de 1990.* (Adaptado de Eduardo Bueno, *op.cit.*)

Preenche corretamente a lacuna da frase acima:

(A) *a qual*
(B) *a que*
(C) *na qual*
(D) *onde*
(E) *da qual*

O verbo "recuperar" rege a preposição "de" (quem se recupera, recupera-se de alguma coisa). Portanto, tal preposição deve aparecer junto com o pronome relativo feminino para concordar com "crise" – daí temos "da qual".

Gabarito "E"

(Analista – TRT9 – 2012 – FCC) Costuma-se atribuir ...... originalidade da obra de Glauber Rocha o êxito do movimento denominado *Cinema Novo*, cujos filmes ajudaram ...... alavancar temporariamente ...... indústria cinematográfica nacional.

Preenchem corretamente as lacunas da frase acima, na ordem dada:

(A) à – à – a
(B) a – à – a
(C) a – a – à
(D) a – à – à
(E) à – a – a

Ocorre crase no primeiro caso, porque o verbo "atribuir" rege a preposição "a" e seu complemento é palavra feminina singular antecedida do artigo definido "a". No segundo caso, não há acento grave, porque não ocorre crase antes de verbo. No terceiro caso, não ocorre crase porque "alavancar" é verbo transitivo direto, ou seja, seu complemento (no caso, "indústria") não vem antecedido de preposição.

Gabarito "E"

(Analista – TRT/11ª – 2012 – FCC) Está correto o emprego da expressão sublinhada em:

(A) Os dicionários são muito úteis, sobretudo para bem discriminarmos o sentido das palavras em cujas resida alguma ambiguidade.
(B) O texto faz menção ao famoso caso das *cotas*, pelas quais muitos se contrapuseram por considerá-las discriminatórias.
(C) Por ocasião da defesa de *políticas afirmativas*, com as quais tantos aderiram, instaurou-se um caloroso debate público.
(D) Um dicionário pode oferecer muitas surpresas, dessas em que não conta quem vê cada palavra como a expressão de um único sentido.
(E) Esclarece-nos o texto as acepções da palavra *discriminação*, pela qual se expressam ações inteiramente divergentes.

A: incorreta. "Cujo" remete a posse, propriedade. No caso, deveria ter sido usado "nas quais"; **B:** incorreta. O verbo "contrapor" rege a preposição "a", portanto o correto seria "às quais"; **C:** incorreta. O verbo "aderir" rege a preposição "a", portanto o correto seria "às quais"; **D:** incorreta. Não há nenhum verbo a reger a preposição em". Deveria constar apenas "que" ou "quais"; **E:** correta. O uso do pronome relativo e da preposição atendem aos preceitos gramaticais.

Gabarito "E"

(Analista – TRT/23ª – 2011 – FCC) Está adequado o emprego de **ambos** os elementos sublinhados na frase:

(A) Os argumentos de que devemos nos agarrar devem se pautar nos limites da racionalidade e da justiça.
(B) Os casos históricos em que Voltaire recorre em seu texto ajudam-no a demonstrar de que a pena de morte é ineficaz.
(C) A pena de talião é um recurso de cuja eficácia muitos defendem, ninguém se abale em tentar demonstrá-la.

(D) Os castigos a que se submetem os criminosos devem corresponder à gravidade de que se reveste o crime.

(E) As ideias liberais, de cuja propagação Voltaire se lançou, estimulam legisladores em quem não falte o senso de justiça.

A: "a que devemos nos agarrar"; **B:** "a que Voltaire recorre"; "a demonstrar que"; **C:** "recurso cuja eficácia muitos defendem"; "se abale ao tentar"; **D:** "submeter-se a"; "revestir-se de"; **E:** "a cuja propagação se lançou"; "a quem não falte o senso de justiça".

Gabarito "D"

(Analista – TRT/24ª – 2011 – FCC) Está adequado o emprego de ambos os elementos sublinhados na frase:

(A) Os recursos da internet, dos quais podemos nos valer a qualquer momento, permitem veicular mensagens por cujo conteúdo seremos responsáveis.

(B) Artistas plásticos, que suas obras lhes interessa divulgar, frequentam os espaços da internet, mediante aos quais promovem a divulgação de seu trabalho.

(C) Jornalistas veteranos, de cujas colunas tantos leitores já frequentaram, passaram a criar seus próprios *blogs*, pelos quais acrescentam uma dose de subjetivismo.

(D) É comum que, num *blog*, os assuntos públicos, a cujo interesse social ninguém duvida, coabitem aos assuntos particulares, que a poucos interessará.

(E) As múltiplas formas de linguagem com que o autor de um *blog* pode lançar mão obrigam-no a se familiarizar com técnicas de que jamais cogitou dominar.

A: valer-se de; responsáveis por; **B:** redação truncada. Uma opção é "Artistas plásticos, interessados em divulgar suas obras, frequentam os espaços da internet, mediante os quais"; **C:** cujas colunas; aos quais acrescentam; **D:** "de cujo interesse social ninguém duvida" (verto transitivo indireto); **E:** "de que o autor de um blog pode lançar (verto transitivo indireto) mão"; "técnicas que jamais cogitou dominar" (verto transitivo direto).

Gabarito "A"

(Analista – TRF/TO – 2011 – FCC) ... *para a preservação das espécies e das áreas* em que *elas se encontram*. (último parágrafo)

A expressão pronominal grifada acima preenche corretamente a lacuna da frase:

(A) É necessário ampliar o conhecimento sobre a importância da biodiversidade para a vida no planeta, ... se amplie o campo das pesquisas genéticas.

(B) O número de espécies de um bioma garante a matéria genética ...... dispõem os pesquisadores para estudos nas mais diversas áreas do conhecimento.

(C) Material genético disponível para estudos mais aprofundados na área da saúde humana é tudo aquilo ...... possam sonhar os cientistas.

(D) Justifica-se uma preocupação maior com a sustentabilidade do planeta, tendo em vista ...... se acelera o ritmo da degradação de diversos biomas.

(E) As inúmeras espécies que constituem os biomas oferecem material de estudo ...... se fundamentam os cientistas para descobrir a cura de doenças.

A: "que se amplie" **B:** de que dispõem; **C:** "com que possam sonhar"; **D:** "tenho em vista que"; **E:** "em que se fundamentam".

Gabarito "E"

Atenção: a questão seguinte baseia-se no texto apresentado abaixo.

Não é usual tratar da política na perspectiva da afirmação da verdade. Platão afirmou, na República, que a verdade merece ser estimada sobre todas as coisas, mas ressalvou que há circunstâncias em que a mentira pode ser útil, e não odiosa. Na política, a derrogação da verdade pela aceitação da mentira muito deve à clássica tradição do realismo que identifica no predomínio do conflito o cerne dos fatos políticos. Esta tradição trabalha a ação política como uma ação estratégica que requer, sem idealismos, uma praxiologia, vendo na realidade resistência e no poder, hostilidade. Neste contexto, política é guerra e, como diz o provérbio, "em tempos de guerra, mentiras por mar, mentiras por terra".

Celso Lafer. *O Estado de S. Paulo*, A2, 20 de julho de 2008, com adaptações.

(Analista – TRE/PI – 2009 – FCC) Esta tradição trabalha a ação política como uma ação estratégica... (1º parágrafo)

A frase em que o verbo exige o mesmo tipo de complemento que o grifado acima é:

(A) ...que identifica no predomínio do conflito o cerne dos fatos políticos.

(B) Neste contexto, política é guerra...

(C) Recorrendo a metáforas do reino animal...

(D) ...que obedece aos consagrados preceitos do "não matar" e do "não mentir"...

(E) ...que a fraude é mais importante do que a força ...

O verbo *trabalhar* tem dois complementos: um objeto direto ("a ação política") e um adjunto adverbial ("como uma ação estratégica"). O verbo *identificar* também tem os mesmos complementos ("o cerne dos fatos políticos" é o objeto direto e "no predomínio do conflito" é o adjunto adverbial).

Gabarito "A"

(Analista – TRE/MS – 2007 – FCC) Em matemática, por exemplo, em vez de enfoque nas soluções únicas, atenção para as formulações alternativas (...).

Quanto à forma, a frase acima não precisará sofrer qualquer alteração caso se substituam os elementos sublinhados, respectivamente, por

(A) ênfase e apego.

(B) preocupação e insistência.

(C) ênfase e focalização.

(D) obsessão e cuidado.

(E) insistência e disposição.

A: "apego às formulações"; **B:** "preocupação com as soluções únicas, insistência nas formulações"; **C:** "focalização nas formulações"; **D:** "obsessão pelas soluções únicas, cuidado com as formulações"; **E:** "*insistência* nas soluções únicas, *disposição* para as formulações".

Gabarito "E"

(Analista – TRF/4ª – 2007 – FCC) A expressão *com que* preenche corretamente a lacuna da frase:

(A) As ficções, sobretudo as da meninice, ... o autor tanto conviveu e se impressionou, marcaram-no para sempre.

(B) O exemplo de "O Caçador de Pipas", ... devemos atentar, é um caso de particularismo cultural que imediatamente se universaliza.

(C) A "mágica da ficção" é um efeito artístico ...... o autor, já em seus primeiros contatos com esse universo, demonstrou sua preferência.

(D) As experiências da vida comum, ... muita gente não atribui valor especial, revelam-se extraordinárias ao ganhar forma artística.

(E) O entusiasmo .... o autor demonstrou pelas ficções prova sua convicção quanto à verdade expressa pelas artes.

Para responder a essa questão, observe as regências dos verbos: "conviver", "atribuir", "demonstrar" e a locução verbal "dever atentar". Observe também a regência do nome "preferência". **A:** "As ficções (...) com que o autor tanto conviveu"; **B:** o verbo *atentar* na acepção de "tomar em consideração" exige preposição *a*, *em* ou *para*: "O exemplo (...) a que devemos atentar"; **C:** "é um efeito artístico em relação ao qual o autor (...) demonstrou sua preferência"; **D:** "a que muita gente não atribui valor especial"; **E:** "o entusiasmo que o autor demonstrou".

Gabarito "A".

Atenção: A questão a seguir baseia-se no texto apresentado abaixo.

Nas formas de vida coletiva podem assinalar-se dois princípios que se combatem de morte e regulam diversamente as atividades dos homens. Esses dois princípios encarnam-se nos tipos do aventureiro e do trabalhador. Já nas sociedades rudimentares manifestam-se eles, segundo sua predominância, na distinção fundamental entre os povos caçadores ou coletores e os povos lavradores. Para uns, o objeto final, a mira de todo esforço, o ponto de chegada, assume relevância tão capital, que chega a dispensar, por secundários, quase supérfluos, todos os processos intermediários. Seu ideal será colher o fruto sem plantar a árvore.

Esse tipo humano ignora as fronteiras. No mundo tudo se apresenta a ele em generosa amplitude e onde quer que se erija um obstáculo a seus propósitos ambiciosos, sabe transformar esse obstáculo em trampolim. Vive dos espaços ilimitados, dos projetos vastos, dos horizontes distantes.

O trabalhador, ao contrário, é aquele que enxerga primeiro a dificuldade a vencer, não o triunfo a alcançar. O esforço lento, pouco compensador e persistente que, no entanto, mede todas as possibilidades de esperdício e sabe tirar o máximo proveito do insignificante, tem sentido bem nítido para ele. Seu campo visual é naturalmente restrito. A parte maior que o todo.

Existe uma ética do trabalho, como existe uma ética da aventura. Assim, o indivíduo do tipo trabalhador só atribuirá valor moral positivo às ações que sente ânimo de praticar e, inversamente, terá por imorais e detestáveis as qualidades próprias do aventureiro - audácia, imprevidência, irresponsabilidade, instabilidade, vagabundagem -, tudo, enfim, quanto se relacione com a concepção espaçosa do mundo, característica desse tipo.

Por outro lado, as energias e esforços que se dirigem a uma recompensa imediata são enaltecidos pelos aventureiros; as energias que visam estabilidade, paz, segurança pessoal e os esforços sem perspectiva de rápido proveito material passam, ao contrário, por viciosos e desprezíveis para eles. Nada lhes parece mais estúpido e mesquinho do que o ideal do trabalhador.

Entre esses dois tipos não há, em verdade, tanto uma oposição absoluta como uma incompreensão radical. Ambos participam, em maior ou menor grau, de múltiplas combinações e é claro que, em estado puro, nem o aventureiro, nem o trabalhador, possuem existência real fora do mundo das ideias. Mas também não há dúvida que os dois conceitos nos ajudam a situar e a melhor ordenar nosso conhecimento dos homens e dos conjuntos sociais. E é precisamente nessa extensão superindividual que eles assumem importância inestimável para o estudo da formação e evolução das sociedades.

Na obra da conquista e da colonização dos novos mundos coube ao espírito do trabalho, no sentido aqui compreendido, papel muito limitado, quase nulo. A época predispunha aos gestos e façanhas audaciosos, galardoando bem os homens de grandes voos. E não foi fortuita a circunstância de se terem encontrado neste continente, empenhadas nessa obra, principalmente as nações onde o tipo do trabalhador, tal como acaba de ser discriminado, encontrou ambiente menos propício.

(Sérgio Buarque de Holanda. **Raízes do Brasil**. 2ª ed. Rio de Janeiro: José Olympio, 1948, p. 36-39.)

(Técnico Legislativo – Câmara dos Deputados – 2007 – FCC) **Vive** dos espaços ilimitados, dos projetos vastos, dos horizontes distantes. (Final do 2º parágrafo)

O mesmo tipo de exigência quanto ao complemento do verbo grifado acima está na frase:

(A) ... que enxerga primeiro a dificuldade a vencer ...

(B) ... mede todas as possibilidades de esperdício ...

(C) ... que sente ânimo de praticar ...

(D) ... terá por imorais e detestáveis as qualidades próprias do aventureiro ...

(E) ... coube ao espírito do trabalho ... papel muito limitado, quase nulo.

Os verbos "viver" e caber são transitivos indiretos, ou seja, são regidos por preposição para se ligarem aos respectivos complementos verbais – "espaços limitados" e espírito.

Gabarito "E".

7. PONTUAÇÃO

Atenção: Considere o texto abaixo para responder às questões abaixo.

Aspectos Culturais de Mato Grosso do Sul

A cultura de Mato Grosso do Sul é o conjunto de manifestações artístico-culturais desenvolvidas pela população sul-mato-grossense muito influenciada pela cultura paraguaia. Essa cultura estadual retrata, também, uma mistura de várias outras contribuições das muitas migrações ocorridas em seu território.

O artesanato, uma das mais ricas expressões culturais de um povo, no Mato Grosso do Sul, evidencia crenças, hábitos, tradições e demais referências culturais do Estado. É produzido com matérias primas da própria região e manifesta a criatividade e a identidade do povo sul-mato-grossense por meio de trabalhos em madeira, cerâmica, fibras, osso, chifre, sementes, etc.

As peças em geral trazem à tona temas referentes ao Pantanal e às populações indígenas, são feitas nas cores da paisagem regional e, além da fauna e da flora, podem retratar tipos humanos e costumes da região.

(Adaptado de: CANTU, Gilberto. Disponível em: **http://profgMbertocantu.blogspot.com.br/2013/08/aspectos-culturais--de-mato-grosso-do- sul.html**)

(Técnico Judiciário – TRT24 – FCC – 2017) As *peças em geral trazem à tona temas referentes ao Pantanal e às populações indígenas, são feitas em cores da paisagem regional e,* ***além da fauna e da flora****, podem retratar tipos humanos e costumes da região.* (3º parágrafo)

Após o deslocamento da expressão destacada, sem alterar o sentido da frase original, o uso da vírgula fica correto em:

(A) As peças em geral além da fauna e da flora, trazem à tona temas referentes ao Pantanal e às populações indígenas, são feitas nas cores da paisagem regional e podem retratar tipos humanos e costumes da região.

(B) As peças em geral trazem à tona temas referentes ao Pantanal e às populações indígenas, são feitas nas cores da paisagem regional e podem além da fauna e da flora, retratar tipos humanos e costumes da região.

(C) As peças em geral trazem à tona temas referentes ao Pantanal e às populações indígenas, além da fauna e da flora são feitas nas cores da paisagem regional e podem retratar tipos humanos e costumes da região.

(D) Além da fauna e da flora as peças em geral trazem à tona temas referentes ao Pantanal e às populações indígenas, são feitas nas cores da paisagem regional e, podem retratar tipos humanos e costumes da região.

(E) As peças em geral trazem à tona temas referentes ao Pantanal e às populações indígenas, são feitas nas cores da paisagem regional e podem retratar tipos humanos e costumes da região, além da fauna e da flora.

Quando o adjunto adverbial estiver deslocado da ordem direta do período, ou seja, for colocado em qualquer outro lugar que não ao final do trecho, deverá vir separado por vírgulas. Quando está em seu devido lugar, ao final, em períodos muito longos, o uso da vírgula para separá-lo é facultativo. Por isso está correta a alternativa "E". HS

Gabarito "E".

(Analista – TRT/1ª – 2012 – FCC) Está plenamente adequada a pontuação do seguinte período:

(A) Acredita-se sobretudo entre os estudiosos da linguagem, que por não haver dois sinônimos perfeitos, há que se empregar com toda a precisão os vocábulos de uma língua, ainda que com isso, se corra o risco de passar por pernóstico.

(B) Acredita-se, sobretudo entre os estudiosos da linguagem que, por não haver dois sinônimos perfeitos há que se empregar, com toda a precisão, os vocábulos de uma língua ainda que com isso, se corra o risco de passar por pernóstico.

(C) Acredita-se sobretudo entre os estudiosos da linguagem que, por não haver dois sinônimos perfeitos, há que se empregar com toda a precisão, os vocábulos de uma língua ainda que, com isso, se corra o risco de passar por pernóstico.

(D) Acredita-se, sobretudo, entre os estudiosos da linguagem, que, por não haver dois sinônimos perfeitos, há que se empregar com toda a precisão, os vocábulos de uma língua, ainda que com isso, se corra o risco de passar por pernóstico.

(E) Acredita-se, sobretudo entre os estudiosos da linguagem, que, por não haver dois sinônimos perfeitos, há que se empregar com toda a precisão os vocábulos de uma língua, ainda que com isso se corra o risco de passar por pernóstico.

As vírgulas devem ser usadas somente para separar as orações "sobretudo entre os estudiosos da linguagem", "por não haver dois sinônimos perfeitos" e "ainda que com isso se corra o risco de passar por pernóstico", por serem orações subordinadas adverbiais deslocadas da ordem direta do período. A colocação da vírgula em qualquer outro lugar desatende as normas gramaticais.

Gabarito "E".

(Analista – TRT/6ª – 2012 – FCC) A pontuação está plenamente adequada no período:

(A) Muito se debate, nos dias de hoje, acerca do espaço que o ensino religioso deve ou não ocupar dentro ou fora das escolas públicas; há quem não admita interferência do Estado nas questões de fé, como há quem lembre a obrigação que ele tem de orientar as crianças em idade escolar.

(B) Muito se debate nos dias de hoje, acerca do espaço, que o ensino religioso deve ou não ocupar dentro ou fora das escolas públicas: há quem não admita interferência do Estado, nas questões de fé, como há quem lembre, a obrigação que ele tem de orientar as crianças em idade escolar.

(C) Muito se debate nos dias de hoje, acerca do espaço que o ensino religioso, deve ou não ocupar dentro ou fora das escolas públicas, há quem não admita interferência do Estado nas questões de fé, como há quem lembre a obrigação: que ele tem de orientar as crianças em idade escolar.

(D) Muito se debate, nos dias de hoje, acerca do espaço que o ensino religioso deve, ou não, ocupar dentro, ou fora, das escolas públicas; há quem não admita interferência, do Estado, nas questões de fé; como há quem lembre a obrigação, que ele tem de orientar as crianças em idade escolar.

(E) Muito se debate, nos dias de hoje acerca do espaço que o ensino religioso deve, ou não, ocupar dentro ou fora das escolas públicas: há quem não admita interferência do Estado, nas questões de fé, como há quem lembre, a obrigação, que ele tem de orientar as crianças, em idade escolar.

O adjunto adverbial "nos dias de hoje" deve estar entre vírgulas, porque está deslocado da ordem direta da oração. Após "públicas", o sinal de pontuação pode tanto ser o ponto e vírgula, para indicar uma interrupção no raciocínio, quanto os dois-pontos, para anunciar a enumeração dos argumentos. Após "fé", é indiferente o uso de ponto e vírgula ou vírgula, diante da função de separar as orações coordenadas. Quaisquer outras vírgulas adicionadas ou faltantes ofendem as regras de pontuação, porque, principalmente as primeiras, acabam por separar o sujeito do verbo ou esse de seus complementos.

Gabarito "A".

(Analista – TRT/6ª – 2012 – FCC) A pontuação está plenamente adequada na seguinte frase:

(A) O autor ainda que de modo respeitoso, não deixa de discordar de dom Odilo Scherer, que se pronunciou numa entrevista recente, a respeito da cobrança segundo ele inadmissível por serviços de saúde.

(B) O autor, ainda que de modo respeitoso não deixa de discordar de dom Odilo Scherer, que se pronunciou, numa entrevista recente a respeito da cobrança, segundo ele inadmissível, por serviços de saúde.

(C) O autor, ainda que, de modo respeitoso, não deixa de discordar de dom Odilo Scherer, que se pronunciou numa entrevista recente a respeito da cobrança, segundo ele inadmissível, por serviços de saúde.

(D) O autor, ainda que de modo respeitoso, não deixa de discordar de dom Odilo Scherer, que se pronunciou, numa entrevista recente, a respeito da cobrança, segundo ele inadmissível, por serviços de saúde.

(E) O autor, ainda que de modo respeitoso não deixa de discordar, de dom Odilo Scherer, que se pronunciou, numa entrevista, recente, a respeito da cobrança segundo ele, inadmissível, por serviços de saúde.

Os trechos "ainda que de modo respeitoso", "numa entrevista recente" e "segundo ele inadmissível" devem estar entre vírgulas, porque estão deslocados da ordem direta nas respectivas orações; e há vírgula após "Scherer" para separar a oração subordinada adjetiva explicativa que lhe prossegue. A colocação do sinal de pontuação em qualquer outro ponto do período desatende aos preceitos gramaticais.

Gabarito "D."

O mito napoleônico baseia-se menos nos méritos de Napoleão do que nos fatos, então sem paralelo, de sua carreira. Os homens que se tornaram conhecidos por terem abalado o mundo de forma decisiva no passado tinham começado como reis, como Alexandre, ou patrícios, como Júlio César, mas Napoleão foi o "pequeno cabo" que galgou ao comando de um continente pelo seu puro talento pessoal. Todo homem de negócios daí em diante tinha um nome para sua ambição: ser – os próprios clichês o denunciam – um "Napoleão das finanças" ou "da indústria". Todos os homens comuns ficavam excitados pela visão, então sem paralelo, de um homem comum maior do que aqueles que tinham nascido para usar coroas. Em síntese, foi a figura com que todo homem que partisse os laços com a tradição podia se identificar em seus sonhos.

Para os franceses ele foi também algo bem mais simples: o mais bem-sucedido governante de sua longa história. Triunfou gloriosamente no exterior, mas, em termos nacionais, também estabeleceu ou restabeleceu o mecanismo das instituições francesas como existem hoje. Ele trouxe estabilidade e prosperidade a todos, exceto para os 250 mil franceses que não retornaram de suas guerras, embora até mesmo para os parentes deles tivesse trazido a glória. Sem dúvida, os britânicos se viam como lutadores pela causa da liberdade contra a tirania; mas em 1815 a maioria dos ingleses era mais pobre do que o fora em 1800, enquanto a maioria dos franceses era quase certamente mais rica.

Ele destruíra apenas uma coisa: a Revolução de 1789, o sonho de igualdade, liberdade e fraternidade, do povo se erguendo na sua grandiosidade para derrubar a opressão. Este foi um mito mais poderoso do que o dele, pois, após a sua queda, foi isto e não a sua memória que inspirou as revoluções do século XIX, inclusive em seu próprio país.

(Adaptado de Eric. J. Hobsbawm. **A era das revoluções – 1789-1848.** 7ª ed. Trad. de Maria Tereza Lopes Teixeira e Marcos Penchel. Rio de Janeiro: Paz e Terra, 1989, p.93-4)

(Analista – TRT9 – 2012 – FCC) Atente para as seguintes afirmações sobre a pontuação empregada no texto.

I. *Os homens que se tornaram conhecidos por terem abalado o mundo de forma decisiva no passado tinham começado como reis, como Alexandre, ou patrícios, como Júlio César ...* (1º parágrafo)
O segmento em destaque poderia ser isolado por vírgulas, sem prejuízo para o sentido e a correção.

II. *Para os franceses ele foi também algo bem mais simples: o mais bem-sucedido governante de sua longa história.* (2º parágrafo)
Uma vírgula poderia ser colocada imediatamente depois do termo franceses, sem prejuízo para a correção e a lógica.

III. *Ele destruíra apenas uma coisa: a Revolução de 1789, o sonho de igualdade, liberdade e fraternidade, do povo se erguendo na sua grandiosidade para derrubar a opressão.* (3º parágrafo)
Os dois-pontos introduzem no contexto um segmento explicativo.

Está correto o que se afirma em

(A) I e II, apenas.

(B) I, apenas.

(C) I, II e III.

(D) III, apenas.

(E) II e III, apenas.

I: incorreta. A colocação das vírgulas daria ao trecho conotação adjetiva explicativa, alterando seu sentido original que é restritivo (fala-se apenas dos homens que se tornaram conhecidos por terem abalado o mundo, não de todos os homens); **II:** correta. O adjunto adverbial pode ser facultativamente separado por vírgula quando está deslocado para o início da oração sem qualquer prejuízo para o sentido do texto ou para a correção gramatical; **III:** correta. Os dois-pontos foram realmente usados para anunciar o aposto.

Gabarito "E."

(Analista – TRT/11ª – 2012 – FCC) Está plenamente adequada a pontuação da seguinte frase:

(A) As fotografias, por prosaicas que possam ser, representam um corte temporal, brecha no tempo por onde entra nosso olhar, capturado que foi pela magia da imagem e por ela instado a uma viagem imaginária.

(B) As fotografias, por prosaicas que possam ser representam um corte temporal; brecha no tempo, por onde entra nosso olhar capturado, que foi pela magia da imagem, e por ela instado a uma viagem imaginária.

(C) As fotografias por prosaicas, que possam ser, representam um corte temporal: brecha no tempo por onde entra nosso olhar, capturado que foi, pela magia da imagem, e por ela instado a uma viagem imaginária.

(D) As fotografias por prosaicas, que possam ser representam, um corte temporal, brecha no tempo por onde entra nosso olhar capturado, que foi pela magia da imagem e por ela instado a uma viagem imaginária.

(E) As fotografias por prosaicas que possam ser, representam um corte temporal, brecha no tempo por onde entra nosso olhar, capturado, que foi pela magia da imagem e, por ela, instado a uma viagem imaginária.

As orações "por prosaicas que possam ser" e "brecha no tempo por onde entra nosso olhar", por serem orações adverbiais deslocadas da ordem direta do período, devem estar entre vírgulas. Quaisquer variações na pontuação desatenderão aos preceitos gramaticais.

Gabarito "A".

(Analista – TRT/4ª – 2011 – FCC) A única frase NÃO pontuada corretamente é:

(A) À beira de um ano novo – e quase à beira do outro século –, a imprensa discutia ainda a mesma questão, crucial, sem dúvida, que ocupara por décadas o espírito dos homens públicos.

(B) Encontrando o rapaz no lugar combinado, não o saudei; olhei-o, porém, fixamente, e sorri, é verdade, mas como se fosse para alguém a quem se cumprimenta só por obrigação.

(C) A mais alta delas andava rapidamente; a outra, cantando e sorrindo, fazia dos passos um modo de brinquedo, então bastante em moda entre os mais jovens.

(D) É minha opinião, que não se deve falar mal de ninguém; e menos ainda daqueles que prestam serviços públicos: estes querendo ou não, estão a nosso serviço cotidianamente.

(E) Só muito tempo depois de sua partida (vejam o que é a indecisão imposta pelo medo!), compreendi que era só uma mudança de bairro, e então prometi que a visitaria logo.

É minha opinião: [*o sinal de dois-pontos anuncia uma oração apositiva*] que não se deve falar mal de ninguém e, menos ainda, daqueles que prestam serviços públicos. [*ponto*] Estes, [*vírgula*] querendo ou não, estão a nosso serviço cotidianamente.

Gabarito "D".

Meios e fins

O crítico José Onofre disse uma vez que a frase "não se faz uma omelete sem quebrar ovos" é muito repetida por gente que não gosta de omelete, gosta do barulhinho dos ovos sendo quebrados. Extrema esquerda e extrema direita se parecem não porque amam seus ideais, mas porque amam os extremos, têm o gosto pelo crec-crec.

A metáfora da omelete é "o fim justifica os meios", em linguagem de cozinha. O fim justificaria todos os meios extremos de catequização e purificação, já que o fim é uma humanidade melhor – só variando de extremo para extremo o conceito de "melhor".

Todos os fins são nobres para quem os justifica, seja uma sociedade sem descrentes, sem classes ou sem raças impuras. O próprio sacrifício de ovos pelo sacrifício de ovos tem uma genealogia respeitável, a ideia de regeneração (dos outros) *pelo sofrimento e pelo sangue acompanha a humanidade desde as primeiras cavernas. Ou seja, até os sádicos têm bons argumentos. Mas o fim das ideologias teria decretado o fim do horror terapêutico, do mito da salvação pela purgação que o século passado estatizou e transformou no seu mito mais destrutivo.*

O fracasso do comunismo na prática acabou com a desculpa, racional ou irracional, para o stalinismo. O tempo não redimiu o horror, o fim foi só a última condenação dos meios.

(Adaptado de: Luis Fernando Verissimo, **O mundo é bárbaro**)

(Analista – TRT/14ª – 2011 – FCC) A exclusão das vírgulas NÃO alterará o sentido da seguinte frase:

(A) Mesmo os stalinistas, que não acreditavam nesses horrores, passaram a execrar seu velho ídolo.

(B) As metáforas, que costumam tornar mais concretas as ideias, são úteis e expressivas.

(C) O fracasso do comunismo, na prática, acabou com a desculpa para o stalinismo.

(D) Quem recorre aos meios extremos, condenados pelos democratas, costuma dá-los como necessários.

(E) Até mesmo os sádicos se valem, aqui e ali, de argumentos dados como irrefutáveis.

A e **B**: a exclusão da vírgula em "stalinistas que" ou "metáforas que" transformará as orações explicativas em restritivas; **C**: a locução adverbial "na prática" passa a ser adjunto do substantivo *comunismo*; **D**: sem as vírgulas, os termos "condenados pelos democratas" ficam ligados ao substantivo anterior "extremos" e não mais a "meios extremos". **E**: os adjuntos adverbiais "aqui e ali" não terão alterados seus sentidos na oração se as vírgulas forem excluídas.

Gabarito "E".

Caipiradas

A gente que vive na cidade procurou sempre adotar modos de ser, pensar e agir que lhe pareciam os mais civilizados, os que permitem ver logo que uma pessoa está acostumada com o que é prescrito de maneira tirânica pelas modas – moda na roupa, na etiqueta, na escolha dos objetos, na comida, na dança, nos espetáculos, na gíria. A moda logo passa; por isso, a gente da cidade deve e pode mudar, trocar de objetos e costumes, estar em dia. Como consequência, se entra em contato com um grupo ou uma pessoa que não mudaram tanto assim; que usam roupa como a de dez anos atrás e respondem a um cumprimento com certa fórmula desusada; que não sabem qual é o cantor da moda nem o novo jeito de namorar; quando entra em contato com gente assim, o citadino diz que ela é caipira, querendo dizer que é atrasada e portanto meio ridícula.

Diz, ou dizia; porque hoje a mudança é tão rápida que o termo está saindo das expressões de todo dia e serve mais para designar certas sobrevivências teimosas ou alteradas do passado: músicas caipiras, festas caipiras, danças caipiras, por exemplo. Que, aliás, na maioria das vezes, conhecemos não praticadas por caipiras, mas por gente que finge de caipira e usa a realidade do seu mundo como um produto comercial pitoresco.

Nem podia ser de outro modo, porque o mundo em geral está mudando depressa demais, e nada pode ficar parado. Ho- je, creio que não se pode falar mais de criatividade cultural no universo do caipira, porque ele quase acabou. O que há é impul- so adquirido, resto, repetição – ou paródia e imitação deforma- da, mais ou menos parecida. Há, registre-se, iniciativas culturais com o fito de fixar o que sobra de autêntico no mundo caipira. É o caso do disco Caipira. Raízes e frutos, do selo Eldorado, gravado em 1980, que será altamente apreciado por quantos se interessem por essa cultura tão especial, e já quase extinta.

(Adaptado de Antonio Candido, Recortes)

(Analista – TRT/16ª – 2009 – FCC) Há justificativa para esta seguinte alteração de pontuação, proposta para o segmento final do primeiro parágrafo:

(A) o citadino diz que ela é caipira querendo dizer: que é atrasada, e portanto, meio ridícula.

(B) o citadino diz que ela é caipira querendo dizer que é atrasada; e portanto, meio ridícula.

(C) o citadino diz que ela é caipira, querendo dizer, que é atrasada, e, portanto, meio ridícula.

(D) o citadino diz que ela é caipira, querendo dizer que é atrasada e, portanto, meio ridícula.

(E) o citadino diz: que ela é caipira, querendo dizer: que é atrasada, e portanto meio ridícula.

O segmento final do primeiro parágrafo é: "o citadino diz que ela é caipira, querendo dizer que é atrasada e portanto meio ridícula.". A única alteração de pontuação possível seria colocar a conjunção conclusiva *portanto* entre vírgulas. A palavra *que*, nesse segmento, é conjunção integrante e não há vírgula antes dela.

Gabarito "D"

Atenção: A próxima questão baseia-se no texto abaixo.

A Norma (1831) é claramente uma ópera que encena, numa suposta rebelião gaulesa contra a tutela romana na Antiguidade, a desejada libertação dos italianos em face das potências estrangeiras – no caso, certamente a Áustria – que lhes vedam a independência e a unidade nacional. Como é de praxe em boa parte das óperas italianas do século XIX, ao posicionamento progressista nas grandes questões sociais ou nacionais se opõe um lastro, geralmente ocultado, que é de natureza mais propriamente pessoal, e serve de enorme peso – inconsciente, posto que até então desconhecido – contra aquela tomada de partido em favor [...] do "bem" ou, pelo menos, da justiça e do progresso. Esse modelo aparece, para citarmos apenas algumas óperas, nas Vespri Siciliani e no Trovatore de Verdi; poder-se-ia argumentar que a Traviata procede do mesmo modo.

Assim, um recorte se delineia inicialmente, a opor as causas progressistas (a pátria livre, seja ela a Gália, a Sicília ou qualquer outra; a defesa dos pobres; a união de quem se ama) ao que existe de mais retrógrado; porém, a dramaticidade não procederá do conflito, num mesmo nível, entre progressistas e reacionários, mas da irrupção, no âmago mesmo da causa revolucionária avançada, de um elemento pessoal marcado pelo acumpliciamento secreto, arcaico e culpável com o inimigo. Dessa forma, o herói libertador dos sicilianos nas Vespri é na verdade filho ilegítimo do governador francês, o trovador, na ópera homônima, é o irmão perdido de seu próprio perseguidor – e aqui, na Norma, a sacerdotiza suprema dos gauleses é amante do chefe romano. É isso o que dilacera a alma, tanto do ator-cantor como do expectador-ouvinte, e confere a essas óperas seu caráter trágico.

(Analista – ANS – 2007 – FCC) Acerca de recursos de pontuação empregados no texto, afirma-se corretamente que

(A) os parênteses (linhas 1, 18 e 20) contêm detalhamento de expressões mais genéricas.

(B) os travessões (linhas 4, 5 e 29), por meio do acréscimo de novos dados, demarcam esclarecimentos considerados relevantes.

(C) o sentido e a correção do trecho *Esse modelo aparece, para citarmos apenas algumas óperas, nas* Vespri... seriam preservados com a supressão da primeira vírgula.

(D) as aspas, em *"bem"* (linha 12), exprimem o caráter politicamente incorreto do uso da palavra no contexto atual.

(E) a substituição da vírgula que separa as palavras *francês* e *o* (linha 28) por ponto e vírgula alteraria o sentido original do trecho considerado.

A: incorreta, pois os parênteses na linha 1 apresentam a data de produção da ópera em questão. Já o segundo parênteses cumpre a função proposta elo item; **B:** correta, pois as informações limitadas por travessões são apostos que explicam informações anteriores no texto. No caso dos exemplos citados no item, se retiradas essas informações, o leitor não teria referente para entender a importância de certas informações para argumentação do autor. Em *Norma*, a Áustria representa o grande opositor ideológico e a relação entre a sacerdotisa e o chefe romano, grande conflito ideológico da ópera; **C:** incorreta, pois as vírgulas no trecho são usadas para isolar uma informação intercalada à principal. A supressão da primeira vírgula faria com que o trecho não se isolasse corretamente e causaria incoerência; **D:** incorreta, pois as aspas indicam que a palavra "bem" foi usada de maneira genérica para indicar que a ópera defende as circunstâncias que considera corretas. Não há qualquer caráter negativo em seu uso; **E:** incorreta, pois a vírgula na linha 28 separa dois exemplos de conflitos de uma mesma ópera. O uso da vírgula como enumerador é mais adequado, já que o ponto e vírgula indicaria uma mudança significativa, como, por exemplo, passaria a se falar de outra ópera.

Gabarito "B"

(TRT/24ª – 2011 – FCC) A respeito do 1º parágrafo do texto, está INCORRETO o que consta em:

(A) *Entretanto* e *Ao mesmo tempo* têm função adverbial no contexto em que se situam, introduzindo ressalva em relação ao que se afirma antes.

(B) Substituindo-se a expressão *uma longa tradição analítica* por análises tradicionais, os verbos *Existe* e *divide* devem ser colocados no plural, em respeito às normas de concordância.

(C) A presença dos dois pontos assinala a introdução de um segmento enumerativo como explicação necessária para a expressão *três setores*.

(D) Os segmentos que aparecem entre parênteses especificam o sentido do termo imediatamente anterior a cada um deles.

(E) A ausência e a presença do sinal de crase nos segmentos *associar as atividades primárias a baixa produtividade, pouca tecnologia e reduzida interconexão com o resto da economia* e *associam-se à indústria qualidades opostas* denotam incorreção, por ter sido empregado o mesmo verbo, associar.

A: a conjunção adversativa "entretanto" e a locução adverbial "ao mesmo tempo" exprimem uma ressalva; **B:** se o referente é flexionado para o plural, os verbos acompanham; **C:** o sinal de dois-pontos é utilizado antes de certos apostos, principalmente nas enumerações; **D:** os parênteses isolam explicações; **E:** o verbo regente *associar* exige a preposição a. As preposições estão corretamente empregadas. Antes de "baixa produtividade, pouca tecnologia e reduzida interconexão", há a preposição a que se refere aos três elementos que estão sem artigo (produtividade, tecnologia e interconexão). Em "associam-se à indústria", temos a preposição exigida pelo verbo e o artigo feminino a antes do substantivo "indústria".

Gabarito "E"

Atenção: A questão a seguir baseia-se no texto apresentado abaixo.

Nas formas de vida coletiva podem assinalar-se dois princípios que se combatem de morte e regulam diversamente as atividades dos homens. Esses dois princípios encarnam-se nos tipos do aventureiro e do trabalhador. Já nas sociedades rudimentares manifestam-se eles, segundo sua predominância, na distinção fundamental entre os povos caçadores ou coletores e os povos lavradores. Para uns, o objeto final, a mira de todo esforço, o ponto de chegada, assume relevância tão capital, que chega a dispensar, por secundários, quase supérfluos, todos os processos intermediários. Seu ideal será colher o fruto sem plantar a árvore.

Esse tipo humano ignora as fronteiras. No mundo tudo se apresenta a ele em generosa amplitude e onde quer que se erija um obstáculo a seus propósitos ambiciosos, sabe transformar esse obstáculo em trampolim. Vive dos espaços ilimitados, dos projetos vastos, dos horizontes distantes.

O trabalhador, ao contrário, é aquele que enxerga primeiro a dificuldade a vencer, não o triunfo a alcançar. O esforço lento, pouco compensador e persistente que, no entanto, mede todas as possibilidades de esperdício e sabe tirar o máximo proveito do insignificante, tem sentido bem nítido para ele. Seu campo visual é naturalmente restrito. A parte maior que o todo.

Existe uma ética do trabalho, como existe uma ética da aventura. Assim, o indivíduo do tipo trabalhador só atribuirá valor moral positivo às ações que sente ânimo de praticar e, inversamente, terá por imorais e detestáveis as qualidades próprias do aventureiro - audácia, imprevidência, irresponsabilidade, instabilidade, vagabundagem -, tudo, enfim, quanto se relacione com a concepção espaçosa do mundo, característica desse tipo.

Por outro lado, as energias e esforços que se dirigem a uma recompensa imediata são enaltecidos pelos aventureiros; as energias que visam estabilidade, paz, segurança pessoal e os esforços sem perspectiva de rápido proveito material passam, ao contrário, por viciosos e desprezíveis para eles. Nada lhes parece mais estúpido e mesquinho do que o ideal do trabalhador.

Entre esses dois tipos não há, em verdade, tanto uma oposição absoluta como uma incompreensão radical. Ambos participam, em maior ou menor grau, de múltiplas combinações e é claro que, em estado puro, nem o aventureiro, nem o trabalhador, possuem existência real fora do mundo das ideias. Mas também não há dúvida que os dois conceitos nos ajudam a situar e a melhor ordenar nosso conhecimento dos homens e dos conjuntos sociais. E é precisamente nessa extensão superindividual que eles assumem importância inestimável para o estudo da formação e evolução das sociedades.

Na obra da conquista e da colonização dos novos mundos coube ao espírito do trabalho, no sentido aqui compreendido, papel muito limitado, quase nulo. A época predispunha aos gestos e façanhas audaciosos, galardoando bem os homens de grandes voos. E não foi fortuita a circunstância de se terem encontrado neste continente, empenhadas nessa obra, principalmente as nações onde o tipo do trabalhador, tal como acaba de ser discriminado, encontrou ambiente menos propício.

(Sérgio Buarque de Holanda. **Raízes do Brasil**. 2ª ed. Rio de Janeiro: José Olympio, 1948, p. 36-39.)

(Técnico Legislativo – Câmara dos Deputados – 2007 – FCC) - audácia, imprevidência, irresponsabilidade, instabilidade, vagabundagem - (4º parágrafo)

Os travessões isolam, considerando-se o contexto,

(A) segmento especificativo e explicativo.

(B) redundância, embora com intenção estilística.

(C) conclusão necessária da expressão imediatamente anterior.

(D) reprodução textual de informações anteriores.

(E) emprego de palavras de sentido alheio ao contexto.

A: pois trata-se de um aposto explicativo do substantivo "qualidades" (4º parágrafo). É importante destacar que o aposto sempre vem isolado por sinais de pontuação.

Gabarito "A"

(Auditor Fiscal/São Paulo-SP – 2007 – FCC) Está inteiramente adequada a pontuação do seguinte período:

(A) Embora sejamos tentados, frequentemente, a qualificar como cruel ou maldoso o comportamento de certos animais, o fato é que, para eles, só há os instintos.

(B) Por mais que difiram entre si, as constituições, nenhuma delas deixa-se reger, por princípios que desfavoreçam, ou impeçam algum equilíbrio nas relações sociais.

(C) Via de regra o abuso de poder constitui um caso difícil de ser apurado, uma vez que, o próprio agente do delito, costuma exercer forte influência, na investigação dos fatos.

(D) É muito comum nas conversas mais informais, os indivíduos se referirem a casos públicos de impunidade, tomando-os como justificativas, de seus delitos pessoais.

(E) Não é fácil, submeter-se ao equilíbrio entre o direito e o dever, pois, a tendência é de um lado, valorizar o direito, e de outro minimizar o dever que lhe corresponde.

A assertiva **A** está corretamente pontuada; **B:** "Por mais que difiram entre si [sem vírgula. Não se separa o sujeito do verbo por vírgula] as constituições, nenhuma delas deixa-se reger [sem vírgula] por princípios que desfavoreçam [sem vírgula] ou impeçam algum equilíbrio nas relações sociais."; **C:** Via de regra, [vírgula] o abuso de poder constitui um caso difícil de ser apurado, uma vez que [sem vírgula] o próprio agente do delito [sem vírgula. Não se separa o sujeito do verbo por vírgula] costuma exercer forte influência [sem vírgula] na investigação dos fatos."; **D:** "É muito comum nas conversas mais informais [sem vírgula. Não se separa o sujeito do verbo por vírgula] os indivíduos se referirem a casos públicos de impunidade tomando-os como justificativas [sem vírgula] de seus delitos pessoais."; **E:** "Não é fácil [sem vírgula. Não se separa o sujeito do verbo por vírgula] submeter-se ao equilíbrio entre o direito e o dever, pois [sem vírgula] a tendência é de um lado, valorizar o direito, e de outro, [vírgula] minimizar o dever que lhe corresponde.

Gabarito "A"

A multiplicação de desastres naturais vitimando populações inteiras é inquietante: tsunamis, terremotos, secas e inundações devastadoras, destruição da camada de ozônio, degelo das calotas polares, aumento dos oceanos, aquecimento do planeta, envenenamento de mananciais, desmatamentos, ocupação irresponsável do solo, impermeabilização abusiva nas grandes cidades. Alguns desses fenômenos não estão diretamente vinculados à conduta humana. Outros, porém, são uma consequência direta de nossas maneiras de sentir, pensar e agir.

É aqui que avulta o exemplo de Hans Jonas.

Em 1979 ele publicou O Princípio Responsabilidade. A obra mostra que as éticas tradicionais – antropocêntricas e baseadas numa concepção instrumental da tecnologia – não estavam à altura das consequências danosas do progresso tecnológico sobre as condições de vida humana na Terra e o futuro das novas gerações. Jonas propõe uma ética para a civilização tecnológica, capaz de reconhecer para a natureza um direito próprio. O filósofo detectou a propensão de nossa civilização para degenerar de maneira desmesurada, em virtude das forças econômicas e de outra índole que aceleram o curso do desenvolvimento tecnológico, subtraindo o processo de nosso controle.

Tudo se passa como se a aquisição de novas competências tecnológicas gerasse uma compulsão a seu aproveitamento industrial, de modo que a sobrevivência de nossas sociedades depende da atualização do potencial tecnológico, sendo as tecnociências suas principais forças produtivas. Funcionando de modo autônomo, essa dinâmica tende a se reproduzir coercitivamente e a se impor como único meio de resolução dos problemas sociais surgidos na esteira do desenvolvimento. O paradoxo consiste em que o progresso converte o sonho de felicidade em pesadelo apocalíptico – profecia macabra que tem hoje a figura da catástrofe ecológica. [...]

Jonas percebeu o simples: para que um "basta" derradeiro não seja imposto pela catástrofe, é preciso uma nova conscientização, que não advém do saber oficial nem da conduta privada, mas de um novo sentimento coletivo de responsabilidade e temor. Tornar-se inventivo no medo, não só reagir com a esperteza de "poupar a galinha dos ovos de ouro", mas ensaiar novos estilos de vida, comprometidos com o futuro das próximas gerações.

(Adaptado de Oswaldo Giacoia Junior. **O Estado de S. Paulo**, A2 *Espaço Aberto*, 3 de abril de 2010)

(BB – Escriturário – 2010 – FCC) Considere as afirmativas a respeito dos sinais de pontuação empregados no texto.

I. Os dois-pontos, no 1º parágrafo, introduzem enumeração de fatos que exemplificam *desastres naturais*.

II. Os travessões isolam, no 3º parágrafo, um comentário explicativo da expressão imediatamente anterior a esse segmento.

III. O travessão único, no final do 4º parágrafo, pode ser corretamente substituído por uma vírgula, sem alteração do sentido original.

IV. As aspas colocadas na frase do final do texto *"poupar a galinha dos ovos de ouro"* têm por objetivo assinalar a ideia principal do texto.

Está correto o que consta APENAS em

(A) I e II.
(B) I, II e III.
(C) I, III e IV.
(D) II, III e IV.
(E) II e IV.

I: correta, sendo exatamente a função dos dois-pontos no trecho; **II:** correta. Os travessões isolam o aposto, que esclarece o conceito de "éticas tradicionais"; **III:** correta. Tal qual no item anterior, o travessão isola o aposto e, com essa função, pode ser substituído por vírgula sem prejuízo à correção gramatical do texto; **IV:** incorreta. As aspas foram utilizadas para indicar que a expressão está sendo utilizada em sentido conotativo (figurado), por se tratar de uma expressão popular.

Gabarito "B"

8. OCORRÊNCIA DA CRASE

> A crase ocorre quando há a fusão do artigo a e da preposição a. De modo geral, só poderá ocorrer a crase diante de palavras que aceitam o artigo a – vocábulos femininos – e que estejam regidas pela preposição a.

(Técnico Judiciário – TRT11 – FCC – 2017) Atente para as frases abaixo, redigidas a partir de frases do texto modificadas.

I. O Brasil não figura entre os países mais suscetíveis à catástrofes naturais.

II. Em alguns locais, existe uma suscetibilidade natural à ocorrência de desastres, como secas, enchentes e deslizamentos.

III. Certas atitudes relacionadas à cultura humana podem impactar o desfecho final de uma situação de risco.

O sinal de crase está empregado corretamente APENAS em

(A) II e III.
(B) I e III.
(C) I e II.
(D) II.
(E) III.

I: incorreta. Como o termo seguinte está no plural, "catástrofes naturais", a falta de concordância denota que o "a" é preposição isolada, sem o artigo definido feminino. Portanto, não ocorre crase; **II:** correta. O termo "suscetibilidade" rege a preposição "a", que seguida de palavra feminina implica a ocorrência da crase pela aglutinação com o artigo; **III:** correta. O verbo "relacionar", aqui usado no particípio, rege a preposição "a", levando à crase nos mesmos termos da oração anterior. (HS)

Gabarito "A"

(Analista – TRT/24ª – 2011 – FCC) Justifica-se plenamente o emprego de ambos os sinais de crase em:

(A) Ela pode voltar à qualquer momento, fiquemos atentos à sua chegada.
(B) Dispôs-se à devolver o livro, à condição de o liberarem da multa por atraso.
(C) Postei-me à entrada do cinema, mas ela faltou também à esse compromisso.
(D) Àquela altura da velhice já não assistia à filmes trágicos, apenas aos de humor.
(E) Não confie à priminha os documentos que obtive à revelia do nosso advogado.

A: em "a qualquer momento" não ocorre crase. Esse *a* é preposição. Não há o artigo. Já em "atentos à sua chegada", o uso do acento grave é facultativo diante de pronome possessivo; **B:** em "a devolver", não ocorre a crase antes de verbo; **C:** não ocorre a crase. O verbo *postar* não utiliza a preposição *a* em sua regência. Em "faltou...a esse compromisso", o a é preposição, porém não há a possibilidade de um artigo diante do pronome demonstrativo *esse*, portanto não ocorre a crase; **D:** o verbo *assistir* exige preposição *a*, porém a palavra "filmes" é um substantivo masculino e plural. Não cabe o artigo definido feminino, não ocorre a crase. **E:** os verbos *confiar* e *obter* exigem preposição *a*, os substantivos "priminha" e "revelia" aceitam o artigo definido feminino. Ocorre a crase.
Gabarito "E"

(TRT/14ª – 2011 – FCC) É difícil ficar indiferente ...... causa defendida por algumas organizações não governamentais que ajudam ...... captar recursos para preservar ...... cultura de tribos da floresta amazônica. Preenchem corretamente as lacunas da frase acima, na ordem dada:

(A) à – à – a
(B) a – à – a
(C) a – à – à
(D) à – a – a
(E) à – a – à

É difícil ficar indiferente à causa defendida por algumas organizações não governamentais que ajudam a [preposição – nunca ocorre a crase antes de verbo, pois não se coloca artigo antes de verbo] captar recursos para preservar a [o verbo preservar não exige preposição] cultura de tribos da floresta amazônica.
Gabarito "D"

(TRT/23ª – 2011 – FCC) Gabriel García Marquez cresceu em meio ... plantações de banana de Arataca, situada ... poucos quilômetros do vilarejo de Macondo, que ele se dedicou ... retratar na obra *Cem anos de solidão*.

Preenchem corretamente as lacunas da frase acima, na ordem dada:

(A) as - à - a
(B) as - à - à
(C) às - a - a
(D) às - à - à
(E) as - a - à

"(...) cresceu em meio a (preposição. Também poderia ser às, porém não existe essa opção nas alternativas. Não ocorre a crase. A palavra "plantações" está no plural e não há o artigo definido feminino) plantações (...), situada a (preposição) poucos quilômetros do vilarejo de Macondo, que ele se dedicou a (preposição. Antes de verbo nunca há artigo, logo, nunca ocorre a crase) retratar na obra *Cem anos de solidão*.
Gabarito "C"

(Analista – TRE/PI – 2009 – FCC) A frase inteiramente correta, considerando-se a presença ou a ausência do sinal de crase, é:

(A) A mentira, mesmo justificada por certas circunstâncias, pode ser desmascarada à qualquer momento, à vista dos fatos apresentados.
(B) Submetida a avaliação da opinião popular, a política deve pautar-se pela lisura e pela veracidade voltadas para à resolução de conflitos.
(C) Quanto a defesa da ética, ela é sempre necessária, à fim de que a ação política seja vista como verdadeira representação da vontade popular.
(D) Os governados, como preceituam as normas democráticas, têm direito a informações exatas e submetidas à verdade dos fatos.
(E) A verdade dos fatos políticos está subordinada, segundo pensadores, à uma lógica particular, à depender dos objetivos do momento.

A: "a qualquer momento" – não ocorre a crase; "à vista" – ocorre a crase nessa locução; **B:** "Submetida à avaliação" – a palavra regente *submetida* exige a preposição *a* e a palavra regida *avaliação* aceita o artigo definido feminino. Ocorre a crase; "para a resolução" – esse *a* é um artigo. Não ocorre a crase, pois não há a preposição *a*; **C:** "a fim de que" – não ocorre a crase antes da palavra *fim*, que é precedida pela preposição *a*; **D:** "direito a informações" – não ocorre a crase, pois nesse sintagma temos apenas a preposição *a* exigida pela palavra regente *direito*; "submetidas à verdade" – a palavra regente *submetidas* exige a preposição *a* e a palavra regida *verdade* aceita o artigo definido feminino. Ocorre a crase; **E:** "subordinada a uma lógica" – a palavra regente *subordina* exige a preposição *a* e a palavra regida *lógica* está determinada pelo artigo indefinido. Não ocorre a crase; "a depender" – não ocorre crase antes de verbo.
Gabarito "D"

(Analista – TRT/2ª – 2008 – FCC) Atente para as seguintes frases:

I. Não é possível estabelecer à medida que distancia um notório tímido de um notório extrovertido.
II. Não assiste às pessoas extrovertidas o privilégio exclusivo de se fazerem notar, também as tímidas chamam a atenção.
III. Ainda que com isso não se sintam à vontade, os tímidos costumam captar a atenção de todos.

Justifica-se o uso do sinal de crase SOMENTE em

(A) II e III.
(B) I e II.
(C) I e III.
(D) I.
(E) III.

I: o verbo *estabelecer* é transitivo direto e não exige preposição *a*. Não se trata do uso da expressão "à medida que", que significa "à proporção que"; **II:** o verbo *assistir* na acepção de "ser da competência ou atribuição de (alguém); caber, competir" é transitivo indireto e exige preposição *a*; **III:** a expressão "à vontade" que significa "livremente, a bel-prazer" está correta com o acento grave, indicador da crase.
Gabarito "A"

(Analista – TRF/5ª – 2008 – FCC) Há rigorosa observância das normas que determinam o uso do sinal de crase em:

(A) A medida que afere o otimismo pode também avaliar o pessimismo, pois àquela ou à esta sensação corresponde alguma dose de idealismo.

(B) O texto não nos leva à paradoxos gratuitos, mas à necessidade de reconhecer uma intersecção entre o otimismo e o pessimismo.

(C) Cabe às pessoas decidir, à cada experiência, se lhes convém entregar-se à determinada sensação, a determinado humor.

(D) O otimismo não fica à léguas do pessimismo; tendem ambos à convergir, conforme comprovam nossas próprias experiências.

(E) Não assiste às ciências positivas o direito de aspirar à definição cabal da fronteira entre o pessimismo e o otimismo.

A: a locução "à medida que" leva crase; "alguma dose de idealismo corresponde àquela ou a esta sensação": o verbo regente *corresponder* exige a preposição *a*. O pronome demonstrativo "aquela" aceita a crase. Não ocorre a crase diante do pronome demonstrativo "esta". **B:** "leva a paradoxos": o verbo regente *levar* exige a preposição *a*. A palavra regida *paradoxos*, masculina e plural, não aceita o artigo feminino. Não ocorre a crase diante dessa palavra. A outra palavra regida, "necessidade" aceita o artigo definido feminino. Nesse caso, ocorre a crase; **C:** "Cabe às pessoas": o verbo regente *caber* exige a preposição *a*. A palavra regida *pessoas* aceita o artigo feminino. Ocorre a crase; "a cada experiência": não há porque ocorrer a crase antes de *cada*; "entregar-se à determinada sensação": o verbo regente *entregar-se* exige a preposição *a*. O sintagma regido *determinada sensação* aceita o artigo feminino. Ocorre a crase; **D:** "a [*preposição – não ocorre a crase*] léguas"; "tendem a convergir": o verbo regente *tender* exige a preposição *a*. A palavra regida é um verbo (*convergir*). Não ocorre a crase; **E:** o verbo regente *assistir* na acepção de "ser da competência" é transitivo indireto e exige a preposição *a*. A palavra regida *ciências* aceita o artigo feminino. Ocorre a crase; "aspirar à definição": o verbo regente *aspirar* na acepção de "almejar" é transitivo indireto e exige a preposição *a*. A palavra regida *definição* aceita o artigo feminino. Ocorre a crase.

Gabarito "E"

(Analista – TRT/23ª – 2007 – FCC) Justificam-se ambas as ocorrências do sinal de crase em:

(A) Na entrevista que concedeu à TV, a juíza recorreu à uma frase de Disraeli.

(B) A frase à que se reportou a juíza diz respeito à distinções éticas.

(C) Faltam audácia e iniciativa à quem deveria propor-se às ações afirmativas.

(D) Não se abra àqueles inescrupulosos o campo favorável à impunidade.

(E) A comunidade dos justos assiste à obrigação de dar combate à tal ousadia.

A: "(...) que concedeu à [1] TV, a juíza recorreu a [2] uma frase (...)"; [1]: ocorre a crase. O verbo *conceder* é transitivo indireto e exige a preposição *a*. A palavra "TV" é feminina e aceita o artigo definido feminino; [2]: não ocorre a crase. O verbo *recorrer* é transitivo indireto e exige a preposição *a*. A palavra "frase" é feminina e está determinada pelo artigo indefinido; **B:** "A frase a [3] que se reportou a [4] juíza diz respeito a [5] distinções (...)"; [3]: preposição; [4] artigo: "a juíza" é sujeito do verbo *reportar*, [5]: preposição – a palavra regente "respeito" exige a preposição *a*; **C:** "Faltam [6] audácia e iniciativa a [7] quem deveria propor-se às [8] ações (...)"; [6]: o verbo *faltar* transitivo indireto – exige preposição *a*; [7]: preposição. Não ocorre a crase; [8]: o verbo regente pronominal *propor-se* é transitivo indireto e exige preposição *a*. A palavra feminina "ação" aceita artigo definido feminino; **D:** Não se abra àqueles [9] inescrupulosos o campo favorável à [10] impunidade."; [9] o verbo *abrir* na acepção de "tornar acessível" é bitransitivo. Seu objeto direto é "o campo favorável à impunidade" e seu objeto indireto é "àqueles inescrupulosos". Ocorre a crase com a contração da preposição *a* e do pronome demonstrativo; [10]: a palavra regente "favorável" exige preposição *a*. A palavra regida "impunidade" aceita o artigo definido feminino *a*. Ocorre a crase; **E:** "A comunidade dos justos assiste à [11] obrigação de dar combate a [12] tal ousadia."; [11]: o verbo *assistir* quando significa "presenciar" é transitivo indireto e exige a preposição *a*. A palavra *obrigação* aceita artigo definido feminino. Ocorre a crase; [12]: o verbo *dar* é bitransitivo. A palavra *combate* corresponde ao objeto direto e os termos "a tal ousadia" ao objeto indireto. Esse *a* é preposição.

Gabarito "D"

(Analista – TRE/MS – 2007 – FCC) Quanto à acentuação, grafia das palavras e ocorrência do sinal de crase, a frase inteiramente correta é:

(A) Uma revolução no ensino não se faz de modo fortuíto, mas voltada à uma transformação real e motivada das formas de pensamento.

(B) Educação não é simples tarefa para filântropos, mas um emprendimento cultural que cabe à sociedade elevar à níveis de excelência.

(C) Uma reforma não é o mesmo que uma revolução do ensino: falta àquela o teor de radicalismo necessário e consequente que é inerente a esta.

(D) O autor recorreu a varias formas verbais no infinitivo para enfatisar o valor de cada ação que julga imprecindível à uma revolução no ensino.

(E) Não será à partir de tímidas reformas que se provirá a educação dos meios para, de fato, construir pessoas e desenvolver ideias.

A: fortuito; "voltada a uma transformação" – a palavra regente *voltada* exige a preposição *a*, porém a palavra regida *transformação* está determinada por um artigo indefinido. Não ocorre a crase; **B:** filantropo; empreendimento; "cabe à sociedade" – ocorre a crase; "elevar a níveis" – não ocorre a crase. Esse *a* é uma preposição. A palavra nível é masculina; **D:** enfatizar; "imprescindível a uma" – a palavra regente *imprescindível* exige a preposição *a*, porém a palavra regida *transformação* está determinada por um artigo indefinido.

Gabarito "C"

(Analista – TRE/PB – 2007 – FCC) Quanto à observância da necessidade do sinal de crase, a frase inteiramente correta é:

(A) Não falta à perspectiva adotada pelo autor o subjetivismo de quem se apega àquelas razões que a ciência não considera.

(B) Os homens desconheciam, à princípio, que o sol constituía o centro do nosso sistema, que cabia à essa estrela a primazia de protagonista.

(C) Na Antiguidade, àqueles astrônomos e teólogos que consideravam a Terra como o centro do universo não se oferecia à menor contestação.

(D) Sempre coube a grande poesia, como no caso da de Fernando Pessoa, celebrar às visões totalizadoras do nosso planeta.

(E) Uma à uma, as teorias da astrofísica vão atualizando os conhecimentos que se destinam à descrever o funcionamento do universo.

A: o verbo regente *faltar* exige preposição *a*. A palavra *perspectiva* aceita o artigo *a*. Ocorre a crase; o verbo regente *apegar-se* exige preposição *a*. O pronome demonstrativo *aquela* permite que a crase ocorra. A assertiva A é a correta; **B:** a crase não ocorre diante de palavra masculina: "a princípio"; **C:** o verbo regente *oferecer* é bitransitivo e exige preposição *a*. O pronome demonstrativo *aqueles* permite que a crase ocorra: "não se oferecia àqueles astrônomos [*objeto indireto*] a menor contestação [*objeto direto*]; **D:** o verbo regente *caber* exige preposição *a*. A palavra *poesia* aceita o artigo *a*. Ocorre a crase; o verbo *celebrar* é transitivo direto. Não ocorre a crase: "celebrar as visões"; **E:** não ocorre a crase diante de numeral: "Uma a uma"; não ocorre a crase antes de verbo: "que se destinam a descrever".

Gabarito "A"

(Analista – TRF/3ª – 2007 – FCC) É preciso suprimir um ou mais sinais de crase em:

(A) À falta de coisa melhor para fazer, muita gente assiste à televisão sem sequer atentar para o que está vendo.
(B) Cabe à juventude de hoje dedicar-se à substituição dos apelos do mercado por impulsos que, em sua verdade natural, façam jus à capacidade humana de sonhar.
(C) Os sonhos não se adquirem à vista: custa tempo para se elaborar dentro de nós a matéria de que são feitos, às vezes à revelia de nós mesmos.
(D) Compreenda-se quem aspira à estabilidade de um emprego, mas prestem-se todas as homenagens àquele que cultiva seus sonhos.
(E) Quem acha que agracia à juventude de hoje com elogios ao seu pragmatismo não está à salvo de ser o responsável pela frustração de toda uma geração.

O verbo *agraciar* é transitivo direto ("agracia a juventude"). O sintagma "a juventude" é o objeto direto. Não ocorre a crase. Em "não está a salvo" não ocorre crase diante de palavra masculina.

Gabarito "E"

(Analista – TRF/4ª – 2007 – FCC) Quanto à observância da necessidade do sinal de crase, a frase inteiramente correta é:

(A) Voltam-me à memória os romances a que me dediquei como jovem leitor, bem como os filmes a que assisti com tanto prazer.
(B) Se à princípio os jovens demonstram pouco interesse pelas ficções, o contínuo estímulo a elas pode reverter esse quadro.
(C) Quem se entrega à boa leitura pode avaliar sua inestimável contribuição à uma vida interior mais rica e mais profunda.
(D) Ao se referir à ficção de "O Caçador de Pipas", o autor tomou-a como exemplo essencial a argumentação que desenvolvia.
(E) Os que se dedicam à cultivar a boa literatura sabem o quanto é difícil dotar as palavras de um sentido verdadeiramente essencial.

A: o verbo regente *voltar-se* exige a preposição *a*; o verbo regente *dedicar-se* exige a preposição *a*; o verbo regente *assistir* exige a preposição *a*; **B:** "a princípio": não ocorre a crase antes de palavra masculina; **C:** "se entrega à boa leitura": o verbo regente *entregar-se* exige a preposição *a*. A palavra regida *leitura* aceita o artigo feminino. Ocorre a crase; "contribuição a uma vida": a palavra regente *contribuição* exige a preposição *a*. A palavra regida *vida* está determinada por um artigo indefinido. Não ocorre a crase; **D:** "se referir À ficção": o verbo regente *referir-se* exige a preposição *a*. A palavra regida *ficção* aceita o artigo feminino. Ocorre a crase; "essencial à argumentação": o vocábulo regente *essencial* exige a preposição *a*. A palavra regida *argumentação* aceita artigo definido feminino. Ocorre a crase; **E:** "se dedicam a [*preposição*] cultivar": não ocorre crase antes de verbo.

Gabarito "A"

(Auditor Fiscal/São Paulo-SP – 2007 – FCC) NÃO se justificam as ocorrências do sinal de crase em:

(A) Não me reporto à impunidade de um caso particular, mas àquela que se generaliza e dissemina a descrença na justiça dos homens.
(B) É difícil admitir que vivem à solta tantos delinquentes, sobretudo quando se sabe que pessoas inocentes são levadas à barra dos tribunais.
(C) O autor do texto faz menção à uma série de princípios de interdição, à qual teria proveniência na vontade divina.
(D) Assiste-se hoje à multiplicação de casos de impunidade, à descabida proliferação de maus exemplos de conduta social.
(E) Quem dá crédito à ação da justiça não pode deixar de trabalhar para que não se furtem às sanções os mais poderosos.

A crase ocorre quando há a possibilidade da contração entre a preposição *a* e o artigo definido *a* ou o pronome demonstrativo feminino *aquela*. Em "O autor do texto faz menção a [preposição] uma série de princípios de interdição, na qual teria proveniência na vontade divina." não há verbo regente que exija a preposição *a*.

Gabarito "C"

9. CONJUNÇÃO

Atenção: Considere o texto abaixo para responder às questões seguintes.

Muito antes das discussões atuais sobre as mudanças climáticas, os cataclismos naturais despertam interesse no homem. Os desastres são um capítulo trágico da história da humanidade desde tempos longínquos. Supostas inundações catastróficas aparecem em relatos de várias culturas ao longo dos tempos, desde os antigos mesopotâmicos e gregos até os maias e os vikings.

Fora da rota dos grandes furacões, sem vulcões ativos e desprovido de zonas habitadas sujeitas a terremotos, o Brasil não figura entre os países mais suscetíveis a desastres naturais. Contudo, a aparência de lugar protegido dos humores do clima e dos solavancos da geologia deve ser relativizada. Aqui, cerca de 85% dos desastres são causados por três tipos de ocorrências: inundações bruscas, deslizamentos de terra e secas prolongadas. Esses fenômenos são relativamente recorrentes em zonas tropicais, e seus efeitos podem ser atenuados por políticas públicas de redução de danos.

Dois estudos feitos por pesquisadores brasileiros indicam que o risco de ocorrência desses três tipos de desastre deverá aumentar até o final do século. Eles também sinalizam que novos pontos do território nacional deverão se transformar em áreas de risco significativo para esses mesmos problemas. "Os impactos tendem a ser maiores no futuro, com as mudanças climáticas, o crescimento das cidades e a ocupação de mais áreas de risco", comenta o pesquisador José A. Marengo.

Além da suscetibilidade natural a secas, enchentes, deslizamentos e outros desastres, a ação do homem tem um peso considerável em transformar o que poderia ser um problema de menor monta em uma catástrofe. Os pesquisadores estimam que um terço do impacto dos deslizamentos de terra e metade dos estragos de inundações poderiam ser evitados com alterações de práticas humanas ligadas à ocupação do solo e a melhorias nas condições socioeconômicas da população em áreas de risco.

Moradias precárias em lugares inadequados, perto de encostas ou em pontos de alagamento, cidades superpopulosas e impermeabilizadas, que não escoam a água da chuva; esses fatores da cultura humana podem influenciar o desfecho de uma situação de risco. "Até hábitos cotidianos, como não jogar lixo na rua, e o nível de solidariedade de uma população podem ao menos mitigar os impactos de um desastre", pondera a geógrafa Lucí Hidalgo Nunes.

(Adaptado de PIVETTA, Marcos. Disponível em: **http://revistapesquisa.fapesp.br**)

(Técnico Judiciário – TRT11 – FCC – 2017) *Contudo, a aparência de lugar protegido dos humores do clima e dos solavancos da geologia deve ser relativizada.* (2º parágrafo).
Considerado o contexto, o elemento sublinhado na frase acima introduz uma

(A) ressalva.
(B) consequência.
(C) causa.
(D) explicação.
(E) condição.

"Contudo" é conjunção adversativa, sinônimo de "mas", "porém", "todavia". Todas elas expressam a ideia de ressalva, de que se dirá a seguir algo oposto àquilo que foi dito antes. HS

Gabarito "A".

Atenção: Considere o texto abaixo para responder às questões abaixo.

Freud uma vez recebeu carta de um conhecido pedindo conselhos diante de uma escolha importante da vida. A resposta é surpreendente: para as decisões pouco importantes, disse ele, vale a pena pensar bem. Quanto às grandes escolhas da vida, você terá menos chance de errar se escolher por impulso.

A sugestão parece imprudente, mas Freud sabia que as razões que mais pesam nas grandes escolhas são inconscientes, e o impulso obedece a essas razões. Claro que Freud não se referia às vontades impulsivas proibidas. Falava das decisões tomadas de "cabeça fria", mas que determinam o rumo de nossas vidas. No caso das escolhas profissionais, as motivações inconscientes são decisivas. Elas determinam não só a escolha mais "acertada", do ponto de vista da compatibilidade com a profissão, como são também responsáveis por aquilo que chamamos de talento. Isso se decide na infância, por mecanismos que chamamos de identificações. Toda criança leva na bagagem alguns traços da personalidade dos pais. Parece um processo de imitação, mas não é: os caminhos das identificações acompanham muito mais os desejos não realizados dos pais do que aqueles que eles seguiram na vida.

Junto com as identificações formam-se os ideais. A escolha profissional tem muito a ver com o campo de ideais que a pessoa valoriza. Dificilmente alguém consegue se entregar profissionalmente a uma prática que não represente os valores em que ela acredita.

Tudo isso está relacionado, é claro, com a almejada satisfação na vida profissional. Mas não vamos nos iludir. Satisfação no trabalho não significa necessariamente prazer em trabalhar. Grande parte das pessoas não trabalharia se não fosse necessário. O trabalho não é fonte de prazer, é fonte de sentido. Ele nos ajuda a dar sentido à vida. Só que o sentido da vida profissional não vem pronto: ele é o efeito, e não a premissa, dos anos de prática de uma profissão. Na contemporaneidade, em que se acredita em prazeres instantâneos, resultados imediatos e felicidade instantânea, é bom lembrar que a construção de sentido requer tempo e persistência. Por outro lado, quando uma escolha não faz sentido o sujeito percebe rapidamente.

(Adaptado de KEHL, Maria Rita. Disponível em: rae.fgv.br / sites/rae.fgv.br/files/artigos)

(Técnico Judiciário – TRT11 – FCC – 2017) *Só que o sentido da vida profissional não vem pronto...* (4º parágrafo)

Considerado o contexto e fazendo-se as devidas alterações na pontuação da frase acima, o segmento sublinhado pode ser substituído por:

(A) Porém
(B) Embora
(C) Porquanto
(D) Já que
(E) Mesmo que

A locução conjuntiva "só que" tem valor adversativo, ou seja, é sinônima de "mas", "porém", "contudo", "todavia", "entretanto". HS

Gabarito "A".

(Técnico Judiciário – TRT11 – FCC – 2017) *A escolha profissional tem muito a ver com o campo de ideais que a pessoa valoriza. Dificilmente alguém consegue se entregar profissionalmente a uma prática que não represente os valores em que ela acredita.* (3º parágrafo)

Consideradas as relações de sentido, as duas frases acima podem ser articuladas em um único período, fazendo-se as devidas alterações na pontuação e entre minúscula e maiúscula, com o uso, no início, de:

(A) Apesar de
(B) Na medida em que
(C) Em contrapartida
(D) Conquanto
(E) Em detrimento de

Os períodos se articulam como uma relação de causa e consequência, de forma que a conjunção deve transmitir esse mesmo valor (causal). Dentre as opções, a única que tem essa função é "na medida em que", sinônima de "porque", "tendo em vista que". HS

Gabarito "B".

(Analista – TRT/1ª – 2012 – FCC) Por falta de preparo linguístico não sabia como atender a seu pedido.

Caso se dê uma nova redação à frase acima, iniciando-se por Não sabia como atender a seu pedido, a complementação que não traz prejuízo para o sentido e a correção é:

(A) mesmo porque não teria preparo linguístico.
(B) haja visto minha despreparação linguística.

(C) tendo em mira minha despreparação linguística.

(D) em razão de meu despreparo linguístico.

(E) não obstante meu despreparo na linguística.

A preposição "por" no trecho original expõe a relação de explicação entre as orações (a falta de preparo linguístico é a razão de não saber como agir). Dentre todas as locuções conjuntivas apresentadas nas alternativas, a única que introduz o mesmo valor é "em razão de". As locuções "mesmo porque" e "não obstante" têm valor concessivo; já "haja visto" tem valor causal e "tendo em mira", final.

Gabarito "D"

O mito napoleônico baseia-se menos nos méritos de Napoleão do que nos fatos, então sem paralelo, de sua carreira. Os homens que se tornaram conhecidos por terem abalado o mundo de forma decisiva no passado tinham começado como reis, como Alexandre, ou patrícios, como Júlio César, mas Napoleão foi o "pequeno cabo" que galgou ao comando de um continente pelo seu puro talento pessoal. Todo homem de negócios daí em diante tinha um nome para sua ambição: ser – os próprios clichês o denunciam – um "Napoleão das finanças" ou "da indústria". Todos os homens comuns ficavam excitados pela visão, então sem paralelo, de um homem comum maior do que aqueles que tinham nascido para usar coroas. Em síntese, foi a figura com que todo homem que partisse os laços com a tradição podia se identificar em seus sonhos.

Para os franceses ele foi também algo bem mais simples: o mais bem-sucedido governante de sua longa história. Triunfou gloriosamente no exterior, mas, em termos nacionais, também estabeleceu ou restabeleceu o mecanismo das instituições francesas como existem hoje. Ele trouxe estabilidade e prosperidade a todos, exceto para os 250 mil franceses que não retornaram de suas guerras, embora até mesmo para os parentes deles tivesse trazido a glória. Sem dúvida, os britânicos se viam como lutadores pela causa da liberdade contra a tirania; mas em 1815 a maioria dos ingleses era mais pobre do que o fora em 1800, enquanto a maioria dos franceses era quase certamente mais rica.

Ele destruíra apenas uma coisa: a Revolução de 1789, o sonho de igualdade, liberdade e fraternidade, do povo se erguendo na sua grandiosidade para derrubar a opressão. Este foi um mito mais poderoso do que o dele, pois, após a sua queda, foi isto e não a sua memória que inspirou as revoluções do século XIX, inclusive em seu próprio país.

(Adaptado de Eric. J. Hobsbawm. **A era das revoluções – 1789-1848.** 7ª ed. Trad. de Maria Tereza Lopes Teixeira e Marcos Penchel. Rio de Janeiro: Paz e Terra, 1989, p.93-4)

(Analista – TRT9 – 2012 – FCC) *Ele trouxe estabilidade e prosperidade a todos,* exceto *para os 250 mil franceses que não retornaram de suas guerras,* embora *até mesmo para os parentes deles tivesse trazido a glória.*

Sem prejuízo para o sentido e a correção, os elementos em destaque na frase acima podem ser substituídos, respectivamente, por:

(A) se não – apesar de

(B) a não ser – conquanto

(C) aparte – não obstante

(D) à exceção – porém

(E) afora – contanto que

O advérbio "exceto", que no trecho exerce função de conjunção, indica ressalva, exclusão. Têm a mesma natureza as expressões "senão" (junto), "a não ser", "à exceção" e "fora" (não "afora"). "Embora" tem valor concessivo e é sinônimo de "apesar de", "conquanto", "não obstante". A alternativa "B" é a única que apresenta, portanto, ambas as correlações corretas.

Gabarito "B"

(Analista – TRT/14ª – 2011 – FCC) Pode-se substituir o elemento sublinhado pelo que está negritado entre parênteses, sem prejuízo para a correção e o sentido da frase, no seguinte caso:

(A) (...) o fim é uma humanidade melhor – só variando de extremo para extremo o conceito de melhor. (a menos que varie)

(B) O fim justificaria todos os meios extremos, já que o fim é uma humanidade "melhor". (porquanto)

(C) Extrema esquerda e extrema direita se parecem não porque amam seus ideais, mas porque amam os extremos. (não obstante)

(D) Todos os fins são nobres para quem os justifica. (com aquele que)

(E) O próprio sacrifício de ovos pelo sacrifício de ovos tem uma genealogia respeitável. (extrinsecamente)

Todas as orações sofrerão alteração de sentido, exceto a B. A conjunção "já que" pode ser substituída pela equivalente explicativa "porquanto".

Gabarito "B"

DE VOLTA À ANTÁRTIDA

A Rússia planeja lançar cinco novos navios de pesquisa polar como parte de um esforço de US$ 975 milhões para reafirmar a sua presença na Antártida na próxima década. Segundo o blog Science Insider, da revista Science, um documento do governo estabelece uma agenda de prioridades para o continente gelado até 2020. A principal delas é a reconstrução de cinco estações de pesquisa na Antártida, para realizar estudos sobre mudanças climáticas, recursos pesqueiros e navegação por satélite, entre outros. A primeira expedição da extinta União Soviética à Antártida aconteceu em 1955 e, nas três décadas seguintes, a potência comunista construiu sete estações de pesquisa no continente. A Rússia herdou as estações em 1991, após o colapso da União Soviética, mas pouco conseguiu investir em pesquisa polar depois disso. O documento afirma que Moscou deve trabalhar com outras nações para preservar a "paz e a estabilidade" na Antártida, mas salienta que o país tem de se posicionar para tirar vantagem dos recursos naturais caso haja um desmembramento territorial do continente.

(**Pesquisa Fapesp**, dezembro de 2010, no 178, p. 23)

(Analista – TRE/TO – 2011 – FCC) *A principal delas é a reconstrução de cinco estações de pesquisa na Antártida,* para realizar estudos sobre mudanças climáticas, recursos pesqueiros e navegação por satélite, entre outros.

O segmento grifado na frase acima tem sentido

(A) adversativo.

(B) de consequência.

(C) de finalidade.

(D) de proporção.

(E) concessivo.

"Para realizar estudos" tem o mesmo valor que "a fim de realizar estudos. O sentido é de finalidade.

Gabarito "C"

Após a década de 1950, as palavras que dominavam as sociedades de consumo ocidentais não eram mais as de escritores seculares, mas as marcas comerciais de produtos ou do que se podia comprar. As imagens que se tornaram ícones de tais sociedades eram as das diversões e consumo de massa: astros e latas. Não surpreende que na década de 1950, no coração da democracia de consumo, a principal escola de pintores abdicasse diante de fabricantes de imagens tão mais poderosas que a arte anacrônica. A arte pop passava o tempo reproduzindo, com tanta exatidão e insensibilidade quanto possível, os badulaques do comercialismo americano: latas de sopa, bandeiras, Marilyn Monroe.

Insignificante como arte (no sentido que o século XIX deu à palavra), *essa corrente, apesar disso, reconhecia que o triunfo do mercado de massa se baseava, de modo bastante profundo, na satisfação das necessidades tanto espirituais quanto materiais dos consumidores, fato do qual as agências de publicidade há muito tinham consciência quando destinavam suas campanhas a vender não o sabonete, mas o sonho de beleza, não as latas de sopa, mas a felicidade familiar. O que se tornou cada vez mais claro foi que isso tinha o que se podia chamar de uma dimensão estética, uma criatividade de base, ocasionalmente ativa mas sobretudo passiva, que os produtores tinham de competir para oferecer. Como dizia o populismo partilhado pelo mercado, o importante não era distinguir entre bom e ruim, elaborado e simples, mas no máximo entre o que atraía mais ou menos pessoas. Isso não deixava muito espaço para o clássico conceito das artes.*

(Adaptado de Eric Hobsbawm. **Era dos Extremos**. Trad. Marcos Santarrita. São Paulo, Cia. das Letras, 2006, p. 496)

(TRT/23ª – 2011 – FCC) ...essa corrente, apesar disso, reconhecia que... (2º parágrafo)

O termo grifado na frase acima poderia ser substituído, sem prejuízo para o sentido e a correção da frase, por:

(A) consequentemente.

(B) desse modo.

(C) no entanto.

(D) embora.

(E) portanto.

A conjunção adversativa "apesar disso" pode ser substituída por outra correspondente, como "no entanto". **A:** "consequentemente" um advérbio e corresponde a "por conseguinte"; **B:** "desse modo" é uma conjunção coordenativa conclusiva; **C:** "no entanto" é um conjunção coordenativa adversativa; **D:** "embora" é um conjunção subordinativa concessiva; **E:** "portanto" é uma conjunção coordenativa conclusiva.

Gabarito "C"

(TRT/22ª – 2010 – FCC) Preocupada com a ameaça de repetição da crise alimentar que provocou conflitos em várias partes do mundo em 2008, a Organização das Nações Unidas para Alimentação e Agricultura (FAO) convocou uma reunião de emergência,em Roma.

Entre as informações presentes na afirmativa inicial do texto há relação, respectivamente, de

(A) finalidade e conclusão.

(B) tempo e consequência.

(C) explicação e finalidade.

(D) causa e consequência.

(E) tempo e conclusão.

Em "Preocupada com a ameaça de repetição da crise" temos um oração subordinada adverbial causal reduzida de particípio ("preocupada"). Se desenvolvermos essa oração, teríamos "A FAO convocou uma reunião de emergência, em Roma, porque estava preocupada com a ameaça". O pronome "que" em "crise alimentar que provocou conflitos", indica consequência. "Primeiro veio a crise alimentar, depois, por consequência, os conflitos surgiram. Foram provocados pela crise."

Gabarito "D"

(Analista – TRT/2ª – 2008 – FCC) Na frase *Se ficou notório* apesar de ser tímido, *talvez estivesse se enganando junto com os outros* (...), o segmento sublinhado pode ser substituído, sem prejuízo para o sentido e a correção, por:

(A) tendo em vista a timidez.

(B) não obstante a timidez.

(C) em razão da timidez.

(D) inclusive a timidez.

(E) conquanto a timidez.

Ao se substituir uma conjunção adversativa *apesar de* por outra (*não obstante*), a ideia de contraste é mantida.

Gabarito "B"

(Analista – TRT/18ª – 2008 – FCC) Pensador consequente, a Cícero não importavam as questões secundárias; interessavam-lhe os valores essenciais da conduta humana.

O sentido da frase acima permanecerá inalterado caso ela seja introduzida por:

(A) Conquanto fosse.

(B) Muito embora sendo.

(C) Ainda quando fosse.

(D) Por ter sido.

(E) Mesmo que tenha sido.

O sentido da frase permanecerá inalterado caso seja introduzida a locução conjuntiva "por te sido", que tem valor explicativo. As locuções das outras alternativas têm valor concessivo.

Gabarito "D"

O segredo da acumulação primitiva neoliberal

Numa coluna publicada na Folha de São Paulo, o jornalista Elio Gaspari evocava o drama recente de um navio de crianças escravas errando ao largo da costa do Benin. Ao ler o texto – que era inspirado -, o navio tornava-se uma metáfora de toda a África subsaariana: ilha à deriva, mistura de leprosário com campo de extermínio e reserva de mão de obra para migrações desesperadas.

Elio Gaspari propunha um termo para designar esse povo móvel e desesperado: "os cidadãos descartáveis".

"Massas de homens e mulheres são arrancados de seus meios de subsistência e jogados no mercado de trabalho como proletários livres, desprotegidos e sem direitos." São palavras de Marx, quando ele descreve a "acumulação primitiva", ou seja, o processo que, no século XVI, criou as condições necessárias ao surgimento do capitalismo.

Para que ganhássemos nosso mundo moderno, foi necessário, por exemplo, que os servos feudais fossem, à força, expropriados do pedacinho de terra que podiam cultivar para sustentar-se. Massas inteiras se encontraram, assim, paradoxalmente livres da servidão, mas obrigadas a vender seu trabalho para sobreviver.

Quatro ou cinco séculos mais tarde, essa violência não deveria ter acabado? Ao que parece, o século XX pediu uma espécie de segunda rodada, um ajuste: a criação de sujeitos descartáveis globais para um capitalismo enfim global.

Simples continuação ou repetição? Talvez haja uma diferença – pequena, mas substancial – entre as massas do século XVI e os migrantes da globalização: as primeiras foram arrancadas de seus meios de subsistência, os segundos são expropriados de seu lugar pela violência da fome, por exemplo, mas quase sempre eles recebem em troca um devaneio. O protótipo poderia ser o prospecto que, um século atrás, seduzia os emigrantes europeus: sonhos de posse, de bem-estar e de ascensão social.

As condições para que o capitalismo invente sua versão neoliberal são subjetivas. A expropriação que torna essa passagem possível é psicológica: necessita que sejamos arrancados nem tanto de nossos meios de subsistência, mas de nossa comunidade restrita, familiar e social, para sermos lançados numa procura infinita de status (e, hipoteticamente, de bem-estar) definido pelo acesso a bens e serviços. Arrancados de nós mesmos, deveremos querer ardentemente ser algo além do que somos.

Depois da liberdade de vender nossa força de trabalho, a "acumulação primitiva" do neoliberalismo nos oferece a liberdade de mudar e subir na vida, ou seja, de cultivar visões, sonhos e devaneios de aventura e sucesso. E, desde o prospecto do emigrante, a oferta vem se aprimorando. A partir dos anos 60, a televisão forneceu os sonhos para que o campo não só devesse, mas quisesse, ir para a cidade.

O requisito para que a máquina neoliberal funcione é mais refinado do que a venda dos mesmos sabonetes ou filmes para todos. Trata-se de alimentar um sonho infinito de perfectibilidade e, portanto, uma insatisfação radical. Não é pouca coisa: é necessário promover e vender objetos e serviços por eles serem indispensáveis para alcançarmos nossos ideais de status, de bem-estar e de felicidade, mas, ao mesmo tempo, é preciso que toda satisfação conclusiva permaneça impossível.

Para fomentar o sujeito neoliberal, o que importa não é lhe vender mais uma roupa, uma cortina ou uma lipoaspiração; é alimentar nele sonhos de elegância perfeita, casa perfeita e corpo perfeito. Pois esses sonhos perpetuam o sentimento de nossa inadequação e garantem, assim, que ele seja parte inalterável, definidora, da personalidade contemporânea.

Provavelmente seria uma catástrofe se pudéssemos, de repente, acalmar nossa insatisfação. Aconteceria uma queda total do índice de confiança dos consumidores. Bolsas e economias iriam para o brejo. Desemprego, crise, etc.

Melhor deixar como está. No entanto, a coisa não fica bem. Do meu pequeno observatório psicanalítico, parece que o permanente sentimento de inadequação faz do sujeito neoliberal uma espécie de sonhador descartável, que corre atrás da miragem de sua felicidade como um trem descontrolado, sem condutor, acelerando progressivamente por inércia – até que os trilhos não aguentem mais.

(Contardo Calligaris, **Terra de ninguém**. São Paulo: **Publifolha**, 2002)

Nota: O autor desse texto, Contardo Calligaris, é psicanalista e foi professor de estudos culturais na New School de Nova York. Faz parte do corpo docente do Institute for the Study of Violence, em Boston. É também colunista da Folha de S. Paulo.

Atenção: A questão a seguir baseia-se no texto apresentado abaixo.

Nas formas de vida coletiva podem assinalar-se dois princípios que se combatem de morte e regulam diversamente as atividades dos homens. Esses dois princípios encarnam-se nos tipos do aventureiro e do trabalhador. Já nas sociedades rudimentares manifestam-se eles, segundo sua predominância, na distinção fundamental entre os povos caçadores ou coletores e os povos lavradores. Para uns, o objeto final, a mira de todo esforço, o ponto de chegada, assume relevância tão capital, que chega a dispensar, por secundários, quase supérfluos, todos os processos intermediários. Seu ideal será colher o fruto sem plantar a árvore.

Esse tipo humano ignora as fronteiras. No mundo tudo se apresenta a ele em generosa amplitude e onde quer que se erija um obstáculo a seus propósitos ambiciosos, sabe transformar esse obstáculo em trampolim. Vive dos espaços ilimitados, dos projetos vastos, dos horizontes distantes.

O trabalhador, ao contrário, é aquele que enxerga primeiro a dificuldade a vencer, não o triunfo a alcançar. O esforço lento, pouco compensador e persistente que, no entanto, mede todas as possibilidades de esperdício e sabe tirar o máximo proveito do insignificante, tem sentido bem nítido para ele. Seu campo visual é naturalmente restrito. A parte maior que o todo.

Existe uma ética do trabalho, como existe uma ética da aventura. Assim, o indivíduo do tipo trabalhador só atribuirá valor moral positivo às ações que sente ânimo de praticar e, inversamente, terá por imorais e detestáveis as qualidades próprias do aventureiro - audácia, imprevidência, irresponsabilidade, instabilidade, vagabundagem -, tudo, enfim, quanto se relacione com a concepção espaçosa do mundo, característica desse tipo.

Por outro lado, as energias e esforços que se dirigem a uma recompensa imediata são enaltecidos pelos aventureiros; as energias que visam estabilidade, paz, segurança pessoal e os esforços sem perspectiva de rápido proveito material passam, ao contrário, por viciosos e desprezíveis para eles. Nada lhes parece mais estúpido e mesquinho do que o ideal do trabalhador.

Entre esses dois tipos não há, em verdade, tanto uma oposição absoluta como uma incompreensão radical. Ambos participam, em maior ou menor grau, de múltiplas combinações e é claro que, em estado puro, nem o aventureiro, nem o trabalhador, possuem existência real fora do mundo das ideias. Mas também não há dúvida que os dois conceitos nos ajudam a situar e a melhor ordenar nosso conhecimento dos homens e dos conjuntos sociais. E é precisamente nessa extensão superindividual que eles assumem importância inestimável para o estudo da formação e evolução das sociedades.

Na obra da conquista e da colonização dos novos mundos coube ao espírito do trabalho, no sentido aqui compreendido, papel muito limitado, quase nulo. A época predispunha aos gestos e façanhas audaciosos, galardoando bem os homens de grandes voos. E não foi fortuita a circunstância de se terem encontrado neste continente, empenhadas nessa obra, principalmente as nações onde o tipo do trabalhador, tal como acaba de ser discriminado, encontrou ambiente menos propício.

(Sérgio Buarque de Holanda. **Raízes do Brasil**. 2ª ed. Rio de Janeiro: José Olympio, 1948, p. 36-39.)

(Técnico Legislativo – Câmara dos Deputados – 2007 – FCC) **Assim**, o indivíduo do tipo trabalhador só atribuirá valor moral positivo às ações... (4º parágrafo)

O vocábulo grifado acima introduz no contexto a noção de ...... e equivale a ....

As lacunas da frase estarão corretamente preenchidas, respectivamente, por:

(A) ressalva - Contudo

(B) explicação - Desse modo

(C) condição - Conquanto

(D) temporalidade - Enquanto isso

(E) proporcionalidade – Entretanto

A conjunção "assim" tem valor explicativo e pode ser substituída sem nenhuma alteração semântica por desse modo.

Gabarito "B"

10. ORAÇÃO SUBORDINADA

Atenção: Considere o texto abaixo para responder às questões abaixo.

Freud uma vez recebeu carta de um conhecido pedindo conselhos diante de uma escolha importante da vida. A resposta é surpreendente: para as decisões pouco importantes, disse ele, vale a pena pensar bem. Quanto às grandes escolhas da vida, você terá menos chance de errar se escolher por impulso.

A sugestão parece imprudente, mas Freud sabia que as razões que mais pesam nas grandes escolhas são inconscientes, e o impulso obedece a essas razões. Claro que Freud não se referia às vontades impulsivas proibidas. Falava das decisões tomadas de "cabeça fria", mas que determinam o rumo de nossas vidas. No caso das escolhas profissionais, as motivações inconscientes são decisivas. Elas determinam não só a escolha mais "acertada", do ponto de vista da compatibilidade com a profissão, como são também responsáveis por aquilo que chamamos de talento. Isso se decide na infância, por mecanismos que chamamos de identificações. Toda criança leva na bagagem alguns traços da personalidade dos pais. Parece um processo de imitação, mas não é: os caminhos das identificações acompanham muito mais os desejos não realizados dos pais do que aqueles que eles seguiram na vida.

Junto com as identificações formam-se os ideais. A escolha profissional tem muito a ver com o campo de ideais que a pessoa valoriza. Dificilmente alguém consegue se entregar profissionalmente a uma prática que não represente os valores em que ela acredita.

Tudo isso está relacionado, é claro, com a almejada satisfação na vida profissional. Mas não vamos nos iludir. Satisfação no trabalho não significa necessariamente prazer em trabalhar. Grande parte das pessoas não trabalharia se não fosse necessário. O trabalho não é fonte de prazer, é fonte de sentido. Ele nos ajuda a dar sentido à vida. Só que o sentido da vida profissional não vem pronto: ele é o efeito, e não a premissa, dos anos de prática de uma profissão. Na contemporaneidade, em que se acredita em prazeres instantâneos, resultados imediatos e felicidade instantânea, é bom lembrar que a construção de sentido requer tempo e persistência. Por outro lado, quando uma escolha não faz sentido o sujeito percebe rapidamente.

(Adaptado de KEHL, Maria Rita. Disponível em: rae.fgv.br / sites/rae.fgv.br/files/artigos)

(Técnico Judiciário – TRT11 – FCC – 2017) *Freud uma vez recebeu carta de um conhecido pedindo conselhos...*

Sem prejuízo da correção e do sentido, o elemento sublinhado acima pode ser substituído por:

(A) através de que se pedia

(B) que lhe pedia

(C) da qual pedia-lhe

(D) onde pedia-se

(E) em que se pedia

A oração destacada classifica-se como oração reduzida de gerúndio e pode ser estendida como "que lhe pedia" – note que a conjunção "que" é a única que não altera o sentido original do texto e respeita as normas gramaticais. HS

Gabarito "B"

Atenção: Considere o texto abaixo para responder às questões abaixo.

Aspectos Culturais de Mato Grosso do Sul

A cultura de Mato Grosso do Sul é o conjunto de manifestações artístico-culturais desenvolvidas pela população sul-mato-grossense muito influenciada pela cultura paraguaia. Essa cultura estadual retrata, também, uma mistura de várias outras contribuições das muitas migrações ocorridas em seu território.

O artesanato, uma das mais ricas expressões culturais de um povo, no Mato Grosso do Sul, evidencia crenças, hábitos, tradições e demais referências culturais do Estado. É produzido com matérias primas da própria região e manifesta a criatividade e a identidade do povo sul-mato-grossense por meio de trabalhos em madeira, cerâmica, fibras, osso, chifre, sementes, etc.

As peças em geral trazem à tona temas referentes ao Pantanal e às populações indígenas, são feitas nas cores da paisagem regional e, além da fauna e da flora, podem retratar tipos humanos e costumes da região.

(Adaptado de: CANTU, Gilberto. Disponível em: http://profgMbertocantu.blogspot.com.br/2013/08/aspectos--culturais-de-mato-grosso-do- sul.html)

(Técnico Judiciário – TRT24 – FCC – 2017) *O artesanato, **uma das mais ricas expressões culturais de um povo**, no Mato Grosso do Sul, evidencia crenças, hábitos, tradições e demais referências culturais do Estado.* (2º parágrafo)

No contexto, o trecho destacado veicula a ideia de

(A) explicação.
(B) proporção.
(C) concessão.
(D) finalidade.
(E) conclusão.

O trecho destacado exerce função sintática de aposto, elemento que explica outro anterior. HS

Gabarito "A"

(Técnico Legislativo – Câmara dos Deputados – 2007 – FCC) Ninguém, em sã consciência, negará o fato.

A computação e a conectividade estarão a cada dia mais presentes na educação.

Acredita-se que a tecnologia fornece novas janelas potenciais para a aprendizagem e o desenvolvimento do indivíduo.

Será necessário viabilizar projetos de inclusão digital nas escolas.

O processo de coesão entre as frases acima, articulando--as corretamente em um único período, deverá ocorrer da seguinte maneira:

(A) Ninguém, em sã consciência, negará o fato onde a computação e a conectividade estarao a cada dia mais presentes na educação, à proporção que se acredita de que a tecnologia fornece novas janelas potenciais para a aprendizagem e o desenvolvimento do indivíduo, será necessário viabilizar projetos de inclusão digital nas escolas.

(B) Ninguém, em sã consciência, negará o fato que a computação e a conectividade estarão a cada dia mais presentes na educação, enquanto que se acredita que a tecnologia fornece novas janelas potenciais para a aprendizagem e o desenvolvimento do indivíduo, onde será necessário viabilizar projetos de inclusão digital nas escolas.

(C) Ninguém, em sã consciência, negará o fato, o qual a computação e a conectividade estarão a cada dia mais presentes na educação caso se acredita-se que a tecnologia fornece novas janelas potenciais para a aprendizagem e o desenvolvimento do indivíduo, sendo que será necessário viabilizar projetos de inclusão digital nas escolas.

(D) Ninguém, em sã consciência, negará o fato de que a computação e a conectividade estarão a cada dia mais presentes na educação e, se se acredita que a tecnologia fornece novas janelas potenciais para a aprendizagem e o desenvolvimento do indivíduo, será necessário viabilizar projetos de inclusão digital nas escolas.

(E) Ninguém, em sã consciência, negará o fato que a computação e a conectividade estarão a cada dia mais presentes na educação, já que se acredita-se que a tecnologia fornece novas janelas potenciais para a aprendizagem e o desenvolvimento do indivíduo, onde será necessário viabilizar projetos de inclusão digital nas escolas.

O segundo período é introduzido pela conjunção integrante que; o terceiro período é introduzido pela conjunção condicional se, estabelecendo uma condição necessária para viabilizar os projetos de inclusão digital.

Gabarito "D"

11. INTERPRETAÇÃO DE TEXTOS

Atenção: Para responder às questões abaixo, considere o texto abaixo.

Centro de Memória Eleitoral - CEMEL

O Centro de Memória Eleitoral do TRE-SP foi criado em agosto de 1999 e tem por objetivo a execução de ações que possibilitem cultivar e difundir a memória político--eleitoral como instrumento eficaz do aprofundamento e alargamento da consciência de cidadania, em prol do aperfeiçoamento do regime democrático brasileiro.

Seu acervo reúne títulos eleitorais desde a época do Império, urnas de votação (de madeira, de lona e eletrônicas), *quadros, fotografias e material audiovisual, entre outros itens.*

A realização de exposições temáticas, o lançamento de livros, a realização de palestras, além de visitas escolares monitoradas na sede do tribunal e o desenvolvimento de um projeto de história oral, são algumas das iniciativas do CEMEL.

(Disponível em: **www.tre-sp.jus.br**)

(Técnico Judiciário TRE/SP FCC 2017) Da leitura do texto, compreende-se que

(A) a preservação da memória político-eleitoral consiste em resgatar o regime imperialista.
(B) o acervo do CEMEL preserva um material tão antigo que antecede a época do Império.
(C) a consciência de cidadania é condição necessária para a consolidação da democracia.
(D) o estudo da história é garantia do estabelecimento de um governo pautado pela cidadania.
(E) a meta do CEMEL é assegurar o arquivamento sigiloso da documentação da justiça eleitoral.

A: incorreta. O período imperial é mencionado apenas como ilustração do acervo do museu; **B:** incorreta. Isso não se pode depreender do texto, porque ele menciona como exemplo historicamente mais antigo documento da época do Império; **C:** correta. Essa é a ideia central do primeiro parágrafo do texto; **D:** incorreta. Isso não se pode depreender do texto, que tem caráter fortemente informativo, sem qualquer opinião pessoal do autor; **E:** incorreta. Ao contrário, a ideia é tornar pública toda a história eleitoral brasileira. HS

Gabarito "C"

Atenção: Para responder às questões abaixo, considere o texto abaixo.

As crianças de hoje estão crescendo numa nova realidade, na qual estão conectadas mais a máquinas e menos a pessoas, de uma maneira que jamais aconteceu na história da humanidade. A nova safra de nativos do mundo digital pode ser muito hábil nos teclados, mas encontra dificuldades quando se trata de interpretar comportamentos alheios frente a frente, em tempo real.

Um estudante universitário observa a solidão e o isolamento que acompanham uma vida reclusa ao mundo virtual de atualizações de status e "postagens de fotos do meu jantar". Ele lembra que seus colegas estão perdendo a habilidade de manter uma conversa, sem falar nas discussões profundas, capazes de enriquecer os anos de universidade. E acrescenta: "Nenhum aniversário, show, encontro ou festa pode ser desfrutado sem que você se distancie do que está fazendo", para que aqueles no seu mundo virtual saibam instantaneamente como está se divertindo.

De algumas maneiras, as intermináveis horas que os jovens passam olhando fixamente para aparelhos eletrônicos podem ajudá-los a adquirir habilidades cognitivas específicas. Mas há preocupações e questões sobre como essas mesmas horas podem levar a déficits de habilidades emocionais, sociais e cognitivas essenciais.

(Adaptado de: GOLEMAN, Daniel. **Foco**: a atenção e seu papel fundamental para o sucesso. Trad. Cássia Zanon. Rio de Janeiro, Objetiva, 2013, p. 29-30)

(Técnico Judiciário – TRE/SP – FCC – 2017) Na opinião do autor,

(A) a constante conexão às máquinas não tem o potencial de contribuir para o desenvolvimento intelectual dos jovens.
(B) a atenção exagerada que se dá aos meios virtuais tem como efeito o surgimento de problemas na interação social.
(C) a superficialidade das conversas travadas nas redes sociais é fruto da redução gradual de eventos coletivos.
(D) o isolamento em um mundo virtual se torna preocupante quando o jovem deixa de frequentar eventos sociais.
(E) o ambiente virtual tornou-se mais atraente ao jovem na medida em que este se viu inábil para lidar com conflitos reais.

A: incorreta. O autor afirma que há habilidades específicas nas quais os nativos virtuais têm maior rendimento, como o uso dos teclados e "habilidades cognitivas específicas"; **B:** correta. Esta é a ideia central do primeiro parágrafo do texto e o permeia até o fim; **C:** incorreta. Segundo o autor, é fruto do abuso da vivência no mundo virtual em detrimento das relações sociais reais; **D:** incorreta. Isso não pode ser depreendido do texto. Até porque, dele consta que os jovens participam de eventos sociais, porém não o aproveitam integralmente porque precisam publicar no mundo virtual imediatamente como estão se divertindo; **E:** incorreta. A relação de causa e consequência está errada. A preferência pelo ambiente virtual é natural desta geração e isso causa uma crescente inabilidade de se relacionar no mundo real, segundo o autor. HS

Gabarito "B".

(Técnico Judiciário – TRE/SP – FCC – 2017) Uma frase redigida em conformidade com as informações do texto é:

(A) De tanto que tem dificuldade em interpretar as pessoas face a face, o nativo digital é hábil nos teclados.
(B) A despeito de ser hábil nos teclados, o nativo digital tem dificuldade em interpretar as pessoas face a face.
(C) Diante da dificuldade em interpretar as pessoas face a face, o nativo digital, portanto, é hábil nos teclados.
(D) O nativo digital tem dificuldade em interpretar as pessoas face a face, em virtude de ser hábil nos teclados.
(E) À presunção de ser hábil nos teclados, o nativo digital tem dificuldade em interpretar as pessoas face a face.

A única alternativa que traduz com precisão uma das principais ideias do texto é a letra "B", que deve ser assinalada. Em todas as demais, as conjunções utilizadas alteram o sentido original. HS

Gabarito "B".

Atenção: Considere o texto abaixo para responder às questões abaixo.

Aspectos Culturais de Mato Grosso do Sul

A cultura de Mato Grosso do Sul é o conjunto de manifestações artístico-culturais desenvolvidas pela população sul-mato-grossense muito influenciada pela cultura paraguaia. Essa cultura estadual retrata, também, uma mistura de várias outras contribuições das muitas migrações ocorridas em seu território.

O artesanato, uma das mais ricas expressões culturais de um povo, no Mato Grosso do Sul, evidencia crenças, hábitos, tradições e demais referências culturais do Estado. É produzido com matérias primas da própria região e manifesta a criatividade e a identidade do povo sul-mato-grossense por meio de trabalhos em madeira, cerâmica, fibras, osso, chifre, sementes, etc.

As peças em geral trazem à tona temas referentes ao Pantanal e às populações indígenas, são feitas nas cores da paisagem regional e, além da fauna e da flora, podem retratar tipos humanos e costumes da região.

(Adaptado de: CANTU, Gilberto. Disponível em: **http://profgMbertocantu.blogspot.com.br/2013/08/aspectos-culturais-de-mato-grosso-do- sul.html**)

(Técnico Judiciário – TRT24 – FCC – 2017) Depreende-se corretamente do texto que a cultura de Mato Grosso do Sul é

(A) formada principalmente pela influência da cultura de vários povos migrantes e também pela influência secundária da cultura paraguaia.
(B) formada não apenas pela influência da cultura paraguaia, mas também pela influência da cultura dos povos que migraram para essa região.
(C) muito influenciada pela cultura paraguaia, mas também o é pela cultura de povos de outros países sul-americanos.
(D) fortemente influenciada pela cultura de nações sul-americanas, mas o é também pela cultura de povos de outras regiões do Brasil.
(E) reflexo de uma forte influência da cultura paraguaia, e a cultura de outras regiões não a influenciou de forma relevante.

O texto afirma que a cultura sul-matogrossense é formada principalmente a partir da influência da cultura paraguaia e, em paralelo, mas denotando uma influência menor, por diversos outros povos que migraram para a região. É preciso ter cuidado para responder, porque em nenhum momento o texto afirma que essa migração veio de outros países da América do Sul. HS

Gabarito "B"

Atenção: Considere o texto abaixo para responder às questões que se seguem.

Instituições financeiras reconhecem que é cada vez mais difícil detectar se uma transação é fraudulenta ou verdadeira

Os bancos e as empresas que efetuam pagamentos têm dificuldades de controlar as fraudes financeiras on-line no atual cenário tecnológico conectado e complexo. Mais de um terço (38%) *das organizações reconhece que é cada vez mais difícil detectar se uma transação é fraudulenta ou verdadeira, revela pesquisa realizada por instituições renomadas.*

O estudo revela que o índice de fraudes on-line acompanha o aumento do número de transações on-line, e 50% das organizações de serviços financeiros pesquisadas acreditam que há um crescimento das fraudes financeiras eletrônicas. Esse avanço, juntamente com o crescimento massivo dos pagamentos eletrônicos combinado aos novos avanços tecnológicos e às mudanças nas demandas corporativas, tem forçado, nos últimos anos, muitas delas a melhorar a eficiência de seus processos de negócios.

De acordo com os resultados, cerca de metade das organizações que atuam no campo de pagamentos eletrônicos usa soluções não especializadas que, segundo as estatísticas, não são confiáveis contra fraude e apresentam uma grande porcentagem de falsos positivos. O uso incorreto dos sistemas de segurança também pode acarretar o bloqueio de transações. Também vale notar que o desvio de pagamentos pode causar perda de clientes e, em última instância, uma redução nos lucros.

Conclui-se que a fraude não é o único obstáculo a ser superado: as instituições financeiras precisam também reduzir o número de alarmes falsos em seus sistemas a fim de fornecer o melhor atendimento possível ao cliente.

(Adaptado de: computerworld.com.br. Disponível em: http://computerworld.com.br/quase-40-dos-bancos-nao-sao-capazes-de-diferenciar-um-ataque-de-atividades-normais-de-clientes)

(Técnico Judiciário – TRT24 – FCC – 2017) Infere-se corretamente do texto que

(A) está cada vez mais fácil, no atual cenário tecnológico, verificar se uma transação *on-line* é falsa ou verdadeira.

(B) bem mais da metade das organizações atuantes no campo de pagamentos eletrônicos usa soluções não especializadas.

(C) as instituições financeiras precisam acabar não só com as fraudes no sistema *on-line,* mas também com os alarmes falsos.

(D) o único obstáculo a ser superado ainda pelas instituições financeiras, no atual cenário tecnológico, são os alarmes falsos.

(E) o uso de sistemas de segurança especializados pode provocar o bloqueio de transações, mas sem perda da clientela.

A: incorreta. Afirma-se exatamente o oposto no título e no primeiro parágrafo do texto; **B:** incorreta. Lê-se no terceiro parágrafo que a estatística é de "cerca de metade", ou seja, em torno de metade, não "bem mais de"; **C:** correta. Esta é exatamente a ideia exposta no último parágrafo; **D:** incorreta. Além deles, também as transações fraudulentas, que é o tema central do texto; **E:** incorreta. No terceiro parágrafo temos a informação que o uso incorreto desses sistemas pode acarretar o bloqueio de transações, que levam, junto com o desvio de pagamentos, à perda de clientela. HS

Gabarito "C"

Atenção: Considere o texto abaixo para responder às questões seguintes.

Muito antes das discussões atuais sobre as mudanças climáticas, os cataclismos naturais despertam interesse no homem. Os desastres são um capítulo trágico da história da humanidade desde tempos longínquos. Supostas inundações catastróficas aparecem em relatos de várias culturas ao longo dos tempos, desde os antigos mesopotâmicos e gregos até os maias e os vikings.

Fora da rota dos grandes furacões, sem vulcões ativos e desprovido de zonas habitadas sujeitas a terremotos, o Brasil não figura entre os países mais suscetíveis a desastres naturais. Contudo, a aparência de lugar protegido dos humores do clima e dos solavancos da geologia deve ser relativizada. Aqui, cerca de 85% dos desastres são causados por três tipos de ocorrências: inundações bruscas, deslizamentos de terra e secas prolongadas. Esses fenômenos são relativamente recorrentes em zonas tropicais, e seus efeitos podem ser atenuados por políticas públicas de redução de danos.

Dois estudos feitos por pesquisadores brasileiros indicam que o risco de ocorrência desses três tipos de desastre deverá aumentar até o final do século. Eles também sinalizam que novos pontos do território nacional deverão se transformar em áreas de risco significativo para esses mesmos problemas. "Os impactos tendem a ser maiores no futuro, com as mudanças climáticas, o crescimento das cidades e a ocupação de mais áreas de risco", comenta o pesquisador José A. Marengo.

Além da suscetibilidade natural a secas, enchentes, deslizamentos e outros desastres, a ação do homem tem um peso considerável em transformar o que poderia ser um problema de menor monta em uma catástrofe. Os pesquisadores estimam que um terço do impacto dos deslizamentos de terra e metade dos estragos de inundações poderiam ser evitados com alterações de práticas humanas ligadas à ocupação do solo e a melhorias nas condições socioeconômicas da população em áreas de risco.

Moradias precárias em lugares inadequados, perto de encostas ou em pontos de alagamento, cidades superpopulosas e impermeabilizadas, que não escoam a água da chuva; esses fatores da cultura humana podem influenciar o desfecho de uma situação de risco. "Até hábitos cotidianos, como não jogar lixo na rua, e o nível de solidariedade de uma população podem ao menos mitigar os impactos de um desastre", pondera a geógrafa Lucí Hidalgo Nunes.

(Adaptado de PIVETTA, Marcos. Disponível em: http://revistapesquisa.fapesp.br)

(Técnico Judiciário – TRT11 – FCC – 2017) Depreende-se do texto que

(A) atitudes cotidianas simples, como não jogar lixo na rua, são capazes de prevenir desastres naturais, com potencial de ocasionar consequências graves.

(B) o Brasil, dado que está fora do alcance dos grandes furacões, não tem vulcões ativos ou regiões sujeitas a terremotos, não está exposto a catástrofes geológicas e climáticas.

(C) algumas regiões brasileiras tendem a se tornar mais vulneráveis a inundações bruscas, deslizamentos de terra e secas prolongadas nas próximas décadas.

(D) políticas públicas eficazes podem evitar a ocorrência de cataclismos naturais como inundações e longos períodos de secas.

(E) a remoção da população que ocupa áreas de risco, perto de encostas, apesar de considerada controversa, é apontada como uma medida imprescindível para evitar abalos geológicos.

A: incorreta. O último parágrafo do texto não afirma que a mudança de hábitos pode impedir desastres naturais, mas sim mitigá-los; **B:** incorreta. O texto todo expões as três catástrofes naturais a que o Brasil está sujeito: inundações, deslizamentos de terra e secas prolongadas; **C:** correta, como se depreende do terceiro parágrafo do texto; **D:** incorreta. Novamente, não se afirma que as políticas públicas são capazes de prevenir os desastres, mas de atenuar os seus efeitos; **E:** incorreta. A remoção das pessoas não evitaria abalos geológicos, mas diminuiria os danos causados pelas catástrofes naturais. HS Gabarito "C"

Atenção: Considere o texto abaixo para responder às questões abaixo.

Freud uma vez recebeu carta de um conhecido pedindo conselhos diante de uma escolha importante da vida. A resposta é surpreendente: para as decisões pouco importantes, disse ele, vale a pena pensar bem. Quanto às grandes escolhas da vida, você terá menos chance de errar se escolher por impulso.

A sugestão parece imprudente, mas Freud sabia que as razões que mais pesam nas grandes escolhas são inconscientes, e o impulso obedece a essas razões. Claro que Freud não se referia às vontades impulsivas proibidas. Falava das decisões tomadas de "cabeça fria", mas que determinam o rumo de nossas vidas. No caso das escolhas profissionais, as motivações inconscientes são decisivas. Elas determinam não só a escolha mais "acertada", do ponto de vista da compatibilidade com a profissão, como são também responsáveis por aquilo que chamamos de talento. Isso se decide na infância, por mecanismos que chamamos de identificações. Toda criança leva na bagagem alguns traços da personalidade dos pais. Parece um processo de imitação, mas não é: os caminhos das identificações acompanham muito mais os desejos não realizados dos pais do que aqueles que eles seguiram na vida.

Junto com as identificações formam-se os ideais. A escolha profissional tem muito a ver com o campo de ideais que a pessoa valoriza. Dificilmente alguém consegue se entregar profissionalmente a uma prática que não represente os valores em que ela acredita.

Tudo isso está relacionado, é claro, com a almejada satisfação na vida profissional. Mas não vamos nos iludir. Satisfação no trabalho não significa necessariamente prazer em trabalhar. Grande parte das pessoas não trabalharia se não fosse necessário. O trabalho não é fonte de prazer, é fonte de sentido. Ele nos ajuda a dar sentido à vida. Só que o sentido da vida profissional não vem pronto: ele é o efeito, e não a premissa, dos anos de prática de uma profissão. Na contemporaneidade, em que se acredita em prazeres instantâneos, resultados imediatos e felicidade instantânea, é bom lembrar que a construção de sentido requer tempo e persistência. Por outro lado, quando uma escolha não faz sentido o sujeito percebe rapidamente.

(Adaptado de KEHL, Maria Rita. Disponível em: rae.fgv.br / sites/rae.fgv.br/files/artigos)

(Técnico Judiciário – TRT11 – FCC – 2017) De acordo com o texto, é correto afirmar:

(A) Por motivações inconscientes, que remetem à primeira infância, ou de ordem prática, os indivíduos costumam optar pela mesma área de atuação profissional dos pais.

(B) O talento para exercer um determinado trabalho está intimamente relacionado à capacidade de ponderar cuidadosamente sobre a escolha profissional.

(C) As escolhas profissionais mais apropriadas são aquelas derivadas de motivações latentes no indivíduo desde a infância.

(D) As pessoas bem-sucedidas profissionalmente, em sua maioria, creditam o sucesso obtido ao alto nível de esforço e ao empenho com que se dedicam ao trabalho diário.

(E) No cenário competitivo da contemporaneidade, para concretizar suas ambições profissionais, o indivíduo, muitas vezes, precisa abrir mão dos ideais utópicos formados na infância.

A: incorreta. O segundo parágrafo do texto, em seu último período, afirma que é mais comum os filhos seguirem os desejos não realizados dos pais do que a mesma carreira deles; **B:** incorreta. O texto defende, sob os argumentos de Freud, que decisões importantes geram resultados melhores se tomadas por impulso; **C:** correta, conforme exposto no segundo e terceiro parágrafos do texto; **D:** incorreta. Esta ideia não se encontra em qualquer passagem do texto; **E:** incorreta. Também não se encontra esta conclusão em nenhuma passagem. HS Gabarito "C"

(Técnico Judiciário – TRT11 – FCC – 2017) Atente para as afirmações abaixo.

I. Embora aprove o conselho oferecido por Freud, a autora, ao afirmar que *A sugestão parece imprudente*, assinala que a ideia de Freud pareceria desajustada ao senso comum.

II. No texto, estabelece-se o contraste entre as vontades impulsivas proibidas e as razões inconscientes às quais o impulso deve obedecer.

III. No primeiro parágrafo, o sinal de dois-pontos introduz uma síntese do que foi dito antes.

Está correto o que se afirma APENAS em

(A) I e II.

(B) II e III.

(C) I e III.

(D) I.

(E) II.

I: correta. É exatamente essa a ideia que o trecho quer debater; **II:** correta. A ideia é defendida no segundo parágrafo do texto; **III:** incorreta. Os dois-pontos anunciam o aposto, elemento do período que explica o que foi dito antes. HS

Gabarito "A"

Cada um fala como quer, ou como pode, ou como acha que pode. Ainda ontem me divertiu este trechinho de crônica do escritor mineiro Humberto Werneck, de seu livro Esse inferno vai acabar:

"– Meu cabelo está pendoando – anuncia a prima, apalpando as melenas.

Tenho anos, décadas de Solange, mas confesso que ela, com o seu solangês, às vezes me pega desprevenido.

– Seu cabelo está o quê?

– Pendoando – insiste ela, e, com a paciência de quem explica algo elementar a um total ignorante, traduz:

– Bifurcando nas extremidades.

É assim a Solange, criatura para a qual ninguém morre, mas falece, e, quando sobrevém esse infausto acontecimento, tem seu corpo acondicionado num ataúde, num esquife, num féretro, para ser inumado em alguma necrópole, ou, mais recentemente, incinerado em crematório. Cabelo de gente assim não se torna vulgarmente quebradiço: pendoa."

Isso me fez lembrar uma visita que recebemos em casa, eu ainda menino. Amigas da família, mãe e filha adolescente vieram tomar um lanche conosco. D. Glorinha, a mãe, achava meu pai um homem intelectualizado e caprichava no vocabulário. A certa altura pediu ela a mim, que estava sentado numa extremidade da mesa:

– Querido, pode alcançar-me uma côdea desse pão?

Por falta de preparo linguístico não sabia como atender a seu pedido. Socorreu-me a filha adolescente:

– Ela quer uma casquinha do pão. Ela fala sempre assim na casa dos outros.

A mãe ficou vermelha, isto é, ruborizou, enrubesceu, rubificou, e olhou a filha com reprovação, isto é, dardejou-a com olhos censórios.

Veja-se, para concluir, mais um trechinho do Werneck:

"Você pode achar que estou sendo implicante, metido a policiar a linguagem alheia. Brasileiro é assim mesmo, adora embonitar a conversa para impressionar os outros. Sei disso. Eu próprio já andei escrevendo sobre o que chamei de ruibarbosismo: o uso de palavreado rebarbativo como forma de, numa discussão, reduzir ao silêncio o interlocutor ignaro. Uma espécie de gás paralisante verbal."

(Cândido Barbosa Filho, inédito)

(Analista – TRT/1ª – 2012 – FCC) No contexto, as frases "Meu cabelo está pendoando" e "pode alcançar-me uma côdea desse pão" constituem casos de

(A) usos opostos de linguagem, já que a completa informalidade da primeira contrasta com a formalidade da segunda.

(B) usos similares de linguagem, pois em ambas o intento é valorizar o emprego de vocabulário pouco usual.

(C) intenção didática, já que ambas são utilizadas para exemplificar o que seja uma má construção gramatical.

(D) usos similares de linguagem, pois predomina em ambas o interesse pela exatidão e objetividade da comunicação.

(E) usos opostos de linguagem, pois a perfeita correção gramatical de uma contrasta com os deslizes da outra.

A: incorreta. O uso da linguagem nos dois trechos é idêntico, focado exclusivamente na formalidade; **B:** correta. Nos respectivos contextos, os dois personagens querem demonstrar o domínio do vocabulário; **C:** incorreta. As construções estão gramaticalmente perfeitas; **D:** incorreta. O uso de palavras pouco conhecidas traz prejuízos à objetividade da comunicação, porque aumenta o risco do receptor não compreender a mensagem; **E:** incorreta. Mais uma vez, as construções atendem a todos os preceitos da gramática.

Gabarito "B"

(Analista – TRT/1ª – 2012 – FCC) A mãe ficou vermelha, isto é, ruborizou, enrubesceu, rubificou, e olhou a filha com reprovação, isto é, dardejou-a com olhos censórios.

A expressão isto é, nos dois empregos realçados na frase acima,

(A) introduz a conclusão de que o significado das falas corriqueiras se esclarece mediante uma elaborada sinonímia.

(B) inicia a tradução adequada de um enunciado anterior cuja significação se mostrara bastante enigmática.

(C) funciona como os dois pontos na frase *Cabelo de gente assim não se torna vulgarmente quebradiço: pendoa.*

(D) introduz uma enumeração de palavras que seriam evitadas pela prima Solange, levando-se em conta o que diz dela o cronista Werneck.

(E) inicia uma argumentação em favor da simplificação da linguagem, de modo a evitar *o uso de palavreado rebarbativo.*

A: incorreta. A expressão "isto é" foi utilizada para indicar a correção, a retificação pelo autor do uso de uma palavra comum, enumerando os sinônimos rebuscados que as personagens usariam; **B:** incorreta. O enunciado anterior é bastante claro. Na verdade, trata-se de uma brincadeira do autor consistente em transformar um texto claro, com palavras usuais, nas construções complexas utilizadas pelas personagens; **C:** correta. Realmente, os dois-pontos têm a mesma função da expressão "isto é", já debatida nos comentários anteriores; **D:** incorreta. As palavras enumeradas são aquelas que seriam utilizadas pelas personagens que preferem o palavreado rebuscado; **E:** incorreta. O efeito é justamente o inverso: as palavras enumeradas são mais complexas do que aquelas usadas anteriormente, causando uma complicação da linguagem.

Gabarito "C"

(Analista – TRT/1ª – 2012 – FCC) Há uma relação de causa e efeito entre estas duas formulações:

(A) *Cada um fala como quer* e *ou como acha que pode.* (1º parágrafo)

(B) *para ser inumado em alguma necrópole* e *incinerado em crematório.* (7º parágrafo)

(C) *visita que recebemos em casa* e *eu ainda menino.* (8º parágrafo)

(D) *achava meu pai um homem intelectualizado* e *caprichava no vocabulário.* (8º parágrafo)

(E) *olhou a filha com reprovação* e *dardejou a com*

A: incorreta. A relação é de alternância (uma coisa **ou** outra); **B:** incorreta. A relação é de adição (uma coisa **e** outra); **C:** incorreta. A relação é de temporalidade (a segunda oração indica o **momento** em que a primeira aconteceu); **D:** correta. Realmente, a personagem "caprichava no vocabulário" **porque** achava o outro intelectualizado; **E:** incorreta. A relação é de sinonímia (as palavras têm sentido equivalente).

Gabarito "D"

Economia religiosa

Concordo plenamente com Dom Tarcísio Scaramussa, da CNBB, quando ele afirma que não faz sentido nem obrigar uma pessoa a rezar nem proibi-la de fazê-lo. A declaração do prelado vem como crítica à professora de uma escola pública de Minas Gerais que hostilizou um aluno ateu que se recusara a rezar o pai-nosso em sua aula.

É uma boa ocasião para discutir o ensino religioso na rede pública, do qual a CNBB é entusiasta. Como ateu, não abraço nenhuma religião, mas, como liberal, não pretendo que todos pensem do mesmo modo. Admitamos, para efeitos de argumentação, que seja do interesse do Estado que os jovens sejam desde cedo expostos ao ensino religioso. Deve-se então perguntar se essa é uma tarefa que cabe à escola pública ou se as próprias organizações são capazes de supri-la, com seus programas de catequese, escolas dominicais etc.

A minha impressão é a de que não faltam oportunidades para conhecer as mais diversas mensagens religiosas, onipresentes em rádios, TVs e também nas ruas. Na cidade de São Paulo, por exemplo, existem mais templos (algo em torno de 4.000) *do que escolas públicas (cerca de 1.700). Creio que aqui vale a regra econômica, segundo a qual o Estado deve ficar fora das atividades de que o setor privado já dá conta. Outro ponto importante é o dos custos. Não me parece que faça muito sentido gastar recursos com professores de religião, quando faltam os de matemática, português etc. Ao contrário do que se dá com a religião, é difícil aprender física na esquina.*

Até 1997, a Lei de Diretrizes e Bases da Educação acertadamente estabelecia que o ensino religioso nas escolas oficiais não poderia representar ônus para os cofres públicos. A bancada religiosa emendou a lei para empurrar essa conta para o Estado. Não deixa de ser um caso de esmola com o chapéu alheio.

(Hélio Schwartsman. **Folha de S. Paulo**, 06/04/2012)

(Analista – TRT/6ª – 2012 – FCC) No que diz respeito ao ensino religioso na escola pública, o autor mantém-se

(A) esquivo, pois arrola tanto argumentos que defendem a obrigatoriedade como o caráter facultativo da implementação desse ensino.

(B) intransigente, uma vez que enumera uma série de razões morais para que se proíba o Estado de legislar sobre quaisquer matérias religiosas.

(C) pragmático, já que na base de sua argumentação contra o ensino religioso na escola pública estão razões de ordem jurídica e econômica.

(D) intolerante, dado que deixa de reconhecer, como ateu declarado, o direito que têm as pessoas de decidir sobre essa matéria.

(E) prudente, pois evita pronunciar-se a favor da obrigatoriedade desse ensino, lembrando que ele já vem sendo ministrado por muitas entidades.

Sobre o tema, o autor prefere manter uma posição pragmática, determinada a partir de sua opção de não usar argumentos pessoais baseados em seu ateísmo. Sua visão é de natureza objetiva e mensurável, valendo-se de argumentos econômicos (custos e administração da receita pública) e jurídicos (direito à liberdade religiosa).

Gabarito "C"

(Analista – TRT/6ª – 2012 – FCC) Atente para estas afirmações:

I. Ao se declarar um cidadão ao mesmo tempo ateu e liberal, o autor enaltece essa sua dupla condição pessoal valendo-se do exemplo da própria CNBB.

II. A falta de oportunidade para se acessarem mensagens religiosas poderia ser suprida, segundo o autor, pela criação de redes de comunicação voltadas para esse fim.

III. Nos dois últimos parágrafos, o autor mostra não reconhecer nem legitimidade nem prioridade para a implementação do ensino religioso na escola pública.

Em relação ao texto, está correto o que se afirma em

(A) I, II e III.

(B) I e II, apenas.

(C) II e III, apenas.

(D) I e III, apenas.

(E) III, apenas.

I: incorreta. Para tentar não macular sua análise, o autor pretende afastar essas condições, principalmente o ateísmo, de sua argumentação; **II:** incorreta. O autor expõe a profusão de mensagens religiosas que nos bombardeia, não sendo necessária sua expansão; **III:** correta. Trata-se da ideia principal defendida pelo autor: não cabe ao Estado custear o ensino religioso, muito menos diante da situação deficitária de outras áreas, como português e matemática.

Gabarito "E"

(Analista – TRT/6ª – 2012 – FCC) Pode-se inferir, com base numa afirmação do texto, que

(A) o ensino religioso demanda profissionais altamente qualificados, que o Estado não teria como contratar.

(B) a bancada religiosa, tal como qualificada no último parágrafo, partilha do mesmo radicalismo de Dom Tarcísio Scaramussa.

(C) as instituições públicas de ensino devem complementar o que já fazem os templos, a exemplo do que ocorre na cidade de São Paulo.

(D) o aprendizado de uma religião não requer instrução tão especializada como a que exigem as ciências exatas.

(E) os membros da bancada religiosa, sobretudo os liberais, buscam favorecer o setor privado na implementação do ensino religioso.

A: incorreta. O autor não entra no critério da qualificação dos professores de religião, apenas aponta que sua contratação não pode ser prioridade; **B:** incorreta. Em sua fala, Dom Tarcísio mostrou-se ponderado, reconhecendo o direito ao ateísmo. Não há nada de radical em suas palavras; **C:** incorreta. O autor defende exatamente o oposto: que o ensino religioso fique adstrito aos templos, que já se encontram em maior número do que as escolas públicas na cidade de São Paulo; **D:** correta. É o que se depreende da passagem: "*Ao contrário do que se dá com a religião, é difícil aprender física na esquina*"; **E:** *incorreta.*

Não se pode confundir os religiosos com os liberais e, além disso, segundo o autor, os primeiros conseguiram alterar a legislação para criar a obrigação do Estado custear o ensino religioso.

Gabarito "D"

(Analista – TRT/6ª – 2012 – FCC) Considerando-se o contexto, traduz-se adequadamente um segmento em:

(A) *A declaração do prelado vem como crítica* (1º parágrafo) = o pronunciamento do dignitário eclesiástico surge como censura

(B) *Admitamos, para efeitos de argumentação* (2º parágrafo) = Consignemos, a fim de especulação

(C) *sejam desde cedo expostos ao ensino religioso* (2º parágrafo) = venham prematuramente a expor-se no ensino clerical

(D) *onipresentes em rádios* (3º parágrafo) = discriminadas por emissoras de rádio

(E) *não poderia representar ônus* (5º parágrafo) = implicaria que se acarretasse prejuízo

---

A: correta. Todos os sinônimos atribuídos traduzem perfeitamente o trecho original; **B:** incorreta. "Especulação", nesse caso, é sinônimo de "afirmação sem fundamento", o que se contrapõe diretamente a "argumentação"; **C:** incorreta. "Prematuro" não é sinônimo de "cedo", é aquilo que veio antes do tempo programado, antes de estar maduro ("pré + maturidade"); **D:** incorreta. "Onipresente" é aquilo que está em todos os lugares. "Discriminado" é sinônimo de "especificado"; **E:** incorreta. "Ônus" é sinônimo de "dever", não está necessariamente relacionado a "prejuízo".

Gabarito "A"

Fora com a dignidade

Acho ótimo que a Igreja Católica tenha escolhido a saúde pública como tema de sua campanha da fraternidade deste ano. Todas as burocracias – e o SUS não é uma exceção – têm a tendência de acomodar-se e, se não as sacudirmos de vez em quando, caem na abulia. É bom que a Igreja use seu poder de mobilização para cobrar melhorias.

Tenho dúvidas, porém, de que o foco das ações deva ser o combate ao que dom Odilo Scherer, numa entrevista, chamou de terceirização e comercialização da saúde. É verdade que colocar um preço em procedimentos médicos nem sempre leva ao melhor dos desfechos, mas é igualmente claro que consultas, cirurgias e drogas têm custos que precisam ser gerenciados. Ignorar as leis de mercado, como parece sugerir dom Odilo, provavelmente levaria o sistema ao colapso, prejudicando ainda mais os pobres.

Para o religioso, é "a dignidade do ser humano" que deve servir como critério moral na tomada de decisões relativas a vida e morte. O problema com a "dignidade" é que ela é subjetiva demais. A pluralidade de crenças e preferências do ser humano é tamanha que o termo pode significar qualquer coisa, desde noções banais, como não humilhar desnecessariamente o paciente (forçando-o, por exemplo, a usar aqueles horríveis aventais vazados atrás), *até a adesão profunda a um dogma religioso (há confissões que não admitem transfusões de sangue).*

Numa sociedade democrática não podemos simplesmente apanhar uma dessas concepções e elevá-la a valor universal. E, se é para operar com todas as noções possíveis, então já não estamos falando de dignidade, mas, sim, de respeito à autonomia do paciente, conceito que a substitui sem perdas.

(Hélio Schwartsman. **Folha de S. Paulo**, março/2012)

(Analista – TRT/6ª – 2012 – FCC) Ao mesmo tempo em que reconhece a importância de a Igreja Católica ter escolhido a saúde como tema da campanha da fraternidade, o autor **NÃO aprova** que o foco das ações deva ser, como propõe dom Odilo Scherer,

(A) o apoio às iniciativas que valorizem sobretudo os serviços terceirizados no campo da saúde.

(B) a franca resistência às iniciativas comerciais que subordinam as questões da saúde às leis do mercado.

(C) a transferência de responsabilidades na área da saúde, de modo a privilegiar as empresas mais habilitadas.

(D) a estatização dos serviços essenciais, a fim de harmonizar o interesse público e as leis do livre mercado.

(E) a clara demarcação entre o que compete ao Estado e o que compete à iniciativa privada, na área da saúde.

O autor condena a posição do clérigo de atacar a "terceirização e comercialização da saúde". Isso significa que, para a Igreja, os serviços de saúde não podem ser transferidos para a iniciativa privada, porque não deveriam se submeter às leis do mercado. Para Dom Odilo Scherer, o princípio norteador da saúde pública deve ser unicamente a dignidade da pessoa, critério combatido pelo articulista.

Gabarito "B"

(Analista – TRT/6ª – 2012 – FCC) Atente para as seguintes afirmações:

I. O título do texto é inteiramente irônico, pois ao longo dele o autor valoriza, exatamente, o que costuma ser definido como *"a dignidade do ser humano"*.

II. A despeito da pluralidade de crenças religiosas, o autor acredita que a base de todas elas está no que se pode definir como *respeito à autonomia do paciente*.

III. O conceito de *dignidade* é questionado pelo autor, que não o acolhe como uma concepção bem determinada e de valor universal.

Em relação ao texto, está correto APENAS o que se afirma em

(A) I

(B) II

(C) III

(D) I e II

(E) II e III

I: incorreta. Não há ironia. O autor pretende justamente afastar o conceito vago de "dignidade da pessoa" e reconhecer a autonomia do paciente para tomar as suas decisões; **II:** incorreta. Muito ao contrário, o autor critica a pluralidade religiosa sob o argumento de que cada uma delas estabelece um conceito de "dignidade" e pretende elevá-lo ao patamar de verdade absoluta. Como remédio, sugere o critério da autonomia do paciente, que não é mencionado por nenhuma crença; **III:** correta. É precisamente sobre esse ponto que se assenta a argumentação do autor.

Gabarito "C"

(Analista – TRT/6ª – 2012 – FCC) A frase em que se afirma uma posição inteiramente **contrária** às convicções do autor do texto é:

(A) Em virtude de se apoiar na subjetividade humana, o conceito de dignidade não se determina de modo claro e insofismável.

(B) A variedade das reações e interdições que as crenças impõem a tratamentos de saúde indica a pluralidade dos valores subjetivos.

(C) Os mais pobres seriam os mais prejudicados, caso se levasse a efeito alguma proposta baseada na posição de dom Odilo Scherer.

(D) Ignorar todas as leis de mercado, na área da saúde, redunda na impossibilidade de funcionamento do sistema.

(E) Numa sociedade democrática, o gerenciamento de custos na área da saúde não pode levar em conta as leis do mercado.

Todas as alternativas são paráfrases do texto, expressando ideias que nele são defendidas pelo autor, com exceção da letra "E" (que deve ser assinalada). O autor defende que, dada a impossibilidade de se reconhecer um critério universal sobre a dignidade, cabe ao paciente determinar de forma autônoma como, quando e com quem quer se tratar, impondo-se ao setor da saúde o respeito às leis da oferta e da demanda.

Gabarito "E"

(Analista – TRT/6ª – 2012 – FCC) Considerando-se o contexto, traduz-se adequadamente o sentido de um segmento em:

(A) *têm a tendência de acomodar-se* (1º parágrafo) = reiteram uma conciliação

(B) *nem sempre leva ao melhor dos desfechos* (2º parágrafo) = amiúde vai ao encontro dos seus objetivos

(C) *têm custos que precisam ser gerenciados* (2º parágrafo) = há os ônus que requerem ratificação

(D) *adesão profunda a um dogma* (3º parágrafo) = plena aceitação de um rígido preceito

(E) *elevá-la a valor universal* (4º parágrafo) = reconhecê-la como plenamente aceitável

---

A: incorreta. "Reiterar" é sinônimo de "repetir"; **B:** incorreta. "Amiúde" é sinônimo de "frequentemente"; **C:** incorreta. "Ratificação" é sinônimo de "confirmar", "atestar"; **D:** correta. Os sinônimos estão perfeitamente empregados; **E:** incorreta. "Elevar" e "reconhecer" não são propriamente sinônimos. Porém, em sentido conotativo, a substituição proposta manteria o sentido do trecho original a nosso ver. Assim, entendemos que ela também deve ser considerada correta.

Gabarito "D"

(Analista – TRT/6ª – 2012 – FCC) *É verdade que colocar um preço em procedimentos médicos nem sempre leva ao melhor dos desfechos.*

O sentido essencial e a correção da frase acima mantêm-se na seguinte construção:

(A) Nem sempre é certo que a melhor finalidade se alcança através de procedimentos médicos aos quais incorre um determinado preço.

(B) Nada garante, de fato, que estipular um pagamento por procedimentos médicos implique a melhor solução de um caso.

(C) Uma ótima conclusão não é simplesmente obtida em favor de se haver afixado um preço aos procedimentos médicos.

(D) A despeito de se estipular um preço para procedimentos médicos, não é usual que cheguem a um termo satisfatório.

(E) Pela razão de se taxar procedimentos médicos não redunda automaticamente no melhor dos benefícios.

A: incorreta. Houve alteração de sentido na paráfrase. O trecho original é mais amplo, fala da precificação dos procedimentos médicos de forma geral, enquanto a alternativa é mais restrita, fala do tratamento com uma determinada finalidade; **B:** correta. A paráfrase, além de preservar o sentido original, atende a todos os preceitos gramaticais; **C:** incorreta. A redação está incoerente, ela não faz sentido; **D:** incorreta. Houve alteração de sentido na paráfrase. A locução conjuntiva "a despeito de" tem valor concessivo, ideia que não está presente no trecho original; **E:** incorreta. A redação está incoerente aqui também. Melhor seria dizer: "A taxação de procedimentos médicos não redunda...".

Gabarito "B"

(Analista – TRT/6ª – 2012 – FCC) No contexto do 4º parágrafo, o segmento *conceito que a substitui sem perdas* deve ser entendido mais explicitamente como:

(A) A dignidade é substituída, sem perdas, pelo conceito de autonomia do paciente.

(B) A dignidade substitui, sem perdas, o conceito de autonomia do paciente.

(C) A autonomia do paciente deve ser substituída, sem perdas, pela dignidade dele.

(D) Substituem-se, sem perdas, tanto o conceito de dignidade como o de autonomia do paciente.

(E) A autonomia do paciente só será substituída sem perdas no caso de haver nele dignidade.

O trecho em destaque indica que, para o autor, a autonomia do paciente traz mais vantagens para esse do que a amplitude da dignidade. Portanto, a segunda deve ser substituída pela primeira.

Gabarito "A"

O mito napoleônico baseia-se menos nos méritos de Napoleão do que nos fatos, então sem paralelo, de sua carreira. Os homens que se tornaram conhecidos por terem abalado o mundo de forma decisiva no passado tinham começado como reis, como Alexandre, ou patrícios, como Júlio César, mas Napoleão foi o "pequeno cabo" que galgou ao comando de um continente pelo seu puro talento pessoal. Todo homem de negócios daí em diante tinha um nome para sua ambição: ser – os próprios clichês o denunciam – um "Napoleão das finanças" ou "da indústria". Todos os homens comuns ficavam excitados pela visão, então sem paralelo, de um homem comum maior do que aqueles que tinham nascido para usar coroas. Em síntese, foi a figura com que todo homem que partisse os laços com a tradição podia se identificar em seus sonhos.

Para os franceses ele foi também algo bem mais simples: o mais bem-sucedido governante de sua longa história. Triunfou gloriosamente no exterior, mas, em termos nacionais, também estabeleceu ou restabeleceu o mecanismo das instituições francesas como existem hoje. Ele trouxe estabilidade e prosperidade a todos, exceto para os 250 mil franceses que não retornaram de suas guerras, embora até mesmo para os parentes deles tivesse trazido a glória. Sem dúvida, os britânicos se viam como lutadores pela causa da liberdade contra a tirania; mas em 1815 a maioria dos ingleses era mais pobre do que o fora em 1800, enquanto a maioria dos franceses era quase certamente mais rica.

Ele destruíra apenas uma coisa: a Revolução de 1789, o sonho de igualdade, liberdade e fraternidade, do povo se erguendo na sua grandiosidade para derrubar a opressão. Este foi um mito mais poderoso do que o dele, pois, após a sua queda, foi isto e não a sua memória que inspirou as revoluções do século XIX, inclusive em seu próprio país.

(Adaptado de Eric. J. Hobsbawm. **A era das revoluções – 1789-1848.** 7ª ed. Trad. de Maria Tereza Lopes Teixeira e Marcos Penchel. Rio de Janeiro: Paz e Terra, 1989, p.93-4)

(Analista – TRT9 – 2012 – FCC) Segundo o autor,

(A) a figura de Napoleão passou a exercer forte apelo no campo do imaginário, servindo de modelo de inaudita superação da condição social.

(B) os franceses descartam assumir Napoleão como modelo, buscando valorizar tão somente a sua participação na revolução de 1789.

(C) os parentes dos milhares de franceses mortos nas guerras napoleônicas relevaram a perda dos familiares em função da grande prosperidade trazida por Napoleão.

(D) a Revolução de 1789 foi um mito menos relevante do que o de Napoleão, pois as obras deste permanecem vivas e aquela não teria sido mais que um sonho.

(E) os méritos pessoais de Napoleão nada têm a ver com o mito que se criou em torno de sua figura, surgido apenas de sua trajetória casualmente vitoriosa.

A: correta. A ideia principal do texto é refletir sobre as razões de Napoleão ter se tornado um mito. Segundo o autor, isso se deu por força da origem humilde do líder corso, que superou essa condição para se tornar comandante de todo o continente; **B:** incorreta. Para os franceses, Napoleão foi o mais bem-sucedido governante de sua história; **C:** incorreta. O texto não fala em perdão dos parentes, diz apenas que mesmo para os mortos nas guerras Napoleão trouxe a glória; **D:** incorreta. O último parágrafo do texto diz exatamente o inverso; **E:** incorreta. O autor defende que Napoleão teve méritos em suas conquistas, porém esses não foram a parcela determinante dos resultados.

Gabarito "A"

(Analista – TRT9 – 2012 – FCC) Considerando-se o contexto, o segmento cujo sentido está adequadamente expresso em outras palavras é:

(A) *partisse os laços com a tradição* = quebrasse o condão sagrado

(B) *galgou ao comando de um continente* = sobrelevou o ordenamento europeu

(C) *pela causa da liberdade contra a tirania* = pelo motivo da insubmissão versus rigorismo

(D) *os próprios clichês o denunciam* = os próprios lugares-comuns o evidenciam

(E) *o mecanismo das instituições francesas* = a articulação dos institutos galeses

A: incorreta. Melhor seria "histórico" no lugar de "sagrado"; **B:** incorreta. "Sobrelevar" é sinônimo de "suplantar", "vencer", ao passo que "galgar" é sinônimo de "subir"; **C:** incorreta. "Tirania" é o governo autoritário de uma só pessoa, o que não se confunde com o rigor, maior ou menor, com o qualquer governo pode tratar seus súditos; **D:** correta. Os sinônimos estão perfeitamente empregados; **E:** incorreta. "Instituição", sinônimo de "entidade", não se confunde com "instituto", sinônimo de "ato", "procedimento".

Gabarito "D"

Em outubro de 1967, quando Gilberto Gil e Caetano Veloso apresentaram as canções Domingo no parque e Alegria, Alegria, no Festival da TV Record, logo houve quem percebesse que as duas canções eram influenciadas pela narrativa cinematográfica: repletas de cortes, justaposições e flashbacks. Tal suposição seria confirmada pelo próprio Caetano quando declarou que fora "mais influenciado por Godard e Glauber do que pelos Beatles ou Dylan". Em 1967, no Brasil, o cinema era o que havia de mais intenso e revolucionário, superando o próprio teatro, cuja inquietação tinha incentivado os cineastas a iniciar o movimento que ficou conhecido como Cinema Novo.

O Cinema Novo nasceu na virada da década de 1950 para a de 1960, sobre as cinzas dos estúdios Vera Cruz (empresa paulista que faliu em 1957 depois de produzir dezoito filmes). *"Nossa geração sabe o que quer", dizia o baiano Glauber Rocha já em 1963. Inspirado por* Rio 40 graus *e por* Vidas secas*, que Nelson Pereira dos Santos lançara em 1954 e 1963, Glauber Rocha transformaria, com* Deus e o diabo na terra do sol*, a história do cinema no Brasil. Dois anos depois, o cineasta lançou* Terra em Transe*, que talvez tenha marcado o auge do* Cinema Novo*, além de ter sido uma das fontes de inspiração do* Tropicalismo.

A ponte entre Cinema Novo e Tropicalismo ficaria mais evidente com o lançamento, em 1969, de Macunaíma, de Joaquim Pedro de Andrade. Ao fazer o filme, Joaquim Pedro esforçou-se por torná-lo um produto afinado com a cultura de massa. "A proposição de consumo de massa no Brasil é algo novo. A grande audiência de TV entre nós é um fenômeno novo. É uma posição avançada para o cineasta tentar ocupar um lugar dentro dessa situação", disse ele.

Incapaz de satisfazer plenamente as exigências do mercado, o Cinema Novo deu os seus últimos suspiros em fins da década de 1970 – período que marcou o auge das potencialidades comerciais do cinema feito no Brasil.

(Adaptado de Eduardo Bueno. **Brasil: uma história**. Ed. Leya, 2010. p. 408)

(Analista – TRT9 – 2012 – FCC) Depreende-se corretamente do texto:

(A) A estética do *Cinema Novo*, que marcou época no Brasil, contribuiu para que surgisse, na cena musical, o movimento conhecido como Tropicalismo.

(B) Embora o *Cinema Novo* não tenha conseguido atingir suas metas comerciais, a qualidade estética de suas obras era superior à das obras produzidas pelo cinema comercial.

(C) A ampliação da televisão no Brasil, cuja audiência foi sempre maior do que a do cinema, teve papel determinante na derrocada do *Cinema Novo*.

(D) Como seus integrantes estavam comprometidos com os problemas sociais e políticos do país, o *Cinema Novo* suscitou polêmicas que levaram à volta da censura.

(E) O Tropicalismo, movimento liderado por dissidentes do *Cinema Novo*, se desenvolveu concomitantemente à decadência do teatro nacional.

A: correta. Podemos extrair essa conclusão principalmente do trecho "a ponte entre o Cinema Novo e o Tropicalismo", figura que indica a ligação entre os dois movimentos; **B:** incorreta. Essa conclusão não pode ser retirada do texto. O autor nada menciona sobre a qualidade dos filmes comerciais; **C:** incorreta. Como o autor não aborda a televisão em seu texto, essa conclusão não é válida; **D:** incorreta. Nada se diz sobre a censura ou a atividade política dos integrantes do "Cinema Novo"; **E:** incorreta. O Tropicalismo, segundo o autor, não é uma dissidência do "Cinema Novo", mas um movimento musical que dele sofreu influência.

Gabarito "A"

Fotografias

Toda fotografia é um portal aberto para outra dimensão: o passado. A câmara fotográfica é uma verdadeira máquina do tempo, transformando o que é naquilo que já não é mais, porque o que temos diante dos olhos é transmudado imediatamente em passado no momento do clique. Costumamos dizer que a fotografia congela o tempo, preservando um momento passageiro para toda a eternidade, e isso não deixa de ser verdade. Todavia, existe algo que descongela essa imagem: nosso olhar. Em francês, imagem e magia contêm as mesmas cinco letras: image e magie. Toda imagem é magia, e nosso olhar é a varinha de condão que descongela o instante aprisionado nas geleiras eternas do tempo fotográfico.

Toda fotografia é uma espécie de espelho da Alice do País das Maravilhas, e cada pessoa que mergulha nesse espelho de papel sai numa dimensão diferente e vivencia experiências diversas, pois o lado de lá é como o albergue espanhol do ditado: cada um só encontra nele o que trouxe consigo. Além disso, o significado de uma imagem muda com o passar do tempo, até para o mesmo observador.

Variam, também, os níveis de percepção de uma fotografia. Isso ocorre, na verdade, com todas as artes: um músico, por exemplo, é capaz de perceber dimensões sonoras inteiramente insuspeitas para os leigos. Da mesma forma, um fotógrafo profissional lê as imagens fotográficas de modo diferente daqueles que desconhecem a sintaxe da fotografia, a "escrita da luz". Mas é difícil imaginar alguém que seja insensível à magia de uma foto.

(Adaptado de Pedro Vasquez, em **Por trás daquela foto.** São Paulo: Companhia das Letras, 2010)

(Analista – TRT/11ª – 2012 – FCC) O segmento do texto que ressalta a ação mesma da **percepção** de uma foto é:

(A) *A câmara fotográfica é uma verdadeira máquina do tempo.*

(B) *a fotografia congela o tempo.*

(C) *nosso olhar é a varinha de condão que descongela o instante aprisionado.*

(D) *o significado de uma imagem muda com o passar do tempo.*

(E) *Mas é difícil imaginar alguém que seja insensível à magia de uma foto.*

O autor argumenta que o olhar do observador é a única coisa capaz de "descongelar o tempo" tornado estático pela fotografia. Essa mesma ideia está contida na letra "C", que deve ser assinalada, ressaltando o fio condutor do texto.

Gabarito "C"

(Analista – TRT/11ª – 2012 – FCC) No contexto do último parágrafo, a referência aos vários *níveis de percepção* de uma fotografia remete

(A) à diversidade das qualidades intrínsecas de uma foto.

(B) às diferenças de qualificação do olhar dos observadores.

(C) aos graus de insensibilidade de alguns diante de uma foto.

(D) às relações que a fotografia mantém com as outras artes.

(E) aos vários tempos que cada fotografia representa em si mesma.

Ao comparar o olhar do fotógrafo com o ouvido do músico, o autor quer destacar que, dependendo do conhecimento técnico do observador, o resultado da interpretação da imagem é diferente porque saber as nuances da imagem que outros não enxergam permite aprofundar-se mais em seu significado.

Gabarito "B"

(Analista – TRT/11ª – 2012 – FCC) Atente para as seguintes afirmações:

I. Ao dizer, no primeiro parágrafo, que a fotografia *congela o tempo*, o autor defende a ideia de que a realidade apreendida numa foto já não pertence a tempo algum.

II. No segundo parágrafo, a menção ao ditado sobre o albergue espanhol tem por finalidade sugerir que o olhar do observador não interfere no sentido próprio e particular de uma foto.

III. Um fotógrafo profissional, conforme sugere o terceiro parágrafo, vê não apenas uma foto, mas os recursos de uma linguagem específica nela fixados.

Em relação ao texto, está correto o que se afirma SOMENTE em

(A) I e II.

(B) II e III.

(C) I.

(D) II.

(E) III.

I: incorreta. Para o autor, o instante captado pela fotografia pertence, imediatamente, ao passado; **II:** incorreta. A ideia é exatamente inversa: afirmar que as peculiaridades de cada observador são determinantes na interpretação da imagem; **III:** correta. O conhecimento técnico, segundo o autor, permite uma análise mais profunda da fotografia do que aquela observada somente por leigos.

Gabarito "E"

Discriminar ou discriminar?

Os dicionários não são úteis apenas para esclarecer o sentido de um vocábulo; ajudam, com frequência, a iluminar teses controvertidas e mesmo a incendiar debates. Vamos ao Dicionário Houaiss, ao verbete discriminar, e lá encontramos, entre outras, estas duas acepções: a) *perceber diferenças; distinguir, discernir; b) tratar mal ou de modo injusto, desigual, um indivíduo ou grupo de indivíduos, em razão de alguma característica pessoal, cor da pele, classe social, convicções etc.*

Na primeira acepção, discriminar é dar atenção às diferenças, supõe um preciso discernimento; o termo transpira o sentido positivo de quem reconhece e considera o estatuto do que é diferente. Discriminar o certo do errado é o primeiro passo no caminho da ética. Já na segunda acepção, discriminar é deixar agir o preconceito, é disseminar o juízo preconcebido. Discriminar alguém: fazê-lo objeto de nossa intolerância.

Diz-se que tratar igualmente os desiguais é perpetuar a desigualdade. Nesse caso, deixar de discriminar (no sentido de discernir) *é permitir que uma discriminação continue (no sentido de preconceito). Estamos vivendo uma época em que a bandeira da discriminação se apresenta em seu sentido mais positivo: trata-se de aplicar políticas afirmativas para promover aqueles que vêm sofrendo discriminações históricas. Mas há, por outro lado, quem veja nessas propostas afirmativas a forma mais censurável de discriminação... É o caso das cotas especiais para vagas numa universidade ou numa empresa: é uma discriminação, cujo sentido positivo ou negativo depende da convicção de quem a avalia. As acepções são inconciliáveis, mas estão no mesmo verbete do dicionário e se mostram vivas na mesma sociedade.*

(Aníbal Lucchesi, *inédito*)

(Analista – TRT/11ª – 2012 – FCC) A afirmação de que os dicionários podem ajudar a *incendiar debates* confirma-se, no texto, pelo fato de que o verbete ***discriminar***

(A) padece de um sentido vago e impreciso, gerando por isso inúmeras controvérsias entre os usuários.

(B) apresenta um sentido secundário, variante de seu sentido principal, que não é reconhecido por todos.

(C) abona tanto o sentido legítimo como o ilegítimo que se costuma atribuir a esse vocábulo.

(D) faz pensar nas dificuldades que existem quando se trata de determinar a origem de um vocábulo.

(E) desdobra-se em acepções contraditórias que correspondem a convicções incompatíveis.

Segundo o autor, a partir do momento em que a mesma palavra possui sentidos completamente opostos, seu uso intensifica as controvérsias sobre o tema, já que, ao menos junto ao dicionário, ambos têm razão.

Gabarito "E"

(Analista – TRT/11ª – 2012 – FCC) *Diz-se que tratar igualmente os desiguais é perpetuar a desigualdade.*

Da afirmação acima é coerente deduzir esta outra:

(A) Os homens são desiguais porque foram tratados com o mesmo critério de igualdade.

(B) A igualdade só é alcançável se abolida a fixação de um mesmo critério para casos muito diferentes.

(C) Quando todos os desiguais são tratados desigualmente, a desigualdade definitiva torna-se aceitável.

(D) Uma forma de perpetuar a igualdade está em sempre tratar os iguais como se fossem desiguais.

(E) Critérios diferentes implicam desigualdades tais que os injustiçados são sempre os mesmos.

A dedução possível é aquela que percebe a crueldade da aplicação de critérios idênticos para pessoas em situações diferentes. Escorar-se exclusivamente na igualdade formal (tratamento igual para todos, indistintamente) é fugir da justiça, que se baseia na busca pela igualdade real (tratamento diferenciado para corrigir desigualdades anteriores).

Gabarito "B"

(Analista – TRT/11ª – 2012 – FCC) Considerando-se o contexto, traduz-se adequadamente o sentido de um segmento em:

(A) *iluminar teses controvertidas* (1º parágrafo) = amainar posições dubitativas.

(B) *um preciso discernimento* (2º parágrafo) = uma arraigada dissuasão.

(C) *disseminar o juízo preconcebido* (2º parágrafo) = dissuadir o julgamento predestinado.

(D) *a forma mais censurável* (3º parágrafo) = o modo mais repreensível.

(E) *As acepções são inconciliáveis* (3º parágrafo) = as versões são inatacáveis.

A: incorreta. "Iluminar" foi usado como sinônimo de "clarear", "destacar". "Amainar" é sinônimo de "tornar manso"; **B:** incorreta. "Preciso" é sinônimo de "exato", "objetivo", e "discernimento" é sinônimo de "compreensão", "raciocínio". Já "arraigada" é sinônimo de "enraizada", "estabelecida", e "dissuasão" significa "convencer alguém a desistir"; **C:** incorreta. "Disseminar" é sinônimo de "difundir", "espalhar", que não se confunde com "dissuadir", verbo relativo a "dissuasão", vocábulo que já exploramos na alternativa anterior; **D:** correta. Todos os sinônimos foram usados corretamente; **E:** incorreta. "Inconciliáveis" são coisas que não podem conviver. "Inatacável" é aquilo que não pode ser atacado, que não pode ser atingido.

Gabarito "D"

Atenção: para responder as duas questões seguintes, considere o texto abaixo.

Nas décadas de 1930 e 40, enquanto eu crescia, o desenhista de quadrinhos ocupava um lugar na hierarquia cultural não muito inferior àquele ocupado pelo ator de cinema e pelo inventor. Walt Disney, Al Capp, Peter Arno – quem, agora, poderia conquistar tanta fama apenas com uma caneta de pena e um tinteiro?

(John Updike. "A mágica dos quadrinhos". **serrote**: uma revista de ensaios, ideias e literatura. n. 2, jul 2009. São Paulo: Instituto Moreira Salles, p. 17)

Obs.: Al Capp e Peter Arno foram cartunistas americanos contemporâneos de Walt Disney.

(TRT/4ª – 2011 – FCC) No excerto acima, o autor

(A) manifesta que, embora com poucos recursos, os desenhistas de quadrinhos de sua infância fascinavam o público.

(B) vale-se de uma pergunta retórica para expressar sua crença: atualmente, quem não domina a alta tecnologia não consegue distrair a plateia.

(C) critica o lugar de destaque que, no século passado, era concedido aleatoriamente a atores de cinema e inventores.

(D) favorece as lembranças de sua infância em prejuízo de considerações sobre os quadrinhos.

(E) recorre ao ator de cinema e ao inventor para demonstrar como desenhistas de quadrinhos foram sempre desconsiderados na cultura americana.

Em resumo, o texto fala que na infância do autor (décadas de 1930 e 40), os cartunistas com recursos simples ("apenas com uma caneta de pena e um tinteiro") conseguiam ocupar uma boa posição na hierarquia cultural. **A:** é exatamente o que o autor diz em sua pergunta retórica "quem, agora, poderia conquistar tanta fama apenas com uma caneta de pena e um tinteiro"; **B:** não se pode inferir que a crença dele seja: "quem não domina a alta tecnologia não consegue distrair a plateia", como a alternativa diz; **C:** não existe essa crítica, apenas a observação; **D:** ao contrário do afirmado, nesse excerto o autor favorece as considerações sobre os autores de quadrinhos e não suas lembranças de infância; **E:** é o aposto do que se afirma nessa alternativa, o autor recorre ao ator de cinema e ao inventor para mostrar a consideração que os cartunistas tinham na cultura americana.

Gabarito "A"

(TRT/4ª – 2011 – FCC) Sobre o que se tem no excerto, é correto afirmar:

(A) Walt Disney, Al Capp, Peter Arno é sequência que descreve a hierarquia cultural citada, do posto mais elevado para o menos elevado.

(B) *tanta* caracteriza a reputação dos desenhistas citados, tal como percebida pelo autor.

(C) *apenas* denota que o autor deprecia a produção de muitos desenhistas de quadrinhos.

(D) *Nas décadas de 1930 e 40* equivale a "Nas décadas precedentes".

(E) *enquanto eu crescia* marca o início da ação de "ocupar".

A: não se trata de uma hierarquia, apenas de uma enumeração; **B:** o autor valoriza a reputação dos desenhistas citados e usa o termo *tanta* para intensificar o substantivo "fama"; **C:** o advérbio apenas não deprecia. Tem as acepções: exclusivamente, somente; **D:** seria "Nas décadas precedentes" se no texto houvesse menção à década de 50. Não há. Então, a alternativa está incorreta. **E:** "enquanto eu crescia" indica a circunstância do verbo *ocupar*, que tem como sujeito "o desenhista de quadrinhos".

Gabarito "B"

[Entre falar e escrever]

Antigamente os professores de ginásio* ensinavam a escrever mandando fazer redações que puxavam insensivelmente para a grandiloquência, o preciosismo ou a banalidade: descrever uma floresta, uma tempestade, o estouro da boiada; comentar os males causados pelo fumo, o jogo, a bebida; dizer o que pensa da pátria, da guerra, da bandeira. Bem ou mal, íamos aprendendo, sobretudo porque naquele tempo os professores tinham tempo para corrigir os exercícios escritos (o meu chegava a devolver os nossos com igual número de páginas de observações e comentários a tinta vermelha; que Deus o tenha no céu dos bons gramáticos). *Mas o efeito podia ser duvidoso. Lembre-se por analogia o começo do romance S. Bernardo, de Graciliano Ramos. O rústico fazendeiro Paulo Honório quer contar a própria vida, mas sendo homem sem instrução, imagina um método prático: contaria os fatos ao jornalista local e este redigiria. No entanto... Leiamos:*

O resultado foi um desastre. Quinze dias depois do nosso primeiro encontro, o redator do jornal apresentou-me dois capítulos datilografados, tão cheios de besteiras que me zanguei: – Vá para o inferno, Gondim. Você acanalhou o troço. Está pernóstico, está safado, está idiota!

Há lá ninguém que fale dessa forma!

O jornalista observa então que "um artista não pode escrever como fala", e ante o espanto de Paulo Honório, explica:

– Foi assim que sempre se fez. A literatura é literatura, seu Paulo. A gente discute, briga, trata de negócios naturalmente, mas arranjar palavras com tinta é outra coisa. Se eu fosse escrever como falo, ninguém me lia.

Então Paulo Honório põe mãos à obra do seu jeito, "escreve como fala" e resulta o romance S. Bernardo, um clássico de Graciliano Ramos.

(Adaptado de Antonio Candido, *O albatroz e o chinês*)

* Ginásio: antiga denominação de período escolar, que hoje corresponde às quatro últimas séries do ensino fundamental.

(Analista – TRT/20ª – 2011 – FCC) O autor do texto deixa ver que seus professores no ginásio acabavam valorizando, numa redação,

(A) formas concisas de expressão e ousada inventividade linguística.

(B) ostentação retórica e correta abordagem de temas educativos e cívicos.

(C) valores morais edificantes e expressões em nível bastante coloquial.

(D) rigorosa correção ortográfica e originalidade na condução de temas polêmicos.

(E) o cultivo do pensamento autocrítico e discrição quanto ao estilo praticado.

Reler o trecho: *"ensinavam a escrever mandando fazer redações que puxavam insensivelmente para a grandiloquência, o preciosismo ou a banalidade: descrever uma floresta, uma tempestade, o estouro da boiada; comentar os males causados pelo fumo, o jogo, a bebida; dizer o que pensa da pátria, da guerra, da bandeira."*

Gabarito "B"

(Analista – TRT/20ª – 2011 – FCC) Ao lembrar que *o efeito podia ser duvidoso*, o autor do texto está aventando a hipótese de que, nas redações,

(A) as banalidades decorriam do fato de os alunos não terem aceitado as orientações dos professores.

(B) alguns fracassos originavam-se do fato de que os temas eram por demais complexos para a faixa etária dos alunos.

(C) expressavam-se muitas dúvidas quanto a ser mais desejável a grandiloquência do que o despojamento da linguagem.

(D) nem sempre era muito positivo o saldo final das atividades exercidas pelos mestres e pelos alunos.

(E) o que parecia ser um defeito ou uma impropriedade era, na verdade, o resultado de um excessivo domínio da língua.

A alternativa mais correta é "nem sempre era muito positivo". Primeiro Antonio Candido escreve: *"ensinavam a escrever mandando fazer redações que puxavam insensivelmente para a grandiloquência, o preciosismo ou a banalidade"* e em seguida: *"o efeito podia ser duvidoso". Infere-se que o saldo final das atividades nem sempre era positivo.*

Gabarito "D"

(Analista – TRT/20ª – 2011 – FCC) Atente para as seguintes afirmações:

I. Os dois trechos citados de S. Bernardo ilustram posições antagônicas quanto a atributos que devem marcar a linguagem literária.

II. A linguagem do primeiro trecho citado de S. Bernardo não satisfaz os requisitos preciosistas impostos pelos antigos professores de ginásio.

III. Deduz-se que o jornalista Gondim é um adepto da linguagem direta e simples, havendo mostrado um estilo "pernóstico" apenas para atender o gosto pessoal de Paulo Honório.

Em relação ao texto, está correto SOMENTE o que se afirma em

(A) I.
(B) II.
(C) III.
(D) I e II.
(E) II e III.

I: há o antagonismo entre "arranjar palavras com tinta" e "escreve como fala"; **II**: os antigos professores *"ensinavam a escrever mandando fazer redações que puxavam insensivelmente para a grandiloquência, o preciosismo". O primeiro trecho citado de S. Bernardo diz: "– Vá para o inferno, Gondim. Você acanalhou o troço. Está pernóstico, está safado, está idiota!"*; **III**: deduz-se que a linguagem de Paulo Honório é direta e simples.

Gabarito "D"

De volta à Antártida

A Rússia planeja lançar cinco novos navios de pesquisa polar como parte de um esforço de US$ 975 milhões para reafirmar a sua presença na Antártida na próxima década. Segundo o blog Science Insider, da revista Science, um documento do governo estabelece uma agenda de prioridades para o continente gelado até 2020. A principal delas é a reconstrução de cinco estações de pesquisa na Antártida, para realizar estudos sobre mudanças climáticas, recursos pesqueiros e navegação por satélite, entre outros. A primeira expedição da extinta União Soviética à Antártida aconteceu em 1955 e, nas três décadas seguintes, a potência comunista construiu sete estações de pesquisa no continente. A Rússia herdou as estações em 1991, após o colapso da União Soviética, mas pouco conseguiu investir em pesquisa polar depois disso. O documento afirma que Moscou deve trabalhar com outras nações para preservar a "paz e a estabilidade" na Antártida, mas salienta que o país tem de se posicionar para tirar vantagem dos recursos naturais caso haja um desmembramento territorial do continente.

(Pesquisa Fapesp, dezembro de 2010, no 178, p. 23)

(Analista – TRE/TO – 2011 – FCC) Em *"paz e a estabilidade"*, na última frase do texto, o emprego das aspas

(A) indica que esse segmento é transcrição literal do documento do governo russo mencionado no início do texto.
(B) sugere a desconfiança do autor do artigo com relação aos supostos propósitos da Rússia de manter a paz na Antártida.
(C) revela ser esse o principal objetivo do governo russo ao reconstruir estações de pesquisa na Antártida que datam do período soviético.
(D) aponta para o sentido figurado desses vocábulos, que não devem ser entendidos em sentido literal, como o constante dos dicionários.
(E) justifica-se pela sinonímia existente entre *paz* e *estabilidade*, o que torna impensável a existência de uma sem a outra.

Releia o último período: "O documento afirma que Moscou deve trabalhar com outras nações para preservar a "paz e a estabilidade" na Antártida, mas salienta que o país tem de se posicionar para tirar vantagem dos recursos naturais caso haja um desmembramento territorial do continente."

Gabarito "A"

(Analista – TRE/TO – 2011 – FCC) Há exemplos de palavras ou expressões empregadas no texto para retomar outras já utilizadas sem repeti-las literalmente, como ocorre em:

I. o continente gelado – a Antártida
II. Moscou – a Rússia
III. a revista *Science* – o *blog Science Insider*
IV. a potência comunista – a União Soviética

Atende corretamente ao enunciado da questão o que está em

(A) I e III, apenas.
(B) I e IV, apenas.
(C) II e III, apenas.
(D) I, II e IV, apenas.
(E) I, II, III e IV.

I e **III**: "na Antártida na próxima década. Segundo o blog *Science Insider*, da revista *Science* [o blog é da revista, não se pretende retomar um termo já utilizado], um documento do governo estabelece uma agenda de prioridades para o continente gelado até 2020."; **II**: "O documento afirma que Moscou deve trabalhar com outras nações"; **IV**: "A primeira expedição da extinta União Soviética à Antártida aconteceu em 1955 e, nas três décadas seguintes, a potência comunista construiu sete estações de pesquisa no continente."

Gabarito "D"

Atenção: para responder próximas questões, considere o texto abaixo.

Esta é uma história da Bossa Nova e dos rapazes e moças que a fizeram, quando eles tinham entre quinze e trinta anos. É também um livro que se pretende o mais factual e objetivo possível. Evidente que, tendo sido escrito por alguém que vem ouvindo Bossa Nova desde que ela ganhou este nome (e que nunca se conformou quando o Brasil começou a trocá-la por exotismos), uma certa dose de paixão acabou se intrometendo na receita – sem interferir, espero, pró ou contra, na descrição da trajetória de qualquer personagem.

Os seres humanos, assim como os LPs, têm lados A e B, e houve um esforço máximo para que ambos fossem mostrados.

Para compor essa história, as informações foram buscadas em primeira mão, entre os protagonistas, coadjuvantes ou figurantes de cada evento aqui descrito, citados na lista de agradecimentos. Toda informação importante foi checada e rechecada com mais de uma fonte. A natureza de certas informações torna impossível que sejam especificadas como "entrevista realizada no dia X, na cidade Y, com Fulano de Tal", porque isto seria a quebra de um preceito ético de proteção à fonte. No caso de fontes que não se furtaram a ser identificadas, estas são mencionadas no corpo do texto. As histórias aqui incluídas levaram em conta apenas a importância que tiveram no desenvolvimento ou na carreira deste ou daquele artista ou da Bossa Nova em conjunto.

(Ruy Castro, "Introdução e agradecimentos". **Chega de saudade**: a história e as histórias da Bossa Nova. São Paulo: Companhia das Letras, 1990, p. 15)

(Analista – TRT/14ª – 2011 – FCC) O autor do texto

(A) advoga para seu relato a condição de "história", por cumprir o protocolo científico: absoluta fidelidade na descrição dos fatos, dados definitivos e cabal objetividade.

(B) emprega simultaneamente *história* e *histórias,* o que libera a obra do compromisso com o constatável, como o ratifica o uso das palavras típicas da ficção *personagem, protagonistas, coadjuvantes* e *figurantes.*

(C) explicita a perspectiva adotada na produção da obra referindo-se a si próprio predominantemente em terceira pessoa, sem deixar, entretanto, em dado momento, de assumir diretamente sua voz.

(D) define o foco da pesquisa que deu origem ao livro: a reação de pessoas entre quinze e trinta anos diante do desenvolvimento da Bossa Nova.

(E) assume ter pretendido escrever uma história apaixonada sobre a Bossa Nova, o que o leva a pedir a indulgência do leitor quanto às inadequações decorrentes dessa intenção.

Reveja trecho: "*Esta é uma história da Bossa Nova e dos rapazes e moças que a fizeram, quando eles tinham entre quinze e trinta anos. É também um livro que se pretende o mais factual e objetivo possível. Evidente que, tendo sido escrito por alguém [*'a perspectiva adotada na produção da obra referindo-se a si próprio predominantemente em terceira pessoa'] *que vem ouvindo Bossa Nova desde que ela ganhou este nome (e que nunca se conformou quando o Brasil começou a trocá-la por exotismos), uma certa dose de paixão acabou se intrometendo na receita – sem interferir, espero [*'sem deixar, entretanto, em dado momento, de assumir diretamente sua voz'], *pró ou contra, na descrição da trajetória de qualquer personagem."*

Gabarito "C"

(Analista – TRT/14ª – 2011 – FCC) Compreende-se corretamente do texto:

(A) a caracterização de *entrevista* (linhas 20 e 21) prepara o leitor para a decodificação de certas informações que são tratadas de modo cifrado no livro.

(B) *as histórias* que compõem o livro (linha 25) não possuem relevo próprio, merecendo presença na obra unicamente por tangenciarem a trajetória da Bossa Nova.

(C) a comparação entre *LPs* e *seres humanos* (linha 11) se fundamenta no traço comum "caráter bifronte".

(D) ao fazer referência a *um esforço máximo* (linha 12), o autor expressa sua concepção de que a volubilidade torna os seres humanos indecifráveis.

(E) ao referir-se a informações *em primeira mão* (linha 15), o autor informa que os eventos que compõem a história escrita por ele jamais tinham vindo a público.

A: as informações não serão tratadas de modo cifrado. Trata-se de um exemplo do que não se pretende fazer: "*impossível que sejam especificadas como 'entrevista realizada no dia X, na cidade Y, com Fulano de Tal';* **B:** *veja trecho: "Evidente que, tendo sido escrito por alguém que vem ouvindo Bossa Nova desde que ela ganhou este nome (...), uma certa dose de paixão acabou se intrometendo na receita";* **C:** *é exatamente o "caráter bifronte" que se quer mostrar: "Os seres humanos, assim como os LPs, têm lados A e B, e houve um esforço máximo para que ambos fossem mostrados.";* **D:** *não se pode inferir isso;* **E:** *apenas sabemos que o autor conseguiu as informações diretamente da fonte.* "

Gabarito "C"

(Analista – TRT/14ª – 2011 – FCC) No primeiro parágrafo do texto,

(A) os parênteses (linhas 6 a 8) acolhem explicação sobre o que ocorreu com a Bossa Nova quando o Brasil começou a trocá-la por exotismos.

(B) a frase *quando eles tinham entre quinze e trinta anos* (linhas 2 e 3) delimita o período da concomitância entre a vivência dos jovens e o ato de escrita da obra.

(C) *Esta* (linha 1) e *a* (linha 2) são pronomes que se antecipam ao elemento a que cada um deles se refere.

(D) o segmento introduzido pelo travessão (linha 9) expressa um julgamento que traz as marcas de uma presunção.

(E) foram empregados com sentido equivalente os segmentos *uma história da Bossa Nova* (linha 1), *um livro* (linha 3) e *escrito* (linha 5).

A: os parênteses em "*alguém que vem ouvindo Bossa Nova desde que ela ganhou este nome (e que nunca se conformou quando o Brasil começou a trocá-la por exotismos)" expressa uma impressão do autor;* **B:** *trata-se apenas da idade dos jovens e não se trata do ato de escrita da obra: "Esta é uma história da Bossa Nova e dos rapazes e moças que a fizeram, quando eles tinham entre quinze e trinta anos."* **D:** *o autor deixa clara sua opinião: "– sem interferir, espero, pró ou contra, na descrição da trajetória de qualquer personagem";* **E:** *"história da Bossa Nova" e "livro" se equivalem, porém "escrito" é, nesse contexto, verbo no particípio e não substantivo.*

Gabarito "D"

Da timidez

Ser um tímido notório é uma contradição. O tímido tem horror a ser notado, quanto mais a ser notório. Se ficou notório por ser tímido, então tem que se explicar. Afinal, que retumbante timidez é essa, que atrai tanta atenção? Se ficou notório apesar de ser tímido, talvez estivesse se enganando junto com os outros e sua timidez seja apenas um estratagema para ser notado. Tão secreto que nem ele sabe. É como no paradoxo psicanalítico: só alguém que se acha muito superior procura o analista para tratar um complexo de inferioridade, porque só ele acha que se sentir inferior é doença.

Todo mundo é tímido, os que parecem mais tímidos são apenas os mais salientes. Defendo a tese de que ninguém é mais tímido do que o extrovertido. O extrovertido faz questão de chamar atenção para sua extroversão, assim ninguém descobre sua timidez. Já no notoriamente tímido a timidez que usa para disfarçar sua extroversão tem o tamanho de um carro alegórico.

Segundo minha tese, dentro de cada Elke Maravilha* existe um tímido tentando se esconder, e dentro de cada tímido existe um exibido gritando: "Não me olhem! Não me olhem!", só para chamar a atenção.

O tímido nunca tem a menor dúvida de que, quando entra numa sala, todas as atenções se voltam para ele e para sua timidez espetacular. Se cochicham, é sobre ele. Se riem, é dele. Mentalmente, o tímido nunca entra num lugar. Explode no lugar, mesmo que chegue com a maciez estudada de uma noviça. Para o tímido, não apenas todo mundo mas o próprio destino não pensa em outra coisa a não ser nele e no que pode fazer para embaraçá-lo.

* Atriz de TV muito extrovertida, identificada pela maquiagem e roupas extravagantes. (Luís Fernando Veríssimo, Comédias para se ler na escola)

(Analista – TRT/2ª – 2008 – FCC) Na abordagem da timidez, o autor se vale de contradições e paradoxos para demonstrar que

(A) o comportamento dos extrovertidos revela seu desejo de serem notados.

(B) as atitudes de um tímido derivam de seu complexo de superioridade.

(C) a timidez e a extroversão não podem ser claramente distinguidas.

(D) o tímido opõe-se ao extrovertido porque assim ninguém o reconhece.

(E) os extrovertidos são habitualmente reconhecidos como tímidos notórios.

A: é o oposto, segundo o autor "O extrovertido faz questão de chamar atenção para sua extroversão, assim ninguém descobre sua timidez"; **B:** o autor se refere ao complexo de superioridade não como causadores das atitudes do tímido, mas para caracterizar aquele que "procura o analista para tratar um complexo de inferioridade"; **C:** o autor, divertidamente, confunde as figuras do tímido e do extrovertido; **D:** segundo o autor, o tímido quer mesmo é ser notado, pois "dentro de cada tímido existe um exibido gritando: 'Não me olhem! Não me olhem!', só para chamar a atenção."; **E:** o autor não afirma isso, mas apenas que "Ser um tímido notório é uma contradição".

Gabarito "C"

(Analista – TRT/2ª – 2008 – FCC) Considerando-se o contexto do primeiro parágrafo, deduz-se da frase *só ele acha que se sentir inferior é doença* que, na opinião do autor,

(A) a timidez leva ao complexo de inferioridade.

(B) o sentimento de inferioridade não é uma anomalia.

(C) o complexo de inferioridade não tem tratamento.

(D) o sentimento de inferioridade é próprio dos tímidos.

(E) a timidez é um disfarce para os muito extrovertidos.

A frase indica que o sentimento de inferioridade é algo normal, a que as pessoas comuns não dão maior importância, pois "só alguém que se acha muito superior (...) acha que se sentir inferior é doença."

Gabarito "B"

(Analista – TRT/2ª – 2008 – FCC) Reconhece-se como em si mesma paradoxal a seguinte expressão do texto:

(A) retumbante timidez.

(B) *Todo mundo é tímido.*

(C) *maciez estudada.*

(D) *tem horror a ser notado.*

(E) *faz questão de chamar atenção.*

O paradoxo é pensamento ou argumento que contraria os princípios básicos que costumam orientar o pensamento humano, ou desafia a opinião compartilhada pela maioria. A palavra *retumbante* tem a acepção daquilo que se reflete com estrondo, grande barulho. Esse significado é paradoxal em relação à acepção da palavra *timidez.*

Gabarito "A"

Atenção: as questões seguintes referem-se ao texto abaixo.

Duas linguagens

Na minha juventude, tive um grande amigo que era estudante de Direito. Ele questionava muito sua vocação para os estudos jurídicos, pois também alimentava enorme interesse por literatura, sobretudo pela poesia, e não achava compatíveis a linguagem de um código penal e a frequentada pelos poetas.

Apesar de reconhecer essa diferença, eu o animava, sem muita convicção, lembrando-lhe que grandes escritores tinham formação jurídica, e esta não lhes travava o talento literário.

Outro dia reencontrei-o, depois de muitos anos. É juiz de direito numa grande comarca, e parece satisfeito com a profissão.

Hesitei em lhe perguntar sobre o gosto pela poesia, e ele, parecendo adivinhar, confessou que havia publicado alguns livros de poemas – "inteiramente despretensiosos", frisou. Ficou de me mandar um exemplar do último, que havia lançado recentemente.

Hoje mesmo recebi o livro, trazido em casa por um amigo comum. Os poemas são muito bons; têm uma secura de estilo que favorece a expressão depurada de finos sentimentos.

Busquei entrever naqueles versos algum traço bacharelesco, alguma coisa que lembrasse a linguagem processual. Nada.

Não resisti e telefonei ao meu amigo, perguntando-lhe como conseguiu elidir tão completamente sua formação e sua vida profissional, frequentando um gênero literário que costuma impelir ao registro confessional. Sua resposta:

– Meu caro, a objetividade que tenho de ter para julgar os outros comunica-se com a objetividade com que busco tratar minhas paixões. Ser poeta é afinar palavra justas e precisos sentimentos. Justeza e justiça podem ser irmãs.

E eu que nunca tinha pensado nisso...

(Ariovaldo Cerqueira, inédito)

(Analista – TRT/2ª – 2008 – FCC) O argumento em favor da plena compatibilidade entre a linguagem da poesia e a das práticas jurídicas está formulado na seguinte frase:

(A) *É juiz de direito numa grande comarca, e parece satisfeito com a profissão.*

(B) *Apesar de reconhecer essa diferença, eu o animava, sem muita convicção (...)*

(C) *(...) têm uma secura de estilo que favorece a expressão depurada de finos sentimentos.*

(D) *(...) conseguiu elidir tão completamente sua formação e sua vida profissional (...)*

(E) *Justeza e justiça podem ser irmãs.*

A: essa frase não faz referência à poesia; **B:** o autor expõe, nessa frase, dúvida quanto à compatibilidade entre as linguagens jurídica e poética;

C: a frase refere-se aos poemas do juiz, sem referência à linguagem jurídica; **D:** o autor refere-se à dúvida quanto ao afastamento da influência jurídica sobre a obra poética (não se refere à compatibilidade entre as linguagens, portanto); **E:** "Justeza" refere-se à poesia, enquanto "Justiça" à linguagem jurídica. A fraternidade (*podem ser irmãs*) indica a compatibilidade entre as linguagens poética e jurídica.

Gabarito "E"

(Analista – TRT/2ª – 2008 – FCC) Considerando-se o contexto, traduz-se corretamente o sentido de um segmento do texto em:

(A) *não lhes travava o talento* = não ia ao encontro de seu potencial.

(B) *"inteiramente despretensiosos", frisou* = "em nada intencionais", aludiu.

(C) *têm uma secura de estilo* = manifestam uma esterilidade.

(D) *como conseguiu elidir* = como logrou obliterar.

(E) *impelir ao registro confessional* = demover o plano das confissões.

A: ir "ao encontro" é harmonizar-se, enquanto ir "de encontro" é confrontar. "Travava o talento" tem o sentido de impedir, confrontar, ir de encontro (não ao encontro); **B:** o termo "despretensiosos" indica que o autor das poesias procura mostrar humildade, o que não significa falta de "intenção"; **C:** "secura de estilo" parece indicar um texto claro, fluido, sem exageros, o que não significa "esterilidade", ausência de criatividade ou de valor literário; **D:** "elidir" e "obliterar" têm o mesmo significado, no contexto, de excluir, eliminar; **E:** "impelir ao registro confessional" significa conduzir, sugerir, levar o autor a expressar seus sentimentos íntimos, o que é o oposto de "demover", afastar esse ímpeto confessional.

Gabarito "D"

(Analista – TRT/2ª – 2008 – FCC) A afirmação feita pelo juiz de que a objetividade para julgar alguém comunica-se com a objetividade poética na expressão das paixões salienta sua convicção de que

(A) não há distinção visível entre as duas atividades.

(B) um julgamento é permeado pelos puros sentimentos.

(C) a oposição entre ambas as situações reforça-as mutuamente.

(D) a linguagem confessional serve a ambas as situações.

(E) a busca de precisão é indispensável nos dois casos.

A: "comunica-se" indica que há similitude, não identidade (não são conceitos idênticos); **B:** "objetividade para julgar" opõe-se à ideia de que o julgamento possa ser permeado, influenciado, orientado por sentimentos, pela subjetividade; **C:** a afirmação não indica oposição entre as situações, mas similitude; **D:** a linguagem confessional refere-se à poesia, não à atividade jurisdicional; **E:** essa é a ideia passada pelo uso do termo "objetividade", comum às linguagens poética e jurídica.

Gabarito "E"

Será a felicidade necessária?

Felicidade é uma palavra pesada. Alegria é leve, mas felicidade é pesada. Diante da pergunta "Você é feliz?", dois fardos são lançados às costas do inquirido. O primeiro é procurar uma definição para felicidade, o que equivale a rastrear uma escala que pode ir da simples satisfação de gozar de boa saúde até a conquista da bem-aventurança. O segundo é examinar-se, em busca de uma resposta.

Nesse processo, depara-se com armadilhas. Caso se tenha ganhado um aumento no emprego no dia anterior, o mundo parecerá belo e justo; caso se esteja com dor de dente, parecerá feio e perverso. Mas a dor de dente vai passar, assim como a euforia pelo aumento de salário, e se há algo imprescindível, na difícil conceituação de felicidade, é o caráter de permanência. Uma resposta consequente exige colocar na balança a experiência passada, o estado presente e a expectativa futura. Dá trabalho, e a conclusão pode não ser clara.

Os pais de hoje costumam dizer que importante é que os filhos sejam felizes. É uma tendência que se impôs ao influxo das teses libertárias dos anos 1960. É irrelevante que entrem na faculdade, que ganhem muito ou pouco dinheiro, que sejam bem-sucedidos na profissão. O que espero, eis a resposta correta, é que sejam felizes. Ora, felicidade é coisa grandiosa. É esperar, no mínimo, que o filho sinta prazer nas pequenas coisas da vida. Se não for suficiente, que consiga cumprir todos os desejos e ambições que venha a abrigar. Se ainda for pouco, que atinja o enlevo místico dos santos. Não dá para preencher caderno de encargos mais cruel para a pobre criança.

(Trecho do artigo de Roberto Pompeu de Toledo. **Veja**. 24 de março de 2010, p. 142)

(BB – Escriturário – 2011 – FCC) De acordo com o texto,

(A) a realização pessoal que geralmente faz parte da vida humana, como o sucesso no trabalho, costuma ser percebida como sinal de plena felicidade.

(B) as atribuições sofridas podem comprometer o sentimento de felicidade, pois superam os benefícios de conquistas eventuais.

(C) o sentimento de felicidade é relativo, porque pode vir atrelado a circunstâncias diversas da vida, ao mesmo tempo que deve apresentar constância.

(D) as condições da vida moderna tornam quase impossível a alguma pessoa sentir-se feliz, devido às rotineiras situações da vida.

(E) muitos pais se mostram despreparados para fazer com que seus filhos planejem sua vida no sentido de que sejam, realmente, pessoas felizes.

O autor expressa a dificuldade de se definir a felicidade e de se alcançá-la de forma plena, considerando que as diferentes sensações experimentadas pelas pessoas implicam em momentos felizes ou tristes, com grande variação. Porém, a permanência da alegria é imprescindível para se falar em felicidade.

Gabarito "C"

(BB – Escriturário – 2011 – FCC) A afirmativa correta, em relação ao texto, é:

(A) A expectativa de muitos, ao colocarem a felicidade acima de quaisquer outras situações da vida diária, leva à frustração diante dos pequenos sucessos que são regularmente obtidos, como, por exemplo, no emprego.

(B) Sentir-se alegre por haver conquistado algo pode significar a mais completa felicidade, se houver uma determinação, aprendida desde a infância, de sentir-se feliz com as pequenas coisas da vida.

(C) As dificuldades que em geral são encontradas na rotina diária levam à percepção de que a alegria é um sentimento muitas vezes superior àquilo que se supõe, habitualmente, tratar-se de felicidade absoluta.

(D) A possibilidade de que mais pessoas venham a sentir-se felizes decorre de uma educação voltada para a simplicidade de vida, sem esperar grandes realizações, que acabam levando apenas a frustrações.

(E) Uma resposta provável à questão colocada como título do texto remete à constatação de que felicidade é um estado difícil de ser alcançado, a partir da própria complexidade de conceituação daquilo que se acredita ser a felicidade.

Valem aqui os mesmos comentários dispostos para a questão anterior, indicando a impossibilidade de se vincular o conceito de felicidade ou infelicidade a apenas um ou outro acontecimento respectivamente bom ou ruim. Conclui-se, então, que a busca pela felicidade como entidade plena mais atrapalha do que ajuda, diante da dificuldade até mesmo de defini-la basicamente. Não é fácil procurar por uma coisa que não sabemos exatamente como é.

Gabarito "E"

(BB – Escriturário – 2011 – FCC) *O que espero, eis a resposta correta, é que sejam felizes.* Ora, *felicidade é coisa grandiosa.* (3º parágrafo)

Com a palavra grifada, o autor

(A) retoma o mesmo sentido do que foi anteriormente afirmado.

(B) exprime reserva em relação à opinião exposta na afirmativa anterior.

(C) coloca uma alternativa possível para a afirmativa feita anteriormente.

(D) determina uma situação em que se realiza a probabilidade antes considerada.

(E) estabelece algumas condições necessárias para a efetivação do que se afirma.

No contexto, "ora" tem função de interjeição, demonstrando uma sensação de dúvida, de reserva sobre o que se afirmou anteriormente.

Gabarito "B"

(BB – Escriturário – 2011 – FCC) Nos pares de frases abaixo, é correto afirmar que o sentido expresso na frase I está sendo retomado com outras palavras na frase II APENAS em:

(A) I. O primeiro [fardo] é procurar *uma definição para felicidade...*

II. ...que importante é que os filhos sejam felizes.

(B) I. O segundo [fardo] é examinar-*se, em busca de uma resposta.*

II. O que espero, eis a resposta correta, é que sejam felizes.

(C) I. *Nesse processo, depara-se com armadilhas.*

II. ...colocar na balança a experiência passada...

(D) I. ... *até a conquista da bem-aventurança.*

II. Se ainda for pouco, que atinja o enlevo místico dos santos.

(E) I. ... *felicidade é coisa grandiosa.*

II. ...que o filho sinta prazer nas pequenas coisas da vida.

O único par de expressões que se relacionam corretamente é o trazido pela alternativa "D". "Bem-aventurança" é um termo religioso, utilizado para definir cada etapa do processo de elevação do espírito e a prática dos ensinamentos do messias. O alcance pleno das bem-aventuranças é típico dos homens tidos por santos.

Gabarito "D"

Desde o início da evolução humana, buscamos formas alternativas para o nosso desenvolvimento, seja por meio da fala, de ferramentas ou de associações para superar barreiras. Nos últimos tempos, nos acostumamos à expressão Tecnologia Social, sem compreender exatamente o que isso significa.

Para a Fundação Banco do Brasil, o conceito de Tecnologia Social percorre as experiências desenvolvidas nas comunidades urbanas e rurais, nos movimentos sociais, nos centros de pesquisa e nas universidades – que podem produzir métodos, técnicas ou produtos que contribuam para a inclusão e a transformação social, em particular quando desenvolvidas em um processo no qual se soma e se compartilha o conhecimento científico com o saber popular.

Muitas experiências foram desenvolvidas no Brasil, nos últimos anos, tendo como perspectiva a construção do desenvolvimento local, com sustentabilidade. Nesse processo, o objetivo é, ao mesmo tempo, dinamizar as potencialidades locais e desbloquear aqueles entraves que impedem esse potencial de se realizar. Grupos e comunidades organizadas, ou em organização, presentes em todo o país, buscam levar adiante projetos de geração de trabalho e renda nas mais diversas realidades, seja no campo, seja nas pequenas, médias e grandes cidades.

Nos povoados com características do mundo rural, esses projetos aparecem em atividades tradicionais que vão do artesanato, casas de farinha, criação de galinha caipira, produção de rapadura ou de cachaça até às atividades mais novas da apicultura, piscicultura, fruticultura. Nas grandes cidades, na reciclagem, nos espaços de inclusão digital e nas rádios comunitárias, entre outras atividades, milhares de pessoas desenvolvem empreendimentos econômicos e solidários, dos quais muitos contam com a parceria da Fundação Banco do Brasil.

(Adaptado de artigo de Jacques de Oliveira Pena. **http://www.fbb.org.br**/portal/pages/publico/expandir.fbb?cod ConteudoLog=8577, acessado em 15 de janeiro de 2011)

(BB – Escriturário – 2011 – FCC) O texto afirma que

(A) as áreas rurais, por suas características, têm recebido maior número de propostas direcionadas para seu desenvolvimento.

(B) projetos de desenvolvimento urbano são em número reduzido por serem essas áreas já consideradas em desenvolvimento.

(C) as atividades artesanais que se baseiam no saber popular nem sempre geram emprego e renda na quantidade necessária para as comunidades carentes.

(D) as atividades econômicas, cujo objetivo está no auxílio a comunidades carentes, devem estar vinculadas a instituições financeiras.

(E) projetos de geração de trabalho e renda surgem em todo o país, de acordo com as características e necessidades do lugar onde são desenvolvidos.

O texto afirma que os investimentos devem ser realizados igualmente na área urbana e na área rural, porque ambas são potencialmente geradoras de desenvolvimento, guardando, cada uma, suas próprias características.

Gabarito "E"

(BB – Escriturário – 2011 – FCC) A afirmativa correta, segundo o texto, é:

(A) A organização de grupos voltados para melhorias das atividades econômicas esbarra na ausência de formação de seus componentes.

(B) O 2º parágrafo explica claramente o significado da expressão *Tecnologia Social* e seu papel no desenvolvimento sustentável de comunidades.

(C) É difícil determinar, com clareza, quais formas alternativas seriam necessárias para o desenvolvimento de comunidades.

(D) A indefinição sobre o que seja *conhecimento científico* ou *saber popular* torna difícil a aplicação de um ou de outro nas comunidades mais pobres.

(E) Nem sempre as experiências programadas para determinados lugares apresentam resultados satisfatórios, devido à resistência contra inovações no modo de vida local.

Correta a alternativa "B", visto que o parágrafo esclarece completamente o conceito de "tecnologia social", que é o fundamento das ações da fundação tratada no texto. As demais alternativas apresentam conclusões que não podem ser extraídas dos relatos apresentados, por não guardarem com eles a necessária correspondência lógica.

Gabarito "B"

(BB – Escriturário – 2011 – FCC) ...*que impedem* esse *potencial de se realizar.* (3º parágrafo)

A expressão grifada acima retoma, considerando-se o contexto, o sentido de

(A) busca de formas alternativas. (1º parágrafo)

(B) compartilhamento do saber científico. (2º parágrafo)

(C) conceito de Tecnologia Social. (2º parágrafo)

(D) construção do desenvolvimento local. (3º parágrafo)

(E) espaço de inclusão digital. (4º parágrafo)

"Esse" é pronome demonstrativo que, exercendo função anafórica, retoma, no contexto, o termo "construção do desenvolvimento local".

Gabarito "D"

(BB – Escriturário – 2011 – FCC) *Nesse processo, o objetivo é, ao mesmo tempo,* dinamizar *as potencialidades locais* e desbloquear aqueles entraves *que impedem esse potencial de se realizar.* (3º parágrafo)

Os dois segmentos grifados acima podem ser substituídos, mantendo-se o mesmo sentido, na ordem, por:

(A) reduzir -equacionar os problemas

(B) incentivar -afastar os obstáculos

(C) desconsiderar -libertar os fatores

(D) diversificar -identificar os empecilhos

(E) valorizar -perceber as dificuldades

"Dinamizar" é sinônimo de "incentivar", "acelerar"; "desbloquear" remete a "afastar", "retirar"; "entrave" é equivalente a "obstáculos", "empecilhos". Correta, portanto, a alternativa "B", que anota os sinônimos corretos para as duas expressões destacadas.

Gabarito "B"

Madrugada na aldeia

Madrugada na aldeia nervosa,
com as glicínias escorrendo orvalho,
os figos prateados de orvalho,
as uvas multiplicadas em orvalho,
as últimas uvas miraculosas.
O silêncio está sentado pelos corredores,
encostado às paredes grossas,
de sentinela.
E em cada quarto os cobertores peludos envolvem o sono:
poderosos animais benfazejos, encarnados e negros.
Antes que um sol luarento
dissolva as frias vidraças,
e o calor da cozinha perfume a casa
com lembrança das árvores ardendo,
a velhinha do leite de cabra desce as pedras da rua
antiquíssima, antiquíssima,
e o pescador oferece aos recém-acordados
os translúcidos peixes,
que ainda se movem, procurando o rio.

(Cecília Meireles. **Mar absoluto**, in **Poesia completa**. Rio de Janeiro: Nova Aguilar, 1994, p.311)

(BB – Escriturário – 2011 – FCC) Considere as afirmativas seguintes:

I. O assunto do poema reflete simplicidade de vida, coerentemente com o título.

II. Predominam nos versos elementos descritivos da realidade.

III. Há no poema clara oposição entre o frio silencioso da madrugada e o sol que surge e traz o calor do dia.

Está correto o que consta em

(A) I, II e III.

(B) I, apenas.

(C) III, apenas.

(D) II e III, apenas.

(E) I e II, apenas.

I: correto. O poema trata das coisas simples da vida no campo; **II:** correto. O texto é eminentemente descritivo; **III:** incorreta. Tal oposição não está clara, mas implícita, sendo inferida a leitura do poema.

Gabarito "E"

(BB – Escriturário – 2011 – FCC) O verso *com lembrança das árvores ardendo* remete

(A) ao ambiente natural existente em toda a aldeia.

(B) à queima da lenha no fogão da casa.

(C) ao costumeiro hábito de atear fogo às florestas.

(D) ao nascer do sol, que aquece as frias vidraças.

(E) à colheita de frutas, no quintal da casa.

A "lembrança das árvores" é o que restou delas, ou seja, seus troncos e galhos que, uma vez cortados, servem de lenha para o fogão da cozinha.

Gabarito "B"

(BB – Escriturário – 2011 – FCC) A afirmativa INCORRETA, considerando-se o que dizem os versos, é:

(A) As *cabras* e os *peixes* são considerados *animais benfazejos*, por constituírem a base da alimentação dos moradores.

(B) A *velhinha* e o *pescador* oferecem seus produtos ainda bastante cedo aos moradores, *recém-acordados*.

(C) O *silêncio* que impera durante a madrugada pode ser visto como guardião do sono das pessoas aconchegadas em suas camas.

(D) O último verso deixa evidente o fato de que o pescador trazia peixes que havia acabado de pescar.

(E) A repetição da palavra *orvalho* acentua a sensação de frio e de umidade característicos de uma madrugada de inverno.

Todas as conclusões estão corretas, com exceção da alternativa "A". "Animais benfazejos" é expressão utilizada em sentido conotativo (figurado) para representar os cobertores que protegem as pessoas do frio, em referência às peles dos animais das quais são feitos.

Gabarito "A".

A multiplicação de desastres naturais vitimando populações inteiras é inquietante: tsunamis, terremotos, secas e inundações devastadoras, destruição da camada de ozônio, degelo das calotas polares, aumento dos oceanos, aquecimento do planeta, envenenamento de mananciais, desmatamentos, ocupação irresponsável do solo, impermeabilização abusiva nas grandes cidades. Alguns desses fenômenos não estão diretamente vinculados à conduta humana. Outros, porém, são uma consequência direta de nossas maneiras de sentir, pensar e agir.

É aqui que avulta o exemplo de Hans Jonas.

Em 1979 ele publicou O Princípio Responsabilidade. A obra mostra que as éticas tradicionais – antropocêntricas e baseadas numa concepção instrumental da tecnologia – não estavam à altura das consequências danosas do progresso tecnológico sobre as condições de vida humana na Terra e o futuro das novas gerações. Jonas propõe uma ética para a civilização tecnológica, capaz de reconhecer para a natureza um direito próprio. O filósofo detectou a propensão de nossa civilização para degenerar de maneira desmesurada, em virtude das forças econômicas e de outra índole que aceleram o curso do desenvolvimento tecnológico, subtraindo o processo de nosso controle.

Tudo se passa como se a aquisição de novas competências tecnológicas gerasse uma compulsão a seu aproveitamento industrial, de modo que a sobrevivência de nossas sociedades depende da atualização do potencial tecnológico, sendo as tecnociências suas principais forças produtivas. Funcionando de modo autônomo, essa dinâmica tende a se reproduzir coercitivamente e a se impor como único meio de resolução dos problemas sociais surgidos na esteira do desenvolvimento. O paradoxo consiste em que o progresso converte o sonho de felicidade em pesadelo apocalíptico – profecia macabra que tem hoje a figura da catástrofe ecológica. [...]

Jonas percebeu o simples: para que um "basta" derradeiro não seja imposto pela catástrofe, é preciso uma nova conscientização, que não advém do saber oficial nem da conduta privada, mas de um novo sentimento coletivo de responsabilidade e temor. Tornar-se inventivo no medo, não só reagir com a esperteza de "poupar a galinha dos ovos de ouro", mas ensaiar novos estilos de vida, comprometidos com o futuro das próximas gerações.

(Adaptado de Oswaldo Giacoia Junior. **O Estado de S. Paulo**, A2 *Espaço Aberto*, 3 de abril de 2010)

(BB – Escriturário – 2010 – FCC) A conclusão do texto propõe, em outras palavras,

(A) o respeito aos inúmeros benefícios oferecidos às condições de vida moderna pelos avançados recursos decorrentes da tecnologia.

(B) uma atitude comunitária voltada para a prevenção e disposta a alterações no modo de vida na Terra para evitar a ocorrência de catástrofes ecológicas.

(C) procedimentos conjuntos entre órgãos oficiais e a sociedade civil como solução para a correta aplicação dos avanços tecnológicos.

(D) uma preocupação mais ampla com o emprego da tecnologia em algumas áreas do conhecimento humano, para evitar os atuais abusos.

(E) uma visão otimista centrada na resolução dos problemas oriundos do progresso tecnológico, por serem eles relativamente simples.

Parafraseando o autor, ele conclui que a sociedade deve alterar suas concepções sobre a prioridade do avanço tecnológico no contexto da preservação ambiental. As ideologias então vigentes acabarão por causar desastres ecológicos cada vez maiores se não forem substituídas por uma nova percepção coletiva da importância do meio ambiente seguida de alterações significativas no nosso modo de vida de forma a garantir o bem-estar das gerações vindouras.

Gabarito "B".

(BB – Escriturário – 2010 – FCC) O *paradoxo* assinalado no 4º parágrafo se estabelece entre

(A) o desenvolvimento pleno da tecnologia e as infinitas possibilidades de seu uso na melhoria das condições de vida no planeta.

(B) o destemor diante do progresso tecnológico e a valorização de suas aplicações na vida humana.

(C) a ocorrência natural dos fenômenos climáticos habituais e a responsabilidade humana determinante para seu agravamento.

(D) os direitos humanos apoiados no uso benéfico da tecnologia e as exigências impostas pela natureza, como seu próprio direito.

(E) a confiança irrestrita nos avanços tecnológicos como solução dos problemas do homem e a tendência para a destruição do ambiente natural.

"Paradoxo" é sinônimo de "contradição", a ocorrência de um resultado diferente daquele deduzido pelas regras da lógica. Segundo o autor, o ser humano depositou todas a sua confiança no fato de que o avanço tecnológico resolveria os problemas da humanidade, porém, (paradoxalmente) ao mesmo tempo que ele traz soluções, poderá implicar a extinção da raça humana por conta das consequentes catástrofes naturais.

Gabarito "E".

(BB – Escriturário – 2010 – FCC) *antropocêntricas e baseadas numa concepção instrumental da tecnologia* – (3º parágrafo)

O sentido da afirmativa acima está corretamente reproduzido, com outras palavras, em:

(A) voltadas para o homem e fundamentadas na tecnologia como meio de atingir determinados fins.

(B) preocupadas com a relação entre homem e natureza, atualmente imposta pela tecnologia.

(C) determinadas pelo homem e expostas às comodidades trazidas a todos pelo progresso tecnológico.

(D) direcionadas para o bem-estar da humanidade e determinadas pelos avanços tecnológicos.

(E) centralizadas nos avanços tecnológicos, mas preocupadas com a vida humana na Terra.

"Antropocêntrico" é aquilo que coloca o homem ("antropo") como a medida mais importante a ser considerada, o centro do raciocínio; "concepção instrumental" significa usar a tecnologia como instrumento, como ferramenta para atingir determinados objetivos.

Gabarito "A".

(BB – Escriturário – 2010 – FCC) Considerando-se a organização do texto, a afirmativa INCORRETA é:

(A) O autor toma como base os diversos *desastres naturais* que vêm ocorrendo em todo o planeta para discutir aspectos ligados à questão ambiental.

(B) A retomada das ideias do filósofo *Hans Jonas* constitui a base da argumentação necessária para que o autor do texto fundamente suas próprias ideias.

(C) O título da obra *O Princípio Responsabilidade* remete à necessária tomada de consciência dos homens sobre os abusos que vêm cometendo contra o meio ambiente.

(D) A relação de catástrofes ambientais apresentada no 1° parágrafo tem por objetivo demonstrar a impossibilidade de deter o *progresso tecnológico*, cujos avanços são os principais causadores desses desastres.

(E) Todo o texto se desenvolve a partir da constatação de que o modo de vida atual, voltado para o uso abusivo da tecnologia, leva o planeta a uma *catástrofe ecológica*.

Todas as conclusões podem ser corretamente inferidas do texto, exceto a constante na alternativa "D". O autor não reputa impossível prosseguir com o avanço tecnológico, apenas sugere, baseado na doutrina de Hans Jonas, que ele seja buscado respeitando-se o meio ambiente, valendo um como o contrapeso do outro, para que não sejamos vítimas de catástrofes naturais cada vez mais violentas.

Gabarito "D".

(BB – Escriturário – 2010 – FCC) A ideia central do texto está explicitada em:

(A) Impotência da natureza contra os abusos decorrentes da tecnologia.

(B) Proposição de uma nova ética para a civilização tecnológica.

(C) Aceitação das inevitáveis consequências do atual progresso tecnológico.

(D) Uso limitado dos recursos tecnológicos na vida moderna.

(E) Práticas abusivas contra o meio ambiente, apesar das tecnociências.

Ideia central do texto é o argumento principal que o autor quer transmitir. É o objeto fundamental da argumentação, do qual todos os demais dados, citações e alegações são circunstâncias. No caso, o ponto central do texto é ressaltar que a humanidade precisa adotar uma nova postura ética frente ao avanço da tecnologia, diante dos riscos crescentes de calamidades naturais suportados pela civilização.

Gabarito "B".

(BB – Escriturário – 2010 – FCC) Identifica-se noção de causa no segmento:

(A) *... sobre as condições de vida humana na Terra e o futuro das novas gerações.*

(B) *... capaz de reconhecer para a natureza um direito próprio.*

(C) *... em virtude das forças econômicas e de outra índole ...*

(D) *... para que um "basta" derradeiro não seja imposto pela catástrofe ...*

(E) *... comprometidos com o futuro das próximas gerações.*

Causa é o fato que, se não ocorrer, não ocorrerá também o resultado. Dentre os excertos do texto apresentados, o único que traz uma causa é "em virtude das forças econômicas e de outra índole", cujo resultado é a degeneração "de maneira desmesurada" do meio ambiente. Para o autor, não havendo essas forças, não teríamos degradado tão amplamente os recursos naturais.

Gabarito "C".

Será a felicidade necessária?

Felicidade é uma palavra pesada. Alegria é leve, mas felicidade é pesada. Diante da pergunta "Você é feliz?", dois fardos são lançados às costas do inquirido. O primeiro é procurar uma definição para felicidade, o que equivale a rastrear uma escala que pode ir da simples satisfação de gozar de boa saúde até a conquista da bem-aventurança. O segundo é examinar-se, em busca de uma resposta.

Nesse processo, depara-se com armadilhas. Caso se tenha ganhado um aumento no emprego no dia anterior, o mundo parecerá belo e justo; caso se esteja com dor de dente, parecerá feio e perverso. Mas a dor de dente vai passar, assim como a euforia pelo aumento de salário, e se há algo imprescindível, na difícil conceituação de felicidade, é o caráter de permanência. Uma resposta consequente exige colocar na balança a experiência passada, o estado presente e a expectativa futura. Dá trabalho, e a conclusão pode não ser clara.

Os pais de hoje costumam dizer que importante é que os filhos sejam felizes. É uma tendência que se impôs ao influxo das teses libertárias dos anos 1960. É irrelevante que entrem na faculdade, que ganhem muito ou pouco dinheiro, que sejam bem-sucedidos na profissão. O que espero, eis a resposta correta, é que sejam felizes. Ora, felicidade é coisa grandiosa. É esperar, no mínimo, que o filho sinta prazer nas pequenas coisas da vida. Se não for suficiente, que consiga cumprir todos os desejos e ambições que venha a abrigar. Se ainda for pouco, que atinja o enlevo místico dos santos. Não dá para preencher caderno de encargos mais cruel para a pobre criança.

(Trecho do artigo de Roberto Pompeu de Toledo. **Veja.** 24 de março de 2010, p. 142)

(BB – Escriturário – 2011 – FCC) O segmento cujo sentido original está reproduzido com outras palavras é:

(A) *dois fardos são lançados às costas do inquirido* = sérios embates se apresentam à questão.

(B) *a rastrear uma escala* = a estabelecer um novo caminho.

(C) *depara-se com armadilhas* = as interferências são enormes.

(D) *assim como a euforia pelo aumento de* salário = tendo em vista um pagamento maior.

(E) *ao influxo das teses libertárias* = sob a influência das ideias em defesa da liberdade.

A: incorreta. "Fardo" é usado no sentido de "peso", "dificuldade"; **B:** incorreta. "Escala" é usada no sentido de "hierarquia"; **C:** incorreta. Por "armadilhas" devemos entender "obstáculos"; **D:** incorreta. Apesar de equivalente, a substituição proposta alteraria o sentido do texto; **E:** correta.

Gabarito "E"

(BB – Escriturário – 2011 – FCC) Considere as alterações feitas nos segmentos abaixo grifados.

I. *Dá trabalho, e a conclusão pode não ser clara.* Dá trabalho, e a conclusão não pode ser clara.

II. *Nesse processo, depara-se com armadilhas.* Depara-se com armadilhas nesse processo.

III. *Não dá para preencher caderno de encargos mais cruel para a pobre criança.* Não dá para preencher caderno de encargos mais cruel para a criança pobre.

Com as modificações feitas na 2ª frase, altera-se o sentido do que foi afirmado na 1ª frase em

(A) II, apenas.
(B) III, apenas.
(C) I e II, apenas.
(D) I e III, apenas.
(E) I, II e III.

I: o sentido é alterado. "Pode não ser clara" indica a possibilidade de não se chegar a uma conclusão definida, enquanto "não pode ser clara" impõe a certeza de que não se chegará a uma conclusão determinada; **II:** não há alteração no sentido, porque deslocamos apenas a locução adverbial para seu lugar na ordem direta; **III:** há o sentido é alterado. A posição do adjetivo opera uma mudança semântica na expressão. "Pobre criança" é o infanto que em situação que gera piedade, ao passo que "criança pobre" é aquela em situação financeira desfavorável.

Gabarito "D"

A média universal do Índice de Desenvolvimento Humano aumentou 18% desde 1990. Mas a melhora estatística está longe de animar os autores do Relatório de 2010. Eles argumentam que, embora os números reflitam avanços em determinadas áreas, o mundo continua a conviver com problemas graves, que exigem uma nova perspectiva política.

O cenário apresentado pelo Relatório não é animador. O documento adverte que, nestes 20 anos, parte dos países enfrentou sérios problemas, sobretudo na saúde, anulando em alguns anos os ganhos de várias décadas. Além disso, o crescimento econômico tem sido desigual. Os padrões de produção e consumo atuais são considerados inadequados.

Embora não queira apresentar receitas prontas, o Relatório traça caminhos possíveis. Entre eles, o reconhecimento da ação pública na regulação da economia para proteger grupos mais vulneráveis. Outro aspecto ressaltado é a necessidade de considerar pobreza, crescimento e desigualdade como temas interligados. "Crescimento rápido não deve ser o único objetivo político, porque ignora a distribuição do rendimento e negligencia a sustentabilidade do crescimento", informa o texto.

Um aspecto importante revelado pelo Relatório é que muitas das ações para melhoria da saúde e da educação não necessitam de grande investimento financeiro. Isso está mais presente sobretudo onde os indicadores são ruins. "Numa primeira etapa, medidas simples como inclusão do soro caseiro e lavagem das mãos já trazem impacto relevante", avalia Flávio Comim, economista do Programa das Nações Unidas para o Desenvolvimento.

(Adaptado de Lígia Formenti. **O Estado de S. Paulo**, A30 **Vida**, 5 de novembro de 2010)

(BB – Escriturário – 2011 – FCC) De acordo com o texto, o Relatório de 2010

(A) aponta vários problemas de saúde da população mundial, com as medidas a serem adotadas para resolvê-los.
(B) deixa de lado a avaliação das causas do crescimento econômico desigual, que ocorre no mundo todo.
(C) mostra preocupação com a persistência de problemas no mundo, apesar da constatação de alguns avanços, desde 1990.
(D) assinala algumas divergências, entre os autores do documento, em relação às conclusões possíveis a partir de seus dados.
(E) reconhece a importância da intervenção da ação pública no controle permanente da economia.

O relatório de que trata o texto, apesar de apontar um aumento geral na média mundial do Índice de Desenvolvimento Humano, que mede a qualidade de vida em cada país, grande parte dos problemas enfrentados permanecem, indicando ainda alguns caminhos possíveis para a solução gradual dessas vicissitudes. Dentre eles, a intervenção pública apenas em áreas mais sensíveis e de forma pontual.

Gabarito "C"

(BB – Escriturário – 2011 – FCC) O texto informa claramente que

(A) muitas ações voltadas para a melhoria das condições de vida em situação precária se valem de expedientes bastante simples, como a adoção de hábitos de higiene.
(B) alguns dados estatísticos sobre desenvolvimento humano vêm melhorando desde 1990, realçando os indiscutíveis avanços em todo o mundo.
(C) os atuais índices encontrados a respeito de desenvolvimento humano demonstram que os problemas mais sérios já estão solucionados.
(D) os grandes investimentos financeiros necessários para a solução de problemas mundiais, como as crises econômicas, ainda não têm sido suficientes.
(E) os ganhos em crescimento econômico, cujos resultados foram comprovados pelo recente Relatório, foram bastante expressivos nas últimas décadas.

A única informação que consta expressamente no texto é a letra "A", como se lê no último parágrafo. As demais não podem ser inferidas dos fatos descritos pelo autor, não guardando com eles qualquer correspondência lógica.

Gabarito "A"

(BB – Escriturário – 2011 – FCC) Analise.

(1) *Atendendo à solicitação contida no expediente acima referido, vimos encaminhar a V. Sa. as informações referentes ao andamento dos serviços sob responsabilidade deste setor.*

(2) *Esclarecemos que estão sendo tomadas todas as medidas necessárias para o cumprimento dos prazos*

estipulados e o atingimento das metas estabelecidas.

A redação do documento acima indica tratar-se

(A) do encaminhamento de uma ata.

(B) do início de um requerimento.

(C) de trecho do corpo de um ofício.

(D) da introdução de um relatório.

(E) do fecho de um memorando.

Considerando que o texto indica a existência de um documento anterior, que estaria em epígrafe, solicitando o encaminhamento de informações sobre serviços e as medidas que vêm sendo tomadas em certo caso, notadamente estamos falando de um ofício, que foi redigido em resposta a outro anteriormente recebido.

Gabarito "C"

(BB – Escriturário – 2010 – FCC) A respeito dos padrões de redação de um **ofício**, é INCORRETO afirmar que:

(A) Deve conter o número do expediente, seguido da sigla do órgão que o expede.

(B) Deve conter, no início, com alinhamento à direita, o local de onde é expedido e a data em que foi assinado.

(C) Deverá constar, resumidamente, o teor do assunto do documento.

(D) O texto deve ser redigido em linguagem clara e direta, respeitando-se a formalidade que deve haver nos expedientes oficiais.

(E) O fecho deverá caracterizar-se pela polidez, como por exemplo: **Agradeço a V. Sa. a atenção dispensada**.

Nos termos do Manual de Redação Oficial da Presidência da República, o fecho do ofício deve limitar-se a "Respeitosamente", quando dirigido a autoridades superiores, ou "Atenciosamente", quando destinado a autoridades de mesma hierarquia ou inferiores.

Gabarito "E"

(Analista – ANS – 2007 – FCC) Compreende-se corretamente do texto que

(A) a *Norma* explora um persistente problema político da Itália – o da sua independência e unificação nacional –, seja considerando a relação entre o país e a Gália na Antiguidade, seja transferindo para o quadro de dominação austríaca do século XIX esse confronto entre o pátrio e o estrangeiro.

(B) uma parcela considerável das óperas italianas do século XIX – inclusive a *Norma* – organiza-se em torno de uma tensão, verificada tanto no âmbito pessoal quanto no coletivo, entre o avançado e o retrógrado.

(C) o caráter trágico das óperas italianas contemporâneas à *Norma* advém do embate entre grupos progressistas e reacionários, ativado, na maioria das vezes, pela emergência de uma causa revolucionária para a época.

(D) a *Traviata*, tanto quanto as *Vespri siciliani* e o *Trovatore*, obedece ao modelo recorrentemente encontrado nas composições dramático-musicais do período, isto é, apresenta um enredo que incita à irrupção do que existe de mais reacionário numa sociedade.

(E) as causas avançadas defendidas em óperas italianas, por estarem circunscritas a grandes temas políticos (como os conflitos de classes e a luta pela soberania política das nações emergentes), impedem a consideração dos dramas e das tragédias individuais.

A única alternativa que analisa corretamente o texto é a **B**. O centro da estrutura da ópera no conflito entre retrógrado e avançado está explicitado no trecho. O conflito se dá em dois planos, o social e o pessoal. Consideremos os equívocos das alternativas incorretas: **A:** incorreta, pois a Norma é ambientada na Gália como metáfora para o panorama da Itália à época da produção. O texto não estabelece nenhuma relação direta entre eles; **C:** incorreta, pois o texto caracteriza a representação das óperas como um elemento sutil de análise social. Não há qualquer referência a embates reais ou causas políticas que as obras defendam; **D:** incorreta, pois as ópera buscam apresentar o conflito entre o retrógrado e o avançado. Segundo o texto, não há objetivo em privilegiar o retrógrado; **E:** incorreta, pois, segundo o texto, é justamente no drama individual que está a força narrativa das óperas. O conflito pessoal é correspondente ao social.

Gabarito "B"

(Analista – ANS – 2007 – FCC) O texto autoriza afirmar que

(A) o tratamento da oposição entre o bem e o mal, o revolucionário e o retrógrado, é insuficiente para imprimir dramaticidade a uma ópera.

(B) a *Norma*, ao tematizar fatos cronologicamente distantes, exime-se do compromisso com as questões políticas que lhe são contemporâneas.

(C) o caráter trágico dos textos dramáticos mencionados é gerado pela cumplicidade estabelecida entre atores e plateia.

(D) o específico poder de comoção das óperas mencionadas emerge da contradição que os protagonistas passam a viver entre suas convicções e sua condição pessoal.

(E) o dever cívico e o desejo pessoal exercem forças equivalentes sobre os indivíduos, motivo de as óperas citadas enfatizarem a necessidade de equilíbrio entre um e outro.

A partir da leitura, é possível inferir que os personagens buscam socialmente exatamente o oposto daquilo que são, como afirma o item **D**, e como vemos nos exemplos "o herói libertador dos sicilianos nas Vespri é na verdade filho ilegítimo do governador francês, o trovador, na ópera homônima, é o irmão perdido de seu próprio perseguidor e aqui, na Norma, a sacerdotiza suprema dos gauleses é amante do chefe romano.". A abordagem dual dos conflitos é o principal elemento da dramaticidade, o texto, portanto, nega a análise feita no item **A**, em que o texto ainda afirma que "É isso o que dilacera a alma, tanto do ator-cantor como do expectador-ouvinte, e confere a essas óperas seu caráter trágico". Diferentemente do que afirma o item **C**, portanto, a relação entre o ator e a plateia é consequência da dramaticidade e não sua causa. Os exemplos mostram ainda que os personagens são comprometidos com aquilo que defendem e funcionam como alegorias de um certo pensamento, o que mostra que o item **B** aborda injustamente as óperas como despretensiosas. Sobre o item **E,** deve-se notar que o texto analisa as óperas como textos de conflito, e não de equilíbrio entre opostos.

Gabarito "D"

Atenção: As próximas três questões referem-se ao texto transcrito abaixo.

Vários historiadores têm procurado entender a originalidade da monarquia brasileira vinculando-a à chegada da família real ao Brasil em 1808. De fato, é no mínimo inusitado pensar numa colônia sediando a capital de um império. Chamada por Maria Odila Leite da Silva Dias de a "internacionalização da metrópole", a instalação no Brasil da corte portuguesa, que fugia das tropas napoleônicas, significou não apenas um acidente fortuito, mas um momento angular da história nacional e de um processo singular de emancipação. Fuga ou golpe político, o fato é que com D. João e sua família, e contando com a ajuda inglesa, transferiram-se para o país a própria corte portuguesa — cujo número estimado de pessoas chegava a 20 mil, sendo que a cidade do Rio possuía apenas 60 mil almas — e várias instituições metropolitanas. Mas não era só: comerciantes ingleses e franceses, artistas italianos e naturalistas austríacos vinham junto com os baús. Difícil imaginar choque cultural maior.

Transformado em reino unido já em 1815, o Brasil passou a distanciar-se, aos poucos, de seu antigo estatuto colonial, ganhando uma autonomia relativa jamais conhecida naquele contexto. A partir de então, o Rio de Janeiro tornou-se capital de Portugal e de suas possessões na África e na Ásia, e os portos brasileiros se abriram ao comércio britânico (seguindo o acerto feito com a Inglaterra, que assegurou o transporte da corte, mas o trocou por esse acordo comercial). Tais fatos alteraram radicalmente a situação da colônia portuguesa na América.

(Adaptado de SCHWARCZ, Lilia Moritz. *As barbas do imperador:* D. Pedro II, um monarca nos trópicos. São Paulo: Companhia das Letras, 1999, p. 35-36.)

(Analista – ANS – 2007 – FCC) Quanto à organização, afirma-se corretamente que o texto

(A) mescla narração e dissertação, mas dá relevo àquela, uma vez que, para a autora, devem ser destacados os acontecimentos e não os comentários avaliativos que eles suscitaram.

(B) descreve o modelo administrativo e a organização hierárquica da corte que se transferiu para o Brasil, oferecendo detalhado panorama dos aspectos burocráticos que redundaram no específico feitio da nação brasileira.

(C) se restringe à narração do episódio da fuga da família real para a América, destacando suas causas, os meios pelos quais se efetivou e seu impacto sobre a pátria que aqui se formara.

(D) reúne as datas e os acontecimentos tomados como mais relevantes no processo de emancipação do país, para defender a ideia de que, na configuração de um dado quadro político, o mais importante são os antecedentes históricos imediatos.

(E) mobiliza dados históricos e outros trabalhos que se debruçaram sobre o tema, com o fito de comprovar a hipótese apresentada sobre a formação da monarquia brasileira.

A: incorreta, pois a tipologia predominante no texto é a argumentativa. A autora privilegia a análise dos fatos e suas causas e consequências a uma descrição minuciosa de como os acontecimentos se deram, privilegiando as informações relevantes para a formação de sua análise; **B:** incorreta, pois não há no texto qualquer referência ao funcionamento burocrático da corte, mas sim do choque entre a chegada dela ao Brasil; **C:** incorreta, pois como afirmado no item **A**, o texto privilegia a análise dos fatos à sua mera narração; **D:** incorreta, pois o texto analisa e reconhece a relevância do fato descrito para a formação da história nacional, no entanto, não apresenta especificamente datas e fatos, mas sim um panorama geral, cultural e social, da mudança. Mais do que o fato em si, são seus entornos que configuraram a mudança política; **E:** correta, pois a autora retoma a análise de Maria Odila Leite da Silva Dias e refere-se a "historiadores" como ponto de partida para sua análise. Para a defesa de seu ponto de vista, a autora apresenta também o panorama dos acontecimentos da época.

Gabarito "E"

(Analista – ANS – 2007 – FCC) De acordo com o texto, é correto afirmar que

(A) a transferência da sede do império para o Brasil se configurou como experiência insólita e sem precedentes, tanto por propiciar o surgimento de um papel político inédito, quanto por produzir mudanças concretas em diferentes esferas do ambiente colonial.

(B) a condição administrativa inicial do Brasil se conservou mesmo após a fixação do Rio de Janeiro como capital de Portugal, mas o comércio, as artes e as ciências finalmente se tornaram autossuficientes.

(C) o número de almas preexistentes no Rio de Janeiro é avaliado, em si mesmo, como bastante expressivo, embora, em face da quantidade de migrantes que para lá se dirigiram, pareça ínfimo.

(D) a internacionalização da metrópole carioca – isto é, a vinda de portugueses, franceses, ingleses e austríacos – foi decisiva para a configuração de um processo de independência que assumiria características genuínas entre as colônias lusitanas.

(E) a originalidade da monarquia brasileira deve ser creditada a contingências históricas exclusivas, como a incondicional ajuda britânica concedida a Portugal desde o momento da fuga da Europa.

A: correta, pois o texto coloca como "inusitada" a colônia como sede da capital. O ponto principal do texto é levantar as consequências dessa transferência, políticas e sociais; **B:** incorreta, pois o texto afirma que o Rio de Janeiro tornou-se a capital de Portugal foi parte crucial do processo de emancipação do país e alterou completamente a situação da colônia na política e administração. Ressalta o choque cultural com a arte, ciência e comércio, mas não afirma autossuficiência em nenhum dos campos; **C:** incorreta, pois o número de novas almas no Rio de Janeiro representa mais de 30% da população original. Apesar de reforçar a grande quantidade de pessoas que chegaram com a corte, o texto ressalta que a cidade tinha, anteriormente, uma população pouco expressiva; **D:** incorreta, pois a internacionalização do Rio de Janeiro foi além da presença de estrangeiros. Trata-se de uma nova participação da cidade, e do país, em um panorama internacional; **E:** incorreta, pois a condição imposta pela Inglaterra para ajudar os portugueses, era que os portos brasileiros estivessem abertos ao comércio inglês. Não houve apoio incondicional.

Gabarito "A"

(Analista – ANS – 2007 – FCC) Infere-se corretamente do texto que,

(A) para preparar a expansão de seu prestígio político pelo Brasil, a Inglaterra impôs, ainda na Europa, seu colonialismo à coroa portuguesa.

(B) antes da chegada da corte, o comércio, as artes e as ciências não faziam parte do cotidiano cultural brasileiro.

(C) embora não haja certezas, existe interpretação plausível para as causas da originalidade da monarquia brasileira.

(D) mais do que 1808, 1815 é uma data decisiva para o Brasil, pois, apenas quando se torna um reino unido, ele se distancia plenamente do estatuto colonial.

(E) para a autora, o contexto brasileiro não suportou as mudanças sociais e administrativas geradas pela transferência da corte.

Inferir significa deduzir por meio de raciocínio algo novo a partir das informações apresentadas. Para se inferir algo do texto é necessário que o texto traga indícios do que os itens apresentam, mesmo que de maneira sutil. **A:** incorreta, pois o texto não comenta a relação entre Portugal e Inglaterra anterior à vinda da corte; **B:** incorreta, pois não há informações suficientes sobre a situação anterior do Brasil. O texto apenas diz que a presença de comerciantes, artistas e cientistas causou choque cultural, talvez pela ausência anterior dessas práticas, talvez pela diferença de como se fazia; **C:** correta, pois é justamente uma dessas interpretações sem consenso (como mostra o primeiro período) que o texto discute; **D:** incorreta, pois o texto diz que a situação da colônia mudou em decorrência de todos os fatos. Não estabelece uma data e tampouco afirma que o Brasil e distanciou ali plenamente do estatuto colonial; **E:** incorreta, pois a autora apenas afirma que houve choque social, cultural e administrativo. Não é tão categórica em dizer que não suportou.

Gabarito "C"

Atenção: As questões a seguir baseiam-se no texto apresentado abaixo.

Nas formas de vida coletiva podem assinalar-se dois princípios que se combatem de morte e regulam diversamente as atividades dos homens. Esses dois princípios encarnam-se nos tipos do aventureiro e do trabalhador. Já nas sociedades rudimentares manifestam-se eles, segundo sua predominância, na distinção fundamental entre os povos caçadores ou coletores e os povos lavradores. Para uns, o objeto final, a mira de todo esforço, o ponto de chegada, assume relevância tão capital, que chega a dispensar, por secundários, quase supérfluos, todos os processos intermediários. Seu ideal será colher o fruto sem plantar a árvore.

Esse tipo humano ignora as fronteiras. No mundo tudo se apresenta a ele em generosa amplitude e onde quer que se erija um obstáculo a seus propósitos ambiciosos, sabe transformar esse obstáculo em trampolim. Vive dos espaços ilimitados, dos projetos vastos, dos horizontes distantes.

O trabalhador, ao contrário, é aquele que enxerga primeiro a dificuldade a vencer, não o triunfo a alcançar. O esforço lento, pouco compensador e persistente que, no entanto, mede todas as possibilidades de esperdício e sabe tirar o máximo proveito do insignificante, tem sentido bem nítido para ele. Seu campo visual é naturalmente restrito. A parte maior que o todo.

Existe uma ética do trabalho, como existe uma ética da aventura. Assim, o indivíduo do tipo trabalhador só atribuirá valor moral positivo às ações que sente ânimo de praticar e, inversamente, terá por imorais e detestáveis as qualidades próprias do aventureiro - audácia, imprevidência, irresponsabilidade, instabilidade, vagabundagem -, tudo, enfim, quanto se relacione com a concepção espaçosa do mundo, característica desse tipo.

Por outro lado, as energias e esforços que se dirigem a uma recompensa imediata são enaltecidos pelos aventureiros; as energias que visam estabilidade, paz, segurança pessoal e os esforços sem perspectiva de rápido proveito material passam, ao contrário, por viciosos e desprezíveis para eles. Nada lhes parece mais estúpido e mesquinho do que o ideal do trabalhador.

Entre esses dois tipos não há, em verdade, tanto uma oposição absoluta como uma incompreensão radical. Ambos participam, em maior ou menor grau, de múltiplas combinações e é claro que, em estado puro, nem o aventureiro, nem o trabalhador, possuem existência real fora do mundo das ideias. Mas também não há dúvida que os dois conceitos nos ajudam a situar e a melhor ordenar nosso conhecimento dos homens e dos conjuntos sociais. E é precisamente nessa extensão superindividual que eles assumem importância inestimável para o estudo da formação e evolução das sociedades.

Na obra da conquista e da colonização dos novos mundos coube ao espírito do trabalho, no sentido aqui compreendido, papel muito limitado, quase nulo. A época predispunha aos gestos e façanhas audaciosos, galardoando bem os homens de grandes voos. E não foi fortuita a circunstância de se terem encontrado neste continente, empenhadas nessa obra, principalmente as nações onde o tipo do trabalhador, tal como acaba de ser discriminado, encontrou ambiente menos propício.

(Sérgio Buarque de Holanda. **Raízes do Brasil**. 2ª ed. Rio de Janeiro: José Olympio, 1948, p. 36-39.)

(Técnico Legislativo – Câmara dos Deputados – 2007 – FCC) É correto concluir do texto que

(A) os ideais de vida cultivados por diferentes tipos sociais contribuem para a dificuldade de se justificar o predomínio de certos valores morais em determinadas épocas e atividades.

(B) os valores éticos surgem como consequência da evolução das sociedades, já que são desnecessários em povos primitivos, que se organizam em torno de um único ideal.

(C) as noções divergentes a respeito da ética social impelem alguns tipos humanos a posições radicais, de oposição a valores cultuados pelos demais, em uma mesma sociedade.

(D) a organização social vigente no mundo contemporâneo impede a existência real de certos tipos, especialmente daqueles que buscam o sucesso rápido, por meio de façanhas e de aventuras.

(E) o comportamento ético das pessoas é pautado por sua própria visão de mundo, admitindo-se, no entanto, relações mútuas de convivência e da sua existência entre os diversos tipos sociais.

A partir da distinção entre o homem aventureiro e o homem trabalhador, é possível concluir que são visões de mundo diferentes uma da outra, pautada por uma ética singular, mas que se relacionam entre os mais diversos tipos sociais.

Gabarito "E"

(Técnico Legislativo – Câmara dos Deputados – 2007 – FCC) Resume-se corretamente o texto da seguinte maneira:

(A) A organização social estrutura-se a partir de concepções éticas específicas, mesmo que sejam elas individuais e aparentemente divergentes.

(B) O elevado ônus decorrente das aventuras de conquista de novos mundos só poderia ser assumido por algumas nações, orientadas pela ética do trabalho.

(C) A descoberta de novos mundos tornou-se possível numa época de oposição entre valores éticos vigentes nas sociedades em que havia predomínio do espírito do trabalho.

(D) A época das conquistas realizadas por algumas nações mundo afora colocou em oposição os ideais de luta e perseverança em oposição ao tipo do aventureiro.

(E) O espírito aventureiro surgiu em circunstâncias históricas específicas, consequência da necessária adaptação às condições de vida em mundos novos e desconhecidos.

Ao conceituar o Homem em dois tipos – trabalhadores e aventureiros –, o autor visa a estruturar a organização social a partir das visões de mundos desses tipos de indivíduos, destacando que, mesmo divergentes, relacionam-se em diversos níveis sociais.

Gabarito "A"

(Técnico Legislativo – Câmara dos Deputados – 2007 – FCC) O texto desenvolve-se como

(A) estudo psicológico dos motivos que levam pessoas a agir de determinada forma, a reconhecer determinados valores e os meios escolhidos para atingir seus objetivos.

(B) apresentação de certos aspectos evolutivos de sociedades diversas, cuja discussão se baseia em informações de cunho científico.

(C) análise de cunho sociológico dos papéis desempenhados por certos tipos que marcaram a história das sociedades ao longo do tempo.

(D) visão utópica da formação de uma sociedade, com os papéis vividos por tipos considerados ideais, para permitir a evolução do todo social.

(E) informação, com base em dados antropológicos, a respeito da evolução dos grupos humanos, desde os mais rudimentares, até o aparecimento da agricultura.

O texto é um estudo sociológico que analisa os tipos de visões de mundo e conduta dos indivíduos no decorrer dos séculos nas sociedades.

Gabarito "C"

(Técnico Legislativo – Câmara dos Deputados – 2007 – FCC) A organização textual baseia-se nas relações sintático-semânticas de

(A) tempo e espaço, na indicação dos vários modelos de sociedade, desde o início da evolução humana.

(B) causas e as consequências resultantes da formação das sociedades, ao longo do tempo.

(C) similitude entre organizações sociais, desde as mais rudimentares, quanto às formas de evolução.

(D) simultaneidade entre ações decorrentes de valores vigentes em determinada época, em um conjunto social.

(E) oposição entre dois polos divergentes, que marcam as atitudes humanas na vida em sociedade.

Ao distinguir os indivíduos em dois grandes grupos – trabalhadores e aventureiros –, o autor destaca uma série de oposições acerca das condutas e visões de mundo desses tipos de Homem.

Gabarito "E"

(Técnico Legislativo – Câmara dos Deputados – 2007 – FCC) Esse tipo humano ignora as fronteiras. (início do 2º parágrafo)
A expressão do texto que reproduz o sentido da frase acima é:

(A) a mira de todo esforço. (1º parágrafo)

(B) todos os processos intermediários. (1º parágrafo)

(C) as qualidades próprias do aventureiro. (4º parágrafo)

(D) a concepção espaçosa do mundo. (4º parágrafo)

(E) uma recompensa imediata. (5º parágrafo)

Ambas as passagens estão relacionadas à visão de mundo do tipo aventureiro e, por isso, reproduzem uma ética e conduta desse tipo de indivíduo.

Gabarito "D"

(Técnico Legislativo – Câmara dos Deputados – 2007 – FCC) Considere as afirmativas a respeito das frases iniciais do 1º e do 6º parágrafos:

I. há evidente incoerência entre ambas, pois no 6º parágrafo o autor desmente o que foi afirmado no 1º.

II. o 6º parágrafo retoma o núcleo do que foi dito no 1º, de forma articulada, dando continuidade à explanação textual.

III. a afirmativa do 1º parágrafo pressupõe, desde o início do texto, o que foi explicitado no 6º, como sua repetição enfática.

Está correto o que se afirma SOMENTE em

(A) I.

(B) II.

(C) III.

(D) I e II.

(E) II e III.

I: incorreta, pois o autor não desmente a presença de dois tipos de indivíduos, mas ameniza qualquer radicalismo que os diferencie; **II:** correto; **III:** incorreto, pois a conceituação desses dois tipos, ao contrário do que o leitor possa pensar, só existe no plano das ideias, visto que tal análise só funciona para demonstrar as diferenças de conduta e ética dos indivíduos dentro da sociedade.

Gabarito "B"

(Técnico Legislativo – Câmara dos Deputados – 2007 – FCC) A época predispunha aos gestos e façanhas audaciosos, **galardoando bem os homens de grandes voos**. (último parágrafo)

O sentido contextual do segmento grifado acima está reproduzido abaixo, EXCETO em:

(A) premiando os sujeitos voltados a feitos heroicos.

(B) valorizando as pessoas capazes de superar obstáculos.

(C) identificando os que enfrentavam enormes distâncias.

(D) distinguindo com honrarias os que ultrapassam limites.

(E) recompensando grandemente os autores de atos excepcionais.

O autor faz referência às Grandes navegações que ocorreram durante o século XVI e identifica as grandes distâncias percorridas por esses navegadores na procura de novas terras.

Gabarito "C"

Atenção: As questões a seguir baseiam-se no texto apresentado abaixo.

A cultura, e consequente organização social, política e econômica dominante na sociedade contemporânea, ainda é aquela que começou a nascer no século XVI, quando um conjunto de inovações tecnológicas num contexto histórico favorável contribuiu para o início do enterro do Antigo Regime, no qual a Terra estava no centro do universo, a ordem social era imutável e a Igreja, junto com o poder absolutista, tinha o monopólio da informação.

A prensa de Gutenberg estava entre as inovações tecnológicas que contribuíram para a ascensão do mundo burguês. E os seus principais produtos - o livro e o jornal - foram entendidos durante muitos anos pela ordem dominante como ferramentas subversivas. Esta subversão gestou e gerou o mundo em que vivemos. Um mundo onde a iniquidade social ainda incomoda e assusta, mas no qual todas as barreiras para a geração de riqueza e de conhecimento foram derrubadas, num processo que também gerou a onda de inovação que estamos vivendo e a possibilidade de darmos o próximo salto.

Não é função da indústria pensar a educação. A missão de qualquer empresa é lutar com todas as suas forças para crescer e se perpetuar. Mesmo quando isso vai de encontro aos interesses da comunidade em que ela está inserida. Ela jamais poderá pensar com a devida isenção numa plataforma de serviços focada em educação.

Por isso mesmo, nenhum representante da indústria de tecnologia poderia ter sido pioneiro num projeto de educação fundamentado nas profundas e dramáticas mudanças que a cibernética tem trazido para as nossas vidas.

(Trecho do artigo do jornalista Rodrigo Lara Mesquita. **O Estado de S. Paulo**, A2, 4 de maio de 2007.)

(Técnico Legislativo – Câmara dos Deputados – 2007 – FCC) É correto inferir do texto que seu autor,

(A) como jornalista que é, questiona a importância do livro e do jornal no mundo contemporâneo, como instrumentos essenciais para a divulgação do conhecimento.

(B) ao apontar a importância de algumas inovações tecnológicas do mundo moderno, reconhece a importância da cibernética para os projetos educacionais.

(C) pensando em um projeto de educação eficaz, afasta qualquer possibilidade de envolvimento de empresas, a despeito do interesse que elas possam demonstrar.

(D) ao reconhecer a inoperância do empresariado, especialmente na área da cibernética, ignora o impacto que essa tecnologia poderia causar em um projeto educacional.

(E) como defensor do desenvolvimento tecnológico, propõe uma educação voltada especificamente para a indústria da informática, base da integração social.

A internet demonstrou ser um instrumento fundamental para o desenvolvimento de projetos educacionais. Além disso, a implantação de internet na rede de escolas proporciona à comunidade estudantil a possibilidade de uma melhor qualidade de ensino, bem como maior eficiência na pesquisa acadêmica.

Gabarito "B".

(Técnico Legislativo – Câmara dos Deputados – 2007 – FCC) E os seus principais produtos - o livro e o jornal - foram entendidos durante muitos anos pela ordem dominante como ferramentas subversivas. (2º parágrafo) É correto afirmar, a respeito da expressão grifada acima, que o livro e o jornal

(A) eram temidos em razão da possibilidade de disseminação de conhecimentos antes reservados e restritos a uma classe privilegiada.

(B) representavam o pensamento e, portanto, o modo de vida da época, com os valores de uma classe ascendente, a burguesia.

(C) eram utilizados pela classe dominante para divulgarem as novidades que surgiam, no contexto histórico daquele momento.

(D) deram início a uma série de inovações tecnológicas que possibilitaram o avanço social e econômico durante o século XVI.

(E) foram e ainda permanecem como símbolos das desigualdades sociais, especialmente decorrentes da incapacidade de leitura no mundo contemporâneo.

Livros e jornais eram temidos por viabilizarem a disseminação de novos conhecimentos que eram restritos a apenas uma parcela da população. Tais meios de comunicação eram vistos como subversivos, pois ameaçavam a ordem vigente.

Gabarito "A".

(Técnico Legislativo – Câmara dos Deputados – 2007 – FCC) Está INCORRETA a afirmação que se faz a respeito dos parágrafos do texto:

(A) O 1º parágrafo traça, de maneira rápida e sintética, um painel histórico e cultural existente numa determinada época.

(B) Observa-se, especialmente no 2º parágrafo, emprego de palavras que adquirem sentido particular, percebido no contexto em que se encontram.

(C) O 3º parágrafo constitui, em síntese, um argumento que justifica a opinião que vem exposta no 4º parágrafo.

(D) A articulação sintático-semântica que se estabelece entre o 3º e o 4º parágrafos é de causa e consequência.

(E) No 4º parágrafo o autor defende a ideia de que a indústria se torne responsável também por projetos educacionais voltados para o desenvolvimento social.

O autor demonstra que a indústria não se responsabilizará por projetos educacionais, pois visa sempre ao crescimento e ao lucro.

Gabarito "E".

12. REDAÇÃO, COESÃO E COERÊNCIA

Atenção: Considere o texto abaixo para responder às questões seguintes.

Muito antes das discussões atuais sobre as mudanças climáticas, os cataclismos naturais despertam interesse no homem. Os desastres são um capítulo trágico da história da humanidade desde tempos longínquos. Supostas inundações catastróficas aparecem em relatos de várias culturas ao longo dos tempos, desde os antigos mesopotâmicos e gregos até os maias e os vikings.

Fora da rota dos grandes furacões, sem vulcões ativos e desprovido de zonas habitadas sujeitas a terremotos, o Brasil não figura entre os países mais suscetíveis a desastres naturais. Contudo, a aparência de lugar protegido dos humores do clima e dos solavancos da geologia deve ser relativizada. Aqui, cerca de 85% dos desastres são causados por três tipos de ocorrências: inundações bruscas, deslizamentos de terra e secas prolongadas.

Esses fenômenos são relativamente recorrentes em zonas tropicais, e seus efeitos podem ser atenuados por políticas públicas de redução de danos.

Dois estudos feitos por pesquisadores brasileiros indicam que o risco de ocorrência desses três tipos de desastre deverá aumentar até o final do século. Eles também sinalizam que novos pontos do território nacional deverão se transformar em áreas de risco significativo para esses mesmos problemas. "Os impactos tendem a ser maiores no futuro, com as mudanças climáticas, o crescimento das cidades e a ocupação de mais áreas de risco", comenta o pesquisador José A. Marengo.

Além da suscetibilidade natural a secas, enchentes, deslizamentos e outros desastres, a ação do homem tem um peso considerável em transformar o que poderia ser um problema de menor monta em uma catástrofe. Os pesquisadores estimam que um terço do impacto dos deslizamentos de terra e metade dos estragos de inundações poderiam ser evitados com alterações de práticas humanas ligadas à ocupação do solo e a melhorias nas condições socioeconômicas da população em áreas de risco.

Moradias precárias em lugares inadequados, perto de encostas ou em pontos de alagamento, cidades superpopulosas e impermeabilizadas, que não escoam a água da chuva; esses fatores da cultura humana podem influenciar o desfecho de uma situação de risco. "Até hábitos cotidianos, como não jogar lixo na rua, e o nível de solidariedade de uma população podem ao menos mitigar os impactos de um desastre", pondera a geógrafa Lucí Hidalgo Nunes.

(Adaptado de PIVETTA, Marcos. Disponível em: **http://revistapesquisa.fapesp.br**)

(Técnico Judiciário – TRT11 – FCC – 2017) "*Os impactos tendem a ser maiores no futuro, com as mudanças climáticas, o crescimento das cidades e a ocupação de mais áreas de risco*"... (3º parágrafo)

Sem prejuízo para a correção e a lógica, uma redação alternativa para o segmento acima, em que se preserva, em linhas gerais, o sentido original, está em:

(A) A fim de que os impactos sejam menores no futuro, tem-se as mudanças climáticas e o crescimento das cidades, juntamente com a ocupação de mais áreas de risco.

(B) Devido à mudanças climáticas, ao crescimento das cidades e o aumento das áreas de risco ocupadas, os impactos tendem a ser maiores no futuro.

(C) Conquanto houvessem mudanças climáticas, crescimento das cidades e ocupação de mais áreas de risco, os impactos tendem a ser maiores no futuro.

(D) À medida que ocorrem mudanças climáticas, juntamente com o crescimento das cidades e a ocupação de mais áreas de risco, os impactos tendem a aumentar.

(E) Posto que se vê mudanças climáticas e o crescimento das cidades, além da ocupação de mais áreas de risco, os impactos tendem a aumentar no futuro.

A: incorreta. A redação está confusa e obscura; **B:** incorreta. Não ocorre crase em "a mudanças climáticas", porque a ausência de concordância com o plural que lhe segue demonstra que o "a" é preposição isolada. Além disso, deveria constar "ao aumento"; **C:** incorreta. O verbo "haver", no sentido de "existir", é impessoal e não se flexiona: "houvesse". Além disso, "conquanto" é conjunção concessiva, sinônimo de "embora", "mesmo que" – seu uso deixou o período sem sentido; D: correta. A nova redação respeita o padrão culto e está clara e inteligível; **E:** incorreta. "Posto que" também é conjunção concessiva. Logo, seu uso alterou o sentido do texto. HS

Gabarito "D"

(Técnico Judiciário – TRT11 – FCC – 2017) A frase redigida com correção e lógica está em:

(A) Os chamados eventos extremos, que podem se manifestar de diferentes formas, deve se tornar mais frequentes haja visto as mudanças climáticas atuais.

(B) Países desenvolvidos que apresentam risco mais baixo, de serem afetados por cataclismos, por ostentarem maior índice de solidariedade social.

(C) Se alguns desastres naturais já ocorreram em um lugar específico, cedo ou tarde tende a se repetir neste mesmo local.

(D) A maior vulnerabilidade de algumas regiões a deslizamentos deve-se a fatores humanos e problemas de ordem socioeconômica que poderiam ser prevenidos.

(E) Há desastres naturais de tal intensidade que até mesmo uma população extremamente solidária como a brasileira têm dificuldades em enfrentar.

A: incorreta. O verbo "dever" concorda com "eventos extremos", devendo ser conjugado na terceira pessoa do plural do presente do indicativo ("devem"). Além disso, a expressão correta é "haja vista"; **B:** incorreta. Não há vírgula depois de "baixo". Além disso, a redação é obscura e ilógica, porque das causas não decorre uma consequência razoável; **C:** incorreta. O verbo "tender" deve ser conjugado na terceira pessoa do plural para concordar com "desastres" ("tendem"); **D:** correta. A redação atende ao padrão culto da língua e à clareza textual; **E:** incorreta. O verbo "ter" deve ser conjugado na terceira pessoa do singular para concordar com "população" ("tem", sem acento). HS

Gabarito "D"

(Técnico Judiciário – TRE/SP – FCC – 2017) A frase redigida com clareza e correção é:

(A) A humanidade assiste a uma revolução tecnológica e comportamental inédita, cujas consequências ainda não são passíveis de mensuração.

(B) As duas primeiras décadas deste século, tem assistido uma transformação vertiginosa que entretanto, não satisfaz os desejos de expansão humano.

(C) É comum pessoas negligenciarem ao instante presente para tirar fotos de que serão apreciadas por amigos virtuais, com o qual não se tem intimidade.

(D) É possível que o cérebro da nova safra de nativos digitais, adapta-se ao contato exacerbado com as máquinas, afim de aproveitar-lhe ao máximo.

(E) Os jovens que obterem melhor desempenho com as novas tecnologias farão jus à mais sucesso, porém há outras habilidades, que podem prejudicá-lo.

A: correta. O período é claro, coeso e coerente, além de respeitar o padrão culto da língua; **B:** incorreta. Não há vírgula depois de "século", o verbo "ter" deveria estar no plural para concordar com "duas décadas", a partir daí o texto sofre de incorrigível incoerência, além do erro de concordância nominal ao final ("expansão humana"); **C:** incorreta. O verbo "negligenciar" não rege preposição e não há razão gramatical também para a presença da preposição "de" após "fotos"; **D:** incorreta. Não há vírgula depois de "digitais", o verbo "adaptar" deveria estar no modo subjuntivo ("adapte-se") e a conjunção que exprime finalidade é "a fim de" (separado); **E:** incorreta. O verbo "obter" deveria estar no futuro do subjuntivo ("obtiverem"), não ocorre crase antes de advérbio ("farão jus a mais sucesso"), a partir daí o texto está obscuro e incoerente. HS

Gabarito "A"

Cada um fala como quer, ou como pode, ou como acha que pode. Ainda ontem me divertiu este trechinho de crônica do escritor mineiro Humberto Werneck, de seu livro Esse inferno vai acabar:

"- Meu cabelo está pendoando – anuncia a prima, apalpando as melenas.

Tenho anos, décadas de Solange, mas confesso que ela, com o seu solangês, às vezes me pega desprevenido.

- Seu cabelo está o quê?

- Pendoando – insiste ela, e, com a paciência de quem explica algo elementar a um total ignorante, traduz:

- Bifurcando nas extremidades.

É assim a Solange, criatura para a qual ninguém morre, mas falece, e, quando sobrevém esse infausto acontecimento, tem seu corpo acondicionado num ataúde, num esquife, num féretro, para ser inumado em alguma necrópole, ou, mais recentemente, incinerado em crematório. Cabelo de gente assim não se torna vulgarmente quebradiço: pendoa."

Isso me fez lembrar uma visita que recebemos em casa, eu ainda menino. Amigas da família, mãe e filha adolescente vieram tomar um lanche conosco. D. Glorinha, a mãe, achava meu pai um homem intelectualizado e caprichava no vocabulário. A certa altura pediu ela a mim, que estava sentado numa extremidade da mesa:

- Querido, pode alcançar-me uma côdea desse pão?

Por falta de preparo linguístico não sabia como atender a seu pedido. Socorreu-me a filha adolescente:

- Ela quer uma casquinha do pão. Ela fala sempre assim na casa dos outros.

A mãe ficou vermelha, isto é, ruborizou, enrubesceu, rubificou, e olhou a filha com reprovação, isto é, dardejou-a com olhos censórios.

Veja-se, para concluir, mais um trechinho do Werneck:

"Você pode achar que estou sendo implicante, metido a policiar a linguagem alheia. Brasileiro é assim mesmo, adora embonitar a conversa para impressionar os outros. Sei disso. Eu próprio já andei escrevendo sobre o que chamei de ruibarbosismo: o uso de palavreado rebarbativo como forma de, numa discussão, reduzir ao silêncio o interlocutor ignaro. Uma espécie de gás paralisante verbal."

(Cândido Barbosa Filho, inédito)

(Analista – TRT/1ª – 2012 – FCC) Está clara e correta a redação deste livre comentário sobre um aspecto do texto:

(A) Nem todas as pessoas que utilizam um vocabulário rebuscado alcançam por isso qualquer ganho que se possa atribuir à seu poder de comunicação.

(B) O autor do texto acredita que muita gente se vale de um palavreado rebuscado para intimidar ou mesmo calar os interlocutores menos cultos.

(C) Ficou evidente que D. Glorinha buscava ilustrar as pessoas cujo vocabulário menos reduzido as deixasse impressionadas com tamanho requinte.

(D) O termo "solangês", tratando-se de um neologismo, aplica-se aos casos segundo os quais quem fala de modo rebarbativo parece aludir a tal Solange.

(E) Não é difícil encontrar, aqui e ali, pessoas cujo intento é se apoderar de um alto vocabulário, tendo em vista o propósito de vir a impressionar quem não tem.

A: incorreta. Além da falta de clareza e excesso de palavras para transmitir a ideia, há erro gramatical na colocação do acento grave antes de "seu poder" (não ocorre crase antes de palavra masculina); **B:** correta. A redação está clara, coerente e cumpre todas as regras gramaticais; **C:** incorreta. A redação está obscura e incoerente. Ela não faz sentido algum; **D:** incorreta. O excesso de pronomes torna o texto obscuro e prolixo; **E:** incorreta. O uso de palavras em sentido conotativo, como em "se apoderar de um alto vocabulário", compromete a clareza da redação.

Gabarito "B"

Economia religiosa

Concordo plenamente com Dom Tarcísio Scaramussa, da CNBB, quando ele afirma que não faz sentido nem obrigar uma pessoa a rezar nem proibi-la de fazê-lo. A declaração do prelado vem como crítica à professora de uma escola pública de Minas Gerais que hostilizou um aluno ateu que se recusara a rezar o pai-nosso em sua aula.

É uma boa ocasião para discutir o ensino religioso na rede pública, do qual a CNBB é entusiasta. Como ateu, não abraço nenhuma religião, mas, como liberal, não pretendo que todos pensem do mesmo modo. Admitamos, para efeitos de argumentação, que seja do interesse do Estado que os jovens sejam desde cedo expostos ao ensino religioso. Deve-se então perguntar se essa é uma tarefa que cabe à escola pública ou se as próprias organizações são capazes de supri-la, com seus programas de catequese, escolas dominicais etc.

A minha impressão é a de que não faltam oportunidades para conhecer as mais diversas mensagens religiosas, onipresentes em rádios, TVs e também nas ruas. Na cidade de São Paulo, por exemplo, existem mais templos (algo em torno de 4.000) *do que escolas públicas (cerca de 1.700). Creio que aqui vale a regra econômica, segundo a qual o Estado deve ficar fora das atividades de que o setor privado já dá conta. Outro ponto importante é o dos custos. Não me parece que faça muito sentido gastar recursos com professores de religião, quando faltam os de matemática, português etc. Ao contrário do que se dá com a religião, é difícil aprender física na esquina.*

Até 1997, a Lei de Diretrizes e Bases da Educação acertadamente estabelecia que o ensino religioso nas escolas oficiais não poderia representar ônus para os cofres públicos. A bancada religiosa emendou a lei para empurrar essa conta para o Estado. Não deixa de ser um caso de esmola com o chapéu alheio.

(Hélio Schwartsman. **Folha de S. Paulo**, 06/04/2012)

(Analista – TRT/6ª – 2012 – FCC) Está clara e correta a redação deste livre comentário sobre o texto: O articulista da **Folha de S. Paulo**

(A) propugna de que tanto o liberalismo quanto o ateísmo podem convergir, para propiciar a questão do ensino público da religião.

(B) defende a tese de que não cabe ao Estado, inclusive por razões econômicas, promover o ensino religioso nas escolas públicas.

(C) propõe que se estenda à bancada religiosa a decisão de aceitar ou rejeitar, segundo seus interesses, o ensino privado da religião.

(D) argumenta que no caso do ensino religioso, acatado pelos liberais, não se trata de ser a favor ou contra, mas arguir a real competência.

(E) insinua que o ensino público da religião já se faz a contento, por que as emissoras de comunicação intentam-no em grande escala.

A: incorreta. O autor cita sua condição de ateu e liberal sem misturá-las: a primeira serve para criticar o ensino religioso em si, a segunda para afastar a obrigação do Estado de ministrá-lo; **B:** correta, nos termos do comentário à alternativa anterior; **C:** incorreta. Não há qualquer proposta nesse sentido no texto. Ademais, o autor critica o papel das bancadas religiosas no Poder Legislativo; **D:** incorreta. O autor não afirma que os liberais concordam com o ensino religioso. Ele mesmo, um liberal, é contra a imposição dele pelo Estado; **E:** incorreta. O autor não insinua, ele afirma. Defende abertamente que os meios de comunicação e os próprios templos já cumprem o papel de expor todos, principalmente as crianças, aos conceitos religiosos.

Gabarito "B"

Fora com a dignidade

Acho ótimo que a Igreja Católica tenha escolhido a saúde pública como tema de sua campanha da fraternidade deste ano. Todas as burocracias – e o SUS não é uma exceção – têm a tendência de acomodar-se e, se não as sacudirmos de vez em quando, caem na abulia. É bom que a Igreja use seu poder de mobilização para cobrar melhorias.

Tenho dúvidas, porém, de que o foco das ações deva ser o combate ao que dom Odilo Scherer, numa entrevista, chamou de terceirização e comercialização da saúde. É verdade que colocar um preço em procedimentos médicos nem sempre leva ao melhor dos desfechos, mas é igualmente claro que consultas, cirurgias e drogas têm custos que precisam ser gerenciados. Ignorar as leis de mercado, como parece sugerir dom Odilo, provavelmente levaria o sistema ao colapso, prejudicando ainda mais os pobres.

Para o religioso, é "a dignidade do ser humano" que deve servir como critério moral na tomada de decisões relativas a vida e morte. O problema com a "dignidade" é que ela é subjetiva demais. A pluralidade de crenças e preferências do ser humano é tamanha que o termo pode significar qualquer coisa, desde noções banais, como não humilhar desnecessariamente o paciente (forçando-o, por exemplo, a usar aqueles horríveis aventais vazados atrás), *até a adesão profunda a um dogma religioso (há confissões que não admitem transfusões de sangue).*

Numa sociedade democrática não podemos simplesmente apanhar uma dessas concepções e elevá-la a valor universal. E, se é para operar com todas as noções possíveis, então já não estamos falando de dignidade, mas, sim, de respeito à autonomia do paciente, conceito que a substitui sem perdas.

(Hélio Schwartsman. **Folha de S. Paulo**, março/2012)

(Analista – TRT/6ª – 2012 – FCC) Está clara e correta a **redação** deste livre comentário sobre o texto.

(A) Presume-se que o autor não defenda a ideia de que deva o Estado assumir inteira responsabilidade pela prestação de quaisquer serviços públicos de alto custo.

(B) Não seria possível, para o autor, que os serviços mais onerosos aos cofres públicos compitam ao Estado resolver com seus próprios meios.

(C) Uma vez que se atendam as leis do mercado, até mesmo o Estado poderia precaver as ações na área da saúde, sem desmerecer uma sociedade democrática.

(D) Entre o que se prega nas religiões e o que implica as leis de mercado, as questões de saúde nada têm a haver com a suposta dignidade humana.

(E) Apenas nas crenças que não operam restrições a medidas de saúde, leva-se em conta o valor universal da dignidade humana, para ser bem demonstrado.

A: correta. A redação está clara a atende a todos os preceitos gramaticais; **B:** incorreta. Falta clareza na redação. Melhor seria retirar o trecho: "resolver com seus próprios meios", que é redundante e não acrescenta nada ao argumento; **C:** incorreta. O trecho é incoerente, porque a conclusão não decorre logicamente dos argumentos apresentados. Além disso, os verbos "precaver" e "desmerecer" estão "soltos" no período, não sendo possível compreender seu uso; **D:** incorreta. Mais uma vez, a conclusão apresentada não guarda coerência com as premissas; **E:** incorreta. Não há vírgula após "saúde" e deveria ser suprimida a expressão "para ser bem demonstrado", que está completamente desvinculada do texto.

Gabarito "A"

O mito napoleônico baseia-se menos nos méritos de Napoleão do que nos fatos, então sem paralelo, de sua carreira. Os homens que se tornaram conhecidos por terem abalado o mundo de forma decisiva no passado tinham começado como reis, como Alexandre, ou patrícios, como Júlio César, mas Napoleão foi o "pequeno cabo" que galgou ao comando de um continente pelo seu puro talento pessoal. Todo homem de negócios daí em diante tinha um nome para sua ambição: ser – os próprios clichês o denunciam – um "Napoleão das finanças" ou "da indústria". Todos os homens comuns ficavam excitados pela visão, então sem paralelo, de um homem comum maior do que aqueles que tinham nascido para usar coroas. Em síntese, foi a figura com que todo homem que partisse os laços com a tradição podia se identificar em seus sonhos.

Para os franceses ele foi também algo bem mais simples: o mais bem-sucedido governante de sua longa história. Triunfou gloriosamente no exterior, mas, em termos nacionais, também estabeleceu ou restabeleceu o mecanismo das instituições francesas como existem hoje. Ele trouxe estabilidade e prosperidade a todos, exceto para os 250 mil franceses que não retornaram de suas guerras, embora até mesmo para os parentes deles tivesse trazido a glória. Sem dúvida, os britânicos se viam como lutadores pela causa da liberdade contra a tirania; mas em 1815 a maioria dos ingleses era mais pobre do que o fora em 1800, enquanto a maioria dos franceses era quase certamente mais rica.

Ele destruíra apenas uma coisa: a Revolução de 1789, o sonho de igualdade, liberdade e fraternidade, do povo se erguendo na sua grandiosidade para derrubar a opressão. Este foi um mito mais poderoso do que o dele, pois, após a sua queda, foi isto e não a sua memória que inspirou as revoluções do século XIX, inclusive em seu próprio país.

(Adaptado de Eric. J. Hobsbawm. **A era das revoluções – 1789-1848.** 7ª ed. Trad. de Maria Tereza Lopes Teixeira e Marcos Penchel. Rio de Janeiro: Paz e Terra, 1989, p.93-4)

(Analista – TRT9 – 2012 – FCC) *Todos os homens comuns ficavam excitados pela visão* [...] *de um homem comum maior do que aqueles que tinham nascido para usar coroas.*

Uma nova redação para a frase acima, em que se preservam a correção e a clareza, está em:

(A) Os homens comuns, quando viam que um homem comum como eles era maior do que os nascidos para usar coroas, não tendo como não ficar excitados.

(B) Ver os homens comuns que um homem também comum era maior do que os nascidos para usar coroas eram o que os deixavam excitados.

(C) A visão de um homem comum maior do que aqueles nascidos para usar coroas, deixavam excitados todos os homens que eram tão comuns como ele.

(D) Não havia homem comum que não ficasse excitado pela visão de um homem também comum que se tornara maior do que os nascidos para usar coroas.

(E) À medida em que via um homem comum maior do que aqueles nascidos para usar coroas, todo homem comum ficava excitado com a visão que tivesse.

A: incorreta. A redação, além de apresentar repetições desnecessárias de termos, está incorreta no último trecho. Deveria constar "tinham" em vez de "tenham"; **B:** incorreta. A redação está confusa. Além disso, deveria constar "era" em vez de "eram"; **C:** incorreta. Não deveria haver vírgula após "coroas" e o verbo deveria estar no singular ("deixava"); **D:** correta. A redação está clara, mantém o sentido original do texto e respeita todos os preceitos gramaticais; **E:** incorreta. A redação está repleta de repetições desnecessárias, tornando-a prolixa e um tanto confusa.

Gabarito "D"

Em outubro de 1967, quando Gilberto Gil e Caetano Veloso apresentaram as canções Domingo no parque e Alegria, Alegria, no Festival da TV Record, logo houve quem percebesse que as duas canções eram influenciadas pela narrativa cinematográfica: repletas de cortes, justaposições e flashbacks. Tal suposição seria confirmada pelo próprio Caetano quando declarou que fora "mais influenciado por Godard e Glauber do que pelos Beatles ou Dylan". Em 1967, no Brasil, o cinema era o que havia de mais intenso e revolucionário, superando o próprio teatro, cuja inquietação tinha incentivado os cineastas a iniciar o movimento que ficou conhecido como Cinema Novo.

O Cinema Novo nasceu na virada da década de 1950 para a de 1960, sobre as cinzas dos estúdios Vera Cruz (empresa paulista que faliu em 1957 depois de produzir dezoito filmes). *"Nossa geração sabe o que quer", dizia o baiano Glauber Rocha já em 1963. Inspirado por* Rio 40 graus *e por* Vidas secas, *que Nelson Pereira dos Santos lançara em 1954 e 1963, Glauber Rocha transformaria, com* Deus e o diabo na terra do sol, *a história do cinema no Brasil. Dois anos depois, o cineasta lançou* Terra em Transe, *que talvez tenha marcado o auge do* Cinema Novo, *além de ter sido uma das fontes de inspiração do* Tropicalismo.

A ponte entre Cinema Novo e Tropicalismo ficaria mais evidente com o lançamento, em 1969, de Macunaíma, de Joaquim Pedro de Andrade. Ao fazer o filme, Joaquim Pedro esforçou-se por torná-lo um produto afinado com a cultura de massa. "A proposição de consumo de massa no Brasil é algo novo. A grande audiência de TV entre nós é um fenômeno novo. É uma posição avançada para o cineasta tentar ocupar um lugar dentro dessa situação", disse ele.

Incapaz de satisfazer plenamente as exigências do mercado, o Cinema Novo deu os seus últimos suspiros em fins da década de 1970 – período que marcou o auge das potencialidades comerciais do cinema feito no Brasil.

(Adaptado de Eduardo Bueno. **Brasil: uma história**. Ed. Leya, 2010. p. 408)

(Analista – TRT9 – 2012 – FCC) *Incapaz de satisfazer plenamente as exigências do mercado, o* Cinema Novo *deu os seus últimos suspiros em fins da década de 1970 – período que marcou o auge das potencialidades comerciais do cinema feito no Brasil.*

Uma redação alternativa para a frase acima, em que se mantêm a correção, a lógica e, em linhas gerais, o sentido original, é:

(A) Como não fosse capaz de satisfazer plenamente as exigências do mercado, o *Cinema Novo* acabou no final da década de 1970: período que se destaca, as potencialidades comerciais, do cinema feito no Brasil.

(B) Conquanto não pudesse satisfazer plenamente as exigências do mercado, o *Cinema Novo* terminou no final da década de 1970, período que, marcou o auge das potencialidades comerciais do cinema feito no Brasil.

(C) Como não pôde satisfazer plenamente as exigências do mercado, o *Cinema Novo* acabou em fins da década de 1970, período em que as potencialidades comerciais do cinema feito no Brasil atingiram o seu apogeu.

(D) O *Cinema Novo*, incapaz de satisfazer plenamente as exigências do mercado não resistiu e terminou no final da década de 1970, onde as potencialidades comerciais do cinema feito no Brasil atingiria o seu apogeu.

(E) O cinema feito no Brasil, atinge o seu potencial comercial máximo no final da década de 1970, quando, não podendo satisfazer plenamente as exigências do mercado terminava o *Cinema Novo*.

A: incorreta. O erro está no último trecho, onde deveria constar: "período em que se destacam as potencialidades comerciais do cinema feito no Brasil"; **B:** incorreta. "Conquanto" é sinônimo de "embora", "não obstante", ou seja, tem valor concessivo. Seu uso indica que, após a enunciação de um fato, falaremos de outro que lhe é contrário, que aconteceu apesar dos obstáculos impostos pelo primeiro. No caso, o fim do Cinema Novo é consequência de sua incapacidade de satisfazer as exigências do mercado; **C:** correta. A redação está clara, coerente e correta, mantendo o sentido original do texto; **D:** incorreta. Aqui, os erros são gramaticais. Deveria haver vírgula após "mercado", deveria constar "quando" em vez de "onde" e o verbo "atingir" deveria estar conjugado no plural; **E:** incorreta. Há também diversos erros gramaticais. Não deveria haver vírgula depois de "Brasil" e faltou o mesmo sinal de pontuação após "mercado".

Gabarito "C".

Fotografias

Toda fotografia é um portal aberto para outra dimensão: o passado. A câmara fotográfica é uma verdadeira máquina do tempo, transformando o que é naquilo que já não é mais, porque o que temos diante dos olhos é transmudado imediatamente em passado no momento do clique. Costumamos dizer que a fotografia congela o tempo, preservando um momento passageiro para toda a eternidade, e isso não deixa de ser verdade. Todavia, existe algo que descongela essa imagem: nosso olhar. Em francês, imagem e magia contêm as mesmas cinco letras: image e magie. Toda imagem é magia, e nosso olhar é a varinha de condão que descongela o instante aprisionado nas geleiras eternas do tempo fotográfico.

Toda fotografia é uma espécie de espelho da Alice do País das Maravilhas, e cada pessoa que mergulha nesse espelho de papel sai numa dimensão diferente e vivencia experiências diversas, pois o lado de lá é como o albergue espanhol do ditado: cada um só encontra nele o que trouxe consigo. Além disso, o significado de uma imagem muda com o passar do tempo, até para o mesmo observador.

Variam, também, os níveis de percepção de uma fotografia. Isso ocorre, na verdade, com todas as artes: um músico, por exemplo, é capaz de perceber dimensões sonoras inteiramente insuspeitas para os leigos. Da mesma forma, um fotógrafo profissional lê as imagens fotográficas de modo diferente daqueles que desconhecem a sintaxe da fotografia, a "escrita da luz". Mas é difícil imaginar alguém que seja insensível à magia de uma foto.

(Adaptado de Pedro Vasquez, em **Por trás daquela foto.** São Paulo: Companhia das Letras, 2010)

(Analista – TRT/11ª – 2012 – FCC) No contexto do primeiro parágrafo, o segmento *Todavia, existe algo que descongela essa imagem* pode ser substituído, sem prejuízo para a correção e a coerência do texto, por:

(A) Tendo isso em vista, há que se descongelar essa imagem.
(B) Ainda assim, há mais que uma imagem descongelada.
(C) Apesar de tudo, essa imagem descongela algo.
(D) Há, não obstante, o que faz essa imagem descongelar.
(E) Há algo, outrossim, que essa imagem descongelará.

"Todavia" é sinônimo de "mas", "porém", "contudo", "não obstante". Essa informação é suficiente para identificar a alternativa "D" como correta, porque todas as outras trazem conjunções que transmitem ideias diferentes. Além disso, nas demais alternativas, a alteração dos tempos verbais e da colocação dos termos da oração promoveu mudanças de sentido.

Gabarito "D".

(Analista – TRT/11ª – 2012 – FCC) Está clara e correta a redação deste livre comentário sobre o texto:

(A) Apesar de se ombrearem com outras artes plásticas, a fotografia nos faz desfrutar e viver experiências de natureza igualmente temporal.
(B) Na superfície espacial de uma fotografia, nem se imagine os tempos a que suscitarão essa imagem aparentemente congelada...
(C) Conquanto seja o registro de um determinado espaço, uma foto leva-nos a viver profundas experiências de caráter temporal.
(D) Tal como ocorrem nos espelhos da Alice, as experiências físicas de uma fotografia podem se inocular em planos temporais.
(E) Nenhuma imagem fotográfica é congelada suficientemente para abrir mão de implicâncias semânticas no plano temporal.

A: incorreta. O vocabulário excessivamente rebuscado e o uso das palavras em sentido conotativo comprometem a clareza do texto; **B:** incorreta. A prolixidade do trecho compromete sua clareza; **C:** correta. A redação está clara e respeita todos os preceitos gramaticais; **D:** incorreta. Há erro de concordância no trecho. Deveria constar "ocorre" em vez de "ocorrem"; **E:** incorreta. O trecho chega a ser incoerente de tão confuso. Não é possível discernir a mensagem que está sendo transmitida.

Gabarito "C".

(Analista – TRT/11ª – 2012 – FCC) É preciso **reelaborar**, para sanar falha estrutural, a redação da seguinte frase:

(A) O autor do texto chama a atenção para o fato de que o desejo de promover a igualdade corre o risco de obter um efeito contrário.
(B) Embora haja quem aposte no critério único de julgamento, para se promover a igualdade, visto que desconsideram o risco do contrário.
(C) Quem vê como justa a aplicação de um mesmo critério para julgar casos diferentes não crê que isso reafirme uma situação de injustiça.
(D) Muitas vezes é preciso corrigir certas distorções aplicando- se medidas que, à primeira vista, parecem em si mesmas distorcidas.
(E) Em nossa época, há desequilíbrios sociais tão graves que tornam necessários os desequilíbrios compensatórios de uma ação corretiva.

Todas as alternativas apresentam redações corretas e claras, com exceção da letra "B", que deve ser assinalada. Há falha na escolha das conjunções, as quais tornam o texto incoerente, no uso da vírgula e na obscuridade do fecho. Melhor seria redigir: "Aqueles que apostam no critério único de julgamento para se promover a igualdade entendem que não se pode desconsiderar o risco de prejuízo com o uso de parâmetros diferenciados".

Gabarito "B".

(Analista – TRT/14ª – 2011 – FCC) A frase redigida de modo claro e condizente com o padrão culto escrito é:

(A) Não posso atribuir unicamente a precária condição de acesso à Educação a apenas a condição de miscigenação dos que desejam ascender à sua dignidade.
(B) Os resultados da pesquisa científica levada a efeito no ano passado deve ser aberta àquele núcleo que a instigou, não devendo ficar restrito aos especialistas.

(C) A criação, coordenação e assessoria a cursos profissionalizantes está a cargo de ambos os formados na área, de cujo conhecimento de ponta muito se depende.

(D) Advoguei junto ao chefe do rapaz que sua atuação tanto profissional como em sociedade não deixava nada à desejar, o que lhe ajudou bastante naquela pendência.

(E) Ele era o único que espontaneamente se dignava de ouvir-nos a todos, sem exceção, e consentia prazeroso até o depoimento mais insosso ou desajeitado.

A: oração truncada, sem sentido. Há várias possibilidades de construção, dependendo do que o autor quer comunicar; **B:** "Os resultados da pesquisa científica, levada a efeito no ano passado, devem ser abertos àquele núcleo que a motivou. Os resultados não devem ficar restritos aos especialistas." Notem que nem sempre é possível omitir termos e tornar a construção mais enxuta; **C:** "estão a cargo". O sujeito do verbo *estar* é composto: "A criação, coordenação e assessoria"; **D:** um redação possível é "Advoguei junto ao chefe do rapaz. Quanto à sua atuação, tanto profissional como em sociedade, não deixava nada a [*não ocorre a crase antes do verbo*] desejar, fato que o [*objeto direto do verbo ajudar*] ajudou bastante naquela pendência."

Gabarito "E"

Texto para as próximas duas questões.

Os homens-placa

Uma cabeleira cor-de-rosa ou verde, um nariz de palhaço, luvas de Mickey gigantescas, pouco importa. Eis que surge numa esquina, e replica-se em outras dez, o personagem mais solitário de nossas ruas, o homem-placa das novas incorporações imobiliárias. Digo homem-placa, não porque ele seja vítima do velho sistema de ficar ensanduichado entre duas tábuas de madeira anunciando remédios ou espetáculos de teatro, nem porque, numa versão mais recente, amarrem-lhe ao corpo um meio colete de plástico amarelo para avisar que se compra ouro ali por perto. Ele é homem-placa porque sua função é mostrar, a cada encruzilhada mais importante do caminho, a direção certa para o novo prédio de apartamentos que está sendo lançado. Durante uma época, a prática foi encostar carros velhíssimos, verdadeiras sucatas, numa vaga de esquina, colocando o anúncio do prédio em cima da capota. O efeito era ruim, sem dúvida. Como acreditar no luxo e na distinção do edifício Duvalier, com seu espaço gourmet e seu depósito de vinho individual, se todo o sonho estava montado em cima de um Opala 74 cor de tijolo com dois pneus no chão?

Eliminaram-se os carros-placa, assim como já pertencem ao passado os grandes lançamentos performáticos do mercado imobiliário. A coisa tinha, cerca de dez anos atrás, proporções teatrais. Determinado prédio homenageava a Nova York eterna: mocinhas eram contratadas para se fantasiarem de Estátua da Liberdade, com o rosto pintado de verde, a tocha de plástico numa mão, o folheto colorido na outra. Ou então era o Tio Sam, eram Marilyns e Kennedys, que ocupavam a avenida Brasil, a Nove de Julho, as ruas do Itaim.

Esses homens e mulheres-placa não se comparam sequer ao guardador de carros, que precisa impor certa presença ao cliente incauto. Estão ali graças à sua inexistência social. Só que sua função, paradoxalmente, é a de serem vistos; um cabelo azul, um gesto repetitivo apontando o caminho já bastam.

(Adaptado de: Marcelo Coelho, **www.marcelocoelho.folha.blogspot.uol.com**)

(Analista – TRT/14ª – 2011 – FCC) É preciso corrigir, devido à má estruturação, a redação da seguinte frase:

(A) Os homens-placa ficam ensanduichados entre tábuas ou pranchas de metal, transportando-as pelas ruas reduzidos à condições de suporte.

(B) Sensibilizou-se o autor do texto com a condição humilhante desses homens e mulheres-placa, tratados como se fossem coisas, destituídos de sua humanidade.

(C) Não se sabe a quem ocorreu a ideia, uma vez que condomínios de luxo certamente não combinam com sucata, de que usaram como base de anúncio.

(D) Alguém, num momento infeliz, teve a lamentável ideia de usar carros velhos como suporte de propaganda para a venda de imóveis de luxo.

(E) Definitivamente, quem procura imóvel com espaço *gourmet* ou depósito de vinho individual não se deixará atrair pela propaganda apoiada num velho Opala de cor berrante.

Preste atenção em questões como essa. Logo na alternativa A encontramos erro quanto ao uso da crase ("reduzidos à condições"), porém o que se pede é correção quanto à estruturação da redação. **A:** quanto ao termo "ensanduichados", embora não haja registro de sua ocorrência em dicionários, certamente se trata de um neologismo que o autor do texto criou. Nesse momento, ignorar o termo "ensanduichados". Nessa alternativa há necessidade de correção em "reduzidos a condições". O termo "reduzidos" exige preposição a, porém a palavra regida "condições" está no plural e não há o artigo definido feminino. A crase não ocorre; **B**, **D** e **E:** redações corretas; **C:** a correlação entre as orações está truncada. Não é possível identificar claramente os sujeitos a que os verbos se referem, nem seus complementos. A redação não é inteligível.

Gabarito "C"

(Analista – TRT/14ª – 2011 – FCC) Está clara e correta a redação deste livre comentário sobre o texto:

(A) Quando o corpo humano se reduz em suporte exclusivamente material para qualquer coisa, nossa dignidade deixa de ter preço.

(B) Requer-se de um guardador de carros, diferentemente do que ocorre com um homem-placa, que tenha iniciativa e presença.

(C) Há momentos onde o afã de se fazer propaganda não mede esforços para lançar mão dos mais grotescos recursos.

(D) Ainda se vê em grandes cidades as figuras antagônicas de pobres entalados em cartazes nos quais se diz venderem ouro.

(E) Muitos acreditam ter requinte em morar num edifício de nome estrangeiro, além das novidades ligadas à onda de gastronomia.

A: "Quando o corpo humano se reduz a um suporte"; **B:** redação correta; **C:** "Há momentos em que [*usar o pronome* onde *somente quando há referência a lugar*]"; **D:** "Ainda se veem (...) as figuras (...) de pobres entalados em cartazes nos quais se diz vender ouro"; **E:** "Muitos acreditam haver algum requinte em morar em um edifício de nome estrangeiro". O período "além das novidades ligadas à onda de gastronomia", parece fora de contexto.

Gabarito "B"

Do homicídio*

Cabe a vós, senhores, examinar em que caso é justo privar da vida o vosso semelhante, vida que lhe foi dada por Deus. Há quem diga que a guerra sempre tornou esses homicídios não só legítimos como também gloriosos. Todavia, como explicar que a guerra sempre tenha sido vista com horror pelos brâmanes, tanto quanto o porco era execrado pelos árabes e pelos egípcios? Os primitivos aos quais foi dado o nome ridículo de quakers** fugiram da guerra e a detestaram por mais de um século, até o dia em que foram forçados por seus irmãos cristãos de Londres a renunciar a essa prerrogativa, que os distinguia de quase todo o restante do mundo. Portanto, apesar de tudo, é possível abster-se de matar homens.

Mas há cidadãos que vos bradam: um malvado furou-me um olho; um bárbaro matou meu irmão; queremos vingança; quero um olho do agressor que me cegou; quero todo o sangue do assassino que apunhalou meu irmão; queremos que seja cumprida a antiga e universal lei de talião.

Não podereis acaso responder-lhes: "Quando aquele que vos cegou tiver um olho a menos, vós tereis um olho a mais? Quando eu mandar supliciar aquele que matou vosso irmão, esse irmão será ressuscitado? Esperai alguns dias; então vossa justa dor terá perdido intensidade; não vos aborrecerá ver com o olho que vos resta a vultosa soma de dinheiro que obrigarei o mutilador a vos dar; com ela vivereis vida agradável, e além disso ele será vosso escravo durante alguns anos, desde que lhe seja permitido conservar seus dois olhos para melhor vos servir durante esse tempo. Quanto ao assassino do seu irmão, será vosso escravo enquanto viver. Eu o tornarei útil para sempre a vós, ao público e a si mesmo".

É assim que se faz na Rússia há quarenta anos. Os criminosos que ultrajaram a pátria são forçados a servir à pátria para sempre; seu suplício é uma lição contínua, e foi a partir de então que aquela vasta região do mundo deixou de ser bárbara.

(Voltaire – **O preço da justiça**. São Paulo: Martins Fontes, 2001, pp. 15/16. Trad. de Ivone Castilho Benedetti)

* Excerto de texto escrito em 1777, pelo filósofo iluminista francês Voltaire (1694-1778).

** Quaker – associação religiosa inglesa do séc. XVI, defensora do pacifismo.

(Analista – TRT/23ª – 2011 – FCC) Deve-se CORRIGIR, por deficiência estrutural, a redação deste livre comentário sobre o texto:

(A) O tratamento de *vós*, que hoje nos soa tão cerimonioso, ecoa uma época em que se aliavam boa argumentação e boa retórica.

(B) Voltaire não hesita em lembrar as vantagens reais da aplicação de penas que poupam a vida do criminoso para que pague pelo que fez.

(C) Como sempre há quem defenda os castigos capitais, razão pela qual Voltaire buscou refutá-los, através de alternativas mais confiáveis.

(D) Note-se a preocupação que tem esse iluminista francês em escalonar as penas de modo a que nelas se preserve adequada relação com o crime cometido.

(E) Na refutação aos que defendem a pena de talião, Voltaire argumenta que o mal já causado não se sana com um ato idêntico ao do criminoso.

Uma redação possível, menos truncada seria: "Como sempre há quem defenda os castigos capitais, refutados por Voltaire, que defendia alternativas a esses castigos."

Gabarito "C"

Assim como os antigos moralistas escreviam máximas, deu-me vontade de escrever o que se poderia chamar de mínimas, ou seja, alguma coisa que, ajustada às limitações do meu engenho, traduzisse um tipo de experiência vivida, que não chega a alcançar sabedoria mas que, de qualquer modo, é resultado de viver.

Andei reunindo pedacinhos de papel em que estas anotações vadias foram feitas e ofereço-as ao leitor, sem que pretenda convencê-lo do que penso nem convidá-lo a repensar suas ideias. São palavras que, de modo canhestro, aspiram a enveredar pelo avesso das coisas, admitindo-se que elas tenham um avesso, nem sempre perceptível mas às vezes curioso ou surpreendente.

C.D.A. (Carlos Drummond de Andrade. **O avesso das coisas** [aforismos]. 5.ed. Rio de Janeiro: Record, 2007, p. 3)

(Analista – TRF/1ª – 2011 – FCC) ...admitindo-se que elas tenham um avesso...

Respeitando a situação em que foi empregada a frase acima, a ÚNICA reformulação INCORRETA para o segmento destacado é:

(A) no caso de se admitir que.

(B) caso se admita que.

(C) tomando-se como pressuposto que.

(D) visto que é patente que.

(E) aceitando como hipótese que.

Pelo contexto: "São palavras que, de modo canhestro, aspiram a enveredar pelo avesso das coisas, admitindo-se que elas tenham um avesso" vemos que trata-se de uma hipótese. A única alternativa que não tem apresenta um termo condicional é "visto que é patente que".

Gabarito "D"

Atenção: a questão seguinte baseia-se no texto apresentado abaixo.

A correspondência oficial não dispensa nem os protocolos de rigor que lhe são próprios, nem a máxima objetividade no tratamento do assunto em tela. Não cabendo o coloquialismo do tratamento na pessoa você, é preciso conhecer o emprego mais cerimonioso de Vossa Senhoria e Vossa Excelência, por exemplo, para os casos em que essas ou outras formas mais respeitosas se impõem. Quanto à disposição da matéria tratada, a redação deve ser clara e precisa, para que se evitem ambiguidades, incoerências e quebras sintáticas.

(Diógenes Moreyra, *inédito*)

(Analista – TRT/16ª – 2009 – FCC) A ocorrência de ambiguidade e falta de clareza faz necessária uma revisão da seguinte frase:

(A) Causa-nos revolta, a todos, o pouco interesse que ele vem demonstrando na condução desse processo – razão pela qual há quem peça a demissão dele.

(B) Conquanto ele nos haja dado uma resposta inconclusiva e protelado a decisão, há quem creia que nos satisfará o desfecho deste caso.

(C) Inconformados com a resposta insatisfatória que nos deu, reiteramos o pedido para que ele não deixe de tomar as providências que o caso requer.

(D) Ele deu uma resposta insatisfatória à providência que lhe solicitamos, em razão da qual será preciso insistir em que não venha a repeti-la.

(E) Caso não sejam tomadas as providências cabíveis, seremos obrigados a comunicar à Direção o menoscabo com que está sendo tratado este caso.

O referente do pronome feminino *a* em "repeti-la" não está claro. Trata-se da repetição da "resposta" ou da "providência"?

Gabarito "D"

Atenção: As próximas duas questões referem-se ao texto transcrito abaixo.

Vários historiadores têm procurado entender a originalidade da monarquia brasileira vinculando-a à chegada da família real ao Brasil em 1808. De fato, é no mínimo inusitado pensar numa colônia sediando a capital de um império. Chamada por Maria Odila Leite da Silva Dias de a "internacionalização da metrópole", a instalação no Brasil da corte portuguesa, que fugia das tropas napoleônicas, significou não apenas um acidente fortuito, mas um momento angular da história nacional e de um processo singular de emancipação. Fuga ou golpe político, o fato é que com D. João e sua família, e contando com a ajuda inglesa, transferiram-se para o país a própria corte portuguesa — cujo número estimado de pessoas chegava a 20 mil, sendo que a cidade do Rio possuía apenas 60 mil almas — e várias instituições metropolitanas. Mas não era só: comerciantes ingleses e franceses, artistas italianos e naturalistas austríacos vinham junto com os baús. Difícil imaginar choque cultural maior.

Transformado em reino unido já em 1815, o Brasil passou a distanciar-se, aos poucos, de seu antigo estatuto colonial, ganhando uma autonomia relativa jamais conhecida naquele contexto. A partir de então, o Rio de Janeiro tornou-se capital de Portugal e de suas possessões na África e na Ásia, e os portos brasileiros se abriram ao comércio britânico (seguindo o acerto feito com a Inglaterra, que assegurou o transporte da corte, mas o trocou por esse acordo comercial). Tais fatos alteraram radicalmente a situação da colônia portuguesa na América.

(Adaptado de SCHWARCZ, Lilia Moritz. *As barbas do imperador:* D. Pedro II, um monarca nos trópicos. São Paulo: Companhia das Letras, 1999, p. 35-36.)

(Analista – ANS – 2007 – FCC) Levando em conta as relações de sentido estabelecidas no texto, é correto dizer que

(A) a expressão *choque cultural* (linha 18) faz referência às diferenças de desenvolvimento verificáveis entre portugueses e outros povos europeus à época.

(B) o segmento *é no mínimo* (linhas 3 e 4) equivale a "é pelo menos" e empresta tom enfático à avaliação feita.

(C) o fragmento *Mas não era só* (linhas 15 e 16) é seguido de esclarecimento que contradiz as afirmações anteriores.

(D) a conjunção *mas* (linha 9) pode ser substituída, sem prejuízo do sentido e da correção do trecho em que aparece, por "e sim".

(E) o termo *então* (linha 22) tem como referência o ano de 1808.

A: incorreta, pois o choque cultural é a aproximação das culturas europeia e brasileira com a chegada da corte portuguesa ao Brasil. (linhas 11 a 13); **B:** correta, pois a expressão indica que inusitado é apenas uma parte do que se pode dizer dos fatos e enfatiza a estranheza dos ocorridos; **C:** incorreta, pois não há contradição e sim complementação. A expressão indica que não apenas chegou um grande número de pessoas, mas também que essas pessoas eram representativas para a mudança do cenário; **D:** incorreta, pois o mas em questão tem valor adversativo, caráter não contemplado pela expressão "e sim", com valor alternativo exclusivo; **E:** incorreta, pois a referência temporal em questão é 1815, ano em que o Brasil ganhou o estatuto de Estados Unidos.

Gabarito "B"

(Analista – ANS – 2007 – FCC) Respeitado o contexto de ocorrência, assinale o fragmento que está corretamente entendido.

(A) *Fuga ou golpe político...*(linha 10) = Fosse fuga, fosse golpe político.

(B) *...ganhando uma autonomia relativa...* (linha 21) = embora ganhasse uma autonomia relativa.

(C) *...vinculando-a...* (linha 2) = quando a vinculam.

(D) *...e contando com a ajuda inglesa...* (linhas 11 e 12) = porquanto contavam com a ajuda inglesa.

(E) *...cujo número estimado de pessoas...* (linha 13) = do qual o número estimado de pessoas.

A: correta, pois a conjunção "ou" indica que ambas as possibilidades seriam corretas, trata-se de uma conjunção coordenativa alternativa inclusiva. A reescrita apresenta a mesma possibilidade; **B:** incorreta, pois a forma do gerúndio para o verbo "ganhar" indica no contexto que a autonomia relativa foi consequência da distância do estatuto colonial. A conjunção "embora" estabelece relação de concessão, ou seja, a distância do estatuto colonial não seria favorável à autonomia, que mesmo assim se consolidou; **C:** incorreta, pois a vinculação entre a originalidade da monarquia e a vinda da família real portuguesa é argumentativa e necessariamente direta, sem aspectos temporais, como indica a conjunção quando da reescrita; **D:** incorreta, pois a conjunção "porquanto" tem valor semântico de explicação. No texto original, a informação sobre a ajuda britânica é introduzida pela conjunção "e", de valor aditivo; **E:** incorreta, pois o pronome relativo "cujo" estabelece entre as partes uma relação intermediada pela preposição "de" e substitui o termo que ela introduz e concorda em gênero e número com o termo que acompanha (número). O significado do trecho é, em outras palavras, "o número estimado de pessoas da corte chegava a 20 mil". A reescrita peca por não adequar a concordância dos termos. O pronome relativo se refere à corte: "da qual o número estimado de pessoas"

Gabarito "A"

Atenção: A próxima questão baseia-se no texto abaixo.

A Norma (1831) é claramente uma ópera que encena, numa suposta rebelião gaulesa contra a tutela romana na Antiguidade, a desejada libertação dos italianos em face das potências estrangeiras – no caso, certamente a Áustria – que lhes vedam a independência e a unidade nacional. Como é de praxe em boa parte das óperas italianas do século XIX, ao posicionamento progressista nas grandes questões sociais ou nacionais se opõe um lastro, geralmente ocultado, que é de natureza mais propriamente pessoal, e serve de enorme peso – inconsciente, posto que até então desconhecido – contra aquela tomada de partido em favor [...] do "bem" ou, pelo menos, da justiça e do progresso. Esse modelo aparece, para citarmos apenas algumas óperas, nas Vespri Siciliani e no Trovatore de Verdi; poder-se-ia argumentar que a Traviata procede do mesmo modo.

Assim, um recorte se delineia inicialmente, a opor as causas progressistas (a pátria livre, seja ela a Gália, a Sicília ou qualquer outra; a defesa dos pobres; a união de quem se ama) ao que existe de mais retrógrado; porém, a dramaticidade não procederá do conflito, num mesmo nível, entre progressistas e reacionários, mas da irrupção, no âmago mesmo da causa revolucionária avançada, de um elemento pessoal marcado pelo acumpliciamento secreto, arcaico e culpável com o inimigo. Dessa forma, o herói libertador dos sicilianos nas Vespri é na verdade filho ilegítimo do governador francês, o trovador, na ópera homônima, é o irmão perdido de seu próprio perseguidor – e aqui, na Norma, a sacerdotiza suprema dos gauleses é amante do chefe romano. É isso o que dilacera a alma, tanto do ator-cantor como do expectador-ouvinte, e confere a essas óperas seu caráter trágico.

(Analista – ANS – 2007 – FCC) Acerca dos recursos de coesão textual, é correto afirmar que

(A) o advérbio *aqui* (linha 29), mais que a um espaço, reporta-se a um tema, ou objeto de análise, tomado como o mais relevante para a organização do texto.

(B) o expressão *Dessa forma* (linha 26) introduz um comentário de caráter conclusivo, na medida em que generaliza a afirmação feita anteriormente.

(C) o fragmento *aquela tomada de partido em favor do "bem"* (linha 12) recupera, com o acréscimo de um juízo de valor, o segmento *a desejada libertação dos italianos* (linhas 3 e 4).

(D) o autor inicia o texto com constatações gerais e, em seguida, empreende detalhada análise específica de um caso.

(E) o pronome *isso* (linha 31) corresponde a uma síntese de tudo o que se afirmou no texto sobre as óperas e sua densidade dramática.

A: correta, pois o advérbio *aqui* retoma o raciocínio anterior do autor e não se refere a um lugar no mundo. Essa função é legitimada como elemento de coesão entre as partes do texto; **B:** incorreta, pois a expressão *Dessa forma* é usada para introduzir exemplos das óperas que comprovem a teoria apresentada no texto anterior à ela. A conclusão por generalização é apresentada pela expressão *"é isso"* (Linha 31); **C:** incorreta, pois o pronome demonstrativo *aquela* é usado para a retomada de trechos em que há dois possíveis referentes no mesmo período, sendo que "aquele" retoma o mais distante enquanto "esse" retoma o mais próximo. O trecho retomado pelo pronome em questão é "o posicionamento progressista nas grandes questões sociais ou nacionais"; **D:** incorreta, pois a estrutura argumentativa do texto parte de um exemplo específico, a ópera *Norma*, para após sua breve análise estrutural estabelecer um padrão na estrutura geral das óperas da época, e terminar com exemplos dos conflitos pessoais e gerais em diversas óperas da época; **E:** incorreta, pois o pronome tem função conclusiva, mas retoma especificamente o conflito central das óperas e causa de sua grandiosidade: a oposição entre situação pessoal dos personagens e sua convicção social.

Gabarito "A"

(Auditor Fiscal/São Paulo-SP – 2007 – FCC) Está clara, coerente e correta a redação da seguinte frase:

(A) Conquanto seja impossível a adesão de todos em que se cumpra os princípios de convívio social, ainda assim há aqueles que relutam em aceitar tais esforços.

(B) À medida em que desceu Moisés com os mandamentos do monte Sinai, seus seguidores deram-se conta de que alguns deles paltavam-se pelo princípio da interdição.

(C) Para que se mantenha um mínimo equilíbrio nas relações sociais, desde que não se pode permitir casos de impunidade, onde os infratores ainda pousam de vitoriosos.

(D) Não é mau auferir benefícios pessoais quando estes não acarretam, de forma alguma, qualquer tipo de prejuízo ou restrição ao pleno exercício dos direitos alheios.

(E) Embora nem sempre seja de fácil aceitação, nem sempre as sanções deixam de ser necessárias, já que sem as mesmas correria-se o risco de se voltar ao estado da barbárie.

A: o verbo transitivo direto concorda com "os princípios": "em que se cumpram os princípios de convívio social" **B:** "À medida que [não existe a expressão 'à medida em que'] desceu Moisés (...) seus seguidores deram-se conta de que alguns deles pautavam-se [ortografia] pelo princípio da interdição."; **C:** "(...) não se pode permitir casos de impunidade, cujos infratores ainda pousam de vitoriosos."; **D:** a oração da assertiva está correta; **E:** "Embora nem sempre seja de fácil aceitação, nem sempre as sanções deixam de ser necessárias, já que, sem as mesmas, correr-se-ia o risco (...)".

Gabarito "D"

(Técnico Legislativo – Câmara dos Deputados – 2007 – FCC) Considere as informações abaixo:

O Presidente da Comissão de Defesa do Consumidor, Deputado Federal XYZ dos Reis, convocou reunião para as 15:00 h do dia 04/06/07. Na data aprazada, contou com a presença dos Deputados Federais A, B, C, D e E, para tratar de questões referentes ao combate à pirataria.

Assuntos abordados:

1) avaliação de resultados de medidas em andamento;
2) criação de campanha educativa;
3) apoio à tramitação de alterações legislativas relacionadas à apreensão de produtos pirateados.

A reunião foi encerrada duas horas e quinze minutos após o início, com impasse surgido na discussão.

O Presidente determinou nova reunião, às 16:00 h do próximo dia 14/06, e convocação do Diretor da Fundação ICL – Instituto do Cidadão Legal, especialista no assunto, para esclarecimentos necessários.

O Técnico Legislativo, Assistente Administrativo do apoio legislativo, Senhor MNO dos Santos, foi designado para elaborar o registro dos fatos.

Redija o documento apropriado, criando uma situação compatível com o desenvolvimento da reunião, a partir dos dados apresentados.

A redação deverá obedecer ao limite máximo de 30 linhas e respeitar o disposto no Manual de Redação da Câmara dos Deputados.

Essa proposta é bastante trabalhosa. Em primeiro lugar, o candidato tem que identificar, com base nos documentos administrativos elencados no Manual de Redação da Câmara dos Deputados, qual deles é adequado para o tipo de texto pedido: trata-se do relatório (8.3.11; pág. 293). Em seguida, a partir do seu conhecimento sobre a questão da pirataria, ele deve pensar num impasse possível para a reunião do dia 4 e no tipo de esclarecimentos que o Diretor da Fundação ICL pode prestar à Comissão de Defesa do Consumidor, que poderia ser uma solução para o impasse. Depois deve elaborar os eventos que marcaram a reunião do dia 14, principalmente se o impasse foi resolvido e quais as medidas que terão de ser tomadas. Por fim, deve fazer a redação com o registro desses eventos, de acordo com as orientações do modelo de relatório.

(Analista – ANS – 2007 – FCC) Leia atentamente os textos abaixo.

Texto 1:

Os transtornos psiquiátricos têm forte impacto sobre o indivíduo, a família e a comunidade. Em relação a esta última, frequentemente se observam preocupações quanto ao custo social da provisão extra de atenção requerida pelo paciente e quanto a sua eventual perda de produtividade. Há, ainda, a questão da violência associada a certos distúrbios. O temor da violência tem sido, com efeito, usado como justificativa para a postura favorável à internação de portadores de alguns tipos de transtornos em estabelecimentos específicos.

(ZWARTES, Thaís. **Transtornos psiquiátricos e relações sociais**. Disponível em www.saudemental.com.br. Acesso em 23 de janeiro de 2007).

Texto 2:

Não entendo por que é tão difícil conseguir os comprimidos. O governo gasta muito mais com a internação do que gastaria com o fornecimento regular de medicamentos. Com a internação, tem café da manhã, lanche, almoço às 11h, lanche, jantar às 17h, lanche. E ainda tem a despesa com roupa de cama e isso e aquilo.

(Adaptado de FIGUEIREDO, João Antônio Pereira, portador de esquizofrenia, em entrevista a *O Estado de São Paulo*. São Paulo, 13 de fevereiro de 2007, Caderno A, p. 14).

Texto 3:

Nos casos de internação, acho que ela deveria ocorrer nos hospitais gerais. O único paciente que é tratado em um espaço separado é o que sofre de doença mental. É importante quebrar esse estigma, que ainda é muito forte.

(BRASIL, Marco Antônio, psiquiatra e professor da UFRJ, em entrevista a *O Estado de São Paulo*. São Paulo, 13 de fevereiro de 2007, Caderno A, p. 14).

Redija uma dissertação em que você exponha e defenda, com argumentos pertinentes, um ponto de vista sobre o tema comum aos textos acima.

Sua redação, em prosa, deve ter entre 20 e 30 linhas e respeitar a norma culta da Língua Portuguesa.

A proposta é bastante ampla, permitindo abordagens diversas. Deve o candidato, contudo, atentar para a identificação do tema comum aos três textos da coletânea. Eles tratam da questão do tratamento dos transtornos psiquiátricos, sendo um tópico comum a questão da internação. No primeiro, o autor informa, sem emitir claramente juízo de valor, que o temor da violência associada a certos distúrbios mentais tem sido usado como justificativa para a internação; no segundo, o depoimento de um portador de esquizofrenia, há uma queixa quanto à falta de remédios que seriam distribuídos pela rede pública, ele argumenta que os custos com a internação superam em muito os da aquisição da medicação; no terceiro, pede-se a quebra do estigma do tratamento em espaço separado dos doentes mentais. Percebe-se, assim, sugerido no primeiro parágrafo e francamente presente nos dois últimos, uma postura crítica quanto ao tratamento por internação dos portadores de distúrbio mental. Essa seria, portanto, uma boa tese para o concursando adotar. Quanto aos argumentos, além do custo para a família e para o Estado e da discriminação, poder-se-iam destacar questões como a necessidade primeira, para se garantir a dignidade do indivíduo, de se fazer um esforço de integração do paciente, do que se optar pelo mais "fácil" que é a sua exclusão social; ou os abusos por vezes noticiados na imprensa de famílias que recorrem à desculpa da doença mental para se livrar, às vezes por interesse material, de um membro seu.

(Analista Legislativo – Câmara dos Deputados – 2007 – FCC) Leia o texto cuidadosamente, procurando captar suas **ideias essenciais**, na **progressão** e no **encadeamento** em que aparecem. Apresente, com suas próprias palavras, esses pontos mais importantes.

Ao nos depararmos com o tema loucura, temos alguns pontos de partida, algumas notas de abordagem, alguma compreensão, mas por enquanto é um fenômeno que nos aparece e se nos defronta com a máxima agudeza e simplicidade, máxima intensidade e mínima mediação.

Já é abordável, não é mais um mistério total. Estamos longe, porém, de poder interferir e prevenir facilmente, sabendo que é muito cômodo tentarmos encapsular a loucura dentro dos muros de um manicômio da mesma forma que tentamos encapsular a marginalidade dentro dos muros das prisões e tentamos, enquanto organizados como estamos hoje, estabelecer uma espécie de cordão sanitário protetor a respeito de um sem-número de assuntos, na ilusão de que somos capazes de remeter para uma periferia remota questões absolutamente centrais.

A partir dos ensinamentos da psicanálise, já estamos relativamente habituados ao fato de que todos os fenômenos ocorrem com todos. Eventualmente, varia um pouco o grau de intensidade, claro que varia de acordo com as capacidades, tendências e talentos individuais, mas não há um fenômeno humano que se passe com determinado homem que seja estranho a outro.

Assim, podemos deixar a proteção ilusória do cordão sanitário.

Gostaria de realizar um esforço e tentar apreender o fenômeno antes de analisá-lo; na medida do possível, sem diminuí-lo ou exagerá-lo, mas numa tentativa de observá-lo.

O tema nos toca emocionalmente, pois se refere inevitavelmente a um sofrimento, não a qualquer sofrimento, talvez aos limites do sofrimento humano, quando se resolve por uma morte mental num último esforço para sobreviver antes de sucumbir também biologicamente.

Como vejo esse sofrimento? E de outra parte, como o mundo me aparece a partir desse sofrimento?

(LANDA, Fábio. "Olhar louco". In Adauto Novaes (org.). **O olhar**. São Paulo: Companhia das letras, 1988, p. 425.)

É necessário que o candidato tenha bem claro para si que ele não deve expressar suas opiniões sobre o assunto, o texto pedido é uma paráfrase e, portanto, o desafio é compreender bem o significado do texto original e conseguir reproduzir com outras palavras o seu conteúdo. Ao abordar o tema da loucura, o autor mostra que ela não é exclusiva daqueles que são chamados de loucos, está disseminada por todos os seres humanos, havendo apenas diferenças de grau. Pode-se ainda explorar as questões do isolamento dos loucos como uma tentativa vã de isolamento da própria loucura, já que, como dito, se reconhece que ela está presente também nos considerados normais.

13. CONCORDÂNCIA VERBAL E CONCORDÂNCIA NOMINAL

Atenção: Para responder às questões abaixo, considere o texto abaixo.

Centro de Memória Eleitoral - CEMEL

O Centro de Memória Eleitoral do TRE-SP foi criado em agosto de 1999 e tem por objetivo a execução de ações que possibilitem cultivar e difundir a memória político-eleitoral como instrumento eficaz do aprofundamento e alargamento da consciência de cidadania, em prol do aperfeiçoamento do regime democrático brasileiro.

Seu acervo reúne títulos eleitorais desde a época do Império, urnas de votação (de madeira, de lona e eletrônicas), *quadros, fotografias e material audiovisual, entre outros itens.*

A realização de exposições temáticas, o lançamento de livros, a realização de palestras, além de visitas escolares monitoradas na sede do tribunal e o desenvolvimento de um projeto de história oral, são algumas das iniciativas do CEMEL.

(Disponível em: **www.tre-sp.jus.br**)

(Técnico Judiciário – TRE/SP – FCC – 2017) A frase em que a concordância se estabelece em conformidade com a norma-padrão da língua é:

(A) Voltados ao cultivo e à difusão da memória político-eleitoral, foi criado o CEMEL, em 1999.

(B) Dão-se com regularidade a ocorrência de visitas escolares monitoradas na sede do tribunal.

(C) Faz parte do acervo títulos eleitorais, urnas de votação, quadros, fotografias e material audiovisual.

(D) Entre as iniciativas do CEMEL, destaca-se a realização de exposições e o lançamento de livros.

(E) O acervo do CEMEL contêm, entre outros itens, títulos de eleitor que remontam à época do Império.

A: incorreta. O particípio do verbo "voltar" deveria estar no singular, para concordar com "CEMEL": "voltado ao cultivo..."; **B:** incorreta. O verbo pronominal "dar-se" deveria estar no singular, para concordar com "ocorrência": "dá-se a ocorrência..."; **C:** incorreta. O sujeito é composto, logo o verbo "fazer" deveria estar na terceira pessoa do plural: "fazem parte do acervo..."; **D:** correta. Todas as regras de concordância foram respeitadas; **E:** incorreta. A forma "contêm", com acento circunflexo, é a conjugação da terceira pessoa do **plural** do presente do indicativo do verbo "conter". No caso, é patente que o verbo concorda com o sujeito simples "acervo", logo a grafia correta (a terceira pessoa do singular do verbo no presente do indicativo) é "contém" (com acento agudo). HS

Gabarito "D"

(Analista – TRT/1ª – 2012 – FCC) As normas de concordância verbal estão plenamente observadas na frase:

(A) Cabem a cada um dos usuários de uma língua escolher as palavras que mais lhes parecem convenientes.

(B) D. Glorinha valeu-se de um palavrório pelo qual, segundo lhe parecia certo, viessem a impressionar os ouvidos de meu pai.

(C) As palavras que usamos não valem apenas pelo que significam no dicionário, mas também segundo o contexto em que se emprega.

(D) Muita gente se vale da prática de utilizar termos, para intimidar o oponente, numa polêmica, que demandem uma consulta ao dicionário.

(E) Não convém policiar as palavras que se pronuncia numa conversa informal, quando impera a espontaneidade da fala.

A: incorreta. Deveria constar "cabe" e "parece", no singular, para concordar com "cada um"; **B:** incorreta. Deveria constar "viesse", no singular, para concordar com "palavrório"; **C:** incorreta. Deveria constar "empregam" para concordar com "palavras"; **D:** correta. As normas de concordância verbal foram integralmente respeitadas no trecho; **E:** incorreta, Deveria constar "pronunciam", no plural, para concordar com "palavras".

Gabarito "D"

(Analista – TRT/6ª – 2012 – FCC) A concordância verbal está plenamente observada na frase:

(A) Provocam muitas polêmicas, entre crentes e materialistas, o posicionamento de alguns religiosos e parlamentares acerca da educação religiosa nas escolas públicas.

(B) Sempre deverão haver bons motivos, junto àqueles que são contra a obrigatoriedade do ensino religioso, para se reservar essa prática a setores da iniciativa privada.

(C) Um dos argumentos trazidos pelo autor do texto, contra os que votam a favor do ensino religioso na escola pública, consistem nos altos custos econômicos que acarretarão tal medida.

(D) O número de templos em atividade na cidade de São Paulo vêm gradativamente aumentando, em proporção maior do que ocorrem com o número de escolas públicas.

(E) Tanto a Lei de Diretrizes e Bases da Educação como a regulação natural do mercado sinalizam para as inconveniências que adviriam da adoção do ensino religioso nas escolas públicas.

A: incorreta. O verbo "provocar" deveria estar no singular ("provoca") para concordar com o sujeito "o posicionamento"; **B:** incorreta. "Haver", com sentido de existir, é impessoal e não se flexiona mesmo quando acompanhado do verbo auxiliar. Com isso, o correto é "deve haver", **C:**

incorreta. "Consistir" deveria permanecer no singular ("consiste"), para concordar com a expressão "um dos (...)"; **D:** incorreta. O verbo "vir" deve permanecer no singular ("vem") para concordar com "o número"; **E:** correta. Todos os verbos atendem aos preceitos da concordância determinados pela gramática.

Gabarito "E".

(Analista – TRT/6ª – 2012 – FCC) O verbo indicado entre parênteses deve flexionar-se no **plural** para preencher corretamente a lacuna da seguinte frase:

(A) Nenhuma das concepções de dignidade, postuladas por diferentes crenças, ... (**alcançar**) uma validade efetivamente universal.

(B) Não se ...... (**atribuir**) às burocracias, nesse texto, o mérito de tomar a iniciativa de atender aos interesses públicos.

(C) A terceirização e a comercialização da saúde, para dom Odilo Scherer, ... (**constituir**) um profundo desrespeito aos mais pobres.

(D) Raramente se ...... (**dispensar**) aos mais pobres o mesmo cuidado médico das clínicas particulares.

(E) Quantas vezes já se ...... (**aplicar**) aos burocratas dos serviços essenciais alguma sanção por sua negligente abulia?

A: incorreta. O verbo "alcançar" deve ser flexionado no singular para concordar com "nenhuma"; **B:** incorreta. O verbo "atribuir" deve ser conjugado no singular porque se trata de sujeito indeterminado; **C:** correta. Com efeito, o verbo "constituir" vai para o plural para concordar com "a terceirização e a comercialização", sujeito composto; **D:** incorreta. A oração está na voz passiva sintética, cujo sujeito é "o mesmo cuidado médico" – singular, portanto; **E:** incorreta. "Aplicar" deve concordar com "alguma sanção", ou seja, fica no singular.

Gabarito "C".

(Analista – TRT9 – 2012 – FCC) A frase em que todos os verbos estão corretamente flexionados é:

(A) Quem se dispor a ler a obra seminal de Hobsbawm sobre as revoluções do final do século XVIII à primeira metade do XIX jamais protestará contra o tempo gasto e o esforço despendido.

(B) As reflexões sobre a Revolução Francesa de 1789 requerem muito cuidado para que não se perca de vista a complexidade que as afirmações categóricas tendem a desconsiderar.

(C) Os revolucionários de 1789 talvez não previssem, ou sequer imaginassem, o impacto que o movimento iniciado na França teria na história de praticamente toda a humanidade.

(D) Se as pessoas não se desfazerem da imagem que cultivam de Napoleão, nunca deixarão de acreditar que o talento pessoal é o principal ou mesmo a único requisito para a obtenção do sucesso.

(E) Quando se pensa na história universal, nada parece tão disseminado no imaginário popular, sobretudo no ocidente, do que as imagens que adviram da Revolução Francesa de 1789.

A: incorreta. A conjugação da terceira pessoa do singular do verbo "dispor" no futuro do subjuntivo é "dispuser"; **B:** correta. Todos os verbos estão conjugados corretamente nesse período; **C:** incorreta. A conjugação da terceira pessoa do plural do verbo "prever" no pretérito imperfeito do subjuntivo é "previssem"; **D:** incorreta. A conjugação da terceira pessoa do plural do verbo "desfazer" do futuro do subjuntivo é "desfizerem"; **E:** incorreta. A conjugação da terceira pessoa do plural do verbo "advir" no pretérito perfeito do indicativo é "advieram".

Gabarito "B".

(Analista – TRT9 – 2012 – FCC) As normas de concordância estão plenamente respeitadas na frase:

(A) Cada um dos filmes dirigidos por Glauber Rocha apresentavam um caráter revolucionário único.

(B) A maioria dos integrantes do movimento conhecido como Cinema Novo estava profundamente interessada nos problemas sociais do país.

(C) Muitas expressões artísticas, como o neorrealismo italiano, contribuiu para o desenvolvimento do Cinema Novo.

(D) A maior parte dos cineastas envolvidos com o Cinema Novo integravam um grupo que tentavam novos caminhos para o cinema nacional.

(E) O Tropicalismo, em que Caetano Veloso e Gilberto Gil se projetou, e o Cinema Novo, cujo principal expoente foi Glauber Rocha, se configura como movimentos artísticos expressivos no século XX.

A: incorreta. O certo seria "apresentava", para rimar com "cada um"; **B:** correta. Todas as normas de concordância foram respeitadas no período; **C:** incorreta. O certo seria "contribuíram", para concordar com "muitas expressões artísticas"; **D:** incorreta. O certo seria "tentava", para concordar com "a maior parte"; **E:** incorreta. O certo seria "configuram", para concordar com "O Tropicalismo (...) e o Cinema Novo" (sujeito composto).

Gabarito "B".

(Analista – TRT/11ª – 2012 – FCC) As normas de concordância verbal encontram-se plenamente observadas em:

(A) A utilidade dos dicionários, mormente quando se trata de palavras polissêmicas, manifestam-se nas argumentações ideológicas.

(B) Não se notam, entre os preconceituosos, qualquer disposição para discutir o sentido de um juízo e as consequências de sua difusão.

(C) Não convém aos injustiçados reclamar por igualdade de tratamento quando esta pode levá-los a permanecer na situação de desigualdade.

(D) Como *discernimento* e *preconceito* são duas acepções de *discriminação*, hão que se esclarecer o sentido pretendido.

(E) Uma das maneiras mais odiosas de refutar os argumentos de alguém surgem na utilização de preconceitos já cristalizados.

A: incorreta. Deveria constar "manifesta-se", no singular, para concordar com "a utilidade"; **B:** incorreta. Deveria constar "nota", no singular, para concordar com "qualquer disposição"; **C:** correta. Todas as normas de concordância verbal foram respeitadas no período; **D:** incorreta. Deveria constar "há", no singular, para concordar com "o sentido"; **E:** incorreta. Deveria constar "surge", no singular, para concordar com o numeral "uma".

Gabarito "C".

(Analista – TRT/14ª – 2011 – FCC) A redação correta é:

(A) Em se cuidando dessa doença no início, não existe dúvidas de que haverá cura – é o que os Estados Unidos, recentemente, provou ao mundo.

(B) Desejando intensamente alçar-se diretor e ele passou a agir com zelo e discrição, não exitando em exceder suas funções e o horário do fim do expediente.

(C) A regente insistiu junto à auxiliar que caberia à ela falar com a imprensa e nós, não aquiecendo, impusemos que a mídia tem de lidar com nós mesmos, os funcionários.

(D) Diz-se que o tio é mais bom do que preparado, mas o convívio com a adolescente tem sido dulcíssimo, em que lhe pesem os excessivos maus humores da jovem.

(E) Pai extremoso, ele soe ser o melhor conselheiro dos filhos, salvo se o exacerbam os ânimos ao reincidirem pela enésima vez no mesmo erro.

A: "não existem dúvidas (...) os Estados Unidos, recentemente, provaram ao mundo"; **B:** "alçar-se a diretor (...) não hesitando"; **C:** "que caberia a ela [não ocorre a crase. O verbo regente *caber* exige a preposição *a*, porém não há artigo antes de pronome pessoal] (...) não aquiescendo [não consentindo], impusemos que a mídia teria de lidar"; **D:** note que o vocábulo bom está sendo usado como adjetivo na comparação "o tio é mais bom [bondoso] do que preparado"; **E:** o verbo defectivo *soer* ("ele sói ser o melhor conselheiro") tem a acepção de "habituar, costumar". É um verbo pouquíssimo usado hodiernamente.

Gabarito "D"

(**Analista – TRT/14ª – 2011 – FCC**) Estão plenamente observadas as normas de concordância verbal na frase:

(A) Ao se revogarem o emprego de carros-placa na propaganda imobiliária, poupou-se a todos uma demonstração de mau gosto.

(B) Não sensibilizavam aos possíveis interessados em apartamentos de luxo a visão grotesca daqueles velhos carros-placa.

(C) Destinam-se aos homens-placa um lugar visível nas ruas e nas praças, ao passo que lhes é suprimida a visibilidade social.

(D) As duas tábuas em que se comprimem o famigerado homem-placa carregam ditos que soam irônicos, como "compro ouro".

(E) Não se compara aos vexames dos homens-placa a exposição pública a que se submetem os guardadores de carros.

A: "Ao se revogar o emprego"; "pouparam-se a todos"; **B:** "Não sensibilizava (...) a visão" - o sujeito do verbo transitivo direto *sensibilizar* é "a visão". Podemos reescrever a oração na ordem direta, facilitando a compreensão: "A visão grotesca daqueles velhos carros-placa não sensibilizava os [*sem preposição*] possíveis interessados"; **C:** "Destina-se aos homens-placa [*objeto indireto do verbo* destinar] um lugar visível [*o verbo concorda com "um lugar visível"*] nas ruas e nas praças"; **D:** "em que o famigerado homem-placa se comprime". O sujeito do verbo *comprimir* é "famigerado homem-placa", sujeito no singular, verbo no singular. **E:** fica mais clara a oração da alternativa E se alterarmos a ordem: "A exposição pública [a que os guardadores de carros se submetem] não se compara aos vexames dos homens-placa." Essa é a alternativa correta.

Gabarito "E"

Meios e fins

O crítico José Onofre disse uma vez que a frase "não se faz uma omelete sem quebrar ovos" é muito repetida por gente que não gosta de omelete, gosta do barulhinho dos ovos sendo quebrados. Extrema esquerda e extrema direita se parecem não porque amam seus ideais, mas porque amam os extremos, têm o gosto pelo crec-crec.

A metáfora da omelete é "o fim justifica os meios", em linguagem de cozinha. O fim justificaria todos os meios extremos de catequização e purificação, já que o fim é uma humanidade melhor – só variando de extremo para extremo o conceito de "melhor".

Todos os fins são nobres para quem os justifica, seja uma sociedade sem descrentes, sem classes ou sem raças impuras. O próprio sacrifício de ovos pelo sacrifício de ovos tem uma genealogia respeitável, a ideia de regeneração (dos outros) *pelo sofrimento e pelo sangue acompanha a humanidade desde as primeiras cavernas. Ou seja, até os sádicos têm bons argumentos. Mas o fim das ideologias teria decretado o fim do horror terapêutico, do mito da salvação pela purgação que o século passado estatizou e transformou no seu mito mais destrutivo.*

O fracasso do comunismo na prática acabou com a desculpa, racional ou irracional, para o stalinismo. O tempo não redimiu o horror, o fim foi só a última condenação dos meios.

(Adaptado de: Luis Fernando Verissimo, **O mundo é bárbaro**)

(**Analista – TRT/14ª – 2011 – FCC**) O verbo indicado entre parênteses deverá flexionar-se numa forma do plural para preencher adequadamente a lacuna da frase:

(A) Agrada aos extremistas propagar que, a menos que se ...... (quebrar) ovos, nunca se fará uma omelete.

(B) Aos sádicos ...... (dever) agradar ouvir os ovos quebrando- se, como preâmbulo de uma omelete.

(C) Os ovos de que se ...... (compor) a omelete ilustram o caso em que a violência de um ato se justifica pela causa a que serve.

(D) A todos os meios extremos ...... (costumar) corresponder, segundo os radicais, uma justificativa aceitável.

(E) Mesmo aos maiores sádicos ...... (poder) ocorrer uma certa direção de argumentos para justificar seus horrores.

A: em "a menos que se quebrem ovos", o verbo transitivo direto *quebrar* concorda no plural com o sujeito da passiva ("ovos sejam quebrados"); **B:** o sujeito da locução verbal "deve agradar" é oracional: "ouvir os ovos quebrando deve agradar". O verbo deve permanecer no singular; **C:** em "de que se compõe a omelete", o verbo transitivo direto *compor* concorda no singular com o sujeito da passiva ("a omelete é composta"): "Os ovos de que é composta a omelete ilustram (os ovos ilustram)" ou "Os ovos de que se compõe a omelete ilustram". O sujeito do verbo *ilustrar* é "ovos"; **D:** "Uma justificativa aceitável costuma corresponder, segundo os radicais, a todos os meios extremos". A oração foi colocada na ordem direta. Veja que o sujeito do verbo *costumar* é "Uma justificativa aceitável" e o objeto indireto é "a todos os meios extremos.". O verbo concorda, no singular, como sujeito; **E:** o sujeito da locução "pode ocorrer" é "uma certa direção de argumentos". O núcleo do sujeito é singular, a locução verbal fica no singular.

Gabarito "A"

(**Analista – TRT/20ª – 2011 – FCC**) As normas de concordância verbal estão plenamente atendidas na frase:

(A) Interessava aos antigos professores de português suscitar nos alunos o gosto pelos efeitos de retórica nas redações.

(B) A nenhum dos professores do ginásio ocorreriam imaginar que a linguagem falada pode ser um registro de alto valor estético.

(C) Nos dois trechos citados de Graciliano Ramos encontram-se elementos da linguagem falada a que não faltam vivacidade.

(D) O autor faz votos de que aos bons gramáticos se reservem, por justas razões, acomodação privilegiada no céu.

(E) Graças às convicções de que Graciliano não abriam mão, acabou produzindo uma obra-prima em estilo seco e incisivo.

A: o sujeito do verbo *interessar* é oracional "suscitar nos alunos o gosto (...) interessava aos antigos professores". A concordância no singular está correta; **B:** o verbo *ocorrer* deve ficar o singular, concordando com "A nenhum dos professores" (sujeito); **C:** "a que não falta vivacidade"; o sujeito do verbo faltar é "vivacidade"; **D:** "aos bons gramáticos se reserve (...) acomodação privilegiada no céu"; o verbo *reservar* concorda com o sujeito da passiva ("acomodação"), no singular; **E:** o sujeito do verbo *abrir* é "Graciliano". Sujeito singular, verbo no singular: "de que Graciliano não abria mão".

Gabarito "A"

(Analista – TRT/23ª – 2011 – FCC) As normas de concordância verbal estão plenamente respeitadas na frase:

(A) Havendo quem vos pretendam convencer de que a pena de morte é necessária, perguntem onde e quando ela já se provou indiscutivelmente eficaz.

(B) Entre os cidadãos de todos os países nunca deixarão de haver, por força do nosso instinto de violência, os que propugnam pela pena de morte.

(C) Destaca-se, entre as qualidades de Voltaire, suas tiradas irônicas e seu humor ferino, armas de que se valia em suas pregações de homem liberal.

(D) Embora remontem aos hábitos das sociedades mais violentas do passado, a pena de talião ainda goza de prestígio entre cidadãos que se dizem civilizados.

(E) Opõe-se às ideias libertárias de Voltaire, um lúcido pensador iluminista, a violência das penas irracionais que se aplicam em nome da justiça.

A: "quem pretenda convencer [a vós] (...) pergunte"; **B:** deixará de haver; **C:** "Destacam-se (...) suas tiradas"; **D:** "Embora [a pena de talião] remonte"; **E:** o verbo *opor* concorda com "a violência", no singular. O verbo *aplicar* concorda com "penas irracionais", no plural.

Gabarito "E"

(Analista – TRT/24ª – 2011 – FCC) As normas de concordância verbal estão plenamente respeitadas na frase:

(A) No passado, com as qualificações *escrita*, *falada* e *televisada* pretendiam-se designar toda a abrangência das formas de comunicação jornalística.

(B) A multiplicação de tantos autores anônimos de *blogs* acabaram por representar uma séria concorrência para os profissionais da comunicação.

(C) Em nossos dias, cabem a quaisquer cidadãos tomar a iniciativa de criar um *blog* para neles desenvolverem seus temas e pontos de vista.

(D) Já não se opõem, num *blog*, a instância do que seja de interesse privado e a instância do que seja de interesse público.

(E) Permitem-se aos seguidores de um *blog* levantar discordância quanto às linhas de argumentação desenvolvidas por seu autor.

A: "pretendia-se designar"; **B:** "A multiplicação (...) acabou por representar"; **C:** "tomar a iniciativa (...) cabe a quaisquer"; **D:** o sujeito do verbo opor é composto "instância do (....) privado" e "instância do (...) público"; **E:** "Permite-se (...) levantar".

Gabarito "D"

(Analista – TRT/2ª – 2008 – FCC) As normas de concordância verbal estão plenamente respeitadas em:

(A) Costumam haver nas pessoas extrovertidas traços marcantes de timidez.

(B) Não se devem imputar aos muito tímidos a culpa por sua notoriedade.

(C) Não deixam de ocorrer a um tímido as vantagens de sua timidez.

(D) Interessam a certos extrovertidos encobrir aspectos de sua timidez.

(E) O fato de serem tímidas não impossibilitam as pessoas de serem notadas.

A: o verbo *haver* no sentido de existir é impessoal e permanece na 3ª pessoa do singular: "Costuma haver"; **B:** "Não se deve imputar" concorda com "a culpa por sua notoriedade", no singular; **C:** está correta: a locução verbal concorda com "as vantagens" no plural; **D:** o sujeito do verbo *impossibilitar* é singular: "O fato".

Gabarito "C"

O homem ainda não encontrou uma forma de organização social que dispense regras de conduta, princípios de valor, discriminação objetiva de direitos e deveres comuns. Todos nós reconhecemos que, em qualquer atividade humana, a inexistência de parâmetros normativos implica o estado de barbárie, no qual prevalece a mais dura e irracional das justificativas: a lei do mais forte, também conhecida, não por acaso, como "a lei da selva". É nessa condição que vivem os animais, relacionando-se sob o exclusivo impulso dos instintos. Mas o homo sapiens afirmou-se como tal exatamente quando estabeleceu critérios de controle dos impulsos primitivos.

Variando de cultura para cultura, as regras de convívio existem para dar base e estabilidade às relações entre os homens. Não decorrem, aliás, apenas de iniciativas reconhecidas simplesmente como humanas: podem apresentar-se como manifestações da vontade divina, como valores supremos, por vezes apresentados como eternos. Os dez mandamentos ditados por Deus a Moisés são um exemplo claro de que a religião toma para si a tarefa de orientar a conduta humana por meio de princípios fundamentais. No caso da lei mosaica, um desses princípios é o da interdição: "Não matarás", "Não cobiçarás a mulher do próximo" etc. Ou seja: está suposto nesses mandamentos que o ponto de partida para a boa conduta é o reconhecimento daquilo que não pode ser permitido, daquilo que representa o limite de nossa vontade e de nossas ações.

Nas sociedades modernas, os textos constitucionais e os regulamentos de todo tipo multiplicam-se e sofisticam-se, mas permanece como sustentação delas a ideia de que os direitos e os deveres dizem respeito a todos e têm por finalidade o bem comum. Para garantia do cumprimento dos princípios, instituem-se as sanções para quem os ignore. A penalidade aplicada ao indivíduo transgressor é a garantia da validade social da norma transgredida. Por isso, a impunidade, uma vez manifesta, quebra inteiramente a relação de equilíbrio entre direitos e deveres comuns, e passa a constituir um exemplo de delito vantajoso: aquele em que o sujeito pode tirar proveito pessoal de uma regra exatamente por tê-la infringido. Abuso de poder, corrupção, tráfico de influências, quando não seguidos de punição exemplar, tornam-se estímulos para uma prática delituosa generalizada. Um dos maiores desafios da nossa sociedade é o de não permitir a proliferação desses casos. Se o ideal da civilização é permitir que todos os indivíduos vivam e convivam sob os mesmos princípios éticos acordados, a quebra desse acordo é a negação mesma desse ideal da humanidade.

(Inácio Leal Pontes)

(Auditor Fiscal/São Paulo-SP – 2007 – FCC) A concordância verbal estabelece-se plena e adequadamente em:

(A) Para que o cumprimento de todos os princípios fundamentais seja garantido, devem especificar-se as sanções.
(B) No caso de que se infrinja as normas e os princípios, hão de se lançar mão das sanções correspondentes.
(C) Constituem um dos exemplos de delitos vantajosos o caso em que o detentor de um poder abuse de sua autoridade.
(D) Não houvesse sido criadas quaisquer regras de convívio, estaríamos todos vivendo sob o comando de nossos instintos mais primitivos.
(E) O que nos mandamentos de Moisés se impõem como um dos princípios fundamentais é a necessidade de reconhecimento dos nossos limites.

A: a concordância verbal está corretamente estabelecida nessa assertiva; **B:** o verbo infringir deve estar no plural para concordar com "as normas e os princípios". O pronome se é apassivador: "No caso de infringirem-se as normas e os princípios (...)"; **C:** o verbo constituir deve se manter no singular e concordar com: "o caso em que o detentor de um poder abuse de sua autoridade constitui um dos exemplos de delitos (...)"; **D:** a locução verbal "não houvessem sido criadas" concorda com o sujeito no plural: "Não houvessem sido criadas quaisquer regras de convívio (...)"; **E:** o verbo impor concorda com a palavra que: "O que nos mandamentos de Moisés se impõe como um dos princípios fundamentais é a necessidade de reconhecimento dos nossos limites.

Gabarito "A"

(BB – Escriturário – 2011 – FCC) A frase em que a concordância verbal e nominal está inteiramente respeitada é:

(A) Ainda não foi suficiente os investimentos na tentativa de redução dos índices de pobreza verificados em todo o mundo.
(B) Em relação ao poder aquisitivo, ainda se observa da-dos assustadores quanto à miséria em que vivem populações inteiras.
(C) São claras algumas implicações políticas na área do desenvolvimento humano, pois é imprescindível a ação do poder público na erradicação da miséria.
(D) Deve ser levado em conta a sustentabilidade do crescimento econômico, para que se garanta melhorias efetivas das condições de vida da população.
(E) Alguns especialistas tende a atribuir à crise financeira a principal razão do retrocesso nos resultados satisfatórios que já tinha sido alcançado.

A: incorreta ("não foram suficientes"); **B:** incorreta ("ainda se observam dados assustadores"); **C:** correta; **D:** incorreta ("deve ser levada em conta" e "para que se garantam melhorias"); **E:** incorreta ("alguns especialistas tendem a atribuir" e "que já tinham sido alcançados").

Gabarito "C"

(BB – Escriturário – 2010 – FCC) A concordância verbal e nominal está inteiramente correta na frase:

(A) Cada vez mais se tornam imprescindíveis medidas que venham a alterar o relacionamento entre o homem e a natureza.
(B) Quando entra em discussão nos países envolvidos as questões sobre responsabilidade climática, dificilmente se chega a um acordo.
(C) Chegaram-se a impasses nas negociações sobre a sustentabilidade do planeta pela impossibilidade de determinar a responsabilidade de cada país.
(D) Foram detectadas, nas análises mais recentes, a presença de partículas de poluentes prejudiciais à saúde humana.
(E) Estão havendo problemas nas negociações sobre o clima por falta de consenso entre os países participantes.

A: correta; **B:** incorreta ("quando entram em discussão"); **C:** incorreta ("chegou-se a impasses"); **D:** incorreta ("Foi detectada"); **E:** incorreta ("Está havendo problemas").

Gabarito "A"

Atenção: A próxima questão baseia-se no texto abaixo.

A Norma (1831) é claramente uma ópera que encena, numa suposta rebelião gaulesa contra a tutela romana na Antiguidade, a desejada libertação dos italianos em face das potências estrangeiras – no caso, certamente a Áustria – que lhes vedam a independência e a unidade nacional. Como é de praxe em boa parte das óperas italianas do século XIX, ao posicionamento progressista nas grandes questões sociais ou nacionais se opõe um lastro, geralmente ocultado, que é de natureza mais propriamente pessoal, e serve de enorme peso – inconsciente, posto que até então desconhecido – contra aquela tomada de partido em favor [...] do "bem" ou, pelo menos, da justiça e do progresso. Esse modelo aparece, para citarmos apenas algumas óperas, nas Vespri Siciliani e no Trovatore de Verdi; poder-se-ia argumentar que a Traviata procede do mesmo modo.

Assim, um recorte se delineia inicialmente, a opor as causas progressistas (a pátria livre, seja ela a Gália, a Sicília ou qualquer outra; a defesa dos pobres; a união de quem se ama) ao que existe de mais retrógrado; porém, a dramaticidade não procederá do conflito, num mesmo nível, entre progressistas e reacionários, mas da irrupção, no âmago mesmo da causa revolucionária avançada, de um elemento pessoal marcado pelo acumpliciamento secreto, arcaico e culpável com o inimigo. Dessa forma, o herói libertador dos sicilianos nas Vespri é na verdade filho ilegítimo do governador francês, o trovador, na ópera homônima, é o irmão perdido de seu próprio perseguidor – e aqui, na Norma, a sacerdotiza suprema dos gauleses é amante do chefe romano. É isso o que dilacera a alma, tanto do ator-cantor como do expectador-ouvinte, e confere a essas óperas seu caráter trágico.

(Analista – ANS – 2007 – FCC) Está correta a concordância estabelecida em:

(A) Será necessário análises mais detidas de cada uma das óperas mencionada.

(B) Diante das potências estrangeiras que nada lhes poderiam facilitar, a Itália deixa manifesto na *Norma* sua ânsia por liberdade.

(C) Nas óperas românticas, servem de pesos inconscientes, postos que até então desconhecidos, laços, geralmente ocultados, de naturezas mais pessoais.

(D) Deveriam haver argumentos para sustentar que a *Traviata* procede do mesmo modo que a *Norma*.

(E) Sempre se desejaram pátrias livres, fossem elas Gália e Itália ou quaisquer outras.

A: incorreta, pois o sujeito do predicado nominal "Será necessário" é o substantivo feminino plural "análises". Quando o sujeito não apresenta determinante, expressões do tipo mantém-se no masculino singular. A concordância nesse trecho está correta. Já o termo "mencionada" deveria estar no plural para acompanhar o substantivo que determina, óperas. O plural é necessário porque apesar de cada uma ter que ser analisada individualmente (daí o uso do singular na expressão "cada uma"), várias óperas foram mencionadas; **B:** incorreta, pois o pronome pessoal oblíquo "lhes" tem como referente o termo "Itália", singular. O pronome deve concordar em gênero e número com o termo que substitui (importante notar que o pronome "lhe" não admite flexão de gênero). Outro erro incorre no termo "manifesto", predicativo do objeto que se refere à expressão "sua ânsia por liberdade". O termo deve ser acompanhar o seu referente, no feminino singular: "A Itália deixa manifesta (...) sua ânsia por liberdade"; **C:** incorreta, pois a expressão "posto que" é uma locução conjuntiva de forma fixa, que não possui referente para concordância, e une as partes do texto estabelecendo uma relação de causa entre o trecho anterior e o que introduz; **D:** incorreta, pois a locução verbal "deveriam haver" tem como verbo principal o verbo "haver" no sentido de existir, na forma nominal do infinitivo. Trata-se de um verbo impessoal que não possui referente de sujeito e deve manter-se sempre conjugado na terceira pessoa do singular. O verbo auxiliar da locução, que apresenta as flexões de tempo, modo, número e pessoa, deve ser conjugado de acordo com as regras que orientam o principal. A forma correta seria "deveria haver argumentos"; **E:** correta, pois o verbo "desejaram", acompanhado da partícula "se", está na voz passiva e tem como sujeito a expressão no plural "pátrias livres", com que concorda corretamente. As flexões de número dos termos "fossem" e "quaisquer" acompanham corretamente os seus regentes "elas" e "outras", respectivamente.

Gabarito "E"

O segredo da acumulação primitiva neoliberal

Numa coluna publicada na Folha de São Paulo, o jornalista Elio Gaspari evocava o drama recente de um navio de crianças escravas errando ao largo da costa do Benin. Ao ler o texto – que era inspirado -, o navio tornava-se uma metáfora de toda a África subsaariana: ilha à deriva, mistura de leprosário com campo de extermínio e reserva de mão de obra para migrações desesperadas.

Elio Gaspari propunha um termo para designar esse povo móvel e desesperado: "os cidadãos descartáveis". "Massas de homens e mulheres são arrancados de seus meios de subsistência e jogados no mercado de trabalho como proletários livres, desprotegidos e sem direitos." São palavras de Marx, quando ele descreve a "acumulação primitiva", ou seja, o processo que, no século XVI, criou as condições necessárias ao surgimento do capitalismo.

Para que ganhássemos nosso mundo moderno, foi necessário, por exemplo, que os servos feudais fossem, à força, expropriados do pedacinho de terra que podiam cultivar para sustentar-se. Massas inteiras se encontraram, assim, paradoxalmente livres da servidão, mas obrigadas a vender seu trabalho para sobreviver.

Quatro ou cinco séculos mais tarde, essa violência não deveria ter acabado? Ao que parece, o século XX pediu uma espécie de segunda rodada, um ajuste: a criação de sujeitos descartáveis globais para um capitalismo enfim global.

Simples continuação ou repetição? Talvez haja uma diferença – pequena, mas substancial – entre as massas do século XVI e os migrantes da globalização: as primeiras foram arrancadas de seus meios de subsistência, os segundos são expropriados de seu lugar pela violência da fome, por exemplo, mas quase sempre eles recebem em troca um devaneio. O protótipo poderia ser o prospecto que, um século atrás, seduzia os emigrantes europeus: sonhos de posse, de bem-estar e de ascensão social.

As condições para que o capitalismo invente sua versão neoliberal são subjetivas. A expropriação que torna essa passagem possível é psicológica: necessita que sejamos arrancados nem tanto de nossos meios de subsistência, mas de nossa comunidade restrita, familiar e social, para sermos lançados numa procura infinita de status (e, hipoteticamente, de bem-estar) definido pelo acesso a bens e serviços. Arrancados de nós mesmos, deveremos querer ardentemente ser algo além do que somos.

Depois da liberdade de vender nossa força de trabalho, a "acumulação primitiva" do neoliberalismo nos oferece a liberdade de mudar e subir na vida, ou seja, de cultivar visões, sonhos e devaneios de aventura e sucesso. E, desde o prospecto do emigrante, a oferta vem se aprimorando. A partir dos anos 60, a televisão forneceu os sonhos para que o campo não só devesse, mas quisesse, ir para a cidade.

O requisito para que a máquina neoliberal funcione é mais refinado do que a venda dos mesmos sabonetes ou filmes para todos. Trata-se de alimentar um sonho infinito de perfectibilidade e, portanto, uma insatisfação radical. Não é pouca coisa: é necessário promover e vender objetos e serviços por eles serem indispensáveis para alcançarmos nossos ideais de status, de bem-estar e de felicidade, mas, ao mesmo tempo, é preciso que toda satisfação conclusiva permaneça impossível.

Para fomentar o sujeito neoliberal, o que importa não é lhe vender mais uma roupa, uma cortina ou uma lipoaspiração; é alimentar nele sonhos de elegância perfeita, casa perfeita e corpo perfeito. Pois esses sonhos perpetuam o sentimento de nossa inadequação e garantem, assim, que ele seja parte inalterável, definidora, da personalidade contemporânea.

Provavelmente seria uma catástrofe se pudéssemos, de repente, acalmar nossa insatisfação. Aconteceria uma queda total do índice de confiança dos consumidores. Bolsas e economias iriam para o brejo. Desemprego, crise, etc.

Melhor deixar como está. No entanto, a coisa não fica bem. Do meu pequeno observatório psicanalítico, parece que o permanente sentimento de inadequação faz do sujeito neoliberal uma espécie de sonhador descartável, que corre atrás da miragem de sua felicidade como um trem descontrolado, sem condutor, acelerando progressivamente por inércia – até que os trilhos não aguentem mais.

(Contardo Calligaris, **Terra de ninguém**. São Paulo: **Publifolha**, 2002)

Nota: O autor desse texto, Contardo Calligaris, é psicanalista e foi professor de estudos culturais na New School de Nova York. Faz parte do corpo docente do Institute for the Study of Violence, em Boston. É também colunista da Folha de S. Paulo.

Atenção: A questão a seguir baseia-se no texto apresentado abaixo.

Nas formas de vida coletiva podem assinalar-se dois princípios que se combatem de morte e regulam diversamente as atividades dos homens. Esses dois princípios encarnam-se nos tipos do aventureiro e do trabalhador. Já nas sociedades rudimentares manifestam-se eles, segundo sua predominância, na distinção fundamental entre os povos caçadores ou coletores e os povos lavradores. Para uns, o objeto final, a mira de todo esforço, o ponto de chegada, assume relevância tão capital, que chega a dispensar, por secundários, quase supérfluos, todos os processos intermediários. Seu ideal será colher o fruto sem plantar a árvore.

Esse tipo humano ignora as fronteiras. No mundo tudo se apresenta a ele em generosa amplitude e onde quer que se erija um obstáculo a seus propósitos ambiciosos, sabe transformar esse obstáculo em trampolim. Vive dos espaços ilimitados, dos projetos vastos, dos horizontes distantes.

O trabalhador, ao contrário, é aquele que enxerga primeiro a dificuldade a vencer, não o triunfo a alcançar. O esforço lento, pouco compensador e persistente que, no entanto, mede todas as possibilidades de esperdício e sabe tirar o máximo proveito do insignificante, tem sentido bem nítido para ele. Seu campo visual é naturalmente restrito. A parte maior que o todo.

Existe uma ética do trabalho, como existe uma ética da aventura. Assim, o indivíduo do tipo trabalhador só atribuirá valor moral positivo às ações que sente ânimo de praticar e, inversamente, terá por imorais e detestáveis as qualidades próprias do aventureiro - audácia, imprevidência, irresponsabilidade, instabilidade, vagabundagem -, tudo, enfim, quanto se relacione com a concepção espaçosa do mundo, característica desse tipo.

Por outro lado, as energias e esforços que se dirigem a uma recompensa imediata são enaltecidos pelos aventureiros; as energias que visam estabilidade, paz, segurança pessoal e os esforços sem perspectiva de rápido proveito material passam, ao contrário, por viciosos e desprezíveis para eles. Nada lhes parece mais estúpido e mesquinho do que o ideal do trabalhador.

Entre esses dois tipos não há, em verdade, tanto uma oposição absoluta como uma incompreensão radical. Ambos participam, em maior ou menor grau, de múltiplas combinações e é claro que, em estado puro, nem o aventureiro, nem o trabalhador, possuem existência real fora do mundo das ideias. Mas também não há dúvida que os dois conceitos nos ajudam a situar e a melhor ordenar nosso conhecimento dos homens e dos conjuntos sociais. E é precisamente nessa extensão superindividual que eles assumem importância inestimável para o estudo da formação e evolução das sociedades.

Na obra da conquista e da colonização dos novos mundos coube ao espírito do trabalho, no sentido aqui compreendido, papel muito limitado, quase nulo. A época predispunha aos gestos e façanhas audaciosos, galardoando bem os homens de grandes voos. E não foi fortuita a circunstância de se terem encontrado neste continente, empenhadas nessa obra, principalmente as nações onde o tipo do trabalhador, tal como acaba de ser discriminado, encontrou ambiente menos propício.

(Sérgio Buarque de Holanda. **Raízes do Brasil**. 2ª ed. Rio de Janeiro: José Olympio, 1948, p. 36-39.)

(Técnico Legislativo – Câmara dos Deputados – 2007 – FCC) Para uns, o objeto final, a mira de todo esforço, o ponto de chegada, **assume** relevância tão capital ... (1º parágrafo)

O verbo está flexionado no singular porque

(A) houve um deslize em relação ao que dispõe a norma culta.

(B) pode ocorrer concordância com o predicativo do sujeito, que está no singular.

(C) se excluíram os dois termos anteriores, que apresentam sentido de oposição entre si.

(D) os termos que constituem o sujeito formam uma série de expressões de sentido equivalente.

(E) um só termo pode sintetizar toda a frase, embora não esteja explícito no contexto.

Segundo as regras de concordância verbal com sujeito composto, sujeitos de sentido equivalentes podem ser considerados como sujeitos simples, e, por isso, o verbo é flexionado no singular. Porém, nesse tipo de oração, há outra possibilidade de concordância: verbo no plural concordando com os núcleos do sujeito.

Gabarito "D"

Atenção: As questões a seguir baseiam-se no texto apresentado abaixo.

A cultura, e consequente organização social, política e econômica dominante na sociedade contemporânea, ainda é aquela que começou a nascer no século XVI, quando um conjunto de inovações tecnológicas num contexto histórico favorável contribuiu para o início do enterro do Antigo Regime, no qual a Terra estava no centro do universo, a ordem social era imutável e a Igreja, junto com o poder absolutista, tinha o monopólio da informação.

A prensa de Gutenberg estava entre as inovações tecnológicas que contribuíram para a ascensão do mundo burguês. E os seus principais produtos - o livro e o jornal - foram entendidos durante muitos anos pela ordem dominante como ferramentas subversivas. Esta subversão gestou e gerou o mundo em que vivemos. Um mundo onde a iniquidade social ainda incomoda e assusta, mas no qual todas as barreiras para a geração de riqueza e de conhecimento foram derrubadas, num processo que também gerou a onda de inovação que estamos vivendo e a possibilidade de darmos o próximo salto.

Não é função da indústria pensar a educação. A missão de qualquer empresa é lutar com todas as suas forças para crescer e se perpetuar. Mesmo quando isso vai de encontro aos interesses da comunidade em que ela está inserida. Ela jamais poderá pensar com a devida isenção numa plataforma de serviços focada em educação.

Por isso mesmo, nenhum representante da indústria de tecnologia poderia ter sido pioneiro num projeto de educação fundamentado nas profundas e dramáticas mudanças que a cibernética tem trazido para as nossas vidas.

(Trecho do artigo do jornalista Rodrigo Lara Mesquita. **O Estado de S. Paulo**, A2, 4 de maio de 2007.)

(Técnico Legislativo – Câmara dos Deputados – 2007 – FCC) A forma verbal de **singular** que também poderia ter sido empregada corretamente no **plural** está grifada na frase

(A) ... a ordem social era imutável. ..

(B) ... e a Igreja, junto com o poder absolutista, tinha o monopólio da informação.

(C) ... num processo que também gerou a onda de inovação ...

(D) ... quando isso vai de encontro aos interesses da comunidade...

(E) ... em que ela está inserida.

Quando o sujeito composto for ligado por com, o verbo fica ou no singular ou no plural, dependerá da ênfase que se quer dar: ou a algum dos núcleos do sujeito ou aos dois.

Gabarito "B"

(Técnico Legislativo – Câmara dos Deputados – 2007 – FCC) A concordância está inteiramente correta na frase:

(A) Os efeitos do uso do computador na educação cresce exponencialmente ao se ultrapassar as fronteiras da escola, criando-se novas formas de interesse.

(B) Viagens virtuais simuladas em computador torna possível às crianças sobrevoar regiões distantes do planeta e perceber o interior de uma célula em detalhes microscópicos.

(C) Quando bem usados, os computadores têm contribuído de forma decisiva para despertar o interesse pela leitura, com a inclusão de imagens animadas e de recursos sonoros nos livros digitais.

(D) O efeito revolucionário do uso de computadores nas salas de aula tornaram-no essenciais em projetos de pesquisas que busca ultrapassar as fronteiras geográficas, reduzindo as distâncias.

(E) Com os computadores em rede, as etapas de uma experiência de física pode ser dividida e também é possível longos debates sobre assuntos diversificados.

A: incorreta, pois o verbo crescer não está concordando com seu sujeito efeitos do uso; **B:** incorreta, porque o verbo torna não concorda com o sujeito Viagens virtuais; **C:** correta; **D:** incorreta, pois o verbo busca não concorda com o sujeito projetos de pesquisas; **E:** incorreta, porque o verbo pode não concorda com o sujeito etapas.

Gabarito "C"

14. ANÁLISE SINTÁTICA

(Técnico Judiciário – TRE/SP – FCC – 2017) Atenção: Para responder às questões abaixo, considere o texto abaixo.

Centro de Memória Eleitoral - CEMEL

O Centro de Memória Eleitoral do TRE-SP foi criado em agosto de 1999 e tem por objetivo a execução de ações que possibilitem cultivar e difundir a memória político-eleitoral como instrumento eficaz do aprofundamento e alargamento da consciência de cidadania, em prol do aperfeiçoamento do regime democrático brasileiro.

Seu acervo reúne títulos eleitorais desde a época do Império, urnas de votação (de madeira, de lona e eletrônicas), *quadros, fotografias e material audiovisual, entre outros itens.*

A realização de exposições temáticas, o lançamento de livros, a realização de palestras, além de visitas escolares monitoradas na sede do tribunal e o desenvolvimento de um projeto de história oral, são algumas das iniciativas do CEMEL.

(Disponível em: **www.tre-sp.jus.br**)

(Técnico Judiciário – TRE/SP – FCC – 2017) *O Centro de Memória Eleitoral do TRE-SP foi criado em agosto de 1999 e tem por objetivo a execução de ações...* (1º parágrafo) O segmento sublinhado estará corretamente substituído, com o sentido preservado, por:

(A) visa à

(B) propõe-se da

(C) promove à

(D) reivindica à

(E) promulga a

O exato sinônimo para "tem por objetivo" é o verbo "visar". Vale lembrar que, com esse sentido, ele é transitivo indireto e rege a preposição "a" – por isso que é seguido, na alternativa, por "a" com acento grave indicativo da crase (a palavra que se segue no texto original é feminina). Esquecer dessa preposição é um erro bastante comum. O verbo "visar", como transitivo direto (sem preposição", é sinônimo de "assinar": "O advogado visou o contrato" (assinou o contrato). HS

Gabarito "A"

(Analista – TRT/1ª – 2012 – FCC) É exemplo de construção na voz **passiva** o segmento sublinhado na seguinte frase:

(A) Ainda ontem fui tomado de risos ao ler um trechinho de crônica.

(B) A Solange toma especial cuidado com a escolha dos vocábulos.

(C) D. Glorinha e sua filha não partilham do mesmo gosto pelo requinte verbal.

(D) O enrubescimento da mãe revelou seu desconforto diante da observação da filha.

(E) Lembro-me de uma visita que recebemos em casa, há muito tempo.

Chama-se **voz passiva** a construção na qual o sujeito, ao invés de agir, *recebe a ação verbal*. Ela está presente somente na alternativa "A", que deve ser assinalada. Note que o sujeito oculto "eu" não diz que "riu" (praticando, assim, a ação verbal), mas que "foi tomado de risos", ou seja, recebeu a ação do verbo "tomar". Em todas as demais, temos **voz ativa,** isto é, o próprio sujeito praticando a ação (tomar cuidado, partilhar, revelar). A letra "E" merece atenção, porque é voz ativa. O sujeito da oração sublinhada está oculto ("nós") e ele pratica a ação verbal de "receber".

Gabarito "A"

(Analista – TRT/6ª – 2012 – FCC) Transpondo-se para a voz passiva a frase **Sempre haverá quem rejeite a interferência do Estado nas questões religiosas**, mantendo-se a correta correlação entre tempos e modos verbais, ela ficará:

(A) Terá havido sempre quem tem rejeitado que o Estado interferisse nas questões religiosas.

(B) A interferência do Estado nas questões religiosas sempre haverá de ser rejeitada por alguém.

(C) Sempre haverá de ter quem rejeite que o Estado interferisse nas questões religiosas.

(D) A interferência do Estado nas questões religiosas sempre tem encontrado quem a rejeita.

(E) As questões religiosas sempre haverão de rejeitar que o Estado venha a interferir nelas.

A transposição para a voz passiva é feita deslocando o sujeito da voz ativa como agente da passiva; o complemento verbal da voz ativa se torna o sujeito paciente; e o verbo na voz ativa é conjugado em seu particípio composto ao lado de um verbo auxiliar. No nosso caso, como a oração na voz ativa não tem sujeito, ao realizar a transposição ela pode ser facultativamente complementada por "alguém": "A interferência do Estado nas questões religiosas sempre haverá de ser rejeitada (por alguém)".

Gabarito "B"

Em outubro de 1967, quando Gilberto Gil e Caetano Veloso apresentaram as canções Domingo no parque e Alegria, Alegria, no Festival da TV Record, logo houve quem percebesse que as duas canções eram influenciadas pela narrativa cinematográfica: repletas de cortes, justaposições e flashbacks. Tal suposição seria confirmada pelo próprio Caetano quando declarou que fora "mais influenciado por Godard e Glauber do que pelos Beatles ou Dylan". Em 1967, no Brasil, o cinema era o que havia de mais intenso e revolucionário, superando o próprio teatro, cuja inquietação tinha incentivado os cineastas a iniciar o movimento que ficou conhecido como Cinema Novo.

O Cinema Novo nasceu na virada da década de 1950 para a de 1960, sobre as cinzas dos estúdios Vera Cruz (empresa paulista que faliu em 1957 depois de produzir dezoito filmes). *"Nossa geração sabe o que quer", dizia o baiano Glauber Rocha já em 1963. Inspirado por* Rio 40 graus *e por* Vidas secas, *que Nelson Pereira dos Santos lançara em 1954 e 1963, Glauber Rocha transformaria, com* Deus e o diabo na terra do sol, *a história do cinema no Brasil. Dois anos depois, o cineasta lançou* Terra em Transe, *que talvez tenha marcado o auge do Cinema Novo, além de ter sido uma das fontes de inspiração do* Tropicalismo.

A ponte entre Cinema Novo e Tropicalismo ficaria mais evidente com o lançamento, em 1969, de Macunaíma, de Joaquim Pedro de Andrade. Ao fazer o filme, Joaquim Pedro esforçou-se por torná-lo um produto afinado com a cultura de massa. "A proposição de consumo de massa no Brasil é algo novo. A grande audiência de TV entre nós é um fenômeno novo. É uma posição avançada para o cineasta tentar ocupar um lugar dentro dessa situação", disse ele.

Incapaz de satisfazer plenamente as exigências do mercado, o Cinema Novo deu os seus últimos suspiros em fins da década de 1970 – período que marcou o auge das potencialidades comerciais do cinema feito no Brasil.

(Adaptado de Eduardo Bueno. **Brasil: uma história**. Ed. Leya, 2010. p. 408)

(Analista – TRT9 – 2012 – FCC) *Em outubro de 1967, quando* Gilberto Gil e Caetano Veloso apresentaram as canções Domingo no parque e Alegria, Alegria, no Festival da TV Record, logo houve quem percebesse que as duas canções eram influenciadas pela narrativa cinematográfica ...

Transpondo-se a primeira das frases grifadas acima para a voz passiva e a segunda para a voz ativa, as formas verbais resultantes serão, respectivamente:

(A) se apresentaram – influencia

(B) foi apresentado – se influenciaram

(C) eram apresentadas – influenciou

(D) foram apresentadas – influenciava

(E) são apresentadas – influenciou

Com a primeira oração na voz passiva, teremos: "As canções 'Domingo no parque' e 'Alegria, alegria' foram apresentadas por Gilberto Gil e Caetano Veloso no Festival da TV Record". Com a segunda oração na voz ativa, teremos: "A narrativa cinematográfica influenciava as duas canções".

Gabarito "D"

(Analista – TRT/11ª – 2012 – FCC) Existe transposição de uma voz verbal para outra em:

(A) Variam os níveis de percepção de uma fotografia = São vários os níveis de percepção de uma fotografia

(B) As fotografias são uma espécie de espelhos = As fotografias tornam-se uma espécie de espelhos.

(C) A percepção de uma imagem muda com o passar do tempo = O passar do tempo muda a percepção de uma imagem.

(D) Os olhares hão de descongelar cada imagem = Cada imagem há de ser descongelada pelos olhares.

(E) Certas fotos se assemelham a espelhos = Há espelhos aos quais certas fotos se tornam semelhantes.

A, B e **E:** incorretas. Os verbos permaneceram na voz ativa. As alterações apenas substituíram verbos de ação por verbos de ligação, transformando os predicados verbais e nominais; **C:** incorreta. Houve apenas inversão dos elementos da oração; **D:** correta. No segundo trecho, o verbo foi transposto para a voz passiva analítica.

Gabarito "D"

(Analista – TRT/20ª – 2011 – FCC) A transposição para a voz ativa da frase *Foi assim que sempre se fez a literatura* tem como resultado:

(A) Sempre foi assim que a literatura fez.

(B) Assim é que sempre foi feita a literatura.
(C) Terá sido feito sempre assim, a literatura.
(D) Foi sempre assim que a literatura tem feito.
(E) Foi assim que sempre fizeram a literatura.

Temos "se fez a literatura". O verbo *fazer* é transitivo direto. O pronome *se* é apassivador. A oração está na voz passiva sintética. A voz passiva analítica seria: A literatura foi feita ["por eles"]. O sujeito é indeterminado. A forma verbal "foi feita" está no pretérito perfeito do indicativo. Na transposição da voz passiva para a ativa, o agente da passiva torna-se sujeito da ativa (nesse caso, será sujeito indeterminado); o sujeito da passiva torna-se objeto da ativa. O verbo do sujeito indeterminado fica na 3ª. pessoa do plural. O verbo ficará no mesmo tempo e modo da oração na passiva. Desse modo teremos: "fizeram [verbo no pretérito perfeito do indicativo] a literatura".

Gabarito "E"

Veja a resolução esquematizada:

VOZ VERBAL	SUJEITO	VERBO TRANSITIVO DIRETO	OBJETO DIRETO	AGENTE DA PASSIVA
Passiva analítica	A literatura	foi feita (verbo *ser* no pretérito perfeito do indicativo + particípio)		
ATIVA	*sujeito indeterminado*	Fizeram (pretérito perfeito do indicativo na 3ª. pessoa do plural)	a literatura	
Passiva sintética		"que se fez" = fez-se (pretérito perfeito do indicativo)	a literatura	

(Analista – TRT/23ª – 2011 – FCC) Tanto as fontes quanto a própria historiografia falavam a linguagem do poder ...
Transpondo-se a frase acima para a voz passiva, a forma verbal resultante será:

(A) eram faladas.
(B) foi falada.
(C) se falaram.
(D) era falada.
(E) tinha-se falado.

O verbo falar em "falavam a linguagem do poder" está no pretérito imperfeito do indicativo. Ao transpor a oração para a voz passiva, a forma verbal resultante ficará no mesmo tempo e modo: "A linguagem do poder era falada tanto pelas fontes quanto pela própria historiografia."

Gabarito "D"

Veja a resolução esquematizada:

VOZ VERBAL	SUJEITO	VERBO TRANSITIVO DIRETO	OBJETO DIRETO	AGENTE DA PASSIVA
Passiva analítica	A linguagem do poder	era falada (verbo *ser* no pretérito imperfeito do indicativo + particípio)		
ATIVA	*sujeito indeterminado*	Falavam (pretérito imperfeito do indicativo na 3ª pessoa do plural)	a linguagem do poder	

(Analista – TRT/24ª – 2011 – FCC) Transpondo-se para a voz passiva a frase *Hoje a autoria institucional enfrenta séria concorrência dos autores anônimos*, obter-se-á a seguinte forma verbal:

(A) são enfrentados.
(B) tem enfrentado.
(C) tem sido enfrentada.
(D) têm sido enfrentados.
(E) é enfrentada.

Na transposição da voz ativa para a passiva, o sujeito da ativa (*"a autoria institucional"*) será o agente da passiva (*"pela autoria institucional"*) e o objeto da ativa ("séria concorrência") será o sujeito da passiva. O verbo auxiliar da passiva estará no mesmo tempo e modo que o verbo *enfrentar* na ativa (presente do indicativo): "Hoje a séria concorrência dos autores anônimos é enfrentada pela autoria institucional".

Gabarito "E"

Veja a resolução esquematizada:

VOZ VERBAL	SUJEITO	VERBO TRANSITIVO DIRETO	OBJETO DIRETO	AGENTE DA PASSIVA
Passiva analítica	Séria concorrência	é enfrentada (verbo *ser* no presente do indicativo + particípio)		pela autoria institucional
ATIVA	A autoria institucional	enfrenta (presente do indicativo)	séria concorrência	

(Analista – TRE/TO – 2011 – FCC) Com a substituição do segmento grifado pela expressão entre parênteses no final da transcrição, o verbo **que deverá ser mantido no singular** está em:

(A) ... *um tema que se discuta nos bares* ... (daqueles temas)

(B) ... *o raciocínio conservacionista tem sido puramente contábil* ... (o raciocínio dos conservacionistas)

(C) *Mas, ainda que seja um assunto cada vez mais popular* ... (assuntos cada vez mais populares)

(D) ... *de quem está mergulhado nas decisões mais prosaicas do dia a dia.* (daqueles que)

(E) ... *nunca, na história do planeta, registrou-se um número tão grande de espécies ameaçadas.* (tantas espécies ameaçadas)

A: "daqueles temas que se discutiam nos bares"; **B:** o núcleo do sujeito [*raciocínio*] continua sendo singular; **C:** "ainda que sejam assuntos"; **D:** "daqueles que estão mergulhando"; **E:** "tantas espécies foram registradas" (voz passiva analítica) ou "registraram-se tantas espécies"(voz passiva sintética). Lembre que quando há o verbo transitivo direto + se, essa partícula é apassivadora. A oração está na voz passiva sintética. Assim, o verbo concorda com o sujeito da passiva analítica que é igual ao objeto direto da passiva sintética ou da ativa.

Gabarito "B"

Veja a resolução esquematizada da alternativa E, com a opção no singular: *"registrou-se um número tão grande de espécies ameaçadas"*

VOZ VERBAL	SUJEITO	VERBO TRANSITIVO DIRETO	OBJETO DIRETO	AGENTE DA PASSIVA
Passiva analítica	Um número tão grande...	foi registrado (verbo *ser* no pretérito perfeito do indicativo + particípio)		
ATIVA	*sujeito indeterminado*	Registraram (pretérito perfeito do indicativo na 3ª. pessoa do plural)	um número tão grande...	
Passiva sintética		Registrou-se (pretérito perfeito do indicativo + SE)	um número tão grande...	

Veja a resolução esquematizada da alternativa E, com a substituição sugerida: "tantas espécies ameaçadas"

VOZ VERBAL	SUJEITO	VERBO TRANSITIVO DIRETO	OBJETO DIRETO	AGENTE DA PASSIVA
Passiva analítica	Tantas espécies ameaçadas	foram registradas (verbo *ser* no pretérito perfeito do indicativo + particípio)		
ATIVA	*sujeito indeterminado*	Registraram (pretérito perfeito do indicativo na 3ª. pessoa do plural)	tantas espécies ameaçadas	
Passiva sintética		Registraram-se (pretérito perfeito do indicativo + SE)	tantas espécies ameaçadas	

Assim como os antigos moralistas escreviam máximas, deu-me vontade de escrever o que se poderia chamar de mínimas, ou seja, alguma coisa que, ajustada às limitações do meu engenho, traduzisse um tipo de experiência vivida, que não chega a alcançar sabedoria mas que, de qualquer modo, é resultado de viver.

Andei reunindo pedacinhos de papel em que estas anotações vadias foram feitas e ofereço-as ao leitor, sem que pretenda convencê-lo do que penso nem convidá-lo a repensar suas ideias. São palavras que, de modo canhestro, aspiram a enveredar pelo avesso das coisas, admitindo-se que elas tenham um avesso, nem sempre perceptível mas às vezes curioso ou surpreendente.

C.D.A.

(Carlos Drummond de Andrade. **O avesso das coisas** [aforismos]. 5.ed. Rio de Janeiro: Record, 2007, p. 3)

(Analista – TRF/1ª – 2011 – FCC) ...em que estas anotações vadias foram feitas...

Observando o contexto em que a frase acima foi empregada, a sua transposição para a voz ativa produz corretamente a seguinte forma verbal:

(A) fizeram-se.

(B) tinha feito.

(C) fiz.

(D) faziam.

(E) poderia fazer.

Pelo contexto sabe-se que as anotações foram feitas pelo escritor. Veja trecho: "[Eu] Andei reunindo pedacinhos de papel em que estas anotações vadias foram feitas e [eu] ofereço-as ao leitor".

Gabarito "C"

Veja a resolução esquematizada:

VOZ VERBAL	SUJEITO	VERBO TRANSITIVO DIRETO	OBJETO DIRETO	AGENTE DA PASSIVA
Passiva analítica	Estas anotações vadias	foram feitas (verbo *ser* no pretérito prefeito do indicativo + particípio)		por mim
ATIVA	Eu	fiz (pretérito perfeito do indicativo)	estas anotações vadias	

(Analista – TRT/16ª – 2009 – FCC) Verifica-se correta transposição de uma para outra voz verbal no seguinte caso:

(A) Gravei (...) obras-primas (3º parágrafo) = tinham sido gravadas obras-primas.

(B) os livros continuam em minha biblioteca (3º parágrafo) = os livros têm continuado em minha biblioteca.

(C) podemos acessar os mesmos conteúdos = os mesmos conteúdos podem ser acessados.

(D) dedicou-se à questão (1º parágrafo) = a ela foi dedicada.

(E) se realizam estudos (1º parágrafo) = estudos sejam realizados.

A: "As obras-primas foram gravadas"; **B:** nessa oração o verbo *continuar* é intransitivo. Não é possível a transposição para a voz passiva; **C:** está correta a assertiva; **D:** nessa oração o verbo *dedicar-se* é transitivo indireto. Não é possível a transposição para a voz passiva; **E:** "Estudos são realizados".

Gabarito "C"

(Analista – TRE/PI – 2009 – FCC) *O que* se pode atestar *com certeza é que essa transformação deu novo ânimo à economia (...).* Mantém-se corretamente a voz passiva do verbo grifado acima, respeitando seu sentido original, caso seja feita a substituição por:

(A) pode ser atestado.

(B) é possível atestar.

(C) se havia atestado.

(D) tem sido atestado.

(E) seria possível atestar.

Transpondo a oração para a voz passiva, teremos: "Que essa transformação deu novo ânimo à economia pode ser atestado com certeza."

Gabarito "A"

Veja a resolução esquematizada:

VOZ VERBAL	SUJEITO	VERBO TRANSITIVO DIRETO	OBJETO DIRETO	AGENTE DA PASSIVA
Passiva analítica	Que essa transformação deu novo ânimo	pode ser atestado (verbo *ser* no infinitivo + particípio do principal)		
Passiva sintética		o que se pode atestar (verbo principal no infinitivo)	que essa transformação deu novo ânimo...	

(Analista – TJ/SE – 2009 – FCC) NÃO é possível transpor para a voz passiva a seguinte construção:

(A) Florença, com seu ciclo artístico, serve como exemplo.
(B) Isaac Newton não descobriu a lei da gravidade por causa de uma maçã.
(C) A pintura florentina ampliou os horizontes da arte.
(D) Gutenberg adaptou a prensa de vinho a uma nova função.
(E) O caso exemplifica uma reciclagem.

A: o verbo *servir* nessa oração é transitivo indireto predicativo e não admite transposição para a voz passiva; **B:** "A lei da gravidade não foi descoberta por Isaac Newton por causa de uma maçã."; **C:** "Os horizontes da arte foram ampliados pela pintura florentina."; **D:** "A prensa de vinha foi adaptada por Gutenberg a uma nova função."; **E:** "Uma reciclagem é exemplificada pelo caso."

Gabarito "A"

(Analista – TRT/2ª – 2008 – FCC) Transpondo-se para a voz passiva o segmento *ninguém descobre sua timidez*, a forma verbal resultante será:

(A) não terá descoberto.
(B) não será descoberta.
(C) não terá sido descoberta.
(D) não é descoberta.
(E) não tem descoberto.

Na transposição da voz ativa para a passiva, o sujeito da ativa (*ninguém*) será o agente da passiva (*por ninguém*) e o objeto da ativa ("sua timidez") será o sujeito da passiva. O verbo auxiliar da passiva estará no mesmo tempo e modo que o *descobrir* na ativa (presente do indicativo): "Sua timidez não é descoberta por ninguém.".

Gabarito "D"

Veja a resolução esquematizada:

VOZ VERBAL	SUJEITO	VERBO TRANSITIVO DIRETO	OBJETO DIRETO	AGENTE DA PASSIVA
ATIVA	Ninguém	descobre (presente do indicativo)	sua timidez	
Passiva analítica	Sua timidez	não é descoberta (verbo ser no presente do indicativo + particípio)		por ninguém

(Analista – TRT/19ª – 2008 – FCC) Transpondo-se para a voz passiva a frase *Nesta visão, os valores morais dariam o balizamento do agir*, a forma verbal resultante deverá ser:

(A) seria dado.
(B) teriam dado.
(C) seriam dados.
(D) teriam sido dados.
(E) fora dado.

Na transposição da oração para a voz passiva, o sujeito da voz ativa ("os valores morais") será o agente da passiva ("pelos valores morais") e o objeto direto ("o balizamento do agir") da voz ativa será o sujeito da passiva: "Nesta visão, o balizamento do agir seria dado pelos valores morais."

Gabarito "A"

Veja a resolução esquematizada:

VOZ VERBAL	SUJEITO	VERBO TRANSITIVO DIRETO	OBJETO DIRETO	AGENTE DA PASSIVA
ATIVA	Os valores morais	dariam (futuro do pretérito do indicativo)	o balizamento do agir	
Passiva analítica	O balizamento do agir	seria dado (verbo ser no futuro do pretérito do indicativo + particípio)		pelos valores morais

(Analista – TRF/5ª – 2008 – FCC) A frase que admite transposição para a voz passiva é:

(A) A prova de que não somos uma coisa só está em cada dia que amanhece.
(B) Outro dia recortei da Internet este fragmento de um blog (...).
(C) A humanidade não tem jeito.
(D) O pessimista não é inimigo das idealizações, muito pelo contrário.
(E) Nem tudo está perdido.

A: o verbo *estar* é intransitivo e não é possível a transposição para a voz passiva; **B:** "Este fragmento de um blog foi outro dia recortado da Internet por mim" – o verbo recortar é transitivo direto, de modo que é possível a transposição para a voz passiva; **C**, **D** e **E:** os verbos *ter, ser e estar* são verbos predicativos nessas orações. Não é possível a transposição para a voz passiva.

Gabarito "B"

(Analista – TRT/23ª – 2007 – FCC) É exemplo de construção verbal na voz passiva:

(A) Como não concordar com a oportunidade da frase?
(B) Se não transpõe o limite da queixa (...)
(C) (...) pautam sua vida por princípios de dignidade.
(D) (...) vêm sendo investigadas e punidas.
(E) (...) não indo além de um mero discurso ético.

Da forma verbal ativa [*sujeito*] vem investigando e punindo [*objeto direto no plural*] obteve-se a voz passiva: "vêm sendo investigadas e punidas".

Gabarito "D"

(Analista – TRE/MS – 2007 – FCC) NÃO admite transposição para a voz passiva a seguinte construção:

(A) A orientação do nosso ensino deveria contemplar nossa fecundidade indisciplinada.
(B) Uma revolução na orientação do ensino brasileiro depende de uma combinação de múltiplas iniciativas.
(C) A leitura responsável de um texto sempre considerará a possibilidade de seus múltiplos sentidos.
(D) A maioria dos professores considera tão somente uma solução única para cada problema.
(E) O método dialético estimula, acima de qualquer certeza dogmática, a valorização das contradições.

A: "A nossa fecundidade indisciplinada deveria ser contemplada pela orientação do nosso ensino."; **B:** o verbo *depender* é transitivo indireto e não admite transposição para a voz passiva; **C:** "A possibilidade de seus múltiplos sentidos sempre será considerada pela leitura responsável de um texto."; **D:** "Uma solução única para cada problema é tão somente considerada pela maioria dos professores."; **E:** "A valorização das contradições é, acima de qualquer certeza dogmática, estimulada pelo método dialético.

Gabarito "B"

(Analista – TRE/PB – 2007 – FCC) A construção que NÃO admite transposição para a voz passiva é:

(A) Os astrônomos antigos colocaram-na no centro do universo.
(B) A mensagem chegou com o título de "A Bela Azul".
(C) O coração coloca as razões do amor no centro do universo.
(D) Anunciam os cientistas a agonia de nossa Bela Azul.
(E) A presença da natureza por vezes nos desvia da leitura de um livro.

A construção com verbo intransitivo (*chegar*) não permite a transposição da oração para a voz passiva.

Gabarito "B"

(Analista – TRE/SE – 2007 – FCC) NÃO admite transposição para a voz passiva a seguinte construção:

(A) O atual desequilíbrio climático certamente comprometerá nossos recursos.
(B) Nossos descendentes haverão de reconhecer esses efeitos devastadores.
(C) Trata-se de uma consequência direta dos fundamentos do cristianismo.
(D) Nossa própria cultura engendrou esse dilema de difícil solução.
(E) Muitos sustentam a possibilidade de superação desse nosso dilema.

Nessa oração o verbo *tratar* é transitivo indireto, a palavra *se* é índice de indeterminação do sujeito. Não é possível a transposição para a voz passiva.

Gabarito "C"

(Analista – TRF/2º – 2007 – FCC) Transpondo a frase "os extraordinários acontecimentos pareciam dividir nitidamente o mundo entre os defensores e os inimigos da liberdade e do progresso social" para a voz passiva, a forma verbal corretamente obtida é:

(A) parecia ser dividido.
(B) pareciam ter sido divididos.
(C) tinha sido dividido.
(D) tinha parecido dividir.
(E) pareciam dividirem.

"O mundo entre os defensores e os inimigos da liberdade e progresso social parecia ser dividido nitidamente pelos extraordinários acontecimentos."

Gabarito "A"

(Analista – TRF/4ª – 2007 – FCC) Transpondo-se para a voz passiva a frase *transmiti o respeito de meus pais pelas ficções*, a forma verbal resultante será

(A) fora transmitido.
(B) transmitiram-se.
(C) foi transmitido.
(D) terá sido transmitido.
(E) transmitiram-me.

"O respeito de meus pais pelas ficções foi transmitido [por mim]".

Gabarito "C".

(Analista – TJ/PE – 2007 – FCC) Transpondo-se para voz passiva o segmento *Para alimentar nossa insatisfação*, a forma verbal resultante será

(A) seja alimentada.
(B) alimentemos.
(C) seria alimentada.
(D) tenha alimentado.
(E) fosse alimentado.

"Para que nossa insatisfação seja alimentada": o objeto direto da voz ativa torna-se o objeto da voz passiva.

Gabarito "A".

(Auditor Fiscal/São Paulo-SP – 2007 – FCC) Expressa uma **finalidade** a oração subordinada adverbial sublinhado em:

(A) *(...)* a religião toma para si a tarefa *de orientar a conduta humana.*
(B) *(...) o sujeito pode tirar proveito pessoal de uma regra* por tê-la infringido.
(C) *(...) o ponto de partida para a boa conduta é o reconhecimento daquilo que* não pode ser permitido.
(D) *(...) as regras de convívio existem* para dar base e estabilidade às relações entre os homens.
(E) *(...) o ideal da civilização é permitir* que todos os indivíduos vivam sob os mesmos princípios éticos acordados.

A oração subordinada expressa finalidade na assertiva **D:** "as regras (...) existem a fim de [para] dar base e estabilidade (...)".

Gabarito "D".

(Auditor Fiscal/São Paulo-SP – 2007 – FCC) Considerando-se o contexto, deve-se entender que o sentido do elemento sublinhado em

(A) (...) mas o **homo sapiens** afirmou-se como tal (1º parágrafo) é equivalente ao de **do mesmo modo.**
(B) Não decorrem, aliás, apenas de iniciativas reconhecidas simplesmente como humanas (2º parágrafo) é equivalente ao de **por conseguinte**.
(C) (...) a impunidade, uma vez manifesta, quebra inteiramente a relação de equilíbrio (3º parágrafo) é equivalente ao de **quando.**
(D) (...) um exemplo de delito vantajoso: aquele em que o sujeito pode tirar proveito pessoal (3º parágrafo) é equivalente ao de **aonde.**
(E) (...) a quebra desse acordo é a negação mesma desse ideal da humanidade (3º parágrafo) é equivalente ao de **idêntica.**

A: "como tal" indica o próprio *homo sapiens*, ou seja, o ser humano afirmou-se como ser humano; **B:** "aliás" aponta para algo que o autor lembrou durante o discurso argumentativo; um fundamento secundário, paralelo; um reforço ao conceito anteriormente exposto; Não há ideia de consequência a que se refere "por conseguinte"; **C:** a equiparação é adequada; **D:** "aquele em que" remete ao "delito vantajoso". "Aonde" é advérbio que indica lugar de destino; **E:** embora "mesma" signifique, usualmente, "idêntica", no contexto tem a função de reforço da ideia exprimida pela palavra "negação". Poderia ser substituída por "é a própria negação desse ideal".

Gabarito "C".

(Auditor Fiscal/São Paulo-SP – 2007 – FCC) Transpondo-se para a voz passiva a construção *O **homo sapiens** estabeleceu critérios de controle dos impulsos primitivos*, a forma verbal resultante será

(A) foi estabelecido.
(B) são estabelecidos.
(C) tem estabelecido.
(D) têm sido estabelecidos.
(E) foram estabelecidos.

Na transposição da voz ativa para a voz passiva teremos: "Os critérios foram estabelecidos pelo homo sapiens". Devemos observar que o sujeito da ativa torna-se o agente da passiva e o objeto direto da ativa torna-se o sujeito da passiva. O verbo estabeleceu no pretérito perfeito é modificado para verbo ser no pretérito perfeito e o estabelecer no particípio.

Gabarito "E".

(Auditor Fiscal/São Paulo-SP – 2007 – FCC) Não decorrem, aliás, apenas de iniciativas reconhecidas simplesmente como humanas (...).

O elemento sublinhado na frase acima poderá permanecer o mesmo, caso substituamos Não decorrem por

(A) Não advêm.
(B) Não implicam.
(C) Não têm origem.
(D) Não se devem.
(E) Não se atribuem.

Somente na assertiva A a preposição *de* permaneceria. Nas outras alternativas, haveria a necessidade de alteração ou exclusão da preposição por exigência da regência verbal: **A:** "Não advêm apenas de iniciativas"; **B:** "Não implicam apenas em iniciativas"; **C:** "Não têm origem as iniciativas"; **D:** "Não se devem apenas às iniciativas"; **E:** "Não se atribuem apenas às iniciativas".

Gabarito "A".

(Auditor Fiscal/São Paulo-SP – 2007 – FCC) O termo sublinhado constitui o sujeito da seguinte construção:

(A) Não se encontrou uma forma definitiva de organização social.
(B) É nessa condição que vivem os animais.
(C) Tais delitos acabam tornando-se estímulos para a banalização das transgressões.
(D) Ocorre isso por conta das reiteradas situações de impunidade.
(E) Deve-se reconhecer na interdição um princípio da lei mosaica.

O sujeito é o termo que pratica a ação verbal. **A:** a palavra se é pronome apassivador. O sujeito da oração é "uma forma definitiva de organização social"; **B:** a palavra condição é núcleo do complemento do verbo viver; **C:** a palavra estímulos corresponde ao objeto direto do verbo; **D:** o pronome demonstrativo isso é o sujeito do verbo ocorrer; **E:** a palavra interdição corresponde a um complemento adverbial.

Gabarito "D".

A média universal do Índice de Desenvolvimento Humano aumentou 18% desde 1990. Mas a melhora estatística está longe de animar os autores do Relatório de 2010. Eles argumentam que, embora os números reflitam avanços em determinadas áreas, o mundo continua a conviver com problemas graves, que exigem uma nova perspectiva política.

O cenário apresentado pelo Relatório não é animador. O documento adverte que, nestes 20 anos, parte dos países enfrentou sérios problemas, sobretudo na saúde, anulando em alguns anos os ganhos de várias décadas. Além disso, o crescimento econômico tem sido desigual. Os padrões de produção e consumo atuais são considerados inadequados.

Embora não queira apresentar receitas prontas, o Relatório traça caminhos possíveis. Entre eles, o reconhecimento da ação pública na regulação da economia para proteger grupos mais vulneráveis. Outro aspecto ressaltado é a necessidade de considerar pobreza, crescimento e desigualdade como temas interligados. "Crescimento rápido não deve ser o único objetivo político, porque ignora a distribuição do rendimento e negligencia a sustentabilidade do crescimento", informa o texto.

Um aspecto importante revelado pelo Relatório é que muitas das ações para melhoria da saúde e da educação não necessitam de grande investimento financeiro. Isso está mais presente sobretudo onde os indicadores são ruins. "Numa primeira etapa, medidas simples como inclusão do soro caseiro e lavagem das mãos já trazem impacto relevante", avalia Flávio Comim, economista do Programa das Nações Unidas para o Desenvolvimento.

(Adaptado de Lígia Formenti. **O Estado de S. Paulo**, A30 **Vida**, 5 de novembro de 2010)

(BB – Escriturário – 2011 – FCC) O trecho colocado entre aspas, no final do 3º parágrafo, indica que se trata de

(A) comentário pessoal do autor do texto sobre dados do Relatório.

(B) insistência na correção dos dados apresentados pelo Relatório.

(C) repetição desnecessária de informação já citada no texto.

(D) transcrição exata do que consta no texto do Relatório de 2010.

(E) resumo do assunto principal constante do Relatório de 2010.

As aspas foram utilizadas para indicar uma citação literal de parte do texto do relatório.

Gabarito "D"

Atenção: A questão a seguir baseia-se no texto apresentado abaixo.

A cultura, e consequente organização social, política e econômica dominante na sociedade contemporânea, ainda é aquela que começou a nascer no século XVI, quando um conjunto de inovações tecnológicas num contexto histórico favorável contribuiu para o início do enterro do Antigo Regime, no qual a Terra estava no centro do universo, a ordem social era imutável e a Igreja, junto com o poder absolutista, tinha o monopólio da informação.

A prensa de Gutenberg estava entre as inovações tecnológicas que contribuíram para a ascensão do mundo burguês. E os seus principais produtos - o livro e o jornal - foram entendidos durante muitos anos pela ordem dominante como ferramentas subversivas. Esta subversão gestou e gerou o mundo em que vivemos. Um mundo onde a iniquidade social ainda incomoda e assusta, mas no qual todas as barreiras para a geração de riqueza e de conhecimento foram derrubadas, num processo que também gerou a onda de inovação que estamos vivendo e a possibilidade de darmos o próximo salto.

Não é função da indústria pensar a educação. A missão de qualquer empresa é lutar com todas as suas forças para crescer e se perpetuar. Mesmo quando isso vai de encontro aos interesses da comunidade em que ela está inserida. Ela jamais poderá pensar com a devida isenção numa plataforma de serviços focada em educação.

Por isso mesmo, nenhum representante da indústria de tecnologia poderia ter sido pioneiro num projeto de educação fundamentado nas profundas e dramáticas mudanças que a cibernética tem trazido para as nossas vidas.

(Trecho do artigo do jornalista Rodrigo Lara Mesquita. **O Estado de S. Paulo**, A2, 4 de maio de 2007.)

(Técnico Legislativo – Câmara dos Deputados – 2007 – FCC) Não é função da indústria pensar a educação. (início do 3º parágrafo)

A função sintática da oração grifada acima é a mesma do termo, também grifado, na frase:

(A) ... no qual a Terra estava no centro do universo ...

(B) ... que contribuíram para a ascensão do mundo burguês.

(C) ... num processo que também gerou a onda de inovação ...

(D) ... e a possibilidade de darmos o próximo salto.

(E) ... nenhum representante da indústria de tecnologia poderia ter sido pioneiro ...

Pensar na educação e a Terra possuem função de sujeito nas respectivas orações.

Gabarito "A"

15. QUESTÕES COMBINADAS

Atenção: Considere o texto abaixo para responder às questões abaixo.

Freud uma vez recebeu carta de um conhecido pedindo conselhos diante de uma escolha importante da vida. A resposta é surpreendente: para as decisões pouco importantes, disse ele, vale a pena pensar bem. Quanto às grandes escolhas da vida, você terá menos chance de errar se escolher por impulso.

A sugestão parece imprudente, mas Freud sabia que as razões que mais pesam nas grandes escolhas são inconscientes, e o impulso obedece a essas razões. Claro que Freud não se referia às vontades impulsivas proibidas. Falava das decisões tomadas de "cabeça fria", mas que determinam o rumo de nossas vidas. No caso das escolhas profissionais, as motivações inconscientes são decisivas. Elas determinam não só a escolha mais "acertada", do ponto de vista da compatibilidade com a profissão, como são também responsáveis por aquilo que chamamos de talento. Isso se decide na infância, por mecanismos que chamamos de identificações. Toda criança leva na bagagem alguns traços da personalidade dos pais. Parece um processo de imitação, mas não é: os caminhos das identificações acompanham muito mais os desejos não realizados dos pais do que aqueles que eles seguiram na vida.

Junto com as identificações formam-se os ideais. A escolha profissional tem muito a ver com o campo de ideais que a pessoa valoriza. Dificilmente alguém consegue se entregar profissionalmente a uma prática que não represente os valores em que ela acredita.

Tudo isso está relacionado, é claro, com a almejada satisfação na vida profissional. Mas não vamos nos iludir. Satisfação no trabalho não significa necessariamente prazer em trabalhar. Grande parte das pessoas não trabalharia se não fosse necessário. O trabalho não é fonte de prazer, é fonte de sentido. Ele nos ajuda a dar sentido à vida. Só que o sentido da vida profissional não vem pronto: ele é o efeito, e não a premissa, dos anos de prática de uma profissão. Na contemporaneidade, em que se acredita em prazeres instantâneos, resultados imediatos e felicidade instantânea, é bom lembrar que a construção de sentido requer tempo e persistência. Por outro lado, quando uma escolha não faz sentido o sujeito percebe rapidamente.

(Adaptado de KEHL, Maria Rita. Disponível em: rae.fgv.br / sites/rae.fgv.br/files/artigos)

(Técnico Judiciário – TRT11 – FCC – 2017) Está correto o que se afirma em:

(A) O segmento sublinhado em ... *que não represente os valores em que ela acredita*... (3º parágrafo) pode ser substituído por "no qual".

(B) Ambos os elementos sublinhados em ... *Freud sabia que as razões que mais pesam*... (2º parágrafo) são pronomes.

(C) A frase ... *você terá menos chance de errar se escolher por impulso*... (1º parágrafo) pode ser redigida do seguinte modo: "devem haver menos chances de errar na escolha impulsiva".

(D) O elemento sublinhado em ... *aqueles que eles seguiram na vida*... (2º parágrafo) refere-se a "ideais".

(E) Na frase *Parece um processo de imitação, mas não é:*... (2º parágrafo), o sinal de dois-pontos pode ser substituído por "pois", precedido de vírgula.

A: incorreta. O elemento pode ser substituído por "nos quais", para concordar com o plural "valores"; **B:** incorreta. O primeiro "que" é conjunção integrante, porque une as orações do período. O segundo "que" é pronome relativo, porque se refere a "razões"; **C:** incorreta. O verbo "haver", no sentido de "existir", é impessoal, ou seja, não sofre flexão de número. Consequentemente, quando integrar uma locução verbal, a mesma regra se aplica ao verbo auxiliar: "deve haver menos chances"; **D:** incorreta. Refere-se a "desejos"; **E:** correta. Como o aposto tem valor explicativo, pode ser introduzido pela conjunção "pois", que transmite o mesmo valor. HS

Gabarito "E"

(Técnico Judiciário – TRT24 – FCC – 2017) A frase que está escrita em conformidade com a norma-padrão da língua é:

(A) A cultura e os costumes de um povo representam aspectos sócio-culturais que tendem a ser reproduzidas pelos seus membros em geral e passadas a seus descendentes, geração a geração.

(B) A cultura e os costumes de um povo representa aspectos sócio-culturais que tendem a ser reproduzidas pelos seus membros em geral e passadas a seus decendentes, geração à geração.

(C) A cultura e os costumes de um povo representa aspectos socioculturais que tendem à ser reproduzido pelos seus membros em geral e passados a seus descendentes, geração a geração.

(D) A cultura e os costumes de um povo representam aspectos socioculturais que tendem a ser reproduzidos pelos seus membros em geral e passados a seus descendentes, geração a geração.

(E) A cultura e os costumes de um povo representam aspectos socioculturais que tendem a serem reproduzidos pelos seus membros em geral e passados à seus decendentes, geração a geração.

A: incorreta. O verbo particípio do verbo "reproduzir" deveria estar no masculino para concordar com "aspectos". Além disso, nos termos do Novo Acordo Ortográfico, grafa-se "socioculturais"; **B:** incorreta. O verbo "representar" deveria estar no plural para concordar com "a cultura e os costumes". "Reproduzidas" deveria estar no masculino, como já destacado, além da nova redação de "socioculturais". A grafia correta é "descendentes" e a expressão "geração a geração" não leva o acento grave indicativo da crase; **C:** incorreta. Além dos erros já destacados nas alternativas anteriores, não ocorre crase antes de verbo – "a ser"; **D:** correta. A alternativa respeita todas as normas do padrão culto da língua; **E:** incorreta. Além do erro de ortografia em "descendentes", também não ocorre crase antes de pronome possessivo masculino – "a seus". HS

Gabarito "D"

Cada um fala como quer, ou como pode, ou como acha que pode. Ainda ontem me divertiu este trechinho de crônica do escritor mineiro Humberto Werneck, de seu livro Esse inferno vai acabar:

" Meu cabelo está pendoando anuncia a prima, apalpando as melenas.

Tenho anos, décadas de Solange, mas confesso que ela, com o seu solangês, às vezes me pega desprevenido.

- Seu cabelo está o quê?

- Pendoando – insiste ela, e, com a paciência de quem explica algo elementar a um total ignorante, traduz:

- Bifurcando nas extremidades.

É assim a Solange, criatura para a qual ninguém morre, mas falece, e, quando sobrevém esse infausto acontecimento, tem seu corpo acondicionado num ataúde, num esquife, num féretro, para ser inumado em alguma necrópole, ou, mais recentemente, incinerado em crematório. Cabelo de gente assim não se torna vulgarmente quebradiço: pendoa."

Isso me fez lembrar uma visita que recebemos em casa, eu ainda menino. Amigas da família, mãe e filha adolescente vieram tomar um lanche conosco. D. Glorinha, a mãe, achava meu pai um homem intelectualizado e caprichava no vocabulário. A certa altura pediu ela a mim, que estava sentado numa extremidade da mesa:

- Querido, pode alcançar-me uma côdea desse pão?

Por falta de preparo linguístico não sabia como atender a seu pedido. Socorreu-me a filha adolescente:

- Ela quer uma casquinha do pão. Ela fala sempre assim na casa dos outros.

A mãe ficou vermelha, isto é, ruborizou, enrubesceu, rubificou, e olhou a filha com reprovação, isto é, dardejou-a com olhos censórios.

Veja-se, para concluir, mais um trechinho do Werneck:

"Você pode achar que estou sendo implicante, metido a policiar a linguagem alheia. Brasileiro é assim mesmo, adora embonitar a conversa para impressionar os outros. Sei disso. Eu próprio já andei escrevendo sobre o que chamei de ruibarbosismo: o uso de palavreado rebarbativo como forma de, numa discussão, reduzir ao silêncio o interlocutor ignaro. Uma espécie de gás paralisante verbal."

(Cândido Barbosa Filho, inédito)

(Analista – TRT/1ª – 2012 – FCC) Atente para as seguintes afirmações:

I. Na frase "Isso me fez lembrar uma visita que recebemos em casa, eu ainda menino", o segmento sublinhado pode ser corretamente substituído por **aonde eu ainda era menino**.

II. Transpondo-se para a voz **passiva** a frase "Socorreu-me a filha adolescente", a forma verbal resultante será **tendo-me socorrido**.

III. No contexto, a expressão "Brasileiro é assim mesmo" é um caso típico de generalização abusiva, como a que também ocorre em **os alemães são pragmáticos.**

Está correto o que se afirma APENAS em

(A) I.

(B) II.

(C) III.

(D) I e II.

(E) II e III.

I: incorreta. A justaposição da preposição "a" com o advérbio "onde" (a+onde) indica o movimento de um lugar para outro. A expressão sublinhada no texto exerce função de adjunto adverbial de **tempo**, ou seja, refere-se ao momento em que o fato aconteceu, não onde ele aconteceu; **II:** incorreta. A voz passiva analítica ficaria: "Eu fui socorrido pela filha adolescente"; **III:** correta. A generalização excessiva, desprovida de fundamentos, é uma falha na argumentação.

Gabarito "C"

(Analista – TRT/1ª – 2012 – FCC) "Ruibarbosismo" é um neologismo do qual se valeu o autor do texto para lembrar o estilo retórico pelo qual se notabilizou o escritor baiano.

Não haverá prejuízo para a correção da frase acima ao se substituírem os segmentos sublinhados, na ordem dada, por:

(A) a que recorreu - que fez notável.

(B) do qual incorreu - com que se afamou.

(C) a cujo recorreu - o qual celebrizou.

(D) em que fez uso - em cujo deu notabilidade.

(E) em cujo incorreu - com o qual se propagou.

A: correta. Os pronomes relativos referem-se ao mesmo termo da oração, respeitam as normas de regência verbal e as palavras substituídas são efetivamente sinônimas; **B:** incorreta. "Incorrer" significa "cometer", "incidir", "ficar compreendido"; **C:** incorreta. "Cujo" é pronome relativo que indica posse, relação que não se estabelece no trecho destacado; **D:** incorreta. Há erro de regência na alternativa na primeira substituição (deveria constar "de que") e, na segunda, "cujo" remete a posse, propriedade, ideia que não está contida no texto original; **E:** incorreta. Os mesmos erros relativos a regência, "cujo" e "incorrer" já analisados nas alternativas anteriores aparecem aqui.

Gabarito "A"

Economia religiosa

Concordo plenamente com Dom Tarcísio Scaramussa, da CNBB, quando ele afirma que não faz sentido nem obrigar uma pessoa a rezar nem proibi-la de fazê-lo. A declaração do prelado vem como crítica à professora de uma escola pública de Minas Gerais que hostilizou um aluno ateu que se recusara a rezar o pai-nosso em sua aula.

É uma boa ocasião para discutir o ensino religioso na rede pública, do qual a CNBB é entusiasta. Como ateu, não abraço nenhuma religião, mas, como liberal, não pretendo que todos pensem do mesmo modo. Admitamos, para efeitos de argumentação, que seja do interesse do Estado que os jovens sejam desde cedo expostos ao ensino religioso. Deve-se então perguntar se essa é uma tarefa que cabe à escola pública ou se as próprias organizações são capazes de supri-la, com seus programas de catequese, escolas dominicais etc.

A minha impressão é a de que não faltam oportunidades para conhecer as mais diversas mensagens religiosas, onipresentes em rádios, TVs e também nas ruas. Na cidade de São Paulo, por exemplo, existem mais templos (algo em torno de 4.000) *do que escolas públicas (cerca de 1.700). Creio que aqui vale a regra econômica, segundo a qual o Estado deve ficar fora das atividades de que o setor privado já dá conta. Outro ponto importante é o dos custos. Não me parece que faça muito sentido gastar recursos com professores de religião, quando faltam os de matemática, português etc. Ao contrário do que se dá com a religião, é difícil aprender física na esquina.*

Até 1997, a Lei de Diretrizes e Bases da Educação acertadamente estabelecia que o ensino religioso nas escolas oficiais não poderia representar ônus para os cofres públicos. A bancada religiosa emendou a lei para empurrar essa conta para o Estado. Não deixa de ser um caso de esmola com o chapéu alheio.

(Hélio Schwartsman. **Folha de S. Paulo**, 06/04/2012)

(Analista – TRT/6ª – 2012 – FCC) (...) *ele afirma que não faz sentido* nem obrigar uma pessoa a rezar nem proibi-la de fazê-lo.

Mantém-se, corretamente, o sentido da frase acima substituindo- se o segmento sublinhado por:

(A) nem impor a alguém que reze, nem impedi-la de fazer o mesmo.

(B) deixar de obrigar uma pessoa a rezar, ou lhe proibir de o fazer.

(C) seja obrigar que uma pessoa reze, ou mesmo que o deixe de o praticar.

(D) coagir alguém a que reze, ou impedi-lo de o fazer.

(E) forçar uma pessoa para que reze, ou não fazê-la de modo algum.

A: incorreta. A maioria dos gramáticos condena o uso do advérbio "mesmo" como um pronome. Melhor seria, segundo eles, "fazê-lo". Além disso, o pronome "alguém" é masculino, o que determina o uso do pronome oblíquo "o" em "impedi-lo"; **B:** incorreta. "Proibir" é verbo transitivo direto, portanto determina o uso do pronome oblíquo "a", não "lhe". Mais ainda, "deixar de obrigar" não tem o mesmo sentido exposto no trecho transcrito no enunciado; **C:** incorreta. O pronome oblíquo "o" está desnecessária e erroneamente repetido. Bastaria dizer: "ou mesmo que deixe de fazê-lo"; **D:** correta. Os sinônimos empregados e a colocação pronominal estão perfeitos; **E:** incorreta. O advérbio de negação "não" determina a próclise, além de o pronome oblíquo estar errado, porque ele não se refere a "pessoas", mas ao verbo "fazer". O correto seria: "ou não o fazer de modo algum".

Gabarito "D"

Atenção: A próxima questão baseia-se no texto abaixo.

A Norma (1831) é claramente uma ópera que encena, numa suposta rebelião gaulesa contra a tutela romana na Antiguidade, a desejada libertação dos italianos em face das potências estrangeiras – no caso, certamente a Áustria – que lhes vedam a independência e a unidade nacional. Como é de praxe em boa parte das óperas italianas do século XIX, ao posicionamento progressista nas grandes questões sociais ou nacionais se opõe um lastro, geralmente ocultado, que é de natureza mais propriamente pessoal, e serve de enorme peso – inconsciente, posto que até então desconhecido – contra aquela tomada de partido em favor [...] do "bem" ou, pelo menos, da justiça e do progresso. Esse modelo aparece, para citarmos apenas algumas óperas, nas Vespri Siciliani e no Trovatore de Verdi; poder-se-ia argumentar que a Traviata procede do mesmo modo.

Assim, um recorte se delineia inicialmente, a opor as causas progressistas (a pátria livre, seja ela a Gália, a Sicília ou qualquer outra; a defesa dos pobres; a união de quem se ama) ao que existe de mais retrógrado; porém, a dramaticidade não procederá do conflito, num mesmo nível, entre progressistas e reacionários, mas da irrupção, no âmago mesmo da causa revolucionária avançada, de um elemento pessoal marcado pelo acumpliciamento secreto, arcaico e culpável com o inimigo. Dessa forma, o herói libertador dos sicilianos nas Vespri é na verdade filho ilegítimo do governador francês, o trovador, na ópera homônima, é o irmão perdido de seu próprio perseguidor – e aqui, na Norma, a sacerdotiza suprema dos gauleses é amante do chefe romano. É isso o que dilacera a alma, tanto do ator-cantor como do expectador-ouvinte, e confere a essas óperas seu caráter trágico.

(Analista – ANS – 2007 – FCC) A respeito da estrutura e do uso de palavras no texto, é correto afirmar que

(A) a forma *citarmos* (linha 14), empregada na primeira pessoa do plural, inclui o autor e os leitores.

(B) a forma *poder-se-ia* (linha 15) confere ao trecho em que se insere o caráter de afirmação improvável.

(C) *expectador-ouvinte* (linha 32), tal como *ator-cantor*, é palavra composta, cujo plural é "expectadores ouvinte".

(D) a forma *procederá* (linha 21), não obstante o tempo empregado, refere-se a um fato já verificável no momento de produção do texto.

(E) o segmento *as causas progressistas* (linhas 17 e 18) é equivalente, no contexto, à forma pronominal "lhes".

A: incorreta, pois a forma na primeira pessoa do singular propõe uma aproximação entre autor e leitor, no entanto, o faz de maneira a generalizar o agente da ação. Não se trata de uma inclusão do leitor como agente óbvio da análise; **B:** incorreta, pois o uso do futuro do pretérito na forma verbal indica que a informação apresentada é um elemento novo, mas que cumpre absolutamente com os critérios argumentativos do texto; **C:** incorreta, pois o plural de palavras compostas por hífen, em que os dois termos são substantivos é feito nos dois termos. O resultado seria expectador-ouvintes e atores-cantores; **D:** correta, pois o uso do tempo futuro do presente é recurso estilístico do autor, com objetivo de criar uma cronologia textual nos elementos analisados. No entanto, é claro pela argumentação que o elemento é analisado anteriormente; **E:** incorreta, pois o uso do pronome pessoal oblíquo "lhes" é adequado quando o termo a ser substituído é introduzido por uma preposição, exigida pelo termo regente. A expressão em questão é objeto direto do verbo *opor* (opor as causas progressistas **à** outra) e, portanto, não apresenta preposição. O pronome correto seria "as" (na reescrita, com as adaptações fonéticas necessárias, teríamos a forma *opô-las*).

Gabarito "D"

(Analista – ANS – 2007 – FCC) Assinale a alternativa que contém parágrafo redigido em conformidade com a norma culta da Língua Portuguesa.

(A) Lenda ou não, o fato é que a mãe de D. Pedro II sucumbiu à um parto prematuro, o que contribuiu ainda mais para a construção popular da imagem do príncipe como mártir da nação, cuja a mãe morria de tristeza e em consequência dos maltratos do marido.

(B) Pedro Plancher apressou-se ao vincular à data do nascimento de D. Pedro IIà sorte eminente do país, dizendo: que a anarquia morreu na França num 2 de dezembro, data aquela que também Carlos Magno vingou os atroses insultos feitos aos netos de Henrique IV.

(C) A política antiliberal do império brasileiro não resumiu-se, porém, no plano interno. No âmbito externo, os monarcas manteram a postura expansionista de Portugal, que pretendia extender as fronteiras meridionais do Brasil até às margens do Prata.

(D) Com D. João VI, entraria no Brasil toda uma agenda de festas que, nos trópicos, ganhou um colorido mais que especial. Vêm com a burocracia lusitana, com efeito, os te-déuns, as missas de ação de graças, as embaixadas, as grandes cerimônias das cortes católicas européias.

(E) As interpretações variam quando se tratam dos eventos que garantiram a homogenidade política e a unidade territorial do Brasil, mas convergem no sentido de ressaltar a importância da opção premeditada pela monarquia.

A: incorreta. Ao pronome "cuja" não se segue artigo (cuja mãe morria). A forma correta do substantivo é maus-tratos, substantivo masculino composto plural; **B:** incorreta. A regência do verbo vincular é de objeto direto e indireto (vincular algo a algo – a data de nascimento à sorte). A crase que introduz o objeto "data do nascimento de D. Pedro II" é excessiva, já que não há preposição. O uso dos dois-pontos indica a introdução de um discurso direto, enquanto a conjunção "que" indica o discurso indireto. Os dois-pontos são desnecessários e constituem um excesso. A grafia correta da palavra é atrozes; **C:** incorreta. O verbo *resumir*, no contexto pronominal e com acepção de limitar-se, rege complemento com preposição "a". A escrita correta seria "não se resumiu, porém, ao plano interno). A conjugação do verbo manter na 3ª p.pl. do pretérito perfeito do indicativo é mantiveram. A grafia correta do verbo é "estender"; **D:** correta. A alternativa está correta. De acordo com a nova ortografia, ainda não vigente à época, o termo é agora grafado sem acento: europeia; **E:** incorreta, pois o verbo *tratar* é transitivo indireto e tem sujeito indeterminado e objeto introduzido pela preposição de "eventos". Para indicar a ausência de determinante do sujeito, foi acompanhado da partícula "se" e deve ser conjugado na 3ª p.s. – quando se trata de eventos. A grafia correta da palavra é homogeneidade.

Gabarito "D"

(Auditor Fiscal/São Paulo-SP – 2007 – FCC) Está correta a grafia de todas as palavras na frase:

(A) Não constitui uma primasia dos animais a satisfação dos impulsos instintivos: também o homem regozija-se em atender a muitos deles.

(B) As situações de impunidade infligem sérios danos à organização das sociedades que tenham a pretenção da exemplaridade.

(C) É difícil atingir uma relação de complementaridade entre a premênsia dos instintos naturais e a força da razão.

(D) Se é impossível chegarmos à abstensão completa da satisfação dos instintos, devemos, ao menos, procurar constringir seu poder sobre nós.

(E) A dissuasão dos contraventores se faz pela exemplaridade das sanções, de modo que a cada delito corresponda uma justa punição.

Assinaladas as palavras em que há erro quanto à grafia: **A:** Não constitui uma **primazia** dos animais (...); **B:** "(...) sociedades que tenham a **pretensão** da exemplaridade."; **C:** "É difícil atingir uma relação de complementaridade entre a **premência** dos instintos naturais e a força da razão." D) Se é impossível chegarmos à **abstenção** completa (...)"; **E:** alternativa correta.

Gabarito "E"

Atenção: O texto abaixo, para as próximas cinco questões, foi extraído de correspondência do renomado escritor norte-americano Norman Mailer endereçada ao crítico literário Peter Balbert.

1º de fevereiro de 1998

Caro Peter,

Entre as coisas que temos em comum está a depressão cultural. Reflito sobre a minha vida, especialmente depois de ter completado cinquenta anos de literatura, e sinto que todas as coisas pelas quais trabalhei e lutei estão em decadência. O que antes eu via como o inimigo e, com grande otimismo, como o inimigo que haveria de ser derrotado, acabou na verdade por nos vencer. [...]

A questão diante de nós dois é: onde está a culpa? Estava em nós? Por nunca termos feito o suficiente, por mais que achássemos que sim? Ou estará na abstração que chamamos de "natureza humana"? Teremos ajustado as nossas crenças a um conceito de homens e mulheres que não se adequava aos fatos rasteiros?

Às vezes me pergunto se isso não será puro elitismo de minha parte, e se a verdadeira premissa da democracia, a de que os sem-banho tenham acesso a sabonete barato, desodorante e roupas de plástico, como um dos degraus da escalada a um nível mais alto, não seria o que está acontecendo. Ou se, como temo, estaremos caindo numa sociedade do homem e da mulher medíocres onipresentes, governados por altas mediocridades. [...]

Tudo de bom,

Norman Mailer.

(Adaptado de Cartas Políticas, O mundo nas cordas, revista **Piauí**, 27, p.32)

(Oficial de Chancelaria - 2009 - FCC) A alternativa que acolhe comentário condizente com as características da carta é:

(A) Registra inconveniente intimidade nas saudações inicial e final, as quais, uma vez substituídas por "Prezado" e "Sem mais", respectivamente, restituiriam ao texto a formalidade que seu tema requer.

(B) Focaliza a atuação profissional dos interlocutores, especialmente no que diz respeito aos modos como conceberam e trataram homens e mulheres ao produzirem textos literários.

(C) Por explorar temática sociocultural, ultrapassa os limites da subjetividade e transforma as queixas do remetente em afirmações categóricas acerca da necessidade de engajamento político da elite.

(D) Preservando tom subjetivo, expõe reflexões acerca do impacto de atitudes individuais sobre cenários mais amplos, revelando dupla apreensão: com específico sentimento de culpa e com o futuro da sociedade.

(E) Em discretos matizes, como a indicação do destinatário pelo prenome e do remetente por nome e sobrenome, insinua a existência de relação hierárquica entre o escritor e o crítico.

A: (Interpretação) A informalidade é cabível devido à intimidade entre os interlocutores.
B: (Interpretação) O questionamento do autor não diz respeito à sua atuação profissional ou, pelo menos, apenas a ela, ele questiona sua atuação na luta contra seu inimigo, sem especificar claramente em que ela consistiu.
C: (Interpretação) Mais do que afirmações categóricas, o texto expressa as dúvidas do seu autor, inclusive quanto à suficiência das ações por ele cometidas. É, portanto, um texto de natureza reflexiva, não contendo um apelo ao engajamento.
E: (Interpretação) Nada na carta permite a conclusão da existência de uma relação hierárquica entre eles. O prenome com o adjetivo "caro" indica, ao contrário, proximidade entre esses interlocutores.

Gabarito "D"

(Oficial de Chancelaria - 2009 - FCC) O excerto demonstra que o autor

(A) considera-se culpado das mazelas sociais, seja por não ter agido nos momentos graves, seja por operar com crenças contraditórias e demasiadamente abstratas.

(B) compartilha com o interlocutor a sensação de estar declinando culturalmente, apesar dos diversos anos dedicados a atividade intelectual nobre.

(C) acredita ter contribuído, em outras épocas, para o real aprimoramento de homens e mulheres, posteriormente submetidos à universal mediocridade.

(D) hesita em relação à possibilidade de preceitos democráticos estarem sendo postos em prática na época em que escreve a carta.

(E) concorda com a premissa de que os desfavorecidos devam receber o necessário para a manutenção da dignidade: sabonete barato, desodorante e roupas de *plástico*.

A: (Interpretação) O autor questiona se tem culpa pela decadência de "todas as coisas" pelas quais ele trabalhou e lutou.

B: (Interpretação) O declínio são das "coisas" caras aos interlocutores e não necessariamente deles.

C: (Interpretação) Ele questiona a validade da sua luta, portanto não se pode afirmar que ele acredita ter contribuído para aprimoramento de homens e mulheres.

D: (Interpretação) Nas linhas 18 e 19, a pergunta "não seria o que está acontecendo" questiona se a melhoria das condições de vida que estava ocorrendo seria um preceito democrático sendo colocado em prática, ou seja, ele não tem certeza disso.

E: (Interpretação) Não somente não há uma afirmação clara de que ele concorde com isso, mas também ele se questiona se isso apenas pode manter a dignidade de um ser humano.

Gabarito "D"

(Oficial de Chancelaria - 2009 - FCC) Tendo em vista o contexto, a alternativa correta acerca de recurso linguístico explorado na carta é:

(A) Na linha 19, *Ou se*, por introduzir conteúdo adicional à sequência de questionamentos que inicia o parágrafo, pode ser substituído por "E, ainda, se", preservando o sentido original.

(B) Os fragmentos por nos vencer (linha 7) e *por altas mediocridades* (linha 21) exercem idêntica função sintática.

(C) Na linha 10, por remeter a termos antecedentes, *sim* pode dar lugar a "era o suficiente".

(D) A ordem dos termos na coordenação do *homem e da mulher* (linha 20) expõe restrições do autor quanto à igualdade entre os gêneros.

(E) Em O que ***antes*** *eu* ***via*** (linha 5) como o inimigo, os itens destacados indicam que o autor havia se equivocado em sua percepção anterior, isto é, que não se tratava de um inimigo.

A: (ASPC: orações coordenadas) A conjunção "ou" não pode ser substituída pela "e", pois introduz uma resposta ao questionamento, que se opõe à resposta anterior como uma outra opção, ou seja, o seu valor é alternativo.

B: (ASPS: identificação de função sintática) "por nos vencer": o "por vencer" é parte de uma locução verbal (acabou por vencer) e o pronome "nos" é o seu objeto direto // "por altas mediocridades": agente da passiva.

D: (Interpretação) A mera ordem dos termos não permite essa conclusão.

E: (Interpretação) O que mudou é a percepção de que o inimigo em questão poderia ser vencido.

Gabarito "C"

(Oficial de Chancelaria - 2009 - FCC) A alternativa correta sobre expressões do texto é:

(A) O segmento com *grande otimismo* (linhas 5 e 6), de caráter apositivo, qualifica o termo o *inimigo*.

(B) Nas linhas 8 e 9, o contraste entre *nós dois* e nós explicita que, apenas na primeira ocorrência, o autor refere-se a si e ao seu interlocutor.

(C) As formas *alto* (linha 18) e *altas* (linha 21) têm exatamente o mesmo significado, embora ocupem posições diferentes em relação aos substantivos e correspondam a diferentes flexões do adjetivo.

(D) *Reflito* (linha 2) e *sinto* (linha 4) podem ser permutados, respectivamente, por "conscientizo-me" e "lamento", sem prejuízo do sentido original.

(E) Quanto ao significado, *crenças* (linha 12) inclui *abstração* (linha 10) e opõe-se a fatos rasteiros (linha 13).

A: (ASPS: identificação de função sintática) Trata-se de um adjunto adverbial de modo.

B: (Coesão) Em ambos os casos, o referente do pronome é o emissor e o seu receptor.

C: (Adjetivo: posição e valor) No primeiro caso, alto refere-se a altura; no segundo caso, a grau.

D: (Vocabulário) Embora a substituição mantenha a coerência do texto, o sentido não permanece o mesmo.

Gabarito "E"

(Oficial de Chancelaria - 2009 - FCC) A alternativa correta acerca do uso de tempos verbais na carta é:

(A) A substituição da forma *Teremos* (linha 11) por "Teríamos" atenuaria o valor hipotético da frase.

(B) No segundo parágrafo, a incerteza acerca do tempo, expressa pela alternância entre está, estava e estará, reforça o sentido de dúvida presente no trecho.

(C) A correlação entre as orações *Reflito sobre a minha vida (linha 2) e depois de ter completado cinquenta anos de literatura* (linha 3) expressa que a vida anterior ao aniversário mencionado não é objeto de meditação.

(D) O emprego da forma será (linha 14) torna o enunciado mais assertivo do que o seria se a forma escolhida fosse "é".

(E) O segmento acabou... por nos vencer (linha 7) indica finalização recente da ação nele descrita.

A: (Verbo: emprego dos modos e tempos verbais) A substituição intensificaria o valor hipotético da frase.

C: (Interpretação) O advérbio "especialmente" dá a ideia de que a reflexão é anterior aos cinquenta anos.

D: (Vocabulário) Embora a substituição mantenha a coerência do texto, o sentido não permanece o mesmo.

E: (Interpretação) No contexto, a locução verbal "acabou por vencer" indica que a vitória foi definitiva (no fim o inimigo nos venceu), não que ela seja necessariamente recente.

Gabarito "B"

Atenção: As próximas quatro questões referem-se ao texto que segue.

Humes observou certa vez que a civilização humana como um todo subsiste porque "uma geração não abandona de vez o palco e outra triunfa, como acontece com as larvas e as borboletas". Em algumas guinadas da história, porém, em alguns picos críticos, pode caber a uma geração um destino parecido com o das larvas e borboletas. Pois o declínio do velho e o nascimento do novo não são necessariamente ininterruptos; entre as gerações, entre os que, por uma razão ou outra, ainda pertencem ao velho e os que pressentem a catástrofe nos próprios ossos ou já cresceram com ela [...] está rompida a continuidade e surge um "espaço vazio", espécie de terra de ninguém histórica, que só pode ser descrita em termos de "não mais e ainda não". Na Europa, essa absoluta quebra de continuidade ocorreu durante e após a Primeira Guerra Mundial. É essa ruptura que dá um fundo de verdade a todo o falatório dos intelectuais, geralmente na boca dos "reacionários", sobre o declínio necessário da civilização ocidental ou a famosa geração perdida, tornando-se, portanto, muito mais atraente do que a banalidade do pensamento "liberal", que nos apresenta a alternativa de avançar ou recuar, a qual parece tão desprovida de sentido justamente porque ainda pressupõe uma linha de continuidade sem interrupções.

(ARENDT, Hannah. "Não mais e ainda não". In **Compreender**: formação, exílio e totalitarismo. Ensaios (1930-1954). São Paulo: Companhia das Letras; Belo Horizonte: Ed. UFMG, 2008, p. 187)

(Oficial de Chancelaria - 2009 - FCC) Na organização do texto, a autora

(A) toma como tema certo pensamento de Humes, que detalha para convencer o leitor sobre esta compreensão que ela tem do que seja a civilização: "A natureza não dá saltos".

(B) vale-se de Humes como argumento de autoridade, considerando irretorquível o pensamento citado.

(C) tira proveito da constatação de Humes, de caráter universal, para ratificá-la no plano mais particular que ela aborda no seu discurso.

(D) cita Humes porque a comparação que ele faz entre os homens e os animais se aplica, ipsis litteris, à concepção que ela tem acerca do que ocorre com gerações em momentos críticos.

(E) refere comentário do filósofo Humes e o desconstrói, pois o desfaz para reconstruí-lo em outras bases.

A autora parte de uma observação de Hume, mas em seguida (como revela a locução adverbial "em algumas guinadas da história" e a conjunção "porém") mostra que nem sempre o que o filósofo afirmou ocorre.

Gabarito "E".

(Oficial de Chancelaria - 2009 - FCC) *Pois o declínio do velho e o nascimento do novo não são necessariamente ininterruptos;*

Entre as gerações, entre os que, por uma razão ou outra, ainda pertencem ao velho e os que pressentem a catástrofe nos próprios ossos ou já cresceram com ela [...] está rompida a continuidade...

Considerado o fragmento acima, em seu contexto, é correto afirmar:

(A) "entre os que" estabelece relação de estrita colateralidade entre os segmentos "os que pressentem a catástrofe nos próprios ossos" e "[os que] já cresceram com ela".

(B) a expressão "não são necessariamente ininterruptos" equivale a "é prescindível que ocorram de modo contínuo".

(C) justificam-se as duas contíguas ocorrências da preposição "entre" porque introduzem termos que remetem a dois aspectos, semântica e sintaticamente distintos.

(D) a conjunção "ou" estabelece uma relação de simultaneidade entre os dois termos que conecta.

(E) a expressão "os que", em suas duas ocorrências, remete aos mesmos seres.

A: (Interpretação) A colateralidade estabelecida pela estrutura em questão se faz entre os elementos desses dois segmentos (os que pressentem e os que cresceram) e os que pertencem ao velho.
B: (Vocabulário) "prescindível" significa "não necessário".
C: (ASPS) O segundo "entre" introduz um aposto enumerador do substantivo "gerações" introduzido pelo primeiro "entre". Não há, portanto, distinção semântica entre aquilo que introduzem.
D: (Interpretação) A conjunção tem valor de exclusão.
E: (Coesão) Na primeira ocorrência, ela remete à geração que pertence ao passado; na segunda, à que vivencia o presente.

Gabarito "B".

(Oficial de Chancelaria - 2009 - FCC) O segmento que, no contexto, exprime uma consequência é:

(A) (linhas 12 e 13) *e surge um "espaço vazio".*

(B) (linhas 24 e 25) *ainda pressupõe uma linha de continuidade sem interrupções.*

(C) (linhas 23 e 24) *a qual parece tão desprovida de sentido.*

(D) (linhas 15 e 16) *essa absoluta quebra de continuidade ocorreu.*

(E) (linhas 14 e 15) *só pode ser descrita em termos de "não mais e ainda não".*

O surgimento de um espaço vazio é consequência do que vem expresso antes: o rompimento da continuidade.

Gabarito "A".

(Oficial de Chancelaria - 2009 - FCC) Quando a autora refere-se ao "espaço vazio",

(A) toma-o como ponto fraco do ideário "liberal", que, equivocadamente, entende essa espécie de terra de ninguém histórica como o momento crucial para a decisão de avançar ou recuar.

(B) busca exprimir a ideia de que, mesmo diante de acontecimentos nefastos, há espaço para o acolhimento do novo, para inovadora ordem social, proposta por geração recém-surgida.

(C) caracteriza-o com expressões que deixam entrever a dificuldade que sente para conceituá-lo, dada sua natureza indefinida ou ambígua, área sobre a qual as gerações em confronto não têm controle.

(D) caracteriza-o lançando mão da história, meio de exprimir sua visão de que a ação humana, suspensa nesse oco, provocou os acontecimentos da Primeira Guerra Mundial.

(E) entende-o como ponto que legitima de modo pleno a verve dos grupos ditos "reacionários" quando defendem a necessidade do declínio da civilização ocidental.

As expressões são "espécie de terra de ninguém" e "não mais", "ainda não". Trata-se de um momento histórico em que os conceitos anteriores não mais se aplicam, e os novos e adequados à nova situação ainda não foram forjados.

Gabarito "C".

Atenção: As próximas seis questões referem-se ao texto que segue.

O ataque cético à cientificidade das narrações históricas insistiu em seu caráter subjetivo, que as assimilaria às narrações ficcionais. As narrações históricas não falariam da realidade, mas sim de quem as construiu. Inútil objetar que um elemento construtivo está presente em certa medida até nas chamadas ciências "duras": mesmo estas foram objeto de uma crítica análoga [...]. Falemos, então, de historiografia. Que ela [tem] um componente subjetivo [...] é sabido; mas as conclusões radicais que os céticos tiraram desse dado concreto não levaram em conta uma mudança fundamental mencionada por Bloch nas suas reflexões metodológicas póstumas. "Hoje [1942-3]..., até mesmo nos testemunhos mais resolutamente voluntários", escrevia Bloch, "aquilo que o texto nos diz já não constitui o objeto preferido de nossa atenção." As Mémoires de Saint-Simon ou as vidas dos santos da alta Idade Média nos interessam (continuava Bloch) não tanto por suas referências aos dados concretos, volta e meia inventados, mas pela luz que lançam sobre a mentalidade de quem escreveu esses textos. "Na nossa inevitável subordinação ao passado, nós nos emancipamos, ao menos no sentido de que, embora permanecendo condenados a conhecê-lo exclusivamente com base em seus rastros, conseguimos, todavia, saber bem mais a seu respeito do que ele resolvera nos dar a conhecer". E concluía: "Olhando bem, trata-se de uma grande revanche da inteligência sobre o mero dado concreto".

(GINZBURG, Carlo. **O fio e os rastros**: verdadeiro, falso, fictício (Introdução). São Paulo: Companhia das Letras, 2007, p. 9)

(Oficial de Chancelaria - 2009 - FCC) É correta paráfrase do primeiro período do texto – *O ataque cético à cientificidade das narrações históricas insistiu em seu caráter subjetivo, que as assimilaria às narrações ficcionais.* – o que se lê em:

(A) A credulidade abalada gerou ataques ao cientificismo característico da história, e, quando se insistiu em que deveria assumir o viés subjetivo, suas semelhanças com as narrativas ficcionais avultaram.

(B) O ceticismo que nutre a ciência dá às narrativas, inclusive às de cunho histórico, um matiz subjetivo, o que foi apontado pelos críticos como um fator inerente a qualquer tipo de relato.

(C) O que caracteriza o relato de fatos históricos é sua natureza científica; se esse traço fosse minimizado e abrisse espaço para a subjetividade – dizem certos críticos –, esse tipo de relato estaria próximo das narrativas ficcionais.

(D) A acusação dos que não acreditavam no caráter científico das narrações históricas enfatizava o seu caráter subjetivo, traço que as tornaria semelhantes às narrações ficcionais.

(E) O que sempre se enfatizou como determinante de um texto é o seu cunho particular, fator de subjetividade que sempre irmanou os relatos, os científicos (como os históricos) e os ficcionais (inventados pelo autor), como reconhecem até os mais severos ataques.

A: (Interpretação) No período, questiona-se se a história de fato é científica; **B:** (Interpretação) No período, não se afirma que o ceticismo nutre a ciência nem que todo relato possui um matiz subjetivo; **C:** (Interpretação) No período, questiona-se se a história de fato é científica; **E:** (Interpretação) No período, não se trata do relato das ciências naturais.

Gabarito "D"

(Oficial de Chancelaria - 2009 - FCC) Considerada a totalidade do excerto, é correto afirmar:

(A) (linhas 7 e 8) A referência a uma crítica análoga impõe que se entenda o emprego das aspas, em *"duras"*, como indicador de tom pejorativo.

(B) (linha 4) O emprego do verbo "falar" no tempo e modo adotados sinaliza que o entendimento sobre a natureza da história expresso na frase deve ser atribuído aos que desferiram o citado ataque (linha 1).

(C) (linhas 4 e 5) Escrevendo de outro modo a frase *mas sim de quem as construiu*, o sentido e a correção originais estarão preservados se a nova formulação for "mas sim daqueles que a construíram".

(D) (linhas 3 e 4) Na frase *As narrações históricas não falariam da realidade* está implícita a ideia de que a história deveria rever o viés metodológico tradicionalmente adotado.

(E) (linha 5) A expressão *um elemento construtivo* remete à ideia de *cientificidade* referida anteriormente (linha 1).

A: (Interpretação) O termo "duro" para as ciências da natureza e "mole" para as humanas são consagrados e não expressam juízo de valor.
B: (Verbo: emprego dos tempos e modos) O emprego do futuro do pretérito no trecho mostra que o autor do texto está expressando uma conclusão que não é a sua sobre o que foi afirmado anteriormente.
C: (Coesão) A mudança do pronome "as" para o singular "a" altera o seu antecedente de "narrativas" para "realidade", o que modifica substancialmente o sentido.
D: (Interpretação) A crítica não se dirige a um método que gera subjetividade, mas ao caráter incontornavelmente subjetivo das narrativas históricas.
E: (Coesão) A expressão "um elemento construtivo" remete à ideia de falta de cientificidade

Gabarito "B"

(Oficial de Chancelaria - 2009 - FCC) A expressão que está corretamente entendida, considerada a situação de uso no excerto, é:

(A) (linhas 27 e 28) grande revanche da *inteligência* / descomedida vingança da perspicácia.

(B) (linha 5) *Inútil objetar* / é desaconselhável admitir.

(C) (linhas 12 e 13) *reflexões metodológicas póstumas* / confissões de erros de método legadas aos pósteros.

(D) (linha 14) *testemunhos mais resolutamente voluntários* / depoimentos rigorosamente fortuitos.

(E) (linhas 21 e 22) *Na nossa inevitável subordinação ao passado* / Na sujeição ao passado, à qual não podemos nos furtar.

A: (Vocabulário) O termo "descomedido" tem um valor pejorativo que "grande", no contexto, não possui.
B: (Vocabulário) "objetar" = criticar, opor-se

C: (Vocabulário) Os trechos possuem por inteiro significados distintos, "reflexões", por exemplo, não é o mesmo que "confissões".
D: (Vocabulário) "fortuito" = por acaso, casual.
Gabarito "E"

(Oficial de Chancelaria - 2009 - FCC) É correto afirmar que, no excerto,

(A) o enunciado *"aquilo que o texto nos diz já não constitui o objeto preferido de nossa atenção"* (linhas 15 e 16) contém pressuposto introduzido pelo advérbio já.
(B) o autor deixa que o leitor tenha acesso à voz de Saint-Simon, ao lado da sua própria e da de Bloch.
(C) as ideias de Bloch vêm exclusivamente incorporadas à voz de Carlo Ginzburg, que não permite ao leitor entrar em contato direto com as formulações do estudioso que ele cita.
(D) o enunciado Falemos, então, *de historiografia* (linha 8) revela que o autor, por carência de um único argumento que seja, não ousa debater em outro campo que não o da história.
(E) o enunciado *Que ela tem um componente subjetivo é sabido* (linhas 8 e 9) é exemplo de frase truncada, em que faltam elementos sintáticos essenciais à expressão de um sentido completo, só apreensível com o apoio do contexto.

A: (Interpretação) O advérbio "já" gera o pressuposto que antes o que o texto dizia constituía o objeto preferido da atenção.
B: (Interpretação) Os trechos entre aspas que constituem transcrições são exclusivamente de Bloch.
C: (Interpretação) Os trechos entre aspas que constituem transcrições de Bloch.
D: (Interpretação) O termo "então", no trecho em que foi empregado, sugere que o autor já abordou outro campo do conhecimento.
E: (ASPC) Não há truncamento, o que ocorreu foi a anteposição da oração subordinada à sua principal.
Gabarito "A"

(Oficial de Chancelaria - 2009 - FCC) Considere as afirmações abaixo.

I. *A mudança fundamental* citada refere-se ao fato de que a historiografia acabou adotando uma perspectiva oblíqua no seu modo de conhecimento: passou a considerar como mais significativo para a apreensão de uma época não o que uma possível testemunha conscientemente informe sobre "dados concretos", mas aquilo que seu modo de contar possa deixar entrever, até mesmo à sua revelia, sobre o espírito que concebeu tal relato.
II. Na exposição do seu raciocínio, o autor da frase final do excerto faz uso da expressão *Olhando* bem (linha 27) para chamar a atenção sobre ideia que corrige outra anteriormente enunciada por ele.
III. O autor julgou necessário interferir no discurso alheio por meio dos colchetes, na linha 9, para direcionar a leitura, oferecendo ponto de referência pedido pelo advérbio *Hoje*, que remete ao momento em que um dado locutor está elaborando seu discurso.

Está correto o que se afirma em

(A) I e III, somente.
(B) I, somente.
(C) I e II, somente.
(D) II, somente.
(E) I, II e III.

Afirmação **II:** Como o verbo dicendi que introduz o excerto já revela, o trecho constitui-se duma conclusão do que foi dito antes.
Gabarito "A"

(Oficial de Chancelaria - 2009 - FCC) *"Na nossa inevitável subordinação ao passado, nós nos emancipamos, ao menos no sentido de que, embora permanecendo condenados a conhecê-lo exclusivamente com base em seus rastros, conseguimos, todavia, saber bem mais a seu respeito do que ele resolvera nos dar a conhecer".*

Ao desenvolver suas ideias no período acima, o autor

(A) adotou o tempo e modo presentes na forma verbal *resolvera* porque considerou eventual o fato expresso.
(B) utilizou a expressão *no sentido de* com o mesmo valor observável na frase "No sentido de ajudá-lo, propus ampliar o prazo do contrato".
(C) cometeu um deslize quanto ao padrão culto escrito, que exige o emprego de uma vírgula depois da palavra *respeito*.
(D) se valeu de uma proposição paradoxal *("Na nossa inevitável subordinação ao passado, nós nos emancipamos...")* e, na argumentação, minimizou a contradição entre as ideias que a constituem.
(E) empregou o pronome "o" (em *conhecê-lo*) porque se referia a passado; se estivesse se referindo a uma *pessoa*, o padrão culto escrito exigiria o "lhe" ("conhecer- lhe").

A: (Verbo: emprego de tempos e modos) O mais-que-perfeito do indicativo indica que a noção expressa pelo verbo "resolver" é anterior à expressa pelos verbos "emancipar" e "conseguir".
B: (Interpretação) No texto, a expressão serve para indicar uma delimitação de significado. Na frase da alternativa, ela indica finalidade.
C: (Pontuação) A virgulação da oração subordinada adverbial posposta é facultativa.
E: (Emprego dos pronomes) O pronome oblíquo "lhe(s)" só pode ser empregado como complemento verbal, se este for um objeto indireto.
Gabarito "D"

Atenção: As próximas duas questões referem-se ao texto que segue.

Nas diversas épocas da história, a colonização assumiu formas que podem ter sido diferentes, mas que também se superpuseram umas às outras. Dominar outros povos foi de fato o motor da expansão, qualquer que tenha sido o motivo declarado desse "imperialismo", religioso no tempo dos árabes, religioso ainda nas expedições cristãs contra os infiéis, religioso mais uma vez quando católicos e protestantes desejam consolidar a expansão de sua fé, nos séculos XVI e XVII.

O interesse político pôde ser o companheiro de todas essas formas de cruzadas. [...] O interesse econômico surge bem antes da denominada era imperialista, e afirma-se sobretudo quando, com os Atos de Navegação (1651), *a expansão ultramarina é considerada um monopólio de toda a nação inglesa – e não apenas o interesse de seus comerciantes.*

(FERRO, Marc. **História das colonizações:** das conquistas às independências – séculos XIII a XX. São Paulo: Companhia das Letras, 1996)

(Oficial de Chancelaria - 2009 - FCC) O fragmento acima está sintetizado de maneira clara e correta em:

(A) A colonização – fruto, efetivamente, do desejo de domínio – realizou-se de maneiras possivelmente distintas, mas também associadas: apresentou-se, em muitos momentos, sob o signo da religião, convivendo com a motivação política; a motivação econômica firma-se no século XVII, quando a expansão ultramarina é considerada privilégio de toda uma nação (a inglesa).

(B) É passível que as colonizações sejam diferentes, mas se entrelacem, pois seu objetivo é igual – dominar povos; o imperialismo religioso dos árabes, dos católicos e protestantes, companheiro dos interesses político e econômico posterior a 1651, antes da "era imperialista", acaba no monopólio com a Inglaterra sobre a expansão ultramarina.

(C) A colonização, como a história mostra, é uma forma de cruzada, assumida de modo semelhante em alguns momentos – como no caso das várias religiões –, mas sempre significando domínio de outros povos; as expedições religiosas conviveram bem com o jogo político das nações, e que tardou com os interesses econômicos: estes dependeram da chegada de 1651 para surgir com vigor, sob o domínio inglês.

(D) Alternando, a colonização foi, nas etapas históricas, assumindo procedimentos distintos e camuflando a sua verdadeira causa: várias vezes de ordem religiosa, outra política e outra econômica;

Esta é resultado dos interesses que passaram dos comerciantes para a nação inglesa como um todo, antes de surgir o imperialismo propriamente dito.

(E) O domínio dos outros povos gerou a expansão da colonização que variou de forma, inclusive superpondo causas: das diferentes religiões, que o poder político acompanhou até o surgimento do interesse econômico, em 1651, quando a navegação, direito dos comerciantes, passou a ser da Inglaterra.

Um erro comum a todas as alternativas, com exceção da A, é que elas afirmam ter o interesse econômico surgido a partir de 1651. A alternativa A, ao contrário, afirma que ela se firmou no século XVI, ou seja, já existia anteriormente.

Gabarito "A"

(Oficial de Chancelaria - 2009 - FCC) O segmento do texto que, transformado, mantém-se em consonância com o padrão culto escrito é:

(A) surge quando mau se havia cumprido os primeiros cinquenta anos do século XVII.

(B) formas acerca de cuja eficácia ninguém tem dúvida.

(C) reações a domínio, em sua também diversidade, igualmente se superpõe uns à outros.

(D) quaisquer que, naquele momento, possa terem sido as razões.

(E) quando desejam consolidar a expansão de sua fé, grupos religiosos distintos degladiam-se um contra o outro.

A: (Emprego de certas palavras / Concordância) surge quando mal se haviam cumprido os primeiros cinquenta anos do século XVII.

C: (Concordância / Crase) reações a domínio, em sua também diversidade, igualmente se superpõem uns a outros.

D: (Concordância / Emprego de infinitivo) quaisquer que, naquele momento, possam ter sido as razões.

E: (Ortografia) quando desejam consolidar a expansão de sua fé, grupos religiosos distintos digladiam-se uns contra os outros.

Gabarito "B"

(Oficial de Chancelaria - 2009 - FCC) A frase estruturada de maneira clara e em total conformidade com o padrão culto escrito é:

(A) A discussão sobre questões pertinentes aos vários temas dos grupos inscritos demandaram muita organização, que ninguém questionou porque se fazia necessário, tendo em vista que a reflexão necessita, e se deu, com serenidade.

(B) Entre tais e tão tristes casos reportados nos jornais de hoje como as enchentes, os desastres rodoviários e os regimes de excessão, o que mais me comoveu foi de ter lido sobre a falta de assistência a desprotegidos.

(C) Eles estavam ali conversando sei lá de quê; não certamente de dinheiro, como alguns imaginaram, ainda que falassem de "títulos"; mas não existem só títulos "bancários", também os há acadêmicos, como cheguei a comentar com os mexeriqueiros.

(D) Já tinha muito porque se atormentar, por isso tentava esquecer, e o fazia com muita persistência, das notícias que pareciam ter chegado a pouco, mas já eram conhecidas por todos.

(E) Não tinham sequer levantado hipótese de que fosse feito, e pelo coordenador, reparos ao texto definitivo, e ainda mais extemporaneamente, inclusive porque tinham havido já muitos comentários positivos para o grupo, vindos de renomado especialista.

A: (Concordância / Regência) A discussão sobre questões pertinentes aos vários temas dos grupos inscritos demandou muita organização, que ninguém questionou porque se fazia necessária, tendo em vista que a reflexão necessita de serenidade e se deu com ela.

B: (Ortografia) Entre tais e tão tristes casos reportados nos jornais de hoje, como as enchentes, os desastres rodoviários e os regimes de exceção, o que mais me comoveu foi ter lido sobre a falta de assistência a desprotegidos.

D: (Concordância / Emprego de certas palavras / Regência) Já havia muito por que se atormentar, por isso tentava esquecer, e o fazia com muita persistência, as notícias que pareciam ter chegado há pouco, mas já eram conhecidas por todos.

E: (Concordância) Não tinham sequer levantado hipótese de que fossem feitos, e pelo coordenador, reparos ao texto definitivo, e ainda mais extemporaneamente, inclusive porque tinha havido já muitos comentários positivos para o grupo, vindos de renomado especialista.

Gabarito "C"

Atenção: As próximas sete questões referem-se ao texto que segue.

Caracterização de Walter Benjamin

O nome do filósofo, que acabou com sua própria vida durante a fuga ante os esbirros de Hitler, foi ganhando uma aura nos mais de vinte anos que desde então transcorreram, e isso apesar do caráter esotérico dos seus primeiros trabalhos e fragmentário dos últimos. A fascinação de sua pessoa e oeuvre só deixou a alternativa da magnética atração ou da rejeição horrorizada. Sob o olhar de suas palavras –

onde quer que ele caísse –, tudo se metamorfoseava, como se tivesse se tornado radioativo. A capacidade de incessantemente projetar novos aspectos – não tanto mediante a ruptura crítica de convenções quanto pela maneira, dada pela organização intrínseca, de se comportar em relação ao objeto, como se as convenções não tivessem poder sobre ele – dificilmente conseguirá também ser captada pelo conceito de originalidade. Nenhuma das intuições desse pensador inesgotável apresentava-se como mera intuição. O sujeito, a quem pessoalmente cabiam todas as experiências fundantes que a filosofia oficial contemporânea apenas discute de modo formal, parecia ao mesmo tempo não ter nenhuma participação nelas, mesmo porque a sua maneira, sobretudo a arte da formulação instantânea – definitiva –, também se despojou do que, no sentido tradicional – é espontâneo e esfuziante. Ele não dava a impressão de ser alguém que criava a verdade ou a adquiria ao pensar, mas de que a citava pelo pensamento como um refinado instrumento de conhecimento, no qual imprimia a sua marca.

(ADORNO, Theodor. Caracterização de Walter Benjamin. **Prismas**: crítica cultural e sociedade. São Paulo: Ática, 2001, p. 223-224)

Obs.: *oeuvre*: obra.

(Oficial de Chancelaria - 2009 - FCC) É correto afirmar que o autor do excerto

(A) julga o refinado pensamento do filósofo não como original ou espontâneo, mas como verdadeiro.
(B) oferece precisa caracterização do filósofo e de sua obra, valendo-se de conceitos que lhes são aplicáveis com justeza.
(C) expõe os artifícios formais de que se valeu o filósofo para, apropriando-se dos achados da tradição, requisitar autenticidade para seu trabalho.
(D) aponta inconsistência nas formulações do filósofo, que, pouco amadurecidas mas perenes, se despegaram do necessário aporte empírico da filosofia.
(E) atribui força transformadora ao modo como o filósofo concebia e expressava seus pensamentos.

A: (Interpretação) Embora o texto faça um elogio do pensamento de Benjamin, ele se dirige sobretudo ao modo como é elaborado e não se pode pressupor disso que considera sempre como verdadeiro.
B: (Interpretação) O texto é muito curto e trata apenas de um aspecto da obra de Benjamim para que se possa falar em "precisa caracterização".
C: (Interpretação) O texto não menciona artifícios formais.
D: (Interpretação) O texto não menciona qualquer tipo de inconsistência.
Gabarito "E"

(Oficial de Chancelaria - 2009 - FCC) O excerto autoriza a seguinte afirmação:

(A) as constantes inovações do filósofo acompanharam-se de desveladas críticas às convenções vigentes.
(B) o filósofo e sua obra adquiriram, com o tempo, unânime aprovação, atribuível à comoção gerada por seu suicídio.
(C) a natureza dos trabalhos iniciais e finais do filósofo não obscurece sua personalidade e sua obra, impactantes sob qualquer julgamento.
(D) a infinidade de novos aspectos inseridos nas análises do filósofo tornou-as tão herméticas que não podem ser captadas por espíritos menos originais.
(E) as inéditas ideias do filósofo devem ser creditadas aos seus métodos, fundamentados em experiências da filosofia oficial.

A: (Interpretação) Afirma-se que o filósofo agia como se as convenções não tivessem poder sobre ele, não que ele as criticava.
B: (Interpretação) Não se afirma que o filósofo e a obra tenham aprovação unânime nem que ela se deva ao seu suicídio.
D: (Interpretação) Embora haja menção à dificuldade de compreensão da obra em questão, não se afirma que ela não possa ser captada por espíritos menos originais.
E: (Interpretação) Ao contrário, o método do filósofo provém de uma liberdade frente às discussões formais da filosofia oficial.
Gabarito "C"

(Oficial de Chancelaria - 2009 - FCC) É correto afirmar que, na obra de Benjamin,

(A) o sujeito é destituído da função central que tinha na filosofia anterior, na medida em que esse filósofo opta por não se fazer notar em seus escritos.
(B) a verdade é apenas tangenciada, já que o filósofo cita concepções já aceitas como inquestionáveis, mas não ousa nelas interferir.
(C) o diálogo com a filosofia oficial engendra-se na arte da formulação instantânea, que pressupõe o descarte de conceitos tradicionais.
(D) o modo de presença da intuição gera uma subjetividade da qual emerge não o espontâneo, mas o particular.
(E) a originalidade do pensamento, derivada da organização que lhe é intrínseca, carece de vivacidade e autenticidade, tal como as entendemos.

A: (Interpretação) Não há informação que permita a inferência de que não se faz notar em seus escritos.
B: (Interpretação) Ao contrário, como diz o texto, o filósofo tem uma capacidade de projetar incessantemente novos aspectos sobre aquilo que analisa.
C: (Interpretação) Não há informações que permitam a inferência de que ocorre o descarte de conceitos tradicionais.
E: (Interpretação) Se, como se afirma no final do texto, o filósofo imprimia sua marca na verdade que expressava, não se pode afirmar que lhe falta autenticidade.
Gabarito "D"

(Oficial de Chancelaria - 2009 - FCC) *O nome do filósofo, que acabou com sua própria vida durante a fuga ante os esbirros de Hitler, foi ganhando uma aura nos mais de vinte anos que desde então transcorreram, e isso apesar do caráter esotérico dos seus primeiros trabalhos e fragmentário dos últimos.*

Considerado o período acima, em seu contexto, é correto afirmar:

(A) Substituindo "transcorrer" por "se passar", a frase mantém a correção gramatical com a forma "se passou".
(B) O título do texto é determinante para que a frase *que*

acabou com sua própria vida tenha valor explicativo, e não restritivo.

(C) A reflexividade observada no segmento *acabou com sua própria vida* é exatamente do mesmo tipo da encontrada em "Machucaram-se muito com as ofensas recíprocas".

(D) A presença da preposição *durante* contamina a frase articulada em torno do verbo "acabar", conferindo-lhe aspecto durativo e frequentativo.

(E) A preposição *ante* tem mesmo valor do segmento grifado em "antiamericano".

A: (Concordância) Uma vez que o verbo "passar" não é impessoal, ele deve concordar com o seu sujeito. No caso, o sujeito é o relativo "que", o que faz com que a concordância se faça com o antecedente: "os mais de vinte anos".
B: (Pontuação: vírgula na oração adjetiva) A presença da vírgula confere valor explicativo à oração adjetiva, o que é possível pelo fato de o título já restringir o termo "filósofo", ou seja, indica de que filósofo se trata.
C: (Emprego dos pronomes) No primeiro caso, a reflexividade indica que a ação praticada pelo sujeito recai sobre si mesmo; no segundo caso, que a ação é trocada entre os indivíduos que constituem o sujeito, é o que se chama também de reciprocidade.
D: (Verbo: aspecto) A preposição "durante" confere a ideia de aspecto durativo (a ação possui uma certa duração) à ação que é expressa pelo substantivo "fuga". A locução verbal "acabou por se matar" tem aspecto pontual. O frequentativo é o aspecto das ações que se repetem como o que aparece no verbo "saltitar" devido ao sufixo "it".
E: (Interpretação) "ante" tem valor locativo: em frente a, diante de; "anti" tem valor de oposição.
Gabarito "B".

(Oficial de Chancelaria - 2009 - FCC) *O nome do filósofo [...] foi ganhando uma aura [...], apesar do caráter esotérico dos seus primeiros trabalhos e fragmentário dos últimos.*

Em redação clara e totalmente em concordância com o padrão culto escrito, o sentido da frase acima está preservado em:

(A) Foi ganhando uma aura o filósofo, que já tinha nome, ainda que seus trabalhos sejam de caráter esotérico e fragmentário, respectivamente os primeiros e últimos.

(B) Ainda que os primeiros trabalhos do filósofo padecessem de caráter esotérico e os últimos fragmentários, seu nome foi ganhando uma aura.

(C) Embora se considerem o caráter esotérico e fragmentário dos primeiros e últimos trabalhos, seu nome de filósofo foi recebendo aura.

(D) A despeito de os primeiros trabalhos do filósofo terem caráter esotérico e os últimos, fragmentário, seu nome foi ganhando uma aura.

(E) Seu nome de filósofo foi ganhando aura mesmo sendo esotérico nos primeiros trabalhos, e tendo caráter fragmentário nos últimos.

A: (Interpretação) O nome do filósofo é que foi ganhando uma aura. Deve-se colocar "o" antes de "último" para se manter o paralelismo.
B: (Interpretação) O emprego do verbo "padecer" confere um tom de crítica ausente na redação original. O trecho "últimos fragmentários" não está inserido de modo favorável sintaticamente no período.
C: (Interpretação) Dá-se a entender que os primeiros e últimos trabalhos do filósofo eram ambos esotéricos e fragmentários.
E: (Interpretação) O trecho "seu nome de filósofo" dá a entender que ele possui um nome só para a atividade de filósofo; além disso, é feita a afirmação de que ele é esotérico tem caráter fragmentário, já o texto original atribui essas características ao seu trabalho.
Gabarito "D".

(Oficial de Chancelaria - 2009 - FCC) O segmento do texto que está corretamente entendido é:

(A) *como se tivesse se tornado radioativo* / à semelhança de algo que adquirisse propriedade de emanar energia.

(B) *fascinação de sua pessoa* e *oeuvre* / forte encantamento que elidia criador e criatura.

(C) *magnética atração* / fascínio emitido de forças internas inexploradas.

(D) *rejeição horrorizada* / desdém que provoca pânico coletivo.

(E) *tudo se metamorfoseava* / o entorno adquiria formas que se sucediam ininterruptamente.

B: (Vocabulário) elidir = eliminar, retirar.
C: (Interpretação) O trecho "forças internas inexploradas" não se justifica.
D: (Interpretação) O trecho "provoca pânico coletivo" não se justifica.
E: (Interpretação) Apenas "adquiria formas" tem alguma relação com o trecho original.
Gabarito "A".

(Oficial de Chancelaria - 2009 - FCC) Considerado o contexto, é correto o que se afirma em:

(A) A expressão ao *pensar* (linhas 27 e 28) traduz uma condição.

(B) O emprego de só, na linha 6, traz implícita uma ideia de exclusão.

(C) O advérbio *mesmo*, em mesmo porque (linha 23), introduz retificação acerca do afirmado anteriormente.

(D) Em *onde quer que ele caísse* (linha 9), onde está empregado em conformidade com o padrão culto escrito, assim como o está em: "Se ele insistir, é onde direi que tenho dele as piores impressões".

(E) Ao acolherem termo sinônimo de *formulação instantânea*, sem nada lhe acrescentar, os travessões (linhas 24 e 25) justificam-se como recurso para dar ênfase à expressão que caracteriza a arte (linha 24).

A: (ASPC: orações reduzidas) Ela traduz a ideia de tempo.
C: (ASPC) Ele introduz uma ratificação do que foi afirmado anteriormente.
D: (ASPC: emprego do "onde") Ele só pode ser empregado com valor adverbial do "lugar".
E :(ASPS) O termo "definitiva" não é um qualificador do termo "formulação".
Gabarito "B".

ANOTAÇÕES GERAIS